SANTA BIBLIA

RVR
1960

LETRA
GRANDE

GRUPO NELSON

Santa Biblia Reina Valera Revisada 1960
© 2017 por Grupo Nelson®
Publicada en Nashville, Tennessee, Estados Unidos de América.
Grupo Nelson, Inc. es una subsidiaria que pertenece completamente a Thomas Nelson, Inc.
Grupo Nelson es una marca registrada de Thomas Nelson, Inc.
www.gruponelson.com

Editora en Jefe: *Graciela Lelli*
Diseño interior: *Grupo Nivel Uno, Inc.*

ISBN: 978-0-71809-620-5

Impresa en Estados Unidos de América
Printed in the United States of America

18 19 20 21 ◆ 9 8 7 6 5 4

CONTENIDO

EL ANTIGUO TESTAMENTO

EL NUEVO TESTAMENTO

ANTIGUO TESTAMENTO

GÉNESIS

La creación

1 ¹ En el principio creó Dios los cielos y la tierra.

² Y la tierra estaba desordenada y vacía, y las tinieblas estaban sobre la faz del abismo, y el Espíritu de Dios se movía sobre la faz de las aguas.

³ Y dijo Dios: Sea la luz;ª y fue la luz.

⁴ Y vio Dios que la luz era buena; y separó Dios la luz de las tinieblas.

⁵ Y llamó Dios a la luz Día, y a las tinieblas llamó Noche. Y fue la tarde y la mañana un día.

⁶ Luego dijo Dios: Haya expansión en medio de las aguas, y separe las aguas de las aguas.

⁷ E hizo Dios la expansión, y separó las aguas que estaban debajo de la expansión, de las aguas que estaban sobre la expansión. Y fue así.

⁸ Y llamó Dios a la expansión Cielos.ᵇ Y fue la tarde y la mañana el día segundo.

⁹ Dijo también Dios: Júntense las aguas que están debajo de los cielos en un lugar, y descúbrase lo seco. Y fue así.

¹⁰ Y llamó Dios a lo seco Tierra, y a la reunión de las aguas llamó Mares. Y vio Dios que era bueno.

¹¹ Después dijo Dios: Produzca la tierra hierba verde, hierba que dé semilla; árbol de fruto que dé fruto según su género, que su semilla esté en él, sobre la tierra. Y fue así.

¹² Produjo, pues, la tierra hierba verde, hierba que da semilla según su naturaleza, y árbol que da fruto, cuya semilla está en él, según su género. Y vio Dios que era bueno.

¹³ Y fue la tarde y la mañana el día tercero.

¹⁴ Dijo luego Dios: Haya lumbreras en la expansión de los cielos para separar el día de la noche; y sirvan de señales para las estaciones, para días y años,

¹⁵ y sean por lumbreras en la expansión de los cielos para alumbrar sobre la tierra. Y fue así.

¹⁶ E hizo Dios las dos grandes lumbreras; la lumbrera mayor para que señorease en el día, y la lumbrera menor para que señorease en la noche; hizo también las estrellas.

¹⁷ Y las puso Dios en la expansión de los cielos para alumbrar sobre la tierra,

¹⁸ y para señorear en el día y en la noche, y para separar la luz de las tinieblas. Y vio Dios que era bueno.

¹⁹ Y fue la tarde y la mañana el día cuarto.

²⁰ Dijo Dios: Produzcan las aguas seres vivientes, y aves que vuelen sobre la tierra, en la abierta expansión de los cielos.

²¹ Y creó Dios los grandes monstruos marinos, y todo ser viviente que se mueve, que las aguas produjeron según su género, y toda ave alada según su especie. Y vio Dios que era bueno.

²² Y Dios los bendijo, diciendo: Fructificad y multiplicaos, y llenad las aguas en los mares, y multiplíquense las aves en la tierra.

²³ Y fue la tarde y la mañana el día quinto.

²⁴ Luego dijo Dios: Produzca la tierra seres vivientes según su género, bestias y serpientes y animales de la tierra según su especie. Y fue así.

²⁵ E hizo Dios animales de la tierra según su género, y ganado según su género, y todo animal que se arrastra sobre la tierra según su especie. Y vio Dios que era bueno.

²⁶ Entonces dijo Dios: Hagamos al hombre a nuestra imagen,ᶜ conforme a nuestra semejanza; y señoree en los peces del mar, en las aves de los cielos, en las bestias, en toda la tierra, y en todo animal que se arrastra sobre la tierra.

²⁷ Y creó Dios al hombre a su imagen, a imagen de Dios lo creó; varón y hembra los creó.ᵈ

---

a 1.3 2 Co 4.6.   b 1.6-8 2 P 3.5.   c 1.26 1 Co 11.7.
d 1.27 Mt 19.4; Mr 10.6.

28 Y los bendijo Dios,[e] y les dijo: Fructificad y multiplicaos; llenad la tierra, y sojuzgadla, y señoread en los peces del mar, en las aves de los cielos, y en todas las bestias que se mueven sobre la tierra.

29 Y dijo Dios: He aquí que os he dado toda planta que da semilla, que está sobre toda la tierra, y todo árbol en que hay fruto y que da semilla; os serán para comer.

30 Y a toda bestia de la tierra, y a todas las aves de los cielos, y a todo lo que se arrastra sobre la tierra, en que hay vida, toda planta verde les será para comer. Y fue así.

31 Y vio Dios todo lo que había hecho, y he aquí que era bueno en gran manera. Y fue la tarde y la mañana el día sexto.

2 **1** Fueron, pues, acabados los cielos y la tierra, y todo el ejército de ellos.

2 Y acabó Dios en el día séptimo la obra que hizo; y reposó el día séptimo de toda la obra que hizo.[a]

3 Y bendijo Dios al día séptimo, y lo santificó,[b] porque en él reposó de toda la obra que había hecho en la creación.

El hombre en el huerto de Edén

4 Éstos son los orígenes de los cielos y de la tierra cuando fueron creados, el día que Jehová Dios hizo la tierra y los cielos,

5 y toda planta del campo antes que fuese en la tierra, y toda hierba del campo antes que naciese; porque Jehová Dios aún no había hecho llover sobre la tierra, ni había hombre para que labrase la tierra,

6 sino que subía de la tierra un vapor, el cual regaba toda la faz de la tierra.

7 Entonces Jehová Dios formó al hombre del polvo de la tierra, y sopló en su nariz aliento de vida, y fue el hombre un ser viviente.[c]

8 Y Jehová Dios plantó un huerto en Edén, al oriente; y puso allí al hombre que había formado.

9 Y Jehová Dios hizo nacer de la tierra todo árbol delicioso a la vista, y bueno para comer; también el árbol de vida[d] en medio del huerto, y el árbol de la ciencia del bien y del mal.

10 Y salía de Edén un río para regar el huerto, y de allí se repartía en cuatro brazos.

11 El nombre del uno era Pisón; éste es el que rodea toda la tierra de Havila, donde hay oro;

12 y el oro de aquella tierra es bueno; hay allí también bedelio y ónice.

13 El nombre del segundo río es Gihón; éste es el que rodea toda la tierra de Cus.

14 Y el nombre del tercer río es Hidekel; éste es el que va al oriente de Asiria. Y el cuarto río es el Éufrates.

15 Tomó, pues, Jehová Dios al hombre, y lo puso en el huerto de Edén, para que lo labrara y lo guardase.

16 Y mandó Jehová Dios al hombre, diciendo: De todo árbol del huerto podrás comer;

17 mas del árbol de la ciencia del bien y del mal no comerás; porque el día que de él comieres, ciertamente morirás.

18 Y dijo Jehová Dios: No es bueno que el hombre esté solo; le haré ayuda idónea para él.

19 Jehová Dios formó, pues, de la tierra toda bestia del campo, y toda ave de los cielos, y las trajo a Adán para que viese cómo las había de llamar; y todo lo que Adán llamó a los animales vivientes, ése es su nombre.

20 Y puso Adán nombre a toda bestia y ave de los cielos y a todo ganado del campo; mas para Adán no se halló ayuda idónea para él.

21 Entonces Jehová Dios hizo caer sueño profundo sobre Adán, y mientras éste dormía, tomó una de sus costillas, y cerró la carne en su lugar.

22 Y de la costilla que Jehová Dios tomó del hombre, hizo una mujer, y la trajo al hombre.

23 Dijo entonces Adán: Esto es ahora hueso de mis huesos y carne de mi carne; ésta será llamada Varona,[1] porque del varón[2] fue tomada.

24 Por tanto, dejará el hombre a su padre y a su madre, y se unirá a su mujer, y serán una sola carne.[e]

25 Y estaban ambos desnudos, Adán y su mujer, y no se avergonzaban.

Desobediencia del hombre

3 **1** Pero la serpiente[a] era astuta, más que todos los animales del campo que Jehová Dios había hecho; la cual dijo a la mujer: ¿Conque Dios os ha dicho: No comáis de todo árbol del huerto?

1. **2.23** Heb. *Ishshah.*   *2.* **2.23** Heb. *Ish.*
e **1.27, 28** Gn 5.1, 2.   a **2.2** Heb 4.4, 10.   b **2.2, 3** Éx 20.11.
c **2.7** 1 Co 15.45.   d **2.9** Ap 2.7; 22.2, 14.   e **2.24** Mt 19.5;
Mr 10.7, 8; 1 Co 6.16; Ef 5.31.   a **3.1** Ap 12.9; 20.2.

2 Y la mujer respondió a la serpiente: Del fruto de los árboles del huerto podemos comer;

3 pero del fruto del árbol que está en medio del huerto dijo Dios: No comeréis de él, ni lo tocaréis, para que no muráis.

4 Entonces la serpiente dijo a la mujer: No moriréis;

5 sino que sabe Dios que el día que comáis de él, serán abiertos vuestros ojos, y seréis como Dios, sabiendo el bien y el mal.

6 Y vio la mujer que el árbol era bueno para comer, y que era agradable a los ojos, y árbol codiciable para alcanzar la sabiduría; y tomó de su fruto, y comió; y dio también a su marido, el cual comió así como ella.

7 Entonces fueron abiertos los ojos de ambos, y conocieron que estaban desnudos; entonces cosieron hojas de higuera, y se hicieron delantales.

8 Y oyeron la voz de Jehová Dios que se paseaba en el huerto, al aire del día; y el hombre y su mujer se escondieron de la presencia de Jehová Dios entre los árboles del huerto.

9 Mas Jehová Dios llamó al hombre, y le dijo: ¿Dónde estás tú?

10 Y él respondió: Oí tu voz en el huerto, y tuve miedo, porque estaba desnudo; y me escondí.

11 Y Dios le dijo: ¿Quién te enseñó que estabas desnudo? ¿Has comido del árbol del que yo te mandé no comieses?

12 Y el hombre respondió: La mujer que me diste por compañera me dio del árbol, y yo comí.

13 Entonces Jehová Dios dijo a la mujer: ¿Qué es lo que has hecho? Y dijo la mujer: La serpiente me engañó,[b] y comí.

14 Y Jehová Dios dijo a la serpiente: Por cuanto esto hiciste, maldita serás entre todas las bestias y entre todos los animales del campo; sobre tu pecho andarás, y polvo comerás todos los días de tu vida.

15 Y pondré enemistad entre ti y la mujer, y entre tu simiente y la simiente suya; ésta te herirá en la cabeza, y tú le herirás en el calcañar.

16 A la mujer dijo: Multiplicaré en gran manera los dolores en tus preñeces; con dolor darás a luz los hijos; y tu deseo será para tu marido,[3] y él se enseñoreará de ti.

17 Y al hombre dijo: Por cuanto obedeciste a la voz de tu mujer, y comiste del árbol de que te mandé diciendo: No comerás de él; maldita será la tierra por tu causa; con dolor comerás de ella todos los días de tu vida.

18 Espinos y cardos te producirá,[c] y comerás plantas del campo.

19 Con el sudor de tu rostro comerás el pan hasta que vuelvas a la tierra, porque de ella fuiste tomado; pues polvo eres, y al polvo volverás.

20 Y llamó Adán el nombre de su mujer, Eva,[4] por cuanto ella era madre de todos los vivientes.

21 Y Jehová Dios hizo al hombre y a su mujer túnicas de pieles, y los vistió.

22 Y dijo Jehová Dios: He aquí el hombre es como uno de nosotros, sabiendo el bien y el mal; ahora, pues, que no alargue su mano, y tome también del árbol de la vida,[d] y coma, y viva para siempre.

23 Y lo sacó Jehová del huerto de Edén, para que labrase la tierra de que fue tomado.

24 Echó, pues, fuera al hombre, y puso al oriente del huerto de Edén querubines, y una espada encendida que se revolvía por todos lados, para guardar el camino del árbol de la vida.

Caín y Abel

4 **1** Conoció Adán a su mujer Eva, la cual concibió y dio a luz a Caín, y dijo: Por voluntad de Jehová he adquirido[5] varón.

2 Después dio a luz a su hermano Abel. Y Abel fue pastor de ovejas, y Caín fue labrador de la tierra.

3 Y aconteció andando el tiempo, que Caín trajo del fruto de la tierra una ofrenda a Jehová.

4 Y Abel trajo también de los primogénitos de sus ovejas, de lo más gordo de ellas. Y miró Jehová con agrado a Abel y a su ofrenda;[a]

5 pero no miró con agrado a Caín y a la ofrenda suya. Y se ensañó Caín en gran manera, y decayó su semblante.

6 Entonces Jehová dijo a Caín: ¿Por qué te has ensañado, y por qué ha decaído tu semblante?

---

3. **3.16** O, *tu voluntad será sujeta a tu marido.*
4. **3.20** El nombre en hebreo se asemeja a la palabra que se usa para *viviente.* *5.* **4.1** Heb. *qanah,* adquirir.
b 3.13 2 Co 11.3. **c 3.17, 18** Heb 6.8. **d 3.22** Ap 22.14.
a 4.4 Heb 11.4.

⁷Si bien hicieres, ¿no serás enaltecido? y si no hicieres bien, el pecado está a la puerta; con todo esto, a ti será su deseo, y tú te enseñorearás de él.⁶

⁸Y dijo Caín a su hermano Abel: Salgamos al campo. Y aconteció que estando ellos en el campo, Caín se levantó contra su hermano Abel, y lo mató.ᵇ

⁹Y Jehová dijo a Caín: ¿Dónde está Abel tu hermano? Y él respondió: No sé. ¿Soy yo acaso guarda de mi hermano?

¹⁰Y él le dijo: ¿Qué has hecho? La voz de la sangre de tu hermano clama a mí desde la tierra.

¹¹Ahora, pues, maldito seas tú de la tierra, que abrió su boca para recibir de tu mano la sangre de tu hermano.

¹²Cuando labres la tierra, no te volverá a dar su fuerza; errante y extranjero serás en la tierra.

¹³Y dijo Caín a Jehová: Grande es mi castigo para ser soportado.

¹⁴He aquí me echas hoy de la tierra, y de tu presencia me esconderé, y seré errante y extranjero en la tierra; y sucederá que cualquiera que me hallare, me matará.

¹⁵Y le respondió Jehová: Ciertamente cualquiera que matare a Caín, siete veces será castigado. Entonces Jehová puso señal en Caín, para que no lo matase cualquiera que le hallara.

¹⁶Salió, pues, Caín de delante de Jehová, y habitó en tierra de Nod,⁷ al oriente de Edén.

¹⁷Y conoció Caín a su mujer, la cual concibió y dio a luz a Enoc; y edificó una ciudad, y llamó el nombre de la ciudad del nombre de su hijo, Enoc.

¹⁸Y a Enoc le nació Irad, e Irad engendró a Mehujael, y Mehujael engendró a Metusael, y Metusael engendró a Lamec.

¹⁹Y Lamec tomó para sí dos mujeres; el nombre de la una fue Ada, y el nombre de la otra, Zila.

²⁰Y Ada dio a luz a Jabal, el cual fue padre de los que habitan en tiendas y crían ganados.

²¹Y el nombre de su hermano fue Jubal, el cual fue padre de todos los que tocan arpa y flauta.

²²Y Zila también dio a luz a Tubal-caín, artífice de toda obra de bronce y de hierro; y la hermana de Tubal-caín fue Naama.

²³Y dijo Lamec a sus mujeres:
Ada y Zila, oíd mi voz;
Mujeres de Lamec, escuchad mi dicho:
Que un varón mataré por mi herida,
Y un joven por mi golpe.

²⁴Si siete veces será vengado Caín,
Lamec en verdad setenta veces siete
lo será.

²⁵Y conoció de nuevo Adán a su mujer, la cual dio a luz un hijo, y llamó su nombre Set:⁸ Porque Dios (dijo ella) me ha sustituido otro hijo en lugar de Abel, a quien mató Caín.

²⁶Y a Set también le nació un hijo, y llamó su nombre Enós. Entonces los hombres comenzaron a invocar el nombre de Jehová.

Los descendientes de Adán
(1 Cr 1.1-4)

5 ¹ Éste es el libro de las generaciones de Adán. El día en que creó Dios al hombre, a semejanza de Dios lo hizo.

²Varón y hembra los creó;ᵃ y los bendijo,ᵇ y llamó el nombre de ellos Adán, el día en que fueron creados.

³Y vivió Adán ciento treinta años, y engendró un hijo a su semejanza, conforme a su imagen, y llamó su nombre Set.

⁴Y fueron los días de Adán después que engendró a Set, ochocientos años, y engendró hijos e hijas.

⁵Y fueron todos los días que vivió Adán novecientos treinta años; y murió.

⁶Vivió Set ciento cinco años, y engendró a Enós.

⁷Y vivió Set, después que engendró a Enós, ochocientos siete años, y engendró hijos e hijas.

⁸Y fueron todos los días de Set novecientos doce años; y murió.

⁹Vivió Enós noventa años, y engendró a Cainán.

¹⁰Y vivió Enós, después que engendró a Cainán, ochocientos quince años, y engendró hijos e hijas.

¹¹Y fueron todos los días de Enós novecientos cinco años; y murió.

¹²Vivió Cainán setenta años, y engendró a Mahalaleel.

---

6. **4.7** O, *a ti será sujeto.*   7. **4.16** Esto es, *Errante.*
8. **4.25** Esto es, *Sustitución.*
b **4.8** Mt 23.35; Lc 11.51; 1 Jn 3.12.   a **5.2** Mt 19.4; Mr 10.6.
b **5.1, 2** Gn 1.27, 28.

13 Y vivió Cainán, después que engendró a Mahalaleel, ochocientos cuarenta años, y engendró hijos e hijas. **14** Y fueron todos los días de Cainán novecientos diez años; y murió.

15 Vivió Mahalaleel sesenta y cinco años, y engendró a Jared. **16** Y vivió Mahalaleel, después que engendró a Jared, ochocientos treinta años, y engendró hijos e hijas. **17** Y fueron todos los días de Mahalaleel ochocientos noventa y cinco años; y murió.

18 Vivió Jared ciento sesenta y dos años, y engendró a Enoc. **19** Y vivió Jared, después que engendró a Enoc, ochocientos años, y engendró hijos e hijas. **20** Y fueron todos los días de Jared novecientos sesenta y dos años; y murió.

21 Vivió Enoc sesenta y cinco años, y engendró a Matusalén. **22** Y caminó Enoc con Dios, después que engendró a Matusalén, trescientos años, y engendró hijos e hijas. **23** Y fueron todos los días de Enoc trescientos sesenta y cinco años. **24** Caminó, pues, Enoc con Dios,[c] y desapareció, porque le llevó Dios.

25 Vivió Matusalén ciento ochenta y siete años, y engendró a Lamec. **26** Y vivió Matusalén, después que engendró a Lamec, setecientos ochenta y dos años, y engendró hijos e hijas. **27** Fueron, pues, todos los días de Matusalén novecientos sesenta y nueve años; y murió.

28 Vivió Lamec ciento ochenta y dos años, y engendró un hijo; **29** y llamó su nombre Noé,[g] diciendo: Éste nos aliviará de nuestras obras y del trabajo de nuestras manos, a causa de la tierra que Jehová maldijo. **30** Y vivió Lamec, después que engendró a Noé, quinientos noventa y cinco años, y engendró hijos e hijas. **31** Y fueron todos los días de Lamec setecientos setenta y siete años; y murió.

32 Y siendo Noé de quinientos años, engendró a Sem, a Cam y a Jafet.

La maldad de los hombres

6 ¹Aconteció que cuando comenzaron los hombres a multiplicarse sobre la faz de la tierra, y les nacieron hijas, **2** que viendo los hijos de Dios que las hijas de los hombres eran hermosas, tomaron para sí mujeres, escogiendo entre todas. **3** Y dijo Jehová: No contenderá mi espíritu con el hombre para siempre, porque ciertamente él es carne; mas serán sus días ciento veinte años. **4** Había gigantes en la tierra en aquellos días,[a] y también después que se llegaron los hijos de Dios a las hijas de los hombres, y les engendraron hijos. Éstos fueron los valientes que desde la antigüedad fueron varones de renombre.

5 Y vio Jehová que la maldad de los hombres era mucha en la tierra, y que todo designio de los pensamientos del corazón de ellos era de continuo solamente el mal. **6** Y se arrepintió Jehová de haber hecho hombre en la tierra, y le dolió en su corazón. **7** Y dijo Jehová: Raeré de sobre la faz de la tierra a los hombres que he creado, desde el hombre hasta la bestia, y hasta el reptil y las aves del cielo; pues me arrepiento de haberlos hecho. **8** Pero Noé halló gracia ante los ojos de Jehová.[b]

Noé construye el arca

9 Éstas son las generaciones de Noé: Noé, varón justo,[c] era perfecto en sus generaciones; con Dios caminó Noé. **10** Y engendró Noé tres hijos: a Sem, a Cam y a Jafet. **11** Y se corrompió la tierra delante de Dios, y estaba la tierra llena de violencia. **12** Y miró Dios la tierra, y he aquí que estaba corrompida; porque toda carne había corrompido su camino sobre la tierra. **13** Dijo, pues, Dios a Noé: He decidido el fin de todo ser, porque la tierra está llena de violencia a causa de ellos; y he aquí que yo los destruiré con la tierra. **14** Hazte un arca de madera de gofer; harás aposentos en el arca, y la calafatearás con brea por dentro y por fuera. **15** Y de esta manera la harás: de trescientos codos la longitud del arca, de cincuenta codos su anchura, y de treinta codos su altura.

9. **5.29** Esto es, *Consuelo,* o *Descanso.*
c **5.24** Heb 11.5; Jud 14.   a **6.4** Nm 13.33.   b **6.5-8** Mt 24.37; Lc 17.26.   c **6.9** 2 P 2.5.

16 Una ventana harás al arca, y la acabarás a un codo de elevación por la parte de arriba; y pondrás la puerta del arca a su lado; y le harás piso bajo, segundo y tercero.

17 Y he aquí que yo traigo un diluvio de aguas sobre la tierra, para destruir toda carne en que haya espíritu de vida debajo del cielo; todo lo que hay en la tierra morirá.

18 Mas estableceré mi pacto contigo, y entrarás en el arca tú, tus hijos, tu mujer, y las mujeres de tus hijos contigo.

19 Y de todo lo que vive, de toda carne, dos de cada especie meterás en el arca, para que tengan vida contigo; macho y hembra serán.

20 De las aves según su especie, y de las bestias según su especie, de todo reptil de la tierra según su especie, dos de cada especie entrarán contigo, para que tengan vida.

21 Y toma contigo de todo alimento que se come, y almacénalo, y servirá de sustento para ti y para ellos.

22 Y lo hizo así Noé;^d hizo conforme a todo lo que Dios le mandó.

El diluvio

7 ¹ Dijo luego Jehová a Noé: Entra tú y toda tu casa en el arca; porque a ti he visto justo delante de mí en esta generación.

2 De todo animal limpio tomarás siete parejas, macho y su hembra; mas de los animales que no son limpios, una pareja, el macho y su hembra.

3 También de las aves de los cielos, siete parejas, macho y hembra, para conservar viva la especie sobre la faz de la tierra.

4 Porque pasados aún siete días, yo haré llover sobre la tierra cuarenta días y cuarenta noches; y raeré de sobre la faz de la tierra a todo ser viviente que hice.

5 E hizo Noé conforme a todo lo que le mandó Jehová.

6 Era Noé de seiscientos años cuando el diluvio de las aguas vino sobre la tierra.

7 Y por causa de las aguas del diluvio entró Noé al arca,^a y con él sus hijos, su mujer, y las mujeres de sus hijos.

8 De los animales limpios, y de los animales que no eran limpios, y de las aves, y de todo lo que se arrastra sobre la tierra,

9 de dos en dos entraron con Noé en el arca; macho y hembra, como mandó Dios a Noé.

10 Y sucedió que al séptimo día las aguas del diluvio vinieron sobre la tierra.

11 El año seiscientos de la vida de Noé, en el mes segundo, a los diecisiete días del mes, aquel día fueron rotas todas las fuentes del grande abismo, y las cataratas de los cielos fueron abiertas,^b

12 y hubo lluvia sobre la tierra cuarenta días y cuarenta noches.

13 En este mismo día entraron Noé, y Sem, Cam y Jafet hijos de Noé, la mujer de Noé, y las tres mujeres de sus hijos, con él en el arca;

14 ellos, y todos los animales silvestres según sus especies, y todos los animales domesticados según sus especies, y todo reptil que se arrastra sobre la tierra según su especie, y toda ave según su especie, y todo pájaro de toda especie.

15 Vinieron, pues, con Noé al arca, de dos en dos de toda carne en que había espíritu de vida.

16 Y los que vinieron, macho y hembra de toda carne vinieron, como le había mandado Dios; y Jehová le cerró la puerta.

17 Y fue el diluvio cuarenta días sobre la tierra; y las aguas crecieron, y alzaron el arca, y se elevó sobre la tierra.

18 Y subieron las aguas y crecieron en gran manera sobre la tierra; y flotaba el arca sobre la superficie de las aguas.

19 Y las aguas subieron mucho sobre la tierra; y todos los montes altos que había debajo de todos los cielos, fueron cubiertos.

20 Quince codos más alto subieron las aguas, después que fueron cubiertos los montes.

21 Y murió toda carne que se mueve sobre la tierra, así de aves como de ganado y de bestias, y de todo reptil que se arrastra sobre la tierra, y todo hombre.

22 Todo lo que tenía aliento de espíritu de vida en sus narices, todo lo que había en la tierra, murió.

23 Así fue destruido todo ser que vivía sobre la faz de la tierra, desde el hombre hasta la bestia, los reptiles, y las aves del cielo; y fueron raídos de la tierra, y quedó solamente Noé, y los que con él estaban en el arca.

24 Y prevalecieron las aguas sobre la tierra ciento cincuenta días.

---

d 6.22 Heb 11.7. **a 7.7** Mt 24.38, 39; Lc 17.27.
b 7.11 2 P 3.6.

8 ¹ Y se acordó Dios de Noé, y de todos los animales, y de todas las bestias que estaban con él en el arca; e hizo pasar Dios un viento sobre la tierra, y disminuyeron las aguas.

² Y se cerraron las fuentes del abismo y las cataratas de los cielos; y la lluvia de los cielos fue detenida.

³ Y las aguas decrecían gradualmente de sobre la tierra; y se retiraron las aguas al cabo de ciento cincuenta días.

⁴ Y reposó el arca en el mes séptimo, a los diecisiete días del mes, sobre los montes de Ararat.

⁵ Y las aguas fueron decreciendo hasta el mes décimo; en el décimo, al primero del mes, se descubrieron las cimas de los montes.

⁶ Sucedió que al cabo de cuarenta días abrió Noé la ventana del arca que había hecho,

⁷ y envió un cuervo, el cual salió, y estuvo yendo y volviendo hasta que las aguas se secaron sobre la tierra.

⁸ Envió también de sí una paloma, para ver si las aguas se habían retirado de sobre la faz de la tierra.

⁹ Y no halló la paloma donde sentar la planta de su pie, y volvió a él al arca, porque las aguas estaban aún sobre la faz de toda la tierra. Entonces él extendió su mano, y tomándola, la hizo entrar consigo en el arca.

¹⁰ Esperó aún otros siete días, y volvió a enviar la paloma fuera del arca.

¹¹ Y la paloma volvió a él a la hora de la tarde; y he aquí que traía una hoja de olivo en el pico; y entendió Noé que las aguas se habían retirado de sobre la tierra.

¹² Y esperó aún otros siete días, y envió la paloma, la cual no volvió ya más a él.

¹³ Y sucedió que en el año seiscientos uno de Noé, en el mes primero, el día primero del mes, las aguas se secaron sobre la tierra; y quitó Noé la cubierta del arca, y miró, y he aquí que la faz de la tierra estaba seca.

¹⁴ Y en el mes segundo, a los veintisiete días del mes, se secó la tierra.

¹⁵ Entonces habló Dios a Noé, diciendo:

¹⁶ Sal del arca tú, y tu mujer, y tus hijos, y las mujeres de tus hijos contigo.

¹⁷ Todos los animales que están contigo de toda carne, de aves y de bestias y de todo reptil que se arrastra sobre la tierra, sacarás contigo; y vayan por la tierra, y fructifiquen y multiplíquense sobre la tierra.

¹⁸ Entonces salió Noé, y sus hijos, su mujer, y las mujeres de sus hijos con él.

¹⁹ Todos los animales, y todo reptil y toda ave, todo lo que se mueve sobre la tierra según sus especies, salieron del arca.

²⁰ Y edificó Noé un altar a Jehová, y tomó de todo animal limpio y de toda ave limpia, y ofreció holocausto en el altar.

²¹ Y percibió Jehová olor grato; y dijo Jehová en su corazón: No volveré más a maldecir la tierra por causa del hombre; porque el intento del corazón del hombre es malo desde su juventud; ni volveré más a destruir todo ser viviente, como he hecho.

²² Mientras la tierra permanezca, no cesarán la sementera y la siega, el frío y el calor, el verano y el invierno, y el día y la noche.

Pacto de Dios con Noé

9 ¹ Bendijo Dios a Noé y a sus hijos, y les dijo: Fructificad y multiplicaos, y llenad la tierra.ᵃ

² El temor y el miedo de vosotros estarán sobre todo animal de la tierra, y sobre toda ave de los cielos, en todo lo que se mueva sobre la tierra, y en todos los peces del mar; en vuestra mano son entregados.

³ Todo lo que se mueve y vive, os será para mantenimiento: así como las legumbres y plantas verdes, os lo he dado todo.

⁴ Pero carne con su vida, que es su sangre, no comeréis.ᵇ

⁵ Porque ciertamente demandaré la sangre de vuestras vidas; de mano de todo animal la demandaré, y de mano del hombre; de mano del varón su hermano demandaré la vida del hombre.

⁶ El que derramare sangre de hombre,ᶜ por el hombre su sangre será derramada; porque a imagen de Dios es hecho el hombre.ᵈ

⁷ Mas vosotros fructificad y multiplicaos;ᵉ procread abundantemente en la tierra, y multiplicaos en ella.

⁸ Y habló Dios a Noé y a sus hijos con él, diciendo:

⁹ He aquí que yo establezco mi pacto con vosotros, y con vuestros descendientes después de vosotros;

ᵃ **9.1** Gn 1.28.   ᵇ **9.4** Lv 7.26, 27; 17.10-14; 19.26; Dt 12.16, 23; 15.23.   ᶜ **9.6** Éx 20.13.   ᵈ **9.6** Gn 1.26.   ᵉ **9.7** Gn 1.28.

10 y con todo ser viviente que está con vosotros; aves, animales y toda bestia de la tierra que está con vosotros, desde todos los que salieron del arca hasta todo animal de la tierra. **11** Estableceré mi pacto con vosotros, y no exterminaré ya más toda carne con aguas de diluvio, ni habrá más diluvio para destruir la tierra. **12** Y dijo Dios: Ésta es la señal del pacto que yo establezco entre mí y vosotros y todo ser viviente que está con vosotros, por siglos perpetuos: **13** Mi arco he puesto en las nubes, el cual será por señal del pacto entre mí y la tierra. **14** Y sucederá que cuando haga venir nubes sobre la tierra, se dejará ver entonces mi arco en las nubes. **15** Y me acordaré del pacto mío, que hay entre mí y vosotros y todo ser viviente de toda carne; y no habrá más diluvio de aguas para destruir toda carne. **16** Estará el arco en las nubes, y lo veré, y me acordaré del pacto perpetuo entre Dios y todo ser viviente, con toda carne que hay sobre la tierra. **17** Dijo, pues, Dios a Noé: Ésta es la señal del pacto que he establecido entre mí y toda carne que está sobre la tierra.

Embriaguez de Noé

18 Y los hijos de Noé que salieron del arca fueron Sem, Cam y Jafet; y Cam es el padre de Canaán. **19** Estos tres son los hijos de Noé, y de ellos fue llena toda la tierra. **20** Después comenzó Noé a labrar la tierra, y plantó una viña; **21** y bebió del vino, y se embriagó, y estaba descubierto en medio de su tienda. **22** Y Cam, padre de Canaán, vio la desnudez de su padre, y lo dijo a sus dos hermanos que estaban afuera. **23** Entonces Sem y Jafet tomaron la ropa, y la pusieron sobre sus propios hombros, y andando hacia atrás, cubrieron la desnudez de su padre, teniendo vueltos sus rostros, y así no vieron la desnudez de su padre. **24** Y despertó Noé de su embriaguez, y supo lo que le había hecho su hijo más joven, **25** y dijo:

Maldito sea Canaán;
Siervo de siervos será a sus
   hermanos.

26 Dijo más:

Bendito por Jehová mi Dios sea Sem,
Y sea Canaán su siervo.

27 Engrandezca Dios a Jafet,
Y habite en las tiendas de Sem,
Y sea Canaán su siervo.

28 Y vivió Noé después del diluvio trescientos cincuenta años. **29** Y fueron todos los días de Noé novecientos cincuenta años; y murió.

Los descendientes de los hijos de Noé
(1 Cr 1.5-23)

10 **1** Éstas son las generaciones de los hijos de Noé: Sem, Cam y Jafet, a quienes nacieron hijos después del diluvio. **2** Los hijos de Jafet: Gomer, Magog, Madai, Javán, Tubal, Mesec y Tiras. **3** Los hijos de Gomer: Askenaz, Rifat y Togarma. **4** Los hijos de Javán: Elisa, Tarsis, Quitim y Dodanim. **5** De éstos se poblaron las costas, cada cual según su lengua, conforme a sus familias en sus naciones.

6 Los hijos de Cam: Cus, Mizraim, Fut y Canaán. **7** Y los hijos de Cus: Seba, Havila, Sabta, Raama y Sabteca. Y los hijos de Raama: Seba y Dedán. **8** Y Cus engendró a Nimrod, quien llegó a ser el primer poderoso en la tierra. **9** Éste fue vigoroso cazador delante de Jehová; por lo cual se dice: Así como Nimrod, vigoroso cazador delante de Jehová. **10** Y fue el comienzo de su reino Babel, Erec, Acad y Calne, en la tierra de Sinar. **11** De esta tierra salió para Asiria, y edificó Nínive, Rehobot, Cala, **12** y Resén entre Nínive y Cala, la cual es ciudad grande. **13** Mizraim engendró a Ludim, a Anamim, a Lehabim, a Naftuhim, **14** a Patrusim, a Casluhim, de donde salieron los filisteos, y a Caftorim. **15** Y Canaán engendró a Sidón su primogénito, a Het, **16** al jebuseo, al amorreo, al gergeseo, **17** al heveo, al araceo, al sineo,

¹⁸ al arvadeo, al zemareo y al hamateo; y después se dispersaron las familias de los cananeos.

¹⁹ Y fue el territorio de los cananeos desde Sidón, en dirección a Gerar, hasta Gaza; y en dirección de Sodoma, Gomorra, Adma y Zeboim, hasta Lasa.

²⁰ Éstos son los hijos de Cam por sus familias, por sus lenguas, en sus tierras, en sus naciones.

²¹ También le nacieron hijos a Sem, padre de todos los hijos de Heber, y hermano mayor de Jafet.

²² Los hijos de Sem fueron Elam, Asur, Arfaxad, Lud y Aram.

²³ Y los hijos de Aram: Uz, Hul, Geter y Mas.

²⁴ Arfaxad engendró a Sala, y Sala engendró a Heber.

²⁵ Y a Heber nacieron dos hijos: el nombre del uno fue Peleg,¹⁰ porque en sus días fue repartida la tierra; y el nombre de su hermano, Joctán.

²⁶ Y Joctán engendró a Almodad, Selef, Hazar-mavet, Jera,

²⁷ Adoram, Uzal, Dicla,

²⁸ Obal, Abimael, Seba,

²⁹ Ofir, Havila y Jobab; todos estos fueron hijos de Joctán.

³⁰ Y la tierra en que habitaron fue desde Mesa en dirección de Sefar, hasta la región montañosa del oriente.

³¹ Éstos fueron los hijos de Sem por sus familias, por sus lenguas, en sus tierras, en sus naciones.

³² Éstas son las familias de los hijos de Noé por sus descendencias, en sus naciones; y de éstos se esparcieron las naciones en la tierra después del diluvio.

La torre de Babel

11 ¹ Tenía entonces toda la tierra una sola lengua y unas mismas palabras. ² Y aconteció que cuando salieron de oriente, hallaron una llanura en la tierra de Sinar, y se establecieron allí. ³ Y se dijeron unos a otros: Vamos, hagamos ladrillo y cozámoslo con fuego. Y les sirvió el ladrillo en lugar de piedra, y el asfalto en lugar de mezcla.

⁴ Y dijeron: Vamos, edifiquémonos una ciudad y una torre, cuya cúspide llegue al cielo; y hagámonos un nombre, por si fuéremos esparcidos sobre la faz de toda la tierra.

⁵ Y descendió Jehová para ver la ciudad y la torre que edificaban los hijos de los hombres.

⁶ Y dijo Jehová: He aquí el pueblo es uno, y todos estos tienen un solo lenguaje; y han comenzado la obra, y nada les hará desistir ahora de lo que han pensado hacer.

⁷ Ahora, pues, descendamos, y confundamos allí su lengua, para que ninguno entienda el habla de su compañero.

⁸ Así los esparció Jehová desde allí sobre la faz de toda la tierra, y dejaron de edificar la ciudad.

⁹ Por esto fue llamado el nombre de ella Babel, porque allí confundió¹¹ Jehová el lenguaje de toda la tierra, y desde allí los esparció sobre la faz de toda la tierra.

Los descendientes de Sem

(1 Cr 1.24-27)

¹⁰ Éstas son las generaciones de Sem: Sem, de edad de cien años, engendró a Arfaxad, dos años después del diluvio.

¹¹ Y vivió Sem, después que engendró a Arfaxad, quinientos años, y engendró hijos e hijas.

¹² Arfaxad vivió treinta y cinco años, y engendró a Sala.

¹³ Y vivió Arfaxad, después que engendró a Sala, cuatrocientos tres años, y engendró hijos e hijas.

¹⁴ Sala vivió treinta años, y engendró a Heber.

¹⁵ Y vivió Sala, después que engendró a Heber, cuatrocientos tres años, y engendró hijos e hijas.

¹⁶ Heber vivió treinta y cuatro años, y engendró a Peleg.

¹⁷ Y vivió Heber, después que engendró a Peleg, cuatrocientos treinta años, y engendró hijos e hijas.

¹⁸ Peleg vivió treinta años, y engendró a Reu.

¹⁹ Y vivió Peleg, después que engendró a Reu, doscientos nueve años, y engendró hijos e hijas.

²⁰ Reu vivió treinta y dos años, y engendró a Serug.

²¹ Y vivió Reu, después que engendró a Serug, doscientos siete años, y engendró hijos e hijas.

---

10. **10.25** Esto es, *División.* *11.* **11.9** Compárese la palabra hebrea *balal,* confundir.

22 Serug vivió treinta años, y engendró a Nacor.

23 Y vivió Serug, después que engendró a Nacor, doscientos años, y engendró hijos e hijas.

24 Nacor vivió veintinueve años, y engendró a Taré.

25 Y vivió Nacor, después que engendró a Taré, ciento diecinueve años, y engendró hijos e hijas.

26 Taré vivió setenta años, y engendró a Abram, a Nacor y a Harán.

Los descendientes de Taré

27 Éstas son las generaciones de Taré: Taré engendró a Abram, a Nacor y a Harán; y Harán engendró a Lot.

28 Y murió Harán antes que su padre Taré en la tierra de su nacimiento, en Ur de los caldeos.

29 Y tomaron Abram y Nacor para sí mujeres; el nombre de la mujer de Abram era Sarai, y el nombre de la mujer de Nacor, Milca, hija de Harán, padre de Milca y de Isca.

30 Mas Sarai era estéril, y no tenía hijo.

31 Y tomó Taré a Abram su hijo, y a Lot hijo de Harán, hijo de su hijo, y a Sarai su nuera, mujer de Abram su hijo, y salió con ellos de Ur de los caldeos, para ir a la tierra de Canaán; y vinieron hasta Harán, y se quedaron allí.

32 Y fueron los días de Taré doscientos cinco años; y murió Taré en Harán.

Dios llama a Abram

12 **1** Pero Jehová había dicho a Abram: Vete de tu tierra y de tu parentela, y de la casa de tu padre, a la tierra que te mostraré.[a]

2 Y haré de ti una nación grande, y te bendeciré, y engrandeceré tu nombre, y serás bendición.

3 Bendeciré a los que te bendijeren, y a los que te maldijeren maldeciré; y serán benditas en ti todas las familias de la tierra.[b]

4 Y se fue Abram, como Jehová le dijo; y Lot fue con él. Y era Abram de edad de setenta y cinco años cuando salió de Harán.

5 Tomó, pues, Abram a Sarai su mujer, y a Lot hijo de su hermano, y todos sus bienes que habían ganado y las personas que habían adquirido en Harán, y salieron para ir a tierra de Canaán; y a tierra de Canaán llegaron.

6 Y pasó Abram por aquella tierra hasta el lugar de Siquem, hasta el encino de More; y el cananeo estaba entonces en la tierra.

7 Y apareció Jehová a Abram, y le dijo: A tu descendencia daré esta tierra.[c] Y edificó allí un altar a Jehová, quien le había aparecido.

8 Luego se pasó de allí a un monte al oriente de Bet-el, y plantó su tienda, teniendo a Bet-el al occidente y Hai al oriente; y edificó allí altar a Jehová, e invocó el nombre de Jehová.

9 Y Abram partió de allí, caminando y yendo hacia el Neguev.

Abram en Egipto

10 Hubo entonces hambre en la tierra, y descendió Abram a Egipto para morar allá; porque era grande el hambre en la tierra.

11 Y aconteció que cuando estaba para entrar en Egipto, dijo a Sarai su mujer: He aquí, ahora conozco que eres mujer de hermoso aspecto;

12 y cuando te vean los egipcios, dirán: Su mujer es; y me matarán a mí, y a ti te reservarán la vida.

13 Ahora, pues, di que eres mi hermana,[d] para que me vaya bien por causa tuya, y viva mi alma por causa de ti.

14 Y aconteció que cuando entró Abram en Egipto, los egipcios vieron que la mujer era hermosa en gran manera.

15 También la vieron los príncipes de Faraón, y la alabaron delante de él; y fue llevada la mujer a casa de Faraón.

16 E hizo bien a Abram por causa de ella; y él tuvo ovejas, vacas, asnos, siervos, criadas, asnas y camellos.

17 Mas Jehová hirió a Faraón y a su casa con grandes plagas, por causa de Sarai mujer de Abram.

18 Entonces Faraón llamó a Abram, y le dijo: ¿Qué es esto que has hecho conmigo? ¿Por qué no me declaraste que era tu mujer?

19 ¿Por qué dijiste: Es mi hermana, poniéndome en ocasión de tomarla para mí por mujer? Ahora, pues, he aquí tu mujer; tómala, y vete.

---

a 12.1 Hch 7.2, 3; Heb 11.8.   **b 12.3** Gá 3.8.
c 12.7 Hch 7.5; Gá 3.16.   **d 12.13** Gn 20.2; 26.7.

²⁰ Entonces Faraón dio orden a su gente acerca de Abram; y le acompañaron, y a su mujer, con todo lo que tenía.

Abram y Lot se separan

13 ¹ Subió, pues, Abram de Egipto hacia el Neguev, él y su mujer, con todo lo que tenía, y con él Lot.

² Y Abram era riquísimo en ganado, en plata y en oro.

³ Y volvió por sus jornadas desde el Neguev hacia Bet-el, hasta el lugar donde había estado antes su tienda entre Bet-el y Hai,

⁴ al lugar del altar que había hecho allí antes; e invocó allí Abram el nombre de Jehová.

⁵ También Lot, que andaba con Abram, tenía ovejas, vacas y tiendas.

⁶ Y la tierra no era suficiente para que habitasen juntos, pues sus posesiones eran muchas, y no podían morar en un mismo lugar.

⁷ Y hubo contienda entre los pastores del ganado de Abram y los pastores del ganado de Lot; y el cananeo y el ferezeo habitaban entonces en la tierra.

⁸ Entonces Abram dijo a Lot: No haya ahora altercado entre nosotros dos, entre mis pastores y los tuyos, porque somos hermanos.

⁹ ¿No está toda la tierra delante de ti? Yo te ruego que te apartes de mí. Si fueres a la mano izquierda, yo iré a la derecha; y si tú a la derecha, yo iré a la izquierda.

¹⁰ Y alzó Lot sus ojos, y vio toda la llanura del Jordán, que toda ella era de riego, como el huerto de Jehová,ᵃ como la tierra de Egipto en la dirección de Zoar, antes que destruyese Jehová a Sodoma y a Gomorra.

¹¹ Entonces Lot escogió para sí toda la llanura del Jordán; y se fue Lot hacia el oriente, y se apartaron el uno del otro.

¹² Abram acampó en la tierra de Canaán, en tanto que Lot habitó en las ciudades de la llanura, y fue poniendo sus tiendas hasta Sodoma.

¹³ Mas los hombres de Sodoma eran malos y pecadores contra Jehová en gran manera.

¹⁴ Y Jehová dijo a Abram, después que Lot se apartó de él: Alza ahora tus ojos, y mira desde el lugar donde estás hacia el norte y el sur, y al oriente y al occidente.

¹⁵ Porque toda la tierra que ves, la daré a ti y a tu descendencia para siempre.ᵇ

¹⁶ Y haré tu descendencia como el polvo de la tierra; que si alguno puede contar el polvo de la tierra, también tu descendencia será contada.

¹⁷ Levántate, ve por la tierra a lo largo de ella y a su ancho; porque a ti la daré.

¹⁸ Abram, pues, removiendo su tienda, vino y moró en el encinar de Mamre, que está en Hebrón, y edificó allí altar a Jehová.

Abram liberta a Lot

14 ¹ Aconteció en los días de Amrafel rey de Sinar, Arioc rey de Elasar, Quedorlaomer rey de Elam, y Tidal rey de Goim,

² que éstos hicieron guerra contra Bera rey de Sodoma, contra Birsa rey de Gomorra, contra Sinab rey de Adma, contra Semeber rey de Zeboim, y contra el rey de Bela, la cual es Zoar.

³ Todos estos se juntaron en el valle de Sidim, que es el Mar Salado.

⁴ Doce años habían servido a Quedorlaomer, y en el decimotercero se rebelaron.

⁵ Y en el año decimocuarto vino Quedorlaomer, y los reyes que estaban de su parte, y derrotaron a los refaítas en Astarot Karnaim, a los zuzitas en Ham, a los emitas en Save-quiriataim,

⁶ y a los horeos en el monte de Seir, hasta la llanura de Parán, que está junto al desierto.

⁷ Y volvieron y vinieron a En-mispat, que es Cades, y devastaron todo el país de los amalecitas, y también al amorreo que habitaba en Hazezontamar.

⁸ Y salieron el rey de Sodoma, el rey de Gomorra, el rey de Adma, el rey de Zeboim y el rey de Bela, que es Zoar, y ordenaron contra ellos batalla en el valle de Sidim;

⁹ esto es, contra Quedorlaomer rey de Elam, Tidal rey de Goim, Amrafel rey de Sinar, y Arioc rey de Elasar; cuatro reyes contra cinco.

¹⁰ Y el valle de Sidim estaba lleno de pozos de asfalto; y cuando huyeron el rey de Sodoma y el de Gomorra, algunos cayeron allí; y los demás huyeron al monte.

¹¹ Y tomaron toda la riqueza de Sodoma y de Gomorra, y todas sus provisiones, y se fueron.

---

a **13.10** Gn 2.10.   b **13.15** Hch 7.5.

¹²Tomaron también a Lot, hijo del hermano de Abram, que moraba en Sodoma, y sus bienes, y se fueron.

¹³Y vino uno de los que escaparon, y lo anunció a Abram el hebreo, que habitaba en el encinar de Mamre el amorreo, hermano de Escol y hermano de Aner, los cuales eran aliados de Abram.

¹⁴Oyó Abram que su pariente estaba prisionero, y armó a sus criados, los nacidos en su casa, trescientos dieciocho, y los siguió hasta Dan.

¹⁵Y cayó sobre ellos de noche, él y sus siervos, y les atacó, y les fue siguiendo hasta Hoba al norte de Damasco.

¹⁶Y recobró todos los bienes, y también a Lot su pariente y sus bienes, y a las mujeres y demás gente.

Melquisedec bendice a Abram

¹⁷Cuando volvía de la derrota de Quedorlaomer y de los reyes que con él estaban, salió el rey de Sodoma a recibirlo al valle de Save, que es el Valle del Rey.

¹⁸Entonces Melquisedec,ᵃ rey de Salem y sacerdote del Dios Altísimo, sacó pan y vino;

¹⁹y le bendijo, diciendo: Bendito sea Abram del Dios Altísimo, creador de los cielos y de la tierra;

²⁰y bendito sea el Dios Altísimo, que entregó tus enemigos en tu mano. Y le dio Abram los diezmos de todo.

²¹Entonces el rey de Sodoma dijo a Abram: Dame las personas, y toma para ti los bienes.

²²Y respondió Abram al rey de Sodoma: He alzado mi mano a Jehová Dios Altísimo, creador de los cielos y de la tierra,

²³que desde un hilo hasta una correa de calzado, nada tomaré de todo lo que es tuyo, para que no digas: Yo enriquecí a Abram;

²⁴excepto solamente lo que comieron los jóvenes, y la parte de los varones que fueron conmigo, Aner, Escol y Mamre, los cuales tomarán su parte.

Dios promete a Abram un hijo

15 ¹Después de estas cosas vino la palabra de Jehová a Abram en visión, diciendo: No temas, Abram; yo soy tu escudo, y tu galardón será sobremanera grande.

²Y respondió Abram: Señor Jehová, ¿qué me darás, siendo así que ando sin hijo, y el mayordomo de mi casa es ese damasceno Eliezer?

³Dijo también Abram: Mira que no me has dado prole, y he aquí que será mi heredero un esclavo nacido en mi casa.

⁴Luego vino a él palabra de Jehová, diciendo: No te heredará éste, sino un hijo tuyo será el que te heredará.

⁵Y lo llevó fuera, y le dijo: Mira ahora los cielos, y cuenta las estrellas, si las puedes contar. Y le dijo: Así será tu descendencia.ᵃ

⁶Y creyó a Jehová, y le fue contado por justicia.ᵇ

⁷Y le dijo: Yo soy Jehová, que te saqué de Ur de los caldeos, para darte a heredar esta tierra.

⁸Y él respondió: Señor Jehová, ¿en qué conoceré que la he de heredar?

⁹Y le dijo: Tráeme una becerra de tres años, y una cabra de tres años, y un carnero de tres años, una tórtola también, y un palomino.

¹⁰Y tomó él todo esto, y los partió por la mitad, y puso cada mitad una enfrente de la otra; mas no partió las aves.

¹¹Y descendían aves de rapiña sobre los cuerpos muertos, y Abram las ahuyentaba.

¹²Mas a la caída del sol sobrecogió el sueño a Abram, y he aquí que el temor de una grande oscuridad cayó sobre él.

¹³Entonces Jehová dijo a Abram: Ten por cierto que tu descendencia morará en tierra ajena, y será esclava allí, y será oprimida cuatrocientos años.ᶜ

¹⁴Mas también a la nación a la cual servirán, juzgaré yo; y después de esto saldrán con gran riqueza.ᵈ

¹⁵Y tú vendrás a tus padres en paz, y serás sepultado en buena vejez.

¹⁶Y en la cuarta generación volverán acá; porque aún no ha llegado a su colmo la maldad del amorreo hasta aquí.

¹⁷Y sucedió que puesto el sol, y ya oscurecido, se veía un horno humeando, y una antorcha de fuego que pasaba por entre los animales divididos.

¹⁸En aquel día hizo Jehová un pacto con Abram, diciendo: A tu descendencia daré

a **14.18-20** Heb 7.1-10.   a **15.5** Ro 4.18; Heb 11.12.
b **15.6** Ro 4.3; Gá 3.6; Stg 2.23.   c **15.13** Éx 1.1-14; Hch 7.6.
d **15.14** Éx 12.40-41; Hch 7.7.

esta tierra,[e] desde el río de Egipto hasta el río grande, el río Éufrates;

19 la tierra de los ceneos, los cenezeos, los cadmoneos,

20 los heteos, los ferezeos, los refaítas,

21 los amorreos, los cananeos, los gergeseos y los jebuseos.

Agar e Ismael

16 **1** Sarai mujer de Abram no le daba hijos; y ella tenía una sierva egipcia, que se llamaba Agar.

2 Dijo entonces Sarai a Abram: Ya ves que Jehová me ha hecho estéril; te ruego, pues, que te llegues a mi sierva; quizá tendré hijos de ella. Y atendió Abram al ruego de Sarai.

3 Y Sarai mujer de Abram tomó a Agar su sierva egipcia, al cabo de diez años que había habitado Abram en la tierra de Canaán, y la dio por mujer a Abram su marido.

4 Y él se llegó a Agar, la cual concibió; y cuando vio que había concebido, miraba con desprecio a su señora.

5 Entonces Sarai dijo a Abram: Mi afrenta sea sobre ti; yo te di mi sierva por mujer, y viéndose encinta, me mira con desprecio; juzgue Jehová entre tú y yo.

6 Y respondió Abram a Sarai: He aquí, tu sierva está en tu mano; haz con ella lo que bien te parezca. Y como Sarai la afligía, ella huyó de su presencia.

7 Y la halló el ángel de Jehová junto a una fuente de agua en el desierto, junto a la fuente que está en el camino de Shur.

8 Y le dijo: Agar, sierva de Sarai, ¿de dónde vienes tú, y a dónde vas? Y ella respondió: Huyo de delante de Sarai mi señora.

9 Y le dijo el ángel de Jehová: Vuélvete a tu señora, y ponte sumisa bajo su mano.

10 Le dijo también el ángel de Jehová: Multiplicaré tanto tu descendencia, que no podrá ser contada a causa de la multitud.

11 Además le dijo el ángel de Jehová: He aquí que has concebido, y darás a luz un hijo, y llamarás su nombre Ismael,[12] porque Jehová ha oído tu aflicción.

12 Y él será hombre fiero; su mano será contra todos, y la mano de todos contra él, y delante de todos sus hermanos habitará.

13 Entonces llamó el nombre de Jehová que con ella hablaba: Tú eres Dios que ve; porque dijo: ¿No he visto también aquí al que me ve?

14 Por lo cual llamó al pozo: Pozo del Viviente-que-me-ve. He aquí está entre Cades y Bered.

15 Y Agar dio a luz un hijo a Abram, y llamó Abram el nombre del hijo que le dio Agar, Ismael.

16 Era Abram de edad de ochenta y seis años, cuando Agar dio a luz a Ismael.

La circuncisión, señal del pacto

17 **1** Era Abram de edad de noventa y nueve años, cuando le apareció Jehová y le dijo: Yo soy el Dios Todopoderoso; anda delante de mí y sé perfecto.

2 Y pondré mi pacto entre mí y ti, y te multiplicaré en gran manera.

3 Entonces Abram se postró sobre su rostro, y Dios habló con él, diciendo:

4 He aquí mi pacto es contigo, y serás padre de muchedumbre de gentes.

5 Y no se llamará más tu nombre Abram,[13] sino que será tu nombre Abraham,[14] porque te he puesto por padre de muchedumbre de gentes.[a]

6 Y te multiplicaré en gran manera, y haré naciones de ti, y reyes saldrán de ti.

7 Y estableceré mi pacto entre mí y ti, y tu descendencia después de ti en sus generaciones, por pacto perpetuo,[b] para ser tu Dios, y el de tu descendencia después de ti.

8 Y te daré a ti, y a tu descendencia después de ti, la tierra en que moras, toda la tierra de Canaán en heredad perpetua;[c] y seré el Dios de ellos.

9 Dijo de nuevo Dios a Abraham: En cuanto a ti, guardarás mi pacto, tú y tu descendencia después de ti por sus generaciones.

10 Éste es mi pacto, que guardaréis entre mí y vosotros y tu descendencia después de ti: Será circuncidado todo varón de entre vosotros.[d]

11 Circuncidaréis, pues, la carne de vuestro prepucio, y será por señal del pacto entre mí y vosotros.

12 Y de edad de ocho días será circuncidado todo varón entre vosotros por vuestras

---

12. **16.**11 Esto es, *Dios oye.*   13. **17.**5 Esto es, *Padre enaltecido.*   *14.* **17.**5 Entendido aquí, *Padre de una multitud.*

e 15.18 Hch 7.5.   **a** 17.5 Ro 4.17.   **b** 17.7 Lc 1.55.
c 17.8 Hch 7.5.   **d** 17.10 Hch 7.8.

generaciones; el nacido en casa, y el comprado por dinero a cualquier extranjero, que no fuere de tu linaje.

13 Debe ser circuncidado el nacido en tu casa, y el comprado por tu dinero; y estará mi pacto en vuestra carne por pacto perpetuo.

14 Y el varón incircunciso, el que no hubiere circuncidado la carne de su prepucio, aquella persona será cortada de su pueblo; ha violado mi pacto.

15 Dijo también Dios a Abraham: A Sarai tu mujer no la llamarás Sarai, mas Sara[15] será su nombre.

16 Y la bendeciré, y también te daré de ella hijo; sí, la bendeciré, y vendrá a ser madre de naciones; reyes de pueblos vendrán de ella.

17 Entonces Abraham se postró sobre su rostro, y se rió, y dijo en su corazón: ¿A hombre de cien años ha de nacer hijo? ¿Y Sara, ya de noventa años, ha de concebir?

18 Y dijo Abraham a Dios: Ojalá Ismael viva delante de ti.

19 Respondió Dios: Ciertamente Sara tu mujer te dará a luz un hijo, y llamarás su nombre Isaac;[16] y confirmaré mi pacto con él como pacto perpetuo para sus descendientes después de él.

20 Y en cuanto a Ismael, también te he oído; he aquí que le bendeciré, y le haré fructificar y multiplicar mucho en gran manera; doce príncipes engendrará, y haré de él una gran nación.

21 Mas yo estableceré mi pacto con Isaac, el que Sara te dará a luz por este tiempo el año que viene.

22 Y acabó de hablar con él, y subió Dios de estar con Abraham.

23 Entonces tomó Abraham a Ismael su hijo, y a todos los siervos nacidos en su casa, y a todos los comprados por su dinero, a todo varón entre los domésticos de la casa de Abraham, y circuncidó la carne del prepucio de ellos en aquel mismo día, como Dios le había dicho.

24 Era Abraham de edad de noventa y nueve años cuando circuncidó la carne de su prepucio.

25 E Ismael su hijo era de trece años, cuando fue circuncidada la carne de su prepucio.

26 En el mismo día fueron circuncidados Abraham e Ismael su hijo.

27 Y todos los varones de su casa, el siervo nacido en casa, y el comprado del extranjero por dinero, fueron circuncidados con él.

Promesa del nacimiento de Isaac

18 **1** Después le apareció Jehová en el encinar de Mamre, estando él sentado a la puerta de su tienda en el calor del día.

2 Y alzó sus ojos y miró, y he aquí tres varones que estaban junto a él; y cuando los vio, salió corriendo de la puerta de su tienda a recibirlos, y se postró en tierra,

3 y dijo: Señor, si ahora he hallado gracia en tus ojos, te ruego que no pases de tu siervo.

4 Que se traiga ahora un poco de agua, y lavad vuestros pies; y recostaos debajo de un árbol,

5 y traeré un bocado de pan, y sustentad vuestro corazón, y después pasaréis; pues por eso habéis pasado cerca de vuestro siervo. Y ellos dijeron: Haz así como has dicho.

6 Entonces Abraham fue de prisa a la tienda a Sara, y le dijo: Toma pronto tres medidas de flor de harina, y amasa y haz panes cocidos debajo del rescoldo.

7 Y corrió Abraham a las vacas, y tomó un becerro tierno y bueno, y lo dio al criado, y éste se dio prisa a prepararlo.

8 Tomó también mantequilla y leche, y el becerro que había preparado, y lo puso delante de ellos; y él se estuvo con ellos debajo del árbol, y comieron.

9 Y le dijeron: ¿Dónde está Sara tu mujer? Y él respondió: Aquí en la tienda.

10 Entonces dijo: De cierto volveré a ti; y según el tiempo de la vida, he aquí que Sara tu mujer tendrá un hijo.[a] Y Sara escuchaba a la puerta de la tienda, que estaba detrás de él.

11 Y Abraham y Sara eran viejos, de edad avanzada; y a Sara le había cesado ya la costumbre de las mujeres.

12 Se rió, pues, Sara entre sí, diciendo: ¿Después que he envejecido tendré deleite, siendo también mi señor[b] ya viejo?

13 Entonces Jehová dijo a Abraham: ¿Por qué se ha reído Sara diciendo: Será cierto que he de dar a luz siendo ya vieja?

---

15. **17.15** Esto es, *Princesa*.   16. **17.19** Esto es, *Risa*.
a **18.10** Ro 9.9.   b **18.12** 1 P 3.6.

14 ¿Hay para Dios alguna cosa difícil?[c] Al tiempo señalado volveré a ti, y según el tiempo de la vida, Sara tendrá un hijo. **15** Entonces Sara negó, diciendo: No me reí; porque tuvo miedo. Y él dijo: No es así, sino que te has reído.

Abraham intercede por Sodoma

16 Y los varones se levantaron de allí, y miraron hacia Sodoma; y Abraham iba con ellos acompañándolos. **17** Y Jehová dijo: ¿Encubriré yo a Abraham lo que voy a hacer, **18** habiendo de ser Abraham una nación grande y fuerte, y habiendo de ser benditas en él todas las naciones de la tierra? **19** Porque yo sé que mandará a sus hijos y a su casa después de sí, que guarden el camino de Jehová, haciendo justicia y juicio, para que haga venir Jehová sobre Abraham lo que ha hablado acerca de él. **20** Entonces Jehová le dijo: Por cuanto el clamor contra Sodoma y Gomorra se aumenta más y más, y el pecado de ellos se ha agravado en extremo, **21** descenderé ahora, y veré si han consumado su obra según el clamor que ha venido hasta mí; y si no, lo sabré. **22** Y se apartaron de allí los varones, y fueron hacia Sodoma; pero Abraham estaba aún delante de Jehová. **23** Y se acercó Abraham y dijo: ¿Destruirás también al justo con el impío? **24** Quizá haya cincuenta justos dentro de la ciudad: ¿destruirás también y no perdonarás al lugar por amor a los cincuenta justos que estén dentro de él? **25** Lejos de ti el hacer tal, que hagas morir al justo con el impío, y que sea el justo tratado como el impío; nunca tal hagas. El Juez de toda la tierra, ¿no ha de hacer lo que es justo? **26** Entonces respondió Jehová: Si hallare en Sodoma cincuenta justos dentro de la ciudad, perdonaré a todo este lugar por amor a ellos. **27** Y Abraham replicó y dijo: He aquí ahora que he comenzado a hablar a mi Señor, aunque soy polvo y ceniza. **28** Quizá faltarán de cincuenta justos cinco; ¿destruirás por aquellos cinco toda la ciudad? Y dijo: No la destruiré, si hallare allí cuarenta y cinco. **29** Y volvió a hablarle, y dijo: Quizá se hallarán allí cuarenta. Y respondió: No lo haré por amor a los cuarenta. **30** Y dijo: No se enoje ahora mi Señor, si hablare: quizá se hallarán allí treinta. Y respondió: No lo haré si hallare allí treinta. **31** Y dijo: He aquí ahora que he emprendido el hablar a mi Señor: quizá se hallarán allí veinte. No la destruiré, respondió, por amor a los veinte. **32** Y volvió a decir: No se enoje ahora mi Señor, si hablare solamente una vez: quizá se hallarán allí diez. No la destruiré, respondió, por amor a los diez. **33** Y Jehová se fue, luego que acabó de hablar a Abraham; y Abraham volvió a su lugar.

Destrucción de Sodoma y Gomorra

19 **1** Llegaron, pues, los dos ángeles a Sodoma a la caída de la tarde; y Lot estaba sentado a la puerta de Sodoma. Y viéndolos Lot, se levantó a recibirlos, y se inclinó hacia el suelo, **2** y dijo: Ahora, mis señores, os ruego que vengáis a casa de vuestro siervo y os hospedéis, y lavaréis vuestros pies; y por la mañana os levantaréis, y seguiréis vuestro camino. Y ellos respondieron: No, que en la calle nos quedaremos esta noche. **3** Mas él porfió con ellos mucho, y fueron con él, y entraron en su casa; y les hizo banquete, y coció panes sin levadura, y comieron. **4** Pero antes que se acostasen, rodearon la casa los hombres de la ciudad, los varones de Sodoma, todo el pueblo junto, desde el más joven hasta el más viejo. **5** Y llamaron a Lot, y le dijeron: ¿Dónde están los varones que vinieron a ti esta noche? Sácalos, para que los conozcamos. **6** Entonces Lot salió a ellos a la puerta, y cerró la puerta tras sí, **7** y dijo: Os ruego, hermanos míos, que no hagáis tal maldad. **8** He aquí ahora yo tengo dos hijas que no han conocido varón; os las sacaré fuera, y haced de ellas como bien os pareciere; solamente que a estos varones no hagáis nada, pues que vinieron a la sombra de mi tejado. **9** Y ellos respondieron: Quita allá; y añadieron: Vino este extraño para habitar

---

c **18.14** Lc 1.37.

entre nosotros, ¿y habrá de erigirse en juez? Ahora te haremos más mal que a ellos. Y hacían gran violencia al varón, a Lot, y se acercaron para romper la puerta. ¹⁰ Entonces los varones alargaron la mano, y metieron a Lot en casa con ellos, y cerraron la puerta.

¹¹ Y a los hombres que estaban a la puerta de la casa hirieron con ceguera desde el menor hasta el mayor, de manera que se fatigaban buscando la puerta.

¹² Y dijeron los varones a Lot: ¿Tienes aquí alguno más? Yernos, y tus hijos y tus hijas, y todo lo que tienes en la ciudad, sácalo de este lugar;

¹³ porque vamos a destruir este lugar, por cuanto el clamor contra ellos ha subido de punto delante de Jehová; por tanto, Jehová nos ha enviado para destruirlo.

¹⁴ Entonces salió Lot y habló a sus yernos, los que habían de tomar sus hijas, y les dijo: Levantaos, salid de este lugar; porque Jehová va a destruir esta ciudad. Mas pareció a sus yernos como que se burlaba.

¹⁵ Y al rayar el alba, los ángeles daban prisa a Lot, diciendo: Levántate, toma tu mujer, y tus dos hijas que se hallan aquí, para que no perezcas en el castigo de la ciudad.

¹⁶ Y deteniéndose él, los varones asieron de su mano, y de la mano de su mujer y de las manos de sus dos hijas, según la misericordia de Jehová para con él; y lo sacaron y lo pusieron fuera de la ciudad.ᵃ

¹⁷ Y cuando los hubieron llevado fuera, dijeron: Escapa por tu vida; no mires tras ti, ni pares en toda esta llanura; escapa al monte, no sea que perezcas.

¹⁸ Pero Lot les dijo: No, yo os ruego, señores míos.

¹⁹ He aquí ahora ha hallado vuestro siervo gracia en vuestros ojos, y habéis engrandecido vuestra misericordia que habéis hecho conmigo dándome la vida; mas yo no podré escapar al monte, no sea que me alcance el mal, y muera.

²⁰ He aquí ahora esta ciudad está cerca para huir allá, la cual es pequeña; dejadme escapar ahora allá (¿no es ella pequeña?), y salvaré mi vida.

²¹ Y le respondió: He aquí he recibido también tu súplica sobre esto, y no destruiré la ciudad de que has hablado.

²² Date prisa, escápate allá; porque nada podré hacer hasta que hayas llegado allí. Por eso fue llamado el nombre de la ciudad, Zoar.¹⁷

²³ El sol salía sobre la tierra, cuando Lot llegó a Zoar.

²⁴ Entonces Jehová hizo llover sobre Sodoma y sobre Gomorra azufre y fuego de parte de Jehová desde los cielos;

²⁵ y destruyó las ciudades, y toda aquella llanura, con todos los moradores de aquellas ciudades,ᵇ y el fruto de la tierra.

²⁶ Entonces la mujer de Lotᶜ miró atrás, a espaldas de él, y se volvió estatua de sal.

²⁷ Y subió Abraham por la mañana al lugar donde había estado delante de Jehová.

²⁸ Y miró hacia Sodoma y Gomorra, y hacia toda la tierra de aquella llanura miró; y he aquí que el humo subía de la tierra como el humo de un horno.

²⁹ Así, cuando destruyó Dios las ciudades de la llanura, Dios se acordó de Abraham, y envió fuera a Lot de en medio de la destrucción, al asolar las ciudades donde Lot estaba.

³⁰ Pero Lot subió de Zoar y moró en el monte, y sus dos hijas con él; porque tuvo miedo de quedarse en Zoar, y habitó en una cueva él y sus dos hijas.

³¹ Entonces la mayor dijo a la menor: Nuestro padre es viejo, y no queda varón en la tierra que entre a nosotras conforme a la costumbre de toda la tierra.

³² Ven, demos a beber vino a nuestro padre, y durmamos con él, y conservaremos de nuestro padre descendencia.

³³ Y dieron a beber vino a su padre aquella noche, y entró la mayor, y durmió con su padre; mas él no sintió cuándo se acostó ella, ni cuándo se levantó.

³⁴ El día siguiente, dijo la mayor a la menor: He aquí, yo dormí la noche pasada con mi padre; démosle a beber vino también esta noche, y entra y duerme con él, para que conservemos de nuestro padre descendencia.

³⁵ Y dieron a beber vino a su padre también aquella noche, y se levantó la menor, y durmió con él; pero él no echó de ver cuándo se acostó ella, ni cuándo se levantó.

---

*17. **19.22** Esto es, *Pequeña.*
a 19.16 2 P 2.7. **b 19.24, 25** Mt 10.15; 11.23, 24; Lc 10.12; 17.29; 2 P 2.6; Jud 7. **c 19.26** Lc 17.32.

36 Y las dos hijas de Lot concibieron de su padre.

37 Y dio a luz la mayor un hijo, y llamó su nombre Moab, el cual es padre de los moabitas hasta hoy.

38 La menor también dio a luz un hijo, y llamó su nombre Ben-ammi, el cual es padre de los amonitas hasta hoy.

Abraham y Abimelec

20 **1** De allí partió Abraham a la tierra del Neguev, y acampó entre Cades y Shur, y habitó como forastero en Gerar.

2 Y dijo Abraham de Sara su mujer: Es mi hermana.ª Y Abimelec rey de Gerar envió y tomó a Sara.

3 Pero Dios vino a Abimelec en sueños de noche, y le dijo: He aquí, muerto eres, a causa de la mujer que has tomado, la cual es casada con marido.

4 Mas Abimelec no se había llegado a ella, y dijo: Señor, ¿matarás también al inocente?

5 ¿No me dijo él: Mi hermana es; y ella también dijo: Es mi hermano? Con sencillez de mi corazón y con limpieza de mis manos he hecho esto.

6 Y le dijo Dios en sueños: Yo también sé que con integridad de tu corazón has hecho esto; y yo también te detuve de pecar contra mí, y así no te permití que la tocases.

7 Ahora, pues, devuelve la mujer a su marido; porque es profeta, y orará por ti, y vivirás. Y si no la devolvieres, sabe que de cierto morirás tú, y todos los tuyos.

8 Entonces Abimelec se levantó de mañana y llamó a todos sus siervos, y dijo todas estas palabras en los oídos de ellos; y temieron los hombres en gran manera.

9 Después llamó Abimelec a Abraham, y le dijo: ¿Qué nos has hecho? ¿En qué pequé yo contra ti, que has atraído sobre mí y sobre mi reino tan grande pecado? Lo que no debiste hacer has hecho conmigo.

10 Dijo también Abimelec a Abraham: ¿Qué pensabas, para que hicieses esto?

11 Y Abraham respondió: Porque dije para mí: Ciertamente no hay temor de Dios en este lugar, y me matarán por causa de mi mujer.

12 Y a la verdad también es mi hermana, hija de mi padre, mas no hija de mi madre, y la tomé por mujer.

13 Y cuando Dios me hizo salir errante de la casa de mi padre, yo le dije: Ésta es la merced que tú harás conmigo, que en todos los lugares adonde lleguemos, digas de mí: Mi hermano es.

14 Entonces Abimelec tomó ovejas y vacas, y siervos y siervas, y se los dio a Abraham, y le devolvió a Sara su mujer.

15 Y dijo Abimelec: He aquí mi tierra está delante de ti; habita donde bien te parezca.

16 Y a Sara dijo: He aquí he dado mil monedas de plata a tu hermano; mira que él te es como un velo para los ojos de todos los que están contigo, y para con todos; así fue vindicada.

17 Entonces Abraham oró a Dios; y Dios sanó a Abimelec y a su mujer, y a sus siervas, y tuvieron hijos.

18 Porque Jehová había cerrado completamente toda matriz de la casa de Abimelec, a causa de Sara mujer de Abraham.

Nacimiento de Isaac

21 **1** Visitó Jehová a Sara, como había dicho, e hizo Jehová con Sara como había hablado.

2 Y Sara concibióª y dio a Abraham un hijo en su vejez, en el tiempo que Dios le había dicho.

3 Y llamó Abraham el nombre de su hijo que le nació, que le dio a luz Sara, Isaac.

4 Y circuncidó Abraham a su hijo Isaacᵇ de ocho días, como Dios le había mandado.

5 Y era Abraham de cien años cuando nació Isaac su hijo.

6 Entonces dijo Sara: Dios me ha hecho reír, y cualquiera que lo oyere, se reirá conmigo.

7 Y añadió: ¿Quién dijera a Abraham que Sara habría de dar de mamar a hijos? Pues le he dado un hijo en su vejez.

Agar e Ismael son echados de la casa de Abraham

8 Y creció el niño, y fue destetado; e hizo Abraham gran banquete el día que fue destetado Isaac.

9 Y vio Sara que el hijo de Agar la egipcia, el cual ésta le había dado a luz a Abraham, se burlaba de su hijo Isaac.

---

a **20.2** Gn 12.13; 26.7.   a **21.2** Heb 11.11.   b **21.4** Gn 17.12; Hch 7.8.

10 Por tanto, dijo a Abraham: Echa a esta sierva y a su hijo, porque el hijo de esta sierva no ha de heredar con Isaac mi hijo.[c]
11 Este dicho pareció grave en gran manera a Abraham a causa de su hijo.
12 Entonces dijo Dios a Abraham: No te parezca grave a causa del muchacho y de tu sierva; en todo lo que te dijere Sara, oye su voz, porque en Isaac te será llamada descendencia.[d]
13 Y también del hijo de la sierva haré una nación, porque es tu descendiente.
14 Entonces Abraham se levantó muy de mañana, y tomó pan, y un odre de agua, y lo dio a Agar, poniéndolo sobre su hombro, y le entregó el muchacho, y la despidió. Y ella salió y anduvo errante por el desierto de Beerseba.
15 Y le faltó el agua del odre, y echó al muchacho debajo de un arbusto,
16 y se fue y se sentó enfrente, a distancia de un tiro de arco; porque decía: No veré cuando el muchacho muera. Y cuando ella se sentó enfrente, el muchacho alzó su voz y lloró.
17 Y oyó Dios la voz del muchacho; y el ángel de Dios llamó a Agar desde el cielo, y le dijo: ¿Qué tienes, Agar? No temas; porque Dios ha oído la voz del muchacho en donde está.
18 Levántate, alza al muchacho, y sostenlo con tu mano, porque yo haré de él una gran nación.
19 Entonces Dios le abrió los ojos, y vio una fuente de agua; y fue y llenó el odre de agua, y dio de beber al muchacho.
20 Y Dios estaba con el muchacho; y creció, y habitó en el desierto, y fue tirador de arco.
21 Y habitó en el desierto de Parán; y su madre le tomó mujer de la tierra de Egipto.

Pacto entre Abraham y Abimelec

22 Aconteció en aquel mismo tiempo que habló Abimelec,[e] y Ficol príncipe de su ejército, a Abraham, diciendo: Dios está contigo en todo cuanto haces.
23 Ahora, pues, júrame aquí por Dios, que no faltarás a mí, ni a mi hijo ni a mi nieto, sino que conforme a la bondad que yo hice contigo, harás tú conmigo, y con la tierra en donde has morado.
24 Y respondió Abraham: Yo juraré.

25 Y Abraham reconvino a Abimelec a causa de un pozo de agua, que los siervos de Abimelec le habían quitado.
26 Y respondió Abimelec: No sé quién haya hecho esto, ni tampoco tú me lo hiciste saber, ni yo lo he oído hasta hoy.
27 Y tomó Abraham ovejas y vacas, y dio a Abimelec; e hicieron ambos pacto.
28 Entonces puso Abraham siete corderas del rebaño aparte.
29 Y dijo Abimelec a Abraham: ¿Qué significan esas siete corderas que has puesto aparte?
30 Y él respondió: Que estas siete corderas tomarás de mi mano, para que me sirvan de testimonio de que yo cavé este pozo.
31 Por esto llamó a aquel lugar Beerseba;[18] porque allí juraron ambos.
32 Así hicieron pacto en Beerseba; y se levantó Abimelec, y Ficol príncipe de su ejército, y volvieron a tierra de los filisteos.
33 Y plantó Abraham un árbol tamarisco en Beerseba, e invocó allí el nombre de Jehová Dios eterno.
34 Y moró Abraham en tierra de los filisteos muchos días.

Dios ordena a Abraham que sacrifique a Isaac

22 1 Aconteció después de estas cosas, que probó Dios a Abraham, y le dijo: Abraham. Y él respondió: Heme aquí.
2 Y dijo: Toma ahora tu hijo, tu único, Isaac, a quien amas, y vete a tierra de Moriah, y ofrécelo allí en holocausto sobre uno de los montes que yo te diré.
3 Y Abraham se levantó muy de mañana, y enalbardó su asno, y tomó consigo dos siervos suyos, y a Isaac su hijo; y cortó leña para el holocausto, y se levantó, y fue al lugar que Dios le dijo.
4 Al tercer día alzó Abraham sus ojos, y vio el lugar de lejos.
5 Entonces dijo Abraham a sus siervos: Esperad aquí con el asno, y yo y el muchacho iremos hasta allí y adoraremos, y volveremos a vosotros.
6 Y tomó Abraham la leña del holocausto, y la puso sobre Isaac su hijo, y él tomó en

---

18. **21.31** Esto es, *Pozo de siete*, o *Pozo del juramento.*
c **21.10** Gá 4.29, 30.   d **21.12** Ro 9.7; Heb 11.18.
e **21.22** Gn 26.26.

su mano el fuego y el cuchillo; y fueron ambos juntos.

7 Entonces habló Isaac a Abraham su padre, y dijo: Padre mío. Y él respondió: Heme aquí, mi hijo. Y él dijo: He aquí el fuego y la leña; mas ¿dónde está el cordero para el holocausto?

8 Y respondió Abraham: Dios se proveerá de cordero para el holocausto, hijo mío. E iban juntos.

9 Y cuando llegaron al lugar que Dios le había dicho, edificó allí Abraham un altar, y compuso la leña, y ató a Isaac su hijo, y lo puso en el altar[a] sobre la leña.

10 Y extendió Abraham su mano y tomó el cuchillo para degollar a su hijo.

11 Entonces el ángel de Jehová le dio voces desde el cielo, y dijo: Abraham, Abraham. Y él respondió: Heme aquí.

12 Y dijo: No extiendas tu mano sobre el muchacho, ni le hagas nada; porque ya conozco que temes a Dios, por cuanto no me rehusaste tu hijo, tu único.

13 Entonces alzó Abraham sus ojos y miró, y he aquí a sus espaldas un carnero trabado en un zarzal por sus cuernos; y fue Abraham y tomó el carnero, y lo ofreció en holocausto en lugar de su hijo.[b]

14 Y llamó Abraham el nombre de aquel lugar, Jehová proveerá.[19] Por tanto se dice hoy: En el monte de Jehová será provisto.

15 Y llamó el ángel de Jehová a Abraham por segunda vez desde el cielo,

16 y dijo: Por mí mismo he jurado, dice Jehová, que por cuanto has hecho esto, y no me has rehusado tu hijo, tu único hijo;

17 de cierto te bendeciré, y multiplicaré[c] tu descendencia como las estrellas del cielo y como la arena que está a la orilla del mar;[d] y tu descendencia poseerá las puertas de sus enemigos.

18 En tu simiente serán benditas todas las naciones de la tierra,[e] por cuanto obedeciste a mi voz.

19 Y volvió Abraham a sus siervos, y se levantaron y se fueron juntos a Beerseba; y habitó Abraham en Beerseba.

20 Aconteció después de estas cosas, que fue dada noticia a Abraham, diciendo: He aquí que también Milca ha dado a luz hijos a Nacor tu hermano:

21 Uz su primogénito, Buz su hermano, Kemuel padre de Aram,

22 Quesed, Hazo, Pildas, Jidlaf y Betuel.

23 Y Betuel fue el padre de Rebeca. Éstos son los ocho hijos que dio a luz Milca, de Nacor hermano de Abraham.

24 Y su concubina, que se llamaba Reúma, dio a luz también a Teba, a Gaham, a Tahas y a Maaca.

Muerte y sepultura de Sara

23 **1** Fue la vida de Sara ciento veintisiete años; tantos fueron los años de la vida de Sara.

2 Y murió Sara en Quiriat-arba, que es Hebrón, en la tierra de Canaán; y vino Abraham a hacer duelo por Sara, y a llorarla.

3 Y se levantó Abraham de delante de su muerta, y habló a los hijos de Het, diciendo:

4 Extranjero y forastero soy entre vosotros;[a] dadme propiedad para sepultura entre vosotros,[b] y sepultaré mi muerta de delante de mí.

5 Y respondieron los hijos de Het a Abraham, y le dijeron:

6 Óyenos, señor nuestro; eres un príncipe de Dios entre nosotros; en lo mejor de nuestros sepulcros sepulta a tu muerta; ninguno de nosotros te negará su sepulcro, ni te impedirá que entierres tu muerta.

7 Y Abraham se levantó, y se inclinó al pueblo de aquella tierra, a los hijos de Het,

8 y habló con ellos, diciendo: Si tenéis voluntad de que yo sepulte mi muerta de delante de mí, oídme, e interceded por mí con Efrón hijo de Zohar,

9 para que me dé la cueva de Macpela, que tiene al extremo de su heredad; que por su justo precio me la dé, para posesión de sepultura en medio de vosotros.

10 Este Efrón estaba entre los hijos de Het; y respondió Efrón heteo a Abraham, en presencia de los hijos de Het, de todos los que entraban por la puerta de su ciudad, diciendo:

11 No, señor mío, óyeme: te doy la heredad, y te doy también la cueva que está en ella; en presencia de los hijos de mi pueblo te la doy; sepulta tu muerta.

12 Entonces Abraham se inclinó delante del pueblo de la tierra,

19. **22.14** Heb. *Jehová-jireh.*
a 22.9 Stg 2.21. **b** 22.1-13 Heb 11.17-19. **c** 22.16, 17 Heb 6.13, 14. **d** 22.17 Heb 11.12. **e** 22.18 Hch 3.25. **a** 23.4 Heb 11.13. **b** 23.4 Hch 7.16.

13 y respondió a Efrón en presencia del pueblo de la tierra, diciendo: Antes, si te place, te ruego que me oigas. Yo daré el precio de la heredad; tómalo de mí, y sepultaré en ella mi muerta.

14 Respondió Efrón a Abraham, diciéndole:

15 Señor mío, escúchame: la tierra vale cuatrocientos siclos de plata; ¿qué es esto entre tú y yo? Entierra, pues, tu muerta.

16 Entonces Abraham se convino con Efrón, y pesó Abraham a Efrón el dinero que dijo, en presencia de los hijos de Het, cuatrocientos siclos de plata, de buena ley entre mercaderes.

17 Y quedó la heredad de Efrón que estaba en Macpela al oriente de Mamre, la heredad con la cueva que estaba en ella, y todos los árboles que había en la heredad, y en todos sus contornos,

18 como propiedad de Abraham, en presencia de los hijos de Het y de todos los que entraban por la puerta de la ciudad.

19 Después de esto sepultó Abraham a Sara su mujer en la cueva de la heredad de Macpela al oriente de Mamre, que es Hebrón, en la tierra de Canaán.

20 Y quedó la heredad y la cueva que en ella había, de Abraham, como una posesión para sepultura, recibida de los hijos de Het.

Abraham busca esposa para Isaac

24 1 Era Abraham ya viejo, y bien avanzado en años; y Jehová había bendecido a Abraham en todo.

2 Y dijo Abraham a un criado suyo, el más viejo de su casa, que era el que gobernaba en todo lo que tenía: Pon ahora tu mano debajo de mi muslo,

3 y te juramentaré por Jehová, Dios de los cielos y Dios de la tierra, que no tomarás para mi hijo mujer de las hijas de los cananeos, entre los cuales yo habito;

4 sino que irás a mi tierra y a mi parentela, y tomarás mujer para mi hijo Isaac.

5 El criado le respondió: Quizá la mujer no querrá venir en pos de mí a esta tierra. ¿Volveré, pues, tu hijo a la tierra de donde saliste?

6 Y Abraham le dijo: Guárdate que no vuelvas a mi hijo allá.

7 Jehová, Dios de los cielos, que me tomó de la casa de mi padre y de la tierra de mi parentela, y me habló y me juró, diciendo:

A tu descendencia daré esta tierra; él enviará su ángel delante de ti, y tú traerás de allá mujer para mi hijo.

8 Y si la mujer no quisiere venir en pos de ti, serás libre de este mi juramento; solamente que no vuelvas allá a mi hijo.

9 Entonces el criado puso su mano debajo del muslo de Abraham su señor, y le juró sobre este negocio.

10 Y el criado tomó diez camellos de los camellos de su señor, y se fue, tomando toda clase de regalos escogidos de su señor; y puesto en camino, llegó a Mesopotamia, a la ciudad de Nacor.

11 E hizo arrodillar los camellos fuera de la ciudad, junto a un pozo de agua, a la hora de la tarde, la hora en que salen las doncellas por agua.

12 Y dijo: Oh Jehová, Dios de mi señor Abraham, dame, te ruego, el tener hoy buen encuentro, y haz misericordia con mi señor Abraham.

13 He aquí yo estoy junto a la fuente de agua, y las hijas de los varones de esta ciudad salen por agua.

14 Sea, pues, que la doncella a quien yo dijere: Baja tu cántaro, te ruego, para que yo beba, y ella respondiere: Bebe, y también daré de beber a tus camellos; que sea ésta la que tú has destinado para tu siervo Isaac; y en esto conoceré que habrás hecho misericordia con mi señor.

15 Y aconteció que antes que él acabase de hablar, he aquí Rebeca, que había nacido a Betuel, hijo de Milca mujer de Nacor hermano de Abraham, la cual salía con su cántaro sobre su hombro.

16 Y la doncella era de aspecto muy hermoso, virgen, a la que varón no había conocido; la cual descendió a la fuente, y llenó su cántaro, y se volvía.

17 Entonces el criado corrió hacia ella, y dijo: Te ruego que me des a beber un poco de agua de tu cántaro.

18 Ella respondió: Bebe, señor mío; y se dio prisa a bajar su cántaro sobre su mano, y le dio a beber.

19 Y cuando acabó de darle de beber, dijo: También para tus camellos sacaré agua, hasta que acaben de beber.

20 Y se dio prisa, y vació su cántaro en la pila, y corrió otra vez al pozo para sacar agua, y sacó para todos sus camellos.

21 Y el hombre estaba maravillado de ella, callando, para saber si Jehová había prosperado su viaje, o no.

22 Y cuando los camellos acabaron de beber, le dio el hombre un pendiente de oro que pesaba medio siclo, y dos brazaletes que pesaban diez,

23 y dijo: ¿De quién eres hija? Te ruego que me digas: ¿hay en casa de tu padre lugar donde posemos?

24 Y ella respondió: Soy hija de Betuel hijo de Milca, el cual ella dio a luz a Nacor.

25 Y añadió: También hay en nuestra casa paja y mucho forraje, y lugar para posar.

26 El hombre entonces se inclinó, y adoró a Jehová,

27 y dijo: Bendito sea Jehová, Dios de mi amo Abraham, que no apartó de mi amo su misericordia y su verdad, guiándome Jehová en el camino a casa de los hermanos de mi amo.

28 Y la doncella corrió, e hizo saber en casa de su madre estas cosas.

29 Y Rebeca tenía un hermano que se llamaba Labán, el cual corrió afuera hacia el hombre, a la fuente.

30 Y cuando vio el pendiente y los brazaletes en las manos de su hermana, que decía: Así me habló aquel hombre, vino a él; y he aquí que estaba con los camellos junto a la fuente.

31 Y le dijo: Ven, bendito de Jehová; ¿por qué estás fuera? He preparado la casa, y el lugar para los camellos.

32 Entonces el hombre vino a casa, y Labán desató los camellos; y les dio paja y forraje, y agua para lavar los pies de él, y los pies de los hombres que con él venían.

33 Y le pusieron delante qué comer; mas él dijo: No comeré hasta que haya dicho mi mensaje. Y él le dijo: Habla.

34 Entonces dijo: Yo soy criado de Abraham.

35 Y Jehová ha bendecido mucho a mi amo, y él se ha engrandecido; y le ha dado ovejas y vacas, plata y oro, siervos y siervas, camellos y asnos.

36 Y Sara, mujer de mi amo, dio a luz en su vejez un hijo a mi señor, quien le ha dado a él todo cuanto tiene.

37 Y mi amo me hizo jurar, diciendo: No tomarás para mi hijo mujer de las hijas de los cananeos, en cuya tierra habito;

38 sino que irás a la casa de mi padre y a mi parentela, y tomarás mujer para mi hijo.

39 Y yo dije: Quizá la mujer no querrá seguirme.

40 Entonces él me respondió: Jehová, en cuya presencia he andado, enviará su ángel contigo, y prosperará tu camino; y tomarás para mi hijo mujer de mi familia y de la casa de mi padre.

41 Entonces serás libre de mi juramento, cuando hayas llegado a mi familia; y si no te la dieren, serás libre de mi juramento.

42 Llegué, pues, hoy a la fuente, y dije: Jehová, Dios de mi señor Abraham, si tú prosperas ahora mi camino por el cual ando,

43 he aquí yo estoy junto a la fuente de agua; sea, pues, que la doncella que saliere por agua, a la cual dijere: Dame de beber, te ruego, un poco de agua de tu cántaro,

44 y ella me respondiere: Bebe tú, y también para tus camellos sacaré agua; sea ésta la mujer que destinó Jehová para el hijo de mi señor.

45 Antes que acabase de hablar en mi corazón, he aquí Rebeca, que salía con su cántaro sobre su hombro; y descendió a la fuente, y sacó agua; y le dije: Te ruego que me des de beber.

46 Y bajó prontamente su cántaro de encima de sí, y dijo: Bebe, y también a tus camellos daré de beber. Y bebí, y dio también de beber a mis camellos.

47 Entonces le pregunté, y dije: ¿De quién eres hija? Y ella respondió: Hija de Betuel hijo de Nacor, que le dio a luz Milca. Entonces le puse un pendiente en su nariz, y brazaletes en sus brazos;

48 y me incliné y adoré a Jehová, y bendije a Jehová Dios de mi señor Abraham, que me había guiado por camino de verdad para tomar la hija del hermano de mi señor para su hijo.

49 Ahora, pues, si vosotros hacéis misericordia y verdad con mi señor, declarádmelo; y si no, declarádmelo; y me iré a la diestra o a la siniestra.

50 Entonces Labán y Betuel respondieron y dijeron: De Jehová ha salido esto; no podemos hablarte malo ni bueno.

51 He ahí Rebeca delante de ti; tómala y vete, y sea mujer del hijo de tu señor, como lo ha dicho Jehová.

52 Cuando el criado de Abraham oyó sus palabras, se inclinó en tierra ante Jehová.

53 Y sacó el criado alhajas de plata y alhajas de oro, y vestidos, y dio a Rebeca; también dio cosas preciosas a su hermano y a su madre.

54 Y comieron y bebieron él y los varones que venían con él, y durmieron; y levantándose de mañana, dijo: Enviadme a mi señor.

55 Entonces respondieron su hermano y su madre: Espere la doncella con nosotros a lo menos diez días, y después irá.

56 Y él les dijo: No me detengáis, ya que Jehová ha prosperado mi camino; despachadme para que me vaya a mi señor.

57 Ellos respondieron entonces: Llamemos a la doncella y preguntémosle.

58 Y llamaron a Rebeca, y le dijeron: ¿Irás tú con este varón? Y ella respondió: Sí, iré.

59 Entonces dejaron ir a Rebeca su hermana, y a su nodriza, y al criado de Abraham y a sus hombres.

60 Y bendijeron a Rebeca, y le dijeron: Hermana nuestra, sé madre de millares de millares, y posean tus descendientes la puerta de sus enemigos.

61 Entonces se levantó Rebeca y sus doncellas, y montaron en los camellos, y siguieron al hombre; y el criado tomó a Rebeca, y se fue.

62 Y venía Isaac del pozo del Viviente-que-me-ve; porque él habitaba en el Neguev.

63 Y había salido Isaac a meditar al campo, a la hora de la tarde; y alzando sus ojos miró, y he aquí los camellos que venían.

64 Rebeca también alzó sus ojos, y vio a Isaac, y descendió del camello;

65 porque había preguntado al criado: ¿Quién es este varón que viene por el campo hacia nosotros? Y el criado había respondido: Éste es mi señor. Ella entonces tomó el velo, y se cubrió.

66 Entonces el criado contó a Isaac todo lo que había hecho.

67 Y la trajo Isaac a la tienda de su madre Sara, y tomó a Rebeca por mujer, y la amó; y se consoló Isaac después de la muerte de su madre.

Los descendientes de Abraham y Cetura
(1 Cr 1.32, 33)

25 1 Abraham tomó otra mujer, cuyo nombre era Cetura,

2 la cual le dio a luz a Zimram, Jocsán, Medán, Madián, Isbac y Súa.

3 Y Jocsán engendró a Seba y a Dedán; e hijos de Dedán fueron Asurim, Letusim y Leumim.

4 E hijos de Madián: Efa, Efer, Hanoc, Abida y Elda. Todos estos fueron hijos de Cetura.

5 Y Abraham dio todo cuanto tenía a Isaac.

6 Pero a los hijos de sus concubinas dio Abraham dones, y los envió lejos de Isaac su hijo, mientras él vivía, hacia el oriente, a la tierra oriental.

Muerte y sepultura de Abraham

7 Y éstos fueron los días que vivió Abraham: ciento setenta y cinco años.

8 Y exhaló el espíritu, y murió Abraham en buena vejez, anciano y lleno de años, y fue unido a su pueblo.

9 Y lo sepultaron Isaac e Ismael sus hijos en la cueva de Macpela, en la heredad de Efrón hijo de Zohar heteo, que está enfrente de Mamre,

10 heredad que compró Abraham de los hijos de Het;[a] allí fue sepultado Abraham, y Sara su mujer.

11 Y sucedió, después de muerto Abraham, que Dios bendijo a Isaac su hijo; y habitó Isaac junto al pozo del Viviente-que-me-ve.

Los descendientes de Ismael
(1 Cr 1.28-31)

12 Éstos son los descendientes de Ismael hijo de Abraham, a quien le dio a luz Agar la egipcia, sierva de Sara;

13 éstos, pues, son los nombres de los hijos de Ismael, nombrados en el orden de su nacimiento: El primogénito de Ismael, Nebaiot; luego Cedar, Adbeel, Mibsam,

14 Misma, Duma, Massa,

15 Hadar, Tema, Jetur, Nafis y Cedema.

16 Éstos son los hijos de Ismael, y estos sus nombres, por sus villas y por sus campamentos; doce príncipes por sus familias.

17 Y éstos fueron los años de la vida de Ismael, ciento treinta y siete años; y exhaló el espíritu Ismael, y murió, y fue unido a su pueblo.

18 Y habitaron desde Havila hasta Shur, que está enfrente de Egipto viniendo a

---

a 25.10 Gn 23.3-16.

Asiria; y murió en presencia de todos sus hermanos.

Nacimiento de Jacob y Esaú

19 Éstos son los descendientes de Isaac hijo de Abraham: Abraham engendró a Isaac, **20** y era Isaac de cuarenta años cuando tomó por mujer a Rebeca, hija de Betuel arameo de Padan-aram, hermana de Labán arameo. **21** Y oró Isaac a Jehová por su mujer, que era estéril; y lo aceptó Jehová, y concibió Rebeca su mujer. **22** Y los hijos luchaban dentro de ella; y dijo: Si es así, ¿para qué vivo yo? Y fue a consultar a Jehová; **23** y le respondió Jehová:

Dos naciones hay en tu seno,
Y dos pueblos serán divididos desde
tus entrañas;
El un pueblo será más fuerte que el
otro pueblo,
Y el mayor servirá al menor.[b]

24 Cuando se cumplieron sus días para dar a luz, he aquí había gemelos en su vientre. **25** Y salió el primero rubio, y era todo velludo como una pelliza; y llamaron su nombre Esaú. **26** Después salió su hermano, trabada su mano al calcañar de Esaú; y fue llamado su nombre Jacob.[20] Y era Isaac de edad de sesenta años cuando ella los dio a luz.

Esaú vende su primogenitura

27 Y crecieron los niños, y Esaú fue diestro en la caza, hombre del campo; pero Jacob era varón quieto, que habitaba en tiendas. **28** Y amó Isaac a Esaú, porque comía de su caza; mas Rebeca amaba a Jacob. **29** Y guisó Jacob un potaje; y volviendo Esaú del campo, cansado, **30** dijo a Jacob: Te ruego que me des a comer de ese guiso rojo, pues estoy muy cansado. Por tanto fue llamado su nombre Edom.[21] **31** Y Jacob respondió: Véndeme en este día tu primogenitura.

32 Entonces dijo Esaú: He aquí yo me voy a morir; ¿para qué, pues, me servirá la primogenitura? **33** Y dijo Jacob: Júramelo en este día. Y él le juró, y vendió a Jacob su primogenitura.[c] **34** Entonces Jacob dio a Esaú pan y del guisado de las lentejas; y él comió y bebió, y se levantó y se fue. Así menospreció Esaú la primogenitura.

Isaac en Gerar

26 **1** Después hubo hambre en la tierra, además de la primera hambre que hubo en los días de Abraham; y se fue Isaac a Abimelec rey de los filisteos, en Gerar. **2** Y se le apareció Jehová, y le dijo: No desciendas a Egipto; habita en la tierra que yo te diré. **3** Habita como forastero en esta tierra, y estaré contigo, y te bendeciré; porque a ti y a tu descendencia daré todas estas tierras, y confirmaré el juramento que hice a Abraham tu padre. **4** Multiplicaré tu descendencia como las estrellas del cielo, y daré a tu descendencia todas estas tierras; y todas las naciones de la tierra serán benditas en tu simiente,[a] **5** por cuanto oyó Abraham mi voz, y guardó mi precepto, mis mandamientos, mis estatutos y mis leyes. **6** Habitó, pues, Isaac en Gerar. **7** Y los hombres de aquel lugar le preguntaron acerca de su mujer; y él respondió: Es mi hermana;[b] porque tuvo miedo de decir: Es mi mujer; pensando que tal vez los hombres del lugar lo matarían por causa de Rebeca, pues ella era de hermoso aspecto. **8** Sucedió que después que él estuvo allí muchos días, Abimelec, rey de los filisteos, mirando por una ventana, vio a Isaac que acariciaba a Rebeca su mujer. **9** Y llamó Abimelec a Isaac, y dijo: He aquí ella es de cierto tu mujer. ¿Cómo, pues, dijiste: Es mi hermana? E Isaac le respondió: Porque dije: Quizá moriré por causa de ella. **10** Y Abimelec dijo: ¿Por qué nos has hecho esto? Por poco hubiera dormido alguno del pueblo con tu mujer, y hubieras traído sobre nosotros el pecado.

---

20. **25.26** Esto es, *el que toma por el calcañar,* o *el que suplanta.* *21.* **25.30** Esto es, *Rojo.*
b 25.23 Ro 9.12.   **c 25.33** Heb 12.16.   **a 26.3, 4** Gn 22.16-18.
b 26.7 Gn 12.13; 20.2.

11 Entonces Abimelec mandó a todo el pueblo, diciendo: El que tocare a este hombre o a su mujer, de cierto morirá.

12 Y sembró Isaac en aquella tierra, y cosechó aquel año ciento por uno; y le bendijo Jehová.

13 El varón se enriqueció, y fue prosperado, y se engrandeció hasta hacerse muy poderoso.

14 Y tuvo hato de ovejas, y hato de vacas, y mucha labranza; y los filisteos le tuvieron envidia.

15 Y todos los pozos que habían abierto los criados de Abraham su padre en sus días, los filisteos los habían cegado y llenado de tierra.

16 Entonces dijo Abimelec a Isaac: Apártate de nosotros, porque mucho más poderoso que nosotros te has hecho.

17 E Isaac se fue de allí, y acampó en el valle de Gerar, y habitó allí.

18 Y volvió a abrir Isaac los pozos de agua que habían abierto en los días de Abraham su padre, y que los filisteos habían cegado después de la muerte de Abraham; y los llamó por los nombres que su padre los había llamado.

19 Pero cuando los siervos de Isaac cavaron en el valle, y hallaron allí un pozo de aguas vivas,

20 los pastores de Gerar riñeron con los pastores de Isaac, diciendo: El agua es nuestra. Por eso llamó el nombre del pozo Esek,²² porque habían altercado con él.

21 Y abrieron otro pozo, y también riñeron sobre él; y llamó su nombre Sitna.²³

22 Y se apartó de allí, y abrió otro pozo, y no riñeron sobre él; y llamó su nombre Rehobot,²⁴ y dijo: Porque ahora Jehová nos ha prosperado, y fructificaremos en la tierra.

23 Y de allí subió a Beerseba.

24 Y se le apareció Jehová aquella noche, y le dijo: Yo soy el Dios de Abraham tu padre; no temas, porque yo estoy contigo, y te bendeciré, y multiplicaré tu descendencia por amor de Abraham mi siervo.

25 Y edificó allí un altar, e invocó el nombre de Jehová, y plantó allí su tienda; y abrieron allí los siervos de Isaac un pozo.

26 Y Abimelecᶜ vino a él desde Gerar, y Ahuzat, amigo suyo, y Ficol, capitán de su ejército.

27 Y les dijo Isaac: ¿Por qué venís a mí, pues que me habéis aborrecido, y me echasteis de entre vosotros?

28 Y ellos respondieron: Hemos visto que Jehová está contigo; y dijimos: Haya ahora juramento entre nosotros, entre tú y nosotros, y haremos pacto contigo,

29 que no nos hagas mal, como nosotros no te hemos tocado, y como solamente te hemos hecho bien, y te enviamos en paz; tú eres ahora bendito de Jehová.

30 Entonces él les hizo banquete, y comieron y bebieron.

31 Y se levantaron de madrugada, y juraron el uno al otro; e Isaac los despidió, y ellos se despidieron de él en paz.

32 En aquel día sucedió que vinieron los criados de Isaac, y le dieron nuevas acerca del pozo que habían abierto, y le dijeron: Hemos hallado agua.

33 Y lo llamó Seba; por esta causa el nombre de aquella ciudad es Beerseba hasta este día.

34 Y cuando Esaú era de cuarenta años, tomó por mujer a Judit hija de Beeri heteo, y a Basemat hija de Elón heteo;

35 y fueron amargura de espíritu para Isaac y para Rebeca.

Jacob obtiene la bendición de Isaac

27 ¹ Aconteció que cuando Isaac envejeció, y sus ojos se oscurecieron quedando sin vista, llamó a Esaú su hijo mayor, y le dijo: Hijo mío. Y él respondió: Heme aquí.

2 Y él dijo: He aquí ya soy viejo, no sé el día de mi muerte.

3 Toma, pues, ahora tus armas, tu aljaba y tu arco, y sal al campo y tráeme caza;

4 y hazme un guisado como a mí me gusta, y tráemelo, y comeré, para que yo te bendiga antes que muera.

5 Y Rebeca estaba oyendo, cuando hablaba Isaac a Esaú su hijo; y se fue Esaú al campo para buscar la caza que había de traer.

6 Entonces Rebeca habló a Jacob su hijo, diciendo: He aquí yo he oído a tu padre que hablaba con Esaú tu hermano, diciendo:

---

22. **26.20** Esto es, *Contención.* *23.* **26.21** Esto es, *Enemistad.* *24.* **26.22** Esto es, *Lugares amplios o espaciosos.*

ᶜ **26.26** Gn 21.22.

7 Tráeme caza y hazme un guisado, para que coma, y te bendiga en presencia de Jehová antes que yo muera.

8 Ahora, pues, hijo mío, obedece a mi voz en lo que te mando.

9 Ve ahora al ganado, y tráeme de allí dos buenos cabritos de las cabras, y haré de ellos viandas para tu padre, como a él le gusta;

10 y tú las llevarás a tu padre, y comerá, para que él te bendiga antes de su muerte.

11 Y Jacob dijo a Rebeca su madre: He aquí, Esaú mi hermano es hombre velloso, y yo lampiño.

12 Quizá me palpará mi padre, y me tendrá por burlador, y traeré sobre mí maldición y no bendición.

13 Y su madre respondió: Hijo mío, sea sobre mí tu maldición; solamente obedece a mi voz y ve y tráemelos.

14 Entonces él fue y los tomó, y los trajo a su madre; y su madre hizo guisados, como a su padre le gustaba.

15 Y tomó Rebeca los vestidos de Esaú su hijo mayor, los preciosos, que ella tenía en casa, y vistió a Jacob su hijo menor;

16 y cubrió sus manos y la parte de su cuello donde no tenía vello, con las pieles de los cabritos;

17 y entregó los guisados y el pan que había preparado, en manos de Jacob su hijo.

18 Entonces éste fue a su padre y dijo: Padre mío. E Isaac respondió: Heme aquí; ¿quién eres, hijo mío?

19 Y Jacob dijo a su padre: Yo soy Esaú tu primogénito; he hecho como me dijiste: levántate ahora, y siéntate, y come de mi caza, para que me bendigas.

20 Entonces Isaac dijo a su hijo: ¿Cómo es que la hallaste tan pronto, hijo mío? Y él respondió: Porque Jehová tu Dios hizo que la encontrase delante de mí.

21 E Isaac dijo a Jacob: Acércate ahora, y te palparé, hijo mío, por si eres mi hijo Esaú o no.

22 Y se acercó Jacob a su padre Isaac, quien le palpó, y dijo: La voz es la voz de Jacob, pero las manos, las manos de Esaú.

23 Y no le conoció, porque sus manos eran vellosas como las manos de Esaú; y le bendijo.

24 Y dijo: ¿Eres tú mi hijo Esaú? Y Jacob respondió: Yo soy.

25 Dijo también: Acércamela, y comeré de la caza de mi hijo, para que yo te bendiga; y Jacob se la acercó, e Isaac comió; le trajo también vino, y bebió.

26 Y le dijo Isaac su padre: Acércate ahora, y bésame, hijo mío.

27 Y Jacob se acercó, y le besó; y olió Isaac el olor de sus vestidos, y le bendijo, diciendo:
Mira, el olor de mi hijo,
Como el olor del campo que Jehová
ha bendecido;
28 Dios, pues, te dé del rocío del cielo,
Y de las grosuras de la tierra,
Y abundancia de trigo y de mosto.
29 Sírvante pueblos,
Y naciones se inclinen a ti;
Sé señor de tus hermanos,
Y se inclinen ante ti los hijos de tu
madre.
Malditos los que te maldijeren,
Y benditos los que te bendijeren.[a,b]

30 Y aconteció, luego que Isaac acabó de bendecir a Jacob, y apenas había salido Jacob de delante de Isaac su padre, que Esaú su hermano volvió de cazar.

31 E hizo él también guisados, y se los llevó a su padre, y le dijo: Levántese mi padre, y coma de la caza de su hijo, para que me bendiga.

32 Entonces Isaac su padre le dijo: ¿Quién eres tú? Y él le dijo: Yo soy tu hijo, tu primogénito, Esaú.

33 Y se estremeció Isaac grandemente, y dijo: ¿Quién es el que vino aquí, que trajo caza, y me dio, y comí de todo antes que tú vinieses? Yo le bendije, y será bendito.

34 Cuando Esaú oyó las palabras de su padre, clamó con una muy grande y muy amarga exclamación, y le dijo: Bendíceme también a mí, padre mío.

35 Y él dijo: Vino tu hermano con engaño, y tomó tu bendición.

36 Y Esaú respondió: Bien llamaron su nombre Jacob, pues ya me ha suplantado dos veces: se apoderó de mi primogenitura,[c] y he aquí ahora ha tomado mi bendición. Y dijo: ¿No has guardado bendición para mí?

37 Isaac respondió y dijo a Esaú: He aquí yo le he puesto por señor tuyo, y le he dado por siervos a todos sus hermanos; de trigo y de vino le he provisto; ¿qué, pues, te haré a ti ahora, hijo mío?

---

a 27.29 Gn 12.3.   **b** 27.27-29 Heb 11.20.
c 27.36 Gn 25.29-34.

38 Y Esaú respondió a su padre: ¿No tienes más que una sola bendición, padre mío? Bendíceme también a mí, padre mío. Y alzó Esaú su voz, y lloró.[d]

39 Entonces Isaac su padre habló y le dijo:

He aquí, será tu habitación en
  grosuras de la tierra,
Y del rocío de los cielos de arriba;
40 Y por tu espada vivirás, y a tu
  hermano servirás;
Y sucederá cuando te fortalezcas,
Que descargarás su yugo de tu
  cerviz.[e,f]

Jacob huye de Esaú

41 Y aborreció Esaú a Jacob por la bendición con que su padre le había bendecido, y dijo en su corazón: Llegarán los días del luto de mi padre, y yo mataré a mi hermano Jacob.

42 Y fueron dichas a Rebeca las palabras de Esaú su hijo mayor; y ella envió y llamó a Jacob su hijo menor, y le dijo: He aquí, Esaú tu hermano se consuela acerca de ti con la idea de matarte.

43 Ahora pues, hijo mío, obedece a mi voz; levántate y huye a casa de Labán mi hermano en Harán,

44 y mora con él algunos días, hasta que el enojo de tu hermano se mitigue;

45 hasta que se aplaque la ira de tu hermano contra ti, y olvide lo que le has hecho; yo enviaré entonces, y te traeré de allá. ¿Por qué seré privada de vosotros ambos en un día?

46 Y dijo Rebeca a Isaac: Fastidio tengo de mi vida, a causa de las hijas de Het. Si Jacob toma mujer de las hijas de Het, como éstas, de las hijas de esta tierra, ¿para qué quiero la vida?

28 **1** Entonces Isaac llamó a Jacob, y lo bendijo, y le mandó diciendo: No tomes mujer de las hijas de Canaán.

2 Levántate, ve a Padan-aram, a casa de Betuel, padre de tu madre, y toma allí mujer de las hijas de Labán, hermano de tu madre.

3 Y el Dios omnipotente te bendiga, y te haga fructificar y te multiplique, hasta llegar a ser multitud de pueblos;

4 y te dé la bendición de Abraham,[a] y a tu descendencia contigo, para que heredes la tierra en que moras, que Dios dio a Abraham.

5 Así envió Isaac a Jacob, el cual fue a Padan-aram, a Labán hijo de Betuel arameo, hermano de Rebeca madre de Jacob y de Esaú.

6 Y vio Esaú cómo Isaac había bendecido a Jacob, y le había enviado a Padan-aram, para tomar para sí mujer de allí; y que cuando le bendijo, le había mandado diciendo: No tomarás mujer de las hijas de Canaán;

7 y que Jacob había obedecido a su padre y a su madre, y se había ido a Padan-aram.

8 Vio asimismo Esaú que las hijas de Canaán parecían mal a Isaac su padre;

9 y se fue Esaú a Ismael, y tomó para sí por mujer a Mahalat, hija de Ismael hijo de Abraham, hermana de Nebaiot, además de sus otras mujeres.

Dios se aparece a Jacob en Bet-el

10 Salió, pues, Jacob de Beerseba, y fue a Harán.

11 Y llegó a un cierto lugar, y durmió allí, porque ya el sol se había puesto; y tomó de las piedras de aquel paraje y puso a su cabecera, y se acostó en aquel lugar.

12 Y soñó: y he aquí una escalera que estaba apoyada en tierra, y su extremo tocaba en el cielo; y he aquí ángeles de Dios que subían y descendían por ella.[b]

13 Y he aquí, Jehová estaba en lo alto de ella, el cual dijo: Yo soy Jehová, el Dios de Abraham tu padre, y el Dios de Isaac; la tierra en que estás acostado te la daré a ti y a tu descendencia.[c]

14 Será tu descendencia como el polvo de la tierra, y te extenderás al occidente, al oriente, al norte y al sur; y todas las familias de la tierra serán benditas en ti y en tu simiente.[d]

15 He aquí, yo estoy contigo, y te guardaré por dondequiera que fueres, y volveré a traerte a esta tierra; porque no te dejaré hasta que haya hecho lo que te he dicho.

16 Y despertó Jacob de su sueño, y dijo: Ciertamente Jehová está en este lugar, y yo no lo sabía.

---

d 27.38 Heb 12.17. **e 27.40** 2 R 8.20; 2 Cr 21.8.
f 27.39, 40 Heb 11.20. **a 28.4** Gn 17.4-8. **b 28.12** Jn 1.51.
c 28.13 Gn 13.14, 15. **d 28.14** Gn 12.3; 22.18.

17 Y tuvo miedo, y dijo: ¡Cuán terrible es este lugar! No es otra cosa que casa de Dios, y puerta del cielo.

18 Y se levantó Jacob de mañana, y tomó la piedra que había puesto de cabecera, y la alzó por señal, y derramó aceite encima de ella.

19 Y llamó el nombre de aquel lugar Betel,²⁵ aunque Luz²⁶ era el nombre de la ciudad primero.

20 E hizo Jacob voto, diciendo: Si fuere Dios conmigo, y me guardare en este viaje en que voy, y me diere pan para comer y vestido para vestir,

21 y si volviere en paz a casa de mi padre, Jehová será mi Dios.

22 Y esta piedra que he puesto por señal, será casa de Dios; y de todo lo que me dieres, el diezmo apartaré para ti.

Jacob sirve a Labán por Raquel y Lea

29 **1** Siguió luego Jacob su camino, y fue a la tierra de los orientales.

2 Y miró, y vio un pozo en el campo; y he aquí tres rebaños de ovejas que yacían cerca de él, porque de aquel pozo abrevaban los ganados; y había una gran piedra sobre la boca del pozo.

3 Y juntaban allí todos los rebaños; y revolvían la piedra de la boca del pozo, y abrevaban las ovejas, y volvían la piedra sobre la boca del pozo a su lugar.

4 Y les dijo Jacob: Hermanos míos, ¿de dónde sois? Y ellos respondieron: De Harán somos.

5 Él les dijo: ¿Conocéis a Labán hijo de Nacor? Y ellos dijeron: Sí, le conocemos.

6 Y él les dijo: ¿Está bien? Y ellos dijeron: Bien, y he aquí Raquel su hija viene con las ovejas.

7 Y él dijo: He aquí es aún muy de día; no es tiempo todavía de recoger el ganado; abrevad las ovejas, e id a apacentarlas.

8 Y ellos respondieron: No podemos, hasta que se junten todos los rebaños, y remuevan la piedra de la boca del pozo, para que abrevemos las ovejas.

9 Mientras él aún hablaba con ellos, Raquel vino con el rebaño de su padre, porque ella era la pastora.

10 Y sucedió que cuando Jacob vio a Raquel, hija de Labán hermano de su madre, y las ovejas de Labán el hermano de su madre, se acercó Jacob y removió la piedra de la boca del pozo, y abrevó el rebaño de Labán hermano de su madre.

11 Y Jacob besó a Raquel, y alzó su voz y lloró.

12 Y Jacob dijo a Raquel que él era hermano de su padre, y que era hijo de Rebeca; y ella corrió, y dio las nuevas a su padre.

13 Así que oyó Labán las nuevas de Jacob, hijo de su hermana, corrió a recibirlo, y lo abrazó, lo besó, y lo trajo a su casa; y él contó a Labán todas estas cosas.

14 Y Labán le dijo: Ciertamente hueso mío y carne mía eres. Y estuvo con él durante un mes.

15 Entonces dijo Labán a Jacob: ¿Por ser tú mi hermano, me servirás de balde? Dime cuál será tu salario.

16 Y Labán tenía dos hijas: el nombre de la mayor era Lea, y el nombre de la menor, Raquel.

17 Y los ojos de Lea eran delicados, pero Raquel era de lindo semblante y de hermoso parecer.

18 Y Jacob amó a Raquel, y dijo: Yo te serviré siete años por Raquel tu hija menor.

19 Y Labán respondió: Mejor es que te la dé a ti, y no que la dé a otro hombre; quédate conmigo.

20 Así sirvió Jacob por Raquel siete años; y le parecieron como pocos días, porque la amaba.

21 Entonces dijo Jacob a Labán: Dame mi mujer, porque mi tiempo se ha cumplido, para unirme a ella.

22 Entonces Labán juntó a todos los varones de aquel lugar, e hizo banquete.

23 Y sucedió que a la noche tomó a Lea su hija, y se la trajo; y él se llegó a ella.

24 Y dio Labán su sierva Zilpa a su hija Lea por criada.

25 Venida la mañana, he aquí que era Lea; y Jacob dijo a Labán: ¿Qué es esto que me has hecho? ¿No te he servido por Raquel? ¿Por qué, pues, me has engañado?

26 Y Labán respondió: No se hace así en nuestro lugar, que se dé la menor antes de la mayor.

27 Cumple la semana de ésta, y se te dará también la otra, por el servicio que hagas conmigo otros siete años.

---

25. **28.19** Esto es, *Casa de Dios.*
26. **28.19** Esto es, *Almendro.*

28 E hizo Jacob así, y cumplió la semana de aquélla; y él le dio a Raquel su hija por mujer.

29 Y dio Labán a Raquel su hija su sierva Bilha por criada.

30 Y se llegó también a Raquel, y la amó también más que a Lea; y sirvió a Labán aún otros siete años.

Los hijos de Jacob

31 Y vio Jehová que Lea era menospreciada, y le dio hijos; pero Raquel era estéril.

32 Y concibió Lea, y dio a luz un hijo, y llamó su nombre Rubén,[27] porque dijo: Ha mirado Jehová mi aflicción; ahora, por tanto, me amará mi marido.

33 Concibió otra vez, y dio a luz un hijo, y dijo: Por cuanto oyó[28] Jehová que yo era menospreciada, me ha dado también éste. Y llamó su nombre Simeón.

34 Y concibió otra vez, y dio a luz un hijo, y dijo: Ahora esta vez se unirá[29] mi marido conmigo, porque le he dado a luz tres hijos; por tanto, llamó su nombre Leví.

35 Concibió otra vez, y dio a luz un hijo, y dijo: Esta vez alabaré[30] a Jehová; por esto llamó su nombre Judá; y dejó de dar a luz.

30

1 Viendo Raquel que no daba hijos a Jacob, tuvo envidia de su hermana, y decía a Jacob: Dame hijos, o si no, me muero.

2 Y Jacob se enojó contra Raquel, y dijo: ¿Soy yo acaso Dios, que te impidió el fruto de tu vientre?

3 Y ella dijo: He aquí mi sierva Bilha; llégate a ella, y dará a luz sobre mis rodillas, y yo también tendré hijos de ella.

4 Así le dio a Bilha su sierva por mujer; y Jacob se llegó a ella.

5 Y concibió Bilha, y dio a luz un hijo a Jacob.

6 Dijo entonces Raquel: Me juzgó Dios, y también oyó mi voz, y me dio un hijo. Por tanto llamó su nombre Dan.[31]

7 Concibió otra vez Bilha la sierva de Raquel, y dio a luz un segundo hijo a Jacob.

8 Y dijo Raquel: Con luchas de Dios he contendido[32] con mi hermana, y he vencido. Y llamó su nombre Neftalí.

9 Viendo, pues, Lea, que había dejado de dar a luz, tomó a Zilpa su sierva, y la dio a Jacob por mujer.

10 Y Zilpa sierva de Lea dio a luz un hijo a Jacob.

11 Y dijo Lea: Vino la ventura; y llamó su nombre Gad.[33]

12 Luego Zilpa la sierva de Lea dio a luz otro hijo a Jacob.

13 Y dijo Lea: Para dicha mía; porque las mujeres me dirán dichosa; y llamó su nombre Aser.[34]

14 Fue Rubén en tiempo de la siega de los trigos, y halló mandrágoras en el campo, y las trajo a Lea su madre; y dijo Raquel a Lea: Te ruego que me des de las mandrágoras de tu hijo.

15 Y ella respondió: ¿Es poco que hayas tomado mi marido, sino que también te has de llevar las mandrágoras de mi hijo? Y dijo Raquel: Pues dormirá contigo esta noche por las mandrágoras de tu hijo.

16 Cuando, pues, Jacob volvía del campo a la tarde, salió Lea a él, y le dijo: Llégate a mí, porque a la verdad te he alquilado por las mandrágoras de mi hijo. Y durmió con ella aquella noche.

17 Y oyó Dios a Lea; y concibió, y dio a luz el quinto hijo a Jacob.

18 Y dijo Lea: Dios me ha dado mi recompensa,[35] por cuanto di mi sierva a mi marido; por eso llamó su nombre Isacar.

19 Después concibió Lea otra vez, y dio a luz el sexto hijo a Jacob.

20 Y dijo Lea: Dios me ha dado una buena dote; ahora morará[36] conmigo mi marido, porque le he dado a luz seis hijos; y llamó su nombre Zabulón.

21 Después dio a luz una hija, y llamó su nombre Dina.

22 Y se acordó Dios de Raquel, y la oyó Dios, y le concedió hijos.

23 Y concibió, y dio a luz un hijo, y dijo: Dios ha quitado mi afrenta;

24 y llamó su nombre José,[37] diciendo: Añádame Jehová otro hijo.

Tretas de Jacob y de Labán

25 Aconteció cuando Raquel hubo dado a luz a José, que Jacob dijo a Labán: Envíame, e iré a mi lugar, y a mi tierra.

---

27. **29.32** Esto es, *Ved, un hijo.*   28. **29.33** Heb. *shama.*
29. **29.34** Heb. *lawah.*   30. **29.35** Heb. *hodah.*
31. **30.6** Esto es, *Él juzgó.*   32. **30.8** Heb. *niftal.*
33. **30.11** Esto es, *Fortuna.*   34. **30.13** Esto es, *Feliz.*
35. **30.18** Heb. *sakar.*   36. **30.20** Heb. *zabal.*
37. **30.24** Esto es, *Él añade.*

26 Dame mis mujeres y mis hijos, por las cuales he servido contigo, y déjame ir; pues tú sabes los servicios que te he hecho.

27 Y Labán le respondió: Halle yo ahora gracia en tus ojos, y quédate; he experimentado que Jehová me ha bendecido por tu causa.

28 Y dijo: Señálame tu salario, y yo lo daré.

29 Y él respondió: Tú sabes cómo te he servido, y cómo ha estado tu ganado conmigo.

30 Porque poco tenías antes de mi venida, y ha crecido en gran número, y Jehová te ha bendecido con mi llegada; y ahora, ¿cuándo trabajaré también por mi propia casa?

31 Y él dijo: ¿Qué te daré? Y respondió Jacob: No me des nada; si hicieres por mí esto, volveré a apacentar tus ovejas.

32 Yo pasaré hoy por todo tu rebaño, poniendo aparte todas las ovejas manchadas y salpicadas de color, y todas las ovejas de color oscuro, y las manchadas y salpicadas de color entre las cabras; y esto será mi salario.

33 Así responderá por mí mi honradez mañana, cuando vengas a reconocer mi salario; toda la que no fuere pintada ni manchada en las cabras, y de color oscuro entre mis ovejas, se me ha de tener como de hurto.

34 Dijo entonces Labán: Mira, sea como tú dices.

35 Y Labán apartó aquel día los machos cabríos manchados y rayados, y todas las cabras manchadas y salpicadas de color, y toda aquella que tenía en sí algo de blanco, y todas las de color oscuro entre las ovejas, y las puso en mano de sus hijos.

36 Y puso tres días de camino entre sí y Jacob; y Jacob apacentaba las otras ovejas de Labán.

37 Tomó luego Jacob varas verdes de álamo, de avellano y de castaño, y descortezó en ellas mondaduras blancas, descubriendo así lo blanco de las varas.

38 Y puso las varas que había mondado delante del ganado, en los canales de los abrevaderos del agua donde venían a beber las ovejas, las cuales procreaban cuando venían a beber.

39 Así concebían las ovejas delante de las varas; y parían borregos listados, pintados y salpicados de diversos colores.

40 Y apartaba Jacob los corderos, y ponía con su propio rebaño los listados y todo lo que era oscuro del hato de Labán. Y ponía su hato aparte, y no lo ponía con las ovejas de Labán.

41 Y sucedía que cuantas veces se hallaban en celo las ovejas más fuertes, Jacob ponía las varas delante de las ovejas en los abrevaderos, para que concibiesen a la vista de las varas.

42 Pero cuando venían las ovejas más débiles, no las ponía; así eran las más débiles para Labán, y las más fuertes para Jacob.

43 Y se enriqueció el varón muchísimo, y tuvo muchas ovejas, y siervas y siervos, y camellos y asnos.

31 **1** Y oía Jacob las palabras de los hijos de Labán, que decían: Jacob ha tomado todo lo que era de nuestro padre, y de lo que era de nuestro padre ha adquirido toda esta riqueza.

2 Miraba también Jacob el semblante de Labán, y veía que no era para con él como había sido antes.

3 También Jehová dijo a Jacob: Vuélvete a la tierra de tus padres, y a tu parentela, y yo estaré contigo.

4 Envió, pues, Jacob, y llamó a Raquel y a Lea al campo donde estaban sus ovejas,

5 y les dijo: Veo que el semblante de vuestro padre no es para conmigo como era antes; mas el Dios de mi padre ha estado conmigo.

6 Vosotras sabéis que con todas mis fuerzas he servido a vuestro padre;

7 y vuestro padre me ha engañado, y me ha cambiado el salario diez veces; pero Dios no le ha permitido que me hiciese mal.

8 Si él decía así: Los pintados serán tu salario, entonces todas las ovejas parían pintados; y si decía así: Los listados serán tu salario; entonces todas las ovejas parían listados.

9 Así quitó Dios el ganado de vuestro padre, y me lo dio a mí.

10 Y sucedió que al tiempo que las ovejas estaban en celo, alcé yo mis ojos y vi en sueños, y he aquí los machos que cubrían a las hembras eran listados, pintados y abigarrados.

11 Y me dijo el ángel de Dios en sueños: Jacob. Y yo dije: Heme aquí.

12 Y él dijo: Alza ahora tus ojos, y verás que todos los machos que cubren a las hembras son listados, pintados y abigarrados; porque yo he visto todo lo que Labán te ha hecho.

13 Yo soy el Dios de Bet-el, donde tú ungiste la piedra, y donde me hiciste un voto.ª Levántate ahora y sal de esta tierra, y vuélvete a la tierra de tu nacimiento.

14 Respondieron Raquel y Lea, y le dijeron: ¿Tenemos acaso parte o heredad en la casa de nuestro padre?

15 ¿No nos tiene ya como por extrañas, pues que nos vendió, y aun se ha comido del todo nuestro precio?

16 Porque toda la riqueza que Dios ha quitado a nuestro padre, nuestra es y de nuestros hijos; ahora, pues, haz todo lo que Dios te ha dicho.

Jacob huye de Labán

17 Entonces se levantó Jacob, y subió sus hijos y sus mujeres sobre los camellos,

18 y puso en camino todo su ganado, y todo cuanto había adquirido, el ganado de su ganancia que había obtenido en Padan-aram, para volverse a Isaac su padre en la tierra de Canaán.

19 Pero Labán había ido a trasquilar sus ovejas; y Raquel hurtó los ídolos de su padre.

20 Y Jacob engañó a Labán arameo, no haciéndole saber que se iba.

21 Huyó, pues, con todo lo que tenía; y se levantó y pasó el Éufrates, y se dirigió al monte de Galaad.

22 Y al tercer día fue dicho a Labán que Jacob había huido.

23 Entonces Labán tomó a sus parientes consigo, y fue tras Jacob camino de siete días, y le alcanzó en el monte de Galaad.

24 Y vino Dios a Labán arameo en sueños aquella noche, y le dijo: Guárdate que no hables a Jacob descomedidamente.

25 Alcanzó, pues, Labán a Jacob; y éste había fijado su tienda en el monte; y Labán acampó con sus parientes en el monte de Galaad.

26 Y dijo Labán a Jacob: ¿Qué has hecho, que me engañaste, y has traído a mis hijas como prisioneras de guerra?

27 ¿Por qué te escondiste para huir, y me engañaste, y no me lo hiciste saber para que yo te despidiera con alegría y con cantares, con tamborín y arpa?

28 Pues ni aun me dejaste besar a mis hijos y mis hijas. Ahora, locamente has hecho.

29 Poder hay en mi mano para haceros mal; mas el Dios de tu padre me habló anoche diciendo: Guárdate que no hables a Jacob descomedidamente.

30 Y ya que te ibas, porque tenías deseo de la casa de tu padre, ¿por qué me hurtaste mis dioses?

31 Respondió Jacob y dijo a Labán: Porque tuve miedo; pues pensé que quizá me quitarías por fuerza tus hijas.

32 Aquel en cuyo poder hallares tus dioses, no viva; delante de nuestros hermanos reconoce lo que yo tenga tuyo, y llévatelo. Jacob no sabía que Raquel los había hurtado.

33 Entró Labán en la tienda de Jacob, en la tienda de Lea, y en la tienda de las dos siervas, y no los halló; y salió de la tienda de Lea, y entró en la tienda de Raquel.

34 Pero tomó Raquel los ídolos y los puso en una albarda de un camello, y se sentó sobre ellos; y buscó Labán en toda la tienda, y no los halló.

35 Y ella dijo a su padre: No se enoje mi señor, porque no me puedo levantar delante de ti; pues estoy con la costumbre de las mujeres. Y él buscó, pero no halló los ídolos.

36 Entonces Jacob se enojó, y riñó con Labán; y respondió Jacob y dijo a Labán: ¿Qué transgresión es la mía? ¿Cuál es mi pecado, para que con tanto ardor hayas venido en mi persecución?

37 Pues que has buscado en todas mis cosas, ¿qué has hallado de todos los enseres de tu casa? Ponlo aquí delante de mis hermanos y de los tuyos, y juzguen entre nosotros.

38 Estos veinte años he estado contigo; tus ovejas y tus cabras nunca abortaron, ni yo comí carnero de tus ovejas.

39 Nunca te traje lo arrebatado por las fieras: yo pagaba el daño; lo hurtado así de día como de noche, a mí me lo cobrabas.

40 De día me consumía el calor, y de noche la helada, y el sueño huía de mis ojos.

41 Así he estado veinte años en tu casa; catorce años te serví por tus dos hijas, y seis años por tu ganado, y has cambiado mi salario diez veces.

---

a 31.13 Gn 28.18-22.

42 Si el Dios de mi padre, Dios de Abraham y temor de Isaac, no estuviera conmigo, de cierto me enviarías ahora con las manos vacías; pero Dios vio mi aflicción y el trabajo de mis manos, y te reprendió anoche.

43 Respondió Labán y dijo a Jacob: Las hijas son hijas mías, y los hijos, hijos míos son, y las ovejas son mis ovejas, y todo lo que tú ves es mío: ¿y qué puedo yo hacer hoy a estas mis hijas, o a sus hijos que ellas han dado a luz?

44 Ven, pues, ahora, y hagamos pacto tú y yo, y sea por testimonio entre nosotros dos.

45 Entonces Jacob tomó una piedra, y la levantó por señal.

46 Y dijo Jacob a sus hermanos: Recoged piedras. Y tomaron piedras e hicieron un majano, y comieron allí sobre aquel majano.

47 Y lo llamó Labán, Jegar Sahaduta;[38] y lo llamó Jacob, Galaad.[39]

48 Porque Labán dijo: Este majano es testigo hoy entre nosotros dos; por eso fue llamado su nombre Galaad;

49 y Mizpa,[40] por cuanto dijo: Atalaye Jehová entre tú y yo, cuando nos apartemos el uno del otro.

50 Si afligieres a mis hijas, o si tomares otras mujeres además de mis hijas, nadie está con nosotros; mira, Dios es testigo entre nosotros dos.

51 Dijo más Labán a Jacob: He aquí este majano, y he aquí esta señal, que he erigido entre tú y yo.

52 Testigo sea este majano, y testigo sea esta señal, que ni yo pasaré de este majano contra ti, ni tú pasarás de este majano ni de esta señal contra mí, para mal.

53 El Dios de Abraham y el Dios de Nacor juzgue entre nosotros, el Dios de sus padres. Y Jacob juró por aquel a quien temía Isaac su padre.

54 Entonces Jacob inmoló víctimas en el monte, y llamó a sus hermanos a comer pan; y comieron pan, y durmieron aquella noche en el monte.

55 Y se levantó Labán de mañana, y besó sus hijos y sus hijas, y los bendijo; y regresó y se volvió a su lugar.

Jacob se prepara para el encuentro con Esaú

32 **1** Jacob siguió su camino, y le salieron al encuentro ángeles de Dios.

2 Y dijo Jacob cuando los vio: Campamento de Dios es éste; y llamó el nombre de aquel lugar Mahanaim.[41]

3 Y envió Jacob mensajeros delante de sí a Esaú su hermano, a la tierra de Seir, campo de Edom.

4 Y les mandó diciendo: Así diréis a mi señor Esaú: Así dice tu siervo Jacob: Con Labán he morado, y me he detenido hasta ahora;

5 y tengo vacas, asnos, ovejas, y siervos y siervas; y envío a decirlo a mi señor, para hallar gracia en tus ojos.

6 Y los mensajeros volvieron a Jacob, diciendo: Vinimos a tu hermano Esaú, y él también viene a recibirte, y cuatrocientos hombres con él.

7 Entonces Jacob tuvo gran temor, y se angustió; y distribuyó el pueblo que tenía consigo, y las ovejas y las vacas y los camellos, en dos campamentos.

8 Y dijo: Si viene Esaú contra un campamento y lo ataca, el otro campamento escapará.

9 Y dijo Jacob: Dios de mi padre Abraham, y Dios de mi padre Isaac, Jehová, que me dijiste: Vuélvete a tu tierra y a tu parentela, y yo te haré bien;

10 menor soy que todas las misericordias y que toda la verdad que has usado para con tu siervo; pues con mi cayado pasé este Jordán, y ahora estoy sobre dos campamentos.

11 Líbrame ahora de la mano de mi hermano, de la mano de Esaú, porque le temo; no venga acaso y me hiera la madre con los hijos.

12 Y tú has dicho: Yo te haré bien, y tu descendencia será como la arena del mar,[a] que no se puede contar por la multitud.

13 Y durmió allí aquella noche, y tomó de lo que le vino a la mano un presente para su hermano Esaú:

14 doscientas cabras y veinte machos cabríos, doscientas ovejas y veinte carneros,

38. 31.47 Heb. *El majano del testimonio.*
39. 31.47 Heb. *El majano del testimonio.*
40. 31.49 Esto es, *Atalaya.* **41. 32.2** Entendido aquí, *Dos campamentos.*
a 32.12 Gn 22.17.

[15] treinta camellas paridas con sus crías, cuarenta vacas y diez novillos, veinte asnas y diez borricos.

[16] Y lo entregó a sus siervos, cada manada de por sí; y dijo a sus siervos: Pasad delante de mí, y poned espacio entre manada y manada.

[17] Y mandó al primero, diciendo: Si Esaú mi hermano te encontrare, y te preguntare, diciendo: ¿De quién eres? ¿y adónde vas? ¿y para quién es esto que llevas delante de ti?

[18] entonces dirás: Es un presente de tu siervo Jacob, que envía a mi señor Esaú; y he aquí también él viene tras nosotros.

[19] Mandó también al segundo, y al tercero, y a todos los que iban tras aquellas manadas, diciendo: Conforme a esto hablaréis a Esaú, cuando le hallareis.

[20] Y diréis también: He aquí tu siervo Jacob viene tras nosotros. Porque dijo: Apaciguaré su ira con el presente que va delante de mí, y después veré su rostro; quizá le seré acepto.

[21] Pasó, pues, el presente delante de él; y él durmió aquella noche en el campamento.

Jacob lucha con el ángel en Peniel

[22] Y se levantó aquella noche, y tomó sus dos mujeres, y sus dos siervas, y sus once hijos, y pasó el vado de Jaboc.

[23] Los tomó, pues, e hizo pasar el arroyo a ellos y a todo lo que tenía.

[24] Así se quedó Jacob solo; y luchó con él un varón hasta que rayaba el alba.

[25] Y cuando el varón vio que no podía con él, tocó en el sitio del encaje de su muslo, y se descoyuntó el muslo de Jacob mientras con él luchaba.

[26] Y dijo: Déjame, porque raya el alba. Y Jacob le respondió: No te dejaré, si no me bendices.

[27] Y el varón le dijo: ¿Cuál es tu nombre? Y él respondió: Jacob.

[28] Y el varón le dijo: No se dirá más tu nombre Jacob,[b] sino Israel;[42] porque has luchado con Dios y con los hombres, y has vencido.

[29] Entonces Jacob le preguntó, y dijo: Declárame ahora tu nombre. Y el varón respondió: ¿Por qué me preguntas por mi nombre? Y lo bendijo allí.

[30] Y llamó Jacob el nombre de aquel lugar, Peniel;[43] porque dijo: Vi a Dios cara a cara, y fue librada mi alma.

[31] Y cuando había pasado Peniel, le salió el sol; y cojeaba de su cadera.

[32] Por esto no comen los hijos de Israel, hasta hoy día, del tendón que se contrajo, el cual está en el encaje del muslo; porque tocó a Jacob este sitio de su muslo en el tendón que se contrajo.

Reconciliación entre Jacob y Esaú

33 [1] Alzando Jacob sus ojos, miró, y he aquí venía Esaú, y los cuatrocientos hombres con él; entonces repartió él los niños entre Lea y Raquel y las dos siervas.

[2] Y puso las siervas y sus niños delante, luego a Lea y sus niños, y a Raquel y a José los últimos.

[3] Y él pasó delante de ellos y se inclinó a tierra siete veces, hasta que llegó a su hermano.

[4] Pero Esaú corrió a su encuentro y le abrazó, y se echó sobre su cuello, y le besó; y lloraron.

[5] Y alzó sus ojos y vio a las mujeres y los niños, y dijo: ¿Quiénes son éstos? Y él respondió: Son los niños que Dios ha dado a tu siervo.

[6] Luego vinieron las siervas, ellas y sus niños, y se inclinaron.

[7] Y vino Lea con sus niños, y se inclinaron; y después llegó José y Raquel, y también se inclinaron.

[8] Y Esaú dijo: ¿Qué te propones con todos estos grupos que he encontrado? Y Jacob respondió: El hallar gracia en los ojos de mi señor.

[9] Y dijo Esaú: Suficiente tengo yo, hermano mío; sea para ti lo que es tuyo.

[10] Y dijo Jacob: No, yo te ruego; si he hallado ahora gracia en tus ojos, acepta mi presente, porque he visto tu rostro, como si hubiera visto el rostro de Dios, pues que con tanto favor me has recibido.

[11] Acepta, te ruego, mi presente que te he traído, porque Dios me ha hecho merced, y todo lo que hay aquí es mío. E insistió con él, y Esaú lo tomó.

---

42. **32.28** Esto es, *El que lucha con Dios,* o *Dios lucha.*   43. **32.30** Esto es, *El rostro de Dios.*
b **32.28** Gn 35.10.

¹² Y Esaú dijo: Anda, vamos; y yo iré delante de ti.

¹³ Y Jacob le dijo: Mi señor sabe que los niños son tiernos, y que tengo ovejas y vacas paridas; y si las fatigan, en un día morirán todas las ovejas.

¹⁴ Pase ahora mi señor delante de su siervo, y yo me iré poco a poco al paso del ganado que va delante de mí, y al paso de los niños, hasta que llegue a mi señor a Seir.

¹⁵ Y Esaú dijo: Dejaré ahora contigo de la gente que viene conmigo. Y Jacob dijo: ¿Para qué esto? Halle yo gracia en los ojos de mi señor.

¹⁶ Así volvió Esaú aquel día por su camino a Seir.

¹⁷ Y Jacob fue a Sucot, y edificó allí casa para sí, e hizo cabañas para su ganado; por tanto, llamó el nombre de aquel lugar Sucot.⁴⁴

¹⁸ Después Jacob llegó sano y salvo a la ciudad de Siquem, que está en la tierra de Canaán, cuando venía de Padan-aram; y acampó delante de la ciudad.

¹⁹ Y compró una parte del campo,^a donde plantó su tienda, de mano de los hijos de Hamor padre de Siquem, por cien monedas.⁴⁵

²⁰ Y erigió allí un altar, y lo llamó El-Elohe-Israel.⁴⁶

La deshonra de Dina vengada

34 ¹ Salió Dina la hija de Lea, la cual ésta había dado a luz a Jacob, a ver a las hijas del país.

² Y la vio Siquem hijo de Hamor heveo, príncipe de aquella tierra, y la tomó, y se acostó con ella, y la deshonró.

³ Pero su alma se apegó a Dina la hija de Lea, y se enamoró de la joven, y habló al corazón de ella.

⁴ Y habló Siquem a Hamor su padre, diciendo: Tómame por mujer a esta joven.

⁵ Pero oyó Jacob que Siquem había amancillado a Dina su hija; y estando sus hijos con su ganado en el campo, calló Jacob hasta que ellos viniesen.

⁶ Y se dirigió Hamor padre de Siquem a Jacob, para hablar con él.

⁷ Y los hijos de Jacob vinieron del campo cuando lo supieron; y se entristecieron los varones, y se enojaron mucho, porque hizo vileza en Israel acostándose con la hija de Jacob, lo que no se debía haber hecho.

⁸ Y Hamor habló con ellos, diciendo: El alma de mi hijo Siquem se ha apegado a vuestra hija; os ruego que se la deis por mujer.

⁹ Y emparentad con nosotros; dadnos vuestras hijas, y tomad vosotros las nuestras.

¹⁰ Y habitad con nosotros, porque la tierra estará delante de vosotros; morad y negociad en ella, y tomad en ella posesión.

¹¹ Siquem también dijo al padre de Dina y a los hermanos de ella: Halle yo gracia en vuestros ojos, y daré lo que me dijereis.

¹² Aumentad a cargo mío mucha dote y dones, y yo daré cuanto me dijereis; y dadme la joven por mujer.

¹³ Pero respondieron los hijos de Jacob a Siquem y a Hamor su padre con palabras engañosas, por cuanto había amancillado a Dina su hermana.

¹⁴ Y les dijeron: No podemos hacer esto de dar nuestra hermana a hombre incircunciso, porque entre nosotros es abominación.

¹⁵ Mas con esta condición os complaceremos: si habéis de ser como nosotros, que se circuncide entre vosotros todo varón.

¹⁶ Entonces os daremos nuestras hijas, y tomaremos nosotros las vuestras; y habitaremos con vosotros, y seremos un pueblo.

¹⁷ Mas si. no nos prestareis oído para circuncidaros, tomaremos nuestra hija y nos iremos.

¹⁸ Y parecieron bien sus palabras a Hamor, y a Siquem hijo de Hamor.

¹⁹ Y no tardó el joven en hacer aquello, porque la hija de Jacob le había agradado; y él era el más distinguido de toda la casa de su padre.

²⁰ Entonces Hamor y Siquem su hijo vinieron a la puerta de su ciudad, y hablaron a los varones de su ciudad, diciendo:

²¹ Estos varones son pacíficos con nosotros, y habitarán en el país, y traficarán en él; pues he aquí la tierra es bastante ancha para ellos; nosotros tomaremos sus hijas por mujeres, y les daremos las nuestras.

²² Mas con esta condición coñsentirán estos hombres en habitar con nosotros, para que seamos un pueblo: que se circuncide todo

---

44. **33.17** Esto es, *Cabañas.* *45.* **33.19** Heb. cien *kesitas.* *46.* **33.20** Esto es, *Dios, el Dios de Israel.*
a 33.19 Jos 24.32; Jn 4.5.

varón entre nosotros, así como ellos son circuncidados.

23 Su ganado, sus bienes y todas sus bestias serán nuestros; solamente convengamos con ellos, y habitarán con nosotros.

24 Y obedecieron a Hamor y a Siquem su hijo todos los que salían por la puerta de la ciudad, y circuncidaron a todo varón, a cuantos salían por la puerta de su ciudad.

25 Pero sucedió que al tercer día, cuando sentían ellos el mayor dolor, dos de los hijos de Jacob, Simeón y Leví, hermanos de Dina, tomaron cada uno su espada, y vinieron contra la ciudad, que estaba desprevenida, y mataron a todo varón.

26 Y a Hamor y a Siquem su hijo los mataron a filo de espada; y tomaron a Dina de casa de Siquem, y se fueron.

27 Y los hijos de Jacob vinieron a los muertos, y saquearon la ciudad, por cuanto habían amancillado a su hermana.

28 Tomaron sus ovejas y vacas y sus asnos, y lo que había en la ciudad y en el campo,

29 y todos sus bienes; llevaron cautivos a todos sus niños y sus mujeres, y robaron todo lo que había en casa.

30 Entonces dijo Jacob a Simeón y a Leví: Me habéis turbado con hacerme abominable a los moradores de esta tierra, el cananeo y el ferezeo; y teniendo yo pocos hombres, se juntarán contra mí y me atacarán, y seré destruido yo y mi casa.

31 Pero ellos respondieron: ¿Había él de tratar a nuestra hermana como a una ramera?

Dios bendice a Jacob en Bet-el

35 **1** Dijo Dios a Jacob: Levántate y sube a Bet-el, y quédate allí; y haz allí un altar al Dios que te apareció cuando huías de tu hermano Esaú.[a]

2 Entonces Jacob dijo a su familia y a todos los que con él estaban: Quitad los dioses ajenos que hay entre vosotros, y limpiaos, y mudad vuestros vestidos.

3 Y levantémonos, y subamos a Bet-el; y haré allí altar al Dios que me respondió en el día de mi angustia, y ha estado conmigo en el camino que he andado.

4 Así dieron a Jacob todos los dioses ajenos que había en poder de ellos, y los zarcillos que estaban en sus orejas; y Jacob los escondió debajo de una encina que estaba junto a Siquem.

5 Y salieron, y el terror de Dios estuvo sobre las ciudades que había en sus alrededores, y no persiguieron a los hijos de Jacob.

6 Y llegó Jacob a Luz, que está en tierra de Canaán (ésta es Bet-el), él y todo el pueblo que con él estaba.

7 Y edificó allí un altar, y llamó al lugar El-bet-el,[47] porque allí le había aparecido Dios, cuando huía de su hermano.

8 Entonces murió Débora, ama de Rebeca, y fue sepultada al pie de Bet-el, debajo de una encina, la cual fue llamada Alón-bacut.[48]

9 Apareció otra vez Dios a Jacob, cuando había vuelto de Padan-aram, y le bendijo.

10 Y le dijo Dios: Tu nombre es Jacob; no se llamará más tu nombre Jacob,[b] sino Israel será tu nombre; y llamó su nombre Israel.

11 También le dijo Dios: Yo soy el Dios omnipotente: crece y multiplícate; una nación y conjunto de naciones procederán de ti, y reyes saldrán de tus lomos.

12 La tierra que he dado a Abraham y a Isaac, la daré a ti, y a tu descendencia después de ti daré la tierra.[c]

13 Y se fue de él Dios, del lugar en donde había hablado con él.

14 Y Jacob erigió una señal en el lugar donde había hablado con él, una señal de piedra, y derramó sobre ella libación, y echó sobre ella aceite.

15 Y llamó Jacob el nombre de aquel lugar donde Dios había hablado con él, Bet-el.[d]

Muerte de Raquel

16 Después partieron de Bet-el; y había aún como media legua de tierra para llegar a Efrata, cuando dio a luz Raquel,[e] y hubo trabajo en su parto.

17 Y aconteció, como había trabajo en su parto, que le dijo la partera: No temas, que también tendrás este hijo.

18 Y aconteció que al salírsele el alma (pues murió), llamó su nombre Benoni;[49] mas su padre lo llamó Benjamín.[50]

19 Así murió Raquel, y fue sepultada en el camino de Efrata, la cual es Belén.

---

47. **35.7** Esto es, *Dios de Bet-el.* *48.* **35.8** Esto es, *La encina del llanto.* *49.* **35.18** Esto es, *Hijo de mi tristeza.* *50.* **35.18** Esto es, *Hijo de la mano derecha.* **a 35.1** Gn 28.11-17. **b 35.10** Gn 32.28. **c 35.11, 12** Gn 17.4-8. **d 35.14, 15** Gn 28.18, 19. **e 35.16** Jer 31.15.

20 Y levantó Jacob un pilar sobre su sepultura; ésta es la señal de la sepultura de Raquel hasta hoy.

21 Y salió Israel, y plantó su tienda más allá de Migdal-edar.

Los hijos de Jacob
(1 Cr 2.1, 2)

22 Aconteció que cuando moraba Israel en aquella tierra, fue Rubén y durmió con Bilha la concubina de su padre; lo cual llegó a saber Israel. Ahora bien, los hijos de Israel fueron doce:

23 los hijos de Lea: Rubén el primogénito de Jacob; Simeón, Leví, Judá, Isacar y Zabulón.

24 Los hijos de Raquel: José y Benjamín.

25 Los hijos de Bilha, sierva de Raquel: Dan y Neftalí.

26 Y los hijos de Zilpa, sierva de Lea: Gad y Aser. Éstos fueron los hijos de Jacob, que le nacieron en Padan-aram.

Muerte de Isaac

27 Después vino Jacob a Isaac su padre a Mamre, a la ciudad de Arba, que es Hebrón, donde habitaron Abraham e Isaac.[f]

28 Y fueron los días de Isaac ciento ochenta años.

29 Y exhaló Isaac el espíritu, y murió, y fue recogido a su pueblo, viejo y lleno de días; y lo sepultaron Esaú y Jacob sus hijos.

Los descendientes de Esaú
(1 Cr 1.34-54)

36 1 Éstas son las generaciones de Esaú, el cual es Edom:

2 Esaú tomó sus mujeres[a] de las hijas de Canaán: a Ada, hija de Elón heteo, a Aholibama, hija de Aná, hijo de Zibeón heveo,

3 y a Basemat hija de Ismael, hermana de Nebaiot.[b]

4 Ada dio a luz a Esaú a Elifaz; y Basemat dio a luz a Reuel.

5 Y Aholibama dio a luz a Jeús, a Jaalam y a Coré; éstos son los hijos de Esaú, que le nacieron en la tierra de Canaán.

6 Y Esaú tomó sus mujeres, sus hijos y sus hijas, y todas las personas de su casa, y sus ganados, y todas sus bestias, y todo cuanto había adquirido en la tierra de Canaán, y se fue a otra tierra, separándose de Jacob su hermano.

7 Porque los bienes de ellos eran muchos; y no podían habitar juntos, ni la tierra en donde moraban los podía sostener a causa de sus ganados.

8 Y Esaú habitó en el monte de Seir; Esaú es Edom.

9 Éstos son los linajes de Esaú, padre de Edom, en el monte de Seir.

10 Éstos son los nombres de los hijos de Esaú: Elifaz, hijo de Ada mujer de Esaú; Reuel, hijo de Basemat mujer de Esaú.

11 Y los hijos de Elifaz fueron Temán, Omar, Zefo, Gatam y Cenaz.

12 Y Timna fue concubina de Elifaz hijo de Esaú, y ella le dio a luz a Amalec; éstos son los hijos de Ada, mujer de Esaú.

13 Los hijos de Reuel fueron Nahat, Zera, Sama y Miza; éstos son los hijos de Basemat mujer de Esaú.

14 Éstos fueron los hijos de Aholibama mujer de Esaú, hija de Aná, que fue hijo de Zibeón: ella dio a luz a Jeús, Jaalam y Coré, hijos de Esaú.

15 Éstos son los jefes de entre los hijos de Esaú: hijos de Elifaz, primogénito de Esaú: los jefes Temán, Omar, Zefo, Cenaz,

16 Coré, Gatam y Amalec; éstos son los jefes de Elifaz en la tierra de Edom; éstos fueron los hijos de Ada.

17 Y éstos son los hijos de Reuel, hijo de Esaú: los jefes Nahat, Zera, Sama y Miza; éstos son los jefes de la línea de Reuel en la tierra de Edom; estos hijos vienen de Basemat mujer de Esaú.

18 Y éstos son los hijos de Aholibama mujer de Esaú: los jefes Jeús, Jaalam y Coré; éstos fueron los jefes que salieron de Aholibama mujer de Esaú, hija de Aná.

19 Éstos, pues, son los hijos de Esaú, y sus jefes; él es Edom.

20 Éstos son los hijos de Seir horeo, moradores de aquella tierra: Lotán, Sobal, Zibeón, Aná,

21 Disón, Ezer y Disán; éstos son los jefes de los horeos, hijos de Seir, en la tierra de Edom.

22 Los hijos de Lotán fueron Hori y Hemam; y Timna fue hermana de Lotán.

23 Los hijos de Sobal fueron Alván, Manahat, Ebal, Sefo y Onam.

24 Y los hijos de Zibeón fueron Aja y Aná. Este Aná es el que descubrió manantiales

---

f 35.27 Gn 13.18.   a 36.2 Gn 26.34.   b 36.3 Gn 28.9.

en el desierto, cuando apacentaba los asnos de Zibeón su padre.

25 Los hijos de Aná fueron Disón, y Aholibama hija de Aná.

26 Éstos fueron los hijos de Disón: Hemdán, Esbán, Itrán y Querán.

27 Y éstos fueron los hijos de Ezer: Bilhán, Zaaván y Acán.

28 Éstos fueron los hijos de Disán: Uz y Arán.

29 Y éstos fueron los jefes de los horeos: los jefes Lotán, Sobal, Zibeón, Aná,

30 Disón, Ezer y Disán; éstos fueron los jefes de los horeos, por sus mandos en la tierra de Seir.

31 Y los reyes que reinaron en la tierra de Edom, antes que reinase rey sobre los hijos de Israel, fueron éstos:

32 Bela hijo de Beor reinó en Edom; y el nombre de su ciudad fue Dinaba.

33 Murió Bela, y reinó en su lugar Jobab hijo de Zera, de Bosra.

34 Murió Jobab, y en su lugar reinó Husam, de tierra de Temán.

35 Murió Husam, y reinó en su lugar Hadad hijo de Bedad, el que derrotó a Madián en el campo de Moab; y el nombre de su ciudad fue Avit.

36 Murió Hadad, y en su lugar reinó Samla de Masreca.

37 Murió Samla, y reinó en su lugar Saúl de Rehobot junto al Éufrates.

38 Murió Saúl, y en lugar suyo reinó Baal-hanán hijo de Acbor.

39 Y murió Baal-hanán hijo de Acbor, y reinó Hadar en lugar suyo; y el nombre de su ciudad fue Pau; y el nombre de su mujer, Mehetabel hija de Matred, hija de Mezaab.

40 Éstos, pues, son los nombres de los jefes de Esaú por sus linajes, por sus lugares, y sus nombres: Timna, Alva, Jetet,

41 Aholibama, Ela, Pinón,

42 Cenaz, Temán, Mibzar,

43 Magdiel e Iram. Éstos fueron los jefes de Edom según sus moradas en la tierra de su posesión. Edom es el mismo Esaú, padre de los edomitas.

José es vendido por sus hermanos

37 1 Habitó Jacob en la tierra donde había morado su padre, en la tierra de Canaán.

2 Ésta es la historia de la familia de Jacob: José, siendo de edad de diecisiete años, apacentaba las ovejas con sus hermanos; y el joven estaba con los hijos de Bilha y con los hijos de Zilpa, mujeres de su padre; e informaba José a su padre la mala fama de ellos.

3 Y amaba Israel a José más que a todos sus hijos, porque lo había tenido en su vejez; y le hizo una túnica de diversos colores.

4 Y viendo sus hermanos que su padre lo amaba más que a todos sus hermanos, le aborrecían, y no podían hablarle pacíficamente.

5 Y soñó José un sueño, y lo contó a sus hermanos; y ellos llegaron a aborrecerle más todavía.

6 Y él les dijo: Oíd ahora este sueño que he soñado:

7 He aquí que atábamos manojos en medio del campo, y he aquí que mi manojo se levantaba y estaba derecho, y que vuestros manojos estaban alrededor y se inclinaban al mío.

8 Le respondieron sus hermanos: ¿Reinarás tú sobre nosotros, o señorearás sobre nosotros? Y le aborrecieron aún más a causa de sus sueños y sus palabras.

9 Soñó aun otro sueño, y lo contó a sus hermanos, diciendo: He aquí que he soñado otro sueño, y he aquí que el sol y la luna y once estrellas se inclinaban a mí.

10 Y lo contó a su padre y a sus hermanos; y su padre le reprendió, y le dijo: ¿Qué sueño es este que soñaste? ¿Acaso vendremos yo y tu madre y tus hermanos a postrarnos en tierra ante ti?

11 Y sus hermanos le tenían envidia,[a] mas su padre meditaba en esto.

12 Después fueron sus hermanos a apacentar las ovejas de su padre en Siquem.

13 Y dijo Israel a José: Tus hermanos apacientan las ovejas en Siquem: ven, y te enviaré a ellos. Y él respondió: Heme aquí.

14 E Israel le dijo: Ve ahora, mira cómo están tus hermanos y cómo están las ovejas, y tráeme la respuesta. Y lo envió del valle de Hebrón, y llegó a Siquem.

15 Y lo halló un hombre, andando él errante por el campo, y le preguntó aquel hombre, diciendo: ¿Qué buscas?

---

a **37.11** Hch 7.9.

16 José respondió: Busco a mis hermanos; te ruego que me muestres dónde están apacentando.

17 Aquel hombre respondió: Ya se han ido de aquí; y yo les oí decir: Vamos a Dotán. Entonces José fue tras de sus hermanos, y los halló en Dotán.

18 Cuando ellos lo vieron de lejos, antes que llegara cerca de ellos, conspiraron contra él para matarle.

19 Y dijeron el uno al otro: He aquí viene el soñador.

20 Ahora pues, venid, y matémosle y echémosle en una cisterna, y diremos: Alguna mala bestia lo devoró; y veremos qué será de sus sueños.

21 Cuando Rubén oyó esto, lo libró de sus manos, y dijo: No lo matemos.

22 Y les dijo Rubén: No derraméis sangre; echadlo en esta cisterna que está en el desierto, y no pongáis mano en él; por librarlo así de sus manos, para hacerlo volver a su padre.

23 Sucedió, pues, que cuando llegó José a sus hermanos, ellos quitaron a José su túnica, la túnica de colores que tenía sobre sí;

24 y le tomaron y le echaron en la cisterna; pero la cisterna estaba vacía, no había en ella agua.

25 Y se sentaron a comer pan; y alzando los ojos miraron, y he aquí una compañía de ismaelitas que venía de Galaad, y sus camellos traían aromas, bálsamo y mirra, e iban a llevarlo a Egipto.

26 Entonces Judá dijo a sus hermanos: ¿Qué provecho hay en que matemos a nuestro hermano y encubramos su muerte?

27 Venid, y vendámosle a los ismaelitas, y no sea nuestra mano sobre él; porque él es nuestro hermano, nuestra propia carne. Y sus hermanos convinieron con él.

28 Y cuando pasaban los madianitas mercaderes, sacaron ellos a José de la cisterna, y le trajeron arriba, y le vendieron a los ismaelitas por veinte piezas de plata. Y llevaron a José a Egipto.[b]

29 Después Rubén volvió a la cisterna, y no halló a José adentro, y se rasgó los vestidos.

30 Y volvió a sus hermanos, y dijo: El joven no aparece; y yo, ¿a dónde iré?

31 Entonces tomaron ellos la túnica de José, y degollaron un cabrito de las cabras, y tiñeron la túnica con la sangre;

32 y enviaron la túnica de colores y la trajeron a su padre, y dijeron: Esto hemos hallado; reconoce ahora si es la túnica de tu hijo, o no.

33 Y él la reconoció, y dijo: La túnica de mi hijo es; alguna mala bestia lo devoró; José ha sido despedazado.

34 Entonces Jacob rasgó sus vestidos, y puso cilicio sobre sus lomos, y guardó luto por su hijo muchos días.

35 Y se levantaron todos sus hijos y todas sus hijas para consolarlo; mas él no quiso recibir consuelo, y dijo: Descenderé enlutado a mi hijo hasta el Seol.[51] Y lo lloró su padre.

36 Y los madianitas lo vendieron en Egipto a Potifar, oficial de Faraón, capitán de la guardia.

Judá y Tamar

38 **1** Aconteció en aquel tiempo, que Judá se apartó de sus hermanos, y se fue a un varón adulamita que se llamaba Hira.

2 Y vio allí Judá la hija de un hombre cananeo, el cual se llamaba Súa; y la tomó, y se llegó a ella.

3 Y ella concibió, y dio a luz un hijo, y llamó su nombre Er.

4 Concibió otra vez, y dio a luz un hijo, y llamó su nombre Onán.

5 Y volvió a concebir, y dio a luz un hijo, y llamó su nombre Sela. Y estaba en Quezib cuando lo dio a luz.

6 Después Judá tomó mujer para su primogénito Er, la cual se llamaba Tamar.

7 Y Er, el primogénito de Judá, fue malo ante los ojos de Jehová, y le quitó Jehová la vida.

8 Entonces Judá dijo a Onán: Llégate a la mujer de tu hermano, y despósate con ella, y levanta descendencia a tu hermano.

9 Y sabiendo Onán que la descendencia no había de ser suya, sucedía que cuando se llegaba a la mujer de su hermano, vertía en tierra, por no dar descendencia a su hermano.

10 Y desagradó en ojos de Jehová lo que hacía, y a él también le quitó la vida.

11 Y Judá dijo a Tamar su nuera: Quédate viuda en casa de tu padre, hasta que crezca

---

51. **37.35** Nombre hebreo del lugar de los muertos.
b **37.28** Hch 7.9.

Sela mi hijo; porque dijo: No sea que muera él también como sus hermanos. Y se fue Tamar, y estuvo en casa de su padre.

12 Pasaron muchos días, y murió la hija de Súa, mujer de Judá. Después Judá se consoló, y subía a los trasquiladores de sus ovejas a Timnat, él y su amigo Hira el adulamita.

13 Y fue dado aviso a Tamar, diciendo: He aquí tu suegro sube a Timnat a trasquilar sus ovejas.

14 Entonces se quitó ella los vestidos de su viudez, y se cubrió con un velo, y se arrebozó, y se puso a la entrada de Enaim junto al camino de Timnat; porque veía que había crecido Sela, y ella no era dada a él por mujer.

15 Y la vio Judá, y la tuvo por ramera, porque ella había cubierto su rostro.

16 Y se apartó del camino hacia ella, y le dijo: Déjame ahora llegarme a ti: pues no sabía que era su nuera; y ella dijo: ¿Qué me darás por llegarte a mí?

17 Él respondió: Yo te enviaré del ganado un cabrito de las cabras. Y ella dijo: Dame una prenda hasta que lo envíes.

18 Entonces Judá dijo: ¿Qué prenda te daré? Ella respondió: Tu sello, tu cordón, y tu báculo que tienes en tu mano. Y él se los dio, y se llegó a ella, y ella concibió de él.

19 Luego se levantó y se fue, y se quitó el velo de sobre sí, y se vistió las ropas de su viudez.

20 Y Judá envió el cabrito de las cabras por medio de su amigo el adulamita, para que éste recibiese la prenda de la mujer; pero no la halló.

21 Y preguntó a los hombres de aquel lugar, diciendo: ¿Dónde está la ramera de Enaim junto al camino? Y ellos le dijeron: No ha estado aquí ramera alguna.

22 Entonces él se volvió a Judá, y dijo: No la he hallado; y también los hombres del lugar dijeron: Aquí no ha estado ramera.

23 Y Judá dijo: Tómeselo para sí, para que no seamos menospreciados; he aquí yo he enviado este cabrito, y tú no la hallaste.

24 Sucedió que al cabo de unos tres meses fue dado aviso a Judá, diciendo: Tamar tu nuera ha fornicado, y ciertamente está encinta a causa de las fornicaciones. Y Judá dijo: Sacadla, y sea quemada.

25 Pero ella, cuando la sacaban, envió a decir a su suegro: Del varón cuyas son estas cosas, estoy encinta. También dijo: Mira ahora de quién son estas cosas, el sello, el cordón y el báculo.

26 Entonces Judá los reconoció, y dijo: Más justa es ella que yo, por cuanto no la he dado a Sela mi hijo. Y nunca más la conoció.

27 Y aconteció que al tiempo de dar a luz, he aquí había gemelos en su seno.

28 Sucedió cuando daba a luz, que sacó la mano el uno, y la partera tomó y ató a su mano un hilo de grana, diciendo: Éste salió primero.

29 Pero volviendo él a meter la mano, he aquí salió su hermano; y ella dijo: ¡Qué brecha te has abierto! Y llamó su nombre Fares.[52]

30 Después salió su hermano, el que tenía en su mano el hilo de grana, y llamó su nombre Zara.

José y la esposa de Potifar

39 1 Llevado, pues, José a Egipto, Potifar oficial de Faraón, capitán de la guardia, varón egipcio, lo compró de los ismaelitas que lo habían llevado allá.

2 Mas Jehová estaba con José,[a] y fue varón próspero; y estaba en la casa de su amo el egipcio.

3 Y vio su amo que Jehová estaba con él, y que todo lo que él hacía, Jehová lo hacía prosperar en su mano.

4 Así halló José gracia en sus ojos, y le servía; y él le hizo mayordomo de su casa y entregó en su poder todo lo que tenía.

5 Y aconteció que desde cuando le dio el encargo de su casa y de todo lo que tenía, Jehová bendijo la casa del egipcio a causa de José, y la bendición de Jehová estaba sobre todo lo que tenía, así en casa como en el campo.

6 Y dejó todo lo que tenía en mano de José, y con él no se preocupaba de cosa alguna sino del pan que comía. Y era José de hermoso semblante y bella presencia.

7 Aconteció después de esto, que la mujer de su amo puso sus ojos en José, y dijo: Duerme conmigo.

---

52. **38.29** Esto es, *Rotura*, o *Brecha*.
a **39.2** Hch 7.9.

8 Y él no quiso, y dijo a la mujer de su amo: He aquí que mi señor no se preocupa conmigo de lo que hay en casa, y ha puesto en mi mano todo lo que tiene.

9 No hay otro mayor que yo en esta casa, y ninguna cosa me ha reservado sino a ti, por cuanto tú eres su mujer; ¿cómo, pues, haría yo este grande mal, y pecaría contra Dios?

10 Hablando ella a José cada día, y no escuchándola él para acostarse al lado de ella, para estar con ella,

11 aconteció que entró él un día en casa para hacer su oficio, y no había nadie de los de casa allí.

12 Y ella lo asió por su ropa, diciendo: Duerme conmigo. Entonces él dejó su ropa en las manos de ella, y huyó y salió.

13 Cuando vio ella que le había dejado su ropa en sus manos, y había huido fuera,

14 llamó a los de casa, y les habló diciendo: Mirad, nos ha traído un hebreo para que hiciese burla de nosotros. Vino él a mí para dormir conmigo, y yo di grandes voces;

15 y viendo que yo alzaba la voz y gritaba, dejó junto a mí su ropa, y huyó y salió.

16 Y ella puso junto a sí la ropa de José, hasta que vino su señor a su casa.

17 Entonces le habló ella las mismas palabras, diciendo: El siervo hebreo que nos trajiste, vino a mí para deshonrarme.

18 Y cuando yo alcé mi voz y grité, él dejó su ropa junto a mí y huyó fuera.

19 Y sucedió que cuando oyó el amo de José las palabras que su mujer le hablaba, diciendo: Así me ha tratado tu siervo, se encendió su furor.

20 Y tomó su amo a José, y lo puso en la cárcel, donde estaban los presos del rey, y estuvo allí en la cárcel.

21 Pero Jehová estaba con José[b] y le extendió su misericordia, y le dio gracia en los ojos del jefe de la cárcel.

22 Y el jefe de la cárcel entregó en mano de José el cuidado de todos los presos que había en aquella prisión; todo lo que se hacía allí, él lo hacía.

23 No necesitaba atender el jefe de la cárcel cosa alguna de las que estaban al cuidado de José, porque Jehová estaba con José, y lo que él hacía, Jehová lo prosperaba.

b **39.21** Hch 7.9.

José interpreta dos sueños

40 **1** Aconteció después de estas cosas, que el copero del rey de Egipto y el panadero delinquieron contra su señor el rey de Egipto.

2 Y se enojó Faraón contra sus dos oficiales, contra el jefe de los coperos y contra el jefe de los panaderos,

3 y los puso en prisión en la casa del capitán de la guardia, en la cárcel donde José estaba preso.

4 Y el capitán de la guardia encargó de ellos a José, y él les servía; y estuvieron días en la prisión.

5 Y ambos, el copero y el panadero del rey de Egipto, que estaban arrestados en la prisión, tuvieron un sueño, cada uno su propio sueño en una misma noche, cada uno con su propio significado.

6 Vino a ellos José por la mañana, y los miró, y he aquí que estaban tristes.

7 Y él preguntó a aquellos oficiales de Faraón, que estaban con él en la prisión de la casa de su señor, diciendo: ¿Por qué parecen hoy mal vuestros semblantes?

8 Ellos le dijeron: Hemos tenido un sueño, y no hay quien lo interprete. Entonces les dijo José: ¿No son de Dios las interpretaciones? Contádmelo ahora.

9 Entonces el jefe de los coperos contó su sueño a José, y le dijo: Yo soñaba que veía una vid delante de mí,

10 y en la vid tres sarmientos; y ella como que brotaba, y arrojaba su flor, viniendo a madurar sus racimos de uvas.

11 Y que la copa de Faraón estaba en mi mano, y tomaba yo las uvas y las exprimía en la copa de Faraón, y daba yo la copa en mano de Faraón.

12 Y le dijo José: Ésta es su interpretación: los tres sarmientos son tres días.

13 Al cabo de tres días levantará Faraón tu cabeza, y te restituirá a tu puesto, y darás la copa a Faraón en su mano, como solías hacerlo cuando eras su copero.

14 Acuérdate, pues, de mí cuando tengas ese bien, y te ruego que uses conmigo de misericordia, y hagas mención de mí a Faraón, y me saques de esta casa.

15 Porque fui hurtado de la tierra de los hebreos; y tampoco he hecho aquí por qué me pusiesen en la cárcel.

16 Viendo el jefe de los panaderos que había interpretado para bien, dijo a José: También yo soñé que veía tres canastillos blancos sobre mi cabeza.

17 En el canastillo más alto había de toda clase de manjares de pastelería para Faraón; y las aves las comían del canastillo de sobre mi cabeza.

18 Entonces respondió José, y dijo: Ésta es su interpretación: Los tres canastillos tres días son.

19 Al cabo de tres días quitará Faraón tu cabeza de sobre ti, y te hará colgar en la horca, y las aves comerán tu carne de sobre ti.

20 Al tercer día, que era el día del cumpleaños de Faraón, el rey hizo banquete a todos sus sirvientes; y alzó la cabeza del jefe de los coperos, y la cabeza del jefe de los panaderos, entre sus servidores.

21 E hizo volver a su oficio al jefe de los coperos, y dio éste la copa en mano de Faraón;

22 Mas hizo ahorcar al jefe de los panaderos, como lo había interpretado José.

23 Y el jefe de los coperos no se acordó de José, sino que le olvidó.

José interpreta el sueño de Faraón

41 1 Aconteció que pasados dos años tuvo Faraón un sueño. Le parecía que estaba junto al río;

2 y que del río subían siete vacas, hermosas a la vista, y muy gordas, y pacían en el prado.

3 Y que tras ellas subían del río otras siete vacas de feo aspecto y enjutas de carne, y se pararon cerca de las vacas hermosas a la orilla del río;

4 y que las vacas de feo aspecto y enjutas de carne devoraban a las siete vacas hermosas y muy gordas. Y despertó Faraón.

5 Se durmió de nuevo, y soñó la segunda vez: Que siete espigas llenas y hermosas crecían de una sola caña,

6 y que después de ellas salían otras siete espigas menudas y abatidas del viento solano;

7 y las siete espigas menudas devoraban a las siete espigas gruesas y llenas. Y despertó Faraón, y he aquí que era sueño.

8 Sucedió que por la mañana estaba agitado su espíritu, y envió e hizo llamar a todos los magos de Egipto, y a todos sus sabios; y les contó Faraón sus sueños, mas no había quien los pudiese interpretar a Faraón.

9 Entonces el jefe de los coperos habló a Faraón, diciendo: Me acuerdo hoy de mis faltas.

10 Cuando Faraón se enojó contra sus siervos, nos echó a la prisión de la casa del capitán de la guardia a mí y al jefe de los panaderos.

11 Y él y yo tuvimos un sueño en la misma noche, y cada sueño tenía su propio significado.

12 Estaba allí con nosotros un joven hebreo, siervo del capitán de la guardia; y se lo contamos, y él nos interpretó nuestros sueños, y declaró a cada uno conforme a su sueño.

13 Y aconteció que como él nos lo interpretó, así fue: yo fui restablecido en mi puesto, y el otro fue colgado.

14 Entonces Faraón envió y llamó a José. Y lo sacaron apresuradamente de la cárcel, y se afeitó, y mudó sus vestidos, y vino a Faraón.

15 Y dijo Faraón a José: Yo he tenido un sueño, y no hay quien lo interprete; mas he oído decir de ti, que oyes sueños para interpretarlos.

16 Respondió José a Faraón, diciendo: No está en mí; Dios será el que dé respuesta propicia a Faraón.

17 Entonces Faraón dijo a José: En mi sueño me parecía que estaba a la orilla del río;

18 y que del río subían siete vacas de gruesas carnes y hermosa apariencia, que pacían en el prado.

19 Y que otras siete vacas subían después de ellas, flacas y de muy feo aspecto; tan extenuadas, que no he visto otras semejantes en fealdad en toda la tierra de Egipto.

20 Y las vacas flacas y feas devoraban a las siete primeras vacas gordas;

21 y éstas entraban en sus entrañas, mas no se conocía que hubiesen entrado, porque la apariencia de las flacas era aún mala, como al principio. Y yo desperté.

22 Vi también soñando, que siete espigas crecían en una misma caña, llenas y hermosas.

23 Y que otras siete espigas menudas, marchitas, abatidas del viento solano, crecían después de ellas;

24 y las espigas menudas devoraban a las siete espigas hermosas; y lo he dicho a los magos, mas no hay quien me lo interprete.

²⁵ Entonces respondió José a Faraón: El sueño de Faraón es uno mismo; Dios ha mostrado a Faraón lo que va a hacer.

²⁶ Las siete vacas hermosas siete años son; y las espigas hermosas son siete años: el sueño es uno mismo.

²⁷ También las siete vacas flacas y feas que subían tras ellas, son siete años; y las siete espigas menudas y marchitas del viento solano, siete años serán de hambre.

²⁸ Esto es lo que respondo a Faraón. Lo que Dios va a hacer, lo ha mostrado a Faraón.

²⁹ He aquí vienen siete años de gran abundancia en toda la tierra de Egipto.

³⁰ Y tras ellos seguirán siete años de hambre; y toda la abundancia será olvidada en la tierra de Egipto, y el hambre consumirá la tierra.

³¹ Y aquella abundancia no se echará de ver, a causa del hambre siguiente la cual será gravísima.

³² Y el suceder el sueño a Faraón dos veces, significa que la cosa es firme de parte de Dios, y que Dios se apresura a hacerla.

³³ Por tanto, provéase ahora Faraón de un varón prudente y sabio, y póngalo sobre la tierra de Egipto.

³⁴ Haga esto Faraón, y ponga gobernadores sobre el país, y quinte la tierra de Egipto en los siete años de la abundancia.

³⁵ Y junten toda la provisión de estos buenos años que vienen, y recojan el trigo bajo la mano de Faraón para mantenimiento de las ciudades; y guárdenlo.

³⁶ Y esté aquella provisión en depósito para el país, para los siete años de hambre que habrá en la tierra de Egipto; y el país no perecerá de hambre.

José, gobernador de Egipto

³⁷ El asunto pareció bien a Faraón y a sus siervos,

³⁸ y dijo Faraón a sus siervos: ¿Acaso hallaremos a otro hombre como éste, en quien esté el espíritu de Dios?

³⁹ Y dijo Faraón a José: Pues que Dios te ha hecho saber todo esto, no hay entendido ni sabio como tú.

⁴⁰ Tú estarás sobre mi casa,ᵃ y por tu palabra se gobernará todo mi pueblo; solamente en el trono seré yo mayor que tú.

⁴¹ Dijo además Faraón a José: He aquí yo te he puesto sobre toda la tierra de Egipto.

⁴² Entonces Faraón quitó su anillo de su mano, y lo puso en la mano de José, y lo hizo vestir de ropas de lino finísimo, y puso un collar de oro en su cuello;

⁴³ y lo hizo subir en su segundo carro, y pregonaron delante de él: ¡Doblad la rodilla!;⁵³ y lo puso sobre toda la tierra de Egipto.

⁴⁴ Y dijo Faraón a José: Yo soy Faraón; y sin ti ninguno alzará su mano ni su pie en toda la tierra de Egipto.

⁴⁵ Y llamó Faraón el nombre de José, Zafnat-panea; y le dio por mujer a Asenat, hija de Potifera sacerdote de On. Y salió José por toda la tierra de Egipto.

⁴⁶ Era José de edad de treinta años cuando fue presentado delante de Faraón rey de Egipto; y salió José de delante de Faraón, y recorrió toda la tierra de Egipto.

⁴⁷ En aquellos siete años de abundancia la tierra produjo a montones.

⁴⁸ Y él reunió todo el alimento de los siete años de abundancia que hubo en la tierra de Egipto, y guardó alimento en las ciudades, poniendo en cada ciudad el alimento del campo de sus alrededores.

⁴⁹ Recogió José trigo como arena del mar, mucho en extremo, hasta no poderse contar, porque no tenía número.

⁵⁰ Y nacieron a José dos hijos antes que viniese el primer año del hambre, los cuales le dio a luz Asenat, hija de Potifera sacerdote de On.

⁵¹ Y llamó José el nombre del primogénito, Manasés;⁵⁴ porque dijo: Dios me hizo olvidar todo mi trabajo, y toda la casa de mi padre.

⁵² Y llamó el nombre del segundo, Efraín;⁵⁵ porque dijo: Dios me hizo fructificar en la tierra de mi aflicción.

⁵³ Así se cumplieron los siete años de abundancia que hubo en la tierra de Egipto.

⁵⁴ Y comenzaron a venir los siete años del hambre,ᵇ como José había dicho; y hubo hambre en todos los países, mas en toda la tierra de Egipto había pan.

⁵⁵ Cuando se sintió el hambre en toda la tierra de Egipto, el pueblo clamó a Faraón por pan. Y dijo Faraón a todos los egipcios: Id a José, y haced lo que él os dijere.ᶜ

---

53. **41.43** *Abrek,* probablemente una palabra egipcia semejante en sonido a la palabra hebrea que significa *arrodillarse.* 54. **41.51** Esto es, *El que hace olvidar.* 55. **41.52** De una palabra hebrea que significa *fructífero.*

ᵃ **41.40** Hch 7.10. ᵇ **41.54** Hch 7.11. ᶜ **41.55** Jn 2.5.

56 Y el hambre estaba por toda la extensión del país. Entonces abrió José todo granero donde había, y vendía a los egipcios; porque había crecido el hambre en la tierra de Egipto.

57 Y de toda la tierra venían a Egipto para comprar de José, porque por toda la tierra había crecido el hambre.

Los hermanos de José vienen por alimentos

42 **1** Viendo Jacob que en Egipto había alimentos, dijo a sus hijos: ¿Por qué os estáis mirando?

2 Y dijo: He aquí, yo he oído que hay víveres en Egipto; descended allá, y comprad de allí para nosotros, para que podamos vivir, y no muramos.[a]

3 Y descendieron los diez hermanos de José a comprar trigo en Egipto.

4 Mas Jacob no envió a Benjamín, hermano de José, con sus hermanos; porque dijo: No sea que le acontezca algún desastre.

5 Vinieron los hijos de Israel a comprar entre los que venían; porque había hambre en la tierra de Canaán.

6 Y José era el señor de la tierra, quien le vendía a todo el pueblo de la tierra; y llegaron los hermanos de José, y se inclinaron a él rostro a tierra.

7 Y José, cuando vio a sus hermanos, los conoció; mas hizo como que no los conocía, y les habló ásperamente, y les dijo: ¿De dónde habéis venido? Ellos respondieron: De la tierra de Canaán, para comprar alimentos.

8 José, pues, conoció a sus hermanos; pero ellos no le conocieron.

9 Entonces se acordó José de los sueños que había tenido acerca de ellos,[b] y les dijo: Espías sois; por ver lo descubierto del país habéis venido.

10 Ellos le respondieron: No, señor nuestro, sino que tus siervos han venido a comprar alimentos.

11 Todos nosotros somos hijos de un varón; somos hombres honrados; tus siervos nunca fueron espías.

12 Pero José les dijo: No; para ver lo descubierto del país habéis venido.

13 Y ellos respondieron: Tus siervos somos doce hermanos, hijos de un varón en la tierra de Canaán; y he aquí el menor está hoy con nuestro padre, y otro no parece.

14 Y José les dijo: Eso es lo que os he dicho, afirmando que sois espías.

15 En esto seréis probados: Vive Faraón, que no saldréis de aquí, sino cuando vuestro hermano menor viniere aquí.

16 Enviad a uno de vosotros y traiga a vuestro hermano, y vosotros quedad presos, y vuestras palabras serán probadas, si hay verdad en vosotros; y si no, vive Faraón, que sois espías.

17 Entonces los puso juntos en la cárcel por tres días.

18 Y al tercer día les dijo José: Haced esto, y vivid: Yo temo a Dios.

19 Si sois hombres honrados, quede preso en la casa de vuestra cárcel uno de vuestros hermanos, y vosotros id y llevad el alimento para el hambre de vuestra casa.

20 Pero traeréis a vuestro hermano menor, y serán verificadas vuestras palabras, y no moriréis. Y ellos lo hicieron así.

21 Y decían el uno al otro: Verdaderamente hemos pecado contra nuestro hermano, pues vimos la angustia de su alma cuando nos rogaba, y no le escuchamos; por eso ha venido sobre nosotros esta angustia.

22 Entonces Rubén les respondió, diciendo: ¿No os hablé yo y dije: No pequéis contra el joven,[c] y no escuchasteis? He aquí también se nos demanda su sangre.

23 Pero ellos no sabían que los entendía José, porque había intérprete entre ellos.

24 Y se apartó José de ellos, y lloró; después volvió a ellos, y les habló, y tomó de entre ellos a Simeón, y lo aprisionó a vista de ellos.

25 Después mandó José que llenaran sus sacos de trigo, y devolviesen el dinero de cada uno de ellos, poniéndolo en su saco, y les diesen comida para el camino; y así se hizo con ellos.

26 Y ellos pusieron su trigo sobre sus asnos, y se fueron de allí.

27 Pero abriendo uno de ellos su saco para dar de comer a su asno en el mesón, vio su dinero que estaba en la boca de su costal.

28 Y dijo a sus hermanos: Mi dinero se me ha devuelto, y helo aquí en mi saco. Entonces se les sobresaltó el corazón, y espantados dijeron el uno al otro: ¿Qué es esto que nos ha hecho Dios?

---

a 42.2 Hch 7.12.   **b** 42.9 Gn 37.5-10.   **c** 42.22 Gn 37.21, 22.

²⁹ Y venidos a Jacob su padre en tierra de Canaán, le contaron todo lo que les había acontecido, diciendo:

³⁰ Aquel varón, el señor de la tierra, nos habló ásperamente, y nos trató como a espías de la tierra.

³¹ Y nosotros le dijimos: Somos hombres honrados, nunca fuimos espías.

³² Somos doce hermanos, hijos de nuestro padre; uno no parece, y el menor está hoy con nuestro padre en la tierra de Canaán.

³³ Entonces aquel varón, el señor de la tierra, nos dijo: En esto conoceré que sois hombres honrados: dejad conmigo uno de vuestros hermanos, y tomad para el hambre de vuestras casas, y andad,

³⁴ y traedme a vuestro hermano el menor, para que yo sepa que no sois espías, sino hombres honrados; así os daré a vuestro hermano, y negociaréis en la tierra.

³⁵ Y aconteció que vaciando ellos sus sacos, he aquí que en el saco de cada uno estaba el atado de su dinero; y viendo ellos y su padre los atados de su dinero, tuvieron temor.

³⁶ Entonces su padre Jacob les dijo: Me habéis privado de mis hijos; José no parece, ni Simeón tampoco, y a Benjamín le llevaréis; contra mí son todas estas cosas.

³⁷ Y Rubén habló a su padre, diciendo: Harás morir a mis dos hijos, si no te lo devuelvo; entrégalo en mi mano, que yo lo devolveré a ti.

³⁸ Y él dijo: No descenderá mi hijo con vosotros, pues su hermano ha muerto, y él solo ha quedado; y si le aconteciere algún desastre en el camino por donde vais, haréis descender mis canas con dolor al Seol.

Los hermanos de José regresan con Benjamín

43 ¹ El hambre era grande en la tierra; ² y aconteció que cuando acabaron de comer el trigo que trajeron de Egipto, les dijo su padre: Volved, y comprad para nosotros un poco de alimento.

³ Respondió Judá, diciendo: Aquel varón nos protestó con ánimo resuelto, diciendo: No veréis mi rostro si no traéis a vuestro hermano con vosotros.

⁴ Si enviares a nuestro hermano con nosotros, descenderemos y te compraremos alimento.

⁵ Pero si no le enviares, no descenderemos; porque aquel varón nos dijo: No veréis mi rostro si no traéis a vuestro hermano con vosotros.

⁶ Dijo entonces Israel: ¿Por qué me hicisteis tanto mal, declarando al varón que teníais otro hermano?

⁷ Y ellos respondieron: Aquel varón nos preguntó expresamente por nosotros, y por nuestra familia, diciendo: ¿Vive aún vuestro padre? ¿Tenéis otro hermano? Y le declaramos conforme a estas palabras. ¿Acaso podíamos saber que él nos diría: Haced venir a vuestro hermano?

⁸ Entonces Judá dijo a Israel su padre: Envía al joven conmigo, y nos levantaremos e iremos, a fin de que vivamos y no muramos nosotros, y tú, y nuestros niños.

⁹ Yo te respondo por él; a mí me pedirás cuenta. Si yo no te lo vuelvo a traer, y si no lo pongo delante de ti, seré para ti el culpable para siempre;

¹⁰ pues si no nos hubiéramos detenido, ciertamente hubiéramos ya vuelto dos veces.

¹¹ Entonces Israel su padre les respondió: Pues que así es, hacedlo; tomad de lo mejor de la tierra en vuestros sacos, y llevad a aquel varón un presente, un poco de bálsamo, un poco de miel, aromas y mirra, nueces y almendras.

¹² Y tomad en vuestras manos doble cantidad de dinero, y llevad en vuestra mano el dinero vuelto en las bocas de vuestros costales; quizá fue equivocación.

¹³ Tomad también a vuestro hermano, y levantaos, y volved a aquel varón.

¹⁴ Y el Dios Omnipotente os dé misericordia delante de aquel varón, y os suelte al otro vuestro hermano, y a este Benjamín. Y si he de ser privado de mis hijos, séalo.

¹⁵ Entonces tomaron aquellos varones el presente, y tomaron en su mano doble cantidad de dinero, y a Benjamín; y se levantaron y descendieron a Egipto, y se presentaron delante de José.

¹⁶ Y vio José a Benjamín con ellos, y dijo al mayordomo de su casa: Lleva a casa a esos hombres, y degüella una res y prepárala, pues estos hombres comerán conmigo al mediodía.

¹⁷ E hizo el hombre como José dijo, y llevó a los hombres a casa de José.

18 Entonces aquellos hombres tuvieron temor, cuando fueron llevados a casa de José, y decían: Por el dinero que fue devuelto en nuestros costales la primera vez nos han traído aquí, para tendernos lazo, y atacarnos, y tomarnos por siervos a nosotros, y a nuestros asnos.

19 Y se acercaron al mayordomo de la casa de José, y le hablaron a la entrada de la casa.

20 Y dijeron: Ay, señor nuestro, nosotros en realidad de verdad descendimos al principio a comprar alimentos.

21 Y aconteció que cuando llegamos al mesón y abrimos nuestros costales, he aquí el dinero de cada uno estaba en la boca de su costal, nuestro dinero en su justo peso; y lo hemos vuelto a traer con nosotros.

22 Hemos también traído en nuestras manos otro dinero para comprar alimentos; nosotros no sabemos quién haya puesto nuestro dinero en nuestros costales.

23 Él les respondió: Paz a vosotros, no temáis; vuestro Dios y el Dios de vuestro padre os dio el tesoro en vuestros costales; yo recibí vuestro dinero. Y sacó a Simeón a ellos.

24 Y llevó aquel varón a los hombres a casa de José; y les dio agua, y lavaron sus pies, y dio de comer a sus asnos.

25 Y ellos prepararon el presente entretanto que venía José a mediodía, porque habían oído que allí habrían de comer pan.

26 Y vino José a casa, y ellos le trajeron el presente que tenían en su mano dentro de la casa, y se inclinaron ante él hasta la tierra.

27 Entonces les preguntó José cómo estaban, y dijo: ¿Vuestro padre, el anciano que dijisteis, lo pasa bien? ¿Vive todavía?

28 Y ellos respondieron: Bien va a tu siervo nuestro padre; aún vive. Y se inclinaron, e hicieron reverencia.

29 Y alzando José sus ojos vio a Benjamín su hermano, hijo de su madre, y dijo: ¿Es éste vuestro hermano menor, de quien me hablasteis? Y dijo: Dios tenga misericordia de ti, hijo mío.

30 Entonces José se apresuró, porque se conmovieron sus entrañas a causa de su hermano, y buscó dónde llorar; y entró en su cámara, y lloró allí.

31 Y lavó su rostro y salió, y se contuvo, y dijo: Poned pan.

32 Y pusieron para él aparte, y separadamente para ellos, y aparte para los egipcios que con él comían; porque los egipcios no pueden comer pan con los hebreos, lo cual es abominación a los egipcios.

33 Y se sentaron delante de él, el mayor conforme a su primogenitura, y el menor conforme a su menor edad; y estaban aquellos hombres atónitos mirándose el uno al otro.

34 Y José tomó viandas de delante de sí para ellos; mas la porción de Benjamín era cinco veces mayor que cualquiera de las de ellos. Y bebieron, y se alegraron con él.

La copa de José

44 **1** Mandó José al mayordomo de su casa, diciendo: Llena de alimento los costales de estos varones, cuanto puedan llevar, y pon el dinero de cada uno en la boca de su costal.

2 Y pondrás mi copa, la copa de plata, en la boca del costal del menor, con el dinero de su trigo. Y él hizo como dijo José.

3 Venida la mañana, los hombres fueron despedidos con sus asnos.

4 Habiendo ellos salido de la ciudad, de la que aún no se habían alejado, dijo José a su mayordomo: Levántate y sigue a esos hombres; y cuando los alcances, diles: ¿Por qué habéis vuelto mal por bien? ¿Por qué habéis robado mi copa de plata?

5 ¿No es ésta en la que bebe mi señor, y por la que suele adivinar? Habéis hecho mal en lo que hicisteis.

6 Cuando él los alcanzó, les dijo estas palabras.

7 Y ellos le respondieron: ¿Por qué dice nuestro señor tales cosas? Nunca tal hagan tus siervos.

8 He aquí, el dinero que hallamos en la boca de nuestros costales, te lo volvimos a traer desde la tierra de Canaán; ¿cómo, pues, habíamos de hurtar de casa de tu señor plata ni oro?

9 Aquel de tus siervos en quien fuere hallada la copa, que muera, y aun nosotros seremos siervos de mi señor.

10 Y él dijo: También ahora sea conforme a vuestras palabras; aquel en quien se hallare será mi siervo, y vosotros seréis sin culpa.

11 Ellos entonces se dieron prisa, y derribando cada uno su costal en tierra, abrió cada cual el costal suyo.

12 Y buscó; desde el mayor comenzó, y acabó en el menor; y la copa fue hallada en el costal de Benjamín.

13 Entonces ellos rasgaron sus vestidos, y cargó cada uno su asno y volvieron a la ciudad.

14 Vino Judá con sus hermanos a casa de José, que aún estaba allí, y se postraron delante de él en tierra.

15 Y les dijo José: ¿Qué acción es esta que habéis hecho? ¿No sabéis que un hombre como yo sabe adivinar?

16 Entonces dijo Judá: ¿Qué diremos a mi señor? ¿Qué hablaremos, o con qué nos justificaremos? Dios ha hallado la maldad de tus siervos; he aquí, nosotros somos siervos de mi señor, nosotros, y también aquel en cuyo poder fue hallada la copa.

17 José respondió: Nunca yo tal haga. El varón en cuyo poder fue hallada la copa, él será mi siervo; vosotros id en paz a vuestro padre.

Judá intercede por Benjamín

18 Entonces Judá se acercó a él, y dijo: Ay, señor mío, te ruego que permitas que hable tu siervo una palabra en oídos de mi señor, y no se encienda tu enojo contra tu siervo, pues tú eres como Faraón.

19 Mi señor preguntó a sus siervos, diciendo: ¿Tenéis padre o hermano?

20 Y nosotros respondimos a mi señor: Tenemos un padre anciano, y un hermano joven, pequeño aún, que le nació en su vejez; y un hermano suyo murió, y él solo quedó de los hijos de su madre; y su padre lo ama.

21 Y tú dijiste a tus siervos: Traédmelo, y pondré mis ojos sobre él.

22 Y nosotros dijimos a mi señor: El joven no puede dejar a su padre, porque si lo dejare, su padre morirá.

23 Y dijiste a tus siervos: Si vuestro hermano menor no desciende con vosotros, no veréis más mi rostro.

24 Aconteció, pues, que cuando llegamos a mi padre tu siervo, le contamos las palabras de mi señor.

25 Y dijo nuestro padre: Volved a comprarnos un poco de alimento.

26 Y nosotros respondimos: No podemos ir; si nuestro hermano va con nosotros, iremos; porque no podremos ver el rostro del varón, si no está con nosotros nuestro hermano el menor.

27 Entonces tu siervo mi padre nos dijo: Vosotros sabéis que dos hijos me dio a luz mi mujer;

28 y el uno salió de mi presencia, y pienso de cierto que fue despedazado, y hasta ahora no lo he visto.

29 Y si tomáis también a éste de delante de mí, y le acontece algún desastre, haréis descender mis canas con dolor al Seol.

30 Ahora, pues, cuando vuelva yo a tu siervo mi padre, si el joven no va conmigo, como su vida está ligada a la vida de él,

31 sucederá que cuando no vea al joven, morirá; y tus siervos harán descender las canas de tu siervo nuestro padre con dolor al Seol.

32 Como tu siervo salió por fiador del joven con mi padre, diciendo: Si no te lo vuelvo a traer, entonces yo seré culpable ante mi padre para siempre;

33 te ruego, por tanto, que quede ahora tu siervo en lugar del joven por siervo de mi señor, y que el joven vaya con sus hermanos.

34 Porque ¿cómo volveré yo a mi padre sin el joven? No podré, por no ver el mal que sobrevendrá a mi padre.

José se da a conocer a sus hermanos

45 1 No podía ya José contenerse delante de todos los que estaban al lado suyo, y clamó: Haced salir de mi presencia a todos. Y no quedó nadie con él, al darse a conocer José a sus hermanos.[a]

2 Entonces se dio a llorar a gritos; y oyeron los egipcios, y oyó también la casa de Faraón.

3 Y dijo José a sus hermanos: Yo soy José; ¿vive aún mi padre? Y sus hermanos no pudieron responderle, porque estaban turbados delante de él.

4 Entonces dijo José a sus hermanos: Acercaos ahora a mí. Y ellos se acercaron. Y él dijo: Yo soy José vuestro hermano, el que vendisteis para Egipto.

5 Ahora, pues, no os entristezcáis, ni os pese de haberme vendido acá; porque para

a 45.1 Hch 7.13.

preservación de vida me envió Dios delante de vosotros.

6 Pues ya ha habido dos años de hambre en medio de la tierra, y aún quedan cinco años en los cuales ni habrá arada ni siega.

7 Y Dios me envió delante de vosotros, para preservaros posteridad sobre la tierra, y para daros vida por medio de gran liberación.

8 Así, pues, no me enviasteis acá vosotros, sino Dios, que me ha puesto por padre de Faraón y por señor de toda su casa, y por gobernador en toda la tierra de Egipto.

9 Daos prisa, id a mi padre y decidle: Así dice tu hijo José: Dios me ha puesto por señor de todo Egipto; ven a mí, no te detengas.

10 Habitarás en la tierra de Gosén, y estarás cerca de mí, tú y tus hijos, y los hijos de tus hijos, tus ganados y tus vacas, y todo lo que tienes.

11 Y allí te alimentaré, pues aún quedan cinco años de hambre, para que no perezcas de pobreza tú y tu casa, y todo lo que tienes.[b]

12 He aquí, vuestros ojos ven, y los ojos de mi hermano Benjamín, que mi boca os habla.

13 Haréis, pues, saber a mi padre toda mi gloria en Egipto, y todo lo que habéis visto; y daos prisa, y traed a mi padre acá.

14 Y se echó sobre el cuello de Benjamín su hermano, y lloró; y también Benjamín lloró sobre su cuello.

15 Y besó a todos sus hermanos, y lloró sobre ellos; y después sus hermanos hablaron con él.

16 Y se oyó la noticia en la casa de Faraón, diciendo: Los hermanos de José han venido. Y esto agradó en los ojos de Faraón y de sus siervos.

17 Y dijo Faraón a José: Di a tus hermanos: Haced esto: cargad vuestras bestias, e id, volved a la tierra de Canaán;

18 y tomad a vuestro padre y a vuestras familias y venid a mí, porque yo os daré lo bueno de la tierra de Egipto, y comeréis de la abundancia de la tierra.

19 Y tú manda: Haced esto: tomaos de la tierra de Egipto carros para vuestros niños y vuestras mujeres, y traed a vuestro padre, y venid.

20 Y no os preocupéis por vuestros enseres, porque la riqueza de la tierra de Egipto será vuestra.

21 Y lo hicieron así los hijos de Israel; y les dio José carros conforme a la orden de Faraón, y les suministró víveres para el camino.

22 A cada uno de todos ellos dio mudas de vestidos, y a Benjamín dio trescientas piezas de plata, y cinco mudas de vestidos.

23 Y a su padre envió esto: diez asnos cargados de lo mejor de Egipto, y diez asnas cargadas de trigo, y pan y comida, para su padre en el camino.

24 Y despidió a sus hermanos, y ellos se fueron. Y él les dijo: No riñáis por el camino.

25 Y subieron de Egipto, y llegaron a la tierra de Canaán a Jacob su padre.

26 Y le dieron las nuevas, diciendo: José vive aún; y él es señor en toda la tierra de Egipto. Y el corazón de Jacob se afligió, porque no los creía.

27 Y ellos le contaron todas las palabras de José, que él les había hablado; y viendo Jacob los carros que José enviaba para llevarlo, su espíritu revivió.

28 Entonces dijo Israel: Basta; José mi hijo vive todavía; iré, y le veré antes que yo muera.

Jacob y su familia en Egipto

46 1 Salió Israel con todo lo que tenía, y vino a Beerseba, y ofreció sacrificios al Dios de su padre Isaac.

2 Y habló Dios a Israel en visiones de noche, y dijo: Jacob, Jacob. Y él respondió: Heme aquí.

3 Y dijo: Yo soy Dios, el Dios de tu padre; no temas de descender a Egipto, porque allí yo haré de ti una gran nación.

4 Yo descenderé contigo a Egipto, y yo también te haré volver; y la mano de José cerrará tus ojos.

5 Y se levantó Jacob de Beerseba; y tomaron los hijos de Israel a su padre Jacob; y a sus niños, y a sus mujeres, en los carros que Faraón había enviado para llevarlo.

6 Y tomaron sus ganados, y sus bienes que habían adquirido en la tierra de Canaán, y vinieron a Egipto,[a] Jacob y toda su descendencia consigo;

7 sus hijos, y los hijos de sus hijos consigo; sus hijas, y las hijas de sus hijos, y a toda su descendencia trajo consigo a Egipto.

---

b 45.9-11 Hch 7.14.   a 46.6 Hch 7.15.

8 Y éstos son los nombres de los hijos de Israel, que entraron en Egipto, Jacob y sus hijos: Rubén, el primogénito de Jacob.

9 Y los hijos de Rubén: Hanoc, Falú, Hezrón y Carmi.

10 Los hijos de Simeón: Jemuel, Jamín, Ohad, Jaquín, Zohar, y Saúl hijo de la cananea.

11 Los hijos de Leví: Gersón, Coat y Merari.

12 Los hijos de Judá: Er, Onán, Sela, Fares y Zara; mas Er y Onán murieron en la tierra de Canaán. Y los hijos de Fares fueron Hezrón y Hamul.

13 Los hijos de Isacar: Tola, Fúa, Job y Simrón.

14 Los hijos de Zabulón: Sered, Elón y Jahleel.

15 Éstos fueron los hijos de Lea, los que dio a luz a Jacob en Padan-aram, y además su hija Dina; treinta y tres las personas todas de sus hijos e hijas.

16 Los hijos de Gad: Zifión, Hagui, Ezbón, Suni, Eri, Arodi y Areli.

17 Y los hijos de Aser: Imna, Isúa, Isúi, Bería, y Sera hermana de ellos. Los hijos de Bería: Heber y Malquiel.

18 Éstos fueron los hijos de Zilpa, la que Labán dio a su hija Lea, y dio a luz éstos a Jacob; por todas dieciséis personas.

19 Los hijos de Raquel, mujer de Jacob: José y Benjamín.

20 Y nacieron a José en la tierra de Egipto Manasés y Efraín, los que le dio a luz Asenat, hija de Potifera sacerdote de On.[b]

21 Los hijos de Benjamín fueron Bela, Bequer, Asbel, Gera, Naamán, Ehi, Ros, Mupim, Hupim y Ard.

22 Éstos fueron los hijos de Raquel, que nacieron a Jacob; por todas catorce personas.

23 Los hijos de Dan: Husim.

24 Los hijos de Neftalí: Jahzeel, Guni, Jezer y Silem.

25 Éstos fueron los hijos de Bilha, la que dio Labán a Raquel su hija, y dio a luz éstos a Jacob; por todas siete personas.

26 Todas las personas que vinieron con Jacob a Egipto, procedentes de sus lomos, sin las mujeres de los hijos de Jacob, todas las personas fueron sesenta y seis.

27 Y los hijos de José, que le nacieron en Egipto, dos personas. Todas las personas de la casa de Jacob, que entraron en Egipto, fueron setenta.[c]

28 Y envió Jacob a Judá delante de sí a José, para que le viniese a ver en Gosén; y llegaron a la tierra de Gosén.

29 Y José unció su carro y vino a recibir a Israel su padre en Gosén; y se manifestó a él, y se echó sobre su cuello, y lloró sobre su cuello largamente.

30 Entonces Israel dijo a José: Muera yo ahora, ya que he visto tu rostro, y sé que aún vives.

31 Y José dijo a sus hermanos, y a la casa de su padre: Subiré y lo haré saber a Faraón, y le diré: Mis hermanos y la casa de mi padre, que estaban en la tierra de Canaán, han venido a mí.

32 Y los hombres son pastores de ovejas, porque son hombres ganaderos; y han traído sus ovejas y sus vacas, y todo lo que tenían.

33 Y cuando Faraón os llamare y dijere: ¿Cuál es vuestro oficio?

34 entonces diréis: Hombres de ganadería han sido tus siervos desde nuestra juventud hasta ahora, nosotros y nuestros padres; a fin de que moréis en la tierra de Gosén, porque para los egipcios es abominación todo pastor de ovejas.

47 **1** Vino José y lo hizo saber a Faraón, y dijo: Mi padre y mis hermanos, y sus ovejas y sus vacas, con todo lo que tienen, han venido de la tierra de Canaán, y he aquí están en la tierra de Gosén.

2 Y de los postreros de sus hermanos tomó cinco varones, y los presentó delante de Faraón.

3 Y Faraón dijo a sus hermanos: ¿Cuál es vuestro oficio? Y ellos respondieron a Faraón: Pastores de ovejas son tus siervos, así nosotros como nuestros padres.

4 Dijeron además a Faraón: Para morar en esta tierra hemos venido; porque no hay pasto para las ovejas de tus siervos, pues el hambre es grave en la tierra de Canaán; por tanto, te rogamos ahora que permitas que habiten tus siervos en la tierra de Gosén.

5 Entonces Faraón habló a José, diciendo: Tu padre y tus hermanos han venido a ti.

6 La tierra de Egipto delante de ti está; en lo mejor de la tierra haz habitar a tu padre y a tus hermanos; habiten en la tierra de Gosén; y si entiendes que hay entre ellos

---

b 46.20 Gn 41.50-52.   **c 46.27** Hch 7.14.

hombres capaces, ponlos por mayorales del ganado mío.

7 También José introdujo a Jacob su padre, y lo presentó delante de Faraón; y Jacob bendijo a Faraón.

8 Y dijo Faraón a Jacob: ¿Cuántos son los días de los años de tu vida?

9 Y Jacob respondió a Faraón: Los días de los años de mi peregrinación son ciento treinta años; pocos y malos han sido los días de los años de mi vida, y no han llegado a los días de los años de la vida de mis padres en los días de su peregrinación.

10 Y Jacob bendijo a Faraón, y salió de la presencia de Faraón.

11 Así José hizo habitar a su padre y a sus hermanos, y les dio posesión en la tierra de Egipto, en lo mejor de la tierra, en la tierra de Ramesés, como mandó Faraón.

12 Y alimentaba José a su padre y a sus hermanos, y a toda la casa de su padre, con pan, según el número de los hijos.

13 No había pan en toda la tierra, y el hambre era muy grave, por lo que desfalleció de hambre la tierra de Egipto y la tierra de Canaán.

14 Y recogió José todo el dinero que había en la tierra de Egipto y en la tierra de Canaán, por los alimentos que de él compraban; y metió José el dinero en casa de Faraón.

15 Acabado el dinero de la tierra de Egipto y de la tierra de Canaán, vino todo Egipto a José, diciendo: Danos pan; ¿por qué moriremos delante de ti, por haberse acabado el dinero?

16 Y José dijo: Dad vuestros ganados y yo os daré por vuestros ganados, si se ha acabado el dinero.

17 Y ellos trajeron sus ganados a José, y José les dio alimentos por caballos, y por el ganado de las ovejas, y por el ganado de las vacas, y por asnos; y les sustentó de pan por todos sus ganados aquel año.

18 Acabado aquel año, vinieron a él el segundo año, y le dijeron: No encubrimos a nuestro señor que el dinero ciertamente se ha acabado; también el ganado es ya de nuestro señor; nada ha quedado delante de nuestro señor sino nuestros cuerpos y nuestra tierra.

19 ¿Por qué moriremos delante de tus ojos, así nosotros como nuestra tierra? Cómpranos a nosotros y a nuestra tierra por pan, y seremos nosotros y nuestra tierra siervos de Faraón; y danos semilla para que vivamos y no muramos, y no sea asolada la tierra.

20 Entonces compró José toda la tierra de Egipto para Faraón; pues los egipcios vendieron cada uno sus tierras, porque se agravó el hambre sobre ellos; y la tierra vino a ser de Faraón.

21 Y al pueblo lo hizo pasar a las ciudades, desde un extremo al otro del territorio de Egipto.

22 Solamente la tierra de los sacerdotes no compró, por cuanto los sacerdotes tenían ración de Faraón, y ellos comían la ración que Faraón les daba; por eso no vendieron su tierra.

23 Y José dijo al pueblo: He aquí os he comprado hoy, a vosotros y a vuestra tierra, para Faraón; ved aquí semilla, y sembraréis la tierra.

24 De los frutos daréis el quinto a Faraón, y las cuatro partes serán vuestras para sembrar las tierras, y para vuestro mantenimiento, y de los que están en vuestras casas, y para que coman vuestros niños.

25 Y ellos respondieron: La vida nos has dado; hallemos gracia en ojos de nuestro señor, y seamos siervos de Faraón.

26 Entonces José lo puso por ley hasta hoy sobre la tierra de Egipto, señalando para Faraón el quinto, excepto sólo la tierra de los sacerdotes, que no fue de Faraón.

27 Así habitó Israel en la tierra de Egipto, en la tierra de Gosén; y tomaron posesión de ella, y se aumentaron, y se multiplicaron en gran manera.

28 Y vivió Jacob en la tierra de Egipto diecisiete años; y fueron los días de Jacob, los años de su vida, ciento cuarenta y siete años.

29 Y llegaron los días de Israel para morir, y llamó a José su hijo, y le dijo: Si he hallado ahora gracia en tus ojos, te ruego que pongas tu mano debajo de mi muslo, y harás conmigo misericordia y verdad. Te ruego que no me entierres en Egipto.

30 Mas cuando duerma con mis padres, me llevarás de Egipto y me sepultarás en el sepulcro de ellos. Y José respondió: Haré como tú dices.

31 E Israel dijo: Júramelo. Y José le juró. Entonces Israel se inclinó sobre la cabecera de la cama.

Jacob bendice a Efraín y a Manasés

48 [1] Sucedió después de estas cosas que dijeron a José: He aquí tu padre está enfermo. Y él tomó consigo a sus dos hijos, Manasés y Efraín.

[2] Y se le hizo saber a Jacob, diciendo: He aquí tu hijo José viene a ti. Entonces se esforzó Israel, y se sentó sobre la cama,

[3] y dijo a José: El Dios Omnipotente me apareció en Luz en la tierra de Canaán, y me bendijo,

[4] y me dijo: He aquí yo te haré crecer, y te multiplicaré, y te pondré por estirpe de naciones; y daré esta tierra a tu descendencia después de ti por heredad perpetua.[a]

[5] Y ahora tus dos hijos Efraín y Manasés, que te nacieron en la tierra de Egipto, antes que viniese a ti a la tierra de Egipto, míos son; como Rubén y Simeón, serán míos.

[6] Y los que después de ellos has engendrado, serán tuyos; por el nombre de sus hermanos serán llamados en sus heredades.

[7] Porque cuando yo venía de Padan-aram, se me murió Raquel en la tierra de Canaán, en el camino, como media legua de tierra viniendo a Efrata;[b] y la sepulté allí en el camino de Efrata, que es Belén.

[8] Y vio Israel los hijos de José, y dijo: ¿Quiénes son éstos?

[9] Y respondió José a su padre: Son mis hijos, que Dios me ha dado aquí. Y él dijo: Acércalos ahora a mí, y los bendeciré.

[10] Y los ojos de Israel estaban tan agravados por la vejez, que no podía ver. Les hizo, pues, acercarse a él, y él les besó y les abrazó.

[11] Y dijo Israel a José: No pensaba yo ver tu rostro, y he aquí Dios me ha hecho ver también a tu descendencia.

[12] Entonces José los sacó de entre sus rodillas, y se inclinó a tierra.

[13] Y los tomó José a ambos, Efraín a su derecha, a la izquierda de Israel, y Manasés a su izquierda, a la derecha de Israel; y los acercó a él.

[14] Entonces Israel extendió su mano derecha, y la puso sobre la cabeza de Efraín, que era el menor, y su mano izquierda sobre la cabeza de Manasés, colocando así sus manos adrede, aunque Manasés era el primogénito.

[15] Y bendijo a José, diciendo: El Dios en cuya presencia anduvieron mis padres Abraham e Isaac, el Dios que me mantiene desde que yo soy hasta este día,

[16] el Ángel que me liberta de todo mal, bendiga a estos jóvenes; y sea perpetuado en ellos mi nombre, y el nombre de mis padres Abraham e Isaac, y multiplíquense en gran manera en medio de la tierra.

[17] Pero viendo José que su padre ponía la mano derecha sobre la cabeza de Efraín, le causó esto disgusto; y asió la mano de su padre, para cambiarla de la cabeza de Efraín a la cabeza de Manasés.

[18] Y dijo José a su padre: No así, padre mío, porque éste es el primogénito; pon tu mano derecha sobre su cabeza.

[19] Mas su padre no quiso, y dijo: Lo sé, hijo mío, lo sé; también él vendrá a ser un pueblo, y será también engrandecido; pero su hermano menor será más grande que él, y su descendencia formará multitud de naciones.

[20] Y los bendijo[c] aquel día, diciendo: En ti bendecirá Israel, diciendo: Hágate Dios como a Efraín y como a Manasés. Y puso a Efraín antes de Manasés.

[21] Y dijo Israel a José: He aquí yo muero; pero Dios estará con vosotros, y os hará volver a la tierra de vuestros padres.

[22] Y yo te he dado a ti una parte más que a tus hermanos, la cual tomé yo de mano del amorreo con mi espada y con mi arco.

Profecía de Jacob acerca de sus hijos

49 [1] Y llamó Jacob a sus hijos, y dijo: Juntaos, y os declararé lo que os ha de acontecer en los días venideros.

[2] Juntaos y oíd, hijos de Jacob,
Y escuchad a vuestro padre Israel.

[3] Rubén, tú eres mi primogénito, mi
    fortaleza, y el principio de mi
    vigor;
Principal en dignidad, principal en
    poder.

[4] Impetuoso como las aguas, no serás
    el principal,
Por cuanto subiste al lecho de tu
    padre;
Entonces te envileciste, subiendo a
    mi estrado.

[5] Simeón y Leví son hermanos;
Armas de iniquidad sus armas.

a 48.3, 4 Gn 28.13, 14.   **b 48.7** Gn 35.16-19.
c 48.20 Heb 11.21.

⁶ En su consejo no entre mi alma,
Ni mi espíritu se junte en su
   compañía.
Porque en su furor mataron hombres,
Y en su temeridad desjarretaron
   toros.
⁷ Maldito su furor, que fue fiero;
Y su ira, que fue dura.
Yo los apartaré en Jacob,
Y los esparciré en Israel.
⁸ Judá, te alabarán tus hermanos;
Tu mano en la cerviz de tus
   enemigos;
Los hijos de tu padre se inclinarán
   a ti.
⁹ Cachorro de león, Judá;
De la presa subiste, hijo mío.
Se encorvó, se echó como león,
Así como león viejo: ¿quién lo
   despertará?ᵃ
¹⁰No será quitado el cetro de Judá,
Ni el legislador de entre sus pies,
Hasta que venga Siloh;
Y a él se congregarán los pueblos.
¹¹Atando a la vid su pollino,
Y a la cepa el hijo de su asna,
Lavó en el vino su vestido,
Y en la sangre de uvas su manto.
¹²Sus ojos, rojos del vino,
Y sus dientes blancos de la leche.
¹³Zabulón en puertos de mar
   habitará;
Será para puerto de naves,
Y su límite hasta Sidón.
¹⁴Isacar, asno fuerte
Que se recuesta entre los apriscos;
¹⁵Y vio que el descanso era bueno, y
   que la tierra era deleitosa;
Y bajó su hombro para llevar,
Y sirvió en tributo.
¹⁶Dan juzgará a su pueblo,
Como una de las tribus de Israel.
¹⁷Será Dan serpiente junto al camino,
Víbora junto a la senda,
Que muerde los talones del caballo,
Y hace caer hacia atrás al jinete.
¹⁸Tu salvación esperé, oh Jehová.
¹⁹Gad, ejército lo acometerá;
Mas él acometerá al fin.
²⁰El pan de Aser será substancioso,
Y él dará deleites al rey.
²¹Neftalí, cierva suelta,
Que pronunciará dichos hermosos.

²²Rama fructífera es José,
Rama fructífera junto a una fuente,
Cuyos vástagos se extienden sobre el
   muro.
²³Le causaron amargura,
Le asaetearon,
Y le aborrecieron los arqueros;
²⁴Mas su arco se mantuvo poderoso,
Y los brazos de sus manos se
   fortalecieron
Por las manos del Fuerte de Jacob
(Por el nombre del Pastor, la Roca de
   Israel),
²⁵Por el Dios de tu padre, el cual te
   ayudará,
Por el Dios Omnipotente, el cual te
   bendecirá
Con bendiciones de los cielos de arriba,
Con bendiciones del abismo que está
   abajo,
Con bendiciones de los pechos y del
   vientre.
²⁶Las bendiciones de tu padre
Fueron mayores que las bendiciones
   de mis progenitores;
Hasta el término de los collados
   eternos
Serán sobre la cabeza de José,
Y sobre la frente del que fue apartado
   de entre sus hermanos.
²⁷Benjamín es lobo arrebatador;
A la mañana comerá la presa,
Y a la tarde repartirá los despojos.

Muerte y sepelio de Jacob

²⁸ Todos estos fueron las doce tribus de Israel, y esto fue lo que su padre les dijo, al bendecirlos; a cada uno por su bendición los bendijo.

²⁹ Les mandó luego, y les dijo: Yo voy a ser reunido con mi pueblo. Sepultadme con mis padres en la cueva que está en el campo de Efrón el heteo,

³⁰ en la cueva que está en el campo de Macpela, al oriente de Mamre en la tierra de Canaán, la cual compró Abraham con el mismo campo de Efrón el heteo, para heredad de sepultura.ᵇ

³¹ Allí sepultaron a Abrahamᶜ y a Sara su mujer; allí sepultaron a Isacᵈ y a Rebeca su mujer; allí también sepulté yo a Lea.

a 49.9 Nm 24.9.   **b 49.30** Gn 23.3-20.   **c 49.31** Gn 25.9, 10.
d 49.31 Gn 35.29.

³² La compra del campo y de la cueva que está en él, fue de los hijos de Het.

³³ Y cuando acabó Jacob de dar mandamientos a sus hijos, encogió sus pies en la cama, y expiró,ᵉ y fue reunido con sus padres.

50 ¹ Entonces se echó José sobre el rostro de su padre, y lloró sobre él, y lo besó.

² Y mandó José a sus siervos los médicos que embalsamasen a su padre; y los médicos embalsamaron a Israel.

³ Y le cumplieron cuarenta días, porque así cumplían los días de los embalsamados, y lo lloraron los egipcios setenta días.

⁴ Y pasados los días de su luto, habló José a los de la casa de Faraón, diciendo: Si he hallado ahora gracia en vuestros ojos, os ruego que habléis en oídos de Faraón, diciendo:

⁵ Mi padre me hizo jurar, diciendo: He aquí que voy a morir; en el sepulcro que cavé para mí en la tierra de Canaán, allí me sepultarás;ᵃ ruego, pues, que vaya yo ahora y sepulte a mi padre, y volveré.

⁶ Y Faraón dijo: Ve, y sepulta a tu padre, como él te hizo jurar.

⁷ Entonces José subió para sepultar a su padre; y subieron con él todos los siervos de Faraón, los ancianos de su casa, y todos los ancianos de la tierra de Egipto,

⁸ y toda la casa de José, y sus hermanos, y la casa de su padre; solamente dejaron en la tierra de Gosén sus niños, y sus ovejas y sus vacas.

⁹ Subieron también con él carros y gente de a caballo, y se hizo un escuadrón muy grande.

¹⁰ Y llegaron hasta la era de Atad, que está al otro lado del Jordán, y endecharon allí con grande y muy triste lamentación; y José hizo a su padre duelo por siete días.

¹¹ Y viendo los moradores de la tierra, los cananeos, el llanto en la era de Atad, dijeron: Llanto grande es éste de los egipcios; por eso fue llamado su nombre Abel-mizraim,⁵⁶ que está al otro lado del Jordán.

¹² Hicieron, pues, sus hijos con él según les había mandado;

¹³ pues lo llevaron sus hijos a la tierra de Canaán, y lo sepultaron en la cueva del campo de Macpela, la que había comprado Abraham con el mismo campo, para heredad de sepultura, de Efrón el heteo, al oriente de Mamre.ᵇ

¹⁴ Y volvió José a Egipto, él y sus hermanos, y todos los que subieron con él a sepultar a su padre, después que lo hubo sepultado.

Muerte de José

¹⁵ Viendo los hermanos de José que su padre era muerto, dijeron: Quizá nos aborrecerá José, y nos dará el pago de todo el mal que le hicimos.

¹⁶ Y enviaron a decir a José: Tu padre mandó antes de su muerte, diciendo:

¹⁷ Así diréis a José: Te ruego que perdones ahora la maldad de tus hermanos y su pecado, porque mal te trataron; por tanto, ahora te rogamos que perdones la maldad de los siervos del Dios de tu padre. Y José lloró mientras hablaban.

¹⁸ Vinieron también sus hermanos y se postraron delante de él, y dijeron: Henos aquí por siervos tuyos.

¹⁹ Y les respondió José: No temáis; ¿acaso estoy yo en lugar de Dios?

²⁰ Vosotros pensasteis mal contra mí, mas Dios lo encaminó a bien, para hacer lo que vemos hoy, para mantener en vida a mucho pueblo.

²¹ Ahora, pues, no tengáis miedo; yo os sustentaré a vosotros y a vuestros hijos. Así los consoló, y les habló al corazón.

²² Y habitó José en Egipto, él y la casa de su padre; y vivió José ciento diez años.

²³ Y vio José los hijos de Efraín hasta la tercera generación; también los hijos de Maquir hijo de Manasés fueron criados sobre las rodillas de José.

²⁴ Y José dijo a sus hermanos: Yo voy a morir; mas Dios ciertamente os visitará, y os hará subir de esta tierra a la tierra que juró a Abraham, a Isaac y a Jacob.

²⁵ E hizo jurar José a los hijos de Israel, diciendo: Dios ciertamente os visitará, y haréis llevar de aquí mis huesos.ᶜ

²⁶ Y murió José a la edad de ciento diez años; y lo embalsamaron, y fue puesto en un ataúd en Egipto.

---

56. **50.11** Esto es, *Pradera de Egipto,* o *Llanto de Egipto.*
e 49.33 Hch 7.15.   **a 50.5** Gn 47.29-31.   **b 50.13** Hch 7.16.
c 50.25 Éx 13.19; Jos 24.32; Heb 11.22.

LIBRO SEGUNDO DE MOISÉS

ÉXODO

Aflicción de los israelitas en Egipto

1 ¹ Éstos son los nombres de los hijos de Israel que entraron en Egipto con Jacob; cada uno entró con su familia:

² Rubén, Simeón, Leví, Judá,

³ Isacar, Zabulón, Benjamín,

⁴ Dan, Neftalí, Gad y Aser.

⁵ Todas las personas que le nacieron a Jacob fueron setenta. Y José estaba en Egipto.

⁶ Y murió José, y todos sus hermanos, y toda aquella generación.

⁷ Y los hijos de Israel fructificaron y se multiplicaron,ᵃ y fueron aumentados y fortalecidos en extremo, y se llenó de ellos la tierra.

⁸ Entretanto, se levantó sobre Egipto un nuevo rey que no conocía a José;ᵇ y dijo a su pueblo:

⁹ He aquí, el pueblo de los hijos de Israel es mayor y más fuerte que nosotros.

¹⁰ Ahora, pues, seamos sabiosᶜ para con él, para que no se multiplique, y acontezca que viniendo guerra, él también se una a nuestros enemigos y pelee contra nosotros, y se vaya de la tierra.

¹¹ Entonces pusieron sobre ellos comisarios de tributos que los molestasen con sus cargas; y edificaron para Faraón las ciudades de almacenaje, Pitón y Ramesés.

¹² Pero cuanto más los oprimían, tanto más se multiplicaban y crecían, de manera que los egipcios temían a los hijos de Israel.

¹³ Y los egipcios hicieron servir a los hijos de Israel con dureza,

¹⁴ y amargaron su vida con dura servidumbre, en hacer barro y ladrillo, y en toda labor del campo y en todo su servicio, al cual los obligaban con rigor.

¹⁵ Y habló el rey de Egipto a las parteras de las hebreas, una de las cuales se llamaba Sifra, y otra Fúa, y les dijo:

¹⁶ Cuando asistáis a las hebreas en sus partos, y veáis el sexo, si es hijo, matadlo; y si es hija, entonces viva.

¹⁷ Pero las parteras temieron a Dios, y no hicieron como les mandó el rey de Egipto, sino que preservaron la vida a los niños.

¹⁸ Y el rey de Egipto hizo llamar a las parteras y les dijo: ¿Por qué habéis hecho esto, que habéis preservado la vida a los niños?

¹⁹ Y las parteras respondieron a Faraón: Porque las mujeres hebreas no son como las egipcias; pues son robustas, y dan a luz antes que la partera venga a ellas.

²⁰ Y Dios hizo bien a las parteras; y el pueblo se multiplicó y se fortaleció en gran manera.

²¹ Y por haber las parteras temido a Dios, él prosperó sus familias.

²² Entonces Faraón mandó a todo su pueblo, diciendo: Echad al río a todo hijo que nazca,ᵈ y a toda hija preservad la vida.

Nacimiento de Moisés

2 ¹ Un varón de la familia de Leví fue y tomó por mujer a una hija de Leví,

² la que concibió, y dio a luz un hijo; y viéndole que era hermoso, le tuvo escondido tres meses.ᵃ

³ Pero no pudiendo ocultarle más tiempo, tomó una arquilla de juncos y la calafateó con asfalto y brea, y colocó en ella al niño y lo puso en un carrizal a la orilla del río.

⁴ Y una hermana suya se puso a lo lejos, para ver lo que le acontecería.

⁵ Y la hija de Faraón descendió a lavarse al río, y paseándose sus doncellas por la ribera del río, vio ella la arquilla en el carrizal, y envió una criada suya a que la tomase.

⁶ Y cuando la abrió, vio al niño; y he aquí que el niño lloraba. Y teniendo compasión de él, dijo: De los niños de los hebreos es éste.

⁷ Entonces su hermana dijo a la hija de Faraón: ¿Iré a llamarte una nodriza de las hebreas, para que te críe este niño?

ᵃ **1.7** Hch 7.17.   ᵇ **1.8** Hch 7.18.   ᶜ **1.10** Hch 7.19.
ᵈ **1.22** Hch 7.19.   ᵃ **2.2** Hch 7.20; Heb 11.23.

8 Y la hija de Faraón respondió: Ve. Entonces fue la doncella, y llamó a la madre del niño,

9 a la cual dijo la hija de Faraón: Lleva a este niño y críamelo, y yo te lo pagaré. Y la mujer tomó al niño y lo crió.

10 Y cuando el niño creció, ella lo trajo a la hija de Faraón, la cual lo prohijó,[b] y le puso por nombre Moisés,[1] diciendo: Porque de las aguas lo saqué.[2]

Moisés huye de Egipto

11 En aquellos días sucedió que crecido ya Moisés, salió a sus hermanos, y los vio en sus duras tareas,[c] y observó a un egipcio que golpeaba a uno de los hebreos, sus hermanos.

12 Entonces miró a todas partes, y viendo que no parecía nadie, mató al egipcio y lo escondió en la arena.

13 Al día siguiente salió y vio a dos hebreos que reñían; entonces dijo al que maltrataba al otro: ¿Por qué golpeas a tu prójimo?

14 Y él respondió: ¿Quién te ha puesto a ti por príncipe y juez sobre nosotros? ¿Piensas matarme como mataste al egipcio?[d] Entonces Moisés tuvo miedo, y dijo: Ciertamente esto ha sido descubierto.

15 Oyendo Faraón acerca de este hecho, procuró matar a Moisés; pero Moisés huyó de delante de Faraón, y habitó en la tierra de Madián.[e]

16 Y estando sentado junto al pozo, siete hijas que tenía el sacerdote de Madián vinieron a sacar agua para llenar las pilas y dar de beber a las ovejas de su padre.

17 Mas los pastores vinieron y las echaron de allí; entonces Moisés se levantó y las defendió, y dio de beber a sus ovejas.

18 Y volviendo ellas a Reuel su padre, él les dijo: ¿Por qué habéis venido hoy tan pronto?

19 Ellas respondieron: Un varón egipcio nos defendió de mano de los pastores, y también nos sacó el agua, y dio de beber a las ovejas.

20 Y dijo a sus hijas: ¿Dónde está? ¿Por qué habéis dejado a ese hombre? Llamadle para que coma.

21 Y Moisés convino en morar con aquel varón; y él dio su hija Séfora por mujer a Moisés.

22 Y ella le dio a luz un hijo; y él le puso por nombre Gersón, porque dijo: Forastero[3] soy en tierra ajena.

23 Aconteció que después de muchos días murió el rey de Egipto, y los hijos de Israel gemían a causa de la servidumbre, y clamaron; y subió a Dios el clamor de ellos con motivo de su servidumbre.

24 Y oyó Dios el gemido de ellos, y se acordó[f] de su pacto con Abraham, Isaac y Jacob.

25 Y miró Dios a los hijos de Israel, y los reconoció Dios.

Llamamiento de Moisés

3 **1** Apacentando Moisés las ovejas de Jetro su suegro, sacerdote de Madián, llevó las ovejas a través del desierto, y llegó hasta Horeb, monte de Dios.

2 Y se le apareció el Ángel de Jehová en una llama de fuego en medio de una zarza;[a] y él miró, y vio que la zarza ardía en fuego, y la zarza no se consumía.

3 Entonces Moisés dijo: Iré yo ahora y veré esta grande visión, por qué causa la zarza no se quema.

4 Viendo Jehová que él iba a ver, lo llamó Dios de en medio de la zarza, y dijo: ¡Moisés, Moisés! Y él respondió: Heme aquí.

5 Y dijo: No te acerques; quita tu calzado de tus pies, porque el lugar en que tú estás, tierra santa es.

6 Y dijo: Yo soy el Dios de tu padre, Dios de Abraham, Dios de Isaac, y Dios de Jacob. Entonces Moisés cubrió su rostro, porque tuvo miedo de mirar a Dios.

7 Dijo luego Jehová: Bien he visto la aflicción de mi pueblo que está en Egipto, y he oído su clamor a causa de sus exactores; pues he conocido sus angustias,

8 y he descendido para librarlos de mano de los egipcios, y sacarlos de aquella tierra a una tierra buena y ancha, a tierra que fluye leche y miel, a los lugares del cananeo, del heteo, del amorreo, del ferezeo, del heveo y del jebuseo.

9 El clamor, pues, de los hijos de Israel ha venido delante de mí, y también he visto la opresión con que los egipcios los oprimen.

---

1. **2.10** Heb. *Mosheh.*   *2.* **2.10** Heb. *mashah.*
3. **2.22** Heb. *ger.*

b 2.10 Hch 7.21.   **c 2.11** Heb 11.24.   **d 2.11-14** Hch 7.23-28.
e 2.15 Hch 7.29; Heb 11.27.   **f 2.24** Gn 15.13, 14.
a 3.2-10 Hch 7.30-34.

¹⁰ Ven, por tanto, ahora, y te enviaré a Faraón, para que saques de Egipto a mi pueblo, los hijos de Israel.

¹¹ Entonces Moisés respondió a Dios: ¿Quién soy yo para que vaya a Faraón, y saque de Egipto a los hijos de Israel?

¹² Y él respondió: Ve, porque yo estaré contigo; y esto te será por señal de que yo te he enviado: cuando hayas sacado de Egipto al pueblo, serviréis a Dios sobre este monte.

¹³ Dijo Moisés a Dios: He aquí que llego yo a los hijos de Israel, y les digo: El Dios de vuestros padresᵇ me ha enviado a vosotros. Si ellos me preguntaren: ¿Cuál es su nombre?, ¿qué les responderé?

¹⁴ Y respondió Dios a Moisés: YO SOY EL QUE SOY.ᶜ Y dijo: Así dirás a los hijos de Israel: YO SOY me envió a vosotros.

¹⁵ Además dijo Dios a Moisés: Así dirás a los hijos de Israel: Jehová,ᵈ el Dios de vuestros padres, el Dios de Abraham, Dios de Isaac y Dios de Jacob, me ha enviado a vosotros. Éste es mi nombre para siempre; con él se me recordará por todos los siglos.

¹⁶ Ve, y reúne a los ancianos de Israel, y diles: Jehová, el Dios de vuestros padres, el Dios de Abraham, de Isaac y de Jacob, me apareció diciendo: En verdad os he visitado, y he visto lo que se os hace en Egipto;

¹⁷ y he dicho: Yo os sacaré de la aflicción de Egipto a la tierra del cananeo, del heteo, del amorreo, del ferezeo, del heveo y del jebuseo, a una tierra que fluye leche y miel.

¹⁸ Y oirán tu voz; e irás tú, y los ancianos de Israel, al rey de Egipto, y le diréis: Jehová el Dios de los hebreos nos ha encontrado; por tanto, nosotros iremos ahora camino de tres días por el desierto, para que ofrezcamos sacrificios a Jehová nuestro Dios.

¹⁹ Mas yo sé que el rey de Egipto no os dejará ir sino por mano fuerte.

²⁰ Pero yo extenderé mi mano, y heriré a Egipto con todas mis maravillas que haré en él, y entonces os dejará ir.

²¹ Y yo daré a este pueblo gracia en los ojos de los egipcios, para que cuando salgáis, no vayáis con las manos vacías;

²² sino que pedirá cada mujer a su vecina y a su huéspeda alhajas de plata, alhajas de oro, y vestidos, los cuales pondréis sobre vuestros hijos y vuestras hijas; y despojaréis a Egipto.ᵈ

4 ¹ Entonces Moisés respondió diciendo: He aquí que ellos no me creerán, ni oirán mi voz; porque dirán: No te ha aparecido Jehová.

² Y Jehová dijo: ¿Qué es eso que tienes en tu mano? Y él respondió: Una vara.

³ Él le dijo: Échala en tierra. Y él la echó en tierra, y se hizo una culebra; y Moisés huía de ella.

⁴ Entonces dijo Jehová a Moisés: Extiende tu mano, y tómala por la cola. Y él extendió su mano, y la tomó, y se volvió vara en su mano.

⁵ Por esto creerán que se te ha aparecido Jehová, el Dios de tus padres, el Dios de Abraham, Dios de Isaac y Dios de Jacob.

⁶ Le dijo además Jehová: Mete ahora tu mano en tu seno. Y él metió la mano en su seno; y cuando la sacó, he aquí que su mano estaba leprosa como la nieve.

⁷ Y dijo: Vuelve a meter tu mano en tu seno. Y él volvió a meter su mano en su seno; y al sacarla de nuevo del seno, he aquí que se había vuelto como la otra carne.

⁸ Si aconteciere que no te creyeren ni obedecieren a la voz de la primera señal, creerán a la voz de la postrera.

⁹ Y si aún no creyeren a estas dos señales, ni oyeren tu voz, tomarás de las aguas del río y las derramarás en tierra; y se cambiarán aquellas aguas que tomarás del río y se harán sangre en la tierra.

¹⁰ Entonces dijo Moisés a Jehová: ¡Ay, Señor! nunca he sido hombre de fácil palabra, ni antes, ni desde que tú hablas a tu siervo; porque soy tardo en el habla y torpe de lengua.

¹¹ Y Jehová le respondió: ¿Quién dio la boca al hombre? ¿o quién hizo al mudo y al sordo, al que ve y al ciego? ¿No soy yo Jehová?

¹² Ahora pues, ve, y yo estaré con tu boca, y te enseñaré lo que hayas de hablar.

¹³ Y él dijo: ¡Ay, Señor! envía, te ruego, por medio del que debes enviar.

¹⁴ Entonces Jehová se enojó contra Moisés, y dijo: ¿No conozco yo a tu hermano

---

4. **3.15** El nombre Jehová representa el nombre divino YHWH que aquí se relaciona con el verbo *hayah,* ser.
b **3.13** Éx 6.2, 3.   c **3.14** Ap 1.4, 8.   d **3.21, 22** Éx 12.35, 36.

Aarón, levita, y que él habla bien? Y he aquí que él saldrá a recibirte, y al verte se alegrará en su corazón.

15 Tú hablarás a él, y pondrás en su boca las palabras, y yo estaré con tu boca y con la suya, y os enseñaré lo que hayáis de hacer.

16 Y él hablará por ti al pueblo; él te será a ti en lugar de boca, y tú serás para él en lugar de Dios.

17 Y tomarás en tu mano esta vara, con la cual harás las señales.

Moisés vuelve a Egipto

18 Así se fue Moisés, y volviendo a su suegro Jetro, le dijo: Iré ahora, y volveré a mis hermanos que están en Egipto, para ver si aún viven. Y Jetro dijo a Moisés: Ve en paz.

19 Dijo también Jehová a Moisés en Madián: Ve y vuélvete a Egipto, porque han muerto todos los que procuraban tu muerte.

20 Entonces Moisés tomó su mujer y sus hijos, y los puso sobre un asno, y volvió a tierra de Egipto. Tomó también Moisés la vara de Dios en su mano.

21 Y dijo Jehová a Moisés: Cuando hayas vuelto a Egipto, mira que hagas delante de Faraón todas las maravillas que he puesto en tu mano; pero yo endureceré su corazón, de modo que no dejará ir al pueblo.

22 Y dirás a Faraón: Jehová ha dicho así: Israel es mi hijo, mi primogénito.

23 Ya te he dicho que dejes ir a mi hijo, para que me sirva, mas no has querido dejarlo ir; he aquí yo voy a matar a tu hijo, tu primogénito.ª

24 Y aconteció en el camino, que en una posada Jehová le salió al encuentro, y quiso matarlo.

25 Entonces Séfora tomó un pedernal afilado y cortó el prepucio de su hijo, y lo echó a sus pies, diciendo: A la verdad tú me eres un esposo de sangre.

26 Así le dejó luego ir. Y ella dijo: Esposo de sangre, a causa de la circuncisión.

27 Y Jehová dijo a Aarón: Ve a recibir a Moisés al desierto. Y él fue, y lo encontró en el monte de Dios, y le besó.

28 Entonces contó Moisés a Aarón todas las palabras de Jehová que le enviaba, y todas las señales que le había dado.

29 Y fueron Moisés y Aarón, y reunieron a todos los ancianos de los hijos de Israel.

30 Y habló Aarón acerca de todas las cosas que Jehová había dicho a Moisés, e hizo las señales delante de los ojos del pueblo.

31 Y el pueblo creyó; y oyendo que Jehová había visitado a los hijos de Israel, y que había visto su aflicción, se inclinaron y adoraron.

Moisés y Aarón ante Faraón

5 1 Después Moisés y Aarón entraron a la presencia de Faraón y le dijeron: Jehová el Dios de Israel dice así: Deja ir a mi pueblo a celebrarme fiesta en el desierto.

2 Y Faraón respondió: ¿Quién es Jehová, para que yo oiga su voz y deje ir a Israel? Yo no conozco a Jehová, ni tampoco dejaré ir a Israel.

3 Y ellos dijeron: El Dios de los hebreos nos ha encontrado; iremos, pues, ahora, camino de tres días por el desierto, y ofreceremos sacrificios a Jehová nuestro Dios, para que no venga sobre nosotros con peste o con espada.

4 Entonces el rey de Egipto les dijo: Moisés y Aarón, ¿por qué hacéis cesar al pueblo de su trabajo? Volved a vuestras tareas.

5 Dijo también Faraón: He aquí el pueblo de la tierra es ahora mucho, y vosotros les hacéis cesar de sus tareas.

6 Y mandó Faraón aquel mismo día a los cuadrilleros del pueblo que lo tenían a su cargo, y a sus capataces, diciendo:

7 De aquí en adelante no daréis paja al pueblo para hacer ladrillo, como hasta ahora; vayan ellos y recojan por sí mismos la paja.

8 Y les impondréis la misma tarea de ladrillo que hacían antes, y no les disminuiréis nada; porque están ociosos, por eso levantan la voz diciendo: Vamos y ofrezcamos sacrificios a nuestro Dios.

9 Agráguese la servidumbre sobre ellos, para que se ocupen en ella, y no atiendan a palabras mentirosas.

10 Y saliendo los cuadrilleros del pueblo y sus capataces, hablaron al pueblo, diciendo: Así ha dicho Faraón: Yo no os doy paja.

11 Id vosotros y recoged la paja donde la halléis; pero nada se disminuirá de vuestra tarea.

---

a 4.23 Éx 12.29.

¹²Entonces el pueblo se esparció por toda la tierra de Egipto para recoger rastrojo en lugar de paja.

¹³Y los cuadrilleros los apremiaban, diciendo: Acabad vuestra obra, la tarea de cada día en su día, como cuando se os daba paja.

¹⁴Y azotaban a los capataces de los hijos de Israel que los cuadrilleros de Faraón habían puesto sobre ellos, diciendo: ¿Por qué no habéis cumplido vuestra tarea de ladrillo ni ayer ni hoy, como antes?

¹⁵Y los capataces de los hijos de Israel vinieron a Faraón y se quejaron a él, diciendo: ¿Por qué lo haces así con tus siervos?

¹⁶No se da paja a tus siervos, y con todo nos dicen: Haced el ladrillo. Y he aquí tus siervos son azotados, y el pueblo tuyo es el culpable.

¹⁷Y él respondió: Estáis ociosos, sí, ociosos, y por eso decís: Vamos y ofrezcamos sacrificios a Jehová.

¹⁸Id pues, ahora, y trabajad. No se os dará paja, y habéis de entregar la misma tarea de ladrillo.

¹⁹Entonces los capataces de los hijos de Israel se vieron en aflicción, al decírseles: No se disminuirá nada de vuestro ladrillo, de la tarea de cada día.

²⁰Y encontrando a Moisés y a Aarón, que estaban a la vista de ellos cuando salían de la presencia de Faraón,

²¹les dijeron: Mire Jehová sobre vosotros, y juzgue; pues nos habéis hecho abominables delante de Faraón y de sus siervos, poniéndoles la espada en la mano para que nos maten.

Jehová comisiona a Moisés y a Aarón

²²Entonces Moisés se volvió a Jehová, y dijo: Señor, ¿por qué afliges a este pueblo? ¿Para qué me enviaste?

²³Porque desde que yo vine a Faraón para hablarle en tu nombre, ha afligido a este pueblo; y tú no has librado a tu pueblo.

6 ¹Jehová respondió a Moisés: Ahora verás lo que yo haré a Faraón; porque con mano fuerte los dejará ir, y con mano fuerte los echará de su tierra.

²Habló todavía Dios a Moisés, y le dijo: Yo soy JEHOVÁ.

³Y aparecí a Abraham, a Isaac y a Jacob como Dios Omnipotente,ᵃ mas en mi nombre JEHOVÁ no me di a conocer a ellos.

⁴También establecí mi pacto con ellos, de darles la tierra de Canaán, la tierra en que fueron forasteros, y en la cual habitaron.

⁵Asimismo yo he oído el gemido de los hijos de Israel, a quienes hacen servir los egipcios, y me he acordado de mi pacto.

⁶Por tanto, dirás a los hijos de Israel: Yo soy JEHOVÁ; y yo os sacaré de debajo de las tareas pesadas de Egipto, y os libraré de su servidumbre, y os redimiré con brazo extendido, y con juicios grandes;

⁷y os tomaré por mi pueblo y seré vuestro Dios; y vosotros sabréis que yo soy Jehová vuestro Dios, que os sacó de debajo de las tareas pesadas de Egipto.

⁸Y os meteré en la tierra por la cual alcé mi mano jurando que la daría a Abraham, a Isaac y a Jacob; y yo os la daré por heredad. Yo JEHOVÁ.

⁹De esta manera habló Moisés a los hijos de Israel; pero ellos no escuchaban a Moisés a causa de la congoja de espíritu, y de la dura servidumbre.

¹⁰Y habló Jehová a Moisés, diciendo:

¹¹Entra y habla a Faraón rey de Egipto, que deje ir de su tierra a los hijos de Israel.

¹²Y respondió Moisés delante de Jehová: He aquí, los hijos de Israel no me escuchan; ¿cómo, pues, me escuchará Faraón, siendo yo torpe de labios?

¹³Entonces Jehová habló a Moisés y a Aarón y les dio mandamiento para los hijos de Israel, y para Faraón rey de Egipto, para que sacasen a los hijos de Israel de la tierra de Egipto.

¹⁴Éstos son los jefes de las familias de sus padres: Los hijos de Rubén, el primogénito de Israel: Hanoc, Falú, Hezrón y Carmi; éstas son las familias de Rubén.

¹⁵Los hijos de Simeón: Jemuel, Jamín, Ohad, Jaquín, Zohar, y Saúl hijo de una cananea. Éstas son las familias de Simeón.

¹⁶Éstos son los nombres de los hijos de Leví por sus linajes: Gersón, Coat y Merari. Y los años de la vida de Leví fueron ciento treinta y siete años.

¹⁷Los hijos de Gersón: Libni y Simei, por sus familias.

¹⁸Y los hijos de Coat: Amram, Izhar, Hebrón y Uziel. Y los años de la vida de Coat fueron ciento treinta y tres años.

---

a 6.2, 3 Éx 3.13-15.

19 Y los hijos de Merari: Mahli y Musi. Éstas son las familias de Leví por sus linajes.[b]

20 Y Amram tomó por mujer a Jocabed su tía, la cual dio a luz a Aarón y a Moisés. Y los años de la vida de Amram fueron ciento treinta y siete años.

21 Los hijos de Izhar: Coré, Nefeg y Zicri.

22 Y los hijos de Uziel: Misael, Elzafán y Sitri.

23 Y tomó Aarón por mujer a Elisabet hija de Aminadab, hermana de Naasón; la cual dio a luz a Nadab, Abiú, Eleazar e Itamar.

24 Los hijos de Coré: Asir, Elcana y Abiasaf. Éstas son las familias de los coreítas.

25 Y Eleazar hijo de Aarón tomó para sí mujer de las hijas de Futiel, la cual dio a luz a Finees. Y éstos son los jefes de los padres de los levitas por sus familias.

26 Éste es aquel Aarón y aquel Moisés, a los cuales Jehová dijo: Sacad a los hijos de Israel de la tierra de Egipto por sus ejércitos.

27 Éstos son los que hablaron a Faraón rey de Egipto, para sacar de Egipto a los hijos de Israel. Moisés y Aarón fueron éstos.

28 Cuando Jehová habló a Moisés en la tierra de Egipto,

29 entonces Jehová habló a Moisés, diciendo: Yo soy JEHOVÁ; di a Faraón rey de Egipto todas las cosas que yo te digo a ti.

30 Y Moisés respondió delante de Jehová: He aquí, yo soy torpe de labios; ¿cómo, pues, me ha de oír Faraón?

7 ¹ Jehová dijo a Moisés: Mira, yo te he constituido dios para Faraón, y tu hermano Aarón será tu profeta.

2 Tú dirás todas las cosas que yo te mande, y Aarón tu hermano hablará a Faraón, para que deje ir de su tierra a los hijos de Israel.

3 Y yo endureceré el corazón de Faraón, y multiplicaré en la tierra de Egipto mis señales y mis maravillas.[a]

4 Y Faraón no os oirá; mas yo pondré mi mano sobre Egipto, y sacaré a mis ejércitos, mi pueblo, los hijos de Israel, de la tierra de Egipto, con grandes juicios.

5 Y sabrán los egipcios que yo soy Jehová, cuando extienda mi mano sobre Egipto, y saque a los hijos de Israel de en medio de ellos.

6 E hizo Moisés y Aarón como Jehová les mandó; así lo hicieron.

7 Era Moisés de edad de ochenta años, y Aarón de edad de ochenta y tres, cuando hablaron a Faraón.

La vara de Aarón

8 Habló Jehová a Moisés y a Aarón, diciendo:

9 Si Faraón os respondiere diciendo: Mostrad milagro; dirás a Aarón: Toma tu vara, y échala delante de Faraón, para que se haga culebra.

10 Vinieron, pues, Moisés y Aarón a Faraón, e hicieron como Jehová lo había mandado. Y echó Aarón su vara delante de Faraón y de sus siervos, y se hizo culebra.

11 Entonces llamó también Faraón sabios y hechiceros, e hicieron también lo mismo los hechiceros de Egipto con sus encantamientos;

12 pues echó cada uno su vara, las cuales se volvieron culebras; mas la vara de Aarón devoró las varas de ellos.

13 Y el corazón de Faraón se endureció, y no los escuchó, como Jehová lo había dicho.

La plaga de sangre

14 Entonces Jehová dijo a Moisés: El corazón de Faraón está endurecido, y no quiere dejar ir al pueblo.

15 Ve por la mañana a Faraón, he aquí que él sale al río; y tú ponte a la ribera delante de él, y toma en tu mano la vara que se volvió culebra,

16 y dile: Jehová el Dios de los hebreos me ha enviado a ti, diciendo: Deja ir a mi pueblo, para que me sirva en el desierto; y he aquí que hasta ahora no has querido oír.

17 Así ha dicho Jehová: En esto conocerás que yo soy Jehová: he aquí, yo golpearé con la vara que tengo en mi mano el agua que está en el río, y se convertirá en sangre.[b]

18 Y los peces que hay en el río morirán, y hederá el río, y los egipcios tendrán asco de beber el agua del río.

19 Y Jehová dijo a Moisés: Di a Aarón: Toma tu vara, y extiende tu mano sobre las aguas de Egipto, sobre sus ríos, sobre sus arroyos y sobre sus estanques, y sobre todos sus depósitos de aguas, para que se conviertan en sangre, y haya sangre por

---

b 6.16-19 1 Cr 6.16-19. **a 7.3** Hch 7.36. **b 7.17** Ap 16.4.

toda la región de Egipto, así en los vasos de madera como en los de piedra.

²⁰ Y Moisés y Aarón hicieron como Jehová lo mandó; y alzando la vara golpeó las aguas que había en el río, en presencia de Faraón y de sus siervos; y todas las aguas que había en el río se convirtieron en sangre.

²¹ Asimismo los peces que había en el río murieron; y el río se corrompió, tanto que los egipcios no podían beber de él. Y hubo sangre por toda la tierra de Egipto.

²² Y los hechiceros de Egipto hicieron lo mismo con sus encantamientos; y el corazón de Faraón se endureció, y no los escuchó; como Jehová lo había dicho.

²³ Y Faraón se volvió y fue a su casa, y no dio atención tampoco a esto.

²⁴ Y en todo Egipto hicieron pozos alrededor del río para beber, porque no podían beber de las aguas del río.

²⁵ Y se cumplieron siete días después que Jehová hirió el río.

La plaga de ranas

8 ¹ Entonces Jehová dijo a Moisés: Entra a la presencia de Faraón y dile: Jehová ha dicho así: Deja ir a mi pueblo, para que me sirva.

² Y si no lo quisieres dejar ir, he aquí yo castigaré con ranas todos tus territorios.

³ Y el río criará ranas, las cuales subirán y entrarán en tu casa, en la cámara donde duermes, y sobre tu cama, y en las casas de tus siervos, en tu pueblo, en tus hornos y en tus artesas.

⁴ Y las ranas subirán sobre ti, sobre tu pueblo, y sobre todos tus siervos.

⁵ Y Jehová dijo a Moisés: Di a Aarón: Extiende tu mano con tu vara sobre los ríos, arroyos y estanques, para que haga subir ranas sobre la tierra de Egipto.

⁶ Entonces Aarón extendió su mano sobre las aguas de Egipto, y subieron ranas que cubrieron la tierra de Egipto.

⁷ Y los hechiceros hicieron lo mismo con sus encantamientos, e hicieron venir ranas sobre la tierra de Egipto.

⁸ Entonces Faraón llamó a Moisés y a Aarón, y les dijo: Orad a Jehová para que quite las ranas de mí y de mi pueblo, y dejaré ir a tu pueblo para que ofrezca sacrificios a Jehová.

⁹ Y dijo Moisés a Faraón: Dígnate indicarme cuándo debo orar por ti, por tus siervos y por tu pueblo, para que las ranas sean quitadas de ti y de tus casas, y que solamente queden en el río.

¹⁰ Y él dijo: Mañana. Y Moisés respondió: Se hará conforme a tu palabra, para que conozcas que no hay como Jehová nuestro Dios.

¹¹ Y las ranas se irán de ti, y de tus casas, de tus siervos y de tu pueblo, y solamente quedarán en el río.

¹² Entonces salieron Moisés y Aarón de la presencia de Faraón. Y clamó Moisés a Jehová tocante a las ranas que había mandado a Faraón.

¹³ E hizo Jehová conforme a la palabra de Moisés, y murieron las ranas de las casas, de los cortijos y de los campos.

¹⁴ Y las juntaron en montones, y apestaba la tierra.

¹⁵ Pero viendo Faraón que le habían dado reposo, endureció su corazón y no los escuchó, como Jehová lo había dicho.

La plaga de piojos

¹⁶ Entonces Jehová dijo a Moisés: Di a Aarón: Extiende tu vara y golpea el polvo de la tierra, para que se vuelva piojos por todo el país de Egipto.

¹⁷ Y ellos lo hicieron así; y Aarón extendió su mano con su vara, y golpeó el polvo de la tierra, el cual se volvió piojos, así en los hombres como en las bestias; todo el polvo de la tierra se volvió piojos en todo el país de Egipto.

¹⁸ Y los hechiceros hicieron así también, para sacar piojos con sus encantamientos; pero no pudieron. Y hubo piojos tanto en los hombres como en las bestias.

¹⁹ Entonces los hechiceros dijeron a Faraón: Dedo de Dios es éste. Mas el corazón de Faraón se endureció, y no los escuchó, como Jehová lo había dicho.

La plaga de moscas

²⁰ Jehová dijo a Moisés: Levántate de mañana y ponte delante de Faraón, he aquí él sale al río; y dile: Jehová ha dicho así: Deja ir a mi pueblo, para que me sirva.

²¹ Porque si no dejas ir a mi pueblo, he aquí yo enviaré sobre ti, sobre tus siervos, sobre tu pueblo y sobre tus casas toda

clase de moscas; y las casas de los egipcios se llenarán de toda clase de moscas, y asimismo la tierra donde ellos estén.

22 Y aquel día yo apartaré la tierra de Gosén, en la cual habita mi pueblo, para que ninguna clase de moscas haya en ella, a fin de que sepas que yo soy Jehová en medio de la tierra.

23 Y yo pondré redención entre mi pueblo y el tuyo. Mañana será esta señal.

24 Y Jehová lo hizo así, y vino toda clase de moscas molestísimas sobre la casa de Faraón, sobre las casas de sus siervos, y sobre todo el país de Egipto; y la tierra fue corrompida a causa de ellas.

25 Entonces Faraón llamó a Moisés y a Aarón, y les dijo: Andad, ofreced sacrificio a vuestro Dios en la tierra.

26 Y Moisés respondió: No conviene que hagamos así, porque ofreceríamos a Jehová nuestro Dios la abominación de los egipcios. He aquí, si sacrificáramos la abominación de los egipcios delante de ellos, ¿no nos apedrearían?

27 Camino de tres días iremos por el desierto, y ofreceremos sacrificios a Jehová nuestro Dios, como él nos dirá.

28 Dijo Faraón: Yo os dejaré ir para que ofrezcáis sacrificios a Jehová vuestro Dios en·el desierto, con tal que no vayáis más lejos; orad por mí.

29 Y respondió Moisés: He aquí, al salir yo de tu presencia, rogaré a Jehová que las diversas clases de moscas se vayan de Faraón, y de sus siervos, y de su pueblo mañana; con tal que Faraón no falte más, no dejando ir al pueblo a dar sacrificio a Jehová.

30 Entonces Moisés salió de la presencia de Faraón, y oró a Jehová.

31 Y Jehová hizo conforme a la palabra de Moisés, y quitó todas aquellas moscas de Faraón, de sus siervos y de su pueblo, sin que quedara una.

32 Mas Faraón endureció aun esta vez su corazón, y no dejó ir al pueblo.

La plaga en el ganado

9 **1** Entonces Jehová dijo a Moisés: Entra a la presencia de Faraón, y dile: Jehová, el Dios de los hebreos, dice así: Deja ir a mi pueblo, para que me sirva.

2 Porque si no lo quieres dejar ir, y lo detienes aún,

3 he aquí la mano de Jehová estará sobre tus ganados que están en el campo, caballos, asnos, camellos, vacas y ovejas, con plaga gravísima.

4 Y Jehová hará separación entre los ganados de Israel y los de Egipto, de modo que nada muera de todo lo de los hijos de Israel.

5 Y Jehová fijó plazo, diciendo: Mañana hará Jehová esta cosa en la tierra.

6 Al día siguiente Jehová hizo aquello, y murió todo el ganado de Egipto; mas del ganado de los hijos de Israel no murió uno.

7 Entonces Faraón envió, y he aquí que del ganado de los hijos de Israel no había muerto uno. Mas el corazón de Faraón se endureció, y no dejó ir al pueblo.

La plaga de úlceras

8 Y Jehová dijo a Moisés y a Aarón: Tomad puñados de ceniza de un horno, y la esparcirá Moisés hacia el cielo delante de Faraón;

9 y vendrá a ser polvo sobre toda la tierra de Egipto, y producirá sarpullido con úlceras en los hombres y en las bestias, por todo el país de Egipto.

10 Y tomaron ceniza del horno, y se pusieron delante de Faraón, y la esparció Moisés hacia el cielo; y hubo sarpullido que produjo úlceras[a] tanto en los hombres como en las bestias.

11 Y los hechiceros no podían estar delante de Moisés a causa del sarpullido, porque hubo sarpullido en los hechiceros y en todos los egipcios.

12 Pero Jehová endureció el corazón de Faraón, y no los oyó, como Jehová lo había dicho a Moisés.

La plaga de granizo

13 Entonces Jehová dijo a Moisés: Levántate de mañana, y ponte delante de Faraón, y dile: Jehová, el Dios de los hebreos, dice así: Deja ir a mi pueblo, para que me sirva.

14 Porque yo enviaré esta vez todas mis plagas a tu corazón, sobre tus siervos y sobre tu pueblo, para que entiendas que no hay otro como yo en toda la tierra.

---

a 9.10 Ap 16.2.

15 Porque ahora yo extenderé mi mano para herirte a ti y a tu pueblo de plaga, y serás quitado de la tierra.

16 Y a la verdad yo te he puesto para mostrar en ti mi poder, y para que mi nombre sea anunciado en toda la tierra.[b]

17 ¿Todavía te ensoberbeces contra mi pueblo, para no dejarlos ir?

18 He aquí que mañana a estas horas yo haré llover granizo muy pesado, cual nunca hubo en Egipto, desde el día que se fundó hasta ahora.

19 Envía, pues, a recoger tu ganado, y todo lo que tienes en el campo; porque todo hombre o animal que se halle en el campo, y no sea recogido a casa, el granizo caerá sobre él, y morirá.

20 De los siervos de Faraón, el que tuvo temor de la palabra de Jehová hizo huir sus criados y su ganado a casa;

21 mas el que no puso en su corazón la palabra de Jehová, dejó sus criados y sus ganados en el campo.

22 Y Jehová dijo a Moisés: Extiende tu mano hacia el cielo, para que venga granizo en toda la tierra de Egipto sobre los hombres, y sobre las bestias, y sobre toda la hierba del campo en el país de Egipto.

23 Y Moisés extendió su vara hacia el cielo, y Jehová hizo tronar y granizar, y el fuego se descargó sobre la tierra; y Jehová hizo llover granizo sobre la tierra de Egipto.

24 Hubo, pues, granizo, y fuego[c] mezclado con el granizo, tan grande, cual nunca hubo en toda la tierra de Egipto desde que fue habitada.

25 Y aquel granizo hirió en toda la tierra de Egipto todo lo que estaba en el campo, así hombres como bestias; asimismo destrozó el granizo toda la hierba del campo, y desgajó todos los árboles del país.

26 Solamente en la tierra de Gosén, donde estaban los hijos de Israel, no hubo granizo.

27 Entonces Faraón envió a llamar a Moisés y a Aarón, y les dijo: He pecado esta vez; Jehová es justo, y yo y mi pueblo impíos.

28 Orad a Jehová para que cesen los truenos de Dios y el granizo, y yo os dejaré ir, y no os detendréis más.

29 Y le respondió Moisés: Tan pronto salga yo de la ciudad, extenderé mis manos a Jehová, y los truenos cesarán, y no habrá más granizo; para que sepas que de Jehová es la tierra.

30 Pero yo sé que ni tú ni tus siervos temeréis todavía la presencia de Jehová Dios.

31 El lino, pues, y la cebada fueron destrozados, porque la cebada estaba ya espigada, y el lino en caña.

32 Mas el trigo y el centeno no fueron destrozados, porque eran tardíos.

33 Y salido Moisés de la presencia de Faraón, fuera de la ciudad, extendió sus manos a Jehová, y cesaron los truenos y el granizo, y la lluvia no cayó más sobre la tierra.

34 Y viendo Faraón que la lluvia había cesado, y el granizo y los truenos, se obstinó en pecar, y endurecieron su corazón él y sus siervos.

35 Y el corazón de Faraón se endureció, y no dejó ir a los hijos de Israel, como Jehová lo había dicho por medio de Moisés.

La plaga de langostas

10 **1** Jehová dijo a Moisés: Entra a la presencia de Faraón; porque yo he endurecido su corazón, y el corazón de sus siervos, para mostrar entre ellos estas mis señales,

2 y para que cuentes a tus hijos y a tus nietos las cosas que yo hice en Egipto, y mis señales que hice entre ellos; para que sepáis que yo soy Jehová.

3 Entonces vinieron Moisés y Aarón a Faraón, y le dijeron: Jehová el Dios de los hebreos ha dicho así: ¿Hasta cuándo no querrás humillarte delante de mí? Deja ir a mi pueblo, para que me sirva.

4 Y si aún rehúsas dejarlo ir, he aquí que mañana yo traeré sobre tu territorio la langosta,

5 la cual cubrirá la faz de la tierra, de modo que no pueda verse la tierra; y ella comerá lo que escapó, lo que os quedó del granizo; comerá asimismo todo árbol que os fructifica en el campo.

6 Y llenará tus casas, y las casas de todos tus siervos, y las casas de todos los egipcios, cual nunca vieron tus padres ni tus abuelos, desde que ellos fueron sobre la tierra hasta hoy. Y se volvió y salió de delante de Faraón.

---

b 9.16 Ro 9.17.   **c 9.24** Ap 8.7; 16.21.

7 Entonces los siervos de Faraón le dijeron: ¿Hasta cuándo será este hombre un lazo para nosotros? Deja ir a estos hombres, para que sirvan a Jehová su Dios. ¿Acaso no sabes todavía que Egipto está ya destruido?

8 Y Moisés y Aarón volvieron a ser llamados ante Faraón, el cual les dijo: Andad, servid a Jehová vuestro Dios. ¿Quiénes son los que han de ir?

9 Moisés respondió: Hemos de ir con nuestros niños y con nuestros viejos, con nuestros hijos y con nuestras hijas; con nuestras ovejas y con nuestras vacas hemos de ir; porque es nuestra fiesta solemne para Jehová.

10 Y él les dijo: ¡Así sea Jehová con vosotros! ¿Cómo os voy a dejar ir a vosotros y a vuestros niños? ¡Mirad cómo el mal está delante de vuestro rostro!

11 No será así; id ahora vosotros los varones, y servid a Jehová, pues esto es lo que vosotros pedisteis. Y los echaron de la presencia de Faraón.

12 Entonces Jehová dijo a Moisés: Extiende tu mano sobre la tierra de Egipto para traer la langosta, a fin de que suba sobre el país de Egipto, y consuma todo lo que el granizo dejó.

13 Y extendió Moisés su vara sobre la tierra de Egipto, y Jehová trajo un viento oriental sobre el país todo aquel día y toda aquella noche; y al venir la mañana el viento oriental trajo la langosta.

14 Y subió la langosta sobre toda la tierra de Egipto, y se asentó en todo el país de Egipto en tan gran cantidad como no la hubo antes ni la habrá después;

15 y cubrió la faz de todo el país, y oscureció la tierra;[a] y consumió toda la hierba de la tierra, y todo el fruto de los árboles que había dejado el granizo; no quedó cosa verde en árboles ni en hierba del campo, en toda la tierra de Egipto.

16 Entonces Faraón se apresuró a llamar a Moisés y a Aarón, y dijo: He pecado contra Jehová vuestro Dios, y contra vosotros.

17 Mas os ruego ahora que perdonéis mi pecado solamente esta vez, y que oréis a Jehová vuestro Dios que quite de mí al menos esta plaga mortal.

18 Y salió Moisés de delante de Faraón, y oró a Jehová.

19 Entonces Jehová trajo un fortísimo viento occidental, y quitó la langosta y la arrojó en el Mar Rojo; ni una langosta quedó en todo el país de Egipto.

20 Pero Jehová endureció el corazón de Faraón, y éste no dejó ir a los hijos de Israel.

La plaga de tinieblas

21 Jehová dijo a Moisés: Extiende tu mano hacia el cielo, para que haya tinieblas[b] sobre la tierra de Egipto, tanto que cualquiera las palpe.

22 Y extendió Moisés su mano hacia el cielo, y hubo densas tinieblas sobre toda la tierra de Egipto, por tres días.

23 Ninguno vio a su prójimo, ni nadie se levantó de su lugar en tres días; mas todos los hijos de Israel tenían luz en sus habitaciones.

24 Entonces Faraón hizo llamar a Moisés, y dijo: Id, servid a Jehová; solamente queden vuestras ovejas y vuestras vacas; vayan también vuestros niños con vosotros.

25 Y Moisés respondió: Tú también nos darás sacrificios y holocaustos que sacrifiquemos para Jehová nuestro Dios.

26 Nuestros ganados irán también con nosotros; no quedará ni una pezuña; porque de ellos hemos de tomar para servir a Jehová nuestro Dios, y no sabemos con qué hemos de servir a Jehová hasta que lleguemos allá.

27 Pero Jehová endureció el corazón de Faraón, y no quiso dejarlos ir.

28 Y le dijo Faraón: Retírate de mí; guárdate que no veas más mi rostro, porque en cualquier día que vieres mi rostro, morirás.

29 Y Moisés respondió: Bien has dicho; no veré más tu rostro.

Anunciada la muerte de los primogénitos

11 **1** Jehová dijo a Moisés: Una plaga traeré aún sobre Faraón y sobre Egipto, después de la cual él os dejará ir de aquí; y seguramente os echará de aquí del todo.

2 Habla ahora al pueblo, y que cada uno pida a su vecino, y cada una a su vecina, alhajas de plata y de oro.

---

a 10.14, 15 Ap 9.2, 3.   **b 10.21** Ap 16.10.

3 Y Jehová dio gracia al pueblo en los ojos de los egipcios. También Moisés era tenido por gran varón en la tierra de Egipto, a los ojos de los siervos de Faraón, y a los ojos del pueblo.

4 Dijo, pues, Moisés: Jehová ha dicho así: A la medianoche yo saldré por en medio de Egipto,

5 y morirá todo primogénito en tierra de Egipto, desde el primogénito de Faraón que se sienta en su trono, hasta el primogénito de la sierva que está tras el molino, y todo primogénito de las bestias.

6 Y habrá gran clamor por toda la tierra de Egipto, cual nunca hubo, ni jamás habrá.

7 Pero contra todos los hijos de Israel, desde el hombre hasta la bestia, ni un perro moverá su lengua, para que sepáis que Jehová hace diferencia entre los egipcios y los israelitas.

8 Y descenderán a mí todos estos tus siervos, e inclinados delante de mí dirán: Vete, tú y todo el pueblo que está debajo de ti; y después de esto yo saldré. Y salió muy enojado de la presencia de Faraón.

9 Y Jehová dijo a Moisés: Faraón no os oirá, para que mis maravillas se multipliquen en la tierra de Egipto.

10 Y Moisés y Aarón hicieron todos estos prodigios delante de Faraón; pues Jehová había endurecido el corazón de Faraón, y no envió a los hijos de Israel fuera de su país.

La Pascua

12 1 Habló Jehová a Moisés y a Aarón en la tierra de Egipto, diciendo:

2 Este mes os será principio de los meses; para vosotros será éste el primero en los meses del año.

3 Hablad a toda la congregación de Israel, diciendo: En el diez de este mes tómese cada uno un cordero según las familias de los padres, un cordero por familia.

4 Mas si la familia fuere tan pequeña que no baste para comer el cordero, entonces él y su vecino inmediato a su casa tomarán uno según el número de las personas; conforme al comer de cada hombre, haréis la cuenta sobre el cordero.

5 El animal será sin defecto, macho de un año; lo tomaréis de las ovejas o de las cabras.

6 Y lo guardaréis hasta el día catorce de este mes, y lo inmolará toda la congregación del pueblo de Israel entre las dos tardes.

7 Y tomarán de la sangre, y la pondrán en los dos postes y en el dintel de las casas en que lo han de comer.

8 Y aquella noche comerán la carne asada al fuego, y panes sin levadura; con hierbas amargas lo comerán.

9 Ninguna cosa comeréis de él cruda, ni cocida en agua, sino asada al fuego; su cabeza con sus pies y sus entrañas.

10 Ninguna cosa dejaréis de él hasta la mañana; y lo que quedare hasta la mañana, lo quemaréis en el fuego.

11 Y lo comeréis así: ceñidos vuestros lomos, vuestro calzado en vuestros pies, y vuestro bordón en vuestra mano; y lo comeréis apresuradamente; es la Pascua[a] de Jehová.

12 Pues yo pasaré aquella noche por la tierra de Egipto, y heriré a todo primogénito en la tierra de Egipto, así de los hombres como de las bestias; y ejecutaré mis juicios en todos los dioses de Egipto. Yo Jehová.

13 Y la sangre os será por señal en las casas donde vosotros estéis; y veré la sangre y pasaré de vosotros, y no habrá en vosotros plaga de mortandad cuando hiera la tierra de Egipto.

14 Y este día os será en memoria, y lo celebraréis como fiesta solemne para Jehová durante vuestras generaciones; por estatuto perpetuo lo celebraréis.

15 Siete días comeréis panes sin levadura; y así el primer día haréis que no haya levadura en vuestras casas; porque cualquiera que comiere leudado desde el primer día hasta el séptimo, será cortado de Israel.

16 El primer día habrá santa convocación, y asimismo en el séptimo día tendréis una santa convocación; ninguna obra se hará en ellos, excepto solamente que preparéis lo que cada cual haya de comer.

17 Y guardaréis la fiesta de los panes sin levadura,[b] porque en este mismo día saqué vuestras huestes de la tierra de Egipto; por tanto, guardaréis este mandamiento en vuestras generaciones por costumbre perpetua.

---

a 12.1-13 Lv 23.5; Nm 9.1-5; 28.16; Dt 16.1, 2.
b 12.14-20 Éx 23.15; 34.18; Lv 23.6-8; Nm 28.17-25; Dt 16.3-8.

18 En el mes primero comeréis los panes sin levadura, desde el día catorce del mes por la tarde hasta el veintiuno del mes por la tarde.

19 Por siete días no se hallará levadura en vuestras casas; porque cualquiera que comiere leudado, así extranjero como natural del país, será cortado de la congregación de Israel.

20 Ninguna cosa leudada comeréis; en todas vuestras habitaciones comeréis panes sin levadura.

21 Y Moisés convocó a todos los ancianos de Israel, y les dijo: Sacad y tomaos corderos por vuestras familias, y sacrificad la pascua.

22 Y tomad un manojo de hisopo, y mojadlo en la sangre que estará en un lebrillo, y untad el dintel y los dos postes con la sangre que estará en el lebrillo; y ninguno de vosotros salga de las puertas de su casa hasta la mañana.

23 Porque Jehová pasará hiriendo a los egipcios; y cuando vea la sangre en el dintel y en los dos postes, pasará Jehová aquella puerta, y no dejará entrar al heridor en vuestras casas para herir.ᶜ

24 Guardaréis esto por estatuto para vosotros y para vuestros hijos para siempre.

25 Y cuando entréis en la tierra que Jehová os dará, como prometió, guardaréis este rito.

26 Y cuando os dijeren vuestros hijos: ¿Qué es este rito vuestro?,

27 vosotros responderéis: Es la víctima de la pascua de Jehová, el cual pasó por encima de las casas de los hijos de Israel en Egipto, cuando hirió a los egipcios, y libró nuestras casas. Entonces el pueblo se inclinó y adoró.

28 Y los hijos de Israel fueron e hicieron puntualmente así, como Jehová había mandado a Moisés y a Aarón.

Muerte de los primogénitos

29 Y aconteció que a la medianoche Jehová hirió a todo primogénitoᵈ en la tierra de Egipto, desde el primogénito de Faraón que se sentaba sobre su trono hasta el primogénito del cautivo que estaba en la cárcel, y todo primogénito de los animales.

30 Y se levantó aquella noche Faraón, él y todos sus siervos, y todos los egipcios; y hubo un gran clamor en Egipto, porque no había casa donde no hubiese un muerto.

31 E hizo llamar a Moisés y a Aarón de noche, y les dijo: Salid de en medio de mi pueblo vosotros y los hijos de Israel, e id, servid a Jehová, como habéis dicho.

32 Tomad también vuestras ovejas y vuestras vacas, como habéis dicho, e idos; y bendecidme también a mí.

33 Y los egipcios apremiaban al pueblo, dándose prisa a echarlos de la tierra; porque decían: Todos somos muertos.

34 Y llevó el pueblo su masa antes que se leudase, sus masas envueltas en sus sábanas sobre sus hombros.

35 E hicieron los hijos de Israel conforme al mandamiento de Moisés, pidiendo de los egipcios alhajas de plata, y de oro, y vestidos.

36 Y Jehová dio gracia al pueblo delante de los egipcios, y les dieron cuanto pedían; así despojaron a los egipcios.ᵉ

Los israelitas salen de Egipto

37 Partieron los hijos de Israel de Ramesés a Sucot, como seiscientos mil hombres de a pie, sin contar los niños.

38 También subió con ellos grande multitud de toda clase de gentes, y ovejas, y muchísimo ganado.

39 Y cocieron tortas sin levadura de la masa que habían sacado de Egipto, pues no había leudado, porque al echarlos fuera los egipcios, no habían tenido tiempo ni para prepararse comida.

40 El tiempo que los hijos de Israel habitaron en Egipto fue cuatrocientos treinta años.ᶠ

41 Y pasados los cuatrocientos treinta años, en el mismo día todas las huestes de Jehová salieron de la tierra de Egipto.

42 Es noche de guardar para Jehová, por haberlos sacado en ella de la tierra de Egipto. Esta noche deben guardarla para Jehová todos los hijos de Israel en sus generaciones.

43 Y Jehová dijo a Moisés y a Aarón: Ésta es la ordenanza de la pascua; ningún extraño comerá de ella.

44 Mas todo siervo humano comprado por dinero comerá de ella, después que lo hubieres circuncidado.

ᶜ **12.23** Heb 11.28.   ᵈ **12.29** Éx 4.22, 23.
ᵉ **12.35, 36** Éx 3.21, 22.   ᶠ **12.40** Gn 15.13; Gá 3.17.

45 El extranjero y el jornalero no comerán de ella.

46 Se comerá en una casa, y no llevarás de aquella carne fuera de ella, ni quebraréis hueso suyo.[g]

47 Toda la congregación de Israel lo hará.

48 Mas si algún extranjero morare contigo, y quisiere celebrar la pascua para Jehová, séale circuncidado todo varón, y entonces la celebrará, y será como uno de vuestra nación; pero ningún incircunciso comerá de ella.

49 La misma ley será para el natural, y para el extranjero que habitare entre vosotros.

50 Así lo hicieron todos los hijos de Israel; como mandó Jehová a Moisés y a Aarón, así lo hicieron.

51 Y en aquel mismo día sacó Jehová a los hijos de Israel de la tierra de Egipto por sus ejércitos.

Consagración de los primogénitos

13 **1** Jehová habló a Moisés, diciendo: **2** Conságrame todo primogénito. Cualquiera que abre matriz entre los hijos de Israel, así de los hombres como de los animales, mío es.[a]

3 Y Moisés dijo al pueblo: Tened memoria de este día, en el cual habéis salido de Egipto, de la casa de servidumbre, pues Jehová os ha sacado de aquí con mano fuerte; por tanto, no comeréis leudado.

4 Vosotros salís hoy en el mes de Abib.

5 Y cuando Jehová te hubiere metido en la tierra del cananeo, del heteo, del amorreo, del heveo y del jebuseo, la cual juró a tus padres que te daría, tierra que destila leche y miel, harás esta celebración en este mes.

6 Siete días comerás pan sin leudar, y el séptimo día será fiesta para Jehová.

7 Por los siete días se comerán los panes sin levadura, y no se verá contigo nada leudado, ni levadura, en todo tu territorio.

8 Y lo contarás en aquel día a tu hijo, diciendo: Se hace esto con motivo de lo que Jehová hizo conmigo cuando me sacó de Egipto.

9 Y te será como una señal sobre tu mano, y como un memorial delante de tus ojos, para que la ley de Jehová esté en tu boca; por cuanto con mano fuerte te sacó Jehová de Egipto.

10 Por tanto, tú guardarás este rito en su tiempo de año en año.

11 Y cuando Jehová te haya metido en la tierra del cananeo, como te ha jurado a ti y a tus padres, y cuando te la hubiere dado,

12 dedicarás a Jehová todo aquel que abriere matriz,[b] y asimismo todo primer nacido de tus animales; los machos serán de Jehová.

13 Mas todo primogénito de asno redimirás con un cordero; y si no lo redimieres, quebrarás su cerviz. También redimirás al primogénito de tus hijos.

14 Y cuando mañana te pregunte tu hijo, diciendo: ¿Qué es esto?, le dirás: Jehová nos sacó con mano fuerte de Egipto, de casa de servidumbre;

15 y endureciéndose Faraón para no dejarnos ir, Jehová hizo morir en la tierra de Egipto a todo primogénito, desde el primogénito humano hasta el primogénito de la bestia; y por esta causa yo sacrifico para Jehová todo primogénito macho, y redimo al primogénito de mis hijos.

16 Te será, pues, como una señal sobre tu mano, y por un memorial delante de tus ojos, por cuanto Jehová nos sacó de Egipto con mano fuerte.

La columna de nube y de fuego

17 Y luego que Faraón dejó ir al pueblo, Dios no los llevó por el camino de la tierra de los filisteos, que estaba cerca; porque dijo Dios: Para que no se arrepienta el pueblo cuando vea la guerra, y se vuelva a Egipto.

18 Mas hizo Dios que el pueblo rodease por el camino del desierto del Mar Rojo. Y subieron los hijos de Israel de Egipto armados.

19 Tomó también consigo Moisés los huesos de José, el cual había juramentado a los hijos de Israel, diciendo: Dios ciertamente os visitará, y haréis subir mis huesos de aquí con vosotros.[c]

20 Y partieron de Sucot y acamparon en Etam, a la entrada del desierto.

21 Y Jehová iba delante de ellos de día en una columna de nube para guiarlos por el camino, y de noche en una columna de fuego para alumbrarles, a fin de que anduviesen de día y de noche.

---

g **12.46** Nm 9.12; Sal 34.20; Jn 19.36.   a **13.2** Lc 2.23.
b **13.12** Lc 2.23.   c **13.19** Gn 50.25; Jos 24.32.

²² Nunca se apartó de delante del pueblo la columna de nube de día, ni de noche la columna de fuego.

Los israelitas cruzan el Mar Rojo

14 ¹ Habló Jehová a Moisés, diciendo: ² Di a los hijos de Israel que den la vuelta y acampen delante de Pi-hahirot, entre Migdol y el mar hacia Baal-zefón; delante de él acamparéis junto al mar.
³ Porque Faraón dirá de los hijos de Israel: Encerrados están en la tierra, el desierto los ha encerrado.
⁴ Y yo endureceré el corazón de Faraón para que los siga; y seré glorificado en Faraón y en todo su ejército, y sabrán los egipcios que yo soy Jehová. Y ellos lo hicieron así.
⁵ Y fue dado aviso al rey de Egipto, que el pueblo huía; y el corazón de Faraón y de sus siervos se volvió contra el pueblo, y dijeron: ¿Cómo hemos hecho esto de haber dejado ir a Israel, para que no nos sirva?
⁶ Y unció su carro, y tomó consigo su pueblo;
⁷ y tomó seiscientos carros escogidos, y todos los carros de Egipto, y los capitanes sobre ellos.
⁸ Y endureció Jehová el corazón de Faraón rey de Egipto, y él siguió a los hijos de Israel; pero los hijos de Israel habían salido con mano poderosa.
⁹ Siguiéndolos, pues, los egipcios, con toda la caballería y carros de Faraón, su gente de a caballo, y todo su ejército, los alcanzaron acampados junto al mar, al lado de Pi-hahirot, delante de Baal-zefón.
¹⁰ Y cuando Faraón se hubo acercado, los hijos de Israel alzaron sus ojos, y he aquí que los egipcios venían tras ellos; por lo que los hijos de Israel temieron en gran manera, y clamaron a Jehová.
¹¹ Y dijeron a Moisés: ¿No había sepulcros en Egipto, que nos has sacado para que muramos en el desierto? ¿Por qué has hecho así con nosotros, que nos has sacado de Egipto?
¹² ¿No es esto lo que te hablamos en Egipto, diciendo: Déjanos servir a los egipcios? Porque mejor nos fuera servir a los egipcios, que morir nosotros en el desierto.

¹³ Y Moisés dijo al pueblo: No temáis; estad firmes, y ved la salvación que Jehová hará hoy con vosotros; porque los egipcios que hoy habéis visto, nunca más para siempre los veréis.
¹⁴ Jehová peleará por vosotros, y vosotros estaréis tranquilos.
¹⁵ Entonces Jehová dijo a Moisés: ¿Por qué clamas a mí? Di a los hijos de Israel que marchen.
¹⁶ Y tú alza tu vara, y extiende tu mano sobre el mar, y divídelo, y entren los hijos de Israel por en medio del mar, en seco.
¹⁷ Y he aquí, yo endureceré el corazón de los egipcios para que los sigan; y yo me glorificaré en Faraón y en todo su ejército, en sus carros y en su caballería;
¹⁸ y sabrán los egipcios que yo soy Jehová, cuando me glorifique en Faraón, en sus carros y en su gente de a caballo.
¹⁹ Y el ángel de Dios que iba delante del campamento de Israel, se apartó e iba en pos de ellos; y asimismo la columna de nube que iba delante de ellos se apartó y se puso a sus espaldas,
²⁰ e iba entre el campamento de los egipcios y el campamento de Israel; y era nube y tinieblas para aquéllos, y alumbraba a Israel de noche, y en toda aquella noche nunca se acercaron los unos a los otros.
²¹ Y extendió Moisés su mano sobre el mar, e hizo Jehová que el mar se retirase por recio viento oriental toda aquella noche; y volvió el mar en seco, y las aguas quedaron divididas.
²² Entonces los hijos de Israel entraron por en medio del mar,ᵃ en seco, teniendo las aguas como muro a su derecha y a su izquierda.
²³ Y siguiéndolos los egipcios, entraron tras ellos hasta la mitad del mar, toda la caballería de Faraón, sus carros y su gente de a caballo.
²⁴ Aconteció a la vigilia de la mañana, que Jehová miró el campamento de los egipcios desde la columna de fuego y nube, y trastornó el campamento de los egipcios,
²⁵ y quitó las ruedas de sus carros, y los trastornó gravemente. Entonces los egipcios dijeron: Huyamos de delante de Israel, porque Jehová pelea por ellos contra los egipcios.
²⁶ Y Jehová dijo a Moisés: Extiende tu mano sobre el mar, para que las aguas

---

a **14.22** He 11.29.

vuelvan sobre los egipcios, sobre sus carros, y sobre su caballería.

27 Entonces Moisés extendió su mano sobre el mar, y cuando amanecía, el mar se volvió en toda su fuerza, y los egipcios al huir se encontraban con el mar; y Jehová derribó a los egipcios en medio del mar.

28 Y volvieron las aguas, y cubrieron los carros y la caballería, y todo el ejército de Faraón que había entrado tras ellos en el mar; no quedó de ellos ni uno.

29 Y los hijos de Israel fueron por en medio del mar, en seco, teniendo las aguas por muro a su derecha y a su izquierda.

30 Así salvó Jehová aquel día a Israel de mano de los egipcios; e Israel vio a los egipcios muertos a la orilla del mar.

31 Y vio Israel aquel grande hecho que Jehová ejecutó contra los egipcios; y el pueblo temió a Jehová, y creyeron a Jehová y a Moisés su siervo.

Cántico de Moisés y de María

15 **1** Entonces cantó Moisés y los hijos de Israel este cántico[a] a Jehová, y dijeron:
Cantaré yo a Jehová, porque se ha
    magnificado grandemente;
Ha echado en el mar al caballo y al
    jinete.
2 Jehová es mi fortaleza y mi cántico,
Y ha sido mi salvación.[b]
Éste es mi Dios, y lo alabaré;
Dios de mi padre, y lo enalteceré.
3 Jehová es varón de guerra;
Jehová es su nombre.
4 Echó en el mar los carros de Faraón y
    su ejército;
Y sus capitanes escogidos fueron
    hundidos en el Mar Rojo.
5 Los abismos los cubrieron;
Descendieron a las profundidades
    como piedra.
6 Tu diestra, oh Jehová, ha sido
    magnificada en poder;
Tu diestra, oh Jehová, ha quebrantado
    al enemigo.
7 Y con la grandeza de tu poder has
    derribado a los que se levantaron
    contra ti.
Enviaste tu ira; los consumió como a
    hojarasca.

8 Al soplo de tu aliento se
    amontonaron las aguas;
Se juntaron las corrientes como en
    un montón;
Los abismos se cuajaron en medio
    del mar.
9 El enemigo dijo:
Perseguiré, apresaré, repartiré despojos;
Mi alma se saciará de ellos;
Sacaré mi espada, los destruirá mi
    mano.
10 Soplaste con tu viento; los cubrió
    el mar;
Se hundieron como plomo en las
    impetuosas aguas.
11 ¿Quién como tú, oh Jehová, entre los
    dioses?
¿Quién como tú, magnífico en
    santidad,
Terrible en maravillosas hazañas,
    hacedor de prodigios?
12 Extendiste tu diestra;
La tierra los tragó.
13 Condujiste en tu misericordia a este
    pueblo que redimiste;
Lo llevaste con tu poder a tu santa
    morada.
14 Lo oirán los pueblos, y temblarán;
Se apoderará dolor de la tierra de los
    filisteos.
15 Entonces los caudillos de Edom se
    turbarán;
A los valientes de Moab les
    sobrecogerá temblor;
Se acobardarán todos los moradores
    de Canaán.
16 Caiga sobre ellos temblor y espanto;
A la grandeza de tu brazo
    enmudezcan como una piedra;
Hasta que haya pasado tu pueblo, oh
    Jehová,
Hasta que haya pasado este pueblo
    que tú rescataste.
17 Tú los introducirás y los plantarás en
    el monte de tu heredad,
En el lugar de tu morada, que tú has
    preparado, oh Jehová,
En el santuario que tus manos, oh
    Jehová, han afirmado.
18 Jehová reinará eternamente y para
    siempre.

---

a **15.1** Ap 15.3.   b **15.2** Sal 118.14; Is 12.2.

19 Porque Faraón entró cabalgando con sus carros y su gente de a caballo en el mar, y Jehová hizo volver las aguas del mar sobre ellos; mas los hijos de Israel pasaron en seco por en medio del mar.

20 Y María la profetisa, hermana de Aarón, tomó un pandero en su mano, y todas las mujeres salieron en pos de ella con panderos y danzas.

21 Y María les respondía:

Cantad a Jehová, porque en extremo se ha engrandecido;

Ha echado en el mar al caballo y al jinete.

El agua amarga de Mara

22 E hizo Moisés que partiese Israel del Mar Rojo, y salieron al desierto de Shur; y anduvieron tres días por el desierto sin hallar agua.

23 Y llegaron a Mara, y no pudieron beber las aguas de Mara, porque eran amargas; por eso le pusieron el nombre de Mara.⁵

24 Entonces el pueblo murmuró contra Moisés, y dijo: ¿Qué hemos de beber?

25 Y Moisés clamó a Jehová, y Jehová le mostró un árbol; y lo echó en las aguas, y las aguas se endulzaron. Allí les dio estatutos y ordenanzas, y allí los probó;

26 y dijo: Si oyeres atentamente la voz de Jehová tu Dios, e hicieres lo recto delante de sus ojos, y dieres oído a sus mandamientos, y guardares todos sus estatutos, ninguna enfermedad de las que envié a los egipcios te enviaré a ti; porque yo soy Jehová tu sanador.

27 Y llegaron a Elim, donde había doce fuentes de aguas, y setenta palmeras; y acamparon allí junto a las aguas.

Dios da el maná

16 **1** Partió luego de Elim toda la congregación de los hijos de Israel, y vino al desierto de Sin, que está entre Elim y Sinaí, a los quince días del segundo mes después que salieron de la tierra de Egipto.

2 Y toda la congregación de los hijos de Israel murmuró contra Moisés y Aarón en el desierto;

3 y les decían los hijos de Israel: Ojalá hubiéramos muerto por mano de Jehová en la tierra de Egipto, cuando nos sentábamos a las ollas de carne, cuando comíamos pan hasta saciarnos; pues nos habéis sacado a este desierto para matar de hambre a toda esta multitud.

4 Y Jehová dijo a Moisés: He aquí yo os haré llover pan del cielo;ᵃ y el pueblo saldrá, y recogerá diariamente la porción de un día, para que yo lo pruebe si anda en mi ley, o no.

5 Mas en el sexto día prepararán para guardar el doble de lo que suelen recoger cada día.

6 Entonces dijeron Moisés y Aarón a todos los hijos de Israel: En la tarde sabréis que Jehová os ha sacado de la tierra de Egipto,

7 y a la mañana veréis la gloria de Jehová; porque él ha oído vuestras murmuraciones contra Jehová; porque nosotros, ¿qué somos, para que vosotros murmuréis contra nosotros?

8 Dijo también Moisés: Jehová os dará en la tarde carne para comer, y en la mañana pan hasta saciaros; porque Jehová ha oído vuestras murmuraciones con que habéis murmurado contra él; porque nosotros, ¿qué somos? Vuestras murmuraciones no son contra nosotros, sino contra Jehová.

9 Y dijo Moisés a Aarón: Di a toda la congregación de los hijos de Israel: Acercaos a la presencia de Jehová, porque él ha oído vuestras murmuraciones.

10 Y hablando Aarón a toda la congregación de los hijos de Israel, miraron hacia el desierto, y he aquí la gloria de Jehová apareció en la nube.

11 Y Jehová habló a Moisés, diciendo:

12 Yo he oído las murmuraciones de los hijos de Israel; háblales, diciendo: Al caer la tarde comeréis carne, y por la mañana os saciaréis de pan, y sabréis que yo soy Jehová vuestro Dios.

13 Y venida la tarde, subieron codornices que cubrieron el campamento; y por la mañana descendió rocío en derredor del campamento.

14 Y cuando el rocío cesó de descender, he aquí sobre la faz del desierto una cosa menuda, redonda, menuda como una escarcha sobre la tierra.

---

5. **15.23** Esto es, *Amargura.*
a **16.4** Jn 6.31:

15 Y viéndolo los hijos de Israel, se dijeron unos a otros: ¿Qué es esto? porque no sabían qué era. Entonces Moisés les dijo: Es el pan que Jehová os da para comer.

16 Esto es lo que Jehová ha mandado: Recoged de él cada uno según lo que pudiere comer; un gomer por cabeza, conforme al número de vuestras personas, tomaréis cada uno para los que están en su tienda.

17 Y los hijos de Israel lo hicieron así; y recogieron unos más, otros menos;

18 y lo medían por gomer, y no sobró al que había recogido mucho, ni faltó al que había recogido poco;b cada uno recogió conforme a lo que había de comer.

19 Y les dijo Moisés: Ninguno deje nada de ello para mañana.

20 Mas ellos no obedecieron a Moisés, sino que algunos dejaron de ello para otro día, y crió gusanos, y hedió; y se enojó contra ellos Moisés.

21 Y lo recogían cada mañana, cada uno según lo que había de comer; y luego que el sol calentaba, se derretía.

22 En el sexto día recogieron doble porción de comida, dos gomeres para cada uno; y todos los príncipes de la congregación vinieron y se lo hicieron saber a Moisés.

23 Y él les dijo: Esto es lo que ha dicho Jehová: Mañana es el santo día de reposo,* el reposo consagrado a Jehová;c lo que habéis de cocer, cocedlo hoy, y lo que habéis de cocinar, cocinadlo; y todo lo que os sobrare, guardadlo para mañana.

24 Y ellos lo guardaron hasta la mañana, según lo que Moisés había mandado, y no se agusanó, ni hedió.

25 Y dijo Moisés: Comedlo hoy, porque hoy es día de reposo* para Jehová; hoy no hallaréis en el campo.

26 Seis días lo recogeréis; mas el séptimo día es día de reposo;* en él no se hallará.

27 Y aconteció que algunos del pueblo salieron en el séptimo día a recoger, y no hallaron.

28 Y Jehová dijo a Moisés: ¿Hasta cuándo no querréis guardar mis mandamientos y mis leyes?

29 Mirad que Jehová os dio el día de reposo,* y por eso en el sexto día os da pan para dos días. Estése, pues, cada uno en su lugar, y nadie salga de él en el séptimo día.

30 Así el pueblo reposó el séptimo día.

31 Y la casa de Israel lo llamó Maná;6 y era como semilla de culantro, blanco, y su sabor como de hojuelas con miel.d

32 Y dijo Moisés: Esto es lo que Jehová ha mandado: Llenad un gomer de él, y guardadlo para vuestros descendientes, a fin de que vean el pan que yo os di a comer en el desierto, cuando yo os saqué de la tierra de Egipto.

33 Y dijo Moisés a Aarón: Toma una vasija y pon en ella un gomer de maná,e y ponlo delante de Jehová, para que sea guardado para vuestros descendientes.

34 Y Aarón lo puso delante del Testimonio para guardarlo, como Jehová lo mandó a Moisés.

35 Así comieron los hijos de Israel maná cuarenta años, hasta que llegaron a tierra habitada; maná comieron hasta que llegaron a los límites de la tierra de Canaán.f

36 Y un gomer es la décima parte de un efa.

Agua de la roca

17 **1** Toda la congregación de los hijos de Israel partió del desierto de Sin por sus jornadas, conforme al mandamiento de Jehová, y acamparon en Refidim; y no había agua para que el pueblo bebiese.

2 Y altercó el pueblo con Moisés, y dijeron: Danos agua para que bebamos. Y Moisés les dijo: ¿Por qué altercáis conmigo? ¿Por qué tentáis a Jehová?

3 Así que el pueblo tuvo allí sed, y murmuró contra Moisés, y dijo: ¿Por qué nos hiciste subir de Egipto para matarnos de sed a nosotros, a nuestros hijos y a nuestros ganados?

4 Entonces clamó Moisés a Jehová, diciendo: ¿Qué haré con este pueblo? De aquí a un poco me apedrearán.

5 Y Jehová dijo a Moisés: Pasa delante del pueblo, y toma contigo de los ancianos de Israel; y toma también en tu mano tu vara con que golpeaste el río, y ve.

6 He aquí que yo estaré delante de ti allí sobre la peña en Horeb; y golpearás la peña, y saldrán de ella aguas, y beberá el pueblo. Y Moisés lo hizo así en presencia de los ancianos de Israel.

---

* Aquí equivale a *sábado*.
6. **16.31** Esto es, *¿Qué es esto?*
b **16.18** 2 Co 8.15.   c **16.23** Éx 20.8-11.
d **16.31** Nm 11.7, 8.   e **16.33** Heb 9.4.   f **16.35** Jos 5.12.

⁷ Y llamó el nombre de aquel lugar Masah⁷ y Meriba,⁸ por la rencilla de los hijos de Israel, y porque tentaron a Jehová, diciendo: ¿Está, pues, Jehová entre nosotros, o no?ᵃ

Guerra con Amalec

⁸ Entonces vino Amalec y peleó contra Israel en Refidim.
⁹ Y dijo Moisés a Josué: Escógenos varones, y sal a pelear contra Amalec; mañana yo estaré sobre la cumbre del collado, y la vara de Dios en mi mano.
¹⁰ E hizo Josué como le dijo Moisés, peleando contra Amalec; y Moisés y Aarón y Hur subieron a la cumbre del collado.
¹¹ Y sucedía que cuando alzaba Moisés su mano, Israel prevalecía; mas cuando él bajaba su mano, prevalecía Amalec.
¹² Y las manos de Moisés se cansaban; por lo que tomaron una piedra, y la pusieron debajo de él, y se sentó sobre ella; y Aarón y Hur sostenían sus manos, el uno de un lado y el otro de otro; así hubo en sus manos firmeza hasta que se puso el sol.
¹³ Y Josué deshizo a Amalec y a su pueblo a filo de espada.
¹⁴ Y Jehová dijo a Moisés: Escribe esto para memoria en un libro, y di a Josué que raeré del todo la memoria de Amalec de debajo del cielo.ᵇ
¹⁵ Y Moisés edificó un altar, y llamó su nombre Jehová-nisi;⁹
¹⁶ y dijo: Por cuanto la mano de Amalec se levantó contra el trono de Jehová, Jehová tendrá guerra con Amalec de generación en generación.

Jetro visita a Moisés

18 ¹ Oyó Jetro sacerdote de Madián, suegro de Moisés, todas las cosas que Dios había hecho con Moisés, y con Israel su pueblo, y cómo Jehová había sacado a Israel de Egipto.
² Y tomó Jetro suegro de Moisés a Séfora la mujer de Moisés, después que él la envió,
³ y a sus dos hijos;ᵃ el uno se llamaba Gersón, porque dijo: Forastero¹⁰ he sido en tierra ajena;ᵇ

⁴ y el otro se llamaba Eliezer,¹¹ porque dijo: El Dios de mi padre me ayudó, y me libró de la espada de Faraón.
⁵ Y Jetro el suegro de Moisés, con los hijos y la mujer de éste, vino a Moisés en el desierto, donde estaba acampado junto al monte de Dios;
⁶ y dijo a Moisés: Yo tu suegro Jetro vengo a ti, con tu mujer, y sus dos hijos con ella.
⁷ Y Moisés salió a recibir a su suegro, y se inclinó, y lo besó; y se preguntaron el uno al otro cómo estaban, y vinieron a la tienda.
⁸ Y Moisés contó a su suegro todas las cosas que Jehová había hecho a Faraón y a los egipcios por amor de Israel, y todo el trabajo que habían pasado en el camino, y cómo los había librado Jehová.
⁹ Y se alegró Jetro de todo el bien que Jehová había hecho a Israel, al haberlo librado de mano de los egipcios.
¹⁰ Y Jetro dijo: Bendito sea Jehová, que os libró de mano de los egipcios, y de la mano de Faraón, y que libró al pueblo de la mano de los egipcios.
¹¹ Ahora conozco que Jehová es más grande que todos los dioses; porque en lo que se ensoberbecieron prevaleció contra ellos.
¹² Y tomó Jetro, suegro de Moisés, holocaustos y sacrificios para Dios; y vino Aarón y todos los ancianos de Israel para comer con el suegro de Moisés delante de Dios.

Nombramiento de jueces
(Dt 1.9-18)

¹³ Aconteció que al día siguiente se sentó Moisés a juzgar al pueblo; y el pueblo estuvo delante de Moisés desde la mañana hasta la tarde.
¹⁴ Viendo el suegro de Moisés todo lo que él hacía con el pueblo, dijo: ¿Qué es esto que haces tú con el pueblo? ¿Por qué te sientas tú solo, y todo el pueblo está delante de ti desde la mañana hasta la tarde?
¹⁵ Y Moisés respondió a su suegro: Porque el pueblo viene a mí para consultar a Dios.
¹⁶ Cuando tienen asuntos, vienen a mí; y yo juzgo entre el uno y el otro, y declaro las ordenanzas de Dios y sus leyes.
¹⁷ Entonces el suegro de Moisés le dijo: No está bien lo que haces.

---

7. **17.7** Esto es, *Prueba.* 8. **17.7** Esto es, *Rencilla.* 9. **17.15** Esto es, *Jehová es mi estandarte.*
10. **18.3** Heb. *ger.* 11. **18.4** Heb. *Eli,* mi Dios; *ezer,* ayuda.
ᵃ **17.1-7** Nm 20.2-13. ᵇ **17.14** Dt 25.17-19; 1 S 15.2-9.
ᵃ **18.3** Hch 7.29. ᵇ **18.2, 3** Éx 2.21, 22.

18 Desfallecerás del todo, tú, y también este pueblo que está contigo; porque el trabajo es demasiado pesado para ti; no podrás hacerlo tú solo.

19 Oye ahora mi voz; yo te aconsejaré, y Dios estará contigo. Está tú por el pueblo delante de Dios, y somete tú los asuntos a Dios.

20 Y enseña a ellos las ordenanzas y las leyes, y muéstrales el camino por donde deben andar, y lo que han de hacer.

21 Además escoge tú de entre todo el pueblo varones de virtud, temerosos de Dios, varones de verdad, que aborrezcan la avaricia; y ponlos sobre el pueblo por jefes de millares, de centenas, de cincuenta y de diez.

22 Ellos juzgarán al pueblo en todo tiempo; y todo asunto grave lo traerán a ti, y ellos juzgarán todo asunto pequeño. Así aliviarás la carga de sobre ti, y la llevarán ellos contigo.

23 Si esto hicieres, y Dios te lo mandare, tú podrás sostenerte, y también todo este pueblo irá en paz a su lugar.

24 Y oyó Moisés la voz de su suegro, e hizo todo lo que dijo.

25 Escogió Moisés varones de virtud de entre todo Israel, y los puso por jefes sobre el pueblo, sobre mil, sobre ciento, sobre cincuenta, y sobre diez.

26 Y juzgaban al pueblo en todo tiempo; el asunto difícil lo traían a Moisés, y ellos juzgaban todo asunto pequeño.

27 Y despidió Moisés a su suegro, y éste se fue a su tierra.

Israel en Sinaí

19 **1** En el mes tercero de la salida de los hijos de Israel de la tierra de Egipto, en el mismo día llegaron al desierto de Sinaí.

2 Habían salido de Refidim, y llegaron al desierto de Sinaí, y acamparon en el desierto; y acampó allí Israel delante del monte.

3 Y Moisés subió a Dios; y Jehová lo llamó desde el monte, diciendo: Así dirás a la casa de Jacob, y anunciarás a los hijos de Israel:

4 Vosotros visteis lo que hice a los egipcios, y cómo os tomé sobre alas de águilas, y os he traído a mí.

5 Ahora, pues, si diereis oído a mi voz, y guardareis mi pacto, vosotros seréis mi especial tesoro[a] sobre todos los pueblos; porque mía es toda la tierra.

6 Y vosotros me seréis un reino de sacerdotes,[b] y gente santa.[c] Éstas son las palabras que dirás a los hijos de Israel.

7 Entonces vino Moisés, y llamó a los ancianos del pueblo, y expuso en presencia de ellos todas estas palabras que Jehová le había mandado.

8 Y todo el pueblo respondió a una, y dijeron: Todo lo que Jehová ha dicho, haremos. Y Moisés refirió a Jehová las palabras del pueblo.

9 Entonces Jehová dijo a Moisés: He aquí, yo vengo a ti en una nube espesa, para que el pueblo oiga mientras yo hablo contigo, y también para que te crean para siempre. Y Moisés refirió las palabras del pueblo a Jehová.

10 Y Jehová dijo a Moisés: Ve al pueblo, y santifícalos hoy y mañana; y laven sus vestidos,

11 y estén preparados para el día tercero, porque al tercer día Jehová descenderá a ojos de todo el pueblo sobre el monte de Sinaí.

12 Y señalarás término al pueblo en derredor, diciendo: Guardaos, no subáis al monte, ni toquéis sus límites; cualquiera que tocare el monte, de seguro morirá.

13 No lo tocará mano, porque será apedreado o asaeteado; sea animal o sea hombre, no vivirá.[d] Cuando suene largamente la bocina, subirán al monte.

14 Y descendió Moisés del monte al pueblo, y santificó al pueblo; y lavaron sus vestidos.

15 Y dijo al pueblo: Estad preparados para el tercer día; no toquéis mujer.

16 Aconteció que al tercer día, cuando vino la mañana, vinieron truenos y relámpagos,[e] y espesa nube sobre el monte, y sonido de bocina muy fuerte; y se estremeció todo el pueblo que estaba en el campamento.

17 Y Moisés sacó del campamento al pueblo para recibir a Dios; y se detuvieron al pie del monte.

---

a 19.5 Dt 4.20; 7.6; 14.2; 26.18; Tit 2.14.   **b 19.6** Ap 1.6; 5.10. **c 19.5, 6** 1 P 2.9.   **d 19.12, 13** Heb 12.18-20.
e 19.16 Ap 4.5.

18 Todo el monte Sinaí humeaba, porque Jehová había descendido sobre él en fuego;[f] y el humo subía como el humo de un horno, y todo el monte se estremecía en gran manera.

19 El sonido de la bocina iba aumentando en extremo; Moisés hablaba, y Dios le respondía con voz tronante.

20 Y descendió Jehová sobre el monte Sinaí, sobre la cumbre del monte; y llamó Jehová a Moisés a la cumbre del monte, y Moisés subió.

21 Y Jehová dijo a Moisés: Desciende, ordena al pueblo que no traspase los límites para ver a Jehová, porque caerá multitud de ellos.

22 Y también que se santifiquen los sacerdotes que se acercan a Jehová, para que Jehová no haga en ellos estrago.

23 Moisés dijo a Jehová: El pueblo no podrá subir al monte Sinaí, porque tú nos has mandado diciendo: Señala límites al monte, y santifícalo.

24 Y Jehová le dijo: Ve, desciende, y subirás tú, y Aarón contigo; mas los sacerdotes y el pueblo no traspasen el límite para subir a Jehová, no sea que haga en ellos estrago.

25 Entonces Moisés descendió y se lo dijo al pueblo.

Los Diez Mandamientos
(Dt 5.1-21)

20 **1** Y habló Dios todas estas palabras, diciendo:

2 Yo soy Jehová tu Dios, que te saqué de la tierra de Egipto, de casa de servidumbre.

3 No tendrás dioses ajenos delante de mí.

4 No te harás imagen, ni ninguna semejanza de lo que esté arriba en el cielo, ni abajo en la tierra, ni en las aguas debajo de la tierra.

5 No te inclinarás a ellas, ni las honrarás;[a] porque yo soy Jehová tu Dios, fuerte,

celoso, que visito la maldad de los padres sobre los hijos hasta la tercera y cuarta generación de los que me aborrecen,

6 y hago misericordia a millares, a los que me aman y guardan mis mandamientos.[b]

7 No tomarás el nombre de Jehová tu Dios en vano;[c] porque no dará por inocente Jehová al que tomare su nombre en vano.

8 Acuérdate del día de reposo* para santificarlo.[d]

9 Seis días trabajarás, y harás toda tu obra;

10 mas el séptimo día es reposo* para Jehová tu Dios; no hagas en él obra alguna,[e] tú, ni tu hijo, ni tu hija, ni tu siervo, ni tu criada, ni tu bestia, ni tu extranjero que está dentro de tus puertas.

11 Porque en seis días hizo Jehová los cielos y la tierra, el mar, y todas las cosas que en ellos hay, y reposó en el séptimo día; por tanto, Jehová bendijo el día de reposo* y lo santificó.[f]

12 Honra a tu padre y a tu madre,[g] para que tus días se alarguen en la tierra que Jehová tu Dios te da.[h]

13 No matarás.[i]

14 No cometerás adulterio.[j]

15 No hurtarás.[k]

16 No hablarás contra tu prójimo falso testimonio.[l]

17 No codiciarás[m] la casa de tu prójimo, no codiciarás la mujer de tu prójimo, ni su siervo, ni su criada, ni su buey, ni su asno, ni cosa alguna de tu prójimo.

El terror del pueblo
(Dt 5.22-33)

18 Todo el pueblo observaba el estruendo y los relámpagos, y el sonido de la bocina, y el monte que humeaba; y viéndolo el pueblo, temblaron, y se pusieron de lejos.

19 Y dijeron a Moisés: Habla tú con nosotros, y nosotros oiremos; pero no hable Dios con nosotros, para que no muramos.[n]

20 Y Moisés respondió al pueblo: No temáis; porque para probaros vino Dios, y para que su temor esté delante de vosotros, para que no pequéis.

21 Entonces el pueblo estuvo a lo lejos, y Moisés se acercó a la oscuridad en la cual estaba Dios.

22 Y Jehová dijo a Moisés: Así dirás a los hijos de Israel: Vosotros habéis visto que he hablado desde el cielo con vosotros.

---

* Aquí equivale a *sábado.*

f 19.16-18 Dt 4.11, 12. **a 20.4, 5** Éx 34.17; Lv 19.4; 26.1; Dt 4.15-18; 27.15. **b 20.5, 6** Éx 34.6, 7; Nm 14.18; Dt 7.9, 10. **c 20.7** Lv 19.12. **d 20.8** Éx 16.23-30; 31.12-14. **e 20.9, 10** Éx 23.12; 31.15; 34.21; 35.2; Lv 23.3. **f 20.11** Gn 2.1-3; Éx 31.17. **g 20.12** Dt 27.16; Mt 15.4; 19.19; Mr 7.10; 10.19; Lc 18.20; Ef 6.2. **h 20.12** Ef 6.3. **i 20.13** Gn 9.6; Lv 24.17; Mt 5.21; 19.18; Mr 10.19; Lc 18.20; Ro 13.9; Stg 2.11. **j 20.14** Lv 20.10; Mt 5.27; 19.18; Mr 10.19; Lc 18.20; Ro 13.9; Stg 2.11. **k 20.15** Lv 19.11; Mt 19.18; Mr 10.19; Lc 18.20; Ro 13.9. **l 20.16** Éx 23.1; Mt 19.18; Mr 10.19; Lc 18.20; Ro 13.9. **m 20.17** Ro 7.7; 13.9. **n 20.18, 19** Heb 12.18, 19.

23 No hagáis conmigo dioses de plata, ni dioses de oro os haréis.

24 Altar de tierra harás para mí, y sacrificarás sobre él tus holocaustos y tus ofrendas de paz, tus ovejas y tus vacas; en todo lugar donde yo hiciere que esté la memoria de mi nombre, vendré a ti y te bendeciré.

25 Y si me hicieres altar de piedras, no las labres de cantería;º porque si alzares herramienta sobre él, lo profanarás.

26 No subirás por gradas a mi altar, para que tu desnudez no se descubra junto a él.

Leyes sobre los esclavos
(Dt 15.12-18)

21 1 Éstas son las leyes que les propondrás.

2 Si comprares siervo hebreo, seis años servirá; mas al séptimo saldrá libre, de balde.

3 Si entró solo, solo saldrá; si tenía mujer, saldrá él y su mujer con él.

4 Si su amo le hubiere dado mujer, y ella le diere hijos o hijas, la mujer y sus hijos serán de su amo, y él saldrá solo.

5 Y si el siervo dijere: Yo amo a mi señor, a mi mujer y a mis hijos, no saldré libre;

6 entonces su amo lo llevará ante los jueces, y le hará estar junto a la puerta o al poste; y su amo le horadará la oreja con lesna, y será su siervo para siempre.ª

7 Y cuando alguno vendiere su hija por sierva, no saldrá ella como suelen salir los siervos.

8 Si no agradare a su señor, por lo cual no la tomó por esposa, se le permitirá que se rescate, y no la podrá vender a pueblo extraño cuando la desechare.

9 Mas si la hubiere desposado con su hijo, hará con ella según la costumbre de las hijas.

10 Si tomare para él otra mujer, no disminuirá su alimento, ni su vestido, ni el deber conyugal.

11 Y si ninguna de estas tres cosas hiciere, ella saldrá de gracia, sin dinero.

Leyes sobre actos de violencia

12 El que hiriere a alguno, haciéndole así morir, él morirá.b

13 Mas el que no pretendía herirlo, sino que Dios lo puso en sus manos, entonces yo te señalaré lugar al cual ha de huir.c

14 Pero si alguno se ensoberbeciere contra su prójimo y lo matare con alevosía, de mi altar lo quitarás para que muera.

15 El que hiriere a su padre o a su madre, morirá.

16 Asimismo el que robare una persona y la vendiere, o si fuere hallada en sus manos, morirá.d

17 Igualmente el que maldijere a su padre o a su madre, morirá.e

18 Además, si algunos riñeren, y uno hiriere a su prójimo con piedra o con el puño, y éste no muriere, pero cayere en cama;

19 si se levantare y anduviere fuera sobre su báculo, entonces será absuelto el que lo hirió; solamente le satisfará por lo que estuvo sin trabajar, y hará que le curen.

20 Y si alguno hiriere a su siervo o a su sierva con palo, y muriere bajo su mano, será castigado;

21 mas si sobreviviere por un día o dos, no será castigado, porque es de su propiedad.

22 Si algunos riñeren, e hirieren a mujer embarazada, y ésta abortare, pero sin haber muerte, serán penados conforme a lo que les impusiere el marido de la mujer y juzgaren los jueces.

23 Mas si hubiere muerte, entonces pagarás vida por vida,

24 ojo por ojo, diente por diente,f mano por mano, pie por pie,

25 quemadura por quemadura, herida por herida, golpe por golpe.

Leyes sobre responsabilidades de amos y dueños

26 Si alguno hiriere el ojo de su siervo, o el ojo de su sierva, y lo dañare, le dará libertad por razón de su ojo.

27 Y si hiciere saltar un diente de su siervo, o un diente de su sierva, por su diente le dejará ir libre.

28 Si un buey acorneare a hombre o a mujer, y a causa de ello muriere, el buey será apedreado, y no será comida su carne; mas el dueño del buey será absuelto.

29 Pero si el buey fuere acorneador desde tiempo atrás, y a su dueño se le hubiere notificado, y no lo hubiere guardado, y

o 20.25 Dt 27.5-7; Jos 8.31. a 21.2-6 Lv 25.39-46.
b 21.12 Lv 24.17. c 21.13 Nm 35.10-34; Dt 19.1-13;
Jos 20.1-9. d 21.16 Dt 24.7. e 21.17 Lv 20.9; Mt 15.4;
Mr 7.10. f 21.24 Lv 24.19, 20; Dt 19.21; Mt 5.38.

matare a hombre o mujer, el buey será apedreado, y también morirá su dueño.

30 Si le fuere impuesto precio de rescate, entonces dará por el rescate de su persona cuanto le fuere impuesto.

31 Haya acorneado a hijo, o haya acorneado a hija, conforme a este juicio se hará con él.

32 Si el buey acorneare a un siervo o a una sierva, pagará su dueño treinta siclos de plata, y el buey será apedreado.

33 Y si alguno abriere un pozo, o cavare cisterna, y no la cubriere, y cayere allí buey o asno,

34 el dueño de la cisterna pagará el daño, resarciendo a su dueño, y lo que fue muerto será suyo.

35 Y si el buey de alguno hiriere al buey de su prójimo de modo que muriere, entonces venderán el buey vivo y partirán el dinero de él, y también partirán el buey muerto.

36 Mas si era notorio que el buey era acorneador desde tiempo atrás, y su dueño no lo hubiere guardado, pagará buey por buey, y el buey muerto será suyo.

Leyes sobre la restitución

22 1 Cuando alguno hurtare buey u oveja, y lo degollare o vendiere, por aquel buey pagará cinco bueyes, y por aquella oveja cuatro ovejas.

2 Si el ladrón fuere hallado forzando una casa, y fuere herido y muriere, el que lo hirió no será culpado de su muerte.

3 Pero si fuere de día, el autor de la muerte será reo de homicidio. El ladrón hará completa restitución; si no tuviere con qué, será vendido por su hurto.

4 Si fuere hallado con el hurto en la mano, vivo, sea buey o asno u oveja, pagará el doble.

5 Si alguno hiciere pastar en campo o viña, y metiere su bestia en campo de otro, de lo mejor de su campo y de lo mejor de su viña pagará.

6 Cuando se prendiere fuego, y al quemar espinos quemare mieses amontonadas o en pie, o campo, el que encendió el fuego pagará lo quemado.

7 Cuando alguno diere a su prójimo plata o alhajas a guardar, y fuere hurtado de la casa de aquel hombre, si el ladrón fuere hallado, pagará el doble.

8 Si el ladrón no fuere hallado, entonces el dueño de la casa será presentado a los jueces, para que se vea si ha metido su mano en los bienes de su prójimo.

9 En toda clase de fraude, sobre buey, sobre asno, sobre oveja, sobre vestido, sobre toda cosa perdida, cuando alguno dijere: Esto es mío, la causa de ambos vendrá delante de los jueces; y el que los jueces condenaren, pagará el doble a su prójimo.

10 Si alguno hubiere dado a su prójimo asno, o buey, u oveja, o cualquier otro animal a guardar, y éste muriere o fuere estropeado, o fuere llevado sin verlo nadie;

11 juramento de Jehová habrá entre ambos, de que no metió su mano a los bienes de su prójimo; y su dueño lo aceptará, y el otro no pagará.

12 Mas si le hubiere sido hurtado, resarcirá a su dueño.

13 Y si le hubiere sido arrebatado por fiera, le traerá testimonio, y no pagará lo arrebatado.

14 Pero si alguno hubiere tomado prestada bestia de su prójimo, y fuere estropeada o muerta, estando ausente su dueño, deberá pagarla.

15 Si el dueño estaba presente no la pagará. Si era alquilada, reciba el dueño el alquiler.

Leyes humanitarias

16 Si alguno engañare a una doncella que no fuere desposada, y durmiere con ella, deberá dotarla y tomarla por mujer.

17 Si su padre no quisiere dársela, él le pesará plata conforme a la dote de las vírgenes.[a]

18 A la hechicera[b] no dejarás que viva.

19 Cualquiera que cohabitare con bestia, morirá.[c]

20 El que ofreciere sacrificio a dioses excepto solamente a Jehová, será muerto.[d]

21 Y al extranjero no engañarás ni angustiarás, porque extranjeros fuisteis vosotros en la tierra de Egipto.

22 A ninguna viuda ni huérfano afligiréis.[e]

23 Porque si tú llegas a afligirles, y ellos clamaren a mí, ciertamente oiré yo su clamor;

a **22.16, 17** Dt 22.28, 29.   b **22.18** Dt 18.10, 11.
c **22.19** Lv 18.23; 20.15, 16; Dt 27.21.   d **22.20** Dt 17.2-7.
e **22.21, 22** Éx 23.9; Lv 19.33, 34; Dt 24.17, 18; 27.19.

24 y mi furor se encenderá, y os mataré a espada, y vuestras mujeres serán viudas, y huérfanos vuestros hijos.

25 Cuando prestares dinero a uno de mi pueblo, al pobre que está contigo, no te portarás con él como logrero, ni le impondrás usura.[f]

26 Si tomares en prenda el vestido de tu prójimo, a la puesta del sol se lo devolverás.

27 Porque sólo eso es su cubierta, es su vestido para cubrir su cuerpo. ¿En qué dormirá? Y cuando él clamare a mí, yo le oiré, porque soy misericordioso.[g]

28 No injuriarás a los jueces,[12] ni maldecirás al príncipe de tu pueblo.[h]

29 No demorarás la primicia de tu cosecha ni de tu lagar. Me darás el primogénito de tus hijos.

30 Lo mismo harás con el de tu buey y de tu oveja; siete días estará con su madre, y al octavo día me lo darás.

31 Y me seréis varones santos. No comeréis carne destrozada por las fieras[i] en el campo; a los perros la echaréis.

23 **1** No admitirás falso rumor.[a] No te concertarás con el impío para ser testigo falso.

2 No seguirás a los muchos para hacer mal, ni responderás en litigio inclinándote a los más para hacer agravios;

3 ni al pobre distinguirás en su causa.[b]

4 Si encontrares el buey de tu enemigo o su asno extraviado, vuelve a llevárselo.

5 Si vieres el asno del que te aborrece caído debajo de su carga, ¿le dejarás sin ayuda? Antes bien le ayudarás a levantarlo.[c]

6 No pervertirás el derecho de tu mendigo en su pleito.

7 De palabra de mentira te alejarás, y no matarás al inocente y justo; porque yo no justificaré al impío.

8 No recibirás presente; porque el presente ciega a los que ven, y pervierte las palabras de los justos.[d]

9 Y no angustiarás al extranjero; porque vosotros sabéis cómo es el alma del extranjero, ya que extranjeros fuisteis en la tierra de Egipto.[e]

10 Seis años sembrarás tu tierra, y recogerás su cosecha;

11 mas el séptimo año la dejarás libre, para que coman los pobres de tu pueblo;

y de lo que quedare comerán las bestias del campo; así harás con tu viña y con tu olivar.[f]

12 Seis días trabajarás, y al séptimo día reposarás,[g] para que descanse tu buey y tu asno, y tome refrigerio el hijo de tu sierva, y el extranjero.

13 Y todo lo que os he dicho, guardadlo. Y nombre de otros dioses no mentaréis, ni se oirá de vuestra boca.

Las tres fiestas anuales
(Éx 34.18-26; Dt 16.1-17)

14 Tres veces en el año me celebraréis fiesta.

15 La fiesta de los panes sin levadura guardarás.[h] Siete días comerás los panes sin levadura, como yo te mandé, en el tiempo del mes de Abib, porque en él saliste de Egipto; y ninguno se presentará delante de mí con las manos vacías.

16 También la fiesta de la siega, los primeros frutos de tus labores,[i] que hubieres sembrado en el campo, y la fiesta de la cosecha a la salida del año, cuando hayas recogido los frutos de tus labores del campo.[j]

17 Tres veces en el año se presentará todo varón delante de Jehová el Señor.

18 No ofrecerás con pan leudo la sangre de mi sacrificio, ni la grosura de mi víctima quedará de la noche hasta la mañana.

19 Las primicias de los primeros frutos de tu tierra traerás a la casa de Jehová tu Dios.[k] No guisarás el cabrito en la leche de su madre.[l]

El Ángel de Jehová enviado para guiar a Israel

20 He aquí yo envío mi Ángel delante de ti para que te guarde en el camino, y te introduzca en el lugar que yo he preparado.

21 Guárdate delante de él, y oye su voz; no le seas rebelde; porque él no perdonará vuestra rebelión, porque mi nombre está en él.

---

12. 22.28 a Dios.
f 22.25 Lv 25.35-38; Dt 15.7-11; 23.19, 20.
g 22.26, 27 Dt 24.10-13.   **h 22.28** Hch 23.5.
i 22.31 Lv 17.15.   **a 23.1** Éx 20.16; Lv 19.11, 12; Dt 5.20.
b 23.3 Lv 19.15.   **c 23.4, 5** Dt 22.1-4.   **d 23.6-8** Lv 19.15;
Dt 16.19.   **e 23.9** Éx 22.21; Lv 19.33, 34; Dt 24.17, 18;
27.19.   **f 23.10, 11** Lv 25.1-7.   **g 23.12** Éx 20.9-11; 31.15;
34.21; 35.2; Lv 23.3; Dt 5.13, 14.   **h 23.15** Éx 12.14-20; Lv
23.6-8; Nm 28.17-25.   **i 23.16** Lv 23.15-21; Nm 28.26-31.
j 23.16 Lv 23.39-43.   **k 23.19** Dt 26.2.   **l 23.19** Dt 14.21.

²² Pero si en verdad oyeres su voz e hicieres todo lo que yo te dijere, seré enemigo de tus enemigos, y afligiré a los que te afligieren.

²³ Porque mi Ángel irá delante de ti, y te llevará a la tierra del amorreo, del heteo, del ferezeo, del cananeo, del heveo y del jebuseo, a los cuales yo haré destruir.

²⁴ No te inclinarás a sus dioses, ni los servirás, ni harás como ellos hacen; antes los destruirás del todo, y quebrarás totalmente sus estatuas.

²⁵ Mas a Jehová vuestro Dios serviréis, y él bendecirá tu pan y tus aguas; y yo quitaré toda enfermedad de en medio de ti.

²⁶ No habrá mujer que aborte, ni estéril en tu tierra; y yo completaré el número de tus días.

²⁷ Yo enviaré mi terror delante de ti, y consternaré a todo pueblo donde entres, y te daré la cerviz de todos tus enemigos.

²⁸ Enviaré delante de ti la avispa, que eche fuera al heveo, al cananeo y al heteo, de delante de ti.

²⁹ No los echaré de delante de ti en un año, para que no quede la tierra desierta, y se aumenten contra ti las fieras del campo.

³⁰ Poco a poco los echaré de delante de ti, hasta que te multipliques y tomes posesión de la tierra.

³¹ Y fijaré tus límites desde el Mar Rojo hasta el mar de los filisteos, y desde el desierto hasta el Éufrates; porque pondré en tus manos a los moradores de la tierra, y tú los echarás de delante de ti.

³² No harás alianza con ellos, ni con sus dioses.

³³ En tu tierra no habitarán, no sea que te hagan pecar contra mí sirviendo a sus dioses, porque te será tropiezo.

Moisés y los ancianos en el Monte Sinaí

24 ¹ Dijo Jehová a Moisés: Sube ante Jehová, tú, y Aarón, Nadab, y Abiú, y setenta de los ancianos de Israel; y os inclinaréis desde lejos.

² Pero Moisés solo se acercará a Jehová; y ellos no se acerquen, ni suba el pueblo con él.

³ Y Moisés vino y contó al pueblo todas las palabras de Jehová, y todas las leyes; y todo el pueblo respondió a una voz, y dijo: Haremos todas las palabras que Jehová ha dicho.

⁴ Y Moisés escribió todas las palabras de Jehová, y levantándose de mañana edificó un altar al pie del monte, y doce columnas, según las doce tribus de Israel.

⁵ Y envió jóvenes de los hijos de Israel, los cuales ofrecieron holocaustos y becerros como sacrificios de paz a Jehová.

⁶ Y Moisés tomó la mitad de la sangre, y la puso en tazones, y esparció la otra mitad de la sangre sobre el altar.

⁷ Y tomó el libro del pacto y lo leyó a oídos del pueblo, el cual dijo: Haremos todas las cosas que Jehová ha dicho, y obedeceremos.

⁸ Entonces Moisés tomó la sangre y roció sobre el pueblo, y dijo: He aquí la sangre del pacto ᵃ que Jehová ha hecho con vosotros sobre todas estas cosas.ᵇ

⁹ Y subieron Moisés y Aarón, Nadab y Abiú, y setenta de los ancianos de Israel;

¹⁰ y vieron al Dios de Israel; y había debajo de sus pies como un embaldosado de zafiro, semejante al cielo cuando está sereno.

¹¹ Mas no extendió su mano sobre los príncipes de los hijos de Israel; y vieron a Dios, y comieron y bebieron.

¹² Entonces Jehová dijo a Moisés: Sube a mí al monte, y espera allá, y te daré tablas de piedra, y la ley, y mandamientos que he escrito para enseñarles.

¹³ Y se levantó Moisés con Josué su servidor, y Moisés subió al monte de Dios.

¹⁴ Y dijo a los ancianos: Esperadnos aquí hasta que volvamos a vosotros; y he aquí Aarón y Hur están con vosotros; el que tuviere asuntos, acuda a ellos.

¹⁵ Entonces Moisés subió al monte, y una nube cubrió el monte.

¹⁶ Y la gloria de Jehová reposó sobre el monte Sinaí, y la nube lo cubrió por seis días; y al séptimo día llamó a Moisés de en medio de la nube.

¹⁷ Y la apariencia de la gloria de Jehová era como un fuego abrasador en la cumbre del monte, a los ojos de los hijos de Israel.

¹⁸ Y entró Moisés en medio de la nube, y subió al monte; y estuvo Moisés en el monte cuarenta días y cuarenta noches.ᶜ

---

a **24.8** Mt 26.28; Mr 14.24; Lc 22.20; 1 Co 11.25; Heb 10.29.
b **24.8** Heb 9.19, 20.   c **24.18** Dt 9.9.

La ofrenda para el tabernáculo
(Éx 35.4-9)

25 ¹ Jehová habló a Moisés, diciendo: ² Di a los hijos de Israel que tomen para mí ofrenda; de todo varón que la diere de su voluntad, de corazón, tomaréis mi ofrenda.

³ Ésta es la ofrenda que tomaréis de ellos: oro, plata, cobre,

⁴ azul, púrpura, carmesí, lino fino, pelo de cabras,

⁵ pieles de carneros teñidas de rojo, pieles de tejones, madera de acacia,

⁶ aceite para el alumbrado, especias para el aceite de la unción y para el incienso aromático,

⁷ piedras de ónice, y piedras de engaste para el efod y para el pectoral.

⁸ Y harán un santuario para mí, y habitaré en medio de ellos.

⁹ Conforme a todo lo que yo te muestre, el diseño del tabernáculo, y el diseño de todos sus utensilios, así lo haréis.

El arca del testimonio
(Éx 37.1-9)

¹⁰ Harán también un arca de madera de acacia, cuya longitud será de dos codos y medio, su anchura de codo y medio, y su altura de codo y medio.

¹¹ Y la cubrirás de oro puro por dentro y por fuera, y harás sobre ella una cornisa de oro alrededor.

¹² Fundirás para ella cuatro anillos de oro, que pondrás en sus cuatro esquinas; dos anillos a un lado de ella, y dos anillos al otro lado.

¹³ Harás unas varas de madera de acacia, las cuales cubrirás de oro.

¹⁴ Y meterás las varas por los anillos a los lados del arca, para llevar el arca con ellas.

¹⁵ Las varas quedarán en los anillos del arca; no se quitarán de ella.

¹⁶ Y pondrás en el arca el testimonio que yo te daré.

¹⁷ Y harás un propiciatorio de oro fino, cuya longitud será de dos codos y medio, y su anchura de codo y medio.

¹⁸ Harás también dos querubines de oro; labrados a martillo los harás en los dos extremos del propiciatorio.

¹⁹ Harás, pues, un querubín en un extremo, y un querubín en el otro extremo; de una pieza con el propiciatorio harás los querubines en sus dos extremos.

²⁰ Y los querubines extenderán por encima las alas, cubriendo con sus alas el propiciatorio; sus rostros el uno enfrente del otro, mirando al propiciatorio los rostros de los querubines.

²¹ Y pondrás el propiciatorio encima del arca, y en el arca pondrás el testimonio que yo te daré.

²² Y de allí me declararé a ti, y hablaré contigo de sobre el propiciatorio, de entre los dos querubines que están sobre el arca del testimonio, todo lo que yo te mandare para los hijos de Israel.

La mesa para el pan de la proposición
(Éx 37.10-16)

²³ Harás asimismo una mesa de madera de acacia; su longitud será de dos codos, y de un codo su anchura, y su altura de codo y medio.

²⁴ Y la cubrirás de oro puro, y le harás una cornisa de oro alrededor.

²⁵ Le harás también una moldura alrededor, de un palmo menor de anchura, y harás a la moldura una cornisa de oro alrededor.

²⁶ Y le harás cuatro anillos de oro, los cuales pondrás en las cuatro esquinas que corresponden a sus cuatro patas.

²⁷ Los anillos estarán debajo de la moldura, para lugares de las varas para llevar la mesa.

²⁸ Harás las varas de madera de acacia, y las cubrirás de oro, y con ellas será llevada la mesa.

²⁹ Harás también sus platos, sus cucharas, sus cubiertas y sus tazones, con que se libará; de oro fino los harás.

³⁰ Y pondrás sobre la mesa el pan de la proposición delante de mí continuamente.[a]

El candelero de oro
(Éx 37.17-24)

³¹ Harás además un candelero de oro puro; labrado a martillo se hará el candelero; su pie, su caña, sus copas, sus manzanas y sus flores, serán de lo mismo.

³² Y saldrán seis brazos de sus lados; tres brazos del candelero a un lado, y tres brazos al otro lado.

---

a **25.30** Lv 24.5-8.

33 Tres copas en forma de flor de almendro en un brazo, una manzana y una flor; y tres copas en forma de flor de almendro en otro brazo, una manzana y una flor; así en los seis brazos que salen del candelero; **34** y en la caña central del candelero cuatro copas en forma de flor de almendro, sus manzanas y sus flores.

35 Habrá una manzana debajo de dos brazos del mismo, otra manzana debajo de otros dos brazos del mismo, y otra manzana debajo de los otros dos brazos del mismo, así para los seis brazos que salen del candelero.

36 Sus manzanas y sus brazos serán de una pieza, todo ello una pieza labrada a martillo, de oro puro.

37 Y le harás siete lamparillas, las cuales encenderás para que alumbren hacia adelante.

38 También sus despabiladeras y sus platillos, de oro puro.

39 De un talento de oro fino lo harás, con todos estos utensilios.

40 Mira y hazlos conforme al modelo que te ha sido mostrado en el monte.[b]

El tabernáculo
(Éx 36.8-38)

26 **1** Harás el tabernáculo de diez cortinas de lino torcido, azul, púrpura y carmesí; y lo harás con querubines de obra primorosa.

2 La longitud de una cortina de veintiocho codos, y la anchura de la misma cortina de cuatro codos; todas las cortinas tendrán una misma medida.

3 Cinco cortinas estarán unidas una con la otra, y las otras cinco cortinas unidas una con la otra.

4 Y harás lazadas de azul en la orilla de la última cortina de la primera unión; lo mismo harás en la orilla de la cortina de la segunda unión.

5 Cincuenta lazadas harás en la primera cortina, y cincuenta lazadas harás en la orilla de la cortina que está en la segunda unión; las lazadas estarán contrapuestas la una a la otra.

6 Harás también cincuenta corchetes de oro, con los cuales enlazarás las cortinas la una con la otra, y se formará un tabernáculo.

7 Harás asimismo cortinas de pelo de cabra para una cubierta sobre el tabernáculo; once cortinas harás.

8 La longitud de cada cortina será de treinta codos, y la anchura de cada cortina de cuatro codos; una misma medida tendrán las once cortinas.

9 Y unirás cinco cortinas aparte y las otras seis cortinas aparte; y doblarás la sexta cortina en el frente del tabernáculo.

10 Y harás cincuenta lazadas en la orilla de la cortina, al borde en la unión, y cincuenta lazadas en la orilla de la cortina de la segunda unión.

11 Harás asimismo cincuenta corchetes de bronce, los cuales meterás por las lazadas; y enlazarás las uniones para que se haga una sola cubierta.

12 Y la parte que sobra en las cortinas de la tienda, la mitad de la cortina que sobra, colgará a espaldas del tabernáculo.

13 Y un codo de un lado, y otro codo del otro lado, que sobra a lo largo de las cortinas de la tienda, colgará sobre los lados del tabernáculo a un lado y al otro, para cubrirlo.

14 Harás también a la tienda una cubierta de pieles de carneros teñidas de rojo, y una cubierta de pieles de tejones encima.

15 Y harás para el tabernáculo tablas de madera de acacia, que estén derechas.

16 La longitud de cada tabla será de diez codos, y de codo y medio la anchura.

17 Dos espigas tendrá cada tabla, para unirlas una con otra; así harás todas las tablas del tabernáculo.

18 Harás, pues, las tablas del tabernáculo; veinte tablas al lado del mediodía, al sur.

19 Y harás cuarenta basas de plata debajo de las veinte tablas; dos basas debajo de una tabla para sus dos espigas, y dos basas debajo de otra tabla para sus dos espigas.

20 Al otro lado del tabernáculo, al lado del norte, veinte tablas;

21 y sus cuarenta basas de plata; dos basas debajo de una tabla, y dos basas debajo de otra tabla.

22 Y para el lado posterior del tabernáculo, al occidente, harás seis tablas.

23 Harás además dos tablas para las esquinas del tabernáculo en los dos ángulos posteriores;

---

b 25.40 Hch 7.44; Heb 8.5.

²⁴ las cuales se unirán desde abajo, y asimismo se juntarán por su alto con un gozne; así será con las otras dos; serán para las dos esquinas.

²⁵ De suerte que serán ocho tablas, con sus basas de plata, dieciséis basas; dos basas debajo de una tabla, y dos basas debajo de otra tabla.

²⁶ Harás también cinco barras de madera de acacia, para las tablas de un lado del tabernáculo,

²⁷ y cinco barras para las tablas del otro lado del tabernáculo, y cinco barras para las tablas del lado posterior del tabernáculo, al occidente.

²⁸ Y la barra de en medio pasará por en medio de las tablas, de un extremo al otro.

²⁹ Y cubrirás de oro las tablas, y harás sus anillos de oro para meter por ellos las barras; también cubrirás de oro las barras.

³⁰ Y alzarás el tabernáculo conforme al modelo que te fue mostrado en el monte.

³¹ También harás un velo de azul, púrpura, carmesí y lino torcido; será hecho de obra primorosa, con querubines;

³² y lo pondrás sobre cuatro columnas de madera de acacia cubiertas de oro; sus capiteles de oro, sobre basas de plata.

³³ Y pondrás el velo debajo de los corchetes, y meterás allí, del velo adentro, el arca del testimonio; y aquel velo os hará separación entre el lugar santo y el santísimo.

³⁴ Pondrás el propiciatorio sobre el arca del testimonio en el lugar santísimo.

³⁵ Y pondrás la mesa fuera del velo, y el candelero enfrente de la mesa al lado sur del tabernáculo; y pondrás la mesa al lado del norte.

³⁶ Harás para la puerta del tabernáculo una cortina de azul, púrpura, carmesí y lino torcido, obra de recamador.

³⁷ Y harás para la cortina cinco columnas de madera de acacia, las cuales cubrirás de oro, con sus capiteles de oro; y fundirás cinco basas de bronce para ellas.

El altar de bronce
(Éx 38.1-7)

27 ¹ Harás también un altar de madera de acacia de cinco codos de longitud, y de cinco codos de anchura; será cuadrado el altar, y su altura de tres codos.

² Y le harás cuernos en sus cuatro esquinas; los cuernos serán parte del mismo; y lo cubrirás de bronce.

³ Harás también sus calderos para recoger la ceniza, y sus paletas, sus tazones, sus garfios y sus braseros; harás todos sus utensilios de bronce.

⁴ Y le harás un enrejado de bronce de obra de rejilla, y sobre la rejilla harás cuatro anillos de bronce a sus cuatro esquinas.

⁵ Y la pondrás dentro del cerco del altar abajo; y llegará la rejilla hasta la mitad del altar.

⁶ Harás también varas para el altar, varas de madera de acacia, las cuales cubrirás de bronce.

⁷ Y las varas se meterán por los anillos, y estarán aquellas varas a ambos lados del altar cuando sea llevado.

⁸ Lo harás hueco, de tablas; de la manera que te fue mostrado en el monte, así lo harás.

El atrio del tabernáculo
(Éx 38.9-20)

⁹ Asimismo harás el atrio del tabernáculo. Al lado meridional, al sur, tendrá el atrio cortinas de lino torcido, de cien codos de longitud para un lado.

¹⁰ Sus veinte columnas y sus veinte basas serán de bronce; los capiteles de las columnas y sus molduras, de plata.

¹¹ De la misma manera al lado del norte habrá a lo largo cortinas de cien codos de longitud, y sus veinte columnas con sus veinte basas de bronce; los capiteles de sus columnas y sus molduras, de plata.

¹² El ancho del atrio, del lado occidental, tendrá cortinas de cincuenta codos; sus columnas diez, con sus diez basas.

¹³ Y en el ancho del atrio por el lado del oriente, al este, habrá cincuenta codos.

¹⁴ Las cortinas a un lado de la entrada serán de quince codos; sus columnas tres, con sus tres basas.

¹⁵ Y al otro lado, quince codos de cortinas; sus columnas tres, con sus tres basas.

¹⁶ Y para la puerta del atrio habrá una cortina de veinte codos, de azul, púrpura y carmesí, y lino torcido, de obra de recamador; sus columnas cuatro, con sus cuatro basas.

¹⁷ Todas las columnas alrededor del atrio estarán ceñidas de plata; sus capiteles de plata, y sus basas de bronce.

18 La longitud del atrio será de cien codos, y la anchura cincuenta por un lado y cincuenta por el otro, y la altura de cinco codos; sus cortinas de lino torcido, y sus basas de bronce.

19 Todos los utensilios del tabernáculo en todo su servicio, y todas sus estacas, y todas las estacas del atrio, serán de bronce.

Aceite para las lámparas
(Lv 24.1-4)

20 Y mandarás a los hijos de Israel que te traigan aceite puro de olivas machacadas, para el alumbrado, para hacer arder continuamente las lámparas.

21 En el tabernáculo de reunión, afuera del velo que está delante del testimonio, las pondrá en orden Aarón y sus hijos para que ardan delante de Jehová desde la tarde hasta la mañana, como estatuto perpetuo de los hijos de Israel por sus generaciones.

Las vestiduras de los sacerdotes
(Éx 39.1-31)

28 1 Harás llegar delante de ti a Aarón tu hermano, y a sus hijos consigo, de entre los hijos de Israel, para que sean mis sacerdotes; a Aarón y a Nadab, Abiú, Eleazar e Itamar hijos de Aarón.

2 Y harás vestiduras sagradas a Aarón tu hermano, para honra y hermosura.

3 Y tú hablarás a todos los sabios de corazón, a quienes yo he llenado de espíritu de sabiduría, para que hagan las vestiduras de Aarón, para consagrarle para que sea mi sacerdote.

4 Las vestiduras que harán son éstas: el pectoral, el efod, el manto, la túnica bordada, la mitra y el cinturón. Hagan, pues, las vestiduras sagradas para Aarón tu hermano, y para sus hijos, para que sean mis sacerdotes.

5 Tomarán oro, azul, púrpura, carmesí y lino torcido,

6 y harán el efod de oro, azul, púrpura, carmesí y lino torcido, de obra primorosa.

7 Tendrá dos hombreras que se junten a sus dos extremos, y así se juntará.

8 Y su cinto de obra primorosa que estará sobre él, será de la misma obra, parte del mismo; de oro, azul, púrpura, carmesí y lino torcido.

9 Y tomarás dos piedras de ónice, y grabarás en ellas los nombres de los hijos de Israel;

10 seis de sus nombres en una piedra, y los otros seis nombres en la otra piedra, conforme al orden de nacimiento de ellos.

11 De obra de grabador en piedra, como grabaduras de sello, harás grabar las dos piedras con los nombres de los hijos de Israel; les harás alrededor engastes de oro.

12 Y pondrás las dos piedras sobre las hombreras del efod, para piedras memoriales a los hijos de Israel; y Aarón llevará los nombres de ellos delante de Jehová sobre sus dos hombros por memorial.

13 Harás, pues, los engastes de oro,

14 y dos cordones de oro fino, los cuales harás en forma de trenza; y fijarás los cordones de forma de trenza en los engastes.

15 Harás asimismo el pectoral del juicio de obra primorosa, lo harás conforme a la obra del efod, de oro, azul, púrpura, carmesí y lino torcido.

16 Será cuadrado y doble, de un palmo de largo y un palmo de ancho;

17 y lo llenarás de pedrería en cuatro hileras de piedras; una hilera de una piedra sárdica, un topacio y un carbunclo;

18 la segunda hilera, una esmeralda, un zafiro y un diamante;

19 la tercera hilera, un jacinto, una ágata y una amatista;

20 la cuarta hilera, un berilo, un ónice y un jaspe. Todas estarán montadas en engastes de oro.

21 Y las piedras serán según los nombres de los hijos de Israel, doce según sus nombres; como grabaduras de sello cada una con su nombre, serán según las doce tribus.

22 Harás también en el pectoral cordones de hechura de trenzas de oro fino.

23 Y harás en el pectoral dos anillos de oro, los cuales pondrás a los dos extremos del pectoral.

24 Y fijarás los dos cordones de oro en los dos anillos a los dos extremos del pectoral;

25 y pondrás los dos extremos de los dos cordones sobre los dos engastes, y los fijarás a las hombreras del efod en su parte delantera.

26 Harás también dos anillos de oro, los cuales pondrás a los dos extremos del

pectoral, en su orilla que está al lado del efod hacia adentro.

27 Harás asimismo los dos anillos de oro, los cuales fijarás en la parte delantera de las dos hombreras del efod, hacia abajo, delante de su juntura sobre el cinto del efod.

28 Y juntarán el pectoral por sus anillos a los dos anillos del efod con un cordón de azul, para que esté sobre el cinto del efod, y no se separe el pectoral del efod.

29 Y llevará Aarón los nombres de los hijos de Israel en el pectoral del juicio sobre su corazón, cuando entre en el santuario, por memorial delante de Jehová continuamente.

30 Y pondrás en el pectoral del juicio Urim y Tumim,[a] para que estén sobre el corazón de Aarón cuando entre delante de Jehová; y llevará siempre Aarón el juicio de los hijos de Israel sobre su corazón delante de Jehová.

31 Harás el manto del efod todo de azul;

32 y en medio de él por arriba habrá una abertura, la cual tendrá un borde alrededor de obra tejida, como el cuello de un coselete, para que no se rompa.

33 Y en sus orlas harás granadas de azul, púrpura y carmesí alrededor, y entre ellas campanillas de oro alrededor.

34 Una campanilla de oro y una granada, otra campanilla de oro y otra granada, en toda la orla del manto alrededor.

35 Y estará sobre Aarón cuando ministre; y se oirá su sonido cuando él entre en el santuario delante de Jehová y cuando salga, para que no muera.

36 Harás además una lámina de oro fino, y grabarás en ella como grabadura de sello, SANTIDAD A JEHOVÁ.

37 Y la pondrás con un cordón de azul, y estará sobre la mitra; por la parte delantera de la mitra estará.

38 Y estará sobre la frente de Aarón, y llevará Aarón las faltas cometidas en todas las cosas santas, que los hijos de Israel hubieren consagrado en todas sus santas ofrendas; y sobre su frente estará continuamente, para que obtengan gracia delante de Jehová.

39 Y bordarás una túnica de lino, y harás una mitra de lino; harás también un cinto de obra de recamador.

40 Y para los hijos de Aarón harás túnicas; también les harás cintos, y les harás tiaras para honra y hermosura.

41 Y con ellos vestirás a Aarón tu hermano, y a sus hijos con él; y los ungirás, y los consagrarás y santificarás, para que sean mis sacerdotes.

42 Y les harás calzoncillos de lino para cubrir su desnudez; serán desde los lomos hasta los muslos.

43 Y estarán sobre Aarón y sobre sus hijos cuando entren en el tabernáculo de reunión, o cuando se acerquen al altar para servir en el santuario, para que no lleven pecado y mueran. Es estatuto perpetuo para él, y para su descendencia después de él.

Consagración de Aarón y de sus hijos
(Lv 8.1-36)

29 1 Esto es lo que les harás para consagrarlos, para que sean mis sacerdotes: Toma un becerro de la vacada, y dos carneros sin defecto;

2 y panes sin levadura, y tortas sin levadura amasadas con aceite, y hojaldres sin levadura untadas con aceite; las harás de flor de harina de trigo.

3 Y las pondrás en un canastillo, y en el canastillo las ofrecerás, con el becerro y los dos carneros.

4 Y llevarás a Aarón y a sus hijos a la puerta del tabernáculo de reunión, y los lavarás con agua.

5 Y tomarás las vestiduras, y vestirás a Aarón la túnica, el manto del efod, el efod y el pectoral, y le ceñirás con el cinto del efod;

6 y pondrás la mitra sobre su cabeza, y sobre la mitra pondrás la diadema santa.

7 Luego tomarás el aceite de la unción, y lo derramarás sobre su cabeza, y le ungirás.

8 Y harás que se acerquen sus hijos, y les vestirás las túnicas.

9 Les ceñirás el cinto a Aarón y a sus hijos, y les atarás las tiaras, y tendrán el sacerdocio por derecho perpetuo. Así consagrarás a Aarón y a sus hijos.

10 Después llevarás el becerro delante del tabernáculo de reunión, y Aarón y sus hijos pondrán sus manos sobre la cabeza del becerro.

---

a 28.30 Nm 27.21; Esd 2.63; Neh 7.65.

11 Y matarás el becerro delante de Jehová, a la puerta del tabernáculo de reunión. 12 Y de la sangre del becerro tomarás y pondrás sobre los cuernos del altar con tu dedo, y derramarás toda la demás sangre al pie del altar. 13 Tomarás también toda la grosura que cubre los intestinos, la grosura de sobre el hígado, los dos riñones, y la grosura que está sobre ellos, y lo quemarás sobre el altar. 14 Pero la carne del becerro, y su piel y su estiércol, los quemarás a fuego fuera del campamento; es ofrenda por el pecado.

15 Asimismo tomarás uno de los carneros, y Aarón y sus hijos pondrán sus manos sobre la cabeza del carnero. 16 Y matarás el carnero, y con su sangre rociarás sobre el altar alrededor. 17 Cortarás el carnero en pedazos, y lavarás sus intestinos y sus piernas, y las pondrás sobre sus trozos y sobre su cabeza. 18 Y quemarás todo el carnero sobre el altar; es holocausto de olor grato[a] para Jehová, es ofrenda quemada a Jehová.

19 Tomarás luego el otro carnero, y Aarón y sus hijos pondrán sus manos sobre la cabeza del carnero. 20 Y matarás el carnero, y tomarás de su sangre y la pondrás sobre el lóbulo de la oreja derecha de Aarón, sobre el lóbulo de la oreja de sus hijos, sobre el dedo pulgar de las manos derechas de ellos, y sobre el dedo pulgar de los pies derechos de ellos, y rociarás la sangre sobre el altar alrededor. 21 Y con la sangre que estará sobre el altar, y el aceite de la unción, rociarás sobre Aarón, sobre sus vestiduras, sobre sus hijos, y sobre las vestiduras de éstos; y él será santificado, y sus vestiduras, y sus hijos, y las vestiduras de sus hijos con él.

22 Luego tomarás del carnero la grosura, y la cola, y la grosura que cubre los intestinos, y la grosura del hígado, y los dos riñones, y la grosura que está sobre ellos, y la espaldilla derecha; porque es carnero de consagración. 23 También una torta grande de pan, y una torta de pan de aceite, y una hojaldre del canastillo de los panes sin levadura presentado a Jehová,

24 y lo pondrás todo en las manos de Aarón, y en las manos de sus hijos; y lo mecerás como ofrenda mecida delante de Jehová. 25 Después lo tomarás de sus manos y lo harás arder en el altar, sobre el holocausto, por olor grato delante de Jehová. Es ofrenda encendida a Jehová.

26 Y tomarás el pecho del carnero de las consagraciones, que es de Aarón, y lo mecerás por ofrenda mecida delante de Jehová; y será porción tuya. 27 Y apartarás[13] el pecho de la ofrenda mecida, y la espaldilla de la ofrenda elevada, lo que fue mecido y lo que fue elevado del carnero de las consagraciones de Aarón y de sus hijos, 28 y será para Aarón y para sus hijos como estatuto perpetuo para los hijos de Israel, porque es ofrenda elevada; y será una ofrenda elevada de los hijos de Israel, de sus sacrificios de paz, porción de ellos elevada en ofrenda a Jehová.

29 Y las vestiduras santas, que son de Aarón, serán de sus hijos después de él, para ser ungidos en ellas, y para ser en ellas consagrados. 30 Por siete días las vestirá el que de sus hijos tome su lugar como sacerdote, cuando venga al tabernáculo de reunión para servir en el santuario.

31 Y tomarás el carnero de las consagraciones, y cocerás su carne en lugar santo. 32 Y Aarón y sus hijos comerán la carne del carnero, y el pan que estará en el canastillo, a la puerta del tabernáculo de reunión. 33 Y comerán aquellas cosas con las cuales se hizo expiación, para llenar sus manos para consagrarlos; mas el extraño no las comerá, porque son santas. 34 Y si sobrare hasta la mañana algo de la carne de las consagraciones y del pan, quemarás al fuego lo que hubiere sobrado; no se comerá, porque es cosa santa.

35 Así, pues, harás a Aarón y a sus hijos, conforme a todo lo que yo te he mandado; por siete días los consagrarás. 36 Cada día ofrecerás el becerro del sacrificio por el pecado, para las expiaciones; y purificarás el altar cuando hagas expiación por él, y lo ungirás para santificarlo. 37 Por siete días harás expiación por el altar, y lo santificarás, y será un altar santísimo:

---

13. 29.27 O, santificarás.
a 29.18 Ef 5.2; Fil 4.18.

cualquiera cosa que tocare el altar, será santificada.

Las ofrendas diarias
(Nm 28.1-8)

38 Esto es lo que ofrecerás sobre el altar: dos corderos de un año cada día, continuamente. **39** Ofrecerás uno de los corderos por la mañana, y el otro cordero ofrecerás a la caída de la tarde. **40** Además, con cada cordero una décima parte de un efa de flor de harina amasada con la cuarta parte de un hin de aceite de olivas machacadas; y para la libación, la cuarta parte de un hin de vino. **41** Y ofrecerás el otro cordero a la caída de la tarde, haciendo conforme a la ofrenda de la mañana, y conforme a su libación, en olor grato; ofrenda encendida a Jehová. **42** Esto será el holocausto continuo por vuestras generaciones, a la puerta del tabernáculo de reunión, delante de Jehová, en el cual me reuniré con vosotros, para hablaros allí. **43** Allí me reuniré con los hijos de Israel; y el lugar será santificado con mi gloria. **44** Y santificaré el tabernáculo de reunión y el altar; santificaré asimismo a Aarón y a sus hijos, para que sean mis sacerdotes. **45** Y habitaré entre los hijos de Israel, y seré su Dios. **46** Y conocerán que yo soy Jehová su Dios, que los saqué de la tierra de Egipto, para habitar en medio de ellos. Yo Jehová su Dios.

El altar del incienso
(Éx 37.25-28)

30 **1** Harás asimismo un altar para quemar el incienso; de madera de acacia lo harás. **2** Su longitud será de un codo, y su anchura de un codo; será cuadrado, y su altura de dos codos; y sus cuernos serán parte del mismo. **3** Y lo cubrirás de oro puro, su cubierta, sus paredes en derredor y sus cuernos; y le harás en derredor una cornisa de oro. **4** Le harás también dos anillos de oro debajo de su cornisa, a sus dos esquinas a ambos lados suyos, para meter las varas con que será llevado. **5** Harás las varas de madera de acacia, y las cubrirás de oro. **6** Y lo pondrás delante del velo que está junto al arca del testimonio, delante del propiciatorio que está sobre el testimonio, donde me encontraré contigo. **7** Y Aarón quemará incienso aromático sobre él; cada mañana cuando aliste las lámparas lo quemará. **8** Y cuando Aarón encienda las lámparas al anochecer, quemará el incienso; rito perpetuo delante de Jehová por vuestras generaciones. **9** No ofreceréis sobre él incienso extraño, ni holocausto, ni ofrenda; ni tampoco derramaréis sobre él libación. **10** Y sobre sus cuernos hará Aarón expiación una vez en el año con la sangre del sacrificio por el pecado para expiación; una vez en el año hará expiación sobre él por vuestras generaciones; será muy santo a Jehová.

El dinero del rescate

11 Habló también Jehová a Moisés, diciendo: **12** Cuando tomes el número de los hijos de Israel conforme a la cuenta de ellos, cada uno dará a Jehová el rescate de su persona, cuando los cuentes, para que no haya en ellos mortandad cuando los hayas contado. **13** Esto dará todo aquel que sea contado; medio siclo,[a] conforme al siclo del santuario. El siclo es de veinte geras. La mitad de un siclo será la ofrenda a Jehová. **14** Todo el que sea contado, de veinte años arriba, dará la ofrenda a Jehová. **15** Ni el rico aumentará, ni el pobre disminuirá del medio siclo, cuando dieren la ofrenda a Jehová para hacer expiación por vuestras personas. **16** Y tomarás de los hijos de Israel el dinero de las expiaciones, y lo darás para el servicio del tabernáculo de reunión; y será por memorial a los hijos de Israel delante de Jehová, para hacer expiación por vuestras personas.

La fuente de bronce

17 Habló más Jehová a Moisés, diciendo:

---

a **30.13** Éx 38.25, 26; Mt 17.24.

18 Harás también una fuente de bronce, con su base de bronce,[b] para lavar; y la colocarás entre el tabernáculo de reunión y el altar, y pondrás en ella agua.

19 Y de ella se lavarán Aarón y sus hijos las manos y los pies.

20 Cuando entren en el tabernáculo de reunión, se lavarán con agua, para que no mueran; y cuando se acerquen al altar para ministrar, para quemar la ofrenda encendida para Jehová,

21 se lavarán las manos y los pies, para que no mueran. Y lo tendrán por estatuto perpetuo él y su descendencia por sus generaciones.

El aceite de la unción, y el incienso

22 Habló más Jehová a Moisés, diciendo:

23 Tomarás especias finas: de mirra excelente quinientos siclos, y de canela aromática la mitad, esto es, doscientos cincuenta, de cálamo aromático doscientos cincuenta,

24 de casia quinientos, según el siclo del santuario, y de aceite de olivas un hin.

25 Y harás de ello el aceite de la santa unción; superior ungüento, según el arte del perfumador, será el aceite de la unción santa.

26 Con él ungirás el tabernáculo de reunión, el arca del testimonio,

27 la mesa con todos sus utensilios, el candelero con todos sus utensilios, el altar del incienso,

28 el altar del holocausto con todos sus utensilios, y la fuente y su base.

29 Así los consagrarás, y serán cosas santísimas; todo lo que tocare en ellos, será santificado.

30 Ungirás también a Aarón y a sus hijos, y los consagrarás para que sean mis sacerdotes.

31 Y hablarás a los hijos de Israel, diciendo: Éste será mi aceite de la santa unción por vuestras generaciones.

32 Sobre carne de hombre no será derramado, ni haréis otro semejante, conforme a su composición; santo es, y por santo lo tendréis vosotros.

33 Cualquiera que compusiere ungüento semejante, y que pusiere de él sobre extraño, será cortado de entre su pueblo.

34 Dijo además Jehová a Moisés: Toma especias aromáticas, estacte y uña aromática y gálbano aromático e incienso puro; de todo en igual peso,

35 y harás de ello el incienso, un perfume según el arte del perfumador, bien mezclado, puro y santo.

36 Y molerás parte de él en polvo fino, y lo pondrás delante del testimonio en el tabernáculo de reunión, donde yo me mostraré a ti. Os será cosa santísima.

37 Como este incienso que harás, no os haréis otro según su composición; te será cosa sagrada para Jehová.

38 Cualquiera que hiciere otro como éste para olerlo, será cortado de entre su pueblo.[c]

Llamamiento de Bezaleel y de Aholiab
(Éx 35.30—36.1)

31 1 Habló Jehová a Moisés, diciendo: 2 Mira, yo he llamado por nombre a Bezaleel hijo de Uri, hijo de Hur, de la tribu de Judá;

3 y lo he llenado del Espíritu de Dios, en sabiduría y en inteligencia, en ciencia y en todo arte,

4 para inventar diseños, para trabajar en oro, en plata y en bronce,

5 y en artificio de piedras para engastarlas, y en artificio de madera; para trabajar en toda clase de labor.

6 Y he aquí que yo he puesto con él a Aholiab hijo de Ahisamac, de la tribu de Dan; y he puesto sabiduría en el ánimo de todo sabio de corazón, para que hagan todo lo que te he mandado;

7 el tabernáculo de reunión, el arca del testimonio, el propiciatorio que está sobre ella, y todos los utensilios del tabernáculo,

8 la mesa y sus utensilios, el candelero limpio y todos sus utensilios, el altar del incienso,

9 el altar del holocausto y todos sus utensilios, la fuente y su base,

10 los vestidos del servicio, las vestiduras santas para Aarón el sacerdote, las vestiduras de sus hijos para que ejerzan el sacerdocio,

11 el aceite de la unción, y el incienso aromático para el santuario; harán conforme a todo lo que te he mandado.

El día de reposo como señal

12 Habló además Jehová a Moisés, diciendo:

---

b **30.18** Éx 38.8. c **30.22-38** Éx 37.29.

13 Tú hablarás a los hijos de Israel, diciendo: En verdad vosotros guardaréis mis días de reposo;* porque es señal entre mí y vosotros por vuestras generaciones, para que sepáis que yo soy Jehová que os santifico.

14 Así que guardaréis el día de reposo,* porque santo es a vosotros; el que lo profanare, de cierto morirá; porque cualquiera que hiciere obra alguna en él, aquella persona será cortada de en medio de su pueblo.

15 Seis días se trabajará, mas el día séptimo es día de reposo* consagrado a Jehová; cualquiera que trabaje en el día de reposo,* ciertamente morirá.ᵃ

16 Guardarán, pues, el día de reposo* los hijos de Israel, celebrándolo por sus generaciones por pacto perpetuo.

17 Señal es para siempre entre mí y los hijos de Israel; porque en seis días hizo Jehová los cielos y la tierra, y en el séptimo día cesó y reposó.

El becerro de oro
(Dt 9.6-29)

18 Y dio a Moisés, cuando acabó de hablar con él en el monte de Sinaí, dos tablas del testimonio, tablas de piedra escritas con el dedo de Dios.

32 1 Viendo el pueblo que Moisés tardaba en descender del monte, se acercaron entonces a Aarón, y le dijeron: Levántate, haznos dioses que vayan delante de nosotros; porque a este Moisés, el varón que nos sacó de la tierra de Egipto, no sabemos qué le haya acontecido.ᵃ

2 Y Aarón les dijo: Apartad los zarcillos de oro que están en las orejas de vuestras mujeres, de vuestros hijos y de vuestras hijas, y traédmelos.

3 Entonces todo el pueblo apartó los zarcillos de oro que tenían en sus orejas, y los trajeron a Aarón;

4 y él los tomó de las manos de ellos, y le dio forma con buril, e hizo de ello un becerro de fundición.ᵇ Entonces dijeron: Israel, éstos son tus dioses, que te sacaron de la tierra de Egipto.

5 Y viendo esto Aarón, edificó un altar delante del becerro; y pregonó Aarón, y dijo: Mañana será fiesta para Jehová.

6 Y al día siguiente madrugaron, y ofrecieron holocaustos, y presentaron ofrendas de paz; y se sentó el pueblo a comer y a beber, y se levantó a regocijarse.ᶜ

7 Entonces Jehová dijo a Moisés: Anda, desciende, porque tu pueblo que sacaste de la tierra de Egipto se ha corrompido.

8 Pronto se han apartado del camino que yo les mandé; se han hecho un becerro de fundición, y lo han adorado, y le han ofrecido sacrificios, y han dicho: Israel, éstos son tus dioses, que te sacaron de la tierra de Egipto.

9 Dijo más Jehová a Moisés: Yo he visto a este pueblo, que por cierto es pueblo de dura cerviz.

10 Ahora, pues, déjame que se encienda mi ira en ellos, y los consuma; y de ti yo haré una nación grande.

11 Entonces Moisés oró en presencia de Jehová su Dios, y dijo: Oh Jehová, ¿por qué se encenderá tu furor contra tu pueblo, que tú sacaste de la tierra de Egipto con gran poder y con mano fuerte?

12 ¿Por qué han de hablar los egipcios, diciendo: Para mal los sacó, para matarlos en los montes, y para raerlos de sobre la faz de la tierra? Vuélvete del ardor de tu ira, y arrepiéntete de este mal contra tu pueblo.

13 Acuérdate de Abraham, de Isaac y de Israel tus siervos, a los cuales has jurado por ti mismo, y les has dicho: Yo multiplicaré vuestra descendencia como las estrellas del cielo;ᵈ y daré a vuestra descendencia toda esta tierra de que he hablado, y la tomarán por heredad para siempre.ᵉ

14 Entonces Jehová se arrepintió del mal que dijo que había de hacer a su pueblo.ᶠ

15 Y volvió Moisés y descendió del monte, trayendo en su mano las dos tablas del testimonio, las tablas escritas por ambos lados; de uno y otro lado estaban escritas.

16 Y las tablas eran obra de Dios, y la escritura era escritura de Dios grabada sobre las tablas.

17 Cuando oyó Josué el clamor del pueblo que gritaba, dijo a Moisés: Alarido de pelea hay en el campamento.

18 Y él respondió: No es voz de alaridos de fuertes, ni voz de alaridos de débiles; voz de cantar oigo yo.

---

19 Y aconteció que cuando él llegó al campamento, y vio el becerro y las danzas, ardió la ira de Moisés, y arrojó las tablas de sus manos, y las quebró al pie del monte.

20 Y tomó el becerro que habían hecho, y lo quemó en el fuego, y lo molió hasta reducirlo a polvo, que esparció sobre las aguas, y lo dio a beber a los hijos de Israel.

21 Y dijo Moisés a Aarón: ¿Qué te ha hecho este pueblo, que has traído sobre él tan gran pecado?

22 Y respondió Aarón: No se enoje mi señor; tú conoces al pueblo, que es inclinado a mal.

23 Porque me dijeron: Haznos dioses que vayan delante de nosotros; porque a este Moisés, el varón que nos sacó de la tierra de Egipto, no sabemos qué le haya acontecido.

24 Y yo les respondí: ¿Quién tiene oro? Apartadlo. Y me lo dieron, y lo eché en el fuego, y salió este becerro.

25 Y viendo Moisés que el pueblo estaba desenfrenado, porque Aarón lo había permitido, para vergüenza entre sus enemigos,

26 se puso Moisés a la puerta del campamento, y dijo: ¿Quién está por Jehová? Júntese conmigo. Y se juntaron con él todos los hijos de Leví.

27 Y él les dijo: Así ha dicho Jehová, el Dios de Israel: Poned cada uno su espada sobre su muslo; pasad y volved de puerta a puerta por el campamento, y matad cada uno a su hermano, y a su amigo, y a su pariente.

28 Y los hijos de Leví lo hicieron conforme al dicho de Moisés; y cayeron del pueblo en aquel día como tres mil hombres.

29 Entonces Moisés dijo: Hoy os habéis consagrado a Jehová, pues cada uno se ha consagrado en su hijo y en su hermano, para que él dé bendición hoy sobre vosotros.

30 Y aconteció que al día siguiente dijo Moisés al pueblo: Vosotros habéis cometido un gran pecado, pero yo subiré ahora a Jehová; quizá le aplacaré acerca de vuestro pecado.

31 Entonces volvió Moisés a Jehová, y dijo: Te ruego, pues este pueblo ha cometido un gran pecado, porque se hicieron dioses de oro,

32 que perdones ahora su pecado, y si no, ráeme ahora de tu libro que has escrito.[g]

33 Y Jehová respondió a Moisés: Al que pecare contra mí, a éste raeré yo de mi libro.

34 Ve, pues, ahora, lleva a este pueblo a donde te he dicho; he aquí mi ángel irá delante de ti; pero en el día del castigo, yo castigaré en ellos su pecado.

35 Y Jehová hirió al pueblo, porque habían hecho el becerro que formó Aarón.

La presencia de Dios prometida

33 **1** Jehová dijo a Moisés: Anda, sube de aquí, tú y el pueblo que sacaste de la tierra de Egipto, a la tierra de la cual juré a Abraham,[a] Isaac[b] y Jacob,[c] diciendo: A tu descendencia la daré;

2 y yo enviaré delante de ti el ángel, y echaré fuera al cananeo y al amorreo, al heteo, al ferezeo, al heveo y al jebuseo

3 (a la tierra que fluye leche y miel); pero yo no subiré en medio de ti, porque eres pueblo de dura cerviz, no sea que te consuma en el camino.

4 Y oyendo el pueblo esta mala noticia, vistieron luto, y ninguno se puso sus atavíos.

5 Porque Jehová había dicho a Moisés: Di a los hijos de Israel: Vosotros sois pueblo de dura cerviz; en un momento subiré en medio de ti, y te consumiré. Quítate, pues, ahora tus atavíos, para que yo sepa lo que te he de hacer.

6 Entonces los hijos de Israel se despojaron de sus atavíos desde el monte Horeb.

7 Y Moisés tomó el tabernáculo, y lo levantó lejos, fuera del campamento, y lo llamó el Tabernáculo de Reunión. Y cualquiera que buscaba a Jehová, salía al tabernáculo de reunión que estaba fuera del campamento.

8 Y sucedía que cuando salía Moisés al tabernáculo, todo el pueblo se levantaba, y cada cual estaba en pie a la puerta de su tienda, y miraban en pos de Moisés, hasta que él entraba en el tabernáculo.

9 Cuando Moisés entraba en el tabernáculo, la columna de nube descendía y se ponía a la puerta del tabernáculo, y Jehová hablaba con Moisés.

g 32.32 Ap 3.5.　**a 33.1** Gn 12.7.　**b 33.1** Gn 26.3.
c 33.1 Gn 28.13.

10 Y viendo todo el pueblo la columna de nube que estaba a la puerta del tabernáculo, se levantaba cada uno a la puerta de su tienda y adoraba.

11 Y hablaba Jehová a Moisés cara a cara, como habla cualquiera a su compañero. Y él volvía al campamento; pero el joven Josué hijo de Nun, su servidor, nunca se apartaba de en medio del tabernáculo.

12 Y dijo Moisés a Jehová: Mira, tú me dices a mí: Saca este pueblo; y tú no me has declarado a quién enviarás conmigo. Sin embargo, tú dices: Yo te he conocido por tu nombre, y has hallado también gracia en mis ojos.

13 Ahora, pues, si he hallado gracia en tus ojos, te ruego que me muestres ahora tu camino, para que te conozca, y halle gracia en tus ojos; y mira que esta gente es pueblo tuyo.

14 Y él dijo: Mi presencia irá contigo, y te daré descanso.

15 Y Moisés respondió: Si tu presencia no ha de ir conmigo, no nos saques de aquí.

16 ¿Y en qué se conocerá aquí que he hallado gracia en tus ojos, yo y tu pueblo, sino en que tú andes con nosotros, y que yo y tu pueblo seamos apartados de todos los pueblos que están sobre la faz de la tierra?

17 Y Jehová dijo a Moisés: También haré esto que has dicho, por cuanto has hallado gracia en mis ojos, y te he conocido por tu nombre.

18 Él entonces dijo: Te ruego que me muestres tu gloria.

19 Y le respondió: Yo haré pasar todo mi bien delante de tu rostro, y proclamaré el nombre de Jehová delante de ti; y tendré misericordia del que tendré misericordia, y seré clemente para con el que seré clemente.[d]

20 Dijo más: No podrás ver mi rostro; porque no me verá hombre, y vivirá.

21 Y dijo aún Jehová: He aquí un lugar junto a mí, y tú estarás sobre la peña;

22 y cuando pase mi gloria, yo te pondré en una hendidura de la peña, y te cubriré con mi mano hasta que haya pasado.

23 Después apartaré mi mano, y verás mis espaldas; mas no se verá mi rostro.

El pacto renovado
(Dt 10.1-5)

34 **1** Y Jehová dijo a Moisés: Alísate dos tablas de piedra como las primeras, y escribiré sobre esas tablas las palabras que estaban en las tablas primeras que quebraste.

2 Prepárate, pues, para mañana, y sube de mañana al monte de Sinaí, y preséntate ante mí sobre la cumbre del monte.

3 Y no suba hombre contigo, ni parezca alguno en todo el monte; ni ovejas ni bueyes pazcan delante del monte.

4 Y Moisés alisó dos tablas de piedra como las primeras; y se levantó de mañana y subió al monte Sinaí, como le mandó Jehová, y llevó en su mano las dos tablas de piedra.

5 Y Jehová descendió en la nube, y estuvo allí con él, proclamando el nombre de Jehová.

6 Y pasando Jehová por delante de él, proclamó: ¡Jehová! ¡Jehová! fuerte, misericordioso y piadoso; tardo para la ira, y grande en misericordia y verdad;

7 que guarda misericordia a millares, que perdona la iniquidad, la rebelión y el pecado, y que de ningún modo tendrá por inocente al malvado; que visita la iniquidad de los padres sobre los hijos y sobre los hijos de los hijos, hasta la tercera y cuarta generación.[a]

8 Entonces Moisés, apresurándose, bajó la cabeza hacia el suelo y adoró.

9 Y dijo: Si ahora, Señor, he hallado gracia en tus ojos, vaya ahora el Señor en medio de nosotros; porque es un pueblo de dura cerviz; y perdona nuestra iniquidad y nuestro pecado, y tómanos por tu heredad.

10 Y él contestó: He aquí, yo hago pacto delante de todo tu pueblo; haré maravillas que no han sido hechas en toda la tierra, ni en nación alguna, y verá todo el pueblo en medio del cual estás tú, la obra de Jehová; porque será cosa tremenda la que yo haré contigo.

Advertencia contra la idolatría de Canaán
(Dt 7.1-5)

11 Guarda lo que yo te mando hoy; he aquí que yo echo de delante de tu

---

d 33.19 Ro 9.15.   **a 34.6, 7** Éx 20.5, 6; Nm 14.18; Dt 5.9, 10; 7.9, 10.

presencia al amorreo, al cananeo, al heteo, al ferezeo, al heveo y al jebuseo.

[12] Guárdate de hacer alianza con los moradores de la tierra donde has de entrar, para que no sean tropezadero en medio de ti.

[13] Derribaréis sus altares, y quebraréis sus estatuas, y cortaréis sus imágenes de Asera.[b]

[14] Porque no te has de inclinar a ningún otro dios, pues Jehová, cuyo nombre es Celoso, Dios celoso es.

[15] Por tanto, no harás alianza con los moradores de aquella tierra; porque fornicarán en pos de sus dioses, y ofrecerán sacrificios a sus dioses, y te invitarán, y comerás de sus sacrificios;

[16] o tomando de sus hijas para tus hijos, y fornicando sus hijas en pos de sus dioses, harán fornicar también a tus hijos en pos de los dioses de ellas.

[17] No te harás dioses de fundición.[c]

Fiestas anuales
(Éx 23.14-19; Dt 16.1-17)

[18] La fiesta de los panes sin levadura guardarás;[d] siete días comerás pan sin levadura, según te he mandado, en el tiempo señalado del mes de Abib; porque en el mes de Abib saliste de Egipto.

[19] Todo primer nacido, mío es;[e] y de tu ganado todo primogénito de vaca o de oveja, que sea macho.

[20] Pero redimirás con cordero el primogénito del asno; y si no lo redimieres, quebrarás su cerviz. Redimirás todo primogénito de tus hijos;[f] y ninguno se presentará delante de mí con las manos vacías.

[21] Seis días trabajarás, mas en el séptimo día descansarás;[g] aun en la arada y en la siega, descansarás.

[22] También celebrarás la fiesta de las semanas, la de las primicias de la siega del trigo,[h] y la fiesta de la cosecha a la salida del año.[i]

[23] Tres veces en el año se presentará todo varón tuyo delante de Jehová el Señor, Dios de Israel.

[24] Porque yo arrojaré a las naciones de tu presencia, y ensancharé tu territorio; y ninguno codiciará tu tierra, cuando subas para presentarte delante de Jehová tu Dios tres veces en el año.

[25] No ofrecerás cosa leudada junto con la sangre de mi sacrificio, ni se dejará hasta la mañana nada del sacrificio de la fiesta de la pascua.[j]

[26] Las primicias de los primeros frutos de tu tierra llevarás a la casa de Jehová tu Dios.[k] No cocerás el cabrito en la leche de su madre.[l]

Moisés y las tablas de la ley

[27] Y Jehová dijo a Moisés: Escribe tú estas palabras; porque conforme a estas palabras he hecho pacto contigo y con Israel.

[28] Y él estuvo allí con Jehová cuarenta días y cuarenta noches; no comió pan, ni bebió agua; y escribió en tablas las palabras del pacto, los diez mandamientos.

[29] Y aconteció que descendiendo Moisés del monte Sinaí con las dos tablas del testimonio en su mano, al descender del monte, no sabía Moisés que la piel de su rostro resplandecía, después que hubo hablado con Dios.

[30] Y Aarón y todos los hijos de Israel miraron a Moisés, y he aquí la piel de su rostro era resplandeciente; y tuvieron miedo de acercarse a él.

[31] Entonces Moisés los llamó; y Aarón y todos los príncipes de la congregación volvieron a él, y Moisés les habló.

[32] Después se acercaron todos los hijos de Israel, a los cuales mandó todo lo que Jehová le había dicho en el monte Sinaí.

[33] Y cuando acabó Moisés de hablar con ellos, puso un velo sobre su rostro.

[34] Cuando venía Moisés delante de Jehová para hablar con él, se quitaba el velo hasta que salía; y saliendo, decía a los hijos de Israel lo que le era mandado.

[35] Y al mirar los hijos de Israel el rostro de Moisés, veían que la piel de su rostro era resplandeciente; y volvía Moisés a poner el velo sobre su rostro, hasta que entraba a hablar con Dios.[m]

Reglamento del día de reposo

35 [1] Moisés convocó a toda la congregación de los hijos de Israel y les dijo: Éstas son las cosas que Jehová ha mandado que sean hechas:

b 34.13 Dt 16.21.   c 34.17 Éx 20.4; Lv 19.4; Dt 5.8; 27.15.
d 34.18 Éx 12.14-20; Lv 23.6-8; Nm 28.16-25.
e 34.19 Éx 13.2.   f 34.20 Éx 13.13.   g 34.21 Éx 20.9, 10;
23.12; 31.15; 35.2; Lv 23.3; Dt 5.13, 14.   h 34.22 Lv 23.15-21;
Nm 28.26-31.   i 34.22 Lv 23.39-43.   j 34.25 Éx 12.10.
k 34.26 Dt 26.2.   l 34.26 Dt 14.21.   m 34.29-35 2 Co 3.7-16.

2 Seis días se trabajará, mas el día séptimo os será santo, día de reposo* para Jehová; cualquiera que en él hiciere trabajo alguno, morirá.ᵃ

3 No encenderéis fuego en ninguna de vuestras moradas en el día de reposo.*

La ofrenda para el tabernáculo
(Éx 25.1-9)

4 Y habló Moisés a toda la congregación de los hijos de Israel, diciendo: Esto es lo que Jehová ha mandado:

5 Tomad de entre vosotros ofrenda para Jehová; todo generoso de corazón la traerá a Jehová; oro, plata, bronce,

6 azul, púrpura, carmesí, lino fino, pelo de cabras,

7 pieles de carneros teñidas de rojo, pieles de tejones, madera de acacia,

8 aceite para el alumbrado, especias para el aceite de la unción y para el incienso aromático,

9 y piedras de ónice y piedras de engaste para el efod y para el pectoral.

La obra del tabernáculo
(Éx 39.32-43)

10 Todo sabio de corazón de entre vosotros vendrá y hará todas las cosas que Jehová ha mandado:

11 el tabernáculo, su tienda, su cubierta, sus corchetes, sus tablas, sus barras, sus columnas y sus basas;

12 el arca y sus varas, el propiciatorio, el velo de la tienda;

13 la mesa y sus varas, y todos sus utensilios, y el pan de la proposición;

14 el candelero del alumbrado y sus utensilios, sus lámparas, y el aceite para el alumbrado;

15 el altar del incienso y sus varas, el aceite de la unción, el incienso aromático, la cortina de la puerta para la entrada del tabernáculo;

16 el altar del holocausto, su enrejado de bronce y sus varas, y todos sus utensilios, y la fuente con su base;

17 las cortinas del atrio, sus columnas y sus basas, la cortina de la puerta del atrio;

18 las estacas del tabernáculo, y las estacas del atrio y sus cuerdas;

19 las vestiduras del servicio para ministrar en el santuario, las sagradas vestiduras de Aarón el sacerdote, y las vestiduras de sus hijos para servir en el sacerdocio.

El pueblo trae la ofrenda

20 Y salió toda la congregación de los hijos de Israel de delante de Moisés.

21 Y vino todo varón a quien su corazón estimuló, y todo aquel a quien su espíritu le dio voluntad, con ofrenda a Jehová para la obra del tabernáculo de reunión y para toda su obra, y para las sagradas vestiduras.

22 Vinieron así hombres como mujeres, todos los voluntarios de corazón, y trajeron cadenas y zarcillos, anillos y brazaletes y toda clase de joyas de oro; y todos presentaban ofrenda de oro a Jehová.

23 Todo hombre que tenía azul, púrpura, carmesí, lino fino, pelo de cabras, pieles de carneros teñidas de rojo, o pieles de tejones, lo traía.

24 Todo el que ofrecía ofrenda de plata o de bronce traía a Jehová la ofrenda; y todo el que tenía madera de acacia la traía para toda la obra del servicio.

25 Además todas las mujeres sabias de corazón hilaban con sus manos, y traían lo que habían hilado: azul, púrpura, carmesí o lino fino.

26 Y todas las mujeres cuyo corazón las impulsó en sabiduría hilaron pelo de cabra.

27 Los príncipes trajeron piedras de ónice, y las piedras de los engastes para el efod y el pectoral,

28 y las especias aromáticas, y el aceite para el alumbrado, y para el aceite de la unción, y para el incienso aromático.

29 De los hijos de Israel, así hombres como mujeres, todos los que tuvieron corazón voluntario para traer para toda la obra, que Jehová había mandado por medio de Moisés que hiciesen, trajeron ofrenda voluntaria a Jehová.

Llamamiento de Bezaleel y de Aholiab
(Éx 31.1-11)

30 Y dijo Moisés a los hijos de Israel: Mirad, Jehová ha nombrado a Bezaleel hijo de Uri, hijo de Hur, de la tribu de Judá;

---

* Aquí equivale a *sábado.*
ᵃ **35.2** Éx 20.8-11; 23.12; 31.15; 34.21; Lv 23.3; Dt 5.12-14.

³¹ y lo ha llenado del Espíritu de Dios, en sabiduría, en inteligencia, en ciencia y en todo arte,

³² para proyectar diseños, para trabajar en oro, en plata y en bronce,

³³ y en la talla de piedras de engaste, y en obra de madera, para trabajar en toda labor ingeniosa.

³⁴ Y ha puesto en su corazón el que pueda enseñar, así él como Aholiab hijo de Ahisamac, de la tribu de Dan;

³⁵ y los ha llenado de sabiduría de corazón, para que hagan toda obra de arte y de invención, y de bordado en azul, en púrpura, en carmesí, en lino fino y en telar, para que hagan toda labor, e inventen todo diseño.

36 ¹ Así, pues, Bezaleel y Aholiab, y todo hombre sabio de corazón a quien Jehová dio sabiduría e inteligencia para saber hacer toda la obra del servicio del santuario, harán todas las cosas que ha mandado Jehová.

Moisés suspende la ofrenda del pueblo

² Y Moisés llamó a Bezaleel y a Aholiab y a todo varón sabio de corazón, en cuyo corazón había puesto Jehová sabiduría, todo hombre a quien su corazón le movió a venir a la obra para trabajar en ella.

³ Y tomaron de delante de Moisés toda la ofrenda que los hijos de Israel habían traído para la obra del servicio del santuario, a fin de hacerla. Y ellos seguían trayéndole ofrenda voluntaria cada mañana.

⁴ Tanto, que vinieron todos los maestros que hacían toda la obra del santuario, cada uno de la obra que hacía,

⁵ y hablaron a Moisés, diciendo: El pueblo trae mucho más de lo que se necesita para la obra que Jehová ha mandado que se haga.

⁶ Entonces Moisés mandó pregonar por el campamento, diciendo: Ningún hombre ni mujer haga más para la ofrenda del santuario. Así se le impidió al pueblo ofrecer más;

⁷ pues tenían material abundante para hacer toda la obra, y sobraba.

Construcción del tabernáculo

(Éx 26.1-37)

⁸ Todos los sabios de corazón de entre los que hacían la obra, hicieron el tabernáculo de diez cortinas de lino torcido, azul, púrpura y carmesí; las hicieron con querubines de obra primorosa.

⁹ La longitud de una cortina era de veintiocho codos, y la anchura de cuatro codos; todas las cortinas eran de igual medida.

¹⁰ Cinco de las cortinas las unió entre sí, y asimismo unió las otras cinco cortinas entre sí.

¹¹ E hizo lazadas de azul en la orilla de la cortina que estaba al extremo de la primera serie; e hizo lo mismo en la orilla de la cortina final de la segunda serie.

¹² Cincuenta lazadas hizo en la primera cortina, y otras cincuenta en la orilla de la cortina de la segunda serie; las lazadas de la una correspondían a las de la otra.

¹³ Hizo también cincuenta corchetes de oro, con los cuales enlazó las cortinas una con otra, y así quedó formado un tabernáculo.

¹⁴ Hizo asimismo cortinas de pelo de cabra para una tienda sobre el tabernáculo; once cortinas hizo.

¹⁵ La longitud de una cortina era de treinta codos, y la anchura de cuatro codos; las once cortinas tenían una misma medida.

¹⁶ Y unió cinco de las cortinas aparte, y las otras seis cortinas aparte.

¹⁷ Hizo además cincuenta lazadas en la orilla de la cortina que estaba al extremo de la primera serie, y otras cincuenta lazadas en la orilla de la cortina final de la segunda serie.

¹⁸ Hizo también cincuenta corchetes de bronce para enlazar la tienda, de modo que fuese una.

¹⁹ E hizo para la tienda una cubierta de pieles de carneros teñidas de rojo, y otra cubierta de pieles de tejones encima.

²⁰ Además hizo para el tabernáculo las tablas de madera de acacia, derechas.

²¹ La longitud de cada tabla era de diez codos, y de codo y medio la anchura.

²² Cada tabla tenía dos espigas, para unirlas una con otra; así hizo todas las tablas del tabernáculo.

²³ Hizo, pues, las tablas para el tabernáculo; veinte tablas al lado del sur, al mediodía.

²⁴ Hizo también cuarenta basas de plata debajo de las veinte tablas: dos basas debajo de una tabla, para sus dos espigas, y dos basas debajo de otra tabla para sus dos espigas.

25 Y para el otro lado del tabernáculo, al lado norte, hizo otras veinte tablas,
26 con sus cuarenta basas de plata; dos basas debajo de una tabla, y dos basas debajo de otra tabla.
27 Y para el lado occidental del tabernáculo hizo seis tablas.
28 Para las esquinas del tabernáculo en los dos lados hizo dos tablas,
29 las cuales se unían desde abajo, y por arriba se ajustaban con un gozne; así hizo a la una y a la otra en las dos esquinas.
30 Eran, pues, ocho tablas, y sus basas de plata dieciséis; dos basas debajo de cada tabla.
31 Hizo también las barras de madera de acacia; cinco para las tablas de un lado del tabernáculo,
32 cinco barras para las tablas del otro lado del tabernáculo, y cinco barras para las tablas del lado posterior del tabernáculo hacia el occidente.
33 E hizo que la barra de en medio pasase por en medio de las tablas de un extremo al otro.
34 Y cubrió de oro las tablas, e hizo de oro los anillos de ellas, por donde pasasen las barras; cubrió también de oro las barras.
35 Hizo asimismo el velo de azul, púrpura, carmesí y lino torcido; lo hizo con querubines de obra primorosa.
36 Y para él hizo cuatro columnas de madera de acacia, y las cubrió de oro, y sus capiteles eran de oro; y fundió para ellas cuatro basas de plata.
37 Hizo también el velo para la puerta del tabernáculo, de azul, púrpura, carmesí y lino torcido, obra de recamador;
38 y sus cinco columnas con sus capiteles; y cubrió de oro los capiteles y las molduras, e hizo de bronce sus cinco basas.

Mobiliario del tabernáculo
(Éx 25.10-40; 27.1-8; 30.1-10)

37 1 Hizo también Bezaleel el arca de madera de acacia; su longitud era de dos codos y medio, su anchura de codo y medio, y su altura de codo y medio.
2 Y la cubrió de oro puro por dentro y por fuera, y le hizo una cornisa de oro en derredor.
3 Además fundió para ella cuatro anillos de oro a sus cuatro esquinas; en un lado dos anillos y en el otro lado dos anillos.

4 Hizo también varas de madera de acacia, y las cubrió de oro.
5 Y metió las varas por los anillos a los lados del arca, para llevar el arca.
6 Hizo asimismo el propiciatorio de oro puro; su longitud de dos codos y medio, y su anchura de codo y medio.
7 Hizo también los dos querubines de oro, labrados a martillo, en los dos extremos del propiciatorio.
8 Un querubín a un extremo, y otro querubín al otro extremo; de una pieza con el propiciatorio hizo los querubines a sus dos extremos.
9 Y los querubines extendían sus alas por encima, cubriendo con sus alas el propiciatorio; y sus rostros el uno enfrente del otro miraban hacia el propiciatorio.
10 Hizo también la mesa de madera de acacia; su longitud de dos codos, su anchura de un codo, y de codo y medio su altura;
11 y la cubrió de oro puro, y le hizo una cornisa de oro alrededor.
12 Le hizo también una moldura de un palmo menor de anchura alrededor, e hizo en derredor de la moldura una cornisa de oro.
13 Le hizo asimismo de fundición cuatro anillos de oro, y los puso a las cuatro esquinas que correspondían a las cuatro patas de ella.
14 Debajo de la moldura estaban los anillos, por los cuales se metían las varas para llevar la mesa.
15 E hizo las varas de madera de acacia para llevar la mesa, y las cubrió de oro.
16 También hizo los utensilios que habían de estar sobre la mesa, sus platos, sus cucharas, sus cubiertos y sus tazones con que se había de libar, de oro fino.
17 Hizo asimismo el candelero de oro puro, labrado a martillo; su pie, su caña, sus copas, sus manzanas y sus flores eran de lo mismo.
18 De sus lados salían seis brazos; tres brazos de un lado del candelero, y otros tres brazos del otro lado del candelero.
19 En un brazo, tres copas en forma de flor de almendro, una manzana y una flor, y en otro brazo tres copas en figura de flor de almendro, una manzana y una flor; así en los seis brazos que salían del candelero.

20 Y en la caña del candelero había cuatro copas en figura de flor de almendro, sus manzanas y sus flores,
21 y una manzana debajo de dos brazos del mismo, y otra manzana debajo de otros dos brazos del mismo, y otra manzana debajo de los otros dos brazos del mismo, conforme a los seis brazos que salían de él.
22 Sus manzanas y sus brazos eran de lo mismo; todo era una pieza labrada a martillo, de oro puro.
23 Hizo asimismo sus siete lamparillas, sus despabiladeras y sus platillos, de oro puro.
24 De un talento de oro puro lo hizo, con todos sus utensilios.
25 Hizo también el altar del incienso, de madera de acacia; de un codo su longitud, y de otro codo su anchura; era cuadrado, y su altura de dos codos; y sus cuernos de la misma pieza.
26 Y lo cubrió de oro puro, su cubierta y sus paredes alrededor, y sus cuernos, y le hizo una cornisa de oro alrededor.
27 Le hizo también dos anillos de oro debajo de la cornisa en las dos esquinas a los dos lados, para meter por ellos las varas con que había de ser conducido.
28 E hizo las varas de madera de acacia, y las cubrió de oro.
29 Hizo asimismo el aceite santo de la unción, y el incienso puro, aromático, según el arte del perfumador.[a]

38 **1** Igualmente hizo de madera de acacia el altar del holocausto; su longitud de cinco codos, y su anchura de otros cinco codos, cuadrado, y de tres codos de altura.
2 E hizo sus cuernos a sus cuatro esquinas, los cuales eran de la misma pieza, y lo cubrió de bronce.
3 Hizo asimismo todos los utensilios del altar; calderos, tenazas, tazones, garfios y palas; todos sus utensilios los hizo de bronce.
4 E hizo para el altar un enrejado de bronce de obra de rejilla, que puso por debajo de su cerco hasta la mitad del altar.
5 También fundió cuatro anillos a los cuatro extremos del enrejado de bronce, para meter las varas.
6 E hizo las varas de madera de acacia, y las cubrió de bronce.
7 Y metió las varas por los anillos a los lados del altar, para llevarlo con ellas; hueco lo hizo, de tablas.
8 También hizo la fuente de bronce y su base de bronce,[a] de los espejos de las mujeres que velaban a la puerta del tabernáculo de reunión.

El atrio del tabernáculo
(Éx 27.9-19)

9 Hizo asimismo el atrio; del lado sur, al mediodía, las cortinas del atrio eran de cien codos, de lino torcido.
10 Sus columnas eran veinte, con sus veinte basas de bronce; los capiteles de las columnas y sus molduras, de plata.
11 Y del lado norte cortinas de cien codos; sus columnas, veinte, con sus veinte basas de bronce; los capiteles de las columnas y sus molduras, de plata.
12 Del lado del occidente, cortinas de cincuenta codos; sus columnas diez, y sus diez basas; los capiteles de las columnas y sus molduras, de plata.
13 Del lado oriental, al este, cortinas de cincuenta codos;
14 a un lado cortinas de quince codos, sus tres columnas y sus tres basas;
15 al otro lado, de uno y otro lado de la puerta del atrio, cortinas de quince codos, con sus tres columnas y sus tres basas.
16 Todas las cortinas del atrio alrededor eran de lino torcido.
17 Las basas de las columnas eran de bronce; los capiteles de las columnas y sus molduras, de plata; asimismo las cubiertas de las cabezas de ellas, de plata; y todas las columnas del atrio tenían molduras de plata.
18 La cortina de la entrada del atrio era de obra de recamador, de azul, púrpura, carmesí y lino torcido; era de veinte codos de longitud, y su anchura, o sea su altura, era de cinco codos, lo mismo que las cortinas del atrio.
19 Sus columnas eran cuatro, con sus cuatro basas de bronce y sus capiteles de plata; y las cubiertas de los capiteles de ellas, y sus molduras, de plata.
20 Todas las estacas del tabernáculo y del atrio alrededor eran de bronce.

---

a **37.29** Éx 30.22-38.   a **38.8** Éx 30.18.

Dirección de la obra

21 Éstas son las cuentas del tabernáculo, del tabernáculo del testimonio, las que se hicieron por orden de Moisés por obra de los levitas bajo la dirección de Itamar hijo del sacerdote Aarón.

22 Y Bezaleel hijo de Uri, hijo de Hur, de la tribu de Judá, hizo todas las cosas que Jehová mandó a Moisés.

23 Y con él estaba Aholiab hijo de Ahisamac, de la tribu de Dan, artífice, diseñador y recamador en azul, púrpura, carmesí y lino fino.

Metales usados en el santuario

24 Todo el oro empleado en la obra, en toda la obra del santuario, el cual fue oro de la ofrenda, fue veintinueve talentos y setecientos treinta siclos, según el siclo del santuario.

25 Y la plata de los empadronados de la congregación fue cien talentos y mil setecientos setenta y cinco siclos, según el siclo del santuario;

26 medio siclo[b] por cabeza, según el siclo del santuario; a todos los que pasaron por el censo, de edad de veinte años arriba, que fueron seiscientos tres mil quinientos cincuenta.[c]

27 Hubo además cien talentos de plata para fundir las basas del santuario y las basas del velo; en cien basas, cien talentos, a talento por basa.

28 Y de los mil setecientos setenta y cinco siclos hizo los capiteles de las columnas, y cubrió los capiteles de ellas, y las ciñó.

29 El bronce ofrendado fue setenta talentos y dos mil cuatrocientos siclos,

30 del cual fueron hechas las basas de la puerta del tabernáculo de reunión, y el altar de bronce y su enrejado de bronce, y todos los utensilios del altar,

31 las basas del atrio alrededor, las basas de la puerta del atrio, y todas las estacas del tabernáculo y todas las estacas del atrio alrededor.

Hechura de las vestiduras de los sacerdotes

(Éx 28.1-43)

39 1 Del azul, púrpura y carmesí hicieron las vestiduras del ministerio para ministrar en el santuario, y asimismo hicieron las vestiduras sagradas para Aarón, como Jehová lo había mandado a Moisés.

2 Hizo también el efod de oro, de azul, púrpura, carmesí y lino torcido.

3 Y batieron láminas de oro, y cortaron hilos para tejerlos entre el azul, la púrpura, el carmesí y el lino, con labor primorosa.

4 Hicieron las hombreras para que se juntasen, y se unían en sus dos extremos.

5 Y el cinto del efod que estaba sobre él era de lo mismo, de igual labor; de oro, azul, púrpura, carmesí y lino torcido, como Jehová lo había mandado a Moisés.

6 Y labraron las piedras de ónice montadas en engastes de oro, con grabaduras de sello con los nombres de los hijos de Israel,

7 y las puso sobre las hombreras del efod, por piedras memoriales para los hijos de Israel, como Jehová lo había mandado a Moisés.

8 Hizo también el pectoral de obra primorosa como la obra del efod, de oro, azul, púrpura, carmesí y lino torcido.

9 Era cuadrado; doble hicieron el pectoral; su longitud era de un palmo, y de un palmo su anchura, cuando era doblado.

10 Y engastaron en él cuatro hileras de piedras. La primera hilera era un sardio, un topacio y un carbunclo; ésta era la primera hilera.

11 La segunda hilera, una esmeralda, un zafiro y un diamante.

12 La tercera hilera, un jacinto, una ágata y una amatista.

13 Y la cuarta hilera, un berilo, un ónice y un jaspe, todas montadas y encajadas en engastes de oro.

14 Y las piedras eran conforme a los nombres de los hijos de Israel, doce según los nombres de ellos; como grabaduras de sello, cada una con su nombre, según las doce tribus.

15 Hicieron también sobre el pectoral los cordones de forma de trenza, de oro puro.

16 Hicieron asimismo dos engastes y dos anillos de oro, y pusieron dos anillos de oro en los dos extremos del pectoral,

17 y fijaron los dos cordones de oro en aquellos dos anillos a los extremos del pectoral.

---

b 38.26 Mt 17.24.   c 38.25, 26 Éx 30.11-16.

¹⁸ Fijaron también los otros dos extremos de los dos cordones de oro en los dos engastes que pusieron sobre las hombreras del efod por delante.

¹⁹ E hicieron otros dos anillos de oro que pusieron en los dos extremos del pectoral, en su orilla, frente a la parte baja del efod.

²⁰ Hicieron además dos anillos de oro que pusieron en la parte delantera de las dos hombreras del efod, hacia abajo, cerca de su juntura, sobre el cinto del efod.

²¹ Y ataron el pectoral por sus anillos a los anillos del efod con un cordón de azul, para que estuviese sobre el cinto del mismo efod y no se separase el pectoral del efod, como Jehová lo había mandado a Moisés.

²² Hizo también el manto del efod de obra de tejedor, todo de azul,

²³ con su abertura en medio de él, como el cuello de un coselete, con un borde alrededor de la abertura, para que no se rompiese.

²⁴ E hicieron en las orillas del manto granadas de azul, púrpura, carmesí y lino torcido.

²⁵ Hicieron también campanillas de oro puro, y pusieron campanillas entre las granadas en las orillas del manto, alrededor, entre las granadas;

²⁶ una campanilla y una granada, otra campanilla y otra granada alrededor, en las orillas del manto, para ministrar, como Jehová lo mandó a Moisés.

²⁷ Igualmente hicieron las túnicas de lino fino de obra de tejedor, para Aarón y para sus hijos.

²⁸ Asimismo la mitra de lino fino, y los adornos de las tiaras de lino fino, y los calzoncillos de lino, de lino torcido.

²⁹ También el cinto de lino torcido, de azul, púrpura y carmesí, de obra de recamador, como Jehová lo mandó a Moisés.

³⁰ Hicieron asimismo la lámina de la diadema santa de oro puro, y escribieron en ella como grabado de sello: SANTIDAD A JEHOVÁ.

³¹ Y pusieron en ella un cordón de azul para colocarla sobre la mitra por arriba, como Jehová lo había mandado a Moisés.

La obra del tabernáculo terminada
(Éx 35.10-19)

³² Así fue acabada toda la obra del tabernáculo, del tabernáculo de reunión; e hicieron los hijos de Israel como Jehová lo había mandado a Moisés; así lo hicieron.

³³ Y trajeron el tabernáculo a Moisés, el tabernáculo y todos sus utensilios; sus corchetes, sus tablas, sus barras, sus columnas, sus basas;

³⁴ la cubierta de pieles de carnero teñidas de rojo, la cubierta de pieles de tejones, el velo del frente;

³⁵ el arca del testimonio y sus varas, el propiciatorio;

³⁶ la mesa, todos sus vasos, el pan de la proposición;

³⁷ el candelero puro, sus lamparillas, las lamparillas que debían mantenerse en orden, y todos sus utensilios, el aceite para el alumbrado;

³⁸ el altar de oro, el aceite de la unción, el incienso aromático, la cortina para la entrada del tabernáculo;

³⁹ el altar de bronce con su enrejado de bronce, sus varas y todos sus utensilios, la fuente y su base;

⁴⁰ las cortinas del atrio, sus columnas y sus basas, la cortina para la entrada del atrio, sus cuerdas y sus estacas, y todos los utensilios del servicio del tabernáculo, del tabernáculo de reunión;

⁴¹ las vestiduras del servicio para ministrar en el santuario, las sagradas vestiduras para Aarón el sacerdote, y las vestiduras de sus hijos, para ministrar en el sacerdocio.

⁴² En conformidad a todas las cosas que Jehová había mandado a Moisés, así hicieron los hijos de Israel toda la obra.

⁴³ Y vio Moisés toda la obra, y he aquí que la habían hecho como Jehová había mandado; y los bendijo.

Moisés erige el tabernáculo

40 ¹ Luego Jehová habló a Moisés, diciendo:

² En el primer día del mes primero harás levantar el tabernáculo, el tabernáculo de reunión;

³ y pondrás en él el arca del testimonio, y la cubrirás con el velo.

⁴ Meterás la mesa y la pondrás en orden; meterás también el candelero y encenderás sus lámparas,

⁵ y pondrás el altar de oro para el incienso delante del arca del testimonio, y pondrás

la cortina delante a la entrada del tabernáculo.

⁶ Después pondrás el altar del holocausto delante de la entrada del tabernáculo, del tabernáculo de reunión.

⁷ Luego pondrás la fuente entre el tabernáculo de reunión y el altar, y pondrás agua en ella.

⁸ Finalmente pondrás el atrio alrededor, y la cortina a la entrada del atrio.

⁹ Y tomarás el aceite de la unción y ungirás el tabernáculo, y todo lo que está en él; y lo santificarás con todos sus utensilios, y será santo.

¹⁰ Ungirás también el altar del holocausto y todos sus utensilios; y santificarás el altar, y será un altar santísimo.

¹¹ Asimismo ungirás la fuente y su base, y la santificarás.

¹² Y llevarás a Aarón y a sus hijos a la puerta del tabernáculo de reunión, y los lavarás con agua.

¹³ Y harás vestir a Aarón las vestiduras sagradas, y lo ungirás, y lo consagrarás, para que sea mi sacerdote.

¹⁴ Después harás que se acerquen sus hijos, y les vestirás las túnicas;

¹⁵ y los ungirás, como ungiste a su padre, y serán mis sacerdotes, y su unción les servirá por sacerdocio perpetuo, por sus generaciones.

¹⁶ Y Moisés hizo conforme a todo lo que Jehová le mandó; así lo hizo.

¹⁷ Así, en el día primero del primer mes, en el segundo año, el tabernáculo fue erigido.

¹⁸ Moisés hizo levantar el tabernáculo, y asentó sus basas, y colocó sus tablas, y puso sus barras, e hizo alzar sus columnas.

¹⁹ Levantó la tienda sobre el tabernáculo, y puso la sobrecubierta encima del mismo, como Jehová había mandado a Moisés.

²⁰ Y tomó el testimonio y lo puso dentro del arca, y colocó las varas en el arca, y encima el propiciatorio sobre el arca.

²¹ Luego metió el arca en el tabernáculo, y puso el velo extendido, y ocultó el arca del testimonio, como Jehová había mandado a Moisés.

²² Puso la mesa en el tabernáculo de reunión, al lado norte de la cortina, fuera del velo,

²³ y sobre ella puso por orden los panes delante de Jehová, como Jehová había mandado a Moisés.

²⁴ Puso el candelero en el tabernáculo de reunión, enfrente de la mesa, al lado sur de la cortina,

²⁵ y encendió las lámparas delante de Jehová, como Jehová había mandado a Moisés.

²⁶ Puso también el altar de oro en el tabernáculo de reunión, delante del velo,

²⁷ y quemó sobre él incienso aromático, como Jehová había mandado a Moisés.

²⁸ Puso asimismo la cortina a la entrada del tabernáculo.

²⁹ Y colocó el altar del holocausto a la entrada del tabernáculo, del tabernáculo de reunión, y sacrificó sobre él holocausto y ofrenda, como Jehová había mandado a Moisés.

³⁰ Y puso la fuente entre el tabernáculo de reunión y el altar, y puso en ella agua para lavar.

³¹ Y Moisés y Aarón y sus hijos lavaban en ella sus manos y sus pies.

³² Cuando entraban en el tabernáculo de reunión, y cuando se acercaban al altar, se lavaban, como Jehová había mandado a Moisés.

³³ Finalmente erigió el atrio alrededor del tabernáculo y del altar, y puso la cortina a la entrada del atrio. Así acabó Moisés la obra.

La nube sobre el tabernáculo
(Nm 9.15-23)

³⁴ Entonces una nube cubrió el tabernáculo de reunión, y la gloria de Jehová llenó el tabernáculo.

³⁵ Y no podía Moisés entrar en el tabernáculo de reunión, porque la nube estaba sobre él, y la gloria de Jehová lo llenaba.

³⁶ Y cuando la nube se alzaba del tabernáculo, los hijos de Israel se movían en todas sus jornadas;

³⁷ pero si la nube no se alzaba, no se movían hasta el día en que ella se alzaba.

³⁸ Porque la nube de Jehová estaba de día sobre el tabernáculo, y el fuego estaba de noche sobre él, a vista de toda la casa de Israel, en todas sus jornadas.

LEVÍTICO

Los holocaustos

1 ¹ Llamó Jehová a Moisés, y habló con él desde el tabernáculo de reunión, diciendo:

² Habla a los hijos de Israel y diles: Cuando alguno de entre vosotros ofrece ofrenda a Jehová, de ganado vacuno u ovejuno haréis vuestra ofrenda.

³ Si su ofrenda fuere holocausto vacuno, macho sin defecto lo ofrecerá; de su voluntad lo ofrecerá a la puerta del tabernáculo de reunión delante de Jehová.

⁴ Y pondrá su mano sobre la cabeza del holocausto, y será aceptado para expiación suya.

⁵ Entonces degollará el becerro en la presencia de Jehová; y los sacerdotes hijos de Aarón ofrecerán la sangre, y la rociarán alrededor sobre el altar, el cual está a la puerta del tabernáculo de reunión.

⁶ Y desollará el holocausto, y lo dividirá en sus piezas.

⁷ Y los hijos del sacerdote Aarón pondrán fuego sobre el altar, y compondrán la leña sobre el fuego.

⁸ Luego los sacerdotes hijos de Aarón acomodarán las piezas, la cabeza y la grosura de los intestinos, sobre la leña que está sobre el fuego que habrá encima del altar;

⁹ y lavará con agua los intestinos y las piernas, y el sacerdote hará arder todo sobre el altar; holocausto es, ofrenda encendida de olor grato para Jehová.

¹⁰ Si su ofrenda para holocausto fuere del rebaño, de las ovejas o de las cabras, macho sin defecto lo ofrecerá.

¹¹ Y lo degollará al lado norte del altar delante de Jehová; y los sacerdotes hijos de Aarón rociarán su sangre sobre el altar alrededor.

¹² Lo dividirá en sus piezas, con su cabeza y la grosura de los intestinos; y el sacerdote las acomodará sobre la leña que está sobre el fuego que habrá encima del altar;

¹³ y lavará las entrañas y las piernas con agua; y el sacerdote lo ofrecerá todo, y lo hará arder sobre el altar; holocausto es, ofrenda encendida de olor grato para Jehová.

¹⁴ Si la ofrenda para Jehová fuere holocausto de aves, presentará su ofrenda de tórtolas, o de palominos.

¹⁵ Y el sacerdote la ofrecerá sobre el altar, y le quitará la cabeza, y hará que arda en el altar; y su sangre será exprimida sobre la pared del altar.

¹⁶ Y le quitará el buche y las plumas, lo cual echará junto al altar, hacia el oriente, en el lugar de las cenizas.

¹⁷ Y la hendrá por sus alas, pero no la dividirá en dos; y el sacerdote la hará arder sobre el altar, sobre la leña que estará en el fuego; holocausto es, ofrenda encendida de olor grato para Jehová.

Las ofrendas

2 ¹ Cuando alguna persona ofreciere oblación a Jehová, su ofrenda será flor de harina, sobre la cual echará aceite, y pondrá sobre ella incienso,

² y la traerá a los sacerdotes, hijos de Aarón; y de ello tomará el sacerdote su puño lleno de la flor de harina y del aceite, con todo el incienso, y lo hará arder sobre el altar para memorial; ofrenda encendida es, de olor grato a Jehová.

³ Y lo que resta de la ofrenda será de Aarón y de sus hijos; es cosa santísima de las ofrendas que se queman para Jehová.

⁴ Cuando ofrecieres ofrenda cocida en horno, será de tortas de flor de harina sin levadura amasadas con aceite, y hojaldres sin levadura untadas con aceite.

⁵ Mas si ofrecieres ofrenda de sartén, será de flor de harina sin levadura, amasada con aceite,

⁶ la cual partirás en piezas, y echarás sobre ella aceite; es ofrenda.

⁷ Si ofrecieres ofrenda cocida en cazuela, se hará de flor de harina con aceite.

8 Y traerás a Jehová la ofrenda que se hará de estas cosas, y la presentarás al sacerdote, el cual la llevará al altar.

9 Y tomará el sacerdote de aquella ofrenda lo que sea para su memorial, y lo hará arder sobre el altar; ofrenda encendida de olor grato a Jehová.

10 Y lo que resta de la ofrenda será de Aarón y de sus hijos; es cosa santísima de las ofrendas que se queman para Jehová.

11 Ninguna ofrenda que ofreciereis a Jehová será con levadura; porque de ninguna cosa leuda, ni de ninguna miel, se ha de quemar ofrenda para Jehová.

12 Como ofrenda de primicias las ofreceréis a Jehová; mas no subirán sobre el altar en olor grato.

13 Y sazonarás con sal toda ofrenda que presentes, y no harás que falte jamás de tu ofrenda la sal del pacto de tu Dios; en toda ofrenda tuya ofrecerás sal.

14 Si ofrecieres a Jehová ofrenda de primicias, tostarás al fuego las espigas verdes, y el grano desmenuzado ofrecerás como ofrenda de tus primicias.

15 Y pondrás sobre ella aceite, y pondrás sobre ella incienso; es ofrenda.

16 Y el sacerdote hará arder el memorial de él, parte del grano desmenuzado y del aceite, con todo el incienso; es ofrenda encendida para Jehová.

Ofrendas de paz

3 **1** Si su ofrenda fuere sacrificio de paz, si hubiere de ofrecerla de ganado vacuno, sea macho o hembra, sin defecto la ofrecerá delante de Jehová.

2 Pondrá su mano sobre la cabeza de su ofrenda, y la degollará a la puerta del tabernáculo de reunión; y los sacerdotes hijos de Aarón rociarán su sangre sobre el altar alrededor.

3 Luego ofrecerá del sacrificio de paz, como ofrenda encendida a Jehová, la grosura que cubre los intestinos, y toda la grosura que está sobre las entrañas,

4 y los dos riñones y la grosura que está sobre ellos, y sobre los ijares; y con los riñones quitará la grosura de los intestinos que está sobre el hígado.

5 Y los hijos de Aarón harán arder esto en el altar, sobre el holocausto que estará sobre la leña que habrá encima del fuego; es ofrenda de olor grato para Jehová.

6 Mas si de ovejas fuere su ofrenda para sacrificio de paz a Jehová, sea macho o hembra, la ofrecerá sin defecto.

7 Si ofreciere cordero por su ofrenda, lo ofrecerá delante de Jehová.

8 Pondrá su mano sobre la cabeza de su ofrenda, y después la degollará delante del tabernáculo de reunión; y los hijos de Aarón rociarán su sangre sobre el altar alrededor.

9 Y del sacrificio de paz ofrecerá por ofrenda encendida a Jehová la grosura, la cola entera, la cual quitará a raíz del espinazo, la grosura que cubre todos los intestinos, y toda la que está sobre las entrañas.

10 Asimismo los dos riñones y la grosura que está sobre ellos, y la que está sobre los ijares; y con los riñones quitará la grosura de sobre el hígado.

11 Y el sacerdote hará arder esto sobre el altar; vianda es de ofrenda encendida para Jehová.

12 Si fuere cabra su ofrenda, la ofrecerá delante de Jehová.

13 Pondrá su mano sobre la cabeza de ella, y la degollará delante del tabernáculo de reunión; y los hijos de Aarón rociarán su sangre sobre el altar alrededor.

14 Después ofrecerá de ella su ofrenda encendida a Jehová; la grosura que cubre los intestinos, y toda la grosura que está sobre las entrañas,

15 los dos riñones, la grosura que está sobre ellos, y la que está sobre los ijares; y con los riñones quitará la grosura de sobre el hígado.

16 Y el sacerdote hará arder esto sobre el altar; vianda es de ofrenda que se quema en olor grato a Jehová; toda la grosura es de Jehová.

17 Estatuto perpetuo será por vuestras edades, dondequiera que habitéis, que ninguna grosura ni ninguna sangre comeréis.

Ofrendas por el pecado

4 **1** Habló Jehová a Moisés, diciendo:

2 Habla a los hijos de Israel y diles: Cuando alguna persona pecare por yerro en alguno de los mandamientos de Jehová sobre cosas que no se han de hacer, e hiciere alguna de ellas;

3 si el sacerdote ungido pecare según el pecado del pueblo, ofrecerá a Jehová, por su pecado que habrá cometido, un becerro sin defecto para expiación.

4 Traerá el becerro a la puerta del tabernáculo de reunión delante de Jehová, y pondrá su mano sobre la cabeza del becerro, y lo degollará delante de Jehová.

5 Y el sacerdote ungido tomará de la sangre del becerro, y la traerá al tabernáculo de reunión;

6 y mojará el sacerdote su dedo en la sangre, y rociará de aquella sangre siete veces delante de Jehová, hacia el velo del santuario.

7 Y el sacerdote pondrá de esa sangre sobre los cuernos del altar del incienso aromático, que está en el tabernáculo de reunión delante de Jehová; y echará el resto de la sangre del becerro al pie del altar del holocausto, que está a la puerta del tabernáculo de reunión.

8 Y tomará del becerro para la expiación toda su grosura, la que cubre los intestinos, y la que está sobre las entrañas,

9 los dos riñones, la grosura que está sobre ellos, y la que está sobre los ijares; y con los riñones quitará la grosura de sobre el hígado,

10 de la manera que se quita del buey del sacrificio de paz; y el sacerdote la hará arder sobre el altar del holocausto.

11 Y la piel del becerro, y toda su carne, con su cabeza, sus piernas, sus intestinos y su estiércol,

12 en fin, todo el becerro sacará fuera del campamento a un lugar limpio, donde se echan las cenizas, y lo quemará al fuego sobre la leña; en donde se echan las cenizas será quemado.

13 Si toda la congregación de Israel hubiere errado, y el yerro estuviere oculto a los ojos del pueblo, y hubieren hecho algo contra alguno de los mandamientos de Jehová en cosas que no se han de hacer, y fueren culpables;

14 luego que llegue a ser conocido el pecado que cometieren, la congregación ofrecerá un becerro por expiación, y lo traerán delante del tabernáculo de reunión.

15 Y los ancianos de la congregación pondrán sus manos sobre la cabeza del becerro delante de Jehová, y en presencia de Jehová degollarán aquel becerro.

16 Y el sacerdote ungido meterá de la sangre del becerro en el tabernáculo de reunión,

17 y mojará el sacerdote su dedo en la misma sangre, y rociará siete veces delante de Jehová hacia el velo.

18 Y de aquella sangre pondrá sobre los cuernos del altar que está delante de Jehová en el tabernáculo de reunión, y derramará el resto de la sangre al pie del altar del holocausto, que está a la puerta del tabernáculo de reunión.

19 Y le quitará toda la grosura y la hará arder sobre el altar.

20 Y hará de aquel becerro como hizo con el becerro de la expiación; lo mismo hará de él; así hará el sacerdote expiación por ellos, y obtendrán perdón.

21 Y sacará el becerro fuera del campamento, y lo quemará como quemó el primer becerro; expiación es por la congregación.

22 Cuando pecare un jefe, e hiciere por yerro algo contra alguno de todos los mandamientos de Jehová su Dios sobre cosas que no se han de hacer, y pecare;

23 luego que conociere su pecado que cometió, presentará por su ofrenda un macho cabrío sin defecto.

24 Y pondrá su mano sobre la cabeza del macho cabrío, y lo degollará en el lugar donde se degüella el holocausto, delante de Jehová; es expiación.

25 Y con su dedo el sacerdote tomará de la sangre de la expiación, y la pondrá sobre los cuernos del altar del holocausto, y derramará el resto de la sangre al pie del altar del holocausto,

26 y quemará toda su grosura sobre el altar, como la grosura del sacrificio de paz; así el sacerdote hará por él la expiación de su pecado, y tendrá perdón.

27 Si alguna persona del pueblo pecare por yerro, haciendo algo contra alguno de los mandamientos de Jehová en cosas que no se han de hacer, y delinquiere;

28 luego que conociere su pecado que cometió, traerá por su ofrenda una cabra, una cabra sin defecto, por su pecado que cometió.

29 Y pondrá su mano sobre la cabeza de la ofrenda de la expiación, y la degollará en el lugar del holocausto.

30 Luego con su dedo el sacerdote tomará de la sangre, y la pondrá sobre los cuernos del altar del holocausto, y derramará el resto de la sangre al pie del altar.

31 Y le quitará toda su grosura, de la manera que fue quitada la grosura del sacrificio de paz; y el sacerdote la hará arder sobre el altar en olor grato a Jehová; así hará el sacerdote expiación por él, y será perdonado.ª

32 Y si por su ofrenda por el pecado trajere cordero, hembra sin defecto traerá.

33 Y pondrá su mano sobre la cabeza de la ofrenda de expiación, y la degollará por expiación en el lugar donde se degüella el holocausto.

34 Después con su dedo el sacerdote tomará de la sangre de la expiación, y la pondrá sobre los cuernos del altar del holocausto, y derramará el resto de la sangre al pie del altar.

35 Y le quitará toda su grosura, como fue quitada la grosura del sacrificio de paz, y el sacerdote la hará arder en el altar sobre la ofrenda encendida a Jehová; y le hará el sacerdote expiación de su pecado que habrá cometido, y será perdonado.

5 **1** Si alguno pecare por haber sido llamado a testificar, y fuere testigo que vio, o supo, y no lo denunciare, él llevará su pecado.

2 Asimismo la persona que hubiere tocado cualquiera cosa inmunda, sea cadáver de bestia inmunda, o cadáver de animal inmundo, o cadáver de reptil inmundo, bien que no lo supiere, será inmunda y habrá delinquido.

3 O si tocare inmundicia de hombre, cualquiera inmundicia suya con que fuere inmundo, y no lo echare de ver, si después llegare a saberlo, será culpable.

4 O si alguno jurare a la ligera con sus labios hacer mal o hacer bien, en cualquiera cosa que el hombre profiere con juramento, y él no lo entendiere; si después lo entiende, será culpable por cualquiera de estas cosas.

5 Cuando pecare en alguna de estas cosas, confesará aquello en que pecó,

6 y para su expiación traerá a Jehová por su pecado que cometió, una hembra de los rebaños, una cordera o una cabra como ofrenda de expiación; y el sacerdote le hará expiación por su pecado.

7 Y si no tuviere lo suficiente para un cordero, traerá a Jehová en expiación por su pecado que cometió, dos tórtolas o dos palominos, el uno para expiación, y el otro para holocausto.

8 Y los traerá al sacerdote, el cual ofrecerá primero el que es para expiación; y le arrancará de su cuello la cabeza, mas no la separará por completo.

9 Y rociará de la sangre de la expiación sobre la pared del altar; y lo que sobrare de la sangre lo exprimirá al pie del altar; es expiación.

10 Y del otro hará holocausto conforme al rito; así el sacerdote hará expiación por el pecado de aquel que lo cometió, y será perdonado.

11 Mas si no tuviere lo suficiente para dos tórtolas, o dos palominos, el que pecó traerá como ofrenda la décima parte de un efa de flor de harina para expiación. No pondrá sobre ella aceite, ni sobre ella pondrá incienso, porque es expiación.

12 La traerá, pues, al sacerdote, y el sacerdote tomará de ella su puño lleno, para memoria de él, y la hará arder en el altar sobre las ofrendas encendidas a Jehová; es expiación.

13 Y hará el sacerdote expiación por él en cuanto al pecado que cometió en alguna de estas cosas, y será perdonado; y el sobrante será del sacerdote, como la ofrenda de vianda.

Ofrendas expiatorias

14 Habló más Jehová a Moisés, diciendo:

15 Cuando alguna persona cometiere falta, y pecare por yerro en las cosas santas de Jehová, traerá por su culpa a Jehová un carnero sin defecto de los rebaños, conforme a tu estimación en siclos de plata del siclo del santuario, en ofrenda por el pecado.

16 Y pagará lo que hubiere defraudado de las cosas santas, y añadirá a ello la quinta parte, y lo dará al sacerdote; y el sacerdote hará expiación por él con el carnero del sacrificio por el pecado, y será perdonado.

17 Finalmente, si una persona pecare, o hiciere alguna de todas aquellas cosas que por mandamiento de Jehová no se han de hacer, aun sin hacerlo a sabiendas, es culpable, y llevará su pecado.

a **4.27-31** Nm 15.27, 28.

18 Traerá, pues, al sacerdote para expiación, según tú lo estimes, un carnero sin defecto de los rebaños; y el sacerdote le hará expiación por el yerro que cometió por ignorancia, y será perdonado.
19 Es infracción, y ciertamente delinquió contra Jehová.

6 **1** Habló Jehová a Moisés, diciendo:
2 Cuando una persona pecare e hiciere prevaricación contra Jehová, y negare a su prójimo lo encomendado o dejado en su mano, o bien robare o calumniare a su prójimo,
3 o habiendo hallado lo perdido después lo negare, y jurare en falso; en alguna de todas aquellas cosas en que suele pecar el hombre,
4 entonces, habiendo pecado y ofendido, restituirá aquello que robó, o el daño de la calumnia, o el depósito que se le encomendó, o lo perdido que halló,
5 o todo aquello sobre lo que hubiere jurado falsamente; lo restituirá por entero a aquel a quien pertenece, y añadirá a ello la quinta parte, en el día de su expiación.
6 Y para expiación de su culpa traerá a Jehová un carnero sin defecto de los rebaños, conforme a tu estimación, y lo dará al sacerdote para la expiación.
7 Y el sacerdote hará expiación por él delante de Jehová, y obtendrá perdón de cualquiera de todas las cosas en que suele ofender.ᵃ

Leyes de los sacrificios

8 Habló aún Jehová a Moisés, diciendo:
9 Manda a Aarón y a sus hijos, y diles: Ésta es la ley del holocausto: el holocausto estará sobre el fuego encendido sobre el altar toda la noche, hasta la mañana; el fuego del altar arderá en él.
10 Y el sacerdote se pondrá su vestidura de lino, y vestirá calzoncillos de lino sobre su cuerpo; y cuando el fuego hubiere consumido el holocausto, apartará él las cenizas de sobre el altar, y las pondrá junto al altar.
11 Después se quitará sus vestiduras y se pondrá otras ropas, y sacará las cenizas fuera del campamento a un lugar limpio.
12 Y el fuego encendido sobre el altar no se apagará, sino que el sacerdote pondrá en él leña cada mañana, y acomodará el holocausto sobre él, y quemará sobre él las grosuras de los sacrificios de paz.
13 El fuego arderá continuamente en el altar; no se apagará.
14 Ésta es la ley de la ofrenda: La ofrecerán los hijos de Aarón delante de Jehová ante el altar.
15 Y tomará de ella un puñado de la flor de harina de la ofrenda, y de su aceite, y todo el incienso que está sobre la ofrenda, y lo hará arder sobre el altar por memorial en olor grato a Jehová.
16 Y el sobrante de ella lo comerán Aarón y sus hijos; sin levadura se comerá en lugar santo; en el atrio del tabernáculo de reunión lo comerán.
17 No se cocerá con levadura; la he dado a ellos por su porción de mis ofrendas encendidas; es cosa santísima, como el sacrificio por el pecado, y como el sacrificio por la culpa.
18 Todos los varones de los hijos de Aarón comerán de ella. Estatuto perpetuo será para vuestras generaciones tocante a las ofrendas encendidas para Jehová; toda cosa que tocare en ellas será santificada.
19 Habló también Jehová a Moisés, diciendo:
20 Ésta es la ofrenda de Aarón y de sus hijos, que ofrecerán a Jehová el día que fueren ungidos: la décima parte de un efa de flor de harina, ofrenda perpetua, la mitad a la mañana y la mitad a la tarde.
21 En sartén se preparará con aceite; frita la traerás, y los pedazos cocidos de la ofrenda ofrecerás en olor grato a Jehová.
22 Y el sacerdote que en lugar de Aarón fuere ungido de entre sus hijos, hará igual ofrenda. Es estatuto perpetuo de Jehová; toda ella será quemada.
23 Toda ofrenda de sacerdote será enteramente quemada; no se comerá.
24 Y habló Jehová a Moisés, diciendo:
25 Habla a Aarón y a sus hijos, y diles: Ésta es la ley del sacrificio expiatorio: en el lugar donde se degüella el holocausto, será degollada la ofrenda por el pecado delante de Jehová; es cosa santísima.
26 El sacerdote que la ofreciere por el pecado, la comerá; en lugar santo será comida, en el atrio del tabernáculo de reunión.
27 Todo lo que tocare su carne, será santificado; y si salpicare su sangre sobre el

---

ᵃ **6.1-7** Nm 5.5-8.

vestido, lavarás aquello sobre lo cual cayere, en lugar santo.

28 Y la vasija de barro en que fuere cocida, será quebrada; y si fuere cocida en vasija de bronce, será fregada y lavada con agua.

29 Todo varón de entre los sacerdotes la comerá; es cosa santísima.

30 Mas no se comerá ninguna ofrenda de cuya sangre se metiere en el tabernáculo de reunión para hacer expiación en el santuario; al fuego será quemada.

7 1 Asimismo ésta es la ley del sacrificio por la culpa; es cosa muy santa.

2 En el lugar donde degüellan el holocausto, degollarán la víctima por la culpa; y rociará su sangre alrededor sobre el altar.

3 Y de ella ofrecerá toda su grosura, la cola, y la grosura que cubre los intestinos,

4 los dos riñones, la grosura que está sobre ellos, y la que está sobre los ijares; y con los riñones quitará la grosura de sobre el hígado.

5 Y el sacerdote lo hará arder sobre el altar, ofrenda encendida a Jehová; es expiación de la culpa.

6 Todo varón de entre los sacerdotes la comerá; será comida en lugar santo; es cosa muy santa.

7 Como el sacrificio por el pecado, así es el sacrificio por la culpa; una misma ley tendrán; será del sacerdote que hiciere la expiación con ella.

8 Y el sacerdote que ofreciere holocausto de alguno, la piel del holocausto que ofreciere será para él.

9 Asimismo toda ofrenda que se cociere en horno, y todo lo que fuere preparado en sartén o en cazuela, será del sacerdote que lo ofreciere.

10 Y toda ofrenda amasada con aceite, o seca, será de todos los hijos de Aarón, tanto de uno como de otro.

11 Y ésta es la ley del sacrificio de paz que se ofrecerá a Jehová:

12 Si se ofreciere en acción de gracias, ofrecerá por sacrificio de acción de gracias tortas sin levadura amasadas con aceite, y hojaldres sin levadura untadas con aceite, y flor de harina frita en tortas amasadas con aceite.

13 Con tortas de pan leudo presentará su ofrenda en el sacrificio de acciones de gracias de paz.

14 Y de toda la ofrenda presentará una parte por ofrenda elevada a Jehová, y será del sacerdote que rociare la sangre de los sacrificios de paz.

15 Y la carne del sacrificio de paz en acción de gracias se comerá en el día que fuere ofrecida; no dejarán de ella nada para otro día.

16 Mas si el sacrificio de su ofrenda fuere voto, o voluntario, será comido en el día que ofreciere su sacrificio, y lo que de él quedare, lo comerán al día siguiente;

17 y lo que quedare de la carne del sacrificio hasta el tercer día, será quemado en el fuego.

18 Si se comiere de la carne del sacrificio de paz al tercer día, el que lo ofreciere no será acepto, ni le será contado; abominación será, y la persona que de él comiere llevará su pecado.

19 Y la carne que tocare alguna cosa inmunda, no se comerá; al fuego será quemada. Toda persona limpia podrá comer la carne;

20 pero la persona que comiere la carne del sacrificio de paz, el cual es de Jehová, estando inmunda, aquella persona será cortada de entre su pueblo.

21 Además, la persona que tocare alguna cosa inmunda, inmundicia de hombre, o animal inmundo, o cualquier abominación inmunda, y comiere la carne del sacrificio de paz, el cual es de Jehová, aquella persona será cortada de entre su pueblo.

22 Habló más Jehová a Moisés, diciendo:

23 Habla a los hijos de Israel, diciendo: Ninguna grosura de buey ni de cordero ni de cabra comeréis.

24 La grosura de animal muerto, y la grosura del que fue despedazado por fieras, se dispondrá para cualquier otro uso, mas no la comeréis.

25 Porque cualquiera que comiere grosura de animal, del cual se ofrece a Jehová ofrenda encendida, la persona que lo comiere será cortada de entre su pueblo.

26 Además, ninguna sangre comeréis en ningún lugar en donde habitéis, ni de aves ni de bestias.

27 Cualquiera persona que comiere de alguna sangre, la tal persona será cortada de entre su pueblo.[a]

---

a 7.26, 27 Gn 9.4; Lv 17.10-14; 19.26; Dt 12.16, 23; 15.23.

28 Habló más Jehová a Moisés, diciendo:

29 Habla a los hijos de Israel y diles: El que ofreciere sacrificio de paz a Jehová, traerá su ofrenda del sacrificio de paz ante Jehová.

30 Sus manos traerán las ofrendas que se han de quemar ante Jehová; traerá la grosura con el pecho; el pecho para que sea mecido como sacrificio mecido delante de Jehová.

31 Y la grosura la hará arder el sacerdote en el altar, mas el pecho será de Aarón y de sus hijos.

32 Y daréis al sacerdote para ser elevada en ofrenda, la espaldilla derecha de vuestros sacrificios de paz.

33 El que de los hijos de Aarón ofreciere la sangre de los sacrificios de paz, y la grosura, recibirá la espaldilla derecha como porción suya.

34 Porque he tomado de los sacrificios de paz de los hijos de Israel el pecho que se mece y la espaldilla elevada en ofrenda, y lo he dado a Aarón el sacerdote y a sus hijos, como estatuto perpetuo para los hijos de Israel.

35 Ésta es la porción de Aarón y la porción de sus hijos, de las ofrendas encendidas a Jehová, desde el día que él los consagró para ser sacerdotes de Jehová,

36 la cual mandó Jehová que les diesen, desde el día que él los ungió de entre los hijos de Israel, como estatuto perpetuo en sus generaciones.

37 Ésta es la ley del holocausto, de la ofrenda, del sacrificio por el pecado, del sacrificio por la culpa, de las consagraciones y del sacrificio de paz,

38 la cual mandó Jehová a Moisés en el monte de Sinaí, el día que mandó a los hijos de Israel que ofreciesen sus ofrendas a Jehová, en el desierto de Sinaí.

Consagración de Aarón y de sus hijos
(Éx 29.1-37)

8 **1** Habló Jehová a Moisés, diciendo:

2 Toma a Aarón y a sus hijos con él, y las vestiduras, el aceite de la unción, el becerro de la expiación, los dos carneros, y el canastillo de los panes sin levadura;

3 y reúne toda la congregación a la puerta del tabernáculo de reunión.

4 Hizo, pues, Moisés como Jehová le mandó, y se reunió la congregación a la puerta del tabernáculo de reunión.

5 Y dijo Moisés a la congregación: Esto es lo que Jehová ha mandado hacer.

6 Entonces Moisés hizo acercarse a Aarón y a sus hijos, y los lavó con agua.

7 Y puso sobre él la túnica, y le ciñó con el cinto; le vistió después el manto, y puso sobre él el efod, y lo ciñó con el cinto del efod, y lo ajustó con él.

8 Luego le puso encima el pectoral, y puso dentro del mismo los Urim y Tumim.

9 Después puso la mitra sobre su cabeza, y sobre la mitra, en frente, puso la lámina de oro, la diadema santa, como Jehová había mandado a Moisés.

10 Y tomó Moisés el aceite de la unción y ungió el tabernáculo y todas las cosas que estaban en él, y las santificó.

11 Y roció de él sobre el altar siete veces, y ungió el altar y todos sus utensilios, y la fuente y su base, para santificarlos.

12 Y derramó del aceite de la unción sobre la cabeza de Aarón, y lo ungió para santificarlo.

13 Después Moisés hizo acercarse los hijos de Aarón, y les vistió las túnicas, les ciñó con cintos, y les ajustó las tiaras, como Jehová lo había mandado a Moisés.

14 Luego hizo traer el becerro de la expiación, y Aarón y sus hijos pusieron sus manos sobre la cabeza del becerro de la expiación,

15 y lo degolló; y Moisés tomó la sangre, y puso con su dedo sobre los cuernos del altar alrededor, y purificó el altar; y echó la demás sangre al pie del altar, y lo santificó para reconciliar sobre él.

16 Después tomó toda la grosura que estaba sobre los intestinos, y la grosura del hígado, y los dos riñones, y la grosura de ellos, y lo hizo arder Moisés sobre el altar.

17 Mas el becerro, su piel, su carne y su estiércol, lo quemó al fuego fuera del campamento, como Jehová lo había mandado a Moisés.

18 Después hizo que trajeran el carnero del holocausto, y Aarón y sus hijos pusieron sus manos sobre la cabeza del carnero;

19 y lo degolló; y roció Moisés la sangre sobre el altar alrededor,

20 y cortó el carnero en trozos; y Moisés hizo arder la cabeza, y los trozos, y la grosura.

21 Lavó luego con agua los intestinos y las piernas, y quemó Moisés todo el carnero sobre el altar; holocausto de olor grato, ofrenda encendida para Jehová, como Jehová lo había mandado a Moisés.

22 Después hizo que trajeran el otro carnero, el carnero de las consagraciones, y Aarón y sus hijos pusieron sus manos sobre la cabeza del carnero.

23 Y lo degolló; y tomó Moisés de la sangre, y la puso sobre el lóbulo de la oreja derecha de Aarón, sobre el dedo pulgar de su mano derecha, y sobre el dedo pulgar de su pie derecho.

24 Hizo acercarse luego los hijos de Aarón, y puso Moisés de la sangre sobre el lóbulo de sus orejas derechas, sobre los pulgares de sus manos derechas, y sobre los pulgares de sus pies derechos; y roció Moisés la sangre sobre el altar alrededor.

25 Después tomó la grosura, la cola, toda la grosura que estaba sobre los intestinos, la grosura del hígado, los dos riñones y la grosura de ellos, y la espaldilla derecha.

26 Y del canastillo de los panes sin levadura, que estaba delante de Jehová, tomó una torta sin levadura, y una torta de pan de aceite, y una hojaldre, y las puso con la grosura y con la espaldilla derecha.

27 Y lo puso todo en las manos de Aarón, y en las manos de sus hijos, e hizo mecerlo como ofrenda mecida delante de Jehová.

28 Después tomó aquellas cosas Moisés de las manos de ellos, y las hizo arder en el altar sobre el holocausto; eran las consagraciones en olor grato, ofrenda encendida a Jehová.

29 Y tomó Moisés el pecho, y lo meció, ofrenda mecida delante de Jehová; del carnero de las consagraciones, aquélla fue la parte de Moisés, como Jehová lo había mandado a Moisés.

30 Luego tomó Moisés del aceite de la unción, y de la sangre que estaba sobre el altar, y roció sobre Aarón, y sobre sus vestiduras, sobre sus hijos, y sobre las vestiduras de sus hijos con él; y santificó a Aarón y sus vestiduras, y a sus hijos y las vestiduras de sus hijos con él.

31 Y dijo Moisés a Aarón y a sus hijos: Hervid la carne a la puerta del tabernáculo de reunión; y comedla allí con el pan que está en el canastillo de las consagraciones, según yo he mandado, diciendo: Aarón y sus hijos la comerán.

32 Y lo que sobre de la carne y del pan, lo quemaréis al fuego.

33 De la puerta del tabernáculo de reunión no saldréis en siete días, hasta el día que se cumplan los días de vuestras consagraciones; porque por siete días seréis consagrados.

34 De la manera que hoy se ha hecho, mandó hacer Jehová para expiaros.

35 A la puerta, pues, del tabernáculo de reunión estaréis día y noche por siete días, y guardaréis la ordenanza delante de Jehová, para que no muráis; porque así me ha sido mandado.

36 Y Aarón y sus hijos hicieron todas las cosas que mandó Jehová por medio de Moisés.

Los sacrificios de Aarón

9 **1** En el día octavo, Moisés llamó a Aarón y a sus hijos, y a los ancianos de Israel;

2 y dijo a Aarón: Toma de la vacada un becerro para expiación, y un carnero para holocausto, sin defecto, y ofrécelos delante de Jehová.

3 Y a los hijos de Israel hablarás diciendo: Tomad un macho cabrío para expiación, y un becerro y un cordero de un año, sin defecto, para holocausto.

4 Asimismo un buey y un carnero para sacrificio de paz, que inmoléis delante de Jehová, y una ofrenda amasada con aceite; porque Jehová se aparecerá hoy a vosotros.

5 Y llevaron lo que mandó Moisés delante del tabernáculo de reunión, y vino toda la congregación y se puso delante de Jehová.

6 Entonces Moisés dijo: Esto es lo que mandó Jehová; hacedlo, y la gloria de Jehová se os aparecerá.

7 Y dijo Moisés a Aarón: Acércate al altar, y haz tu expiación y tu holocausto, y haz la reconciliación por ti y por el pueblo; haz también la ofrenda del pueblo, y haz la reconciliación por ellos, como ha mandado Jehová.

8 Entonces se acercó Aarón al altar y degolló el becerro de la expiación que era por él.

9 Y los hijos de Aarón le trajeron la sangre; y él mojó su dedo en la sangre, y puso de ella sobre los cuernos del altar, y derramó el resto de la sangre al pie del altar.

10 E hizo arder sobre el altar la grosura con los riñones y la grosura del hígado de la expiación, como Jehová lo había mandado a Moisés.

11 Mas la carne y la piel las quemó al fuego fuera del campamento.

12 Degolló asimismo el holocausto, y los hijos de Aarón le presentaron la sangre, la cual roció él alrededor sobre el altar.

13 Después le presentaron el holocausto pieza por pieza, y la cabeza; y lo hizo quemar sobre el altar.

14 Luego lavó los intestinos y las piernas, y los quemó sobre el holocausto en el altar.

15 Ofreció también la ofrenda del pueblo, y tomó el macho cabrío que era para la expiación del pueblo, y lo degolló, y lo ofreció por el pecado como el primero.

16 Y ofreció el holocausto, e hizo según el rito.

17 Ofreció asimismo la ofrenda, y llenó de ella su mano, y la hizo quemar sobre el altar, además del holocausto de la mañana.

18 Degolló también el buey y el carnero en sacrificio de paz, que era del pueblo;ª y los hijos de Aarón le presentaron la sangre, la cual roció él sobre el altar alrededor;

19 y las grosuras del buey y del carnero, la cola, la grosura que cubre los intestinos, los riñones, y la grosura del hígado;

20 y pusieron las grosuras sobre los pechos, y él las quemó sobre el altar.

21 Pero los pechos, con la espaldilla derecha, los meció Aarón como ofrenda mecida delante de Jehová, como Jehová lo había mandado a Moisés.

22 Después alzó Aarón sus manos hacia el pueblo y lo bendijo;ᵇ y después de hacer la expiación, el holocausto y el sacrificio de paz, descendió.

23 Y entraron Moisés y Aarón en el tabernáculo de reunión, y salieron y bendijeron al pueblo; y la gloria de Jehová se apareció a todo el pueblo.

24 Y salió fuego de delante de Jehová, y consumió el holocausto con las grosuras sobre el altar; y viéndolo todo el pueblo, alabaron, y se postraron sobre sus rostros.

El pecado de Nadab y Abiú

10 ¹ Nadab y Abiú, hijos de Aarón, tomaron cada uno su incensario, y pusieron en ellos fuego, sobre el cual pusieron incienso, y ofrecieron delante de Jehová fuego extraño, que él nunca les mandó.

2 Y salió fuego de delante de Jehová y los quemó, y murieron delante de Jehová.

3 Entonces dijo Moisés a Aarón: Esto es lo que habló Jehová, diciendo: En los que a mí se acercan me santificaré, y en presencia de todo el pueblo seré glorificado. Y Aarón calló.

4 Y llamó Moisés a Misael y a Elzafán, hijos de Uziel tío de Aarón, y les dijo: Acercaos y sacad a vuestros hermanos de delante del santuario, fuera del campamento.

5 Y ellos se acercaron y los sacaron con sus túnicas fuera del campamento, como dijo Moisés.

6 Entonces Moisés dijo a Aarón, y a Eleazar e Itamar sus hijos: No descubráis vuestras cabezas, ni rasguéis vuestros vestidos en señal de duelo, para que no muráis, ni se levante la ira sobre toda la congregación; pero vuestros hermanos, toda la casa de Israel, sí lamentarán por el incendio que Jehová ha hecho.

7 Ni saldréis de la puerta del tabernáculo de reunión, porque moriréis; por cuanto el aceite de la unción de Jehová está sobre vosotros. Y ellos hicieron conforme al dicho de Moisés.

8 Y Jehová habló a Aarón, diciendo: .

9 Tú, y tus hijos contigo, no beberéis vino ni sidra cuando entréis en el tabernáculo de reunión, para que no muráis; estatuto perpetuo será para vuestras generaciones,

10 para poder discernir entre lo santo y lo profano, y entre lo inmundo y lo limpio,

11 y para enseñar a los hijos de Israel todos los estatutos que Jehová les ha dicho por medio de Moisés.

12 Y Moisés dijo a Aarón, y a Eleazar y a Itamar sus hijos que habían quedado: Tomad la ofrenda que queda de las ofrendas encendidas a Jehová, y comedla sin levadura junto al altar, porque es cosa muy santa.

13 La comeréis, pues, en lugar santo; porque esto es para ti y para tus hijos, de las ofrendas encendidas a Jehová, pues que así me ha sido mandado.ª

---

a 9.18 Lv 3.1-11.   b 9.22 Nm 6.22-26.
a 10.12, 13 Lv 6.14-18.

14 Comeréis asimismo en lugar limpio, tú y tus hijos y tus hijas contigo, el pecho mecido y la espaldilla elevada, porque por derecho son tuyos y de tus hijos, dados de los sacrificios de paz de los hijos de Israel.

15 Con las ofrendas de las grosuras que se han de quemar, traerán la espaldilla que se ha de elevar y el pecho que será mecido como ofrenda mecida delante de Jehová; y será por derecho perpetuo tuyo y de tus hijos, como Jehová lo ha mandado.[b]

16 Y Moisés preguntó por el macho cabrío de la expiación, y se halló que había sido quemado; y se enojó contra Eleazar e Itamar, los hijos que habían quedado de Aarón, diciendo:

17 ¿Por qué no comisteis la expiación en lugar santo? Pues es muy santa,[c] y la dio él a vosotros para llevar la iniquidad de la congregación, para que sean reconciliados delante de Jehová.

18 Ved que la sangre no fue llevada dentro del santuario; y vosotros debíais comer la ofrenda en el lugar santo, como yo mandé.

19 Y respondió Aarón a Moisés: He aquí hoy han ofrecido su expiación y su holocausto delante de Jehová; pero a mí me han sucedido estas cosas, y si hubiera yo comido hoy del sacrificio de expiación, ¿sería esto grato a Jehová?

20 Y cuando Moisés oyó esto, se dio por satisfecho.

Animales limpios e inmundos
(Dt 14.3-21)

11 1 Habló Jehová a Moisés y a Aarón, diciéndoles:

2 Hablad a los hijos de Israel y decidles: Éstos son los animales que comeréis de entre todos los animales que hay sobre la tierra.

3 De entre los animales, todo el que tiene pezuña hendida y que rumia, éste comeréis.

4 Pero de los que rumian o que tienen pezuña, no comeréis éstos: el camello, porque rumia pero no tiene pezuña hendida, lo tendréis por inmundo.

5 También el conejo, porque rumia, pero no tiene pezuña, lo tendréis por inmundo.

6 Asimismo la liebre, porque rumia, pero no tiene pezuña, la tendréis por inmunda.

7 También el cerdo, porque tiene pezuñas, y es de pezuñas hendidas, pero no rumia, lo tendréis por inmundo.

8 De la carne de ellos no comeréis, ni tocaréis su cuerpo muerto; los tendréis por inmundos.

9 Esto comeréis de todos los animales que viven en las aguas: todos los que tienen aletas y escamas en las aguas del mar, y en los ríos, éstos comeréis.

10 Pero todos los que no tienen aletas ni escamas en el mar y en los ríos, así de todo lo que se mueve como de toda cosa viviente que está en las aguas, los tendréis en abominación.

11 Os serán, pues, abominación; de su carne no comeréis, y abominaréis sus cuerpos muertos.

12 Todo lo que no tuviere aletas y escamas en las aguas, lo tendréis en abominación.

13 Y de las aves, éstas tendréis en abominación; no se comerán, serán abominación: el águila, el quebrantahuesos, el azor,

14 el gallinazo, el milano según su especie;

15 todo cuervo según su especie;

16 el avestruz, la lechuza, la gaviota, el gavilán según su especie;

17 el búho, el somormujo, el ibis,

18 el calamón, el pelícano, el buitre,

19 la cigüeña, la garza según su especie, la abubilla y el murciélago.

20 Todo insecto alado que anduviere sobre cuatro patas, tendréis en abominación.

21 Pero esto comeréis de todo insecto alado que anda sobre cuatro patas, que tuviere piernas además de sus patas para saltar con ellas sobre la tierra;

22 éstos comeréis de ellos: la langosta según su especie, el langostín según su especie, el argol según su especie, y el hagab según su especie.

23 Todo insecto alado que tenga cuatro patas, tendréis en abominación.

24 Y por estas cosas seréis inmundos; cualquiera que tocare sus cuerpos muertos será inmundo hasta la noche,

25 y cualquiera que llevare algo de sus cadáveres lavará sus vestidos, y será inmundo hasta la noche.

26 Todo animal de pezuña, pero que no tiene pezuña hendida, ni rumia, tendréis

---

b 10.14, 15 Lv 7.30-34.   **c 10.17** Lv 6.24-26.

por inmundo; y cualquiera que los tocare será inmundo.

27 Y de todos los animales que andan en cuatro patas, tendréis por inmundo a cualquiera que ande sobre sus garras; y todo el que tocare sus cadáveres será inmundo hasta la noche.

28 Y el que llevare sus cadáveres, lavará sus vestidos, y será inmundo hasta la noche; los tendréis por inmundos.

29 Y tendréis por inmundos a estos animales que se mueven sobre la tierra: la comadreja, el ratón, la rana según su especie,

30 el erizo, el cocodrilo, el lagarto, la lagartija y el camaleón.

31 Éstos tendréis por inmundos de entre los animales que se mueven, y cualquiera que los tocare cuando estuvieren muertos será inmundo hasta la noche.

32 Y todo aquello sobre lo que cayere algo de ellos después de muertos, será inmundo; sea cosa de madera, vestido, piel, saco, sea cualquier instrumento con que se trabaja, será metido en agua, y quedará inmundo hasta la noche; entonces quedará limpio.

33 Toda vasija de barro dentro de la cual cayere alguno de ellos será inmunda, así como todo lo que estuviere en ella, y quebraréis la vasija.

34 Todo alimento que se come, sobre el cual cayere el agua de tales vasijas, será inmundo; y toda bebida que hubiere en esas vasijas será inmunda.

35 Todo aquello sobre lo que cayere parte del cadáver de ellos será inmundo; el horno u hornillos se derribarán; son inmundos, y por inmundos los tendréis.

36 Con todo, la fuente y la cisterna donde se recogen aguas serán limpias; mas lo que hubiere tocado en los cadáveres será inmundo.

37 Y si cayere algo de los cadáveres sobre alguna semilla que se haya de sembrar, será limpia.

38 Mas si se hubiere puesto agua en la semilla, y cayere algo de los cadáveres sobre ella, la tendréis por inmunda.

39 Y si algún animal que tuviereis para comer muriere, el que tocare su cadáver será inmundo hasta la noche.

40 Y el que comiere del cuerpo muerto, lavará sus vestidos y será inmundo hasta la noche; asimismo el que sacare el cuerpo muerto, lavará sus vestidos y será inmundo hasta la noche.

41 Y todo reptil que se arrastra sobre la tierra es abominación; no se comerá.

42 Todo lo que anda sobre el pecho, y todo lo que anda sobre cuatro o más patas, de todo animal que se arrastra sobre la tierra, no lo comeréis, porque es abominación.

43 No hagáis abominables vuestras personas con ningún animal que se arrastra, ni os contaminéis con ellos, ni seáis inmundos por ellos.

44 Porque yo soy Jehová vuestro Dios; vosotros por tanto os santificaréis, y seréis santos, porque yo soy santo;[a] así que no contaminéis vuestras personas con ningún animal que se arrastre sobre la tierra.

45 Porque yo soy Jehová, que os hago subir de la tierra de Egipto para ser vuestro Dios: seréis, pues, santos, porque yo soy santo.

46 Ésta es la ley acerca de las bestias, y las aves, y todo ser viviente que se mueve en las aguas, y todo animal que se arrastra sobre la tierra,

47 para hacer diferencia entre lo inmundo y lo limpio, y entre los animales que se pueden comer y los animales que no se pueden comer.

La purificación de la mujer después del parto

12 **1** Habló Jehová a Moisés, diciendo: **2** Habla a los hijos de Israel y diles: La mujer cuando conciba y dé a luz varón, será inmunda siete días; conforme a los días de su menstruación será inmunda.

3 Y al octavo día se circuncidará al niño.[a]

4 Mas ella permanecerá treinta y tres días purificándose de su sangre; ninguna cosa santa tocará, ni vendrá al santuario, hasta cuando sean cumplidos los días de su purificación.

5 Y si diere a luz hija, será inmunda dos semanas, conforme a su separación, y sesenta y seis días estará purificándose de su sangre.

6 Cuando los días de su purificación fueren cumplidos, por hijo o por hija, traerá un cordero de un año para holocausto, y un palomino o una tórtola para expiación,

---

a **11.44** Lv 19.2; 1 P 1.16.   a **12.3** Gn 17.12.

a la puerta del tabernáculo de reunión, al sacerdote;

7 y él los ofrecerá delante de Jehová, y hará expiación por ella, y será limpia del flujo de su sangre. Ésta es la ley para la que diere a luz hijo o hija.

8 Y si no tiene lo suficiente para un cordero, tomará entonces dos tórtolas o dos palominos,[b] uno para holocausto y otro para expiación; y el sacerdote hará expiación por ella, y será limpia.

Leyes acerca de la lepra

13 **1** Habló Jehová a Moisés y a Aarón, diciendo:

2 Cuando el hombre tuviere en la piel de su cuerpo hinchazón, o erupción, o mancha blanca, y hubiere en la piel de su cuerpo como llaga de lepra, será traído a Aarón el sacerdote o a uno de sus hijos los sacerdotes.

3 Y el sacerdote mirará la llaga en la piel del cuerpo; si el pelo en la llaga se ha vuelto blanco, y pareciere la llaga más profunda que la piel de la carne, llaga de lepra es; y el sacerdote le reconocerá, y le declarará inmundo.

4 Y si en la piel de su cuerpo hubiere mancha blanca, pero que no pareciere más profunda que la piel, ni el pelo se hubiere vuelto blanco, entonces el sacerdote encerrará al llagado por siete días.

5 Y al séptimo día el sacerdote lo mirará; y si la llaga conserva el mismo aspecto, no habiéndose extendido en la piel, entonces el sacerdote le volverá a encerrar por otros siete días.

6 Y al séptimo día el sacerdote le reconocerá de nuevo; y si parece haberse oscurecido la llaga, y que no ha cundido en la piel, entonces el sacerdote lo declarará limpio: era erupción; y lavará sus vestidos, y será limpio.

7 Pero si se extendiere la erupción en la piel después que él se mostró al sacerdote para ser limpio, deberá mostrarse otra vez al sacerdote.

8 Y si reconociéndolo el sacerdote ve que la erupción se ha extendido en la piel, lo declarará inmundo: es lepra.

9 Cuando hubiere llaga de lepra en el hombre, será traído al sacerdote.

10 Y éste lo mirará, y si apareciere tumor blanco en la piel, el cual haya mudado el color del pelo, y se descubre asimismo la carne viva,

11 es lepra crónica en la piel de su cuerpo; y le declarará inmundo el sacerdote, y no le encerrará, porque es inmundo.

12 Mas si brotare la lepra cundiendo por la piel, de modo que cubriere toda la piel del llagado desde la cabeza hasta sus pies, hasta donde pueda ver el sacerdote,

13 entonces éste le reconocerá; y si la lepra hubiere cubierto todo su cuerpo, declarará limpio al llagado; toda ella se ha vuelto blanca, y él es limpio.

14 Mas el día que apareciere en él la carne viva, será inmundo.

15 Y el sacerdote mirará la carne viva, y lo declarará inmundo. Es inmunda la carne viva; es lepra.

16 Mas cuando la carne viva cambiare y se volviere blanca, entonces vendrá al sacerdote,

17 y el sacerdote mirará; y si la llaga se hubiere vuelto blanca, el sacerdote declarará limpio al que tenía la llaga, y será limpio.

18 Y cuando en la piel de la carne hubiere divieso, y se sanare,

19 y en el lugar del divieso hubiere una hinchazón, o una mancha blanca rojiza, será mostrado al sacerdote.

20 Y el sacerdote mirará; y si pareciere estar más profunda que la piel, y su pelo se hubiere vuelto blanco, el sacerdote lo declarará inmundo; es llaga de lepra que se originó en el divieso.

21 Y si el sacerdote la considerare, y no apareciere en ella pelo blanco, ni fuere más profunda que la piel, sino oscura, entonces el sacerdote le encerrará por siete días;

22 y si se fuere extendiendo por la piel, entonces el sacerdote lo declarará inmundo; es llaga.

23 Pero si la mancha blanca se estuviere en su lugar, y no se hubiere extendido, es la cicatriz del divieso, y el sacerdote lo declarará limpio.

24 Asimismo cuando hubiere en la piel del cuerpo quemadura de fuego, y hubiere en lo sanado del fuego mancha blanquecina, rojiza o blanca,

25 el sacerdote la mirará; y si el pelo se hubiere vuelto blanco en la mancha, y

---

b 12.8 Lc 2.24.

ésta pareciere ser más profunda que la piel, es lepra que salió en la quemadura; y el sacerdote lo declarará inmundo, por ser llaga de lepra.

26 Mas si el sacerdote la mirare, y no apareciere en la mancha pelo blanco, ni fuere más profunda que la piel, sino que estuviere oscura, le encerrará el sacerdote por siete días.

27 Y al séptimo día el sacerdote la reconocerá; y si se hubiere ido extendiendo por la piel, el sacerdote lo declarará inmundo; es llaga de lepra.

28 Pero si la mancha se estuviere en su lugar, y no se hubiere extendido en la piel, sino que estuviere oscura, es la cicatriz de la quemadura; el sacerdote lo declarará limpio, porque señal de la quemadura es.

29 Y al hombre o mujer que le saliere llaga en la cabeza, o en la barba,

30 el sacerdote mirará la llaga; y si pareciere ser más profunda que la piel, y el pelo de ella fuere amarillento y delgado, entonces el sacerdote le declarará inmundo; es tiña, es lepra de la cabeza o de la barba.

31 Mas cuando el sacerdote hubiere mirado la llaga de la tiña, y no pareciere ser más profunda que la piel, ni hubiere en ella pelo negro, el sacerdote encerrará por siete días al llagado de la tiña;

32 y al séptimo día el sacerdote mirará la llaga; y si la tiña no pareciere haberse extendido, ni hubiere en ella pelo amarillento, ni pareciere la tiña más profunda que la piel,

33 entonces le hará que se rasure, pero no rasurará el lugar afectado; y el sacerdote encerrará por otros siete días al que tiene la tiña.

34 Y al séptimo día mirará el sacerdote la tiña; y si la tiña no hubiere cundido en la piel, ni pareciere ser más profunda que la piel, el sacerdote lo declarará limpio; y lavará sus vestidos y será limpio.

35 Pero si la tiña se hubiere ido extendiendo en la piel después de su purificación,

36 entonces el sacerdote la mirará; y si la tiña hubiere cundido en la piel, no busque el sacerdote el pelo amarillento; es inmundo.

37 Mas si le pareciere que la tiña está detenida, y que ha salido en ella el pelo negro, la tiña está sanada; él está limpio, y limpio lo declarará el sacerdote.

38 Asimismo cuando el hombre o la mujer tuviere en la piel de su cuerpo manchas, manchas blancas,

39 el sacerdote mirará, y si en la piel de su cuerpo aparecieren manchas blancas algo oscurecidas, es empeine que brotó en la piel; está limpia la persona.

40 Y el hombre, cuando se le cayere el cabello, es calvo, pero limpio.

41 Y si hacia su frente se le cayere el cabello, es calvo por delante, pero limpio.

42 Mas cuando en la calva o en la antecalva hubiere llaga blanca rojiza, lepra es que brota en su calva o en su antecalva.

43 Entonces el sacerdote lo mirará, y si pareciere la hinchazón de la llaga blanca rojiza en su calva o en su antecalva, como el parecer de la lepra de la piel del cuerpo,

44 leproso es, es inmundo, y el sacerdote lo declarará luego inmundo; en su cabeza tiene la llaga.

45 Y el leproso en quien hubiere llaga llevará vestidos rasgados y su cabeza descubierta, y embozado pregonará: ¡Inmundo! ¡Inmundo!

46 Todo el tiempo que la llaga estuviere en él, será inmundo; estará impuro, y habitará solo; fuera del campamento será su morada.

47 Cuando en un vestido hubiere plaga de lepra, ya sea vestido de lana, o de lino,

48 o en urdimbre o en trama de lino o de lana, o en cuero, o en cualquiera obra de cuero;

49 y la plaga fuere verdosa, o rojiza, en vestido o en cuero, en urdimbre o en trama, o en cualquiera obra de cuero; plaga es de lepra, y se ha de mostrar al sacerdote.

50 Y el sacerdote mirará la plaga, y encerrará la cosa plagada por siete días.

51 Y al séptimo día mirará la plaga; y si se hubiere extendido la plaga en el vestido, en la urdimbre o en la trama, en el cuero, o en cualquiera obra que se hace de cuero, lepra maligna es la plaga; inmunda será.

52 Será quemado el vestido, la urdimbre o trama de lana o de lino, o cualquiera obra de cuero en que hubiere tal plaga, porque lepra maligna es; al fuego será quemada.

53 Y si el sacerdote mirare, y no pareciere que la plaga se haya extendido en el vestido, en la urdimbre o en la trama, o en cualquiera obra de cuero,

54 entonces el sacerdote mandará que laven donde está la plaga, y lo encerrará otra vez por siete días.

55 Y el sacerdote mirará después que la plaga fuere lavada; y si pareciere que la plaga no ha cambiado de aspecto, aunque no se haya extendido la plaga, inmunda es; la quemarás al fuego; es corrosión penetrante, esté lo raído en el derecho o en el revés de aquella cosa.

56 Mas si el sacerdote la viere, y pareciere que la plaga se ha oscurecido después que fue lavada, la cortará del vestido, del cuero, de la urdimbre o de la trama.

57 Y si apareciere de nuevo en el vestido, la urdimbre o trama, o en cualquiera cosa de cuero, extendiéndose en ellos, quemarás al fuego aquello en que estuviere la plaga.

58 Pero el vestido, la urdimbre o la trama, o cualquiera cosa de cuero que lavares, y que se le quitare la plaga, se lavará por segunda vez, y entonces será limpia.

59 Ésta es la ley para la plaga de la lepra del vestido de lana o de lino, o de urdimbre o de trama, o de cualquiera cosa de cuero, para que sea declarada limpia o inmunda.

14 **1** Y habló Jehová a Moisés, diciendo: **2** Ésta será la ley para el leproso cuando se limpiare: Será traído al sacerdote,

3 y éste saldrá fuera del campamento y lo examinará; y si ve que está sana la plaga de la lepra del leproso,

4 el sacerdote mandará luego que se tomen para el que se purifica dos avecillas vivas, limpias, y madera de cedro, grana e hisopo.

5 Y mandará el sacerdote matar una avecilla en un vaso de barro sobre aguas corrientes.

6 Después tomará la avecilla viva, el cedro, la grana y el hisopo, y los mojará con la avecilla viva en la sangre de la avecilla muerta sobre las aguas corrientes;

7 y rociará siete veces sobre el que se purifica de la lepra, y le declarará limpio; y soltará la avecilla viva en el campo.

8 Y el que se purifica lavará sus vestidos, y raerá todo su pelo, y se lavará con agua, y será limpio; y después entrará en el campamento, y morará fuera de su tienda siete días.

9 Y el séptimo día raerá todo el pelo de su cabeza, su barba y las cejas de sus ojos y todo su pelo, y lavará sus vestidos, y lavará su cuerpo en agua, y será limpio.

10 El día octavo tomará dos corderos sin defecto, y una cordera de un año sin tacha, y tres décimas de efa de flor de harina para ofrenda amasada con aceite, y un log de aceite.

11 Y el sacerdote que le purifica presentará delante de Jehová al que se ha de limpiar, con aquellas cosas, a la puerta del tabernáculo de reunión;

12 y tomará el sacerdote un cordero y lo ofrecerá por la culpa, con el log de aceite, y lo mecerá como ofrenda mecida delante de Jehová;

13 y degollará el cordero en el lugar donde se degüella el sacrificio por el pecado y el holocausto, en el lugar del santuario; porque como la víctima por el pecado, así también la víctima por la culpa es del sacerdote; es cosa muy sagrada.

14 Y el sacerdote tomará de la sangre de la víctima por la culpa, y la pondrá el sacerdote sobre el lóbulo de la oreja derecha del que se purifica, sobre el pulgar de su mano derecha y sobre el pulgar de su pie derecho.

15 Asimismo el sacerdote tomará del log de aceite, y lo echará sobre la palma de su mano izquierda,

16 y mojará su dedo derecho en el aceite que tiene en su mano izquierda, y esparcirá del aceite con su dedo siete veces delante de Jehová.

17 Y de lo que quedare del aceite que tiene en su mano, pondrá el sacerdote sobre el lóbulo de la oreja derecha del que se purifica, sobre el pulgar de su mano derecha y sobre el pulgar de su pie derecho, encima de la sangre del sacrificio por la culpa.

18 Y lo que quedare del aceite que tiene en su mano, lo pondrá sobre la cabeza del que se purifica; y hará el sacerdote expiación por él delante de Jehová.

19 Ofrecerá luego el sacerdote el sacrificio por el pecado, y hará expiación por el que se ha de purificar de su inmundicia; y después degollará el holocausto,

20 y hará subir el sacerdote el holocausto y la ofrenda sobre el altar. Así hará el sacerdote expiación por él, y será limpio.

21 Mas si fuere pobre, y no tuviere para tanto, entonces tomará un cordero para ser ofrecido como ofrenda mecida por la culpa, para reconciliarse, y una décima de efa de flor de harina amasada con aceite para ofrenda, y un log de aceite,
22 y dos tórtolas o dos palominos, según pueda; uno será para expiación por el pecado, y el otro para holocausto.
23 Al octavo día de su purificación traerá estas cosas al sacerdote, a la puerta del tabernáculo de reunión, delante de Jehová.
24 Y el sacerdote tomará el cordero de la expiación por la culpa, y el log de aceite, y los mecerá el sacerdote como ofrenda mecida delante de Jehová.
25 Luego degollará el cordero de la culpa, y el sacerdote tomará de la sangre de la culpa, y la pondrá sobre el lóbulo de la oreja derecha del que se purifica, sobre el pulgar de su mano derecha y sobre el pulgar de su pie derecho.
26 Y el sacerdote echará del aceite sobre la palma de su mano izquierda;
27 y con su dedo derecho el sacerdote rociará del aceite que tiene en su mano izquierda, siete veces delante de Jehová.
28 También el sacerdote pondrá del aceite que tiene en su mano sobre el lóbulo de la oreja derecha del que se purifica, sobre el pulgar de su mano derecha y sobre el pulgar de su pie derecho, en el lugar de la sangre de la culpa.
29 Y lo que sobre del aceite que el sacerdote tiene en su mano, lo pondrá sobre la cabeza del que se purifica, para reconciliarlo delante de Jehová.
30 Asimismo ofrecerá una de las tórtolas o uno de los palominos, según pueda.
31 Uno en sacrificio de expiación por el pecado, y el otro en holocausto, además de la ofrenda; y hará el sacerdote expiación por el que se ha de purificar, delante de Jehová.
32 Ésta es la ley para el que hubiere tenido plaga de lepra, y no tuviere más para su purificación.

33 Habló también Jehová a Moisés y a Aarón, diciendo:
34 Cuando hayáis entrado en la tierra de Canaán, la cual yo os doy en posesión, si pusiere yo plaga de lepra en alguna casa de la tierra de vuestra posesión,

35 vendrá aquel de quien fuere la casa y dará aviso al sacerdote, diciendo: Algo como plaga ha aparecido en mi casa.
36 Entonces el sacerdote mandará desocupar la casa antes que entre a mirar la plaga, para que no sea contaminado todo lo que estuviere en la casa; y después el sacerdote entrará a examinarla.
37 Y examinará la plaga; y si se vieren manchas en las paredes de la casa, manchas verdosas o rojizas, las cuales parecieren más profundas que la superficie de la pared,
38 el sacerdote saldrá de la casa a la puerta de ella, y cerrará la casa por siete días.
39 Y al séptimo día volverá el sacerdote, y la examinará; y si la plaga se hubiere extendido en las paredes de la casa,
40 entonces mandará el sacerdote, y arrancarán las piedras en que estuviere la plaga, y las echarán fuera de la ciudad en lugar inmundo.
41 Y hará raspar la casa por dentro alrededor, y derramarán fuera de la ciudad, en lugar inmundo, el barro que rasparen.
42 Y tomarán otras piedras y las pondrán en lugar de las piedras quitadas; y tomarán otro barro y recubrirán la casa.
43 Y si la plaga volviere a brotar en aquella casa, después que hizo arrancar las piedras y raspar la casa, y después que fue recubierta,
44 entonces el sacerdote entrará y la examinará; y si pareciere haberse extendido la plaga en la casa, es lepra maligna en la casa; inmunda es.
45 Derribará, por tanto, la tal casa, sus piedras, sus maderos y toda la mezcla de la casa; y sacarán todo fuera de la ciudad a lugar inmundo.
46 Y cualquiera que entrare en aquella casa durante los días en que la mandó cerrar, será inmundo hasta la noche.
47 Y el que durmiere en aquella casa, lavará sus vestidos; también el que comiere en la casa lavará sus vestidos.
48 Mas si entrare el sacerdote y la examinare, y viere que la plaga no se ha extendido en la casa después que fue recubierta, el sacerdote declarará limpia la casa, porque la plaga ha desaparecido.
49 Entonces tomará para limpiar la casa dos avecillas, y madera de cedro, grana e hisopo;

⁵⁰ y degollará una avecilla en una vasija de barro sobre aguas corrientes.

⁵¹ Y tomará el cedro, el hisopo, la grana y la avecilla viva, y los mojará en la sangre de la avecilla muerta y en las aguas corrientes, y rociará la casa siete veces.

⁵² Y purificará la casa con la sangre de la avecilla, con las aguas corrientes, con la avecilla viva, la madera de cedro, el hisopo y la grana.

⁵³ Luego soltará la avecilla viva fuera de la ciudad sobre la faz del campo. Así hará expiación por la casa, y será limpia.

⁵⁴ Ésta es la ley acerca de toda plaga de lepra y de tiña,

⁵⁵ y de la lepra del vestido, y de la casa,

⁵⁶ y acerca de la hinchazón, y de la erupción, y de la mancha blanca,

⁵⁷ para enseñar cuándo es inmundo, y cuándo limpio. Ésta es la ley tocante a la lepra.

Impurezas físicas

15 ¹ Habló Jehová a Moisés y a Aarón, diciendo:

² Hablad a los hijos de Israel y decidles: Cualquier varón, cuando tuviere flujo de semen, será inmundo.

³ Y ésta será su inmundicia en su flujo: sea que su cuerpo destiló a causa de su flujo, o que deje de destilar a causa de su flujo, él será inmundo.

⁴ Toda cama en que se acostare el que tuviere flujo, será inmunda; y toda cosa sobre la que se sentare, inmunda será.

⁵ Y cualquiera que tocare su cama lavará sus vestidos; se lavará también a sí mismo con agua, y será inmundo hasta la noche.

⁶ Y el que se sentare sobre aquello en que se hubiere sentado el que tiene flujo, lavará sus vestidos, se lavará también a sí mismo con agua, y será inmundo hasta la noche.

⁷ Asimismo el que tocare el cuerpo del que tiene flujo, lavará sus vestidos, y a sí mismo se lavará con agua, y será inmundo hasta la noche.

⁸ Y si el que tiene flujo escupiere sobre el limpio, éste lavará sus vestidos, y después de haberse lavado con agua, será inmundo hasta la noche.

⁹ Y toda montura sobre la que cabalgare el que tuviere flujo será inmunda.

¹⁰ Cualquiera que tocare cualquiera cosa que haya estado debajo de él, será inmundo hasta la noche; y el que la llevare, lavará sus vestidos, y después de lavarse con agua, será inmundo hasta la noche.

¹¹ Y todo aquel a quien tocare el que tiene flujo, y no lavare con agua sus manos, lavará sus vestidos, y a sí mismo se lavará con agua, y será inmundo hasta la noche.

¹² La vasija de barro que tocare el que tiene flujo será quebrada, y toda vasija de madera será lavada con agua.

¹³ Cuando se hubiere limpiado de su flujo el que tiene flujo, contará siete días desde su purificación, y lavará sus vestidos, y lavará su cuerpo en aguas corrientes, y será limpio.

¹⁴ Y el octavo día tomará dos tórtolas o dos palominos, y vendrá delante de Jehová a la puerta del tabernáculo de reunión, y los dará al sacerdote;

¹⁵ y el sacerdote hará del uno ofrenda por el pecado, y del otro holocausto; y el sacerdote le purificará de su flujo delante de Jehová.

¹⁶ Cuando el hombre tuviere emisión de semen, lavará en agua todo su cuerpo, y será inmundo hasta la noche.

¹⁷ Y toda vestidura, o toda piel sobre la cual cayere la emisión del semen, se lavará con agua, y será inmunda hasta la noche.

¹⁸ Y cuando un hombre yaciere con una mujer y tuviere emisión de semen, ambos se lavarán con agua, y serán inmundos hasta la noche.

¹⁹ Cuando la mujer tuviere flujo de sangre, y su flujo fuere en su cuerpo, siete días estará apartada; y cualquiera que la tocare será inmundo hasta la noche.

²⁰ Todo aquello sobre lo que ella se acostare mientras estuviere separada, será inmundo; también todo aquello sobre lo que se sentare será inmundo.

²¹ Y cualquiera que tocare su cama, lavará sus vestidos, y después de lavarse con agua, será inmundo hasta la noche.

²² También cualquiera que tocare cualquier mueble sobre el que ella se hubiere sentado, lavará sus vestidos; se lavará luego a sí mismo con agua, y será inmundo hasta la noche.

23 Y lo que estuviere sobre la cama, o sobre la silla en que ella se hubiere sentado, el que lo tocare será inmundo hasta la noche.

24 Si alguno durmiere con ella, y su menstruo fuere sobre él, será inmundo por siete días; y toda cama sobre la que durmiere, será inmunda.

25 Y la mujer, cuando siguiere el flujo de su sangre por muchos días fuera del tiempo de su costumbre, o cuando tuviere flujo de sangre más de su costumbre, todo el tiempo de su flujo será inmunda como en los días de su costumbre.

26 Toda cama en que durmiere todo el tiempo de su flujo, le será como la cama de su costumbre; y todo mueble sobre el que se sentare, será inmundo, como la impureza de su costumbre.

27 Cualquiera que tocare esas cosas será inmundo; y lavará sus vestidos, y a sí mismo se lavará con agua, y será inmundo hasta la noche.

28 Y cuando fuere libre de su flujo, contará siete días, y después será limpia.

29 Y el octavo día tomará consigo dos tórtolas o dos palominos, y los traerá al sacerdote, a la puerta del tabernáculo de reunión;

30 y el sacerdote hará del uno ofrenda por el pecado, y del otro holocausto; y la purificará el sacerdote delante de Jehová del flujo de su impureza.

31 Así apartaréis de sus impurezas a los hijos de Israel, a fin de que no mueran por sus impurezas por haber contaminado mi tabernáculo que está entre ellos.

32 Ésta es la ley para el que tiene flujo, y para el que tiene emisión de semen, viniendo a ser inmundo a causa de ello;

33 y para la que padece su costumbre, y para el que tuviere flujo, sea varón o mujer, y para el hombre que durmiere con mujer inmunda.

El día de la expiación

16 **1** Habló Jehová a Moisés después de la muerte de los dos hijos de Aarón, cuando se acercaron delante de Jehová, y murieron.

2 Y Jehová dijo a Moisés: Di a Aarón tu hermano, que no en todo tiempo entre en el santuario detrás del velo,[a] delante del propiciatorio que está sobre el arca, para que no muera; porque yo apareceré en la nube sobre el propiciatorio.

3 Con esto entrará Aarón en el santuario: con un becerro para expiación, y un carnero para holocausto.[b]

4 Se vestirá la túnica santa de lino, y sobre su cuerpo tendrá calzoncillos de lino, y se ceñirá el cinto de lino, y con la mitra de lino se cubrirá. Son las santas vestiduras; con ellas se ha de vestir después de lavar su cuerpo con agua.

5 Y de la congregación de los hijos de Israel tomará dos machos cabríos para expiación, y un carnero para holocausto.

6 Y hará traer Aarón el becerro de la expiación que es suyo, y hará la reconciliación por sí y por su casa.

7 Después tomará los dos machos cabríos y los presentará delante de Jehová, a la puerta del tabernáculo de reunión.

8 Y echará suertes Aarón sobre los dos machos cabríos; una suerte por Jehová, y otra suerte por Azazel.

9 Y hará traer Aarón el macho cabrío sobre el cual cayere la suerte por Jehová, y lo ofrecerá en expiación.

10 Mas el macho cabrío sobre el cual cayere la suerte por Azazel, lo presentará vivo delante de Jehová para hacer la reconciliación sobre él, para enviarlo a Azazel al desierto.

11 Y hará traer Aarón el becerro que era para expiación suya, y hará la reconciliación por sí y por su casa, y degollará en expiación el becerro que es suyo.

12 Después tomará un incensario lleno de brasas de fuego del altar de delante de Jehová, y sus puños llenos del perfume aromático molido, y lo llevará detrás del velo.

13 Y pondrá el perfume sobre el fuego delante de Jehová, y la nube del perfume cubrirá el propiciatorio que está sobre el testimonio, para que no muera.

14 Tomará luego de la sangre del becerro, y la rociará con su dedo hacia el propiciatorio al lado oriental; hacia el propiciatorio esparcirá con su dedo siete veces de aquella sangre.

15 Después degollará el macho cabrío en expiación por el pecado del pueblo, y llevará la sangre detrás del velo adentro,[c] y hará de la sangre como hizo con la sangre del becerro, y la esparcirá sobre el propiciatorio y delante del propiciatorio.

16 Así purificará el santuario, a causa de las impurezas de los hijos de Israel, de sus rebeliones y de todos sus pecados; de la misma manera hará también al tabernáculo de reunión, el cual reside entre ellos en medio de sus impurezas.

17 Ningún hombre estará en el tabernáculo de reunión cuando él entre a hacer la expiación en el santuario, hasta que él salga, y haya hecho la expiación por sí, por su casa y por toda la congregación de Israel.

18 Y saldrá al altar que está delante de Jehová, y lo expiará, y tomará de la sangre del becerro y de la sangre del macho cabrío, y la pondrá sobre los cuernos del altar alrededor.

19 Y esparcirá sobre él de la sangre con su dedo, siete veces, y lo limpiará, y lo santificará de las inmundicias de los hijos de Israel.

20 Cuando hubiere acabado de expiar el santuario y el tabernáculo de reunión y el altar, hará traer el macho cabrío vivo;

21 y pondrá Aarón sus dos manos sobre la cabeza del macho cabrío vivo, y confesará sobre él todas las iniquidades de los hijos de Israel, todas sus rebeliones y todos sus pecados, poniéndolos así sobre la cabeza del macho cabrío, y lo enviará al desierto por mano de un hombre destinado para esto.

22 Y aquel macho cabrío llevará sobre sí todas las iniquidades de ellos a tierra inhabitada; y dejará ir al macho cabrío por el desierto.

23 Después vendrá Aarón al tabernáculo de reunión, y se quitará las vestiduras de lino que había vestido para entrar en el santuario, y las pondrá allí.[d]

24 Lavará luego su cuerpo con agua en el lugar del santuario, y después de ponerse sus vestidos saldrá, y hará su holocausto, y el holocausto del pueblo, y hará la expiación por sí y por el pueblo.

25 Y quemará en el altar la grosura del sacrificio por el pecado.

26 El que hubiere llevado el macho cabrío a Azazel, lavará sus vestidos, lavará también con agua su cuerpo, y después entrará en el campamento.

27 Y sacarán fuera del campamento[e] el becerro y el macho cabrío inmolados por el pecado, cuya sangre fue llevada al santuario para hacer la expiación; y quemarán en el fuego su piel, su carne y su estiércol.

28 El que los quemare lavará sus vestidos, lavará también su cuerpo con agua, y después podrá entrar en el campamento.

29 Y esto tendréis por estatuto perpetuo: En el mes séptimo, a los diez días del mes, afligiréis vuestras almas, y ninguna obra haréis, ni el natural ni el extranjero que mora entre vosotros.

30 Porque en este día se hará expiación por vosotros,[f] y seréis limpios de todos vuestros pecados delante de Jehová.

31 Día de reposo es para vosotros, y afligiréis vuestras almas; es estatuto perpetuo.

32 Hará la expiación el sacerdote que fuere ungido y consagrado para ser sacerdote en lugar de su padre; y se vestirá las vestiduras de lino, las vestiduras sagradas.

33 Y hará la expiación por el santuario santo, y el tabernáculo de reunión; también hará expiación por el altar, por los sacerdotes y por todo el pueblo de la congregación.

34 Y esto tendréis como estatuto perpetuo, para hacer expiación una vez al año por todos los pecados de Israel. Y Moisés lo hizo como Jehová le mandó.

El santuario único

17 **1** Habló Jehová a Moisés, diciendo:
2 Habla a Aarón y a sus hijos, y a todos los hijos de Israel, y diles: Esto es lo que ha mandado Jehová:

3 Cualquier varón de la casa de Israel que degollare buey o cordero o cabra, en el campamento o fuera de él,

4 y no lo trajere a la puerta del tabernáculo de reunión para ofrecer ofrenda a Jehová delante del tabernáculo de Jehová, será culpado de sangre el tal varón; sangre derramó; será cortado el tal varón de entre su pueblo,

5 a fin de que traigan los hijos de Israel sus sacrificios, los que sacrifican en medio del campo, para que los traigan a Jehová a la puerta del tabernáculo de reunión al

---

d 16.23 Ez 44.19.   **e 16.27** Heb 13.11.   **f 16.29-34** Lv 23.26-32; Nm 29.7-11.

sacerdote, y sacrifiquen ellos sacrificios de paz a Jehová.

⁶ Y el sacerdote esparcirá la sangre sobre el altar de Jehová a la puerta del tabernáculo de reunión, y quemará la grosura en olor grato a Jehová.

⁷ Y nunca más sacrificarán sus sacrificios a los demonios, tras de los cuales han fornicado; tendrán esto por estatuto perpetuo por sus edades.

⁸ Les dirás también: Cualquier varón de la casa de Israel, o de los extranjeros que moran entre vosotros, que ofreciere holocausto o sacrificio,

⁹ y no lo trajere a la puerta del tabernáculo de reunión para hacerlo a Jehová, el tal varón será igualmente cortado de su pueblo.

Prohibición de comer la sangre

¹⁰ Si cualquier varón de la casa de Israel, o de los extranjeros que moran entre ellos, comiere alguna sangre, yo pondré mi rostro contra la persona que comiere sangre, y la cortaré de entre su pueblo.ª

¹¹ Porque la vida de la carne en la sangre está, y yo os la he dado para hacer expiación sobre el altar por vuestras almas; y la misma sangre hará expiaciónᵇ de la persona.

¹² Por tanto, he dicho a los hijos de Israel: Ninguna persona de vosotros comerá sangre, ni el extranjero que mora entre vosotros comerá sangre.

¹³ Y cualquier varón de los hijos de Israel, o de los extranjeros que moran entre ellos, que cazare animal o ave que sea de comer, derramará su sangre y la cubrirá con tierra.

¹⁴ Porque la vida de toda carne es su sangre; por tanto, he dicho a los hijos de Israel: No comeréis la sangre de ninguna carne, porque la vida de toda carne es su sangre; cualquiera que la comiere será cortado.

¹⁵ Y cualquier persona, así de los naturales como de los extranjeros, que comiere animal mortecino o despedazado por fiera, lavará sus vestidos y a sí misma se lavará con agua, y será inmunda hasta la noche; entonces será limpia.

¹⁶ Y si no los lavare, ni lavare su cuerpo, llevará su iniquidad.

Actos de inmoralidad prohibidos

18 ¹ Habló Jehová a Moisés, diciendo: ² Habla a los hijos de Israel, y diles: Yo soy Jehová vuestro Dios.

³ No haréis como hacen en la tierra de Egipto, en la cual morasteis; ni haréis como hacen en la tierra de Canaán, a la cual yo os conduzco, ni andaréis en sus estatutos.

⁴ Mis ordenanzas pondréis por obra, y mis estatutos guardaréis, andando en ellos. Yo Jehová vuestro Dios.

⁵ Por tanto, guardaréis mis estatutos y mis ordenanzas, los cuales haciendo el hombre, viviráª en ellos. Yo Jehová.

⁶ Ningún varón se llegue a parienta próxima alguna, para descubrir su desnudez. Yo Jehová.

⁷ La desnudez de tu padre, o la desnudez de tu madre, no descubrirás; tu madre es, no descubrirás su desnudez.

⁸ La desnudez de la mujer de tu padre no descubrirás; es la desnudez de tu padre.ᵇ

⁹ La desnudez de tu hermana, hija de tu padre o hija de tu madre, nacida en casa o nacida fuera, su desnudez no descubrirás.ᶜ

¹⁰ La desnudez de la hija de tu hijo, o de la hija de tu hija, su desnudez no descubrirás, porque es la desnudez tuya.

¹¹ La desnudez de la hija de la mujer de tu padre, engendrada de tu padre, tu hermana es; su desnudez no descubrirás.

¹² La desnudez de la hermana de tu padre no descubrirás; es parienta de tu padre.

¹³ La desnudez de la hermana de tu madre no descubrirás, porque parienta de tu madre es.

¹⁴ La desnudez del hermano de tu padre no descubrirás; no llegarás a su mujer; es mujer del hermano de tu padre.ᵈ

¹⁵ La desnudez de tu nuera no descubrirás; mujer es de tu hijo, no descubrirás su desnudez.ᵉ

¹⁶ La desnudez de la mujer de tu hermano no descubrirás; es la desnudez de tu hermano.ᶠ

¹⁷ La desnudez de la mujer y de su hija no descubrirás; no tomarás la hija de su hijo,

---

a **17.10** Gn 9.4; Lv 7.26, 27; 19.26; Dt 12.16, 23; 15.23. b **17.11** Heb 9.22.   a **18.5** Neh 9.29; Ez 18.9; 20.11-13; Lc 10.28; Ro 10.5; Gá 3.12.   b **18.8** Lv 20.11; Dt 22.30; 27.20.   c **18.9** Lv 20.17; Dt 27.22.   d **18.12-14** Lv 20.19, 20. e **18.15** Lv 20.12.   f **18.16** Lv 20.21.

ni la hija de su hija, para descubrir su desnudez; son parientas, es maldad.^g

18 No tomarás mujer juntamente con su hermana, para hacerla su rival, descubriendo su desnudez delante de ella en su vida.

19 Y no llegarás a la mujer para descubrir su desnudez mientras esté en su impureza menstrual.^h

20 Además, no tendrás acto carnal con la mujer de tu prójimo, contaminándote con ella.ⁱ

21 Y no des hijo tuyo para ofrecerlo por fuego a Moloc; no contamines así el nombre de tu Dios.^j Yo Jehová.

22 No te echarás con varón como con mujer; es abominación.^k

23 Ni con ningún animal tendrás ayuntamiento amancillándote con él, ni mujer alguna se pondrá delante de animal para ayuntarse con él; es perversión.^l

24 En ninguna de estas cosas os amancillaréis; pues en todas estas cosas se han corrompido las naciones que yo echo de delante de vosotros,

25 y la tierra fue contaminada; y yo visité su maldad sobre ella, y la tierra vomitó sus moradores.

26 Guardad, pues, vosotros mis estatutos y mis ordenanzas, y no hagáis ninguna de estas abominaciones, ni el natural ni el extranjero que mora entre vosotros

27 (porque todas estas abominaciones hicieron los hombres de aquella tierra que fueron antes de vosotros, y la tierra fue contaminada);

28 no sea que la tierra os vomite por haberla contaminado, como vomitó a la nación que la habitó antes de vosotros.

29 Porque cualquiera que hiciere alguna de todas estas abominaciones, las personas que las hicieren serán cortadas de entre su pueblo.

30 Guardad, pues, mi ordenanza, no haciendo las costumbres abominables que practicaron antes de vosotros, y no os contaminéis en ellas. Yo Jehová vuestro Dios.

Leyes de santidad y de justicia

19 ¹ Habló Jehová a Moisés, diciendo: ² Habla a toda la congregación de los hijos de Israel, y diles: Santos seréis, porque santo soy yo Jehová vuestro Dios.^a

3 Cada uno temerá a su madre y a su padre,^b y mis días de reposo* guardaréis.^c Yo Jehová vuestro Dios.

4 No os volveréis a los ídolos,^d ni haréis para vosotros dioses de fundición.^e Yo Jehová vuestro Dios.

5 Y cuando ofreciereis sacrificio de ofrenda de paz a Jehová, ofrecedlo de tal manera que seáis aceptos.

6 Será comido el día que lo ofreciereis, y el día siguiente; y lo que quedare para el tercer día, será quemado en el fuego.

7 Y si se comiere el día tercero, será abominación; no será acepto,

8 y el que lo comiere llevará su delito, por cuanto profanó lo santo de Jehová; y la tal persona será cortada de su pueblo.

9 Cuando siegues la mies de tu tierra, no segarás hasta el último rincón de ella, ni espigarás tu tierra segada.

10 Y no rebuscarás tu viña, ni recogerás el fruto caído de tu viña; para el pobre y para el extranjero lo dejarás.^f Yo Jehová vuestro Dios.

11 No hurtaréis,^g y no engañaréis^h ni mentiréis el uno al otro.

12 Y no juraréis falsamente por mi nombre,ⁱ profanando así el nombre de tu Dios. Yo Jehová.

13 No oprimirás a tu prójimo, ni le robarás. No retendrás el salario del jornalero en tu casa hasta la mañana.^j

14 No maldecirás al sordo, y delante del ciego no pondrás tropiezo,^k sino que tendrás temor de tu Dios. Yo Jehová.

15 No harás injusticia en el juicio, ni favoreciendo al pobre ni complaciendo al grande; con justicia juzgarás a tu prójimo.^l

16 No andarás chismeando entre tu pueblo. No atentarás contra la vida de tu prójimo. Yo Jehová.

17 No aborrecerás a tu hermano en tu corazón; razonarás con tu prójimo, para que no participes de su pecado.

---

* Aquí equivale a *sábado*.
g 18.17 Lv 20.14; Dt 27.23.   **h 18.19** Lv 20.18.
i 18.20 Lv 20.10.   **j 18.21** Lv 20.1-5.   **k 18.22** Lv 20.13.
l 18.23 Ex 22.19; Lv 20.15, 16; Dt 27.21.   **a 19.2** Lv 11.44, 45;
1 P 1.16.   **b 19.3** Ex 20.12; Dt 5.16.   **c 19.3** Ex 20.8; Dt 5.12.
d 19.4 Lv 26.1.   **e 19.4** Ex 20.4; 34.17; Dt 5.8; 27.15.
f 19.9, 10 Lv 23.22; Dt 24.19-22.   **g 19.11** Ex 20.15; Dt 5.19.
h 19.11 Ex 20.16; Dt 5.20.   **i 19.12** Ex 20.7; Dt 5.11;
Mt 5.33.   **j 19.13** Dt 24.14, 15.   **k 19.14** Dt 27.18.
l 19.15 Ex 23.6-8; Dt 16.19.

18 No te vengarás, ni guardarás rencor a los hijos de tu pueblo, sino amarás a tu prójimo como a ti mismo.ᵐ Yo Jehová.

19 Mis estatutos guardarás. No harás ayuntar tu ganado con animales de otra especie; tu campo no sembrarás con mezcla de semillas, y no te pondrás vestidos con mezcla de hilos.ⁿ

20 Si un hombre yaciere con una mujer que fuere sierva desposada con alguno, y no estuviere rescatada, ni le hubiere sido dada libertad, ambos serán azotados; no morirán, por cuanto ella no es libre.

21 Y él traerá a Jehová, a la puerta del tabernáculo de reunión, un carnero en expiación por su culpa.

22 Y con el carnero de la expiación lo reconciliará el sacerdote delante de Jehová, por su pecado que cometió; y se le perdonará su pecado que ha cometido.

23 Y cuando entréis en la tierra, y plantéis toda clase de árboles frutales, consideraréis como incircunciso lo primero de su fruto; tres años os será incircunciso; su fruto no se comerá.

24 Y el cuarto año todo su fruto será consagrado en alabanzas a Jehová.

25 Mas al quinto año comeréis el fruto de él, para que os haga crecer su fruto. Yo Jehová vuestro Dios.

26 No comeréis cosa alguna con sangre.º No seréis agoreros, ni adivinos.ᵖ

27 No haréis tonsura en vuestras cabezas, ni dañaréis la punta de vuestra barba.

28 Y no haréis rasguños en vuestro cuerpo por un muerto, ni imprimiréis en vosotros señal alguna.�q Yo Jehová.

29 No contaminarás a tu hija haciéndola fornicar,ʳ para que no se prostituya la tierra y se llene de maldad.

30 Mis días de reposo* guardaréis, y mi santuario tendréis en reverencia. Yo Jehová.ˢ

31 No os volváis a los encantadores ni a los adivinos;ᵗ no los consultéis, contaminándoos con ellos. Yo Jehová vuestro Dios.

32 Delante de las canas te levantarás, y honrarás el rostro del anciano, y de tu Dios tendrás temor. Yo Jehová.

33 Cuando el extranjero morare con vosotros en vuestra tierra, no le oprimiréis.

34 Como a un natural de vosotros tendréis al extranjero que more entre vosotros, y lo amarás como a ti mismo; porque extranjeros fuisteis en la tierra de Egipto.ᵘ Yo Jehová vuestro Dios.

35 No hagáis injusticia en juicio, en medida de tierra, en peso ni en otra medida.

36 Balanzas justas, pesas justas y medidas justas tendréis.ᵛ Yo Jehová vuestro Dios, que os saqué de la tierra de Egipto.

37 Guardad, pues, todos mis estatutos y todas mis ordenanzas, y ponedlos por obra. Yo Jehová.

Penas por actos de inmoralidad

20 ¹ Habló Jehová a Moisés, diciendo: **2** Dirás asimismo a los hijos de Israel: Cualquier varón de los hijos de Israel, o de los extranjeros que moran en Israel, que ofreciere alguno de sus hijos a Moloc, de seguro morirá; el pueblo de la tierra lo apedreará.

3 Y yo pondré mi rostro contra el tal varón, y lo cortaré de entre su pueblo, por cuanto dio de sus hijos a Moloc, contaminando mi santuario y profanando mi santo nombre.

4 Si el pueblo de la tierra cerrare sus ojos respecto de aquel varón que hubiere dado de sus hijos a Moloc, para no matarle,

5 entonces yo pondré mi rostro contra aquel varón y contra su familia, y le cortaré de entre su pueblo, con todos los que fornicaron en pos de él prostituyéndose con Moloc.

6 Y la persona que atendiere a encantadores o adivinos, para prostituirse tras de ellos, yo pondré mi rostro contra la tal persona, y la cortaré de entre su pueblo.

7 Santificaos, pues, y sed santos, porque yo Jehová soy vuestro Dios.

8 Y guardad mis estatutos, y ponedlos por obra. Yo Jehová que os santifico.

9 Todo hombre que maldijere a su padre o a su madre, de cierto morirá;ª a su padre o a su madre maldijo; su sangre será sobre él.

10 Si un hombre cometiere adulterio con la mujer de su prójimo, el adúltero

---

* Aquí equivale a *sábado*.

m 19.18 Mt 5.43; 19.19; 22.39; Mr 12.31; Lc 10.27; Ro 13.9; Gá 5.14; Stg 2.8.   **n 19.19** Dt 22.9-11.   **o 19.26** Gn 9.4; Lv 7.26, 27; 17.10-14; Dt 12.16, 23; 15.23.   **p 19.26** Dt 18.10.   **q 19.27, 28** Lv 21.5; Dt 14.1.   **r 19.29** Dt 23.17.   **s 19.30** Lv 26.2.   **t 19.31** Dt 18.11.   **u 19.33, 34** Éx 22.21; Dt 24.17, 18; 27.19.   **v 19.35, 36** Dt 25.13-16.   **a 20.9** Éx 21.17; Mt 15.4; Mr 7.10.

y la adúltera indefectiblemente serán muertos.^b

11 Cualquiera que yaciere con la mujer de su padre, la desnudez de su padre descubrió; ambos han de ser muertos; su sangre será sobre ellos.^c

12 Si alguno durmiere con su nuera, ambos han de morir; cometieron grave perversión; su sangre será sobre ellos.^d

13 Si alguno se ayuntare con varón como con mujer, abominación hicieron; ambos han de ser muertos; sobre ellos será su sangre.^e

14 El que tomare mujer y a la madre de ella, comete vileza; quemarán con fuego a él y a ellas, para que no haya vileza entre vosotros.^f

15 Cualquiera que tuviere cópula con bestia, ha de ser muerto, y mataréis a la bestia.

16 Y si una mujer se llegare a algún animal para ayuntarse con él, a la mujer y al animal matarás; morirán indefectiblemente; su sangre será sobre ellos.^g

17 Si alguno tomare a su hermana, hija de su padre o hija de su madre, y viere su desnudez, y ella viere la suya, es cosa execrable; por tanto serán muertos a ojos de los hijos de su pueblo; descubrió la desnudez de su hermana; su pecado llevará.^h

18 Cualquiera que durmiere con mujer menstruosa, y descubriere su desnudez, su fuente descubrió, y ella descubrió la fuente de su sangre; ambos serán cortados de entre su pueblo.ⁱ

19 La desnudez de la hermana de tu madre, o de la hermana de tu padre, no descubrirás; porque al descubrir la desnudez de su parienta, su iniquidad llevarán.

20 Cualquiera que durmiere con la mujer del hermano de su padre, la desnudez del hermano de su padre descubrió; su pecado llevarán; morirán sin hijos.^j

21 Y el que tomare la mujer de su hermano, comete inmundicia; la desnudez de su hermano descubrió; sin hijos serán.^k

22 Guardad, pues, todos mis estatutos y todas mis ordenanzas, y ponedlos por obra, no sea que os vomite la tierra en la cual yo os introduzco para que habitéis en ella.

23 Y no andéis en las prácticas de las naciones que yo echaré de delante de vosotros; porque ellos hicieron todas estas cosas, y los tuve en abominación.

24 Pero a vosotros os he dicho: Vosotros poseeréis la tierra de ellos, y yo os la daré para que la poseáis por heredad, tierra que fluye leche y miel. Yo Jehová vuestro Dios, que os he apartado de los pueblos.

25 Por tanto, vosotros haréis diferencia entre animal limpio e inmundo, y entre ave inmunda y limpia; y no contaminéis vuestras personas con los animales, ni con las aves, ni con nada que se arrastra sobre la tierra, los cuales os he apartado por inmundos.

26 Habéis, pues, de serme santos, porque yo Jehová soy santo, y os he apartado de los pueblos para que seáis míos.

27 Y el hombre o la mujer que evocare espíritus de muertos o se entregare a la adivinación, ha de morir; serán apedreados; su sangre será sobre ellos.

Santidad de los sacerdotes

21 ¹ Jehová dijo a Moisés: Habla a los sacerdotes hijos de Aarón, y diles que no se contaminen por un muerto en sus pueblos.

2 Mas por su pariente cercano, por su madre o por su padre, o por su hijo o por su hermano,

3 o por su hermana virgen, a él cercana, la cual no haya tenido marido, por ella se contaminará.

4 No se contaminará como cualquier hombre de su pueblo, haciéndose inmundo.

5 No harán tonsura en su cabeza, ni raerán la punta de su barba, ni en su carne harán rasguños.^a

6 Santos serán a su Dios, y no profanarán el nombre de su Dios, porque las ofrendas encendidas para Jehová y el pan de su Dios ofrecen; por tanto, serán santos.

7 Con mujer ramera o infame no se casarán, ni con mujer repudiada de su marido; porque el sacerdote es santo a su Dios.

8 Le santificarás, por tanto, pues el pan de tu Dios ofrece; santo será para ti, porque santo soy yo Jehová que os santifico.

9 Y la hija del sacerdote, si comenzare a fornicar, a su padre deshonra; quemada será al fuego.

---

b 20.10 Éx 20.14; Lv 18.20; Dt 5.18.   **c 20.11** Lv 18.8; Dt 22.30; 27.20.   **d 20.12** Lv 18.15.   **e 20.13** Lv 18.22. **f 20.14** Lv 18.17; Dt 27.23.   **g 20.15, 16** Éx 22.19; Lv 18.23; Dt 27.21.   **h 20.17** Lv 18.9; Dt 27.22.   **i 20.18** Lv 18.19. **j 20.19, 20** Lv 18.12-14.   **k 20.21** Lv 18.16. **a 21.5** Lv 19.27, 28; Dt 14.1.

10 Y el sumo sacerdote entre sus hermanos, sobre cuya cabeza fue derramado el aceite de la unción, y que fue consagrado para llevar las vestiduras, no descubrirá su cabeza, ni rasgará sus vestidos,

11 ni entrará donde haya alguna persona muerta; ni por su padre ni por su madre se contaminará.

12 Ni saldrá del santuario, ni profanará el santuario de su Dios; porque la consagración por el aceite de la unción de su Dios está sobre él. Yo Jehová.

13 Tomará por esposa a una mujer virgen.

14 No tomará viuda, ni repudiada, ni infame, ni ramera, sino tomará de su pueblo una virgen por mujer,

15 para que no profane su descendencia en sus pueblos; porque yo Jehová soy el que los santifico.

16 Y Jehová habló a Moisés, diciendo:

17 Habla a Aarón y dile: Ninguno de tus descendientes por sus generaciones, que tenga algún defecto, se acercará para ofrecer el pan de su Dios.

18 Porque ningún varón en el cual haya defecto se acercará; varón ciego, o cojo, o mutilado, o sobrado,

19 o varón que tenga quebradura de pie o rotura de mano,

20 o jorobado, o enano, o que tenga nube en el ojo, o que tenga sarna, o empeine, o testículo magullado.

21 Ningún varón de la descendencia del sacerdote Aarón, en el cual haya defecto, se acercará para ofrecer las ofrendas encendidas para Jehová. Hay defecto en él; no se acercará a ofrecer el pan de su Dios.

22 Del pan de su Dios, de lo muy santo y de las cosas santificadas, podrá comer.

23 Pero no se acercará tras el velo, ni se acercará al altar, por cuanto hay defecto en él; para que no profane mi santuario, porque yo Jehová soy el que los santifico.

24 Y Moisés habló esto a Aarón, y a sus hijos, y a todos los hijos de Israel.

Santidad de las ofrendas

22 **1** Habló Jehová a Moisés, diciendo: **2** Di a Aarón y a sus hijos que se abstengan de las cosas santas que los hijos de Israel me han dedicado, y no profanen mi santo nombre. Yo Jehová.

3 Diles: Todo varón de toda vuestra descendencia en vuestras generaciones, que se acercare a las cosas sagradas que los hijos de Israel consagran a Jehová, teniendo inmundicia sobre sí, será cortado de mi presencia. Yo Jehová.

4 Cualquier varón de la descendencia de Aarón que fuere leproso, o padeciere flujo, no comerá de las cosas sagradas hasta que esté limpio. El que tocare cualquiera cosa de cadáveres, o el varón que hubiere tenido derramamiento de semen,

5 o el varón que hubiere tocado cualquier reptil por el cual será inmundo, u hombre por el cual venga a ser inmundo, conforme a cualquiera inmundicia suya;

6 la persona que lo tocare será inmunda hasta la noche, y no comerá de las cosas sagradas antes que haya lavado su cuerpo con agua.

7 Cuando el sol se pusiere, será limpio; y después podrá comer las cosas sagradas, porque su alimento es.

8 Mortecino ni despedazado por fiera no comerá, contaminándose en ello. Yo Jehová.

9 Guarden, pues, mi ordenanza, para que no lleven pecado por ello, no sea que así mueran cuando la profanen. Yo Jehová que los santifico.

10 Ningún extraño comerá cosa sagrada; el huésped del sacerdote, y el jornalero, no comerán cosa sagrada.

11 Mas cuando el sacerdote comprare algún esclavo por dinero, éste podrá comer de ella, así como también el nacido en su casa podrá comer de su alimento.

12 La hija del sacerdote, si se casare con varón extraño, no comerá de la ofrenda de las cosas sagradas.

13 Pero si la hija del sacerdote fuere viuda o repudiada, y no tuviere prole y se hubiere vuelto a la casa de su padre, como en su juventud, podrá comer del alimento de su padre; pero ningún extraño coma de él.

14 Y el que por yerro comiere cosa sagrada, añadirá a ella una quinta parte, y la dará al sacerdote con la cosa sagrada.

15 No profanarán, pues, las cosas santas de los hijos de Israel, las cuales apartan para Jehová;

16 pues les harían llevar la iniquidad del pecado, comiendo las cosas santas de ellos; porque yo Jehová soy el que los santifico.

17 También habló Jehová a Moisés, diciendo:

18 Habla a Aarón y a sus hijos, y a todos los hijos de Israel, y diles: Cualquier varón de la casa de Israel, o de los extranjeros en Israel, que ofreciere su ofrenda en pago de sus votos, o como ofrendas voluntarias ofrecidas en holocausto a Jehová,

19 para que sea aceptado, ofreceréis macho sin defecto de entre el ganado vacuno, de entre los corderos, o de entre las cabras.

20 Ninguna cosa en que haya defecto ofreceréis, porque no será acepto por vosotros.[a]

21 Asimismo, cuando alguno ofreciere sacrificio en ofrenda de paz a Jehová para cumplir un voto, o como ofrenda voluntaria, sea de vacas o de ovejas, para que sea aceptado será sin defecto.

22 Ciego, perniquebrado, mutilado, verrugoso, sarnoso o roñoso, no ofreceréis éstos a Jehová, ni de ellos pondréis ofrenda encendida sobre el altar de Jehová.

23 Buey o carnero que tenga de más o de menos, podrás ofrecer por ofrenda voluntaria; pero en pago de voto no será acepto.

24 No ofreceréis a Jehová animal con testículos heridos o magullados, rasgados o cortados, ni en vuestra tierra lo ofreceréis.

25 Ni de mano de extranjeros tomarás estos animales para ofrecerlos como el pan de vuestro Dios, porque su corrupción está en ellos; hay en ellos defecto, no se os aceptarán.

26 Y habló Jehová a Moisés, diciendo:

27 El becerro o el cordero o la cabra, cuando naciere, siete días estará mamando de su madre; mas desde el octavo día en adelante será acepto para ofrenda de sacrificio encendido a Jehová.

28 Y sea vaca u oveja, no degollaréis en un mismo día a ella y a su hijo.

29 Y cuando ofreciereis sacrificio de acción de gracias a Jehová, lo sacrificaréis de manera que sea aceptable.

30 En el mismo día se comerá; no dejaréis de él para otro día. Yo Jehová.

31 Guardad, pues, mis mandamientos, y cumplidlos. Yo Jehová.

32 Y no profanéis mi santo nombre, para que yo sea santificado en medio de los hijos de Israel. Yo Jehová que os santifico,

33 que os saqué de la tierra de Egipto, para ser vuestro Dios. Yo Jehová.

Las fiestas solemnes
(Nm 28.16—29.40)

23 **1** Habló Jehová a Moisés, diciendo: **2** Habla a los hijos de Israel y diles: Las fiestas solemnes de Jehová, las cuales proclamaréis como santas convocaciones, serán éstas:

3 Seis días se trabajará, mas el séptimo día será de reposo,* santa convocación; ningún trabajo haréis;[a] día de reposo* es de Jehová en dondequiera que habitéis.

4 Éstas son las fiestas solemnes de Jehová, las convocaciones santas, a las cuales convocaréis en sus tiempos:

5 En el mes primero, a los catorce del mes, entre las dos tardes, pascua es de Jehová.[b]

6 Y a los quince días de este mes es la fiesta solemne de los panes sin levadura[c] a Jehová; siete días comeréis panes sin levadura.

7 El primer día tendréis santa convocación; ningún trabajo de siervos haréis.

8 Y ofreceréis a Jehová siete días ofrenda encendida; el séptimo día será santa convocación; ningún trabajo de siervo haréis.

9 Y habló Jehová a Moisés, diciendo:

10 Habla a los hijos de Israel y diles: Cuando hayáis entrado en la tierra que yo os doy, y seguéis su mies, traeréis al sacerdote una gavilla por primicia de los primeros frutos de vuestra siega.

11 Y el sacerdote mecerá la gavilla delante de Jehová, para que seáis aceptos; el día siguiente del día de reposo* la mecerá.

12 Y el día que ofrezcáis la gavilla, ofreceréis un cordero de un año, sin defecto, en holocausto a Jehová.

13 Su ofrenda será dos décimas de efa de flor de harina amasada con aceite, ofrenda encendida a Jehová en olor gratísimo; y su libación será de vino, la cuarta parte de un hin.

14 No comeréis pan, ni grano tostado, ni espiga fresca, hasta este mismo día, hasta que hayáis ofrecido la ofrenda de vuestro Dios; estatuto perpetuo es por vuestras edades en dondequiera que habitéis.

15 Y contaréis desde el día que sigue al día de reposo,* desde el día en que

---

* Aquí equivale a *sábado*.
a 22.20 Dt 17.1.   **a 23.3** Éx 20.8-10; 23.12; 31.15; 34.21; 35.2; Dt 5.12-14.   **b 23.5** Éx 12.1-13; Dt 16.1, 2.
c 23.6-8 Éx 12.14-20; 23.15; 34.18; Dt 16.3-8.

ofrecisteis la gavilla de la ofrenda mecida; siete semanas cumplidas serán.

¹⁶ Hasta el día siguiente del séptimo día de reposo* contaréis cincuenta días; entonces ofreceréis el nuevo grano a Jehová.

¹⁷ De vuestras habitaciones traeréis dos panes para ofrenda mecida, que serán de dos décimas de efa de flor de harina, cocidos con levadura, como primicias para Jehová.

¹⁸ Y ofreceréis con el pan siete corderos de un año, sin defecto, un becerro de la vacada, y dos carneros; serán holocausto a Jehová, con su ofrenda y sus libaciones, ofrenda encendida de olor grato para Jehová.

¹⁹ Ofreceréis además un macho cabrío por expiación, y dos corderos de un año en sacrificio de ofrenda de paz.

²⁰ Y el sacerdote los presentará como ofrenda mecida delante de Jehová, con el pan de las primicias y los dos corderos; serán cosa sagrada a Jehová para el sacerdote.

²¹ Y convocaréis en este mismo día santa convocación; ningún trabajo de siervos haréis; estatuto perpetuo en dondequiera que habitéis por vuestras generaciones.^d

²² Cuando segareis la mies de vuestra tierra, no segaréis hasta el último rincón de ella, ni espigarás tu siega; para el pobre y para el extranjero la dejarás. Yo Jehová vuestro Dios.^e

²³ Y habló Jehová a Moisés, diciendo:
²⁴ Habla a los hijos de Israel y diles: En el mes séptimo, al primero del mes tendréis día de reposo, una conmemoración al son de trompetas, y una santa convocación.
²⁵ Ningún trabajo de siervos haréis; y ofreceréis ofrenda encendida a Jehová.

²⁶ También habló Jehová a Moisés, diciendo:
²⁷ A los diez días de este mes séptimo será el día de expiación;^f tendréis santa convocación, y afligiréis vuestras almas, y ofreceréis ofrenda encendida a Jehová.
²⁸ Ningún trabajo haréis en este día; porque es día de expiación, para reconciliaros delante de Jehová vuestro Dios.

²⁹ Porque toda persona que no se afligiere en este mismo día, será cortada de su pueblo.
³⁰ Y cualquiera persona que hiciere trabajo alguno en este día, yo destruiré a la tal persona de entre su pueblo.
³¹ Ningún trabajo haréis; estatuto perpetuo es por vuestras generaciones en dondequiera que habitéis.
³² Día de reposo será a vosotros, y afligiréis vuestras almas, comenzando a los nueve días del mes en la tarde; de tarde a tarde guardaréis vuestro reposo.

³³ Y habló Jehová a Moisés, diciendo:
³⁴ Habla a los hijos de Israel y diles: A los quince días de este mes séptimo será la fiesta solemne de los tabernáculos^g a Jehová por siete días.
³⁵ El primer día habrá santa convocación; ningún trabajo de siervos haréis.
³⁶ Siete días ofreceréis ofrenda encendida a Jehová; el octavo día tendréis santa convocación, y ofreceréis ofrenda encendida a Jehová; es fiesta, ningún trabajo de siervos haréis.

³⁷ Éstas son las fiestas solemnes de Jehová, a las que convocaréis santas reuniones, para ofrecer ofrenda encendida a Jehová, holocausto y ofrenda, sacrificio y libaciones, cada cosa en su tiempo,
³⁸ además de los días de reposo* de Jehová, de vuestros dones, de todos vuestros votos, y de todas vuestras ofrendas voluntarias que acostumbráis dar a Jehová.

³⁹ Pero a los quince días del mes séptimo, cuando hayáis recogido el fruto de la tierra, haréis fiesta a Jehová por siete días;^h el primer día será de reposo, y el octavo día será también día de reposo.
⁴⁰ Y tomaréis el primer día ramas con fruto de árbol hermoso, ramas de palmeras, ramas de árboles frondosos, y sauces de los arroyos, y os regocijaréis delante de Jehová vuestro Dios por siete días.
⁴¹ Y le haréis fiesta a Jehová por siete días cada año; será estatuto perpetuo por vuestras generaciones; en el mes séptimo la haréis.
⁴² En tabernáculos habitaréis siete días; todo natural de Israel habitará en tabernáculos,
⁴³ para que sepan vuestros descendientes que en tabernáculos hice yo habitar a los

---

* Aquí equivale a *sábado*.

^d 23.15-21 Éx 23.16; 34.22; Dt 16.9-12.   ^e 23.22 Lv 19.9, 10; Dt 24.19-22.   ^f 23.26-32 Lv 16.29-34.   ^g 23.33-36 Dt 16.13-15. ^h 23.39-43 Éx 23.16; 34.22.

hijos de Israel cuando los saqué de la tierra de Egipto. Yo Jehová vuestro Dios.

44 Así habló Moisés a los hijos de Israel sobre las fiestas solemnes de Jehová.

Aceite para las lámparas
(Éx 27.20, 21)

24 **1** Habló Jehová a Moisés, diciendo: **2** Manda a los hijos de Israel que te traigan para el alumbrado aceite puro de olivas machacadas, para hacer arder las lámparas continuamente.

3 Fuera del velo del testimonio, en el tabernáculo de reunión, las dispondrá Aarón desde la tarde hasta la mañana delante de Jehová; es estatuto perpetuo por vuestras generaciones.

4 Sobre el candelero limpio pondrá siempre en orden las lámparas delante de Jehová.

El pan de la proposición

5 Y tomarás flor de harina, y cocerás de ella doce tortas; cada torta será de dos décimas de efa.

6 Y las pondrás en dos hileras, seis en cada hilera, sobre la mesa limpia delante de Jehová.ᵃ

7 Pondrás también sobre cada hilera incienso puro, y será para el pan como perfume, ofrenda encendida a Jehová.

8 Cada día de reposo* lo pondrá continuamente en orden delante de Jehová, en nombre de los hijos de Israel, como pacto perpetuo.

9 Y será de Aarón y de sus hijos,ᵇ los cuales lo comerán en lugar santo; porque es cosa muy santa para él, de las ofrendas encendidas a Jehová, por derecho perpetuo.

Castigo del blasfemo

10 En aquel tiempo el hijo de una mujer israelita, el cual era hijo de un egipcio, salió entre los hijos de Israel; y el hijo de la israelita y un hombre de Israel riñeron en el campamento.

11 Y el hijo de la mujer israelita blasfemó el Nombre, y maldijo; entonces lo llevaron a Moisés. Y su madre se llamaba Selomit, hija de Dibri, de la tribu de Dan.

12 Y lo pusieron en la cárcel, hasta que les fuese declarado por palabra de Jehová.

13 Y Jehová habló a Moisés, diciendo:

14 Saca al blasfemo fuera del campamento, y todos los que le oyeron pongan sus manos sobre la cabeza de él, y apedréelo toda la congregación.

15 Y a los hijos de Israel hablarás, diciendo: Cualquiera que maldijere a su Dios, llevará su iniquidad.

16 Y el que blasfemare el nombre de Jehová, ha de ser muerto; toda la congregación lo apedreará; así el extranjero como el natural, si blasfemare el Nombre, que muera.

17 Asimismo el hombre que hiere de muerte a cualquiera persona, que sufra la muerte.ᶜ

18 El que hiere a algún animal ha de restituirlo, animal por animal.

19 Y el que causare lesión en su prójimo, según hizo, así le sea hecho:

20 rotura por rotura, ojo por ojo, diente por diente;ᵈ según la lesión que haya hecho a otro, tal se hará a él.

21 El que hiere algún animal ha de restituirlo; mas el que hiere de muerte a un hombre, que muera.

22 Un mismo estatuto tendréis para el extranjero, como para el natural;ᵉ porque yo soy Jehová vuestro Dios.

23 Y habló Moisés a los hijos de Israel, y ellos sacaron del campamento al blasfemo y lo apedrearon. Y los hijos de Israel hicieron según Jehová había mandado a Moisés.

El año de reposo de la tierra y el año del jubileo

25 **1** Jehová habló a Moisés en el monte de Sinaí, diciendo: **2** Habla a los hijos de Israel y diles: Cuando hayáis entrado en la tierra que yo os doy, la tierra guardará reposo para Jehová.

3 Seis años sembrarás tu tierra, y seis años podarás tu viña y recogerás sus frutos.

4 Pero el séptimo año la tierra tendrá descanso, reposo para Jehová; no sembrarás tu tierra, ni podarás tu viña.

5 Lo que de suyo naciere en tu tierra segada, no lo segarás, y las uvas de tu viñedo no vendimiarás; año de reposo será para la tierra.

---

* Aquí equivale a *sábado.*

a 24.5, 6 Éx 25.30.   **b 24.9** Mt 12.4; Mr 2.26; Lc 6.4.
c 24.17 Éx 21.12.   **d 24.20** Éx 21.23-25; Dt 19.21; Mt 5.38.
e 24.22 Nm 15.16.

6 Mas el descanso de la tierra te dará para comer a ti, a tu siervo, a tu sierva, a tu criado, y a tu extranjero que morare contigo;

7 y a tu animal, y a la bestia que hubiere en tu tierra, será todo el fruto de ella para comer.[a]

8 Y contarás siete semanas de años, siete veces siete años, de modo que los días de las siete semanas de años vendrán a serte cuarenta y nueve años.

9 Entonces harás tocar fuertemente la trompeta en el mes séptimo a los diez días del mes; el día de la expiación haréis tocar la trompeta por toda vuestra tierra.

10 Y santificaréis el año cincuenta, y pregonaréis libertad en la tierra a todos sus moradores; ese año os será de jubileo, y volveréis cada uno a vuestra posesión, y cada cual volverá a su familia.

11 El año cincuenta os será jubileo; no sembraréis, ni segaréis lo que naciere de suyo en la tierra, ni vendimiaréis sus viñedos,

12 porque es jubileo; santo será a vosotros; el producto de la tierra comeréis.

13 En este año de jubileo volveréis cada uno a vuestra posesión.

14 Y cuando vendiereis algo a vuestro prójimo, o comprareis de mano de vuestro prójimo, no engañe ninguno a su hermano.

15 Conforme al número de los años después del jubileo comprarás de tu prójimo; conforme al número de los años de los frutos te venderá él a ti.

16 Cuanto mayor fuere el número de los años, aumentarás el precio, y cuanto menor fuere el número, disminuirás el precio; porque según el número de las cosechas te venderá él.

17 Y no engañe ninguno a su prójimo, sino temed a vuestro Dios; porque yo soy Jehová vuestro Dios.

18 Ejecutad, pues, mis estatutos y guardad mis ordenanzas, y ponedlos por obra, y habitaréis en la tierra seguros;

19 y la tierra dará su fruto, y comeréis hasta saciaros, y habitaréis en ella con seguridad.

20 Y si dijereis: ¿Qué comeremos el séptimo año? He aquí no hemos de sembrar, ni hemos de recoger nuestros frutos;

21 entonces yo os enviaré mi bendición el sexto año, y ella hará que haya fruto por tres años.

22 Y sembraréis el año octavo, y comeréis del fruto añejo; hasta el año noveno, hasta que venga su fruto, comeréis del añejo.

23 La tierra no se venderá a perpetuidad, porque la tierra mía es; pues vosotros forasteros y extranjeros sois para conmigo.

24 Por tanto, en toda la tierra de vuestra posesión otorgaréis rescate a la tierra.

25 Cuando tu hermano empobreciere, y vendiere algo de su posesión, entonces su pariente más próximo vendrá y rescatará lo que su hermano hubiere vendido.

26 Y cuando el hombre no tuviere rescatador, y consiguiere lo suficiente para el rescate,

27 entonces contará los años desde que vendió, y pagará lo que quedare al varón a quien vendió, y volverá a su posesión.

28 Mas si no consiguiere lo suficiente para que se la devuelvan, lo que vendió estará en poder del que lo compró hasta el año del jubileo; y al jubileo saldrá, y él volverá a su posesión.

29 El varón que vendiere casa de habitación en ciudad amurallada, tendrá facultad de redimirla hasta el término de un año desde la venta; un año será el término de poderse redimir.

30 Y si no fuere rescatada dentro de un año entero, la casa que estuviere en la ciudad amurallada quedará para siempre en poder de aquel que la compró, y para sus descendientes; no saldrá en el jubileo.

31 Mas las casas de las aldeas que no tienen muro alrededor serán estimadas como los terrenos del campo; podrán ser rescatadas, y saldrán en el jubileo.

32 Pero en cuanto a las ciudades de los levitas, éstos podrán rescatar en cualquier tiempo las casas en las ciudades de su posesión.

33 Y el que comprare de los levitas saldrá de la casa vendida, o de la ciudad de su posesión, en el jubileo, por cuanto las casas de las ciudades de los levitas son la posesión de ellos entre los hijos de Israel.

34 Mas la tierra del ejido de sus ciudades no se venderá, porque es perpetua posesión de ellos.

a 25.1-7 Éx 23.10, 11.

35 Y cuando tu hermano empobreciere y se acogiere a ti, tú lo ampararás; como forastero y extranjero vivirá contigo.[b]

36 No tomarás de él usura ni ganancia, sino tendrás temor de tu Dios, y tu hermano vivirá contigo.

37 No le darás tu dinero a usura,[c] ni tus víveres a ganancia.

38 Yo Jehová vuestro Dios, que os saqué de la tierra de Egipto, para daros la tierra de Canaán, para ser vuestro Dios.

39 Y cuando tu hermano empobreciere, estando contigo, y se vendiere a ti, no le harás servir como esclavo.

40 Como criado, como extranjero estará contigo; hasta el año del jubileo te servirá.

41 Entonces saldrá libre de tu casa; él y sus hijos consigo, y volverá a su familia, y a la posesión de sus padres se restituirá.

42 Porque son mis siervos, los cuales saqué yo de la tierra de Egipto; no serán vendidos a manera de esclavos.

43 No te enseñorearás de él con dureza, sino tendrás temor de tu Dios.

44 Así tu esclavo como tu esclava que tuvieres, serán de las gentes que están en vuestro alrededor; de ellos podréis comprar esclavos y esclavas.

45 También podréis comprar de los hijos de los forasteros que viven entre vosotros, y de las familias de ellos nacidos en vuestra tierra, que están con vosotros, los cuales podréis tener por posesión.

46 Y los podréis dejar en herencia para vuestros hijos después de vosotros, como posesión hereditaria; para siempre os serviréis de ellos; pero en vuestros hermanos los hijos de Israel no os enseñorearéis cada uno sobre su hermano con dureza.[d]

47 Si el forastero o el extranjero que está contigo se enriqueciere, y tu hermano que está junto a él empobreciere, y se vendiere al forastero o extranjero que está contigo, o a alguno de la familia del extranjero;

48 después que se hubiere vendido, podrá ser rescatado; uno de sus hermanos lo rescatará.

49 O su tío o el hijo de su tío lo rescatará, o un pariente cercano de su familia lo rescatará; o si sus medios alcanzaren, él mismo se rescatará.

50 Hará la cuenta con el que lo compró, desde el año que se vendió a él hasta el año del jubileo; y ha de apreciarse el precio de su venta conforme al número de los años, y se contará el tiempo que estuvo con él conforme al tiempo de un criado asalariado.

51 Si aún fueren muchos años, conforme a ellos devolverá para su rescate, del dinero por el cual se vendió.

52 Y si quedare poco tiempo hasta el año del jubileo, entonces hará un cálculo con él, y devolverá su rescate conforme a sus años.

53 Como con el tomado a salario anualmente hará con él; no se enseñoreará en él con rigor delante de tus ojos.

54 Y si no se rescatare en esos años, en el año del jubileo saldrá, él y sus hijos con él.

55 Porque mis siervos son los hijos de Israel; son siervos míos, a los cuales saqué de la tierra de Egipto. Yo Jehová vuestro Dios.

Bendiciones de la obediencia
(Dt 7.12-24; 28.1-14)

26 **1** No haréis para vosotros ídolos,[a] ni escultura,[b] ni os levantaréis estatua, ni pondréis en vuestra tierra piedra pintada para inclinaros a ella; porque yo soy Jehová vuestro Dios.

2 Guardad mis días de reposo,* y tened en reverencia mi santuario. Yo Jehová.

3 Si anduviereis en mis decretos y guardareis mis mandamientos, y los pusiereis por obra,

4 yo daré vuestra lluvia en su tiempo, y la tierra rendirá sus productos, y el árbol del campo dará su fruto.

5 Vuestra trilla alcanzará a la vendimia, y la vendimia alcanzará a la sementera, y comeréis vuestro pan hasta saciaros,[c] y habitaréis seguros en vuestra tierra.

6 Y yo daré paz en la tierra, y dormiréis, y no habrá quien os espante; y haré quitar de vuestra tierra las malas bestias, y la espada no pasará por vuestro país.

7 Y perseguiréis a vuestros enemigos, y caerán a espada delante de vosotros.

8 Cinco de vosotros perseguirán a ciento, y ciento de vosotros perseguirán a diez

---

* Aquí equivale a *sábado.*

b 25.35 Dt 15.7, 8.   **c 25.37** Éx 22.25; Dt 23.19, 20.
d 25.39-46 Éx 21.2-6; Dt 15.12-18.   **a 26.1** Lv 19.4.
b 26.1 Éx 20.4; Dt 5.8; 16.21, 22; 27.15.   **c 26.3-5** Dt 11.13-15.

mil, y vuestros enemigos caerán a filo de espada delante de vosotros.

⁹ Porque yo me volveré a vosotros, y os haré crecer, y os multiplicaré, y afirmaré mi pacto con vosotros.

¹⁰ Comeréis lo añejo de mucho tiempo, y pondréis fuera lo añejo para guardar lo nuevo.

¹¹ Y pondré mi morada en medio de vosotros, y mi alma no os abominará;

¹² y andaré entre vosotros, y yo seré vuestro Dios, y vosotros seréis mi pueblo.ᵈ

¹³ Yo Jehová vuestro Dios, que os saqué de la tierra de Egipto, para que no fueseis sus siervos, y rompí las coyundas de vuestro yugo, y os he hecho andar con el rostro erguido.

Consecuencias de la desobediencia
(Dt 28.15-68)

¹⁴ Pero si no me oyereis, ni hiciereis todos estos mis mandamientos,

¹⁵ y si desdeñareis mis decretos, y vuestra alma menospreciare mis estatutos, no ejecutando todos mis mandamientos, e invalidando mi pacto,

¹⁶ yo también haré con vosotros esto: enviaré sobre vosotros terror, extenuación y calentura, que consuman los ojos y atormenten el alma; y sembraréis en vano vuestra semilla, porque vuestros enemigos la comerán.

¹⁷ Pondré mi rostro contra vosotros, y seréis heridos delante de vuestros enemigos; y los que os aborrecen se enseñorearán de vosotros, y huiréis sin que haya quien os persiga.

¹⁸ Y si aun con estas cosas no me oyereis, yo volveré a castigaros siete veces más por vuestros pecados.

¹⁹ Y quebrantaré la soberbia de vuestro orgullo, y haré vuestro cielo como hierro, y vuestra tierra como bronce.

²⁰ Vuestra fuerza se consumirá en vano, porque vuestra tierra no dará su producto, y los árboles de la tierra no darán su fruto.

²¹ Si anduviereis conmigo en oposición, y no me quisiereis oír, yo añadiré sobre vosotros siete veces más plagas según vuestros pecados.

²² Enviaré también contra vosotros bestias fieras que os arrebaten vuestros hijos, y destruyan vuestro ganado, y os reduzcan en número, y vuestros caminos sean desiertos.

²³ Y si con estas cosas no fuereis corregidos, sino que anduviereis conmigo en oposición,

²⁴ yo también procederé en contra de vosotros, y os heriré aún siete veces por vuestros pecados.

²⁵ Traeré sobre vosotros espada vengadora, en vindicación del pacto; y si buscareis refugio en vuestras ciudades, yo enviaré pestilencia entre vosotros, y seréis entregados en mano del enemigo.

²⁶ Cuando yo os quebrante el sustento del pan, cocerán diez mujeres vuestro pan en un horno, y os devolverán vuestro pan por peso; y comeréis, y no os saciaréis.

²⁷ Si aun con esto no me oyereis, sino que procediereis conmigo en oposición,

²⁸ yo procederé en contra de vosotros con ira, y os castigaré aun siete veces por vuestros pecados.

²⁹ Y comeréis la carne de vuestros hijos, y comeréis la carne de vuestras hijas.

³⁰ Destruiré vuestros lugares altos, y derribaré vuestras imágenes, y pondré vuestros cuerpos muertos sobre los cuerpos muertos de vuestros ídolos, y mi alma os abominará.

³¹ Haré desiertas vuestras ciudades, y asolaré vuestros santuarios, y no oleré la fragancia de vuestro suave perfume.

³² Asolaré también la tierra, y se pasmarán por ello vuestros enemigos que en ella moren;

³³ y a vosotros os esparciré entre las naciones, y desenvainaré espada en pos de vosotros; y vuestra tierra estará asolada, y desiertas vuestras ciudades.

³⁴ Entonces la tierra gozará sus días de reposo, todos los días que esté asolada, mientras vosotros estéis en la tierra de vuestros enemigos; la tierra descansará entonces y gozará sus días de reposo.

³⁵ Todo el tiempo que esté asolada, descansará por lo que no reposó en los días de reposo cuando habitabais en ella.

³⁶ Y a los que queden de vosotros infundiré en sus corazones tal cobardía, en la tierra de sus enemigos, que el sonido de

---

ᵈ **26.12** 2 Co 6.16.

una hoja que se mueva los perseguirá, y huirán como ante la espada, y caerán sin que nadie los persiga.

37 Tropezarán los unos con los otros como si huyeran ante la espada, aunque nadie los persiga; y no podréis resistir delante de vuestros enemigos.

38 Y pereceréis entre las naciones, y la tierra de vuestros enemigos os consumirá.

39 Y los que queden de vosotros decaerán en las tierras de vuestros enemigos por su iniquidad; y por la iniquidad de sus padres decaerán con ellos.

40 Y confesarán su iniquidad, y la iniquidad de sus padres, por su prevaricación con que prevaricaron contra mí; y también porque anduvieron conmigo en oposición, **41** yo también habré andado en contra de ellos, y los habré hecho entrar en la tierra de sus enemigos; y entonces se humillará su corazón incircunciso, y reconocerán su pecado.

42 Entonces yo me acordaré de mi pacto con Jacob,ᵉ y asimismo de mi pacto con Isaac,ᶠ y también de mi pacto con Abrahamᵍ me acordaré, y haré memoria de la tierra.

43 Pero la tierra será abandonada por ellos, y gozará sus días de reposo, estando desierta a causa de ellos; y entonces se someterán al castigo de sus iniquidades; por cuanto menospreciaron mis ordenanzas, y su alma tuvo fastidio de mis estatutos.

44 Y aun con todo esto, estando ellos en tierra de sus enemigos, yo no los desecharé, ni los abominaré para consumirlos, invalidando mi pacto con ellos; porque yo Jehová soy su Dios.

45 Antes me acordaré de ellos por el pacto antiguo, cuando los saqué de la tierra de Egipto a los ojos de las naciones, para ser su Dios. Yo Jehová.

46 Éstos son los estatutos, ordenanzas y leyes que estableció Jehová entre sí y los hijos de Israel en el monte de Sinaí por mano de Moisés.

Cosas consagradas a Dios

27 **1** Habló Jehová a Moisés, diciendo: **2** Habla a los hijos de Israel y diles: Cuando alguno hiciere especial voto a Jehová, según la estimación de las personas que se hayan de redimir, lo estimarás así:

3 En cuanto al varón de veinte años hasta sesenta, lo estimarás en cincuenta siclos de plata, según el siclo del santuario.

4 Y si fuere mujer, la estimarás en treinta siclos.

5 Y si fuere de cinco años hasta veinte, al varón lo estimarás en veinte siclos, y a la mujer en diez siclos.

6 Y si fuere de un mes hasta cinco años, entonces estimarás al varón en cinco siclos de plata, y a la mujer en tres siclos de plata.

7 Mas si fuere de sesenta años o más, al varón lo estimarás en quince siclos, y a la mujer en diez siclos.

8 Pero si fuere muy pobre para pagar tu estimación, entonces será llevado ante el sacerdote, quien fijará el precio; conforme a la posibilidad del que hizo el voto, le fijará precio el sacerdote.

9 Y si fuere animal de los que se ofrece ofrenda a Jehová, todo lo que de los tales se diere a Jehová será santo.

10 No será cambiado ni trocado, bueno por malo, ni malo por bueno; y si se permutare un animal por otro, él y el dado en cambio de él serán sagrados.

11 Si fuere algún animal inmundo, del que no se ofrenda a Jehová, entonces el animal será puesto delante del sacerdote,

12 y el sacerdote lo valorará, sea bueno o sea malo; conforme a la estimación del sacerdote, así será.

13 Y si lo quisiere rescatar, añadirá sobre tu valuación la quinta parte.

14 Cuando alguno dedicare su casa consagrándola a Jehová, la valorará el sacerdote, sea buena o sea mala; según la valorare el sacerdote, así quedará.

15 Mas si el que dedicó su casa deseare rescatarla, añadirá a tu valuación la quinta parte del valor de ella, y será suya.

16 Si alguno dedicare de la tierra de su posesión a Jehová, tu estimación será conforme a su siembra; un homer de siembra de cebada se valorará en cincuenta siclos de plata.

17 Y si dedicare su tierra desde el año del jubileo, conforme a tu estimación quedará.

18 Mas si después del jubileo dedicare su tierra, entonces el sacerdote hará la cuenta

---

e **26.42** Gn 28.13, 14.   f **26.42** Gn 26.3, 4.
g **26.42** Gn 17.7, 8.

del dinero conforme a los años que quedaren hasta el año del jubileo, y se rebajará de tu estimación.

19 Y si el que dedicó la tierra quisiere redimirla, añadirá a tu estimación la quinta parte del precio de ella, y se le quedará para él.

20 Mas si él no rescatare la tierra, y la tierra se vendiere a otro, no la rescatará más;

21 sino que cuando saliere en el jubileo, la tierra será santa para Jehová, como tierra consagrada; la posesión de ella será del sacerdote.

22 Y si dedicare alguno a Jehová la tierra que él compró, que no era de la tierra de su herencia,

23 entonces el sacerdote calculará con él la suma de tu estimación hasta el año del jubileo, y aquel día dará tu precio señalado, cosa consagrada a Jehová.

24 En el año del jubileo, volverá la tierra a aquél de quien él la compró, cuya es la herencia de la tierra.

25 Y todo lo que valorares será conforme al siclo del santuario; el siclo tiene veinte geras.

26 Pero el primogénito de los animales, que por la primogenitura es de Jehová, nadie lo dedicará; sea buey u oveja, de Jehová es.

27 Mas si fuere de los animales inmundos, lo rescatarán conforme a tu estimación, y añadirán sobre ella la quinta parte de su precio; y si no lo rescataren, se venderá conforme a tu estimación.

28 Pero no se venderá ni se rescatará ninguna cosa consagrada, que alguno hubiere dedicado a Jehová; de todo lo que tuviere, de hombres y animales, y de las tierras de su posesión, todo lo consagrado[a] será cosa santísima para Jehová.

29 Ninguna persona separada como anatema podrá ser rescatada; indefectiblemente ha de ser muerta.

30 Y el diezmo de la tierra, así de la simiente de la tierra como del fruto de los árboles, de Jehová es; es cosa dedicada a Jehová.

31 Y si alguno quisiere rescatar algo del diezmo, añadirá la quinta parte de su precio por ello.

32 Y todo diezmo de vacas o de ovejas, de todo lo que pasa bajo la vara, el diezmo será consagrado a Jehová.

33 No mirará si es bueno o malo, ni lo cambiará; y si lo cambiare, tanto él como el que se dio en cambio serán cosas sagradas; no podrán ser rescatados.[b]

34 Éstos son los mandamientos que ordenó Jehová a Moisés para los hijos de Israel, en el monte de Sinaí.

---

a 27.28 Nm 18.14.   **b 27.30-33** Nm 18.21; Dt 14.22-29.

NÚMEROS

Censo de Israel en Sinaí

1 ¹ Habló Jehová a Moisés en el desierto de Sinaí, en el tabernáculo de reunión, en el día primero del mes segundo, en el segundo año de su salida de la tierra de Egipto, diciendo:

² Tomad el censo[a] de toda la congregación de los hijos de Israel por sus familias, por las casas de sus padres, con la cuenta de los nombres, todos los varones por sus cabezas.

³ De veinte años arriba, todos los que pueden salir a la guerra en Israel, los contaréis tú y Aarón por sus ejércitos.

⁴ Y estará con vosotros un varón de cada tribu, cada uno jefe de la casa de sus padres.

⁵ Éstos son los nombres de los varones que estarán con vosotros: De la tribu de Rubén, Elisur hijo de Sedeur.

⁶ De Simeón, Selumiel hijo de Zurisadai.

⁷ De Judá, Naasón hijo de Aminadab.

⁸ De Isacar, Natanael hijo de Zuar.

⁹ De Zabulón, Eliab hijo de Helón.

¹⁰ De los hijos de José: de Efraín, Elisama hijo de Amiud; de Manasés, Gamaliel hijo de Pedasur.

¹¹ De Benjamín, Abidán hijo de Gedeoni.

¹² De Dan, Ahiezer hijo de Amisadai.

¹³ De Aser, Pagiel hijo de Ocrán.

¹⁴ De Gad, Eliasaf hijo de Deuel.

¹⁵ De Neftalí, Ahira hijo de Enán.

¹⁶ Éstos eran los nombrados de entre la congregación, príncipes de las tribus de sus padres, capitanes de los millares de Israel.

¹⁷ Tomaron, pues, Moisés y Aarón a estos varones que fueron designados por sus nombres,

¹⁸ y reunieron a toda la congregación en el día primero del mes segundo, y fueron agrupados por familias, según las casas de sus padres, conforme a la cuenta de los nombres por cabeza, de veinte años arriba.

¹⁹ Como Jehová lo había mandado a Moisés, los contó en el desierto de Sinaí.

²⁰ De los hijos de Rubén, primogénito de Israel, por su descendencia, por sus familias, según las casas de sus padres, conforme a la cuenta de los nombres por cabeza, todos los varones de veinte años arriba, todos los que podían salir a la guerra;

²¹ los contados de la tribu de Rubén fueron cuarenta y seis mil quinientos.

²² De los hijos de Simeón, por su descendencia, por sus familias, según las casas de sus padres, fueron contados conforme a la cuenta de los nombres por cabeza, todos los varones de veinte años arriba, todos los que podían salir a la guerra;

²³ los contados de la tribu de Simeón fueron cincuenta y nueve mil trescientos.

²⁴ De los hijos de Gad, por su descendencia, por sus familias, según las casas de sus padres, conforme a la cuenta de los nombres, de veinte años arriba, todos los que podían salir a la guerra;

²⁵ los contados de la tribu de Gad fueron cuarenta y cinco mil seiscientos cincuenta.

²⁶ De los hijos de Judá, por su descendencia, por sus familias, según las casas de sus padres, conforme a la cuenta de los nombres, de veinte años arriba, todos los que podían salir a la guerra;

²⁷ los contados de la tribu de Judá fueron setenta y cuatro mil seiscientos.

²⁸ De los hijos de Isacar, por su descendencia, por sus familias, según las casas de sus padres, conforme a la cuenta de los nombres, de veinte años arriba, todos los que podían salir a la guerra;

²⁹ los contados de la tribu de Isacar fueron cincuenta y cuatro mil cuatrocientos.

³⁰ De los hijos de Zabulón, por su descendencia, por sus familias, según las casas de sus padres, conforme a la cuenta de sus nombres, de veinte años arriba, todos los que podían salir a la guerra;

---

a 1.1-46 Nm 26.1-51.

31 los contados de la tribu de Zabulón fueron cincuenta y siete mil cuatrocientos.

32 De los hijos de José; de los hijos de Efraín, por su descendencia, por sus familias, según las casas de sus padres, conforme a la cuenta de los nombres, de veinte años arriba, todos los que podían salir a la guerra;

33 los contados de la tribu de Efraín fueron cuarenta mil quinientos.

34 Y de los hijos de Manasés, por su descendencia, por sus familias, según las casas de sus padres, conforme a la cuenta de los nombres, de veinte años arriba, todos los que podían salir a la guerra;

35 los contados de la tribu de Manasés fueron treinta y dos mil doscientos.

36 De los hijos de Benjamín, por su descendencia, por sus familias, según las casas de sus padres, conforme a la cuenta de los nombres, de veinte años arriba, todos los que podían salir a la guerra;

37 los contados de la tribu de Benjamín fueron treinta y cinco mil cuatrocientos.

38 De los hijos de Dan, por su descendencia, por sus familias, según las casas de sus padres, conforme a la cuenta de los nombres, de veinte años arriba, todos los que podían salir a la guerra;

39 los contados de la tribu de Dan fueron sesenta y dos mil setecientos.

40 De los hijos de Aser, por su descendencia, por sus familias, según las casas de sus padres, conforme a la cuenta de los nombres, de veinte años arriba, todos los que podían salir a la guerra;

41 los contados de la tribu de Aser fueron cuarenta y un mil quinientos.

42 De los hijos de Neftalí, por su descendencia, por sus familias, según las casas de sus padres, conforme a la cuenta de los nombres, de veinte años arriba, todos los que podían salir a la guerra;

43 los contados de la tribu de Neftalí fueron cincuenta y tres mil cuatrocientos.

44 Éstos fueron los contados, los cuales contaron Moisés y Aarón, con los príncipes de Israel, doce varones, uno por cada casa de sus padres.

45 Y todos los contados de los hijos de Israel por las casas de sus padres, de veinte años arriba, todos los que podían salir a la guerra en Israel,

46 fueron todos los contados seiscientos tres mil quinientos cincuenta.

Nombramiento de los levitas

47 Pero los levitas, según la tribu de sus padres, no fueron contados entre ellos;

48 porque habló Jehová a Moisés, diciendo:

49 Solamente no contarás la tribu de Leví, ni tomarás la cuenta de ellos entre los hijos de Israel,

50 sino que pondrás a los levitas en el tabernáculo del testimonio, y sobre todos sus utensilios, y sobre todas las cosas que le pertenecen; ellos llevarán el tabernáculo y todos sus enseres, y ellos servirán en él, y acamparán alrededor del tabernáculo.

51 Y cuando el tabernáculo haya de trasladarse, los levitas lo desarmarán, y cuando el tabernáculo haya de detenerse, los levitas lo armarán; y el extraño que se acercare morirá.

52 Los hijos de Israel acamparán cada uno en su campamento, y cada uno junto a su bandera, por sus ejércitos;

53 pero los levitas acamparán alrededor del tabernáculo del testimonio, para que no haya ira sobre la congregación de los hijos de Israel; y los levitas tendrán la guarda del tabernáculo del testimonio.

54 E hicieron los hijos de Israel conforme a todas las cosas que mandó Jehová a Moisés; así lo hicieron.

Campamentos y jefes de las tribus

2 **1** Habló Jehová a Moisés y a Aarón, diciendo:

2 Los hijos de Israel acamparán cada uno junto a su bandera, bajo las enseñas de las casas de sus padres; alrededor del tabernáculo de reunión acamparán.

3 Éstos acamparán al oriente, al este: la bandera del campamento de Judá, por sus ejércitos; y el jefe de los hijos de Judá, Naasón hijo de Aminadab.

4 Su cuerpo de ejército, con sus contados, setenta y cuatro mil seiscientos.

5 Junto a él acamparán los de la tribu de Isacar; y el jefe de los hijos de Isacar, Natanael hijo de Zuar.

6 Su cuerpo de ejército, con sus contados, cincuenta y cuatro mil cuatrocientos.

7 Y la tribu de Zabulón; y el jefe de los hijos de Zabulón, Eliab hijo de Helón.

8 Su cuerpo de ejército, con sus contados, cincuenta y siete mil cuatrocientos.

9 Todos los contados en el campamento de Judá, ciento ochenta y seis mil cuatrocientos, por sus ejércitos, marcharán delante.

10 La bandera del campamento de Rubén estará al sur, por sus ejércitos; y el jefe de los hijos de Rubén, Elisur hijo de Sedeur.

11 Su cuerpo de ejército, con sus contados, cuarenta y seis mil quinientos.

12 Acamparán junto a él los de la tribu de Simeón; y el jefe de los hijos de Simeón, Selumiel hijo de Zurisadai.

13 Su cuerpo de ejército, con sus contados, cincuenta y nueve mil trescientos.

14 Y la tribu de Gad; y el jefe de los hijos de Gad, Eliasaf hijo de Reuel.

15 Su cuerpo de ejército, con sus contados, cuarenta y cinco mil seiscientos cincuenta.

16 Todos los contados en el campamento de Rubén, ciento cincuenta y un mil cuatrocientos cincuenta, por sus ejércitos, marcharán los segundos.

17 Luego irá el tabernáculo de reunión, con el campamento de los levitas, en medio de los campamentos en el orden en que acampan; así marchará cada uno junto a su bandera.

18 La bandera del campamento de Efraín por sus ejércitos, al occidente; y el jefe de los hijos de Efraín, Elisama hijo de Amiud.

19 Su cuerpo de ejército, con sus contados, cuarenta mil quinientos.

20 Junto a él estará la tribu de Manasés; y el jefe de los hijos de Manasés, Gamaliel hijo de Pedasur.

21 Su cuerpo de ejército, con sus contados, treinta y dos mil doscientos.

22 Y la tribu de Benjamín; y el jefe de los hijos de Benjamín, Abidán hijo de Gedeoni.

23 Y su cuerpo de ejército, con sus contados, treinta y cinco mil cuatrocientos.

24 Todos los contados en el campamento de Efraín, ciento ocho mil cien, por sus ejércitos, irán los terceros.

25 La bandera del campamento de Dan estará al norte, por sus ejércitos; y el jefe de los hijos de Dan, Ahiezer hijo de Amisadai.

26 Su cuerpo de ejército, con sus contados, sesenta y dos mil setecientos.

27 Junto a él acamparán los de la tribu de Aser; y el jefe de los hijos de Aser, Pagiel hijo de Ocrán.

28 Su cuerpo de ejército, con sus contados, cuarenta y un mil quinientos.

29 Y la tribu de Neftalí; y el jefe de los hijos de Neftalí, Ahira hijo de Enán.

30 Su cuerpo de ejército, con sus contados, cincuenta y tres mil cuatrocientos.

31 Todos los contados en el campamento de Dan, ciento cincuenta y siete mil seiscientos, irán los últimos tras sus banderas.

32 Éstos son los contados de los hijos de Israel, según las casas de sus padres; todos los contados por campamentos, por sus ejércitos, seiscientos tres mil quinientos cincuenta.

33 Mas los levitas no fueron contados entre los hijos de Israel, como Jehová lo mandó a Moisés.

34 E hicieron los hijos de Israel conforme a todas las cosas que Jehová mandó a Moisés; así acamparon por sus banderas, y así marcharon cada uno por sus familias, según las casas de sus padres.

Censo y deberes de los levitas

3 1 Éstos son los descendientes de Aarón y de Moisés, en el día en que Jehová habló a Moisés en el monte de Sinaí.

2 Y éstos son los nombres de los hijos de Aarón:[a] Nadab el primogénito, Abiú, Eleazar e Itamar.

3 Éstos son los nombres de los hijos de Aarón, sacerdotes ungidos, a los cuales consagró para ejercer el sacerdocio.

4 Pero Nadab y Abiú murieron delante de Jehová cuando ofrecieron fuego extraño delante de Jehová[b] en el desierto de Sinaí; y no tuvieron hijos; y Eleazar e Itamar ejercieron el sacerdocio delante de Aarón su padre.

5 Y Jehová habló a Moisés, diciendo:

6 Haz que se acerque la tribu de Leví, y hazla estar delante del sacerdote Aarón, para que le sirvan,

7 y desempeñen el encargo de él, y el encargo de toda la congregación delante del tabernáculo de reunión para servir en el ministerio del tabernáculo;

8 y guarden todos los utensilios del tabernáculo de reunión, y todo lo encargado a

---

a 3.2 Nm 26.60.   b 3.4 Lv 10.1, 2; Nm 26.61.

ellos por los hijos de Israel, y ministren en el servicio del tabernáculo.

9 Y darás los levitas a Aarón y a sus hijos; le son enteramente dados de entre los hijos de Israel.

10 Y constituirás a Aarón y a sus hijos para que ejerzan su sacerdocio; y el extraño que se acercare, morirá.

11 Habló además Jehová a Moisés, diciendo:

12 He aquí, yo he tomado a los levitas de entre los hijos de Israel en lugar de todos los primogénitos, los primeros nacidos entre los hijos de Israel; serán, pues, míos los levitas.[c]

13 Porque mío es todo primogénito; desde el día en que yo hice morir a todos los primogénitos en la tierra de Egipto, santifiqué para mí a todos los primogénitos en Israel, así de hombres como de animales;[d] míos serán. Yo Jehová.

14 Y Jehová habló a Moisés en el desierto de Sinaí, diciendo:

15 Cuenta los hijos de Leví según las casas de sus padres, por sus familias; contarás todos los varones de un mes arriba.

16 Y Moisés los contó conforme a la palabra de Jehová, como le fue mandado.

17 Los hijos de Leví fueron éstos, por sus nombres: Gersón, Coat y Merari.

18 Y los nombres de los hijos de Gersón por sus familias son éstos: Libni y Simei.

19 Los hijos de Coat por sus familias son: Amram, Izhar, Hebrón y Uziel.

20 Y los hijos de Merari por sus familias: Mahli y Musi. Éstas son las familias de Leví, según las casas de sus padres.

21 De Gersón era la familia de Libni y la de Simei; éstas son las familias de Gersón.

22 Los contados de ellos conforme a la cuenta de todos los varones de un mes arriba, los contados de ellos fueron siete mil quinientos.

23 Las familias de Gersón acamparán a espaldas del tabernáculo, al occidente;

24 y el jefe del linaje de los gersonitas, Eliasaf hijo de Lael.

25 A cargo de los hijos de Gersón, en el tabernáculo de reunión, estarán el tabernáculo, la tienda y su cubierta, la cortina de la puerta del tabernáculo de reunión,

26 las cortinas del atrio, y la cortina de la puerta del atrio, que está junto al tabernáculo y junto al altar alrededor; asimismo sus cuerdas para todo su servicio.

27 De Coat eran la familia de los amramitas, la familia de los izharitas, la familia de los hebronitas y la familia de los uzielitas; éstas son las familias coatitas.

28 El número de todos los varones de un mes arriba era ocho mil seiscientos, que tenían la guarda del santuario.

29 Las familias de los hijos de Coat acamparán al lado del tabernáculo, al sur;

30 y el jefe del linaje de las familias de Coat, Elizafán hijo de Uziel.

31 A cargo de ellos estarán el arca, la mesa, el candelero, los altares, los utensilios del santuario con que ministran, y el velo con todo su servicio.

32 Y el principal de los jefes de los levitas será Eleazar hijo del sacerdote Aarón, jefe de los que tienen la guarda del santuario.

33 De Merari era la familia de los mahlitas y la familia de los musitas; éstas son las familias de Merari.

34 Los contados de ellos conforme al número de todos los varones de un mes arriba fueron seis mil doscientos.

35 Y el jefe de la casa del linaje de Merari, Zuriel hijo de Abihail; acamparán al lado del tabernáculo, al norte.

36 A cargo de los hijos de Merari estará la custodia de las tablas del tabernáculo, sus barras, sus columnas, sus basas y todos sus enseres, con todo su servicio;

37 y las columnas alrededor del atrio, sus basas, sus estacas y sus cuerdas.

38 Los que acamparán delante del tabernáculo al oriente, delante del tabernáculo de reunión al este, serán Moisés y Aarón y sus hijos, teniendo la guarda del santuario en lugar de los hijos de Israel; y el extraño que se acercare, morirá.

39 Todos los contados de los levitas, que Moisés y Aarón conforme a la palabra de Jehová contaron por sus familias, todos los varones de un mes arriba, fueron veintidós mil.

Rescate de los primogénitos

40 Y Jehová dijo a Moisés: Cuenta todos los primogénitos varones de los hijos de

---

c **3.12** Éx 32.26-29.   d **3.13** Éx 13.2.

Israel de un mes arriba, y cuéntalos por sus nombres.

41 Y tomarás a los levitas para mí en lugar de todos los primogénitos de los hijos de Israel, y los animales de los levitas en lugar de todos los primogénitos de los animales de los hijos de Israel. Yo Jehová.

42 Contó Moisés, como Jehová le mandó, todos los primogénitos de los hijos de Israel.

43 Y todos los primogénitos varones, conforme al número de sus nombres, de un mes arriba, fueron veintidós mil doscientos setenta y tres.

44 Luego habló Jehová a Moisés, diciendo:

45 Toma los levitas en lugar de todos los primogénitos de los hijos de Israel, y los animales de los levitas en lugar de sus animales; y los levitas serán míos. Yo Jehová.

46 Y para el rescate de los doscientos setenta y tres de los primogénitos de los hijos de Israel, que exceden a los levitas,

47 tomarás cinco siclos por cabeza; conforme al siclo del santuario los tomarás. El siclo tiene veinte geras.

48 Y darás a Aarón y a sus hijos el dinero del rescate de los que exceden.

49 Tomó, pues, Moisés el dinero del rescate de los que excedían el número de los redimidos por los levitas,

50 y recibió de los primogénitos de los hijos de Israel, en dinero, mil trescientos sesenta y cinco siclos, conforme al siclo del santuario.

51 Y Moisés dio el dinero de los rescates a Aarón y a sus hijos, conforme a la palabra de Jehová, según lo que Jehová había mandado a Moisés.

Tareas de los levitas

4 1 Habló Jehová a Moisés y a Aarón, diciendo:

2 Toma la cuenta de los hijos de Coat de entre los hijos de Leví, por sus familias, según las casas de sus padres,

3 de edad de treinta años arriba hasta cincuenta años, todos los que entran en compañía para servir en el tabernáculo de reunión.

4 El oficio de los hijos de Coat en el tabernáculo de reunión, en el lugar santísimo, será éste:

5 Cuando haya de mudarse el campamento, vendrán Aarón y sus hijos y desarmarán el velo de la tienda, y cubrirán con él el arca del testimonio;

6 y pondrán sobre ella la cubierta de pieles de tejones, y extenderán encima un paño todo de azul, y le pondrán sus varas.

7 Sobre la mesa de la proposición extenderán un paño azul, y pondrán sobre ella las escudillas, las cucharas, las copas y los tazones para libar; y el pan continuo estará sobre ella.

8 Y extenderán sobre ella un paño carmesí, y lo cubrirán con la cubierta de pieles de tejones; y le pondrán sus varas.

9 Tomarán un paño azul y cubrirán el candelero del alumbrado, sus lamparillas, sus despabiladeras, sus platillos, y todos sus utensilios del aceite con que se sirve;

10 y lo pondrán con todos sus utensilios en una cubierta de pieles de tejones, y lo colocarán sobre unas parihuelas.

11 Sobre el altar de oro extenderán un paño azul, y lo cubrirán con la cubierta de pieles de tejones, y le pondrán sus varas.

12 Y tomarán todos los utensilios del servicio de que hacen uso en el santuario, y los pondrán en un paño azul, y los cubrirán con una cubierta de pieles de tejones, y los colocarán sobre unas parihuelas.

13 Quitarán la ceniza del altar, y extenderán sobre él un paño de púrpura;

14 y pondrán sobre él todos sus instrumentos de que se sirve: las paletas, los garfios, los braseros y los tazones, todos los utensilios del altar; y extenderán sobre él la cubierta de pieles de tejones, y le pondrán además las varas.

15 Y cuando acaben Aarón y sus hijos de cubrir el santuario y todos los utensilios del santuario, cuando haya de mudarse el campamento, vendrán después de ello los hijos de Coat para llevarlos; pero no tocarán cosa santa, no sea que mueran. Éstas serán las cargas de los hijos de Coat en el tabernáculo de reunión.

16 Pero a cargo de Eleazar hijo del sacerdote Aarón estará el aceite del alumbrado, el incienso aromático, la ofrenda continua y el aceite de la unción; el cargo de todo el tabernáculo y de todo lo que está en él, del santuario y de sus utensilios.

17 Habló también Jehová a Moisés y a Aarón, diciendo:

18 No haréis que perezca la tribu de las familias de Coat de entre los levitas.

19 Para que cuando se acerquen al lugar santísimo vivan, y no mueran, haréis con ellos esto: Aarón y sus hijos vendrán y los pondrán a cada uno en su oficio y en su cargo.

20 No entrarán para ver cuando cubran las cosas santas, porque morirán.

21 Además habló Jehová a Moisés, diciendo:

22 Toma también el número de los hijos de Gersón según las casas de sus padres, por sus familias.

23 De edad de treinta años arriba hasta cincuenta años los contarás; todos los que entran en compañía para servir en el tabernáculo de reunión.

24 Éste será el oficio de las familias de Gersón, para ministrar y para llevar:

25 Llevarán las cortinas del tabernáculo, el tabernáculo de reunión, su cubierta, la cubierta de pieles de tejones que está encima de él, la cortina de la puerta del tabernáculo de reunión,

26 las cortinas del atrio, la cortina de la puerta del atrio, que está cerca del tabernáculo y cerca del altar alrededor, sus cuerdas, y todos los instrumentos de su servicio y todo lo que será hecho para ellos; así servirán.

27 Según la orden de Aarón y de sus hijos será todo el ministerio de los hijos de Gersón en todos sus cargos, y en todo su servicio; y les encomendaréis en guarda todos sus cargos.

28 Éste es el servicio de las familias de los hijos de Gersón en el tabernáculo de reunión; y el cargo de ellos estará bajo la dirección de Itamar hijo del sacerdote Aarón.

29 Contarás los hijos de Merari por sus familias, según las casas de sus padres.

30 Desde el de edad de treinta años arriba hasta el de cincuenta años los contarás; todos los que entran en compañía para servir en el tabernáculo de reunión.

31 Éste será el deber de su cargo para todo su servicio en el tabernáculo de reunión: las tablas del tabernáculo, sus barras, sus columnas y sus basas,

32 las columnas del atrio alrededor y sus basas, sus estacas y sus cuerdas, con todos sus instrumentos y todo su servicio; y consignarás por sus nombres todos los utensilios que ellos tienen que transportar.

33 Éste será el servicio de las familias de los hijos de Merari para todo su ministerio en el tabernáculo de reunión, bajo la dirección de Itamar hijo del sacerdote Aarón.

34 Moisés, pues, y Aarón, y los jefes de la congregación, contaron a los hijos de Coat por sus familias y según las casas de sus padres,

35 desde el de edad de treinta años arriba hasta el de edad de cincuenta años; todos los que entran en compañía para ministrar en el tabernáculo de reunión.

36 Y fueron los contados de ellos por sus familias, dos mil setecientos cincuenta.

37 Éstos fueron los contados de las familias de Coat, todos los que ministran en el tabernáculo de reunión, los cuales contaron Moisés y Aarón, como lo mandó Jehová por medio de Moisés.

38 Y los contados de los hijos de Gersón por sus familias, según las casas de sus padres,

39 desde el de edad de treinta años arriba hasta el de edad de cincuenta años, todos los que entran en compañía para ministrar en el tabernáculo de reunión;

40 los contados de ellos por sus familias, según las casas de sus padres, fueron dos mil seiscientos treinta.

41 Éstos son los contados de las familias de los hijos de Gersón, todos los que ministran en el tabernáculo de reunión, los cuales contaron Moisés y Aarón por mandato de Jehová.

42 Y los contados de las familias de los hijos de Merari, por sus familias, según las casas de sus padres,

43 desde el de edad de treinta años arriba hasta el de edad de cincuenta años, todos los que entran en compañía para ministrar en el tabernáculo de reunión;

44 los contados de ellos, por sus familias, fueron tres mil doscientos.

45 Éstos fueron los contados de las familias de los hijos de Merari, los cuales contaron Moisés y Aarón, según lo mandó Jehová por medio de Moisés.

46 Todos los contados de los levitas que Moisés y Aarón y los jefes de Israel contaron por sus familias, y según las casas de sus padres,

[47] desde el de edad de treinta años arriba hasta el de edad de cincuenta años, todos los que entraban para ministrar en el servicio y tener cargo de obra en el tabernáculo de reunión,

[48] los contados de ellos fueron ocho mil quinientos ochenta.

[49] Como lo mandó Jehová por medio de Moisés fueron contados, cada uno según su oficio y según su cargo; los cuales contó él, como le fue mandado.

Todo inmundo es echado fuera del campamento

5 [1] Jehová habló a Moisés, diciendo: [2] Manda a los hijos de Israel que echen del campamento a todo leproso, y a todos los que padecen flujo de semen, y a todo contaminado con muerto.

[3] Así a hombres como a mujeres echaréis; fuera del campamento los echaréis, para que no contaminen el campamento de aquellos entre los cuales yo habito.

[4] Y lo hicieron así los hijos de Israel, y los echaron fuera del campamento; como Jehová dijo a Moisés, así lo hicieron los hijos de Israel.

Ley sobre la restitución

[5] Además habló Jehová a Moisés, diciendo: [6] Di a los hijos de Israel: El hombre o la mujer que cometiere alguno de todos los pecados con que los hombres prevarican contra Jehová y delinquen,

[7] aquella persona confesará el pecado que cometió, y compensará enteramente el daño, y añadirá sobre ello la quinta parte, y lo dará a aquel contra quien pecó.

[8] Y si aquel hombre no tuviere pariente al cual sea resarcido el daño, se dará la indemnización del agravio a Jehová entregándola al sacerdote, además del carnero de las expiaciones, con el cual hará expiación por él.[a]

[9] Toda ofrenda de todas las cosas santas que los hijos de Israel presentaren al sacerdote, suya será.

[10] Y lo santificado de cualquiera será suyo; asimismo lo que cualquiera diere al sacerdote, suyo será.

Ley sobre los celos

[11] También Jehová habló a Moisés, diciendo:

[12] Habla a los hijos de Israel y diles: Si la mujer de alguno se descarriare, y le fuere infiel,

[13] y alguno cohabitare con ella, y su marido no lo hubiese visto por haberse ella amancillado ocultamente, ni hubiere testigo contra ella, ni ella hubiere sido sorprendida en el acto;

[14] si viniere sobre él espíritu de celos, y tuviere celos de su mujer, habiéndose ella amancillado; o viniere sobre él espíritu de celos, y tuviere celos de su mujer, no habiéndose ella amancillado;

[15] entonces el marido traerá su mujer al sacerdote, y con ella traerá su ofrenda, la décima parte de un efa de harina de cebada; no echará sobre ella aceite, ni pondrá sobre ella incienso, porque es ofrenda de celos, ofrenda recordativa, que trae a la memoria el pecado.

[16] Y el sacerdote hará que ella se acerque y se ponga delante de Jehová.

[17] Luego tomará el sacerdote del agua santa en un vaso de barro; tomará también el sacerdote del polvo que hubiere en el suelo del tabernáculo, y lo echará en el agua.

[18] Y hará el sacerdote estar en pie a la mujer delante de Jehová, y descubrirá la cabeza de la mujer, y pondrá sobre sus manos la ofrenda recordativa, que es la ofrenda de celos; y el sacerdote tendrá en la mano las aguas amargas que acarrean maldición.

[19] Y el sacerdote la conjurará y le dirá: Si ninguno ha dormido contigo, y si no te has apartado de tu marido a inmundicia, libre seas de estas aguas amargas que traen maldición;

[20] mas si te has descarriado de tu marido y te has amancillado, y ha cohabitado contigo alguno fuera de tu marido

[21] (el sacerdote conjurará a la mujer con juramento de maldición, y dirá a la mujer): Jehová te haga maldición y execración en medio de tu pueblo, haciendo Jehová que tu muslo caiga y que tu vientre se hinche;

[22] y estas aguas que dan maldición entren en tus entrañas, y hagan hinchar tu vientre y caer tu muslo. Y la mujer dirá: Amén, amén.

a 5.5-8 Lv 6.1-7.

23 El sacerdote escribirá estas maldiciones en un libro, y las borrará con las aguas amargas;

24 y dará a beber a la mujer las aguas amargas que traen maldición; y las aguas que obran maldición entrarán en ella para amargar.

25 Después el sacerdote tomará de la mano de la mujer la ofrenda de los celos, y la mecerá delante de Jehová, y la ofrecerá delante del altar.

26 Y tomará el sacerdote un puñado de la ofrenda en memoria de ella, y lo quemará sobre el altar, y después dará a beber las aguas a la mujer.

27 Le dará, pues, a beber las aguas; y si fuere inmunda y hubiere sido infiel a su marido, las aguas que obran maldición entrarán en ella para amargar, y su vientre se hinchará y caerá su muslo; y la mujer será maldición en medio de su pueblo.

28 Mas si la mujer no fuere inmunda, sino que estuviere limpia, ella será libre, y será fecunda.

29 Ésta es la ley de los celos, cuando la mujer cometiere infidelidad contra su marido, y se amancillare;

30 o del marido sobre el cual pasare espíritu de celos, y tuviere celos de su mujer; la presentará entonces delante de Jehová, y el sacerdote ejecutará en ella toda esta ley.

31 El hombre será libre de iniquidad, y la mujer llevará su pecado.

El voto de los nazareos

6 **1** Habló Jehová a Moisés, diciendo:
2 Habla a los hijos de Israel y diles: El hombre o la mujer que se apartare haciendo voto de nazareo,[1] para dedicarse a Jehová,

3 se abstendrá de vino y de sidra; no beberá vinagre de vino, ni vinagre de sidra, ni beberá ningún licor de uvas, ni tampoco comerá uvas frescas ni secas.

4 Todo el tiempo de su nazareato, de todo lo que se hace de la vid, desde los granillos hasta el hollejo, no comerá.

5 Todo el tiempo del voto de su nazareato no pasará navaja sobre su cabeza; hasta que sean cumplidos los días de su apartamiento a Jehová, será santo; dejará crecer su cabello.

6 Todo el tiempo que se aparte para Jehová, no se acercará a persona muerta.

7 Ni aun por su padre ni por su madre, ni por su hermano ni por su hermana, podrá contaminarse cuando mueran; porque la consagración de su Dios tiene sobre su cabeza.

8 Todo el tiempo de su nazareato, será santo para Jehová.

9 Si alguno muriere súbitamente junto a él, su cabeza consagrada será contaminada; por tanto, el día de su purificación raerá su cabeza; al séptimo día la raerá.

10 Y el día octavo traerá dos tórtolas o dos palominos al sacerdote, a la puerta del tabernáculo de reunión.

11 Y el sacerdote ofrecerá el uno en expiación, y el otro en holocausto; y hará expiación de lo que pecó a causa del muerto, y santificará su cabeza en aquel día.

12 Y consagrará para Jehová los días de su nazareato, y traerá un cordero de un año en expiación por la culpa; y los días primeros serán anulados, por cuanto fue contaminado su nazareato.

13 Ésta es, pues, la ley del nazareo el día que se cumpliere el tiempo de su nazareato: Vendrá a la puerta del tabernáculo de reunión,

14 y ofrecerá su ofrenda a Jehová, un cordero de un año sin tacha en holocausto, y una cordera de un año sin defecto en expiación, y un carnero sin defecto por ofrenda de paz.

15 Además un canastillo de tortas sin levadura, de flor de harina amasadas con aceite, y hojaldres sin levadura untadas con aceite, y su ofrenda y sus libaciones.

16 Y el sacerdote lo ofrecerá delante de Jehová, y hará su expiación y su holocausto;

17 y ofrecerá el carnero en ofrenda de paz a Jehová, con el canastillo de los panes sin levadura; ofrecerá asimismo el sacerdote su ofrenda y sus libaciones.

18 Entonces el nazareo raerá a la puerta del tabernáculo de reunión su cabeza consagrada, y tomará los cabellos de su cabeza consagrada y los pondrá sobre el fuego que está debajo de la ofrenda de paz.

19 Después tomará el sacerdote la espaldilla cocida del carnero, una torta sin levadura del canastillo, y una hojaldre sin

---

1. **6.2** Esto es, *separado,* o *consagrado.*

levadura, y las pondrá sobre las manos del nazareo, después que fuere raída su cabeza consagrada;

20 y el sacerdote mecerá aquello como ofrenda mecida delante de Jehová, lo cual será cosa santa del sacerdote, además del pecho mecido y de la espaldilla separada; después el nazareo podrá beber vino.

21 Ésta es la ley del nazareo que hiciere voto de su ofrenda a Jehová por su nazareato, además de lo que sus recursos le permitieren; según el voto que hiciere, así hará, conforme a la ley de su nazareato.[a]

La bendición sacerdotal

22 Jehová habló a Moisés, diciendo: **23** Habla a Aarón y a sus hijos y diles: Así bendeciréis a los hijos de Israel, diciéndoles:
24 Jehová te bendiga, y te guarde;
25 Jehová haga resplandecer su rostro sobre ti, y tenga de ti misericordia;
26 Jehová alce sobre ti su rostro, y ponga en ti paz.

27 Y pondrán mi nombre sobre los hijos de Israel, y yo los bendeciré.

Ofrendas para la dedicación del altar

7 **1** Aconteció que cuando Moisés hubo acabado de levantar el tabernáculo, y lo hubo ungido y santificado, con todos sus utensilios, y asimismo ungido y santificado el altar y todos sus utensilios, **2** entonces los príncipes de Israel, los jefes de las casas de sus padres, los cuales eran los príncipes de las tribus, que estaban sobre los contados, ofrecieron; **3** y trajeron sus ofrendas delante de Jehová, seis carros cubiertos y doce bueyes; por cada dos príncipes un carro, y cada uno un buey, y los ofrecieron delante del tabernáculo. **4** Y Jehová habló a Moisés, diciendo: **5** Tómalos de ellos, y serán para el servicio del tabernáculo de reunión; y los darás a los levitas, a cada uno conforme a su ministerio. **6** Entonces Moisés recibió los carros y los bueyes, y los dio a los levitas. **7** Dos carros y cuatro bueyes dio a los hijos de Gersón, conforme a su ministerio,

8 y a los hijos de Merari dio cuatro carros y ocho bueyes, conforme a su ministerio bajo la mano de Itamar hijo del sacerdote Aarón. **9** Pero a los hijos de Coat no les dio, porque llevaban sobre sí en los hombros el servicio del santuario. **10** Y los príncipes trajeron ofrendas para la dedicación del altar el día en que fue ungido, ofreciendo los príncipes su ofrenda delante del altar. **11** Y Jehová dijo a Moisés: Ofrecerán su ofrenda, un príncipe un día, y otro príncipe otro día, para la dedicación del altar.

12 Y el que ofreció su ofrenda el primer día fue Naasón hijo de Aminadab, de la tribu de Judá. **13** Su ofrenda fue un plato de plata de ciento treinta siclos de peso, y un jarro de plata de setenta siclos, al siclo del santuario, ambos llenos de flor de harina amasada con aceite para ofrenda; **14** una cuchara de oro de diez siclos, llena de incienso; **15** un becerro, un carnero, un cordero de un año para holocausto; **16** un macho cabrío para expiación; **17** y para ofrenda de paz, dos bueyes, cinco carneros, cinco machos cabríos y cinco corderos de un año. Ésta fue la ofrenda de Naasón hijo de Aminadab.

18 El segundo día ofreció Natanael hijo de Zuar, príncipe de Isacar. **19** Ofreció como su ofrenda un plato de plata de ciento treinta siclos de peso, y un jarro de plata de setenta siclos, al siclo del santuario, ambos llenos de flor de harina amasada con aceite para ofrenda; **20** una cuchara de oro de diez siclos, llena de incienso; **21** un becerro, un carnero, un cordero de un año para holocausto; **22** un macho cabrío para expiación; **23** y para ofrenda de paz, dos bueyes, cinco carneros, cinco machos cabríos y cinco corderos de un año. Ésta fue la ofrenda de Natanael hijo de Zuar.

24 El tercer día, Eliab hijo de Helón, príncipe de los hijos de Zabulón. **25** Y su ofrenda fue un plato de plata de ciento treinta siclos de peso, y un jarro de

---

a **6.13-21** Hch 21.23, 24.

plata de setenta siclos, al siclo del santuario, ambos llenos de flor de harina amasada con aceite para ofrenda;

26 una cuchara de oro de diez siclos, llena de incienso;

27 un becerro, un carnero, un cordero de un año para holocausto;

28 un macho cabrío para expiación;

29 y para ofrenda de paz, dos bueyes, cinco carneros, cinco machos cabríos y cinco corderos de un año. Ésta fue la ofrenda de Eliab hijo de Helón.

30 El cuarto día, Elisur hijo de Sedeur, príncipe de los hijos de Rubén.

31 Y su ofrenda fue un plato de plata de ciento treinta siclos de peso, y un jarro de plata de setenta siclos, al siclo del santuario, ambos llenos de flor de harina amasada con aceite para ofrenda;

32 una cuchara de oro de diez siclos, llena de incienso;

33 un becerro, un carnero, un cordero de un año para holocausto;

34 un macho cabrío para expiación;

35 y para ofrenda de paz, dos bueyes, cinco carneros, cinco machos cabríos y cinco corderos de un año. Ésta fue la ofrenda de Elisur hijo de Sedeur.

36 El quinto día, Selumiel hijo de Zurisadai, príncipe de los hijos de Simeón.

37 Y su ofrenda fue un plato de plata de ciento treinta siclos de peso, y un jarro de plata de setenta siclos, al siclo del santuario, ambos llenos de flor de harina amasada con aceite para ofrenda;

38 una cuchara de oro de diez siclos, llena de incienso;

39 un becerro, un carnero, un cordero de un año para holocausto;

40 un macho cabrío para expiación;

41 y para ofrenda de paz, dos bueyes, cinco carneros, cinco machos cabríos y cinco corderos de un año. Ésta fue la ofrenda de Selumiel hijo de Zurisadai.

42 El sexto día, Eliasaf hijo de Deuel, príncipe de los hijos de Gad.

43 Y su ofrenda fue un plato de plata de ciento treinta siclos de peso, y un jarro de plata de setenta siclos, al siclo del santuario, ambos llenos de flor de harina amasada con aceite para ofrenda;

44 una cuchara de oro de diez siclos, llena de incienso;

45 un becerro, un carnero, un cordero de un año para holocausto;

46 un macho cabrío para expiación;

47 y para ofrenda de paz, dos bueyes, cinco carneros, cinco machos cabríos y cinco corderos de un año. Ésta fue la ofrenda de Eliasaf hijo de Deuel.

48 El séptimo día, el príncipe de los hijos de Efraín, Elisama hijo de Amiud.

49 Y su ofrenda fue un plato de plata de ciento treinta siclos de peso, y un jarro de plata de setenta siclos, al siclo del santuario, ambos llenos de flor de harina amasada con aceite para ofrenda;

50 una cuchara de oro de diez siclos, llena de incienso;

51 un becerro, un carnero, un cordero de un año para holocausto;

52 un macho cabrío para expiación;

53 y para ofrenda de paz, dos bueyes, cinco carneros, cinco machos cabríos y cinco corderos de un año. Ésta fue la ofrenda de Elisama hijo de Amiud.

54 El octavo día, el príncipe de los hijos de Manasés, Gamaliel hijo de Pedasur.

55 Y su ofrenda fue un plato de plata de ciento treinta siclos de peso, y un jarro de plata de setenta siclos, al siclo del santuario, ambos llenos de flor de harina amasada con aceite para ofrenda;

56 una cuchara de oro de diez siclos, llena de incienso;

57 un becerro, un carnero, un cordero de un año para holocausto;

58 un macho cabrío para expiación;

59 y para ofrenda de paz, dos bueyes, cinco carneros, cinco machos cabríos y cinco corderos de un año. Ésta fue la ofrenda de Gamaliel hijo de Pedasur.

60 El noveno día, el príncipe de los hijos de Benjamín, Abidán hijo de Gedeoni.

61 Y su ofrenda fue un plato de plata de ciento treinta siclos de peso, y un jarro de plata de setenta siclos, al siclo del santuario, ambos llenos de flor de harina amasada con aceite para ofrenda;

62 una cuchara de oro de diez siclos, llena de incienso;

63 un becerro, un carnero, un cordero de un año para holocausto;

64 un macho cabrío para expiación;

65 y para ofrenda de paz, dos bueyes, cinco carneros, cinco machos cabríos y cinco corderos de un año. Ésta fue la ofrenda de Abidán hijo de Gedeoni.

66 El décimo día, el príncipe de los hijos de Dan, Ahiezer hijo de Amisadai.

67 Y su ofrenda fue un plato de plata de ciento treinta siclos de peso, y un jarro de plata de setenta siclos, al siclo del santuario, ambos llenos de flor de harina amasada con aceite para ofrenda;

68 una cuchara de oro de diez siclos, llena de incienso;

69 un becerro, un carnero, un cordero de un año para holocausto;

70 un macho cabrío para expiación;

71 y para ofrenda de paz, dos bueyes, cinco carneros, cinco machos cabríos y cinco corderos de un año. Ésta fue la ofrenda de Ahiezer hijo de Amisadai.

72 El undécimo día, el príncipe de los hijos de Aser, Pagiel hijo de Ocrán.

73 Y su ofrenda fue un plato de plata de ciento treinta siclos de peso, y un jarro de plata de setenta siclos, al siclo del santuario, ambos llenos de flor de harina amasada con aceite para ofrenda;

74 una cuchara de oro de diez siclos, llena de incienso;

75 un becerro, un carnero, un cordero de un año para holocausto;

76 un macho cabrío para expiación;

77 y para ofrenda de paz, dos bueyes, cinco carneros, cinco machos cabríos y cinco corderos de un año. Ésta fue la ofrenda de Pagiel hijo de Ocrán.

78 El duodécimo día, el príncipe de los hijos de Neftalí, Ahira hijo de Enán.

79 Su ofrenda fue un plato de plata de ciento treinta siclos de peso, y un jarro de plata de setenta siclos, al siclo del santuario, ambos llenos de flor de harina amasada con aceite para ofrenda;

80 una cuchara de oro de diez siclos, llena de incienso;

81 un becerro, un carnero, un cordero de un año para holocausto;

82 un macho cabrío para expiación;

83 y para ofrenda de paz, dos bueyes, cinco carneros, cinco machos cabríos y cinco corderos de un año. Ésta fue la ofrenda de Ahira hijo de Enán.

84 Ésta fue la ofrenda que los príncipes de Israel ofrecieron para la dedicación del altar, el día en que fue ungido: doce platos de plata, doce jarros de plata, doce cucharas de oro.

85 Cada plato de ciento treinta siclos, y cada jarro de setenta; toda la plata de la vajilla, dos mil cuatrocientos siclos, al siclo del santuario.

86 Las doce cucharas de oro llenas de incienso, de diez siclos cada cuchara, al siclo del santuario; todo el oro de las cucharas, ciento veinte siclos.

87 Todos los bueyes para holocausto, doce becerros; doce los carneros, doce los corderos de un año, con su ofrenda, y doce los machos cabríos para expiación.

88 Y todos los bueyes de la ofrenda de paz, veinticuatro novillos, sesenta los carneros, sesenta los machos cabríos, y sesenta los corderos de un año. Ésta fue la ofrenda para la dedicación del altar, después que fue ungido.

89 Y cuando entraba Moisés en el tabernáculo de reunión, para hablar con Dios, oía la voz que le hablaba de encima del propiciatorio que estaba sobre el arca del testimonio, de entre los dos querubines; y hablaba con él.

Aarón enciende las lámparas

8 **1** Habló Jehová a Moisés, diciendo:
2 Habla a Aarón y dile: Cuando enciendas las lámparas, las siete lámparas alumbrarán hacia adelante del candelero.

3 Y Aarón lo hizo así; encendió hacia la parte anterior del candelero sus lámparas, como Jehová lo mandó a Moisés.

4 Y ésta era la hechura del candelero, de oro labrado a martillo; desde su pie hasta sus flores era labrado a martillo; conforme al modelo que Jehová mostró a Moisés, así hizo el candelero.[a]

Consagración de los levitas

5 También Jehová habló a Moisés, diciendo:

6 Toma a los levitas de entre los hijos de Israel, y haz expiación por ellos.

7 Así harás para expiación por ellos: Rocía sobre ellos el agua de la expiación, y haz pasar la navaja sobre todo su cuerpo, y lavarán sus vestidos, y serán purificados.

---

a **8.1-4** Éx 25.31-40; 37.17-24.

8 Luego tomarán un novillo, con su ofrenda de flor de harina amasada con aceite; y tomarás otro novillo para expiación.

9 Y harás que los levitas se acerquen delante del tabernáculo de reunión, y reunirás a toda la congregación de los hijos de Israel.

10 Y cuando hayas acercado a los levitas delante de Jehová, pondrán los hijos de Israel sus manos sobre los levitas;

11 y ofrecerá Aarón los levitas delante de Jehová en ofrenda de los hijos de Israel, y servirán en el ministerio de Jehová.

12 Y los levitas pondrán sus manos sobre las cabezas de los novillos; y ofrecerás el uno por expiación, y el otro en holocausto a Jehová, para hacer expiación por los levitas.

13 Y presentarás a los levitas delante de Aarón, y delante de sus hijos, y los ofrecerás en ofrenda a Jehová.

14 Así apartarás a los levitas de entre los hijos de Israel, y serán míos los levitas.

15 Después de eso vendrán los levitas a ministrar en el tabernáculo de reunión; serán purificados, y los ofrecerás en ofrenda.

16 Porque enteramente me son dedicados a mí los levitas de entre los hijos de Israel, en lugar de todo primer nacido; los he tomado para mí en lugar de los primogénitos de todos los hijos de Israel.[b]

17 Porque mío es todo primogénito de entre los hijos de Israel, así de hombres como de animales; desde el día que yo herí a todo primogénito en la tierra de Egipto, los santifiqué para mí.[c]

18 Y he tomado a los levitas en lugar de todos los primogénitos de los hijos de Israel.

19 Y yo he dado en don los levitas a Aarón y a sus hijos de entre los hijos de Israel, para que ejerzan el ministerio de los hijos de Israel en el tabernáculo de reunión, y reconcilien a los hijos de Israel; para que no haya plaga en los hijos de Israel, al acercarse los hijos de Israel al santuario.

20 Y Moisés y Aarón y toda la congregación de los hijos de Israel hicieron con los levitas conforme a todas las cosas que mandó Jehová a Moisés acerca de los levitas; así hicieron con ellos los hijos de Israel.

21 Y los levitas se purificaron, y lavaron sus vestidos; y Aarón los ofreció en ofrenda delante de Jehová, e hizo Aarón expiación por ellos para purificarlos.

22 Así vinieron después los levitas para ejercer su ministerio en el tabernáculo de reunión delante de Aarón y delante de sus hijos; de la manera que mandó Jehová a Moisés acerca de los levitas, así hicieron con ellos.

23 Luego habló Jehová a Moisés, diciendo:

24 Los levitas de veinticinco años arriba entrarán a ejercer su ministerio en el servicio del tabernáculo de reunión.

25 Pero desde los cincuenta años cesarán de ejercer su ministerio, y nunca más lo ejercerán.

26 Servirán con sus hermanos en el tabernáculo de reunión, para hacer la guardia, pero no servirán en el ministerio. Así harás con los levitas en cuanto a su ministerio.

Celebración de la pascua

9 **1** Habló Jehová a Moisés en el desierto de Sinaí, en el segundo año de su salida de la tierra de Egipto, en el mes primero, diciendo:

2 Los hijos de Israel celebrarán la pascua a su tiempo.

3 El decimocuarto día de este mes, entre las dos tardes, la celebraréis a su tiempo; conforme a todos sus ritos y conforme a todas sus leyes la celebraréis.

4 Y habló Moisés a los hijos de Israel para que celebrasen la pascua.

5 Celebraron la pascua en el mes primero, a los catorce días del mes, entre las dos tardes, en el desierto de Sinaí; conforme a todas las cosas que mandó Jehová a Moisés, así hicieron los hijos de Israel.[a]

6 Pero hubo algunos que estaban inmundos a causa de muerto, y no pudieron celebrar la pascua aquel día; y vinieron delante de Moisés y delante de Aarón aquel día,

7 y le dijeron aquellos hombres: Nosotros estamos inmundos por causa de muerto; ¿por qué seremos impedidos de ofrecer ofrenda a Jehová a su tiempo entre los hijos de Israel?

8 Y Moisés les respondió: Esperad, y oiré lo que ordena Jehová acerca de vosotros.

---

b 8.16 Éx 32.26-29.   **c 8.17** Éx 13.2.   **a 9.1-5** Éx 12.1-13.

⁹ Y Jehová habló a Moisés, diciendo:

¹⁰ Habla a los hijos de Israel, diciendo: Cualquiera de vosotros o de vuestros descendientes, que estuviere inmundo por causa de muerto o estuviere de viaje lejos, celebrará la pascua a Jehová.

¹¹ En el mes segundo, a los catorce días del mes, entre las dos tardes, la celebrarán; con panes sin levadura y hierbas amargas la comerán.

¹² No dejarán del animal sacrificado para la mañana, ni quebrarán hueso de él;ᵇ conforme a todos los ritos de la pascua la celebrarán.

¹³ Mas el que estuviere limpio, y no estuviere de viaje, si dejare de celebrar la pascua, la tal persona será cortada de entre su pueblo; por cuanto no ofreció a su tiempo la ofrenda de Jehová, el tal hombre llevará su pecado.

¹⁴ Y si morare con vosotros extranjero, y celebrare la pascua a Jehová, conforme al rito de la pascua y conforme a sus leyes la celebrará; un mismo rito tendréis, tanto el extranjero como el natural de la tierra.

La nube sobre el tabernáculo
(Éx 40.34-38)

¹⁵ El día que el tabernáculo fue erigido, la nube cubrió el tabernáculo sobre la tienda del testimonio; y a la tarde había sobre el tabernáculo como una apariencia de fuego, hasta la mañana.

¹⁶ Así era continuamente: la nube lo cubría de día, y de noche la apariencia de fuego.

¹⁷ Cuando se alzaba la nube del tabernáculo, los hijos de Israel partían; y en el lugar donde la nube paraba, allí acampaban los hijos de Israel.

¹⁸ Al mandato de Jehová los hijos de Israel partían, y al mandato de Jehová acampaban; todos los días que la nube estaba sobre el tabernáculo, permanecían acampados.

¹⁹ Cuando la nube se detenía sobre el tabernáculo muchos días, entonces los hijos de Israel guardaban la ordenanza de Jehová, y no partían.

²⁰ Y cuando la nube estaba sobre el tabernáculo pocos días, al mandato de Jehová acampaban, y al mandato de Jehová partían.

²¹ Y cuando la nube se detenía desde la tarde hasta la mañana, o cuando a la mañana la nube se levantaba, ellos partían; o si había estado un día, y a la noche la nube se levantaba, entonces partían.

²² O si dos días, o un mes, o un año, mientras la nube se detenía sobre el tabernáculo permaneciendo sobre él, los hijos de Israel seguían acampados, y no se movían; mas cuando ella se alzaba, ellos partían.

²³ Al mandato de Jehová acampaban, y al mandato de Jehová partían, guardando la ordenanza de Jehová como Jehová lo había dicho por medio de Moisés.

Las trompetas de plata

10 ¹ Jehová habló a Moisés, diciendo: ² Hazte dos trompetas de plata; de obra de martillo las harás, las cuales te servirán para convocar la congregación, y para hacer mover los campamentos.

³ Y cuando las tocaren, toda la congregación se reunirá ante ti a la puerta del tabernáculo de reunión.

⁴ Mas cuando tocaren sólo una, entonces se congregarán ante ti los príncipes, los jefes de los millares de Israel.

⁵ Y cuando tocareis alarma, entonces moverán los campamentos de los que están acampados al oriente.

⁶ Y cuando tocareis alarma la segunda vez, entonces moverán los campamentos de los que están acampados al sur; alarma tocarán para sus partidas.

⁷ Pero para reunir la congregación tocaréis, mas no con sonido de alarma.

⁸ Y los hijos de Aarón, los sacerdotes, tocarán las trompetas; y las tendréis por estatuto perpetuo por vuestras generaciones.

⁹ Y cuando saliereis a la guerra en vuestra tierra contra el enemigo que os molestare, tocaréis alarma con las trompetas; y seréis recordados por Jehová vuestro Dios, y seréis salvos de vuestros enemigos.

¹⁰ Y en el día de vuestra alegría, y en vuestras solemnidades, y en los principios de vuestros meses, tocaréis las trompetas sobre vuestros holocaustos, y sobre los sacrificios de paz, y os serán por memoria delante de vuestro Dios. Yo Jehová vuestro Dios.

ᵇ **9.12** Éx 12.46; Sal 34.20; Jn 19.36.

Los israelitas salen de Sinaí

11 En el año segundo, en el mes segundo, a los veinte días del mes, la nube se alzó del tabernáculo del testimonio. **12** Y partieron los hijos de Israel del desierto de Sinaí según el orden de marcha; y se detuvo la nube en el desierto de Parán. **13** Partieron la primera vez al mandato de Jehová por medio de Moisés. **14** La bandera del campamento de los hijos de Judá comenzó a marchar primero, por sus ejércitos; y Naasón hijo de Aminadab estaba sobre su cuerpo de ejército. **15** Sobre el cuerpo de ejército de la tribu de los hijos de Isacar, Natanael hijo de Zuar. **16** Y sobre el cuerpo de ejército de la tribu de los hijos de Zabulón, Eliab hijo de Helón.

17 Después que estaba ya desarmado el tabernáculo, se movieron los hijos de Gersón y los hijos de Merari, que lo llevaban. **18** Luego comenzó a marchar la bandera del campamento de Rubén por sus ejércitos; y Elisur hijo de Sedeur estaba sobre su cuerpo de ejército. **19** Sobre el cuerpo de ejército de la tribu de los hijos de Simeón, Selumiel hijo de Zurisadai. **20** Y sobre el cuerpo de ejército de la tribu de los hijos de Gad, Eliasaf hijo de Deuel.

21 Luego comenzaron a marchar los coatitas llevando el santuario; y entretanto que ellos llegaban, los otros acondicionaron el tabernáculo. **22** Después comenzó a marchar la bandera del campamento de los hijos de Efraín por sus ejércitos; y Elisama hijo de Amiud estaba sobre su cuerpo de ejército. **23** Sobre el cuerpo de ejército de la tribu de los hijos de Manasés, Gamaliel hijo de Pedasur. **24** Y sobre el cuerpo de ejército de la tribu de los hijos de Benjamín, Abidán hijo de Gedeoni.

25 Luego comenzó a marchar la bandera del campamento de los hijos de Dan por sus ejércitos, a retaguardia de todos los campamentos; y Ahiezer hijo de Amisadai estaba sobre su cuerpo de ejército. **26** Sobre el cuerpo de ejército de la tribu de los hijos de Aser, Pagiel hijo de Ocrán. **27** Y sobre el cuerpo de ejército de la tribu de los hijos de Neftalí, Ahira hijo de Enán. **28** Éste era el orden de marcha de los hijos de Israel por sus ejércitos cuando partían.

29 Entonces dijo Moisés a Hobab, hijo de Ragüel madianita, su suegro: Nosotros partimos para el lugar del cual Jehová ha dicho: Yo os lo daré. Ven con nosotros, y te haremos bien; porque Jehová ha prometido el bien a Israel. **30** Y él le respondió: Yo no iré, sino que me marcharé a mi tierra y a mi parentela.[a] **31** Y él le dijo: Te ruego que no nos dejes; porque tú conoces los lugares donde hemos de acampar en el desierto, y nos serás en lugar de ojos. **32** Y si vienes con nosotros, cuando tengamos el bien que Jehová nos ha de hacer, nosotros te haremos bien.

33 Así partieron del monte de Jehová camino de tres días; y el arca del pacto de Jehová fue delante de ellos camino de tres días, buscándoles lugar de descanso. **34** Y la nube de Jehová iba sobre ellos de día, desde que salieron del campamento. **35** Cuando el arca se movía, Moisés decía: Levántate, oh Jehová, y sean dispersados tus enemigos, y huyan de tu presencia los que te aborrecen.[b] **36** Y cuando ella se detenía, decía: Vuelve, oh Jehová, a los millares de millares de Israel.

Jehová envía codornices

11 **1** Aconteció que el pueblo se quejó a oídos de Jehová; y lo oyó Jehová, y ardió su ira, y se encendió en ellos fuego de Jehová, y consumió uno de los extremos del campamento. **2** Entonces el pueblo clamó a Moisés, y Moisés oró a Jehová, y el fuego se extinguió. **3** Y llamó a aquel lugar Tabera,[2] porque el fuego de Jehová se encendió en ellos. **4** Y la gente extranjera que se mezcló con ellos tuvo un vivo deseo, y los hijos de Israel también volvieron a llorar y dijeron: ¡Quién nos diera a comer carne! **5** Nos acordamos del pescado que comíamos en Egipto de balde, de los pepinos, los melones, los puerros, las cebollas y los ajos; **6** y ahora nuestra alma se seca; pues nada sino este maná ven nuestros ojos.

---

2. **11.3** Esto es, *Incendio.*
a **10.30** Éx 18.27.   b **10.35** Sal 68.1.

7 Y era el maná como semilla de culantro, y su color como color de bedelio.

8 El pueblo se esparcía y lo recogía, y lo molía en molinos o lo majaba en morteros, y lo cocía en caldera o hacía de él tortas; su sabor era como sabor de aceite nuevo.ª

9 Y cuando descendía el rocío sobre el campamento de noche, el maná descendía sobre él.ᵇ

10 Y oyó Moisés al pueblo, que lloraba por sus familias, cada uno a la puerta de su tienda; y la ira de Jehová se encendió en gran manera; también le pareció mal a Moisés.

11 Y dijo Moisés a Jehová: ¿Por qué has hecho mal a tu siervo? ¿y por qué no he hallado gracia en tus ojos, que has puesto la carga de todo este pueblo sobre mí?

12 ¿Concebí yo a todo este pueblo? ¿Lo engendré yo, para que me digas: Llévalo en tu seno, como lleva la que cría al que mama, a la tierra de la cual juraste a sus padres?

13 ¿De dónde conseguiré yo carne para dar a todo este pueblo? Porque lloran a mí, diciendo: Danos carne que comamos.

14 No puedo yo solo soportar a todo este pueblo, que me es pesado en demasía.

15 Y si así lo haces tú conmigo, yo te ruego que me des muerte, si he hallado gracia en tus ojos; y que yo no vea mi mal.

16 Entonces Jehová dijo a Moisés: Reúneme setenta varones de los ancianos de Israel, que tú sabes que son ancianos del pueblo y sus principales; y tráelos a la puerta del tabernáculo de reunión, y esperen allí contigo.

17 Y yo descenderé y hablaré allí contigo, y tomaré del espíritu que está en ti, y pondré en ellos; y llevarán contigo la carga del pueblo, y no la llevarás tú solo.

18 Pero al pueblo dirás: Santificaos para mañana, y comeréis carne; porque habéis llorado en oídos de Jehová, diciendo: ¡Quién nos diera a comer carne! ¡Ciertamente mejor nos iba en Egipto! Jehová, pues, os dará carne, y comeréis.

19 No comeréis un día, ni dos días, ni cinco días, ni diez días, ni veinte días,

20 sino hasta un mes entero, hasta que os salga por las narices, y la aborrezcáis, por cuanto menospreciasteis a Jehová que está en medio de vosotros, y llorasteis delante de él, diciendo: ¿Para qué salimos acá de Egipto?

21 Entonces dijo Moisés: Seiscientos mil de a pie es el pueblo en medio del cual yo estoy; ¡y tú dices: Les daré carne, y comerán un mes entero!

22 ¿Se degollarán para ellos ovejas y bueyes que les basten? ¿o se juntarán para ellos todos los peces del mar para que tengan abasto?

23 Entonces Jehová respondió a Moisés: ¿Acaso se ha acortado la mano de Jehová? Ahora verás si se cumple mi palabra, o no.

24 Y salió Moisés y dijo al pueblo las palabras de Jehová; y reunió a los setenta varones de los ancianos del pueblo, y los hizo estar alrededor del tabernáculo.

25 Entonces Jehová descendió en la nube, y le habló; y tomó del espíritu que estaba en él, y lo puso en los setenta varones ancianos; y cuando posó sobre ellos el espíritu, profetizaron, y no cesaron.

26 Y habían quedado en el campamento dos varones, llamados el uno Eldad y el otro Medad, sobre los cuales también reposó el espíritu; estaban éstos entre los inscritos, pero no habían venido al tabernáculo; y profetizaron en el campamento.

27 Y corrió un joven y dio aviso a Moisés, y dijo: Eldad y Medad profetizan en el campamento.

28 Entonces respondió Josué hijo de Nun, ayudante de Moisés, uno de sus jóvenes, y dijo: Señor mío Moisés, impídelos.

29 Y Moisés le respondió: ¿Tienes tú celos por mí? Ojalá todo el pueblo de Jehová fuese profeta, y que Jehová pusiera su espíritu sobre ellos.

30 Y Moisés volvió al campamento, él y los ancianos de Israel.

31 Y vino un viento de Jehová, y trajo codornices del mar, y las dejó sobre el campamento, un día de camino a un lado, y un día de camino al otro, alrededor del campamento, y casi dos codos sobre la faz de la tierra.

32 Entonces el pueblo estuvo levantado todo aquel día y toda la noche, y todo el día siguiente, y recogieron codornices; el que menos, recogió diez montones; y las tendieron para sí a lo largo alrededor del campamento.

33 Aún estaba la carne entre los dientes de ellos, antes que fuese masticada, cuando

---

a **11.7, 8** Éx 16.31.   b **11.9** Éx 16.13-15.

la ira de Jehová se encendió en el pueblo, e hirió Jehová al pueblo con una plaga muy grande.

³⁴Y llamó el nombre de aquel lugar Kibrot-hataava,³ por cuanto allí sepultaron al pueblo codicioso.

³⁵De Kibrot-hataava partió el pueblo a Hazerot, y se quedó en Hazerot.

María y Aarón murmuran contra Moisés

12 ¹María y Aarón hablaron contra Moisés a causa de la mujer cusita que había tomado; porque él había tomado mujer cusita.

²Y dijeron: ¿Solamente por Moisés ha hablado Jehová? ¿No ha hablado también por nosotros? Y lo oyó Jehová.

³Y aquel varón Moisés era muy manso, más que todos los hombres que había sobre la tierra.

⁴Luego dijo Jehová a Moisés, a Aarón y a María: Salid vosotros tres al tabernáculo de reunión. Y salieron ellos tres.

⁵Entonces Jehová descendió en la columna de la nube, y se puso a la puerta del tabernáculo, y llamó a Aarón y a María; y salieron ambos.

⁶Y él les dijo: Oíd ahora mis palabras. Cuando haya entre vosotros profeta de Jehová, le apareceré en visión, en sueños hablaré con él.

⁷No así a mi siervo Moisés, que es fiel en toda mi casa.ª

⁸Cara a cara hablaré con él, y claramente, y no por figuras; y verá la apariencia de Jehová. ¿Por qué, pues, no tuvisteis temor de hablar contra mi siervo Moisés?

⁹Entonces la ira de Jehová se encendió contra ellos; y se fue.

¹⁰Y la nube se apartó del tabernáculo, y he aquí que María estaba leprosa como la nieve; y miró Aarón a María, y he aquí que estaba leprosa.

¹¹Y dijo Aarón a Moisés: ¡Ah! señor mío, no pongas ahora sobre nosotros este pecado; porque locamente hemos actuado, y hemos pecado.

¹²No quede ella ahora como el que nace muerto, que al salir del vientre de su madre, tiene ya medio consumida su carne.

¹³Entonces Moisés clamó a Jehová, diciendo: Te ruego, oh Dios, que la sanes ahora.

¹⁴Respondió Jehová a Moisés: Pues si su padre hubiera escupido en su rostro, ¿no se avergonzaría por siete días? Sea echada fuera del campamento por siete días,ᵇ y después volverá a la congregación.

¹⁵Así María fue echada del campamento siete días; y el pueblo no pasó adelante hasta que se reunió María con ellos.

¹⁶Después el pueblo partió de Hazerot, y acamparon en el desierto de Parán.

Misión de los doce espías

(Dt 1.19-33)

13 ¹Y Jehová habló a Moisés, diciendo: ²Envía tú hombres que reconozcan la tierra de Canaán, la cual yo doy a los hijos de Israel; de cada tribu de sus padres enviaréis un varón, cada uno príncipe entre ellos.

³Y Moisés los envió desde el desierto de Parán, conforme a la palabra de Jehová; y todos aquellos varones eran príncipes de los hijos de Israel.

⁴Éstos son sus nombres: De la tribu de Rubén, Samúa hijo de Zacur.

⁵De la tribu de Simeón, Safat hijo de Horí.

⁶De la tribu de Judá, Caleb hijo de Jefone.

⁷De la tribu de Isacar, Igal hijo de José.

⁸De la tribu de Efraín, Oseas hijo de Nun.

⁹De la tribu de Benjamín, Palti hijo de Rafú.

¹⁰De la tribu de Zabulón, Gadiel hijo de Sodi.

¹¹De la tribu de José: de la tribu de Manasés, Gadi hijo de Susi.

¹²De la tribu de Dan, Amiel hijo de Gemali.

¹³De la tribu de Aser, Setur hijo de Micael.

¹⁴De la tribu de Neftalí, Nahbi hijo de Vapsi.

¹⁵De la tribu de Gad, Geuel hijo de Maqui.

¹⁶Éstos son los nombres de los varones que Moisés envió a reconocer la tierra; y a Oseas hijo de Nun le puso Moisés el nombre de Josué.

¹⁷Los envió, pues, Moisés a reconocer la tierra de Canaán, diciéndoles: Subid de aquí al Neguev, y subid al monte,

¹⁸y observad la tierra cómo es, y el pueblo que la habita, si es fuerte o débil, si poco o numeroso;

---

3. **11.34** Esto es, *Tumbas de los codiciosos.*
ª **12.7** Heb 3.2. ᵇ **12.14** Nm 5.2, 3.

19 cómo es la tierra habitada, si es buena o mala; y cómo son las ciudades habitadas, si son campamentos o plazas fortificadas; **20** y cómo es el terreno, si es fértil o estéril, si en él hay árboles o no; y esforzaos, y tomad del fruto del país. Y era el tiempo de las primeras uvas.

21 Y ellos subieron, y reconocieron la tierra desde el desierto de Zin hasta Rehob, entrando en Hamat.

22 Y subieron al Neguev y vinieron hasta Hebrón; y allí estaban Ahimán, Sesai y Talmai, hijos de Anac. Hebrón fue edificada siete años antes de Zoán en Egipto.

23 Y llegaron hasta el arroyo de Escol, y de allí cortaron un sarmiento con un racimo de uvas, el cual trajeron dos en un palo, y de las granadas y de los higos.

24 Y se llamó aquel lugar el Valle de Escol,[4] por el racimo que cortaron de allí los hijos de Israel.

25 Y volvieron de reconocer la tierra al fin de cuarenta días.

26 Y anduvieron y vinieron a Moisés y a Aarón, y a toda la congregación de los hijos de Israel, en el desierto de Parán, en Cades, y dieron la información a ellos y a toda la congregación, y les mostraron el fruto de la tierra.

27 Y les contaron, diciendo: Nosotros llegamos a la tierra a la cual nos enviaste, la que ciertamente fluye leche y miel; y éste es el fruto de ella.

28 Mas el pueblo que habita aquella tierra es fuerte, y las ciudades muy grandes y fortificadas; y también vimos allí a los hijos de Anac.

29 Amalec habita el Neguev, y el heteo, el jebuseo y el amorreo habitan en el monte, y el cananeo habita junto al mar, y a la ribera del Jordán.

30 Entonces Caleb hizo callar al pueblo delante de Moisés, y dijo: Subamos luego, y tomemos posesión de ella; porque más podremos nosotros que ellos.

31 Mas los varones que subieron con él, dijeron: No podremos subir contra aquel pueblo, porque es más fuerte que nosotros.

32 Y hablaron mal entre los hijos de Israel, de la tierra que habían reconocido, diciendo: La tierra por donde pasamos para reconocerla, es tierra que traga a sus moradores;

y todo el pueblo que vimos en medio de ella son hombres de grande estatura.

33 También vimos allí gigantes,[a] hijos de Anac, raza de los gigantes, y éramos nosotros, a nuestro parecer, como langostas; y así les parecíamos a ellos.

Los israelitas se rebelan contra Jehová

14 **1** Entonces toda la congregación gritó, y dio voces; y el pueblo lloró aquella noche.

2 Y se quejaron contra Moisés y contra Aarón todos los hijos de Israel; y les dijo toda la multitud: ¡Ojalá muriéramos en la tierra de Egipto; o en este desierto ojalá muriéramos!

3 ¿Y por qué nos trae Jehová a esta tierra para caer a espada, y que nuestras mujeres y nuestros niños sean por presa? ¿No nos sería mejor volvernos a Egipto?

4 Y decían el uno al otro: Designemos un capitán, y volvámonos a Egipto.

5 Entonces Moisés y Aarón se postraron sobre sus rostros delante de toda la multitud de la congregación de los hijos de Israel.

6 Y Josué hijo de Nun y Caleb hijo de Jefone, que eran de los que habían reconocido la tierra, rompieron sus vestidos,

7 y hablaron a toda la congregación de los hijos de Israel, diciendo: La tierra por donde pasamos para reconocerla, es tierra en gran manera buena.

8 Si Jehová se agradare de nosotros, él nos llevará a esta tierra, y nos la entregará; tierra que fluye leche y miel.

9 Por tanto, no seáis rebeldes contra Jehová,[a] ni temáis al pueblo de esta tierra; porque nosotros los comeremos como pan; su amparo se ha apartado de ellos, y con nosotros está Jehová; no los temáis.

10 Entonces toda la multitud habló de apedrearlos.

Pero la gloria de Jehová se mostró en el tabernáculo de reunión a todos los hijos de Israel,

11 y Jehová dijo a Moisés: ¿Hasta cuándo me ha de irritar este pueblo? ¿Hasta cuándo no me creerán, con todas las señales que he hecho en medio de ellos?

---

4. **13.24** Esto es, *Valle del Racimo.*
a **13.33** Gn 6.4.   a **14.9** Heb 3.16.

12 Yo los heriré de mortandad y los destruiré, y a ti te pondré sobre gente más grande y más fuerte que ellos.

13 Pero Moisés respondió a Jehová: Lo oirán luego los egipcios, porque de en medio de ellos sacaste a este pueblo con tu poder;

14 y lo dirán a los habitantes de esta tierra, los cuales han oído que tú, oh Jehová, estabas en medio de este pueblo, que cara a cara aparecías tú, oh Jehová, y que tu nube estaba sobre ellos, y que de día ibas delante de ellos en columna de nube, y de noche en columna de fuego;

15 y que has hecho morir a este pueblo como a un solo hombre; y las gentes que hubieren oído tu fama hablarán, diciendo:

16 Por cuanto no pudo Jehová meter este pueblo en la tierra de la cual les había jurado, los mató en el desierto.

17 Ahora, pues, yo te ruego que sea magnificado el poder del Señor, como lo hablaste, diciendo:

18 Jehová, tardo para la ira y grande en misericordia, que perdona la iniquidad y la rebelión, aunque de ningún modo tendrá por inocente al culpable; que visita la maldad de los padres sobre los hijos hasta los terceros y hasta los cuartos.[b]

19 Perdona ahora la iniquidad de este pueblo según la grandeza de tu misericordia, y como has perdonado a este pueblo desde Egipto hasta aquí.[c]

Jehová castiga a Israel
(Dt 1.34-40)

20 Entonces Jehová dijo: Yo lo he perdonado conforme a tu dicho.

21 Mas tan ciertamente como vivo yo, y mi gloria llena toda la tierra,

22 todos los que vieron mi gloria y mis señales que he hecho en Egipto y en el desierto, y me han tentado ya diez veces, y no han oído mi voz,

23 no verán la tierra de la cual juré a sus padres; no, ninguno de los que me han irritado la verá.[d]

24 Pero a mi siervo Caleb, por cuanto hubo en él otro espíritu, y decidió ir en pos de mí, yo le meteré en la tierra donde entró, y su descendencia la tendrá en posesión.[e]

25 Ahora bien, el amalecita y el cananeo habitan en el valle; volveos mañana y salid al desierto, camino del Mar Rojo.

26 Y Jehová habló a Moisés y a Aarón, diciendo:

27 ¿Hasta cuándo oiré esta depravada multitud que murmura contra mí, las querellas de los hijos de Israel, que de mí se quejan?

28 Diles: Vivo yo, dice Jehová, que según habéis hablado a mis oídos, así haré yo con vosotros.

29 En este desierto caerán vuestros cuerpos;[f] todo el número de los que fueron contados de entre vosotros, de veinte años arriba, los cuales han murmurado contra mí.

30 Vosotros a la verdad no entraréis en la tierra, por la cual alcé mi mano y juré que os haría habitar en ella; exceptuando a Caleb hijo de Jefone, y a Josué hijo de Nun.

31 Pero a vuestros niños, de los cuales dijisteis que serían por presa, yo los introduciré, y ellos conocerán la tierra que vosotros despreciasteis.

32 En cuanto a vosotros, vuestros cuerpos caerán en este desierto.

33 Y vuestros hijos andarán pastoreando en el desierto cuarenta años,[g] y ellos llevarán vuestras rebeldías, hasta que vuestros cuerpos sean consumidos en el desierto.

34 Conforme al número de los días, de los cuarenta días en que reconocisteis la tierra, llevaréis vuestras iniquidades cuarenta años, un año por cada día; y conoceréis mi castigo.

35 Yo Jehová he hablado; así haré a toda esta multitud perversa que se ha juntado contra mí; en este desierto serán consumidos, y ahí morirán.

Muerte de los diez espías malvados

36 Y los varones que Moisés envió a reconocer la tierra, y que al volver habían hecho murmurar contra él a toda la congregación, desacreditando aquel país,

37 aquellos varones que habían hablado mal de la tierra, murieron de plaga delante de Jehová.

38 Pero Josué hijo de Nun y Caleb hijo de Jefone quedaron con vida, de entre aquellos hombres que habían ido a reconocer la tierra.

---

b 14.18 Éx 20.5, 6; 34.6, 7; Dt 5.9, 10; 7.9, 10.
c 14.13-19 Éx 32.11-14.   **d 14.21-23** Heb 3.18.
e 14.24 Jos 14.9-12.   **f 14.29** Heb 3.17.   **g 14.33** Hch 7.36.

La derrota en Horma
(Dt 1.41-46)

39 Y Moisés dijo estas cosas a todos los hijos de Israel, y el pueblo se enlutó mucho. **40** Y se levantaron por la mañana y subieron a la cumbre del monte, diciendo: Henos aquí para subir al lugar del cual ha hablado Jehová; porque hemos pecado. **41** Y dijo Moisés: ¿Por qué quebrantáis el mandamiento de Jehová? Esto tampoco os saldrá bien. **42** No subáis, porque Jehová no está en medio de vosotros, no seáis heridos delante de vuestros enemigos. **43** Porque el amalecita y el cananeo están allí delante de vosotros, y caeréis a espada; pues por cuanto os habéis negado a seguir a Jehová, por eso no estará Jehová con vosotros. **44** Sin embargo, se obstinaron en subir a la cima del monte; pero el arca del pacto de Jehová, y Moisés, no se apartaron de en medio del campamento. **45** Y descendieron el amalecita y el cananeo que habitaban en aquel monte, y los hirieron y los derrotaron, persiguiéndolos hasta Horma.

Leyes sobre las ofrendas

15 **1** Jehová habló a Moisés, diciendo: **2** Habla a los hijos de Israel, y diles: Cuando hayáis entrado en la tierra de vuestra habitación que yo os doy, **3** y hagáis ofrenda encendida a Jehová, holocausto, o sacrificio, por especial voto, o de vuestra voluntad, o para ofrecer en vuestras fiestas solemnes olor grato a Jehová, de vacas o de ovejas; **4** entonces el que presente su ofrenda a Jehová traerá como ofrenda la décima parte de un efa de flor de harina, amasada con la cuarta parte de un hin de aceite. **5** De vino para la libación ofrecerás la cuarta parte de un hin, además del holocausto o del sacrificio, por cada cordero. **6** Por cada carnero harás ofrenda de dos décimas de flor de harina, amasada con la tercera parte de un hin de aceite; **7** y de vino para la libación ofrecerás la tercera parte de un hin, en olor grato a Jehová. **8** Cuando ofrecieres novillo en holocausto o sacrificio, por especial voto, o de paz a Jehová, **9** ofrecerás con el novillo una ofrenda de tres décimas de flor de harina, amasada con la mitad de un hin de aceite; **10** y de vino para la libación ofrecerás la mitad de un hin, en ofrenda encendida de olor grato a Jehová. **11** Así se hará con cada buey, o carnero, o cordero de las ovejas, o cabrito. **12** Conforme al número así haréis con cada uno, según el número de ellos. **13** Todo natural hará estas cosas así, para ofrecer ofrenda encendida de olor grato a Jehová. **14** Y cuando habitare con vosotros extranjero, o cualquiera que estuviere entre vosotros por vuestras generaciones, si hiciere ofrenda encendida de olor grato a Jehová, como vosotros hiciereis, así hará él. **15** Un mismo estatuto tendréis vosotros de la congregación y el extranjero que con vosotros mora; será estatuto perpetuo por vuestras generaciones; como vosotros, así será el extranjero delante de Jehová. **16** Una misma ley y un mismo decreto tendréis, vosotros y el extranjero que con vosotros mora.[a]

17 También habló Jehová a Moisés, diciendo: **18** Habla a los hijos de Israel, y diles: Cuando hayáis entrado en la tierra a la cual yo os llevo, **19** cuando comencéis a comer del pan de la tierra, ofreceréis ofrenda a Jehová. **20** De lo primero que amaséis, ofreceréis una torta en ofrenda; como la ofrenda de la era, así la ofreceréis. **21** De las primicias de vuestra masa daréis a Jehová ofrenda por vuestras generaciones. **22** Y cuando errareis, y no hiciereis todos estos mandamientos que Jehová ha dicho a Moisés, **23** todas las cosas que Jehová os ha mandado por medio de Moisés, desde el día que Jehová lo mandó, y en adelante por vuestras edades, **24** si el pecado fue hecho por yerro con ignorancia de la congregación, toda la congregación ofrecerá un novillo por holocausto en olor grato a Jehová, con su ofrenda y

---

a 15.16 Lv 24.22.

su libación conforme a la ley, y un macho cabrío en expiación.

25 Y el sacerdote hará expiación por toda la congregación de los hijos de Israel; y les será perdonado, porque yerro es; y ellos traerán sus ofrendas, ofrenda encendida a Jehová, y sus expiaciones delante de Jehová por sus yerros.

26 Y será perdonado a toda la congregación de los hijos de Israel, y al extranjero que mora entre ellos, por cuanto es yerro de todo el pueblo.

27 Si una persona pecare por yerro, ofrecerá una cabra de un año para expiación.

28 Y el sacerdote hará expiación por la persona que haya pecado por yerro; cuando pecare por yerro delante de Jehová, la reconciliará, y le será perdonado.[b]

29 El nacido entre los hijos de Israel, y el extranjero que habitare entre ellos, una misma ley tendréis para el que hiciere algo por yerro.

30 Mas la persona que hiciere algo con soberbia, así el natural como el extranjero, ultraja a Jehová; esa persona será cortada de en medio de su pueblo.

31 Por cuanto tuvo en poco la palabra de Jehová, y menospreció su mandamiento, enteramente será cortada esa persona; su iniquidad caerá sobre ella.

Lapidación de un violador del día de reposo

32 Estando los hijos de Israel en el desierto, hallaron a un hombre que recogía leña en día de reposo.*

33 Y los que le hallaron recogiendo leña, lo trajeron a Moisés y a Aarón, y a toda la congregación;

34 y lo pusieron en la cárcel, porque no estaba declarado qué se le había de hacer.

35 Y Jehová dijo a Moisés: Irremisiblemente muera aquel hombre; apedréelo toda la congregación fuera del campamento.

36 Entonces lo sacó la congregación fuera del campamento, y lo apedrearon, y murió, como Jehová mandó a Moisés.

Franjas en los vestidos

37 Y Jehová habló a Moisés, diciendo:

38 Habla a los hijos de Israel, y diles que se hagan franjas en los bordes de sus vestidos,[c] por sus generaciones; y pongan en cada franja de los bordes un cordón de azul.

39 Y os servirá de franja, para que cuando lo veáis os acordéis de todos los mandamientos de Jehová, para ponerlos por obra; y no miréis en pos de vuestro corazón y de vuestros ojos, en pos de los cuales os prostituyáis.

40 Para que os acordéis, y hagáis todos mis mandamientos, y seáis santos a vuestro Dios.

41 Yo Jehová vuestro Dios, que os saqué de la tierra de Egipto, para ser vuestro Dios. Yo Jehová vuestro Dios.

La rebelión de Coré

16 **1** Coré hijo de Izhar, hijo de Coat, hijo de Leví, y Datán y Abiram hijos de Eliab, y On hijo de Pelet, de los hijos de Rubén, tomaron gente,

2 y se levantaron contra Moisés con doscientos cincuenta varones de los hijos de Israel, príncipes de la congregación, de los del consejo, varones de renombre.

3 Y se juntaron contra Moisés y Aarón y les dijeron: ¡Basta ya de vosotros! Porque toda la congregación, todos ellos son santos, y en medio de ellos está Jehová; ¿por qué, pues, os levantáis vosotros sobre la congregación de Jehová?

4 Cuando oyó esto Moisés, se postró sobre su rostro;

5 y habló a Coré y a todo su séquito, diciendo: Mañana mostrará Jehová quién es suyo, y quién es santo, y hará que se acerque a él; al que él escogiere, él lo acercará a sí.

6 Haced esto: tomaos incensarios, Coré y todo su séquito,

7 y poned fuego en ellos, y poned en ellos incienso delante de Jehová mañana; y el varón a quien Jehová escogiere, aquél será el santo; esto os baste, hijos de Leví.

8 Dijo más Moisés a Coré: Oíd ahora, hijos de Leví:

9 ¿Os es poco que el Dios de Israel os haya apartado de la congregación de Israel, acercándoos a él para que ministréis en el servicio del tabernáculo de Jehová, y estéis delante de la congregación para ministrarles,

---

* Aquí equivale a *sábado*.
b 15.27, 28 Lv 4.27-31. **c** 15.38 Dt 22.12.

10 y que te hizo acercar a ti, y a todos tus hermanos los hijos de Leví contigo? ¿Procuráis también el sacerdocio?

11 Por tanto, tú y todo tu séquito sois los que os juntáis contra Jehová; pues Aarón, ¿qué es, para que contra él murmuréis?

12 Y envió Moisés a llamar a Datán y Abiram, hijos de Eliab; mas ellos respondieron: No iremos allá.

13 ¿Es poco que nos hayas hecho venir de una tierra que destila leche y miel, para hacernos morir en el desierto, sino que también te enseñorees de nosotros imperiosamente?

14 Ni tampoco nos has metido tú en tierra que fluya leche y miel, ni nos has dado heredades de tierras y viñas. ¿Sacarás los ojos de estos hombres? No subiremos.

15 Entonces Moisés se enojó en gran manera, y dijo a Jehová: No mires a su ofrenda; ni aun un asno he tomado de ellos, ni a ninguno de ellos he hecho mal.

16 Después dijo Moisés a Coré: Tú y todo tu séquito, poneos mañana delante de Jehová; tú, y ellos, y Aarón;

17 y tomad cada uno su incensario y poned incienso en ellos, y acercaos delante de Jehová cada uno con su incensario, doscientos cincuenta incensarios; tú también, y Aarón, cada uno con su incensario.

18 Y tomó cada uno su incensario, y pusieron en ellos fuego, y echaron en ellos incienso, y se pusieron a la puerta del tabernáculo de reunión con Moisés y Aarón.

19 Ya Coré había hecho juntar contra ellos toda la congregación a la puerta del tabernáculo de reunión; entonces la gloria de Jehová apareció a toda la congregación.

20 Y Jehová habló a Moisés y a Aarón, diciendo:

21 Apartaos de entre esta congregación, y los consumiré en un momento.

22 Y ellos se postraron sobre sus rostros, y dijeron: Dios, Dios de los espíritus de toda carne, ¿no es un solo hombre el que pecó? ¿Por qué airarte contra toda la congregación?

23 Entonces Jehová habló a Moisés, diciendo:

24 Habla a la congregación y diles: Apartaos de en derredor de la tienda de Coré, Datán y Abiram.

25 Entonces Moisés se levantó y fue a Datán y a Abiram, y los ancianos de Israel fueron en pos de él.

26 Y él habló a la congregación, diciendo: Apartaos ahora de las tiendas de estos hombres impíos, y no toquéis ninguna cosa suya, para que no perezcáis en todos sus pecados.

27 Y se apartaron de las tiendas de Coré, de Datán y de Abiram en derredor; y Datán y Abiram salieron y se pusieron a las puertas de sus tiendas, con sus mujeres, sus hijos y sus pequeñuelos.

28 Y dijo Moisés: En esto conoceréis que Jehová me ha enviado para que hiciese todas estas cosas, y que no las hice de mi propia voluntad.

29 Si como mueren todos los hombres murieren éstos, o si ellos al ser visitados siguen la suerte de todos los hombres, Jehová no me envió.

30 Mas si Jehová hiciere algo nuevo, y la tierra abriere su boca y los tragare con todas sus cosas, y descendieren vivos al Seol, entonces conoceréis que estos hombres irritaron a Jehová.

31 Y aconteció que cuando cesó él de hablar todas estas palabras, se abrió la tierra que estaba debajo de ellos.

32 Abrió la tierra su boca, y los tragó a ellos, a sus casas, a todos los hombres de Coré, y a todos sus bienes.

33 Y ellos, con todo lo que tenían, descendieron vivos al Seol, y los cubrió la tierra, y perecieron de en medio de la congregación.

34 Y todo Israel, los que estaban en derredor de ellos, huyeron al grito de ellos; porque decían: No nos trague también la tierra.

35 También salió fuego de delante de Jehová, y consumió a los doscientos cincuenta hombres que ofrecían el incienso.

36 Entonces Jehová habló a Moisés, diciendo:

37 Di a Eleazar hijo del sacerdote Aarón, que tome los incensarios de en medio del incendio, y derrame más allá el fuego; porque son santificados

38 los incensarios de estos que pecaron contra sus almas; y harán de ellos planchas batidas para cubrir el altar; por cuanto ofrecieron con ellos delante de Jehová, son santificados, y serán como señal a los hijos de Israel.

39 Y el sacerdote Eleazar tomó los incensarios de bronce con que los quemados habían ofrecido; y los batieron para cubrir el altar,
40 en recuerdo para los hijos de Israel, de que ningún extraño que no sea de la descendencia de Aarón se acerque para ofrecer incienso delante de Jehová, para que no sea como Coré y como su séquito; según se lo dijo Jehová por medio de Moisés.
41 El día siguiente, toda la congregación de los hijos de Israel murmuró contra Moisés y Aarón, diciendo: Vosotros habéis dado muerte al pueblo de Jehová.
42 Y aconteció que cuando se juntó la congregación contra Moisés y Aarón, miraron hacia el tabernáculo de reunión, y he aquí la nube lo había cubierto, y apareció la gloria de Jehová.
43 Y vinieron Moisés y Aarón delante del tabernáculo de reunión.
44 Y Jehová habló a Moisés, diciendo:
45 Apartaos de en medio de esta congregación, y los consumiré en un momento. Y ellos se postraron sobre sus rostros.
46 Y dijo Moisés a Aarón: Toma el incensario, y pon en él fuego del altar, y sobre él pon incienso, y ve pronto a la congregación, y haz expiación por ellos, porque el furor ha salido de la presencia de Jehová; la mortandad ha comenzado.
47 Entonces tomó Aarón el incensario, como Moisés dijo, y corrió en medio de la congregación; y he aquí que la mortandad había comenzado en el pueblo; y él puso incienso, e hizo expiación por el pueblo,
48 y se puso entre los muertos y los vivos; y cesó la mortandad.
49 Y los que murieron en aquella mortandad fueron catorce mil setecientos, sin los muertos por la rebelión de Coré.
50 Después volvió Aarón a Moisés a la puerta del tabernáculo de reunión, cuando la mortandad había cesado.

La vara de Aarón florece

17 **1** Luego habló Jehová a Moisés, diciendo:
2 Habla a los hijos de Israel, y toma de ellos una vara por cada casa de los padres, de todos los príncipes de ellos, doce varas conforme a las casas de sus padres; y escribirás el nombre de cada uno sobre su vara.
3 Y escribirás el nombre de Aarón sobre la vara de Leví; porque cada jefe de familia de sus padres tendrá una vara.
4 Y las pondrás en el tabernáculo de reunión delante del testimonio, donde yo me manifestaré a vosotros.
5 Y florecerá la vara del varón que yo escoja, y haré cesar de delante de mí las quejas de los hijos de Israel con que murmuran contra vosotros.
6 Y Moisés habló a los hijos de Israel, y todos los príncipes de ellos le dieron varas; cada príncipe por las casas de sus padres una vara, en total doce varas; y la vara de Aarón estaba entre las varas de ellos.
7 Y Moisés puso las varas delante de Jehová en el tabernáculo del testimonio.
8 Y aconteció que el día siguiente vino Moisés al tabernáculo del testimonio; y he aquí que la vara de Aarón de la casa de Leví había reverdecido, y echado flores, y arrojado renuevos, y producido almendras.
9 Entonces sacó Moisés todas las varas de delante de Jehová a todos los hijos de Israel; y ellos lo vieron, y tomaron cada uno su vara.
10 Y Jehová dijo a Moisés: Vuelve la vara de Aarón delante del testimonio,[a] para que se guarde por señal a los hijos rebeldes; y harás cesar sus quejas de delante de mí, para que no mueran.
11 E hizo Moisés como le mandó Jehová, así lo hizo.
12 Entonces los hijos de Israel hablaron a Moisés, diciendo: He aquí nosotros somos muertos, perdidos somos, todos nosotros somos perdidos.
13 Cualquiera que se acercare, el que viniere al tabernáculo de Jehová, morirá. ¿Acabaremos por perecer todos?

Sostenimiento de sacerdotes y levitas

18 **1** Jehová dijo a Aarón: Tú y tus hijos, y la casa de tu padre contigo, llevaréis el pecado del santuario; y tú y tus hijos contigo llevaréis el pecado de vuestro sacerdocio.
2 Y a tus hermanos también, la tribu de Leví, la tribu de tu padre, haz que se acerquen a ti y se junten contigo, y te servirán;

---

a **17.8-10** Heb 9.4.

y tú y tus hijos contigo serviréis delante del tabernáculo del testimonio.

3 Y guardarán lo que tú ordenes, y el cargo de todo el tabernáculo; mas no se acercarán a los utensilios santos ni al altar, para que no mueran ellos y vosotros.

4 Se juntarán, pues, contigo, y tendrán el cargo del tabernáculo de reunión en todo el servicio del tabernáculo; ningún extraño se ha de acercar a vosotros.

5 Y tendréis el cuidado del santuario, y el cuidado del altar, para que no venga más la ira sobre los hijos de Israel.

6 Porque he aquí, yo he tomado a vuestros hermanos los levitas de entre los hijos de Israel, dados a vosotros en don de Jehová, para que sirvan en el ministerio del tabernáculo de reunión.

7 Mas tú y tus hijos contigo guardaréis vuestro sacerdocio en todo lo relacionado con el altar, y del velo adentro, y ministraréis. Yo os he dado en don el servicio de vuestro sacerdocio; y el extraño que se acercare, morirá.

8 Dijo más Jehová a Aarón: He aquí yo te he dado también el cuidado de mis ofrendas; todas las cosas consagradas de los hijos de Israel te he dado por razón de la unción, y a tus hijos, por estatuto perpetuo.

9 Esto será tuyo de la ofrenda de las cosas santas, reservadas del fuego; toda ofrenda de ellos, todo presente suyo, y toda expiación por el pecado de ellos, y toda expiación por la culpa de ellos, que me han de presentar, será cosa muy santa para ti y para tus hijos.

10 En el santuario la comerás; todo varón comerá de ella; cosa santa será para ti.

11 Esto también será tuyo: la ofrenda elevada de sus dones, y todas las ofrendas mecidas de los hijos de Israel, he dado a ti y a tus hijos y a tus hijas contigo, por estatuto perpetuo; todo limpio en tu casa comerá de ellas.

12 De aceite, de mosto y de trigo, todo lo más escogido, las primicias de ello, que presentarán a Jehová, para ti las he dado.

13 Las primicias de todas las cosas de la tierra de ellos, las cuales traerán a Jehová, serán tuyas; todo limpio en tu casa comerá de ellas.

14 Todo lo consagrado por voto[a] en Israel será tuyo.

15 Todo lo que abre matriz, de toda carne que ofrecerán a Jehová, así de hombres como de animales, será tuyo; pero harás que se redima el primogénito del hombre; también harás redimir el primogénito de animal inmundo.

16 De un mes harás efectuar el rescate de ellos, conforme a tu estimación, por el precio de cinco siclos, conforme al siclo del santuario, que es de veinte geras.

17 Mas el primogénito de vaca, el primogénito de oveja y el primogénito de cabra, no redimirás; santificados son; la sangre de ellos rociarás sobre el altar, y quemarás la grosura de ellos, ofrenda encendida en olor grato a Jehová.

18 Y la carne de ellos será tuya; como el pecho de la ofrenda mecida y como la espaldilla derecha, será tuya.

19 Todas las ofrendas elevadas de las cosas santas, que los hijos de Israel ofrecieren a Jehová, las he dado para ti, y para tus hijos y para tus hijas contigo, por estatuto perpetuo; pacto de sal perpetuo es delante de Jehová para ti y para tu descendencia contigo.

20 Y Jehová dijo a Aarón: De la tierra de ellos no tendrás heredad, ni entre ellos tendrás parte. Yo soy tu parte y tu heredad en medio de los hijos de Israel.

21 Y he aquí yo he dado a los hijos de Leví todos los diezmos[b] en Israel por heredad, por su ministerio, por cuanto ellos sirven en el ministerio del tabernáculo de reunión.

22 Y no se acercarán más los hijos de Israel al tabernáculo de reunión, para que no lleven pecado por el cual mueran.

23 Mas los levitas harán el servicio del tabernáculo de reunión, y ellos llevarán su iniquidad; estatuto perpetuo para vuestros descendientes; y no poseerán heredad entre los hijos de Israel.

24 Porque a los levitas he dado por heredad los diezmos de los hijos de Israel, que ofrecerán a Jehová en ofrenda; por lo cual les he dicho: Entre los hijos de Israel no poseerán heredad.

25 Y habló Jehová a Moisés, diciendo:

26 Así hablarás a los levitas, y les dirás: Cuando toméis de los hijos de Israel los

---

a **18.14** Lv 27.28.   b **18.21** Lv 27.30-33; Dt 14.22-29.

diezmos que os he dado de ellos por vuestra heredad, vosotros presentaréis de ellos en ofrenda mecida a Jehová el diezmo de los diezmos.

27 Y se os contará vuestra ofrenda como grano de la era, y como producto del lagar.

28 Así ofreceréis también vosotros ofrenda a Jehová de todos vuestros diezmos que recibáis de los hijos de Israel; y daréis de ellos la ofrenda de Jehová al sacerdote Aarón.

29 De todos vuestros dones ofreceréis toda ofrenda a Jehová; de todo lo mejor de ellos ofreceréis la porción que ha de ser consagrada.

30 Y les dirás: Cuando ofreciereis lo mejor de ellos, será contado a los levitas como producto de la era, y como producto del lagar.

31 Y lo comeréis en cualquier lugar, vosotros y vuestras familias; pues es vuestra remuneración por vuestro ministerio en el tabernáculo de reunión.

32 Y no llevaréis pecado por ello, cuando hubiereis ofrecido la mejor parte de él; y no contaminaréis las cosas santas de los hijos de Israel, y no moriréis.

La purificación de los inmundos

19 **1** Jehová habló a Moisés y a Aarón, diciendo:

2 Ésta es la ordenanza de la ley que Jehová ha prescrito, diciendo: Di a los hijos de Israel que te traigan una vaca alazana, perfecta, en la cual no haya falta, sobre la cual no se haya puesto yugo;

3 y la daréis a Eleazar el sacerdote, y él la sacará fuera del campamento, y la hará degollar en su presencia.

4 Y Eleazar el sacerdote tomará de la sangre con su dedo, y rociará hacia la parte delantera del tabernáculo de reunión con la sangre de ella siete veces;

5 y hará quemar la vaca ante sus ojos; su cuero y su carne y su sangre, con su estiércol, hará quemar.

6 Luego tomará el sacerdote madera de cedro, e hisopo, y escarlata, y lo echará en medio del fuego en que arde la vaca.

7 El sacerdote lavará luego sus vestidos, lavará también su cuerpo con agua, y después entrará en el campamento; y será inmundo el sacerdote hasta la noche.

8 Asimismo el que la quemó lavará sus vestidos en agua, también lavará en agua su cuerpo, y será inmundo hasta la noche.

9 Y un hombre limpio recogerá las cenizas de la vaca y las pondrá fuera del campamento en lugar limpio, y las guardará la congregación de los hijos de Israel para el agua de purificación; es una expiación.[a]

10 Y el que recogió las cenizas de la vaca lavará sus vestidos, y será inmundo hasta la noche; y será estatuto perpetuo para los hijos de Israel, y para el extranjero que mora entre ellos.

11 El que tocare cadáver de cualquier persona será inmundo siete días.

12 Al tercer día se purificará con aquella agua, y al séptimo día será limpio; y si al tercer día no se purificare, no será limpio al séptimo día.

13 Todo aquel que tocare cadáver de cualquier persona, y no se purificare, el tabernáculo de Jehová contaminó, y aquella persona será cortada de Israel; por cuanto el agua de la purificación no fue rociada sobre él, inmundo será, y su inmundicia será sobre él.

14 Ésta es la ley para cuando alguno muera en la tienda: cualquiera que entre en la tienda, y todo el que esté en ella, será inmundo siete días.

15 Y toda vasija abierta, cuya tapa no esté bien ajustada, será inmunda;

16 y cualquiera que tocare algún muerto a espada sobre la faz del campo, o algún cadáver, o hueso humano, o sepulcro, siete días será inmundo.

17 Y para el inmundo tomarán de la ceniza de la vaca quemada de la expiación, y echarán sobre ella agua corriente en un recipiente;

18 y un hombre limpio tomará hisopo, y lo mojará en el agua, y rociará sobre la tienda, sobre todos los muebles, sobre las personas que allí estuvieren, y sobre aquel que hubiere tocado el hueso, o el asesinado, o el muerto, o el sepulcro.

19 Y el limpio rociará sobre el inmundo al tercero y al séptimo día; y cuando lo haya purificado al día séptimo, él lavará luego sus vestidos, y a sí mismo se lavará con agua, y será limpio a la noche.

20 Y el que fuere inmundo, y no se purificare, la tal persona será cortada de entre la

---

congregación, por cuanto contaminó el tabernáculo de Jehová; no fue rociada sobre él el agua de la purificación; es inmundo.

²¹ Les será estatuto perpetuo; también el que rociare el agua de la purificación lavará sus vestidos; y el que tocare el agua de la purificación será inmundo hasta la noche.

²² Y todo lo que el inmundo tocare, será inmundo; y la persona que lo tocare será inmunda hasta la noche.

Agua de la roca

20 ¹ Llegaron los hijos de Israel, toda la congregación, al desierto de Zin, en el mes primero, y acampó el pueblo en Cades; y allí murió María, y allí fue sepultada.

² Y porque no había agua para la congregación, se juntaron contra Moisés y Aarón.

³ Y habló el pueblo contra Moisés, diciendo: ¡Ojalá hubiéramos muerto cuando perecieron nuestros hermanos delante de Jehová!

⁴ ¿Por qué hiciste venir la congregación de Jehová a este desierto, para que muramos aquí nosotros y nuestras bestias?

⁵ ¿Y por qué nos has hecho subir de Egipto, para traernos a este mal lugar? No es lugar de sementera, de higueras, de viñas ni de granadas; ni aun de agua para beber.

⁶ Y se fueron Moisés y Aarón de delante de la congregación a la puerta del tabernáculo de reunión, y se postraron sobre sus rostros; y la gloria de Jehová apareció sobre ellos.

⁷ Y habló Jehová a Moisés, diciendo:

⁸ Toma la vara, y reúne la congregación, tú y Aarón tu hermano, y hablad a la peña a vista de ellos; y ella dará su agua, y les sacarás aguas de la peña, y darás de beber a la congregación y a sus bestias.

⁹ Entonces Moisés tomó la vara de delante de Jehová, como él le mandó.

¹⁰ Y reunieron Moisés y Aarón a la congregación delante de la peña, y les dijo: ¡Oíd ahora, rebeldes! ¿Os hemos de hacer salir aguas de esta peña?

¹¹ Entonces alzó Moisés su mano y golpeó la peña con su vara dos veces; y salieron muchas aguas, y bebió la congregación, y sus bestias.

¹² Y Jehová dijo a Moisés y a Aarón: Por cuanto no creísteis en mí, para santificarme delante de los hijos de Israel, por tanto, no meteréis esta congregación en la tierra que les he dado.

¹³ Éstas son las aguas de la rencilla,⁵ por las cuales contendieron los hijos de Israel con Jehová, y él se santificó en ellos.ᵃ

Edom rehúsa dar paso a Israel

¹⁴ Envió Moisés embajadores al rey de Edom desde Cades, diciendo: Así dice Israel tu hermano: Tú has sabido todo el trabajo que nos ha venido;

¹⁵ cómo nuestros padres descendieron a Egipto, y estuvimos en Egipto largo tiempo, y los egipcios nos maltrataron, y a nuestros padres;

¹⁶ y clamamos a Jehová, el cual oyó nuestra voz, y envió un ángel, y nos sacó de Egipto; y he aquí estamos en Cades, ciudad cercana a tus fronteras.

¹⁷ Te rogamos que pasemos por tu tierra. No pasaremos por labranza, ni por viña, ni beberemos agua de pozos; por el camino real iremos, sin apartarnos a diestra ni a siniestra, hasta que hayamos pasado tu territorio.

¹⁸ Edom le respondió: No pasarás por mi país; de otra manera, saldré contra ti armado.

¹⁹ Y los hijos de Israel dijeron: Por el camino principal iremos; y si bebiéremos tus aguas yo y mis ganados, daré el precio de ellas; déjame solamente pasar a pie, nada más.

²⁰ Pero él respondió: No pasarás. Y salió Edom contra él con mucho pueblo, y mano fuerte.

²¹ No quiso, pues, Edom dejar pasar a Israel por su territorio, y se desvió Israel de él.

Aarón muere en el Monte Hor

²² Y partiendo de Cades los hijos de Israel, toda aquella congregación, vinieron al monte de Hor.

²³ Y Jehová habló a Moisés y a Aarón en el monte de Hor, en la frontera de la tierra de Edom, diciendo:

---

5. **20.13** Heb. *Meriba.*
ᵃ **20.2-13** Éx 17.1-7.

²⁴ Aarón será reunido a su pueblo, pues no entrará en la tierra que yo di a los hijos de Israel, por cuanto fuisteis rebeldes a mi mandamiento en las aguas de la rencilla.

²⁵ Toma a Aarón y a Eleazar su hijo, y hazlos subir al monte de Hor,

²⁶ y desnuda a Aarón de sus vestiduras, y viste con ellas a Eleazar su hijo; porque Aarón será reunido a su pueblo, y allí morirá.

²⁷ Y Moisés hizo como Jehová le mandó; y subieron al monte de Hor a la vista de toda la congregación.

²⁸ Y Moisés desnudó a Aarón de sus vestiduras, y se las vistió a Eleazar su hijo; y Aarón murió allí en la cumbre del monte,^b y Moisés y Eleazar descendieron del monte.

²⁹ Y viendo toda la congregación que Aarón había muerto, le hicieron duelo por treinta días todas la familias de Israel.

El rey de Arad ataca a Israel

21 ¹ Cuando el cananeo, el rey de Arad, que habitaba en el Neguev, oyó que venía Israel^a por el camino de Atarim, peleó contra Israel, y tomó de él prisioneros.

² Entonces Israel hizo voto a Jehová, y dijo: Si en efecto entregares este pueblo en mi mano, yo destruiré sus ciudades.

³ Y Jehová escuchó la voz de Israel, y entregó al cananeo, y los destruyó a ellos y a sus ciudades; y llamó el nombre de aquel lugar Horma.⁶

La serpiente de bronce

⁴ Después partieron del monte de Hor, camino del Mar Rojo, para rodear la tierra de Edom;^b y se desanimó el pueblo por el camino.

⁵ Y habló el pueblo contra Dios y contra Moisés: ¿Por qué nos hiciste subir de Egipto para que muramos en este desierto? Pues no hay pan ni agua, y nuestra alma tiene fastidio de este pan tan liviano.

⁶ Y Jehová envió entre el pueblo serpientes ardientes, que mordían al pueblo; y murió mucho pueblo de Israel.

⁷ Entonces el pueblo vino a Moisés y dijo: Hemos pecado por haber hablado contra Jehová, y contra ti; ruega a Jehová que quite de nosotros estas serpientes. Y Moisés oró por el pueblo.

⁸ Y Jehová dijo a Moisés: Hazte una serpiente ardiente, y ponla sobre un asta; y cualquiera que fuere mordido y mirare a ella, vivirá.

⁹ Y Moisés hizo una serpiente de bronce, y la puso sobre un asta;^c y cuando alguna serpiente mordía a alguno, miraba a la serpiente de bronce, y vivía.

Los israelitas rodean la tierra de Moab

¹⁰ Después partieron los hijos de Israel y acamparon en Obot.

¹¹ Y partiendo de Obot, acamparon en Ije-abarim, en el desierto que está enfrente de Moab, al nacimiento del sol.

¹² Partieron de allí, y acamparon en el valle de Zered.

¹³ De allí partieron, y acamparon al otro lado de Arnón, que está en el desierto, y que sale del territorio del amorreo; porque Arnón es límite de Moab, entre Moab y el amorreo.

¹⁴ Por tanto se dice en el libro de las batallas de Jehová:

Lo que hizo en el Mar Rojo,
Y en los arroyos de Arnón;
¹⁵ Y a la corriente de los arroyos
Que va a parar en Ar,
Y descansa en el límite de Moab.

¹⁶ De allí vinieron a Beer:⁷ éste es el pozo del cual Jehová dijo a Moisés: Reúne al pueblo, y les daré agua.

¹⁷ Entonces, cantó Israel este cántico:

Sube, oh pozo; a él cantad;
¹⁸ Pozo, el cual cavaron los señores.
Lo cavaron los príncipes del pueblo,
Y el legislador, con sus báculos.

Del desierto vinieron a Matana,
¹⁹ y de Matana a Nahaliel, y de Nahaliel a Bamot;
²⁰ y de Bamot al valle que está en los campos de Moab, y a la cumbre de Pisga, que mira hacia el desierto.

Israel derrota a Sehón
(Dt 2.26-37)

²¹ Entonces envió Israel embajadores a Sehón rey de los amorreos, diciendo:

²² Pasaré por tu tierra; no nos iremos por los sembrados, ni por las viñas; no

---

6. **21.3** Esto es, *Destrucción.*   *7.* **21.16** Esto es, *Pozo.*
b 20.28 Nm 33.38; Dt 10.6.   **a 21.1** Nm 33.40.
b 21.4 Dt 2.1.   **c 21.9** Jn 3.14.

beberemos las aguas de los pozos; por el camino real iremos, hasta que pasemos tu territorio.

23 Mas Sehón no dejó pasar a Israel por su territorio, sino que juntó Sehón todo su pueblo y salió contra Israel en el desierto, y vino a Jahaza y peleó contra Israel.

24 Y lo hirió Israel a filo de espada, y tomó su tierra desde Arnón hasta Jaboc, hasta los hijos de Amón; porque la frontera de los hijos de Amón era fuerte.

25 Y tomó Israel todas estas ciudades, y habitó Israel en todas las ciudades del amorreo, en Hesbón y en todas sus aldeas.

26 Porque Hesbón era la ciudad de Sehón rey de los amorreos, el cual había tenido guerra antes con el rey de Moab, y tomado de su poder toda su tierra hasta Arnón.

27 Por tanto dicen los proverbistas:
Venid a Hesbón,
Edifíquese y repárese la ciudad de
    Sehón.
28 Porque fuego salió de Hesbón,
Y llama de la ciudad de Sehón,
Y consumió a Ar de Moab,
A los señores de las alturas de Arnón.
29 ¡Ay de ti, Moab!
Pereciste, pueblo de Quemos.
Fueron puestos sus hijos en huida,
Y sus hijas en cautividad,
Por Sehón rey de los amorreos.
30 Mas devastamos el reino de ellos;
Pereció Hesbón hasta Dibón,
Y destruimos hasta Nofa y Medeba.

Israel derrota a Og de Basán
(Dt 3.1-11)

31 Así habitó Israel en la tierra del amorreo.

32 También envió Moisés a reconocer a Jazer; y tomaron sus aldeas, y echaron al amorreo que estaba allí.

33 Y volvieron, y subieron camino de Basán; y salió contra ellos Og rey de Basán, él y todo su pueblo, para pelear en Edrei.

34 Entonces Jehová dijo a Moisés: No le tengas miedo, porque en tu mano lo he entregado, a él y a todo su pueblo, y a su tierra; y harás de él como hiciste de Sehón rey de los amorreos, que habitaba en Hesbón.

35 E hirieron a él y a sus hijos, y a toda su gente, sin que le quedara uno, y se apoderaron de su tierra.

Balac manda llamar a Balaam

22 1 Partieron los hijos de Israel, y acamparon en los campos de Moab junto al Jordán, frente a Jericó.

2 Y vio Balac hijo de Zipor todo lo que Israel había hecho al amorreo.

3 Y Moab tuvo gran temor a causa del pueblo, porque era mucho; y se angustió Moab a causa de los hijos de Israel.

4 Y dijo Moab a los ancianos de Madián: Ahora lamerá esta gente todos nuestros contornos, como lame el buey la grama del campo. Y Balac hijo de Zipor era entonces rey de Moab.

5 Por tanto, envió mensajeros a Balaam hijo de Beor, en Petor, que está junto al río en la tierra de los hijos de su pueblo, para que lo llamasen, diciendo: Un pueblo ha salido de Egipto, y he aquí cubre la faz de la tierra, y habita delante de mí.

6 Ven pues, ahora, te ruego, maldíceme este pueblo, porque es más fuerte que yo; quizá yo pueda herirlo y echarlo de la tierra; pues yo sé que el que tú bendigas será bendito, y el que tú maldigas será maldito.

7 Fueron los ancianos de Moab y los ancianos de Madián con las dádivas de adivinación en su mano, y llegaron a Balaam y le dijeron las palabras de Balac.

8 Él les dijo: Reposad aquí esta noche, y yo os daré respuesta según Jehová me hablare. Así los príncipes de Moab se quedaron con Balaam.

9 Y vino Dios a Balaam, y le dijo: ¿Qué varones son estos que están contigo?

10 Y Balaam respondió a Dios: Balac hijo de Zipor, rey de Moab, ha enviado a decirme:

11 He aquí, este pueblo que ha salido de Egipto cubre la faz de la tierra; ven pues, ahora, y maldícemelo; quizá podré pelear contra él y echarlo.

12 Entonces dijo Dios a Balaam: No vayas con ellos, ni maldigas al pueblo, porque bendito es.

13 Así Balaam se levantó por la mañana y dijo a los príncipes de Balac: Volveos a vuestra tierra, porque Jehová no me quiere dejar ir con vosotros.

14 Y los príncipes de Moab se levantaron, y vinieron a Balac y dijeron: Balaam no quiso venir con nosotros.

15 Volvió Balac a enviar otra vez más príncipes, y más honorables que los otros;

16 los cuales vinieron a Balaam, y le dijeron: Así dice Balac, hijo de Zipor: Te ruego que no dejes de venir a mí;

17 porque sin duda te honraré mucho, y haré todo lo que me digas; ven, pues, ahora, maldíceme a este pueblo.

18 Y Balaam respondió y dijo a los siervos de Balac: Aunque Balac me diese su casa llena de plata y oro, no puedo traspasar la palabra de Jehová mi Dios para hacer cosa chica ni grande.

19 Os ruego, por tanto, ahora, que reposéis aquí esta noche, para que yo sepa qué me vuelve a decir Jehová.

20 Y vino Dios a Balaam de noche, y le dijo: Si vinieron para llamarte estos hombres, levántate y vete con ellos; pero harás lo que yo te diga.

El ángel y el asna de Balaam

21 Así Balaam se levantó por la mañana, y enalbardó su asna y fue con los príncipes de Moab.

22 Y la ira de Dios se encendió porque él iba; y el ángel de Jehová se puso en el camino por adversario suyo. Iba, pues, él montado sobre su asna, y con él dos criados suyos.

23 Y el asna vio al ángel de Jehová, que estaba en el camino con su espada desnuda en su mano; y se apartó el asna del camino, e iba por el campo. Entonces azotó Balaam al asna para hacerla volver al camino.

24 Pero el ángel de Jehová se puso en una senda de viñas que tenía pared a un lado y pared al otro.

25 Y viendo el asna al ángel de Jehová, se pegó a la pared, y apretó contra la pared el pie de Balaam; y él volvió a azotarla.

26 Y el ángel de Jehová pasó más allá, y se puso en una angostura donde no había camino para apartarse ni a derecha ni a izquierda.

27 Y viendo el asna al ángel de Jehová, se echó debajo de Balaam; y Balaam se enojó y azotó al asna con un palo.

28 Entonces Jehová abrió la boca al asna, la cual dijo a Balaam: ¿Qué te he hecho, que me has azotado estas tres veces?

29 Y Balaam respondió al asna: Porque te has burlado de mí. ¡Ojalá tuviera espada en mi mano, que ahora te mataría!

30 Y el asna dijo a Balaam: ¿No soy yo tu asna? Sobre mí has cabalgado desde que tú me tienes hasta este día; ¿he acostumbrado hacerlo así contigo? Y él respondió: No.

31 Entonces Jehová abrió los ojos de Balaam, y vio al ángel de Jehová que estaba en el camino, y tenía su espada desnuda en su mano. Y Balaam hizo reverencia, y se inclinó sobre su rostro.

32 Y el ángel de Jehová le dijo: ¿Por qué has azotado tu asna estas tres veces? He aquí yo he salido para resistirte, porque tu camino es perverso delante de mí.

33 El asna me ha visto, y se ha apartado luego de delante de mí estas tres veces; y si de mí no se hubiera apartado, yo también ahora te mataría a ti, y a ella dejaría viva.

34 Entonces Balaam dijo al ángel de Jehová: He pecado, porque no sabía que tú te ponías delante de mí en el camino; mas ahora, si te parece mal, yo me volveré.

35 Y el ángel de Jehová dijo a Balaam: Ve con esos hombres; pero la palabra que yo te diga, ésa hablarás. Así Balaam fue con los príncipes de Balac.

36 Oyendo Balac que Balaam venía, salió a recibirlo a la ciudad de Moab, que está junto al límite de Arnón, que está al extremo de su territorio.

37 Y Balac dijo a Balaam: ¿No envié yo a llamarte? ¿Por qué no has venido a mí? ¿No puedo yo honrarte?

38 Balaam respondió a Balac: He aquí yo he venido a ti; mas ¿podré ahora hablar alguna cosa? La palabra que Dios pusiere en mi boca, ésa hablaré.

39 Y fue Balaam con Balac, y vinieron a Quiriat-huzot.

40 Y Balac hizo matar bueyes y ovejas, y envió a Balaam, y a los príncipes que estaban con él.

Balaam bendice a Israel

41 El día siguiente, Balac tomó a Balaam y lo hizo subir a Bamot-baal, y desde allí vio a los más cercanos del pueblo.

23 **1** Y Balaam dijo a Balac: Edifícame aquí siete altares, y prepárame aquí siete becerros y siete carneros.

2 Balac hizo como le dijo Balaam; y ofrecieron Balac y Balaam un becerro y un carnero en cada altar.

3 Y Balaam dijo a Balac: Ponte junto a tu holocausto, y yo iré; quizá Jehová me vendrá al encuentro, y cualquiera cosa que me mostrare, te avisaré. Y se fue a un monte descubierto.

4 Y vino Dios al encuentro de Balaam, y éste le dijo: Siete altares he ordenado, y en cada altar he ofrecido un becerro y un carnero.

5 Y Jehová puso palabra en la boca de Balaam, y le dijo: Vuelve a Balac, y di-le así.

6 Y volvió a él, y he aquí estaba él junto a su holocausto, él y todos los príncipes de Moab.

7 Y él tomó su parábola, y dijo:
De Aram me trajo Balac,
Rey de Moab, de los montes del
    oriente;
Ven, maldíceme a Jacob,
Y ven, execra a Israel.
8 ¿Por qué maldeciré yo al que Dios no
    maldijo?
¿Y por qué he de execrar al que
    Jehová no ha execrado?
9 Porque de la cumbre de las peñas lo
    veré,
Y desde los collados lo miraré;
He aquí un pueblo que habitará
    confiado,*
Y no será contado entre las naciones.
10 ¿Quién contará el polvo de Jacob,
O el número de la cuarta parte de
    Israel?
Muera yo la muerte de los rectos,
Y mi postrimería sea como la suya.

11 Entonces Balac dijo a Balaam: ¿Qué me has hecho? Te he traído para que maldigas a mis enemigos, y he aquí has proferido bendiciones.

12 Él respondió y dijo: ¿No cuidaré de decir lo que Jehová ponga en mi boca?

13 Y dijo Balac: Te ruego que vengas conmigo a otro lugar desde el cual los veas; solamente los más cercanos verás, y no los verás todos; y desde allí me los maldecirás.

14 Y lo llevó al campo de Zofim, a la cumbre de Pisga, y edificó siete altares, y ofreció un becerro y un carnero en cada altar.

15 Entonces él dijo a Balac: Ponte aquí junto a tu holocausto, y yo iré a encontrar a Dios allí.

16 Y Jehová salió al encuentro de Balaam, y puso palabra en su boca, y le dijo: Vuelve a Balac, y dile así.

17 Y vino a él, y he aquí que él estaba junto a su holocausto, y con él los príncipes de Moab; y le dijo Balac: ¿Qué ha dicho Jehová?

18 Entonces él tomó su parábola, y dijo:
Balac, levántate y oye;
Escucha mis palabras, hijo de Zipor:
19 Dios no es hombre, para que mienta,
Ni hijo de hombre para que se
    arrepienta.
Él dijo, ¿y no hará?
Habló, ¿y no lo ejecutará?
20 He aquí, he recibido orden de
    bendecir;
Él dio bendición, y no podré
    revocarla.
21 No ha notado iniquidad en Jacob,
Ni ha visto perversidad en Israel.
Jehová su Dios está con él,
Y júbilo de rey en él.
22 Dios los ha sacado de Egipto;
Tiene fuerzas como de búfalo.
23 Porque contra Jacob no hay agüero,
Ni adivinación contra Israel.
Como ahora, será dicho de Jacob y de
    Israel:
¡Lo que ha hecho Dios!
24 He aquí el pueblo que como león se
    levantará,
Y como león se erguirá;
No se echará hasta que devore la
    presa,
Y beba la sangre de los muertos.

25 Entonces Balac dijo a Balaam: Ya que no lo maldices, tampoco lo bendigas.

26 Balaam respondió y dijo a Balac: ¿No te he dicho que todo lo que Jehová me diga, eso tengo que hacer?

27 Y dijo Balac a Balaam: Te ruego que vengas, te llevaré a otro lugar; por ventura parecerá bien a Dios que desde allí me lo maldigas.

28 Y Balac llevó a Balaam a la cumbre de Peor, que mira hacia el desierto.*

29 Entonces Balaam dijo a Balac: Edifícame aquí siete altares, y prepárame aquí siete becerros y siete carneros.

30 Y Balac hizo como Balaam le dijo; y ofreció un becerro y un carnero en cada altar.

---

8. **23.9** O, *solo.*   9. **23.28** O, *Jesimón.*

24 ¹ Cuando vio Balaam que parecía bien a Jehová que él bendijese a Israel, no fue, como la primera y segunda vez, en busca de agüero, sino que puso su rostro hacia el desierto;

² y alzando sus ojos, vio a Israel alojado por sus tribus; y el Espíritu de Dios vino sobre él.

³ Entonces tomó su parábola, y dijo:
Dijo Balaam hijo de Beor,
Y dijo el varón de ojos abiertos;

⁴ Dijo el que oyó los dichos de Dios,
El que vio la visión del Omnipotente;
Caído, pero abiertos los ojos:

⁵ ¡Cuán hermosas son tus tiendas, oh Jacob,
Tus habitaciones, oh Israel!

⁶ Como arroyos están extendidas,
Como huertos junto al río,
Como áloes plantados por Jehová,
Como cedros junto a las aguas.

⁷ De sus manos destilarán aguas,
Y su descendencia será en muchas aguas;
Enaltecerá su rey más que Agag,
Y su reino será engrandecido.

⁸ Dios lo sacó de Egipto;
Tiene fuerzas como de búfalo.
Devorará a las naciones enemigas,
Desmenuzará sus huesos,
Y las traspasará con sus saetas.

⁹ Se encorvará para echarse como león,
Y como leona; ¿quién lo despertará?ᵃ
Benditos los que te bendijeren,
Y malditos los que te maldijeren.ᵇ

Profecía de Balaam

¹⁰ Entonces se encendió la ira de Balac contra Balaam, y batiendo sus manos le dijo: Para maldecir a mis enemigos te he llamado, y he aquí los has bendecido ya tres veces.

¹¹ Ahora huye a tu lugar; yo dije que te honraría, mas he aquí que Jehová te ha privado de honra.

¹² Y Balaam le respondió: ¿No lo declaré yo también a tus mensajeros que me enviaste, diciendo:

¹³ Si Balac me diese su casa llena de plata y oro, yo no podré traspasar el dicho de Jehová para hacer cosa buena ni mala de mi arbitrio, mas lo que hable Jehová, eso diré yo?

¹⁴ He aquí, yo me voy ahora a mi pueblo; por tanto, ven, te indicaré lo que este pueblo ha de hacer a tu pueblo en los postreros días.

¹⁵ Y tomó su parábola, y dijo:
Dijo Balaam hijo de Beor,
Dijo el varón de ojos abiertos;

¹⁶ Dijo el que oyó los dichos de Jehová,
Y el que sabe la ciencia del Altísimo,
El que vio la visión del Omnipotente;
Caído, pero abiertos los ojos:

¹⁷ Lo veré, mas no ahora;
Lo miraré, mas no de cerca;
Saldrá ESTRELLA de Jacob,
Y se levantará cetro de Israel,
Y herirá las sienes de Moab,
Y destruirá a todos los hijos de Set.

¹⁸ Será tomada Edom,
Será también tomada Seir por sus enemigos,
E Israel se portará varonilmente.

¹⁹ De Jacob saldrá el dominador,
Y destruirá lo que quedare de la ciudad.

²⁰ Y viendo a Amalec, tomó su parábola y dijo:
Amalec, cabeza de naciones;
Mas al fin perecerá para siempre.

²¹ Y viendo al ceneo, tomó su parábola y dijo:
Fuerte es tu habitación;
Pon en la peña tu nido;

²² Porque el ceneo será echado,
Cuando Asiria te llevará cautivo.

²³ Tomó su parábola otra vez, y dijo:
¡Ay! ¿quién vivirá cuando hiciere Dios estas cosas?

²⁴ Vendrán naves de la costa de Quitim,
Y afligirán a Asiria, afligirán también a Heber;
Mas él también perecerá para siempre.

²⁵ Entonces se levantó Balaam y se fue, y volvió a su lugar; y también Balac se fue por su camino.

Israel acude a Baal-peor

25 ¹ Moraba Israel en Sitim; y el pueblo empezó a fornicar con las hijas de Moab,

---

ᵃ **24.9** Gn 49.9.   ᵇ **24.9** Gn 12.3.

2 las cuales invitaban al pueblo a los sacrificios de sus dioses; y el pueblo comió, y se inclinó a sus dioses.

3 Así acudió el pueblo a Baal-peor; y el furor de Jehová se encendió contra Israel.

4 Y Jehová dijo a Moisés: Toma a todos los príncipes del pueblo, y ahórcalos ante Jehová delante del sol, y el ardor de la ira de Jehová se apartará de Israel.

5 Entonces Moisés dijo a los jueces de Israel: Matad cada uno a aquellos de los vuestros que se han juntado con Baal-peor.

6 Y he aquí un varón de los hijos de Israel vino y trajo una madianita a sus hermanos, a ojos de Moisés y de toda la congregación de los hijos de Israel, mientras lloraban ellos a la puerta del tabernáculo de reunión.

7 Y lo vio Finees hijo de Eleazar, hijo del sacerdote Aarón, y se levantó de en medio de la congregación, y tomó una lanza en su mano;

8 y fue tras el varón de Israel a la tienda, y los alanceó a ambos, al varón de Israel, y a la mujer por su vientre. Y cesó la mortandad de los hijos de Israel.

9 Y murieron de aquella mortandad veinticuatro mil.

10 Entonces Jehová habló a Moisés, diciendo:

11 Finees hijo de Eleazar, hijo del sacerdote Aarón, ha hecho apartar mi furor de los hijos de Israel, llevado de celo entre ellos; por lo cual yo no he consumido en mi celo a los hijos de Israel.

12 Por tanto diles: He aquí yo establezco mi pacto de paz con él;

13 y tendrá él, y su descendencia después de él, el pacto del sacerdocio perpetuo, por cuanto tuvo celo por su Dios e hizo expiación por los hijos de Israel.

14 Y el nombre del varón que fue muerto con la madianita era Zimri hijo de Salu, jefe de una familia de la tribu de Simeón.

15 Y el nombre de la mujer madianita muerta era Cozbi hija de Zur, príncipe de pueblos, padre de familia en Madián.

16 Y Jehová habló a Moisés, diciendo:

17 Hostigad a los madianitas, y heridlos,

18 por cuanto ellos os afligieron a vosotros con sus ardides con que os han engañado en lo tocante a Baal-peor, y en lo tocante a Cozbi hija del príncipe de Madián, su

hermana, la cual fue muerta el día de la mortandad por causa de Baal-peor.

Censo del pueblo en Moab

26 1 Aconteció después de la mortandad, que Jehová habló a Moisés y a Eleazar hijo del sacerdote Aarón, diciendo:

2 Tomad el censo[a] de toda la congregación de los hijos de Israel, de veinte años arriba, por las casas de sus padres, todos los que pueden salir a la guerra en Israel.

3 Y Moisés y el sacerdote Eleazar hablaron con ellos en los campos de Moab, junto al Jordán frente a Jericó, diciendo:

4 Contaréis el pueblo de veinte años arriba, como mandó Jehová a Moisés y a los hijos de Israel que habían salido de tierra de Egipto.

5 Rubén, primogénito de Israel; los hijos de Rubén: de Enoc, la familia de los enoquitas; de Falú, la familia de los faluitas;

6 de Hezrón, la familia de los hezronitas; de Carmi, la familia de los carmitas.

7 Éstas son las familias de los rubenitas; y fueron contados de ellas cuarenta y tres mil setecientos treinta.

8 Los hijos de Falú: Eliab.

9 Y los hijos de Eliab: Nemuel, Datán y Abiram. Estos Datán y Abiram fueron los del consejo de la congregación, que se rebelaron contra Moisés y Aarón con el grupo de Coré, cuando se rebelaron contra Jehová;

10 y la tierra abrió su boca y los tragó a ellos y a Coré, cuando aquel grupo murió, cuando consumió el fuego a doscientos cincuenta varones, para servir de escarmiento.

11 Mas los hijos de Coré no murieron.

12 Los hijos de Simeón por sus familias: de Nemuel, la familia de los nemuelitas; de Jamín, la familia de los jaminitas; de Jaquín, la familia de los jaquinitas;

13 de Zera, la familia de los zeraítas; de Saúl, la familia de los saulitas.

14 Éstas son las familias de los simeonitas, veintidós mil doscientos.

15 Los hijos de Gad por sus familias: de Zefón, la familia de los zefonitas; de Hagui, la familia de los haguitas; de Suni, la familia de los sunitas;

---

a **26.1-51** Nm 1.1-46.

16 de Ozni, la familia de los oznitas; de Eri, la familia de los eritas;

17 de Arod, la familia de los aroditas; de Areli, la familia de los arelitas.

18 Éstas son las familias de Gad; y fueron contados de ellas cuarenta mil quinientos.

19 Los hijos de Judá: Er y Onán; y Er y Onán murieron en la tierra de Canaán.

20 Y fueron los hijos de Judá por sus familias: de Sela, la familia de los selaítas; de Fares, la familia de los faresitas; de Zera, la familia de los zeraítas.

21 Y fueron los hijos de Fares: de Hezrón, la familia de los hezronitas; de Hamul, la familia de los hamulitas.

22 Éstas son las familias de Judá, y fueron contados de ellas setenta y seis mil quinientos.

23 Los hijos de Isacar por sus familias; de Tola, la familia de los tolaítas; de Fúa, la familia de los funitas;

24 de Jasub, la familia de los jasubitas; de Simrón, la familia de los simronitas.

25 Éstas son las familias de Isacar, y fueron contados de ellas sesenta y cuatro mil trescientos.

26 Los hijos de Zabulón por sus familias: de Sered, la familia de los sereditas; de Elón, la familia de los elonitas; de Jahleel, la familia de los jahleelitas.

27 Éstas son las familias de los zabulonitas, y fueron contados de ellas sesenta mil quinientos.

28 Los hijos de José por sus familias: Manasés y Efraín.

29 Los hijos de Manasés: de Maquir, la familia de los maquiritas; y Maquir engendró a Galaad; de Galaad, la familia de los galaaditas.

30 Éstos son los hijos de Galaad: de Jezer, la familia de los jezeritas; de Helec, la familia de los helequitas;

31 de Asriel, la familia de los asrielitas; de Siquem, la familia de los siquemitas;

32 de Semida, la familia de los semidaítas; de Hefer, la familia de los heferitas.

33 Y Zelofehad hijo de Hefer no tuvo hijos sino hijas; y los nombres de las hijas de Zelofehad fueron Maala, Noa, Hogla, Milca y Tirsa.

34 Éstas son las familias de Manasés; y fueron contados de ellas cincuenta y dos mil setecientos.

35 Éstos son los hijos de Efraín por sus familias: de Sutela, la familia de los sutelaítas; de Bequer, la familia de los bequeritas; de Tahán, la familia de los tahanitas.

36 Y éstos son los hijos de Sutela: de Erán, la familia de los eranitas.

37 Éstas son las familias de los hijos de Efraín; y fueron contados de ellas treinta y dos mil quinientos. Éstos son los hijos de José por sus familias.

38 Los hijos de Benjamín por sus familias: de Bela, la familia de los belaítas; de Asbel, la familia de los asbelitas; de Ahiram, la familia de los ahiramitas;

39 de Sufam, la familia de los sufamitas; de Hufam, la familia de los hufamitas.

40 Y los hijos de Bela fueron Ard y Naamán: de Ard, la familia de los arditas; de Naamán, la familia de los naamitas.

41 Éstos son los hijos de Benjamín por sus familias; y fueron contados de ellos cuarenta y cinco mil seiscientos.

42 Éstos son los hijos de Dan por sus familias: de Súham, la familia de los suhamitas. Éstas son las familias de Dan por sus familias.

43 De las familias de los suhamitas fueron contados sesenta y cuatro mil cuatrocientos.

44 Los hijos de Aser por sus familias: de Imna, la familia de los imnitas; de Isúi, la familia de los isuitas; de Bería, la familia de los beriaítas.

45 Los hijos de Bería: de Heber, la familia de los heberitas; de Malquiel, la familia de los malquielitas.

46 Y el nombre de la hija de Aser fue Sera.

47 Éstas son las familias de los hijos de Aser; y fueron contados de ellas cincuenta y tres mil cuatrocientos.

48 Los hijos de Neftalí, por sus familias: de Jahzeel, la familia de los jahzeelitas; de Guni, la familia de los gunitas;

49 de Jezer, la familia de los jezeritas; de Silem, la familia de los silemitas.

50 Éstas son las familias de Neftalí por sus familias; y fueron contados de ellas cuarenta y cinco mil cuatrocientos.

51 Éstos son los contados de los hijos de Israel, seiscientos un mil setecientos treinta.

Orden para la repartición de la tierra

52 Y habló Jehová a Moisés, diciendo:

53 A éstos se repartirá la tierra en heredad, por la cuenta de los nombres.

54 A los más darás mayor heredad, y a los menos menor; y a cada uno se le dará su heredad conforme a sus contados.

55 Pero la tierra será repartida por suerte; y por los nombres de las tribus de sus padres heredarán.

56 Conforme a la suerte será repartida su heredad entre el grande y el pequeño.[b]

Censo de la tribu de Leví

57 Los contados de los levitas por sus familias son éstos: de Gersón, la familia de los gersonitas; de Coat, la familia de los coatitas; de Merari, la familia de los meraritas.

58 Éstas son las familias de los levitas: la familia de los libnitas, la familia de los hebronitas, la familia de los mahlitas, la familia de los musitas, la familia de los coreítas. Y Coat engendró a Amram.

59 La mujer de Amram se llamó Jocabed, hija de Leví, que le nació a Leví en Egipto; ésta dio a luz de Amram a Aarón y a Moisés, y a María su hermana.

60 Y a Aarón le nacieron Nadab, Abiú, Eleazar e Itamar.[c]

61 Pero Nadab y Abiú murieron cuando ofrecieron fuego extraño delante de Jehová.[d]

62 De los levitas fueron contados veintitrés mil, todos varones de un mes arriba; porque no fueron contados entre los hijos de Israel, por cuanto no les había de ser dada heredad entre los hijos de Israel.

Caleb y Josué sobreviven

63 Éstos son los contados por Moisés y el sacerdote Eleazar, los cuales contaron los hijos de Israel en los campos de Moab, junto al Jordán frente a Jericó.

64 Y entre éstos ninguno hubo de los contados por Moisés y el sacerdote Aarón, quienes contaron a los hijos de Israel en el desierto de Sinaí.

65 Porque Jehová había dicho de ellos: Morirán en el desierto;[e] y no quedó varón de ellos, sino Caleb hijo de Jefone y Josué hijo de Nun.

Petición de las hijas de Zelofehad

27 **1** Vinieron las hijas de Zelofehad hijo de Hefer, hijo de Galaad, hijo de Maquir, hijo de Manasés, de las familias de Manasés hijo de José, los nombres de las cuales eran Maala, Noa, Hogla, Milca y Tirsa;

2 y se presentaron delante de Moisés y delante del sacerdote Eleazar, y delante de los príncipes y de toda la congregación, a la puerta del tabernáculo de reunión, y dijeron:

3 Nuestro padre murió en el desierto; y él no estuvo en la compañía de los que se juntaron contra Jehová en el grupo de Coré, sino que en su propio pecado murió, y no tuvo hijos.

4 ¿Por qué será quitado el nombre de nuestro padre de entre su familia, por no haber tenido hijo? Danos heredad entre los hermanos de nuestro padre.

5 Y Moisés llevó su causa delante de Jehová.

6 Y Jehová respondió a Moisés, diciendo:

7 Bien dicen las hijas de Zelofehad; les darás la posesión de una heredad entre los hermanos de su padre, y traspasarás la heredad de su padre a ellas.[a]

8 Y a los hijos de Israel hablarás, diciendo: Cuando alguno muriere sin hijos, traspasaréis su herencia a su hija.

9 Si no tuviere hija, daréis su herencia a sus hermanos;

10 y si no tuviere hermanos, daréis su herencia a los hermanos de su padre.

11 Y si su padre no tuviere hermanos, daréis su herencia a su pariente más cercano de su linaje, y de éste será; y para los hijos de Israel esto será por estatuto de derecho, como Jehová mandó a Moisés.

Josué es designado como sucesor de Moisés

12 Jehová dijo a Moisés: Sube a este monte Abarim, y verás la tierra que he dado a los hijos de Israel.

13 Y después que la hayas visto, tú también serás reunido a tu pueblo, como fue reunido tu hermano Aarón.

14 Pues fuisteis rebeldes a mi mandato en el desierto de Zin, en la rencilla de la congregación, no santificándome en las aguas a ojos de ellos.[b] Éstas son las aguas de la rencilla de Cades en el desierto de Zin.

---

b 26.52-56 Nm 34.13; Jos 14.1, 2.   **c 26.60** Nm 3.2.
d 26.61 Lv 10.1, 2; Nm 3.4.   **e 26.65** Nm 14.26-35.
a 27.7 Nm 36.2.   **b 27.12-14** Dt 3.23-27; 32.48-52.

15 Entonces respondió Moisés a Jehová, diciendo:

16 Ponga Jehová, Dios de los espíritus de toda carne, un varón sobre la congregación,

17 que salga delante de ellos y que entre delante de ellos, que los saque y los introduzca, para que la congregación de Jehová no sea como ovejas sin pastor.

18 Y Jehová dijo a Moisés: Toma a Josué[c] hijo de Nun, varón en el cual hay espíritu, y pondrás tu mano sobre él;

19 y lo pondrás delante del sacerdote Eleazar, y delante de toda la congregación; y le darás el cargo en presencia de ellos.

20 Pondrás de tu dignidad sobre él, para que toda la congregación de los hijos de Israel le obedezca.

21 Él se pondrá delante del sacerdote Eleazar, y le consultará por el juicio del Urim[d] delante de Jehová; por el dicho de él saldrán, y por el dicho de él entrarán, él y todos los hijos de Israel con él, y toda la congregación.

22 Y Moisés hizo como Jehová le había mandado, pues tomó a Josué y lo puso delante del sacerdote Eleazar, y de toda la congregación;

23 y puso sobre él sus manos, y le dio el cargo,[e] como Jehová había mandado por mano de Moisés.

Las ofrendas diarias
(Éx 29.38-46)

28 **1** Habló Jehová a Moisés, diciendo: **2** Manda a los hijos de Israel, y diles: Mi ofrenda, mi pan con mis ofrendas encendidas en olor grato a mí, guardaréis, ofreciéndomela a su tiempo.

3 Y les dirás: Ésta es la ofrenda encendida que ofreceréis a Jehová: dos corderos sin tacha de un año, cada día, será el holocausto continuo.

4 Un cordero ofrecerás por la mañana, y el otro cordero ofrecerás a la caída de la tarde;

5 y la décima parte de un efa de flor de harina, amasada con un cuarto de un hin de aceite de olivas machacadas, en ofrenda.

6 Es holocausto continuo, que fue ordenado en el monte Sinaí para olor grato, ofrenda encendida a Jehová.

7 Y su libación, la cuarta parte de un hin con cada cordero; derramarás libación de vino superior ante Jehová en el santuario.

8 Y ofrecerás el segundo cordero a la caída de la tarde; conforme a la ofrenda de la mañana y conforme a su libación ofrecerás, ofrenda encendida en olor grato a Jehová.

Ofrendas mensuales y del día de reposo

9 Mas el día de reposo,* dos corderos de un año sin defecto, y dos décimas de flor de harina amasada con aceite, como ofrenda, con su libación.

10 Es el holocausto de cada día de reposo,* además del holocausto continuo y su libación.

11 Al comienzo de vuestros meses ofreceréis en holocausto a Jehová dos becerros de la vacada, un carnero, y siete corderos de un año sin defecto;

12 y tres décimas de flor de harina amasada con aceite, como ofrenda con cada becerro; y dos décimas de flor de harina amasada con aceite, como ofrenda con cada carnero;

13 y una décima de flor de harina amasada con aceite, en ofrenda que se ofrecerá con cada cordero; holocausto de olor grato, ofrenda encendida a Jehová.

14 Y sus libaciones de vino, medio hin con cada becerro, y la tercera parte de un hin con cada carnero, y la cuarta parte de un hin con cada cordero. Éste es el holocausto de cada mes por todos los meses del año.

15 Y un macho cabrío en expiación se ofrecerá a Jehová, además del holocausto continuo con su libación.

Ofrendas de las fiestas solemnes
(Lv 23.1-44)

16 Pero en el mes primero, a los catorce días del mes, será la pascua de Jehová.[b]

17 Y a los quince días de este mes, la fiesta solemne; por siete días se comerán panes sin levadura.[c]

18 El primer día será santa convocación; ninguna obra de siervos haréis.

19 Y ofreceréis como ofrenda encendida en holocausto a Jehová, dos becerros de la

---

* Aquí equivale a *sábado*.

c 27.18 Éx 24.13.   **d 27.21** Éx 28.30; 1 S 28.6.
e 27.23 Dt 31.23.   **a 28.9, 10** Mt 12.5.   **b 28.16** Éx 12.1-13;
Dt 16.1, 2.   **c 28.17-25** Éx 12.14-20; 23.15; 34.18; Dt 16.3-8.

vacada, y un carnero, y siete corderos de un año; serán sin defecto.

20 Y su ofrenda de harina amasada con aceite: tres décimas con cada becerro, y dos décimas con cada carnero;

21 y con cada uno de los siete corderos ofreceréis una décima.

22 Y un macho cabrío por expiación, para reconciliaros.

23 Esto ofreceréis además del holocausto de la mañana, que es el holocausto continuo.

24 Conforme a esto ofreceréis cada uno de los siete días, vianda y ofrenda encendida en olor grato a Jehová; se ofrecerá además del holocausto continuo, con su libación.

25 Y el séptimo día tendréis santa convocación; ninguna obra de siervos haréis.

26 Además, el día de las primicias, cuando presentéis ofrenda nueva a Jehová en vuestras semanas,[d] tendréis santa convocación; ninguna obra de siervos haréis.

27 Y ofreceréis en holocausto, en olor grato a Jehová, dos becerros de la vacada, un carnero, siete corderos de un año;

28 y la ofrenda de ellos, flor de harina amasada con aceite, tres décimas con cada becerro, dos décimas con cada carnero,

29 y con cada uno de los siete corderos una décima;

30 y un macho cabrío para hacer expiación por vosotros.

31 Los ofreceréis, además del holocausto continuo con sus ofrendas, y sus libaciones; serán sin defecto.

29 **1** En el séptimo mes, el primero del mes, tendréis santa convocación; ninguna obra de siervos haréis; os será día de sonar las trompetas.

2 Y ofreceréis holocausto en olor grato a Jehová, un becerro de la vacada, un carnero, siete corderos de un año sin defecto;

3 y la ofrenda de ellos, de flor de harina amasada con aceite, tres décimas de efa con cada becerro, dos décimas con cada carnero,

4 y con cada uno de los siete corderos, una décima;

5 y un macho cabrío por expiación, para reconciliaros,

6 además del holocausto del mes y su ofrenda, y el holocausto continuo y su ofrenda,

y sus libaciones conforme a su ley, como ofrenda encendida a Jehová en olor grato.

7 En el diez de este mes séptimo tendréis santa convocación, y afligiréis vuestras almas;[a] ninguna obra haréis;

8 y ofreceréis en holocausto a Jehová en olor grato, un becerro de la vacada, un carnero, y siete corderos de un año; serán sin defecto.

9 Y sus ofrendas, flor de harina amasada con aceite, tres décimas de efa con cada becerro, dos décimas con cada carnero,

10 y con cada uno de los siete corderos, una décima;

11 y un macho cabrío por expiación; además de la ofrenda de las expiaciones por el pecado, y del holocausto continuo y de sus ofrendas y de sus libaciones.

12 También a los quince días del mes séptimo tendréis santa convocación; ninguna obra de siervos haréis, y celebraréis fiesta solemne a Jehová por siete días.[b]

13 Y ofreceréis en holocausto, en ofrenda encendida a Jehová en olor grato, trece becerros de la vacada, dos carneros, y catorce corderos de un año; han de ser sin defecto.

14 Y las ofrendas de ellos, de flor de harina amasada con aceite, tres décimas de efa con cada uno de los trece becerros, dos décimas con cada uno de los dos carneros,

15 y con cada uno de los catorce corderos, una décima;

16 y un macho cabrío por expiación, además del holocausto continuo, su ofrenda y su libación.

17 El segundo día, doce becerros de la vacada, dos carneros, catorce corderos de un año sin defecto,

18 y sus ofrendas y sus libaciones con los becerros, con los carneros y con los corderos, según el número de ellos, conforme a la ley;

19 y un macho cabrío por expiación; además del holocausto continuo, y su ofrenda y su libación.

20 El día tercero, once becerros, dos carneros, catorce corderos de un año sin defecto;

21 y sus ofrendas y sus libaciones con los becerros, con los carneros y con los

---

d 28.26-31 Éx 23.16; 34.22; Dt 16.9-12.   **a 29.7-11** Lv 16.29-34.
b 29.12-38 Éx 23.16; 34.22; Dt 16.13-15.

corderos, según el número de ellos, conforme a la ley;

22 y un macho cabrío por expiación, además del holocausto continuo, y su ofrenda y su libación.

23 El cuarto día, diez becerros, dos carneros, catorce corderos de un año sin defecto;

24 sus ofrendas y sus libaciones con los becerros, con los carneros y con los corderos, según el número de ellos, conforme a la ley;

25 y un macho cabrío por expiación; además del holocausto continuo, su ofrenda y su libación.

26 El quinto día, nueve becerros, dos carneros, catorce corderos de un año sin defecto;

27 y sus ofrendas y sus libaciones con los becerros, con los carneros y con los corderos, según el número de ellos, conforme a la ley;

28 y un macho cabrío por expiación, además del holocausto continuo, su ofrenda y su libación.

29 El sexto día, ocho becerros, dos carneros, catorce corderos de un año sin defecto;

30 y sus ofrendas y sus libaciones con los becerros, con los carneros y con los corderos, según el número de ellos, conforme a la ley;

31 y un macho cabrío por expiación, además del holocausto continuo, su ofrenda y su libación.

32 El séptimo día, siete becerros, dos carneros, catorce corderos de un año sin defecto;

33 y sus ofrendas y sus libaciones con los becerros, con los carneros y con los corderos, según el número de ellos, conforme a la ley;

34 y un macho cabrío por expiación, además del holocausto continuo, con su ofrenda y su libación.

35 El octavo día tendréis solemnidad; ninguna obra de siervos haréis.

36 Y ofreceréis en holocausto, en ofrenda encendida de olor grato a Jehová, un becerro, un carnero, siete corderos de un año sin defecto;

37 sus ofrendas y sus libaciones con el becerro, con el carnero y con los corderos,

según el número de ellos, conforme a la ley;

38 y un macho cabrío por expiación, además del holocausto continuo, con su ofrenda y su libación.

39 Estas cosas ofreceréis a Jehová en vuestras fiestas solemnes, además de vuestros votos, y de vuestras ofrendas voluntarias, para vuestros holocaustos, y para vuestras ofrendas, y para vuestras libaciones, y para vuestras ofrendas de paz.

40 Y Moisés dijo a los hijos de Israel conforme a todo lo que Jehová le había mandado.

Ley de los votos

30 **1** Habló Moisés a los príncipes de las tribus de los hijos de Israel, diciendo: Esto es lo que Jehová ha mandado.

2 Cuando alguno hiciere voto a Jehová, o hiciere juramento ligando su alma con obligación, no quebrantará su palabra; hará conforme a todo lo que salió de su boca.[a]

3 Mas la mujer, cuando hiciere voto a Jehová, y se ligare con obligación en casa de su padre, en su juventud;

4 si su padre oyere su voto, y la obligación con que ligó su alma, y su padre callare a ello, todos los votos de ella serán firmes, y toda obligación con que hubiere ligado su alma, firme será.

5 Mas si su padre le vedare el día que oyere todos sus votos y sus obligaciones con que ella hubiere ligado su alma, no serán firmes; y Jehová la perdonará, por cuanto su padre se lo vedó.

6 Pero si fuere casada e hiciere votos, o pronunciare de sus labios cosa con que obligue su alma;

7 si su marido lo oyere, y cuando lo oyere callare a ello, los votos de ella serán firmes, y la obligación con que ligó su alma, firme será.

8 Pero si cuando su marido lo oyó, le vedó, entonces el voto que ella hizo, y lo que pronunció de sus labios con que ligó su alma, será nulo; y Jehová la perdonará.

9 Pero todo voto de viuda o repudiada, con que ligare su alma, será firme.

10 Y si hubiere hecho voto en casa de su marido, y hubiere ligado su alma con obligación de juramento,

---

a 30.2 Dt 23.21-23; Mt 5.33.

11 si su marido oyó, y calló a ello y no le vedó, entonces todos sus votos serán firmes, y toda obligación con que hubiere ligado su alma, firme será.

12 Mas si su marido los anuló el día que los oyó, todo lo que salió de sus labios cuanto a sus votos, y cuanto a la obligación de su alma, será nulo; su marido los anuló, y Jehová la perdonará.

13 Todo voto, y todo juramento obligándose a afligir el alma, su marido lo confirmará, o su marido lo anulará.

14 Pero si su marido callare a ello de día en día, entonces confirmó todos sus votos, y todas las obligaciones que están sobre ella; los confirmó, por cuanto calló a ello el día que lo oyó.

15 Mas si los anulare después de haberlos oído, entonces él llevará el pecado de ella.

16 Éstas son las ordenanzas que Jehová mandó a Moisés entre el varón y su mujer, y entre el padre y su hija durante su juventud en casa de su padre.

Venganza de Israel contra Madián

31 1 Jehová habló a Moisés, diciendo: 2 Haz la venganza de los hijos de Israel contra los madianitas; después serás recogido a tu pueblo.

3 Entonces Moisés habló al pueblo, diciendo: Armaos algunos de vosotros para la guerra, y vayan contra Madián y hagan la venganza de Jehová en Madián.

4 Mil de cada tribu de todas las tribus de los hijos de Israel, enviaréis a la guerra.

5 Así fueron dados de los millares de Israel, mil por cada tribu, doce mil en pie de guerra.

6 Y Moisés los envió a la guerra; mil de cada tribu envió; y Finees hijo del sacerdote Eleazar fue a la guerra con los vasos del santuario, y con las trompetas en su mano para tocar.

7 Y pelearon contra Madián, como Jehová lo mandó a Moisés, y mataron a todo varón.

8 Mataron también, entre los muertos de ellos, a los reyes de Madián, Evi, Requem, Zur, Hur y Reba, cinco reyes de Madián; también a Balaam hijo de Beor mataron a espada.

9 Y los hijos de Israel llevaron cautivas a las mujeres de los madianitas, a sus niños, y todas sus bestias y todos sus ganados; y arrebataron todos sus bienes,

10 e incendiaron todas sus ciudades, aldeas y habitaciones.

11 Y tomaron todo el despojo, y todo el botín, así de hombres como de bestias.

12 Y trajeron a Moisés y al sacerdote Eleazar, y a la congregación de los hijos de Israel, los cautivos y el botín y los despojos al campamento, en los llanos de Moab, que están junto al Jordán frente a Jericó.

13 Y salieron Moisés y el sacerdote Eleazar, y todos los príncipes de la congregación, a recibirlos fuera del campamento.

14 Y se enojó Moisés contra los capitanes del ejército, contra los jefes de millares y de centenas que volvían de la guerra,

15 y les dijo Moisés: ¿Por qué habéis dejado con vida a todas las mujeres?

16 He aquí, por consejo de Balaam ellas fueron causa de que los hijos de Israel prevaricasen contra Jehová en lo tocante a Baal-peor,[a] por lo que hubo mortandad en la congregación de Jehová.

17 Matad, pues, ahora a todos los varones de entre los niños; matad también a toda mujer que haya conocido varón carnalmente.

18 Pero a todas las niñas entre las mujeres, que no hayan conocido varón, las dejaréis con vida.

19 Y vosotros, cualquiera que haya dado muerte a persona, y cualquiera que haya tocado muerto, permaneced fuera del campamento siete días y os purificaréis al tercer día y al séptimo, vosotros y vuestros cautivos.

20 Asimismo purificaréis todo vestido, y toda prenda de pieles, y toda obra de pelo de cabra, y todo utensilio de madera.

Repartición del botín

21 Y el sacerdote Eleazar dijo a los hombres de guerra que venían de la guerra: Ésta es la ordenanza de la ley que Jehová ha mandado a Moisés:

22 Ciertamente el oro y la plata, el bronce, hierro, estaño y plomo,

23 todo lo que resiste el fuego, por fuego lo haréis pasar, y será limpio, bien que en las aguas de purificación habrá de purificarse; y haréis pasar por agua todo lo que no resiste el fuego.

---

a **31.16** Nm 25.1-9.

²⁴ Además lavaréis vuestros vestidos el séptimo día, y así seréis limpios; y después entraréis en el campamento.

²⁵ Y Jehová habló a Moisés, diciendo: ²⁶ Toma la cuenta del botín que se ha hecho, así de las personas como de las bestias, tú y el sacerdote Eleazar, y los jefes de los padres de la congregación; ²⁷ y partirás por mitades el botín entre los que pelearon, los que salieron a la guerra, y toda la congregación. ²⁸ Y apartarás para Jehová el tributo de los hombres de guerra que salieron a la guerra; de quinientos, uno, así de las personas como de los bueyes, de los asnos y de las ovejas. ²⁹ De la mitad de ellos lo tomarás; y darás al sacerdote Eleazar la ofrenda de Jehová. ³⁰ Y de la mitad perteneciente a los hijos de Israel tomarás uno de cada cincuenta de las personas, de los bueyes, de los asnos, de las ovejas y de todo animal, y los darás a los levitas, que tienen la guarda del tabernáculo de Jehová. ³¹ E hicieron Moisés y el sacerdote Eleazar como Jehová mandó a Moisés.

³² Y fue el botín, el resto del botín que tomaron los hombres de guerra, seiscientas setenta y cinco mil ovejas, ³³ setenta y dos mil bueyes, ³⁴ y sesenta y un mil asnos. ³⁵ En cuanto a personas, de mujeres que no habían conocido varón, eran por todas treinta y dos mil.

³⁶ Y la mitad, la parte de los que habían salido a la guerra, fue el número de trescientas treinta y siete mil quinientas ovejas; ³⁷ y el tributo de las ovejas para Jehová fue seiscientas setenta y cinco. ³⁸ De los bueyes, treinta y seis mil; y de ellos el tributo para Jehová, setenta y dos. ³⁹ De los asnos, treinta mil quinientos; y de ellos el tributo para Jehová, sesenta y uno. ⁴⁰ Y de las personas, dieciséis mil; y de ellas el tributo para Jehová, treinta y dos personas. ⁴¹ Y dio Moisés el tributo, para ofrenda elevada a Jehová, al sacerdote Eleazar, como Jehová lo mandó a Moisés. ⁴² Y de la mitad para los hijos de Israel, que apartó Moisés de los hombres que habían ido a la guerra

⁴³ (la mitad para la congregación fue: de las ovejas, trescientas treinta y siete mil quinientas; ⁴⁴ de los bueyes, treinta y seis mil; ⁴⁵ de los asnos, treinta mil quinientos; ⁴⁶ y de las personas, dieciséis mil); ⁴⁷ de la mitad, pues, para los hijos de Israel, tomó Moisés uno de cada cincuenta, así de las personas como de los animales, y los dio a los levitas, que tenían la guarda del tabernáculo de Jehová, como Jehová lo había mandado a Moisés.

⁴⁸ Vinieron a Moisés los jefes de los millares de aquel ejército, los jefes de millares y de centenas, ⁴⁹ y dijeron a Moisés: Tus siervos han tomado razón de los hombres de guerra que están en nuestro poder, y ninguno ha faltado de nosotros. ⁵⁰ Por lo cual hemos ofrecido a Jehová ofrenda, cada uno de lo que ha hallado, alhajas de oro, brazaletes, manillas, anillos, zarcillos y cadenas, para hacer expiación por nuestras almas delante de Jehová. ⁵¹ Y Moisés y el sacerdote Eleazar recibieron el oro de ellos, alhajas, todas elaboradas. ⁵² Y todo el oro de la ofrenda que ofrecieron a Jehová los jefes de millares y de centenas fue dieciséis mil setecientos cincuenta siclos. ⁵³ Los hombres del ejército habían tomado botín cada uno para sí. ⁵⁴ Recibieron, pues, Moisés y el sacerdote Eleazar el oro de los jefes de millares y de centenas, y lo trajeron al tabernáculo de reunión, por memoria de los hijos de Israel delante de Jehová.

Rubén y Gad se establecen al oriente del Jordán
(Dt 3.12-22)

32 ¹ Los hijos de Rubén y los hijos de Gad tenían una muy inmensa muchedumbre de ganado; y vieron la tierra de Jazer y de Galaad, y les pareció el país lugar de ganado. ² Vinieron, pues, los hijos de Gad y los hijos de Rubén, y hablaron a Moisés y al sacerdote Eleazar, y a los príncipes de la congregación, diciendo: ³ Atarot, Dibón, Jazer, Nimra, Hesbón, Eleale, Sebam, Nebo y Beón,

⁴la tierra que Jehová hirió delante de la congregación de Israel, es tierra de ganado, y tus siervos tienen ganado.

⁵Por tanto, dijeron, si hallamos gracia en tus ojos, dése esta tierra a tus siervos en heredad, y no nos hagas pasar el Jordán.

⁶Y respondió Moisés a los hijos de Gad y a los hijos de Rubén: ¿Irán vuestros hermanos a la guerra, y vosotros os quedaréis aquí?

⁷¿Y por qué desanimáis a los hijos de Israel, para que no pasen a la tierra que les ha dado Jehová?

⁸Así hicieron vuestros padres, cuando los envié desde Cades-barnea para que viesen la tierra.

⁹Subieron hasta el torrente de Escol, y después que vieron la tierra, desalentaron a los hijos de Israel para que no viniesen a la tierra que Jehová les había dado.ª

¹⁰Y la ira de Jehová se encendió entonces, y juró diciendo:

¹¹No verán los varones que subieron de Egipto de veinte años arriba, la tierra que prometí con juramento a Abraham, Isaac y Jacob, por cuanto no fueron perfectos en pos de mí;

¹²excepto Caleb hijo de Jefone cenezeo, y Josué hijo de Nun, que fueron perfectos en pos de Jehová.

¹³Y la ira de Jehová se encendió contra Israel, y los hizo andar errantes cuarenta años por el desierto, hasta que fue acabada toda aquella generación que había hecho mal delante de Jehová.ᵇ

¹⁴Y he aquí, vosotros habéis sucedido en lugar de vuestros padres, prole de hombres pecadores, para añadir aún a la ira de Jehová contra Israel.

¹⁵Si os volviereis de en pos de él, él volverá otra vez a dejaros en el desierto, y destruiréis a todo este pueblo.

¹⁶Entonces ellos vinieron a Moisés y dijeron: Edificaremos aquí majadas para nuestro ganado, y ciudades para nuestros niños;

¹⁷y nosotros nos armaremos, e iremos con diligencia delante de los hijos de Israel, hasta que los metamos en su lugar; y nuestros niños quedarán en ciudades fortificadas a causa de los moradores del país.

¹⁸No volveremos a nuestras casas hasta que los hijos de Israel posean cada uno su heredad.

¹⁹Porque no tomaremos heredad con ellos al otro lado del Jordán ni adelante, por cuanto tendremos ya nuestra heredad a este otro lado del Jordán al oriente.

²⁰Entonces les respondió Moisés: Si lo hacéis así, si os disponéis para ir delante de Jehová a la guerra,

²¹y todos vosotros pasáis armados el Jordán delante de Jehová, hasta que haya echado a sus enemigos de delante de sí,

²²y sea el país sojuzgado delante de Jehová; luego volveréis, y seréis libres de culpa para con Jehová, y para con Israel; y esta tierra será vuestra en heredad delante de Jehová.

²³Mas si así no lo hacéis, he aquí habréis pecado ante Jehová; y sabed que vuestro pecado os alcanzará.

²⁴Edificaos ciudades para vuestros niños, y majadas para vuestras ovejas, y haced lo que ha declarado vuestra boca.

²⁵Y hablaron los hijos de Gad y los hijos de Rubén a Moisés, diciendo: Tus siervos harán como mi señor ha mandado.

²⁶Nuestros niños, nuestras mujeres, nuestros ganados y todas nuestras bestias, estarán ahí en las ciudades de Galaad;

²⁷y tus siervos, armados todos para la guerra, pasarán delante de Jehová a la guerra, de la manera que mi señor dice.

²⁸Entonces les encomendó Moisés al sacerdote Eleazar, y a Josué hijo de Nun, y a los príncipes de los padres de las tribus de los hijos de Israel.

²⁹Y les dijo Moisés: Si los hijos de Gad y los hijos de Rubén pasan con vosotros el Jordán, armados todos para la guerra delante de Jehová, luego que el país sea sojuzgado delante de vosotros, les daréis la tierra de Galaad en posesión;

³⁰mas si no pasan armados con vosotros, entonces tendrán posesión entre vosotros, en la tierra de Canaán.

³¹Y los hijos de Gad y los hijos de Rubén respondieron diciendo: Haremos lo que Jehová ha dicho a tus siervos.

³²Nosotros pasaremos armados delante de Jehová a la tierra de Canaán, y la posesión de nuestra heredad será a este lado del Jordán.ᶜ

a 32.8, 9 Nm 13.17-33.   b 32.10-13 Nm 14.26-35.   c 32.28-32 Jos 1.12-15.

33 Así Moisés dio a los hijos de Gad, a los hijos de Rubén, y a la media tribu de Manasés hijo de José, el reino de Sehón rey amorreo y el reino de Og rey de Basán, la tierra con sus ciudades y sus territorios, las ciudades del país alrededor.

34 Y los hijos de Gad edificaron Dibón, Atarot, Aroer,

35 Atarot-sofán, Jazer, Jogbeha,

36 Bet-nimra y Bet-arán, ciudades fortificadas; hicieron también majadas para ovejas.

37 Y los hijos de Rubén edificaron Hesbón, Eleale, Quiriataim,

38 Nebo, Baal-meón (mudados los nombres) y Sibma; y pusieron nombres a las ciudades que edificaron.

39 Y los hijos de Maquir hijo de Manasés fueron a Galaad, y la tomaron, y echaron al amorreo que estaba en ella.

40 Y Moisés dio Galaad a Maquir hijo de Manasés, el cual habitó en ella.

41 También Jair hijo de Manasés fue y tomó sus aldeas, y les puso por nombre Havot-jair.[10]

42 Asimismo Noba fue y tomó Kenat y sus aldeas, y lo llamó Noba, conforme a su nombre.

Jornadas de Israel desde Egipto hasta el Jordán

33 1 Éstas son las jornadas de los hijos de Israel, que salieron de la tierra de Egipto por sus ejércitos, bajo el mando de Moisés y Aarón.

2 Moisés escribió sus salidas conforme a sus jornadas por mandato de Jehová. Éstas, pues, son sus jornadas con arreglo a sus salidas.

3 De Ramesés salieron en el mes primero, a los quince días del mes primero; el segundo día de la pascua salieron los hijos de Israel con mano poderosa, a vista de todos los egipcios,

4 mientras enterraban los egipcios a los que Jehová había herido de muerte de entre ellos, a todo primogénito; también había hecho Jehová juicios contra sus dioses.

5 Salieron, pues, los hijos de Israel de Ramesés, y acamparon en Sucot.

6 Salieron de Sucot y acamparon en Etam, que está al confín del desierto.

7 Salieron de Etam y volvieron sobre Pi-hahirot, que está delante de Baal-zefón, y acamparon delante de Migdol.

8 Salieron de Pi-hahirot y pasaron por en medio del mar al desierto, y anduvieron tres días de camino por el desierto de Etam, y acamparon en Mara.

9 Salieron de Mara y vinieron a Elim, donde había doce fuentes de aguas, y setenta palmeras; y acamparon allí.

10 Salieron de Elim y acamparon junto al Mar Rojo.

11 Salieron del Mar Rojo y acamparon en el desierto de Sin.

12 Salieron del desierto de Sin y acamparon en Dofca.

13 Salieron de Dofca y acamparon en Alús.

14 Salieron de Alús y acamparon en Refidim, donde el pueblo no tuvo aguas para beber.

15 Salieron de Refidim y acamparon en el desierto de Sinaí.

16 Salieron del desierto de Sinaí y acamparon en Kibrot-hataava.

17 Salieron de Kibrot-hataava y acamparon en Hazerot.

18 Salieron de Hazerot y acamparon en Ritma.

19 Salieron de Ritma y acamparon en Rimón-peres.

20 Salieron de Rimón-peres y acamparon en Libna.

21 Salieron de Libna y acamparon en Rissa.

22 Salieron de Rissa y acamparon en Ceelata.

23 Salieron de Ceelata y acamparon en el monte de Sefer.

24 Salieron del monte de Sefer y acamparon en Harada.

25 Salieron de Harada y acamparon en Macelot.

26 Salieron de Macelot y acamparon en Tahat.

27 Salieron de Tahat y acamparon en Tara.

28 Salieron de Tara y acamparon en Mitca.

29 Salieron de Mitca y acamparon en Hasmona.

30 Salieron de Hasmona y acamparon en Moserot.

31 Salieron de Moserot y acamparon en Bene-jaacán.

32 Salieron de Bene-jaacán y acamparon en el monte de Gidgad.

---

10. 32.41 Esto es, *las aldeas de Jair.*

³³ Salieron del monte de Gidgad y acamparon en Jotbata.

³⁴ Salieron de Jotbata y acamparon en Abrona.

³⁵ Salieron de Abrona y acamparon en Ezión-geber.

³⁶ Salieron de Ezión-geber y acamparon en el desierto de Zin, que es Cades.

³⁷ Y salieron de Cades y acamparon en el monte de Hor, en la extremidad del país de Edom.

³⁸ Y subió el sacerdote Aarón al monte de Hor, conforme al dicho de Jehová, y allí murió[a] a los cuarenta años de la salida de los hijos de Israel de la tierra de Egipto, en el mes quinto, en el primero del mes.

³⁹ Era Aarón de edad de ciento veintitrés años, cuando murió en el monte de Hor.

⁴⁰ Y el cananeo, rey de Arad, que habitaba en el Neguev en la tierra de Canaán, oyó que habían venido los hijos de Israel.[b]

⁴¹ Y salieron del monte de Hor y acamparon en Zalmona.

⁴² Salieron de Zalmona y acamparon en Punón.

⁴³ Salieron de Punón y acamparon en Obot.

⁴⁴ Salieron de Obot y acamparon en Ije-abarim, en la frontera de Moab.

⁴⁵ Salieron de Ije-abarim y acamparon en Dibón-gad.

⁴⁶ Salieron de Dibón-gad y acamparon en Almón-diblataim.

⁴⁷ Salieron de Almón-diblataim y acamparon en los montes de Abarim, delante de Nebo.

⁴⁸ Salieron de los montes de Abarim y acamparon en los campos de Moab, junto al Jordán, frente a Jericó.

⁴⁹ Finalmente acamparon junto al Jordán, desde Bet-jesimot hasta Abel-sitim, en los campos de Moab.

Límites y repartición de Canaán

⁵⁰ Y habló Jehová a Moisés en los campos de Moab junto al Jordán frente a Jericó, diciendo:

⁵¹ Habla a los hijos de Israel, y diles: Cuando hayáis pasado el Jordán entrando en la tierra de Canaán,

⁵² echaréis de delante de vosotros a todos los moradores del país, y destruiréis todos sus ídolos de piedra, y todas sus imágenes de fundición, y destruiréis todos sus lugares altos;

⁵³ y echaréis a los moradores de la tierra, y habitaréis en ella; porque yo os la he dado para que sea vuestra propiedad.

⁵⁴ Y heredaréis la tierra por sorteo por vuestras familias; a los muchos daréis mucho por herencia, y a los pocos daréis menos por herencia; donde le cayere la suerte, allí la tendrá cada uno; por las tribus de vuestros padres heredaréis.

⁵⁵ Y si no echaréis a los moradores del país de delante de vosotros, sucederá que los que dejaréis de ellos serán por aguijones en vuestros ojos y por espinas en vuestros costados, y os afligirán sobre la tierra en que vosotros habitaréis.

⁵⁶ Además, haré a vosotros como yo pensé hacerles a ellos.

34 ¹ Y Jehová habló a Moisés, diciendo:

² Manda a los hijos de Israel y diles: Cuando hayáis entrado en la tierra de Canaán, esto es, la tierra que os ha de caer en herencia, la tierra de Canaán según sus límites,

³ tendréis el lado del sur desde el desierto de Zin hasta la frontera de Edom; y será el límite del sur al extremo del Mar Salado hacia el oriente.

⁴ Este límite os irá rodeando desde el sur hasta la subida de Acrabim, y pasará hasta Zin; y se extenderá del sur a Cades-barnea; y continuará a Hasar-adar, y pasará hasta Asmón.

⁵ Rodeará este límite desde Asmón hasta el torrente de Egipto, y sus remates serán al occidente.

⁶ Y el límite occidental será el Mar Grande; este límite será el límite occidental.

⁷ El límite del norte será éste: desde el Mar Grande trazaréis al monte de Hor.

⁸ Del monte de Hor trazaréis a la entrada de Hamat, y seguirá aquel límite hasta Zedad;

⁹ y seguirá este límite hasta Zifrón, y terminará en Hazar-enán; éste será el límite del norte.

¹⁰ Por límite al oriente trazaréis desde Hazar-enán hasta Sefam;

¹¹ y bajará este límite desde Sefam a Ribla, al oriente de Aín; y descenderá el límite, y llegará a la costa del mar de Cineret, al oriente.

---

a 33.38 Nm 20.22-28; Dt 10.6.   **b 33.40** Nm 21.1.

¹²Después descenderá este límite al Jordán, y terminará en el Mar Salado: ésta será vuestra tierra por sus límites alrededor.

¹³Y mandó Moisés a los hijos de Israel, diciendo: Ésta es la tierra que se os repartirá en heredades por sorteo, que mandó Jehová que diese a las nueve tribus, y a la media tribu;ª

¹⁴porque la tribu de los hijos de Rubén según las casas de sus padres, y la tribu de los hijos de Gad según las casas de sus padres, y la media tribu de Manasés, han tomado su heredad.

¹⁵Dos tribus y media tomaron su heredad a este lado del Jordán frente a Jericó al oriente, al nacimiento del sol.ᵇ

¹⁶Y habló Jehová a Moisés, diciendo: ¹⁷Éstos son los nombres de los varones que os repartirán la tierra: El sacerdote Eleazar, y Josué hijo de Nun.

¹⁸Tomaréis también de cada tribu un príncipe, para dar la posesión de la tierra.

¹⁹Y éstos son los nombres de los varones: De la tribu de Judá, Caleb hijo de Jefone.

²⁰De la tribu de los hijos de Simeón, Semuel hijo de Amiud.

²¹De la tribu de Benjamín, Elidad hijo de Quislón.

²²De la tribu de los hijos de Dan, el príncipe Buqui hijo de Jogli.

²³De los hijos de José: de la tribu de los hijos de Manasés, el príncipe Haniel hijo de Efod,

²⁴y de la tribu de los hijos de Efraín, el príncipe Kemuel hijo de Siftán.

²⁵De la tribu de los hijos de Zabulón, el príncipe Elizafán hijo de Parnac.

²⁶De la tribu de los hijos de Isacar, el príncipe Paltiel hijo de Azán.

²⁷De la tribu de los hijos de Aser, el príncipe Ahiud hijo de Selomi.

²⁸Y de la tribu de los hijos de Neftalí, el príncipe Pedael hijo de Amiud.

²⁹A éstos mandó Jehová que hiciesen la repartición de las heredades a los hijos de Israel en la tierra de Canaán.

Herencia de los levitas

35 ¹Habló Jehová a Moisés en los campos de Moab, junto al Jordán frente a Jericó, diciendo:

²Manda a los hijos de Israel que den a los levitas, de la posesión de su heredad, ciudades en que habiten; también daréis a los levitas los ejidos de esas ciudades alrededor de ellas.

³Y tendrán ellos las ciudades para habitar, y los ejidos de ellas serán para sus animales, para sus ganados y para todas sus bestias.

⁴Y los ejidos de las ciudades que daréis a los levitas serán mil codos alrededor, desde el muro de la ciudad para afuera.

⁵Luego mediréis fuera de la ciudad al lado del oriente dos mil codos, al lado del sur dos mil codos, al lado del occidente dos mil codos, y al lado del norte dos mil codos, y la ciudad estará en medio; esto tendrán por los ejidos de las ciudades.

⁶Y de las ciudades que daréis a los levitas, seis ciudades serán de refugio, las cuales daréis para que el homicida se refugie allá; y además de éstas daréis cuarenta y dos ciudades.

⁷Todas las ciudades que daréis a los levitas serán cuarenta y ocho ciudades con sus ejidos.

⁸Y en cuanto a las ciudades que diereis de la heredad de los hijos de Israel, del que tiene mucho tomaréis mucho, y del que tiene poco tomaréis poco; cada uno dará de sus ciudades a los levitas según la posesión que heredará.ª

Ciudades de refugio
(Dt 19.1-13)

⁹Habló Jehová a Moisés, diciendo: ¹⁰Habla a los hijos de Israel, y diles: Cuando hayáis pasado al otro lado del Jordán a la tierra de Canaán,

¹¹os señalaréis ciudades, ciudades de refugioᵇ tendréis, donde huya el homicida que hiriere a alguno de muerte sin intención.

¹²Y os serán aquellas ciudades para refugiarse del vengador, y no morirá el homicida hasta que entre en juicio delante de la congregación.

¹³De las ciudades, pues, que daréis, tendréis seis ciudades de refugio.

¹⁴Tres ciudades daréis a este lado del Jordán, y tres ciudades daréis en la tierra de Canaán, las cuales serán ciudades de refugio.

¹⁵Estas seis ciudades serán de refugio para los hijos de Israel, y para el extranjero y el

---

a 34.13 Nm 26.52-56.   **b 34.13-15** Jos 14.1-5.
a 35.1-8 Jos 21.1-42.   **b 35.9-28** Jos 20.1-9.

que more entre ellos, para que huya allá cualquiera que hiriere de muerte a otro sin intención.

16 Si con instrumento de hierro lo hiriere y muriere, homicida es; el homicida morirá. 17 Y si con piedra en la mano, que pueda dar muerte, lo hiriere y muriere, homicida es; el homicida morirá. 18 Y si con instrumento de palo en la mano, que pueda dar muerte, lo hiriere y muriere, homicida es; el homicida morirá. 19 El vengador de la sangre, él dará muerte al homicida; cuando lo encontrare, él lo matará. 20 Y si por odio lo empujó, o echó sobre él alguna cosa por asechanzas, y muere; 21 o por enemistad lo hirió con su mano, y murió, el heridor morirá; es homicida; el vengador de la sangre matará al homicida cuando lo encontrare.

22 Mas si casualmente lo empujó sin enemistades, o echó sobre él cualquier instrumento sin asechanzas, 23 o bien, sin verlo hizo caer sobre él alguna piedra que pudo matarlo, y muriere, y él no era su enemigo, ni procuraba su mal; 24 entonces la congregación juzgará entre el que causó la muerte y el vengador de la sangre conforme a estas leyes; 25 y la congregación librará al homicida de mano del vengador de la sangre, y la congregación lo hará volver a su ciudad de refugio, en la cual se había refugiado; y morará en ella hasta que muera el sumo sacerdote, el cual fue ungido con el aceite santo. 26 Mas si el homicida saliere fuera de los límites de su ciudad de refugio, en la cual se refugió, 27 y el vengador de la sangre le hallare fuera del límite de la ciudad de su refugio, y el vengador de la sangre matare al homicida, no se le culpará por ello; 28 pues en su ciudad de refugio deberá aquél habitar hasta que muera el sumo sacerdote; y después que haya muerto el sumo sacerdote, el homicida volverá a la tierra de su posesión.

Ley sobre los testigos y sobre el rescate

29 Estas cosas os serán por ordenanza de derecho por vuestras edades, en todas vuestras habitaciones.

30 Cualquiera que diere muerte a alguno, por dicho de testigos morirá el homicida; mas un solo testigo no hará fe contra una persona para que muera.c 31 Y no tomaréis precio por la vida del homicida, porque está condenado a muerte; indefectiblemente morirá. 32 Ni tampoco tomaréis precio del que huyó a su ciudad de refugio, para que vuelva a vivir en su tierra, hasta que muera el sumo sacerdote. 33 Y no contaminaréis la tierra donde estuviereis; porque esta sangre amancillará la tierra, y la tierra no será expiada de la sangre que fue derramada en ella, sino por la sangre del que la derramó. 34 No contaminéis, pues, la tierra donde habitáis, en medio de la cual yo habito; porque yo Jehová habito en medio de los hijos de Israel.

Ley del casamiento de las herederas

36 1 Llegaron los príncipes de los padres de la familia de Galaad hijo de Maquir, hijo de Manasés, de las familias de los hijos de José; y hablaron delante de Moisés y de los príncipes, jefes de las casas paternas de los hijos de Israel, 2 y dijeron: Jehová mandó a mi señor que por sorteo diese la tierra a los hijos de Israel en posesión; también ha mandado Jehová a mi señor, que dé la posesión de Zelofehad nuestro hermano a sus hijas.a 3 Y si ellas se casaren con algunos de los hijos de las otras tribus de los hijos de Israel, la herencia de ellas será así quitada de la herencia de nuestros padres, y será añadida a la herencia de la tribu a que se unan; y será quitada de la porción de nuestra heredad. 4 Y cuando viniere el jubileo de los hijos de Israel, la heredad de ellas será añadida a la heredad de la tribu de sus maridos; así la heredad de ellas será quitada de la heredad de la tribu de nuestros padres. 5 Entonces Moisés mandó a los hijos de Israel por mandato de Jehová, diciendo: La tribu de los hijos de José habla rectamente. 6 Esto es lo que ha mandado Jehová acerca de las hijas de Zelofehad, diciendo:

---

c 35.30 Dt 17.6; 19.15.   a 36.2 Nm 27.7.

Cásense como a ellas les plazca, pero en la familia de la tribu de su padre se casarán, **7** para que la heredad de los hijos de Israel no sea traspasada de tribu en tribu; porque cada uno de los hijos de Israel estará ligado a la heredad de la tribu de sus padres.

8 Y cualquiera hija que tenga heredad en las tribus de los hijos de Israel, con alguno de la familia de la tribu de su padre se casará, para que los hijos de Israel posean cada uno la heredad de sus padres,

9 y no ande la heredad rodando de una tribu a otra, sino que cada una de las tribus de los hijos de Israel estará ligada a su heredad.

10 Como Jehová mandó a Moisés, así hicieron las hijas de Zelofehad.

11 Y así Maala, Tirsa, Hogla, Milca y Noa, hijas de Zelofehad, se casaron con hijos de sus tíos paternos.

12 Se casaron en la familia de los hijos de Manasés, hijo de José; y la heredad de ellas quedó en la tribu de la familia de su padre.

13 Éstos son los mandamientos y los estatutos que mandó Jehová por medio de Moisés a los hijos de Israel en los campos de Moab, junto al Jordán, frente a Jericó.

DEUTERONOMIO

Moisés recuerda a Israel las promesas de Jehová en Horeb

1 ¹ Éstas son las palabras que habló Moisés a todo Israel a este lado del Jordán en el desierto, en el Arabá frente al Mar Rojo, entre Parán, Tofel, Labán, Hazerot y Dizahab.

² Once jornadas hay desde Horeb, camino del monte de Seir, hasta Cades-barnea.

³ Y aconteció que a los cuarenta años, en el mes undécimo, el primero del mes, Moisés habló a los hijos de Israel conforme a todas las cosas que Jehová le había mandado acerca de ellos,

⁴ después que derrotó a Sehón rey de los amorreos,ᵃ el cual habitaba en Hesbón, y a Og rey de Basánᵇ que habitaba en Astarot en Edrei.

⁵ De este lado del Jordán, en tierra de Moab, resolvió Moisés declarar esta ley, diciendo:

⁶ Jehová nuestro Dios nos habló en Horeb, diciendo: Habéis estado bastante tiempo en este monte.

⁷ Volveos e id al monte del amorreo y a todas sus comarcas, en el Arabá, en el monte, en los valles, en el Neguev, y junto a la costa del mar, a la tierra del cananeo, y al Líbano, hasta el gran río, el río Éufrates.

⁸ Mirad, yo os he entregado la tierra; entrad y poseed la tierra que Jehová juró a vuestros padres Abraham, Isaac y Jacob, que les daría a ellos y a su descendencia después de ellos.

Nombramiento de jueces
(Éx 18.13-27)

⁹ En aquel tiempo yo os hablé diciendo: Yo solo no puedo llevaros.

¹⁰ Jehová vuestro Dios os ha multiplicado, y he aquí hoy vosotros sois como las estrellas del cielo en multitud.

¹¹ ¡Jehová Dios de vuestros padres os haga mil veces más de lo que ahora sois, y os bendiga, como os ha prometido!

¹² ¿Cómo llevaré yo solo vuestras molestias, vuestras cargas y vuestros pleitos?

¹³ Dadme de entre vosotros, de vuestras tribus, varones sabios y entendidos y expertos, para que yo los ponga por vuestros jefes.

¹⁴ Y me respondisteis y dijisteis: Bueno es hacer lo que has dicho.

¹⁵ Y tomé a los principales de vuestras tribus, varones sabios y expertos, y los puse por jefes sobre vosotros, jefes de millares, de centenas, de cincuenta y de diez, y gobernadores de vuestras tribus.

¹⁶ Y entonces mandé a vuestros jueces, diciendo: Oíd entre vuestros hermanos, y juzgad justamente entre el hombre y su hermano, y el extranjero.

¹⁷ No hagáis distinción de persona en el juicio; así al pequeño como al grande oiréis; no tendréis temor de ninguno, porque el juicio es de Dios; y la causa que os fuere difícil, la traeréis a mí, y yo la oiré.

¹⁸ Os mandé, pues, en aquel tiempo, todo lo que habíais de hacer.

Misión de los doce espías
(Nm 13.1-33)

¹⁹ Y salidos de Horeb, anduvimos todo aquel grande y terrible desierto que habéis visto, por el camino del monte del amorreo, como Jehová nuestro Dios nos lo mandó; y llegamos hasta Cades-barnea.

²⁰ Entonces os dije: Habéis llegado al monte del amorreo, el cual Jehová nuestro Dios nos da.

²¹ Mira, Jehová tu Dios te ha entregado la tierra; sube y toma posesión de ella, como Jehová el Dios de tus padres te ha dicho; no temas ni desmayes.

²² Y vinisteis a mí todos vosotros, y dijisteis: Enviemos varones delante de nosotros que nos reconozcan la tierra, y a su regreso nos traigan razón del camino por

---

a 1.4 Nm 21.21-30.   b 1.4 Nm 21.31-35.

donde hemos de subir, y de las ciudades adonde hemos de llegar.

23 Y el dicho me pareció bien; y tomé doce varones de entre vosotros, un varón por cada tribu.

24 Y se encaminaron, y subieron al monte, y llegaron hasta el valle de Escol, y reconocieron la tierra.

25 Y tomaron en sus manos del fruto del país, y nos lo trajeron, y nos dieron cuenta, y dijeron: Es buena la tierra que Jehová nuestro Dios nos da.

26 Sin embargo, no quisisteis subir, antes fuisteis rebeldes al mandato de Jehová vuestro Dios;c

27 y murmurasteis en vuestras tiendas, diciendo: Porque Jehová nos aborrece, nos ha sacado de tierra de Egipto, para entregarnos en manos del amorreo para destruirnos.

28 ¿A dónde subiremos? Nuestros hermanos han atemorizado nuestro corazón, diciendo: Este pueblo es mayor y más alto que nosotros, las ciudades grandes y amuralladas hasta el cielo; y también vimos allí a los hijos de Anac.

29 Entonces os dije: No temáis, ni tengáis miedo de ellos.

30 Jehová vuestro Dios, el cual va delante de vosotros, él peleará por vosotros, conforme a todas las cosas que hizo por vosotros en Egipto delante de vuestros ojos.

31 Y en el desiertod has visto que Jehová tu Dios te ha traído, como trae el hombre a su hijo, por todo el camino que habéis andado, hasta llegar a este lugar.

32 Y aun con esto no creísteis a Jehová vuestro Dios,e

33 quien iba delante de vosotros por el camino para reconoceros el lugar donde habíais de acampar, con fuego de noche para mostraros el camino por donde anduvieseis, y con nube de día.

Dios castiga a Israel
(Nm 14.20-35)

34 Y oyó Jehová la voz de vuestras palabras, y se enojó, y juró diciendo:

35 No verá hombre alguno de éstos, de esta mala generación, la buena tierra que juré que había de dar a vuestros padres,f

36 excepto Caleb hijo de Jefone; él la verá, y a él le daré la tierra que pisó, y a sus hijos; porque ha seguido fielmente a Jehová.

37 También contra mí se airó Jehová por vosotros, y me dijo: Tampoco tú entrarás allá.

38 Josué hijo de Nun, el cual te sirve, él entrará allá; anímale, porque él la hará heredar a Israel.

39 Y vuestros niños, de los cuales dijisteis que servirían de botín, y vuestros hijos que no saben hoy lo bueno ni lo malo, ellos entrarán allá, y a ellos la daré, y ellos la heredarán.

40 Pero vosotros volveos e id al desierto, camino del Mar Rojo.

La derrota en Horma
(Nm 14.39-45)

41 Entonces respondisteis y me dijisteis: Hemos pecado contra Jehová; nosotros subiremos y pelearemos, conforme a todo lo que Jehová nuestro Dios nos ha mandado. Y os armasteis cada uno con sus armas de guerra, y os preparasteis para subir al monte.

42 Y Jehová me dijo: Diles: No subáis, ni peleéis, pues no estoy entre vosotros; para que no seáis derrotados por vuestros enemigos.

43 Y os hablé, y no disteis oído; antes fuisteis rebeldes al mandato de Jehová, y persistiendo con altivez subisteis al monte.

44 Pero salió a vuestro encuentro el amorreo, que habitaba en aquel monte, y os persiguieron como hacen las avispas, y os derrotaron en Seir, hasta Horma.

45 Y volvisteis y llorasteis delante de Jehová, pero Jehová no escuchó vuestra voz, ni os prestó oído.

46 Y estuvisteis en Cades por muchos días, los días que habéis estado allí.

Los años en el desierto

2 1 Luego volvimos y salimos al desierto, camino del Mar Rojo, como Jehová me había dicho; y rodeamos el monte de Seira por mucho tiempo.

2 Y Jehová me habló, diciendo:

3 Bastante habéis rodeado este monte; volveos al norte.

4 Y manda al pueblo, diciendo: Pasando vosotros por el territorio de vuestros

---

c 1.26 Dt 9.23; Heb 3.16.   d 1.31 Hch 13.18.
e 1.32 Heb 3.19.   f 1.34, 35 Heb 3.18.   a 2.1 Nm 21.4.

hermanos los hijos de Esaú,[b] que habitan en Seir, ellos tendrán miedo de vosotros; mas vosotros guardaos mucho.

5 No os metáis con ellos, porque no os daré de su tierra ni aun lo que cubre la planta de un pie; porque yo he dado por heredad a Esaú el monte de Seir.

6 Compraréis de ellos por dinero los alimentos, y comeréis; y también compraréis de ellos el agua, y beberéis;

7 pues Jehová tu Dios te ha bendecido en toda obra de tus manos; él sabe que andas por este gran desierto; estos cuarenta años Jehová tu Dios ha estado contigo, y nada te ha faltado.

8 Y nos alejamos del territorio de nuestros hermanos los hijos de Esaú, que habitaban en Seir, por el camino del Arabá desde Elat y Ezión-geber; y volvimos, y tomamos el camino del desierto de Moab.

9 Y Jehová me dijo: No molestes a Moab,[c] ni te empeñes con ellos en guerra, porque no te daré posesión de su tierra; porque yo he dado a Ar por heredad a los hijos de Lot.

10 (Los emitas habitaron en ella antes, pueblo grande y numeroso, y alto como los hijos de Anac.

11 Por gigantes eran ellos tenidos también, como los hijos de Anac; y los moabitas los llaman emitas.

12 Y en Seir habitaron antes los horeos, a los cuales echaron los hijos de Esaú; y los arrojaron de su presencia, y habitaron en lugar de ellos, como hizo Israel en la tierra que les dio Jehová por posesión.)

13 Levantaos ahora, y pasad el arroyo de Zered. Y pasamos el arroyo de Zered.

14 Y los días que anduvimos de Cades-barnea hasta cuando pasamos el arroyo de Zered fueron treinta y ocho años; hasta que se acabó toda la generación de los hombres de guerra de en medio del campamento, como Jehová les había jurado.[d]

15 Y también la mano de Jehová vino sobre ellos para destruirlos de en medio del campamento, hasta acabarlos.

16 Y aconteció que después que murieron todos los hombres de guerra de entre el pueblo,

17 Jehová me habló, diciendo:

18 Tú pasarás hoy el territorio de Moab, a Ar.

19 Y cuando te acerques a los hijos de Amón,[e] no los molestes, ni contiendas con ellos; porque no te daré posesión de la tierra de los hijos de Amón, pues a los hijos de Lot la he dado por heredad.

20 (Por tierra de gigantes fue también ella tenida; habitaron en ella gigantes en otro tiempo, a los cuales los amonitas llamaban zomzomeos;

21 pueblo grande y numeroso, y alto, como los hijos de Anac; a los cuales Jehová destruyó delante de los amonitas. Éstos sucedieron a aquéllos, y habitaron en su lugar,

22 como hizo Jehová con los hijos de Esaú que habitaban en Seir, delante de los cuales destruyó a los horeos; y ellos sucedieron a éstos, y habitaron en su lugar hasta hoy.

23 Y a los aveos que habitaban en aldeas hasta Gaza, los caftoreos que salieron de Caftor los destruyeron, y habitaron en su lugar.)

24 Levantaos, salid, y pasad el arroyo de Arnón; he aquí he entregado en tu mano a Sehón rey de Hesbón, amorreo, y a su tierra; comienza a tomar posesión de ella, y entra en guerra con él.

25 Hoy comenzaré a poner tu temor y tu espanto sobre los pueblos debajo de todo el cielo, los cuales oirán tu fama, y temblarán y se angustiarán delante de ti.

Israel derrota a Sehón
(Nm 21.21-30)

26 Y envié mensajeros desde el desierto de Cademot a Sehón rey de Hesbón con palabras de paz, diciendo:

27 Pasaré por tu tierra por el camino; por el camino iré, sin apartarme ni a diestra ni a siniestra.

28 La comida me venderás por dinero, y comeré; el agua también me darás por dinero, y beberé; solamente pasaré a pie,

29 como lo hicieron conmigo los hijos de Esaú que habitaban en Seir, y los moabitas que habitaban en Ar; hasta que cruce el Jordán a la tierra que nos da Jehová nuestro Dios.

30 Mas Sehón rey de Hesbón no quiso que pasásemos por el territorio suyo; porque Jehová tu Dios había endurecido

b 2.4 Gn 36.8.   c 2.9 Gn 19.37.   d 2.14 Nm 14.28-35.
e 2.19 Gn 19.38.

su espíritu, y obstinado su corazón para entregarlo en tu mano, como hasta hoy. ³¹ Y me dijo Jehová: He aquí yo he comenzado a entregar delante de ti a Sehón y a su tierra; comienza a tomar posesión de ella para que la heredes. ³² Y nos salió Sehón al encuentro, él y todo su pueblo, para pelear en Jahaza. ³³ Mas Jehová nuestro Dios lo entregó delante de nosotros; y lo derrotamos a él y a sus hijos, y a todo su pueblo. ³⁴ Tomamos entonces todas sus ciudades, y destruimos todas las ciudades, hombres, mujeres y niños; no dejamos ninguno. ³⁵ Solamente tomamos para nosotros los ganados, y los despojos de las ciudades que habíamos tomado. ³⁶ Desde Aroer, que está junto a la ribera del arroyo de Arnón, y la ciudad que está en el valle, hasta Galaad, no hubo ciudad que escapase de nosotros; todas las entregó Jehová nuestro Dios en nuestro poder. ³⁷ Solamente a la tierra de los hijos de Amón no llegamos; ni a todo lo que está a la orilla del arroyo de Jaboc ni a las ciudades del monte, ni a lugar alguno que Jehová nuestro Dios había prohibido.

Israel derrota a Og rey de Basán
(Nm 21.31-35)

3 ¹ Volvimos, pues, y subimos camino de Basán, y nos salió al encuentro Og rey de Basán para pelear, él y todo su pueblo, en Edrei. ² Y me dijo Jehová: No tengas temor de él, porque en tu mano he entregado a él y a todo su pueblo, con su tierra; y harás con él como hiciste con Sehón rey amorreo, que habitaba en Hesbón. ³ Y Jehová nuestro Dios entregó también en nuestra mano a Og rey de Basán, y a todo su pueblo, al cual derrotamos hasta acabar con todos. ⁴ Y tomamos entonces todas sus ciudades; no quedó ciudad que no les tomásemos; sesenta ciudades, toda la tierra de Argob, del reino de Og en Basán. ⁵ Todas estas eran ciudades fortificadas con muros altos, con puertas y barras, sin contar otras muchas ciudades sin muro. ⁶ Y las destruimos, como hicimos a Sehón rey de Hesbón, matando en toda ciudad a hombres, mujeres y niños.

⁷ Y tomamos para nosotros todo el ganado, y los despojos de las ciudades. ⁸ También tomamos en aquel tiempo la tierra desde el arroyo de Arnón hasta el monte de Hermón, de manos de los dos reyes amorreos que estaban a este lado del Jordán. ⁹ (Los sidonios llaman a Hermón, Sirión; y los amorreos, Senir.) ¹⁰ Todas las ciudades de la llanura, y todo Galaad, y todo Basán hasta Salca y Edrei, ciudades del reino de Og en Basán. ¹¹ Porque únicamente Og rey de Basán había quedado del resto de los gigantes. Su cama, una cama de hierro, ¿no está en Rabá de los hijos de Amón? La longitud de ella es de nueve codos, y su anchura de cuatro codos, según el codo de un hombre.

Rubén, Gad y la media tribu de Manasés se establecen al oriente del Jordán
(Nm 32.1-42)

¹² Y esta tierra que heredamos en aquel tiempo, desde Aroer, que está junto al arroyo de Arnón, y la mitad del monte de Galaad con sus ciudades, la di a los rubenitas y a los gaditas; ¹³ y el resto de Galaad, y todo Basán, del reino de Og, toda la tierra de Argob, que se llamaba la tierra de los gigantes, lo di a la media tribu de Manasés. ¹⁴ Jair hijo de Manasés tomó toda la tierra de Argob hasta el límite con Gesur y Maaca, y la llamó por su nombre, Basán-havotjair, hasta hoy. ¹⁵ Y Galaad se lo di a Maquir. ¹⁶ Y a los rubenitas y gaditas les di de Galaad hasta el arroyo de Arnón, teniendo por límite el medio del valle, hasta el arroyo de Jaboc, el cual es límite de los hijos de Amón; ¹⁷ también el Arabá, con el Jordán como límite desde Cineret hasta el mar del Arabá, el Mar Salado, al pie de las laderas del Pisga al oriente. ¹⁸ Y os mandé entonces, diciendo: Jehová vuestro Dios os ha dado esta tierra por heredad; pero iréis armados todos los valientes delante de vuestros hermanos los hijos de Israel. ¹⁹ Solamente vuestras mujeres, vuestros hijos y vuestros ganados (yo sé que tenéis

mucho ganado), quedarán en las ciudades que os he dado,

20 hasta que Jehová dé reposo a vuestros hermanos, así como a vosotros, y hereden ellos también la tierra que Jehová vuestro Dios les da al otro lado del Jordán; entonces os volveréis cada uno a la heredad que yo os he dado.ᵃ

21 Ordené también a Josué en aquel tiempo, diciendo: Tus ojos vieron todo lo que Jehová vuestro Dios ha hecho a aquellos dos reyes; así hará Jehová a todos los reinos a los cuales pasarás tú.

22 No los temáis; porque Jehová vuestro Dios, él es el que pelea por vosotros.

No se le permite a Moisés entrar a Canaán

23 Y oré a Jehová en aquel tiempo, diciendo:

24 Señor Jehová, tú has comenzado a mostrar a tu siervo tu grandeza, y tu mano poderosa; porque ¿qué dios hay en el cielo ni en la tierra que haga obras y proezas como las tuyas?

25 Pase yo, te ruego, y vea aquella tierra buena que está más allá del Jordán, aquel buen monte, y el Líbano.

26 Pero Jehová se había enojado contra mí a causa de vosotros, por lo cual no me escuchó; y me dijo Jehová: Basta, no me hables más de este asunto.

27 Sube a la cumbre del Pisga y alza tus ojos al oeste, y al norte, y al sur, y al este, y mira con tus propios ojos; porque no pasarás el Jordán.ᵇ

28 Y manda a Josué, y anímalo, y fortalécelo; porque él ha de pasar delante de este pueblo, y él les hará heredar la tierra que verás.

29 Y paramos en el valle delante de Betpeor.

Moisés exhorta a la obediencia

4 **1** Ahora, pues, oh Israel, oye los estatutos y decretos que yo os enseño, para que los ejecutéis, y viváis, y entréis y poseáis la tierra que Jehová el Dios de vuestros padres os da.

2 No añadiréis a la palabra que yo os mando, ni disminuiréis de ella,ᵃ para que guardéis los mandamientos de Jehová vuestro Dios que yo os ordeno.

3 Vuestros ojos vieron lo que hizo Jehová con motivo de Baal-peor; que a todo hombre que fue en pos de Baal-peor destruyó Jehová tu Dios de en medio de ti.ᵇ

4 Mas vosotros que seguisteis a Jehová vuestro Dios, todos estáis vivos hoy.

5 Mirad, yo os he enseñado estatutos y decretos, como Jehová mi Dios me mandó, para que hagáis así en medio de la tierra en la cual entráis para tomar posesión de ella.

6 Guardadlos, pues, y ponedlos por obra; porque ésta es vuestra sabiduría y vuestra inteligencia ante los ojos de los pueblos, los cuales oirán todos estos estatutos, y dirán: Ciertamente pueblo sabio y entendido, nación grande es ésta.

7 Porque ¿qué nación grande hay que tenga dioses tan cercanos a ellos como lo está Jehová nuestro Dios en todo cuanto le pedimos?

8 Y ¿qué nación grande hay que tenga estatutos y juicios justos como es toda esta ley que yo pongo hoy delante de vosotros?

La experiencia de Israel en Horeb

9 Por tanto, guárdate, y guarda tu alma con diligencia, para que no te olvides de las cosas que tus ojos han visto, ni se aparten de tu corazón todos los días de tu vida; antes bien, las enseñarás a tus hijos, y a los hijos de tus hijos.

10 El día que estuviste delante de Jehová tu Dios en Horeb, cuando Jehová me dijo: Reúneme el pueblo, para que yo les haga oír mis palabras, las cuales aprenderán, para temerme todos los días que vivieren sobre la tierra, y las enseñarán a sus hijos;

11 y os acercasteis y os pusisteis al pie del monte; y el monte ardía en fuego hasta en medio de los cielos con tinieblas, nube y oscuridad;

12 y habló Jehová con vosotros de en medio del fuego;ᶜ oísteis la voz de sus palabras, mas a excepción de oír la voz, ninguna figura visteis.

13 Y él os anunció su pacto, el cual os mandó poner por obra; los diez mandamientos, y los escribió en dos tablas de piedra.ᵈ

---

a **3.18-20** Jos 1.12-15.   b **3.23-27** Nm 27.12-14; Dt 32.48-52.   a **4.2** Ap 22.18, 19.   b **4.3** Nm 25.1-9.   c **4.11, 12** Éx 19.16-18; Heb 12.18, 19.   d **4.13** Éx 31.18.

¹⁴ A mí también me mandó Jehová en aquel tiempo que os enseñase los estatutos y juicios,ᵉ para que los pusieseis por obra en la tierra a la cual pasáis a tomar posesión de ella.

Advertencia contra la idolatría

¹⁵ Guardad, pues, mucho vuestras almas; pues ninguna figura visteis el día que Jehová habló con vosotros de en medio del fuego; ¹⁶ para que no os corrompáis y hagáis para vosotros escultura,ᶠ imagen de figura alguna, efigie de varón o hembra, ¹⁷ figura de animal alguno que está en la tierra, figura de ave alguna alada que vuele por el aire, ¹⁸ figura de ningún animal que se arrastre sobre la tierra, figura de pez alguno que haya en el agua debajo de la tierra. ¹⁹ No sea que alces tus ojos al cielo, y viendo el sol y la luna y las estrellas, y todo el ejército del cielo, seas impulsado, y te inclines a ellos y les sirvas; porque Jehová tu Dios los ha concedido a todos los pueblos debajo de todos los cielos. ²⁰ Pero a vosotros Jehová os tomó, y os ha sacado del horno de hierro, de Egipto, para que seáis el pueblo de su heredadᵍ como en este día. ²¹ Y Jehová se enojó contra mí por causa de vosotros, y juró que yo no pasaría el Jordán, ni entraría en la buena tierra que Jehová tu Dios te da por heredad.ʰ ²² Así que yo voy a morir en esta tierra, y no pasaré el Jordán; mas vosotros pasaréis, y poseeréis aquella buena tierra. ²³ Guardaos, no os olvidéis del pacto de Jehová vuestro Dios, que él estableció con vosotros, y no os hagáis escultura o imagen de ninguna cosa que Jehová tu Dios te ha prohibido. ²⁴ Porque Jehová tu Dios es fuego consumidor,ⁱ Dios celoso.

²⁵ Cuando hayáis engendrado hijos y nietos, y hayáis envejecido en la tierra, si os corrompiereis e hiciereis escultura o imagen de cualquier cosa, e hiciereis lo malo ante los ojos de Jehová vuestro Dios, para enojarlo;

²⁶ yo pongo hoy por testigos al cielo y a la tierra, que pronto pereceréis totalmente de la tierra hacia la cual pasáis el Jordán para tomar posesión de ella; no estaréis en ella largos días sin que seáis destruidos. ²⁷ Y Jehová os esparcirá entre los pueblos, y quedaréis pocos en número entre las naciones a las cuales os llevará Jehová. ²⁸ Y serviréis allí a dioses hechos de manos de hombres, de madera y piedra,ʲ que no ven, ni oyen, ni comen, ni huelen. ²⁹ Mas si desde allí buscares a Jehová tu Dios, lo hallarás, si lo buscares de todo tu corazón y de toda tu alma.ᵏ ³⁰ Cuando estuvieres en angustia, y te alcanzaren todas estas cosas, si en los postreros días te volvieres a Jehová tu Dios, y oyeres su voz; ³¹ porque Dios misericordioso es Jehová tu Dios; no te dejará, ni te destruirá, ni se olvidará del pacto que les juró a tus padres.

³² Porque pregunta ahora si en los tiempos pasados que han sido antes de ti, desde el día que creó Dios al hombre sobre la tierra, si desde un extremo del cielo al otro se ha hecho cosa semejante a esta gran cosa, o se haya oído otra como ella. ³³ ¿Ha oído pueblo alguno la voz de Dios, hablando de en medio del fuego, como tú la has oído, sin perecer? ³⁴ ¿O ha intentado Dios venir a tomar para sí una nación de en medio de otra nación, con pruebas, con señales, con milagros y con guerra, y mano poderosa y brazo extendido, y hechos aterradores como todo lo que hizo con vosotros Jehová vuestro Dios en Egipto ante tus ojos? ³⁵ A ti te fue mostrado, para que supieses que Jehová es Dios, y no hay otro fuera de él.ˡ ³⁶ Desde los cielos te hizo oír su voz, para enseñarte; y sobre la tierra te mostró su gran fuego, y has oído sus palabras de en medio del fuego. ³⁷ Y por cuanto él amó a tus padres, escogió a su descendencia después de ellos, y te sacó de Egipto con su presencia y con su gran poder, ³⁸ para echar de delante de tu presencia naciones grandes y más fuertes que tú, y para introducirte y darte su tierra por heredad, como hoy.

e 4.14 Éx 21.1. f 4.16 Éx 20.4; Lv 26.1; Dt 5.8; 27.15.
g 4.20 Éx 19.5; Dt 7.6; 14.2; 26.18; Tit 2.14; 1 P 2.9.
h 4.21 Nm 20.12. i 4.24 Heb 12.29. j 4.27, 28 Dt 28.36.
k 4.29 Jer 29.13. l 4.35 Mr 12.32.

39 Aprende pues, hoy, y reflexiona en tu corazón que Jehová es Dios arriba en el cielo y abajo en la tierra, y no hay otro. **40** Y guarda sus estatutos y sus mandamientos, los cuales yo te mando hoy, para que te vaya bien a ti y a tus hijos después de ti, y prolongues tus días sobre la tierra que Jehová tu Dios te da para siempre.

Las ciudades de refugio al oriente del Jordán

41 Entonces apartó Moisés tres ciudades a este lado del Jordán al nacimiento del sol, **42** para que huyese allí el homicida que matase a su prójimo sin intención, sin haber tenido enemistad con él nunca antes; y que huyendo a una de estas ciudades salvase su vida: **43** Beser en el desierto, en tierra de la llanura, para los rubenitas; Ramot en Galaad para los gaditas, y Golán en Basán para los de Manasés.[m]

Moisés recapitula la promulgación de la ley

44 Ésta, pues, es la ley que Moisés puso delante de los hijos de Israel. **45** Éstos son los testimonios, los estatutos y los decretos que habló Moisés a los hijos de Israel cuando salieron de Egipto; **46** a este lado del Jordán, en el valle delante de Bet-peor, en la tierra de Sehón rey de los amorreos que habitaba en Hesbón, al cual derrotó Moisés con los hijos de Israel, cuando salieron de Egipto; **47** y poseyeron su tierra, y la tierra de Og rey de Basán; dos reyes de los amorreos que estaban de este lado del Jordán, al oriente. **48** Desde Aroer, que está junto a la ribera del arroyo de Arnón, hasta el monte de Sion, que es Hermón; **49** y todo el Arabá de este lado del Jordán, al oriente, hasta el mar del Arabá, al pie de las laderas del Pisga.

Los Diez Mandamientos
(Éx 20.1-17)

5 **1** Llamó Moisés a todo Israel y les dijo: Oye, Israel, los estatutos y decretos que yo pronuncio hoy en vuestros oídos; aprendedlos, y guardadlos, para ponerlos por obra. **2** Jehová nuestro Dios hizo pacto con nosotros en Horeb. **3** No con nuestros padres hizo Jehová este pacto, sino con nosotros todos los que estamos aquí hoy vivos. **4** Cara a cara habló Jehová con vosotros en el monte de en medio del fuego. **5** Yo estaba entonces entre Jehová y vosotros, para declararos la palabra de Jehová; porque vosotros tuvisteis temor del fuego, y no subisteis al monte. Dijo:

6 Yo soy Jehová tu Dios, que te saqué de tierra de Egipto, de casa de servidumbre. **7** No tendrás dioses ajenos delante de mí. **8** No harás para ti escultura, ni imagen alguna de cosa que está arriba en los cielos, ni abajo en la tierra, ni en las aguas debajo de la tierra. **9** No te inclinarás a ellas ni las servirás;[a] porque yo soy Jehová tu Dios, fuerte, celoso, que visito la maldad de los padres sobre los hijos hasta la tercera y cuarta generación de los que me aborrecen, **10** y que hago misericordia a millares, a los que me aman y guardan mis mandamientos.[b]

11 No tomarás el nombre de Jehová tu Dios en vano;[c] porque Jehová no dará por inocente al que tome su nombre en vano. **12** Guardarás el día de reposo* para santificarlo, como Jehová tu Dios te ha mandado.[d] **13** Seis días trabajarás, y harás toda tu obra; **14** mas el séptimo día es reposo* a Jehová tu Dios; ninguna obra harás tú,[e] ni tu hijo, ni tu hija, ni tu siervo, ni tu sierva, ni tu buey, ni tu asno, ni ningún animal tuyo, ni el extranjero que está dentro de tus puertas, para que descanse tu siervo y tu sierva como tú. **15** Acuérdate que fuiste siervo en tierra de Egipto, y que Jehová tu Dios te sacó de allá con mano fuerte y brazo extendido; por lo cual Jehová tu Dios te ha mandado que guardes el día de reposo.* **16** Honra a tu padre y a tu madre,[f] como Jehová tu Dios te ha mandado, para que sean prolongados tus días, y para que te

---

* Aquí equivale a *sábado*.
m 4.41-43 Jos 20.8, 9.   **a 5.8, 9** Éx 34.17; Lv 19.4; 26.1; Dt 4.15-19; 27.15.   **b 5.9, 10** Éx 34.6, 7; Nm 14.18; Dt 7.9, 10.   **c 5.11** Lv 19.12.   **d 5.12** Éx 16.23-30; 31.12-14. **e 5.13, 14** Éx 23.12; 31.15; 34.21; 35.2; Lv 23.3. **f 5.16** Dt 27.16; Mt 15.4; 19.19; Mr 7.10; 10.19; Lc 18.20; Ef 6.2.

vaya bien sobre la tierra que Jehová tu Dios te da.[g]

[17] No matarás.[h]

[18] No cometerás adulterio.[i]

[19] No hurtarás.[j]

[20] No dirás falso testimonio contra tu prójimo.[k]

[21] No codiciarás[l] la mujer de tu prójimo, ni desearás la casa de tu prójimo, ni su tierra, ni su siervo, ni su sierva, ni su buey, ni su asno, ni cosa alguna de tu prójimo.

El terror del pueblo
(Éx 20.18-26)

[22] Estas palabras habló Jehová a toda vuestra congregación en el monte, de en medio del fuego, de la nube y de la oscuridad, a gran voz; y no añadió más. Y las escribió en dos tablas de piedra, las cuales me dio a mí.

[23] Y aconteció que cuando vosotros oísteis la voz de en medio de las tinieblas, y visteis al monte que ardía en fuego, vinisteis a mí, todos los príncipes de vuestras tribus, y vuestros ancianos,

[24] y dijisteis: He aquí Jehová nuestro Dios nos ha mostrado su gloria y su grandeza, y hemos oído su voz de en medio del fuego; hoy hemos visto que Jehová habla al hombre, y éste aún vive.

[25] Ahora, pues, ¿por qué vamos a morir? Porque este gran fuego nos consumirá; si oyéremos otra vez la voz de Jehová nuestro Dios, moriremos.

[26] Porque ¿qué es el hombre, para que oiga la voz del Dios viviente que habla de en medio del fuego, como nosotros la oímos, y aún viva?

[27] Acércate tú, y oye todas las cosas que dijere Jehová nuestro Dios; y tú nos dirás todo lo que Jehová nuestro Dios te dijere, y nosotros oiremos y haremos.[m]

[28] Y oyó Jehová la voz de vuestras palabras cuando me hablabais, y me dijo Jehová: He oído la voz de las palabras de este pueblo, que ellos te han hablado; bien está todo lo que han dicho.

[29] ¡Quién diera que tuviesen tal corazón, que me temiesen y guardasen todos los días todos mis mandamientos, para que a ellos y a sus hijos les fuese bien para siempre!

[30] Ve y diles: Volveos a vuestras tiendas.

[31] Y tú quédate aquí conmigo, y te diré todos los mandamientos y estatutos y decretos que les enseñarás, a fin de que los pongan ahora por obra en la tierra que yo les doy por posesión.

[32] Mirad, pues, que hagáis como Jehová vuestro Dios os ha mandado; no os apartéis a diestra ni a siniestra.

[33] Andad en todo el camino que Jehová vuestro Dios os ha mandado, para que viváis y os vaya bien, y tengáis largos días en la tierra que habéis de poseer.

El gran mandamiento

6 [1] Éstos, pues, son los mandamientos, estatutos y decretos que Jehová vuestro Dios mandó que os enseñase, para que los pongáis por obra en la tierra a la cual pasáis vosotros para tomarla;

[2] para que temas a Jehová tu Dios, guardando todos sus estatutos y sus mandamientos que yo te mando, tú, tu hijo, y el hijo de tu hijo, todos los días de tu vida, para que tus días sean prolongados.

[3] Oye, pues, oh Israel, y cuida de ponerlos por obra, para que te vaya bien en la tierra que fluye leche y miel, y os multipliquéis, como te ha dicho Jehová el Dios de tus padres.

[4] Oye, Israel: Jehová nuestro Dios, Jehová uno es.[a]

[5] Y amarás a Jehová tu Dios de todo tu corazón, y de toda tu alma, y con todas tus fuerzas.[b]

[6] Y estas palabras que yo te mando hoy, estarán sobre tu corazón;

[7] y las repetirás a tus hijos, y hablarás de ellas estando en tu casa, y andando por el camino, y al acostarte, y cuando te levantes.

[8] Y las atarás como una señal en tu mano, y estarán como frontales entre tus ojos;

[9] y las escribirás en los postes de tu casa, y en tus puertas.[c]

Exhortaciones a la obediencia

[10] Cuando Jehová tu Dios te haya introducido en la tierra que juró a tus padres

---

g **5.16** Ef 6.3.   h **5.17** Gn 9.6; Lv 24.17; Mt 5.21; 19.18; Mr 10.19; Lc 18.20; Ro 13.9; Stg 2.11.   i **5.18** Lv 20.10; Mt 5.27; 19.18; Mr 10.19; Lc 18.20; Ro 13.9; Stg 2.11. j **5.19** Lv 19.11; Mt 19.18; Mr 10.19; Lc 18.20; Ro 13.9. k **5.20** Éx 23.1; Mt 19.18; Mr 10.19; Lc 18.20.   l **5.21** Ro 7.7; 13.9.   m **5.22-27** Heb 12.18, 19.   a **6.4** Mr 12.29. b **6.5** Mt 22.37; Mr 12.30; Lc 10.27.   c **6.6-9** Dt 11.18-20.

Abraham,[d] Isaac[e] y Jacob[f] que te daría, en ciudades grandes y buenas que tú no edificaste,

11 y casas llenas de todo bien, que tú no llenaste, y cisternas cavadas que tú no cavaste, viñas y olivares que no plantaste, y luego que comas y te sacies,

12 cuídate de no olvidarte de Jehová, que te sacó de la tierra de Egipto, de casa de servidumbre.

13 A Jehová tu Dios temerás, y a él solo servirás,[g] y por su nombre jurarás.

14 No andaréis en pos de dioses ajenos, de los dioses de los pueblos que están en vuestros contornos;

15 porque el Dios celoso, Jehová tu Dios, en medio de ti está; para que no se inflame el furor de Jehová tu Dios contra ti, y te destruya de sobre la tierra.

16 No tentaréis a Jehová vuestro Dios,[h] como lo tentasteis en Masah.[i]

17 Guardad cuidadosamente los mandamientos de Jehová vuestro Dios, y sus testimonios y sus estatutos que te ha mandado.

18 Y haz lo recto y bueno ante los ojos de Jehová, para que te vaya bien, y entres y poseas la buena tierra que Jehová juró a tus padres;

19 para que él arroje a tus enemigos de delante de ti, como Jehová ha dicho.

20 Mañana cuando te preguntare tu hijo, diciendo: ¿Qué significan los testimonios y estatutos y decretos que Jehová nuestro Dios os mandó?

21 entonces dirás a tu hijo: Nosotros éramos siervos de Faraón en Egipto, y Jehová nos sacó de Egipto con mano poderosa.

22 Jehová hizo señales y milagros grandes y terribles en Egipto, sobre Faraón y sobre toda su casa, delante de nuestros ojos;

23 y nos sacó de allá, para traernos y darnos la tierra que juró a nuestros padres.

24 Y nos mandó Jehová que cumplamos todos estos estatutos, y que temamos a Jehová nuestro Dios, para que nos vaya bien todos los días, y para que nos conserve la vida, como hasta hoy.

25 Y tendremos justicia cuando cuidemos de poner por obra todos estos mandamientos delante de Jehová nuestro Dios, como él nos ha mandado.

Advertencias contra la idolatría de Canaán
(Éx 34.11-17)

7 ¹ Cuando Jehová tu Dios te haya introducido en la tierra en la cual entrarás para tomarla, y haya echado de delante de ti a muchas naciones, al heteo, al gergeseo, al amorreo, al cananeo, al ferezeo, al heveo y al jebuseo, siete naciones[a] mayores y más poderosas que tú,

2 y Jehová tu Dios las haya entregado delante de ti, y las hayas derrotado, las destruirás del todo; no harás con ellas alianza, ni tendrás de ellas misericordia.

3 Y no emparentarás con ellas; no darás tu hija a su hijo, ni tomarás a su hija para tu hijo.

4 Porque desviará a tu hijo de en pos de mí, y servirán a dioses ajenos; y el furor de Jehová se encenderá sobre vosotros, y te destruirá pronto.

5 Mas así habéis de hacer con ellos: sus altares destruiréis, y quebraréis sus estatuas, y destruiréis sus imágenes de Asera, y quemaréis sus esculturas en el fuego.[b]

Un pueblo santo para Jehová

6 Porque tú eres pueblo santo para Jehová tu Dios; Jehová tu Dios te ha escogido para serle un pueblo especial,[c] más que todos los pueblos que están sobre la tierra.

7 No por ser vosotros más que todos los pueblos os ha querido Jehová y os ha escogido, pues vosotros erais el más insignificante de todos los pueblos;

8 sino por cuanto Jehová os amó, y quiso guardar el juramento que juró a vuestros padres, os ha sacado Jehová con mano poderosa, y os ha rescatado de servidumbre, de la mano de Faraón rey de Egipto.

9 Conoce, pues, que Jehová tu Dios es Dios, Dios fiel, que guarda el pacto y la misericordia a los que le aman y guardan sus mandamientos, hasta mil generaciones;

10 y que da el pago en persona al que le aborrece, destruyéndolo;[d] y no se demora con el que le odia, en persona le dará el pago.

d 6.10 Gn 12.7.   e 6.10 Gn 26.3.   f 6.10 Gn 28.13.
g 6.13 Mt 4.10; Lc 4.8.   h 6.16 Mt 4.7; Lc 4.12.
i 6.16 Éx 17.1-7.   a 7.1 Hch 13.19.   b 7.5 Dt 12.3.
c 7.6 Éx 19.5; Dt 4.20; 14.2; 26.18; Tit 2.14; 1 P 2.9.
d 7.9, 10 Éx 20.5, 6; 34.6, 7; Nm 14.18; Dt 5.9, 10.

¹¹ Guarda, por tanto, los mandamientos, estatutos y decretos que yo te mando hoy que cumplas.

Bendiciones de la obediencia
(Lv 26.3-13; Dt 28.1-14)

¹² Y por haber oído estos decretos y haberlos guardado y puesto por obra, Jehová tu Dios guardará contigo el pacto y la misericordia que juró a tus padres. ¹³ Y te amará, te bendecirá y te multiplicará, y bendecirá el fruto de tu vientre y el fruto de tu tierra, tu grano, tu mosto, tu aceite, la cría de tus vacas, y los rebaños de tus ovejas, en la tierra que juró a tus padres que te daría. ¹⁴ Bendito serás más que todos los pueblos; no habrá en ti varón ni hembra estéril, ni en tus ganados. ¹⁵ Y quitará Jehová de ti toda enfermedad; y todas las malas plagas de Egipto, que tú conoces, no las pondrá sobre ti, antes las pondrá sobre todos los que te aborrecieren. ¹⁶ Y consumirás a todos los pueblos que te da Jehová tu Dios; no los perdonará tu ojo, ni servirás a sus dioses, porque te será tropiezo.ᵉ

¹⁷ Si dijeres en tu corazón: Estas naciones son mucho más numerosas que yo; ¿cómo las podré exterminar? ¹⁸ no tengas temor de ellas; acuérdate bien de lo que hizo Jehová tu Dios con Faraón y con todo Egipto; ¹⁹ de las grandes pruebas que vieron tus ojos, y de las señales y milagros, y de la mano poderosa y el brazo extendido con que Jehová tu Dios te sacó; así hará Jehová tu Dios con todos los pueblos de cuya presencia tú temieres. ²⁰ También enviará Jehová tu Dios avispas sobre ellos, hasta que perezcan los que quedaren y los que se hubieren escondido de delante de ti. ²¹ No desmayes delante de ellos, porque Jehová tu Dios está en medio de ti, Dios grande y temible. ²² Y Jehová tu Dios echará a estas naciones de delante de ti poco a poco; no podrás acabar con ellas en seguida, para que las fieras del campo no se aumenten contra ti.

²³ Mas Jehová tu Dios las entregará delante de ti, y él las quebrantará con grande destrozo, hasta que sean destruidas. ²⁴ Él entregará sus reyes en tu mano, y tú destruirás el nombre de ellos de debajo del cielo; nadie te hará frente hasta que los destruyas. ²⁵ Las esculturas de sus dioses quemarás en el fuego; no codiciarás plata ni oro de ellas para tomarlo para ti, para que no tropieces en ello, pues es abominación a Jehová tu Dios; ²⁶ y no traerás cosa abominable a tu casa, para que no seas anatema; del todo la aborrecerás y la abominarás, porque es anatema.

La buena tierra que han de poseer

8 ¹ Cuidaréis de poner por obra todo mandamiento que yo os ordeno hoy, para que viváis, y seáis multiplicados, y entréis y poseáis la tierra que Jehová prometió con juramento a vuestros padres. ² Y te acordarás de todo el camino por donde te ha traído Jehová tu Dios estos cuarenta años en el desierto, para afligirte, para probarte, para saber lo que había en tu corazón, si habías de guardar o no sus mandamientos. ³ Y te afligió, y te hizo tener hambre, y te sustentó con maná, comida que no conocías tú, ni tus padres la habían conocido, para hacerte saber que no sólo de pan vivirá el hombre, mas de todo lo que sale de la boca de Jehová vivirá el hombre.ᵃ ⁴ Tu vestido nunca se envejeció sobre ti, ni el pie se te ha hinchado en estos cuarenta años. ⁵ Reconoce asimismo en tu corazón, que como castiga el hombre a su hijo, así Jehová tu Dios te castiga. ⁶ Guardarás, pues, los mandamientos de Jehová tu Dios, andando en sus caminos, y temiéndole. ⁷ Porque Jehová tu Dios te introduce en la buena tierra, tierra de arroyos, de aguas, de fuentes y de manantiales, que brotan en vegas y montes; ⁸ tierra de trigo y cebada, de vides, higueras y granados; tierra de olivos, de aceite y de miel; ⁹ tierra en la cual no comerás el pan con escasez, ni te faltará nada en ella; tierra

---

e **7.12-16** Dt 11.13-17.   a **8.3** Mt 4.4; Lc 4.4.

cuyas piedras son hierro, y de cuyos montes sacarás cobre.

10 Y comerás y te saciarás, y bendecirás a Jehová tu Dios por la buena tierra que te habrá dado.

Amonestación de no olvidar a Dios

11 Cuídate de no olvidarte de Jehová tu Dios, para cumplir sus mandamientos, sus decretos y sus estatutos que yo te ordeno hoy;

12 no suceda que comas y te sacies, y edifiques buenas casas en que habites,

13 y tus vacas y tus ovejas se aumenten, y la plata y el oro se te multipliquen, y todo lo que tuvieres se aumente;

14 y se enorgullezca tu corazón, y te olvides de Jehová tu Dios, que te sacó de tierra de Egipto, de casa de servidumbre;

15 que te hizo caminar por un desierto grande y espantoso, lleno de serpientes ardientes, y de escorpiones, y de sed, donde no había agua, y él te sacó agua de la roca del pedernal;

16 que te sustentó con maná en el desierto, comida que tus padres no habían conocido, afligiéndote y probándote, para a la postre hacerte bien;[b]

17 y digas en tu corazón: Mi poder y la fuerza de mi mano me han traído esta riqueza.

18 Sino acuérdate de Jehová tu Dios, porque él te da el poder para hacer las riquezas, a fin de confirmar su pacto que juró a tus padres, como en este día.

19 Mas si llegares a olvidarte de Jehová tu Dios y anduvieres en pos de dioses ajenos, y les sirvieres y a ellos te inclinares, yo lo afirmo hoy contra vosotros, que de cierto pereceréis.

20 Como las naciones que Jehová destruirá delante de vosotros, así pereceréis, por cuanto no habréis atendido a la voz de Jehová vuestro Dios.

Dios destruirá a las naciones de Canaán

9 **1** Oye, Israel: tú vas hoy a pasar el Jordán, para entrar a desposeer a naciones más numerosas y más poderosas que tú, ciudades grandes y amuralladas hasta el cielo;

2 un pueblo grande y alto, hijos de los anaceos, de los cuales tienes tú conocimiento, y has oído decir: ¿Quién se sostendrá delante de los hijos de Anac?

3 Entiende, pues, hoy, que es Jehová tu Dios el que pasa delante de ti como fuego consumidor, que los destruirá y humillará delante de ti; y tú los echarás, y los destruirás en seguida, como Jehová te ha dicho.

4 No pienses en tu corazón cuando Jehová tu Dios los haya echado de delante de ti, diciendo: Por mi justicia me ha traído Jehová a poseer esta tierra; pues por la impiedad de estas naciones Jehová las arroja de delante de ti.

5 No por tu justicia, ni por la rectitud de tu corazón entras a poseer la tierra de ellos, sino por la impiedad de estas naciones Jehová tu Dios las arroja de delante de ti, y para confirmar la palabra que Jehová juró a tus padres Abraham, Isaac y Jacob.

La rebelión de Israel en Horeb
(Éx 31.18—32.35)

6 Por tanto, sabe que no es por tu justicia que Jehová tu Dios te da esta buena tierra para tomarla; porque pueblo duro de cerviz eres tú.

7 Acuérdate, no olvides que has provocado la ira de Jehová tu Dios en el desierto; desde el día que saliste de la tierra de Egipto, hasta que entrasteis en este lugar, habéis sido rebeldes a Jehová.

8 En Horeb provocasteis a ira a Jehová, y se enojó Jehová contra vosotros para destruiros.

9 Cuando yo subí al monte para recibir las tablas de piedra, las tablas del pacto que Jehová hizo con vosotros, estuve entonces en el monte cuarenta días y cuarenta noches,[a] sin comer pan ni beber agua;

10 y me dio Jehová las dos tablas de piedra escritas con el dedo de Dios; y en ellas estaba escrito según todas las palabras que os habló Jehová en el monte, de en medio del fuego, el día de la asamblea.

11 Sucedió al fin de los cuarenta días y cuarenta noches, que Jehová me dio las dos tablas de piedra, las tablas del pacto.

12 Y me dijo Jehová: Levántate, desciende pronto de aquí, porque tu pueblo que sacaste de Egipto se ha corrompido; pronto se han apartado del camino que yo les

---

b 8.11-16 Os 13.5, 6.   **a 9.9** Éx 24.18.

mandé; se han hecho una imagen de fundición.

13 Y me habló Jehová, diciendo: He observado a ese pueblo, y he aquí que es pueblo duro de cerviz.

14 Déjame que los destruya, y borre su nombre de debajo del cielo, y yo te pondré sobre una nación fuerte y mucho más numerosa que ellos.

15 Y volví y descendí del monte, el cual ardía en fuego, con las tablas del pacto en mis dos manos.

16 Y miré, y he aquí habíais pecado contra Jehová vuestro Dios; os habíais hecho un becerro de fundición, apartándoos pronto del camino que Jehová os había mandado.

17 Entonces tomé las dos tablas y las arrojé de mis dos manos, y las quebré delante de vuestros ojos.

18 Y me postré delante de Jehová como antes, cuarenta días y cuarenta noches; no comí pan ni bebí agua, a causa de todo vuestro pecado que habíais cometido haciendo el mal ante los ojos de Jehová para enojarlo.

19 Porque temí[b] a causa del furor y de la ira con que Jehová estaba enojado contra vosotros para destruiros. Pero Jehová me escuchó aun esta vez.

20 Contra Aarón también se enojó Jehová en gran manera para destruirlo; y también oré por Aarón en aquel entonces.

21 Y tomé el objeto de vuestro pecado, el becerro que habíais hecho, y lo quemé en el fuego, y lo desmenucé moliéndolo muy bien, hasta que fue reducido a polvo; y eché el polvo de él en el arroyo que descendía del monte.

22 También en Tabera,[c] en Masah[d] y en Kibrot-hataava[e] provocasteis a ira a Jehová.

23 Y cuando Jehová os envió desde Cades-barnea,[f] diciendo: Subid y poseed la tierra que yo os he dado,[g] también fuisteis rebeldes al mandato de Jehová vuestro Dios,[h] y no le creísteis, ni obedecisteis a su voz.

24 Rebeldes habéis sido a Jehová desde el día que yo os conozco.

25 Me postré, pues, delante de Jehová; cuarenta días y cuarenta noches estuve postrado, porque Jehová dijo que os había de destruir.

26 Y oré a Jehová, diciendo: Oh Señor Jehová, no destruyas a tu pueblo y a tu heredad que has redimido con tu grandeza, que sacaste de Egipto con mano poderosa.

27 Acuérdate de tus siervos Abraham, Isaac y Jacob; no mires a la dureza de este pueblo, ni a su impiedad ni a su pecado,

28 no sea que digan los de la tierra de donde nos sacaste: Por cuanto no pudo Jehová introducirlos en la tierra que les había prometido, o porque los aborrecía, los sacó para matarlos en el desierto.

29 Y ellos son tu pueblo y tu heredad, que sacaste con tu gran poder y con tu brazo extendido.

El pacto renovado
(Éx 34.1-10)

10 1 En aquel tiempo Jehová me dijo: Lábrate dos tablas de piedra como las primeras, y sube a mí al monte, y hazte un arca de madera;

2 y escribiré en aquellas tablas las palabras que estaban en las primeras tablas que quebraste; y las pondrás en el arca.

3 E hice un arca de madera de acacia, y labré dos tablas de piedra como las primeras, y subí al monte con las dos tablas en mi mano.

4 Y escribió en las tablas conforme a la primera escritura, los diez mandamientos que Jehová os había hablado en el monte de en medio del fuego, el día de la asamblea; y me las dio Jehová.

5 Y volví y descendí del monte, y puse las tablas en el arca que había hecho; y allí están, como Jehová me mandó.

6 (Después salieron los hijos de Israel de Beerot-bene-jaacán[i] a Mosera; allí murió Aarón,[a] y allí fue sepultado, y en lugar suyo tuvo el sacerdocio su hijo Eleazar.

7 De allí partieron a Gudgoda, y de Gudgoda a Jotbata, tierra de arroyos de aguas.

8 En aquel tiempo apartó Jehová la tribu de Leví[b] para que llevase el arca del pacto de Jehová, para que estuviese delante de Jehová para servirle, y para bendecir en su nombre, hasta hoy,

---

i. 10.6 los pozos de los hijos de Jaacán.
b 9.19 Heb 12.21.   **c 9.22** Nm 11.3.   **d 9.22** Éx 17.7.
e 9.22 Nm 11.34.   **f 9.23** Nm 13.17.   **g 9.23** Dt 1.21.
h 9.23 Nm 13.31; Dt 1.26; Heb 3.16.   **a 10.6** Nm 20.28;
33.38.   **b 10.8** Nm 3.5-8.

9 por lo cual Leví no tuvo parte ni heredad con sus hermanos; Jehová es su heredad, como Jehová tu Dios le dijo.)

10 Y yo estuve en el monte como los primeros días, cuarenta días y cuarenta noches;c y Jehová también me escuchó esta vez, y no quiso Jehová destruirte.

11 Y me dijo Jehová: Levántate, anda, para que marches delante del pueblo, para que entren y posean la tierra que juré a sus padres que les había de dar.

Lo que Dios exige

12 Ahora, pues, Israel, ¿qué pide Jehová tu Dios de ti, sino que temas a Jehová tu Dios, que andes en todos sus caminos, y que lo ames, y sirvas a Jehová tu Dios con todo tu corazón y con toda tu alma;

13 que guardes los mandamientos de Jehová y sus estatutos, que yo te prescribo hoy, para que tengas prosperidad?

14 He aquí, de Jehová tu Dios son los cielos, y los cielos de los cielos, la tierra, y todas las cosas que hay en ella.

15 Solamente de tus padres se agradó Jehová para amarlos, y escogió su descendencia después de ellos, a vosotros, de entre todos los pueblos, como en este día.

16 Circuncidad, pues, el prepucio de vuestro corazón, y no endurezcáis más vuestra cerviz.

17 Porque Jehová vuestro Dios es Dios de dioses y Señor de señores, Dios grande, poderoso y temible, que no hace acepción de personas,d ni toma cohecho;

18 que hace justicia al huérfano y a la viuda; que ama también al extranjero dándole pan y vestido.

19 Amaréis, pues, al extranjero; porque extranjeros fuisteis en la tierra de Egipto.

20 A Jehová tu Dios temerás, a él solo servirás, a él seguirás, y por su nombre jurarás.

21 Él es el objeto de tu alabanza, y él es tu Dios, que ha hecho contigo estas cosas grandes y terribles que tus ojos han visto.

22 Con setenta personase descendieron tus padres a Egipto, y ahora Jehová te ha hecho como las estrellas del cielof en multitud.

La grandeza de Jehová

11 1 Amarás, pues, a Jehová tu Dios, y guardarás sus ordenanzas, sus estatutos, sus decretos y sus mandamientos, todos los días.

2 Y comprended hoy, porque no hablo con vuestros hijos que no han sabido ni visto el castigo de Jehová vuestro Dios, su grandeza, su mano poderosa, y su brazo extendido,

3 y sus señales, y sus obras que hizo en medio de Egipto a Faraón rey de Egipto, y a toda su tierra;a

4 y lo que hizo al ejército de Egipto, a sus caballos y a sus carros; cómo precipitó las aguas del Mar Rojo sobre ellos, cuando venían tras vosotros,b y Jehová los destruyó hasta hoy;

5 y lo que ha hecho con vosotros en el desierto, hasta que habéis llegado a este lugar;

6 y lo que hizo con Datán y Abiram, hijos de Eliab hijo de Rubén; cómo abrió su boca la tierra, y los tragó con sus familias, sus tiendas, y todo su ganado, en medio de todo Israel.c

7 Mas vuestros ojos han visto todas las grandes obras que Jehová ha hecho.

Bendiciones de la Tierra Prometida

8 Guardad, pues, todos los mandamientos que yo os prescribo hoy, para que seáis fortalecidos, y entréis y poseáis la tierra a la cual pasáis para tomarla;

9 y para que os sean prolongados los días sobre la tierra, de la cual juró Jehová a vuestros padres, que había de darla a ellos y a su descendencia, tierra que fluye leche y miel.

10 La tierra a la cual entras para tomarla no es como la tierra de Egipto de donde habéis salido, donde sembrabas tu semilla, y regabas con tu pie, como huerto de hortaliza.

11 La tierra a la cual pasáis para tomarla es tierra de montes y de vegas, que bebe las aguas de la lluvia del cielo;

12 tierra de la cual Jehová tu Dios cuida; siempre están sobre ella los ojos de Jehová tu Dios, desde el principio del año hasta el fin.

13 Si obedeciereis cuidadosamente a mis mandamientos que yo os prescribo hoy, amando a Jehová vuestro Dios, y sirviéndole con todo vuestro corazón, y con toda vuestra alma,

c **10.10** Éx 34.28.   d **10.17** Hch 10.34; Ro 2.11; Gá 2.6; Ef 6.9.
e **10.22** Gn 46.27.   f **10.22** Gn 15.5; 22.17.
a **11.3** Éx 7.8—12.13.   b **11.4** Éx 14.28.   c **11.6** Nm 16.31, 32.

14 yo daré la lluvia de vuestra tierra a su tiempo, la temprana y la tardía; y recogerás tu grano, tu vino y tu aceite. 15 Daré también hierba en tu campo para tus ganados; y comerás, y te saciarás. 16 Guardaos, pues, que vuestro corazón no se infatúe, y os apartéis y sirváis a dioses ajenos, y os inclinéis a ellos; 17 y se encienda el furor de Jehová sobre vosotros, y cierre los cielos, y no haya lluvia, ni la tierra dé su fruto, y perezcáis pronto de la buena tierra que os da Jehová.ᵈ

18 Por tanto, pondréis estas mis palabras en vuestro corazón y en vuestra alma, y las ataréis como señal en vuestra mano, y serán por frontales entre vuestros ojos. 19 Y las enseñaréis a vuestros hijos, hablando de ellas cuando te sientes en tu casa, cuando andes por el camino, cuando te acuestes, y cuando te levantes, 20 y las escribirás en los postes de tu casa, y en tus puertas;ᵉ 21 para que sean vuestros días, y los días de vuestros hijos, tan numerosos sobre la tierra que Jehová juró a vuestros padres que les había de dar, como los días de los cielos sobre la tierra.

22 Porque si guardareis cuidadosamente todos estos mandamientos que yo os prescribo para que los cumpláis, y si amareis a Jehová vuestro Dios, andando en todos sus caminos, y siguiéndole a él, 23 Jehová también echará de delante de vosotros a todas estas naciones, y desposeeréis naciones grandes y más poderosas que vosotros. 24 Todo lugar que pisare la planta de vuestro pie será vuestro; desde el desierto hasta el Líbano, desde el río Éufrates hasta el mar occidental será vuestro territorio. 25 Nadie se sostendrá delante de vosotros;ᶠ miedo y temor de vosotros pondrá Jehová vuestro Dios sobre toda la tierra que pisareis, como él os ha dicho.

26 He aquí yo pongo hoy delante de vosotros la bendición y la maldición: 27 la bendición, si oyereis los mandamientos de Jehová vuestro Dios, que yo os prescribo hoy, 28 y la maldición, si no oyereis los mandamientos de Jehová vuestro Dios, y os apartareis del camino que yo os ordeno hoy, para ir en pos de dioses ajenos que no habéis conocido.

29 Y cuando Jehová tu Dios te haya introducido en la tierra a la cual vas para tomarla, pondrás la bendición sobre el monte Gerizim, y la maldición sobre el monte Ebal,�g 30 los cuales están al otro lado del Jordán, tras el camino del occidente en la tierra del cananeo, que habita en el Arabá frente a Gilgal, junto al encinar de More. 31 Porque vosotros pasáis el Jordán para ir a poseer la tierra que os da Jehová vuestro Dios; y la tomaréis, y habitaréis en ella. 32 Cuidaréis, pues, de cumplir todos los estatutos y decretos que yo presento hoy delante de vosotros.

El santuario único

12 1 Éstos son los estatutos y decretos que cuidaréis de poner por obra en la tierra que Jehová el Dios de tus padres te ha dado para que tomes posesión de ella, todos los días que vosotros viviereis sobre la tierra. 2 Destruiréis enteramente todos los lugares donde las naciones que vosotros heredaréis sirvieron a sus dioses, sobre los montes altos, y sobre los collados, y debajo de todo árbol frondoso; 3 Derribaréis sus altares, y quebraréis sus estatuas, y sus imágenes de Asera consumiréis con fuego; y destruiréis las esculturas de sus dioses, y raeréis su nombre de aquel lugar.ᵃ 4 No haréis así a Jehová vuestro Dios, 5 sino que el lugar que Jehová vuestro Dios escogiere de entre todas vuestras tribus, para poner allí su nombre para su habitación, ése buscaréis, y allá iréis. 6 Y allí llevaréis vuestros holocaustos, vuestros sacrificios, vuestros diezmos, y la ofrenda elevada de vuestras manos, vuestros votos, vuestras ofrendas voluntarias, y las primicias de vuestras vacas y de vuestras ovejas; 7 y comeréis allí delante de Jehová vuestro Dios, y os alegraréis, vosotros y vuestras familias, en toda obra de vuestras manos en la cual Jehová tu Dios te hubiere bendecido.

---

d **11.13-17** Lv 26.3-5; Dt 7.12-16; 28.1-14.   e **11.18-20** Dt 6.6-9.
f **11.24, 25** Jos 1.3-5.   g **11.29** Dt 27.11-14; Jos 8.33-35.
a **12.3** Dt 7.5.

8 No haréis como todo lo que hacemos nosotros aquí ahora, cada uno lo que bien le parece,

9 porque hasta ahora no habéis entrado al reposo y a la heredad que os da Jehová vuestro Dios.

10 Mas pasaréis el Jordán, y habitaréis en la tierra que Jehová vuestro Dios os hace heredar; y él os dará reposo de todos vuestros enemigos alrededor, y habitaréis seguros.

11 Y al lugar que Jehová vuestro Dios escogiere para poner en él su nombre, allí llevaréis todas las cosas que yo os mando: vuestros holocaustos, vuestros sacrificios, vuestros diezmos, las ofrendas elevadas de vuestras manos, y todo lo escogido de los votos que hubiereis prometido a Jehová.

12 Y os alegraréis delante de Jehová vuestro Dios, vosotros, vuestros hijos, vuestras hijas, vuestros siervos y vuestras siervas, y el levita que habite en vuestras poblaciones; por cuanto no tiene parte ni heredad con vosotros.

13 Cuídate de no ofrecer tus holocaustos en cualquier lugar que vieres;

14 sino que en el lugar que Jehová escogiere, en una de tus tribus, allí ofrecerás tus holocaustos, y allí harás todo lo que yo te mando.

15 Con todo, podrás matar y comer carne en todas tus poblaciones conforme a tu deseo, según la bendición que Jehová tu Dios te haya dado; el inmundo y el limpio la podrá comer, como la de gacela o de ciervo.

16 Solamente que sangre no comeréis;[b] sobre la tierra la derramaréis como agua.

17 Ni comerás en tus poblaciones el diezmo de tu grano, de tu vino o de tu aceite, ni las primicias de tus vacas, ni de tus ovejas, ni los votos que prometieres, ni las ofrendas voluntarias, ni las ofrendas elevadas de tus manos;

18 sino que delante de Jehová tu Dios las comerás, en el lugar que Jehová tu Dios hubiere escogido, tú, tu hijo, tu hija, tu siervo, tu sierva, y el levita que habita en tus poblaciones; te alegrarás delante de Jehová tu Dios de toda la obra de tus manos.

19 Ten cuidado de no desamparar al levita en todos tus días sobre la tierra.

20 Cuando Jehová tu Dios ensanchare tu territorio, como él te ha dicho, y tú dijeres: Comeré carne, porque deseaste comerla, conforme a lo que deseaste podrás comer.

21 Si estuviere lejos de ti el lugar que Jehová tu Dios escogiere para poner allí su nombre, podrás matar de tus vacas y de tus ovejas que Jehová te hubiere dado, como te he mandado yo, y comerás en tus puertas según todo lo que deseares.

22 Lo mismo que se come la gacela y el ciervo, así las podrás comer; el inmundo y el limpio podrán comer también de ellas.

23 Solamente que te mantengas firme en no comer sangre; porque la sangre es la vida, y no comerás la vida juntamente con su carne.

24 No la comerás; en tierra la derramarás como agua.[c]

25 No comerás de ella, para que te vaya bien a ti y a tus hijos después de ti, cuando hicieres lo recto ante los ojos de Jehová.

26 Pero las cosas que hubieres consagrado, y tus votos, las tomarás, y vendrás con ellas al lugar que Jehová hubiere escogido;

27 y ofrecerás tus holocaustos, la carne y la sangre, sobre el altar de Jehová tu Dios; y la sangre de tus sacrificios será derramada sobre el altar de Jehová tu Dios, y podrás comer la carne.

28 Guarda y escucha todas estas palabras que yo te mando, para que haciendo lo bueno y lo recto ante los ojos de Jehová tu Dios, te vaya bien a ti y a tus hijos después de ti para siempre.

Advertencias contra la idolatría

29 Cuando Jehová tu Dios haya destruido delante de ti las naciones adonde tú vas para poseerlas, y las heredes, y habites en su tierra,

30 guárdate que no tropieces yendo en pos de ellas, después que sean destruidas delante de ti; no preguntes acerca de sus dioses, diciendo: De la manera que servían aquellas naciones a sus dioses, yo también les serviré.

31 No harás así a Jehová tu Dios; porque toda cosa abominable que Jehová aborrece, hicieron ellos a sus dioses; pues aun a sus hijos y a sus hijas quemaban en el fuego a sus dioses.

32 Cuidarás de hacer todo lo que yo te mando; no añadirás a ello, ni de ello quitarás.[d]

---

b **12.16** Gn 9.4; Lv 7.26, 27; 17.10-14; 19.26; Dt 15.23.
c **12.23, 24** Lv 17.10-14.   d **12.32** Dt 4.2; Ap 22.18, 9.

13 ¹ Cuando se levantare en medio de ti profeta, o soñador de sueños, y te anunciare señal o prodigios,

² y si se cumpliere la señal o prodigio que él te anunció, diciendo: Vamos en pos de dioses ajenos, que no conociste, y sirvámosles;

³ no darás oído a las palabras de tal profeta, ni al tal soñador de sueños; porque Jehová vuestro Dios os está probando, para saber si amáis a Jehová vuestro Dios con todo vuestro corazón, y con toda vuestra alma.

⁴ En pos de Jehová vuestro Dios andaréis; a él temeréis, guardaréis sus mandamientos y escucharéis su voz, a él serviréis, y a él seguiréis.

⁵ Tal profeta o soñador de sueños ha de ser muerto, por cuanto aconsejó rebelión contra Jehová vuestro Dios que te sacó de tierra de Egipto y te rescató de casa de servidumbre, y trató de apartarte del camino por el cual Jehová tu Dios te mandó que anduvieses; y así quitarás el mal de en medio de ti.

⁶ Si te incitare tu hermano, hijo de tu madre, o tu hijo, tu hija, tu mujer o tu amigo íntimo, diciendo en secreto: Vamos y sirvamos a dioses ajenos, que ni tú ni tus padres conocisteis,

⁷ de los dioses de los pueblos que están en vuestros alrededores, cerca de ti o lejos de ti, desde un extremo de la tierra hasta el otro extremo de ella;

⁸ no consentirás con él, ni le prestarás oído; ni tu ojo le compadecerá, ni le tendrás misericordia, ni lo encubrirás,

⁹ sino que lo matarás; tu mano se alzará primero sobre él para matarle, y después la mano de todo el pueblo.

¹⁰ Le apedrearás hasta que muera, por cuanto procuró apartarte de Jehová tu Dios, que te sacó de tierra de Egipto, de casa de servidumbre;

¹¹ para que todo Israel oiga, y tema, y no vuelva a hacer en medio de ti cosa semejante a ésta.

¹² Si oyeres que se dice de alguna de tus ciudades que Jehová tu Dios te da para vivir en ellas,

¹³ que han salido de en medio de ti hombres impíos que han instigado a los moradores de su ciudad, diciendo: Vamos y sirvamos a dioses ajenos, que vosotros no conocisteis;

¹⁴ tú inquirirás, y buscarás y preguntarás con diligencia; y si pareciere verdad, cosa cierta, que tal abominación se hizo en medio de ti,

¹⁵ irremisiblemente herirás a filo de espada a los moradores de aquella ciudad, destruyéndola con todo lo que en ella hubiere, y también matarás sus ganados a filo de espada.

¹⁶ Y juntarás todo su botín en medio de la plaza, y consumirás con fuego la ciudad y todo su botín, todo ello, como holocausto a Jehová tu Dios, y llegará a ser un montón de ruinas para siempre; nunca más será edificada.

¹⁷ Y no se pegará a tu mano nada del anatema, para que Jehová se aparte del ardor de su ira, y tenga de ti misericordia, y tenga compasión de ti, y te multiplique, como lo juró a tus padres,

¹⁸ cuando obedecieres a la voz de Jehová tu Dios, guardando todos sus mandamientos que yo te mando hoy, para hacer lo recto ante los ojos de Jehová tu Dios.

14 ¹ Hijos sois de Jehová vuestro Dios; no os sajaréis, ni os raparéis a causa de muerto.ᵃ

² Porque eres pueblo santo a Jehová tu Dios, y Jehová te ha escogido para que le seas un pueblo únicoᵇ de entre todos los pueblos que están sobre la tierra.

Animales limpios e inmundos
(Lv 11.1-47)

³ Nada abominable comerás.

⁴ Éstos son los animales que podréis comer: el buey, la oveja, la cabra,

⁵ el ciervo, la gacela, el corzo, la cabra montés, el íbice, el antílope y el carnero montés.

⁶ Y todo animal de pezuñas, que tiene hendidura de dos uñas, y que rumiare entre los animales, ése podréis comer.

⁷ Pero éstos no comeréis, entre los que rumian o entre los que tienen pezuña hendida: camello, liebre y conejo; porque rumian, mas no tienen pezuña hendida, serán inmundos;

⁸ ni cerdo, porque tiene pezuña hendida, mas no rumia; os será inmundo. De la

carne de éstos no comeréis, ni tocaréis sus cuerpos muertos.

9 De todo lo que está en el agua, de éstos podréis comer: todo lo que tiene aleta y escama.

10 Mas todo lo que no tiene aleta y escama, no comeréis; inmundo será.

11 Toda ave limpia podréis comer.

12 Y éstas son de las que no podréis comer: el águila, el quebrantahuesos, el azor,

13 el gallinazo, el milano según su especie,

14 todo cuervo según su especie,

15 el avestruz, la lechuza, la gaviota y el gavilán según sus especies,

16 el búho, el ibis, el calamón,

17 el pelícano, el buitre, el somormujo,

18 la cigüeña, la garza según su especie, la abubilla y el murciélago.

19 Todo insecto alado será inmundo; no se comerá.

20 Toda ave limpia podréis comer.

21 Ninguna cosa mortecina comeréis; al extranjero que está en tus poblaciones la darás, y él podrá comerla; o véndela a un extranjero, porque tú eres pueblo santo a Jehová tu Dios. No cocerás el cabrito en la leche de su madre.^c

La ley del diezmo

22 Indefectiblemente diezmarás^d todo el producto del grano que rindiere tu campo cada año.

23 Y comerás delante de Jehová tu Dios en el lugar que él escogiere para poner allí su nombre, el diezmo de tu grano, de tu vino y de tu aceite, y las primicias de tus manadas y de tus ganados, para que aprendas a temer a Jehová tu Dios todos los días.

24 Y si el camino fuere tan largo que no puedas llevarlo, por estar lejos de ti el lugar que Jehová tu Dios hubiere escogido para poner en él su nombre, cuando Jehová tu Dios te bendijere,

25 entonces lo venderás y guardarás el dinero en tu mano, y vendrás al lugar que Jehová tu Dios escogiere;

26 y darás el dinero por todo lo que deseas, por vacas, por ovejas, por vino, por sidra, o por cualquier cosa que tú deseares; y comerás allí delante de Jehová tu Dios, y te alegrarás tú y tu familia.

27 Y no desampararás al levita que habitare en tus poblaciones; porque no tiene parte ni heredad contigo.

28 Al fin de cada tres años sacarás todo el diezmo de tus productos de aquel año, y lo guardarás en tus ciudades.

29 Y vendrá el levita, que no tiene parte ni heredad contigo, y el extranjero, el huérfano y la viuda que hubiere en tus poblaciones, y comerán y serán saciados; para que Jehová tu Dios te bendiga en toda obra que tus manos hicieren.

El año de remisión

15 **1** Cada siete años harás remisión.
2 Y ésta es la manera de la remisión: perdonará a su deudor todo aquel que hizo empréstito de su mano, con el cual obligó a su prójimo; no lo demandará más a su prójimo, o a su hermano, porque es pregonada la remisión de Jehová.

3 Del extranjero demandarás el reintegro; pero lo que tu hermano tuviere tuyo, lo perdonará tu mano,

4 para que así no haya en medio de ti mendigo; porque Jehová te bendecirá con abundancia en la tierra que Jehová tu Dios te da por heredad para que la tomes en posesión,

5 si escuchares fielmente la voz de Jehová tu Dios, para guardar y cumplir todos estos mandamientos que yo te ordeno hoy.

6 Ya que Jehová tu Dios te habrá bendecido, como te ha dicho, prestarás entonces a muchas naciones, mas tú no tomarás prestado; tendrás dominio sobre muchas naciones, pero sobre ti no tendrán dominio.

Préstamos a los pobres

7 Cuando haya en medio de ti menesteroso de alguno de tus hermanos en alguna de tus ciudades, en la tierra que Jehová tu Dios te da, no endurecerás tu corazón, ni cerrarás tu mano contra tu hermano pobre,

8 sino abrirás a él tu mano liberalmente, y en efecto le prestarás lo que necesite.^a

9 Guárdate de tener en tu corazón pensamiento perverso, diciendo: Cerca está el año séptimo, el de la remisión, y mires con malos ojos a tu hermano menesteroso

c 14.21 Éx 23.19; 34.26.　**d 14.22-29** Lv 27.30-33; Nm 18.21.
a 15.7, 8 Lv 25.35.

para no darle; porque él podrá clamar contra ti a Jehová, y se te contará por pecado.
10 Sin falta le darás, y no serás de mezquino corazón cuando le des; porque por ello te bendecirá Jehová tu Dios en todos tus hechos, y en todo lo que emprendas.
11 Porque no faltarán menesterosos en medio de la tierra;[b] por eso yo te mando, diciendo: Abrirás tu mano a tu hermano, al pobre y al menesteroso en tu tierra.

Leyes sobre los esclavos
(Éx 21.1-11)

12 Si se vendiere a ti tu hermano hebreo o hebrea, y te hubiere servido seis años, al séptimo le despedirás libre.
13 Y cuando lo despidieres libre, no le enviarás con las manos vacías.
14 Le abastecerás liberalmente de tus ovejas, de tu era y de tu lagar; le darás de aquello en que Jehová te hubiere bendecido.
15 Y te acordarás de que fuiste siervo en la tierra de Egipto, y que Jehová tu Dios te rescató; por tanto yo te mando esto hoy.
16 Si él te dijere: No te dejaré; porque te ama a ti y a tu casa, y porque le va bien contigo;
17 entonces tomarás una lesna, y horadarás su oreja contra la puerta, y será tu siervo para siempre; así también harás a tu criada.
18 No te parezca duro cuando le enviares libre, pues por la mitad del costo de un jornalero te sirvió seis años; y Jehová tu Dios te bendecirá en todo cuanto hicieres.[c]

Consagración de los primogénitos machos

19 Consagrarás a Jehová tu Dios todo primogénito macho de tus vacas y de tus ovejas;[d] no te servirás del primogénito de tus vacas, ni trasquilarás el primogénito de tus ovejas.
20 Delante de Jehová tu Dios los comerás cada año, tú y tu familia, en el lugar que Jehová escogiere.
21 Y si hubiere en él defecto, si fuere ciego, o cojo, o hubiere en él cualquier falta, no lo sacrificarás a Jehová tu Dios.

22 En tus poblaciones lo comerás; el inmundo lo mismo que el limpio comerán de él, como de una gacela o de un ciervo.
23 Solamente que no comas su sangre;[e] sobre la tierra la derramarás como agua.

Fiestas anuales
(Éx 23.14-17; 34.18-24)

16 **1** Guardarás el mes de Abib, y harás pascua[a] a Jehová tu Dios; porque en el mes de Abib te sacó Jehová tu Dios de Egipto, de noche.
2 Y sacrificarás la pascua a Jehová tu Dios, de las ovejas y de las vacas, en el lugar que Jehová escogiere para que habite allí su nombre.
3 No comerás con ella pan con levadura; siete días comerás con ella pan sin levadura, pan de aflicción, porque aprisa saliste de tierra de Egipto; para que todos los días de tu vida te acuerdes del día en que saliste de la tierra de Egipto.
4 Y no se verá levadura contigo en todo tu territorio por siete días; y de la carne que matares en la tarde del primer día, no quedará hasta la mañana.
5 No podrás sacrificar la pascua en cualquiera de las ciudades que Jehová tu Dios te da;
6 sino en el lugar que Jehová tu Dios escogiere para que habite allí su nombre, sacrificarás la pascua por la tarde a la puesta del sol, a la hora que saliste de Egipto.
7 Y la asarás y comerás en el lugar que Jehová tu Dios hubiere escogido; y por la mañana regresarás y volverás a tu habitación.
8 Seis días comerás pan sin levadura, y el séptimo día será fiesta solemne a Jehová tu Dios; no trabajarás en él.
9 Siete semanas contarás; desde que comenzare a meterse la hoz en las mieses comenzarás a contar las siete semanas.
10 Y harás la fiesta solemne de las semanas[b] a Jehová tu Dios; de la abundancia voluntaria de tu mano será lo que dieres, según Jehová tu Dios te hubiere bendecido.
11 Y te alegrarás delante de Jehová tu Dios, tú, tu hijo, tu hija, tu siervo, tu sierva, el levita que habitare en tus ciudades, y el extranjero, el huérfano y la viuda que estuvieren en medio de ti, en el lugar que Jehová tu Dios hubiere escogido para poner allí su nombre.

b 15.11 Mt 26.11; Mr 14.7; Jn 12.8.   **c 15.12-18** Lv 25.39-46.
d 15.19 Éx 13.12.   **e 15.23** Gn 9.4; Lv 7.26, 27; 17.10-14; 19.26; Dt 12.16, 23.   **a 16.1-8** Éx 12.1-20; Lv 23.5-8; Nm 28.16-25.   **b 16.9-12** Lv 23.15-21; Nm 28.26-31.

¹² Y acuérdate de que fuiste siervo en Egipto; por tanto, guardarás y cumplirás estos estatutos.

¹³ La fiesta solemne de los tabernáculosᶜ harás por siete días, cuando hayas hecho la cosecha de tu era y de tu lagar.

¹⁴ Y te alegrarás en tus fiestas solemnes, tú, tu hijo, tu hija, tu siervo, tu sierva, y el levita, el extranjero, el huérfano y la viuda que viven en tus poblaciones.

¹⁵ Siete días celebrarás fiesta solemne a Jehová tu Dios en el lugar que Jehová escogiere; porque te habrá bendecido Jehová tu Dios en todos tus frutos, y en toda la obra de tus manos, y estarás verdaderamente alegre.

¹⁶ Tres veces cada año aparecerá todo varón tuyo delante de Jehová tu Dios en el lugar que él escogiere: en la fiesta solemne de los panes sin levadura, y en la fiesta solemne de las semanas, y en la fiesta solemne de los tabernáculos. Y ninguno se presentará delante de Jehová con las manos vacías;

¹⁷ cada uno con la ofrenda de su mano, conforme a la bendición que Jehová tu Dios te hubiere dado.

Administración de la justicia

¹⁸ Jueces y oficiales pondrás en todas tus ciudades que Jehová tu Dios te dará en tus tribus, los cuales juzgarán al pueblo con justo juicio.

¹⁹ No tuerzas el derecho; no hagas acepción de personas, ni tomes soborno; porque el soborno ciega los ojos de los sabios, y pervierte las palabras de los justos.ᵈ

²⁰ La justicia, la justicia seguirás, para que vivas y heredes la tierra que Jehová tu Dios te da.

²¹ No plantarás ningún árbol para Aseraᵉ cerca del altar de Jehová tu Dios, que tú te habrás hecho,

²² ni te levantarás estatua,ᶠ lo cual aborrece Jehová tu Dios.

17 ¹ No ofrecerás en sacrificio a Jehová tu Dios, buey o cordero en el cual haya falta o alguna cosa mala, pues es abominación a Jehová tu Dios.

² Cuando se hallare en medio de ti, en alguna de tus ciudades que Jehová tu Dios te da, hombre o mujer que haya hecho mal ante los ojos de Jehová tu Dios traspasando su pacto,

³ que hubiere ido y servido a dioses ajenos, y se hubiere inclinado a ellos,ᵃ ya sea al sol, o a la luna, o a todo el ejército del cielo, lo cual yo he prohibido;

⁴ y te fuere dado aviso, y después que oyeres y hubieres indagado bien, la cosa pareciere de verdad cierta, que tal abominación ha sido hecha en Israel;

⁵ entonces sacarás a tus puertas al hombre o a la mujer que hubiere hecho esta mala cosa, sea hombre o mujer, y los apedrearás, y así morirán.

⁶ Por dicho de dos o de tres testigos morirá el que hubiere de morir; no morirá por el dicho de un solo testigo.ᵇ

⁷ La mano de los testigos caerá primero sobre él para matarlo, y después la mano de todo el pueblo; así quitarás el mal de en medio de ti.

⁸ Cuando alguna cosa te fuere difícil en el juicio, entre una clase de homicidio y otra, entre una clase de derecho legal y otra, y entre una clase de herida y otra, en negocios de litigio en tus ciudades; entonces te levantarás y recurrirás al lugar que Jehová tu Dios escogiere;

⁹ y vendrás a los sacerdotes levitas, y al juez que hubiere en aquellos días, y preguntarás; y ellos te enseñarán la sentencia del juicio.

¹⁰ Y harás según la sentencia que te indiquen los del lugar que Jehová escogiere, y cuidarás de hacer según todo lo que te manifiesten.

¹¹ Según la ley que te enseñen, y según el juicio que te digan, harás; no te apartarás ni a diestra ni a siniestra de la sentencia que te declaren.

¹² Y el hombre que procediere con soberbia, no obedeciendo al sacerdote que está para ministrar allí delante de Jehová tu Dios, o al juez, el tal morirá; y quitarás el mal de en medio de Israel.

¹³ Y todo el pueblo oirá, y temerá, y no se ensoberbecerá.

Instrucciones acerca de un rey

¹⁴ Cuando hayas entrado en la tierra que Jehová tu Dios te da, y tomes posesión de

---

c **16.13-15** Lv 23.33-36, 39.43; Nm 29.12-38. d **16.19** Éx 23.6-8; Lv 19.15.   e **16.21** Éx 34.13. f **16.22** Lv 26.1.   a **17.3** Éx 22.20.   b **17.6** Nm 35.30; Dt 19.15; Mt 18.16; 2 Co 13.1; 1 Ti 5.19; Heb 10.28.

ella y la habites, y digas: Pondré un rey sobre mí, como todas las naciones que están en mis alrededores;^c

¹⁵ ciertamente pondrás por rey sobre ti al que Jehová tu Dios escogiere; de entre tus hermanos pondrás rey sobre ti; no podrás poner sobre ti a hombre extranjero, que no sea tu hermano.

¹⁶ Pero él no aumentará para sí caballos, ni hará volver al pueblo a Egipto con el fin de aumentar caballos;^d porque Jehová os ha dicho: No volváis nunca por este camino.

¹⁷ Ni tomará para sí muchas mujeres, para que su corazón no se desvíe;^e ni plata ni oro amontonará para sí en abundancia.^f

¹⁸ Y cuando se siente sobre el trono de su reino, entonces escribirá para sí en un libro una copia de esta ley, del original que está al cuidado de los sacerdotes levitas;

¹⁹ y lo tendrá consigo, y leerá en él todos los días de su vida, para que aprenda a temer a Jehová su Dios, para guardar todas las palabras de esta ley y estos estatutos, para ponerlos por obra;

²⁰ para que no se eleve su corazón sobre sus hermanos, ni se aparte del mandamiento a diestra ni a siniestra; a fin de que prolongue sus días en su reino, él y sus hijos, en medio de Israel.

Las porciones de los levitas

18 ¹ Los sacerdotes levitas, es decir, toda la tribu de Leví, no tendrán parte ni heredad en Israel; de las ofrendas quemadas a Jehová y de la heredad de él comerán.

² No tendrán, pues, heredad entre sus hermanos; Jehová es su heredad, como él les ha dicho.^a

³ Y éste será el derecho de los sacerdotes de parte del pueblo, de los que ofrecieren en sacrificio buey o cordero: darán al sacerdote la espaldilla, las quijadas y el cuajar.

⁴ Las primicias de tu grano, de tu vino y de tu aceite, y las primicias de la lana de tus ovejas le darás;

⁵ porque le ha escogido Jehová tu Dios de entre todas tus tribus, para que esté para administrar en el nombre de Jehová, él y sus hijos para siempre.

⁶ Y cuando saliere un levita de alguna de tus ciudades de entre todo Israel, donde hubiere vivido, y viniere con todo el deseo de su alma al lugar que Jehová escogiere,

⁷ ministrará en el nombre de Jehová su Dios como todos sus hermanos los levitas que estuvieren allí delante de Jehová.

⁸ Igual ración a la de los otros comerá, además de sus patrimonios.

Amonestación contra costumbres paganas

⁹ Cuando entres a la tierra que Jehová tu Dios te da, no aprenderás a hacer según las abominaciones de aquellas naciones.

¹⁰ No sea hallado en ti quien haga pasar a su hijo o a su hija por el fuego, ni quien practique adivinación, ni agorero,^b ni sortílego, ni hechicero,^c

¹¹ ni encantador, ni adivino,^d ni mago, ni quien consulte a los muertos.

¹² Porque es abominación para con Jehová cualquiera que hace estas cosas, y por estas abominaciones Jehová tu Dios echa estas naciones de delante de ti.

¹³ Perfecto serás delante de Jehová tu Dios.^e

¹⁴ Porque estas naciones que vas a heredar, a agoreros y a adivinos oyen; mas a ti no te ha permitido esto Jehová tu Dios.

Dios promete un profeta como Moisés

¹⁵ Profeta de en medio de ti, de tus hermanos, como yo, te levantará Jehová tu Dios; a él oiréis;^f

¹⁶ conforme a todo lo que pediste a Jehová tu Dios en Horeb el día de la asamblea, diciendo: No vuelva yo a oír la voz de Jehová mi Dios, ni vea yo más este gran fuego, para que no muera.

¹⁷ Y Jehová me dijo: Han hablado bien en lo que han dicho.

¹⁸ Profeta les levantaré de en medio de sus hermanos, como tú; y pondré mis palabras en su boca, y él les hablará todo lo que yo le mandare.

¹⁹ Mas a cualquiera que no oyere mis palabras que él hablare en mi nombre, yo le pediré cuenta.^g

²⁰ El profeta que tuviere la presunción de hablar palabra en mi nombre, a quien yo

c 17.14 1 S 8.5.   d 18.16 1 R 10.28; 2 Cr 1.16; 9.28.
e 17.17 1 R 11.1-8.   f 17.17 1 R 10.27; 2 Cr 1.17; 9.27.
a 18.2 Nm 18.20.   b 18.10 Lv 19.26.   c 18.10 Éx 22.18.
d 18.11 Lv 19.31.   e 18.13 Mt 5.48.   f 18.15 Hch 3.22; 7.37.
g 18.19 Hch 3.23.

no le haya mandado hablar, o que hablare en nombre de dioses ajenos, el tal profeta morirá.

²¹ Y si dijeres en tu corazón: ¿Cómo conoceremos la palabra que Jehová no ha hablado?;

²² si el profeta hablare en nombre de Jehová, y no se cumpliere lo que dijo, ni aconteciere, es palabra que Jehová no ha hablado; con presunción la habló el tal profeta; no tengas temor de él.

Las ciudades de refugio
(Nm 35.9-28)

19 ¹ Cuando Jehová tu Dios destruya a las naciones cuya tierra Jehová tu Dios te da a ti, y tú las heredes, y habites en sus ciudades, y en sus casas;

² te apartarás tres ciudadesª en medio de la tierra que Jehová tu Dios te da para que la poseas.

³ Arreglarás los caminos, y dividirás en tres partes la tierra que Jehová tu Dios te dará en heredad, y será para que todo homicida huya allí.

⁴ Y éste es el caso del homicida que huirá allí, y vivirá: aquel que hiriere a su prójimo sin intención y sin haber tenido enemistad con él anteriormente;

⁵ como el que fuere con su prójimo al monte a cortar leña, y al dar su mano el golpe con el hacha para cortar algún leño, saltare el hierro del cabo, y diere contra su prójimo y éste muriere; aquél huirá a una de estas ciudades, y vivirá;

⁶ no sea que el vengador de la sangre, enfurecido, persiga al homicida, y le alcance por ser largo el camino, y le hiera de muerte, no debiendo ser condenado a muerte por cuanto no tenía enemistad con su prójimo anteriormente.

⁷ Por tanto yo te mando, diciendo: Separarás tres ciudades.

⁸ Y si Jehová tu Dios ensanchare tu territorio, como lo juró a tus padres, y te diere toda la tierra que prometió dar a tus padres,

⁹ siempre y cuando guardares todos estos mandamientos que yo te prescribo hoy, para ponerlos por obra; que ames a Jehová tu Dios y andes en sus caminos todos los días; entonces añadirás tres ciudades más a estas tres,

¹⁰ para que no sea derramada sangre inocente en medio de la tierra que Jehová tu Dios te da por heredad, y no seas culpado de derramamiento de sangre.ᵃ

¹¹ Pero si hubiere alguno que aborreciere a su prójimo y lo acechare, y se levantare contra él y lo hiriere de muerte, y muriere; si huyere a alguna de estas ciudades,

¹² entonces los ancianos de su ciudad enviarán y lo sacarán de allí, y lo entregarán en mano del vengador de la sangre para que muera.

¹³ No le compadecerás; y quitarás de Israel la sangre inocente, y te irá bien.

¹⁴ En la heredad que poseas en la tierra que Jehová tu Dios te da, no reducirás los límites de la propiedad de tu prójimo,ᵇ que fijaron los antiguos.

Leyes sobre el testimonio

¹⁵ No se tomará en cuenta a un solo testigo contra ninguno en cualquier delito ni en cualquier pecado, en relación con cualquiera ofensa cometida. Sólo por el testimonio de dos o tres testigos se mantendrá la acusación.ᶜ

¹⁶ Cuando se levantare testigo falso contra alguno, para testificar contra él,

¹⁷ entonces los dos litigantes se presentarán delante de Jehová, y delante de los sacerdotes y de los jueces que hubiere en aquellos días.

¹⁸ Y los jueces inquirirán bien; y si aquel testigo resultare falso, y hubiere acusado falsamente a su hermano,

¹⁹ entonces haréis a él como él pensó hacer a su hermano; y quitarás el mal de en medio de ti.

²⁰ Y los que quedaren oirán y temerán, y no volverán a hacer más una maldad semejante en medio de ti.

²¹ Y no le compadecerás; vida por vida, ojo por ojo, diente por diente,ᵈ mano por mano, pie por pie.

Leyes sobre la guerra

20 ¹ Cuando salgas a la guerra contra tus enemigos, si vieres caballos y carros, y un pueblo más grande que tú, no tengas temor de ellos, porque Jehová tu

---

ᵃ **19.1-13** Jos 20.1-9.   ᵇ **19.14** Dt 27.17.   ᶜ **19.15** Nm 35.30; Dt 17.6; Mt 18.16; 2 Co 13.1; 1 Ti 5.19; Heb 10.28.
ᵈ **19.21** Éx 21.23-25; Lv 24.19, 20; Mt 5.38.

Dios está contigo, el cual te sacó de tierra de Egipto.

2 Y cuando os acerquéis para combatir, se pondrá en pie el sacerdote y hablará al pueblo,

3 y les dirá: Oye, Israel, vosotros os juntáis hoy en batalla contra vuestros enemigos; no desmaye vuestro corazón, no temáis, ni os azoréis, ni tampoco os desalentéis delante de ellos;

4 porque Jehová vuestro Dios va con vosotros, para pelear por vosotros contra vuestros enemigos, para salvaros.

5 Y los oficiales hablarán al pueblo, diciendo: ¿Quién ha edificado casa nueva, y no la ha estrenado? Vaya, y vuélvase a su casa, no sea que muera en la batalla, y algún otro la estrene.

6 ¿Y quién ha plantado viña, y no ha disfrutado de ella? Vaya, y vuélvase a su casa, no sea que muera en la batalla, y algún otro la disfrute.

7 ¿Y quién se ha desposado con mujer, y no la ha tomado? Vaya, y vuélvase a su casa, no sea que muera en la batalla, y algún otro la tome.

8 Y volverán los oficiales a hablar al pueblo, y dirán: ¿Quién es hombre medroso y pusilánime? Vaya, y vuélvase a su casa, y no apoque el corazón de sus hermanos, como el corazón suyo.

9 Y cuando los oficiales acaben de hablar al pueblo, entonces los capitanes del ejército tomarán el mando a la cabeza del pueblo.

10 Cuando te acerques a una ciudad para combatirla, le intimarás la paz.

11 Y si respondiere: Paz, y te abriere, todo el pueblo que en ella fuere hallado te será tributario, y te servirá.

12 Mas si no hiciere paz contigo, y emprendiere guerra contigo, entonces la sitiarás.

13 Luego que Jehová tu Dios la entregue en tu mano, herirás a todo varón suyo a filo de espada.

14 Solamente las mujeres y los niños, y los animales, y todo lo que haya en la ciudad, todo su botín tomarás para ti; y comerás del botín de tus enemigos, los cuales Jehová tu Dios te entregó.

15 Así harás a todas las ciudades que estén muy lejos de ti, que no sean de las ciudades de estas naciones.

16 Pero de las ciudades de estos pueblos que Jehová tu Dios te da por heredad, ninguna persona dejarás con vida,

17 sino que los destruirás completamente: al heteo, al amorreo, al cananeo, al ferezeo, al heveo y al jebuseo, como Jehová tu Dios te ha mandado;

18 para que no os enseñen a hacer según todas sus abominaciones que ellos han hecho para sus dioses, y pequéis contra Jehová vuestro Dios.

19 Cuando sities a alguna ciudad, peleando contra ella muchos días para tomarla, no destruirás sus árboles metiendo hacha en ellos, porque de ellos podrás comer; y no los talarás, porque el árbol del campo no es hombre para venir contra ti en el sitio.

20 Mas el árbol que sepas que no lleva fruto, podrás destruirlo y talarlo, para construir baluarte contra la ciudad que te hace la guerra, hasta sojuzgarla.

Expiación de un asesinato cuyo autor se desconoce

21 1 Si en la tierra que Jehová tu Dios te da para que la poseas, fuere hallado alguien muerto, tendido en el campo, y no se supiere quién lo mató,

2 entonces tus ancianos y tus jueces saldrán y medirán la distancia hasta las ciudades que están alrededor del muerto.

3 Y los ancianos de la ciudad más cercana al lugar donde fuere hallado el muerto, tomarán de las vacas una becerra que no haya trabajado, que no haya llevado yugo;

4 y los ancianos de aquella ciudad traerán la becerra a un valle escabroso, que nunca haya sido arado ni sembrado, y quebrarán la cerviz de la becerra allí en el valle.

5 Entonces vendrán los sacerdotes hijos de Leví, porque a ellos escogió Jehová tu Dios para que le sirvan, y para bendecir en el nombre de Jehová; y por la palabra de ellos se decidirá toda disputa y toda ofensa.

6 Y todos los ancianos de la ciudad más cercana al lugar donde fuere hallado el muerto lavarán sus manos sobre la becerra cuya cerviz fue quebrada en el valle;

7 y protestarán y dirán: Nuestras manos no han derramado esta sangre, ni nuestros ojos lo han visto.

⁸ Perdona a tu pueblo Israel, al cual redimiste, oh Jehová; y no culpes de sangre inocente a tu pueblo Israel. Y la sangre les será perdonada.

⁹ Y tú quitarás la culpa de la sangre inocente de en medio de ti, cuando hicieres lo que es recto ante los ojos de Jehová.

Diversas leyes

¹⁰ Cuando salieres a la guerra contra tus enemigos, y Jehová tu Dios los entregare en tu mano, y tomares de ellos cautivos, ¹¹ y vieres entre los cautivos a alguna mujer hermosa, y la codiciares, y la tomares para ti por mujer, ¹² la meterás en tu casa; y ella rapará su cabeza, y cortará sus uñas, ¹³ y se quitará el vestido de su cautiverio, y se quedará en tu casa; y llorará a su padre y a su madre un mes entero; y después podrás llegarte a ella, y tú serás su marido, y ella será tu mujer. ¹⁴ Y si no te agradare, la dejarás en libertad; no la venderás por dinero, ni la tratarás como esclava, por cuanto la humillaste.

¹⁵ Si un hombre tuviere dos mujeres, la una amada y la otra aborrecida, y la amada y la aborrecida le hubieren dado hijos, y el hijo primogénito fuere de la aborrecida, ¹⁶ en el día que hiciere heredar a sus hijos lo que tuviere, no podrá dar el derecho de primogenitura al hijo de la amada con preferencia al hijo de la aborrecida, que es el primogénito; ¹⁷ mas al hijo de la aborrecida reconocerá como primogénito, para darle el doble de lo que correspondiere a cada uno de los demás; porque él es el principio de su vigor, y suyo es el derecho de la primogenitura.

¹⁸ Si alguno tuviere un hijo contumaz y rebelde, que no obedeciere a la voz de su padre ni a la voz de su madre, y habiéndole castigado, no les obedeciere; ¹⁹ entonces lo tomarán su padre y su madre, y lo sacarán ante los ancianos de su ciudad, y a la puerta del lugar donde viva; ²⁰ y dirán a los ancianos de la ciudad: Este nuestro hijo es contumaz y rebelde, no obedece a nuestra voz; es glotón y borracho. ²¹ Entonces todos los hombres de su ciudad lo apedrearán, y morirá; así quitarás el mal de en medio de ti, y todo Israel oirá, y temerá.

²² Si alguno hubiere cometido algún crimen digno de muerte, y lo hiciereis morir, y lo colgareis en un madero, ²³ no dejaréis que su cuerpo pase la noche sobre el madero; sin falta lo enterrarás el mismo día, porque maldito por Dios es el colgado;ᵃ y no contaminarás tu tierra que Jehová tu Dios te da por heredad.

22

¹ Si vieres extraviado el buey de tu hermano, o su cordero, no le negarás tu ayuda; lo volverás a tu hermano. ² Y si tu hermano no fuere tu vecino, o no lo conocieres, lo recogerás en tu casa, y estará contigo hasta que tu hermano lo busque, y se lo devolverás. ³ Así harás con su asno, así harás también con su vestido, y lo mismo harás con toda cosa de tu hermano que se le perdiere y tú la hallares; no podrás negarle tu ayuda. ⁴ Si vieres el asno de tu hermano, o su buey, caído en el camino, no te apartarás de él; le ayudarás a levantarlo.ᵃ

⁵ No vestirá la mujer traje de hombre, ni el hombre vestirá ropa de mujer; porque abominación es a Jehová tu Dios cualquiera que esto hace.

⁶ Cuando encuentres por el camino algún nido de ave en cualquier árbol, o sobre la tierra, con pollos o huevos, y la madre echada sobre los pollos o sobre los huevos, no tomarás la madre con los hijos. ⁷ Dejarás ir a la madre, y tomarás los pollos para ti, para que te vaya bien, y prolongues tus días.

⁸ Cuando edifiques casa nueva, harás pretil a tu terrado, para que no eches culpa de sangre sobre tu casa, si de él cayere alguno.

⁹ No sembrarás tu viña con semillas diversas, no sea que se pierda todo, tanto la semilla que sembraste como el fruto de la viña.

¹⁰ No ararás con buey y con asno juntamente.

¹¹ No vestirás ropa de lana y lino juntamente.ᵇ

¹² Te harás flecos en las cuatro puntas de tu manto con que te cubras.ᶜ

---

a 21.23 Gá 3.13.   a 22.1-4 Éx 23.4, 5.   b 22.9-11 Lv 19.19.
c 22.12 Nm 15.37-41.

Leyes sobre la castidad

¹³ Cuando alguno tomare mujer, y después de haberse llegado a ella la aborreciere,

¹⁴ y le atribuyere faltas que den que hablar, y dijere: A esta mujer tomé, y me llegué a ella, y no la hallé virgen;

¹⁵ entonces el padre de la joven y su madre tomarán y sacarán las señales de la virginidad de la doncella a los ancianos de la ciudad, en la puerta;

¹⁶ y dirá el padre de la joven a los ancianos: Yo di mi hija a este hombre por mujer, y él la aborrece;

¹⁷ y he aquí, él le atribuye faltas que dan que hablar, diciendo: No he hallado virgen a tu hija; pero ved aquí las señales de la virginidad de mi hija. Y extenderán la vestidura delante de los ancianos de la ciudad.

¹⁸ Entonces los ancianos de la ciudad tomarán al hombre y lo castigarán;

¹⁹ y le multarán en cien piezas de plata, las cuales darán al padre de la joven, por cuanto esparció mala fama sobre una virgen de Israel; y la tendrá por mujer, y no podrá despedirla en todos sus días.

²⁰ Mas si resultare ser verdad que no se halló virginidad en la joven,

²¹ entonces la sacarán a la puerta de la casa de su padre, y la apedrearán los hombres de su ciudad, y morirá, por cuanto hizo vileza en Israel fornicando en casa de su padre; así quitarás el mal de en medio de ti.

²² Si fuere sorprendido alguno acostado con una mujer casada con marido, ambos morirán, el hombre que se acostó con la mujer, y la mujer también; así quitarás el mal de Israel.

²³ Si hubiere una muchacha virgen desposada con alguno, y alguno la hallare en la ciudad, y se acostare con ella;

²⁴ entonces los sacaréis a ambos a la puerta de la ciudad, y los apedrearéis, y morirán; la joven porque no dio voces en la ciudad, y el hombre porque humilló a la mujer de su prójimo; así quitarás el mal de en medio de ti.

²⁵ Mas si un hombre hallare en el campo a la joven desposada, y la forzare aquel hombre, acostándose con ella, morirá solamente el hombre que se acostó con ella;

²⁶ mas a la joven no le harás nada; no hay en ella culpa de muerte; pues como cuando alguno se levanta contra su prójimo y le quita la vida, así es en este caso.

²⁷ Porque él la halló en el campo; dio voces la joven desposada, y no hubo quien la librase.

²⁸ Cuando algún hombre hallare a una joven virgen que no fuere desposada, y la tomare y se acostare con ella, y fueren descubiertos;

²⁹ entonces el hombre que se acostó con ella dará al padre de la joven cincuenta piezas de plata, y ella será su mujer, por cuanto la humilló; no la podrá despedir en todos sus días.ᵈ

³⁰ Ninguno tomará la mujer de su padre, ni profanará el lecho de su padre.ᵉ

Los excluidos de la congregación

23 ¹ No entrará en la congregación de Jehová el que tenga magullados los testículos, o amputado su miembro viril.

² No entrará bastardo en la congregación de Jehová; ni hasta la décima generación no entrarán en la congregación de Jehová.

³ No entrará amonita ni moabita en la congregación de Jehová,ᵃ ni hasta la décima generación de ellos; no entrarán en la congregación de Jehová para siempre,

⁴ por cuanto no os salieron a recibir con pan y agua al camino, cuando salisteis de Egipto, y porque alquilaron contra ti a Balaam hijo de Beor, de Petor en Mesopotamia, para maldecirte.ᵇ

⁵ Mas no quiso Jehová tu Dios oír a Balaam; y Jehová tu Dios te convirtió la maldición en bendición,ᶜ porque Jehová tu Dios te amaba.

⁶ No procurarás la paz de ellos ni su bien en todos los días para siempre.

⁷ No aborrecerás al edomita, porque es tu hermano; no aborrecerás al egipcio, porque forastero fuiste en su tierra.

⁸ Los hijos que nacieren de ellos, en la tercera generación entrarán en la congregación de Jehová.

Leyes sanitarias

⁹ Cuando salieres a campaña contra tus enemigos, te guardarás de toda cosa mala.

ᵈ **22.28, 29** Éx 22.16, 17.   ᵉ **22.30** Lv 18.8; 20.11; Dt 27.20.
ᵃ **23.3-5** Neh 13.1, 2.   ᵇ **23.4** Nm 22.1-6.
ᶜ **23.5** Nm 23.7—24.9.

10 Si hubiere en medio de ti alguno que no fuere limpio, por razón de alguna impureza acontecida de noche, saldrá fuera del campamento, y no entrará en él.

11 Pero al caer la noche se lavará con agua, y cuando se hubiere puesto el sol, podrá entrar en el campamento.

12 Tendrás un lugar fuera del campamento adonde salgas;

13 tendrás también entre tus armas una estaca; y cuando estuvieres allí fuera, cavarás con ella, y luego al volverte cubrirás tu excremento;

14 porque Jehová tu Dios anda en medio de tu campamento, para librarte y para entregar a tus enemigos delante de ti; por tanto, tu campamento ha de ser santo, para que él no vea en ti cosa inmunda, y se vuelva de en pos de ti.

Leyes humanitarias

15 No entregarás a su señor el siervo que se huyere a ti de su amo.

16 Morará contigo, en medio de ti, en el lugar que escogiere en alguna de tus ciudades, donde a bien tuviere; no le oprimirás.

17 No haya ramera de entre las hijas de Israel,[d] ni haya sodomita de entre los hijos de Israel.

18 No traerás la paga de una ramera ni el precio de un perro a la casa de Jehová tu Dios por ningún voto; porque abominación es a Jehová tu Dios tanto lo uno como lo otro.

19 No exigirás de tu hermano interés de dinero, ni interés de comestibles, ni de cosa alguna de que se suele exigir interés.

20 Del extraño podrás exigir interés, mas de tu hermano no lo exigirás,[e] para que te bendiga Jehová tu Dios en toda obra de tus manos en la tierra adonde vas para tomar posesión de ella.

21 Cuando haces voto a Jehová tu Dios, no tardes en pagarlo;[f] porque ciertamente lo demandará Jehová tu Dios de ti, y sería pecado en ti.

22 Mas cuando te abstengas de prometer, no habrá en ti pecado.

23 Pero lo que hubiere salido de tus labios, lo guardarás y lo cumplirás, conforme lo prometiste a Jehová tu Dios, pagando la ofrenda voluntaria que prometiste con tu boca.

24 Cuando entres en la viña de tu prójimo, podrás comer uvas hasta saciarte; mas no pondrás en tu cesto.

25 Cuando entres en la mies de tu prójimo, podrás arrancar espigas con tu mano; mas no aplicarás hoz a la mies de tu prójimo.

24 1 Cuando alguno tomare mujer y se casare con ella, si no le agradare por haber hallado en ella alguna cosa indecente, le escribirá carta de divorcio,[a] y se la entregará en su mano, y la despedirá de su casa.

2 Y salida de su casa, podrá ir y casarse con otro hombre.

3 Pero si la aborreciere este último, y le escribiere carta de divorcio, y se la entregare en su mano, y la despidiere de su casa; o si hubiere muerto el postrer hombre que la tomó por mujer,

4 no podrá su primer marido, que la despidió, volverla a tomar para que sea su mujer, después que fue envilecida; porque es abominación delante de Jehová, y no has de pervertir la tierra que Jehová tu Dios te da por heredad.

5 Cuando alguno fuere recién casado, no saldrá a la guerra, ni en ninguna cosa se le ocupará; libre estará en su casa por un año, para alegrar a la mujer que tomó.

6 No tomarás en prenda la muela del molino, ni la de abajo ni la de arriba; porque sería tomar en prenda la vida del hombre.

7 Cuando fuere hallado alguno que hubiere hurtado a uno de sus hermanos los hijos de Israel, y le hubiere esclavizado, o le hubiere vendido, morirá el tal ladrón,[b] y quitarás el mal de en medio de ti.

8 En cuanto a la plaga de la lepra, ten cuidado de observar diligentemente y hacer según todo lo que os enseñaren los sacerdotes levitas; según yo les he mandado, así cuidaréis de hacer.[c]

9 Acuérdate de lo que hizo Jehová tu Dios a María[d] en el camino, después que salisteis de Egipto.

10 Cuando entregares a tu prójimo alguna cosa prestada, no entrarás en su casa para tomarle prenda.

d 23.17 Lv 19.29.   e 23.19, 20 Éx 22.25; Lv 25.36, 37; Dt 15.7-11.   f 23.21 Nm 30.1-16; Mt 5.33.   a 24.1 Mt 5.31; 19.7; Mr 10.4.   b 24.7 Éx 21.16.   c 24.8 Lv 13.1—14.54.   d 24.9 Nm 12.10.

¹¹ Te quedarás fuera, y el hombre a quien prestaste te sacará la prenda.

¹² Y si el hombre fuere pobre, no te acostarás reteniendo aún su prenda.

¹³ Sin falta le devolverás la prenda cuando el sol se ponga, para que pueda dormir en su ropa, y te bendiga; y te será justicia delante de Jehová tu Dios.^e

¹⁴ No oprimirás al jornalero pobre y menesteroso, ya sea de tus hermanos o de los extranjeros que habitan en tu tierra dentro de tus ciudades.

¹⁵ En su día le darás su jornal, y no se pondrá el sol sin dárselo; pues es pobre, y con él sustenta su vida; para que no clame contra ti a Jehová, y sea en ti pecado.^f

¹⁶ Los padres no morirán por los hijos, ni los hijos por los padres; cada uno morirá por su pecado.^g

¹⁷ No torcerás el derecho del extranjero ni del huérfano, ni tomarás en prenda la ropa de la viuda,

¹⁸ sino que te acordarás que fuiste siervo en Egipto, y que de allí te rescató Jehová tu Dios; por tanto, yo te mando que hagas esto.^h

¹⁹ Cuando siegues tu mies en tu campo, y olvides alguna gavilla en el campo, no volverás para recogerla; será para el extranjero, para el huérfano y para la viuda; para que te bendiga Jehová tu Dios en toda obra de tus manos.

²⁰ Cuando sacudas tus olivos, no recorrerás las ramas que hayas dejado tras de ti; serán para el extranjero, para el huérfano y para la viuda.

²¹ Cuando vendimies tu viña, no rebuscarás tras de ti; será para el extranjero, para el huérfano y para la viuda.ⁱ

²² Y acuérdate que fuiste siervo en tierra de Egipto; por tanto, yo te mando que hagas esto.

¹ Si hubiere pleito entre algunos, y acudieren al tribunal para que los jueces los juzguen, éstos absolverán al justo, y condenarán al culpable.

² Y si el delincuente mereciere ser azotado, entonces el juez le hará echar en tierra, y le hará azotar en su presencia; según su delito será el número de azotes.

³ Se podrá dar cuarenta azotes, no más; no sea que, si lo hirieren con muchos azotes más que éstos, se sienta tu hermano envilecido delante de tus ojos.

⁴ No pondrás bozal al buey cuando trillare.^a

⁵ Cuando hermanos habitaren juntos, y muriere alguno de ellos, y no tuviere hijo, la mujer del muerto no se casará fuera con hombre extraño; su cuñado se llegará a ella, y la tomará por su mujer, y hará con ella parentesco.

⁶ Y el primogénito que ella diere a luz sucederá en el nombre de su hermano muerto, para que el nombre de éste no sea borrado de Israel.^b

⁷ Y si el hombre no quisiere tomar a su cuñada, irá entonces su cuñada a la puerta, a los ancianos, y dirá: Mi cuñado no quiere suscitar nombre en Israel a su hermano; no quiere emparentar conmigo.

⁸ Entonces los ancianos de aquella ciudad lo harán venir, y hablarán con él; y si él se levantare y dijere: No quiero tomarla,

⁹ se acercará entonces su cuñada a él delante de los ancianos, y le quitará el calzado del pie, y le escupirá en el rostro, y hablará y dirá: Así será hecho al varón que no quiere edificar la casa de su hermano.

¹⁰ Y se le dará este nombre en Israel: La casa del descalzado.^c

¹¹ Si algunos riñeren uno con otro, y se acercare la mujer de uno para librar a su marido de mano del que le hiere, y alargando su mano asiere de sus partes vergonzosas,

¹² le cortarás entonces la mano; no la perdonarás.

¹³ No tendrás en tu bolsa pesa grande y pesa chica,

¹⁴ ni tendrás en tu casa efa grande y efa pequeño.

¹⁵ Pesa exacta y justa tendrás; efa cabal y justo tendrás, para que tus días sean prolongados sobre la tierra que Jehová tu Dios te da.

¹⁶ Porque abominación es a Jehová tu Dios cualquiera que hace esto, y cualquiera que hace injusticia.^d

Orden de exterminar a Amalec

¹⁷ Acuérdate de lo que hizo Amalec contigo en el camino, cuando salías de Egipto;

---

e 24.10-13 Éx 22.26, 27.   **f** 24.14, 15 Lv 19.13.
g 24.16 2 R 14.6; 2 Cr 25.4; Ez 18.20.   **h** 24.17, 18 Éx 23.9;
Lv 19.33, 34; Dt 27.19.   **i** 24.19-21 Lv 19.9, 10; 23.22.
a 25.4 1 Co 9.9; 1 Ti 5.18.   **b** 25.5, 6 Mt 22.24; Mr 12.19;
Lc 20.28.   **c** 25.7-10 Rt 4.7, 8.   **d** 25.13-16 Lv 19.35, 36.

18 de cómo te salió al encuentro en el camino, y te desbarató la retaguardia de todos los débiles que iban detrás de ti, cuando tú estabas cansado y trabajado; y no tuvo ningún temor de Dios.

19 Por tanto, cuando Jehová tu Dios te dé descanso de todos tus enemigos alrededor, en la tierra que Jehová tu Dios te da por heredad para que la poseas, borrarás la memoria de Amalec de debajo del cielo; no lo olvides.e

Primicias y diezmos

26 1 Cuando hayas entrado en la tierra que Jehová tu Dios te da por herencia, y tomes posesión de ella y la habites, 2 entonces tomarás de las primicias de todos los frutos que sacares de la tierra que Jehová tu Dios te da, y las pondrás en una canasta, e irás al lugar que Jehová tu Dios escogiere para hacer habitar allí su nombre.a

3 Y te presentarás al sacerdote que hubiere en aquellos días, y le dirás: Declaro hoy a Jehová tu Dios, que he entrado en la tierra que juró Jehová a nuestros padres que nos daría.

4 Y el sacerdote tomará la canasta de tu mano, y la pondrá delante del altar de Jehová tu Dios.

5 Entonces hablarás y dirás delante de Jehová tu Dios: Un arameo a punto de perecer fue mi padre, el cual descendió a Egipto y habitó allí con pocos hombres, y allí creció y llegó a ser una nación grande, fuerte y numerosa;

6 y los egipcios nos maltrataron y nos afligieron, y pusieron sobre nosotros dura servidumbre.

7 Y clamamos a Jehová el Dios de nuestros padres; y Jehová oyó nuestra voz, y vio nuestra aflicción, nuestro trabajo y nuestra opresión;

8 y Jehová nos sacó de Egipto con mano fuerte, con brazo extendido, con grande espanto, y con señales y con milagros;

9 y nos trajo a este lugar, y nos dio esta tierra, tierra que fluye leche y miel.

10 Y ahora, he aquí, he traído las primicias del fruto de la tierra que me diste, oh Jehová. Y lo dejarás delante de Jehová tu Dios, y adorarás delante de Jehová tu Dios.

11 Y te alegrarás en todo el bien que Jehová tu Dios te haya dado a ti y a tu casa, así tú como el levita y el extranjero que está en medio de ti.

12 Cuando acabes de diezmar todo el diezmo de tus frutos en el año tercero, el año del diezmo, darás también al levita, al extranjero, al huérfano y a la viuda; y comerán en tus aldeas, y se saciarán.b

13 Y dirás delante de Jehová tu Dios: He sacado lo consagrado de mi casa, y también lo he dado al levita, al extranjero, al huérfano y a la viuda, conforme a todo lo que me has mandado; no he transgredido tus mandamientos, ni me he olvidado de ellos.

14 No he comido de ello en mi luto, ni he gastado de ello estando yo inmundo, ni de ello he ofrecido a los muertos; he obedecido a la voz de Jehová mi Dios, he hecho conforme a todo lo que me has mandado.

15 Mira desde tu morada santa, desde el cielo, y bendice a tu pueblo Israel, y a la tierra que nos has dado, como juraste a nuestros padres, tierra que fluye leche y miel.

16 Jehová tu Dios te manda hoy que cumplas estos estatutos y decretos; cuida, pues, de ponerlos por obra con todo tu corazón y con toda tu alma.

17 Has declarado solemnemente hoy que Jehová es tu Dios, y que andarás en sus caminos, y guardarás sus estatutos, sus mandamientos y sus decretos, y que escucharás su voz.

18 Y Jehová ha declarado hoy que tú eres pueblo suyo, de su exclusiva posesión,c como te lo ha prometido, para que guardes todos sus mandamientos;

19 a fin de exaltarte sobre todas las naciones que hizo, para loor y fama y gloria, y para que seas un pueblo santo a Jehová tu Dios, como él ha dicho.

Orden de escribir la ley en piedras sobre el Monte Ebal

27 1 Ordenó Moisés, con los ancianos de Israel, al pueblo, diciendo: Guardaréis todos los mandamientos que yo os prescribo hoy.

2 Y el día que pases el Jordán a la tierra que Jehová tu Dios te da, levantarás piedras grandes, y las revocarás con cal;

---

e 25.17-19 Éx 17.8-14; 1 S 15.2-9.   a 26.2 Éx 23.19.
b 26.12 Dt 14.28, 29.   c 26.18 Éx 19.5; Dt 4.20; 7.6; 14.2; Tit 2.14; 1 P 2.9.

³ y escribirás en ellas todas las palabras de esta ley, cuando hayas pasado para entrar en la tierra que Jehová tu Dios te da, tierra que fluye leche y miel, como Jehová el Dios de tus padres te ha dicho.

⁴ Cuando, pues, hayas pasado el Jordán, levantarás estas piedras que yo os mando hoy, en el monte Ebal, y las revocarás con cal;

⁵ y edificarás allí un altar a Jehová tu Dios, altar de piedras; no alzarás sobre ellas instrumento de hierro.

⁶ De piedras enteras edificarás el altar de Jehová tu Dios,ª y ofrecerás sobre él holocausto a Jehová tu Dios;

⁷ y sacrificarás ofrendas de paz, y comerás allí, y te alegrarás delante de Jehová tu Dios.

⁸ Y escribirás muy claramente en las piedras todas las palabras de esta ley.ᵇ

⁹ Y Moisés, con los sacerdotes levitas, habló a todo Israel, diciendo: Guarda silencio y escucha, oh Israel; hoy has venido a ser pueblo de Jehová tu Dios.

¹⁰ Oirás, pues, la voz de Jehová tu Dios, y cumplirás sus mandamientos y sus estatutos, que yo te ordeno hoy.

Las maldiciones en el monte Ebal

¹¹ Y mandó Moisés al pueblo en aquel día, diciendo:

¹² Cuando hayas pasado el Jordán, éstos estarán sobre el monte Gerizimᶜ para bendecir al pueblo: Simeón, Leví, Judá, Isacar, José y Benjamín.

¹³ Y éstos estarán sobre el monte Ebal para pronunciar la maldición: Rubén, Gad, Aser, Zabulón, Dan y Neftalí.

¹⁴ Y hablarán los levitas, y dirán a todo varón de Israel en alta voz:

¹⁵ Maldito el hombre que hiciere escultura o imagen de fundición,ᵈ abominación a Jehová, obra de mano de artífice, y la pusiere en oculto. Y todo el pueblo responderá y dirá: Amén.

¹⁶ Maldito el que deshonrare a su padre o a su madre.ᵉ Y dirá todo el pueblo: Amén.

¹⁷ Maldito el que redujere el límite de su prójimo.ᶠ Y dirá todo el pueblo: Amén.

¹⁸ Maldito el que hiciere errar al ciego en el camino.ᵍ Y dirá todo el pueblo: Amén.

¹⁹ Maldito el que pervirtiere el derecho del extranjero, del huérfano y de la viuda.ʰ Y dirá todo el pueblo: Amén.

²⁰ Maldito el que se acostare con la mujer de su padre,ⁱ por cuanto descubrió el regazo de su padre. Y dirá todo el pueblo: Amén.

²¹ Maldito el que se ayuntare con cualquier bestia.ʲ Y dirá todo el pueblo: Amén.

²² Maldito el que se acostare con su hermana,ᵏ hija de su padre, o hija de su madre. Y dirá todo el pueblo: Amén.

²³ Maldito el que se acostare con su suegra.ˡ Y dirá todo el pueblo: Amén.

²⁴ Maldito el que hiriere a su prójimo ocultamente. Y dirá todo el pueblo: Amén.

²⁵ Maldito el que recibiere soborno para quitar la vida al inocente. Y dirá todo el pueblo: Amén.

²⁶ Maldito el que no confirmare las palabras de esta ley para hacerlas.ᵐ Y dirá todo el pueblo: Amén.

Bendiciones de la obediencia
(Lv 26.3-13; Dt 7.12-24)

28 ¹ Acontecerá que si oyeres atentamente la voz de Jehová tu Dios, para guardar y poner por obra todos sus mandamientos que yo te prescribo hoy, también Jehová tu Dios te exaltará sobre todas las naciones de la tierra.

² Y vendrán sobre ti todas estas bendiciones, y te alcanzarán, si oyeres la voz de Jehová tu Dios.

³ Bendito serás tú en la ciudad, y bendito tú en el campo.

⁴ Bendito el fruto de tu vientre, el fruto de tu tierra, el fruto de tus bestias, la cría de tus vacas y los rebaños de tus ovejas.

⁵ Benditas serán tu canasta y tu artesa de amasar.

⁶ Bendito serás en tu entrar, y bendito en tu salir.

⁷ Jehová derrotará a tus enemigos que se levantaren contra ti; por un camino saldrán contra ti, y por siete caminos huirán de delante de ti.

⁸ Jehová te enviará su bendición sobre tus graneros, y sobre todo aquello en que

a 27.5, 6 Éx 20.25.   b 27.2-8 Jos 8.30-32.   c 27.12 Dt 11.29; Jos 8.33-35.   d 27.15 Éx 20.4; 34.17; Lv 19.4; 26.1; Dt 4.15-18; 5.8.   e 27.16 Éx 20.12; Dt 5.16.   f 27.17 Dt 19.14. g 27.18 Lv 19.14.   h 27.19 Éx 22.21; 23.9; Lv 19.33, 34; Dt 24.17, 18.   i 27.20 Lv 18.8; 20.11; Dt 22.30. j 27.21 Éx 22.19; Lv 18.23; 20.15.   k 27.22 Lv 18.9; 20.17. l 27.23 Lv 18.7; 20.14.   m 27.26 Gá 3.10.

pusieres tu mano; y te bendecirá en la tierra que Jehová tu Dios te da.

9 Te confirmará Jehová por pueblo santo suyo, como te lo ha jurado, cuando guardares los mandamientos de Jehová tu Dios, y anduvieres en sus caminos.

10 Y verán todos los pueblos de la tierra que el nombre de Jehová es invocado sobre ti, y te temerán.

11 Y te hará Jehová sobreabundar en bienes, en el fruto de tu vientre, en el fruto de tu bestia, y en el fruto de tu tierra, en el país que Jehová juró a tus padres que te había de dar.

12 Te abrirá Jehová su buen tesoro, el cielo, para enviar la lluvia a tu tierra en su tiempo, y para bendecir toda obra de tus manos. Y prestarás a muchas naciones, y tú no pedirás prestado.

13 Te pondrá Jehová por cabeza, y no por cola; y estarás encima solamente, y no estarás debajo, si obedecieres los mandamientos de Jehová tu Dios, que yo te ordeno hoy, para que los guardes y cumplas,

14 y si no te apartares de todas las palabras que yo te mando hoy, ni a diestra ni a siniestra, para ir tras dioses ajenos y servirles.[a]

Consecuencias de la desobediencia
(Lv 26.14-46)

15 Pero acontecerá, si no oyeres la voz de Jehová tu Dios, para procurar cumplir todos sus mandamientos y sus estatutos que yo te intimo hoy, que vendrán sobre ti todas estas maldiciones, y te alcanzarán.

16 Maldito serás tú en la ciudad, y maldito en el campo.

17 Maldita tu canasta, y tu artesa de amasar.

18 Maldito el fruto de tu vientre, el fruto de tu tierra, la cría de tus vacas, y los rebaños de tus ovejas.

19 Maldito serás en tu entrar, y maldito en tu salir.

20 Y Jehová enviará contra ti la maldición, quebranto y asombro en todo cuanto pusieres mano e hicieres, hasta que seas destruido, y perezcas pronto a causa de la maldad de tus obras por las cuales me habrás dejado.

21 Jehová traerá sobre ti mortandad, hasta que te consuma de la tierra a la cual entras para tomar posesión de ella.

22 Jehová te herirá de tisis, de fiebre, de inflamación y de ardor, con sequía, con calamidad repentina y con añublo; y te perseguirán hasta que perezcas.

23 Y los cielos que están sobre tu cabeza serán de bronce, y la tierra que está debajo de ti, de hierro.

24 Dará Jehová por lluvia a tu tierra polvo y ceniza; de los cielos descenderán sobre ti hasta que perezcas.

25 Jehová te entregará derrotado delante de tus enemigos; por un camino saldrás contra ellos, y por siete caminos huirás delante de ellos; y serás vejado por todos los reinos de la tierra.

26 Y tus cadáveres servirán de comida a toda ave del cielo y fiera de la tierra, y no habrá quien las espante.

27 Jehová te herirá con la úlcera de Egipto, con tumores, con sarna, y con comezón de que no puedas ser curado.

28 Jehová te herirá con locura, ceguera y turbación de espíritu;

29 y palparás a mediodía como palpa el ciego en la oscuridad, y no serás prosperado en tus caminos; y no serás sino oprimido y robado todos los días, y no habrá quien te salve.

30 Te desposarás con mujer, y otro varón dormirá con ella; edificarás casa, y no habitarás en ella; plantarás viña, y no la disfrutarás.

31 Tu buey será matado delante de tus ojos, y tú no comerás de él; tu asno será arrebatado de delante de ti, y no te será devuelto; tus ovejas serán dadas a tus enemigos, y no tendrás quien te las rescate.

32 Tus hijos y tus hijas serán entregados a otro pueblo, y tus ojos lo verán, y desfallecerán por ellos todo el día; y no habrá fuerza en tu mano.

33 El fruto de tu tierra y de todo tu trabajo comerá pueblo que no conociste; y no serás sino oprimido y quebrantado todos los días.

34 Y enloquecerás a causa de lo que verás con tus ojos.

35 Te herirá Jehová con maligna pústula en las rodillas y en las piernas, desde la planta de tu pie hasta tu coronilla, sin que puedas ser curado.

---

a 28.1-14 Dt 11.13-17.

36 Jehová te llevará a ti, y al rey que hubieres puesto sobre ti, a nación que no conociste ni tú ni tus padres; y allá servirás a dioses ajenos, al palo y a la piedra.

37 Y serás motivo de horror, y servirás de refrán y de burla a todos los pueblos a los cuales te llevará Jehová.

38 Sacarás mucha semilla al campo, y recogerás poco, porque la langosta. lo consumirá.

39 Plantarás viñas y labrarás, pero no beberás vino, ni recogerás uvas, porque el gusano se las comerá.

40 Tendrás olivos en todo tu territorio, mas no te ungirás con el aceite, porque tu aceituna se caerá.

41 Hijos e hijas engendrarás, y no serán para ti, porque irán en cautiverio.

42 Toda tu arboleda y el fruto de tu tierra serán consumidos por la langosta.

43 El extranjero que estará en medio de ti se elevará sobre ti muy alto, y tú descenderás muy abajo.

44 Él te prestará a ti, y tú no le prestarás a él; él será por cabeza, y tú serás por cola.

45 Y vendrán sobre ti todas estas maldiciones, y te perseguirán, y te alcanzarán hasta que perezcas; por cuanto no habrás atendido a la voz de Jehová tu Dios, para guardar sus mandamientos y sus estatutos, que él te mandó;

46 y serán en ti por señal y por maravilla, y en tu descendencia para siempre.

47 Por cuanto no serviste a Jehová tu Dios con alegría y con gozo de corazón, por la abundancia de todas las cosas,

48 servirás, por tanto, a tus enemigos que enviare Jehová contra ti, con hambre y con sed y con desnudez, y con falta de todas las cosas; y él pondrá yugo de hierro sobre tu cuello, hasta destruirte.

49 Jehová traerá contra ti una nación de lejos, del extremo de la tierra, que vuele como águila, nación cuya lengua no entiendas;

50 gente fiera de rostro, que no tendrá respeto al anciano, ni perdonará al niño;

51 y comerá el fruto de tu bestia y el fruto de tu tierra, hasta que perezcas; y no te dejará grano, ni mosto, ni aceite, ni la cría de tus vacas, ni los rebaños de tus ovejas, hasta destruirte.

52 Pondrá sitio a todas tus ciudades, hasta que caigan tus muros altos y fortificados en que tú confías, en toda tu tierra; sitiará, pues, todas tus ciudades y toda la tierra que Jehová tu Dios te hubiere dado.

53 Y comerás el fruto de tu vientre, la carne de tus hijos y de tus hijas que Jehová tu Dios te dio, en el sitio y en el apuro con que te angustiará tu enemigo.

54 El hombre tierno en medio de ti, y el muy delicado, mirará con malos ojos a su hermano, y a la mujer de su seno, y al resto de sus hijos que le quedaren;

55 para no dar a alguno de ellos de la carne de sus hijos, que él comiere, por no haberle quedado nada, en el asedio y en el apuro con que tu enemigo te oprimirá en todas tus ciudades.

56 La tierna y la delicada entre vosotros, que nunca la planta de su pie intentaría sentar sobre la tierra, de pura delicadeza y ternura, mirará con malos ojos al marido de su seno, a su hijo, a su hija,

57 al recién nacido que sale de entre sus pies, y a sus hijos que diere a luz; pues los comerá[b] ocultamente, por la carencia de todo, en el asedio y en el apuro con que tu enemigo te oprimirá en tus ciudades.

58 Si no cuidares de poner por obra todas las palabras de esta ley que están escritas en este libro, temiendo este nombre glorioso y temible: JEHOVÁ TU DIOS,

59 entonces Jehová aumentará maravillosamente tus plagas y las plagas de tu descendencia, plagas grandes y permanentes, y enfermedades malignas y duraderas;

60 y traerá sobre ti todos los males de Egipto, delante de los cuales temiste, y no te dejarán.

61 Asimismo toda enfermedad y toda plaga que no está escrita en el libro de esta ley, Jehová la enviará sobre ti, hasta que seas destruido.

62 Y quedaréis pocos en número, en lugar de haber sido como las estrellas del cielo en multitud, por cuanto no obedecisteis a la voz de Jehová tu Dios.

63 Así como Jehová se gozaba en haceros bien y en multiplicaros, así se gozará Jehová en arruinaros y en destruiros; y seréis arrancados de sobre la tierra a la cual entráis para tomar posesión de ella.

b 28.57 2 R 6.28, 29; Lm 4.10.

64 Y Jehová te esparcirá por todos los pueblos, desde un extremo de la tierra hasta el otro extremo; y allí servirás a dioses ajenos que no conociste tú ni tus padres, al leño y a la piedra.

65 Y ni aun entre estas naciones descansarás, ni la planta de tu pie tendrá reposo; pues allí te dará Jehová corazón temeroso, y desfallecimiento de ojos, y tristeza de alma;

66 y tendrás tu vida como algo que pende delante de ti, y estarás temeroso de noche y de día, y no tendrás seguridad de tu vida.

67 Por la mañana dirás: ¡Quién diera que fuese la tarde! y a la tarde dirás: ¡Quién diera que fuese la mañana! por el miedo de tu corazón con que estarás amedrentado, y por lo que verán tus ojos.

68 Y Jehová te hará volver a Egipto en naves, por el camino del cual te ha dicho: Nunca más volverás; y allí seréis vendidos a vuestros enemigos por esclavos y por esclavas, y no habrá quien os compre.

Pacto de Jehová con Israel en Moab

29 **1** Éstas son las palabras del pacto que Jehová mandó a Moisés que celebrase con los hijos de Israel en la tierra de Moab, además del pacto que concertó con ellos en Horeb.

2 Moisés, pues, llamó a todo Israel, y les dijo: Vosotros habéis visto todo lo que Jehová ha hecho delante de vuestros ojos en la tierra de Egipto a Faraón y a todos sus siervos, y a toda su tierra,

3 las grandes pruebas que vieron vuestros ojos, las señales y las grandes maravillas.

4 Pero hasta hoy Jehová no os ha dado corazón para entender, ni ojos para ver, ni oídos para oír.

5 Y yo os he traído cuarenta años en el desierto; vuestros vestidos no se han envejecido sobre vosotros, ni vuestro calzado se ha envejecido sobre vuestro pie.

6 No habéis comido pan, ni bebisteis vino ni sidra; para que supierais que yo soy Jehová vuestro Dios.

7 Y llegasteis a este lugar, y salieron Sehón rey de Hesbón[a] y Og rey de Basán[b] delante de nosotros para pelear, y los derrotamos;

8 y tomamos su tierra, y la dimos por heredad a Rubén y a Gad y a la media tribu de Manasés.[c]

9 Guardaréis, pues, las palabras de este pacto, y las pondréis por obra, para que prosperéis en todo lo que hiciereis.

10 Vosotros todos estáis hoy en presencia de Jehová vuestro Dios; los cabezas de vuestras tribus, vuestros ancianos y vuestros oficiales, todos los varones de Israel;

11 vuestros niños, vuestras mujeres, y tus extranjeros que habitan en medio de tu campamento, desde el que corta tu leña hasta el que saca tu agua;

12 para que entres en el pacto de Jehová tu Dios, y en su juramento, que Jehová tu Dios concierta hoy contigo,

13 para confirmarte hoy como su pueblo, y para que él te sea a ti por Dios, de la manera que él te ha dicho, y como lo juró a tus padres Abraham, Isaac y Jacob.

14 Y no solamente con vosotros hago yo este pacto y este juramento,

15 sino con los que están aquí presentes hoy con nosotros delante de Jehová nuestro Dios, y con los que no están aquí hoy con nosotros.

16 Porque vosotros sabéis cómo habitamos en la tierra de Egipto, y cómo hemos pasado por en medio de las naciones por las cuales habéis pasado;

17 y habéis visto sus abominaciones y sus ídolos de madera y piedra, de plata y oro, que tienen consigo.

18 No sea que haya entre vosotros varón o mujer, o familia o tribu, cuyo corazón se aparte hoy de Jehová nuestro Dios, para ir a servir a los dioses de esas naciones; no sea que haya en medio de vosotros raíz que produzca hiel y ajenjo,[d]

19 y suceda que al oír las palabras de esta maldición, él se bendiga en su corazón, diciendo: Tendré paz, aunque ande en la dureza de mi corazón, a fin de que con la embriaguez quite la sed.

20 No querrá Jehová perdonarlo, sino que entonces humeará la ira de Jehová y su celo sobre el tal hombre, y se asentará sobre él toda maldición escrita en este libro, y Jehová borrará su nombre de debajo del cielo;

21 y lo apartará Jehová de todas las tribus de Israel para mal, conforme a todas las maldiciones del pacto escrito en este libro de la ley.

a 29.7 Nm 21.21-30.   b 29.7 Nm 21.31-35.   c 29.8 Nm 32.33.
d 29.18 Heb 12.15.

22 Y dirán las generaciones venideras, vuestros hijos que se levanten después de vosotros, y el extranjero que vendrá de lejanas tierras, cuando vieren las plagas de aquella tierra, y sus enfermedades de que Jehová la habrá hecho enfermar

23 (azufre y sal, abrasada toda su tierra; no será sembrada, ni producirá, ni crecerá en ella hierba alguna, como sucedió en la destrucción de Sodoma y de Gomorra,[e] de Adma y de Zeboim, las cuales Jehová destruyó en su furor y en su ira);

24 más aún, todas las naciones dirán: ¿Por qué hizo esto Jehová a esta tierra? ¿Qué significa el ardor de esta gran ira?

25 Y responderán: Por cuanto dejaron el pacto de Jehová el Dios de sus padres, que él concertó con ellos cuando los sacó de la tierra de Egipto,

26 y fueron y sirvieron a dioses ajenos, y se inclinaron a ellos, dioses que no conocían, y que ninguna cosa les habían dado.

27 Por tanto, se encendió la ira de Jehová contra esta tierra, para traer sobre ella todas las maldiciones escritas en este libro;

28 y Jehová los desarraigó de su tierra con ira, con furor y con grande indignación, y los arrojó a otra tierra, como hoy se ve.

29 Las cosas secretas pertenecen a Jehová nuestro Dios; mas las reveladas son para nosotros y para nuestros hijos para siempre, para que cumplamos todas las palabras de esta ley.

Condiciones para la restauración y la bendición

30 **1** Sucederá que cuando hubieren venido sobre ti todas estas cosas, la bendición y la maldición que he puesto delante de ti, y te arrepintieres en medio de todas las naciones adonde te hubiere arrojado Jehová tu Dios,

2 y te convirtieres a Jehová tu Dios, y obedecieres a su voz conforme a todo lo que yo te mando hoy, tú y tus hijos, con todo tu corazón y con toda tu alma,

3 entonces Jehová hará volver a tus cautivos, y tendrá misericordia de ti, y volverá a recogerte de entre todos los pueblos adonde te hubiere esparcido Jehová tu Dios.

4 Aun cuando tus desterrados estuvieren en las partes más lejanas que hay debajo del cielo, de allí te recogerá Jehová tu Dios, y de allá te tomará;

5 y te hará volver Jehová tu Dios a la tierra que heredaron tus padres, y será tuya; y te hará bien, y te multiplicará más que a tus padres.

6 Y circuncidará Jehová tu Dios tu corazón, y el corazón de tu descendencia, para que ames a Jehová tu Dios con todo tu corazón y con toda tu alma, a fin de que vivas.

7 Y pondrá Jehová tu Dios todas estas maldiciones sobre tus enemigos, y sobre tus aborrecedores que te persiguieron.

8 Y tú volverás, y oirás la voz de Jehová, y pondrás por obra todos sus mandamientos que yo te ordeno hoy.

9 Y te hará Jehová tu Dios abundar en toda obra de tus manos, en el fruto de tu vientre, en el fruto de tu bestia, y en el fruto de tu tierra, para bien; porque Jehová volverá a gozarse sobre ti para bien, de la manera que se gozó sobre tus padres,

10 cuando obedecieres a la voz de Jehová tu Dios, para guardar sus mandamientos y sus estatutos escritos en este libro de la ley; cuando te convirtieres a Jehová tu Dios con todo tu corazón y con toda tu alma.

11 Porque este mandamiento que yo te ordeno hoy no es demasiado difícil para ti, ni está lejos.

12 No está en el cielo, para que digas: ¿Quién subirá por nosotros al cielo, y nos lo traerá y nos lo hará oír para que lo cumplamos?

13 Ni está al otro lado del mar, para que digas: ¿Quién pasará por nosotros el mar, para que nos lo traiga y nos lo haga oír, a fin de que lo cumplamos?

14 Porque muy cerca de ti está la palabra, en tu boca y en tu corazón, para que la cumplas.[a]

15 Mira, yo he puesto delante de ti hoy la vida y el bien, la muerte y el mal;

16 porque yo te mando hoy que ames a Jehová tu Dios, que andes en sus caminos, y guardes sus mandamientos, sus estatutos y sus decretos, para que vivas y seas multiplicado, y Jehová tu Dios te bendiga en la tierra a la cual entras para tomar posesión de ella.

---

e 29.23 Gn 19.24, 25.   **a 30.12-14** Ro 10.6-8.

17 Mas si tu corazón se apartare y no oyeres, y te dejares extraviar, y te inclinares a dioses ajenos y les sirvieres,

18 yo os protesto hoy que de cierto pereceréis; no prolongaréis vuestros días sobre la tierra adonde vais, pasando el Jordán, para entrar en posesión de ella.

19 A los cielos y a la tierra llamo por testigos hoy contra vosotros, que os he puesto delante la vida y la muerte, la bendición y la maldición; escoge, pues, la vida, para que vivas tú y tu descendencia;

20 amando a Jehová tu Dios, atendiendo a su voz, y siguiéndole a él; porque él es vida para ti, y prolongación de tus días; a fin de que habites sobre la tierra que juró Jehová a tus padres, Abraham,b Isaacc y Jacob,d que les había de dar.

Josué es instalado como sucesor de Moisés

31 1 Fue Moisés y habló estas palabras a todo Israel,

2 y les dijo: Este día soy de edad de ciento veinte años; no puedo más salir ni entrar; además de esto Jehová me ha dicho: No pasarás este Jordán.a

3 Jehová tu Dios, él pasa delante de ti; él destruirá a estas naciones delante de ti, y las heredarás; Josué será el que pasará delante de ti, como Jehová ha dicho.

4 Y hará Jehová con ellos como hizo con Sehón y con Og, reyes de los amorreos, y con su tierra, a quienes destruyó.b

5 Y los entregará Jehová delante de vosotros, y haréis con ellos conforme a todo lo que os he mandado.

6 Esforzaos y cobrad ánimo; no temáis, ni tengáis miedo de ellos, porque Jehová tu Dios es el que va contigo; no te dejará, ni te desamparará.

7 Y llamó Moisés a Josué, y le dijo en presencia de todo Israel: Esfuérzate y anímate; porque tú entrarás con este pueblo a la tierra que juró Jehová a sus padres que les daría, y tú se la harás heredar.

8 Y Jehová va delante de ti; él estará contigo, no te dejará, ni te desamparará;c no temas ni te intimides.

9 Y escribió Moisés esta ley, y la dio a los sacerdotes hijos de Leví, que llevaban el arca del pacto de Jehová, y a todos los ancianos de Israel.

10 Y les mandó Moisés, diciendo: Al fin de cada siete años,d en el año de la remisión, en la fiesta de los tabernáculos,e

11 cuando viniere todo Israel a presentarse delante de Jehová tu Dios en el lugar que él escogiere, leerás esta ley delante de todo Israel a oídos de ellos.

12 Harás congregar al pueblo, varones y mujeres y niños, y tus extranjeros que estuvieren en tus ciudades, para que oigan y aprendan, y teman a Jehová vuestro Dios, y cuiden de cumplir todas las palabras de esta ley;

13 y los hijos de ellos que no supieron, oigan, y aprendan a temer a Jehová vuestro Dios todos los días que viviereis sobre la tierra adonde vais, pasando el Jordán, para tomar posesión de ella.

14 Y Jehová dijo a Moisés: He aquí se ha acercado el día de tu muerte; llama a Josué, y esperad en el tabernáculo de reunión para que yo le dé el cargo. Fueron, pues, Moisés y Josué, y esperaron en el tabernáculo de reunión.

15 Y se apareció Jehová en el tabernáculo, en la columna de nube; y la columna de nube se puso sobre la puerta del tabernáculo.

16 Y Jehová dijo a Moisés: He aquí, tú vas a dormir con tus padres, y este pueblo se levantará y fornicará tras los dioses ajenos de la tierra adonde va para estar en medio de ella; y me dejará, e invalidará mi pacto que he concertado con él;

17 y se encenderá mi furor contra él en aquel día; y los abandonaré, y esconderé de ellos mi rostro, y serán consumidos; y vendrán sobre ellos muchos males y angustias, y dirán en aquel día: ¿No me han venido estos males porque no está mi Dios en medio de mí?

18 Pero ciertamente yo esconderé mi rostro en aquel día, por todo el mal que ellos habrán hecho, por haberse vuelto a dioses ajenos.

19 Ahora pues, escribíos este cántico, y enséñalo a los hijos de Israel; ponlo en boca de ellos, para que este cántico me sea por testigo contra los hijos de Israel.

20 Porque yo les introduciré en la tierra que juré a sus padres, la cual fluye leche

---

b **30.20** Gn 12.7.   c **30.20** Gn 26.3.   d **30.20** Gn 28.13.
a **31.2** Nm 20.12.   b **31.4** Nm 21.21-35.   c **31.8** Jos 1.5;
Heb 13.5.   d **31.10** Dt 15.12.   e **31.10** Dt 16.13-15.

y miel; y comerán y se saciarán, y engordarán; y se volverán a dioses ajenos y les servirán, y me enojarán, e invalidarán mi pacto.

21 Y cuando les vinieren muchos males y angustias, entonces este cántico responderá en su cara como testigo, pues será recordado por la boca de sus descendientes; porque yo conozco lo que se proponen de antemano, antes que los introduzca en la tierra que juré darles.

22 Y Moisés escribió este cántico aquel día, y lo enseñó a los hijos de Israel.

23 Y dio orden a Josué[f] hijo de Nun, y dijo: Esfuérzate y anímate,[g] pues tú introducirás a los hijos de Israel en la tierra que les juré, y yo estaré contigo.

Orden de guardar la ley junto al arca

24 Y cuando acabó Moisés de escribir las palabras de esta ley en un libro hasta concluirse,

25 dio órdenes Moisés a los levitas que llevaban el arca del pacto de Jehová, diciendo:

26 Tomad este libro de la ley, y ponedlo al lado del arca del pacto de Jehová vuestro Dios, y esté allí por testigo contra ti.

27 Porque yo conozco tu rebelión, y tu dura cerviz; he aquí que aun viviendo yo con vosotros hoy, sois rebeldes a Jehová; ¿cuánto más después que yo haya muerto?

28 Congregad a mí todos los ancianos de vuestras tribus, y a vuestros oficiales, y hablaré en sus oídos estas palabras, y llamaré por testigos contra ellos a los cielos y a la tierra.

29 Porque yo sé que después de mi muerte, ciertamente os corromperéis y os apartaréis del camino que os he mandado; y que os ha de venir mal en los postreros días, por haber hecho mal ante los ojos de Jehová, enojándole con la obra de vuestras manos.

Cántico de Moisés

30 Entonces habló Moisés a oídos de toda la congregación de Israel las palabras de este cántico hasta acabarlo.

32 1 Escuchad, cielos, y hablaré;
Y oiga la tierra los dichos de mi boca.

2 Goteará como la lluvia mi enseñanza;
Destilará como el rocío mi razonamiento;
Como la llovizna sobre la grama,
Y como las gotas sobre la hierba;

3 Porque el nombre de Jehová proclamaré.
Engrandeced a nuestro Dios.

4 Él es la Roca, cuya obra es perfecta,
Porque todos sus caminos son rectitud;
Dios de verdad, y sin ninguna iniquidad en él;
Es justo y recto.

5 La corrupción no es suya; de sus hijos es la mancha,
Generación torcida y perversa.

6 ¿Así pagáis a Jehová,
Pueblo loco e ignorante?
¿No es él tu padre que te creó?
Él te hizo y te estableció.

7 Acuérdate de los tiempos antiguos,
Considera los años de muchas generaciones;
Pregunta a tu padre, y él te declarará;
A tus ancianos, y ellos te dirán.

8 Cuando el Altísimo hizo heredar a las naciones,
Cuando hizo dividir a los hijos de los hombres,
Estableció los límites de los pueblos
Según el número de los hijos de Israel.

9 Porque la porción de Jehová es su pueblo;
Jacob la heredad que le tocó.

10 Le halló en tierra de desierto,
Y en yermo de horrible soledad;
Lo trajo alrededor, lo instruyó,
Lo guardó como a la niña de su ojo.

11 Como el águila que excita su nidada,
Revolotea sobre sus pollos,
Extiende sus alas, los toma,
Los lleva sobre sus plumas,

12 Jehová solo le guió,
Y con él no hubo dios extraño.

13 Lo hizo subir sobre las alturas de la tierra,
Y comió los frutos del campo,
E hizo que chupase miel de la peña,
Y aceite del duro pedernal;

14 Mantequilla de vacas y leche de ovejas,
Con grosura de corderos,

---

f 31.23 Nm 27.23.   **g** 31.23 Jos 1.6.

Y carneros de Basán; también
machos cabríos,
Con lo mejor del trigo;
Y de la sangre de la uva bebiste vino.

15 Pero engordó Jesurún, y tiró coces
(Engordaste, te cubriste de grasa);
Entonces abandonó al Dios que lo
hizo,
Y menospreció la Roca de su
salvación.

16 Le despertaron a celos con los dioses
ajenos;
Lo provocaron a ira con
abominaciones.

17 Sacrificaron a los demonios, y no a
Dios;[a]
A dioses que no habían conocido,
A nuevos dioses venidos de cerca,
Que no habían temido vuestros
padres.

18 De la Roca que te creó te olvidaste;
Te has olvidado de Dios tu creador.

19 Y lo vio Jehová, y se encendió en ira
Por el menosprecio de sus hijos y de
sus hijas.

20 Y dijo: Esconderé de ellos mi rostro,
Veré cuál será su fin;
Porque son una generación perversa,
Hijos infieles.

21 Ellos me movieron a celos[b] con lo que
no es Dios;
Me provocaron a ira con sus ídolos;
Yo también los moveré a celos con un
pueblo que no es pueblo,
Los provocaré a ira con una nación
insensata.[c]

22 Porque fuego se ha encendido en
mi ira,
Y arderá hasta las profundidades del
Seol;
Devorará la tierra y sus frutos,
Y abrasará los fundamentos de los
montes.

23 Yo amontonaré males sobre ellos;
Emplearé en ellos mis saetas.

24 Consumidos serán de hambre, y
devorados de fiebre ardiente
Y de peste amarga;
Diente de fieras enviaré también
sobre ellos,
Con veneno de serpientes de la tierra.

25 Por fuera desolará la espada,
Y dentro de las cámaras el espanto;

Así al joven como a la doncella,
Al niño de pecho como al hombre
cano.

26 Yo había dicho que los esparciría
lejos,
Que haría cesar de entre los hombres
la memoria de ellos,

27 De no haber temido la provocación
del enemigo,
No sea que se envanezcan sus
adversarios,
No sea que digan: Nuestra mano
poderosa
Ha hecho todo esto, y no Jehová.

28 Porque son nación privada de
consejos,
Y no hay en ellos entendimiento.

29 ¡Ojalá fueran sabios, que
comprendieran esto,
Y se dieran cuenta del fin que les
espera!

30 ¿Cómo podría perseguir uno a mil,
Y dos hacer huir a diez mil,
Si su Roca no los hubiese vendido,
Y Jehová no los hubiera entregado?

31 Porque la roca de ellos no es como
nuestra Roca,
Y aun nuestros enemigos son de ello
jueces.

32 Porque de la vid de Sodoma es la vid
de ellos,
Y de los campos de Gomorra;
Las uvas de ellos son uvas
ponzoñosas,
Racimos muy amargos tienen.

33 Veneno de serpientes es su vino,
Y ponzoña cruel de áspides.

34 ¿No tengo yo esto guardado conmigo,
Sellado en mis tesoros?

35 Mía es la venganza[d] y la retribución;
A su tiempo su pie resbalará,
Porque el día de su aflicción está
cercano,
Y lo que les está preparado se
apresura.

36 Porque Jehová juzgará a su pueblo,
Y por amor de sus siervos se
arrepentirá,
Cuando viere que la fuerza pereció,
Y que no queda ni siervo ni libre.

a **32.17** 1 Co 10.20.   b **32.21** 1 Co 10.22.   c **32.21** Ro 10.19.
d **32.35** Ro 12.19; Heb 10.30.

37Y dirá: ¿Dónde están sus dioses,
La roca en que se refugiaban;
38Que comían la grosura de sus
sacrificios,
Y bebían el vino de sus libaciones?
Levántense, que os ayuden
Y os defiendan.
39Ved ahora que yo, yo soy,
Y no hay dioses conmigo;
Yo hago morir, y yo hago vivir;
Yo hiero, y yo sano;
Y no hay quien pueda librar de mi
mano.
40Porque yo alzaré a los cielos mi
mano,
Y diré: Vivo yo para siempre,
41Si afilare mi reluciente espada,
Y echare mano del juicio,
Yo tomaré venganza de mis
enemigos,
Y daré la retribución a los que me
aborrecen.
42Embriagaré de sangre mis saetas,
Y mi espada devorará carne;
En la sangre de los muertos y de los
cautivos,
En las cabezas de larga cabellera del
enemigo.
43Alabad, naciones, a su pueblo,[e]
Porque él vengará la sangre de sus
siervos,[f]
Y tomará venganza de sus
enemigos,
Y hará expiación por la tierra de su
pueblo.

44Vino Moisés y recitó todas las palabras de este cántico a oídos del pueblo, él y Josué hijo de Nun. **45**Y acabó Moisés de recitar todas estas palabras a todo Israel; **46**y les dijo: Aplicad vuestro corazón a todas las palabras que yo os testifico hoy, para que las mandéis a vuestros hijos, a fin de que cuiden de cumplir todas las palabras de esta ley. **47**Porque no os es cosa vana; es vuestra vida, y por medio de esta ley haréis prolongar vuestros días sobre la tierra adonde vais, pasando el Jordán, para tomar posesión de ella.

Se le permite a Moisés contemplar la tierra de Canaán

48Y habló Jehová a Moisés aquel mismo día, diciendo: **49**Sube a este monte de Abarim, al monte Nebo, situado en la tierra de Moab que está frente a Jericó, y mira la tierra de Canaán, que yo doy por heredad a los hijos de Israel; **50**y muere en el monte al cual subes, y sé unido a tu pueblo, así como murió Aarón tu hermano en el monte Hor, y fue unido a su pueblo; **51**por cuanto pecasteis contra mí en medio de los hijos de Israel en las aguas de Meriba de Cades, en el desierto de Zin; porque no me santificasteis en medio de los hijos de Israel. **52**Verás, por tanto, delante de ti la tierra; mas no entrarás allá, a la tierra que doy a los hijos de Israel.[g]

Moisés bendice a las doce tribus de Israel

33 **1**Ésta es la bendición con la cual bendijo Moisés varón de Dios a los hijos de Israel, antes que muriese. **2**Dijo:
Jehová vino de Sinaí,
Y de Seir les esclareció;
Resplandeció desde el monte de
Parán,
Y vino de entre diez millares de
santos,
Con la ley de fuego a su mano
derecha.
3Aun amó a su pueblo;
Todos los consagrados a él estaban en
su mano;
Por tanto, ellos siguieron en tus
pasos,
Recibiendo dirección de ti,
4Cuando Moisés nos ordenó una ley,
Como heredad a la congregación de
Jacob.
5Y fue rey en Jesurún,
Cuando se congregaron los jefes del
pueblo
Con las tribus de Israel.
6Viva Rubén, y no muera;
Y no sean pocos sus varones.
7Y esta bendición profirió para Judá. Dijo así:

---

e 32.43 Ro 15.10. **f** 32.43 Ap 19.2. **g** 32.48-52 Nm 27.12-14; Dt 3.23-27.

Oye, oh Jehová, la voz de Judá,
Y llévalo a su pueblo;
Sus manos le basten,
Y tú seas su ayuda contra sus
enemigos.

8 A Leví dijo:
Tu Tumim y tu Urim[a] sean para tu
varón piadoso,
A quien probaste en Masah,[b]
Con quien contendiste en las aguas
de Meriba,[c]

9 Quien dijo de su padre y de su
madre: Nunca los he visto;
Y no reconoció a sus hermanos,
Ni a sus hijos conoció;
Pues ellos guardaron tus palabras,
Y cumplieron tu pacto.

10 Ellos enseñarán tus juicios a Jacob,
Y tu ley a Israel;
Pondrán el incienso delante de ti,
Y el holocausto sobre tu altar.

11 Bendice, oh Jehová, lo que hicieren,
Y recibe con agrado la obra de sus
manos;
Hiere los lomos de sus enemigos,
Y de los que lo aborrecieren, para
que nunca se levanten.

12 A Benjamín dijo:
El amado de Jehová habitará confiado
cerca de él;
Lo cubrirá siempre,
Y entre sus hombros morará.

13 A José dijo:
Bendita de Jehová sea tu tierra,
Con lo mejor de los cielos, con el
rocío,
Y con el abismo que está abajo.

14 Con los más escogidos frutos del sol,
Con el rico producto de la luna,

15 Con el fruto más fino de los montes
antiguos,
Con la abundancia de los collados
eternos,

16 Y con las mejores dádivas de la tierra
y su plenitud;
Y la gracia del que habitó en la
zarza
Venga sobre la cabeza de José,
Y sobre la frente de aquel que es
príncipe entre sus hermanos.

17 Como el primogénito de su toro es su
gloria,
Y sus astas como astas de búfalo;

Con ellas acorneará a los pueblos
juntos hasta los fines de la tierra;
Ellos son los diez millares de Efraín,
Y ellos son los millares de Manasés.

18 A Zabulón dijo:
Alégrate, Zabulón, cuando salieres;
Y tú, Isacar, en tus tiendas.

19 Llamarán a los pueblos a su monte;
Allí sacrificarán sacrificios de justicia,
Por lo cual chuparán la abundancia
de los mares,
Y los tesoros escondidos de la arena.

20 A Gad dijo:
Bendito el que hizo ensanchar a Gad;
Como león reposa,
Y arrebata brazo y testa.

21 Escoge lo mejor de la tierra para sí,
Porque allí le fue reservada la porción
del legislador.
Y vino en la delantera del pueblo;
Con Israel ejecutó los mandatos y los
justos decretos de Jehová.

22 A Dan dijo:
Dan es cachorro de león
Que salta desde Basán.

23 A Neftalí dijo:
Neftalí, saciado de favores,
Y lleno de la bendición de Jehová,
Posee el occidente y el sur.

24 A Aser dijo:
Bendito sobre los hijos sea Aser;
Sea el amado de sus hermanos,
Y moje en aceite su pie.

25 Hierro y bronce serán tus cerrojos,
Y como tus días serán tus fuerzas.

26 No hay como el Dios de Jesurún,
Quien cabalga sobre los cielos para
tu ayuda,
Y sobre las nubes con su grandeza.

27 El eterno Dios es tu refugio,
Y acá abajo los brazos eternos;
Él echó de delante de ti al enemigo,
Y dijo: Destruye.

28 E Israel habitará confiado, la fuente
de Jacob habitará sola
En tierra de grano y de vino;
También sus cielos destilarán rocío.

29 Bienaventurado tú, oh Israel.
¿Quién como tú,
Pueblo salvo por Jehová,
Escudo de tu socorro,

---

a 33.8 Éx 28.30. **b 33.8** Éx 17.7. **c 33.8** Éx 17.7; Nm 20.13.

Y espada de tu triunfo?
Así que tus enemigos serán
    humillados,
Y tú hollarás sobre sus alturas.

Muerte y sepultura de Moisés

34 ¹ Subió Moisés de los campos de Moab al monte Nebo, a la cumbre del Pisga, que está enfrente de Jericó; y le mostró Jehová toda la tierra de Galaad hasta Dan,

² todo Neftalí, y la tierra de Efraín y de Manasés, toda la tierra de Judá hasta el mar occidental;

³ el Neguev, y la llanura, la vega de Jericó, ciudad de las palmeras, hasta Zoar.

⁴ Y le dijo Jehová: Ésta es la tierra de que juré a Abraham,ᵃ a Isaacᵇ y a Jacob,ᶜ diciendo: A tu descendencia la daré. Te he permitido verla con tus ojos, mas no pasarás allá.

⁵ Y murió allí Moisés siervo de Jehová, en la tierra de Moab, conforme al dicho de Jehová.

⁶ Y lo enterró en el valle, en la tierra de Moab, enfrente de Bet-peor; y ninguno conoce el lugar de su sepultura hasta hoy.

⁷ Era Moisés de edad de ciento veinte años cuando murió; sus ojos nunca se oscurecieron, ni perdió su vigor.

⁸ Y lloraron los hijos de Israel a Moisés en los campos de Moab treinta días; y así se cumplieron los días del lloro y del luto de Moisés.

⁹ Y Josué hijo de Nun fue lleno del espíritu de sabiduría, porque Moisés había puesto sus manos sobre él; y los hijos de Israel le obedecieron, e hicieron como Jehová mandó a Moisés.

¹⁰ Y nunca más se levantó profeta en Israel como Moisés, a quien haya conocido Jehová cara a cara;ᵈ

¹¹ nadie como él en todas las señales y prodigios que Jehová le envió a hacer en tierra de Egipto, a Faraón y a todos sus siervos y a toda su tierra,

¹² y en el gran poder y en los hechos grandiosos y terribles que Moisés hizo a la vista de todo Israel.

ᵃ **34.4** Gn 12.7. ᵇ **34.4** Gn 26.3. ᶜ **34.4** Gn 28.13.
ᵈ **34.10** Éx 33.11.

JOSUÉ

Preparativos para la conquista

1 ¹ Aconteció después de la muerte de Moisés siervo de Jehová, que Jehová habló a Josué hijo de Nun, servidor de Moisés, diciendo:

² Mi siervo Moisés ha muerto; ahora, pues, levántate y pasa este Jordán, tú y todo este pueblo, a la tierra que yo les doy a los hijos de Israel.

³ Yo os he entregado, como lo había dicho a Moisés, todo lugar que pisare la planta de vuestro pie.

⁴ Desde el desierto y el Líbano hasta el gran río Éufrates, toda la tierra de los heteos hasta el gran mar donde se pone el sol, será vuestro territorio.

⁵ Nadie te podrá hacer frente[a] en todos los días de tu vida; como estuve con Moisés, estaré contigo; no te dejaré, ni te desampararé.[b]

⁶ Esfuérzate y sé valiente;[c] porque tú repartirás a este pueblo por heredad la tierra de la cual juré a sus padres que la daría a ellos.

⁷ Solamente esfuérzate y sé muy valiente, para cuidar de hacer conforme a toda la ley que mi siervo Moisés te mandó; no te apartes de ella ni a diestra ni a siniestra, para que seas prosperado en todas las cosas que emprendas.

⁸ Nunca se apartará de tu boca este libro de la ley, sino que de día y de noche meditarás en él, para que guardes y hagas conforme a todo lo que en él está escrito; porque entonces harás prosperar tu camino, y todo te saldrá bien.

⁹ Mira que te mando que te esfuerces y seas valiente; no temas ni desmayes, porque Jehová tu Dios estará contigo en dondequiera que vayas.

¹⁰ Y Josué mandó a los oficiales del pueblo, diciendo:

¹¹ Pasad por en medio del campamento y mandad al pueblo, diciendo: Preparaos comida, porque dentro de tres días pasaréis el Jordán para entrar a poseer la tierra que Jehová vuestro Dios os da en posesión.

¹² También habló Josué a los rubenitas y gaditas y a la media tribu de Manasés, diciendo:

¹³ Acordaos de la palabra que Moisés, siervo de Jehová, os mandó diciendo: Jehová vuestro Dios os ha dado reposo, y os ha dado esta tierra.

¹⁴ Vuestras mujeres, vuestros niños y vuestros ganados quedarán en la tierra que Moisés os ha dado a este lado del Jordán; mas vosotros, todos los valientes y fuertes, pasaréis armados delante de vuestros hermanos, y les ayudaréis,

¹⁵ hasta tanto que Jehová haya dado reposo a vuestros hermanos como a vosotros, y que ellos también posean la tierra que Jehová vuestro Dios les da; y después volveréis vosotros a la tierra de vuestra herencia, la cual Moisés siervo de Jehová os ha dado, a este lado del Jordán hacia donde nace el sol; y entraréis en posesión de ella.[d]

¹⁶ Entonces respondieron a Josué, diciendo: Nosotros haremos todas las cosas que nos has mandado, e iremos adondequiera que nos mandes.

¹⁷ De la manera que obedecimos a Moisés en todas las cosas, así te obedeceremos a ti; solamente que Jehová tu Dios esté contigo, como estuvo con Moisés.

¹⁸ Cualquiera que fuere rebelde a tu mandamiento, y no obedeciere a tus palabras en todas las cosas que le mandes, que muera; solamente que te esfuerces y seas valiente.

Josué envía espías a Jericó

2 ¹ Josué hijo de Nun envió desde Sitim dos espías secretamente, diciéndoles: Andad, reconoced la tierra, y a Jericó. Y ellos fueron, y entraron en casa de una

---

a 1.3-5 Dt 11.24, 25.   **b 1.5** Dt 31.6, 8; Heb 13.5.
c 1.6 Dt 31.6, 7, 23.   **d 1.12-15** Nm 32.28-32; Dt 3.18-20; Jos 22.1-6.

ramera que se llamaba Rahab,[a] y posaron allí.

[2] Y fue dado aviso al rey de Jericó, diciendo: He aquí que hombres de los hijos de Israel han venido aquí esta noche para espiar la tierra.

[3] Entonces el rey de Jericó envió a decir a Rahab: Saca a los hombres que han venido a ti, y han entrado a tu casa; porque han venido para espiar toda la tierra.

[4] Pero la mujer había tomado a los dos hombres y los había escondido; y dijo: Es verdad que unos hombres vinieron a mí, pero no supe de dónde eran.

[5] Y cuando se iba a cerrar la puerta, siendo ya oscuro, esos hombres se salieron, y no sé a dónde han ido; seguidlos aprisa, y los alcanzaréis.

[6] Mas ella los había hecho subir al terrado, y los había escondido entre los manojos de lino que tenía puestos en el terrado.

[7] Y los hombres fueron tras ellos por el camino del Jordán, hasta los vados; y la puerta fue cerrada después que salieron los perseguidores.

[8] Antes que ellos se durmiesen, ella subió al terrado, y les dijo:

[9] Sé que Jehová os ha dado esta tierra; porque el temor de vosotros ha caído sobre nosotros, y todos los moradores del país ya han desmayado por causa de vosotros.

[10] Porque hemos oído que Jehová hizo secar las aguas del Mar Rojo[b] delante de vosotros cuando salisteis de Egipto, y lo que habéis hecho a los dos reyes de los amorreos que estaban al otro lado del Jordán, a Sehón y a Og, a los cuales habéis destruido.[c]

[11] Oyendo esto, ha desmayado nuestro corazón; ni ha quedado más aliento en hombre alguno por causa de vosotros, porque Jehová vuestro Dios es Dios arriba en los cielos y abajo en la tierra.

[12] Os ruego pues, ahora, que me juréis por Jehová, que como he hecho misericordia con vosotros, así la haréis vosotros con la casa de mi padre, de lo cual me daréis una señal segura;

[13] y que salvaréis la vida a mi padre y a mi madre, a mis hermanos y hermanas, y a todo lo que es suyo; y que libraréis nuestras vidas de la muerte.

[14] Ellos le respondieron: Nuestra vida responderá por la vuestra, si no denunciareis este asunto nuestro; y cuando Jehová nos haya dado la tierra, nosotros haremos contigo misericordia y verdad.

[15] Entonces ella los hizo descender con una cuerda por la ventana; porque su casa estaba en el muro de la ciudad, y ella vivía en el muro.

[16] Y les dijo: Marchaos al monte, para que los que fueron tras vosotros no os encuentren; y estad escondidos allí tres días, hasta que los que os siguen hayan vuelto; y después os iréis por vuestro camino.

[17] Y ellos le dijeron: Nosotros quedaremos libres de este juramento con que nos has juramentado.

[18] He aquí, cuando nosotros entremos en la tierra, tú atarás este cordón de grana a la ventana por la cual nos descolgaste; y reunirás en tu casa a tu padre y a tu madre, a tus hermanos y a toda la familia de tu padre.

[19] Cualquiera que saliere fuera de las puertas de tu casa, su sangre será sobre su cabeza, y nosotros sin culpa. Mas cualquiera que se estuviere en casa contigo, su sangre será sobre nuestra cabeza, si mano le tocare.

[20] Y si tú denunciares este nuestro asunto, nosotros quedaremos libres de este tu juramento con que nos has juramentado.

[21] Ella respondió: Sea así como habéis dicho. Luego los despidió, y se fueron; y ella ató el cordón de grana a la ventana.

[22] Y caminando ellos, llegaron al monte y estuvieron allí tres días, hasta que volvieron los que los perseguían; y los que los persiguieron buscaron por todo el camino, pero no los hallaron.

[23] Entonces volvieron los dos hombres; descendieron del monte, y pasaron, y vinieron a Josué hijo de Nun, y le contaron todas las cosas que les habían acontecido.

[24] Y dijeron a Josué: Jehová ha entregado toda la tierra en nuestras manos; y también todos los moradores del país desmayan delante de nosotros.

El paso del Jordán

3 [1] Josué se levantó de mañana, y él y todos los hijos de Israel partieron de

---

[a] **2.1** Heb 11.31; Stg 2.25. [b] **2.10** Ex 14.21.
[c] **2.10** Nm 21.21-35.

Sitim y vinieron hasta el Jordán, y reposaron allí antes de pasarlo.

2 Y después de tres días, los oficiales recorrieron el campamento,

3 y mandaron al pueblo, diciendo: Cuando veáis el arca del pacto de Jehová vuestro Dios, y los levitas sacerdotes que la llevan, vosotros saldréis de vuestro lugar y marcharéis en pos de ella,

4 a fin de que sepáis el camino por donde habéis de ir; por cuanto vosotros no habéis pasado antes de ahora por este camino. Pero entre vosotros y ella haya distancia como de dos mil codos; no os acercaréis a ella.

5 Y Josué dijo al pueblo: Santificaos, porque Jehová hará mañana maravillas entre vosotros.

6 Y habló Josué a los sacerdotes, diciendo: Tomad el arca del pacto, y pasad delante del pueblo. Y ellos tomaron el arca del pacto y fueron delante del pueblo.

7 Entonces Jehová dijo a Josué: Desde este día comenzaré a engrandecerte delante de los ojos de todo Israel, para que entiendan que como estuve con Moisés, así estaré contigo.

8 Tú, pues, mandarás a los sacerdotes que llevan el arca del pacto, diciendo: Cuando hayáis entrado hasta el borde del agua del Jordán, pararéis en el Jordán.

9 Y Josué dijo a los hijos de Israel: Acercaos, y escuchad las palabras de Jehová vuestro Dios.

10 Y añadió Josué: En esto conoceréis que el Dios viviente está en medio de vosotros, y que él echará de delante de vosotros al cananeo, al heteo, al heveo, al ferezeo, al gergeseo, al amorreo y al jebuseo.

11 He aquí, el arca del pacto del Señor de toda la tierra pasará delante de vosotros en medio del Jordán.

12 Tomad, pues, ahora doce hombres de las tribus de Israel, uno de cada tribu.

13 Y cuando las plantas de los pies de los sacerdotes que llevan el arca de Jehová, Señor de toda la tierra, se asienten en las aguas del Jordán, las aguas del Jordán se dividirán; porque las aguas que vienen de arriba se detendrán en un montón.

14 Y aconteció cuando partió el pueblo de sus tiendas para pasar el Jordán, con los sacerdotes delante del pueblo llevando el arca del pacto,

15 cuando los que llevaban el arca entraron en el Jordán, y los pies de los sacerdotes que llevaban el arca fueron mojados a la orilla del agua (porque el Jordán suele desbordarse por todas sus orillas todo el tiempo de la siega),

16 las aguas que venían de arriba se detuvieron como en un montón bien lejos de la ciudad de Adam, que está al lado de Saretán, y las que descendían al mar del Arabá, al Mar Salado, se acabaron, y fueron divididas; y el pueblo pasó en dirección de Jericó.

17 Mas los sacerdotes que llevaban el arca del pacto de Jehová, estuvieron en seco, firmes en medio del Jordán, hasta que todo el pueblo hubo acabado de pasar el Jordán; y todo Israel pasó en seco.

Las doce piedras tomadas del Jordán

4 ¹ Cuando toda la gente hubo acabado de pasar el Jordán, Jehová habló a Josué, diciendo:

2 Tomad del pueblo doce hombres, uno de cada tribu,

3 y mandadles, diciendo: Tomad de aquí de en medio del Jordán, del lugar donde están firmes los pies de los sacerdotes, doce piedras, las cuales pasaréis con vosotros, y levantadlas en el lugar donde habéis de pasar la noche.

4 Entonces Josué llamó a los doce hombres a los cuales él había designado de entre los hijos de Israel, uno de cada tribu.

5 Y les dijo Josué: Pasad delante del arca de Jehová vuestro Dios a la mitad del Jordán, y cada uno de vosotros tome una piedra sobre su hombro, conforme al número de las tribus de los hijos de Israel,

6 para que esto sea señal entre vosotros; y cuando vuestros hijos preguntaren a sus padres mañana, diciendo: ¿Qué significan estas piedras?

7 les responderéis: Que las aguas del Jordán fueron divididas delante del arca del pacto de Jehová; cuando ella pasó el Jordán, las aguas del Jordán se dividieron; y estas piedras servirán de monumento conmemorativo a los hijos de Israel para siempre.

8 Y los hijos de Israel lo hicieron así como Josué les mandó: tomaron doce piedras de en medio del Jordán, como Jehová lo

había dicho a Josué, conforme al número de las tribus de los hijos de Israel, y las pasaron al lugar donde acamparon, y las levantaron allí.

⁹ Josué también levantó doce piedras en medio del Jordán, en el lugar donde estuvieron los pies de los sacerdotes que llevaban el arca del pacto; y han estado allí hasta hoy.

¹⁰ Y los sacerdotes que llevaban el arca se pararon en medio del Jordán hasta que se hizo todo lo que Jehová había mandado a Josué que dijese al pueblo, conforme a todas las cosas que Moisés había mandado a Josué; y el pueblo se dio prisa y pasó.

¹¹ Y cuando todo el pueblo acabó de pasar, también pasó el arca de Jehová, y los sacerdotes, en presencia del pueblo.

¹² También los hijos de Rubén y los hijos de Gad y la media tribu de Manasés pasaron armados delante de los hijos de Israel, según Moisés les había dicho;

¹³ como cuarenta mil hombres armados, listos para la guerra, pasaron hacia la llanura de Jericó delante de Jehová.

¹⁴ En aquel día Jehová engrandeció a Josué a los ojos de todo Israel; y le temieron, como habían temido a Moisés, todos los días de su vida.

¹⁵ Luego Jehová habló a Josué, diciendo:

¹⁶ Manda a los sacerdotes que llevan el arca del testimonio, que suban del Jordán.

¹⁷ Y Josué mandó a los sacerdotes, diciendo: Subid del Jordán.

¹⁸ Y aconteció que cuando los sacerdotes que llevaban el arca del pacto de Jehová subieron de en medio del Jordán, y las plantas de los pies de los sacerdotes estuvieron en lugar seco, las aguas del Jordán se volvieron a su lugar, corriendo como antes sobre todos sus bordes.

¹⁹ Y el pueblo subió del Jordán el día diez del mes primero, y acamparon en Gilgal, al lado oriental de Jericó.

²⁰ Y Josué erigió en Gilgal las doce piedras que habían traído del Jordán.

²¹ Y habló a los hijos de Israel, diciendo: Cuando mañana preguntaren vuestros hijos a sus padres, y dijeren: ¿Qué significan estas piedras?

²² declararéis a vuestros hijos, diciendo: Israel pasó en seco por este Jordán.

²³ Porque Jehová vuestro Dios secó las aguas del Jordán delante de vosotros, hasta que habíais pasado, a la manera que Jehová vuestro Dios lo había hecho en el Mar Rojo, el cual secó delante de nosotros hasta que pasamos;

²⁴ para que todos los pueblos de la tierra conozcan que la mano de Jehová es poderosa; para que temáis a Jehová vuestro Dios todos los días.

La circuncisión y la pascua en Gilgal

5 ¹ Cuando todos los reyes de los amorreos que estaban al otro lado del Jordán al occidente, y todos los reyes de los cananeos que estaban cerca del mar, oyeron cómo Jehová había secado las aguas del Jordán delante de los hijos de Israel hasta que hubieron pasado, desfalleció su corazón, y no hubo más aliento en ellos delante de los hijos de Israel.

² En aquel tiempo Jehová dijo a Josué: Hazte cuchillos afilados, y vuelve a circuncidar la segunda vez a los hijos de Israel.

³ Y Josué se hizo cuchillos afilados, y circuncidó a los hijos de Israel en el collado de Aralot.¹

⁴ Ésta es la causa por la cual Josué los circuncidó: Todo el pueblo que había salido de Egipto, los varones, todos los hombres de guerra, habían muerto en el desierto, por el camino, después que salieron de Egipto.

⁵ Pues todos los del pueblo que habían salido, estaban circuncidados; mas todo el pueblo que había nacido en el desierto, por el camino, después que hubieron salido de Egipto, no estaba circuncidado.

⁶ Porque los hijos de Israel anduvieron por el desierto cuarenta años, hasta que todos los hombres de guerra que habían salido de Egipto fueron consumidos, por cuanto no obedecieron a la voz de Jehová; por lo cual Jehová les juró que no les dejaría ver la tierra de la cual Jehová había jurado a sus padres que nos la daría, tierra que fluye leche y miel.ª

⁷ A los hijos de ellos, que él había hecho suceder en su lugar, Josué los circuncidó; pues eran incircuncisos, porque no habían sido circuncidados por el camino.

---

8 Y cuando acabaron de circuncidar a toda la gente, se quedaron en el mismo lugar en el campamento, hasta que sanaron.

9 Y Jehová dijo a Josué: Hoy he quitado de vosotros el oprobio de Egipto; por lo cual el nombre de aquel lugar fue llamado Gilgal,² hasta hoy.

10 Y los hijos de Israel acamparon en Gilgal, y celebraron la pascuaᵇ a los catorce días del mes, por la tarde, en los llanos de Jericó.

11 Al otro día de la pascua comieron del fruto de la tierra, los panes sin levadura, y en el mismo día espigas nuevas tostadas.

12 Y el maná cesóᶜ el día siguiente, desde que comenzaron a comer del fruto de la tierra; y los hijos de Israel nunca más tuvieron maná, sino que comieron de los frutos de la tierra de Canaán aquel año.

Josué y el varón con la espada desenvainada

13 Estando Josué cerca de Jericó, alzó sus ojos y vio un varón que estaba delante de él, el cual tenía una espada desenvainada en su mano. Y Josué, yendo hacia él, le dijo: ¿Eres de los nuestros, o de nuestros enemigos?

14 Él respondió: No; mas como Príncipe del ejército de Jehová he venido ahora. Entonces Josué, postrándose sobre su rostro en tierra, le adoró; y le dijo: ¿Qué dice mi Señor a su siervo?

15 Y el Príncipe del ejército de Jehová respondió a Josué: Quita el calzado de tus pies, porque el lugar donde estás es santo. Y Josué así lo hizo.

La toma de Jericó

6 **1** Ahora, Jericó estaba cerrada, bien cerrada, a causa de los hijos de Israel; nadie entraba ni salía.

2 Mas Jehová dijo a Josué: Mira, yo he entregado en tu mano a Jericó y a su rey, con sus varones de guerra.

3 Rodearéis, pues, la ciudad todos los hombres de guerra, yendo alrededor de la ciudad una vez; y esto haréis durante seis días.

4 Y siete sacerdotes llevarán siete bocinas de cuernos de carnero delante del arca; y al séptimo día daréis siete vueltas a la ciudad, y los sacerdotes tocarán las bocinas.

5 Y cuando toquen prolongadamente el cuerno de carnero, así que oigáis el sonido de la bocina, todo el pueblo gritará a gran voz, y el muro de la ciudad caerá; entonces subirá el pueblo, cada uno derecho hacia adelante.

6 Llamando, pues, Josué hijo de Nun a los sacerdotes, les dijo: Llevad el arca del pacto, y siete sacerdotes lleven bocinas de cuerno de carnero delante del arca de Jehová.

7 Y dijo al pueblo: Pasad, y rodead la ciudad; y los que están armados pasarán delante del arca de Jehová.

8 Y así que Josué hubo hablado al pueblo, los siete sacerdotes, llevando las siete bocinas de cuerno de carnero, pasaron delante del arca de Jehová, y tocaron las bocinas; y el arca del pacto de Jehová los seguía.

9 Y los hombres armados iban delante de los sacerdotes que tocaban las bocinas, y la retaguardia iba tras el arca, mientras las bocinas sonaban continuamente.

10 Y Josué mandó al pueblo, diciendo: Vosotros no gritaréis, ni se oirá vuestra voz, ni saldrá palabra de vuestra boca, hasta el día que yo os diga: Gritad; entonces gritaréis.

11 Así que él hizo que el arca de Jehová diera una vuelta alrededor de la ciudad, y volvieron luego al campamento, y allí pasaron la noche.

12 Y Josué se levantó de mañana, y los sacerdotes tomaron el arca de Jehová.

13 Y los siete sacerdotes, llevando las siete bocinas de cuerno de carnero, fueron delante del arca de Jehová, andando siempre y tocando las bocinas; y los hombres armados iban delante de ellos, y la retaguardia iba tras el arca de Jehová, mientras las bocinas tocaban continuamente.

14 Así dieron otra vuelta a la ciudad el segundo día, y volvieron al campamento; y de esta manera hicieron durante seis días.

15 Al séptimo día se levantaron al despuntar el alba, y dieron vuelta a la ciudad de la misma manera siete veces; solamente este día dieron vuelta alrededor de ella siete veces.

---

2. **5.9** Heb. *galal*, rodar.
ᵇ **5.10** Ex 12.1-13.   ᶜ **5.12** Ex 16.35.

16 Y cuando los sacerdotes tocaron las bocinas la séptima vez, Josué dijo al pueblo: Gritad, porque Jehová os ha entregado la ciudad.

17 Y será la ciudad anatema a Jehová, con todas las cosas que están en ella; solamente Rahab la ramera vivirá, con todos los que estén en casa con ella, por cuanto escondió a los mensajeros que enviamos.

18 Pero vosotros guardaos del anatema; ni toquéis, ni toméis alguna cosa del anatema, no sea que hagáis anatema el campamento de Israel, y lo turbéis.

19 Mas toda la plata y el oro, y los utensilios de bronce y de hierro, sean consagrados a Jehová, y entren en el tesoro de Jehová.

20 Entonces el pueblo gritó, y los sacerdotes tocaron las bocinas; y aconteció que cuando el pueblo hubo oído el sonido de la bocina, gritó con gran vocerío, y el muro se derrumbó.ª El pueblo subió luego a la ciudad, cada uno derecho hacia adelante, y la tomaron.

21 Y destruyeron a filo de espada todo lo que en la ciudad había; hombres y mujeres, jóvenes y viejos, hasta los bueyes, las ovejas, y los asnos.

22 Mas Josué dijo a los dos hombres que habían reconocido la tierra: Entrad en casa de la mujer ramera, y haced salir de allí a la mujer y a todo lo que fuere suyo, como lo jurasteis.

23 Y los espías entraron y sacaron a Rahab, a su padre, a su madre, a sus hermanos y todo lo que era suyo; y también sacaron a toda su parentela, y los pusieron fuera del campamento de Israel.

24 Y consumieron con fuego la ciudad, y todo lo que en ella había; solamente pusieron en el tesoro de la casa de Jehová la plata y el oro, y los utensilios de bronce y de hierro.

25 Mas Josué salvó la vida a Rahab la ramera, y a la casa de su padre, y a todo lo que ella tenía; y habitó ella entre los israelitas hasta hoy, por cuanto escondió a los mensajeros que Josué había enviado a reconocer a Jericó.ᵇ

26 En aquel tiempo hizo Josué un juramento, diciendo: Maldito delante de Jehová el hombre que se levantare y reedificare esta ciudad de Jericó. Sobre su primogénito eche los cimientos de ella, y sobre su hijo menor asiente sus puertas.ᶜ

27 Estaba, pues, Jehová con Josué, y su nombre se divulgó por toda la tierra.

El pecado de Acán

7 ¹ Pero los hijos de Israel cometieron una prevaricación en cuanto al anatema; porque Acán hijo de Carmi, hijo de Zabdi, hijo de Zera, de la tribu de Judá, tomó del anatema; y la ira de Jehová se encendió contra los hijos de Israel.

2 Después Josué envió hombres desde Jericó a Hai, que estaba junto a Bet-avén hacia el oriente de Bet-el; y les habló diciendo: Subid y reconoced la tierra. Y ellos subieron y reconocieron a Hai.

3 Y volviendo a Josué, le dijeron: No suba todo el pueblo, sino suban como dos mil o tres mil hombres, y tomarán a Hai; no fatigues a todo el pueblo yendo allí, porque son pocos.

4 Y subieron allá del pueblo como tres mil hombres, los cuales huyeron delante de los de Hai.

5 Y los de Hai mataron de ellos a unos treinta y seis hombres, y los siguieron desde la puerta hasta Sebarim, y los derrotaron en la bajada; por lo cual el corazón del pueblo desfalleció y vino a ser como agua.

6 Entonces Josué rompió sus vestidos, y se postró en tierra sobre su rostro delante del arca de Jehová hasta caer la tarde, él y los ancianos de Israel; y echaron polvo sobre sus cabezas.

7 Y Josué dijo: ¡Ah, Señor Jehová! ¿Por qué hiciste pasar a este pueblo el Jordán, para entregarnos en las manos de los amorreos, para que nos destruyan? ¡Ojalá nos hubiéramos quedado al otro lado del Jordán!

8 ¡Ay, Señor! ¿qué diré, ya que Israel ha vuelto la espalda delante de sus enemigos?

9 Porque los cananeos y todos los moradores de la tierra oirán, y nos rodearán, y borrarán nuestro nombre de sobre la tierra; y entonces, ¿qué harás tú a tu grande nombre?

10 Y Jehová dijo a Josué: Levántate; ¿por qué te postras así sobre tu rostro?

11 Israel ha pecado, y aun han quebrantado mi pacto que yo les mandé; y también

---

a 6.20 Heb 11.30.   b 6.25 Heb 11.31.   c 6.26 1 R 16.34.

han tomado del anatema, y hasta han hurtado, han mentido, y aun lo han guardado entre sus enseres.

12 Por esto los hijos de Israel no podrán hacer frente a sus enemigos, sino que delante de sus enemigos volverán la espalda, por cuanto han venido a ser anatema; ni estaré más con vosotros, si no destruyereis el anatema de en medio de vosotros.

13 Levántate, santifica al pueblo, y di: Santificaos para mañana; porque Jehová el Dios de Israel dice así: Anatema hay en medio de ti, Israel; no podrás hacer frente a tus enemigos, hasta que hayáis quitado el anatema de en medio de vosotros.

14 Os acercaréis, pues, mañana por vuestras tribus; y la tribu que Jehová tomare, se acercará por sus familias; y la familia que Jehová tomare, se acercará por sus casas; y la casa que Jehová tomare, se acercará por los varones;

15 y el que fuere sorprendido en el anatema, será quemado, él y todo lo que tiene, por cuanto ha quebrantado el pacto de Jehová, y ha cometido maldad en Israel.

16 Josué, pues, levantándose de mañana, hizo acercar a Israel por sus tribus; y fue tomada la tribu de Judá.

17 Y haciendo acercar a la tribu de Judá, fue tomada la familia de los de Zera; y haciendo luego acercar a la familia de los de Zera por los varones, fue tomado Zabdi.

18 Hizo acercar su casa por los varones, y fue tomado Acán hijo de Carmi, hijo de Zabdi, hijo de Zera, de la tribu de Judá.

19 Entonces Josué dijo a Acán: Hijo mío, da gloria a Jehová el Dios de Israel, y dale alabanza, y declárame ahora lo que has hecho; no me lo encubras.

20 Y Acán respondió a Josué diciendo: Verdaderamente yo he pecado contra Jehová el Dios de Israel, y así y así he hecho.

21 Pues vi entre los despojos un manto babilónico muy bueno, y doscientos siclos de plata, y un lingote de oro de peso de cincuenta siclos, lo cual codicié y tomé; y he aquí que está escondido bajo tierra en medio de mi tienda, y el dinero debajo de ello.

22 Josué entonces envió mensajeros, los cuales fueron corriendo a la tienda; y he aquí estaba escondido en su tienda, y el dinero debajo de ello.

23 Y tomándolo de en medio de la tienda, lo trajeron a Josué y a todos los hijos de Israel, y lo pusieron delante de Jehová.

24 Entonces Josué, y todo Israel con él, tomaron a Acán hijo de Zera, el dinero, el manto, el lingote de oro, sus hijos, sus hijas, sus bueyes, sus asnos, sus ovejas, su tienda y todo cuanto tenía, y lo llevaron todo al valle de Acor.

25 Y le dijo Josué: ¿Por qué nos has turbado? Túrbete Jehová en este día. Y todos los israelitas los apedrearon, y los quemaron después de apedrearlos.

26 Y levantaron sobre él un gran montón de piedras, que permanece hasta hoy. Y Jehová se volvió del ardor de su ira. Y por esto aquel lugar se llama el Valle de Acor,[3] hasta hoy.

Toma y destrucción de Hai

8 1 Jehová dijo a Josué: No temas ni desmayes; toma contigo toda la gente de guerra, y levántate y sube a Hai. Mira, yo he entregado en tu mano al rey de Hai, a su pueblo, a su ciudad y a su tierra.

2 Y harás a Hai y a su rey como hiciste a Jericó y a su rey; sólo que sus despojos y sus bestias tomaréis para vosotros. Pondrás, pues, emboscadas a la ciudad detrás de ella.

3 Entonces se levantaron Josué y toda la gente de guerra, para subir contra Hai; y escogió Josué treinta mil hombres fuertes, los cuales envió de noche.

4 Y les mandó, diciendo: Atended, pondréis emboscada a la ciudad detrás de ella; no os alejaréis mucho de la ciudad, y estaréis todos dispuestos.

5 Y yo y todo el pueblo que está conmigo nos acercaremos a la ciudad; y cuando salgan ellos contra nosotros, como hicieron antes, huiremos delante de ellos.

6 Y ellos saldrán tras nosotros, hasta que los alejemos de la ciudad; porque dirán: Huyen de nosotros como la primera vez. Huiremos, pues, delante de ellos.

7 Entonces vosotros os levantaréis de la emboscada y tomaréis la ciudad; pues Jehová vuestro Dios la entregará en vuestras manos.

---

3. **7.26** Esto es, *turbación*.

8 Y cuando la hayáis tomado, le prenderéis fuego. Haréis conforme a la palabra de Jehová; mirad que os lo he mandado.

9 Entonces Josué los envió; y ellos se fueron a la emboscada, y se pusieron entre Bet-el y Hai, al occidente de Hai; y Josué se quedó aquella noche en medio del pueblo.

10 Levantándose Josué muy de mañana, pasó revista al pueblo, y subió él, con los ancianos de Israel, delante del pueblo contra Hai.

11 Y toda la gente de guerra que con él estaba, subió y se acercó, y llegaron delante de la ciudad, y acamparon al norte de Hai; y el valle estaba entre él y Hai.

12 Y tomó como cinco mil hombres, y los puso en emboscada entre Bet-el y Hai, al occidente de la ciudad.

13 Así dispusieron al pueblo: todo el campamento al norte de la ciudad, y su emboscada al occidente de la ciudad, y Josué avanzó aquella noche hasta la mitad del valle.

14 Y aconteció que viéndolo el rey de Hai, él y su pueblo se apresuraron y madrugaron; y al tiempo señalado, los hombres de la ciudad salieron al encuentro de Israel para combatir, frente al Arabá, no sabiendo que estaba puesta emboscada a espaldas de la ciudad.

15 Entonces Josué y todo Israel se fingieron vencidos y huyeron delante de ellos por el camino del desierto.

16 Y todo el pueblo que estaba en Hai se juntó para seguirles; y siguieron a Josué, siendo así alejados de la ciudad.

17 Y no quedó hombre en Hai ni en Bet-el, que no saliera tras de Israel; y por seguir a Israel dejaron la ciudad abierta.

18 Entonces Jehová dijo a Josué: Extiende la lanza que tienes en tu mano hacia Hai, porque yo la entregaré en tu mano. Y Josué extendió hacia la ciudad la lanza que en su mano tenía.

19 Y levantándose prontamente de su lugar los que estaban en la emboscada, corrieron luego que él alzó su mano, y vinieron a la ciudad, y la tomaron, y se apresuraron a prenderle fuego.

20 Y los hombres de Hai volvieron el rostro, y al mirar, he aquí que el humo de la ciudad subía al cielo, y no pudieron huir ni a una parte ni a otra, porque el pueblo que iba huyendo hacia el desierto se volvió contra los que les seguían.

21 Josué y todo Israel, viendo que los de la emboscada habían tomado la ciudad, y que el humo de la ciudad subía, se volvieron y atacaron a los de Hai.

22 Y los otros salieron de la ciudad a su encuentro, y así fueron encerrados en medio de Israel, los unos por un lado, y los otros por el otro. Y los hirieron hasta que no quedó ninguno de ellos que escapase.

23 Pero tomaron vivo al rey de Hai, y lo trajeron a Josué.

24 Y cuando los israelitas acabaron de matar a todos los moradores de Hai en el campo y en el desierto a donde los habían perseguido, y todos habían caído a filo de espada hasta ser consumidos, todos los israelitas volvieron a Hai, y también la hirieron a filo de espada.

25 Y el número de los que cayeron aquel día, hombres y mujeres, fue de doce mil, todos los de Hai.

26 Porque Josué no retiró su mano que había extendido con la lanza, hasta que hubo destruido por completo a todos los moradores de Hai.

27 Pero los israelitas tomaron para sí las bestias y los despojos de la ciudad, conforme a la palabra de Jehová que le había mandado a Josué.

28 Y Josué quemó a Hai y la redujo a un montón de escombros, asolada para siempre hasta hoy.

29 Y al rey de Hai lo colgó de un madero hasta caer la noche; y cuando el sol se puso, mandó Josué que quitasen del madero su cuerpo, y lo echasen a la puerta de la ciudad; y levantaron sobre él un gran montón de piedras, que permanece hasta hoy.

Lectura de la ley en el monte Ebal

30 Entonces Josué edificó un altar a Jehová Dios de Israel en el monte Ebal, **31** como Moisés siervo de Jehová lo había mandado a los hijos de Israel, como está escrito en el libro de la ley de Moisés, un altar de piedras enteras sobre las cuales nadie alzó hierro;[a] y ofrecieron sobre él holocaustos a Jehová, y sacrificaron ofrendas de paz.

---

32 También escribió allí sobre las piedras una copia de la ley de Moisés, la cual escribió delante de los hijos de Israel.[b]

33 Y todo Israel, con sus ancianos, oficiales y jueces, estaba de pie a uno y otro lado del arca, en presencia de los sacerdotes levitas que llevaban el arca del pacto de Jehová, así los extranjeros como los naturales. La mitad de ellos estaba hacia el monte Gerizim, y la otra mitad hacia el monte Ebal, de la manera que Moisés, siervo de Jehová, lo había mandado antes, para que bendijesen primeramente al pueblo de Israel.

34 Después de esto, leyó todas las palabras de la ley, las bendiciones y las maldiciones, conforme a todo lo que está escrito en el libro de la ley.

35 No hubo palabra alguna de todo cuanto mandó Moisés, que Josué no hiciese leer delante de toda la congregación de Israel, y de las mujeres, de los niños, y de los extranjeros que moraban entre ellos.[c]

Astucia de los gabaonitas

9 **1** Cuando oyeron estas cosas todos los reyes que estaban a este lado del Jordán, así en las montañas como en los llanos, y en toda la costa del Mar Grande delante del Líbano, los heteos, amorreos, cananeos, ferezeos, heveos y jebuseos,

2 se concertaron para pelear contra Josué e Israel.

3 Mas los moradores de Gabaón, cuando oyeron lo que Josué había hecho a Jericó y a Hai,

4 usaron de astucia; pues fueron y se fingieron embajadores, y tomaron sacos viejos sobre sus asnos, y cueros viejos de vino, rotos y remendados,

5 y zapatos viejos y recosidos en sus pies, con vestidos viejos sobre sí; y todo el pan que traían para el camino era seco y mohoso.

6 Y vinieron a Josué al campamento en Gilgal, y le dijeron a él y a los de Israel: Nosotros venimos de tierra muy lejana; haced, pues, ahora alianza con nosotros.

7 Y los de Israel respondieron a los heveos: Quizá habitáis en medio de nosotros. ¿Cómo, pues, podremos hacer alianza con vosotros?[a]

8 Ellos respondieron a Josué: Nosotros somos tus siervos. Y Josué les dijo: ¿Quiénes sois vosotros, y de dónde venís?

9 Y ellos respondieron: Tus siervos han venido de tierra muy lejana, por causa del nombre de Jehová tu Dios; porque hemos oído su fama, y todo lo que hizo en Egipto,

10 y todo lo que hizo a los dos reyes de los amorreos que estaban al otro lado del Jordán: a Sehón rey de Hesbón, y a Og rey de Basán, que estaba en Astarot.[b]

11 Por lo cual nuestros ancianos y todos los moradores de nuestra tierra nos dijeron: Tomad en vuestras manos provisión para el camino, e id al encuentro de ellos, y decidles: Nosotros somos vuestros siervos; haced ahora alianza con nosotros.

12 Este nuestro pan lo tomamos caliente de nuestras casas para el camino el día que salimos para venir a vosotros; y helo aquí ahora ya seco y mohoso.

13 Estos cueros de vino también los llenamos nuevos; helos aquí ya rotos; también estos nuestros vestidos y nuestros zapatos están ya viejos a causa de lo muy largo del camino.

14 Y los hombres de Israel tomaron de las provisiones de ellos, y no consultaron a Jehová.

15 Y Josué hizo paz con ellos, y celebró con ellos alianza concediéndoles la vida; y también lo juraron los príncipes de la congregación.

16 Pasados tres días después que hicieron alianza con ellos, oyeron que eran sus vecinos, y que habitaban en medio de ellos.

17 Y salieron los hijos de Israel, y al tercer día llegaron a las ciudades de ellos; y sus ciudades eran Gabaón, Cafira, Beerot y Quiriat-jearim.

18 Y no los mataron los hijos de Israel, por cuanto los príncipes de la congregación les habían jurado por Jehová el Dios de Israel. Y toda la congregación murmuraba contra los príncipes.

19 Mas todos los príncipes respondieron a toda la congregación: Nosotros les hemos jurado por Jehová Dios de Israel; por tanto, ahora no les podemos tocar.

20 Esto haremos con ellos: les dejaremos vivir, para que no venga ira sobre nosotros por causa del juramento que les hemos hecho.

b **8.30-32** Dt 27.2-8.   c **8.33-35** Dt 11.29; 27.11-14.
a **9.7** Éx 23.32; 34.12; Dt 7.2.   b **9.10** Nm 21.21-35.

21 Dijeron, pues, de ellos los príncipes: Dejadlos vivir; y fueron constituidos leñadores y aguadores para toda la congregación, concediéndoles la vida, según les habían prometido los príncipes.

22 Y llamándolos Josué, les habló diciendo: ¿Por qué nos habéis engañado, diciendo: Habitamos muy lejos de vosotros, siendo así que moráis en medio de nosotros?

23 Ahora, pues, malditos sois, y no dejará de haber de entre vosotros siervos, y quien corte la leña y saque el agua para la casa de mi Dios.

24 Y ellos respondieron a Josué y dijeron: Como fue dado a entender a tus siervos que Jehová tu Dios había mandado a Moisés su siervo que os había de dar toda la tierra, y que había de destruir a todos los moradores de la tierra delante de vosotros, por esto temimos en gran manera por nuestras vidas a causa de vosotros, e hicimos esto.

25 Ahora, pues, henos aquí en tu mano; lo que te pareciere bueno y recto hacer de nosotros, hazlo.

26 Y él lo hizo así con ellos; pues los libró de la mano de los hijos de Israel, y no los mataron.

27 Y Josué los destinó aquel día a ser leñadores y aguadores para la congregación, y para el altar de Jehová en el lugar que Jehová eligiese, lo que son hasta hoy.

Derrota de los amorreos

10 **1** Cuando Adonisedec rey de Jerusalén oyó que Josué había tomado a Hai, y que la había asolado (como había hecho a Jericó y a su rey, así hizo a Hai y a su rey), y que los moradores de Gabaón habían hecho paz con los israelitas, y que estaban entre ellos,

2 tuvo gran temor; porque Gabaón era una gran ciudad, como una de las ciudades reales, y mayor que Hai, y todos sus hombres eran fuertes.

3 Por lo cual Adonisedec rey de Jerusalén envió a Hoham rey de Hebrón, a Piream rey de Jarmut, a Jafía rey de Laquis y a Debir rey de Eglón, diciendo:

4 Subid a mí y ayudadme, y combatamos a Gabaón; porque ha hecho paz con Josué y con los hijos de Israel.

5 Y cinco reyes de los amorreos, el rey de Jerusalén, el rey de Hebrón, el rey de Jarmut, el rey de Laquis y el rey de Eglón, se juntaron y subieron, ellos con todos sus ejércitos, y acamparon cerca de Gabaón, y pelearon contra ella.

6 Entonces los moradores de Gabaón enviaron a decir a Josué al campamento en Gilgal: No niegues ayuda a tus siervos; sube prontamente a nosotros para defendernos y ayudarnos; porque todos los reyes de los amorreos que habitan en las montañas se han unido contra nosotros.

7 Y subió Josué de Gilgal, él y todo el pueblo de guerra con él, y todos los hombres valientes.

8 Y Jehová dijo a Josué: No tengas temor de ellos; porque yo los he entregado en tu mano, y ninguno de ellos prevalecerá delante de ti.

9 Y Josué vino a ellos de repente, habiendo subido toda la noche desde Gilgal.

10 Y Jehová los llenó de consternación delante de Israel, y los hirió con gran mortandad en Gabaón; y los siguió por el camino que sube a Bet-horón, y los hirió hasta Azeca y Maceda.

11 Y mientras iban huyendo de los israelitas, a la bajada de Bet-horón, Jehová arrojó desde el cielo grandes piedras sobre ellos hasta Azeca, y murieron; y fueron más los que murieron por las piedras del granizo, que los que los hijos de Israel mataron a espada.

12 Entonces Josué habló a Jehová el día en que Jehová entregó al amorreo delante de los hijos de Israel, y dijo en presencia de los israelitas:

Sol, detente en Gabaón;
Y tú, luna, en el valle de Ajalón.

13 Y el sol se detuvo y la luna se paró,
Hasta que la gente se hubo vengado
de sus enemigos.

¿No está escrito esto en el libro de Jaser?[a] Y el sol se paró en medio del cielo, y no se apresuró a ponerse casi un día entero.

14 Y no hubo día como aquél, ni antes ni después de él, habiendo atendido Jehová a la voz de un hombre; porque Jehová peleaba por Israel.

15 Y Josué, y todo Israel con él, volvió al campamento en Gilgal.

16 Y los cinco reyes huyeron, y se escondieron en una cueva en Maceda.

---

a **10.13** 2 S 1.18.

17 Y fue dado aviso a Josué que los cinco reyes habían sido hallados escondidos en una cueva en Maceda.

18 Entonces Josué dijo: Rodad grandes piedras a la entrada de la cueva, y poned hombres junto a ella para que los guarden;

19 y vosotros no os detengáis, sino seguid a vuestros enemigos, y heridles la retaguardia, sin dejarles entrar en sus ciudades; porque Jehová vuestro Dios los ha entregado en vuestra mano.

20 Y aconteció que cuando Josué y los hijos de Israel acabaron de herirlos con gran mortandad hasta destruirlos, los que quedaron de ellos se metieron en las ciudades fortificadas.

21 Todo el pueblo volvió sano y salvo a Josué, al campamento en Maceda; no hubo quien moviese su lengua contra ninguno de los hijos de Israel.

22 Entonces dijo Josué: Abrid la entrada de la cueva, y sacad de ella a esos cinco reyes.

23 Y lo hicieron así, y sacaron de la cueva a aquellos cinco reyes: al rey de Jerusalén, al rey de Hebrón, al rey de Jarmut, al rey de Laquis y al rey de Eglón.

24 Y cuando los hubieron llevado a Josué, llamó Josué a todos los varones de Israel, y dijo a los principales de la gente de guerra que habían venido con él: Acercaos, y poned vuestros pies sobre los cuellos de estos reyes. Y ellos se acercaron y pusieron sus pies sobre los cuellos de ellos.

25 Y Josué les dijo: No temáis, ni os atemoricéis; sed fuertes y valientes, porque así hará Jehová a todos vuestros enemigos contra los cuales peleáis.

26 Y después de esto Josué los hirió y los mató, y los hizo colgar en cinco maderos; y quedaron colgados en los maderos hasta caer la noche.

27 Y cuando el sol se iba a poner, mandó Josué que los quitasen de los maderos, y los echasen en la cueva donde se habían escondido; y pusieron grandes piedras a la entrada de la cueva, las cuales permanecen hasta hoy.

28 En aquel mismo día tomó Josué a Maceda, y la hirió a filo de espada, y mató a su rey; por completo los destruyó, con todo lo que en ella tenía vida, sin dejar nada; e hizo al rey de Maceda como había hecho al rey de Jericó.

29 Y de Maceda pasó Josué, y todo Israel con él, a Libna; y peleó contra Libna;

30 y Jehová la entregó también a ella y a su rey en manos de Israel; y la hirió a filo de espada, con todo lo que en ella tenía vida, sin dejar nada; e hizo a su rey de la manera como había hecho al rey de Jericó.

31 Y Josué, y todo Israel con él, pasó de Libna a Laquis, y acampó cerca de ella, y la combatió;

32 y Jehová entregó a Laquis en mano de Israel, y la tomó al día siguiente, y la hirió a filo de espada, con todo lo que en ella tenía vida, así como había hecho en Libna.

33 Entonces Horam rey de Gezer subió en ayuda de Laquis; mas a él y a su pueblo destruyó Josué, hasta no dejar a ninguno de ellos.

34 De Laquis pasó Josué, y todo Israel con él, a Eglón; y acamparon cerca de ella, y la combatieron;

35 y la tomaron el mismo día, y la hirieron a filo de espada; y aquel día mató a todo lo que en ella tenía vida, como había hecho en Laquis.

36 Subió luego Josué, y todo Israel con él, de Eglón a Hebrón, y la combatieron.

37 Y tomándola, la hirieron a filo de espada, a su rey y a todas sus ciudades, con todo lo que en ella tenía vida, sin dejar nada; como había hecho a Eglón, así la destruyeron con todo lo que en ella tenía vida.

38 Después volvió Josué, y todo Israel con él, sobre Debir, y combatió contra ella;

39 y la tomó, y a su rey, y a todas sus ciudades; y las hirieron a filo de espada, y destruyeron todo lo que allí dentro tenía vida, sin dejar nada; como había hecho a Hebrón, y como había hecho a Libna y a su rey, así hizo a Debir y a su rey.

40 Hirió, pues, Josué toda la región de las montañas, del Neguev, de los llanos y de las laderas, y a todos sus reyes, sin dejar nada; todo lo que tenía vida lo mató, como Jehová Dios de Israel se lo había mandado.

41 Y los hirió Josué desde Cades-barnea hasta Gaza, y toda la tierra de Gosén hasta Gabaón.

42 Todos estos reyes y sus tierras los tomó Josué de una vez; porque Jehová el Dios de Israel peleaba por Israel.

43 Y volvió Josué, y todo Israel con él, al campamento en Gilgal.

Derrota de la alianza de Jabín

11 ¹ Cuando oyó esto Jabín rey de Hazor, envió mensaje a Jobab rey de Madón, al rey de Simrón, al rey de Acsaf, ² y a los reyes que estaban en la región del norte en las montañas, y en el Arabá al sur de Cineret, en los llanos, y en las regiones de Dor al occidente; ³ y al cananeo que estaba al oriente y al occidente, al amorreo, al heteo, al ferezeo, al jebuseo en las montañas, y al heveo al pie de Hermón en tierra de Mizpa. ⁴ Éstos salieron, y con ellos todos sus ejércitos, mucha gente, como la arena que está a la orilla del mar en multitud, con muchísimos caballos y carros de guerra. ⁵ Todos estos reyes se unieron, y vinieron y acamparon unidos junto a las aguas de Merom, para pelear contra Israel.

⁶ Mas Jehová dijo a Josué: No tengas temor de ellos, porque mañana a esta hora yo entregaré a todos ellos muertos delante de Israel; desjarretarás sus caballos, y sus carros quemarás a fuego. ⁷ Y Josué, y toda la gente de guerra con él, vino de repente contra ellos junto a las aguas de Merom. ⁸ Y los entregó Jehová en manos de Israel, y los hirieron y los siguieron hasta Sidón la grande y hasta Misrefotmaim, y hasta el llano de Mizpa al oriente, hiriéndolos hasta que no les dejaron ninguno. ⁹ Y Josué hizo con ellos como Jehová le había mandado: desjarretó sus caballos, y sus carros quemó a fuego.

¹⁰ Y volviendo Josué, tomó en el mismo tiempo a Hazor, y mató a espada a su rey; pues Hazor había sido antes cabeza de todos estos reinos. ¹¹ Y mataron a espada todo cuanto en ella tenía vida, destruyéndolo por completo, sin quedar nada que respirase; y a Hazor pusieron fuego. ¹² Asimismo tomó Josué todas las ciudades de aquellos reyes, y a todos los reyes de ellas, y los hirió a filo de espada, y los destruyó, como Moisés siervo de Jehová lo había mandado. ¹³ Pero a todas las ciudades que estaban sobre colinas, no las quemó Israel; únicamente a Hazor quemó Josué.

¹⁴ Y los hijos de Israel tomaron para sí todo el botín y las bestias de aquellas ciudades; mas a todos los hombres hirieron a filo de espada hasta destruirlos, sin dejar alguno con vida. ¹⁵ De la manera que Jehová lo había mandado a Moisés su siervo, así Moisés lo mandó a Josué; y así Josué lo hizo, sin quitar palabra de todo lo que Jehová había mandado a Moisés.

Josué se apodera de toda la tierra

¹⁶ Tomó, pues, Josué toda aquella tierra, las montañas, todo el Neguev, toda la tierra de Gosén, los llanos, el Arabá, las montañas de Israel y sus valles. ¹⁷ Desde el monte Halac, que sube hacia Seir, hasta Baal-gad en la llanura del Líbano, a la falda del monte Hermón; tomó asimismo a todos sus reyes, y los hirió y mató. ¹⁸ Por mucho tiempo tuvo guerra Josué con estos reyes. ¹⁹ No hubo ciudad que hiciese paz con los hijos de Israel, salvo los heveos que moraban en Gabaón; todo lo tomaron en guerra. ²⁰ Porque esto vino de Jehová, que endurecía el corazón de ellos para que resistiesen con guerra a Israel, para destruirlos, y que no les fuese hecha misericordia, sino que fuesen desarraigados, como Jehová lo había mandado a Moisés.ᵃ

²¹ También en aquel tiempo vino Josué y destruyó a los anaceos de los montes de Hebrón, de Debir, de Anab, de todos los montes de Judá y de todos los montes de Israel; Josué los destruyó a ellos y a sus ciudades. ²² Ninguno de los anaceos quedó en la tierra de los hijos de Israel; solamente quedaron en Gaza, en Gat y en Asdod. ²³ Tomó, pues, Josué toda la tierra, conforme a todo lo que Jehová había dicho a Moisés; y la entregó Josué a los israelitas por herencia conforme a su distribución según sus tribus; y la tierra descansó de la guerra.

Reyes derrotados por Moisés

12 ¹ Éstos son los reyes de la tierra que los hijos de Israel derrotaron y cuya tierra poseyeron al otro lado del Jordán hacia donde nace el sol, desde el arroyo

---

ᵃ **11.20** Dt 7.16.

de Arnón hasta el monte Hermón, y todo el Arabá al oriente:

2 Sehón rey de los amorreos, que habitaba en Hesbón, y señoreaba desde Aroer, que está a la ribera del arroyo de Arnón, y desde en medio del valle, y la mitad de Galaad, hasta el arroyo de Jaboc, término de los hijos de Amón;

3 y el Arabá hasta el mar de Cineret, al oriente; y hasta el mar del Arabá, el Mar Salado, al oriente, por el camino de Bet-jesimot, y desde el sur al pie de las laderas del Pisga.

4 Y el territorio de Og rey de Basán, que había quedado de los refaítas, el cual habitaba en Astarot y en Edrei,

5 y dominaba en el monte Hermón, en Salca, en todo Basán hasta los límites de Gesur y de Maaca, y la mitad de Galaad, territorio de Sehón rey de Hesbón.[a]

6 A éstos derrotaron Moisés siervo de Jehová y los hijos de Israel; y Moisés siervo de Jehová dio aquella tierra en posesión a los rubenitas, a los gaditas y a la media tribu de Manasés.[b]

Reyes derrotados por Josué

7 Y éstos son los reyes de la tierra que derrotaron Josué y los hijos de Israel, a este lado del Jordán hacia el occidente, desde Baal-gad en el llano del Líbano hasta el monte de Halac que sube hacia Seir; y Josué dio la tierra en posesión a las tribus de Israel, conforme a su distribución;

8 en las montañas, en los valles, en el Arabá, en las laderas, en el desierto y en el Neguev; el heteo, el amorreo, el cananeo, el ferezeo, el heveo y el jebuseo.

9 El rey de Jericó, uno; el rey de Hai, que está al lado de Bet-el, otro;

10 el rey de Jerusalén, otro; el rey de Hebrón, otro;

11 el rey de Jarmut, otro; el rey de Laquis, otro;

12 el rey de Eglón, otro; el rey de Gezer, otro;

13 el rey de Debir, otro; el rey de Geder, otro;

14 el rey de Horma, otro; el rey de Arad, otro;

15 el rey de Libna, otro; el rey de Adulam, otro;

16 el rey de Maceda, otro; el rey de Bet-el, otro;

17 el rey de Tapúa, otro; el rey de Hefer, otro;

18 el rey de Afec, otro; el rey de Sarón, otro;

19 el rey de Madón, otro; el rey de Hazor, otro;

20 el rey de Simron-merón, otro; el rey de Acsaf, otro;

21 el rey de Taanac, otro; el rey de Meguido, otro;

22 el rey de Cedes, otro; el rey de Jocneam del Carmelo, otro;

23 el rey de Dor, de la provincia de Dor, otro; el rey de Goim en Gilgal, otro;

24 el rey de Tirsa, otro; treinta y un reyes por todos.

Tierra aún sin conquistar

13 1 Siendo Josué ya viejo, entrado en años, Jehová le dijo: Tú eres ya viejo, de edad avanzada, y queda aún mucha tierra por poseer.

2 Ésta es la tierra que queda: todos los territorios de los filisteos, y todos los de los gesureos;

3 desde Sihor, que está al oriente de Egipto, hasta el límite de Ecrón al norte, que se considera de los cananeos; de los cinco príncipes de los filisteos, el gazeo, el asdodeo, el ascaloneo, el geteo y el ecroneo; también los aveos;

4 al sur toda la tierra de los cananeos, y Mehara, que es de los sidonios, hasta Afec, hasta los límites del amorreo;

5 la tierra de los giblitas, y todo el Líbano hacia donde sale el sol, desde Baal-gad al pie del monte Hermón, hasta la entrada de Hamat;

6 todos los que habitan en las montañas desde el Líbano hasta Misrefotmaim, todos los sidonios; yo los exterminaré delante de los hijos de Israel; solamente repartirás tú por suerte el país a los israelitas por heredad,[a] como te he mandado.

7 Reparte, pues, ahora esta tierra en heredad a las nueve tribus, y a la media tribu de Manasés.

8 Porque los rubenitas y gaditas y la otra mitad de Manasés recibieron ya su

---

a **12.1-5** Nm 21.21-35; Dt 2.26—3.11.   b **12.6** Nm 32.33; Dt 3.12.   a **13.6** Nm 33.54.

heredad, la cual les dio Moisés al otro lado del Jordán al oriente, según se la dio Moisés siervo de Jehová;[b]

9 desde Aroer, que está a la orilla del arroyo de Arnón, y la ciudad que está en medio del valle, y toda la llanura de Medeba, hasta Dibón;

10 todas las ciudades de Sehón rey de los amorreos, el cual reinó en Hesbón, hasta los límites de los hijos de Amón;

11 y Galaad, y los territorios de los gesureos y de los maacateos, y todo el monte Hermón, y toda la tierra de Basán hasta Salca;

12 todo el reino de Og en Basán, el cual reinó en Astarot y en Edrei, el cual había quedado del resto de los refaítas; pues Moisés los derrotó, y los echó.

13 Mas a los gesureos y a los maacateos no los echaron los hijos de Israel, sino que Gesur y Maaca habitaron entre los israelitas hasta hoy.

El territorio que distribuyó Moisés

14 Pero a la tribu de Leví no dio heredad; los sacrificios de Jehová Dios de Israel son su heredad, como él les había dicho.[c]

15 Dio, pues, Moisés a la tribu de los hijos de Rubén conforme a sus familias.

16 Y fue el territorio de ellos desde Aroer, que está a la orilla del arroyo de Arnón, y la ciudad que está en medio del valle, y toda la llanura hasta Medeba;

17 Hesbón, con todas sus ciudades que están en la llanura; Dibón, Bamot-baal, Bet-baal-meón,

18 Jahaza, Cademot, Mefaat,

19 Quiriataim, Sibma, Zaret-sahar en el monte del valle,

20 Bet-peor, las laderas de Pisga, Bet-jesimot,

21 todas las ciudades de la llanura, y todo el reino de Sehón rey de los amorreos, que reinó en Hesbón, al cual derrotó Moisés, y a los príncipes de Madián, Evi, Requem, Zur, Hur y Reba, príncipes de Sehón que habitaban en aquella tierra.

22 También mataron a espada los hijos de Israel a Balaam el adivino, hijo de Beor, entre los demás que mataron.

23 Y el Jordán fue el límite del territorio de los hijos de Rubén. Ésta fue la heredad de los hijos de Rubén conforme a sus familias, estas ciudades con sus aldeas.

24 Dio asimismo Moisés a la tribu de Gad, a los hijos de Gad, conforme a sus familias.

25 El territorio de ellos fue Jazer, y todas las ciudades de Galaad, y la mitad de la tierra de los hijos de Amón hasta Aroer, que está enfrente de Rabá.

26 Y desde Hesbón hasta Ramat-mizpa, y Betonim; y desde Mahanaim hasta el límite de Debir;

27 y en el valle, Bet-aram, Bet-nimra, Sucot y Zafón, resto del reino de Sehón rey de Hesbón; el Jordán y su límite hasta el extremo del mar de Cineret al otro lado del Jordán, al oriente.

28 Ésta es la heredad de los hijos de Gad por sus familias, estas ciudades con sus aldeas.

29 También dio Moisés heredad a la media tribu de Manasés; y fue para la media tribu de los hijos de Manasés, conforme a sus familias.

30 El territorio de ellos fue desde Mahanaim, todo Basán, todo el reino de Og rey de Basán, y todas las aldeas de Jair que están en Basán, sesenta poblaciones,

31 y la mitad de Galaad, y Astarot y Edrei, ciudades del reino de Og en Basán, para los hijos de Maquir hijo de Manasés, para la mitad de los hijos de Maquir conforme a sus familias.

32 Esto es lo que Moisés repartió en heredad en los llanos de Moab, al otro lado del Jordán de Jericó, al oriente.

33 Mas a la tribu de Leví no dio Moisés heredad; Jehová Dios de Israel es la heredad de ellos, como él les había dicho.[d]

Canaán repartida por suerte

14 1 Esto, pues, es lo que los hijos de Israel tomaron por heredad en la tierra de Canaán, lo cual les repartieron el sacerdote Eleazar, Josué hijo de Nun, y los cabezas de los padres de las tribus de los hijos de Israel.

2 Por suerte se les dio su heredad, como Jehová había mandado a Moisés que se diera a las nueve tribus y a la media tribu.[a]

---

b 13.8 Nm 32.33; Dt 3.12.   c 13.14 Dt 18.1.
d 13.33 Nm 18.20; Dt 18.2.   a 14.2 Nm 26.52-56; 34.13.

³ Porque a las dos tribus y a la media tribu les había dado Moisés heredad al otro lado del Jordán;[b] mas a los levitas no les dio heredad entre ellos.

⁴ Porque los hijos de José fueron dos tribus, Manasés y Efraín; y no dieron parte a los levitas en la tierra sino ciudades en que morasen, con los ejidos de ellas para sus ganados y rebaños.

⁵ De la manera que Jehová lo había mandado a Moisés, así lo hicieron los hijos de Israel en el repartimiento de la tierra.

Caleb recibe Hebrón

⁶ Y los hijos de Judá vinieron a Josué en Gilgal; y Caleb, hijo de Jefone cenezeo, le dijo: Tú sabes lo que Jehová dijo a Moisés, varón de Dios, en Cades-barnea, tocante a mí y a ti.[c]

⁷ Yo era de edad de cuarenta años cuando Moisés siervo de Jehová me envió de Cades-barnea a reconocer la tierra; y yo le traje noticias como lo sentía en mi corazón.[d]

⁸ Y mis hermanos, los que habían subido conmigo, hicieron desfallecer el corazón del pueblo; pero yo cumplí siguiendo a Jehová mi Dios.

⁹ Entonces Moisés juró diciendo: Ciertamente la tierra que holló tu pie será para ti, y para tus hijos en herencia perpetua, por cuanto cumpliste siguiendo a Jehová mi Dios.[e]

¹⁰ Ahora bien, Jehová me ha hecho vivir, como él dijo, estos cuarenta y cinco años, desde el tiempo que Jehová habló estas palabras a Moisés, cuando Israel andaba por el desierto; y ahora, he aquí, hoy soy de edad de ochenta y cinco años.

¹¹ Todavía estoy tan fuerte como el día que Moisés me envió; cual era mi fuerza entonces, tal es ahora mi fuerza para la guerra, y para salir y para entrar.

¹² Dame, pues, ahora este monte, del cual habló Jehová aquel día; porque tú oíste en aquel día que los anaceos están allí, y que hay ciudades grandes y fortificadas. Quizá Jehová estará conmigo, y los echaré, como Jehová ha dicho.

¹³ Josué entonces le bendijo, y dio a Caleb hijo de Jefone a Hebrón por heredad.

¹⁴ Por tanto, Hebrón vino a ser heredad de Caleb hijo de Jefone cenezeo, hasta hoy, por cuanto había seguido cumplidamente a Jehová Dios de Israel.

¹⁵ Mas el nombre de Hebrón fue antes Quiriat-arba;[4] porque Arba fue un hombre grande entre los anaceos. Y la tierra descansó de la guerra.

El territorio de Judá

15 ¹ La parte que tocó en suerte a la tribu de los hijos de Judá, conforme a sus familias, llegaba hasta la frontera de Edom, teniendo el desierto de Zin al sur como extremo meridional.

² Y su límite por el lado del sur fue desde la costa del Mar Salado, desde la bahía que mira hacia el sur;

³ y salía hacia el sur de la subida de Acrabim, pasando hasta Zin; y subiendo por el sur hasta Cades-barnea, pasaba a Hezrón, y subiendo por Adar daba vuelta a Carca.

⁴ De allí pasaba a Asmón, y salía al arroyo de Egipto, y terminaba en el mar. Éste, pues, os será el límite del sur.

⁵ El límite oriental es el Mar Salado hasta la desembocadura del Jordán. Y el límite del lado del norte, desde la bahía del mar en la desembocadura del Jordán;

⁶ y sube este límite por Bet-hogla, y pasa al norte de Bet-arabá, y de aquí sube a la piedra de Bohán hijo de Rubén.

⁷ Luego sube a Debir desde el valle de Acor; y al norte mira sobre Gilgal, que está enfrente de la subida de Adumín, que está al sur del arroyo; y pasa hasta las aguas de En-semes, y sale a la fuente de Rogel.

⁸ Y sube este límite por el valle del hijo de Hinom al lado sur del jebuseo, que es Jerusalén. Luego sube por la cumbre del monte que está enfrente del valle de Hinom hacia el occidente, el cual está al extremo del valle de Refaim, por el lado del norte.

⁹ Y rodea este límite desde la cumbre del monte hasta la fuente de las aguas de Neftoa, y sale a las ciudades del monte de Efrón, rodeando luego a Baala, que es Quiriat-jearim.

¹⁰ Después gira este límite desde Baala hacia el occidente al monte de Seir; y pasa al lado del monte de Jearim hacia el norte, el cual es Quesalón, y desciende a Bet-semes, y pasa a Timna.

---

4. **14.15** Esto es, *la ciudad de Arba.*
b **14.3** Nm 32.33; 34.14, 15; Dt 3.12-17.   c **14.6** Nm 14.30.
d **14.7** Nm 13.1-30.   e **14.9** Nm 14.24.

11 Sale luego al lado de Ecrón hacia el norte; y rodea a Sicrón, y pasa por el monte de Baala, y sale a Jabneel y termina en el mar.

12 El límite del occidente es el Mar Grande. Éste fue el límite de los hijos de Judá, por todo el contorno, conforme a sus familias.

Caleb conquista Hebrón y Debir
(Jue 1.10-15)

13 Mas a Caleb hijo de Jefone dio su parte entre los hijos de Judá, conforme al mandamiento de Jehová a Josué; la ciudad de Quiriat-arba padre de Anac, que es Hebrón.

14 Y Caleb echó de allí a los tres hijos de Anac, a Sesai, Ahimán y Talmai, hijos de Anac.[a]

15 De aquí subió contra los que moraban en Debir; y el nombre de Debir era antes Quiriat-sefer.

16 Y dijo Caleb: Al que atacare a Quiriat-sefer, y la tomare, yo le daré a mi hija Acsa por mujer.

17 Y la tomó Otoniel, hijo de Cenaz hermano de Caleb; y él le dio a su hija Acsa por mujer.

18 Y aconteció que cuando la llevaba, él la persuadió que pidiese a su padre tierras para labrar. Ella entonces se bajó del asno. Y Caleb le dijo: ¿Qué tienes?

19 Y ella respondió: Concédeme un don; puesto que me has dado tierra del Neguev, dame también fuentes de aguas. Él entonces le dio las fuentes de arriba, y las de abajo.

Las ciudades de Judá

20 Ésta, pues, es la heredad de la tribu de los hijos de Judá por sus familias.

21 Y fueron las ciudades de la tribu de los hijos de Judá en el extremo sur, hacia la frontera de Edom: Cabseel, Edar, Jagur,

22 Cina, Dimona, Adada,

23 Cedes, Hazor, Itnán,

24 Zif, Telem, Bealot,

25 Hazor-hadata, Queriot, Hezrón (que es Hazor),

26 Amam, Sema, Molada,

27 Hazar-gada, Hesmón, Bet-pelet,

28 Hazar-sual, Beerseba, Bizotia,

29 Baala, Iim, Esem,

30 Eltolad, Quesil, Horma,

31 Siclag, Madmana, Sansana,

32 Lebaot, Silhim, Aín y Rimón; por todas veintinueve ciudades con sus aldeas.

33 En las llanuras, Estaol, Zora, Asena,

34 Zanoa, En-ganim, Tapúa, Enam,

35 Jarmut, Adulam, Soco, Azeca,

36 Saaraim, Aditaim, Gedera y Gederotaim; catorce ciudades con sus aldeas.

37 Zenán, Hadasa, Migdal-gad,

38 Dileán, Mizpa, Jocteel,

39 Laquis, Boscat, Eglón,

40 Cabón, Lahmam, Quitlis,

41 Gederot, Bet-dagón, Naama y Maceda; dieciséis ciudades con sus aldeas.

42 Libna, Eter, Asán,

43 Jifta, Asena, Nezib,

44 Keila, Aczib y Maresa; nueve ciudades con sus aldeas.

45 Ecrón con sus villas y sus aldeas.

46 Desde Ecrón hasta el mar, todas las que están cerca de Asdod con sus aldeas.

47 Asdod con sus villas y sus aldeas; Gaza con sus villas y sus aldeas hasta el río de Egipto, y el Mar Grande con sus costas.

48 Y en las montañas, Samir, Jatir, Soco,

49 Dana, Quiriat-sana (que es Debir);

50 Anab, Estemoa, Anim,

51 Gosén, Holón y Gilo; once ciudades con sus aldeas.

52 Arab, Duma, Esán,

53 Janum, Bet-tapúa, Afeca,

54 Humta, Quiriat-arba (la cual es Hebrón) y Sior; nueve ciudades con sus aldeas.

55 Maón, Carmel, Zif, Juta,

56 Jezreel, Jocdeam, Zanoa,

57 Caín, Gabaa y Timna; diez ciudades con sus aldeas.

58 Halhul, Bet-sur, Gedor,

59 Maarat, Bet-anot y Eltecón; seis ciudades con sus aldeas.

60 Quiriat-baal (que es Quiriat-jearim) y Rabá; dos ciudades con sus aldeas.

61 En el desierto, Bet-arabá, Midín, Secaca,

62 Nibsán, la Ciudad de la Sal y En-gadi; seis ciudades con sus aldeas.

63 Mas a los jebuseos que habitaban en Jerusalén, los hijos de Judá no pudieron arrojarlos; y ha quedado el jebuseo en Jerusalén con los hijos de Judá hasta hoy.[b]

---

a 15.13, 14 Jue 1.20.   b 15.63 Jue 1.21; 2 S 5.6; 1 Cr 11.4.

Territorio de Efraín y de Manasés

16 ¹ Tocó en suerte a los hijos de José desde el Jordán de Jericó hasta las aguas de Jericó hacia el oriente, hacia el desierto que sube de Jericó por las montañas de Bet-el.

² Y de Bet-el sale a Luz, y pasa a lo largo del territorio de los arquitas hasta Atarot, ³ y baja hacia el occidente al territorio de los jafletitas, hasta el límite de Bet-horón la de abajo, y hasta Gezer; y sale al mar.

⁴ Recibieron, pues, su heredad los hijos de José, Manasés y Efraín.

⁵ Y en cuanto al territorio de los hijos de Efraín por sus familias, el límite de su heredad al lado del oriente fue desde Atarot-adar hasta Bet-horón la de arriba.

⁶ Continúa el límite hasta el mar, y hasta Micmetat al norte, y da vuelta hacia el oriente hasta Taanat-silo, y de aquí pasa a Janoa.

⁷ De Janoa desciende a Atarot y a Naarat, y toca Jericó y sale al Jordán.

⁸ Y de Tapúa se vuelve hacia el mar, al arroyo de Caná, y sale al mar. Ésta es la heredad de la tribu de los hijos de Efraín por sus familias.

⁹ Hubo también ciudades que se apartaron para los hijos de Efraín en medio de la heredad de los hijos de Manasés, todas ciudades con sus aldeas.

¹⁰ Pero no arrojaron al cananeo que habitaba en Gezer;ª antes quedó el cananeo en medio de Efraín, hasta hoy, y fue tributario.

17 ¹ Se echaron también suertes para la tribu de Manasés, porque fue primogénito de José. Maquir, primogénito de Manasés y padre de Galaad, el cual fue hombre de guerra, tuvo Galaad y Basán.

² Se echaron también suertes para los otros hijos de Manasés conforme a sus familias: los hijos de Abiezer, los hijos de Helec, los hijos de Asriel, los hijos de Siquem, los hijos de Hefer y los hijos de Semida; éstos fueron los hijos varones de Manasés hijo de José, por sus familias.

³ Pero Zelofehad hijo de Hefer, hijo de Galaad, hijo de Maquir, hijo de Manasés, no tuvo hijos sino hijas, los nombres de las cuales son éstos: Maala, Noa, Hogla, Milca y Tirsa.

⁴ Éstas vinieron delante del sacerdote Eleazar y de Josué hijo de Nun, y de los príncipes, y dijeron: Jehová mandó a Moisés que nos diese heredad entre nuestros hermanos.ª Y él les dio heredad entre los hermanos del padre de ellas, conforme al dicho de Jehová.

⁵ Y le tocaron a Manasés diez partes además de la tierra de Galaad y de Basán que está al otro lado del Jordán,

⁶ porque las hijas de Manasés tuvieron heredad entre sus hijos; y la tierra de Galaad fue de los otros hijos de Manasés.

⁷ Y fue el territorio de Manasés desde Aser hasta Micmetat, que está enfrente de Siquem; y va al sur, hasta los que habitan en Tapúa.

⁸ La tierra de Tapúa fue de Manasés; pero Tapúa misma, que está junto al límite de Manasés, es de los hijos de Efraín.

⁹ Desciende este límite al arroyo de Caná, hacia el sur del arroyo. Estas ciudades de Efraín están entre las ciudades de Manasés; y el límite de Manasés es desde el norte del mismo arroyo, y sus salidas son al mar.

¹⁰ Efraín al sur, y Manasés al norte, y el mar es su límite; y se encuentra con Aser al norte, y con Isacar al oriente.

¹¹ Tuvo también Manasés en Isacar y en Aser a Bet-seán y sus aldeas, a Ibleam y sus aldeas, a los moradores de Dor y sus aldeas, a los moradores de Endor y sus aldeas, a los moradores de Taanac y sus aldeas, y a los moradores de Meguido y sus aldeas; tres provincias.

¹² Mas los hijos de Manasés no pudieron arrojar a los de aquellas ciudades; y el cananeo persistió en habitar en aquella tierra.

¹³ Pero cuando los hijos de Israel fueron lo suficientemente fuertes, hicieron tributario al cananeo, mas no lo arrojaron.ᵇ

¹⁴ Y los hijos de José hablaron a Josué, diciendo: ¿Por qué nos has dado por heredad una sola suerte y una sola parte, siendo nosotros un pueblo tan grande, y que Jehová nos ha bendecido hasta ahora?

¹⁵ Y Josué les respondió: Si sois pueblo tan grande, subid al bosque, y haceos desmontes allí en la tierra de los ferezeos y de los refaítas, ya que el monte de Efraín es estrecho para vosotros.

---

a 16.10 Jue 1.29.   **a 17.4** Nm 27.1-7.   **b 17.12, 13** Jue 1.27, 28.

16 Y los hijos de José dijeron: No nos bastará a nosotros este monte; y todos los cananeos que habitan la tierra de la llanura, tienen carros herrados; los que están en Bet-seán y en sus aldeas, y los que están en el valle de Jezreel.

17 Entonces Josué respondió a la casa de José, a Efraín y a Manasés, diciendo: Tú eres gran pueblo, y tienes grande poder; no tendrás una sola parte,

18 sino que aquel monte será tuyo; pues aunque es bosque, tú lo desmontarás y lo poseerás hasta sus límites más lejanos; porque tú arrojarás al cananeo, aunque tenga carros herrados, y aunque sea fuerte.

Territorios de las demás tribus

18 **1** Toda la congregación de los hijos de Israel se reunió en Silo, y erigieron allí el tabernáculo de reunión, después que la tierra les fue sometida.

2 Pero habían quedado de los hijos de Israel siete tribus a las cuales aún no habían repartido su posesión.

3 Y Josué dijo a los hijos de Israel: ¿Hasta cuándo seréis negligentes para venir a poseer la tierra que os ha dado Jehová el Dios de vuestros padres?

4 Señalad tres varones de cada tribu, para que yo los envíe, y que ellos se levanten y recorran la tierra, y la describan conforme a sus heredades, y vuelvan a mí.

5 Y la dividirán en siete partes; y Judá quedará en su territorio al sur, y los de la casa de José en el suyo al norte.

6 Vosotros, pues, delinearéis la tierra en siete partes, y me traeréis la descripción aquí, y yo os echaré suertes aquí delante de Jehová nuestro Dios.

7 Pero los levitas ninguna parte tienen entre vosotros, porque el sacerdocio de Jehová es la heredad de ellos; Gad también y Rubén, y la media tribu de Manasés, ya han recibido su heredad al otro lado del Jordán al oriente, la cual les dio Moisés siervo de Jehová.

8 Levantándose, pues, aquellos varones, fueron; y mandó Josué a los que iban para delinear la tierra, diciéndoles: Id, recorred la tierra y delineadla, y volved a mí, para que yo os eche suertes aquí delante de Jehová en Silo.

9 Fueron, pues, aquellos varones y recorrieron la tierra, delineándola por ciudades en siete partes en un libro, y volvieron a Josué al campamento en Silo.

10 Y Josué les echó suertes delante de Jehová en Silo; y allí repartió Josué la tierra a los hijos de Israel por sus porciones.

11 Y se sacó la suerte de la tribu de los hijos de Benjamín conforme a sus familias; y el territorio adjudicado a ella quedó entre los hijos de Judá y los hijos de José.

12 Fue el límite de ellos al lado del norte desde el Jordán, y sube hacia el lado de Jericó al norte; sube después al monte hacia el occidente, y viene a salir al desierto de Bet-avén.

13 De allí pasa en dirección de Luz, al lado sur de Luz (que es Bet-el), y desciende de Atarot-adar al monte que está al sur de Bet-horón la de abajo.

14 Y tuerce hacia el oeste por el lado sur del monte que está delante de Bet-horón al sur; y viene a salir a Quiriat-baal (que es Quiriat-jearim), ciudad de los hijos de Judá. Éste es el lado del occidente.

15 El lado del sur es desde el extremo de Quiriat-jearim, y sale al occidente, a la fuente de las aguas de Neftoa;

16 y desciende este límite al extremo del monte que está delante del valle del hijo de Hinom, que está al norte en el valle de Refaim; desciende luego al valle de Hinom, al lado sur del jebuseo, y de allí desciende a la fuente de Rogel.

17 Luego se inclina hacia el norte y sale a En-semes, y de allí a Gelilot, que está delante de la subida de Adumín, y desciende a la piedra de Bohán hijo de Rubén.

18 y pasa al lado que está enfrente del Arabá, y desciende al Arabá.

19 Y pasa el límite al lado norte de Bet-hogla, y termina en la bahía norte del Mar Salado, a la extremidad sur del Jordán; éste es el límite sur.

20 Y el Jordán era el límite al lado del oriente. Ésta es la heredad de los hijos de Benjamín por sus límites alrededor, conforme a sus familias.

21 Las ciudades de la tribu de los hijos de Benjamín, por sus familias, fueron Jericó, Bet-hogla, el valle de Casis,

22 Bet-arabá, Zemaraim, Bet-el,

23 Avim, Pará, Ofra,

24 Quefar-haamoni, Ofni y Geba; doce ciudades con sus aldeas;

25 Gabaón, Ramá, Beerot,

26 Mizpa, Cafira, Mozah,

27 Requem, Irpeel, Tarala,

28 Zela, Elef, Jebús (que es Jerusalén), Gabaa y Quiriat; catorce ciudades con sus aldeas. Ésta es la heredad de los hijos de Benjamín conforme a sus familias.

19

1 La segunda suerte tocó a Simeón, para la tribu de los hijos de Simeón conforme a sus familias; y su heredad fue en medio de la heredad de los hijos de Judá.

2 Y tuvieron en su heredad a Beerseba, Seba, Molada,

3 Hazar-sual, Bala, Ezem,

4 Eltolad, Betul, Horma,

5 Siclag, Bet-marcabot, Hazar-susa,

6 Bet-lebaot y Saruhén; trece ciudades con sus aldeas;

7 Aín, Rimón, Eter y Asán; cuatro ciudades con sus aldeas;

8 y todas las aldeas que estaban alrededor de estas ciudades hasta Baalat-beer, que es Ramat del Neguev. Ésta es la heredad de la tribu de los hijos de Simeón conforme a sus familias.ª

9 De la suerte de los hijos de Judá fue sacada la heredad de los hijos de Simeón, por cuanto la parte de los hijos de Judá era excesiva para ellos; así que los hijos de Simeón tuvieron su heredad en medio de la de Judá.

10 La tercera suerte tocó a los hijos de Zabulón conforme a sus familias; y el territorio de su heredad fue hasta Sarid.

11 Y su límite sube hacia el occidente a Marala, y llega hasta Dabeset, y de allí hasta el arroyo que está delante de Jocneam;

12 y gira de Sarid hacia el oriente, hacia donde nace el sol, hasta el límite de Quislot-tabor, sale a Daberat, y sube a Jafía.

13 Pasando de allí hacia el lado oriental a Gat-hefer y a Ita-cazín, sale a Rimón rodeando a Nea.

14 Luego, al norte, el límite gira hacia Hanatón, viniendo a salir al valle de Jefte-el;

15 y abarca Catat, Naalal, Simrón, Idala y Belén; doce ciudades con sus aldeas.

16 Ésta es la heredad de los hijos de Zabulón conforme a sus familias; estas ciudades con sus aldeas.

17 La cuarta suerte correspondió a Isacar, a los hijos de Isacar conforme a sus familias.

18 Y fue su territorio Jezreel, Quesulot, Sunem,

19 Hafaraim, Sihón, Anaharat,

20 Rabit, Quisión, Abez,

21 Remet, En-ganim, En-hada y Bet-pases.

22 Y llega este límite hasta Tabor, Sahazima y Bet-semes, y termina en el Jordán; dieciséis ciudades con sus aldeas.

23 Ésta es la heredad de la tribu de los hijos de Isacar conforme a sus familias; estas ciudades con sus aldeas.

24 La quinta suerte correspondió a la tribu de los hijos de Aser conforme a sus familias.

25 Y su territorio abarcó Helcat, Halí, Betén, Acsaf,

26 Alamelec, Amad y Miseal; y llega hasta Carmelo al occidente, y a Sihorlibnat.

27 Después da vuelta hacia el oriente a Bet-dagón y llega a Zabulón, al valle de Jefte-el al norte, a Bet-emec y a Neiel, y sale a Cabul al norte.

28 Y abarca a Hebrón, Rehob, Hamón y Caná, hasta la gran Sidón.

29 De allí este límite tuerce hacia Ramá, y hasta la ciudad fortificada de Tiro, y gira hacia Hosa, y sale al mar desde el territorio de Aczib.

30 Abarca también Uma, Afec y Rehob; veintidós ciudades con sus aldeas.

31 Ésta es la heredad de la tribu de los hijos de Aser conforme a sus familias; estas ciudades con sus aldeas.

32 La sexta suerte correspondió a los hijos de Neftalí conforme a sus familias.

33 Y abarcó su territorio desde Helef, Alón-saananim, Adami-neceb y Jabneel, hasta Lacum, y sale al Jordán.

34 Y giraba el límite hacia el occidente a Aznot-tabor, y de allí pasaba a Hucoc, y llegaba hasta Zabulón al sur, y al occidente confinaba con Aser, y con Judá por el Jordán hacia donde nace el sol.

35 Y las ciudades fortificadas son Sidim, Zer, Hamat, Racat, Cineret,

36 Adama, Ramá, Hazor,

37 Cedes, Edrei, En-hazor,

38 Irón, Migdal-el, Horem, Bet-anat y Bet-semes; diecinueve ciudades con sus aldeas.

39 Ésta es la heredad de la tribu de los hijos de Neftalí conforme a sus familias; estas ciudades con sus aldeas.

a 19.2-8 1 Cr 4.28-33.

40 La séptima suerte correspondió a la tribu de los hijos de Dan conforme a sus familias.

41 Y fue el territorio de su heredad, Zora, Estaol, Ir-semes,

42 Saalabín, Ajalón, Jetla,

43 Elón, Timnat, Ecrón,

44 Elteque, Gibetón, Baalat,

45 Jehúd, Bene-berac, Gat-rimón,

46 Mejarcón y Racón, con el territorio que está delante de Jope.

47 Y les faltó territorio a los hijos de Dan; y subieron los hijos de Dan y combatieron a Lesem, y tomándola la hirieron a filo de espada, y tomaron posesión de ella y habitaron en ella; y llamaron a Lesem, Dan, del nombre de Dan su padre.[b]

48 Ésta es la heredad de la tribu de los hijos de Dan conforme a sus familias; estas ciudades con sus aldeas.

49 Y después que acabaron de repartir la tierra en heredad por sus territorios, dieron los hijos de Israel heredad a Josué hijo de Nun en medio de ellos;

50 según la palabra de Jehová, le dieron la ciudad que él pidió, Timnat-sera, en el monte de Efraín; y él reedificó la ciudad y habitó en ella.

51 Éstas son las heredades que el sacerdote Eleazar, y Josué hijo de Nun, y los cabezas de los padres, entregaron por suerte en posesión a las tribus de los hijos de Israel en Silo, delante de Jehová, a la entrada del tabernáculo de reunión; y acabaron de repartir la tierra.

Josué señala ciudades de refugio

20 **1** Habló Jehová a Josué, diciendo: **2** Habla a los hijos de Israel y diles: Señalaos las ciudades de refugio, de las cuales yo os hablé por medio de Moisés,[a]

3 para que se acoja allí el homicida que matare a alguno por accidente y no a sabiendas; y os servirán de refugio contra el vengador de la sangre.

4 Y el que se acogiere a alguna de aquellas ciudades, se presentará a la puerta de la ciudad, y expondrá sus razones en oídos de los ancianos de aquella ciudad; y ellos le recibirán consigo dentro de la ciudad, y le darán lugar para que habite con ellos.

5 Si el vengador de la sangre le siguiere, no entregarán en su mano al homicida, por cuanto hirió a su prójimo por accidente, y no tuvo con él ninguna enemistad antes.

6 Y quedará en aquella ciudad hasta que comparezca en juicio delante de la congregación, y hasta la muerte del que fuere sumo sacerdote en aquel tiempo; entonces el homicida podrá volver a su ciudad y a su casa y a la ciudad de donde huyó.

7 Entonces señalaron a Cedes en Galilea, en el monte de Neftalí, Siquem en el monte de Efraín, y Quiriat-arba (que es Hebrón) en el monte de Judá.

8 Y al otro lado del Jordán al oriente de Jericó, señalaron a Beser en el desierto, en la llanura de la tribu de Rubén, Ramot en Galaad de la tribu de Gad, y Golán en Basán de la tribu de Manasés.

9 Éstas fueron las ciudades señaladas para todos los hijos de Israel, y para el extranjero que morase entre ellos, para que se acogiese a ellas cualquiera que hiriese a alguno por accidente, a fin de que no muriese por mano del vengador de la sangre, hasta que compareciese delante de la congregación.

Ciudades de los levitas
(1 Cr 6.54-81)

21 **1** Los jefes de los padres de los levitas vinieron al sacerdote Eleazar, a Josué hijo de Nun y a los cabezas de los padres de las tribus de los hijos de Israel,

2 y les hablaron en Silo en la tierra de Canaán, diciendo: Jehová mandó por medio de Moisés que nos fuesen dadas ciudades donde habitar, con sus ejidos para nuestros ganados.[a]

3 Entonces los hijos de Israel dieron de su propia herencia a los levitas, conforme al mandato de Jehová, estas ciudades con sus ejidos.

4 Y la suerte cayó sobre las familias de los coatitas; y los hijos de Aarón el sacerdote, que eran de los levitas, obtuvieron por suerte de la tribu de Judá, de la tribu de Simeón y de la tribu de Benjamín, trece ciudades.

5 Y los otros hijos de Coat obtuvieron por suerte diez ciudades de las familias de la tribu de Efraín, de la tribu de Dan y de la media tribu de Manasés.

6 Los hijos de Gersón obtuvieron por suerte, de las familias de la tribu de Isacar,

b 19.47 Jue 18.27-29.   **a** 20.1-9 Nm 35.6-32; Dt 4.41-43; 19.1-13.   **a** 21.2 Nm 35.1-8.

de la tribu de Aser, de la tribu de Neftalí y de la media tribu de Manasés en Basán, trece ciudades.

7 Los hijos de Merari según sus familias obtuvieron de la tribu de Rubén, de la tribu de Gad y de la tribu de Zabulón, doce ciudades.

8 Dieron, pues, los hijos de Israel a los levitas estas ciudades con sus ejidos, por suertes, como había mandado Jehová por conducto de Moisés.

9 De la tribu de los hijos de Judá, y de la tribu de los hijos de Simeón, dieron estas ciudades que fueron nombradas,

10 las cuales obtuvieron los hijos de Aarón de las familias de Coat, de los hijos de Leví; porque para ellos fue la suerte en primer lugar.

11 Les dieron Quiriat-arba del padre de Anac, la cual es Hebrón, en el monte de Judá, con sus ejidos en sus contornos.

12 Mas el campo de la ciudad y sus aldeas dieron a Caleb hijo de Jefone, por posesión suya.

13 Y a los hijos del sacerdote Aarón dieron Hebrón con sus ejidos como ciudad de refugio para los homicidas; además, Libna con sus ejidos,

14 Jatir con sus ejidos, Estemoa con sus ejidos,

15 Holón con sus ejidos, Debir con sus ejidos,

16 Aín con sus ejidos, Juta con sus ejidos y Bet-semes con sus ejidos; nueve ciudades de estas dos tribus;

17 y de la tribu de Benjamín, Gabaón con sus ejidos, Geba con sus ejidos,

18 Anatot con sus ejidos, Almón con sus ejidos; cuatro ciudades.

19 Todas las ciudades de los sacerdotes hijos de Aarón son trece con sus ejidos.

20 Mas las familias de los hijos de Coat, levitas, los que quedaban de los hijos de Coat, recibieron por suerte ciudades de la tribu de Efraín.

21 Les dieron Siquem con sus ejidos, en el monte de Efraín, como ciudad de refugio para los homicidas; además, Gezer con su ejidos,

22 Kibsaim con sus ejidos y Bet-horón con sus ejidos; cuatro ciudades.

23 De la tribu de Dan, Elteque con sus ejidos, Gibetón con sus ejidos,

24 Ajalón con sus ejidos y Gat-rimón con sus ejidos; cuatro ciudades.

25 Y de la media tribu de Manasés, Taanac con sus ejidos y Gat-rimón con sus ejidos; dos ciudades.

26 Todas las ciudades para el resto de las familias de los hijos de Coat fueron diez con sus ejidos.

27 A los hijos de Gersón de las familias de los levitas, dieron de la media tribu de Manasés a Golán en Basán con sus ejidos como ciudad de refugio para los homicidas, y además, Beestera con sus ejidos; dos ciudades.

28 De la tribu de Isacar, Cisón con sus ejidos, Daberat con sus ejidos,

29 Jarmut con sus ejidos y En-ganim con sus ejidos; cuatro ciudades.

30 De la tribu de Aser, Miseal con sus ejidos, Abdón con sus ejidos,

31 Helcat con sus ejidos y Rehob con sus ejidos; cuatro ciudades.

32 Y de la tribu de Neftalí, Cedes en Galilea con sus ejidos como ciudad de refugio para los homicidas, y además, Hamot-dor con sus ejidos y Cartán con sus ejidos; tres ciudades.

33 Todas las ciudades de los gersonitas por sus familias fueron trece ciudades con sus ejidos.

34 Y a las familias de los hijos de Merari, levitas que quedaban, se les dio de la tribu de Zabulón, Jocneam con sus ejidos, Carta con sus ejidos,

35 Dimna con sus ejidos y Naalal con sus ejidos; cuatro ciudades.

36 Y de la tribu de Rubén, Beser con sus ejidos, Jahaza con sus ejidos,

37 Cademot con sus ejidos y Mefaat con sus ejidos; cuatro ciudades.

38 De la tribu de Gad, Ramot de Galaad con sus ejidos como ciudad de refugio para los homicidas; además, Mahanaim con sus ejidos,

39 Hesbón con sus ejidos y Jazer con sus ejidos; cuatro ciudades.

40 Todas las ciudades de los hijos de Merari por sus familias, que restaban de las familias de los levitas, fueron por sus suertes doce ciudades.

41 Y todas las ciudades de los levitas en medio de la posesión de los hijos de Israel, fueron cuarenta y ocho ciudades con sus ejidos.

⁴² Y estas ciudades estaban apartadas la una de la otra, cada cual con sus ejidos alrededor de ella; así fue con todas estas ciudades.

Israel ocupa la tierra

⁴³ De esta manera dio Jehová a Israel toda la tierra que había jurado dar a sus padres, y la poseyeron y habitaron en ella. ⁴⁴ Y Jehová les dio reposo alrededor, conforme a todo lo que había jurado a sus padres; y ninguno de todos sus enemigos pudo hacerles frente, porque Jehová entregó en sus manos a todos sus enemigos. ⁴⁵ No faltó palabra de todas las buenas promesas que Jehová había hecho a la casa de Israel; todo se cumplió.

El altar junto al Jordán

22 ¹ Entonces Josué llamó a los rubenitas, a los gaditas, y a la media tribu de Manasés, ² y les dijo: Vosotros habéis guardado todo lo que Moisés siervo de Jehová os mandó, y habéis obedecido a mi voz en todo lo que os he mandado.ᵃ ³ No habéis dejado a vuestros hermanos en este largo tiempo hasta el día de hoy, sino que os habéis cuidado de guardar los mandamientos de Jehová vuestro Dios. ⁴ Ahora, pues, que Jehová vuestro Dios ha dado reposo a vuestros hermanos, como lo había prometido, volved, regresad a vuestras tiendas, a la tierra de vuestras posesiones, que Moisés siervo de Jehová os dio al otro lado del Jordán. ⁵ Solamente que con diligencia cuidéis de cumplir el mandamiento y la ley que Moisés siervo de Jehová os ordenó: que améis a Jehová vuestro Dios, y andéis en todos sus caminos; que guardéis sus mandamientos, y le sigáis a él, y le sirváis de todo vuestro corazón y de toda vuestra alma. ⁶ Y bendiciéndolos, Josué los despidió, y se fueron a sus tiendas.

⁷ También a la media tribu de Manasés había dado Moisés posesión en Basán; mas a la otra mitad dio Josué heredad entre sus hermanos a este lado del Jordán, al occidente; y también a éstos envió Josué a sus tiendas, después de haberlos bendecido.

⁸ Y les habló diciendo: Volved a vuestras tiendas con grandes riquezas, con mucho ganado, con plata, con oro, y bronce, y muchos vestidos; compartid con vuestros hermanos el botín de vuestros enemigos. ⁹ Así los hijos de Rubén y los hijos de Gad y la media tribu de Manasés, se volvieron, separándose de los hijos de Israel, desde Silo, que está en la tierra de Canaán, para ir a la tierra de Galaad, a la tierra de sus posesiones, de la cual se habían posesionado conforme al mandato de Jehová por conducto de Moisés.

¹⁰ Y llegando a los límites del Jordán que está en la tierra de Canaán, los hijos de Rubén y los hijos de Gad y la media tribu de Manasés edificaron allí un altar junto al Jordán, un altar de grande apariencia. ¹¹ Y los hijos de Israel oyeron decir que los hijos de Rubén y los hijos de Gad y la media tribu de Manasés habían edificado un altar frente a la tierra de Canaán, en los límites del Jordán, del lado de los hijos de Israel. ¹² Cuando oyeron esto los hijos de Israel, se juntó toda la congregación de los hijos de Israel en Silo, para subir a pelear contra ellos.

¹³ Y enviaron los hijos de Israel a los hijos de Rubén y a los hijos de Gad y a la media tribu de Manasés en tierra de Galaad, a Finees hijo del sacerdote Eleazar, ¹⁴ y a diez príncipes con él: un príncipe por cada casa paterna de todas las tribus de Israel, cada uno de los cuales era jefe de la casa de sus padres entre los millares de Israel. ¹⁵ Los cuales fueron a los hijos de Rubén y a los hijos de Gad y a la media tribu de Manasés, en la tierra de Galaad, y les hablaron diciendo: ¹⁶ Toda la congregación de Jehová dice así: ¿Qué transgresión es esta con que prevaricáis contra el Dios de Israel para apartaros hoy de seguir a Jehová, edificándoos altar para ser rebeldes contra Jehová?ᵇ ¹⁷ ¿No ha sido bastante la maldad de Peor, de la que no estamos aún limpios hasta este día, por la cual vino la mortandad en la congregación de Jehová,ᶜ ¹⁸ para que vosotros os apartéis hoy de seguir a Jehová? Vosotros os rebeláis hoy contra Jehová, y mañana se airará él contra toda la congregación de Israel.

---

a **22.2** Nm 32.20-32; Jos 1.12-15.   b **22.16** Dt 12.6.
c **22.17** Nm 25.1-9.

19 Si os parece que la tierra de vuestra posesión es inmunda, pasaos a la tierra de la posesión de Jehová, en la cual está el tabernáculo de Jehová, y tomad posesión entre nosotros; pero no os rebeléis contra Jehová, ni os rebeléis contra nosotros, edificándoos altar además del altar de Jehová nuestro Dios.

20 ¿No cometió Acán hijo de Zera prevaricación en el anatema, y vino ira sobre toda la congregación de Israel? Y aquel hombre no pereció solo en su iniquidad.ᵈ

21 Entonces los hijos de Rubén y los hijos de Gad y la media tribu de Manasés respondieron y dijeron a los cabezas de los millares de Israel:

22 Jehová Dios de los dioses, Jehová Dios de los dioses, él sabe, y hace saber a Israel: si fue por rebelión o por prevaricación contra Jehová, no nos salves hoy.

23 Si nos hemos edificado altar para volvernos de en pos de Jehová, o para sacrificar holocausto u ofrenda, o para ofrecer sobre él ofrendas de paz, el mismo Jehová nos lo demande.

24 Lo hicimos más bien por temor de que mañana vuestros hijos digan a nuestros hijos: ¿Qué tenéis vosotros con Jehová Dios de Israel?

25 Jehová ha puesto por lindero el Jordán entre nosotros y vosotros, oh hijos de Rubén e hijos de Gad; no tenéis vosotros parte en Jehová; y así vuestros hijos harían que nuestros hijos dejasen de temer a Jehová.

26 Por esto dijimos: Edifiquemos ahora un altar, no para holocausto ni para sacrificio,

27 sino para que sea un testimonio entre nosotros y vosotros, y entre los que vendrán después de nosotros, de que podemos hacer el servicio de Jehová delante de él con nuestros holocaustos, con nuestros sacrificios y con nuestras ofrendas de paz; y no digan mañana vuestros hijos a los nuestros: Vosotros no tenéis parte en Jehová.

28 Nosotros, pues, dijimos: Si aconteciere que tal digan a nosotros, o a nuestras generaciones en lo por venir, entonces responderemos: Mirad el símil del altar de Jehová, el cual hicieron nuestros padres, no para holocaustos o sacrificios, sino para que fuese testimonio entre nosotros y vosotros.

29 Nunca tal acontezca que nos rebelemos contra Jehová, o que nos apartemos hoy de seguir a Jehová, edificando altar para holocaustos, para ofrenda o para sacrificio, además del altar de Jehová nuestro Dios que está delante de su tabernáculo.

30 Oyendo Finees el sacerdote y los príncipes de la congregación, y los jefes de los millares de Israel que con él estaban, las palabras que hablaron los hijos de Rubén y los hijos de Gad y los hijos de Manasés, les pareció bien todo ello.

31 Y dijo Finees hijo del sacerdote Eleazar a los hijos de Rubén, a los hijos de Gad y a los hijos de Manasés: Hoy hemos entendido que Jehová está entre nosotros, pues que no habéis intentado esta traición contra Jehová. Ahora habéis librado a los hijos de Israel de la mano de Jehová.

32 Y Finees hijo del sacerdote Eleazar, y los príncipes, dejaron a los hijos de Rubén y a los hijos de Gad, y regresaron de la tierra de Galaad a la tierra de Canaán, a los hijos de Israel, a los cuales dieron la respuesta.

33 Y el asunto pareció bien a los hijos de Israel, y bendijeron a Dios los hijos de Israel; y no hablaron más de subir contra ellos en guerra, para destruir la tierra en que habitaban los hijos de Rubén y los hijos de Gad.

34 Y los hijos de Rubén y los hijos de Gad pusieron por nombre al altar Ed;ˢ porque testimonio es entre nosotros que Jehová es Dios.

Exhortación de Josué al pueblo

23 **1** Aconteció, muchos días después que Jehová diera reposo a Israel de todos sus enemigos alrededor, que Josué, siendo ya viejo y avanzado en años,

2 llamó a todo Israel, a sus ancianos, sus príncipes, sus jueces y sus oficiales, y les dijo: Yo ya soy viejo y avanzado en años.

3 Y vosotros habéis visto todo lo que Jehová vuestro Dios ha hecho con todas estas naciones por vuestra causa; porque Jehová vuestro Dios es quien ha peleado por vosotros.

4 He aquí os he repartido por suerte, en herencia para vuestras tribus, estas naciones, así las destruidas como las que quedan, desde el Jordán hasta el Mar Grande, hacia donde se pone el sol.

---

5. **22.34** Esto es, *Testimonio.*
d **22.20** Jos 7.1-26.

⁵ Y Jehová vuestro Dios las echará de delante de vosotros, y las arrojará de vuestra presencia; y vosotros poseeréis sus tierras, como Jehová vuestro Dios os ha dicho.

⁶ Esforzaos, pues, mucho en guardar y hacer todo lo que está escrito en el libro de la ley de Moisés, sin apartaros de ello ni a diestra ni a siniestra;

⁷ para que no os mezcléis con estas naciones que han quedado con vosotros, ni hagáis mención ni juréis por el nombre de sus dioses; ni los sirváis, ni os inclinéis a ellos.

⁸ Mas a Jehová vuestro Dios seguiréis, como habéis hecho hasta hoy.

⁹ Pues ha arrojado Jehová delante de vosotros grandes y fuertes naciones, y hasta hoy nadie ha podido resistir delante de vuestro rostro.

¹⁰ Un varón de vosotros perseguirá a mil;ᵃ porque Jehová vuestro Dios es quien pelea por vosotros, como él os dijo.ᵇ

¹¹ Guardad, pues, con diligencia vuestras almas, para que améis a Jehová vuestro Dios.

¹² Porque si os apartareis, y os uniereis a lo que resta de estas naciones que han quedado con vosotros, y si concertareis con ellas matrimonios, mezclándoos con ellas, y ellas con vosotros,

¹³ sabed que Jehová vuestro Dios no arrojará más a estas naciones delante de vosotros, sino que os serán por lazo, por tropiezo, por azote para vuestros costados y por espinas para vuestros ojos, hasta que perezcáis de esta buena tierra que Jehová vuestro Dios os ha dado.

¹⁴ Y he aquí que yo estoy para entrar hoy por el camino de toda la tierra; reconoced, pues, con todo vuestro corazón y con toda vuestra alma, que no ha faltado una palabra de todas las buenas palabras que Jehová vuestro Dios había dicho de vosotros; todas os han acontecido, no ha faltado ninguna de ellas.

¹⁵ Pero así como ha venido sobre vosotros toda palabra buena que Jehová vuestro Dios os había dicho, también traerá Jehová sobre vosotros toda palabra mala, hasta destruiros de sobre la buena tierra que Jehová vuestro Dios os ha dado,

¹⁶ si traspasareis el pacto de Jehová vuestro Dios que él os ha mandado, yendo y honrando a dioses ajenos, e inclinándoos a ellos. Entonces la ira de Jehová se encenderá contra vosotros, y pereceréis prontamente de esta buena tierra que él os ha dado.

Discurso de despedida de Josué

24 ¹ Reunió Josué a todas las tribus de Israel en Siquem, y llamó a los ancianos de Israel, sus príncipes, sus jueces y sus oficiales; y se presentaron delante de Dios.

² Y dijo Josué a todo el pueblo: Así dice Jehová, Dios de Israel: Vuestros padres habitaron antiguamente al otro lado del río, esto es, Taré,ᵃ padre de Abraham y de Nacor; y servían a dioses extraños.

³ Y yo tomé a vuestro padre Abraham del otro lado del río,ᵇ y lo traje por toda la tierra de Canaán, y aumenté su descendencia, y le di a Isaac.ᶜ

⁴ A Isaac le di a Jacob y a Esaú.ᵈ Y a Esaú le di el monte de Seir, para que lo poseyese;ᵉ pero Jacob y sus hijos descendieron a Egipto.ᶠ

⁵ Y yo envié a Moisés y a Aarón, y herí a Egipto, conforme a lo que hice en medio de él,ᵍ y después os saqué.

⁶ Saqué a vuestros padres de Egipto; y cuando llegaron al mar, los egipcios siguieron a vuestros padres hasta el Mar Rojo con carros y caballería.

⁷ Y cuando ellos clamaron a Jehová, él puso oscuridad entre vosotros y los egipcios, e hizo venir sobre ellos el mar, el cual los cubrió; y vuestros ojos vieron lo que hice en Egipto.ʰ Después estuvisteis muchos días en el desierto.

⁸ Yo os introduje en la tierra de los amorreos, que habitaban al otro lado del Jordán, los cuales pelearon contra vosotros; mas yo los entregué en vuestras manos, y poseísteis su tierra, y los destruí de delante de vosotros.ⁱ

⁹ Después se levantó Balac hijo de Zipor, rey de los moabitas, y peleó contra Israel; y envió a llamar a Balaam hijo de Beor, para que os maldijese.

¹⁰ Mas yo no quise escuchar a Balaam, por lo cual os bendijo repetidamente,ʲ y os libré de sus manos.

ᵃ **23.10** Dt 32.30.   ᵇ **23.10** Dt 3.22.   ᵃ **24.2** Gn 11.27.
ᵇ **24.3** Gn 12.1-9.   ᶜ **24.3** Gn 21.1-3.   ᵈ **24.4** Gn 25.24-26.
ᵉ **24.4** Gn 36.8.   ᶠ **24.4** Gn 46.1-7.   ᵍ **24.5** Éx 3.1—12.42.
ʰ **24.6, 7** Éx 14.1-31.   ⁱ **24.8** Nm 21.21-35.
ʲ **24.9, 10** Nm 22.1—24.25.

11 Pasasteis el Jordán,[k] y vinisteis a Jericó, y los moradores de Jericó pelearon contra vosotros:[l] los amorreos, ferezeos, cananeos, heteos, gergeseos, heveos y jebuseos, y yo los entregué en vuestras manos. 12 Y envié delante de vosotros tábanos,[m] los cuales los arrojaron de delante de vosotros, esto es, a los dos reyes de los amorreos; no con tu espada, ni con tu arco. 13 Y os di la tierra por la cual nada trabajasteis, y las ciudades que no edificasteis, en las cuales moráis; y de las viñas y olivares que no plantasteis, coméis.[n]

14 Ahora, pues, temed a Jehová, y servidle con integridad y en verdad; y quitad de entre vosotros los dioses a los cuales sirvieron vuestros padres al otro lado del río, y en Egipto; y servid a Jehová. 15 Y si mal os parece servir a Jehová, escogeos hoy a quién sirváis; si a los dioses a quienes sirvieron vuestros padres, cuando estuvieron al otro lado del río, o a los dioses de los amorreos en cuya tierra habitáis; pero yo y mi casa serviremos a Jehová. 16 Entonces el pueblo respondió y dijo: Nunca tal acontezca, que dejemos a Jehová para servir a otros dioses; 17 porque Jehová nuestro Dios es el que nos sacó a nosotros y a nuestros padres de la tierra de Egipto, de la casa de servidumbre; el que ha hecho estas grandes señales, y nos ha guardado por todo el camino por donde hemos andado, y en todos los pueblos por entre los cuales pasamos. 18 Y Jehová arrojó de delante de nosotros a todos los pueblos, y al amorreo que habitaba en la tierra; nosotros, pues, también serviremos a Jehová, porque él es nuestro Dios. 19 Entonces Josué dijo al pueblo: No podréis servir a Jehová, porque él es Dios santo, y Dios celoso; no sufrirá vuestras rebeliones y vuestros pecados. 20 Si dejareis a Jehová y sirviereis a dioses ajenos, él se volverá y os hará mal, y os consumirá, después que os ha hecho bien. 21 El pueblo entonces dijo a Josué: No, sino que a Jehová serviremos. 22 Y Josué respondió al pueblo: Vosotros sois testigos contra vosotros mismos, de que habéis elegido a Jehová para servirle. Y ellos respondieron: Testigos somos. 23 Quitad, pues, ahora los dioses ajenos que están entre vosotros, e inclinad vuestro corazón a Jehová Dios de Israel. 24 Y el pueblo respondió a Josué: A Jehová nuestro Dios serviremos, y a su voz obedeceremos. 25 Entonces Josué hizo pacto con el pueblo el mismo día, y les dio estatutos y leyes en Siquem. 26 Y escribió Josué estas palabras en el libro de la ley de Dios; y tomando una gran piedra, la levantó allí debajo de la encina que estaba junto al santuario de Jehová. 27 Y dijo Josué a todo el pueblo: He aquí esta piedra nos servirá de testigo, porque ella ha oído todas las palabras que Jehová nos ha hablado; será, pues, testigo contra vosotros, para que no mintáis contra vuestro Dios. 28 Y envió Josué al pueblo, cada uno a su posesión.

Muerte de Josué
(Jue 2.6-10)

29 Después de estas cosas murió Josué hijo de Nun, siervo de Jehová, siendo de ciento diez años. 30 Y le sepultaron en su heredad en Timnat-sera,[o] que está en el monte de Efraín, al norte del monte de Gaas. 31 Y sirvió Israel a Jehová todo el tiempo de Josué, y todo el tiempo de los ancianos que sobrevivieron a Josué y que sabían todas las obras que Jehová había hecho por Israel.

Sepultura de los huesos de José en Siquem

32 Y enterraron en Siquem los huesos de José, que los hijos de Israel habían traído de Egipto,[p] en la parte del campo que Jacob compró[q] de los hijos de Hamor padre de Siquem, por cien piezas de dinero;[6] y fue posesión de los hijos de José.

Muerte de Eleazar

33 También murió Eleazar hijo de Aarón, y lo enterraron en el collado de Finees su hijo, que le fue dado en el monte de Efraín.

---

6. **24.32** Heb. *kesitas.*
k 24.11 Jos 3.14-17. **l 24.11** Jos 6.1-21. **m 24.12** Éx 23.28; Dt 7.20. **n 24.13** Dt 6.10, 11. **o 24.30** Jos 19.49, 50. **p 24.32** Gn 50.24, 25; Éx 13.19. **q 24.32** Gn 33.19; Jn 4.5; Hch 7.16.

JUECES

Judá y Simeón capturan a Adoni-bezec

1 ¹ Aconteció después de la muerte de Josué, que los hijos de Israel consultaron a Jehová, diciendo: ¿Quién de nosotros subirá primero a pelear contra los cananeos?

² Y Jehová respondió: Judá subirá; he aquí que yo he entregado la tierra en sus manos.

³ Y Judá dijo a Simeón su hermano: Sube conmigo al territorio que se me ha adjudicado, y peleemos contra el cananeo, y yo también iré contigo al tuyo. Y Simeón fue con él.

⁴ Y subió Judá, y Jehová entregó en sus manos al cananeo y al ferezeo; e hirieron de ellos en Bezec a diez mil hombres.

⁵ Y hallaron a Adoni-bezec en Bezec, y pelearon contra él; y derrotaron al cananeo y al ferezeo.

⁶ Mas Adoni-bezec huyó; y le siguieron y le prendieron, y le cortaron los pulgares de las manos y de los pies.

⁷ Entonces dijo Adoni-bezec: Setenta reyes, cortados los pulgares de sus manos y de sus pies, recogían las migajas debajo de mi mesa; como yo hice, así me ha pagado Dios. Y le llevaron a Jerusalén, donde murió.

Judá conquista Jerusalén y Hebrón

⁸ Y combatieron los hijos de Judá a Jerusalén y la tomaron, y pasaron a sus habitantes a filo de espada y pusieron fuego a la ciudad.

⁹ Después los hijos de Judá descendieron para pelear contra el cananeo que habitaba en las montañas, en el Neguev, y en los llanos.

¹⁰ Y marchó Judá contra el cananeo que habitaba en Hebrón, la cual se llamaba antes Quiriat-arba; e hirieron a Sesai, a Ahimán y a Talmai.

Otoniel conquista Debir y recibe a Acsa
(Jos 15.15-19)

¹¹ De allí fue a los que habitaban en Debir, que antes se llamaba Quiriat-sefer.

¹² Y dijo Caleb: El que atacare a Quiriat-sefer y la tomare, yo le daré a mi hija Acsa por mujer.

¹³ Y la tomó Otoniel hijo de Cenaz, hermano menor de Caleb; y él le dio a su hija Acsa por mujer.

¹⁴ Y cuando ella se iba con él, la persuadió que pidiese a su padre un campo. Y ella se bajó del asno, y Caleb le dijo: ¿Qué tienes?

¹⁵ Ella entonces le respondió: Concédeme un don; puesto que me has dado tierra del Neguev, dame también fuentes de aguas. Entonces Caleb le dio las fuentes de arriba y las fuentes de abajo.

Extensión de las conquistas de Judá y de Benjamín

¹⁶ Y los hijos del ceneo, suegro de Moisés, subieron de la ciudad de las palmeras con los hijos de Judá al desierto de Judá, que está en el Neguev cerca de Arad; y fueron y habitaron con el pueblo.

¹⁷ Y fue Judá con su hermano Simeón, y derrotaron al cananeo que habitaba en Sefat, y la asolaron; y pusieron por nombre a la ciudad, Horma.

¹⁸ Tomó también Judá a Gaza con su territorio, Ascalón con su territorio y Ecrón con su territorio.

¹⁹ Y Jehová estaba con Judá, quien arrojó a los de las montañas; mas no pudo arrojar a los que habitaban en los llanos, los cuales tenían carros herrados.

²⁰ Y dieron Hebrón a Caleb, como Moisés había dicho; y él arrojó de allí a los tres hijos de Anac.ª

²¹ Mas al jebuseo que habitaba en Jerusalén no lo arrojaron los hijos de Benjamín, y el jebuseo habitó con los hijos de Benjamín en Jerusalén hasta hoy.ᵇ

a 1.20 Jos 15.13, 14.   **b 1.21** Jos 15.63; 2 S 5.6; 1 Cr 11.4.

José conquista Bet-el

22 También la casa de José subió contra Bet-el; y Jehová estaba con ellos.

23 Y la casa de José puso espías en Bet-el, ciudad que antes se llamaba Luz.

24 Y los que espiaban vieron a un hombre que salía de la ciudad, y le dijeron: Muéstranos ahora la entrada de la ciudad, y haremos contigo misericordia.

25 Y él les mostró la entrada a la ciudad, y la hirieron a filo de espada; pero dejaron ir a aquel hombre con toda su familia.

26 Y se fue el hombre a la tierra de los heteos, y edificó una ciudad a la cual llamó Luz; y éste es su nombre hasta hoy.

Extensión de las conquistas de Manasés y de Efraín

27 Tampoco Manasés arrojó a los de Betseán, ni a los de sus aldeas, ni a los de Taanac y sus aldeas, ni a los de Dor y sus aldeas, ni a los habitantes de Ibleam y sus aldeas, ni a los que habitan en Meguido y en sus aldeas; y el cananeo persistía en habitar en aquella tierra.

28 Pero cuando Israel se sintió fuerte hizo al cananeo tributario, mas no lo arrojó.[c]

29 Tampoco Efraín arrojó al cananeo que habitaba en Gezer, sino que habitó el cananeo en medio de ellos en Gezer.[d]

Extensión de las conquistas de las demás tribus

30 Tampoco Zabulón arrojó a los que habitaban en Quitrón, ni a los que habitaban en Naalal, sino que el cananeo habitó en medio de él, y le fue tributario.

31 Tampoco Aser arrojó a los que habitaban en Aco, ni a los que habitaban en Sidón, en Ahlab, en Aczib, en Helba, en Afec y en Rehob.

32 Y moró Aser entre los cananeos que habitaban en la tierra; pues no los arrojó.

33 Tampoco Neftalí arrojó a los que habitaban en Betsemes, ni a los que habitaban en Bet-anat, sino que moró entre los cananeos que habitaban en la tierra; mas le fueron tributarios los moradores de Bet-semes y los moradores de Bet-anat.

34 Los amorreos acosaron a los hijos de Dan hasta el monte, y no los dejaron descender a los llanos.

35 Y el amorreo persistió en habitar en el monte de Heres, en Ajalón y en Saalbim; pero cuando la casa de José cobró fuerzas, lo hizo tributario.

36 Y el límite del amorreo fue desde la subida de Acrabim, desde Sela hacia arriba.

El ángel de Jehová en Boquim

2 **1** El ángel de Jehová subió de Gilgal a Boquim, y dijo: Yo os saqué de Egipto, y os introduje en la tierra de la cual había jurado a vuestros padres, diciendo: No invalidaré jamás mi pacto con vosotros,

2 con tal que vosotros no hagáis pacto con los moradores de esta tierra, cuyos altares habéis de derribar;[a] mas vosotros no habéis atendido a mi voz. ¿Por qué habéis hecho esto?

3 Por tanto, yo también digo: No los echaré de delante de vosotros, sino que serán azotes para vuestros costados, y sus dioses os serán tropezadero.

4 Cuando el ángel de Jehová habló estas palabras a todos los hijos de Israel, el pueblo alzó su voz y lloró.

5 Y llamaron el nombre de aquel lugar Boquim,[1] y ofrecieron allí sacrificios a Jehová.

Muerte de Josué

(Jos 24.29-31)

6 Porque ya Josué había despedido al pueblo, y los hijos de Israel se habían ido cada uno a su heredad para poseerla.

7 Y el pueblo había servido a Jehová todo el tiempo de Josué, y todo el tiempo de los ancianos que sobrevivieron a Josué, los cuales habían visto todas las grandes obras de Jehová, que él había hecho por Israel.

8 Pero murió Josué hijo de Nun, siervo de Jehová, siendo de ciento diez años.

9 Y lo sepultaron en su heredad en Timnat-sera,[b] en el monte de Efraín, al norte del monte de Gaas.

10 Y toda aquella generación también fue reunida a sus padres. Y se levantó después de ellos otra generación que no conocía a Jehová, ni la obra que él había hecho por Israel.

---

1. **2.5** Esto es, *los que lloran.*
c 1.27, 28 Jos 17.11-13.   **d 1.29** Jos 16.10.   **a 2.2** Éx 34.12, 13; Dt 7.2-5.   **b 2.9** Jos 19.49, 50.

Apostasía de Israel, y la obra de los jueces

11 Después los hijos de Israel hicieron lo malo ante los ojos de Jehová, y sirvieron a los baales.

12 Dejaron a Jehová el Dios de sus padres, que los había sacado de la tierra de Egipto, y se fueron tras otros dioses, los dioses de los pueblos que estaban en sus alrededores, a los cuales adoraron; y provocaron a ira a Jehová.

13 Y dejaron a Jehová, y adoraron a Baal y a Astarot.

14 Y se encendió contra Israel el furor de Jehová, el cual los entregó en manos de robadores que los despojaron, y los vendió en mano de sus enemigos de alrededor; y no pudieron ya hacer frente a sus enemigos.

15 Por dondequiera que salían, la mano de Jehová estaba contra ellos para mal, como Jehová había dicho, y como Jehová se lo había jurado; y tuvieron gran aflicción.

16 Y Jehová levantó jueces que los librasen de mano de los que les despojaban;

17 pero tampoco oyeron a sus jueces, sino que fueron tras dioses ajenos, a los cuales adoraron; se apartaron pronto del camino en que anduvieron sus padres obedeciendo a los mandamientos de Jehová; ellos no hicieron así.

18 Y cuando Jehová les levantaba jueces, Jehová estaba con el juez, y los libraba de mano de los enemigos todo el tiempo de aquel juez; porque Jehová era movido a misericordia por sus gemidos a causa de los que los oprimían y afligían.

19 Mas acontecía que al morir el juez, ellos volvían atrás, y se corrompían más que sus padres, siguiendo a dioses ajenos para servirles, e inclinándose delante de ellos; y no se apartaban de sus obras, ni de su obstinado camino.

20 Y la ira de Jehová se encendió contra Israel, y dijo: Por cuanto este pueblo traspasa mi pacto que ordené a sus padres, y no obedece a mi voz,

21 tampoco yo volveré más a arrojar de delante de ellos a ninguna de las naciones que dejó Josué cuando murió;

22 para probar con ellas a Israel, si procurarían o no seguir el camino de Jehová, andando en él, como lo siguieron sus padres.

23 Por esto dejó Jehová a aquellas naciones, sin arrojarlas de una vez, y no las entregó en mano de Josué.

Naciones que fueron dejadas para probar a Israel

3 1 Éstas, pues, son las naciones que dejó Jehová para probar con ellas a Israel, a todos aquellos que no habían conocido todas las guerras de Canaán;

2 solamente para que el linaje de los hijos de Israel conociese la guerra, para que la enseñasen a los que antes no la habían conocido:

3 los cinco príncipes de los filisteos, todos los cananeos, los sidonios, y los heveos que habitaban en el monte Líbano, desde el monte de Baal-hermón hasta llegar a Hamat.

4 Y fueron para probar con ellos a Israel, para saber si obedecerían a los mandamientos de Jehová, que él había dado a sus padres por mano de Moisés.

5 Así los hijos de Israel habitaban entre los cananeos, heteos, amorreos, ferezeos, heveos y jebuseos.

6 Y tomaron de sus hijas por mujeres, y dieron sus hijas a los hijos de ellos, y sirvieron a sus dioses.

Otoniel liberta a Israel de Cusan-risataim

7 Hicieron, pues, los hijos de Israel lo malo ante los ojos de Jehová, y olvidaron a Jehová su Dios, y sirvieron a los baales y a las imágenes de Asera.

8 Y la ira de Jehová se encendió contra Israel, y los vendió en manos de Cusan-risataim rey de Mesopotamia; y sirvieron los hijos de Israel a Cusan-risataim ocho años.

9 Entonces clamaron los hijos de Israel a Jehová; y Jehová levantó un libertador a los hijos de Israel y los libró; esto es, a Otoniel hijo de Cenaz, hermano menor de Caleb.

10 Y el Espíritu de Jehová vino sobre él, y juzgó a Israel, y salió a batalla, y Jehová entregó en su mano a Cusan-risataim rey de Siria, y prevaleció su mano contra Cusan-risataim.

11 Y reposó la tierra cuarenta años; y murió Otoniel hijo de Cenaz.

Aod liberta a Israel de Moab

12 Volvieron los hijos de Israel a hacer lo malo ante los ojos de Jehová; y Jehová fortaleció a Eglón rey de Moab contra Israel, por cuanto habían hecho lo malo ante los ojos de Jehová.

13 Éste juntó consigo a los hijos de Amón y de Amalec, y vino e hirió a Israel, y tomó la ciudad de las palmeras.

14 Y sirvieron los hijos de Israel a Eglón rey de los moabitas dieciocho años.

15 Y clamaron los hijos de Israel a Jehová; y Jehová les levantó un libertador, a Aod hijo de Gera, benjamita, el cual era zurdo. Y los hijos de Israel enviaron con él un presente a Eglón rey de Moab.

16 Y Aod se había hecho un puñal de dos filos, de un codo de largo; y se lo ciñó debajo de sus vestidos a su lado derecho.

17 Y entregó el presente a Eglón rey de Moab; y era Eglón hombre muy grueso.

18 Y luego que hubo entregado el presente, despidió a la gente que lo había traído.

19 Mas él se volvió desde los ídolos que están en Gilgal, y dijo: Rey, una palabra secreta tengo que decirte. Él entonces dijo: Calla. Y salieron de delante de él todos los que con él estaban.

20 Y se le acercó Aod, estando él sentado solo en su sala de verano. Y Aod dijo: Tengo palabra de Dios para ti. Él entonces se levantó de la silla.

21 Entonces alargó Aod su mano izquierda, y tomó el puñal de su lado derecho, y se lo metió por el vientre,

22 de tal manera que la empuñadura entró también tras la hoja, y la gordura cubrió la hoja, porque no sacó el puñal de su vientre; y salió el estiércol.

23 Y salió Aod al corredor, y cerró tras sí las puertas de la sala y las aseguró con el cerrojo.

24 Cuando él hubo salido, vinieron los siervos del rey, los cuales viendo las puertas de la sala cerradas, dijeron: Sin duda él cubre sus pies en la sala de verano.

25 Y habiendo esperado hasta estar confusos, porque él no abría las puertas de la sala, tomaron la llave y abrieron; y he aquí su señor caído en tierra, muerto.

26 Mas entre tanto que ellos se detuvieron, Aod escapó, y pasando los ídolos, se puso a salvo en Seirat.

27 Y cuando había entrado, tocó el cuerno en el monte de Efraín, y los hijos de Israel descendieron con él del monte, y él iba delante de ellos.

28 Entonces él les dijo: Seguidme, porque Jehová ha entregado a vuestros enemigos los moabitas en vuestras manos. Y descendieron en pos de él, y tomaron los vados del Jordán a Moab, y no dejaron pasar a ninguno.

29 Y en aquel tiempo mataron de los moabitas como diez mil hombres, todos valientes y todos hombres de guerra; no escapó ninguno.

30 Así fue subyugado Moab aquel día bajo la mano de Israel; y reposó la tierra ochenta años.

Samgar liberta a Israel de los filisteos

31 Después de él fue Samgar hijo de Anat, el cual mató a seiscientos hombres de los filisteos con una aguijada de bueyes; y él también salvó a Israel.

Débora y Barac derrotan a Sísara

4 **1** Después de la muerte de Aod, los hijos de Israel volvieron a hacer lo malo ante los ojos de Jehová.

2 Y Jehová los vendió en mano de Jabín rey de Canaán, el cual reinó en Hazor; y el capitán de su ejército se llamaba Sísara, el cual habitaba en Haroset-goim.

3 Entonces los hijos de Israel clamaron a Jehová, porque aquél tenía novecientos carros herrados, y había oprimido con crueldad a los hijos de Israel por veinte años.

4 Gobernaba en aquel tiempo a Israel una mujer, Débora, profetisa, mujer de Lapidot;

5 y acostumbraba sentarse bajo la palmera de Débora, entre Ramá y Bet-el, en el monte de Efraín; y los hijos de Israel subían a ella a juicio.

6 Y ella envió a llamar a Barac hijo de Abinoam, de Cedes de Neftalí, y le dijo: ¿No te ha mandado Jehová Dios de Israel, diciendo: Ve, junta a tu gente en el monte de Tabor, y toma contigo diez mil hombres de la tribu de Neftalí y de la tribu de Zabulón;

7 y yo atraeré hacia ti al arroyo de Cisón a Sísara, capitán del ejército de Jabín, con sus carros y su ejército, y lo entregaré en tus manos?

8 Barac le respondió: Si tú fueres conmigo, yo iré; pero si no fueres conmigo, no iré.

9 Ella dijo: Iré contigo; mas no será tuya la gloria de la jornada que emprendes, porque en mano de mujer venderá Jehová a Sísara. Y levantándose Débora, fue con Barac a Cedes.

10 Y juntó Barac a Zabulón y a Neftalí en Cedes, y subió con diez mil hombres a su mando; y Débora subió con él.

11 Y Heber ceneo, de los hijos de Hobab suegro de Moisés, se había apartado de los ceneos, y había plantado sus tiendas en el valle de Zaanaim, que está junto a Cedes.

12 Vinieron, pues, a Sísara las nuevas de que Barac hijo de Abinoam había subido al monte de Tabor.

13 Y reunió Sísara todos sus carros, novecientos carros herrados, con todo el pueblo que con él estaba, desde Haroset-goim hasta el arroyo de Cisón.

14 Entonces Débora dijo a Barac: Levántate, porque éste es el día en que Jehová ha entregado a Sísara en tus manos. ¿No ha salido Jehová delante de ti? Y Barac descendió del monte de Tabor, y diez mil hombres en pos de él.

15 Y Jehová quebrantó a Sísara, a todos sus carros y a todo su ejército, a filo de espada delante de Barac; y Sísara descendió del carro, y huyó a pie.

16 Mas Barac siguió los carros y el ejército hasta Haroset-goim, y todo el ejército de Sísara cayó a filo de espada, hasta no quedar ni uno.

17 Y Sísara huyó a pie a la tienda de Jael mujer de Heber ceneo; porque había paz entre Jabín rey de Hazor y la casa de Heber ceneo.

18 Y saliendo Jael a recibir a Sísara, le dijo: Ven, señor mío, ven a mí, no tengas temor. Y él vino a ella a la tienda, y ella le cubrió con una manta.

19 Y él le dijo: Te ruego me des de beber un poco de agua, pues tengo sed. Y ella abrió un odre de leche y le dio de beber, y le volvió a cubrir.

20 Y él le dijo: Estate a la puerta de la tienda; y si alguien viniere, y te preguntare, diciendo: ¿Hay aquí alguno? tú responderás que no.

21 Pero Jael mujer de Heber tomó una estaca de la tienda, y poniendo un mazo en su mano, se le acercó calladamente y le metió la estaca por las sienes, y la enclavó en la tierra, pues él estaba cargado de sueño y cansado; y así murió.

22 Y siguiendo Barac a Sísara, Jael salió a recibirlo, y le dijo: Ven, y te mostraré al varón que tú buscas. Y él entró donde ella estaba, y he aquí Sísara yacía muerto con la estaca por la sien.

23 Así abatió Dios aquel día a Jabín, rey de Canaán, delante de los hijos de Israel.

24 Y la mano de los hijos de Israel fue endureciéndose más y más contra Jabín rey de Canaán, hasta que lo destruyeron.

Cántico de Débora y de Barac

5 1 Aquel día cantó Débora con Barac hijo de Abinoam, diciendo:

2 Por haberse puesto al frente los
    caudillos en Israel,
Por haberse ofrecido voluntariamente
    el pueblo,
Load a Jehová.

3 Oíd, reyes; escuchad, oh príncipes;
Yo cantaré a Jehová,
Cantaré salmos a Jehová, el Dios de
    Israel.

4 Cuando saliste de Seir, oh Jehová,
Cuando te marchaste de los campos
    de Edom,
La tierra tembló, y los cielos
    destilaron,
Y las nubes gotearon aguas.

5 Los montes temblaron delante de
    Jehová,
Aquel Sinaí, delante de Jehová Dios
    de Israel.ª

6 En los días de Samgar hijo de Anat,
En los días de Jael, quedaron
    abandonados los caminos,
Y los que andaban por las sendas se
    apartaban por senderos torcidos.

7 Las aldeas quedaron abandonadas en
    Israel, habían decaído,
Hasta que yo Débora me levanté,
Me levanté como madre en Israel.

8 Cuando escogían nuevos dioses,
La guerra estaba a las puertas;
¿Se veía escudo o lanza
Entre cuarenta mil en Israel?

a 5.5 Éx 19.18.

9 Mi corazón es para vosotros, jefes de
  Israel,
  Para los que voluntariamente os
    ofrecisteis entre el pueblo.
  Load a Jehová.
10 Vosotros los que cabalgáis en asnas
    blancas,
  Los que presidís en juicio,
  Y vosotros los que viajáis, hablad.
11 Lejos del ruido de los arqueros, en los
    abrevaderos,
  Allí repetirán los triunfos de Jehová,
  Los triunfos de sus aldeas en Israel;
  Entonces marchará hacia las puertas
    el pueblo de Jehová.
12 Despierta, despierta, Débora;
  Despierta, despierta, entona cántico.
  Levántate, Barac, y lleva tus cautivos,
    hijo de Abinoam.
13 Entonces marchó el resto de los
    nobles;
  El pueblo de Jehová marchó por él en
    contra de los poderosos.
14 De Efraín vinieron los radicados en
    Amalec,
  En pos de ti, Benjamín, entre tus
    pueblos;
  De Maquir descendieron príncipes,
  Y de Zabulón los que tenían vara de
    mando.
15 Caudillos también de Isacar fueron
    con Débora;
  Y como Barac, también Isacar
  Se precipitó a pie en el valle.
  Entre las familias de Rubén
  Hubo grandes resoluciones del
    corazón.
16 ¿Por qué te quedaste entre los rediles,
  Para oír los balidos de los rebaños?
  Entre las familias de Rubén
  Hubo grandes propósitos del corazón.
17 Galaad se quedó al otro lado del
    Jordán;
  Y Dan, ¿por qué se estuvo junto a las
    naves?
  Se mantuvo Aser a la ribera del mar,
  Y se quedó en sus puertos.
18 El pueblo de Zabulón expuso su vida
    a la muerte,
  Y Neftalí en las alturas del campo.
19 Vinieron reyes y pelearon;
  Entonces pelearon los reyes de
    Canaán,

  En Taanac, junto a las aguas de
    Meguido,
  Mas no llevaron ganancia alguna de
    dinero.
20 Desde los cielos pelearon las estrellas;
  Desde sus órbitas pelearon contra
    Sísara.
21 Los barrió el torrente de Cisón,
  El antiguo torrente, el torrente de
    Cisón.
  Marcha, oh alma mía, con poder.
22 Entonces resonaron los cascos de los
    caballos
  Por el galopar, por el galopar de sus
    valientes.
23 Maldecid a Meroz, dijo el ángel de
    Jehová;
  Maldecid severamente a sus
    moradores,
  Porque no vinieron al socorro de
    Jehová,
  Al socorro de Jehová contra los fuertes.
24 Bendita sea entre las mujeres Jael,
  Mujer de Heber ceneo;
  Sobre las mujeres bendita sea en la
    tienda.
25 Él pidió agua, y ella le dio leche;
  En tazón de nobles le presentó crema.
26 Tendió su mano a la estaca,
  Y su diestra al mazo de trabajadores,
  Y golpeó a Sísara; hirió su cabeza,
  Y le horadó, y atravesó sus sienes.
27 Cayó encorvado entre sus pies, quedó
    tendido;
  Entre sus pies cayó encorvado;
  Donde se encorvó, allí cayó muerto.
28 La madre de Sísara se asoma a la
    ventana,
  Y por entre las celosías a voces dice:
  ¿Por qué tarda su carro en venir?
  ¿Por qué las ruedas de sus carros se
    detienen?
29 Las más avisadas de sus damas le
    respondían,
  Y aun ella se respondía a sí misma:
30 ¿No han hallado botín, y lo están
    repartiendo?
  A cada uno una doncella, o dos;
  Las vestiduras de colores para Sísara,
  Las vestiduras bordadas de colores;
  La ropa de color bordada de ambos
    lados, para los jefes de los que
    tomaron el botín.

31 Así perezcan todos tus enemigos, oh
Jehová;
Mas los que te aman, sean como el
sol cuando sale en su fuerza.
Y la tierra reposó cuarenta años.

Llamamiento de Gedeón

6 1 Los hijos de Israel hicieron lo malo
ante los ojos de Jehová; y Jehová los
entregó en mano de Madián por siete años.
2 Y la mano de Madián prevaleció contra
Israel. Y los hijos de Israel, por causa de
los madianitas, se hicieron cuevas en los
montes, y cavernas, y lugares fortificados.
3 Pues sucedía que cuando Israel había
sembrado, subían los madianitas y amalecitas y los hijos del oriente contra ellos;
subían y los atacaban.
4 Y acampando contra ellos destruían los
frutos de la tierra, hasta llegar a Gaza; y
no dejaban qué comer en Israel, ni ovejas,
ni bueyes, ni asnos.
5 Porque subían ellos y sus ganados, y venían
con sus tiendas en grande multitud como
langostas; ellos y sus camellos eran innumerables; así venían a la tierra para devastarla.
6 De este modo empobrecía Israel en gran
manera por causa de Madián; y los hijos
de Israel clamaron a Jehová.
7 Y cuando los hijos de Israel clamaron a
Jehová, a causa de los madianitas,
8 Jehová envió a los hijos de Israel un varón
profeta, el cual les dijo: Así ha dicho Jehová
Dios de Israel: Yo os hice salir de Egipto, y
os saqué de la casa de servidumbre.
9 Os libré de mano de los egipcios, y de
mano de todos los que os afligieron, a los
cuales eché de delante de vosotros, y os
di su tierra;
10 y os dije: Yo soy Jehová vuestro Dios;
no temáis a los dioses de los amorreos, en
cuya tierra habitáis; pero no habéis obedecido a mi voz.
11 Y vino el ángel de Jehová, y se sentó debajo de la encina que está en Ofra,
la cual era de Joás abiezerita; y su hijo
Gedeón estaba sacudiendo el trigo en el
lagar, para esconderlo de los madianitas.
12 Y el ángel de Jehová se le apareció, y le
dijo: Jehová está contigo, varón esforzado
y valiente.

13 Y Gedeón le respondió: Ah, señor mío,
si Jehová está con nosotros, ¿por qué nos
ha sobrevenido todo esto? ¿Y dónde están
todas sus maravillas, que nuestros padres
nos han contado, diciendo: ¿No nos sacó
Jehová de Egipto? Y ahora Jehová nos ha
desamparado, y nos ha entregado en mano
de los madianitas.
14 Y mirándole Jehová, le dijo: Ve con esta
tu fuerza, y salvarás a Israel de la mano de
los madianitas. ¿No te envío yo?
15 Entonces le respondió: Ah, señor mío,
¿con qué salvaré yo a Israel? He aquí que
mi familia es pobre en Manasés, y yo el
menor en la casa de mi padre.
16 Jehová le dijo: Ciertamente yo estaré contigo, y derrotarás a los madianitas
como a un solo hombre.
17 Y él respondió: Yo te ruego que si he
hallado gracia delante de ti, me des señal
de que tú has hablado conmigo.
18 Te ruego que no te vayas de aquí hasta que vuelva a ti, y saque mi ofrenda y
la ponga delante de ti. Y él respondió: Yo
esperaré hasta que vuelvas.
19 Y entrando Gedeón, preparó un cabrito, y panes sin levadura de un efa de harina; y puso la carne en un canastillo, y el
caldo en una olla, y sacándolo se lo presentó debajo de aquella encina.
20 Entonces el ángel de Dios le dijo: Toma
la carne y los panes sin levadura, y ponlos
sobre esta peña, y vierte el caldo. Y él lo
hizo así.
21 Y extendiendo el ángel de Jehová el
báculo que tenía en su mano, tocó con
la punta la carne y los panes sin levadura; y subió fuego de la peña, el cual
consumió la carne y los panes sin levadura. Y el ángel de Jehová desapareció
de su vista.
22 Viendo entonces Gedeón que era el
ángel de Jehová, dijo: Ah, Señor Jehová,
que he visto al ángel de Jehová cara a cara.
23 Pero Jehová le dijo: Paz a ti; no tengas
temor, no morirás.
24 Y edificó allí Gedeón altar a Jehová, y
lo llamó Jehová-salom;2 el cual permanece
hasta hoy en Ofra de los abiezeritas.
25 Aconteció que la misma noche le
dijo Jehová: Toma un toro del hato de tu
padre, el segundo toro de siete años, y
derriba el altar de Baal que tu padre tiene,

---

2. 6.24 Esto es, *Jehová es paz.*

y corta también la imagen de Asera que está junto a él;

26 y edifica altar a Jehová tu Dios en la cumbre de este peñasco en lugar conveniente; y tomando el segundo toro, sacrifícalo en holocausto con la madera de la imagen de Asera que habrás cortado.

27 Entonces Gedeón tomó diez hombres de sus siervos, e hizo como Jehová le dijo. Mas temiendo hacerlo de día, por la familia de su padre y por los hombres de la ciudad, lo hizo de noche.

28 Por la mañana, cuando los de la ciudad se levantaron, he aquí que el altar de Baal estaba derribado, y cortada la imagen de Asera que estaba junto a él, y el segundo toro había sido ofrecido en holocausto sobre el altar edificado.

29 Y se dijeron unos a otros: ¿Quién ha hecho esto? Y buscando e inquiriendo, les dijeron: Gedeón hijo de Joás lo ha hecho. Entonces los hombres de la ciudad dijeron a Joás:

30 Saca a tu hijo para que muera, porque ha derribado el altar de Baal y ha cortado la imagen de Asera que estaba junto a él.

31 Y Joás respondió a todos los que estaban junto a él: ¿Contenderéis vosotros por Baal? ¿Defenderéis su causa? Cualquiera que contienda por él, que muera esta mañana. Si es un dios, contienda por sí mismo con el que derribó su altar.

32 Aquel día Gedeón fue llamado Jerobaal, esto es: Contienda Baal contra él, por cuanto derribó su altar.

33 Pero todos los madianitas y amalecitas y los del oriente se juntaron a una, y pasando acamparon en el valle de Jezreel.

34 Entonces el Espíritu de Jehová vino sobre Gedeón, y cuando éste tocó el cuerno, los abiezeritas se reunieron con él.

35 Y envió mensajeros por todo Manasés, y ellos también se juntaron con él; asimismo envió mensajeros a Aser, a Zabulón y a Neftalí, los cuales salieron a encontrarles.

36 Y Gedeón dijo a Dios: Si has de salvar a Israel por mi mano, como has dicho,

37 he aquí que yo pondré un vellón de lana en la era; y si el rocío estuviere en el vellón solamente, quedando seca toda la otra tierra, entonces entenderé que salvarás a Israel por mi mano, como lo has dicho.

38 Y aconteció así, pues cuando se levantó de mañana, exprimió el vellón y sacó de él el rocío, un tazón lleno de agua.

39 Mas Gedeón dijo a Dios: No se encienda tu ira contra mí, si aún hablare esta vez; solamente probaré ahora otra vez con el vellón. Te ruego que solamente el vellón quede seco, y el rocío sobre la tierra.

40 Y aquella noche lo hizo Dios así; sólo el vellón quedó seco, y en toda la tierra hubo rocío.

Gedeón derrota a los madianitas

7 **1** Levantándose, pues, de mañana Jerobaal, el cual es Gedeón, y todo el pueblo que estaba con él, acamparon junto a la fuente de Harod; y tenía el campamento de los madianitas al norte, más allá del collado de More, en el valle.

2 Y Jehová dijo a Gedeón: El pueblo que está contigo es mucho para que yo entregue a los madianitas en su mano, no sea que se alabe Israel contra mí, diciendo: Mi mano me ha salvado.

3 Ahora, pues, haz pregonar en oídos del pueblo, diciendo: Quien tema y se estremezca, madrugue y devuélvase[a] desde el monte de Galaad. Y se devolvieron de los del pueblo veintidós mil, y quedaron diez mil.

4 Y Jehová dijo a Gedeón: Aún es mucho el pueblo; llévalos a las aguas, y allí te los probaré; y del que yo te diga: Vaya éste contigo, irá contigo; mas de cualquiera que yo te diga: Éste no vaya contigo, el tal no irá.

5 Entonces llevó el pueblo a las aguas; y Jehová dijo a Gedeón: Cualquiera que lamiere las aguas con su lengua como lame el perro, a aquél pondrás aparte; asimismo a cualquiera que se doblare sobre sus rodillas para beber.

6 Y fue el número de los que lamieron llevando el agua con la mano a su boca, trescientos hombres; y todo el resto del pueblo se dobló sobre sus rodillas para beber las aguas.

7 Entonces Jehová dijo a Gedeón: Con estos trescientos hombres que lamieron el agua os salvaré, y entregaré a los madianitas en tus manos; y váyase toda la demás gente cada uno a su lugar.

a 7.3 Dt 20.8.

8 Y habiendo tomado provisiones para el pueblo, y sus trompetas, envió a todos los israelitas cada uno a su tienda, y retuvo a aquellos trescientos hombres; y tenía el campamento de Madián abajo en el valle.

9 Aconteció que aquella noche Jehová le dijo: Levántate, y desciende al campamento; porque yo lo he entregado en tus manos.

10 Y si tienes temor de descender, baja tú con Fura tu criado al campamento,

11 y oirás lo que hablan; y entonces tus manos se esforzarán, y descenderás al campamento. Y él descendió con Fura su criado hasta los puestos avanzados de la gente armada que estaba en el campamento.

12 Y los madianitas, los amalecitas y los hijos del oriente estaban tendidos en el valle como langostas en multitud, y sus camellos eran innumerables como la arena que está a la ribera del mar en multitud.

13 Cuando llegó Gedeón, he aquí que un hombre estaba contando a su compañero un sueño, diciendo: He aquí yo soñé un sueño: Veía un pan de cebada que rodaba hasta el campamento de Madián, y llegó a la tienda, y la golpeó de tal manera que cayó, y la trastornó de arriba abajo, y la tienda cayó.

14 Y su compañero respondió y dijo: Esto no es otra cosa sino la espada de Gedeón hijo de Joás, varón de Israel. Dios ha entregado en sus manos a los madianitas con todo el campamento.

15 Cuando Gedeón oyó el relato del sueño y su interpretación, adoró; y vuelto al campamento de Israel, dijo: Levantaos, porque Jehová ha entregado el campamento de Madián en vuestras manos.

16 Y repartiendo los trescientos hombres en tres escuadrones, dio a todos ellos trompetas en sus manos, y cántaros vacíos con teas ardiendo dentro de los cántaros.

17 Y les dijo: Miradme a mí, y haced como hago yo; he aquí que cuando yo llegue al extremo del campamento, haréis vosotros como hago yo.

18 Yo tocaré la trompeta, y todos los que estarán conmigo; y vosotros tocaréis entonces las trompetas alrededor de todo el campamento, y diréis: ¡Por Jehová y por Gedeón!

19 Llegaron, pues, Gedeón y los cien hombres que llevaba consigo, al extremo del campamento, al principio de la guardia de la medianoche, cuando acababan de renovar los centinelas; y tocaron las trompetas, y quebraron los cántaros que llevaban en sus manos.

20 Y los tres escuadrones tocaron las trompetas, y quebrando los cántaros tomaron en la mano izquierda las teas, y en la derecha las trompetas con que tocaban, y gritaron: ¡Por la espada de Jehová y de Gedeón!

21 Y se estuvieron firmes cada uno en su puesto en derredor del campamento; entonces todo el ejército echó a correr dando gritos y huyendo.

22 Y los trescientos tocaban las trompetas; y Jehová puso la espada de cada uno contra su compañero en todo el campamento. Y el ejército huyó hasta Bet-sita, en dirección de Zerera, y hasta la frontera de Abel-mehola en Tabat.

23 Y juntándose los de Israel, de Neftalí, de Aser y de todo Manasés, siguieron a los madianitas.

24 Gedeón también envió mensajeros por todo el monte de Efraín, diciendo: Descended al encuentro de los madianitas, y tomad los vados de Bet-bara y del Jordán antes que ellos lleguen. Y juntos todos los hombres de Efraín, tomaron los vados de Bet-bara y del Jordán.

25 Y tomaron a dos príncipes de los madianitas, Oreb y Zeeb; y mataron a Oreb en la peña de Oreb, y a Zeeb lo mataron en el lagar de Zeeb; y después que siguieron a los madianitas, trajeron las cabezas de Oreb y de Zeeb a Gedeón al otro lado del Jordán.

Gedeón captura a los reyes de Madián

8 **1** Pero los hombres de Efraín le dijeron: ¿Qué es esto que has hecho con nosotros, no llamándonos cuando ibas a la guerra contra Madián? Y le reconvinieron fuertemente.

2 A los cuales él respondió: ¿Qué he hecho yo ahora comparado con vosotros? ¿No es el rebusco de Efraín mejor que la vendimia de Abiezer?

3 Dios ha entregado en vuestras manos a Oreb y a Zeeb, príncipes de Madián; ¿y qué he podido yo hacer comparado con vosotros? Entonces el enojo de ellos contra él se aplacó, luego que él habló esta palabra.

⁴ Y vino Gedeón al Jordán, y pasó él y los trescientos hombres que traía consigo, cansados, mas todavía persiguiendo.

⁵ Y dijo a los de Sucot: Yo os ruego que deis a la gente que me sigue algunos bocados de pan; porque están cansados, y yo persigo a Zeba y Zalmuna, reyes de Madián.

⁶ Y los principales de Sucot respondieron: ¿Están ya Zeba y Zalmuna en tu mano, para que demos pan a tu ejército?

⁷ Y Gedeón dijo: Cuando Jehová haya entregado en mi mano a Zeba y a Zalmuna, yo trillaré vuestra carne con espinos y abrojos del desierto.

⁸ De allí subió a Peniel, y les dijo las mismas palabras. Y los de Peniel le respondieron como habían respondido los de Sucot.

⁹ Y él habló también a los de Peniel, diciendo: Cuando yo vuelva en paz, derribaré esta torre.

¹⁰ Y Zeba y Zalmuna estaban en Carcor, y con ellos su ejército como de quince mil hombres, todos los que habían quedado de todo el ejército de los hijos del oriente; pues habían caído ciento veinte mil hombres que sacaban espada.

¹¹ Subiendo, pues, Gedeón por el camino de los que habitaban en tiendas al oriente de Noba y de Jogbeha, atacó el campamento, porque el ejército no estaba en guardia.

¹² Y huyendo Zeba y Zalmuna, él los siguió; y prendió a los dos reyes de Madián, Zeba y Zalmuna, y llenó de espanto a todo el ejército.

¹³ Entonces Gedeón hijo de Joás volvió de la batalla antes que el sol subiese,

¹⁴ y tomó a un joven de los hombres de Sucot, y le preguntó; y él le dio por escrito los nombres de los principales y de los ancianos de Sucot, setenta y siete varones.

¹⁵ Y entrando a los hombres de Sucot, dijo: He aquí a Zeba y a Zalmuna, acerca de los cuales me zaheristeis, diciendo: ¿Están ya en tu mano Zeba y Zalmuna, para que demos nosotros pan a tus hombres cansados?

¹⁶ Y tomó a los ancianos de la ciudad, y espinos y abrojos del desierto, y castigó con ellos a los de Sucot.

¹⁷ Asimismo derribó la torre de Peniel, y mató a los de la ciudad.

¹⁸ Luego dijo a Zeba y a Zalmuna: ¿Qué aspecto tenían aquellos hombres que matasteis en Tabor? Y ellos respondieron: Como tú, así eran ellos; cada uno parecía hijo de rey.

¹⁹ Y él dijo: Mis hermanos eran, hijos de mi madre. ¡Vive Jehová, que si les hubierais conservado la vida, yo no os mataría!

²⁰ Y dijo a Jeter su primogénito: Levántate, y mátalos. Pero el joven no desenvainó su espada, porque tenía temor, pues era aún muchacho.

²¹ Entonces dijeron Zeba y Zalmuna: Levántate tú, y mátanos; porque como es el varón, tal es su valentía. Y Gedeón se levantó, y mató a Zeba y a Zalmuna; y tomó los adornos de lunetas que sus camellos traían al cuello.

²² Y los israelitas dijeron a Gedeón: Sé nuestro señor, tú, y tu hijo, y tu nieto; pues que nos has librado de mano de Madián.

²³ Mas Gedeón respondió: No seré señor sobre vosotros, ni mi hijo os señoreará: Jehová señoreará sobre vosotros.

²⁴ Y les dijo Gedeón: Quiero haceros una petición; que cada uno me dé los zarcillos de su botín (pues traían zarcillos de oro, porque eran ismaelitas).

²⁵ Ellos respondieron: De buena gana te los daremos. Y tendiendo un manto, echó allí cada uno los zarcillos de su botín.

²⁶ Y fue el peso de los zarcillos de oro que él pidió, mil setecientos siclos de oro, sin las planchas y joyeles y vestidos de púrpura que traían los reyes de Madián, y sin los collares que traían sus camellos al cuello.

²⁷ Y Gedeón hizo de ellos un efod, el cual hizo guardar en su ciudad de Ofra; y todo Israel se prostituyó tras de ese efod en aquel lugar; y fue tropezadero a Gedeón y a su casa.

²⁸ Así fue subyugado Madián delante de los hijos de Israel, y nunca más volvió a levantar cabeza. Y reposó la tierra cuarenta años en los días de Gedeón.

²⁹ Luego Jerobaal hijo de Joás fue y habitó en su casa.

³⁰ Y tuvo Gedeón setenta hijos que constituyeron su descendencia, porque tuvo muchas mujeres.

³¹ También su concubina que estaba en Siquem le dio un hijo, y le puso por nombre Abimelec.

³² Y murió Gedeón hijo de Joás en buena vejez, y fue sepultado en el sepulcro de su padre Joás, en Ofra de los abiezeritas.

33 Pero aconteció que cuando murió Gedeón, los hijos de Israel volvieron a prostituirse yendo tras los baales, y escogieron por dios a Baal-berit.
34 Y no se acordaron los hijos de Israel de Jehová su Dios, que los había librado de todos sus enemigos en derredor;
35 ni se mostraron agradecidos con la casa de Jerobaal, el cual es Gedeón, conforme a todo el bien que él había hecho a Israel.

Reinado de Abimelec

9 **1** Abimelec hijo de Jerobaal fue a Siquem, a los hermanos de su madre, y habló con ellos, y con toda la familia de la casa del padre de su madre, diciendo:
2 Yo os ruego que digáis en oídos de todos los de Siquem: ¿Qué os parece mejor, que os gobiernen setenta hombres, todos los hijos de Jerobaal, o que os gobierne un solo hombre? Acordaos que yo soy hueso vuestro, y carne vuestra.
3 Y hablaron por él los hermanos de su madre en oídos de todos los de Siquem todas estas palabras; y el corazón de ellos se inclinó a favor de Abimelec, porque decían: Nuestro hermano es.
4 Y le dieron setenta siclos de plata del templo de Baal-berit, con los cuales Abimelec alquiló hombres ociosos y vagabundos, que le siguieron.
5 Y viniendo a la casa de su padre en Ofra, mató a sus hermanos los hijos de Jerobaal, setenta varones, sobre una misma piedra; pero quedó Jotam el hijo menor de Jerobaal, que se escondió.
6 Entonces se juntaron todos los de Siquem con toda la casa de Milo, y fueron y eligieron a Abimelec por rey, cerca de la llanura del pilar que estaba en Siquem.
7 Cuando se lo dijeron a Jotam, fue y se puso en la cumbre del monte de Gerizim, y alzando su voz clamó y les dijo: Oídme, varones de Siquem, y así os oiga Dios.
8 Fueron una vez los árboles a elegir rey sobre sí, y dijeron al olivo: Reina sobre nosotros.
9 Mas el olivo respondió: ¿He de dejar mi aceite, con el cual en mí se honra a Dios y a los hombres, para ir a ser grande sobre los árboles?
10 Y dijeron los árboles a la higuera: Anda tú, reina sobre nosotros.

11 Y respondió la higuera: ¿He de dejar mi dulzura y mi buen fruto, para ir a ser grande sobre los árboles?
12 Dijeron luego los árboles a la vid: Pues ven tú, reina sobre nosotros.
13 Y la vid les respondió: ¿He de dejar mi mosto, que alegra a Dios y a los hombres, para ir a ser grande sobre los árboles?
14 Dijeron entonces todos los árboles a la zarza: Anda tú, reina sobre nosotros.
15 Y la zarza respondió a los árboles: Si en verdad me elegís por rey sobre vosotros, venid, abrigaos bajo de mi sombra; y si no, salga fuego de la zarza y devore a los cedros del Líbano.
16 Ahora, pues, si con verdad y con integridad habéis procedido en hacer rey a Abimelec, y si habéis actuado bien con Jerobaal y con su casa, y si le habéis pagado conforme a la obra de sus manos
17 (porque mi padre peleó por vosotros, y expuso su vida al peligro para libraros de mano de Madián,
18 y vosotros os habéis levantado hoy contra la casa de mi padre, y habéis matado a sus hijos, setenta varones sobre una misma piedra; y habéis puesto por rey sobre los de Siquem a Abimelec hijo de su criada, por cuanto es vuestro hermano);
19 si con verdad y con integridad habéis procedido hoy con Jerobaal y con su casa, que gocéis de Abimelec, y él goce de vosotros.
20 Y si no, fuego salga de Abimelec, que consuma a los de Siquem y a la casa de Milo, y fuego salga de los de Siquem y de la casa de Milo, que consuma a Abimelec.
21 Y escapó Jotam y huyó, y se fue a Beer, y allí se estuvo por miedo de Abimelec su hermano.
22 Después que Abimelec hubo dominado sobre Israel tres años,
23 envió Dios un mal espíritu entre Abimelec y los hombres de Siquem, y los de Siquem se levantaron contra Abimelec;
24 para que la violencia hecha a los setenta hijos de Jerobaal, y la sangre de ellos, recayera sobre Abimelec su hermano que los mató, y sobre los hombres de Siquem que fortalecieron las manos de él para matar a sus hermanos.
25 Y los de Siquem pusieron en las cumbres de los montes asechadores que robaban a todos los que pasaban junto a ellos

por el camino; de lo cual fue dado aviso a Abimelec.

26 Y Gaal hijo de Ebed vino con sus hermanos y se pasaron a Siquem, y los de Siquem pusieron en él su confianza.

27 Y saliendo al campo, vendimiaron sus viñedos, y pisaron la uva e hicieron fiesta; y entrando en el templo de sus dioses, comieron y bebieron, y maldijeron a Abimelec.

28 Y Gaal hijo de Ebed dijo: ¿Quién es Abimelec, y qué es Siquem, para que nosotros le sirvamos? ¿No es hijo de Jerobaal, y no es Zebul ayudante suyo? Servid a los varones de Hamor padre de Siquem; pero ¿por qué le hemos de servir a él?

29 Ojalá estuviera este pueblo bajo mi mano, pues yo arrojaría luego a Abimelec, y diría a Abimelec: Aumenta tus ejércitos, y sal.

30 Cuando Zebul gobernador de la ciudad oyó las palabras de Gaal hijo de Ebed, se encendió en ira,

31 y envió secretamente mensajeros a Abimelec, diciendo: He aquí que Gaal hijo de Ebed y sus hermanos han venido a Siquem, y he aquí que están sublevando la ciudad contra ti.

32 Levántate, pues, ahora de noche, tú y el pueblo que está contigo, y pon emboscadas en el campo.

33 Y por la mañana al salir el sol madruga y cae sobre la ciudad; y cuando él y el pueblo que está con él salgan contra ti, tú harás con él según se presente la ocasión.

34 Levantándose, pues, de noche Abimelec y todo el pueblo que con él estaba, pusieron emboscada contra Siquem con cuatro compañías.

35 Y Gaal hijo de Ebed salió, y se puso a la entrada de la puerta de la ciudad; y Abimelec y todo el pueblo que con él estaba, se levantaron de la emboscada.

36 Y viendo Gaal al pueblo, dijo a Zebul: He allí gente que desciende de las cumbres de los montes. Y Zebul le respondió: Tú ves la sombra de los montes como si fueran hombres.

37 Volvió Gaal a hablar, y dijo: He allí gente que desciende de en medio de la tierra, y una tropa viene por el camino de la encina de los adivinos.

38 Y Zebul le respondió: ¿Dónde está ahora tu boca con que decías: Quién es Abimelec para que le sirvamos? ¿No es éste el pueblo que tenías en poco? Sal pues, ahora, y pelea con él.

39 Y Gaal salió delante de los de Siquem, y peleó contra Abimelec.

40 Mas lo persiguió Abimelec, y Gaal huyó delante de él; y cayeron heridos muchos hasta la entrada de la puerta.

41 Y Abimelec se quedó en Aruma; y Zebul echó fuera a Gaal y a sus hermanos, para que no morasen en Siquem.

42 Aconteció el siguiente día, que el pueblo salió al campo; y fue dado aviso a Abimelec,

43 el cual, tomando gente, la repartió en tres compañías, y puso emboscadas en el campo; y cuando miró, he aquí el pueblo que salía de la ciudad; y se levantó contra ellos y los atacó.

44 Porque Abimelec y la compañía que estaba con él acometieron con ímpetu, y se detuvieron a la entrada de la puerta de la ciudad, y las otras dos compañías acometieron a todos los que estaban en el campo, y los mataron.

45 Y Abimelec peleó contra la ciudad todo aquel día, y tomó la ciudad, y mató al pueblo que en ella estaba; y asoló la ciudad, y la sembró de sal.

46 Cuando oyeron esto todos los que estaban en la torre de Siquem, se metieron en la fortaleza del templo del dios Berit.

47 Y fue dado aviso a Abimelec, de que estaban reunidos todos los hombres de la torre de Siquem.

48 Entonces subió Abimelec al monte de Salmón, él y toda la gente que con él estaba; y tomó Abimelec un hacha en su mano, y cortó una rama de los árboles, y levantándola se la puso sobre sus hombros, diciendo al pueblo que estaba con él: Lo que me habéis visto hacer, apresuraos a hacerlo como yo.

49 Y todo el pueblo cortó también cada uno su rama, y siguieron a Abimelec, y las pusieron junto a la fortaleza, y prendieron fuego con ellas a la fortaleza, de modo que todos los de la torre de Siquem murieron, como unos mil hombres y mujeres.

50 Después Abimelec se fue a Tebes, y puso sitio a Tebes, y la tomó.

51 En medio de aquella ciudad había una torre fortificada, a la cual se retiraron todos los hombres y las mujeres, y todos

los señores de la ciudad; y cerrando tras sí las puertas, se subieron al techo de la torre. **52** Y vino Abimelec a la torre, y combatiéndola, llegó hasta la puerta de la torre para prenderle fuego. **53** Mas una mujer dejó caer un pedazo de una rueda de molino sobre la cabeza de Abimelec, y le rompió el cráneo. **54** Entonces llamó apresuradamente a su escudero, y le dijo: Saca tu espada y mátame, para que no se diga de mí: Una mujer lo mató. Y su escudero le atravesó, y murió. **55** Y cuando los israelitas vieron muerto a Abimelec, se fueron cada uno a su casa.

56 Así pagó Dios a Abimelec el mal que hizo contra su padre, matando a sus setenta hermanos. **57** Y todo el mal de los hombres de Siquem lo hizo Dios volver sobre sus cabezas, y vino sobre ellos la maldición de Jotam hijo de Jerobaal.

Tola y Jair juzgan a Israel

10 **1** Después de Abimelec, se levantó para librar a Israel Tola hijo de Fúa, hijo de Dodo, varón de Isacar, el cual habitaba en Samir en el monte de Efraín. **2** Y juzgó a Israel veintitrés años; y murió, y fue sepultado en Samir.

3 Tras él se levantó Jair galaadita, el cual juzgó a Israel veintidós años. **4** Éste tuvo treinta hijos, que cabalgaban sobre treinta asnos; y tenían treinta ciudades, que se llaman las ciudades de Jair hasta hoy, las cuales están en la tierra de Galaad. **5** Y murió Jair, y fue sepultado en Camón.

Jefté liberta a Israel de los amonitas

6 Pero los hijos de Israel volvieron a hacer lo malo ante los ojos de Jehová, y sirvieron a los baales y a Astarot, a los dioses de Siria, a los dioses de Sidón, a los dioses de Moab, a los dioses de los hijos de Amón y a los dioses de los filisteos; y dejaron a Jehová, y no le sirvieron. **7** Y se encendió la ira de Jehová contra Israel, y los entregó en mano de los filisteos, y en mano de los hijos de Amón; **8** los cuales oprimieron y quebrantaron a los hijos de Israel en aquel tiempo dieciocho años, a todos los hijos de Israel que estaban al otro lado del Jordán en la tierra del amorreo, que está en Galaad. **9** Y los hijos de Amón pasaron el Jordán para hacer también guerra contra Judá y contra Benjamín y la casa de Efraín, y fue afligido Israel en gran manera.

10 Entonces los hijos de Israel clamaron a Jehová, diciendo: Nosotros hemos pecado contra ti; porque hemos dejado a nuestro Dios, y servido a los baales. **11** Y Jehová respondió a los hijos de Israel: ¿No habéis sido oprimidos de Egipto, de los amorreos, de los amonitas, de los filisteos, **12** de los de Sidón, de Amalec y de Maón, y clamando a mí no os libré de sus manos? **13** Mas vosotros me habéis dejado, y habéis servido a dioses ajenos; por tanto, yo no os libraré más. **14** Andad y clamad a los dioses que os habéis elegido; que os libren ellos en el tiempo de vuestra aflicción. **15** Y los hijos de Israel respondieron a Jehová: Hemos pecado; haz tú con nosotros como bien te parezca; sólo te rogamos que nos libres en este día. **16** Y quitaron de entre sí los dioses ajenos, y sirvieron a Jehová; y él fue angustiado a causa de la aflicción de Israel.

17 Entonces se juntaron los hijos de Amón, y acamparon en Galaad; se juntaron asimismo los hijos de Israel, y acamparon en Mizpa. **18** Y los príncipes y el pueblo de Galaad dijeron el uno al otro: ¿Quién comenzará la batalla contra los hijos de Amón? Será caudillo sobre todos los que habitan en Galaad.

11 **1** Jefté galaadita era esforzado y valeroso; era hijo de una mujer ramera, y el padre de Jefté era Galaad. **2** Pero la mujer de Galaad le dio hijos, los cuales, cuando crecieron, echaron fuera a Jefté, diciéndole: No heredarás en la casa de nuestro padre, porque eres hijo de otra mujer. **3** Huyó, pues, Jefté de sus hermanos, y habitó en tierra de Tob; y se juntaron con él hombres ociosos, los cuales salían con él.

4 Aconteció andando el tiempo, que los hijos de Amón hicieron guerra contra Israel.

5 Y cuando los hijos de Amón hicieron guerra contra Israel, los ancianos de Galaad fueron a traer a Jefté de la tierra de Tob;
6 y dijeron a Jefté: Ven, y serás nuestro jefe, para que peleemos contra los hijos de Amón.
7 Jefté respondió a los ancianos de Galaad: ¿No me aborrecisteis vosotros, y me echasteis de la casa de mi padre? ¿Por qué, pues, venís ahora a mí cuando estáis en aflicción?
8 Y los ancianos de Galaad respondieron a Jefté: Por esta misma causa volvemos ahora a ti, para que vengas con nosotros y pelees contra los hijos de Amón, y seas caudillo de todos los que moramos en Galaad.
9 Jefté entonces dijo a los ancianos de Galaad: Si me hacéis volver para que pelee contra los hijos de Amón, y Jehová los entregare delante de mí, ¿seré yo vuestro caudillo?
10 Y los ancianos de Galaad respondieron a Jefté: Jehová sea testigo entre nosotros, si no hiciéremos como tú dices.
11 Entonces Jefté vino con los ancianos de Galaad, y el pueblo lo eligió por su caudillo y jefe; y Jefté habló todas sus palabras delante de Jehová en Mizpa.
12 Y envió Jefté mensajeros al rey de los amonitas, diciendo: ¿Qué tienes tú conmigo, que has venido a mí para hacer guerra contra mi tierra?
13 El rey de los amonitas respondió a los mensajeros de Jefté: Por cuanto Israel tomó mi tierra, cuando subió de Egipto, desde Arnón hasta Jaboc y el Jordán; ahora, pues, devuélvela en paz.
14 Y Jefté volvió a enviar otros mensajeros al rey de los amonitas,
15 para decirle: Jefté ha dicho así: Israel no tomó tierra de Moab, ni tierra de los hijos de Amón.
16 Porque cuando Israel subió de Egipto, anduvo por el desierto hasta el Mar Rojo, y llegó a Cades.
17 Entonces Israel envió mensajeros al rey de Edom, diciendo: Yo te ruego que me dejes pasar por tu tierra; pero el rey de Edom no los escuchó.[a] Envió también al rey de Moab, el cual tampoco quiso; se quedó, por tanto, Israel en Cades.
18 Después, yendo por el desierto, rodeó la tierra de Edom[b] y la tierra de Moab, y viniendo por el lado oriental de la tierra de Moab, acampó al otro lado de Arnón, y no entró en territorio de Moab; porque Arnón es territorio de Moab.
19 Y envió Israel mensajeros a Sehón rey de los amorreos, rey de Hesbón, diciéndole: Te ruego que me dejes pasar por tu tierra hasta mi lugar.
20 Mas Sehón no se fió de Israel para darle paso por su territorio, sino que reuniendo Sehón a toda su gente, acampó en Jahaza, y peleó contra Israel.
21 Pero Jehová Dios de Israel entregó a Sehón y a todo su pueblo en mano de Israel, y los derrotó; y se apoderó Israel de toda la tierra de los amorreos que habitaban en aquel país.
22 Se apoderaron también de todo el territorio del amorreo desde Arnón hasta Jaboc, y desde el desierto hasta el Jordán.[c]
23 Así que, lo que Jehová Dios de Israel desposeyó al amorreo delante de su pueblo Israel, ¿pretendes tú apoderarte de él?
24 Lo que te hiciere poseer Quemos tu dios, ¿no lo poseerías tú? Así, todo lo que desposeyó Jehová nuestro Dios delante de nosotros, nosotros lo poseeremos.
25 ¿Eres tú ahora mejor en algo que Balac hijo de Zipor, rey de Moab?[d] ¿Tuvo él cuestión contra Israel, o hizo guerra contra ellos?
26 Cuando Israel ha estado habitando por trescientos años a Hesbón y sus aldeas, a Aroer y sus aldeas, y todas las ciudades que están en el territorio de Arnón, ¿por qué no las habéis recobrado en ese tiempo?
27 Así que, yo nada he pecado contra ti, mas tú haces mal conmigo peleando contra mí. Jehová, que es el juez, juzgue hoy entre los hijos de Israel y los hijos de Amón.
28 Mas el rey de los hijos de Amón no atendió a las razones que Jefté le envió.
29 Y el Espíritu de Jehová vino sobre Jefté; y pasó por Galaad y Manasés, y de allí pasó a Mizpa de Galaad, y de Mizpa de Galaad pasó a los hijos de Amón.
30 Y Jefté hizo voto a Jehová, diciendo: Si entregares a los amonitas en mis manos,
31 cualquiera que saliere de las puertas de mi casa a recibirme, cuando regrese

---

victorioso de los amonitas, será de Jehová, y lo ofreceré en holocausto.

32 Y fue Jefté hacia los hijos de Amón para pelear contra ellos; y Jehová los entregó en su mano.

33 Y desde Aroer hasta llegar a Minit, veinte ciudades, y hasta la vega de las viñas, los derrotó con muy grande estrago. Así fueron sometidos los amonitas por los hijos de Israel.

34 Entonces volvió Jefté a Mizpa, a su casa; y he aquí su hija que salía a recibirle con panderos y danzas, y ella era sola, su hija única; no tenía fuera de ella hijo ni hija.

35 Y cuando él la vio, rompió sus vestidos, diciendo: ¡Ay, hija mía! en verdad me has abatido, y tú misma has venido a ser causa de mi dolor; porque le he dado palabra a Jehová, y no podré retractarme.e

36 Ella entonces le respondió: Padre mío, si le has dado palabra a Jehová, haz de mí conforme a lo que prometiste, ya que Jehová ha hecho venganza en tus enemigos los hijos de Amón.

37 Y volvió a decir a su padre: Concédeme esto: déjame por dos meses que vaya y descienda por los montes, y llore mi virginidad, yo y mis compañeras.

38 Él entonces dijo: Ve. Y la dejó por dos meses. Y ella fue con sus compañeras, y lloró su virginidad por los montes.

39 Pasados los dos meses volvió a su padre, quien hizo de ella conforme al voto que había hecho. Y ella nunca conoció varón.

40 Y se hizo costumbre en Israel, que de año en año fueran las doncellas de Israel a endechar a la hija de Jefté galaadita, cuatro días en el año.

12 **1** Entonces se reunieron los varones de Efraín, y pasaron hacia el norte, y dijeron a Jefté: ¿Por qué fuiste a hacer guerra contra los hijos de Amón, y no nos llamaste para que fuéramos contigo? Nosotros quemaremos tu casa contigo.

2 Y Jefté les respondió: Yo y mi pueblo teníamos una gran contienda con los hijos de Amón, y os llamé, y no me defendisteis de su mano.

3 Viendo, pues, que no me defendíais, arriesgué mi vida, y pasé contra los hijos

de Amón, y Jehová me los entregó; ¿por qué, pues, habéis subido hoy contra mí para pelear conmigo?

4 Entonces reunió Jefté a todos los varones de Galaad, y peleó contra Efraín; y los de Galaad derrotaron a Efraín, porque habían dicho: Vosotros sois fugitivos de Efraín, vosotros los galaaditas, en medio de Efraín y de Manasés.

5 Y los galaaditas tomaron los vados del Jordán a los de Efraín; y aconteció que cuando decían los fugitivos de Efraín: Quiero pasar, los de Galaad les preguntaban: ¿Eres tú efrateo? Si él respondía: No,

6 entonces le decían: Ahora, pues, di Shibolet. Y él decía Sibolet; porque no podía pronunciarlo correctamente. Entonces le echaban mano, y le degollaban junto a los vados del Jordán. Y murieron entonces de los de Efraín cuarenta y dos mil.

7 Y Jefté juzgó a Israel seis años; y murió Jefté galaadita, y fue sepultado en una de las ciudades de Galaad.

Ibzán, Elón y Abdón, jueces de Israel

8 Después de él juzgó a Israel Ibzán de Belén,

9 el cual tuvo treinta hijos y treinta hijas, las cuales casó fuera, y tomó de fuera treinta hijas para sus hijos; y juzgó a Israel siete años.

10 Y murió Ibzán, y fue sepultado en Belén.

11 Después de él juzgó a Israel Elón zabulonita, el cual juzgó a Israel diez años.

12 Y murió Elón zabulonita, y fue sepultado en Ajalón en la tierra de Zabulón.

13 Después de él juzgó a Israel Abdón hijo de Hilel, piratonita.

14 Éste tuvo cuarenta hijos y treinta nietos, que cabalgaban sobre setenta asnos; y juzgó a Israel ocho años.

15 Y murió Abdón hijo de Hilel piratonita, y fue sepultado en Piratón, en la tierra de Efraín, en el monte de Amalec.

Nacimiento de Sansón

13 **1** Los hijos de Israel volvieron a hacer lo malo ante los ojos de Jehová; y Jehová los entregó en mano de los filisteos por cuarenta años.

2 Y había un hombre de Zora, de la tribu de Dan, el cual se llamaba Manoa; y su mujer era estéril, y nunca había tenido hijos.

---

e **11.35** Nm 30.2.

3 A esta mujer apareció el ángel de Jehová, y le dijo: He aquí que tú eres estéril, y nunca has tenido hijos; pero concebirás y darás a luz un hijo.

4 Ahora, pues, no bebas vino ni sidra, ni comas cosa inmunda.

5 Pues he aquí que concebirás y darás a luz un hijo; y navaja no pasará sobre su cabeza, porque el niño será nazareoᵃ a Dios desde su nacimiento, y él comenzará a salvar a Israel de mano de los filisteos.

6 Y la mujer vino y se lo contó a su marido, diciendo: Un varón de Dios vino a mí, cuyo aspecto era como el aspecto de un ángel de Dios, temible en gran manera; y no le pregunté de dónde ni quién era, ni tampoco él me dijo su nombre.

7 Y me dijo: He aquí que tú concebirás, y darás a luz un hijo; por tanto, ahora no bebas vino, ni sidra, ni comas cosa inmunda, porque este niño será nazareo a Dios desde su nacimiento hasta el día de su muerte.

8 Entonces oró Manoa a Jehová, y dijo: Ah, Señor mío, yo te ruego que aquel varón de Dios que enviaste, vuelva ahora a venir a nosotros, y nos enseñe lo que hayamos de hacer con el niño que ha de nacer.

9 Y Dios oyó la voz de Manoa; y el ángel de Dios volvió otra vez a la mujer, estando ella en el campo; mas su marido Manoa no estaba con ella.

10 Y la mujer corrió prontamente a avisarle a su marido, diciéndole: Mira que se me ha aparecido aquel varón que vino a mí el otro día.

11 Y se levantó Manoa, y siguió a su mujer; y vino al varón y le dijo: ¿Eres tú aquel varón que habló a la mujer? Y él dijo: Yo soy.

12 Entonces Manoa dijo: Cuando tus palabras se cumplan, ¿cómo debe ser la manera de vivir del niño, y qué debemos hacer con él?

13 Y el ángel de Jehová respondió a Manoa: La mujer se guardará de todas las cosas que yo le dije.

14 No tomará nada que proceda de la vid; no beberá vino ni sidra, y no comerá cosa inmunda; guardará todo lo que le mandé.

15 Entonces Manoa dijo al ángel de Jehová: Te ruego nos permitas detenerte, y te prepararemos un cabrito.

16 Y el ángel de Jehová respondió a Manoa: Aunque me detengas, no comeré de tu pan; mas si quieres hacer holocausto, ofrécelo a Jehová. Y no sabía Manoa que aquél fuese ángel de Jehová.

17 Entonces dijo Manoa al ángel de Jehová: ¿Cuál es tu nombre, para que cuando se cumpla tu palabra te honremos?

18 Y el ángel de Jehová respondió: ¿Por qué preguntas por mi nombre, que es admirable?

19 Y Manoa tomó un cabrito y una ofrenda, y los ofreció sobre una peña a Jehová; y el ángel hizo milagro ante los ojos de Manoa y de su mujer.

20 Porque aconteció que cuando la llama subía del altar hacia el cielo, el ángel de Jehová subió en la llama del altar ante los ojos de Manoa y de su mujer, los cuales se postraron en tierra.

21 Y el ángel de Jehová no volvió a aparecer a Manoa ni a su mujer. Entonces conoció Manoa que era el ángel de Jehová.

22 Y dijo Manoa a su mujer: Ciertamente moriremos, porque a Dios hemos visto.

23 Y su mujer le respondió: Si Jehová nos quisiera matar, no aceptaría de nuestras manos el holocausto y la ofrenda, ni nos hubiera mostrado todas estas cosas, ni ahora nos habría anunciado esto.

24 Y la mujer dio a luz un hijo, y le puso por nombre Sansón. Y el niño creció, y Jehová lo bendijo.

25 Y el Espíritu de Jehová comenzó a manifestarse en él en los campamentos de Dan, entre Zora y Estaol.

Sansón y la mujer filistea de Timnat

14 1 Descendió Sansón a Timnat, y vio en Timnat a una mujer de las hijas de los filisteos.

2 Y subió, y lo declaró a su padre y a su madre, diciendo: Yo he visto en Timnat una mujer de las hijas de los filisteos; os ruego que me la toméis por mujer.

3 Y su padre y su madre le dijeron: ¿No hay mujer entre las hijas de tus hermanos, ni en todo nuestro pueblo, para que vayas tú a tomar mujer de los filisteos incircuncisos? Y Sansón respondió a su padre: Tómame ésta por mujer, porque ella me agrada.

ᵃ **13.5** Nm 6.1-5.

4 Mas su padre y su madre no sabían que esto venía de Jehová, porque él buscaba ocasión contra los filisteos; pues en aquel tiempo los filisteos dominaban sobre Israel.

5 Y Sansón descendió con su padre y con su madre a Timnat; y cuando llegaron a las viñas de Timnat, he aquí un león joven que venía rugiendo hacia él.

6 Y el Espíritu de Jehová vino sobre Sansón, quien despedazó al león como quien despedaza un cabrito, sin tener nada en su mano; y no declaró ni a su padre ni a su madre lo que había hecho.

7 Descendió, pues, y habló a la mujer; y ella agradó a Sansón.

8 Y volviendo después de algunos días para tomarla, se apartó del camino para ver el cuerpo muerto del león; y he aquí que en el cuerpo del león había un enjambre de abejas, y un panal de miel.

9 Y tomándolo en sus manos, se fue comiéndolo por el camino; y cuando alcanzó a su padre y a su madre, les dio también a ellos que comiesen; mas no les descubrió que había tomado aquella miel del cuerpo del león.

10 Vino, pues, su padre adonde estaba la mujer, y Sansón hizo allí banquete; porque así solían hacer los jóvenes.

11 Y aconteció que cuando ellos le vieron, tomaron treinta compañeros para que estuviesen con él.

12 Y Sansón les dijo: Yo os propondré ahora un enigma, y si en los siete días del banquete me lo declaráis y descifráis, yo os daré treinta vestidos de lino y treinta vestidos de fiesta.

13 Mas si no me lo podéis declarar, entonces vosotros me daréis a mí los treinta vestidos de lino y los vestidos de fiesta. Y ellos respondieron: Propón tu enigma, y lo oiremos.

14 Entonces les dijo:
Del devorador salió comida,
Y del fuerte salió dulzura.
Y ellos no pudieron declararle el enigma en tres días.

15 Al séptimo día dijeron a la mujer de Sansón: Induce a tu marido a que nos declare este enigma, para que no te quememos a ti y a la casa de tu padre. ¿Nos habéis llamado aquí para despojarnos?

16 Y lloró la mujer de Sansón en presencia de él, y dijo: Solamente me aborreces, y no me amas, pues no me declaras el enigma que propusiste a los hijos de mi pueblo. Y él respondió: He aquí que ni a mi padre ni a mi madre lo he declarado, ¿y te lo había de declarar a ti?

17 Y ella lloró en presencia de él los siete días que ellos tuvieron banquete; mas al séptimo día él se lo declaró, porque le presionaba; y ella lo declaró a los hijos de su pueblo.

18 Al séptimo día, antes que el sol se pusiese, los de la ciudad le dijeron:
¿Qué cosa más dulce que la miel?
¿Y qué cosa más fuerte que el león?
Y él les respondió:
Si no araseis con mi novilla,
Nunca hubierais descubierto mi
enigma.

19 Y el Espíritu de Jehová vino sobre él, y descendió a Ascalón y mató a treinta hombres de ellos; y tomando sus despojos, dio las mudas de vestidos a los que habían explicado el enigma; y encendido en enojo se volvió a la casa de su padre.

20 Y la mujer de Sansón fue dada a su compañero, al cual él había tratado como su amigo.

15

1 Aconteció después de algún tiempo, que en los días de la siega del trigo Sansón visitó a su mujer con un cabrito, diciendo: Entraré a mi mujer en el aposento. Mas el padre de ella no lo dejó entrar.

2 Y dijo el padre de ella: Me persuadí de que la aborrecías, y la di a tu compañero. Mas su hermana menor, ¿no es más hermosa que ella? Tómala, pues, en su lugar.

3 Entonces le dijo Sansón: Sin culpa seré esta vez respecto de los filisteos, si mal les hiciere.

4 Y fue Sansón y cazó trescientas zorras, y tomó teas, y juntó cola con cola, y puso una tea entre cada dos colas.

5 Después, encendiendo las teas, soltó las zorras en los sembrados de los filisteos, y quemó las mieses amontonadas y en pie, viñas y olivares.

6 Y dijeron los filisteos: ¿Quién hizo esto? Y les contestaron: Sansón, el yerno del timnateo, porque le quitó su mujer y la dio a su compañero. Y vinieron los filisteos y la quemaron a ella y a su padre.

7 Entonces Sansón les dijo: Ya que así habéis hecho, juro que me vengaré de vosotros, y después desistiré.

8 Y los hirió cadera y muslo con gran mortandad; y descendió y habitó en la cueva de la peña de Etam.

Sansón derrota a los filisteos en Lehi

9 Entonces los filisteos subieron y acamparon en Judá, y se extendieron por Lehi.

10 Y los varones de Judá les dijeron: ¿Por qué habéis subido contra nosotros? Y ellos respondieron: A prender a Sansón hemos subido, para hacerle como él nos ha hecho.

11 Y vinieron tres mil hombres de Judá a la cueva de la peña de Etam, y dijeron a Sansón: ¿No sabes tú que los filisteos dominan sobre nosotros? ¿Por qué nos has hecho esto? Y él les respondió: Yo les he hecho como ellos me hicieron.

12 Ellos entonces le dijeron: Nosotros hemos venido para prenderte y entregarte en mano de los filisteos. Y Sansón les respondió: Juradme que vosotros no me mataréis.

13 Y ellos le respondieron, diciendo: No; solamente te prenderemos, y te entregaremos en sus manos; mas no te mataremos. Entonces le ataron con dos cuerdas nuevas, y le hicieron venir de la peña.

14 Y así que vino hasta Lehi, los filisteos salieron gritando a su encuentro; pero el Espíritu de Jehová vino sobre él, y las cuerdas que estaban en sus brazos se volvieron como lino quemado con fuego, y las ataduras se cayeron de sus manos.

15 Y hallando una quijada de asno fresca aún, extendió la mano y la tomó, y mató con ella a mil hombres.

16 Entonces Sansón dijo:

Con la quijada de un asno, un
    montón, dos montones;
Con la quijada de un asno maté a mil
    hombres.

17 Y acabando de hablar, arrojó de su mano la quijada, y llamó a aquel lugar Ramat-lehi.[3]

18 Y teniendo gran sed, clamó luego a Jehová, y dijo: Tú has dado esta grande salvación por mano de tu siervo; ¿y moriré yo ahora de sed, y caeré en mano de los incircuncisos?

19 Entonces abrió Dios la cuenca que hay en Lehi; y salió de allí agua, y él bebió, y recobró su espíritu, y se reanimó. Por esto llamó el nombre de aquel lugar, En-hacore,[4] el cual está en Lehi, hasta hoy.

20 Y juzgó a Israel en los días de los filisteos veinte años.

Sansón en Gaza

16 1 Fue Sansón a Gaza, y vio allí a una mujer ramera, y se llegó a ella.

2 Y fue dicho a los de Gaza: Sansón ha venido acá. Y lo rodearon, y acecharon toda aquella noche a la puerta de la ciudad; y estuvieron callados toda aquella noche, diciendo: Hasta la luz de la mañana; entonces lo mataremos.

3 Mas Sansón durmió hasta la medianoche; y a la medianoche se levantó, y tomando las puertas de la ciudad con sus dos pilares y su cerrojo, se las echó al hombro, y se fue y las subió a la cumbre del monte que está delante de Hebrón.

Sansón y Dalila

4 Después de esto aconteció que se enamoró de una mujer en el valle de Sorec, la cual se llamaba Dalila.

5 Y vinieron a ella los príncipes de los filisteos, y le dijeron: Engáñale e infórmate en qué consiste su gran fuerza, y cómo lo podríamos vencer, para que lo atemos y lo dominemos; y cada uno de nosotros te dará mil cien siclos de plata.

6 Y Dalila dijo a Sansón: Yo te ruego que me declares en qué consiste tu gran fuerza, y cómo podrás ser atado para ser dominado.

7 Y le respondió Sansón: Si me ataren con siete mimbres verdes que aún no estén enjutos, entonces me debilitaré y seré como cualquiera de los hombres.

8 Y los príncipes de los filisteos le trajeron siete mimbres verdes que aún no estaban enjutos, y ella le ató con ellos.

9 Y ella tenía hombres en acecho en el aposento. Entonces ella le dijo: ¡Sansón, los filisteos contra ti! Y él rompió los mimbres, como se rompe una cuerda de estopa

---

3. **15.17** Esto es, *Colina de la Quijada.*   4. **15.19** Esto es, *la fuente del que clamó.*

cuando toca el fuego; y no se supo el secreto de su fuerza.

10 Entonces Dalila dijo a Sansón: He aquí tú me has engañado, y me has dicho mentiras; descúbreme, pues, ahora, te ruego, cómo podrás ser atado.

11 Y él le dijo: Si me ataren fuertemente con cuerdas nuevas que no se hayan usado, yo me debilitaré, y seré como cualquiera de los hombres.

12 Y Dalila tomó cuerdas nuevas, y le ató con ellas, y le dijo: ¡Sansón, los filisteos sobre ti! Y los espías estaban en el aposento. Mas él las rompió de sus brazos como un hilo.

13 Y Dalila dijo a Sansón: Hasta ahora me engañas, y tratas conmigo con mentiras. Descúbreme, pues, ahora, cómo podrás ser atado. Él entonces le dijo: Si tejieres siete guedejas de mi cabeza con la tela y las asegurares con la estaca.

14 Y ella las aseguró con la estaca, y le dijo: ¡Sansón, los filisteos sobre ti! Mas despertando él de su sueño, arrancó la estaca del telar con la tela.

15 Y ella le dijo: ¿Cómo dices: Yo te amo, cuando tu corazón no está conmigo? Ya me has engañado tres veces, y no me has descubierto aún en qué consiste tu gran fuerza.

16 Y aconteció que, presionándole ella cada día con sus palabras e importunándole, su alma fue reducida a mortal angustia.

17 Le descubrió, pues, todo su corazón, y le dijo: Nunca a mi cabeza llegó navaja; porque soy nazareo de Dios desde el vientre de mi madre. Si fuere rapado, mi fuerza se apartará de mí, y me debilitaré y seré como todos los hombres.

18 Viendo Dalila que él le había descubierto todo su corazón, envió a llamar a los principales de los filisteos, diciendo: Venid esta vez, porque él me ha descubierto todo su corazón. Y los principales de los filisteos vinieron a ella, trayendo en su mano el dinero.

19 Y ella hizo que él se durmiese sobre sus rodillas, y llamó a un hombre, quien le rapó las siete guedejas de su cabeza; y ella comenzó a afligirlo, pues su fuerza se apartó de él.

20 Y le dijo: ¡Sansón, los filisteos sobre ti! Y luego que despertó él de su sueño, se dijo: Esta vez saldré como las otras y me escaparé. Pero él no sabía que Jehová ya se había apartado de él.

21 Mas los filisteos le echaron mano, y le sacaron los ojos, y le llevaron a Gaza; y le ataron con cadenas para que moliese en la cárcel.

22 Y el cabello de su cabeza comenzó a crecer, después que fue rapado.

Muerte de Sansón

23 Entonces los principales de los filisteos se juntaron para ofrecer sacrificio a Dagón su dios y para alegrarse; y dijeron: Nuestro dios entregó en nuestras manos a Sansón nuestro enemigo.

24 Y viéndolo el pueblo, alabaron a su dios, diciendo: Nuestro dios entregó en nuestras manos a nuestro enemigo, y al destruidor de nuestra tierra, el cual había dado muerte a muchos de nosotros.

25 Y aconteció que cuando sintieron alegría en su corazón, dijeron: Llamad a Sansón, para que nos divierta. Y llamaron a Sansón de la cárcel, y sirvió de juguete delante de ellos; y lo pusieron entre las columnas.

26 Entonces Sansón dijo al joven que le guiaba de la mano: Acércame, y hazme palpar las columnas sobre las que descansa la casa, para que me apoye sobre ellas.

27 Y la casa estaba llena de hombres y mujeres, y todos los principales de los filisteos estaban allí; y en el piso alto había como tres mil hombres y mujeres, que estaban mirando el escarnio de Sansón.

28 Entonces clamó Sansón a Jehová, y dijo: Señor Jehová, acuérdate ahora de mí, y fortaléceme, te ruego, solamente esta vez, oh Dios, para que de una vez tome venganza de los filisteos por mis dos ojos.

29 Asió luego Sansón las dos columnas de en medio, sobre las que descansaba la casa, y echó todo su peso sobre ellas, su mano derecha sobre una y su mano izquierda sobre la otra.

30 Y dijo Sansón: Muera yo con los filisteos. Entonces se inclinó con toda su fuerza, y cayó la casa sobre los principales, y sobre todo el pueblo que estaba en ella. Y los que mató al morir fueron muchos más que los que había matado durante su vida.

31 Y descendieron sus hermanos y toda la casa de su padre, y le tomaron, y le

llevaron, y le sepultaron entre Zora y Estaol, en el sepulcro de su padre Manoa. Y él juzgó a Israel veinte años.

Las imágenes y el sacerdote de Micaía

17 ¹ Hubo un hombre del monte de Efraín, que se llamaba Micaía,

² el cual dijo a su madre: Los mil cien siclos de plata que te fueron hurtados, acerca de los cuales maldijiste, y de los cuales me hablaste, he aquí el dinero está en mi poder; yo lo tomé. Entonces la madre dijo: Bendito seas de Jehová, hijo mío.

³ Y él devolvió los mil cien siclos de plata a su madre; y su madre dijo: En verdad he dedicado el dinero a Jehová por mi hijo, para hacer una imagen de talla y una de fundición; ahora, pues, yo te lo devuelvo.

⁴ Mas él devolvió el dinero a su madre, y tomó su madre doscientos siclos de plata y los dio al fundidor, quien hizo de ellos una imagen de talla y una de fundición, la cual fue puesta en casa de Micaía.

⁵ Y este hombre Micaía tuvo casa de dioses, e hizo efod y terafines, y consagró a uno de sus hijos para que fuera su sacerdote.

⁶ En aquellos días no había rey en Israel; cada uno hacía lo que bien le parecía.ᵃ

⁷ Y había un joven de Belén de Judá, de la tribu de Judá, el cual era levita, y forastero allí.

⁸ Este hombre partió de la ciudad de Belén de Judá para ir a vivir donde pudiera encontrar lugar; y llegando en su camino al monte de Efraín, vino a casa de Micaía.

⁹ Y Micaía le dijo: ¿De dónde vienes? Y el levita le respondió: Soy de Belén de Judá, y voy a vivir donde pueda encontrar lugar.

¹⁰ Entonces Micaía le dijo: Quédate en mi casa, y serás para mí padre y sacerdote; y yo te daré diez siclos de plata por año, vestidos y comida. Y el levita se quedó.

¹¹ Agradó, pues, al levita morar con aquel hombre, y fue para él como uno de sus hijos.

¹² Y Micaía consagró al levita, y aquel joven le servía de sacerdote, y permaneció en casa de Micaía.

¹³ Y Micaía dijo: Ahora sé que Jehová me prosperará, porque tengo un levita por sacerdote.

Micaía y los hombres de Dan

18 ¹ En aquellos días no había rey en Israel. Y en aquellos días la tribu de Dan buscaba posesión para sí donde habitar, porque hasta entonces no había tenido posesión entre las tribus de Israel.

² Y los hijos de Dan enviaron de su tribu cinco hombres de entre ellos, hombres valientes, de Zora y Estaol, para que reconociesen y explorasen bien la tierra; y les dijeron: Id y reconoced la tierra. Estos vinieron al monte de Efraín, hasta la casa de Micaía, y allí posaron.

³ Cuando estaban cerca de la casa de Micaía, reconocieron la voz del joven levita; y llegando allá, le dijeron: ¿Quién te ha traído acá? ¿y qué haces aquí? ¿y qué tienes tú por aquí?

⁴ Él les respondió: De esta y de esta manera ha hecho conmigo Micaía, y me ha tomado para que sea su sacerdote.

⁵ Y ellos le dijeron: Pregunta, pues, ahora a Dios, para que sepamos si ha de prosperar este viaje que hacemos.

⁶ Y el sacerdote les respondió: Id en paz; delante de Jehová está vuestro camino en que andáis.

⁷ Entonces aquellos cinco hombres salieron, y vinieron a Lais; y vieron que el pueblo que habitaba en ella estaba seguro, ocioso y confiado, conforme a la costumbre de los de Sidón, sin que nadie en aquella región les perturbase en cosa alguna, ni había quien poseyese el reino. Y estaban lejos de los sidonios, y no tenían negocios con nadie.

⁸ Volviendo, pues, ellos a sus hermanos en Zora y Estaol, sus hermanos les dijeron: ¿Qué hay? Y ellos respondieron:

⁹ Levantaos, subamos contra ellos; porque nosotros hemos explorado la región, y hemos visto que es muy buena; ¿y vosotros no haréis nada? No seáis perezosos en poneros en marcha para ir a tomar posesión de la tierra.

¹⁰ Cuando vayáis, llegaréis a un pueblo confiado y a una tierra muy espaciosa, pues Dios la ha entregado en vuestras manos; lugar donde no hay falta de cosa alguna que haya en la tierra.

¹¹ Entonces salieron de allí, de Zora y de Estaol, seiscientos hombres de la familia de Dan, armados de armas de guerra.

¹² Fueron y acamparon en Quiriat-jearim en Judá, por lo cual llamaron a aquel lugar

---

a **17.6** Jue 21.25.

el campamento de Dan, hasta hoy; está al occidente de Quiriat-jearim.

13 Y de allí pasaron al monte de Efraín, y vinieron hasta la casa de Micaía.

14 Entonces aquellos cinco hombres que habían ido a reconocer la tierra de Lais dijeron a sus hermanos: ¿No sabéis que en estas casas hay efod y terafines, y una imagen de talla y una de fundición? Mirad, por tanto, lo que habéis de hacer.

15 Cuando llegaron allá, vinieron a la casa del joven levita, en casa de Micaía, y le preguntaron cómo estaba.

16 Y los seiscientos hombres, que eran de los hijos de Dan, estaban armados de sus armas de guerra a la entrada de la puerta.

17 Y subiendo los cinco hombres que habían ido a reconocer la tierra, entraron allá y tomaron la imagen de talla, el efod, los terafines y la imagen de fundición, mientras estaba el sacerdote a la entrada de la puerta con los seiscientos hombres armados de armas de guerra.

18 Entrando, pues, aquéllos en la casa de Micaía, tomaron la imagen de talla, el efod, los terafines y la imagen de fundición. Y el sacerdote les dijo: ¿Qué hacéis vosotros?

19 Y ellos le respondieron: Calla, pon la mano sobre tu boca, y vente con nosotros, para que seas nuestro padre y sacerdote. ¿Es mejor que seas tú sacerdote en casa de un solo hombre, que de una tribu y familia de Israel?

20 Y se alegró el corazón del sacerdote, el cual tomó el efod y los terafines y la imagen, y se fue en medio del pueblo.

21 Y ellos se volvieron y partieron, y pusieron los niños, el ganado y el bagaje por delante.

22 Cuando ya se habían alejado de la casa de Micaía, los hombres que habitaban en las casas cercanas a la casa de Micaía se juntaron y siguieron a los hijos de Dan.

23 Y dando voces a los de Dan, éstos volvieron sus rostros, y dijeron a Micaía: ¿Qué tienes, que has juntado gente?

24 Él respondió: Tomasteis mis dioses que yo hice y al sacerdote, y os vais; ¿qué más me queda? ¿Por qué, pues, me preguntáis qué me pasa?

25 Y los hijos de Dan le dijeron: No des voces tras nosotros, no sea que los de ánimo colérico os acometan, y pierdas también tu vida y la vida de los tuyos.

26 Y prosiguieron los hijos de Dan su camino, y Micaía, viendo que eran más fuertes que él, volvió y regresó a su casa.

27 Y ellos, llevando las cosas que había hecho Micaía, juntamente con el sacerdote que tenía, llegaron a Lais, al pueblo tranquilo y confiado; y los hirieron a filo de espada, y quemaron la ciudad.

28 Y no hubo quien los defendiese, porque estaban lejos de Sidón, y no tenían negocios con nadie. Y la ciudad estaba en el valle que hay junto a Bet-rehob. Luego reedificaron la ciudad, y habitaron en ella.

29 Y llamaron el nombre de aquella ciudad Dan, conforme al nombre de Dan su padre, hijo de Israel, bien que antes se llamaba la ciudad Lais.

30 Y los hijos de Dan levantaron para sí la imagen de talla; y Jonatán hijo de Gersón, hijo de Moisés, él y sus hijos fueron sacerdotes en la tribu de Dan, hasta el día del cautiverio de la tierra.

31 Así tuvieron levantada entre ellos la imagen de talla que Micaía había hecho, todo el tiempo que la casa de Dios estuvo en Silo.

El levita y su concubina

19 **1** En aquellos días, cuando no había rey en Israel, hubo un levita que moraba como forastero en la parte más remota del monte de Efraín, el cual había tomado para sí mujer concubina de Belén de Judá.

2 Y su concubina le fue infiel, y se fue de él a casa de su padre, a Belén de Judá, y estuvo allá durante cuatro meses.

3 Y se levantó su marido y la siguió, para hablarle amorosamente y hacerla volver; y llevaba consigo un criado, y un par de asnos; y ella le hizo entrar en la casa de su padre.

4 Y viéndole el padre de la joven, salió a recibirle gozoso; y le detuvo su suegro, el padre de la joven, y quedó en su casa tres días, comiendo y bebiendo y alojándose allí.

5 Al cuarto día, cuando se levantaron de mañana, se levantó también el levita para irse; y el padre de la joven dijo a su yerno: Conforta tu corazón con un bocado de pan, y después os iréis.

6 Y se sentaron ellos dos juntos, y comieron y bebieron. Y el padre de la joven dijo al varón: Yo te ruego que quieras pasar aquí la noche, y se alegrará tu corazón.

7 Y se levantó el varón para irse, pero insistió su suegro, y volvió a pasar allí la noche.

8 Al quinto día, levantándose de mañana para irse, le dijo el padre de la joven: Conforta ahora tu corazón, y aguarda hasta que decline el día. Y comieron ambos juntos.

9 Luego se levantó el varón para irse, él y su concubina y su criado. Entonces su suegro, el padre de la joven, le dijo: He aquí ya el día declina para anochecer, te ruego que paséis aquí la noche; he aquí que el día se acaba, duerme aquí, para que se alegre tu corazón; y mañana os levantaréis temprano a vuestro camino y te irás a tu casa.

10 Mas el hombre no quiso pasar allí la noche, sino que se levantó y se fue, y llegó hasta enfrente de Jebús, que es Jerusalén, con su par de asnos ensillados, y su concubina.

11 Y estando ya junto a Jebús, el día había declinado mucho; y dijo el criado a su señor: Ven ahora, y vámonos a esta ciudad de los jebuseos, para que pasemos en ella la noche.

12 Y su señor le respondió: No iremos a ninguna ciudad de extranjeros, que no sea de los hijos de Israel, sino que pasaremos hasta Gabaa. Y dijo a su criado:

13 Ven, sigamos hasta uno de esos lugares, para pasar la noche en Gabaa o en Ramá.

14 Pasando, pues, caminaron, y se les puso el sol junto a Gabaa que era de Benjamín.

15 Y se apartaron del camino para entrar a pasar allí la noche en Gabaa; y entrando, se sentaron en la plaza de la ciudad, porque no hubo quien los acogiese en casa para pasar la noche.

16 Y he aquí un hombre viejo que venía de su trabajo del campo al anochecer, el cual era del monte de Efraín, y moraba como forastero en Gabaa; pero los moradores de aquel lugar eran hijos de Benjamín.

17 Y alzando el viejo los ojos, vio a aquel caminante en la plaza de la ciudad, y le dijo: ¿A dónde vas, y de dónde vienes?

18 Y él respondió: Pasamos de Belén de Judá a la parte más remota del monte de Efraín, de donde soy; y había ido a Belén de Judá; mas ahora voy a la casa de Jehová, y no hay quien me reciba en casa.

19 Nosotros tenemos paja y forraje para nuestros asnos, y también tenemos pan y vino para mí y para tu sierva, y para el criado que está con tu siervo; no nos hace falta nada.

20 Y el hombre anciano dijo: Paz sea contigo; tu necesidad toda quede solamente a mi cargo, con tal que no pases la noche en la plaza.

21 Y los trajo a su casa, y dio de comer a sus asnos; y se lavaron los pies, y comieron y bebieron.

22 Pero cuando estaban gozosos, he aquí que los hombres de aquella ciudad, hombres perversos, rodearon la casa, golpeando a la puerta; y hablaron al anciano, dueño de la casa, diciendo: Saca al hombre que ha entrado en tu casa, para que lo conozcamos.

23 Y salió a ellos el dueño de la casa y les dijo: No, hermanos míos, os ruego que no cometáis este mal; ya que este hombre ha entrado en mi casa, no hagáis esta maldad.

24 He aquí mi hija virgen, y la concubina de él; yo os las sacaré ahora; humilladlas y haced con ellas como os parezca, y no hagáis a este hombre cosa tan infame.

25 Mas aquellos hombres no le quisieron oír; por lo que tomando aquel hombre a su concubina, la sacó; y entraron a ella, y abusaron de ella toda la noche hasta la mañana, y la dejaron cuando apuntaba el alba.

26 Y cuando ya amanecía, vino la mujer, y cayó delante de la puerta de la casa de aquel hombre donde su señor estaba, hasta que fue de día.

27 Y se levantó por la mañana su señor, y abrió las puertas de la casa, y salió para seguir su camino; y he aquí la mujer su concubina estaba tendida delante de la puerta de la casa, con las manos sobre el umbral.

28 Él le dijo: Levántate, y vámonos; pero ella no respondió. Entonces la levantó el varón, y echándola sobre su asno, se levantó y se fue a su lugar.

29 Y llegando a su casa, tomó un cuchillo, y echó mano de su concubina, y la partió por sus huesos en doce partes, y la envió por todo el territorio de Israel.

30 Y todo el que veía aquello, decía: Jamás se ha hecho ni visto tal cosa, desde el tiempo en que los hijos de Israel subieron de la tierra de Egipto hasta hoy. Considerad esto, tomad consejo, y hablad.

La guerra contra Benjamín

20 **1** Entonces salieron todos los hijos de Israel, y se reunió la congregación como un solo hombre, desde Dan hasta Beerseba y la tierra de Galaad, a Jehová en Mizpa.

2 Y los jefes de todo el pueblo, de todas las tribus de Israel, se hallaron presentes en la reunión del pueblo de Dios, cuatrocientos mil hombres de a pie que sacaban espada.

3 Y los hijos de Benjamín oyeron que los hijos de Israel habían subido a Mizpa. Y dijeron los hijos de Israel: Decid cómo fue esta maldad.

4 Entonces el varón levita, marido de la mujer muerta, respondió y dijo: Yo llegué a Gabaa de Benjamín con mi concubina, para pasar allí la noche.

5 Y levantándose contra mí los de Gabaa, rodearon contra mí la casa por la noche, con idea de matarme, y a mi concubina la humillaron de tal manera que murió.

6 Entonces tomando yo mi concubina, la corté en pedazos, y la envié por todo el territorio de la posesión de Israel, por cuanto han hecho maldad y crimen en Israel.

7 He aquí todos vosotros sois hijos de Israel; dad aquí vuestro parecer y consejo.

8 Entonces todo el pueblo, como un solo hombre, se levantó, y dijeron: Ninguno de nosotros irá a su tienda, ni volverá ninguno de nosotros a su casa.

9 Mas esto es ahora lo que haremos a Gabaa: contra ella subiremos por sorteo.

10 Tomaremos diez hombres de cada ciento por todas las tribus de Israel, y ciento de cada mil, y mil de cada diez mil, que lleven víveres para el pueblo, para que yendo a Gabaa de Benjamín le hagan conforme a toda la abominación que ha cometido en Israel.

11 Y se juntaron todos los hombres de Israel contra la ciudad, ligados como un solo hombre.

12 Y las tribus de Israel enviaron varones por toda la tribu de Benjamín, diciendo: ¿Qué maldad es esta que ha sido hecha entre vosotros?

13 Entregad, pues, ahora a aquellos hombres perversos que están en Gabaa, para que los matemos, y quitemos el mal de Israel. Mas los de Benjamín no quisieron oír la voz de sus hermanos los hijos de Israel,

14 sino que los de Benjamín se juntaron de las ciudades en Gabaa, para salir a pelear contra los hijos de Israel.

15 Y fueron contados en aquel tiempo los hijos de Benjamín de las ciudades, veintiséis mil hombres que sacaban espada, sin los que moraban en Gabaa, que fueron por cuenta setecientos hombres escogidos.

16 De toda aquella gente había setecientos hombres escogidos, que eran zurdos, todos los cuales tiraban una piedra con la honda a un cabello, y no erraban.

17 Y fueron contados los varones de Israel, fuera de Benjamín, cuatrocientos mil hombres que sacaban espada, todos estos hombres de guerra.

18 Luego se levantaron los hijos de Israel, y subieron a la casa de Dios y consultaron a Dios, diciendo: ¿Quién subirá de nosotros el primero en la guerra contra los hijos de Benjamín? Y Jehová respondió: Judá será el primero.

19 Se levantaron, pues, los hijos de Israel por la mañana, contra Gabaa.

20 Y salieron los hijos de Israel a combatir contra Benjamín, y los varones de Israel ordenaron la batalla contra ellos junto a Gabaa.

21 Saliendo entonces de Gabaa los hijos de Benjamín, derribaron por tierra aquel día veintidós mil hombres de los hijos de Israel.

22 Mas reanimándose el pueblo, los varones de Israel volvieron a ordenar la batalla en el mismo lugar donde la habían ordenado el primer día.

23 Porque los hijos de Israel subieron y lloraron delante de Jehová hasta la noche, y consultaron a Jehová, diciendo: ¿Volveremos a pelear con los hijos de Benjamín nuestros hermanos? Y Jehová les respondió: Subid contra ellos.

24 Por lo cual se acercaron los hijos de Israel contra los hijos de Benjamín el segundo día.

25 Y aquel segundo día, saliendo Benjamín de Gabaa contra ellos, derribaron por tierra otros dieciocho mil hombres de los hijos de Israel, todos los cuales sacaban espada.

26 Entonces subieron todos los hijos de Israel, y todo el pueblo, y vinieron a la casa de Dios; y lloraron, y se sentaron allí en presencia de Jehová, y ayunaron aquel día hasta la noche; y ofrecieron holocaustos y ofrendas de paz delante de Jehová.

27 Y los hijos de Israel preguntaron a Jehová (pues el arca del pacto de Dios estaba allí en aquellos días,

28 y Finees hijo de Eleazar, hijo de Aarón, ministraba delante de ella en aquellos días), y dijeron: ¿Volveremos aún a salir contra los hijos de Benjamín nuestros hermanos, para pelear, o desistiremos? Y Jehová dijo: Subid, porque mañana yo os los entregaré.

29 Y puso Israel emboscadas alrededor de Gabaa.

30 Subiendo entonces los hijos de Israel contra los hijos de Benjamín el tercer día, ordenaron la batalla delante de Gabaa, como las otras veces.

31 Y salieron los hijos de Benjamín al encuentro del pueblo, alejándose de la ciudad; y comenzaron a herir a algunos del pueblo, matándolos como las otras veces por los caminos, uno de los cuales sube a Bet-el, y el otro a Gabaa en el campo; y mataron unos treinta hombres de Israel.

32 Y los hijos de Benjamín decían: Vencidos son delante de nosotros, como antes. Mas los hijos de Israel decían: Huiremos, y los alejaremos de la ciudad hasta los caminos.

33 Entonces se levantaron todos los de Israel de su lugar, y se pusieron en orden de batalla en Baal-tamar; y también las emboscadas de Israel salieron de su lugar, de la pradera de Gabaa.

34 Y vinieron contra Gabaa diez mil hombres escogidos de todo Israel, y la batalla arreciaba; mas ellos no sabían que ya el desastre se acercaba a ellos.

35 Y derrotó Jehová a Benjamín delante de Israel; y mataron los hijos de Israel aquel día a veinticinco mil cien hombres de Benjamín, todos los cuales sacaban espada.

36 Y vieron los hijos de Benjamín que eran derrotados; y los hijos de Israel cedieron campo a Benjamín, porque estaban confiados en las emboscadas que habían puesto detrás de Gabaa.

37 Y los hombres de las emboscadas acometieron prontamente a Gabaa, y avanzaron e hirieron a filo de espada a toda la ciudad.

38 Y era la señal concertada entre los hombres de Israel y las emboscadas, que hiciesen subir una gran humareda de la ciudad.

39 Luego, pues, que los de Israel retrocedieron en la batalla, los de Benjamín comenzaron a herir y matar a la gente de Israel como treinta hombres, y ya decían: Ciertamente ellos han caído delante de nosotros, como en la primera batalla.

40 Mas cuando la columna de humo comenzó a subir de la ciudad, los de Benjamín miraron hacia atrás; y he aquí que el humo de la ciudad subía al cielo.

41 Entonces se volvieron los hombres de Israel, y los de Benjamín se llenaron de temor, porque vieron que el desastre había venido sobre ellos.

42 Volvieron, por tanto, la espalda delante de Israel hacia el camino del desierto; pero la batalla los alcanzó, y los que salían de las ciudades los destruían en medio de ellos.

43 Así cercaron a los de Benjamín, y los acosaron y hollaron desde Menúha hasta enfrente de Gabaa hacia donde nace el sol.

44 Y cayeron de Benjamín dieciocho mil hombres, todos ellos hombres de guerra.

45 Volviéndose luego, huyeron hacia el desierto, a la peña de Rimón, y de ellos fueron abatidos cinco mil hombres en los caminos; y fueron persiguiéndolos aun hasta Gidom, y mataron de ellos a dos mil hombres.

46 Fueron todos los que de Benjamín murieron aquel día, veinticinco mil hombres que sacaban espada, todos ellos hombres de guerra.

47 Pero se volvieron y huyeron al desierto a la peña de Rimón seiscientos hombres, los cuales estuvieron en la peña de Rimón cuatro meses.

48 Y los hombres de Israel volvieron sobre los hijos de Benjamín, y los hirieron a filo de espada, así a los hombres de cada ciudad como a las bestias y todo lo que fue hallado; asimismo pusieron fuego a todas las ciudades que hallaban.

Mujeres para los benjamitas

21 ¹ Los varones de Israel habían jurado en Mizpa, diciendo: Ninguno de nosotros dará su hija a los de Benjamín por mujer.

² Y vino el pueblo a la casa de Dios, y se estuvieron allí hasta la noche en presencia de Dios; y alzando su voz hicieron gran llanto, y dijeron:

³ Oh Jehová Dios de Israel, ¿por qué ha sucedido esto en Israel, que falte hoy de Israel una tribu?

⁴ Y al día siguiente el pueblo se levantó de mañana, y edificaron allí altar, y ofrecieron holocaustos y ofrendas de paz.

⁵ Y dijeron los hijos de Israel: ¿Quién de todas las tribus de Israel no subió a la reunión delante de Jehová? Porque se había hecho gran juramento contra el que no subiese a Jehová en Mizpa, diciendo: Sufrirá la muerte.

⁶ Y los hijos de Israel se arrepintieron a causa de Benjamín su hermano, y dijeron: Cortada es hoy de Israel una tribu.

⁷ ¿Qué haremos en cuanto a mujeres para los que han quedado? Nosotros hemos jurado por Jehová que no les daremos nuestras hijas por mujeres.

⁸ Y dijeron: ¿Hay alguno de las tribus de Israel que no haya subido a Jehová en Mizpa? Y hallaron que ninguno de Jabes-galaad había venido al campamento, a la reunión.

⁹ Porque fue contado el pueblo, y no hubo allí varón de los moradores de Jabes-galaad.

¹⁰ Entonces la congregación envió allá a doce mil hombres de los más valientes, y les mandaron, diciendo: Id y herid a filo de espada a los moradores de Jabes-galaad, con las mujeres y niños.

¹¹ Pero haréis de esta manera: mataréis a todo varón, y a toda mujer que haya conocido ayuntamiento de varón.

¹² Y hallaron de los moradores de Jabes-galaad cuatrocientas doncellas que no habían conocido ayuntamiento de varón, y las trajeron al campamento en Silo, que está en la tierra de Canaán.

¹³ Toda la congregación envió luego a hablar a los hijos de Benjamín que estaban en la peña de Rimón, y los llamaron en paz.

¹⁴ Y volvieron entonces los de Benjamín, y les dieron por mujeres las que habían guardado vivas de las mujeres de Jabes-galaad; mas no les bastaron éstas.

¹⁵ Y el pueblo tuvo compasión de Benjamín, porque Jehová había abierto una brecha entre las tribus de Israel.

¹⁶ Entonces los ancianos de la congregación dijeron: ¿Qué haremos respecto de mujeres para los que han quedado? Porque fueron muertas las mujeres de Benjamín.

¹⁷ Y dijeron: Tenga Benjamín herencia en los que han escapado, y no sea exterminada una tribu de Israel.

¹⁸ Pero nosotros no les podemos dar mujeres de nuestras hijas, porque los hijos de Israel han jurado diciendo: Maldito el que diere mujer a los benjamitas.

¹⁹ Ahora bien, dijeron, he aquí cada año hay fiesta solemne de Jehová en Silo, que está al norte de Bet-el, y al lado oriental del camino que sube de Bet-el a Siquem, y al sur de Lebona.

²⁰ Y mandaron a los hijos de Benjamín, diciendo: Id, y poned emboscadas en las viñas,

²¹ y estad atentos; y cuando veáis salir a las hijas de Silo a bailar en corros, salid de las viñas, y arrebatad cada uno mujer para sí de las hijas de Silo, e idos a tierra de Benjamín.

²² Y si vinieren los padres de ellas o sus hermanos a demandárnoslas, nosotros les diremos: Hacednos la merced de concedérnoslas, pues que nosotros en la guerra no tomamos mujeres para todos; además, no sois vosotros los que se las disteis, para que ahora seáis culpados.

²³ Y los hijos de Benjamín lo hicieron así; y tomaron mujeres conforme a su número, robándolas de entre las que danzaban; y se fueron, y volvieron a su heredad, y reedificaron las ciudades, y habitaron en ellas.

²⁴ Entonces los hijos de Israel se fueron también de allí, cada uno a su tribu y a su familia, saliendo de allí cada uno a su heredad.

²⁵ En estos días no había rey en Israel; cada uno hacía lo que bien le parecía.ª

ª 21.25 Jue 17.6.

RUT

Rut y Noemí

1 ¹ Aconteció en los días que goberna-ban los jueces, que hubo hambre en la tierra. Y un varón de Belén de Judá fue a morar en los campos de Moab, él y su mujer, y dos hijos suyos. ² El nombre de aquel varón era Elimelec, y el de su mujer, Noemí; y los nombres de sus hijos eran Mahlón y Quelión, efrateos de Belén de Judá. Llegaron, pues, a los campos de Moab, y se quedaron allí. ³ Y murió Elimelec, marido de Noemí, y quedó ella con sus dos hijos, ⁴ los cuales tomaron para sí mujeres moa-bitas; el nombre de una era Orfa, y el nombre de la otra, Rut; y habitaron allí unos diez años. ⁵ Y murieron también los dos, Mahlón y Quelión, quedando así la mujer desampa-rada de sus dos hijos y de su marido. ⁶ Entonces se levantó con sus nueras, y regresó de los campos de Moab; porque oyó en el campo de Moab que Jehová ha-bía visitado a su pueblo para darles pan. ⁷ Salió, pues, del lugar donde había esta-do, y con ella sus dos nueras, y comen-zaron a caminar para volverse a la tierra de Judá. ⁸ Y Noemí dijo a sus dos nueras: Andad, volveos cada una a la casa de su madre; Jehová haga con vosotras misericordia, como la habéis hecho con los muertos y conmigo. ⁹ Os conceda Jehová que halléis descanso, cada una en casa de su marido. Luego las besó, y ellas alzaron su voz y lloraron, ¹⁰ y le dijeron: Ciertamente nosotras ire-mos contigo a tu pueblo. ¹¹ Y Noemí respondió: Volveos, hijas mías; ¿para qué habéis de ir conmigo? ¿Tengo yo más hijos en el vientre, que puedan ser vuestros maridos? ¹² Volveos, hijas mías, e idos; porque yo ya soy vieja para tener marido. Y aunque dijese: Esperanza tengo, y esta noche estuviese con marido, y aun diese a luz hijos, ¹³ ¿habíais vosotras de esperarlos hasta que fuesen grandes? ¿Habíais de queda-ros sin casar por amor a ellos? No, hijas mías; que mayor amargura tengo yo que vosotras, pues la mano de Jehová ha salido contra mí. ¹⁴ Y ellas alzaron otra vez su voz y llora-ron; y Orfa besó a su suegra, mas Rut se quedó con ella. ¹⁵ Y Noemí dijo: He aquí tu cuñada se ha vuelto a su pueblo y a sus dioses; vuélvete tú tras ella. ¹⁶ Respondió Rut: No me ruegues que te deje, y me aparte de ti; porque a donde-quiera que tú fueres, iré yo, y dondequie-ra que vivieres, viviré. Tu pueblo será mi pueblo, y tu Dios mi Dios. ¹⁷ Donde tú murieres, moriré yo, y allí seré sepultada; así me haga Jehová, y aun me añada, que sólo la muerte hará separa-ción entre nosotras dos. ¹⁸ Y viendo Noemí que estaba tan resuel-ta a ir con ella, no dijo más. ¹⁹ Anduvieron, pues, ellas dos hasta que llegaron a Belén; y aconteció que habiendo entrado en Belén, toda la ciudad se con-movió por causa de ellas, y decían: ¿No es ésta Noemí? ²⁰ Y ella les respondía: No me llaméis Noemí,¹ sino llamadme Mara;² porque en grande amargura me ha puesto el Todopo-deroso. ²¹ Yo me fui llena, pero Jehová me ha vuelto con las manos vacías. ¿Por qué me llamaréis Noemí, ya que Jehová ha dado testimonio contra mí, y el Todopoderoso me ha afligido? ²² Así volvió Noemí, y Rut la moabita su nuera con ella; volvió de los campos de Moab, y llegaron a Belén al comienzo de la siega de la cebada.

---

1. **1.20** Esto es, *Placentera.* *2.* **1.20** Esto es, *Amarga.*

Rut recoge espigas en el campo de Booz

2 ¹ Tenía Noemí un pariente de su marido, hombre rico de la familia de Elimelec, el cual se llamaba Booz.

² Y Rut la moabita dijo a Noemí: Te ruego que me dejes ir al campo, y recogeré espigasª en pos de aquel a cuyos ojos hallare gracia. Y ella le respondió: Ve, hija mía.

³ Fue, pues, y llegando, espigó en el campo en pos de los segadores; y aconteció que aquella parte del campo era de Booz, el cual era de la familia de Elimelec.

⁴ Y he aquí que Booz vino de Belén, y dijo a los segadores: Jehová sea con vosotros. Y ellos respondieron: Jehová te bendiga.

⁵ Y Booz dijo a su criado el mayordomo de los segadores: ¿De quién es esta joven?

⁶ Y el criado, mayordomo de los segadores, respondió y dijo: Es la joven moabita que volvió con Noemí de los campos de Moab;

⁷ y ha dicho: Te ruego que me dejes recoger y juntar tras los segadores entre las gavillas. Entró, pues, y está desde por la mañana hasta ahora, sin descansar ni aun por un momento.

⁸ Entonces Booz dijo a Rut: Oye, hija mía, no vayas a espigar a otro campo, ni pases de aquí; y aquí estarás junto a mis criadas.

⁹ Mira bien el campo que sieguen, y síguelas; porque yo he mandado a los criados que no te molesten. Y cuando tengas sed, ve a las vasijas, y bebe del agua que sacan los criados.

¹⁰ Ella entonces bajando su rostro se inclinó a tierra, y le dijo: ¿Por qué he hallado gracia en tus ojos para que me reconozcas, siendo yo extranjera?

¹¹ Y respondiendo Booz, le dijo: He sabido todo lo que has hecho con tu suegra después de la muerte de tu marido, y que dejando a tu padre y a tu madre y la tierra donde naciste, has venido a un pueblo que no conociste antes.

¹² Jehová recompense tu obra, y tu remuneración sea cumplida de parte de Jehová Dios de Israel, bajo cuyas alas has venido a refugiarte.

¹³ Y ella dijo: Señor mío, halle yo gracia delante de tus ojos; porque me has consolado, y porque has hablado al corazón de tu sierva, aunque no soy ni como una de tus criadas.

¹⁴ Y Booz le dijo a la hora de comer: Ven aquí, y come del pan, y moja tu bocado en el vinagre.

Y ella se sentó junto a los segadores, y él le dio del potaje, y comió hasta que se sació, y le sobró.

¹⁵ Luego se levantó para espigar. Y Booz mandó a sus criados, diciendo: Que recoja también espigas entre las gavillas, y no la avergoncéis;

¹⁶ y dejaréis también caer para ella algo de los manojos, y lo dejaréis para que lo recoja, y no la reprendáis.

¹⁷ Espigó, pues, en el campo hasta la noche, y desgranó lo que había recogido, y fue como un efa de cebada.

¹⁸ Y lo tomó, y se fue a la ciudad; y su suegra vio lo que había recogido. Sacó también luego lo que le había sobrado después de haber quedado saciada, y se lo dio.

¹⁹ Y le dijo su suegra: ¿Dónde has espigado hoy? ¿y dónde has trabajado? Bendito sea el que te ha reconocido.

Y contó ella a su suegra con quién había trabajado, y dijo: El nombre del varón con quien hoy he trabajado es Booz.

²⁰ Y dijo Noemí a su nuera: Sea él bendito de Jehová, pues que no ha rehusado a los vivos la benevolencia que tuvo para con los que han muerto. Después le dijo Noemí: Nuestro pariente es aquel varón, y uno de los que pueden redimirnos.

²¹ Y Rut la moabita dijo: Además de esto me ha dicho: Júntate con mis criadas, hasta que hayan acabado toda mi siega.

²² Y Noemí respondió a Rut su nuera: Mejor es, hija mía, que salgas con sus criadas, y que no te encuentren en otro campo.

²³ Estuvo, pues, junto con las criadas de Booz espigando, hasta que se acabó la siega de la cebada y la del trigo; y vivía con su suegra.

Rut y Booz en la era

3 ¹ Después le dijo su suegra Noemí: Hija mía, ¿no he de buscar hogar para ti, para que te vaya bien?

² ¿No es Booz nuestro pariente, con cuyas criadas tú has estado? He aquí que él avienta esta noche la parva de las cebadas.

ª **2.2** Lv 19.9, 10; Dt 24.19.

3 Te lavarás, pues, y te ungirás, y vistiéndote tus vestidos, irás a la era; mas no te darás a conocer al varón hasta que él haya acabado de comer y de beber.

4 Y cuando él se acueste, notarás el lugar donde se acuesta, e irás y descubrirás sus pies, y te acostarás allí; y él te dirá lo que hayas de hacer.

5 Y ella respondió: Haré todo lo que tú me mandes.

6 Descendió, pues, a la era, e hizo todo lo que su suegra le había mandado.

7 Y cuando Booz hubo comido y bebido, y su corazón estuvo contento, se retiró a dormir a un lado del montón. Entonces ella vino calladamente, y le descubrió los pies y se acostó.

8 Y aconteció que a la medianoche se estremeció aquel hombre, y se volvió; y he aquí, una mujer estaba acostada a sus pies.

9 Entonces él dijo: ¿Quién eres? Y ella respondió: Yo soy Rut tu sierva; extiende el borde de tu capa sobre tu sierva, por cuanto eres pariente cercano.

10 Y él dijo: Bendita seas tú de Jehová, hija mía; has hecho mejor tu postrera bondad que la primera, no yendo en busca de los jóvenes, sean pobres o ricos.

11 Ahora pues, no temas, hija mía; yo haré contigo lo que tú digas, pues toda la gente de mi pueblo sabe que eres mujer virtuosa.

12 Y ahora, aunque es cierto que yo soy pariente cercano, con todo eso hay pariente más cercano que yo.

13 Pasa aquí la noche, y cuando sea de día, si él te redimiere, bien, redímate; mas si él no te quisiere redimir, yo te redimiré, vive Jehová. Descansa, pues, hasta la mañana.

14 Y después que durmió a sus pies hasta la mañana, se levantó antes que los hombres pudieran reconocerse unos a otros; porque él dijo: No se sepa que vino mujer a la era.

15 Después le dijo: Quítate el manto que traes sobre ti, y tenlo. Y teniéndolo ella, él midió seis medidas de cebada, y se las puso encima; y ella se fue a la ciudad.

16 Y cuando llegó a donde estaba su suegra, ésta le dijo: ¿Qué hay, hija mía? Y le contó ella todo lo que con aquel varón le había acontecido.

17 Y dijo: Estas seis medidas de cebada me dio, diciéndome: A fin de que no vayas a tu suegra con las manos vacías.

18 Entonces Noemí dijo: Espérate, hija mía, hasta que sepas cómo se resuelve el asunto; porque aquel hombre no descansará hasta que concluya el asunto hoy.

Booz se casa con Rut

4 **1** Booz subió a la puerta y se sentó allí; y he aquí pasaba aquel pariente de quien Booz había hablado, y le dijo: Eh, fulano, ven acá y siéntate. Y él vino y se sentó.

2 Entonces él tomó a diez varones de los ancianos de la ciudad, y dijo: Sentaos aquí. Y ellos se sentaron.

3 Luego dijo al pariente: Noemí, que ha vuelto del campo de Moab, vende una parte de las tierras que tuvo nuestro hermano Elimelec.

4 Y yo decidí hacértelo saber, y decirte que la compres en presencia de los que están aquí sentados, y de los ancianos de mi pueblo. Si tú quieres redimir, redime; y si no quieres redimir, decláramelo para que yo lo sepa; porque no hay otro que redima sino tú, y yo después de ti.

Y él respondió: Yo redimiré.

5 Entonces replicó Booz: El mismo día que compres las tierras de mano de Noemí, debes tomar también a Rut la moabita, mujer del difunto, para que restaures el nombre del muerto sobre su posesión.

6 Y respondió el pariente: No puedo redimir para mí, no sea que dañe mi heredad. Redime tú, usando de mi derecho, porque yo no podré redimir.

7 Había ya desde hacía tiempo esta costumbre en Israel tocante a la redención y al contrato, que para la confirmación de cualquier negocio, el uno se quitaba el zapato y lo daba a su compañero; y esto servía de testimonio en Israel.

8 Entonces el pariente dijo a Booz: Tómalo tú. Y se quitó el zapato.[a]

9 Y Booz dijo a los ancianos y a todo el pueblo: Vosotros sois testigos hoy, de que he adquirido de mano de Noemí todo lo que fue de Elimelec, y todo lo que fue de Quelión y de Mahlón.

---

a 4.7, 8 Dt 25.9.

10 Y que también tomo por mi mujer a Rut la moabita, mujer de Mahlón, para restaurar el nombre del difunto sobre su heredad, para que el nombre del muerto no se borre de entre sus hermanos y de la puerta de su lugar. Vosotros sois testigos hoy.

11 Y dijeron todos los del pueblo que estaban a la puerta con los ancianos: Testigos somos. Jehová haga a la mujer que entra en tu casa como a Raquel y a Lea, las cuales edificaron la casa de Israel;[b] y tú seas ilustre en Efrata, y seas de renombre en Belén.

12 Y sea tu casa como la casa de Fares, el que Tamar dio a luz a Judá,[c] por la descendencia que de esa joven te dé Jehová.

13 Booz, pues, tomó a Rut, y ella fue su mujer; y se llegó a ella, y Jehová le dio que concibiese y diese a luz un hijo.

14 Y las mujeres decían a Noemí: Loado sea Jehová, que hizo que no te faltase hoy pariente, cuyo nombre será celebrado en Israel;

15 el cual será restaurador de tu alma, y sustentará tu vejez; pues tu nuera, que te ama, lo ha dado a luz; y ella es de más valor para ti que siete hijos.

16 Y tomando Noemí el hijo, lo puso en su regazo, y fue su aya.

17 Y le dieron nombre las vecinas, diciendo: Le ha nacido un hijo a Noemí; y lo llamaron Obed. Éste es padre de Isaí, padre de David.

18 Éstas son las generaciones de Fares:[d] Fares engendró a Hezrón,

19 Hezrón engendró a Ram, y Ram engendró a Aminadab,

20 Aminadab engendró a Naasón, y Naasón engendró a Salmón,

21 Salmón engendró a Booz, y Booz engendró a Obed,

22 Obed engendró a Isaí, e Isaí engendró a David.

---

b 4.11 Gn 29.31—35.18.   c 4.12 Gn 38.27-30.   d 4.18 1 Cr 2.5-15; Mt 1.3-6; Lc 3.31-33.

SAMUEL

Nacimiento de Samuel

1 ¹ Hubo un varón de Ramataim de Zofim, del monte de Efraín, que se llamaba Elcana hijo de Jeroham, hijo de Eliú, hijo de Tohu, hijo de Zuf, efrateo.

² Y tenía él dos mujeres; el nombre de una era Ana, y el de la otra, Penina. Y Penina tenía hijos, mas Ana no los tenía.

³ Y todos los años aquel varón subía de su ciudad para adorar y para ofrecer sacrificios a Jehová de los ejércitos en Silo, donde estaban dos hijos de Elí, Ofni y Finees, sacerdotes de Jehová.

⁴ Y cuando llegaba el día en que Elcana ofrecía sacrificio, daba a Penina su mujer, a todos sus hijos y a todas sus hijas, a cada uno su parte.

⁵ Pero a Ana daba una parte escogida; porque amaba a Ana, aunque Jehová no le había concedido tener hijos.

⁶ Y su rival la irritaba, enojándola y entristeciéndola, porque Jehová no le había concedido tener hijos.

⁷ Así hacía cada año; cuando subía a la casa de Jehová, la irritaba así; por lo cual Ana lloraba, y no comía.

⁸ Y Elcana su marido le dijo: Ana, ¿por qué lloras? ¿por qué no comes? ¿y por qué está afligido tu corazón? ¿No te soy yo mejor que diez hijos?

⁹ Y se levantó Ana después que hubo comido y bebido en Silo; y mientras el sacerdote Elí estaba sentado en una silla junto a un pilar del templo de Jehová,

¹⁰ ella con amargura de alma oró a Jehová, y lloró abundantemente.

¹¹ E hizo voto, diciendo: Jehová de los ejércitos, si te dignares mirar a la aflicción de tu sierva, y te acordares de mí, y no te olvidares de tu sierva, sino que dieres a tu sierva un hijo varón, yo lo dedicaré a Jehová todos los días de su vida, y no pasará navaja sobre su cabeza.ª

¹² Mientras ella oraba largamente delante de Jehová, Elí estaba observando la boca de ella.

¹³ Pero Ana hablaba en su corazón, y solamente se movían sus labios, y su voz no se oía; y Elí la tuvo por ebria.

¹⁴ Entonces le dijo Elí: ¿Hasta cuándo estarás ebria? Digiere tu vino.

¹⁵ Y Ana le respondió diciendo: No, señor mío; yo soy una mujer atribulada de espíritu; no he bebido vino ni sidra, sino que he derramado mi alma delante de Jehová.

¹⁶ No tengas a tu sierva por una mujer impía; porque por la magnitud de mis congojas y de mi aflicción he hablado hasta ahora.

¹⁷ Elí respondió y dijo: Ve en paz, y el Dios de Israel te otorgue la petición que le has hecho.

¹⁸ Y ella dijo: Halle tu sierva gracia delante de tus ojos. Y se fue la mujer por su camino, y comió, y no estuvo más triste.

¹⁹ Y levantándose de mañana, adoraron delante de Jehová, y volvieron y fueron a su casa en Ramá. Y Elcana se llegó a Ana su mujer, y Jehová se acordó de ella.

²⁰ Aconteció que al cumplirse el tiempo, después de haber concebido Ana, dio a luz un hijo, y le puso por nombre Samuel, diciendo: Por cuanto lo pedí a Jehová.

²¹ Después subió el varón Elcana con toda su familia, para ofrecer a Jehová el sacrificio acostumbrado y su voto.

²² Pero Ana no subió, sino dijo a su marido: Yo no subiré hasta que el niño sea destetado, para que lo lleve y sea presentado delante de Jehová, y se quede allá para siempre.

²³ Y Elcana su marido le respondió: Haz lo que bien te parezca; quédate hasta que lo destetes; solamente que cumpla Jehová su palabra. Y se quedó la mujer, y crió a su hijo hasta que lo destetó.

²⁴ Después que lo hubo destetado, lo llevó consigo, con tres becerros, un efa de harina, y una vasija de vino, y lo trajo a la casa de Jehová en Silo; y el niño era pequeño.

ª 1.11 Nm 6.5.

25 Y matando el becerro, trajeron el niño a Elí.

26 Y ella dijo: ¡Oh, señor mío! Vive tu alma, señor mío, yo soy aquella mujer que estuvo aquí junto a ti orando a Jehová.

27 Por este niño oraba, y Jehová me dio lo que le pedí.

28 Yo, pues, lo dedico también a Jehová; todos los días que viva, será de Jehová. Y adoró allí a Jehová.

Cántico de Ana

2 **1** Y Ana oró y dijo:
Mi corazón se regocija en Jehová,
Mi poder se exalta en Jehová;
Mi boca se ensanchó sobre mis
enemigos,
Por cuanto me alegré en tu salvación.
2 No hay santo como Jehová;
Porque no hay ninguno fuera de ti,
Y no hay refugio como el Dios
nuestro.
3 No multipliquéis palabras de
grandeza y altanería;
Cesen las palabras arrogantes de
vuestra boca;
Porque el Dios de todo saber es
Jehová,
Y a él toca el pesar las acciones.
4 Los arcos de los fuertes fueron
quebrados,
Y los débiles se ciñeron de poder.
5 Los saciados se alquilaron por pan,
Y los hambrientos dejaron de tener
hambre;
Hasta la estéril ha dado a luz siete,
Y la que tenía muchos hijos
languidece.
6 Jehová mata, y él da vida;
El hace descender al Seol, y hace subir.
7 Jehová empobrece, y él enriquece;
Abate, y enaltece.
8 Él levanta del polvo al pobre,
Y del muladar exalta al menesteroso,
Para hacerle sentarse con príncipes y
heredar un sitio de honor.
Porque de Jehová son las columnas
de la tierra,
Y él afirmó sobre ellas el mundo.
9 Él guarda los pies de sus santos,
Mas los impíos perecen en tinieblas;

Porque nadie será fuerte por su
propia fuerza.
10 Delante de Jehová serán
quebrantados sus adversarios,
Y sobre ellos tronará desde los cielos;
Jehová juzgará los confines de la
tierra,
Dará poder a su Rey,
Y exaltará el poderío de su Ungido.[a]

11 Y Elcana se volvió a su casa en Ramá; y el niño ministraba a Jehová delante del sacerdote Elí.

El pecado de los hijos de Elí

12 Los hijos de Elí eran hombres impíos, y no tenían conocimiento de Jehová.

13 Y era costumbre de los sacerdotes con el pueblo, que cuando alguno ofrecía sacrificio, venía el criado del sacerdote mientras se cocía la carne, trayendo en su mano un garfio de tres dientes,

14 y lo metía en el perol, en la olla, en el caldero o en la marmita; y todo lo que sacaba el garfio, el sacerdote lo tomaba para sí. De esta manera hacían con todo israelita que venía a Silo.

15 Asimismo, antes de quemar la grosura, venía el criado del sacerdote, y decía al que sacrificaba: Da carne que asar para el sacerdote; porque no tomará de ti carne cocida, sino cruda.

16 Y si el hombre le respondía: Quemen la grosura primero, y después toma tanto como quieras; él respondía: No, sino dámela ahora mismo; de otra manera yo la tomaré por la fuerza.

17 Era, pues, muy grande delante de Jehová el pecado de los jóvenes; porque los hombres menospreciaban las ofrendas de Jehová.

18 Y el joven Samuel ministraba en la presencia de Jehová, vestido de un efod de lino.

19 Y le hacía su madre una túnica pequeña y se la traía cada año, cuando subía con su marido para ofrecer el sacrificio acostumbrado.

20 Y Elí bendijo a Elcana y a su mujer, diciendo: Jehová te dé hijos de esta mujer en lugar del que pidió a Jehová. Y se volvieron a su casa.

21 Y visitó Jehová a Ana, y ella concibió, y dio a luz tres hijos y dos hijas. Y el joven Samuel crecía delante de Jehová.

---

a **2.1-10** Lc 1.46-55.

²² Pero Elí era muy viejo; y oía de todo lo que sus hijos hacían con todo Israel, y cómo dormían con las mujeres que velaban a la puerta del tabernáculo de reunión.

²³ Y les dijo: ¿Por qué hacéis cosas semejantes? Porque yo oigo de todo este pueblo vuestros malos procederes.

²⁴ No, hijos míos, porque no es buena fama la que yo oigo; pues hacéis pecar al pueblo de Jehová.

²⁵ Si pecare el hombre contra el hombre, los jueces le juzgarán; mas si alguno pecare contra Jehová, ¿quién rogará por él? Pero ellos no oyeron la voz de su padre, porque Jehová había resuelto hacerlos morir.

²⁶ Y el joven Samuel iba creciendo, y era acepto delante de Dios y delante de los hombres.

²⁷ Y vino un varón de Dios a Elí, y le dijo: Así ha dicho Jehová: ¿No me manifesté yo claramente a la casa de tu padre, cuando estaban en Egipto en casa de Faraón?

²⁸ Y yo le escogí por mi sacerdote entre todas las tribus de Israel, para que ofreciese sobre mi altar, y quemase incienso, y llevase efod delante de mí;ᵇ y di a la casa de tu padre todas las ofrendas de los hijos de Israel.ᶜ

²⁹ ¿Por qué habéis hollado mis sacrificios y mis ofrendas, que yo mandé ofrecer en el tabernáculo; y has honrado a tus hijos más que a mí, engordándoos de lo principal de todas las ofrendas de mi pueblo Israel?

³⁰ Por tanto, Jehová el Dios de Israel dice: Yo había dicho que tu casa y la casa de tu padre andarían delante de mí perpetuamente; mas ahora ha dicho Jehová: Nunca yo tal haga, porque yo honraré a los que me honran, y los que me desprecian serán tenidos en poco.

³¹ He aquí, vienen días en que cortaré tu brazo y el brazo de la casa de tu padre, de modo que no haya anciano en tu casa.

³² Verás tu casa humillada, mientras Dios colma de bienes a Israel; y en ningún tiempo habrá anciano en tu casa.

³³ El varón de los tuyos que yo no corte de mi altar, será para consumir tus ojos y llenar tu alma de dolor; y todos los nacidos en tu casa morirán en la edad viril.

³⁴ Y te será por señal esto que acontecerá a tus dos hijos, Ofni y Finees: ambos morirán en un día.

³⁵ Y yo me suscitaré un sacerdote fiel, que haga conforme a mi corazón y a mi alma; y yo le edificaré casa firme, y andará delante de mi ungido todos los días.

³⁶ Y el que hubiere quedado en tu casa vendrá a postrarse delante de él por una moneda de plata y un bocado de pan, diciéndole: Te ruego que me agregues a alguno de los ministerios, para que pueda comer un bocado de pan.

Jehová llama a Samuel

3 ¹ El joven Samuel ministraba a Jehová en presencia de Elí; y la palabra de Jehová escaseaba en aquellos días; no había visión con frecuencia.

² Y aconteció un día, que estando Elí acostado en su aposento, cuando sus ojos comenzaban a oscurecerse de modo que no podía ver,

³ Samuel estaba durmiendo en el templo de Jehová, donde estaba el arca de Dios; y antes que la lámpara de Dios fuese apagada,

⁴ Jehová llamó a Samuel; y él respondió: Heme aquí.

⁵ Y corriendo luego a Elí, dijo: Heme aquí; ¿para qué me llamaste? Y Elí le dijo: Yo no he llamado; vuelve y acuéstate. Y él se volvió y se acostó.

⁶ Y Jehová volvió a llamar otra vez a Samuel. Y levantándose Samuel, vino a Elí y dijo: Heme aquí; ¿para qué me has llamado? Y él dijo: Hijo mío, yo no he llamado; vuelve y acuéstate.

⁷ Y Samuel no había conocido aún a Jehová, ni la palabra de Jehová le había sido revelada.

⁸ Jehová, pues, llamó la tercera vez a Samuel. Y él se levantó y vino a Elí, y dijo: Heme aquí; ¿para qué me has llamado? Entonces entendió Elí que Jehová llamaba al joven.

⁹ Y dijo Elí a Samuel: Ve y acuéstate; y si te llamare, dirás: Habla, Jehová, porque tu siervo oye. Así se fue Samuel, y se acostó en su lugar.

¹⁰ Y vino Jehová y se paró, y llamó como las otras veces: ¡Samuel, Samuel! Entonces Samuel dijo: Habla, porque tu siervo oye.

ᵇ **2.28** Ex 28.1-4.   ᶜ **2.28** Lv 7.35, 36.

11 Y Jehová dijo a Samuel: He aquí haré yo una cosa en Israel, que a quien la oyere, le retiñirán ambos oídos.

12 Aquel día yo cumpliré contra Elí todas las cosas que he dicho sobre su casa, desde el principio hasta el fin.

13 Y le mostraré que yo juzgaré su casa para siempre, por la iniquidad que él sabe; porque sus hijos han blasfemado a Dios, y él no los ha estorbado.

14 Por tanto, yo he jurado a la casa de Elí que la iniquidad de la casa de Elí no será expiada jamás, ni con sacrificios ni con ofrendas.

15 Y Samuel estuvo acostado hasta la mañana, y abrió las puertas de la casa de Jehová. Y Samuel temía descubrir la visión a Elí.

16 Llamando, pues, Elí a Samuel, le dijo: Hijo mío, Samuel. Y él respondió: Heme aquí.

17 Y Elí dijo: ¿Qué es la palabra que te habló? Te ruego que no me la encubras; así te haga Dios y aun te añada, si me encubrieres palabra de todo lo que habló contigo.

18 Y Samuel se lo manifestó todo, sin encubrirle nada. Entonces él dijo: Jehová es; haga lo que bien le pareciere.

19 Y Samuel creció, y Jehová estaba con él, y no dejó caer a tierra ninguna de sus palabras.

20 Y todo Israel, desde Dan hasta Beerseba, conoció que Samuel era fiel profeta de Jehová.

21 Y Jehová volvió a aparecer en Silo; porque Jehová se manifestó a Samuel en Silo por la palabra de Jehová.

Los filisteos capturan el arca

4 1 Y Samuel habló a todo Israel. Por aquel tiempo salió Israel a encontrar en batalla a los filisteos, y acampó junto a Eben-ezer, y los filisteos acamparon en Afec.

2 Y los filisteos presentaron la batalla a Israel; y trabándose el combate, Israel fue vencido delante de los filisteos, los cuales hirieron en la batalla en el campo como a cuatro mil hombres.

3 Cuando volvió el pueblo al campamento, los ancianos de Israel dijeron: ¿Por qué nos ha herido hoy Jehová delante de los filisteos? Traigamos a nosotros de Silo el arca del pacto de Jehová, para que viniendo entre nosotros nos salve de la mano de nuestros enemigos.

4 Y envió el pueblo a Silo, y trajeron de allá el arca del pacto de Jehová de los ejércitos, que moraba entre los querubines;ª y los dos hijos de Elí, Ofni y Finees, estaban allí con el arca del pacto de Dios.

5 Aconteció que cuando el arca del pacto de Jehová llegó al campamento, todo Israel gritó con tan gran júbilo que la tierra tembló.

6 Cuando los filisteos oyeron la voz de júbilo, dijeron: ¿Qué voz de gran júbilo es esta en el campamento de los hebreos? Y supieron que el arca de Jehová había sido traída al campamento.

7 Y los filisteos tuvieron miedo, porque decían: Ha venido Dios al campamento. Y dijeron: ¡Ay de nosotros! pues antes de ahora no fue así.

8 ¡Ay de nosotros! ¿Quién nos librará de la mano de estos dioses poderosos? Éstos son los dioses que hirieron a Egipto con toda plaga en el desierto.

9 Esforzaos, oh filisteos, y sed hombres, para que no sirváis a los hebreos, como ellos os han servido a vosotros; sed hombres, y pelead.

10 Pelearon, pues, los filisteos, e Israel fue vencido, y huyeron cada cual a sus tiendas; y fue hecha muy grande mortandad, pues cayeron de Israel treinta mil hombres de a pie.

11 Y el arca de Dios fue tomada, y muertos los dos hijos de Elí, Ofni y Finees.

12 Y corriendo de la batalla un hombre de Benjamín, llegó el mismo día a Silo, rotos sus vestidos y tierra sobre su cabeza;

13 y cuando llegó, he aquí que Elí estaba sentado en una silla vigilando junto al camino, porque su corazón estaba temblando por causa del arca de Dios. Llegado, pues, aquel hombre a la ciudad, y dadas las nuevas, toda la ciudad gritó.

14 Cuando Elí oyó el estruendo de la gritería, dijo: ¿Qué estruendo de alboroto es éste? Y aquel hombre vino aprisa y dio las nuevas a Elí.

15 Era ya Elí de edad de noventa y ocho años, y sus ojos se habían oscurecido, de modo que no podía ver.

---

a 4.4 Éx 25.22.

16 Dijo, pues, aquel hombre a Elí: Yo vengo de la batalla, he escapado hoy del combate. Y Elí dijo: ¿Qué ha acontecido, hijo mío?

17 Y el mensajero respondió diciendo: Israel huyó delante de los filisteos, y también fue hecha gran mortandad en el pueblo; y también tus dos hijos, Ofni y Finees, fueron muertos, y el arca de Dios ha sido tomada.

18 Y aconteció que cuando él hizo mención del arca de Dios, Elí cayó hacia atrás de la silla al lado de la puerta, y se desnucó y murió; porque era hombre viejo y pesado. Y había juzgado a Israel cuarenta años.

19 Y su nuera la mujer de Finees, que estaba encinta, cercana al alumbramiento, oyendo el rumor que el arca de Dios había sido tomada, y muertos su suegro y su marido, se inclinó y dio a luz; porque le sobrevinieron sus dolores de repente.

20 Y al tiempo que moría, le decían las que estaban junto a ella: No tengas temor, porque has dado a luz un hijo. Mas ella no respondió, ni se dio por entendida.

21 Y llamó al niño Icabod,*¹* diciendo: ¡Traspasada es la gloria de Israel! por haber sido tomada el arca de Dios, y por la muerte de su suegro y de su marido.

22 Dijo, pues: Traspasada es la gloria de Israel; porque ha sido tomada el arca de Dios.

El arca en tierra de los filisteos

5 **1** Cuando los filisteos capturaron el arca de Dios, la llevaron desde Ebenezer a Asdod.

2 Y tomaron los filisteos el arca de Dios, y la metieron en la casa de Dagón, y la pusieron junto a Dagón.

3 Y cuando al siguiente día los de Asdod se levantaron de mañana, he aquí Dagón postrado en tierra delante del arca de Jehová; y tomaron a Dagón y lo volvieron a su lugar.

4 Y volviéndose a levantar de mañana el siguiente día, he aquí que Dagón había caído postrado en tierra delante del arca de Jehová; y la cabeza de Dagón y las dos palmas de sus manos estaban cortadas sobre el umbral, habiéndole quedado a Dagón el tronco solamente.

5 Por esta causa los sacerdotes de Dagón y todos los que entran en el templo de Dagón no pisan el umbral de Dagón en Asdod, hasta hoy.

6 Y se agravó la mano de Jehová sobre los de Asdod, y los destruyó y los hirió con tumores en Asdod y en todo su territorio.

7 Y viendo esto los de Asdod, dijeron: No quede con nosotros el arca del Dios de Israel, porque su mano es dura sobre nosotros y sobre nuestro dios Dagón.

8 Convocaron, pues, a todos los príncipes de los filisteos, y les dijeron: ¿Qué haremos del arca del Dios de Israel? Y ellos respondieron: Pásese el arca del Dios de Israel a Gat. Y pasaron allá el arca del Dios de Israel.

9 Y aconteció que cuando la habían pasado, la mano de Jehová estuvo contra la ciudad con gran quebrantamiento, y afligió a los hombres de aquella ciudad desde el chico hasta el grande, y se llenaron de tumores.

10 Entonces enviaron el arca de Dios a Ecrón. Y cuando el arca de Dios vino a Ecrón, los ecronitas dieron voces, diciendo: Han pasado a nosotros el arca del Dios de Israel para matarnos a nosotros y a nuestro pueblo.

11 Y enviaron y reunieron a todos los príncipes de los filisteos, diciendo: Enviad el arca del Dios de Israel, y vuélvase a su lugar, y no nos mate a nosotros ni a nuestro pueblo; porque había consternación de muerte en toda la ciudad, y la mano de Dios se había agravado allí.

12 Y los que no morían, eran heridos de tumores; y el clamor de la ciudad subía al cielo.

Los filisteos devuelven el arca

6 **1** Estuvo el arca de Jehová en la tierra de los filisteos siete meses.

2 Entonces los filisteos, llamando a los sacerdotes y adivinos, preguntaron: ¿Qué haremos del arca de Jehová? Hacednos saber de qué manera la hemos de volver a enviar a su lugar.

3 Ellos dijeron: Si enviáis el arca del Dios de Israel, no la enviéis vacía, sino pagadle la expiación; entonces seréis sanos, y conoceréis por qué no se apartó de vosotros su mano.

4 Y ellos dijeron: ¿Y qué será la expiación que le pagaremos? Ellos respondieron:

---

l. **4.21** Esto es, *Sin gloria.*

Conforme al número de los príncipes de los filisteos, cinco tumores de oro, y cinco ratones de oro, porque una misma plaga ha afligido a todos vosotros y a vuestros príncipes. 5 Haréis, pues, figuras de vuestros tumores, y de vuestros ratones que destruyen la tierra, y daréis gloria al Dios de Israel; quizá aliviará su mano de sobre vosotros y de sobre vuestros dioses, y de sobre vuestra tierra.

6 ¿Por qué endurecéis vuestro corazón, como los egipcios y Faraón endurecieron su corazón? Después que los había tratado así, ¿no los dejaron ir, y se fueron?

7 Haced, pues, ahora un carro nuevo, y tomad luego dos vacas que críen, a las cuales no haya sido puesto yugo, y uncid las vacas al carro, y haced volver sus becerros de detrás de ellas a casa.

8 Tomaréis luego el arca de Jehová, y la pondréis sobre el carro, y las joyas de oro que le habéis de pagar en ofrenda por la culpa, las pondréis en una caja al lado de ella; y la dejaréis que se vaya.

9 Y observaréis; si sube por el camino de su tierra a Betsemes, él nos ha hecho este mal tan grande; y si no, sabremos que no es su mano la que nos ha herido, sino que esto ocurrió por accidente.

10 Y aquellos hombres lo hicieron así; tomando dos vacas que criaban, las uncieron al carro, y encerraron en casa sus becerros.

11 Luego pusieron el arca de Jehová sobre el carro, y la caja con los ratones de oro y las figuras de sus tumores.

12 Y las vacas se encaminaron por el camino de Bet-semes, y seguían camino recto, andando y bramando, sin apartarse ni a derecha ni a izquierda; y los príncipes de los filisteos fueron tras ellas hasta el límite de Bet-semes.

13 Y los de Bet-semes segaban el trigo en el valle; y alzando los ojos vieron el arca, y se regocijaron cuando la vieron.

14 Y el carro vino al campo de Josué de Bet-semes, y paró allí donde había una gran piedra; y ellos cortaron la madera del carro, y ofrecieron las vacas en holocausto a Jehová.

15 Y los levitas bajaron el arca de Jehová, y la caja que estaba junto a ella, en la cual estaban las joyas de oro, y las pusieron sobre aquella gran piedra; y los hombres de Bet-semes sacrificaron holocaustos y dedicaron sacrificios a Jehová en aquel día.

16 Cuando vieron esto los cinco príncipes de los filisteos, volvieron a Ecrón el mismo día.

17 Éstos fueron los tumores de oro que pagaron los filisteos en expiación a Jehová: por Asdod uno, por Gaza uno, por Ascalón uno, por Gat uno, por Ecrón uno.

18 Y los ratones de oro fueron conforme al número de todas las ciudades de los filisteos pertenecientes a los cinco príncipes, así las ciudades fortificadas como las aldeas sin muro. La gran piedra sobre la cual pusieron el arca de Jehová está en el campo de Josué de Bet-semes hasta hoy.

19 Entonces Dios hizo morir a los hombres de Bet-semes, porque habían mirado dentro del arca de Jehová; hizo morir del pueblo a cincuenta mil setenta hombres. Y lloró el pueblo, porque Jehová lo había herido con tan gran mortandad.

20 Y dijeron los de Bet-semes: ¿Quién podrá estar delante de Jehová el Dios santo? ¿A quién subirá desde nosotros?

21 Y enviaron mensajeros a los habitantes de Quiriat-jearim, diciendo: Los filisteos han devuelto el arca de Jehová; descended, pues, y llevadla a vosotros.

7 1 Vinieron los de Quiriat-jearim y llevaron el arca de Jehová, y la pusieron en casa de Abinadab, situada en el collado; y santificaron a Eleazar su hijo para que guardase el arca de Jehová.ª

2 Desde el día que llegó el arca a Quiriat-jearim pasaron muchos días, veinte años; y toda la casa de Israel lamentaba en pos de Jehová.

Samuel, juez de Israel

3 Habló Samuel a toda la casa de Israel, diciendo: Si de todo vuestro corazón os volvéis a Jehová, quitad los dioses ajenos y a Astarot de entre vosotros, y preparad vuestro corazón a Jehová, y sólo a él servid, y os librará de la mano de los filisteos.

4 Entonces los hijos de Israel quitaron a los baales y a Astarot, y sirvieron sólo a Jehová.

5 Y Samuel dijo: Reunid a todo Israel en Mizpa, y yo oraré por vosotros a Jehová.

6 Y se reunieron en Mizpa, y sacaron agua, y la derramaron delante de Jehová, y ayunaron aquel día, y dijeron allí: Contra Jehová hemos pecado. Y juzgó Samuel a los hijos de Israel en Mizpa.

7 Cuando oyeron los filisteos que los hijos de Israel estaban reunidos en Mizpa, subieron los príncipes de los filisteos contra Israel; y al oír esto los hijos de Israel, tuvieron temor de los filisteos.

8 Entonces dijeron los hijos de Israel a Samuel: No ceses de clamar por nosotros a Jehová nuestro Dios, para que nos guarde de la mano de los filisteos.

9 Y Samuel tomó un cordero de leche y lo sacrificó entero en holocausto a Jehová; y clamó Samuel a Jehová por Israel, y Jehová le oyó.

10 Y aconteció que mientras Samuel sacrificaba el holocausto, los filisteos llegaron para pelear con los hijos de Israel. Mas Jehová tronó aquel día con gran estruendo sobre los filisteos, y los atemorizó, y fueron vencidos delante de Israel.

11 Y saliendo los hijos de Israel de Mizpa, siguieron a los filisteos, hiriéndolos hasta abajo de Bet-car.

12 Tomó luego Samuel una piedra y la puso entre Mizpa y Sen, y le puso por nombre Eben-ezer,[2] diciendo: Hasta aquí nos ayudó Jehová.

13 Así fueron sometidos los filisteos, y no volvieron más a entrar en el territorio de Israel; y la mano de Jehová estuvo contra los filisteos todos los días de Samuel.

14 Y fueron restituidas a los hijos de Israel las ciudades que los filisteos habían tomado a los israelitas, desde Ecrón hasta Gat; e Israel libró su territorio de mano de los filisteos. Y hubo paz entre Israel y el amorreo.

15 Y juzgó Samuel a Israel todo el tiempo que vivió.

16 Y todos los años iba y daba vuelta a Betel, a Gilgal y a Mizpa, y juzgaba a Israel en todos estos lugares.

17 Después volvía a Ramá, porque allí estaba su casa, y allí juzgaba a Israel; y edificó allí un altar a Jehová.

Israel pide rey

8 **1** Aconteció que habiendo Samuel envejecido, puso a sus hijos por jueces sobre Israel.

2 Y el nombre de su hijo primogénito fue Joel, y el nombre del segundo, Abías; y eran jueces en Beerseba.

3 Pero no anduvieron los hijos por los caminos de su padre, antes se volvieron tras la avaricia, dejándose sobornar y pervirtiendo el derecho.

4 Entonces todos los ancianos de Israel se juntaron, y vinieron a Ramá para ver a Samuel,

5 y le dijeron: He aquí tú has envejecido, y tus hijos no andan en tus caminos; por tanto, constitúyenos ahora un rey que nos juzgue, como tienen todas las naciones.[a]

6 Pero no agradó a Samuel esta palabra que dijeron: Danos un rey que nos juzgue. Y Samuel oró a Jehová.

7 Y dijo Jehová a Samuel: Oye la voz del pueblo en todo lo que te digan; porque no te han desechado a ti, sino a mí me han desechado, para que no reine sobre ellos.

8 Conforme a todas las obras que han hecho desde el día que los saqué de Egipto hasta hoy, dejándome a mí y sirviendo a dioses ajenos, así hacen también contigo.

9 Ahora, pues, oye su voz; mas protesta solemnemente contra ellos, y muéstrales cómo les tratará el rey que reinará sobre ellos.

10 Y refirió Samuel todas las palabras de Jehová al pueblo que le había pedido rey.

11 Dijo, pues: Así hará el rey que reinará sobre vosotros: tomará vuestros hijos, y los pondrá en sus carros y en su gente de a caballo, para que corran delante de su carro;

12 y nombrará para sí jefes de miles y jefes de cincuentenas; los pondrá asimismo a que aren sus campos y sieguen sus mieses, y a que hagan sus armas de guerra y los pertrechos de sus carros.

13 Tomará también a vuestras hijas para que sean perfumadoras, cocineras y amasadoras.

14 Asimismo tomará lo mejor de vuestras tierras, de vuestras viñas y de vuestros olivares, y los dará a sus siervos.

15 Diezmará vuestro grano y vuestras viñas, para dar a sus oficiales y a sus siervos.

16 Tomará vuestros siervos y vuestras siervas, vuestros mejores jóvenes, y vuestros asnos, y con ellos hará sus obras.

---

2. **7.12** Esto es, *Piedra de ayuda.*
a **8.5** Dt 17.14.

17 Diezmará también vuestros rebaños, y seréis sus siervos.

18 Y clamaréis aquel día a causa de vuestro rey que os habréis elegido, mas Jehová no os responderá en aquel día.

19 Pero el pueblo no quiso oír la voz de Samuel, y dijo: No, sino que habrá rey sobre nosotros;

20 y nosotros seremos también como todas las naciones, y nuestro rey nos gobernará, y saldrá delante de nosotros, y hará nuestras guerras.

21 Y oyó Samuel todas las palabras del pueblo, y las refirió en oídos de Jehová.

22 Y Jehová dijo a Samuel: Oye su voz, y pon rey sobre ellos. Entonces dijo Samuel a los varones de Israel: Idos cada uno a vuestra ciudad.

Saúl es elegido rey

9 **1** Había un varón de Benjamín, hombre valeroso, el cual se llamaba Cis, hijo de Abiel, hijo de Zeror, hijo de Becorat, hijo de Afía, hijo de un benjamita.

2 Y tenía él un hijo que se llamaba Saúl, joven y hermoso. Entre los hijos de Israel no había otro más hermoso que él; de hombros arriba sobrepasaba a cualquiera del pueblo.

3 Y se habían perdido las asnas de Cis, padre de Saúl; por lo que dijo Cis a Saúl su hijo: Toma ahora contigo alguno de los criados, y levántate, y ve a buscar las asnas.

4 Y él pasó el monte de Efraín, y de allí a la tierra de Salisa, y no las hallaron. Pasaron luego por la tierra de Saalim, y tampoco. Después pasaron por la tierra de Benjamín, y no las encontraron.

5 Cuando vinieron a la tierra de Zuf, Saúl dijo a su criado que tenía consigo: Ven, volvámonos; porque quizá mi padre, abandonada la preocupación por las asnas, estará acongojado por nosotros.

6 Él le respondió: He aquí ahora hay en esta ciudad un varón de Dios, que es hombre insigne; todo lo que él dice acontece sin falta. Vamos, pues, allá; quizá nos dará algún indicio acerca del objeto por el cual emprendimos nuestro camino.

7 Respondió Saúl a su criado: Vamos ahora; pero ¿qué llevaremos al varón? Porque el pan de nuestras alforjas se ha acabado, y no tenemos qué ofrecerle al varón de Dios. ¿Qué tenemos?

8 Entonces volvió el criado a responder a Saúl, diciendo: He aquí se halla en mi mano la cuarta parte de un siclo de plata; esto daré al varón de Dios, para que nos declare nuestro camino.

9 (Antiguamente en Israel cualquiera que iba a consultar a Dios, decía así: Venid y vamos al vidente; porque al que hoy se llama profeta, entonces se le llamaba vidente.)

10 Dijo entonces Saúl a su criado: Dices bien; anda, vamos. Y fueron a la ciudad donde estaba el varón de Dios.

11 Y cuando subían por la cuesta de la ciudad, hallaron unas doncellas que salían por agua, a las cuales dijeron: ¿Está en este lugar el vidente?

12 Ellas, respondiéndoles, dijeron: Sí; helo allí delante de ti; date prisa, pues, porque hoy ha venido a la ciudad en atención a que el pueblo tiene hoy un sacrificio en el lugar alto.

13 Cuando entréis en la ciudad, le encontraréis luego, antes que suba al lugar alto a comer; pues el pueblo no comerá hasta que él haya llegado, por cuanto él es el que bendice el sacrificio; después de esto comen los convidados. Subid, pues, ahora, porque ahora le hallaréis.

14 Ellos entonces subieron a la ciudad; y cuando estuvieron en medio de ella, he aquí Samuel venía hacia ellos para subir al lugar alto.

15 Y un día antes que Saúl viniese, Jehová había revelado al oído de Samuel, diciendo:

16 Mañana a esta misma hora yo enviaré a ti un varón de la tierra de Benjamín, al cual ungirás por príncipe sobre mi pueblo Israel, y salvará a mi pueblo de mano de los filisteos; porque yo he mirado a mi pueblo, por cuanto su clamor ha llegado hasta mí.

17 Y luego que Samuel vio a Saúl, Jehová le dijo: He aquí éste es el varón del cual te hablé; éste gobernará a mi pueblo.

18 Acercándose, pues, Saúl a Samuel en medio de la puerta, le dijo: Te ruego que me enseñes dónde está la casa del vidente.

19 Y Samuel respondió a Saúl, diciendo: Yo soy el vidente; sube delante de mí al lugar alto, y come hoy conmigo, y por la mañana te despacharé, y te descubriré todo lo que está en tu corazón.

20 Y de las asnas que se te perdieron hace ya tres días, pierde cuidado de ellas, porque se han hallado. Mas ¿para quién es todo lo que hay de codiciable en Israel, sino para ti y para toda la casa de tu padre?
21 Saúl respondió y dijo: ¿No soy yo hijo de Benjamín, de la más pequeña de las tribus de Israel? Y mi familia ¿no es la más pequeña de todas las familias de la tribu de Benjamín? ¿Por qué, pues, me has dicho cosa semejante?
22 Entonces Samuel tomó a Saúl y a su criado, los introdujo a la sala, y les dio lugar a la cabecera de los convidados, que eran unos treinta hombres.
23 Y dijo Samuel al cocinero: Trae acá la porción que te di, la cual te dije que guardases aparte.
24 Entonces alzó el cocinero una espaldilla, con lo que estaba sobre ella, y la puso delante de Saúl. Y Samuel dijo: He aquí lo que estaba reservado; ponlo delante de ti y come, porque para esta ocasión se te guardó, cuando dije: Yo he convidado al pueblo. Y Saúl comió aquel día con Samuel.
25 Y cuando hubieron descendido del lugar alto a la ciudad, él habló con Saúl en el terrado.
26 Al otro día madrugaron; y al despuntar el alba, Samuel llamó a Saúl, que estaba en el terrado, y dijo: Levántate, para que te despida. Luego se levantó Saúl, y salieron ambos, él y Samuel.
27 Y descendiendo ellos al extremo de la ciudad, dijo Samuel a Saúl: Di al criado que se adelante (y se adelantó el criado), mas espera tú un poco para que te declare la palabra de Dios.

10 **1** Tomando entonces Samuel una redoma de aceite, la derramó sobre su cabeza, y lo besó, y le dijo: ¿No te ha ungido Jehová por príncipe sobre su pueblo Israel?
2 Hoy, después que te hayas apartado de mí, hallarás dos hombres junto al sepulcro de Raquel, en el territorio de Benjamín, en Selsa, los cuales te dirán: Las asnas que habías ido a buscar se han hallado; tu padre ha dejado ya de inquietarse por las asnas, y está afligido por vosotros, diciendo: ¿Qué haré acerca de mi hijo?
3 Y luego que de allí sigas más adelante, y llegues a la encina de Tabor, te saldrán al encuentro tres hombres que suben a Dios en Bet-el, llevando uno tres cabritos, otro tres tortas de pan, y el tercero una vasija de vino;
4 los cuales, luego que te hayan saludado, te darán dos panes, los que tomarás de mano de ellos.
5 Después de esto llegarás al collado de Dios donde está la guarnición de los filisteos; y cuando entres allá en la ciudad encontrarás una compañía de profetas que descienden del lugar alto, y delante de ellos salterio, pandero, flauta y arpa, y ellos profetizando.
6 Entonces el Espíritu de Jehová vendrá sobre ti con poder, y profetizarás con ellos, y serás mudado en otro hombre.
7 Y cuando te hayan sucedido estas señales, haz lo que te viniere a la mano, porque Dios está contigo.
8 Luego bajarás delante de mí a Gilgal; entonces descenderé yo a ti para ofrecer holocaustos y sacrificar ofrendas de paz. Espera siete días, hasta que yo venga a ti y te enseñe lo que has de hacer.
9 Aconteció luego, que al volver él la espalda para apartarse de Samuel, le mudó Dios su corazón; y todas estas señales acontecieron en aquel día.
10 Y cuando llegaron allá al collado, he aquí la compañía de los profetas que venía a encontrarse con él; y el Espíritu de Dios vino sobre él con poder, y profetizó entre ellos.
11 Y aconteció que cuando todos los que le conocían antes vieron que profetizaba con los profetas, el pueblo decía el uno al otro: ¿Qué le ha sucedido al hijo de Cis? ¿Saúl también entre los profetas?
12 Y alguno de allí respondió diciendo: ¿Y quién es el padre de ellos? Por esta causa se hizo proverbio: ¿También Saúl entre los profetas?[a]
13 Y cesó de profetizar, y llegó al lugar alto.
14 Un tío de Saúl dijo a él y a su criado: ¿A dónde fuisteis? Y él respondió: A buscar las asnas; y como vimos que no aparecían, fuimos a Samuel.
15 Dijo el tío de Saúl: Yo te ruego me declares qué os dijo Samuel.
16 Y Saúl respondió a su tío: Nos declaró expresamente que las asnas habían sido halladas. Mas del asunto del reino, de que

---

a 10.12 1 S 19.23, 24.

Samuel le había hablado, no le descubrió nada.

17 Después Samuel convocó al pueblo delante de Jehová en Mizpa,

18 y dijo a los hijos de Israel: Así ha dicho Jehová el Dios de Israel: Yo saqué a Israel de Egipto, y os libré de mano de los egipcios, y de mano de todos los reinos que os afligieron.

19 Pero vosotros habéis desechado hoy a vuestro Dios, que os guarda de todas vuestras aflicciones y angustias, y habéis dicho: No, sino pon rey sobre nosotros. Ahora, pues, presentaos delante de Jehová por vuestras tribus y por vuestros millares.

20 Y haciendo Samuel que se acercasen todas las tribus de Israel, fue tomada la tribu de Benjamín.

21 E hizo llegar la tribu de Benjamín por sus familias, y fue tomada la familia de Matri; y de ella fue tomado Saúl hijo de Cis. Y le buscaron, pero no fue hallado.

22 Preguntaron, pues, otra vez a Jehová si aún no había venido allí aquel varón. Y respondió Jehová: He aquí que él está escondido entre el bagaje.

23 Entonces corrieron y lo trajeron de allí; y puesto en medio del pueblo, desde los hombros arriba era más alto que todo el pueblo.

24 Y Samuel dijo a todo el pueblo: ¿Habéis visto al que ha elegido Jehová, que no hay semejante a él en todo el pueblo? Entonces el pueblo clamó con alegría, diciendo: ¡Viva el rey!

25 Samuel recitó luego al pueblo las leyes del reino, y las escribió en un libro, el cual guardó delante de Jehová.

26 Y envió Samuel a todo el pueblo cada uno a su casa. Saúl también se fue a su casa en Gabaa, y fueron con él los hombres de guerra cuyos corazones Dios había tocado.

27 Pero algunos perversos dijeron: ¿Cómo nos ha de salvar éste? Y le tuvieron en poco, y no le trajeron presente; mas él disimuló.

Saúl derrota a los amonitas

11 **1** Después subió Nahas amonita, y acampó contra Jabes de Galaad. Y todos los de Jabes dijeron a Nahas: Haz alianza con nosotros, y te serviremos.

2 Y Nahas amonita les respondió: Con esta condición haré alianza con vosotros, que a cada uno de todos vosotros saque el ojo derecho, y ponga esta afrenta sobre todo Israel.

3 Entonces los ancianos de Jabes le dijeron: Danos siete días, para que enviemos mensajeros por todo el territorio de Israel; y si no hay nadie que nos defienda, saldremos a ti.

4 Llegando los mensajeros a Gabaa de Saúl, dijeron estas palabras en oídos del pueblo; y todo el pueblo alzó su voz y lloró.

5 Y he aquí Saúl que venía del campo, tras los bueyes; y dijo Saúl: ¿Qué tiene el pueblo, que llora? Y le contaron las palabras de los hombres de Jabes.

6 Al oír Saúl estas palabras, el Espíritu de Dios vino sobre él con poder; y él se encendió en ira en gran manera.

7 Y tomando un par de bueyes, los cortó en trozos y los envió por todo el territorio de Israel por medio de mensajeros, diciendo: Así se hará con los bueyes del que no saliere en pos de Saúl y en pos de Samuel. Y cayó temor de Jehová sobre el pueblo, y salieron como un solo hombre.

8 Y los contó en Bezec; y fueron los hijos de Israel trescientos mil, y treinta mil los hombres de Judá.

9 Y respondieron a los mensajeros que habían venido: Así diréis a los de Jabes de Galaad: Mañana al calentar el sol, seréis librados. Y vinieron los mensajeros y lo anunciaron a los de Jabes, los cuales se alegraron.

10 Y los de Jabes dijeron a los enemigos: Mañana saldremos a vosotros, para que hagáis con nosotros todo lo que bien os pareciere.

11 Aconteció que al día siguiente dispuso Saúl al pueblo en tres compañías, y entraron en medio del campamento a la vigilia de la mañana, e hirieron a los amonitas hasta que el día calentó; y los que quedaron fueron dispersos, de tal manera que no quedaron dos de ellos juntos.

12 El pueblo entonces dijo a Samuel: ¿Quiénes son los que decían: Ha de reinar Saúl sobre nosotros? Dadnos esos hombres, y los mataremos.

13 Y Saúl dijo: No morirá hoy ninguno, porque hoy Jehová ha dado salvación en Israel.

14 Mas Samuel dijo al pueblo: Venid, vamos a Gilgal para que renovemos allí el reino.

15 Y fue todo el pueblo a Gilgal, e invistieron allí a Saúl por rey delante de Jehová en Gilgal. Y sacrificaron allí ofrendas de paz delante de Jehová, y se alegraron mucho allí Saúl y todos los de Israel.

Discurso de Samuel al pueblo

12 **1** Dijo Samuel a todo Israel: He aquí, yo he oído vuestra voz en todo cuanto me habéis dicho, y os he puesto rey.

2 Ahora, pues, he aquí vuestro rey va delante de vosotros. Yo soy ya viejo y lleno de canas; pero mis hijos están con vosotros, y yo he andado delante de vosotros desde mi juventud hasta este día.

3 Aquí estoy; atestiguad contra mí delante de Jehová y delante de su ungido, si he tomado el buey de alguno, si he tomado el asno de alguno, si he calumniado a alguien, si he agraviado a alguno, o si de alguien he tomado cohecho para cegar mis ojos con él; y os lo restituiré.

4 Entonces dijeron: Nunca nos has calumniado ni agraviado, ni has tomado algo de mano de ningún hombre.

5 Y él les dijo: Jehová es testigo contra vosotros, y su ungido también es testigo en este día, que no habéis hallado cosa alguna en mi mano. Y ellos respondieron: Así es.

6 Entonces Samuel dijo al pueblo: Jehová que designó a Moisés y a Aarón,ª y sacó a vuestros padres de la tierra de Egipto, es testigo.

7 Ahora, pues, aguardad, y contenderé con vosotros delante de Jehová acerca de todos los hechos de salvación que Jehová ha hecho con vosotros y con vuestros padres.

8 Cuando Jacob hubo entrado en Egipto, y vuestros padres clamaron a Jehová,ᵇ Jehová envió a Moisés y a Aarón, los cuales sacaron a vuestros padres de Egipto, y los hicieron habitar en este lugar.

9 Y olvidaron a Jehová su Dios, y él los vendió en mano de Sísaraᶜ jefe del ejército de Hazor, y en mano de los filisteos,ᵈ y en mano del rey de Moab,ᵉ los cuales les hicieron guerra.

10 Y ellos clamaron a Jehová, y dijeron: Hemos pecado, porque hemos dejado a Jehová y hemos servido a los baales y a Astarot; líbranos, pues, ahora de mano de nuestros enemigos, y te serviremos.ᶠ

11 Entonces Jehová envió a Jerobaal,ᵍ a Barac,ʰ a Jeftéⁱ y a Samuel,ʲ y os libró de mano de vuestros enemigos en derredor, y habitasteis seguros.

12 Y habiendo visto que Nahas rey de los hijos de Amón venía contra vosotros, me dijisteis: No, sino que ha de reinar sobre nosotros un rey;ᵏ siendo así que Jehová vuestro Dios era vuestro rey.

13 Ahora, pues, he aquí el rey que habéis elegido, el cual pedisteis; ya veis que Jehová ha puesto rey sobre vosotros.

14 Si temiereis a Jehová y le sirviereis, y oyereis su voz, y no fuereis rebeldes a la palabra de Jehová, y si tanto vosotros como el rey que reina sobre vosotros servís a Jehová vuestro Dios, haréis bien.

15 Mas si no oyereis la voz de Jehová, y si fuereis rebeldes a las palabras de Jehová, la mano de Jehová estará contra vosotros como estuvo contra vuestros padres.

16 Esperad aún ahora, y mirad esta gran cosa que Jehová hará delante de vuestros ojos.

17 ¿No es ahora la siega del trigo? Yo clamaré a Jehová, y él dará truenos y lluvias, para que conozcáis y veáis que es grande vuestra maldad que habéis hecho ante los ojos de Jehová, pidiendo para vosotros rey.

18 Y Samuel clamó a Jehová, y Jehová dio truenos y lluvias en aquel día; y todo el pueblo tuvo gran temor de Jehová y de Samuel.

19 Entonces dijo todo el pueblo a Samuel: Ruega por tus siervos a Jehová tu Dios, para que no muramos; porque a todos nuestros pecados hemos añadido este mal de pedir rey para nosotros.

20 Y Samuel respondió al pueblo: No temáis; vosotros habéis hecho todo este mal; pero con todo eso no os apartéis de en pos de Jehová, sino servidle con todo vuestro corazón.

21 No os apartéis en pos de vanidades que no aprovechan ni libran, porque son vanidades.

22 Pues Jehová no desamparará a su pueblo, por su grande nombre; porque Jehová ha querido haceros pueblo suyo.

---

a 12.6 Éx 6.26.   **b 12.8** Éx 2.23.   **c 12.9** Jue 4.2.
d 12.9 Jue 13.1.   **e 12.9** Jue 3.12.   **f 12.10** Jue 10.10-15.
g 12.11 Jue 7.1.   **h 12.11** Jue 4.6.   **i 12.11** Jue 11.29.
j 12.11 1 S 3.20.   **k 12.12** 1 S 8.19.

²³ Así que, lejos sea de mí que peque yo contra Jehová cesando de rogar por vosotros; antes os instruiré en el camino bueno y recto.

²⁴ Solamente temed a Jehová y servidle de verdad con todo vuestro corazón, pues considerad cuán grandes cosas ha hecho por vosotros.

²⁵ Mas si perseverareis en hacer mal, vosotros y vuestro rey pereceréis.

Guerra contra los filisteos

13 ¹ Había ya reinado Saúl un año; y cuando hubo reinado dos años sobre Israel,

² escogió luego a tres mil hombres de Israel, de los cuales estaban con Saúl dos mil en Micmas y en el monte de Bet-el, y mil estaban con Jonatán en Gabaa de Benjamín; y envió al resto del pueblo cada uno a sus tiendas.

³ Y Jonatán atacó a la guarnición de los filisteos que había en el collado, y lo oyeron los filisteos. E hizo Saúl tocar trompeta por todo el país, diciendo: Oigan los hebreos.

⁴ Y todo Israel oyó que se decía: Saúl ha atacado a la guarnición de los filisteos; y también que Israel se había hecho abominable a los filisteos. Y se juntó el pueblo en pos de Saúl en Gilgal.

⁵ Entonces los filisteos se juntaron para pelear contra Israel, treinta mil carros, seis mil hombres de a caballo, y pueblo numeroso como la arena que está a la orilla del mar; y subieron y acamparon en Micmas, al oriente de Bet-avén.

⁶ Cuando los hombres de Israel vieron que estaban en estrecho (porque el pueblo estaba en aprieto), se escondieron en cuevas, en fosos, en peñascos, en rocas y en cisternas.

⁷ Y algunos de los hebreos pasaron el Jordán a la tierra de Gad y de Galaad; pero Saúl permanecía aún en Gilgal, y todo el pueblo iba tras él temblando.

⁸ Y él esperó siete días, conforme al plazo que Samuel había dicho;ᵃ pero Samuel no venía a Gilgal, y el pueblo se le desertaba.

⁹ Entonces dijo Saúl: Traedme holocausto y ofrendas de paz. Y ofreció el holocausto.

¹⁰ Y cuando él acababa de ofrecer el holocausto, he aquí Samuel que venía; y Saúl salió a recibirle, para saludarle.

¹¹ Entonces Samuel dijo: ¿Qué has hecho? Y Saúl respondió: Porque vi que el pueblo se me desertaba, y que tú no venías dentro del plazo señalado, y que los filisteos estaban reunidos en Micmas,

¹² me dije: Ahora descenderán los filisteos contra mí a Gilgal, y yo no he implorado el favor de Jehová. Me esforcé, pues, y ofrecí holocausto.

¹³ Entonces Samuel dijo a Saúl: Locamente has hecho; no guardaste el mandamiento de Jehová tu Dios que él te había ordenado; pues ahora Jehová hubiera confirmado tu reino sobre Israel para siempre.

¹⁴ Mas ahora tu reino no será duradero. Jehová se ha buscado un varón conforme a su corazón,ᵇ al cual Jehová ha designado para que sea príncipe sobre su pueblo, por cuanto tú no has guardado lo que Jehová te mandó.

¹⁵ Y levantándose Samuel, subió de Gilgal a Gabaa de Benjamín.

Y Saúl contó la gente que se hallaba con él, como seiscientos hombres.

¹⁶ Saúl, pues, y Jonatán su hijo, y el pueblo que con ellos se hallaba, se quedaron en Gabaa de Benjamín; pero los filisteos habían acampado en Micmas.

¹⁷ Y salieron merodeadores del campamento de los filisteos en tres escuadrones; un escuadrón marchaba por el camino de Ofra hacia la tierra de Sual,

¹⁸ otro escuadrón marchaba hacia Bet-horón, y el tercer escuadrón marchaba hacia la región que mira al valle de Zeboim, hacia el desierto.

¹⁹ Y en toda la tierra de Israel no se hallaba herrero; porque los filisteos habían dicho: Para que los hebreos no hagan espada o lanza.

²⁰ Por lo cual todos los de Israel tenían que descender a los filisteos para afilar cada uno la reja de su arado, su azadón, su hacha o su hoz.

²¹ Y el precio era un pim por las rejas de arado y por los azadones, y la tercera parte de un siclo por afilar las hachas y por componer las aguijadas.

²² Así aconteció que en el día de la batalla no se halló espada ni lanza en mano de

---

ᵃ **13.8** 1 S 10.8.   ᵇ **13.14** Hch 13.22.

ninguno del pueblo que estaba con Saúl y con Jonatán, excepto Saúl y Jonatán su hijo, que las tenían.

23 Y la guarnición de los filisteos avanzó hasta el paso de Micmas.

14 1 Aconteció un día, que Jonatán hijo de Saúl dijo a su criado que le traía las armas: Ven y pasemos a la guarnición de los filisteos, que está de aquel lado. Y no lo hizo saber a su padre.

2 Y Saúl se hallaba al extremo de Gabaa, debajo de un granado que hay en Migrón, y la gente que estaba con él era como seiscientos hombres.

3 Y Ahías hijo de Ahitob, hermano de Icabod, hijo de Finees, hijo de Elí, sacerdote de Jehová en Silo, llevaba el efod; y no sabía el pueblo que Jonatán se hubiese ido.

4 Y entre los desfiladeros por donde Jonatán procuraba pasar a la guarnición de los filisteos, había un peñasco agudo de un lado, y otro del otro lado; el uno se llamaba Boses, y el otro Sene.

5 Uno de los peñascos estaba situado al norte, hacia Micmas, y el otro al sur, hacia Gabaa.

6 Dijo, pues, Jonatán a su paje de armas: Ven, pasemos a la guarnición de estos incircuncisos; quizá haga algo Jehová por nosotros, pues no es difícil para Jehová salvar con muchos o con pocos.

7 Y su paje de armas le respondió: Haz todo lo que tienes en tu corazón; ve, pues, aquí estoy contigo a tu voluntad.

8 Dijo entonces Jonatán: Vamos a pasar a esos hombres, y nos mostraremos a ellos.

9 Si nos dijeren así: Esperad hasta que lleguemos a vosotros, entonces nos estaremos en nuestro lugar, y no subiremos a ellos.

10 Mas si nos dijeren así: Subid a nosotros, entonces subiremos, porque Jehová los ha entregado en nuestra mano; y esto nos será por señal.

11 Se mostraron, pues, ambos a la guarnición de los filisteos, y los filisteos dijeron: He aquí los hebreos, que salen de las cavernas donde se habían escondido.

12 Y los hombres de la guarnición respondieron a Jonatán y a su paje de armas, y dijeron: Subid a nosotros, y os haremos saber una cosa. Entonces Jonatán dijo a su paje de armas: Sube tras mí, porque Jehová los ha entregado en manos de Israel.

13 Y subió Jonatán trepando con sus manos y sus pies, y tras él su paje de armas; y a los que caían delante de Jonatán, su paje de armas que iba tras él los mataba.

14 Y fue esta primera matanza que hicieron Jonatán y su paje de armas, como veinte hombres, en el espacio de una media yugada de tierra.

15 Y hubo pánico en el campamento y por el campo, y entre toda la gente de la guarnición; y los que habían ido a merodear, también ellos tuvieron pánico, y la tierra tembló; hubo, pues, gran consternación.

16 Y los centinelas de Saúl vieron desde Gabaa de Benjamín cómo la multitud estaba turbada, e iba de un lado a otro y era deshecha.

17 Entonces Saúl dijo al pueblo que estaba con él: Pasad ahora revista, y ved quién se haya ido de los nuestros. Pasaron revista, y he aquí que faltaba Jonatán y su paje de armas.

18 Y Saúl dijo a Ahías: Trae el arca de Dios. Porque el arca de Dios estaba entonces con los hijos de Israel.

19 Pero aconteció que mientras aún hablaba Saúl con el sacerdote, el alboroto que había en el campamento de los filisteos aumentaba, e iba creciendo en gran manera. Entonces dijo Saúl al sacerdote: Detén tu mano.

20 Y juntando Saúl a todo el pueblo que con él estaba, llegaron hasta el lugar de la batalla; y he aquí que la espada de cada uno estaba vuelta contra su compañero, y había gran confusión.

21 Y los hebreos que habían estado con los filisteos de tiempo atrás, y habían venido con ellos de los alrededores al campamento, se pusieron también del lado de los israelitas que estaban con Saúl y con Jonatán.

22 Asimismo todos los israelitas que se habían escondido en el monte de Efraín, oyendo que los filisteos huían, también ellos los persiguieron en aquella batalla.

23 Así salvó Jehová a Israel aquel día. Y llegó la batalla hasta Bet-avén.

24 Pero los hombres de Israel fueron puestos en apuro aquel día; porque Saúl había juramentado al pueblo, diciendo:

Cualquiera que coma pan antes de caer la noche, antes que haya tomado venganza de mis enemigos, sea maldito. Y todo el pueblo no había probado pan.

25 Y todo el pueblo llegó a un bosque, donde había miel en la superficie del campo.

26 Entró, pues, el pueblo en el bosque, y he aquí que la miel corría; pero no hubo quien hiciera llegar su mano a su boca, porque el pueblo temía el juramento.

27 Pero Jonatán no había oído cuando su padre había juramentado al pueblo, y alargó la punta de una vara que traía en su mano, y la mojó en un panal de miel, y llevó su mano a la boca; y fueron aclarados sus ojos.

28 Entonces habló uno del pueblo, diciendo: Tu padre ha hecho jurar solemnemente al pueblo, diciendo: Maldito sea el hombre que tome hoy alimento. Y el pueblo desfallecía.

29 Respondió Jonatán: Mi padre ha turbado el país. Ved ahora cómo han sido aclarados mis ojos, por haber gustado un poco de esta miel.

30 ¿Cuánto más si el pueblo hubiera comido libremente hoy del botín tomado de sus enemigos? ¿No se habría hecho ahora mayor estrago entre los filisteos?

31 E hirieron aquel día a los filisteos desde Micmas hasta Ajalón; pero el pueblo estaba muy cansado.

32 Y se lanzó el pueblo sobre el botín, y tomaron ovejas y vacas y becerros, y los degollaron en el suelo; y el pueblo los comió con sangre.

33 Y le dieron aviso a Saúl, diciendo: El pueblo peca contra Jehová, comiendo la carne con la sangre.[a] Y él dijo: Vosotros habéis prevaricado; rodadme ahora acá una piedra grande.

34 Además dijo Saúl: Esparcíos por el pueblo, y decidles que me traigan cada uno su vaca, y cada cual su oveja, y degolladlas aquí, y comed; y no pequéis contra Jehová comiendo la carne con la sangre. Y trajo todo el pueblo cada cual por su mano su vaca aquella noche, y las degollaron allí.

35 Y edificó Saúl altar a Jehová; este altar fue el primero que edificó a Jehová.

36 Y dijo Saúl: Descendamos de noche contra los filisteos, y los saquearemos hasta la mañana, y no dejaremos de ellos ninguno. Y ellos dijeron: Haz lo que bien te pareciere. Dijo luego el sacerdote: Acerquémonos aquí a Dios.

37 Y Saúl consultó a Dios: ¿Descenderé tras los filisteos? ¿Los entregarás en mano de Israel? Mas Jehová no le dio respuesta aquel día.

38 Entonces dijo Saúl: Venid acá todos los principales del pueblo, y sabed y ved en qué ha consistido este pecado hoy;

39 porque vive Jehová que salva a Israel, que aunque fuere en Jonatán mi hijo, de seguro morirá. Y no hubo en todo el pueblo quien le respondiese.

40 Dijo luego a todo Israel: Vosotros estaréis a un lado, y yo y Jonatán mi hijo estaremos al otro lado. Y el pueblo respondió a Saúl: Haz lo que bien te pareciere.

41 Entonces dijo Saúl a Jehová Dios de Israel: Da suerte perfecta. Y la suerte cayó sobre Jonatán y Saúl, y el pueblo salió libre.

42 Y Saúl dijo: Echad suertes entre mí y Jonatán mi hijo. Y la suerte cayó sobre Jonatán.

43 Entonces Saúl dijo a Jonatán: Declárame lo que has hecho. Y Jonatán se lo declaró y dijo: Ciertamente gusté un poco de miel con la punta de la vara que traía en mi mano; ¿y he de morir?

44 Y Saúl respondió: Así me haga Dios y aun me añada, que sin duda morirás, Jonatán.

45 Entonces el pueblo dijo a Saúl: ¿Ha de morir Jonatán, el que ha hecho esta grande salvación en Israel? No será así. Vive Jehová, que no ha de caer un cabello de su cabeza en tierra, pues que ha actuado hoy con Dios. Así el pueblo libró de morir a Jonatán.

46 Y Saúl dejó de seguir a los filisteos; y los filisteos se fueron a su lugar.

47 Después de haber tomado posesión del reinado de Israel, Saúl hizo guerra a todos sus enemigos en derredor: contra Moab, contra los hijos de Amón, contra Edom, contra los reyes de Soba, y contra los filisteos; y adondequiera que se volvía, era vencedor.

48 Y reunió un ejército y derrotó a Amalec, y libró a Israel de mano de los que lo saqueaban.

---

a 14.33 Gn 9.4; Lv 7.26, 27; 17.10-14; 19.26; Dt 12.16, 23; 15.23.

49 Y los hijos de Saúl fueron Jonatán, Isúi y Malquisúa. Y los nombres de sus dos hijas eran, el de la mayor, Merab, y el de la menor, Mical.

50 Y el nombre de la mujer de Saúl era Ahinoam, hija de Ahimaas. Y el nombre del general de su ejército era Abner, hijo de Ner tío de Saúl.

51 Porque Cis padre de Saúl, y Ner padre de Abner, fueron hijos de Abiel.

52 Y hubo guerra encarnizada contra los filisteos todo el tiempo de Saúl; y a todo el que Saúl veía que era hombre esforzado y apto para combatir, lo juntaba consigo.

Saúl desobedece y es desechado

15 **1** Después Samuel dijo a Saúl: Jehová me envió a que te ungiese por rey sobre su pueblo Israel;[a] ahora, pues, está atento a las palabras de Jehová.

2 Así ha dicho Jehová de los ejércitos: Yo castigaré lo que hizo Amalec a Israel al oponérsele en el camino cuando subía de Egipto.[b]

3 Ve, pues, y hiere a Amalec, y destruye todo lo que tiene, y no te apiades de él; mata a hombres, mujeres, niños, y aun los de pecho, vacas, ovejas, camellos y asnos.

4 Saúl, pues, convocó al pueblo y les pasó revista en Telaim, doscientos mil de a pie, y diez mil hombres de Judá.

5 Y viniendo Saúl a la ciudad de Amalec, puso emboscada en el valle.

6 Y dijo Saúl a los ceneos: Idos, apartaos y salid de entre los de Amalec, para que no os destruya juntamente con ellos; porque vosotros mostrasteis misericordia a todos los hijos de Israel, cuando subían de Egipto. Y se apartaron los ceneos de entre los hijos de Amalec.

7 Y Saúl derrotó a los amalecitas desde Havila hasta llegar a Shur, que está al oriente de Egipto.

8 Y tomó vivo a Agag rey de Amalec, pero a todo el pueblo mató a filo de espada.

9 Y Saúl y el pueblo perdonaron a Agag, y a lo mejor de las ovejas y del ganado mayor, de los animales engordados, de los carneros y de todo lo bueno, y no lo quisieron destruir; mas todo lo que era vil y despreciable destruyeron.

10 Y vino palabra de Jehová a Samuel, diciendo:

11 Me pesa haber puesto por rey a Saúl, porque se ha vuelto de en pos de mí, y no ha cumplido mis palabras. Y se apesadumbró Samuel, y clamó a Jehová toda aquella noche.

12 Madrugó luego Samuel para ir a encontrar a Saúl por la mañana; y fue dado aviso a Samuel, diciendo: Saúl ha venido a Carmel, y he aquí se levantó un monumento, y dio la vuelta, y pasó adelante y descendió a Gilgal.

13 Vino, pues, Samuel a Saúl, y Saúl le dijo: Bendito seas tú de Jehová; yo he cumplido la palabra de Jehová.

14 Samuel entonces dijo: ¿Pues qué balido de ovejas y bramido de vacas es este que yo oigo con mis oídos?

15 Y Saúl respondió: De Amalec los han traído; porque el pueblo perdonó lo mejor de las ovejas y de las vacas, para sacrificarlas a Jehová tu Dios, pero lo demás lo destruimos.

16 Entonces dijo Samuel a Saúl: Déjame declararte lo que Jehová me ha dicho esta noche. Y él le respondió: Di.

17 Y dijo Samuel: Aunque eras pequeño en tus propios ojos, ¿no has sido hecho jefe de las tribus de Israel, y Jehová te ha ungido por rey sobre Israel?

18 Y Jehová te envió en misión y dijo: Ve, destruye a los pecadores de Amalec, y hazles guerra hasta que los acabes.

19 ¿Por qué, pues, no has oído la voz de Jehová, sino que vuelto al botín has hecho lo malo ante los ojos de Jehová?

20 Y Saúl respondió a Samuel: Antes bien he obedecido la voz de Jehová, y fui a la misión que Jehová me envió, y he traído a Agag rey de Amalec, y he destruido a los amalecitas.

21 Mas el pueblo tomó del botín ovejas y vacas, las primicias del anatema, para ofrecer sacrificios a Jehová tu Dios en Gilgal.

22 Y Samuel dijo: ¿Se complace Jehová tanto en los holocaustos y víctimas, como en que se obedezca a las palabras de Jehová? Ciertamente el obedecer es mejor que los sacrificios, y el prestar atención que la grosura de los carneros.

23 Porque como pecado de adivinación es la rebelión, y como ídolos e idolatría la

---

a 15.1 1 S 10.1.   **b 15.2** Éx 17.8-14; Dt 25.17-19.

obstinación. Por cuanto tú desechaste la palabra de Jehová, él también te ha desechado para que no seas rey.

24 Entonces Saúl dijo a Samuel: Yo he pecado; pues he quebrantado el mandamiento de Jehová y tus palabras, porque temí al pueblo y consentí a la voz de ellos. Perdona, pues, ahora mi pecado,

25 y vuelve conmigo para que adore a Jehová.

26 Y Samuel respondió a Saúl: No volveré contigo; porque desechaste la palabra de Jehová, y Jehová te ha desechado para que no seas rey sobre Israel.

27 Y volviéndose Samuel para irse, él se asió de la punta de su manto, y éste se rasgó.

28 Entonces Samuel le dijo: Jehová ha rasgado hoy de ti el reino de Israel, y lo ha dado a un prójimo tuyo mejor que tú.

29 Además, el que es la Gloria de Israel no mentirá, ni se arrepentirá, porque no es hombre para que se arrepienta.

30 Y él dijo: Yo he pecado; pero te ruego que me honres delante de los ancianos de mi pueblo y delante de Israel, y vuelvas conmigo para que adore a Jehová tu Dios.

31 Y volvió Samuel tras Saúl, y adoró Saúl a Jehová.

32 Después dijo Samuel: Traedme a Agag rey de Amalec. Y Agag vino a él alegremente. Y dijo Agag: Ciertamente ya pasó la amargura de la muerte.

33 Y Samuel dijo: Como tu espada dejó a las mujeres sin hijos, así tu madre será sin hijo entre las mujeres. Entonces Samuel cortó en pedazos a Agag delante de Jehová en Gilgal.

34 Se fue luego Samuel a Ramá, y Saúl subió a su casa en Gabaa de Saúl.

35 Y nunca después vio Samuel a Saúl en toda su vida; y Samuel lloraba a Saúl; y Jehová se arrepentía de haber puesto a Saúl por rey sobre Israel.

Samuel unge a David

16 1 Dijo Jehová a Samuel: ¿Hasta cuándo llorarás a Saúl, habiéndolo yo desechado para que no reine sobre Israel? Llena tu cuerno de aceite, y ven, te enviaré a Isaí de Belén, porque de sus hijos me he provisto de rey.

2 Y dijo Samuel: ¿Cómo iré? Si Saúl lo supiera, me mataría. Jehová respondió: Toma contigo una becerra de la vacada, y di: A ofrecer sacrificio a Jehová he venido.

3 Y llama a Isaí al sacrificio, y yo te enseñaré lo que has de hacer; y me ungirás al que yo te dijere.

4 Hizo, pues, Samuel como le dijo Jehová; y luego que él llegó a Belén, los ancianos de la ciudad salieron a recibirle con miedo, y dijeron: ¿Es pacífica tu venida?

5 Él respondió: Sí, vengo a ofrecer sacrificio a Jehová; santificaos, y venid conmigo al sacrificio. Y santificando él a Isaí y a sus hijos, los llamó al sacrificio.

6 Y aconteció que cuando ellos vinieron, él vio a Eliab, y dijo: De cierto delante de Jehová está su ungido.

7 Y Jehová respondió a Samuel: No mires a su parecer, ni a lo grande de su estatura, porque yo lo desecho; porque Jehová no mira lo que mira el hombre; pues el hombre mira lo que está delante de sus ojos, pero Jehová mira el corazón.

8 Entonces llamó Isaí a Abinadab, y lo hizo pasar delante de Samuel, el cual dijo: Tampoco a éste ha escogido Jehová.

9 Hizo luego pasar Isaí a Sama. Y él dijo: Tampoco a éste ha elegido Jehová.

10 E hizo pasar Isaí siete hijos suyos delante de Samuel; pero Samuel dijo a Isaí: Jehová no ha elegido a éstos.

11 Entonces dijo Samuel a Isaí: ¿Son éstos todos tus hijos? Y él respondió: Queda aún el menor, que apacienta las ovejas. Y dijo Samuel a Isaí: Envía por él, porque no nos sentaremos a la mesa hasta que él venga aquí.

12 Envió, pues, por él, y le hizo entrar; y era rubio, hermoso de ojos, y de buen parecer. Entonces Jehová dijo: Levántate y úngelo, porque éste es.

13 Y Samuel tomó el cuerno del aceite, y lo ungió en medio de sus hermanos; y desde aquel día en adelante el Espíritu de Jehová vino sobre David. Se levantó luego Samuel, y se volvió a Ramá.

David toca para Saúl

14 El Espíritu de Jehová se apartó de Saúl, y le atormentaba un espíritu malo de parte de Jehová.

15 Y los criados de Saúl le dijeron: He aquí ahora, un espíritu malo de parte de Dios te atormenta.

16 Diga, pues, nuestro señor a tus siervos que están delante de ti, que busquen a alguno que sepa tocar el arpa, para que cuando esté sobre ti el espíritu malo de parte de Dios, él toque con su mano, y tengas alivio.

17 Y Saúl respondió a sus criados: Buscadme, pues, ahora alguno que toque bien, y traédmelo.

18 Entonces uno de los criados respondió diciendo: He aquí yo he visto a un hijo de Isaí de Belén, que sabe tocar, y es valiente y vigoroso y hombre de guerra, prudente en sus palabras, y hermoso, y Jehová está con él.

19 Y Saúl envió mensajeros a Isaí, diciendo: Envíame a David tu hijo, el que está con las ovejas.

20 Y tomó Isaí un asno cargado de pan, una vasija de vino y un cabrito, y lo envió a Saúl por medio de David su hijo.

21 Y viniendo David a Saúl, estuvo delante de él; y él le amó mucho, y le hizo su paje de armas.

22 Y Saúl envió a decir a Isaí: Yo te ruego que esté David conmigo, pues ha hallado gracia en mis ojos.

23 Y cuando el espíritu malo de parte de Dios venía sobre Saúl, David tomaba el arpa y tocaba con su mano; y Saúl tenía alivio y estaba mejor, y el espíritu malo se apartaba de él.

David mata a Goliat

17 ¹ Los filisteos juntaron sus ejércitos para la guerra, y se congregaron en Soco, que es de Judá, y acamparon entre Soco y Azeca, en Efes-damim.

2 También Saúl y los hombres de Israel se juntaron, y acamparon en el valle de Ela, y se pusieron en orden de batalla contra los filisteos.

3 Y los filisteos estaban sobre un monte a un lado, e Israel estaba sobre otro monte al otro lado, y el valle entre ellos.

4 Salió entonces del campamento de los filisteos un paladín, el cual se llamaba Goliat, de Gat, y tenía de altura seis codos y un palmo.

5 Y traía un casco de bronce en su cabeza, y llevaba una cota de malla; y era el peso de la cota cinco mil siclos de bronce.

6 Sobre sus piernas traía grebas de bronce, y jabalina de bronce entre sus hombros.

7 El asta de su lanza era como un rodillo de telar, y tenía el hierro de su lanza seiscientos siclos de hierro; e iba su escudero delante de él.

8 Y se paró y dio voces a los escuadrones de Israel, diciéndoles: ¿Para qué os habéis puesto en orden de batalla? ¿No soy yo el filisteo, y vosotros los siervos de Saúl? Escoged de entre vosotros un hombre que venga contra mí.

9 Si él pudiere pelear conmigo, y me venciere, nosotros seremos vuestros siervos; y si yo pudiere más que él, y lo venciere, vosotros seréis nuestros siervos y nos serviréis.

10 Y añadió el filisteo: Hoy yo he desafiado al campamento de Israel; dadme un hombre que pelee conmigo.

11 Oyendo Saúl y todo Israel estas palabras del filisteo, se turbaron y tuvieron gran miedo.

12 Y David era hijo de aquel hombre efrateo de Belén de Judá, cuyo nombre era Isaí, el cual tenía ocho hijos; y en el tiempo de Saúl este hombre era viejo y de gran edad entre los hombres.

13 Y los tres hijos mayores de Isaí habían ido para seguir a Saúl a la guerra. Y los nombres de sus tres hijos que habían ido a la guerra eran: Eliab el primogénito, el segundo Abinadab, y el tercero Sama;

14 y David era el menor. Siguieron, pues, los tres mayores a Saúl.

15 Pero David había ido y vuelto, dejando a Saúl, para apacentar las ovejas de su padre en Belén.

16 Venía, pues, aquel filisteo por la mañana y por la tarde, y así lo hizo durante cuarenta días.

17 Y dijo Isaí a David su hijo: Toma ahora para tus hermanos un efa de este grano tostado, y estos diez panes, y llévalo pronto al campamento a tus hermanos.

18 Y estos diez quesos de leche los llevarás al jefe de los mil; y mira si tus hermanos están buenos, y toma prendas de ellos.

19 Y Saúl y ellos y todos los de Israel estaban en el valle de Ela, peleando contra los filisteos.

20 Se levantó, pues, David de mañana, y dejando las ovejas al cuidado de un guarda, se fue con su carga como Isaí le había mandado; y llegó al campamento cuando el ejército salía en orden de batalla, y daba el grito de combate.

21 Y se pusieron en orden de batalla Israel y los filisteos, ejército frente a ejército.

22 Entonces David dejó su carga en mano del que guardaba el bagaje, y corrió al ejército; y cuando llegó, preguntó por sus hermanos, si estaban bien.

23 Mientras él hablaba con ellos, he aquí que aquel paladín que se ponía en medio de los dos campamentos, que se llamaba Goliat, el filisteo de Gat, salió de entre las filas de los filisteos y habló las mismas palabras, y las oyó David.

24 Y todos los varones de Israel que veían aquel hombre huían de su presencia, y tenían gran temor.

25 Y cada uno de los de Israel decía: ¿No habéis visto aquel hombre que ha salido? Él se adelanta para provocar a Israel. Al que le venciere, el rey le enriquecerá con grandes riquezas, y le dará su hija, y eximirá de tributos a la casa de su padre en Israel.

26 Entonces habló David a los que estaban junto a él, diciendo: ¿Qué harán al hombre que venciere a este filisteo, y quitare el oprobio de Israel? Porque ¿quién es este filisteo incircunciso, para que provoque a los escuadrones del Dios viviente?

27 Y el pueblo le respondió las mismas palabras, diciendo: Así se hará al hombre que le venciere.

28 Y oyéndole hablar Eliab su hermano mayor con aquellos hombres, se encendió en ira contra David y dijo: ¿Para qué has descendido acá? ¿y a quién has dejado aquellas pocas ovejas en el desierto? Yo conozco tu soberbia y la malicia de tu corazón, que para ver la batalla has venido.

29 David respondió: ¿Qué he hecho yo ahora? ¿No es esto mero hablar?

30 Y apartándose de él hacia otros, preguntó de igual manera; y le dio el pueblo la misma respuesta de antes.

31 Fueron oídas las palabras que David había dicho, y las refirieron delante de Saúl; y él lo hizo venir.

32 Y dijo David a Saúl: No desmaye el corazón de ninguno a causa de él; tu siervo irá y peleará contra este filisteo.

33 Dijo Saúl a David: No podrás tú ir contra aquel filisteo, para pelear con él; porque tú

eres muchacho, y él un hombre de guerra desde su juventud.

34 David respondió a Saúl: Tu siervo era pastor de las ovejas de su padre; y cuando venía un león, o un oso, y tomaba algún cordero de la manada,

35 salía yo tras él, y lo hería, y lo libraba de su boca; y si se levantaba contra mí, yo le echaba mano de la quijada, y lo hería y lo mataba.

36 Fuese león, fuese oso, tu siervo lo mataba; y este filisteo incircunciso será como uno de ellos, porque ha provocado al ejército del Dios viviente.

37 Añadió David: Jehová, que me ha librado de las garras del león y de las garras del oso, él también me librará de la mano de este filisteo. Y dijo Saúl a David: Ve, y Jehová esté contigo.

38 Y Saúl vistió a David con sus ropas, y puso sobre su cabeza un casco de bronce, y le armó de coraza.

39 Y ciñó David su espada sobre sus vestidos, y probó a andar, porque nunca había hecho la prueba. Y dijo David a Saúl: Yo no puedo andar con esto, porque nunca lo practiqué. Y David echó de sí aquellas cosas.

40 Y tomó su cayado en su mano, y escogió cinco piedras lisas del arroyo, y las puso en el saco pastoril, en el zurrón que traía, y tomó su honda en su mano, y se fue hacia el filisteo.

41 Y el filisteo venía andando y acercándose a David, y su escudero delante de él.

42 Y cuando el filisteo miró y vio a David, le tuvo en poco; porque era muchacho, y rubio, y de hermoso parecer.

43 Y dijo el filisteo a David: ¿Soy yo perro, para que vengas a mí con palos? Y maldijo a David por sus dioses.

44 Dijo luego el filisteo a David: Ven a mí, y daré tu carne a las aves del cielo y a las bestias del campo.

45 Entonces dijo David al filisteo: Tú vienes a mí con espada y lanza y jabalina; mas yo vengo a ti en el nombre de Jehová de los ejércitos, el Dios de los escuadrones de Israel, a quien tú has provocado.

46 Jehová te entregará hoy en mi mano, y yo te venceré, y te cortaré la cabeza, y daré hoy los cuerpos de los filisteos a las aves del cielo y a las bestias de la tierra; y toda la tierra sabrá que hay Dios en Israel.

47 Y sabrá toda esta congregación que Jehová no salva con espada y con lanza; porque de Jehová es la batalla, y él os entregará en nuestras manos.

48 Y aconteció que cuando el filisteo se levantó y echó a andar para ir al encuentro de David, David se dio prisa, y corrió a la línea de batalla contra el filisteo.

49 Y metiendo David su mano en la bolsa, tomó de allí una piedra, y la tiró con la honda, e hirió al filisteo en la frente; y la piedra quedó clavada en la frente, y cayó sobre su rostro en tierra.

50 Así venció David al filisteo con honda y piedra; e hirió al filisteo y lo mató, sin tener David espada en su mano.

51 Entonces corrió David y se puso sobre el filisteo; y tomando la espada de él y sacándola de su vaina, lo acabó de matar, y le cortó con ella la cabeza. Y cuando los filisteos vieron a su paladín muerto, huyeron.

52 Levantándose luego los de Israel y los de Judá, gritaron, y siguieron a los filisteos hasta llegar al valle, y hasta las puertas de Ecrón. Y cayeron los heridos de los filisteos por el camino de Saaraim hasta Gat y Ecrón.

53 Y volvieron los hijos de Israel de seguir tras los filisteos, y saquearon su campamento.

54 Y David tomó la cabeza del filisteo y la trajo a Jerusalén, pero las armas de él las puso en su tienda.

55 Y cuando Saúl vio a David que salía a encontrarse con el filisteo, dijo a Abner general del ejército: Abner, ¿de quién es hijo ese joven? Y Abner respondió:

56 Vive tu alma, oh rey, que no lo sé. Y el rey dijo: Pregunta de quién es hijo ese joven.

57 Y cuando David volvía de matar al filisteo, Abner lo tomó y lo llevó delante de Saúl, teniendo David la cabeza del filisteo en su mano.

58 Y le dijo Saúl: Muchacho, ¿de quién eres hijo? Y David respondió: Yo soy hijo de tu siervo Isaí de Belén.

Pacto de Jonatán y David

18 1 Aconteció que cuando él hubo acabado de hablar con Saúl, el alma de Jonatán quedó ligada con la de David, y lo amó Jonatán como a sí mismo.

2 Y Saúl le tomó aquel día, y no le dejó volver a casa de su padre.

3 E hicieron pacto Jonatán y David, porque él le amaba como a sí mismo.

4 Y Jonatán se quitó el manto que llevaba, y se lo dio a David, y otras ropas suyas, hasta su espada, su arco y su talabarte.

5 Y salía David a dondequiera que Saúl le enviaba, y se portaba prudentemente. Y lo puso Saúl sobre gente de guerra, y era acepto a los ojos de todo el pueblo, y a los ojos de los siervos de Saúl.

Saúl tiene celos de David

6 Aconteció que cuando volvían ellos, cuando David volvió de matar al filisteo, salieron las mujeres de todas las ciudades de Israel cantando y danzando, para recibir al rey Saúl, con panderos, con cánticos de alegría y con instrumentos de música.

7 Y cantaban las mujeres que danzaban, y decían:

Saúl hirió a sus miles,
Y David a sus diez miles.[a]

8 Y se enojó Saúl en gran manera, y le desagradó este dicho, y dijo: A David dieron diez miles, y a mí miles; no le falta más que el reino.

9 Y desde aquel día Saúl no miró con buenos ojos a David.

10 Aconteció al otro día, que un espíritu malo de parte de Dios tomó a Saúl, y él desvariaba en medio de la casa. David tocaba con su mano como los otros días; y tenía Saúl la lanza en la mano.

11 Y arrojó Saúl la lanza, diciendo: Enclavaré a David a la pared. Pero David lo evadió dos veces.

12 Mas Saúl estaba temeroso de David, por cuanto Jehová estaba con él, y se había apartado de Saúl;

13 por lo cual Saúl lo alejó de sí, y le hizo jefe de mil; y salía y entraba delante del pueblo.

14 Y David se conducía prudentemente en todos sus asuntos, y Jehová estaba con él.

15 Y viendo Saúl que se portaba tan prudentemente, tenía temor de él.

16 Mas todo Israel y Judá amaba a David, porque él salía y entraba delante de ellos.

---

a **18.7** 1 S 21.11; 29.5.

¹⁷ Entonces dijo Saúl a David: He aquí, yo te daré Merab mi hija mayor por mujer, con tal que me seas hombre valiente, y pelees las batallas de Jehová. Mas Saúl decía: No será mi mano contra él, sino que será contra él la mano de los filisteos.

¹⁸ Pero David respondió a Saúl: ¿Quién soy yo, o qué es mi vida, o la familia de mi padre en Israel, para que yo sea yerno del rey?

¹⁹ Y llegado el tiempo en que Merab hija de Saúl se había de dar a David, fue dada por mujer a Adriel meholatita.

²⁰ Pero Mical la otra hija de Saúl amaba a David; y fue dicho a Saúl, y le pareció bien a sus ojos.

²¹ Y Saúl dijo: Yo se la daré, para que le sea por lazo, y para que la mano de los filisteos sea contra él. Dijo, pues, Saúl a David por segunda vez: Tú serás mi yerno hoy.

²² Y mandó Saúl a sus siervos: Hablad en secreto a David, diciéndole: He aquí el rey te ama, y todos sus siervos te quieren bien; sé, pues, yerno del rey.

²³ Los criados de Saúl hablaron estas palabras a los oídos de David. Y David dijo: ¿Os parece a vosotros que es poco ser yerno del rey, siendo yo un hombre pobre y de ninguna estima?

²⁴ Y los criados de Saúl le dieron la respuesta, diciendo: Tales palabras ha dicho David.

²⁵ Y Saúl dijo: Decid así a David: El rey no desea la dote, sino cien prepucios de filisteos, para que sea tomada venganza de los enemigos del rey. Pero Saúl pensaba hacer caer a David en manos de los filisteos.

²⁶ Cuando sus siervos declararon a David estas palabras, pareció bien la cosa a los ojos de David, para ser yerno del rey. Y antes que el plazo se cumpliese,

²⁷ se levantó David y se fue con su gente, y mató a doscientos hombres de los filisteos; y trajo David los prepucios de ellos y los entregó todos al rey, a fin de hacerse yerno del rey. Y Saúl le dio su hija Mical por mujer.

²⁸ Pero Saúl, viendo y considerando que Jehová estaba con David, y que su hija Mical lo amaba,

²⁹ tuvo más temor de David; y fue Saúl enemigo de David todos los días.

³⁰ Y salieron a campaña los príncipes de los filisteos; y cada vez que salían, David tenía más éxito que todos los siervos de Saúl, por lo cual se hizo de mucha estima su nombre.

Saúl procura matar a David

19 ¹ Habló Saúl a Jonatán su hijo, y a todos sus siervos, para que matasen a David; pero Jonatán hijo de Saúl amaba a David en gran manera,

² y dio aviso a David, diciendo: Saúl mi padre procura matarte; por tanto cuídate hasta la mañana, y estate en lugar oculto y escóndete.

³ Y yo saldré y estaré junto a mi padre en el campo donde estés; y hablaré de ti a mi padre, y te haré saber lo que haya.

⁴ Y Jonatán habló bien de David a Saúl su padre, y le dijo: No peque el rey contra su siervo David, porque ninguna cosa ha cometido contra ti, y porque sus obras han sido muy buenas para contigo;

⁵ pues él tomó su vida en su mano, y mató al filisteo, y Jehová dio gran salvación a todo Israel. Tú lo viste, y te alegraste; ¿por qué, pues, pecarás contra la sangre inocente, matando a David sin causa?

⁶ Y escuchó Saúl la voz de Jonatán, y juró Saúl: Vive Jehová, que no morirá.

⁷ Y llamó Jonatán a David, y le declaró todas estas palabras; y él mismo trajo a David a Saúl, y estuvo delante de él como antes.

⁸ Después hubo de nuevo guerra; y salió David y peleó contra los filisteos, y los hirió con gran estrago, y huyeron delante de él.

⁹ Y el espíritu malo de parte de Jehová vino sobre Saúl; y estando sentado en su casa tenía una lanza a mano, mientras David estaba tocando.

¹⁰ Y Saúl procuró enclavar a David con la lanza a la pared, pero él se apartó de delante de Saúl, el cual hirió con la lanza en la pared; y David huyó, y escapó aquella noche.

¹¹ Saúl envió luego mensajeros a casa de David para que lo vigilasen, y lo matasen a la mañana.ª Mas Mical su mujer avisó a David, diciendo: Si no salvas tu vida esta noche, mañana serás muerto.

a 19.11 Sal 59 tít.

12 Y descolgó Mical a David por una ventana; y él se fue y huyó, y escapó.

13 Tomó luego Mical una estatua, y la puso sobre la cama, y le acomodó por cabecera una almohada de pelo de cabra y la cubrió con la ropa.

14 Y cuando Saúl envió mensajeros para prender a David, ella respondió: Está enfermo.

15 Volvió Saúl a enviar mensajeros para que viesen a David, diciendo: Traédmelo en la cama para que lo mate.

16 Y cuando los mensajeros entraron, he aquí la estatua estaba en la cama, y una almohada de pelo de cabra a su cabecera.

17 Entonces Saúl dijo a Mical: ¿Por qué me has engañado así, y has dejado escapar a mi enemigo? Y Mical respondió a Saúl: Porque él me dijo: Déjame ir; si no, yo te mataré.

18 Huyó, pues, David, y escapó, y vino a Samuel en Ramá, y le dijo todo lo que Saúl había hecho con él. Y él y Samuel se fueron y moraron en Naiot.

19 Y fue dado aviso a Saúl, diciendo: He aquí que David está en Naiot en Ramá.

20 Entonces Saúl envió mensajeros para que trajeran a David, los cuales vieron una compañía de profetas que profetizaban, y a Samuel que estaba allí y los presidía. Y vino el Espíritu de Dios sobre los mensajeros de Saúl, y ellos también profetizaron.

21 Cuando lo supo Saúl, envió otros mensajeros, los cuales también profetizaron. Y Saúl volvió a enviar mensajeros por tercera vez, y ellos también profetizaron.

22 Entonces él mismo fue a Ramá; y llegando al gran pozo que está en Secú, preguntó diciendo: ¿Dónde están Samuel y David? Y uno respondió: He aquí están en Naiot en Ramá.

23 Y fue a Naiot en Ramá; y también vino sobre él el Espíritu de Dios, y siguió andando y profetizando hasta que llegó a Naiot en Ramá.

24 Y él también se despojó de sus vestidos, y profetizó igualmente delante de Samuel, y estuvo desnudo todo aquel día y toda aquella noche. De aquí se dijo: ¿También Saúl entre los profetas?[b]

Amistad de David y Jonatán

20 **1** Después David huyó de Naiot en Ramá, y vino delante de Jonatán, y dijo: ¿Qué he hecho yo? ¿Cuál es mi maldad, o cuál mi pecado contra tu padre, para que busque mi vida?

2 Él le dijo: En ninguna manera; no morirás. He aquí que mi padre ninguna cosa hará, grande ni pequeña, que no me la descubra; ¿por qué, pues, me ha de encubrir mi padre este asunto? No será así.

3 Y David volvió a jurar diciendo: Tu padre sabe claramente que yo he hallado gracia delante de tus ojos, y dirá: No sepa esto Jonatán, para que no se entristezca; y ciertamente, vive Jehová y vive tu alma, que apenas hay un paso entre mí y la muerte.

4 Y Jonatán dijo a David: Lo que deseare tu alma, haré por ti.

5 Y David respondió a Jonatán: He aquí que mañana será nueva luna,[a] y yo acostumbro sentarme con el rey a comer; mas tú dejarás que me esconda en el campo hasta la tarde del tercer día.

6 Si tu padre hiciere mención de mí, dirás: Me rogó mucho que lo dejase ir corriendo a Belén su ciudad, porque todos los de su familia celebran allá el sacrificio anual.

7 Si él dijere: Bien está, entonces tendrá paz tu siervo; mas si se enojare, sabe que la maldad está determinada de parte de él.

8 Harás, pues, misericordia con tu siervo, ya que has hecho entrar a tu siervo en pacto de Jehová contigo; y si hay maldad en mí, mátame tú, pues no hay necesidad de llevarme hasta tu padre.

9 Y Jonatán le dijo: Nunca tal te suceda; antes bien, si yo supiere que mi padre ha determinado maldad contra ti, ¿no te lo avisaría yo?

10 Dijo entonces David a Jonatán: ¿Quién me dará aviso si tu padre te respondiere ásperamente?

11 Y Jonatán dijo a David: Ven, salgamos al campo. Y salieron ambos al campo.

12 Entonces dijo Jonatán a David: ¡Jehová Dios de Israel, sea testigo! Cuando le haya preguntado a mi padre mañana a esta hora, o el día tercero, si resultare bien para con David, entonces enviaré a ti para hacértelo saber.

13 Pero si mi padre intentare hacerte mal, Jehová haga así a Jonatán, y aun le añada, si no te lo hiciere saber y te enviare para que te vayas en paz. Y esté Jehová contigo, como estuvo con mi padre.

14 Y si yo viviere, harás conmigo misericordia de Jehová, para que no muera,

15 y no apartarás tu misericordia de mi casa para siempre.^b Cuando Jehová haya cortado uno por uno los enemigos de David de la tierra, no dejes que el nombre de Jonatán sea quitado de la casa de David.

16 Así hizo Jonatán pacto con la casa de David, diciendo: Requiéralo Jehová de la mano de los enemigos de David.

17 Y Jonatán hizo jurar a David otra vez, porque le amaba, pues le amaba como a sí mismo.

18 Luego le dijo Jonatán: Mañana es nueva luna, y tú serás echado de menos, porque tu asiento estará vacío.

19 Estarás, pues, tres días, y luego descenderás y vendrás al lugar donde estabas escondido el día que ocurrió esto mismo, y esperarás junto a la piedra de Ezel.

20 Y yo tiraré tres saetas hacia aquel lado, como ejercitándome al blanco.

21 Luego enviaré al criado, diciéndole: Ve, busca las saetas. Y si dijere al criado: He allí las saetas más acá de ti, tómalas; tú vendrás, porque paz tienes, y nada malo hay, vive Jehová.

22 Mas si yo dijere al muchacho así: He allí las saetas más allá de ti; vete, porque Jehová te ha enviado.

23 En cuanto al asunto de que tú y yo hemos hablado, esté Jehová entre nosotros dos para siempre.

24 David, pues, se escondió en el campo, y cuando llegó la nueva luna, se sentó el rey a comer pan.

25 Y el rey se sentó en su silla, como solía, en el asiento junto a la pared, y Jonatán se levantó, y se sentó Abner al lado de Saúl, y el lugar de David quedó vacío.

26 Mas aquel día Saúl no dijo nada, porque se decía: Le habrá acontecido algo, y no está limpio; de seguro no está purificado.

27 Al siguiente día, el segundo día de la nueva luna, aconteció también que el asiento de David quedó vacío. Y Saúl dijo a Jonatán su hijo: ¿Por qué no ha venido a comer el hijo de Isaí hoy ni ayer?

28 Y Jonatán respondió a Saúl: David me pidió encarecidamente que le dejase ir a Belén,

29 diciendo: Te ruego que me dejes ir, porque nuestra familia celebra sacrificio en la ciudad, y mi hermano me lo ha mandado; por lo tanto, si he hallado gracia en tus ojos, permíteme ir ahora para visitar a mis hermanos. Por esto, pues, no ha venido a la mesa del rey.

30 Entonces se encendió la ira de Saúl contra Jonatán, y le dijo: Hijo de la perversa y rebelde, ¿acaso no sé yo que tú has elegido al hijo de Isaí para confusión tuya, y para confusión de la vergüenza de tu madre?

31 Porque todo el tiempo que el hijo de Isaí viviere sobre la tierra, ni tú estarás firme, ni tu reino. Envía pues, ahora, y tráemelo, porque ha de morir.

32 Y Jonatán respondió a su padre Saúl y le dijo: ¿Por qué morirá? ¿Qué ha hecho?

33 Entonces Saúl le arrojó una lanza para herirlo; de donde entendió Jonatán que su padre estaba resuelto a matar a David.

34 Y se levantó Jonatán de la mesa con exaltada ira, y no comió pan el segundo día de la nueva luna; porque tenía dolor a causa de David, porque su padre le había afrentado.

35 Al otro día, de mañana, salió Jonatán al campo, al tiempo señalado con David, y un muchacho pequeño con él.

36 Y dijo al muchacho: Corre y busca las saetas que yo tirare. Y cuando el muchacho iba corriendo, él tiraba la saeta de modo que pasara más allá de él.

37 Y llegando el muchacho adonde estaba la saeta que Jonatán había tirado, Jonatán dio voces tras el muchacho, diciendo: ¿No está la saeta más allá de ti?

38 Y volvió a gritar Jonatán tras el muchacho: Corre, date prisa, no te pares. Y el muchacho de Jonatán recogió las saetas, y vino a su señor.

39 Pero ninguna cosa entendió el muchacho; solamente Jonatán y David entendían de lo que se trataba.

40 Luego dio Jonatán sus armas a su muchacho, y le dijo: Vete y llévalas a la ciudad.

41 Y luego que el muchacho se hubo ido, se levantó David del lado del sur, y se inclinó tres veces postrándose hasta la tierra; y

---

^b **20.15** 2 S 9.1.

besándose el uno al otro, lloraron el uno con el otro; y David lloró más.

⁴² Y Jonatán dijo a David: Vete en paz, porque ambos hemos jurado por el nombre de Jehová, diciendo: Jehová esté entre tú y yo, entre tu descendencia y mi descendencia, para siempre. Y él se levantó y se fue; y Jonatán entró en la ciudad.

David huye de Saúl

21 ¹ Vino David a Nob, al sacerdote Ahimelec;ᵃ y se sorprendió Ahimelec de su encuentro, y le dijo: ¿Cómo vienes tú solo, y nadie contigo?

² Y respondió David al sacerdote Ahimelec: El rey me encomendó un asunto, y me dijo: Nadie sepa cosa alguna del asunto a que te envío, y lo que te he encomendado; y yo les señalé a los criados un cierto lugar.

³ Ahora, pues, ¿qué tienes a mano? Dame cinco panes, o lo que tengas.

⁴ El sacerdote respondió a David y dijo: No tengo pan común a la mano, solamente tengo pan sagrado; pero lo daré si los criados se han guardado a lo menos de mujeres.

⁵ Y David respondió al sacerdote, y le dijo: En verdad las mujeres han estado lejos de nosotros ayer y anteayer; cuando yo salí, ya los vasos de los jóvenes eran santos, aunque el viaje es profano; ¿cuánto más no serán santos hoy sus vasos?

⁶ Así el sacerdote le dio el pan sagrado, porque allí no había otro pan sino los panes de la proposición,ᵇ los cuales habían sido quitados de la presencia de Jehová, para poner panes calientes el día que aquéllos fueron quitados.

⁷ Y estaba allí aquel día detenido delante de Jehová uno de los siervos de Saúl, cuyo nombre era Doeg, edomita, el principal de los pastores de Saúl.

⁸ Y David dijo a Ahimelec: ¿No tienes aquí a mano lanza o espada? Porque no tomé en mi mano mi espada ni mis armas, por cuanto la orden del rey era apremiante.

⁹ Y el sacerdote respondió: La espada de Goliat el filisteo, al que tú venciste en el valle de Ela,ᶜ está aquí envuelta en un velo detrás del efod; si quieres tomarla, tómala; porque aquí no hay otra sino ésa. Y dijo David: Ninguna como ella; dámela.

¹⁰ Y levantándose David aquel día, huyó de la presencia de Saúl, y se fue a Aquis rey de Gat.

¹¹ Y los siervos de Aquis le dijeron: ¿No es éste David, el rey de la tierra? ¿no es éste de quien cantaban en las danzas, diciendo:

Hirió Saúl a sus miles,
Y David a sus diez miles?ᵈ

¹² Y David puso en su corazón estas palabras, y tuvo gran temor de Aquis rey de Gat.ᵉ

¹³ Y cambió su manera de comportarse delante de ellos, y se fingió loco entre ellos,ᶠ y escribía en las portadas de las puertas, y dejaba correr la saliva por su barba.

¹⁴ Y dijo Aquis a sus siervos: He aquí, veis que este hombre es demente; ¿por qué lo habéis traído a mí?

¹⁵ ¿Acaso me faltan locos, para que hayáis traído a éste que hiciese de loco delante de mí? ¿Había de entrar éste en mi casa?

22 ¹ Yéndose luego David de allí, huyó a la cueva de Adulam;ᵃ y cuando sus hermanos y toda la casa de su padre lo supieron, vinieron allí a él.

² Y se juntaron con él todos los afligidos, y todo el que estaba endeudado, y todos los que se hallaban en amargura de espíritu, y fue hecho jefe de ellos; y tuvo consigo como cuatrocientos hombres.

³ Y se fue David de allí a Mizpa de Moab, y dijo al rey de Moab: Yo te ruego que mi padre y mi madre estén con vosotros, hasta que sepa lo que Dios hará de mí.

⁴ Los trajo, pues, a la presencia del rey de Moab, y habitaron con él todo el tiempo que David estuvo en el lugar fuerte.

⁵ Pero el profeta Gad dijo a David: No te estés en este lugar fuerte; anda y vete a tierra de Judá. Y David se fue, y vino al bosque de Haret.

Saúl mata a los sacerdotes de Nob

⁶ Oyó Saúl que se sabía de David y de los que estaban con él. Y Saúl estaba sentado en Gabaa, debajo de un tamarisco sobre un alto; y tenía su lanza en su mano, y todos sus siervos estaban alrededor de él.

a 21.1-6 Mt 12.3, 4; Mr 2.25, 26; Lc 6.3.   **b 21.6** Lv 24.5-9.
c 21.9 1 S 17.51.   **d 21.11** 1 S 18.7; 29.5.   **e 21.12** Sal 56 tít.
f 21.13 Sal 34 tít.   **a 22.1** Sal 57 tít.; Sal 1.2 tít.

7 Y dijo Saúl a sus siervos que estaban alrededor de él: Oíd ahora, hijos de Benjamín: ¿Os dará también a todos vosotros el hijo de Isaí tierras y viñas, y os hará a todos vosotros jefes de millares y jefes de centenas,·

8 para que todos vosotros hayáis conspirado contra mí, y no haya quien me descubra al oído cómo mi hijo ha hecho alianza con el hijo de Isaí, ni alguno de vosotros que se duela de mí y me descubra cómo mi hijo ha levantado a mi siervo contra mí para que me aceche, tal como lo hace hoy?

9 Entonces Doeg edomita, que era el principal de los siervos de Saúl, respondió y dijo: Yo vi al hijo de Isaí que vino a Nob, a Ahimelec hijo de Ahitob,

10 el cual consultó por él a Jehová y le dio provisiones, y también le dio la espada de Goliat el filisteo.[b]

11 Y el rey envió por el sacerdote Ahimelec hijo de Ahitob, y por toda la casa de su padre, los sacerdotes que estaban en Nob; y todos vinieron al rey.

12 Y Saúl le dijo: Oye ahora, hijo de Ahitob. Y él dijo: Heme aquí, señor mío.

13 Y le dijo Saúl: ¿Por qué habéis conspirado contra mí, tú y el hijo de Isaí, cuando le diste pan y espada, y consultaste por él a Dios, para que se levantase contra mí y me acechase, como lo hace hoy día?

14 Entonces Ahimelec respondió al rey, y dijo: ¿Y quién entre todos tus siervos es tan fiel como David, yerno también del rey, que sirve a tus órdenes y es ilustre en tu casa?

15 ¿He comenzado yo desde hoy a consultar por él a Dios? Lejos sea de mí; no culpe el rey de cosa alguna a su siervo, ni a toda la casa de mi padre; porque tu siervo ninguna cosa sabe de este asunto, grande ni pequeña.

16 Y el rey dijo: Sin duda morirás, Ahimelec, tú y toda la casa de tu padre.

17 Entonces dijo el rey a la gente de su guardia que estaba alrededor de él: Volveos y matad a los sacerdotes de Jehová; porque también la mano de ellos está con David, pues sabiendo ellos que huía, no me lo descubrieron. Pero los siervos del rey no quisieron extender sus manos para matar a los sacerdotes de Jehová.

18 Entonces dijo el rey a Doeg: Vuelve tú, y arremete contra los sacerdotes. Y se volvió Doeg el edomita y acometió a los sacerdotes, y mató en aquel día a ochenta y cinco varones que vestían efod de lino.

19 Y a Nob, ciudad de los sacerdotes, hirió a filo de espada; así a hombres como a mujeres, niños hasta los de pecho, bueyes, asnos y ovejas, todo lo hirió a filo de espada.

20 Pero uno de los hijos de Ahimelec hijo de Ahitob, que se llamaba Abiatar, escapó, y huyó tras David.

21 Y Abiatar dio aviso a David de cómo Saúl había dado muerte a los sacerdotes de Jehová.

22 Y dijo David a Abiatar: Yo sabía que estando allí aquel día Doeg el edomita, él lo había de hacer saber a Saúl. Yo he ocasionado la muerte a todas las personas de la casa de tu padre.

23 Quédate conmigo, no temas; quien buscare mi vida, buscará también la tuya; pues conmigo estarás a salvo.

David en el desierto

23 1 Dieron aviso a David, diciendo: He aquí que los filisteos combaten a Keila, y roban las eras.

2 Y David consultó a Jehová, diciendo: ¿Iré a atacar a estos filisteos? Y Jehová respondió a David: Ve, ataca a los filisteos, y libra a Keila.

3 Pero los que estaban con David le dijeron: He aquí que nosotros aquí en Judá estamos con miedo; ¿cuánto más si fuéremos a Keila contra el ejército de los filisteos?

4 Entonces David volvió a consultar a Jehová. Y Jehová le respondió y dijo: Levántate, desciende a Keila, pues yo entregaré en tus manos a los filisteos.

5 Fue, pues, David con sus hombres a Keila, y peleó contra los filisteos, se llevó sus ganados, y les causó una gran derrota; y libró David a los de Keila.

6 Y aconteció que cuando Abiatar hijo de Ahimelec huyó siguiendo a David a Keila, descendió con el efod en su mano.

7 Y fue dado aviso a Saúl que David había venido a Keila. Entonces dijo Saúl: Dios lo ha entregado en mi mano, pues se ha encerrado entrando en ciudad con puertas y cerraduras.

---

b 22.9, 10 Sal 52 tít.

8 Y convocó Saúl a todo el pueblo a la batalla para descender a Keila, y poner sitio a David y a sus hombres.

9 Mas entendiendo David que Saúl ideaba el mal contra él, dijo a Abiatar sacerdote: Trae el efod.

10 Y dijo David: Jehová Dios de Israel, tu siervo tiene entendido que Saúl trata de venir contra Keila, a destruir la ciudad por causa mía.

11 ¿Me entregarán los vecinos de Keila en sus manos? ¿Descenderá Saúl, como ha oído tu siervo? Jehová Dios de Israel, te ruego que lo declares a tu siervo. Y Jehová dijo: Sí, descenderá.

12 Dijo luego David: ¿Me entregarán los vecinos de Keila a mí y a mis hombres en manos de Saúl? Y Jehová respondió: Os entregarán.

13 David entonces se levantó con sus hombres, que eran como seiscientos, y salieron de Keila, y anduvieron de un lugar a otro. Y vino a Saúl la nueva de que David se había escapado de Keila, y desistió de salir.

14 Y David se quedó en el desierto en lugares fuertes, y habitaba en un monte en el desierto de Zif; y lo buscaba Saúl todos los días, pero Dios no lo entregó en sus manos.

15 Viendo, pues, David que Saúl había salido en busca de su vida, se estuvo en Hores, en el desierto de Zif.

16 Entonces se levantó Jonatán hijo de Saúl y vino a David a Hores, y fortaleció su mano en Dios.

17 Y le dijo: No temas, pues no te hallará la mano de Saúl mi padre, y tú reinarás sobre Israel, y yo seré segundo después de ti; y aun Saúl mi padre así lo sabe.

18 Y ambos hicieron pacto delante de Jehová;[a] y David se quedó en Hores, y Jonatán se volvió a su casa.

19 Después subieron los de Zif para decirle a Saúl en Gabaa: ¿No está David escondido en nuestra tierra en las peñas de Hores, en el collado de Haquila, que está al sur del desierto?[b]

20 Por tanto, rey, desciende pronto ahora, conforme a tu deseo, y nosotros lo entregaremos en la mano del rey.

21 Y Saúl dijo: Benditos seáis vosotros de Jehová, que habéis tenido compasión de mí.

22 Id, pues, ahora, aseguraos más, conoced y ved el lugar de su escondite, y quién lo haya visto allí; porque se me ha dicho que él es astuto en gran manera.

23 Observad, pues, e informaos de todos los escondrijos donde se oculta, y volved a mí con información segura, y yo iré con vosotros; y si él estuviere en la tierra, yo le buscaré entre todos los millares de Judá.

24 Y ellos se levantaron, y se fueron a Zif delante de Saúl.

Pero David y su gente estaban en el desierto de Maón, en el Arabá al sur del desierto.

25 Y se fue Saúl con su gente a buscarlo; pero fue dado aviso a David, y descendió a la peña, y se quedó en el desierto de Maón. Cuando Saúl oyó esto, siguió a David al desierto de Maón.

26 Y Saúl iba por un lado del monte, y David con sus hombres por el otro lado del monte, y se daba prisa David para escapar de Saúl; mas Saúl y sus hombres habían encerrado a David y a su gente para capturarlos.

27 Entonces vino un mensajero a Saúl, diciendo: Ven luego, porque los filisteos han hecho una irrupción en el país.

28 Volvió, por tanto, Saúl de perseguir a David, y partió contra los filisteos. Por esta causa pusieron a aquel lugar por nombre Sela-hama-lecot.[3]

29 Entonces David subió de allí y habitó en los lugares fuertes de En-gadi.

David perdona la vida a Saúl en En-gadi

24 **1** Cuando Saúl volvió de perseguir a los filisteos, le dieron aviso, diciendo: He aquí David está en el desierto de En-gadi.

2 Y tomando Saúl tres mil hombres escogidos de todo Israel, fue en busca de David y de sus hombres, por las cumbres de los peñascos de las cabras monteses.

3 Y cuando llegó a un redil de ovejas en el camino, donde había una cueva, entró Saúl en ella para cubrir sus pies; y David y sus hombres estaban sentados en los rincones de la cueva.[a]

---

3. **23.28** Esto es, *Peña de las divisiones.*
a 23.18 1 S 18.3.   **b 23.19** Sal 54 tít.   **a 24.3** Sal 57 tít.; Sal 1.2 tít.

4 Entonces los hombres de David le dijeron: He aquí el día de que te dijo Jehová: He aquí que entrego a tu enemigo en tu mano, y harás con él como te pareciere. Y se levantó David, y calladamente cortó la orilla del manto de Saúl.

5 Después de esto se turbó el corazón de David, porque había cortado la orilla del manto de Saúl.

6 Y dijo a sus hombres: Jehová me guarde de hacer tal cosa contra mi señor, el ungido de Jehová, que yo extienda mi mano contra él; porque es el ungido de Jehová.

7 Así reprimió David a sus hombres con palabras, y no les permitió que se levantasen contra Saúl. Y Saúl, saliendo de la cueva, siguió su camino.

8 También David se levantó después, y saliendo de la cueva dio voces detrás de Saúl, diciendo: ¡Mi señor el rey! Y cuando Saúl miró hacia atrás, David inclinó su rostro a tierra, e hizo reverencia.

9 Y dijo David a Saúl: ¿Por qué oyes las palabras de los que dicen: Mira que David procura tu mal?

10 He aquí han visto hoy tus ojos cómo Jehová te ha puesto hoy en mis manos en la cueva; y me dijeron que te matase, pero te perdoné, porque dije: No extenderé mi mano contra mi señor, porque es el ungido de Jehová.

11 Y mira, padre mío, mira la orilla de tu manto en mi mano; porque yo corté la orilla de tu manto, y no te maté. Conoce, pues, y ve que no hay mal ni traición en mi mano, ni he pecado contra ti; sin embargo, tú andas a caza de mi vida para quitármela.

12 Juzgue Jehová entre tú y yo, y vénguéme de ti Jehová; pero mi mano no será contra ti.

13 Como dice el proverbio de los antiguos: De los impíos saldrá la impiedad; así que mi mano no será contra ti.

14 ¿Tras quién ha salido el rey de Israel? ¿A quién persigues? ¿A un perro muerto? ¿A una pulga?

15 Jehová, pues, será juez, y él juzgará entre tú y yo. Él vea y sustente mi causa, y me defienda de tu mano.

16 Y aconteció que cuando David acabó de decir estas palabras a Saúl, Saúl dijo: ¿No es ésta la voz tuya, hijo mío David? Y alzó Saúl su voz y lloró,

17 y dijo a David: Más justo eres tú que yo, que me has pagado con bien, habiéndote yo pagado con mal.

18 Tú has mostrado hoy que has hecho conmigo bien; pues no me has dado muerte, habiéndome entregado Jehová en tu mano.

19 Porque ¿quién hallará a su enemigo, y lo dejará ir sano y salvo? Jehová te pague con bien por lo que en este día has hecho conmigo.

20 Y ahora, como yo entiendo que tú has de reinar, y que el reino de Israel ha de ser en tu mano firme y estable,

21 júrame, pues, ahora por Jehová, que no destruirás mi descendencia después de mí, ni borrarás mi nombre de la casa de mi padre.

22 Entonces David juró a Saúl. Y se fue Saúl a su casa, y David y sus hombres subieron al lugar fuerte.

David y Abigail

25 **1** Murió Samuel, y se juntó todo Israel, y lo lloraron, y lo sepultaron en su casa en Ramá.

Y se levantó David y se fue al desierto de Parán.

2 Y en Maón había un hombre que tenía su hacienda en Carmel, el cual era muy rico, y tenía tres mil ovejas y mil cabras. Y aconteció que estaba esquilando sus ovejas en Carmel.

3 Y aquel varón se llamaba Nabal, y su mujer, Abigail. Era aquella mujer de buen entendimiento y de hermosa apariencia, pero el hombre era duro y de malas obras; y era del linaje de Caleb.

4 Y oyó David en el desierto que Nabal esquilaba sus ovejas.

5 Entonces envió David diez jóvenes y les dijo: Subid a Carmel e id a Nabal, y saludadle en mi nombre,

6 y decidle así: Sea paz a ti, y paz a tu familia, y paz a todo cuanto tienes.

7 He sabido que tienes esquiladores. Ahora, tus pastores han estado con nosotros; no les tratamos mal, ni les faltó nada en todo el tiempo que han estado en Carmel.

8 Pregunta a tus criados, y ellos te lo dirán. Hallen, por tanto, estos jóvenes gracia en tus ojos, porque hemos venido en buen día; te ruego que des lo que tuvieres a mano a tus siervos, y a tu hijo David.

⁹ Cuando llegaron los jóvenes enviados por David, dijeron a Nabal todas estas palabras en nombre de David, y callaron.

¹⁰ Y Nabal respondió a los jóvenes enviados por David, y dijo: ¿Quién es David, y quién es el hijo de Isaí? Muchos siervos hay hoy que huyen de sus señores.

¹¹ ¿He de tomar yo ahora mi pan, mi agua, y la carne que he preparado para mis esquiladores, y darla a hombres que no sé de dónde son?

¹² Y los jóvenes que había enviado David se volvieron por su camino, y vinieron y dijeron a David todas estas palabras.

¹³ Entonces David dijo a sus hombres: Cíñase cada uno su espada. Y se ciñó cada uno su espada y también David se ciñó su espada; y subieron tras David como cuatrocientos hombres, y dejaron doscientos con el bagaje.

¹⁴ Pero uno de los criados dio aviso a Abigail mujer de Nabal, diciendo: He aquí David envió mensajeros del desierto que saludasen a nuestro amo, y él los ha zaherido.

¹⁵ Y aquellos hombres han sido muy buenos con nosotros, y nunca nos trataron mal, ni nos faltó nada en todo el tiempo que anduvimos con ellos, cuando estábamos en el campo.

¹⁶ Muro fueron para nosotros de día y de noche, todos los días que hemos estado con ellos apacentando las ovejas.

¹⁷ Ahora, pues, reflexiona y ve lo que has de hacer, porque el mal está ya resuelto contra nuestro amo y contra toda su casa; pues él es un hombre tan perverso, que no hay quien pueda hablarle.

¹⁸ Entonces Abigail tomó luego doscientos panes, dos cueros de vino, cinco ovejas guisadas, cinco medidas de grano tostado, cien racimos de uvas pasas, y doscientos panes de higos secos, y lo cargó todo en asnos.

¹⁹ Y dijo a sus criados: Id delante de mí, y yo os seguiré luego; y nada declaró a su marido Nabal.

²⁰ Y montando un asno, descendió por una parte secreta del monte; y he aquí David y sus hombres venían frente a ella, y ella les salió al encuentro.

²¹ Y David había dicho: Ciertamente en vano he guardado todo lo que éste tiene en el desierto, sin que nada le haya faltado de todo cuanto es suyo; y él me ha vuelto mal por bien.

²² Así haga Dios a los enemigos de David y aun les añada, que de aquí a mañana, de todo lo que fuere suyo no he de dejar con vida ni un varón.

²³ Y cuando Abigail vio a David, se bajó prontamente del asno, y postrándose sobre su rostro delante de David, se inclinó a tierra;

²⁴ y se echó a sus pies, y dijo: Señor mío, sobre mí sea el pecado; mas te ruego que permitas que tu sierva hable a tus oídos, y escucha las palabras de tu sierva.

²⁵ No haga caso ahora mi señor de ese hombre perverso, de Nabal; porque conforme a su nombre, así es. Él se llama Nabal,⁴ y la insensatez está con él; mas yo tu sierva no vi a los jóvenes que tú enviaste.

²⁶ Ahora pues, señor mío, vive Jehová, y vive tu alma, que Jehová te ha impedido el venir a derramar sangre y vengarte por tu propia mano. Sean, pues, como Nabal tus enemigos, y todos los que procuran mal contra mi señor.

²⁷ Y ahora este presente que tu sierva ha traído a mi señor, sea dado a los hombres que siguen a mi señor.

²⁸ Y yo te ruego que perdones a tu sierva esta ofensa; pues Jehová de cierto hará casa estable a mi señor, por cuanto mi señor pelea las batallas de Jehová, y mal no se ha hallado en ti en tus días.

²⁹ Aunque alguien se haya levantado para perseguirte y atentar contra tu vida, con todo, la vida de mi señor será ligada en el haz de los que viven delante de Jehová tu Dios, y él arrojará la vida de tus enemigos como de en medio de la palma de una honda.

³⁰ Y acontecerá que cuando Jehová haga con mi señor conforme a todo el bien que ha hablado de ti, y te establezca por príncipe sobre Israel,

³¹ entonces, señor mío, no tendrás motivo de pena ni remordimientos por haber derramado sangre sin causa, o por haberte vengado por ti mismo. Guárdese, pues, mi señor, y cuando Jehová haga bien a mi señor, acuérdate de tu sierva.

---

4. **25.25** Esto es, *Insensato*.

32 Y dijo David a Abigail: Bendito sea Jehová Dios de Israel, que te envió para que hoy me encontrases.

33 Y bendito sea tu razonamiento, y bendita tú, que me has estorbado hoy de ir a derramar sangre, y a vengarme por mi propia mano.

34 Porque vive Jehová Dios de Israel que me ha defendido de hacerte mal, que si no te hubieras dado prisa en venir a mi encuentro, de aquí a mañana no le hubiera quedado con vida a Nabal ni un varón.

35 Y recibió David de su mano lo que le había traído, y le dijo: Sube en paz a tu casa, y mira que he oído tu voz, y te he tenido respeto.

36 Y Abigail volvió a Nabal, y he aquí que él tenía banquete en su casa como banquete de rey; y el corazón de Nabal estaba alegre, y estaba completamente ebrio, por lo cual ella no le declaró cosa alguna hasta el día siguiente.

37 Pero por la mañana, cuando ya a Nabal se le habían pasado los efectos del vino, le refirió su mujer estas cosas; y desmayó su corazón en él, y se quedó como una piedra.

38 Y diez días después, Jehová hirió a Nabal, y murió.

39 Luego que David oyó que Nabal había muerto, dijo: Bendito sea Jehová, que juzgó la causa de mi afrenta recibida de mano de Nabal, y ha preservado del mal a su siervo; y Jehová ha vuelto la maldad de Nabal sobre su propia cabeza. Después envió David a hablar con Abigail, para tomarla por su mujer.

40 Y los siervos de David vinieron a Abigail en Carmel, y hablaron con ella, diciendo: David nos ha enviado a ti, para tomarte por su mujer.

41 Y ella se levantó e inclinó su rostro a tierra, diciendo: He aquí tu sierva, que será una sierva para lavar los pies de los siervos de mi señor.

42 Y levantándose luego Abigail con cinco doncellas que le servían, montó en un asno y siguió a los mensajeros de David, y fue su mujer.

43 También tomó David a Ahinoam de Jezreel, y ambas fueron sus mujeres.

44 Porque Saúl había dado a su hija Mical mujer de David a Palti hijo de Lais, que era de Galim.

David perdona la vida a Saúl en Zif

26 **1** Vinieron los zifeos a Saúl en Gabaa, diciendo: ¿No está David escondido en el collado de Haquila, al oriente del desierto?[a]

2 Saúl entonces se levantó y descendió al desierto de Zif, llevando consigo tres mil hombres escogidos de Israel, para buscar a David en el desierto de Zif.

3 Y acampó Saúl en el collado de Haquila, que está al oriente del desierto, junto al camino. Y estaba David en el desierto, y entendió que Saúl le seguía en el desierto.

4 David, por tanto, envió espías, y supo con certeza que Saúl había venido.

5 Y se levantó David, y vino al sitio donde Saúl había acampado; y miró David el lugar donde dormían Saúl y Abner hijo de Ner, general de su ejército. Y estaba Saúl durmiendo en el campamento, y el pueblo estaba acampado en derredor de él.

6 Entonces David dijo a Ahimelec heteo y a Abisai hijo de Sarvia, hermano de Joab: ¿Quién descenderá conmigo a Saúl en el campamento? Y dijo Abisai: Yo descenderé contigo.

7 David, pues, y Abisai fueron de noche al ejército; y he aquí que Saúl estaba tendido durmiendo en el campamento, y su lanza clavada en tierra a su cabecera; y Abner y el ejército estaban tendidos alrededor de él.

8 Entonces dijo Abisai a David: Hoy ha entregado Dios a tu enemigo en tu mano; ahora, pues, déjame que le hiera con la lanza, y lo enclavaré en la tierra de un golpe, y no le daré segundo golpe.

9 Y David respondió a Abisai: No le mates; porque ¿quién extenderá su mano contra el ungido de Jehová, y será inocente?

10 Dijo además David: Vive Jehová, que si Jehová no lo hiriere, o su día llegue para que muera, o descendiendo en batalla perezca,

11 guárdeme Jehová de extender mi mano contra el ungido de Jehová. Pero toma ahora la lanza que está a su cabecera, y la vasija de agua, y vámonos.

12 Se llevó, pues, David la lanza y la vasija de agua de la cabecera de Saúl, y se fueron;

---

a **26.1** Sal 54 tít.

y no hubo nadie que viese, ni entendiese, ni velase, pues todos dormían; porque un profundo sueño enviado de Jehová había caído sobre ellos.

13 Entonces pasó David al lado opuesto, y se puso en la cumbre del monte a lo lejos, habiendo gran distancia entre ellos. 14 Y dio voces David al pueblo, y a Abner hijo de Ner, diciendo: ¿No respondes, Abner? Entonces Abner respondió y dijo: ¿Quién eres tú que gritas al rey?

15 Y dijo David a Abner: ¿No eres tú un hombre? ¿y quién hay como tú en Israel? ¿Por qué, pues, no has guardado al rey tu señor? Porque uno del pueblo ha entrado a matar a tu señor el rey.

16 Esto que has hecho no está bien. Vive Jehová, que sois dignos de muerte, porque no habéis guardado a vuestro señor, al ungido de Jehová. Mira pues, ahora, dónde está la lanza del rey, y la vasija de agua que estaba a su cabecera.

17 Y conociendo Saúl la voz de David, dijo: ¿No es ésta tu voz, hijo mío David? Y David respondió: Mi voz es, rey señor mío. 18 Y dijo: ¿Por qué persigue así mi señor a su siervo? ¿Qué he hecho? ¿Qué mal hay en mi mano?

19 Ruego, pues, que el rey mi señor oiga ahora las palabras de su siervo. Si Jehová te incita contra mí, acepte él la ofrenda; mas si fueren hijos de hombres, malditos sean ellos en presencia de Jehová, porque me han arrojado hoy para que no tenga parte en la heredad de Jehová, diciendo: Ve y sirve a dioses ajenos.

20 No caiga, pues, ahora mi sangre en tierra delante de Jehová, porque ha salido el rey de Israel a buscar una pulga, así como quien persigue una perdiz por los montes.

21 Entonces dijo Saúl: He pecado; vuélvete, hijo mío David, que ningún mal te haré más, porque mi vida ha sido estimada preciosa hoy a tus ojos. He aquí yo he hecho neciamente, y he errado en gran manera.

22 Y David respondió y dijo: He aquí la lanza del rey; pase acá uno de los criados y tómela.

23 Y Jehová pague a cada uno su justicia y su lealtad; pues Jehová te había entregado hoy en mi mano, mas yo no quise extender mi mano contra el ungido de Jehová.

24 Y he aquí, como tu vida ha sido estimada preciosa hoy a mis ojos, así sea mi vida a los ojos de Jehová, y me libre de toda aflicción.

25 Y Saúl dijo a David: Bendito eres tú, hijo mío David; sin duda emprenderás tú cosas grandes, y prevalecerás. Entonces David se fue por su camino, y Saúl se volvió a su lugar.

David entre los filisteos

27 1 Dijo luego David en su corazón: Al fin seré muerto algún día por la mano de Saúl; nada, por tanto, me será mejor que fugarme a la tierra de los filisteos, para que Saúl no se ocupe de mí, y no me ande buscando más por todo el territorio de Israel; y así escaparé de su mano. 2 Se levantó, pues, David, y con los seiscientos hombres que tenía consigo se pasó a Aquis hijo de Maoc, rey de Gat. 3 Y moró David con Aquis en Gat, él y sus hombres, cada uno con su familia; David con sus dos mujeres, Ahinoam jezreelita y Abigail la que fue mujer de Nabal el de Carmel. 4 Y vino a Saúl la nueva de que David había huido a Gat, y no lo buscó más.

5 Y David dijo a Aquis: Si he hallado gracia ante tus ojos, séame dado lugar en alguna de las aldeas para que habite allí; pues ¿por qué ha de morar tu siervo contigo en la ciudad real? 6 Y Aquis le dio aquel día a Siclag, por lo cual Siclag vino a ser de los reyes de Judá hasta hoy. 7 Fue el número de los días que David habitó en la tierra de los filisteos, un año y cuatro meses.

8 Y subía David con sus hombres, y hacían incursiones contra los gesuritas, los gezritas y los amalecitas; porque éstos habitaban de largo tiempo la tierra, desde como quien va a Shur hasta la tierra de Egipto. 9 Y asolaba David el país, y no dejaba con vida hombre ni mujer; y se llevaba las ovejas, las vacas, los asnos, los camellos y las ropas, y regresaba a Aquis. 10 Y decía Aquis: ¿Dónde habéis merodeado hoy? Y David decía: En el Neguev de Judá, y el Neguev de Jerameel, o en el Neguev de los ceneos.

11 Ni hombre ni mujer dejaba David con vida para que viniesen a Gat; diciendo: No sea que den aviso de nosotros y digan: Esto hizo David. Y ésta fue su costumbre todo el tiempo que moró en la tierra de los filisteos.

12 Y Aquis creía a David, y decía: Él se ha hecho abominable a su pueblo de Israel, y será siempre mi siervo.

28 **1** Aconteció en aquellos días, que los filisteos reunieron sus fuerzas para pelear contra Israel. Y dijo Aquis a David: Ten entendido que has de salir conmigo a campaña, tú y tus hombres.

2 Y David respondió a Aquis: Muy bien, tú sabrás lo que hará tu siervo. Y Aquis dijo a David: Por tanto, yo te constituiré guarda de mi persona durante toda mi vida.

Saúl y la adivina de Endor

3 Ya Samuel había muerto, y todo Israel lo había lamentado, y le habían sepultado en Ramá, su ciudad.ª Y Saúl había arrojado de la tierra a los encantadores y adivinos.ᵇ

4 Se juntaron, pues, los filisteos, y vinieron y acamparon en Sunem; y Saúl juntó a todo Israel, y acamparon en Gilboa.

5 Y cuando vio Saúl el campamento de los filisteos, tuvo miedo, y se turbó su corazón en gran manera.

6 Y consultó Saúl a Jehová; pero Jehová no le respondió ni por sueños, ni por Urim,ᶜ ni por profetas.

7 Entonces Saúl dijo a sus criados: Buscadme una mujer que tenga espíritu de adivinación, para que yo vaya a ella y por medio de ella pregunte. Y sus criados le respondieron: He aquí hay una mujer en Endor que tiene espíritu de adivinación.

8 Y se disfrazó Saúl, y se puso otros vestidos, y se fue con dos hombres, y vinieron a aquella mujer de noche; y él dijo: Yo te ruego que me adivines por el espíritu de adivinación, y me hagas subir a quien yo te dijere.

9 Y la mujer le dijo: He aquí tú sabes lo que Saúl ha hecho, cómo ha cortado de la tierra a los evocadores y a los adivinos. ¿Por qué, pues, pones tropiezo a mi vida, para hacerme morir?

10 Entonces Saúl le juró por Jehová, diciendo: Vive Jehová, que ningún mal te vendrá por esto.

11 La mujer entonces dijo: ¿A quién te haré venir? Y él respondió: Hazme venir a Samuel.

12 Y viendo la mujer a Samuel, clamó en alta voz, y habló aquella mujer a Saúl, diciendo:

13 ¿Por qué me has engañado? pues tú eres Saúl. Y el rey le dijo: No temas. ¿Qué has visto? Y la mujer respondió a Saúl: He visto dioses que suben de la tierra.

14 Él le dijo: ¿Cuál es su forma? Y ella respondió: Un hombre anciano viene, cubierto de un manto. Saúl entonces entendió que era Samuel, y humillando el rostro a tierra, hizo gran reverencia.

15 Y Samuel dijo a Saúl: ¿Por qué me has inquietado haciéndome venir? Y Saúl respondió: Estoy muy angustiado, pues los filisteos pelean contra mí, y Dios se ha apartado de mí, y no me responde más, ni por medio de profetas ni por sueños; por esto te he llamado, para que me declares lo que tengo que hacer.

16 Entonces Samuel dijo: ¿Y para qué me preguntas a mí, si Jehová se ha apartado de ti y es tu enemigo?

17 Jehová te ha hecho como dijo por medio de mí; pues Jehová ha quitado el reino de tu mano, y lo ha dado a tu compañero,ᵈ David.

18 Como tú no obedecisteᵉ a la voz de Jehová, ni cumpliste el ardor de su ira contra Amalec, por eso Jehová te ha hecho esto hoy.

19 Y Jehová entregará a Israel también contigo en manos de los filisteos; y mañana estaréis conmigo, tú y tus hijos; y Jehová entregará también al ejército de Israel en mano de los filisteos.

20 Entonces Saúl cayó en tierra cuan grande era, y tuvo gran temor por las palabras de Samuel; y estaba sin fuerzas, porque en todo aquel día y aquella noche no había comido pan.

21 Entonces la mujer vino a Saúl, y viéndolo turbado en gran manera, le dijo: He aquí que tu sierva ha obedecido a tu voz, y he arriesgado mi vida, y he oído las palabras que tú me has dicho.

22 Te ruego, pues, que tú también oigas la voz de tu sierva; pondré yo delante de ti

---

ª **28.3** 1 S 25.1.   ᵇ **28.3** Lv 20.27; Dt 18.10, 11.
ᶜ **28.6** Nm 27.21.   ᵈ **28.17** 1 S 15.28.   ᵉ **28.18** 1 S 15.3-9.

un bocado de pan para que comas, a fin de que cobres fuerzas, y sigas tu camino. 23 Y él rehusó diciendo: No comeré. Pero porfiaron con él sus siervos juntamente con la mujer, y él les obedeció. Se levantó, pues, del suelo, y se sentó sobre una cama. 24 Y aquella mujer tenía en su casa un ternero engordado, el cual mató luego; y tomó harina y la amasó, y coció de ella panes sin levadura. 25 Y lo trajo delante de Saúl y de sus siervos; y después de haber comido, se levantaron, y se fueron aquella noche.

Los filisteos desconfían de David

29 1 Los filisteos juntaron todas sus fuerzas en Afec, e Israel acampó junto a la fuente que está en Jezreel. 2 Y cuando los príncipes de los filisteos pasaban revista a sus compañías de a ciento y de a mil hombres, David y sus hombres iban en la retaguardia con Aquis. 3 Y dijeron los príncipes de los filisteos: ¿Qué hacen aquí estos hebreos? Y Aquis respondió a los príncipes de los filisteos: ¿No es éste David, el siervo de Saúl rey de Israel, que ha estado conmigo por días y años, y no he hallado falta en él desde el día que se pasó a mí hasta hoy? 4 Entonces los príncipes de los filisteos se enojaron contra él, y le dijeron: Despide a este hombre, para que se vuelva al lugar que le señalaste, y no venga con nosotros a la batalla, no sea que en la batalla se nos vuelva enemigo; porque ¿con qué cosa volvería mejor a la gracia de su señor que con las cabezas de estos hombres? 5 ¿No es éste David, de quien cantaban en las danzas, diciendo:

Saúl hirió a sus miles,
Y David a sus diez miles?a

6 Y Aquis llamó a David y le dijo: Vive Jehová, que tú has sido recto, y que me ha parecido bien tu salida y tu entrada en el campamento conmigo, y que ninguna cosa mala he hallado en ti desde el día que viniste a mí hasta hoy; mas a los ojos de los príncipes no agradas. 7 Vuélvete, pues, y vete en paz, para no desagradar a los príncipes de los filisteos. 8 Y David respondió a Aquis: ¿Qué he hecho? ¿Qué has hallado en tu siervo desde el día que estoy contigo hasta hoy, para que yo no vaya y pelee contra los enemigos de mi señor el rey? 9 Y Aquis respondió a David, y dijo: Yo sé que tú eres bueno ante mis ojos, como un ángel de Dios; pero los príncipes de los filisteos me han dicho: No venga con nosotros a la batalla. 10 Levántate, pues, de mañana, tú y los siervos de tu señor que han venido contigo; y levantándoos al amanecer, marchad. 11 Y se levantó David de mañana, él y sus hombres, para irse y volver a la tierra de los filisteos; y los filisteos fueron a Jezreel.

David derrota a los amalecitas

30 1 Cuando David y sus hombres vinieron a Siclag al tercer día, los de Amalec habían invadido el Neguev y a Siclag, y habían asolado a Siclag y le habían prendido fuego. 2 Y se habían llevado cautivas a las mujeres y a todos los que estaban allí, desde el menor hasta el mayor; pero a nadie habían dado muerte, sino se los habían llevado al seguir su camino. 3 Vino, pues, David con los suyos a la ciudad, y he aquí que estaba quemada, y sus mujeres y sus hijos e hijas habían sido llevados cautivos. 4 Entonces David y la gente que con él estaba alzaron su voz y lloraron, hasta que les faltaron las fuerzas para llorar. 5 Las dos mujeres de David, Ahinoam jezreelita y Abigail la que fue mujer de Nabal el de Carmel, también eran cautivas.a 6 Y David se angustió mucho, porque el pueblo hablaba de apedrearlo, pues todo el pueblo estaba en amargura de alma, cada uno por sus hijos y por sus hijas; mas David se fortaleció en Jehová su Dios. 7 Y dijo David al sacerdote Abiatarb hijo de Ahimelec: Yo te ruego que me acerques el efod. Y Abiatar acercó el efod a David. 8 Y David consultó a Jehová, diciendo: ¿Perseguiré a estos merodeadores? ¿Los podré alcanzar? Y él le dijo: Síguelos, porque ciertamente los alcanzarás, y de cierto librarás a los cautivos. 9 Partió, pues, David, él y los seiscientos hombres que con él estaban, y llegaron

---

a 29.5 1 S 18.7; 21.11.   a 30.5 1 S 25.42, 43.
b 30.7 1 S 22.20-23.

hasta el torrente de Besor, donde se quedaron algunos.

10 Y David siguió adelante con cuatrocientos hombres; porque se quedaron atrás doscientos, que cansados no pudieron pasar el torrente de Besor.

11 Y hallaron en el campo a un hombre egipcio, el cual trajeron a David, y le dieron pan, y comió, y le dieron a beber agua. **12** Le dieron también un pedazo de masa de higos secos y dos racimos de pasas. Y luego que comió, volvió en él su espíritu; porque no había comido pan ni bebido agua en tres días y tres noches.

13 Y le dijo David: ¿De quién eres tú, y de dónde eres? Y respondió el joven egipcio: Yo soy siervo de un amalecita, y me dejó mi amo hoy hace tres días, porque estaba yo enfermo;

14 pues hicimos una incursión a la parte del Neguev que es de los cereteos, y de Judá, y al Neguev de Caleb; y pusimos fuego a Siclag.

15 Y le dijo David: ¿Me llevarás tú a esa tropa? Y él dijo: Júrame por Dios que no me matarás, ni me entregarás en mano de mi amo, y yo te llevaré a esa gente.

16 Lo llevó, pues; y he aquí que estaban desparramados sobre toda aquella tierra, comiendo y bebiendo y haciendo fiesta, por todo aquel gran botín que habían tomado de la tierra de los filisteos y de la tierra de Judá.

17 Y los hirió David desde aquella mañana hasta la tarde del día siguiente; y no escapó de ellos ninguno, sino cuatrocientos jóvenes que montaron sobre los camellos y huyeron.

18 Y libró David todo lo que los amalecitas habían tomado, y asimismo libertó David a sus dos mujeres.

19 Y no les faltó cosa alguna, chica ni grande, así de hijos como de hijas, del robo, y de todas las cosas que les habían tomado; todo lo recuperó David.

20 Tomó también David todas las ovejas y el ganado mayor; y trayéndolo todo delante, decían: Éste es el botín de David.

21 Y vino David a los doscientos hombres que habían quedado cansados y no habían podido seguir a David, a los cuales habían hecho quedar en el torrente de Besor; y ellos salieron a recibir a David y al pueblo que con él estaba. Y cuando David llegó a la gente, les saludó con paz.

22 Entonces todos los malos y perversos de entre los que habían ido con David, respondieron y dijeron: Porque no fueron con nosotros, no les daremos del botín que hemos quitado, sino a cada uno su mujer y sus hijos; que los tomen y se vayan.

23 Y David dijo: No hagáis eso, hermanos míos, de lo que nos ha dado Jehová, quien nos ha guardado, y ha entregado en nuestra mano a los merodeadores que vinieron contra nosotros.

24 ¿Y quién os escuchará en este caso? Porque conforme a la parte del que desciende a la batalla, así ha de ser la parte del que queda con el bagaje; les tocará parte igual. **25** Desde aquel día en adelante fue esto por ley y ordenanza en Israel, hasta hoy.

26 Y cuando David llegó a Siclag, envió del botín a los ancianos de Judá, sus amigos, diciendo: He aquí un presente para vosotros del botín de los enemigos de Jehová. **27** Lo envió a los que estaban en Bet-el, en Ramot del Neguev, en Jatir, **28** en Aroer, en Sifmot, en Estemoa, **29** en Racal, en las ciudades de Jerameel, en las ciudades del ceneo, **30** en Horma, en Corasán, en Atac, **31** en Hebrón, y en todos los lugares donde David había estado con sus hombres.

Muerte de Saúl y de sus hijos
(1 Cr 10.1-12)

31 **1** Los filisteos, pues, pelearon contra Israel, y los de Israel huyeron delante de los filisteos, y cayeron muertos en el monte de Gilboa.

2 Y siguiendo los filisteos a Saúl y a sus hijos, mataron a Jonatán, a Abinadab y a Malquisúa, hijos de Saúl.

3 Y arreció la batalla contra Saúl, y le alcanzaron los flecheros, y tuvo gran temor de ellos.

4 Entonces dijo Saúl a su escudero: Saca tu espada, y traspásame con ella, para que no vengan estos incircuncisos y me traspasen, y me escarnezcan. Mas su escudero no quería, porque tenía gran temor. Entonces tomó Saúl su propia espada y se echó sobre ella.

5 Y viendo su escudero a Saúl muerto, él también se echó sobre su espada, y murió con él.

⁶ Así murió Saúl en aquel día, juntamente con sus tres hijos, y su escudero, y todos sus varones.

⁷ Y los de Israel que eran del otro lado del valle, y del otro lado del Jordán, viendo que Israel había huido y que Saúl y sus hijos habían sido muertos, dejaron las ciudades y huyeron; y los filisteos vinieron y habitaron en ellas.

⁸ Aconteció al siguiente día, que viniendo los filisteos a despojar a los muertos, hallaron a Saúl y a sus tres hijos tendidos en el monte de Gilboa.

⁹ Y le cortaron la cabeza, y le despojaron de las armas; y enviaron mensajeros por toda la tierra de los filisteos, para que llevaran las buenas nuevas al templo de sus ídolos y al pueblo.

¹⁰ Y pusieron sus armas en el templo de Astarot, y colgaron su cuerpo en el muro de Bet-sán.

¹¹ Mas oyendo los de Jabes de Galaad esto que los filisteos hicieron a Saúl,

¹² todos los hombres valientes se levantaron, y anduvieron toda aquella noche, y quitaron el cuerpo de Saúl y los cuerpos de sus hijos del muro de Bet-sán; y viniendo a Jabes, los quemaron allí.

¹³ Y tomando sus huesos, los sepultaron debajo de un árbol en Jabes, y ayunaron siete días.

SEGUNDO LIBRO DE

SAMUEL

David oye de la muerte de Saúl

1 ¹Aconteció después de la muerte de Saúl, que vuelto David de la derrota de los amalecitas, estuvo dos días en Siclag.

²Al tercer día, sucedió que vino uno del campamento de Saúl, rotos sus vestidos, y tierra sobre su cabeza; y llegando a David, se postró en tierra e hizo reverencia.

³Y le preguntó David: ¿De dónde vienes? Y él respondió: Me he escapado del campamento de Israel.

⁴David le dijo: ¿Qué ha acontecido? Te ruego que me lo digas. Y él respondió: El pueblo huyó de la batalla, y también muchos del pueblo cayeron y son muertos; también Saúl y Jonatán su hijo murieron.

⁵Dijo David a aquel joven que le daba las nuevas: ¿Cómo sabes que han muerto Saúl y Jonatán su hijo?

⁶El joven que le daba las nuevas respondió: Casualmente vine al monte de Gilboa, y hallé a Saúl que se apoyaba sobre su lanza, y venían tras él carros y gente de a caballo.

⁷Y mirando él hacia atrás, me vio y me llamó; y yo dije: Heme aquí.

⁸Y me preguntó: ¿Quién eres tú? Y yo le respondí: Soy amalecita.

⁹Él me volvió a decir: Te ruego que te pongas sobre mí y me mates, porque se ha apoderado de mí la angustia; pues mi vida está aún toda en mí.

¹⁰Yo entonces me puse sobre él y le maté, porque sabía que no podía vivir después de su caída; y tomé la corona que tenía en su cabeza, y la argolla que traía en su brazo, y las he traído acá a mi señor.ª

¹¹Entonces David, asiendo de sus vestidos, los rasgó; y lo mismo hicieron los hombres que estaban con él.

¹²Y lloraron y lamentaron y ayunaron hasta la noche, por Saúl y por Jonatán su hijo, por el pueblo de Jehová y por la casa de Israel, porque habían caído a filo de espada.

¹³Y David dijo a aquel joven que le había traído las nuevas: ¿De dónde eres tú? Y él respondió: Yo soy hijo de un extranjero, amalecita.

¹⁴Y le dijo David: ¿Cómo no tuviste temor de extender tu mano para matar al ungido de Jehová?

¹⁵Entonces llamó David a uno de sus hombres, y le dijo: Ve y mátalo. Y él lo hirió, y murió.

¹⁶Y David le dijo: Tu sangre sea sobre tu cabeza, pues tu misma boca atestiguó contra ti, diciendo: Yo maté al ungido de Jehová.

David endecha a Saúl y a Jonatán

¹⁷Y endechó David a Saúl y a Jonatán su hijo con esta endecha,

¹⁸y dijo que debía enseñarse a los hijos de Judá. He aquí que está escrito en el libroᵇ de Jaser.ᶦ

¹⁹¡Ha perecido la gloria de Israel sobre
tus alturas!
¡Cómo han caído los valientes!

²⁰No lo anunciéis en Gat,
Ni deis las nuevas en las plazas de
Ascalón;
Para que no se alegren las hijas de los
filisteos,
Para que no salten de gozo las hijas
de los incircuncisos.

²¹Montes de Gilboa,
Ni rocío ni lluvia caiga sobre
vosotros, ni seáis tierras de
ofrendas;
Porque allí fue desechado el escudo
de los valientes,
El escudo de Saúl, como si no hubiera
sido ungido con aceite.

²²Sin sangre de los muertos, sin
grosura de los valientes,
El arco de Jonatán no volvía atrás,
Ni la espada de Saúl volvía vacía.

---

l. **1.18** O, *del justo.*
a 1.6-10 1 S 31.1-6; 1 Cr 10.1-6.   **b 1.18** Jos 10.13.

²³Saúl y Jonatán, amados y queridos;
 Inseparables en su vida, tampoco en
  su muerte fueron separados;
 Más ligeros eran que águilas,
 Más fuertes que leones.
²⁴Hijas de Israel, llorad por Saúl,
 Quien os vestía de escarlata con
  deleites,
 Quien adornaba vuestras ropas con
  ornamentos de oro.
²⁵¡Cómo han caído los valientes en
  medio de la batalla!
 ¡Jonatán, muerto en tus alturas!
²⁶Angustia tengo por ti, hermano mío
  Jonatán,
 Que me fuiste muy dulce.
 Más maravilloso me fue tu amor
 Que el amor de las mujeres.
²⁷¡Cómo han caído los valientes,
 Han perecido las armas de guerra!

David es proclamado rey de Judá

2 ¹Después de esto aconteció que David consultó a Jehová, diciendo: ¿Subiré a alguna de las ciudades de Judá? Y Jehová le respondió: Sube. David volvió a decir: ¿A dónde subiré? Y él le dijo: A Hebrón.
²David subió allá, y con él sus dos mujeres, Ahinoam jezreelita y Abigail, la que fue mujer de Nabal el de Carmel.ª
³Llevó también David consigo a los hombres que con él habían estado, cada uno con su familia; los cuales moraron en las ciudades de Hebrón.
⁴Y vinieron los varones de Judá y ungieron allí a David por rey sobre la casa de Judá.
 Y dieron aviso a David, diciendo: Los de Jabes de Galaad son los que sepultaron a Saúl.ᵇ
⁵Entonces envió David mensajeros a los de Jabes de Galaad, diciéndoles: Benditos seáis vosotros de Jehová, que habéis hecho esta misericordia con vuestro señor, con Saúl, dándole sepultura.
⁶Ahora, pues, Jehová haga con vosotros misericordia y verdad; y yo también os haré bien por esto que habéis hecho.
⁷Esfuércense, pues, ahora vuestras manos, y sed valientes; pues muerto Saúl vuestro señor, los de la casa de Judá me han ungido por rey sobre ellos.

Guerra entre David y la casa de Saúl

⁸Pero Abner hijo de Ner, general del ejército de Saúl, tomó a Is-boset hijo de Saúl, y lo llevó a Mahanaim,
⁹y lo hizo rey sobre Galaad, sobre Gesuri, sobre Jezreel, sobre Efraín, sobre Benjamín y sobre todo Israel.
¹⁰De cuarenta años era Is-boset hijo de Saúl cuando comenzó a reinar sobre Israel, y reinó dos años. Solamente los de la casa de Judá siguieron a David.
¹¹Y fue el número de los días que David reinó en Hebrón sobre la casa de Judá, siete años y seis meses.
 ¹²Abner hijo de Ner salió de Mahanaim a Gabaón con los siervos de Is-boset hijo de Saúl,
¹³y Joab hijo de Sarvia y los siervos de David salieron y los encontraron junto al estanque de Gabaón; y se pararon los unos a un lado del estanque, y los otros al otro lado.
¹⁴Y dijo Abner a Joab: Levántense ahora los jóvenes, y maniobren delante de nosotros. Y Joab respondió: Levántense.
¹⁵Entonces se levantaron, y pasaron en número igual, doce de Benjamín por parte de Is-boset hijo de Saúl, y doce de los siervos de David.
¹⁶Y cada uno echó mano de la cabeza de su adversario, y metió su espada en el costado de su adversario, y cayeron a una; por lo que fue llamado aquel lugar, Helcat-hazurim,² el cual está en Gabaón.
¹⁷La batalla fue muy reñida aquel día, y Abner y los hombres de Israel fueron vencidos por los siervos de David.
¹⁸Estaban allí los tres hijos de Sarvia: Joab, Abisai y Asael. Este Asael era ligero de pies como una gacela del campo.
¹⁹Y siguió Asael tras de Abner, sin apartarse ni a derecha ni a izquierda.
²⁰Y miró atrás Abner, y dijo: ¿No eres tú Asael? Y él respondió: Sí.
²¹Entonces Abner le dijo: Apártate a la derecha o a la izquierda, y echa mano de alguno de los hombres, y toma para ti sus despojos. Pero Asael no quiso apartarse de en pos de él.
²²Y Abner volvió a decir a Asael: Apártate de en pos de mí; ¿por qué he de herirte hasta

---

2. **2.16** Esto es, *Campo de filos de espada, de los adversarios, o de los bandos.*
ª **2.2** 1 S 25.42, 43.   ᵇ **2.4** 1 S 31.11-13.

derribarte? ¿Cómo levantaría yo entonces mi rostro delante de Joab tu hermano?

23 Y no queriendo él irse, lo hirió Abner con el regatón de la lanza por la quinta costilla, y le salió la lanza por la espalda, y cayó allí, y murió en aquel mismo sitio. Y todos los que venían por aquel lugar donde Asael había caído y estaba muerto, se detenían.

24 Mas Joab y Abisai siguieron a Abner; y se puso el sol cuando llegaron al collado de Amma, que está delante de Gía, junto al camino del desierto de Gabaón.

25 Y se juntaron los hijos de Benjamín en pos de Abner, formando un solo ejército; e hicieron alto en la cumbre del collado.

26 Y Abner dio voces a Joab, diciendo: ¿Consumirá la espada perpetuamente? ¿No sabes tú que el final será amargura? ¿Hasta cuándo no dirás al pueblo que se vuelva de perseguir a sus hermanos?

27 Y Joab respondió: Vive Dios, que si no hubieses hablado, el pueblo hubiera dejado de seguir a sus hermanos desde esta mañana.

28 Entonces Joab tocó el cuerno, y todo el pueblo se detuvo, y no persiguió más a los de Israel, ni peleó más.

29 Y Abner y los suyos caminaron por el Arabá toda aquella noche, y pasando el Jordán cruzaron por todo Bitrón y llegaron a Mahanaim.

30 Joab también volvió de perseguir a Abner, y juntando a todo el pueblo, faltaron de los siervos de David diecinueve hombres y Asael.

31 Mas los siervos de David hirieron de los de Benjamín y de los de Abner, a trescientos sesenta hombres, los cuales murieron.

32 Tomaron luego a Asael, y lo sepultaron en el sepulcro de su padre en Belén. Y caminaron toda aquella noche Joab y sus hombres, y les amaneció en Hebrón.

3 1 Hubo larga guerra entre la casa de Saúl y la casa de David; pero David se iba fortaleciendo, y la casa de Saúl se iba debilitando.

Hijos de David nacidos en Hebrón
(1 Cr 3.1-4)

2 Y nacieron hijos a David en Hebrón; su primogénito fue Amnón, de Ahinoam jezreelita;

3 su segundo Quileab, de Abigail la mujer de Nabal el de Carmel; el tercero, Absalón hijo de Maaca, hija de Talmai rey de Gesur; 4 el cuarto, Adonías hijo de Haguit; el quinto, Sefatías hijo de Abital; 5 el sexto, Itream, de Egla mujer de David. Éstos le nacieron a David en Hebrón.

Abner pacta con David en Hebrón

6 Como había guerra entre la casa de Saúl y la de David, aconteció que Abner se esforzaba por la casa de Saúl.

7 Y había tenido Saúl una concubina que se llamaba Rizpa, hija de Aja; y dijo Is-boset a Abner: ¿Por qué te has llegado a la concubina de mi padre?

8 Y se enojó Abner en gran manera por las palabras de Is-boset, y dijo: ¿Soy yo cabeza de perro que pertenezca a Judá? Yo he hecho hoy misericordia con la casa de Saúl tu padre, con sus hermanos y con sus amigos, y no te he entregado en mano de David; ¿y tú me haces hoy cargo del pecado de esta mujer?

9 Así haga Dios a Abner y aun le añada, si como ha jurado Jehová a David, no haga yo así con él,

10 trasladando el reino de la casa de Saúl,[a] y confirmando el trono de David sobre Israel y sobre Judá, desde Dan hasta Beerseba.

11 Y él no pudo responder palabra a Abner, porque le temía.

12 Entonces envió Abner mensajeros a David de su parte, diciendo: ¿De quién es la tierra? Y que le dijesen: Haz pacto conmigo, y he aquí que mi mano estará contigo para volver a ti todo Israel.

13 Y David dijo: Bien; haré pacto contigo, mas una cosa te pido: No me vengas a ver sin que primero traigas a Mical la hija de Saúl, cuando vengas a verme.

14 Después de esto envió David mensajeros a Is-boset hijo de Saúl, diciendo: Restitúyeme mi mujer Mical, la cual desposé conmigo por cien prepucios de filisteos.[b]

15 Entonces Is-boset envió y se la quitó a su marido Paltiel hijo de Lais.

16 Y su marido fue con ella, siguiéndola y llorando hasta Bahurim. Y le dijo Abner: Anda, vuélvete. Entonces él se volvió.

17 Y habló Abner con los ancianos de Israel, diciendo: Hace ya tiempo procurabais que David fuese rey sobre vosotros.

---

a 3.10 1 S 15.28.   b 3.14 1 S 18.27.

18 Ahora, pues, hacedlo; porque Jehová ha hablado a David, diciendo: Por la mano de mi siervo David libraré a mi pueblo Israel de mano de los filisteos, y de mano de todos sus enemigos.

19 Habló también Abner a los de Benjamín; y fue también Abner a Hebrón a decir a David todo lo que parecía bien a los de Israel y a toda la casa de Benjamín.

20 Vino, pues, Abner a David en Hebrón, y con él veinte hombres; y David hizo banquete a Abner y a los que con él habían venido.

21 Y dijo Abner a David: Yo me levantaré e iré, y juntaré a mi señor el rey a todo Israel, para que hagan contigo pacto, y tú reines como lo desea tu corazón. David despidió luego a Abner, y él se fue en paz.

Joab mata a Abner

22 Y he aquí que los siervos de David y Joab venían del campo, y traían consigo gran botín. Mas Abner no estaba con David en Hebrón, pues ya lo había despedido, y él se había ido en paz.

23 Y luego que llegó Joab y todo el ejército que con él estaba, fue dado aviso a Joab, diciendo: Abner hijo de Ner ha venido al rey, y él le ha despedido, y se fue en paz.

24 Entonces Joab vino al rey, y le dijo: ¿Qué has hecho? He aquí Abner vino a ti; ¿por qué, pues, le dejaste que se fuese?

25 Tú conoces a Abner hijo de Ner. No ha venido sino para engañarte, y para enterarse de tu salida y de tu entrada, y para saber todo lo que tú haces.

26 Y saliendo Joab de la presencia de David, envió mensajeros tras Abner, los cuales le hicieron volver desde el pozo de Sira, sin que David lo supiera.

27 Y cuando Abner volvió a Hebrón, Joab lo llevó aparte en medio de la puerta para hablar con él en secreto; y allí, en venganza de la muerte de Asael su hermano, le hirió por la quinta costilla, y murió.

28 Cuando David supo después esto, dijo: Inocente soy yo y mi reino, delante de Jehová, para siempre, de la sangre de Abner hijo de Ner.

29 Caiga sobre la cabeza de Joab, y sobre toda la casa de su padre; que nunca falte de la casa de Joab quien padezca flujo, ni leproso, ni quien ande con báculo, ni

quien muera a espada, ni quien tenga falta de pan.

30 Joab, pues, y Abisai su hermano, mataron a Abner, porque él había dado muerte a Asael hermano de ellos en la batalla de Gabaón.

31 Entonces dijo David a Joab, y a todo el pueblo que con él estaba: Rasgad vuestros vestidos, y ceñíos de cilicio, y haced duelo delante de Abner. Y el rey David iba detrás del féretro.

32 Y sepultaron a Abner en Hebrón; y alzando el rey su voz, lloró junto al sepulcro de Abner; y lloró también todo el pueblo.

33 Y endechando el rey al mismo Abner, decía:

¿Había de morir Abner como muere
    un villano?
34 Tus manos no estaban atadas, ni tus
    pies ligados con grillos;
Caíste como los que caen delante de
    malos hombres.

Y todo el pueblo volvió a llorar sobre él.

35 Entonces todo el pueblo vino para persuadir a David que comiera, antes que acabara el día. Mas David juró diciendo: Así me haga Dios y aun me añada, si antes que se ponga el sol gustare yo pan, o cualquiera otra cosa.

36 Todo el pueblo supo esto, y le agradó; pues todo lo que el rey hacía agradaba a todo el pueblo.

37 Y todo el pueblo y todo Israel entendió aquel día, que no había procedido del rey el matar a Abner hijo de Ner.

38 También dijo el rey a sus siervos: ¿No sabéis que un príncipe y grande ha caído hoy en Israel?

39 Y yo soy débil hoy, aunque ungido rey; y estos hombres, los hijos de Sarvia, son muy duros para mí; Jehová dé el pago al que mal hace, conforme a su maldad.

Is-boset es asesinado

4 **1** Luego que oyó el hijo de Saúl que Abner había sido muerto en Hebrón, las manos se le debilitaron, y fue atemorizado todo Israel.

2 Y el hijo de Saúl tenía dos hombres, capitanes de bandas de merodeadores; el nombre de uno era Baana, y el del otro, Recab, hijos de Rimón beerotita, de los hijos de Benjamín (porque Beerot era también contado con Benjamín,

³ pues los beerotitas habían huido a Gitaim, y moran allí como forasteros hasta hoy).

⁴ Y Jonatán hijo de Saúl tenía un hijo lisiado de los pies.ª Tenía cinco años de edad cuando llegó de Jezreel la noticia de la muerte de Saúl y de Jonatán, y su nodriza le tomó y huyó; y mientras iba huyendo apresuradamente, se le cayó el niño y quedó cojo. Su nombre era Mefi-boset.

⁵ Los hijos, pues, de Rimón beerotita, Recab y Baana, fueron y entraron en el mayor calor del día en casa de Is-boset, el cual estaba durmiendo la siesta en su cámara.

⁶ Y he aquí la portera de la casa había estado limpiando trigo, pero se durmió; y fue así como Recab y Baana su hermano se introdujeron en la casa.

⁷ Cuando entraron en la casa, Is-boset dormía sobre su lecho en su cámara; y lo hirieron y lo mataron, y le cortaron la cabeza, y habiéndola tomado, caminaron toda la noche por el camino del Arabá.

⁸ Y trajeron la cabeza de Is-boset a David en Hebrón, y dijeron al rey: He aquí la cabeza de Is-boset hijo de Saúl tu enemigo, que procuraba matarte; y Jehová ha vengado hoy a mi señor el rey, de Saúl y de su linaje.

⁹ Y David respondió a Recab y a su hermano Baana, hijos de Rimón beerotita, y les dijo: Vive Jehová que ha redimido mi alma de toda angustia,

¹⁰ que cuando uno me dio nuevas, diciendo: He aquí Saúl ha muerto, imaginándose que traía buenas nuevas, yo lo prendí, y le maté en Siclag en pago de la nueva.ᵇ

¹¹ ¿Cuánto más a los malos hombres que mataron a un hombre justo en su casa, y sobre su cama? Ahora, pues, ¿no he de demandar yo su sangre de vuestras manos, y quitaros de la tierra?

¹² Entonces David ordenó a sus servidores, y ellos los mataron, y les cortaron las manos y los pies, y los colgaron sobre el estanque en Hebrón. Luego tomaron la cabeza de Is-boset, y la enterraron en el sepulcro de Abner en Hebrón.

David es proclamado rey de Israel
(1 Cr 11.1-3)

5 ¹ Vinieron todas las tribus de Israel a David en Hebrón y hablaron, diciendo: Henos aquí, hueso tuyo y carne tuya somos.

² Y aun antes de ahora, cuando Saúl reinaba sobre nosotros, eras tú quien sacabas a Israel a la guerra, y lo volvías a traer. Además Jehová te ha dicho: Tú apacentarás a mi pueblo Israel, y tú serás príncipe sobre Israel.

³ Vinieron, pues, todos los ancianos de Israel al rey en Hebrón, y el rey David hizo pacto con ellos en Hebrón delante de Jehová; y ungieron a David por rey sobre Israel.

⁴ Era David de treinta años cuando comenzó a reinar, y reinó cuarenta años.

⁵ En Hebrón reinó sobre Judá siete años y seis meses, y en Jerusalén reinó treinta y tres años sobre todo Israel y Judá.ª

David toma la fortaleza de Sion
(1 Cr 11.4-9)

⁶ Entonces marchó el rey con sus hombres a Jerusalén contra los jebuseosᵇ que moraban en aquella tierra; los cuales hablaron a David, diciendo: Tú no entrarás acá, pues aun los ciegos y los cojos te echarán (queriendo decir: David no puede entrar acá).

⁷ Pero David tomó la fortaleza de Sion, la cual es la ciudad de David.

⁸ Y dijo David aquel día: Todo el que hiera a los jebuseos, suba por el canal y hiera a los cojos y ciegos aborrecidos del alma de David. Por esto se dijo: Ciego ni cojo no entrará en la casa.

⁹ Y David moró en la fortaleza, y le puso por nombre la Ciudad de David; y edificó alrededor desde Milo hacia adentro.

¹⁰ Y David iba adelantando y engrandeciéndose, y Jehová Dios de los ejércitos estaba con él.

Hiram envía embajadores a David
(1 Cr 14.1, 2)

¹¹ También Hiram rey de Tiro envió embajadores a David, y madera de cedro, y carpinteros, y canteros para los muros, los cuales edificaron la casa de David.

¹² Y entendió David que Jehová le había confirmado por rey sobre Israel, y que

---

ª 4.4 2 S 9.3.   ᵇ 4.10 2 S 1.1-16.   ª 5.4, 5 1 R 2.11; 1 Cr 3.4; 29.27.   ᵇ 5.6 Jos 15.63; Jue 1.21.

había engrandecido su reino por amor de su pueblo Israel.

Hijos de David nacidos en Jerusalén
(1 Cr 3.5-9; 14.3-7)

13 Y tomó David más concubinas y mujeres de Jerusalén, después que vino de Hebrón, y le nacieron más hijos e hijas.
14 Éstos son los nombres de los que le nacieron en Jerusalén: Samúa, Sobab, Natán, Salomón,
15 Ibhar, Elisúa, Nefeg, Jafía,
16 Elisama, Eliada y Elifelet.

David derrota a los filisteos
(1 Cr 14.8-17)

17 Oyendo los filisteos que David había sido ungido por rey sobre Israel, subieron todos los filisteos para buscar a David; y cuando David lo oyó, descendió a la fortaleza.
18 Y vinieron los filisteos, y se extendieron por el valle de Refaim.
19 Entonces consultó David a Jehová, diciendo: ¿Iré contra los filisteos? ¿Los entregarás en mi mano? Y Jehová respondió a David: Ve, porque ciertamente entregaré a los filisteos en tu mano.
20 Y vino David a Baal-perazim, y allí los venció David, y dijo: Quebrantó³ Jehová a mis enemigos delante de mí, como corriente impetuosa. Por esto llamó el nombre de aquel lugar Baal-perazim.⁴
21 Y dejaron allí sus ídolos, y David y sus hombres los quemaron.
22 Y los filisteos volvieron a venir, y se extendieron en el valle de Refaim.
23 Y consultando David a Jehová, él le respondió: No subas, sino rodéalos, y vendrás a ellos enfrente de las balsameras.
24 Y cuando oigas ruido como de marcha por las copas de las balsameras, entonces te moverás; porque Jehová saldrá delante de ti a herir el campamento de los filisteos.
25 Y David lo hizo así, como Jehová se lo había mandado; e hirió a los filisteos desde Geba hasta llegar a Gezer.

David intenta llevar el arca a Jerusalén
(1 Cr 13.5-14)

6 1 David volvió a reunir a todos los escogidos de Israel, treinta mil.
2 Y se levantó David y partió de Baala de Judá con todo el pueblo que tenía consigo, para hacer pasar de allí el arca de Dios, sobre la cual era invocado el nombre de Jehová de los ejércitos, que mora entre los querubines.ᵃ
3 Pusieron el arca de Dios sobre un carro nuevo, y la llevaron de la casa de Abinadab, que estaba en el collado;ᵇ y Uza y Ahío, hijos de Abinadab, guiaban el carro nuevo.
4 Y cuando lo llevaban de la casa de Abinadab, que estaba en el collado, con el arca de Dios, Ahío iba delante del arca.
5 Y David y toda la casa de Israel danzaban delante de Jehová con toda clase de instrumentos de madera de haya; con arpas, salterios, panderos, flautas y címbalos.
6 Cuando llegaron a la era de Nacón, Uza extendió su mano al arca de Dios, y la sostuvo; porque los bueyes tropezaban.
7 Y el furor de Jehová se encendió contra Uza, y lo hirió allí Dios por aquella temeridad, y cayó allí muerto junto al arca de Dios.
8 Y se entristeció David por haber herido Jehová a Uza, y fue llamado aquel lugar Pérez-uza,⁵ hasta hoy.
9 Y temiendo David a Jehová aquel día, dijo: ¿Cómo ha de venir a mí el arca de Jehová?
10 De modo que David no quiso traer para sí el arca de Jehová a la ciudad de David; y la hizo llevar David a casa de Obed-edom geteo.
11 Y estuvo el arca de Jehová en casa de Obed-edom geteo tres meses; y bendijo Jehová a Obed-edom y a toda su casa.ᶜ

David trae el arca a Jerusalén
(1 Cr 15.1—16.6)

12 Fue dado aviso al rey David, diciendo: Jehová ha bendecido la casa de Obed-edom y todo lo que tiene, a causa del arca de Dios. Entonces David fue, y llevó con alegría el arca de Dios de casa de Obed-edom a la ciudad de David.
13 Y cuando los que llevaban el arca de Dios habían andado seis pasos, él sacrificó un buey y un carnero engordado.

---

3. **5.20** Heb. *paraz.* *4.* **5.20** Esto es, *el Señor que quebranta.* *5.* **6.8** Esto es, *el quebrantamiento de Uza.* **a 6.2** Éx 25.22. **b 6.3** 1 S 7.1, 2. **c 6.11** 1 Cr 26.4, 5.

14 Y David danzaba con toda su fuerza delante de Jehová; y estaba David vestido con un efod de lino.

15 Así David y toda la casa de Israel conducían el arca de Jehová con júbilo y sonido de trompeta.

16 Cuando el arca de Jehová llegó a la ciudad de David, aconteció que Mical hija de Saúl miró desde una ventana, y vio al rey David que saltaba y danzaba delante de Jehová; y le menospreció en su corazón.

17 Metieron, pues, el arca de Jehová, y la pusieron en su lugar en medio de una tienda que David le había levantado; y sacrificó David holocaustos y ofrendas de paz delante de Jehová.

18 Y cuando David había acabado de ofrecer los holocaustos y ofrendas de paz, bendijo al pueblo en el nombre de Jehová de los ejércitos.

19 Y repartió a todo el pueblo, y a toda la multitud de Israel, así a hombres como a mujeres, a cada uno un pan, y un pedazo de carne y una torta de pasas. Y se fue todo el pueblo, cada uno a su casa.

20 Volvió luego David para bendecir su casa;[d] y saliendo Mical a recibir a David, dijo: ¡Cuán honrado ha quedado hoy el rey de Israel, descubriéndose hoy delante de las criadas de sus siervos, como se descubre sin decoro un cualquiera!

21 Entonces David respondió a Mical: Fue delante de Jehová, quien me eligió en preferencia a tu padre y a toda tu casa, para constituirme por príncipe sobre el pueblo de Jehová, sobre Israel. Por tanto, danzaré delante de Jehová.

22 Y aun me haré más vil que esta vez, y seré bajo a tus ojos; pero seré honrado delante de las criadas de quienes has hablado.

23 Y Mical hija de Saúl nunca tuvo hijos hasta el día de su muerte.

Pacto de Dios con David

(1 Cr 17.1-27)

7 1 Aconteció que cuando ya el rey habitaba en su casa, después que Jehová le había dado reposo de todos sus enemigos en derredor,

2 dijo el rey al profeta Natán: Mira ahora, yo habito en casa de cedro, y el arca de Dios está entre cortinas.

3 Y Natán dijo al rey: Anda, y haz todo lo que está en tu corazón, porque Jehová está contigo.

4 Aconteció aquella noche, que vino palabra de Jehová a Natán, diciendo:

5 Ve y di a mi siervo David: Así ha dicho Jehová: ¿Tú me has de edificar casa en que yo more?

6 Ciertamente no he habitado en casas desde el día en que saqué a los hijos de Israel de Egipto hasta hoy, sino que he andado en tienda y en tabernáculo.

7 Y en todo cuanto he andado con todos los hijos de Israel, ¿he hablado yo palabra a alguna de las tribus de Israel, a quien haya mandado apacentar a mi pueblo de Israel, diciendo: ¿Por qué no me habéis edificado casa de cedro?

8 Ahora, pues, dirás así a mi siervo David: Así ha dicho Jehová de los ejércitos: Yo te tomé del redil, de detrás de las ovejas, para que fueses príncipe sobre mi pueblo, sobre Israel;

9 y he estado contigo en todo cuanto has andado, y delante de ti he destruido a todos tus enemigos, y te he dado nombre grande, como el nombre de los grandes que hay en la tierra.

10 Además, yo fijaré lugar a mi pueblo Israel y lo plantaré, para que habite en su lugar y nunca más sea removido, ni los inicuos le aflijan más, como al principio,

11 desde el día en que puse jueces sobre mi pueblo Israel; y a ti te daré descanso de todos tus enemigos. Asimismo Jehová te hace saber que él te hará casa.

12 Y cuando tus días sean cumplidos, y duermas con tus padres, yo levantaré después de ti a uno de tu linaje, el cual procederá de tus entrañas, y afirmaré su reino.

13 Él edificará casa a mi nombre, y yo afirmaré para siempre el trono de su reino.

14 Yo le seré a él padre, y él me será a mí hijo.[a] Y si él hiciere mal, yo le castigaré con vara de hombres, y con azotes de hijos de hombres;

15 pero mi misericordia no se apartará de él como la aparté de Saúl, al cual quité de delante de ti.

---

d **6.19, 20** 1 Cr 16.43.　　a **7.14** 2 Co 6.18; Heb 1.5; Ap 21.7.

16 Y será afirmada tu casa y tu reino para siempre delante de tu rostro, y tu trono será estable eternamente.

17 Conforme a todas estas palabras, y conforme a toda esta visión, así habló Natán a David.

18 Y entró el rey David y se puso delante de Jehová, y dijo: Señor Jehová, ¿quién soy yo, y qué es mi casa, para que tú me hayas traído hasta aquí?

19 Y aun te ha parecido poco esto, Señor Jehová, pues también has hablado de la casa de tu siervo en lo por venir. ¿Es así como procede el hombre, Señor Jehová?

20 ¿Y qué más puede añadir David hablando contigo? Pues tú conoces a tu siervo, Señor Jehová.

21 Todas estas grandezas has hecho por tu palabra y conforme a tu corazón, haciéndolas saber a tu siervo.

22 Por tanto, tú te has engrandecido, Jehová Dios; por cuanto no hay como tú, ni hay Dios fuera de ti, conforme a todo lo que hemos oído con nuestros oídos.

23 ¿Y quién como tu pueblo, como Israel, nación singular en la tierra? Porque fue Dios para rescatarlo por pueblo suyo, y para ponerle nombre, y para hacer grandezas a su favor, y obras terribles a tu tierra, por amor de tu pueblo que rescataste para ti de Egipto, de las naciones y de sus dioses.

24 Porque tú estableciste a tu pueblo Israel por pueblo tuyo para siempre; y tú, oh Jehová, fuiste a ellos por Dios.

25 Ahora pues, Jehová Dios, confirma para siempre la palabra que has hablado sobre tu siervo y sobre su casa, y haz conforme a lo que has dicho.

26 Que sea engrandecido tu nombre para siempre, y se diga: Jehová de los ejércitos es Dios sobre Israel; y que la casa de tu siervo David sea firme delante de ti.

27 Porque tú, Jehová de los ejércitos, Dios de Israel, revelaste al oído de tu siervo, diciendo: Yo te edificaré casa. Por esto tu siervo ha hallado en su corazón valor para hacer delante de ti esta súplica.

28 Ahora pues, Jehová Dios, tú eres Dios, y tus palabras son verdad, y tú has prometido este bien a tu siervo.

29 Ten ahora a bien bendecir la casa de tu siervo, para que permanezca perpetuamente delante de ti, porque tú, Jehová Dios, lo has dicho, y con tu bendición será bendita la casa de tu siervo para siempre.

David extiende sus dominios
(1 Cr 18.1-13)

8 **1** Después de esto, aconteció que David derrotó a los filisteos y los sometió, y tomó David a Meteg-ama de mano de los filisteos.

2 Derrotó también a los de Moab, y los midió con cordel, haciéndolos tender por tierra; y midió dos cordeles para hacerlos morir, y un cordel entero para preservarles la vida; y fueron los moabitas siervos de David, y pagaron tributo.

3 Asimismo derrotó David a Hadad-ezer hijo de Rehob, rey de Soba, al ir éste a recuperar su territorio al río Éufrates.

4 Y tomó David de ellos mil setecientos hombres de a caballo, y veinte mil hombres de a pie; y desjarretó David los caballos de todos los carros, pero dejó suficientes para cien carros.

5 Y vinieron los sirios de Damasco para dar ayuda a Hadad-ezer rey de Soba; y David hirió de los sirios a veintidós mil hombres.

6 Puso luego David guarnición en Siria de Damasco, y los sirios fueron hechos siervos de David, sujetos a tributo. Y Jehová dio la victoria a David por dondequiera que fue.

7 Y tomó David los escudos de oro que traían los siervos de Hadad-ezer, y los llevó a Jerusalén.

8 Asimismo de Beta y de Berotai, ciudades de Hadad-ezer, tomó el rey David gran cantidad de bronce.

9 Entonces oyendo Toi rey de Hamat, que David había derrotado a todo el ejército de Hadad-ezer,

10 envió Toi a Joram su hijo al rey David, para saludarle pacíficamente y para bendecirle, porque había peleado con Hadad-ezer y lo había vencido; porque Toi era enemigo de Hadad-ezer. Y Joram llevaba en su mano utensilios de plata, de oro y de bronce;

11 los cuales el rey David dedicó a Jehová, con la plata y el oro que había dedicado de todas las naciones que había sometido;

12 de los sirios, de los moabitas, de los amonitas, de los filisteos, de los amalecitas, y del botín de Hadad-ezer hijo de Rehob, rey de Soba.

13 Así ganó David fama. Cuando regresaba de derrotar a los sirios, destrozó a dieciocho mil edomitas en el Valle de la Sal.ᵃ

14 Y puso guarnición en Edom; por todo Edom puso guarnición, y todos los edomitas fueron siervos de David. Y Jehová dio la victoria a David por dondequiera que fue.

Oficiales de David
(2 S 20.23-26; 1 Cr 18.14-17)

15 Y reinó David sobre todo Israel; y David administraba justicia y equidad a todo su pueblo.

16 Joab hijo de Sarvia era general de su ejército, y Josafat hijo de Ahilud era cronista;

17 Sadoc hijo de Ahitob y Ahimelec hijo de Abiatar eran sacerdotes; Seraías era escriba;

18 Benaía hijo de Joiada estaba sobre los cereteos y peleteos; y los hijos de David eran los príncipes.

Bondad de David hacia Mefi-boset

9 1 Dijo David: ¿Ha quedado alguno de la casa de Saúl, a quien haga yo misericordia por amor de Jonatán?ᵃ

2 Y había un siervo de la casa de Saúl, que se llamaba Siba, al cual llamaron para que viniese a David. Y el rey le dijo: ¿Eres tú Siba? Y él respondió: Tu siervo.

3 El rey le dijo: ¿No ha quedado nadie de la casa de Saúl, a quien haga yo misericordia de Dios? Y Siba respondió al rey: Aún ha quedado un hijo de Jonatán, lisiado de los pies.ᵇ

4 Entonces el rey le preguntó: ¿Dónde está? Y Siba respondió al rey: He aquí, está en casa de Maquir hijo de Amiel, en Lodebar.

5 Entonces envió el rey David, y le trajo de la casa de Maquir hijo de Amiel, de Lodebar.

6 Y vino Mefi-boset, hijo de Jonatán hijo de Saúl, a David, y se postró sobre su rostro e hizo reverencia. Y dijo David: Mefi-boset. Y él respondió: He aquí tu siervo.

7 Y le dijo David: No tengas temor, porque yo a la verdad haré contigo misericordia por amor de Jonatán tu padre, y te devolveré todas las tierras de Saúl tu padre; y tú comerás siempre a mi mesa.

8 Y él inclinándose, dijo: ¿Quién es tu siervo, para que mires a un perro muerto como yo?

9 Entonces el rey llamó a Siba siervo de Saúl, y le dijo: Todo lo que fue de Saúl y de toda su casa, yo lo he dado al hijo de tu señor.

10 Tú, pues, le labrarás las tierras, tú con tus hijos y tus siervos, y almacenarás los frutos, para que el hijo de tu señor tenga pan para comer; pero Mefi-boset el hijo de tu señor comerá siempre a mi mesa. Y tenía Siba quince hijos y veinte siervos.

11 Y respondió Siba al rey: Conforme a todo lo que ha mandado mi señor el rey a su siervo, así lo hará tu siervo. Mefi-boset, dijo el rey, comerá a mi mesa, como uno de los hijos del rey.

12 Y tenía Mefi-boset un hijo pequeño, que se llamaba Micaía. Y toda la familia de la casa de Siba eran siervos de Mefi-boset.

13 Y moraba Mefi-boset en Jerusalén, porque comía siempre a la mesa del rey; y estaba lisiado de ambos pies.

Derrotas de amonitas y sirios
(1 Cr 19.1-19)

10 1 Después de esto, aconteció que murió el rey de los hijos de Amón, y reinó en lugar suyo Hanún sù hijo.

2 Y dijo David: Yo haré misericordia con Hanún hijo de Nahas, como su padre la hizo conmigo. Y envió David sus siervos para consolarlo por su padre. Mas llegados los siervos de David a la tierra de los hijos de Amón,

3 los príncipes de los hijos de Amón dijeron a Hanún su señor: ¿Te parece que por honrar David a tu padre te ha enviado consoladores? ¿No ha enviado David sus siervos a ti para reconocer e inspeccionar la ciudad, para destruirla?

4 Entonces Hanún tomó los siervos de David, les rapó la mitad de la barba, les cortó los vestidos por la mitad hasta las nalgas, y los despidió.

5 Cuando se le hizo saber esto a David, envió a encontrarles, porque ellos estaban en extremo avergonzados; y el rey mandó que les dijeran: Quedaos en Jericó hasta

---

ᵃ 8.13 Sal 60 tít.   ᵃ 9.1 1 S 20.15-17.   ᵇ 9.3 2 S 4.4.

que os vuelva a nacer la barba, y entonces volved.

6 Y viendo los hijos de Amón que se habían hecho odiosos a David, enviaron los hijos de Amón y tomaron a sueldo a los sirios de Bet-rehob y a los sirios de Soba, veinte mil hombres de a pie, del rey de Maaca mil hombres, y de Is-tob doce mil hombres.

7 Cuando David oyó esto, envió a Joab con todo el ejército de los valientes.

8 Y saliendo los hijos de Amón, se pusieron en orden de batalla a la entrada de la puerta; pero los sirios de Soba, de Rehob, de Is-tob y de Maaca estaban aparte en el campo.

9 Viendo, pues, Joab que se le presentaba la batalla de frente y a la retaguardia, entresacó de todos los escogidos de Israel, y se puso en orden de batalla contra los sirios.

10 Entregó luego el resto del ejército en mano de Abisai su hermano, y lo alineó para encontrar a los amonitas.

11 Y dijo: Si los sirios pudieren más que yo, tú me ayudarás; y si los hijos de Amón pudieren más que tú, yo te daré ayuda.

12 Esfuérzate, y esforcémonos por nuestro pueblo, y por las ciudades de nuestro Dios; y haga Jehová lo que bien le pareciere.

13 Y se acercó Joab, y el pueblo que con él estaba, para pelear contra los sirios; mas ellos huyeron delante de él.

14 Entonces los hijos de Amón, viendo que los sirios habían huido, huyeron también ellos delante de Abisai, y se refugiaron en la ciudad. Se volvió, pues, Joab de luchar contra los hijos de Amón, y vino a Jerusalén.

15 Pero los sirios, viendo que habían sido derrotados por Israel, se volvieron a reunir.

16 Y envió Hadad-ezer e hizo salir a los sirios que estaban al otro lado del Éufrates, los cuales vinieron a Helam, llevando por jefe a Sobac, general del ejército de Hadad-ezer.

17 Cuando fue dado aviso a David, reunió a todo Israel, y pasando el Jordán vino a Helam; y los sirios se pusieron en orden de batalla contra David y pelearon contra él.

18 Mas los sirios huyeron delante de Israel; y David mató de los sirios a la gente de setecientos carros, y cuarenta mil hombres

de a caballo; hirió también a Sobac general del ejército, quien murió allí.

19 Viendo, pues, todos los reyes que ayudaban a Hadad-ezer, cómo habían sido derrotados delante de Israel, hicieron paz con Israel y le sirvieron; y de allí en adelante los sirios temieron ayudar más a los hijos de Amón.

David y Betsabé

11 1 Aconteció al año siguiente, en el tiempo que salen los reyes a la guerra, que David envió a Joab, y con él a sus siervos y a todo Israel, y destruyeron a los amonitas, y sitiaron a Rabá; pero David se quedó en Jerusalén.[a]

2 Y sucedió un día, al caer la tarde, que se levantó David de su lecho y se paseaba sobre el terrado de la casa real; y vio desde el terrado a una mujer que se estaba bañando, la cual era muy hermosa.

3 Envió David a preguntar por aquella mujer, y le dijeron: Aquella es Betsabé hija de Eliam, mujer de Urías heteo.

4 Y envió David mensajeros, y la tomó; y vino a él, y él durmió con ella. Luego ella se purificó de su inmundicia, y se volvió a su casa.

5 Y concibió la mujer, y envió a hacerlo saber a David, diciendo: Estoy encinta.

6 Entonces David envió a decir a Joab: Envíame a Urías heteo. Y Joab envió a Urías a David.

7 Cuando Urías vino a él, David le preguntó por la salud de Joab, y por la salud del pueblo, y por el estado de la guerra.

8 Después dijo David a Urías: Desciende a tu casa, y lava tus pies. Y saliendo Urías de la casa del rey, le fue enviado presente de la mesa real.

9 Mas Urías durmió a la puerta de la casa del rey con todos los siervos de su señor, y no descendió a su casa.

10 E hicieron saber esto a David, diciendo: Urías no ha descendido a su casa. Y dijo David a Urías: ¿No has venido de camino? ¿Por qué, pues, no descendiste a tu casa?

11 Y Urías respondió a David: El arca e Israel y Judá están bajo tiendas, y mi señor Joab, y los siervos de mi señor, en el campo; ¿y había yo de entrar en mi casa para

---

a 11.1 1 Cr 20.1.

comer y beber, y a dormir con mi mujer? Por vida tuya, y por vida de tu alma, que yo no haré tal cosa.

12 Y David dijo a Urías: Quédate aquí aún hoy, y mañana te despacharé. Y se quedó Urías en Jerusalén aquel día y el siguiente.

13 Y David lo convidó a comer y a beber con él, hasta embriagarlo. Y él salió a la tarde a dormir en su cama con los siervos de su señor; mas no descendió a su casa.

14 Venida la mañana, escribió David a Joab una carta, la cual envió por mano de Urías.

15 Y escribió en la carta, diciendo: Poned a Urías al frente, en lo más recio de la batalla, y retiraos de él, para que sea herido y muera.

16 Así fue que cuando Joab sitió la ciudad, puso a Urías en el lugar donde sabía que estaban los hombres más valientes.

17 Y saliendo luego los de la ciudad, pelearon contra Joab, y cayeron algunos del ejército de los siervos de David; y murió también Urías heteo.

18 Entonces envió Joab e hizo saber a David todos los asuntos de la guerra.

19 Y mandó al mensajero, diciendo: Cuando acabes de contar al rey todos los asuntos de la guerra,

20 si el rey comenzare a enojarse, y te dijere: ¿Por qué os acercasteis demasiado a la ciudad para combatir? ¿No sabíais lo que suelen arrojar desde el muro?

21 ¿Quién hirió a Abimelec hijo de Jerobaal? ¿No echó una mujer del muro un pedazo de una rueda de molino, y murió en Tebes?[b] ¿Por qué os acercasteis tanto al muro? Entonces tú le dirás: También tu siervo Urías heteo es muerto.

22 Fue el mensajero, y llegando, contó a David todo aquello a que Joab le había enviado.

23 Y dijo el mensajero a David: Prevalecieron contra nosotros los hombres que salieron contra nosotros al campo, bien que nosotros les hicimos retroceder hasta la entrada de la puerta;

24 pero los flecheros tiraron contra tus siervos desde el muro, y murieron algunos de los siervos del rey; y murió también tu siervo Urías heteo.

25 Y David dijo al mensajero: Así dirás a Joab: No tengas pesar por esto, porque la espada consume, ora a uno, ora a otro; refuerza tu ataque contra la ciudad, hasta que la rindas. Y tú aliéntale.

26 Oyendo la mujer de Urías que su marido Urías era muerto, hizo duelo por su marido.

27 Y pasado el luto, envió David y la trajo a su casa; y fue ella su mujer, y le dio a luz un hijo. Mas esto que David había hecho, fue desagradable ante los ojos de Jehová.

Natán amonesta a David

12 **1** Jehová envió a Natán a David;[a] y viniendo a él, le dijo: Había dos hombres en una ciudad, el uno rico, y el otro pobre.

2 El rico tenía numerosas ovejas y vacas;

3 pero el pobre no tenía más que una sola corderita, que él había comprado y criado, y que había crecido con él y con sus hijos juntamente, comiendo de su bocado y bebiendo de su vaso, y durmiendo en su seno; y la tenía como a una hija.

4 Y vino uno de camino al hombre rico; y éste no quiso tomar de sus ovejas y de sus vacas, para guisar para el caminante que había venido a él, sino que tomó la oveja de aquel hombre pobre, y la preparó para aquel que había venido a él.

5 Entonces se encendió el furor de David en gran manera contra aquel hombre, y dijo a Natán: Vive Jehová, que el que tal hizo es digno de muerte.

6 Y debe pagar la cordera con cuatro tantos, porque hizo tal cosa, y no tuvo misericordia.

7 Entonces dijo Natán a David: Tú eres aquel hombre. Así ha dicho Jehová, Dios de Israel: Yo te ungí por rey sobre Israel, y te libré de la mano de Saúl,

8 y te di la casa de tu señor, y las mujeres de tu señor en tu seno; además te di la casa de Israel y de Judá; y si esto fuera poco, te habría añadido mucho más.

9 ¿Por qué, pues, tuviste en poco la palabra de Jehová, haciendo lo malo delante de sus ojos? A Urías heteo heriste a espada, y tomaste por mujer a su mujer, y a él lo mataste con la espada de los hijos de Amón.

10 Por lo cual ahora no se apartará jamás de tu casa la espada, por cuanto me menospreciaste, y tomaste la mujer de Urías heteo para que fuese tu mujer.

11 Así ha dicho Jehová: He aquí yo haré levantar el mal sobre ti de tu misma casa, y tomaré tus mujeres delante de tus ojos, y las daré a tu prójimo, el cual yacerá con tus mujeres a la vista del sol.

12 Porque tú lo hiciste en secreto; mas yo haré esto delante de todo Israel y a pleno sol.[b]

13 Entonces dijo David a Natán: Pequé contra Jehová. Y Natán dijo a David: También Jehová ha remitido tu pecado; no morirás.

14 Mas por cuanto con este asunto hiciste blasfemar a los enemigos de Jehová, el hijo que te ha nacido ciertamente morirá.

15 Y Natán se volvió a su casa.

Y Jehová hirió al niño que la mujer de Urías había dado a David, y enfermó gravemente.

16 Entonces David rogó a Dios por el niño; y ayunó David, y entró, y pasó la noche acostado en tierra.

17 Y se levantaron los ancianos de su casa, y fueron a él para hacerlo levantar de la tierra; mas él no quiso, ni comió con ellos pan.

18 Y al séptimo día murió el niño; y temían los siervos de David hacerle saber que el niño había muerto, diciendo entre sí: Cuando el niño aún vivía, le hablábamos, y no quería oír nuestra voz; ¿cuánto más se afligirá si le decimos que el niño ha muerto?

19 Mas David, viendo a sus siervos hablar entre sí, entendió que el niño había muerto; por lo que dijo David a sus siervos: ¿Ha muerto el niño? Y ellos respondieron: Ha muerto.

20 Entonces David se levantó de la tierra, y se lavó y se ungió, y cambió sus ropas, y entró a la casa de Jehová, y adoró. Después vino a su casa, y pidió, y le pusieron pan, y comió.

21 Y le dijeron sus siervos: ¿Qué es esto que has hecho? Por el niño, viviendo aún, ayunabas y llorabas; y muerto él, te levantaste y comiste pan.

22 Y él respondió: Viviendo aún el niño, yo ayunaba y lloraba, diciendo: ¿Quién sabe si Dios tendrá compasión de mí, y vivirá el niño?

23 Mas ahora que ha muerto, ¿para qué he de ayunar? ¿Podré yo hacerle volver? Yo voy a él, mas él no volverá a mí.

24 Y consoló David a Betsabé su mujer, y llegándose a ella durmió con ella; y ella le dio a luz un hijo, y llamó su nombre Salomón, al cual amó Jehová,

25 y envió un mensaje por medio de Natán profeta; así llamó su nombre Jedidías,[6] a causa de Jehová.

David captura Rabá
(1 Cr 20.1-3)

26 Joab peleaba contra Rabá de los hijos de Amón, y tomó la ciudad real.

27 Entonces envió Joab mensajeros a David, diciendo: Yo he puesto sitio a Rabá, y he tomado la ciudad de las aguas.

28 Reúne, pues, ahora al pueblo que queda, y acampa contra la ciudad y tómala, no sea que tome yo la ciudad y sea llamada de mi nombre.

29 Y juntando David a todo el pueblo, fue contra Rabá, y combatió contra ella, y la tomó.

30 Y quitó la corona de la cabeza de su rey, la cual pesaba un talento de oro, y tenía piedras preciosas; y fue puesta sobre la cabeza de David. Y sacó muy grande botín de la ciudad.

31 Sacó además a la gente que estaba en ella, y los puso a trabajar con sierras, con trillos de hierro y hachas de hierro, y además los hizo trabajar en los hornos de ladrillos; y lo mismo hizo a todas las ciudades de los hijos de Amón. Y volvió David con todo el pueblo a Jerusalén.

Amnón y Tamar

13 **1** Aconteció después de esto, que teniendo Absalón hijo de David una hermana hermosa que se llamaba Tamar, se enamoró de ella Amnón hijo de David.

2 Y estaba Amnón angustiado hasta enfermarse por Tamar su hermana, pues por ser ella virgen, le parecía a Amnón que sería difícil hacerle cosa alguna.

3 Y Amnón tenía un amigo que se llamaba Jonadab, hijo de Simea, hermano de David; y Jonadab era hombre muy astuto.

4 Y éste le dijo: Hijo del rey, ¿por qué de día en día vas enflaqueciendo así? ¿No me lo descubrirás a mí? Y Amnón le respondió:

---

6. **12.25** Esto es, *Amado de Jehová.*
b **12.11, 12** 2 S 16.22.

Yo amo a Tamar la hermana de Absalón mi hermano.

5 Y Jonadab le dijo: Acuéstate en tu cama, y finge que estás enfermo; y cuando tu padre viniere a visitarte, dile: Te ruego que venga mi hermana Tamar, para que me dé de comer, y prepare delante de mí alguna vianda, para que al verla yo la coma de su mano.

6 Se acostó, pues, Amnón, y fingió que estaba enfermo; y vino el rey a visitarle. Y dijo Amnón al rey: Yo te ruego que venga mi hermana Tamar, y haga delante de mí dos hojuelas, para que coma yo de su mano.

7 Y David envió a Tamar a su casa, diciendo: Ve ahora a casa de Amnón tu hermano, y hazle de comer.

8 Y fue Tamar a casa de su hermano Amnón, el cual estaba acostado; y tomó harina, y amasó, e hizo hojuelas delante de él y las coció.

9 Tomó luego la sartén, y las sacó delante de él; mas él no quiso comer. Y dijo Amnón: Echad fuera de aquí a todos. Y todos salieron de allí.

10 Entonces Amnón dijo a Tamar: Trae la comida a la alcoba, para que yo coma de tu mano. Y tomando Tamar las hojuelas que había preparado, las llevó a su hermano Amnón a la alcoba.

11 Y cuando ella se las puso delante para que comiese, asió de ella, y le dijo: Ven, hermana mía, acuéstate conmigo.

12 Ella entonces le respondió: No, hermano mío, no me hagas violencia; porque no se debe hacer así en Israel. No hagas tal vileza.

13 Porque ¿adónde iría yo con mi deshonra? Y aun tú serías estimado como uno de los perversos en Israel. Te ruego pues, ahora, que hables al rey, que él no me negará a ti.

14 Mas él no la quiso oír, sino que pudiendo más que ella, la forzó, y se acostó con ella.

15 Luego la aborreció Amnón con tan gran aborrecimiento, que el odio con que la aborreció fue mayor que el amor con que la había amado. Y le dijo Amnón: Levántate, y vete.

16 Y ella le respondió: No hay razón; mayor mal es este de arrojarme, que el que me has hecho. Mas él no la quiso oír,

17 sino que llamando a su criado que le servía, le dijo: Échame a ésta fuera de aquí, y cierra tras ella la puerta.

18 Y llevaba ella un vestido de diversos colores, traje que vestían las hijas vírgenes de los reyes. Su criado, pues, la echó fuera, y cerró la puerta tras ella.

19 Entonces Tamar tomó ceniza y la esparció sobre su cabeza, y rasgó la ropa de colores de que estaba vestida, y puesta su mano sobre su cabeza, se fue gritando.

Venganza y huida de Absalón

20 Y le dijo su hermano Absalón: ¿Ha estado contigo tu hermano Amnón? Pues calla ahora, hermana mía; tu hermano es; no se angustie tu corazón por esto. Y se quedó Tamar desconsolada en casa de Absalón su hermano.

21 Y luego que el rey David oyó todo esto, se enojó mucho.

22 Mas Absalón no habló con Amnón ni malo ni bueno; aunque Absalón aborrecía a Amnón, porque había forzado a Tamar su hermana.

23 Aconteció pasados dos años, que Absalón tenía esquiladores en Baal-hazor, que está junto a Efraín; y convidó Absalón a todos los hijos del rey.

24 Y vino Absalón al rey, y dijo: He aquí, tu siervo tiene ahora esquiladores; yo ruego que venga el rey y sus siervos con tu siervo.

25 Y respondió el rey a Absalón: No, hijo mío, no vamos todos, para que no te seamos gravosos. Y aunque porfió con él, no quiso ir, mas le bendijo.

26 Entonces dijo Absalón: Pues si no, te ruego que venga con nosotros Amnón mi hermano. Y el rey le respondió: ¿Para qué ha de ir contigo?

27 Pero como Absalón le importunaba, dejó ir con él a Amnón y a todos los hijos del rey.

28 Y Absalón había dado orden a sus criados, diciendo: Os ruego que miréis cuando el corazón de Amnón esté alegre por el vino; y al decir yo: Herid a Amnón, entonces matadle, y no temáis, pues yo os lo he mandado. Esforzaos, pues, y sed valientes.

29 Y los criados de Absalón hicieron con Amnón como Absalón les había mandado. Entonces se levantaron todos los hijos del rey, y montaron cada uno en su mula, y huyeron.

³⁰ Estando ellos aún en el camino, llegó a David el rumor que decía: Absalón ha dado muerte a todos los hijos del rey, y ninguno de ellos ha quedado.

³¹ Entonces levantándose David, rasgó sus vestidos, y se echó en tierra, y todos sus criados que estaban junto a él también rasgaron sus vestidos.

³² Pero Jonadab, hijo de Simea hermano de David, habló y dijo: No diga mi señor que han dado muerte a todos los jóvenes hijos del rey, pues sólo Amnón ha sido muerto; porque por mandato de Absalón esto había sido determinado desde el día en que Amnón forzó a Tamar su hermana.

³³ Por tanto, ahora no ponga mi señor el rey en su corazón ese rumor que dice: Todos los hijos del rey han sido muertos; porque sólo Amnón ha sido muerto.

³⁴ Y Absalón huyó. Entre tanto, alzando sus ojos el joven que estaba de atalaya, miró, y he aquí mucha gente que venía por el camino a sus espaldas, del lado del monte.

³⁵ Y dijo Jonadab al rey: He allí los hijos del rey que vienen; es así como tu siervo ha dicho.

³⁶ Cuando él acabó de hablar, he aquí los hijos del rey que vinieron, y alzando su voz lloraron. Y también el mismo rey y todos sus siervos lloraron con muy grandes lamentos.

³⁷ Mas Absalón huyó y se fue a Talmai hijo de Amiud, rey de Gesur.ᵃ Y David lloraba por su hijo todos los días.

³⁸ Así huyó Absalón y se fue a Gesur, y estuvo allá tres años.

³⁹ Y el rey David deseaba ver a Absalón; pues ya estaba consolado acerca de Amnón, que había muerto.

Joab procura el regreso de Absalón

14 ¹ Conociendo Joab hijo de Sarvia que el corazón del rey se inclinaba por Absalón,

² envió Joab a Tecoa, y tomó de allá una mujer astuta, y le dijo: Yo te ruego que finjas estar de duelo, y te vistas ropas de luto, y no te unjas con óleo, sino preséntate como una mujer que desde mucho tiempo está de duelo por algún muerto;

³ y entrarás al rey, y le hablarás de esta manera. Y puso Joab las palabras en su boca.

⁴ Entró, pues, aquella mujer de Tecoa al rey, y postrándose en tierra sobre su rostro, hizo reverencia, y dijo: ¡Socorro, oh rey!

⁵ El rey le dijo: ¿Qué tienes? Y ella respondió: Yo a la verdad soy una mujer viuda y mi marido ha muerto.

⁶ Tu sierva tenía dos hijos, y los dos riñeron en el campo; y no habiendo quien los separase, hirió el uno al otro, y lo mató.

⁷ Y he aquí toda la familia se ha levantado contra tu sierva, diciendo: Entrega al que mató a su hermano, para que le hagamos morir por la vida de su hermano a quien él mató, y matemos también al heredero. Así apagarán el ascua que me ha quedado, no dejando a mi marido nombre ni reliquia sobre la tierra.

⁸ Entonces el rey dijo a la mujer: Vete a tu casa, y yo daré órdenes con respecto a ti.

⁹ Y la mujer de Tecoa dijo al rey: Rey señor mío, la maldad sea sobre mí y sobre la casa de mi padre; mas el rey y su trono sean sin culpa.

¹⁰ Y el rey dijo: Al que hablare contra ti, tráelo a mí, y no te tocará más.

¹¹ Dijo ella entonces: Te ruego, oh rey, te acuerdes de Jehová tu Dios, para que el vengador de la sangre no aumente el daño, y no destruya a mi hijo. Y él respondió: Vive Jehová, que no caerá ni un cabello de la cabeza de tu hijo en tierra.

¹² Y la mujer dijo: Te ruego que permitas que tu sierva hable una palabra a mi señor el rey. Y él dijo: Habla.

¹³ Entonces la mujer dijo: ¿Por qué, pues, has pensado tú cosa semejante contra el pueblo de Dios? Porque hablando el rey esta palabra, se hace culpable él mismo, por cuanto el rey no hace volver a su desterrado.

¹⁴ Porque de cierto morimos, y somos como aguas derramadas por tierra, que no pueden volver a recogerse; ni Dios quita la vida, sino que provee medios para no alejar de sí al desterrado.

¹⁵ Y el haber yo venido ahora para decir esto al rey mi señor, es porque el pueblo me atemorizó; y tu sierva dijo: Hablaré ahora al rey; quizá él hará lo que su sierva diga.

ᵃ 13.37 2 S 3.3.

16 Pues el rey oirá, para librar a su sierva de mano del hombre que me quiere destruir a mí y a mi hijo juntamente, de la heredad de Dios.

17 Tu sierva, pues, dice: Sea ahora de consuelo la respuesta de mi señor el rey, pues que mi señor el rey es como un ángel de Dios para discernir entre lo bueno y lo malo. Así Jehová tu Dios sea contigo.

18 Entonces David respondió y dijo a la mujer: Yo te ruego que no me encubras nada de lo que yo te preguntare. Y la mujer dijo: Hable mi señor el rey.

19 Y el rey dijo: ¿No anda la mano de Joab contigo en todas estas cosas? La mujer respondió y dijo: Vive tu alma, rey señor mío, que no hay que apartarse a derecha ni a izquierda de todo lo que mi señor el rey ha hablado; porque tu siervo Joab, él me mandó, y él puso en boca de tu sierva todas estas palabras.

20 Para mudar el aspecto de las cosas Joab tu siervo ha hecho esto; pero mi señor es sabio conforme a la sabiduría de un ángel de Dios, para conocer lo que hay en la tierra.

21 Entonces el rey dijo a Joab: He aquí yo hago esto; ve, y haz volver al joven Absalón.

22 Y Joab se postró en tierra sobre su rostro e hizo reverencia, y después que bendijo al rey, dijo: Hoy ha entendido tu siervo que he hallado gracia en tus ojos, rey señor mío, pues ha hecho el rey lo que su siervo ha dicho.

23 Se levantó luego Joab y fue a Gesur, y trajo a Absalón a Jerusalén.

24 Mas el rey dijo: Váyase a su casa, y no vea mi rostro. Y volvió Absalón a su casa, y no vio el rostro del rey.

25 Y no había en todo Israel ninguno tan alabado por su hermosura como Absalón; desde la planta de su pie hasta su coronilla no había en él defecto.

26 Cuando se cortaba el cabello (lo cual hacía al fin de cada año, pues le causaba molestia, y por eso se lo cortaba), pesaba el cabello de su cabeza doscientos siclos de peso real.

27 Y le nacieron a Absalón tres hijos, y una hija que se llamó Tamar, la cual era mujer de hermoso semblante.

28 Y estuvo Absalón por espacio de dos años en Jerusalén, y no vio el rostro del rey.

29 Y mandó Absalón por Joab, para enviarlo al rey, pero él no quiso venir; y envió aun por segunda vez, y no quiso venir.

30 Entonces dijo a sus siervos: Mirad, el campo de Joab está junto al mío, y tiene allí cebada; id y prendedle fuego. Y los siervos de Absalón prendieron fuego al campo.

31 Entonces se levantó Joab y vino a casa de Absalón, y le dijo: ¿Por qué han prendido fuego tus siervos a mi campo?

32 Y Absalón respondió a Joab: He aquí yo he enviado por ti, diciendo que vinieses acá, con el fin de enviarte al rey para decirle: ¿Para qué vine de Gesur? Mejor me fuera estar aún allá. Vea yo ahora el rostro del rey; y si hay en mí pecado, máteme.

33 Vino, pues, Joab al rey, y se lo hizo saber. Entonces llamó a Absalón, el cual vino al rey, e inclinó su rostro a tierra delante del rey; y el rey besó a Absalón.

Absalón se subleva contra David

15 **1** Aconteció después de esto, que Absalón se hizo de carros y caballos, y cincuenta hombres que corriesen delante de él.

2 Y se levantaba Absalón de mañana, y se ponía a un lado del camino junto a la puerta; y a cualquiera que tenía pleito y venía al rey a juicio, Absalón le llamaba y le decía: ¿De qué ciudad eres? Y él respondía: Tu siervo es de una de las tribus de Israel.

3 Entonces Absalón le decía: Mira, tus palabras son buenas y justas; mas no tienes quien te oiga de parte del rey.

4 Y decía Absalón: ¡Quién me pusiera por juez en la tierra, para que viniesen a mí todos los que tienen pleito o negocio, que yo les haría justicia!

5 Y acontecía que cuando alguno se acercaba para inclinarse a él, él extendía la mano y lo tomaba, y lo besaba.

6 De esta manera hacía con todos los israelitas que venían al rey a juicio; y así robaba Absalón el corazón de los de Israel.

7 Al cabo de cuatro años, aconteció que Absalón dijo al rey: Yo te ruego me permitas que vaya a Hebrón, a pagar mi voto que he prometido a Jehová.

8 Porque tu siervo hizo voto cuando estaba en Gesur en Siria, diciendo: Si Jehová me hiciere volver a Jerusalén, yo serviré a Jehová.

⁹ Y el rey le dijo: Ve en paz. Y él se levantó, y fue a Hebrón.

¹⁰ Entonces envió Absalón mensajeros por todas las tribus de Israel, diciendo: Cuando oigáis el sonido de la trompeta diréis: Absalón reina en Hebrón.

¹¹ Y fueron con Absalón doscientos hombres de Jerusalén convidados por él, los cuales iban en su sencillez, sin saber nada.

¹² Y mientras Absalón ofrecía los sacrificios, llamó a Ahitofel gilonita, consejero de David, de su ciudad de Gilo. Y la conspiración se hizo poderosa, y aumentaba el pueblo que seguía a Absalón.

¹³ Y un mensajero vino a David, diciendo: El corazón de todo Israel se va tras Absalón.

¹⁴ Entonces David dijo a todos sus siervos que estaban con él en Jerusalén: Levantaos y huyamos, porque no podremos escapar delante de Absalón; daos prisa a partir, no sea que apresurándose él nos alcance, y arroje el mal sobre nosotros, y hiera la ciudad a filo de espada.

¹⁵ Y los siervos del rey dijeron al rey: He aquí, tus siervos están listos a todo lo que nuestro señor el rey decida.

¹⁶ El rey entonces salió, con toda su familia en pos de él. Y dejó el rey diez mujeres concubinas, para que guardasen la casa.

¹⁷ Salió, pues, el rey con todo el pueblo que le seguía, y se detuvieron en un lugar distante.

¹⁸ Y todos sus siervos pasaban a su lado, con todos los cereteos y peleteos; y todos los geteos, seiscientos hombres que habían venido a pie desde Gat, iban delante del rey.

¹⁹ Y dijo el rey a Itai geteo: ¿Para qué vienes tú también con nosotros? Vuélvete y quédate con el rey; porque tú eres extranjero, y desterrado también de tu lugar.

²⁰ Ayer viniste, ¿y he de hacer hoy que te muevas para ir con nosotros? En cuanto a mí, yo iré a donde pueda ir; tú vuélvete, y haz volver a tus hermanos; y Jehová te muestre amor permanente y fidelidad.

²¹ Y respondió Itai al rey, diciendo: Vive Dios, y vive mi señor el rey, que o para muerte o para vida, donde mi señor el rey estuviere, allí estará también tu siervo.

²² Entonces David dijo a Itai: Ven, pues, y pasa. Y pasó Itai geteo, y todos sus hombres, y toda su familia.

²³ Y todo el país lloró en alta voz; pasó luego toda la gente el torrente de Cedrón; asimismo pasó el rey, y todo el pueblo pasó al camino que va al desierto.

²⁴ Y he aquí, también iba Sadoc, y con él todos los levitas que llevaban el arca del pacto de Dios; y asentaron el arca del pacto de Dios. Y subió Abiatar después que todo el pueblo hubo acabado de salir de la ciudad.

²⁵ Pero dijo el rey a Sadoc: Vuelve el arca de Dios a la ciudad. Si yo hallare gracia ante los ojos de Jehová, él hará que vuelva, y me dejará verla y a su tabernáculo.

²⁶ Y si dijere: No me complazco en ti; aquí estoy, haga de mí lo que bien le pareciere.

²⁷ Dijo además el rey al sacerdote Sadoc: ¿No eres tú el vidente? Vuelve en paz a la ciudad, y con vosotros vuestros dos hijos; Ahimaas tu hijo, y Jonatán hijo de Abiatar.

²⁸ Mirad, yo me detendré en los vados del desierto,ᵃ hasta que venga respuesta de vosotros que me dé aviso.

²⁹ Entonces Sadoc y Abiatar volvieron el arca de Dios a Jerusalén, y se quedaron allá.

³⁰ Y David subió la cuesta de los Olivos; y la subió llorando, llevando la cabeza cubierta y los pies descalzos. También todo el pueblo que tenía consigo cubrió cada uno su cabeza, e iban llorando mientras subían.

³¹ Y dieron aviso a David, diciendo: Ahitofel está entre los que conspiraron con Absalón. Entonces dijo David: Entorpece ahora, oh Jehová, el consejo de Ahitofel.

³² Cuando David llegó a la cumbre del monte para adorar allí a Dios, he aquí Husai arquita que le salió al encuentro, rasgados sus vestidos, y tierra sobre su cabeza.

³³ Y le dijo David: Si pasares conmigo, me serás carga.

³⁴ Mas si volvieres a la ciudad, y dijeres a Absalón: Rey, yo seré tu siervo; como hasta aquí he sido siervo de tu padre, así seré ahora siervo tuyo; entonces tú harás nulo el consejo de Ahitofel.

ᵃ **15.28** Sal 63 tít.

³⁵ ¿No estarán allí contigo los sacerdotes Sadoc y Abiatar? Por tanto, todo lo que oyeres en la casa del rey, se lo comunicarás a los sacerdotes Sadoc y Abiatar.

³⁶ Y he aquí que están con ellos sus dos hijos, Ahimaas el de Sadoc, y Jonatán el de Abiatar; por medio de ellos me enviaréis aviso de todo lo que oyereis.

³⁷ Así vino Husai amigo de David a la ciudad; y Absalón entró en Jerusalén.

16 ¹ Cuando David pasó un poco más allá de la cumbre del monte, he aquí Siba el criado de Mefi-boset,ª que salía a recibirle con un par de asnos enalbardados, y sobre ellos doscientos panes, cien racimos de pasas, cien panes de higos secos, y un cuero de vino.

² Y dijo el rey a Siba: ¿Qué es esto? Y Siba respondió: Los asnos son para que monte la familia del rey, los panes y las pasas para que coman los criados, y el vino para que beban los que se cansen en el desierto.

³ Y dijo el rey: ¿Dónde está el hijo de tu señor? Y Siba respondió al rey: He aquí él se ha quedado en Jerusalén, porque ha dicho: Hoy me devolverá la casa de Israel el reino de mi padre.

⁴ Entonces el rey dijo a Siba: He aquí, sea tuyo todo lo que tiene Mefi-boset. Y respondió Siba inclinándose: Rey señor mío, halle yo gracia delante de ti.

⁵ Y vino el rey David hasta Bahurim; y he aquí salía uno de la familia de la casa de Saúl, el cual se llamaba Simei hijo de Gera; y salía maldiciendo,

⁶ y arrojando piedras contra David, y contra todos los siervos del rey David; y todo el pueblo y todos los hombres valientes estaban a su derecha y a su izquierda.

⁷ Y decía Simei, maldiciéndole: ¡Fuera, fuera, hombre sanguinario y perverso!

⁸ Jehová te ha dado el pago de toda la sangre de la casa de Saúl, en lugar del cual tú has reinado, y Jehová ha entregado el reino en mano de tu hijo Absalón; y hete aquí sorprendido en tu maldad, porque eres hombre sanguinario.

⁹ Entonces Abisai hijo de Sarvia dijo al rey: ¿Por qué maldice este perro muerto a mi señor el rey? Te ruego que me dejes pasar, y le quitaré la cabeza.

¹⁰ Y el rey respondió: ¿Qué tengo yo con vosotros, hijos de Sarvia? Si él así maldice, es porque Jehová le ha dicho que maldiga a David. ¿Quién, pues, le dirá: ¿Por qué lo haces así?

¹¹ Y dijo David a Abisai y a todos sus siervos: He aquí, mi hijo que ha salido de mis entrañas, acecha mi vida; ¿cuánto más ahora un hijo de Benjamín? Dejadle que maldiga, pues Jehová se lo ha dicho.

¹² Quizá mirará Jehová mi aflicción, y me dará Jehová bien por sus maldiciones de hoy.

¹³ Y mientras David y los suyos iban por el camino, Simei iba por el lado del monte delante de él, andando y maldiciendo, y arrojando piedras delante de él, y esparciendo polvo.

¹⁴ Y el rey y todo el pueblo que con él estaba, llegaron fatigados, y descansaron allí.

¹⁵ Y Absalón y toda la gente suya, los hombres de Israel, entraron en Jerusalén, y con él Ahitofel.

¹⁶ Aconteció luego, que cuando Husai arquita, amigo de David, vino al encuentro de Absalón, dijo Husai: ¡Viva el rey, viva el rey!

¹⁷ Y Absalón dijo a Husai: ¿Es éste tu agradecimiento para con tu amigo? ¿Por qué no fuiste con tu amigo?

¹⁸ Y Husai respondió a Absalón: No, sino que de aquel que eligiere Jehová y este pueblo y todos los varones de Israel, de aquél seré yo, y con él me quedaré.

¹⁹ ¿Y a quién había yo de servir? ¿No es a su hijo? Como he servido delante de tu padre, así seré delante de ti.

²⁰ Entonces dijo Absalón a Ahitofel: Dad vuestro consejo sobre lo que debemos hacer.

²¹ Y Ahitofel dijo a Absalón: Llégate a las concubinas de tu padre, que él dejó para guardar la casa; y todo el pueblo de Israel oirá que te has hecho aborrecible a tu padre, y así se fortalecerán las manos de todos los que están contigo.

²² Entonces pusieron para Absalón una tienda sobre el terrado, y se llegó Absalón a las concubinas de su padre, ante los ojos de todo Israel.ᵇ

²³ Y el consejo que daba Ahitofel en aquellos días, era como si se consultase la palabra de Dios. Así era todo consejo de Ahitofel, tanto con David como con Absalón.

---

a 16.1 2 S 9.9, 10.   **b 16.22** 2 S 12.11, 12.

Consejos de Ahitofel y de Husai

17 ¹ Entonces Ahitofel dijo a Absalón: Yo escogeré ahora doce mil hombres, y me levantaré y seguiré a David esta noche,

² y caeré sobre él mientras está cansado y débil de manos; lo atemorizaré, y todo el pueblo que está con él huirá, y mataré al rey solo.

³ Así haré volver a ti todo el pueblo (pues tú buscas solamente la vida de un hombre); y cuando ellos hayan vuelto, todo el pueblo estará en paz.

⁴ Este consejo pareció bien a Absalón y a todos los ancianos de Israel.

⁵ Y dijo Absalón: Llamad también ahora a Husai arquita, para que asimismo oigamos lo que él dirá.

⁶ Cuando Husai vino a Absalón, le habló Absalón, diciendo: Así ha dicho Ahitofel; ¿seguiremos su consejo, o no? Di tú.

⁷ Entonces Husai dijo a Absalón: El consejo que ha dado esta vez Ahitofel no es bueno.

⁸ Y añadió Husai: Tú sabes que tu padre y los suyos son hombres valientes, y que están con amargura de ánimo, como la osa en el campo cuando le han quitado sus cachorros. Además, tu padre es hombre de guerra, y no pasará la noche con el pueblo.

⁹ He aquí él estará ahora escondido en alguna cueva, o en otro lugar; y si al principio cayeren algunos de los tuyos, quienquiera que lo oyere dirá: El pueblo que sigue a Absalón ha sido derrotado.

¹⁰ Y aun el hombre valiente, cuyo corazón sea como corazón de león, desmayará por completo; porque todo Israel sabe que tu padre es hombre valiente, y que los que están con él son esforzados.

¹¹ Aconsejo, pues, que todo Israel se junte a ti, desde Dan hasta Beerseba, en multitud como la arena que está a la orilla del mar, y que tú en persona vayas a la batalla.

¹² Entonces le acometeremos en cualquier lugar en donde se hallare, y caeremos sobre él como cuando el rocío cae sobre la tierra, y ni uno dejaremos de él y de todos los que están con él.

¹³ Y si se refugiare en alguna ciudad, todos los de Israel llevarán sogas a aquella ciudad, y la arrastraremos hasta el arroyo, hasta que no se encuentre allí ni una piedra.

¹⁴ Entonces Absalón y todos los de Israel dijeron: El consejo de Husai arquita es mejor que el consejo de Ahitofel. Porque Jehová había ordenado que el acertado consejo de Ahitofel se frustrara, para que Jehová hiciese venir el mal sobre Absalón.

¹⁵ Dijo luego Husai a los sacerdotes Sadoc y Abiatar: Así y así aconsejó Ahitofel a Absalón y a los ancianos de Israel; y de esta manera aconsejé yo.

¹⁶ Por tanto, enviad inmediatamente y dad aviso a David, diciendo: No te quedes esta noche en los vados del desierto, sino pasa luego el Jordán, para que no sea destruido el rey y todo el pueblo que con él está.

¹⁷ Y Jonatán y Ahimaas estaban junto a la fuente de Rogel, y fue una criada y les avisó, porque ellos no podían mostrarse viniendo a la ciudad; y ellos fueron y se lo hicieron saber al rey David.

¹⁸ Pero fueron vistos por un joven, el cual lo hizo saber a Absalón; sin embargo, los dos se dieron prisa a caminar, y llegaron a casa de un hombre en Bahurim, que tenía en su patio un pozo, dentro del cual se metieron.

¹⁹ Y tomando la mujer de la casa una manta, la extendió sobre la boca del pozo, y tendió sobre ella el grano trillado; y nada se supo del asunto.

²⁰ Llegando luego los criados de Absalón a la casa de la mujer, le dijeron: ¿Dónde están Ahimaas y Jonatán? Y la mujer les respondió: Ya han pasado el vado de las aguas. Y como ellos los buscaron y no los hallaron, volvieron a Jerusalén.

²¹ Y después que se hubieron ido, aquéllos salieron del pozo y se fueron, y dieron aviso al rey David, diciéndole: Levantaos y daos prisa a pasar las aguas, porque Ahitofel ha dado tal consejo contra vosotros.

²² Entonces David se levantó, y todo el pueblo que con él estaba, y pasaron el Jordán antes que amaneciese; ni siquiera faltó uno que no pasase el Jordán.

²³ Pero Ahitofel, viendo que no se había seguido su consejo, enalbardó su asno, y se levantó y se fue a su casa a su ciudad; y después de poner su casa en orden, se ahorcó, y así murió, y fue sepultado en el sepulcro de su padre.

²⁴ Y David llegó a Mahanaim; y Absalón pasó el Jordán con toda la gente de Israel.

25 Y Absalón nombró a Amasa jefe del ejército en lugar de Joab. Amasa era hijo de un varón de Israel llamado Itra, el cual se había llegado a Abigail hija de Nahas, hermana de Sarvia madre de Joab.

26 Y acampó Israel con Absalón en tierra de Galaad.

27 Luego que David llegó a Mahanaim, Sobi hijo de Nahas, de Rabá de los hijos de Amón, Maquir hijo de Amiel, de Lodebar, y Barzilai galaadita de Rogelim,

28 trajeron a David y al pueblo que estaba con él, camas, tazas, vasijas de barro, trigo, cebada, harina, grano tostado, habas, lentejas, garbanzos tostados,

29 miel, manteca, ovejas, y quesos de vaca, para que comiesen; porque decían: El pueblo está hambriento y cansado y sediento en el desierto.

Muerte de Absalón

18 **1** David, pues, pasó revista al pueblo que tenía consigo, y puso sobre ellos jefes de millares y jefes de centenas.

2 Y envió David al pueblo, una tercera parte bajo el mando de Joab, una tercera parte bajo el mando de Abisai hijo de Sarvia, hermano de Joab, y una tercera parte al mando de Itai geteo. Y dijo el rey al pueblo: Yo también saldré con vosotros.

3 Mas el pueblo dijo: No saldrás; porque si nosotros huyéremos, no harán caso de nosotros; y aunque la mitad de nosotros muera, no harán caso de nosotros; mas tú ahora vales tanto como diez mil de nosotros. Será, pues, mejor que tú nos des ayuda desde la ciudad.

4 Entonces el rey les dijo: Yo haré lo que bien os parezca. Y se puso el rey a la entrada de la puerta, mientras salía todo el pueblo de ciento en ciento y de mil en mil.

5 Y el rey mandó a Joab, a Abisai y a Itai, diciendo: Tratad benignamente por amor de mí al joven Absalón. Y todo el pueblo oyó cuando dio el rey orden acerca de Absalón a todos los capitanes.

6 Salió, pues, el pueblo al campo contra Israel, y se libró la batalla en el bosque de Efraín.

7 Y allí cayó el pueblo de Israel delante de los siervos de David, y se hizo allí en aquel día una gran matanza de veinte mil hombres.

8 Y la batalla se extendió por todo el país; y fueron más los que destruyó el bosque aquel día, que los que destruyó la espada.

9 Y se encontró Absalón con los siervos de David; e iba Absalón sobre un mulo, y el mulo entró por debajo de las ramas espesas de una gran encina, y se le enredó la cabeza en la encina, y Absalón quedó suspendido entre el cielo y la tierra; y el mulo en que iba pasó delante.

10 Viéndolo uno, avisó a Joab, diciendo: He aquí que he visto a Absalón colgado de una encina.

11 Y Joab respondió al hombre que le daba la nueva: Y viéndolo tú, ¿por qué no le mataste luego allí echándole a tierra? Me hubiera placido darte diez siclos de plata, y un talabarte.

12 El hombre dijo a Joab: Aunque me pesaras mil siclos de plata, no extendería yo mi mano contra el hijo del rey; porque nosotros oímos cuando el rey te mandó a ti y a Abisai y a Itai, diciendo: Mirad que ninguno toque al joven Absalón.

13 Por otra parte, habría yo hecho traición contra mi vida, pues que al rey nada se le esconde, y tú mismo estarías en contra.

14 Y respondió Joab: No malgastaré mi tiempo contigo. Y tomando tres dardos en su mano, los clavó en el corazón de Absalón, quien estaba aún vivo en medio de la encina.

15 Y diez jóvenes escuderos de Joab rodearon e hirieron a Absalón, y acabaron de matarle.

16 Entonces Joab tocó la trompeta, y el pueblo se volvió de seguir a Israel, porque Joab detuvo al pueblo.

17 Tomando después a Absalón, le echaron en un gran hoyo en el bosque, y levantaron sobre él un montón muy grande de piedras; y todo Israel huyó, cada uno a su tienda.

18 Y en vida, Absalón había tomado y erigido una columna, la cual está en el valle del rey; porque había dicho: Yo no tengo hijo que conserve la memoria de mi nombre. Y llamó aquella columna por su nombre, y así se ha llamado Columna de Absalón, hasta hoy.

19 Entonces Ahimaas hijo de Sadoc dijo: ¿Correré ahora, y daré al rey las nuevas de que Jehová ha defendido su causa de la mano de sus enemigos?

20 Respondió Joab: Hoy no llevarás las nuevas; las llevarás otro día; no darás hoy la nueva, porque el hijo del rey ha muerto. **21** Y Joab dijo a un etíope: Ve tú, y di al rey lo que has visto. Y el etíope hizo reverencia ante Joab, y corrió.

22 Entonces Ahimaas hijo de Sadoc volvió a decir a Joab: Sea como fuere, yo correré ahora tras el etíope. Y Joab dijo: Hijo mío, ¿para qué has de correr tú, si no recibirás premio por las nuevas?

23 Mas él respondió: Sea como fuere, yo correré. Entonces le dijo: Corre. Corrió, pues, Ahimaas por el camino de la llanura, y pasó delante del etíope.

24 Y David estaba sentado entre las dos puertas; y el atalaya había ido al terrado sobre la puerta en el muro, y alzando sus ojos, miró, y vio a uno que corría solo. **25** El atalaya dio luego voces, y lo hizo saber al rey. Y el rey dijo: Si viene solo, buenas nuevas trae. En tanto que él venía acercándose, **26** vio el atalaya a otro que corría; y dio voces el atalaya al portero, diciendo: He aquí otro hombre que corre solo. Y el rey dijo: Éste también es mensajero. **27** Y el atalaya volvió a decir: Me parece el correr del primero como el correr de Ahimaas hijo de Sadoc. Y respondió el rey: Ése es hombre de bien, y viene con buenas nuevas.

28 Entonces Ahimaas dijo en alta voz al rey: Paz. Y se inclinó a tierra delante del rey, y dijo: Bendito sea Jehová Dios tuyo, que ha entregado a los hombres que habían levantado sus manos contra mi señor el rey. **29** Y el rey dijo: ¿El joven Absalón está bien? Y Ahimaas respondió: Vi yo un gran alboroto cuando envió Joab al siervo del rey y a mí tu siervo; mas no sé qué era. **30** Y el rey dijo: Pasa, y ponte allí. Y él pasó, y se quedó de pie.

31 Luego vino el etíope, y dijo: Reciba nuevas mi señor el rey, que hoy Jehová ha defendido tu causa de la mano de todos los que se habían levantado contra ti. **32** El rey entonces dijo al etíope: ¿El joven Absalón está bien? Y el etíope respondió: Como aquel joven sean los enemigos de mi señor el rey, y todos los que se levanten contra ti para mal.

33 Entonces el rey se turbó, y subió a la sala de la puerta, y lloró; y yendo, decía así: ¡Hijo mío Absalón, hijo mío, hijo mío Absalón! ¡Quién me diera que muriera yo en lugar de ti, Absalón, hijo mío, hijo mío!

David vuelve a Jerusalén

19 **1** Dieron aviso a Joab: He aquí el rey llora, y hace duelo por Absalón. **2** Y se volvió aquel día la victoria en luto para todo el pueblo; porque oyó decir el pueblo aquel día que el rey tenía dolor por su hijo. **3** Y entró el pueblo aquel día en la ciudad escondidamente, como suele entrar a escondidas el pueblo avergonzado que ha huido de la batalla. **4** Mas el rey, cubierto el rostro, clamaba en alta voz: ¡Hijo mío Absalón, Absalón, hijo mío, hijo mío! **5** Entonces Joab vino al rey en la casa, y dijo: Hoy has avergonzado el rostro de todos tus siervos, que hoy han librado tu vida, y la vida de tus hijos y de tus hijas, y la vida de tus mujeres, y la vida de tus concubinas, **6** amando a los que te aborrecen, y aborreciendo a los que te aman; porque hoy has declarado que nada te importan tus príncipes y siervos; pues hoy me has hecho ver claramente que si Absalón viviera, aunque todos nosotros estuviéramos muertos, entonces estarías contento. **7** Levántate pues, ahora, y ve afuera y habla bondadosamente a tus siervos; porque juro por Jehová que si no sales, no quedará ni un hombre contigo esta noche; y esto te será peor que todos los males que te han sobrevenido desde tu juventud hasta ahora. **8** Entonces se levantó el rey y se sentó a la puerta, y fue dado aviso a todo el pueblo, diciendo: He aquí el rey está sentado a la puerta. Y vino todo el pueblo delante del rey; pero Israel había huido, cada uno a su tienda.

9 Y todo el pueblo disputaba en todas las tribus de Israel, diciendo: El rey nos ha librado de mano de nuestros enemigos, y nos ha salvado de mano de los filisteos; y ahora ha huido del país por miedo de Absalón. **10** Y Absalón, a quien habíamos ungido sobre nosotros, ha muerto en la batalla.

¿Por qué, pues, estáis callados respecto de hacer volver al rey?

11 Y el rey David envió a los sacerdotes Sadoc y Abiatar, diciendo: Hablad a los ancianos de Judá, y decidles: ¿Por qué seréis vosotros los postreros en hacer volver el rey a su casa, cuando la palabra de todo Israel ha venido al rey para hacerle volver a su casa?

12 Vosotros sois mis hermanos; mis huesos y mi carne sois. ¿Por qué, pues, seréis vosotros los postreros en hacer volver al rey?

13 Asimismo diréis a Amasa: ¿No eres tú también hueso mío y carne mía? Así me haga Dios, y aun me añada, si no fueres general del ejército delante de mí para siempre, en lugar de Joab.

14 Así inclinó el corazón de todos los varones de Judá, como el de un solo hombre, para que enviasen a decir al rey: Vuelve tú, y todos tus siervos.

15 Volvió, pues, el rey, y vino hasta el Jordán. Y Judá vino a Gilgal para recibir al rey y para hacerle pasar el Jordán.

16 Y Simei[a] hijo de Gera, hijo de Benjamín, que era de Bahurim, se dio prisa y descendió con los hombres de Judá a recibir al rey David.

17 Con él venían mil hombres de Benjamín; asimismo Siba, criado de la casa de Saúl, con sus quince hijos y sus veinte siervos, los cuales pasaron el Jordán delante del rey.

18 Y cruzaron el vado para pasar a la familia del rey, y para hacer lo que a él le pareciera. Entonces Simei hijo de Gera se postró delante del rey cuando él hubo pasado el Jordán,

19 y dijo al rey: No me culpe mi señor de iniquidad, ni tengas memoria de los males que tu siervo hizo el día en que mi señor el rey salió de Jerusalén; no los guarde el rey en su corazón.

20 Porque yo tu siervo reconozco haber pecado, y he venido hoy el primero de toda la casa de José, para descender a recibir a mi señor el rey.

21 Respondió Abisai hijo de Sarvia y dijo: ¿No ha de morir por esto Simei, que maldijo al ungido de Jehová?

22 David entonces dijo: ¿Qué tengo yo con vosotros, hijos de Sarvia, para que hoy me seáis adversarios? ¿Ha de morir hoy alguno en Israel? ¿Pues no sé yo que hoy soy rey sobre Israel?

23 Y dijo el rey a Simei: No morirás. Y el rey se lo juró.

24 También Mefi-boset[b] hijo de Saúl descendió a recibir al rey; no había lavado sus pies, ni había cortado su barba, ni tampoco había lavado sus vestidos, desde el día en que el rey salió hasta el día en que volvió en paz.

25 Y luego que vino él a Jerusalén a recibir al rey, el rey le dijo: Mefi-boset, ¿por qué no fuiste conmigo?

26 Y él respondió: Rey señor mío, mi siervo me engañó; pues tu siervo había dicho: Enalbárdame un asno, y montaré en él, e iré al rey; porque tu siervo es cojo.

27 Pero él ha calumniado a tu siervo delante de mi señor el rey; mas mi señor el rey es como un ángel de Dios; haz, pues, lo que bien te parezca.

28 Porque toda la casa de mi padre era digna de muerte delante de mi señor el rey, y tú pusiste a tu siervo entre los convidados a tu mesa. ¿Qué derecho, pues, tengo aún para clamar más al rey?

29 Y el rey le dijo: ¿Para qué más palabras? Yo he determinado que tú y Siba os dividáis las tierras.

30 Y Mefi-boset dijo al rey: Deja que él las tome todas, pues que mi señor el rey ha vuelto en paz a su casa.

31 También Barzilai[c] galaadita descendió de Rogelim, y pasó el Jordán con el rey, para acompañarle al otro lado del Jordán.

32 Era Barzilai muy anciano, de ochenta años, y él había dado provisiones al rey cuando estaba en Mahanaim, porque era hombre muy rico.

33 Y el rey dijo a Barzilai: Pasa conmigo, y yo te sustentaré conmigo en Jerusalén.

34 Mas Barzilai dijo al rey: ¿Cuántos años más habré de vivir, para que yo suba con el rey a Jerusalén?

35 De edad de ochenta años soy este día. ¿Podré distinguir entre lo que es agradable y lo que no lo es? ¿Tomará gusto ahora tu siervo en lo que coma o beba? ¿Oiré más la voz de los cantores y de las cantoras?

---

a 19.16 2 S 16.5-13.　**b 19.24** 2 S 9.1-13; 16.1-4.
c 19.31 2 S 17.27-29.

¿Para qué, pues, ha de ser tu siervo una carga para mi señor el rey?

36 Pasará tu siervo un poco más allá del Jordán con el rey; ¿por qué me ha de dar el rey tan grande recompensa?

37 Yo te ruego que dejes volver a tu siervo, y que muera en mi ciudad, junto al sepulcro de mi padre y de mi madre. Mas he aquí a tu siervo Quimam; que pase él con mi señor el rey, y haz a él lo que bien te pareciere.

38 Y el rey dijo: Pues pase conmigo Quimam, y yo haré con él como bien te parezca; y todo lo que tú pidieres de mí, yo lo haré.

39 Y todo el pueblo pasó el Jordán; y luego que el rey hubo también pasado, el rey besó a Barzilai, y lo bendijo; y él se volvió a su casa.

40 El rey entonces pasó a Gilgal, y con él pasó Quimam; y todo el pueblo de Judá acompañaba al rey, y también la mitad del pueblo de Israel.

41 Y he aquí todos los hombres de Israel vinieron al rey, y le dijeron: ¿Por qué los hombres de Judá, nuestros hermanos, te han llevado, y han hecho pasar el Jordán al rey y a su familia, y a todos los siervos de David con él?

42 Y todos los hombres de Judá respondieron a todos los de Israel: Porque el rey es nuestro pariente. Mas ¿por qué os enojáis vosotros de eso? ¿Hemos nosotros comido algo del rey? ¿Hemos recibido de él algún regalo?

43 Entonces respondieron los hombres de Israel, y dijeron a los de Judá: Nosotros tenemos en el rey diez partes, y en el mismo David más que vosotros. ¿Por qué, pues, nos habéis tenido en poco? ¿No hablamos nosotros los primeros, respecto de hacer volver a nuestro rey? Y las palabras de los hombres de Judá fueron más violentas que las de los hombres de Israel.

Sublevación de Seba

20 **1** Aconteció que se hallaba allí un hombre perverso que se llamaba Seba hijo de Bicri, hombre de Benjamín, el cual tocó la trompeta, y dijo: No tenemos nosotros parte en David, ni heredad con el hijo de Isaí. ¡Cada uno a su tienda, Israel!ª

2 Así todos los hombres de Israel abandonaron a David, siguiendo a Seba hijo de Bicri; mas los de Judá siguieron a su rey desde el Jordán hasta Jerusalén.

3 Y luego que llegó David a su casa en Jerusalén, tomó el rey las diez mujeres concubinasᵇ que había dejado para guardar la casa, y las puso en reclusión, y les dio alimentos; pero nunca más se llegó a ellas, sino que quedaron encerradas hasta que murieron, en viudez perpetua.

4 Después dijo el rey a Amasa: Convócame a los hombres de Judá para dentro de tres días, y hállate tú aquí presente.

5 Fue, pues, Amasa para convocar a los de Judá; pero se detuvo más del tiempo que le había sido señalado.

6 Y dijo David a Abisai: Seba hijo de Bicri nos hará ahora más daño que Absalón; toma, pues, tú los siervos de tu señor, y ve tras él, no sea que halle para sí ciudades fortificadas, y nos cause dificultad.

7 Entonces salieron en pos de él los hombres de Joab, y los cereteos y peleteos y todos los valientes; salieron de Jerusalén para ir tras Seba hijo de Bicri.

8 Y estando ellos cerca de la piedra grande que está en Gabaón, les salió Amasa al encuentro. Y Joab estaba ceñido de su ropa, y sobre ella tenía pegado a sus lomos el cinto con una daga en su vaina, la cual se le cayó cuando él avanzó.

9 Entonces Joab dijo a Amasa: ¿Te va bien, hermano mío? Y tomó Joab con la diestra la barba de Amasa, para besarlo.

10 Y Amasa no se cuidó de la daga que estaba en la mano de Joab; y éste le hirió con ella en la quinta costilla, y derramó sus entrañas por tierra, y cayó muerto sin darle un segundo golpe.

Después Joab y su hermano Abisai fueron en persecución de Seba hijo de Bicri.

11 Y uno de los hombres de Joab se paró junto a él, diciendo: Cualquiera que ame a Joab y a David, vaya en pos de Joab.

12 Y Amasa yacía revolcándose en su sangre en mitad del camino; y todo el que pasaba, al verle, se detenía; y viendo aquel hombre que todo el pueblo se paraba, apartó a Amasa del camino al campo, y echó sobre él una vestidura.

ª **20.1** 1 R 12.16; 2 Cr 10.16.   ᵇ **20.3** 2 S 16.22.

13 Luego que fue apartado del camino, pasaron todos los que seguían a Joab, para ir tras Seba hijo de Bicri.

14 Y él pasó por todas las tribus de Israel hasta Abel-bet-maaca y todo Barim; y se juntaron, y lo siguieron también.

15 Y vinieron y lo sitiaron en Abel-bet-maaca, y pusieron baluarte contra la ciudad, y quedó sitiada; y todo el pueblo que estaba con Joab trabajaba por derribar la muralla.

16 Entonces una mujer sabia dio voces en la ciudad, diciendo: Oíd, oíd; os ruego que digáis a Joab que venga acá, para que yo hable con él.

17 Cuando él se acercó a ella, dijo la mujer: ¿Eres tú Joab? Y él respondió: Yo soy. Ella le dijo: Oye las palabras de tu sierva. Y él respondió: Oigo.

18 Entonces volvió ella a hablar, diciendo: Antiguamente solían decir: Quien preguntare, pregunte en Abel; y así concluían cualquier asunto.

19 Yo soy de las pacíficas y fieles de Israel; pero tú procuras destruir una ciudad que es madre en Israel. ¿Por qué destruyes la heredad de Jehová?

20 Joab respondió diciendo: Nunca tal, nunca tal me acontezca, que yo destruya ni deshaga.

21 La cosa no es así: mas un hombre del monte de Efraín, que se llama Seba hijo de Bicri, ha levantado su mano contra el rey David; entregad a ése solamente, y me iré de la ciudad. Y la mujer dijo a Joab: He aquí su cabeza te será arrojada desde el muro.

22 La mujer fue luego a todo el pueblo con su sabiduría; y ellos cortaron la cabeza a Seba hijo de Bicri, y se la arrojaron a Joab. Y él tocó la trompeta, y se retiraron de la ciudad, cada uno a su tienda. Y Joab se volvió al rey a Jerusalén.

Oficiales de David
(2 S 8.15-18; 1 Cr 18.14-17)

23 Así quedó Joab sobre todo el ejército de Israel, y Benaía hijo de Joiada sobre los cereteos y peleteos,

24 y Adoram sobre los tributos, y Josafat hijo de Ahilud era el cronista.

25 Seva era escriba, y Sadoc y Abiatar, sacerdotes,

26 e Ira jaireo fue también sacerdote de David.

Venganza de los gabaonitas

21 **1** Hubo hambre en los días de David por tres años consecutivos. Y David consultó a Jehová, y Jehová le dijo: Es por causa de Saúl, y por aquella casa de sangre, por cuanto mató a los gabaonitas.

2 Entonces el rey llamó a los gabaonitas, y les habló. (Los gabaonitas no eran de los hijos de Israel, sino del resto de los amorreos, a los cuales los hijos de Israel habían hecho juramento;[a] pero Saúl había procurado matarlos en su celo por los hijos de Israel y de Judá.)

3 Dijo, pues, David a los gabaonitas: ¿Qué haré por vosotros, o qué satisfacción os daré, para que bendigáis la heredad de Jehová?

4 Y los gabaonitas le respondieron: No tenemos nosotros querella sobre plata ni sobre oro con Saúl y con su casa; ni queremos que muera hombre de Israel. Y él les dijo: Lo que vosotros dijereis, haré.

5 Ellos respondieron al rey: De aquel hombre que nos destruyó, y que maquinó contra nosotros para exterminarnos sin dejar nada de nosotros en todo el territorio de Israel,

6 dénsenos siete varones de sus hijos, para que los ahorquemos delante de Jehová en Gabaa de Saúl, el escogido de Jehová. Y el rey dijo: Yo los daré.

7 Y perdonó el rey a Mefi-boset hijo de Jonatán, hijo de Saúl, por el juramento de Jehová que hubo entre ellos, entre David y Jonatán hijo de Saúl.[b]

8 Pero tomó el rey a dos hijos de Rizpa hija de Aja, los cuales ella había tenido de Saúl, Armoni y Mefi-boset, y a cinco hijos de Mical[c] hija de Saúl, los cuales ella había tenido de Adriel hijo de Barzilai meholatita,

9 y los entregó en manos de los gabaonitas, y ellos los ahorcaron en el monte delante de Jehová; y así murieron juntos aquellos siete, los cuales fueron muertos en los primeros días de la siega, al comenzar la siega de la cebada.

10 Entonces Rizpa hija de Aja tomó una tela de cilicio y la tendió para sí sobre el

---

a 21.2 Jos 9.3-15.   **b** 21.7 1 S 20.15-17; 2 S 9.1-7.
c 21.8 1 S 18.19.

peñasco, desde el principio de la siega hasta que llovió sobre ellos agua del cielo; y no dejó que ninguna ave del cielo se posase sobre ellos de día, ni fieras del campo de noche.

11 Y fue dicho a David lo que hacía Rizpa hija de Aja, concubina de Saúl.

12 Entonces David fue y tomó los huesos de Saúl y los huesos de Jonatán su hijo, de los hombres de Jabes de Galaad, que los habían hurtado de la plaza de Bet-sán, donde los habían colgado los filisteos, cuando los filisteos mataron a Saúl en Gilboa;d

13 e hizo llevar de allí los huesos de Saúl y los huesos de Jonatán su hijo; y recogieron también los huesos de los ahorcados.

14 Y sepultaron los huesos de Saúl y los de su hijo Jonatán en tierra de Benjamín, en Zela, en el sepulcro de Cis su padre; e hicieron todo lo que el rey había mandado. Y Dios fue propicio a la tierra después de esto.

Abisai libra a David del gigante

15 Volvieron los filisteos a hacer la guerra a Israel, y descendió David y sus siervos con él, y pelearon con los filisteos; y David se cansó.

16 E Isbi-benob, uno de los descendientes de los gigantes, cuya lanza pesaba trescientos siclos de bronce, y quien estaba ceñido con una espada nueva, trató de matar a David;

17 mas Abisai hijo de Sarvia llegó en su ayuda, e hirió al filisteo y lo mató. Entonces los hombres de David le juraron, diciendo: Nunca más de aquí en adelante saldrás con nosotros a la batalla, no sea que apagues la lámpara de Israel.

Los hombres de David matan a los gigantes

(1 Cr 20.4-8)

18 Otra segunda guerra hubo después en Gob contra los filisteos; entonces Sibecai husatita mató a Saf, quien era uno de los descendientes de los gigantes.

19 Hubo otra vez guerra en Gob contra los filisteos, en la cual Elhanán, hijo de Jaare-oregim de Belén, mató a Goliat geteo, el asta de cuya lanza era como el rodillo de un telar.

20 Después hubo otra guerra en Gat, donde había un hombre de gran estatura, el cual tenía doce dedos en las manos, y otros doce en los pies, veinticuatro por todos; y también era descendiente de los gigantes.

21 Éste desafió a Israel, y lo mató Jonatán, hijo de Simea hermano de David.

22 Estos cuatro eran descendientes de los gigantes en Gat, los cuales cayeron por mano de David y por mano de sus siervos.

Cántico de liberación de David

(Sal 18 título 1-50)

22 1 Habló David a Jehová las palabras de este cántico, el día que Jehová le había librado de la mano de todos sus enemigos, y de la mano de Saúl.

2 Dijo:

Jehová es mi roca y mi fortaleza, y mi libertador;
3 Dios mío, fortaleza mía, en él confiaré;
Mi escudo, y el fuerte de mi salvación, mi alto refugio;
Salvador mío; de violencia me libraste.
4 Invocaré a Jehová, quien es digno de ser alabado,
Y seré salvo de mis enemigos.
5 Me rodearon ondas de muerte,
Y torrentes de perversidad me atemorizaron.
6 Ligaduras del Seol me rodearon;
Tendieron sobre mí lazos de muerte.
7 En mi angustia invoqué a Jehová,
Y clamé a mi Dios;
Él oyó mi voz desde su templo,
Y mi clamor llegó a sus oídos.
8 La tierra fue conmovida, y tembló,
Y se conmovieron los cimientos de los cielos;
Se estremecieron, porque se indignó él.
9 Humo subió de su nariz,
Y de su boca fuego consumidor;
Carbones fueron por él encendidos.
10 E inclinó los cielos, y descendió;
Y había tinieblas debajo de sus pies.
11 Y cabalgó sobre un querubín, y voló;
Voló sobre las alas del viento.

---

d 21.12 1 S 31.8-13.

¹²Puso tinieblas por su escondedero
   alrededor de sí;
   Oscuridad de aguas y densas nubes.
¹³Por el resplandor de su presencia se
   encendieron carbones ardientes.
¹⁴Y tronó desde los cielos Jehová,
   Y el Altísimo dio su voz;
¹⁵Envió sus saetas, y los dispersó;
   Y lanzó relámpagos, y los destruyó.
¹⁶Entonces aparecieron los torrentes de
   las aguas,
   Y quedaron al descubierto los
   cimientos del mundo;
   A la represión de Jehová,
   Por el soplo del aliento de su nariz.
¹⁷Envió desde lo alto y me tomó;
   Me sacó de las muchas aguas.
¹⁸Me libró de poderoso enemigo,
   Y de los que me aborrecían, aunque
   eran más fuertes que yo.
¹⁹Me asaltaron en el día de mi
   quebranto;
   Mas Jehová fue mi apoyo,
²⁰Y me sacó a lugar espacioso;
   Me libró, porque se agradó de mí.
²¹Jehová me ha premiado conforme a
   mi justicia;
   Conforme a la limpieza de mis manos
   me ha recompensado.
²²Porque yo he guardado los caminos
   de Jehová,
   Y no me aparté impíamente de mi
   Dios.
²³Pues todos sus decretos estuvieron
   delante de mí,
   Y no me he apartado de sus estatutos.
²⁴Fui recto para con él,
   Y me he guardado de mi maldad;
²⁵Por lo cual me ha recompensado
   Jehová conforme a mi justicia;
   Conforme a la limpieza de mis manos
   delante de su vista.
²⁶Con el misericordioso te mostrarás
   misericordioso,
   Y recto para con el hombre íntegro.
²⁷Limpio te mostrarás para con el
   limpio,
   Y rígido serás para con el perverso.
²⁸Porque tú salvas al pueblo afligido,
   Mas tus ojos están sobre los altivos
   para abatirlos.

²⁹Tú eres mi lámpara, oh Jehová;
   Mi Dios alumbrará mis tinieblas.
³⁰Contigo desbarataré ejércitos,
   Y con mi Dios asaltaré muros.
³¹En cuanto a Dios, perfecto es su
   camino,
   Y acrisolada la palabra de Jehová.
   Escudo es a todos los que en él
   esperan.
³²Porque ¿quién es Dios, sino sólo
   Jehová?
   ¿Y qué roca hay fuera de nuestro Dios?
³³Dios es el que me ciñe de fuerza,
   Y quien despeja mi camino;
³⁴Quien hace mis pies como de
   ciervas,[a]
   Y me hace estar firme sobre mis
   alturas;
³⁵Quien adiestra mis manos para la
   batalla,
   De manera que se doble el arco de
   bronce con mis brazos.
³⁶Me diste asimismo el escudo de tu
   salvación,
   Y tu benignidad me ha engrandecido.
³⁷Tú ensanchaste mis pasos debajo
   de mí,
   Y mis pies no han resbalado.
³⁸Perseguiré a mis enemigos, y los
   destruiré,
   Y no volveré hasta acabarlos.
³⁹Los consumiré y los heriré, de modo
   que no se levanten;
   Caerán debajo de mis pies.
⁴⁰Pues me ceñiste de fuerzas para
   la pelea;
   Has humillado a mis enemigos debajo
   de mí,
⁴¹Y has hecho que mis enemigos me
   vuelvan las espaldas,
   Para que yo destruyese a los que me
   aborrecen.
⁴²Clamaron, y no hubo quien los
   salvase;
   Aun a Jehová, mas no les oyó.
⁴³Como polvo de la tierra los molí;
   Como lodo de las calles los pisé y los
   trituré.
⁴⁴Me has librado de las contiendas del
   pueblo;
   Me guardaste para que fuese cabeza
   de naciones;
   Pueblo que yo no conocía me servirá.

---

a **22.34** Hab 3.19.

⁴⁵Los hijos de extraños se someterán a
mí;
Al oír de mí, me obedecerán.
⁴⁶Los extraños se debilitarán,
Y saldrán temblando de sus
encierros.
⁴⁷Viva Jehová, y bendita sea mi roca,
Y engrandecido sea el Dios de mi
salvación.
⁴⁸El Dios que venga mis agravios,
Y sujeta pueblos debajo de mí;
⁴⁹El que me libra de enemigos,
Y aun me exalta sobre los que se
levantan contra mí;
Me libraste del varón violento.
⁵⁰Por tanto, yo te confesaré entre las
naciones, oh Jehová,
Y cantaré a tu nombre.ᵇ
⁵¹Él salva gloriosamente a su rey,
Y usa de misericordia para con su
ungido,
A David y a su descendencia para
siempre.

Últimas palabras de David

23 ¹ Éstas son las palabras postreras
de David.
Dijo David hijo de Isaí,
Dijo aquel varón que fue levantado
en alto,
El ungido del Dios de Jacob,
El dulce cantor de Israel:
² El Espíritu de Jehová ha hablado
por mí,
Y su palabra ha estado en mi
lengua.
³ El Dios de Israel ha dicho,
Me habló la Roca de Israel:
Habrá un justo que gobierne entre los
hombres,
Que gobierne en el temor de Dios.
⁴ Será como la luz de la mañana,
Como el resplandor del sol en una
mañana sin nubes,
Como la lluvia que hace brotar la
hierba de la tierra.
⁵ No es así mi casa para con Dios;
Sin embargo, él ha hecho conmigo
pacto perpetuo,
Ordenado en todas las cosas, y será
guardado,
Aunque todavía no haga él florecer
Toda mi salvación y mi deseo.

⁶ Mas los impíos serán todos ellos
como espinos arrancados,
Los cuales nadie toma con la mano;
⁷ Sino que el que quiere tocarlos
Se arma de hierro y de asta de lanza,
Y son del todo quemados en su lugar.

Los valientes de David
(1 Cr 11.10-47)

⁸ Éstos son los nombres de los valientes
que tuvo David: Joseb-basebet el tacmo-
nita, principal de los capitanes; éste era
Adino el eznita, que mató a ochocientos
hombres en una ocasión.
⁹ Después de éste, Eleazar hijo de Dodo,
ahohíta, uno de los tres valientes que estaban con David cuando desafiaron a los
filisteos que se habían reunido allí para la
batalla, y se habían alejado los hombres de
Israel.
¹⁰ Éste se levantó e hirió a los filisteos hasta que su mano se cansó, y quedó pegada
su mano a la espada. Aquel día Jehová dio
una gran victoria, y se volvió el pueblo en
pos de él tan sólo para recoger el botín.
¹¹ Después de éste fue Sama hijo de Age,
ararita. Los filisteos se habían reunido en
Lehi, donde había un pequeño terreno
lleno de lentejas, y el pueblo había huido
delante de los filisteos.
¹² Él entonces se paró en medio de aquel
terreno y lo defendió, y mató a los filisteos; y Jehová dio una gran victoria.
¹³ Y tres de los treinta jefes descendieron y
vinieron en tiempo de la siega a David en
la cueva de Adulam; y el campamento de
los filisteos estaba en el valle de Refaim.
¹⁴ David entonces estaba en el lugar fuerte, y había en Belén una guarnición de los
filisteos.
¹⁵ Y David dijo con vehemencia: ¡Quién
me diera a beber del agua del pozo de
Belén que está junto a la puerta!
¹⁶ Entonces los tres valientes irrumpieron
por el campamento de los filisteos, y sacaron agua del pozo de Belén que estaba
junto a la puerta; y tomaron, y la trajeron
a David; mas él no la quiso beber, sino que
la derramó para Jehová, diciendo:
¹⁷ Lejos sea de mí, oh Jehová, que yo
haga esto. ¿He de beber yo la sangre de

ᵇ **22.50** Ro 15.9.

los varones que fueron con peligro de su vida? Y no quiso beberla. Los tres valientes hicieron esto.

18 Y Abisai hermano de Joab, hijo de Sarvia, fue el principal de los treinta. Éste alzó su lanza contra trescientos, a quienes mató, y ganó renombre con los tres. 19 Él era el más renombrado de los treinta, y llegó a ser su jefe; mas no igualó a los tres primeros. 20 Después, Benaía hijo de Joiada, hijo de un varón esforzado, grande en proezas, de Cabseel. Éste mató a dos leones de Moab; y él mismo descendió y mató a un león en medio de un foso cuando estaba nevando. 21 También mató él a un egipcio, hombre de gran estatura; y tenía el egipcio una lanza en su mano, pero descendió contra él con un palo, y arrebató al egipcio la lanza de la mano, y lo mató con su propia lanza. 22 Esto hizo Benaía hijo de Joiada, y ganó renombre con los tres valientes. 23 Fue renombrado entre los treinta, pero no igualó a los tres primeros. Y lo puso David como jefe de su guardia personal.

24 Asael hermano de Joab fue de los treinta; Elhanán hijo de Dodo de Belén, 25 Sama harodita, Elica harodita, 26 Heles paltita, Ira hijo de Iques, tecoíta, 27 Abiezer anatotita, Mebunai husatita, 28 Salmón ahohíta, Maharai netofatita, 29 Heleb hijo de Baana, netofatita, Itai hijo de Ribai, de Gabaa de los hijos de Benjamín, 30 Benaía piratonita, Hidai del arroyo de Gaas, 31 Abi-albón arbatita, Azmavet barhumita, 32 Eliaba saalbonita, Jonatán de los hijos de Jasén, 33 Sama ararita, Ahíam hijo de Sarar, ararita, 34 Elifelet hijo de Ahasbai, hijo de Maaca, Eliam hijo de Ahitofel, gilonita, 35 Hezrai carmelita, Paarai arbita, 36 Igal hijo de Natán, de Soba, Bani gadita, 37 Selec amonita, Naharai beerotita, escudero de Joab hijo de Sarvia, 38 Ira itrita, Gareb itrita, 39 Urías heteo; treinta y siete por todos.

David censa al pueblo
(1 Cr 21.1-27)

24 1 Volvió a encenderse la ira de Jehová contra Israel, e incitó a David contra ellos a que dijese: Ve, haz un censo de Israel y de Judá.

2 Y dijo el rey a Joab, general del ejército que estaba con él: Recorre ahora todas las tribus de Israel, desde Dan hasta Beerseba, y haz un censo del pueblo, para que yo sepa el número de la gente.

3 Joab respondió al rey: Añada Jehová tu Dios al pueblo cien veces tanto como son, y que lo vea mi señor el rey; mas ¿por qué se complace en esto mi señor el rey?

4 Pero la palabra del rey prevaleció sobre Joab y sobre los capitanes del ejército. Salió, pues, Joab, con los capitanes del ejército, de delante del rey, para hacer el censo del pueblo de Israel.

5 Y pasando el Jordán acamparon en Aroer, al sur de la ciudad que está en medio del valle de Gad y junto a Jazer.

6 Después fueron a Galaad y a la tierra baja de Hodsi; y de allí a Danjaán y a los alrededores de Sidón.

7 Fueron luego a la fortaleza de Tiro, y a todas las ciudades de los heveos y de los cananeos, y salieron al Neguev de Judá en Beerseba.

8 Después que hubieron recorrido toda la tierra, volvieron a Jerusalén al cabo de nueve meses y veinte días.

9 Y Joab dio el censo del pueblo al rey; y fueron los de Israel ochocientos mil hombres fuertes que sacaban espada, y los de Judá quinientos mil hombres.

10 Después que David hubo censado al pueblo, le pesó en su corazón; y dijo David a Jehová: Yo he pecado gravemente por haber hecho esto; mas ahora, oh Jehová, te ruego que quites el pecado de tu siervo, porque yo he hecho muy neciamente.

11 Y por la mañana, cuando David se hubo levantado, vino palabra de Jehová al profeta Gad, vidente de David, diciendo: 12 Ve y di a David: Así ha dicho Jehová: Tres cosas te ofrezco; tú escogerás una de ellas, para que yo la haga.

13 Vino, pues, Gad a David, y se lo hizo saber, y le dijo: ¿Quieres que te vengan siete años de hambre en tu tierra? ¿o que huyas tres meses delante de tus enemigos y que ellos te persigan? ¿o que tres días haya peste en tu tierra? Piensa ahora, y mira qué responderé al que me ha enviado.

14 Entonces David dijo a Gad: En grande angustia estoy; caigamos ahora en mano de Jehová, porque sus misericordias son muchas, mas no caiga yo en manos de hombres.

15 Y Jehová envió la peste sobre Israel desde la mañana hasta el tiempo señalado; y murieron del pueblo, desde Dan hasta Beerseba, setenta mil hombres.

16 Y cuando el ángel extendió su mano sobre Jerusalén para destruirla, Jehová se arrepintió de aquel mal, y dijo al ángel que destruía al pueblo: Basta ahora; detén tu mano. Y el ángel de Jehová estaba junto a la era de Arauna jebuseo.

17 Y David dijo a Jehová, cuando vio al ángel que destruía al pueblo: Yo pequé, yo hice la maldad; ¿qué hicieron estas ovejas? Te ruego que tu mano se vuelva contra mí, y contra la casa de mi padre.

18 Y Gad vino a David aquel día, y le dijo: Sube, y levanta un altar a Jehová en la era de Arauna jebuseo.

19 Subió David, conforme al dicho de Gad, según había mandado Jehová;

20 y Arauna miró, y vio al rey y a sus siervos que venían hacia él. Saliendo entonces Arauna, se inclinó delante del rey, rostro a tierra.

21 Y Arauna dijo: ¿Por qué viene mi señor el rey a su siervo? Y David respondió: Para comprar de ti la era, a fin de edificar un altar a Jehová, para que cese la mortandad del pueblo.

22 Y Arauna dijo a David: Tome y ofrezca mi señor el rey lo que bien le pareciere; he aquí bueyes para el holocausto, y los trillos y los yugos de los bueyes para leña.

23 Todo esto, oh rey, Arauna lo da al rey. Luego dijo Arauna al rey: Jehová tu Dios te sea propicio.

24 Y el rey dijo a Arauna: No, sino por precio te lo compraré; porque no ofreceré a Jehová mi Dios holocaustos que no me cuesten nada. Entonces David compró la era y los bueyes por cincuenta siclos de plata.

25 Y edificó allí David un altar a Jehová, y sacrificó holocaustos y ofrendas de paz; y Jehová oyó las súplicas de la tierra, y cesó la plaga en Israel.

REYES

Abisag sirve a David

1 ¹ Cuando el rey David era viejo y avanzado en días, le cubrían de ropas, pero no se calentaba.

² Le dijeron, por tanto, sus siervos: Busquen para mi señor el rey una joven virgen, para que esté delante del rey y lo abrigue, y duerma a su lado, y entrará en calor mi señor el rey.

³ Y buscaron una joven hermosa por toda la tierra de Israel, y hallaron a Abisag sunamita, y la trajeron al rey.

⁴ Y la joven era hermosa; y ella abrigaba al rey, y le servía; pero el rey nunca la conoció.

Adonías usurpa el trono

⁵ Entonces Adonías^a hijo de Haguit se rebeló, diciendo: Yo reinaré. Y se hizo de carros y de gente de a caballo, y de cincuenta hombres que corriesen delante de él.

⁶ Y su padre nunca le había entristecido en todos sus días con decirle: ¿Por qué haces así? Además, éste era de muy hermoso parecer; y había nacido después de Absalón.

⁷ Y se había puesto de acuerdo con Joab hijo de Sarvia y con el sacerdote Abiatar, los cuales ayudaban a Adonías.

⁸ Pero el sacerdote Sadoc, y Benaía hijo de Joiada, el profeta Natán, Simei, Rei y todos los grandes de David, no seguían a Adonías.

⁹ Y matando Adonías ovejas y vacas y animales gordos junto a la peña de Zohelet, la cual está cerca de la fuente de Rogel, convidó a todos sus hermanos los hijos del rey, y a todos los varones de Judá, siervos del rey;

¹⁰ pero no convidó al profeta Natán, ni a Benaía, ni a los grandes, ni a Salomón su hermano.

¹¹ Entonces habló Natán a Betsabé madre de Salomón,^b diciendo: ¿No has oído que reina Adonías hijo de Haguit, sin saberlo David nuestro señor?

¹² Ven pues, ahora, y toma mi consejo, para que conserves tu vida, y la de tu hijo Salomón.

¹³ Ve y entra al rey David, y dile: Rey señor mío, ¿no juraste a tu sierva, diciendo: Salomón tu hijo reinará después de mí, y él se sentará en mi trono? ¿Por qué, pues, reina Adonías?

¹⁴ Y estando tú aún hablando con el rey, yo entraré tras ti y reafirmaré tus razones.

¹⁵ Entonces Betsabé entró a la cámara del rey; y el rey era muy viejo, y Abisag sunamita le servía.

¹⁶ Y Betsabé se inclinó, e hizo reverencia al rey. Y el rey dijo: ¿Qué tienes?

¹⁷ Y ella le respondió: Señor mío, tú juraste a tu sierva por Jehová tu Dios, diciendo: Salomón tu hijo reinará después de mí, y él se sentará en mi trono.

¹⁸ Y he aquí ahora Adonías reina, y tú, mi señor rey, hasta ahora no lo sabes.

¹⁹ Ha matado bueyes, y animales gordos, y muchas ovejas, y ha convidado a todos los hijos del rey, al sacerdote Abiatar, y a Joab general del ejército; mas a Salomón tu siervo no ha convidado.

²⁰ Entre tanto, rey señor mío, los ojos de todo Israel están puestos en ti, para que les declares quién se ha de sentar en el trono de mi señor el rey después de él.

²¹ De otra manera sucederá que cuando mi señor el rey duerma con sus padres, yo y mi hijo Salomón seremos tenidos por culpables.

²² Mientras aún hablaba ella con el rey, he aquí vino el profeta Natán.

²³ Y dieron aviso al rey, diciendo: He aquí el profeta Natán; el cual, cuando entró al rey, se postró delante del rey inclinando su rostro a tierra.

²⁴ Y dijo Natán: Rey señor mío, ¿has dicho tú: Adonías reinará después de mí, y él se sentará en mi trono?

a 1.5 2 S 3.4.   **b** 1.11 2 S 12.24.

25 Porque hoy ha descendido, y ha matado bueyes y animales gordos y muchas ovejas, y ha convidado a todos los hijos del rey, y a los capitanes del ejército, y también al sacerdote Abiatar; y he aquí, están comiendo y bebiendo delante de él, y han dicho: ¡Viva el rey Adonías!

26 Pero ni a mí tu siervo, ni al sacerdote Sadoc, ni a Benaía hijo de Joiada, ni a Salomón tu siervo, ha convidado.

27 ¿Es este negocio ordenado por mi señor el rey, sin haber declarado a tus siervos quién se había de sentar en el trono de mi señor el rey después de él?

David proclama rey a Salomón

28 Entonces el rey David respondió y dijo: Llamadme a Betsabé. Y ella entró a la presencia del rey, y se puso delante del rey.

29 Y el rey juró diciendo: Vive Jehová, que ha redimido mi alma de toda angustia,

30 que como yo te he jurado por Jehová Dios de Israel, diciendo: Tu hijo Salomón reinará después de mí, y él se sentará en mi trono en lugar mío; que así lo haré hoy.

31 Entonces Betsabé se inclinó ante el rey, con su rostro a tierra, y haciendo reverencia al rey, dijo: Viva mi señor el rey David para siempre.

32 Y el rey David dijo: Llamadme al sacerdote Sadoc, al profeta Natán, y a Benaía hijo de Joiada. Y ellos entraron a la presencia del rey.

33 Y el rey les dijo: Tomad con vosotros los siervos de vuestro señor, y montad a Salomón mi hijo en mi mula, y llevadlo a Gihón;

34 y allí lo ungirán el sacerdote Sadoc y el profeta Natán como rey sobre Israel, y tocaréis trompeta, diciendo: ¡Viva el rey Salomón!

35 Después iréis vosotros detrás de él, y vendrá y se sentará en mi trono, y él reinará por mí; porque a él he escogido para que sea príncipe sobre Israel y sobre Judá.

36 Entonces Benaía hijo de Joiada respondió al rey y dijo: Amén. Así lo diga Jehová, Dios de mi señor el rey.

37 De la manera que Jehová ha estado con mi señor el rey, así esté con Salomón, y haga mayor su trono que el trono de mi señor el rey David.

38 Y descendieron el sacerdote Sadoc, el profeta Natán, Benaía hijo de Joiada, y los cereteos y los peleteos, y montaron a Salomón en la mula del rey David, y lo llevaron a Gihón.

39 Y tomando el sacerdote Sadoc el cuerno del aceite del tabernáculo, ungió a Salomón; y tocaron trompeta, y dijo todo el pueblo: ¡Viva el rey Salomón!

40 Después subió todo el pueblo en pos de él, y cantaba la gente con flautas, y hacían grandes alegrías, que parecía que la tierra se hundía con el clamor de ellos.

41 Y lo oyó Adonías, y todos los convidados que con él estaban, cuando ya habían acabado de comer. Y oyendo Joab el sonido de la trompeta, dijo: ¿Por qué se alborota la ciudad con estruendo?

42 Mientras él aún hablaba, he aquí vino Jonatán hijo del sacerdote Abiatar, al cual dijo Adonías: Entra, porque tú eres hombre valiente, y traerás buenas nuevas.

43 Jonatán respondió y dijo a Adonías: Ciertamente nuestro señor el rey David ha hecho rey a Salomón;

44 y el rey ha enviado con él al sacerdote Sadoc y al profeta Natán, y a Benaía hijo de Joiada, y también a los cereteos y a los peleteos, los cuales le montaron en la mula del rey;

45 y el sacerdote Sadoc y el profeta Natán lo han ungido por rey en Gihón, y de allí han subido con alegrías, y la ciudad está llena de estruendo. Éste es el alboroto que habéis oído.

46 También Salomón se ha sentado en el trono del reino,

47 y aun los siervos del rey han venido a bendecir a nuestro señor el rey David, diciendo: Dios haga bueno el nombre de Salomón más que tu nombre, y haga mayor su trono que el tuyo. Y el rey adoró en la cama.

48 Además el rey ha dicho así: Bendito sea Jehová Dios de Israel, que ha dado hoy quien se siente en mi trono, viéndolo mis ojos.

49 Ellos entonces se estremecieron, y se levantaron todos los convidados que estaban con Adonías, y se fue cada uno por su camino.

50 Mas Adonías, temiendo de la presencia de Salomón, se levantó y se fue, y se asió de los cuernos del altar.

51 Y se lo hicieron saber a Salomón, diciendo: He aquí que Adonías tiene miedo del rey Salomón, pues se ha asido de los cuernos del altar, diciendo: Júreme hoy el rey Salomón que no matará a espada a su siervo. ⁵²Y Salomón dijo: Si él fuere hombre de bien, ni uno de sus cabellos caerá en tierra; mas si se hallare mal en él, morirá. ⁵³Y envió el rey Salomón, y lo trajeron del altar; y él vino, y se inclinó ante el rey Salomón. Y Salomón le dijo: Vete a tu casa.

Mandato de David a Salomón

2 ¹Llegaron los días en que David había de morir, y ordenó a Salomón su hijo, diciendo:
²Yo sigo el camino de todos en la tierra; esfuérzate, y sé hombre.
³Guarda los preceptos de Jehová tu Dios, andando en sus caminos, y observando sus estatutos y mandamientos, sus decretos y sus testimonios, de la manera que está escrito en la ley de Moisés, para que prosperes en todo lo que hagas y en todo aquello que emprendas;
⁴para que confirme Jehová la palabra que me habló, diciendo: Si tus hijos guardaren mi camino, andando delante de mí con verdad, de todo su corazón y de toda su alma, jamás, dice, faltará a ti varón en el trono de Israel.
⁵Ya sabes tú lo que me ha hecho Joab hijo de Sarvia, lo que hizo a dos generales del ejército de Israel, a Abnerᵃ hijo de Ner y a Amasaᵇ hijo de Jeter, a los cuales él mató, derramando en tiempo de paz la sangre de guerra, y poniendo sangre de guerra en el talabarte que tenía sobre sus lomos, y en los zapatos que tenía en sus pies.
⁶Tú, pues, harás conforme a tu sabiduría; no dejarás descender sus canas al Seol en paz.
⁷Mas a los hijos de Barzilaiᶜ galaadita harás misericordia, que sean de los convidados a tu mesa; porque ellos vinieron de esta manera a mí, cuando iba huyendo de Absalón tu hermano.
⁸También tienes contigo a Simei hijo de Gera, hijo de Benjamín, de Bahurim, el cual me maldijo con una maldición fuerte el día que yo iba a Mahanaim.ᵈ Mas él

mismo descendió a recibirme al Jordán, y yo le juré por Jehová diciendo: Yo no te mataré a espada.ᵉ
⁹Pero ahora no lo absolverás; pues hombre sabio eres, y sabes cómo debes hacer con él; y harás descender sus canas con sangre al Seol.

Muerte de David

(1 Cr 29.26-30)
¹⁰Y durmió David con sus padres, y fue sepultado en su ciudad.
¹¹Los días que reinó David sobre Israel fueron cuarenta años; siete años reinó en Hebrón, y treinta y tres años reinó en Jerusalén.ᶠ
¹²Y se sentó Salomón en el trono de David su padre,ᵍ y su reino fue firme en gran manera.

Salomón afirma su reino

¹³Entonces Adonías hijo de Haguit vino a Betsabé madre de Salomón; y ella le dijo: ¿Es tu venida de paz? Él respondió: Sí, de paz.
¹⁴En seguida dijo: Una palabra tengo que decirte. Y ella dijo: Di.
¹⁵Él dijo: Tú sabes que el reino era mío, y que todo Israel había puesto en mí su rostro para que yo reinara; mas el reino fue traspasado, y vino a ser de mi hermano, porque por Jehová era suyo.
¹⁶Ahora yo te hago una petición; no me la niegues. Y ella le dijo: Habla.
¹⁷Él entonces dijo: Yo te ruego que hables al rey Salomón (porque él no te lo negará), para que me dé Abisag sunamita por mujer.
¹⁸Y Betsabé dijo: Bien; yo hablaré por ti al rey.
¹⁹Vino Betsabé al rey Salomón para hablarle por Adonías. Y el rey se levantó a recibirla, y se inclinó ante ella, y volvió a sentarse en su trono, e hizo traer una silla para su madre, la cual se sentó a su diestra.
²⁰Y ella dijo: Una pequeña petición pretendo de ti; no me la niegues. Y el rey le dijo: Pide, madre mía, que yo no te la negaré.
²¹Y ella dijo: Dése Abisag sunamita por mujer a tu hermano Adonías.
²²El rey Salomón respondió y dijo a su madre: ¿Por qué pides a Abisag sunamita

ª 2.5 2 S 3.27.   ᵇ 2.5 2 S 20.10.   ᶜ 2.7 2 S 17.27-29.
ᵈ 2.8 2 S 16.5-13.   ᵉ 2.8 2 S 19.16-23.   ᶠ 2.11 2 S 5.4, 5;
1 Cr 3.4.   ᵍ 2.12 1 Cr 29.23.

para Adonías? Demanda también para él el reino; porque él es mi hermano mayor, y ya tiene también al sacerdote Abiatar, y a Joab hijo de Sarvia.

23 Y el rey Salomón juró por Jehová, diciendo: Así me haga Dios y aun me añada, que contra su vida ha hablado Adonías estas palabras.

24 Ahora, pues, vive Jehová, quien me ha confirmado y me ha puesto sobre el trono de David mi padre, y quien me ha hecho casa, como me había dicho, que Adonías morirá hoy.

25 Entonces el rey Salomón envió por mano de Benaía hijo de Joiada, el cual arremetió contra él, y murió.

26 Y el rey dijo al sacerdote Abiatar: Vete a Anatot, a tus heredades, pues eres digno de muerte; pero no te mataré hoy, por cuanto has llevado el arca de Jehová el Señor delante de David mi padre,h y además has sido afligido en todas las cosas en que fue afligido mi padre.i

27 Así echó Salomón a Abiatar del sacerdocio de Jehová, para que se cumpliese la palabra de Jehová que había dicho sobre la casa de Elí en Silo.j

28 Y vino la noticia a Joab; porque también Joab se había adherido a Adonías, si bien no se había adherido a Absalón. Y huyó Joab al tabernáculo de Jehová, y se asió de los cuernos del altar.

29 Y se le hizo saber a Salomón que Joab había huido al tabernáculo de Jehová, y que estaba junto al altar. Entonces envió Salomón a Benaía hijo de Joiada, diciendo: Ve, y arremete contra él.

30 Y entró Benaía al tabernáculo de Jehová, y le dijo: El rey ha dicho que salgas. Y él dijo: No, sino que aquí moriré. Y Benaía volvió con esta respuesta al rey, diciendo: Así dijo Joab, y así me respondió.

31 Y el rey le dijo: Haz como él ha dicho; mátale y entiérrale, y quita de mí y de la casa de mi padre la sangre que Joab ha derramado injustamente.

32 Y Jehová hará volver su sangre sobre su cabeza; porque él ha dado muerte a dos varones más justos y mejores que él, a los cuales mató a espada sin que mi padre David supiese nada: a Abner hijo de Ner, general del ejército de Israel, y a Amasa hijo de Jeter, general del ejército de Judá.

33 La sangre, pues, de ellos recaerá sobre la cabeza de Joab, y sobre la cabeza de su descendencia para siempre; mas sobre David y sobre su descendencia, y sobre su casa y sobre su trono, habrá perpetuamente paz de parte de Jehová.

34 Entonces Benaía hijo de Joiada subió y arremetió contra él, y lo mató; y fue sepultado en su casa en el desierto.

35 Y el rey puso en su lugar a Benaía hijo de Joiada sobre el ejército, y a Sadoc puso el rey por sacerdote en lugar de Abiatar.

36 Después envió el rey e hizo venir a Simei, y le dijo: Edifícate una casa en Jerusalén y mora ahí, y no salgas de allí a una parte ni a otra;

37 porque sabe de cierto que el día que salieres y pasares el torrente de Cedrón, sin duda morirás, y tu sangre será sobre tu cabeza.

38 Y Simei dijo al rey: La palabra es buena; como el rey mi señor ha dicho, así lo hará tu siervo. Y habitó Simei en Jerusalén muchos días.

39 Pero pasados tres años, aconteció que dos siervos de Simei huyeron a Aquis hijo de Maaca, rey de Gat. Y dieron aviso a Simei, diciendo: He aquí que tus siervos están en Gat.

40 Entonces Simei se levantó y ensilló su asno y fue a Aquis en Gat, para buscar a sus siervos. Fue, pues, Simei, y trajo sus siervos de Gat.

41 Luego fue dicho a Salomón que Simei había ido de Jerusalén hasta Gat, y que había vuelto.

42 Entonces el rey envió e hizo venir a Simei, y le dijo: ¿No te hice jurar yo por Jehová, y te protesté diciendo: El día que salieres y fueres acá o allá, sabe de cierto que morirás? Y tú me dijiste: La palabra es buena, yo la obedezco.

43 ¿Por qué, pues, no guardaste el juramento de Jehová, y el mandamiento que yo te impuse?

44 Dijo además el rey a Simei: Tú sabes todo el mal, el cual tu corazón bien sabe, que cometiste contra mi padre David; Jehová, pues, ha hecho volver el mal sobre tu cabeza.

45 Y el rey Salomón será bendito, y el trono de David será firme perpetuamente delante de Jehová.

---

h 2.26 2 S 15.24.   i 2.26 1 S 22.20-23.   j 2.27 1 S 2.27-36.

⁴⁶ Entonces el rey mandó a Benaía hijo de Joiada, el cual salió y lo hirió, y murió.

Y el reino fue confirmado en la mano de Salomón.

Salomón se casa con la hija de Faraón

3 ¹ Salomón hizo parentesco con Faraón rey de Egipto, pues tomó la hija de Faraón, y la trajo a la ciudad de David, entre tanto que acababa de edificar su casa, y la casa de Jehová, y los muros de Jerusalén alrededor.

² Hasta entonces el pueblo sacrificaba en los lugares altos; porque no había casa edificada al nombre de Jehová hasta aquellos tiempos.

Salomón pide sabiduría

(2 Cr 1.1-13)

³ Mas Salomón amó a Jehová, andando en los estatutos de su padre David; solamente sacrificaba y quemaba incienso en los lugares altos.

⁴ E iba el rey a Gabaón, porque aquél era el lugar alto principal, y sacrificaba allí; mil holocaustos sacrificaba Salomón sobre aquel altar.

⁵ Y se le apareció Jehová a Salomón en Gabaón una noche en sueños, y le dijo Dios: Pide lo que quieras que yo te dé.

⁶ Y Salomón dijo: Tú hiciste gran misericordia a tu siervo David mi padre, porque él anduvo delante de ti en verdad, en justicia, y con rectitud de corazón para contigo; y tú le has reservado esta tu gran misericordia, en que le diste hijo que se sentase en su trono, como sucede en este día.

⁷ Ahora pues, Jehová Dios mío, tú me has puesto a mí tu siervo por rey en lugar de David mi padre; y yo soy joven, y no sé cómo entrar ni salir.

⁸ Y tu siervo está en medio de tu pueblo al cual tú escogiste; un pueblo grande, que no se puede contar ni numerar por su multitud.

⁹ Da, pues, a tu siervo corazón entendido para juzgar a tu pueblo, y para discernir entre lo bueno y lo malo; porque ¿quién podrá gobernar este tu pueblo tan grande?

¹⁰ Y agradó delante del Señor que Salomón pidiese esto.

¹¹ Y le dijo Dios: Porque has demandado esto, y no pediste para ti muchos días, ni pediste para ti riquezas, ni pediste la vida de tus enemigos, sino que demandaste para ti inteligencia para oír juicio,

¹² he aquí lo he hecho conforme a tus palabras; he aquí que te he dado corazón sabio y entendido, tanto que no ha habido antes de ti otro como tú, ni después de ti se levantará otro como tú.

¹³ Y aun también te he dado las cosas que no pediste, riquezas y gloria, de tal manera que entre los reyes ninguno haya como tú en todos tus días.

¹⁴ Y si anduvieres en mis caminos, guardando mis estatutos y mis mandamientos, como anduvo David tu padre, yo alargaré tus días.

¹⁵ Cuando Salomón despertó, vio que era sueño; y vino a Jerusalén, y se presentó delante del arca del pacto de Jehová, y sacrificó holocaustos y ofreció sacrificios de paz, e hizo también banquete a todos sus siervos.

Sabiduría y prosperidad de Salomón

¹⁶ En aquel tiempo vinieron al rey dos mujeres rameras, y se presentaron delante de él.

¹⁷ Y dijo una de ellas: ¡Ah, señor mío! Yo y esta mujer morábamos en una misma casa, y yo di a luz estando con ella en la casa.

¹⁸ Aconteció al tercer día después de dar yo a luz, que ésta dio a luz también, y morábamos nosotras juntas; ninguno de fuera estaba en casa, sino nosotras dos en la casa.

¹⁹ Y una noche el hijo de esta mujer murió, porque ella se acostó sobre él.

²⁰ Y se levantó a medianoche y tomó a mi hijo de junto a mí, estando yo tu sierva durmiendo, y lo puso a su lado, y puso al lado mío su hijo muerto.

²¹ Y cuando yo me levanté de madrugada para dar el pecho a mi hijo, he aquí que estaba muerto; pero lo observé por la mañana, y vi que no era mi hijo, el que yo había dado a luz.

²² Entonces la otra mujer dijo: No; mi hijo es el que vive, y tu hijo es el muerto. Y la otra volvió a decir: No; tu hijo es el muerto, y mi hijo es el que vive. Así hablaban delante del rey.

²³ El rey entonces dijo: Ésta dice: Mi hijo es el que vive, y tu hijo es el muerto; y la

otra dice: No, mas el tuyo es el muerto, y mi hijo es el que vive.

24 Y dijo el rey: Traedme una espada. Y trajeron al rey una espada.

25 En seguida el rey dijo: Partid por medio al niño vivo, y dad la mitad a la una, y la otra mitad a la otra.

26 Entonces la mujer de quien era el hijo vivo, habló al rey (porque sus entrañas se le conmovieron por su hijo), y dijo: ¡Ah, señor mío! dad a ésta el niño vivo, y no lo matéis. Mas la otra dijo: Ni a mí ni a ti; partidlo.

27 Entonces el rey respondió y dijo: Dad a aquélla el hijo vivo, y no lo matéis; ella es su madre.

28 Y todo Israel oyó aquel juicio que había dado el rey; y temieron al rey, porque vieron que había en él sabiduría de Dios para juzgar.

4 ¹ Reinó, pues, el rey Salomón sobre todo Israel.

2 Y éstos fueron los jefes que tuvo: Azarías hijo del sacerdote Sadoc;

3 Elihoref y Ahías, hijos de Sisa, secretarios; Josafat hijo de Ahilud, canciller;

4 Benaía hijo de Joiada sobre el ejército; Sadoc y Abiatar, los sacerdotes;

5 Azarías hijo de Natán, sobre los gobernadores; Zabud hijo de Natán, ministro principal y amigo del rey;

6 Ahisar, mayordomo; y Adoniram hijo de Abda, sobre el tributo.

7 Tenía Salomón doce gobernadores sobre todo Israel, los cuales mantenían al rey y a su casa. Cada uno de ellos estaba obligado a abastecerlo por un mes en el año.

8 Y éstos son los nombres de ellos: el hijo de Hur en el monte de Efraín;

9 el hijo de Decar en Macaz, en Saalbim, en Bet-semes, en Elón y en Bet-hanán;

10 el hijo de Hesed en Arubot; éste tenía también a Soco y toda la tierra de Hefer;

11 el hijo de Abinadab en todos los territorios de Dor; éste tenía por mujer a Tafat hija de Salomón;

12 Baana hijo de Ahilud en Taanac y Meguido, en toda Bet-seán, que está cerca de Saretán, más abajo de Jezreel, desde Bet-seán hasta Abel-mehola, y hasta el otro lado de Jocmeam;

13 el hijo de Geber en Ramot de Galaad; éste tenía también las ciudades de Jair hijo de Manasés, las cuales estaban en Galaad; tenía también la provincia de Argob que estaba en Basán, sesenta grandes ciudades con muro y cerraduras de bronce;

14 Ahinadab hijo de Iddo en Mahanaim;

15 Ahimaas en Neftalí; éste tomó también por mujer a Basemat hija de Salomón;

16 Baana hijo de Husai, en Aser y en Alot;

17 Josafat hijo de Parúa, en Isacar;

18 Simei hijo de Ela, en Benjamín;

19 Geber hijo de Uri, en la tierra de Galaad, la tierra de Sehón rey de los amorreos y de Og rey de Basán; éste era el único gobernador en aquella tierra.

20 Judá e Israel eran muchos, como la arena que está junto al mar en multitud, comiendo, bebiendo y alegrándose.

21 Y Salomón señoreaba sobre todos los reinos desde el Éufrates hasta la tierra de los filisteos y el límite con Egipto;[a] y traían presentes, y sirvieron a Salomón todos los días que vivió.

22 Y la provisión de Salomón para cada día era de treinta coros de flor de harina, sesenta coros de harina,

23 diez bueyes gordos, veinte bueyes de pasto y cien ovejas; sin los ciervos, gacelas, corzos y aves gordas.

24 Porque él señoreaba en toda la región al oeste del Éufrates, desde Tifsa hasta Gaza, sobre todos los reyes al oeste del Éufrates; y tuvo paz por todos lados alrededor.

25 Y Judá e Israel vivían seguros, cada uno debajo de su parra y debajo de su higuera, desde Dan hasta Beerseba, todos los días de Salomón.

26 Además de esto, Salomón tenía cuarenta mil caballos en sus caballerizas para sus carros, y doce mil jinetes.[b]

27 Y estos gobernadores mantenían al rey Salomón, y a todos los que a la mesa del rey Salomón venían, cada uno un mes, y hacían que nada faltase.

28 Hacían también traer cebada y paja para los caballos y para las bestias de carga, al lugar donde él estaba, cada uno conforme al turno que tenía.

29 Y Dios dio a Salomón sabiduría y prudencia muy grandes, y anchura de corazón como la arena que está a la orilla del mar.

---

a 4.21 Gn 15.18; 2 Cr 9.26.   b 4.26 1 R 10.26; 2 Cr 1.14; 9.25.

30 Era mayor la sabiduría de Salomón que la de todos los orientales, y que toda la sabiduría de los egipcios.

31 Aun fue más sabio que todos los hombres, más que Etán ezraíta,[c] y que Hemán, Calcol y Darda, hijos de Mahol; y fue conocido entre todas las naciones de alrededor.

32 Y compuso tres mil proverbios,[d] y sus cantares fueron mil cinco.[e]

33 También disertó sobre los árboles, desde el cedro del Líbano hasta el hisopo que nace en la pared. Asimismo disertó sobre los animales, sobre las aves, sobre los reptiles y sobre los peces.

34 Y para oír la sabiduría de Salomón venían de todos los pueblos y de todos los reyes de la tierra, adonde había llegado la fama de su sabiduría.

Pacto de Salomón con Hiram
(2 Cr 2.1-18)

5 ¹ Hiram rey de Tiro envió también sus siervos a Salomón, luego que oyó que lo habían ungido por rey en lugar de su padre; porque Hiram siempre había amado a David.

2 Entonces Salomón envió a decir a Hiram:

3 Tú sabes que mi padre David no pudo edificar casa al nombre de Jehová su Dios, por las guerras que le rodearon, hasta que Jehová puso sus enemigos bajo las plantas de sus pies.

4 Ahora Jehová mi Dios me ha dado paz por todas partes; pues ni hay adversarios, ni mal que temer.

5 Yo, por tanto, he determinado ahora edificar casa al nombre de Jehová mi Dios, según lo que Jehová habló a David mi padre, diciendo: Tu hijo, a quien yo pondré en lugar tuyo en tu trono, él edificará casa a mi nombre.[a]

6 Manda, pues, ahora, que me corten cedros del Líbano; y mis siervos estarán con los tuyos, y yo te daré por tus siervos el salario que tú dijeres; porque tú sabes bien que ninguno hay entre nosotros que sepa labrar madera como los sidonios.

7 Cuando Hiram oyó las palabras de Salomón, se alegró en gran manera, y dijo: Bendito sea hoy Jehová, que dio hijo sabio a David sobre este pueblo tan grande.

8 Y envió Hiram a decir a Salomón: He oído lo que me mandaste a decir; yo haré todo lo que te plazca acerca de la madera de cedro y la madera de ciprés.

9 Mis siervos la llevarán desde el Líbano al mar, y la enviaré en balsas por mar hasta el lugar que tú me señales, y allí se desatará, y tú la tomarás; y tú cumplirás mi deseo al dar de comer a mi familia.

10 Dio, pues, Hiram a Salomón madera de cedro y madera de ciprés, toda la que quiso.

11 Y Salomón daba a Hiram veinte mil coros de trigo para el sustento de su familia, y veinte coros de aceite puro; esto daba Salomón a Hiram cada año.

12 Jehová, pues, dio a Salomón sabiduría como le había dicho; y hubo paz entre Hiram y Salomón, e hicieron pacto entre ambos.

13 Y el rey Salomón decretó leva en todo Israel, y la leva fue de treinta mil hombres,

14 los cuales enviaba al Líbano de diez mil en diez mil, cada mes por turno, viniendo así a estar un mes en el Líbano, y dos meses en sus casas; y Adoniram estaba encargado de aquella leva.

15 Tenía también Salomón setenta mil que llevaban las cargas, y ochenta mil cortadores en el monte;

16 sin los principales oficiales de Salomón que estaban sobre la obra, tres mil trescientos, los cuales tenían a cargo el pueblo que hacía la obra.

17 Y mandó el rey que trajesen piedras grandes, piedras costosas, para los cimientos de la casa, y piedras labradas.

18 Y los albañiles de Salomón y los de Hiram, y los hombres de Gebal, cortaron y prepararon la madera y la cantería para labrar la casa.

Salomón edifica el templo
(2 Cr 3.1-14)

6 ¹ En el año cuatrocientos ochenta después que los hijos de Israel salieron de Egipto, el cuarto año del principio del reino de Salomón sobre Israel, en el mes de Zif, que es el mes segundo, comenzó él a edificar la casa de Jehová.

2 La casa que el rey Salomón edificó a Jehová tenía sesenta codos de largo y veinte de ancho, y treinta codos de alto.

c 4.31 Sal 89 tít.   d 4.32 Pr 1.1; 10.1; 25.1.   e 4.32 Cnt 1.1.
a 5.5 2 S 7.12, 13; 1 Cr 17.11, 12.

³ Y el pórtico delante del templo de la casa tenía veinte codos de largo a lo ancho de la casa, y el ancho delante de la casa era de diez codos.

⁴ E hizo a la casa ventanas anchas por dentro y estrechas por fuera.

⁵ Edificó también junto al muro de la casa aposentos alrededor, contra las paredes de la casa alrededor del templo y del lugar santísimo; e hizo cámaras laterales alrededor.

⁶ El aposento de abajo era de cinco codos de ancho, el de en medio de seis codos de ancho, y el tercero de siete codos de ancho; porque por fuera había hecho disminuciones a la casa alrededor, para no empotrar las vigas en las paredes de la casa.

⁷ Y cuando se edificó la casa, la fabricaron de piedras que traían ya acabadas, de tal manera que cuando la edificaban, ni martillos ni hachas se oyeron en la casa, ni ningún otro instrumento de hierro.

⁸ La puerta del aposento de en medio estaba al lado derecho de la casa; y se subía por una escalera de caracol al de en medio, y del aposento de en medio al tercero.

⁹ Labró, pues, la casa, y la terminó; y la cubrió con artesonados de cedro.

¹⁰ Edificó asimismo el aposento alrededor de toda la casa, de altura de cinco codos, el cual se apoyaba en la casa con maderas de cedro.

¹¹ Y vino palabra de Jehová a Salomón, diciendo:

¹² Con relación a esta casa que tú edificas, si anduvieres en mis estatutos e hicieres mis decretos, y guardares todos mis mandamientos andando en ellos, yo cumpliré contigo mi palabra que hablé a David tu padre;

¹³ y habitaré en ella en medio de los hijos de Israel, y no dejaré a mi pueblo Israel.

¹⁴ Así, pues, Salomón labró la casa y la terminó.

¹⁵ Y cubrió las paredes de la casa con tablas de cedro, revistiéndola de madera por dentro, desde el suelo de la casa hasta las vigas de la techumbre; cubrió también el pavimento con madera de ciprés.

¹⁶ Asimismo hizo al final de la casa un edificio de veinte codos, de tablas de cedro desde el suelo hasta lo más alto; así hizo en la casa un aposento que es el lugar santísimo.ᵃ

¹⁷ La casa, esto es, el templo de adelante, tenía cuarenta codos.

¹⁸ Y la casa estaba cubierta de cedro por dentro, y tenía entalladuras de calabazas silvestres y de botones de flores. Todo era cedro; ninguna piedra se veía.

¹⁹ Y adornó el lugar santísimo por dentro en medio de la casa, para poner allí el arca del pacto de Jehová.

²⁰ El lugar santísimo estaba en la parte de adentro, el cual tenía veinte codos de largo, veinte de ancho, y veinte de altura; y lo cubrió de oro purísimo; asimismo cubrió de oro el altar de cedro.

²¹ De manera que Salomón cubrió de oro puro la casa por dentro, y cerró la entrada del santuario con cadenas de oro, y lo cubrió de oro.

²² Cubrió, pues, de oro toda la casa de arriba abajo, y asimismo cubrió de oro todo el altar que estaba frente al lugar santísimo.ᵇ

²³ Hizo también en el lugar santísimo dos querubinesᶜ de madera de olivo, cada uno de diez codos de altura.

²⁴ Una ala del querubín tenía cinco codos, y la otra ala del querubín otros cinco codos; así que había diez codos desde la punta de una ala hasta la punta de la otra.

²⁵ Asimismo el otro querubín tenía diez codos; porque ambos querubines eran de un mismo tamaño y de una misma hechura.

²⁶ La altura del uno era de diez codos, y asimismo la del otro.

²⁷ Puso estos querubines dentro de la casa en el lugar santísimo, los cuales extendían sus alas, de modo que el ala de uno tocaba una pared, y el ala del otro tocaba la otra pared, y las otras dos alas se tocaban la una a la otra en medio de la casa.

²⁸ Y cubrió de oro los querubines.

²⁹ Y esculpió todas las paredes de la casa alrededor de diversas figuras, de querubines, de palmeras y de botones de flores, por dentro y por fuera.

³⁰ Y cubrió de oro el piso de la casa, por dentro y por fuera.

³¹ A la entrada del santuario hizo puertas de madera de olivo; y el umbral y los postes eran de cinco esquinas.

³² Las dos puertas eran de madera de olivo; y talló en ellas figuras de querubines,

a 6.16 Éx 26.33, 34.   b 6.22 Éx 30.1-3.
c 6.23-28 Éx 25.18-20.

de palmeras y de botones de flores, y las cubrió de oro; cubrió también de oro los querubines y las palmeras.

³³ Igualmente hizo a la puerta del templo postes cuadrados de madera de olivo.

³⁴ Pero las dos puertas eran de madera de ciprés; y las dos hojas de una puerta giraban, y las otras dos hojas de la otra puerta también giraban.

³⁵ Y talló en ellas querubines y palmeras y botones de flores, y las cubrió de oro ajustado a las talladuras.

³⁶ Y edificó el atrio interior de tres hileras de piedras labradas, y de una hilera de vigas de cedro.

³⁷ En el cuarto año, en el mes de Zif, se echaron los cimientos de la casa de Jehová.

³⁸ Y en el undécimo año, en el mes de Bul, que es el mes octavo, fue acabada la casa con todas sus dependencias, y con todo lo necesario. La edificó, pues, en siete años.

Otros edificios de Salomón

7 ¹ Después edificó Salomón su propia casa en trece años, y la terminó toda.

² Asimismo edificó la casa del bosque del Líbano, la cual tenía cien codos de longitud, cincuenta codos de anchura y treinta codos de altura, sobre cuatro hileras de columnas de cedro, con vigas de cedro sobre las columnas.

³ Y estaba cubierta de tablas de cedro arriba sobre las vigas, que se apoyaban en cuarenta y cinco columnas; cada hilera tenía quince columnas.

⁴ Y había tres hileras de ventanas, una ventana contra la otra en tres hileras.

⁵ Todas las puertas y los postes eran cuadrados; y unas ventanas estaban frente a las otras en tres hileras.

⁶ También hizo un pórtico de columnas, que tenía cincuenta codos de largo y treinta codos de ancho; y este pórtico estaba delante de las primeras, con sus columnas y maderos correspondientes.

⁷ Hizo asimismo el pórtico del trono en que había de juzgar, el pórtico del juicio, y lo cubrió de cedro del suelo al techo.

⁸ Y la casa en que él moraba, en otro atrio dentro del pórtico, era de obra semejante a ésta. Edificó también Salomón para la hija de Faraón, que había tomado por mujer,ª una casa de hechura semejante a la del pórtico.

⁹ Todas aquellas obras fueron de piedras costosas, cortadas y ajustadas con sierras según las medidas, así por dentro como por fuera, desde el cimiento hasta los remates, y asimismo por fuera hasta el gran atrio.

¹⁰ El cimiento era de piedras costosas, piedras grandes, piedras de diez codos y piedras de ocho codos.

¹¹ De allí hacia arriba eran también piedras costosas, labradas conforme a sus medidas, y madera de cedro.

¹² Y en el gran atrio alrededor había tres hileras de piedras labradas, y una hilera de vigas de cedro; y así también el atrio interior de la casa de Jehová, y el atrio de la casa.

Salomón emplea a Hiram, de Tiro
(2 Cr 2.13, 14; 3.15-17)

¹³ Y envió el rey Salomón, e hizo venir de Tiro a Hiram,

¹⁴ hijo de una viuda de la tribu de Neftalí. Su padre, que trabajaba en bronce, era de Tiro; e Hiram era lleno de sabiduría, inteligencia y ciencia en toda obra de bronce. Éste, pues, vino al rey Salomón, e hizo toda su obra.

¹⁵ Y vació dos columnas de bronce; la altura de cada una era de dieciocho codos, y rodeaba a una y otra un hilo de doce codos.

¹⁶ Hizo también dos capiteles de fundición de bronce, para que fuesen puestos sobre las cabezas de las columnas; la altura de un capitel era de cinco codos, y la del otro capitel también de cinco codos.

¹⁷ Había trenzas a manera de red, y unos cordones a manera de cadenas, para los capiteles que se habían de poner sobre las cabezas de las columnas; siete para cada capitel.

¹⁸ Hizo también dos hileras de granadas alrededor de la red, para cubrir los capiteles que estaban en las cabezas de las columnas con las granadas; y de la misma forma hizo en el otro capitel.

¹⁹ Los capiteles que estaban sobre las columnas en el pórtico, tenían forma de lirios, y eran de cuatro codos.

ª 7.8 1 R 3.1.

20 Tenían también los capiteles de las dos columnas, doscientas granadas en dos hileras alrededor en cada capitel, encima de su globo, el cual estaba rodeado por la red.
21 Estas columnas erigió en el pórtico del templo; y cuando hubo alzado la columna del lado derecho, le puso por nombre Jaquín, y alzando la columna del lado izquierdo, llamó su nombre Boaz.
22 Y puso en las cabezas de las columnas tallado en forma de lirios, y así se acabó la obra de las columnas.

Mobiliario del templo
(2 Cr 4.1—5.1)

23 Hizo fundir asimismo un mar de diez codos de un lado al otro, perfectamente redondo; su altura era de cinco codos, y lo ceñía alrededor un cordón de treinta codos.
24 Y rodeaban aquel mar por debajo de su borde alrededor unas bolas como calabazas, diez en cada codo, que ceñían el mar alrededor en dos filas, las cuales habían sido fundidas cuando el mar fue fundido.
25 Y descansaba sobre doce bueyes; tres miraban al norte, tres miraban al occidente, tres miraban al sur, y tres miraban al oriente; sobre éstos se apoyaba el mar, y las ancas de ellos estaban hacia la parte de adentro.
26 El grueso del mar era de un palmo menor, y el borde era labrado como el borde de un cáliz o de flor de lis; y cabían en él dos mil batos.
27 Hizo también diez basas de bronce, siendo la longitud de cada basa de cuatro codos, y la anchura de cuatro codos, y de tres codos la altura.
28 La obra de las basas era ésta: tenían unos tableros, los cuales estaban entre molduras;
29 y sobre aquellos tableros que estaban entre las molduras, había figuras de leones, de bueyes y de querubines; y sobre las molduras de la basa, así encima como debajo de los leones y de los bueyes, había unas añadiduras de bajo relieve.
30 Cada basa tenía cuatro ruedas de bronce, con ejes de bronce, y en sus cuatro esquinas había repisas de fundición que sobresalían de los festones, para venir a quedar debajo de la fuente.

31 Y la boca de la fuente entraba un codo en el remate que salía para arriba de la basa; y la boca era redonda, de la misma hechura del remate, y éste de codo y medio. Había también sobre la boca entalladuras con sus tableros, los cuales eran cuadrados, no redondos.
32 Las cuatro ruedas estaban debajo de los tableros, y los ejes de las ruedas nacían en la misma basa. La altura de cada rueda era de un codo y medio.
33 Y la forma de las ruedas era como la de las ruedas de un carro; sus ejes, sus rayos, sus cubos y sus cinchos, todo era de fundición.
34 Asimismo las cuatro repisas de las cuatro esquinas de cada basa; y las repisas eran parte de la misma basa.
35 Y en lo alto de la basa había una pieza redonda de medio codo de altura, y encima de la basa sus molduras y tableros, los cuales salían de ella misma.
36 E hizo en las tablas de las molduras, y en los tableros, entalladuras de querubines, de leones y de palmeras, con proporción en el espacio de cada una, y alrededor otros adornos.
37 De esta forma hizo diez basas, fundidas de una misma manera, de una misma medida y de una misma entalladura.
38 Hizo también diez fuentes de bronce;[b] cada fuente contenía cuarenta batos, y cada una era de cuatro codos; y colocó una fuente sobre cada una de las diez basas.
39 Y puso cinco basas a la mano derecha de la casa, y las otras cinco a la mano izquierda; y colocó el mar al lado derecho de la casa, al oriente, hacia el sur.
40 Asimismo hizo Hiram fuentes, y tenazas, y cuencos. Así terminó toda la obra que hizo a Salomón para la casa de Jehová:
41 dos columnas, y los capiteles redondos que estaban en lo alto de las dos columnas; y dos redes que cubrían los dos capiteles redondos que estaban sobre la cabeza de las columnas;
42 cuatrocientas granadas para las dos redes, dos hileras de granadas en cada red, para cubrir los dos capiteles redondos que estaban sobre las cabezas de las columnas;

---

b 7.38 Éx 30.17-21.

⁴³ las diez basas, y las diez fuentes sobre las basas;

⁴⁴ un mar, con doce bueyes debajo del mar;

⁴⁵ y calderos, paletas, cuencos, y todos los utensilios que Hiram hizo al rey Salomón, para la casa de Jehová, de bronce bruñido.

⁴⁶ Todo lo hizo fundir el rey en la llanura del Jordán, en tierra arcillosa, entre Sucot y Saretán.

⁴⁷ Y no inquirió Salomón el peso del bronce de todos los utensilios, por la gran cantidad de ellos.

⁴⁸ Entonces hizo Salomón todos los enseres que pertenecían a la casa de Jehová: un altar de oro,ᶜ y una mesa también de oro,ᵈ sobre la cual estaban los panes de la proposición;

⁴⁹ cinco candelerosᵉ de oro purísimo a la mano derecha, y otros cinco a la izquierda, frente al lugar santísimo; con las flores, las lámparas y tenazas de oro.

⁵⁰ Asimismo los cántaros, despabiladeras, tazas, cucharillas e incensarios, de oro purísimo; también de oro los quiciales de las puertas de la casa de adentro, del lugar santísimo, y los de las puertas del templo.

⁵¹ Así se terminó toda la obra que dispuso hacer el rey Salomón para la casa de Jehová. Y metió Salomón lo que David su padre había dedicado,ᶠ plata, oro y utensilios; y depositó todo en las tesorerías de la casa de Jehová.

Salomón traslada el arca al templo
(2 Cr 5.2-14)

8 ¹ Entonces Salomón reunió ante sí en Jerusalén a los ancianos de Israel, a todos los jefes de las tribus, y a los principales de las familias de los hijos de Israel, para traer el arca del pacto de Jehová de la ciudad de David,ᵃ la cual es Sion.

² Y se reunieron con el rey Salomón todos los varones de Israel en el mes de Etanim, que es el mes séptimo, en el día de la fiesta solemne.

³ Y vinieron todos los ancianos de Israel, y los sacerdotes tomaron el arca.

⁴ Y llevaron el arca de Jehová, y el tabernáculo de reunión, y todos los utensilios sagrados que estaban en el tabernáculo, los cuales llevaban los sacerdotes y levitas.

⁵ Y el rey Salomón, y toda la congregación de Israel que se había reunido con él, estaban con él delante del arca, sacrificando ovejas y bueyes, que por la multitud no se podían contar ni numerar.

⁶ Y los sacerdotes metieron el arca del pacto de Jehová en su lugar, en el santuario de la casa, en el lugar santísimo, debajo de las alas de los querubines.

⁷ Porque los querubines tenían extendidas las alas sobre el lugar del arca, y así cubrían los querubines el arca y sus varas por encima.

⁸ Y sacaron las varas, de manera que sus extremos se dejaban ver desde el lugar santo, que está delante del lugar santísimo, pero no se dejaban ver desde más afuera; y así quedaron hasta hoy.

⁹ En el arca ninguna cosa había sino las dos tablas de piedra que allí había puesto Moisés en Horeb,ᵇ donde Jehová hizo pacto con los hijos de Israel, cuando salieron de la tierra de Egipto.

¹⁰ Y cuando los sacerdotes salieron del santuario, la nube llenó la casa de Jehová.

¹¹ Y los sacerdotes no pudieron permanecer para ministrar por causa de la nube; porque la gloria de Jehová había llenado la casa de Jehová.ᶜ

Dedicación del templo
(2 Cr 6.1—7.10)

¹² Entonces dijo Salomón: Jehová ha dicho que él habitaría en la oscuridad.

¹³ Yo he edificado casa por morada para ti, sitio en que tú habites para siempre.

¹⁴ Y volviendo el rey su rostro, bendijo a toda la congregación de Israel; y toda la congregación de Israel estaba de pie.

¹⁵ Y dijo: Bendito sea Jehová, Dios de Israel, que habló a David mi padre lo que con su mano ha cumplido, diciendo:

¹⁶ Desde el día que saqué de Egipto a mi pueblo Israel, no he escogido ciudad de todas las tribus de Israel para edificar casa en la cual estuviese mi nombre, aunque escogí a David para que presidiese en mi pueblo Israel.ᵈ

¹⁷ Y David mi padre tuvo en su corazón edificar casa al nombre de Jehová Dios de Israel.

c 7.48 Éx 30.1-3.   d 7.48 Éx 25.23-30.   e 7.49 Éx 25.31-40.
f 7.51 2 S 8.11; 1 Cr 18.11.   a 8.1 2 S 6.12-16; 1 Cr 15.25-29.
b 8.9 Dt 10.5.   c 8.10, 11 Éx 40.34, 35.   d 8.16 2 S 7.4-11;
1 Cr 17.3-10.

18 Pero Jehová dijo a David mi padre: Cuanto a haber tenido en tu corazón edificar casa a mi nombre, bien has hecho en tener tal deseo.^e

19 Pero tú no edificarás la casa, sino tu hijo que saldrá de tus lomos, él edificará casa a mi nombre.^f

20 Y Jehová ha cumplido su palabra que había dicho; porque yo me he levantado en lugar de David mi padre, y me he sentado en el trono de Israel, como Jehová había dicho, y he edificado la casa al nombre de Jehová Dios de Israel.

21 Y he puesto en ella lugar para el arca, en la cual está el pacto de Jehová que él hizo con nuestros padres cuando los sacó de la tierra de Egipto.

22 Luego se puso Salomón delante del altar de Jehová, en presencia de toda la congregación de Israel, y extendiendo sus manos al cielo,

23 dijo: Jehová Dios de Israel, no hay Dios como tú, ni arriba en los cielos ni abajo en la tierra, que guardas el pacto y la misericordia a tus siervos, los que andan delante de ti con todo su corazón;

24 que has cumplido a tu siervo David mi padre lo que le prometiste; lo dijiste con tu boca, y con tu mano lo has cumplido, como sucede en este día.

25 Ahora, pues, Jehová Dios de Israel, cumple a tu siervo David mi padre lo que le prometiste, diciendo: No te faltará varón delante de mí, que se siente en el trono de Israel, con tal que tus hijos guarden mi camino y anden delante de mí como tú has andado delante de mí.^g

26 Ahora, pues, oh Jehová Dios de Israel, cúmplase la palabra que dijiste a tu siervo David mi padre.

27 Pero ¿es verdad que Dios morará sobre la tierra? He aquí que los cielos, los cielos de los cielos, no te pueden contener; ¿cuánto menos esta casa que yo he edificado?^h

28 Con todo, tú atenderás a la oración de tu siervo, y a su plegaria, oh Jehová Dios mío, oyendo el clamor y la oración que tu siervo hace hoy delante de ti;

29 que estén tus ojos abiertos de noche y de día sobre esta casa, sobre este lugar del cual has dicho: Mi nombre estará allí;ⁱ y que oigas la oración que tu siervo haga en este lugar.

30 Oye, pues, la oración de tu siervo, y de tu pueblo Israel; cuando oren en este lugar, también tú lo oirás en el lugar de tu morada, en los cielos; escucha y perdona.

31 Si alguno pecare contra su prójimo, y le tomaren juramento haciéndole jurar, y viniere el juramento delante de tu altar en esta casa;

32 tú oirás desde el cielo y actuarás, y juzgarás a tus siervos, condenando al impío y haciendo recaer su proceder sobre su cabeza, y justificando al justo para darle conforme a su justicia.

33 Si tu pueblo Israel fuere derrotado delante de sus enemigos por haber pecado contra ti, y se volvieren a ti y confesaren tu nombre, y oraren y te rogaren y suplicaren en esta casa,

34 tú oirás en los cielos, y perdonarás el pecado de tu pueblo Israel, y los volverás a la tierra que diste a sus padres.

35 Si el cielo se cerrare y no lloviere, por haber ellos pecado contra ti, y te rogaren en este lugar y confesaren tu nombre, y se volvieren del pecado, cuando los afligieres,

36 tú oirás en los cielos, y perdonarás el pecado de tus siervos y de tu pueblo Israel, enseñándoles el buen camino en que anden; y darás lluvias sobre tu tierra, la cual diste a tu pueblo por heredad.

37 Si en la tierra hubiere hambre, pestilencia, tizoncillo, añublo, langosta o pulgón; si sus enemigos los sitiaren en la tierra en donde habiten; cualquier plaga o enfermedad que sea;

38 toda oración y toda súplica que hiciere cualquier hombre, o todo tu pueblo Israel, cuando cualquiera sintiere la plaga en su corazón, y extendiere sus manos a esta casa,

39 tú oirás en los cielos, en el lugar de tu morada, y perdonarás, y actuarás, y darás a cada uno conforme a sus caminos, cuyo corazón tú conoces (porque sólo tú conoces el corazón de todos los hijos de los hombres);

40 para que te teman todos los días que vivan sobre la faz de la tierra que tú diste a nuestros padres.

e 8.17, 18 2 S 7.1-3; 1 Cr 17.1, 2. f 8.19 2 S 7.12, 13; 1 Cr 17.11, 12. g 8.25 1 R 2.4. h 8.27 2 Cr 2.6. i 8.29 Dt 12.11.

41 Asimismo el extranjero, que no es de tu pueblo Israel, que viniere de lejanas tierras a causa de tu nombre

42 (pues oirán de tu gran nombre, de tu mano fuerte y de tu brazo extendido), y viniere a orar a esta casa,

43 tú oirás en los cielos, en el lugar de tu morada, y harás conforme a todo aquello por lo cual el extranjero hubiere clamado a ti, para que todos los pueblos de la tierra conozcan tu nombre y te teman, como tu pueblo Israel, y entiendan que tu nombre es invocado sobre esta casa que yo edifiqué.

44 Si tu pueblo saliere en batalla contra sus enemigos por el camino que tú les mandes, y oraren a Jehová con el rostro hacia la ciudad que tú elegiste, y hacia la casa que yo edifiqué a tu nombre,

45 tú oirás en los cielos su oración y su súplica, y les harás justicia.

46 Si pecaren contra ti (porque no hay hombre que no peque), y estuvieres airado contra ellos, y los entregares delante del enemigo, para que los cautive y lleve a tierra enemiga, sea lejos o cerca,

47 y ellos volvieren en sí en la tierra donde fueren cautivos; si se convirtieren, y oraren a ti en la tierra de los que los cautivaron, y dijeren: Pecamos, hemos hecho lo malo, hemos cometido impiedad;

48 y si se convirtieren a ti de todo su corazón y de toda su alma, en la tierra de sus enemigos que los hubieren llevado cautivos, y oraren a ti con el rostro hacia su tierra que tú diste a sus padres, y hacia la ciudad que tú elegiste y la casa que yo he edificado a tu nombre,

49 tú oirás en los cielos, en el lugar de tu morada, su oración y su súplica, y les harás justicia.

50 Y perdonarás a tu pueblo que había pecado contra ti, y todas sus infracciones con que se hayan rebelado contra ti, y harás que tengan de ellos misericordia los que los hubieren llevado cautivos;

51 porque ellos son tu pueblo y tu heredad, el cual tú sacaste de Egipto, de en medio del horno de hierro.

52 Estén, pues, atentos tus ojos a la oración de tu siervo y a la plegaria de tu pueblo Israel, para oírlos en todo aquello por lo cual te invocaren;

53 porque tú los apartaste para ti como heredad tuya de entre todos los pueblos de la tierra, como lo dijiste por medio de Moisés tu siervo, cuando sacaste a nuestros padres de Egipto, oh Señor Jehová.

54 Cuando acabó Salomón de hacer a Jehová toda esta oración y súplica, se levantó de estar de rodillas delante del altar de Jehová con sus manos extendidas al cielo;

55 y puesto en pie, bendijo a toda la congregación de Israel, diciendo en voz alta:

56 Bendito sea Jehová, que ha dado paz a su pueblo Israel, conforme a todo lo que él había dicho; ninguna palabra de todas sus promesas que expresó por Moisés su siervo, ha faltado.[j]

57 Esté con nosotros Jehová nuestro Dios, como estuvo con nuestros padres, y no nos desampare ni nos deje.

58 Incline nuestro corazón hacia él, para que andemos en todos sus caminos, y guardemos sus mandamientos y sus estatutos y sus decretos, los cuales mandó a nuestros padres.

59 Y estas mis palabras con que he orado delante de Jehová, estén cerca de Jehová nuestro Dios de día y de noche, para que él proteja la causa de su siervo y de su pueblo Israel, cada cosa en su tiempo;

60 a fin de que todos los pueblos de la tierra sepan que Jehová es Dios, y que no hay otro.

61 Sea, pues, perfecto vuestro corazón para con Jehová nuestro Dios, andando en sus estatutos y guardando sus mandamientos, como en el día de hoy.

62 Entonces el rey, y todo Israel con él, sacrificaron víctimas delante de Jehová.

63 Y ofreció Salomón sacrificios de paz, los cuales ofreció a Jehová: veintidós mil bueyes y ciento veinte mil ovejas. Así dedicaron el rey y todos los hijos de Israel la casa de Jehová.

64 Aquel mismo día santificó el rey el medio del atrio, el cual estaba delante de la casa de Jehová; porque ofreció allí los holocaustos, las ofrendas y la grosura de los sacrificios de paz, por cuanto el altar de bronce que estaba delante de Jehová era pequeño, y no cabían en él los

---

j **8.56** Dt 12.10; Jos 21.44, 45.

holocaustos, las ofrendas y la grosura de los sacrificios de paz.

65 En aquel tiempo Salomón hizo fiesta, y con él todo Israel, una gran congregación, desde donde entran en Hamat hasta el río de Egipto, delante de Jehová nuestro Dios, por siete días y aun por otros siete días, esto es, por catorce días.

66 Y al octavo día despidió al pueblo; y ellos, bendiciendo al rey, se fueron a sus moradas alegres y gozosos de corazón, por todos los beneficios que Jehová había hecho a David su siervo y a su pueblo Israel.

Pacto de Dios con Salomón
(2 Cr 7.11-22)

9 ¹ Cuando Salomón hubo acabado la obra de la casa de Jehová, y la casa real, y todo lo que Salomón quiso hacer, ² Jehová apareció a Salomón la segunda vez, como se le había aparecido en Gabaón.ᵃ ³ Y le dijo Jehová: Yo he oído tu oración y tu ruego que has hecho en mi presencia. Yo he santificado esta casa que tú has edificado, para poner mi nombre en ella para siempre; y en ella estarán mis ojos y mi corazón todos los días.

4 Y si tú anduvieres delante de mí como anduvo David tu padre, en integridad de corazón y en equidad, haciendo todas las cosas que yo te he mandado, y guardando mis estatutos y mis decretos,

5 yo afirmaré el trono de tu reino sobre Israel para siempre, como hablé a David tu padre, diciendo: No faltará varón de tu descendencia en el trono de Israel.ᵇ

6 Mas si obstinadamente os apartareis de mí vosotros y vuestros hijos, y no guardareis mis mandamientos y mis estatutos que yo he puesto delante de vosotros, sino que fuereis y sirviereis a dioses ajenos, y los adorareis;

7 yo cortaré a Israel de sobre la faz de la tierra que les he entregado; y esta casa que he santificado a mi nombre, yo la echaré de delante de mí, e Israel será por proverbio y refrán a todos los pueblos;

8 y esta casa, que estaba en estima, cualquiera que pase por ella se asombrará, y se burlará, y dirá: ¿Por qué ha hecho así Jehová a esta tierra y a esta casa?ᶜ

9 Y dirán: Por cuanto dejaron a Jehová su Dios, que había sacado a sus padres de tierra de Egipto, y echaron mano a dioses ajenos, y los adoraron y los sirvieron; por eso ha traído Jehová sobre ellos todo este mal.

Otras actividades de Salomón
(2 Cr 8.1-18)

10 Aconteció al cabo de veinte años, cuando Salomón ya había edificado las dos casas, la casa de Jehová y la casa real, 11 para las cuales Hiram rey de Tiro había traído a Salomón madera de cedro y de ciprés, y cuanto oro quiso, que el rey Salomón dio a Hiram veinte ciudades en tierra de Galilea.

12 Y salió Hiram de Tiro para ver las ciudades que Salomón le había dado, y no le gustaron.

13 Y dijo: ¿Qué ciudades son estas que me has dado, hermano? Y les puso por nombre, la tierra de Cabul, nombre que tiene hasta hoy.

14 E Hiram había enviado al rey ciento veinte talentos de oro.

15 Ésta es la razón de la leva que el rey Salomón impuso para edificar la casa de Jehová, y su propia casa, y Milo, y el muro de Jerusalén, y Hazor, Meguido y Gezer:

16 Faraón el rey de Egipto había subido y tomado a Gezer, y la quemó, y dio muerte a los cananeos que habitaban la ciudad, y la dio en dote a su hija la mujer de Salomón.

17 Restauró, pues, Salomón a Gezer y a la baja Bet-horón,

18 a Baalat, y a Tadmor en tierra del desierto;

19 asimismo todas las ciudades donde Salomón tenía provisiones, y las ciudades de los carros, y las ciudades de la gente de a caballo, y todo lo que Salomón quiso edificar en Jerusalén, en el Líbano, y en toda la tierra de su señorío.

20 A todos los pueblos que quedaron de los amorreos, heteos, ferezeos, heveos y jebuseos, que no eran de los hijos de Israel;

21 a sus hijos que quedaron en la tierra después de ellos, que los hijos de Israel no pudieron acabar, hizo Salomón que sirviesen con tributo hasta hoy.

22 Mas a ninguno de los hijos de Israel impuso Salomón servicio, sino que eran hombres de guerra, o sus criados, sus

---

a 9.2 1 R 3.5; 2 Cr 1.7.　b 9.5 1 R 2.4.　c 9.8 2 R 25.9; 2 Cr 36.19.

príncipes, sus capitanes, comandantes de sus carros, o su gente de a caballo.

²³ Y los que Salomón había hecho jefes y vigilantes sobre las obras eran quinientos cincuenta, los cuales estaban sobre el pueblo que trabajaba en aquella obra.

²⁴ Y subió la hija de Faraón de la ciudad de David a su casa que Salomón le había edificado; entonces edificó él a Milo.

²⁵ Y ofrecía Salomón tres veces cada año[d] holocaustos y sacrificios de paz sobre el altar que él edificó a Jehová, y quemaba incienso sobre el que estaba delante de Jehová, después que la casa fue terminada.

²⁶ Hizo también el rey Salomón naves en Ezión-geber, que está junto a Elot en la ribera del Mar Rojo, en la tierra de Edom. ²⁷ Y envió Hiram en ellas a sus siervos, marineros y diestros en el mar, con los siervos de Salomón, ²⁸ los cuales fueron a Ofir y tomaron de allí oro, cuatrocientos veinte talentos, y lo trajeron al rey Salomón.

La reina de Sabá visita a Salomón
(2 Cr 9.1-12)

10 ¹ Oyendo la reina de Sabá[a] la fama que Salomón había alcanzado por el nombre de Jehová, vino a probarle con preguntas difíciles.

² Y vino a Jerusalén con un séquito muy grande, con camellos cargados de especias, y oro en gran abundancia, y piedras preciosas; y cuando vino a Salomón, le expuso todo lo que en su corazón tenía.

³ Y Salomón le contestó todas sus preguntas, y nada hubo que el rey no le contestase.

⁴ Y cuando la reina de Sabá vio toda la sabiduría de Salomón, y la casa que había edificado,

⁵ asimismo la comida de su mesa, las habitaciones de sus oficiales, el estado y los vestidos de los que le servían, sus maestresalas, y sus holocaustos que ofrecía en la casa de Jehová, se quedó asombrada.

⁶ Y dijo al rey: Verdad es lo que oí en mi tierra de tus cosas y de tu sabiduría;

⁷ pero yo no lo creía, hasta que he venido, y mis ojos han visto que ni aun se me dijo la mitad; es mayor tu sabiduría y bien, que la fama que yo había oído.

⁸ Bienaventurados tus hombres, dichosos estos tus siervos, que están continuamente delante de ti, y oyen tu sabiduría.

⁹ Jehová tu Dios sea bendito, que se agradó de ti para ponerte en el trono de Israel; porque Jehová ha amado siempre a Israel, te ha puesto por rey, para que hagas derecho y justicia.

¹⁰ Y dio ella al rey ciento veinte talentos de oro, y mucha especiería, y piedras preciosas; nunca vino tan gran cantidad de especias, como la reina de Sabá dio al rey Salomón.

¹¹ La flota de Hiram que había traído el oro de Ofir, traía también de Ofir mucha madera de sándalo, y piedras preciosas.

¹² Y de la madera de sándalo hizo el rey balaustres para la casa de Jehová y para las casas reales, arpas también y salterios para los cantores; nunca vino semejante madera de sándalo, ni se ha visto hasta hoy.

¹³ Y el rey Salomón dio a la reina de Sabá todo lo que ella quiso, y todo lo que pidió, además de lo que Salomón le dio. Y ella se volvió, y se fue a su tierra con sus criados.

Riquezas y fama de Salomón
(2 Cr 9.13-24)

¹⁴ El peso del oro que Salomón tenía de renta cada año, era seiscientos sesenta y seis talentos de oro;

¹⁵ sin lo de los mercaderes, y lo de la contratación de especias, y lo de todos los reyes de Arabia, y de los principales de la tierra.

¹⁶ Hizo también el rey Salomón doscientos escudos grandes de oro batido; seiscientos siclos de oro gastó en cada escudo.

¹⁷ Asimismo hizo trescientos escudos de oro batido, en cada uno de los cuales gastó tres libras de oro; y el rey los puso en la casa del bosque del Líbano.

¹⁸ Hizo también el rey un gran trono de marfil, el cual cubrió de oro purísimo.

¹⁹ Seis gradas tenía el trono, y la parte alta era redonda por el respaldo; y a uno y otro lado tenía brazos cerca del asiento, junto a los cuales estaban colocados dos leones.

²⁰ Estaban también doce leones puestos allí sobre las seis gradas, de un lado y de otro; en ningún otro reino se había hecho trono semejante.

²¹ Y todos los vasos de beber del rey Salomón eran de oro, y asimismo toda la vajilla

---

d 9.25 Éx 23.17; 34.23; Dt 16.16.   **a 10.1-10** Mt 12.42; Lc 11.31.

de la casa del bosque del Líbano era de oro fino; nada de plata, porque en tiempo de Salomón no era apreciada.

²² Porque el rey tenía en el mar una flota de naves de Tarsis, con la flota de Hiram. Una vez cada tres años venía la flota de Tarsis, y traía oro, plata, marfil, monos y pavos reales.

²³ Así excedía el rey Salomón a todos los reyes de la tierra en riquezas y en sabiduría.

²⁴ Toda la tierra procuraba ver la cara de Salomón, para oír la sabiduría que Dios había puesto en su corazón.

²⁵ Y todos le llevaban cada año sus presentes: alhajas de oro y de plata, vestidos, armas, especias aromáticas, caballos y mulos.

Salomón comercia en caballos y en carros
(2 Cr 1.14-17; 9.25-28)

²⁶ Y juntó Salomón carros y gente de a caballo; y tenía mil cuatrocientos carros, y doce mil jinetes,ᵇ los cuales puso en las ciudades de los carros, y con el rey en Jerusalén.

²⁷ E hizo el rey que en Jerusalén la plata llegara a ser como piedras,ᶜ y los cedros como cabrahigos de la Sefela en abundancia.

²⁸ Y traían de Egipto caballos y lienzos a Salomón;ᵈ porque la compañía de los mercaderes del rey compraba caballos y lienzos.

²⁹ Y venía y salía de Egipto, el carro por seiscientas piezas de plata, y el caballo por ciento cincuenta; y así los adquirían por mano de ellos todos los reyes de los heteos, y de Siria.

Apostasía y dificultades de Salomón

11 ¹ Pero el rey Salomón amó, además de la hija de Faraón, a muchas mujeres extranjeras;ᵃ a las de Moab, a las de Amón, a las de Edom, a las de Sidón, y a las heteas;

² gentes de las cuales Jehová había dicho a los hijos de Israel: No os llegaréis a ellas, ni ellas se llegarán a vosotros; porque ciertamente harán inclinar vuestros corazones tras sus dioses.ᵇ A éstas, pues, se juntó Salomón con amor.

³ Y tuvo setecientas mujeres reinas y trescientas concubinas; y sus mujeres desviaron su corazón.

⁴ Y cuando Salomón era ya viejo, sus mujeres inclinaron su corazón tras dioses ajenos, y su corazón no era perfecto con Jehová su Dios, como el corazón de su padre David.

⁵ Porque Salomón siguió a Astoret, diosa de los sidonios, y a Milcom, ídolo abominable de los amonitas.

⁶ E hizo Salomón lo malo ante los ojos de Jehová, y no siguió cumplidamente a Jehová como David su padre.

⁷ Entonces edificó Salomón un lugar alto a Quemos, ídolo abominable de Moab, en el monte que está enfrente de Jerusalén, y a Moloc, ídolo abominable de los hijos de Amón.

⁸ Así hizo para todas sus mujeres extranjeras, las cuales quemaban incienso y ofrecían sacrificios a sus dioses.

⁹ Y se enojó Jehová contra Salomón, por cuanto su corazón se había apartado de Jehová Dios de Israel, que se le había aparecido dos veces,

¹⁰ y le había mandado acerca de esto, que no siguiese a dioses ajenos; mas él no guardó lo que le mandó Jehová.

¹¹ Y dijo Jehová a Salomón: Por cuanto ha habido esto en ti, y no has guardado mi pacto y mis estatutos que yo te mandé, romperé de ti el reino, y lo entregaré a tu siervo.

¹² Sin embargo, no lo haré en tus días, por amor a David tu padre; lo romperé de la mano de tu hijo.

¹³ Pero no romperé todo el reino, sino que daré una tribu a tu hijo, por amor a David mi siervo, y por amor a Jerusalén, la cual yo he elegido.

¹⁴ Y Jehová suscitó un adversario a Salomón: Hadad edomita, de sangre real, el cual estaba en Edom.

¹⁵ Porque cuando David estaba en Edom, y subió Joab el general del ejército a enterrar los muertos, y mató a todos los varones de Edom

¹⁶ (porque seis meses habitó allí Joab, y todo Israel, hasta que hubo acabado con todo el sexo masculino en Edom),

¹⁷ Hadad huyó, y con él algunos varones edomitas de los siervos de su padre, y se fue a Egipto; era entonces Hadad muchacho pequeño.

---

b **10.26** 1 R 4.26.   c **10.27** Dt 17.17.   d **10.28** Dt 17.16.
a **11.1** Dt 17.17.   b **11.2** Éx 34.16; Dt 7.3, 4.

18 Y se levantaron de Madián, y vinieron a Parán; y tomando consigo hombres de Parán, vinieron a Egipto, a Faraón rey de Egipto, el cual les dio casa y les señaló alimentos, y aun les dio tierra.

19 Y halló Hadad gran favor delante de Faraón, el cual le dio por mujer la hermana de su esposa, la hermana de la reina Tahpenes.

20 Y la hermana de Tahpenes le dio a luz su hijo Genubat, al cual destetó Tahpenes en casa de Faraón; y estaba Genubat en casa de Faraón entre los hijos de Faraón.

21 Y oyendo Hadad en Egipto que David había dormido con sus padres, y que era muerto Joab general del ejército, Hadad dijo a Faraón: Déjame ir a mi tierra.

22 Faraón le respondió: ¿Por qué? ¿Qué te falta conmigo, que procuras irte a tu tierra? Él respondió: Nada; con todo, te ruego que me dejes ir.

23 Dios también levantó por adversario contra Salomón a Rezón hijo de Eliada, el cual había huido de su amo Hadad-ezer, rey de Soba.

24 Y había juntado gente contra él, y se había hecho capitán de una compañía, cuando David deshizo a los de Soba. Después fueron a Damasco y habitaron allí, y le hicieron rey en Damasco.

25 Y fue adversario de Israel todos los días de Salomón; y fue otro mal con el de Hadad, porque aborreció a Israel, y reinó sobre Siria.

26 También Jeroboam hijo de Nabat, efrateo de Sereda, siervo de Salomón, cuya madre se llamaba Zerúa, la cual era viuda, alzó su mano contra el rey.

27 La causa por la cual éste alzó su mano contra el rey fue ésta: Salomón, edificando a Milo, cerró el portillo de la ciudad de David su padre.

28 Y este varón Jeroboam era valiente y esforzado; y viendo Salomón al joven que era hombre activo, le encomendó todo el cargo de la casa de José.

29 Aconteció, pues, en aquel tiempo, que saliendo Jeroboam de Jerusalén, le encontró en el camino el profeta Ahías silonita, y éste estaba cubierto con una capa nueva; y estaban ellos dos solos en el campo.

30 Y tomando Ahías la capa nueva que tenía sobre sí, la rompió en doce pedazos,

31 y dijo a Jeroboam: Toma para ti los diez pedazos; porque así dijo Jehová Dios de Israel: He aquí que yo rompo el reino de la mano de Salomón, y a ti te daré diez tribus;

32 y él tendrá una tribu por amor a David mi siervo, y por amor a Jerusalén, ciudad que yo he elegido de todas las tribus de Israel;

33 por cuanto me han dejado, y han adorado a Astoret diosa de los sidonios, a Quemos dios de Moab, y a Moloc dios de los hijos de Amón; y no han andado en mis caminos para hacer lo recto delante de mis ojos, y mis estatutos y mis decretos, como hizo David su padre.

34 Pero no quitaré nada del reino de sus manos, sino que lo retendré por rey todos los días de su vida, por amor a David mi siervo, al cual yo elegí, y quien guardó mis mandamientos y mis estatutos.

35 Pero quitaré el reino de la mano de su hijo, y lo daré a ti, las diez tribus.

36 Y a su hijo daré una tribu, para que mi siervo David tenga lámpara todos los días delante de mí en Jerusalén, ciudad que yo me elegí para poner en ella mi nombre.

37 Yo, pues, te tomaré a ti, y tú reinarás en todas las cosas que deseare tu alma, y serás rey sobre Israel.

38 Y si prestares oído a todas las cosas que te mandare, y anduvieres en mis caminos, e hicieres lo recto delante de mis ojos, guardando mis estatutos y mis mandamientos, como hizo David mi siervo, yo estaré contigo y te edificaré casa firme, como la edifiqué a David, y yo te entregaré a Israel.

39 Y yo afligiré a la descendencia de David a causa de esto, mas no para siempre.

40 Por esto Salomón procuró matar a Jeroboam, pero Jeroboam se levantó y huyó a Egipto, a Sisac rey de Egipto, y estuvo en Egipto hasta la muerte de Salomón.

Muerte de Salomón
(2 Cr 9.29-31)

41 Los demás hechos de Salomón, y todo lo que hizo, y su sabiduría, ¿no está escrito en el libro de los hechos de Salomón?

42 Los días que Salomón reinó en Jerusalén sobre todo Israel fueron cuarenta años.

43 Y durmió Salomón con sus padres, y fue sepultado en la ciudad de su padre David; y reinó en su lugar Roboam su hijo.

Rebelión de Israel
(2 Cr 10.1—11.4)

12 ¹ Roboam fue a Siquem, porque todo Israel había venido a Siquem para hacerle rey.

² Y aconteció que cuando lo oyó Jeroboam hijo de Nabat, que aún estaba en Egipto, adonde había huido de delante del rey Salomón, y habitaba en Egipto,

³ enviaron a llamarle. Vino, pues, Jeroboam, y toda la congregación de Israel, y hablaron a Roboam, diciendo:

⁴ Tu padre agravó nuestro yugo, mas ahora disminuye tú algo de la dura servidumbre de tu padre, y del yugo pesado que puso sobre nosotros, y te serviremos.

⁵ Y él les dijo: Idos, y de aquí a tres días volved a mí. Y el pueblo se fue.

⁶ Entonces el rey Roboam pidió consejo de los ancianos que habían estado delante de Salomón su padre cuando vivía, y dijo: ¿Cómo aconsejáis vosotros que responda a este pueblo?

⁷ Y ellos le hablaron diciendo: Si tú fueres hoy siervo de este pueblo y lo sirvieres, y respondiéndoles buenas palabras les hablares, ellos te servirán para siempre.

⁸ Pero él dejó el consejo que los ancianos le habían dado, y pidió consejo de los jóvenes que se habían criado con él, y estaban delante de él.

⁹ Y les dijo: ¿Cómo aconsejáis vosotros que respondamos a este pueblo, que me ha hablado diciendo: Disminuye algo del yugo que tu padre puso sobre nosotros?

¹⁰ Entonces los jóvenes que se habían criado con él le respondieron diciendo: Así hablarás a este pueblo que te ha dicho estas palabras: Tu padre agravó nuestro yugo, mas tú disminúyenos algo; así les hablarás: El menor dedo de los míos es más grueso que los lomos de mi padre.

¹¹ Ahora, pues, mi padre os cargó de pesado yugo, mas yo añadiré a vuestro yugo; mi padre os castigó con azotes, mas yo os castigaré con escorpiones.

¹² Al tercer día vino Jeroboam con todo el pueblo a Roboam, según el rey lo había mandado, diciendo: Volved a mí al tercer día.

¹³ Y el rey respondió al pueblo duramente, dejando el consejo que los ancianos le habían dado;

¹⁴ y les habló conforme al consejo de los jóvenes, diciendo: Mi padre agravó vuestro yugo, pero yo añadiré a vuestro yugo; mi padre os castigó con azotes, mas yo os castigaré con escorpiones.

¹⁵ Y no oyó el rey al pueblo; porque era designio de Jehová para confirmar la palabra que Jehová había hablado por medio de Ahías silonita a Jeroboam hijo de Nabat.

¹⁶ Cuando todo el pueblo vio que el rey no les había oído, le respondió estas palabras, diciendo: ¿Qué parte tenemos nosotros con David? No tenemos heredad en el hijo de Isaí. ¡Israel, a tus tiendas!ᵃ ¡Provee ahora en tu casa, David! Entonces Israel se fue a sus tiendas.

¹⁷ Pero reinó Roboam sobre los hijos de Israel que moraban en las ciudades de Judá.

¹⁸ Y el rey Roboam envió a Adoram, que estaba sobre los tributos; pero lo apedreó todo Israel, y murió. Entonces el rey Roboam se apresuró a subirse en un carro y huir a Jerusalén.

¹⁹ Así se apartó Israel de la casa de David hasta hoy.

²⁰ Y aconteció que oyendo todo Israel que Jeroboam había vuelto, enviaron a llamarle a la congregación, y le hicieron rey sobre todo Israel, sin quedar tribu alguna que siguiese la casa de David, sino sólo la tribu de Judá.

²¹ Y cuando Roboam vino a Jerusalén, reunió a toda la casa de Judá y a la tribu de Benjamín, ciento ochenta mil hombres, guerreros escogidos, con el fin de hacer guerra a la casa de Israel, y hacer volver el reino a Roboam hijo de Salomón.

²² Pero vino palabra de Jehová a Semaías varón de Dios, diciendo:

²³ Habla a Roboam hijo de Salomón, rey de Judá, y a toda la casa de Judá y de Benjamín, y a los demás del pueblo, diciendo:

²⁴ Así ha dicho Jehová: No vayáis, ni peleéis contra vuestros hermanos los hijos de Israel; volveos cada uno a su casa, porque esto lo he hecho yo. Y ellos oyeron la palabra de Dios, y volvieron y se fueron, conforme a la palabra de Jehová.

ᵃ **12.16** 2 S 20.1.

El pecado de Jeroboam

²⁵ Entonces reedificó Jeroboam a Siquem en el monte de Efraín, y habitó en ella; y saliendo de allí, reedificó a Penuel. ²⁶ Y dijo Jeroboam en su corazón: Ahora se volverá el reino a la casa de David, ²⁷ si este pueblo subiere a ofrecer sacrificios en la casa de Jehová en Jerusalén; porque el corazón de este pueblo se volverá a su señor Roboam rey de Judá, y me matarán a mí, y se volverán a Roboam rey de Judá. ²⁸ Y habiendo tenido consejo, hizo el rey dos becerros de oro, y dijo al pueblo: Bastante habéis subido a Jerusalén; he aquí tus dioses, oh Israel, los cuales te hicieron subir de la tierra de Egipto.ᵇ ²⁹ Y puso uno en Bet-el, y el otro en Dan. ³⁰ Y esto fue causa de pecado; porque el pueblo iba a adorar delante de uno hasta Dan. ³¹ Hizo también casas sobre los lugares altos, e hizo sacerdotes de entre el pueblo, que no eran de los hijos de Leví. ³² Entonces instituyó Jeroboam fiesta solemne en el mes octavo, a los quince días del mes, conforme a la fiesta solemne que se celebraba en Judá; y sacrificó sobre un altar. Así hizo en Bet-el, ofreciendo sacrificios a los becerros que había hecho. Ordenó también en Bet-el sacerdotes para los lugares altos que él había fabricado. ³³ Sacrificó, pues, sobre el altar que él había hecho en Bet-el, a los quince días del mes octavo, el mes que él había inventado de su propio corazón;ᶜ e hizo fiesta a los hijos de Israel, y subió al altar para quemar incienso.

Un profeta de Judá amonesta a Jeroboam

13 ¹ He aquí que un varón de Dios por palabra de Jehová vino de Judá a Bet-el; y estando Jeroboam junto al altar para quemar incienso, ² aquél clamó contra el altar por palabra de Jehová y dijo: Altar, altar, así ha dicho Jehová: He aquí que a la casa de David nacerá un hijo llamado Josías, el cual sacrificará sobre ti a los sacerdotes de los lugares altos que queman sobre ti incienso, y sobre ti quemarán huesos de hombres.ᵃ

³ Y aquel mismo día dio una señal, diciendo: Ésta es la señal de que Jehová ha hablado: he aquí que el altar se quebrará, y la ceniza que sobre él está se derramará. ⁴ Cuando el rey Jeroboam oyó la palabra del varón de Dios, que había clamado contra el altar de Bet-el, extendiendo su mano desde el altar, dijo: ¡Prendedle! Mas la mano que había extendido contra él, se le secó, y no la pudo enderezar. ⁵ Y el altar se rompió, y se derramó la ceniza del altar, conforme a la señal que el varón de Dios había dado por palabra de Jehová. ⁶ Entonces respondiendo el rey, dijo al varón de Dios: Te pido que ruegues ante la presencia de Jehová tu Dios, y ores por mí, para que mi mano me sea restaurada. Y el varón de Dios oró a Jehová, y la mano del rey se le restauró, y quedó como era antes. ⁷ Y el rey dijo al varón de Dios: Ven conmigo a casa, y comerás, y yo te daré un presente. ⁸ Pero el varón de Dios dijo al rey: Aunque me dieras la mitad de tu casa, no iría contigo, ni comería pan ni bebería agua en este lugar. ⁹ Porque así me está ordenado por palabra de Jehová, diciendo: No comas pan, ni bebas agua, ni regreses por el camino que fueres. ¹⁰ Regresó, pues, por otro camino, y no volvió por el camino por donde había venido a Bet-el.

¹¹ Moraba entonces en Bet-el un viejo profeta, al cual vino su hijo y le contó todo lo que el varón de Dios había hecho aquel día en Bet-el; le contaron también a su padre las palabras que había hablado al rey. ¹² Y su padre les dijo: ¿Por qué camino se fue? Y sus hijos le mostraron el camino por donde había regresado el varón de Dios que había venido de Judá. ¹³ Y él dijo a sus hijos: Ensilladme el asno. Y ellos le ensillaron el asno, y él lo montó. ¹⁴ Y yendo tras el varón de Dios, le halló sentado debajo de una encina, y le dijo: ¿Eres tú el varón de Dios que vino de Judá? Él dijo: Yo soy. ¹⁵ Entonces le dijo: Ven conmigo a casa, y come pan. ¹⁶ Mas él respondió: No podré volver contigo, ni iré contigo, ni tampoco comeré pan ni beberé agua contigo en este lugar.

ᵇ **12.28** Éx 32.4.   ᶜ **12.32, 33** Lv 23.33, 34.
ᵃ **13.2** 2 R 23.15, 16.

17 Porque por palabra de Dios me ha sido dicho: No comas pan ni bebas agua allí, ni regreses por el camino por donde fueres.

18 Y el otro le dijo, mintiéndole: Yo también soy profeta como tú, y un ángel me ha hablado por palabra de Jehová, diciendo: Tráele contigo a tu casa, para que coma pan y beba agua.

19 Entonces volvió con él, y comió pan en su casa, y bebió agua.

20 Y aconteció que estando ellos en la mesa, vino palabra de Jehová al profeta que le había hecho volver.

21 Y clamó al varón de Dios que había venido de Judá, diciendo: Así dijo Jehová: Por cuanto has sido rebelde al mandato de Jehová, y no guardaste el mandamiento que Jehová tu Dios te había prescrito,

22 sino que volviste, y comiste pan y bebiste agua en el lugar donde Jehová te había dicho que no comieses pan ni bebieses agua, no entrará tu cuerpo en el sepulcro de tus padres.

23 Cuando había comido pan y bebido, el que le había hecho volver le ensilló el asno.

24 Y yéndose, le topó un león en el camino, y le mató; y su cuerpo estaba echado en el camino, y el asno junto a él, y el león también junto al cuerpo.

25 Y he aquí unos que pasaban, y vieron el cuerpo que estaba echado en el camino, y el león que estaba junto al cuerpo; y vinieron y lo dijeron en la ciudad donde el viejo profeta habitaba.

26 Oyéndolo el profeta que le había hecho volver del camino, dijo: El varón de Dios es, que fue rebelde al mandato de Jehová; por tanto, Jehová le ha entregado al león, que le ha quebrantado y matado, conforme a la palabra de Jehová que él le dijo.

27 Y habló a sus hijos, y les dijo: Ensiladme un asno. Y ellos se lo ensillaron.

28 Y él fue, y halló el cuerpo tendido en el camino, y el asno y el león que estaban junto al cuerpo; el león no había comido el cuerpo, ni dañado al asno.

29 Entonces tomó el profeta el cuerpo del varón de Dios, y lo puso sobre el asno y se lo llevó. Y el profeta viejo vino a la ciudad, para endecharle y enterrarle.

30 Y puso el cuerpo en su sepulcro; y le endecharon, diciendo: ¡Ay, hermano mío!

31 Y después que le hubieron enterrado, habló a sus hijos, diciendo: Cuando yo muera, enterradme en el sepulcro en que está sepultado el varón de Dios; poned mis huesos junto a los suyos.

32 Porque sin duda vendrá lo que él dijo a voces por palabra de Jehová contra el altar que está en Bet-el, y contra todas las casas de los lugares altos que están en las ciudades de Samaria.

33 Con todo esto, no se apartó Jeroboam de su mal camino, sino que volvió a hacer sacerdotes de los lugares altos de entre el pueblo, y a quien quería lo consagraba para que fuese de los sacerdotes de los lugares altos.

34 Y esto fue causa de pecado a la casa de Jeroboam, por lo cual fue cortada y raída de sobre la faz de la tierra.

Profecía de Ahías contra Jeroboam

14 **1** En aquel tiempo Abías hijo de Jeroboam cayó enfermo.

2 Y dijo Jeroboam a su mujer: Levántate ahora y disfrázate, para que no te conozcan que eres la mujer de Jeroboam, y ve a Silo; porque allá está el profeta Ahías, el que me dijo que yo había de ser rey sobre este pueblo.

3 Y toma en tu mano diez panes, y tortas, y una vasija de miel, y ve a él, para que te declare lo que ha de ser de este niño.

4 Y la mujer de Jeroboam lo hizo así; y se levantó y fue a Silo, y vino a casa de Ahías. Y ya no podía ver Ahías, porque sus ojos se habían oscurecido a causa de su vejez.

5 Mas Jehová había dicho a Ahías: He aquí que la mujer de Jeroboam vendrá a consultarte por su hijo, que está enfermo; así y así le responderás, pues cuando ella viniere, vendrá disfrazada.

6 Cuando Ahías oyó el sonido de sus pies, al entrar ella por la puerta, dijo: Entra, mujer de Jeroboam. ¿Por qué te finges otra? He aquí yo soy enviado a ti con revelación dura.

7 Ve y di a Jeroboam: Así dijo Jehová Dios de Israel: Por cuanto yo te levanté de en medio del pueblo, y te hice príncipe sobre mi pueblo Israel,

8 y rompí el reino de la casa de David y te lo entregué a ti; y tú no has sido como David mi siervo, que guardó mis mandamientos y anduvo en pos de mí con todo su corazón, haciendo solamente lo recto delante de mis ojos,

9 sino que hiciste lo malo sobre todos los que han sido antes de ti, pues fuiste y te hiciste dioses ajenos e imágenes de fundición para enojarme, y a mí me echaste tras tus espaldas;

10 por tanto, he aquí que yo traigo mal sobre la casa de Jeroboam, y destruiré de Jeroboam todo varón, así el siervo como el libre en Israel; y barreré la posteridad de la casa de Jeroboam como se barre el estiércol, hasta que sea acabada.ª

11 El que muera de los de Jeroboam en la ciudad, lo comerán los perros, y el que muera en el campo, lo comerán las aves del cielo; porque Jehová lo ha dicho.

12 Y tú levántate y vete a tu casa; y al poner tu pie en la ciudad, morirá el niño.

13 Y todo Israel lo endechará, y le enterrarán; porque de los de Jeroboam, sólo él será sepultado, por cuanto se ha hallado en él alguna cosa buena delante de Jehová Dios de Israel, en la casa de Jeroboam.

14 Y Jehová levantará para sí un rey sobre Israel, el cual destruirá la casa de Jeroboam en este día; y lo hará ahora mismo.

15 Jehová sacudirá a Israel al modo que la caña se agita en las aguas; y él arrancará a Israel de esta buena tierra que había dado a sus padres, y los esparcirá más allá del Éufrates, por cuanto han hecho sus imágenes de Asera, enojando a Jehová.

16 Y él entregará a Israel por los pecados de Jeroboam, el cual pecó, y ha hecho pecar a Israel.

17 Entonces la mujer de Jeroboam se levantó y se marchó, y vino a Tirsa; y entrando ella por el umbral de la casa, el niño murió.

18 Y lo enterraron, y lo endechó todo Israel, conforme a la palabra de Jehová, la cual él había hablado por su siervo el profeta Ahías.

19 Los demás hechos de Jeroboam, las guerras que hizo, y cómo reinó, todo está escrito en el libro de las historias de los reyes de Israel.

20 El tiempo que reinó Jeroboam fue de veintidós años; y habiendo dormido con sus padres, reinó en su lugar Nadab su hijo.

Reinado de Roboam
(2 Cr 12.1-16)

21 Roboam hijo de Salomón reinó en Judá. De cuarenta y un años era Roboam cuando comenzó a reinar, y diecisiete años reinó en Jerusalén, ciudad que Jehová eligió de todas las tribus de Israel, para poner allí su nombre. El nombre de su madre fue Naama, amonita.

22 Y Judá hizo lo malo ante los ojos de Jehová, y le enojaron más que todo lo que sus padres habían hecho en sus pecados que cometieron.

23 Porque ellos también se edificaron lugares altos, estatuas, e imágenes de Asera, en todo collado alto y debajo de todo árbol frondoso.b

24 Hubo también sodomitasc en la tierra, e hicieron conforme a todas las abominaciones de las naciones que Jehová había echado delante de los hijos de Israel.

25 Al quinto año del rey Roboam subió Sisac rey de Egipto contra Jerusalén,d

26 y tomó los tesoros de la casa de Jehová, y los tesoros de la casa real, y lo saqueó todo; también se llevó todos los escudos de oro que Salomón había hecho.e

27 Y en lugar de ellos hizo el rey Roboam escudos de bronce, y los dio a los capitanes de los de la guardia, quienes custodiaban la puerta de la casa real.

28 Cuando el rey entraba en la casa de Jehová, los de la guardia los llevaban; y los ponían en la cámara de los de la guardia.

29 Los demás hechos de Roboam, y todo lo que hizo, ¿no está escrito en las crónicas de los reyes de Judá?

30 Y hubo guerra entre Roboam y Jeroboam todos los días.

31 Y durmió Roboam con sus padres, y fue sepultado con sus padres en la ciudad de David. El nombre de su madre fue Naama, amonita. Y reinó en su lugar Abiam su hijo.

Reinado de Abiam
(2 Cr 13.1-22)

15 1 En el año dieciocho del rey Jeroboam hijo de Nabat, Abiam comenzó a reinar sobre Judá,

2 y reinó tres años en Jerusalén. El nombre de su madre fue Maaca, hija de Abisalom.

3 Y anduvo en todos los pecados que su padre había cometido antes de él; y no fue

---

a 14.10 1 R 15.29. b 14.23 2 R 17.9, 10. c 14.24 Dt 23.17.
d 14.25 2 Cr 12.2-8. e 14.26 1 R 10.16, 17; 2 Cr 9.15, 16.

su corazón perfecto con Jehová su Dios, como el corazón de David su padre.

4 Mas por amor a David, Jehová su Dios le dio lámpara en Jerusalén,[a] levantando a su hijo después de él, y sosteniendo a Jerusalén;

5 por cuanto David había hecho lo recto ante los ojos de Jehová, y de ninguna cosa que le mandase se había apartado en todos los días de su vida, salvo en lo tocante a Urías heteo.[b]

6 Y hubo guerra entre Roboam, y Jeroboam todos los días de su vida.[c]

7 Los demás hechos de Abiam, y todo lo que hizo, ¿no está escrito en el libro de las crónicas de los reyes de Judá? Y hubo guerra entre Abiam y Jeroboam.

8 Y durmió Abiam con sus padres, y lo sepultaron en la ciudad de David; y reinó Asa su hijo en su lugar.

Reinado de Asa
(2 Cr 14.1-5; 15.16-19)

9 En el año veinte de Jeroboam rey de Israel, Asa comenzó a reinar sobre Judá.

10 Y reinó cuarenta y un años en Jerusalén; el nombre de su madre fue Maaca, hija de Abisalom.

11 Asa hizo lo recto ante los ojos de Jehová, como David su padre.

12 Porque quitó del país a los sodomitas, y quitó todos los ídolos que sus padres habían hecho.[d]

13 También privó a su madre Maaca de ser reina madre, porque había hecho un ídolo de Asera. Además deshizo Asa el ídolo de su madre, y lo quemó junto al torrente de Cedrón.

14 Sin embargo, los lugares altos no se quitaron. Con todo, el corazón de Asa fue perfecto para con Jehová toda su vida.

15 También metió en la casa de Jehová lo que su padre había dedicado, y lo que él dedicó: oro, plata y alhajas.

Alianza de Asa con Ben-adad
(2 Cr 16.1-10)

16 Hubo guerra entre Asa y Baasa rey de Israel, todo el tiempo de ambos.

17 Y subió Baasa rey de Israel contra Judá, y edificó a Ramá, para no dejar a ninguno salir ni entrar a Asa rey de Judá.

18 Entonces tomando Asa toda la plata y el oro que había quedado en los tesoros de la casa de Jehová, y los tesoros de la casa real, los entregó a sus siervos, y los envió el rey Asa a Ben-adad hijo de Tabrimón, hijo de Hezión, rey de Siria, el cual residía en Damasco, diciendo:

19 Haya alianza entre nosotros, como entre mi padre y el tuyo. He aquí yo te envío un presente de plata y de oro; ve, y rompe tu pacto con Baasa rey de Israel, para que se aparte de mí.

20 Y Ben-adad consintió con el rey Asa, y envió los príncipes de los ejércitos que tenía contra las ciudades de Israel, y conquistó Ijón, Dan, Abel-bet-maaca, y toda Cineret, con toda la tierra de Neftalí.

21 Oyendo esto Baasa, dejó de edificar a Ramá, y se quedó en Tirsa.

22 Entonces el rey Asa convocó a todo Judá, sin exceptuar a ninguno; y quitaron de Ramá la piedra y la madera con que Baasa edificaba, y edificó el rey Asa con ello a Geba de Benjamín, y a Mizpa.

Muerte de Asa
(2 Cr 16.11-14)

23 Los demás hechos de Asa, y todo su poderío, y todo lo que hizo, y las ciudades que edificó, ¿no está todo escrito en el libro de las crónicas de los reyes de Judá? Mas en los días de su vejez enfermó de los pies.

24 Y durmió Asa con sus padres, y fue sepultado con ellos en la ciudad de David su padre; y reinó en su lugar Josafat su hijo.

Reinado de Nadab

25 Nadab hijo de Jeroboam comenzó a reinar sobre Israel en el segundo año de Asa rey de Judá; y reinó sobre Israel dos años.

26 E hizo lo malo ante los ojos de Jehová, andando en el camino de su padre, y en los pecados con que hizo pecar a Israel.

27 Y Baasa hijo de Ahías, el cual era de la casa de Isacar, conspiró contra él, y lo hirió Baasa en Gibetón, que era de los filisteos; porque Nadab y todo Israel tenían sitiado a Gibetón.

28 Lo mató, pues, Baasa en el tercer año de Asa rey de Judá, y reinó en lugar suyo.

---

a 15.4 1 R 11.36.   **b 15.5** 2 S 11.1-27.   **c 15.6** 2 Cr 13.3-21.
d 15.12 2 Cr 15.8-15.

29 Y cuando él vino al reino, mató a toda la casa de Jeroboam, sin dejar alma viviente de los de Jeroboam, hasta raerla, conforme a la palabra que Jehová habló por su siervo Ahías silonita;[e]

30 por los pecados que Jeroboam había cometido, y con los cuales hizo pecar a Israel; y por su provocación con que provocó a enojo a Jehová Dios de Israel.

31 Los demás hechos de Nadab, y todo lo que hizo, ¿no está todo escrito en el libro de las crónicas de los reyes de Israel?

32 Y hubo guerra entre Asa y Baasa rey de Israel, todo el tiempo de ambos.

Reinado de Baasa

33 En el tercer año de Asa rey de Judá, comenzó a reinar Baasa hijo de Ahías sobre todo Israel en Tirsa; y reinó veinticuatro años.

34 E hizo lo malo ante los ojos de Jehová, y anduvo en el camino de Jeroboam, y en su pecado con que hizo pecar a Israel.

16 **1** Y vino palabra de Jehová a Jehú hijo de Hanani contra Baasa, diciendo:

2 Por cuanto yo te levanté del polvo y te puse por príncipe sobre mi pueblo Israel, y has andado en el camino de Jeroboam, y has hecho pecar a mi pueblo Israel, provocándome a ira con tus pecados;

3 he aquí yo barreré la posteridad de Baasa, y la posteridad de su casa; y pondré su casa como la casa de Jeroboam hijo de Nabat.

4 El que de Baasa fuere muerto en la ciudad, lo comerán los perros; y el que de él fuere muerto en el campo, lo comerán las aves del cielo.

5 Los demás hechos de Baasa, y las cosas que hizo, y su poderío, ¿no está todo escrito en el libro de las crónicas de los reyes de Israel?

6 Y durmió Baasa con sus padres, y fue sepultado en Tirsa, y reinó en su lugar Ela su hijo.

7 Pero la palabra de Jehová por el profeta Jehú hijo de Hanani había sido contra Baasa y también contra su casa, con motivo de todo lo malo que hizo ante los ojos de Jehová, provocándole a ira con las obras de sus manos, para que fuese hecha como la casa de Jeroboam; y porque la había destruido.

Reinados de Ela y de Zimri

8 En el año veintiséis de Asa rey de Judá comenzó a reinar Ela hijo de Baasa sobre Israel en Tirsa; y reinó dos años.

9 Y conspiró contra él su siervo Zimri, comandante de la mitad de los carros. Y estando él en Tirsa, bebiendo y embriagado en casa de Arsa su mayordomo en Tirsa,

10 vino Zimri y lo hirió y lo mató, en el año veintisiete de Asa rey de Judá; y reinó en lugar suyo.

11 Y luego que llegó a reinar y estuvo sentado en su trono, mató a toda la casa de Baasa, sin dejar en ella varón, ni parientes ni amigos.

12 Así exterminó Zimri a toda la casa de Baasa, conforme a la palabra que Jehová había proferido contra Baasa por medio del profeta Jehú,

13 por todos los pecados de Baasa y los pecados de Ela su hijo, con los cuales ellos pecaron e hicieron pecar a Israel, provocando a enojo con sus vanidades a Jehová Dios de Israel.

14 Los demás hechos de Ela, y todo lo que hizo, ¿no está todo escrito en el libro de las crónicas de los reyes de Israel?

15 En el año veintisiete de Asa rey de Judá, comenzó a reinar Zimri, y reinó siete días en Tirsa; y el pueblo había acampado contra Gibetón, ciudad de los filisteos.

16 Y el pueblo que estaba en el campamento oyó decir: Zimri ha conspirado, y ha dado muerte al rey. Entonces todo Israel puso aquel mismo día por rey sobre Israel a Omri, general del ejército, en el campo de batalla.

17 Y subió Omri de Gibetón, y con él todo Israel, y sitiaron a Tirsa.

18 Mas viendo Zimri tomada la ciudad, se metió en el palacio de la casa real, y prendió fuego a la casa consigo; y así murió,

19 por los pecados que había cometido, haciendo lo malo ante los ojos de Jehová, y andando en los caminos de Jeroboam, y en su pecado que cometió, haciendo pecar a Israel.

20 El resto de los hechos de Zimri, y la conspiración que hizo, ¿no está todo escrito en el libro de las crónicas de los reyes de Israel?

Reinado de Omri

21 Entonces el pueblo de Israel fue dividido en dos partes: la mitad del pueblo seguía a Tibni hijo de Ginat para hacerlo rey, y la otra mitad seguía a Omri.

22 Mas el pueblo que seguía a Omri pudo más que el que seguía a Tibni hijo de Ginat; y Tibni murió, y Omri fue rey.

23 En el año treinta y uno de Asa rey de Judá, comenzó a reinar Omri sobre Israel, y reinó doce años; en Tirsa reinó seis años.

24 Y Omri compró a Semer el monte de Samaria por dos talentos de plata, y edificó en el monte; y llamó el nombre de la ciudad que edificó, Samaria, del nombre de Semer, que fue dueño de aquel monte.

25 Y Omri hizo lo malo ante los ojos de Jehová, e hizo peor que todos los que habían reinado antes de él;

26 pues anduvo en todos los caminos de Jeroboam hijo de Nabat, y en el pecado con el cual hizo pecar a Israel, provocando a ira a Jehová Dios de Israel con sus ídolos.

27 Los demás hechos de Omri, y todo lo que hizo, y las valentías que ejecutó, ¿no está todo escrito en el libro de las crónicas de los reyes de Israel?

28 Y Omri durmió con sus padres, y fue sepultado en Samaria, y reinó en lugar suyo Acab su hijo.

Reinado de Acab

29 Comenzó a reinar Acab hijo de Omri sobre Israel el año treinta y ocho de Asa rey de Judá.

30 Y reinó Acab hijo de Omri sobre Israel en Samaria veintidós años. Y Acab hijo de Omri hizo lo malo ante los ojos de Jehová, más que todos los que reinaron antes de él.

31 Porque le fue ligera cosa andar en los pecados de Jeroboam hijo de Nabat, y tomó por mujer a Jezabel, hija de Et-baal rey de los sidonios, y fue y sirvió a Baal, y lo adoró.

32 E hizo altar a Baal, en el templo de Baal que él edificó en Samaria.

33 Hizo también Acab una imagen de Asera, haciendo así Acab más que todos los reyes de Israel que reinaron antes que él, para provocar la ira de Jehová Dios de Israel.

34 En su tiempo Hiel de Bet-el reedificó a Jericó. A precio de la vida de Abiram su primogénito echó el cimiento, y a precio de la vida de Segub su hijo menor puso sus puertas, conforme a la palabra que Jehová había hablado por Josué hijo de Nun.ª

Elías predice la sequía

17 **1** Entonces Elías tisbita, que era de los moradores de Galaad, dijo a Acab: Vive Jehová Dios de Israel, en cuya presencia estoy, que no habrá lluvia ni rocío en estos años, sino por mi palabra.ª

2 Y vino a él palabra de Jehová, diciendo:

3 Apártate de aquí, y vuélvete al oriente, y escóndete en el arroyo de Querit, que está frente al Jordán.

4 Beberás del arroyo; y yo he mandado a los cuervos que te den allí de comer.

5 Y él fue e hizo conforme a la palabra de Jehová; pues se fue y vivió junto al arroyo de Querit, que está frente al Jordán.

6 Y los cuervos le traían pan y carne por la mañana, y pan y carne por la tarde; y bebía del arroyo.

7 Pasados algunos días, se secó el arroyo, porque no había llovido sobre la tierra.

Elías y la viuda de Sarepta

8 Vino luego a él palabra de Jehová, diciendo:

9 Levántate, vete a Sarepta de Sidón, y mora allí; he aquí yo he dado orden allí a una mujer viudaᵇ que te sustente.

10 Entonces él se levantó y se fue a Sarepta. Y cuando llegó a la puerta de la ciudad, he aquí una mujer viuda que estaba allí recogiendo leña; y él la llamó, y le dijo: Te ruego que me traigas un poco de agua en un vaso, para que beba.

11 Y yendo ella para traérsela, él la volvió a llamar, y le dijo: Te ruego que me traigas también un bocado de pan en tu mano.

12 Y ella respondió: Vive Jehová tu Dios, que no tengo pan cocido; solamente un puñado de harina tengo en la tinaja, y un poco de aceite en una vasija; y ahora recogía dos leños, para entrar y prepararlo para mí y para mi hijo, para que lo comamos, y nos dejemos morir.

13 Elías le dijo: No tengas temor; ve, haz como has dicho; pero hazme a mí primero de ello una pequeña torta cocida debajo

a **16.34** Jos 6.26.   a **17.1** Stg 5.17.   b **17.9** Lc 4.25, 26.

de la ceniza, y tráemela; y después harás para ti y para tu hijo.

14 Porque Jehová Dios de Israel ha dicho así: La harina de la tinaja no escaseará, ni el aceite de la vasija disminuirá, hasta el día en que Jehová haga llover sobre la faz de la tierra.

15 Entonces ella fue e hizo como le dijo Elías; y comió él, y ella, y su casa, muchos días.

16 Y la harina de la tinaja no escaseó, ni el aceite de la vasija menguó, conforme a la palabra que Jehová había dicho por Elías.

17 Después de estas cosas aconteció que cayó enfermo el hijo del ama de la casa; y la enfermedad fue tan grave que no quedó en él aliento.

18 Y ella dijo a Elías: ¿Qué tengo yo contigo, varón de Dios? ¿Has venido a mí para traer a memoria mis iniquidades, y para hacer morir a mi hijo?

19 Él le dijo: Dame acá tu hijo. Entonces él lo tomó de su regazo, y lo llevó al aposento donde él estaba, y lo puso sobre su cama.

20 Y clamando a Jehová, dijo: Jehová Dios mío, ¿aun a la viuda en cuya casa estoy hospedado has afligido, haciéndole morir su hijo?

21 Y se tendió sobre el niño tres veces, y clamó a Jehová y dijo: Jehová Dios mío, te ruego que hagas volver el alma de este niño a él.

22 Y Jehová oyó la voz de Elías, y el alma del niño volvió a él, y revivió.

23 Tomando luego Elías al niño, lo trajo del aposento a la casa, y lo dio a su madre, y le dijo Elías: Mira, tu hijo vive.

24 Entonces la mujer dijo a Elías: Ahora conozco que tú eres varón de Dios, y que la palabra de Jehová es verdad en tu boca.

Elías regresa a ver a Acab

18 **1** Pasados muchos días, vino palabra de Jehová a Elías en el tercer año, diciendo: Ve, muéstrate a Acab, y yo haré llover sobre la faz de la tierra.

2 Fue, pues, Elías a mostrarse a Acab. Y el hambre era grave en Samaria.

3 Y Acab llamó a Abdías su mayordomo. Abdías era en gran manera temeroso de Jehová.

4 Porque cuando Jezabel destruía a los profetas de Jehová, Abdías tomó a cien profetas y los escondió de cincuenta en cincuenta en cuevas, y los sustentó con pan y agua.

5 Dijo, pues, Acab a Abdías: Ve por el país a todas las fuentes de aguas, y a todos los arroyos, a ver si acaso hallaremos hierba con que conservemos la vida a los caballos y a las mulas, para que no nos quedemos sin bestias.

6 Y dividieron entre sí el país para recorrerlo; Acab fue por un camino, y Abdías fue separadamente por otro.

7 Y yendo Abdías por el camino, se encontró con Elías; y cuando lo reconoció, se postró sobre su rostro y dijo: ¿No eres tú mi señor Elías?

8 Y él respondió: Yo soy; ve, di a tu amo: Aquí está Elías.

9 Pero él dijo: ¿En qué he pecado, para que entregues a tu siervo en mano de Acab para que me mate?

10 Vive Jehová tu Dios, que no ha habido nación ni reino adonde mi señor no haya enviado a buscarte; y todos han respondido: No está aquí; y a reinos y a naciones él ha hecho jurar que no te han hallado.

11 ¿Y ahora tú dices: Ve, di a tu amo: Aquí está Elías?

12 Acontecerá que luego que yo me haya ido, el Espíritu de Jehová te llevará adonde yo no sepa, y al venir yo y dar las nuevas a Acab, al no hallarte él, me matará; y tu siervo teme a Jehová desde su juventud.

13 ¿No ha sido dicho a mi señor lo que hice, cuando Jezabel mataba a los profetas de Jehová; que escondí a cien varones de los profetas de Jehová de cincuenta en cincuenta en cuevas, y los mantuve con pan y agua?

14 ¿Y ahora dices tú: Ve, di a tu amo: Aquí está Elías; para que él me mate?

15 Y le dijo Elías: Vive Jehová de los ejércitos, en cuya presencia estoy, que hoy me mostraré a él.

16 Entonces Abdías fue a encontrarse con Acab, y le dio el aviso; y Acab vino a encontrarse con Elías.

17 Cuando Acab vio a Elías, le dijo: ¿Eres tú el que turbas a Israel?

18 Y él respondió: Yo no he turbado a Israel, sino tú y la casa de tu padre, dejando los mandamientos de Jehová, y siguiendo a los baales.

19 Envía, pues, ahora y congrégame a todo Israel en el monte Carmelo, y los cuatrocientos cincuenta profetas de Baal, y los cuatrocientos profetas de Asera, que comen de la mesa de Jezabel.

Elías y los profetas de Baal

20 Entonces Acab convocó a todos los hijos de Israel, y reunió a los profetas en el monte Carmelo.

21 Y acercándose Elías a todo el pueblo, dijo: ¿Hasta cuándo claudicaréis vosotros entre dos pensamientos? Si Jehová es Dios, seguidle; y si Baal, id en pos de él. Y el pueblo no respondió palabra.

22 Y Elías volvió a decir al pueblo: Sólo yo he quedado profeta de Jehová; mas de los profetas de Baal hay cuatrocientos cincuenta hombres.

23 Dénsenos, pues, dos bueyes, y escojan ellos uno, y córtenlo en pedazos, y pónganlo sobre leña, pero no pongan fuego debajo; y yo prepararé el otro buey, y lo pondré sobre leña, y ningún fuego pondré debajo.

24 Invocad luego vosotros el nombre de vuestros dioses, y yo invocaré el nombre de Jehová; y el Dios que respondiere por medio de fuego, ése sea Dios. Y todo el pueblo respondió, diciendo: Bien dicho.

25 Entonces Elías dijo a los profetas de Baal: Escogeos un buey, y preparadlo vosotros primero, pues que sois los más; e invocad el nombre de vuestros dioses, mas no pongáis fuego debajo.

26 Y ellos tomaron el buey que les fue dado y lo prepararon, e invocaron el nombre de Baal desde la mañana hasta el mediodía, diciendo: ¡Baal, respóndenos! Pero no había voz, ni quien respondiese; entre tanto, ellos andaban saltando cerca del altar que habían hecho.

27 Y aconteció al mediodía, que Elías se burlaba de ellos, diciendo: Gritad en alta voz, porque dios es; quizá está meditando, o tiene algún trabajo, o va de camino; tal vez duerme, y hay que despertarle.

28 Y ellos clamaban a grandes voces, y se sajaban con cuchillos y con lancetas conforme a su costumbre, hasta chorrear la sangre sobre ellos.

29 Pasó el mediodía, y ellos siguieron gritando frenéticamente hasta la hora de ofrecerse el sacrificio, pero no hubo ninguna voz, ni quien respondiese ni escuchase.

30 Entonces dijo Elías a todo el pueblo: Acercaos a mí. Y todo el pueblo se le acercó; y él arregló el altar de Jehová que estaba arruinado.

31 Y tomando Elías doce piedras, conforme al número de las tribus de los hijos de Jacob, al cual había sido dada palabra de Jehová diciendo, Israel será tu nombre,[a]

32 edificó con las piedras un altar en el nombre de Jehová; después hizo una zanja alrededor del altar, en que cupieran dos medidas de grano.

33 Preparó luego la leña, y cortó el buey en pedazos, y lo puso sobre la leña.

34 Y dijo: Llenad cuatro cántaros de agua, y derramadla sobre el holocausto y sobre la leña. Y dijo: Hacedlo otra vez; y otra vez lo hicieron. Dijo aún: Hacedlo la tercera vez; y lo hicieron la tercera vez,

35 de manera que el agua corría alrededor del altar, y también se había llenado de agua la zanja.

36 Cuando llegó la hora de ofrecerse el holocausto, se acercó el profeta Elías y dijo: Jehová Dios de Abraham, de Isaac y de Israel, sea hoy manifiesto que tú eres Dios en Israel, y que yo soy tu siervo, y que por mandato tuyo he hecho todas estas cosas.

37 Respóndeme, Jehová, respóndeme, para que conozca este pueblo que tú, oh Jehová, eres el Dios, y que tú vuelves a ti el corazón de ellos.

38 Entonces cayó fuego de Jehová, y consumió el holocausto, la leña, las piedras y el polvo, y aun lamió el agua que estaba en la zanja.

39 Viéndolo todo el pueblo, se postraron y dijeron: ¡Jehová es el Dios, Jehová es el Dios!

40 Entonces Elías les dijo: Prended a los profetas de Baal, para que no escape ninguno. Y ellos los prendieron; y los llevó Elías al arroyo de Cisón, y allí los degolló.

Elías ora por lluvia

41 Entonces Elías dijo a Acab: Sube, come y bebe; porque una lluvia grande se oye.

42 Acab subió a comer y a beber. Y Elías subió a la cumbre del Carmelo, y postrándose en tierra, puso su rostro entre las rodillas.

43 Y dijo a su criado: Sube ahora, y mira hacia el mar. Y él subió, y miró, y dijo: No

---

a **18.31** Gn 32.28; 35.10.

hay nada. Y él le volvió a decir: Vuelve siete veces.

44 A la séptima vez dijo: Yo veo una pequeña nube como la palma de la mano de un hombre, que sube del mar. Y él dijo: Ve, y di a Acab: Unce tu carro y desciende, para que la lluvia no te ataje.

45 Y aconteció, estando en esto, que los cielos se oscurecieron con nubes y viento, y hubo una gran lluvia.[b] Y subiendo Acab, vino a Jezreel.

46 Y la mano de Jehová estuvo sobre Elías, el cual ciñó sus lomos, y corrió delante de Acab hasta llegar a Jezreel.

Elías huye a Horeb

19 **1** Acab dio a Jezabel la nueva de todo lo que Elías había hecho, y de cómo había matado a espada a todos los profetas.

2 Entonces envió Jezabel a Elías un mensajero, diciendo: Así me hagan los dioses, y aun me añadan, si mañana a estas horas yo no he puesto tu persona como la de uno de ellos.

3 Viendo, pues, el peligro, se levantó y se fue para salvar su vida, y vino a Beerseba, que está en Judá, y dejó allí a su criado.

4 Y él se fue por el desierto un día de camino, y vino y se sentó debajo de un enebro; y deseando morirse, dijo: Basta ya, oh Jehová, quítame la vida, pues no soy yo mejor que mis padres.

5 Y echándose debajo del enebro, se quedó dormido; y he aquí luego un ángel le tocó, y le dijo: Levántate, come.

6 Entonces él miró, y he aquí a su cabecera una torta cocida sobre las ascuas, y una vasija de agua; y comió y bebió, y volvió a dormirse.

7 Y volviendo el ángel de Jehová la segunda vez, lo tocó, diciendo: Levántate y come, porque largo camino te resta.

8 Se levantó, pues, y comió y bebió; y fortalecido con aquella comida caminó cuarenta días y cuarenta noches hasta Horeb, el monte de Dios.

9 Y allí se metió en una cueva, donde pasó la noche. Y vino a él palabra de Jehová, el cual le dijo: ¿Qué haces aquí, Elías?

10 Él respondió: He sentido un vivo celo por Jehová Dios de los ejércitos; porque los hijos de Israel han dejado tu pacto, han derribado tus altares, y han matado a espada a tus profetas; y sólo yo he quedado, y me buscan para quitarme la vida.[a]

11 Él le dijo: Sal fuera, y ponte en el monte delante de Jehová. Y he aquí Jehová que pasaba, y un grande y poderoso viento que rompía los montes, y quebraba las peñas delante de Jehová; pero Jehová no estaba en el viento. Y tras el viento un terremoto; pero Jehová no estaba en el terremoto.

12 Y tras el terremoto un fuego; pero Jehová no estaba en el fuego. Y tras el fuego un silbo apacible y delicado.

13 Y cuando lo oyó Elías, cubrió su rostro con su manto, y salió, y se puso a la puerta de la cueva. Y he aquí vino a él una voz, diciendo: ¿Qué haces aquí, Elías?

14 Él respondió: He sentido un vivo celo por Jehová Dios de los ejércitos; porque los hijos de Israel han dejado tu pacto, han derribado tus altares, y han matado a espada a tus profetas; y sólo yo he quedado, y me buscan para quitarme la vida.[a]

15 Y le dijo Jehová: Ve, vuélvete por tu camino, por el desierto de Damasco; y llegarás, y ungirás a Hazael por rey de Siria.[b]

16 A Jehú hijo de Nimsi ungirás por rey sobre Israel;[c] y a Eliseo hijo de Safat, de Abel-mehola, ungirás para que sea profeta en tu lugar.

17 Y el que escapare de la espada de Hazael, Jehú lo matará; y el que escapare de la espada de Jehú, Eliseo lo matará.

18 Y yo haré que queden en Israel siete mil, cuyas rodillas no se doblaron ante Baal,[d] y cuyas bocas no lo besaron.

Llamamiento de Eliseo

19 Partiendo él de allí, halló a Eliseo hijo de Safat, que araba con doce yuntas delante de sí, y él tenía la última. Y pasando Elías por delante de él, echó sobre él su manto.

20 Entonces dejando él los bueyes, vino corriendo en pos de Elías, y dijo: Te ruego que me dejes besar a mi padre y a mi madre, y luego te seguiré. Y él le dijo: Ve, vuelve; ¿qué te he hecho yo?

21 Y se volvió, y tomó un par de bueyes y los mató, y con el arado de los bueyes coció la carne, y la dio al pueblo para que

---

b 18.42-45 Stg 5.18.   **a 19.10, 14** Ro 11.3.   **b 19.15** 2 R 8.7-13.
c 19.16 2 R 9.1-6.   **d 19.18** Ro 11.4.

comiesen. Después se levantó y fue tras Elías, y le servía.

Acab derrota a los sirios

20 ¹ Entonces Ben-adad rey de Siria juntó a todo su ejército, y con él a treinta y dos reyes, con caballos y carros; y subió y sitió a Samaria, y la combatió.

² Y envió mensajeros a la ciudad a Acab rey de Israel, diciendo:

³ Así ha dicho Ben-adad: Tu plata y tu oro son míos, y tus mujeres y tus hijos hermosos son míos.

⁴ Y el rey de Israel respondió y dijo: Como tú dices, rey señor mío, yo soy tuyo, y todo lo que tengo.

⁵ Volviendo los mensajeros otra vez, dijeron: Así dijo Ben-adad: Yo te envié a decir: Tu plata y tu oro, y tus mujeres y tus hijos me darás.

⁶ Además, mañana a estas horas enviaré yo a ti mis siervos, los cuales registrarán tu casa, y las casas de tus siervos; y tomarán y llevarán todo lo precioso que tengas.

⁷ Entonces el rey de Israel llamó a todos los ancianos del país, y les dijo: Entended, y ved ahora cómo éste no busca sino mal; pues ha enviado a mí por mis mujeres y mis hijos, y por mi plata y por mi oro, y yo no se lo he negado.

⁸ Y todos los ancianos y todo el pueblo le respondieron: No le obedezcas, ni hagas lo que te pide.

⁹ Entonces él respondió a los embajadores de Ben-adad: Decid al rey mi señor: Haré todo lo que mandaste a tu siervo al principio; mas esto no lo puedo hacer. Y los embajadores fueron, y le dieron la respuesta.

¹⁰ Y Ben-adad nuevamente le envió a decir: Así me hagan los dioses, y aun me añadan, que el polvo de Samaria no bastará a los puños de todo el pueblo que me sigue.

¹¹ Y el rey de Israel respondió y dijo: Decidle que no se alabe tanto el que se ciñe las armas, como el que las desciñe.

¹² Y cuando él oyó esta palabra, estando bebiendo con los reyes en las tiendas, dijo a sus siervos: Disponeos. Y ellos se dispusieron contra la ciudad.

¹³ Y he aquí un profeta vino a Acab rey de Israel, y le dijo: Así ha dicho Jehová: ¿Has visto esta gran multitud? He aquí yo te la entregaré hoy en tu mano, para que conozcas que yo soy Jehová.

¹⁴ Y respondió Acab: ¿Por mano de quién? Él dijo: Así ha dicho Jehová: Por mano de los siervos de los príncipes de las provincias. Y dijo Acab: ¿Quién comenzará la batalla? Y él respondió: Tú.

¹⁵ Entonces él pasó revista a los siervos de los príncipes de las provincias, los cuales fueron doscientos treinta y dos. Luego pasó revista a todo el pueblo, a todos los hijos de Israel, que fueron siete mil.

¹⁶ Y salieron a mediodía. Y estaba Ben-adad bebiendo y embriagándose en las tiendas, él y los reyes, los treinta y dos reyes que habían venido en su ayuda.

¹⁷ Y los siervos de los príncipes de las provincias salieron los primeros. Y Ben-adad había enviado quien le dio aviso, diciendo: Han salido hombres de Samaria.

¹⁸ Él entonces dijo: Si han salido por paz, tomadlos vivos; y si han salido para pelear, tomadlos vivos.

¹⁹ Salieron, pues, de la ciudad los siervos de los príncipes de las provincias, y en pos de ellos el ejército.

²⁰ Y mató cada uno al que venía contra él; y huyeron los sirios, siguiéndoles los de Israel. Y el rey de Siria, Ben-adad, se escapó en un caballo con alguna gente de caballería.

²¹ Y salió el rey de Israel, e hirió la gente de a caballo, y los carros, y deshizo a los sirios causándoles gran estrago.

²² Vino luego el profeta al rey de Israel y le dijo: Ve, fortalécete, y considera y mira lo que hagas; porque pasado un año, el rey de Siria vendrá contra ti.

²³ Y los siervos del rey de Siria le dijeron: Sus dioses son dioses de los montes, por eso nos han vencido; mas si peleáremos con ellos en la llanura, se verá si no los vencemos.

²⁴ Haz, pues, así: Saca a los reyes cada uno de su puesto, y pon capitanes en lugar de ellos.

²⁵ Y tú fórmate otro ejército como el ejército que perdiste, caballo por caballo, y carro por carro; luego pelearemos con ellos en campo raso, y veremos si

no los vencemos. Y él les dio oído, y lo hizo así.

26 Pasado un año, Ben-adad pasó revista al ejército de los sirios, y vino a Afec para pelear contra Israel.

27 Los hijos de Israel fueron también inspeccionados, y tomando provisiones fueron al encuentro de ellos; y acamparon los hijos de Israel delante de ellos como dos rebañuelos de cabras, y los sirios llenaban la tierra.

28 Vino entonces el varón de Dios al rey de Israel, y le habló diciendo: Así dijo Jehová: Por cuanto los sirios han dicho: Jehová es Dios de los montes, y no Dios de los valles, yo entregaré toda esta gran multitud en tu mano, para que conozcáis que yo soy Jehová.

29 Siete días estuvieron acampados los unos frente a los otros, y al séptimo día se dio la batalla; y los hijos de Israel mataron de los sirios en un solo día cien mil hombres de a pie.

30 Los demás huyeron a Afec, a la ciudad; y el muro cayó sobre veintisiete mil hombres que habían quedado. También Ben-adad vino huyendo a la ciudad, y se escondía de aposento en aposento.

31 Entonces sus siervos le dijeron: He aquí, hemos oído de los reyes de la casa de Israel, que son reyes clementes; pongamos, pues, ahora cilicio en nuestros lomos, y sogas en nuestros cuellos, y salgamos al rey de Israel, a ver si por ventura te salva la vida.

32 Ciñeron, pues, sus lomos con cilicio, y sogas a sus cuellos, y vinieron al rey de Israel y le dijeron: Tu siervo Ben-adad dice: Te ruego que viva mi alma. Y él respondió: Si él vive aún, mi hermano es.¹

33 Esto tomaron aquellos hombres por buen augurio, y se apresuraron a tomar la palabra de su boca, y dijeron: Tu hermano Ben-adad vive. Y él dijo: Id y traedle. Ben-adad entonces se presentó a Acab, y él le hizo subir en un carro.

34 Y le dijo Ben-adad: Las ciudades que mi padre tomó al tuyo, yo las restituiré; y haz plazas en Damasco para ti, como mi padre las hizo en Samaria. Y yo, dijo Acab, te dejaré partir con este pacto. Hizo, pues, pacto con él, y le dejó ir.

35 Entonces un varón de los hijos de los profetas dijo a su compañero por palabra de Dios: Hiéreme ahora. Mas el otro no quiso herirle.

36 Él le dijo: Por cuanto no has obedecido a la palabra de Jehová, he aquí que cuando te apartes de mí, te herirá un león. Y cuando se apartó de él, le encontró un león, y le mató.

37 Luego se encontró con otro hombre, y le dijo: Hiéreme ahora. Y el hombre le dio un golpe, y le hizo una herida.

38 Y el profeta se fue, y se puso delante del rey en el camino, y se disfrazó, poniéndose una venda sobre los ojos.

39 Y cuando el rey pasaba, él dio voces al rey, y dijo: Tu siervo salió en medio de la batalla; y he aquí que se me acercó un soldado y me trajo un hombre, diciéndome: Guarda a este hombre, y si llegare a huir, tu vida será por la suya, o pagarás un talento de plata.

40 Y mientras tu siervo estaba ocupado en una y en otra cosa, el hombre desapareció. Entonces el rey de Israel le dijo: Ésa será tu sentencia; tú la has pronunciado.

41 Pero él se quitó de pronto la venda de sobre sus ojos, y el rey de Israel conoció que era de los profetas.

42 Y él le dijo: Así ha dicho Jehová: Por cuanto soltaste de la mano el hombre de mi anatema, tu vida será por la suya, y tu pueblo por el suyo.

43 Y el rey de Israel se fue a su casa triste y enojado, y llegó a Samaria.

Acab y la viña de Nabot

21 **1** Pasadas estas cosas, aconteció que Nabot de Jezreel tenía allí una viña junto al palacio de Acab rey de Samaria.

2 Y Acab habló a Nabot, diciendo: Dame tu viña para un huerto de legumbres, porque está cercana a mi casa, y yo te daré por ella otra viña mejor que ésta; o si mejor te pareciere, te pagaré su valor en dinero.

3 Y Nabot respondió a Acab: Guárdeme Jehová de que yo te dé a ti la heredad de mis padres.

4 Y vino Acab a su casa triste y enojado, por la palabra que Nabot de Jezreel le había respondido, diciendo: No te daré la heredad de mis padres. Y se acostó en su cama, y volvió su rostro, y no comió.

5.Vino a él su mujer Jezabel, y le dijo: ¿Por qué está tan decaído tu espíritu, y no comes?

6 Él respondió: Porque hablé con Nabot de Jezreel, y le dije que me diera su viña por dinero, o que si más quería, le daría otra viña por ella; y él respondió: Yo no te daré mi viña.

7 Y su mujer Jezabel le dijo: ¿Eres tú ahora rey sobre Israel? Levántate, y come y alégrate; yo te daré la viña de Nabot de Jezreel.

8 Entonces ella escribió cartas en nombre de Acab, y las selló con su anillo, y las envió a los ancianos y a los principales que moraban en la ciudad con Nabot.

9 Y las cartas que escribió decían así: Proclamad ayuno, y poned a Nabot delante del pueblo;

10 y poned a dos hombres perversos delante de él, que atestigüen contra él y digan: Tú has blasfemado a Dios y al rey. Y entonces sacadlo, y apedreadlo para que muera.

11 Y los de su ciudad, los ancianos y los principales que moraban en su ciudad, hicieron como Jezabel les mandó, conforme a lo escrito en las cartas que ella les había enviado.

12 Y promulgaron ayuno, y pusieron a Nabot delante del pueblo.

13 Vinieron entonces dos hombres perversos, y se sentaron delante de él; y aquellos hombres perversos atestiguaron contra Nabot delante del pueblo, diciendo: Nabot ha blasfemado a Dios y al rey. Y lo llevaron fuera de la ciudad y lo apedrearon, y murió.

14 Después enviaron a decir a Jezabel: Nabot ha sido apedreado y ha muerto.

15 Cuando Jezabel oyó que Nabot había sido apedreado y muerto, dijo a Acab: Levántate y toma la viña de Nabot de Jezreel, que no te la quiso dar por dinero; porque Nabot no vive, sino que ha muerto.

16 Y oyendo Acab que Nabot era muerto, se levantó para descender a la viña de Nabot de Jezreel, para tomar posesión de ella.

17 Entonces vino palabra de Jehová a Elías tisbita, diciendo:

18 Levántate, desciende a encontrarte con Acab rey de Israel, que está en Samaria; he aquí él está en la viña de Nabot, a la cual ha descendido para tomar posesión de ella.

19 Y le hablarás diciendo: Así ha dicho Jehová: ¿No mataste, y también has despojado? Y volverás a hablarle, diciendo: Así ha dicho Jehová: En el mismo lugar donde lamieron los perros la sangre de Nabot, los perros lamerán también tu sangre, tu misma sangre.

20 Y Acab dijo a Elías: ¿Me has hallado, enemigo mío? Él respondió: Te he encontrado, porque te has vendido a hacer lo malo delante de Jehová.

21 He aquí yo traigo mal sobre ti, y barreré tu posteridad y destruiré hasta el último varón de la casa de Acab, tanto el siervo como el libre en Israel.

22 Y pondré tu casa como la casa de Jeroboam hijo de Nabat, y como la casa de Baasa hijo de Ahías, por la rebelión con que me provocaste a ira, y con que has hecho pecar a Israel.

23 De Jezabel también ha hablado Jehová, diciendo: Los perros comerán a Jezabel en el muro de Jezreel.[a]

24 El que de Acab fuere muerto en la ciudad, los perros lo comerán, y el que fuere muerto en el campo, lo comerán las aves del cielo.

25 (A la verdad ninguno fue como Acab, que se vendió para hacer lo malo ante los ojos de Jehová; porque Jezabel su mujer lo incitaba.

26 Él fue en gran manera abominable, caminando en pos de los ídolos, conforme a todo lo que hicieron los amorreos, a los cuales lanzó Jehová de delante de los hijos de Israel.)

27 Y sucedió que cuando Acab oyó estas palabras, rasgó sus vestidos y puso cilicio sobre su carne, ayunó, y durmió en cilicio, y anduvo humillado.

28 Entonces vino palabra de Jehová a Elías tisbita, diciendo:

29 ¿No has visto cómo Acab se ha humillado delante de mí? Pues por cuanto se ha humillado delante de mí, no traeré el mal en sus días; en los días de su hijo traeré el mal sobre su casa.

Micaías profetiza la derrota de Acab
(2 Cr 18.1-34)

22 1 Tres años pasaron sin guerra entre los sirios e Israel.

---

a 21.23 2 R 9.36.

2 Y aconteció al tercer año, que Josafat rey de Judá descendió al rey de Israel.

3 Y el rey de Israel dijo a sus siervos: ¿No sabéis que Ramot de Galaad es nuestra, y nosotros no hemos hecho nada para tomarla de mano del rey de Siria?

4 Y dijo a Josafat: ¿Quieres venir conmigo a pelear contra Ramot de Galaad? Y Josafat respondió al rey de Israel: Yo soy como tú, y mi pueblo como tu pueblo, y mis caballos como tus caballos.

5 Dijo luego Josafat al rey de Israel: Yo te ruego que consultes hoy la palabra de Jehová.

6 Entonces el rey de Israel reunió a los profetas, como cuatrocientos hombres, a los cuales dijo: ¿Iré a la guerra contra Ramot de Galaad, o la dejaré? Y ellos dijeron: Sube, porque Jehová la entregará en mano del rey.

7 Y dijo Josafat: ¿Hay aún aquí algún profeta de Jehová, por el cual consultemos?

8 El rey de Israel respondió a Josafat: Aún hay un varón por el cual podríamos consultar a Jehová, Micaías hijo de Imla; mas yo le aborrezco, porque nunca me profetiza bien, sino solamente mal. Y Josafat dijo: No hable el rey así.

9 Entonces el rey de Israel llamó a un oficial, y le dijo: Trae pronto a Micaías hijo de Imla.

10 Y el rey de Israel y Josafat rey de Judá estaban sentados cada uno en su silla, vestidos de sus ropas reales, en la plaza junto a la entrada de la puerta de Samaria; y todos los profetas profetizaban delante de ellos.

11 Y Sedequías hijo de Quenaana se había hecho unos cuernos de hierro, y dijo: Así ha dicho Jehová: Con éstos acornearás a los sirios hasta acabarlos.

12 Y todos los profetas profetizaban de la misma manera, diciendo: Sube a Ramot de Galaad, y serás prosperado; porque Jehová la entregará en mano del rey.

13 Y el mensajero que había ido a llamar a Micaías, le habló diciendo: He aquí que las palabras de los profetas a una voz anuncian al rey cosas buenas; sea ahora tu palabra conforme a la palabra de alguno de ellos, y anuncia también buen éxito.

14 Y Micaías respondió: Vive Jehová, que lo que Jehová me hablare, eso diré.

15 Vino, pues, al rey, y el rey le dijo: Micaías, ¿iremos a pelear contra Ramot de Galaad, o la dejaremos? Él le respondió: Sube, y serás prosperado, y Jehová la entregará en mano del rey.

16 Y el rey le dijo: ¿Hasta cuántas veces he de exigirte que no me digas sino la verdad en el nombre de Jehová?

17 Entonces él dijo: Yo vi a todo Israel esparcido por los montes, como ovejas que no tienen pastor;[a] y Jehová dijo: Éstos no tienen señor; vuélvase cada uno a su casa en paz.

18 Y el rey de Israel dijo a Josafat: ¿No te lo había yo dicho? Ninguna cosa buena profetizará él acerca de mí, sino solamente el mal.

19 Entonces él dijo: Oye, pues, palabra de Jehová: Yo vi a Jehová sentado en su trono, y todo el ejército de los cielos estaba junto a él, a su derecha y a su izquierda.

20 Y Jehová dijo: ¿Quién inducirá a Acab, para que suba y caiga en Ramot de Galaad? Y uno decía de una manera, y otro decía de otra.

21 Y salió un espíritu y se puso delante de Jehová, y dijo: Yo le induciré. Y Jehová le dijo: ¿De qué manera?

22 Él dijo: Yo saldré, y seré espíritu de mentira en boca de todos sus profetas. Y él dijo: Le inducirás, y aun lo conseguirás; ve, pues, y hazlo así.

23 Y ahora, he aquí Jehová ha puesto espíritu de mentira en la boca de todos tus profetas, y Jehová ha decretado el mal acerca de ti.

24 Entonces se acercó Sedequías hijo de Quenaana y golpeó a Micaías en la mejilla, diciendo: ¿Por dónde se fue de mí el Espíritu de Jehová para hablarte a ti?

25 Y Micaías respondió: He aquí tú lo verás en aquel día, cuando te irás metiendo de aposento en aposento para esconderte.

26 Entonces el rey de Israel dijo: Toma a Micaías, y llévalo a Amón gobernador de la ciudad, y a Joás hijo del rey;

27 y dirás: Así ha dicho el rey: Echad a éste en la cárcel, y mantenedle con pan de angustia y con agua de aflicción, hasta que yo vuelva en paz.

---

a **22.17** Mt 9.36; Mr 6.34.

28 Y dijo Micaías: Si llegas a volver en paz, Jehová no ha hablado por mí. En seguida dijo: Oíd, pueblos todos.

29 Subió, pues, el rey de Israel con Josafat rey de Judá a Ramot de Galaad.

30 Y el rey de Israel dijo a Josafat: Yo me disfrazaré, y entraré en la batalla; y tú ponte tus vestidos. Y el rey de Israel se disfrazó, y entró en la batalla.

31 Mas el rey de Siria había mandado a sus treinta y dos capitanes de los carros, diciendo: No peleéis ni con grande ni con chico, sino sólo contra el rey de Israel.

32 Cuando los capitanes de los carros vieron a Josafat, dijeron: Ciertamente éste es el rey de Israel; y vinieron contra él para pelear con él; mas el rey Josafat gritó.

33 Viendo entonces los capitanes de los carros que no era el rey de Israel, se apartaron de él.

34 Y un hombre disparó su arco a la ventura e hirió al rey de Israel por entre las junturas de la armadura, por lo que dijo él a su cochero: Da la vuelta, y sácame del campo, pues estoy herido.

35 Pero la batalla había arreciado aquel día, y el rey estuvo en su carro delante de los sirios, y a la tarde murió; y la sangre de la herida corría por el fondo del carro.

36 Y a la puesta del sol salió un pregón por el campamento, diciendo: ¡Cada uno a su ciudad, y cada cual a su tierra!

37 Murió, pues, el rey, y fue traído a Samaria; y sepultaron al rey en Samaria.

38 Y lavaron el carro en el estanque de Samaria; y los perros lamieron su sangre (y también las rameras se lavaban allí), conforme a la palabra que Jehová había hablado.

39 El resto de los hechos de Acab, y todo lo que hizo, y la casa de marfil que construyó, y todas las ciudades que edificó, ¿no está escrito en el libro de las crónicas de los reyes de Israel?

40 Y durmió Acab con sus padres, y reinó en su lugar Ocozías su hijo.

Reinado de Josafat

(2 Cr 20.31-37)

41 Josafat hijo de Asa comenzó a reinar sobre Judá en el cuarto año de Acab rey de Israel.

42 Era Josafat de treinta y cinco años cuando comenzó a reinar, y reinó veinticinco años en Jerusalén. El nombre de su madre fue Azuba hija de Silhi.

43 Y anduvo en todo el camino de Asa su padre, sin desviarse de él, haciendo lo recto ante los ojos de Jehová. Con todo eso, los lugares altos no fueron quitados; porque el pueblo sacrificaba aún, y quemaba incienso en ellos.

44 Y Josafat hizo paz con el rey de Israel.

45 Los demás hechos de Josafat, y sus hazañas, y las guerras que hizo, ¿no están escritos en el libro de las crónicas de los reyes de Judá?

46 Barrió también de la tierra el resto de los sodomitas que había quedado en el tiempo de su padre Asa.

47 No había entonces rey en Edom; había gobernador en lugar de rey.

48 Josafat había hecho naves de Tarsis, las cuales habían de ir a Ofir por oro; mas no fueron, porque se rompieron en Ezión-geber.

49 Entonces Ocozías hijo de Acab dijo a Josafat: Vayan mis siervos con los tuyos en las naves. Mas Josafat no quiso.

50 Y durmió Josafat con sus padres, y fue sepultado con ellos en la ciudad de David su padre; y en su lugar reinó Joram su hijo.

Reinado de Ocozías de Israel

51 Ocozías hijo de Acab comenzó a reinar sobre Israel en Samaria, el año diecisiete de Josafat rey de Judá; y reinó dos años sobre Israel.

52 E hizo lo malo ante los ojos de Jehová, y anduvo en el camino de su padre, y en el camino de su madre, y en el camino de Jeroboam hijo de Nabat, que hizo pecar a Israel;

53 porque sirvió a Baal, y lo adoró, y provocó a ira a Jehová Dios de Israel, conforme a todas las cosas que había hecho su padre.

REYES

Muerte de Ocozías

1 ¹ Después de la muerte de Acab, se rebeló Moab contra Israel.

² Y Ocozías cayó por la ventana de una sala de la casa que tenía en Samaria; y estando enfermo, envió mensajeros, y les dijo: Id y consultad a Baal-zebub dios de Ecrón, si he de sanar de esta mi enfermedad.

³ Entonces el ángel de Jehová habló a Elías tisbita, diciendo: Levántate, y sube a encontrarte con los mensajeros del rey de Samaria, y diles: ¿No hay Dios en Israel, que vais a consultar a Baal-zebub dios de Ecrón?

⁴ Por tanto, así ha dicho Jehová: Del lecho en que estás no te levantarás, sino que ciertamente morirás. Y Elías se fue.

⁵ Cuando los mensajeros se volvieron al rey, él les dijo: ¿Por qué os habéis vuelto?

⁶ Ellos le respondieron: Encontramos a un varón que nos dijo: Id, y volveos al rey que os envió, y decidle: Así ha dicho Jehová: ¿No hay Dios en Israel, que tú envías a consultar a Baal-zebub dios de Ecrón? Por tanto, del lecho en que estás no te levantarás; de cierto morirás.

⁷ Entonces él les dijo: ¿Cómo era aquel varón que encontrasteis, y os dijo tales palabras?

⁸ Y ellos le respondieron: Un varón que tenía vestido de pelo, y ceñía sus lomos con un cinturón de cuero.ª Entonces él dijo: Es Elías tisbita.

⁹ Luego envió a él un capitán de cincuenta con sus cincuenta, el cual subió a donde él estaba; y he aquí que él estaba sentado en la cumbre del monte. Y el capitán le dijo: Varón de Dios, el rey ha dicho que desciendas.

¹⁰ Y Elías respondió y dijo al capitán de cincuenta: Si yo soy varón de Dios, descienda fuego del cielo, y consúmate con tus cincuenta.ᵇ Y descendió fuego del cielo, que lo consumió a él y a sus cincuenta.

¹¹ Volvió el rey a enviar a él otro capitán de cincuenta con sus cincuenta; y le habló y dijo: Varón de Dios, el rey ha dicho así: Desciende pronto.

¹² Y le respondió Elías y dijo: Si yo soy varón de Dios, descienda fuego del cielo, y consúmate con tus cincuenta.ᶜ Y descendió fuego del cielo, y lo consumió a él y a sus cincuenta.

¹³ Volvió a enviar al tercer capitán de cincuenta con sus cincuenta; y subiendo aquel tercer capitán de cincuenta, se puso de rodillas delante de Elías y le rogó, diciendo: Varón de Dios, te ruego que sea de valor delante de tus ojos mi vida, y la vida de estos tus cincuenta siervos.

¹⁴ He aquí ha descendido fuego del cielo, y ha consumido a los dos primeros capitanes de cincuenta con sus cincuenta; sea estimada ahora mi vida delante de tus ojos.

¹⁵ Entonces el ángel de Jehová dijo a Elías: Desciende con él; no tengas miedo de él. Y él se levantó, y descendió con él al rey.

¹⁶ Y le dijo: Así ha dicho Jehová: Por cuanto enviaste mensajeros a consultar a Baal-zebub dios de Ecrón, ¿no hay Dios en Israel para consultar en su palabra? No te levantarás, por tanto, del lecho en que estás, sino que de cierto morirás.

¹⁷ Y murió conforme a la palabra de Jehová, que había hablado Elías. Reinó en su lugar Joram, en el segundo año de Joram hijo de Josafat, rey de Judá; porque Ocozías no tenía hijo.

¹⁸ Los demás hechos de Ocozías, ¿no están escritos en el libro de las crónicas de los reyes de Israel?

Eliseo sucede a Elías

2 ¹ Aconteció que cuando quiso Jehová alzar a Elías en un torbellino al cielo, Elías venía con Eliseo de Gilgal.

² Y dijo Elías a Eliseo: Quédate ahora aquí, porque Jehová me ha enviado a Bet-el. Y

ª 1.8 Mt 3.4; Mr 1.6.   ᵇ 1.10 Lc 9.54.   ᶜ 1.12 Lc 9.54.

Eliseo dijo: Vive Jehová, y vive tu alma, que no te dejaré. Descendieron, pues, a Bet-el.

3 Y saliendo a Eliseo los hijos de los profetas que estaban en Bet-el, le dijeron: ¿Sabes que Jehová te quitará hoy a tu señor de sobre ti? Y él dijo: Sí, yo lo sé; callad.

4 Y Elías le volvió a decir: Eliseo, quédate aquí ahora, porque Jehová me ha enviado a Jericó. Y él dijo: Vive Jehová, y vive tu alma, que no te dejaré. Vinieron, pues, a Jericó.

5 Y se acercaron a Eliseo los hijos de los profetas que estaban en Jericó, y le dijeron: ¿Sabes que Jehová te quitará hoy a tu señor de sobre ti? Él respondió: Sí, yo lo sé; callad.

6 Y Elías le dijo: Te ruego que te quedes aquí, porque Jehová me ha enviado al Jordán. Y él dijo: Vive Jehová, y vive tu alma, que no te dejaré. Fueron, pues, ambos.

7 Y vinieron cincuenta varones de los hijos de los profetas, y se pararon delante a lo lejos; y ellos dos se pararon junto al Jordán.

8 Tomando entonces Elías su manto, lo dobló, y golpeó las aguas, las cuales se apartaron a uno y a otro lado, y pasaron ambos por lo seco.

9 Cuando habían pasado, Elías dijo a Eliseo: Pide lo que quieras que haga por ti, antes que yo sea quitado de ti. Y dijo Eliseo: Te ruego que una doble porción[a] de tu espíritu sea sobre mí.

10 Él le dijo: Cosa difícil has pedido. Si me vieres cuando fuere quitado de ti, te será hecho así; mas si no, no.

11 Y aconteció que yendo ellos y hablando, he aquí un carro de fuego con caballos de fuego apartó a los dos; y Elías subió al cielo en un torbellino.

12 Viéndolo Eliseo, clamaba: ¡Padre mío, padre mío, carro de Israel y su gente de a caballo![b] Y nunca más le vio; y tomando sus vestidos, los rompió en dos partes.

13 Alzó luego el manto de Elías que se le había caído, y volvió, y se paró a la orilla del Jordán.

14 Y tomando el manto de Elías que se le había caído, golpeó las aguas, y dijo: ¿Dónde está Jehová, el Dios de Elías? Y así que hubo golpeado del mismo modo las aguas, se apartaron a uno y a otro lado, y pasó Eliseo.

15 Viéndole los hijos de los profetas que estaban en Jericó al otro lado, dijeron: El espíritu de Elías reposó sobre Eliseo. Y vinieron a recibirle, y se postraron delante de él.

16 Y dijeron: He aquí hay con tus siervos cincuenta varones fuertes; vayan ahora y busquen a tu señor; quizá lo ha levantado el Espíritu de Jehová, y lo ha echado en algún monte o en algún valle. Y él les dijo: No enviéis.

17 Mas ellos le importunaron, hasta que avergonzándose dijo: Enviad. Entonces ellos enviaron cincuenta hombres, los cuales lo buscaron tres días, mas no lo hallaron.

18 Y cuando volvieron a Eliseo, que se había quedado en Jericó, él les dijo: ¿No os dije yo que no fueseis?

19 Y los hombres de la ciudad dijeron a Eliseo: He aquí, el lugar en donde está colocada esta ciudad es bueno, como mi señor ve; mas las aguas son malas, y la tierra es estéril.

20 Entonces él dijo: Traedme una vasija nueva, y poned en ella sal. Y se la trajeron.

21 Y saliendo él a los manantiales de las aguas, echó dentro la sal, y dijo: Así ha dicho Jehová: Yo sané estas aguas, y no habrá más en ellas muerte ni enfermedad.

22 Y fueron sanas las aguas hasta hoy, conforme a la palabra que habló Eliseo.

23 Después subió de allí a Bet-el; y subiendo por el camino, salieron unos muchachos de la ciudad, y se burlaban de él, diciendo: ¡Calvo, sube! ¡calvo, sube!

24 Y mirando él atrás, los vio, y los maldijo en el nombre de Jehová. Y salieron dos osos del monte, y despedazaron de ellos a cuarenta y dos muchachos.

25 De allí fue al monte Carmelo, y de allí volvió a Samaria.

Reinado de Joram de Israel

3 **1** Joram hijo de Acab comenzó a reinar en Samaria sobre Israel el año dieciocho de Josafat rey de Judá; y reinó doce años.

2 E hizo lo malo ante los ojos de Jehová, aunque no como su padre y su madre;

---

a 2.9 Dt 21.17.   **b 2.12** 2 R 13.14.

porque quitó las estatuas de Baal que su padre había hecho.

3 Pero se entregó a los pecados de Jeroboam hijo de Nabat, que hizo pecar a Israel, y no se apartó de ellos.

Eliseo predice la victoria sobre Moab

4 Entonces Mesa rey de Moab era propietario de ganados, y pagaba al rey de Israel cien mil corderos y cien mil carneros con sus vellones.

5 Pero muerto Acab, el rey de Moab se rebeló contra el rey de Israel.

6 Salió entonces de Samaria el rey Joram, y pasó revista a todo Israel.

7 Y fue y envió a decir a Josafat rey de Judá: El rey de Moab se ha rebelado contra mí: ¿irás tú conmigo a la guerra contra Moab? Y él respondió: Iré, porque yo soy como tú; mi pueblo como tu pueblo, y mis caballos como los tuyos.

8 Y dijo: ¿Por qué camino iremos? Y él respondió: Por el camino del desierto de Edom.

9 Salieron, pues, el rey de Israel, el rey de Judá, y el rey de Edom; y como anduvieron rodeando por el desierto siete días de camino, les faltó agua para el ejército, y para las bestias que los seguían.

10 Entonces el rey de Israel dijo: ¡Ah! que ha llamado Jehová a estos tres reyes para entregarlos en manos de los moabitas.

11 Mas Josafat dijo: ¿No hay aquí profeta de Jehová, para que consultemos a Jehová por medio de él? Y uno de los siervos del rey de Israel respondió y dijo: Aquí está Eliseo hijo de Safat, que servía a Elías.

12 Y Josafat dijo: Éste tendrá palabra de Jehová. Y descendieron a él el rey de Israel, y Josafat, y el rey de Edom.

13 Entonces Eliseo dijo al rey de Israel: ¿Qué tengo yo contigo? Ve a los profetas de tu padre, y a los profetas de tu madre. Y el rey de Israel le respondió: No; porque Jehová ha reunido a estos tres reyes para entregarlos en manos de los moabitas.

14 Y Eliseo dijo: Vive Jehová de los ejércitos, en cuya presencia estoy, que si no tuviese respeto al rostro de Josafat rey de Judá, no te mirara a ti, ni te viera.

15 Mas ahora traedme un tañedor. Y mientras el tañedor tocaba, la mano de Jehová vino sobre Eliseo,

16 quien dijo: Así ha dicho Jehová: Haced en este valle muchos estanques.

17 Porque Jehová ha dicho así: No veréis viento, ni veréis lluvia; pero este valle será lleno de agua, y beberéis vosotros, y vuestras bestias y vuestros ganados.

18 Y esto es cosa ligera en los ojos de Jehová; entregará también a los moabitas en vuestras manos.

19 Y destruiréis toda ciudad fortificada y toda villa hermosa, y talaréis todo buen árbol, cegaréis todas las fuentes de aguas, y destruiréis con piedras toda tierra fértil.

20 Aconteció, pues, que por la mañana, cuando se ofrece el sacrificio, he aquí vinieron aguas por el camino de Edom, y la tierra se llenó de aguas.

21 Cuanto todos los de Moab oyeron que los reyes subían a pelear contra ellos, se juntaron desde los que apenas podían ceñir armadura en adelante, y se pusieron en la frontera.

22 Cuando se levantaron por la mañana, y brilló el sol sobre las aguas, vieron los de Moab desde lejos las aguas rojas como sangre;

23 y dijeron: ¡Esto es sangre de espada! Los reyes se han vuelto uno contra otro, y cada uno ha dado muerte a su compañero. Ahora, pues, ¡Moab, al botín!

24 Pero cuando llegaron al campamento de Israel, se levantaron los israelitas y atacaron a los de Moab, los cuales huyeron de delante de ellos; pero los persiguieron matando a los de Moab.

25 Y asolaron las ciudades, y en todas las tierras fértiles echó cada uno su piedra, y las llenaron; cegaron también todas las fuentes de las aguas, y derribaron todos los buenos árboles; hasta que en Kir-hareset solamente dejaron piedras, porque los honderos la rodearon y la destruyeron.

26 Y cuando el rey de Moab vio que era vencido en la batalla, tomó consigo setecientos hombres que manejaban espada, para atacar al rey de Edom; mas no pudieron.

27 Entonces arrebató a su primogénito que había de reinar en su lugar, y lo sacrificó en holocausto sobre el muro. Y hubo grande enojo contra Israel; y se apartaron de él, y se volvieron a su tierra.

El aceite de la viuda

4 ¹Una mujer, de las mujeres de los hijos de los profetas, clamó a Eliseo, diciendo: Tu siervo mi marido ha muerto; y tú sabes que tu siervo era temeroso de Jehová; y ha venido el acreedor para tomarse dos hijos míos por siervos.

²Y Eliseo le dijo: ¿Qué te haré yo? Decláreme qué tienes en casa. Y ella dijo: Tu sierva ninguna cosa tiene en casa, sino una vasija de aceite.

³Él le dijo: Ve y pide para ti vasijas prestadas de todos tus vecinos, vasijas vacías, no pocas.

⁴Entra luego, y enciérrate tú y tus hijos; y echa en todas las vasijas, y cuando una esté llena, ponla aparte.

⁵Y se fue la mujer, y cerró la puerta encerrándose ella y sus hijos; y ellos le traían las vasijas, y ella echaba del aceite.

⁶Cuando las vasijas estuvieron llenas, dijo a un hijo suyo: Tráeme aún otras vasijas. Y él dijo: No hay más vasijas. Entonces cesó el aceite.

⁷Vino ella luego, y lo contó al varón de Dios, el cual dijo: Ve y vende el aceite, y paga a tus acreedores; y tú y tus hijos vivid de lo que quede.

Eliseo y la sunamita

⁸Aconteció también que un día pasaba Eliseo por Sunem; y había allí una mujer importante, que le invitaba insistentemente a que comiese; y cuando él pasaba por allí, venía a la casa de ella a comer.

⁹Y ella dijo a su marido: He aquí ahora, yo entiendo que éste que siempre pasa por nuestra casa, es varón santo de Dios.

¹⁰Yo te ruego que hagamos un pequeño aposento de paredes, y pongamos allí cama, mesa, silla y candelero, para que cuando él viniere a nosotros, se quede en él.

¹¹Y aconteció que un día vino él por allí, y se quedó en aquel aposento, y allí durmió.

¹²Entonces dijo a Giezi su criado: Llama a esta sunamita. Y cuando la llamó, vino ella delante de él.

¹³Dijo él entonces a Giezi: Dile: He aquí tú has estado solícita por nosotros con todo este esmero; ¿qué quieres que haga por ti? ¿Necesitas que hable por ti al rey, o al general del ejército? Y ella respondió: Yo habito en medio de mi pueblo.

¹⁴Y él dijo: ¿Qué, pues, haremos por ella? Y Giezi respondió: He aquí que ella no tiene hijo, y su marido es viejo.

¹⁵Dijo entonces: Llámala. Y él la llamó, y ella se paró a la puerta.

¹⁶Y él le dijo: El año que viene, por este tiempo, abrazarás un hijo. Y ella dijo: No, señor mío, varón de Dios, no hagas burla de tu sierva.

¹⁷Mas la mujer concibió, y dio a luz un hijo el año siguiente, en el tiempo que Eliseo le había dicho.

¹⁸Y el niño creció. Pero aconteció un día, que vino a su padre, que estaba con los segadores;

¹⁹y dijo a su padre: ¡Ay, mi cabeza, mi cabeza! Y el padre dijo a un criado: Llévalo a su madre.

²⁰Y habiéndole él tomado y traído a su madre, estuvo sentado en sus rodillas hasta el mediodía, y murió.

²¹Ella entonces subió, y lo puso sobre la cama del varón de Dios, y cerrando la puerta, se salió.

²²Llamando luego a su marido, le dijo: Te ruego que envíes conmigo a alguno de los criados y una de las asnas, para que yo vaya corriendo al varón de Dios, y regrese.

²³Él dijo: ¿Para qué vas a verle hoy? No es nueva luna, ni día de reposo.* Y ella respondió: Paz.

²⁴Después hizo enalbardar el asna, y dijo al criado: Guía y anda; y no me hagas detener en el camino, sino cuando yo te lo dijere.

²⁵Partió, pues, y vino al varón de Dios, al monte Carmelo.

Y cuando el varón de Dios la vio de lejos, dijo a su criado Giezi: He aquí la sunamita.

²⁶Te ruego que vayas ahora corriendo a recibirla, y le digas: ¿Te va bien a ti? ¿Le va bien a tu marido, y a tu hijo? Y ella dijo: Bien.

²⁷Luego que llegó a donde estaba el varón de Dios en el monte, se asió de sus pies. Y se acercó Giezi para quitarla; pero el varón de Dios le dijo: Déjala, porque su alma está en amargura, y Jehová me ha encubierto el motivo, y no me lo ha revelado.

---

* Aquí equivale a *sábado*.

28 Y ella dijo: ¿Pedí yo hijo a mi señor? ¿No dije yo que no te burlases de mí?

29 Entonces dijo él a Giezi: Ciñe tus lomos, y toma mi báculo en tu mano, y ve; si alguno te encontrare, no lo saludes, y si alguno te saludare, no le respondas; y pondrás mi báculo sobre el rostro del niño.

30 Y dijo la madre del niño: Vive Jehová, y vive tu alma, que no te dejaré.

31 Él entonces se levantó y la siguió. Y Giezi había ido delante de ellos, y había puesto el báculo sobre el rostro del niño; pero no tenía voz ni sentido, y así se había vuelto para encontrar a Eliseo, y se lo declaró, diciendo: El niño no despierta.

32 Y venido Eliseo a la casa, he aquí que el niño estaba muerto tendido sobre su cama.

33 Entrando él entonces, cerró la puerta tras ambos, y oró a Jehová.

34 Después subió y se tendió sobre el niño, poniendo su boca sobre la boca de él, y sus ojos sobre sus ojos, y sus manos sobre las manos suyas; así se tendió sobre él, y el cuerpo del niño entró en calor.

35 Volviéndose luego, se paseó por la casa a una y otra parte, y después subió, y se tendió sobre él nuevamente, y el niño estornudó siete veces, y abrió sus ojos.

36 Entonces llamó él a Giezi, y le dijo: Llama a esta sunamita. Y él la llamó. Y entrando ella, él le dijo: Toma tu hijo.

37 Y así que ella entró, se echó a sus pies, y se inclinó a tierra; y después tomó a su hijo, y salió.

Milagros en beneficio de los profetas

38 Eliseo volvió a Gilgal cuando había una grande hambre en la tierra. Y los hijos de los profetas estaban con él, por lo que dijo a su criado: Pon una olla grande, y haz potaje para los hijos de los profetas.

39 Y salió uno al campo a recoger hierbas, y halló una como parra montés, y de ella llenó su falda de calabazas silvestres; y volvió, y las cortó en la olla del potaje, pues no sabía lo que era.

40 Después sirvió para que comieran los hombres; pero sucedió que comiendo ellos de aquel guisado, gritaron diciendo: ¡Varón de Dios, hay muerte en esa olla! Y no lo pudieron comer.

41 Él entonces dijo: Traed harina. Y la esparció en la olla, y dijo: Da de comer a la gente. Y no hubo más mal en la olla.

42 Vino entonces un hombre de Baal-salisa, el cual trajo al varón de Dios panes de primicias, veinte panes de cebada, y trigo nuevo en su espiga. Y él dijo: Da a la gente para que coma.

43 Y respondió su sirviente: ¿Cómo pondré esto delante de cien hombres? Pero él volvió a decir: Da a la gente para que coma, porque así ha dicho Jehová: Comerán, y sobrará.

44 Entonces lo puso delante de ellos, y comieron, y les sobró, conforme a la palabra de Jehová.

Eliseo y Naamán

5 ¹ Naamán,[a] general del ejército del rey de Siria, era varón grande delante de su señor, y lo tenía en alta estima, porque por medio de él había dado Jehová salvación a Siria. Era este hombre valeroso en extremo, pero leproso.

2 Y de Siria habían salido bandas armadas, y habían llevado cautiva de la tierra de Israel a una muchacha, la cual servía a la mujer de Naamán.

3 Ésta dijo a su señora: Si rogase mi señor al profeta que está en Samaria, él lo sanaría de su lepra.

4 Entrando Naamán a su señor, le relató diciendo: Así y así ha dicho una muchacha que es de la tierra de Israel.

5 Y le dijo el rey de Siria: Anda, ve, y yo enviaré cartas al rey de Israel.

Salió, pues, él, llevando consigo diez talentos de plata, y seis mil piezas de oro, y diez mudas de vestidos.

6 Tomó también cartas para el rey de Israel, que decían así: Cuando lleguen a ti estas cartas, sabe por ellas que yo envío a ti mi siervo Naamán, para que lo sanes de su lepra.

7 Luego que el rey de Israel leyó las cartas, rasgó sus vestidos, y dijo: ¿Soy yo Dios, que mate y dé vida, para que éste envíe a mí a que sane un hombre de su lepra? Considerad ahora, y ved cómo busca ocasión contra mí.

8 Cuando Eliseo el varón de Dios oyó que el rey de Israel había rasgado sus vestidos, envió a decir al rey: ¿Por qué has

a 5.1-14 Lc 4.27.

rasgado tus vestidos? Venga ahora a mí, y sabrá que hay profeta en Israel.

9 Y vino Naamán con sus caballos y con su carro, y se paró a las puertas de la casa de Eliseo.

10 Entonces Eliseo le envió un mensajero, diciendo: Ve y lávate siete veces en el Jordán, y tu carne se te restaurará, y serás limpio.

11 Y Naamán se fue enojado, diciendo: He aquí yo decía para mí: Saldrá él luego, y estando en pie invocará el nombre de Jehová su Dios, y alzará su mano y tocará el lugar, y sanará la lepra.

12 Abana y Farfar, ríos de Damasco, ¿no son mejores que todas las aguas de Israel? Si me lavare en ellos, ¿no seré también limpio? Y se volvió, y se fue enojado.

13 Mas sus criados se le acercaron y le hablaron diciendo: Padre mío, si el profeta te mandara alguna gran cosa, ¿no la harías? ¿Cuánto más, diciéndote: Lávate, y serás limpio?

14 Él entonces descendió, y se zambulló siete veces en el Jordán, conforme a la palabra del varón de Dios; y su carne se volvió como la carne de un niño, y quedó limpio.

15 Y volvió al varón de Dios, él y toda su compañía, y se puso delante de él, y dijo: He aquí ahora conozco que no hay Dios en toda la tierra, sino en Israel. Te ruego que recibas algún presente de tu siervo.

16 Mas él dijo: Vive Jehová, en cuya presencia estoy, que no lo aceptaré. Y le instaba que aceptara alguna cosa, pero él no quiso.

17 Entonces Naamán dijo: Te ruego, pues, ¿de esta tierra no se dará a tu siervo la carga de un par de mulas? Porque de aquí en adelante tu siervo no sacrificará holocausto ni ofrecerá sacrificio a otros dioses, sino a Jehová.

18 En esto perdone Jehová a tu siervo: que cuando mi señor el rey entrare en el templo de Rimón para adorar en él, y se apoyare sobre mi brazo, si yo también me inclinare en el templo de Rimón; cuando haga tal, Jehová perdone en esto a tu siervo.

19 Y él le dijo: Ve en paz. Se fue, pues, y caminó como media legua de tierra.

20 Entonces Giezi, criado de Eliseo el varón de Dios, dijo entre sí: He aquí mi señor estorbó a este sirio Naamán, no tomando de su mano las cosas que había traído. Vive Jehová, que correré yo tras él y tomaré de él alguna cosa.

21 Y siguió Giezi a Naamán; y cuando vio Naamán que venía corriendo tras él, se bajó del carro para recibirle, y dijo: ¿Va todo bien?

22 Y él dijo: Bien. Mi señor me envía a decirte: He aquí vinieron a mí en esta hora del monte de Efraín dos jóvenes de los hijos de los profetas; te ruego que les des un talento de plata, y dos vestidos nuevos.

23 Dijo Naamán: Te ruego que tomes dos talentos. Y le insistió, y ató dos talentos de plata en dos bolsas, y dos vestidos nuevos, y lo puso todo a cuestas a dos de sus criados para que lo llevasen delante de él.

24 Y así que llegó a un lugar secreto, él lo tomó de mano de ellos, y lo guardó en la casa; luego mandó a los hombres que se fuesen.

25 Y él entró, y se puso delante de su señor. Y Eliseo le dijo: ¿De dónde vienes, Giezi? Y él dijo: Tu siervo no ha ido a ninguna parte.

26 Él entonces le dijo: ¿No estaba también allí mi corazón, cuando el hombre volvió de su carro a recibirte? ¿Es tiempo de tomar plata, y de tomar vestidos, olivares, viñas, ovejas, bueyes, siervos y siervas?

27 Por tanto, la lepra de Naamán se te pegará a ti y a tu descendencia para siempre. Y salió de delante de él leproso, blanco como la nieve.

Eliseo hace flotar el hacha

6 **1** Los hijos de los profetas dijeron a Eliseo: He aquí, el lugar en que moramos contigo nos es estrecho.

2 Vamos ahora al Jordán, y tomemos de allí cada uno una viga, y hagamos allí lugar en que habitemos. Y él dijo: Andad.

3 Y dijo uno: Te rogamos que vengas con tus siervos. Y él respondió: Yo iré.

4 Se fue, pues, con ellos; y cuando llegaron al Jordán, cortaron la madera.

5 Y aconteció que mientras uno derribaba un árbol, se le cayó el hacha en el agua; y gritó diciendo: ¡Ah, señor mío, era prestada!

6 El varón de Dios preguntó: ¿Dónde cayó? Y él le mostró el lugar. Entonces cortó él un palo, y lo echó allí; e hizo flotar el hierro.

7 Y dijo: Tómalo. Y él extendió la mano, y lo tomó.

Eliseo y los sirios

8 Tenía el rey de Siria guerra contra Israel, y consultando con sus siervos, dijo: En tal y tal lugar estará mi campamento.

9 Y el varón de Dios envió a decir al rey de Israel: Mira que no pases por tal lugar, porque los sirios van allí.

10 Entonces el rey de Israel envió a aquel lugar que el varón de Dios había dicho; y así lo hizo una y otra vez con el fin de cuidarse.

11 Y el corazón del rey de Siria se turbó por esto; y llamando a sus siervos, les dijo: ¿No me declararéis vosotros quién de los nuestros es del rey de Israel?

12 Entonces uno de los siervos dijo: No, rey señor mío, sino que el profeta Eliseo está en Israel, el cual declara al rey de Israel las palabras que tú hablas en tu cámara más secreta.

13 Y él dijo: Id, y mirad dónde está, para que yo envíe a prenderlo. Y le fue dicho: He aquí que él está en Dotán.

14 Entonces envió el rey allá gente de a caballo, y carros, y un gran ejército, los cuales vinieron de noche, y sitiaron la ciudad.

15 Y se levantó de mañana y salió el que servía al varón de Dios, y he aquí el ejército que tenía sitiada la ciudad, con gente de a caballo y carros. Entonces su criado le dijo: ¡Ah, señor mío! ¿qué haremos?

16 Él le dijo: No tengas miedo, porque más son los que están con nosotros que los que están con ellos.

17 Y oró Eliseo, y dijo: Te ruego, oh Jehová, que abras sus ojos para que vea. Entonces Jehová abrió los ojos del criado, y miró; y he aquí que el monte estaba lleno de gente de a caballo, y de carros de fuego alrededor de Eliseo.

18 Y luego que los sirios descendieron a él, oró Eliseo a Jehová, y dijo: Te ruego que hieras con ceguera a esta gente. Y los hirió con ceguera, conforme a la petición de Eliseo.

19 Después les dijo Eliseo: No es éste el camino, ni es ésta la ciudad; seguidme, y yo os guiaré al hombre que buscáis. Y los guió a Samaria.

20 Y cuando llegaron a Samaria, dijo Eliseo: Jehová, abre los ojos de éstos, para que vean. Y Jehová abrió sus ojos, y miraron, y se hallaban en medio de Samaria.

21 Cuando el rey de Israel los hubo visto, dijo a Eliseo: ¿Los mataré, padre mío?

22 Él le respondió: No los mates. ¿Matarías tú a los que tomaste cautivos con tu espada y con tu arco? Pon delante de ellos pan y agua, para que coman y beban, y vuelvan a sus señores.

23 Entonces se les preparó una gran comida; y cuando habían comido y bebido, los envió, y ellos se volvieron a su señor. Y nunca más vinieron bandas armadas de Siria a la tierra de Israel.

Eliseo y el sitio de Samaria

24 Después de esto aconteció que Benadad rey de Siria reunió todo su ejército, y subió y sitió a Samaria.

25 Y hubo gran hambre en Samaria, a consecuencia de aquel sitio; tanto que la cabeza de un asno se vendía por ochenta piezas de plata, y la cuarta parte de un cab de estiércol de palomas por cinco piezas de plata.

26 Y pasando el rey de Israel por el muro, una mujer le gritó, y dijo: Salva, rey señor mío.

27 Y él dijo: Si no te salva Jehová, ¿de dónde te puedo salvar yo? ¿Del granero, o del lagar?

28 Y le dijo el rey: ¿Qué tienes? Ella respondió: Esta mujer me dijo: Da acá tu hijo, y comámoslo hoy, y mañana comeremos el mío.

29 Cocimos, pues, a mi hijo, y lo comimos.[a] El día siguiente yo le dije: Da acá tu hijo, y comámoslo. Mas ella ha escondido a su hijo.

30 Cuando el rey oyó las palabras de aquella mujer, rasgó sus vestidos, y pasó así por el muro; y el pueblo vio el cilicio que traía interiormente sobre su cuerpo.

31 Y él dijo: Así me haga Dios, y aun me añada, si la cabeza de Eliseo hijo de Safat queda sobre él hoy.

32 Y Eliseo estaba sentado en su casa, y con él estaban sentados los ancianos; y el rey envió a él un hombre. Mas antes que el mensajero viniese a él, dijo él a los ancianos: ¿No habéis visto cómo este hijo de homicida envía a cortarme la cabeza? Mirad, pues, y cuando viniere el

---

a **6.29** Dt 28.57.

mensajero, cerrad la puerta, e impedidle la entrada. ¿No se oye tras él el ruido de los pasos de su amo?

33 Aún estaba él hablando con ellos, y he aquí el mensajero que descendía a él; y dijo: Ciertamente este mal de Jehová viene. ¿Para qué he de esperar más a Jehová?

7 **1** Dijo entonces Eliseo: Oíd palabra de Jehová: Así dijo Jehová: Mañana a estas horas valdrá el seah de flor de harina un siclo, y dos seahs de cebada un siclo, a la puerta de Samaria.

2 Y un príncipe sobre cuyo brazo el rey se apoyaba, respondió al varón de Dios, y dijo: Si Jehová hiciese ahora ventanas en el cielo, ¿sería esto así? Y él dijo: He aquí tú lo verás con tus ojos, mas no comerás de ello.

3 Había a la entrada de la puerta cuatro hombres leprosos, los cuales dijeron el uno al otro: ¿Para qué nos estamos aquí hasta que muramos?

4 Si tratáremos de entrar en la ciudad, por el hambre que hay en la ciudad moriremos en ella; y si nos quedamos aquí, también moriremos. Vamos, pues, ahora, y pasemos al campamento de los sirios; si ellos nos dieren la vida, viviremos; y si nos dieren la muerte, moriremos.

5 Se levantaron, pues, al anochecer, para ir al campamento de los sirios; y llegando a la entrada del campamento de los sirios, no había allí nadie.

6 Porque Jehová había hecho que en el campamento de los sirios se oyese estruendo de carros, ruido de caballos, y estrépito de gran ejército; y se dijeron unos a otros: He aquí, el rey de Israel ha tomado a sueldo contra nosotros a los reyes de los heteos y a los reyes de los egipcios, para que vengan contra nosotros.

7 Y así se levantaron y huyeron al anochecer, abandonando sus tiendas, sus caballos, sus asnos, y el campamento como estaba; y habían huido para salvar sus vidas.

8 Cuando los leprosos llegaron a la entrada del campamento, entraron en una tienda y comieron y bebieron, y tomaron de allí plata y oro y vestidos, y fueron y lo escondieron; y vueltos, entraron en otra tienda, y de allí también tomaron, y fueron y lo escondieron.

9 Luego se dijeron el uno al otro: No estamos haciendo bien. Hoy es día de buena nueva, y nosotros callamos; y si esperamos hasta el amanecer, nos alcanzará nuestra maldad. Vamos pues, ahora, entremos y demos la nueva en casa del rey.

10 Vinieron, pues, y gritaron a los guardas de la puerta de la ciudad, y les declararon, diciendo: Nosotros fuimos al campamento de los sirios, y he aquí que no había allí nadie, ni voz de hombre, sino caballos atados, asnos también atados, y el campamento intacto.

11 Los porteros gritaron, y lo anunciaron dentro, en el palacio del rey.

12 Y se levantó el rey de noche, y dijo a sus siervos: Yo os declararé lo que nos han hecho los sirios. Ellos saben que tenemos hambre, y han salido de las tiendas y se han escondido en el campo, diciendo: Cuando hayan salido de la ciudad, los tomaremos vivos, y entraremos en la ciudad.

13 Entonces respondió uno de sus siervos y dijo: Tomen ahora cinco de los caballos que han quedado en la ciudad (porque los que quedan acá también perecerán como toda la multitud de Israel que ya ha perecido), y enviemos y veamos qué hay.

14 Tomaron, pues, dos caballos de un carro, y envió el rey al campamento de los sirios, diciendo: Id y ved.

15 Y ellos fueron, y los siguieron hasta el Jordán; y he aquí que todo el camino estaba lleno de vestidos y enseres que los sirios habían arrojado por la premura. Y volvieron los mensajeros y lo hicieron saber al rey.

16 Entonces el pueblo salió, y saqueó el campamento de los sirios. Y fue vendido un seah de flor de harina por un siclo, y dos seahs de cebada por un siclo, conforme a la palabra de Jehová.

17 Y el rey puso a la puerta a aquel príncipe sobre cuyo brazo él se apoyaba; y lo atropelló el pueblo a la entrada, y murió, conforme a lo que había dicho el varón de Dios, cuando el rey descendió a él.

18 Aconteció, pues, de la manera que el varón de Dios había hablado al rey, diciendo: Dos seahs de cebada por un siclo, y el seah de flor de harina será vendido por un siclo mañana a estas horas, a la puerta de Samaria.

19 A lo cual aquel príncipe había respondido al varón de Dios, diciendo: Si Jehová hiciese ventanas en el cielo, ¿pudiera suceder esto? Y él dijo: He aquí tú lo verás con tus ojos, mas no comerás de ello.

²⁰ Y le sucedió así; porque el pueblo le atropelló a la entrada, y murió.

Los bienes de la sunamita devueltos

8 ¹ Habló Eliseo a aquella mujer a cuyo hijo él había hecho vivir,ᵃ diciendo: Levántate, vete tú y toda tu casa a vivir donde puedas; porque Jehová ha llamado el hambre, la cual vendrá sobre la tierra por siete años.

² Entonces la mujer se levantó, e hizo como el varón de Dios le dijo; y se fue ella con su familia, y vivió en tierra de los filisteos siete años.

³ Y cuando habían pasado los siete años, la mujer volvió de la tierra de los filisteos; después salió para implorar al rey por su casa y por sus tierras.

⁴ Y había el rey hablado con Giezi, criado del varón de Dios, diciéndole: Te ruego que me cuentes todas las maravillas que ha hecho Eliseo.

⁵ Y mientras él estaba contando al rey cómo había hecho vivir a un muerto, he aquí que la mujer, a cuyo hijo él había hecho vivir, vino para implorar al rey por su casa y por sus tierras. Entonces dijo Giezi: Rey señor mío, ésta es la mujer, y éste es su hijo, al cual Eliseo hizo vivir.

⁶ Y preguntando el rey a la mujer, ella se lo contó. Entonces el rey ordenó a un oficial, al cual dijo: Hazle devolver todas las cosas que eran suyas, y todos los frutos de sus tierras desde el día que dejó el país hasta ahora.

Hazael reina en Siria

⁷ Eliseo se fue luego a Damasco; y Ben-adad rey de Siria estaba enfermo, al cual dieron aviso, diciendo: El varón de Dios ha venido aquí.

⁸ Y el rey dijo a Hazael: Toma en tu mano un presente, y ve a recibir al varón de Dios, y consulta por él a Jehová, diciendo: ¿Sanaré de esta enfermedad?

⁹ Tomó, pues, Hazael en su mano un presente de entre los bienes de Damasco, cuarenta camellos cargados, y fue a su encuentro, y llegando se puso delante de él, y dijo: Tu hijo Ben-adad rey de Siria me ha enviado a ti, diciendo: ¿Sanaré de esta enfermedad?

¹⁰ Y Eliseo le dijo: Ve, dile: Seguramente sanarás. Sin embargo, Jehová me ha mostrado que él morirá ciertamente.

¹¹ Y el varón de Dios le miró fijamente, y estuvo así hasta hacerlo ruborizarse; luego lloró el varón de Dios.

¹² Entonces le dijo Hazael: ¿Por qué llora mi señor? Y él respondió: Porque sé el mal que harás a los hijos de Israel; a sus fortalezas pegarás fuego, a sus jóvenes matarás a espada, y estrellarás a sus niños, y abrirás el vientre a sus mujeres que estén encintas.

¹³ Y Hazael dijo: Pues, ¿qué es tu siervo, este perro, para que haga tan grandes cosas? Y respondió Eliseo: Jehová me ha mostrado que tú serás rey de Siria.ᵇ

¹⁴ Y Hazael se fue, y vino a su señor, el cual le dijo: ¿Qué te ha dicho Eliseo? Y él respondió: Me dijo que seguramente sanarás.

¹⁵ El día siguiente, tomó un paño y lo metió en agua, y lo puso sobre el rostro de Ben-adad, y murió; y reinó Hazael en su lugar.

Reinado de Joram de Judá
(2 Cr 21.1-20)

¹⁶ En el quinto año de Joram hijo de Acab, rey de Israel, y siendo Josafat rey de Judá, comenzó a reinar Joram hijo de Josafat, rey de Judá.

¹⁷ De treinta y dos años era cuando comenzó a reinar, y ocho años reinó en Jerusalén.

¹⁸ Y anduvo en el camino de los reyes de Israel, como hizo la casa de Acab, porque una hija de Acab fue su mujer; e hizo lo malo ante los ojos de Jehová.

¹⁹ Con todo eso, Jehová no quiso destruir a Judá, por amor a David su siervo, porque había prometido darle lámpara a él y a sus hijos perpetuamente.ᶜ

²⁰ En el tiempo de él se rebeló Edom contra el dominio de Judá,ᵈ y pusieron rey sobre ellos.

²¹ Joram, por tanto, pasó a Zair, y todos sus carros con él; y levantándose de noche atacó a los de Edom, los cuales le habían sitiado, y a los capitanes de los carros; y el pueblo huyó a sus tiendas.

ᵃ **8.1** 2 R 4.8-37. ᵇ **8.13** 1 R 19.15. ᶜ **8.19** 1 R 11.36. ᵈ **8.20** Gn 27.40.

²² No obstante, Edom se libertó del dominio de Judá, hasta hoy. También se rebeló Libna en el mismo tiempo.

²³ Los demás hechos de Joram, y todo lo que hizo, ¿no están escritos en el libro de las crónicas de los reyes de Judá?

²⁴ Y durmió Joram con sus padres, y fue sepultado con ellos en la ciudad de David; y reinó en lugar suyo Ocozías, su hijo.

Reinado de Ocozías de Judá
(2 Cr 22.1-6)

²⁵ En el año doce de Joram hijo de Acab, rey de Israel, comenzó a reinar Ocozías hijo de Joram, rey de Judá.

²⁶ De veintidós años era Ocozías cuando comenzó a reinar, y reinó un año en Jerusalén. El nombre de su madre fue Atalía, hija de Omri rey de Israel.

²⁷ Anduvo en el camino de la casa de Acab, e hizo lo malo ante los ojos de Jehová, como la casa de Acab; porque era yerno de la casa de Acab.

²⁸ Y fue a la guerra con Joram hijo de Acab a Ramot de Galaad, contra Hazael rey de Siria; y los sirios hirieron a Joram.

²⁹ Y el rey Joram se volvió a Jezreel para curarse de las heridas que los sirios le hicieron frente a Ramot, cuando peleó contra Hazael rey de Siria. Y descendió Ocozías hijo de Joram rey de Judá, a visitar a Joram hijo de Acab en Jezreel, porque estaba enfermo.

Jehú es ungido rey de Israel

9 ¹ Entonces el profeta Eliseo llamó a uno de los hijos de los profetas, y le dijo: Ciñe tus lomos, y toma esta redoma de aceite en tu mano, y ve a Ramot de Galaad.

² Cuando llegues allá, verás allí a Jehú hijo de Josafat hijo de Nimsi; y entrando, haz que se levante de entre sus hermanos, y llévalo a la cámara.

³ Toma luego la redoma de aceite, y derrámala sobre su cabeza y di: Así dijo Jehová: Yo te he ungido por rey sobre Israel. Y abriendo la puerta, echa a huir, y no esperes.

⁴ Fue, pues, el joven, el profeta, a Ramot de Galaad.

⁵ Cuando él entró, he aquí los príncipes del ejército que estaban sentados. Y él dijo: Príncipe, una palabra tengo que decirte.

Jehú dijo: ¿A cuál de todos nosotros? Y él dijo: A ti, príncipe.

⁶ Y él se levantó, y entró en casa; y el otro derramó el aceite sobre su cabeza, y le dijo: Así dijo Jehová Dios de Israel: Yo te he ungido por rey sobre Israel, pueblo de Jehová.ᵃ

⁷ Herirás la casa de Acab tu señor, para que yo vengue la sangre de mis siervos los profetas, y la sangre de todos los siervos de Jehová, de la mano de Jezabel.

⁸ Y perecerá toda la casa de Acab, y destruiré de Acab todo varón, así al siervo como al libre en Israel.

⁹ Y yo pondré la casa de Acab como la casa de Jeroboam hijo de Nabat, y como la casa de Baasa hijo de Ahías.

¹⁰ Y a Jezabel la comerán los perros en el campo de Jezreel,ᵇ y no habrá quien la sepulte. En seguida abrió la puerta, y echó a huir.

¹¹ Después salió Jehú a los siervos de su señor, y le dijeron: ¿Hay paz? ¿Para qué vino a ti aquel loco? Y él les dijo: Vosotros conocéis al hombre y sus palabras.

¹² Ellos dijeron: Mentira; decláranoslo ahora. Y él dijo: Así y así me habló, diciendo: Así ha dicho Jehová: Yo te he ungido por rey sobre Israel.

¹³ Entonces cada uno tomó apresuradamente su manto, y lo puso debajo de Jehú en un trono alto, y tocaron corneta, y dijeron: Jehú es rey.

Jehú mata a Joram

¹⁴ Así conspiró Jehú hijo de Josafat, hijo de Nimsi, contra Joram. (Estaba entonces Joram guardando a Ramot de Galaad con todo Israel, por causa de Hazael rey de Siria;

¹⁵ pero se había vuelto el rey Joram a Jezreel, para curarse de las heridas que los sirios le habían hecho, peleando contra Hazael rey de Siria.) Y Jehú dijo: Si es vuestra voluntad, ninguno escape de la ciudad, para ir a dar las nuevas en Jezreel.

¹⁶ Entonces Jehú cabalgó y fue a Jezreel, porque Joram estaba allí enfermo. También estaba Ocozías rey de Judá, que había descendido a visitar a Joram.

¹⁷ Y el atalaya que estaba en la torre de Jezreel vio la tropa de Jehú que venía, y

---

ᵃ 9.6 1 R 19.16.   ᵇ 9.10 1 R 21.23.

dijo: Veo una tropa. Y Joram dijo: Ordena a un jinete que vaya a reconocerlos, y les diga: ¿Hay paz?

18 Fue, pues, el jinete a reconocerlos, y dijo: El rey dice así: ¿Hay paz? Y Jehú le dijo: ¿Qué tienes tú que ver con la paz? Vuélvete conmigo. El atalaya dio luego aviso, diciendo: El mensajero llegó hasta ellos, y no vuelve.

19 Entonces envió otro jinete, el cual llegando a ellos, dijo: El rey dice así: ¿Hay paz? Y Jehú respondió: ¿Qué tienes tú que ver con la paz? Vuélvete conmigo.

20 El atalaya volvió a decir: También éste llegó a ellos y no vuelve; y el marchar del que viene es como el marchar de Jehú hijo de Nimsi, porque viene impetuosamente.

21 Entonces Joram dijo: Unce el carro. Y cuando estaba uncido su carro, salieron Joram rey de Israel y Ocozías rey de Judá, cada uno en su carro, y salieron a encontrar a Jehú, al cual hallaron en la heredad de Nabot de Jezreel.

22 Cuando vio Joram a Jehú, dijo: ¿Hay paz, Jehú? Y él respondió: ¿Qué paz, con las fornicaciones de Jezabel tu madre, y sus muchas hechicerías?

23 Entonces Joram volvió las riendas y huyó, y dijo a Ocozías: ¡Traición, Ocozías!

24 Pero Jehú entesó su arco, e hirió a Joram entre las espaldas; y la saeta salió por su corazón, y él cayó en su carro.

25 Dijo luego Jehú a Bidcar su capitán: Tómalo, y échalo a un extremo de la heredad de Nabot de Jezreel. Acuérdate que cuando tú y yo íbamos juntos con la gente de Acab su padre, Jehová pronunció esta sentencia sobre él, diciendo:

26 Que yo he visto ayer la sangre de Nabot, y la sangre de sus hijos, dijo Jehová; y te daré la paga en esta heredad, dijo Jehová.^c Tómalo pues, ahora, y échalo en la heredad de Nabot, conforme a la palabra de Jehová.

Jehú mata a Ocozías

(2 Cr 22.7-9)

27 Viendo esto Ocozías rey de Judá, huyó por el camino de la casa del huerto. Y lo siguió Jehú, diciendo: Herid también a éste en el carro. Y le hirieron a la subida de Gur, junto a Ibleam. Y Ocozías huyó a Meguido, pero murió allí.

28 Y sus siervos le llevaron en un carro a Jerusalén, y allá le sepultaron con sus padres, en su sepulcro en la ciudad de David.

29 En el undécimo año de Joram hijo de Acab, comenzó a reinar Ocozías sobre Judá.

Muerte de Jezabel

30 Vino después Jehú a Jezreel; y cuando Jezabel lo oyó, se pintó los ojos con antimonio, y atavió su cabeza, y se asomó a una ventana.

31 Y cuando entraba Jehú por la puerta, ella dijo: ¿Sucedió bien a Zimri, que mató a su señor?

32 Alzando él entonces su rostro hacia la ventana, dijo: ¿Quién está conmigo? ¿quién? Y se inclinaron hacia él dos o tres eunucos.

33 Y él les dijo: Echadla abajo. Y ellos la echaron; y parte de su sangre salpicó en la pared, y en los caballos; y él la atropelló.

34 Entró luego, y después que comió y bebió, dijo: Id ahora a ver a aquella maldita, y sepultadla, pues es hija de rey.

35 Pero cuando fueron para sepultarla, no hallaron de ella más que la calavera, y los pies, y las palmas de las manos.

36 Y volvieron, y se lo dijeron. Y él dijo: Ésta es la palabra de Dios, la cual él habló por medio de su siervo Elías tisbita, diciendo: En la heredad de Jezreel comerán los perros las carnes de Jezabel,^d

37 y el cuerpo de Jezabel será como estiércol sobre la faz de la tierra en la heredad de Jezreel, de manera que nadie pueda decir: Ésta es Jezabel.

Jehú extermina la casa de Acab

10 **1** Tenía Acab en Samaria setenta hijos; y Jehú escribió cartas y las envió a Samaria a los principales de Jezreel, a los ancianos y a los ayos de Acab, diciendo:

2 Inmediatamente que lleguen estas cartas a vosotros los que tenéis a los hijos de vuestro señor, y los que tienen carros y gente de a caballo, la ciudad fortificada, y las armas,

3 escoged al mejor y al más recto de los hijos de vuestro señor, y ponedlo en el

---

c 9.26 1 R 21.19.   d 9.36 1 R 21.23.

trono de su padre, y pelead por la casa de vuestro señor.

4 Pero ellos tuvieron gran temor, y dijeron: He aquí, dos reyes no pudieron resistirle; ¿cómo le resistiremos nosotros?

5 Y el mayordomo, el gobernador de la ciudad, los ancianos y los ayos enviaron a decir a Jehú: Siervos tuyos somos, y haremos todo lo que nos mandes; no elegiremos por rey a ninguno, haz lo que bien te parezca.

6 Él entonces les escribió la segunda vez, diciendo: Si sois míos, y queréis obedecerme, tomad las cabezas de los hijos varones de vuestro señor, y venid a mí mañana a esta hora, a Jezreel. Y los hijos del rey, setenta varones, estaban con los principales de la ciudad, que los criaban.

7 Cuando las cartas llegaron a ellos, tomaron a los hijos del rey, y degollaron a los setenta varones, y pusieron sus cabezas en canastas, y se las enviaron a Jezreel.

8 Y vino un mensajero que le dio las nuevas, diciendo: Han traído las cabezas de los hijos del rey. Y él le dijo: Ponedlas en dos montones a la entrada de la puerta hasta la mañana.

9 Venida la mañana, salió él, y estando en pie dijo a todo el pueblo: Vosotros sois justos; he aquí yo he conspirado contra mi señor, y le he dado muerte; pero ¿quién ha dado muerte a todos estos?

10 Sabed ahora que de la palabra que Jehová habló sobre la casa de Acab, nada caerá en tierra; y que Jehová ha hecho lo que dijo por su siervo Elías.

11 Mató entonces Jehú a todos los que habían quedado de la casa de Acab en Jezreel,ª a todos sus príncipes, a todos sus familiares, y a sus sacerdotes, hasta que no quedó ninguno.

12 Luego se levantó de allí para ir a Samaria; y en el camino llegó a una casa de esquileo de pastores.

13 Y halló allí a los hermanos de Ocozías rey de Judá, y les dijo: ¿Quiénes sois vosotros? Y ellos dijeron: Somos hermanos de Ocozías, y hemos venido a saludar a los hijos del rey, y a los hijos de la reina.

14 Entonces él dijo: Prendedlos vivos. Y después que los tomaron vivos, los degollaron junto al pozo de la casa de esquileo, cuarenta y dos varones, sin dejar ninguno de ellos.

15 Yéndose luego de allí, se encontró con Jonadab hijo de Recab; y después que lo hubo saludado, le dijo: ¿Es recto tu corazón, como el mío es recto con el tuyo? Y Jonadab dijo: Lo es. Pues que lo es, dame la mano. Y él le dio la mano. Luego lo hizo subir consigo en el carro,

16 y le dijo: Ven conmigo, y verás mi celo por Jehová. Lo pusieron, pues, en su carro.

17 Y luego que Jehú hubo llegado a Samaria, mató a todos los que habían quedado de Acab en Samaria, hasta exterminarlos, conforme a la palabra de Jehová, que había hablado por Elías.

Jehú extermina el culto de Baal

18 Después reunió Jehú a todo el pueblo, y les dijo: Acab sirvió poco a Baal, mas Jehú lo servirá mucho.

19 Llamadme, pues, luego a todos los profetas de Baal, a todos sus siervos y a todos sus sacerdotes; que no falte uno, porque tengo un gran sacrificio para Baal; cualquiera que faltare no vivirá. Esto hacía Jehú con astucia, para exterminar a los que honraban a Baal.

20 Y dijo Jehú: Santificad un día solemne a Baal. Y ellos convocaron.

21 Y envió Jehú por todo Israel, y vinieron todos los siervos de Baal, de tal manera que no hubo ninguno que no viniese. Y entraron en el templo de Baal, y el templo de Baal se llenó de extremo a extremo.

22 Entonces dijo al que tenía el cargo de las vestiduras: Saca vestiduras para todos los siervos de Baal. Y él les sacó vestiduras.

23 Y entró Jehú con Jonadab hijo de Recab en el templo de Baal, y dijo a los siervos de Baal: Mirad y ved que no haya aquí entre vosotros alguno de los siervos de Jehová, sino sólo los siervos de Baal.

24 Y cuando ellos entraron para hacer sacrificios y holocaustos, Jehú puso fuera a ochenta hombres, y les dijo: Cualquiera que dejare vivo a alguno de aquellos hombres que yo he puesto en vuestras manos, su vida será por la del otro.

25 Y después que acabaron ellos de hacer el holocausto, Jehú dijo a los de su guardia y a los capitanes: Entrad, y matadlos; que no escape ninguno. Y los mataron a

a **10.11** Os 1.4.

espada, y los dejaron tendidos los de la guardia y los capitanes. Y fueron hasta el lugar santo del templo de Baal,

²⁶ y sacaron las estatuas del templo de Baal, y las quemaron.

²⁷ Y quebraron la estatua de Baal, y derribaron el templo de Baal, y lo convirtieron en letrinas hasta hoy.

²⁸ Así exterminó Jehú a Baal de Israel.

²⁹ Con todo eso, Jehú no se apartó de los pecados de Jeroboam hijo de Nabat, que hizo pecar a Israel; y dejó en pie los becerros de oro que estaban en Bet-el y en Dan.ᵇ

³⁰ Y Jehová dijo a Jehú: Por cuanto has hecho bien ejecutando lo recto delante de mis ojos, e hiciste a la casa de Acab conforme a todo lo que estaba en mi corazón, tus hijos se sentarán sobre el trono de Israel hasta la cuarta generación.

³¹ Mas Jehú no cuidó de andar en la ley de Jehová Dios de Israel con todo su corazón, ni se apartó de los pecados de Jeroboam, el que había hecho pecar a Israel.

³² En aquellos días comenzó Jehová a cercenar el territorio de Israel; y los derrotó Hazael por todas las fronteras,

³³ desde el Jordán al nacimiento del sol, toda la tierra de Galaad, de Gad, de Rubén y de Manasés, desde Aroer que está junto al arroyo de Arnón, hasta Galaad y Basán.

³⁴ Los demás hechos de Jehú, y todo lo que hizo, y toda su valentía, ¿no está escrito en el libro de las crónicas de los reyes de Israel?

³⁵ Y durmió Jehú con sus padres, y lo sepultaron en Samaria; y reinó en su lugar Joacaz su hijo.

³⁶ El tiempo que reinó Jehú sobre Israel en Samaria fue de veintiocho años.

Atalía usurpa el trono
(2 Cr 22.10—23.21)

11 ¹ Cuando Atalía madre de Ocozías vio que su hijo era muerto, se levantó y destruyó toda la descendencia real.

² Pero Josaba hija del rey Joram, hermana de Ocozías, tomó a Joás hijo de Ocozías y lo sacó furtivamente de entre los hijos del rey a quienes estaban matando, y lo ocultó de Atalía, a él y a su ama, en la cámara de dormir, y en esta forma no lo mataron.

³ Y estuvo con ella escondido en la casa de Jehová seis años; y Atalía fue reina sobre el país.

⁴ Mas al séptimo año envió Joiada y tomó jefes de centenas, capitanes, y gente de la guardia, y los metió consigo en la casa de Jehová, e hizo con ellos alianza, juramentándolos en la casa de Jehová; y les mostró el hijo del rey.

⁵ Y les mandó diciendo: Esto es lo que habéis de hacer: la tercera parte de vosotros tendrá la guardia de la casa del rey el día de reposo.*

⁶ Otra tercera parte estará a la puerta de Shur, y la otra tercera parte a la puerta del postigo de la guardia; así guardaréis la casa, para que no sea allanada.

⁷ Mas las dos partes de vosotros que salen el día de reposo* tendréis la guardia de la casa de Jehová junto al rey.

⁸ Y estaréis alrededor del rey por todos lados, teniendo cada uno sus armas en las manos; y cualquiera que entrare en las filas, sea muerto. Y estaréis con el rey cuando salga, y cuando entre.

⁹ Los jefes de centenas, pues, hicieron todo como el sacerdote Joiada les mandó; y tomando cada uno a los suyos, esto es, los que entraban el día de reposo* y los que salían el día de reposo,* vinieron al sacerdote Joiada.

¹⁰ Y el sacerdote dio a los jefes de centenas las lanzas y los escudos que habían sido del rey David, que estaban en la casa de Jehová.

¹¹ Y los de la guardia se pusieron en fila, teniendo cada uno sus armas en sus manos, desde el lado derecho de la casa hasta el lado izquierdo, junto al altar y el templo, en derredor del rey.

¹² Sacando luego Joiada al hijo del rey, le puso la corona y el testimonio, y le hicieron rey ungiéndole; y batiendo las manos dijeron: ¡Viva el rey!

¹³ Oyendo Atalía el estruendo del pueblo que corría, entró al pueblo en el templo de Jehová.

¹⁴ Y cuando miró, he aquí que el rey estaba junto a la columna, conforme a la costumbre, y los príncipes y los trompeteros junto al rey; y todo el pueblo del país se regocijaba, y tocaban las trompetas. Entonces Atalía, rasgando sus vestidos, clamó a voz en cuello: ¡Traición, traición!

---

* Aquí equivale a *sábado.*

ᵇ **10.29** 1 R 12.28-30.

15 Mas el sacerdote Joiada mandó a los jefes de centenas que gobernaban el ejército, y les dijo: Sacadla fuera del recinto del templo, y al que la siguiere, matadlo a espada. (Porque el sacerdote dijo que no la matasen en el templo de Jehová.)

16 Le abrieron, pues, paso; y en el camino por donde entran los de a caballo a la casa del rey, allí la mataron.

17 Entonces Joiada hizo pacto entre Jehová y el rey y el pueblo, que serían pueblo de Jehová; y asimismo entre el rey y el pueblo.

18 Y todo el pueblo de la tierra entró en el templo de Baal, y lo derribaron; asimismo despedazaron enteramente sus altares y sus imágenes, y mataron a Matán sacerdote de Baal delante de los altares. Y el sacerdote puso guarnición sobre la casa de Jehová.

19 Después tomó a los jefes de centenas, los capitanes, la guardia y todo el pueblo de la tierra, y llevaron al rey desde la casa de Jehová, y vinieron por el camino de la puerta de la guardia a la casa del rey; y se sentó el rey en el trono de los reyes.

20 Y todo el pueblo de la tierra se regocijó, y la ciudad estuvo en reposo, habiendo sido Atalía muerta a espada junto a la casa del rey.

21 Era Joás de siete años cuando comenzó a reinar.

Reinado de Joás de Judá
(2 Cr 24.1-27)

12 **1** En el séptimo año de Jehú comenzó a reinar Joás, y reinó cuarenta años en Jerusalén. El nombre de su madre fue Sibia, de Beerseba.

2 Y Joás hizo lo recto ante los ojos de Jehová todo el tiempo que le dirigió el sacerdote Joiada.

3 Con todo eso, los lugares altos no se quitaron, porque el pueblo aún sacrificaba y quemaba incienso en los lugares altos.

4 Y Joás dijo a los sacerdotes: Todo el dinero consagrado que se suele traer a la casa de Jehová, el dinero del rescate de cada persona según está estipulado,[a] y todo el dinero que cada uno de su propia voluntad trae a la casa de Jehová,

5 recíbanlo los sacerdotes, cada uno de mano de sus familiares, y reparen los portillos del templo dondequiera que se hallen grietas.

6 Pero en el año veintitrés del rey Joás aún no habían reparado los sacerdotes las grietas del templo.

7 Llamó entonces el rey Joás al sumo sacerdote Joiada y a los sacerdotes, y les dijo: ¿Por qué no reparáis las grietas del templo? Ahora, pues, no toméis más el dinero de vuestros familiares, sino dadlo para reparar las grietas del templo.

8 Y los sacerdotes consintieron en no tomar más dinero del pueblo, ni tener el cargo de reparar las grietas del templo.

9 Mas el sumo sacerdote Joiada tomó un arca e hizo en la tapa un agujero, y la puso junto al altar, a la mano derecha así que se entra en el templo de Jehová; y los sacerdotes que guardaban la puerta ponían allí todo el dinero que se traía a la casa de Jehová.

10 Y cuando veían que había mucho dinero en el arca, venía el secretario del rey y el sumo sacerdote, y contaban el dinero que hallaban en el templo de Jehová, y lo guardaban.

11 Y daban el dinero suficiente a los que hacían la obra, y a los que tenían a su cargo la casa de Jehová; y ellos lo gastaban en pagar a los carpinteros y maestros que reparaban la casa de Jehová,

12 y a los albañiles y canteros; y en comprar la madera y piedra de cantería para reparar las grietas de la casa de Jehová, y en todo lo que se gastaba en la casa para repararla.

13 Mas de aquel dinero que se traía a la casa de Jehová, no se hacían tazas de plata, ni despabiladeras, ni jofainas, ni trompetas; ni ningún otro utensilio de oro ni de plata se hacía para el templo de Jehová;

14 porque lo daban a los que hacían la obra, y con él reparaban la casa de Jehová.

15 Y no se tomaba cuenta a los hombres en cuyas manos el dinero era entregado, para que ellos lo diesen a los que hacían la obra; porque lo hacían ellos fielmente.

16 El dinero por el pecado, y el dinero por la culpa, no se llevaba a la casa de Jehová; porque era de los sacerdotes.[b]

---

a **12.4** Éx 30.11-16.   b **12.16** Lv 7.7.

17 Entonces subió Hazael rey de Siria, y peleó contra Gat, y la tomó. Y se propuso Hazael subir contra Jerusalén; 18 por lo cual tomó Joás rey de Judá todas las ofrendas que habían dedicado Josafat y Joram y Ocozías sus padres, reyes de Judá, y las que él había dedicado, y todo el oro que se halló en los tesoros de la casa de Jehová y en la casa del rey, y lo envió a Hazael rey de Siria; y él se retiró de Jerusalén.

19 Los demás hechos de Joás, y todo lo que hizo, ¿no está escrito en el libro de las crónicas de los reyes de Judá? 20 Y se levantaron sus siervos, y conspiraron en conjuración, y mataron a Joás en la casa de Milo, cuando descendía él a Sila; 21 pues Josacar hijo de Simeat y Jozabad hijo de Somer, sus siervos, le hirieron, y murió. Y lo sepultaron con sus padres en la ciudad de David, y reinó en su lugar Amasías su hijo.

Reinado de Joacaz

13 1 En el año veintitrés de Joás hijo de Ocozías, rey de Judá, comenzó a reinar Joacaz hijo de Jehú sobre Israel en Samaria; y reinó diecisiete años. 2 E hizo lo malo ante los ojos de Jehová, y siguió en los pecados de Jeroboam hijo de Nabat, el que hizo pecar a Israel; y no se apartó de ellos. 3 Y se encendió el furor de Jehová contra Israel, y los entregó en mano de Hazael rey de Siria, y en mano de Ben-adad hijo de Hazael, por largo tiempo. 4 Mas Joacaz oró en presencia de Jehová, y Jehová lo oyó; porque miró la aflicción de Israel, pues el rey de Siria los afligía. 5 (Y dio Jehová salvador a Israel, y salieron del poder de los sirios; y habitaron los hijos de Israel en sus tiendas, como antes. 6 Con todo eso, no se apartaron de los pecados de la casa de Jeroboam, el que hizo pecar a Israel; en ellos anduvieron; y también la imagen de Asera permaneció en Samaria.) 7 Porque no le había quedado gente a Joacaz, sino cincuenta hombres de a caballo, diez carros, y diez mil hombres de a pie; pues el rey de Siria los había destruido,

y los había puesto como el polvo para hollar. 8 El resto de los hechos de Joacaz, y todo lo que hizo, y sus valentías, ¿no está escrito en el libro de las crónicas de los reyes de Israel? 9 Y durmió Joacaz con sus padres, y lo sepultaron en Samaria, y reinó en su lugar Joás su hijo.

Reinado de Joás de Israel

10 El año treinta y siete de Joás rey de Judá, comenzó a reinar Joás hijo de Joacaz sobre Israel en Samaria; y reinó dieciséis años. 11 E hizo lo malo ante los ojos de Jehová; no se apartó de todos los pecados de Jeroboam hijo de Nabat, el que hizo pecar a Israel; en ellos anduvo. 12 Los demás hechos de Joás, y todo lo que hizo, y el esfuerzo con que guerreó contra Amasías rey de Judá, ¿no está escrito en el libro de las crónicas de los reyes de Israel? 13 Y durmió Joás con sus padres, y se sentó Jeroboam sobre su trono; y Joás fue sepultado en Samaria con los reyes de Israel.

Profecía final y muerte de Eliseo

14 Estaba Eliseo enfermo de la enfermedad de que murió. Y descendió a él Joás rey de Israel, y llorando delante de él, dijo: ¡Padre mío, padre mío, carro de Israel y su gente de a caballo![a] 15 Y le dijo Eliseo: Toma un arco y unas saetas. Tomó él entonces un arco y unas saetas. 16 Luego dijo Eliseo al rey de Israel: Pon tu mano sobre el arco. Y puso él su mano sobre el arco. Entonces puso Eliseo sus manos sobre las manos del rey, 17 y dijo: Abre la ventana que da al oriente. Y cuando él la abrió, dijo Eliseo: Tira. Y tirando él, dijo Eliseo: Saeta de salvación de Jehová, y saeta de salvación contra Siria; porque herirás a los sirios en Afec hasta consumirlos. 18 Y le volvió a decir: Toma las saetas. Y luego que el rey de Israel las hubo tomado, le dijo: Golpea la tierra. Y él la golpeó tres veces, y se detuvo. 19 Entonces el varón de Dios, enojado contra él, le dijo: Al dar cinco o seis golpes, hubieras derrotado a Siria hasta no quedar ninguno; pero ahora sólo tres veces derrotarás a Siria.

a 13.14 2 R 2.12.

20 Y murió Eliseo, y lo sepultaron. Entrado el año, vinieron bandas armadas de moabitas a la tierra.

21 Y aconteció que al sepultar unos a un hombre, súbitamente vieron una banda armada, y arrojaron el cadáver en el sepulcro de Eliseo; y cuando llegó a tocar el muerto los huesos de Eliseo, revivió, y se levantó sobre sus pies.

22 Hazael, pues, rey de Siria, afligió a Israel todo el tiempo de Joacaz.

23 Mas Jehová tuvo misericordia de ellos, y se compadeció de ellos y los miró, a causa de su pacto con Abraham, Isaac y Jacob; y no quiso destruirlos ni echarlos de delante de su presencia hasta hoy.

24 Y murió Hazael rey de Siria, y reinó en su lugar Ben-adad su hijo.

25 Y volvió Joás hijo de Joacaz y tomó de mano de Ben-adad hijo de Hazael las ciudades que éste había tomado en guerra de mano de Joacaz su padre. Tres veces lo derrotó Joás, y restituyó las ciudades a Israel.

Reinado de Amasías

(2 Cr 25.1-28)

14 **1** En el año segundo de Joás hijo de Joacaz rey de Israel, comenzó a reinar Amasías hijo de Joás rey de Judá.

2 Cuando comenzó a reinar era de veinticinco años, y veintinueve años reinó en Jerusalén; el nombre de su madre fue Joadán, de Jerusalén.

3 Y él hizo lo recto ante los ojos de Jehová, aunque no como David su padre; hizo conforme a todas las cosas que había hecho Joás su padre.

4 Con todo eso, los lugares altos no fueron quitados, porque el pueblo aún sacrificaba y quemaba incienso en esos lugares altos.

5 Y cuando hubo afirmado en sus manos el reino, mató a los siervos que habían dado muerte al rey su padre.

6 Pero no mató a los hijos de los que le dieron muerte, conforme a lo que está escrito en el libro de la ley de Moisés, donde Jehová mandó diciendo: No matarán a los padres por los hijos, ni a los hijos por los padres, sino que cada uno morirá por su propio pecado.ª

7 Éste mató asimismo a diez mil edomitas en el Valle de la Sal, y tomó a Sela en batalla, y la llamó Jocteel, hasta hoy.

8 Entonces Amasías envió mensajeros a Joás hijo de Joacaz, hijo de Jehú, rey de Israel, diciendo: Ven, para que nos veamos las caras.

9 Y Joás rey de Israel envió a Amasías rey de Judá esta respuesta: El cardo que está en el Líbano envió a decir al cedro que está en el Líbano: Da tu hija por mujer a mi hijo. Y pasaron las fieras que están en el Líbano, y hollaron el cardo.

10 Ciertamente has derrotado a Edom, y tu corazón se ha envanecido; gloríate pues, mas quédate en tu casa. ¿Para qué te metes en un mal, para que caigas tú y Judá contigo?

11 Pero Amasías no escuchó; por lo cual subió Joás rey de Israel, y se vieron las caras él y Amasías rey de Judá, en Bet-semes, que es de Judá.

12 Y Judá cayó delante de Israel, y huyeron, cada uno a su tienda.

13 Además Joás rey de Israel tomó a Amasías rey de Judá, hijo de Joás hijo de Ocozías, en Bet-semes; y vino a Jerusalén, y rompió el muro de Jerusalén desde la puerta de Efraín hasta la puerta de la esquina, cuatrocientos codos.

14 Y tomó todo el oro, y la plata, y todos los utensilios que fueron hallados en la casa de Jehová, y en los tesoros de la casa del rey, y a los hijos tomó en rehenes, y volvió a Samaria.

15 Los demás hechos que ejecutó Joás, y sus hazañas, y cómo peleó contra Amasías rey de Judá, ¿no está escrito en el libro de las crónicas de los reyes de Israel?

16 Y durmió Joás con sus padres, y fue sepultado en Samaria con los reyes de Israel; y reinó en su lugar Jeroboam su hijo.

17 Y Amasías hijo de Joás, rey de Judá, vivió después de la muerte de Joás hijo de Joacaz, rey de Israel, quince años.

18 Los demás hechos de Amasías, ¿no están escritos en el libro de las crónicas de los reyes de Judá?

19 Conspiraron contra él en Jerusalén, y él huyó a Laquis; pero le persiguieron hasta Laquis, y allá lo mataron.

20 Lo trajeron luego sobre caballos, y lo sepultaron en Jerusalén con sus padres, en la ciudad de David.

---

a **14.6** Dt 24.16.

21 Entonces todo el pueblo de Judá tomó a Azarías, que era de dieciséis años, y lo hicieron rey en lugar de Amasías su padre. **22** Reedificó él a Elat, y la restituyó a Judá, después que el rey durmió con sus padres.

Reinado de Jeroboam II

23 El año quince de Amasías hijo de Joás rey de Judá, comenzó a reinar Jeroboam hijo de Joás sobre Israel en Samaria; y reinó cuarenta y un años. **24** E hizo lo malo ante los ojos de Jehová, y no se apartó de todos los pecados de Jeroboam hijo de Nabat, el que hizo pecar a Israel. **25** Él restauró los límites de Israel desde la entrada de Hamat hasta el mar del Arabá, conforme a la palabra de Jehová Dios de Israel, la cual él había hablado por su siervo Jonás[b] hijo de Amitai, profeta que fue de Gat-hefer. **26** Porque Jehová miró la muy amarga aflicción de Israel; que no había siervo ni libre, ni quien diese ayuda a Israel; **27** y Jehová no había determinado raer el nombre de Israel de debajo del cielo; por tanto, los salvó por mano de Jeroboam hijo de Joás. **28** Los demás hechos de Jeroboam, y todo lo que hizo, y su valentía, y todas las guerras que hizo, y cómo restituyó al dominio de Israel a Damasco y Hamat, que habían pertenecido a Judá, ¿no está escrito en el libro de las crónicas de los reyes de Israel? **29** Y durmió Jeroboam con sus padres, los reyes de Israel, y reinó en su lugar Zacarías su hijo.

Reinado de Azarías

(2 Cr 26.3-5, 16-23)

15 **1** En el año veintisiete de Jeroboam rey de Israel, comenzó a reinar Azarías hijo de Amasías, rey de Judá. **2** Cuando comenzó a reinar era de dieciséis años, y cincuenta y dos años reinó en Jerusalén; el nombre de su madre fue Jecolías, de Jerusalén. **3** E hizo lo recto ante los ojos de Jehová, conforme a todas las cosas que su padre Amasías había hecho.

4 Con todo eso, los lugares altos no se quitaron, porque el pueblo sacrificaba aún y quemaba incienso en los lugares altos. **5** Mas Jehová hirió al rey con lepra, y estuvo leproso hasta el día de su muerte, y habitó en casa separada, y Jotam hijo del rey tenía el cargo del palacio, gobernando al pueblo. **6** Los demás hechos de Azarías, y todo lo que hizo, ¿no está escrito en el libro de las crónicas de los reyes de Judá? **7** Y durmió Azarías con sus padres,[a] y lo sepultaron con ellos en la ciudad de David, y reinó en su lugar Jotam su hijo.

Reinado de Zacarías

8 En el año treinta y ocho de Azarías rey de Judá, reinó Zacarías hijo de Jeroboam sobre Israel seis meses. **9** E hizo lo malo ante los ojos de Jehová, como habían hecho sus padres; no se apartó de los pecados de Jeroboam hijo de Nabat, el que hizo pecar a Israel. **10** Contra él conspiró Salum hijo de Jabes, y lo hirió en presencia de su pueblo, y lo mató, y reinó en su lugar. **11** Los demás hechos de Zacarías, he aquí que están escritos en el libro de las crónicas de los reyes de Israel. **12** Y ésta fue la palabra de Jehová que había hablado a Jehú, diciendo: Tus hijos hasta la cuarta generación se sentarán en el trono de Israel.[b] Y fue así.

Reinado de Salum

13 Salum hijo de Jabes comenzó a reinar en el año treinta y nueve de Uzías rey de Judá, y reinó un mes en Samaria; **14** porque Manahem hijo de Gadi subió de Tirsa y vino a Samaria, e hirió a Salum hijo de Jabes en Samaria y lo mató, y reinó en su lugar. **15** Los demás hechos de Salum, y la conspiración que tramó, he aquí que están escritos en el libro de las crónicas de los reyes de Israel. **16** Entonces Manahem saqueó a Tifsa, y a todos los que estaban en ella, y también sus alrededores desde Tirsa; la saqueó porque no le habían abierto las puertas, y abrió el vientre a todas sus mujeres que estaban encintas.

---

b 14.25 Jon 1.1.   **a 15.7** Is 6.1.   **b 15.12** 2 R 10.30.

Reinado de Manahem

17 En el año treinta y nueve de Azarías rey de Judá, reinó Manahem hijo de Gadi sobre Israel diez años, en Samaria.

18 E hizo lo malo ante los ojos de Jehová; en todo su tiempo no se apartó de los pecados de Jeroboam hijo de Nabat, el que hizo pecar a Israel.

19 Y vino Pul rey de Asiria a atacar la tierra; y Manahem dio a Pul mil talentos de plata para que le ayudara a confirmarse en el reino.

20 E impuso Manahem este dinero sobre Israel, sobre todos los poderosos y opulentos; de cada uno cincuenta siclos de plata, para dar al rey de Asiria; y el rey de Asiria se volvió, y no se detuvo allí en el país.

21 Los demás hechos de Manahem, y todo lo que hizo, ¿no está escrito en el libro de las crónicas de los reyes de Israel?

22 Y durmió Manahem con sus padres, y reinó en su lugar Pekaía su hijo.

Reinado de Pekaía

23 En el año cincuenta de Azarías rey de Judá, reinó Pekaía hijo de Manahem sobre Israel en Samaria, dos años.

24 E hizo lo malo ante los ojos de Jehová; no se apartó de los pecados de Jeroboam hijo de Nabat, el que hizo pecar a Israel.

25 Y conspiró contra él Peka hijo de Remalías, capitán suyo, y lo hirió en Samaria, en el palacio de la casa real, en compañía de Argob y de Arie, y de cincuenta hombres de los hijos de los galaaditas; y lo mató, y reinó en su lugar.

26 Los demás hechos de Pekaía, y todo lo que hizo, he aquí que está escrito en el libro de las crónicas de los reyes de Israel.

Reinado de Peka

27 En el año cincuenta y dos de Azarías rey de Judá, reinó Peka hijo de Remalías sobre Israel en Samaria; y reinó veinte años.

28 E hizo lo malo ante los ojos de Jehová; no se apartó de los pecados de Jeroboam hijo de Nabat, el que hizo pecar a Israel.

29 En los días de Peka rey de Israel, vino Tiglat-pileser rey de los asirios, y tomó a Ijón, Abel-bet-maaca, Janoa, Cedes, Hazor, Galaad, Galilea, y toda la tierra de Neftalí; y los llevó cautivos a Asiria.

30 Y Oseas hijo de Ela conspiró contra Peka hijo de Remalías, y lo hirió y lo mató, y reinó en su lugar, a los veinte años de Jotam hijo de Uzías.

31 Los demás hechos de Peka, y todo lo que hizo, he aquí que está escrito en el libro de las crónicas de los reyes de Israel.

Reinado de Jotam
(2 Cr 27.1-9)

32 En el segundo año de Peka hijo de Remalías rey de Israel, comenzó a reinar Jotam hijo de Uzías rey de Judá.

33 Cuando comenzó a reinar era de veinticinco años, y reinó dieciséis años en Jerusalén. El nombre de su madre fue Jerusa hija de Sadoc.

34 Y él hizo lo recto ante los ojos de Jehová; hizo conforme a todas las cosas que había hecho su padre Uzías.

35 Con todo eso, los lugares altos no fueron quitados, porque el pueblo sacrificaba aún, y quemaba incienso en los lugares altos. Edificó él la puerta más alta de la casa de Jehová.

36 Los demás hechos de Jotam, y todo lo que hizo, ¿no está escrito en el libro de las crónicas de los reyes de Judá?

37 En aquel tiempo comenzó Jehová a enviar contra Judá a Rezín rey de Siria, y a Peka hijo de Remalías.

38 Y durmió Jotam con sus padres, y fue sepultado con ellos en la ciudad de David su padre, y reinó en su lugar Acaz su hijo.

Reinado de Acaz
(2 Cr 28.1-27)

16 **1** En el año diecisiete de Peka hijo de Remalías, comenzó a reinar Acaz hijo de Jotam rey de Judá.

2 Cuando comenzó a reinar Acaz era de veinte años, y reinó en Jerusalén dieciséis años; y no hizo lo recto ante los ojos de Jehová su Dios, como David su padre.

3 Antes anduvo en el camino de los reyes de Israel, y aun hizo pasar por fuego a su hijo, según las prácticas abominables de las naciones que Jehová echó de delante de los hijos de Israel.[a]

4 Asimismo sacrificó y quemó incienso en los lugares altos, y sobre los collados, y debajo de todo árbol frondoso.

---

a 16.3 Dt 12.31.

⁵ Entonces Rezín rey de Siria y Peka hijo de Remalías, rey de Israel, subieron a Jerusalén para hacer guerra y sitiar a Acaz; mas no pudieron tomarla.[b]

⁶ En aquel tiempo el rey de Edom recobró Elat para Edom, y echó de Elat a los hombres de Judá; y los de Edom vinieron a Elat y habitaron allí hasta hoy.

⁷ Entonces Acaz envió embajadores a Tiglat-pileser rey de Asiria, diciendo: Yo soy tu siervo y tu hijo; sube, y defiéndeme de mano del rey de Siria, y de mano del rey de Israel, que se han levantado contra mí.

⁸ Y tomando Acaz la plata y el oro que se halló en la casa de Jehová, y en los tesoros de la casa real, envió al rey de Asiria un presente.

⁹ Y le atendió el rey de Asiria; pues subió el rey de Asiria contra Damasco, y la tomó, y llevó cautivos a los moradores a Kir, y mató a Rezín.

¹⁰ Después fue el rey Acaz a encontrar a Tiglat-pileser rey de Asiria en Damasco; y cuando vio el rey Acaz el altar que estaba en Damasco, envió al sacerdote Urías el diseño y la descripción del altar, conforme a toda su hechura.

¹¹ Y el sacerdote Urías edificó el altar; conforme a todo lo que el rey Acaz había enviado de Damasco, así lo hizo el sacerdote Urías, entre tanto que el rey Acaz venía de Damasco.

¹² Y luego que el rey vino de Damasco, y vio el altar, se acercó el rey a él, y ofreció sacrificios en él;

¹³ y encendió su holocausto y su ofrenda, y derramó sus libaciones, y esparció la sangre de sus sacrificios de paz junto al altar.

¹⁴ E hizo acercar el altar de bronce[c] que estaba delante de Jehová, en la parte delantera de la casa, entre el altar y el templo de Jehová, y lo puso al lado del altar hacia el norte.

¹⁵ Y mandó el rey Acaz al sacerdote Urías, diciendo: En el gran altar encenderás el holocausto de la mañana y la ofrenda de la tarde, y el holocausto del rey y su ofrenda, y asimismo el holocausto de todo el pueblo de la tierra y su ofrenda y sus libaciones; y esparcirás sobre él toda la sangre del holocausto, y toda la sangre del sacrificio. El altar de bronce será mío para consultar en él.

¹⁶ E hizo el sacerdote Urías conforme a todas las cosas que el rey Acaz le mandó.

¹⁷ Y cortó el rey Acaz los tableros de las basas, y les quitó las fuentes; y quitó también el mar de sobre los bueyes de bronce que estaban debajo de él,[d] y lo puso sobre el suelo de piedra.

¹⁸ Asimismo el pórtico para los días de reposo,* que habían edificado en la casa, y el pasadizo de afuera, el del rey, los quitó del templo de Jehová, por causa del rey de Asiria.

¹⁹ Los demás hechos que puso por obra Acaz, ¿no están todos escritos en el libro de las crónicas de los reyes de Judá?

²⁰ Y durmió el rey Acaz con sus padres,[e] y fue sepultado con ellos en la ciudad de David, y reinó en su lugar su hijo Ezequías.

Caída de Samaria y cautiverio de Israel

17 ¹ En el año duodécimo de Acaz rey de Judá, comenzó a reinar Oseas hijo de Ela en Samaria sobre Israel; y reinó nueve años.

² E hizo lo malo ante los ojos de Jehová, aunque no como los reyes de Israel que habían sido antes de él.

³ Contra éste subió Salmanasar rey de los asirios; y Oseas fue hecho su siervo, y le pagaba tributo.

⁴ Mas el rey de Asiria descubrió que Oseas conspiraba; porque había enviado embajadores a So, rey de Egipto, y no pagaba tributo al rey de Asiria, como lo hacía cada año; por lo que el rey de Asiria le detuvo, y le aprisionó en la casa de la cárcel.

⁵ Y el rey de Asiria invadió todo el país, y sitió a Samaria, y estuvo sobre ella tres años.

⁶ En el año nueve de Oseas, el rey de Asiria tomó Samaria, y llevó a Israel cautivo a Asiria, y los puso en Halah, en Habor junto al río Gozán, y en las ciudades de los medos.

⁷ Porque los hijos de Israel pecaron contra Jehová su Dios, que los sacó de tierra de Egipto, de bajo la mano de Faraón rey de Egipto, y temieron a dioses ajenos,

---

* Aquí equivale a *sábado.*
b 16.5 Is 7.1.   c 16.14 Éx 27.1, 2; 2 Cr 4.1.   d 16.17 1 R 7.23-39; 2 Cr 4.2-6.   e 16.20 Is 14.28.

8 y anduvieron en los estatutos de las naciones que Jehová había lanzado de delante de los hijos de Israel, y en los estatutos que hicieron los reyes de Israel.

9 Y los hijos de Israel hicieron secretamente cosas no rectas contra Jehová su Dios, edificándose lugares altos en todas sus ciudades, desde las torres de las atalayas hasta las ciudades fortificadas,

10 y levantaron estatuas e imágenes de Asera en todo collado alto, y debajo de todo árbol frondoso,[a]

11 y quemaron allí incienso en todos los lugares altos, a la manera de las naciones que Jehová había traspuesto de delante de ellos, e hicieron cosas muy malas para provocar a ira a Jehová.

12 Y servían a los ídolos, de los cuales Jehová les había dicho: Vosotros no habéis de hacer esto.

13 Jehová amonestó entonces a Israel y a Judá por medio de todos los profetas y de todos los videntes, diciendo: Volveos de vuestros malos caminos, y guardad mis mandamientos y mis ordenanzas, conforme a todas las leyes que yo prescribí a vuestros padres, y que os he enviado por medio de mis siervos los profetas.

14 Mas ellos no obedecieron, antes endurecieron su cerviz, como la cerviz de sus padres, los cuales no creyeron en Jehová su Dios.

15 Y desecharon sus estatutos, y el pacto que él había hecho con sus padres, y los testimonios que él había prescrito a ellos; y siguieron la vanidad, y se hicieron vanos, y fueron en pos de las naciones que estaban alrededor de ellos, de las cuales Jehová les había mandado que no hiciesen a la manera de ellas.

16 Dejaron todos los mandamientos de Jehová su Dios, y se hicieron imágenes fundidas de dos becerros,[b] y también imágenes de Asera, y adoraron a todo el ejército de los cielos, y sirvieron a Baal;

17 e hicieron pasar a sus hijos y a sus hijas por fuego; y se dieron a adivinaciones y agüeros,[c] y se entregaron a hacer lo malo ante los ojos de Jehová, provocándole a ira.

18 Jehová, por tanto, se airó en gran manera contra Israel, y los quitó de delante de su rostro; y no quedó sino sólo la tribu de Judá.

19 Mas ni aun Judá guardó los mandamientos de Jehová su Dios, sino que anduvieron en los estatutos de Israel, los cuales habían ellos hecho.

20 Y desechó Jehová a toda la descendencia de Israel, y los afligió, y los entregó en manos de saqueadores, hasta echarlos de su presencia.

21 Porque separó a Israel de la casa de David, y ellos hicieron rey a Jeroboam hijo de Nabat; y Jeroboam apartó a Israel de en pos de Jehová, y les hizo cometer gran pecado.

22 Y los hijos de Israel anduvieron en todos los pecados de Jeroboam que él hizo, sin apartarse de ellos,

23 hasta que Jehová quitó a Israel de delante de su rostro, como él lo había dicho por medio de todos los profetas sus siervos; e Israel fue llevado cautivo de su tierra a Asiria, hasta hoy.

Asiria puebla de nuevo a Samaria

24 Y trajo el rey de Asiria gente de Babilonia, de Cuta, de Ava, de Hamat y de Sefarvaim, y los puso en las ciudades de Samaria, en lugar de los hijos de Israel; y poseyeron a Samaria, y habitaron en sus ciudades.

25 Y aconteció al principio, cuando comenzaron a habitar allí, que no temiendo ellos a Jehová, envió Jehová contra ellos leones que los mataban.

26 Dijeron, pues, al rey de Asiria: Las gentes que tú trasladaste y pusiste en las ciudades de Samaria, no conocen la ley del Dios de aquella tierra, y él ha echado leones en medio de ellos, y he aquí que los leones los matan, porque no conocen la ley del Dios de la tierra.

27 Y el rey de Asiria mandó, diciendo: Llevad allí a alguno de los sacerdotes que trajisteis de allá, y vaya y habite allí, y les enseñe la ley del Dios del país.

28 Y vino uno de los sacerdotes que habían llevado cautivo de Samaria, y habitó en Bet-el, y les enseñó cómo habían de temer a Jehová.

29 Pero cada nación se hizo sus dioses, y los pusieron en los templos de los lugares altos que habían hecho los de Samaria; cada nación en su ciudad donde habitaba.

---

a 17.10 1 R 14.23.   **b 17.16** 1 R 12.28.   **c 17.17** Dt 18.10.

30 Los de Babilonia hicieron a Sucot-benot, los de Cuta hicieron a Nergal, y los de Hamat hicieron a Asima.

31 Los aveos hicieron a Nibhaz y a Tartac, y los de Sefarvaim quemaban sus hijos en el fuego para adorar a Adramelec y a Anamelec, dioses de Sefarvaim.

32 Temían a Jehová, e hicieron del bajo pueblo sacerdotes de los lugares altos, que sacrificaban para ellos en los templos de los lugares altos.

33 Temían a Jehová, y honraban a sus dioses, según la costumbre de las naciones de donde habían sido trasladados.

34 Hasta hoy hacen como antes: ni temen a Jehová, ni guardan sus estatutos ni sus ordenanzas, ni hacen según la ley y los mandamientos que prescribió Jehová a los hijos de Jacob, al cual puso el nombre de Israel;[d]

35 con los cuales Jehová había hecho pacto, y les mandó diciendo: No temeréis a otros dioses, ni los adoraréis, ni les serviréis, ni les haréis sacrificios.[e]

36 Mas a Jehová, que os sacó de tierra de Egipto con grande poder y brazo extendido, a éste temeréis,[f] y a éste adoraréis, y a éste haréis sacrificio.

37 Los estatutos y derechos y ley y mandamientos que os dio por escrito, cuidaréis siempre de ponerlos por obra, y no temeréis a dioses ajenos.

38 No olvidaréis el pacto que hice con vosotros, ni temeréis a dioses ajenos;

39 mas temed a Jehová vuestro Dios, y él os librará de mano de todos vuestros enemigos.

40 Pero ellos no escucharon; antes hicieron según su costumbre antigua.

41 Así temieron a Jehová aquellas gentes, y al mismo tiempo sirvieron a sus ídolos; y también sus hijos y sus nietos, según como hicieron sus padres, así hacen hasta hoy.

Reinado de Ezequías
(2 Cr 29.1, 2)

18 **1** En el tercer año de Oseas hijo de Ela, rey de Israel, comenzó a reinar Ezequías hijo de Acaz rey de Judá.

2 Cuando comenzó a reinar era de veinticinco años, y reinó en Jerusalén veintinueve años. El nombre de su madre fue Abi hija de Zacarías.

3 Hizo lo recto ante los ojos de Jehová, conforme a todas las cosas que había hecho David su padre.

4 Él quitó los lugares altos, y quebró las imágenes, y cortó los símbolos de Asera, e hizo pedazos la serpiente de bronce que había hecho Moisés,[a] porque hasta entonces le quemaban incienso los hijos de Israel; y la llamó Nehustán.[l]

5 En Jehová Dios de Israel puso su esperanza; ni después ni antes de él hubo otro como él entre todos los reyes de Judá.

6 Porque siguió a Jehová, y no se apartó de él, sino que guardó los mandamientos que Jehová prescribió a Moisés.

7 Y Jehová estaba con él; y adondequiera que salía, prosperaba. Él se rebeló contra el rey de Asiria, y no le sirvió.

8 Hirió también a los filisteos hasta Gaza y sus fronteras, desde las torres de las atalayas hasta la ciudad fortificada.

Caída de Samaria

9 En el cuarto año del rey Ezequías, que era el año séptimo de Oseas hijo de Ela, rey de Israel, subió Salmanasar rey de los asirios contra Samaria, y la sitió,

10 y la tomaron al cabo de tres años. En el año sexto de Ezequías, el cual era el año noveno de Oseas rey de Israel, fue tomada Samaria.

11 Y el rey de Asiria llevó cautivo a Israel a Asiria, y los puso en Halah, en Habor junto al río Gozán, y en las ciudades de los medos;

12 por cuanto no habían atendido a la voz de Jehová su Dios, sino que habían quebrantado su pacto; y todas las cosas que Moisés siervo de Jehová había mandado, no las habían escuchado, ni puesto por obra.

Senaquerib invade a Judá
(2 Cr 32.1-19; Is 36.1-22)

13 A los catorce años del rey Ezequías, subió Senaquerib rey de Asiria contra todas las ciudades fortificadas de Judá, y las tomó.

14 Entonces Ezequías rey de Judá envió a decir al rey de Asiria que estaba en Laquis: Yo he pecado; apártate de mí, y haré todo

---

l. **18.4** Esto es, *Cosa de bronce.*
d 17.34 Gn 32.28; 35.10.   **e 17.35** Éx 20.5; Dt 5.9.
f 17.36 Dt 6.13.   **a 18.4** Nm 21.9.

lo que me impongas. Y el rey de Asiria impuso a Ezequías rey de Judá trescientos talentos de plata, y treinta talentos de oro. **15** Dio, por tanto, Ezequías toda la plata que fue hallada en la casa de Jehová, y en los tesoros de la casa real.

16 Entonces Ezequías quitó el oro de las puertas del templo de Jehová y de los quiciales que el mismo rey Ezequías había cubierto de oro, y lo dio al rey de Asiria. **17** Después el rey de Asiria envió contra el rey Ezequías al Tartán, al Rabsaris y al Rabsaces, con un gran ejército, desde Laquis contra Jerusalén, y subieron y vinieron a Jerusalén. Y habiendo subido, vinieron y acamparon junto al acueducto del estanque de arriba, en el camino de la heredad del Lavador.

18 Llamaron luego al rey, y salió a ellos Eliaquim hijo de Hilcías, mayordomo, y Sebna escriba, y Joa hijo de Asaf, canciller. **19** Y les dijo el Rabsaces: Decid ahora a Ezequías: Así dice el gran rey de Asiria: ¿Qué confianza es esta en que te apoyas? **20** Dices (pero son palabras vacías): Consejo tengo y fuerzas para la guerra. Mas ¿en qué confías, que te has rebelado contra mí? **21** He aquí que confías en este báculo de caña cascada, en Egipto, en el cual si alguno se apoyare, se le entrará por la mano y la traspasará. Tal es Faraón rey de Egipto para todos los que en él confían. **22** Y si me decís: Nosotros confiamos en Jehová nuestro Dios, ¿no es éste aquel cuyos lugares altos y altares ha quitado Ezequías, y ha dicho a Judá y a Jerusalén: Delante de este altar adoraréis en Jerusalén? **23** Ahora, pues, yo te ruego que des rehenes a mi señor, el rey de Asiria, y yo te daré dos mil caballos, si tú puedes dar jinetes para ellos. **24** ¿Cómo, pues, podrás resistir a un capitán, al menor de los siervos de mi señor, aunque estés confiado en Egipto con sus carros y su gente de a caballo? **25** ¿Acaso he venido yo ahora sin Jehová a este lugar, para destruirlo? Jehová me ha dicho: Sube a esta tierra, y destrúyela.

26 Entonces dijo Eliaquim hijo de Hilcías, y Sebna y Joa, al Rabsaces: Te rogamos que hables a tus siervos en arameo, porque nosotros lo entendemos; y no hables con nosotros en lengua de Judá a oídos del pueblo que está sobre el muro. **27** Y el Rabsaces les dijo: ¿Me ha enviado mi señor para decir estas palabras a ti y a tu señor, y no a los hombres que están sobre el muro, expuestos a comer su propio estiércol y beber su propia orina con vosotros?

28 Entonces el Rabsaces se puso en pie y clamó a gran voz en lengua de Judá, y habló diciendo: Oíd la palabra del gran rey, el rey de Asiria. **29** Así ha dicho el rey: No os engañe Ezequías, porque no os podrá librar de mi mano. **30** Y no os haga Ezequías confiar en Jehová, diciendo: Ciertamente nos librará Jehová, y esta ciudad no será entregada en mano del rey de Asiria. **31** No escuchéis a Ezequías, porque así dice el rey de Asiria: Haced conmigo paz, y salid a mí, y coma cada uno de su vid y de su higuera, y beba cada uno las aguas de su pozo, **32** hasta que yo venga y os lleve a una tierra como la vuestra, tierra de grano y de vino, tierra de pan y de viñas, tierra de olivas, de aceite, y de miel; y viviréis, y no moriréis. No oigáis a Ezequías, porque os engaña cuando dice: Jehová nos librará. **33** ¿Acaso alguno de los dioses de las naciones ha librado su tierra de la mano del rey de Asiria? **34** ¿Dónde está el dios de Hamat y de Arfad? ¿Dónde está el dios de Sefarvaim, de Hena, y de Iva? ¿Pudieron éstos librar a Samaria de mi mano? **35** ¿Qué dios de todos los dioses de estas tierras ha librado su tierra de mi mano, para que Jehová libre de mi mano a Jerusalén?

36 Pero el pueblo calló, y no le respondió palabra; porque había mandamiento del rey, el cual había dicho: No le respondáis. **37** Entonces Eliaquim hijo de Hilcías, mayordomo, y Sebna escriba, y Joa hijo de Asaf, canciller, vinieron a Ezequías, rasgados sus vestidos, y le contaron las palabras del Rabsaces.

Judá es librado de Senaquerib
(2 Cr 32.20-23; Is 37.1-38)

19 **1** Cuando el rey Ezequías lo oyó, rasgó sus vestidos y se cubrió de cilicio, y entró en la casa de Jehová.

2 Y envió a Eliaquim mayordomo, a Sebna escriba y a los ancianos de los sacerdotes, cubiertos de cilicio, al profeta Isaías hijo de Amoz,

3 para que le dijesen: Así ha dicho Ezequías: Este día es día de angustia, de represión y de blasfemia; porque los hijos están a punto de nacer, y la que da a luz no tiene fuerzas.

4 Quizá oirá Jehová tu Dios todas las palabras del Rabsaces, a quien el rey de los asirios su señor ha enviado para blasfemar al Dios viviente, y para vituperar con palabras, las cuales Jehová tu Dios ha oído; por tanto, eleva oración por el remanente que aún queda.

5 Vinieron, pues, los siervos del rey Ezequías a Isaías.

6 E Isaías les respondió: Así diréis a vuestro señor: Así ha dicho Jehová: No temas por las palabras que has oído, con las cuales me han blasfemado los siervos del rey de Asiria.

7 He aquí pondré yo en él un espíritu, y oirá rumor, y volverá a su tierra; y haré que en su tierra caiga a espada.

8 Y regresando el Rabsaces, halló al rey de Asiria combatiendo contra Libna; porque oyó que se había ido de Laquis.

9 Y oyó decir que Tirhaca rey de Etiopía había salido para hacerle guerra. Entonces volvió él y envió embajadores a Ezequías, diciendo:

10 Así diréis a Ezequías rey de Judá: No te engañe tu Dios en quien tú confías, para decir: Jerusalén no será entregada en mano del rey de Asiria.

11 He aquí tú has oído lo que han hecho los reyes de Asiria a todas las tierras, destruyéndolas; ¿y escaparás tú?

12 ¿Acaso libraron sus dioses a las naciones que mis padres destruyeron, esto es, Gozán, Harán, Resef, y los hijos de Edén que estaban en Telasar?

13 ¿Dónde está el rey de Hamat, el rey de Arfad, y el rey de la ciudad de Sefarvaim, de Hena y de Iva?

14 Y tomó Ezequías las cartas de mano de los embajadores; y después que las hubo leído, subió a la casa de Jehová, y las extendió Ezequías delante de Jehová.

15 Y oró Ezequías delante de Jehová, diciendo: Jehová Dios de Israel, que moras entre los querubines,[a] sólo tú eres Dios de todos los reinos de la tierra; tú hiciste el cielo y la tierra.

16 Inclina, oh Jehová, tu oído, y oye; abre, oh Jehová, tus ojos, y mira; y oye las palabras de Senaquerib, que ha enviado a blasfemar al Dios viviente.

17 Es verdad, oh Jehová, que los reyes de Asiria han destruido las naciones y sus tierras;

18 y que echaron al fuego a sus dioses, por cuanto ellos no eran dioses, sino obra de manos de hombres, madera o piedra, y por eso los destruyeron.

19 Ahora, pues, oh Jehová Dios nuestro, sálvanos, te ruego, de su mano, para que sepan todos los reinos de la tierra que sólo tú, Jehová, eres Dios.

20 Entonces Isaías hijo de Amoz envió a decir a Ezequías: Así ha dicho Jehová, Dios de Israel: Lo que me pediste acerca de Senaquerib rey de Asiria, he oído.

21 Ésta es la palabra que Jehová ha pronunciado acerca de él: La virgen hija de Sion te menosprecia, te escarnece; detrás de ti mueve su cabeza la hija de Jerusalén.

22 ¿A quién has vituperado y blasfemado? ¿y contra quién has alzado la voz, y levantado en alto tus ojos? Contra el Santo de Israel.

23 Por mano de tus mensajeros has vituperado a Jehová, y has dicho: Con la multitud de mis carros he subido a las alturas de los montes, a lo más inaccesible del Líbano; cortaré sus altos cedros, sus cipreses más escogidos; me alojaré en sus más remotos lugares, en el bosque de sus feraces campos.

24 Yo he cavado y bebido las aguas extrañas, he secado con las plantas de mis pies todos los ríos de Egipto.

25 ¿Nunca has oído que desde tiempos antiguos yo lo hice, y que desde los días de la antigüedad lo tengo ideado? Y ahora lo he hecho venir, y tú serás para hacer desolaciones, para reducir las ciudades fortificadas a montones de escombros.

26 Sus moradores fueron de corto poder; fueron acobardados y confundidos; vinieron a ser como la hierba del campo, y como hortaliza verde, como heno de los terrados, marchitado antes de su madurez.

27 He conocido tu situación, tu salida y tu entrada, y tu furor contra mí.

a 19.15 Éx 25.22.

28 Por cuanto te has airado contra mí, por cuanto tu arrogancia ha subido a mis oídos, yo pondré mi garfio en tu nariz, y mi freno en tus labios, y te haré volver por el camino por donde viniste.

29 Y esto te daré por señal, oh Ezequías: Este año comeréis lo que nacerá de suyo, y el segundo año lo que nacerá de suyo; y el tercer año sembraréis, y segaréis, y plantaréis viñas, y comeréis el fruto de ellas.

30 Y lo que hubiere escapado, lo que hubiere quedado de la casa de Judá, volverá a echar raíces abajo, y llevará fruto arriba.

31 Porque saldrá de Jerusalén remanente, y del monte de Sion los que se salven. El celo de Jehová de los ejércitos hará esto.

32 Por tanto, así dice Jehová acerca del rey de Asiria: No entrará en esta ciudad, ni echará saeta en ella; ni vendrá delante de ella con escudo, ni levantará contra ella baluarte.

33 Por el mismo camino que vino, volverá, y no entrará en esta ciudad, dice Jehová.

34 Porque yo ampararé esta ciudad para salvarla, por amor a mí mismo, y por amor a David mi siervo.

35 Y aconteció que aquella misma noche salió el ángel de Jehová, y mató en el campamento de los asirios a ciento ochenta y cinco mil; y cuando se levantaron por la mañana, he aquí que todo era cuerpos de muertos.

36 Entonces Senaquerib rey de Asiria se fue, y volvió a Nínive, donde se quedó.

37 Y aconteció que mientras él adoraba en el templo de Nisroc su dios, Adramelec y Sarezer sus hijos lo hirieron a espada, y huyeron a tierra de Ararat. Y reinó en su lugar Esar-hadón su hijo.

Enfermedad de Ezequías
(2 Cr 32.24-26; Is 38.1-22)

20 **1** En aquellos días Ezequías cayó enfermo de muerte. Y vino a él el profeta Isaías hijo de Amoz, y le dijo: Jehová dice así: Ordena tu casa, porque morirás, y no vivirás.

2 Entonces él volvió su rostro a la pared, y oró a Jehová y dijo:

3 Te ruego, oh Jehová, te ruego que hagas memoria de que he andado delante de ti en verdad y con íntegro corazón, y que he hecho las cosas que te agradan. Y lloró Ezequías con gran lloro.

4 Y antes que Isaías saliese hasta la mitad del patio, vino palabra de Jehová a Isaías, diciendo:

5 Vuelve, y di a Ezequías, príncipe de mi pueblo: Así dice Jehová, el Dios de David tu padre: Yo he oído tu oración, y he visto tus lágrimas; he aquí que yo te sano; al tercer día subirás a la casa de Jehová.

6 Y añadiré a tus días quince años, y te libraré a ti y a esta ciudad de mano del rey de Asiria; y ampararé esta ciudad por amor a mí mismo, y por amor a David mi siervo.

7 Y dijo Isaías: Tomad masa de higos. Y tomándola, la pusieron sobre la llaga, y sanó.

8 Y Ezequías había dicho a Isaías: ¿Qué señal tendré de que Jehová me sanará, y que subiré a la casa de Jehová al tercer día?

9 Respondió Isaías: Esta señal tendrás de Jehová, de que hará Jehová esto que ha dicho: ¿Avanzará la sombra diez grados, o retrocederá diez grados?

10 Y Ezequías respondió: Fácil cosa es que la sombra decline diez grados; pero no que la sombra vuelva atrás diez grados.

11 Entonces el profeta Isaías clamó a Jehová; e hizo volver la sombra por los grados que había descendido en el reloj de Acaz, diez grados atrás.

Ezequías recibe a los enviados de Babilonia
(2 Cr 32.27-31; Is 39.1-8)

12 En aquel tiempo Merodac-baladán hijo de Baladán, rey de Babilonia, envió mensajeros con cartas y presentes a Ezequías, porque había oído que Ezequías había caído enfermo.

13 Y Ezequías los oyó, y les mostró toda la casa de sus tesoros, plata, oro, y especias, y ungüentos preciosos, y la casa de sus armas, y todo lo que había en sus tesoros; ninguna cosa quedó que Ezequías no les mostrase, así en su casa como en todos sus dominios.

14 Entonces el profeta Isaías vino al rey Ezequías, y le dijo: ¿Qué dijeron aquellos varones, y de dónde vinieron a ti? Y Ezequías le respondió: De lejanas tierras han venido, de Babilonia.

15 Y él le volvió a decir: ¿Qué vieron en tu casa? Y Ezequías respondió: Vieron todo lo que había en mi casa; nada quedó en mis tesoros que no les mostrase.

16 Entonces Isaías dijo a Ezequías: Oye palabra de Jehová:

17 He aquí vienen días en que todo lo que está en tu casa, y todo lo que tus padres han atesorado hasta hoy, será llevado a Babilonia, sin quedar nada, dijo Jehová.ª

18 Y de tus hijos que saldrán de ti, que habrás engendrado, tomarán, y serán eunucos en el palacio del rey de Babilonia.ᵇ

19 Entonces Ezequías dijo a Isaías: La palabra de Jehová que has hablado, es buena. Después dijo: Habrá al menos paz y seguridad en mis días.

Muerte de Ezequías
(2 Cr 32.32, 33)

20 Los demás hechos de Ezequías, y todo su poderío, y cómo hizo el estanque y el conducto, y metió las aguas en la ciudad, ¿no está escrito en el libro de las crónicas de los reyes de Judá?

21 Y durmió Ezequías con sus padres, y reinó en su lugar Manasés su hijo.

Reinado de Manasés
(2 Cr 33.1-20)

21 ¹ De doce años era Manasés cuando comenzó a reinar, y reinó en Jerusalén cincuenta y cinco años; el nombre de su madre fue Hepsiba.

2 E hizo lo malo ante los ojos de Jehová,ª según las abominaciones de las naciones que Jehová había echado de delante de los hijos de Israel.

3 Porque volvió a edificar los lugares altos que Ezequías su padre había derribado, y levantó altares a Baal, e hizo una imagen de Asera, como había hecho Acab rey de Israel; y adoró a todo el ejército de los cielos, y rindió culto a aquellas cosas.

4 Asimismo edificó altares en la casa de Jehová, de la cual Jehová había dicho: Yo pondré mi nombre en Jerusalén.ᵇ

5 Y edificó altares para todo el ejército de los cielos en los dos atrios de la casa de Jehová.

6 Y pasó a su hijo por fuego, y se dio a observar los tiempos, y fue agorero, e instituyó encantadores y adivinos, multiplicando así el hacer lo malo ante los ojos de Jehová, para provocarlo a ira.

7 Y puso una imagen de Asera que él había hecho, en la casa de la cual Jehová había dicho a David y a Salomón su hijo: Yo pondré mi nombre para siempre en esta casa, y en Jerusalén, a la cual escogí de todas las tribus de Israel;

8 y no volveré a hacer que el pie de Israel sea movido de la tierra que di a sus padres, con tal que guarden y hagan conforme a todas las cosas que yo les he mandado, y conforme a toda la ley que mi siervo Moisés les mandó.ᶜ

9 Mas ellos no escucharon; y Manasés los indujo a que hiciesen más mal que las naciones que Jehová destruyó delante de los hijos de Israel.

10 Habló, pues, Jehová por medio de sus siervos los profetas, diciendo:

11 Por cuanto Manasés rey de Judá ha hecho estas abominaciones, y ha hecho más mal que todo lo que hicieron los amorreos que fueron antes de él, y también ha hecho pecar a Judá con sus ídolos;

12 por tanto, así ha dicho Jehová el Dios de Israel: He aquí yo traigo tal mal sobre Jerusalén y sobre Judá, que al que lo oyere le retiñirán ambos oídos.

13 Y extenderé sobre Jerusalén el cordel de Samaria y la plomada de la casa de Acab; y limpiaré a Jerusalén como se limpia un plato, que se friega y se vuelve boca abajo.

14 Y desampararé el resto de mi heredad, y lo entregaré en manos de sus enemigos; y serán para presa y despojo de todos sus adversarios;

15 por cuanto han hecho lo malo ante mis ojos, y me han provocado a ira, desde el día que sus padres salieron de Egipto hasta hoy.

16 Fuera de esto, derramó Manasés mucha sangre inocente en gran manera, hasta llenar a Jerusalén de extremo a extremo; además de su pecado con que hizo pecar a Judá, para que hiciese lo malo ante los ojos de Jehová.

17 Los demás hechos de Manasés, y todo lo que hizo, y el pecado que cometió, ¿no está todo escrito en el libro de las crónicas de los reyes de Judá?

18 Y durmió Manasés con sus padres, y fue sepultado en el huerto de su casa, en el

---

a **20.17** 2 R 24.13; 2 Cr 36.10. b **20.18** 2 R 24.14, 15;
Dn 1.1-7. a **21.2** Jer 15.4. b **21.4** 2 S 7.13.
c **21.7, 8** 1 R 9.3-5; 2 Cr 7.12-18.

huerto de Uza, y reinó en su lugar Amón su hijo.

Reinado de Amón
(2 Cr 33.21-25)

19 De veintidós años era Amón cuando comenzó a reinar, y reinó dos años en Jerusalén. El nombre de su madre fue Mesulemet hija de Haruz, de Jotba. **20** E hizo lo malo ante los ojos de Jehová, como había hecho Manasés su padre. **21** Y anduvo en todos los caminos en que su padre anduvo, y sirvió a los ídolos a los cuales había servido su padre, y los adoró; **22** y dejó a Jehová el Dios de sus padres, y no anduvo en el camino de Jehová. **23** Y los siervos de Amón conspiraron contra él, y mataron al rey en su casa. **24** Entonces el pueblo de la tierra mató a todos los que habían conspirado contra el rey Amón; y puso el pueblo de la tierra por rey en su lugar a Josías su hijo. **25** Los demás hechos de Amón, ¿no están todos escritos en el libro de las crónicas de los reyes de Judá? **26** Y fue sepultado en su sepulcro en el huerto de Uza, y reinó en su lugar Josías su hijo.

Reinado de Josías
(2 Cr 34.1, 2)

22 **1** Cuando Josías[a] comenzó a reinar era de ocho años, y reinó en Jerusalén treinta y un años. El nombre de su madre fue Jedida hija de Adaía, de Boscat. **2** E hizo lo recto ante los ojos de Jehová, y anduvo en todo el camino de David su padre, sin apartarse a derecha ni a izquierda.

Hallazgo del libro de la ley
(2 Cr 34.8-33)

3 A los dieciocho años del rey Josías, envió el rey a Safán hijo de Azalía, hijo de Mesulam, escriba, a la casa de Jehová, diciendo: **4** Ve al sumo sacerdote Hilcías, y dile que recoja el dinero que han traído a la casa de Jehová, que han recogido del pueblo los guardianes de la puerta, **5** y que lo pongan en manos de los que hacen la obra, que tienen a su cargo el arreglo de la casa de Jehová, y que lo entreguen a los que hacen la obra de la casa de Jehová, para reparar las grietas de la casa; **6** a los carpinteros, maestros y albañiles, para comprar madera y piedra de cantería para reparar la casa; **7** y que no se les tome cuenta del dinero cuyo manejo se les confiare, porque ellos proceden con honradez.

8 Entonces dijo el sumo sacerdote Hilcías al escriba Safán: He hallado el libro de la ley en la casa de Jehová. E Hilcías dio el libro a Safán, y lo leyó. **9** Viniendo luego el escriba Safán al rey, dio cuenta al rey y dijo: Tus siervos han recogido el dinero que se halló en el templo, y lo han entregado en poder de los que hacen la obra, que tienen a su cargo el arreglo de la casa de Jehová. **10** Asimismo el escriba Safán declaró al rey, diciendo: El sacerdote Hilcías me ha dado un libro. Y lo leyó Safán delante del rey. **11** Y cuando el rey hubo oído las palabras del libro de la ley, rasgó sus vestidos. **12** Luego el rey dio orden al sacerdote Hilcías, a Ahicam hijo de Safán, a Acbor hijo de Micaías, al escriba Safán y a Asaías siervo del rey, diciendo: **13** Id y preguntad a Jehová por mí, y por el pueblo, y por todo Judá, acerca de las palabras de este libro que se ha hallado; porque grande es la ira de Jehová que se ha encendido contra nosotros, por cuanto nuestros padres no escucharon las palabras de este libro, para hacer conforme a todo lo que nos fue escrito. **14** Entonces fueron el sacerdote Hilcías, y Ahicam, Acbor, Safán y Asaías, a la profetisa Hulda, mujer de Salum hijo de Ticva, hijo de Harhas, guarda de las vestiduras, la cual moraba en Jerusalén en la segunda parte de la ciudad, y hablaron con ella. **15** Y ella les dijo: Así ha dicho Jehová el Dios de Israel: Decid al varón que os envió a mí: **16** Así dijo Jehová: He aquí yo traigo sobre este lugar, y sobre los que en él moran, todo el mal de que habla este libro que ha leído el rey de Judá; **17** por cuanto me dejaron a mí, y quemaron incienso a dioses ajenos, provocándome a ira con toda la obra de sus manos;

---

a 22.1 Jer 3.6.

mi ira se ha encendido contra este lugar, y no se apagará.

18 Mas al rey de Judá que os ha enviado para que preguntaseis a Jehová, diréis así: Así ha dicho Jehová el Dios de Israel: Por cuanto oíste las palabras del libro,

19 y tu corazón se enterneció, y te humillaste delante de Jehová, cuando oíste lo que yo he pronunciado contra este lugar y contra sus moradores, que vendrán a ser asolados y malditos, y rasgaste tus vestidos, y lloraste en mi presencia, también yo te he oído, dice Jehová.

20 Por tanto, he aquí yo te recogeré con tus padres, y serás llevado a tu sepulcro en paz, y no verán tus ojos todo el mal que yo traigo sobre este lugar. Y ellos dieron al rey la respuesta.

23 1 Entonces el rey mandó reunir con él a todos los ancianos de Judá y de Jerusalén.

2 Y subió el rey a la casa de Jehová con todos los varones de Judá, y con todos los moradores de Jerusalén, con los sacerdotes y profetas y con todo el pueblo, desde el más chico hasta el más grande; y leyó, oyéndolo ellos, todas las palabras del libro del pacto que había sido hallado en la casa de Jehová.

3 Y poniéndose el rey en pie junto a la columna, hizo pacto delante de Jehová, de que irían en pos de Jehová, y guardarían sus mandamientos, sus testimonios y sus estatutos, con todo el corazón y con toda el alma, y que cumplirían las palabras del pacto que estaban escritas en aquel libro. Y todo el pueblo confirmó el pacto.

Reformas de Josías
(2 Cr 34.3-7)

4 Entonces mandó el rey al sumo sacerdote Hilcías, a los sacerdotes de segundo orden, y a los guardianes de la puerta, que sacasen del templo de Jehová todos los utensilios que habían sido hechos para Baal, para Asera y para todo el ejército de los cielos; y los quemó fuera de Jerusalén en el campo del Cedrón, e hizo llevar las cenizas de ellos a Bet-el.

5 Y quitó a los sacerdotes idólatras que habían puesto los reyes de Judá para que quemasen incienso en los lugares altos en las ciudades de Judá, y en los alrededores de Jerusalén; y asimismo a los que quemaban incienso a Baal, al sol y a la luna, y a los signos del zodíaco, y a todo el ejército de los cielos.

6 Hizo también sacar la imagen de Asera fuera de la casa de Jehová, fuera de Jerusalén, al valle del Cedrón, y la quemó en el valle del Cedrón, y la convirtió en polvo, y echó el polvo sobre los sepulcros de los hijos del pueblo.ᵃ

7 Además derribó los lugares de prostitución idolátrica que estaban en la casa de Jehová, en los cuales tejían las mujeres tiendas para Asera.

8 E hizo venir todos los sacerdotes de las ciudades de Judá, y profanó los lugares altos donde los sacerdotes quemaban incienso, desde Geba hasta Beerseba; y derribó los altares de las puertas que estaban a la entrada de la puerta de Josué, gobernador de la ciudad, que estaban a la mano izquierda, a la puerta de la ciudad.

9 Pero los sacerdotes de los lugares altos no subían al altar de Jehová en Jerusalén, sino que comían panes sin levadura entre sus hermanos.

10 Asimismo profanó a Tofet, que está en el valle del hijo de Hinom,ᵇ para que ninguno pasase su hijo o su hija por fuego a Moloc.ᶜ

11 Quitó también los caballos que los reyes de Judá habían dedicado al sol a la entrada del templo de Jehová, junto a la cámara de Natán-melec eunuco, el cual tenía a su cargo los ejidos; y quemó al fuego los carros del sol.

12 Derribó además el rey los altares que estaban sobre la azotea de la sala de Acaz, que los reyes de Judá habían hecho, y los altares que había hecho Manasés en los dos atrios de la casa de Jehová;ᵈ y de allí corrió y arrojó el polvo al arroyo del Cedrón.

13 Asimismo profanó el rey los lugares altos que estaban delante de Jerusalén, a la mano derecha del monte de la destrucción, los cuales Salomón rey de Israel había edificado a Astoret ídolo abominable de los sidonios, a Quemos ídolo abominable de Moab, y a Milcom ídolo abominable de los hijos de Amón.ᵉ

a **23.4-6** 2 R 21.3; 2 Cr 33.3.　b **23.10** Jer 7.31; 19.1-6; 32.35.
c **23.10** Lv 18.21.　d **23.12** 2 R 21.5; 2 Cr 33.5.
e **23.13** 1 R 11.7.

14 Y quebró las estatuas, y derribó las imágenes de Asera, y llenó el lugar de ellos de huesos de hombres.

15 Igualmente el altar que estaba en Betel, y el lugar alto que había hecho Jeroboam hijo de Nabat,[f] el que hizo pecar a Israel; aquel altar y el lugar alto destruyó, y lo quemó, y lo hizo polvo, y puso fuego a la imagen de Asera.

16 Y se volvió Josías, y viendo los sepulcros que estaban allí en el monte, envió y sacó los huesos de los sepulcros, y los quemó sobre el altar para contaminarlo, conforme a la palabra de Jehová que había profetizado el varón de Dios, el cual había anunciado esto.[g]

17 Después dijo: ¿Qué monumento es este que veo? Y los de la ciudad le respondieron: Éste es el sepulcro del varón de Dios que vino de Judá, y profetizó estas cosas que tú has hecho sobre el altar de Bet-el.[h]

18 Y él dijo: Dejadlo; ninguno mueva sus huesos; y así fueron preservados sus huesos, y los huesos del profeta que había venido de Samaria.

19 Y todas las casas de los lugares altos que estaban en las ciudades de Samaria, las cuales habían hecho los reyes de Israel para provocar a ira, las quitó también Josías, e hizo de ellas como había hecho en Bet-el.

20 Mató además sobre los altares a todos los sacerdotes de los lugares altos que allí estaban, y quemó sobre ellos huesos de hombres, y volvió a Jerusalén.

Josías celebra la pascua
(2 Cr 35.1-19)

21 Entonces mandó el rey a todo el pueblo, diciendo: Haced la pascua a Jehová vuestro Dios, conforme a lo que está escrito en el libro de este pacto.

22 No había sido hecha tal pascua desde los tiempos en que los jueces gobernaban a Israel, ni en todos los tiempos de los reyes de Israel y de los reyes de Judá.

23 A los dieciocho años del rey Josías fue hecha aquella pascua a Jehová en Jerusalén.

Persiste la ira de Jehová contra Judá

24 Asimismo barrió Josías a los encantadores, adivinos y terafines, y todas las abominaciones que se veían en la tierra de Judá y en Jerusalén, para cumplir las palabras de la ley que estaban escritas en el libro que el sacerdote Hilcías había hallado en la casa de Jehová.

25 No hubo otro rey antes de él, que se convirtiese a Jehová de todo su corazón, de toda su alma y de todas sus fuerzas, conforme a toda la ley de Moisés; ni después de él nació otro igual.

26 Con todo eso, Jehová no desistió del ardor con que su gran ira se había encendido contra Judá, por todas las provocaciones con que Manasés le había irritado.

27 Y dijo Jehová: También quitaré de mi presencia a Judá, como quité a Israel, y desecharé a esta ciudad que había escogido, a Jerusalén, y a la casa de la cual había yo dicho: Mi nombre estará allí.

Muerte de Josías
(2 Cr 35.20-27)

28 Los demás hechos de Josías, y todo lo que hizo, ¿no está todo escrito en el libro de las crónicas de los reyes de Judá?

29 En aquellos días Faraón Necao rey de Egipto subió contra el rey de Asiria al río Éufrates, y salió contra él el rey Josías; pero aquél, así que le vio, lo mató en Meguido.

30 Y sus siervos lo pusieron en un carro, y lo trajeron muerto de Meguido a Jerusalén, y lo sepultaron en su sepulcro. Entonces el pueblo de la tierra tomó a Joacaz hijo de Josías, y lo ungieron y lo pusieron por rey en lugar de su padre.

Reinado y destronamiento de Joacaz
(2 Cr 36.1-4)

31 De veintitrés años era Joacaz cuando comenzó a reinar, y reinó tres meses en Jerusalén. El nombre de su madre fue Hamutal hija de Jeremías, de Libna.

32 Y él hizo lo malo ante los ojos de Jehová, conforme a todas las cosas que sus padres habían hecho.

33 Y lo puso preso Faraón Necao en Ribla en la provincia de Hamat, para que no reinase en Jerusalén; e impuso sobre la tierra una multa de cien talentos de plata, y uno de oro.

34 Entonces Faraón Necao puso por rey a Eliaquim hijo de Josías, en lugar de Josías su padre, y le cambió el nombre por el de Joacim; y tomó a Joacaz y lo llevó a Egipto, y murió allí.[i]

---

f 23.15 1 R 12.33.   g 23.16 1 R 13.2.   h 23.17 1 R 13.30-32.
i 23.34 Jer 22.11, 12.

³⁵ Y Joacim pagó a Faraón la plata y el oro; mas hizo avaluar la tierra para dar el dinero conforme al mandamiento de Faraón, sacando la plata y el oro del pueblo de la tierra, de cada uno según la estimación de su hacienda, para darlo a Faraón Necao.

Reinado de Joacim
(2 Cr 36.5-8)

³⁶ De veinticinco años era Joacim[j] cuando comenzó a reinar, y once años reinó en Jerusalén. El nombre de su madre fue Zebuda hija de Pedaías, de Ruma. ³⁷ E hizo lo malo ante los ojos de Jehová, conforme a todas las cosas que sus padres habían hecho.

24 ¹ En su tiempo subió en campaña Nabucodonosor rey de Babilonia.[a] Joacim vino a ser su siervo por tres años, pero luego volvió y se rebeló contra él. ² Pero Jehová envió contra Joacim tropas de caldeos, tropas de sirios, tropas de moabitas y tropas de amonitas, los cuales envió contra Judá para que la destruyesen, conforme a la palabra de Jehová que había hablado por sus siervos los profetas. ³ Ciertamente vino esto contra Judá por mandato de Jehová, para quitarla de su presencia, por los pecados de Manasés, y por todo lo que él hizo; ⁴ asimismo por la sangre inocente que derramó, pues llenó a Jerusalén de sangre inocente; Jehová, por tanto, no quiso perdonar. ⁵ Los demás hechos de Joacim, y todo lo que hizo, ¿no está escrito en el libro de las crónicas de los reyes de Judá? ⁶ Y durmió Joacim con sus padres, y reinó en su lugar Joaquín su hijo. ⁷ Y nunca más el rey de Egipto salió de su tierra; porque el rey de Babilonia le tomó todo lo que era suyo desde el río de Egipto hasta el río Éufrates.

Joaquín y los nobles son llevados cautivos a Babilonia
(2 Cr 36.9, 10)

⁸ De dieciocho años era Joaquín cuando comenzó a reinar, y reinó en Jerusalén tres meses. El nombre de su madre fue Nehusta hija de Elnatán, de Jerusalén. ⁹ E hizo lo malo ante los ojos de Jehová, conforme a todas las cosas que había hecho su padre.

¹⁰ En aquel tiempo subieron contra Jerusalén los siervos de Nabucodonosor rey de Babilonia, y la ciudad fue sitiada. ¹¹ Vino también Nabucodonosor rey de Babilonia contra la ciudad, cuando sus siervos la tenían sitiada. ¹² Entonces salió Joaquín rey de Judá al rey de Babilonia, él y su madre, sus siervos, sus príncipes y sus oficiales; y lo prendió el rey de Babilonia en el octavo año de su reinado.[b] ¹³ Y sacó de allí todos los tesoros de la casa de Jehová, y los tesoros de la casa real, y rompió en pedazos todos los utensilios de oro que había hecho Salomón rey de Israel en la casa de Jehová, como Jehová había dicho. ¹⁴ Y llevó en cautiverio a toda Jerusalén, a todos los príncipes, y a todos los hombres valientes, hasta diez mil cautivos, y a todos los artesanos y herreros; no quedó nadie, excepto los pobres del pueblo de la tierra. ¹⁵ Asimismo llevó cautivos a Babilonia a Joaquín, a la madre del rey, a las mujeres del rey, a sus oficiales y a los poderosos de la tierra; cautivos los llevó de Jerusalén a Babilonia.[c] ¹⁶ A todos los hombres de guerra, que fueron siete mil, y a los artesanos y herreros, que fueron mil, y a todos los valientes para hacer la guerra, llevó cautivos el rey de Babilonia. ¹⁷ Y el rey de Babilonia puso por rey en lugar de Joaquín a Matanías su tío, y le cambió el nombre por el de Sedequías.[d]

Reinado de Sedequías
(2 Cr 36.11-16; Jer 52.1-3)

¹⁸ De veintiún años era Sedequías cuando comenzó a reinar,[e] y reinó en Jerusalén once años. El nombre de su madre fue Hamutal hija de Jeremías, de Libna. ¹⁹ E hizo lo malo ante los ojos de Jehová, conforme a todo lo que había hecho Joacim. ²⁰ Vino, pues, la ira de Jehová contra Jerusalén y Judá, hasta que los echó de su presencia. Y Sedequías se rebeló contra el rey de Babilonia.[f]

---

j **23.36** Jer 22.18, 19; 26.1-6; 35.1-19.   a **24.1** Jer 25.1-38; Dn 1.1, 2.   b **24.12** Jer 22.24-30; 24.1-10; 29.1, 2. c **24.15** Ez 17.12.   d **24.17** Jer 37.1; Ez 17.13. e **24.18** Jer 27.1-22; 28.1-17.   f **24.20** Ez 17.15.

Caída de Jerusalén
(Jer 39.1-7; 52.3-11)

25 ¹ Aconteció a los nueve años de su reinado, en el mes décimo, a los diez días del mes, que Nabucodonosor rey de Babilonia vino con todo su ejército contra Jerusalén, y la sitió,[a] y levantó torres contra ella alrededor.

² Y estuvo la ciudad sitiada hasta el año undécimo del rey Sedequías.

³ A los nueve días del cuarto mes prevaleció el hambre en la ciudad, hasta que no hubo pan para el pueblo de la tierra.

⁴ Abierta ya una brecha en el muro de la ciudad,[b] huyeron de noche todos los hombres de guerra por el camino de la puerta que estaba entre los dos muros, junto a los huertos del rey, estando los caldeos alrededor de la ciudad; y el rey se fue por el camino del Arabá.

⁵ Y el ejército de los caldeos siguió al rey, y lo apresó en las llanuras de Jericó, habiendo sido dispersado todo su ejército.

⁶ Preso, pues, el rey, le trajeron al rey de Babilonia en Ribla, y pronunciaron contra él sentencia.

⁷ Degollaron a los hijos de Sedequías en presencia suya, y a Sedequías le sacaron los ojos, y atado con cadenas lo llevaron a Babilonia.[c]

Cautividad de Judá
(2 Cr 36.17-21; Jer 39.8-10; 52.12-30)

⁸ En el mes quinto, a los siete días del mes, siendo el año diecinueve de Nabucodonosor rey de Babilonia, vino a Jerusalén Nabuzaradán, capitán de la guardia, siervo del rey de Babilonia.

⁹ Y quemó la casa de Jehová,[d] y la casa del rey, y todas las casas de Jerusalén; y todas las casas de los príncipes quemó a fuego.

¹⁰ Y todo el ejército de los caldeos que estaba con el capitán de la guardia, derribó los muros alrededor de Jerusalén.

¹¹ Y a los del pueblo que habían quedado en la ciudad, a los que se habían pasado al rey de Babilonia, y a los que habían quedado de la gente común, los llevó cautivos Nabuzaradán, capitán de la guardia.

¹² Mas de los pobres de la tierra dejó Nabuzaradán, capitán de la guardia, para que labrasen las viñas y la tierra.

¹³ Y quebraron los caldeos las columnas de bronce[e] que estaban en la casa de Jehová, y las basas, y el mar de bronce[f] que estaba en la casa de Jehová, y llevaron el bronce a Babilonia.

¹⁴ Llevaron también los calderos, las paletas, las despabiladeras, los cucharones, y todos los utensilios de bronce con que ministraban;[g]

¹⁵ incensarios, cuencos, los que de oro, en oro, y los que de plata, en plata; todo lo llevó el capitán de la guardia.

¹⁶ Las dos columnas, un mar, y las basas que Salomón había hecho para la casa de Jehová; no fue posible pesar todo esto.

¹⁷ La altura de una columna era de dieciocho codos, y tenía encima un capitel de bronce; la altura del capitel era de tres codos, y sobre el capitel había una red y granadas alrededor, todo de bronce; e igual labor había en la otra columna con su red.

¹⁸ Tomó entonces el capitán de la guardia al primer sacerdote Seraías, al segundo sacerdote Sofonías, y tres guardas de la vajilla;

¹⁹ y de la ciudad tomó un oficial que tenía a su cargo los hombres de guerra, y cinco varones de los consejeros del rey, que estaban en la ciudad, el principal escriba del ejército, que llevaba el registro de la gente del país, y sesenta varones del pueblo de la tierra, que estaban en la ciudad.

²⁰ Éstos tomó Nabuzaradán, capitán de la guardia, y los llevó a Ribla al rey de Babilonia.

²¹ Y el rey de Babilonia los hirió y mató en Ribla, en tierra de Hamat. Así fue llevado cautivo Judá de sobre su tierra.

El remanente huye a Egipto

²² Y al pueblo que Nabucodonosor rey de Babilonia dejó en tierra de Judá, puso por gobernador a Gedalías hijo de Ahicam, hijo de Safán.

²³ Y oyendo todos los príncipes del ejército, ellos y su gente, que el rey de Babilonia había puesto por gobernador a

---

a **25.1** Jer 21.1-10; 34.1-5; Ez 24.2.   b **25.4** Ez 33.21.
c **25.7** Ez 12.13.   d **25.9** 1 R 9.8.   e **25.13** 1 R 7.15-22;
2 Cr 3.15-17.   f **25.13** 1 R 7.23-26; 2 Cr 4.2-5.
g **25.14** 1 R 7.45; 2 Cr 4.16.

Gedalías, vinieron a él en Mizpa; Ismael hijo de Netanías, Johanán hijo de Carea, Seraías hijo de Tanhumet netofatita, y Jaazanías hijo de un maacateo, ellos con los suyos.

24 Entonces Gedalías les hizo juramento a ellos y a los suyos, y les dijo: No temáis de ser siervos de los caldeos; habitad en la tierra, y servid al rey de Babilonia, y os irá bien.ʰ

25 Mas en el mes séptimo vino Ismael hijo de Netanías, hijo de Elisama, de la estirpe real, y con él diez varones, e hirieron a Gedalías, y murió; y también a los de Judá y a los caldeos que estaban con él en Mizpa.ⁱ

26 Y levantándose todo el pueblo, desde el menor hasta el mayor, con los capitanes del ejército, se fueron a Egipto, por temor de los caldeos.ʲ

Joaquín es libertado y recibe honores en Babilonia
(Jer 52.31-34)

27 Aconteció a los treinta y siete años del cautiverio de Joaquín rey de Judá, en el mes duodécimo, a los veintisiete días del mes, que Evil-merodac rey de Babilonia, en el primer año de su reinado, libertó a Joaquín rey de Judá, sacándolo de la cárcel; 28 y le habló con benevolencia, y puso su trono más alto que los tronos de los reyes que estaban con él en Babilonia.

29 Y le cambió los vestidos de prisionero, y comió siempre delante de él todos los días de su vida.

30 Y diariamente le fue dada su comida de parte del rey, de continuo, todos los días de su vida.

ʰ **25.22-24** Jer 40.7-9. ⁱ **25.25** Jer 41.1-3. ʲ **25.26** Jer 43.5-7.

PRIMER LIBRO DE LAS
CRÓNICAS

Descendientes de Adán

(Gn 5.1-32)

1 ¹ Adán, Set, Enós, ² Cainán, Mahalaleel, Jared, ³ Enoc, Matusalén, Lamec, ⁴ Noé, Sem, Cam y Jafet.

Descendientes de los hijos de Noé

(Gn 10.1-32)

⁵ Los hijos de Jafet: Gomer, Magog, Madai, Javán, Tubal, Mesec y Tiras.

⁶ Los hijos de Gomer: Askenaz, Rifat y Togarma.

⁷ Los hijos de Javán: Elisa, Tarsis, Quitim y Dodanim.

⁸ Los hijos de Cam: Cus, Mizraim, Fut y Canaán.

⁹ Los hijos de Cus: Seba, Havila, Sabta, Raama y Sabteca. Y los hijos de Raama: Seba y Dedán.

¹⁰ Cus engendró a Nimrod; éste llegó a ser poderoso en la tierra.

¹¹ Mizraim engendró a Ludim, Anamim, Lehabim, Naftuhim,

¹² Patrusim y Casluhim; de éstos salieron los filisteos y los caftoreos.

¹³ Canaán engendró a Sidón su primogénito, y a Het,

¹⁴ al jebuseo, al amorreo, al gergeseo,

¹⁵ al heveo, al araceo, al sineo,

¹⁶ al arvadeo, al zemareo y al hamateo.

¹⁷ Los hijos de Sem: Elam, Asur, Arfaxad, Lud, Aram, Uz, Hul, Geter y Mesec.

¹⁸ Arfaxad engendró a Sela, y Sela engendró a Heber.

¹⁹ Y a Heber nacieron dos hijos; el nombre del uno fue Peleg, por cuanto en sus días fue dividida la tierra; y el nombre de su hermano fue Joctán.

²⁰ Joctán engendró a Almodad, Selef, Hazar-mavet y Jera,

²¹ A Adoram también, a Uzal, Dicla,

²² Ebal, Abimael, Seba,

²³ Ofir, Havila y Jobab; todos hijos de Joctán.

Descendientes de Sem

(Gn 11.10-26)

²⁴ Sem, Arfaxad, Sela, ²⁵ Heber, Peleg, Reu, ²⁶ Serug, Nacor, Taré, ²⁷ y Abram, el cual es Abraham.

Descendientes de Ismael y de Cetura

(Gn 25.1-6,12-18)

²⁸ Los hijos de Abraham: Isaac e Ismael.

²⁹ Y éstas son sus descendencias: el primogénito de Ismael, Nebaiot; después Cedar, Adbeel, Mibsam,

³⁰ Misma, Duma, Massa, Hadad, Tema,

³¹ Jetur, Nafis y Cedema; éstos son los hijos de Ismael.

³² Y Cetura, concubina de Abraham, dio a luz a Zimram, Jocsán, Medán, Madián, Isbac y Súa. Los hijos de Jocsán: Seba y Dedán.

³³ Los hijos de Madián: Efa, Efer, Hanoc, Abida y Elda; todos estos fueron hijos de Cetura.

Descendientes de Esaú

(Gn 36.1-43)

³⁴ Abraham engendró a Isaac, y los hijos de Isaac fueron Esaú e Israel.

³⁵ Los hijos de Esaú: Elifaz, Reuel, Jeús, Jaalam y Coré.

³⁶ Los hijos de Elifaz: Temán, Omar, Zefo, Gatam, Cenaz, Timna y Amalec.

³⁷ Los hijos de Reuel: Nahat, Zera, Sama y Miza.

³⁸ Los hijos de Seir: Lotán, Sobal, Zibeón, Aná, Disón, Ezer y Disán.

³⁹ Los hijos de Lotán: Hori y Homam; y Timna fue hermana de Lotán.

⁴⁰ Los hijos de Sobal: Alván, Manahat, Ebal, Sefo y Onam. Los hijos de Zibeón: Aja y Aná.

⁴¹ Disón fue hijo de Aná; y los hijos de Disón: Amram, Esbán, Itrán y Querán.

⁴² Los hijos de Ezer: Bilhán, Zaaván y Jaacán. Los hijos de Disán: Uz y Arán.

⁴³ Y éstos son los reyes que reinaron en la tierra de Edom, antes que reinase rey

sobre los hijos de Israel: Bela hijo de Beor; y el nombre de su ciudad fue Dinaba.

44 Muerto Bela, reinó en su lugar Jobab hijo de Zera, de Bosra.

45 Y muerto Jobab, reinó en su lugar Husam, de la tierra de los temanitas.

46 Muerto Husam, reinó en su lugar Hadad hijo de Bedad, el que derrotó a Madián en el campo de Moab; y el nombre de su ciudad fue Avit.

47 Muerto Hadad, reinó en su lugar Samla de Masreca.

48 Muerto también Samla, reinó en su lugar Saúl de Rehobot, que está junto al Éufrates.

49 Y muerto Saúl, reinó en su lugar Baal-hanán hijo de Acbor.

50 Muerto Baal-hanán, reinó en su lugar Hadad, el nombre de cuya ciudad fue Pai; y el nombre de su mujer, Mehetabel hija de Matred, hija de Mezaab.

51 Muerto Hadad, sucedieron en Edom los jefes Timna, Alva, Jetet,

52 Aholibama, Ela, Pinón,

53 Cenaz, Temán, Mibzar,

54 Magdiel e Iram. Éstos fueron los jefes de Edom.

Los hijos de Israel

(Gn 35.22-26)

2 **1** Éstos son los hijos de Israel: Rubén, Simeón, Leví, Judá, Isacar, Zabulón, **2** Dan, José, Benjamín, Neftalí, Gad y Aser.

Descendientes de Judá

3 Los hijos de Judá: Er, Onán y Sela. Estos tres le nacieron de la hija de Súa, cananea. Y Er, primogénito de Judá, fue malo delante de Jehová, quien lo mató.

4 Y Tamar su nuera dio a luz a Fares y a Zera. Todos los hijos de Judá fueron cinco.

5 Los hijos de Fares:[a] Hezrón y Hamul.

6 Y los hijos de Zera: Zimri, Etán, Hemán, Calcol y Dara; por todos cinco.

7 Hijo de Carmi fue Acán, el que perturbó a Israel, porque prevaricó en el anatema.[b]

8 Azarías fue hijo de Etán.

9 Los hijos que nacieron a Hezrón: Jerameel, Ram y Quelubai.

10 Ram engendró a Aminadab, y Aminadab engendró a Naasón, príncipe de los hijos de Judá.

11 Naasón engendró a Salmón, y Salmón engendró a Booz.

12 Booz engendró a Obed, y Obed engendró a Isaí,

13 e Isaí engendró a Eliab su primogénito, el segundo Abinadab, Simea el tercero,

14 el cuarto Natanael, el quinto Radai,

15 el sexto Ozem, el séptimo David,

16 de los cuales Sarvia y Abigail fueron hermanas. Los hijos de Sarvia fueron tres: Abisai, Joab y Asael.

17 Abigail dio a luz a Amasa, cuyo padre fue Jeter ismaelita,

18 Caleb hijo de Hezrón engendró a Jeriot de su mujer Azuba. Y los hijos de ella fueron Jeser, Sobab y Ardón.

19 Muerta Azuba, tomó Caleb por mujer a Efrata, la cual dio a luz a Hur.

20 Y Hur engendró a Uri, y Uri engendró a Bezaleel.

21 Después entró Hezrón a la hija de Maquir padre de Galaad, la cual tomó siendo él de sesenta años, y ella dio a luz a Segub.

22 Y Segub engendró a Jair, el cual tuvo veintitrés ciudades en la tierra de Galaad.

23 Pero Gesur y Aram tomaron de ellos las ciudades de Jair, con Kenat y sus aldeas, sesenta lugares. Todos estos fueron de los hijos de Maquir padre de Galaad.

24 Muerto Hezrón en Caleb de Efrata, Abías mujer de Hezrón dio a luz a Asur padre de Tecoa.

25 Los hijos de Jerameel primogénito de Hezrón fueron Ram su primogénito, Buna, Orén, Ozem y Ahías.

26 Y tuvo Jerameel otra mujer llamada Atara, que fue madre de Onam.

27 Los hijos de Ram primogénito de Jerameel fueron Maaz, Jamín y Equer.

28 Y los hijos de Onam fueron Samai y Jada. Los hijos de Samai: Nadab y Abisur.

29 Y el nombre de la mujer de Abisur fue Abihail, la cual dio a luz a Ahbán y a Molid.

30 Los hijos de Nadab: Seled y Apaim. Y Seled murió sin hijos.

31 Isi fue hijo de Apaim, y Sesán hijo de Isi, e hijo de Sesán, Ahlai.

32 Los hijos de Jada hermano de Samai: Jeter y Jonatán. Y murió Jeter sin hijos.

33 Los hijos de Jonatán: Pelet y Zaza. Éstos fueron los hijos de Jerameel.

---

a 2.5-15 Rt 4.18-22; Mt 1.3-6; Lc 3.31-33.   **b 2.7** Jos 7.1.

³⁴ Y Sesán no tuvo hijos, sino hijas; pero tenía Sesán un siervo egipcio llamado Jarha. ³⁵ A éste Sesán dio su hija por mujer, y ella dio a luz a Atai.

³⁶ Atai engendró a Natán, y Natán engendró a Zabad; ³⁷ Zabad engendró a Eflal, Eflal engendró a Obed; ³⁸ Obed engendró a Jehú, Jehú engendró a Azarías; ³⁹ Azarías engendró a Heles, Heles engendró a Elasa; ⁴⁰ Elasa engendró a Sismai, Sismai engendró a Salum; ⁴¹ Salum engendró a Jecamías, y Jecamías engendró a Elisama.

⁴² Los hijos de Caleb hermano de Jerameel fueron: Mesa su primogénito, que fue el padre de Zif; y los hijos de Maresa padre de Hebrón. ⁴³ Y los hijos de Hebrón: Coré, Tapúa, Requem y Sema. ⁴⁴ Sema engendró a Raham padre de Jorcoam, y Requem engendró a Samai. ⁴⁵ Maón fue hijo de Samai, y Maón padre de Bet-sur. ⁴⁶ Y Efa concubina de Caleb dio a luz a Harán, a Mosa y a Gazez. Y Harán engendró a Gazez. ⁴⁷ Los hijos de Jahdai: Regem, Jotam, Gesam, Pelet, Efa y Saaf. ⁴⁸ Maaca concubina de Caleb dio a luz a Seber y a Tirhana. ⁴⁹ También dio a luz a Saaf padre de Madmana, y a Seva padre de Macbena y padre de Gibea. Y Acsa fue hija de Caleb. ⁵⁰ Éstos fueron los hijos de Caleb. Los hijos de Hur primogénito de Efrata: Sobal padre de Quiriat-jearim, ⁵¹ Salma padre de Belén, y Haref padre de Bet-gader. ⁵² Y los hijos de Sobal padre de Quiriat-jearim fueron Haroe, la mitad de los manahetitas. ⁵³ Y las familias de Quiriat-jearim fueron los itritas, los futitas, los sumatitas y los misraítas, de los cuales salieron los zoratitas y los estaolitas. ⁵⁴ Los hijos de Salma: Belén, y los netofatitas, Atrot-bet-joab, y la mitad de los manahetitas, los zoraítas. ⁵⁵ Y las familias de los escribas que moraban en Jabes fueron los tirateos, los simeateos y los sucateos, los cuales son los ceneos que vinieron de Hamat padre de la casa de Recab.

Los hijos de David

(2 S 3.2-5; 5.13-16; 1 Cr 14.3-7)

3 ¹ Éstos son los hijos de David que le nacieron en Hebrón: Amnón el primogénito, de Ahinoam jezreelita; el segundo, Daniel, de Abigail la de Carmel; ² el tercero, Absalón hijo de Maaca, hija de Talmai rey de Gesur; el cuarto, Adonías hijo de Haguit; ³ el quinto, Sefatías, de Abital; el sexto, Itream, de Egla su mujer. ⁴ Estos seis le nacieron en Hebrón, donde reinó siete años y seis meses; y en Jerusalén reinó treinta y tres años.ᵃ ⁵ Estos cuatro le nacieron en Jerusalén: Simea, Sobab, Natán, y Salomón hijo de Bet-súaᵇ hija de Amiel. ⁶ Y otros nueve: Ibhar, Elisama, Elifelet, ⁷ Noga, Nefeg, Jafía, ⁸ Elisama, Eliada y Elifelet. ⁹ Todos estos fueron los hijos de David, sin los hijos de las concubinas. Y Tamar fue hermana de ellos.

Descendientes de Salomón

¹⁰ Hijo de Salomón fue Roboam, cuyo hijo fue Abías, del cual fue hijo Asa, cuyo hijo fue Josafat, ¹¹ de quien fue hijo Joram, cuyo hijo fue Ocozías, hijo del cual fue Joás, ¹² del cual fue hijo Amasías, cuyo hijo fue Azarías, e hijo de éste, Jotam. ¹³ Hijo de éste fue Acaz, del que fue hijo Ezequías, cuyo hijo fue Manasés, ¹⁴ del cual fue hijo Amón, cuyo hijo fue Josías. ¹⁵ Y los hijos de Josías: Johanán su primogénito, el segundo Joacim, el tercero Sedequías, el cuarto Salum. ¹⁶ Los hijos de Joacim: Jeconías su hijo, hijo del cual fue Sedequías. ¹⁷ Y los hijos de Jeconías: Asir, Salatiel, ¹⁸ Malquiram, Pedaías, Senazar, Jecamías, Hosama y Nedabías. ¹⁹ Los hijos de Pedaías: Zorobabel y Simei. Y los hijos de Zorobabel: Mesulam, Hananías, y Selomit su hermana;

ᵃ **3.4** 2 S 5.4, 5; 1 R 2.11; 1 Cr 29.27.   ᵇ **3.5** 2 S 11.3.

20 y Hasuba, Ohel, Berequías, Hasadías y Jusab-hesed; cinco por todos.

21 Los hijos de Hananías: Pelatías y Jesaías; su hijo, Refaías; su hijo, Arnán; su hijo, Abdías; su hijo, Secanías.

22 Hijo de Secanías fue Semaías; y los hijos de Semaías: Hatús, Igal, Barías, Nearías y Safat, seis.

23 Los hijos de Nearías fueron estos tres: Elioenai, Ezequías y Azricam.

24 Los hijos de Elioenai fueron estos siete: Hodavías, Eliasib, Pelaías, Acub, Johanán, Dalaías y Anani.

Descendientes de Judá

4 **1** Los hijos de Judá: Fares, Hezrón, Carmi, Hur y Sobal.

2 Reaía hijo de Sobal engendró a Jahat, y Jahat engendró a Ahumai y a Lahad. Éstas son las familias de los zoratitas.

3 Y éstas son las del padre de Etam: Jezreel, Isma e Ibdas. Y el nombre de su hermana fue Haze-lelponi.

4 Penuel fue padre de Gedor, y Ezer padre de Husa. Éstos fueron los hijos de Hur primogénito de Efrata, padre de Belén.

5 Asur padre de Tecoa tuvo dos mujeres, Hela y Naara.

6 Y Naara dio a luz a Ahuzam, Hefer, Temeni y Ahastari. Éstos fueron los hijos de Naara.

7 Los hijos de Hela: Zeret, Jezoar y Etnán.

8 Cos engendró a Anub, a Zobeba, y la familia de Aharhel hijo de Harum.

9 Y Jabes fue más ilustre que sus hermanos, al cual su madre llamó Jabes, diciendo: Por cuanto lo di a luz en dolor.[1]

10 E invocó Jabes al Dios de Israel, diciendo: ¡Oh, si me dieras bendición, y ensancharas mi territorio, y si tu mano estuviera conmigo, y me libraras de mal, para que no me dañe! Y le otorgó Dios lo que pidió.

11 Quelub hermano de Súa engendró a Mehir, el cual fue padre de Estón.

12 Y Estón engendró a Bet-rafa, a Paseah, y a Tehina padre de la ciudad de Nahas; éstos son los varones de Reca.

13 Los hijos de Cenaz: Otoniel y Seraías. Los hijos de Otoniel: Hatat,

14 y Meonotai, el cual engendró a Ofra. Y Seraías engendró a Joab, padre de los habitantes del valle de Carisim,[2] porque fueron artífices.

15 Los hijos de Caleb hijo de Jefone: Iru, Ela y Naam; e hijo de Ela fue Cenaz.

16 Los hijos de Jehalelel: Zif, Zifa, Tirías y Asareel.

17 Y los hijos de Esdras: Jeter, Mered, Efer y Jalón; también engendró a María, a Samai y a Isba padre de Estemoa.

18 Y su mujer Jehudaía dio a luz a Jered padre de Gedor, a Heber padre de Soco y a Jecutiel padre de Zanoa. Éstos fueron los hijos de Bitia hija de Faraón, con la cual casó Mered.

19 Y los hijos de la mujer de Hodías, hermana de Naham, fueron el padre de Keila garmita, y Estemoa maacateo.

20 Los hijos de Simón: Amnón, Rina, Ben-hanán y Tilón. Y los hijos de Isi: Zohet y Benzohet.

21 Los hijos de Sela hijo de Judá: Er padre de Leca, y Laada padre de Maresa, y las familias de los que trabajan lino en Bet-asbea;

22 y Joacim, y los varones de Cozeba, Joás, y Saraf, los cuales dominaron en Moab y volvieron a Lehem, según registros antiguos.

23 Éstos eran alfareros, y moraban en medio de plantíos y cercados; moraban allá con el rey, ocupados en su servicio.

Descendientes de Simeón

24 Los hijos de Simeón: Nemuel, Jamín, Jarib, Zera, Saúl,

25 y Salum su hijo, Mibsam su hijo y Misma su hijo.

26 Los hijos de Misma: Hamuel su hijo, Zacur su hijo, y Simei su hijo.

27 Los hijos de Simei fueron dieciséis, y seis hijas; pero sus hermanos no tuvieron muchos hijos, ni multiplicaron toda su familia como los hijos de Judá.

28 Y habitaron en Beerseba, Molada, Hazar-sual,

29 Bilha, Ezem, Tolad,

30 Betuel, Horma, Siclag,

31 Bet-marcabot, Hazar-susim, Bet-birai y Saaraim. Éstas fueron sus ciudades hasta el reinado de David.

32 Y sus aldeas fueron Etam, Aín, Rimón, Toquén y Asán; cinco pueblos,

33 y todas sus aldeas que estaban en contorno de estas ciudades hasta Baal. Ésta fue su habitación, y ésta su descendencia.[a]

---

1. **4.9** Heb. *oseb,* dolor.   *2.* **4.14** Esto es, *de los artífices.*
a 4.28-33 Jos 19.2-8.

34 Y Mesobab, Jamlec, Josías hijo de Amasías,

35 Joel, Jehú hijo de Josibías, hijo de Seraías, hijo de Asiel,

36 Elioenai, Jaacoba, Jesohaía, Asaías, Adiel, Jesimiel, Benaía,

37 y Ziza hijo de Sifi, hijo de Alón, hijo de Jedaías, hijo de Simri, hijo de Semaías.

38 Éstos, por sus nombres, son los principales entre sus familias; y las casas de sus padres fueron multiplicadas en gran manera.

39 Y llegaron hasta la entrada de Gedor hasta el oriente del valle, buscando pastos para sus ganados.

40 Y hallaron gruesos y buenos pastos, y tierra ancha y espaciosa, quieta y reposada, porque los de Cam la habitaban antes.

41 Y estos que han sido escritos por sus nombres, vinieron en días de Ezequías rey de Judá, y desbarataron sus tiendas y cabañas que allí hallaron, y los destruyeron hasta hoy, y habitaron allí en lugar de ellos; por cuanto había allí pastos para sus ganados.

42 Asimismo quinientos hombres de ellos, de los hijos de Simeón, fueron al monte de Seir, llevando por capitanes a Pelatías, Nearías, Refaías y Uziel, hijos de Isi,

43 y destruyeron a los que habían quedado de Amalec, y habitaron allí hasta hoy.

Descendientes de Rubén

5 **1** Los hijos de Rubén primogénito de Israel (porque él era el primogénito, mas como violó el lecho de su padre,[a] sus derechos de primogenitura fueron dados a los hijos de José, hijo de Israel, y no fue contado por primogénito;

2 bien que Judá llegó a ser el mayor sobre sus hermanos, y el príncipe de ellos;[b] mas el derecho de primogenitura fue de José);

3 fueron, pues, los hijos de Rubén primogénito de Israel: Hanoc, Falú, Hezrón y Carmi.

4 Los hijos de Joel: Semaías su hijo, Gog su hijo, Simei su hijo,

5 Micaía su hijo, Reaía su hijo, Baal su hijo,

6 Beera su hijo, el cual fue transportado por Tiglat-pileser rey de los asirios.[c] Éste era principal de los rubenitas.

7 Y sus hermanos por sus familias, cuando eran contados en sus descendencias, tenían por príncipes a Jeiel y a Zacarías.

8 Y Bela hijo de Azaz, hijo de Sema, hijo de Joel, habitó en Aroer hasta Nebo y Baal-meón.

9 Habitó también desde el oriente hasta la entrada del desierto, desde el río Éufrates; porque tenía mucho ganado en la tierra de Galaad.

10 Y en los días de Saúl hicieron guerra contra los agarenos, los cuales cayeron en su mano; y ellos habitaron en sus tiendas en toda la región oriental de Galaad.

Descendientes de Gad

11 Y los hijos de Gad habitaron enfrente de ellos en la tierra de Basán hasta Salca.

12 Joel fue el principal en Basán; el segundo Safán, luego Jaanai, después Safat.

13 Y sus hermanos, según las familias de sus padres, fueron Micael, Mesulam, Seba, Jorai, Jacán, Zía y Heber; por todos siete.

14 Éstos fueron los hijos de Abihail hijo de Huri, hijo de Jaroa, hijo de Galaad, hijo de Micael, hijo de Jesisai, hijo de Jahdo, hijo de Buz.

15 También Ahí hijo de Abdiel, hijo de Guni, fue principal en la casa de sus padres.

16 Y habitaron en Galaad, en Basán y en sus aldeas, y en todos los ejidos de Sarón hasta salir de ellos.

17 Todos estos fueron contados por sus generaciones en días de Jotam rey de Judá y en días de Jeroboam rey de Israel.

Historia de las dos tribus y media

18 Los hijos de Rubén y de Gad, y la media tribu de Manasés, hombres valientes, hombres que traían escudo y espada, que entesaban arco, y diestros en la guerra, eran cuarenta y cuatro mil setecientos sesenta que salían a batalla.

19 Éstos tuvieron guerra contra los agarenos, y Jetur, Nafis y Nodab.

20 Y fueron ayudados contra ellos, y los agarenos y todos los que con ellos estaban se rindieron en sus manos; porque clamaron a Dios en la guerra, y les fue favorable, porque esperaron en él.

21 Y tomaron sus ganados, cincuenta mil camellos, doscientas cincuenta mil ovejas y dos mil asnos; y cien mil personas.

---

a 5.1 Gn 35.22; 49.3, 4.   **b 5.2** Gn 49.8-10.   **c 5.6** 2 R 15.29.

22 Y cayeron muchos muertos, porque la guerra era de Dios; y habitaron en sus lugares hasta el cautiverio.

23 Los hijos de la media tribu de Manasés, multiplicados en gran manera, habitaron en la tierra desde Basán hasta Baal-hermón y Senir y el monte de Hermón.

24 Y éstos fueron los jefes de las casas de sus padres: Efer, Isi, Eliel, Azriel, Jeremías, Hodavías y Jahdiel, hombres valientes y esforzados, varones de nombre y jefes de las casas de sus padres.

25 Pero se rebelaron contra el Dios de sus padres, y se prostituyeron siguiendo a los dioses de los pueblos de la tierra, a los cuales Jehová había quitado de delante de ellos;

26 por lo cual el Dios de Israel excitó el espíritu de Pul[d] rey de los asirios, y el espíritu de Tiglat-pileser[e] rey de los asirios, el cual transportó a los rubenitas y gaditas y a la media tribu de Manasés, y los llevó a Halah, a Habor, a Hara y al río Gozán, hasta hoy.[f]

Descendientes de Leví

6 1 Los hijos de Leví: Gersón, Coat y Merari.

2 Los hijos de Coat: Amram, Izhar, Hebrón y Uziel.

3 Los hijos de Amram: Aarón, Moisés y María. Los hijos de Aarón: Nadab, Abiú, Eleazar e Itamar.

4 Eleazar engendró a Finees, Finees engendró a Abisúa,

5 Abisúa engendró a Buqui, Buqui engendró a Uzi,

6 Uzi engendró a Zeraías, Zeraías engendró a Meraiot,

7 Meraiot engendró a Amarías, Amarías engendró a Ahitob,

8 Ahitob engendró a Sadoc, Sadoc engendró a Ahimaas,

9 Ahimaas engendró a Azarías, Azarías engendró a Johanán,

10 y Johanán engendró a Azarías, el que tuvo el sacerdocio en la casa que Salomón edificó en Jerusalén.

11 Azarías engendró a Amarías, Amarías engendró a Ahitob,

12 Ahitob engendró a Sadoc, Sadoc engendró a Salum,

13 Salum engendró a Hilcías, Hilcías engendró a Azarías,

14 Azarías engendró a Seraías, y Seraías engendró a Josadac,

15 y Josadac fue llevado cautivo cuando Jehová transportó a Judá y a Jerusalén por mano de Nabucodonosor.

16 Los hijos de Leví: Gersón, Coat y Merari.

17 Y éstos son los nombres de los hijos de Gersón: Libni y Simei.

18 Los hijos de Coat: Amram, Izhar, Hebrón y Uziel.

19 Los hijos de Merari: Mahli y Musi. Éstas son las familias de Leví, según sus descendencias.[a]

20 Gersón: Libni su hijo, Jahat su hijo, Zima su hijo,

21 Joa su hijo, Iddo su hijo, Zera su hijo, Jeatrai su hijo.

22 Los hijos de Coat: Aminadab su hijo, Coré su hijo, Asir su hijo,

23 Elcana su hijo, Ebiasaf su hijo, Asir su hijo,

24 Tahat su hijo, Uriel su hijo, Uzías su hijo, y Saúl su hijo.

25 Los hijos de Elcana: Amasai y Ahimot;

26 Elcana su hijo, Zofai su hijo, Nahat su hijo,

27 Eliab su hijo, Jeroham su hijo, Elcana su hijo.

28 Los hijos de Samuel: el primogénito Vasni, y Abías.

29 Los hijos de Merari: Mahli, Libni su hijo, Simei su hijo, Uza su hijo,

30 Simea su hijo, Haguía su hijo, Asaías su hijo.

Cantores del templo nombrados por David

31 Éstos son los que David puso sobre el servicio de canto en la casa de Jehová, después que el arca tuvo reposo,

32 los cuales servían delante de la tienda del tabernáculo de reunión en el canto, hasta que Salomón edificó la casa de Jehová en Jerusalén; después estuvieron en su ministerio según su costumbre.

33 Éstos, pues, con sus hijos, ayudaban: de los hijos de Coat, el cantor Hemán hijo de Joel, hijo de Samuel,

34 hijo de Elcana, hijo de Jeroham, hijo de Eliel, hijo de Toa,

d 5.26 2 R 15.19.　e 5.26 2 R 15.29.　f 5.26 2 R 17.6.
a 6.16-19 Éx 6.16-19.

35 hijo de Zuf, hijo de Elcana, hijo de Mahat, hijo de Amasai,

36 hijo de Elcana, hijo de Joel, hijo de Azarías, hijo de Sofonías,

37 hijo de Tahat, hijo de Asir, hijo de Ebiasaf, hijo de Coré,

38 hijo de Izhar, hijo de Coat, hijo de Leví, hijo de Israel;

39 y su hermano Asaf, el cual estaba a su mano derecha; Asaf, hijo de Berequías, hijo de Simea,

40 hijo de Micael, hijo de Baasías, hijo de Malquías,

41 hijo de Etni, hijo de Zera, hijo de Adaía,

42 hijo de Etán, hijo de Zima, hijo de Simei,

43 hijo de Jahat, hijo de Gersón, hijo de Leví.

44 Pero a la mano izquierda estaban sus hermanos los hijos de Merari, esto es, Etán hijo de Quisi, hijo de Abdi, hijo de Maluc,

45 hijo de Hasabías, hijo de Amasías, hijo de Hilcías,

46 hijo de Amsi, hijo de Bani, hijo de Semer,

47 hijo de Mahli, hijo de Musi, hijo de Merari, hijo de Leví.

48 Y sus hermanos los levitas fueron puestos sobre todo el ministerio del tabernáculo de la casa de Dios.

Descendientes de Aarón

49 Mas Aarón y sus hijos ofrecían sacrificios sobre el altar del holocausto, y sobre el altar del perfume quemaban incienso, y ministraban en toda la obra del lugar santísimo, y hacían las expiaciones por Israel conforme a todo lo que Moisés siervo de Dios había mandado.

50 Los hijos de Aarón son éstos: Eleazar su hijo, Finees su hijo, Abisúa su hijo,

51 Buqui su hijo, Uzi su hijo, Zeraías su hijo,

52 Meraiot su hijo, Amarías su hijo, Ahitob su hijo,

53 Sadoc su hijo, Ahimaas su hijo.

Las ciudades de los levitas

(Jos 21.1-42)

54 Éstas son sus habitaciones, conforme a sus domicilios y sus términos, las de los hijos de Aarón por las familias de los coatitas, porque a ellos les tocó en suerte.

55 Les dieron, pues, Hebrón en tierra de Judá, y sus ejidos alrededor de ella.

56 Pero el territorio de la ciudad y sus aldeas se dieron a Caleb, hijo de Jefone.

57 De Judá dieron a los hijos de Aarón la ciudad de refugio, esto es, Hebrón; además, Libna con sus ejidos, Jatir, Estemoa con sus ejidos,

58 Hilén con sus ejidos, Debir con sus ejidos,

59 Asán con sus ejidos y Bet-semes con sus ejidos.

60 Y de la tribu de Benjamín, Geba con sus ejidos, Alemet con sus ejidos y Anatot con sus ejidos. Todas sus ciudades fueron trece ciudades, repartidas por sus linajes.

61 A los hijos de Coat que quedaron de su parentela, dieron por suerte diez ciudades de la media tribu de Manasés.

62 A los hijos de Gersón, por sus linajes, dieron de la tribu de Isacar, de la tribu de Aser, de la tribu de Neftalí y de la tribu de Manasés en Basán, trece ciudades.

63 Y a los hijos de Merari, por sus linajes, de la tribu de Rubén, de la tribu de Gad y de la tribu de Zabulón, dieron por suerte doce ciudades.

64 Y los hijos de Israel dieron a los levitas ciudades con sus ejidos.

65 Dieron por suerte de la tribu de los hijos de Judá, de la tribu de los hijos de Simeón y de la tribu de los hijos de Benjamín, las ciudades que nombraron por sus nombres.

66 A las familias de los hijos de Coat dieron ciudades con sus ejidos de la tribu de Efraín.

67 Les dieron la ciudad de refugio, Siquem con sus ejidos en el monte de Efraín; además, Gezer con sus ejidos,

68 Jocmeam con sus ejidos, Bet-horón con sus ejidos,

69 Ajalón con sus ejidos y Gat-rimón con sus ejidos.

70 De la media tribu de Manasés, Aner con sus ejidos y Bileam con sus ejidos, para los de las familias de los hijos de Coat que habían quedado.

71 A los hijos de Gersón dieron de la media tribu de Manasés, Golán en Basán con sus ejidos y Astarot con sus ejidos.

72 De la tribu de Isacar, Cedes con sus ejidos, Daberat con sus ejidos,

73 Ramot con sus ejidos y Anem con sus ejidos.

74 De la tribu de Aser, Masal con sus ejidos, Abdón con sus ejidos,
75 Hucoc con sus ejidos y Rehob con sus ejidos.
76 De la tribu de Neftalí, Cedes en Galilea con sus ejidos, Hamón con sus ejidos y Quiriataim con sus ejidos.
77 A los hijos de Merari que habían quedado, dieron de la tribu de Zabulón, Rimón con sus ejidos y Tabor con sus ejidos.
78 Del otro lado del Jordán frente a Jericó, al oriente del Jordán, dieron de la tribu de Rubén, Beser en el desierto con sus ejidos, Jaza con sus ejidos,
79 Cademot con sus ejidos y Mefaat con sus ejidos.
80 Y de la tribu de Gad, Ramot de Galaad con sus ejidos, Mahanaim con sus ejidos,
81 Hesbón con sus ejidos y Jazer con sus ejidos.

Descendientes de Isacar

7 1 Los hijos de Isacar fueron cuatro: Tola, Fúa, Jasub y Simrón.
2 Los hijos de Tola: Uzi, Refaías, Jeriel, Jahmai, Jibsam y Semuel, jefes de las familias de sus padres. De Tola fueron contados por sus linajes en el tiempo de David, veintidós mil seiscientos hombres muy valerosos.
3 Hijo de Uzi fue Israhías; y los hijos de Israhías: Micael, Obadías, Joel e Isías; por todos, cinco príncipes.
4 Y había con ellos en sus linajes, por las familias de sus padres, treinta y seis mil hombres de guerra; porque tuvieron muchas mujeres e hijos.
5 Y sus hermanos por todas las familias de Isacar, contados todos por sus genealogías, eran ochenta y siete mil hombres valientes en extremo.

Descendientes de Benjamín

6 Los hijos de Benjamín fueron tres: Bela, Bequer y Jediael.
7 Los hijos de Bela: Ezbón, Uzi, Uziel, Jerimot e Iri; cinco jefes de casas paternas, hombres de gran valor, y de cuya descendencia fueron contados veintidós mil treinta y cuatro.
8 Los hijos de Bequer: Zemira, Joás, Eliezer, Elioenai, Omri, Jerimot, Abías, Anatot y Alamet; todos estos fueron hijos de Bequer.

9 Y contados por sus descendencias, por sus linajes, los que eran jefes de familias resultaron veinte mil doscientos hombres de grande esfuerzo.
10 Hijo de Jediael fue Bilhán; y los hijos de Bilhán: Jeús, Benjamín, Aod, Quenaana, Zetán, Tarsis y Ahisahar.
11 Todos estos fueron hijos de Jediael, jefes de familias, hombres muy valerosos, diecisiete mil doscientos que salían a combatir en la guerra.
12 Supim y Hupim fueron hijos de Hir; y Husim, hijo de Aher.

Descendientes de Neftalí

13 Los hijos de Neftalí: Jahzeel, Guni, Jezer y Salum, hijos de Bilha.

Descendientes de Manasés

14 Los hijos de Manasés: Asriel, al cual dio a luz su concubina la siria, la cual también dio a luz a Maquir padre de Galaad.
15 Y Maquir tomó mujer de Hupim y Supim, cuya hermana tuvo por nombre Maaca; y el nombre del segundo fue Zelofehad. Y Zelofehad tuvo hijas.
16 Y Maaca mujer de Maquir dio a luz un hijo, y lo llamó Peres; y el nombre de su hermano fue Seres, cuyos hijos fueron Ulam y Requem.
17 Hijo de Ulam fue Bedán. Éstos fueron los hijos de Galaad, hijo de Maquir, hijo de Manasés.
18 Y su hermana Hamolequet dio a luz a Isod, Abiezer y Mahala,
19 Y los hijos de Semida fueron Ahián, Siquem, Likhi y Aniam.

Descendientes de Efraín

20 Los hijos de Efraín: Sutela, Bered su hijo, Tahat su hijo, Elada su hijo, Tahat su hijo,
21 Zabad su hijo, Sutela su hijo, Ezer y Elad. Mas los hijos de Gat, naturales de aquella tierra, los mataron, porque vinieron a tomarles sus ganados.
22 Y Efraín su padre hizo duelo por muchos días, y vinieron sus hermanos a consolarlo.
23 Después él se llegó a su mujer, y ella concibió y dio a luz un hijo, al cual puso por nombre Bería, por cuanto había estado en aflicción en su casa.

24 Y su hija fue Seera, la cual edificó a Bet-horón la baja y la alta, y a Uzen-seera.

25 Hijo de este Bería fue Refa, y Resef, y Telah su hijo, y Tahán su hijo,

26 Laadán su hijo, Amiud su hijo, Elisama su hijo,

27 Nun su hijo, Josué su hijo.

28 Y la heredad y habitación de ellos fue Bet-el con sus aldeas; y hacia el oriente Naarán, y a la parte del occidente Gezer y sus aldeas; asimismo Siquem con sus aldeas, hasta Gaza y sus aldeas;

29 y junto al territorio de los hijos de Manasés, Bet-seán con sus aldeas, Taanac con sus aldeas, Meguido con sus aldeas, y Dor con sus aldeas. En estos lugares habitaron los hijos de José hijo de Israel.

Descendientes de Aser

30 Los hijos de Aser: Imna, Isúa, Isúi, Bería, y su hermana Sera.

31 Los hijos de Bería: Heber, y Malquiel, el cual fue padre de Birzavit.

32 Y Heber engendró a Jaflet, Somer, Hotam, y Súa hermana de ellos.

33 Los hijos de Jaflet: Pasac, Bimhal y Asvat. Éstos fueron los hijos de Jaflet.

34 Y los hijos de Semer: Ahí, Rohga, Jehúba y Aram.

35 Los hijos de Helem su hermano: Zofa, Imna, Seles y Amal.

36 Los hijos de Zofa: Súa, Harnefer, Súal, Beri, Imra,

37 Beser, Hod, Sama, Silsa, Itrán y Beera.

38 Los hijos de Jeter: Jefone, Pispa y Ara.

39 Y los hijos de Ula: Ara, Haniel y Rezia.

40 Todos estos fueron hijos de Aser, cabezas de familias paternas, escogidos, esforzados, jefes de príncipes; y contados que fueron por sus linajes entre los que podían tomar las armas, el número de ellos fue veintiséis mil hombres.

Descendientes de Benjamín

8 **1** Benjamín engendró a Bela su primogénito, Asbel el segundo, Ahara el tercero,

2 Noha el cuarto, y Rafa el quinto.

3 Y los hijos de Bela fueron Adar, Gera, Abiud,

4 Abisúa, Naamán, Ahoa,

5 Gera, Sefufán e Hiram.

6 Y éstos son los hijos de Aod, éstos los jefes de casas paternas que habitaron en Geba y fueron transportados a Manahat:

7 Naamán, Ahías y Gera; éste los transportó, y engendró a Uza y a Ahiud.

8 Y Saharaim engendró hijos en la provincia de Moab, después que dejó a Husim y a Baara que eran sus mujeres.

9 Engendró, pues, de Hodes su mujer a Jobab, Sibia, Mesa, Malcam,

10 Jeúz, Saquías y Mirma. Éstos son sus hijos, jefes de familias.

11 Mas de Husim engendró a Abitob y a Elpaal.

12 Y los hijos de Elpaal: Heber, Misam y Semed (el cual edificó Ono, y Lod con sus aldeas),

13 Bería también, y Sema, que fueron jefes de las familias de los moradores de Ajalón, los cuales echaron a los moradores de Gat.

14 Y Ahío, Sasac, Jeremot,

15 Zebadías, Arad, Áder,

16 Micael, Ispa y Joha, hijos de Bería.

17 Y Zebadías, Mesulam, Hizqui, Heber,

18 Ismerai, Jezlías y Jobab, hijos de Elpaal.

19 Y Jaquim, Zicri, Zabdi,

20 Elienai, Ziletai, Eliel,

21 Adaías, Beraías y Simrat, hijos de Simei.

22 E Ispán, Heber, Eliel,

23 Abdón, Zicri, Hanán,

24 Hananías, Elam, Anatotías,

25 Ifdaías y Peniel, hijos de Sasac.

26 Y Samserai, Seharías, Atalías,

27 Jaresías, Elías y Zicri, hijos de Jeroham.

28 Éstos fueron jefes principales de familias por sus linajes, y habitaron en Jerusalén.

29 Y en Gabaón habitaron Abigabaón, la mujer del cual se llamó Maaca,

30 y su hijo primogénito Abdón, y Zur, Cis, Baal, Nadab,

31 Gedor, Ahío y Zequer.

32 Y Miclot engendró a Simea. Éstos también habitaron con sus hermanos en Jerusalén, enfrente de ellos.

33 Ner engendró a Cis, Cis engendró a Saúl, y Saúl engendró a Jonatán, Malquisúa, Abinadab y Es-baal.

34 Hijo de Jonatán fue Merib-baal, y Merib-baal engendró a Micaía.

35 Los hijos de Micaía: Pitón, Melec, Tarea y Acaz.

36 Acaz engendró a Joada, Joada engendró a Alemet, Azmavet y Zimri, y Zimri engendró a Mosa.

37 Mosa engendró a Bina, hijo del cual fue Rafa, hijo del cual fue Elasa, cuyo hijo fue Azel.

38 Los hijos de Azel fueron seis, cuyos nombres son Azricam, Bocru, Ismael, Searías, Obadías y Hanán; todos estos fueron hijos de Azel.

39 Y los hijos de Esec su hermano: Ulam su primogénito, Jehús el segundo, Elifelet el tercero.

40 Y fueron los hijos de Ulam hombres valientes y vigorosos, flecheros diestros, los cuales tuvieron muchos hijos y nietos, ciento cincuenta. Todos estos fueron de los hijos de Benjamín.

Los que regresaron de Babilonia
(Neh 11.1-24)

9 **1** Contado todo Israel por sus genealogías, fueron escritos en el libro de los reyes de Israel. Y los de Judá fueron transportados a Babilonia por su rebelión.

2 Los primeros moradores que entraron en sus posesiones en las ciudades fueron israelitas, sacerdotes, levitas y sirvientes del templo.

3 Habitaron en Jerusalén, de los hijos de Judá, de los hijos de Benjamín, de los hijos de Efraín y Manasés:[a]

4 Utai hijo de Amiud, hijo de Omri, hijo de Imri, hijo de Bani, de los hijos de Fares hijo de Judá.

5 Y de los silonitas, Asaías el primogénito, y sus hijos.

6 De los hijos de Zera, Jeuel y sus hermanos, seiscientos noventa.

7 Y de los hijos de Benjamín:[b] Salú hijo de Mesulam, hijo de Hodavías, hijo de Asenúa,

8 Ibneías hijo de Jeroham, Ela hijo de Uzi, hijo de Micri, y Mesulam hijo de Sefatías, hijo de Reuel, hijo de Ibnías.

9 Y sus hermanos por sus linajes fueron novecientos cincuenta y seis. Todos estos hombres fueron jefes de familia en sus casas paternas.

10 De los sacerdotes: Jedaías, Joiarib, Jaquín,

11 Azarías hijo de Hilcías, hijo de Mesulam, hijo de Sadoc, hijo de Meraiot, hijo de Ahitob, príncipe de la casa de Dios;

12 Adaía hijo de Jeroham, hijo de Pasur, hijo de Malquías; Masai hijo de Adiel, hijo de Jazera, hijo de Mesulam, hijo de Mesilemit, hijo de Imer,

13 y sus hermanos, jefes de sus casas paternas, en número de mil setecientos sesenta, hombres muy eficaces en la obra del ministerio en la casa de Dios.

14 De los levitas: Semaías hijo de Hasub, hijo de Azricam, hijo de Hasabías, de los hijos de Merari,

15 Bacbacar, Heres, Galal, Matanías hijo de Micaía, hijo de Zicri, hijo de Asaf;

16 Obadías hijo de Semaías, hijo de Galal, hijo de Jedutún; y Berequías hijo de Asa, hijo de Elcana, el cual habitó en las aldeas de los netofatitas.

17 Y los porteros:[c] Salum, Acub, Talmón, Ahimán y sus hermanos. Salum era el jefe.

18 Hasta ahora entre las cuadrillas de los hijos de Leví han sido éstos los porteros en la puerta del rey que está al oriente.

19 Salum hijo de Coré, hijo de Ebiasaf, hijo de Coré, y sus hermanos los coreítas por la casa de su padre, tuvieron a su cargo la obra del ministerio, guardando las puertas del tabernáculo, como sus padres guardaron la entrada del campamento de Jehová.

20 Y Finees hijo de Eleazar fue antes capitán sobre ellos; y Jehová estaba con él.

21 Zacarías hijo de Meselemías era portero de la puerta del tabernáculo de reunión.

22 Todos estos, escogidos para guardas en las puertas, eran doscientos doce cuando fueron contados por el orden de sus linajes en sus villas, a los cuales constituyó en su oficio David y Samuel el vidente.

23 Así ellos y sus hijos eran porteros por sus turnos a las puertas de la casa de Jehová, y de la casa del tabernáculo.

24 Y estaban los porteros a los cuatro lados; al oriente, al occidente, al norte y al sur.

25 Y sus hermanos que estaban en sus aldeas, venían cada siete días según su turno para estar con ellos.

26 Porque cuatro principales de los porteros levitas estaban en el oficio, y tenían a su cargo las cámaras y los tesoros de la casa de Dios.

27 Éstos moraban alrededor de la casa de Dios, porque tenían el cargo de guardarla, y de abrirla todas las mañanas.

---

a 9.2, 3 Esd 2.70; Neh 7.73; 11.3, 4.   **b 9.7** Neh 11.7.
c 9.17 Neh 11.19.

28 Algunos de éstos tenían a su cargo los utensilios para el ministerio, los cuales se metían por cuenta, y por cuenta se sacaban.

29 Y otros de ellos tenían el cargo de la vajilla, y de todos los utensilios del santuario, de la harina, del vino, del aceite, del incienso y de las especias.

30 Y algunos de los hijos de los sacerdotes hacían los perfumes aromáticos.

31 Matatías, uno de los levitas, primogénito de Salum coreíta, tenía a su cargo las cosas que se hacían en sartén.

32 Y algunos de los hijos de Coat, y de sus hermanos, tenían a su cargo los panes de la proposición, los cuales ponían por orden cada día de reposo.*

33 También había cantores, jefes de familias de los levitas, los cuales moraban en las cámaras del templo, exentos de otros servicios, porque de día y de noche estaban en aquella obra.

34 Éstos eran jefes de familias de los levitas por sus linajes, jefes que habitaban en Jerusalén.

Genealogía de Saúl

35 En Gabaón habitaba Jehiel padre de Gabaón, el nombre de cuya mujer era Maaca;

36 y su hijo primogénito Abdón, luego Zur, Cis, Baal, Ner, Nadab,

37 Gedor, Ahío, Zacarías y Miclot;

38 y Miclot engendró a Simeam. Éstos habitaban también en Jerusalén con sus hermanos enfrente de ellos.

39 Ner engendró a Cis, Cis engendró a Saúl, y Saúl engendró a Jonatán, Malquisúa, Abinadab y Es-baal.

40 Hijo de Jonatán fue Merib-baal, y Merib-baal engendró a Micaía.

41 Y los hijos de Micaía: Pitón, Melec, Tarea y Acaz.

42 Acaz engendró a Jara, Jara engendró a Alemet, Azmavet y Zimri, y Zimri engendró a Mosa,

43 y Mosa engendró a Bina, cuyo hijo fue Refaías, del que fue hijo Elasa, cuyo hijo fue Azel.

44 Y Azel tuvo seis hijos, los nombres de los cuales son: Azricam, Bocru, Ismael, Searías, Obadías y Hanán. Éstos fueron los hijos de Azel.

Muerte de Saúl y de sus hijos

(1 S 31.1-13)

10 **1** Los filisteos pelearon contra Israel; y huyeron delante de ellos los israelitas, y cayeron heridos en el monte de Gilboa.

2 Y los filisteos siguieron a Saúl y a sus hijos, y mataron los filisteos a Jonatán, a Abinadab y a Malquisúa, hijos de Saúl.

3 Y arreciando la batalla contra Saúl, le alcanzaron los flecheros, y fue herido por los flecheros.

4 Entonces dijo Saúl a su escudero: Saca tu espada y traspásame con ella, no sea que vengan estos incircuncisos y hagan escarnio de mí; pero su escudero no quiso, porque tenía mucho miedo. Entonces Saúl tomó la espada, y se echó sobre ella.

5 Cuando su escudero vio a Saúl muerto, él también se echó sobre su espada y se mató.

6 Así murieron Saúl y sus tres hijos; y toda su casa murió juntamente con él.

7 Y viendo todos los de Israel que habitaban en el valle, que habían huido, y que Saúl y sus hijos eran muertos, dejaron sus ciudades y huyeron, y vinieron los filisteos y habitaron en ellas.

8 Sucedió al día siguiente, que al venir los filisteos a despojar a los muertos, hallaron a Saúl y a sus hijos tendidos en el monte de Gilboa.

9 Y luego que le despojaron, tomaron su cabeza y sus armas, y enviaron mensajeros por toda la tierra de los filisteos para dar las nuevas a sus ídolos y al pueblo.

10 Y pusieron sus armas en el templo de sus dioses, y colgaron la cabeza en el templo de Dagón.

11 Y oyendo todos los de Jabes de Galaad lo que los filisteos habían hecho de Saúl,

12 se levantaron todos los hombres valientes, y tomaron el cuerpo de Saúl y los cuerpos de sus hijos, y los trajeron a Jabes; y enterraron sus huesos debajo de una encina en Jabes, y ayunaron siete días.

13 Así murió Saúl por su rebelión con que prevaricó contra Jehová, contra la palabra de Jehová, la cual no guardó,[a] y porque consultó a una adivina,[b]

---

14 y no consultó a Jehová; por esta causa lo mató, y traspasó el reino a David hijo de Isaí.

David es proclamado rey de Israel

(2 S 5.1-5)

11 1 Entonces todo Israel se juntó a David en Hebrón, diciendo: He aquí nosotros somos tu hueso y tu carne. 2 También antes de ahora, mientras Saúl reinaba, tú eras quien sacaba a la guerra a Israel, y lo volvía a traer. También Jehová tu Dios te ha dicho: Tú apacentarás a mi pueblo Israel, y tú serás príncipe sobre Israel mi pueblo. 3 Y vinieron todos los ancianos de Israel al rey en Hebrón, y David hizo con ellos pacto delante de Jehová; y ungieron a David por rey sobre Israel, conforme a la palabra de Jehová por medio de Samuel.

David toma la fortaleza de Sion

(2 S 5.6-10)

4 Entonces se fue David con todo Israel a Jerusalén, la cual es Jebús; y los jebuseos habitaban en aquella tierra.ᵃ 5 Y los moradores de Jebús dijeron a David: No entrarás acá. Mas David tomó la fortaleza de Sion, que es la ciudad de David. 6 Y David había dicho: El que primero derrote a los jebuseos será cabeza y jefe. Entonces Joab hijo de Sarvia subió el primero, y fue hecho jefe. 7 Y David habitó en la fortaleza, y por esto la llamaron la Ciudad de David. 8 Y edificó la ciudad alrededor, desde Milo hasta el muro; y Joab reparó el resto de la ciudad. 9 Y David iba adelantando y creciendo, y Jehová de los ejércitos estaba con él.

Los valientes de David

(2 S 23.8-39)

10 Éstos son los principales de los valientes que David tuvo, y los que le ayudaron en su reino, con todo Israel, para hacerle rey sobre Israel, conforme a la palabra de Jehová. 11 Y éste es el número de los valientes que David tuvo: Jasobeam hijo de Hacmoni, caudillo de los treinta, el cual blandió su lanza una vez contra trescientos, a los cuales mató.

12 Tras de éste estaba Eleazar hijo de Dodo, ahohíta, el cual era de los tres valientes. 13 Éste estuvo con David en Pasdamim, estando allí juntos en batalla los filisteos; y había allí una parcela de tierra llena de cebada, y huyendo el pueblo delante de los filisteos, 14 se pusieron ellos en medio de la parcela y la defendieron, y vencieron a los filisteos, porque Jehová los favoreció con una gran victoria. 15 Y tres de los treinta principales descendieron a la peña a David, a la cueva de Adulam, estando el campamento de los filisteos en el valle de Refaim. 16 David estaba entonces en la fortaleza, y había entonces guarnición de los filisteos en Belén. 17 David deseó entonces, y dijo: ¡Quién me diera de beber de las aguas del pozo de Belén, que está a la puerta! 18 Y aquellos tres rompieron por el campamento de los filisteos, y sacaron agua del pozo de Belén, que está a la puerta, y la tomaron y la trajeron a David; mas él no la quiso beber, sino que la derramó para Jehová, y dijo: 19 Guárdeme mi Dios de hacer esto. ¿Había yo de beber la sangre y la vida de estos varones, que con peligro de sus vidas la han traído? Y no la quiso beber. Esto hicieron aquellos tres valientes.

20 Y Abisai, hermano de Joab, era jefe de los treinta, el cual blandió su lanza contra trescientos y los mató, y ganó renombre con los tres. 21 Fue el más ilustre de los treinta, y fue el jefe de ellos, pero no igualó a los tres primeros. 22 Benaía hijo de Joiada, hijo de un varón valiente de Cabseel, de grandes hechos; él venció a los dos leones de Moab; también descendió y mató a un león en medio de un foso, en tiempo de nieve. 23 Él mismo venció a un egipcio, hombre de cinco codos de estatura; y el egipcio traía una lanza como un rodillo de tejedor, mas él descendió con un báculo, y arrebató al egipcio la lanza de la mano, y lo mató con su misma lanza.

ᵃ 11.4 Jos 15.63; Jue 1.21.

24 Esto hizo Benaía hijo de Joiada, y fue nombrado con los tres valientes.

25 Y fue el más distinguido de los treinta, pero no igualó a los tres primeros. A éste puso David en su guardia personal.

26 Y los valientes de los ejércitos: Asael hermano de Joab, Elhanan hijo de Dodo de Belén,

27 Samot harodita, Heles pelonita;

28 Ira hijo de Iques tecoíta, Abiezer anatotita,

29 Sibecai husatita, Ilai ahohíta,

30 Maharai netofatita, Heled hijo de Baana netofatita,

31 Itai hijo de Ribai, de Gabaa de los hijos de Benjamín, Benaía piratonita,

32 Hurai del río Gaas, Abiel arbatita,

33 Azmavet barhumita, Eliaba saalbonita,

34 los hijos de Hasem gizonita, Jonatán hijo de Sage ararita,

35 Ahíam hijo de Sacar ararita, Elifal hijo de Ur,

36 Hefer mequeratita, Ahías pelonita,

37 Hezro carmelita, Naarai hijo de Ezbai,

38 Joel hermano de Natán, Mibhar hijo de Hagrai,

39 Selec amonita, Naharai beerotita, escudero de Joab hijo de Sarvia,

40 Ira itrita, Gareb itrita,

41 Urías heteo, Zabad hijo de Ahlai,

42 Adina hijo de Siza rubenita, príncipe de los rubenitas, y con él treinta,

43 Hanán hijo de Maaca, Josafat mitnita,

44 Uzías astarotita, Sama y Jehiel hijos de Hotam aroerita;

45 Jediael hijo de Simri, y Joha su hermano, tizita,

46 Eliel mahavita, Jerebai y Josavía hijos de Elnaam, Itma moabita,

47 Eliel, Obed, y Jaasiel mesobaíta.

El ejército de David

12 **1** Éstos son los que vinieron a David en Siclag, estando él aún encerrado por causa de Saúl hijo de Cis, y eran de los valientes que le ayudaron en la guerra.

2 Estaban armados de arcos, y usaban de ambas manos para tirar piedras con honda y saetas con arco. De los hermanos de Saúl de Benjamín:

3 El principal Ahiezer, después Joás, hijos de Semaa gabaatita; Jeziel y Pelet hijos de Azmavet, Beraca, Jehú anatotita,

4 Ismaías gabaonita, valiente entre los treinta, y más que los treinta; Jeremías, Jahaziel, Johanán, Jozabad gederatita,

5 Eluzai, Jerimot, Bealías, Semarías, Sefatías harufita,

6 Elcana, Isías, Azareel, Joezer y Jasobeam, coreítas,

7 y Joela y Zebadías hijos de Jeroham de Gedor.

8 También de los de Gad huyeron y fueron a David, al lugar fuerte en el desierto, hombres de guerra muy valientes para pelear, diestros con escudo y pavés; sus rostros eran como rostros de leones, y eran ligeros como las gacelas sobre las montañas.

9 Ezer el primero, Obadías el segundo, Eliab el tercero,

10 Mismana el cuarto, Jeremías el quinto,

11 Atai el sexto, Eliel el séptimo,

12 Johanán el octavo, Elzabad el noveno,

13 Jeremías el décimo y Macbanai el undécimo.

14 Éstos fueron capitanes del ejército de los hijos de Gad. El menor tenía cargo de cien hombres, y el mayor de mil.

15 Éstos pasaron el Jordán en el mes primero, cuando se había desbordado por todas sus riberas; e hicieron huir a todos los de los valles al oriente y al poniente.

16 Asimismo algunos de los hijos de Benjamín y de Judá vinieron a David al lugar fuerte.

17 Y David salió a ellos, y les habló diciendo: Si habéis venido a mí para paz y para ayudarme, mi corazón será unido con vosotros; mas si es para entregarme a mis enemigos, sin haber iniquidad en mis manos, véalo el Dios de nuestros padres, y lo demande.

18 Entonces el Espíritu vino sobre Amasai, jefe de los treinta, y dijo: Por ti, oh David, y contigo, oh hijo de Isaí. Paz, paz contigo, y paz con tus ayudadores, pues también tu Dios te ayuda. Y David los recibió, y los puso entre los capitanes de la tropa.

19 También se pasaron a David algunos de Manasés, cuando vino con los filisteos a la batalla contra Saúl (pero David no les ayudó, porque los jefes de los filisteos, habido consejo, lo despidieron, diciendo: Con peligro de nuestras cabezas se pasará a su señor Saúl).

20 Así que viniendo él a Siclag, se pasaron a él de los de Manasés, Adnas, Jozabad, Jediaiel, Micael, Jozabad, Eliú y Ziletai, príncipes de millares de los de Manasés.
21 Éstos ayudaron a David contra la banda de merodeadores, pues todos ellos eran hombres valientes, y fueron capitanes en el ejército.
22 Porque entonces todos los días venía ayuda a David, hasta hacerse un gran ejército, como ejército de Dios.

23 Y éste es el número de los principales que estaban listos para la guerra, y vinieron a David en Hebrón para traspasarle el reino de Saúl, conforme a la palabra de Jehová:
24 De los hijos de Judá que traían escudo y lanza, seis mil ochocientos, listos para la guerra.
25 De los hijos de Simeón, siete mil cien hombres, valientes y esforzados para la guerra.
26 De los hijos de Leví, cuatro mil seiscientos;
27 asimismo Joiada, príncipe de los del linaje de Aarón, y con él tres mil setecientos,
28 y Sadoc, joven valiente y esforzado, con veintidós de los principales de la casa de su padre.
29 De los hijos de Benjamín hermanos de Saúl, tres mil; porque hasta entonces muchos de ellos se mantenían fieles a la casa de Saúl.
30 De los hijos de Efraín, veinte mil ochocientos, muy valientes, varones ilustres en las casas de sus padres.
31 De la media tribu de Manasés, dieciocho mil, los cuales fueron tomados por lista para venir a poner a David por rey.
32 De los hijos de Isacar, doscientos principales, entendidos en los tiempos, y que sabían lo que Israel debía hacer, cuyo dicho seguían todos sus hermanos.
33 De Zabulón cincuenta mil, que salían a campaña prontos para la guerra, con toda clase de armas de guerra, dispuestos a pelear sin doblez de corazón.
34 De Neftalí, mil capitanes, y con ellos treinta y siete mil con escudo y lanza.
35 De los de Dan, dispuestos a pelear, veintiocho mil seiscientos.

36 De Aser, dispuestos para la guerra y preparados para pelear, cuarenta mil.
37 Y del otro lado del Jordán, de los rubenitas y gaditas y de la media tribu de Manasés, ciento veinte mil con toda clase de armas de guerra.
38 Todos estos hombres de guerra, dispuestos para guerrear, vinieron con corazón perfecto a Hebrón, para poner a David por rey sobre todo Israel; asimismo todos los demás de Israel estaban de un mismo ánimo para poner a David por rey.
39 Y estuvieron allí con David tres días comiendo y bebiendo, porque sus hermanos habían preparado para ellos.
40 También los que les eran vecinos, hasta Isacar y Zabulón y Neftalí, trajeron víveres en asnos, camellos, mulos y bueyes; provisión de harina, tortas de higos, pasas, vino y aceite, y bueyes y ovejas en abundancia, porque en Israel había alegría.

David propone trasladar el arca a Jerusalén

13 1 Entonces David tomó consejo con los capitanes de millares y de centenas, y con todos los jefes.
2 Y dijo David a toda la asamblea de Israel: Si os parece bien y si es la voluntad de Jehová nuestro Dios, enviaremos a todas partes por nuestros hermanos que han quedado en todas las tierras de Israel, y por los sacerdotes y levitas que están con ellos en sus ciudades y ejidos, para que se reúnan con nosotros;
3 y traigamos el arca de nuestro Dios a nosotros, porque desde el tiempo de Saúl no hemos hecho caso de ella.
4 Y dijo toda la asamblea que se hiciese así, porque la cosa parecía bien a todo el pueblo.

David intenta traer el arca
(2 S 6.1-11)

5 Entonces David reunió a todo Israel, desde Sihor de Egipto hasta la entrada de Hamat, para que trajesen el arca de Dios de Quiriat-jearim.a
6 Y subió David con todo Israel a Baala de Quiriat-jearim, que está en Judá, para pasar de allí el arca de Jehová Dios, que mora entre los querubines,b sobre la cual su nombre es invocado.

---

a 13.5 1 S 7.1, 2.   b 13.6 Éx 25.22.

7 Y llevaron el arca de Dios de la casa de Abinadab en un carro nuevo; y Uza y Ahío guiaban el carro.

8 Y David y todo Israel se regocijaban delante de Dios con todas sus fuerzas, con cánticos, arpas, salterios, tamboriles, címbalos y trompetas.

9 Pero cuando llegaron a la era de Quidón, Uza extendió su mano al arca para sostenerla, porque los bueyes tropezaban.

10 Y el furor de Jehová se encendió contra Uza, y lo hirió, porque había extendido su mano al arca; y murió allí delante de Dios.

11 Y David tuvo pesar, porque Jehová había quebrantado a Uza; por lo que llamó aquel lugar Pérez-uza,[3] hasta hoy.

12 Y David temió a Dios aquel día, y dijo: ¿Cómo he de traer a mi casa el arca de Dios?

13 Y no trajo David el arca a su casa en la ciudad de David, sino que la llevó a casa de Obed-edom geteo.

14 Y el arca de Dios estuvo con la familia de Obed-edom, en su casa, tres meses; y bendijo Jehová la casa de Obed-edom,[c] y todo lo que tenía.

Hiram envía embajadores a David
(2 S 5.11, 12)

14 1 Hiram rey de Tiro envió a David embajadores, y madera de cedro, y albañiles y carpinteros, para que le edificasen una casa.

2 Y entendió David que Jehová lo había confirmado como rey sobre Israel, y que había exaltado su reino sobre su pueblo Israel.

Hijos de David nacidos en Jerusalén
(2 S 5.13-16; 1 Cr 3.5-9)

3 Entonces David tomó también mujeres en Jerusalén, y engendró David más hijos e hijas.

4 Y éstos son los nombres de los que le nacieron en Jerusalén: Samúa, Sobab, Natán, Salomón,

5 Ibhar, Elisúa, Elpelet,

6 Noga, Nefeg, Jafía,

7 Elisama, Beeliada y Elifelet.

David derrota a los filisteos
(2 S 5.17-25)

8 Oyendo los filisteos que David había sido ungido rey sobre todo Israel, subieron todos los filisteos en busca de David. Y cuando David lo oyó, salió contra ellos.

9 Y vinieron los filisteos, y se extendieron por el valle de Refaim.

10 Entonces David consultó a Dios, diciendo: ¿Subiré contra los filisteos? ¿Los entregarás en mi mano? Y Jehová le dijo: Sube, porque yo los entregaré en tus manos.

11 Subieron, pues, a Baal-perazim, y allí los derrotó David. Dijo luego David: Dios rompió mis enemigos por mi mano, como se rompen las aguas. Por esto llamaron el nombre de aquel lugar Baal-perazim.[4]

12 Y dejaron allí sus dioses, y David dijo que los quemasen.

13 Y volviendo los filisteos a extenderse por el valle,

14 David volvió a consultar a Dios, y Dios le dijo: No subas tras ellos, sino rodéalos, para venir a ellos por delante de las balsameras.

15 Y así que oigas venir un estruendo por las copas de las balsameras, sal luego a la batalla, porque Dios saldrá delante de ti y herirá el ejército de los filisteos.

16 Hizo, pues, David como Dios le mandó, y derrotaron al ejército de los filisteos desde Gabaón hasta Gezer.

17 Y la fama de David fue divulgada por todas aquellas tierras; y Jehová puso el temor de David sobre todas las naciones.

David trae el arca a Jerusalén
(2 S 6.12-23)

15 1 Hizo David también casas para sí en la ciudad de David, y arregló un lugar para el arca de Dios, y le levantó una tienda.

2 Entonces dijo David: El arca de Dios no debe ser llevada sino por los levitas; porque a ellos ha elegido Jehová para que lleven el arca de Jehová, y le sirvan perpetuamente.[a]

3 Y congregó David a todo Israel en Jerusalén, para que pasasen el arca de Jehová a su lugar, el cual le había él preparado.

4 Reunió también David a los hijos de Aarón y a los levitas;

5 de los hijos de Coat, Uriel el principal, y sus hermanos, ciento veinte;

---

3. **13.11** Esto es, *el quebrantamiento de Uza.*
4. **14.11** Esto es, *el Señor que quebranta.*
c **13.14** 1 Cr 26.4, 5.   a **15.2** Dt 10.8.

6 De los hijos de Merari, Asaías el principal, y sus hermanos, doscientos veinte.

7 De los hijos de Gersón, Joel el principal, y sus hermanos, ciento treinta.

8 De los hijos de Elizafán, Semaías el principal, y sus hermanos, doscientos.

9 De los hijos de Hebrón, Eliel el principal, y sus hermanos, ochenta.

10 De los hijos de Uziel, Aminadab el principal, y sus hermanos, ciento doce.

11 Y llamó David a los sacerdotes Sadoc y Abiatar, y a los levitas Uriel, Asaías, Joel, Semaías, Eliel y Aminadab,

12 y les dijo: Vosotros que sois los principales padres de las familias de los levitas, santificaos, vosotros y vuestros hermanos, y pasad el arca de Jehová Diòs de Israel al lugar que le he preparado;

13 pues por no haberlo hecho así vosotros la primera vez, Jehová nuestro Dios nos quebrantó, por cuanto no le buscamos según su ordenanza.

14 Así los sacerdotes y los levitas se santificaron para traer el arca de Jehová Dios de Israel.

15 Y los hijos de los levitas trajeron el arca de Dios puesta sobre sus hombros en las barras, como lo había mandado Moisés, conforme a la palabra de Jehová.[b]

16 Asimismo dijo David a los principales de los levitas, que designasen de sus hermanos a cantores con instrumentos de música, con salterios y arpas y címbalos, que resonasen y alzasen la voz con alegría.

17 Y los levitas designaron a Hemán hijo de Joel; y de sus hermanos, a Asaf hijo de Berequías; y de los hijos de Merari y de sus hermanos, a Etán hijo de Cusaías.

18 Y con ellos a sus hermanos del segundo orden, a Zacarías, Jaaziel, Semiramot, Jehiel, Uni, Eliab, Benaía, Maasías, Matatías, Elifelehu, Micnías, Obed-edom y Jeiel, los porteros.

19 Así Hemán, Asaf y Etán, que eran cantores, sonaban címbalos de bronce.

20 Y Zacarías, Aziel, Semiramot, Jehiel, Uni, Eliab, Maasías y Benaía, con salterios sobre Alamot.

21 Matatías, Elifelehu, Micnías, Obed-edom, Jeiel y Azazías tenían arpas afinadas en la octava para dirigir.

22 Y Quenanías, principal de los levitas en la música, fue puesto para dirigir el canto, porque era entendido en ello.

23 Berequías y Elcana eran porteros del arca.

24 Y Sebanías, Josafat, Natanael, Amasai, Zacarías, Benaía y Eliezer, sacerdotes, tocaban las trompetas delante del arca de Dios; Obed-edom y Jehías eran también porteros del arca.

25 David, pues, y los ancianos de Israel y los capitanes de millares, fueron a traer el arca del pacto de Jehová, de casa de Obed-edom, con alegría.

26 Y ayudando Dios a los levitas que llevaban el arca del pacto de Jehová, sacrificaron siete novillos y siete carneros.

27 Y David iba vestido de lino fino, y también todos los levitas que llevaban el arca, y asimismo los cantores; y Quenanías era maestro de canto entre los cantores. Llevaba también David sobre sí un efod de lino.

28 De esta manera llevaba todo Israel el arca del pacto de Jehová, con júbilo y sonido de bocinas y trompetas y címbalos, y al son de salterios y arpas.

29 Pero cuando el arca del pacto de Jehová llegó a la ciudad de David, Mical, hija de Saúl, mirando por una ventana, vio al rey David que saltaba y danzaba; y lo menospreció en su corazón.

16 **1** Así trajeron el arca de Dios, y la pusieron en medio de la tienda que David había levantado para ella; y ofrecieron holocaustos y sacrificios de paz delante de Dios.

2 Y cuando David acabó de ofrecer el holocausto y los sacrificios de paz, bendijo al pueblo en el nombre de Jehová.

3 Y repartió a todo Israel, así a hombres como a mujeres, a cada uno una torta de pan, una pieza de carne, y una torta de pasas.

4 Y puso delante del arca de Jehová ministros de los levitas, para que recordasen y confesasen y loasen a Jehová Dios de Israel:

5 Asaf el primero; el segundo después de él, Zacarías; Jeiel, Semiramot, Jehiel, Matatías, Eliab, Benaía, Obed-edom y Jeiel, con sus instrumentos de salterios y arpas; pero Asaf sonaba los címbalos.

6 También los sacerdotes Benaía y Jahaziel sonaban continuamente las trompetas delante del arca del pacto de Dios.

b 15.15 Éx 25.14.

Salmo de acción de gracias de David
(Sal 105.1-15; 96.1-13; 106.47, 48)

7 Entonces, en aquel día, David comenzó a aclamar a Jehová por mano de Asaf y de sus hermanos:

8 Alabad a Jehová, invocad su nombre,
Dad a conocer en los pueblos sus obras.

9 Cantad a él, cantadle salmos;
Hablad de todas sus maravillas.

10 Gloriaos en su santo nombre;
Alégrese el corazón de los que buscan a Jehová.

11 Buscad a Jehová y su poder;
Buscad su rostro continuamente.

12 Haced memoria de las maravillas que ha hecho,
De sus prodigios, y de los juicios de su boca,

13 Oh vosotros, hijos de Israel su siervo,
Hijos de Jacob, sus escogidos.

14 Jehová, él es nuestro Dios;
Sus juicios están en toda la tierra.

15 Él hace memoria de su pacto perpetuamente,
Y de la palabra que él mandó para mil generaciones;

16 Del pacto que concertó con Abraham,[a]
Y de su juramento a Isaac;[b]

17 El cual confirmó a Jacob por estatuto,
Y a Israel por pacto sempiterno,

18 Diciendo: A ti daré la tierra de Canaán,
Porción de tu heredad.[c]

19 Cuando ellos eran pocos en número,
Pocos y forasteros en ella,

20 Y andaban de nación en nación,
Y de un reino a otro pueblo,

21 No permitió que nadie los oprimiese;
Antes por amor de ellos castigó a los reyes.

22 No toquéis, dijo, a mis ungidos,
Ni hagáis mal a mis profetas.[d]

23 Cantad a Jehová toda la tierra,
Proclamad de día en día su salvación.

24 Cantad entre las gentes su gloria,
Y en todos los pueblos sus maravillas.

25 Porque grande es Jehová, y digno de suprema alabanza,
Y de ser temido sobre todos los dioses.

26 Porque todos los dioses de los pueblos son ídolos;
Mas Jehová hizo los cielos.

27 Alabanza y magnificencia delante de él;
Poder y alegría en su morada.

28 Tributad a Jehová, oh familias de los pueblos,
Dad a Jehová gloria y poder.

29 Dad a Jehová la honra debida a su nombre;
Traed ofrenda, y venid delante de él;
Postraos delante de Jehová en la hermosura de la santidad.

30 Temed en su presencia, toda la tierra;
El mundo será aún establecido, para que no se conmueva.

31 Alégrense los cielos, y gócese la tierra,
Y digan en las naciones: Jehová reina.

32 Resuene el mar, y su plenitud;
Alégrese el campo, y todo lo que contiene.

33 Entonces cantarán los árboles de los bosques delante de Jehová,
Porque viene a juzgar la tierra.

34 Aclamad a Jehová, porque él es bueno;
Porque su misericordia es eterna.[e]

35 Y decid: Sálvanos, oh Dios, salvación nuestra;
Recógenos, y líbranos de las naciones,
Para que confesemos tu santo nombre,
Y nos gloriemos en tus alabanzas.

36 Bendito sea Jehová Dios de Israel,
De eternidad a eternidad.

Y dijo todo el pueblo, Amén, y alabó a Jehová.

Los levitas encargados del arca

37 Y dejó allí, delante del arca del pacto de Jehová, a Asaf y a sus hermanos, para que ministrasen de continuo delante del arca, cada cosa en su día; 38 y a Obed-edom y a sus sesenta y ocho hermanos; y a Obed-edom hijo de Jedutún y a Hosa como porteros. 39 Asimismo al sacerdote Sadoc, y a los sacerdotes sus hermanos, delante del tabernáculo

---

a **16.16** Gn 12.7.   b **16.16** Gn 26.3.   c **16.17, 18** Gn 28.13.
d **16.21, 22** Gn 20.3-7.   e **16.34** 2 Cr 5.13; 7.3; Esd 3.11;
Sal 100.5; 106.1; 107.1; 118.1; 136.1; Jer 33.11.

de Jehová en el lugar alto que estaba en Gabaón,

40 para que sacrificasen continuamente, a mañana y tarde, holocaustos a Jehová en el altar del holocausto, conforme a todo lo que está escrito en la ley de Jehová, que él prescribió a Israel;

41 y con ellos a Hemán, a Jedutún y a los otros escogidos declarados por sus nombres, para glorificar a Jehová, porque es eterna su misericordia.

42 Con ellos a Hemán y a Jedutún con trompetas y címbalos para los que tocaban, y con otros instrumentos de música de Dios; y a los hijos de Jedutún para porteros.

43 Y todo el pueblo se fue cada uno a su casa; y David se volvió para bendecir su casa.[f]

Pacto de Dios con David
(2 S 7.1-29)

17 **1** Aconteció que morando David en su casa, dijo David al profeta Natán: He aquí yo habito en casa de cedro, y el arca del pacto de Jehová debajo de cortinas.

2 Y Natán dijo a David: Haz todo lo que está en tu corazón, porque Dios está contigo.

3 En aquella misma noche vino palabra de Dios a Natán, diciendo:

4 Ve y di a David mi siervo: Así ha dicho Jehová: Tú no me edificarás casa en que habite.

5 Porque no he habitado en casa alguna desde el día que saqué a los hijos de Israel hasta hoy; antes estuve de tienda en tienda, y de tabernáculo en tabernáculo.

6 Por dondequiera que anduve con todo Israel, ¿hablé una palabra a alguno de los jueces de Israel, a los cuales mandé que apacentasen a mi pueblo, para decirles: ¿Por qué no me edificáis una casa de cedro?

7 Por tanto, ahora dirás a mi siervo David: Así ha dicho Jehová de los ejércitos: Yo te tomé del redil, de detrás de las ovejas, para que fueses príncipe sobre mi pueblo Israel;

8 y he estado contigo en todo cuanto has andado, y he cortado a todos tus enemigos de delante de ti, y te haré gran nombre, como el nombre de los grandes en la tierra.

9 Asimismo he dispuesto lugar para mi pueblo Israel, y lo he plantado para que habite en él y no sea más removido; ni los hijos de iniquidad lo consumirán más, como antes,

10 y desde el tiempo que puse los jueces sobre mi pueblo Israel; mas humillaré a todos tus enemigos. Te hago saber, además, que Jehová te edificará casa.

11 Y cuando tus días sean cumplidos para irte con tus padres, levantaré descendencia después de ti, a uno de entre tus hijos, y afirmaré su reino.

12 Él me edificará casa, y yo confirmaré su trono eternamente.

13 Yo le seré por padre, y él me será por hijo;[a] y no quitaré de él mi misericordia, como la quité de aquel que fue antes de ti;

14 sino que lo confirmaré en mi casa y en mi reino eternamente, y su trono será firme para siempre.

15 Conforme a todas estas palabras, y conforme a toda esta visión, así habló Natán a David.

16 Y entró el rey David y estuvo delante de Jehová, y dijo: Jehová Dios, ¿quién soy yo, y cuál es mi casa, para que me hayas traído hasta este lugar?

17 Y aun esto, oh Dios, te ha parecido poco, pues que has hablado de la casa de tu siervo para tiempo más lejano, y me has mirado como a un hombre excelente, oh Jehová Dios.

18 ¿Qué más puede añadir David pidiendo de ti para glorificar a tu siervo? Mas tú conoces a tu siervo.

19 Oh Jehová, por amor de tu siervo y según tu corazón, has hecho toda esta grandeza, para hacer notorias todas tus grandezas.

20 Jehová, no hay semejante a ti, ni hay Dios sino tú, según todas las cosas que hemos oído con nuestros oídos.

21 ¿Y qué pueblo hay en la tierra como tu pueblo Israel, cuyo Dios fuese y se redimiese un pueblo, para hacerte nombre con grandezas y maravillas, echando a las naciones de delante de tu pueblo, que tú rescataste de Egipto?

22 Tú has constituido a tu pueblo Israel por pueblo tuyo para siempre; y tú, Jehová, has venido a ser su Dios.

---

f 16.43 2 S 6.19, 20.   **a 17.13** 2 Co 6.18; Heb 1.5; Ap 21.7.

23 Ahora pues, Jehová, la palabra que has hablado acerca de tu siervo y de su casa, sea firme para siempre, y haz como has dicho.

24 Permanezca, pues, y sea engrandecido tu nombre para siempre, a fin de que se diga: Jehová de los ejércitos, Dios de Israel, es Dios para Israel. Y sea la casa de tu siervo David firme delante de ti.

25 Porque tú, Dios mío, revelaste al oído a tu siervo que le has de edificar casa; por eso ha hallado tu siervo motivo para orar delante de ti.

26 Ahora pues, Jehová, tú eres el Dios que has hablado de tu siervo este bien;

27 y ahora has querido bendecir la casa de tu siervo, para que permanezca perpetuamente delante de ti; porque tú, Jehová, la has bendecido, y será bendita para siempre.

David extiende sus dominios
(2 S 8.1-14)

18 **1** Después de estas cosas aconteció que David derrotó a los filisteos, y los humilló, y tomó a Gat y sus villas de mano de los filisteos.

2 También derrotó a Moab, y los moabitas fueron siervos de David, trayéndole presentes.

3 Asimismo derrotó David a Hadad-ezer rey de Soba, en Hamat, yendo éste a asegurar su dominio junto al río Éufrates.

4 Y le tomó David mil carros, siete mil de a caballo, y veinte mil hombres de a pie; y desjarretó David los caballos de todos los carros, excepto los de cien carros que dejó.

5 Y viniendo los sirios de Damasco en ayuda de Hadad-ezer rey de Soba, David hirió de ellos veintidós mil hombres.

6 Y puso David guarnición en Siria de Damasco, y los sirios fueron hechos siervos de David, trayéndole presentes; porque Jehová daba la victoria a David dondequiera que iba.

7 Tomó también David los escudos de oro que llevaban los siervos de Hadad-ezer, y los trajo a Jerusalén.

8 Asimismo de Tibhat y de Cun, ciudades de Hadad-ezer, tomó David muchísimo bronce, con el que Salomón hizo el mar de bronce, las columnas, y utensilios de bronce.[a]

9 Y oyendo Toi rey de Hamat que David había deshecho todo el ejército de Hadad-ezer rey de Soba,

10 envió a Adoram su hijo al rey David, para saludarle y bendecirle por haber peleado con Hadad-ezer y haberle vencido; porque Toi tenía guerra contra Hadad-ezer. Le envió también toda clase de utensilios de oro, de plata y de bronce;

11 los cuales el rey David dedicó a Jehová, con la plata y el oro que había tomado de todas las naciones de Edom, de Moab, de los hijos de Amón, de los filisteos y de Amalec.

12 Además de esto, Abisai hijo de Sarvia destrozó en el valle de la Sal a dieciocho mil edomitas.[b]

13 Y puso guarnición en Edom, y todos los edomitas fueron siervos de David; porque Jehová daba el triunfo a David dondequiera que iba.

Oficiales de David
(2 S 8.15-18; 20.23-26)

14 Reinó David sobre todo Israel, y juzgaba con justicia a todo su pueblo.

15 Y Joab hijo de Sarvia era general del ejército, y Josafat hijo de Ahilud, canciller.

16 Sadoc hijo de Ahitob y Abimelec hijo de Abiatar eran sacerdotes, y Savsa, secretario.

17 Y Benaía hijo de Joiada estaba sobre los cereteos y peleteos; y los hijos de David eran los príncipes cerca del rey.

Derrotas de amonitas y sirios
(2 S 10.1-19)

19 **1** Después de estas cosas aconteció que murió Nahas rey de los hijos de Amón, y reinó en su lugar su hijo.

2 Y dijo David: Manifestaré misericordia con Hanún hijo de Nahas, porque también su padre me mostró misericordia. Así David envió embajadores que lo consolasen de la muerte de su padre. Pero cuando llegaron los siervos de David a la tierra de los hijos de Amón a Hanún, para consolarle,

3 los príncipes de los hijos de Amón dijeron a Hanún: ¿A tu parecer honra David a tu padre, que te ha enviado consoladores?

---

a 18.8 1 R 7.40-47; 2 Cr 4.11-18.   **b 18.12** Sal 60 tít.

¿No vienen más bien sus siervos a ti para espiar, e inquirir, y reconocer la tierra? **4** Entonces Hanún tomó los siervos de David y los rapó, y les cortó los vestidos por la mitad, hasta las nalgas, y los despachó.

5 Se fueron luego, y cuando llegó a David la noticia sobre aquellos varones, él envió a recibirlos, porque estaban muy afrentados. El rey mandó que les dijeran: Estaos en Jericó hasta que os crezca la barba, y entonces volveréis.

6 Y viendo los hijos de Amón que se habían hecho odiosos a David, Hanún y los hijos de Amón enviaron mil talentos de plata para tomar a sueldo carros y gente de a caballo de Mesopotamia, de Siria, de Maaca y de Soba.

7 Y tomaron a sueldo treinta y dos mil carros, y al rey de Maaca y a su ejército, los cuales vinieron y acamparon delante de Medeba. Y se juntaron también los hijos de Amón de sus ciudades, y vinieron a la guerra.

8 Oyéndolo David, envió a Joab con todo el ejército de los hombres valientes.

9 Y los hijos de Amón salieron, y ordenaron la batalla a la entrada de la ciudad; y los reyes que habían venido estaban aparte en el campo.

10 Y viendo Joab que el ataque contra él había sido dispuesto por el frente y por la retaguardia, escogió de los más aventajados que había en Israel, y con ellos ordenó su ejército contra los sirios.

11 Puso luego el resto de la gente en mano de Abisai su hermano, y los ordenó en batalla contra los amonitas.

12 Y dijo: Si los sirios fueren más fuertes que yo, tú me ayudarás; y si los amonitas fueren más fuertes que tú, yo te ayudaré.

13 Esfuérzate, y esforcémonos por nuestro pueblo, y por las ciudades de nuestro Dios; y haga Jehová lo que bien le parezca.

14 Entonces se acercó Joab y el pueblo que tenía consigo, para pelear contra los sirios; mas ellos huyeron delante de él.

15 Y los hijos de Amón, viendo que los sirios habían huido, huyeron también ellos delante de Abisai su hermano, y entraron en la ciudad. Entonces Joab volvió a Jerusalén.

16 Viendo los sirios que habían caído delante de Israel, enviaron embajadores, y trajeron a los sirios que estaban al otro lado del Éufrates, cuyo capitán era Sofac, general del ejército de Hadad-ezer.

17 Luego que fue dado aviso a David, reunió a todo Israel, y cruzando el Jordán vino a ellos, y ordenó batalla contra ellos. Y cuando David hubo ordenado su tropa contra ellos, pelearon contra él los sirios.

18 Mas el pueblo sirio huyó delante de Israel; y mató David de los sirios a siete mil hombres de los carros, y cuarenta mil hombres de a pie; asimismo mató a Sofac general del ejército.

19 Y viendo los siervos de Hadad-ezer que habían caído delante de Israel, concertaron paz con David, y fueron sus siervos; y el pueblo sirio nunca más quiso ayudar a los hijos de Amón.

David captura a Rabá
(2 S 12.26-31)

20 **1** Aconteció a la vuelta del año, en el tiempo que suelen los reyes salir a la guerra, que Joab sacó las fuerzas del ejército, y destruyó la tierra de los hijos de Amón, y vino y sitió a Rabá. Mas David estaba en Jerusalén;[a] y Joab batió a Rabá, y la destruyó.

2 Y tomó David la corona de encima de la cabeza del rey de Rabá, y la halló de peso de un talento de oro, y había en ella piedras preciosas; y fue puesta sobre la cabeza de David. Además de esto sacó de la ciudad muy grande botín.

3 Sacó también al pueblo que estaba en ella, y lo puso a trabajar con sierras, con trillos de hierro y con hachas. Lo mismo hizo David a todas las ciudades de los hijos de Amón. Y volvió David con todo el pueblo a Jerusalén.

Los hombres de David matan a los gigantes
(2 S 21.18-22)

4 Después de esto aconteció que se levantó guerra en Gezer contra los filisteos; y Sibecai husatita mató a Sipai, de los descendientes de los gigantes; y fueron humillados.

5 Volvió a levantarse guerra contra los filisteos; y Elhanán hijo de Jair mató a Lahmi, hermano de Goliat geteo, el asta de cuya lanza era como un rodillo de telar.[b]

---

a 20.1 2 S 11.1.   **b 20.5** 1 S 17.4-7.

⁶ Y volvió a haber guerra en Gat, donde había un hombre de grande estatura, el cual tenía seis dedos en pies y manos, veinticuatro por todos; y era descendiente de los gigantes.

⁷ Este hombre injurió a Israel, pero lo mató Jonatán, hijo de Simea hermano de David.

⁸ Éstos eran descendientes de los gigantes en Gat, los cuales cayeron por mano de David y de sus siervos.

David censa al pueblo
(2 S 24.1-25)

21 ¹ Pero Satanás se levantó contra Israel, e incitó a David a que hiciese censo de Israel.

² Y dijo David a Joab y a los príncipes del pueblo: Id, haced censo de Israel desde Beerseba hasta Dan, e informadme sobre el número de ellos para que yo lo sepa.

³ Y dijo Joab: Añada Jehová a su pueblo cien veces más, rey señor mío; ¿no son todos estos siervos de mi señor? ¿Para qué procura mi señor esto, que será para pecado a Israel?

⁴ Mas la orden del rey pudo más que Joab. Salió, por tanto, Joab, y recorrió todo Israel, y volvió a Jerusalén y dio la cuenta del número del pueblo a David.

⁵ Y había en todo Israel un millón cien mil que sacaban espada, y de Judá cuatrocientos setenta mil hombres que sacaban espada.

⁶ Entre éstos no fueron contados los levitas, ni los hijos de Benjamín, porque la orden del rey era abominable a Joab.

⁷ Asimismo esto desagradó a Dios, e hirió a Israel.

⁸ Entonces dijo David a Dios: He pecado gravemente al hacer esto; te ruego que quites la iniquidad de tu siervo, porque he hecho muy locamente.

⁹ Y habló Jehová a Gad, vidente de David, diciendo:

¹⁰ Ve y habla a David, y dile: Así ha dicho Jehová: Tres cosas te propongo; escoge de ellas una que yo haga contigo.

¹¹ Y viniendo Gad a David, le dijo: Así ha dicho Jehová:

¹² Escoge para ti: o tres años de hambre, o por tres meses ser derrotado delante de tus enemigos con la espada de tus adversarios, o por tres días la espada de Jehová, esto es, la peste en la tierra, y que el ángel de Jehová haga destrucción en todos los términos de Israel. Mira, pues, qué responderé al que me ha enviado.

¹³ Entonces David dijo a Gad: Estoy en grande angustia. Ruego que yo caiga en la mano de Jehová, porque sus misericordias son muchas en extremo; pero que no caiga en manos de hombres.

¹⁴ Así Jehová envió una peste en Israel, y murieron de Israel setenta mil hombres.

¹⁵ Y envió Jehová el ángel a Jerusalén para destruirla; pero cuando él estaba destruyendo, miró Jehová y se arrepintió de aquel mal, y dijo al ángel que destruía: Basta ya; detén tu mano. El ángel de Jehová estaba junto a la era de Ornán jebuseo.

¹⁶ Y alzando David sus ojos, vio al ángel de Jehová, que estaba entre el cielo y la tierra, con una espada desnuda en su mano, extendida contra Jerusalén. Entonces David y los ancianos se postraron sobre sus rostros, cubiertos de cilicio.

¹⁷ Y dijo David a Dios: ¿No soy yo el que hizo contar el pueblo? Yo mismo soy el que pequé, y ciertamente he hecho mal; pero estas ovejas, ¿qué han hecho? Jehová Dios mío, sea ahora tu mano contra mí, y contra la casa de mi padre, y no venga la peste sobre tu pueblo.

¹⁸ Y el ángel de Jehová ordenó a Gad que dijese a David que subiese y construyese un altar a Jehová en la era de Ornán jebuseo.

¹⁹ Entonces David subió, conforme a la palabra que Gad le había dicho en nombre de Jehová.

²⁰ Y volviéndose Ornán, vio al ángel, por lo que se escondieron cuatro hijos suyos que con él estaban. Y Ornán trillaba el trigo.

²¹ Y viniendo David a Ornán, miró Ornán, y vio a David; y saliendo de la era, se postró en tierra ante David.

²² Entonces dijo David a Ornán: Dame este lugar de la era, para que edifique un altar a Jehová; dámelo por su cabal precio, para que cese la mortandad en el pueblo.

²³ Y Ornán respondió a David: Tómala para ti, y haga mi señor el rey lo que bien le parezca; y aun los bueyes daré para el holocausto, y los trillos para leña, y trigo para la ofrenda; yo lo doy todo.

24 Entonces el rey David dijo a Ornán: No, sino que efectivamente la compraré por su justo precio; porque no tomaré para Jehová lo que es tuyo, ni sacrificaré holocausto que nada me cueste.

25 Y dio David a Ornán por aquel lugar el peso de seiscientos siclos de oro.

26 Y edificó allí David un altar a Jehová, en el que ofreció holocaustos y ofrendas de paz, e invocó a Jehová, quien le respondió por fuego desde los cielos en el altar del holocausto.

27 Entonces Jehová habló al ángel, y éste volvió su espada a la vaina.

El lugar para el templo

28 Viendo David que Jehová le había oído en la era de Ornán jebuseo, ofreció sacrificios allí.

29 Y el tabernáculo de Jehová que Moisés había hecho en el desierto, y el altar del holocausto, estaban entonces en el lugar alto de Gabaón;

30 pero David no pudo ir allá a consultar a Dios, porque estaba atemorizado a causa de la espada del ángel de Jehová.

22 1 Y dijo David: Aquí estará la casa de Jehová Dios, y aquí el altar del holocausto para Israel.

Preparativos para el templo

2 Después mandó David que se reuniese a los extranjeros que había en la tierra de Israel, y señaló de entre ellos canteros que labrasen piedras para edificar la casa de Dios.

3 Asimismo preparó David mucho hierro para la clavazón de las puertas, y para las junturas; y mucho bronce sin peso, y madera de cedro sin cuenta.

4 Porque los sidonios y tirios habían traído a David abundancia de madera de cedro.

5 Y dijo David: Salomón mi hijo es muchacho y de tierna edad, y la casa que se ha de edificar a Jehová ha de ser magnífica por excelencia, para renombre y honra en todas las tierras; ahora, pues, yo le prepararé lo necesario. Y David antes de su muerte hizo preparativos en gran abundancia.

6 Llamó entonces David a Salomón su hijo, y le mandó que edificase casa a Jehová Dios de Israel.

7 Y dijo David a Salomón: Hijo mío, en mi corazón tuve el edificar templo al nombre de Jehová mi Dios.

8 Mas vino a mí palabra de Jehová, diciendo: Tú has derramado mucha sangre, y has hecho grandes guerras; no edificarás casa a mi nombre, porque has derramado mucha sangre en la tierra delante de mí.

9 He aquí te nacerá un hijo, el cual será varón de paz, porque yo le daré paz de todos sus enemigos en derredor; por tanto, su nombre será Salomón,[5] y yo daré paz y reposo sobre Israel en sus días.

10 Él edificará casa a mi nombre, y él me será a mí por hijo, y yo le seré por padre; y afirmaré el trono de su reino sobre Israel para siempre.[a]

11 Ahora pues, hijo mío, Jehová esté contigo, y seas prosperado, y edifiques casa a Jehová tu Dios, como él ha dicho de ti.

12 Y Jehová te dé entendimiento y prudencia, para que cuando gobiernes a Israel, guardes la ley de Jehová tu Dios.

13 Entonces serás prosperado, si cuidares de poner por obra los estatutos y decretos que Jehová mandó a Moisés para Israel. Esfuérzate, pues, y cobra ánimo; no temas, ni desmayes.[b]

14 He aquí, yo con grandes esfuerzos he preparado para la casa de Jehová cien mil talentos de oro, y un millón de talentos de plata, y bronce y hierro sin medida, porque es mucho. Asimismo he preparado madera y piedra, a lo cual tú añadirás.

15 Tú tienes contigo muchos obreros, canteros, albañiles, carpinteros, y todo hombre experto en toda obra.

16 Del oro, de la plata, del bronce y del hierro, no hay cuenta. Levántate, y manos a la obra; y Jehová esté contigo.

17 Asimismo mandó David a todos los principales de Israel que ayudasen a Salomón su hijo, diciendo:

18 ¿No está con vosotros Jehová vuestro Dios, el cual os ha dado paz por todas partes? Porque él ha entregado en mi mano a los moradores de la tierra, y la tierra ha sido sometida delante de Jehová, y delante de su pueblo.

---

5. 22.9 Esto es, *Pacífico.*
a 22.7-10 2 S 7.1-16; 1 Cr 17.1-14. b 22.13 Jos 1.6-9.

19 Poned, pues, ahora vuestros corazones y vuestros ánimos en buscar a Jehová vuestro Dios; y levantaos, y edificad el santuario de Jehová Dios, para traer el arca del pacto de Jehová, y los utensilios consagrados a Dios, a la casa edificada al nombre de Jehová.

Distribución y deberes de los levitas

23 **1** Siendo, pues, David ya viejo y lleno de días, hizo a Salomón su hijo rey sobre Israel.[a]

2 Y juntando a todos los principales de Israel, y a los sacerdotes y levitas,

3 fueron contados los levitas de treinta años arriba; y fue el número de ellos por sus cabezas, contados uno por uno, treinta y ocho mil.

4 De éstos, veinticuatro mil para dirigir la obra de la casa de Jehová, y seis mil para gobernadores y jueces.

5 Además, cuatro mil porteros, y cuatro mil para alabar a Jehová, dijo David, con los instrumentos que he hecho para tributar alabanzas.

6 Y los repartió David en grupos conforme a los hijos de Leví: Gersón, Coat y Merari.

7 Los hijos de Gersón: Laadán y Simei.

8 Los hijos de Laadán, tres: Jehiel el primero, después Zetam y Joel.

9 Los hijos de Simei, tres: Selomit, Haziel y Harán. Éstos fueron los jefes de las familias de Laadán.

10 Y los hijos de Simei: Jahat, Zina, Jeús y Bería. Estos cuatro fueron los hijos de Simei.

11 Jahat era el primero, y Zina el segundo; pero Jeús y Bería no tuvieron muchos hijos, por lo cual fueron contados como una familia.

12 Los hijos de Coat: Amram, Izhar, Hebrón y Uziel, ellos cuatro.

13 Los hijos de Amram: Aarón y Moisés. Y Aarón fue apartado para ser dedicado a las cosas más santas, él y sus hijos para siempre, para que quemasen incienso delante de Jehová, y le ministrasen y bendijesen en su nombre, para siempre.[b]

14 Y los hijos de Moisés varón de Dios fueron contados en la tribu de Leví.

15 Los hijos de Moisés fueron Gersón y Eliezer.

16 Hijo de Gersón fue Sebuel el jefe.

17 E hijo de Eliezer fue Rehabías el jefe. Y Eliezer no tuvo otros hijos; mas los hijos de Rehabías fueron muchos.

18 Hijo de Izhar fue Selomit el jefe.

19 Los hijos de Hebrón: Jerías el jefe, Amarías el segundo, Jahaziel el tercero, y Jecamán el cuarto.

20 Los hijos de Uziel: Micaía el jefe, e Isías el segundo.

21 Los hijos de Merari: Mahli y Musi. Los hijos de Mahli: Eleazar y Cis.

22 Y murió Eleazar sin hijos; pero tuvo hijas, y los hijos de Cis, sus parientes, las tomaron por mujeres.

23 Los hijos de Musi: Mahli, Edar y Jeremot, ellos tres.

24 Éstos son los hijos de Leví en las familias de sus padres, jefes de familias según el censo de ellos, contados por sus nombres, por sus cabezas, de veinte años arriba, los cuales trabajaban en el ministerio de la casa de Jehová.

25 Porque David dijo: Jehová Dios de Israel ha dado paz a su pueblo Israel, y él habitará en Jerusalén para siempre.

26 Y también los levitas no tendrán que llevar más el tabernáculo y todos los utensilios para su ministerio.[c]

27 Así que, conforme a las postreras palabras de David, se hizo la cuenta de los hijos de Leví de veinte años arriba.

28 Y estaban bajo las órdenes de los hijos de Aarón para ministrar en la casa de Jehová, en los atrios, en las cámaras, y en la purificación de toda cosa santificada, y en la demás obra del ministerio de la casa de Dios.

29 Asimismo para los panes de la proposición, para la flor de harina para el sacrificio, para las hojuelas sin levadura, para lo preparado en sartén, para lo tostado, y para toda medida y cuenta;

30 y para asistir cada mañana todos los días a dar gracias y tributar alabanzas a Jehová, y asimismo por la tarde;

31 y para ofrecer todos los holocaustos a Jehová los días de reposo,* lunas nuevas y fiestas solemnes, según su número y de acuerdo con su rito, continuamente delante de Jehová;

---

32 y para que tuviesen la guarda del tabernáculo de reunión, y la guarda del santuario, bajo las órdenes de los hijos de Aarón sus hermanos, en el ministerio de la casa de Jehová.[d]

24 **1** También los hijos de Aarón fueron distribuidos en grupos. Los hijos de Aarón: Nadab, Abiú, Eleazar e Itamar. **2** Mas como Nadab y Abiú murieron antes que su padre,[a] y no tuvieron hijos, Eleazar e Itamar ejercieron el sacerdocio. **3** Y David, con Sadoc de los hijos de Eleazar, y Ahimelec de los hijos de Itamar, los repartió por sus turnos en el ministerio. **4** Y de los hijos de Eleazar había más varones principales que de los hijos de Itamar; y los repartieron así: De los hijos de Eleazar, dieciséis cabezas de casas paternas; y de los hijos de Itamar, por sus casas paternas, ocho. **5** Los repartieron, pues, por suerte los unos con los otros; porque de los hijos de Eleazar y de los hijos de Itamar hubo príncipes del santuario, y príncipes de la casa de Dios. **6** Y el escriba Semaías hijo de Natanael, de los levitas, escribió sus nombres en presencia del rey y de los príncipes, y delante de Sadoc el sacerdote, de Ahimelec hijo de Abiatar y de los jefes de las casas paternas de los sacerdotes y levitas, designando por suerte una casa paterna para Eleazar, y otra para Itamar.

7 La primera suerte tocó a Joiarib, la segunda a Jedaías, **8** la tercera a Harim, la cuarta a Seorim, **9** la quinta a Malquías, la sexta a Mijamín, **10** la séptima a Cos, la octava a Abías, **11** la novena a Jesúa, la décima a Secanías, **12** la undécima a Eliasib, la duodécima a Jaquim, **13** la decimatercera a Hupa, la decimacuarta a Jesebeab, **14** la decimaquinta a Bilga, la decimasexta a Imer, **15** la decimaséptima a Hezir, la decimaoctava a Afses, **16** la decimanovena a Petaías, la vigésima a Hezequiel, **17** la vigesimaprimera a Jaquín, la vigesimasegunda a Gamul,

18 la vigesimatercera a Delaía, la vigesimacuarta a Maazías.

19 Éstos fueron distribuidos para su ministerio, para que entrasen en la casa de Jehová, según les fue ordenado por Aarón su padre, de la manera que le había mandado Jehová el Dios de Israel.

20 Y de los hijos de Leví que quedaron: Subael, de los hijos de Amram; y de los hijos de Subael, Jehedías. **21** Y de los hijos de Rehabías, Isías el jefe. **22** De los izharitas, Selomot; e hijo de Selomot, Jahat. **23** De los hijos de Hebrón: Jerías el jefe, el segundo Amarías, el tercero Jahaziel, el cuarto Jecamán. **24** Hijo de Uziel, Micaía; e hijo de Micaía, Samir. **25** Hermano de Micaía, Isías; e hijo de Isías, Zacarías. **26** Los hijos de Merari: Mahli y Musi; hijo de Jaazías, Beno. **27** Los hijos de Merari por Jaazías: Beno, Soham, Zacur e Ibri. **28** Y de Mahli, Eleazar, quien no tuvo hijos. **29** Hijo de Cis, Jerameel. **30** Los hijos de Musi: Mahli, Edar y Jerimot. Éstos fueron los hijos de los levitas conforme a sus casas paternas. **31** Éstos también echaron suertes, como sus hermanos los hijos de Aarón, delante del rey David, y de Sadoc y de Ahimelec, y de los jefes de las casas paternas de los sacerdotes y levitas; el principal de los padres igualmente que el menor de sus hermanos.

Distribución de músicos y cantores

25 **1** Asimismo David y los jefes del ejército apartaron para el ministerio a los hijos de Asaf, de Hemán y de Jedutún, para que profetizasen con arpas, salterios y címbalos; y el número de ellos, hombres idóneos para la obra de su ministerio, fue: **2** De los hijos de Asaf: Zacur, José, Netanías y Asarela, hijos de Asaf, bajo la dirección de Asaf, el cual profetizaba bajo las órdenes del rey. **3** De los hijos de Jedutún: Gedalías, Zeri, Jesaías, Hasabías, Matatías y Simei; seis, bajo la dirección de su padre Jedutún, el

---

d 23.28-32 Nm 3.5-9.   **a 24.2** Lv 10.1, 2.

cual profetizaba con arpa, para aclamar y alabar a Jehová.

4 De los hijos de Hemán: Buquías, Matanías, Uziel, Sebuel, Jeremot, Hananías, Hanani, Eliata, Gidalti, Romanti-ezer, Josbecasa, Maloti, Hotir y Mahaziot.

5 Todos estos fueron hijos de Hemán, vidente del rey en las cosas de Dios, para exaltar su poder; y Dios dio a Hemán catorce hijos y tres hijas.

6 Y todos estos estaban bajo la dirección de su padre en la música, en la casa de Jehová, con címbalos, salterios y arpas, para el ministerio del templo de Dios. Asaf, Jedutún y Hemán estaban por disposición del rey.

7 Y el número de ellos, con sus hermanos, instruidos en el canto para Jehová, todos los aptos, fue doscientos ochenta y ocho.

8 Y echaron suertes para servir por turnos, entrando el pequeño con el grande, lo mismo el maestro que el discípulo.

9 La primera suerte salió por Asaf, para José; la segunda para Gedalías, quien con sus hermanos e hijos fueron doce;

10 la tercera para Zacur, con sus hijos y sus hermanos, doce;

11 la cuarta para Izri, con sus hijos y sus hermanos, doce;

12 la quinta para Netanías, con sus hijos y sus hermanos, doce;

13 la sexta para Buquías, con sus hijos y sus hermanos, doce;

14 la séptima para Jesarela, con sus hijos y sus hermanos, doce;

15 la octava para Jesahías, con sus hijos y sus hermanos, doce;

16 la novena para Matanías, con sus hijos y sus hermanos, doce;

17 la décima para Simei, con sus hijos y sus hermanos, doce;

18 la undécima para Azareel, con sus hijos y sus hermanos, doce;

19 la duodécima para Hasabías, con sus hijos y sus hermanos, doce;

20 la decimatercera para Subael, con sus hijos y sus hermanos, doce;

21 la decimacuarta para Matatías, con sus hijos y sus hermanos, doce;

22 la decimaquinta para Jeremot, con sus hijos y sus hermanos, doce;

23 la decimasexta para Hananías, con sus hijos y sus hermanos, doce;

24 la decimaséptima para Josbecasa, con sus hijos y sus hermanos, doce;

25 la decimaoctava para Hanani, con sus hijos y sus hermanos, doce;

26 la decimanovena para Maloti, con sus hijos y sus hermanos, doce;

27 la vigésima para Eliata, con sus hijos y sus hermanos, doce;

28 la vigesimaprimera para Hotir, con sus hijos y sus hermanos, doce;

29 la vigesimasegunda para Gidalti, con sus hijos y sus hermanos, doce;

30 la vigesimatercera para Mahaziot, con sus hijos y sus hermanos, doce;

31 la vigesimacuarta para Romanti-ezer, con sus hijos y sus hermanos, doce.

Porteros y oficiales

26 1 También fueron distribuidos los porteros: de los coreítas, Meselemías hijo de Coré, de los hijos de Asaf.

2 Los hijos de Meselemías: Zacarías el primogénito, Jediael el segundo, Zebadías el tercero, Jatniel el cuarto,

3 Elam el quinto, Johanán el sexto, Elioenai el séptimo.

4 Los hijos de Obed-edom: Semaías el primogénito, Jozabad el segundo, Joa el tercero, el cuarto Sacar, el quinto Natanael,

5 el sexto Amiel, el séptimo Isacar, el octavo Peultai; porque Dios había bendecido a Obed-edom.[a]

6 También de Semaías su hijo nacieron hijos que fueron señores sobre la casa de sus padres; porque eran varones valerosos y esforzados.

7 Los hijos de Semaías: Otni, Rafael, Obed, Elzabad, y sus hermanos, hombres esforzados; asimismo Eliú y Samaquías.

8 Todos estos de los hijos de Obed-edom; ellos con sus hijos y sus hermanos, hombres robustos y fuertes para el servicio; sesenta y dos, de Obed-edom.

9 Y los hijos de Meselemías y sus hermanos, dieciocho hombres valientes.

10 De Hosa, de los hijos de Merari: Simri el jefe (aunque no era el primogénito, mas su padre lo puso por jefe),

11 el segundo Hilcías, el tercero Tebalías, el cuarto Zacarías; todos los hijos de Hosa y sus hermanos fueron trece.

---

a 26.4, 5 2 S 6.11; 1 Cr 13.14.

¹²Entre éstos se hizo la distribución de los porteros, alternando los principales de los varones en la guardia con sus hermanos, para servir en la casa de Jehová.

¹³Echaron suertes, el pequeño con el grande, según sus casas paternas, para cada puerta.

¹⁴Y la suerte para la del oriente cayó a Selemías. Y metieron en las suertes a Zacarías su hijo, consejero entendido; y salió la suerte suya para la del norte.

¹⁵Y para Obed-edom la puerta del sur, y a sus hijos la casa de provisiones del templo.

¹⁶Para Supim y Hosa, la del occidente, la puerta de Salequet, en el camino de la subida, correspondiéndose guardia con guardia.

¹⁷Al oriente seis levitas, al norte cuatro de día; al sur cuatro de día; y a la casa de provisiones de dos en dos.

¹⁸En la cámara de los utensilios al occidente, cuatro al camino, y dos en la cámara.

¹⁹Éstas son las distribuciones de los porteros, hijos de los coreítas y de los hijos de Merari.

²⁰Y de los levitas, Ahías tenía cargo de los tesoros de la casa de Dios, y de los tesoros de las cosas santificadas.

²¹Cuanto a los hijos de Laadán hijo de Gersón: de Laadán, los jefes de las casas paternas de Laadán gersonita fueron los jehielitas.

²²Los hijos de Jehieli, Zetam y Joel su hermano, tuvieron cargo de los tesoros de la casa de Jehová.

²³De entre los amramitas, de los izharitas, de los hebronitas y de los uzielitas,

²⁴Sebuel hijo de Gersón, hijo de Moisés, era jefe sobre los tesoros.

²⁵En cuanto a su hermano Eliezer, hijo de éste era Rehabías, hijo de éste Jesaías, hijo de éste Joram, hijo de éste Zicri, del que fue hijo Selomit.

²⁶Este Selomit y sus hermanos tenían a su cargo todos los tesoros de todas las cosas santificadas que había consagrado el rey David, y los jefes de las casas paternas, los capitanes de millares y de centenas, y los jefes del ejército;

²⁷de lo que habían consagrado de las guerras y de los botines, para reparar la casa de Jehová.

²⁸Asimismo todas las cosas que había consagrado el vidente Samuel, y Saúl hijo de Cis, Abner hijo de Ner y Joab hijo de Sarvia, y todo lo que cualquiera consagraba, estaba a cargo de Selomit y de sus hermanos.

²⁹De los izharitas, Quenanías y sus hijos eran gobernadores y jueces sobre Israel en asuntos exteriores.

³⁰De los hebronitas, Hasabías y sus hermanos, hombres de vigor, mil setecientos, gobernaban a Israel al otro lado del Jordán, al occidente, en toda la obra de Jehová, y en el servicio del rey.

³¹De los hebronitas, Jerías era el jefe de los hebronitas repartidos en sus linajes por sus familias. En el año cuarenta del reinado de David se registraron, y fueron hallados entre ellos hombres fuertes y vigorosos en Jazer de Galaad.

³²Y sus hermanos, hombres valientes, eran dos mil setecientos, jefes de familias, los cuales el rey David constituyó sobre los rubenitas, los gaditas y la media tribu de Manasés, para todas las cosas de Dios y los negocios del rey.

Otros oficiales de David

27 ¹Éstos son los principales de los hijos de Israel, jefes de familias, jefes de millares y de centenas, y oficiales que servían al rey en todos los negocios de las divisiones que entraban y salían cada mes durante todo el año, siendo cada división de veinticuatro mil.

²Sobre la primera división del primer mes estaba Jasobeam hijo de Zabdiel; y había en su división veinticuatro mil.

³De los hijos de Fares, él fue jefe de todos los capitanes de las compañías del primer mes.

⁴Sobre la división del segundo mes estaba Dodai ahohíta; y Miclot era jefe en su división, en la que también había veinticuatro mil.

⁵El jefe de la tercera división para el tercer mes era Benaía, hijo del sumo sacerdote Joiada; y en su división había veinticuatro mil.

⁶Este Benaía era valiente entre los treinta y sobre los treinta; y en su división estaba Amisabad su hijo.

⁷El cuarto jefe para el cuarto mes era Asael hermano de Joab, y después de él Zebadías su hijo; y en su división había veinticuatro mil.

8 El quinto jefe para el quinto mes era Samhut izraíta; y en su división había veinticuatro mil.

9 El sexto para el sexto mes era Ira hijo de Iques, de Tecoa; y en su división veinticuatro mil.

10 El séptimo para el séptimo mes era Heles pelonita, de los hijos de Efraín; y en su división veinticuatro mil.

11 El octavo para el octavo mes era Sibecai husatita, de los zeraítas; y en su división veinticuatro mil.

12 El noveno para el noveno mes era Abiezer anatotita, de los benjamitas; y en su división veinticuatro mil.

13 El décimo para el décimo mes era Maharai netofatita, de los zeraítas; y en su división veinticuatro mil.

14 El undécimo para el undécimo mes era Benaía piratonita, de los hijos de Efraín; y en su división veinticuatro mil.

15 El duodécimo para el duodécimo mes era Heldai netofatita, de Otoniel; y en su división veinticuatro mil.

16 Asimismo sobre las tribus de Israel: el jefe de los rubenitas era Eliezer hijo de Zicri; de los simeonitas, Sefatías, hijo de Maaca.

17 De los levitas, Hasabías hijo de Kemuel; de los de Aarón, Sadoc.

18 De Judá, Eliú, uno de los hermanos de David; de los de Isacar, Omri hijo de Micael.

19 De los de Zabulón, Ismaías hijo de Abdías; de los de Neftalí, Jerimot hijo de Azriel.

20 De los hijos de Efraín, Oseas hijo de Azazías; de la media tribu de Manasés, Joel hijo de Pedaías.

21 De la otra media tribu de Manasés, en Galaad, Iddo hijo de Zacarías; de los de Benjamín, Jaasiel hijo de Abner.

22 Y de Dan, Azareel hijo de Jeroham. Éstos fueron los jefes de las tribus de Israel.

23 Y no tomó David el número de los que eran de veinte años abajo, por cuanto Jehová había dicho que él multiplicaría a Israel como las estrellas del cielo.ª

24 Joab hijo de Sarvia había comenzado a contar; pero no acabó, pues por esto vino el castigo sobre Israel,ᵇ y así el número no fue puesto en el registro de las crónicas del rey David.

25 Azmavet hijo de Adiel tenía a su cargo los tesoros del rey; y Jonatán hijo de Uzías los tesoros de los campos, de las ciudades, de las aldeas y de las torres.

26 Y de los que trabajaban en la labranza de las tierras, Ezri hijo de Quelub.

27 De las viñas, Simei ramatita; y del fruto de las viñas para las bodegas, Zabdi sifmita.

28 De los olivares e higuerales de la Sefela, Baal-hanán gederita; y de los almacenes del aceite, Joás.

29 Del ganado que pastaba en Sarón, Sitrai saronita; y del ganado que estaba en los valles, Safat hijo de Adlai.

30 De los camellos, Obil ismaelita; de las asnas, Jehedías meronotita;

31 y de las ovejas, Jaziz agareno. Todos estos eran administradores de la hacienda del rey David.

32 Y Jonatán tío de David era consejero, varón prudente y escriba; y Jehiel hijo de Hacmoni estaba con los hijos del rey.

33 También Ahitofel era consejero del rey, y Husai arquita amigo del rey.

34 Después de Ahitofel estaba Joiada hijo de Benaía, y Abiatar. Y Joab era el general del ejército del rey.

Salomón sucede a David

28 **1** Reunió David en Jerusalén a todos los principales de Israel, los jefes de las tribus, los jefes de las divisiones que servían al rey, los jefes de millares y de centenas, los administradores de toda la hacienda y posesión del rey y de sus hijos, y los oficiales y los más poderosos y valientes de sus hombres.

2 Y levantándose el rey David, puesto en pie dijo: Oídme, hermanos míos, y pueblo mío. Yo tenía el propósito de edificar una casa en la cual reposara el arca del pacto de Jehová, y para el estrado de los pies de nuestro Dios; y había ya preparado todo para edificar.

3 Mas Dios me dijo: Tú no edificarás casa a mi nombre, porque eres hombre de guerra, y has derramado mucha sangre.

4 Pero Jehová el Dios de Israel me eligió de toda la casa de mi padre, para que perpetuamente fuese rey sobre Israel;

a 27.23 Gn 15.5; 22.17; 26.4.   **b 27.24** 2 S 24.1-15; 1 Cr 21.1-14.

porque a Judá escogió por caudillo, y de la casa de Judá a la familia de mi padre; y de entre los hijos de mi padre se agradó de mí para ponerme por rey sobre todo Israel.

5 Y de entre todos mis hijos (porque Jehová me ha dado muchos hijos), eligió a mi hijo Salomón para que se siente en el trono del reino de Jehová sobre Israel.

6 Y me ha dicho: Salomón tu hijo, él edificará mi casa y mis atrios; porque a éste he escogido por hijo, y yo le seré a él por padre.

7 Asimismo yo confirmaré su reino para siempre, si él se esforzare a poner por obra mis mandamientos y mis decretos, como en este día.ᵃ

8 Ahora, pues, ante los ojos de todo Israel, congregación de Jehová, y en oídos de nuestro Dios, guardad e inquirid todos los preceptos de Jehová vuestro Dios, para que poseáis la buena tierra, y la dejéis en herencia a vuestros hijos después de vosotros perpetuamente.

9 Y tú, Salomón, hijo mío, reconoce al Dios de tu padre, y sírvele con corazón perfecto y con ánimo voluntario; porque Jehová escudriña los corazones de todos, y entiende todo intento de los pensamientos. Si tú le buscares, lo hallarás; mas si lo dejares, él te desechará para siempre.

10 Mira, pues, ahora, que Jehová te ha elegido para que edifiques casa para el santuario; esfuérzate, y hazla.

11 Y David dio a Salomón su hijo el plano del pórtico del templo y sus casas, sus tesorerías, sus aposentos, sus cámaras y la casa del propiciatorio.

12 Asimismo el plano de todas las cosas que tenía en mente para los atrios de la casa de Jehová, para todas las cámaras alrededor, para las tesorerías de la casa de Dios, y para las tesorerías de las cosas santificadas.

13 También para los grupos de los sacerdotes y de los levitas, para toda la obra del ministerio de la casa de Jehová, y para todos los utensilios del ministerio de la casa de Jehová.

14 Y dio oro en peso para las cosas de oro, para todos los utensilios de cada servicio,

y plata en peso para todas las cosas de plata, para todos los utensilios de cada servicio.

15 Oro en peso para los candeleros de oro, y para sus lámparas; en peso el oro para cada candelero y sus lámparas; y para los candeleros de plata, plata en peso para cada candelero y sus lámparas, conforme al servicio de cada candelero.

16 Asimismo dio oro en peso para las mesas de la proposición, para cada mesa; del mismo modo plata para las mesas de plata.

17 También oro puro para los garfios, para los lebrillos, para las copas y para las tazas de oro; para cada taza por peso; y para las tazas de plata, por peso para cada taza.

18 Además, oro puro en peso para el altar del incienso, y para el carro de los querubines de oro, que con las alas extendidas cubrían el arca del pacto de Jehová.

19 Todas estas cosas, dijo David, me fueron trazadas por la mano de Jehová, que me hizo entender todas las obras del diseño.

20 Dijo además David a Salomón su hijo: Anímate y esfuérzate, y manos a la obra; no temas, ni desmayes, porque Jehová Dios, mi Dios, estará contigo; él no te dejará ni te desamparará, hasta que acabes toda la obra para el servicio de la casa de Jehová.

21 He aquí los grupos de los sacerdotes y de los levitas, para todo el ministerio de la casa de Dios, estarán contigo en toda la obra; asimismo todos los voluntarios e inteligentes para toda forma de servicio, y los príncipes, y todo el pueblo para ejecutar todas tus órdenes.

29 **1** Después dijo el rey David a toda la asamblea: Solamente a Salomón mi hijo ha elegido Dios; él es joven y tierno de edad, y la obra grande; porque la casa no es para hombre, sino para Jehová Dios.

2 Yo con todas mis fuerzas he preparado para la casa de mi Dios, oro para las cosas de oro, plata para las cosas de plata, bronce para las de bronce, hierro para las de hierro, y madera para las de madera; y piedras de ónice, piedras preciosas, piedras negras, piedras de diversos colores, y toda clase de piedras preciosas, y piedras de mármol en abundancia.ᵃ

ᵃ **28.2-7** 2 S 7.1-16; 1 Cr 17.1-14.   ᵃ **29.1, 2** 1 Cr 22.5.

³ Además de esto, por cuanto tengo mi afecto en la casa de mi Dios, yo guardo en mi tesoro particular oro y plata que, además de todas las cosas que he preparado para la casa del santuario, he dado para la casa de mi Dios:

⁴ tres mil talentos de oro, de oro de Ofir, y siete mil talentos de plata refinada para cubrir las paredes de las casas;

⁵ oro, pues, para las cosas de oro, y plata para las cosas de plata, y para toda la obra de las manos de los artífices. ¿Y quién quiere hacer hoy ofrenda voluntaria a Jehová?

⁶ Entonces los jefes de familia, y los príncipes de las tribus de Israel, jefes de millares y de centenas, con los administradores de la hacienda del rey, ofrecieron voluntariamente.

⁷ Y dieron para el servicio de la casa de Dios cinco mil talentos y diez mil dracmas de oro, diez mil talentos de plata, dieciocho mil talentos de bronce, y cinco mil talentos de hierro.

⁸ Y todo el que tenía piedras preciosas las dio para el tesoro de la casa de Jehová, en mano de Jehiel gersonita.

⁹ Y se alegró el pueblo por haber contribuido voluntariamente; porque de todo corazón ofrecieron a Jehová voluntariamente.

¹⁰ Asimismo se alegró mucho el rey David, y bendijo a Jehová delante de toda la congregación; y dijo David: Bendito seas tú, oh Jehová, Dios de Israel nuestro padre, desde el siglo y hasta el siglo.

¹¹ Tuya es, oh Jehová, la magnificencia y el poder, la gloria, la victoria y el honor; porque todas las cosas que están en los cielos y en la tierra son tuyas. Tuyo, oh Jehová, es el reino,ᵇ y tú eres excelso sobre todos.

¹² Las riquezas y la gloria proceden de ti, y tú dominas sobre todo; en tu mano está la fuerza y el poder, y en tu mano el hacer grande y el dar poder a todos.

¹³ Ahora pues, Dios nuestro, nosotros alabamos y loamos tu glorioso nombre.

¹⁴ Porque ¿quién soy yo, y quién es mi pueblo, para que pudiésemos ofrecer voluntariamente cosas semejantes? Pues todo es tuyo, y de lo recibido de tu mano te damos.

¹⁵ Porque nosotros, extranjeros y advenedizos somos delante de ti, como todos nuestros padres; y nuestros días sobre la tierra, cual sombra que no dura.

¹⁶ Oh Jehová Dios nuestro, toda esta abundancia que hemos preparado para edificar casa a tu santo nombre, de tu mano es, y todo es tuyo.

¹⁷ Yo sé, Dios mío, que tú escudriñas los corazones, y que la rectitud te agrada; por eso yo con rectitud de mi corazón voluntariamente te he ofrecido todo esto, y ahora he visto con alegría que tu pueblo, reunido aquí ahora, ha dado para ti espontáneamente.

¹⁸ Jehová, Dios de Abraham, de Isaac y de Israel nuestros padres, conserva perpetuamente esta voluntad del corazón de tu pueblo, y encamina su corazón a ti.

¹⁹ Asimismo da a mi hijo Salomón corazón perfecto, para que guarde tus mandamientos, tus testimonios y tus estatutos, y para que haga todas las cosas, y te edifique la casa para la cual yo he hecho preparativos.

²⁰ Después dijo David a toda la congregación: Bendecid ahora a Jehová vuestro Dios. Entonces toda la congregación bendijo a Jehová Dios de sus padres, e inclinándose adoraron delante de Jehová y del rey.

²¹ Y sacrificaron víctimas a Jehová, y ofrecieron a Jehová holocaustos al día siguiente; mil becerros, mil carneros, mil corderos con sus libaciones, y muchos sacrificios de parte de todo Israel.

²² Y comieron y bebieron delante de Jehová aquel día con gran gozo; y dieron por segunda vez la investidura del reino a Salomón hijo de David, y ante Jehová le ungieron por príncipe, y a Sadoc por sacerdote.

²³ Y se sentó Salomón por rey en el trono de Jehová en lugar de David su padre,ᶜ y fue prosperado; y le obedeció todo Israel.

²⁴ Y todos los príncipes y poderosos, y todos los hijos del rey David, prestaron homenaje al rey Salomón.

²⁵ Y Jehová engrandeció en extremo a Salomón a ojos de todo Israel, y le dio tal

---

ᵇ 29.11 Mt 6.13.   ᶜ 29.23 1 R 2.12.

gloria en su reino, cual ningún rey la tuvo antes de él en Israel.

Muerte de David

(1 R 2.10-12)

26 Así reinó David hijo de Isaí sobre todo Israel.

27 El tiempo que reinó sobre Israel fue cuarenta años. Siete años reinó en Hebrón, y treinta y tres reinó en Jerusalén.[d]

---

d **29.27** 2 S 5.4, 5; 1 Cr 3.4.

28 Y murió en buena vejez, lleno de días, de riquezas y de gloria; y reinó en su lugar Salomón su hijo.

29 Y los hechos del rey David, primeros y postreros, están escritos en el libro de las crónicas de Samuel vidente, en las crónicas del profeta Natán, y en las crónicas de Gad vidente,

30 con todo lo relativo a su reinado, y su poder, y los tiempos que pasaron sobre él, y sobre Israel y sobre todos los reinos de aquellas tierras.

SEGUNDO LIBRO DE LAS
CRÓNICAS

Salomón pide sabiduría

(1 R 3.3-15)

1 ¹ Salomón hijo de David fue afirmado en su reino, y Jehová su Dios estaba con él, y lo engrandeció sobremanera.

² Y convocó Salomón a todo Israel, a jefes de millares y de centenas, a jueces, y a todos los príncipes de todo Israel, jefes de familias.

³ Y fue Salomón, y con él toda esta asamblea, al lugar alto que había en Gabaón; porque allí estaba el tabernáculo de reunión de Dios, que Moisés siervo de Jehová había hecho en el desierto.

⁴ Pero David había traído el arca de Dios de Quiriat-jearim al lugar que él le había preparado; porque él le había levantado una tienda en Jerusalén.ª

⁵ Asimismo el altar de bronceᵇ que había hecho Bezaleel hijo de Uri, hijo de Hur, estaba allí delante del tabernáculo de Jehová, al cual fue a consultar Salomón con aquella asamblea.

⁶ Subió, pues, Salomón allá delante de Jehová, al altar de bronce que estaba en el tabernáculo de reunión, y ofreció sobre él mil holocaustos.

⁷ Y aquella noche apareció Dios a Salomón y le dijo: Pídeme lo que quieras que yo te dé.

⁸ Y Salomón dijo a Dios: Tú has tenido con David mi padre gran misericordia, y a mí me has puesto por rey en lugar suyo.

⁹ Confírmese pues, ahora, oh Jehová Dios, tu palabra dada a David mi padre; porque tú me has puesto por rey sobre un pueblo numeroso como el polvo de la tierra.ᶜ

¹⁰ Dame ahora sabiduría y ciencia, para presentarme delante de este pueblo; porque ¿quién podrá gobernar a este tu pueblo tan grande?

¹¹ Y dijo Dios a Salomón: Por cuanto hubo esto en tu corazón, y no pediste riquezas, bienes o gloria, ni la vida de los que te quieren mal, ni pediste muchos días, sino que has pedido para ti sabiduría y ciencia para gobernar a mi pueblo, sobre el cual te he puesto por rey,

¹² sabiduría y ciencia te son dadas; y también te daré riquezas, bienes y gloria, como nunca tuvieron los reyes que han sido antes de ti, ni tendrán los que vengan después de ti.

¹³ Y desde el lugar alto que estaba en Gabaón, delante del tabernáculo de reunión, volvió Salomón a Jerusalén, y reinó sobre Israel.

Salomón comercia en caballos y en carros

(1 R 10.26-29; 2 Cr 9.25-28)

¹⁴ Y juntó Salomón carros y gente de a caballo; y tuvo mil cuatrocientos carros y doce mil jinetes,ᵈ los cuales puso en las ciudades de los carros y con el rey en Jerusalén.

¹⁵ Y acumuló el rey plata y oro en Jerusalén como piedras,ᵉ y cedro como cabrahigos de la Sefela en abundancia.

¹⁶ Y los mercaderes del rey compraban por contrato caballos y lienzos finos de Egipto para Salomón.ᶠ

¹⁷ Y subían y compraban en Egipto un carro por seiscientas piezas de plata, y un caballo por ciento cincuenta; y así compraban por medio de ellos para todos los reyes de los heteos, y para los reyes de Siria.

Pacto de Salomón con Hiram

(1 R 5.1-18; 7.13, 14)

2 ¹ Determinó, pues, Salomón edificar casa al nombre de Jehová, y casa para su reino.

² Y designó Salomón setenta mil hombres que llevasen cargas, y ochenta mil

---

ª **1.4** 2 S 6.1-17; 1 Cr 13.5-14; 15.25—16.1. ᵇ **1.5** Éx 38.1-7.
ᶜ **1.9** Gn 13.16; 28.14. ᵈ **1.14** 1 R 4.26. ᵉ **1.15** Dt 17.17.
ᶠ **1.16** Dt 17.16.

hombres que cortasen en los montes, y tres mil seiscientos que los vigilasen.

3 Y envió a decir Salomón a Hiram rey de Tiro: Haz conmigo como hiciste con David mi padre, enviándole cedros para que edificara para sí casa en que morase.

4 He aquí, yo tengo que edificar casa al nombre de Jehová mi Dios, para consagrársela, para quemar incienso aromático delante de él, y para la colocación continua de los panes de la proposición, y para holocaustos a mañana y tarde, en los días de reposo,* nuevas lunas, y festividades de Jehová nuestro Dios; lo cual ha de ser perpetuo en Israel.

5 Y la casa que tengo que edificar, ha de ser grande; porque el Dios nuestro es grande sobre todos los dioses.

6 Mas ¿quién será capaz de edificarle casa,ª siendo que los cielos y los cielos de los cielos no pueden contenerlo? ¿Quién, pues, soy yo, para que le edifique casa, sino tan sólo para quemar incienso delante de él?

7 Envíame, pues, ahora un hombre hábil que sepa trabajar en oro, en plata, en bronce, en hierro, en púrpura, en grana y en azul, y que sepa esculpir con los maestros que están conmigo en Judá y en Jerusalén, los cuales dispuso mi padre.

8 Envíame también madera del Líbano: cedro, ciprés y sándalo; porque yo sé que tus siervos saben cortar madera en el Líbano; y he aquí, mis siervos irán con los tuyos,

9 para que me preparen mucha madera, porque la casa que tengo que edificar ha de ser grande y portentosa.

10 Y he aquí, para los trabajadores tus siervos, cortadores de madera, he dado veinte mil coros de trigo en grano, veinte mil coros de cebada, veinte mil batos de vino, y veinte mil batos de aceite.

11 Entonces Hiram rey de Tiro respondió por escrito que envió a Salomón: Porque Jehová amó a su pueblo, te ha puesto por rey sobre ellos.

12 Además decía Hiram: Bendito sea Jehová el Dios de Israel, que hizo los cielos y la tierra, y que dio al rey David un hijo sabio, entendido, cuerdo y prudente,

que edifique casa a Jehová, y casa para su reino.

13 Yo, pues, te he enviado un hombre hábil y entendido, Hiram-abi,

14 hijo de una mujer de las hijas de Dan, mas su padre fue de Tiro; el cual sabe trabajar en oro, plata, bronce y hierro, en piedra y en madera, en púrpura y en azul, en lino y en carmesí; asimismo sabe esculpir toda clase de figuras, y sacar toda forma de diseño que se le pida, con tus hombres peritos, y con los de mi señor David tu padre.

15 Ahora, pues, envíe mi señor a sus siervos el trigo y cebada, y aceite y vino, que ha dicho;

16 y nosotros cortaremos en el Líbano la madera que necesites, y te la traeremos en balsas por el mar hasta Jope, y tú la harás llevar hasta Jerusalén.

17 Y contó Salomón todos los hombres extranjeros que había en la tierra de Israel, después de haberlos ya contado David su padre, y fueron hallados ciento cincuenta y tres mil seiscientos.

18 Y señaló de ellos setenta mil para llevar cargas, y ochenta mil canteros en la montaña, y tres mil seiscientos por capataces para hacer trabajar al pueblo.

Salomón edifica el templo
(1 R 6.1-38)

3 **1** Comenzó Salomón a edificar la casa de Jehová en Jerusalén, en el monte Moriah, que había sido mostrado a David su padre, en el lugar que David había preparado en la era de Ornán jebuseo.

2 Y comenzó a edificar en el mes segundo, a los dos días del mes, en el cuarto año de su reinado.

3 Éstas son las medidas que dio Salomón a los cimientos de la casa de Dios. La primera, la longitud, de sesenta codos, y la anchura de veinte codos.

4 El pórtico que estaba al frente del edificio era de veinte codos de largo, igual al ancho de la casa, y su altura de ciento veinte codos; y lo cubrió por dentro de oro puro.

5 Y techó el cuerpo mayor de la casa con madera de ciprés, la cual cubrió de oro fino, e hizo realzar en ella palmeras y cadenas.

---

* Aquí equivale a *sábado.*
ª **2.6** 1 R 8.27; 2 Cr 6.18.

6 Cubrió también la casa de piedras preciosas para ornamento; y el oro era oro de Parvaim.

7 Así que cubrió la casa, sus vigas, sus umbrales, sus paredes y sus puertas, con oro; y esculpió querubines en las paredes.

8 Hizo asimismo el lugar santísimo,[a] cuya longitud era de veinte codos según el ancho del frente de la casa, y su anchura de veinte codos; y lo cubrió de oro fino que ascendía a seiscientos talentos.

9 Y el peso de los clavos era de uno hasta cincuenta siclos de oro. Cubrió también de oro los aposentos.

10 Y dentro del lugar santísimo hizo dos querubines[b] de madera, los cuales fueron cubiertos de oro.

11 La longitud de las alas de los querubines era de veinte codos; porque una ala era de cinco codos, la cual llegaba hasta la pared de la casa, y la otra de cinco codos, la cual tocaba el ala del otro querubín.

12 De la misma manera una ala del otro querubín era de cinco codos, la cual llegaba hasta la pared de la casa, y la otra era de cinco codos, que tocaba el ala del otro querubín.

13 Estos querubines tenían las alas extendidas por veinte codos, y estaban en pie con los rostros hacia la casa.

14 Hizo también el velo[c] de azul, púrpura, carmesí y lino, e hizo realzar querubines en él.

Las dos columnas
(1 R 7.15-22)

15 Delante de la casa hizo dos columnas de treinta y cinco codos de altura cada una, con sus capiteles encima, de cinco codos.

16 Hizo asimismo cadenas en el santuario, y las puso sobre los capiteles de las columnas; e hizo cien granadas, las cuales puso en las cadenas.

17 Y colocó las columnas delante del templo, una a la mano derecha, y otra a la izquierda; y a la de la mano derecha llamó Jaquín, y a la de la izquierda, Boaz.

El mobiliario del templo
(1 R 7.23-51)

Hizo además un altar de bronce[a] de veinte codos de longitud, veinte codos de anchura, y diez codos de altura.

2 También hizo un mar de fundición, el cual tenía diez codos de un borde al otro, enteramente redondo; su altura era de cinco codos, y un cordón de treinta codos de largo lo ceñía alrededor.

3 Y debajo del mar había figuras de calabazas que lo circundaban, diez en cada codo alrededor; eran dos hileras de calabazas fundidas juntamente con el mar.

4 Estaba asentado sobre doce bueyes, tres de los cuales miraban al norte, tres al occidente, tres al sur, y tres al oriente; y el mar descansaba sobre ellos, y las ancas de ellos estaban hacia adentro.

5 Y tenía de grueso un palmo menor, y el borde tenía la forma del borde de un cáliz, o de una flor de lis. Y le cabían tres mil batos.

6 Hizo también diez fuentes,[b] y puso cinco a la derecha y cinco a la izquierda, para lavar y limpiar en ellas lo que se ofrecía en holocausto; pero el mar era para que los sacerdotes se lavaran en él.

7 Hizo asimismo diez candeleros de oro[c] según su forma, los cuales puso en el templo, cinco a la derecha y cinco a la izquierda.

8 Además hizo diez mesas[d] y las puso en el templo, cinco a la derecha y cinco a la izquierda; igualmente hizo cien tazones de oro.

9 También hizo el atrio de los sacerdotes, y el gran atrio, y las portadas del atrio, y cubrió de bronce las puertas de ellas.

10 Y colocó el mar al lado derecho, hacia el sureste de la casa.

11 Hiram también hizo calderos, y palas, y tazones; y acabó Hiram la obra que hacía al rey Salomón para la casa de Dios.

12 Dos columnas, y los cordones, los capiteles sobre las cabezas de las dos columnas, y dos redes para cubrir las dos esferas de los capiteles que estaban encima de las columnas;

13 cuatrocientas granadas en las dos redes, dos hileras de granadas en cada red, para que cubriesen las dos esferas de los capiteles que estaban encima de las columnas.

14 Hizo también las basas, sobre las cuales colocó las fuentes;

a 3.8 Éx 26.33, 34. b 3.10-13 Éx 25.18-20. c 3.14 Éx 26.31.
a 4.1 Éx 27.1, 2. b 4.6 Éx 30.17-21. c 4.7 Éx 25.31-40.
d 4.8 Éx 25.23-30.

¹⁵ un mar, y los doce bueyes debajo de él; ¹⁶ y calderos, palas y garfios; de bronce muy fino hizo todos sus enseres Hiram-abi al rey Salomón para la casa de Jehová. ¹⁷ Los fundió el rey en los llanos del Jordán, en tierra arcillosa, entre Sucot y Seredata. ¹⁸ Y Salomón hizo todos estos enseres en número tan grande, que no pudo saberse el peso del bronce.

¹⁹ Así hizo Salomón todos los utensilios para la casa de Dios, y el altar de oro, y las mesas sobre las cuales se ponían los panes de la proposición; ²⁰ asimismo los candeleros y sus lámparas, de oro puro, para que las encendiesen delante del lugar santísimo conforme a la ordenanza. ²¹ Las flores, lamparillas y tenazas se hicieron de oro, de oro finísimo; ²² también las despabiladeras, los lebrillos, las cucharas y los incensarios eran de oro puro. Y de oro también la entrada de la casa, sus puertas interiores para el lugar santísimo, y las puertas de la casa del templo.

5 ¹ Acabada toda la obra que hizo Salomón para la casa de Jehová, metió Salomón las cosas que David su padre había dedicado;ª y puso la plata, y el oro, y todos los utensilios, en los tesoros de la casa de Dios.

Salomón traslada el arca al templo
(1 R 8.1-11)

² Entonces Salomón reunió en Jerusalén a los ancianos de Israel y a todos los príncipes de las tribus, los jefes de las familias de los hijos de Israel, para que trajesen el arca del pacto de Jehová de la ciudad de David,ᵇ que es Sion. ³ Y se congregaron con el rey todos los varones de Israel, para la fiesta solemne del mes séptimo. ⁴ Vinieron, pues, todos los ancianos de Israel, y los levitas tomaron el arca; ⁵ y llevaron el arca, y el tabernáculo de reunión, y todos los utensilios del santuario que estaban en el tabernáculo; los sacerdotes y los levitas los llevaron.

⁶ Y el rey Salomón, y toda la congregación de Israel que se había reunido con él delante del arca, sacrificaron ovejas y bueyes, que por ser tantos no se pudieron contar ni numerar. ⁷ Y los sacerdotes metieron el arca del pacto de Jehová en su lugar, en el santuario de la casa, en el lugar santísimo, bajo las alas de los querubines; ⁸ pues los querubines extendían las alas sobre el lugar del arca, y los querubines cubrían por encima así el arca como sus barras. ⁹ E hicieron salir las barras, de modo que se viesen las cabezas de las barras del arca delante del lugar santísimo, mas no se veían desde fuera; y allí están hasta hoy. ¹⁰ En el arca no había más que las dos tablas que Moisés había puesto en Horeb,ᶜ con las cuales Jehová había hecho pacto con los hijos de Israel, cuando salieron de Egipto.

¹¹ Y cuando los sacerdotes salieron del santuario (porque todos los sacerdotes que se hallaron habían sido santificados, y no guardaban sus turnos; ¹² y los levitas cantores, todos los de Asaf, los de Hemán y los de Jedutún, juntamente con sus hijos y sus hermanos, vestidos de lino fino, estaban con címbalos y salterios y arpas al oriente del altar; y con ellos ciento veinte sacerdotes que tocaban trompetas), ¹³ cuando sonaban, pues, las trompetas, y cantaban todos a una, para alabar y dar gracias a Jehová, y a medida que alzaban la voz con trompetas y címbalos y otros instrumentos de música, y alababan a Jehová, diciendo: Porque él es bueno, porque su misericordia es para siempre;ᵈ entonces la casa se llenó de una nube, la casa de Jehová. ¹⁴ Y no podían los sacerdotes estar allí para ministrar, por causa de la nube; porque la gloria de Jehová había llenado la casa de Dios.ᵉ

Dedicación del templo
(1 R 8.12-66)

6 ¹ Entonces dijo Salomón: Jehová ha dicho que él habitaría en la oscuridad. ² Yo, pues, he edificado una casa de morada para ti, y una habitación en que mores para siempre.

ª 5.1 2 S 8.11; 1 Cr 18.11. ᵇ 5.2 2 S 6.12-15; 1 Cr 15.25-28. ᶜ 5.10 Dt 10.5. ᵈ 5.13 1 Cr 16.34; 2 Cr 7.3; Esd 3.11; Sal 100.5; 106.1; 107.1; 118.1; 136.1; Jer 33.11. ᵉ 5.13, 14 Éx 40.34, 35.

³ Y volviendo el rey su rostro, bendijo a toda la congregación de Israel; y toda la congregación de Israel estaba en pie.

⁴ Y él dijo: Bendito sea Jehová Dios de Israel, quien con su mano ha cumplido lo que prometió con su boca a David mi padre, diciendo:

⁵ Desde el día que saqué a mi pueblo de la tierra de Egipto, ninguna ciudad he elegido de todas las tribus de Israel para edificar casa donde estuviese mi nombre, ni he escogido varón que fuese príncipe sobre mi pueblo Israel.

⁶ Mas a Jerusalén he elegido para que en ella esté mi nombre, y a David he elegido para que esté sobre mi pueblo Israel.

⁷ Y David mi padre tuvo en su corazón edificar casa al nombre de Jehová Dios de Israel.

⁸ Mas Jehová dijo a David mi padre: Respecto a haber tenido en tu corazón deseo de edificar casa a mi nombre, bien has hecho en haber tenido esto en tu corazón.

⁹ Pero tú no edificarás la casa, sino tu hijo que saldrá de tus lomos, él edificará casa a mi nombre.ª

¹⁰ Y Jehová ha cumplido su palabra que había dicho, pues me levanté yo en lugar de David mi padre, y me he sentado en el trono de Israel, como Jehová había dicho, y he edificado casa al nombre de Jehová Dios de Israel.

¹¹ Y en ella he puesto el arca, en la cual está el pacto de Jehová que celebró con los hijos de Israel.

¹² Se puso luego Salomón delante del altar de Jehová, en presencia de toda la congregación de Israel, y extendió sus manos.

¹³ Porque Salomón había hecho un estrado de bronce de cinco codos de largo, de cinco codos de ancho y de altura de tres codos, y lo había puesto en medio del atrio; y se puso sobre él, se arrodilló delante de toda la congregación de Israel, y extendió sus manos al cielo, y dijo:

¹⁴ Jehová Dios de Israel, no hay Dios semejante a ti en el cielo ni en la tierra, que guardas el pacto y la misericordia con tus siervos que caminan delante de ti de todo su corazón;

¹⁵ que has guardado a tu siervo David mi padre lo que le prometiste; tú lo dijiste con tu boca, y con tu mano lo has cumplido, como se ve en este día.

¹⁶ Ahora, pues, Jehová Dios de Israel, cumple a tu siervo David mi padre lo que le has prometido, diciendo: No faltará de ti varón delante de mí, que se siente en el trono de Israel, con tal que tus hijos guarden su camino, andando en mi ley, como tú has andado delante de mí.ᵇ

¹⁷ Ahora, pues, oh Jehová Dios de Israel, cúmplase tu palabra que dijiste a tu siervo David.

¹⁸ Mas ¿es verdad que Dios habitará con el hombre en la tierra? He aquí, los cielos y los cielos de los cielos no te pueden contener; ¿cuánto menos esta casa que he edificado?ᶜ

¹⁹ Mas tú mirarás a la oración de tu siervo, y a su ruego, oh Jehová Dios mío, para oír el clamor y la oración con que tu siervo ora delante de ti.

²⁰ Que tus ojos estén abiertos sobre esta casa de día y de noche, sobre el lugar del cual dijiste: Mi nombre estará allí;ᵈ que oigas la oración con que tu siervo ora en este lugar.

²¹ Asimismo que oigas el ruego de tu siervo, y de tu pueblo Israel, cuando en este lugar hicieren oración, que tú oirás desde los cielos, desde el lugar de tu morada; que oigas y perdones.

²² Si alguno pecare contra su prójimo, y se le exigiere juramento, y viniere a jurar ante tu altar en esta casa,

²³ tú oirás desde los cielos, y actuarás, y juzgarás a tus siervos, dando la paga al impío, haciendo recaer su proceder sobre su cabeza, y justificando al justo al darle conforme a su justicia.

²⁴ Si tu pueblo Israel fuere derrotado delante del enemigo por haber prevaricado contra ti, y se convirtiere, y confesare tu nombre, y rogare delante de ti en esta casa, ²⁵ tú oirás desde los cielos, y perdonarás el pecado de tu pueblo Israel, y les harás volver a la tierra que diste a ellos y a sus padres.

²⁶ Si los cielos se cerraren y no hubiere lluvias, por haber pecado contra ti, si oraren a ti hacia este lugar, y confesaren tu

a 6.4-9 2 S 7.1-13; 1 Cr 17.1-12.   b 6.16 1 R 2.4.
c 6.18 2 Cr 2.6.   d 6.20 Dt 12.11.

nombre, y se convirtieren de sus pecados, cuando los afligieres,

27 tú los oirás en los cielos, y perdonarás el pecado de tus siervos y de tu pueblo Israel, y les enseñarás el buen camino para que anden en él, y darás lluvia sobre tu tierra, que diste por heredad a tu pueblo.

28 Si hubiere hambre en la tierra, o si hubiere pestilencia, si hubiere tizoncillo o añublo, langosta o pulgón; o si los sitiaren sus enemigos en la tierra en donde moren; cualquiera plaga o enfermedad que sea;

29 toda oración y todo ruego que hiciere cualquier hombre, o todo tu pueblo Israel, cualquiera que conociere su llaga y su dolor en su corazón, si extendiere sus manos hacia esta casa,

30 tú oirás desde los cielos, desde el lugar de tu morada, y perdonarás, y darás a cada uno conforme a sus caminos, habiendo conocido su corazón; porque sólo tú conoces el corazón de los hijos de los hombres;

31 para que te teman y anden en tus caminos, todos los días que vivieren sobre la faz de la tierra que tú diste a nuestros padres.

32 Y también al extranjero que no fuere de tu pueblo Israel, que hubiere venido de lejanas tierras a causa de tu gran nombre y de tu mano poderosa, y de tu brazo extendido, si viniere y orare hacia esta casa,

33 tú oirás desde los cielos, desde el lugar de tu morada, y harás conforme a todas las cosas por las cuales hubiere clamado a ti el extranjero; para que todos los pueblos de la tierra conozcan tu nombre, y te teman así como tu pueblo Israel, y sepan que tu nombre es invocado sobre esta casa que yo he edificado.

34 Si tu pueblo saliere a la guerra contra sus enemigos por el camino que tú les enviares, y oraren a ti hacia esta ciudad que tú elegiste, hacia la casa que he edificado a tu nombre,

35 tú oirás desde los cielos su oración y su ruego, y ampararás su causa.

36 Si pecaren contra ti (pues no hay hombre que no peque), y te enojares contra ellos, y los entregares delante de sus enemigos, para que los que los tomaren los lleven cautivos a tierra de enemigos, lejos o cerca,

37 y ellos volvieren en sí en la tierra donde fueren llevados cautivos; si se convirtieren, y oraren a ti en la tierra de su cautividad, y dijeren: Pecamos, hemos hecho iniuamente, impíamente hemos hecho;

38 si se convirtieren a ti de todo su corazón y de toda su alma en la tierra de su cautividad, donde los hubieren llevado cautivos, y oraren hacia la tierra que tú diste a sus padres, hacia la ciudad que tú elegiste, y hacia la casa que he edificado a tu nombre;

39 tú oirás desde los cielos, desde el lugar de tu morada, su oración y su ruego, y ampararás su causa, y perdonarás a tu pueblo que pecó contra ti.

40 Ahora, pues, oh Dios mío, te ruego que estén abiertos tus ojos y atentos tus oídos a la oración en este lugar.

41 Oh Jehová Dios, levántate ahora para habitar en tu reposo, tú y el arca de tu poder; oh Jehová Dios, sean vestidos de salvación tus sacerdotes, y tus santos se regocijen en tu bondad.

42 Jehová Dios, no rechaces a tu ungido; acuérdate de tus misericordias para con David tu siervo.[e]

7 **1** Cuando Salomón acabó de orar, descendió fuego de los cielos, y consumió el holocausto y las víctimas;[a] y la gloria de Jehová llenó la casa.

2 Y no podían entrar los sacerdotes en la casa de Jehová, porque la gloria de Jehová había llenado la casa de Jehová.

3 Cuando vieron todos los hijos de Israel descender el fuego y la gloria de Jehová sobre la casa, se postraron sobre sus rostros en el pavimento y adoraron, y alabaron a Jehová, diciendo: Porque él es bueno, y su misericordia es para siempre.[b]

4 Entonces el rey y todo el pueblo sacrificaron víctimas delante de Jehová.

5 Y ofreció el rey Salomón en sacrificio veintidós mil bueyes, y ciento veinte mil ovejas; y así dedicaron la casa de Dios el rey y todo el pueblo.

6 Y los sacerdotes desempeñaban su ministerio; también los levitas, con los instrumentos de música de Jehová, los cuales había hecho el rey David para alabar a Jehová porque su misericordia es para

e **6.41, 42** Sal 132.8-10.	a **7.1** Lv 9.23, 24.	b **7.3** 1 Cr 16.34; 2 Cr 5.13; Esd 3.11; Sal 100.5; 106.1; 107.1; 118.1; 136.1; Jer 33.11.

siempre, cuando David alababa por medio de ellos. Asimismo los sacerdotes tocaban trompetas delante de ellos, y todo Israel estaba en pie.

7 También Salomón consagró la parte central del atrio que estaba delante de la casa de Jehová, por cuanto había ofrecido allí los holocaustos, y la grosura de las ofrendas de paz; porque en el altar de bronce que Salomón había hecho no podían caber los holocaustos, las ofrendas y las grosuras.

8 Entonces hizo Salomón fiesta siete días, y con él todo Israel, una gran congregación, desde la entrada de Hamat hasta el arroyo de Egipto.

9 Al octavo día hicieron solemne asamblea, porque habían hecho la dedicación del altar en siete días, y habían celebrado la fiesta solemne por siete días.

10 Y a los veintitrés días del mes séptimo envió al pueblo a sus hogares, alegres y gozosos de corazón por los beneficios que Jehová había hecho a David y a Salomón, y a su pueblo Israel.

Pacto de Dios con Salomón
(1 R 9.1-9)

11 Terminó, pues, Salomón la casa de Jehová, y la casa del rey; y todo lo que Salomón se propuso hacer en la casa de Jehová, y en su propia casa, fue prosperado.

12 Y apareció Jehová a Salomón de noche, y le dijo: Yo he oído tu oración, y he elegido para mí este lugar por casa de sacrificio.

13 Si yo cerrare los cielos para que no haya lluvia, y si mandare a la langosta que consuma la tierra, o si enviare pestilencia a mi pueblo;

14 si se humillare mi pueblo, sobre el cual mi nombre es invocado, y oraren, y buscaren mi rostro, y se convirtieren de sus malos caminos; entonces yo oiré desde los cielos, y perdonaré sus pecados, y sanaré su tierra.

15 Ahora estarán abiertos mis ojos y atentos mis oídos a la oración en este lugar;

16 porque ahora he elegido y santificado esta casa, para que esté en ella mi nombre para siempre; y mis ojos y mi corazón estarán ahí para siempre.

17 Y si tú anduvieres delante de mí como anduvo David tu padre, e hicieres todas las cosas que yo te he mandado, y guardares mis estatutos y mis decretos,

18 yo confirmaré el trono de tu reino, como pacté con David tu padre, diciendo: No te faltará varón que gobierne en Israel.[c]

19 Mas si vosotros os volviereis, y dejareis mis estatutos y mandamientos que he puesto delante de vosotros, y fuereis y sirviereis a dioses ajenos, y los adorareis,

20 yo os arrancaré de mi tierra que os he dado; y esta casa que he santificado a mi nombre, yo la arrojaré de mi presencia, y la pondré por burla y escarnio de todos los pueblos.

21 Y esta casa que es tan excelsa, será espanto a todo el que pasare, y dirá: ¿Por qué ha hecho así Jehová a esta tierra y a esta casa?

22 Y se responderá: Por cuanto dejaron a Jehová Dios de sus padres, que los sacó de la tierra de Egipto, y han abrazado a dioses ajenos, y los adoraron y sirvieron; por eso él ha traído todo este mal sobre ellos.

Otras actividades de Salomón
(1 R 9.10-28)

8 1 Después de veinte años, durante los cuales Salomón había edificado la casa de Jehová y su propia casa,

2 reedificó Salomón las ciudades que Hiram le había dado, y estableció en ellas a los hijos de Israel.

3 Después vino Salomón a Hamat de Soba, y la tomó.

4 Y edificó a Tadmor en el desierto, y todas las ciudades de aprovisionamiento que edificó en Hamat.

5 Asimismo reedificó a Bet-horón la de arriba y a Bet-horón la de abajo, ciudades fortificadas, con muros, puertas y barras;

6 y a Baalat, y a todas las ciudades de provisiones que Salomón tenía; también todas las ciudades de los carros y las de la gente de a caballo, y todo lo que Salomón quiso edificar en Jerusalén, en el Líbano, y en toda la tierra de su dominio.

7 Y a todo el pueblo que había quedado de los heteos, amorreos, ferezeos, heveos y jebuseos, que no eran de Israel,

8 los hijos de los que habían quedado en la tierra después de ellos, a los cuales los

---

c 7.18 1 R 2.4.

hijos de Israel no destruyeron del todo, hizo Salomón tributarios hasta hoy.

⁹ Pero de los hijos de Israel no puso Salomón siervos en su obra; porque eran hombres de guerra, y sus oficiales y sus capitanes, y comandantes de sus carros, y su gente de a caballo.

¹⁰ Y tenía Salomón doscientos cincuenta gobernadores principales, los cuales mandaban sobre aquella gente.

¹¹ Y pasó Salomón a la hija de Faraón, de la ciudad de David a la casa que él había edificado para ella; porque dijo: Mi mujer no morará en la casa de David rey de Israel, porque aquellas habitaciones donde ha entrado el arca de Jehová, son sagradas.

¹² Entonces ofreció Salomón holocaustos a Jehová sobre el altar de Jehová que él había edificado delante del pórtico,

¹³ para que ofreciesen cada cosa en su día, conforme al mandamiento de Moisés, en los días de reposo,*,ª en las nuevas lunas,ᵇ y en las fiestas solemnes tres veces en el año,ᶜ esto es, en la fiesta de los panes sin levadura, en la fiesta de las semanas y en la fiesta de los tabernáculos.

¹⁴ Y constituyó los turnos de los sacerdotes en sus oficios, conforme a lo ordenado por David su padre, y los levitas en sus cargos, para que alabasen y ministrasen delante de los sacerdotes, cada cosa en su día; asimismo los porteros por su orden a cada puerta; porque así lo había mandado David, varón de Dios.

¹⁵ Y no se apartaron del mandamiento del rey, en cuanto a los sacerdotes y los levitas, y los tesoros, y todo negocio;

¹⁶ porque toda la obra de Salomón estaba preparada desde el día en que se pusieron los cimientos de la casa de Jehová hasta que fue terminada, hasta que la casa de Jehová fue acabada totalmente.

¹⁷ Entonces Salomón fue a Ezión-geber y a Elot, a la costa del mar en la tierra de Edom.

¹⁸ Porque Hiram le había enviado naves por mano de sus siervos, y marineros diestros en el mar, los cuales fueron con los siervos de Salomón a Ofir, y tomaron de allá cuatrocientos cincuenta talentos de oro, y los trajeron al rey Salomón.

La reina de Sabá visita a Salomón
(1 R 10.1-13)

9 ¹ Oyendo la reina de Sabáª la fama de Salomón, vino a Jerusalén con un séquito muy grande, con camellos cargados de especias aromáticas, oro en abundancia, y piedras preciosas, para probar a Salomón con preguntas difíciles. Y luego que vino a Salomón, habló con él todo lo que en su corazón tenía.

² Pero Salomón le respondió a todas sus preguntas, y nada hubo que Salomón no le contestase.

³ Y viendo la reina de Sabá la sabiduría de Salomón, y la casa que había edificado,

⁴ y las viandas de su mesa, las habitaciones de sus oficiales, el estado de sus criados y los vestidos de ellos, sus maestresalas y sus vestidos, y la escalinata por donde subía a la casa de Jehová, se quedó asombrada.

⁵ Y dijo al rey: Verdad es lo que había oído en mi tierra acerca de tus cosas y de tu sabiduría;

⁶ pero yo no creía las palabras de ellos, hasta que he venido, y mis ojos han visto; y he aquí que ni aun la mitad de la grandeza de tu sabiduría me había sido dicha; porque tú superas la fama que yo había oído.

⁷ Bienaventurados tus hombres, y dichosos estos siervos tuyos que están siempre delante de ti, y oyen tu sabiduría.

⁸ Bendito sea Jehová tu Dios, el cual se ha agradado de ti para ponerte sobre su trono como rey para Jehová tu Dios; por cuanto tu Dios amó a Israel para afirmarlo perpetuamente, por eso te ha puesto por rey sobre ellos, para que hagas juicio y justicia.

⁹ Y dio al rey ciento veinte talentos de oro, y gran cantidad de especias aromáticas, y piedras preciosas; nunca hubo tales especias aromáticas como las que dio la reina de Sabá al rey Salomón.

¹⁰ También los siervos de Hiram y los siervos de Salomón, que habían traído el oro de Ofir, trajeron madera de sándalo, y piedras preciosas.

¹¹ Y de la madera de sándalo el rey hizo gradas en la casa de Jehová y en las casas

---

* Aquí equivale a *sábado*.
a 8.13 Nm 28.9, 10. **b 8.13** Nm 28.11-15. **c 8.13** Éx 23.14-17; 34.22, 23; Nm 28.16—29.39; Dt 16.16. **a 9.1-9** Mt 12.42; Lc 11.31.

reales, y arpas y salterios para los cantores; nunca en la tierra de Judá se había visto madera semejante.

12 Y el rey Salomón dio a la reina de Sabá todo lo que ella quiso y le pidió, más de lo que ella había traído al rey. Después ella se volvió y se fue a su tierra con sus siervos.

Riquezas y fama de Salomón
(1 R 10.14-29; 2 Cr 1.14-17)

13 El peso del oro que venía a Salomón cada año, era seiscientos sesenta y seis talentos de oro,

14 sin lo que traían los mercaderes y negociantes; también todos los reyes de Arabia y los gobernadores de la tierra traían oro y plata a Salomón.

15 Hizo también el rey Salomón doscientos paveses de oro batido, cada uno de los cuales tenía seiscientos siclos de oro labrado;

16 asimismo trescientos escudos de oro batido, teniendo cada escudo trescientos siclos de oro; y los puso el rey en la casa del bosque del Líbano.

17 Hizo además el rey un gran trono de marfil, y lo cubrió de oro puro.

18 El trono tenía seis gradas, y un estrado de oro fijado al trono, y brazos a uno y otro lado del asiento, y dos leones que estaban junto a los brazos.

19 Había también allí doce leones sobre las seis gradas, a uno y otro lado. Jamás fue hecho trono semejante en reino alguno.

20 Toda la vajilla del rey Salomón era de oro, y toda la vajilla de la casa del bosque del Líbano, de oro puro. En los días de Salomón la plata no era apreciada.

21 Porque la flota del rey iba a Tarsis con los siervos de Hiram, y cada tres años solían venir las naves de Tarsis, y traían oro, plata, marfil, monos y pavos reales.

22 Y excedió el rey Salomón a todos los reyes de la tierra en riqueza y en sabiduría.

23 Y todos los reyes de la tierra procuraban ver el rostro de Salomón, para oír la sabiduría que Dios le había dado.

24 Cada uno de éstos traía su presente, alhajas de plata, alhajas de oro, vestidos, armas, perfumes, caballos y mulos, todos los años.

25 Tuvo también Salomón cuatro mil caballerizas para sus caballos y carros, y doce mil jinetes,[b] los cuales puso en las ciudades de los carros, y con el rey en Jerusalén.

26 Y tuvo dominio sobre todos los reyes desde el Éufrates hasta la tierra de los filisteos, y hasta la frontera de Egipto.[c]

27 Y acumuló el rey plata en Jerusalén como piedras,[d] y cedros como los cabrahigos de la Sefela en abundancia.

28 Traían también caballos para Salomón, de Egipto[e] y de todos los países.

Muerte de Salomón
(1 R 11.41-43)

29 Los demás hechos de Salomón, primeros y postreros, ¿no están todos escritos en los libros del profeta Natán, en la profecía de Ahías silonita, y en la profecía del vidente Iddo contra Jeroboam hijo de Nabat?

30 Reinó Salomón en Jerusalén sobre todo Israel cuarenta años.

31 Y durmió Salomón con sus padres, y lo sepultaron en la ciudad de David su padre; y reinó en su lugar Roboam su hijo.

Rebelión de Israel
(1 R 12.1-24)

10 1 Roboam fue a Siquem, porque en Siquem se había reunido todo Israel para hacerlo rey.

2 Y cuando lo oyó Jeroboam hijo de Nabat, el cual estaba en Egipto, adonde había huido a causa del rey Salomón, volvió de Egipto.

3 Y enviaron y le llamaron. Vino, pues, Jeroboam, y todo Israel, y hablaron a Roboam, diciendo:

4 Tu padre agravó nuestro yugo; ahora alivia algo de la dura servidumbre y del pesado yugo con que tu padre nos apremió, y te serviremos.

5 Y él les dijo: Volved a mí de aquí a tres días. Y el pueblo se fue.

6 Entonces el rey Roboam tomó consejo con los ancianos que habían estado delante de Salomón su padre cuando vivía, y les dijo: ¿Cómo aconsejáis vosotros que responda a este pueblo?

7 Y ellos le contestaron diciendo: Si te condujeres humanamente con este pueblo, y

---

b 9.25 1 R 4.26.   c 9.26 Gn 15.18; 1 R 4.21.   d 9.27 Dt 17.17.
e 9.28 Dt 17.16.

les agradares, y les hablares buenas palabras, ellos te servirán siempre.

8 Mas él, dejando el consejo que le dieron los ancianos, tomó consejo con los jóvenes que se habían criado con él, y que estaban a su servicio.

9 Y les dijo: ¿Qué aconsejáis vosotros que respondamos a este pueblo, que me ha hablado, diciendo: Alivia algo del yugo que tu padre puso sobre nosotros?

10 Entonces los jóvenes que se habían criado con él, le contestaron: Así dirás al pueblo que te ha hablado diciendo: Tu padre agravó nuestro yugo, mas tú disminuye nuestra carga. Así les dirás: Mi dedo más pequeño es más grueso que los lomos de mi padre.

11 Así que, si mi padre os cargó de yugo pesado, yo añadiré a vuestro yugo; mi padre os castigó con azotes, y yo con escorpiones.

12 Vino, pues, Jeroboam con todo el pueblo a Roboam al tercer día, según el rey les había mandado diciendo: Volved a mí de aquí a tres días.

13 Y el rey les respondió ásperamente; pues dejó el rey Roboam el consejo de los ancianos,

14 y les habló conforme al consejo de los jóvenes, diciendo: Mi padre hizo pesado vuestro yugo, pero yo añadiré a vuestro yugo; mi padre os castigó con azotes, mas yo con escorpiones.

15 Y no escuchó el rey al pueblo; porque la causa era de Dios, para que Jehová cumpliera la palabra que había hablado por Ahías silonita a Jeroboam hijo de Nabat.

16 Y viendo todo Israel que el rey no les había oído, respondió el pueblo al rey, diciendo: ¿Qué parte tenemos nosotros con David? No tenemos herencia en el hijo de Isaí. ¡Israel, cada uno a sus tiendas!ª ¡David, mira ahora por tu casa! Así se fue todo Israel a sus tiendas.

17 Mas reinó Roboam sobre los hijos de Israel que habitaban en las ciudades de Judá.

18 Envió luego el rey Roboam a Adoram, que tenía cargo de los tributos; pero le apedrearon los hijos de Israel, y murió. Entonces se apresuró el rey Roboam, y subiendo en su carro huyó a Jerusalén.

19 Así se apartó Israel de la casa de David hasta hoy.

11 **1** Cuando vino Roboam a Jerusalén, reunió de la casa de Judá y de Benjamín a ciento ochenta mil hombres escogidos de guerra, para pelear contra Israel y hacer volver el reino a Roboam.

2 Mas vino palabra de Jehová a Semaías varón de Dios, diciendo:

3 Habla a Roboam hijo de Salomón, rey de Judá, y a todos los israelitas en Judá y Benjamín, diciéndoles:

4 Así ha dicho Jehová: No subáis, ni peleéis contra vuestros hermanos; vuélvase cada uno a su casa, porque yo he hecho esto. Y ellos oyeron la palabra de Jehová y se volvieron, y no fueron contra Jeroboam.

Prosperidad de Roboam

5 Y habitó Roboam en Jerusalén, y edificó ciudades para fortificar a Judá.

6 Edificó Belén, Etam, Tecoa,

7 Bet-sur, Soco, Adulam,

8 Gat, Maresa, Zif,

9 Adoraim, Laquis, Azeca,

10 Zora, Ajalón y Hebrón, que eran ciudades fortificadas de Judá y Benjamín.

11 Reforzó también las fortalezas, y puso en ellas capitanes, y provisiones, vino y aceite;

12 y en todas las ciudades puso escudos y lanzas. Las fortificó, pues, en gran manera; y Judá y Benjamín le estaban sujetos.

13 Y los sacerdotes y levitas que estaban en todo Israel, se juntaron a él desde todos los lugares donde vivían.

14 Porque los levitas dejaban sus ejidos y sus posesiones, y venían a Judá y a Jerusalén; pues Jeroboam y sus hijos los excluyeron del ministerio de Jehová.

15 Y él designó sus propios sacerdotes para los lugares altos, y para los demonios, y para los becerros que él había hecho.ª

16 Tras aquéllos acudieron también de todas las tribus de Israel los que habían puesto su corazón en buscar a Jehová Dios de Israel; y vinieron a Jerusalén para ofrecer sacrificios a Jehová, el Dios de sus padres.

17 Así fortalecieron el reino de Judá, y confirmaron a Roboam hijo de Salomón, por tres años; porque tres años anduvieron en el camino de David y de Salomón.

a 10.16 2 S 20.1.   **a 11.15** 1 R 12.31.

18 Y tomó Roboam por mujer a Mahalat hija de Jerimot, hijo de David y de Abihail hija de Eliab, hijo de Isaí,
19 la cual le dio a luz estos hijos: Jeús, Semarías y Zaham.
20 Después de ella tomó a Maaca hija de Absalón, la cual le dio a luz Abías, Atai, Ziza y Selomit.
21 Pero Roboam amó a Maaca hija de Absalón sobre todas sus mujeres y concubinas; porque tomó dieciocho mujeres y sesenta concubinas, y engendró veintiocho hijos y sesenta hijas.
22 Y puso Roboam a Abías hijo de Maaca por jefe y príncipe de sus hermanos, porque quería hacerle rey.
23 Obró sagazmente, y esparció a todos sus hijos por todas las tierras de Judá y de Benjamín, y por todas las ciudades fortificadas, y les dio provisiones en abundancia, y muchas mujeres.

Sisac invade Judá
(1 R 14.21-31)

12 **1** Cuando Roboam había consolidado el reino, dejó la ley de Jehová, y todo Israel con él.
2 Y por cuanto se habían rebelado contra Jehová, en el quinto año del rey Roboam subió Sisac rey de Egipto contra Jerusalén,
3 con mil doscientos carros, y con sesenta mil hombres de a caballo; mas el pueblo que venía con él de Egipto, esto es, de libios, suquienos y etíopes, no tenía número.
4 Y tomó las ciudades fortificadas de Judá, y llegó hasta Jerusalén.
5 Entonces vino el profeta Semaías a Roboam y a los príncipes de Judá, que estaban reunidos en Jerusalén por causa de Sisac, y les dijo: Así ha dicho Jehová: Vosotros me habéis dejado, y yo también os he dejado en manos de Sisac.
6 Y los príncipes de Israel y el rey se humillaron, y dijeron: Justo es Jehová.
7 Y cuando Jehová vio que se habían humillado, vino palabra de Jehová a Semaías, diciendo: Se han humillado; no los destruiré; antes los salvaré en breve, y no se derramará mi ira contra Jerusalén por mano de Sisac.
8 Pero serán sus siervos, para que sepan lo que es servirme a mí, y qué es servir a los reinos de las naciones.

9 Subió, pues, Sisac rey de Egipto a Jerusalén, y tomó los tesoros de la casa de Jehová, y los tesoros de la casa del rey; todo lo llevó, y tomó los escudos de oro que Salomón había hecho.ᵃ
10 Y en lugar de ellos hizo el rey Roboam escudos de bronce, y los entregó a los jefes de la guardia, los cuales custodiaban la entrada de la casa del rey.
11 Cuando el rey iba a la casa de Jehová, venían los de la guardia y los llevaban, y después los volvían a la cámara de la guardia.
12 Y cuando él se humilló, la ira de Jehová se apartó de él, para no destruirlo del todo; y también en Judá las cosas fueron bien.
13 Fortalecido, pues, Roboam, reinó en Jerusalén; y era Roboam de cuarenta y un años cuando comenzó a reinar, y diecisiete años reinó en Jerusalén, ciudad que escogió Jehová de todas las tribus de Israel para poner en ella su nombre. Y el nombre de la madre de Roboam fue Naama amonita.
14 E hizo lo malo, porque no dispuso su corazón para buscar a Jehová.
15 Las cosas de Roboam, primeras y postreras, ¿no están escritas en los libros del profeta Semaías y del vidente Iddo, en el registro de las familias? Y entre Roboam y Jeroboam hubo guerra constante.
16 Y durmió Roboam con sus padres, y fue sepultado en la ciudad de David; y reinó en su lugar Abías su hijo.

Reinado de Abías
(1 R 15.1-8)

13 **1** A los dieciocho años del rey Jeroboam, reinó Abías sobre Judá,
2 y reinó tres años en Jerusalén. El nombre de su madre fue Micaías hija de Uriel de Gabaa.

Y hubo guerra entre Abías y Jeroboam.
3 Entonces Abías ordenó batalla con un ejército de cuatrocientos mil hombres de guerra, valerosos y escogidos; y Jeroboam ordenó batalla contra él con ochocientos mil hombres escogidos, fuertes y valerosos.
4 Y se levantó Abías sobre el monte de Zemaraim, que está en los montes de Efraín, y dijo: Oídme, Jeroboam y todo Israel.

---

a **12.9** 1 R 10.16, 17; 2 Cr 9.15, 16.

5 ¿No sabéis vosotros que Jehová Dios de Israel dio el reino a David sobre Israel para siempre, a él y a sus hijos, bajo pacto de sal? **6** Pero Jeroboam hijo de Nabat, siervo de Salomón hijo de David, se levantó y rebeló contra su señor. **7** Y se juntaron con él hombres vanos y perversos, y pudieron más que Roboam hijo de Salomón, porque Roboam era joven y pusilánime, y no se defendió de ellos. **8** Y ahora vosotros tratáis de resistir al reino de Jehová en mano de los hijos de David, porque sois muchos, y tenéis con vosotros los becerros de oro que Jeroboam os hizo por dioses. **9** ¿No habéis arrojado vosotros a los sacerdotes de Jehová, a los hijos de Aarón y a los levitas, y os habéis designado sacerdotes a la manera de los pueblos de otras tierras, para que cualquiera venga a consagrarse con un becerro y siete carneros, y así sea sacerdote de los que no son dioses? **10** Mas en cuanto a nosotros, Jehová es nuestro Dios, y no le hemos dejado; y los sacerdotes que ministran delante de Jehová son los hijos de Aarón, y los que están en la obra son levitas, **11** los cuales queman para Jehová los holocaustos cada mañana y cada tarde, y el incienso aromático; y ponen los panes sobre la mesa limpia, y el candelero de oro con sus lámparas para que ardan cada tarde; porque nosotros guardamos la ordenanza de Jehová nuestro Dios, mas vosotros le habéis dejado. **12** Y he aquí Dios está con nosotros por jefe, y sus sacerdotes con las trompetas del júbilo para que suenen contra vosotros. Oh hijos de Israel, no peleéis contra Jehová el Dios de vuestros padres, porque no prosperaréis. **13** Pero Jeroboam hizo tender una emboscada para venir a ellos por la espalda; y estando así delante de ellos, la emboscada estaba a espaldas de Judá. **14** Y cuando miró Judá, he aquí que tenía batalla por delante y a las espaldas; por lo que clamaron a Jehová, y los sacerdotes tocaron las trompetas. **15** Entonces los de Judá gritaron con fuerza; y así que ellos alzaron el grito, Dios desbarató a Jeroboam y a todo Israel delante de Abías y de Judá;

16 y huyeron los hijos de Israel delante de Judá, y Dios los entregó en sus manos. **17** Y Abías y su gente hicieron en ellos una gran matanza, y cayeron heridos de Israel quinientos mil hombres escogidos. **18** Así fueron humillados los hijos de Israel en aquel tiempo, y los hijos de Judá prevalecieron, porque se apoyaban en Jehová el Dios de sus padres. **19** Y siguió Abías a Jeroboam, y le tomó algunas ciudades, a Bet-el con sus aldeas, a Jesana con sus aldeas, y a Efraín con sus aldeas. **20** Y nunca más tuvo Jeroboam poder en los días de Abías; y Jehová lo hirió, y murió. **21** Pero Abías se hizo más poderoso. Tomó catorce mujeres, y engendró veintidós hijos y dieciséis hijas. **22** Los demás hechos de Abías, sus caminos y sus dichos, están escritos en la historia de Iddo profeta.

Reinado de Asa
(1 R 15.9-12)

14 **1** Durmió Abías con sus padres, y fue sepultado en la ciudad de David; y reinó en su lugar su hijo Asa, en cuyos días tuvo sosiego el país por diez años. **2** E hizo Asa lo bueno y lo recto ante los ojos de Jehová su Dios. **3** Porque quitó los altares del culto extraño, y los lugares altos; quebró las imágenes, y destruyó los símbolos de Asera; **4** y mandó a Judá que buscase a Jehová el Dios de sus padres, y pusiese por obra la ley y sus mandamientos. **5** Quitó asimismo de todas las ciudades de Judá los lugares altos y las imágenes; y estuvo el reino en paz bajo su reinado. **6** Y edificó ciudades fortificadas en Judá, por cuanto había paz en la tierra, y no había guerra contra él en aquellos tiempos; porque Jehová le había dado paz. **7** Dijo, por tanto, a Judá: Edifiquemos estas ciudades, y cerquémoslas de muros con torres, puertas y barras, ya que la tierra es nuestra; porque hemos buscado a Jehová nuestro Dios; le hemos buscado, y él nos ha dado paz por todas partes. Edificaron, pues, y fueron prosperados. **8** Tuvo también Asa ejército que traía escudos y lanzas: de Judá trescientos mil, y de Benjamín doscientos ochenta mil que traían escudos y entesaban arcos, todos hombres diestros.

⁹ Y salió contra ellos Zera etíope con un ejército de un millón de hombres y trescientos carros; y vino hasta Maresa.

¹⁰ Entonces salió Asa contra él, y ordenaron la batalla en el valle de Sefata junto a Maresa.

¹¹ Y clamó Asa a Jehová su Dios, y dijo: ¡Oh Jehová, para ti no hay diferencia alguna en dar ayuda al poderoso o al que no tiene fuerzas! Ayúdanos, oh Jehová Dios nuestro, porque en ti nos apoyamos, y en tu nombre venimos contra este ejército. Oh Jehová, tú eres nuestro Dios; no prevalezca contra ti el hombre.

¹² Y Jehová deshizo a los etíopes delante de Asa y delante de Judá; y huyeron los etíopes.

¹³ Y Asa, y el pueblo que con él estaba, los persiguieron hasta Gerar; y cayeron los etíopes hasta no quedar en ellos aliento, porque fueron deshechos delante de Jehová y de su ejército. Y les tomaron muy grande botín.

¹⁴ Atacaron también todas las ciudades alrededor de Gerar, porque el terror de Jehová cayó sobre ellas; y saquearon todas las ciudades, porque había en ellas gran botín.

¹⁵ Asimismo atacaron las cabañas de los que tenían ganado, y se llevaron muchas ovejas y camellos, y volvieron a Jerusalén.

Reformas religiosas de Asa
(1 R 15.13-15)

15 ¹ Vino el Espíritu de Dios sobre Azarías hijo de Obed,

² y salió al encuentro de Asa, y le dijo: Oídme, Asa y todo Judá y Benjamín: Jehová estará con vosotros, si vosotros estuviereis con él; y si le buscareis, será hallado de vosotros; mas si le dejareis, él también os dejará.

³ Muchos días ha estado Israel sin verdadero Dios y sin sacerdote que enseñara, y sin ley;

⁴ pero cuando en su tribulación se convirtieron a Jehová Dios de Israel, y le buscaron, él fue hallado de ellos.

⁵ En aquellos tiempos no hubo paz, ni para el que entraba ni para el que salía, sino muchas aflicciones sobre todos los habitantes de las tierras.

⁶ Y una gente destruía a otra, y una ciudad a otra ciudad; porque Dios los turbó con toda clase de calamidades.

⁷ Pero esforzaos vosotros, y no desfallezcan vuestras manos, pues hay recompensa para vuestra obra.

⁸ Cuando oyó Asa las palabras y la profecía del profeta Azarías hijo de Obed, cobró ánimo, y quitó los ídolos abominables de toda la tierra de Judá y de Benjamín, y de las ciudades que él había tomado en la parte montañosa de Efraín; y reparó el altar de Jehová que estaba delante del pórtico de Jehová.

⁹ Después reunió a todo Judá y Benjamín, y con ellos los forasteros de Efraín, de Manasés y de Simeón; porque muchos de Israel se habían pasado a él, viendo que Jehová su Dios estaba con él.

¹⁰ Se reunieron, pues, en Jerusalén, en el mes tercero del año decimoquinto del reinado de Asa.

¹¹ Y en aquel mismo día sacrificaron para Jehová, del botín que habían traído, setecientos bueyes y siete mil ovejas.

¹² Entonces prometieron solemnemente que buscarían a Jehová el Dios de sus padres, de todo su corazón y de toda su alma;

¹³ y que cualquiera que no buscase a Jehová el Dios de Israel, muriese, grande o pequeño, hombre o mujer.

¹⁴ Y juraron a Jehová con gran voz y júbilo, al son de trompetas y de bocinas.

¹⁵ Todos los de Judá se alegraron de este juramento; porque de todo su corazón lo juraban, y de toda su voluntad lo buscaban, y fue hallado de ellos; y Jehová les dio paz por todas partes.

¹⁶ Y aun a Maaca madre del rey Asa, él mismo la depuso de su dignidad, porque había hecho una imagen de Asera; y Asa destruyó la imagen, y la desmenuzó, y la quemó junto al torrente de Cedrón.

¹⁷ Con todo esto, los lugares altos no eran quitados de Israel, aunque el corazón de Asa fue perfecto en todos sus días.

¹⁸ Y trajo a la casa de Dios lo que su padre había dedicado, y lo que él había consagrado, plata, oro y utensilios.

¹⁹ Y no hubo más guerra hasta los treinta y cinco años del reinado de Asa.

Alianza de Asa con Ben-adad
(1 R 15.16-22)

16 ¹ En el año treinta y seis del reinado de Asa, subió Baasa rey de Israel contra Judá, y fortificó a Ramá, para no dejar salir ni entrar a ninguno al rey Asa, rey de Judá.

² Entonces sacó Asa la plata y el oro de los tesoros de la casa de Jehová y de la casa real, y envió a Ben-adad rey de Siria, que estaba en Damasco, diciendo:

³ Haya alianza entre tú y yo, como la hubo entre tu padre y mi padre; he aquí yo te he enviado plata y oro, para que vengas y deshagas la alianza que tienes con Baasa rey de Israel, a fin de que se retire de mí.

⁴ Y consintió Ben-adad con el rey Asa, y envió los capitanes de sus ejércitos contra las ciudades de Israel; y conquistaron Ijón, Dan, Abel-maim y las ciudades de aprovisionamiento de Neftalí.

⁵ Oyendo esto Baasa, cesó de edificar a Ramá, y abandonó su obra.

⁶ Entonces el rey Asa tomó a todo Judá, y se llevaron de Ramá la piedra y la madera con que Baasa edificaba, y con ellas edificó a Geba y a Mizpa.

⁷ En aquel tiempo vino el vidente Hanani a Asa rey de Judá, y le dijo: Por cuanto te has apoyado en el rey de Siria, y no te apoyaste en Jehová tu Dios, por eso el ejército del rey de Siria ha escapado de tus manos.

⁸ Los etíopes y los libios, ¿no eran un ejército numerosísimo, con carros y mucha gente de a caballo? Con todo, porque te apoyaste en Jehová, él los entregó en tus manos.

⁹ Porque los ojos de Jehová contemplan toda la tierra, para mostrar su poder a favor de los que tienen corazón perfecto para con él. Locamente has hecho en esto; porque de aquí en adelante habrá más guerra contra ti.

¹⁰ Entonces se enojó Asa contra el vidente y lo echó en la cárcel, porque se encolerizó grandemente a causa de esto. Y oprimió Asa en aquel tiempo a algunos del pueblo.

Muerte de Asa
(1 R 15.23, 24)

¹¹ Mas he aquí los hechos de Asa, primeros y postreros, están escritos en el libro de los reyes de Judá y de Israel.

¹² En el año treinta y nueve de su reinado, Asa enfermó gravemente de los pies, y en su enfermedad no buscó a Jehová, sino a los médicos.

¹³ Y durmió Asa con sus padres, y murió en el año cuarenta y uno de su reinado.

¹⁴ Y lo sepultaron en los sepulcros que él había hecho para sí en la ciudad de David; y lo pusieron en un ataúd, el cual llenaron de perfumes y diversas especias aromáticas, preparadas por expertos perfumistas; e hicieron un gran fuego en su honor.

Reinado de Josafat

17 ¹ Reinó en su lugar Josafat su hijo, el cual se hizo fuerte contra Israel.

² Puso ejércitos en todas las ciudades fortificadas de Judá, y colocó gente de guarnición en tierra de Judá, y asimismo en las ciudades de Efraín que su padre Asa había tomado.

³ Y Jehová estuvo con Josafat, porque anduvo en los primeros caminos de David su padre, y no buscó a los baales,

⁴ sino que buscó al Dios de su padre, y anduvo en sus mandamientos, y no según las obras de Israel.

⁵ Jehová, por tanto, confirmó el reino en su mano, y todo Judá dio a Josafat presentes; y tuvo riquezas y gloria en abundancia.

⁶ Y se animó su corazón en los caminos de Jehová, y quitó los lugares altos y las imágenes de Asera de en medio de Judá.

⁷ Al tercer año de su reinado envió sus príncipes Ben-hail, Abdías, Zacarías, Natanael y Micaías, para que enseñasen en las ciudades de Judá;

⁸ y con ellos a los levitas Semaías, Netanías, Zebadías, Asael, Semiramot, Jonatán, Adonías, Tobías y Tobadonías; y con ellos a los sacerdotes Elisama y Joram.

⁹ Y enseñaron en Judá, teniendo consigo el libro de la ley de Jehová, y recorrieron todas las ciudades de Judá enseñando al pueblo.

¹⁰ Y cayó el pavor de Jehová sobre todos los reinos de las tierras que estaban alrededor de Judá, y no osaron hacer guerra contra Josafat.

¹¹ Y traían de los filisteos presentes a Josafat, y tributos de plata. Los árabes también le trajeron ganados, siete mil setecientos carneros y siete mil setecientos machos cabríos.

12 Iba, pues, Josafat engrandeciéndose mucho; y edificó en Judá fortalezas y ciudades de aprovisionamiento.

13 Tuvo muchas provisiones en las ciudades de Judá, y hombres de guerra muy valientes en Jerusalén.

14 Y éste es el número de ellos según sus casas paternas: de los jefes de los millares de Judá, el general Adnas, y con él trescientos mil hombres muy esforzados.

15 Después de él, el jefe Johanán, y con él doscientos ochenta mil.

16 Tras éste, Amasías hijo de Zicri, el cual se había ofrecido voluntariamente a Jehová, y con él doscientos mil hombres valientes.

17 De Benjamín, Eliada, hombre muy valeroso, y con él doscientos mil armados de arco y escudo.

18 Tras éste, Jozabad, y con él ciento ochenta mil dispuestos para la guerra.

19 Éstos eran siervos del rey, sin los que el rey había puesto en las ciudades fortificadas en todo Judá.

Micaías profetiza la derrota de Acab
(1 R 22.1-40)

18 **1** Tenía, pues, Josafat riquezas y gloria en abundancia; y contrajo parentesco con Acab.

2 Y después de algunos años descendió a Samaria para visitar a Acab; por lo que Acab mató muchas ovejas y bueyes para él y para la gente que con él venía, y le persuadió que fuese con él contra Ramot de Galaad.

3 Y dijo Acab rey de Israel a Josafat rey de Judá: ¿Quieres venir conmigo contra Ramot de Galaad? Y él respondió: Yo soy como tú, y mi pueblo como tu pueblo; iremos contigo a la guerra.

4 Además dijo Josafat al rey de Israel: Te ruego que consultes hoy la palabra de Jehová.

5 Entonces el rey de Israel reunió a cuatrocientos profetas, y les preguntó: ¿Iremos a la guerra contra Ramot de Galaad, o me estaré quieto? Y ellos dijeron: Sube, porque Dios los entregará en mano del rey.

6 Pero Josafat dijo: ¿Hay aún aquí algún profeta de Jehová, para que por medio de él preguntemos?

7 El rey de Israel respondió a Josafat: Aún hay aquí un hombre por el cual podemos preguntar a Jehová; mas yo le aborrezco, porque nunca me profetiza cosa buena, sino siempre mal. Éste es Micaías hijo de Imla. Y respondió Josafat: No hable así el rey.

8 Entonces el rey de Israel llamó a un oficial, y le dijo: Haz venir luego a Micaías hijo de Imla.

9 Y el rey de Israel y Josafat rey de Judá estaban sentados cada uno en su trono, vestidos con sus ropas reales, en la plaza junto a la entrada de la puerta de Samaria, y todos los profetas profetizaban delante de ellos.

10 Y Sedequías hijo de Quenaana se había hecho cuernos de hierro, y decía: Así ha dicho Jehová: Con éstos acornearás a los sirios hasta destruirlos por completo.

11 De esta manera profetizaban también todos los profetas, diciendo: Sube contra Ramot de Galaad, y serás prosperado; porque Jehová la entregará en mano del rey.

12 Y el mensajero que había ido a llamar a Micaías, le habló diciendo: He aquí las palabras de los profetas a una voz anuncian al rey cosas buenas; yo, pues, te ruego que tu palabra sea como la de uno de ellos, que hables bien.

13 Dijo Micaías: Vive Jehová, que lo que mi Dios me dijere, eso hablaré. Y vino al rey.

14 Y el rey le dijo: Micaías, ¿iremos a pelear contra Ramot de Galaad, o me estaré quieto? Él respondió: Subid, y seréis prosperados, pues serán entregados en vuestras manos.

15 El rey le dijo: ¿Hasta cuántas veces te conjuraré por el nombre de Jehová que no me hables sino la verdad?

16 Entonces Micaías dijo: He visto a todo Israel derramado por los montes como ovejas sin pastor;[a] y dijo Jehová: Éstos no tienen señor; vuélvase cada uno en paz a su casa.

17 Y el rey de Israel dijo a Josafat: ¿No te había yo dicho que no me profetizaría bien, sino mal?

18 Entonces él dijo: Oíd, pues, palabra de Jehová: Yo he visto a Jehová sentado en su trono, y todo el ejército de los cielos estaba a su mano derecha y a su izquierda.

---

a 18.16 Mt 9.36; Mr 6.34.

19 Y Jehová preguntó: ¿Quién inducirá a Acab rey de Israel, para que suba y caiga en Ramot de Galaad? Y uno decía así, y otro decía de otra manera. **20** Entonces salió un espíritu que se puso delante de Jehová y dijo: Yo le induciré. Y Jehová le dijo: ¿De qué modo? **21** Y él dijo: Saldré y seré espíritu de mentira en la boca de todos sus profetas. Y Jehová dijo: Tú lo inducirás, y lo lograrás; anda y hazlo así. **22** Y ahora, he aquí Jehová ha puesto espíritu de mentira en la boca de estos tus profetas; pues Jehová ha hablado el mal contra ti.

23 Entonces Sedequías hijo de Quenaana se le acercó y golpeó a Micaías en la mejilla, y dijo: ¿Por qué camino se fue de mí el Espíritu de Jehová para hablarte a ti? **24** Y Micaías respondió: He aquí tú lo verás aquel día, cuando entres de cámara en cámara para esconderte. **25** Entonces el rey de Israel dijo: Tomad a Micaías, y llevadlo a Amón gobernador de la ciudad, y a Joás hijo del rey, **26** y decidles: El rey ha dicho así: Poned a éste en la cárcel, y sustentadle con pan de aflicción y agua de angustia, hasta que yo vuelva en paz. **27** Y Micaías dijo: Si tú volvieres en paz, Jehová no ha hablado por mí. Dijo además: Oíd, pueblos todos.

28 Subieron, pues, el rey de Israel, y Josafat rey de Judá, a Ramot de Galaad. **29** Y dijo el rey de Israel a Josafat: Yo me disfrazaré para entrar en la batalla, pero tú vístete tus ropas reales. Y se disfrazó el rey de Israel, y entró en la batalla. **30** Había el rey de Siria mandado a los capitanes de los carros que tenía consigo, diciendo: No peleéis con chico ni con grande, sino sólo con el rey de Israel. **31** Cuando los capitanes de los carros vieron a Josafat, dijeron: Éste es el rey de Israel. Y lo rodearon para pelear; mas Josafat clamó, y Jehová lo ayudó, y los apartó Dios de él; **32** pues viendo los capitanes de los carros que no era el rey de Israel, desistieron de acosarle. **33** Mas disparando uno el arco a la ventura, hirió al rey de Israel entre las junturas y el coselete. Él entonces dijo al cochero:

Vuelve las riendas, y sácame del campo, porque estoy mal herido. **34** Y arreció la batalla aquel día, por lo que estuvo el rey de Israel en pie en el carro enfrente de los sirios hasta la tarde; y murió al ponerse el sol.

El profeta Jehú amonesta a Josafat

19 **1** Josafat rey de Judá volvió en paz a su casa en Jerusalén. **2** Y le salió al encuentro el vidente Jehú hijo de Hanani, y dijo al rey Josafat: ¿Al impío das ayuda, y amas a los que aborrecen a Jehová? Pues ha salido de la presencia de Jehová ira contra ti por esto. **3** Pero se han hallado en ti buenas cosas, por cuanto has quitado de la tierra las imágenes de Asera, y has dispuesto tu corazón para buscar a Dios.

Josafat nombra jueces

4 Habitó, pues, Josafat en Jerusalén; pero daba vuelta y salía al pueblo, desde Beerseba hasta el monte de Efraín, y los conducía a Jehová el Dios de sus padres. **5** Y puso jueces en todas las ciudades fortificadas de Judá, por todos los lugares. **6** Y dijo a los jueces: Mirad lo que hacéis; porque no juzgáis en lugar de hombre, sino en lugar de Jehová, el cual está con vosotros cuando juzgáis. **7** Sea, pues, con vosotros el temor de Jehová; mirad lo que hacéis, porque con Jehová nuestro Dios no hay injusticia, ni acepción de personas, ni admisión de cohecho.

8 Puso también Josafat en Jerusalén a algunos de los levitas y sacerdotes, y de los padres de familias de Israel, para el juicio de Jehová y para las causas. Y volvieron a Jerusalén. **9** Y les mandó diciendo: Procederéis asimismo con temor de Jehová, con verdad, y con corazón íntegro. **10** En cualquier causa que viniere a vosotros de vuestros hermanos que habitan en las ciudades, en causas de sangre, entre ley y precepto, estatutos y decretos, les amonestaréis que no pequen contra Jehová, para que no venga ira sobre vosotros y sobre vuestros hermanos. Haciendo así, no pecaréis. **11** Y he aquí, el sacerdote Amarías será el que os presida en todo asunto de Jehová, y

Zebadías hijo de Ismael, príncipe de la casa de Judá, en todos los negocios del rey; también los levitas serán oficiales en presencia de vosotros. Esforzaos, pues, para hacerlo, y Jehová estará con el bueno.

Victoria sobre Moab y Amón

20 ¹ Pasadas estas cosas, aconteció que los hijos de Moab y de Amón, y con ellos otros de los amonitas, vinieron contra Josafat a la guerra.

² Y acudieron algunos y dieron aviso a Josafat, diciendo: Contra ti viene una gran multitud del otro lado del mar, y de Siria; y he aquí están en Hazezon-tamar, que es En-gadi.

³ Entonces él tuvo temor; y Josafat humilló su rostro para consultar a Jehová, e hizo pregonar ayuno a todo Judá.

⁴ Y se reunieron los de Judá para pedir socorro a Jehová; y también de todas las ciudades de Judá vinieron a pedir ayuda a Jehová.

⁵ Entonces Josafat se puso en pie en la asamblea de Judá y de Jerusalén, en la casa de Jehová, delante del atrio nuevo;

⁶ y dijo: Jehová Dios de nuestros padres, ¿no eres tú Dios en los cielos, y tienes dominio sobre todos los reinos de las naciones? ¿No está en tu mano tal fuerza y poder, que no hay quien te resista?

⁷ Dios nuestro, ¿no echaste tú los moradores de esta tierra delante de tu pueblo Israel, y la diste a la descendencia de Abraham tu amigoᵃ para siempre?

⁸ Y ellos han habitado en ella, y te han edificado en ella santuario a tu nombre, diciendo:

⁹ Si mal viniere sobre nosotros, o espada de castigo, o pestilencia, o hambre, nos presentaremos delante de esta casa, y delante de ti (porque tu nombre está en esta casa), y a causa de nuestras tribulaciones clamaremos a ti, y tú nos oirás y salvarás.

¹⁰ Ahora, pues, he aquí los hijos de Amón y de Moab, y los del monte de Seir, a cuya tierra no quisiste que pasase Israel cuando venía de la tierra de Egipto,ᵇ sino que se apartase de ellos, y no los destruyese;

¹¹ he aquí ellos nos dan el pago viniendo a arrojarnos de la heredad que tú nos diste en posesión.

¹² ¡Oh Dios nuestro! ¿no los juzgarás tú? Porque en nosotros no hay fuerza contra tan grande multitud que viene contra nosotros; no sabemos qué hacer, y a ti volvemos nuestros ojos.

¹³ Y todo Judá estaba en pie delante de Jehová, con sus niños y sus mujeres y sus hijos.

¹⁴ Y estaba allí Jahaziel hijo de Zacarías, hijo de Benaía, hijo de Jeiel, hijo de Matanías, levita de los hijos de Asaf, sobre el cual vino el Espíritu de Jehová en medio de la reunión;

¹⁵ y dijo: Oíd, Judá todo, y vosotros moradores de Jerusalén, y tú, rey Josafat. Jehová os dice así: No temáis ni os amedrentéis delante de esta multitud tan grande, porque no es vuestra la guerra, sino de Dios.

¹⁶ Mañana descenderéis contra ellos; he aquí que ellos subirán por la cuesta de Sis, y los hallaréis junto al arroyo, antes del desierto de Jeruel.

¹⁷ No habrá para qué peleéis vosotros en este caso; paraos, estad quietos, y ved la salvación de Jehová con vosotros. Oh Judá y Jerusalén, no temáis ni desmayéis; salid mañana contra ellos, porque Jehová estará con vosotros.ᶜ

¹⁸ Entonces Josafat se inclinó rostro a tierra, y asimismo todo Judá y los moradores de Jerusalén se postraron delante de Jehová, y adoraron a Jehová.

¹⁹ Y se levantaron los levitas de los hijos de Coat y de los hijos de Coré, para alabar a Jehová el Dios de Israel con fuerte y alta voz.

²⁰ Y cuando se levantaron por la mañana, salieron al desierto de Tecoa. Y mientras ellos salían, Josafat, estando en pie, dijo: Oídme, Judá y moradores de Jerusalén. Creed en Jehová vuestro Dios, y estaréis seguros; creed a sus profetas, y seréis prosperados.

²¹ Y habido consejo con el pueblo, puso a algunos que cantasen y alabasen a Jehová, vestidos de ornamentos sagrados, mientras salía la gente armada, y que dijesen: Glorificad a Jehová, porque su misericordia es para siempre.

²² Y cuando comenzaron a entonar cantos de alabanza, Jehová puso contra los

---

ᵃ **20.7** Is 41.8; Stg 2.23.   ᵇ **20.10** Dt 2.4-19.
ᶜ **20.15-17** Dt 20.1-4.

hijos de Amón, de Moab y del monte de Seir, las emboscadas de ellos mismos que venían contra Judá, y se mataron los unos a los otros.

23 Porque los hijos de Amón y Moab se levantaron contra los del monte de Seir para matarlos y destruirlos; y cuando hubieron acabado con los del monte de Seir, cada cual ayudó a la destrucción de su compañero.

24 Y luego que vino Judá a la torre del desierto, miraron hacia la multitud, y he aquí yacían ellos en tierra muertos, pues ninguno había escapado.

25 Viniendo entonces Josafat y su pueblo a despojarlos, hallaron entre los cadáveres muchas riquezas, así vestidos como alhajas preciosas, que tomaron para sí, tantos, que no los podían llevar; tres días estuvieron recogiendo el botín, porque era mucho.

26 Y al cuarto día se juntaron en el valle de Beraca; porque allí bendijeron a Jehová, y por esto llamaron el nombre de aquel paraje el valle de Beraca,[l] hasta hoy.

27 Y todo Judá y los de Jerusalén, y Josafat a la cabeza de ellos, volvieron para regresar a Jerusalén gozosos, porque Jehová les había dado gozo librándolos de sus enemigos.

28 Y vinieron a Jerusalén con salterios, arpas y trompetas, a la casa de Jehová.

29 Y el pavor de Dios cayó sobre todos los reinos de aquella tierra, cuando oyeron que Jehová había peleado contra los enemigos de Israel.

30 Y el reino de Josafat tuvo paz, porque su Dios le dio paz por todas partes.

Resumen del reinado de Josafat
(1 R 22.41-50)

31 Así reinó Josafat sobre Judá; de treinta y cinco años era cuando comenzó a reinar, y reinó veinticinco años en Jerusalén. El nombre de su madre fue Azuba, hija de Silhi.

32 Y anduvo en el camino de Asa su padre, sin apartarse de él, haciendo lo recto ante los ojos de Jehová.

33 Con todo eso, los lugares altos no fueron quitados; pues el pueblo aún no había enderezado su corazón al Dios de sus padres.

34 Los demás hechos de Josafat, primeros y postreros, he aquí están escritos en las palabras de Jehú hijo de Hanani, del cual se hace mención en el libro de los reyes de Israel.

35 Pasadas estas cosas, Josafat rey de Judá trabó amistad con Ocozías rey de Israel, el cual era dado a la impiedad,

36 e hizo con él compañía para construir naves que fuesen a Tarsis; y construyeron las naves en Ezión-geber.

37 Entonces Eliezer hijo de Dodava, de Maresa, profetizó contra Josafat, diciendo: Por cuanto has hecho compañía con Ocozías, Jehová destruirá tus obras. Y las naves se rompieron, y no pudieron ir a Tarsis.

Reinado de Joram de Judá
(2 R 8.16-24)

21 ¹ Durmió Josafat con sus padres, y lo sepultaron con sus padres en la ciudad de David. Y reinó en su lugar Joram su hijo,

2 quien tuvo por hermanos, hijos de Josafat, a Azarías, Jehiel, Zacarías, Azarías, Micael, y Sefatías. Todos estos fueron hijos de Josafat rey de Judá.

3 Y su padre les había dado muchos regalos de oro y de plata, y cosas preciosas, y ciudades fortificadas en Judá; pero había dado el reino a Joram, porque él era el primogénito.

4 Fue elevado, pues, Joram al reino de su padre; y luego que se hizo fuerte, mató a espada a todos sus hermanos, y también a algunos de los príncipes de Israel.

5 Cuando comenzó a reinar era de treinta y dos años, y reinó ocho años en Jerusalén.

6 Y anduvo en el camino de los reyes de Israel, como hizo la casa de Acab; porque tenía por mujer a la hija de Acab, e hizo lo malo ante los ojos de Jehová.

7 Mas Jehová no quiso destruir la casa de David, a causa del pacto que había hecho con David, y porque le había dicho que le daría lámpara a él y a sus hijos perpetuamente.[a]

8 En los días de éste se rebeló Edom contra el dominio de Judá,[b] y pusieron rey sobre sí.

---

l. **20.26** Esto es, *Bendición.*
a 21.7 1 R 11.36.   **b 21.8** Gn 27.40.

⁹ Entonces pasó Joram con sus príncipes, y todos sus carros; y se levantó de noche, y derrotó a los edomitas que le habían sitiado, y a todos los comandantes de sus carros.

¹⁰ No obstante, Edom se libertó del dominio de Judá, hasta hoy. También en el mismo tiempo Libna se libertó de su dominio, por cuanto él había dejado a Jehová el Dios de sus padres.

¹¹ Además de esto, hizo lugares altos en los montes de Judá, e hizo que los moradores de Jerusalén fornicasen tras ellos, y a ello impelió a Judá.

¹² Y le llegó una carta del profeta Elías, que decía: Jehová el Dios de David tu padre ha dicho así: Por cuanto no has andado en los caminos de Josafat tu padre, ni en los caminos de Asa rey de Judá,

¹³ sino que has andado en el camino de los reyes de Israel, y has hecho que fornicase Judá y los moradores de Jerusalén, como fornicó la casa de Acab; y además has dado muerte a tus hermanos, a la familia de tu padre, los cuales eran mejores que tú;

¹⁴ he aquí Jehová herirá a tu pueblo de una gran plaga, y a tus hijos y a tus mujeres, y a todo cuanto tienes;

¹⁵ y a ti con muchas enfermedades, con enfermedad de tus intestinos, hasta que se te salgan a causa de tu persistente enfermedad.

¹⁶ Entonces Jehová despertó contra Joram la ira de los filisteos y de los árabes que estaban junto a los etíopes;

¹⁷ y subieron contra Judá, e invadieron la tierra, y tomaron todos los bienes que hallaron en la casa del rey, y a sus hijos y a sus mujeres; y no le quedó más hijo sino solamente Joacaz el menor de sus hijos.

¹⁸ Después de todo esto, Jehová lo hirió con una enfermedad incurable en los intestinos.

¹⁹ Y aconteció que al pasar muchos días, al fin, al cabo de dos años, los intestinos se le salieron por la enfermedad, muriendo así de enfermedad muy penosa. Y no encendieron fuego en su honor, como lo habían hecho con sus padres.

²⁰ Cuando comenzó a reinar era de treinta y dos años, y reinó en Jerusalén ocho años; y murió sin que lo desearan más. Y lo sepultaron en la ciudad de David, pero no en los sepulcros de los reyes.

Reinado de Ocozías de Judá
(2 R 8.25-29)

22 ¹ Los habitantes de Jerusalén hicieron rey en lugar de Joram a Ocozías su hijo menor; porque una banda armada que había venido con los árabes al campamento, había matado a todos los mayores, por lo cual reinó Ocozías, hijo de Joram rey de Judá.

² Cuando Ocozías comenzó a reinar era de cuarenta y dos años, y reinó un año en Jerusalén. El nombre de su madre fue Atalía, hija de Omri.

³ También él anduvo en los caminos de la casa de Acab, pues su madre le aconsejaba a que actuase impíamente.

⁴ Hizo, pues, lo malo ante los ojos de Jehová, como la casa de Acab; porque después de la muerte de su padre, ellos le aconsejaron para su perdición.

⁵ Y él anduvo en los consejos de ellos, y fue a la guerra con Joram hijo de Acab, rey de Israel, contra Hazael rey de Siria, a Ramot de Galaad, donde los sirios hirieron a Joram.

⁶ Y volvió para curarse en Jezreel de las heridas que le habían hecho en Ramot, peleando contra Hazael rey de Siria. Y descendió Ocozías hijo de Joram, rey de Judá, para visitar a Joram hijo de Acab en Jezreel, porque allí estaba enfermo.

Jehú mata a Ocozías
(2 R 9.27-29)

⁷ Pero esto venía de Dios, para que Ocozías fuese destruido viniendo a Joram; porque habiendo venido, salió con Joram contra Jehú hijo de Nimsi, al cual Jehová había ungido para que exterminara la familia de Acab.

⁸ Y haciendo juicio Jehú contra la casa de Acab, halló a los príncipes de Judá, y a los hijos de los hermanos de Ocozías, que servían a Ocozías, y los mató.

⁹ Y buscando a Ocozías, el cual se había escondido en Samaria, lo hallaron y lo trajeron a Jehú, y le mataron; y le dieron sepultura, porque dijeron: Es hijo de Josafat, quien de todo su corazón buscó

a Jehová. Y la casa de Ocozías no tenía fuerzas para poder retener el reino.

Atalía usurpa el trono
(2 R 11.1-21)

¹⁰ Entonces Atalía madre de Ocozías, viendo que su hijo era muerto, se levantó y exterminó toda la descendencia real de la casa de Judá.
¹¹ Pero Josabet, hija del rey, tomó a Joás hijo de Ocozías, y escondiéndolo de entre los demás hijos del rey, a los cuales mataban, le guardó a él y a su ama en uno de los aposentos. Así lo escondió Josabet, hija del rey Joram, mujer del sacerdote Joiada (porque ella era hermana de Ocozías), de delante de Atalía, y no lo mataron.
¹² Y estuvo con ellos escondido en la casa de Dios seis años. Entre tanto, Atalía reinaba en el país.

23 ¹ En el séptimo año se animó Joiada, y tomó consigo en alianza a los jefes de centenas Azarías hijo de Jeroham, Ismael hijo de Johanán, Azarías hijo de Obed, Maasías hijo de Adaía, y Elisafat hijo de Zicri,
² los cuales recorrieron el país de Judá, y reunieron a los levitas de todas las ciudades de Judá y a los príncipes de las familias de Israel, y vinieron a Jerusalén.
³ Y toda la multitud hizo pacto con el rey en la casa de Dios. Y Joiada les dijo: He aquí el hijo del rey, el cual reinará, como Jehová ha dicho respecto a los hijos de David.ᵃ
⁴ Ahora haced esto: una tercera parte de vosotros, los que entran el día de reposo,* estarán de porteros con los sacerdotes y los levitas.
⁵ Otra tercera parte, a la casa del rey; y la otra tercera parte, a la puerta del Cimiento; y todo el pueblo estará en los patios de la casa de Jehová.
⁶ Y ninguno entre en la casa de Jehová, sino los sacerdotes y levitas que ministran; éstos entrarán, porque están consagrados; y todo el pueblo hará guardia delante de Jehová.
⁷ Y los levitas rodearán al rey por todas partes, y cada uno tendrá sus armas en la mano; cualquiera que entre en la casa,

que muera; y estaréis con el rey cuando entre y cuando salga.
⁸ Y los levitas y todo Judá lo hicieron todo como lo había mandado el sacerdote Joiada; y tomó cada jefe a los suyos, los que entraban el día de reposo,* y los que salían el día de reposo;* porque el sacerdote Joiada no dio licencia a las compañías.
⁹ Dio también el sacerdote Joiada a los jefes de centenas las lanzas, los paveses y los escudos que habían sido del rey David, y que estaban en la casa de Dios;
¹⁰ y puso en orden a todo el pueblo, teniendo cada uno su espada en la mano, desde el rincón derecho del templo hasta el izquierdo, hacia el altar y la casa, alrededor del rey por todas partes.
¹¹ Entonces sacaron al hijo del rey, y le pusieron la corona y el testimonio, y lo proclamaron rey; y Joiada y sus hijos lo ungieron, diciendo luego: ¡Viva el rey!
¹² Cuando Atalía oyó el estruendo de la gente que corría, y de los que aclamaban al rey, vino al pueblo a la casa de Jehová;
¹³ y mirando, vio al rey que estaba junto a su columna a la entrada, y los príncipes y los trompeteros junto al rey, y que todo el pueblo de la tierra mostraba alegría, y sonaba bocinas, y los cantores con instrumentos de música dirigían la alabanza. Entonces Atalía rasgó sus vestidos, y dijo: ¡Traición! ¡Traición!
¹⁴ Pero el sacerdote Joiada mandó que salieran los jefes de centenas del ejército, y les dijo: Sacadla fuera del recinto, y al que la siguiere, matadlo a filo de espada; porque el sacerdote había mandado que no la matasen en la casa de Jehová.
¹⁵ Ellos, pues, le echaron mano, y luego que ella hubo pasado la entrada de la puerta de los caballos de la casa del rey, allí la mataron.
¹⁶ Y Joiada hizo pacto entre sí y todo el pueblo y el rey, que serían pueblo de Jehová.
¹⁷ Después de esto entró todo el pueblo en el templo de Baal, y lo derribaron, y también sus altares; e hicieron pedazos sus imágenes, y mataron delante de los altares a Matán, sacerdote de Baal.
¹⁸ Luego ordenó Joiada los oficios en la casa de Jehová, bajo la mano de los

---

* Aquí equivale a *sábado.*

ᵃ 23.3 2 S 7.12.

sacerdotes y levitas, según David los había distribuido en la casa de Jehová, para ofrecer a Jehová los holocaustos, como está escrito en la ley de Moisés, con gozo y con cánticos, conforme a la disposición de David.

19 Puso también porteros a las puertas de la casa de Jehová, para que por ninguna vía entrase ningún inmundo.

20 Llamó después a los jefes de centenas, y a los principales, a los que gobernaban el pueblo y a todo el pueblo de la tierra, para conducir al rey desde la casa de Jehová; y cuando llegaron a la mitad de la puerta mayor de la casa del rey, sentaron al rey sobre el trono del reino.

21 Y se regocijó todo el pueblo del país; y la ciudad estuvo tranquila, después que mataron a Atalía a filo de espada.

Reinado de Joás de Judá
(2 R 12.1-21)

24 1 De siete años era Joás cuando comenzó a reinar, y cuarenta años reinó en Jerusalén. El nombre de su madre fue Sibia, de Beerseba.

2 E hizo Joás lo recto ante los ojos de Jehová todos los días de Joiada el sacerdote.

3 Y Joiada tomó para él dos mujeres; y engendró hijos e hijas.

4 Después de esto, aconteció que Joás decidió restaurar la casa de Jehová.

5 Y reunió a los sacerdotes y los levitas, y les dijo: Salid por las ciudades de Judá, y recoged dinero de todo Israel, para que cada año sea reparada la casa de vuestro Dios; y vosotros poned diligencia en el asunto. Pero los levitas no pusieron diligencia.

6 Por lo cual el rey llamó al sumo sacerdote Joiada y le dijo: ¿Por qué no has procurado que los levitas traigan de Judá y de Jerusalén la ofrenda que Moisés siervo de Jehová impuso a la congregación de Israel para el tabernáculo del testimonio?[a]

7 Porque la impía Atalía y sus hijos habían destruido la casa de Dios, y además habían gastado en los ídolos todas las cosas consagradas de la casa de Jehová.

8 Mandó, pues, el rey que hiciesen un arca, la cual pusieron fuera, a la puerta de la casa de Jehová;

9 e hicieron pregonar en Judá y en Jerusalén, que trajesen a Jehová la ofrenda que Moisés siervo de Dios había impuesto a Israel en el desierto.

10 Y todos los jefes y todo el pueblo se gozaron, y trajeron ofrendas, y las echaron en el arca hasta llenarla.

11 Y cuando venía el tiempo para llevar el arca al secretario del rey por mano de los levitas, cuando veían que había mucho dinero, venía el escriba del rey, y el que estaba puesto por el sumo sacerdote, y llevaban el arca, y la vaciaban, y la volvían a su lugar. Así lo hacían de día en día, y recogían mucho dinero,

12 y el rey y Joiada lo daban a los que hacían el trabajo del servicio de la casa de Jehová; y tomaban canteros y carpinteros que reparasen la casa de Jehová, y artífices en hierro y bronce para componer la casa.

13 Hacían, pues, los artesanos la obra, y por sus manos la obra fue restaurada, y restituyeron la casa de Dios a su antigua condición, y la consolidaron.

14 Y cuando terminaron, trajeron al rey y a Joiada lo que quedaba del dinero, e hicieron de él utensilios para la casa de Jehová, utensilios para el servicio, morteros, cucharas, vasos de oro y de plata. Y sacrificaban holocaustos continuamente en la casa de Jehová todos los días de Joiada.

15 Mas Joiada envejeció, y murió lleno de días; de ciento treinta años era cuando murió.

16 Y lo sepultaron en la ciudad de David con los reyes, por cuanto había hecho bien con Israel, y para con Dios, y con su casa.

17 Muerto Joiada, vinieron los príncipes de Judá y ofrecieron obediencia al rey; y el rey los oyó.

18 Y desampararon la casa de Jehová el Dios de sus padres, y sirvieron a los símbolos de Asera y a las imágenes esculpidas. Entonces la ira de Dios vino sobre Judá y Jerusalén por este su pecado.

19 Y les envió profetas para que los volviesen a Jehová, los cuales les amonestaron; mas ellos no los escucharon.

20 Entonces el Espíritu de Dios vino sobre Zacarías hijo del sacerdote Joiada; y

---

a **24.6** Éx 30.11-16.

puesto en pie, donde estaba más alto que el pueblo, les dijo: Así ha dicho Dios: ¿Por qué quebrantáis los mandamientos de Jehová? No os vendrá bien por ello; porque por haber dejado a Jehová, él también os abandonará.

21 Pero ellos hicieron conspiración contra él, y por mandato del rey lo apedrearon hasta matarlo, en el patio de la casa de Jehová.[b]

22 Así el rey Joás no se acordó de la misericordia que Joiada padre de Zacarías había hecho con él, antes mató a su hijo, quien dijo al morir: Jehová lo vea y lo demande.

23 A la vuelta del año subió contra él el ejército de Siria; y vinieron a Judá y a Jerusalén, y destruyeron en el pueblo a todos los principales de él, y enviaron todo el botín al rey a Damasco.

24 Porque aunque el ejército de Siria había venido con poca gente, Jehová entregó en sus manos un ejército muy numeroso, por cuanto habían dejado a Jehová el Dios de sus padres. Así ejecutaron juicios contra Joás.

25 Y cuando se fueron los sirios, lo dejaron agobiado por sus dolencias; y conspiraron contra él sus siervos a causa de la sangre de los hijos de Joiada el sacerdote, y lo hirieron en su cama, y murió. Y lo sepultaron en la ciudad de David, pero no en los sepulcros de los reyes.

26 Los que conspiraron contra él fueron Zabad hijo de Simeat amonita, y Jozabad hijo de Simrit moabita.

27 En cuanto a los hijos de Joás, y la multiplicación que hizo de las rentas, y la restauración de la casa de Jehová, he aquí está escrito en la historia del libro de los reyes. Y reinó en su lugar Amasías su hijo.

Reinado de Amasías
(2 R 14.1-22)

25 1 De veinticinco años era Amasías cuando comenzó a reinar, y veintinueve años reinó en Jerusalén; el nombre de su madre fue Joadán, de Jerusalén. 2 Hizo él lo recto ante los ojos de Jehová, aunque no de perfecto corazón. 3 Y luego que fue confirmado en el reino, mató a los siervos que habían matado al rey su padre.

4 Pero no mató a los hijos de ellos, según lo que está escrito en la ley, en el libro de Moisés, donde Jehová mandó diciendo: No morirán los padres por los hijos, ni los hijos por los padres; mas cada uno morirá por su pecado.[a]

5 Reunió luego Amasías a Judá, y con arreglo a las familias les puso jefes de millares y de centenas sobre todo Judá y Benjamín. Después puso en lista a todos los de veinte años arriba, y fueron hallados trescientos mil escogidos para salir a la guerra, que tenían lanza y escudo.

6 Y de Israel tomó a sueldo por cien talentos de plata, a cien mil hombres valientes.

7 Mas un varón de Dios vino a él y le dijo: Rey, no vaya contigo el ejército de Israel; porque Jehová no está con Israel, ni con todos los hijos de Efraín.

8 Pero si vas así, si lo haces, y te esfuerzas para pelear, Dios te hará caer delante de los enemigos; porque en Dios está el poder, o para ayudar, o para derribar.

9 Y Amasías dijo al varón de Dios: ¿Qué, pues, se hará de los cien talentos que he dado al ejército de Israel? Y el varón de Dios respondió: Jehová puede darte mucho más que esto.

10 Entonces Amasías apartó el ejército de la gente que había venido a él de Efraín, para que se fuesen a sus casas; y ellos se enojaron grandemente contra Judá, y volvieron a sus casas encolerizados.

11 Esforzándose entonces Amasías, sacó a su pueblo, y vino al Valle de la Sal, y mató de los hijos de Seir diez mil.[b]

12 Y los hijos de Judá tomaron vivos a otros diez mil, los cuales llevaron a la cumbre de un peñasco, y de allí los despeñaron, y todos se hicieron pedazos.

13 Mas los del ejército que Amasías había despedido, para que no fuesen con él a la guerra, invadieron las ciudades de Judá, desde Samaria hasta Bet-horón, y mataron a tres mil de ellos, y tomaron gran despojo.

14 Volviendo luego Amasías de la matanza de los edomitas, trajo también consigo los dioses de los hijos de Seir, y los puso ante sí por dioses, y los adoró, y les quemó incienso.

15 Por esto se encendió la ira de Jehová contra Amasías, y envió a él un profeta,

b 24.20, 21 Mt 23.35; Lc 11.51. a 25.4 Dt 24.16.
b 25.11 2 R 14.7.

que le dijo: ¿Por qué has buscado los dioses de otra nación, que no libraron a su pueblo de tus manos?

16 Y hablándole el profeta estas cosas, él le respondió: ¿Te han puesto a ti por consejero del rey? Déjate de eso. ¿Por qué quieres que te maten? Y cuando terminó de hablar, el profeta dijo luego: Yo sé que Dios ha decretado destruirte, porque has hecho esto, y no obedeciste mi consejo.

17 Y Amasías rey de Judá, después de tomar consejo, envió a decir a Joás hijo de Joacaz, hijo de Jehú, rey de Israel: Ven, y veámonos cara a cara.

18 Entonces Joás rey de Israel envió a decir a Amasías rey de Judá: El cardo que estaba en el Líbano envió al cedro que estaba en el Líbano, diciendo: Da tu hija a mi hijo por mujer. Y he aquí que las fieras que estaban en el Líbano pasaron, y hollaron el cardo.

19 Tú dices: He aquí he derrotado a Edom; y tu corazón se enaltece para gloriarte. Quédate ahora en tu casa. ¿Para qué provocas un mal en que puedas caer tú y Judá contigo?

20 Mas Amasías no quiso oír; porque era la voluntad de Dios, que los quería entregar en manos de sus enemigos, por cuanto habían buscado los dioses de Edom.

21 Subió, pues, Joás rey de Israel, y se vieron cara a cara él y Amasías rey de Judá en la batalla de Bet-semes, la cual es de Judá.

22 Pero cayó Judá delante de Israel, y huyó cada uno a su casa.

23 Y Joás rey de Israel apresó en Bet-semes a Amasías rey de Judá, hijo de Joás, hijo de Joacaz, y lo llevó a Jerusalén; y derribó el muro de Jerusalén desde la puerta de Efraín hasta la puerta del ángulo, un tramo de cuatrocientos codos.

24 Asimismo tomó todo el oro y la plata, y todos los utensilios que se hallaron en la casa de Dios en casa de Obed-edom, y los tesoros de la casa del rey, y los hijos de los nobles; después volvió a Samaria.

25 Y vivió Amasías hijo de Joás, rey de Judá, quince años después de la muerte de Joás hijo de Joacaz, rey de Israel.

26 Los demás hechos de Amasías, primeros y postreros, ¿no están escritos en el libro de los reyes de Judá y de Israel?

27 Desde el tiempo en que Amasías se apartó de Jehová, empezaron a conspirar contra él en Jerusalén; y habiendo él huido a Laquis, enviaron tras él a Laquis, y allá lo mataron;

28 y lo trajeron en caballos, y lo sepultaron con sus padres en la ciudad de Judá.

Reinado de Uzías
(2 R 15.1-7)

26 1 Entonces todo el pueblo de Judá tomó a Uzías, el cual tenía dieciséis años de edad, y lo pusieron por rey en lugar de Amasías su padre.

2 Uzías edificó a Elot, y la restituyó a Judá después que el rey Amasías durmió con sus padres.

3 De dieciséis años era Uzías cuando comenzó a reinar, y cincuenta y dos años reinó en Jerusalén. El nombre de su madre fue Jecolías, de Jerusalén.

4 E hizo lo recto ante los ojos de Jehová, conforme a todas las cosas que había hecho Amasías su padre.

5 Y persistió en buscar a Dios en los días de Zacarías, entendido en visiones de Dios; y en estos días en que buscó a Jehová, él le prosperó.

6 Y salió y peleó contra los filisteos, y rompió el muro de Gat, y el muro de Jabnia, y el muro de Asdod; y edificó ciudades en Asdod, y en la tierra de los filisteos.

7 Dios le dio ayuda contra los filisteos, y contra los árabes que habitaban en Gur-baal, y contra los amonitas.

8 Y dieron los amonitas presentes a Uzías, y se divulgó su fama hasta la frontera de Egipto; porque se había hecho altamente poderoso.

9 Edificó también Uzías torres en Jerusalén, junto a la puerta del ángulo, y junto a la puerta del valle, y junto a las esquinas; y las fortificó.

10 Asimismo edificó torres en el desierto, y abrió muchas cisternas; porque tuvo muchos ganados, así en la Sefela como en las vegas, y viñas y labranzas, así en los montes como en los llanos fértiles; porque era amigo de la agricultura.

11 Tuvo también Uzías un ejército de guerreros, los cuales salían a la guerra en divisiones, de acuerdo con la lista hecha por mano de Jeiel escriba, y de Maasías

gobernador, y de Hananías, uno de los jefes del rey.

12 Todo el número de los jefes de familia, valientes y esforzados, era dos mil seiscientos.

13 Y bajo la mano de éstos estaba el ejército de guerra, de trescientos siete mil quinientos guerreros poderosos y fuertes, para ayudar al rey contra los enemigos.

14 Y Uzías preparó para todo el ejército escudos, lanzas, yelmos, coseletes, arcos, y hondas para tirar piedras.

15 E hizo en Jerusalén máquinas inventadas por ingenieros, para que estuviesen en las torres y en los baluartes, para arrojar saetas y grandes piedras. Y su fama se extendió lejos, porque fue ayudado maravillosamente, hasta hacerse poderoso.

16 Mas cuando ya era fuerte, su corazón se enalteció para su ruina; porque se rebeló contra Jehová su Dios, entrando en el templo de Jehová para quemar incienso en el altar del incienso.

17 Y entró tras él el sacerdote Azarías, y con él ochenta sacerdotes de Jehová, varones valientes.

18 Y se pusieron contra el rey Uzías, y le dijeron: No te corresponde a ti, oh Uzías, el quemar incienso a Jehová, sino a los sacerdotes hijos de Aarón, que son consagrados para quemarlo.ᵃ Sal del santuario, porque has prevaricado, y no te será para gloria delante de Jehová Dios.

19 Entonces Uzías, teniendo en la mano un incensario para ofrecer incienso, se llenó de ira; y en su ira contra los sacerdotes, la lepra le brotó en la frente, delante de los sacerdotes en la casa de Jehová, junto al altar del incienso.

20 Y le miró el sumo sacerdote Azarías, y todos los sacerdotes, y he aquí la lepra estaba en su frente; y le hicieron salir apresuradamente de aquel lugar; y él también se dio prisa a salir, porque Jehová lo había herido.

21 Así el rey Uzías fue leproso hasta el día de su muerte, y habitó leproso en una casa apartada, por lo cual fue excluido de la casa de Jehová; y Jotam su hijo tuvo cargo de la casa real, gobernando al pueblo de la tierra.

22 Los demás hechos de Uzías, primeros y postreros, fueron escritos por el profeta Isaías, hijo de Amoz.

23 Y durmió Uzías con sus padres,ᵇ y lo sepultaron con sus padres en el campo de los sepulcros reales; porque dijeron: Leproso es. Y reinó Jotam su hijo en lugar suyo.

Reinado de Jotam
(2 R 15.32-38)

27 ¹ De veinticinco años era Jotam cuando comenzó a reinar, y dieciséis años reinó en Jerusalén. El nombre de su madre fue Jerusa, hija de Sadoc.

2 E hizo lo recto ante los ojos de Jehová, conforme a todas las cosas que había hecho Uzías su padre, salvo que no entró en el santuario de Jehová. Pero el pueblo continuaba corrompiéndose.

3 Edificó él la puerta mayor de la casa de Jehová, y sobre el muro de la fortaleza edificó mucho.

4 Además edificó ciudades en las montañas de Judá, y construyó fortalezas y torres en los bosques.

5 También tuvo él guerra con el rey de los hijos de Amón, a los cuales venció; y le dieron los hijos de Amón en aquel año cien talentos de plata, diez mil coros de trigo, y diez mil de cebada. Esto le dieron los hijos de Amón, y lo mismo en el segundo año y en el tercero.

6 Así que Jotam se hizo fuerte, porque preparó sus caminos delante de Jehová su Dios.

7 Los demás hechos de Jotam, y todas sus guerras, y sus caminos, he aquí están escritos en el libro de los reyes de Israel y de Judá.

8 Cuando comenzó a reinar era de veinticinco años, y dieciséis reinó en Jerusalén.

9 Y durmió Jotam con sus padres, y lo sepultaron en la ciudad de David; y reinó en su lugar Acaz su hijo.

Reinado de Acaz
(2 R 16.1-20)

28 ¹ De veinte años era Acaz cuando comenzó a reinar, y dieciséis años reinó en Jerusalén; mas no hizo lo recto ante los ojos de Jehová, como David su padre.

---

a 26.18 Éx 30.7, 8; Nm 3.10.   **b 26.23** Is 6.1.

2 Antes anduvo en los caminos de los reyes de Israel, y además hizo imágenes fundidas a los baales.

3 Quemó también incienso en el valle de los hijos de Hinom, e hizo pasar a sus hijos por fuego, conforme a las abominaciones de las naciones que Jehová había arrojado de la presencia de los hijos de Israel.

4 Asimismo sacrificó y quemó incienso en los lugares altos, en los collados, y debajo de todo árbol frondoso.

5 Por lo cual Jehová su Dios lo entregó en manos del rey de los sirios, los cuales lo derrotaron, y le tomaron gran número de prisioneros que llevaron a Damasco. Fue también entregado en manos del rey de Israel, el cual lo batió con gran mortandad.

6 Porque Peka hijo de Remalías mató en Judá en un día ciento veinte mil hombres valientes, por cuanto habían dejado a Jehová el Dios de sus padres.[a]

7 Asimismo Zicri, hombre poderoso de Efraín, mató a Maasías hijo del rey, a Azricam su mayordomo, y a Elcana, segundo después del rey.

8 También los hijos de Israel tomaron cautivos de sus hermanos a doscientos mil, mujeres, muchachos y muchachas, además de haber tomado de ellos mucho botín que llevaron a Samaria.

9 Había entonces allí un profeta de Jehová que se llamaba Obed, el cual salió delante del ejército cuando entraba en Samaria, y les dijo: He aquí, Jehová el Dios de vuestros padres, por el enojo contra Judá, los ha entregado en vuestras manos; y vosotros los habéis matado con ira que ha llegado hasta el cielo.

10 Y ahora habéis determinado sujetar a vosotros a Judá y a Jerusalén como siervos y siervas; mas ¿no habéis pecado vosotros contra Jehová vuestro Dios?

11 Oídme, pues, ahora, y devolved a los cautivos que habéis tomado de vuestros hermanos; porque Jehová está airado contra vosotros.

12 Entonces se levantaron algunos varones de los principales de los hijos de Efraín, Azarías hijo de Johanán, Berequías hijo de Mesilemot, Ezequías hijo de Salum, y Amasa hijo de Hadlai, contra los que venían de la guerra.

13 Y les dijeron: No traigáis aquí a los cautivos, porque el pecado contra Jehová estará sobre nosotros. Vosotros tratáis de añadir sobre nuestros pecados y sobre nuestras culpas, siendo muy grande nuestro delito, y el ardor de la ira contra Israel.

14 Entonces el ejército dejó los cautivos y el botín delante de los príncipes y de toda la multitud.

15 Y se levantaron los varones nombrados, y tomaron a los cautivos, y del despojo vistieron a los que de ellos estaban desnudos; los vistieron, los calzaron, y les dieron de comer y de beber, los ungieron, y condujeron en asnos a todos los débiles, y los llevaron hasta Jericó, ciudad de las palmeras, cerca de sus hermanos; y ellos volvieron a Samaria.

16 En aquel tiempo envió a pedir el rey Acaz a los reyes de Asiria que le ayudasen.

17 Porque también los edomitas habían venido y atacado a los de Judá, y habían llevado cautivos.

18 Asimismo los filisteos se habían extendido por las ciudades de la Sefela y del Neguev de Judá, y habían tomado Bet-semes, Ajalón, Gederot, Soco con sus aldeas, Timna también con sus aldeas, y Gimzo con sus aldeas; y habitaban en ellas.

19 Porque Jehová había humillado a Judá por causa de Acaz rey de Israel, por cuanto él había actuado desenfrenadamente en Judá, y había prevaricado gravemente contra Jehová.

20 También vino contra él Tiglat-pileser rey de los asirios, quien lo redujo a estrechez, y no lo fortaleció.

21 No obstante que despojó Acaz la casa de Jehová, y la casa real, y las de los príncipes, para dar al rey de los asirios, éste no le ayudó.

22 Además el rey Acaz en el tiempo que aquél le apuraba, añadió mayor pecado contra Jehová;

23 porque ofreció sacrificios a los dioses de Damasco que le habían derrotado, y dijo: Pues que los dioses de los reyes de Siria les ayudan, yo también ofreceré sacrificios a ellos para que me ayuden; bien que fueron éstos su ruina, y la de todo Israel.

---

a 28.5, 6 2 R 16.5; Is 7.1.

24 Además de eso recogió Acaz los utensilios de la casa de Dios, y los quebró, y cerró las puertas de la casa de Jehová, y se hizo altares en Jerusalén en todos los rincones. **25** Hizo también lugares altos en todas las ciudades de Judá, para quemar incienso a los dioses ajenos, provocando así a ira a Jehová el Dios de sus padres. **26** Los demás de sus hechos, y todos sus caminos, primeros y postreros, he aquí están escritos en el libro de los reyes de Judá y de Israel. **27** Y durmió Acaz con sus padres,[b] y lo sepultaron en la ciudad de Jerusalén, pero no lo metieron en los sepulcros de los reyes de Israel; y reinó en su lugar Ezequías su hijo.

Reinado de Ezequías
(2 R 18.1-3)

29 **1** Comenzó a reinar Ezequías siendo de veinticinco años, y reinó veintinueve años en Jerusalén. El nombre de su madre fue Abías, hija de Zacarías. **2** E hizo lo recto ante los ojos de Jehová, conforme a todas las cosas que había hecho David su padre.

Ezequías restablece el culto del templo

3 En el primer año de su reinado, en el mes primero, abrió las puertas de la casa de Jehová, y las reparó. **4** E hizo venir a los sacerdotes y levitas, y los reunió en la plaza oriental. **5** Y les dijo: ¡Oídme, levitas! Santificaos ahora, y santificad la casa de Jehová el Dios de vuestros padres, y sacad del santuario la inmundicia. **6** Porque nuestros padres se han rebelado, y han hecho lo malo ante los ojos de Jehová nuestro Dios; porque le dejaron, y apartaron sus rostros del tabernáculo de Jehová, y le volvieron las espaldas. **7** Y aun cerraron las puertas del pórtico, y apagaron las lámparas; no quemaron incienso, ni sacrificaron holocausto en el santuario al Dios de Israel. **8** Por tanto, la ira de Jehová ha venido sobre Judá y Jerusalén, y los ha entregado a turbación, a execración y a escarnio, como veis vosotros con vuestros ojos. **9** Y he aquí nuestros padres han caído a espada, y nuestros hijos, nuestras hijas y nuestras mujeres fueron llevados cautivos por esto. **10** Ahora, pues, yo he determinado hacer pacto con Jehová el Dios de Israel, para que aparte de nosotros el ardor de su ira. **11** Hijos míos, no os engañéis ahora, porque Jehová os ha escogido a vosotros para que estéis delante de él y le sirváis, y seáis sus ministros, y le queméis incienso.

12 Entonces se levantaron los levitas Mahat hijo de Amasai y Joel hijo de Azarías, de los hijos de Coat; de los hijos de Merari, Cis hijo de Abdi y Azarías hijo de Jehalelel; de los hijos de Gersón, Joa hijo de Zima y Edén hijo de Joa; **13** de los hijos de Elizafán, Simri y Jeiel; de los hijos de Asaf, Zacarías y Matanías; **14** de los hijos de Hemán, Jehiel y Simei; y de los hijos de Jedutún, Semaías y Uziel. **15** Éstos reunieron a sus hermanos, y se santificaron, y entraron, conforme al mandamiento del rey y las palabras de Jehová, para limpiar la casa de Jehová. **16** Y entrando los sacerdotes dentro de la casa de Jehová para limpiarla, sacaron toda la inmundicia que hallaron en el templo de Jehová, al atrio de la casa de Jehová; y de allí los levitas la llevaron fuera al torrente de Cedrón. **17** Comenzaron a santificarse el día primero del mes primero, y a los ocho del mismo mes vinieron al pórtico de Jehová; y santificaron la casa de Jehová en ocho días, y en el día dieciséis del mes primero terminaron. **18** Entonces vinieron al rey Ezequías y le dijeron: Ya hemos limpiado toda la casa de Jehová, el altar del holocausto, y todos sus instrumentos, y la mesa de la proposición con todos sus utensilios. **19** Asimismo hemos preparado y santificado todos los utensilios que en su infidelidad había desechado el rey Acaz, cuando reinaba; y he aquí están delante del altar de Jehová.

20 Y levantándose de mañana, el rey Ezequías reunió los principales de la ciudad, y subió a la casa de Jehová.

21 Y presentaron siete novillos, siete carneros, siete corderos y siete machos cabríos para expiación por el reino, por el santuario y por Judá. Y dijo a los sacerdotes hijos de Aarón que los ofreciesen sobre el altar de Jehová.

22 Mataron, pues, los novillos, y los sacerdotes recibieron la sangre, y la esparcieron sobre el altar; mataron luego los carneros, y esparcieron la sangre sobre el altar; asimismo mataron los corderos, y esparcieron la sangre sobre el altar.

23 Después hicieron acercar delante del rey y de la multitud los machos cabríos para la expiación, y pusieron sobre ellos sus manos;

24 y los sacerdotes los mataron, e hicieron ofrenda de expiación con la sangre de ellos sobre el altar, para reconciliar a todo Israel; porque por todo Israel mandó el rey hacer el holocausto y la expiación.

25 Puso también levitas en la casa de Jehová con címbalos, salterios y arpas, conforme al mandamiento de David, de Gad vidente del rey, y del profeta Natán, porque aquel mandamiento procedía de Jehová por medio de sus profetas.

26 Y los levitas estaban con los instrumentos de David, y los sacerdotes con trompetas.

27 Entonces mandó Ezequías sacrificar el holocausto en el altar; y cuando comenzó el holocausto, comenzó también el cántico de Jehová, con las trompetas y los instrumentos de David rey de Israel.

28 Y toda la multitud adoraba, y los cantores cantaban, y los trompeteros sonaban las trompetas; todo esto duró hasta consumirse el holocausto.

29 Y cuando acabaron de ofrecer, se inclinó el rey, y todos los que con él estaban, y adoraron.

30 Entonces el rey Ezequías y los príncipes dijeron a los levitas que alabasen a Jehová con las palabras de David y de Asaf vidente; y ellos alabaron con gran alegría, y se inclinaron y adoraron.

31 Y respondiendo Ezequías, dijo: Vosotros os habéis consagrado ahora a Jehová; acercaos, pues, y presentad sacrificios y alabanzas en la casa de Jehová. Y la multitud presentó sacrificios y alabanzas; y todos los generosos de corazón trajeron holocaustos.

32 Y fue el número de los holocaustos que trajo la congregación, setenta bueyes, cien carneros y doscientos corderos, todo para el holocausto de Jehová.

33 Y las ofrendas fueron seiscientos bueyes y tres mil ovejas.

34 Mas los sacerdotes eran pocos, y no bastaban para desollar los holocaustos; y así sus hermanos los levitas les ayudaron hasta que acabaron la obra, y hasta que los demás sacerdotes se santificaron; porque los levitas fueron más rectos de corazón para santificarse que los sacerdotes.

35 Así, pues, hubo abundancia de holocaustos, con grosura de las ofrendas de paz, y libaciones para cada holocausto. Y quedó restablecido el servicio de la casa de Jehová.

36 Y se alegró Ezequías con todo el pueblo, de que Dios hubiese preparado el pueblo; porque la cosa fue hecha rápidamente.

Ezequías celebra la pascua

30 **1** Envió después Ezequías por todo Israel y Judá, y escribió cartas a Efraín y a Manasés, para que viniesen a Jerusalén a la casa de Jehová para celebrar la pascua a Jehová Dios de Israel.

2 Y el rey había tomado consejo con sus príncipes, y con toda la congregación en Jerusalén, para celebrar la pascua en el mes segundo;

3 porque entonces no la podían celebrar, por cuanto no había suficientes sacerdotes santificados, ni el pueblo se había reunido en Jerusalén.[a]

4 Esto agradó al rey y a toda la multitud.

5 Y determinaron hacer pasar pregón por todo Israel, desde Beerseba hasta Dan, para que viniesen a celebrar la pascua a Jehová Dios de Israel, en Jerusalén; porque en mucho tiempo no la habían celebrado al modo que está escrito.

6 Fueron, pues, correos con cartas de mano del rey y de sus príncipes por todo Israel y Judá, como el rey lo había mandado, y decían: Hijos de Israel, volveos a Jehová el Dios de Abraham, de Isaac y de Israel, y él se volverá al remanente que ha quedado de la mano de los reyes de Asiria.

a **30.2, 3** Nm 9.9-11.

7 No seáis como vuestros padres y como vuestros hermanos, que se rebelaron contra Jehová el Dios de sus padres, y él los entregó a desolación, como vosotros veis. **8** No endurezcáis, pues, ahora vuestra cerviz como vuestros padres; someteos a Jehová, y venid a su santuario, el cual él ha santificado para siempre; y servid a Jehová vuestro Dios, y el ardor de su ira se apartará de vosotros. **9** Porque si os volviereis a Jehová, vuestros hermanos y vuestros hijos hallarán misericordia delante de los que los tienen cautivos, y volverán a esta tierra; porque Jehová vuestro Dios es clemente y misericordioso, y no apartará de vosotros su rostro, si vosotros os volviereis a él.

10 Pasaron, pues, los correos de ciudad en ciudad por la tierra de Efraín y Manasés, hasta Zabulón; mas se reían y burlaban de ellos. **11** Con todo eso, algunos hombres de Aser, de Manasés y de Zabulón se humillaron, y vinieron a Jerusalén. **12** En Judá también estuvo la mano de Dios para darles un solo corazón para cumplir el mensaje del rey y de los príncipes, conforme a la palabra de Jehová.

13 Y se reunió en Jerusalén mucha gente para celebrar la fiesta solemne de los panes sin levadura en el mes segundo, una vasta reunión. **14** Y levantándose, quitaron los altares que había en Jerusalén; quitaron también todos los altares de incienso, y los echaron al torrente de Cedrón. **15** Entonces sacrificaron la pascua, a los catorce días del mes segundo; y los sacerdotes y los levitas llenos de vergüenza se santificaron, y trajeron los holocaustos a la casa de Jehová. **16** Y tomaron su lugar en los turnos de costumbre, conforme a la ley de Moisés varón de Dios; y los sacerdotes esparcían la sangre que recibían de manos de los levitas. **17** Porque había muchos en la congregación que no estaban santificados, y por eso los levitas sacrificaban la pascua por todos los que no se habían purificado, para santificarlos a Jehová. **18** Porque una gran multitud del pueblo de Efraín y Manasés, y de Isacar y Zabulón,

no se habían purificado, y comieron la pascua no conforme a lo que está escrito. Mas Ezequías oró por ellos, diciendo: Jehová, que es bueno, sea propicio a todo aquel que ha preparado su corazón para buscar a Dios, **19** a Jehová el Dios de sus padres, aunque no esté purificado según los ritos de purificación del santuario.

20 Y oyó Jehová a Ezequías, y sanó al pueblo. **21** Así los hijos de Israel que estaban en Jerusalén celebraron la fiesta solemne de los panes sin levadura por siete días con grande gozo; y glorificaban a Jehová todos los días los levitas y los sacerdotes, cantando con instrumentos resonantes a Jehová. **22** Y habló Ezequías al corazón de todos los levitas que tenían buena inteligencia en el servicio de Jehová. Y comieron de lo sacrificado en la fiesta solemne por siete días, ofreciendo sacrificios de paz, y dando gracias a Jehová el Dios de sus padres.

23 Y toda aquella asamblea determinó que celebrasen la fiesta por otros siete días; y la celebraron otros siete días con alegría. **24** Porque Ezequías rey de Judá había dado a la asamblea mil novillos y siete mil ovejas; y también los príncipes dieron al pueblo mil novillos y diez mil ovejas; y muchos sacerdotes ya se habían santificado. **25** Se alegró, pues, toda la congregación de Judá, como también los sacerdotes y levitas, y toda la multitud que había venido de Israel; asimismo los forasteros que habían venido de la tierra de Israel, y los que habitaban en Judá. **26** Hubo entonces gran regocijo en Jerusalén; porque desde los días de Salomón hijo de David rey de Israel, no había habido cosa semejante en Jerusalén. **27** Después los sacerdotes y levitas, puestos en pie, bendijeron al pueblo; y la voz de ellos fue oída, y su oración llegó a la habitación de su santuario, al cielo.

31 **1** Hechas todas estas cosas, todos los de Israel que habían estado allí salieron por las ciudades de Judá, y quebraron las estatuas y destruyeron las imágenes de Asera, y derribaron los lugares altos y los altares por todo Judá y Benjamín, y también en Efraín y Manasés, hasta acabarlo todo. Después se volvieron todos los hijos de Israel a sus ciudades, cada uno a su posesión.

Ezequías reorganiza el servicio de los sacerdotes y levitas

2 Y arregló Ezequías la distribución de los sacerdotes y de los levitas conforme a sus turnos, cada uno según su oficio; los sacerdotes y los levitas para ofrecer el holocausto y las ofrendas de paz, para que ministrasen, para que diesen gracias y alabasen dentro de las puertas de los atrios de Jehová.

3 El rey contribuyó de su propia hacienda para los holocaustos a mañana y tarde, y para los holocaustos de los días de reposo,* nuevas lunas y fiestas solemnes, como está escrito en la ley de Jehová.ª

4 Mandó también al pueblo que habitaba en Jerusalén, que diese la porción correspondiente a los sacerdotes y levitas, para que ellos se dedicasen a la ley de Jehová.

5 Y cuando este edicto fue divulgado, los hijos de Israel dieron muchas primicias de grano, vino, aceite, miel, y de todos los frutos de la tierra; trajeron asimismo en abundancia los diezmos de todas las cosas.ᵇ

6 También los hijos de Israel y de Judá, que habitaban en las ciudades de Judá, dieron del mismo modo los diezmos de las vacas y de las ovejas; y trajeron los diezmos de lo santificado, de las cosas que habían prometido a Jehová su Dios, y los depositaron en montones.

7 En el mes tercero comenzaron a formar aquellos montones, y terminaron en el mes séptimo.

8 Cuando Ezequías y los príncipes vinieron y vieron los montones, bendijeron a Jehová, y a su pueblo Israel.

9 Y preguntó Ezequías a los sacerdotes y a los levitas acerca de esos montones.

10 Y el sumo sacerdote Azarías, de la casa de Sadoc, le contestó: Desde que comenzaron a traer las ofrendas a la casa de Jehová, hemos comido y nos hemos saciado, y nos ha sobrado mucho, porque Jehová ha bendecido a su pueblo; y ha quedado esta abundancia de provisiones.

11 Entonces mandó Ezequías que preparasen cámaras en la casa de Jehová; y las prepararon.

12 Y en ellas depositaron las primicias y los diezmos y las cosas consagradas, fielmente; y dieron cargo de ello al levita Conanías, el principal, y Simei su hermano fue el segundo.

13 Y Jehiel, Azarías, Nahat, Asael, Jerimot, Jozabad, Eliel, Ismaquías, Mahat y Benaía, fueron los mayordomos al servicio de Conanías y de Simei su hermano, por mandamiento del rey Ezequías y de Azarías, príncipe de la casa de Dios.

14 Y el levita Coré hijo de Imna, guarda de la puerta oriental, tenía cargo de las ofrendas voluntarias para Dios, y de la distribución de las ofrendas dedicadas a Jehová, y de las cosas santísimas.

15 Y a su servicio estaban Edén, Miniamín, Jesúa, Semaías, Amarías y Secanías, en las ciudades de los sacerdotes, para dar con fidelidad a sus hermanos sus porciones conforme a sus grupos, así al mayor como al menor;

16 a los varones anotados por sus linajes, de tres años arriba, a todos los que entraban en la casa de Jehová para desempeñar su ministerio según sus oficios y grupos.

17 También a los que eran contados entre los sacerdotes según sus casas paternas; y a los levitas de edad de veinte años arriba, conforme a sus oficios y grupos.

18 Eran inscritos con todos sus niños, sus mujeres, sus hijos e hijas, toda la multitud; porque con fidelidad se consagraban a las cosas santas.

19 Del mismo modo para los hijos de Aarón, sacerdotes, que estaban en los ejidos de sus ciudades, por todas las ciudades, los varones nombrados tenían cargo de dar sus porciones a todos los varones de entre los sacerdotes, y a todo el linaje de los levitas.

20 De esta manera hizo Ezequías en todo Judá; y ejecutó lo bueno, recto y verdadero delante de Jehová su Dios.

21 En todo cuanto emprendió en el servicio de la casa de Dios, de acuerdo con la ley y los mandamientos, buscó a su Dios, lo hizo de todo corazón, y fue prosperado.

---

* Aquí equivale a *sábado*.
a 31.3 Nm 28.1—29.39.   b 31.4, 5 Nm 18.12, 13, 21.

Senaquerib invade a Judá
(2 R 18.13-37; Is 36.1-22)

32 ¹ Después de estas cosas y de esta fidelidad, vino Senaquerib rey de los asirios e invadió a Judá, y acampó contra las ciudades fortificadas, con la intención de conquistarlas. ² Viendo, pues, Ezequías la venida de Senaquerib, y su intención de combatir a Jerusalén, ³ tuvo consejo con sus príncipes y con sus hombres valientes, para cegar las fuentes de agua que estaban fuera de la ciudad; y ellos le apoyaron. ⁴ Entonces se reunió mucho pueblo, y cegaron todas las fuentes, y el arroyo que corría a través del territorio, diciendo: ¿Por qué han de hallar los reyes de Asiria muchas aguas cuando vengan? ⁵ Después con ánimo resuelto edificó Ezequías todos los muros caídos, e hizo alzar las torres, y otro muro por fuera; fortificó además a Milo en la ciudad de David, y también hizo muchas espadas y escudos. ⁶ Y puso capitanes de guerra sobre el pueblo, y los hizo reunir en la plaza de la puerta de la ciudad, y habló al corazón de ellos, diciendo: ⁷ Esforzaos y animaos; no temáis, ni tengáis miedo del rey de Asiria, ni de toda la multitud que con él viene; porque más hay con nosotros que con él. ⁸ Con él está el brazo de carne, mas con nosotros está Jehová nuestro Dios para ayudarnos y pelear nuestras batallas. Y el pueblo tuvo confianza en las palabras de Ezequías rey de Judá.

⁹ Después de esto, Senaquerib rey de los asirios, mientras sitiaba a Laquis con todas sus fuerzas, envió sus siervos a Jerusalén para decir a Ezequías rey de Judá, y a todos los de Judá que estaban en Jerusalén: ¹⁰ Así ha dicho Senaquerib rey de los asirios: ¿En quién confiáis vosotros, al resistir el sitio en Jerusalén? ¹¹ ¿No os engaña Ezequías para entregaros a muerte, a hambre y a sed, al decir: Jehová nuestro Dios nos librará de la mano del rey de Asiria? ¹² ¿No es Ezequías el mismo que ha quitado sus lugares altos y sus altares, y ha dicho a Judá y a Jerusalén: Delante de este solo altar adoraréis, y sobre él quemaréis incienso?

¹³ ¿No habéis sabido lo que yo y mis padres hemos hecho a todos los pueblos de la tierra? ¿Pudieron los dioses de las naciones de esas tierras librar su tierra de mi mano? ¹⁴ ¿Qué dios hubo de entre todos los dioses de aquellas naciones que destruyeron mis padres, que pudiese salvar a su pueblo de mis manos? ¿Cómo podrá vuestro Dios libraros de mi mano? ¹⁵ Ahora, pues, no os engañe Ezequías, ni os persuada de ese modo, ni le creáis; que si ningún dios de todas aquellas naciones y reinos pudo librar a su pueblo de mis manos, y de las manos de mis padres, ¿cuánto menos vuestro Dios os podrá librar de mi mano?

¹⁶ Y otras cosas más hablaron sus siervos contra Jehová Dios, y contra su siervo Ezequías. ¹⁷ Además de esto escribió cartas en que blasfemaba contra Jehová el Dios de Israel, y hablaba contra él, diciendo: Como los dioses de las naciones de los países no pudieron librar a su pueblo de mis manos, tampoco el Dios de Ezequías librará al suyo de mis manos. ¹⁸ Y clamaron a gran voz en judaico al pueblo de Jerusalén que estaba sobre los muros, para espantarles y atemorizarles, a fin de poder tomar la ciudad. ¹⁹ Y hablaron contra el Dios de Jerusalén, como contra los dioses de los pueblos de la tierra, que son obra de manos de hombres.

Jehová libra a Ezequías
(2 R 19.1-37; Is 37.1-38)

²⁰ Mas el rey Ezequías y el profeta Isaías hijo de Amoz oraron por esto, y clamaron al cielo. ²¹ Y Jehová envió un ángel, el cual destruyó a todo valiente y esforzado, y a los jefes y capitanes en el campamento del rey de Asiria. Éste se volvió, por tanto, avergonzado a su tierra; y entrando en el templo de su dios, allí lo mataron a espada sus propios hijos. ²² Así salvó Jehová a Ezequías y a los moradores de Jerusalén de las manos de Senaquerib rey de Asiria, y de las manos de todos; y les dio reposo por todos lados.

23 Y muchos trajeron a Jerusalén ofrenda a Jehová, y ricos presentes a Ezequías rey de Judá; y fue muy engrandecido delante de todas las naciones después de esto.

Enfermedad de Ezequías
(2 R 20.1-11; Is 38.1-22)

24 En aquel tiempo Ezequías enfermó de muerte; y oró a Jehová, quien le respondió, y le dio una señal.

25 Mas Ezequías no correspondió al bien que le había sido hecho, sino que se enalteció su corazón, y vino la ira contra él, y contra Judá y Jerusalén.

26 Pero Ezequías, después de haberse enaltecido su corazón, se humilló, él y los moradores de Jerusalén; y no vino sobre ellos la ira de Jehová en los días de Ezequías.

Ezequías recibe a los enviados de Babilonia
(2 R 20.12-19; Is 39.1-8)

27 Y tuvo Ezequías riquezas y gloria, muchas en gran manera; y adquirió tesoros de plata y oro, piedras preciosas, perfumes, escudos, y toda clase de joyas deseables.

28 Asimismo hizo depósitos para las rentas del grano, del vino y del aceite, establos para toda clase de bestias, y apriscos para los ganados.

29 Adquirió también ciudades, y hatos de ovejas y de vacas en gran abundancia; porque Dios le había dado muchas riquezas.

30 Este Ezequías cubrió los manantiales de Gihón la de arriba, y condujo el agua hacia el occidente de la ciudad de David. Y fue prosperado Ezequías en todo lo que hizo.

31 Mas en lo referente a los mensajeros de los príncipes de Babilonia, que enviaron a él para saber del prodigio que había acontecido en el país, Dios lo dejó, para probarle, para hacer conocer todo lo que estaba en su corazón.

Muerte de Ezequías
(2 R 20.20, 21)

32 Los demás hechos de Ezequías, y sus misericordias, he aquí todos están escritos en la profecía del profeta Isaías hijo de Amoz, en el libro de los reyes de Judá y de Israel.

33 Y durmió Ezequías con sus padres, y lo sepultaron en el lugar más prominente de los sepulcros de los hijos de David, honrándole en su muerte todo Judá y toda Jerusalén; y reinó en su lugar Manasés su hijo.

Reinado de Manasés
(2 R 21.1-18)

33 ¹ De doce años era Manasés cuando comenzó a reinar, y cincuenta y cinco años reinó en Jerusalén.

2 Pero hizo lo malo ante los ojos de Jehová,ᵃ conforme a las abominaciones de las naciones que Jehová había echado de delante de los hijos de Israel.

3 Porque él reedificó los lugares altos que Ezequías su padre había derribado, y levantó altares a los baales, e hizo imágenes de Asera, y adoró a todo el ejército de los cielos, y les rindió culto.

4 Edificó también altares en la casa de Jehová, de la cual había dicho Jehová: En Jerusalén estará mi nombre perpetuamente.ᵇ

5 Edificó asimismo altares a todo el ejército de los cielos en los dos atrios de la casa de Jehová.

6 Y pasó sus hijos por fuego en el valle del hijo de Hinom; y observaba los tiempos, miraba en agüeros, era dado a adivinaciones, y consultaba a adivinos y encantadores; se excedió en hacer lo malo ante los ojos de Jehová, hasta encender su ira.

7 Además de esto puso una imagen fundida que hizo, en la casa de Dios, de la cual había dicho Dios a David y a Salomón su hijo: En esta casa y en Jerusalén, la cual yo elegí sobre todas las tribus de Israel, pondré mi nombre para siempre;

8 y nunca más quitaré el pie de Israel de la tierra que yo entregué a vuestros padres, a condición de que guarden y hagan todas las cosas que yo les he mandado, toda la ley, los estatutos y los preceptos, por medio de Moisés.ᶜ

9 Manasés, pues, hizo extraviarse a Judá y a los moradores de Jerusalén, para hacer más mal que las naciones que Jehová destruyó delante de los hijos de Israel.

ᵃ **33.2** Jer 15.4.   ᵇ **33.4** 2 S 7.13.   ᶜ **33.7, 8** 1 R 9.3-5; 2 Cr 7.12-18.

¹⁰ Y habló Jehová a Manasés y a su pueblo, mas ellos no escucharon;

¹¹ por lo cual Jehová trajo contra ellos los generales del ejército del rey de los asirios, los cuales aprisionaron con grillos a Manasés, y atado con cadenas lo llevaron a Babilonia.

¹² Mas luego que fue puesto en angustias, oró a Jehová su Dios, humillado grandemente en la presencia del Dios de sus padres.

¹³ Y habiendo orado a él, fue atendido; pues Dios oyó su oración y lo restauró a Jerusalén, a su reino. Entonces reconoció Manasés que Jehová era Dios.

¹⁴ Después de esto edificó el muro exterior de la ciudad de David, al occidente de Gihón, en el valle, a la entrada de la puerta del Pescado, y amuralló Ofel, y elevó el muro muy alto; y puso capitanes de ejército en todas las ciudades fortificadas de Judá.

¹⁵ Asimismo quitó los dioses ajenos, y el ídolo de la casa de Jehová, y todos los altares que había edificado en el monte de la casa de Jehová y en Jerusalén, y los echó fuera de la ciudad.

¹⁶ Reparó luego el altar de Jehová, y sacrificó sobre él sacrificios de ofrendas de paz y de alabanza; y mandó a Judá que sirviesen a Jehová Dios de Israel.

¹⁷ Pero el pueblo aún sacrificaba en los lugares altos, aunque lo hacía para Jehová su Dios.

¹⁸ Los demás hechos de Manasés, y su oración a su Dios, y las palabras de los videntes que le hablaron en nombre de Jehová el Dios de Israel, he aquí todo está escrito en las actas de los reyes de Israel.

¹⁹ Su oración también, y cómo fue oído, todos sus pecados, y su prevaricación, los sitios donde edificó lugares altos y erigió imágenes de Asera e ídolos, antes que se humillase, he aquí estas cosas están escritas en las palabras de los videntes.

²⁰ Y durmió Manasés con sus padres, y lo sepultaron en su casa; y reinó en su lugar Amón su hijo.

Reinado de Amón
(2 R 21.19-26)

²¹ De veintidós años era Amón cuando comenzó a reinar, y dos años reinó en Jerusalén.

²² E hizo lo malo ante los ojos de Jehová, como había hecho Manasés su padre; porque ofreció sacrificios y sirvió a todos los ídolos que su padre Manasés había hecho.

²³ Pero nunca se humilló delante de Jehová, como se humilló Manasés su padre; antes bien aumentó el pecado.

²⁴ Y conspiraron contra él sus siervos, y lo mataron en su casa.

²⁵ Mas el pueblo de la tierra mató a todos los que habían conspirado contra el rey Amón; y el pueblo de la tierra puso por rey en su lugar a Josías su hijo.

Reinado de Josías
(2 R 22.1, 2)

34 ¹ De ocho años era Josías[a] cuando comenzó a reinar, y treinta y un años reinó en Jerusalén.

² Éste hizo lo recto ante los ojos de Jehová, y anduvo en los caminos de David su padre, sin apartarse a la derecha ni a la izquierda.

Reformas de Josías
(2 R 23.4-20)

³ A los ocho años de su reinado, siendo aún muchacho, comenzó a buscar al Dios de David su padre; y a los doce años comenzó a limpiar a Judá y a Jerusalén de los lugares altos, imágenes de Asera, esculturas, e imágenes fundidas.

⁴ Y derribaron delante de él los altares de los baales,[b] e hizo pedazos las imágenes del sol, que estaban puestas encima; despedazó también las imágenes de Asera, las esculturas y estatuas fundidas, y las desmenuzó, y esparció el polvo sobre los sepulcros de los que les habían ofrecido sacrificios.

⁵ Quemó además los huesos de los sacerdotes sobre sus altares,[c] y limpió a Judá y a Jerusalén.

⁶ Lo mismo hizo en las ciudades de Manasés, Efraín, Simeón y hasta Neftalí, y en los lugares asolados alrededor.

⁷ Y cuando hubo derribado los altares y las imágenes de Asera, y quebrado y desmenuzado las esculturas, y destruido todos los ídolos por toda la tierra de Israel, volvió a Jerusalén.

---

a 34.1 Jer 3.6.   b 34.4 2 R 21.3; 2 Cr 33.3.   c 34.5 1 R 13.2.

Hallazgo del libro de la ley
(2 R 22.3—23.3)

8 A los dieciocho años de su reinado, después de haber limpiado la tierra y la casa, envió a Safán hijo de Azalía, a Maasías gobernador de la ciudad, y a Joa hijo de Joacaz, canciller, para que reparasen la casa de Jehová su Dios.

9 Vinieron éstos al sumo sacerdote Hilcías, y dieron el dinero que había sido traído a la casa de Jehová, que los levitas que guardaban la puerta habían recogido de mano de Manasés y de Efraín y de todo el remanente de Israel, de todo Judá y Benjamín, y de los habitantes de Jerusalén.

10 Y lo entregaron en mano de los que hacían la obra, que eran mayordomos en la casa de Jehová, los cuales lo daban a los que hacían la obra y trabajaban en la casa de Jehová, para reparar y restaurar el templo.

11 Daban asimismo a los carpinteros y canteros para que comprasen piedra de cantería, y madera para los armazones y para la entabladura de los edificios que habían destruido los reyes de Judá.

12 Y estos hombres procedían con fidelidad en la obra; y eran sus mayordomos Jahat y Abdías, levitas de los hijos de Merari, y Zacarías y Mesulam de los hijos de Coat, para que activasen la obra; y de los levitas, todos los entendidos en instrumentos de música.

13 También velaban sobre los cargadores, y eran mayordomos de los que se ocupaban en cualquier clase de obra; y de los levitas había escribas, gobernadores y porteros.

14 Y al sacar el dinero que había sido traído a la casa de Jehová, el sacerdote Hilcías halló el libro de la ley de Jehová dada por medio de Moisés.

15 Y dando cuenta Hilcías, dijo al escriba Safán: Yo he hallado el libro de la ley en la casa de Jehová. Y dio Hilcías el libro a Safán.

16 Y Safán lo llevó al rey, y le contó el asunto, diciendo: Tus siervos han cumplido todo lo que les fue encomendado.

17 Han reunido el dinero que se halló en la casa de Jehová, y lo han entregado en mano de los encargados, y en mano de los que hacen la obra.

18 Además de esto, declaró el escriba Safán al rey, diciendo: El sacerdote Hilcías me dio un libro. Y leyó Safán en él delante del rey.

19 Luego que el rey oyó las palabras de la ley, rasgó sus vestidos;

20 y mandó a Hilcías y a Ahicam hijo de Safán, y a Abdón hijo de Micaía, y a Safán escriba, y a Asaías siervo del rey, diciendo:

21 Andad, consultad a Jehová por mí y por el remanente de Israel y de Judá acerca de las palabras del libro que se ha hallado; porque grande es la ira de Jehová que ha caído sobre nosotros, por cuanto nuestros padres no guardaron la palabra de Jehová, para hacer conforme a todo lo que está escrito en este libro.

22 Entonces Hilcías y los del rey fueron a Hulda profetisa, mujer de Salum hijo de Ticva, hijo de Harhas, guarda de las vestiduras, la cual moraba en Jerusalén en el segundo barrio, y le dijeron las palabras antes dichas.

23 Y ella respondió: Jehová Dios de Israel ha dicho así: Decid al varón que os ha enviado a mí, que así ha dicho Jehová:

24 He aquí yo traigo mal sobre este lugar, y sobre los moradores de él, todas las maldiciones que están escritas en el libro que leyeron delante del rey de Judá;

25 por cuanto me han dejado, y han ofrecido sacrificios a dioses ajenos, provocándome a ira con todas las obras de sus manos; por tanto, se derramará mi ira sobre este lugar, y no se apagará.

26 Mas al rey de Judá, que os ha enviado a consultar a Jehová, así le diréis: Jehová el Dios de Israel ha dicho así: Por cuanto oíste las palabras del libro,

27 y tu corazón se conmovió, y te humillaste delante de Dios al oír sus palabras sobre este lugar y sobre sus moradores, y te humillaste delante de mí, y rasgaste tus vestidos y lloraste en mi presencia, yo también te he oído, dice Jehová.

28 He aquí que yo te recogeré con tus padres, y serás recogido en tu sepulcro en paz, y tus ojos no verán todo el mal que yo traigo sobre este lugar y sobre los moradores de él. Y ellos refirieron al rey la respuesta.

29 Entonces el rey envió y reunió a todos los ancianos de Judá y de Jerusalén.

30 Y subió el rey a la casa de Jehová, y con él todos los varones de Judá, y los moradores de Jerusalén, los sacerdotes, los levitas y todo el pueblo, desde el mayor hasta el más pequeño; y leyó a oídos de ellos todas las palabras del libro del pacto que había sido hallado en la casa de Jehová.

31 Y estando el rey en pie en su sitio, hizo delante de Jehová pacto de caminar en pos de Jehová y de guardar sus mandamientos, sus testimonios y sus estatutos, con todo su corazón y con toda su alma, poniendo por obra las palabras del pacto que estaban escritas en aquel libro.

32 E hizo que se obligaran a ello todos los que estaban en Jerusalén y en Benjamín; y los moradores de Jerusalén hicieron conforme al pacto de Dios, del Dios de sus padres.

33 Y quitó Josías todas las abominaciones de toda la tierra de los hijos de Israel, e hizo que todos los que se hallaban en Israel sirviesen a Jehová su Dios. No se apartaron de en pos de Jehová el Dios de sus padres, todo el tiempo que él vivió.

Josías celebra la pascua
(2 R 23.21-23)

35 **1** Josías celebró la pascua a Jehová en Jerusalén, y sacrificaron la pascua a los catorce días del mes primero.

2 Puso también a los sacerdotes en sus oficios, y los confirmó en el ministerio de la casa de Jehová.

3 Y dijo a los levitas que enseñaban a todo Israel, y que estaban dedicados a Jehová: Poned el arca santa en la casa que edificó Salomón hijo de David, rey de Israel, para que no la carguéis más sobre los hombros. Ahora servid a Jehová vuestro Dios, y a su pueblo Israel.

4 Preparaos según las familias de vuestros padres, por vuestros turnos, como lo ordenaron David rey de Israel y Salomón su hijo.[a]

5 Estad en el santuario según la distribución de las familias de vuestros hermanos los hijos del pueblo, y según la distribución de la familia de los levitas.

6 Sacrificad luego la pascua; y después de santificaros, preparad a vuestros hermanos para que hagan conforme a la palabra de Jehová dada por medio de Moisés.

7 Y dio el rey Josías a los del pueblo ovejas, corderos y cabritos de los rebaños, en número de treinta mil, y tres mil bueyes, todo para la pascua, para todos los que se hallaron presentes; esto de la hacienda del rey.

8 También sus príncipes dieron con liberalidad al pueblo y a los sacerdotes y levitas. Hilcías, Zacarías y Jehiel, oficiales de la casa de Dios, dieron a los sacerdotes, para celebrar la pascua, dos mil seiscientas ovejas y trescientos bueyes.

9 Asimismo Conanías, y Semaías y Natanael sus hermanos, y Hasabías, Jeiel y Josabad, jefes de los levitas, dieron a los levitas, para los sacrificios de la pascua, cinco mil ovejas y quinientos bueyes.

10 Preparado así el servicio, los sacerdotes se colocaron en sus puestos, y asimismo los levitas en sus turnos, conforme al mandamiento del rey.

11 Y sacrificaron la pascua; y esparcían los sacerdotes la sangre recibida de mano de los levitas, y los levitas desollaban las víctimas.

12 Tomaron luego del holocausto, para dar conforme a los repartimientos de las familias del pueblo, a fin de que ofreciesen a Jehová según está escrito en el libro de Moisés; y asimismo tomaron de los bueyes.

13 Y asaron la pascua al fuego conforme a la ordenanza;[b] mas lo que había sido santificado lo cocieron en ollas, en calderos y sartenes, y lo repartieron rápidamente a todo el pueblo.

14 Después prepararon para ellos mismos y para los sacerdotes; porque los sacerdotes, hijos de Aarón, estuvieron ocupados hasta la noche en el sacrificio de los holocaustos y de las grosuras; por tanto, los levitas prepararon para ellos mismos y para los sacerdotes hijos de Aarón.

15 Asimismo los cantores hijos de Asaf estaban en su puesto, conforme al mandamiento de David, de Asaf y de Hemán, y de Jedutún vidente del rey;[c] también los porteros estaban a cada puerta; y no era necesario que se apartasen de su ministerio, porque sus hermanos los levitas preparaban para ellos.

16 Así fue preparado todo el servicio de Jehová en aquel día, para celebrar la

---

a 35.4 2 Cr 8.14.   **b 35.13** Éx 12.8, 9.   **c 35.15** 1 Cr 25.1.

pascua y para sacrificar los holocaustos sobre el altar de Jehová, conforme al mandamiento del rey Josías.

17 Y los hijos de Israel que estaban allí celebraron la pascua en aquel tiempo, y la fiesta solemne de los panes sin levadura por siete días.[d]

18 Nunca fue celebrada una pascua como ésta en Israel desde los días de Samuel el profeta; ni ningún rey de Israel celebró pascua tal como la que celebró el rey Josías, con los sacerdotes y levitas, y todo Judá e Israel, los que se hallaron allí, juntamente con los moradores de Jerusalén.

19 Esta pascua fue celebrada en el año dieciocho del rey Josías.

Muerte de Josías
(2 R 23.28-30)

20 Después de todas estas cosas, luego de haber reparado Josías la casa de Jehová, Necao rey de Egipto subió para hacer guerra en Carquemis junto al Éufrates; y salió Josías contra él.

21 Y Necao le envió mensajeros, diciendo: ¿Qué tengo yo contigo, rey de Judá? Yo no vengo contra ti hoy, sino contra la casa que me hace guerra; y Dios me ha dicho que me apresure. Deja de oponerte a Dios, quien está conmigo, no sea que él te destruya.

22 Mas Josías no se retiró, sino que se disfrazó para darle batalla, y no atendió a las palabras de Necao, que eran de boca de Dios; y vino a darle batalla en el campo de Meguido.

23 Y los flecheros tiraron contra el rey Josías. Entonces dijo el rey a sus siervos: Quitadme de aquí, porque estoy gravemente herido.

24 Entonces sus siervos lo sacaron de aquel carro, y lo pusieron en un segundo carro que tenía, y lo llevaron a Jerusalén, donde murió; y lo sepultaron en los sepulcros de sus padres. Y todo Judá y Jerusalén hicieron duelo por Josías.

25 Y Jeremías endechó en memoria de Josías. Todos los cantores y cantoras recitan esas lamentaciones sobre Josías hasta hoy; y las tomaron por norma para endechar en Israel, las cuales están escritas en el libro de Lamentos.

26 Los demás hechos de Josías, y sus obras piadosas conforme a lo que está escrito en la ley de Jehová,

27 y sus hechos, primeros y postreros, he aquí están escritos en el libro de los reyes de Israel y de Judá.

Reinado y destronamiento de Joacaz
(2 R 23.31-35)

36 **1** Entonces el pueblo de la tierra tomó a Joacaz hijo de Josías, y lo hizo rey en lugar de su padre en Jerusalén.

2 De veintitrés años era Joacaz cuando comenzó a reinar, y tres meses reinó en Jerusalén.

3 Y el rey de Egipto lo quitó de Jerusalén, y condenó la tierra a pagar cien talentos de plata y uno de oro.

4 Y estableció el rey de Egipto a Eliaquim hermano de Joacaz por rey sobre Judá y Jerusalén, y le mudó el nombre en Joacim; y a Joacaz su hermano tomó Necao, y lo llevó a Egipto.[a]

Reinado de Joacim
(2 R 23.36—24.7)

5 Cuando comenzó a reinar Joacim[b] era de veinticinco años, y reinó once años en Jerusalén; e hizo lo malo ante los ojos de Jehová su Dios.

6 Y subió contra él Nabucodonosor rey de Babilonia,[c] y lo llevó a Babilonia atado con cadenas.

7 También llevó Nabucodonosor a Babilonia de los utensilios de la casa de Jehová, y los puso en su templo en Babilonia.

8 Los demás hechos de Joacim, y las abominaciones que hizo, y lo que en él se halló, está escrito en el libro de los reyes de Israel y de Judá; y reinó en su lugar Joaquín su hijo.

Joaquín es llevado cautivo a Babilonia
(2 R 24.8-17)

9 De ocho años era Joaquín cuando comenzó a reinar, y reinó tres meses y diez días en Jerusalén; e hizo lo malo ante los ojos de Jehová.

10 A la vuelta del año el rey Nabucodonosor envió y lo hizo llevar a Babilonia,[d]

---

d 35.17 Éx 12.1-20.   **a 36.4** Jer 22.11, 12.   **b 36.5** Jer 22.18, 19; 26.1-16; 35.1-19.   **c 36.6** Jer 25.1-38; 36.1-32; 45.1-5; Dn 1.1, 2. **d 36.10** Jer 22.24-30; 24.1-10; 29.1, 2; Ez 17.12.

juntamente con los objetos preciosos de la casa de Jehová, y constituyó a Sedequías su hermano por rey sobre Judá y Jerusalén.ᵉ

Reinado de Sedequías
(2 R 24.18-20; Jer 52.1-3)

11 De veintiún años era Sedequíasᶠ cuando comenzó a reinar, y once años reinó en Jerusalén.
12 E hizo lo malo ante los ojos de Jehová su Dios, y no se humilló delante del profeta Jeremías, que le hablaba de parte de Jehová.
13 Se rebeló asimismo contra Nabucodonosor,�g al cual había jurado por Dios; y endureció su cerviz, y obstinó su corazón para no volverse a Jehová el Dios de Israel.
14 También todos los principales sacerdotes, y el pueblo, aumentaron la iniquidad, siguiendo todas las abominaciones de las naciones, y contaminando la casa de Jehová, la cual él había santificado en Jerusalén.
15 Y Jehová el Dios de sus padres envió constantemente palabra a ellos por medio de sus mensajeros, porque él tenía misericordia de su pueblo y de su habitación.
16 Mas ellos hacían escarnio de los mensajeros de Dios, y menospreciaban sus palabras, burlándose de sus profetas, hasta que subió la ira de Jehová contra su pueblo, y no hubo ya remedio.

Cautividad de Judá
(2 R 25.8-21; Jer 39.8-10; 52.12-30)

17 Por lo cual trajo contra ellos al rey de los caldeos,ʰ que mató a espada a sus jóvenes en la casa de su santuario, sin perdonar joven ni doncella, anciano ni decrépito; todos los entregó en sus manos.
18 Asimismo todos los utensilios de la casa de Dios, grandes y chicos, los tesoros de la casa de Jehová, y los tesoros de la casa del rey y de sus príncipes, todo lo llevó a Babilonia.
19 Y quemaron la casa de Dios,ⁱ y rompieron el muro de Jerusalén, y consumieron a fuego todos sus palacios, y destruyeron todos sus objetos deseables.
20 Los que escaparon de la espada fueron llevados cautivos a Babilonia, y fueron siervos de él y de sus hijos, hasta que vino el reino de los persas;
21 para que se cumpliese la palabra de Jehová por boca de Jeremías, hasta que la tierra hubo gozado de reposo; porque todo el tiempo de su asolamiento reposó, hasta que los setenta años fueron cumplidos.ʲ

El decreto de Ciro
(Esd 1.1-4)

22 Mas al primer año de Ciro rey de los persas, para que se cumpliese la palabra de Jehová por boca de Jeremías, Jehová despertó el espíritu de Ciro rey de los persas, el cual hizo pregonar de palabra y también por escrito, por todo su reino, diciendo:
23 Así dice Ciro, rey de los persas: Jehová, el Dios de los cielos, me ha dado todos los reinos de la tierra; y él me ha mandado que le edifique casa en Jerusalén,ᵏ que está en Judá. Quien haya entre vosotros de todo su pueblo, sea Jehová su Dios con él, y suba.

ᵉ **36.10** Jer 37.1; Ez 17.13.   ᶠ **36.11** Jer 27.1-22; 28.1-17.
g **36.13** Ez 17.15.   ʰ **36.17** Jer 21.1-10; 34.1-5.
ⁱ **36.19** 1 R 9.8.   ʲ **36.21** Jer 25.11; 29.10.   ᵏ **36.23** Is 44.28.

ESDRAS

El decreto de Ciro
(2 Cr 36.22, 23)

1 ¹ En el primer año de Ciro rey de Persia, para que se cumpliese la palabra de Jehová por boca de Jeremías,ᵃ despertó Jehová el espíritu de Ciro rey de Persia, el cual hizo pregonar de palabra y también por escrito por todo su reino, diciendo:

² Así ha dicho Ciro rey de Persia: Jehová el Dios de los cielos me ha dado todos los reinos de la tierra, y me ha mandado que le edifique casa en Jerusalén,ᵇ que está en Judá.

³ Quien haya entre vosotros de su pueblo, sea Dios con él, y suba a Jerusalén que está en Judá, y edifique la casa a Jehová Dios de Israel (él es el Dios), la cual está en Jerusalén.

⁴ Y a todo el que haya quedado, en cualquier lugar donde more, ayúdenle los hombres de su lugar con plata, oro, bienes y ganados, además de ofrendas voluntarias para la casa de Dios, la cual está en Jerusalén.

El regreso a Jerusalén

⁵ Entonces se levantaron los jefes de las casas paternas de Judá y de Benjamín, y los sacerdotes y levitas, todos aquellos cuyo espíritu despertó Dios para subir a edificar la casa de Jehová, la cual está en Jerusalén.

⁶ Y todos los que estaban en sus alrededores les ayudaron con plata y oro, con bienes y ganado, y con cosas preciosas, además de todo lo que se ofreció voluntariamente.

⁷ Y el rey Ciro sacó los utensilios de la casa de Jehová, que Nabucodonosor había sacado de Jerusalén, y los había puesto en la casa de sus dioses.

⁸ Los sacó, pues, Ciro rey de Persia, por mano de Mitrídates tesorero, el cual los dio por cuenta a Sesbasar príncipe de Judá.

⁹ Y ésta es la cuenta de ellos: treinta tazones de oro, mil tazones de plata, veintinueve cuchillos,

¹⁰ treinta tazas de oro, otras cuatrocientas diez tazas de plata, y otros mil utensilios.

¹¹ Todos los utensilios de oro y de plata eran cinco mil cuatrocientos. Todos los hizo llevar Sesbasar con los que subieron del cautiverio de Babilonia a Jerusalén.

Los que volvieron con Zorobabel
(Neh 7.5-73)

2 ¹ Éstos son los hijos de la provincia que subieron del cautiverio, de aquellos que Nabucodonosor rey de Babilonia había llevado cautivos a Babilonia, y que volvieron a Jerusalén y a Judá, cada uno a su ciudad;

² los cuales vinieron con Zorobabel, Jesúa, Nehemías, Seraías, Reelaías, Mardoqueo, Bilsán, Mispar, Bigvai, Rehum y Baana.

El número de los varones del pueblo de Israel:

³ Los hijos de Paros, dos mil ciento setenta y dos.

⁴ Los hijos de Sefatías, trescientos setenta y dos.

⁵ Los hijos de Ara, setecientos setenta y cinco.

⁶ Los hijos de Pahat-moab, de los hijos de Jesúa y de Joab, dos mil ochocientos doce.

⁷ Los hijos de Elam, mil doscientos cincuenta y cuatro.

⁸ Los hijos de Zatu, novecientos cuarenta y cinco.

⁹ Los hijos de Zacai, setecientos sesenta.

¹⁰ Los hijos de Bani, seiscientos cuarenta y dos.

¹¹ Los hijos de Bebai, seiscientos veintitrés.

¹² Los hijos de Azgad, mil doscientos veintidós.

¹³ Los hijos de Adonicam, seiscientos sesenta y seis.

---

a 1.1 Jer 25.11; 29.10.   b 1.2 Is 44.28.

14 Los hijos de Bigvai, dos mil cincuenta y seis.

15 Los hijos de Adín, cuatrocientos cincuenta y cuatro.

16 Los hijos de Ater, de Ezequías, noventa y ocho.

17 Los hijos de Bezai, trescientos veintitrés.

18 Los hijos de Jora, ciento doce.

19 Los hijos de Hasum, doscientos veintitrés.

20 Los hijos de Gibar, noventa y cinco.

21 Los hijos de Belén, ciento veintitrés.

22 Los varones de Netofa, cincuenta y seis.

23 Los varones de Anatot, ciento veintiocho.

24 Los hijos de Azmavet, cuarenta y dos.

25 Los hijos de Quiriat-jearim, Cafira y Beerot, setecientos cuarenta y tres.

26 Los hijos de Ramá y Geba, seiscientos veintiuno.

27 Los varones de Micmas, ciento veintidós.

28 Los varones de Bet-el y Hai, doscientos veintitrés.

29 Los hijos de Nebo, cincuenta y dos.

30 Los hijos de Magbis, ciento cincuenta y seis.

31 Los hijos del otro Elam, mil doscientos cincuenta y cuatro.

32 Los hijos de Harim, trescientos veinte.

33 Los hijos de Lod, Hadid y Ono, setecientos veinticinco.

34 Los hijos de Jericó, trescientos cuarenta y cinco.

35 Los hijos de Senaa, tres mil seiscientos treinta.

36 Los sacerdotes: los hijos de Jedaías, de la casa de Jesúa, novecientos setenta y tres.

37 Los hijos de Imer, mil cincuenta y dos.

38 Los hijos de Pasur, mil doscientos cuarenta y siete.

39 Los hijos de Harim, mil diecisiete.

40 Los levitas: los hijos de Jesúa y de Cadmiel, de los hijos de Hodavías, setenta y cuatro.

41 Los cantores: los hijos de Asaf, ciento veintiocho.

42 Los hijos de los porteros: los hijos de Salum, los hijos de Ater, los hijos de Talmón, los hijos de Acub, los hijos de Hatita, los hijos de Sobai; por todos, ciento treinta y nueve.

43 Los sirvientes del templo: los hijos de Ziha, los hijos de Hasufa, los hijos de Tabaot,

44 los hijos de Queros, los hijos de Siaha, los hijos de Padón,

45 los hijos de Lebana, los hijos de Hagaba, los hijos de Acub,

46 los hijos de Hagab, los hijos de Salmai, los hijos de Hanán,

47 los hijos de Gidel, los hijos de Gahar, los hijos de Reaía,

48 los hijos de Rezín, los hijos de Necoda, los hijos de Gazam,

49 los hijos de Uza, los hijos de Paseah, los hijos de Besai,

50 los hijos de Asena, los hijos de Meunim, los hijos de Nefusim,

51 los hijos de Bacbuc, los hijos de Hacufa, los hijos de Harhur,

52 los hijos de Bazlut, los hijos de Mehída, los hijos de Harsa,

53 los hijos de Barcos, los hijos de Sísara, los hijos de Tema,

54 los hijos de Nezía, los hijos de Hatifa.

55 Los hijos de los siervos de Salomón: los hijos de Sotai, los hijos de Soferet, los hijos de Peruda,

56 los hijos de Jaala, los hijos de Darcón, los hijos de Gidel,

57 los hijos de Sefatías, los hijos de Hatil, los hijos de Poqueret-hazebaim, los hijos de Ami.

58 Todos los sirvientes del templo, e hijos de los siervos de Salomón, trescientos noventa y dos.

59 Éstos fueron los que subieron de Tel-mela, Tel-harsa, Querub, Addán e Imer que no pudieron demostrar la casa de sus padres, ni su linaje, si eran de Israel:

60 los hijos de Delaía, los hijos de Tobías, los hijos de Necoda, seiscientos cincuenta y dos.

61 Y de los hijos de los sacerdotes: los hijos de Habaía, los hijos de Cos, los hijos de Barzilai, el cual tomó mujer de las hijas de Barzilai galaadita, y fue llamado por el nombre de ellas.

62 Éstos buscaron su registro de genealogías, y no fue hallado; y fueron excluidos del sacerdocio,

63 y el gobernador les dijo que no comiesen de las cosas más santas, hasta que hubiese sacerdote para consultar con Urim y Tumim.[a]

64 Toda la congregación, unida como un solo hombre, era de cuarenta y dos mil trescientos sesenta,

65 sin contar sus siervos y siervas, los cuales eran siete mil trescientos treinta y siete; y tenían doscientos cantores y cantoras.

66 Sus caballos eran setecientos treinta y seis; sus mulas, doscientas cuarenta y cinco;
67 sus camellos, cuatrocientos treinta y cinco; asnos, seis mil setecientos veinte.

68 Y algunos de los jefes de casas paternas, cuando vinieron a la casa de Jehová que estaba en Jerusalén, hicieron ofrendas voluntarias para la casa de Dios, para reedificarla en su sitio.

69 Según sus fuerzas dieron al tesorero de la obra sesenta y un mil dracmas de oro, cinco mil libras de plata, y cien túnicas sacerdotales.

70 Y habitaron los sacerdotes, los levitas, los del pueblo, los cantores, los porteros y los sirvientes del templo en sus ciudades; y todo Israel en sus ciudades.[b]

Restauración del altar y del culto

3 1 Cuando llegó el mes séptimo, y estando los hijos de Israel ya establecidos en las ciudades, se juntó el pueblo como un solo hombre en Jerusalén.

2 Entonces se levantaron Jesúa hijo de Josadac y sus hermanos los sacerdotes, y Zorobabel hijo de Salatiel y sus hermanos, y edificaron el altar del Dios de Israel, para ofrecer sobre él holocaustos, como está escrito en la ley de Moisés varón de Dios.[a]

3 Y colocaron el altar sobre su base, porque tenían miedo de los pueblos de las tierras, y ofrecieron sobre él holocaustos a Jehová, holocaustos por la mañana y por la tarde.[b]

4 Celebraron asimismo la fiesta solemne de los tabernáculos, como está escrito, y holocaustos cada día por orden conforme al rito, cada cosa en su día;[c]

5 además de esto, el holocausto continuo, las nuevas lunas, y todas las fiestas solemnes de Jehová,[d] y todo sacrificio espontáneo, toda ofrenda voluntaria a Jehová.

6 Desde el primer día del mes séptimo comenzaron a ofrecer holocaustos a Jehová; pero los cimientos del templo de Jehová no se habían echado todavía.

7 Y dieron dinero a los albañiles y carpinteros; asimismo comida, bebida y aceite a los sidonios y tirios para que trajesen madera de cedro desde el Líbano por mar a Jope, conforme a la voluntad de Ciro rey de Persia acerca de esto.

Colocación de los cimientos del templo

8 En el año segundo de su venida a la casa de Dios en Jerusalén, en el mes segundo, comenzaron Zorobabel hijo de Salatiel, Jesúa hijo de Josadac y los otros sus hermanos, los sacerdotes y los levitas, y todos los que habían venido de la cautividad a Jerusalén; y pusieron a los levitas de veinte años arriba para que activasen la obra de la casa de Jehová.

9 Jesúa también, sus hijos y sus hermanos, Cadmiel y sus hijos, hijos de Judá, como un solo hombre asistían para activar a los que hacían la obra en la casa de Dios, junto con los hijos de Henadad, sus hijos y sus hermanos, levitas.

10 Y cuando los albañiles del templo de Jehová echaban los cimientos, pusieron a los sacerdotes vestidos de sus ropas y con trompetas, y a los levitas hijos de Asaf con címbalos, para que alabasen a Jehová, según la ordenanza de David rey de Israel.[e]

11 Y cantaban, alabando y dando gracias a Jehová, y diciendo: Porque él es bueno, porque para siempre es su misericordia sobre Israel.[f] Y todo el pueblo aclamaba con gran júbilo, alabando a Jehová porque se echaban los cimientos de la casa de Jehová.

12 Y muchos de los sacerdotes, de los levitas y de los jefes de casas paternas, ancianos que habían visto la casa primera, viendo echar los cimientos de esta casa, lloraban en alta voz, mientras muchos otros daban grandes gritos de alegría.

13 Y no podía distinguir el pueblo el clamor de los gritos de alegría, de la voz del lloro; porque clamaba el pueblo con gran júbilo, y se oía el ruido hasta de lejos.

a 2.63 Nm 27.21. b 2.70 1 Cr 9.2; Neh 11.3. a 3.2 Éx 27.1.
b 3.3 Nm 28.1-8. c 3.4 Nm 29.12-38. d 3.5 Nm 28.11—29.39.
e 3.10 1 Cr 25.1. f 3.11 1 Cr 16.34; 2 Cr 5.13; 7.3; Sal 100.5;
106.1; 107.1; 118.1; 136.1; Jer 33.11.

Los adversarios detienen la obra

4 ¹ Oyendo los enemigos de Judá y de Benjamín que los venidos de la cautividad edificaban el templo de Jehová Dios de Israel,

² vinieron a Zorobabel y a los jefes de casas paternas, y les dijeron: Edificaremos con vosotros, porque como vosotros buscamos a vuestro Dios, y a él ofrecemos sacrificios desde los días de Esar-hadón rey de Asiria, que nos hizo venir aquí.ᵃ

³ Zorobabel, Jesúa, y los demás jefes de casas paternas de Israel dijeron: No nos conviene edificar con vosotros casa a nuestro Dios, sino que nosotros solos la edificaremos a Jehová Dios de Israel, como nos mandó el rey Ciro, rey de Persia.

⁴ Pero el pueblo de la tierra intimidó al pueblo de Judá, y lo atemorizó para que no edificara.

⁵ Sobornaron además contra ellos a los consejeros para frustrar sus propósitos, todo el tiempo de Ciro rey de Persia y hasta el reinado de Darío rey de Persia.

⁶ Y en el reinado de Asuero,ᵇ en el principio de su reinado, escribieron acusaciones contra los habitantes de Judá y de Jerusalén.

⁷ También en días de Artajerjes escribieron Bislam, Mitrídates, Tabeel y los demás compañeros suyos, a Artajerjes rey de Persia; y la escritura y el lenguaje de la carta eran en arameo.

⁸ Rehum canciller y Simsai secretario escribieron una carta contra Jerusalén al rey Artajerjes.

⁹ En tal fecha escribieron Rehum canciller y Simsai secretario, y los demás compañeros suyos los jueces, gobernadores y oficiales, y los de Persia, de Erec, de Babilonia, de Susa, esto es, los elamitas,

¹⁰ y los demás pueblos que el grande y glorioso Asnapar transportó e hizo habitar en las ciudades de Samaria y las demás provincias del otro lado del río.

¹¹ Y ésta es la copia de la carta que enviaron: Al rey Artajerjes: Tus siervos del otro lado del río te saludan.

¹² Sea notorio al rey, que los judíos que subieron de ti a nosotros vinieron a Jerusalén; y edifican la ciudad rebelde y mala, y levantan los muros y reparan los fundamentos.

¹³ Ahora sea notorio al rey, que si aquella ciudad fuere reedificada, y los muros fueren levantados, no pagarán tributo, impuesto y rentas, y el erario de los reyes será menoscabado.

¹⁴ Siendo que nos mantienen del palacio, no nos es justo ver el menosprecio del rey, por lo cual hemos enviado a hacerlo saber al rey,

¹⁵ para que se busque en el libro de las memorias de tus padres. Hallarás en el libro de las memorias, y sabrás que esta ciudad es ciudad rebelde, y perjudicial a los reyes y a las provincias, y que de tiempo antiguo forman en medio de ella rebeliones, por lo que esta ciudad fue destruida.

¹⁶ Hacemos saber al rey que si esta ciudad fuere reedificada, y levantados sus muros, la región de más allá del río no será tuya.

¹⁷ El rey envió esta respuesta: A Rehum canciller, a Simsai secretario, a los demás compañeros suyos que habitan en Samaria, y a los demás del otro lado del río: Salud y paz.

¹⁸ La carta que nos enviasteis fue leída claramente delante de mí.

¹⁹ Y por mí fue dada orden y buscaron; y hallaron que aquella ciudad de tiempo antiguo se levanta contra los reyes y se rebela, y se forma en ella sedición;

²⁰ y que hubo en Jerusalén reyes fuertes que dominaron en todo lo que hay más allá del río, y que se les pagaba tributo, impuesto y rentas.

²¹ Ahora, pues, dad orden que cesen aquellos hombres, y no sea esa ciudad reedificada hasta que por mí sea dada nueva orden.

²² Y mirad que no seáis negligentes en esto; ¿por qué habrá de crecer el daño en perjuicio de los reyes?

²³ Entonces, cuando la copia de la carta del rey Artajerjes fue leída delante de Rehum, y de Simsai secretario y sus compañeros, fueron apresuradamente a Jerusalén a los judíos, y les hicieron cesar con poder y violencia.

²⁴ Entonces cesó la obra de la casa de Dios que estaba en Jerusalén, y quedó suspendida hasta el año segundo del reinado de Darío rey de Persia.

ᵃ **4.2** 2 R 17.24-41.   ᵇ **4.6** Est 1.1.

Reedificación del templo

5 ¹ Profetizaron Hageo[a] y Zacarías[b] hijo de Iddo, ambos profetas, a los judíos que estaban en Judá y en Jerusalén en el nombre del Dios de Israel quien estaba sobre ellos.

² Entonces se levantaron Zorobabel[c] hijo de Salatiel y Jesúa hijo de Josadac, y comenzaron a reedificar la casa de Dios que estaba en Jerusalén; y con ellos los profetas de Dios que les ayudaban.

³ En aquel tiempo vino a ellos Tatnai gobernador del otro lado del río, y Setar-boznai y sus compañeros, y les dijeron así: ¿Quién os ha dado orden para edificar esta casa y levantar estos muros?

⁴ Ellos también preguntaron: ¿Cuáles son los nombres de los hombres que hacen este edificio?

⁵ Mas los ojos de Dios estaban sobre los ancianos de los judíos, y no les hicieron cesar hasta que el asunto fuese llevado a Darío; y entonces respondieron por carta sobre esto.

⁶ Copia de la carta que Tatnai gobernador del otro lado del río, y Setar-boznai, y sus compañeros los gobernadores que estaban al otro lado del río, enviaron al rey Darío.

⁷ Le enviaron carta, y así estaba escrito en ella: Al rey Darío toda paz.

⁸ Sea notorio al rey, que fuimos a la provincia de Judea, a la casa del gran Dios, la cual se edifica con piedras grandes; y ya los maderos están puestos en las paredes, y la obra se hace de prisa, y prospera en sus manos.

⁹ Entonces preguntamos a los ancianos, diciéndoles así: ¿Quién os dio orden para edificar esta casa y para levantar estos muros?

¹⁰ Y también les preguntamos sus nombres para hacértelo saber, para escribirte los nombres de los hombres que estaban a la cabeza de ellos.

¹¹ Y nos respondieron diciendo así: Nosotros somos siervos del Dios del cielo y de la tierra, y reedificamos la casa que ya muchos años antes había sido edificada, la cual edificó y terminó el gran rey de Israel.

¹² Mas después que nuestros padres provocaron a ira al Dios de los cielos, él los entregó en mano de Nabucodonosor rey de Babilonia, caldeo, el cual destruyó esta casa y llevó cautivo al pueblo a Babilonia.[d]

¹³ Pero en el año primero de Ciro rey de Babilonia, el mismo rey Ciro dio orden para que esta casa de Dios fuese reedificada.[e]

¹⁴ También los utensilios de oro y de plata de la casa de Dios, que Nabucodonosor había sacado del templo que estaba en Jerusalén y los había llevado al templo de Babilonia, el rey Ciro los sacó del templo de Babilonia, y fueron entregados a Sesbasar, a quien había puesto por gobernador;

¹⁵ y le dijo: Toma estos utensilios, ve, y llévalos al templo que está en Jerusalén; y sea reedificada la casa de Dios en su lugar.

¹⁶ Entonces este Sesbasar vino y puso los cimientos de la casa de Dios, la cual está en Jerusalén, y desde entonces hasta ahora se edifica, y aún no está concluida.

¹⁷ Y ahora, si al rey parece bien, búsquese en la casa de los tesoros del rey que está allí en Babilonia, si es así que por el rey Ciro había sido dada la orden para reedificar esta casa de Dios en Jerusalén, y se nos envíe a decir la voluntad del rey sobre esto.

6 ¹ Entonces el rey Darío dio la orden de buscar en la casa de los archivos, donde guardaban los tesoros allí en Babilonia.

² Y fue hallado en Acmeta, en el palacio que está en la provincia de Media, un libro en el cual estaba escrito así: Memoria:

³ En el año primero del rey Ciro, el mismo rey Ciro dio orden acerca de la casa de Dios, la cual estaba en Jerusalén, para que fuese la casa reedificada como lugar para ofrecer sacrificios, y que sus paredes fuesen firmes; su altura de sesenta codos, y de sesenta codos su anchura;

⁴ y tres hileras de piedras grandes, y una de madera nueva; y que el gasto sea pagado por el tesoro del rey.

⁵ Y también los utensilios de oro y de plata de la casa de Dios, los cuales Nabucodonosor sacó del templo que estaba en Jerusalén y los pasó a Babilonia, sean devueltos y vayan a su lugar, al templo que está en Jerusalén, y sean puestos en la casa de Dios.

---

a **5.1** Hag 1.1.   b **5.1** Zac 1.1.   c **5.2** Hag 1.12; Zac 4.6-9.
d **5.12** 2 R 25.8-12; 2 Cr 36.17-20; Jer 52.12-15.
e **5.13** Esd 1.2-11.

⁶ Ahora, pues, Tatnai gobernador del otro lado del río, Setar-boznai, y vuestros compañeros los gobernadores que estáis al otro lado del río, alejaos de allí.

⁷ Dejad que se haga la obra de esa casa de Dios; que el gobernador de los judíos y sus ancianos reedifiquen esa casa de Dios en su lugar.

⁸ Y por mí es dada orden de lo que habéis de hacer con esos ancianos de los judíos, para reedificar esa casa de Dios; que de la hacienda del rey, que tiene del tributo del otro lado del río, sean dados puntualmente a esos varones los gastos, para que no cese la obra.

⁹ Y lo que fuere necesario, becerros, carneros y corderos para holocaustos al Dios del cielo, trigo, sal, vino y aceite, conforme a lo que dijeren los sacerdotes que están en Jerusalén, les sea dado día por día sin obstáculo alguno,

¹⁰ para que ofrezcan sacrificios agradables al Dios del cielo, y oren por la vida del rey y por sus hijos.

¹¹ También por mí es dada orden, que cualquiera que altere este decreto, se le arranque un madero de su casa, y alzado, sea colgado en él, y su casa sea hecha muladar por esto.

¹² Y el Dios que hizo habitar allí su nombre, destruya a todo rey y pueblo que pusiere su mano para cambiar o destruir esa casa de Dios, la cual está en Jerusalén. Yo Darío he dado el decreto; sea cumplido prontamente.

¹³ Entonces Tatnai gobernador del otro lado del río, y Setar-boznai y sus compañeros, hicieron puntualmente según el rey Darío había ordenado.

¹⁴ Y los ancianos de los judíos edificaban y prosperaban, conforme a la profecía del profeta Hageo[a] y de Zacarías[b] hijo de Iddo. Edificaron, pues, y terminaron, por orden del Dios de Israel, y por mandato de Ciro, de Darío, y de Artajerjes rey de Persia.

¹⁵ Esta casa fue terminada el tercer día del mes de Adar, que era el sexto año del reinado del rey Darío.

¹⁶ Entonces los hijos de Israel, los sacerdotes, los levitas y los demás que habían venido de la cautividad, hicieron la dedicación de esta casa de Dios con gozo.

¹⁷ Y ofrecieron en la dedicación de esta casa de Dios cien becerros, doscientos carneros y cuatrocientos corderos; y doce machos cabríos en expiación por todo Israel, conforme al número de las tribus de Israel.

¹⁸ Y pusieron a los sacerdotes en sus turnos, y a los levitas en sus clases, para el servicio de Dios en Jerusalén, conforme a lo escrito en el libro de Moisés.

¹⁹ También los hijos de la cautividad celebraron la pascua a los catorce días del mes primero.[c]

²⁰ Porque los sacerdotes y los levitas se habían purificado a una; todos estaban limpios, y sacrificaron la pascua por todos los hijos de la cautividad, y por sus hermanos los sacerdotes, y por sí mismos.

²¹ Comieron los hijos de Israel que habían vuelto del cautiverio, con todos aquellos que se habían apartado de las inmundicias de las gentes de la tierra para buscar a Jehová Dios de Israel.

²² Y celebraron con regocijo la fiesta solemne de los panes sin levadura siete días, por cuanto Jehová los había alegrado, y había vuelto el corazón del rey de Asiria hacia ellos, para fortalecer sus manos en la obra de la casa de Dios, del Dios de Israel.

Esdras y sus compañeros llegan a Jerusalén

7 ¹ Pasadas estas cosas, en el reinado de Artajerjes rey de Persia, Esdras hijo de Seraías, hijo de Azarías, hijo de Hilcías,

² hijo de Salum, hijo de Sadoc, hijo de Ahitob,

³ hijo de Amarías, hijo de Azarías, hijo de Meraiot,

⁴ hijo de Zeraías, hijo de Uzi, hijo de Buqui,

⁵ hijo de Abisúa, hijo de Finees, hijo de Eleazar, hijo de Aarón, primer sacerdote,

⁶ este Esdras subió de Babilonia. Era escriba diligente en la ley de Moisés, que Jehová Dios de Israel había dado; y le concedió el rey todo lo que pidió, porque la mano de Jehová su Dios estaba sobre Esdras.

⁷ Y con él subieron a Jerusalén algunos de los hijos de Israel, y de los sacerdotes, levitas, cantores, porteros y sirvientes del templo, en el séptimo año del rey Artajerjes.

---

a 6.14 Hag 1.1.   **b 6.14** Zac 1.1.   **c 6.19** Éx 12.1-20.

⁸ Y llegó a Jerusalén en el mes quinto del año séptimo del rey.

⁹ Porque el día primero del primer mes fue el principio de la partida de Babilonia, y al primero del mes quinto llegó a Jerusalén, estando con él la buena mano de Dios.

¹⁰ Porque Esdras había preparado su corazón para inquirir la ley de Jehová y para cumplirla, y para enseñar en Israel sus estatutos y decretos.

¹¹ Ésta es la copia de la carta que dio el rey Artajerjes al sacerdote Esdras, escriba versado en los mandamientos de Jehová y en sus estatutos a Israel:

¹² Artajerjes rey de reyes, a Esdras, sacerdote y escriba erudito en la ley del Dios del cielo: Paz.

¹³ Por mí es dada orden que todo aquel en mi reino, del pueblo de Israel y de sus sacerdotes y levitas, que quiera ir contigo a Jerusalén, vaya.

¹⁴ Porque de parte del rey y de sus siete consejeros eres enviado a visitar a Judea y a Jerusalén, conforme a la ley de tu Dios que está en tu mano;

¹⁵ y a llevar la plata y el oro que el rey y sus consejeros voluntariamente ofrecen al Dios de Israel, cuya morada está en Jerusalén,

¹⁶ y toda la plata y el oro que halles en toda la provincia de Babilonia, con las ofrendas voluntarias del pueblo y de los sacerdotes, que voluntariamente ofrecieren para la casa de su Dios, la cual está en Jerusalén.

¹⁷ Comprarás, pues, diligentemente con este dinero becerros, carneros y corderos, con sus ofrendas y sus libaciones, y los ofrecerás sobre el altar de la casa de vuestro Dios, la cual está en Jerusalén.

¹⁸ Y lo que a ti y a tus hermanos os parezca hacer de la otra plata y oro, hacedlo conforme a la voluntad de vuestro Dios.

¹⁹ Los utensilios que te son entregados para el servicio de la casa de tu Dios, los restituirás delante de Dios en Jerusalén.

²⁰ Y todo lo que se requiere para la casa de tu Dios, que te sea necesario dar, lo darás de la casa de los tesoros del rey.

²¹ Y por mí, Artajerjes rey, es dada orden a todos los tesoreros que están al otro lado del río, que todo lo que os pida el sacerdote Esdras, escriba de la ley del Dios del cielo, se le conceda prontamente,

²² hasta cien talentos de plata, cien coros de trigo, cien batos de vino, y cien batos de aceite; y sal sin medida.

²³ Todo lo que es mandado por el Dios del cielo, sea hecho prontamente para la casa del Dios del cielo; pues, ¿por qué habría de ser su ira contra el reino del rey y de sus hijos?

²⁴ Y a vosotros os hacemos saber que a todos los sacerdotes y levitas, cantores, porteros, sirvientes del templo y ministros de la casa de Dios, ninguno podrá imponerles tributo, contribución ni renta.

²⁵ Y tú, Esdras, conforme a la sabiduría que tienes de tu Dios, pon jueces y gobernadores que gobiernen a todo el pueblo que está al otro lado del río, a todos los que conocen las leyes de tu Dios; y al que no las conoce, le enseñarás.

²⁶ Y cualquiera que no cumpliere la ley de tu Dios, y la ley del rey, sea juzgado prontamente, sea a muerte, a destierro, a pena de multa, o prisión.

²⁷ Bendito Jehová Dios de nuestros padres, que puso tal cosa en el corazón del rey, para honrar la casa de Jehová que está en Jerusalén,

²⁸ e inclinó hacia mí su misericordia delante del rey y de sus consejeros, y de todos los príncipes poderosos del rey. Y yo, fortalecido por la mano de mi Dios sobre mí, reuní a los principales de Israel para que subiesen conmigo.

8 ¹ Éstos son los jefes de casas paternas, y la genealogía de aquellos que subieron conmigo de Babilonia, reinando el rey Artajerjes:

² De los hijos de Finees, Gersón; de los hijos de Itamar, Daniel; de los hijos de David, Hatús.

³ De los hijos de Secanías y de los hijos de Paros, Zacarías, y con él, en la línea de varones, ciento cincuenta.

⁴ De los hijos de Pahat-moab, Elioenai hijo de Zeraías, y con él doscientos varones.

⁵ De los hijos de Secanías, el hijo de Jahaziel, y con él trescientos varones.

⁶ De los hijos de Adín, Ebed hijo de Jonatán, y con él cincuenta varones.

⁷ De los hijos de Elam, Jesaías hijo de Atalías, y con él setenta varones.

8 De los hijos de Sefatías, Zebadías hijo de Micael, y con él ochenta varones.

9 De los hijos de Joab, Obadías hijo de Jehiel, y con él doscientos dieciocho varones.

10 De los hijos de Selomit, el hijo de Josifías, y con él ciento sesenta varones.

11 De los hijos de Bebai, Zacarías hijo de Bebai, y con él veintiocho varones.

12 De los hijos de Azgad, Johanán hijo de Hacatán, y con él ciento diez varones.

13 De los hijos de Adonicam, los postreros, cuyos nombres son éstos: Elifelet, Jeiel y Semaías, y con ellos sesenta varones.

14 Y de los hijos de Bigvai, Utai y Zabud, y con ellos setenta varones.

15 Los reuní junto al río que viene a Ahava, y acampamos allí tres días; y habiendo buscado entre el pueblo y entre los sacerdotes, no hallé allí de los hijos de Leví.

16 Entonces despaché a Eliezer, Ariel, Semaías, Elnatán, Jarib, Elnatán, Natán, Zacarías y Mesulam, hombres principales, asimismo a Joiarib y a Elnatán, hombres doctos;

17 y los envié a Iddo, jefe en el lugar llamado Casifia, y puse en boca de ellos las palabras que habían de hablar a Iddo, y a sus hermanos los sirvientes del templo en el lugar llamado Casifia, para que nos trajesen ministros para la casa de nuestro Dios.

18 Y nos trajeron según la buena mano de nuestro Dios sobre nosotros, un varón entendido, de los hijos de Mahli hijo de Leví, hijo de Israel; a Serebías con sus hijos y sus hermanos, dieciocho;

19 a Hasabías, y con él a Jesaías de los hijos de Merari, a sus hermanos y a sus hijos, veinte;

20 y de los sirvientes del templo, a quienes David con los príncipes puso para el ministerio de los levitas, doscientos veinte sirvientes del templo, todos los cuales fueron designados por sus nombres.

21 Y publiqué ayuno allí junto al río Ahava, para afligirnos delante de nuestro Dios, para solicitar de él camino derecho para nosotros, y para nuestros niños, y para todos nuestros bienes.

22 Porque tuve vergüenza de pedir al rey tropa y gente de a caballo que nos defendiesen del enemigo en el camino; porque habíamos hablado al rey, diciendo: La mano de nuestro Dios es para bien sobre todos los que le buscan; mas su poder y su furor contra todos los que le abandonan.

23 Ayunamos, pues, y pedimos a nuestro Dios sobre esto, y él nos fue propicio.

24 Aparté luego a doce de los principales de los sacerdotes, a Serebías y a Hasabías, y con ellos diez de sus hermanos;

25 y les pesé la plata, el oro y los utensilios, ofrenda que para la casa de nuestro Dios habían ofrecido el rey y sus consejeros y sus príncipes, y todo Israel allí presente.

26 Pesé, pues, en manos de ellos seiscientos cincuenta talentos de plata, y utensilios de plata por cien talentos, y cien talentos de oro;

27 además, veinte tazones de oro de mil dracmas, y dos vasos de bronce bruñido muy bueno, preciados como el oro.

28 Y les dije: Vosotros estáis consagrados a Jehová, y son santos los utensilios, y la plata y el oro, ofrenda voluntaria a Jehová Dios de nuestros padres.

29 Vigilad y guardadlos, hasta que los peséis delante de los príncipes de los sacerdotes y levitas, y de los jefes de las casas paternas de Israel en Jerusalén, en los aposentos de la casa de Jehová.

30 Los sacerdotes y los levitas recibieron el peso de la plata y del oro y de los utensilios, para traerlo a Jerusalén a la casa de nuestro Dios.

31 Y partimos del río Ahava el doce del mes primero, para ir a Jerusalén; y la mano de nuestro Dios estaba sobre nosotros, y nos libró de mano del enemigo y del acechador en el camino.

32 Y llegamos a Jerusalén, y reposamos allí tres días.

33 Al cuarto día fue luego pesada la plata, el oro y los utensilios, en la casa de nuestro Dios, por mano del sacerdote Meremot hijo de Urías, y con él Eleazar hijo de Finees; y con ellos Jozabad hijo de Jesúa y Noadías hijo de Binúi, levitas.

34 Por cuenta y por peso se entregó todo, y se apuntó todo aquel peso en aquel tiempo.

35 Los hijos de la cautividad, los que habían venido del cautiverio, ofrecieron holocaustos al Dios de Israel, doce becerros por todo Israel, noventa y seis carneros, setenta y siete corderos, y doce machos cabríos por expiación, todo en holocausto a Jehová.

36 Y entregaron los despachos del rey a sus sátrapas y capitanes del otro lado del río, los cuales ayudaron al pueblo y a la casa de Dios.

Oración de confesión de Esdras

9 **1** Acabadas estas cosas, los príncipes vinieron a mí, diciendo: El pueblo de Israel y los sacerdotes y levitas no se han separado de los pueblos de las tierras, de los cananeos, heteos, ferezeos, jebuseos, amonitas, moabitas, egipcios y amorreos, y hacen conforme a sus abominaciones. **2** Porque han tomado de las hijas de ellos para sí y para sus hijos, y el linaje santo ha sido mezclado con los pueblos de las tierras; y la mano de los príncipes y de los gobernadores ha sido la primera en cometer este pecado.

3 Cuando oí esto, rasgué mi vestido y mi manto, y arranqué pelo de mi cabeza y de mi barba, y me senté angustiado en extremo.

4 Y se me juntaron todos los que temían las palabras del Dios de Israel, a causa de la prevaricación de los del cautiverio; mas yo estuve muy angustiado hasta la hora del sacrificio de la tarde.

5 Y a la hora del sacrificio de la tarde me levanté de mi aflicción, y habiendo rasgado mi vestido y mi manto, me postré de rodillas, y extendí mis manos a Jehová mi Dios, **6** y dije:

Dios mío, confuso y avergonzado estoy para levantar, oh Dios mío, mi rostro a ti, porque nuestras iniquidades se han multiplicado sobre nuestra cabeza, y nuestros delitos han crecido hasta el cielo.

7 Desde los días de nuestros padres hasta este día hemos vivido en gran pecado; y por nuestras iniquidades nosotros, nuestros reyes y nuestros sacerdotes hemos sido entregados en manos de los reyes de las tierras, a espada, a cautiverio, a robo, y a vergüenza que cubre nuestro rostro, como hoy día.

8 Y ahora por un breve momento ha habido misericordia de parte de Jehová nuestro Dios, para hacer que nos quedase un remanente libre, y para darnos un lugar seguro en su santuario, a fin de alumbrar nuestro Dios nuestros ojos y darnos un poco de vida en nuestra servidumbre.

9 Porque siervos somos; mas en nuestra servidumbre no nos ha desamparado nuestro Dios, sino que inclinó sobre nosotros su misericordia delante de los reyes de Persia, para que se nos diese vida para levantar la casa de nuestro Dios y restaurar sus ruinas, y darnos protección en Judá y en Jerusalén.

10 Pero ahora, ¿qué diremos, oh Dios nuestro, después de esto? Porque nosotros hemos dejado tus mandamientos, **11** que prescribiste por medio de tus siervos los profetas, diciendo: La tierra a la cual entráis para poseerla, tierra inmunda es a causa de la inmundicia de los pueblos de aquellas regiones, por las abominaciones de que la han llenado de uno a otro extremo con su inmundicia. **12** Ahora, pues, no daréis vuestras hijas a los hijos de ellos, ni sus hijas tomaréis para vuestros hijos,[a] ni procuraréis jamás su paz ni su prosperidad; para que seáis fuertes y comáis el bien de la tierra, y la dejéis por heredad a vuestros hijos para siempre. **13** Mas después de todo lo que nos ha sobrevenido a causa de nuestras malas obras, y a causa de nuestro gran pecado, ya que tú, Dios nuestro, no nos has castigado de acuerdo con nuestras iniquidades, y nos diste un remanente como éste, **14** ¿hemos de volver a infringir tus mandamientos, y a emparentar con pueblos que cometen estas abominaciones? ¿No te indignarías contra nosotros hasta consumirnos, sin que quedara remanente ni quien escape? **15** Oh Jehová Dios de Israel, tú eres justo, puesto que hemos quedado un remanente que ha escapado, como en este día. Henos aquí delante de ti en nuestros delitos; porque no es posible estar en tu presencia a causa de esto.

Expulsión de las mujeres extranjeras

10 **1** Mientras oraba Esdras y hacía confesión, llorando y postrándose delante de la casa de Dios, se juntó a él una muy grande multitud de Israel, hombres, mujeres y niños; y lloraba el pueblo amargamente.

---

a 9.12 Éx 34.11-16; Dt 7.1-5.

2 Entonces respondió Secanías hijo de Jehiel, de los hijos de Elam, y dijo a Esdras: Nosotros hemos pecado contra nuestro Dios, pues tomamos mujeres extranjeras de los pueblos de la tierra; mas a pesar de esto, aún hay esperanza para Israel.

3 Ahora, pues, hagamos pacto con nuestro Dios, que despediremos a todas las mujeres y los nacidos de ellas, según el consejo de mi señor y de los que temen el mandamiento de nuestro Dios; y hágase conforme a la ley. .

4 Levántate, porque ésta es tu obligación, y nosotros estaremos contigo; esfuérzate, y pon mano a la obra.

5 Entonces se levantó Esdras y juramentó a los príncipes de los sacerdotes y de los levitas, y a todo Israel, que harían conforme a esto; y ellos juraron.

6 Se levantó luego Esdras de delante de la casa de Dios, y se fue a la cámara de Johanán hijo de Eliasib; e ido allá, no comió pan ni bebió agua, porque se entristeció a causa del pecado de los del cautiverio.

7 E hicieron pregonar en Judá y en Jerusalén que todos los hijos del cautiverio se reuniesen en Jerusalén;

8 y que el que no viniera dentro de tres días, conforme al acuerdo de los príncipes y de los ancianos, perdiese toda su hacienda, y el tal fuese excluido de la congregación de los del cautiverio.

9 Así todos los hombres de Judá y de Benjamín se reunieron en Jerusalén dentro de los tres días, a los veinte días del mes, que era el mes noveno; y se sentó todo el pueblo en la plaza de la casa de Dios, temblando con motivo de aquel asunto, y a causa de la lluvia.

10 Y se levantó el sacerdote Esdras y les dijo: Vosotros habéis pecado, por cuanto tomasteis mujeres extranjeras, añadiendo así sobre el pecado de Israel.

11 Ahora, pues, dad gloria a Jehová Dios de vuestros padres, y haced su voluntad, y apartaos de los pueblos de las tierras, y de las mujeres extranjeras.

12 Y respondió toda la asamblea, y dijeron en alta voz: Así se haga conforme a tu palabra.

13 Pero el pueblo es mucho, y el tiempo lluvioso, y no podemos estar en la calle; ni la obra es de un día ni de dos, porque somos muchos los que hemos pecado en esto.

14 Sean nuestros príncipes los que se queden en lugar de toda la congregación, y todos aquellos que en nuestras ciudades hayan tomado mujeres extranjeras, vengan en tiempos determinados, y con ellos los ancianos de cada ciudad, y los jueces de ellas, hasta que apartemos de nosotros el ardor de la ira de nuestro Dios sobre esto.

15 Solamente Jonatán hijo de Asael y Jahazías hijo de Ticva se opusieron a esto, y los levitas Mesulam y Sabetai les ayudaron.

16 Así hicieron los hijos del cautiverio. Y fueron apartados el sacerdote Esdras, y ciertos varones jefes de casas paternas según sus casas paternas; todos ellos por sus nombres se sentaron el primer día del mes décimo para inquirir sobre el asunto.

17 Y terminaron el juicio de todos aquellos que habían tomado mujeres extranjeras, el primer día del mes primero.

18 De los hijos de los sacerdotes que habían tomado mujeres extranjeras, fueron hallados éstos: De los hijos de Jesúa hijo de Josadac, y de sus hermanos: Maasías, Eliezer, Jarib y Gedalías.

19 Y dieron su mano en promesa de que despedirían sus mujeres, y ofrecieron como ofrenda por su pecado un carnero de los rebaños por su delito.

20 De los hijos de Imer: Hanani y Zebadías.

21 De los hijos de Harim: Maasías, Elías, Semaías, Jehiel y Uzías.

22 De los hijos de Pasur: Elioenai, Maasías, Ismael, Natanael, Jozabad y Elasa.

23 De los hijos de los levitas: Jozabad, Simei, Kelaía (éste es Kelita), Petaías, Judá y Eliezer.

24 De los cantores: Eliasib; y de los porteros: Salum, Telem y Uri.

25 Asimismo de Israel: De los hijos de Paros: Ramía, Jezías, Malquías, Mijamín, Eleazar, Malquías y Benaía.

26 De los hijos de Elam: Matanías, Zacarías, Jehiel, Abdi, Jeremot y Elías.

27 De los hijos de Zatu: Elioenai, Eliasib, Matanías, Jeremot, Zabad y Aziza.

28 De los hijos de Bebai: Johanán, Hananías, Zabai y Atlai.

29 De los hijos de Bani: Mesulam, Maluc, Adaía, Jasub, Seal y Ramot.

30 De los hijos de Pahat-moab: Adna, Quelal, Benaía, Maasías, Matanías, Bezaleel, Binúi y Manasés.

31 De los hijos de Harim: Eliezer, Isías, Malquías, Semaías, Simeón,

32 Benjamín, Maluc y Semarías.

33 De los hijos de Hasum: Matenai, Matata, Zabad, Elifelet, Jeremai, Manasés y Simei.

34 De los hijos de Bani: Madai, Amram, Uel,

35 Benaía, Bedías, Quelúhi,

36 Vanías, Meremot, Eliasib,

37 Matanías, Matenai, Jaasai,

38 Bani, Binúi, Simei,

39 Selemías, Natán, Adaía,

40 Macnadebai, Sasai, Sarai,

41 Azareel, Selemías, Semarías,

42 Salum, Amarías y José.

43 Y de los hijos de Nebo: Jeiel, Matatías, Zabad, Zebina, Jadau, Joel y Benaía.

44 Todos estos habían tomado mujeres extranjeras; y había mujeres de ellos que habían dado a luz hijos.

NEHEMÍAS

Oración de Nehemías sobre Jerusalén

1 ¹ Palabras de Nehemías hijo de Hacalías. Aconteció en el mes de Quisleu, en el año veinte, estando yo en Susa, capital del reino,

² que vino Hanani, uno de mis hermanos, con algunos varones de Judá, y les pregunté por los judíos que habían escapado, que habían quedado de la cautividad, y por Jerusalén.

³ Y me dijeron: El remanente, los que quedaron de la cautividad, allí en la provincia, están en gran mal y afrenta, y el muro de Jerusalén derribado, y sus puertas quemadas a fuego.

⁴ Cuando oí estas palabras me senté y lloré, e hice duelo por algunos días, y ayuné y oré delante del Dios de los cielos.

⁵ Y dije: Te ruego, oh Jehová, Dios de los cielos, fuerte, grande y temible, que guarda el pacto y la misericordia a los que le aman y guardan sus mandamientos;

⁶ esté ahora atento tu oído y abiertos tus ojos para oír la oración de tu siervo, que hago ahora delante de ti día y noche, por los hijos de Israel tus siervos; y confieso los pecados de los hijos de Israel que hemos cometido contra ti; sí, yo y la casa de mi padre hemos pecado.

⁷ En extremo nos hemos corrompido contra ti, y no hemos guardado los mandamientos, estatutos y preceptos que diste a Moisés tu siervo.

⁸ Acuérdate ahora de la palabra que diste a Moisés tu siervo, diciendo: Si vosotros pecareis, yo os dispersaré por los pueblos;ᵃ

⁹ pero si os volviereis a mí, y guardareis mis mandamientos, y los pusiereis por obra, aunque vuestra dispersión fuere hasta el extremo de los cielos, de allí os recogeré, y os traeré al lugar que escogí para hacer habitar allí mi nombre.ᵇ

¹⁰ Ellos, pues, son tus siervos y tu pueblo, los cuales redimiste con tu gran poder, y con tu mano poderosa.

¹¹ Te ruego, oh Jehová, esté ahora atento tu oído a la oración de tu siervo, y a la oración de tus siervos, quienes desean reverenciar tu nombre; concede ahora buen éxito a tu siervo, y dale gracia delante de aquel varón. Porque yo servía de copero al rey.

Artajerjes envía a Nehemías a Jerusalén

2 ¹ Sucedió en el mes de Nisán, en el año veinte del rey Artajerjes, que estando ya el vino delante de él, tomé el vino y lo serví al rey. Y como yo no había estado antes triste en su presencia,

² me dijo el rey: ¿Por qué está triste tu rostro? pues no estás enfermo. No es esto sino quebranto de corazón. Entonces temí en gran manera.

³ Y dije al rey: Para siempre viva el rey. ¿Cómo no estará triste mi rostro, cuando la ciudad, casa de los sepulcros de mis padres, está desierta, y sus puertas consumidas por el fuego?ᵃ

⁴ Me dijo el rey: ¿Qué cosa pides? Entonces oré al Dios de los cielos,

⁵ y dije al rey: Si le place al rey, y tu siervo ha hallado gracia delante de ti, envíame a Judá, a la ciudad de los sepulcros de mis padres, y la reedificaré.

⁶ Entonces el rey me dijo (y la reina estaba sentada junto a él): ¿Cuánto durará tu viaje, y cuándo volverás? Y agradó al rey enviarme, después que yo le señalé tiempo.

⁷ Además dije al rey: Si le place al rey, que se me den cartas para los gobernadores al otro lado del río, para que me franqueen el paso hasta que llegue a Judá;

⁸ y carta para Asaf guarda del bosque del rey, para que me dé madera para enmaderar las puertas del palacio de la casa, y para el muro de la ciudad, y la casa en que yo estaré. Y me lo concedió el rey, según la benéfica mano de mi Dios sobre mí.

a 1.8 Lv 26.33.   b 1.9 Dt 30.1-5.   a 2.3 2 R 25.8-10; 2 Cr 36.19; Jer 52.12-14.

⁹ Vine luego a los gobernadores del otro lado del río, y les di las cartas del rey. Y el rey envió conmigo capitanes del ejército y gente de a caballo.

¹⁰ Pero oyéndolo Sanbalat horonita y Tobías el siervo amonita, les disgustó en extremo que viniese alguno para procurar el bien de los hijos de Israel.

Nehemías anima al pueblo a reedificar los muros

¹¹ Llegué, pues, a Jerusalén, y después de estar allí tres días,

¹² me levanté de noche, yo y unos pocos varones conmigo, y no declaré a hombre alguno lo que Dios había puesto en mi corazón que hiciese en Jerusalén; ni había cabalgadura conmigo, excepto la única en que yo cabalgaba.

¹³ Y salí de noche por la puerta del Valle hacia la fuente del Dragón y a la puerta del Muladar; y observé los muros de Jerusalén que estaban derribados, y sus puertas que estaban consumidas por el fuego.

¹⁴ Pasé luego a la puerta de la Fuente, y al estanque del Rey; pero no había lugar por donde pasase la cabalgadura en que iba.

¹⁵ Y subí de noche por el torrente y observé el muro, y di la vuelta y entré por la puerta del Valle, y me volví.

¹⁶ Y no sabían los oficiales a dónde yo había ido, ni qué había hecho; ni hasta entonces lo había declarado yo a los judíos y sacerdotes, ni a los nobles y oficiales, ni a los demás que hacían la obra.

¹⁷ Les dije, pues: Vosotros veis el mal en que estamos, que Jerusalén está desierta, y sus puertas consumidas por el fuego; venid, y edifiquemos el muro de Jerusalén, y no estemos más en oprobio.

¹⁸ Entonces les declaré cómo la mano de mi Dios había sido buena sobre mí, y asimismo las palabras que el rey me había dicho. Y dijeron: Levantémonos y edifiquemos. Así esforzaron sus manos para bien.

¹⁹ Pero cuando lo oyeron Sanbalat horonita, Tobías el siervo amonita, y Gesem el árabe, hicieron escarnio de nosotros, y nos despreciaron, diciendo: ¿Qué es esto que hacéis vosotros? ¿Os rebeláis contra el rey?

²⁰ Y en respuesta les dije: El Dios de los cielos, él nos prosperará, y nosotros sus siervos nos levantaremos y edificaremos, porque vosotros no tenéis parte ni derecho ni memoria en Jerusalén.

Reparto del trabajo de reedificación

3 ¹ Entonces se levantó el sumo sacerdote Eliasib con sus hermanos los sacerdotes, y edificaron la puerta de las Ovejas. Ellos arreglaron y levantaron sus puertas hasta la torre de Hamea, y edificaron hasta la torre de Hananeel.

² Junto a ella edificaron los varones de Jericó, y luego edificó Zacur hijo de Imri.

³ Los hijos de Senaa edificaron la puerta del Pescado; ellos la enmaderaron, y levantaron sus puertas, con sus cerraduras y sus cerrojos.

⁴ Junto a ellos restauró Meremot hijo de Urías, hijo de Cos, y al lado de ellos restauró Mesulam hijo de Berequías, hijo de Mesezabeel. Junto a ellos restauró Sadoc hijo de Baana.

⁵ E inmediato a ellos restauraron los tecoítas; pero sus grandes no se prestaron para ayudar a la obra de su Señor.

⁶ La puerta Vieja fue restaurada por Joiada hijo de Paseah y Mesulam hijo de Besodías; ellos la enmaderaron, y levantaron sus puertas, con sus cerraduras y cerrojos.

⁷ Junto a ellos restauró Melatías gabaonita, y Jadón meronotita, varones de Gabaón y de Mizpa, que estaban bajo el dominio del gobernador del otro lado del río.

⁸ Junto a ellos restauró Uziel hijo de Harhaía, de los plateros; junto al cual restauró también Hananías, hijo de un perfumero. Así dejaron reparada a Jerusalén hasta el muro ancho.

⁹ Junto a ellos restauró también Refaías hijo de Hur, gobernador de la mitad de la región de Jerusalén.

¹⁰ Asimismo restauró junto a ellos, y frente a su casa, Jedaías hijo de Harumaf; y junto a él restauró Hatús hijo de Hasabnías.

¹¹ Malquías hijo de Harim y Hasub hijo de Pahat-moab restauraron otro tramo, y la torre de los Hornos.

¹² Junto a ellos restauró Salum hijo de Halohes, gobernador de la mitad de la región de Jerusalén, él con sus hijas.

¹³ La puerta del Valle la restauró Hanún con los moradores de Zanoa; ellos la reedificaron, y levantaron sus puertas, con sus

cerraduras y sus cerrojos, y mil codos del muro, hasta la puerta del Muladar.

14 Reedificó la puerta del Muladar Malquías hijo de Recab, gobernador de la provincia de Bet-haquerem; él la reedificó, y levantó sus puertas, sus cerraduras y sus cerrojos.

15 Salum hijo de Colhoze, gobernador de la región de Mizpa, restauró la puerta de la Fuente; él la reedificó, la enmaderó y levantó sus puertas, sus cerraduras y sus cerrojos, y el muro del estanque de Siloé hacia el huerto del rey, y hasta las gradas que descienden de la ciudad de David.

16 Después de él restauró Nehemías hijo de Azbuc, gobernador de la mitad de la región de Bet-sur, hasta delante de los sepulcros de David, y hasta el estanque labrado, y hasta la casa de los Valientes.

17 Tras él restauraron los levitas; Rehum hijo de Bani, y junto a él restauró Hasabías, gobernador de la mitad de la región de Keila, por su región.

18 Después de él restauraron sus hermanos, Bavai hijo de Henadad, gobernador de la mitad de la región de Keila.

19 Junto a él restauró Ezer hijo de Jesúa, gobernador de Mizpa, otro tramo frente a la subida de la armería de la esquina.

20 Después de él Baruc hijo de Zabai con todo fervor restauró otro tramo, desde la esquina hasta la puerta de la casa de Eliasib sumo sacerdote.

21 Tras él restauró Meremot hijo de Urías hijo de Cos otro tramo, desde la entrada de la casa de Eliasib hasta el extremo de la casa de Eliasib.

22 Después de él restauraron los sacerdotes, los varones de la llanura.

23 Después de ellos restauraron Benjamín y Hasub, frente a su casa; y después de éstos restauró Azarías hijo de Maasías, hijo de Ananías, cerca de su casa.

24 Después de él restauró Binúi hijo de Henadad otro tramo, desde la casa de Azarías hasta el ángulo entrante del muro, y hasta la esquina.

25 Palal hijo de Uzai, enfrente de la esquina y la torre alta que sale de la casa del rey, que está en el patio de la cárcel. Después de él, Pedaías hijo de Faros.

26 Y los sirvientes del templo que habitaban en Ofel restauraron hasta enfrente de la puerta de las Aguas al oriente, y la torre que sobresalía.

27 Después de ellos restauraron los tecoítas otro tramo, enfrente de la gran torre que sobresale, hasta el muro de Ofel.

28 Desde la puerta de los Caballos restauraron los sacerdotes, cada uno enfrente de su casa.

29 Después de ellos restauró Sadoc hijo de Imer, enfrente de su casa; y después de él restauró Semaías hijo de Secanías, guarda de la puerta Oriental.

30 Tras él, Hananías hijo de Selemías y Hanún hijo sexto de Salaf restauraron otro tramo. Después de ellos restauró Mesulam hijo de Berequías, enfrente de su cámara.

31 Después de él restauró Malquías hijo del platero, hasta la casa de los sirvientes del templo y de los comerciantes, enfrente de la puerta del Juicio, y hasta la sala de la esquina.

32 Y entre la sala de la esquina y la puerta de las Ovejas, restauraron los plateros y los comerciantes.

Precauciones contra los enemigos

4 1 Cuando oyó Sanbalat que nosotros edificábamos el muro, se enojó y se enfureció en gran manera, e hizo escarnio de los judíos.

2 Y habló delante de sus hermanos y del ejército de Samaria, y dijo: ¿Qué hacen estos débiles judíos? ¿Se les permitirá volver a ofrecer sus sacrificios? ¿Acabarán en un día? ¿Resucitarán de los montones del polvo las piedras que fueron quemadas?

3 Y estaba junto a él Tobías amonita, el cual dijo: Lo que ellos edifican del muro de piedra, si subiere una zorra lo derribará.

4 Oye, oh Dios nuestro, que somos objeto de su menosprecio, y vuelve el baldón de ellos sobre su cabeza, y entrégalos por despojo en la tierra de su cautiverio.

5 No cubras su iniquidad, ni su pecado sea borrado delante de ti, porque se airaron contra los que edificaban.

6 Edificamos, pues, el muro, y toda la muralla fue terminada hasta la mitad de su altura, porque el pueblo tuvo ánimo para trabajar.

7 Pero aconteció que oyendo Sanbalat y Tobías, y los árabes, los amonitas y los de Asdod, que los muros de Jerusalén eran

reparados, porque ya los portillos comenzaban a ser cerrados, se encolerizaron mucho;

8 y conspiraron todos a una para venir a atacar a Jerusalén y hacerle daño.

9 Entonces oramos a nuestro Dios, y por causa de ellos pusimos guarda contra ellos de día y de noche.

10 Y dijo Judá: Las fuerzas de los acarreadores se han debilitado, y el escombro es mucho, y no podemos edificar el muro.

11 Y nuestros enemigos dijeron: No sepan, ni vean, hasta que entremos en medio de ellos y los matemos, y hagamos cesar la obra.

12 Pero sucedió que cuando venían los judíos que habitaban entre ellos, nos decían hasta diez veces: De todos los lugares de donde volviereis, ellos caerán sobre vosotros.

13 Entonces por las partes bajas del lugar, detrás del muro, y en los sitios abiertos, puse al pueblo por familias, con sus espadas, con sus lanzas y con sus arcos.

14 Después miré, y me levanté y dije a los nobles y a los oficiales, y al resto del pueblo: No temáis delante de ellos; acordaos del Señor, grande y temible, y pelead por vuestros hermanos, por vuestros hijos y por vuestras hijas, por vuestras mujeres y por vuestras casas.

15 Y cuando oyeron nuestros enemigos que lo habíamos entendido, y que Dios había desbaratado el consejo de ellos, nos volvimos todos al muro, cada uno a su tarea.

16 Desde aquel día la mitad de mis siervos trabajaba en la obra, y la otra mitad tenía lanzas, escudos, arcos y corazas; y detrás de ellos estaban los jefes de toda la casa de Judá.

17 Los que edificaban en el muro, los que acarreaban, y los que cargaban, con una mano trabajaban en la obra, y en la otra tenían la espada.

18 Porque los que edificaban, cada uno tenía su espada ceñida a sus lomos, y así edificaban; y el que tocaba la trompeta estaba junto a mí.

19 Y dije a los nobles, y a los oficiales y al resto del pueblo: La obra es grande y extensa, y nosotros estamos apartados en el muro, lejos unos de otros.

20 En el lugar donde oyereis el sonido de la trompeta, reuníos allí con nosotros; nuestro Dios peleará por nosotros.

21 Nosotros, pues, trabajábamos en la obra; y la mitad de ellos tenían lanzas desde la subida del alba hasta que salían las estrellas.

22 También dije entonces al pueblo: Cada uno con su criado permanezca dentro de Jerusalén, y de noche sirvan de centinela y de día en la obra.

23 Y ni yo ni mis hermanos, ni mis jóvenes, ni la gente de guardia que me seguía, nos quitamos nuestro vestido; cada uno se desnudaba solamente para bañarse.

Abolición de la usura

5 **1** Entonces hubo gran clamor del pueblo y de sus mujeres contra sus hermanos judíos.

2 Había quien decía: Nosotros, nuestros hijos y nuestras hijas, somos muchos; por tanto, hemos pedido prestado grano para comer y vivir.

3 Y había quienes decían: Hemos empeñado nuestras tierras, nuestras viñas y nuestras casas, para comprar grano, a causa del hambre.

4 Y había quienes decían: Hemos tomado prestado dinero para el tributo del rey, sobre nuestras tierras y viñas.

5 Ahora bien, nuestra carne es como la carne de nuestros hermanos, nuestros hijos como sus hijos; y he aquí que nosotros dimos nuestros hijos y nuestras hijas a servidumbre, y algunas de nuestras hijas lo están ya, y no tenemos posibilidad de rescatarlas, porque nuestras tierras y nuestras viñas son de otros.

6 Y me enojé en gran manera cuando oí su clamor y estas palabras.

7 Entonces lo medité, y reprendí a los nobles y a los oficiales, y les dije: ¿Exigís interés cada uno a vuestros hermanos?[a] Y convoqué contra ellos una gran asamblea,

8 y les dije: Nosotros según nuestras posibilidades rescatamos a nuestros hermanos judíos que habían sido vendidos a las naciones; ¿y vosotros vendéis aun a vuestros hermanos, y serán vendidos a nosotros? Y callaron, pues no tuvieron qué responder.

---

a 5.7 Éx 22.25; Lv 25.35-37; Dt 23.19, 20.

9 Y dije: No es bueno lo que hacéis. ¿No andaréis en el temor de nuestro Dios, para no ser oprobio de las naciones enemigas nuestras?

10 También yo y mis hermanos y mis criados les hemos prestado dinero y grano; quitémosles ahora este gravamen.

11 Os ruego que les devolváis hoy sus tierras, sus viñas, sus olivares y sus casas, y la centésima parte del dinero, del grano, del vino y del aceite, que demandáis de ellos como interés.

12 Y dijeron: Lo devolveremos, y nada les demandaremos; haremos así como tú dices. Entonces convoqué a los sacerdotes, y les hice jurar que harían conforme a esto.

13 Además sacudí mi vestido, y dije: Así sacuda Dios de su casa y de su trabajo a todo hombre que no cumpliere esto, y así sea sacudido y vacío. Y respondió toda la congregación: ¡Amén! y alabaron a Jehová. Y el pueblo hizo conforme a esto.

14 También desde el día que me mandó el rey que fuese gobernador de ellos en la tierra de Judá, desde el año veinte del rey Artajerjes hasta el año treinta y dos, doce años, ni yo ni mis hermanos comimos el pan del gobernador.

15 Pero los primeros gobernadores que fueron antes de mí abrumaron al pueblo, y tomaron de ellos por el pan y por el vino más de cuarenta siclos de plata, y aun sus criados se enseñoreaban del pueblo; pero yo no hice así, a causa del temor de Dios.

16 También en la obra de este muro restauré mi parte, y no compramos heredad; y todos mis criados juntos estaban allí en la obra.

17 Además, ciento cincuenta judíos y oficiales, y los que venían de las naciones que había alrededor de nosotros, estaban a mi mesa.

18 Y lo que se preparaba para cada día era un buey y seis ovejas escogidas; también eran preparadas para mí aves, y cada diez días vino en toda abundancia; y con todo esto nunca requerí el pan del gobernador, porque la servidumbre de este pueblo era grave.

19 Acuérdate de mí para bien, Dios mío, y de todo lo que hice por este pueblo.

Maquinaciones de los adversarios

6 1 Cuando oyeron Sanbalat y Tobías y Gesem el árabe, y los demás de nuestros enemigos, que yo había edificado el muro, y que no quedaba en él portillo (aunque hasta aquel tiempo no había puesto las hojas en las puertas),

2 Sanbalat y Gesem enviaron a decirme: Ven y reunámonos en alguna de las aldeas en el campo de Ono. Mas ellos habían pensado hacerme mal.

3 Y les envié mensajeros, diciendo: Yo hago una gran obra, y no puedo ir; porque cesaría la obra, dejándola yo para ir a vosotros.

4 Y enviaron a mí con el mismo asunto hasta cuatro veces, y yo les respondí de la misma manera.

5 Entonces Sanbalat envió a mí su criado para decir lo mismo por quinta vez, con una carta abierta en su mano,

6 en la cual estaba escrito: Se ha oído entre las naciones, y Gasmu¹ lo dice, que tú y los judíos pensáis rebelaros; y que por eso edificas tú el muro, con la mira, según estas palabras, de ser tú su rey;

7 y que has puesto profetas que proclamen acerca de ti en Jerusalén, diciendo: ¡Hay rey en Judá! Y ahora serán oídas del rey las tales palabras; ven, por tanto, y consultemos juntos.

8 Entonces envié yo a decirle: No hay tal cosa como dices, sino que de tu corazón tú lo inventas.

9 Porque todos ellos nos amedrentaban, diciendo: Se debilitarán las manos de ellos en la obra, y no será terminada. Ahora, pues, oh Dios, fortalece tú mis manos.

10 Vine luego a casa de Semaías hijo de Delaía, hijo de Mehetabel, porque él estaba encerrado; el cual me dijo: Reunámonos en la casa de Dios, dentro del templo, y cerremos las puertas del templo, porque vienen para matarte; sí, esta noche vendrán a matarte.

11 Entonces dije: ¿Un hombre como yo ha de huir? ¿Y quién, que fuera como yo, entraría al templo para salvarse la vida? No entraré.

12 Y entendí que Dios no lo había enviado, sino que hablaba aquella profecía contra mí porque Tobías y Sanbalat lo habían sobornado.

---

1. 6.6 O, Gesem.

13 Porque fue sobornado para hacerme temer así, y que pecase, y les sirviera de mal nombre con que fuera yo infamado.

14 Acuérdate, Dios mío, de Tobías y de Sanbalat, conforme a estas cosas que hicieron; también acuérdate de Noadías profetisa, y de los otros profetas que procuraban infundirme miedo.

15 Fue terminado, pues, el muro, el veinticinco del mes de Elul, en cincuenta y dos días.

16 Y cuando lo oyeron todos nuestros enemigos, temieron todas las naciones que estaban alrededor de nosotros, y se sintieron humillados, y conocieron que por nuestro Dios había sido hecha esta obra.

17 Asimismo en aquellos días iban muchas cartas de los principales de Judá a Tobías, y las de Tobías venían a ellos.

18 Porque muchos en Judá se habían conjurado con él, porque era yerno de Secanías hijo de Ara; y Johanán su hijo había tomado por mujer a la hija de Mesulam hijo de Berequías.

19 También contaban delante de mí las buenas obras de él, y a él le referían mis palabras. Y enviaba Tobías cartas para atemorizarme.

Nehemías designa dirigentes

7 1 Luego que el muro fue edificado, y colocadas las puertas, y fueron señalados porteros y cantores y levitas,

2 mandé a mi hermano Hanani, y a Hananías, jefe de la fortaleza de Jerusalén (porque éste era varón de verdad y temeroso de Dios, más que muchos);

3 y les dije: No se abran las puertas de Jerusalén hasta que caliente el sol; y aunque haya gente allí, cerrad las puertas y atrancadlas. Y señalé guardas de los moradores de Jerusalén, cada cual en su turno, y cada uno delante de su casa.

4 Porque la ciudad era espaciosa y grande, pero poco pueblo dentro de ella, y no había casas reedificadas.

Los que volvieron con Zorobabel

(Es 2.1-70)

5 Entonces puso Dios en mi corazón que reuniese a los nobles y oficiales y al pueblo, para que fuesen empadronados según sus genealogías. Y hallé el libro de la genealogía de los que habían subido antes, y encontré en él escrito así:

6 Éstos son los hijos de la provincia que subieron del cautiverio, de los que llevó cautivos Nabucodonosor rey de Babilonia, y que volvieron a Jerusalén y a Judá, cada uno a su ciudad,

7 los cuales vinieron con Zorobabel, Jesúa, Nehemías, Azarías, Raamías, Nahamani, Mardoqueo, Bilsán, Misperet, Bigvai, Nehum y Baana. El número de los varones del pueblo de Israel:

8 Los hijos de Paros, dos mil ciento setenta y dos.

9 Los hijos de Sefatías, trescientos setenta y dos.

10 Los hijos de Ara, seiscientos cincuenta y dos.

11 Los hijos de Pahat-moab, de los hijos de Jesúa y de Joab, dos mil ochocientos dieciocho.

12 Los hijos de Elam, mil doscientos cincuenta y cuatro.

13 Los hijos de Zatu, ochocientos cuarenta y cinco.

14 Los hijos de Zacai, setecientos sesenta.

15 Los hijos de Binúi, seiscientos cuarenta y ocho.

16 Los hijos de Bebai, seiscientos veintiocho.

17 Los hijos de Azgad, dos mil seiscientos veintidós.

18 Los hijos de Adonicam, seiscientos sesenta y siete.

19 Los hijos de Bigvai, dos mil sesenta y siete.

20 Los hijos de Adín, seiscientos cincuenta y cinco.

21 Los hijos de Ater, de Ezequías, noventa y ocho.

22 Los hijos de Hasum, trescientos veintiocho.

23 Los hijos de Bezai, trescientos veinticuatro.

24 Los hijos de Harif, ciento doce.

25 Los hijos de Gabaón, noventa y cinco.

26 Los varones de Belén y de Netofa, ciento ochenta y ocho.

27 Los varones de Anatot, ciento veintiocho.

28 Los varones de Bet-azmavet, cuarenta y dos.

29 Los varones de Quiriat-jearim, Cafira y Beerot, setecientos cuarenta y tres.

30 Los varones de Ramá y de Geba, seiscientos veintiuno.

31 Los varones de Micmas, ciento veintidós.

32 Los varones de Bet-el y de Hai, ciento veintitrés.

33 Los varones del otro Nebo, cincuenta y dos.

34 Los hijos del otro Elam, mil doscientos cincuenta y cuatro.

35 Los hijos de Harim, trescientos veinte.

36 Los hijos de Jericó, trescientos cuarenta y cinco.

37 Los hijos de Lod, Hadid y Ono, setecientos veintiuno.

38 Los hijos de Senaa, tres mil novecientos treinta.

39 Sacerdotes: los hijos de Jedaías, de la casa de Jesúa, novecientos setenta y tres.

40 Los hijos de Imer, mil cincuenta y dos.

41 Los hijos de Pasur, mil doscientos cuarenta y siete.

42 Los hijos de Harim, mil diecisiete.

43 Levitas: los hijos de Jesúa, de Cadmiel, de los hijos de Hodavías, setenta y cuatro.

44 Cantores: los hijos de Asaf, ciento cuarenta y ocho.

45 Porteros: Los hijos de Salum, los hijos de Ater, los hijos de Talmón, los hijos de Acub, los hijos de Hatita y los hijos de Sobai, ciento treinta y ocho.

46 Sirvientes del templo: los hijos de Ziha, los hijos de Hasufa, los hijos de Tabaot,

47 los hijos de Queros, los hijos de Siaha, los hijos de Padón,

48 los hijos de Lebana, los hijos de Hagaba, los hijos de Salmai,

49 los hijos de Hanán, los hijos de Gidel, los hijos de Gahar,

50 los hijos de Reaía, los hijos de Rezín, los hijos de Necoda,

51 los hijos de Gazam, los hijos de Uza, los hijos de Paseah,

52 los hijos de Besai, los hijos de Mehunim, los hijos de Nefisesim,

53 los hijos de Bacbuc, los hijos de Hacufa, los hijos de Harhur,

54 los hijos de Bazlut, los hijos de Mehída, los hijos de Harsa,

55 los hijos de Barcos, los hijos de Sísara, los hijos de Tema,

56 los hijos de Nezía, y los hijos de Hatifa.

57 Los hijos de los siervos de Salomón: los hijos de Sotai, los hijos de Soferet, los hijos de Perida,

58 los hijos de Jaala, los hijos de Darcón, los hijos de Gidel,

59 los hijos de Sefatías, los hijos de Hatil, los hijos de Poqueret-hazebaim, los hijos de Amón.

60 Todos los sirvientes del templo e hijos de los siervos de Salomón, trescientos noventa y dos.

61 Y éstos son los que subieron de Tel-mela, Tel-harsa, Querub, Adón e Imer, los cuales no pudieron mostrar la casa de sus padres, ni su genealogía, si eran de Israel:

62 los hijos de Delaía, los hijos de Tobías y los hijos de Necoda, seiscientos cuarenta y dos.

63 Y de los sacerdotes: los hijos de Habaía, los hijos de Cos y los hijos de Barzilai, el cual tomó mujer de las hijas de Barzilai galaadita, y se llamó del nombre de ellas.

64 Éstos buscaron su registro de genealogías, y no se halló; y fueron excluidos del sacerdocio,

65 y les dijo el gobernador que no comiesen de las cosas más santas, hasta que hubiese sacerdote con Urim y Tumim.ᵃ

66 Toda la congregación junta era de cuarenta y dos mil trescientos sesenta,

67 sin sus siervos y siervas, que eran siete mil trescientos treinta y siete; y entre ellos había doscientos cuarenta y cinco cantores y cantoras.

68 Sus caballos, setecientos treinta y seis; sus mulos, doscientos cuarenta y cinco;

69 camellos, cuatrocientos treinta y cinco; asnos, seis mil setecientos veinte.

70 Y algunos de los cabezas de familias dieron ofrendas para la obra. El gobernador dio para el tesoro mil dracmas de oro, cincuenta tazones, y quinientas treinta vestiduras sacerdotales.

71 Los cabezas de familias dieron para el tesoro de la obra veinte mil dracmas de oro y dos mil doscientas libras de plata.

72 Y el resto del pueblo dio veinte mil dracmas de oro, dos mil libras de plata, y sesenta y siete vestiduras sacerdotales.

73 Y habitaron los sacerdotes, los levitas, los porteros, los cantores, los del pueblo,

---

ᵃ 7.65 Éx 28.30; Dt 33.8.

los sirvientes del templo y todo Israel, en sus ciudades.[b]

Esdras lee la ley al pueblo

Venido el mes séptimo, los hijos de Israel estaban en sus ciudades;

8 [1] y se juntó todo el pueblo como un solo hombre en la plaza que está delante de la puerta de las Aguas, y dijeron a Esdras el escriba que trajese el libro de la ley de Moisés, la cual Jehová había dado a Israel.

[2] Y el sacerdote Esdras trajo la ley delante de la congregación, así de hombres como de mujeres y de todos los que podían entender, el primer día del mes séptimo.

[3] Y leyó en el libro delante de la plaza que está delante de la puerta de las Aguas, desde el alba hasta el mediodía, en presencia de hombres y mujeres y de todos los que podían entender; y los oídos de todo el pueblo estaban atentos al libro de la ley.

[4] Y el escriba Esdras estaba sobre un púlpito de madera que habían hecho para ello, y junto a él estaban Matatías, Sema, Anías, Urías, Hilcías y Maasías a su mano derecha; y a su mano izquierda, Pedaías, Misael, Malquías, Hasum, Hasbadana, Zacarías y Mesulam.

[5] Abrió, pues, Esdras el libro a ojos de todo el pueblo, porque estaba más alto que todo el pueblo; y cuando lo abrió, todo el pueblo estuvo atento.

[6] Bendijo entonces Esdras a Jehová, Dios grande. Y todo el pueblo respondió: ¡Amén! ¡Amén! alzando sus manos; y se humillaron y adoraron a Jehová inclinados a tierra.

[7] Y los levitas Jesúa, Bani, Serebías, Jamín, Acub, Sabetai, Hodías, Maasías, Kelita, Azarías, Jozabed, Hanán y Pelaía, hacían entender al pueblo la ley; y el pueblo estaba atento en su lugar.

[8] Y leían en el libro de la ley de Dios claramente, y ponían el sentido, de modo que entendiesen la lectura.

[9] Y Nehemías el gobernador, y el sacerdote Esdras, escriba, y los levitas que hacían entender al pueblo, dijeron a todo el pueblo: Día santo es a Jehová nuestro Dios; no os entristezcáis, ni lloréis; porque todo el pueblo lloraba oyendo las palabras de la ley.

[10] Luego les dijo: Id, comed grosuras, y bebed vino dulce, y enviad porciones a los que no tienen nada preparado; porque día santo es a nuestro Señor; no os entristezcáis, porque el gozo de Jehová es vuestra fuerza.

[11] Los levitas, pues, hacían callar a todo el pueblo, diciendo: Callad, porque es día santo, y no os entristezcáis.

[12] Y todo el pueblo se fue a comer y a beber, y a obsequiar porciones, y a gozar de grande alegría, porque habían entendido las palabras que les habían enseñado.

[13] Al día siguiente se reunieron los cabezas de las familias de todo el pueblo, sacerdotes y levitas, a Esdras el escriba, para entender las palabras de la ley.

[14] Y hallaron escrito en la ley que Jehová había mandado por mano de Moisés, que habitasen los hijos de Israel en tabernáculos en la fiesta solemne del mes séptimo;

[15] y que hiciesen saber, y pasar pregón por todas sus ciudades y por Jerusalén, diciendo: Salid al monte, y traed ramas de olivo, de olivo silvestre, de arrayán, de palmeras y de todo árbol frondoso, para hacer tabernáculos, como está escrito.[a]

[16] Salió, pues, el pueblo, y trajeron ramas e hicieron tabernáculos, cada uno sobre su terrado, en sus patios, en los patios de la casa de Dios, en la plaza de la puerta de las Aguas, y en la plaza de la puerta de Efraín.

[17] Y toda la congregación que volvió de la cautividad hizo tabernáculos, y en tabernáculos habitó; porque desde los días de Josué hijo de Nun hasta aquel día, no habían hecho así los hijos de Israel. Y hubo alegría muy grande.

[18] Y leyó Esdras en el libro de la ley de Dios cada día, desde el primer día hasta el último; e hicieron la fiesta solemne por siete días, y el octavo día fue de solemne asamblea, según el rito.

Esdras confiesa los pecados de Israel

9 [1] El día veinticuatro del mismo mes se reunieron los hijos de Israel en ayuno, y con cilicio y tierra sobre sí.

[2] Y ya se había apartado la descendencia de Israel de todos los extranjeros; y

---

[b] **7.73** 1 Cr 9.2; Neh 11.3.   [a] **8.14, 15** Lv 23.33-36, 39.43; Dt 16.13-15.

estando en pie, confesaron sus pecados, y las iniquidades de sus padres.

3 Y puestos de pie en su lugar, leyeron el libro de la ley de Jehová su Dios la cuarta parte del día, y la cuarta parte confesaron sus pecados y adoraron a Jehová su Dios.

4 Luego se levantaron sobre la grada de los levitas, Jesúa, Bani, Cadmiel, Sebanías, Buni, Serebías, Bani y Quenani, y clamaron en voz alta a Jehová su Dios.

5 Y dijeron los levitas Jesúa, Cadmiel, Bani, Hasabnías, Serebías, Hodías, Sebanías y Petaías: Levantaos, bendecid a Jehová vuestro Dios desde la eternidad hasta la eternidad; y bendígase el nombre tuyo, glorioso y alto sobre toda bendición y alabanza.

6 Tú solo eres Jehová; tú hiciste los cielos, y los cielos de los cielos, con todo su ejército, la tierra y todo lo que está en ella, los mares y todo lo que hay en ellos; y tú vivificas todas estas cosas, y los ejércitos de los cielos te adoran.

7 Tú eres, oh Jehová, el Dios que escogiste a Abram, y lo sacaste de Ur de los caldeos,[a] y le pusiste el nombre Abraham;[b]

8 y hallaste fiel su corazón delante de ti, e hiciste pacto con él para darle la tierra del cananeo, del heteo, del amorreo, del ferezeo, del jebuseo y del gergeseo,[c] para darla a su descendencia; y cumpliste tu palabra, porque eres justo.

9 Y miraste la aflicción de nuestros padres en Egipto,[d] y oíste el clamor de ellos en el Mar Rojo;[e]

10 e hiciste señales y maravillas contra Faraón, contra todos sus siervos, y contra todo el pueblo de su tierra,[f] porque sabías que habían procedido con soberbia contra ellos; y te hiciste nombre grande, como en este día.

11 Dividiste el mar delante de ellos, y pasaron por medio de él en seco;[g] y a sus perseguidores echaste en las profundidades, como una piedra en profundas aguas.[h]

12 Con columna de nube los guiaste de día, y con columna de fuego de noche, para alumbrarles el camino por donde habían de ir.[i]

13 Y sobre el monte de Sinaí descendiste, y hablaste con ellos desde el cielo, y les diste juicios rectos, leyes verdaderas, y estatutos y mandamientos buenos,

14 y les ordenaste el día de reposo* santo para ti, y por mano de Moisés tu siervo les prescribiste mandamientos, estatutos y la ley.[j]

15 Les diste pan del cielo en su hambre,[k] y en su sed les sacaste aguas de la peña;[l] y les dijiste que entrasen a poseer la tierra, por la cual alzaste tu mano y juraste que se la darías.[m]

16 Mas ellos y nuestros padres fueron soberbios, y endurecieron su cerviz, y no escucharon tus mandamientos.

17 No quisieron oír, ni se acordaron de tus maravillas que habías hecho con ellos; antes endurecieron su cerviz, y en su rebelión pensaron poner caudillo para volverse a su servidumbre.[n] Pero tú eres Dios que perdonas, clemente y piadoso, tardo para la ira, y grande en misericordia,[o] porque no los abandonaste.

18 Además, cuando hicieron para sí becerro de fundición y dijeron: Éste es tu Dios que te hizo subir de Egipto;[p] y cometieron grandes abominaciones,

19 tú, con todo, por tus muchas misericordias no los abandonaste en el desierto. La columna de nube no se apartó de ellos de día, para guiarlos por el camino, ni de noche la columna de fuego, para alumbrarles el camino por el cual habían de ir.

20 Y enviaste tu buen Espíritu para enseñarles, y no retiraste tu maná de su boca, y agua les diste para su sed.

21 Los sustentaste cuarenta años en el desierto; de ninguna cosa tuvieron necesidad; sus vestidos no se envejecieron, ni se hincharon sus pies.[q]

22 Y les diste reinos y pueblos, y los repartiste por distritos; y poseyeron la tierra de Sehón, la tierra del rey de Hesbón, y la tierra de Og rey de Basán.[r]

23 Multiplicaste sus hijos como las estrellas del cielo,[s] y los llevaste a la tierra de la cual habías dicho a sus padres que habían de entrar a poseerla.[t]

---

* Aquí equivale a *sábado*.

a 9.7 Gn 12.1.   b 9.7 Gn 17.5.   c 9.8 Gn 15.18-21.
d 9.9 Éx 3.7.   e 9.9 Éx 14.10-12.   f 9.10 Éx 7.8—12.32.
g 9.11 Éx 14.21-29.   h 9.11 Éx 15.4, 5.   i 9.12 Éx 13.21, 22.
j 9.13, 14 Éx 19.18—23.33.   k 9.15 Éx 16.4-15.
l 9.15 Éx 17.1-7.   m 9.15 Dt 1.21.   n 9.16, 17 Nm 14.1-4;
Dt 1.26-33.   o 9.17 Éx 34.6; Nm 14.18.   p 9.18 Éx 32.1-4.
q 9.19-21 Dt 8.2-4.   r 9.22 Nm 21.21-35.   s 9.23 Gn 15.5;
22.17.   t 9.23 Jos 3.14-17.

²⁴ Y los hijos vinieron y poseyeron la tierra, y humillaste delante de ellos a los moradores del país, a los cananeos, los cuales entregaste en su mano, y a sus reyes, y a los pueblos de la tierra, para que hiciesen de ellos como quisieran.ᵘ

²⁵ Y tomaron ciudades fortificadas y tierra fértil, y heredaron casas llenas de todo bien, cisternas hechas, viñas y olivares, y muchos árboles frutales; comieron, se saciaron, y se deleitaron en tu gran bondad.ᵛ

²⁶ Pero te provocaron a ira, y se rebelaron contra ti, y echaron tu ley tras sus espaldas, y mataron a tus profetas que protestaban contra ellos para convertirlos a ti, e hicieron grandes abominaciones.

²⁷ Entonces los entregaste en mano de sus enemigos, los cuales los afligieron. Pero en el tiempo de su tribulación clamaron a ti, y tú desde los cielos los oíste; y según tu gran misericordia les enviaste libertadores para que los salvasen de mano de sus enemigos.

²⁸ Pero una vez que tenían paz, volvían a hacer lo malo delante de ti, por lo cual los abandonaste en mano de sus enemigos que los dominaron; pero volvían y clamaban otra vez a ti, y tú desde los cielos los oías y según tus misericordias muchas veces los libraste.ʷ

²⁹ Les amonestaste a que se volviesen a tu ley; mas ellos se llenaron de soberbia, y no oyeron tus mandamientos, sino que pecaron contra tus juicios, los cuales si el hombre hiciere, en ellos vivirá;ˣ se rebelaron, endurecieron su cerviz, y no escucharon.

³⁰ Les soportaste por muchos años, y les testificaste con tu Espíritu por medio de tus profetas, pero no escucharon;ʸ por lo cual los entregaste en mano de los pueblos de la tierra.

³¹ Mas por tus muchas misericordias no los consumiste, ni los desamparaste; porque eres Dios clemente y misericordioso.

³² Ahora pues, Dios nuestro, Dios grande, fuerte, temible, que guardas el pacto y la misericordia, no sea tenido en poco delante de ti todo el sufrimiento que ha alcanzado a nuestros reyes, a nuestros príncipes, a nuestros sacerdotes, a nuestros profetas, a nuestros padres y a todo tu pueblo, desde los días de los reyes de Asiriaᶻ hasta este día.

³³ Pero tú eres justo en todo lo que ha venido sobre nosotros; porque rectamente has hecho, mas nosotros hemos hecho lo malo.

³⁴ Nuestros reyes, nuestros príncipes, nuestros sacerdotes y nuestros padres no pusieron por obra tu ley, ni atendieron a tus mandamientos y a tus testimonios con que les amonestabas.

³⁵ Y ellos en su reino y en tu mucho bien que les diste, y en la tierra espaciosa y fértil que entregaste delante de ellos, no te sirvieron, ni se convirtieron de sus malas obras.

³⁶ He aquí que hoy somos siervos; henos aquí, siervos en la tierra que diste a nuestros padres para que comiesen su fruto y su bien.

³⁷ Y se multiplica su fruto para los reyes que has puesto sobre nosotros por nuestros pecados, quienes se enseñorean sobre nuestros cuerpos, y sobre nuestros ganados, conforme a su voluntad, y estamos en grande angustia.

Pacto del pueblo, de guardar la ley

³⁸ A causa, pues, de todo esto, nosotros hacemos fiel promesa, y la escribimos, firmada por nuestros príncipes, por nuestros levitas y por nuestros sacerdotes.

10 ¹ Los que firmaron fueron: Nehemías el gobernador, hijo de Hacalías, y Sedequías,

² Seraías, Azarías, Jeremías,

³ Pasur, Amarías, Malquías,

⁴ Hatús, Sebanías, Maluc,

⁵ Harim, Meremot, Obadías,

⁶ Daniel, Ginetón, Baruc,

⁷ Mesulam, Abías, Mijamín,

⁸ Maazías, Bilgai y Semaías; éstos eran sacerdotes.

⁹ Y los levitas: Jesúa hijo de Azanías, Binúi de los hijos de Henadad, Cadmiel,

¹⁰ y sus hermanos Sebanías, Hodías, Kelita, Pelaías, Hanán,

¹¹ Micaía, Rehob, Hasabías,

¹² Zacur, Serebías, Sebanías,

¹³ Hodías, Bani y Beninu.

u 9.24 Jos 11.23.   v 9.25 Dt 6.10, 11.   w 9.26-28 Jue 2.11-16.
x 9.29 Lv 18.5.   y 9.30 2 R 17.13-18; 2 Cr 36.15, 16.
z 9.32 2 R 15.19, 29; 17.3-6; Esd 4.2, 10.

14 Los cabezas del pueblo: Paros, Pahat-moab, Elam, Zatu, Bani,

15 Buni, Azgad, Bebai,

16 Adonías, Bigvai, Adín,

17 Ater, Ezequías, Azur,

18 Hodías, Hasum, Bezai,

19 Harif, Anatot, Nebai,

20 Magpías, Mesulam, Hezir,

21 Mesezabeel, Sadoc, Jadúa,

22 Pelatías, Hanán, Anaías,

23 Oseas, Hananías, Hasub,

24 Halohes, Pilha, Sobec,

25 Rehum, Hasabna, Maasías,

26 Ahías, Hanán, Anán,

27 Maluc, Harim y Baana.

28 Y el resto del pueblo, los sacerdotes, levitas, porteros y cantores, los sirvientes del templo, y todos los que se habían apartado de los pueblos de las tierras a la ley de Dios, con sus mujeres, sus hijos e hijas, todo el que tenía comprensión y discernimiento,

29 se reunieron con sus hermanos y sus principales, para protestar y jurar que andarían en la ley de Dios, que fue dada por Moisés siervo de Dios, y que guardarían y cumplirían todos los mandamientos, decretos y estatutos de Jehová nuestro Señor.

30 Y que no daríamos nuestras hijas a los pueblos de la tierra, ni tomaríamos sus hijas para nuestros hijos.ª

31 Asimismo, que si los pueblos de la tierra trajesen a vender mercaderías y comestibles en día de reposo,* nada tomaríamos de ellos en ese día ni en otro día santificado; y que el año séptimo dejaríamos descansar la tierra,ᵇ y remitiríamos toda deuda.ᶜ

32 Nos impusimos además por ley, el cargo de contribuir cada año con la tercera parte de un siclo para la obra de la casa de nuestro Dios;ᵈ

33 para el pan de la proposición y para la ofrenda continua, para el holocausto continuo, los días de reposo,* las nuevas lunas, las festividades, y para las cosas santificadas y los sacrificios de expiación por el pecado de Israel, y para todo el servicio de la casa de nuestro Dios.

34 Echamos también suertes los sacerdotes, los levitas y el pueblo, acerca de la ofrenda de la leña, para traerla a la casa de nuestro Dios, según las casas de nuestros padres, en los tiempos determinados cada año, para quemar sobre el altar de Jehová nuestro Dios, como está escrito en la ley.

35 Y que cada año traeríamos a la casa de Jehová las primicias de nuestra tierra, y las primicias del fruto de todo árbol.ᵉ

36 Asimismo los primogénitos de nuestros hijos y de nuestros ganados, como está escrito en la ley; y que traeríamos los primogénitos de nuestras vacas y de nuestras ovejas a la casa de nuestro Dios, a los sacerdotes que ministran en la casa de nuestro Dios;ᶠ

37 que traeríamos también las primicias de nuestras masas, y nuestras ofrendas, y del fruto de todo árbol, y del vino y del aceite, para los sacerdotes, a las cámaras de la casa de nuestro Dios, y el diezmo de nuestra tierra para los levitas;ᵍ y que los levitas recibirían las décimas de nuestras labores en todas las ciudades;

38 y que estaría el sacerdote hijo de Aarón con los levitas, cuando los levitas recibiesen el diezmo; y que los levitas llevarían el diezmo del diezmoʰ a la casa de nuestro Dios, a las cámaras de la casa del tesoro.

39 Porque a las cámaras del tesoro han de llevar los hijos de Israel y los hijos de Leví la ofrenda del grano, del vino y del aceite; y allí estarán los utensilios del santuario, y los sacerdotes que ministran, los porteros y los cantores; y no abandonaremos la casa de nuestro Dios.

Los habitantes de Jerusalén
(1 Cr 9.1-34)

11 ¹ Habitaron los jefes del pueblo en Jerusalén; mas el resto del pueblo echó suertes para traer uno de cada diez para que morase en Jerusalén, ciudad santa, y las otras nueve partes en las otras ciudades.

2 Y bendijo el pueblo a todos los varones que voluntariamente se ofrecieron para morar en Jerusalén.

3 Éstos son los jefes de la provincia que moraron en Jerusalén; pero en las ciudades

---

* Aquí equivale a *sábado*.

a 10.30 Éx 34.16; Dt 7.3.   **b 10.31** Éx 23.10, 11; Lv 25.1-7.
c 10.31 Dt 15.1, 2.   **d 10.32** Éx 30.11-16.   **e 10.35** Éx 23.19;
34.26; Dt 26.2.   **f 10.36** Éx 13.2.   **g 10.37** Nm 18.21.
h 10.38 Nm 18.26.

de Judá habitaron cada uno en su posesión, en sus ciudades; los israelitas, los sacerdotes y levitas, los sirvientes del templo y los hijos de los siervos de Salomón.

4 En Jerusalén, pues, habitaron algunos de los hijos de Judá y de los hijos de Benjamín.ª De los hijos de Judá: Ataías hijo de Uzías, hijo de Zacarías, hijo de Amarías, hijo de Sefatías, hijo de Mahalaleel, de los hijos de Fares,

5 y Maasías hijo de Baruc, hijo de Colhoze, hijo de Hazaías, hijo de Adaías, hijo de Joiarib, hijo de Zacarías, hijo de Siloni.

6 Todos los hijos de Fares que moraron en Jerusalén fueron cuatrocientos sesenta y ocho hombres fuertes.

7 Éstos son los hijos de Benjamín:ᵇ Salú hijo de Mesulam, hijo de Joed, hijo de Pedaías, hijo de Colaías, hijo de Maasías, hijo de Itiel, hijo de Jesaías.

8 Y tras él Gabai y Salai, novecientos veintiocho.

9 Y Joel hijo de Zicri era el prefecto de ellos, y Judá hijo de Senúa el segundo en la ciudad.

10 De los sacerdotes: Jedaías hijo de Joiarib, Jaquín,

11 Seraías hijo de Hilcías, hijo de Mesulam, hijo de Sadoc, hijo de Meraiot, hijo de Ahitob, príncipe de la casa de Dios,

12 y sus hermanos, los que hacían la obra de la casa, ochocientos veintidós; y Adaías hijo de Jeroham, hijo de Pelalías, hijo de Amsi, hijo de Zacarías, hijo de Pasur, hijo de Malquías,

13 y sus hermanos, jefes de familias, doscientos cuarenta y dos; y Amasai hijo de Azareel, hijo de Azai, hijo de Mesilemot, hijo de Imer,

14 y sus hermanos, hombres de gran vigor, ciento veintiocho, el jefe de los cuales era Zabdiel hijo de Gedolim.

15 De los levitas: Semaías hijo de Hasub, hijo de Azricam, hijo de Hasabías, hijo de Buni;

16 Sabetai y Jozabad, de los principales de los levitas, capataces de la obra exterior de la casa de Dios;

17 y Matanías hijo de Micaía, hijo de Zabdi, hijo de Asaf, el principal, el que empezaba las alabanzas y acción de gracias al tiempo de la oración; Bacbuquías el segundo de entre sus hermanos; y Abda hijo de Samúa, hijo de Galal, hijo de Jedutún.

18 Todos los levitas en la santa ciudad eran doscientos ochenta y cuatro.

19 Los porteros, Acub, Talmón y sus hermanos, guardas en las puertas, ciento setenta y dos.

20 Y el resto de Israel, de los sacerdotes y de los levitas, en todas las ciudades de Judá, cada uno en su heredad.

21 Los sirvientes del templo habitaban en Ofel; y Ziha y Gispa tenían autoridad sobre los sirvientes del templo.

22 Y el jefe de los levitas en Jerusalén era Uzi hijo de Bani, hijo de Hasabías, hijo de Matanías, hijo de Micaía, de los hijos de Asaf, cantores, sobre la obra de la casa de Dios.

23 Porque había mandamiento del rey acerca de ellos, y distribución para los cantores para cada día.

24 Y Petaías hijo de Mesezabeel, de los hijos de Zera hijo de Judá, estaba al servicio del rey en todo negocio del pueblo.

Lugares habitados fuera de Jerusalén

25 Tocante a las aldeas y sus tierras, algunos de los hijos de Judá habitaron en Quiriat-arba y sus aldeas, en Dibón y sus aldeas, en Jecabseel y sus aldeas,

26 en Jesúa, Molada y Bet-pelet,

27 en Hazar-sual, en Beerseba y sus aldeas,

28 en Siclag, en Mecona y sus aldeas,

29 en En-rimón, en Zora, en Jarmut,

30 en Zanoa, en Adulam y sus aldeas, en Laquis y sus tierras, y en Azeca y sus aldeas. Y habitaron desde Beerseba hasta el valle de Hinom.

31 Y los hijos de Benjamín habitaron desde Geba, en Micmas, en Aía, en Bet-el y sus aldeas,

32 en Anatot, Nob, Ananías,

33 Hazor, Ramá, Gitaim,

34 Hadid, Seboim, Nebalat,

35 Lod, y Ono, valle de los artífices;

36 y algunos de los levitas, en los repartimientos de Judá y de Benjamín.

Sacerdotes y levitas

12 1 Éstos son los sacerdotes y levitas que subieron con Zorobabel hijo de Salatiel, y con Jesúa: Seraías, Jeremías, Esdras,

2 Amarías, Maluc, Hatús,

---

a 11.3, 4 1 Cr 9.2, 3; Neh 7.73.   b 11.7 1 Cr 9.7.

³ Secanías, Rehum, Meremot,

⁴ Iddo, Gineto, Abías,

⁵ Mijamín, Maadías, Bilga,

⁶ Semaías, Joiarib, Jedaías,

⁷ Salú, Amoc, Hilcías y Jedaías. Éstos eran los príncipes de los sacerdotes y sus hermanos en los días de Jesúa.

⁸ Y los levitas: Jesúa, Binúi, Cadmiel, Serebías, Judá y Matanías, que con sus hermanos oficiaba en los cantos de alabanza.

⁹ Y Bacbuquías y Uni, sus hermanos, cada cual en su ministerio.

¹⁰ Jesúa engendró a Joiacim, y Joiacim engendró a Eliasib, y Eliasib engendró a Joiada;

¹¹ Joiada engendró a Jonatán, y Jonatán engendró a Jadúa.

¹² Y en los días de Joiacim los sacerdotes jefes de familias fueron: de Seraías, Meraías; de Jeremías, Hananías;

¹³ de Esdras, Mesulam; de Amarías, Johanán;

¹⁴ de Melicú, Jonatán; de Sebanías, José;

¹⁵ de Harim, Adna; de Meraiot, Helcai;

¹⁶ de Iddo, Zacarías; de Ginetón, Mesulam;

¹⁷ de Abías, Zicri; de Miniamín, de Moadías, Piltai;

¹⁸ de Bilga, Samúa; de Semaías, Jonatán;

¹⁹ de Joiarib, Matenai; de Jedaías, Uzi;

²⁰ de Salai, Calai; de Amoc, Eber;

²¹ de Hilcías, Hasabías; de Jedaías, Natanael.

²² Los levitas en días de Eliasib, de Joiada, de Johanán y de Jadúa fueron inscritos por jefes de familias; también los sacerdotes, hasta el reinado de Darío el persa.

²³ Los hijos de Leví, jefes de familias, fueron inscritos en el libro de las crónicas hasta los días de Johanán hijo de Eliasib.

²⁴ Los principales de los levitas: Hasabías, Serebías, Jesúa hijo de Cadmiel, y sus hermanos delante de ellos, para alabar y dar gracias, conforme al estatuto de David varón de Dios, guardando su turno.

²⁵ Matanías, Bacbuquías, Obadías, Mesulam, Talmón y Acub, guardas, eran porteros para la guardia a las entradas de las puertas.

²⁶ Éstos fueron en los días de Joiacim hijo de Jesúa, hijo de Josadac, y en los días del gobernador Nehemías y del sacerdote Esdras, escriba.

Dedicación del muro

²⁷ Para la dedicación del muro de Jerusalén, buscaron a los levitas de todos sus lugares para traerlos a Jerusalén, para hacer la dedicación y la fiesta con alabanzas y con cánticos, con címbalos, salterios y cítaras.

²⁸ Y fueron reunidos los hijos de los cantores, así de la región alrededor de Jerusalén como de las aldeas de los netofatitas;

²⁹ y de la casa de Gilgal, y de los campos de Geba y de Azmavet; porque los cantores se habían edificado aldeas alrededor de Jerusalén.

³⁰ Y se purificaron los sacerdotes y los levitas; y purificaron al pueblo, y las puertas, y el muro.

³¹ Hice luego subir a los príncipes de Judá sobre el muro, y puse dos coros grandes que fueron en procesión; el uno a la derecha, sobre el muro, hacia la puerta del Muladar.

³² E iba tras de ellos Osaías con la mitad de los príncipes de Judá,

³³ y Azarías, Esdras, Mesulam,

³⁴ Judá y Benjamín, Semaías y Jeremías.

³⁵ Y de los hijos de los sacerdotes iban con trompetas Zacarías hijo de Jonatán, hijo de Semaías, hijo de Matanías, hijo de Micaías, hijo de Zacur, hijo de Asaf;

³⁶ y sus hermanos Semaías, Azarael, Milalai, Gilalai, Maai, Natanael, Judá y Hanani, con los instrumentos musicales de David varón de Dios; y el escriba Esdras delante de ellos.

³⁷ Y a la puerta de la Fuente, en frente de ellos, subieron por las gradas de la ciudad de David, por la subida del muro, desde la casa de David hasta la puerta de las Aguas, al oriente.

³⁸ El segundo coro iba del lado opuesto, y yo en pos de él, con la mitad del pueblo sobre el muro, desde la torre de los Hornos hasta el muro ancho;

³⁹ y desde la puerta de Efraín hasta la puerta Vieja y a la puerta del Pescado, y la torre de Hananeel, y la torre de Hamea, hasta la puerta de las Ovejas; y se detuvieron en la puerta de la Cárcel.

⁴⁰ Llegaron luego los dos coros a la casa de Dios; y yo, y la mitad de los oficiales conmigo,

⁴¹ y los sacerdotes Eliacim, Maaseías, Miniamín, Micaías, Elioenai, Zacarías y Hananías, con trompetas;

42 y Maasías, Semaías, Eleazar, Uzi, Johanán, Malquías, Elam y Ezer. Y los cantores cantaban en alta voz, e Izrahías era el director.

43 Y sacrificaron aquel día numerosas víctimas, y se regocijaron, porque Dios los había recreado con grande contentamiento; se alegraron también las mujeres y los niños; y el alborozo de Jerusalén fue oído desde lejos.

Porciones para sacerdotes y levitas

44 En aquel día fueron puestos varones sobre las cámaras de los tesoros, de las ofrendas, de las primicias y de los diezmos, para recoger en ellas, de los ejidos de las ciudades, las porciones legales para los sacerdotes y levitas; porque era grande el gozo de Judá con respecto a los sacerdotes y levitas que servían.

45 Y habían cumplido el servicio de su Dios, y el servicio de la expiación, como también los cantores[a] y los porteros,[b] conforme al estatuto de David y de Salomón su hijo.

46 Porque desde el tiempo de David y de Asaf, ya de antiguo, había un director de cantores para los cánticos y alabanzas y acción de gracias a Dios.

47 Y todo Israel en días de Zorobabel y en días de Nehemías daba alimentos a los cantores y a los porteros, cada cosa en su día; consagraban asimismo sus porciones a los levitas, y los levitas consagraban parte a los hijos de Aarón.

Reformas de Nehemías

13 **1** Aquel día se leyó en el libro de Moisés, oyéndolo el pueblo, y fue hallado escrito en él que los amonitas y moabitas no debían entrar jamás en la congregación de Dios,

2 por cuanto no salieron a recibir a los hijos de Israel con pan y agua, sino que dieron dinero a Balaam para que los maldijera;[a] mas nuestro Dios volvió la maldición en bendición.[b]

3 Cuando oyeron, pues, la ley, separaron de Israel a todos los mezclados con extranjeros.

4 Y antes de esto el sacerdote Eliasib, siendo jefe de la cámara de la casa de nuestro Dios, había emparentado con Tobías,

5 y le había hecho una gran cámara, en la cual guardaban antes las ofrendas, el incienso, los utensilios, el diezmo del grano, del vino y del aceite, que estaba mandado dar a los levitas, a los cantores y a los porteros, y la ofrenda de los sacerdotes.

6 Mas a todo esto, yo no estaba en Jerusalén, porque en el año treinta y dos de Artajerjes rey de Babilonia fui al rey; y al cabo de algunos días pedí permiso al rey

7 para volver a Jerusalén; y entonces supe del mal que había hecho Eliasib por consideración a Tobías, haciendo para él una cámara en los atrios de la casa de Dios.

8 Y me dolió en gran manera; y arrojé todos los muebles de la casa de Tobías fuera de la cámara,

9 y dije que limpiasen las cámaras, e hice volver allí los utensilios de la casa de Dios, las ofrendas y el incienso.

10 Encontré asimismo que las porciones para los levitas[c] no les habían sido dadas, y que los levitas y cantores que hacían el servicio habían huido cada uno a su heredad.

11 Entonces reprendí a los oficiales, y dije: ¿Por qué está la casa de Dios abandonada? Y los reuní y los puse en sus puestos.

12 Y todo Judá trajo el diezmo del grano, del vino y del aceite, a los almacenes.[d]

13 Y puse por mayordomos de ellos al sacerdote Selemías y al escriba Sadoc, y de los levitas a Pedaías; y al servicio de ellos a Hanán hijo de Zacur, hijo de Matanías; porque eran tenidos por fieles, y ellos tenían que repartir a sus hermanos.

14 Acuérdate de mí, oh Dios, en orden a esto, y no borres mis misericordias que hice en la casa de mi Dios, y en su servicio.

15 En aquellos días vi en Judá a algunos que pisaban en lagares en el día de reposo,* y que acarreaban haces, y cargaban asnos con vino, y también de uvas, de higos y toda suerte de carga, y que traían a Jerusalén en día de reposo;* y los amonesté acerca del día en que vendían las provisiones.[e]

16 También había en la ciudad tirios que traían pescado y toda mercadería, y vendían en día de reposo* a los hijos de Judá en Jerusalén.

---

* Aquí equivale a *sábado*.
a 12.45 1 Cr 25.1-8.   **b 12.45** 1 Cr 26.12.   **a 13.2** Nm 22.1-6.
b 13.1, 2 Dt 23.3-5.   **c 13.10** Dt 12.19.   **d 13.12** Mal 3.10.
e 13.15 Éx 20.8-10; Dt 5.12-14; Jer 17.21, 22.

17 Y reprendí a los señores de Judá y les dije: ¿Qué mala cosa es esta que vosotros hacéis, profanando así el día de reposo?*

18 ¿No hicieron así vuestros padres, y trajo nuestro Dios todo este mal sobre nosotros y sobre esta ciudad? ¿Y vosotros añadís ira sobre Israel profanando el día de reposo?*

19 Sucedió, pues, que cuando iba oscureciendo a las puertas de Jerusalén antes del día de reposo,* dije que se cerrasen las puertas, y ordené que no las abriesen hasta después del día de reposo;* y puse a las puertas algunos de mis criados, para que en día de reposo* no introdujeran carga.

20 Y se quedaron fuera de Jerusalén una y dos veces los negociantes y los que vendían toda especie de mercancía.

21 Y les amonesté y les dije: ¿Por qué os quedáis vosotros delante del muro? Si lo hacéis otra vez, os echaré mano. Desde entonces no vinieron en día de reposo.*

22 Y dije a los levitas que se purificasen y viniesen a guardar las puertas, para santificar el día del reposo.* También por esto acuérdate de mí, Dios mío, y perdóname según la grandeza de tu misericordia.

23 Vi asimismo en aquellos días a judíos que habían tomado mujeres de Asdod, amonitas, y moabitas;

24 y la mitad de sus hijos hablaban la lengua de Asdod, porque no sabían hablar judaico, sino que hablaban conforme a la lengua de cada pueblo.

25 Y reñí con ellos, y los maldije, y herí a algunos de ellos, y les arranqué los cabellos, y les hice jurar, diciendo: No daréis vuestras hijas a sus hijos, y no tomaréis de sus hijas para vuestros hijos, ni para vosotros mismos.ᶠ

26 ¿No pecó por esto Salomón, rey de Israel? Bien que en muchas naciones no hubo rey como él, que era amado de su Dios,ᵍ y Dios lo había puesto por rey sobre todo Israel, aun a él le hicieron pecar las mujeres extranjeras.ʰ

27 ¿Y obedeceremos a vosotros para cometer todo este mal tan grande de prevaricar contra nuestro Dios, tomando mujeres extranjeras?

28 Y uno de los hijos de Joiada hijo del sumo sacerdote Eliasib era yerno de Sanbalatⁱ horonita; por tanto, lo ahuyenté de mí.

29 Acuérdate de ellos, Dios mío, contra los que contaminan el sacerdocio, y el pacto del sacerdocio y de los levitas.

30 Los limpié, pues, de todo extranjero, y puse a los sacerdotes y levitas por sus grupos, a cada uno en su servicio;

31 y para la ofrenda de la leña en los tiempos señalados, y para las primicias. Acuérdate de mí, Dios mío, para bien.

---

* Aquí equivale a *sábado.*
f 13.23-25 Éx 34.11-16; Dt 7.1-5.　**g 13.26** 2 S 12.24, 25.
h 13.26 1 R 11.1-8.　**i 13.28** Neh 4.1.

ESTER

La reina Vasti desafía a Asuero

1 [1] Aconteció en los días de Asuero,[a] el Asuero que reinó desde la India hasta Etiopía sobre ciento veintisiete provincias, [2] que en aquellos días, cuando fue afirmado el rey Asuero sobre el trono de su reino, el cual estaba en Susa capital del reino, [3] en el tercer año de su reinado hizo banquete a todos sus príncipes y cortesanos, teniendo delante de él a los más poderosos de Persia y de Media, gobernadores y príncipes de provincias, [4] para mostrar él las riquezas de la gloria de su reino, el brillo y la magnificencia de su poder, por muchos días, ciento ochenta días. [5] Y cumplidos estos días, hizo el rey otro banquete por siete días en el patio del huerto del palacio real a todo el pueblo que había en Susa capital del reino, desde el mayor hasta el menor. [6] El pabellón era de blanco, verde y azul, tendido sobre cuerdas de lino y púrpura en anillos de plata y columnas de mármol; los reclinatorios de oro y de plata, sobre losado de pórfido y de mármol, y de alabastro y de jacinto. [7] Y daban a beber en vasos de oro, y vasos diferentes unos de otros, y mucho vino real, de acuerdo con la generosidad del rey. [8] Y la bebida era según esta ley: Que nadie fuese obligado a beber; porque así lo había mandado el rey a todos los mayordomos de su casa, que se hiciese según la voluntad de cada uno. [9] Asimismo la reina Vasti hizo banquete para las mujeres, en la casa real del rey Asuero.

[10] El séptimo día, estando el corazón del rey alegre del vino, mandó a Mehumán, Bizta, Harbona, Bigta, Abagta, Zetar y Carcas, siete eunucos que servían delante del rey Asuero, [11] que trajesen a la reina Vasti a la presencia del rey con la corona regia, para mostrar a los pueblos y a los príncipes su belleza; porque era hermosa. [12] Mas la reina Vasti no quiso comparecer a la orden del rey enviada por medio de los eunucos; y el rey se enojó mucho, y se encendió en ira.

[13] Preguntó entonces el rey a los sabios que conocían los tiempos (porque así acostumbraba el rey con todos los que sabían la ley y el derecho; [14] y estaban junto a él Carsena, Setar, Admata, Tarsis, Meres, Marsena y Memucán, siete príncipes de Persia y de Media que veían la cara del rey, y se sentaban los primeros del reino); [15] les preguntó qué se había de hacer con la reina Vasti según la ley, por cuanto no había cumplido la orden del rey Asuero enviada por medio de los eunucos.

[16] Y dijo Memucán delante del rey y de los príncipes: No solamente contra el rey ha pecado la reina Vasti, sino contra todos los príncipes, y contra todos los pueblos que hay en todas las provincias del rey Asuero. [17] Porque este hecho de la reina llegará a oídos de todas las mujeres, y ellas tendrán en poca estima a sus maridos, diciendo: El rey Asuero mandó traer delante de sí a la reina Vasti, y ella no vino. [18] Y entonces dirán esto las señoras de Persia y de Media que oigan el hecho de la reina, a todos los príncipes del rey; y habrá mucho menosprecio y enojo. [19] Si parece bien al rey, salga un decreto real de vuestra majestad y se escriba entre las leyes de Persia y de Media, para que no sea quebrantado: Que Vasti no venga más delante del rey Asuero; y el rey haga reina a otra que sea mejor que ella. [20] Y el decreto que dicte el rey será oído en todo su reino, aunque es grande, y

---

a 1.1 Esd 4.6.

todas las mujeres darán honra a sus maridos, desde el mayor hasta el menor.

21 Agradó esta palabra a los ojos del rey y de los príncipes, e hizo el rey conforme al dicho de Memucán;

22 pues envió cartas a todas las provincias del rey, a cada provincia conforme a su escritura, y a cada pueblo conforme a su lenguaje, diciendo que todo hombre afirmase su autoridad en su casa; y que se publicase esto en la lengua de su pueblo.

Ester es proclamada reina

2 1 Pasadas estas cosas, sosegada ya la ira del rey Asuero, se acordó de Vasti y de lo que ella había hecho, y de la sentencia contra ella.

2 Y dijeron los criados del rey, sus cortesanos: Busquen para el rey jóvenes vírgenes de buen parecer;

3 y ponga el rey personas en todas las provincias de su reino, que lleven a todas las jóvenes vírgenes de buen parecer a Susa, residencia real, a la casa de las mujeres, al cuidado de Hegai eunuco del rey, guarda de las mujeres, y que les den sus atavíos;

4 y la doncella que agrade a los ojos del rey, reine en lugar de Vasti. Esto agradó a los ojos del rey, y lo hizo así.

5 Había en Susa residencia real un varón judío cuyo nombre era Mardoqueo hijo de Jair, hijo de Simei, hijo de Cis, del linaje de Benjamín;

6 el cual había sido transportado de Jerusalén con los cautivos que fueron llevados con Jeconías rey de Judá, a quien hizo transportar Nabucodonosor rey de Babilonia.ª

7 Y había criado a Hadasa, es decir, Ester, hija de su tío, porque era huérfana; y la joven era de hermosa figura y de buen parecer. Cuando su padre y su madre murieron, Mardoqueo la adoptó como hija suya.

8 Sucedió, pues, que cuando se divulgó el mandamiento y decreto del rey, y habían reunido a muchas doncellas en Susa residencia real, a cargo de Hegai, Ester también fue llevada a la casa del rey, al cuidado de Hegai guarda de las mujeres.

9 Y la doncella agradó a sus ojos, y halló gracia delante de él, por lo que hizo darle prontamente atavíos y alimentos, y le dio también siete doncellas especiales de la casa del rey; y la llevó con sus doncellas a lo mejor de la casa de las mujeres.

10 Ester no declaró cuál era su pueblo ni su parentela, porque Mardoqueo le había mandado que no lo declarase.

11 Y cada día Mardoqueo se paseaba delante del patio de la casa de las mujeres, para saber cómo le iba a Ester, y cómo la trataban.

12 Y cuando llegaba el tiempo de cada una de las doncellas para venir al rey Asuero, después de haber estado doce meses conforme a la ley acerca de las mujeres, pues así se cumplía el tiempo de sus atavíos, esto es, seis meses con óleo de mirra y seis meses con perfumes aromáticos y afeites de mujeres,

13 entonces la doncella venía así al rey. Todo lo que ella pedía se le daba, para venir ataviada con ello desde la casa de las mujeres hasta la casa del rey.

14 Ella venía por la tarde, y a la mañana siguiente volvía a la casa segunda de las mujeres, al cargo de Saasgaz eunuco del rey, guarda de las concubinas; no venía más al rey, salvo si el rey la quería y era llamada por nombre.

15 Cuando le llegó a Ester, hija de Abihail tío de Mardoqueo, quien la había tomado por hija, el tiempo de venir al rey, ninguna cosa procuró sino lo que dijo Hegai eunuco del rey, guarda de las mujeres; y ganaba Ester el favor de todos los que la veían.

16 Fue, pues, Ester llevada al rey Asuero a su casa real en el mes décimo, que es el mes de Tebet, en el año séptimo de su reinado.

17 Y el rey amó a Ester más que a todas las otras mujeres, y halló ella gracia y benevolencia delante de él más que todas las demás vírgenes; y puso la corona real en su cabeza, y la hizo reina en lugar de Vasti.

18 Hizo luego el rey un gran banquete a todos sus príncipes y siervos, el banquete de Ester; y disminuyó tributos a las provincias, e hizo y dio mercedes conforme a la generosidad real.

Mardoqueo denuncia una conspiración contra el rey

19 Cuando las vírgenes eran reunidas la segunda vez, Mardoqueo estaba sentado a la puerta del rey.

---

a 2.6 2 R 24.10-16; 2 Cr 36.10.

20 Y Ester, según le había mandado Mardoqueo, no había declarado su nación ni su pueblo; porque Ester hacía lo que decía Mardoqueo, como cuando él la educaba.

21 En aquellos días, estando Mardoqueo sentado a la puerta del rey, se enojaron Bigtán y Teres, dos eunucos del rey, de la guardia de la puerta, y procuraban poner mano en el rey Asuero.

22 Cuando Mardoqueo entendió esto, lo denunció a la reina Ester, y Ester lo dijo al rey en nombre de Mardoqueo.

23 Se hizo investigación del asunto, y fue hallado cierto; por tanto, los dos eunucos fueron colgados en una horca. Y fue escrito el caso en el libro de las crónicas del rey.

Amán trama la destrucción de los judíos

3 **1** Después de estas cosas el rey Asuero engrandeció a Amán hijo de Hamedata agagueo, y lo honró, y puso su silla sobre todos los príncipes que estaban con él.

2 Y todos los siervos del rey que estaban a la puerta del rey se arrodillaban y se inclinaban ante Amán, porque así lo había mandado el rey; pero Mardoqueo ni se arrodillaba ni se humillaba.

3 Y los siervos del rey que estaban a la puerta preguntaron a Mardoqueo: ¿Por qué traspasas el mandamiento del rey?

4 Aconteció que hablándole cada día de esta manera, y no escuchándolos él, lo denunciaron a Amán, para ver si Mardoqueo se mantendría firme en su dicho; porque ya él les había declarado que era judío.

5 Y vio Amán que Mardoqueo ni se arrodillaba ni se humillaba delante de él; y se llenó de ira.

6 Pero tuvo en poco poner mano en Mardoqueo solamente, pues ya le habían declarado cuál era el pueblo de Mardoqueo; y procuró Amán destruir a todos los judíos que había en el reino de Asuero, al pueblo de Mardoqueo.

7 En el mes primero, que es el mes de Nisán, en el año duodécimo del rey Asuero, fue echada Pur, esto es, la suerte, delante de Amán, suerte para cada día y cada mes del año; y salió el mes duodécimo, que es el mes de Adar.

8 Y dijo Amán al rey Asuero: Hay un pueblo esparcido y distribuido entre los pueblos en todas las provincias de tu reino, y sus leyes son diferentes de las de todo pueblo, y no guardan las leyes del rey, y al rey nada le beneficia el dejarlos vivir.

9 Si place al rey, decrete que sean destruidos; y yo pesaré diez mil talentos de plata a los que manejan la hacienda, para que sean traídos a los tesoros del rey.

10 Entonces el rey quitó el anillo de su mano, y lo dio a Amán hijo de Hamedata agagueo, enemigo de los judíos,

11 y le dijo: La plata que ofreces sea para ti, y asimismo el pueblo, para que hagas de él lo que bien te pareciere.

12 Entonces fueron llamados los escribanos del rey en el mes primero, al día trece del mismo, y fue escrito conforme a todo lo que mandó Amán, a los sátrapas del rey, a los capitanes que estaban sobre cada provincia y a los príncipes de cada pueblo, a cada provincia según su escritura, y a cada pueblo según su lengua; en nombre del rey Asuero fue escrito, y sellado con el anillo del rey.

13 Y fueron enviadas cartas por medio de correos a todas las provincias del rey, con la orden de destruir, matar y exterminar a todos los judíos, jóvenes y ancianos, niños y mujeres, en un mismo día, en el día trece del mes duodécimo, que es el mes de Adar, y de apoderarse de sus bienes.

14 La copia del escrito que se dio por mandamiento en cada provincia fue publicada a todos los pueblos, a fin de que estuviesen listos para aquel día.

15 Y salieron los correos prontamente por mandato del rey, y el edicto fue dado en Susa capital del reino. Y el rey y Amán se sentaron a beber; pero la ciudad de Susa estaba conmovida.

Ester promete interceder por su pueblo

4 **1** Luego que supo Mardoqueo todo lo que se había hecho, rasgó sus vestidos, se vistió de cilicio y de ceniza, y se fue por la ciudad clamando con grande y amargo clamor.

2 Y vino hasta delante de la puerta del rey; pues no era lícito pasar adentro de la puerta del rey con vestido de cilicio.

3 Y en cada provincia y lugar donde el mandamiento del rey y su decreto llegaba, tenían los judíos gran luto, ayuno, lloro y lamentación; cilicio y ceniza era la cama de muchos.

4 Y vinieron las doncellas de Ester, y sus eunucos, y se lo dijeron. Entonces la reina tuvo gran dolor, y envió vestidos para hacer vestir a Mardoqueo, y hacerle quitar el cilicio; mas él no los aceptó.

5 Entonces Ester llamó a Hatac, uno de los eunucos del rey, que él había puesto al servicio de ella, y lo mandó a Mardoqueo, con orden de saber qué sucedía, y por qué estaba así.

6 Salió, pues, Hatac a ver a Mardoqueo, a la plaza de la ciudad, que estaba delante de la puerta del rey.

7 Y Mardoqueo le declaró todo lo que le había acontecido, y le dio noticia de la plata que Amán había dicho que pesaría para los tesoros del rey a cambio de la destrucción de los judíos.

8 Le dio también la copia del decreto que había sido dado en Susa para que fuesen destruidos, a fin de que la mostrase a Ester y se lo declarase, y le encargara que fuese ante el rey a suplicarle y a interceder delante de él por su pueblo.

9 Vino Hatac y contó a Ester las palabras de Mardoqueo.

10 Entonces Ester dijo a Hatac que le dijese a Mardoqueo:

11 Todos los siervos del rey, y el pueblo de las provincias del rey, saben que cualquier hombre o mujer que entra en el patio interior para ver al rey, sin ser llamado, una sola ley hay respecto a él: ha de morir; salvo aquel a quien el rey extendiere el cetro de oro, el cual vivirá; y yo no he sido llamada para ver al rey estos treinta días.

12 Y dijeron a Mardoqueo las palabras de Ester.

13 Entonces dijo Mardoqueo que respondiesen a Ester: No pienses que escaparás en la casa del rey más que cualquier otro judío.

14 Porque si callas absolutamente en este tiempo, respiro y liberación vendrá de alguna otra parte para los judíos; mas tú y la casa de tu padre pereceréis. ¿Y quién sabe si para esta hora has llegado al reino?

15 Y Ester dijo que respondiesen a Mardoqueo:

16 Ve y reúne a todos los judíos que se hallan en Susa, y ayunad por mí, y no comáis ni bebáis en tres días, noche y día; yo también con mis doncellas ayunaré igualmente, y entonces entraré a ver al rey, aunque no sea conforme a la ley; y si perezco, que perezca.

17 Entonces Mardoqueo fue, e hizo conforme a todo lo que le mandó Ester.

Ester invita al rey y a Amán a un banquete

5 **1** Aconteció que al tercer día se vistió Ester su vestido real, y entró en el patio interior de la casa del rey, enfrente del aposento del rey; y estaba el rey sentado en su trono en el aposento real, enfrente de la puerta del aposento.

2 Y cuando vio a la reina Ester que estaba en el patio, ella obtuvo gracia ante sus ojos; y el rey extendió a Ester el cetro de oro que tenía en la mano. Entonces vino Ester y tocó la punta del cetro.

3 Dijo el rey: ¿Qué tienes, reina Ester, y cuál es tu petición? Hasta la mitad del reino se te dará.

4 Y Ester dijo: Si place al rey, vengan hoy el rey y Amán al banquete que he preparado para el rey.

5 Respondió el rey: Daos prisa, llamad a Amán, para hacer lo que Ester ha dicho. Vino, pues, el rey con Amán al banquete que Ester dispuso.

6 Y dijo el rey a Ester en el banquete, mientras bebían vino: ¿Cuál es tu petición, y te será otorgada? ¿Cuál es tu demanda? Aunque sea la mitad del reino, te será concedida.

7 Entonces respondió Ester y dijo: Mi petición y mi demanda es ésta:

8 Si he hallado gracia ante los ojos del rey, y si place al rey otorgar mi petición y conceder mi demanda, que venga el rey con Amán a otro banquete que les prepararé; y mañana haré conforme a lo que el rey ha mandado.

9 Y salió Amán aquel día contento y alegre de corazón; pero cuando vio a Mardoqueo a la puerta del palacio del rey, que no se levantaba ni se movía de su lugar, se llenó de ira contra Mardoqueo.

10 Pero se refrenó Amán y vino a su casa, y mandó llamar a sus amigos y a Zeres su mujer,

11 y les refirió Amán la gloria de sus riquezas, y la multitud de sus hijos, y todas las cosas con que el rey le había engrandecido, y con que le había honrado sobre los príncipes y siervos del rey.

12 Y añadió Amán: También la reina Ester a ninguno hizo venir con el rey al banquete que ella dispuso, sino a mí; y también para mañana estoy convidado por ella con el rey.

13 Pero todo esto de nada me sirve cada vez que veo al judío Mardoqueo sentado a la puerta del rey.

14 Y le dijo Zeres su mujer y todos sus amigos: Hagan una horca de cincuenta codos de altura, y mañana di al rey que cuelguen a Mardoqueo en ella; y entra alegre con el rey al banquete. Y agradó esto a los ojos de Amán, e hizo preparar la horca.

Amán se ve obligado a honrar a Mardoqueo

6 **1** Aquella misma noche se le fue el sueño al rey, y dijo que le trajesen el libro de las memorias y crónicas, y que las leyeran en su presencia.

2 Entonces hallaron escrito que Mardoqueo había denunciado el complot de Bigtán y de Teres, dos eunucos del rey, de la guardia de la puerta, que habían procurado poner mano en el rey Asuero.ª

3 Y dijo el rey: ¿Qué honra o qué distinción se hizo a Mardoqueo por esto? Y respondieron los servidores del rey, sus oficiales: Nada se ha hecho con él.

4 Entonces dijo el rey: ¿Quién está en el patio? Y Amán había venido al patio exterior de la casa real, para hablarle al rey para que hiciese colgar a Mardoqueo en la horca que él le tenía preparada.

5 Y los servidores del rey le respondieron: He aquí Amán está en el patio. Y el rey dijo: Que entre.

6 Entró, pues, Amán, y el rey le dijo: ¿Qué se hará al hombre cuya honra desea el rey? Y dijo Amán en su corazón: ¿A quién deseará el rey honrar más que a mí?

7 Y respondió Amán al rey: Para el varón cuya honra desea el rey,

8 traigan el vestido real de que el rey se viste, y el caballo en que el rey cabalga, y la corona real que está puesta en su cabeza;

9 y den el vestido y el caballo en mano de alguno de los príncipes más nobles del rey, y vistan a aquel varón cuya honra desea el rey, y llévenlo en el caballo por la plaza de la ciudad, y pregonen delante de él: Así se hará al varón cuya honra desea el rey.

10 Entonces el rey dijo a Amán: Date prisa, toma el vestido y el caballo, como tú has dicho, y hazlo así con el judío Mardoqueo, que se sienta a la puerta real; no omitas nada de todo lo que has dicho.

11 Y Amán tomó el vestido y el caballo, y vistió a Mardoqueo, y lo condujo a caballo por la plaza de la ciudad, e hizo pregonar delante de él: Así se hará al varón cuya honra desea el rey.

12 Después de esto Mardoqueo volvió a la puerta real, y Amán se dio prisa para irse a su casa, apesadumbrado y cubierta su cabeza.

13 Contó luego Amán a Zeres su mujer y a todos sus amigos, todo lo que le había acontecido. Entonces le dijeron sus sabios, y Zeres su mujer: Si de la descendencia de los judíos es ese Mardoqueo delante de quien has comenzado a caer, no lo vencerás, sino que caerás por cierto delante de él.

14 Aún estaban ellos hablando con él, cuando los eunucos del rey llegaron apresurados, para llevar a Amán al banquete que Ester había dispuesto.

Amán es ahorcado

7 **1** Fue, pues, el rey con Amán al banquete de la reina Ester.

2 Y en el segundo día, mientras bebían vino, dijo el rey a Ester: ¿Cuál es tu petición, reina Ester, y te será concedida? ¿Cuál es tu demanda? Aunque sea la mitad del reino, te será otorgada.

3 Entonces la reina Ester respondió y dijo: Oh rey, si he hallado gracia en tus ojos, y si al rey place, séame dada mi vida por mi petición, y mi pueblo por mi demanda.

4 Porque hemos sido vendidos, yo y mi pueblo, para ser destruidos, para ser muertos y exterminados. Si para siervos y siervas fuéramos vendidos, me callaría; pero nuestra muerte sería para el rey un daño irreparable.

5 Respondió el rey Asuero, y dijo a la reina Ester: ¿Quién es, y dónde está, el que ha ensoberbecido su corazón para hacer esto?

ª **6.2** Est 2.21, 22.

⁶ Ester dijo: El enemigo y adversario es este malvado Amán. Entonces se turbó Amán delante del rey y de la reina.

⁷ Luego el rey se levantó del banquete, encendido en ira, y se fue al huerto del palacio; y se quedó Amán para suplicarle a la reina Ester por su vida; porque vio que estaba resuelto para él el mal de parte del rey.

⁸ Después el rey volvió del huerto del palacio al aposento del banquete, y Amán había caído sobre el lecho en que estaba Ester. Entonces dijo el rey: ¿Querrás también violar a la reina en mi propia casa? Al proferir el rey esta palabra, le cubrieron el rostro a Amán.

⁹ Y dijo Harbona, uno de los eunucos que servían al rey: He aquí en casa de Amán la horca de cincuenta codos de altura que hizo Amán para Mardoqueo, el cual había hablado bien por el rey. Entonces el rey dijo: Colgadlo en ella.

¹⁰ Así colgaron a Amán en la horca que él había hecho preparar para Mardoqueo; y se apaciguó la ira del rey.

Decreto de Asuero a favor de los judíos

8 ¹ El mismo día, el rey Asuero dio a la reina Ester la casa de Amán enemigo de los judíos; y Mardoqueo vino delante del rey, porque Ester le declaró lo que él era respecto de ella.

² Y se quitó el rey el anillo que recogió de Amán, y lo dio a Mardoqueo. Y Ester puso a Mardoqueo sobre la casa de Amán.

³ Volvió luego Ester a hablar delante del rey, y se echó a sus pies, llorando y rogándole que hiciese nula la maldad de Amán agagueo y su designio que había tramado contra los judíos.

⁴ Entonces el rey extendió a Ester el cetro de oro, y Ester se levantó, y se puso en pie delante del rey,

⁵ y dijo: Si place al rey, y si he hallado gracia delante de él, y si le parece acertado al rey, y yo soy agradable a sus ojos, que se dé orden escrita para revocar las cartas que autorizan la trama de Amán hijo de Hamedata agagueo, que escribió para destruir a los judíos que están en todas las provincias del rey.

⁶ Porque ¿cómo podré yo ver el mal que alcanzará a mi pueblo? ¿Cómo podré yo ver la destrucción de mi nación?

⁷ Respondió el rey Asuero a la reina Ester y a Mardoqueo el judío: He aquí yo he dado a Ester la casa de Amán, y a él han colgado en la horca, por cuanto extendió su mano contra los judíos.

⁸ Escribid, pues, vosotros a los judíos como bien os pareciere, en nombre del rey, y selladlo con el anillo del rey; porque un edicto que se escribe en nombre del rey, y se sella con el anillo del rey, no puede ser revocado.

⁹ Entonces fueron llamados los escribanos del rey en el mes tercero, que es Siván, a los veintitrés días de ese mes; y se escribió conforme a todo lo que mandó Mardoqueo, a los judíos, y a los sátrapas, los capitanes y los príncipes de las provincias que había desde la India hasta Etiopía, ciento veintisiete provincias; a cada provincia según su escritura, y a cada pueblo conforme a su lengua, a los judíos también conforme a su escritura y lengua.

¹⁰ Y escribió en nombre del rey Asuero, y lo selló con el anillo del rey, y envió cartas por medio de correos montados en caballos veloces procedentes de los repastos reales;

¹¹ que el rey daba facultad a los judíos que estaban en todas las ciudades, para que se reuniesen y estuviesen a la defensa de su vida, prontos a destruir, y matar, y acabar con toda fuerza armada del pueblo o provincia que viniese contra ellos, y aun sus niños y mujeres, y apoderarse de sus bienes,

¹² en un mismo día en todas las provincias del rey Asuero, en el día trece del mes duodécimo, que es el mes de Adar.

¹³ La copia del edicto que había de darse por decreto en cada provincia, para que fuese conocido por todos los pueblos, decía que los judíos estuviesen preparados para aquel día, para vengarse de sus enemigos.

¹⁴ Los correos, pues, montados en caballos veloces, salieron a toda prisa por la orden del rey; y el edicto fue dado en Susa capital del reino.

¹⁵ Y salió Mardoqueo de delante del rey con vestido real de azul y blanco, y una gran corona de oro, y un manto de lino y púrpura. La ciudad de Susa entonces se alegró y regocijó;

16 y los judíos tuvieron luz y alegría, y gozo y honra.

17 Y en cada provincia y en cada ciudad donde llegó el mandamiento del rey, los judíos tuvieron alegría y gozo, banquete y día de placer. Y muchos de entre los pueblos de la tierra se hacían judíos, porque el temor de los judíos había caído sobre ellos.

Los judíos destruyen a sus enemigos

9 1 En el mes duodécimo, que es el mes de Adar, a los trece días del mismo mes, cuando debía ser ejecutado el mandamiento del rey y su decreto, el mismo día en que los enemigos de los judíos esperaban enseñorearse de ellos, sucedió lo contrario; porque los judíos se enseñorearon de los que los aborrecían.

2 Los judíos se reunieron en sus ciudades, en todas las provincias del rey Asuero, para descargar su mano sobre los que habían procurado su mal, y nadie los pudo resistir, porque el temor de ellos había caído sobre todos los pueblos.

3 Y todos los príncipes de las provincias, los sátrapas, capitanes y oficiales del rey, apoyaban a los judíos; porque el temor de Mardoqueo había caído sobre ellos.

4 Pues Mardoqueo era grande en la casa del rey, y su fama iba por todas las provincias; Mardoqueo iba engrandeciéndose más y más.

5 Y asolaron los judíos a todos sus enemigos a filo de espada, y con mortandad y destrucción, e hicieron con sus enemigos como quisieron.

6 En Susa capital del reino mataron y destruyeron los judíos a quinientos hombres.

7 Mataron entonces a Parsandata, Dalfón, Aspata,

8 Porata, Adalía, Aridata,

9 Parmasta, Arisai, Aridai y Vaizata,

10 diez hijos de Amán hijo de Hamedata, enemigo de los judíos; pero no tocaron sus bienes.

11 El mismo día se le dio cuenta al rey acerca del número de los muertos en Susa, residencia real.

12 Y dijo el rey a la reina Ester: En Susa capital del reino los judíos han matado a quinientos hombres, y a diez hijos de Amán. ¿Qué habrán hecho en las otras provincias del rey? ¿Cuál, pues, es tu petición? y te será concedida; ¿o qué más es tu demanda? y será hecha.

13 Y respondió Ester: Si place al rey, concédase también mañana a los judíos en Susa, que hagan conforme a la ley de hoy; y que cuelguen en la horca a los diez hijos de Amán.

14 Y mandó el rey que se hiciese así. Se dio la orden en Susa, y colgaron a los diez hijos de Amán.

15 Y los judíos que estaban en Susa se juntaron también el catorce del mes de Adar, y mataron en Susa a trescientos hombres; pero no tocaron sus bienes.

La fiesta de Purim

16 En cuanto a los otros judíos que estaban en las provincias del rey, también se juntaron y se pusieron en defensa de su vida, y descansaron de sus enemigos, y mataron de sus contrarios a setenta y cinco mil; pero no tocaron sus bienes.

17 Esto fue en el día trece del mes de Adar, y reposaron en el día catorce del mismo, y lo hicieron día de banquete y de alegría.

18 Pero los judíos que estaban en Susa se juntaron el día trece y el catorce del mismo mes, y el quince del mismo reposaron y lo hicieron día de banquete y de regocijo.

19 Por tanto, los judíos aldeanos que habitan en las villas sin muro hacen a los catorce del mes de Adar el día de alegría y de banquete, un día de regocijo, y para enviar porciones cada uno a su vecino.

20 Y escribió Mardoqueo estas cosas, y envió cartas a todos los judíos que estaban en todas las provincias del rey Asuero, cercanos y distantes,

21 ordenándoles que celebrasen el día decimocuarto del mes de Adar, y el decimoquinto del mismo, cada año,

22 como días en que los judíos tuvieron paz de sus enemigos, y como el mes que de tristeza se les cambió en alegría, y de luto en día bueno; que los hiciesen días de banquete y de gozo, y para enviar porciones cada uno a su vecino, y dádivas a los pobres.

23 Y los judíos aceptaron hacer, según habían comenzado, lo que les escribió Mardoqueo.

24 Porque Amán hijo de Hamedata agagueo, enemigo de todos los judíos, había ideado contra los judíos un plan para destruirlos, y había echado Pur,[a] que quiere decir suerte, para consumirlos y acabar con ellos.

25 Mas cuando Ester vino a la presencia del rey, él ordenó por carta que el perverso designio que aquél trazó contra los judíos recayera sobre su cabeza; y que colgaran a él y a sus hijos en la horca.

26 Por esto llamaron a estos días Purim, por el nombre Pur. Y debido a las palabras de esta carta, y por lo que ellos vieron sobre esto, y lo que llevó a su conocimiento,

27 los judíos establecieron y tomaron sobre sí, sobre su descendencia y sobre todos los allegados a ellos, que no dejarían de celebrar estos dos días según está escrito tocante a ellos, conforme a su tiempo cada año;

28 y que estos días serían recordados y celebrados por todas las generaciones, familias, provincias y ciudades; que estos días de Purim no dejarían de ser guardados por los judíos, y que su descendencia jamás dejaría de recordarlos.

29 Y la reina Ester hija de Abihail, y Mardoqueo el judío, suscribieron con plena

a **9.24** Est 3.7.

autoridad esta segunda carta referente a Purim.

30 Y fueron enviadas cartas a todos los judíos, a las ciento veintisiete provincias del rey Asuero, con palabras de paz y de verdad,

31 para confirmar estos días de Purim en sus tiempos señalados, según les había ordenado Mardoqueo el judío y la reina Ester, y según ellos habían tomado sobre sí y sobre su descendencia, para conmemorar el fin de los ayunos y de su clamor.

32 Y el mandamiento de Ester confirmó estas celebraciones acerca de Purim, y esto fue registrado en un libro.

Grandeza de Mardoqueo

10 **1** El rey Asuero impuso tributo sobre la tierra y hasta las costas del mar.

2 Y todos los hechos de su poder y autoridad, y el relato sobre la grandeza de Mardoqueo, con que el rey le engrandeció, ¿no está escrito en el libro de las crónicas de los reyes de Media y de Persia?

3 Porque Mardoqueo el judío fue el segundo después del rey Asuero, y grande entre los judíos, y estimado por la multitud de sus hermanos, porque procuró el bienestar de su pueblo y habló paz para todo su linaje.

JOB

Las calamidades de Job

1 ¹ Hubo en tierra de Uz un varón llamado Job; y era este hombre perfecto y recto, temeroso de Dios y apartado del mal. ² Y le nacieron siete hijos y tres hijas. ³ Su hacienda era siete mil ovejas, tres mil camellos, quinientas yuntas de bueyes, quinientas asnas, y muchísimos criados; y era aquel varón más grande que todos los orientales. ⁴ E iban sus hijos y hacían banquetes en sus casas, cada uno en su día; y enviaban a llamar a sus tres hermanas para que comiesen y bebiesen con ellos. ⁵ Y acontecía que habiendo pasado en turno los días del convite, Job enviaba y los santificaba, y se levantaba de mañana y ofrecía holocaustos conforme al número de todos ellos. Porque decía Job: Quizá habrán pecado mis hijos, y habrán blasfemado contra Dios en sus corazones. De esta manera hacía todos los días.

⁶ Un día vinieron a presentarse delante de Jehová los hijos de Dios, entre los cuales vino también Satanás. ⁷ Y dijo Jehová a Satanás: ¿De dónde vienes? Respondiendo Satanás a Jehová, dijo: De rodear la tierra y de andar por ella. ⁸ Y Jehová dijo a Satanás: ¿No has considerado a mi siervo Job, que no hay otro como él en la tierra, varón perfecto y recto, temeroso de Dios y apartado del mal? ⁹ Respondiendo Satanás a Jehová, dijo: ¿Acaso teme Job a Dios de balde? ¹⁰ ¿No le has cercado alrededor a él y a su casa y a todo lo que tiene? Al trabajo de sus manos has dado bendición; por tanto, sus bienes han aumentado sobre la tierra. ¹¹ Pero extiende ahora tu mano y toca todo lo que tiene, y verás si no blasfema contra ti en tu misma presencia.ᵃ ¹² Dijo Jehová a Satanás: He aquí, todo lo que tiene está en tu mano; solamente no pongas tu mano sobre él. Y salió Satanás de delante de Jehová.

¹³ Y un día aconteció que sus hijos e hijas comían y bebían vino en casa de su hermano el primogénito, ¹⁴ y vino un mensajero a Job, y le dijo: Estaban arando los bueyes, y las asnas paciendo cerca de ellos, ¹⁵ y acometieron los sabeos y los tomaron, y mataron a los criados a filo de espada; solamente escapé yo para darte la noticia. ¹⁶ Aún estaba éste hablando, cuando vino otro que dijo: Fuego de Dios cayó del cielo, que quemó las ovejas y a los pastores, y los consumió; solamente escapé yo para darte la noticia. ¹⁷ Todavía estaba éste hablando, y vino otro que dijo: Los caldeos hicieron tres escuadrones, y arremetieron contra los camellos y se los llevaron, y mataron a los criados a filo de espada; y solamente escapé yo para darte la noticia. ¹⁸ Entre tanto que éste hablaba, vino otro que dijo: Tus hijos y tus hijas estaban comiendo y bebiendo vino en casa de su hermano el primogénito; ¹⁹ y un gran viento vino del lado del desierto y azotó las cuatro esquinas de la casa, la cual cayó sobre los jóvenes, y murieron; y solamente escapé yo para darte la noticia. ²⁰ Entonces Job se levantó, y rasgó su manto, y rasuró su cabeza, y se postró en tierra y adoró, ²¹ y dijo: Desnudo salí del vientre de mi madre, y desnudo volveré allá. Jehová dio, y Jehová quitó; sea el nombre de Jehová bendito. ²² En todo esto no pecó Job, ni atribuyó a Dios despropósito alguno.

2 ¹ Aconteció que otro día vinieron los hijos de Dios para presentarse delante de Jehová, y Satanás vino también entre ellos presentándose delante de Jehová.

---

a 1.9-11 Ap 12.10.

2 Y dijo Jehová a Satanás: ¿De dónde vienes? Respondió Satanás a Jehová, y dijo: De rodear la tierra, y de andar por ella. **3** Y Jehová dijo a Satanás: ¿No has considerado a mi siervo Job, que no hay otro como él en la tierra, varón perfecto y recto, temeroso de Dios y apartado del mal, y que todavía retiene su integridad, aun cuando tú me incitaste contra él para que lo arruinara sin causa? **4** Respondiendo Satanás, dijo a Jehová: Piel por piel, todo lo que el hombre tiene dará por su vida. **5** Pero extiende ahora tu mano, y toca su hueso y su carne, y verás si no blasfema contra ti en tu misma presencia. **6** Y Jehová dijo a Satanás: He aquí, él está en tu mano; mas guarda su vida.

7 Entonces salió Satanás de la presencia de Jehová, e hirió a Job con una sarna maligna desde la planta del pie hasta la coronilla de la cabeza. **8** Y tomaba Job un tiesto para rascarse con él, y estaba sentado en medio de ceniza. **9** Entonces le dijo su mujer: ¿Aún retienes tu integridad? Maldice a Dios, y muérete. **10** Y él le dijo: Como suele hablar cualquiera de las mujeres fatuas, has hablado. ¿Qué? ¿Recibiremos de Dios el bien, y el mal no lo recibiremos? En todo esto no pecó Job con sus labios.

11 Y tres amigos de Job, Elifaz temanita, Bildad suhita, y Zofar naamatita, luego que oyeron todo este mal que le había sobrevenido, vinieron cada uno de su lugar; porque habían convenido en venir juntos para condolerse de él y para consolarle. **12** Los cuales, alzando los ojos desde lejos, no lo conocieron, y lloraron a gritos; y cada uno de ellos rasgó su manto, y los tres esparcieron polvo sobre sus cabezas hacia el cielo. **13** Así se sentaron con él en tierra por siete días y siete noches, y ninguno le hablaba palabra, porque veían que su dolor era muy grande.

Job maldice el día en que nació

3 **1** Después de esto abrió Job su boca, y maldijo su día.[a]

2 Y exclamó Job, y dijo:

3 Perezca el día en que yo nací,
Y la noche en que se dijo: Varón es concebido.
4 Sea aquel día sombrío,
Y no cuide de él Dios desde arriba,
Ni claridad sobre él resplandezca.
5 Aféenlo tinieblas y sombra de muerte;
Repose sobre él nublado
Que lo haga horrible como día caliginoso.
6 Ocupe aquella noche la oscuridad;
No sea contada entre los días del año,
Ni venga en el número de los meses.
7 ¡Oh, que fuera aquella noche solitaria,
Que no viniera canción alguna en ella!
8 Maldíganla los que maldicen el día,
Los que se aprestan para despertar a Leviatán.
9 Oscurézcanse las estrellas de su alba;
Espere la luz, y no venga,
Ni vea los párpados de la mañana;
10 Por cuanto no cerró las puertas del vientre donde yo estaba,
Ni escondió de mis ojos la miseria.

11 ¿Por qué no morí yo en la matriz,
O expiré al salir del vientre?
12 ¿Por qué me recibieron las rodillas?
¿Y a qué los pechos para que mamase?
13 Pues ahora estaría yo muerto, y reposaría;
Dormiría, y entonces tendría descanso,
14 Con los reyes y con los consejeros de la tierra,
Que reedifican para sí ruinas;
15 O con los príncipes que poseían el oro,
Que llenaban de plata sus casas.
16 ¿Por qué no fui escondido como abortivo,
Como los pequeñitos que nunca vieron la luz?
17 Allí los impíos dejan de perturbar,
Y allí descansan los de agotadas fuerzas.
18 Allí también reposan los cautivos;
No oyen la voz del capataz.

a 3.1-19 Jer 20.14-18.

¹⁹Allí están el chico y el grande,
Y el siervo libre de su señor.

²⁰¿Por qué se da luz al trabajado,
Y vida a los de ánimo amargado,
²¹Que esperan la muerte, y ella no
llega,ᵇ
Aunque la buscan más que tesoros;
²²Que se alegran sobremanera,
Y se gozan cuando hallan el
sepulcro?
²³¿Por qué se da vida al hombre que no
sabe por dónde ha de ir,
Y a quien Dios ha encerrado?
²⁴Pues antes que mi pan viene mi
suspiro,
Y mis gemidos corren como aguas.
²⁵Porque el temor que me espantaba
me ha venido,
Y me ha acontecido lo que yo temía.
²⁶No he tenido paz, no me aseguré, ni
estuve reposado;
No obstante, me vino turbación.

Elifaz reprende a Job

4 ¹ Entonces respondió Elifaz temanita,
y dijo:
² Si probáremos a hablarte, te será
molesto;
Pero ¿quién podrá detener las palabras?
³ He aquí, tú enseñabas a muchos,
Y fortalecías las manos débiles;
⁴ Al que tropezaba enderezaban tus
palabras,
Y esforzabas las rodillas que decaían.
⁵ Mas ahora que el mal ha venido
sobre ti, te desalientas;
Y cuando ha llegado hasta ti, te
turbas.
⁶ ¿No es tu temor a Dios tu confianza?
¿No es tu esperanza la integridad de
tus caminos?

⁷ Recapacita ahora; ¿qué inocente se ha
perdido?
Y ¿en dónde han sido destruidos los
rectos?
⁸ Como yo he visto, los que aran
iniquidad
Y siembran injuria, la siegan.
⁹ Perecen por el aliento de Dios,
Y por el soplo de su ira son
consumidos.

¹⁰Los rugidos del león, y los bramidos
del rugiente,
Y los dientes de los leoncillos son
quebrantados.
¹¹El león viejo perece por falta de
presa,
Y los hijos de la leona se dispersan.

¹²El asunto también me era a mí
oculto;
Mas mi oído ha percibido algo de
ello.
¹³En imaginaciones de visiones
nocturnas,
Cuando el sueño cae sobre los
hombres,
¹⁴Me sobrevino un espanto y un
temblor,
Que estremeció todos mis huesos;
¹⁵Y al pasar un espíritu por delante
de mí,
Hizo que se erizara el pelo de mi
cuerpo.
¹⁶Paróse delante de mis ojos un
fantasma,
Cuyo rostro yo no conocí,
Y quedo, oí que decía:
¹⁷¿Será el hombre más justo que Dios?
¿Será el varón más limpio que el que
lo hizo?
¹⁸He aquí, en sus siervos no confía,
Y notó necedad en sus ángeles;
¹⁹¡Cuánto más en los que habitan en
casas de barro,
Cuyos cimientos están en el polvo,
Y que serán quebrantados por la
polilla!
²⁰De la mañana a la tarde son
destruidos,
Y se pierden para siempre, sin haber
quien repare en ello.
²¹Su hermosura, ¿no se pierde con ellos
mismos?
Y mueren sin haber adquirido
sabiduría.

5 ¹ Ahora, pues, da voces; ¿habrá quien
te responda?
¿Y a cuál de los santos te volverás?
² Es cierto que al necio lo mata la ira,
Y al codicioso lo consume la envidia.

ᵇ 3.21 Ap 9.6.

³ Yo he visto al necio que echaba
    raíces,
  Y en la misma hora maldije su
    habitación.
⁴ Sus hijos estarán lejos de la
    seguridad;
  En la puerta serán quebrantados,
  Y no habrá quien los libre.
⁵ Su mies comerán los hambrientos,
  Y la sacarán de entre los espinos,
  Y los sedientos beberán su hacienda.
⁶ Porque la aflicción no sale del polvo,
  Ni la molestia brota de la tierra.
⁷ Pero como las chispas se levantan
    para volar por el aire,
  Así el hombre nace para la aflicción.
⁸ Ciertamente yo buscaría a Dios,
  Y encomendaría a él mi causa;
⁹ El cual hace cosas grandes e
    inescrutables,
  Y maravillas sin número;
¹⁰Que da la lluvia sobre la faz de la
    tierra,
  Y envía las aguas sobre los campos;
¹¹Que pone a los humildes en altura,
  Y a los enlutados levanta a seguridad;
¹²Que frustra los pensamientos de los
    astutos,
  Para que sus manos no hagan nada;
¹³Que prende a los sabios en la astucia
    de ellos,ᵃ
  Y frustra los designios de los
    perversos.
¹⁴De día tropiezan con tinieblas,
  Y a mediodía andan a tientas como
    de noche.
¹⁵Así libra de la espada al pobre, de la
    boca de los impíos,
  Y de la mano violenta;
¹⁶Pues es esperanza al menesteroso,
  Y la iniquidad cerrará su boca.

¹⁷He aquí, bienaventurado es el
    hombre a quien Dios castiga;
  Por tanto, no menosprecies la
    corrección del Todopoderoso.ᵇ
¹⁸Porque él es quien hace la llaga, y él
    la vendará;
  Él hiere, y sus manos curan.
¹⁹En seis tribulaciones te librará,
  Y en la séptima no te tocará el mal.

²⁰En el hambre te salvará de la muerte,
  Y del poder de la espada en la guerra.
²¹Del azote de la lengua serás
    encubierto;
  No temerás la destrucción cuando
    viniere.
²²De la destrucción y del hambre te
    reirás,
  Y no temerás de las fieras del campo;
²³Pues aun con las piedras del campo
    tendrás tu pacto,
  Y las fieras del campo estarán en paz
    contigo.
²⁴Sabrás que hay paz en tu tienda;
  Visitarás tu morada, y nada te faltará.
²⁵Asimismo echarás de ver que tu
    descendencia es mucha,
  Y tu prole como la hierba de la tierra.
²⁶Vendrás en la vejez a la sepultura,
  Como la gavilla de trigo que se
    recoge a su tiempo.
²⁷He aquí lo que hemos inquirido, lo
    cual es así;
  Óyelo, y conócelo tú para tu
    provecho.

Job reprocha la actitud de sus amigos

6 ¹ Respondió entonces Job, y dijo:

² ¡Oh, que pesasen justamente mi
    queja y mi tormento,
  Y se alzasen igualmente en balanza!
³ Porque pesarían ahora más que la
    arena del mar;
  Por eso mis palabras han sido
    precipitadas.
⁴ Porque las saetas del Todopoderoso
    están en mí,
  Cuyo veneno bebe mi espíritu;
  Y terrores de Dios me combaten.
⁵ ¿Acaso gime el asno montés junto a la
    hierba?
  ¿Muge el buey junto a su pasto?
⁶ ¿Se comerá lo desabrido sin sal?
  ¿Habrá gusto en la clara del huevo?
⁷ Las cosas que mi alma no quería
    tocar,
  Son ahora mi alimento.

⁸ ¡Quién me diera que viniese mi
    petición,
  Y que me otorgase Dios lo que
    anhelo,

ᵃ **5.13** 1 Co 3.19.   ᵇ **5.17** Pr 3.11, 12; Heb 12.5, 6.

9 Y que agradara a Dios quebrantarme;
Que soltara su mano, y acabara
conmigo!
10 Sería aún mi consuelo,
Si me asaltase con dolor sin dar más
tregua,
Que yo no he escondido las palabras
del Santo.
11 ¿Cuál es mi fuerza para esperar aún?
¿Y cuál mi fin para que tenga aún
paciencia?
12 ¿Es mi fuerza la de las piedras,
O es mi carne de bronce?
13 ¿No es así que ni aun a mí mismo me
puedo valer,
Y que todo auxilio me ha faltado?
14 El atribulado es consolado por su
compañero;
Aun aquel que abandona el temor del
Omnipotente.
15 Pero mis hermanos me traicionaron
como un torrente;
Pasan como corrientes impetuosas
16 Que están escondidas por la helada,
Y encubiertas por la nieve;
17 Que al tiempo del calor son deshechas,
Y al calentarse, desaparecen de su
lugar;
18 Se apartan de la senda de su rumbo,
Van menguando, y se pierden.
19 Miraron los caminantes de Temán,
Los caminantes de Sabá esperaron
en ellas;
20 Pero fueron avergonzados por su
esperanza;
Porque vinieron hasta ellas, y se
hallaron confusos.
21 Ahora ciertamente como ellas sois
vosotros;
Pues habéis visto el tormento, y
teméis.
22 ¿Os he dicho yo: Traedme,
Y pagad por mí de vuestra hacienda;
23 Libradme de la mano del opresor,
Y redimidme del poder de los
violentos?

24 Enseñadme, y yo callaré;
Hacedme entender en qué he errado.
25 ¡Cuán eficaces son las palabras
rectas!
Pero ¿qué reprende la censura
vuestra?

26 ¿Pensáis censurar palabras,
Y los discursos de un desesperado,
que son como el viento?
27 También os arrojáis sobre el
huérfano,
Y caváis un hoyo para vuestro amigo.

28 Ahora, pues, si queréis, miradme,
Y ved si digo mentira delante de
vosotros.
29 Volved ahora, y no haya iniquidad;
Volved aún a considerar mi justicia
en esto.
30 ¿Hay iniquidad en mi lengua?
¿Acaso no puede mi paladar discernir
las cosas inicuas?

Job argumenta contra Dios

7 1 ¿No es acaso brega la vida del
hombre sobre la tierra,
Y sus días como los días del
jornalero?
2 Como el siervo suspira por la sombra,
Y como el jornalero espera el reposo
de su trabajo,
3 Así he recibido meses de calamidad,
Y noches de trabajo me dieron por
cuenta.
4 Cuando estoy acostado, digo:
¿Cuándo me levantaré?
Mas la noche es larga, y estoy lleno
de inquietudes hasta el alba.
5 Mi carne está vestida de gusanos, y
de costras de polvo;
Mi piel hendida y abominable.
6 Y mis días fueron más veloces que la
lanzadera del tejedor,
Y fenecieron sin esperanza.

7 Acuérdate que mi vida es un soplo,
Y que mis ojos no volverán a ver
el bien.
8 Los ojos de los que me ven, no me
verán más;
Fijarás en mí tus ojos, y dejaré de ser.
9 Como la nube se desvanece y se va,
Así el que desciende al Seol no
subirá;
10 No volverá más a su casa,
Ni su lugar le conocerá más.

11 Por tanto, no refrenaré mi boca;
Hablaré en la angustia de mi espíritu,

Y me quejaré con la amargura de mi
alma.
¹²¿Soy yo el mar, o un monstruo
marino,
Para que me pongas guarda?
¹³Cuando digo: Me consolará mi lecho,
Mi cama atenuará mis quejas;
¹⁴Entonces me asustas con sueños,
Y me aterras con visiones.
¹⁵Y así mi alma tuvo por mejor la
estrangulación,
Y quiso la muerte más que mis
huesos.
¹⁶Abomino de mi vida; no he de vivir
para siempre;
Déjame, pues, porque mis días son
vanidad.
¹⁷¿Qué es el hombre, para que lo
engrandezcas,
Y para que pongas sobre él tu
corazón,ª
¹⁸Y lo visites todas las mañanas,
Y todos los momentos lo pruebes?
¹⁹¿Hasta cuándo no apartarás de mí tu
mirada,
Y no me soltarás siquiera hasta que
trague mi saliva?
²⁰Si he pecado, ¿qué puedo hacerte a ti,
oh Guarda de los hombres?
¿Por qué me pones por blanco tuyo,
Hasta convertirme en una carga para
mí mismo?
²¹¿Y por qué no quitas mi rebelión, y
perdonas mi iniquidad?
Porque ahora dormiré en el polvo,
Y si me buscares de mañana, ya no
existiré.

Bildad proclama la justicia de Dios

8 ¹ Respondió Bildad suhita, y dijo:

² ¿Hasta cuándo hablarás tales cosas,
Y las palabras de tu boca serán como
viento impetuoso?
³ ¿Acaso torcerá Dios el derecho,
O pervertirá el Todopoderoso la
justicia?
⁴ Si tus hijos pecaron contra él,
Él los echó en el lugar de su pecado.
⁵ Si tú de mañana buscares a Dios,
Y rogares al Todopoderoso;

⁶ Si fueres limpio y recto,
Ciertamente luego se despertará por ti,
Y hará próspera la morada de tu
justicia.
⁷ Y aunque tu principio haya sido
pequeño,
Tu postrer estado será muy grande.

⁸ Porque pregunta ahora a las
generaciones pasadas,
Y disponte para inquirir a los padres
de ellas;
⁹ Pues nosotros somos de ayer, y nada
sabemos,
Siendo nuestros días sobre la tierra
como sombra.
¹⁰¿No te enseñarán ellos, te hablarán,
Y de su corazón sacarán palabras?
¹¹¿Crece el junco sin lodo?
¿Crece el prado sin agua?
¹²Aun en su verdor, y sin haber sido
cortado,
Con todo, se seca primero que toda
hierba.
¹³Tales son los caminos de todos los
que olvidan a Dios;
Y la esperanza del impío perecerá;
¹⁴Porque su esperanza será cortada,
Y su confianza es tela de araña.
¹⁵Se apoyará él en su casa, mas no
permanecerá ella en pie;
Se asirá de ella, mas no resistirá.
¹⁶A manera de un árbol está verde
delante del sol,
Y sus renuevos salen sobre su huerto;
¹⁷Se van entretejiendo sus raíces junto
a una fuente,
Y enlazándose hasta un lugar
pedregoso.
¹⁸Si le arrancaren de su lugar,
Éste le negará entonces, diciendo:
Nunca te vi.
¹⁹Ciertamente éste será el gozo de su
camino;
Y del polvo mismo nacerán otros.

²⁰He aquí, Dios no aborrece al perfecto,
Ni apoya la mano de los malignos.
²¹Aún llenará tu boca de risa,
Y tus labios de júbilo.
²²Los que te aborrecen serán vestidos
de confusión;
Y la habitación de los impíos perecerá.

---

a 7.17 Sal 8.4; 144.3.

Incapacidad de Job para responder a Dios

9 ¹ Respondió Job, y dijo:

² Ciertamente yo sé que es así;
¿Y cómo se justificará el hombre con Dios?

³ Si quisiere contender con él,
No le podrá responder a una cosa entre mil.

⁴ Él es sabio de corazón, y poderoso en fuerzas;
¿Quién se endureció contra él, y le fue bien?

⁵ Él arranca los montes con su furor,
Y no saben quién los trastornó;

⁶ Él remueve la tierra de su lugar,
Y hace temblar sus columnas;

⁷ Él manda al sol, y no sale;
Y sella las estrellas;

⁸ Él solo extendió los cielos,
Y anda sobre las olas del mar;

⁹ Él hizo la Osa, el Orión y las Pléyades,ᵃ
Y los lugares secretos del sur;

¹⁰ Él hace cosas grandes e incomprensibles,
Y maravillosas, sin número.

¹¹ He aquí que él pasará delante de mí, y yo no lo veré;
Pasará, y no lo entenderé.

¹² He aquí, arrebatará; ¿quién le hará restituir?
¿Quién le dirá: Qué haces?

¹³ Dios no volverá atrás su ira,
Y debajo de él se abaten los que ayudan a los soberbios.

¹⁴ ¿Cuánto menos le responderé yo,
Y hablaré con él palabras escogidas?

¹⁵ Aunque fuese yo justo, no respondería;
Antes habría de rogar a mi juez.

¹⁶ Si yo le invocara, y él me respondiese,
Aún no creeré que haya escuchado mi voz.

¹⁷ Porque me ha quebrantado con tempestad,
Y ha aumentado mis heridas sin causa.

¹⁸ No me ha concedido que tome aliento,
Sino que me ha llenado de amarguras.

¹⁹ Si habláremos de su potencia, por cierto es fuerte;
Si de juicio, ¿quién me emplazará?

²⁰ Si yo me justificare, me condenaría mi boca;
Si me dijere perfecto, esto me haría inicuo.

²¹ Si fuese íntegro, no haría caso de mí mismo;
Despreciaría mi vida.

²² Una cosa resta que yo diga:
Al perfecto y al impío él los consume.

²³ Si azote mata de repente,
Se ríe del sufrimiento de los inocentes.

²⁴ La tierra es entregada en manos de los impíos,
Y él cubre el rostro de sus jueces.
Si no es él, ¿quién es? ¿Dónde está?

²⁵ Mis días han sido más ligeros que un correo;
Huyeron, y no vieron el bien.

²⁶ Pasaron cual naves veloces;
Como el águila que se arroja sobre la presa.

²⁷ Si yo dijere: Olvidaré mi queja,
Dejaré mi triste semblante, y me esforzaré,

²⁸ Me turban todos mis dolores;
Sé que no me tendrás por inocente.

²⁹ Yo soy impío;
¿Para qué trabajaré en vano?

³⁰ Aunque me lave con aguas de nieve,
Y limpie mis manos con la limpieza misma,

³¹ Aún me hundirás en el hoyo,
Y mis propios vestidos me abominarán.

³² Porque no es hombre como yo, para que yo le responda,
Y vengamos juntamente a juicio.

³³ No hay entre nosotros árbitro
Que ponga su mano sobre nosotros dos.

³⁴ Quite de sobre mí su vara,
Y su terror no me espante.

³⁵ Entonces hablaré, y no le temeré;
Porque en este estado no estoy en mí.

---

a 9.9 Job 38.31; Am 5.8.

Job lamenta su condición

10 ¹ Está mi alma hastiada de mi
vida;
Daré libre curso a mi queja,
Hablaré con amargura de mi alma.

² Diré a Dios: No me condenes;
Hazme entender por qué contiendes
conmigo.

³ ¿Te parece bien que oprimas,
Que deseches la obra de tus
manos,
Y que favorezcas los designios de los
impíos?

⁴ ¿Tienes tú acaso ojos de carne?
¿Ves tú como ve el hombre?

⁵ ¿Son tus días como los días del
hombre,
O tus años como los tiempos
humanos,

⁶ Para que inquieras mi iniquidad,
Y busques mi pecado,

⁷ Aunque tú sabes que no soy impío,
Y que no hay quien de tu mano me
libre?

⁸ Tus manos me hicieron y me
formaron;
¿Y luego te vuelves y me deshaces?

⁹ Acuérdate que como a barro me diste
forma;
¿Y en polvo me has de volver?

¹⁰ ¿No me vaciaste como leche,
Y como queso me cuajaste?

¹¹ Me vestiste de piel y carne,
Y me tejiste con huesos y nervios.

¹² Vida y misericordia me concediste,
Y tu cuidado guardó mi espíritu.

¹³ Estas cosas tienes guardadas en tu
corazón;
Yo sé que están cerca de ti.

¹⁴ Si pequé, tú me has observado,
Y no me tendrás por limpio de mi
iniquidad.

¹⁵ Si fuere malo, ¡ay de mí!
Y si fuere justo, no levantaré mi
cabeza,
Estando hastiado de deshonra, y de
verme afligido.

¹⁶ Si mi cabeza se alzare, cual león tú
me cazas;
Y vuelves a hacer en mí maravillas.

¹⁷ Renuevas contra mí tus pruebas,
Y aumentas conmigo tu furor como
tropas de relevo.

¹⁸ ¿Por qué me sacaste de la matriz?
Hubiera yo expirado, y ningún ojo
me habría visto.

¹⁹ Fuera como si nunca hubiera
existido,
Llevado del vientre a la sepultura.

²⁰ ¿No son pocos mis días?
Cesa, pues, y déjame, para que me
consuele un poco,

²¹ Antes que vaya para no volver,
A la tierra de tinieblas y de sombra
de muerte;

²² Tierra de oscuridad, lóbrega,
Como sombra de muerte y sin orden,
Y cuya luz es como densas tinieblas.

Zofar acusa de maldad a Job

11 ¹ Respondió Zofar naamatita, y dijo:

² ¿Las muchas palabras no han de
tener respuesta?
¿Y el hombre que habla mucho será
justificado?

³ ¿Harán tus falacias callar a los
hombres?
¿Harás escarnio y no habrá quien te
avergüence?

⁴ Tú dices: Mi doctrina es pura,
Y yo soy limpio delante de tus ojos.

⁵ Mas ¡oh, quién diera que Dios
hablara,
Y abriera sus labios contigo,

⁶ Y te declarara los secretos de la
sabiduría,
Que son de doble valor que las
riquezas!
Conocerías entonces que Dios te ha
castigado menos de lo que tu
iniquidad merece.

⁷ ¿Descubrirás tú los secretos de Dios?
¿Llegarás tú a la perfección del
Todopoderoso?

⁸ Es más alta que los cielos; ¿qué
harás?
Es más profunda que el Seol; ¿cómo
la conocerás?

⁹ Su dimensión es más extensa que la
tierra,
Y más ancha que el mar.

¹⁰ Si él pasa, y aprisiona, y llama a
juicio,
¿Quién podrá contrarrestarle?

11 Porque él conoce a los hombres vanos;

Ve asimismo la iniquidad, ¿y no hará caso?

12 El hombre vano se hará entendido, Cuando un pollino de asno montés nazca hombre.

13 Si tú dispusieres tu corazón, Y extendieres a él tus manos;

14 Si alguna iniquidad hubiere en tu mano, y la echares de ti, Y no consintieres que more en tu casa la injusticia,

15 Entonces levantarás tu rostro limpio de mancha, Y serás fuerte, y nada temerás;

16 Y olvidarás tu miseria, O te acordarás de ella como de aguas que pasaron.

17 La vida te será más clara que el mediodía; Aunque oscureciere, será como la mañana.

18 Tendrás confianza, porque hay esperanza; Mirarás alrededor, y dormirás seguro.

19 Te acostarás, y no habrá quien te espante; Y muchos suplicarán tu favor.

20 Pero los ojos de los malos se consumirán, Y no tendrán refugio; Y su esperanza será dar su último suspiro.

Job proclama el poder y la sabiduría de Dios

12 **1** Respondió entonces Job, diciendo:

2 Ciertamente vosotros sois el pueblo, Y con vosotros morirá la sabiduría.

3 También tengo yo entendimiento como vosotros; No soy yo menos que vosotros; ¿Y quién habrá que no pueda decir otro tanto?

4 Yo soy uno de quien su amigo se mofa, Que invoca a Dios, y él le responde; Con todo, el justo y perfecto es escarnecido.

5 Aquel cuyos pies van a resbalar Es como una lámpara despreciada de aquel que está a sus anchas.

6 Prosperan las tiendas de los ladrones, Y los que provocan a Dios viven seguros, En cuyas manos él ha puesto cuanto tienen.

7 Y en efecto, pregunta ahora a las bestias, y ellas te enseñarán; A las aves de los cielos, y ellas te lo mostrarán;

8 O habla a la tierra, y ella te enseñará; Los peces del mar te lo declararán también.

9 ¿Qué cosa de todas estas no entiende Que la mano de Jehová la hizo?

10 En su mano está el alma de todo viviente, Y el hálito de todo el género humano.

11 Ciertamente el oído distingue las palabras, Y el paladar gusta las viandas.

12 En los ancianos está la ciencia, Y en la larga edad la inteligencia.

13 Con Dios está la sabiduría y el poder; Suyo es el consejo y la inteligencia.

14 Si él derriba, no hay quien edifique; Encerrará al hombre, y no habrá quien le abra.

15 Si él detiene las aguas, todo se seca; Si las envía, destruyen la tierra.

16 Con él está el poder y la sabiduría; Suyo es el que yerra, y el que hace errar.

17 Él hace andar despojados de consejo a los consejeros, Y entontece a los jueces.

18 Él rompe las cadenas de los tiranos, Y les ata una soga a sus lomos.

19 Él lleva despojados a los príncipes, Y trastorna a los poderosos.

20 Priva del habla a los que dicen verdad, Y quita a los ancianos el consejo.

21 Él derrama menosprecio sobre los príncipes, Y desata el cinto de los fuertes.

22 Él descubre las profundidades de las tinieblas, Y saca a luz la sombra de muerte.

²³Él multiplica las naciones, y él las
    destruye;
Esparce a las naciones, y las vuelve a
    reunir.
²⁴Él quita el entendimiento a los jefes
    del pueblo de la tierra,
Y los hace vagar como por un yermo
    sin camino.
²⁵Van a tientas, como en tinieblas y sin
    luz,
Y los hace errar como borrachos.

Job defiende su integridad

13 ¹ He aquí que todas estas cosas han
        visto mis ojos,
Y oído y entendido mis oídos.
² Como vosotros lo sabéis, lo sé yo;
No soy menos que vosotros.
³ Mas yo hablaría con el Todopoderoso,
Y querría razonar con Dios.
⁴ Porque ciertamente vosotros sois
    fraguadores de mentira;
Sois todos vosotros médicos nulos.
⁵ Ojalá callarais por completo,
Porque esto os fuera sabiduría.
⁶ Oíd ahora mi razonamiento,
Y estad atentos a los argumentos de
    mis labios.
⁷ ¿Hablaréis iniquidad por Dios?
¿Hablaréis por él engaño?
⁸ ¿Haréis acepción de personas a su favor?
¿Contenderéis vosotros por Dios?
⁹ ¿Sería bueno que él os escudriñase?
¿Os burlaréis de él como quien se
    burla de algún hombre?
¹⁰Él os reprochará de seguro,
Si solapadamente hacéis acepción de
    personas.
¹¹De cierto su alteza os habría de
    espantar,
Y su pavor habría de caer sobre
    vosotros.
¹²Vuestras máximas son refranes de
    ceniza,
Y vuestros baluartes son baluartes de
    lodo.

¹³Escuchadme, y hablaré yo,
Y que me venga después lo que
    viniere.
¹⁴¿Por qué quitaré yo mi carne con mis
    dientes,
Y tomaré mi vida en mi mano?
¹⁵He aquí, aunque él me matare, en él
    esperaré;
No obstante, defenderé delante de él
    mis caminos,
¹⁶Y él mismo será mi salvación,
Porque no entrará en su presencia el
    impío.
¹⁷Oíd con atención mi razonamiento,
Y mi declaración entre en vuestros
    oídos.
¹⁸He aquí ahora, si yo expusiere mi
    causa,
Sé que seré justificado.
¹⁹¿Quién es el que contenderá
    conmigo?
Porque si ahora yo callara, moriría.
²⁰A lo menos dos cosas no hagas
    conmigo;
Entonces no me esconderé de tu
    rostro:
²¹Aparta de mí tu mano,
Y no me asombre tu terror.
²²Llama luego, y yo responderé;
O yo hablaré, y respóndeme tú.
²³¿Cuántas iniquidades y pecados
    tengo yo?
Hazme entender mi transgresión y
    mi pecado.
²⁴¿Por qué escondes tu rostro,
Y me cuentas por tu enemigo?
²⁵¿A la hoja arrebatada has de
    quebrantar,
Y a una paja seca has de perseguir?
²⁶¿Por qué escribes contra mí
    amarguras,
Y me haces cargo de los pecados de
    mi juventud?
²⁷Pones además mis pies en el cepo, y
    observas todos mis caminos,
Trazando un límite para las plantas
    de mis pies.
²⁸Y mi cuerpo se va gastando como de
    carcoma,
Como vestido que roe la polilla.

Job discurre sobre la brevedad de la vida

14 ¹ El hombre nacido de mujer,
        Corto de días, y hastiado de
        sinsabores,
² Sale como una flor y es cortado,
Y huye como la sombra y no
    permanece.

3 ¿Sobre éste abres tus ojos,
Y me traes a juicio contigo?
4 ¿Quién hará limpio a lo inmundo?
Nadie.
5 Ciertamente sus días están
determinados,
Y el número de sus meses está cerca
· de ti;
Le pusiste límites, de los cuales no
pasará.
6 Si tú lo abandonares, él dejará de ser;
Entre tanto deseará, como el
jornalero, su día.

7 Porque si el árbol fuere cortado, aún
queda de él esperanza;
Retoñará aún, y sus renuevos no
faltarán.
8 Si se envejeciere en la tierra su raíz,
Y su tronco fuere muerto en el
polvo,
9 Al percibir el agua reverdecerá,
Y hará copa como planta nueva.
10 Mas el hombre morirá, y será
cortado;
Perecerá el hombre, ¿y dónde
estará él?
11 Como las aguas se van del mar,
Y el río se agota y se seca,
12 Así el hombre yace y no vuelve a
levantarse;
Hasta que no haya cielo, no
despertarán,
Ni se levantarán de su sueño.
13 ¡Oh, quién me diera que me
escondieses en el Seol,
Que me encubrieses hasta
apaciguarse tu ira,
Que me pusieses plazo, y de mí te
acordaras!
14 Si el hombre muriere, ¿volverá a
vivir?
Todos los días de mi edad esperaré,
Hasta que venga mi liberación.
15 Entonces llamarás, y yo te
responderé;
Tendrás afecto a la hechura de tus
manos.
16 Pero ahora me cuentas los pasos,
Y no das tregua a mi pecado;
17 Tienes sellada en saco mi
prevaricación,
Y tienes cosida mi iniquidad.

18 Ciertamente el monte que cae se
deshace,
Y las peñas son removidas de su
lugar;
19 Las piedras se desgastan con el agua
impetuosa, que se lleva el polvo
de la tierra;
De igual manera haces tú perecer la
esperanza del hombre.
20 Para siempre serás más fuerte que él,
y él se va;
Demudarás su rostro, y le despedirás.
21 Sus hijos tendrán honores, pero él no
lo sabrá;
O serán humillados, y no entenderá
de ello.
22 Mas su carne sobre él se dolerá,
Y se entristecerá en él su alma.

Elifaz reprende a Job

15 **1** Respondió Elifaz temanita, y dijo:

2 ¿Proferirá el sabio vana sabiduría,
Y llenará su vientre de viento solano?
3 ¿Disputará con palabras inútiles,
Y con razones sin provecho?
4 Tú también disipas el temor,
Y menoscabas la oración delante de
Dios.
5 Porque tu boca declaró tu iniquidad,
Pues has escogido el hablar de los
astutos.
6 Tu boca te condenará, y no yo;
Y tus labios testificarán contra ti.

7 ¿Naciste tú primero que Adán?
¿O fuiste formado antes que los
collados?
8 ¿Oíste tú el secreto de Dios,
Y está limitada a ti la sabiduría?
9 ¿Qué sabes tú que no sepamos?
¿Qué entiendes tú que no se halle en
nosotros?
10 Cabezas canas y hombres muy
ancianos hay entre nosotros,
Mucho más avanzados en días que
tu padre.
11 ¿En tan poco tienes las consolaciones
de Dios,
Y las palabras que con dulzura se te
dicen?
12 ¿Por qué tu corazón te aleja,
Y por qué guiñan tus ojos,

¹³Para que contra Dios vuelvas tu
   espíritu,
Y saques tales palabras de tu boca?
¹⁴¿Qué cosa es el hombre para que sea
   limpio,
Y para que se justifique el nacido de
   mujer?
¹⁵He aquí, en sus santos no confía,
Y ni aun los cielos son limpios
   delante de sus ojos;
¹⁶¿Cuánto menos el hombre
   abominable y vil,
Que bebe la iniquidad como agua?

¹⁷Escúchame; yo te mostraré,
Y te contaré lo que he visto;
¹⁸Lo que los sabios nos contaron
De sus padres, y no lo encubrieron;
¹⁹A quienes únicamente fue dada la
   tierra,
Y no pasó extraño por en medio de
   ellos.
²⁰Todos sus días, el impío es
   atormentado de dolor,
Y el número de sus años está
   escondido para el violento.
²¹Estruendos espantosos hay en sus oídos;
En la prosperidad el asolador vendrá
   sobre él.
²²Él no cree que volverá de las tinieblas,
Y descubierto está para la espada.
²³Vaga alrededor tras el pan, diciendo:
   ¿En dónde está?
Sabe que le está preparado día de
   tinieblas.
²⁴Tribulación y angustia le turbarán,
Y se esforzarán contra él como un rey
   dispuesto para la batalla,
²⁵Por cuanto él extendió su mano
   contra Dios,
Y se portó con soberbia contra el
   Todopoderoso.
²⁶Corrió contra él con cuello erguido,
Con la espesa barrera de sus escudos.
²⁷Porque la gordura cubrió su rostro,
E hizo pliegues sobre sus ijares;
²⁸Y habitó las ciudades asoladas,
Las casas inhabitadas,
Que estaban en ruinas.
²⁹No prosperará, ni durarán sus
   riquezas,
Ni extenderá por la tierra su
   hermosura.

³⁰No escapará de las tinieblas;
La llama secará sus ramas,
Y con el aliento de su boca perecerá.
³¹No confíe el iluso en la vanidad,
Porque ella será su recompensa.
³²Él será cortado antes de su tiempo,
Y sus renuevos no reverdecerán.
³³Perderá su agraz como la vid,
Y derramará su flor como el olivo.
³⁴Porque la congregación de los impíos
   será asolada,
Y fuego consumirá las tiendas de
   soborno.
³⁵Concibieron dolor, dieron a luz
   iniquidad,
Y en sus entrañas traman engaño.

Job se queja contra Dios

16 ¹ Respondió Job, y dijo:

² Muchas veces he oído cosas como
   éstas;
Consoladores molestos sois todos
   vosotros.
³ ¿Tendrán fin las palabras vacías?
¿O qué te anima a responder?
⁴ También yo podría hablar como
   vosotros,
Si vuestra alma estuviera en lugar de
   la mía;
Yo podría hilvanar contra vosotros
   palabras,
Y sobre vosotros mover mi cabeza.
⁵ Pero yo os alentaría con mis palabras,
Y la consolación de mis labios
   apaciguaría vuestro dolor.

⁶ Si hablo, mi dolor no cesa;
Y si dejo de hablar, no se aparta de mí.
⁷ Pero ahora tú me has fatigado;
Has asolado toda mi compañía.
⁸ Tú me has llenado de arrugas; testigo
   es mi flacura,
Que se levanta contra mí para
   testificar en mi rostro.
⁹ Su furor me despedazó, y me ha sido
   contrario;
Crujió sus dientes contra mí;
Contra mí aguzó sus ojos mi
   enemigo.
¹⁰Abrieron contra mí su boca;
Hirieron mis mejillas con afrenta;
Contra mí se juntaron todos.

11 Me ha entregado Dios al mentiroso,
Y en las manos de los impíos me hizo
  caer.
12 Próspero estaba, y me desmenuzó;
Me arrebató por la cerviz y me
  despedazó,
Y me puso por blanco suyo.
13 Me rodearon sus flecheros,
Partió mis riñones, y no perdonó;
Mi hiel derramó por tierra.
14 Me quebrantó de quebranto en
  quebranto;
Corrió contra mí como un gigante.
15 Cosí cilicio sobre mi piel,
Y puse mi cabeza en el polvo.
16 Mi rostro está inflamado con el
  lloro,
Y mis párpados entenebrecidos,
17 A pesar de no haber iniquidad en mis
  manos,
Y de haber sido mi oración pura.

18 ¡Oh tierra! no cubras mi sangre,
Y no haya lugar para mi clamor.
19 Mas he aquí que en los cielos está mi
  testigo,
Y mi testimonio en las alturas.
20 Disputadores son mis amigos;
Mas ante Dios derramaré mis
  lágrimas.
21 ¡Ojalá pudiese disputar el hombre
  con Dios,
Como con su prójimo!
22 Mas los años contados vendrán,
Y yo iré por el camino de donde no
  volveré.

17 1 Mi aliento se agota, se acortan
  mis días,
Y me está preparado el sepulcro.
2 No hay conmigo sino escarnecedores,
En cuya amargura se detienen mis
  ojos.

3 Dame fianza, oh Dios; sea mi
  protección cerca de ti.
Porque ¿quién querría responder por
  mí?
4 Porque a éstos has escondido de su
  corazón la inteligencia;
Por tanto, no los exaltarás.
5 Al que denuncia a sus amigos como
  presa,
Los ojos de sus hijos desfallecerán.

6 Él me ha puesto por refrán de
  pueblos,
Y delante de ellos he sido como
  tamboril.
7 Mis ojos se oscurecieron por el dolor,
Y mis pensamientos todos son como
  sombra.
8 Los rectos se maravillarán de esto,
Y el inocente se levantará contra el
  impío.
9 No obstante, proseguirá el justo su
  camino,
Y el limpio de manos aumentará la
  fuerza.
10 Pero volved todos vosotros, y venid
  ahora,
Y no hallaré entre vosotros sabio.
11 Pasaron mis días, fueron arrancados
  mis pensamientos,
Los designios de mi corazón.
12 Pusieron la noche por día,
Y la luz se acorta delante de las
  tinieblas.
13 Si yo espero, el Seol es mi casa;
Haré mi cama en las tinieblas.
14 A la corrupción he dicho: Mi padre
  eres tú;
A los gusanos: Mi madre y mi
  hermana.
15 ¿Dónde, pues, estará ahora mi
  esperanza?
Y mi esperanza, ¿quién la verá?
16 A la profundidad del Seol
  descenderán,
Y juntamente descansarán en el polvo.

Bildad describe la suerte de los malos

18 1 Respondió Bildad suhita, y dijo:

2 ¿Cuándo pondréis fin a las palabras?
Entended, y después hablemos.
3 ¿Por qué somos tenidos por bestias,
Y a vuestros ojos somos viles?
4 Oh tú, que te despedazas en tu furor,
¿Será abandonada la tierra por tu
  causa,
Y serán removidas de su lugar las
  peñas?

5 Ciertamente la luz de los impíos será
  apagada,
Y no resplandecerá la centella de su
  fuego.

6 La luz se oscurecerá en su tienda,
Y se apagará sobre él su lámpara.
7 Sus pasos vigorosos serán acortados,
Y su mismo consejo lo precipitará.
8 Porque red será echada a sus pies,
Y sobre mallas andará.
9 Lazo prenderá su calcañar;
Se afirmará la trampa contra él.
10 Su cuerda está escondida en la tierra,
Y una trampa le aguarda en la senda.
11 De todas partes lo asombrarán
temores,
Y le harán huir desconcertado.
12 Serán gastadas de hambre sus
fuerzas,
Y a su lado estará preparado
quebrantamiento.
13 La enfermedad roerá su piel,
Y a sus miembros devorará el
primogénito de la muerte.
14 Su confianza será arrancada de su
tienda,
Y al rey de los espantos será conducido.
15 En su tienda morará como si no fuese
suya;
Piedra de azufre será esparcida sobre
su morada.
16 Abajo se secarán sus raíces,
Y arriba serán cortadas sus ramas.
17 Su memoria perecerá de la tierra,
Y no tendrá nombre por las calles.
18 De la luz será lanzado a las tinieblas,
Y echado fuera del mundo.
19 No tendrá hijo ni nieto en su pueblo,
Ni quien le suceda en sus moradas.
20 Sobre su día se espantarán los de
occidente,
Y pavor caerá sobre los de oriente.
21 Ciertamente tales son las moradas del
impío,
Y éste será el lugar del que no
conoció a Dios.

Job confía en que Dios lo justificará

19 1 Respondió entonces Job, y dijo:

2 ¿Hasta cuándo angustiaréis mi alma,
Y me moleréis con palabras?
3 Ya me habéis vituperado diez veces;
¿No os avergonzáis de injuriarme?
4 Aun siendo verdad que yo haya
errado,
Sobre mí recaería mi error.

5 Pero si vosotros os engrandecéis
contra mí,
Y contra mí alegáis mi oprobio,
6 Sabed ahora que Dios me ha
derribado,
Y me ha envuelto en su red.
7 He aquí, yo clamaré agravio, y no
seré oído;
Daré voces, y no habrá juicio.
8 Cercó de vallado mi camino, y no
pasaré;
Y sobre mis veredas puso tinieblas.
9 Me ha despojado de mi gloria,
Y quitado la corona de mi cabeza.
10 Me arruinó por todos lados, y
perezco;
Y ha hecho pasar mi esperanza como
árbol arrancado.
11 Hizo arder contra mí su furor,
Y me contó para sí entre sus enemigos.
12 Vinieron sus ejércitos a una, y se
atrincheraron en mí,
Y acamparon en derredor de mi
tienda.

13 Hizo alejar de mí a mis hermanos,
Y mis conocidos como extraños se
apartaron de mí.
14 Mis parientes se detuvieron,
Y mis conocidos se olvidaron de mí.
15 Los moradores de mi casa y mis
criadas me tuvieron por extraño;
Forastero fui yo a sus ojos.
16 Llamé a mi siervo, y no respondió;
De mi propia boca le suplicaba.
17 Mi aliento vino a ser extraño a mi
mujer,
Aunque por los hijos de mis entrañas
le rogaba.
18 Aun los muchachos me
menospreciaron;
Al levantarme, hablaban contra mí.
19 Todos mis íntimos amigos me
aborrecieron,
Y los que yo amaba se volvieron
contra mí.
20 Mi piel y mi carne se pegaron a mis
huesos,
Y he escapado con sólo la piel de mis
dientes.
21 ¡Oh, vosotros mis amigos, tened
compasión de mí, tened
compasión de mí!

Porque la mano de Dios me ha
    tocado.
²²¿Por qué me perseguís como Dios,
    Y ni aun de mi carne os saciáis?

²³¡Quién diese ahora que mis palabras
    fuesen escritas!
¡Quién diese que se escribiesen en
    un libro;
²⁴Que con cincel de hierro y con plomo
Fuesen esculpidas en piedra para
    siempre!
²⁵Yo sé que mi Redentor vive,
    Y al fin se levantará sobre el polvo;
²⁶Y después de deshecha esta mi piel,
    En mi carne he de ver a Dios;
²⁷Al cual veré por mí mismo,
    Y mis ojos lo verán, y no otro,
    Aunque mi corazón desfallece dentro
    de mí.
²⁸Mas debierais decir: ¿Por qué le
    perseguimos?
    Ya que la raíz del asunto se halla
    en mí.
²⁹Temed vosotros delante de la espada;
    Porque sobreviene el furor de la
    espada a causa de las injusticias,
    Para que sepáis que hay un juicio.

Zofar describe las calamidades de los malos

20 ¹ Respondió Zofar naamatita, y dijo:

² Por cierto mis pensamientos me
    hacen responder,
Y por tanto me apresuro.
³ La reprensión de mi censura he oído,
Y me hace responder el espíritu de mi
    inteligencia.
⁴ ¿No sabes esto, que así fue siempre,
Desde el tiempo que fue puesto el
    hombre sobre la tierra,
⁵ Que la alegría de los malos es breve,
Y el gozo del impío por un momento?
⁶ Aunque subiere su altivez hasta el
    cielo,
Y su cabeza tocare en las nubes,
⁷ Como su estiércol, perecerá para
    siempre;
Los que le hubieren visto dirán: ¿Qué
    hay de él?
⁸ Como sueño volará, y no será
    hallado,

Y se disipará como visión nocturna.
⁹ El ojo que le veía, nunca más le verá,
Ni su lugar le conocerá más.
¹⁰Sus hijos solicitarán el favor de los
    pobres,
Y sus manos devolverán lo que él
    robó.
¹¹Sus huesos están llenos de su
    juventud,
Mas con él en el polvo yacerán.
¹²Si el mal se endulzó en su boca,
Si lo ocultaba debajo de su lengua,
¹³Si le parecía bien, y no lo dejaba,
Sino que lo detenía en su paladar;
¹⁴Su comida se mudará en sus
    entrañas;
Hiel de áspides será dentro de él.
¹⁵Devoró riquezas, pero las vomitará;
De su vientre las sacará Dios.
¹⁶Veneno de áspides chupará;
Lo matará lengua de víbora.
¹⁷No verá los arroyos, los ríos,
Los torrentes de miel y de leche.
¹⁸Restituirá el trabajo conforme a los
    bienes que tomó,
Y no los tragará ni gozará.
¹⁹Por cuanto quebrantó y desamparó a
    los pobres,
Robó casas, y no las edificó;
²⁰Por tanto, no tendrá sosiego en su
    vientre,
Ni salvará nada de lo que codiciaba.
²¹No quedó nada que no comiese;
Por tanto, su bienestar no será
    duradero.
²²En el colmo de su abundancia
    padecerá estrechez;
La mano de todos los malvados
    vendrá sobre él.
²³Cuando se pusiere a llenar su
    vientre,
Dios enviará sobre él el ardor de
    su ira,
Y la hará llover sobre él y sobre su
    comida.
²⁴Huirá de las armas de hierro,
Y el arco de bronce le atravesará.
²⁵La saeta le traspasará y saldrá de su
    cuerpo,
Y la punta relumbrante saldrá por su
    hiel;
Sobre él vendrán terrores.

²⁶Todas las tinieblas están reservadas
para sus tesoros;
Fuego no atizado los consumirá;
Devorará lo que quede en su tienda.
²⁷Los cielos descubrirán su iniquidad,
Y la tierra se levantará contra él.
²⁸Los renuevos de su casa serán
transportados;
Serán esparcidos en el día de su furor.
²⁹Ésta es la porción que Dios prepara al
hombre impío,
Y la heredad que Dios le señala por
su palabra.

Job afirma que los malos prosperan

21 ¹ Entonces respondió Job, y dijo:

² Oíd atentamente mi palabra,
Y sea esto el consuelo que me deis.
³ Toleradme, y yo hablaré;
Y después que haya hablado,
escarneced.
⁴ ¿Acaso me quejo yo de algún
hombre?
¿Y por qué no se ha de angustiar mi
espíritu?
⁵ Miradme, y espantaos,
Y poned la mano sobre la boca.
⁶ Aun yo mismo, cuando me acuerdo,
me asombro,
Y el temblor estremece mi carne.
⁷ ¿Por qué viven los impíos,
Y se envejecen, y aun crecen en
riquezas?
⁸ Su descendencia se robustece a su
vista,
Y sus renuevos están delante de sus
ojos.
⁹ Sus casas están a salvo de temor,
Ni viene azote de Dios sobre ellos.
¹⁰Sus toros engendran, y no fallan;
Paren sus vacas, y no malogran su
cría.
¹¹Salen sus pequeñuelos como manada,
Y sus hijos andan saltando.
¹²Al son de tamboril y de cítara saltan,
Y se regocijan al son de la flauta.
¹³Pasan sus días en prosperidad,
Y en paz descienden al Seol.
¹⁴Dicen, pues, a Dios: Apártate de
nosotros,
Porque no queremos el conocimiento
de tus caminos.

¹⁵¿Quién es el Todopoderoso, para que
le sirvamos?
¿Y de qué nos aprovechará que
oremos a él?
¹⁶He aquí que su bien no está en mano
de ellos;
El consejo de los impíos lejos esté de mí.

¹⁷¡Oh, cuántas veces la lámpara de los
impíos es apagada,
Y viene sobre ellos su quebranto,
Y Dios en su ira les reparte dolores!
¹⁸Serán como la paja delante del viento,
Y como el tamo que arrebata el
torbellino.
¹⁹Dios guardará para los hijos de ellos
su violencia;
Le dará su pago, para que conozca.
²⁰Verán sus ojos su quebranto,
Y beberá de la ira del Todopoderoso.
²¹Porque ¿qué deleite tendrá él de su
casa después de sí,
Siendo cortado el número de sus
meses?
²²¿Enseñará alguien a Dios sabiduría,
Juzgando él a los que están elevados?
²³Éste morirá en el vigor de su
hermosura, todo quieto y
pacífico;
²⁴Sus vasijas estarán llenas de leche,
Y sus huesos serán regados de
tuétano.
²⁵Y este otro morirá en amargura de
ánimo,
Y sin haber comido jamás con gusto.
²⁶Igualmente yacerán ellos en el polvo,
Y gusanos los cubrirán.

²⁷He aquí, yo conozco vuestros
pensamientos,
Y las imaginaciones que contra mí
forjáis.
²⁸Porque decís: ¿Qué hay de la casa del
príncipe,
Y qué de la tienda de las moradas de
los impíos?
²⁹¿No habéis preguntado a los que
pasan por los caminos,
Y no habéis conocido su respuesta,
³⁰Que el malo es preservado en el día
de la destrucción?
Guardado será en el día de la ira.

³¹¿Quién le denunciará en su cara su
        camino?
Y de lo que él hizo, ¿quién le dará el
        pago?
³²Porque llevado será a los sepulcros,
Y sobre su túmulo estarán velando.
³³Los terrones del valle le serán dulces;
Tras de él será llevado todo hombre,
Y antes de él han ido innumerables.
³⁴¿Cómo, pues, me consoláis en vano,
Viniendo a parar vuestras respuestas
        en falacia?

Elifaz acusa a Job de gran maldad

22 ¹ Respondió Elifaz temanita, y dijo:

² ¿Traerá el hombre provecho a Dios?
Al contrario, para sí mismo es
        provechoso el hombre sabio.
³ ¿Tiene contentamiento el
        Omnipotente en que tú seas
        justificado,
O provecho de que tú hagas perfectos
        tus caminos?ª
⁴ ¿Acaso te castiga,
O viene a juicio contigo, a causa de
        tu piedad?
⁵ Por cierto tu malicia es grande,
Y tus maldades no tienen fin.
⁶ Porque sacaste prenda a tus
        hermanos sin causa,
Y despojaste de sus ropas a los
        desnudos.
⁷ No diste de beber agua al cansado,
Y detuviste el pan al hambriento.
⁸ Pero el hombre pudiente tuvo la
        tierra,
Y habitó en ella el distinguido.
⁹ A las viudas enviaste vacías,
Y los brazos de los huérfanos fueron
        quebrados.
¹⁰Por tanto, hay lazos alrededor de ti,
Y te turba espanto repentino;
¹¹O tinieblas, para que no veas,
Y abundancia de agua te cubre.

¹²¿No está Dios en la altura de los
        cielos?
Mira lo encumbrado de las estrellas,
        cuán elevadas están.
¹³¿Y dirás tú: Qué sabe Dios?
¿Cómo juzgará a través de la
        oscuridad?

¹⁴Las nubes le rodearon, y no ve;
Y por el circuito del cielo se pasea.
¹⁵¿Quieres tú seguir la senda antigua
Que pisaron los hombres perversos,
¹⁶Los cuales fueron cortados antes de
        tiempo,
Cuyo fundamento fue como un río
        derramado?
¹⁷Decían a Dios: Apártate de nosotros.
¿Y qué les había hecho el
        Omnipotente?
¹⁸Les había colmado de bienes sus
        casas.
Pero sea el consejo de ellos lejos
        de mí.
¹⁹Verán los justos y se gozarán;
Y el inocente los escarnecerá,
        diciendo:
²⁰Fueron destruidos nuestros
        adversarios,
Y el fuego consumió lo que de ellos
        quedó.

²¹Vuelve ahora en amistad con él, y
        tendrás paz;
Y por ello te vendrá bien.
²²Toma ahora la ley de su boca,
Y pon sus palabras en tu corazón.
²³Si te volvieres al Omnipotente, serás
        edificado;
Alejarás de tu tienda la aflicción;
²⁴Tendrás más oro que tierra,
Y como piedras de arroyos oro de
        Ofir;
²⁵El Todopoderoso será tu defensa,
Y tendrás plata en abundancia.
²⁶Porque entonces te deleitarás en el
        Omnipotente,
Y alzarás a Dios tu rostro.
²⁷Orarás a él, y él te oirá;
Y tú pagarás tus votos.
²⁸Determinarás asimismo una cosa, y
        te será firme,
Y sobre tus caminos resplandecerá
        luz.
²⁹Cuando fueren abatidos, dirás tú:
        Enaltecimiento habrá;
Y Dios salvará al humilde de ojos.
³⁰Él libertará al inocente,
Y por la limpieza de tus manos éste
        será librado.

ª **22.2, 3** Job 35.6-8.

**Job desea abogar su causa
delante de Dios**

23 [1] Respondió Job, y dijo:

[2] Hoy también hablaré con amargura;
Porque es más grave mi llaga que mi
gemido.

[3] ¡Quién me diera el saber dónde hallar
a Dios!
Yo iría hasta su silla.

[4] Expondría mi causa delante
de él,
Y llenaría mi boca de argumentos.

[5] Yo sabría lo que él me respondiese,
Y entendería lo que me dijera.

[6] ¿Contendería conmigo con grandeza
de fuerza?
No; antes él me atendería.

[7] Allí el justo razonaría con él;
Y yo escaparía para siempre de mi
juez.

[8] He aquí yo iré al oriente, y no lo
hallaré;
Y al occidente, y no lo percibiré;

[9] Si muestra su poder al norte, yo no lo
veré;
Al sur se esconderá, y no lo veré.

[10] Mas él conoce mi camino;
Me probará, y saldré como oro.

[11] Mis pies han seguido sus pisadas;
Guardé su camino, y no me
aparté.

[12] Del mandamiento de sus labios
nunca me separé;
Guardé las palabras de su boca más
que mi comida.

[13] Pero si él determina una cosa, ¿quién
lo hará cambiar?
Su alma deseó, e hizo.

[14] Él, pues, acabará lo que ha
determinado de mí;
Y muchas cosas como éstas hay
en él.

[15] Por lo cual yo me espanto en su
presencia;
Cuando lo considero, tiemblo a causa
de él.

[16] Dios ha enervado mi corazón,
Y me ha turbado el Omnipotente.

[17] ¿Por qué no fui yo cortado delante de
las tinieblas,
Ni fue cubierto con oscuridad mi
rostro?

**Job se queja de que Dios es
indiferente ante la maldad**

24 [1] Puesto que no son ocultos los
tiempos al Todopoderoso,
¿Por qué los que le conocen no ven
sus días?

[2] Traspasan los linderos,
Roban los ganados, y los apacientan.

[3] Se llevan el asno de los huérfanos,
Y toman en prenda el buey de
la viuda.

[4] Hacen apartar del camino a los
menesterosos,
Y todos los pobres de la tierra se
esconden.

[5] He aquí, como asnos monteses en el
desierto,
Salen a su obra madrugando para
robar;
El desierto es mantenimiento de sus
hijos.

[6] En el campo siegan su pasto,
Y los impíos vendimian la viña ajena.

[7] Al desnudo hacen dormir sin ropa,
Sin tener cobertura contra el frío.

[8] Con las lluvias de los montes se mojan,
Y abrazan las peñas por falta de
abrigo.

[9] Quitan el pecho a los huérfanos,
Y de sobre el pobre toman la prenda.

[10] Al desnudo hacen andar sin vestido,
Y a los hambrientos quitan las
gavillas.

[11] Dentro de sus paredes exprimen el
aceite,
Pisan los lagares, y mueren de sed.

[12] Desde la ciudad gimen los
moribundos,
Y claman las almas de los heridos de
muerte,
Pero Dios no atiende su oración.

[13] Ellos son los que, rebeldes a la luz,
Nunca conocieron sus caminos,
Ni estuvieron en sus veredas.

[14] A la luz se levanta el matador; mata
al pobre y al necesitado,
Y de noche es como ladrón.

[15] El ojo del adúltero está aguardando la
noche,
Diciendo: No me verá nadie;
Y esconde su rostro.

16En las tinieblas minan las casas
Que de día para sí señalaron;
No conocen la luz.
17Porque la mañana es para todos ellos
como sombra de muerte;
Si son conocidos, terrores de sombra
de muerte los toman.

18Huyen ligeros como corriente de
aguas;
Su porción es maldita en la tierra;
No andarán por el camino de las
viñas.
19La sequía y el calor arrebatan las
aguas de la nieve;
Así también el Seol a los pecadores.
20Los olvidará el seno materno; de ellos
sentirán los gusanos dulzura;
Nunca más habrá de ellos memoria,
Y como un árbol los impíos serán
quebrantados.

21A la mujer estéril, que no concebía,
afligió,
Y a la viuda nunca hizo bien.
22Pero a los fuertes adelantó con su
poder;
Una vez que se levante, ninguno está
seguro de la vida.
23Él les da seguridad y confianza;
Sus ojos están sobre los caminos de
ellos.
24Fueron exaltados un poco, mas
desaparecen,
Y son abatidos como todos los
demás;
Serán encerrados, y cortados como
cabezas de espigas.
25Y si no, ¿quién me desmentirá ahora,
O reducirá a nada mis palabras?

Bildad niega que el hombre pueda ser justificado delante de Dios

25 1Respondió Bildad suhita, y dijo:

2El señorío y el temor están con él;
Él hace paz en sus alturas.
3¿Tienen sus ejércitos número?
¿Sobre quién no está su luz?
4¿Cómo, pues, se justificará el hombre
para con Dios?
¿Y cómo será limpio el que nace de
mujer?

5He aquí que ni aun la misma luna
será resplandeciente,
Ni las estrellas son limpias delante de
sus ojos;
6¿Cuánto menos el hombre, que es un
gusano,
Y el hijo de hombre, también
gusano?

Job proclama la soberanía de Dios

26 1Respondió Job, y dijo:

2¿En qué ayudaste al que no tiene
poder?
¿Cómo has amparado al brazo sin
fuerza?
3¿En qué aconsejaste al que no tiene
ciencia,
Y qué plenitud de inteligencia has
dado a conocer?
4¿A quién has anunciado palabras,
Y de quién es el espíritu que de ti
procede?

5Las sombras tiemblan en lo
profundo,
Los mares y cuanto en ellos mora.
6El Seol está descubierto delante de él,
y el Abadón no tiene
cobertura.
7Él extiende el norte sobre vacío,
Cuelga la tierra sobre nada.
8Ata las aguas en sus nubes,
Y las nubes no se rompen debajo de
ellas.
9Él encubre la faz de su trono,
Y sobre él extiende su nube.
10Puso límite a la superficie de las
aguas,
Hasta el fin de la luz y las tinieblas.
11Las columnas del cielo tiemblan,
Y se espantan a su reprensión.
12Él agita el mar con su poder,
Y con su entendimiento hiere la
arrogancia suya.
13Su espíritu adornó los cielos;
Su mano creó la serpiente tortuosa.
14He aquí, estas cosas son sólo los
bordes de sus caminos;
¡Y cuán leve es el susurro que hemos
oído de él!
Pero el trueno de su poder, ¿quién lo
puede comprender?

Job describe el castigo de los malos

27 ¹ Reasumió Job su discurso, y dijo:

² Vive Dios, que ha quitado mi
derecho,
Y el Omnipotente, que amargó el
alma mía,
³ Que todo el tiempo que mi alma esté
en mí,
Y haya hálito de Dios en mis narices,
⁴ Mis labios no hablarán iniquidad,
Ni mi lengua pronunciará engaño.
⁵ Nunca tal acontezca que yo os
justifique;
Hasta que muera, no quitaré de mí
mi integridad.
⁶ Mi justicia tengo asida, y no la cederé;
No me reprochará mi corazón en
todos mis días.

⁷ Sea como el impío mi enemigo,
Y como el inicuo mi adversario.
⁸ Porque ¿cuál es la esperanza del
impío, por mucho que hubiere
robado,
Cuando Dios le quitare la vida?
⁹ ¿Oirá Dios su clamor
Cuando la tribulación viniere
sobre él?
¹⁰ ¿Se deleitará en el Omnipotente?
¿Invocará a Dios en todo tiempo?
¹¹ Yo os enseñaré en cuanto a la mano
de Dios;
No esconderé lo que hay para con el
Omnipotente.
¹² He aquí que todos vosotros lo habéis
visto;
¿Por qué, pues, os habéis hecho tan
enteramente vanos?

¹³ Ésta es para con Dios la porción del
hombre impío,
Y la herencia que los violentos han de
recibir del Omnipotente:
¹⁴ Si sus hijos fueren multiplicados,
serán para la espada;
Y sus pequeños no se saciarán
de pan.
¹⁵ Los que de él quedaren, en muerte
serán sepultados,
Y no los llorarán sus viudas.
¹⁶ Aunque amontone plata como polvo,
Y prepare ropa como lodo;

¹⁷ La habrá preparado él, mas el justo se
vestirá,
Y el inocente repartirá la plata.
¹⁸ Edificó su casa como la polilla,
Y como enramada que hizo el guarda.
¹⁹ Rico se acuesta, pero por última vez;
Abrirá sus ojos, y nada tendrá.
²⁰ Se apoderarán de él terrores como
aguas;
Torbellino lo arrebatará de noche.
²¹ Le eleva el solano, y se va;
Y tempestad lo arrebatará de su lugar.
²² Dios, pues, descargará sobre él, y no
perdonará;
Hará él por huir de su mano.
²³ Batirán las manos sobre él,
Y desde su lugar le silbarán.

El hombre en busca de la sabiduría

28 ¹ Ciertamente la plata tiene sus
veneros,
Y el oro lugar donde se refina.
² El hierro se saca del polvo,
Y de la piedra se funde el cobre.
³ A las tinieblas ponen término,
Y examinan todo a la perfección,
Las piedras que hay en oscuridad y
en sombra de muerte.
⁴ Abren minas lejos de lo habitado,
En lugares olvidados, donde el pie no
pasa.
Son suspendidos y balanceados, lejos
de los demás hombres.
⁵ De la tierra nace el pan,
Y debajo de ella está como convertida
en fuego.
⁶ Lugar hay cuyas piedras son zafiro,
Y sus polvos de oro.

⁷ Senda que nunca la conoció ave,
Ni ojo de buitre la vio;
⁸ Nunca la pisaron animales fieros,
Ni león pasó por ella.
⁹ En el pedernal puso su mano,
Y trastornó de raíz los montes.
¹⁰ De los peñascos cortó ríos,
Y sus ojos vieron todo lo preciado.
¹¹ Detuvo los ríos en su nacimiento,
E hizo salir a luz lo escondido.

¹² Mas ¿dónde se hallará la sabiduría?
¿Dónde está el lugar de la
inteligencia?

13No conoce su valor el hombre,
Ni se halla en la tierra de los
    vivientes.
14El abismo dice: No está en mí;
Y el mar dijo: Ni conmigo.
15No se dará por oro,
Ni su precio será a peso de plata.
16No puede ser apreciada con oro
    de Ofir,
Ni con ónice precioso, ni con
    zafiro.
17El oro no se le igualará, ni el
    diamante,
Ni se cambiará por alhajas de oro
    fino.
18No se hará mención de coral ni de
    perlas;
La sabiduría es mejor que las piedras
    preciosas.
19No se igualará con ella topacio de
    Etiopía;
No se podrá apreciar con oro fino.

20¿De dónde, pues, vendrá la sabiduría?
¿Y dónde está el lugar de la
    inteligencia?
21Porque encubierta está a los ojos de
    todo viviente,
Y a toda ave del cielo es oculta.
22El Abadón y la muerte dijeron:
Su fama hemos oído con nuestros
    oídos.

23Dios entiende el camino de ella,
Y conoce su lugar.
24Porque él mira hasta los fines de la
    tierra,
Y ve cuanto hay bajo los cielos.
25Al dar peso al viento,
Y poner las aguas por medida;
26Cuando él dio ley a la lluvia,
Y camino al relámpago de los
    truenos,
27Entonces la veía él, y la manifestaba;
La preparó y la descubrió también.
28Y dijo al hombre:
He aquí que el temor del Señor es la
    sabiduría,a
Y el apartarse del mal, la inteligencia.

Job recuerda su felicidad anterior

29 1Volvió Job a reanudar su discurso,
y dijo:

2¡Quién me volviese como en los
    meses pasados,
Como en los días en que Dios me
    guardaba,
3Cuando hacía resplandecer sobre mi
    cabeza su lámpara,
A cuya luz yo caminaba en la
    oscuridad;
4Como fui en los días de mi juventud,
Cuando el favor de Dios velaba sobre
    mi tienda;
5Cuando aún estaba conmigo el
    Omnipotente,
Y mis hijos alrededor de mí;
6Cuando lavaba yo mis pasos con leche,
Y la piedra me derramaba ríos de
    aceite!
7Cuando yo salía a la puerta a juicio,
Y en la plaza hacía preparar mi
    asiento,
8Los jóvenes me veían, y se escondían;
Y los ancianos se levantaban, y
    estaban de pie.
9Los príncipes detenían sus palabras;
Ponían la mano sobre su boca.
10La voz de los principales se apagaba,
Y su lengua se pegaba a su paladar.
11Los oídos que me oían me llamaban
    bienaventurado,
Y los ojos que me veían me daban
    testimonio,
12Porque yo libraba al pobre que
    clamaba,
Y al huérfano que carecía de
    ayudador.
13La bendición del que se iba a perder
    venía sobre mí,
Y al corazón de la viuda yo daba
    alegría.
14Me vestía de justicia, y ella me
    cubría;
Como manto y diadema era mi
    rectitud.
15Yo era ojos al ciego,
Y pies al cojo.
16A los menesterosos era padre,
Y de la causa que no entendía, me
    informaba con diligencia;
17Y quebrantaba los colmillos del
    inicuo,
Y de sus dientes hacía soltar la presa.

---

a **28.28** Sal 111.10; Pr 1.7; 9.10.

¹⁸Decía yo: En mi nido moriré,
Y como arena multiplicaré mis días.
¹⁹Mi raíz estaba abierta junto a las
aguas,
Y en mis ramas permanecía el rocío.
²⁰Mi honra se renovaba en mí,
Y mi arco se fortalecía en mi mano.

²¹Me oían, y esperaban,
Y callaban a mi consejo.
²²Tras mi palabra no replicaban,
Y mi razón destilaba sobre ellos.
²³Me esperaban como a la lluvia,
Y abrían su boca como a la lluvia tardía.
²⁴Si me reía con ellos, no lo creían;
Y no abatían la luz de mi rostro.
²⁵Calificaba yo el camino de ellos, y me
sentaba entre ellos como el jefe;
Y moraba como rey en el ejército,
Como el que consuela a los que
lloran.

Job lamenta su desdicha actual

30 ¹ Pero ahora se ríen de mí los más
jóvenes que yo,
A cuyos padres yo desdeñara poner
con los perros de mi ganado.
² ¿Y de qué me serviría ni aun la fuerza
de sus manos?
No tienen fuerza alguna.
³ Por causa de la pobreza y del hambre
andaban solos;
Huían a la soledad, a lugar tenebroso,
asolado y desierto.
⁴ Recogían malvas entre los arbustos,
Y raíces de enebro para calentarse.
⁵ Eran arrojados de entre las gentes,
Y todos les daban grita como tras el
ladrón.
⁶ Habitaban en las barrancas de los
arroyos,
En las cavernas de la tierra, y en las
rocas.
⁷ Bramaban entre las matas,
Y se reunían debajo de los espinos.
⁸ Hijos de viles, y hombres sin nombre,
Más bajos que la misma tierra.

⁹ Y ahora yo soy objeto de su burla,
Y les sirvo de refrán.
¹⁰Me abominan, se alejan de mí,
Y aun de mi rostro no detuvieron su
saliva.

¹¹Porque Dios desató su cuerda, y me
afligió,
Por eso se desenfrenaron delante de
mi rostro.
¹²A la mano derecha se levantó el
populacho;
Empujaron mis pies,
Y prepararon contra mí caminos de
perdición.
¹³Mi senda desbarataron,
Se aprovecharon de mi
quebrantamiento,
Y contra ellos no hubo ayudador.
¹⁴Vinieron como por portillo ancho,
Se revolvieron sobre mi calamidad.
¹⁵Se han revuelto turbaciones sobre mí;
Combatieron como viento mi honor,
Y mi prosperidad pasó como nube.

¹⁶Y ahora mi alma está derramada
en mí;
Días de aflicción se apoderan de mí.
¹⁷La noche taladra mis huesos,
Y los dolores que me roen no reposan.
¹⁸La violencia deforma mi vestidura; me
ciñe como el cuello de mi túnica.
¹⁹Él me derribó en el lodo,
Y soy semejante al polvo y a la
ceniza.
²⁰Clamo a ti, y no me oyes;
Me presento, y no me atiendes.
²¹Te has vuelto cruel para mí;
Con el poder de tu mano me
persigues.
²²Me alzaste sobre el viento, me hiciste
cabalgar en él,
Y disolviste mi sustancia.
²³Porque yo sé que me conduces a la
muerte,
Y a la casa determinada a todo
viviente.

²⁴Mas él no extenderá la mano contra
el sepulcro;
¿Clamarán los sepultados cuando él
los quebrantare?
²⁵¿No lloré yo al afligido?
Y mi alma, ¿no se entristeció sobre el
menesteroso?
²⁶Cuando esperaba yo el bien,
entonces vino el mal;
Y cuando esperaba luz, vino la
oscuridad.

27Mis entrañas se agitan, y no reposan;
Días de aflicción me han sobrecogido.
28Ando ennegrecido, y no por el sol;
Me he levantado en la congregación,
y clamado.
29He venido a ser hermano de chacales,
Y compañero de avestruces.
30Mi piel se ha ennegrecido y se me
cae,
Y mis huesos arden de calor.
31Se ha cambiado mi arpa en luto,
Y mi flauta en voz de lamentadores.

Job afirma su integridad

31 1 Hice pacto con mis ojos;
¿Cómo, pues, había yo de mirar a
una virgen?
2 Porque ¿qué galardón me daría de
arriba Dios,
Y qué heredad el Omnipotente desde
las alturas?

3 ¿No hay quebrantamiento para
el impío,
Y extrañamiento para los que hacen
iniquidad?
4 ¿No ve él mis caminos,
Y cuenta todos mis pasos?

5 Si anduve con mentira,
Y si mi pie se apresuró a engaño,
6 Péseme Dios en balanzas de justicia,
Y conocerá mi integridad.
7 Si mis pasos se apartaron del camino,
Si mi corazón se fue tras mis ojos,
Y si algo se pegó a mis manos,
8 Siembre yo, y otro coma,
Y sea arrancada mi siembra.

9 Si fue mi corazón engañado acerca de
mujer,
Y si estuve acechando a la puerta de
mi prójimo,
10Muela para otro mi mujer,
Y sobre ella otros se encorven.
11Porque es maldad e iniquidad
Que han de castigar los jueces.
12Porque es fuego que devoraría hasta
el Abadón,
Y consumiría toda mi hacienda.
13Si hubiera tenido en poco el derecho
de mi siervo y de mi sierva,
Cuando ellos contendían conmigo,

14¿Qué haría yo cuando Dios se
levantase?
Y cuando él preguntara, ¿qué le
respondería yo?
15El que en el vientre me hizo a mí,
¿no lo hizo a él?
¿Y no nos dispuso uno mismo en la
matriz?

16Si estorbé el contento de los pobres,
E hice desfallecer los ojos de la
viuda;
17Si comí mi bocado solo,
Y no comió de él el huérfano
18(Porque desde mi juventud creció
conmigo como con un padre,
Y desde el vientre de mi madre fui
guía de la viuda);
19Si he visto que pereciera alguno sin
vestido,
Y al menesteroso sin abrigo;
20Si no me bendijeron sus lomos,
Y del vellón de mis ovejas se
calentaron;
21Si alcé contra el huérfano mi mano,
Aunque viese que me ayudaran en la
puerta;
22Mi espalda se caiga de mi hombro,
Y el hueso de mi brazo sea quebrado.
23Porque temí el castigo de Dios,
Contra cuya majestad yo no tendría
poder.

24Si puse en el oro mi esperanza,
Y dije al oro: Mi confianza eres tú;
25Si me alegré de que mis riquezas se
multiplicasen,
Y de que mi mano hallase mucho;
26Si he mirado al sol cuando
resplandecía,
O a la luna cuando iba hermosa,
27Y mi corazón se engañó en secreto,
Y mi boca besó mi mano;
28Esto también sería maldad juzgada;
Porque habría negado al Dios
soberano.

29Si me alegré en el quebrantamiento
del que me aborrecía,
Y me regocijé cuando le halló el mal
30(Ni aun entregué al pecado mi
lengua,
Pidiendo maldición para su alma);

31Si mis siervos no decían:
  ¿Quién no se ha saciado de su carne?
32(El forastero no pasaba fuera la
    noche;
  Mis puertas abría al caminante);
33Si encubrí como hombre mis
    transgresiones,
  Escondiendo en mi seno mi
    iniquidad,
34Porque tuve temor de la gran
    multitud,
  Y el menosprecio de las familias me
    atemorizó,
  Y callé, y no salí de mi puerta;
35¡Quién me diera quien me oyese!
  He aquí mi confianza es que el
    Omnipotente testificará por mí,
  Aunque mi adversario me forme
    proceso.
36Ciertamente yo lo llevaría sobre mi
    hombro,
  Y me ceñiría como una corona.
37Yo le contaría el número de mis
    pasos,
  Y como príncipe me presentaría
    ante él.

38Si mi tierra clama contra mí,
  Y lloran todos sus surcos;
39Si comí su sustancia sin dinero,
  O afligí el alma de sus dueños,
40En lugar de trigo me nazcan abrojos,
  Y espinos en lugar de cebada.

Aquí terminan las palabras de Job.

Eliú justifica su derecho de contestar a Job

32 **1**Cesaron estos tres varones de responder a Job, por cuanto él era justo a sus propios ojos. **2**Entonces Eliú hijo de Baraquel buzita, de la familia de Ram, se encendió en ira contra Job; se encendió en ira, por cuanto se justificaba a sí mismo más que a Dios. **3**Asimismo se encendió en ira contra sus tres amigos, porque no hallaban qué responder, aunque habían condenado a Job. **4**Y Eliú había esperado a Job en la disputa, porque los otros eran más viejos que él. **5**Pero viendo Eliú que no había respuesta en la boca de aquellos tres varones, se encendió en ira.

6Y respondió Eliú hijo de Baraquel buzita, y dijo:

Yo soy joven, y vosotros ancianos;
  Por tanto, he tenido miedo, y he
    temido declararos mi opinión.
7Yo decía: Los días hablarán,
  Y la muchedumbre de años declarará
    sabiduría.
8Ciertamente espíritu hay en el
    hombre,
  Y el soplo del Omnipotente le hace
    que entienda.
9No son los sabios los de mucha edad,
  Ni los ancianos entienden el derecho.
10Por tanto, yo dije: Escuchadme;
  Declararé yo también mi sabiduría.

11He aquí yo he esperado a vuestras
    razones,
  He escuchado vuestros argumentos,
  En tanto que buscabais palabras.
12Os he prestado atención,
  Y he aquí que no hay de vosotros
    quien redarguya a Job,
  Y responda a sus razones.
13Para que no digáis: Nosotros hemos
    hallado sabiduría;
  Lo vence Dios, no el hombre.
14Ahora bien, Job no dirigió contra mí
    sus palabras,
  Ni yo le responderé con vuestras
    razones.

15Se espantaron, no respondieron más;
  Se les fueron los razonamientos.
16Yo, pues, he esperado, pero no
    hablaban;
  Más bien callaron y no respondieron
    más.
17Por eso yo también responderé mi
    parte;
  También yo declararé mi juicio.
18Porque lleno estoy de palabras,
  Y me apremia el espíritu dentro de mí.
19De cierto mi corazón está como el
    vino que no tiene respiradero,
  Y se rompe como odres nuevos.
20Hablaré, pues, y respiraré;
  Abriré mis labios, y responderé.
21No haré ahora acepción de personas,
  Ni usaré con nadie de títulos
    lisonjeros.

²²Porque no sé hablar lisonjas;
De otra manera, en breve mi Hacedor
me consumiría.

Eliú censura a Job

33 ¹ Por tanto, Job, oye ahora mis razones,
Y escucha todas mis palabras.
² He aquí yo abriré ahora mi boca,
Y mi lengua hablará en mi garganta.
³ Mis razones declararán la rectitud de
mi corazón,
Y lo que saben mis labios, lo hablarán
con sinceridad.
⁴ El espíritu de Dios me hizo,
Y el soplo del Omnipotente me dio
vida.
⁵ Respóndeme si puedes;
Ordena tus palabras, ponte en pie.
⁶ Heme aquí a mí en lugar de Dios,
conforme a tu dicho;
De barro fui yo también formado.
⁷ He aquí, mi terror no te espantará,
Ni mi mano se agravará sobre ti.

⁸ De cierto tú dijiste a oídos míos,
Y yo oí la voz de tus palabras que
decían:
⁹ Yo soy limpio y sin defecto;
Soy inocente, y no hay maldad en mí.
¹⁰He aquí que él buscó reproches
contra mí,
Y me tiene por su enemigo;
¹¹Puso mis pies en el cepo,
Y vigiló todas mis sendas.

¹²He aquí, en esto no has hablado
justamente;
Yo te responderé que mayor es Dios
que el hombre.
¹³¿Por qué contiendes contra él?
Porque él no da cuenta de ninguna
de sus razones.
¹⁴Sin embargo, en una o en dos
maneras habla Dios;
Pero el hombre no entiende.
¹⁵Por sueño, en visión nocturna,
Cuando el sueño cae sobre los
hombres,
Cuando se adormecen sobre el lecho,
¹⁶Entonces revela al oído de los
hombres,
Y les señala su consejo,

¹⁷Para quitar al hombre de su obra,
Y apartar del varón la soberbia.
¹⁸Detendrá su alma del sepulcro,
Y su vida de que perezca a espada.

¹⁹También sobre su cama es castigado
Con dolor fuerte en todos sus huesos,
²⁰Que le hace que su vida aborrezca
el pan,
Y su alma la comida suave.
²¹Su carne desfallece, de manera que
no se ve,
Y sus huesos, que antes no se veían,
aparecen.
²²Su alma se acerca al sepulcro,
Y su vida a los que causan la muerte.
²³Si tuviese cerca de él
Algún elocuente mediador muy
escogido,
Que anuncie al hombre su deber;
²⁴Que le diga que Dios tuvo de él
misericordia,
Que lo libró de descender al sepulcro,
Que halló redención;
²⁵Su carne será más tierna que la del niño,
Volverá a los días de su juventud.
²⁶Orará a Dios, y éste le amará,
Y verá su faz con júbilo;
Y restaurará al hombre su justicia.
²⁷Él mira sobre los hombres; y al que
dijere:
Pequé, y pervertí lo recto,
Y no me ha aprovechado,
²⁸Dios redimirá su alma para que no
pase al sepulcro,
Y su vida se verá en luz.
²⁹He aquí, todas estas cosas hace Dios
Dos y tres veces con el hombre,
³⁰Para apartar su alma del sepulcro,
Y para iluminarlo con la luz de los
vivientes.
³¹Escucha, Job, y óyeme;
Calla, y yo hablaré.
³²Si tienes razones, respóndeme;
Habla, porque yo te quiero justificar.
³³Y si no, óyeme tú a mí;
Calla, y te enseñaré sabiduría.

Eliú justifica a Dios

34 ¹ Además Eliú dijo:
² Oíd, sabios, mis palabras;
Y vosotros, doctos, estadme atentos.

³ Porque el oído prueba las palabras,
Como el paladar gusta lo que uno
come.
⁴ Escojamos para nosotros el juicio,
Conozcamos entre nosotros cuál sea
lo bueno.
⁵ Porque Job ha dicho: Yo soy justo,
Y Dios me ha quitado mi derecho.
⁶ ¿He de mentir yo contra mi razón?
Dolorosa es mi herida sin haber
hecho yo transgresión.
⁷ ¿Qué hombre hay como Job,
Que bebe el escarnio como agua,
⁸ Y va en compañía con los que hacen
iniquidad,
Y anda con los hombres malos?
⁹ Porque ha dicho: De nada servirá al
hombre
El conformar su voluntad a Dios.

¹⁰Por tanto, varones de inteligencia,
oídme:
Lejos esté de Dios la impiedad,
Y del Omnipotente la iniquidad.
¹¹Porque él pagará al hombre según su
obra,ᵃ
Y le retribuirá conforme a su camino.
¹²Sí, por cierto, Dios no hará injusticia,
Y el Omnipotente no pervertirá el
derecho.
¹³¿Quién visitó por él la tierra?
¿Y quién puso en orden todo el mundo?
¹⁴Si él pusiese sobre el hombre su
corazón,
Y recogiese así su espíritu y su
aliento,
¹⁵Toda carne perecería juntamente,
Y el hombre volvería al polvo.

¹⁶Si, pues, hay en ti entendimiento, oye
esto;
Escucha la voz de mis palabras.
¹⁷¿Gobernará el que aborrece juicio?
¿Y condenarás tú al que es tan justo?
¹⁸¿Se dirá al rey: Perverso;
Y a los príncipes: Impíos?
¹⁹¿Cuánto menos a aquel que no
hace acepción de personas de
príncipes.
Ni respeta más al rico que al pobre,
Porque todos son obra de sus manos?

²⁰En un momento morirán,
Y a medianoche se alborotarán los
pueblos, y pasarán,
Y sin mano será quitado el poderoso.
²¹Porque sus ojos están sobre los
caminos del hombre,
Y ve todos sus pasos.
²²No hay tinieblas ni sombra de muerte
Donde se escondan los que hacen
maldad.
²³No carga, pues, él al hombre más de
lo justo,
Para que vaya con Dios a juicio.
²⁴Él quebrantará a los fuertes sin
indagación,
Y hará estar a otros en su lugar.
²⁵Por tanto, él hará notorias las obras
de ellos,
Cuando los trastorne en la noche, y
sean quebrantados.
²⁶Como a malos los herirá
En lugar donde sean vistos;
²⁷Por cuanto así se apartaron de él,
Y no consideraron ninguno de sus
caminos,
²⁸Haciendo venir delante de él el
clamor del pobre,
Y que oiga el clamor de los
necesitados.
²⁹Si él diere reposo, ¿quién inquietará?
Si escondiere el rostro, ¿quién lo
mirará?
Esto sobre una nación, y lo mismo
sobre un hombre;
³⁰Haciendo que no reine el hombre
impío
Para vejaciones del pueblo.

³¹De seguro conviene que se diga a Dios:
He llevado ya castigo, no ofenderé ya
más;
³²Enséñame tú lo que yo no veo;
Si hice mal, no lo haré más.
³³¿Ha de ser eso según tu parecer?
Él te retribuirá, ora rehúses, ora
aceptes, y no yo;
Di, si no, lo que tú sabes.
³⁴Los hombres inteligentes dirán
conmigo,
Y el hombre sabio que me oiga:
³⁵Que Job no habla con sabiduría,
Y que sus palabras no son con
entendimiento.

ᵃ **34.11** Sal 62.12.

36Deseo yo que Job sea probado
ampliamente,
A causa de sus respuestas semejantes
a las de los hombres inicuos.
37Porque a su pecado añadió rebeldía;
Bate palmas contra nosotros,
Y contra Dios multiplica sus
palabras.

35 1 Prosiguió Eliú en su razonamiento, y dijo:
2 ¿Piensas que es cosa recta lo que has
dicho:
Más justo soy yo que Dios?
3 Porque dijiste: ¿Qué ventaja sacaré de
ello?
¿O qué provecho tendré de no haber
pecado?
4 Yo te responderé razones,
Y a tus compañeros contigo.
5 Mira a los cielos, y ve,
Y considera que las nubes son más
altas que tú.
6 Si pecares, ¿qué habrás logrado
contra él?
Y si tus rebeliones se multiplicaren,
¿qué le harás tú?
7 Si fueres justo, ¿qué le darás a él?
¿O qué recibirá de tu mano?
8 Al hombre como tú dañará tu
impiedad,
Y al hijo de hombre aprovechará tu
justicia.ª

9 A causa de la multitud de las
violencias claman,
Y se lamentan por el poderío de los
grandes.
10Y ninguno dice: ¿Dónde está Dios mi
Hacedor,
Que da cánticos en la noche,
11Que nos enseña más que a las bestias
de la tierra,
Y nos hace sabios más que a las aves
del cielo?
12Allí clamarán, y él no oirá,
Por la soberbia de los malos.
13Ciertamente Dios no oirá la vanidad,
Ni la mirará el Omnipotente.
14¿Cuánto menos cuando dices que no
haces caso de él?
La causa está delante de él; por tanto,
aguárdale.

15Mas ahora, porque en su ira no castiga,
Ni inquiere con rigor,
16Por eso Job abre su boca vanamente,
Y multiplica palabras sin sabiduría.

Eliú exalta la grandeza de Dios

36 1 Añadió Eliú y dijo:

2 Espérame un poco, y te enseñaré;
Porque todavía tengo razones en
defensa de Dios.
3 Tomaré mi saber desde lejos,
Y atribuiré justicia a mi Hacedor.
4 Porque de cierto no son mentira mis
palabras;
Contigo está el que es íntegro en sus
conceptos.

5 He aquí que Dios es grande, pero no
desestima a nadie;
Es poderoso en fuerza de sabiduría.
6 No otorgará vida al impío,
Pero a los afligidos dará su derecho.
7 No apartará de los justos sus ojos;
Antes bien con los reyes los pondrá
en trono para siempre,
Y serán exaltados.
8 Y si estuvieren prendidos en grillos,
Y aprisionados en las cuerdas de
aflicción,
9 Él les dará a conocer la obra de ellos,
Y que prevalecieron sus rebeliones.
10Despierta además el oído de ellos
para la corrección,
Y les dice que se conviertan de la
iniquidad.
11Si oyeren, y le sirvieren,
Acabarán sus días en bienestar,
Y sus años en dicha.
12Pero si no oyeren, serán pasados a
espada,
Y perecerán sin sabiduría.

13Mas los hipócritas de corazón
atesoran para sí la ira,
Y no clamarán cuando él los atare.
14Fallecerá el alma de ellos en su
juventud,
Y su vida entre los sodomitas.
15Al pobre librará de su pobreza,
Y en la aflicción despertará su oído.

a **35.6-8** Job 22.2, 3.

16Asimismo te apartará de la boca de la angustia
A lugar espacioso, libre de todo apuro,
Y te preparará mesa llena de grosura.
17Mas tú has llenado el juicio del impío,
En vez de sustentar el juicio y la justicia.
18Por lo cual teme, no sea que en su ira te quite con golpe,
El cual no puedas apartar de ti con gran rescate.
19¿Hará él estima de tus riquezas, del oro,
O de todas las fuerzas del poder?
20No anheles la noche,
En que los pueblos desaparecen de su lugar.
21Guárdate, no te vuelvas a la iniquidad;
Pues ésta escogiste más bien que la aflicción.
22He aquí que Dios es excelso en su poder;
¿Qué enseñador semejante a él?
23¿Quién le ha prescrito su camino?
¿Y quién le dirá: Has hecho mal?

24Acuérdate de engrandecer su obra,
La cual contemplan los hombres.
25Los hombres todos la ven;
La mira el hombre de lejos.
26He aquí, Dios es grande, y nosotros no le conocemos,
Ni se puede seguir la huella de sus años.
27Él atrae las gotas de las aguas,
Al transformarse el vapor en lluvia,
28La cual destilan las nubes,
Goteando en abundancia sobre los hombres.
29¿Quién podrá comprender la extensión de las nubes,
Y el sonido estrepitoso de su morada?
30He aquí que sobre él extiende su luz,
Y cobija con ella las profundidades del mar.
31Bien que por esos medios castiga a los pueblos,
A la multitud él da sustento.
32Con las nubes encubre la luz,
Y le manda no brillar, interponiendo aquéllas.

33El trueno declara su indignación,
Y la tempestad proclama su ira contra la iniquidad.

37 1Por eso también se estremece mi corazón,
Y salta de su lugar.
2Oíd atentamente el estrépito de su voz,
Y el sonido que sale de su boca.
3Debajo de todos los cielos lo dirige,
Y su luz hasta los fines de la tierra.
4Después de ella brama el sonido,
Truena él con voz majestuosa;
Y aunque sea oída su voz, no los detiene.
5Truena Dios maravillosamente con su voz;
Él hace grandes cosas, que nosotros no entendemos.
6Porque a la nieve dice: Desciende a la tierra;
También a la llovizna, y a los aguaceros torrenciales.
7Así hace retirarse a todo hombre,
Para que los hombres todos reconozcan su obra.
8Las bestias entran en su escondrijo,
Y se están en sus moradas.
9Del sur viene el torbellino,
Y el frío de los vientos del norte.
10Por el soplo de Dios se da el hielo,
Y las anchas aguas se congelan.
11Regando también llega a disipar la densa nube,
Y con su luz esparce la niebla.
12Asimismo por sus designios se revuelven las nubes en derredor,
Para hacer sobre la faz del mundo,
En la tierra, lo que él les mande.
13Unas veces por azote, otras por causa de su tierra,
Otras por misericordia las hará venir.

14Escucha esto, Job;
Detente, y considera las maravillas de Dios.
15¿Sabes tú cómo Dios las pone en concierto,
Y hace resplandecer la luz de su nube?
16¿Has conocido tú las diferencias de las nubes,
Las maravillas del Perfecto en sabiduría?

¹⁷¿Por qué están calientes tus vestidos
Cuando él sosiega la tierra con el
viento del sur?
¹⁸¿Extendiste tú con él los cielos,
Firmes como un espejo fundido?
¹⁹Muéstranos qué le hemos de decir;
Porque nosotros no podemos ordenar
las ideas a causa de las tinieblas.
²⁰¿Será preciso contarle cuando yo
hablare?
Por más que el hombre razone,
quedará como abismado.

²¹Mas ahora ya no se puede mirar la
luz esplendente en los cielos,
Luego que pasa el viento y los limpia,
²²Viniendo de la parte del norte la
dorada claridad.
En Dios hay una majestad terrible.
²³Él es Todopoderoso, al cual no
alcanzamos, grande en poder;
Y en juicio y en multitud de justicia
no afligirá.
²⁴Lo temerán por tanto los hombres;
Él no estima a ninguno que cree en
su propio corazón ser sabio.

Jehová convence a Job de su ignorancia

38 ¹Entonces respondió Jehová a Job
desde un torbellino, y dijo:

² ¿Quién es ése que oscurece el
consejo
Con palabras sin sabiduría?
³ Ahora ciñe como varón tus lomos;
Yo te preguntaré, y tú me contestarás.

⁴ ¿Dónde estabas tú cuando yo
fundaba la tierra?
Házmelo saber, si tienes inteligencia.
⁵ ¿Quién ordenó sus medidas, si lo
sabes?
¿O quién extendió sobre ella cordel?
⁶ ¿Sobre qué están fundadas sus bases?
¿O quién puso su piedra angular,
⁷ Cuando alababan todas las estrellas
del alba,
Y se regocijaban todos los hijos de
Dios?

⁸ ¿Quién encerró con puertas el mar,
Cuando se derramaba saliéndose de
su seno,

⁹ Cuando puse yo nubes por vestidura
suya,
Y por su faja oscuridad,
¹⁰Y establecí sobre él mi decreto,
Le puse puertas y cerrojo,
¹¹Y dije: Hasta aquí llegarás, y no
pasarás adelante,
Y ahí parará el orgullo de tus olas?ª
¹²¿Has mandado tú a la mañana en tus
días?
¿Has mostrado al alba su lugar,
¹³Para que ocupe los fines de la tierra,
Y para que sean sacudidos de ella los
impíos?
¹⁴Ella muda luego de aspecto como
barro bajo el sello,
Y viene a estar como con vestidura;
¹⁵Mas la luz de los impíos es quitada de
ellos,
Y el brazo enaltecido es quebrantado.

¹⁶¿Has entrado tú hasta las fuentes del
mar,
Y has andado escudriñando el abismo?
¹⁷¿Te han sido descubiertas las puertas
de la muerte,
Y has visto las puertas de la sombra
de muerte?
¹⁸¿Has considerado tú hasta las
anchuras de la tierra?
Declara si sabes todo esto.

¹⁹¿Por dónde va el camino a la
habitación de la luz,
Y dónde está el lugar de las tinieblas,
²⁰Para que las lleves a sus límites,
Y entiendas las sendas de su casa?
²¹¡Tú lo sabes! Pues entonces ya habías
nacido,
Y es grande el número de tus días.

²²¿Has entrado tú en los tesoros de la
nieve,
O has visto los tesoros del granizo,
²³Que tengo reservados para el tiempo
de angustia,
Para el día de la guerra y de la
batalla?
²⁴¿Por qué camino se reparte la luz,
Y se esparce el viento solano sobre la
tierra?

---

a **38.8-11** Jer 5.22.

25¿Quién repartió conducto al turbión,
Y camino a los relámpagos y truenos,
26Haciendo llover sobre la tierra
deshabitada,
Sobre el desierto, donde no hay
hombre,
27Para saciar la tierra desierta e inculta,
Y para hacer brotar la tierna hierba?

28¿Tiene la lluvia padre?
¿O quién engendró las gotas del rocío?
29¿De qué vientre salió el hielo?
Y la escarcha del cielo, ¿quién la
engendró?
30Las aguas se endurecen a manera de
piedra,
Y se congela la faz del abismo.

31¿Podrás tú atar los lazos de las
Pléyades,
O desatarás las ligaduras de Orión?b
32¿Sacarás tú a su tiempo las
constelaciones de los cielos,
O guiarás a la Osa Mayor con sus hijos?
33¿Supiste tú las ordenanzas de los
cielos?
¿Dispondrás tú de su potestad en la
tierra?

34¿Alzarás tú a las nubes tu voz,
Para que te cubra muchedumbre de
aguas?
35¿Enviarás tú los relámpagos, para que
ellos vayan?
¿Y te dirán ellos: Henos aquí?
36¿Quién puso la sabiduría en el corazón?
¿O quién dio al espíritu inteligencia?
37¿Quién puso por cuenta los cielos con
sabiduría?
Y los odres de los cielos, ¿quién los
hace inclinar,
38Cuando el polvo se ha convertido en
dureza,
Y los terrones se han pegado unos
con otros?

39¿Cazarás tú la presa para el león?
¿Saciarás el hambre de los leoncillos,
40Cuando están echados en las cuevas,
O se están en sus guaridas para
acechar?

41¿Quién prepara al cuervo su
alimento,
Cuando sus polluelos claman a Dios,
Y andan errantes por falta de comida?

39 1 ¿Sabes tú el tiempo en que paren
las cabras monteses?
¿O miraste tú las ciervas cuando
están pariendo?
2 ¿Contaste tú los meses de su preñez,
Y sabes el tiempo cuando han de
parir?
3 Se encorvan, hacen salir sus hijos,
Pasan sus dolores.
4 Sus hijos se fortalecen, crecen con el
pasto;
Salen, y no vuelven a ellas.

5 ¿Quién echó libre al asno montés,
Y quién soltó sus ataduras?
6 Al cual yo puse casa en la soledad,
Y sus moradas en lugares estériles.
7 Se burla de la multitud de la ciudad;
No oye las voces del arriero.
8 Lo oculto de los montes es su pasto,
Y anda buscando toda cosa verde.

9 ¿Querrá el búfalo servirte a ti,
O quedar en tu pesebre?
10 ¿Atarás tú al búfalo con coyunda para
el surco?
¿Labrará los valles en pos de ti?
11 ¿Confiarás tú en él, por ser grande su
fuerza,
Y le fiarás tu labor?
12 ¿Fiarás de él para que recoja tu
semilla,
Y la junte en tu era?

13 ¿Diste tú hermosas alas al pavo real,
O alas y plumas al avestruz?
14 El cual desampara en la tierra sus
huevos,
Y sobre el polvo los calienta,
15 Y olvida que el pie los puede pisar,
Y que puede quebrarlos la bestia del
campo.
16 Se endurece para con sus hijos, como
si no fuesen suyos,
No temiendo que su trabajo haya sido
en vano;
17 Porque le privó Dios de sabiduría,
Y no le dio inteligencia.

---

b **38.31** Job 9.9; Am 5.8.

¹⁸Luego que se levanta en alto,
Se burla del caballo y de su jinete.

¹⁹¿Diste tú al caballo la fuerza?
¿Vestiste tú su cuello de crines
ondulantes?
²⁰¿Le intimidarás tú como a langosta?
El resoplido de su nariz es
formidable.
²¹Escarba la tierra, se alegra en su fuerza,
Sale al encuentro de las armas;
²²Hace burla del espanto, y no teme,
Ni vuelve el rostro delante de la
espada.
²³Contra él suenan la aljaba,
El hierro de la lanza y de la jabalina;
²⁴Y él con ímpetu y furor escarba la
tierra,
Sin importarle el sonido de la
trompeta;
²⁵Antes como que dice entre los
clarines: ¡Ea!
Y desde lejos huele la batalla,
El grito de los capitanes, y el vocerío.

²⁶¿Vuela el gavilán por tu sabiduría,
Y extiende hacia el sur sus alas?
²⁷¿Se remonta el águila por tu
mandamiento,
Y pone en alto su nido?
²⁸Ella habita y mora en la peña,
En la cumbre del peñasco y de la
roca.
²⁹Desde allí acecha la presa;
Sus ojos observan de muy lejos.
³⁰Sus polluelos chupan la sangre;
Y donde hubiere cadáveres, allí está
ella.

40

¹Además respondió Jehová a Job,
y dijo:

²¿Es sabiduría contender con el
Omnipotente?
El que disputa con Dios, responda a
esto.

³Entonces respondió Job a Jehová, y
dijo:

⁴He aquí que yo soy vil; ¿qué te
responderé?
Mi mano pongo sobre mi boca.

⁵Una vez hablé, mas no responderé;
Aun dos veces, mas no volveré a
hablar.

Manifestaciones del poder de Dios

⁶Respondió Jehová a Job desde el
torbellino, y dijo:

⁷Cíñete ahora como varón tus lomos;
Yo te preguntaré, y tú me
responderás.
⁸¿Invalidarás tú también mi juicio?
¿Me condenarás a mí, para
justificarte tú?
⁹¿Tienes tú un brazo como el de Dios?
¿Y truenas con voz como la suya?

¹⁰Adórnate ahora de majestad y de
alteza,
Y vístete de honra y de hermosura.
¹¹Derrama el ardor de tu ira;
Mira a todo altivo, y abátelo.
¹²Mira a todo soberbio, y humíllalo,
Y quebranta a los impíos en su sitio.
¹³Encúbrelos a todos en el polvo,
Encierra sus rostros en la oscuridad;
¹⁴Y yo también te confesaré
Que podrá salvarte tu diestra.

¹⁵He aquí ahora behemot, el cual hice
como a ti;
Hierba come como buey.
¹⁶He aquí ahora que su fuerza está en
sus lomos,
Y su vigor en los músculos de su
vientre.
¹⁷Su cola mueve como un cedro,
Y los nervios de sus muslos están
entretejidos.
¹⁸Sus huesos son fuertes como bronce,
Y sus miembros como barras de
hierro.

¹⁹Él es el principio de los caminos de
Dios;
El que lo hizo, puede hacer que su
espada a él se acerque.
²⁰Ciertamente los montes producen
hierba para él;
Y toda bestia del campo retoza allá.
²¹Se echará debajo de las sombras,
En lo oculto de las cañas y de los
lugares húmedos.

²²Los árboles sombríos lo cubren con
su sombra;
Los sauces del arroyo lo rodean.
²³He aquí, sale de madre el río, pero él
no se inmuta;
Tranquilo está, aunque todo un
Jordán se estrelle contra su boca.
²⁴¿Lo tomará alguno cuando está
vigilante,
Y horadará su nariz?

41

¹ ¿Sacarás tú al leviatán[a] con
anzuelo,
O con cuerda que le eches en su
lengua?
² ¿Pondrás tú soga en sus narices,
Y horadarás con garfio su quijada?
³ ¿Multiplicará él ruegos para contigo?
¿Te hablará él lisonjas?
⁴ ¿Hará pacto contigo
Para que lo tomes por siervo perpetuo?
⁵ ¿Jugarás con él como con pájaro,
O lo atarás para tus niñas?
⁶ ¿Harán de él banquete los
compañeros?
¿Lo repartirán entre los mercaderes?
⁷ ¿Cortarás tú con cuchillo su piel,
O con arpón de pescadores su
cabeza?
⁸ Pon tu mano sobre él;
Te acordarás de la batalla, y nunca
más volverás.
⁹ He aquí que la esperanza acerca de él
será burlada,
Porque aun a su sola vista se
desmayarán.
¹⁰Nadie hay tan osado que lo despierte;
¿Quién, pues, podrá estar delante de
mí?
¹¹¿Quién me ha dado a mí primero,
para que yo restituya?[b]
Todo lo que hay debajo del cielo
es mío.

¹²No guardaré silencio sobre sus
miembros,
Ni sobre sus fuerzas y la gracia de su
disposición.
¹³¿Quién descubrirá la delantera de su
vestidura?
¿Quién se acercará a él con su freno
doble?

¹⁴¿Quién abrirá las puertas de su
rostro?
Las hileras de sus dientes espantan.
¹⁵La gloria de su vestido son escudos
fuertes,
Cerrados entre sí estrechamente.
¹⁶El uno se junta con el otro,
Que viento no entra entre ellos.
¹⁷Pegado está el uno con el otro;
Están trabados entre sí, que no se
pueden apartar.
¹⁸Con sus estornudos enciende lumbre,
Y sus ojos son como los párpados del
alba.
¹⁹De su boca salen hachones de fuego;
Centellas de fuego proceden.
²⁰De sus narices sale humo,
Como de una olla o caldero que
hierve.
²¹Su aliento enciende los carbones,
Y de su boca sale llama.
²²En su cerviz está la fuerza,
Y delante de él se esparce el
desaliento.
²³Las partes más flojas de su carne
están endurecidas;
Están en él firmes, y no se mueven.
²⁴Su corazón es firme como una
piedra,
Y fuerte como la muela de abajo.
²⁵De su grandeza tienen temor los
fuertes,
Y a causa de su desfallecimiento
hacen por purificarse.
²⁶Cuando alguno lo alcanzare,
Ni espada, ni lanza, ni dardo, ni
coselete durará.
²⁷Estima como paja el hierro,
Y el bronce como leño podrido.
²⁸Saeta no le hace huir;
Las piedras de honda le son como
paja.
²⁹Tiene toda arma por hojarasca,
Y del blandir de la jabalina se burla.
³⁰Por debajo tiene agudas conchas;
Imprime su agudez en el suelo.
³¹Hace hervir como una olla el mar
profundo,
Y lo vuelve como una olla de
ungüento.
³²En pos de sí hace resplandecer la
senda,
Que parece que el abismo es cano.

---

a 41.1 Sal 74.14; 104.26; Is 27.1.   b 41.11 Ro 11.35.

33No hay sobre la tierra quien se le
    parezca;
Animal hecho exento de temor.
34Menosprecia toda cosa alta;
    Es rey sobre todos los soberbios.

Confesión y justificación de Job

42 **1** Respondió Job a Jehová, y dijo:

2 Yo conozco que todo lo puedes,
    Y que no hay pensamiento que se
        esconda de ti.
3 ¿Quién es el que oscurece el consejo
        sin entendimiento?ª
    Por tanto, yo hablaba lo que no
        entendía;
    Cosas demasiado maravillosas para
        mí, que yo no comprendía.
4 Oye, te ruego, y hablaré;
    Te preguntaré, y tú me enseñarás.ᵇ
5 De oídas te había oído;
    Mas ahora mis ojos te ven.
6 Por tanto me aborrezco,
    Y me arrepiento en polvo y ceniza.

7 Y aconteció que después que habló
Jehová estas palabras a Job, Jehová dijo a
Elifaz temanita: Mi ira se encendió contra ti y tus dos compañeros; porque no
habéis hablado de mí lo recto, como mi
siervo Job.
8 Ahora, pues, tomaos siete becerros y siete carneros, e id a mi siervo Job, y ofreced
holocausto por vosotros, y mi siervo Job
orará por vosotros; porque de cierto a él
atenderé para no trataros afrentosamente,
por cuanto no habéis hablado de mí con
rectitud, como mi siervo Job.
9 Fueron, pues, Elifaz temanita, Bildad
suhita y Zofar naamatita, e hicieron como
Jehová les dijo; y Jehová aceptó la oración
de Job.

Restauración de la prosperidad de Job

10 Y quitó Jehová la aflicción de Job,
cuando él hubo orado por sus amigos;
y aumentó al doble todas las cosas que
habían sido de Job.ᶜ
11 Y vinieron a él todos sus hermanos y
todas sus hermanas, y todos los que antes
le habían conocido, y comieron con él pan
en su casa, y se condolieron de él, y le
consolaron de todo aquel mal que Jehová
había traído sobre él; y cada uno de ellos le
dio una pieza de dinero y un anillo de oro.
12 Y bendijo Jehová el postrer estado de
Job más que el primero; porque tuvo
catorce mil ovejas, seis mil camellos, mil
yuntas de bueyes y mil asnas,
13 y tuvo siete hijos y tres hijas.
14 Llamó el nombre de la primera, Jemi-
ma, el de la segunda, Cesia, y el de la tercera, Keren- hapuc.
15 Y no había mujeres tan hermosas como
las hijas de Job en toda la tierra; y les dio
su padre herencia entre sus hermanos.
16 Después de esto vivió Job ciento cuarenta años, y vio a sus hijos, y a los hijos
de sus hijos, hasta la cuarta generación.
17 Y murió Job viejo y lleno de días.

---

a **42.3** Job 38.2.   b **42.4** Job 38.3.   c **42.10** Job 1.1-3.

SALMOS

LIBRO I

El justo y los pecadores

1 ¹ Bienaventurado el varón que no
anduvo en consejo de malos,
Ni estuvo en camino de pecadores,
Ni en silla de escarnecedores se ha
sentado;
² Sino que en la ley de Jehová está su
delicia,
Y en su ley medita de día y de noche.
³ Será como árbol plantado junto a
corrientes de aguas,ª
Que da su fruto en su tiempo,
Y su hoja no cae;
Y todo lo que hace, prosperará.

⁴ No así los malos,
Que son como el tamo que arrebata
el viento.
⁵ Por tanto, no se levantarán los malos
en el juicio,
Ni los pecadores en la congregación
de los justos.
⁶ Porque Jehová conoce el camino de
los justos;
Mas la senda de los malos perecerá.

El reino del ungido de Jehová

2 ¹ ¿Por qué se amotinan las gentes,
Y los pueblos piensan cosas vanas?
² Se levantarán los reyes de la tierra,
Y príncipes consultarán unidos
Contra Jehová y contra su ungido,ª
diciendo:
³ Rompamos sus ligaduras,
Y echemos de nosotros sus cuerdas.

⁴ El que mora en los cielos se reirá;
El Señor se burlará de ellos.
⁵ Luego hablará a ellos en su furor,
Y los turbará con su ira.

⁶ Pero yo he puesto mi rey
Sobre Sion, mi santo monte.

⁷ Yo publicaré el decreto;
Jehová me ha dicho: Mi hijo
eres tú;
Yo te engendré hoy.ᵇ
⁸ Pídeme, y te daré por herencia las
naciones,
Y como posesión tuya los confines de
la tierra.
⁹ Los quebrantarás con vara de
hierro;ᶜ
Como vasija de alfarero los
desmenuzarás.

¹⁰ Ahora, pues, oh reyes, sed prudentes;
Admitid amonestación, jueces de la
tierra.
¹¹ Servid a Jehová con temor,
Y alegraos con temblor.
¹² Honrad al Hijo, para que no se enoje,
y perezcáis en el camino;
Pues se inflama de pronto su ira.

Bienaventurados todos los que en
él confían.

Oración matutina de confianza en Dios

*Salmo de David, cuando huía de
delante de Absalón su hijo.ª*

3 ¹ ¡Oh Jehová, cuánto se han
multiplicado mis adversarios!
Muchos son los que se levantan
contra mí.
² Muchos son los que dicen de mí:
No hay para él salvación en Dios.
                                    Selah

³ Mas tú, Jehová, eres escudo
alrededor de mí;
Mi gloria, y el que levanta mi cabeza.
⁴ Con mi voz clamé a Jehová,
Y él me respondió desde su monte
santo.   *Selah*

---

a **1.3** Jer 17.8.   a **2.1, 2** Hch 4.25, 26.   b **2.7** Hch 13.33;
Heb 1.5; 5.5.   c **2.9** Ap 2.26, 27; 12.5; 19.15.
a **3 tít.** 2 S 15.13—17.22.

5 Yo me acosté y dormí,
Y desperté, porque Jehová me
sustentaba.
6 No temeré a diez millares de
gente,
Que pusieren sitio contra mí.
7 Levántate, Jehová; sálvame, Dios
mío;
Porque tú heriste a todos mis
enemigos en la mejilla;
Los dientes de los perversos
quebrantaste.

8 La salvación es de Jehová;
Sobre tu pueblo sea tu bendición.
Selah

Oración vespertina de confianza en Dios

*Al músico principal; sobre Neginot.
Salmo de David.*

4 1 Respóndeme cuando clamo, oh Dios
de mi justicia.
Cuando estaba en angustia, tú me
hiciste ensanchar;
Ten misericordia de mí, y oye mi
oración.

2 Hijos de los hombres, ¿hasta cuándo
volveréis mi honra en infamia,
Amaréis la vanidad, y buscaréis la
mentira?　　　　*Selah*
3 Sabed, pues, que Jehová ha escogido
al piadoso para sí;
Jehová oirá cuando yo a él clamare.
4 Temblad, y no pequéis;[a]
Meditad en vuestro corazón estando
en vuestra cama, y callad.　*Selah*
5 Ofreced sacrificios de justicia,
Y confiad en Jehová.

6 Muchos son los que dicen: ¿Quién
nos mostrará el bien?
Alza sobre nosotros, oh Jehová, la luz
de tu rostro.
7 Tú diste alegría a mi corazón
Mayor que la de ellos cuando
abundaba su grano y su mosto.

8 En paz me acostaré, y asimismo
dormiré;
Porque sólo tú, Jehová, me haces
vivir confiado.

Plegaria pidiendo protección

*Al músico principal; sobre
Nehilot. Salmo de David.*

5 1 Escucha, oh Jehová, mis palabras;
Considera mi gemir.
2 Está atento a la voz de mi clamor,
Rey mío y Dios mío,
Porque a ti oraré.
3 Oh Jehová, de mañana oirás
mi voz;
De mañana me presentaré delante de
ti, y esperaré.

4 Porque tú no eres un Dios que se
complace en la maldad;
El malo no habitará junto a ti.
5 Los insensatos no estarán delante de
tus ojos;
Aborreces a todos los que hacen
iniquidad.
6 Destruirás a los que hablan mentira;
Al hombre sanguinario y engañador
abominará Jehová.

7 Mas yo por la abundancia de tu
misericordia entraré en tu casa;
Adoraré hacia tu santo templo en tu
temor.
8 Guíame, Jehová, en tu justicia, a
causa de mis enemigos;
Endereza delante de mí tu camino.

9 Porque en la boca de ellos no hay
sinceridad;
Sus entrañas son maldad,
Sepulcro abierto es su garganta,
Con su lengua hablan lisonjas.[a]
10 Castígalos, oh Dios;
Caigan por sus mismos consejos;
Por la multitud de sus transgresiones
échalos fuera,
Porque se rebelaron contra ti.

11 Pero alégrense todos los que en ti
confían;
Den voces de júbilo para siempre,
porque tú los defiendes;
En ti se regocijen los que aman tu
nombre.
12 Porque tú, oh Jehová, bendecirás al
justo;

---

a **4.4** Ef 4.26.　a **5.9** Ro 3.13.

Como con un escudo lo rodearás de
tu favor.

Oración pidiendo misericordia
en tiempo de prueba

Al músico principal; en Neginot,
sobre Seminit. Salmo de David.

6 ¹ Jehová, no me reprendas en tu
enojo,
Ni me castigues con tu ira.ª

² Ten misericordia de mí, oh Jehová,
porque estoy enfermo;
Sáname, oh Jehová, porque mis
huesos se estremecen.
³ Mi alma también está muy turbada;
Y tú, Jehová, ¿hasta cuándo?

⁴ Vuélvete, oh Jehová, libra mi alma;
Sálvame por tu misericordia.
⁵ Porque en la muerte no hay memoria
de ti;
En el Seol, ¿quién te alabará?

⁶ Me he consumido a fuerza de gemir;
Todas las noches inundo de llanto mi
lecho,
Riego mi cama con mis lágrimas.
⁷ Mis ojos están gastados de sufrir;
Se han envejecido a causa de todos
mis angustiadores.

⁸ Apartaos de mí, todos los hacedores
de iniquidad;ᵇ
Porque Jehová ha oído la voz de mi lloro.
⁹ Jehová ha oído mi ruego;
Ha recibido Jehová mi oración.
¹⁰ Se avergonzarán y se turbarán mucho
todos mis enemigos;
Se volverán y serán avergonzados de
repente.

Plegaria pidiendo vindicación

Sigaión de David, que cantó a Jehová acerca
de las palabras de Cus hijo de Benjamín.

7 ¹ Jehová Dios mío, en ti he confiado;
Sálvame de todos los que me
persiguen, y líbrame,
² No sea que desgarren mi alma cual
león,
Y me destrocen sin que haya quien
me libre.

³ Jehová Dios mío, si yo he hecho esto,
Si hay en mis manos iniquidad;
⁴ Si he dado mal pago al que estaba en
paz conmigo
(Antes he libertado al que sin causa
era mi enemigo),
⁵ Persiga el enemigo mi alma, y
alcáncela;
Huelle en tierra mi vida,
Y mi honra ponga en el polvo.   *Selah*

⁶ Levántate, oh Jehová, en tu ira;
Alzate en contra de la furia de mis
angustiadores,
Y despierta en favor mío el juicio que
mandaste.
⁷ Te rodeará congregación de pueblos,
Y sobre ella vuélvete a sentar en alto.
⁸ Jehová juzgará a los pueblos;
Júzgame, oh Jehová, conforme a mi
justicia,
Y conforme a mi integridad.

⁹ Fenezca ahora la maldad de los
inicuos, mas establece tú al justo;
Porque el Dios justo prueba la mente
y el corazón.ª
¹⁰ Mi escudo está en Dios,
Que salva a los rectos de corazón.
¹¹ Dios es juez justo,
Y Dios está airado contra el impío
todos los días.

¹² Si no se arrepiente, él afilará su
espada;
Armado tiene ya su arco, y lo ha
preparado.
¹³ Asimismo ha preparado armas de
muerte,
Y ha labrado saetas ardientes.
¹⁴ He aquí, el impío concibió maldad,
Se preñó de iniquidad,
Y dio a luz engaño.
¹⁵ Pozo ha cavado, y lo ha ahondado;
Y en el hoyo que hizo caerá.
¹⁶ Su iniquidad volverá sobre su cabeza,
Y su agravio caerá sobre su propia
coronilla.

¹⁷ Alabaré a Jehová conforme a su
justicia,
Y cantaré al nombre de Jehová el
Altísimo.

ª **6.1** Sal 38.1.   ᵇ **6.8** Mt 7.23; Lc 13.27.   ª **7.9** Ap 2.23.

La gloria de Dios y la honra del hombre

Al músico principal; sobre Gitit.
Salmo de David.

8 ¹ ¡Oh Jehová, Señor nuestro,
Cuán glorioso es tu nombre en toda
la tierra!

Has puesto tu gloria sobre los
cielos;
² De la boca de los niños y de los que
maman,ª fundaste la fortaleza,
A causa de tus enemigos,
Para hacer callar al enemigo y al
vengativo.

³ Cuando veo tus cielos, obra de tus
dedos,
La luna y las estrellas que tú
formaste,
⁴ Digo: ¿Qué es el hombre, para que
tengas de él memoria,
Y el hijo del hombre, para que lo
visites?ᵇ

⁵ Le has hecho poco menor que los
ángeles,
Y lo coronaste de gloria y de honra.
⁶ Le hiciste señorear sobre las obras de
tus manos;
Todo lo pusiste debajo de sus pies:ᶜ
⁷ Ovejas y bueyes, todo ello,
Y asimismo las bestias del campo,
⁸ Las aves de los cielos y los peces del
mar;
Todo cuanto pasa por los senderos
del mar.

⁹ ¡Oh Jehová, Señor nuestro,
Cuán grande es tu nombre en toda la
tierra!

Acción de gracias por la justicia de Dios

Al músico principal; sobre
Mut-labén. Salmo de David.

9 ¹ Te alabaré, oh Jehová, con todo mi
corazón;
Contaré todas tus maravillas.
² Me alegraré y me regocijaré en ti;
Cantaré a tu nombre, oh Altísimo.

³ Mis enemigos volvieron atrás;
Cayeron y perecieron delante de ti.

⁴ Porque has mantenido mi derecho y
mi causa;
Te has sentado en el trono juzgando
con justicia.

⁵ Reprendiste a las naciones, destruiste
al malo,
Borraste el nombre de ellos
eternamente y para siempre.
⁶ Los enemigos han perecido; han
quedado desolados para siempre;
Y las ciudades que derribaste,
Su memoria pereció con ellas.
⁷ Pero Jehová permanecerá para
siempre;
Ha dispuesto su trono para juicio.
⁸ Él juzgará al mundo con justicia,
Y a los pueblos con rectitud.

⁹ Jehová será refugio del pobre,
Refugio para el tiempo de angustia.
¹⁰ En ti confiarán los que conocen tu
nombre,
Por cuanto tú, oh Jehová, no
desamparaste a los que te buscaron.

¹¹ Cantad a Jehová, que habita en Sion;
Publicad entre los pueblos sus obras.
¹² Porque el que demanda la sangre se
acordó de ellos;
No se olvidó del clamor de los
afligidos.

¹³ Ten misericordia de mí, Jehová;
Mira mi aflicción que padezco a
causa de los que me aborrecen,
Tú que me levantas de las puertas de
la muerte,
¹⁴ Para que cuente yo todas tus
alabanzas
En las puertas de la hija de Sion,
Y me goce en tu salvación.

¹⁵ Se hundieron las naciones en el hoyo
que hicieron;
En la red que escondieron fue
tomado su pie.
¹⁶ Jehová se ha hecho conocer en el
juicio que ejecutó;
En la obra de sus manos fue enlazado
el malo.   *Higaion. Selah*

ª **8.2** Mt 21.16.   ᵇ **8.4** Job 7.17, 18; Sal 144.3; Heb 2.6-8.
ᶜ **8.6** 1 Co 15.27; Ef 1.22; Heb 2.8.

17 Los malos serán trasladados al Seol,
 Todas las gentes que se olvidan de
  Dios.

18 Porque no para siempre será olvidado
 el menesteroso,
 Ni la esperanza de los pobres
  perecerá perpetuamente.

19 Levántate, oh Jehová; no se fortalezca
 el hombre;
 Sean juzgadas las naciones delante
  de ti.

20 Pon, oh Jehová, temor en ellos;
 Conozcan las naciones que no son
  sino hombres.   *Selah*

Plegaria pidiendo la destrucción de los malvados

10 1 ¿Por qué estás lejos, oh Jehová,
 Y te escondes en el tiempo de la
  tribulación?

2 Con arrogancia el malo persigue al
 pobre;
 Será atrapado en los artificios que ha
  ideado.

3 Porque el malo se jacta del deseo de
 su alma,
 Bendice al codicioso, y desprecia a
  Jehová.

4 El malo, por la altivez de su rostro,
 no busca a Dios;
 No hay Dios en ninguno de sus
  pensamientos.

5 Sus caminos son torcidos en todo
 tiempo;
 Tus juicios los tiene muy lejos de su
  vista;
 A todos sus adversarios desprecia.

6 Dice en su corazón: No seré movido
 jamás;
 Nunca me alcanzará el infortunio.

7 Llena está su boca de maldición, y de
 engaños y fraude;[a]
 Debajo de su lengua hay vejación y
  maldad.

8 Se sienta en acecho cerca de las aldeas;
 En escondrijos mata al inocente.

Sus ojos están acechando al
 desvalido;

9 Acecha en oculto, como el león desde
 su cueva;
 Acecha para arrebatar al pobre;
 Arrebata al pobre trayéndolo a su red.

10 Se encoge, se agacha,
 Y caen en sus fuertes garras muchos
  desdichados.

11 Dice en su corazón: Dios ha olvidado;
 Ha encubierto su rostro; nunca lo
  verá.

12 Levántate, oh Jehová Dios, alza tu
 mano;
 No te olvides de los pobres.

13 ¿Por qué desprecia el malo a Dios?
 En su corazón ha dicho: Tú no lo
  inquirirás.

14 Tú lo has visto; porque miras el
 trabajo y la vejación, para dar la
  recompensa con tu mano;
 A ti se acoge el desvalido;
 Tú eres el amparo del huérfano.

15 Quebranta tú el brazo del inicuo,
 Y persigue la maldad del malo hasta
  que no halles ninguna.

16 Jehová es Rey eternamente y para
 siempre;
 De su tierra han perecido las naciones.

17 El deseo de los humildes oíste, oh
 Jehová; Tú dispones su corazón,
  y haces atento tu oído,

18 Para juzgar al huérfano y al oprimido,
 A fin de que no vuelva más a hacer
  violencia el hombre de la tierra.

El refugio del justo
Al músico principal. Salmo de David.

11 1 En Jehová he confiado;
 ¿Cómo decís a mi alma,
 Que escape al monte cual ave?

2 Porque he aquí, los malos tienden el
 arco,
 Disponen sus saetas sobre la cuerda,
 Para asaetear en oculto a los rectos
  de corazón.

3 Si fueren destruidos los fundamentos,
 ¿Qué ha de hacer el justo?

a 10.7 Ro 3.14.

4 Jehová está en su santo templo;
Jehová tiene en el cielo su trono;
Sus ojos ven, sus párpados examinan
    a los hijos de los hombres.
5 Jehová prueba al justo;
Pero al malo y al que ama la
    violencia, su alma los aborrece.
6 Sobre los malos hará llover
    calamidades;
Fuego, azufre y viento abrasador será
    la porción del cáliz de ellos.
7 Porque Jehová es justo, y ama la
    justicia;
El hombre recto mirará su rostro.

Oración pidiendo ayuda contra los malos

*Al músico principal; sobre
Seminit. Salmo de David.*

12 1 Salva, oh Jehová, porque se
        acabaron los piadosos;
Porque han desaparecido los fieles de
    entre los hijos de los hombres.
2 Habla mentira cada uno con su
    prójimo;
Hablan con labios lisonjeros, y con
    doblez de corazón.

3 Jehová destruirá todos los labios
    lisonjeros,
Y la lengua que habla
    jactanciosamente;
4 A los que han dicho: Por nuestra
    lengua prevaleceremos;
Nuestros labios son nuestros; ¿quién
    es señor de nosotros?

5 Por la opresión de los pobres, por el
    gemido de los menesterosos,
Ahora me levantaré, dice Jehová;
Pondré en salvo al que por ello
    suspira.
6 Las palabras de Jehová son palabras
    limpias,
Como plata refinada en horno de
    tierra,
Purificada siete veces.

7 Tú, Jehová, los guardarás;
De esta generación los preservarás
    para siempre.
8 Cercando andan los malos,
Cuando la vileza es exaltada entre los
    hijos de los hombres.

Plegaria pidiendo ayuda en la aflicción

Al músico principal. Salmo de David.

13 1 ¿Hasta cuándo, Jehová? ¿Me
        olvidarás para siempre?
¿Hasta cuándo esconderás tu rostro
    de mí?
2 ¿Hasta cuándo pondré consejos en mi
    alma,
Con tristezas en mi corazón cada día?
¿Hasta cuándo será enaltecido mi
    enemigo sobre mí?

3 Mira, respóndeme, oh Jehová Dios
    mío;
Alumbra mis ojos, para que no
    duerma de muerte;
4 Para que no diga mi enemigo: Lo
    vencí.
Mis enemigos se alegrarían, si yo
    resbalara.

5 Mas yo en tu misericordia he
    confiado;
Mi corazón se alegrará en tu salvación.
6 Cantaré a Jehová,
Porque me ha hecho bien.

Necedad y corrupción del hombre

(Sal 53.1-6)
Al músico principal. Salmo de David.

14 1 Dice el necio en su corazón:
        No hay Dios.
Se han corrompido, hacen obras
    abominables;
No hay quien haga el bien.

2 Jehová miró desde los cielos sobre los
    hijos de los hombres,
Para ver si había algún entendido,
Que buscara a Dios.

3 Todos se desviaron, a una se han
    corrompido;
No hay quien haga lo bueno, no hay
    ni siquiera uno.[a]

4 ¿No tienen discernimiento todos los
    que hacen iniquidad,
Que devoran a mi pueblo como si
    comiesen pan,
Y a Jehová no invocan?

---

a **14.1-3** Ro 3.10-12.

⁵ Ellos temblaron de espanto;
   Porque Dios está con la generación
      de los justos.
⁶ Del consejo del pobre se han burlado,
   Pero Jehová es su esperanza.

⁷ ¡Oh, que de Sion saliera la salvación
      de Israel!
   Cuando Jehová hiciere volver a los
      cautivos de su pueblo,
   Se gozará Jacob, y se alegrará Israel.

Los que habitarán en el monte santo de Dios

Salmo de David.

15 ¹ Jehová, ¿quién habitará en tu
         tabernáculo?
      ¿Quién morará en tu monte santo?
² El que anda en integridad y hace
      justicia,
   Y habla verdad en su corazón.
³ El que no calumnia con su lengua,
   Ni hace mal a su prójimo,
   Ni admite reproche alguno contra su
      vecino.
⁴ Aquel a cuyos ojos el vil es
      menospreciado,
   Pero honra a los que temen a Jehová.
   El que aun jurando en daño suyo, no
      por eso cambia;
⁵ Quien su dinero no dio a usura,
   Ni contra el inocente admitió
      cohecho.

   El que hace estas cosas, no
      resbalará jamás.

Una herencia escogida

Mictam de David.

16 ¹ Guárdame, oh Dios, porque en ti
         he confiado.
² Oh alma mía, dijiste a Jehová:
   Tú eres mi Señor;
   No hay para mí bien fuera de ti.

³ Para los santos que están en la tierra,
   Y para los íntegros, es toda mi
      complacencia.

⁴ Se multiplicarán los dolores de aquellos
   que sirven diligentes a otro dios.

No ofreceré yo sus libaciones de
      sangre,
   Ni en mis labios tomaré sus
      nombres.

⁵ Jehová es la porción de mi herencia y
      de mi copa;
   Tú sustentas mi suerte.
⁶ Las cuerdas me cayeron en lugares
      deleitosos,
   Y es hermosa la heredad que me ha
      tocado.

⁷ Bendeciré a Jehová que me
      aconseja;
   Aun en las noches me enseña mi
      conciencia.
⁸ A Jehová he puesto siempre delante
      de mí;
   Porque está a mi diestra, no seré
      conmovido.
⁹ Se alegró por tanto mi corazón, y se
      gozó mi alma;
   Mi carne también reposará
      confiadamente;
¹⁰ Porque no dejarás mi alma en el
      Seol,ᵃ
   Ni permitirás que tu santo vea
      corrupción.ᵇ

¹¹ Me mostrarás la senda de la vida;
   En tu presencia hay plenitud de
      gozo;
   Delicias a tu diestra para
      siempre.ᶜ

Plegaria pidiendo protección contra los opresores

Oración de David.

17 ¹ Oye, oh Jehová, una causa justa;
         está atento a mi clamor.
   Escucha mi oración hecha de labios
      sin engaño.
² De tu presencia proceda mi
      vindicación;
   Vean tus ojos la rectitud.

³ Tú has probado mi corazón, me has
      visitado de noche;
   Me has puesto a prueba, y nada
      inicuo hallaste;
   He resuelto que mi boca no haga
      transgresión.

ᵃ **16.10** 1 Co 15.4.   ᵇ **16.10** Hch 13.35.
ᶜ **16.8-11** Hch 2.25-28

4 En cuanto a las obras humanas, por
la palabra de tus labios
Yo me he guardado de las sendas de
los violentos.
5 Sustenta mis pasos en tus caminos,
Para que mis pies no resbalen.

6 Yo te he invocado, por cuanto tú me
oirás, oh Dios;
Inclina a mí tu oído, escucha mi
palabra.
7 Muestra tus maravillosas
misericordias, tú que salvas
a los que se refugian a tu
diestra,
De los que se levantan contra ellos.

8 Guárdame como a la niña de tus
ojos;
Escóndeme bajo la sombra de tus
alas,
9 De la vista de los malos que me
oprimen,
De mis enemigos que buscan mi
vida.

10 Envueltos están con su grosura;
Con su boca hablan arrogantemente.
11 Han cercado ahora nuestros pasos;
Tienen puestos sus ojos para
echarnos por tierra.
12 Son como león que desea hacer
presa,
Y como leoncillo que está en su
escondite.

13 Levántate, oh Jehová;
Sal a su encuentro, póstrales;
Libra mi alma de los malos con tu
espada,
14 De los hombres con tu mano, oh
Jehová,
De los hombres mundanos, cuya
porción la tienen en esta vida,
Y cuyo vientre está lleno de tu
tesoro.
Sacian a sus hijos,
Y aun sobra para sus pequeñuelos.

15 En cuanto a mí, veré tu rostro en
justicia;
Estaré satisfecho cuando despierte a
tu semejanza.

Acción de gracias por la victoria
(2 S 22.1-51)

*Al músico principal. Salmo de David,
siervo de Jehová, el cual dirigió a Jehová las
palabras de este cántico el día que le libró
Jehová de mano de todos sus enemigos,
y de mano de Saúl. Entonces dijo:*

18 1 Te amo, oh Jehová, fortaleza mía.
2 Jehová, roca mía y castillo mío,
y mi libertador;
Dios mío, fortaleza mía, en él confiaré;
Mi escudo, y la fuerza de mi
salvación, mi alto refugio.
3 Invocaré a Jehová, quien es digno de
ser alabado,
Y seré salvo de mis enemigos.

4 Me rodearon ligaduras de muerte,
Y torrentes de perversidad me
atemorizaron.
5 Ligaduras del Seol me rodearon,
Me tendieron lazos de muerte.

6 En mi angustia invoqué a Jehová,
Y clamé a mi Dios.
Él oyó mi voz desde su templo,
Y mi clamor llegó delante de él, a sus
oídos.
7 La tierra fue conmovida y tembló;
Se conmovieron los cimientos de los
montes,
Y se estremecieron, porque se
indignó él.
8 Humo subió de su nariz,
Y de su boca fuego consumidor;
Carbones fueron por él encendidos.
9 Inclinó los cielos, y descendió;
Y había densas tinieblas debajo de
sus pies.
10 Cabalgó sobre un querubín, y voló;
Voló sobre las alas del viento.
11 Puso tinieblas por su escondedero,
por cortina suya alrededor de sí;
Oscuridad de aguas, nubes de los
cielos.
12 Por el resplandor de su presencia, sus
nubes pasaron;
Granizo y carbones ardientes.
13 Tronó en los cielos Jehová,
Y el Altísimo dio su voz;
Granizo y carbones de fuego.
14 Envió sus saetas, y los dispersó;
Lanzó relámpagos, y los destruyó.

15 Entonces aparecieron los abismos de
las aguas,
Y quedaron al descubierto los
cimientos del mundo,
A tu reprensión, oh Jehová,
Por el soplo del aliento de tu nariz.

16 Envió desde lo alto; me tomó,
Me sacó de las muchas aguas.
17 Me libró de mi poderoso enemigo,
Y de los que me aborrecían; pues
eran más fuertes que yo.
18 Me asaltaron en el día de mi
quebranto,
Mas Jehová fue mi apoyo.
19 Me sacó a lugar espacioso;
Me libró, porque se agradó de mí.

20 Jehová me ha premiado conforme a
mi justicia;
Conforme a la limpieza de mis manos
me ha recompensado.
21 Porque yo he guardado los caminos
de Jehová,
Y no me aparté impíamente de mi
Dios.
22 Pues todos sus juicios estuvieron
delante de mí,
Y no me he apartado de sus estatutos.
23 Fui recto para con él, y me he
guardado de mi maldad;
24 Por lo cual me ha recompensado
Jehová conforme a mi justicia;
Conforme a la limpieza de mis manos
delante de su vista.

25 Con el misericordioso te mostrarás
misericordioso,
Y recto para con el hombre íntegro.
26 Limpio te mostrarás para con el
limpio,
Y severo serás para con el perverso.
27 Porque tú salvarás al pueblo afligido,
Y humillarás los ojos altivos.
28 Tú encenderás mi lámpara;
Jehová mi Dios alumbrará mis
tinieblas.
29 Contigo desbarataré ejércitos,
Y con mi Dios asaltaré muros.
30 En cuanto a Dios, perfecto es su
camino,

Y acrisolada la palabra de Jehová;
Escudo es a todos los que en él
esperan.

31 Porque ¿quién es Dios sino sólo
Jehová?
¿Y qué roca hay fuera de nuestro
Dios?
32 Dios es el que me ciñe de poder,
Y quien hace perfecto mi camino;
33 Quien hace mis pies como de
ciervas,[a]
Y me hace estar firme sobre mis
alturas;
34 Quien adiestra mis manos para la
batalla,
Para entesar con mis brazos el arco
de bronce.
35 Me diste asimismo el escudo de tu
salvación;
Tu diestra me sustentó,
Y tu benignidad me ha engrandecido.
36 Ensanchaste mis pasos debajo
de mí,
Y mis pies no han resbalado.
37 Perseguí a mis enemigos, y los
alcancé,
Y no volví hasta acabarlos.
38 Los herí de modo que no se
levantasen;
Cayeron debajo de mis pies.
39 Pues me ceñiste de fuerzas para la
pelea;
Has humillado a mis enemigos debajo
de mí.
40 Has hecho que mis enemigos me
vuelvan las espaldas,
Para que yo destruya a los que me
aborrecen.
41 Clamaron, y no hubo quien salvase;
Aun a Jehová, pero no los oyó.
42 Y los molí como polvo delante del
viento;
Los eché fuera como lodo de las
calles.

43 Me has librado de las contiendas del
pueblo;
Me has hecho cabeza de las naciones;
Pueblo que yo no conocía me sirvió.
44 Al oír de mí me obedecieron;
Los hijos de extraños se sometieron
a mí.

---

a 18.33 Hab 3.19.

45 Los extraños se debilitaron
Y salieron temblando de sus
encierros.

46 Viva Jehová, y bendita sea mi roca,
Y enaltecido sea el Dios de mi
salvación;
47 El Dios que venga mis agravios,
Y somete pueblos debajo de mí;
48 El que me libra de mis enemigos,
Y aun me eleva sobre los que se
levantan contra mí;
Me libraste de varón violento.

49 Por tanto yo te confesaré entre las
naciones, oh Jehová,
Y cantaré a tu nombre.^b
50 Grandes triunfos da a su rey,
Y hace misericordia a su ungido,
A David y a su descendencia, para
siempre.

Las obras y la palabra de Dios
Al músico principal. Salmo de David.

19 **1** Los cielos cuentan la gloria de
Dios,
Y el firmamento anuncia la obra de
sus manos.
2 Un día emite palabra a otro día,
Y una noche a otra noche declara
sabiduría.
3 No hay lenguaje, ni palabras,
Ni es oída su voz.
4 Por toda la tierra salió su voz,
Y hasta el extremo del mundo sus
palabras.^a

En ellos puso tabernáculo para
el sol;
5 Y éste, como esposo que sale de su
tálamo,
Se alegra cual gigante para correr el
camino.
6 De un extremo de los cielos es su
salida,
Y su curso hasta el término de ellos;
Y nada hay que se esconda de su
calor.

7 La ley de Jehová es perfecta, que
convierte el alma;
El testimonio de Jehová es fiel, que
hace sabio al sencillo.

8 Los mandamientos de Jehová son
rectos, que alegran el corazón;
El precepto de Jehová es puro, que
alumbra los ojos.
9 El temor de Jehová es limpio, que
permanece para siempre;
Los juicios de Jehová son verdad,
todos justos.
10 Deseables son más que el oro, y más
que mucho oro afinado;
Y dulces más que miel, y que la que
destila del panal.

11 Tu siervo es además amonestado con
ellos;
En guardarlos hay grande galardón.
12 ¿Quién podrá entender sus propios
errores?
Líbrame de los que me son ocultos.
13 Preserva también a tu siervo de las
soberbias;
Que no se enseñoreen de mí;
Entonces seré íntegro, y estaré limpio
de gran rebelión.

14 Sean gratos los dichos de mi boca
y la meditación de mi corazón
delante de ti,
Oh Jehová, roca mía, y redentor mío.

Oración pidiendo la victoria
Al músico principal. Salmo de David.

20 **1** Jehová te oiga en el día de
conflicto;
El nombre del Dios de Jacob te
defienda.
2 Te envíe ayuda desde el santuario,
Y desde Sion te sostenga.
3 Haga memoria de todas tus ofrendas,
Y acepte tu holocausto.   *Selah*
4 Te dé conforme al deseo de tu corazón,
Y cumpla todo tu consejo.
5 Nosotros nos alegraremos en tu
salvación,
Y alzaremos pendón en el nombre de
nuestro Dios;
Conceda Jehová todas tus peticiones.

6 Ahora conozco que Jehová salva a su
ungido;
Lo oirá desde sus santos cielos

---

b 18.49 Ro 15.9.   **a 19.4** Ro 10.18.

Con la potencia salvadora de su
diestra.
7 Éstos confían en carros, y aquéllos en
caballos;
Mas nosotros del nombre de
Jehová nuestro Dios tendremos
memoria.
8 Ellos flaquean y caen,
Mas nosotros nos levantamos, y
estamos en pie.

9 Salva, Jehová;
Que el Rey nos oiga en el día que lo
invoquemos.

Alabanza por haber sido librado del enemigo

Al músico principal. Salmo de David.

21 1 El rey se alegra en tu poder, oh
Jehová;
Y en tu salvación, ¡cómo se goza!
2 Le has concedido el deseo de su
corazón,
Y no le negaste la petición de sus
labios.   *Selah*
3 Porque le has salido al encuentro con
bendiciones de bien;
Corona de oro fino has puesto sobre
su cabeza.
4 Vida te demandó, y se la diste;
Largura de días eternamente y para
siempre.
5 Grande es su gloria en tu salvación;
Honra y majestad has puesto
sobre él.
6 Porque lo has bendecido para
siempre;
Lo llenaste de alegría con tu
presencia.
7 Por cuanto el rey confía en Jehová,
Y en la misericordia del Altísimo, no
será conmovido.

8 Alcanzará tu mano a todos tus
enemigos;
Tu diestra alcanzará a los que te
aborrecen.
9 Los pondrás como horno de fuego en
el tiempo de tu ira;
Jehová los deshará en su ira,
Y fuego los consumirá.

10 Su fruto destruirás de la tierra,
Y su descendencia de entre los hijos
de los hombres.
11 Porque intentaron el mal contra ti;
Fraguaron maquinaciones, mas no
prevalecerán,
12 Pues tú los pondrás en fuga;
En tus cuerdas dispondrás saetas
contra sus rostros.

13 Engrandécete, oh Jehová, en tu
poder;
Cantaremos y alabaremos tu
poderío.

Un grito de angustia y un canto de alabanza

Al músico principal; sobre Ajelet-sahar.
Salmo de David.

22 1 Dios mío, Dios mío, ¿por qué me
has desamparado?[a]
¿Por qué estás tan lejos de mi
salvación, y de las palabras de mi
clamor?
2 Dios mío, clamo de día, y no
respondes;
Y de noche, y no hay para mí
reposo.

3 Pero tú eres santo,
Tú que habitas entre las alabanzas de
Israel.
4 En ti esperaron nuestros padres;
Esperaron, y tú los libraste.
5 Clamaron a ti, y fueron librados;
Confiaron en ti, y no fueron
avergonzados.

6 Mas yo soy gusano, y no hombre;
Oprobio de los hombres, y
despreciado del pueblo.
7 Todos los que me ven me escarnecen;
Estiran la boca, menean la cabeza,[b]
diciendo:
8 Se encomendó a Jehová; líbrele él;
Sálvele, puesto que en él se
complacía.[c]

9 Pero tú eres el que me sacó del
vientre;
El que me hizo estar confiado desde
que estaba a los pechos de mi
madre.

---

a **22.1** Mt 27.46; Mr 15.34.   b **22.7** Mt 27.39; Mr 15.29;
Lc 23.35.   c **22.8** Mt 27.43.

10 Sobre ti fui echado desde antes de
      nacer;
   Desde el vientre de mi madre, tú eres
      mi Dios.
11 No te alejes de mí, porque la angustia
      está cerca;
   Porque no hay quien ayude.

12 Me han rodeado muchos toros;
   Fuertes toros de Basán me han
      cercado.
13 Abrieron sobre mí su boca
   Como león rapaz y rugiente.

14 He sido derramado como aguas,
   Y todos mis huesos se descoyuntaron;
   Mi corazón fue como cera,
   Derritiéndose en medio de mis
      entrañas.
15 Como un tiesto se secó mi vigor,
   Y mi lengua se pegó a mi paladar,
   Y me has puesto en el polvo de la
      muerte.

16 Porque perros me han rodeado;
   Me ha cercado cuadrilla de malignos;
   Horadaron mis manos y mis pies.
17 Contar puedo todos mis huesos;
   Entre tanto, ellos me miran y me
      observan.
18 Repartieron entre sí mis vestidos,
   Y sobre mi ropa echaron suertes.[d]

19 Mas tú, Jehová, no te alejes;
   Fortaleza mía, apresúrate a
      socorrerme.
20 Libra de la espada mi alma,
   Del poder del perro mi vida.
21 Sálvame de la boca del león,
   Y líbrame de los cuernos de los búfalos.

22 Anunciaré tu nombre a mis hermanos;
   En medio de la congregación te
      alabaré.[e]
23 Los que teméis a Jehová, alabadle;
   Glorificadle, descendencia toda de
      Jacob,
   Y temedle vosotros, descendencia
      toda de Israel.
24 Porque no menospreció ni abominó
      la aflicción del afligido,
   Ni de él escondió su rostro;
   Sino que cuando clamó a él, le oyó.

25 De ti será mi alabanza en la gran
      congregación;
   Mis votos pagaré delante de los que
      le temen.
26 Comerán los humildes, y serán
      saciados;
   Alabarán a Jehová los que le buscan;
   Vivirá vuestro corazón para siempre.

27 Se acordarán, y se volverán a Jehová
      todos los confines de la tierra,
   Y todas las familias de las naciones
      adorarán delante de ti.
28 Porque de Jehová es el reino,
   Y él regirá las naciones.

29 Comerán y adorarán todos los
      poderosos de la tierra;
   Se postrarán delante de él todos los
      que descienden al polvo,
   Aun el que no puede conservar la
      vida a su propia alma.
30 La posteridad le servirá;
   Esto será contado de Jehová hasta la
      postrera generación.
31 Vendrán, y anunciarán su justicia;
   A pueblo no nacido aún, anunciarán
   que él hizo esto.

Jehová es mi pastor

Salmo de David.

23 1 Jehová es mi pastor; nada me
      faltará.
2 En lugares de delicados pastos me
      hará descansar;
   Junto a aguas de reposo me
      pastoreará.[a]
3 Confortará mi alma;
   Me guiará por sendas de justicia por
      amor de su nombre.

4 Aunque ande en valle de sombra de
      muerte,
   No temeré mal alguno, porque tú
      estarás conmigo;
   Tu vara y tu cayado me infundirán
      aliento.
5 Aderezas mesa delante de mí en
      presencia de mis angustiadores;
   Unges mi cabeza con aceite; mi copa
      está rebosando.

---

d **22.18** Mt 27.35; Mr 15.24; Lc 23.34; Jn 19.24.
e **22.22** Heb 2.12.   a **23.2** Ap 7.17.

⁶ Ciertamente el bien y la misericordia
me seguirán todos los días de mi
vida,
Y en la casa de Jehová moraré por
largos días.

El rey de gloria
Salmo de David.

24 ¹ De Jehová es la tierra y su
plenitud;ᵃ
El mundo, y los que en él habitan.
² Porque él la fundó sobre los mares,
Y la afirmó sobre los ríos.

³ ¿Quién subirá al monte de Jehová?
¿Y quién estará en su lugar santo?
⁴ El limpio de manos y puro de
corazón;ᵇ
El que no ha elevado su alma a cosas
vanas,
Ni jurado con engaño.
⁵ Él recibirá bendición de Jehová,
Y justicia del Dios de salvación.
⁶ Tal es la generación de los que le
buscan,
De los que buscan tu rostro, oh Dios
de Jacob.   *Selah*

⁷ Alzad, oh puertas, vuestras cabezas,
Y alzaos vosotras, puertas eternas,
Y entrará el Rey de gloria.
⁸ ¿Quién es este Rey de gloria?
Jehová el fuerte y valiente,
Jehová el poderoso en batalla.
⁹ Alzad, oh puertas, vuestras cabezas,
Y alzaos vosotras, puertas eternas,
Y entrará el Rey de gloria.
¹⁰ ¿Quién es este Rey de gloria?
Jehová de los ejércitos,
Él es el Rey de la gloria.   *Selah*

David implora dirección, perdón y protección
Salmo de David.

25 ¹ A ti, oh Jehová, levantaré mi
alma.
² Dios mío, en ti confío;
No sea yo avergonzado,
No se alegren de mí mis enemigos.
³ Ciertamente ninguno de cuantos
esperan en ti será confundido;

Serán avergonzados los que se
rebelan sin causa.
⁴ Muéstrame, oh Jehová, tus caminos;
Enséñame tus sendas.
⁵ Encamíname en tu verdad, y
enséñame,
Porque tú eres el Dios de mi salvación;
En ti he esperado todo el día.
⁶ Acuérdate, oh Jehová, de tus piedades
y de tus misericordias,
Que son perpetuas.
⁷ De los pecados de mi juventud, y de
mis rebeliones, no te acuerdes;
Conforme a tu misericordia acuérdate
de mí,
Por tu bondad, oh Jehová.
⁸ Bueno y recto es Jehová;
Por tanto, él enseñará a los pecadores
el camino.
⁹ Encaminará a los humildes por el
juicio,
Y enseñará a los mansos su carrera.
¹⁰ Todas las sendas de Jehová son
misericordia y verdad,
Para los que guardan su pacto y sus
testimonios.
¹¹ Por amor de tu nombre, oh Jehová,
Perdonarás también mi pecado, que
es grande.
¹² ¿Quién es el hombre que teme a
Jehová?
Él le enseñará el camino que ha de
escoger.
¹³ Gozará él de bienestar,
Y su descendencia heredará la tierra.
¹⁴ La comunión íntima de Jehová es con
los que le temen,
Y a ellos hará conocer su pacto.
¹⁵ Mis ojos están siempre hacia Jehová,
Porque él sacará mis pies de la red.
¹⁶ Mírame, y ten misericordia de mí,
Porque estoy solo y afligido.
¹⁷ Las angustias de mi corazón se han
aumentado;
Sácame de mis congojas.
¹⁸ Mira mi aflicción y mi trabajo,
Y perdona todos mis pecados.
¹⁹ Mira mis enemigos, cómo se han
multiplicado,
Y con odio violento me aborrecen.
²⁰ Guarda mi alma, y líbrame;
No sea yo avergonzado, porque en ti
confié.

---

a 24.1 1 Co 10.26.   b 24.4 Mt 5.8.

21 Integridad y rectitud me guarden,
    Porque en ti he esperado.

22 Redime, oh Dios, a Israel
    De todas sus angustias.

Declaración de integridad
Salmo de David.

26 **1** Júzgame, oh Jehová, porque yo
    en mi integridad he andado;
He confiado asimismo en Jehová sin
    titubear.
2 Escudríñame, oh Jehová, y pruébame;
    Examina mis íntimos pensamientos y
    mi corazón.
3 Porque tu misericordia está delante
    de mis ojos,
    Y ando en tu verdad.

4 No me he sentado con hombres
    hipócritas,
    Ni entré con los que andan
    simuladamente.
5 Aborrecí la reunión de los malignos,
    Y con los impíos nunca me senté.

6 Lavaré en inocencia mis manos,
    Y así andaré alrededor de tu altar, oh
    Jehová,
7 Para exclamar con voz de acción de
    gracias,
    Y para contar todas tus maravillas.

8 Jehová, la habitación de tu casa he
    amado,
    Y el lugar de la morada de tu gloria.
9 No arrebates con los pecadores mi alma,
    Ni mi vida con hombres sanguinarios,
10 En cuyas manos está el mal,
    Y su diestra está llena de sobornos.

11 Mas yo andaré en mi integridad;
    Redímeme, y ten misericordia de mí.
12 Mi pie ha estado en rectitud;
    En las congregaciones bendeciré a
    Jehová.

Jehová es mi luz y mi salvación
Salmo de David.

27 **1** Jehová es mi luz y mi salvación;
    ¿de quién temeré?
Jehová es la fortaleza de mi vida; ¿de
    quién he de atemorizarme?

2 Cuando se juntaron contra mí los
    malignos, mis angustiadores y
    mis enemigos,
    Para comer mis carnes, ellos
    tropezaron y cayeron.

3 Aunque un ejército acampe contra
    mí,
    No temerá mi corazón;
    Aunque contra mí se levante
    guerra,
    Yo estaré confiado.

4 Una cosa he demandado a Jehová,
    ésta buscaré;
    Que esté yo en la casa de Jehová
    todos los días de mi vida,
    Para contemplar la hermosura de
    Jehová, y para inquirir en su
    templo.

5 Porque él me esconderá en su
    tabernáculo en el día del mal;
    Me ocultará en lo reservado de su
    morada;
    Sobre una roca me pondrá en alto.

6 Luego levantará mi cabeza sobre mis
    enemigos que me rodean,
    Y yo sacrificaré en su tabernáculo
    sacrificios de júbilo;
    Cantaré y entonaré alabanzas a
    Jehová.

7 Oye, oh Jehová, mi voz con que a ti
    clamo;
    Ten misericordia de mí, y
    respóndeme.
8 Mi corazón ha dicho de ti: Buscad mi
    rostro.
    Tu rostro buscaré, oh Jehová;
9 No escondas tu rostro de mí.

No apartes con ira a tu siervo;
    Mi ayuda has sido.
    No me dejes ni me desampares, Dios
    de mi salvación.
10 Aunque mi padre y mi madre me
    dejaran,
    Con todo, Jehová me recogerá.
11 Enséñame, oh Jehová, tu camino,
    Y guíame por senda de rectitud
    A causa de mis enemigos.

12 No me entregues a la voluntad de
mis enemigos;
Porque se han levantado contra mí
testigos falsos, y los que respiran
crueldad.

13 Hubiera yo desmayado, si no creyese
que veré la bondad de Jehová
En la tierra de los vivientes.
14 Aguarda a Jehová;
Esfuérzate, y aliéntese tu corazón;
Sí, espera a Jehová.

Plegaria pidiendo ayuda, y alabanza por la respuesta

Salmo de David.

28 **1** A ti clamaré, oh Jehová.
Roca mía, no te desentiendas de mí,
Para que no sea yo, dejándome tú,
Semejante a los que descienden al
sepulcro.
2 Oye la voz de mis ruegos cuando
clamo a ti,
Cuando alzo mis manos hacia tu
santo templo.

3 No me arrebates juntamente con los
malos,
Y con los que hacen iniquidad,
Los cuales hablan paz con sus
prójimos,
Pero la maldad está en su corazón.
4 Dales conforme a su obra,[a] y conforme
a la perversidad de sus hechos;
Dales su merecido conforme a la obra
de sus manos.
5 Por cuanto no atendieron a los
hechos de Jehová,
Ni a la obra de sus manos,
Él los derribará, y no los edificará.

6 Bendito sea Jehová,
Que oyó la voz de mis ruegos.
7 Jehová es mi fortaleza y mi escudo;
En él confió mi corazón, y fui
ayudado,
Por lo que se gozó mi corazón,
Y con mi cántico le alabaré.

8 Jehová es la fortaleza de su pueblo,
Y el refugio salvador de su ungido.

9 Salva a tu pueblo, y bendice a tu
heredad;
Y pastoréales y susténtales para siempre.

Poder y gloria de Jehová

Salmo de David.

29 **1** Tributad a Jehová, oh hijos de los
poderosos,
Dad a Jehová la gloria y el poder.
2 Dad a Jehová la gloria debida a su
nombre;
Adorad a Jehová en la hermosura de
la santidad.[a]

3 Voz de Jehová sobre las aguas;
Truena el Dios de gloria,
Jehová sobre las muchas aguas.
4 Voz de Jehová con potencia;
Voz de Jehová con gloria.

5 Voz de Jehová que quebranta los
cedros;
Quebrantó Jehová los cedros del
Líbano.
6 Los hizo saltar como becerros;
Al Líbano y al Sirión como hijos de
búfalos.

7 Voz de Jehová que derrama llamas de
fuego;
8 Voz de Jehová que hace temblar el
desierto;
Hace temblar Jehová el desierto de
Cades.

9 Voz de Jehová que desgaja las encinas,
Y desnuda los bosques;
En su templo todo proclama su gloria.

10 Jehová preside en el diluvio,
Y se sienta Jehová como rey para
siempre.
11 Jehová dará poder a su pueblo;
Jehová bendecirá a su pueblo con paz.

Acción de gracias por haber sido librado de la muerte

*Salmo cantado en la dedicación
de la Casa. Salmo de David.*

30 **1** Te glorificaré, oh Jehová, porque
me has exaltado,
Y no permitiste que mis enemigos se
alegraran de mí.

---

a **28.4** Ap 22.12.   a **29.1, 2** Sal 96.7-9.

2 Jehová Dios mío,
A ti clamé, y me sanaste.
3 Oh Jehová, hiciste subir mi alma del
Seol;
Me diste vida, para que no
descendiese a la sepultura.

4 Cantad a Jehová, vosotros sus santos,
Y celebrad la memoria de su santidad.
5 Porque un momento será su ira,
Pero su favor dura toda la vida.
Por la noche durará el lloro,
Y a la mañana vendrá la alegría.

6 En mi prosperidad dije yo:
No seré jamás conmovido,
7 Porque tú, Jehová, con tu favor me
afirmaste como monte fuerte.
Escondiste tu rostro, fui turbado.

8 A ti, oh Jehová, clamaré,
Y al Señor suplicaré.
9 ¿Qué provecho hay en mi muerte
cuando descienda a la sepultura?
¿Te alabará el polvo? ¿Anunciará tu
verdad?
10 Oye, oh Jehová, y ten misericordia
de mí;
Jehová, sé tú mi ayudador.

11 Has cambiado mi lamento en baile;
Desataste mi cilicio, y me ceñiste de
alegría.
12 Por tanto, a ti cantaré, gloria mía, y
no estaré callado.
Jehová Dios mío, te alabaré para
siempre.

Declaración de confianza
Al músico principal. Salmo de David.

31 1 En ti, oh Jehová, he confiado; no
sea yo confundido jamás;
Líbrame en tu justicia.
2 Inclina a mí tu oído, líbrame pronto;
Sé tú mi roca fuerte, y fortaleza para
salvarme.

3 Porque tú eres mi roca y mi castillo;
Por tu nombre me guiarás y me
encaminarás.
4 Sácame de la red que han escondido
para mí,
Pues tú eres mi refugio.

5 En tu mano encomiendo mi espíritu;[a]
Tú me has redimido, oh Jehová, Dios
de verdad.

6 Aborrezco a los que esperan en
vanidades ilusorias;
Mas yo en Jehová he esperado.
7 Me gozaré y alegraré en tu
misericordia,
Porque has visto mi aflicción;
Has conocido mi alma en las angustias.
8 No me entregaste en mano del
enemigo;
Pusiste mis pies en lugar espacioso.

9 Ten misericordia de mí, oh Jehová,
porque estoy en angustia;
Se han consumido de tristeza mis ojos,
mi alma también y mi cuerpo.
10 Porque mi vida se va gastando de
dolor, y mis años de suspirar;
Se agotan mis fuerzas a causa de mi
iniquidad, y mis huesos se han
consumido.

11 De todos mis enemigos soy objeto de
oprobio,
Y de mis vecinos mucho más, y el
horror de mis conocidos;
Los que me ven fuera huyen de mí.
12 He sido olvidado de su corazón como
un muerto;
He venido a ser como un vaso
quebrado.
13 Porque oigo la calumnia de muchos;
El miedo me asalta por todas partes,
Mientras consultan juntos contra mí
E idean quitarme la vida.

14 Mas yo en ti confío, oh Jehová;
Digo: Tú eres mi Dios.
15 En tu mano están mis tiempos;
Líbrame de la mano de mis enemigos
y de mis perseguidores.
16 Haz resplandecer tu rostro sobre tu
siervo;
Sálvame por tu misericordia.
17 No sea yo avergonzado, oh Jehová, ya
que te he invocado;
Sean avergonzados los impíos, estén
mudos en el Seol.

---

a **31.5** Lc 23.46.

18 Enmudezcan los labios mentirosos,
Que hablan contra el justo cosas
duras
Con soberbia y menosprecio.

19 ¡Cuán grande es tu bondad, que has
guardado para los que te temen,
Que has mostrado a los que esperan
en ti, delante de los hijos de los
hombres!
20 En lo secreto de tu presencia los
esconderás de la conspiración del
hombre;
Los pondrás en un tabernáculo
a cubierto de contención de
lenguas.

21 Bendito sea Jehová,
Porque ha hecho maravillosa su
misericordia para conmigo en
ciudad fortificada.
22 Decía yo en mi premura: Cortado soy
de delante de tus ojos;
Pero tú oíste la voz de mis ruegos
cuando a ti clamaba.

23 Amad a Jehová, todos vosotros sus
santos;
A los fieles guarda Jehová,
Y paga abundantemente al que
procede con soberbia.
24 Esforzaos todos vosotros los que
esperáis en Jehová,
Y tome aliento vuestro corazón.

La dicha del perdón
Salmo de David. Masquil.

32 **1** Bienaventurado aquel cuya
transgresión ha sido perdonada,
y cubierto su pecado.
2 Bienaventurado el hombre a quien
Jehová no culpa de iniquidad,ᵃ
Y en cuyo espíritu no hay engaño.

3 Mientras callé, se envejecieron mis
huesos
En mi gemir todo el día.
4 Porque de día y de noche se agravó
sobre mí tu mano;
Se volvió mi verdor en sequedades de
verano.   *Selah*

5 Mi pecado te declaré, y no encubrí
mi iniquidad.
Dije: Confesaré mis transgresiones a
Jehová;
Y tú perdonaste la maldad de mi
pecado.ᵇ   *Selah*

6 Por esto orará a ti todo santo en
el tiempo en que puedas ser
hallado;
Ciertamente en la inundación de
muchas aguas no llegarán éstas
a él.
7 Tú eres mi refugio; me guardarás de
la angustia;
Con cánticos de liberación me
rodearás.   *Selah*

8 Te haré entender, y te enseñaré el
camino en que debes andar;
Sobre ti fijaré mis ojos.
9 No seáis como el caballo, o como el
mulo, sin entendimiento,
Que han de ser sujetados con
cabestro y con freno,
Porque si no, no se acercan a ti.

10 Muchos dolores habrá para el impío;
Mas al que espera en Jehová, le rodea
la misericordia.
11 Alegraos en Jehová y gozaos, justos;
Y cantad con júbilo todos vosotros los
rectos de corazón.

Alabanzas al Creador y Preservador

33 **1** Alegraos, oh justos, en Jehová;
En los íntegros es hermosa la
alabanza.
2 Aclamad a Jehová con arpa;
Cantadle con salterio y decacordio.
3 Cantadle cántico nuevo;
Hacedlo bien, tañendo con júbilo.

4 Porque recta es la palabra de Jehová,
Y toda su obra es hecha con fidelidad.
5 Él ama justicia y juicio;
De la misericordia de Jehová está
llena la tierra.

6 Por la palabra de Jehová fueron
hechos los cielos,
Y todo el ejército de ellos por el
aliento de su boca.

---

a 32.1, 2 Ro 4.7, 8.   **b 32.5** 2 S 12.13.

7 Él junta como montón las aguas
　　del mar;
　Él pone en depósitos los abismos.

8 Tema a Jehová toda la tierra;
　Teman delante de él todos los
　　habitantes del mundo.
9 Porque él dijo, y fue hecho;
　Él mandó, y existió.

10 Jehová hace nulo el consejo de las
　　naciones,
　Y frustra las maquinaciones de los
　　pueblos.
11 El consejo de Jehová permanecerá
　　para siempre;
　Los pensamientos de su corazón por
　　todas las generaciones.
12 Bienaventurada la nación cuyo Dios
　　es Jehová,
　El pueblo que él escogió como
　　heredad para sí.

13 Desde los cielos miró Jehová;
　Vio a todos los hijos de los hombres;
14 Desde el lugar de su morada miró
　Sobre todos los moradores de la
　　tierra.
15 Él formó el corazón de todos ellos;
　Atento está a todas sus obras.

16 El rey no se salva por la multitud del
　　ejército,
　Ni escapa el valiente por la mucha
　　fuerza.
17 Vano para salvarse es el caballo;
　La grandeza de su fuerza a nadie
　　podrá librar.

18 He aquí el ojo de Jehová sobre los que
　　le temen,
　Sobre los que esperan en su
　　misericordia,
19 Para librar sus almas de la muerte,
　Y para darles vida en tiempo de
　　hambre.

20 Nuestra alma espera a Jehová;
　Nuestra ayuda y nuestro escudo es él.
21 Por tanto, en él se alegrará nuestro
　　corazón,
　Porque en su santo nombre hemos
　　confiado.

22 Sea tu misericordia, oh Jehová, sobre
　　nosotros,
　Según esperamos en ti.

La protección divina

Salmo de David, cuando mudó su semblante
delante de Abimelec,[a] y él lo echó, y se fue.

34 **1** Bendeciré a Jehová en todo
　　tiempo;
　Su alabanza estará de continuo en
　　mi boca.
2 En Jehová se gloriará mi alma;
　Lo oirán los mansos, y se alegrarán.
3 Engrandeced a Jehová conmigo,
　Y exaltemos a una su nombre.

4 Busqué a Jehová, y él me oyó,
　Y me libró de todos mis temores.
5 Los que miraron a él fueron
　　alumbrados,
　Y sus rostros no fueron avergonzados.
6 Este pobre clamó, y le oyó Jehová,
　Y lo libró de todas sus angustias.
7 El ángel de Jehová acampa alrededor
　　de los que le temen,
　Y los defiende.
8 Gustad, y ved que es bueno Jehová;[b]
　Dichoso el hombre que confía en él.
9 Temed a Jehová, vosotros sus santos,
　Pues nada falta a los que le temen.
10 Los leoncillos necesitan, y tienen
　　hambre;
　Pero los que buscan a Jehová no
　　tendrán falta de ningún bien.

11 Venid, hijos, oídme;
　El temor de Jehová os enseñaré.
12 ¿Quién es el hombre que desea vida,
　Que desea muchos días para ver el bien?
13 Guarda tu lengua del mal,
　Y tus labios de hablar engaño.
14 Apártate del mal, y haz el bien;
　Busca la paz, y síguela.

15 Los ojos de Jehová están sobre los
　　justos,
　Y atentos sus oídos al clamor de ellos.
16 La ira de Jehová contra los que hacen
　　mal,[c]
　Para cortar de la tierra la memoria de
　　ellos.

---

a 34 tít. 1 S 21.13-15.　**b 34.8** 1 P 2.3.　**c 34.12-16** 1 P 3.10-12.

17 Claman los justos, y Jehová oye,
Y los libra de todas sus angustias.
18 Cercano está Jehová a los
quebrantados de corazón;
Y salva a los contritos de espíritu.

19 Muchas son las aflicciones del justo,
Pero de todas ellas le librará Jehová.
20 Él guarda todos sus huesos;
Ni uno de ellos será quebrantado.[d]
21 Matará al malo la maldad,
Y los que aborrecen al justo serán
condenados.
22 Jehová redime el alma de sus siervos,
Y no serán condenados cuantos en él
confían.

Plegaria pidiendo ser librado de los enemigos

Salmo de David.

35 **1** Disputa, oh Jehová, con los que
contra mí contienden;
Pelea contra los que me combaten.
2 Echa mano al escudo y al pavés,
Y levántate en mi ayuda.
3 Saca la lanza, cierra contra mis
perseguidores;
Di a mi alma: Yo soy tu salvación.

4 Sean avergonzados y confundidos los
que buscan mi vida;
Sean vueltos atrás y avergonzados los
que mi mal intentan.
5 Sean como el tamo delante del
viento,
Y el ángel de Jehová los acose.
6 Sea su camino tenebroso y
resbaladizo,
Y el ángel de Jehová los persiga.

7 Porque sin causa escondieron para mí
su red en un hoyo;
Sin causa cavaron hoyo para mi alma.
8 Véngale el quebrantamiento sin que
lo sepa,
Y la red que él escondió lo prenda;
Con quebrantamiento caiga en ella.

9 Entonces mi alma se alegrará en
Jehová;
Se regocijará en su salvación.

10 Todos mis huesos dirán: Jehová,
¿quién como tú,
Que libras al afligido del más fuerte
que él,
Y al pobre y menesteroso del que le
despoja?

11 Se levantan testigos malvados;
De lo que no sé me preguntan;
12 Me devuelven mal por bien,
Para afligir a mi alma.
13 Pero yo, cuando ellos enfermaron,
me vestí de cilicio;
Afligí con ayuno mi alma,
Y mi oración se volvía a mi seno.
14 Como por mi compañero, como por
mi hermano andaba;
Como el que trae luto por madre,
enlutado me humillaba.

15 Pero ellos se alegraron en mi
adversidad, y se juntaron;
Se juntaron contra mí gentes
despreciables, y yo no lo
entendía;
Me despedazaban sin descanso;
16 Como lisonjeros, escarnecedores y
truhanes,
Crujieron contra mí sus dientes.

17 Señor, ¿hasta cuándo verás esto?
Rescata mi alma de sus destrucciones,
mi vida de los leones.
18 Te confesaré en grande congregación;
Te alabaré entre numeroso pueblo.

19 No se alegren de mí los que sin causa
son mis enemigos,
Ni los que me aborrecen sin causa[a]
guiñen el ojo.
20 Porque no hablan paz;
Y contra los mansos de la tierra
piensan palabras engañosas.
21 Ensancharon contra mí su boca;
Dijeron: ¡Ea, ea, nuestros ojos lo han
visto!

22 Tú lo has visto, oh Jehová; no calles;
Señor, no te alejes de mí.
23 Muévete y despierta para hacerme
justicia,
Dios mío y Señor mío, para defender
mi causa.

d 34.20 Éx 12.46; Nm 9.12; Jn 19.36.   **a** 35.19 Sal 69.4; Jn 15.25.

24 Júzgame conforme a tu justicia,
    Jehová Dios mío,
Y no se alegren de mí.
25 No digan en su corazón: ¡Ea, alma
    nuestra!
No digan: ¡Le hemos devorado!
26 Sean avergonzados y confundidos a
    una los que de mi mal se alegran;
Vístanse de vergüenza y de confusión
    los que se engrandecen contra
    mí.

27 Canten y alégrense los que están a
    favor de mi justa causa,
Y digan siempre: Sea exaltado Jehová,
Que ama la paz de su siervo.
28 Y mi lengua hablará de tu justicia
Y de tu alabanza todo el día.

La misericordia de Dios

*Al músico principal. Salmo de
David, siervo de Jehová.*

36 1 La iniquidad del impío me dice
    al corazón:
No hay temor de Dios delante de sus
    ojos.ª
2 Se lisonjea, por tanto, en sus propios
    ojos,
De que su iniquidad no será hallada y
    aborrecida.
3 Las palabras de su boca son iniquidad
    y fraude;
Ha dejado de ser cuerdo y de hacer
    el bien.
4 Medita maldad sobre su cama;
Está en camino no bueno,
El mal no aborrece.

5 Jehová, hasta los cielos llega tu
    misericordia,
Y tu fidelidad alcanza hasta las
    nubes.
6 Tu justicia es como los montes de
    Dios,
Tus juicios, abismo grande.
Oh Jehová, al hombre y al animal
    conservas.

7 ¡Cuán preciosa, oh Dios, es tu
    misericordia!
Por eso los hijos de los hombres se
    amparan bajo la sombra de tus
    alas.

8 Serán completamente saciados de la
    grosura de tu casa,
Y tú los abrevarás del torrente de tus
    delicias.
9 Porque contigo está el manantial de
    la vida;
En tu luz veremos la luz.
10 Extiende tu misericordia a los que te
    conocen,
Y tu justicia a los rectos de corazón.
11 No venga pie de soberbia contra mí,
Y mano de impíos no me mueva.
12 Allí cayeron los hacedores de
    iniquidad;
Fueron derribados, y no podrán
    levantarse.

El camino de los malos

Salmo de David.

37 1 No te impacientes a causa de los
    malígnos,
Ni tengas envidia de los que hacen
    iniquidad.
2 Porque como hierba serán pronto
    cortados,
Y como la hierba verde se secarán.

3 Confía en Jehová, y haz el bien;
Y habitarás en la tierra, y te
    apacentarás de la verdad.
4 Deléitate asimismo en Jehová,
Y él te concederá las peticiones de tu
    corazón.

5 Encomienda a Jehová tu camino,
Y confía en él; y él hará.
6 Exhibirá tu justicia como la luz,
Y tu derecho como el mediodía.

7 Guarda silencio ante Jehová, y espera
    en él.
No te alteres con motivo del que
    prospera en su camino,
Por el hombre que hace maldades.

8 Deja la ira, y desecha el enojo;
No te excites en manera alguna a
    hacer lo malo.
9 Porque los malignos serán destruidos,
Pero los que esperan en Jehová, ellos
    heredarán la tierra.

---

a **36.1** Ro 3.18.

¹⁰ Pues de aquí a poco no existirá el
malo;
Observarás su lugar, y no estará allí.
¹¹ Pero los mansos heredarán la tierra,ª
Y se recrearán con abundancia
de paz.
¹² Maquina el impío contra el justo,
Y cruje contra él sus dientes;
¹³ El Señor se reirá de él;
Porque ve que viene su día.

¹⁴ Los impíos desenvainan espada y
entesan su arco,
Para derribar al pobre y al
menesteroso,
Para matar a los de recto proceder.
¹⁵ Su espada entrará en su mismo
corazón,
Y su arco será quebrado.

¹⁶ Mejor es lo poco del justo, Que las
riquezas de muchos pecadores.
¹⁷ Porque los brazos de los impíos serán
quebrados;
Mas el que sostiene a los justos es
Jehová.

¹⁸ Conoce Jehová los días de los
perfectos,
Y la heredad de ellos será para
siempre.
¹⁹ No serán avergonzados en el mal
tiempo,
Y en los días de hambre serán
saciados.

²⁰ Mas los impíos perecerán,
Y los enemigos de Jehová como la
grasa de los carneros
Serán consumidos; se disiparán como
el humo.

²¹ El impío toma prestado, y no paga;
Mas el justo tiene misericordia, y da.
²² Porque los benditos de él heredarán
la tierra;
Y los malditos de él serán destruidos.

²³ Por Jehová son ordenados los pasos
del hombre,
Y él aprueba su camino.

²⁴ Cuando el hombre cayere, no
quedará postrado,
Porque Jehová sostiene su mano.

²⁵ Joven fui, y he envejecido,
Y no he visto justo desamparado,
Ni su descendencia que mendigue pan.
²⁶ En todo tiempo tiene misericordia, y
presta;
Y su descendencia es para bendición.

²⁷ Apártate del mal, y haz el bien,
Y vivirás para siempre.
²⁸ Porque Jehová ama la rectitud,
Y no desampara a sus santos.
Para siempre serán guardados;
Mas la descendencia de los impíos
será destruida.
²⁹ Los justos heredarán la tierra,
Y vivirán para siempre sobre ella.

³⁰ La boca del justo habla sabiduría,
Y su lengua habla justicia.
³¹ La ley de su Dios está en su corazón;
Por tanto, sus pies no resbalarán.

³² Acecha el impío al justo,
Y procura matarlo.
³³ Jehová no lo dejará en sus manos,
Ni lo condenará cuando le juzgaren.

³⁴ Espera en Jehová, y guarda su camino,
Y él te exaltará para heredar la tierra;
Cuando sean destruidos los
pecadores, lo verás.

³⁵ Vi yo al impío sumamente enaltecido,
Y que se extendía como laurel verde.
³⁶ Pero él pasó, y he aquí ya no estaba;
Lo busqué, y no fue hallado.

³⁷ Considera al íntegro, y mira al justo;
Porque hay un final dichoso para el
hombre de paz.
³⁸ Mas los transgresores serán todos a
una destruidos;
La posteridad de los impíos será
extinguida.

³⁹ Pero la salvación de los justos es de
Jehová,
Y él es su fortaleza en el tiempo de la
angustia.

ª **37.11** Mt 5.5.

40 Jehová los ayudará y los librará;
Los libertará de los impíos, y los
salvará,
Por cuanto en él esperaron.

Oración de un penitente
Salmo de David, para recordar.

38 **1** Jehová, no me reprendas en tu
furor,
Ni me castigues en tu ira.
2 Porque tus saetas cayeron sobre mí,
Y sobre mí ha descendido tu mano.

3 Nada hay sano en mi carne, a causa
de tu ira;
Ni hay paz en mis huesos, a causa de
mi pecado.
4 Porque mis iniquidades se han
agravado sobre mi cabeza;
Como carga pesada se han agravado
sobre mí.

5 Hieden y supuran mis llagas,
A causa de mi locura.
6 Estoy encorvado, estoy humillado en
gran manera,
Ando enlutado todo el día.
7 Porque mis lomos están llenos de
ardor,
Y nada hay sano en mi carne.
8 Estoy debilitado y molido en gran
manera;
Gimo a causa de la conmoción de mi
corazón.

9 Señor, delante de ti están todos mis
deseos,
Y mi suspiro no te es oculto.
10 Mi corazón está acongojado, me ha
dejado mi vigor,
Y aun la luz de mis ojos me falta ya.
11 Mis amigos y mis compañeros se
mantienen lejos de mi plaga,
Y mis cercanos se han alejado.

12 Los que buscan mi vida arman lazos,
Y los que procuran mi mal hablan
iniquidades,
Y meditan fraudes todo el día.

13 Mas yo, como si fuera sordo, no oigo;
Y soy como mudo que no abre la
boca.

14 Soy, pues, como un hombre que
no oye,
Y en cuya boca no hay represiones.

15 Porque en ti, oh Jehová, he esperado;
Tú responderás, Jehová Dios mío.
16 Dije: No se alegren de mí;
Cuando mi pie resbale, no se
engrandezcan sobre mí.

17 Pero yo estoy a punto de caer,
Y mi dolor está delante de mí
continuamente.
18 Por tanto, confesaré mi maldad,
Y me contristaré por mi pecado.
19 Porque mis enemigos están vivos y
fuertes,
Y se han aumentado los que me
aborrecen sin causa.
20 Los que pagan mal por bien
Me son contrarios, por seguir yo lo
bueno.

21 No me desampares, oh Jehová;
Dios mío, no te alejes de mí.
22 Apresúrate a ayudarme,
Oh Señor, mi salvación.

El carácter transitorio de la vida
Al músico principal; a Jedutún.
Salmo de David.

39 **1** Yo dije: Atenderé a mis caminos,
Para no pecar con mi lengua;
Guardaré mi boca con freno,
En tanto que el impío esté delante
de mí.
2 Enmudecí con silencio, me callé aun
respecto de lo bueno;
Y se agravó mi dolor.
3 Se enardeció mi corazón dentro
de mí;
En mi meditación se encendió fuego,
Y así proferí con mi lengua:

4 Hazme saber, Jehová, mi fin,
Y cuánta sea la medida de mis días;
Sepa yo cuán frágil soy.
5 He aquí, diste a mis días término
corto,
Y mi edad es como nada delante
de ti;
Ciertamente es completa vanidad
todo hombre que vive.   *Selah*

6 Ciertamente como una sombra es el
  hombre;
 Ciertamente en vano se afana;
 Amontona riquezas, y no sabe quién
  las recogerá.

7 Y ahora, Señor, ¿qué esperaré?
 Mi esperanza está en ti.
8 Líbrame de todas mis transgresiones;
 No me pongas por escarnio del
  insensato.
9 Enmudecí, no abrí mi boca,
 Porque tú lo hiciste.
10 Quita de sobre mí tu plaga;
 Estoy consumido bajo los golpes de
  tu mano.
11 Con castigos por el pecado corriges al
  hombre,
 Y deshaces como polilla lo más
  estimado de él;
 Ciertamente vanidad es todo hombre.
                                  Selah

12 Oye mi oración, oh Jehová, y escucha
  mi clamor.
 No calles ante mis lágrimas;
 Porque forastero soy para ti,
 Y advenedizo, como todos mis padres.
13 Déjame, y tomaré fuerzas,
 Antes que vaya y perezca.

Alabanza por la liberación divina
(Sal 70.1-5)

Al músico principal. Salmo de David.

40 **1** Pacientemente esperé a Jehová,
 Y se inclinó a mí, y oyó mi clamor.
2 Y me hizo sacar del pozo de la
  desesperación, del lodo cenagoso;
 Puso mis pies sobre peña, y enderezó
  mis pasos.
3 Puso luego en mi boca cántico nuevo,
  alabanza a nuestro Dios.
 Verán esto muchos, y temerán,
 Y confiarán en Jehová.

4 Bienaventurado el hombre que puso
  en Jehová su confianza,
 Y no mira a los soberbios, ni a los que
  se desvían tras la mentira.
5 Has aumentado, oh Jehová Dios mío,
  tus maravillas;

 Y tus pensamientos para con
  nosotros,
 No es posible contarlos ante ti.
 Si yo anunciare y hablare de ellos,
 No pueden ser enumerados.

6 Sacrificio y ofrenda no te agrada;
 Has abierto mis oídos;
 Holocausto y expiación no has
  demandado.
7 Entonces dije: He aquí, vengo;
 En el rollo del libro está escrito de mí;
8 El hacer tu voluntad, Dios mío, me
  ha agradado,
 Y tu ley está en medio de mi
  corazón.[a]

9 He anunciado justicia en grande
  congregación;
 He aquí, no refrené mis labios,
 Jehová, tú lo sabes.
10 No encubrí tu justicia dentro de mi
  corazón;
 He publicado tu fidelidad y tu
  salvación;
 No oculté tu misericordia y tu verdad
  en grande asamblea.

11 Jehová, no retengas de mí tus
  misericordias;
 Tu misericordia y tu verdad me
  guarden siempre.
12 Porque me han rodeado males sin
  número;
 Me han alcanzado mis maldades, y
  no puedo levantar la vista.
 Se han aumentado más que los
  cabellos de mi cabeza, y mi
  corazón me falla.

13 Quieras, oh Jehová, librarme;
 Jehová, apresúrate a socorrerme.
14 Sean avergonzados y confundidos
  a una
 Los que buscan mi vida para
  destruirla.
 Vuelvan atrás y avergüéncense
 Los que mi mal desean;
15 Sean asolados en pago de su afrenta
 Los que me dicen: ¡Ea, ea!

16 Gócense y alégrense en ti todos los
  que te buscan,

---

a **40.6-8** Heb 10.5-7.

Y digan siempre los que aman tu
   salvación:
Jehová sea enaltecido.
17 Aunque afligido yo y necesitado,
   Jehová pensará en mí.
Mi ayuda y mi libertador eres tú;
   Dios mío, no te tardes.

Oración pidiendo salud

Al músico principal. Salmo de David.

41

1 Bienaventurado el que piensa en
   el pobre;
En el día malo lo librará Jehová.
2 Jehová lo guardará, y le dará vida;
   Será bienaventurado en la tierra,
Y no lo entregarás a la voluntad de
   sus enemigos.
3 Jehová lo sustentará sobre el lecho
   del dolor;
Mullirás toda su cama en su
   enfermedad.

4 Yo dije: Jehová, ten misericordia de mí;
   Sana mi alma, porque contra ti he
   pecado.
5 Mis enemigos dicen mal de mí,
   preguntando:
¿Cuándo morirá, y perecerá su
   nombre?
6 Y si vienen a verme, hablan mentira;
   Su corazón recoge para sí iniquidad,
Y al salir fuera la divulgan.

7 Reunidos murmuran contra mí todos
   los que me aborrecen;
Contra mí piensan mal, diciendo de mí:
8 Cosa pestilencial se ha apoderado de él;
   Y el que cayó en cama no volverá a
   levantarse.
9 Aun el hombre de mi paz, en quien yo
   confiaba, el que de mi pan comía,
Alzó contra mí el calcañar.ᵃ
10 Mas tú, Jehová, ten misericordia de
   mí, y hazme levantar,
Y les daré el pago.

11 En esto conoceré que te he agradado,
   Que mi enemigo no se huelgue de
   mí.
12 En cuanto a mí, en mi integridad me
   has sustentado,
Y me has hecho estar delante de ti
   para siempre.

13 Bendito sea Jehová, el Dios de Israel,
   Por los siglos de los siglos.ᵇ
Amén y Amén.

LIBRO II

Mi alma tiene sed de Dios

*Al músico principal. Masquil
de los hijos de Coré.*

42

1 Como el ciervo brama por las
   corrientes de las aguas,
Así clama por ti, oh Dios, el alma
   mía.
2 Mi alma tiene sed de Dios, del Dios
   vivo;
¿Cuándo vendré, y me presentaré
   delante de Dios?
3 Fueron mis lágrimas mi pan de día y
   de noche,
Mientras me dicen todos los días:
   ¿Dónde está tu Dios?

4 Me acuerdo de estas cosas, y derramo
   mi alma dentro de mí;
De cómo yo fui con la multitud,
   y la conduje hasta la casa
   de Dios,
Entre voces de alegría y de alabanza
   del pueblo en fiesta.
5 ¿Por qué te abates, oh alma mía,
   Y te turbas dentro de mí?
Espera en Dios; porque aún he de
   alabarle,
Salvación mía y Dios mío.

6 Dios mío, mi alma está abatida
   en mí;
Me acordaré, por tanto, de ti desde la
   tierra del Jordán,
Y de los hermonitas, desde el monte
   de Mizar.
7 Un abismo llama a otro a la voz de
   tus cascadas;
Todas tus ondas y tus olas han pasado
   sobre mí.
8 Pero de día mandará Jehová su
   misericordia,
Y de noche su cántico estará
   conmigo,
Y mi oración al Dios de mi vida.

ᵃ **41.9** Mt 26.24; Mr 14.21; Lc 22.22; Jn 13.18; 17.12.
ᵇ **41.13** Sal 106.48.

⁹ Diré a Dios: Roca mía, ¿por qué te
     has olvidado de mí?
¿Por qué andaré yo enlutado por la
     opresión del enemigo?
¹⁰ Como quien hiere mis huesos, mis
     enemigos me afrentan,
Diciéndome cada día: ¿Dónde está tu
     Dios?

¹¹ ¿Por qué te abates, oh alma mía,
Y por qué te turbas dentro de mí?
Espera en Dios; porque aún he de
     alabarle,
Salvación mía y Dios mío.

Plegaria pidiendo vindicación y liberación

43 ¹ Júzgame, oh Dios, y defiende mi
     causa;
Líbrame de gente impía, y del
     hombre engañoso e inicuo.
² Pues que tú eres el Dios de mi fortaleza,
     ¿por qué me has desechado?
¿Por qué andaré enlutado por la
     opresión del enemigo?

³ Envía tu luz y tu verdad; éstas me
     guiarán;
Me conducirán a tu santo monte,
Y a tus moradas.
⁴ Entraré al altar de Dios,
Al Dios de mi alegría y de mi gozo;
Y te alabaré con arpa, oh Dios,
     Dios mío.

⁵ ¿Por qué te abates, oh alma mía,
Y por qué te turbas dentro de mí?
Espera en Dios; porque aún he de
     alabarle,
Salvación mía y Dios mío.

Liberaciones pasadas y pruebas presentes

Al músico principal.
Masquil de los hijos de Coré.

44 ¹ Oh Dios, con nuestros oídos
     hemos oído, nuestros padres nos
     han contado,
La obra que hiciste en sus días, en los
     tiempos antiguos.
² Tú con tu mano echaste las naciones,
     y los plantaste a ellos;
Afligiste a los pueblos, y los arrojaste.

³ Porque no se apoderaron de la tierra
     por su espada,
Ni su brazo los libró;
Sino tu diestra, y tu brazo, y la luz de
     tu rostro,
Porque te complaciste en ellos.

⁴ Tú, oh Dios, eres mi rey;
Manda salvación a Jacob.
⁵ Por medio de ti sacudiremos a
     nuestros enemigos;
En tu nombre hollaremos a nuestros
     adversarios.
⁶ Porque no confiaré en mi arco,
Ni mi espada me salvará;
⁷ Pues tú nos has guardado de nuestros
     enemigos,
Y has avergonzado a los que nos
     aborrecían.
⁸ En Dios nos gloriaremos todo el
     tiempo,
Y para siempre alabaremos tu
     nombre.   *Selah*

⁹ Pero nos has desechado, y nos has
     hecho avergonzar;
Y no sales con nuestros ejércitos.
¹⁰ Nos hiciste retroceder delante del
     enemigo,
Y nos saquean para sí los que nos
     aborrecen.
¹¹ Nos entregas como ovejas al
     matadero,
Y nos has esparcido entre las
     naciones.
¹² Has vendido a tu pueblo de balde;
No exigiste ningún precio.

¹³ Nos pones por afrenta de nuestros
     vecinos,
Por escarnio y por burla de los que
     nos rodean.
¹⁴ Nos pusiste por proverbio entre las
     naciones;
Todos al vernos menean la cabeza.
¹⁵ Cada día mi vergüenza está delante
     de mí,
Y la confusión de mi rostro me
     cubre,
¹⁶ Por la voz del que me vitupera y
     deshonra,
Por razón del enemigo y del
     vengativo.

[17] Todo esto nos ha venido, y no nos
hemos olvidado de ti,
Y no hemos faltado a tu pacto.
[18] No se ha vuelto atrás nuestro
corazón,
Ni se han apartado de tus caminos
nuestros pasos,
[19] Para que nos quebrantases en el lugar
de chacales,
Y nos cubrieses con sombra de muerte.

[20] Si nos hubiésemos olvidado del
nombre de nuestro Dios,
O alzado nuestras manos a dios
ajeno,
[21] ¿No demandaría Dios esto?
Porque él conoce los secretos del
corazón.
[22] Pero por causa de ti nos matan cada
día;
Somos contados como ovejas para el
matadero.[a]

[23] Despierta; ¿por qué duermes, Señor?
Despierta, no te alejes para siempre.
[24] ¿Por qué escondes tu rostro,
Y te olvidas de nuestra aflicción, y de
la opresión nuestra?
[25] Porque nuestra alma está agobiada
hasta el polvo,
Y nuestro cuerpo está postrado hasta
la tierra.
[26] Levántate para ayudarnos,
Y redímenos por causa de tu
misericordia.

Cántico de las bodas del rey

Al músico principal; sobre Lirios. Masquil
de los hijos de Coré. Canción de amores.

45 [1] Rebosa mi corazón palabra
buena;
Dirijo al rey mi canto;
Mi lengua es pluma de escribiente
muy ligero.

[2] Eres el más hermoso de los hijos de
los hombres;
La gracia se derramó en tus labios;
Por tanto, Dios te ha bendecido para
siempre.
[3] Ciñe tu espada sobre el muslo, oh
valiente,
Con tu gloria y con tu majestad.

[4] En tu gloria sé prosperado;
Cabalga sobre palabra de verdad, de
humildad y de justicia,
Y tu diestra te enseñará cosas terribles.
[5] Tus saetas agudas,
Con que caerán pueblos debajo de ti,
Penetrarán en el corazón de los
enemigos del rey.

[6] Tu trono, oh Dios, es eterno y para
siempre;
Cetro de justicia es el cetro de tu reino.
[7] Has amado la justicia y aborrecido la
maldad;
Por tanto, te ungió Dios, el Dios tuyo,
Con óleo de alegría más que a tus
compañeros.[a]
[8] Mirra, áloe y casia exhalan todos tus
vestidos;
Desde palacios de marfil te recrean.
[9] Hijas de reyes están entre tus ilustres;
Está la reina a tu diestra con oro de
Ofir.

[10] Oye, hija, y mira, e inclina tu oído;
Olvida tu pueblo, y la casa de tu
padre;
[11] Y deseará el rey tu hermosura;
E inclínate a él, porque él es tu señor.
[12] Y las hijas de Tiro vendrán con
presentes;
Implorarán tu favor los ricos del pueblo.

[13] Toda gloriosa es la hija del rey en su
morada;
De brocado de oro es su vestido.
[14] Con vestidos bordados será llevada
al rey;
Vírgenes irán en pos de ella,
Compañeras suyas serán traídas a ti.
[15] Serán traídas con alegría y gozo;
Entrarán en el palacio del rey.

[16] En lugar de tus padres serán tus
hijos,
A quienes harás príncipes en toda la
tierra.
[17] Haré perpetua la memoria de tu
nombre en todas las generaciones,
Por lo cual te alabarán los pueblos
eternamente y para siempre.

---

a **44.22** Ro 8.36.   a **45.6, 7** Heb 1.8, 9.

Dios es nuestro amparo y fortaleza

Al músico principal; de los hijos
de Coré. Salmo sobre Alamot.

46 ¹ Dios es nuestro amparo y
fortaleza,
Nuestro pronto auxilio en las
tribulaciones.
² Por tanto, no temeremos, aunque la
tierra sea removida,
Y se traspasen los montes al corazón
del mar;
³ Aunque bramen y se turben sus aguas,
Y tiemblen los montes a causa de su
braveza. *Selah*

⁴ Del río sus corrientes alegran la
ciudad de Dios,
El santuario de las moradas del
Altísimo.
⁵ Dios está en medio de ella; no será
conmovida.
Dios la ayudará al clarear la mañana.
⁶ Bramaron las naciones, titubearon los
reinos;
Dio él su voz, se derritió la tierra.
⁷ Jehová de los ejércitos está con
nosotros;
Nuestro refugio es el Dios de Jacob.
Selah

⁸ Venid, ved las obras de Jehová,
Que ha puesto asolamientos en la
tierra.
⁹ Que hace cesar las guerras hasta los
fines de la tierra.
Que quiebra el arco, corta la lanza,
Y quema los carros en el fuego.
¹⁰ Estad quietos, y conoced que yo soy
Dios;
Seré exaltado entre las naciones;
enaltecido seré en la tierra.
¹¹ Jehová de los ejércitos está con
nosotros;
Nuestro refugio es el Dios de Jacob.
Selah

Dios, el Rey de toda la tierra

Al músico principal. Salmo
de los hijos de Coré.

47 ¹ Pueblos todos, batid las manos;
Aclamad a Dios con voz de júbilo.

² Porque Jehová el Altísimo es temible;
Rey grande sobre toda la tierra.
³ Él someterá a los pueblos debajo de
nosotros,
Y a las naciones debajo de nuestros
pies.
⁴ Él nos elegirá nuestras heredades;
La hermosura de Jacob, al cual amó.
Selah

⁵ Subió Dios con júbilo,
Jehová con sonido de trompeta.
⁶ Cantad a Dios, cantad;
Cantad a nuestro Rey, cantad;
⁷ Porque Dios es el Rey de toda la tierra;
Cantad con inteligencia.

⁸ Reinó Dios sobre las naciones;
Se sentó Dios sobre su santo trono.
⁹ Los príncipes de los pueblos se
reunieron
Como pueblo del Dios de Abraham;
¹⁰ Porque de Dios son los escudos de la
tierra;
Él es muy exaltado.

Hermosura y gloria de Sion

Cántico. Salmo de los hijos de Coré.

48 ¹ Grande es Jehová, y digno de ser
en gran manera alabado
En la ciudad de nuestro Dios, en su
monte santo.
² Hermosa provincia, el gozo de toda la
tierra,
Es el monte de Sion, a los lados del
norte,
La ciudad del gran Rey.ᵃ
³ En sus palacios Dios es conocido por
refugio.

⁴ Porque he aquí los reyes de la tierra
se reunieron;
Pasaron todos.
⁵ Y viéndola ellos así, se maravillaron,
Se turbaron, se apresuraron a huir.
⁶ Les tomó allí temblor;
Dolor como de mujer que da a luz.
⁷ Con viento solano
Quiebras tú las naves de Tarsis.
⁸ Como lo oímos, así lo hemos visto
En la ciudad de Jehová de los ejércitos,
en la ciudad de nuestro Dios;
La afirmará Dios para siempre. *Selah*

---

a 48.2 Mt 5.35.

9 Nos acordamos de tu misericordia,
oh Dios,
En medio de tu templo.
10 Conforme a tu nombre, oh Dios,
Así es tu loor hasta los fines de la
tierra;
De justicia está llena tu diestra.
11 Se alegrará el monte de Sion;
Se gozarán las hijas de Judá
Por tus juicios.

12 Andad alrededor de Sion, y rodeadla;
Contad sus torres.
13 Considerad atentamente su
antemuro,
Mirad sus palacios;
Para que lo contéis a la generación
venidera.
14 Porque este Dios es Dios nuestro
eternamente y para siempre;
Él nos guiará aun más allá de la
muerte.

La insensatez de confiar en las riquezas

Al músico principal.
Salmo de los hijos de Coré.

49 1 Oíd esto, pueblos todos;
Escuchad, habitantes todos del
mundo,
2 Así los plebeyos como los nobles,
El rico y el pobre juntamente.
3 Mi boca hablará sabiduría,
Y el pensamiento de mi corazón
inteligencia.
4 Inclinaré al proverbio mi oído;
Declararé con el arpa mi enigma.

5 ¿Por qué he de temer en los días de
adversidad,
Cuando la iniquidad de mis opresores
me rodeare?
6 Los que confían en sus bienes,
Y de la muchedumbre de sus riquezas
se jactan,
7 Ninguno de ellos podrá en manera
alguna redimir al hermano,
Ni dar a Dios su rescate
8 (Porque la redención de su vida es de
gran precio,
Y no se logrará jamás),
9 Para que viva en adelante para
siempre,
Y nunca vea corrupción.

10 Pues verá que aun los sabios mueren;
Que perecen del mismo modo que el
insensato y el necio,
Y dejan a otros sus riquezas.
11 Su íntimo pensamiento es que sus
casas serán eternas,
Y sus habitaciones para generación y
generación;
Dan sus nombres a sus tierras.
12 Mas el hombre no permanecerá en
honra;
Es semejante a las bestias que
perecen.

13 Este su camino es locura;
Con todo, sus descendientes se
complacen en el dicho de ellos.
Selah
14 Como a rebaños que son conducidos
al Seol,
La muerte los pastoreará,
Y los rectos se enseñorearán de ellos
por la mañana;
Se consumirá su buen parecer, y el
Seol será su morada.
15 Pero Dios redimirá mi vida del poder
del Seol,
Porque él me tomará consigo.   *Selah*

16 No temas cuando se enriquece
alguno,
Cuando aumenta la gloria de su casa;
17 Porque cuando muera no llevará
nada,
Ni descenderá tras él su gloria.
18 Aunque mientras viva, llame dichosa
a su alma,
Y sea loado cuando prospere,
19 Entrará en la generación de sus padres,
Y nunca más verá la luz.
20 El hombre que está en honra y no
entiende,
Semejante es a las bestias que
perecen.

Dios juzgará al mundo

Salmo de Asaf.

50 1 El Dios de dioses, Jehová, ha
hablado, y convocado la tierra,
Desde el nacimiento del sol hasta
donde se pone.
2 De Sion, perfección de hermosura,
Dios ha resplandecido.

3 Vendrá nuestro Dios, y no callará;
   Fuego consumirá delante de él,
   Y tempestad poderosa le rodeará.
4 Convocará a los cielos de arriba,
   Y a la tierra, para juzgar a su pueblo.
5 Juntadme mis santos,
   Los que hicieron conmigo pacto con
      sacrificio.
6 Y los cielos declararán su justicia,
   Porque Dios es el juez.   *Selah*

7 Oye, pueblo mío, y hablaré;
   Escucha, Israel, y testificaré contra ti:
   Yo soy Dios, el Dios tuyo.
8 No te reprenderé por tus sacrificios,
   Ni por tus holocaustos, que están
      continuamente delante de mí.
9 No tomaré de tu casa becerros,
   Ni machos cabríos de tus apriscos.
10 Porque mía es toda bestia del bosque,
   Y los millares de animales en los
      collados.
11 Conozco a todas las aves de los
      montes,
   Y todo lo que se mueve en los
      campos me pertenece.

12 Si yo tuviese hambre, no te lo diría
      a ti;
   Porque mío es el mundo y su plenitud.
13 ¿He de comer yo carne de toros,
   O de beber sangre de machos
      cabríos?
14 Sacrifica a Dios alabanza,
   Y paga tus votos al Altísimo;
15 E invócame en el día de la angustia;
   Te libraré, y tú me honrarás.
16 Pero al malo dijo Dios:
   ¿Qué tienes tú que hablar de mis leyes,
   Y que tomar mi pacto en tu boca?
17 Pues tú aborreces la corrección,
   Y echas a tu espalda mis palabras.
18 Si veías al ladrón, tú corrías con él,
   Y con los adúlteros era tu parte.

19 Tu boca metías en mal,
   Y tu lengua componía engaño.
20 Tomabas asiento, y hablabas contra
      tu hermano;
   Contra el hijo de tu madre ponías
      infamia.

21 Estas cosas hiciste, y yo he callado;
   Pensabas que de cierto sería yo como tú;
   Pero te reprenderé, y las pondré
      delante de tus ojos.

22 Entended ahora esto, los que os
      olvidáis de Dios,
   No sea que os despedace, y no haya
      quien os libre.
23 El que sacrifica alabanza me honrará;
   Y al que ordenare su camino,
   Le mostraré la salvación de Dios.

Arrepentimiento, y plegaria pidiendo purificación

*Al músico principal. Salmo de David,
cuando después que se llegó a Betsabé,
vino a él Natán el profeta.*[a]

51 1 Ten piedad de mí, oh Dios,
      conforme a tu misericordia;
   Conforme a la multitud de tus
      piedades borra mis rebeliones.
2 Lávame más y más de mi maldad,
   Y límpiame de mi pecado.

3 Porque yo reconozco mis rebeliones,
   Y mi pecado está siempre delante
      de mí.
4 Contra ti, contra ti solo he pecado,
   Y he hecho lo malo delante de tus ojos;
   Para que seas reconocido justo en tu
      palabra,
   Y tenido por puro en tu juicio.[b]
5 He aquí, en maldad he sido formado,
   Y en pecado me concibió mi madre.

6 He aquí, tú amas la verdad en lo íntimo,
   Y en lo secreto me has hecho
      comprender sabiduría.
7 Purifícame con hisopo, y seré limpio;
   Lávame, y seré más blanco que la nieve.
8 Hazme oír gozo y alegría,
   Y se recrearán los huesos que has
      abatido.
9 Esconde tu rostro de mis pecados,
   Y borra todas mis maldades.

10 Crea en mí, oh Dios, un corazón
      limpio,
   Y renueva un espíritu recto dentro
      de mí.
11 No me eches de delante de ti,
   Y no quites de mí tu santo Espíritu.

---

a **51 tít.** 2 S 12.1-15.   b **51.4** Ro 3.4.

12 Vuélveme el gozo de tu salvación,
Y espíritu noble me sustente.

13 Entonces enseñaré a los transgresores
tus caminos,
Y los pecadores se convertirán a ti.
14 Líbrame de homicidios, oh Dios, Dios
de mi salvación;
Cantará mi lengua tu justicia.

15 Señor, abre mis labios,
Y publicará mi boca tu alabanza.
16 Porque no quieres sacrificio, que yo
lo daría;
No quieres holocausto.
17 Los sacrificios de Dios son el espíritu
quebrantado;
Al corazón contrito y humillado no
despreciarás tú, oh Dios.

18 Haz bien con tu benevolencia a
Sion;
Edifica los muros de Jerusalén.
19 Entonces te agradarán los sacrificios
de justicia,
El holocausto u ofrenda del todo
quemada;
Entonces ofrecerán becerros sobre tu
altar.

Futilidad de la jactancia del malo

*Al músico principal. Masquil de
David, cuando vino Doeg edomita y
dio cuenta a Saúl diciéndole: David
ha venido a casa de Ahimelec.*[a]

52 1 ¿Por qué te jactas de maldad, oh
poderoso?
La misericordia de Dios es continua.
2 Agravios maquina tu lengua;
Como navaja afilada hace engaño.
3 Amaste el mal más que el bien,
La mentira más que la verdad. *Selah*

4 Has amado toda suerte de palabras
perniciosas,
Engañosa lengua.

5 Por tanto, Dios te destruirá para
siempre;
Te asolará y te arrancará de tu
morada,
Y te desarraigará de la tierra de los
vivientes. *Selah*

6 Verán los justos, y temerán;
Se reirán de él, diciendo:
7 He aquí el hombre que no puso a
Dios por su fortaleza,
Sino que confió en la multitud de sus
riquezas,
Y se mantuvo en su maldad.

8 Pero yo estoy como olivo verde en la
casa de Dios;
En la misericordia de Dios confío
eternamente y para siempre.
9 Te alabaré para siempre, porque lo
has hecho así;
Y esperaré en tu nombre, porque
es bueno, delante de tus
santos.

Insensatez y maldad de los hombres

(Sal 14.1-7)
*Al músico principal; sobre
Mahalat. Masquil de David.*

53 1 Dice el necio en su corazón: No
hay Dios.
Se han corrompido, e hicieron
abominable maldad;
No hay quien haga bien.

2 Dios desde los cielos miró sobre los
hijos de los hombres,
Para ver si había algún entendido
Que buscara a Dios.

3 Cada uno se había vuelto atrás; todos
se habían corrompido;
No hay quien haga lo bueno, no hay
ni aun uno.[a]

4 ¿No tienen conocimiento todos los
que hacen iniquidad,
Que devoran a mi pueblo como si
comiesen pan,
Y a Dios no invocan?

5 Allí se sobresaltaron de pavor donde
no había miedo,
Porque Dios ha esparcido los
huesos del que puso asedio
contra ti;
Los avergonzaste, porque Dios los
desechó.

---

a **52 tít.** 1 S 22.9, 10.   a **53.1-3** Ro 3.10-12.

6 ¡Oh, si saliera de Sion la salvación de
  Israel!
  Cuando Dios hiciere volver de la
  cautividad a su pueblo,
  Se gozará Jacob, y se alegrará Israel.

Plegaria pidiendo protección contra los enemigos

*Al músico principal; en Neginot.
Masquil de David, cuando vinieron
los zifeos y dijeron a Saúl: ¿No está
David escondido en nuestra tierra?*[a]

54 1 Oh Dios, sálvame por tu
  nombre,
  Y con tu poder defiéndeme.
2 Oh Dios, oye mi oración;
  Escucha las razones de mi boca.

3 Porque extraños se han levantado
  contra mí,
  Y hombres violentos buscan
  mi vida;
  No han puesto a Dios delante de sí.
                                Selah

4 He aquí, Dios es el que me ayuda;
  El Señor está con los que sostienen
  mi vida.
5 Él devolverá el mal a mis enemigos;
  Córtalos por tu verdad.

6 Voluntariamente sacrificaré a ti;
  Alabaré tu nombre, oh Jehová,
  porque es bueno.
7 Porque él me ha librado de toda
  angustia,
  Y mis ojos han visto la ruina de mis
  enemigos.

Plegaria pidiendo la destrucción de enemigos traicioneros

*Al músico principal; en Neginot.
Masquil de David.*

55 1 Escucha, oh Dios, mi oración,
  Y no te escondas de mi súplica.
2 Está atento, y respóndeme;
  Clamo en mi oración, y me conmuevo,
3 A causa de la voz del enemigo,
  Por la opresión del impío;
  Porque sobre mí echaron iniquidad,
  Y con furor me persiguen.

4 Mi corazón está dolorido dentro de mí,
  Y terrores de muerte sobre mí han
  caído.
5 Temor y temblor vinieron sobre mí,
  Y terror me ha cubierto.
6 Y dije: ¡Quién me diese alas como de
  paloma!
  Volaría yo, y descansaría.
7 Ciertamente huiría lejos;
  Moraría en el desierto. *Selah*
8 Me apresuraría a escapar
  Del viento borrascoso, de la tempestad.
9 Destrúyelos, oh Señor; confunde la
  lengua de ellos;
  Porque he visto violencia y rencilla
  en la ciudad.
10 Día y noche la rodean sobre sus
  muros,
  E iniquidad y trabajo hay en medio
  de ella.
11 Maldad hay en medio de ella,
  Y el fraude y el engaño no se apartan
  de sus plazas.

12 Porque no me afrentó un enemigo,
  Lo cual habría soportado;
  Ni se alzó contra mí el que me
  aborrecía,
  Porque me hubiera ocultado de él;
13 Sino tú, hombre, al parecer íntimo mío,
  Mi guía, y mi familiar;
14 Que juntos comunicábamos
  dulcemente los secretos,
  Y andábamos en amistad en la casa
  de Dios.
15 Que la muerte les sorprenda;
  Desciendan vivos al Seol,
  Porque hay maldades en sus moradas,
  en medio de ellos.

16 En cuanto a mí, a Dios clamaré;
  Y Jehová me salvará.
17 Tarde y mañana y a mediodía oraré y
  clamaré,
  Y él oirá mi voz.
18 Él redimirá en paz mi alma de la
  guerra contra mí,
  Aunque contra mí haya muchos.
19 Dios oirá, y los quebrantará luego,
  El que permanece desde la
  antigüedad;
  Por cuanto no cambian,
  Ni temen a Dios. *Selah*

---

a **54** tít. 1 S 23.19; 26.1.

20 Extendió el inicuo sus manos contra
los que estaban en paz con él;
Violó su pacto.

21 Los dichos de su boca son más
blandos que mantequilla,
Pero guerra hay en su corazón;
Suaviza sus palabras más que el
aceite,
Mas ellas son espadas desnudas.

22 Echa sobre Jehová tu carga, y él te
sustentará;
No dejará para siempre caído
al justo.

23 Mas tú, oh Dios, harás descender
aquéllos al pozo de perdición.
Los hombres sanguinarios y
engañadores no llegarán a la
mitad de sus días;
Pero yo en ti confiaré.

Oración de confianza

*Al músico principal; sobre La paloma
silenciosa en paraje muy distante.
Mictam de David, cuando los
filisteos le prendieron en Gat.*[a]

56 **1** Ten misericordia de mí, oh Dios,
porque me devoraría el hombre;
Me oprime combatiéndome cada día.

2 Todo el día mis enemigos me
pisotean;
Porque muchos son los que pelean
contra mí con soberbia.

3 En el día que temo,
Yo en ti confío.

4 En Dios alabaré su palabra;
En Dios he confiado; no temeré;
¿Qué puede hacerme el hombre?

5 Todos los días ellos pervierten mi
causa;
Contra mí son todos sus pensamientos
para mal.

6 Se reúnen, se esconden,
Miran atentamente mis pasos,
Como quienes acechan a mi alma.

7 Pésalos según su iniquidad, oh Dios,
Y derriba en tu furor a los pueblos.

8 Mis huidas tú has contado;
Pon mis lágrimas en tu redoma;
¿No están ellas en tu libro?

9 Serán luego vueltos atrás mis enemigos,
el día en que yo clamare;
Esto sé, que Dios está por mí.

10 En Dios alabaré su palabra;
En Jehová su palabra alabaré.

11 En Dios he confiado; no temeré;
¿Qué puede hacerme el hombre?

12 Sobre mí, oh Dios, están tus votos;
Te tributaré alabanzas.

13 Porque has librado mi alma de la
muerte,
Y mis pies de caída,
Para que ande delante de Dios
En la luz de los que viven.

Plegaria pidiendo ser librado de los perseguidores

(Sal 108.1-5)
*Al músico principal; sobre No destruyas.
Mictam de David, cuando huyó de
delante de Saúl a la cueva.*[a]

57 **1** Ten misericordia de mí, oh Dios,
ten misericordia de mí;
Porque en ti ha confiado mi alma,
Y en la sombra de tus alas me
ampararé
Hasta que pasen los quebrantos.

2 Clamaré al Dios Altísimo,
Al Dios que me favorece.

3 Él enviará desde los cielos, y me
salvará
De la infamia del que me acosa;
Selah
Dios enviará su misericordia y su
verdad.

4 Mi vida está entre leones;
Estoy echado entre hijos de hombres
que vomitan llamas;
Sus dientes son lanzas y saetas,
Y su lengua espada aguda.

5 Exaltado seas sobre los cielos, oh Dios;
Sobre toda la tierra sea tu gloria.

6 Red han armado a mis pasos;
Se ha abatido mi alma;
Hoyo han cavado delante de mí;
En medio de él han caído ellos
mismos.   *Selah*

---

a 56 tít. 1 S 21.13-15.   **a 57 tít.** 1 S 22.1; 24.3.

7 Pronto está mi corazón, oh Dios, mi
corazón está dispuesto;
Cantaré, y trovaré salmos.
8 Despierta, alma mía; despierta,
salterio y arpa;
Me levantaré de mañana.
9 Te alabaré entre los pueblos, oh
Señor;
Cantaré de ti entre las naciones.
10 Porque grande es hasta los cielos tu
misericordia,
Y hasta las nubes tu verdad.

11 Exaltado seas sobre los cielos, oh
Dios;
Sobre toda la tierra sea tu gloria.

Plegaria pidiendo el castigo de los malos

*Al músico principal; sobre No
destruyas. Mictam de David.*

58 1 Oh congregación, ¿pronunciáis
en verdad justicia?
¿Juzgáis rectamente, hijos de los
hombres?
2 Antes en el corazón maquináis
iniquidades;
Hacéis pesar la violencia de vuestras
manos en la tierra.

3 Se apartaron los impíos desde la matriz;
Se descarriaron hablando mentira
desde que nacieron.
4 Veneno tienen como veneno de
serpiente;
Son como el áspid sordo que cierra
su oído,
5 Que no oye la voz de los que encantan,
Por más hábil que el encantador sea.

6 Oh Dios, quiebra sus dientes en sus
bocas;
Quiebra, oh Jehová, las muelas de los
leoncillos.
7 Sean disipados como aguas que
corren;
Cuando disparen sus saetas, sean
hechas pedazos.
8 Pasen ellos como el caracol que se
deslíe;
Como el que nace muerto, no vean
el sol.

9 Antes que vuestras ollas sientan la
llama de los espinos,
Así vivos, así airados, los arrebatará
él con tempestad.

10 Se alegrará el justo cuando viere la
venganza;
Sus pies lavará en la sangre del impío.
11 Entonces dirá el hombre: Ciertamente
hay galardón para el justo;
Ciertamente hay Dios que juzga en
la tierra.

Oración pidiendo ser librado de los enemigos

*Al músico principal; sobre No
destruyas. Mictam de David,
cuando Saúl ordenó que vigilaran
la casa de David para matarlo.*[a]

59 1 Líbrame de mis enemigos, oh
Dios mío;
Ponme a salvo de los que se levantan
contra mí.
2 Líbrame de los que cometen iniquidad,
Y sálvame de hombres sanguinarios.

3 Porque he aquí están acechando mi
vida;
Se han juntado contra mí poderosos.
No por falta mía, ni pecado mío, oh
Jehová;
4 Sin delito mío corren y se aperciben.

Despierta para venir a mi encuentro,
y mira.
5 Y tú, Jehová Dios de los ejércitos,
Dios de Israel,

Despierta para castigar a todas las
naciones;
No tengas misericordia de todos los
que se rebelan con iniquidad.
Selah

6 Volverán a la tarde, ladrarán como
perros,
Y rodearán la ciudad.
7 He aquí proferirán con su boca;
Espadas hay en sus labios,
Porque dicen: ¿Quién oye?

8 Mas tú, Jehová, te reirás de ellos;
Te burlarás de todas las naciones.

a 59 tít. 1 S 19.11.

⁹ A causa del poder del enemigo
esperaré en ti,
Porque Dios es mi defensa.
¹⁰ El Dios de mi misericordia irá delante
de mí;
Dios hará que vea en mis enemigos
mi deseo.

¹¹ No los mates, para que mi pueblo no
olvide;
Dispérsalos con tu poder, y abátelos,
Oh Jehová, escudo nuestro.
¹² Por el pecado de su boca, por la
palabra de sus labios,
Sean ellos presos en su soberbia,
Y por la maldición y mentira que
profieren.
¹³ Acábalos con furor, acábalos, para
que no sean;
Y sépase que Dios gobierna en
Jacob
Hasta los fines de la tierra.   *Selah*
¹⁴ Vuelvan, pues, a la tarde, y ladren
como perros,
Y rodeen la ciudad.
¹⁵ Anden ellos errantes para hallar qué
comer;
Y si no se sacian, pasen la noche
quejándose.

¹⁶ Pero yo cantaré de tu poder,
Y alabaré de mañana tu misericordia;
Porque has sido mi amparo
Y refugio en el día de mi angustia.
¹⁷ Fortaleza mía, a ti cantaré;
Porque eres, oh Dios, mi refugio, el
Dios de mi misericordia.

Plegaria pidiendo ayuda
contra el enemigo
(Sal 108.6-13)

Al músico principal; sobre Lirios.
Testimonio. Mictam de David, para
enseñar, cuando tuvo guerra contra
Aram-Naharaim y contra Aram de
Soba, y volvió Joab, y destrozó a doce
*mil de Edom en el valle de la Sal.*ᵃ

60 ¹ Oh Dios, tú nos has desechado,
nos quebrantaste;
Te has airado; ¡vuélvete a nosotros!
² Hiciste temblar la tierra, la has
hendido;
Sana sus roturas, porque titubea.

³ Has hecho ver a tu pueblo cosas duras;
Nos hiciste beber vino de
aturdimiento.
⁴ Has dado a los que te temen bandera
Que alcen por causa de la verdad.
                                    Selah

⁵ Para que se libren tus amados,
Salva con tu diestra, y óyeme.

⁶ Dios ha dicho en su santuario: Yo me
alegraré;
Repartiré a Siquem, y mediré el valle
de Sucot.
⁷ Mío es Galaad, y mío es Manasés;
Y Efraín es la fortaleza de mi cabeza;
Judá es mi legislador.
⁸ Moab, vasija para lavarme;
Sobre Edom echaré mi calzado;
Me regocijaré sobre Filistea.

⁹ ¿Quién me llevará a la ciudad
fortificada?
¿Quién me llevará hasta Edom?
¹⁰ ¿No serás tú, oh Dios, que nos habías
desechado,
Y no salías, oh Dios, con nuestros
ejércitos?
¹¹ Danos socorro contra el enemigo,
Porque vana es la ayuda de los
hombres.
¹² En Dios haremos proezas,
Y él hollará a nuestros enemigos.

Confianza en la protección de Dios

Al músico principal; sobre
Neginot. Salmo de David.

61 ¹ Oye, oh Dios, mi clamor;
A mi oración atiende.
² Desde el cabo de la tierra clamaré a
ti, cuando mi corazón desmayare.

Llévame a la roca que es más alta
que yo,
³ Porque tú has sido mi refugio,
Y torre fuerte delante del enemigo.

⁴ Yo habitaré en tu tabernáculo para
siempre;
Estaré seguro bajo la cubierta de tus
alas.   *Selah*

a 60 tít. 2 S 8.13; 1 Cr 18.12.

5 Porque tú, oh Dios, has oído mis
  votos;
  Me has dado la heredad de los que
  temen tu nombre.

6 Días sobre días añadirás al rey;
  Sus años serán como generación y
  generación.
7 Estará para siempre delante de Dios;
  Prepara misericordia y verdad para
  que lo conserven.

8 Así cantaré tu nombre para siempre,
  Pagando mis votos cada día.

Dios, el único refugio

Al músico principal; a Jedutún.
Salmo de David.

62 1 En Dios solamente está acallada
  mi alma;
  De él viene mi salvación.
2 Él solamente es mi roca y mi salvación;
  Es mi refugio, no resbalaré mucho.
3 ¿Hasta cuándo maquinaréis contra
  un hombre,
  Tratando todos vosotros de aplastarle
  Como pared desplomada y como
  cerca derribada?
4 Solamente consultan para arrojarle
  de su grandeza.
  Aman la mentira;
  Con su boca bendicen, pero maldicen
  en su corazón.   *Selah*

5 Alma mía, en Dios solamente reposa,
  Porque de él es mi esperanza.
6 Él solamente es mi roca y mi salvación.
  Es mi refugio, no resbalaré.
7 En Dios está mi salvación y mi gloria;
  En Dios está mi roca fuerte, y mi
  refugio.

8 Esperad en él en todo tiempo, oh
  pueblos;
  Derramad delante de él vuestro
  corazón;
  Dios es nuestro refugio.   *Selah*

9 Por cierto, vanidad son los hijos de
  los hombres, mentira los hijos de
  varón;

Pesándolos a todos igualmente en la
  balanza,
  Serán menos que nada.
10 No confiéis en la violencia,
  Ni en la rapiña; no os envanezcáis;
  Si se aumentan las riquezas, no
  pongáis el corazón en ellas.

11 Una vez habló Dios;
  Dos veces he oído esto:
  Que de Dios es el poder,
12 Y tuya, oh Señor, es la misericordia;
  Porque tú pagas a cada uno conforme
  a su obra.[a]

Dios, satisfacción del alma

Salmo de David, cuando estaba
en el desierto de Judá.[a]

63 1 Dios, Dios mío eres tú;
  De madrugada te buscaré;
  Mi alma tiene sed de ti, mi carne te
  anhela,
  En tierra seca y árida donde no hay
  aguas,
2 Para ver tu poder y tu gloria,
  Así como te he mirado en el
  santuario.
3 Porque mejor es tu misericordia que
  la vida;
  Mis labios te alabarán.
4 Así te bendeciré en mi vida;
  En tu nombre alzaré mis manos.

5 Como de meollo y de grosura será
  saciada mi alma,
  Y con labios de júbilo te alabará mi
  boca,
6 Cuando me acuerde de ti en mi
  lecho,
  Cuando medite en ti en las vigilias de
  la noche.
7 Porque has sido mi socorro,
  Y así en la sombra de tus alas me
  regocijaré.
8 Está mi alma apegada a ti;
  Tu diestra me ha sostenido.

9 Pero los que para destrucción
  buscaron mi alma
  Caerán en los sitios bajos de la
  tierra.
10 Los destruirán a filo de espada;
  Serán porción de los chacales.

---

a 62.12 Job 34.11; Jer 17.10; Mt 16.27; Ro 2.6; Ap 2.23.
a 63 tít. 2 S 15.23, 28.

11 Pero el rey se alegrará en Dios;
　Será alabado cualquiera que jura
　　por él;
　Porque la boca de los que hablan
　　mentira será cerrada.

Plegaria pidiendo protección contra enemigos ocultos

Al músico principal. Salmo de David.

64 1 Escucha, oh Dios, la voz de mi
　　queja;
　Guarda mi vida del temor del
　　enemigo.
2 Escóndeme del consejo secreto de los
　　malignos,
　De la conspiración de los que hacen
　　iniquidad;
3 Que afilan como espada su lengua;
　Lanzan cual saeta suya, palabra
　　amarga,
4 Para asaetear a escondidas al íntegro;
　De repente lo asaetean, y no temen.
5 Obstinados en su inicuo designio,
　Tratan de esconder los lazos,
　Y dicen: ¿Quién los ha de ver?
6 Inquieren iniquidades, hacen una
　　investigación exacta;
　Y el íntimo pensamiento de cada uno
　　de ellos, así como su corazón, es
　　profundo.
7 Mas Dios los herirá con saeta;
　De repente serán sus plagas.
8 Sus propias lenguas los harán caer;
　Se espantarán todos los que los vean.
9 Entonces temerán todos los hombres,
　Y anunciarán la obra de Dios,
　Y entenderán sus hechos.

10 Se alegrará el justo en Jehová, y
　　confiará en él;
　Y se gloriarán todos los rectos de
　　corazón.

La generosidad de Dios en la naturaleza

Al músico principal. Salmo.
Cántico de David.

65 1 Tuya es la alabanza en Sion, oh
　　Dios,
　Y a ti se pagarán los votos.
2 Tú oyes la oración;
　A ti vendrá toda carne.
3 Las iniquidades prevalecen
　　contra mí;

Mas nuestras rebeliones tú las
　　perdonarás.
4 Bienaventurado el que tú escogieres y
　　atrajeres a ti,
　Para que habite en tus atrios;
　Seremos saciados del bien de tu
　　casa,
　De tu santo templo.

5 Con tremendas cosas nos responderás
　　tú en justicia,
　Oh Dios de nuestra salvación,
　Esperanza de todos los términos de
　　la tierra,
　Y de los más remotos confines
　　del mar.
6 Tú, el que afirma los montes con su
　　poder,
　Ceñido de valentía;
7 El que sosiega el estruendo de los
　　mares, el estruendo de sus ondas,
　Y el alboroto de las naciones.
8 Por tanto, los habitantes de los
　　fines de la tierra temen de tus
　　maravillas.
　Tú haces alegrar las salidas de la
　　mañana y de la tarde.

9 Visitas la tierra, y la riegas;
　En gran manera la enriqueces;
　Con el río de Dios, lleno de aguas,
　Preparas el grano de ellos, cuando así
　　la dispones.
10 Haces que se empapen sus surcos,
　Haces descender sus canales;
　La ablandas con lluvias,
　Bendices sus renuevos.
11 Tú coronas el año con tus bienes,
　Y tus nubes destilan grosura.
12 Destilan sobre los pastizales del
　　desierto,
　Y los collados se ciñen de alegría.
13 Se visten de manadas los llanos,
　Y los valles se cubren de grano;
　Dan voces de júbilo, y aun cantan.

Alabanza por los hechos poderosos de Dios

Al músico principal. Cántico. Salmo.

66 1 Aclamad a Dios con alegría, toda
　　la tierra.
2 Cantad la gloria de su nombre;
　Poned gloria en su alabanza.

3 Decid a Dios: ¡Cuán asombrosas son
  tus obras!
Por la grandeza de tu poder se
  someterán a ti tus enemigos.
4 Toda la tierra te adorará,
Y cantará a ti;
Cantarán a tu nombre.   *Selah*

5 Venid, y ved las obras de Dios,
Temible en hechos sobre los hijos de
  los hombres.
6 Volvió el mar en seco;[a]
Por el río pasaron a pie;[b]
Allí en él nos alegramos.
7 Él señorea con su poder para siempre;
Sus ojos atalayan sobre las naciones;
Los rebeldes no serán enaltecidos.
                                Selah

8 Bendecid, pueblos, a nuestro Dios,
Y haced oír la voz de su alabanza.
9 Él es quien preservó la vida a nuestra
  alma,
Y no permitió que nuestros pies
  resbalasen.
10 Porque tú nos probaste, oh Dios;
Nos ensayaste como se afina la plata.
11 Nos metiste en la red;
Pusiste sobre nuestros lomos pesada
  carga.
12 Hiciste cabalgar hombres sobre
  nuestra cabeza;
Pasamos por el fuego y por el agua,
Y nos sacaste a abundancia.

13 Entraré en tu casa con holocaustos;
Te pagaré mis votos,
14 Que pronunciaron mis labios
Y habló mi boca, cuando estaba
  angustiado.
15 Holocaustos de animales engordados
  te ofreceré,
Con sahumerio de carneros;
Te ofreceré en sacrificio bueyes y
  machos cabríos.   *Selah*

16 Venid, oíd todos los que teméis a
  Dios,
Y contaré lo que ha hecho a mi alma.
17 A él clamé con mi boca,
Y fue exaltado con mi lengua.

18 Si en mi corazón hubiese yo mirado a
  la iniquidad,
El Señor no me habría escuchado.
19 Mas ciertamente me escuchó Dios;
Atendió a la voz de mi súplica.

20 Bendito sea Dios,
Que no echó de sí mi oración, ni de
  mí su misericordia.

Exhortación a las naciones, para que alaben a Dios

*Al músico principal; en
Neginot. Salmo. Cántico.*

67 **1** Dios tenga misericordia de
  nosotros, y nos bendiga;
Haga resplandecer su rostro sobre
  nosotros;   *Selah*
2 Para que sea conocido en la tierra tu
  camino,
En todas las naciones tu salvación.
3 Te alaben los pueblos, oh Dios;
Todos los pueblos te alaben.

4 Alégrense y gócense las naciones,
Porque juzgarás los pueblos con
  equidad,
Y pastorearás las naciones en la
  tierra.   *Selah*
5 Te alaben los pueblos, oh Dios;
Todos los pueblos te alaben.

6 La tierra dará su fruto;
Nos bendecirá Dios, el Dios nuestro.
7 Bendíganos Dios,
Y témanlo todos los términos de la
  tierra.

El Dios del Sinaí y del santuario

*Al músico principal. Salmo
de David. Cántico.*

68 **1** Levántese Dios, sean esparcidos
  sus enemigos,
Y huyan de su presencia los que le
  aborrecen.
2 Como es lanzado el humo, los lanzarás;
Como se derrite la cera delante del
  fuego,
Así perecerán los impíos delante de
  Dios.
3 Mas los justos se alegrarán; se
  gozarán delante de Dios,
Y saltarán de alegría.

---

a 66.6 Éx 14.21. **b 66.6** Jos 3.14-17.

4 Cantad a Dios, cantad salmos a su
  nombre;
Exaltad al que cabalga sobre los cielos.
JAH es su nombre; alegraos delante
  de él.

5 Padre de huérfanos y defensor de
  viudas
Es Dios en su santa morada.
6 Dios hace habitar en familia a los
  desamparados;
Saca a los cautivos a prosperidad;
Mas los rebeldes habitan en tierra seca.

7 Oh Dios, cuando tú saliste delante de
  tu pueblo,
Cuando anduviste por el desierto,
                                   Selah

8 La tierra tembló;
También destilaron los cielos ante la
  presencia de Dios;
Aquel Sinaí tembló delante de Dios,[a]
  del Dios de Israel.
9 Abundante lluvia esparciste, oh Dios;
A tu heredad exhausta tú la
  reanimaste.
10 Los que son de tu grey han morado
  en ella;
Por tu bondad, oh Dios, has provisto
  al pobre.

11 El Señor daba palabra;
Había grande multitud de las que
  llevaban buenas nuevas.
12 Huyeron, huyeron reyes de ejércitos,
Y las que se quedaban en casa
  repartían los despojos.
13 Bien que fuisteis echados entre los
  tiestos,
Seréis como alas de paloma cubiertas
  de plata,
Y sus plumas con amarillez de oro.
14 Cuando esparció el Omnipotente los
  reyes allí,
Fue como si hubiese nevado en el
  monte Salmón.

15 Monte de Dios es el monte de Basán;
Monte alto el de Basán.
16 ¿Por qué observáis, oh montes altos,
Al monte que deseó Dios para su
  morada?

Ciertamente Jehová habitará en él
  para siempre.

17 Los carros de Dios se cuentan por
  veintenas de millares de millares;
El Señor viene del Sinaí a su santuario.
18 Subiste a lo alto, cautivaste la
  cautividad,
Tomaste dones para los hombres,[b]
Y también para los rebeldes, para que
  habite entre ellos JAH Dios.

19 Bendito el Señor; cada día nos colma
  de beneficios
El Dios de nuestra salvación.   *Selah*
20 Dios, nuestro Dios ha de salvarnos,
Y de Jehová el Señor es el librar de la
  muerte.

21 Ciertamente Dios herirá la cabeza de
  sus enemigos,
La testa cabelluda del que camina en
  sus pecados.
22 El Señor dijo: De Basán te haré
  volver;
Te haré volver de las profundidades
  del mar;
23 Porque tu pie se enrojecerá de sangre
  de tus enemigos,
Y de ella la lengua de tus perros.

24 Vieron tus caminos, oh Dios;
Los caminos de mi Dios, de mi Rey,
  en el santuario.
25 Los cantores iban delante, los
  músicos detrás;
En medio las doncellas con panderos.
26 Bendecid a Dios en las
  congregaciones;
Al Señor, vosotros de la estirpe de
  Israel.
27 Allí estaba el joven Benjamín,
  señoreador de ellos,
Los príncipes de Judá en su
  congregación,
Los príncipes de Zabulón, los
  príncipes de Neftalí.

28 Tu Dios ha ordenado tu fuerza;
Confirma, oh Dios, lo que has hecho
  para nosotros.

---

a **68.8** Éx 19.18.   b **68.18** Ef 4.8.

29 Por razón de tu templo en Jerusalén
Los reyes te ofrecerán dones.
30 Reprime la reunión de gentes armadas,
La multitud de toros con los becerros
de los pueblos,
Hasta que todos se sometan con sus
piezas de plata;
Esparce a los pueblos que se
complacen en la guerra.
31 Vendrán príncipes de Egipto;
Etiopía se apresurará a extender sus
manos hacia Dios.

32 Reinos de la tierra, cantad a Dios,
Cantad al Señor;   *Selah*
33 Al que cabalga sobre los cielos de
los cielos, que son desde la
antigüedad;
He aquí dará su voz, poderosa voz.
34 Atribuid poder a Dios;
Sobre Israel es su magnificencia,
Y su poder está en los cielos.
35 Temible eres, oh Dios, desde tus
santuarios;
El Dios de Israel, él da fuerza y vigor
a su pueblo.

Bendito sea Dios.

Un grito de angustia

Al músico principal; sobre Lirios.
Salmo de David.

69 1 Sálvame, oh Dios,
Porque las aguas han entrado
hasta el alma.
2 Estoy hundido en cieno profundo,
donde no puedo hacer pie;
He venido a abismos de aguas, y la
corriente me ha anegado.
3 Cansado estoy de llamar; mi garganta
se ha enronquecido;
Han desfallecido mis ojos esperando
a mi Dios.

4 Se han aumentado más que los
cabellos de mi cabeza los que me
aborrecen sin causa;[a]
Se han hecho poderosos mis
enemigos, los que me destruyen
sin tener por qué.
¿Y he de pagar lo que no robé?

5 Dios, tú conoces mi insensatez,
Y mis pecados no te son ocultos.

6 No sean avergonzados por causa mía
los que en ti confían, oh Señor
Jehová de los ejércitos;
No sean confundidos por mí los que
te buscan, oh Dios de Israel.
7 Porque por amor de ti he sufrido
afrenta;
Confusión ha cubierto mi rostro.
8 Extraño he sido para mis hermanos,
Y desconocido para los hijos de mi
madre.
9 Porque me consumió el celo de tu
casa;[b]
Y los denuestos de los que te
vituperaban cayeron sobre mí.[c]
10 Lloré afligiendo con ayuno mi alma,
Y esto me ha sido por afrenta.
11 Puse además cilicio por mi vestido,
Y vine a serles por proverbio.
12 Hablaban contra mí los que se
sentaban a la puerta,
Y me zaherían en sus canciones los
bebedores.

13 Pero yo a ti oraba, oh Jehová, al
tiempo de tu buena voluntad;
Oh Dios, por la abundancia de tu
misericordia,
Por la verdad de tu salvación,
escúchame.
14 Sácame del lodo, y no sea yo
sumergido;
Sea yo libertado de los que me
aborrecen, y de lo profundo de
las aguas.
15 No me anegue la corriente de las
aguas,
Ni me trague el abismo,
Ni el pozo cierre sobre mí su boca.

16 Respóndeme, Jehová, porque benigna
es tu misericordia;
Mírame conforme a la multitud de
tus piedades.
17 No escondas de tu siervo tu rostro,
Porque estoy angustiado; apresúrate,
óyeme.
18 Acércate a mi alma, redímela;
Líbrame a causa de mis enemigos.

---

a 69.4 Sal 35.19; Jn 15.25.   b 69.9 Jn 2.17.   c 69.9 Ro 15.3.

19 Tú sabes mi afrenta, mi confusión y
mi oprobio;
Delante de ti están todos mis
adversarios.
20 El escarnio ha quebrantado mi
corazón, y estoy acongojado.
Esperé quien se compadeciese de mí,
y no lo hubo;
Y consoladores, y ninguno hallé.
21 Me pusieron además hiel por comida,
Y en mi sed me dieron a beber
vinagre.[d]

22 Sea su convite delante de ellos por
lazo,
Y lo que es para bien, por tropiezo.
23 Sean oscurecidos sus ojos para que
no vean,
Y haz temblar continuamente sus
lomos.[e]
24 Derrama sobre ellos tu ira,
Y el furor de tu enojo los alcance.
25 Sea su palacio asolado;
En sus tiendas no haya morador.[f]
26 Porque persiguieron al que tú heriste,
Y cuentan del dolor de los que tú
llagaste.
27 Pon maldad sobre su maldad,
Y no entren en tu justicia.
28 Sean raídos del libro de los vivientes,[g]
Y no sean escritos entre los justos.

29 Mas a mí, afligido y miserable,
Tu salvación, oh Dios, me ponga en
alto.

30 Alabaré yo el nombre de Dios con
cántico,
Lo exaltaré con alabanza.
31 Y agradará a Jehová más que
sacrificio de buey,
O becerro que tiene cuernos y
pezuñas;
32 Lo verán los oprimidos, y se gozarán.
Buscad a Dios, y vivirá vuestro
corazón,
33 Porque Jehová oye a los
menesterosos,
Y no menosprecia a sus prisioneros.

34 Alábenle los cielos y la tierra,
Los mares, y todo lo que se mueve
en ellos.

35 Porque Dios salvará a Sion, y
reedificará las ciudades de Judá;
Y habitarán allí, y la poseerán.
36 La descendencia de sus siervos la
heredará,
Y los que aman su nombre habitarán
en ella.

Súplica por la liberación

(Sal 40.13-17)
Al músico principal.
Salmo de David, para conmemorar.

70 **1** Oh Dios, acude a librarme;
Apresúrate, oh Dios, a socorrerme.
2 Sean avergonzados y confundidos
Los que buscan mi vida;
Sean vueltos atrás y avergonzados
Los que mi mal desean.
3 Sean vueltos atrás, en pago de su
afrenta hecha,
Los que dicen: ¡Ah! ¡Ah!

4 Gócense y alégrense en ti todos los
que te buscan,
Y digan siempre los que aman tu
salvación:
Engrandecido sea Dios.
5 Yo estoy afligido y menesteroso;
Apresúrate a mí, oh Dios.
Ayuda mía y mi libertador eres tú;
Oh Jehová, no te detengas.

Oración de un anciano

71 **1** En ti, oh Jehová, me he
refugiado;
No sea yo avergonzado jamás.
2 Socórreme y líbrame en tu justicia;
Inclina tu oído y sálvame.
3 Sé para mí una roca de refugio,
adonde recurra yo continuamente.
Tú has dado mandamiento para
salvarme,
Porque tú eres mi roca y mi fortaleza.

4 Dios mío, líbrame de la mano del
impío,
De la mano del perverso y violento.
5 Porque tú, oh Señor Jehová, eres mi
esperanza,
Seguridad mía desde mi juventud.

---

d 69.21 Mt 27.48; Mr 15.36; Jn 19.28, 29.
e 69.22, 23 Ro 11.9, 10.   **f 69.25** Hch 1.20.
g 69.28 Ap 3.5; 13.8; 17.8.

6 En ti he sido sustentado desde el
    vientre;
De las entrañas de mi madre tú fuiste
    el que me sacó;
De ti será siempre mi alabanza.

7 Como prodigio he sido a muchos,
Y tú mi refugio fuerte.
8 Sea llena mi boca de tu alabanza,
De tu gloria todo el día.
9 No me deseches en el tiempo de la
    vejez;
Cuando mi fuerza se acabare, no me
    desampares.
10 Porque mis enemigos hablan de mí,
Y los que acechan mi alma
    consultaron juntamente,
11 Diciendo: Dios lo ha desamparado;
Perseguidle y tomadle, porque no hay
    quien le libre.

12 Oh Dios, no te alejes de mí;
Dios mío, acude pronto en mi socorro.
13 Sean avergonzados, perezcan los
    adversarios de mi alma;
Sean cubiertos de vergüenza y de
    confusión los que mi mal buscan.
14 Mas yo esperaré siempre,
Y te alabaré más y más.
15 Mi boca publicará tu justicia
Y tus hechos de salvación todo el día,
Aunque no sé su número.
16 Vendré a los hechos poderosos de
    Jehová el Señor;
Haré memoria de tu justicia, de la
    tuya sola.

17 Oh Dios, me enseñaste desde mi
    juventud,
Y hasta ahora he manifestado tus
    maravillas.
18 Aun en la vejez y las canas, oh Dios,
    no me desampares,
Hasta que anuncie tu poder a la
    posteridad,
Y tu potencia a todos los que han de
    venir,
19 Y tu justicia, oh Dios, hasta lo excelso.

Tú has hecho grandes cosas;
Oh Dios, ¿quién como tú?

20 Tú, que me has hecho ver muchas
    angustias y males,
Volverás a darme vida,
Y de nuevo me levantarás de los
    abismos de la tierra.
21 Aumentarás mi grandeza,
Y volverás a consolarme.

22 Asimismo yo te alabaré con
    instrumento de salterio,
Oh Dios mío; tu verdad cantaré a ti
    en el arpa,
Oh Santo de Israel.
23 Mis labios se alegrarán cuando cante
    a ti,
Y mi alma, la cual redimiste.
24 Mi lengua hablará también de tu
    justicia todo el día;
Por cuanto han sido avergonzados,
    porque han sido confundidos los
    que mi mal procuraban.

El reino de un rey justo
Para Salomón.

72 **1** Oh Dios, da tus juicios al rey,
Y tu justicia al hijo del rey.
2 Él juzgará a tu pueblo con justicia,
Y a tus afligidos con juicio.
3 Los montes llevarán paz al pueblo,
Y los collados justicia.
4 Juzgará a los afligidos del pueblo,
Salvará a los hijos del menesteroso,
Y aplastará al opresor.

5 Te temerán mientras duren el sol
Y la luna, de generación en generación.
6 Descenderá como la lluvia sobre la
    hierba cortada;
Como el rocío que destila sobre la tierra.
7 Florecerá en sus días justicia,
Y muchedumbre de paz, hasta que
    no haya luna.

8 Dominará de mar a mar,
Y desde el río hasta los confines de la
    tierra.[a]
9 Ante él se postrarán los moradores
    del desierto,
Y sus enemigos lamerán el polvo.
10 Los reyes de Tarsis y de las costas
    traerán presentes;
Los reyes de Sabá y de Seba ofrecerán
    dones.

---

a 72.8 Zac 9.10.

11 Todos los reyes se postrarán delante
de él;
Todas las naciones le servirán.

12 Porque él librará al menesteroso que
clamare,
Y al afligido que no tuviere quien le
socorra.
13 Tendrá misericordia del pobre y del
menesteroso,
Y salvará la vida de los pobres.
14 De engaño y de violencia redimirá
sus almas,
Y la sangre de ellos será preciosa ante
sus ojos.

15 Vivirá, y se le dará del oro de Sabá,
Y se orará por él continuamente;
Todo el día se le bendecirá.
16 Será echado un puñado de grano en
la tierra, en las cumbres de los
montes;
Su fruto hará ruido como el Líbano,
Y los de la ciudad florecerán como la
hierba de la tierra.
17 Será su nombre para siempre,
Se perpetuará su nombre mientras
dure el sol.
Benditas serán en él todas las
naciones;
Lo llamarán bienaventurado.

18 Bendito Jehová Dios, el Dios de Israel,
El único que hace maravillas.
19 Bendito su nombre glorioso para
siempre,
Y toda la tierra sea llena de su gloria.
Amén y Amén.

20 Aquí terminan las oraciones de David,
hijo de Isaí.

LIBRO III

El destino de los malos
Salmo de Asaf.

73 1 Ciertamente es bueno Dios para
con Israel,
Para con los limpios de corazón.
2 En cuanto a mí, casi se deslizaron
mis pies;
Por poco resbalaron mis pasos.

3 Porque tuve envidia de los
arrogantes,
Viendo la prosperidad de los impíos.

4 Porque no tienen congojas por su
muerte,
Pues su vigor está entero.
5 No pasan trabajos como los otros
mortales,
Ni son azotados como los demás
hombres.
6 Por tanto, la soberbia los corona;
Se cubren de vestido de violencia.
7 Los ojos se les saltan de gordura;
Logran con creces los antojos del
corazón.
8 Se mofan y hablan con maldad de
hacer violencia;
Hablan con altanería.
9 Ponen su boca contra el cielo,
Y su lengua pasea la tierra.

10 Por eso Dios hará volver a su pueblo
aquí,
Y aguas en abundancia serán
extraídas para ellos.
11 Y dicen: ¿Cómo sabe Dios?
¿Y hay conocimiento en el Altísimo?
12 He aquí estos impíos,
Sin ser turbados del mundo,
alcanzaron riquezas.
13 Verdaderamente en vano he limpiado
mi corazón,
Y lavado mis manos en inocencia;
14 Pues he sido azotado todo el día,
Y castigado todas las mañanas.

15 Si dijera yo: Hablaré como ellos,
He aquí, a la generación de tus hijos
engañaría.
16 Cuando pensé para saber esto,
Fue duro trabajo para mí,
17 Hasta que entrando en el santuario
de Dios,
Comprendí el fin de ellos.
18 Ciertamente los has puesto en
deslizaderos;
En asolamientos los harás caer.
19 ¡Cómo han sido asolados de repente!
Perecieron, se consumieron de terrores.
20 Como sueño del que despierta,
Así, Señor, cuando despertares,
menospreciarás su apariencia.

21 Se llenó de amargura mi alma,
   Y en mi corazón sentía punzadas.
22 Tan torpe era yo, que no entendía;
   Era como una bestia delante de ti.
23 Con todo, yo siempre estuve contigo;
   Me tomaste de la mano derecha.
24 Me has guiado según tu consejo,
   Y después me recibirás en gloria.
25 ¿A quién tengo yo en los cielos sino
      a ti?
   Y fuera de ti nada deseo en la tierra.
26 Mi carne y mi corazón desfallecen;
   Mas la roca de mi corazón y mi
      porción es Dios para siempre.

27 Porque he aquí, los que se alejan de
      ti perecerán;
   Tú destruirás a todo aquel que de ti
      se aparta.
28 Pero en cuanto a mí, el acercarme a
      Dios es el bien;
   He puesto en Jehová el Señor mi
      esperanza,
   Para contar todas tus obras.

Apelación a Dios en contra del enemigo
Masquil de Asaf.

74 1 ¿Por qué, oh Dios, nos has
      desechado para siempre?
   ¿Por qué se ha encendido tu furor
      contra las ovejas de tu prado?
2 Acuérdate de tu congregación, la
      que adquiriste desde tiempos
      antiguos,
   La que redimiste para hacerla la tribu
      de tu herencia;
   Este monte de Sion, donde has
      habitado.
3 Dirige tus pasos a los asolamientos
      eternos,
   A todo el mal que el enemigo ha
      hecho en el santuario.

4 Tus enemigos vociferan en medio de
      tus asambleas;
   Han puesto sus divisas por señales.
5 Se parecen a los que levantan
   El hacha en medio de tupido bosque.
6 Y ahora con hachas y martillos
   Han quebrado todas sus entalladuras.

7 Han puesto a fuego tu santuario,
   Han profanado el tabernáculo de tu
      nombre, echándolo a tierra.
8 Dijeron en su corazón:
      Destruyámoslos de una vez;
   Han quemado todas las sinagogas de
      Dios en la tierra.

9 No vemos ya nuestras señales;
   No hay más profeta,
   Ni entre nosotros hay quien sepa
      hasta cuándo.
10 ¿Hasta cuándo, oh Dios, nos afrentará
      el angustiador?
   ¿Ha de blasfemar el enemigo
      perpetuamente tu nombre?
11 ¿Por qué retraes tu mano?
   ¿Por qué escondes tu diestra en tu
      seno?

12 Pero Dios es mi rey desde tiempo
      antiguo;
   El que obra salvación en medio de la
      tierra.
13 Dividiste el mar con tu poder;[a]
   Quebrantaste cabezas de monstruos
      en las aguas.
14 Magullaste las cabezas del leviatán,[b]
   Y lo diste por comida a los moradores
      del desierto.
15 Abriste la fuente y el río;
   Secaste ríos impetuosos.
16 Tuyo es el día, tuya también es la
      noche;
   Tú estableciste la luna y el sol.
17 Tú fijaste todos los términos de la
      tierra;
   El verano y el invierno tú los
      formaste.

18 Acuérdate de esto: que el enemigo ha
      afrentado a Jehová,
   Y pueblo insensato ha blasfemado tu
      nombre.
19 No entregues a las fieras el alma de
      tu tórtola,
   Y no olvides para siempre la
      congregación de tus afligidos.

20 Mira al pacto,
   Porque los lugares tenebrosos de la
      tierra están llenos de habitaciones
      de violencia.

---

a 74.13 Éx 14.21.   **b 74.14** Job 41.1; Sal 104.26; Is 27.1.

²¹ No vuelva avergonzado el abatido;
El afligido y el menesteroso alabarán
tu nombre.

²² Levántate, oh Dios, aboga tu causa;
Acuérdate de cómo el insensato te
injuria cada día.
²³ No olvides las voces de tus enemigos;
El alboroto de los que se levantan
contra ti sube continuamente.

Dios abate al malo y exalta al justo

Al músico principal; sobre No
destruyas. Salmo de Asaf. Cántico.

75 ¹ Gracias te damos, oh Dios,
gracias te damos,
Pues cercano está tu nombre;
Los hombres cuentan tus maravillas.

² Al tiempo que señalaré
Yo juzgaré rectamente.
³ Se arruinaban la tierra y sus
moradores;
Yo sostengo sus columnas.   *Selah*
⁴ Dije a los insensatos: No os infatuéis;
Y a los impíos: No os enorgullezcáis;
⁵ No hagáis alarde de vuestro poder;
No habléis con cerviz erguida.

⁶ Porque ni de oriente ni de occidente,
Ni del desierto viene el
enaltecimiento.
⁷ Mas Dios es el juez;
A éste humilla, y a aquél enaltece.
⁸ Porque el cáliz está en la mano de
Jehová, y el vino está fermentado,
Lleno de mistura; y él derrama del
mismo;
Hasta el fondo lo apurarán, y lo
beberán todos los impíos de la
tierra.

⁹ Pero yo siempre anunciaré
Y cantaré alabanzas al Dios de Jacob.
¹⁰ Quebrantaré todo el poderío de los
pecadores,
Pero el poder del justo será exaltado.

El Dios de la victoria y del juicio

Al músico principal; sobre Neginot.
Salmo de Asaf. Cántico.

76 ¹ Dios es conocido en Judá;
En Israel es grande su nombre.

² En Salem está su tabernáculo,
Y su habitación en Sion.
³ Allí quebró las saetas del arco,
El escudo, la espada y las armas de
guerra.   *Selah*

⁴ Glorioso eres tú, poderoso más que
los montes de caza.
⁵ Los fuertes de corazón fueron
despojados, durmieron su sueño;
No hizo uso de sus manos ninguno
de los varones fuertes.
⁶ A tu reprensión, oh Dios de Jacob,
El carro y el caballo fueron
entorpecidos.

⁷ Tú, temible eres tú;
¿Y quién podrá estar en pie delante
de ti cuando se encienda tu ira?
⁸ Desde los cielos hiciste oír juicio;
La tierra tuvo temor y quedó
suspensa
⁹ Cuando te levantaste, oh Dios, para
juzgar,
Para salvar a todos los mansos de la
tierra.   *Selah*

¹⁰ Ciertamente la ira del hombre te
alabará;
Tú reprimirás el resto de las iras.
¹¹ Prometed, y pagad a Jehová vuestro
Dios;
Todos los que están alrededor de él,
traigan ofrendas al Temible.
¹² Cortará él el espíritu de los príncipes;
Temible es a los reyes de la tierra.

Meditación sobre los hechos poderosos de Dios

Al músico principal; para
Jedutún. Salmo de Asaf.

77 ¹ Con mi voz clamé a Dios,
A Dios clamé, y él me escuchará.
² Al Señor busqué en el día de mi
angustia;
Alzaba a él mis manos de noche, sin
descanso;
Mi alma rehusaba consuelo.

³ Me acordaba de Dios, y me
conmovía;
Me quejaba, y desmayaba mi
espíritu.   *Selah*

⁴ No me dejabas pegar los ojos;
  Estaba yo quebrantado, y no hablaba.
⁵ Consideraba los días desde el principio,
  Los años de los siglos.
⁶ Me acordaba de mis cánticos de
    noche;
  Meditaba en mi corazón,
  Y mi espíritu inquiría:
⁷ ¿Desechará el Señor para siempre,
  Y no volverá más a sernos propicio?
⁸ ¿Ha cesado para siempre su
    misericordia?
  ¿Se ha acabado perpetuamente su
    promesa?
⁹ ¿Ha olvidado Dios el tener
    misericordia?
  ¿Ha encerrado con ira sus piedades?
                                    Selah

¹⁰ Dije: Enfermedad mía es ésta;
   Traeré, pues, a la memoria los años
     de la diestra del Altísimo.
¹¹ Me acordaré de las obras de JAH;
   Sí, haré yo memoria de tus maravillas
     antiguas.
¹² Meditaré en todas tus obras,
   Y hablaré de tus hechos.
¹³ Oh Dios, santo es tu camino;
   ¿Qué dios es grande como nuestro
     Dios?
¹⁴ Tú eres el Dios que hace maravillas;
   Hiciste notorio en los pueblos tu
     poder.
¹⁵ Con tu brazo redimiste a tu pueblo,
   A los hijos de Jacob y de José.   *Selah*

¹⁶ Te vieron las aguas, oh Dios;
   Las aguas te vieron, y temieron;
   Los abismos también se estremecieron.
¹⁷ Las nubes echaron inundaciones de
     aguas;
   Tronaron los cielos,
   Y discurrieron tus rayos.
¹⁸ La voz de tu trueno estaba en el
     torbellino;
   Tus relámpagos alumbraron el
     mundo;
   Se estremeció y tembló la tierra.
¹⁹ En el mar fue tu camino,
   Y tus sendas en las muchas aguas;
   Y tus pisadas no fueron conocidas.

²⁰ Condujiste a tu pueblo como ovejas
   Por mano de Moisés y de Aarón.

Fidelidad de Dios hacia su pueblo infiel

Masquil de Asaf.

78 ¹ Escucha, pueblo mío, mi ley;
   Inclinad vuestro oído a las
     palabras de mi boca.
² Abriré mi boca en proverbios;
  Hablaré cosas escondidas desde
    tiempos antiguos,[a]
³ Las cuales hemos oído y entendido;
  Que nuestros padres nos las
    contaron.
⁴ No las encubriremos a sus hijos,
  Contando a la generación venidera
    las alabanzas de Jehová,
  Y su potencia, y las maravillas que
    hizo.

⁵ Él estableció testimonio en Jacob,
  Y puso ley en Israel,
  La cual mandó a nuestros padres
  Que la notificasen a sus hijos;
⁶ Para que lo sepa la generación
    venidera, y los hijos que nacerán;
  Y los que se levantarán lo cuenten a
    sus hijos,
⁷ A fin de que pongan en Dios su
    confianza,
  Y no se olviden de las obras de Dios;
  Que guarden sus mandamientos,
⁸ Y no sean como sus padres,
  Generación contumaz y rebelde;
  Generación que no dispuso su
    corazón,
  Ni fue fiel para con Dios su espíritu.

⁹ Los hijos de Efraín, arqueros
    armados,
  Volvieron las espaldas en el día de la
    batalla.
¹⁰ No guardaron el pacto de Dios,
   Ni quisieron andar en su ley;
¹¹ Sino que se olvidaron de sus obras,
   Y de sus maravillas que les había
     mostrado.
¹² Delante de sus padres hizo maravillas
   En la tierra de Egipto,[b] en el campo
     de Zoán.
¹³ Dividió el mar y los hizo pasar;
   Detuvo las aguas como en un
     montón.[c]

---

a **78.2** Mt 13.35.   b **78.12** Éx 7.8—12.32.
c **78.13** Éx 14.21, 22.

14 Les guió de día con nube,
Y toda la noche con resplandor de
fuego.[d]
15 Hendió las peñas en el desierto,
Y les dio a beber como de grandes
abismos,
16 Pues sacó de la peña corrientes,
E hizo descender aguas como ríos.[e]

17 Pero aún volvieron a pecar contra él,
Rebelándose contra el Altísimo en el
desierto;
18 Pues tentaron a Dios en su corazón,
Pidiendo comida a su gusto.
19 Y hablaron contra Dios,
Diciendo: ¿Podrá poner mesa en el
desierto?
20 He aquí ha herido la peña, y brotaron
aguas,
Y torrentes inundaron la tierra;
¿Podrá dar también pan?
¿Dispondrá carne para su pueblo?

21 Por tanto, oyó Jehová, y se indignó;
Se encendió el fuego contra Jacob,
Y el furor subió también contra Israel,
22 Por cuanto no habían creído a Dios,
Ni habían confiado en su salvación.
23 Sin embargo, mandó a las nubes de
arriba,
Y abrió las puertas de los cielos,
24 E hizo llover sobre ellos maná para
que comiesen,
Y les dio trigo de los cielos.[f]
25 Pan de nobles comió el hombre;
Les envió comida hasta saciarles.
26 Movió el solano en el cielo,
Y trajo con su poder el viento sur,
27 E hizo llover sobre ellos carne como
polvo,
Como arena del mar, aves que vuelan.
28 Las hizo caer en medio del
campamento,
Alrededor de sus tiendas.
29 Comieron, y se saciaron;
Les cumplió, pues, su deseo.
30 No habían quitado de sí su anhelo,
Aún estaba la comida en su boca,
31 Cuando vino sobre ellos el furor de
Dios,
E hizo morir a los más robustos de
ellos,
Y derribó a los escogidos de Israel.[g]

32 Con todo esto, pecaron aún,
Y no dieron crédito a sus maravillas.
33 Por tanto, consumió sus días en
vanidad,
Y sus años en tribulación.
34 Si los hacía morir, entonces buscaban
a Dios;
Entonces se volvían solícitos en busca
suya,
35 Y se acordaban de que Dios era su
refugio,
Y el Dios Altísimo su redentor.
36 Pero le lisonjeaban con su boca,
Y con su lengua le mentían;
37 Pues sus corazones no eran rectos
con él,[h]
Ni estuvieron firmes en su pacto.
38 Pero él, misericordioso, perdonaba la
maldad, y no los destruía;
Y apartó muchas veces su ira,
Y no despertó todo su enojo.
39 Se acordó de que eran carne,
Soplo que va y no vuelve.
40 ¡Cuántas veces se rebelaron contra él
en el desierto,
Lo enojaron en el yermo!
41 Y volvían, y tentaban a Dios,
Y provocaban al Santo de Israel.
42 No se acordaron de su mano,
Del día que los redimió de la
angustia;
43 Cuando puso en Egipto sus señales,
Y sus maravillas en el campo de
Zoán;
44 Y volvió sus ríos en sangre,
Y sus corrientes, para que no
bebiesen.[i]
45 Envió entre ellos enjambres de
moscas[j] que los devoraban,
Y ranas[k] que los destruían.
46 Dio también a la oruga sus frutos,
Y sus labores a la langosta.[l]
47 Sus viñas destruyó con granizo,
Y sus higuerales con escarcha;
48 Entregó al pedrisco sus bestias,
Y sus ganados a los rayos.[m]
49 Envió sobre ellos el ardor de su ira;
Enojo, indignación y angustia,
Un ejército de ángeles destructores.

---

d 78.14 Éx 13.21, 22.   **e 78.15, 16** Éx 17.1-7; Nm 20.2-13.
f 78.24 Jn 6.31.   **g 78.18-31** Éx 16.2-15; Nm 11.4-23,
31.35.   **h 78.37** Hch 8.21.   **i 78.44** Éx 7.17-21.
j 78.45 Éx 8.20-24.   **k 78.45** Éx 8.1-6.   **l 78.46** Éx 10.12-15.
m 78.47-48 Éx 9.22-25.

⁵⁰ Dispuso camino a su furor;
No eximió la vida de ellos de la
    muerte,
Sino que entregó su vida a la
    mortandad.
⁵¹ Hizo morir a todo primogénito en
    Egipto,ⁿ
Las primicias de su fuerza en las
    tiendas de Cam.
⁵² Hizo salir a su pueblo como ovejas,
Y los llevó por el desierto como un
    rebaño.º
⁵³ Los guió con seguridad, de modo que
    no tuvieran temor;
Y el mar cubrió a sus enemigos.ᵖ
⁵⁴ Los trajo después a las fronteras de su
    tierra santa,�q
A este monte que ganó su mano
    derecha.
⁵⁵ Echó las naciones de delante de
    ellos;ʳ
Con cuerdas repartió sus tierras en
    heredad,
E hizo habitar en sus moradas a las
    tribus de Israel.

⁵⁶ Pero ellos tentaron y enojaron al Dios
    Altísimo,ˢ
Y no guardaron sus testimonios;
⁵⁷ Sino que se volvieron y se rebelaron
    como sus padres;
Se volvieron como arco engañoso.
⁵⁸ Le enojaron con sus lugares altos,
Y le provocaron a celo con sus
    imágenes de talla.
⁵⁹ Lo oyó Dios y se enojó,
Y en gran manera aborreció a Israel.
⁶⁰ Dejó, por tanto, el tabernáculo de
    Silo,
La tienda en que habitó entre los
    hombres,ᵗ
⁶¹ Y entregó a cautiverio su poderío,
Y su gloria en mano del enemigo.ᵘ
⁶² Entregó también su pueblo a la
    espada,
Y se irritó contra su heredad.
⁶³ El fuego devoró a sus jóvenes,
Y sus vírgenes no fueron loadas en
    cantos nupciales.

⁶⁴ Sus sacerdotes cayeron a espada,
Y sus viudas no hicieron lamentación.
⁶⁵ Entonces despertó el Señor como
    quien duerme,
Como un valiente que grita excitado
    del vino,
⁶⁶ E hirió a sus enemigos por detrás;
Les dio perpetua afrenta.

⁶⁷ Desechó la tienda de José,
Y no escogió la tribu de Efraín,
⁶⁸ Sino que escogió la tribu de Judá,
El monte de Sion, al cual amó.
⁶⁹ Edificó su santuario a manera de
    eminencia,
Como la tierra que cimentó para
    siempre.
⁷⁰ Eligió a David su siervo,
Y lo tomó de las majadas de las ovejas;
⁷¹ De tras las paridas lo trajo,
Para que apacentase a Jacob su
    pueblo,
Y a Israel su heredad.ᵛ
⁷² Y los apacentó conforme a la
    integridad de su corazón,
Los pastoreó con la pericia de sus
    manos.

Lamento por la destrucción de Jerusalén
Salmo de Asaf.

79 ¹ Oh Dios, vinieron las naciones a
        tu heredad;
Han profanado tu santo templo;
Redujeron a Jerusalén a escombros.ᵃ
² Dieron los cuerpos de tus siervos por
    comida a las aves de los cielos,
La carne de tus santos a las bestias de
    la tierra.
³ Derramaron su sangre como agua en
    los alrededores de Jerusalén,
Y no hubo quien los enterrase.
⁴ Somos afrentados de nuestros
    vecinos,
Escarnecidos y burlados de los que
    están en nuestros alrededores.

⁵ ¿Hasta cuándo, oh Jehová? ¿Estarás
    airado para siempre?
¿Arderá como fuego tu celo?
⁶ Derrama tu ira sobre las naciones que
    no te conocen,
Y sobre los reinos que no invocan tu
    nombre.

---

n **78.51** Éx 12.29.   o **78.52** Éx 13.17-22.   p **78.53** Éx 14.26-28.
q **78.54** Éx 15.17; Jos 3.14-17.   r **78.55** Jos 11.16-23.
s **78.56** Jue 2.11-15.   t **78.60** Jos 18.1; Jer 7.12-14; 26.6.
u **78.61** 1 S 4.4-22.   v **78.70, 71** 1 S 16.11, 12; 2 S 7.8;
1 Cr 17.7.   a **79.1** 2 R 25.8-10; 2 Cr 36.17-19; Jer 52.12-14.

7 Porque han consumido a
   Jacob,
Y su morada han asolado.

8 No recuerdes contra nosotros las
   iniquidades de nuestros
   antepasados;
Vengan pronto tus misericordias a
   encontrarnos,
Porque estamos muy abatidos.
9 Ayúdanos, oh Dios de nuestra
   salvación, por la gloria de tu
   nombre;
Y líbranos, y perdona nuestros
   pecados por amor de tu
   nombre.
10 Porque dirán las gentes: ¿Dónde está
   su Dios?
Sea notoria en las gentes, delante de
   nuestros ojos,
La venganza de la sangre de tus
   siervos que fue derramada.

11 Llegue delante de ti el gemido de los
   presos;
Conforme a la grandeza de tu brazo
   preserva a los sentenciados a
   muerte,
12 Y devuelve a nuestros vecinos en su
   seno siete tantos
De su infamia, con que te han
   deshonrado, oh Jehová.
13 Y nosotros, pueblo tuyo, y ovejas de
   tu prado,
Te alabaremos para siempre;
De generación en generación
   cantaremos tus alabanzas.

Súplica por la restauración

Al músico principal; sobre Lirios.
Testimonio. Salmo de Asaf.

80 1 Oh Pastor de Israel, escucha;
Tú que pastoreas como a ovejas
   a José,
Que estás entre querubines,[a]
   resplandece.
2 Despierta tu poder delante de Efraín,
   de Benjamín y de Manasés,
Y ven a salvarnos.

3 Oh Dios, restáuranos;
Haz resplandecer tu rostro, y seremos
   salvos.

4 Jehová, Dios de los ejércitos,
¿Hasta cuándo mostrarás tu
   indignación contra la oración de
   tu pueblo?
5 Les diste a comer pan de lágrimas,
Y a beber lágrimas en gran
   abundancia.
6 Nos pusiste por escarnio a nuestros
   vecinos,
Y nuestros enemigos se burlan entre sí.

7 Oh Dios de los ejércitos, restáuranos;
Haz resplandecer tu rostro, y seremos
   salvos.

8 Hiciste venir una vid de Egipto;
Echaste las naciones, y la plantaste.
9 Limpiaste sitio delante de ella,
E hiciste arraigar sus raíces, y llenó
   la tierra.
10 Los montes fueron cubiertos de su
   sombra,
Y con sus sarmientos los cedros de
   Dios.
11 Extendió sus vástagos hasta el mar,
Y hasta el río sus renuevos.
12 ¿Por qué aportillaste sus vallados,
Y la vendimian todos los que pasan
   por el camino?
13 La destroza el puerco montés,
Y la bestia del campo la devora.

14 Oh Dios de los ejércitos, vuelve ahora;
Mira desde el cielo, y considera, y
   visita esta viña,
15 La planta que plantó tu diestra,
Y el renuevo que para ti afirmaste.
16 Quemada a fuego está, asolada;
Perezcan por la represión de tu
   rostro.
17 Sea tu mano sobre el varón de tu
   diestra,
Sobre el hijo de hombre que para ti
   afirmaste.
18 Así no nos apartaremos de ti;
Vida nos darás, e invocaremos tu
   nombre.
19 ¡Oh Jehová, Dios de los ejércitos,
   restáuranos!
Haz resplandecer tu rostro, y seremos
   salvos.

---

a **80.1** Éx 25.22.

Bondad de Dios y perversidad de Israel

Al músico principal; sobre
Gitit. Salmo de Asaf.

81 ¹ Cantad con gozo a Dios, fortaleza nuestra;
Al Dios de Jacob aclamad con júbilo.
² Entonad canción, y tañed el pandero,
El arpa deliciosa y el salterio.
³ Tocad la trompeta en la nueva luna,
En el día señalado, en el día de nuestra fiesta solemne.ª
⁴ Porque estatuto es de Israel,
Ordenanza del Dios de Jacob.
⁵ Lo constituyó como testimonio en José
Cuando salió por la tierra de Egipto.

Oí lenguaje que no entendía;
⁶ Aparté su hombro de debajo de la carga;
Sus manos fueron descargadas de los cestos.
⁷ En la calamidad clamaste, y yo te libré;
Te respondí en lo secreto del trueno;
Te probé junto a las aguas de Meriba.ᵇ   *Selah*
⁸ Oye, pueblo mío, y te amonestaré.
Israel, si me oyeres,
⁹ No habrá en ti dios ajeno,
Ni te inclinarás a dios extraño.ᶜ
¹⁰ Yo soy Jehová tu Dios,
Que te hice subir de la tierra de Egipto;
Abre tu boca, y yo la llenaré.

¹¹ Pero mi pueblo no oyó mi voz,
E Israel no me quiso a mí.
¹² Los dejé, por tanto, a la dureza de su corazón;
Caminaron en sus propios consejos.
¹³ ¡Oh, si me hubiera oído mi pueblo,
Si en mis caminos hubiera andado Israel!
¹⁴ En un momento habría yo derribado a sus enemigos,
Y vuelto mi mano contra sus adversarios.
¹⁵ Los que aborrecen a Jehová se le habrían sometido,
Y el tiempo de ellos sería para siempre.

¹⁶ Les sustentaría Dios con lo mejor del trigo,
Y con miel de la peña les saciaría.

Amonestación contra los juicios injustos

Salmo de Asaf.

82 ¹ Dios está en la reunión de los dioses;
En medio de los dioses juzga.
² ¿Hasta cuándo juzgaréis injustamente,
Y aceptaréis las personas de los impíos?   *Selah*
³ Defended al débil y al huérfano;
Haced justicia al afligido y al menesteroso.
⁴ Librad al afligido y al necesitado;
Libradlo de mano de los impíos.

⁵ No saben, no entienden,
Andan en tinieblas;
Tiemblan todos los cimientos de la tierra.

⁶ Yo dije: Vosotros sois dioses,ª
Y todos vosotros hijos del Altísimo;
⁷ Pero como hombres moriréis,
Y como cualquiera de los príncipes caeréis.

⁸ Levántate, oh Dios, juzga la tierra;
Porque tú heredarás todas las naciones.

Plegaria pidiendo la destrucción de los enemigos de Israel

Cántico. Salmo de Asaf.

83 ¹ Oh Dios, no guardes silencio;
No calles, oh Dios, ni te estés quieto.
² Porque he aquí que rugen tus enemigos,
Y los que te aborrecen alzan cabeza.
³ Contra tu pueblo han consultado astuta y secretamente,
Y han entrado en consejo contra tus protegidos.
⁴ Han dicho: Venid, y destruyámoslos para que no sean nación,
Y no haya más memoria del nombre de Israel.
⁵ Porque se confabulan de corazón a una,
Contra ti han hecho alianza

ª 81.3 Nm 10.10. ᵇ 81.7 Éx 17.7; Nm 20.13.
ᶜ 81.9 Éx 20.2, 3; Dt 5.6, 7. ª 82.6 Jn 10.34.

6 Las tiendas de los edomitas y de los
  ismaelitas,
  Moab y los agarenos;
7 Gebal, Amón y Amalec,
  Los filisteos y los habitantes de Tiro.
8 También el asirio se ha juntado con
  ellos;
  Sirven de brazo a los hijos de Lot.
                                    Selah

9 Hazles como a Madián,[a]
  Como a Sísara, como a Jabín en el
  arroyo de Cisón;[b]
10 Que perecieron en Endor,
  Fueron hechos como estiércol para la
  tierra.
11 Pon a sus capitanes como a Oreb y a
  Zeeb;[c]
  Como a Zeba y a Zalmuna[d] a todos
  sus príncipes,
12 Que han dicho: Heredemos para
  nosotros
  Las moradas de Dios.

13 Dios mío, ponlos como torbellinos,
  Como hojarascas delante del
  viento,
14 Como fuego que quema el monte,
  Como llama que abrasa el bosque.
15 Persíguelos así con tu tempestad,
  Y atérralos con tu torbellino.
16 Llena sus rostros de vergüenza,
  Y busquen tu nombre, oh Jehová.
17 Sean afrentados y turbados para
  siempre;
  Sean deshonrados, y perezcan.
18 Y conozcan que tu nombre es
  Jehová;
  Tú solo Altísimo sobre toda la tierra.

Anhelo por la casa de Dios
Al músico principal; sobre Gitit.
Salmo para los hijos de Coré.

84 1 ¡Cuán amables son tus moradas,
  oh Jehová de los ejércitos!
2 Anhela mi alma y aun ardientemente
  desea los atrios de Jehová;
  Mi corazón y mi carne cantan al
  Dios vivo.

3 Aun el gorrión halla casa,
  Y la golondrina nido para sí, donde
  ponga sus polluelos,

Cerca de tus altares, oh Jehová de los
  ejércitos,
  Rey mío, y Dios mío.
4 Bienaventurados los que habitan en
  tu casa;
  Perpetuamente te alabarán.   *Selah*

5 Bienaventurado el hombre que tiene
  en ti sus fuerzas,
  En cuyo corazón están tus caminos.
6 Atravesando el valle de lágrimas lo
  cambian en fuente,
  Cuando la lluvia llena los estanques.
7 Irán de poder en poder;
  Verán a Dios en Sion.

8 Jehová Dios de los ejércitos, oye mi
  oración;
  Escucha, oh Dios de Jacob.   *Selah*
9 Mira, oh Dios, escudo nuestro,
  Y pon los ojos en el rostro de tu
  ungido.

10 Porque mejor es un día en tus atrios
  que mil fuera de ellos.
  Escogería antes estar a la puerta de la
  casa de mi Dios,
  Que habitar en las moradas de maldad.
11 Porque sol y escudo es Jehová Dios;
  Gracia y gloria dará Jehová.
  No quitará el bien a los que andan en
  integridad.
12 Jehová de los ejércitos,
  Dichoso el hombre que en ti confía.

Súplica por la misericordia de Dios sobre Israel
Al músico principal.
Salmo para los hijos de Coré.

85 1 Fuiste propicio a tu tierra, oh
  Jehová;
  Volviste la cautividad de Jacob.
2 Perdonaste la iniquidad de tu pueblo;
  Todos los pecados de ellos cubriste.
                                    Selah
3 Reprimiste todo tu enojo;
  Te apartaste del ardor de tu ira.

4 Restáuranos, oh Dios de nuestra
  salvación,
  Y haz cesar tu ira de sobre nosotros.

a **83.9** Jue 7.1-23.   b **83.9** Jue 4.6-22.   c **83.11** Jue 7.25.
d **83.11** Jue 8.12.

5 ¿Estarás enojado contra nosotros para
　siempre?
　¿Extenderás tu ira de generación en
　generación?
6 ¿No volverás a darnos vida,
　Para que tu pueblo se regocije en ti?
7 Muéstranos, oh Jehová, tu
　misericordia,
　Y danos tu salvación.

8 Escucharé lo que hablará Jehová Dios;
　Porque hablará paz a su pueblo y a
　sus santos,
　Para que no se vuelvan a la locura.
9 Ciertamente cercana está su
　salvación a los que le temen,
　Para que habite la gloria en nuestra
　tierra.

10 La misericordia y la verdad se
　encontraron;
　La justicia y la paz se besaron.
11 La verdad brotará de la tierra,
　Y la justicia mirará desde los cielos.
12 Jehová dará también el bien,
　Y nuestra tierra dará su fruto.
13 La justicia irá delante de él,
　Y sus pasos nos pondrá por camino.

Oración pidiendo la continuada
misericordia de Dios

Oración de David.

86 1 Inclina, oh Jehová, tu oído, y
　escúchame,
　Porque estoy afligido y menesteroso.
2 Guarda mi alma, porque soy piadoso;
　Salva tú, oh Dios mío, a tu siervo que
　en ti confía.
3 Ten misericordia de mí, oh Jehová;
　Porque a ti clamo todo el día.
4 Alegra el alma de tu siervo,
　Porque a ti, oh Señor, levanto mi
　alma.
5 Porque tú, Señor, eres bueno y
　perdonador,
　Y grande en misericordia para con
　todos los que te invocan.
6 Escucha, oh Jehová, mi oración,
　Y está atento a la voz de mis ruegos.
7 En el día de mi angustia te llamaré,
　Porque tú me respondes.

8 Oh Señor, ninguno hay como tú
　entre los dioses,
　Ni obras que igualen tus obras.
9 Todas las naciones que hiciste vendrán
　y adorarán delante de ti, Señor,
　Y glorificarán tu nombre.[a]
10 Porque tú eres grande, y hacedor de
　maravillas;
　Sólo tú eres Dios.
11 Enséñame, oh Jehová, tu camino;
　caminaré yo en tu verdad;
　Afirma mi corazón para que tema tu
　nombre.
12 Te alabaré, oh Jehová Dios mío, con
　todo mi corazón,
　Y glorificaré tu nombre para siempre.
13 Porque tu misericordia es grande
　para conmigo,
　Y has librado mi alma de las
　profundidades del Seol.

14 Oh Dios, los soberbios se levantaron
　contra mí,
　Y conspiración de violentos ha
　buscado mi vida,
　Y no te pusieron delante de sí.
15 Mas tú, Señor, Dios misericordioso y
　clemente,
　Lento para la ira, y grande en
　misericordia y verdad,
16 Mírame, y ten misericordia de mí;
　Da tu poder a tu siervo,
　Y guarda al hijo de tu sierva.
17 Haz conmigo señal para bien,
　Y véanla los que me aborrecen, y
　sean avergonzados;
　Porque tú, Jehová, me ayudaste y me
　consolaste.

El privilegio de morar en Sion

A los hijos de Coré. Salmo. Cántico.

87 1 Su cimiento está en el monte
　santo.
2 Ama Jehová las puertas de Sion
　Más que todas las moradas de Jacob.
3 Cosas gloriosas se han dicho de ti,
　Ciudad de Dios.　　　　　　　*Selah*

4 Yo me acordaré de Rahab y de
　Babilonia entre los que me
　conocen;
　He aquí Filistea y Tiro, con Etiopía;
　Éste nació allá.

a 86.9 Ap 15.4.

5 Y de Sion se dirá: Éste y aquél han
  nacido en ella,
Y el Altísimo mismo la establecerá.
6 Jehová contará al inscribir a los
  pueblos:
Éste nació allí.   *Selah*

7 Y cantores y tañedores en ella dirán:
Todas mis fuentes están en ti.

Súplica por la liberación de la muerte

Cántico. Salmo para los hijos de Coré.
Al músico principal, para cantar sobre
Mahalat. Masquil de Hemán ezraíta.

88 ¹ Oh Jehová, Dios de mi salvación,
Día y noche clamo delante de ti.
² Llegue mi oración a tu presencia;
Inclina tu oído a mi clamor.

³ Porque mi alma está hastiada de
  males,
Y mi vida cercana al Seol.
⁴ Soy contado entre los que descienden
  al sepulcro;
Soy como hombre sin fuerza,
⁵ Abandonado entre los muertos,
Como los pasados a espada que yacen
  en el sepulcro,
De quienes no te acuerdas ya,
Y que fueron arrebatados de tu mano.
⁶ Me has puesto en el hoyo profundo,
En tinieblas, en lugares profundos.
⁷ Sobre mí reposa tu ira,
Y me has afligido con todas tus
  ondas.   *Selah*
⁸ Has alejado de mí mis conocidos;
Me has puesto por abominación a
  ellos;
Encerrado estoy, y no puedo salir.
⁹ Mis ojos enfermaron a causa de mi
  aflicción;
Te he llamado, oh Jehová, cada día;
He extendido a ti mis manos.
¹⁰ ¿Manifestarás tus maravillas a los
  muertos?
¿Se levantarán los muertos para
  alabarte?   *Selah*
¹¹ ¿Será contada en el sepulcro tu
  misericordia,
O tu verdad en el Abadón?
¹² ¿Serán reconocidas en las tinieblas
  tus maravillas,
Y tu justicia en la tierra del olvido?

¹³ Mas yo a ti he clamado, oh Jehová,
Y de mañana mi oración se
  presentará delante de ti.
¹⁴ ¿Por qué, oh Jehová, desechas mi alma?
¿Por qué escondes de mí tu rostro?
¹⁵ Yo estoy afligido y menesteroso;
Desde la juventud he llevado tus
  terrores, he estado medroso.
¹⁶ Sobre mí han pasado tus iras,
Y me oprimen tus terrores.
¹⁷ Me han rodeado como aguas
  continuamente;
A una me han cercado.
¹⁸ Has alejado de mí al amigo y al
  compañero,
Y a mis conocidos has puesto en
  tinieblas.

Pacto de Dios con David

*Masquil de Etán ezraíta.*ᵃ

89 ¹ Las misericordias de Jehová
        cantaré perpetuamente;
De generación en generación haré
  notoria tu fidelidad con mi boca.
² Porque dije: Para siempre será
  edificada misericordia;
En los cielos mismos afirmarás tu
  verdad.
³ Hice pacto con mi escogido;
Juré a David mi siervo, diciendo:
⁴ Para siempre confirmaré tu
  descendencia,
Y edificaré tu trono por todas las
  generaciones.ᵇ   *Selah*

⁵ Celebrarán los cielos tus maravillas,
  oh Jehová,
Tu verdad también en la
  congregación de los santos.
⁶ Porque ¿quién en los cielos se
  igualará a Jehová?
¿Quién será semejante a Jehová entre
  los hijos de los potentados?
⁷ Dios temible en la gran congregación
  de los santos,
Y formidable sobre todos cuantos
  están alrededor de él.
⁸ Oh Jehová, Dios de los ejércitos,
¿Quién como tú? Poderoso eres,
  Jehová,
Y tu fidelidad te rodea.

ᵃ **89 tít.** 1 R 4.31.   ᵇ **89.4** 2 S 7.12-16; 1 Cr 17.11-14;
Sal 132.11; Hch 2.30.

9 Tú tienes dominio sobre la braveza del mar;
Cuando se levantan sus ondas, tú las sosiegas.
10 Tú quebrantaste a Rahab como a herido de muerte;
Con tu brazo poderoso esparciste a tus enemigos.
11 Tuyos son los cielos, tuya también la tierra;
El mundo y su plenitud, tú lo fundaste.
12 El norte y el sur, tú los creaste;
El Tabor y el Hermón cantarán en tu nombre.
13 Tuyo es el brazo potente;
Fuerte es tu mano, exaltada tu diestra.
14 Justicia y juicio son el cimiento de tu trono;
Misericordia y verdad van delante de tu rostro.
15 Bienaventurado el pueblo que sabe aclamarte;
Andará, oh Jehová, a la luz de tu rostro.
16 En tu nombre se alegrará todo el día,
Y en tu justicia será enaltecido.
17 Porque tú eres la gloria de su potencia,
Y por tu buena voluntad acrecentarás nuestro poder.
18 Porque Jehová es nuestro escudo,
Y nuestro rey es el Santo de Israel.

19 Entonces hablaste en visión a tu santo,
Y dijiste: He puesto el socorro sobre uno que es poderoso;
He exaltado a un escogido de mi pueblo.
20 Hallé a David[c] mi siervo;
Lo ungí con mi santa unción.[d]
21 Mi mano estará siempre con él,
Mi brazo también lo fortalecerá.
22 No lo sorprenderá el enemigo,
Ni hijo de iniquidad lo quebrantará;
23 Sino que quebrantaré delante de él a sus enemigos,
Y heriré a los que le aborrecen.

24 Mi verdad y mi misericordia estarán con él,
Y en mi nombre será exaltado su poder.
25 Asimismo pondré su mano sobre el mar,
Y sobre los ríos su diestra.
26 Él me clamará: Mi padre eres tú,
Mi Dios, y la roca de mi salvación.
27 Yo también le pondré por primogénito,
El más excelso de los reyes de la tierra.[e]
28 Para siempre le conservaré mi misericordia,
Y mi pacto será firme con él.
29 Pondré su descendencia para siempre,
Y su trono como los días de los cielos.
30 Si dejaren sus hijos mi ley,
Y no anduvieren en mis juicios,
31 Si profanaren mis estatutos,
Y no guardaren mis mandamientos,
32 Entonces castigaré con vara su rebelión,
Y con azotes sus iniquidades.
33 Mas no quitaré de él mi misericordia,
Ni falsearé mi verdad.
34 No olvidaré mi pacto,
Ni mudaré lo que ha salido de mis labios.
35 Una vez he jurado por mi santidad,
Y no mentiré a David.
36 Su descendencia será para siempre,
Y su trono como el sol delante de mí.
37 Como la luna será firme para siempre,
Y como un testigo fiel en el cielo.
Selah

38 Mas tú desechaste y menospreciaste a tu ungido,
Y te has airado con él.
39 Rompiste el pacto de tu siervo;
Has profanado su corona hasta la tierra.
40 Aportillaste todos sus vallados;
Has destruido sus fortalezas.
41 Lo saquean todos los que pasan por el camino;
Es oprobio a sus vecinos.
42 Has exaltado la diestra de sus enemigos;
Has alegrado a todos sus adversarios.

---

c 89.20 1 S 13.14; Hch 13.22.   **d 89.20** 1 S 16.12.
e 89.27 Ap 1.5.

43 Embotaste asimismo el filo de su
    espada,
  Y no lo levantaste en la batalla.
44 Hiciste cesar su gloria,
  Y echaste su trono por tierra.
45 Has acortado los días de su juventud;
  Le has cubierto de afrenta.   *Selah*

46 ¿Hasta cuándo, oh Jehová? ¿Te
    esconderás para siempre?
  ¿Arderá tu ira como el fuego?
47 Recuerda cuán breve es mi tiempo;
  ¿Por qué habrás creado en vano a
    todo hijo de hombre?
48 ¿Qué hombre vivirá y no verá muerte?
  ¿Librará su vida del poder del Seol?
                                  Selah

49 Señor, ¿dónde están tus antiguas
    misericordias,
  Que juraste a David por tu verdad?
50 Señor, acuérdate del oprobio de tus
    siervos;
  Oprobio de muchos pueblos, que
    llevo en mi seno.
51 Porque tus enemigos, oh Jehová, han
    deshonrado,
  Porque tus enemigos han deshonrado
    los pasos de tu ungido.

52 Bendito sea Jehová para siempre.
  Amén, y Amén.

LIBRO IV

La eternidad de Dios y la
transitoriedad del hombre

Oración de Moisés, varón de Dios.

90
1 Señor, tú nos has sido refugio
  De generación en generación.
2 Antes que naciesen los montes
  Y formases la tierra y el mundo,
  Desde el siglo y hasta el siglo, tú eres
    Dios.

3 Vuelves al hombre hasta ser
    quebrantado,
  Y dices: Convertíos, hijos de los
    hombres.
4 Porque mil años delante de tus ojos
  Son como el día de ayer, que pasó,[a]
  Y como una de las vigilias de la noche.

5 Los arrebatas como con torrente de
    aguas; son como sueño,
  Como la hierba que crece en la
    mañana.
6 En la mañana florece y crece;
  A la tarde es cortada, y se seca.

7 Porque con tu furor somos
    consumidos,
  Y con tu ira somos turbados.
8 Pusiste nuestras maldades delante
    de ti,
  Nuestros yerros a la luz de tu
    rostro.

9 Porque todos nuestros días declinan
    a causa de tu ira;
  Acabamos nuestros años como un
    pensamiento.
10 Los días de nuestra edad son setenta
    años;
  Y si en los más robustos son ochenta
    años,
  Con todo, su fortaleza es molestia y
    trabajo,
  Porque pronto pasan, y volamos.

11 ¿Quién conoce el poder de tu ira,
  Y tu indignación según que debes ser
    temido?
12 Enséñanos de tal modo a contar
    nuestros días,
  Que traigamos al corazón sabiduría.

13 Vuélvete, oh Jehová; ¿hasta cuándo?
  Y aplácate para con tus siervos.
14 De mañana sácianos de tu
    misericordia,
  Y cantaremos y nos alegraremos
    todos nuestros días.
15 Alégranos conforme a los días que
    nos afligiste,
  Y los años en que vimos el mal.
16 Aparezca en tus siervos tu obra,
  Y tu gloria sobre sus hijos.
17 Sea la luz de Jehová nuestro Dios
    sobre nosotros,
  Y la obra de nuestras manos confirma
    sobre nosotros;
  Sí, la obra de nuestras manos
    confirma.

----
a **90.4** 2 P 3.8.

Morando bajo la sombra
del Omnipotente

91 ¹ El que habita al abrigo del
Altísimo
Morará bajo la sombra del
Omnipotente.
² Diré yo a Jehová: Esperanza mía, y
castillo mío;
Mi Dios, en quien confiaré.
³ Él te librará del lazo del cazador,
De la peste destructora.
⁴ Con sus plumas te cubrirá,
Y debajo de sus alas estarás seguro;
Escudo y adarga es su verdad.
⁵ No temerás el terror nocturno,
Ni saeta que vuele de día,
⁶ Ni pestilencia que ande en oscuridad,
Ni mortandad que en medio del día
destruya.

⁷ Caerán a tu lado mil,
Y diez mil a tu diestra;
Mas a ti no llegará.
⁸ Ciertamente con tus ojos mirarás
Y verás la recompensa de los impíos.

⁹ Porque has puesto a Jehová, que es
mi esperanza,
Al Altísimo por tu habitación,
¹⁰ No te sobrevendrá mal,
Ni plaga tocará tu morada.

¹¹ Pues a sus ángeles mandará acerca
de ti,[a]
Que te guarden en todos tus
caminos.
¹² En las manos te llevarán,
Para que tu pie no tropiece en piedra.[b]
¹³ Sobre el león y el áspid pisarás;
Hollarás al cachorro del león y al
dragón.[c]
¹⁴ Por cuanto en mí ha puesto su amor,
yo también lo libraré;
Le pondré en alto, por cuanto ha
conocido mi nombre.
¹⁵ Me invocará, y yo le responderé;
Con él estaré yo en la angustia;
Lo libraré y le glorificaré.
¹⁶ Lo saciaré de larga vida,
Y le mostraré mi salvación.

Alabanza por la bondad de Dios
*Salmo. Cántico para el día de reposo.**

92 ¹ Bueno es alabarte, oh Jehová,
Y cantar salmos a tu nombre, oh
Altísimo;
² Anunciar por la mañana tu
misericordia,
Y tu fidelidad cada noche,
³ En el decacordio y en el salterio,
En tono suave con el arpa.
⁴ Por cuanto me has alegrado, oh
Jehová, con tus obras;
En las obras de tus manos me gozo.

⁵ ¡Cuán grandes son tus obras, oh
Jehová!
Muy profundos son tus
pensamientos.
⁶ El hombre necio no sabe,
Y el insensato no entiende esto.
⁷ Cuando brotan los impíos como la
hierba,
Y florecen todos los que hacen
iniquidad,
Es para ser destruidos eternamente.
⁸ Mas tú, Jehová, para siempre eres
Altísimo.
⁹ Porque he aquí tus enemigos, oh
Jehová,
Porque he aquí, perecerán tus
enemigos;
Serán esparcidos todos los que hacen
maldad.

¹⁰ Pero tú aumentarás mis fuerzas como
las del búfalo;
Seré ungido con aceite fresco.
¹¹ Y mirarán mis ojos sobre mis
enemigos;
Oirán mis oídos de los que se
levantaron contra mí, de los
malignos.

¹² El justo florecerá como la palmera;
Crecerá como cedro en el Líbano.
¹³ Plantados en la casa de Jehová,
En los atrios de nuestro Dios
florecerán.
¹⁴ Aun en la vejez fructificarán;
Estarán vigorosos y verdes,
¹⁵ Para anunciar que Jehová mi
fortaleza es recto,
Y que en él no hay injusticia.

---

* Aquí equivale a *sábado.*
[a] **91.11** Mt 4.6; Lc 4.10.   [b] **91.12** Mt 4.6; Lc 4.11.
[c] **91.13** Lc 10.19.

La majestad de Jehová

93 ¹ Jehová reina; se vistió de
magnificencia;
Jehová se vistió, se ciñó de poder.
Afirmó también el mundo, y no se
moverá.
² Firme es tu trono desde entonces;
Tú eres eternamente.

³ Alzaron los ríos, oh Jehová,
Los ríos alzaron su sonido;
Alzaron los ríos sus ondas.
⁴ Jehová en las alturas es más poderoso
Que el estruendo de las muchas aguas,
Más que las recias ondas del mar.

⁵ Tus testimonios son muy firmes;
La santidad conviene a tu casa,
Oh Jehová, por los siglos y para
siempre.

Oración clamando por venganza

94 ¹ Jehová, Dios de las venganzas,
Dios de las venganzas, muéstrate.
² Engrandécete, oh Juez de la tierra;
Da el pago a los soberbios.
³ ¿Hasta cuándo los impíos,
Hasta cuándo, oh Jehová, se gozarán
los impíos?

⁴ ¿Hasta cuándo pronunciarán,
hablarán cosas duras,
Y se vanagloriarán todos los que
hacen iniquidad?
⁵ A tu pueblo, oh Jehová, quebrantan,
Y a tu heredad afligen.
⁶ A la viuda y al extranjero matan,
Y a los huérfanos quitan la vida.
⁷ Y dijeron: No verá JAH,
Ni entenderá el Dios de Jacob.

⁸ Entended, necios del pueblo;
Y vosotros, fatuos, ¿cuándo seréis
sabios?
⁹ El que hizo el oído, ¿no oirá?
El que formó el ojo, ¿no verá?
¹⁰ El que castiga a las naciones, ¿no
reprenderá?
¿No sabrá el que enseña al hombre la
ciencia?
¹¹ Jehová conoce los pensamientos de
los hombres,
Que son vanidad.[a]

¹² Bienaventurado el hombre a quien
tú, JAH, corriges,
Y en tu ley lo instruyes,
¹³ Para hacerle descansar en los días de
aflicción,
En tanto que para el impío se cava
el hoyo.
¹⁴ Porque no abandonará Jehová a su
pueblo,
Ni desamparará su heredad,
¹⁵ Sino que el juicio será vuelto a la
justicia,
Y en pos de ella irán todos los rectos
de corazón.

¹⁶ ¿Quién se levantará por mí contra los
malignos?
¿Quién estará por mí contra los que
hacen iniquidad?
¹⁷ Si no me ayudara Jehová,
Pronto moraría mi alma en el silencio.
¹⁸ Cuando yo decía: Mi pie resbala,
Tu misericordia, oh Jehová, me
sustentaba.
¹⁹ En la multitud de mis pensamientos
dentro de mí,
Tus consolaciones alegraban mi alma.
²⁰ ¿Se juntará contigo el trono de
iniquidades
Que hace agravio bajo forma de ley?
²¹ Se juntan contra la vida del justo,
Y condenan la sangre inocente.
²² Mas Jehová me ha sido por refugio,
Y mi Dios por roca de mi confianza.
²³ Y él hará volver sobre ellos su iniquidad,
Y los destruirá en su propia maldad;
Los destruirá Jehová nuestro Dios.

Cántico de alabanza y de adoración

95 ¹ Venid, aclamemos alegremente
a Jehová;
Cantemos con júbilo a la roca de
nuestra salvación.
² Lleguemos ante su presencia con
alabanza;
Aclamémosle con cánticos.
³ Porque Jehová es Dios grande,
Y Rey grande sobre todos los dioses.
⁴ Porque en su mano están las
profundidades de la tierra,
Y las alturas de los montes son suyas.

---

a **94.11** 1 Co 3.20.

⁵ Suyo también el mar, pues él lo hizo;
  Y sus manos formaron la tierra seca.

⁶ Venid, adoremos y postrémonos;
  Arrodillémonos delante de Jehová
    nuestro Hacedor.
⁷ Porque él es nuestro Dios;
  Nosotros el pueblo de su prado, y
    ovejas de su mano.

  Si oyereis hoy su voz,
⁸ No endurezcáis vuestro corazón,ᵃ
    como en Meriba,
  Como en el día de Masah en el
    desierto,
⁹ Donde me tentaron vuestros padres,
  Me probaron,ᵇ y vieron mis obras.
¹⁰ Cuarenta años estuve disgustado con
    la nación,
  Y dije: Pueblo es que divaga de
    corazón,
  Y no han conocido mis caminos.
¹¹ Por tanto, juré en mi furor
  Que no entrarían en mi reposo.ᶜ,ᵈ

Cántico de alabanza
(1 Cr 16.23-33)

96 ¹ Cantad a Jehová cántico nuevo;
  Cantad a Jehová, toda la tierra.
² Cantad a Jehová, bendecid su
    nombre;
  Anunciad de día en día su salvación.
³ Proclamad entre las naciones su
    gloria,
  En todos los pueblos sus maravillas.
⁴ Porque grande es Jehová, y digno de
    suprema alabanza;
  Temible sobre todos los dioses.
⁵ Porque todos los dioses de los pueblos
    son ídolos;
  Pero Jehová hizo los cielos.
⁶ Alabanza y magnificencia delante de él;
  Poder y gloria en su santuario.

⁷ Tributad a Jehová, oh familias de los
    pueblos,
  Dad a Jehová la gloria y el poder.
⁸ Dad a Jehová la honra debida a su
    nombre;
  Traed ofrendas, y venid a sus atrios.

⁹ Adorad a Jehová en la hermosura de
    la santidad;ᵃ
  Temed delante de él, toda la tierra.

¹⁰ Decid entre las naciones: Jehová
    reina.
  También afirmó el mundo, no será
    conmovido;
  Juzgará a los pueblos en justicia.
¹¹ Alégrense los cielos, y gócese
    la tierra;
  Brame el mar y su plenitud.
¹² Regocíjese el campo, y todo lo que en
    él está;
  Entonces todos los árboles del bosque
    rebosarán de contento,
¹³ Delante de Jehová que vino;
  Porque vino a juzgar la tierra.
  Juzgará al mundo con justicia,
  Y a los pueblos con su verdad.

El dominio y el poder de Jehová

97 ¹ Jehová reina; regocíjese la tierra,
  Alégrense las muchas costas.
² Nubes y oscuridad alrededor de él;
  Justicia y juicio son el cimiento de su
    trono.
³ Fuego irá delante de él,
  Y abrasará a sus enemigos alrededor.
⁴ Sus relámpagos alumbraron el
    mundo;
  La tierra vio y se estremeció.
⁵ Los montes se derritieron como cera
    delante de Jehová,
  Delante del Señor de toda la tierra.

⁶ Los cielos anunciaron su justicia,
  Y todos los pueblos vieron su gloria.
⁷ Avergüéncense todos los que sirven a
    las imágenes de talla,
  Los que se glorían en los ídolos.
  Póstrense a él todos los dioses.
⁸ Oyó Sion, y se alegró;
  Y las hijas de Judá,
  Oh Jehová, se gozaron por tus juicios.
⁹ Porque tú, Jehová, eres excelso sobre
    toda la tierra;
  Eres muy exaltado sobre todos los
    dioses.

¹⁰ Los que amáis a Jehová, aborreced el
    mal;
  Él guarda las almas de sus santos;

---

a **95.7, 8** Heb 3.15; 4.7.   b **95.8, 9** Éx 17.1-7; Nm 20.2-13.
c **95.11** Nm 14.26-35; Dt 1.34-36; Heb 4.3, 5.
d **95.7-11** Heb 3.7-11.   a **96.7-9** Sal 29.1, 2.

De mano de los impíos los libra.
11 Luz está sembrada para el justo,
Y alegría para los rectos de corazón.
12 Alegraos, justos, en Jehová,
Y alabad la memoria de su santidad.

Alabanza por la justicia de Dios
Salmo.

98 1 Cantad a Jehová cántico nuevo,
Porque ha hecho maravillas;
Su diestra lo ha salvado, y su santo
brazo.
2 Jehová ha hecho notoria su salvación;
A vista de las naciones ha descubierto
su justicia.
3 Se ha acordado de su misericordia y
de su verdad para con la casa de
Israel;
Todos los términos de la tierra han
visto la salvación de nuestro Dios.

4 Cantad alegres a Jehová, toda la
tierra;
Levantad la voz, y aplaudid, y cantad
salmos.
5 Cantad salmos a Jehová con arpa;
Con arpa y voz de cántico.
6 Aclamad con trompetas y sonidos de
bocina,
Delante del rey Jehová.

7 Brame el mar y su plenitud,
El mundo y los que en él habitan;
8 Los ríos batan las manos,
Los montes todos hagan regocijo
9 Delante de Jehová, porque vino a
juzgar la tierra.
Juzgará al mundo con justicia,
Y a los pueblos con rectitud.

Fidelidad de Jehová para con Israel
99 1 Jehová reina; temblarán los
pueblos.
Él está sentado sobre los querubines,[a]
se conmoverá la tierra.
2 Jehová en Sion es grande,
Y exaltado sobre todos los pueblos.
3 Alaben tu nombre grande y temible;
Él es santo.
4 Y la gloria del rey ama el juicio;
Tú confirmas la rectitud;
Tú has hecho en Jacob juicio y
justicia.

5 Exaltad a Jehová nuestro Dios,
Y postraos ante el estrado de sus pies;
Él es santo.

6 Moisés y Aarón entre sus sacerdotes,
Y Samuel entre los que invocaron su
nombre;
Invocaban a Jehová, y él les respondía.
7 En columna de nube hablaba con ellos;[b]
Guardaban sus testimonios, y el
estatuto que les había dado.

8 Jehová Dios nuestro, tú les
respondías;
Les fuiste un Dios perdonador,
Y retribuidor de sus obras.
9 Exaltad a Jehová nuestro Dios,
Y postraos ante su santo monte,
Porque Jehová nuestro Dios es santo.

Exhortación a la gratitud
Salmo de alabanza.

100 1 Cantad alegres a Dios,
habitantes de toda la tierra.
2 Servid a Jehová con alegría;
Venid ante su presencia con regocijo.

3 Reconoced que Jehová es Dios;
Él nos hizo, y no nosotros a nosotros
mismos;
Pueblo suyo somos, y ovejas de su
prado.

4 Entrad por sus puertas con acción de
gracias,
Por sus atrios con alabanza;
Alabadle, bendecid su nombre.
5 Porque Jehová es bueno; para siempre
es su misericordia,[a]
Y su verdad por todas las
generaciones.

Promesa de vivir rectamente
Salmo de David.

101 1 Misericordia y juicio cantaré;
A ti cantaré yo, oh Jehová.
2 Entenderé el camino de la perfección
Cuando vengas a mí.

En la integridad de mi corazón
andaré en medio de mi casa.

a 99.1 Éx 25.22.   b 99.7 Éx 33.9.   a 100.5 1 Cr 16.34;
2 Cr 5.13; 7.3; Esd 3.11; Sal 106.1; 107.1; 118.1; 136.1; Jer 33.11.

³ No pondré delante de mis ojos cosa
    injusta.

Aborrezco la obra de los que se
    desvían;
Ninguno de ellos se acercará a mí.
⁴ Corazón perverso se apartará de mí;
No conoceré al malvado.

⁵ Al que solapadamente infama a su
    prójimo, yo lo destruiré;
No sufriré al de ojos altaneros y de
    corazón vanidoso.

⁶ Mis ojos pondré en los fieles de la
    tierra, para que estén conmigo;
El que ande en el camino de la
    perfección, éste me servirá.

⁷ No habitará dentro de mi casa el que
    hace fraude;
El que habla mentiras no se afirmará
    delante de mis ojos.

⁸ De mañana destruiré a todos los
    impíos de la tierra,
Para exterminar de la ciudad de
    Jehová a todos los que hagan
    iniquidad.

Oración de un afligido

*Oración del que sufre, cuando
está angustiado, y delante de
Jehová derrama su lamento.*

102

¹ Jehová, escucha mi oración,
    Y llegue a ti mi clamor.
² No escondas de mí tu rostro en el día
    de mi angustia;
Inclina a mí tu oído;
Apresúrate a responderme el día que
    te invocare.

³ Porque mis días se han consumido
    como humo,
Y mis huesos cual tizón están
    quemados.
⁴ Mi corazón está herido, y seco como
    la hierba,
Por lo cual me olvido de comer mi
    pan.
⁵ Por la voz de mi gemido
Mis huesos se han pegado a mi
    carne.

⁶ Soy semejante al pelícano del
    desierto;
Soy como el búho de las soledades;
⁷ Velo, y soy
Como el pájaro solitario sobre el
    tejado.
⁸ Cada día me afrentan mis enemigos;
Los que contra mí se enfurecen, se
    han conjurado contra mí.
⁹ Por lo cual yo como ceniza a manera
    de pan,
Y mi bebida mezclo con lágrimas,
¹⁰ A causa de tu enojo y de tu ira;
Pues me alzaste, y me has arrojado.
¹¹ Mis días son como sombra que se va,
Y me he secado como la hierba.

¹² Mas tú, Jehová, permanecerás para
    siempre,
Y tu memoria de generación en
    generación.
¹³ Te levantarás y tendrás misericordia
    de Sion,
Porque es tiempo de tener
    misericordia de ella, porque el
    plazo ha llegado.
¹⁴ Porque tus siervos aman sus piedras,
Y del polvo de ella tienen compasión.
¹⁵ Entonces las naciones temerán el
    nombre de Jehová,
Y todos los reyes de la tierra tu
    gloria;
¹⁶ Por cuanto Jehová habrá edificado a
    Sion,
Y en su gloria será visto;
¹⁷ Habrá considerado la oración de los
    desvalidos,
Y no habrá desechado el ruego de
    ellos.
¹⁸ Se escribirá esto para la generación
    venidera;
Y el pueblo que está por nacer
    alabará a JAH,
¹⁹ Porque miró desde lo alto de su
    santuario;
Jehová miró desde los cielos a la
    tierra,
²⁰ Para oír el gemido de los presos,
Para soltar a los sentenciados a
    muerte;
²¹ Para que publique en Sion el nombre
    de Jehová,
Y su alabanza en Jerusalén,

²² Cuando los pueblos y los reinos se
  congreguen
En uno para servir a Jehová.

²³ Él debilitó mi fuerza en el camino;
Acortó mis días.
²⁴ Dije: Dios mío, no me cortes en la
  mitad de mis días;
Por generación de generaciones son
  tus años.

²⁵ Desde el principio tú fundaste la
  tierra,
Y los cielos son obra de tus manos.
²⁶ Ellos perecerán, mas tú
  permanecerás;
Y todos ellos como una vestidura se
  envejecerán;
Como un vestido los mudarás, y
  serán mudados;
²⁷ Pero tú eres el mismo,
Y tus años no se acabarán.ª
²⁸ Los hijos de tus siervos habitarán
  seguros,
Y su descendencia será establecida
  delante de ti.

Alabanza por las bendiciones de Dios
Salmo de David.

103
¹ Bendice, alma mía, a Jehová,
Y bendiga todo mi ser su santo
  nombre.
² Bendice, alma mía, a Jehová,
Y no olvides ninguno de sus
  beneficios.
³ Él es quien perdona todas tus
  iniquidades,
El que sana todas tus dolencias;
⁴ El que rescata del hoyo tu vida,
El que te corona de favores y
  misericordias;
⁵ El que sacia de bien tu boca
De modo que te rejuvenezcas como
  el águila.

⁶ Jehová es el que hace justicia
Y derecho a todos los que padecen
  violencia.
⁷ Sus caminos notificó a Moisés,
Y a los hijos de Israel sus obras.
⁸ Misericordioso y clemente es Jehová;ª
Lento para la ira, y grande en
  misericordia.

⁹ No contenderá para siempre,
Ni para siempre guardará el enojo.
¹⁰ No ha hecho con nosotros conforme
  a nuestras iniquidades,
Ni nos ha pagado conforme a
  nuestros pecados.
¹¹ Porque como la altura de los cielos
  sobre la tierra,
Engrandeció su misericordia sobre los
  que le temen.
¹² Cuanto está lejos el oriente del
  occidente,
Hizo alejar de nosotros nuestras
  rebeliones.
¹³ Como el padre se compadece de los
  hijos,
Se compadece Jehová de los que le
  temen.
¹⁴ Porque él conoce nuestra condición;
Se acuerda de que somos polvo.

¹⁵ El hombre, como la hierba son sus
  días;
Florece como la flor del campo,
¹⁶ Que pasó el viento por ella, y pereció,
Y su lugar no la conocerá más.
¹⁷ Mas la misericordia de Jehová es
  desde la eternidad y hasta la
  eternidad sobre los que le temen,
Y su justicia sobre los hijos de los hijos;
¹⁸ Sobre los que guardan su pacto,
Y los que se acuerdan de sus
  mandamientos para ponerlos por
  obra.

¹⁹ Jehová estableció en los cielos su
  trono,
Y su reino domina sobre todos.
²⁰ Bendecid a Jehová, vosotros sus
  ángeles,
Poderosos en fortaleza, que ejecutáis
  su palabra,
Obedeciendo a la voz de su precepto.
²¹ Bendecid a Jehová, vosotros todos sus
  ejércitos,
Ministros suyos, que hacéis su
  voluntad.
²² Bendecid a Jehová, vosotras todas sus
  obras,
En todos los lugares de su señorío.
Bendice, alma mía, a Jehová.

ª **102.25-27** Heb 1.10-12.   ª **103.8** Stg 5.11.

Dios cuida de su creación

104 ¹ Bendice, alma mía, a Jehová.
Jehová Dios mío, mucho te has
engrandecido;
Te has vestido de gloria y de
magnificencia.
² El que se cubre de luz como de
vestidura,
Que extiende los cielos como una
cortina,
³ Que establece sus aposentos entre
las aguas,
El que pone las nubes por su carroza,
El que anda sobre las alas del viento;
⁴ El que hace a los vientos sus
mensajeros,
Y a las flamas de fuego sus ministros.ª

⁵ Él fundó la tierra sobre sus cimientos;
No será jamás removida.
⁶ Con el abismo, como con vestido, la
cubriste;
Sobre los montes estaban las aguas.
⁷ A tu reprensión huyeron;
Al sonido de tu trueno se
apresuraron;
⁸ Subieron los montes, descendieron
los valles,
Al lugar que tú les fundaste.
⁹ Les pusiste término, el cual no
traspasarán,
Ni volverán a cubrir la tierra.

¹⁰ Tú eres el que envía las fuentes por
los arroyos;
   Van entre los montes;
¹¹ Dan de beber a todas las bestias del
campo;
Mitigan su sed los asnos monteses.
¹² A sus orillas habitan las aves de los
cielos;
Cantan entre las ramas.
¹³ Él riega los montes desde sus
aposentos;
Del fruto de sus obras se sacia
la tierra.

¹⁴ Él hace producir el heno para las
bestias,
Y la hierba para el servicio del hombre,
Sacando el pan de la tierra,

¹⁵ Y el vino que alegra el corazón del
hombre,
El aceite que hace brillar el rostro,
Y el pan que sustenta la vida del
hombre.
¹⁶ Se llenan de savia los árboles de
Jehová,
Los cedros del Líbano que él plantó.
¹⁷ Allí anidan las aves;
En las hayas hace su casa la cigüeña.
¹⁸ Los montes altos para las cabras
monteses;
Las peñas, madrigueras para los
conejos.
¹⁹ Hizo la luna para los tiempos;
El sol conoce su ocaso.
²⁰ Pones las tinieblas, y es la noche;
En ella corretean todas las bestias de
la selva.
²¹ Los leoncillos rugen tras la presa,
Y para buscar de Dios su comida.
²² Sale el sol, se recogen,
Y se echan en sus cuevas.
²³ Sale el hombre a su labor,
Y a su labranza hasta la tarde.

²⁴ ¡Cuán innumerables son tus obras,
oh Jehová!
Hiciste todas ellas con sabiduría;
La tierra está llena de tus beneficios.
²⁵ He allí el grande y anchuroso mar,
En donde se mueven seres
innumerables,
Seres pequeños y grandes.
²⁶ Allí andan las naves;
Allí este leviatánᵇ que hiciste para
que jugase en él.

²⁷ Todos ellos esperan en ti,
Para que les des su comida a su
tiempo.
²⁸ Les das, recogen;
Abres tu mano, se sacian de bien.
²⁹ Escondes tu rostro, se turban;
Les quitas el hálito, dejan de ser,
Y vuelven al polvo.
³⁰ Envías tu Espíritu, son creados,
Y renuevas la faz de la tierra.

³¹ Sea la gloria de Jehová para siempre;
Alégrese Jehová en sus obras.
³² Él mira a la tierra, y ella tiembla;
Toca los montes, y humean.

---

a 104.4 Heb 1.7.   **b 104.26** Job 41.1; Sal 74.14; Is 27.1.

³³ A Jehová cantaré en mi vida;
A mi Dios cantaré salmos mientras
    viva.
³⁴ Dulce será mi meditación en él;
Yo me regocijaré en Jehová.
³⁵ Sean consumidos de la tierra los
    pecadores,
Y los impíos dejen de ser.
Bendice, alma mía, a Jehová.
Aleluya.

Maravillas de Jehová a favor de Israel
(1 Cr 16.7-22)

105
¹ Alabad a Jehová, invocad su
    nombre;
Dad a conocer sus obras en los
    pueblos.
² Cantadle, cantadle salmos;
Hablad de todas sus maravillas.
³ Gloriaos en su santo nombre;
Alégrese el corazón de los que
    buscan a Jehová.
⁴ Buscad a Jehová y su poder;
Buscad siempre su rostro.
⁵ Acordaos de las maravillas que él ha
    hecho,
De sus prodigios y de los juicios de
    su boca,
⁶ Oh vosotros, descendencia de
    Abraham su siervo,
Hijos de Jacob, sus escogidos.

⁷ Él es Jehová nuestro Dios;
En toda la tierra están sus juicios.
⁸ Se acordó para siempre de su pacto;
De la palabra que mandó para mil
    generaciones,
⁹ La cual concertó con Abraham,^a
Y de su juramento a Isaac.^b
¹⁰ La estableció a Jacob por decreto,
A Israel por pacto sempiterno,
¹¹ Diciendo: A ti te daré la tierra de
    Canaán
Como porción de vuestra heredad.^c
¹² Cuando ellos eran pocos en número,
Y forasteros en ella,
¹³ Y andaban de nación en nación,
De un reino a otro pueblo,
¹⁴ No consintió que nadie los agraviase,
Y por causa de ellos castigó a los
    reyes.
¹⁵ No toquéis, dijo, a mis ungidos,
Ni hagáis mal a mis profetas.^d

¹⁶ Trajo hambre sobre la tierra,
Y quebrantó todo sustento de pan.^e
¹⁷ Envió un varón delante de ellos;
A José, que fue vendido por siervo.^f
¹⁸ Afligieron sus pies con grillos;
En cárcel fue puesta su persona.
¹⁹ Hasta la hora que se cumplió su
    palabra,
El dicho de Jehová le probó.^g
²⁰ Envió el rey, y le soltó;
El señor de los pueblos, y le dejó ir
    libre.^h
²¹ Lo puso por señor de su casa,
Y por gobernador de todas sus
    posesiones,ⁱ
²² Para que reprimiera a sus grandes
    como él quisiese,
Y a sus ancianos enseñara sabiduría.

²³ Después entró Israel en Egipto,^j
Y Jacob moró en la tierra de Cam.^k
²⁴ Y multiplicó su pueblo en gran
    manera,
Y lo hizo más fuerte que sus
    enemigos.
²⁵ Cambió el corazón de ellos para que
    aborreciesen a su pueblo,
Para que contra sus siervos pensasen
    mal.^l

²⁶ Envió a su siervo Moisés,
Y a Aarón, al cual escogió.^m
²⁷ Puso en ellos las palabras de sus
    señales,
Y sus prodigios en la tierra de Cam.
²⁸ Envió tinieblas que lo oscurecieron
    todo;ⁿ
No fueron rebeldes a su palabra.
²⁹ Volvió sus aguas en sangre,
Y mató sus peces.^o
³⁰ Su tierra produjo ranas
Hasta en las cámaras de sus reyes.^p
³¹ Habló, y vinieron enjambres de
    moscas,^q
Y piojos^r en todos sus términos.
³² Les dio granizo por lluvia,
Y llamas de fuego en su tierra.

a 105.9 Gn 12.7; 17.8.   b 105.9 Gn 26.3.   c 105.10, 11 Gn 28.13.
d 105.14, 15 Gn 20.3-7.   e 105.16 Gn 41.53-57.
f 105.17 Gn 37.28; 45.5.   g 105.18, 19 Gn 39.20—40.23.
h 105.20 Gn 41.14.   i 105.21 Gn 41.39-41.
j 105.23 Gn 46.6.   k 105.23 Gn 47.11.   l 105.24, 25 Éx 1.7-14.
m 105.26 Éx 3.1—4.17.   n 105.28 Éx 10.21-23.
o 105.29 Éx 7.17-21.   p 105.30 Éx 8.1-6.   q 105.31 Éx 8.20-24.
r 105.31 Éx 8.16, 17.

33 Destrozó sus viñas y sus higueras,
Y quebró los árboles de su territorio.ˢ
34 Habló, y vinieron langostas,
Y pulgón sin número;
35 Y comieron toda la hierba de su país,
Y devoraron el fruto de su tierra.ᵗ
36 Hirió de muerte a todos los
primogénitos en su tierra,
Las primicias de toda su fuerza.ᵘ

37 Los sacó con plata y oro;
Y no hubo en sus tribus enfermo.
38 Egipto se alegró de que salieran,
Porque su terror había caído sobre
ellos.ᵛ
39 Extendió una nube por cubierta,
Y fuego para alumbrar la noche.ʷ
40 Pidieron, e hizo venir codornices;
Y los sació de pan del cielo.ˣ
41 Abrió la peña, y fluyeron aguas;
Corrieron por los sequedales como
un río.ʸ
42 Porque se acordó de su santa palabra
Dada a Abraham su siervo.

43 Sacó a su pueblo con gozo;
Con júbilo a sus escogidos.
44 Les dio las tierras de las naciones,ᶻ
Y las labores de los pueblos
heredaron;
45 Para que guardasen sus estatutos,
Y cumpliesen sus leyes.
Aleluya.

La rebeldía de Israel

106
1 Aleluya.
Alabad a Jehová, porque él es
bueno;
Porque para siempre es su
misericordia.ᵃ
2 ¿Quién expresará las poderosas obras
de Jehová?
¿Quién contará sus alabanzas?
3 Dichosos los que guardan juicio,
Los que hacen justicia en todo
tiempo.

4 Acuérdate de mí, oh Jehová, según
tu benevolencia para con tu
pueblo;
Visítame con tu salvación,
5 Para que yo vea el bien de tus
escogidos,
Para que me goce en la alegría de tu
nación,
Y me gloríe con tu heredad.

6 Pecamos nosotros, como nuestros
padres;
Hicimos iniquidad, hicimos
impiedad.
7 Nuestros padres en Egipto no
entendieron tus maravillas;
No se acordaron de la muchedumbre
de tus misericordias,
Sino que se rebelaron junto al mar, el
Mar Rojo.ᵇ
8 Pero él los salvó por amor de su
nombre,
Para hacer notorio su poder.
9 Reprendió al Mar Rojo y lo secó,ᶜ
Y les hizo ir por el abismo como por
un desierto.
10 Los salvó de mano del enemigo,
Y los rescató de mano del adversario.
11 Cubrieron las aguas a sus enemigos;
No quedó ni uno de ellos.
12 Entonces creyeron a sus palabras
Y cantaron su alabanza.ᵈ

13 Bien pronto olvidaron sus obras;
No esperaron su consejo.
14 Se entregaron a un deseo
desordenado en el desierto;
Y tentaron a Dios en la soledad.
15 Y él les dio lo que pidieron;
Mas envió mortandad sobre ellos.ᵉ

16 Tuvieron envidia de Moisés en el
campamento,
Y contra Aarón, el santo de Jehová.
17 Entonces se abrió la tierra y tragó a
Datán,
Y cubrió la compañía de Abiram.
18 Y se encendió fuego en su junta;
La llama quemó a los impíos.ᶠ

19 Hicieron becerro en Horeb,
Se postraron ante una imagen de
fundición.ᵍ

---

s **105.32, 33** Éx 9.22-25.   t **105.34, 35** Éx 10.12-15.
u **105.36** Éx 12.29.   v **105.37, 38** Éx 12.33-36.
w **105.39** Éx 13.21, 22.   x **105.40** Éx 16.2-15.
y **105.41** Éx 17.1-7; Nm 20.2-13.   z **105.44** Jos 11.16-23.
a **106.1** 1 Cr 16.34; 2 Cr 5.13; 7.3; Esd 3.11; Sal 100.5; 107.1;
118.1; 136.1; Jer 33.11.   b **106.7** Éx 14.10-12.
c **106.9-12** Éx 14.21-31.   d **106.12** Éx 15.1-21.
e **106.14, 15** Nm 11.4-34.   f **106.16-18** Nm 16.1-35.
g **106.19-23** Éx 32.1-14.

20 Así cambiaron su gloria
Por la imagen de un buey que come
hierba.
21 Olvidaron al Dios de su salvación,
Que había hecho grandezas en
Egipto,
22 Maravillas en la tierra de Cam,
Cosas formidables sobre el Mar Rojo.
23 Y trató de destruirlos,
De no haberse interpuesto Moisés su
escogido delante de él,
A fin de apartar su indignación para
que no los destruyese.

24 Pero aborrecieron la tierra deseable;
No creyeron a su palabra,
25 Antes murmuraron en sus tiendas,
Y no oyeron la voz de Jehová.
26 Por tanto, alzó su mano contra ellos
Para abatirlos en el desierto,[h]
27 Y humillar su pueblo entre las
naciones,
Y esparcirlos por las tierras.[i]

28 Se unieron asimismo a Baal-peor,
Y comieron los sacrificios de los
muertos.
29 Provocaron la ira de Dios con sus
obras,
Y se desarrolló la mortandad entre
ellos.
30 Entonces se levantó Finees e hizo
juicio,
Y se detuvo la plaga;
31 Y le fue contado por justicia
De generación en generación para
siempre.[j]

32 También le irritaron en las aguas de
Meriba;
Y le fue mal a Moisés por causa de
ellos,
33 Porque hicieron rebelar a su espíritu,
Y habló precipitadamente con sus
labios.[k]
34 No destruyeron a los pueblos
Que Jehová les dijo;
35 Antes se mezclaron con las naciones,
Y aprendieron sus obras,
36 Y sirvieron a sus ídolos,
Los cuales fueron causa de su ruina.[l]
37 Sacrificaron sus hijos y sus hijas a los
demonios,[m]

38 Y derramaron la sangre inocente, la
sangre de sus hijos y de sus hijas,
Que ofrecieron en sacrificio a los
ídolos de Canaán,
Y la tierra fue contaminada con sangre.[n]
39 Se contaminaron así con sus obras,
Y se prostituyeron con sus hechos.

40 Se encendió, por tanto, el furor de
Jehová sobre su pueblo,
Y abominó su heredad;
41 Los entregó en poder de las naciones,
Y se enseñorearon de ellos los que les
aborrecían.
42 Sus enemigos los oprimieron,
Y fueron quebrantados debajo de su
mano.
43 Muchas veces los libró;
Mas ellos se rebelaron contra su
consejo,
Y fueron humillados por su maldad.
44 Con todo, él miraba cuando estaban
en angustia,
Y oía su clamor;
45 Y se acordaba de su pacto con ellos,
Y se arrepentía conforme a
la muchedumbre de sus
misericordias.
46 Hizo asimismo que tuviesen de ellos
misericordia todos los que los
tenían cautivos.[o]

47 Sálvanos, Jehová Dios nuestro,
Y recógenos de entre las naciones,
Para que alabemos tu santo nombre,
Para que nos gloriemos en tus
alabanzas.

48 Bendito Jehová Dios de Israel,
Desde la eternidad y hasta la eternidad;
Y diga todo el pueblo, Amén.
Aleluya.[p]

LIBRO V

Dios libra de la aflicción

107 1 Alabad a Jehová, porque él es
bueno;

h 106.24-26 Nm 14.1-35.　i 106.27 Lv 26.33.
j 106.28-31 Nm 25.1-13.　k 106.32, 33 Nm 20.2-13.
l 106.34-36 Jue 2.1-3; 3.5, 6.　m 106.37 2 R 17.17.
n 106.38 Nm 35.33.　o 106.40-46 Jue 2.14-18.
p 106.47, 48 1 Cr 16.35, 36.

Porque para siempre es su
miseria.[a]

2 Díganlo los redimidos de Jehová,
Los que ha redimido del poder del
enemigo,

3 Y los ha congregado de las tierras,
Del oriente y del occidente,
Del norte y del sur.

4 Anduvieron perdidos por el desierto,
por la soledad sin camino,
Sin hallar ciudad en donde vivir.

5 Hambrientos y sedientos,
Su alma desfallecía en ellos.

6 Entonces clamaron a Jehová en su
angustia,
Y los libró de sus aflicciones.

7 Los dirigió por camino derecho,
Para que viniesen a ciudad habitable.

8 Alaben la misericordia de Jehová,
Y sus maravillas para con los hijos de
los hombres.

9 Porque sacia al alma menesterosa,
Y llena de bien al alma hambrienta.

10 Algunos moraban en tinieblas y
sombra de muerte,
Aprisionados en aflicción y en hierros,

11 Por cuanto fueron rebeldes a las
palabras de Jehová,
Y aborrecieron el consejo del
Altísimo.

12 Por eso quebrantó con el trabajo sus
corazones;
Cayeron, y no hubo quien los
ayudase.

13 Luego que clamaron a Jehová en su
angustia,
Los libró de sus aflicciones;

14 Los sacó de las tinieblas y de la
sombra de muerte,
Y rompió sus prisiones.

15 Alaben la misericordia de Jehová,
Y sus maravillas para con los hijos de
los hombres.

16 Porque quebrantó las puertas de
bronce,
Y desmenuzó los cerrojos de hierro.

17 Fueron afligidos los insensatos, a
causa del camino de su rebelión
Y a causa de sus maldades;

18 Su alma abominó todo alimento,
Y llegaron hasta las puertas de la
muerte.

19 Pero clamaron a Jehová en su
angustia,
Y los libró de sus aflicciones.

20 Envió su palabra, y los sanó,
Y los libró de su ruina.

21 Alaben la misericordia de Jehová,
Y sus maravillas para con los hijos de
los hombres;

22 Ofrezcan sacrificios de alabanza,
Y publiquen sus obras con júbilo.

23 Los que descienden al mar en naves,
Y hacen negocio en las muchas
aguas,

24 Ellos han visto las obras de Jehová,
Y sus maravillas en las
profundidades.

25 Porque habló, e hizo levantar un
viento tempestuoso,
Que encrespa sus ondas.

26 Suben a los cielos, descienden a los
abismos;
Sus almas se derriten con el mal.

27 Tiemblan y titubean como ebrios,
Y toda su ciencia es inútil.

28 Entonces claman a Jehová en su
angustia,
Y los libra de sus aflicciones.

29 Cambia la tempestad en sosiego,
Y se apaciguan sus ondas.

30 Luego se alegran, porque se
apaciguaron;
Y así los guía al puerto que deseaban.

31 Alaben la misericordia de Jehová,
Y sus maravillas para con los hijos de
los hombres.

32 Exáltenlo en la congregación del
pueblo,
Y en la reunión de ancianos lo alaben.

33 Él convierte los ríos en desierto,
Y los manantiales de las aguas en
sequedales;

34 La tierra fructífera en estéril,
Por la maldad de los que la habitan.

35 Vuelve el desierto en estanques de
aguas,
Y la tierra seca en manantiales.

36 Allí establece a los hambrientos,
Y fundan ciudad en donde vivir.

a 107.1 1 Cr 16.34; 2 Cr 5.13; 7.3; Esd 3.11; Sal 100.5; 106.1;
118.1; 136.1; Jer 33.11.

³⁷ Siembran campos, y plantan viñas,
Y rinden abundante fruto.
³⁸ Los bendice, y se multiplican en gran
manera;
Y no disminuye su ganado.

³⁹ Luego son menoscabados y abatidos
A causa de tiranía, de males y
congojas.
⁴⁰ Él esparce menosprecio sobre los
príncipes,
Y les hace andar perdidos,
vagabundos y sin camino.
⁴¹ Levanta de la miseria al pobre,
Y hace multiplicar las familias como
rebaños de ovejas.
⁴² Véanlo los rectos, y alégrense,
Y todos los malos cierren su boca.
⁴³ ¿Quién es sabio y guardará estas cosas,
Y entenderá las misericordias de
Jehová?

Petición de ayuda contra el enemigo
(Sal 57.7-11; 60.5-12)
Cántico. Salmo de David.

108 ¹ Mi corazón está dispuesto,
oh Dios;
Cantaré y entonaré salmos; ésta es
mi gloria.
² Despiértate, salterio y arpa;
Despertaré al alba.
³ Te alabaré, oh Jehová, entre los
pueblos;
A ti cantaré salmos entre las
naciones.
⁴ Porque más grande que los cielos es
tu misericordia,
Y hasta los cielos tu verdad.

⁵ Exaltado seas sobre los cielos,
oh Dios,
Y sobre toda la tierra sea enaltecida
tu gloria.
⁶ Para que sean librados tus amados,
Salva con tu diestra y respóndeme.

⁷ Dios ha dicho en su santuario: Yo me
alegraré;
Repartiré a Siquem, y mediré el valle
de Sucot.
⁸ Mío es Galaad, mío es Manasés,
Y Efraín es la fortaleza de mi cabeza;
Judá es mi legislador.

⁹ Moab, la vasija para lavarme;
Sobre Edom echaré mi calzado;
Me regocijaré sobre Filistea.

¹⁰ ¿Quién me guiará a la ciudad
fortificada?
¿Quién me guiará hasta Edom?
¹¹ ¿No serás tú, oh Dios, que nos habías
desechado,
Y no salías, oh Dios, con nuestros
ejércitos?
¹² Danos socorro contra el adversario,
Porque vana es la ayuda del hombre.
¹³ En Dios haremos proezas,
Y él hollará a nuestros enemigos.

Clamor de venganza
Al músico principal. Salmo de David.

109 ¹ Oh Dios de mi alabanza, no
calles;
² Porque boca de impío y boca de engañador
se han abierto contra mí;
Han hablado de mí con lengua
mentirosa;
³ Con palabras de odio me han
rodeado,
Y pelearon contra mí sin causa.
⁴ En pago de mi amor me han sido
adversarios;
Mas yo oraba.
⁵ Me devuelven mal por bien,
Y odio por amor.

⁶ Pon sobre él al impío,
Y Satanás esté a su diestra.
⁷ Cuando fuere juzgado, salga culpable;
Y su oración sea para pecado.
⁸ Sean sus días pocos;
Tome otro su oficio.[a]
⁹ Sean sus hijos huérfanos,
Y su mujer viuda.
¹⁰ Anden sus hijos vagabundos, y
mendiguen;
Y procuren su pan lejos de sus
desolados hogares.
¹¹ Que el acreedor se apodere de todo lo
que tiene,
Y extraños saqueen su trabajo.
¹² No tenga quien le haga misericordia,
Ni haya quien tenga compasión de
sus huérfanos.

---

a **109.8** Hch 1.20.

13 Su posteridad sea destruida;
En la segunda generación sea borrado
su nombre.
14 Venga en memoria ante Jehová la
maldad de sus padres,
Y el pecado de su madre no sea
borrado.
15 Estén siempre delante de Jehová,
Y él corte de la tierra su memoria,
16 Por cuanto no se acordó de hacer
misericordia,
Y persiguió al hombre afligido y
menesteroso,
Al quebrantado de corazón, para
darle muerte.
17 Amó la maldición, y ésta le sobrevino;
Y no quiso la bendición, y ella se
alejó de él.
18 Se vistió de maldición como de su
vestido,
Y entró como agua en sus entrañas,
Y como aceite en sus huesos.
19 Séale como vestido con que se cubra,
Y en lugar de cinto con que se ciña
siempre.

20 Sea éste el pago de parte de Jehová a
los que me calumnian,
Y a los que hablan mal contra mi
alma.
21 Y tú, Jehová, Señor mío, favoréceme
por amor de tu nombre;
Líbrame, porque tu misericordia es
buena.
22 Porque yo estoy afligido y necesitado,
Y mi corazón está herido dentro de mí.
23 Me voy como la sombra cuando
declina;
Soy sacudido como langosta.
24 Mis rodillas están debilitadas a causa
del ayuno,
Y mi carne desfallece por falta de
gordura.
25 Yo he sido para ellos objeto de
oprobio;
Me miraban, y burlándose meneaban
su cabeza.[b]

26 Ayúdame, Jehová Dios mío;
Sálvame conforme a tu misericordia.

27 Y entiendan que ésta es tu mano;
Que tú, Jehová, has hecho esto.
28 Maldigan ellos, pero bendice tú;
Levántense, mas sean avergonzados,
y regocíjese tu siervo.
29 Sean vestidos de ignominia los que
me calumnian;
Sean cubiertos de confusión como
con manto.

30 Yo alabaré a Jehová en gran manera
con mi boca,
Y en medio de muchos le alabaré.
31 Porque él se pondrá a la diestra del
pobre,
Para librar su alma de los que le juzgan.

Jehová da dominio al rey
Salmo de David.

110 1 Jehová dijo a mi Señor:
Siéntate a mi diestra,
Hasta que ponga a tus enemigos por
estrado de tus pies.[a]

2 Jehová enviará desde Sion la vara de
tu poder;
Domina en medio de tus enemigos.
3 Tu pueblo se te ofrecerá
voluntariamente en el día de tu
poder,
En la hermosura de la santidad.
Desde el seno de la aurora
Tienes tú el rocío de tu juventud.
4 Juró Jehová, y no se arrepentirá:
Tú eres sacerdote para siempre
Según el orden de Melquisedec.[b]

5 El Señor está a tu diestra;
Quebrantará a los reyes en el día de
su ira.
6 Juzgará entre las naciones,
Las llenará de cadáveres;
Quebrantará las cabezas en muchas
tierras.
7 Del arroyo beberá en el camino,
Por lo cual levantará la cabeza.

Dios cuida de su pueblo
Aleluya.

111 1 Alabaré a Jehová con todo el
corazón
En la compañía y congregación de los
rectos.

---

b **109.25** Mt 27.39; Mr 15.29.   a **110.1** Mt 22.44; Mr 12.36;
Lc 20.42, 43; Hch 2.34, 35; 1 Co 15.25; Ef 1.20-22; Col 3.1;
Heb 1.13; 8.1; 10.12, 13.   b **110.4** Heb 5.6; 6.20; 7.17, 21.

2 Grandes son las obras de Jehová,
Buscadas de todos los que las quieren.
3 Gloria y hermosura es su obra,
Y su justicia permanece para siempre.
4 Ha hecho memorables sus maravillas;
Clemente y misericordioso es Jehová.
5 Ha dado alimento a los que le temen;
Para siempre se acordará de su pacto.
6 El poder de sus obras manifestó a su
pueblo,
Dándole la heredad de las naciones.
7 Las obras de sus manos son verdad y
juicio;
Fieles son todos sus mandamientos,
8 Afirmados eternamente y para
siempre,
Hechos en verdad y en rectitud.
9 Redención ha enviado a su pueblo;
Para siempre ha ordenado su pacto;
Santo y temible es su nombre.
10 El principio de la sabiduría es el
temor de Jehová;[a]
Buen entendimiento tienen todos los
que practican sus mandamientos;
Su loor permanece para siempre.

Prosperidad del que teme a Jehová

Aleluya.

112 1 Bienaventurado el hombre que
teme a Jehová,
Y en sus mandamientos se deleita en
gran manera.
2 Su descendencia será poderosa en la
tierra;
La generación de los rectos será
bendita.
3 Bienes y riquezas hay en su casa,
Y su justicia permanece para siempre.
4 Resplandeció en las tinieblas luz a los
rectos;
Es clemente, misericordioso y justo.
5 El hombre de bien tiene misericordia,
y presta;
Gobierna sus asuntos con juicio.
6 Por lo cual no resbalará jamás;
En memoria eterna será el justo.
7 No tendrá temor de malas noticias;
Su corazón está firme, confiado en
Jehová.
8 Asegurado está su corazón; no
temerá,
Hasta que vea en sus enemigos su
deseo.

9 Reparte, da a los pobres;
Su justicia permanece para siempre;[a]
Su poder será exaltado en gloria.
10 Lo verá el impío y se irritará;
Crujirá los dientes, y se consumirá.
El deseo de los impíos perecerá.

Dios levanta al pobre

Aleluya.

113 1 Alabad, siervos de Jehová,
Alabad el nombre de Jehová.

2 Sea el nombre de Jehová bendito
Desde ahora y para siempre.
3 Desde el nacimiento del sol hasta
donde se pone,
Sea alabado el nombre de Jehová.
4 Excelso sobre todas las naciones es
Jehová,
Sobre los cielos su gloria.

5 ¿Quién como Jehová nuestro Dios,
Que se sienta en las alturas,
6 Que se humilla a mirar
En el cielo y en la tierra?
7 Él levanta del polvo al pobre,
Y al menesteroso alza del muladar,
8 Para hacerlos sentar con los
príncipes,
Con los príncipes de su pueblo.
9 Él hace habitar en familia a la estéril,
Que se goza en ser madre de hijos.
Aleluya.

Las maravillas del Éxodo

114 1 Cuando salió Israel de Egipto,[a]
La casa de Jacob del pueblo
extranjero,
2 Judá vino a ser su santuario,
E Israel su señorío.

3 El mar lo vio, y huyó;[b]
El Jordán se volvió atrás.[c]
4 Los montes saltaron como carneros,
Los collados como corderitos.

5 ¿Qué tuviste, oh mar, que huiste?
¿Y tú, oh Jordán, que te volviste atrás?
6 Oh montes, ¿por qué saltasteis como
carneros,
Y vosotros, collados, como corderitos?

---

a **111.10** Job 28.28; Pr 1.7; 9.10.   a **112.9** 2 Co 9.9.
a **114.1** Éx 12.51.   b **114.3** Éx 14.21.   c **114.3** Jos 3.16.

7 A la presencia de Jehová tiembla la
   tierra,
A la presencia del Dios de Jacob,
8 El cual cambió la peña en estanque
   de aguas,^d
Y en fuente de aguas la roca.

Dios y los ídolos

115 ¹ No a nosotros, oh Jehová, no a
      nosotros,
Sino a tu nombre da gloria,
Por tu misericordia, por tu verdad.
2 ¿Por qué han de decir las gentes:
   ¿Dónde está ahora su Dios?

3 Nuestro Dios está en los cielos;
   Todo lo que quiso ha hecho.
4 Los ídolos de ellos son plata y oro,
   Obra de manos de hombres.
5 Tienen boca, mas no hablan;
   Tienen ojos, mas no ven;
6 Orejas tienen, mas no oyen;
   Tienen narices, mas no huelen;
7 Manos tienen, mas no palpan;
   Tienen pies, mas no andan;
   No hablan con su garganta.
8 Semejantes a ellos son los que los
   hacen,
Y cualquiera que confía en ellos.^a

9 Oh Israel, confía en Jehová;
   Él es tu ayuda y tu escudo.
10 Casa de Aarón, confiad en Jehová;
   Él es vuestra ayuda y vuestro escudo.
11 Los que teméis a Jehová, confiad en
   Jehová;
   Él es vuestra ayuda y vuestro escudo.

12 Jehová se acordó de nosotros; nos
   bendecirá;
Bendecirá a la casa de Israel;
Bendecirá a la casa de Aarón.
13 Bendecirá a los que temen a Jehová,
   A pequeños y a grandes.^b

14 Aumentará Jehová bendición sobre
   vosotros;
Sobre vosotros y sobre vuestros hijos.
15 Benditos vosotros de Jehová,
   Que hizo los cielos y la tierra.

16 Los cielos son los cielos de Jehová;
   Y ha dado la tierra a los hijos de los
   hombres.
17 No alabarán los muertos a JAH,
   Ni cuantos descienden al silencio;
18 Pero nosotros bendeciremos a JAH
   Desde ahora y para siempre.
   Aleluya.

Acción de gracias por haber sido librado de la muerte

116 ¹ Amo a Jehová, pues ha oído
      Mi voz y mis súplicas;
2 Porque ha inclinado a mí su oído;
   Por tanto, le invocaré en todos mis
   días.
3 Me rodearon ligaduras de muerte,
   Me encontraron las angustias del Seol;
   Angustia y dolor había yo hallado.
4 Entonces invoqué el nombre de
   Jehová, diciendo:
   Oh Jehová, libra ahora mi alma.

5 Clemente es Jehová, y justo;
   Sí, misericordioso es nuestro Dios.
6 Jehová guarda a los sencillos;
   Estaba yo postrado, y me salvó.
7 Vuelve, oh alma mía, a tu reposo,
   Porque Jehová te ha hecho bien.

8 Pues tú has librado mi alma de la
   muerte,
Mis ojos de lágrimas,
Y mis pies de resbalar.
9 Andaré delante de Jehová
   En la tierra de los vivientes.
10 Creí; por tanto hablé,^a
   Estando afligido en gran manera.
11 Y dije en mi apresuramiento:
   Todo hombre es mentiroso.

12 ¿Qué pagaré a Jehová
   Por todos sus beneficios para conmigo?
13 Tomaré la copa de la salvación,
   E invocaré el nombre de Jehová.
14 Ahora pagaré mis votos a Jehová
   Delante de todo su pueblo.
15 Estimada es a los ojos de Jehová
   La muerte de sus santos.
16 Oh Jehová, ciertamente yo soy tu
   siervo,
Siervo tuyo soy, hijo de tu sierva;
Tú has roto mis prisiones.

---

^d **114.8** Éx 17.1-7; Nm 20.2-13.   ^a **115.4-8** Sal 135.15-18;
Ap 9.20.   ^b **115.13** Ap 11.18; 19.5.   ^a **116.10** 2 Co 4.13.

17 Te ofreceré sacrificio de alabanza,
E invocaré el nombre de Jehová.
18 A Jehová pagaré ahora mis votos
Delante de todo su pueblo,
19 En los atrios de la casa de Jehová,
En medio de ti, oh Jerusalén.
Aleluya.

Alabanza por la misericordia de Jehová

117 **1** Alabad a Jehová, naciones
todas;
Pueblos todos, alabadle.ᵃ
2 Porque ha engrandecido sobre
nosotros su misericordia,
Y la fidelidad de Jehová es para
siempre.
Aleluya.

Acción de gracias por la salvación recibida de Jehová

118 **1** Alabad a Jehová, porque él es
bueno;
Porque para siempre es su
misericordia.ᵃ

2 Diga ahora Israel,
Que para siempre es su misericordia.
3 Diga ahora la casa de Aarón,
Que para siempre es su misericordia.
4 Digan ahora los que temen a
Jehová,
Que para siempre es su misericordia.

5 Desde la angustia invoqué a JAH,
Y me respondió JAH, poniéndome en
lugar espacioso.
6 Jehová está conmigo; no temeré
Lo que me pueda hacer el hombre.ᵇ
7 Jehová está conmigo entre los que
me ayudan;
Por tanto, yo veré mi deseo en los
que me aborrecen.
8 Mejor es confiar en Jehová
Que confiar en el hombre.
9 Mejor es confiar en Jehová
Que confiar en príncipes.

10 Todas las naciones me rodearon;
Mas en el nombre de Jehová yo las
destruiré.
11 Me rodearon y me asediaron;
Mas en el nombre de Jehová yo las
destruiré.

12 Me rodearon como abejas; se
enardecieron como fuego de
espinos;
Mas en el nombre de Jehová yo las
destruiré.
13 Me empujaste con violencia para que
cayese,
Pero me ayudó Jehová.
14 Mi fortaleza y mi cántico es JAH,
Y él me ha sido por salvación.ᶜ

15 Voz de júbilo y de salvación hay en
las tiendas de los justos;
La diestra de Jehová hace proezas.
16 La diestra de Jehová es sublime;
La diestra de Jehová hace valentías.
17 No moriré, sino que viviré,
Y contaré las obras de JAH.
18 Me castigó gravemente JAH,
Mas no me entregó a la muerte.

19 Abridme las puertas de la justicia;
Entraré por ellas, alabaré a JAH.
20 Ésta es puerta de Jehová;
Por ella entrarán los justos.

21 Te alabaré porque me has oído,
Y me fuiste por salvación.
22 La piedra que desecharon los
edificadores
Ha venido a ser cabeza del ángulo.ᵈ
23 De parte de Jehová es esto,
Y es cosa maravillosa a nuestros ojos.ᵉ
24 Éste es el día que hizo Jehová;
Nos gozaremos y alegraremos en él.
25 Oh Jehová, sálvanosᶠ ahora, te ruego;
Te ruego, oh Jehová, que nos hagas
prosperar ahora.
26 Bendito el que viene en el nombre de
Jehová;ᵍ
Desde la casa de Jehová os
bendecimos.
27 Jehová es Dios, y nos ha dado luz;
Atad víctimas con cuerdas a los
cuernos del altar.

28 Mi Dios eres tú, y te alabaré;
Dios mío, te exaltaré.

a 117.1 Ro 15.11.   **a 118.1** 1 Cr 16.34; 2 Cr 5.13; 7.3;
Esd 3.11; Sal 100.5; 106.1; 107.1; 136.1; Jer 33.11.
b 118.6 Heb 13.6.   **c 118.14** Éx 15.2; Is 12.2.
d 118.22 Lc 20.17; Hch 4.11; 1 P 2.7.   **e 118.22, 23** Mt 21.42;
Mr 12.10, 11.   **f 118.25** Mt 21.9; Mr 11.9; Jn 12.13.
g 118.26 Mt 21.9; 23.39; Mr 11.10; Lc 13.35; 19.38; Jn 12.13.

29 Alabad a Jehová, porque él es bueno;
Porque para siempre es su
misericordia.

Excelencias de la ley de Dios

Alef

119 1 Bienaventurados los perfectos
de camino,
Los que andan en la ley de Jehová.
2 Bienaventurados los que guardan sus
testimonios,
Y con todo el corazón le buscan;
3 Pues no hacen iniquidad
Los que andan en sus caminos.
4 Tú encargaste
Que sean muy guardados tus
mandamientos.
5 ¡Ojalá fuesen ordenados mis caminos
Para guardar tus estatutos!
6 Entonces no sería yo avergonzado,
Cuando atendiese a todos tus
mandamientos.
7 Te alabaré con rectitud de corazón
Cuando aprendiere tus justos juicios.
8 Tus estatutos guardaré;
No me dejes enteramente.

Bet

9 ¿Con qué limpiará el joven su
camino?
Con guardar tu palabra.
10 Con todo mi corazón te he buscado;
No me dejes desviarme de tus
mandamientos.
11 En mi corazón he guardado tus
dichos,
Para no pecar contra ti.
12 Bendito tú, oh Jehová;
Enséñame tus estatutos.
13 Con mis labios he contado
Todos los juicios de tu boca.
14 Me he gozado en el camino de tus
testimonios
Más que de toda riqueza.
15 En tus mandamientos meditaré;
Consideraré tus caminos.
16 Me regocijaré en tus estatutos;
No me olvidaré de tus palabras.

Guímel

17 Haz bien a tu siervo; que viva,
Y guarde tu palabra.

18 Abre mis ojos, y miraré
Las maravillas de tu ley.
19 Forastero soy yo en la tierra;
No encubras de mí tus
mandamientos.
20 Quebrantada está mi alma de desear
Tus juicios en todo tiempo.
21 Reprendiste a los soberbios, los
malditos,
Que se desvían de tus mandamientos.
22 Aparta de mí el oprobio y el
menosprecio,
Porque tus testimonios he guardado.
23 Príncipes también se sentaron y
hablaron contra mí;
Mas tu siervo meditaba en tus
estatutos,
24 Pues tus testimonios son mis delicias
Y mis consejeros.

Dálet

25 Abatida hasta el polvo está mi alma;
Vivifícame según tu palabra.
26 Te he manifestado mis caminos, y me
has respondido;
Enséñame tus estatutos.
27 Hazme entender el camino de tus
mandamientos,
Para que medite en tus maravillas.
28 Se deshace mi alma de ansiedad;
Susténtame según tu palabra.
29 Aparta de mí el camino de la
mentira,
Y en tu misericordia concédeme
tu ley.
30 Escogí el camino de la verdad;
He puesto tus juicios delante de mí.
31 Me he apegado a tus testimonios;
Oh Jehová, no me avergüences.
32 Por el camino de tus mandamientos
correré,
Cuando ensanches mi corazón.

He

33 Enséñame, oh Jehová, el camino de
tus estatutos,
Y lo guardaré hasta el fin.
34 Dame entendimiento, y guardaré
tu ley,
Y la cumpliré de todo corazón.
35 Guíame por la senda de tus
mandamientos,
Porque en ella tengo mi voluntad.

36 Inclina mi corazón a tus testimonios,
Y no a la avaricia.
37 Aparta mis ojos, que no vean la
vanidad;
Avívame en tu camino.
38 Confirma tu palabra a tu siervo,
Que te teme.
39 Quita de mí el oprobio que he
temido,
Porque buenos son tus juicios.
40 He aquí yo he anhelado tus
mandamientos;
Vivifícame en tu justicia.

Vau

41 Venga a mí tu misericordia, oh
Jehová;
Tu salvación, conforme a tu dicho.
42 Y daré por respuesta a mi
avergonzador,
Que en tu palabra he confiado.
43 No quites de mi boca en ningún
tiempo la palabra de verdad,
Porque en tus juicios espero.
44 Guardaré tu ley siempre,
Para siempre y eternamente.
45 Y andaré en libertad,
Porque busqué tus mandamientos.
46 Hablaré de tus testimonios delante de
los reyes,
Y no me avergonzaré;
47 Y me regocijaré en tus
mandamientos,
Los cuales he amado.
48 Alzaré asimismo mis manos a tus
mandamientos que amé,
Y meditaré en tus estatutos.

Zain

49 Acuérdate de la palabra dada a tu
siervo,
En la cual me has hecho esperar.
50 Ella es mi consuelo en mi aflicción,
Porque tu dicho me ha vivificado.
51 Los soberbios se burlaron mucho de
mí,
Mas no me he apartado de tu ley.
52 Me acordé, oh Jehová, de tus juicios
antiguos,
Y me consolé.
53 Horror se apoderó de mí a causa de
los inicuos
Que dejan tu ley.

54 Cánticos fueron para mí tus estatutos
En la casa en donde fui extranjero.
55 Me acordé en la noche de tu nombre,
oh Jehová,
Y guardé tu ley.
56 Estas bendiciones tuve
Porque guardé tus mandamientos.

Chet

57 Mi porción es Jehová;
He dicho que guardaré tus palabras.
58 Tu presencia supliqué de todo
corazón;
Ten misericordia de mí según tu
palabra.
59 Consideré mis caminos,
Y volví mis pies a tus testimonios.
60 Me apresuré y no me retardé
En guardar tus mandamientos.
61 Compañías de impíos me han
rodeado,
Mas no me he olvidado de tu ley.
62 A medianoche me levanto para
alabarte
Por tus justos juicios.
63 Compañero soy yo de todos los que
te temen
Y guardan tus mandamientos.
64 De tu misericordia, oh Jehová, está
llena la tierra;
Enséñame tus estatutos.

Tet

65 Bien has hecho con tu siervo,
Oh Jehová, conforme a tu palabra.
66 Enséñame buen sentido y sabiduría,
Porque tus mandamientos he creído.
67 Antes que fuera yo humillado,
descarriado andaba;
Mas ahora guardo tu palabra.
68 Bueno eres tú, y bienhechor;
Enséñame tus estatutos.
69 Contra mí forjaron mentira los
soberbios,
Mas yo guardaré de todo corazón tus
mandamientos.
70 Se engrosó el corazón de ellos como
sebo,
Mas yo en tu ley me he regocijado.
71 Bueno me es haber sido humillado,
Para que aprenda tus estatutos.
72 Mejor me es la ley de tu boca
Que millares de oro y plata.

Yod

73 Tus manos me hicieron y me formaron;
Hazme entender, y aprenderé tus mandamientos.
74 Los que te temen me verán, y se alegrarán,
Porque en tu palabra he esperado.
75 Conozco, oh Jehová, que tus juicios son justos,
Y que conforme a tu fidelidad me afligiste.
76 Sea ahora tu misericordia para consolarme,
Conforme a lo que has dicho a tu siervo.
77 Vengan a mí tus misericordias, para que viva,
Porque tu ley es mi delicia.
78 Sean avergonzados los soberbios, porque sin causa me han calumniado;
Pero yo meditaré en tus mandamientos.
79 Vuélvanse a mí los que te temen
Y conocen tus testimonios.
80 Sea mi corazón íntegro en tus estatutos,
Para que no sea yo avergonzado.

Caf

81 Desfallece mi alma por tu salvación,
Mas espero en tu palabra.
82 Desfallecieron mis ojos por tu palabra,
Diciendo: ¿Cuándo me consolarás?
83 Porque estoy como el odre al humo;
Pero no he olvidado tus estatutos.
84 ¿Cuántos son los días de tu siervo?
¿Cuándo harás juicio contra los que me persiguen?
85 Los soberbios me han cavado hoyos;
Mas no proceden según tu ley.
86 Todos tus mandamientos son verdad;
Sin causa me persiguen; ayúdame.
87 Casi me han echado por tierra,
Pero no he dejado tus mandamientos.
88 Vivifícame conforme a tu misericordia,
Y guardaré los testimonios de tu boca.

Lámed

89 Para siempre, oh Jehová,
Permanece tu palabra en los cielos.

90 De generación en generación es tu fidelidad;
Tú afirmaste la tierra, y subsiste.
91 Por tu ordenación subsisten todas las cosas hasta hoy,
Pues todas ellas te sirven.
92 Si tu ley no hubiese sido mi delicia,
Ya en mi aflicción hubiera perecido.
93 Nunca jamás me olvidaré de tus mandamientos,
Porque con ellos me has vivificado.
94 Tuyo soy yo, sálvame,
Porque he buscado tus mandamientos.
95 Los impíos me han aguardado para destruirme;
Mas yo consideraré tus testimonios.
96 A toda perfección he visto fin;
Amplio sobremanera es tu mandamiento.

Mem

97 ¡Oh, cuánto amo yo tu ley!
Todo el día es ella mi meditación.
98 Me has hecho más sabio que mis enemigos con tus mandamientos,
Porque siempre están conmigo.
99 Más que todos mis enseñadores he entendido,
Porque tus testimonios son mi meditación.
100 Más que los viejos he entendido,
Porque he guardado tus mandamientos;
101 De todo mal camino contuve mis pies,
Para guardar tu palabra.
102 No me aparté de tus juicios,
Porque tú me enseñaste.
103 ¡Cuán dulces son a mi paladar tus palabras!
Más que la miel a mi boca.
104 De tus mandamientos he adquirido inteligencia;
Por tanto, he aborrecido todo camino de mentira.

Nun

105 Lámpara es a mis pies tu palabra,
Y lumbrera a mi camino.
106 Juré y ratifiqué
Que guardaré tus justos juicios.
107 Afligido estoy en gran manera;
Vivifícame, oh Jehová, conforme a tu palabra.

108 Te ruego, oh Jehová, que te sean
agradables los sacrificios
voluntarios de mi boca,
Y me enseñes tus juicios.

109 Mi vida está de continuo en peligro,
Mas no me he olvidado de tu ley.

110 Me pusieron lazo los impíos,
Pero yo no me desvié de tus
mandamientos.

111 Por heredad he tomado tus
testimonios para siempre,
Porque son el gozo de mi corazón.

112 Mi corazón incliné a cumplir tus
estatutos
De continuo, hasta el fin.

Sámec

113 Aborrezco a los hombres hipócritas;
Mas amo tu ley.

114 Mi escondedero y mi escudo eres tú;
En tu palabra he esperado.

115 Apartaos de mí, malignos,
Pues yo guardaré los mandamientos
de mi Dios.

116 Susténtame conforme a tu palabra, y
viviré;
Y no quede yo avergonzado de mi
esperanza.

117 Sosténme, y seré salvo,
Y me regocijaré siempre en tus
estatutos.

118 Hollaste a todos los que se desvían de
tus estatutos,
Porque su astucia es falsedad.

119 Como escorias hiciste consumir a
todos los impíos de la tierra;
Por tanto, yo he amado tus
testimonios.

120 Mi carne se ha estremecido por
temor de ti,
Y de tus juicios tengo miedo.

Ayin

121 Juicio y justicia he hecho;
No me abandones a mis opresores.

122 Afianza a tu siervo para bien;
No permitas que los soberbios me
opriman.

123 Mis ojos desfallecieron por tu salvación,
Y por la palabra de tu justicia.

124 Haz con tu siervo según tu
misericordia,
Y enséñame tus estatutos.

125 Tu siervo soy yo, dame entendimiento
Para conocer tus testimonios.

126 Tiempo es de actuar, oh Jehová,
Porque han invalidado tu ley.

127 Por eso he amado tus mandamientos
Más que el oro, y más que oro muy
puro.

128 Por eso estimé rectos todos tus
mandamientos sobre todas las
cosas,
Y aborrecí todo camino de mentira.

Pe

129 Maravillosos son tus testimonios;
Por tanto, los ha guardado mi alma.

130 La exposición de tus palabras
alumbra;
Hace entender a los simples.

131 Mi boca abrí y suspiré,
Porque deseaba tus mandamientos.

132 Mírame, y ten misericordia
de mí,
Como acostumbras con los que aman
tu nombre.

133 Ordena mis pasos con tu palabra,
Y ninguna iniquidad se enseñoree
de mí.

134 Líbrame de la violencia de los
hombres,
Y guardaré tus mandamientos.

135 Haz que tu rostro resplandezca sobre
tu siervo,
Y enséñame tus estatutos.

136 Ríos de agua descendieron de mis
ojos,
Porque no guardaban tu ley.

Tsade

137 Justo eres tú, oh Jehová,
Y rectos tus juicios.

138 Tus testimonios, que has
recomendado,
Son rectos y muy fieles.

139 Mi celo me ha consumido,
Porque mis enemigos se olvidaron de
tus palabras.

140 Sumamente pura es tu palabra,
Y la ama tu siervo.

141 Pequeño soy yo, y desechado,
Mas no me he olvidado de tus
mandamientos.

142 Tu justicia es justicia eterna,
Y tu ley la verdad.

143Aflicción y angustia se han apoderado
de mí,
Mas tus mandamientos fueron mi
delicia.
144Justicia eterna son tus testimonios;
Dame entendimiento, y viviré.

Cof

145Clamé con todo mi corazón;
respóndeme, Jehová,
Y guardaré tus estatutos.
146A ti clamé; sálvame,
Y guardaré tus testimonios.
147Me anticipé al alba, y clamé;
Esperé en tu palabra.
148Se anticiparon mis ojos a las vigilias
de la noche,
Para meditar en tus mandatos.
149Oye mi voz conforme a tu
misericordia;
Oh Jehová, vivifícame conforme a tu
juicio.
150Se acercaron a la maldad los que me
persiguen;
Se alejaron de tu ley.
151Cercano estás tú, oh Jehová,
Y todos tus mandamientos son
verdad.
152Hace ya mucho que he entendido tus
testimonios,
Que para siempre los has establecido.

Resh

153Mira mi aflicción, y líbrame,
Porque de tu ley no me he olvidado.
154Defiende mi causa, y redímeme;
Vivifícame con tu palabra.
155Lejos está de los impíos la salvación,
Porque no buscan tus estatutos.
156Muchas son tus misericordias, oh
Jehová;
Vivifícame conforme a tus juicios.
157Muchos son mis perseguidores y mis
enemigos,
Mas de tus testimonios no me he
apartado.
158Veía a los prevaricadores, y me
disgustaba,
Porque no guardaban tus palabras.
159Mira, oh Jehová, que amo tus
mandamientos;
Vivifícame conforme a tu
misericordia.

160La suma de tu palabra es verdad,
Y eterno es todo juicio de tu
justicia.

Sin

161Príncipes me han perseguido sin
causa,
Pero mi corazón tuvo temor de tus
palabras.
162Me regocijo en tu palabra
Como el que halla muchos despojos.
163La mentira aborrezco y abomino;
Tu ley amo.
164Siete veces al día te alabo
A causa de tus justos juicios.
165Mucha paz tienen los que aman
tu ley,
Y no hay para ellos tropiezo.
166Tu salvación he esperado, oh
Jehová,
Y tus mandamientos he puesto por
obra.
167Mi alma ha guardado tus
testimonios,
Y los he amado en gran manera.
168He guardado tus mandamientos y tus
testimonios,
Porque todos mis caminos están
delante de ti.

Tau

169Llegue mi clamor delante de ti, oh
Jehová;
Dame entendimiento conforme a tu
palabra.
170Llegue mi oración delante de ti;
Líbrame conforme a tu dicho.
171Mis labios rebosarán alabanza
Cuando me enseñes tus estatutos.
172Hablará mi lengua tus dichos,
Porque todos tus mandamientos son
justicia.
173Esté tu mano pronta para socorrerme,
Porque tus mandamientos he
escogido.
174He deseado tu salvación, oh Jehová,
Y tu ley es mi delicia.
175Viva mi alma y te alabe,
Y tus juicios me ayuden.
176Yo anduve errante como oveja
extraviada; busca a tu siervo,
Porque no me he olvidado de tus
mandamientos.

Plegaria ante el peligro de la lengua engañosa

Cántico gradual.

120 ¹ A Jehová clamé estando en angustia,
Y él me respondió.
² Libra mi alma, oh Jehová, del labio mentiroso,
Y de la lengua fraudulenta.

³ ¿Qué te dará, o qué te aprovechará,
Oh lengua engañosa?
⁴ Agudas saetas de valiente,
Con brasas de enebro.

⁵ ¡Ay de mí, que moro en Mesec,
Y habito entre las tiendas de Cedar!
⁶ Mucho tiempo ha morado mi alma
Con los que aborrecen la paz.
⁷ Yo soy pacífico;
Mas ellos, así que hablo, me hacen guerra.

Jehová es tu guardador

Cántico gradual.

121 ¹ Alzaré mis ojos a los montes;
¿De dónde vendrá mi socorro?
² Mi socorro viene de Jehová,
Que hizo los cielos y la tierra.

³ No dará tu pie al resbaladero,
Ni se dormirá el que te guarda.
⁴ He aquí, no se adormecerá ni dormirá
El que guarda a Israel.

⁵ Jehová es tu guardador;
Jehová es tu sombra a tu mano derecha.
⁶ El sol no te fatigará de día,
Ni la luna de noche.

⁷ Jehová te guardará de todo mal;
Él guardará tu alma.
⁸ Jehová guardará tu salida y tu entrada
Desde ahora y para siempre.

Oración por la paz de Jerusalén

Cántico gradual; de David.

122 ¹ Yo me alegré con los que me decían:
A la casa de Jehová iremos.

² Nuestros pies estuvieron
Dentro de tus puertas, oh Jerusalén.
³ Jerusalén, que se ha edificado
Como una ciudad que está bien unida entre sí.
⁴ Y allá subieron las tribus, las tribus de JAH,
Conforme al testimonio dado a Israel,
Para alabar el nombre de Jehová.
⁵ Porque allá están las sillas del juicio,
Los tronos de la casa de David.

⁶ Pedid por la paz de Jerusalén;
Sean prosperados los que te aman.
⁷ Sea la paz dentro de tus muros,
Y el descanso dentro de tus palacios.
⁸ Por amor de mis hermanos y mis compañeros
Diré yo: La paz sea contigo.
⁹ Por amor a la casa de Jehová nuestro Dios
Buscaré tu bien.

Plegaria pidiendo misericordia

Cántico gradual.

123 ¹ A ti alcé mis ojos,
A ti que habitas en los cielos.
² He aquí, como los ojos de los siervos miran a la mano de sus señores,
Y como los ojos de la sierva a la mano de su señora,
Así nuestros ojos miran a Jehová nuestro Dios,
Hasta que tenga misericordia de nosotros.

³ Ten misericordia de nosotros, oh Jehová, ten misericordia de nosotros,
Porque estamos muy hastiados de menosprecio.
⁴ Hastiada está nuestra alma
Del escarnio de los que están en holgura,
Y del menosprecio de los soberbios.

Alabanza por haber sido librado de los enemigos

Cántico gradual; de David.

124 ¹ A no haber estado Jehová por nosotros,
Diga ahora Israel;

2 A no haber estado Jehová por nosotros,
Cuando se levantaron contra
nosotros los hombres,
3 Vivos nos habrían tragado entonces,
Cuando se encendió su furor contra
nosotros.
4 Entonces nos habrían inundado las
aguas;
Sobre nuestra alma hubiera pasado el
torrente;
5 Hubieran entonces pasado sobre
nuestra alma las aguas impetuosas.

6 Bendito sea Jehová,
Que no nos dio por presa a los
dientes de ellos.
7 Nuestra alma escapó cual ave del
lazo de los cazadores;
Se rompió el lazo, y escapamos
nosotros.

8 Nuestro socorro está en el nombre de
Jehová,
Que hizo el cielo y la tierra.

Dios protege a su pueblo
Cántico gradual.

125 **1** Los que confían en Jehová son
como el monte de Sion,
Que no se mueve, sino que
permanece para siempre.
2 Como Jerusalén tiene montes
alrededor de ella,
Así Jehová está alrededor de su pueblo
Desde ahora y para siempre.
3 Porque no reposará la vara de la
impiedad sobre la heredad de los
justos;
No sea que extiendan los justos sus
manos a la iniquidad.
4 Haz bien, oh Jehová, a los buenos,
Y a los que son rectos en su corazón.
5 Mas a los que se apartan tras sus
perversidades,
Jehová los llevará con los que hacen
iniquidad;
Paz sea sobre Israel.

Oración por la restauración
Cántico gradual.

126 **1** Cuando Jehová hiciere volver
la cautividad de Sion,
Seremos como los que sueñan.

2 Entonces nuestra boca se llenará de
risa,
Y nuestra lengua de alabanza;
Entonces dirán entre las naciones:
Grandes cosas ha hecho Jehová con
éstos.
3 Grandes cosas ha hecho Jehová con
nosotros;
Estaremos alegres.

4 Haz volver nuestra cautividad, oh
Jehová,
Como los arroyos del Neguev.
5 Los que sembraron con lágrimas, con
regocijo segarán.
6 Irá andando y llorando el que lleva la
preciosa semilla;
Mas volverá a venir con regocijo,
trayendo sus gavillas.

La prosperidad viene de Jehová
Cántico gradual; para Salomón.

127 **1** Si Jehová no edificare la
casa,
En vano trabajan los que la
edifican;
Si Jehová no guardare la ciudad,
En vano vela la guardia.
2 Por demás es que os levantéis de
madrugada, y vayáis tarde a
reposar,
Y que comáis pan de dolores;
Pues que a su amado dará Dios el
sueño.

3 He aquí, herencia de Jehová son los
hijos;
Cosa de estima el fruto del vientre.
4 Como saetas en mano del valiente,
Así son los hijos habidos en la
juventud.
5 Bienaventurado el hombre que llenó
su aljaba de ellos;
No será avergonzado
Cuando hablare con los enemigos en
la puerta.

La bienaventuranza del
que teme a Jehová
Cántico gradual.

128 **1** Bienaventurado todo aquel
que teme a Jehová,
Que anda en sus caminos.

2 Cuando comieres el trabajo de tus
        manos,
    Bienaventurado serás, y te irá bien.

3 Tu mujer será como vid que lleva
        fruto a los lados de tu casa;
    Tus hijos como plantas de olivo
        alrededor de tu mesa.
4 He aquí que así será bendecido el
        hombre
    Que teme a Jehová.

5 Bendígate Jehová desde Sion,
    Y veas el bien de Jerusalén todos los
        días de tu vida,
6 Y veas a los hijos de tus hijos.
    Paz sea sobre Israel.

Plegaria pidiendo la destrucción
de los enemigos de Sion
Cántico gradual.

129 1 Mucho me han angustiado
        desde mi juventud,
    Puede decir ahora Israel;
2 Mucho me han angustiado desde mi
        juventud;
    Mas no prevalecieron contra mí.
3 Sobre mis espaldas araron los
        aradores;
    Hicieron largos surcos.
4 Jehová es justo;
    Cortó las coyundas de los impíos.
5 Serán avergonzados y vueltos atrás
    Todos los que aborrecen a Sion.
6 Serán como la hierba de los tejados,
    Que se seca antes que crezca;
7 De la cual no llenó el segador su
        mano,
    Ni sus brazos el que hace gavillas.
8 Ni dijeron los que pasaban:
    Bendición de Jehová sea sobre
        vosotros;
    Os bendecimos en el nombre de
        Jehová.

Esperanza en que Jehová
dará redención
Cántico gradual.

130 1 De lo profundo, oh Jehová, a
        ti clamo.
2 Señor, oye mi voz;
    Estén atentos tus oídos
    A la voz de mi súplica.

3 JAH, si mirares a los pecados,
    ¿Quién, oh Señor, podrá mantenerse?
4 Pero en ti hay perdón,
    Para que seas reverenciado.

5 Esperé yo a Jehová, esperó mi alma;
    En su palabra he esperado.
6 Mi alma espera a Jehová
    Más que los centinelas a la mañana,
    Más que los vigilantes a la mañana.

7 Espere Israel a Jehová,
    Porque en Jehová hay misericordia,
    Y abundante redención con él;
8 Y él redimirá a Israel
    De todos sus pecados.ª

Confiando en Dios como un niño
Cántico gradual; de David.

131 1 Jehová, no se ha envanecido
        mi corazón, ni mis ojos se
        enaltecieron;
    Ni anduve en grandezas,
    Ni en cosas demasiado sublimes para
        mí.
2 En verdad que me he comportado y
        he acallado mi alma
    Como un niño destetado de su madre;
    Como un niño destetado está mi alma.

3 Espera, oh Israel, en Jehová,
    Desde ahora y para siempre.

Plegaria por bendición
sobre el santuario
Cántico gradual.

132 1 Acuérdate, oh Jehová, de
        David,
    Y de toda su aflicción;
2 De cómo juró a Jehová,
    Y prometió al Fuerte de Jacob:
3 No entraré en la morada de mi casa,
    Ni subiré sobre el lecho de mi estrado;
4 No daré sueño a mis ojos,
    Ni a mis párpados adormecimiento,
5 Hasta que halle lugar para Jehová,
    Morada para el Fuerte de Jacob.

6 He aquí en Efrata lo oímos;
    Lo hallamos en los campos del
        bosque.

---

a **130.8** Mt 1.21; Tit 2.14.

⁷ Entraremos en su tabernáculo;
Nos postraremos ante el estrado de
sus pies.

⁸ Levántate, oh Jehová, al lugar de tu
reposo,
Tú y el arca de tu poder.
⁹ Tus sacerdotes se vistan de justicia,
Y se regocijen tus santos.
¹⁰ Por amor de David tu siervo
No vuelvas de tu ungido el rostro.ᵃ

¹¹ En verdad juró Jehová a David,
Y no se retractará de ello:
De tu descendencia pondré sobre tu
trono.ᵇ
¹² Si tus hijos guardaren mi pacto,
Y mi testimonio que yo les enseñaré,
Sus hijos también se sentarán sobre
tu trono para siempre.

¹³ Porque Jehová ha elegido a Sion;
La quiso por habitación para sí.
¹⁴ Éste es para siempre el lugar de mi
reposo;
Aquí habitaré, porque la he querido.
¹⁵ Bendeciré abundantemente su
provisión;
A sus pobres saciaré de pan.
¹⁶ Asimismo vestiré de salvación a sus
sacerdotes,
Y sus santos darán voces de júbilo.
¹⁷ Allí haré retoñar el poder de David;
He dispuesto lámpara a mi ungido.ᶜ
¹⁸ A sus enemigos vestiré de confusión,
Mas sobre él florecerá su corona.

La bienaventuranza del amor fraternal

Cántico gradual; de David.

133 ¹ ¡Mirad cuán bueno y cuán
delicioso es
Habitar los hermanos juntos en armonía!
² Es como el buen óleo sobre la cabeza,
El cual desciende sobre la barba,
La barba de Aarón,
Y baja hasta el borde de sus vestiduras;
³ Como el rocío de Hermón,
Que desciende sobre los montes de
Sion;
Porque allí envía Jehová bendición,
Y vida eterna.

Exhortación a los guardas del templo

Cántico gradual.

134 ¹ Mirad, bendecid a Jehová,
Vosotros todos los siervos de
Jehová,
Los que en la casa de Jehová estáis
por las noches.
² Alzad vuestras manos al santuario,
Y bendecid a Jehová.

³ Desde Sion te bendiga Jehová,
El cual ha hecho los cielos y la tierra.

La grandeza del Señor y la vanidad de los ídolos

Aleluya.

135 ¹ Alabad el nombre de Jehová;
Alabadle, siervos de Jehová;
² Los que estáis en la casa de Jehová,
En los atrios de la casa de nuestro
Dios.
³ Alabad a JAH, porque él es bueno;
Cantad salmos a su nombre, porque
él es benigno.
⁴ Porque JAH ha escogido a Jacob
para sí,
A Israel por posesión suya.

⁵ Porque yo sé que Jehová es grande,
Y el Señor nuestro, mayor que todos
los dioses.
⁶ Todo lo que Jehová quiere, lo hace,
En los cielos y en la tierra, en los
mares y en todos los abismos.
⁷ Hace subir las nubes de los extremos
de la tierra;
Hace los relámpagos para la lluvia;
Saca de sus depósitos los vientos.

⁸ Él es quien hizo morir a los
primogénitos de Egipto,
Desde el hombre hasta la bestia.
⁹ Envió señales y prodigios en medio
de ti, oh Egipto,
Contra Faraón, y contra todos sus
siervos.
¹⁰ Destruyó a muchas naciones,
Y mató a reyes poderosos;
¹¹ A Sehón rey amorreo,
A Og rey de Basán,
Y a todos los reyes de Canaán.
¹² Y dio la tierra de ellos en heredad,
En heredad a Israel su pueblo.

a 132.8-10 2 Cr 6.41, 42. b 132.11 2 S 7.12-16; 1 Cr 17.11-14;
Sal 89.3, 4; Hch 2.30. c 132.17 1 R 11.36.

13 Oh Jehová, eterno es tu nombre;
  Tu memoria, oh Jehová, de
    generación en generación.
14 Porque Jehová juzgará a su pueblo,
  Y se compadecerá de sus siervos.

15 Los ídolos de las naciones son plata y
    oro,
  Obra de manos de hombres.
16 Tienen boca, y no hablan;
  Tienen ojos, y no ven;
17 Tienen orejas, y no oyen;
  Tampoco hay aliento en sus bocas.
18 Semejantes a ellos son los que los
    hacen,
  Y todos los que en ellos confían.ᵃ

19 Casa de Israel, bendecid a Jehová;
  Casa de Aarón, bendecid a Jehová;
20 Casa de Leví, bendecid a Jehová;
  Los que teméis a Jehová, bendecid a
    Jehová.
21 Desde Sion sea bendecido Jehová,
  Quien mora en Jerusalén.
  Aleluya.

Alabanza por la misericordia eterna de Jehová

136 1 Alabad a Jehová, porque él es
        bueno,
  Porque para siempre es su
    misericordia.ᵃ
2 Alabad al Dios de los dioses,
  Porque para siempre es su
    misericordia.
3 Alabad al Señor de los señores,
  Porque para siempre es su
    misericordia.

4 Al único que hace grandes maravillas,
  Porque para siempre es su
    misericordia.
5 Al que hizo los cielosᵇ con
    entendimiento,
  Porque para siempre es su
    misericordia.
6 Al que extendió la tierra sobre las
    aguas,ᶜ
  Porque para siempre es su
    misericordia.
7 Al que hizo las grandes lumbreras,ᵈ
  Porque para siempre es su
    misericordia.

8 El sol para que señorease en el día,
  Porque para siempre es su
    misericordia.
9 La luna y las estrellas para que
    señoreasen en la noche,
  Porque para siempre es su misericordia.

10 Al que hirió a Egipto en sus
    primogénitos,ᵉ
  Porque para siempre es su
    misericordia.
11 Al que sacó a Israel de en medio de
    ellos,ᶠ
  Porque para siempre es su
    misericordia.
12 Con mano fuerte, y brazo extendido,
  Porque para siempre es su
    misericordia.
13 Al que dividió el Mar Rojo en partes,ᵍ
  Porque para siempre es su
    misericordia;
14 E hizo pasar a Israel por en medio
    de él,
  Porque para siempre es su
    misericordia;
15 Y arrojó a Faraón y a su ejército en el
    Mar Rojo,
  Porque para siempre es su
    misericordia.
16 Al que pastoreó a su pueblo por el
    desierto,
  Porque para siempre es su
    misericordia.
17 Al que hirió a grandes reyes,
  Porque para siempre es su
    misericordia;
18 Y mató a reyes poderosos,
  Porque para siempre es su
    misericordia;
19 A Sehón rey amorreo,ʰ
  Porque para siempre es su
    misericordia;
20 Y a Og rey de Basán,ⁱ
  Porque para siempre es su
    misericordia;
21 Y dio la tierra de ellos en heredad,
  Porque para siempre es su
    misericordia;

a 135.15-18 Sal 115.4-8; Ap 9.20.   a 136.1 1 Cr 16.34;
2 Cr 5.13; 7.3; Esd 3.11; Sal 100.5; 106.1; 107.1; 118.1;
Jer 33.11.   b 136.5 Gn 1.1.   c 136.6 Gn 1.2.
d 136.7-9 Gn 1.16.   e 136.10 Éx 12.29.   f 136.11 Éx 12.51.
g 136.13-15 Éx 14.21-29.   h 136.19 Nm 21.21-30.
i 136.20 Nm 21.31-35.

²² En heredad a Israel su siervo,
Porque para siempre es su
misericordia.

²³ Él es el que en nuestro abatimiento
se acordó de nosotros,
Porque para siempre es su
misericordia;
²⁴ Y nos rescató de nuestros enemigos,
Porque para siempre es su
misericordia.
²⁵ El que da alimento a todo ser viviente,
Porque para siempre es su
misericordia.

²⁶ Alabad al Dios de los cielos,
Porque para siempre es su
misericordia.

Lamento de los cautivos en Babilonia

137 ¹ Junto a los ríos de Babilonia,
Allí nos sentábamos, y aun
llorábamos,
Acordándonos de Sion.
² Sobre los sauces en medio de ella
Colgamos nuestras arpas.
³ Y los que nos habían llevado cautivos
nos pedían que cantásemos,
Y los que nos habían desolado nos
pedían alegría, diciendo:
Cantadnos algunos de los cánticos
de Sion.

⁴ ¿Cómo cantaremos cántico de Jehová
En tierra de extraños?
⁵ Si me olvidare de ti, oh Jerusalén,
Pierda mi diestra su destreza.
⁶ Mi lengua se pegue a mi paladar,
Si de ti no me acordare;
Si no enalteciere a Jerusalén
Como preferente asunto de mi
alegría.

⁷ Oh Jehová, recuerda contra los hijos
de Edom el día de Jerusalén,
Cuando decían: Arrasadla, arrasadla
Hasta los cimientos.
⁸ Hija de Babilonia la desolada,
Bienaventurado el que te diere el
pago
De lo que tú nos hiciste.^a

⁹ Dichoso el que tomare y estrellare
tus niños
Contra la peña.

Acción de gracias por el favor de Jehová
Salmo de David.

138 ¹ Te alabaré con todo mi
corazón;
Delante de los dioses te cantaré
salmos.
² Me postraré hacia tu santo templo,
Y alabaré tu nombre por tu
misericordia y tu fidelidad;
Porque has engrandecido tu nombre,
y tu palabra sobre todas las cosas.
³ El día que clamé, me respondiste;
Me fortaleciste con vigor en mi alma.

⁴ Te alabarán, oh Jehová, todos los
reyes de la tierra,
Porque han oído los dichos de tu boca.
⁵ Y cantarán de los caminos de Jehová,
Porque la gloria de Jehová es grande.
⁶ Porque Jehová es excelso, y atiende al
humilde,
Mas al altivo mira de lejos.

⁷ Si anduviere yo en medio de la
angustia, tú me vivificarás;
Contra la ira de mis enemigos
extenderás tu mano,
Y me salvará tu diestra.
⁸ Jehová cumplirá su propósito en mí;
Tu misericordia, oh Jehová, es para
siempre;
No desampares la obra de tus manos.

Omnipresencia y omnisciencia de Dios
Al músico principal. Salmo de David.

139 ¹ Oh Jehová, tú me has
examinado y conocido.
² Tú has conocido mi sentarme y mi
levantarme;
Has entendido desde lejos mis
pensamientos.
³ Has escudriñado mi andar y mi
reposo,
Y todos mis caminos te son
conocidos.
⁴ Pues aún no está la palabra en mi
lengua,
Y he aquí, oh Jehová, tú la sabes
toda.

---

^a **137.8** Ap 18.6.

5 Detrás y delante me rodeaste,
  Y sobre mí pusiste tu mano.
6 Tal conocimiento es demasiado
    maravilloso para mí;
  Alto es, no lo puedo comprender.

7 ¿A dónde me iré de tu Espíritu?
  ¿Y a dónde huiré de tu presencia?
8 Si subiere a los cielos, allí estás tú;
  Y si en el Seol hiciere mi estrado, he
    aquí, allí tú estás.
9 Si tomare las alas del alba
  Y habitare en el extremo del mar,
10 Aun allí me guiará tu mano,
  Y me asirá tu diestra.
11 Si dijere: Ciertamente las tinieblas me
    encubrirán;
  Aun la noche resplandecerá alrededor
    de mí.
12 Aun las tinieblas no encubren de ti,
  Y la noche resplandece como el día;
  Lo mismo te son las tinieblas que la
    luz.

13 Porque tú formaste mis entrañas;
  Tú me hiciste en el vientre de mi madre.
14 Te alabaré; porque formidables,
    maravillosas son tus obras;
  Estoy maravillado,
  Y mi alma lo sabe muy bien.
15 No fue encubierto de ti mi cuerpo,
  Bien que en oculto fui formado,
  Y entretejido en lo más profundo de
    la tierra.
16 Mi embrión vieron tus ojos,
  Y en tu libro estaban escritas todas
    aquellas cosas
  Que fueron luego formadas,
  Sin faltar una de ellas.
17 ¡Cuán preciosos me son, oh Dios, tus
    pensamientos!
  ¡Cuán grande es la suma de ellos!
18 Si los enumero, se multiplican más
    que la arena;
  Despierto, y aún estoy contigo.

19 De cierto, oh Dios, harás morir al
    impío;
  Apartaos, pues, de mí, hombres
    sanguinarios.
20 Porque blasfemias dicen ellos contra ti;
  Tus enemigos toman en vano tu
    nombre.

21 ¿No odio, oh Jehová, a los que te
    aborrecen,
  Y me enardezco contra tus enemigos?
22 Los aborrezco por completo;
  Los tengo por enemigos.
23 Examíname, oh Dios, y conoce mi
    corazón;
  Pruébame y conoce mis pensamientos;
24 Y ve si hay en mí camino de
    perversidad,
  Y guíame en el camino eterno.

Súplica de protección contra los perseguidores

Al músico principal. Salmo de David.

140 1 Líbrame, oh Jehová, del
    hombre malo;
  Guárdame de hombres violentos,
2 Los cuales maquinan males en el
    corazón,
  Cada día urden contiendas.
3 Aguzaron su lengua como la
    serpiente;
  Veneno de áspid hay debajo de sus
    labios.[a]   *Selah*

4 Guárdame, oh Jehová, de manos del
    impío;
  Líbrame de hombres injuriosos,
  Que han pensado trastornar mis pasos.
5 Me han escondido lazo y cuerdas los
    soberbios;
  Han tendido red junto a la senda;
  Me han puesto lazos.   *Selah*

6 He dicho a Jehová: Dios mío eres tú;
  Escucha, oh Jehová, la voz de mis
    ruegos.
7 Jehová Señor, potente salvador mío,
  Tú pusiste a cubierto mi cabeza en el
    día de batalla.
8 No concedas, oh Jehová, al impío sus
    deseos;
  No saques adelante su pensamiento,
    para que no se ensoberbezca.
          Selah

9 En cuanto a los que por todas partes
    me rodean,
  La maldad de sus propios labios
    cubrirá su cabeza.

a 140.3 Ro 3.13.

10 Caerán sobre ellos brasas;
   Serán echados en el fuego,
   En abismos profundos de donde no
      salgan.
11 El hombre deslenguado no será firme
      en la tierra;
   El mal cazará al hombre injusto para
      derribarle.

12 Yo sé que Jehová tomará a su cargo la
      causa del afligido,
   Y el derecho de los necesitados.
13 Ciertamente los justos alabarán tu
      nombre;
   Los rectos morarán en tu presencia.

Oración a fin de ser guardado del mal
Salmo de David.

141 1 Jehová, a ti he clamado;
      apresúrate a mí;
   Escucha mi voz cuando te invocare.
2 Suba mi oración delante de ti como el
      incienso,[a]
   El don de mis manos como la ofrenda
      de la tarde.

3 Pon guarda a mi boca, oh Jehová;
   Guarda la puerta de mis labios.
4 No dejes que se incline mi corazón a
      cosa mala,
   A hacer obras impías
   Con los que hacen iniquidad;
   Y no coma yo de sus deleites.

5 Que el justo me castigue, será un favor,
   Y que me reprenda será un excelente
      bálsamo
   Que no me herirá la cabeza;
   Pero mi oración será continuamente
      contra las maldades de aquéllos.
6 Serán despeñados sus jueces,
   Y oirán mis palabras, que son
      verdaderas.
7 Como quien hiende y rompe la tierra,
   Son esparcidos nuestros huesos a la
      boca del Seol.

8 Por tanto, a ti, oh Jehová, Señor,
      miran mis ojos;
   En ti he confiado; no desampares mi
      alma.

9 Guárdame de los lazos que me han
      tendido,
   Y de las trampas de los que hacen
      iniquidad.
10 Caigan los impíos a una en sus redes,
   Mientras yo pasaré adelante.

Petición de ayuda en medio de la prueba
*Masquil de David. Oración que hizo
cuando estaba en la cueva.*[a]

142 1 Con mi voz clamaré a Jehová;
   Con mi voz pediré a Jehová
      misericordia.
2 Delante de él expondré mi queja;
   Delante de él manifestaré mi angustia.
3 Cuando mi espíritu se angustiaba
      dentro de mí, tú conociste mi
      senda.

En el camino en que andaba, me
   escondieron lazo.
4 Mira a mi diestra y observa, pues no
   hay quien me quiera conocer;
   No tengo refugio, ni hay quien cuide
      de mi vida.

5 Clamé a ti, oh Jehová;
   Dije: Tú eres mi esperanza,
   Y mi porción en la tierra de los
      vivientes.
6 Escucha mi clamor, porque estoy
   muy afligido.

Líbrame de los que me persiguen,
   porque son más fuertes que yo.
7 Saca mi alma de la cárcel, para que
   alabe tu nombre;
   Me rodearán los justos,
   Porque tú me serás propicio.

Súplica de liberación y dirección
Salmo de David.

143 1 Oh Jehová, oye mi oración,
      escucha mis ruegos;
   Respóndeme por tu verdad, por tu
      justicia.
2 Y no entres en juicio con tu siervo;
   Porque no se justificará delante de ti
      ningún ser humano.[a]

3 Porque ha perseguido el enemigo mi
      alma;
   Ha postrado en tierra mi vida;

---

a 141.2 Ap 5.8.   a 142 tít. 1 S 22.1; 24.3.   a 143.2 Ro 3.20;
Gá 2.16.

Me ha hecho habitar en tinieblas
como los ya muertos.
4 Y mi espíritu se angustió dentro
de mí;
Está desolado mi corazón.

5 Me acordé de los días antiguos;
Meditaba en todas tus obras;
Reflexionaba en las obras de tus
manos.
6 Extendí mis manos a ti,
Mi alma a ti como la tierra sedienta.
Selah

7 Respóndeme pronto, oh Jehová,
porque desmaya mi espíritu;
No escondas de mí tu rostro,
No venga yo a ser semejante a los que
descienden a la sepultura.
8 Hazme oír por la mañana tu
misericordia,
Porque en ti he confiado;
Hazme saber el camino por donde
ande,
Porque a ti he elevado mi alma.

9 Líbrame de mis enemigos, oh
Jehová;
En ti me refugio.
10 Enséñame a hacer tu voluntad,
porque tú eres mi Dios;
Tu buen espíritu me guíe a tierra de
rectitud.

11 Por tu nombre, oh Jehová, me
vivificarás;
Por tu justicia sacarás mi alma de
angustia.
12 Y por tu misericordia disiparás a mis
enemigos,
Y destruirás a todos los adversarios
de mi alma,
Porque yo soy tu siervo.

Oración pidiendo socorro
y prosperidad

Salmo de David.

144

1 Bendito sea Jehová, mi roca,
Quien adiestra mis manos para
la batalla,
Y mis dedos para la guerra;
2 Misericordia mía y mi castillo,
Fortaleza mía y mi libertador,

Escudo mío, en quien he confiado;
El que sujeta a mi pueblo debajo
de mí.

3 Oh Jehová, ¿qué es el hombre, para
que en él pienses,
O el hijo de hombre, para que lo
estimes?[a]
4 El hombre es semejante a la vanidad;
Sus días son como la sombra que
pasa.

5 Oh Jehová, inclina tus cielos y
desciende;
Toca los montes, y humeen.
6 Despide relámpagos y disípalos,
Envía tus saetas y túrbalos.
7 Envía tu mano desde lo alto;
Redímeme, y sácame de las muchas
aguas,
De la mano de los hombres
extraños,
8 Cuya boca habla vanidad,
Y cuya diestra es diestra de mentira.

9 Oh Dios, a ti cantaré cántico nuevo;
Con salterio, con decacordio cantaré
a ti.
10 Tú, el que da victoria a los reyes,
El que rescata de maligna espada a
David su siervo.
11 Rescátame, y líbrame de la mano de
los hombres extraños,
Cuya boca habla vanidad,
Y cuya diestra es diestra de mentira.

12 Sean nuestros hijos como plantas
crecidas en su juventud,
Nuestras hijas como esquinas
labradas como las de un palacio;
13 Nuestros graneros llenos, provistos
de toda suerte de grano;
Nuestros ganados, que se
multipliquen a millares y
decenas de millares en nuestros
campos;
14 Nuestros bueyes estén fuertes para el
trabajo,
No tengamos asalto, ni que hacer
salida,
Ni grito de alarma en nuestras plazas.

---

a **144.3** Job 7.17, 18; Sal 8.4.

15 Bienaventurado el pueblo que tiene
   esto;
   Bienaventurado el pueblo cuyo Dios
   es Jehová.

Alabanza por la bondad
y el poder de Dios

Salmo de alabanza; de David.

145 1 Te exaltaré, mi Dios, mi Rey,
Y bendeciré tu nombre
eternamente y para siempre.
2 Cada día te bendeciré,
   Y alabaré tu nombre eternamente y
   para siempre.
3 Grande es Jehová, y digno de
   suprema alabanza;
   Y su grandeza es inescrutable.

4 Generación a generación celebrará
   tus obras,
   Y anunciará tus poderosos hechos.
5 En la hermosura de la gloria de tu
   magnificencia,
   Y en tus hechos maravillosos meditaré.
6 Del poder de tus hechos estupendos
   hablarán los hombres,
   Y yo publicaré tu grandeza.
7 Proclamarán la memoria de tu
   inmensa bondad,
   Y cantarán tu justicia.

8 Clemente y misericordioso es Jehová,
   Lento para la ira, y grande en
   misericordia.
9 Bueno es Jehová para con todos,
   Y sus misericordias sobre todas sus
   obras.

10 Te alaben, oh Jehová, todas tus
   obras,
   Y tus santos te bendigan.
11 La gloria de tu reino digan,
   Y hablen de tu poder,
12 Para hacer saber a los hijos de los
   hombres sus poderosos hechos,
   Y la gloria de la magnificencia de su
   reino.
13 Tu reino es reino de todos los siglos,
   Y tu señorío en todas las
   generaciones.

14 Sostiene Jehová a todos los que caen,
   Y levanta a todos los oprimidos.

15 Los ojos de todos esperan en ti,
   Y tú les das su comida a su tiempo.
16 Abres tu mano,
   Y colmas de bendición a todo ser
   viviente.
17 Justo es Jehová en todos sus
   caminos,
   Y misericordioso en todas sus obras.
18 Cercano está Jehová a todos los que
   le invocan,
   A todos los que le invocan de veras.
19 Cumplirá el deseo de los que le
   temen;
   Oirá asimismo el clamor de ellos, y
   los salvará.
20 Jehová guarda a todos los que le
   aman,
   Mas destruirá a todos los impíos.

21 La alabanza de Jehová proclamará mi
   boca;
   Y todos bendigan su santo nombre
   eternamente y para siempre.

Alabanza por la justicia de Dios

Aleluya.

146 1 Alaba, oh alma mía, a Jehová.
2 Alabaré a Jehová en mi vida;
Cantaré salmos a mi Dios mientras
viva.

3 No confiéis en los príncipes,
   Ni en hijo de hombre, porque no hay
   en él salvación.
4 Pues sale su aliento, y vuelve a la
   tierra;
   En ese mismo día perecen sus
   pensamientos.

5 Bienaventurado aquel cuyo ayudador
   es el Dios de Jacob,
   Cuya esperanza está en Jehová su
   Dios,
6 El cual hizo los cielos y la tierra,
   El mar, y todo lo que en ellos hay;
   Que guarda verdad para siempre,
7 Que hace justicia a los agraviados,
   Que da pan a los hambrientos.

Jehová liberta a los cautivos;
8 Jehová abre los ojos a los ciegos;
   Jehová levanta a los caídos;
   Jehová ama a los justos.

9 Jehová guarda a los extranjeros;
Al huérfano y a la viuda sostiene,
Y el camino de los impíos trastorna.

10 Reinará Jehová para siempre;
Tu Dios, oh Sion, de generación en
generación.
Aleluya.

Alabanza por el favor de
Dios hacia Jerusalén

147 1 Alabad a JAH,
Porque es bueno cantar salmos
a nuestro Dios;
Porque suave y hermosa es la
alabanza.
2 Jehová edifica a Jerusalén;
A los desterrados de Israel recogerá.
3 Él sana a los quebrantados de
corazón,
Y venda sus heridas.
4 Él cuenta el número de las estrellas;
A todas ellas llama por sus nombres.
5 Grande es el Señor nuestro, y de
mucho poder;
Y su entendimiento es infinito.
6 Jehová exalta a los humildes,
Y humilla a los impíos hasta la tierra.

7 Cantad a Jehová con alabanza,
Cantad con arpa a nuestro Dios.
8 Él es quien cubre de nubes los cielos,
El que prepara la lluvia para la tierra,
El que hace a los montes producir
hierba.
9 Él da a la bestia su mantenimiento,
Y a los hijos de los cuervos que
claman.
10 No se deleita en la fuerza del caballo,
Ni se complace en la agilidad del
hombre.
11 Se complace Jehová en los que le
temen,
Y en los que esperan en su
misericordia.

12 Alaba a Jehová, Jerusalén;
Alaba a tu Dios, oh Sion.
13 Porque fortificó los cerrojos de tus
puertas;
Bendijo a tus hijos dentro de ti.
14 Él da en tu territorio la paz;
Te hará saciar con lo mejor del trigo.

15 Él envía su palabra a la tierra;
Velozmente corre su palabra.
16 Da la nieve como lana,
Y derrama la escarcha como ceniza.
17 Echa su hielo como pedazos;
Ante su frío, ¿quién resistirá?
18 Enviará su palabra, y los derretirá;
Soplará su viento, y fluirán las
aguas.
19 Ha manifestado sus palabras a Jacob,
Sus estatutos y sus juicios a Israel.
20 No ha hecho así con ninguna otra de
las naciones;
Y en cuanto a sus juicios, no los
conocieron.
Aleluya.

Exhortación a la creación,
para que alabe a Jehová

Aleluya.

148 1 Alabad a Jehová desde los
cielos;
Alabadle en las alturas.
2 Alabadle, vosotros todos sus
ángeles;
Alabadle, vosotros todos sus ejércitos.

3 Alabadle, sol y luna;
Alabadle, vosotras todas, lucientes
estrellas.
4 Alabadle, cielos de los cielos,
Y las aguas que están sobre los
cielos.

5 Alaben el nombre de Jehová;
Porque él mandó, y fueron creados.
6 Los hizo ser eternamente y para
siempre;
Les puso ley que no será
quebrantada.

7 Alabad a Jehová desde la tierra,
Los monstruos marinos y todos los
abismos;
8 El fuego y el granizo, la nieve y el
vapor,
El viento de tempestad que ejecuta su
palabra;

9 Los montes y todos los collados,
El árbol de fruto y todos los cedros;
10 La bestia y todo animal,
Reptiles y volátiles;

11 Los reyes de la tierra y todos los
      pueblos,
   Los príncipes y todos los jueces de la
      tierra;
12 Los jóvenes y también las doncellas,
   Los ancianos y los niños.

13 Alaben el nombre de Jehová,
   Porque sólo su nombre es enaltecido.
   Su gloria es sobre tierra y cielos.
14 Él ha exaltado el poderío de su pueblo;
   Alábenle todos sus santos, los hijos
      de Israel,
   El pueblo a él cercano.
   Aleluya.

Exhortación a Israel, para que alabe a Jehová

Aleluya.

149 ¹ Cantad a Jehová cántico
      nuevo;
   Su alabanza sea en la congregación
      de los santos.
² Alégrese Israel en su Hacedor;
   Los hijos de Sion se gocen en
      su Rey.
³ Alaben su nombre con danza;
   Con pandero y arpa a él canten.
⁴ Porque Jehová tiene contentamiento
      en su pueblo;
   Hermoseará a los humildes con la
      salvación.

5 Regocíjense los santos por su gloria,
   Y canten aun sobre sus camas.
6 Exalten a Dios con sus gargantas,
   Y espadas de dos filos en sus manos,
7 Para ejecutar venganza entre las
      naciones,
   Y castigo entre los pueblos;
8 Para aprisionar a sus reyes con grillos,
   Y a sus nobles con cadenas de hierro;
9 Para ejecutar en ellos el juicio
      decretado;
   Gloria será esto para todos sus santos.
   Aleluya.

Exhortación a alabar a Dios con instrumentos de música

Aleluya.

150 ¹ Alabad a Dios en su santuario;
   Alabadle en la magnificencia de
      su firmamento.
² Alabadle por sus proezas;
   Alabadle conforme a la
      muchedumbre de su grandeza.

³ Alabadle a son de bocina;
   Alabadle con salterio y arpa.
⁴ Alabadle con pandero y danza;
   Alabadle con cuerdas y flautas.
⁵ Alabadle con címbalos resonantes;
   Alabadle con címbalos de júbilo.
⁶ Todo lo que respira alabe a JAH.
   Aleluya.

PROVERBIOS

Motivo de los proverbios

1 ¹ Los proverbios de Salomón,ª hijo de David, rey de Israel.

² Para entender sabiduría y doctrina,
Para conocer razones prudentes,
³ Para recibir el consejo de prudencia,
Justicia, juicio y equidad;
⁴ Para dar sagacidad a los simples,
Y a los jóvenes inteligencia y cordura.
⁵ Oirá el sabio, y aumentará el saber,
Y el entendido adquirirá consejo,
⁶ Para entender proverbio y
declaración,
Palabras de sabios, y sus dichos
profundos.

⁷ El principio de la sabiduría es el
temor de Jehová;ᵇ
Los insensatos desprecian la sabiduría
y la enseñanza.

Amonestaciones de la Sabiduría

⁸ Oye, hijo mío, la instrucción de tu
padre,
Y no desprecies la dirección de tu
madre;
⁹ Porque adorno de gracia serán a tu
cabeza,
Y collares a tu cuello.
¹⁰ Hijo mío, si los pecadores te quisieren
engañar,
No consientas.
¹¹ Si dijeren: Ven con nosotros;
Pongamos asechanzas para derramar
sangre,
Acechemos sin motivo al inocente;
¹² Los tragaremos vivos como el Seol,
Y enteros, como los que caen en un
abismo;
¹³ Hallaremos riquezas de toda clase,
Llenaremos nuestras casas de
despojos;
¹⁴ Echa tu suerte entre nosotros;
Tengamos todos una bolsa.

¹⁵ Hijo mío, no andes en camino con
ellos.
Aparta tu pie de sus veredas,
¹⁶ Porque sus pies corren hacia el mal,
Y van presurosos a derramar sangre.
¹⁷ Porque en vano se tenderá la red
Ante los ojos de toda ave;
¹⁸ Pero ellos a su propia sangre ponen
asechanzas,
Y a sus almas tienden lazo.
¹⁹ Tales son las sendas de todo el que es
dado a la codicia,
La cual quita la vida de sus
poseedores.

²⁰ La sabiduría clama en las calles,
Alza su voz en las plazas;
²¹ Clama en los principales lugares de
reunión;
En las entradas de las puertas de la
ciudad dice sus razones.ᶜ
²² ¿Hasta cuándo, oh simples, amaréis la
simpleza,
Y los burladores desearán el burlar,
Y los insensatos aborrecerán la
ciencia?
²³ Volveos a mi reprensión;
He aquí yo derramaré mi espíritu
sobre vosotros,
Y os haré saber mis palabras.
²⁴ Por cuanto llamé, y no quisisteis oír,
Extendí mi mano, y no hubo quien
atendiese,
²⁵ Sino que desechasteis todo consejo
mío
Y mi reprensión no quisisteis,
²⁶ También yo me reiré en vuestra
calamidad,
Y me burlaré cuando os viniere lo
que teméis;
²⁷ Cuando viniere como una
destrucción lo que teméis,

a 1.1 1 R 4.32. b 1.7 Job 28.28; Sal 111.10; Pr 9.10.
c 1.20, 21 Pr 8.1-3.

Y vuestra calamidad llegare como un torbellino;

Cuando sobre vosotros viniere tribulación y angustia.

28 Entonces me llamarán, y no responderé;

Me buscarán de mañana, y no me hallarán.

29 Por cuanto aborrecieron la sabiduría, Y no escogieron el temor de Jehová,

30 Ni quisieron mi consejo, Y menospreciaron toda reprensión mía,

31 Comerán del fruto de su camino, Y serán hastiados de sus propios consejos.

32 Porque el desvío de los ignorantes los matará,

Y la prosperidad de los necios los echará a perder;

33 Mas el que me oyere, habitará confiadamente

Y vivirá tranquilo, sin temor del mal.

Excelencias de la sabiduría

2 ¹ Hijo mío, si recibieres mis palabras, Y mis mandamientos guardares dentro de ti,

2 Haciendo estar atento tu oído a la sabiduría;

Si inclinares tu corazón a la prudencia,

3 Si clamares a la inteligencia, Y a la prudencia dieres tu voz;

4 Si como a la plata la buscares, Y la escudriñares como a tesoros,

5 Entonces entenderás el temor de Jehová,

Y hallarás el conocimiento de Dios.

6 Porque Jehová da la sabiduría, Y de su boca viene el conocimiento y la inteligencia.

7 Él provee de sana sabiduría a los rectos;

Es escudo a los que caminan rectamente.

8 Es el que guarda las veredas del juicio,

Y preserva el camino de sus santos.

9 Entonces entenderás justicia, juicio Y equidad, y todo buen camino.

10 Cuando la sabiduría entrare en tu corazón,

Y la ciencia fuere grata a tu alma,

11 La discreción te guardará; Te preservará la inteligencia,

12 Para librarte del mal camino, De los hombres que hablan perversidades,

13 Que dejan los caminos derechos, Para andar por sendas tenebrosas;

14 Que se alegran haciendo el mal, Que se huelgan en las perversidades del vicio;

15 Cuyas veredas son torcidas, Y torcidos sus caminos.

16 Serás librado de la mujer extraña, De la ajena que halaga con sus palabras,

17 La cual abandona al compañero de su juventud,

Y se olvida del pacto de su Dios.

18 Por lo cual su casa está inclinada a la muerte,

Y sus veredas hacia los muertos;

19 Todos los que a ella se lleguen, no volverán,

Ni seguirán otra vez los senderos de la vida.

20 Así andarás por el camino de los buenos,

Y seguirás las veredas de los justos;

21 Porque los rectos habitarán la tierra, Y los perfectos permanecerán en ella,

22 Mas los impíos serán cortados de la tierra,

Y los prevaricadores serán de ella desarraigados.

Exhortación a la obediencia

3 ¹ Hijo mío, no te olvides de mi ley, Y tu corazón guarde mis mandamientos;

2 Porque largura de días y años de vida Y paz te aumentarán.

3 Nunca se aparten de ti la misericordia y la verdad;

Átalas a tu cuello,

Escríbelas en la tabla de tu corazón;

4 Y hallarás gracia y buena opinión Ante los ojos de Dios y de los hombres.[a]

a 3.4 Lc 2.52; Ro 12.17; 2 Co 8.21.

5 Fíate de Jehová de todo tu corazón,
  Y no te apoyes en tu propia
    prudencia.
6 Reconócelo en todos tus caminos,
  Y él enderezará tus veredas.
7 No seas sabio en tu propia opinión;[b]
  Teme a Jehová, y apártate del mal;
8 Porque será medicina a tu cuerpo,
  Y refrigerio para tus huesos.

9 Honra a Jehová con tus bienes,
  Y con las primicias de todos tus
    frutos;
10 Y serán llenos tus graneros con
    abundancia,
  Y tus lagares rebosarán de mosto.

11 No menosprecies, hijo mío, el castigo
    de Jehová,
  Ni te fatigues de su corrección;[c]
12 Porque Jehová al que ama castiga,[d]
  Como el padre al hijo a quien quiere.[e]

13 Bienaventurado el hombre que halla
    la sabiduría,
  Y que obtiene la inteligencia;
14 Porque su ganancia es mejor que la
    ganancia de la plata,
  Y sus frutos más que el oro fino.
15 Más preciosa es que las piedras
    preciosas;
  Y todo lo que puedes desear, no se
    puede comparar a ella.
16 Largura de días está en su mano
    derecha;
  En su izquierda, riquezas y honra.
17 Sus caminos son caminos deleitosos,
  Y todas sus veredas paz.
18 Ella es árbol de vida a los que de ella
    echan mano,
  Y bienaventurados son los que la
    retienen.

19 Jehová con sabiduría fundó la
    tierra;
  Afirmó los cielos con inteligencia.
20 Con su ciencia los abismos fueron
    divididos,
  Y destilan rocío los cielos.

21 Hijo mío, no se aparten estas cosas de
    tus ojos;
  Guarda la ley y el consejo,

22 Y serán vida a tu alma,
  Y gracia a tu cuello.
23 Entonces andarás por tu camino
    confiadamente,
  Y tu pie no tropezará.
24 Cuando te acuestes, no tendrás temor,
  Sino que te acostarás, y tu sueño será
    grato.
25 No tendrás temor de pavor repentino,
  Ni de la ruina de los impíos cuando
    viniere,
26 Porque Jehová será tu confianza,
  Y él preservará tu pie de quedar preso.

27 No te niegues a hacer el bien a quien
    es debido,
  Cuando tuvieres poder para hacerlo.
28 No digas a tu prójimo: Anda, y
    vuelve,
  Y mañana te daré,
  Cuando tienes contigo qué darle.
29 No intentes mal contra tu prójimo
  Que habita confiado junto a ti.
30 No tengas pleito con nadie sin razón,
  Si no te han hecho agravio.
31 No envidies al hombre injusto,
  Ni escojas ninguno de sus caminos.
32 Porque Jehová abomina al perverso;
  Mas su comunión íntima es con los
    justos.
33 La maldición de Jehová está en la
    casa del impío,
  Pero bendecirá la morada de los
    justos.
34 Ciertamente él escarnecerá a los
    escarnecedores,
  Y a los humildes dará gracia.[f]
35 Los sabios heredarán honra,
  Mas los necios llevarán ignominia.

Beneficios de la sabiduría

4 1 Oíd, hijos, la enseñanza de un
    padre,
  Y estad atentos, para que conozcáis
    cordura.
2 Porque os doy buena enseñanza;
  No desamparéis mi ley.
3 Porque yo también fui hijo de mi
    padre,
  Delicado y único delante de mi
    madre.

b 3.7 Ro 12.16.   c 3.11 Job 5.17.   d 3.12 Ap 3.19.
e 3.11, 12 Heb 12.5, 6.   f 3.34 Stg 4.6; 1 P 5.5.

4 Y él me enseñaba, y me decía:
Retenga tu corazón mis razones,
Guarda mis mandamientos, y vivirás.
5 Adquiere sabiduría, adquiere
inteligencia;
No te olvides ni te apartes de las
razones de mi boca;
6 No la dejes, y ella te guardará;
Amala, y te conservará.
7 Sabiduría ante todo; adquiere sabiduría;
Y sobre todas tus posesiones adquiere
inteligencia.
8 Engrandécela, y ella te engrandecerá;
Ella te honrará, cuando tú la hayas
abrazado.
9 Adorno de gracia dará a tu cabeza;
Corona de hermosura te entregará.

10 Oye, hijo mío, y recibe mis razones,
Y se te multiplicarán años de vida.
11 Por el camino de la sabiduría te he
encaminado,
Y por veredas derechas te he hecho
andar.
12 Cuando anduvieres, no se
estrecharán tus pasos,
Y si corrieres, no tropezarás.
13 Retén el consejo, no lo dejes;
Guárdalo, porque eso es tu vida.
14 No entres por la vereda de los impíos,
Ni vayas por el camino de los malos.
15 Déjala, no pases por ella;
Apártate de ella, pasa.
16 Porque no duermen ellos si no han
hecho mal,
Y pierden el sueño si no han hecho
caer a alguno.
17 Porque comen pan de maldad, y
beben vino de robos;
18 Mas la senda de los justos es como la
luz de la aurora,
Que va en aumento hasta que el día
es perfecto.
19 El camino de los impíos es como la
oscuridad;
No saben en qué tropiezan.

20 Hijo mío, está atento a mis palabras;
Inclina tu oído a mis razones.
21 No se aparten de tus ojos;
Guárdalas en medio de tu corazón;

22 Porque son vida a los que las hallan,
Y medicina a todo su cuerpo.
23 Sobre toda cosa guardada, guarda tu
corazón;
Porque de él mana la vida.
24 Aparta de ti la perversidad de
la boca,
Y aleja de ti la iniquidad de los labios.
25 Tus ojos miren lo recto,
Y diríjanse tus párpados hacia lo que
tienes delante.
26 Examina la senda de tus pies,[a]
Y todos tus caminos sean rectos.
27 No te desvíes a la derecha ni a la
izquierda;
Aparta tu pie del mal.

Amonestación contra la impureza

5 1 Hijo mío, está atento a mi sabiduría,
Y a mi inteligencia inclina tu oído,
2 Para que guardes consejo,
Y tus labios conserven la ciencia.
3 Porque los labios de la mujer extraña
destilan miel,
Y su paladar es más blando que el
aceite;
4 Mas su fin es amargo como el ajenjo,
Agudo como espada de dos filos.
5 Sus pies descienden a la muerte;
Sus pasos conducen al Seol.
6 Sus caminos son inestables; no los
conocerás,
Si no considerares el camino de vida.

7 Ahora pues, hijos, oídme,
Y no os apartéis de las razones de mi
boca.
8 Aleja de ella tu camino,
Y no te acerques a la puerta de su
casa;
9 Para que no des a los extraños tu
honor,
Y tus años al cruel;
10 No sea que extraños se sacien de tu
fuerza,
Y tus trabajos estén en casa del
extraño;
11 Y gimas al final,
Cuando se consuma tu carne y tu
cuerpo,
12 Y digas: ¡Cómo aborrecí el consejo,
Y mi corazón menospreció la
reprensión;

a 4.26 Heb 12.13.

13No oí la voz de los que me instruían,
Y a los que me enseñaban no incliné
mi oído!
14Casi en todo mal he estado,
En medio de la sociedad y de la
congregación.

15Bebe el agua de tu misma cisterna,
Y los raudales de tu propio pozo.
16¿Se derramarán tus fuentes por las
calles,
Y tus corrientes de aguas por las
plazas?
17Sean para ti solo,
Y no para los extraños contigo.
18Sea bendito tu manantial,
Y alégrate con la mujer de tu
juventud,
19Como cierva amada y graciosa
gacela.
Sus caricias te satisfagan en todo
tiempo,
Y en su amor recréate siempre.
20¿Y por qué, hijo mío, andarás ciego
con la mujer ajena,
Y abrazarás el seno de la extraña?
21Porque los caminos del hombre están
ante los ojos de Jehová,
Y él considera todas sus veredas.
22Prenderán al impío sus propias
iniquidades,
Y retenido será con las cuerdas de su
pecado.
23Él morirá por falta de corrección,
Y errará por lo inmenso de su locura.

Amonestación contra la pereza y la falsedad

6 1 Hijo mío, si salieres fiador por tu
amigo,
Si has empeñado tu palabra a un
extraño,
2 Te has enlazado con las palabras de
tu boca,
Y has quedado preso en los dichos de
tus labios.
3 Haz esto ahora, hijo mío, y líbrate,
Ya que has caído en la mano de tu
prójimo;
Ve, humíllate, y asegúrate de tu
amigo.
4 No des sueño a tus ojos,
Ni a tus párpados adormecimiento;

5 Escápate como gacela de la mano del
cazador,
Y como ave de la mano del que arma
lazos.

6 Ve a la hormiga, oh perezoso,
Mira sus caminos, y sé sabio;
7 La cual no teniendo capitán,
Ni gobernador, ni señor,
8 Prepara en el verano su comida,
Y recoge en el tiempo de la siega su
mantenimiento.
9 Perezoso, ¿hasta cuándo has de
dormir?
¿Cuándo te levantarás de tu sueño?
10Un poco de sueño, un poco de
dormitar,
Y cruzar por un poco las manos para
reposo;
11Así vendrá tu necesidad como
caminante,
Y tu pobreza como hombre armado.a

12El hombre malo, el hombre
depravado,
Es el que anda en perversidad de
boca;
13Que guiña los ojos, que habla con
los pies,
Que hace señas con los dedos.
14Perversidades hay en su corazón;
anda pensando el mal en todo
tiempo;
Siembra las discordias.
15Por tanto, su calamidad vendrá de
repente;
Súbitamente será quebrantado, y no
habrá remedio.

16Seis cosas aborrece Jehová,
Y aun siete abomina su alma:
17Los ojos altivos, la lengua mentirosa,
Las manos derramadoras de sangre
inocente,
18El corazón que maquina
pensamientos inicuos,
Los pies presurosos para correr al
mal,
19El testigo falso que habla mentiras,
Y el que siembra discordia entre
hermanos.

a 6.10, 11 Pr 24.33, 34.

Amonestación contra el adulterio

20Guarda, hijo mío, el mandamiento de
tu padre,
Y no dejes la enseñanza de tu madre;
21Átalos siempre en tu corazón,
Enlázalos a tu cuello.
22Te guiarán cuando andes; cuando
duermas te guardarán;
Hablarán contigo cuando despiertes.
23Porque el mandamiento es lámpara, y
la enseñanza es luz,
Y camino de vida las represiones
que te instruyen,
24Para que te guarden de la mala
mujer,
De la blandura de la lengua de la
mujer extraña.
25No codicies su hermosura en tu
corazón,
Ni ella te prenda con sus ojos;
26Porque a causa de la mujer ramera el
hombre es reducido a un bocado
de pan;
Y la mujer caza la preciosa alma del
varón.
27¿Tomará el hombre fuego en su
seno
Sin que sus vestidos ardan?
28¿Andará el hombre sobre brasas
Sin que sus pies se quemen?
29Así es el que se llega a la mujer de su
prójimo;
No quedará impune ninguno que la
tocare.
30No tienen en poco al ladrón si
hurta
Para saciar su apetito cuando tiene
hambre;
31Pero si es sorprendido, pagará siete
veces;
Entregará todo el haber de su casa.
32Mas el que comete adulterio es falto
de entendimiento;
Corrompe su alma el que tal hace.
33Heridas y vergüenza hallará,
Y su afrenta nunca será borrada.
34Porque los celos son el furor del
hombre,
Y no perdonará en el día de la
venganza.
35No aceptará ningún rescate,
Ni querrá perdonar, aunque
multipliques los dones.

Las artimañas de la ramera

7 1Hijo mío, guarda mis razones,
Y atesora contigo mis mandamientos.
2Guarda mis mandamientos y vivirás,
Y mi ley como las niñas de tus ojos.
3Lígalos a tus dedos;
Escríbelos en la tabla de tu corazón.
4Di a la sabiduría: Tú eres mi
hermana,
Y a la inteligencia llama parienta;
5Para que te guarden de la mujer
ajena,
Y de la extraña que ablanda sus
palabras.

6Porque mirando yo por la ventana de
mi casa,
Por mi celosía,
7Vi entre los simples,
Consideré entre los jóvenes,
A un joven falto de entendimiento,
8El cual pasaba por la calle, junto a
la esquina,
E iba camino a la casa de ella,
9A la tarde del día, cuando ya oscurecía,
En la oscuridad y tinieblas de la
noche.

10Cúando he aquí, una mujer le sale al
encuentro,
Con atavío de ramera y astuta de
corazón.
11Alborotadora y rencillosa,
Sus pies no pueden estar en casa;
12Unas veces está en la calle, otras
veces en las plazas,
Acechando por todas las esquinas.
13Se asió de él, y le besó.
Con semblante descarado le dijo:
14Sacrificios de paz había prometido,
Hoy he pagado mis votos;
15Por tanto, he salido a encontrarte,
Buscando diligentemente tu rostro, y
te he hallado.
16He adornado mi cama con colchas
Recamadas con cordoncillo de Egipto;
17He perfumado mi cámara
Con mirra, áloes y canela.
18Ven, embriaguémonos de amores
hasta la mañana;
Alegrémonos en amores.
19Porque el marido no está en casa;
Se ha ido a un largo viaje.

20La bolsa de dinero llevó en su mano;
El día señalado volverá a su casa.

21Lo rindió con la suavidad de sus
muchas palabras,
Le obligó con la zalamería de sus
labios.
22Al punto se marchó tras ella,
Como va el buey al degolladero,
Y como el necio a las prisiones para
ser castigado;
23Como el ave que se apresura a la red,
Y no sabe que es contra su vida,
Hasta que la saeta traspasa su
corazón.

24Ahora pues, hijos, oídme,
Y estad atentos a las razones de mi
boca.
25No se aparte tu corazón a sus
caminos;
No yerres en sus veredas.
26Porque a muchos ha hecho caer
heridos,
Y aun los más fuertes han sido
muertos por ella.
27Camino al Seol es su casa,
Que conduce a las cámaras de la
muerte.

Excelencia y eternidad de la Sabiduría

8 1 ¿No clama la sabiduría,
Y da su voz la inteligencia?
2 En las alturas junto al camino,
A las encrucijadas de las veredas se
para;
3 En el lugar de las puertas, a la
entrada de la ciudad,
A la entrada de las puertas da voces:a
4 Oh hombres, a vosotros clamo;
Dirijo mi voz a los hijos de los
hombres.
5 Entended, oh simples, discreción;
Y vosotros, necios, entrad en
cordura.
6 Oíd, porque hablaré cosas excelentes,
Y abriré mis labios para cosas rectas.
7 Porque mi boca hablará verdad,
Y la impiedad abominan mis labios.
8 Justas son todas las razones de mi
boca;
No hay en ellas cosa perversa ni
torcida.

9 Todas ellas son rectas al que
entiende,
Y razonables a los que han hallado
sabiduría.
10Recibid mi enseñanza, y no plata;
Y ciencia antes que el oro escogido.
11Porque mejor es la sabiduría que las
piedras preciosas;
Y todo cuanto se puede desear, no es
de compararse con ella.
12Yo, la sabiduría, habito con la
cordura,
Y hallo la ciencia de los consejos.
13El temor de Jehová es aborrecer el
mal;
La soberbia y la arrogancia, el mal
camino,
Y la boca perversa, aborrezco.
14Conmigo está el consejo y el buen
juicio;
Yo soy la inteligencia; mío es el
poder.
15Por mí reinan los reyes,
Y los príncipes determinan justicia.
16Por mí dominan los príncipes,
Y todos los gobernadores juzgan
la tierra.
17Yo amo a los que me aman,
Y me hallan los que temprano me
buscan.
18Las riquezas y la honra están
conmigo;
Riquezas duraderas, y justicia.
19Mejor es mi fruto que el oro, y que el
oro refinado;
Y mi rédito mejor que la plata
escogida.
20Por vereda de justicia guiaré,
Por en medio de sendas de juicio,
21Para hacer qué los que me aman
tengan su heredad,
Y que yo llene sus tesoros.

22Jehová me poseía en el principio,
Ya de antiguo, antes de sus obras.b
23Eternamente tuve el principado,
desde el principio,
Antes de la tierra.
24Antes de los abismos fui engendrada;
Antes que fuesen las fuentes de las
muchas aguas.

a 8.1-3 Pr 1.20, 21. b 8.22 Ap 3.14.

25Antes que los montes fuesen formados,
Antes de los collados, ya había sido yo engendrada;
26No había aún hecho la tierra, ni los campos,
Ni el principio del polvo del mundo.
27Cuando formaba los cielos, allí estaba yo;
Cuando trazaba el círculo sobre la faz del abismo;
28Cuando afirmaba los cielos arriba,
Cuando afirmaba las fuentes del abismo;
29Cuando ponía al mar su estatuto,
Para que las aguas no traspasasen su mandamiento;
Cuando establecía los fundamentos de la tierra,
30Con él estaba yo ordenándolo todo,
Y era su delicia de día en día,
Teniendo solaz delante de él en todo tiempo.
31Me regocijo en la parte habitable de su tierra;
Y mis delicias son con los hijos de los hombres.

32Ahora, pues, hijos, oídme,
Y bienaventurados los que guardan mis caminos.
33Atended el consejo, y sed sabios,
Y no lo menospreciéis.
34Bienaventurado el hombre que me escucha,
Velando a mis puertas cada día,
Aguardando a los postes de mis puertas.
35Porque el que me halle, hallará la vida,
Y alcanzará el favor de Jehová.
36Mas el que peca contra mí, defrauda su alma;
Todos los que me aborrecen aman la muerte.

La Sabiduría y la mujer insensata

9 1 La sabiduría edificó su casa,
Labró sus siete columnas.
2 Mató sus víctimas, mezcló su vino,
Y puso su mesa.

3 Envió sus criadas;
Sobre lo más alto de la ciudad clamó.
4 Dice a cualquier simple: Ven acá.
A los faltos de cordura dice:
5 Venid, comed mi pan,
Y bebed del vino que yo he mezclado.
6 Dejad las simplezas, y vivid,
Y andad por el camino de la inteligencia.

7 El que corrige al escarnecedor, se acarrea afrenta;
El que reprende al impío, se atrae mancha.
8 No reprendas al escarnecedor, para que no te aborrezca;
Corrige al sabio, y te amará.
9 Da al sabio, y será más sabio;
Enseña al justo, y aumentará su saber.
10El temor de Jehová es el principio de la sabiduría,[a]
Y el conocimiento del Santísimo es la inteligencia.
11Porque por mí se aumentarán tus días,
Y años de vida se te añadirán.
12Si fueres sabio, para ti lo serás;
Y si fueres escarnecedor, pagarás tú solo.

13La mujer insensata es alborotadora;
Es simple e ignorante.
14Se sienta en una silla a la puerta de su casa,
En los lugares altos de la ciudad,
15Para llamar a los que pasan por el camino,
Que van por sus caminos derechos.
16Dice a cualquier simple: Ven acá.
A los faltos de cordura dijo:
17Las aguas hurtadas son dulces,
Y el pan comido en oculto es sabroso.
18Y no saben que allí están los muertos;
Que sus convidados están en lo profundo del Seol.

Contraste entre el justo y el malvado

10 1 Los proverbios de Salomón.

El hijo sabio alegra al padre,
Pero el hijo necio es tristeza de su madre.

---

a 9.10 Job 28.28; Sal 111.10; Pr 1.7.

2 Los tesoros de maldad no serán de
provecho;
Mas la justicia libra de muerte.
3 Jehová no dejará padecer hambre al
justo;
Mas la iniquidad lanzará a los impíos.
4 La mano negligente empobrece;
Mas la mano de los diligentes
enriquece.
5 El que recoge en el verano es hombre
entendido;
El que duerme en el tiempo de la
siega es hijo que avergüenza.
6 Hay bendiciones sobre la cabeza del
justo;
Pero violencia cubrirá la boca de los
impíos.
7 La memoria del justo será bendita;
Mas el nombre de los impíos se
pudrirá.
8 El sabio de corazón recibirá los
mandamientos;
Mas el necio de labios caerá.
9 El que camina en integridad anda
confiado;
Mas el que pervierte sus caminos
será quebrantado.
10 El que guiña el ojo acarrea tristeza;
Y el necio de labios será castigado.
11 Manantial de vida es la boca del
justo;
Pero violencia cubrirá la boca de los
impíos.
12 El odio despierta rencillas;
Pero el amor cubrirá todas las faltas.ª
13 En los labios del prudente se halla
sabiduría;
Mas la vara es para las espaldas del
falto de cordura.
14 Los sabios guardan la sabiduría;
Mas la boca del necio es calamidad
cercana.
15 Las riquezas del rico son su ciudad
fortificada;
Y el desmayo de los pobres es su
pobreza.
16 La obra del justo es para vida;
Mas el fruto del impío es para
pecado.
17 Camino a la vida es guardar la
instrucción;
Pero quien desecha la represión,
yerra.

18 El que encubre el odio es de labios
mentirosos;
Y el que propaga calumnia es necio.
19 En las muchas palabras no falta
pecado;
Mas el que refrena sus labios es
prudente.
20 Plata escogida es la lengua del justo;
Mas el corazón de los impíos es como
nada.
21 Los labios del justo apacientan a
muchos,
Mas los necios mueren por falta de
entendimiento.
22 La bendición de Jehová es la que
enriquece,
Y no añade tristeza con ella.
23 El hacer maldad es como una
diversión al insensato;
Mas la sabiduría recrea al hombre de
entendimiento.
24 Lo que el impío teme, eso le vendrá;
Pero a los justos les será dado lo que
desean.
25 Como pasa el torbellino, así el malo
no permanece;
Mas el justo permanece para siempre.
26 Como el vinagre a los dientes, y
como el humo a los ojos,
Así es el perezoso a los que lo envían.
27 El temor de Jehová aumentará los días;
Mas los años de los impíos serán
acortados.
28 La esperanza de los justos es alegría;
Mas la esperanza de los impíos
perecerá.
29 El camino de Jehová es fortaleza al
perfecto;
Pero es destrucción a los que hacen
maldad.
30 El justo no será removido jamás;
Pero los impíos no habitarán la tierra.
31 La boca del justo producirá sabiduría;
Mas la lengua perversa será cortada.
32 Los labios del justo saben hablar lo
que agrada;
Mas la boca de los impíos habla
perversidades.

11 1 El peso falso es abominación a
Jehová;
Mas la pesa cabal le agrada.

---

a **10.12** Stg 5.20; 1 P 4.8.

2 Cuando viene la soberbia, viene
también la deshonra;
Mas con los humildes está la
sabiduría.
3 La integridad de los rectos los
encaminará;
Pero destruirá a los pecadores la
perversidad de ellos.
4 No aprovecharán las riquezas en el
día de la ira;
Mas la justicia librará de muerte.
5 La justicia del perfecto enderezará su
camino;
Mas el impío por su impiedad caerá.
6 La justicia de los rectos los librará;
Mas los pecadores serán atrapados en
su pecado.
7 Cuando muere el hombre impío,
perece su esperanza;
Y la expectación de los malos
perecerá.
8 El justo es librado de la tribulación;
Mas el impío entra en lugar suyo.
9 El hipócrita con la boca daña a su
prójimo;
Mas los justos son librados con la
sabiduría.
10 En el bien de los justos la ciudad se
alegra;
Mas cuando los impíos perecen hay
fiesta.
11 Por la bendición de los rectos la
ciudad será engrandecida;
Mas por la boca de los impíos será
trastornada.
12 El que carece de entendimiento
menosprecia a su prójimo;
Mas el hombre prudente calla.
13 El que anda en chismes descubre el
secreto;
Mas el de espíritu fiel lo guarda todo.
14 Donde no hay dirección sabia, caerá
el pueblo;
Mas en la multitud de consejeros hay
seguridad.
15 Con ansiedad será afligido el que sale
por fiador de un extraño;
Mas el que aborreciere las fianzas
vivirá seguro.
16 La mujer agraciada tendrá honra,
Y los fuertes tendrán riquezas.

17 A su alma hace bien el hombre
misericordioso;
Mas el cruel se atormenta a sí mismo.
18 El impío hace obra falsa;
Mas el que siembra justicia tendrá
galardón firme.
19 Como la justicia conduce a la vida,
Así el que sigue el mal lo hace para
su muerte.
20 Abominación son a Jehová los
perversos de corazón;
Mas los perfectos de camino le son
agradables.
21 Tarde o temprano, el malo será
castigado;
Mas la descendencia de los justos
será librada.
22 Como zarcillo de oro en el hocico de
un cerdo
Es la mujer hermosa y apartada de
razón.
23 El deseo de los justos es solamente
el bien;
Mas la esperanza de los impíos es
el enojo.
24 Hay quienes reparten, y les es
añadido más;
Y hay quienes retienen más de lo que
es justo, pero vienen a pobreza.
25 El alma generosa será prosperada;
Y el que saciare, él también será
saciado.
26 Al que acapara el grano, el pueblo lo
maldecirá;
Pero bendición será sobre la cabeza
del que lo vende.
27 El que procura el bien buscará
favor;
Mas al que busca el mal, éste le
vendrá.
28 El que confía en sus riquezas caerá;
Mas los justos reverdecerán como
ramas.
29 El que turba su casa heredará viento;
Y el necio será siervo del sabio de
corazón.
30 El fruto del justo es árbol de vida;
Y el que gana almas es sabio.
31 Ciertamente el justo será
recompensado en la tierra;
¡Cuánto más el impío y el pecador!ª

12 1 El que ama la instrucción ama la
sabiduría;

Mas el que aborrece la represión es ignorante.

2 El bueno alcanzará favor de Jehová;
Mas él condenará al hombre de malos pensamientos.

3 El hombre no se afirmará por medio de la impiedad;
Mas la raíz de los justos no será removida.

4 La mujer virtuosa es corona de su marido;
Mas la mala, como carcoma en sus huesos.

5 Los pensamientos de los justos son rectitud;
Mas los consejos de los impíos, engaño.

6 Las palabras de los impíos son asechanzas para derramar sangre;
Mas la boca de los rectos los librará.

7 Dios trastornará a los impíos, y no serán más;
Pero la casa de los justos permanecerá firme.

8 Según su sabiduría es alabado el hombre;
Mas el perverso de corazón será menospreciado.

9 Más vale el despreciado que tiene servidores,
Que el que se jacta, y carece de pan.

10 El justo cuida de la vida de su bestia;
Mas el corazón de los impíos es cruel.

11 El que labra su tierra se saciará de pan;
Mas el que sigue a los vagabundos es falto de entendimiento.

12 Codicia el impío la red de los malvados;
Mas la raíz de los justos dará fruto.

13 El impío es enredado en la prevaricación de sus labios;
Mas el justo saldrá de la tribulación.

14 El hombre será saciado de bien del fruto de su boca;
Y le será pagado según la obra de sus manos.

15 El camino del necio es derecho en su opinión;
Mas el que obedece al consejo es sabio.

16 El necio al punto da a conocer su ira;
Mas el que no hace caso de la injuria es prudente.

17 El que habla verdad declara justicia;
Mas el testigo mentiroso, engaño.

18 Hay hombres cuyas palabras son como golpes de espada;
Mas la lengua de los sabios es medicina.

19 El labio veraz permanecerá para siempre;
Mas la lengua mentirosa sólo por un momento.

20 Engaño hay en el corazón de los que piensan el mal;
Pero alegría en el de los que piensan el bien.

21 Ninguna adversidad acontecerá al justo;
Mas los impíos serán colmados de males.

22 Los labios mentirosos son abominación a Jehová;
Pero los que hacen verdad son su contentamiento.

23 El hombre cuerdo encubre su saber;
Mas el corazón de los necios publica la necedad.

24 La mano de los diligentes señoreará;
Mas la negligencia será tributaria.

25 La congoja en el corazón del hombre lo abate;
Mas la buena palabra lo alegra.

26 El justo sirve de guía a su prójimo;
Mas el camino de los impíos les hace errar.

27 El indolente ni aun asará lo que ha cazado;
Pero haber precioso del hombre es la diligencia.

28 En el camino de la justicia está la vida;
Y en sus caminos no hay muerte.

13 1 El hijo sabio recibe el consejo del padre;
Mas el burlador no escucha las represiones.

2 Del fruto de su boca el hombre comerá el bien;
Mas el alma de los prevaricadores hallará el mal.

3 El que guarda su boca guarda su alma;
Mas el que mucho abre sus labios tendrá calamidad.

⁴ El alma del perezoso desea, y nada alcanza;
Mas el alma de los diligentes será prosperada.

⁵ El justo aborrece la palabra de mentira;
Mas el impío se hace odioso e infame.

⁶ La justicia guarda al de perfecto camino;
Mas la impiedad trastornará al pecador.

⁷ Hay quienes pretenden ser ricos, y no tienen nada;
Y hay quienes pretenden ser pobres, y tienen muchas riquezas.

⁸ El rescate de la vida del hombre está en sus riquezas;
Pero el pobre no oye censuras.

⁹ La luz de los justos se alegrará;
Mas se apagará la lámpara de los impíos.

¹⁰ Ciertamente la soberbia concebirá contienda;
Mas con los avisados está la sabiduría.

¹¹ Las riquezas de vanidad disminuirán;
Pero el que recoge con mano laboriosa las aumenta.

¹² La esperanza que se demora es tormento del corazón;
Pero árbol de vida es el deseo cumplido.

¹³ El que menosprecia el precepto perecerá por ello;
Mas el que teme el mandamiento será recompensado.

¹⁴ La ley del sabio es manantial de vida
Para apartarse de los lazos de la muerte.

¹⁵ El buen entendimiento da gracia;
Mas el camino de los transgresores es duro.

¹⁶ Todo hombre prudente procede con sabiduría;
Mas el necio manifestará necedad.

¹⁷ El mal mensajero acarrea desgracia;
Mas el mensajero fiel acarrea salud.

¹⁸ Pobreza y vergüenza tendrá el que menosprecia el consejo;
Mas el que guarda la corrección recibirá honra.

¹⁹ El deseo cumplido regocija el alma;
Pero apartarse del mal es abominación a los necios.

²⁰ El que anda con sabios, sabio será;
Mas el que se junta con necios será quebrantado.

²¹ El mal perseguirá a los pecadores,
Mas los justos serán premiados con el bien.

²² El bueno dejará herederos a los hijos de sus hijos;
Pero la riqueza del pecador está guardada para el justo.

²³ En el barbecho de los pobres hay mucho pan;
Mas se pierde por falta de juicio.

²⁴ El que detiene el castigo, a su hijo aborrece;
Mas el que lo ama, desde temprano lo corrige.

²⁵ El justo come hasta saciar su alma;
Mas el vientre de los impíos tendrá necesidad.

14

¹ La mujer sabia edifica su casa;
Mas la necia con sus manos la derriba.

² El que camina en su rectitud teme a Jehová;
Mas el de caminos pervertidos lo menosprecia.

³ En la boca del necio está la vara de la soberbia;
Mas los labios de los sabios los guardarán.

⁴ Sin bueyes el granero está vacío;
Mas por la fuerza del buey hay abundancia de pan.

⁵ El testigo verdadero no mentirá;
Mas el testigo falso hablará mentiras.

⁶ Busca el escarnecedor la sabiduría y no la halla;
Mas al hombre entendido la sabiduría le es fácil.

⁷ Vete de delante del hombre necio,
Porque en él no hallarás labios de ciencia.

⁸ La ciencia del prudente está en entender su camino;
Mas la indiscreción de los necios es engaño.

⁹ Los necios se mofan del pecado;
Mas entre los rectos hay buena voluntad.

¹⁰El corazón conoce la amargura de su
alma;
Y extraño no se entremeterá en su
alegría.

¹¹La casa de los impíos será asolada;
Pero florecerá la tienda de los rectos.

¹²Hay camino que al hombre le parece
derecho;
Pero su fin es camino de muerte.ᵃ

¹³Aun en la risa tendrá dolor el
corazón;
Y el término de la alegría es congoja.

¹⁴De sus caminos será hastiado el necio
de corazón;
Pero el hombre de bien estará
contento del suyo.

¹⁵El simple todo lo cree;
Mas el avisado mira bien sus pasos.

¹⁶El sabio teme y se aparta del mal;
Mas el insensato se muestra insolente
y confiado.

¹⁷El que fácilmente se enoja hará
locuras;
Y el hombre perverso será
aborrecido.

¹⁸Los simples heredarán necedad;
Mas los prudentes se coronarán de
sabiduría.

¹⁹Los malos se inclinarán delante de
los buenos,
Y los impíos a las puertas del justo.

²⁰El pobre es odioso aun a su amigo;
Pero muchos son los que aman
al rico.

²¹Peca el que menosprecia a su
prójimo;
Mas el que tiene misericordia de los
pobres es bienaventurado.

²²¿No yerran los que piensan el mal?
Misericordia y verdad alcanzarán los
que piensan el bien.

²³En toda labor hay fruto;
Mas las vanas palabras de los labios
empobrecen.

²⁴Las riquezas de los sabios son su
corona;
Pero la insensatez de los necios es
infatuación.

²⁵El testigo verdadero libra las almas;
Mas el engañoso hablará mentiras.

²⁶En el temor de Jehová está la fuerte
confianza;
Y esperanza tendrán sus hijos.

²⁷El temor de Jehová es manantial de
vida
Para apartarse de los lazos de la
muerte.

²⁸En la multitud del pueblo está la
gloria del rey;
Y en la falta de pueblo la debilidad del
príncipe.

²⁹El que tarda en airarse es grande de
entendimiento;
Mas el que es impaciente de espíritu
enaltece la necedad.

³⁰El corazón apacible es vida de la
carne;
Mas la envidia es carcoma de los
huesos.

³¹El que oprime al pobre afrenta a su
Hacedor;
Mas el que tiene misericordia del
pobre, lo honra.

³²Por su maldad será lanzado el impío;
Mas el justo en su muerte tiene
esperanza.

³³En el corazón del prudente reposa la
sabiduría;
Pero no es conocida en medio de los
necios.

³⁴La justicia engrandece a la nación;
Mas el pecado es afrenta de las
naciones.

³⁵La benevolencia del rey es para con el
servidor entendido;
Mas su enojo contra el que lo
avergüenza.

15 ¹La blanda respuesta quita la ira;
Mas la palabra áspera hace subir
el furor.

²La lengua de los sabios adornará la
sabiduría;
Mas la boca de los necios hablará
sandeces.

³Los ojos de Jehová están en todo
lugar,
Mirando a los malos y a los buenos.

⁴La lengua apacible es árbol de vida;
Mas la perversidad de ella es
quebrantamiento de espíritu.

⁵El necio menosprecia el consejo de su
padre;
Mas el que guarda la corrección
vendrá a ser prudente.

---

a 14.12 Pr 16.25.

6 En la casa del justo hay gran
provisión;
Pero turbación en las ganancias del
impío.

7 La boca de los sabios esparce sabiduría;
No así el corazón de los necios.

8 El sacrificio de los impíos es
abominación a Jehová;
Mas la oración de los rectos es su
gozo.

9 Abominación es a Jehová el camino
del impío;
Mas él ama al que sigue justicia.

10 La reconvención es molesta al que
deja el camino;
Y el que aborrece la corrección morirá.

11 El Seol y el Abadón están delante de
Jehová;
¡Cuánto más los corazones de los
hombres!

12 El escarnecedor no ama al que le
reprende,
Ni se junta con los sabios.

13 El corazón alegre hermosea el rostro;
Mas por el dolor del corazón el
espíritu se abate.

14 El corazón entendido busca la
sabiduría;
Mas la boca de los necios se alimenta
de necedades.

15 Todos los días del afligido son
difíciles;
Mas el de corazón contento tiene un
banquete continuo.

16 Mejor es lo poco con el temor de
Jehová,
Que el gran tesoro donde hay
turbación.

17 Mejor es la comida de legumbres
donde hay amor,
Que de buey engordado donde hay
odio.

18 El hombre iracundo promueve
contiendas;
Mas el que tarda en airarse apacigua
la rencilla.

19 El camino del perezoso es como seto
de espinos;
Mas la vereda de los rectos, como
una calzada.

20 El hijo sabio alegra al padre;
Mas el hombre necio menosprecia a
su madre.

21 La necedad es alegría al falto de
entendimiento;
Mas el hombre entendido endereza
sus pasos.

22 Los pensamientos son frustrados
donde no hay consejo;
Mas en la multitud de consejeros se
afirman.

23 El hombre se alegra con la respuesta
de su boca;
Y la palabra a su tiempo, ¡cuán
buena es!

24 El camino de la vida es hacia arriba
al entendido,
Para apartarse del Seol abajo.

25 Jehová asolará la casa de los
soberbios;
Pero afirmará la heredad de la viuda.

26 Abominación son a Jehová los
pensamientos del malo;
Mas las expresiones de los limpios
son limpias.

27 Alborota su casa el codicioso;
Mas el que aborrece el soborno
vivirá.

28 El corazón del justo piensa para
responder;
Mas la boca de los impíos derrama
malas cosas.

29 Jehová está lejos de los impíos;
Pero él oye la oración de los justos.

30 La luz de los ojos alegra el corazón,
Y la buena nueva conforta los
huesos.

31 El oído que escucha las
amonestaciones de la vida,
Entre los sabios morará.

32 El que tiene en poco la disciplina
menosprecia su alma;
Mas el que escucha la corrección
tiene entendimiento.

33 El temor de Jehová es enseñanza de
sabiduría;
Y a la honra precede la humildad.

Proverbios sobre la vida y la conducta

16 **1** Del hombre son las disposiciones
del corazón;
Mas de Jehová es la respuesta de la
lengua.

2 Todos los caminos del hombre son
limpios en su propia opinión;
Pero Jehová pesa los espíritus.

3 Encomienda a Jehová tus obras,
Y tus pensamientos serán afirmados.
4 Todas las cosas ha hecho Jehová para
sí mismo,
Y aun al impío para el día malo.
5 Abominación es a Jehová todo altivo
de corazón;
Ciertamente no quedará impune.
6 Con misericordia y verdad se corrige
el pecado,
Y con el temor de Jehová los hombres
se apartan del mal.
7 Cuando los caminos del hombre son
agradables a Jehová,
Aun a sus enemigos hace estar en
paz con él.
8 Mejor es lo poco con justicia
Que la muchedumbre de frutos sin
derecho.
9 El corazón del hombre piensa su
camino;
Mas Jehová endereza sus pasos.
10 Oráculo hay en los labios del rey;
En juicio no prevaricará su boca.
11 Peso y balanzas justas son de Jehová;
Obra suya son todas las pesas de la
bolsa.
12 Abominación es a los reyes hacer
impiedad,
Porque con justicia será afirmado el
trono.
13 Los labios justos son el
contentamiento de los reyes,
Y éstos aman al que habla lo recto.
14 La ira del rey es mensajero de
muerte;
Mas el hombre sabio la evitará.
15 En la alegría del rostro del rey está
la vida,
Y su benevolencia es como nube de
lluvia tardía.
16 Mejor es adquirir sabiduría que oro
preciado;
Y adquirir inteligencia vale más que
la plata.
17 El camino de los rectos se aparta
del mal;
Su vida guarda el que guarda su
camino.
18 Antes del quebrantamiento es la
soberbia,
Y antes de la caída la altivez de
espíritu.

19 Mejor es humillar el espíritu con los
humildes
Que repartir despojos con los
soberbios.
20 El entendido en la palabra hallará
el bien,
Y el que confía en Jehová es
bienaventurado.
21 El sabio de corazón es llamado
prudente,
Y la dulzura de labios aumenta el
saber.
22 Manantial de vida es el
entendimiento al que lo posee;
Mas la erudición de los necios es
necedad.
23 El corazón del sabio hace prudente su
boca,
Y añade gracia a sus labios.
24 Panal de miel son los dichos suaves;
Suavidad al alma y medicina para los
huesos.
25 Hay camino que parece derecho al
hombre,
Pero su fin es camino de muerte.[a]
26 El alma del que trabaja, trabaja
para sí,
Porque su boca le estimula.
27 El hombre perverso cava en busca
del mal,
Y en sus labios hay como llama de
fuego.
28 El hombre perverso levanta
contienda,
Y el chismoso aparta a los mejores
amigos.
29 El hombre malo lisonjea a su prójimo,
Y le hace andar por camino no
bueno.
30 Cierra sus ojos para pensar
perversidades;
Mueve sus labios, efectúa el mal.
31 Corona de honra es la vejez
Que se halla en el camino de justicia.
32 Mejor es el que tarda en airarse que
el fuerte;
Y el que se enseñorea de su espíritu,
que el que toma una ciudad.
33 La suerte se echa en el regazo;
Mas de Jehová es la decisión
de ella.

---

a 16.25 Pr 14.12.

17

1 Mejor es un bocado seco, y en paz,
Que casa de contiendas llena de provisiones.

2 El siervo prudente se enseñoreará del hijo que deshonra,
Y con los hermanos compartirá la herencia.

3 El crisol para la plata, y la hornaza para el oro;
Pero Jehová prueba los corazones.

4 El malo está atento al labio inicuo;
Y el mentiroso escucha la lengua detractora.

5 El que escarnece al pobre afrenta a su Hacedor;
Y el que se alegra de la calamidad no quedará sin castigo.

6 Corona de los viejos son los nietos,
Y la honra de los hijos, sus padres.

7 No conviene al necio la altilocuencia;
¡Cuánto menos al príncipe el labio mentiroso!

8 Piedra preciosa es el soborno para el que lo practica;
Adondequiera que se vuelve, halla prosperidad.

9 El que cubre la falta busca amistad;
Mas el que la divulga, aparta al amigo.

10 La reprensión aprovecha al entendido,
Más que cien azotes al necio.

11 El rebelde no busca sino el mal,
Y mensajero cruel será enviado contra él.

12 Mejor es encontrarse con una osa a la cual han robado sus cachorros,
Que con un fatuo en su necedad.

13 El que da mal por bien,
No se apartará el mal de su casa.

14 El que comienza la discordia es como quien suelta las aguas;
Deja, pues, la contienda, antes que se enrede.

15 El que justifica al impío, y el que condena al justo,
Ambos son igualmente abominación a Jehová.

16 ¿De qué sirve el precio en la mano del necio para comprar sabiduría,
No teniendo entendimiento?

17 En todo tiempo ama el amigo,
Y es como un hermano en tiempo de angustia.

18 El hombre falto de entendimiento presta fianzas,
Y sale por fiador en presencia de su amigo.

19 El que ama la disputa, ama la transgresión;
Y el que abre demasiado la puerta busca su ruina.

20 El perverso de corazón nunca hallará el bien,
Y el que revuelve con su lengua caerá en el mal.

21 El que engendra al insensato, para su tristeza lo engendra;
Y el padre del necio no se alegrará.

22 El corazón alegre constituye buen remedio;
Mas el espíritu triste seca los huesos.

23 El impío toma soborno del seno
Para pervertir las sendas de la justicia.

24 En el rostro del entendido aparece la sabiduría;
Mas los ojos del necio vagan hasta el extremo de la tierra.

25 El hijo necio es pesadumbre de su padre,
Y amargura a la que lo dio a luz.

26 Ciertamente no es bueno condenar al justo,
Ni herir a los nobles que hacen lo recto.

27 El que ahorra sus palabras tiene sabiduría;
De espíritu prudente es el hombre entendido.

28 Aun el necio, cuando calla, es contado por sabio;
El que cierra sus labios es entendido.

18

1 Su deseo busca el que se desvía,
Y se entremete en todo negocio.

2 No toma placer el necio en la inteligencia,
Sino en que su corazón se descubra.

3 Cuando viene el impío, viene también el menosprecio,
Y con el deshonrador la afrenta.

4 Aguas profundas son las palabras de la boca del hombre;
Y arroyo que rebosa, la fuente de la sabiduría.

5 Tener respeto a la persona del impío,
Para pervertir el derecho del justo, no
es bueno.

6 Los labios del necio traen contienda;
Y su boca los azotes llama.

7 La boca del necio es quebrantamiento
para sí,
Y sus labios son lazos para su alma.

8 Las palabras del chismoso son como
bocados suaves,
Y penetran hasta las entrañas.

9 También el que es negligente en su
trabajo
Es hermano del hombre disipador.

10 Torre fuerte es el nombre de Jehová;
A él correrá el justo, y será levantado.

11 Las riquezas del rico son su ciudad
fortificada,
Y como un muro alto en su
imaginación.

12 Antes del quebrantamiento se eleva
el corazón del hombre,
Y antes de la honra es el abatimiento.

13 Al que responde palabra antes de oír,
Le es fatuidad y oprobio.

14 El ánimo del hombre soportará su
enfermedad;
Mas ¿quién soportará al ánimo
angustiado?

15 El corazón del entendido adquiere
sabiduría;
Y el oído de los sabios busca la ciencia.

16 La dádiva del hombre le ensancha el
camino
Y le lleva delante de los grandes.

17 Justo parece el primero que aboga
por su causa;
Pero viene su adversario, y le
descubre.

18 La suerte pone fin a los pleitos,
Y decide entre los poderosos.

19 El hermano ofendido es más tenaz
que una ciudad fuerte,
Y las contiendas de los hermanos son
como cerrojos de alcázar.

20 Del fruto de la boca del hombre se
llenará su vientre;
Se saciará del producto de sus labios.

21 La muerte y la vida están en poder de
la lengua,
Y el que la ama comerá de sus frutos.

22 El que halla esposa halla el bien,
Y alcanza la benevolencia de Jehová.

23 El pobre habla con ruegos,
Mas el rico responde durezas.

24 El hombre que tiene amigos ha de
mostrarse amigo;
Y amigo hay más unido que un
hermano.

19 1 Mejor es el pobre que camina en
integridad,
Que el de perversos labios y fatuo.

2 El alma sin ciencia no es buena,
Y aquel que se apresura con los pies,
peca.

3 La insensatez del hombre tuerce su
camino,
Y luego contra Jehová se irrita su
corazón.

4 Las riquezas traen muchos amigos;
Mas el pobre es apartado de su
amigo.

5 El testigo falso no quedará sin
castigo,
Y el que habla mentiras no escapará.

6 Muchos buscan el favor del generoso,
Y cada uno es amigo del hombre
que da.

7 Todos los hermanos del pobre le
aborrecen;
¡Cuánto más sus amigos se alejarán
de él!
Buscará la palabra, y no la hallará.

8 El que posee entendimiento ama su
alma;
El que guarda la inteligencia hallará
el bien.

9 El testigo falso no quedará sin
castigo,
Y el que habla mentiras perecerá.

10 No conviene al necio el deleite;
¡Cuánto menos al siervo ser señor de
los príncipes!

11 La cordura del hombre detiene su
furor,
Y su honra es pasar por alto la ofensa.

12 Como rugido de cachorro de león es
la ira del rey,
Y su favor como el rocío sobre la
hierba.

13 Dolor es para su padre el hijo necio,
Y gotera continua las contiendas de
la mujer.

14 La casa y las riquezas son herencia de
los padres;
Mas de Jehová la mujer prudente.

¹⁵La pereza hace caer en profundo
sueño,
Y el alma negligente padecerá
hambre.
¹⁶El que guarda el mandamiento
guarda su alma;
Mas el que menosprecia sus caminos
morirá.
¹⁷A Jehová presta el que da al pobre,
Y el bien que ha hecho, se lo volverá
a pagar.
¹⁸Castiga a tu hijo en tanto que hay
esperanza;
Mas no se apresure tu alma para
destruirlo.
¹⁹El de grande ira llevará la pena;
Y si usa de violencias, añadirá nuevos
males.
²⁰Escucha el consejo, y recibe la
corrección,
Para que seas sabio en tu vejez.
²¹Muchos pensamientos hay en el
corazón del hombre;
Mas el consejo de Jehová
permanecerá.
²²Contentamiento es a los hombres
hacer misericordia;
Pero mejor es el pobre que el mentiroso.
²³El temor de Jehová es para vida,
Y con él vivirá lleno de reposo el
hombre;
No será visitado de mal.
²⁴El perezoso mete su mano en el plato,
Y ni aun a su boca la llevará.
²⁵Hiere al escarnecedor, y el simple se
hará avisado;
Y corrigiendo al entendido, entenderá
ciencia.
²⁶El que roba a su padre y ahuyenta a
su madre,
Es hijo que causa vergüenza y
acarrea oprobio.
²⁷Cesa, hijo mío, de oír las enseñanzas
Que te hacen divagar de las razones
de sabiduría.
²⁸El testigo perverso se burlará del
juicio,
Y la boca de los impíos encubrirá la
iniquidad.
²⁹Preparados están juicios para los
escarnecedores,
Y azotes para las espaldas de los
necios.

20 ¹ El vino es escarnecedor, la sidra
alborotadora,
Y cualquiera que por ellos yerra no
es sabio.
² Como rugido de cachorro de león es
el terror del rey;
El que lo enfurece peca contra sí
mismo.
³ Honra es del hombre dejar la
contienda;
Mas todo insensato se envolverá en
ella.
⁴ El perezoso no ara a causa del
invierno;
Pedirá, pues, en la siega, y no hallará.
⁵ Como aguas profundas es el consejo
en el corazón del hombre;
Mas el hombre entendido lo
alcanzará.
⁶ Muchos hombres proclaman cada
uno su propia bondad,
Pero hombre de verdad, ¿quién lo
hallará?
⁷ Camina en su integridad el justo;
Sus hijos son dichosos después de él.
⁸ El rey que se sienta en el trono de
juicio,
Con su mirar disipa todo mal.
⁹ ¿Quién podrá decir: Yo he limpiado
mi corazón,
Limpio estoy de mi pecado?
¹⁰Pesa falsa y medida falsa,
Ambas cosas son abominación a
Jehová.
¹¹Aun el muchacho es conocido por sus
hechos,
Si su conducta fuere limpia y recta.
¹²El oído que oye, y el ojo que ve,
Ambas cosas igualmente ha hecho
Jehová.
¹³No ames el sueño, para que no te
empobrezcas;
Abre tus ojos, y te saciarás de pan.
¹⁴El que compra dice: Malo es, malo es;
Mas cuando se aparta, se alaba.
¹⁵Hay oro y multitud de piedras
preciosas;
Mas los labios prudentes son joya
preciosa.
¹⁶Quítale su ropa al que salió por fiador
del extraño,
Y toma prenda del que sale fiador por
los extraños.

17Sabroso es al hombre el pan de
mentira;
Pero después su boca será llena de
cascajo.

18Los pensamientos con el consejo se
ordenan;
Y con dirección sabia se hace la
guerra.

19El que anda en chismes descubre el
secreto;
No te entremetas, pues, con el suelto
de lengua.

20Al que maldice a su padre o a su
madre,
Se le apagará su lámpara en
oscuridad tenebrosa.

21Los bienes que se adquieren de prisa
al principio,
No serán al final bendecidos.

22No digas: Yo me vengaré;
Espera a Jehová, y él te salvará.

23Abominación son a Jehová las pesas
falsas,
Y la balanza falsa no es buena.

24De Jehová son los pasos del hombre;
¿Cómo, pues, entenderá el hombre su
camino?

25Lazo es al hombre hacer
apresuradamente voto de
consagración,
Y después de hacerlo, reflexionar.

26El rey sabio avienta a los impíos,
Y sobre ellos hace rodar la rueda.

27Lámpara de Jehová es el espíritu del
hombre,
La cual escudriña lo más profundo
del corazón.

28Misericordia y verdad guardan al rey,
Y con clemencia se sustenta su trono.

29La gloria de los jóvenes es su fuerza,
Y la hermosura de los ancianos es su
vejez.

30Los azotes que hieren son medicina
para el malo,
Y el castigo purifica el corazón.

21

1 Como los repartimientos de las
aguas,
Así está el corazón del rey en la
mano de Jehová;
A todo lo que quiere lo inclina.

2 Todo camino del hombre es recto en
su propia opinión;
Pero Jehová pesa los corazones.

3 Hacer justicia y juicio es a Jehová
Más agradable que sacrificio.

4 Altivez de ojos, y orgullo de corazón,
Y pensamiento de impíos, son
pecado.

5 Los pensamientos del diligente
ciertamente tienden a la
abundancia;
Mas todo el que se apresura
alocadamente, de cierto va a la
pobreza.

6 Amontonar tesoros con lengua
mentirosa
Es aliento fugaz de aquellos que
buscan la muerte.

7 La rapiña de los impíos los destruirá,
Por cuanto no quisieron hacer juicio.

8 El camino del hombre perverso es
torcido y extraño;
Mas los hechos del limpio son rectos.

9 Mejor es vivir en un rincón del
terrado
Que con mujer rencillosa en casa
espaciosa.

10El alma del impío desea el mal;
Su prójimo no halla favor en sus ojos.

11Cuando el escarnecedor es castigado,
el simple se hace sabio;
Y cuando se le amonesta al sabio,
aprende ciencia.

12Considera el justo la casa del impío,
Cómo los impíos son trastornados por
el mal.

13El que cierra su oído al clamor del
pobre,
También él clamará, y no será oído.

14La dádiva en secreto calma el furor,
Y el don en el seno, la fuerte ira.

15Alegría es para el justo el hacer juicio;
Mas destrucción a los que hacen
iniquidad.

16El hombre que se aparta del camino
de la sabiduría
Vendrá a parar en la compañía de los
muertos.

17Hombre necesitado será el que ama
el deleite,
Y el que ama el vino y los ungüentos
no se enriquecerá.

18Rescate del justo es el impío,
Y por los rectos, el prevaricador.

19Mejor es morar en tierra desierta
Que con la mujer rencillosa e iracunda.

20Tesoro precioso y aceite hay en la
casa del sabio;
Mas el hombre insensato todo lo
disipa.

21El que sigue la justicia y la
misericordia
Hallará la vida, la justicia y la honra.

22Tomó el sabio la ciudad de los fuertes,
Y derribó la fuerza en que ella
confiaba.

23El que guarda su boca y su lengua,
Su alma guarda de angustias.

24Escarnecedor es el nombre del
soberbio y presuntuoso
Que obra en la insolencia de su
presunción.

25El deseo del perezoso le mata,
Porque sus manos no quieren
trabajar.

26Hay quien todo el día codicia;
Pero el justo da, y no detiene su mano.

27El sacrificio de los impíos es
abominación;
¡Cuánto más ofreciéndolo con maldad!

28El testigo mentiroso perecerá;
Mas el hombre que oye, permanecerá
en su dicho.

29El hombre impío endurece su rostro;
Mas el recto ordena sus caminos.

30No hay sabiduría, ni inteligencia,
Ni consejo, contra Jehová.

31El caballo se alista para el día de la
batalla;
Mas Jehová es el que da la victoria.

22 **1** De más estima es el buen
nombre que las muchas riquezas,
Y la buena fama más que la plata y
el oro.

2 El rico y el pobre se encuentran;
A ambos los hizo Jehová.

3 El avisado ve el mal y se esconde;
Mas los simples pasan y reciben
el daño.

4 Riquezas, honra y vida
Son la remuneración de la humildad
y del temor de Jehová.

5 Espinos y lazos hay en el camino del
perverso;
El que guarda su alma se alejará de
ellos.

6 Instruye al niño en su camino,
Y aun cuando fuere viejo no se
apartará de él.

7 El rico se enseñorea de los pobres,
Y el que toma prestado es siervo del
que presta.

8 El que sembrare iniquidad, iniquidad
segará,
Y la vara de su insolencia se
quebrará.

9 El ojo misericordioso será bendito,
Porque dio de su pan al indigente.

10Echa fuera al escarnecedor, y saldrá
la contienda,
Y cesará el pleito y la afrenta.

11El que ama la limpieza de corazón,
Por la gracia de sus labios tendrá la
amistad del rey.

12Los ojos de Jehová velan por la
ciencia;
Mas él trastorna las cosas de los
prevaricadores.

13Dice el perezoso: El león está fuera;
Seré muerto en la calle.

14Fosa profunda es la boca de la mujer
extraña;
Aquel contra el cual Jehová estuviere
airado caerá en ella.

15La necedad está ligada en el corazón
del muchacho;
Mas la vara de la corrección la alejará
de él.

16El que oprime al pobre para
aumentar sus ganancias,
O que da al rico, ciertamente se
empobrecerá.

Preceptos y amonestaciones

17Inclina tu oído y oye las palabras de
los sabios,
Y aplica tu corazón a mi sabiduría;

18Porque es cosa deliciosa, si las
guardares dentro de ti;
Si juntamente se afirmaren sobre tus
labios.

19Para que tu confianza sea en
Jehová,
Te las he hecho saber hoy a ti
también.

20¿No te he escrito tres veces
En consejos y en ciencia,

21Para hacerte saber la certidumbre de
las palabras de verdad,
A fin de que vuelvas a llevar palabras
de verdad a los que te enviaron?

22No robes al pobre, porque es pobre,
Ni quebrantes en la puerta al afligido;
23Porque Jehová juzgará la causa de ellos,
Y despojará el alma de aquellos que
los despojaren.
24No te entremetas con el iracundo,
Ni te acompañes con el hombre de
enojos,
25No sea que aprendas sus maneras,
Y tomes lazo para tu alma.
26No seas de aquellos que se
comprometen,
Ni de los que salen por fiadores de
deudas.
27Si no tuvieres para pagar,
¿Por qué han de quitar tu cama de
debajo de ti?
28No traspases los linderos antiguos
Que pusieron tus padres.
29¿Has visto hombre solícito en su
trabajo? Delante de los reyes
estará;
No estará delante de los de baja
condición.

23 1Cuando te sientes a comer con
algún señor,
Considera bien lo que está delante
de ti,
2Y pon cuchillo a tu garganta,
Si tienes gran apetito.
3No codicies sus manjares delicados,
Porque es pan engañoso.
4No te afanes por hacerte rico;
Sé prudente, y desiste.
5¿Has de poner tus ojos en las
riquezas, siendo ningunas?
Porque se harán alas
Como alas de águila, y volarán al cielo.
6No comas pan con el avaro,
Ni codicies sus manjares;
7Porque cual es su pensamiento en su
corazón, tal es él.
Come y bebe, te dirá;
Mas su corazón no está contigo.
8Vomitarás la parte que comiste,
Y perderás tus suaves palabras.
9No hables a oídos del necio,
Porque menospreciará la prudencia
de tus razones.
10No traspases el lindero antiguo,
Ni entres en la heredad de los
huérfanos;

11Porque el defensor de ellos es el
Fuerte,
El cual juzgará la causa de ellos
contra ti.
12Aplica tu corazón a la enseñanza,
Y tus oídos a las palabras de
sabiduría.
13No rehúses corregir al muchacho;
Porque si lo castigas con vara, no
morirá.
14Lo castigarás con vara,
Y librarás su alma del Seol.
15Hijo mío, si tu corazón fuere sabio,
También a mí se me alegrará el
corazón;
16Mis entrañas también se alegrarán
Cuando tus labios hablaren cosas
rectas.
17No tenga tu corazón envidia de los
pecadores,
Antes persevera en el temor de
Jehová todo el tiempo;
18Porque ciertamente hay fin,
Y tu esperanza no será cortada.

19Oye, hijo mío, y sé sabio,
Y endereza tu corazón al camino.
20No estés con los bebedores de vino,
Ni con los comedores de carne;
21Porque el bebedor y el comilón
empobrecerán,
Y el sueño hará vestir vestidos rotos.

22Oye a tu padre, a aquel que te
engendró;
Y cuando tu madre envejeciere, no la
menosprecies.
23Compra la verdad, y no la vendas;
La sabiduría, la enseñanza y la
inteligencia.
24Mucho se alegrará el padre del justo,
Y el que engendra sabio se gozará
con él.
25Alégrense tu padre y tu madre,
Y gócese la que te dio a luz.

26Dame, hijo mío, tu corazón,
Y miren tus ojos por mis caminos.
27Porque abismo profundo es la ramera,
Y pozo angosto la extraña.
28También ella, como robador, acecha,
Y multiplica entre los hombres los
prevaricadores.

²⁹¿Para quién será el ay? ¿Para quién el
   dolor? ¿Para quién las rencillas?
   ¿Para quién las quejas? ¿Para quién
   las heridas en balde?
   ¿Para quién lo amoratado de los ojos?
³⁰Para los que se detienen mucho en el
   vino,
   Para los que van buscando la mistura.
³¹No mires al vino cuando rojea,
   Cuando resplandece su color en la
   copa.
   Se entra suavemente;
³²Mas al fin como serpiente morderá,
   Y como áspid dará dolor.
³³Tus ojos mirarán cosas extrañas,
   Y tu corazón hablará perversidades.
³⁴Serás como el que yace en medio del
   mar,
   O como el que está en la punta de un
   mastelero.
³⁵Y dirás: Me hirieron, mas no me
   dolió;
   Me azotaron, mas no lo sentí;
   Cuando despertare, aún lo volveré a
   buscar.

24 ¹No tengas envidia de los
         hombres malos,
   Ni desees estar con ellos;
² Porque su corazón piensa en robar,
   E iniquidad hablan sus labios.

³ Con sabiduría se edificará la casa,
   Y con prudencia se afirmará;
⁴ Y con ciencia se llenarán las cámaras
   De todo bien preciado y agradable.
⁵ El hombre sabio es fuerte,
   Y de pujante vigor el hombre docto.
⁶ Porque con ingenio harás la guerra,
   Y en la multitud de consejeros está
   la victoria.
⁷ Alta está para el insensato la
   sabiduría;
   En la puerta no abrirá él su boca.

⁸ Al que piensa hacer el mal,
   Le llamarán hombre de malos
   pensamientos.
⁹ El pensamiento del necio es pecado,
   Y abominación a los hombres el
   escarnecedor.

¹⁰Si fueres flojo en el día de trabajo,
   Tu fuerza será reducida.

¹¹Libra a los que son llevados a
   la muerte;
   Salva a los que están en peligro de
   muerte.
¹²Porque si dijeres: Ciertamente no lo
   supimos,
   ¿Acaso no lo entenderá el que pesa
   los corazones?
   El que mira por tu alma, él lo
   conocerá,
   Y dará al hombre según sus obras.

¹³Come, hijo mío, de la miel, porque es
   buena,
   Y el panal es dulce a tu paladar.
¹⁴Así será a tu alma el conocimiento de
   la sabiduría;
   Si la hallares tendrás recompensa,
   Y al fin tu esperanza no será cortada.

¹⁵Oh impío, no aceches la tienda del
   justo,
   No saquees su cámara;
¹⁶Porque siete veces cae el justo, y
   vuelve a levantarse;
   Mas los impíos caerán en el mal.
¹⁷Cuando cayere tu enemigo, no te
   regocijes,
   Y cuando tropezare, no se alegre tu
   corazón;
¹⁸No sea que Jehová lo mire, y le
   desagrade,
   Y aparte de sobre él su enojo.

¹⁹No te entremetas con los malignos,
   Ni tengas envidia de los impíos;
²⁰Porque para el malo no habrá buen
   fin,
   Y la lámpara de los impíos será
   apagada.

²¹Teme a Jehová, hijo mío, y al rey;
   No te entremetas con los veleidosos;
²²Porque su quebrantamiento vendrá
   de repente;
   Y el quebrantamiento de ambos,
   ¿quién lo comprende?

²³También éstos son dichos de los
sabios:

   Hacer acepción de personas en el
   juicio no es bueno.

24 El que dijere al malo: Justo eres,
Los pueblos lo maldecirán, y le
detestarán las naciones;
25 Mas los que lo reprendieren tendrán
felicidad,
Y sobre ellos vendrá gran bendición.
26 Besados serán los labios
Del que responde palabras rectas.

27 Prepara tus labores fuera,
Y disponlas en tus campos,
Y después edificarás tu casa.

28 No seas sin causa testigo contra tu
prójimo,
Y no lisonjees con tus labios.
29 No digas: Como me hizo, así le
haré;
Daré el pago al hombre según su
obra.

30 Pasé junto al campo del hombre
perezoso,
Y junto a la viña del hombre falto de
entendimiento;
31 Y he aquí que por toda ella habían
crecido los espinos,
Ortigas habían ya cubierto su faz,
Y su cerca de piedra estaba ya
destruida.
32 Miré, y lo puse en mi corazón;
Lo vi, y tomé consejo.
33 Un poco de sueño, cabeceando otro
poco,
Poniendo mano sobre mano otro
poco para dormir;
34 Así vendrá como caminante tu
necesidad,
Y tu pobreza como hombre armado.[a]

Comparaciones y lecciones morales

25 ¹ También éstos son proverbios de
Salomón, los cuales copiaron los
varones de Ezequías, rey de Judá:

2 Gloria de Dios es encubrir un asunto;
Pero honra del rey es escudriñarlo.
3 Para la altura de los cielos, y para la
profundidad de la tierra,
Y para el corazón de los reyes, no hay
investigación.
4 Quita las escorias de la plata,
Y saldrá alhaja al fundidor.

5 Aparta al impío de la presencia del
rey,
Y su trono se afirmará en justicia.
6 No te alabes delante del rey,
Ni estés en el lugar de los grandes;
7 Porque mejor es que se te diga:
Sube acá,
Y no que seas humillado delante del
príncipe
A quien han mirado tus ojos.[a]

8 No entres apresuradamente en pleito,
No sea que no sepas qué hacer al fin,
Después que tu prójimo te haya
avergonzado.
9 Trata tu causa con tu compañero,
Y no descubras el secreto a otro,
10 No sea que te deshonre el que lo
oyere,
Y tu infamia no pueda repararse.

11 Manzana de oro con figuras de
plata
Es la palabra dicha como conviene.
12 Como zarcillo de oro y joyel de oro
fino
Es el que reprende al sabio que tiene
oído dócil.
13 Como frío de nieve en tiempo de la
siega,
Así es el mensajero fiel a los que lo
envían,
Pues al alma de su señor da
refrigerio.
14 Como nubes y vientos sin lluvia,
Así es el hombre que se jacta de falsa
liberalidad.

15 Con larga paciencia se aplaca el
príncipe,
Y la lengua blanda quebranta los
huesos.
16 ¿Hallaste miel? Come lo que te basta,
No sea que hastiado de ella la
vomites.
17 Detén tu pie de la casa de tu vecino,
No sea que hastiado de ti te
aborrezca.
18 Martillo y cuchillo y saeta aguda
Es el hombre que habla contra su
prójimo falso testimonio.

---

a 24.33, 34 Pr 6.10, 11.   **a 25.6, 7** Lc 14.8-10.

¹⁹Como diente roto y pie descoyuntado
Es la confianza en el prevaricador en
tiempo de angustia.
²⁰El que canta canciones al corazón
afligido
Es como el que quita la ropa en
tiempo de frío, o el que sobre el
jabón echa vinagre.
²¹Si el que te aborrece tuviere hambre,
dale de comer pan,
Y si tuviere sed, dale de beber agua;
²²Porque ascuas amontonarás sobre su
cabeza,ᵇ
Y Jehová te lo pagará.
²³El viento del norte ahuyenta la lluvia,
Y el rostro airado la lengua detractora.
²⁴Mejor es estar en un rincón del terrado,
Que con mujer rencillosa en casa
espaciosa.
²⁵Como el agua fría al alma sedienta,
Así son las buenas nuevas de lejanas
tierras.
²⁶Como fuente turbia y manantial
corrompido,
Es el justo que cae delante del impío.
²⁷Comer mucha miel no es bueno,
Ni el buscar la propia gloria es gloria.
²⁸Como ciudad derribada y sin muro
Es el hombre cuyo espíritu no tiene
rienda.

26 ¹ Como no conviene la nieve en el
verano, ni la lluvia en la siega,
Así no conviene al necio la honra.
² Como el gorrión en su vagar, y como
la golondrina en su vuelo,
Así la maldición nunca vendrá sin
causa.
³ El látigo para el caballo, el cabestro
para el asno,
Y la vara para la espalda del necio.
⁴ Nunca respondas al necio de acuerdo
con su necedad,
Para que no seas tú también como él.
⁵ Responde al necio como merece su
necedad,
Para que no se estime sabio en su
propia opinión.
⁶ Como el que se corta los pies y bebe
su daño,
Así es el que envía recado por mano
de un necio.

⁷ Las piernas del cojo penden inútiles;
Así es el proverbio en la boca del
necio.
⁸ Como quien liga la piedra en la
honda,
Así hace el que da honra al necio.
⁹ Espinas hincadas en mano del
embriagado,
Tal es el proverbio en la boca de los
necios.
¹⁰Como arquero que a todos hiere,
Es el que toma a sueldo insensatos y
vagabundos.
¹¹Como perro que vuelve a su vómito,ᵃ
Así es el necio que repite su necedad.
¹²¿Has visto hombre sabio en su propia
opinión?
Más esperanza hay del necio que de él.
¹³Dice el perezoso: El león está en el
camino;
El león está en las calles.
¹⁴Como la puerta gira sobre sus
quicios,
Así el perezoso se vuelve en su cama.
¹⁵Mete el perezoso su mano en el plato;
Se cansa de llevarla a su boca.
¹⁶En su propia opinión el perezoso es
más sabio
Que siete que sepan aconsejar.
¹⁷El que pasando se deja llevar de la ira
en pleito ajeno
Es como el que toma al perro por las
orejas.
¹⁸Como el que enloquece, y echa
llamas
Y saetas y muerte,
¹⁹Tal es el hombre que engaña a su
amigo,
Y dice: Ciertamente lo hice por broma.
²⁰Sin leña se apaga el fuego,
Y donde no hay chismoso, cesa la
contienda.
²¹El carbón para brasas, y la leña para
el fuego;
Y el hombre rencilloso para encender
contienda.
²²Las palabras del chismoso son como
bocados suaves,
Y penetran hasta las entrañas.
²³Como escoria de plata echada sobre
el tiesto
Son los labios lisonjeros y el corazón
malo.

---

24 El que odia disimula con sus labios;
Mas en su interior maquina engaño.

25 Cuando hablare amigablemente, no
le creas;
Porque siete abominaciones hay en
su corazón.

26 Aunque su odio se cubra con disimulo,
Su maldad será descubierta en la
congregación.

27 El que cava foso caerá en él;
Y al que revuelve la piedra, sobre él
le volverá.

28 La lengua falsa atormenta al que ha
lastimado,
Y la boca lisonjera hace resbalar.

27

1 No te jactes del día de mañana;
Porque no sabes qué dará de sí
el día.ᵃ

2 Alábete el extraño, y no tu propia
boca;
El ajeno, y no los labios tuyos.

3 Pesada es la piedra, y la arena pesa;
Mas la ira del necio es más pesada
que ambas.

4 Cruel es la ira, e impetuoso el furor;
Mas ¿quién podrá sostenerse delante
de la envidia?

5 Mejor es represión manifiesta
Que amor oculto.

6 Fieles son las heridas del que ama;
Pero importunos los besos del que
aborrece.

7 El hombre saciado desprecia el panal
de miel;
Pero al hambriento todo lo amargo
es dulce.

8 Cual ave que se va de su nido,
Tal es el hombre que se va de su
lugar.

9 El ungüento y el perfume alegran el
corazón,
Y el cordial consejo del amigo, al
hombre.

10 No dejes a tu amigo, ni al amigo de
tu padre;
Ni vayas a la casa de tu hermano en
el día de tu aflicción.
Mejor es el vecino cerca que el
hermano lejos.

11 Sé sabio, hijo mío, y alegra mi
corazón,
Y tendré qué responder al que me
agravie.

12 El avisado ve el mal y se esconde;
Mas los simples pasan y llevan el daño.

13 Quítale su ropa al que salió fiador por
el extraño;
Y al que fía a la extraña, tómale
prenda.

14 El que bendice a su amigo en alta
voz, madrugando de mañana,
Por maldición se le contará.

15 Gotera continua en tiempo de lluvia
Y la mujer rencillosa, son semejantes;

16 Pretender contenerla es como
refrenar el viento,
O sujetar el aceite en la mano derecha.

17 Hierro con hierro se aguza;
Y así el hombre aguza el rostro de su
amigo.

18 Quien cuida la higuera comerá su
fruto,
Y el que mira por los intereses de su
señor, tendrá honra.

19 Como en el agua el rostro corresponde
al rostro,
Así el corazón del hombre al del
hombre.

20 El Seol y el Abadón nunca se sacian;
Así los ojos del hombre nunca están
satisfechos.

21 El crisol prueba la plata, y la hornaza
el oro,
Y al hombre la boca del que lo alaba.

22 Aunque majes al necio en un mortero
entre granos de trigo majados
con el pisón,
No se apartará de él su necedad.

23 Sé diligente en conocer el estado de
tus ovejas,
Y mira con cuidado por tus rebaños;

24 Porque las riquezas no duran para
siempre;
¿Y será la corona para perpetuas
generaciones?

25 Saldrá la grama, aparecerá la hierba,
Y se segarán las hierbas de los montes.

26 Los corderos son para tus vestidos,
Y los cabritos para el precio del
campo;

27 Y abundancia de leche de las cabras
para tu mantenimiento, para
mantenimiento de tu casa,
Y para sustento de tus criadas.

ᵃ 27.1 Stg 4.13-16.

Proverbios antitéticos

28

1 Huye el impío sin que nadie lo persiga;
Mas el justo está confiado como un león.

2 Por la rebelión de la tierra sus príncipes son muchos;
Mas por el hombre entendido y sabio permanece estable.

3 El hombre pobre y robador de los pobres
Es como lluvia torrencial que deja sin pan.

4 Los que dejan la ley alaban a los impíos;
Mas los que la guardan contenderán con ellos.

5 Los hombres malos no entienden el juicio;
Mas los que buscan a Jehová entienden todas las cosas.

6 Mejor es el pobre que camina en su integridad,
Que el de perversos caminos y rico.

7 El que guarda la ley es hijo prudente;
Mas el que es compañero de glotones avergüenza a su padre.

8 El que aumenta sus riquezas con usura y crecido interés,
Para aquel que se compadece de los pobres las aumenta.

9 El que aparta su oído para no oír la ley,
Su oración también es abominable.

10 El que hace errar a los rectos por el mal camino,
Él caerá en su misma fosa;
Mas los perfectos heredarán el bien.

11 El hombre rico es sabio en su propia opinión;
Mas el pobre entendido lo escudriña.

12 Cuando los justos se alegran, grande es la gloria;
Mas cuando se levantan los impíos, tienen que esconderse los hombres.

13 El que encubre sus pecados no prosperará;
Mas el que los confiesa y se aparta alcanzará misericordia.

14 Bienaventurado el hombre que siempre teme a Dios;
Mas el que endurece su corazón caerá en el mal.

15 León rugiente y oso hambriento
Es el príncipe impío sobre el pueblo pobre.

16 El príncipe falto de entendimiento multiplicará la extorsión;
Mas el que aborrece la avaricia prolongará sus días.

17 El hombre cargado de la sangre de alguno
Huirá hasta el sepulcro, y nadie le detendrá.

18 El que en integridad camina será salvo;
Mas el de perversos caminos caerá en alguno.

19 El que labra su tierra se saciará de pan;
Mas el que sigue a los ociosos se llenará de pobreza.

20 El hombre de verdad tendrá muchas bendiciones;
Mas el que se apresura a enriquecerse no será sin culpa.

21 Hacer acepción de personas no es bueno;
Hasta por un bocado de pan prevaricará el hombre.

22 Se apresura a ser rico el avaro,
Y no sabe que le ha de venir pobreza.

23 El que reprende al hombre, hallará después mayor gracia
Que el que lisonjea con la lengua.

24 El que roba a su padre o a su madre, y dice que no es maldad,
Compañero es del hombre destruidor.

25 El altivo de ánimo suscita contiendas;
Mas el que confía en Jehová prosperará.

26 El que confía en su propio corazón es necio;
Mas el que camina en sabiduría será librado.

27 El que da al pobre no tendrá pobreza;
Mas el que aparta sus ojos tendrá muchas maldiciones.

28 Cuando los impíos son levantados se esconde el hombre;
Mas cuando perecen, los justos se multiplican.

29

1 El hombre que reprendido endurece la cerviz,
De repente será quebrantado, y no habrá para él medicina.

2 Cuando los justos dominan, el pueblo
se alegra;
Mas cuando domina el impío, el
pueblo gime.
3 El hombre que ama la sabiduría
alegra a su padre;
Mas el que frecuenta rameras perderá
los bienes.
4 El rey con el juicio afirma la tierra;
Mas el que exige presentes la
destruye.
5 El hombre que lisonjea a su prójimo,
Red tiende delante de sus pasos.
6 En la transgresión del hombre malo
hay lazo;
Mas el justo cantará y se alegrará.
7 Conoce el justo la causa de los
pobres;
Mas el impío no entiende sabiduría.
8 Los hombres escarnecedores ponen
la ciudad en llamas;
Mas los sabios apartan la ira.
9 Si el hombre sabio contendiere con
el necio,
Que se enoje o que se ría, no tendrá
reposo.
10 Los hombres sanguinarios aborrecen
al perfecto,
Mas los rectos buscan su
contentamiento.
11 El necio da rienda suelta a toda su ira,
Mas el sabio al fin la sosiega.
12 Si un gobernante atiende la palabra
mentirosa,
Todos sus servidores serán impíos.
13 El pobre y el usurero se encuentran;
Jehová alumbra los ojos de ambos.
14 Del rey que juzga con verdad a los
pobres,
El trono será firme para siempre.
15 La vara y la corrección dan sabiduría;
Mas el muchacho consentido
avergonzará a su madre.
16 Cuando los impíos son muchos,
mucha es la transgresión;
Mas los justos verán la ruina de ellos.
17 Corrige a tu hijo, y te dará descanso,
Y dará alegría a tu alma.
18 Sin profecía el pueblo se desenfrena;
Mas el que guarda la ley es
bienaventurado.
19 El siervo no se corrige con palabras;
Porque entiende, mas no hace caso.

20 ¿Has visto hombre ligero en sus
palabras?
Más esperanza hay del necio que de él.
21 El siervo mimado desde la niñez por
su amo,
A la postre será su heredero.
22 El hombre iracundo levanta
contiendas,
Y el furioso muchas veces peca.
23 La soberbia del hombre le abate;
Pero al humilde de espíritu sustenta
la honra.
24 El cómplice del ladrón aborrece su
propia alma;
Pues oye la imprecación y no dice nada.
25 El temor del hombre pondrá lazo;
Mas el que confía en Jehová será
exaltado.
26 Muchos buscan el favor del príncipe;
Mas de Jehová viene el juicio de cada
uno.
27 Abominación es a los justos el
hombre inicuo;
Y abominación es al impío el de
caminos rectos.

Las palabras de Agur

30 1 Palabras de Agur, hijo de Jaqué; la profecía que dijo el varón a Itiel, a Itiel y a Ucal.

2 Ciertamente más rudo soy yo que
ninguno,
Ni tengo entendimiento de hombre.
3 Yo ni aprendí sabiduría,
Ni conozco la ciencia del Santo.
4 ¿Quién subió al cielo, y descendió?
¿Quién encerró los vientos en sus
puños?
¿Quién ató las aguas en un paño?
¿Quién afirmó todos los términos de
la tierra?
¿Cuál es su nombre, y el nombre de
su hijo, si sabes?

5 Toda palabra de Dios es limpia;
Él es escudo a los que en él esperan.
6 No añadas a sus palabras, para que
no te reprenda,
Y seas hallado mentiroso.

7 Dos cosas te he demandado;
No me las niegues antes que muera:

⁸Vanidad y palabra mentirosa aparta
de mí;
No me des pobreza ni riquezas;
Manténme del pan necesario;
⁹No sea que me sacie, y te niegue, y
diga: ¿Quién es Jehová?
O que siendo pobre, hurte,
Y blasfeme el nombre de mi Dios.

¹⁰No acuses al siervo ante su señor,
No sea que te maldiga, y lleves el
castigo.

¹¹Hay generación que maldice a su padre
Y a su madre no bendice.
¹²Hay generación limpia en su propia
opinión,
Si bien no se ha limpiado de su
inmundicia.
¹³Hay generación cuyos ojos son altivos
Y cuyos párpados están levantados
en alto.
¹⁴Hay generación cuyos dientes son
espadas, y sus muelas cuchillos,
Para devorar a los pobres de la tierra,
y a los menesterosos de entre los
hombres.

¹⁵La sanguijuela tiene dos hijas que
dicen: ¡Dame! ¡dame!
Tres cosas hay que nunca se sacian;
Aun la cuarta nunca dice: ¡Basta!
¹⁶El Seol, la matriz estéril,
La tierra que no se sacia de aguas,
Y el fuego que jamás dice: ¡Basta!

¹⁷El ojo que escarnece a su padre
Y menosprecia la enseñanza de
la madre,
Los cuervos de la cañada lo saquen,
Y lo devoren los hijos del águila.
¹⁸Tres cosas me son ocultas;
Aun tampoco sé la cuarta:
¹⁹El rastro del águila en el aire;
El rastro de la culebra sobre la peña;
El rastro de la nave en medio
del mar;
Y el rastro del hombre en la doncella.

²⁰El proceder de la mujer adúltera es
así:
Come, y limpia su boca
Y dice: No he hecho maldad.

²¹Por tres cosas se alborota la tierra,
Y la cuarta ella no puede sufrir:
²²Por el siervo cuando reina;
Por el necio cuando se sacia de pan;
²³Por la mujer odiada cuando se casa;
Y por la sierva cuando hereda a su
señora.

²⁴Cuatro cosas son de las más
pequeñas de la tierra,
Y las mismas son más sabias que los
sabios:
²⁵Las hormigas, pueblo no fuerte,
Y en el verano preparan su comida;
²⁶Los conejos, pueblo nada esforzado,
Y ponen su casa en la piedra;
²⁷Las langostas, que no tienen rey,
Y salen todas por cuadrillas;
²⁸La araña que atrapas con la mano,
Y está en palacios de rey.

²⁹Tres cosas hay de hermoso andar,
Y la cuarta pasea muy bien:
³⁰El león, fuerte entre todos los animales,
Que no vuelve atrás por nada;
³¹El ceñido de lomos; asimismo el
macho cabrío;
Y el rey, a quien nadie resiste.

³²Si neciamente has procurado
enaltecerte,
O si has pensado hacer mal,
Pon el dedo sobre tu boca.
³³Ciertamente el que bate la leche
sacará mantequilla,
Y el que recio se suena las narices
sacará sangre;
Y el que provoca la ira causará
contienda.

Exhortación a un rey

31 ¹Palabras del rey Lemuel; la profecía con que le enseñó su madre.

²¿Qué, hijo mío? ¿y qué, hijo de mi
vientre?
¿Y qué, hijo de mis deseos?
³No des a las mujeres tu fuerza,
Ni tus caminos a lo que destruye a
los reyes.
⁴No es de los reyes, oh Lemuel, no es
de los reyes beber vino,
Ni de los príncipes la sidra;

5 No sea que bebiendo olviden la ley,
Y perviertan el derecho de todos los
afligidos.
6 Dad la sidra al desfallecido,
Y el vino a los de amargado ánimo.
7 Beban, y olvídense de su necesidad,
Y de su miseria no se acuerden más.
8 Abre tu boca por el mudo
En el juicio de todos los desvalidos.
9 Abre tu boca, juzga con justicia,
Y defiende la causa del pobre y del
menesteroso.

Elogio de la mujer virtuosa

10 Mujer virtuosa, ¿quién la hallará?
Porque su estima sobrepasa
largamente a la de las piedras
preciosas.
11 El corazón de su marido está en ella
confiado,
Y no carecerá de ganancias.
12 Le da ella bien y no mal
Todos los días de su vida.
13 Busca lana y lino,
Y con voluntad trabaja con sus
manos.
14 Es como nave de mercader;
Trae su pan de lejos.
15 Se levanta aun de noche
Y da comida a su familia
Y ración a sus criadas.
16 Considera la heredad, y la compra,
Y planta viña del fruto de sus
manos.
17 Ciñe de fuerza sus lomos,
Y esfuerza sus brazos.

18 Ve que van bien sus negocios;
Su lámpara no se apaga de noche.
19 Aplica su mano al huso,
Y sus manos a la rueca.
20 Alarga su mano al pobre,
Y extiende sus manos al
menesteroso.
21 No tiene temor de la nieve por su
familia,
Porque toda su familia está vestida de
ropas dobles.
22 Ella se hace tapices;
De lino fino y púrpura es su vestido.
23 Su marido es conocido en las puertas,
Cuando se sienta con los ancianos de
la tierra.
24 Hace telas, y vende,
Y da cintas al mercader.
25 Fuerza y honor son su vestidura;
Y se ríe de lo por venir.
26 Abre su boca con sabiduría,
Y la ley de clemencia está en su
lengua.
27 Considera los caminos de su casa,
Y no come el pan de balde.
28 Se levantan sus hijos y la llaman
bienaventurada;
Y su marido también la alaba:
29 Muchas mujeres hicieron el bien;
Mas tú sobrepasas a todas.
30 Engañosa es la gracia, y vana la
hermosura;
La mujer que teme a Jehová, ésa será
alabada.
31 Dadle del fruto de sus manos,
Y alábenla en las puertas sus hechos.

ECLESIASTÉS

O EL PREDICADOR

Todo es vanidad

1 ¹ Palabras del Predicador, hijo de David, rey en Jerusalén.

² Vanidad de vanidades, dijo el Predicador; vanidad de vanidades, todo es vanidad.

³ ¿Qué provecho tiene el hombre de todo su trabajo con que se afana debajo del sol?

⁴ Generación va, y generación viene; mas la tierra siempre permanece.

⁵ Sale el sol, y se pone el sol, y se apresura a volver al lugar de donde se levanta.

⁶ El viento tira hacia el sur, y rodea al norte; va girando de continuo, y a sus giros vuelve el viento de nuevo.

⁷ Los ríos todos van al mar, y el mar no se llena; al lugar de donde los ríos vinieron, allí vuelven para correr de nuevo.

⁸ Todas las cosas son fatigosas más de lo que el hombre puede expresar; nunca se sacia el ojo de ver, ni el oído de oír.

⁹ ¿Qué es lo que fue? Lo mismo que será. ¿Qué es lo que ha sido hecho? Lo mismo que se hará; y nada hay nuevo debajo del sol.

¹⁰ ¿Hay algo de que se puede decir: He aquí esto es nuevo? Ya fue en los siglos que nos han precedido.

¹¹ No hay memoria de lo que precedió, ni tampoco de lo que sucederá habrá memoria en los que serán después.

La experiencia del Predicador

¹² Yo el Predicador fui rey sobre Israel en Jerusalén.

¹³ Y di mi corazón a inquirir y a buscar con sabiduría sobre todo lo que se hace debajo del cielo; este penoso trabajo dio Dios a los hijos de los hombres, para que se ocupen en él.

¹⁴ Miré todas las obras que se hacen debajo del sol; y he aquí, todo ello es vanidad y aflicción de espíritu.

¹⁵ Lo torcido no se puede enderezar, y lo incompleto no puede contarse.

¹⁶ Hablé yo en mi corazón, diciendo: He aquí yo me he engrandecido, y he crecido en sabiduríaᵃ sobre todos los que fueron antes de mí en Jerusalén; y mi corazón ha percibido mucha sabiduría y ciencia.

¹⁷ Y dediqué mi corazón a conocer la sabiduría, y también a entender las locuras y los desvaríos; conocí que aun esto era aflicción de espíritu.

¹⁸ Porque en la mucha sabiduría hay mucha molestia; y quien añade ciencia, añade dolor.

2 ¹ Dije yo en mi corazón: Ven ahora, te probaré con alegría, y gozarás de bienes. Mas he aquí esto también era vanidad.

² A la risa dije: Enloqueces; y al placer: ¿De qué sirve esto?

³ Propuse en mi corazón agasajar mi carne con vino, y que anduviese mi corazón en sabiduría, con retención de la necedad, hasta ver cuál fuese el bien de los hijos de los hombres, en el cual se ocuparan debajo del cielo todos los días de su vida.

⁴ Engrandecí mis obras, edifiqué para mí casas, planté para mí viñas;

⁵ me hice huertos y jardines, y planté en ellos árboles de todo fruto.

⁶ Me hice estanques de aguas, para regar de ellos el bosque donde crecían los árboles.

⁷ Compré siervos y siervas, y tuve siervos nacidos en casa; también tuve posesión grande de vacas y de ovejas, más que todos los que fueron antes de mí en Jerusalén.

⁸ Me amontoné también plata y oro, y tesoros preciados de reyes y de provincias; me hice de cantores y cantoras, de los deleites de los hijos de los hombres, y de toda clase de instrumentos de música.ᵃ

⁹ Y fui engrandecido y aumentado más que todos los que fueron antes de mí en Jerusalén; a más de esto, conservé conmigo mi sabiduría.

a 1.16 1 R 4.29-31.   **a 2.4-8** 1 R 10.23-27; 2 Cr 9.22-27.

10 No negué a mis ojos ninguna cosa que desearan, ni aparté mi corazón de placer alguno, porque mi corazón gozó de todo mi trabajo; y ésta fue mi parte de toda mi faena.

11 Miré yo luego todas las obras que habían hecho mis manos, y el trabajo que tomé para hacerlas; y he aquí, todo era vanidad y aflicción de espíritu, y sin provecho debajo del sol.

12 Después volví yo a mirar para ver la sabiduría y los desvaríos y la necedad; porque ¿qué podrá hacer el hombre que venga después del rey? Nada, sino lo que ya ha sido hecho.

13 Y he visto que la sabiduría sobrepasa a la necedad, como la luz a las tinieblas.

14 El sabio tiene sus ojos en su cabeza, mas el necio anda en tinieblas; pero también entendí yo que un mismo suceso acontecerá al uno como al otro.

15 Entonces dije yo en mi corazón: Como sucederá al necio, me sucederá también a mí. ¿Para qué, pues, he trabajado hasta ahora por hacerme más sabio? Y dije en mi corazón, que también esto era vanidad.

16 Porque ni del sabio ni del necio habrá memoria para siempre; pues en los días venideros ya todo será olvidado, y también morirá el sabio como el necio.

17 Aborrecí, por tanto, la vida, porque la obra que se hace debajo del sol me era fastidiosa; por cuanto todo es vanidad y aflicción de espíritu.

18 Asimismo aborrecí todo mi trabajo que había hecho debajo del sol, el cual tendré que dejar a otro que vendrá después de mí.

19 Y ¿quién sabe si será sabio o necio el que se enseñoreará de todo mi trabajo en que yo me afané y en que ocupé debajo del sol mi sabiduría? Esto también es vanidad.

20 Volvió, por tanto, a desesperanzarse mi corazón acerca de todo el trabajo en que me afané, y en que había ocupado debajo del sol mi sabiduría.

21 ¡Que el hombre trabaje con sabiduría, y con ciencia y con rectitud, y que haya de dar su hacienda a hombre que nunca trabajó en ello! También es esto vanidad y mal grande.

22 Porque ¿qué tiene el hombre de todo su trabajo, y de la fatiga de su corazón, con que se afana debajo del sol?

23 Porque todos sus días no son sino dolores, y sus trabajos molestias; aun de noche su corazón no reposa. Esto también es vanidad.

24 No hay cosa mejor para el hombre sino que coma y beba, y que su alma se alegre en su trabajo. También he visto que esto es de la mano de Dios.

25 Porque ¿quién comerá, y quién se cuidará, mejor que yo?

26 Porque al hombre que le agrada, Dios le da sabiduría, ciencia y gozo; mas al pecador da el trabajo de recoger y amontonar, para darlo al que agrada a Dios. También esto es vanidad y aflicción de espíritu.

Todo tiene su tiempo

3 **1** Todo tiene su tiempo, y todo lo que se quiere debajo del cielo tiene su hora.

2 Tiempo de nacer, y tiempo de morir; tiempo de plantar, y tiempo de arrancar lo plantado;

3 tiempo de matar, y tiempo de curar; tiempo de destruir, y tiempo de edificar;

4 tiempo de llorar, y tiempo de reír; tiempo de endechar, y tiempo de bailar;

5 tiempo de esparcir piedras, y tiempo de juntar piedras; tiempo de abrazar, y tiempo de abstenerse de abrazar;

6 tiempo de buscar, y tiempo de perder; tiempo de guardar, y tiempo de desechar;

7 tiempo de romper, y tiempo de coser; tiempo de callar, y tiempo de hablar;

8 tiempo de amar, y tiempo de aborrecer; tiempo de guerra, y tiempo de paz.

9 ¿Qué provecho tiene el que trabaja, de aquello en que se afana?

10 Yo he visto el trabajo que Dios ha dado a los hijos de los hombres para que se ocupen en él.

11 Todo lo hizo hermoso en su tiempo; y ha puesto eternidad en el corazón de ellos, sin que alcance el hombre a entender la obra que ha hecho Dios desde el principio hasta el fin.

12 Yo he conocido que no hay para ellos cosa mejor que alegrarse, y hacer bien en su vida;

13 y también que es don de Dios que todo hombre coma y beba, y goce el bien de toda su labor.

14 He entendido que todo lo que Dios hace será perpetuo; sobre aquello no se añadirá, ni de ello se disminuirá; y lo hace Dios, para que delante de él teman los hombres. **15** Aquello que fue, ya es; y lo que ha de ser, fue ya; y Dios restaura lo que pasó.

Injusticias de la vida

16 Vi más debajo del sol: en lugar del juicio, allí impiedad; y en lugar de la justicia, allí iniquidad.

17 Y dije yo en mi corazón: Al justo y al impío juzgará Dios; porque allí hay un tiempo para todo lo que se quiere y para todo lo que se hace.

18 Dije en mi corazón: Es así, por causa de los hijos de los hombres, para que Dios los pruebe, y para que vean que ellos mismos son semejantes a las bestias.

19 Porque lo que sucede a los hijos de los hombres, y lo que sucede a las bestias, un mismo suceso es: como mueren los unos, así mueren los otros, y una misma respiración tiénen todos; ni tiene más el hombre que la bestia; porque todo es vanidad.

20 Todo va a un mismo lugar; todo es hecho del polvo, y todo volverá al mismo polvo.

21 ¿Quién sabe que el espíritu de los hijos de los hombres sube arriba, y que el espíritu del animal desciende abajo a la tierra?

22 Así, pues, he visto que no hay cosa mejor para el hombre que alegrarse en su trabajo, porque ésta es su parte; porque ¿quién lo llevará para que vea lo que ha de ser después de él?

4 **1** Me volví y vi todas las violencias que se hacen debajo del sol; y he aquí las lágrimas de los oprimidos, sin tener quien los consuele; y la fuerza estaba en la mano de sus opresores, y para ellos no había consolador.

2 Y alabé yo a los finados, los que ya murieron, más que a los vivientes, los que viven todavía.

3 Y tuve por más feliz que unos y otros al que no ha sido aún, que no ha visto las malas obras que debajo del sol se hacen.

4 He visto asimismo que todo trabajo y toda excelencia de obras despierta la envidia del hombre contra su prójimo. También esto es vanidad y aflicción de espíritu.

5 El necio cruza sus manos y come su misma carne.

6 Más vale un puño lleno con descanso, que ambos puños llenos con trabajo y aflicción de espíritu.

7 Yo me volví otra vez, y vi vanidad debajo del sol.

8 Está un hombre solo y sin sucesor, que no tiene hijo ni hermano; pero nunca cesa de trabajar, ni sus ojos se sacian de sus riquezas, ni se pregunta: ¿Para quién trabajo yo, y defraudo mi alma del bien? También esto es vanidad, y duro trabajo.

9 Mejores son dos que uno; porque tienen mejor paga de su trabajo.

10 Porque si cayeren, el uno levantará a su compañero; pero ¡ay del solo! que cuando cayere, no habrá segundo que lo levante.

11 También si dos durmieren juntos, se calentarán mutuamente; mas ¿cómo se calentará uno solo?

12 Y si alguno prevaleciere contra uno, dos le resistirán; y cordón de tres dobleces no se rompe pronto.

13 Mejor es el muchacho pobre y sabio, que el rey viejo y necio que no admite consejos;

14 porque de la cárcel salió para reinar, aunque en su reino nació pobre.

15 Vi a todos los que viven debajo del sol caminando con el muchacho sucesor, que estará en lugar de aquél.

16 No tenía fin la muchedumbre del pueblo que le seguía; sin embargo, los que vengan después tampoco estarán contentos de él. Y esto es también vanidad y aflicción de espíritu.

La insensatez de hacer votos a la ligera

5 **1** Cuando fueres a la casa de Dios, guarda tu pie; y acércate más para oír que para ofrecer el sacrificio de los necios; porque no saben que hacen mal.

2 No te des prisa con tu boca, ni tu corazón se apresure a proferir palabra delante de Dios; porque Dios está en el cielo, y tú sobre la tierra; por tanto, sean pocas tus palabras.

3 Porque de la mucha ocupación viene el sueño, y de la multitud de las palabras la voz del necio.

4 Cuando a Dios haces promesa, no tardes en cumplirla; porque él no se complace en los insensatos. Cumple lo que prometes.

5 Mejor es que no prometas, y no que prometas y no cumplas.

6 No dejes que tu boca te haga pecar, ni digas delante del ángel, que fue ignorancia. ¿Por qué harás que Dios se enoje a causa de tu voz, y que destruya la obra de tus manos?

7 Donde abundan los sueños, también abundan las vanidades y las muchas palabras; mas tú, teme a Dios.

La vanidad de la vida

8 Si opresión de pobres y perversión de derecho y de justicia vieres en la provincia, no te maravilles de ello; porque sobre el alto vigila otro más alto, y uno más alto está sobre ellos.

9 Además, el provecho de la tierra es para todos; el rey mismo está sujeto a los campos.

10 El que ama el dinero, no se saciará de dinero; y el que ama el mucho tener, no sacará fruto. También esto es vanidad.

11 Cuando aumentan los bienes, también aumentan los que los consumen. ¿Qué bien, pues, tendrá su dueño, sino verlos con sus ojos?

12 Dulce es el sueño del trabajador, coma mucho, coma poco; pero al rico no le deja dormir la abundancia.

13 Hay un mal doloroso que he visto debajo del sol: las riquezas guardadas por sus dueños para su mal;

14 las cuales se pierden en malas ocupaciones, y a los hijos que engendraron, nada les queda en la mano.

15 Como salió del vientre de su madre, desnudo, así vuelve, yéndose tal como vino; y nada tiene de su trabajo para llevar en su mano.

16 Éste también es un gran mal, que como vino, así haya de volver. ¿Y de qué le aprovechó trabajar en vano?

17 Además de esto, todos los días de su vida comerá en tinieblas, con mucho afán y dolor y miseria.

18 He aquí, pues, el bien que yo he visto: que lo bueno es comer y beber, y gozar uno del bien de todo su trabajo con que se fatiga debajo del sol, todos los días de su vida que Dios le ha dado; porque ésta es su parte.

19 Asimismo, a todo hombre a quien Dios da riquezas y bienes, y le da también facultad para que coma de ellas, y tome su parte, y goce de su trabajo, esto es don de Dios.

20 Porque no se acordará mucho de los días de su vida; pues Dios le llenará de alegría el corazón.

6 1 Hay un mal que he visto debajo del cielo, y muy común entre los hombres:

2 El del hombre a quien Dios da riquezas y bienes y honra, y nada le falta de todo lo que su alma desea; pero Dios no le da facultad de disfrutar de ello, sino que lo disfrutan los extraños. Esto es vanidad, y mal doloroso.

3 Aunque el hombre engendrare cien hijos, y viviere muchos años, y los días de su edad fueren numerosos; si su alma no se sació del bien, y también careció de sepultura, yo digo que un abortivo es mejor que él.

4 Porque éste en vano viene, y a las tinieblas va, y con tinieblas su nombre es cubierto.

5 Además, no ha visto el sol, ni lo ha conocido; más reposo tiene éste que aquél.

6 Porque si aquél viviere mil años dos veces, sin gustar del bien, ¿no van todos al mismo lugar?

7 Todo el trabajo del hombre es para su boca, y con todo eso su deseo no se sacia.

8 Porque ¿qué más tiene el sabio que el necio? ¿Qué más tiene el pobre que supo caminar entre los vivos?

9 Más vale vista de ojos que deseo que pasa. Y también esto es vanidad y aflicción de espíritu.

10 Respecto de lo que es, ya ha mucho que tiene nombre, y se sabe que es hombre y que no puede contender con Aquel que es más poderoso que él.

11 Ciertamente las muchas palabras multiplican la vanidad. ¿Qué más tiene el hombre?

12 Porque ¿quién sabe cuál es el bien del hombre en la vida, todos los días de la vida de su vanidad, los cuales él pasa como sombra? Porque ¿quién enseñará al hombre qué será después de él debajo del sol?

Contraste entre la sabiduría y la insensatez

7 1 Mejor es la buena fama que el buen ungüento; y mejor el día de la muerte que el día del nacimiento.

2 Mejor es ir a la casa del luto que a la casa del banquete; porque aquello es el fin de todos los hombres, y el que vive lo pondrá en su corazón.

3 Mejor es el pesar que la risa; porque con la tristeza del rostro se enmendará el corazón.

4 El corazón de los sabios está en la casa del luto; mas el corazón de los insensatos, en la casa en que hay alegría.

5 Mejor es oír la reprensión del sabio que la canción de los necios.

6 Porque la risa del necio es como el estrépito de los espinos debajo de la olla. Y también esto es vanidad.

7 Ciertamente la opresión hace enontecer al sabio, y las dádivas corrompen el corazón.

8 Mejor es el fin del negocio que su principio; mejor es el sufrido de espíritu que el altivo de espíritu.

9 No te apresures en tu espíritu a enojarte; porque el enojo reposa en el seno de los necios.

10 Nunca digas: ¿Cuál es la causa de que los tiempos pasados fueron mejores que éstos? Porque nunca de esto preguntarás con sabiduría.

11 Buena es la ciencia con herencia, y provechosa para los que ven el sol.

12 Porque escudo es la ciencia, y escudo es el dinero; mas la sabiduría excede en que da vida a sus poseedores.

13 Mira la obra de Dios; porque ¿quién podrá enderezar lo que él torció?

14 En el día del bien goza del bien; y en el día de la adversidad considera. Dios hizo tanto lo uno como lo otro, a fin de que el hombre nada halle después de él.

15 Todo esto he visto en los días de mi vanidad. Justo hay que perece por su justicia, y hay impío que por su maldad alarga sus días.

16 No seas demasiado justo, ni seas sabio con exceso; ¿por qué habrás de destruirte?

17 No hagas mucho mal, ni seas insensato; ¿por qué habrás de morir antes de tu tiempo?

18 Bueno es que tomes esto, y también de aquello no apartes tu mano; porque aquel que a Dios teme, saldrá bien en todo.

19 La sabiduría fortalece al sabio más que diez poderosos que haya en una ciudad.

20 Ciertamente no hay hombre justo en la tierra, que haga el bien y nunca peque.

21 Tampoco apliques tu corazón a todas las cosas que se hablan, para que no oigas a tu siervo cuando dice mal de ti;

22 porque tu corazón sabe que tú también dijiste mal de otros muchas veces.

23 Todas estas cosas probé con sabiduría, diciendo: Seré sabio; pero la sabiduría se alejó de mí.

24 Lejos está lo que fue; y lo muy profundo, ¿quién lo hallará?

25 Me volví y fijé mi corazón para saber y examinar e inquirir la sabiduría y la razón, y para conocer la maldad de la insensatez y el desvarío del error.

26 Y he hallado más amarga que la muerte a la mujer cuyo corazón es lazos y redes, y sus manos ligaduras. El que agrada a Dios escapará de ella; mas el pecador quedará en ella preso.

27 He aquí que esto he hallado, dice el Predicador, pesando las cosas una por una para hallar la razón;

28 lo que aún busca mi alma, y no lo encuentra: un hombre entre mil he hallado, pero mujer entre todas éstas nunca hallé.

29 He aquí, solamente esto he hallado: que Dios hizo al hombre recto, pero ellos buscaron muchas perversiones.

8 1 ¿Quién como el sabio? ¿y quién como el que sabe la declaración de las cosas? La sabiduría del hombre ilumina su rostro, y la tosquedad de su semblante se mudará.

2 Te aconsejo que guardes el mandamiento del rey y la palabra del juramento de Dios.

3 No te apresures a irte de su presencia, ni en cosa mala persistas; porque él hará todo lo que quiere.

4 Pues la palabra del rey es con potestad, ¿y quién le dirá: ¿Qué haces?

5 El que guarda el mandamiento no experimentará mal; y el corazón del sabio discierne el tiempo y el juicio.

6 Porque para todo lo que quisieres hay tiempo y juicio; porque el mal del hombre es grande sobre él;

7 pues no sabe lo que ha de ser; y el cuándo haya de ser, ¿quién se lo enseñará?

8 No hay hombre que tenga potestad sobre el espíritu para retener el espíritu,

ni potestad sobre el día de la muerte; y no valen armas en tal guerra, ni la impiedad librará al que la posee.

9 Todo esto he visto, y he puesto mi corazón en todo lo que debajo del sol se hace; hay tiempo en que el hombre se enseñorea del hombre para mal suyo.

Desigualdades de la vida

10 Asimismo he visto a los inicuos sepultados con honra; mas los que frecuentaban el lugar santo fueron luego puestos en olvido en la ciudad donde habían actuado con rectitud. Esto también es vanidad.

11 Por cuanto no se ejecuta luego sentencia sobre la mala obra, el corazón de los hijos de los hombres está en ellos dispuesto para hacer el mal.

12 Aunque el pecador haga mal cien veces, y prolongue sus días, con todo yo también sé que les irá bien a los que a Dios temen, los que temen ante su presencia;

13 y que no le irá bien al impío, ni le serán prolongados los días, que son como sombra; por cuanto no teme delante de la presencia de Dios.

14 Hay vanidad que se hace sobre la tierra: que hay justos a quienes sucede como si hicieran obras de impíos, y hay impíos a quienes acontece como si hicieran obras de justos. Digo que esto también es vanidad.

15 Por tanto, alabé yo la alegría; que no tiene el hombre bien debajo del sol, sino que coma y beba y se alegre; y que esto le quede de su trabajo los días de su vida que Dios le concede debajo del sol.

16 Yo, pues, dediqué mi corazón a conocer sabiduría, y a ver la faena que se hace sobre la tierra (porque hay quien ni de noche ni de día ve sueño en sus ojos);

17 y he visto todas las obras de Dios, que el hombre no puede alcanzar la obra que debajo del sol se hace; por mucho que trabaje el hombre buscándola, no la hallará; aunque diga el sabio que la conoce, no por eso podrá alcanzarla.

9 1 Ciertamente he dado mi corazón a todas estas cosas, para declarar todo esto: que los justos y los sabios, y sus obras, están en la mano de Dios; que sea amor o que sea odio, no lo saben los hombres; todo está delante de ellos.

2 Todo acontece de la misma manera a todos; un mismo suceso ocurre al justo y al impío; al bueno, al limpio y al no limpio; al que sacrifica, y al que no sacrifica; como al bueno, así al que peca; al que jura, como al que teme el juramento.

3 Este mal hay entre todo lo que se hace debajo del sol, que un mismo suceso acontece a todos, y también que el corazón de los hijos de los hombres está lleno de mal y de insensatez en su corazón durante su vida; y después de esto se van a los muertos.

4 Aún hay esperanza para todo aquel que está entre los vivos; porque mejor es perro vivo que león muerto.

5 Porque los que viven saben que han de morir; pero los muertos nada saben, ni tienen más paga; porque su memoria es puesta en olvido.

6 También su amor y su odio y su envidia fenecieron ya; y nunca más tendrán parte en todo lo que se hace debajo del sol.

7 Anda, y come tu pan con gozo, y bebe tu vino con alegre corazón; porque tus obras son agradables a Dios.

8 En todo tiempo sean blancos tus vestidos, y nunca falte ungüento sobre tu cabeza.

9 Goza de la vida con la mujer que amas, todos los días de la vida de tu vanidad que te son dados debajo del sol, todos los días de tu vanidad; porque ésta es tu parte en la vida, y en tu trabajo con que te afanas debajo del sol.

10 Todo lo que te viniere a la mano para hacer, hazlo según tus fuerzas; porque en el Seol, adonde vas, no hay obra, ni trabajo, ni ciencia, ni sabiduría.

11 Volví y vi debajo del sol, que ni es de los ligeros la carrera, ni la guerra de los fuertes, ni aun de los sabios el pan, ni de los prudentes las riquezas, ni de los elocuentes el favor; sino que tiempo y ocasión acontecen a todos.

12 Porque el hombre tampoco conoce su tiempo; como los peces que son presos en la mala red, y como las aves que se enredan en el lazo, así son enlazados los hijos de los hombres en el tiempo malo, cuando cae de repente sobre ellos.

13 También vi esta sabiduría debajo del sol, la cual me parece grande:

¹⁴ una pequeña ciudad, y pocos hombres en ella; y viene contra ella un gran rey, y la asedia y levanta contra ella grandes baluartes;

¹⁵ y se halla en ella un hombre pobre, sabio, el cual libra a la ciudad con su sabiduría; y nadie se acordaba de aquel hombre pobre.

¹⁶ Entonces dije yo: Mejor es la sabiduría que la fuerza, aunque la ciencia del pobre sea menospreciada, y no sean escuchadas sus palabras.

¹⁷ Las palabras del sabio escuchadas en quietud, son mejores que el clamor del señor entre los necios.

¹⁸ Mejor es la sabiduría que las armas de guerra; pero un pecador destruye mucho bien.

Excelencia de la sabiduría

10 ¹ Las moscas muertas hacen heder y dar mal olor al perfume del perfumista; así una pequeña locura, al que es estimado como sabio y honorable.

² El corazón del sabio está a su mano derecha, mas el corazón del necio a su mano izquierda.

³ Y aun mientras va el necio por el camino, le falta cordura, y va diciendo a todos que es necio.

⁴ Si el espíritu del príncipe se exaltare contra ti, no dejes tu lugar; porque la mansedumbre hará cesar grandes ofensas.

⁵ Hay un mal que he visto debajo del sol, a manera de error emanado del príncipe:

⁶ la necedad está colocada en grandes alturas, y los ricos están sentados en lugar bajo.

⁷ Vi siervos a caballo, y príncipes que andaban como siervos sobre la tierra.

⁸ El que hiciere hoyo caerá en él; y al que aportillare vallado, le morderá la serpiente.

⁹ Quien corta piedras, se hiere con ellas; el que parte leña, en ello peligra.

¹⁰ Si se embotare el hierro, y su filo no fuere amolado, hay que añadir entonces más fuerza; pero la sabiduría es provechosa para dirigir.

¹¹ Si muerde la serpiente antes de ser encantada, de nada sirve el encantador.

¹² Las palabras de la boca del sabio son llenas de gracia, mas los labios del necio causan su propia ruina.

¹³ El principio de las palabras de su boca es necedad; y el fin de su charla, nocivo desvarío.

¹⁴ El necio multiplica palabras, aunque no sabe nadie lo que ha de ser; ¿y quién le hará saber lo que después de él será?

¹⁵ El trabajo de los necios los fatiga; porque no saben por dónde ir a la ciudad.

¹⁶ ¡Ay de ti, tierra, cuando tu rey es muchacho, y tus príncipes banquetean de mañana!

¹⁷ ¡Bienaventurada tú, tierra, cuando tu rey es hijo de nobles, y tus príncipes comen a su hora, para reponer sus fuerzas y no para beber!

¹⁸ Por la pereza se cae la techumbre, y por la flojedad de las manos se llueve la casa.

¹⁹ Por el placer se hace el banquete, y el vino alegra a los vivos; y el dinero sirve para todo.

²⁰ Ni aun en tu pensamiento digas mal del rey, ni en lo secreto de tu cámara digas mal del rico; porque las aves del cielo llevarán la voz, y las que tienen alas harán saber la palabra.

11 ¹ Echa tu pan sobre las aguas; porque después de muchos días lo hallarás.

² Reparte a siete, y aun a ocho; porque no sabes el mal que vendrá sobre la tierra.

³ Si las nubes fueren llenas de agua, sobre la tierra la derramarán; y si el árbol cayere al sur, o al norte, en el lugar que el árbol cayere, allí quedará.

⁴ El que al viento observa, no sembrará; y el que mira a las nubes, no segará.

⁵ Como tú no sabes cuál es el camino del viento, o cómo crecen los huesos en el vientre de la mujer encinta, así ignoras la obra de Dios, el cual hace todas las cosas.

⁶ Por la mañana siembra tu semilla, y a la tarde no dejes reposar tu mano; porque no sabes cuál es lo mejor, si esto o aquello, o si lo uno y lo otro es igualmente bueno.

⁷ Suave ciertamente es la luz, y agradable a los ojos ver el sol;

⁸ pero aunque un hombre viva muchos años, y en todos ellos tenga gozo, acuérdese sin embargo que los días de las tinieblas serán muchos. Todo cuanto viene es vanidad.

Consejos para la juventud

⁹ Alégrate, joven, en tu juventud, y tome placer tu corazón en los días de tu

adolescencia; y anda en los caminos de tu corazón y en la vista de tus ojos; pero sabe, que sobre todas estas cosas te juzgará Dios.

10 Quita, pues, de tu corazón el enojo, y aparta de tu carne el mal; porque la adolescencia y la juventud son vanidad.

12 **1** Acuérdate de tu Creador en los días de tu juventud, antes que vengan los días malos, y lleguen los años de los cuales digas: No tengo en ellos contentamiento;

2 antes que se oscurezca el sol, y la luz, y la luna y las estrellas, y vuelvan las nubes tras la lluvia;

3 cuando temblarán los guardas de la casa, y se encorvarán los hombres fuertes, y cesarán las muelas porque han disminuido, y se oscurecerán los que miran por las ventanas;

4 y las puertas de afuera se cerrarán, por lo bajo del ruido de la muela; cuando se levantará a la voz del ave, y todas las hijas del canto serán abatidas;

5 cuando también temerán de lo que es alto, y habrá terrores en el camino; y florecerá el almendro, y la langosta será una carga, y se perderá el apetito; porque el hombre va a su morada eterna, y los endechadores andarán alrededor por las calles;

6 antes que la cadena de plata se quiebre, y se rompa el cuenco de oro, y el cántaro se quiebre junto a la fuente, y la rueda sea rota sobre el pozo;

7 y el polvo vuelva a la tierra, como era, y el espíritu vuelva a Dios que lo dio.

8 Vanidad de vanidades, dijo el Predicador, todo es vanidad.

Resumen del deber del hombre

9 Y cuanto más sabio fue el Predicador, tanto más enseñó sabiduría al pueblo; e hizo escuchar, e hizo escudriñar, y compuso muchos proverbios.

10 Procuró el Predicador hallar palabras agradables, y escribir rectamente palabras de verdad.

11 Las palabras de los sabios son como aguijones; y como clavos hincados son las de los maestros de las congregaciones, dadas por un Pastor.

12 Ahora, hijo mío, a más de esto, sé amonestado. No hay fin de hacer muchos libros; y el mucho estudio es fatiga de la carne.

13 El fin de todo el discurso oído es éste: Teme a Dios, y guarda sus mandamientos; porque esto es el todo del hombre.

14 Porque Dios traerá toda obra a juicio, juntamente con toda cosa encubierta, sea buena o sea mala.

CANTAR DE LOS CANTARES
DE SALOMÓN

La esposa y las hijas de Jerusalén

1 [1] Cantar de los cantares, el cual es de Salomón.[a]

[2] ¡Oh, si él me besara con besos de su boca!
Porque mejores son tus amores que el vino.

[3] A más del olor de tus suaves ungüentos,
Tu nombre es como ungüento derramado;
Por eso las doncellas te aman.

[4] Atráeme; en pos de ti correremos.
El rey me ha metido en sus cámaras;
Nos gozaremos y alegraremos en ti;
Nos acordaremos de tus amores más que del vino;
Con razón te aman.

[5] Morena soy, oh hijas de Jerusalén, pero codiciable
Como las tiendas de Cedar,
Como las cortinas de Salomón.

[6] No reparéis en que soy morena,
Porque el sol me miró.
Los hijos de mi madre se airaron contra mí;
Me pusieron a guardar las viñas;
Y mi viña, que era mía, no guardé.

[7] Hazme saber, oh tú a quien ama mi alma,
Dónde apacientas, dónde sesteas al mediodía;
Pues ¿por qué había de estar yo como errante
Junto a los rebaños de tus compañeros?

[8] Si tú no lo sabes, oh hermosa entre las mujeres,
Ve, sigue las huellas del rebaño,
Y apacienta tus cabritas junto a las cabañas de los pastores.

La esposa y el esposo

[9] A yegua de los carros de Faraón
Te he comparado, amiga mía.

[10] Hermosas son tus mejillas entre los pendientes,
Tu cuello entre los collares.

[11] Zarcillos de oro te haremos,
Tachonados de plata.

[12] Mientras el rey estaba en su reclinatorio,
Mi nardo dio su olor.

[13] Mi amado es para mí un manojito de mirra,
Que reposa entre mis pechos.

[14] Racimo de flores de alheña en las viñas de En-gadi
Es para mí mi amado.

[15] He aquí que tú eres hermosa, amiga mía;
He aquí eres bella; tus ojos son como palomas.

[16] He aquí que tú eres hermoso, amado mío, y dulce;
Nuestro lecho es de flores.

[17] Las vigas de nuestra casa son de cedro,
Y de ciprés los artesonados.

2 [1] Yo soy la rosa de Sarón,
Y el lirio de los valles.

[2] Como el lirio entre los espinos,
Así es mi amiga entre las doncellas.

[3] Como el manzano entre los árboles silvestres,
Así es mi amado entre los jóvenes;
Bajo la sombra del deseado me senté,
Y su fruto fue dulce a mi paladar.

[4] Me llevó a la casa del banquete,
Y su bandera sobre mí fue amor.

---

a 1.1 1 R 4.32.

5 Sustentadme con pasas, confortadme
con manzanas;
Porque estoy enferma de amor.
6 Su izquierda esté debajo de mi cabeza,
Y su derecha me abrace.
7 Yo os conjuro, oh doncellas de
Jerusalén,
Por los corzos y por las ciervas del
campo,
Que no despertéis ni hagáis velar
al amor,
Hasta que quiera.

8 ¡La voz de mi amado! He aquí él viene
Saltando sobre los montes,
Brincando sobre los collados.
9 Mi amado es semejante al corzo,
O al cervatillo.
Helo aquí, está tras nuestra pared,
Mirando por las ventanas,
Atisbando por las celosías.
10 Mi amado habló, y me dijo:
Levántate, oh amiga mía, hermosa
mía, y ven.
11 Porque he aquí ha pasado el invierno,
Se ha mudado, la lluvia se fue;
12 Se han mostrado las flores en la tierra,
El tiempo de la canción ha venido,
Y en nuestro país se ha oído la voz de
la tórtola.
13 La higuera ha echado sus higos,
Y las vides en cierne dieron olor;
Levántate, oh amiga mía, hermosa
mía, y ven.
14 Paloma mía, que estás en los agujeros
de la peña, en lo escondido de
escarpados parajes,
Muéstrame tu rostro, hazme oír
tu voz;
Porque dulce es la voz tuya, y
hermoso tu aspecto.
15 Cazadnos las zorras, las zorras pequeñas,
que echan a perder las viñas;
Porque nuestras viñas están en
cierne.

16 Mi amado es mío, y yo suya;
Él apacienta entre lirios.
17 Hasta que apunte el día, y huyan las
sombras,
Vuélvete, amado mío; sé semejante al
corzo, o como el cervatillo
Sobre los montes de Beter.

El ensueño de la esposa

3 1 Por las noches busqué en mi lecho
al que ama mi alma;
Lo busqué, y no lo hallé.
2 Y dije: Me levantaré ahora, y rodearé
por la ciudad;
Por las calles y por las plazas
Buscaré al que ama mi alma;
Lo busqué, y no lo hallé.
3 Me hallaron los guardas que rondan
la ciudad,
Y les dije: ¿Habéis visto al que ama
mi alma?
4 Apenas hube pasado de ellos un
poco,
Hallé luego al que ama mi alma;
Lo así, y no lo dejé,
Hasta que lo metí en casa de mi
madre,
Y en la cámara de la que me dio
a luz.
5 Yo os conjuro, oh doncellas de
Jerusalén,
Por los corzos y por las ciervas del
campo,
Que no despertéis ni hagáis velar al
amor,
Hasta que quiera.

El cortejo de bodas

6 ¿Quién es ésta que sube del desierto
como columna de humo,
Sahumada de mirra y de incienso
Y de todo polvo aromático?
7 He aquí es la litera de Salomón;
Sesenta valientes la rodean,
De los fuertes de Israel.
8 Todos ellos tienen espadas, diestros
en la guerra;
Cada uno su espada sobre su muslo,
Por los temores de la noche.
9 El rey Salomón se hizo una carroza
De madera del Líbano.
10 Hizo sus columnas de plata,
Su respaldo de oro,
Su asiento de grana,
Su interior recamado de amor
Por las doncellas de Jerusalén.
11 Salid, oh doncellas de Sion, y ved al
rey Salomón
Con la corona con que le coronó su
madre en el día de su desposorio,
Y el día del gozo de su corazón.

El esposo alaba a la esposa

4 ¹ He aquí que tú eres hermosa, amiga
mía; he aquí que tú eres hermosa;
Tus ojos entre tus guedejas como de
paloma;
Tus cabellos como manada de cabras
Que se recuestan en las laderas de
Galaad.
² Tus dientes como manadas de ovejas
trasquiladas,
Que suben del lavadero,
Todas con crías gemelas,
Y ninguna entre ellas estéril.
³ Tus labios como hilo de grana,
Y tu habla hermosa;
Tus mejillas, como cachos de granada
detrás de tu velo.
⁴ Tu cuello, como la torre de David,
edificada para armería;
Mil escudos están colgados en ella,
Todos escudos de valientes.
⁵ Tus dos pechos, como gemelos de
gacela,
Que se apacientan entre lirios.
⁶ Hasta que apunte el día y huyan las
sombras,
Me iré al monte de la mirra,
Y al collado del incienso.
⁷ Toda tú eres hermosa, amiga mía,
Y en ti no hay mancha.
⁸ Ven conmigo desde el Líbano, oh
esposa mía;
Ven conmigo desde el Líbano.
Mira desde la cumbre de Amana,
Desde la cumbre de Senir y de Hermón,
Desde las guaridas de los leones,
Desde los montes de los leopardos.

⁹ Prendiste mi corazón, hermana,
esposa mía;
Has apresado mi corazón con uno de
tus ojos,
Con una gargantilla de tu cuello.
¹⁰ ¡Cuán hermosos son tus amores,
hermana, esposa mía!
¡Cuánto mejores que el vino tus amores,
Y el olor de tus ungüentos que todas
las especias aromáticas!
¹¹ Como panal de miel destilan tus
labios, oh esposa;
Miel y leche hay debajo de tu lengua;
Y el olor de tus vestidos como el olor
del Líbano.

¹² Huerto cerrado eres, hermana mía,
esposa mía;
Fuente cerrada, fuente sellada.
¹³ Tus renuevos son paraíso de
granados, con frutos suaves,
De flores de alheña y nardos;
¹⁴ Nardo y azafrán, caña aromática y
canela,
Con todos los árboles de incienso;
Mirra y áloes, con todas las
principales especias aromáticas.
¹⁵ Fuente de huertos,
Pozo de aguas vivas,
Que corren del Líbano.

¹⁶ Levántate, Aquilón, y ven, Austro;
Soplad en mi huerto, despréndanse
sus aromas.
Venga mi amado a su huerto,
Y coma de su dulce fruta.

5 ¹ Yo vine a mi huerto, oh hermana,
esposa mía;
He recogido mi mirra y mis aromas;
He comido mi panal y mi miel,
Mi vino y mi leche he bebido.

Comed, amigos; bebed en
abundancia, oh amados.

El tormento de la separación

² Yo dormía, pero mi corazón velaba.
Es la voz de mi amado que llama:
Abreme, hermana mía, amiga mía,
paloma mía, perfecta mía,
Porque mi cabeza está llena de rocío,
Mis cabellos de las gotas de la noche.
³ Me he desnudado de mi ropa; ¿cómo
me he de vestir?
He lavado mis pies; ¿cómo los he de
ensuciar?
⁴ Mi amado metió su mano por la
ventanilla,
Y mi corazón se conmovió dentro de
mí.
⁵ Yo me levanté para abrir a mi amado,
Y mis manos gotearon mirra,
Y mis dedos mirra, que corría
Sobre la manecilla del cerrojo.
⁶ Abrí yo a mi amado;
Pero mi amado se había ido, había ya
pasado;
Y tras su hablar salió mi alma.

Lo busqué, y no lo hallé;
Lo llamé, y no me respondió.
⁷ Me hallaron los guardas que rondan
    la ciudad;
Me golpearon, me hirieron;
Me quitaron mi manto de encima los
    guardas de los muros.
⁸ Yo os conjuro, oh doncellas de
    Jerusalén, si halláis a mi amado,
Que le hagáis saber que estoy
    enferma de amor.

La esposa alaba al esposo

⁹ ¿Qué es tu amado más que otro
    amado,
Oh la más hermosa de todas las
    mujeres?
¿Qué es tu amado más que otro
    amado,
Que así nos conjuras?

¹⁰ Mi amado es blanco y rubio,
Señalado entre diez mil.
¹¹ Su cabeza como oro finísimo;
Sus cabellos crespos, negros como el
    cuervo.
¹² Sus ojos, como palomas junto a los
    arroyos de las aguas,
Que se lavan con leche, y a la
    perfección colocados.
¹³ Sus mejillas, como una era de
    especias aromáticas, como
    fragantes flores;
Sus labios, como lirios que destilan
    mirra fragante.
¹⁴ Sus manos, como anillos de oro
    engastados de jacintos;
Su cuerpo, como claro marfil
    cubierto de zafiros.
¹⁵ Sus piernas, como columnas de
    mármol fundadas sobre basas de
    oro fino;
Su aspecto como el Líbano, escogido
    como los cedros.
¹⁶ Su paladar, dulcísimo, y todo él
    codiciable.
Tal es mi amado, tal es mi amigo,
Oh doncellas de Jerusalén.

Mutuo encanto del esposo y de la esposa

6 ¹ ¿A dónde se ha ido tu amado, oh la
más hermosa de todas las mujeres?

¿A dónde se apartó tu amado,
Y lo buscaremos contigo?

² Mi amado descendió a su huerto, a
    las eras de las especias,
Para apacentar en los huertos, y para
    recoger los lirios.
³ Yo soy de mi amado, y mi amado
    es mío;
Él apacienta entre los lirios.

⁴ Hermosa eres tú, oh amiga mía,
    como Tirsa;
De desear, como Jerusalén;
Imponente como ejércitos en orden.
⁵ Aparta tus ojos de delante de mí,
Porque ellos me vencieron.
Tu cabello es como manada de cabras
Que se recuestan en las laderas de
    Galaad.
⁶ Tus dientes, como manadas de ovejas
    que suben del lavadero,
Todas con crías gemelas,
Y estéril no hay entre ellas.
⁷ Como cachos de granada son tus
    mejillas
Detrás de tu velo.
⁸ Sesenta son las reinas, y ochenta las
    concubinas,
Y las doncellas sin número;
⁹ Mas una es la paloma mía, la perfecta
    mía;
Es la única de su madre,
La escogida de la que la dio a luz.
La vieron las doncellas, y la llamaron
    bienaventurada;
Las reinas y las concubinas, y la
    alabaron.
¹⁰ ¿Quién es ésta que se muestra como
    el alba,
Hermosa como la luna,
Esclarecida como el sol,
Imponente como ejércitos en orden?

¹¹ Al huerto de los nogales descendí
A ver los frutos del valle,
Y para ver si brotaban las vides,
Si florecían los granados.
¹² Antes que lo supiera, mi alma me puso
Entre los carros de Aminadab.

¹³ Vuélvete, vuélvete, oh sulamita;
Vuélvete, vuélvete, y te miraremos.

¿Qué veréis en la sulamita?
Algo como la reunión de dos
    campamentos.

7 ¹ ¡Cuán hermosos son tus pies en las
        sandalias,
    Oh hija de príncipe!
    Los contornos de tus muslos son
        como joyas,
    Obra de mano de excelente maestro.
² Tu ombligo como una taza redonda
    Que no le falta bebida.
    Tu vientre como montón de trigo
    Cercado de lirios.
³ Tus dos pechos, como gemelos de
        gacela.
⁴ Tu cuello, como torre de marfil;
    Tus ojos, como los estanques de Hesbón
        junto a la puerta de Bat-rabim;
    Tu nariz, como la torre del Líbano,
    Que mira hacia Damasco.
⁵ Tu cabeza encima de ti, como el
        Carmelo;
    Y el cabello de tu cabeza, como la
        púrpura del rey
    Suspendida en los corredores.

⁶ ¡Qué hermosa eres, y cuán suave,
    Oh amor deleitoso!
⁷ Tu estatura es semejante a la
        palmera,
    Y tus pechos a los racimos.
⁸ Yo dije: Subiré a la palmera,
    Asiré sus ramas.
    Deja que tus pechos sean como
        racimos de vid,
    Y el olor de tu boca como de
        manzanas,
⁹ Y tu paladar como el buen vino,
    Que se entra a mi amado
        suavemente,
    Y hace hablar los labios de los viejos.

¹⁰ Yo soy de mi amado,
    Y conmigo tiene su contentamiento.
¹¹ Ven, oh amado mío, salgamos al
        campo,
    Moremos en las aldeas.
¹² Levantémonos de mañana a las viñas;
    Veamos si brotan las vides, si están
        en cierne,
    Si han florecido los granados;
    Allí te daré mis amores.

¹³ Las mandrágoras han dado olor,
    Y a nuestras puertas hay toda suerte
        de dulces frutas,
    Nuevas y añejas, que para ti, oh
        amado mío, he guardado.

8 ¹ ¡Oh, si tú fueras como un hermano
        mío
    Que mamó los pechos de mi madre!
    Entonces, hallándote fuera, te
        besaría,
    Y no me menospreciarían.
² Yo te llevaría, te metería en casa de
        mi madre;
    Tú me enseñarías,
    Y yo te haría beber vino
    Adobado del mosto de mis granadas.
³ Su izquierda esté debajo de mi
        cabeza,
    Y su derecha me abrace.
⁴ Os conjuro, oh doncellas de
        Jerusalén,
    Que no despertéis ni hagáis velar
        al amor,
    Hasta que quiera.

El poder del amor

⁵ ¿Quién es ésta que sube del desierto,
    Recostada sobre su amado?

    Debajo de un manzano te
        desperté;
    Allí tuvo tu madre dolores,
    Allí tuvo dolores la que te dio a luz.

⁶ Ponme como un sello sobre tu
        corazón, como una marca sobre
        tu brazo;
    Porque fuerte es como la muerte el
        amor;
    Duros como el Seol los celos;
    Sus brasas, brasas de fuego, fuerte
        llama.
⁷ Las muchas aguas no podrán apagar
        el amor,
    Ni lo ahogarán los ríos.
    Si diese el hombre todos los bienes de
        su casa por este amor,
    De cierto lo menospreciarían.

⁸ Tenemos una pequeña hermana,
    Que no tiene pechos;
    ¿Qué haremos a nuestra hermana
    Cuando de ella se hablare?

⁹ Si ella es muro,
Edificaremos sobre él un palacio de
    plata;
Si fuere puerta,
La guarneceremos con tablas de cedro.
¹⁰ Yo soy muro, y mis pechos como
    torres,
Desde que fui en sus ojos como la
    que halla paz.

¹¹ Salomón tuvo una viña en Baal-hamón,
La cual entregó a guardas,
Cada uno de los cuales debía traer mil
    monedas de plata por su fruto.

¹² Mi viña, que es mía, está delante de
    mí;
Las mil serán tuyas, oh Salomón,
Y doscientas para los que guardan su
    fruto.

¹³ Oh, tú que habitas en los huertos,
Los compañeros escuchan tu voz;
Házmela oír.

¹⁴ Apresúrate, amado mío,
Y sé semejante al corzo, o al
    cervatillo,
Sobre las montañas de los aromas.

ISAÍAS

Una nación pecadora

1 ¹ Visión de Isaías hijo de Amoz, la cual vio acerca de Judá y Jerusalén en días de Uzías,ª Jotam,ᵇ Acazᶜ y Ezequías,ᵈ reyes de Judá.

² Oíd, cielos, y escucha tú, tierra; porque habla Jehová: Crié hijos, y los engrandecí, y ellos se rebelaron contra mí.

³ El buey conoce a su dueño, y el asno el pesebre de su señor; Israel no entiende, mi pueblo no tiene conocimiento.

⁴ ¡Oh gente pecadora, pueblo cargado de maldad, generación de malignos, hijos depravados! Dejaron a Jehová, provocaron a ira al Santo de Israel, se volvieron atrás.

⁵ ¿Por qué querréis ser castigados aún? ¿Todavía os rebelaréis? Toda cabeza está enferma, y todo corazón doliente.

⁶ Desde la planta del pie hasta la cabeza no hay en él cosa sana, sino herida, hinchazón y podrida llaga; no están curadas, ni vendadas, ni suavizadas con aceite.

⁷ Vuestra tierra está destruida, vuestras ciudades puestas a fuego, vuestra tierra delante de vosotros comida por extranjeros, y asolada como asolamiento de extraños.

⁸ Y queda la hija de Sion como enramada en viña, y como cabaña en melonar, como ciudad asolada.

⁹ Si Jehová de los ejércitos no nos hubiese dejado un resto pequeño, como Sodoma fuéramos, y semejantes a Gomorra.ᵉ

Llamamiento al arrepentimiento verdadero

¹⁰ Príncipes de Sodoma, oíd la palabra de Jehová; escuchad la ley de nuestro Dios, pueblo de Gomorra.

¹¹ ¿Para qué me sirve, dice Jehová, la multitud de vuestros sacrificios? Hastiado estoy de holocaustos de carneros y de sebo de animales gordos; no quiero sangre de bueyes, ni de ovejas, ni de machos cabríos.

¹² ¿Quién demanda esto de vuestras manos, cuando venís a presentaros delante de mí para hollar mis atrios?

¹³ No me traigáis más vana ofrenda; el incienso me es abominación; luna nueva y día de reposo,* el convocar asambleas, no lo puedo sufrir; son iniquidad vuestras fiestas solemnes.

¹⁴ Vuestras lunas nuevas y vuestras fiestas solemnes las tiene aborrecidas mi alma; me son gravosas; cansado estoy de soportarlas.ᶠ

¹⁵ Cuando extendáis vuestras manos, yo esconderé de vosotros mis ojos; asimismo cuando multipliquéis la oración, yo no oiré; llenas están de sangre vuestras manos.

¹⁶ Lavaos y limpiaos; quitad la iniquidad de vuestras obras de delante de mis ojos; dejad de hacer lo malo;

¹⁷ aprended a hacer el bien; buscad el juicio, restituid al agraviado, haced justicia al huérfano, amparad a la viuda.

¹⁸ Venid luego, dice Jehová, y estemos a cuenta: si vuestros pecados fueren como la grana, como la nieve serán emblanquecidos; si fueren rojos como el carmesí, vendrán a ser como blanca lana.

¹⁹ Si quisiereis y oyereis, comeréis el bien de la tierra;

²⁰ si no quisiereis y fuereis rebeldes, seréis consumidos a espada; porque la boca de Jehová lo ha dicho.

Juicio y redención de Jerusalén

²¹ ¿Cómo te has convertido en ramera, oh ciudad fiel? Llena estuvo de justicia, en ella habitó la equidad; pero ahora, los homicidas.

---

* Aquí equivale a *sábado.*
a 1.1 2 R 15.1-7; 2 Cr 26.1-23.   **b** 1.1 2 R 15.32-38; 2 Cr 27.1-9.
c 1.1 2 R 16.1-20; 2 Cr 28.1-27.   **d** 1.1 2 R 18.1—20.21;
2 Cr 29.1—32.33.   **e** 1.9 Gn 19.24; Ro 9.29.
f 1.11-14 Am 5.21, 22.

22 Tu plata se ha convertido en escorias, tu vino está mezclado con agua.

23 Tus príncipes, prevaricadores y compañeros de ladrones; todos aman el soborno, y van tras las recompensas; no hacen justicia al huérfano, ni llega a ellos la causa de la viuda.

24 Por tanto, dice el Señor, Jehová de los ejércitos, el Fuerte de Israel: Ea, tomaré satisfacción de mis enemigos, me vengaré de mis adversarios;

25 y volveré mi mano contra ti, y limpiaré hasta lo más puro tus escorias, y quitaré toda tu impureza.

26 Restauraré tus jueces como al principio, y tus consejeros como eran antes; entonces te llamarán Ciudad de justicia, Ciudad fiel.

27 Sion será rescatada con juicio, y los convertidos de ella con justicia.

28 Pero los rebeldes y pecadores a una serán quebrantados, y los que dejan a Jehová serán consumidos.

29 Entonces os avergonzarán las encinas que amasteis, y os afrentarán los huertos que escogisteis.

30 Porque seréis como encina a la que se le cae la hoja, y como huerto al que le faltan las aguas.

31 Y el fuerte será como estopa, y lo que hizo como centella; y ambos serán encendidos juntamente, y no habrá quien apague.

Reinado universal de Jehová

(Mi 4.1-3)

2 **1** Lo que vio Isaías hijo de Amoz acerca de Judá y de Jerusalén.

2 Acontecerá en lo postrero de los tiempos, que será confirmado el monte de la casa de Jehová como cabeza de los montes, y será exaltado sobre los collados, y correrán a él todas las naciones.

3 Y vendrán muchos pueblos, y dirán: Venid, y subamos al monte de Jehová, a la casa del Dios de Jacob; y nos enseñará sus caminos, y caminaremos por sus sendas. Porque de Sion saldrá la ley, y de Jerusalén la palabra de Jehová.

4 Y juzgará entre las naciones, y reprenderá a muchos pueblos; y volverán sus espadas en rejas de arado, y sus lanzas en hoces;[a] no alzará espada nación contra nación, ni se adiestrarán más para la guerra.

Juicio de Jehová contra los soberbios

5 Venid, oh casa de Jacob, y caminaremos a la luz de Jehová.

6 Ciertamente tú has dejado tu pueblo, la casa de Jacob, porque están llenos de costumbres traídas del oriente, y de agoreros, como los filisteos; y pactan con hijos de extranjeros.

7 Su tierra está llena de plata y oro, sus tesoros no tienen fin. También está su tierra llena de caballos, y sus carros son innumerables.

8 Además su tierra está llena de ídolos, y se han arrodillado ante la obra de sus manos y ante lo que fabricaron sus dedos.

9 Y se ha inclinado el hombre, y el varón se ha humillado; por tanto, no los perdones.

10 Métete en la peña,[b] escóndete en el polvo, de la presencia temible de Jehová, y del resplandor de su majestad.

11 La altivez de los ojos del hombre será abatida, y la soberbia de los hombres será humillada; y Jehová solo será exaltado en aquel día.

12 Porque día de Jehová de los ejércitos vendrá sobre todo soberbio y altivo, sobre todo enaltecido, y será abatido;

13 sobre todos los cedros del Líbano altos y erguidos, y sobre todas las encinas de Basán;

14 sobre todos los montes altos, y sobre todos los collados elevados;

15 sobre toda torre alta, y sobre todo muro fuerte;

16 sobre todas las naves de Tarsis, y sobre todas las pinturas preciadas.

17 La altivez del hombre será abatida, y la soberbia de los hombres será humillada; y sólo Jehová será exaltado en aquel día.

18 Y quitará totalmente los ídolos.

19 Y se meterán en las cavernas de las peñas y en las aberturas de la tierra, por la presencia temible de Jehová, y por el resplandor de su majestad, cuando él se levante para castigar la tierra.

20 Aquel día arrojará el hombre a los topos y murciélagos sus ídolos de plata y sus ídolos de oro, que le hicieron para que adorase,

21 y se meterá en las hendiduras de las rocas y en las cavernas de las peñas, por

---

a 2.4 Jl 3.10.   **b 2.10** Ap 6.15.

la presencia formidable de Jehová, y por el resplandor de su majestad, cuando se levante para castigar la tierra.

²² Dejaos del hombre, cuyo aliento está en su nariz; porque ¿de qué es él estimado?

Juicio de Jehová contra Judá y Jerusalén

3 ¹ Porque he aquí que el Señor Jehová de los ejércitos quita de Jerusalén y de Judá al sustentador y al fuerte, todo sustento de pan y todo socorro de agua;

² el valiente y el hombre de guerra, el juez y el profeta, el adivino y el anciano;

³ el capitán de cincuenta y el hombre de respeto, el consejero, el artífice excelente y el hábil orador.

⁴ Y les pondré jóvenes por príncipes, y muchachos serán sus señores.

⁵ Y el pueblo se hará violencia unos a otros, cada cual contra su vecino; el joven se levantará contra el anciano, y el villano contra el noble.

⁶ Cuando alguno tomare de la mano a su hermano, de la familia de su padre, y le dijere: Tú tienes vestido, tú serás nuestro príncipe, y toma en tus manos esta ruina;

⁷ él jurará aquel día, diciendo: No tomaré ese cuidado; porque en mi casa ni hay pan, ni qué vestir; no me hagáis príncipe del pueblo.

⁸ Pues arruinada está Jerusalén, y Judá ha caído; porque la lengua de ellos y sus obras han sido contra Jehová para irritar los ojos de su majestad.

⁹ La apariencia de sus rostros testifica contra ellos; porque como Sodoma publican su pecado, no lo disimulan. ¡Ay del alma de ellos! porque amontonaron mal para sí.

¹⁰ Decid al justo que le irá bien, porque comerá de los frutos de sus manos.

¹¹ ¡Ay del impío! Mal le irá, porque según las obras de sus manos le será pagado.

¹² Los opresores de mi pueblo son muchachos, y mujeres se enseñorearon de él. Pueblo mío, los que te guían te engañan, y tuercen el curso de tus caminos.

¹³ Jehová está en pie para litigar, y está para juzgar a los pueblos.

¹⁴ Jehová vendrá a juicio contra los ancianos de su pueblo y contra sus príncipes; porque vosotros habéis devorado la viña, y el despojo del pobre está en vuestras casas.

¹⁵ ¿Qué pensáis vosotros que majáis mi pueblo y moléis las caras de los pobres? dice el Señor, Jehová de los ejércitos.

Juicio contra las hijas de Sion

¹⁶ Asimismo dice Jehová: Por cuanto las hijas de Sion se ensoberbecen, y andan con cuello erguido y con ojos desvergonzados; cuando andan van danzando, y haciendo son con los pies;

¹⁷ por tanto, el Señor raerá la cabeza de las hijas de Sion, y Jehová descubrirá sus vergüenzas.

¹⁸ Aquel día quitará el Señor el atavío del calzado, las redecillas, las lunetas,

¹⁹ los collares, los pendientes y los brazaletes,

²⁰ las cofias, los atavíos de las piernas, los partidores del pelo, los pomitos de olor y los zarcillos,

²¹ los anillos, y los joyeles de las narices,

²² las ropas de gala, los mantoncillos, los velos, las bolsas,

²³ los espejos, el lino fino, las gasas y los tocados.

²⁴ Y en lugar de los perfumes aromáticos vendrá hediondez; y cuerda en lugar de cinturón, y cabeza rapada en lugar de la compostura del cabello; en lugar de ropa de gala ceñimiento de cilicio, y quemadura en vez de hermosura.

²⁵ Tus varones caerán a espada, y tu fuerza en la guerra.

²⁶ Sus puertas se entristecerán y enlutarán, y ella, desamparada, se sentará en tierra.

4 ¹ Echarán mano de un hombre siete mujeres en aquel tiempo, diciendo: Nosotras comeremos de nuestro pan, y nos vestiremos de nuestras ropas; solamente permítenos llevar tu nombre, quita nuestro oprobio.

Futuro glorioso de Jerusalén

² En aquel tiempo el renuevo de Jehová será para hermosura y gloria, y el fruto de la tierra para grandeza y honra, a los sobrevivientes de Israel.

³ Y acontecerá que el que quedare en Sion, y el que fuere dejado en Jerusalén, será llamado santo; todos los que en Jerusalén estén registrados entre los vivientes,

4 cuando el Señor lave las inmundicias de las hijas de Sion, y limpie la sangre de Jerusalén de en medio de ella, con espíritu de juicio y con espíritu de devastación.

5 Y creará Jehová sobre toda la morada del monte de Sion, y sobre los lugares de sus convocaciones, nube y oscuridad de día, y de noche resplandor de fuego que eche llamas; porque sobre toda gloria habrá un dosel,

6 y habrá un abrigo para sombra contra el calor del día, para refugio y escondedero contra el turbión y contra el aguacero.

Parábola de la viña

5 ¹ Ahora cantaré por mi amado el cantar de mi amado a su viña.ª Tenía mi amado una viña en una ladera fértil.

2 La había cercado y despedregado y plantado de vides escogidas; había edificado en medio de ella una torre, y hecho también en ella un lagar; y esperaba que diese uvas, y dio uvas silvestres.

3 Ahora, pues, vecinos de Jerusalén y varones de Judá, juzgad ahora entre mí y mi viña.

4 ¿Qué más se podía hacer a mi viña, que yo no haya hecho en ella? ¿Cómo, esperando yo que diese uvas, ha dado uvas silvestres?

5 Os mostraré, pues, ahora lo que haré yo a mi viña: Le quitaré su vallado, y será consumida; aportillaré su cerca, y será hollada.

6 Haré que quede desierta; no será podada ni cavada, y crecerán el cardo y los espinos; y aun a las nubes mandaré que no derramen lluvia sobre ella.

7 Ciertamente la viña de Jehová de los ejércitos es la casa de Israel, y los hombres de Judá planta deliciosa suya. Esperaba juicio, y he aquí vileza; justicia, y he aquí clamor.

Ayes sobre los malvados

8 ¡Ay de los que juntan casa a casa, y añaden heredad a heredad hasta ocuparlo todo! ¿Habitaréis vosotros solos en medio de la tierra?

9 Ha llegado a mis oídos de parte de Jehová de los ejércitos, que las muchas casas han de quedar asoladas, sin morador las grandes y hermosas.

10 Y diez yugadas de viña producirán un bato, y un homer de semilla producirá un efa.

11 ¡Ay de los que se levantan de mañana para seguir la embriaguez; que se están hasta la noche, hasta que el vino los enciende!

12 Y en sus banquetes hay arpas, vihuelas, tamboriles, flautas y vino, y no miran la obra de Jehová, ni consideran la obra de sus manos.

13 Por tanto, mi pueblo fue llevado cautivo, porque no tuvo conocimiento; y su gloria pereció de hambre, y su multitud se secó de sed.

14 Por eso ensanchó su interior el Seol, y sin medida extendió su boca; y allá descenderá la gloria de ellos, y su multitud, y su fausto, y el que en él se regocijaba.

15 Y el hombre será humillado, y el varón será abatido, y serán bajados los ojos de los altivos.

16 Pero Jehová de los ejércitos será exaltado en juicio, y el Dios Santo será santificado con justicia.

17 Y los corderos serán apacentados según su costumbre; y extraños devorarán los campos desolados de los ricos.

18 ¡Ay de los que traen la iniquidad con cuerdas de vanidad, y el pecado como con coyundas de carreta,

19 los cuales dicen: Venga ya, apresúrese su obra, y veamos; acérquese, y venga el consejo del Santo de Israel, para que lo sepamos!

20 ¡Ay de los que a lo malo dicen bueno, y a lo bueno malo; que hacen de la luz tinieblas, y de las tinieblas luz; que ponen lo amargo por dulce, y lo dulce por amargo!

21 ¡Ay de los sabios en sus propios ojos, y de los que son prudentes delante de sí mismos!

22 ¡Ay de los que son valientes para beber vino, y hombres fuertes para mezclar bebida;

23 los que justifican al impío mediante cohecho, y al justo quitan su derecho!

24 Por tanto, como la lengua del fuego consume el rastrojo, y la llama devora la paja, así será su raíz como podredumbre, y su flor se desvanecerá como polvo; porque

---

a 5.1, 2 Mt 21.33; Mr 12.1; Lc 20.9.

desecharon la ley de Jehová de los ejércitos, y abominaron la palabra del Santo de Israel.

25 Por esta causa se encendió el furor de Jehová contra su pueblo, y extendió contra él su mano, y le hirió; y se estremecieron los montes, y sus cadáveres fueron arrojados en medio de las calles. Con todo esto no ha cesado su furor, sino que todavía su mano está extendida.

26 Alzará pendón a naciones lejanas, y silbará al que está en el extremo de la tierra; y he aquí que vendrá pronto y velozmente.

27 No habrá entre ellos cansado, ni quien tropiece; ninguno se dormirá, ni le tomará sueño; a ninguno se le desatará el cinto de los lomos, ni se le romperá la correa de sus sandalias.

28 Sus saetas estarán afiladas, y todos sus arcos entesados; los cascos de sus caballos parecerán como de pedernal, y las ruedas de sus carros como torbellino.

29 Su rugido será como de león; rugirá a manera de leoncillo, crujirá los dientes, y arrebatará la presa; se la llevará con seguridad, y nadie se la quitará.

30 Y bramará sobre él en aquel día como bramido del mar; entonces mirará hacia la tierra, y he aquí tinieblas de tribulación, y en sus cielos se oscurecerá la luz.

Visión y llamamiento de Isaías

6 **1** En el año que murió el rey Uzías[a] vi yo al Señor sentado sobre un trono alto y sublime, y sus faldas llenaban el templo.

2 Por encima de él había serafines; cada uno tenía seis alas; con dos cubrían sus rostros, con dos cubrían sus pies, y con dos volaban.

3 Y el uno al otro daba voces, diciendo: Santo, santo, santo, Jehová de los ejércitos;[b] toda la tierra está llena de su gloria.

4 Y los quiciales de las puertas se estremecieron con la voz del que clamaba, y la casa se llenó de humo.[c]

5 Entonces dije: ¡Ay de mí! que soy muerto; porque siendo hombre inmundo de labios, y habitando en medio de pueblo que tiene labios inmundos, han visto mis ojos al Rey, Jehová de los ejércitos.

6 Y voló hacia mí uno de los serafines, teniendo en su mano un carbón encendido, tomado del altar con unas tenazas;

7 y tocando con él sobre mi boca, dijo: He aquí que esto tocó tus labios, y es quitada tu culpa, y limpio tu pecado.

8 Después oí la voz del Señor, que decía: ¿A quién enviaré, y quién irá por nosotros? Entonces respondí yo: Heme aquí, envíame a mí.

9 Y dijo: Anda, y di a este pueblo: Oíd bien, y no entendáis; ved por cierto, mas no comprendáis.

10 Engruesa el corazón de este pueblo, y agrava sus oídos, y ciega sus ojos, para que no vea con sus ojos, ni oiga con sus oídos, ni su corazón entienda, ni se convierta, y haya para él sanidad.[d]

11 Y yo dije: ¿Hasta cuándo, Señor? Y respondió él: Hasta que las ciudades estén asoladas y sin morador, y no haya hombre en las casas, y la tierra esté hecha un desierto;

12 hasta que Jehová haya echado lejos a los hombres, y multiplicado los lugares abandonados en medio de la tierra.

13 Y si quedare aún en ella la décima parte, ésta volverá a ser destruida; pero como el roble y la encina, que al ser cortados aún queda el tronco, así será el tronco, la simiente santa.

Mensaje de Isaías a Acaz

7 **1** Aconteció en los días de Acaz hijo de Jotam, hijo de Uzías, rey de Judá, que Rezín rey de Siria y Peka hijo de Remalías, rey de Israel, subieron contra Jerusalén para combatirla; pero no la pudieron tomar.[a]

2 Y vino la nueva a la casa de David, diciendo: Siria se ha confederado con Efraín. Y se le estremeció el corazón, y el corazón de su pueblo, como se estremecen los árboles del monte a causa del viento.

3 Entonces dijo Jehová a Isaías: Sal ahora al encuentro de Acaz, tú, y Sear-jasub[l] tu hijo, al extremo del acueducto del estanque de arriba, en el camino de la heredad del Lavador,

4 y dile: Guarda, y repósate; no temas, ni se turbe tu corazón a causa de estos dos

---

l. 7.3 Esto es, Un remanente volverá.
a 6.1 2 R 15.7; 2 Cr 26.23.   **b 6.3** Ap 4.8.   **c 6.4** Ap 15.8.
d 6.9, 10 Mt 13.14, 15; Mr 4.12; Lc 8.10; Jn 12.40;
Hch 28.26, 27.   **a 7.1** 2 R 16.5; 2 Cr 28.5, 6.

cabos de tizón que humean, por el ardor de la ira de Rezín y de Siria, y del hijo de Remalías.

5 Ha acordado maligno consejo contra ti el sirio, con Efraín y con el hijo de Remalías, diciendo:

6 Vamos contra Judá y aterroricémosla, y repartámosla entre nosotros, y pongamos en medio de ella por rey al hijo de Tabeel.

7 Por tanto, Jehová el Señor dice así: No subsistirá, ni será.

8 Porque la cabeza de Siria es Damasco, y la cabeza de Damasco, Rezín; y dentro de sesenta y cinco años Efraín será quebrantado hasta dejar de ser pueblo.

9 Y la cabeza de Efraín es Samaria, y la cabeza de Samaria el hijo de Remalías. Si vosotros no creyereis, de cierto no permaneceréis.

10 Habló también Jehová a Acaz, diciendo:

11 Pide para ti señal de Jehová tu Dios, demandándola ya sea de abajo en lo profundo, o de arriba en lo alto.

12 Y respondió Acaz: No pediré, y no tentaré a Jehová.

13 Dijo entonces Isaías: Oíd ahora, casa de David. ¿Os es poco el ser molestos a los hombres, sino que también lo seáis a mi Dios?

14 Por tanto, el Señor mismo os dará señal: He aquí que la virgen concebirá, y dará a luz un hijo,[b] y llamará su nombre Emanuel.[2]

15 Comerá mantequilla y miel, hasta que sepa desechar lo malo y escoger lo bueno.

16 Porque antes que el niño sepa desechar lo malo y escoger lo bueno, la tierra de los dos reyes que tú temes será abandonada.

17 Jehová hará venir sobre ti, sobre tu pueblo y sobre la casa de tu padre, días cuales nunca vinieron desde el día que Efraín se apartó de Judá, esto es, al rey de Asiria.

18 Y acontecerá que aquel día silbará Jehová a la mosca que está en el fin de los ríos de Egipto, y a la abeja que está en la tierra de Asiria;

19 y vendrán y acamparán todos en los valles desiertos, y en las cavernas de las piedras, y en todos los zarzales, y en todas las matas.

20 En aquel día el Señor raerá con navaja alquilada, con los que habitan al otro lado del río, esto es, con el rey de Asiria,

cabeza y pelo de los pies, y aun la barba también quitará.

21 Acontecerá en aquel tiempo, que criará un hombre una vaca y dos ovejas;

22 y a causa de la abundancia de leche que darán, comerá mantequilla; ciertamente mantequilla y miel comerá el que quede en medio de la tierra.

23 Acontecerá también en aquel tiempo, que el lugar donde había mil vides que valían mil siclos de plata, será para espinos y cardos.

24 Con saetas y arco irán allá, porque toda la tierra será espinos y cardos.

25 Y a todos los montes que se cavaban con azada, no llegarán allá por el temor de los espinos y de los cardos, sino que serán para pasto de bueyes y para ser hollados de los ganados.

Sea Jehová vuestro temor

8 1 Me dijo Jehová: Toma una tabla grande, y escribe en ella con caracteres legibles tocante a Maher-salal-hasbaz.[3]

2 Y junté conmigo por testigos fieles al sacerdote Urías y a Zacarías hijo de Jeberequías.

3 Y me llegué a la profetisa, la cual concibió, y dio a luz un hijo. Y me dijo Jehová: Ponle por nombre Maher-salal-hasbaz.

4 Porque antes que el niño sepa decir: Padre mío, y Madre mía, será quitada la riqueza de Damasco y los despojos de Samaria delante del rey de Asiria.

5 Otra vez volvió Jehová a hablarme, diciendo:

6 Por cuanto desechó este pueblo las aguas de Siloé, que corren mansamente, y se regocijó con Rezín y con el hijo de Remalías;

7 he aquí, por tanto, que el Señor hace subir sobre ellos aguas de ríos, impetuosas y muchas, esto es, al rey de Asiria con todo su poder; el cual subirá sobre todos sus ríos, y pasará sobre todas sus riberas;

8 y pasando hasta Judá, inundará y pasará adelante, y llegará hasta la garganta; y extendiendo sus alas, llenará la anchura de tu tierra, oh Emanuel.

9 Reuníos, pueblos, y seréis quebrantados; oíd, todos los que sois de lejanas

---

2. **7.14** Esto es, *Dios con nosotros.*   3. **8.1** Esto es, *El despojo se apresura, la presa se precipita.*
b **7.14** Mt 1.23.

tierras; ceñíos, y seréis quebrantados; disponeos, y seréis quebrantados.

10 Tomad consejo, y será anulado; proferid palabra, y no será firme, porque Dios está con nosotros.

11 Porque Jehová me dijo de esta manera con mano fuerte, y me enseñó que no caminase por el camino de este pueblo, diciendo:

12 No llaméis conspiración a todas las cosas que este pueblo llama conspiración; ni temáis lo que ellos temen, ni tengáis miedo. **13** A Jehová de los ejércitos, a él santificad;[a] sea él vuestro temor, y él sea vuestro miedo.

14 Entonces él será por santuario; pero a las dos casas de Israel, por piedra para tropezar, y por tropezadero para caer, y por lazo y por red al morador de Jerusalén. **15** Y muchos tropezarán entre ellos, y caerán, y serán quebrantados;[b] y se enredarán y serán apresados.

16 Ata el testimonio, sella la ley entre mis discípulos.

17 Esperaré, pues, a Jehová, el cual escondió su rostro de la casa de Jacob, y en él confiaré.[c]

18 He aquí, yo y los hijos que me dio Jehová[d] somos por señales y presagios en Israel, de parte de Jehová de los ejércitos, que mora en el monte de Sion.

19 Y si os dijeren: Preguntad a los encantadores y a los adivinos, que susurran hablando, responded: ¿No consultará el pueblo a su Dios? ¿Consultará a los muertos por los vivos?

20 ¡A la ley y al testimonio! Si no dijeren conforme a esto, es porque no les ha amanecido.

21 Y pasarán por la tierra fatigados y hambrientos, y acontecerá que teniendo hambre, se enojarán y maldecirán a su rey y a su Dios, levantando el rostro en alto. **22** Y mirarán a la tierra, y he aquí tribulación y tinieblas, oscuridad y angustia; y serán sumidos en las tinieblas.

Nacimiento y reinado del Mesías

9 **1** Mas no habrá siempre oscuridad para la que está ahora en angustia, tal como la aflicción que le vino en el tiempo que livianamente tocaron la primera vez a la tierra de Zabulón y a la tierra de Neftalí; pues al fin llenará de gloria el camino del mar, de aquel lado del Jordán, en Galilea de los gentiles.[a]

2 El pueblo que andaba en tinieblas vio gran luz; los que moraban en tierra de sombra de muerte, luz resplandeció sobre ellos.[b]

3 Multiplicaste la gente, y aumentaste la alegría. Se alegrarán delante de ti como se alegran en la siega, como se gozan cuando reparten despojos.

4 Porque tú quebraste su pesado yugo, y la vara de su hombro, y el cetro de su opresor, como en el día de Madián.

5 Porque todo calzado que lleva el guerrero en el tumulto de la batalla, y todo manto revolcado en sangre, serán quemados, pasto del fuego.

6 Porque un niño nos es nacido, hijo nos es dado, y el principado sobre su hombro; y se llamará su nombre Admirable, Consejero, Dios Fuerte, Padre Eterno, Príncipe de Paz.

7 Lo dilatado de su imperio y la paz no tendrán límite, sobre el trono de David y sobre su reino, disponiéndolo y confirmándolo en juicio y en justicia desde ahora y para siempre.[c] El celo de Jehová de los ejércitos hará esto.

La ira de Jehová contra Israel

8 El Señor envió palabra a Jacob, y cayó en Israel.

9 Y la sabrá todo el pueblo, Efraín y los moradores de Samaria, que con soberbia y con altivez de corazón dicen:

10 Los ladrillos cayeron, pero edificaremos de cantería; cortaron los cabrahigos, pero en su lugar pondremos cedros.

11 Pero Jehová levantará los enemigos de Rezín contra él, y juntará a sus enemigos; **12** del oriente los sirios, y los filisteos del poniente; y a boca llena devorarán a Israel. Ni con todo eso ha cesado su furor, sino que todavía su mano está extendida.

13 Pero el pueblo no se convirtió al que lo castigaba, ni buscó a Jehová de los ejércitos.

14 Y Jehová cortará de Israel cabeza y cola, rama y caña en un mismo día.

---

a **8.12, 13** 1 P 3.14, 15.   b **8.14, 15** 1 P 2.8.   c **8.17** Heb 2.13.
d **8.18** Heb 2.13.   a **9.1** Mt 4.15.   b **9.2** Mt 4.16; Lc 1.79.
c **9.7** Lc 1.32, 33.

15 El anciano y venerable de rostro es la cabeza; el profeta que enseña mentira, es la cola.

16 Porque los gobernadores de este pueblo son engañadores, y sus gobernados se pierden.

17 Por tanto, el Señor no tomará contentamiento en sus jóvenes, ni de sus huérfanos y viudas tendrá misericordia; porque todos son falsos y malignos, y toda boca habla despropósitos. Ni con todo esto ha cesado su furor, sino que todavía su mano está extendida.

18 Porque la maldad se encendió como fuego, cardos y espinos devorará; y se encenderá en lo espeso del bosque, y serán alzados como remolinos de humo.

19 Por la ira de Jehová de los ejércitos se oscureció la tierra, y será el pueblo como pasto del fuego; el hombre no tendrá piedad de su hermano.

20 Cada uno hurtará a la mano derecha, y tendrá hambre, y comerá a la izquierda, y no se saciará; cada cual comerá la carne de su brazo;

21 Manasés a Efraín, y Efraín a Manasés, y ambos contra Judá. Ni con todo esto ha cesado su furor, sino que todavía su mano está extendida.

10

1 ¡Ay de los que dictan leyes injustas, y prescriben tiranía,

2 para apartar del juicio a los pobres, y para quitar el derecho a los afligidos de mi pueblo; para despojar a las viudas, y robar a los huérfanos!

3 ¿Y qué haréis en el día del castigo? ¿A quién os acogeréis para que os ayude, cuando venga de lejos el asolamiento? ¿En dónde dejaréis vuestra gloria?

4 Sin mí se inclinarán entre los presos, y entre los muertos caerán. Ni con todo esto ha cesado su furor, sino que todavía su mano está extendida.

Asiria, instrumento de Dios

5 Oh Asiria,[a] vara y báculo de mi furor, en su mano he puesto mi ira.

6 Le mandaré contra una nación pérfida, y sobre el pueblo de mi ira le enviaré, para que quite despojos, y arrebate presa, y lo ponga para ser hollado como lodo de las calles.

7 Aunque él no lo pensará así, ni su corazón lo imaginará de esta manera, sino que su pensamiento será desarraigar y cortar naciones no pocas.

8 Porque él dice: Mis príncipes, ¿no son todos reyes?

9 ¿No es Calno como Carquemis, Hamat como Arfad, y Samaria como Damasco?

10 Como halló mi mano los reinos de los ídolos, siendo sus imágenes más que las de Jerusalén y de Samaria;

11 como hice a Samaria y a sus ídolos, ¿no haré también así a Jerusalén y a sus ídolos?

12 Pero acontecerá que después que el Señor haya acabado toda su obra en el monte de Sion y en Jerusalén, castigará el fruto de la soberbia del corazón del rey de Asiria, y la gloria de la altivez de sus ojos.

13 Porque dijo: Con el poder de mi mano lo he hecho, y con mi sabiduría, porque he sido prudente; quité los territorios de los pueblos, y saqueé sus tesoros, y derribé como valientes a los que estaban sentados;

14 y halló mi mano como nido las riquezas de los pueblos; y como se recogen los huevos abandonados, así me apoderé yo de toda la tierra; y no hubo quien moviese ala, ni abriese boca y graznase.

15 ¿Se gloriará el hacha contra el que con ella corta? ¿Se ensoberbecerá la sierra contra el que la mueve? ¡Como si el báculo levantase al que lo levanta; como si levantase la vara al que no es leño!

16 Por esto el Señor, Jehová de los ejércitos, enviará debilidad sobre sus robustos, y debajo de su gloria encenderá una hoguera como ardor de fuego.

17 Y la luz de Israel será por fuego, y su Santo por llama, que abrase y consuma en un día sus cardos y sus espinos.

18 La gloria de su bosque y de su campo fértil consumirá totalmente, alma y cuerpo, y vendrá a ser como abanderado en derrota.

19 Y los árboles que queden en su bosque serán en número que un niño los pueda contar.

20 Acontecerá en aquel tiempo, que los que hayan quedado de Israel y los que hayan quedado de la casa de Jacob, nunca más se apoyarán en el que los hirió, sino que se apoyarán con verdad en Jehová, el Santo de Israel.

---

a 10.5-34 Is 14.24-27; Nah 1.1—3.19; Sof 2.13-15.

21 El remanente volverá, el remanente de Jacob volverá al Dios fuerte.

22 Porque si tu pueblo, oh Israel, fuere como las arenas del mar, el remanente de él volverá; la destrucción acordada rebosará justicia.

23 Pues el Señor, Jehová de los ejércitos, hará consumación ya determinada en medio de la tierra.[b]

24 Por tanto el Señor, Jehová de los ejércitos, dice así: Pueblo mío, morador de Sion, no temas de Asiria. Con vara te herirá, y contra ti alzará su palo, a la manera de Egipto;

25 mas de aquí a muy poco tiempo se acabará mi furor y mi enojo, para destrucción de ellos.

26 Y levantará Jehová de los ejércitos azote contra él como la matanza de Madián en la peña de Oreb, y alzará su vara sobre el mar como hizo por la vía de Egipto.

27 Acontecerá en aquel tiempo que su carga será quitada de tu hombro, y su yugo de tu cerviz, y el yugo se pudrirá a causa de la unción.

28 Vino hasta Ajat, pasó hasta Migrón; en Micmas contará su ejército.

29 Pasaron el vado; se alojaron en Geba; Ramá tembló; Gabaa de Saúl huyó.

30 Grita en alta voz, hija de Galim; haz que se oiga hacia Lais, pobrecilla Anatot.

31 Madmena se alborotó; los moradores de Gebim huyen.

32 Aún vendrá día cuando reposará en Nob; alzará su mano al monte de la hija de Sion, al collado de Jerusalén.

33 He aquí el Señor, Jehová de los ejércitos, desgajará el ramaje con violencia, y los árboles de gran altura serán cortados, y los altos serán humillados.

34 Y cortará con hierro la espesura del bosque, y el Líbano caerá con estruendo.

Reinado justo del Mesías

11 **1** Saldrá una vara del tronco de Isaí, y un vástago[a] retoñará de sus raíces.[b] **2** Y reposará sobre él el Espíritu de Jehová; espíritu de sabiduría y de inteligencia, espíritu de consejo y de poder, espíritu de conocimiento y de temor de Jehová.

3 Y le hará entender diligente en el temor de Jehová. No juzgará según la vista de sus ojos, ni argüirá por lo que oigan sus oídos;

4 sino que juzgará con justicia a los pobres, y argüirá con equidad por los mansos de la tierra; y herirá la tierra con la vara de su boca, y con el espíritu de sus labios matará al impío.[c]

5 Y será la justicia cinto de sus lomos,[d] y la fidelidad ceñidor de su cintura.

6 Morará el lobo con el cordero, y el leopardo con el cabrito se acostará; el becerro y el león y la bestia doméstica andarán juntos, y un niño los pastoreará.

7 La vaca y la osa pacerán, sus crías se echarán juntas; y el león como el buey comerá paja.

8 Y el niño de pecho jugará sobre la cueva del áspid, y el recién destetado extenderá su mano sobre la caverna de la víbora.

9 No harán mal ni dañarán en todo mi santo monte;[e] porque la tierra será llena del conocimiento de Jehová, como las aguas cubren el mar.[f]

10 Acontecerá en aquel tiempo que la raíz de Isaí,[g] la cual estará puesta por pendón a los pueblos, será buscada por las gentes; y su habitación será gloriosa.

11 Asimismo acontecerá en aquel tiempo, que Jehová alzará otra vez su mano para recobrar el remanente de su pueblo que aún quede en Asiria, Egipto, Patros, Etiopía, Elam, Sinar y Hamat, y en las costas del mar.

12 Y levantará pendón a las naciones, y juntará los desterrados de Israel, y reunirá los esparcidos de Judá de los cuatro confines de la tierra.

13 Y se disipará la envidia de Efraín, y los enemigos de Judá serán destruidos. Efraín no tendrá envidia de Judá, ni Judá afligirá a Efraín;

14 sino que volarán sobre los hombros de los filisteos al occidente, saquearán también a los de oriente; Edom y Moab les servirán, y los hijos de Amón los obedecerán.

15 Y secará Jehová la lengua del mar de Egipto; y levantará su mano con el poder de su espíritu sobre el río, y lo herirá en sus siete brazos, y hará que pasen por él con sandalias.[h]

---

b 10.22, 23 Ro 9.27, 28.   **a 11.1** Mt 2.23.   **b 11.1** Ap 5.5; 22.16.
c 11.4 2 Ts 2.8.   **d 11.5** Ef 6.14.   **e 11.6-9** Is 65.25.
f 11.9 Hab 2.14.   **g 11.10** Ro 15.12.   **h 11.15** Ap 16.12.

16 Y habrá camino para el remanente de su pueblo, el que quedó de Asiria, de la manera que lo hubo para Israel el día que subió de la tierra de Egipto.

Cántico de acción de gracias

12 **1** En aquel día dirás: Cantaré a ti, oh Jehová; pues aunque te enojaste contra mí, tu indignación se apartó, y me has consolado.

2 He aquí Dios es salvación mía; me aseguraré y no temeré; porque mi fortaleza y mi canción es JAH Jehová,[a] quien ha sido salvación para mí.

3 Sacaréis con gozo aguas de las fuentes de la salvación.

4 Y diréis en aquel día: Cantad a Jehová, aclamad su nombre, haced célebres en los pueblos sus obras, recordad que su nombre es engrandecido.

5 Cantad salmos a Jehová, porque ha hecho cosas magníficas; sea sabido esto por toda la tierra.

6 Regocíjate y canta, oh moradora de Sion; porque grande es en medio de ti el Santo de Israel.

Profecía sobre Babilonia

13 **1** Profecía sobre Babilonia,[a] revelada a Isaías hijo de Amoz.

2 Levantad bandera sobre un alto monte; alzad la voz a ellos, alzad la mano, para que entren por puertas de príncipes.

3 Yo mandé a mis consagrados, asimismo llamé a mis valientes para mi ira, a los que se alegran con mi gloria.

4 Estruendo de multitud en los montes, como de mucho pueblo; estruendo de ruido de reinos, de naciones reunidas; Jehová de los ejércitos pasa revista a las tropas para la batalla.

5 Vienen de lejana tierra, de lo postrero de los cielos, Jehová y los instrumentos de su ira, para destruir toda la tierra.

6 Aullad, porque cerca está el día de Jehová; vendrá como asolamiento del Todopoderoso.[b]

7 Por tanto, toda mano se debilitará, y desfallecerá todo corazón de hombre,

8 y se llenarán de terror; angustias y dolores se apoderarán de ellos; tendrán dolores como mujer de parto; se asombrará cada cual al mirar a su compañero; sus rostros, rostros de llamas.

9 He aquí el día de Jehová viene, terrible, y de indignación y ardor de ira, para convertir la tierra en soledad, y raer de ella a sus pecadores.

10 Por lo cual las estrellas de los cielos y sus luceros no darán su luz; y el sol se oscurecerá al nacer, y la luna no dará su resplandor.[c]

11 Y castigaré al mundo por su maldad, y a los impíos por su iniquidad; y haré que cese la arrogancia de los soberbios, y abatiré la altivez de los fuertes.

12 Haré más precioso que el oro fino al varón, y más que el oro de Ofir al hombre.

13 Porque haré estremecer los cielos, y la tierra se moverá de su lugar, en la indignación de Jehová de los ejércitos, y en el día del ardor de su ira.

14 Y como gacela perseguida, y como oveja sin pastor, cada cual mirará hacia su pueblo, y cada uno huirá a su tierra.

15 Cualquiera que sea hallado será alanceado; y cualquiera que por ellos sea tomado, caerá a espada.

16 Sus niños serán estrellados delante de ellos; sus casas serán saqueadas, y violadas sus mujeres.

17 He aquí que yo despierto contra ellos a los medos, que no se ocuparán de la plata, ni codiciarán oro.

18 Con arco tirarán a los niños, y no tendrán misericordia del fruto del vientre, ni su ojo perdonará a los hijos.

19 Y Babilonia, hermosura de reinos y ornamento de la grandeza de los caldeos, será como Sodoma y Gomorra, a las que trastornó Dios.[d]

20 Nunca más será habitada, ni se morará en ella de generación en generación; ni levantará allí tienda el árabe, ni pastores tendrán allí majada;

21 sino que dormirán allí las fieras del desierto, y sus casas se llenarán de hurones;[e] allí habitarán avestruces, y allí saltarán las cabras salvajes.

22 En sus palacios aullarán hienas, y chacales en sus casas de deleite; y cercano a llegar está su tiempo, y sus días no se alargarán.

a **12.2** Éx 15.2; Sal 118.14.   a **13.1—14.23** Is 47.1-15; Jer 50.1—51.64.   b **13.6** Jl 1.15.   c **13.10** Mt 24.29; Mr 13.24, 25; Lc 21.25; Ap 6.12, 13; 8.12.   d **13.19** Gn 19.24. e **13.21** Ap 18.2.

Escarnio contra el rey de Babilonia

14 ¹ Porque Jehová tendrá piedad de Jacob, y todavía escogerá a Israel, y lo hará reposar en su tierra; y a ellos se unirán extranjeros, y se juntarán a la familia de Jacob.

² Y los tomarán los pueblos, y los traerán a su lugar; y la casa de Israel los poseerá por siervos y criadas en la tierra de Jehová; y cautivarán a los que los cautivaron, y señorearán sobre los que los oprimieron.

³ Y en el día que Jehová te dé reposo de tu trabajo y de tu temor, y de la dura servidumbre en que te hicieron servir,

⁴ pronunciarás este proverbio contra el rey de Babilonia, y dirás: ¡Cómo paró el opresor, cómo acabó la ciudad codiciosa de oro!

⁵ Quebrantó Jehová el báculo de los impíos, el cetro de los señores;

⁶ el que hería a los pueblos con furor, con llaga permanente, el que se enseñoreaba de las naciones con ira, y las perseguía con crueldad.

⁷ Toda la tierra está en reposo y en paz; se cantaron alabanzas.

⁸ Aun los cipreses se regocijaron a causa de ti, y los cedros del Líbano, diciendo: Desde que tú pereciste, no ha subido cortador contra nosotros.

⁹ El Seol abajo se espantó de ti; despertó muertos que en tu venida saliesen a recibirte, hizo levantar de sus sillas a todos los príncipes de la tierra, a todos los reyes de las naciones.

¹⁰ Todos ellos darán voces, y te dirán: ¿Tú también te debilitaste como nosotros, y llegaste a ser como nosotros?

¹¹ Descendió al Seol tu soberbia, y el sonido de tus arpas; gusanos serán tu cama, y gusanos te cubrirán.

¹² ¡Cómo caíste del cielo,ᵃ oh Lucero, hijo de la mañana! Cortado fuiste por tierra, tú que debilitabas a las naciones.

¹³ Tú que decías en tu corazón: Subiré al cielo; en lo alto, junto a las estrellas de Dios, levantaré mi trono, y en el monte del testimonio me sentaré, a los lados del norte;

¹⁴ sobre las alturas de las nubes subiré, y seré semejante al Altísimo.

¹⁵ Mas tú derribado eres hasta el Seol,ᵇ a los lados del abismo.

¹⁶ Se inclinarán hacia ti los que te vean, te contemplarán, diciendo: ¿Es éste aquel varón que hacía temblar la tierra, que trastornaba los reinos;

¹⁷ que puso el mundo como un desierto, que asoló sus ciudades, que a sus presos nunca abrió la cárcel?

¹⁸ Todos los reyes de las naciones, todos ellos yacen con honra cada uno en su morada;

¹⁹ pero tú echado eres de tu sepulcro como vástago abominable, como vestido de muertos pasados a espada, que descendieron al fondo de la sepultura; como cuerpo muerto hollado.

²⁰ No serás contado con ellos en la sepultura; porque tú destruiste tu tierra, mataste a tu pueblo. No será nombrada para siempre la descendencia de los malignos.

²¹ Preparad sus hijos para el matadero, por la maldad de sus padres; no se levanten, ni posean la tierra, ni llenen de ciudades la faz del mundo.

²² Porque yo me levantaré contra ellos, dice Jehová de los ejércitos, y raeré de Babilonia el nombre y el remanente, hijo y nieto, dice Jehová.

²³ Y la convertiré en posesión de erizos, y en lagunas de agua; y la barreré con escobas de destrucción, dice Jehová de los ejércitos.

Asiria será destruida

²⁴ Jehová de los ejércitos juró diciendo: Ciertamente se hará de la manera que lo he pensado, y será confirmado como lo he determinado;

²⁵ que quebrantaré al asirioᶜ en mi tierra, y en mis montes lo hollaré; y su yugo será apartado de ellos, y su carga será quitada de su hombro.

²⁶ Éste es el consejo que está acordado sobre toda la tierra, y ésta, la mano extendida sobre todas las naciones.

²⁷ Porque Jehová de los ejércitos lo ha determinado, ¿y quién lo impedirá? Y su mano extendida, ¿quién la hará retroceder?

Profecía sobre Filistea

²⁸ En el año que murió el rey Acazᵈ fue esta profecía:

ᵃ **14.12** Ap 8.10.   ᵇ **14.13-15** Mt 11.23; Lc 10.15.
ᶜ **14.24-27** Is 10.5-34; Nah 1.1—3.19; Sof 2.13-15.
ᵈ **14.28** 2 R 16.20; 2 Cr 28.27.

29 No te alegres tú, Filistea[e] toda, por haberse quebrado la vara del que te hería; porque de la raíz de la culebra saldrá áspid, y su fruto, serpiente voladora.

30 Y los primogénitos de los pobres serán apacentados, y los menesterosos se acostarán confiados; mas yo haré morir de hambre tu raíz, y destruiré lo que de ti quedare.

31 Aúlla, oh puerta; clama, oh ciudad; disuelta estás toda tú, Filistea; porque humo vendrá del norte, no quedará uno solo en sus asambleas.

32 ¿Y qué se responderá a los mensajeros de las naciones? Que Jehová fundó a Sion, y que a ella se acogerán los afligidos de su pueblo.

Profecía sobre Moab

15 **1** Profecía sobre Moab.[a] Cierto, de noche fue destruida Ar de Moab, puesta en silencio. Cierto, de noche fue destruida Kir de Moab, reducida a silencio.

2 Subió a Bayit y a Dibón, lugares altos, a llorar; sobre Nebo y sobre Medeba aullará Moab; toda cabeza de ella será rapada, y toda barba rasurada.

3 Se ceñirán de cilicio en sus calles; en sus terrados y en sus plazas aullarán todos, deshaciéndose en llanto.

4 Hesbón y Eleale gritarán, hasta Jahaza se oirá su voz; por lo que aullarán los guerreros de Moab, se lamentará el alma de cada uno dentro de él.

5 Mi corazón dará gritos por Moab; sus fugitivos huirán hasta Zoar, como novilla de tres años. Por la cuesta de Luhit subirán llorando, y levantarán grito de quebrantamiento por el camino de Horonaim.

6 Las aguas de Nimrim serán consumidas, y se secará la hierba, se marchitarán los retoños, todo verdor perecerá.

7 Por tanto, las riquezas que habrán adquirido, y las que habrán reservado, las llevarán al torrente de los sauces.

8 Porque el llanto rodeó los límites de Moab; hasta Eglaim llegó su alarido, y hasta Beer-elim su clamor.

9 Y las aguas de Dimón se llenarán de sangre; porque yo traeré sobre Dimón males mayores, leones a los que escaparen de Moab, y a los sobrevivientes de la tierra.

16 **1** Enviad cordero al señor de la tierra, desde Sela del desierto al monte de la hija de Sion.

2 Y cual ave espantada que huye de su nido, así serán las hijas de Moab en los vados de Arnón.

3 Reúne consejo, haz juicio; pon tu sombra en medio del día como la noche; esconde a los desterrados, no entregues a los que andan errantes.

4 Moren contigo mis desterrados, oh Moab; sé para ellos escondedero de la presencia del devastador; porque el atormentador fenecerá, el devastador tendrá fin, el pisoteador será consumido de sobre la tierra.

5 Y se dispondrá el trono en misericordia; y sobre él se sentará firmemente, en el tabernáculo de David, quien juzgue y busque el juicio, y apresure la justicia.

6 Hemos oído la soberbia de Moab; muy grandes son su soberbia, su arrogancia y su altivez; pero sus mentiras no serán firmes.

7 Por tanto, aullará Moab, todo él aullará; gemiréis en gran manera abatidos, por las tortas de uvas de Kir-hareset.

8 Porque los campos de Hesbón fueron talados, y las vides de Sibma; señores de naciones pisotearon sus generosos sarmientos; habían llegado hasta Jazer, y se habían extendido por el desierto; se extendieron sus plantas, pasaron el mar.

9 Por lo cual lamentaré con lloro de Jazer por la viña de Sibma; te regaré con mis lágrimas, oh Hesbón y Eleale; porque sobre tus cosechas y sobre tu siega caerá el grito de guerra.

10 Quitado es el gozo y la alegría del campo fértil; en las viñas no cantarán, ni se regocijarán; no pisará vino en los lagares el pisador; he hecho cesar el grito del lagarero.

11 Por tanto, mis entrañas vibrarán como arpa por Moab, y mi corazón por Kir-hareset.

12 Y cuando apareciere Moab cansado sobre los lugares altos, cuando venga a su santuario a orar, no le valdrá.

13 Ésta es la palabra que pronunció Jehová sobre Moab desde aquel tiempo;

---

e 14.29-31 Jer 47.1-7; Ez 25.15-17; Jl 3.4-8; Am 1.6-8; Sof 2.4-7; Zac 9.5-7.   **a 15.1—16.14** Is 25.10-12; Jer 48.1-47; Ez 25.8-11; Am 2.1-3; Sof 2.8-11.

¹⁴ pero ahora Jehová ha hablado, diciendo: Dentro de tres años, como los años de un jornalero, será abatida la gloria de Moab, con toda su gran multitud; y los sobrevivientes serán pocos, pequeños y débiles.

Profecía sobre Damasco

17 ¹ Profecía sobre Damasco.ª He aquí que Damasco dejará de ser ciudad, y será montón de ruinas.
² Las ciudades de Aroer están desamparadas, en majadas se convertirán; dormirán allí, y no habrá quien los espante.
³ Y cesará el socorro de Efraín, y el reino de Damasco; y lo que quede de Siria será como la gloria de los hijos de Israel, dice Jehová de los ejércitos.

Juicio sobre Israel

⁴ En aquel tiempo la gloria de Jacob se atenuará, y se enflaquecerá la grosura de su carne.
⁵ Y será como cuando el segador recoge la mies, y con su brazo siega las espigas; será también como el que recoge espigas en el valle de Refaim.
⁶ Y quedarán en él rebuscos, como cuando sacuden el olivo; dos o tres frutos en la punta de la rama, cuatro o cinco en sus ramas más fructíferas, dice Jehová Dios de Israel.
⁷ En aquel día mirará el hombre a su Hacedor, y sus ojos contemplarán al Santo de Israel.
⁸ Y no mirará a los altares que hicieron sus manos, ni mirará a lo que hicieron sus dedos, ni a los símbolos de Asera, ni a las imágenes del sol.
⁹ En aquel día sus ciudades fortificadas serán como los frutos que quedan en los renuevos y en las ramas, los cuales fueron dejados a causa de los hijos de Israel; y habrá desolación.
¹⁰ Porque te olvidaste del Dios de tu salvación, y no te acordaste de la roca de tu refugio; por tanto, sembrarás plantas hermosas, y plantarás sarmiento extraño.
¹¹ El día que las plantes, las harás crecer, y harás que su simiente brote de mañana; pero la cosecha será arrebatada en el día de la angustia, y del dolor desesperado.

¹² ¡Ay! multitud de muchos pueblos que harán ruido como estruendo del mar, y murmullo de naciones que harán alboroto como bramido de muchas aguas.
¹³ Los pueblos harán estrépito como de ruido de muchas aguas; pero Dios los reprenderá, y huirán lejos; serán ahuyentados como el tamo de los montes delante del viento, y como el polvo delante del torbellino.
¹⁴ Al tiempo de la tarde, he aquí la turbación, pero antes de la mañana el enemigo ya no existe. Ésta es la parte de los que nos aplastan, y la suerte de los que nos saquean.

Profecía sobre Etiopía

18 ¹ ¡Ay de la tierra que hace sombra con las alas, que está tras los ríos de Etiopía;ª
² que envía mensajeros por el mar, y en naves de junco sobre las aguas! Andad, mensajeros veloces, a la nación de elevada estatura y tez brillante, al pueblo temible desde su principio y después, gente fuerte y conquistadora, cuya tierra es surcada por ríos.
³ Vosotros, todos los moradores del mundo y habitantes de la tierra, cuando se levante bandera en los montes, mirad; y cuando se toque trompeta, escuchad.
⁴ Porque Jehová me dijo así: Me estaré quieto, y los miraré desde mi morada, como sol claro después de la lluvia, como nube de rocío en el calor de la siega.
⁵ Porque antes de la siega, cuando el fruto sea perfecto, y pasada la flor se maduren los frutos, entonces podará con podaderas las ramitas, y cortará y quitará las ramas.
⁶ Y serán dejados todos para las aves de los montes y para las bestias de la tierra; sobre ellos tendrán el verano las aves, e invernarán todas las bestias de la tierra.
⁷ En aquel tiempo será traída ofrenda a Jehová de los ejércitos, del pueblo de elevada estatura y tez brillante, del pueblo temible desde su principio y después, gente fuerte y conquistadora, cuya tierra es surcada por ríos, al lugar del nombre de Jehová de los ejércitos, al monte de Sion.

Profecía sobre Egipto

19 ¹ Profecía sobre Egipto.ª He aquí que Jehová monta sobre una ligera nube, y entrará en Egipto; y los ídolos de

a **17.1-3** Jer 49.23-27; Am 1.3-5; Zac 9.1. a **18.1-7** Sof 2.12.
a **19.1-25** Jer 46.2-26; Ez 29.1—32.32.

Egipto temblarán delante de él, y desfallecerá el corazón de los egipcios dentro de
ellos.

2 Levantaré egipcios contra egipcios, y
cada uno peleará contra su hermano, cada
uno contra su prójimo; ciudad contra ciudad, y reino contra reino.

3 Y el espíritu de Egipto se desvanecerá
en medio de él, y destruiré su consejo; y
preguntarán a sus imágenes, a sus hechiceros, a sus evocadores y a sus adivinos.

4 Y entregaré a Egipto en manos de señor
duro, y rey violento se enseñoreará de
ellos, dice el Señor, Jehová de los ejércitos.

5 Y las aguas del mar faltarán, y el río se
agotará y secará.

6 Y se alejarán los ríos, se agotarán y secarán las corrientes de los fosos; la caña y el
carrizo serán cortados.

7 La pradera de junto al río, de junto a la
ribera del río, y toda sementera del río, se
secarán, se perderán, y no serán más.

8 Los pescadores también se entristecerán;
harán duelo todos los que echan anzuelo
en el río, y desfallecerán los que extienden
red sobre las aguas.

9 Los que labran lino fino y los que tejen
redes serán confundidos,

10 porque todas sus redes serán rotas; y se
entristecerán todos los que hacen viveros
para peces.

11 Ciertamente son necios los príncipes de Zoán; el consejo de los prudentes
consejeros de Faraón se ha desvanecido.
¿Cómo diréis a Faraón: Yo soy hijo de los
sabios, e hijo de los reyes antiguos?

12 ¿Dónde están ahora aquellos tus sabios?
Que te digan ahora, o te hagan saber qué
es lo que Jehová de los ejércitos ha determinado sobre Egipto.

13 Se han desvanecido los príncipes de
Zoán, se han engañado los príncipes de
Menfis; engañaron a Egipto los que son la
piedra angular de sus familias.

14 Jehová mezcló espíritu de vértigo en
medio de él; e hicieron errar a Egipto en
toda su obra, como tambalea el ebrio en
su vómito.

15 Y no aprovechará a Egipto cosa que
haga la cabeza o la cola, la rama o el junco.

16 En aquel día los egipcios serán como
mujeres; porque se asombrarán y temerán en la presencia de la mano alta de

Jehová de los ejércitos, que él levantará
contra ellos.

17 Y la tierra de Judá será de espanto a
Egipto; todo hombre que de ella se acor-
dare temerá por causa del consejo que
Jehová de los ejércitos acordó sobre aquél.

18 En aquel tiempo habrá cinco ciudades en
la tierra de Egipto que hablen la lengua de
Canaán, y que juren por Jehová de los ejércitos; una será llamada la ciudad de Herez.

19 En aquel tiempo habrá altar para
Jehová en medio de la tierra de Egipto, y
monumento a Jehová junto a su frontera.

20 Y será por señal y por testimonio a
Jehová de los ejércitos en la tierra de Egipto; porque clamarán a Jehová a causa de
sus opresores, y él les enviará salvador y
príncipe que los libre.

21 Y Jehová será conocido de Egipto, y los
de Egipto conocerán a Jehová en aquel
día, y harán sacrificio y oblación; y harán
votos a Jehová, y los cumplirán.

22 Y herirá Jehová a Egipto; herirá y sanará, y se convertirán a Jehová, y les será
clemente y los sanará.

23 En aquel tiempo habrá una calzada
de Egipto a Asiria, y asirios entrarán en
Egipto, y egipcios en Asiria; y los egipcios
servirán con los asirios a Jehová.

24 En aquel tiempo Israel será tercero
con Egipto y con Asiria para bendición en
medio de la tierra;

25 porque Jehová de los ejércitos los ben-
decirá diciendo: Bendito el pueblo mío
Egipto, y el asirio obra de mis manos, e
Israel mi heredad.

Predicción de la conquista de Egipto y de Etiopía por Asiria

20 **1** En el año que vino el Tartán a
Asdod, cuando lo envió Sargón rey
de Asiria, y peleó contra Asdod y la tomó;
2 en aquel tiempo habló Jehová por medio
de Isaías hijo de Amoz, diciendo: Ve y quita el cilicio de tus lomos, y descalza las
sandalias de tus pies. Y lo hizo así, andando desnudo y descalzo.

3 Y dijo Jehová: De la manera que anduvo
mi siervo Isaías desnudo y descalzo tres
años, por señal y pronóstico sobre Egipto
y sobre Etiopía,

4 así llevará el rey de Asiria a los cautivos de
Egipto y los deportados de Etiopía, a jóvenes

y a ancianos, desnudos y descalzos, y descubiertas las nalgas para vergüenza de Egipto.

5 Y se turbarán y avergonzarán de Etiopía su esperanza, y de Egipto su gloria.

6 Y dirá en aquel día el morador de esta costa: Mirad qué tal fue nuestra esperanza, a donde nos acogimos por socorro para ser libres de la presencia del rey de Asiria; ¿y cómo escaparemos nosotros?

Profecía sobre el desierto del mar

21 **1** Profecía sobre el desierto del mar. Como torbellino del Neguev, así viene del desierto, de la tierra horrenda.

2 Visión dura me ha sido mostrada. El prevaricador prevarica, y el destructor destruye. Sube, oh Elam; sitia, oh Media. Todo su gemido hice cesar.

3 Por tanto, mis lomos se han llenado de dolor; angustias se apoderaron de mí, como angustias de mujer de parto; me agobié oyendo, y al ver me he espantado.

4 Se pasmó mi corazón, el horror me ha intimidado; la noche de mi deseo se me volvió en espanto.

5 Ponen la mesa, extienden tapices; comen, beben. ¡Levantaos, oh príncipes, ungid el escudo!

6 Porque el Señor me dijo así: Ve, pon centinela que haga saber lo que vea.

7 Y vio hombres montados, jinetes de dos en dos, montados sobre asnos, montados sobre camellos; y miró más atentamente,

8 y gritó como un león: Señor, sobre la atalaya estoy yo continuamente de día, y las noches enteras sobre mi guarda;

9 y he aquí vienen hombres montados, jinetes de dos en dos. Después habló y dijo: Cayó, cayó Babilonia;[a] y todos los ídolos de sus dioses quebrantó en tierra.

10 Oh pueblo mío, trillado y aventado, os he dicho lo que oí de Jehová de los ejércitos, Dios de Israel.

Profecía sobre Duma

11 Profecía sobre Duma. Me dan voces de Seir: Guarda, ¿qué de la noche? Guarda, ¿qué de la noche?

12 El guarda respondió: La mañana viene, y después la noche; pregunta si queréis, preguntad; volved, venid.

Profecía sobre Arabia

13 Profecía sobre Arabia. En el bosque pasaréis la noche en Arabia, oh caminantes de Dedán.

14 Salid a encontrar al sediento; llevadle agua, moradores de tierra de Tema, socorred con pan al que huye.

15 Porque ante la espada huye, ante la espada desnuda, ante el arco entesado, ante el peso de la batalla.

16 Porque así me ha dicho Jehová: De aquí a un año, semejante a años de jornalero, toda la gloria de Cedar será deshecha;

17 y los sobrevivientes del número de los valientes flecheros, hijos de Cedar, serán reducidos; porque Jehová Dios de Israel lo ha dicho.

Profecía sobre el valle de la visión

22 **1** Profecía sobre el valle de la visión. ¿Qué tienes ahora, que con todos los tuyos has subido sobre los terrados?

2 Tú, llena de alborotos, ciudad turbulenta, ciudad alegre; tus muertos no son muertos a espada, ni muertos en guerra.

3 Todos tus príncipes juntos huyeron del arco, fueron atados; todos los que en ti se hallaron, fueron atados juntamente, aunque habían huido lejos.

4 Por esto dije: Dejadme, lloraré amargamente; no os afanéis por consolarme de la destrucción de la hija de mi pueblo.

5 Porque día es de alboroto, de angustia y de confusión, de parte del Señor, Jehová de los ejércitos, en el valle de la visión, para derribar el muro, y clamar al monte.

6 Y Elam tomó aljaba, con carros y con jinetes, y Kir sacó el escudo.

7 Tus hermosos valles fueron llenos de carros, y los de a caballo acamparon a la puerta.

8 Y desnudó la cubierta de Judá; y miraste en aquel día hacia la casa de armas del bosque.

9 Visteis las brechas de la ciudad de David, que se multiplicaron; y recogisteis las aguas del estanque de abajo.

10 Y contasteis las casas de Jerusalén, y derribasteis casas para fortificar el muro.

11 Hicisteis foso entre los dos muros para las aguas del estanque viejo; y no tuvisteis respeto al que lo hizo, ni mirasteis de lejos al que lo labró.

---

a 21.9 Ap 14.8; 18.2.

¹² Por tanto, el Señor, Jehová de los ejércitos, llamó en este día a llanto y a endechas, a raparse el cabello y a vestir cilicio; ¹³ y he aquí gozo y alegría, matando vacas y degollando ovejas, comiendo carne y bebiendo vino, diciendo: Comamos y bebamos, porque mañana moriremos.ª

¹⁴ Esto fue revelado a mis oídos de parte de Jehová de los ejércitos: Que este pecado no os será perdonado hasta que muráis, dice el Señor, Jehová de los ejércitos.

Sebna será sustituido por Eliaquim

¹⁵ Jehová de los ejércitos dice así: Ve, entra a este tesorero, a Sebna el mayordomo, y dile: ¹⁶ ¿Qué tienes tú aquí, o a quién tienes aquí, que labraste aquí sepulcro para ti, como el que en lugar alto labra su sepultura, o el que esculpe para sí morada en una peña? ¹⁷ He aquí que Jehová te transportará en duro cautiverio, y de cierto te cubrirá el rostro. ¹⁸ Te echará a rodar con ímpetu, como a bola por tierra extensa; allá morirás, y allá estarán los carros de tu gloria, oh vergüenza de la casa de tu señor. ¹⁹ Y te arrojaré de tu lugar, y de tu puesto te empujaré. ²⁰ En aquel día llamaré a mi siervo Eliaquim hijo de Hilcías, ²¹ y lo vestiré de tus vestiduras, y lo ceñiré de tu talabarte, y entregaré en sus manos tu potestad; y será padre al morador de Jerusalén, y a la casa de Judá. ²² Y pondré la llave de la casa de David sobre su hombro; y abrirá, y nadie cerrará; cerrará, y nadie abrirá.ᵇ ²³ Y lo hincaré como clavo en lugar firme; y será por asiento de honra a la casa de su padre. ²⁴ Colgarán de él toda la honra de la casa de su padre, los hijos y los nietos, todos los vasos menores, desde las tazas hasta toda clase de jarros. ²⁵ En aquel día, dice Jehová de los ejércitos, el clavo hincado en lugar firme será quitado; será quebrado y caerá, y la carga que sobre él se puso se echará a perder; porque Jehová habló.

Profecía sobre Tiro

23 ¹ Profecía sobre Tiro.ª Aullad, naves de Tarsis, porque destruida es Tiro hasta no quedar casa, ni a donde entrar; desde la tierra de Quitim les es revelado. ² Callad, moradores de la costa, mercaderes de Sidón, que pasando el mar te abastecían. ³ Su provisión procedía de las sementeras que crecen con las muchas aguas del Nilo, de la mies del río. Fue también emporio de las naciones. ⁴ Avergüénzate, Sidón, porque el mar, la fortaleza del mar habló, diciendo: Nunca estuve de parto, ni di a luz, ni crié jóvenes, ni levanté vírgenes. ⁵ Cuando llegue la noticia a Egipto, tendrán dolor de las nuevas de Tiro. ⁶ Pasaos a Tarsis; aullad, moradores de la costa. ⁷ ¿No era ésta vuestra ciudad alegre, con muchos días de antigüedad? Sus pies la llevarán a morar lejos. ⁸ ¿Quién decretó esto sobre Tiro, la que repartía coronas, cuyos negociantes eran príncipes, cuyos mercaderes eran los nobles de la tierra? ⁹ Jehová de los ejércitos lo decretó, para envilecer la soberbia de toda gloria, y para abatir a todos los ilustres de la tierra. ¹⁰ Pasa cual río de tu tierra, oh hija de Tarsis, porque no tendrás ya más poder. ¹¹ Extendió su mano sobre el mar, hizo temblar los reinos; Jehová mandó respecto a Canaán, que sus fortalezas sean destruidas. ¹² Y dijo: No te alegrarás más, oh oprimida virgen hija de Sidón. Levántate para pasar a Quitim, y aun allí no tendrás reposo. ¹³ Mira la tierra de los caldeos. Este pueblo no existía; Asiria la fundó para los moradores del desierto. Levantaron sus fortalezas, edificaron sus palacios; él la convirtió en ruinas. ¹⁴ Aullad, naves de Tarsis, porque destruida es vuestra fortaleza. ¹⁵ Acontecerá en aquel día, que Tiro será puesta en olvido por setenta años, como días de un rey. Después de los setenta años, cantará Tiro canción como de ramera. ¹⁶ Toma arpa, y rodea la ciudad, oh ramera olvidada; haz buena melodía, reitera la canción, para que seas recordada.

a 22.13 1 Co 15.32.   b 22.22 Ap 3.7.   a 23.1-18 Ez 26.1—28.19; Jl 3.4-8; Am 1.9, 10; Zac 9.1-4; Mt 11.21, 22; Lc 10.13, 14.

17 Y acontecerá que al fin de los setenta años visitará Jehová a Tiro; y volverá a comerciar, y otra vez fornicará con todos los reinos del mundo sobre la faz de la tierra. **18** Pero sus negocios y ganancias serán consagrados a Jehová; no se guardarán ni se atesorarán, porque sus ganancias serán para los que estuvieren delante de Jehová, para que coman hasta saciarse, y vistan espléndidamente.

El juicio de Jehová sobre la tierra

24 **1** He aquí que Jehová vacía la tierra y la desnuda, y trastorna su faz, y hace esparcir a sus moradores.
2 Y sucederá así como al pueblo, también al sacerdote; como al siervo, así a su amo; como a la criada, a su ama; como al que compra, al que vende; como al que presta, al que toma prestado; como al que da a logro, así al que lo recibe.
3 La tierra será enteramente vaciada, y completamente saqueada; porque Jehová ha pronunciado esta palabra.
4 Se destruyó, cayó la tierra; enfermó, cayó el mundo; enfermaron los altos pueblos de la tierra.
5 Y la tierra se contaminó bajo sus moradores; porque traspasaron las leyes, falsearon el derecho, quebrantaron el pacto sempiterno.
6 Por esta causa la maldición consumió la tierra, y sus moradores fueron asolados; por esta causa fueron consumidos los habitantes de la tierra, y disminuyeron los hombres.
7 Se perdió el vino, enfermó la vid, gimieron todos los que eran alegres de corazón.
8 Cesó el regocijo de los panderos, se acabó el estruendo de los que se alegran, cesó la alegría del arpa.
9 No beberán vino con cantar; la sidra les será amarga a los que la bebieren.
10 Quebrantada está la ciudad por la vanidad; toda casa se ha cerrado, para que no entre nadie.
11 Hay clamores por falta de vino en las calles; todo gozo se oscureció, se desterró la alegría de la tierra.
12 La ciudad quedó desolada, y con ruina fue derribada la puerta.
13 Porque así será en medio de la tierra, en medio de los pueblos, como olivo sacudido, como rebuscos después de la vendimia.
14 Éstos alzarán su voz, cantarán gozosos por la grandeza de Jehová; desde el mar darán voces.
15 Glorificad por esto a Jehová en los valles; en las orillas del mar sea nombrado Jehová Dios de Israel.
16 De lo postrero de la tierra oímos cánticos: Gloria al justo. Y yo dije: ¡Mi desdicha, mi desdicha, ay de mí! Prevaricadores han prevaricado; y han prevaricado con prevaricación de desleales.
17 Terror, foso y red sobre ti, oh morador de la tierra.
18 Y acontecerá que el que huyere de la voz del terror caerá en el foso; y el que saliere de en medio del foso será preso en la red; porque de lo alto se abrirán ventanas, y temblarán los cimientos de la tierra.
19 Será quebrantada del todo la tierra, enteramente desmenuzada será la tierra, en gran manera será la tierra conmovida.
20 Temblará la tierra como un ebrio, y será removida como una choza; y se agravará sobre ella su pecado, y caerá, y nunca más se levantará.
21 Acontecerá en aquel día, que Jehová castigará al ejército de los cielos en lo alto, y a los reyes de la tierra sobre la tierra.
22 Y serán amontonados como se amontona a los encarcelados en mazmorra, y en prisión quedarán encerrados, y serán castigados después de muchos días.
23 La luna se avergonzará, y el sol se confundirá, cuando Jehová de los ejércitos reine en el monte de Sion y en Jerusalén, y delante de sus ancianos sea glorioso.

Cántico de alabanza por el favor de Jehová

25 **1** Jehová, tú eres mi Dios; te exaltaré, alabaré tu nombre, porque has hecho maravillas; tus consejos antiguos son verdad y firmeza.
2 Porque convertiste la ciudad en montón, la ciudad fortificada en ruina; el alcázar de los extraños para que no sea ciudad, ni nunca jamás sea reedificado.
3 Por esto te dará gloria el pueblo fuerte, te temerá la ciudad de gentes robustas.
4 Porque fuiste fortaleza al pobre, fortaleza al menesteroso en su aflicción, refugio

contra el turbión, sombra contra el calor; porque el ímpetu de los violentos es como turbión contra el muro.

5 Como el calor en lugar seco, así humillarás el orgullo de los extraños; y como calor debajo de nube harás marchitar el renuevo de los robustos.

6 Y Jehová de los ejércitos hará en este monte a todos los pueblos banquete de manjares suculentos, banquete de vinos refinados, de gruesos tuétanos y de vinos purificados.

7 Y destruirá en este monte la cubierta con que están cubiertos todos los pueblos, y el velo que envuelve a todas las naciones.

8 Destruirá a la muerte para siempre;ᵃ y enjugará Jehová el Señor toda lágrima de todos los rostros;ᵇ y quitará la afrenta de su pueblo de toda la tierra; porque Jehová lo ha dicho.

9 Y se dirá en aquel día: He aquí, éste es nuestro Dios, le hemos esperado, y nos salvará; éste es Jehová a quien hemos esperado, nos gozaremos y nos alegraremos en su salvación.

10 Porque la mano de Jehová reposará en este monte; pero Moabᶜ será hollado en su mismo sitio, como es hollada la paja en el muladar.

11 Y extenderá su mano por en medio de él, como la extiende el nadador para nadar; y abatirá su soberbia y la destreza de sus manos.

12 Y abatirá la fortaleza de tus altos muros; la humillará y la echará a tierra, hasta el polvo.

Cántico de confianza en la protección de Jehová

26 1 En aquel día cantarán este cántico en tierra de Judá: Fuerte ciudad tenemos; salvación puso Dios por muros y antemuro.

2 Abrid las puertas, y entrará la gente justa, guardadora de verdades.

3 Tú guardarás en completa paz a aquel cuyo pensamiento en ti persevera; porque en ti ha confiado.

4 Confiad en Jehová perpetuamente, porque en Jehová el Señor está la fortaleza de los siglos.

5 Porque derribó a los que moraban en lugar sublime; humilló a la ciudad exaltada, la humilló hasta la tierra, la derribó hasta el polvo.

6 La hollará pie, los pies del afligido, los pasos de los menesterosos.

7 El camino del justo es rectitud; tú, que eres recto, pesas el camino del justo.

8 También en el camino de tus juicios, oh Jehová, te hemos esperado; tu nombre y tu memoria son el deseo de nuestra alma.

9 Con mi alma te he deseado en la noche, y en tanto que me dure el espíritu dentro de mí, madrugaré a buscarte; porque luego que hay juicios tuyos en la tierra, los moradores del mundo aprenden justicia.

10 Se mostrará piedad al malvado, y no aprenderá justicia; en tierra de rectitud hará iniquidad, y no mirará a la majestad de Jehová.

11 Jehová, tu mano está alzada, pero ellos no ven; verán al fin, y se avergonzarán los que envidian a tu pueblo; y a tus enemigos fuego los consumirá.ᵃ

12 Jehová, tú nos darás paz, porque también hiciste en nosotros todas nuestras obras.

13 Jehová Dios nuestro, otros señores fuera de ti se han enseñoreado de nosotros; pero en ti solamente nos acordaremos de tu nombre.

14 Muertos son, no vivirán; han fallecido, no resucitarán; porque los castigaste, y destruiste y deshiciste todo su recuerdo.

15 Aumentaste el pueblo, oh Jehová, aumentaste el pueblo; te hiciste glorioso; ensanchaste todos los confines de la tierra.

16 Jehová, en la tribulación te buscaron; derramaron oración cuando los castigaste.

17 Como la mujer encinta cuando se acerca el alumbramiento gime y da gritos en sus dolores, así hemos sido delante de ti, oh Jehová.

18 Concebimos, tuvimos dolores de parto, dimos a luz viento; ninguna liberación hicimos en la tierra, ni cayeron los moradores del mundo.

19 Tus muertos vivirán; sus cadáveres resucitarán. ¡Despertad y cantad, moradores del polvo! porque tu rocío es cual rocío de hortalizas, y la tierra dará sus muertos.

20 Anda, pueblo mío, entra en tus aposentos, cierra tras ti tus puertas; escóndete

---

a 25.8 1 Co 15.54.   b 25.8 Ap 7.17; 21.4.
c 25.10-12 Is 15.1—16.14; Jer 48.1-47; Ez 25.8-11;
Am 2.1-3; Sof 2.8-11.   a 26.11 Heb 10.27.

un poquito, por un momento, en tanto que pasa la indignación.

21 Porque he aquí que Jehová sale de su lugar para castigar al morador de la tierra por su maldad contra él; y la tierra descubrirá la sangre derramada sobre ella, y no encubrirá ya más a sus muertos.

Liberación y regreso de Israel

27 **1** En aquel día Jehová castigará con su espada dura, grande y fuerte al leviatán[a] serpiente veloz, y al leviatán serpiente tortuosa; y matará al dragón que está en el mar.

2 En aquel día cantad acerca de la viña del vino rojo.

3 Yo Jehová la guardo, cada momento la regaré; la guardaré de noche y de día, para que nadie la dañe.

4 No hay enojo en mí. ¿Quién pondrá contra mí en batalla espinos y cardos? Yo los hollaré, los quemaré a una.

5 ¿O forzará alguien mi fortaleza? Haga conmigo paz; sí, haga paz conmigo.

6 Días vendrán cuando Jacob echará raíces, florecerá y echará renuevos Israel, y la faz del mundo llenará de fruto.

7 ¿Acaso ha sido herido como quien lo hirió, o ha sido muerto como los que lo mataron?

8 Con medida lo castigarás en sus vástagos. Él los remueve con su recio viento en el día del aire solano.

9 De esta manera, pues, será perdonada la iniquidad de Jacob, y éste será todo el fruto, la remoción de su pecado; cuando haga todas las piedras del altar como piedras de cal desmenuzadas, y no se levanten los símbolos de Asera ni las imágenes del sol.

10 Porque la ciudad fortificada será desolada, la ciudad habitada será abandonada y dejada como un desierto; allí pastará el becerro, allí tendrá su majada, y acabará sus ramas.

11 Cuando sus ramas se sequen, serán quebradas; mujeres vendrán a encenderlas; porque aquél no es pueblo de entendimiento; por tanto, su Hacedor no tendrá de él misericordia, ni se compadecerá de él el que lo formó.

12 Acontecerá en aquel día, que trillará Jehová desde el río Éufrates hasta el torrente de Egipto, y vosotros, hijos de Israel, seréis reunidos uno a uno.

13 Acontecerá también en aquel día, que se tocará con gran trompeta, y vendrán los que habían sido esparcidos en la tierra de Asiria, y los que habían sido desterrados a Egipto, y adorarán a Jehová en el monte santo, en Jerusalén.

Condenación de Efraín

28 **1** ¡Ay de la corona de soberbia de los ebrios de Efraín, y de la flor caduca de la hermosura de su gloria, que está sobre la cabeza del valle fértil de los aturdidos del vino!

2 He aquí, Jehová tiene uno que es fuerte y poderoso; como turbión de granizo y como torbellino trastornador, como ímpetu de recias aguas que inundan, con fuerza derriba a tierra.

3 Con los pies será pisoteada la corona de soberbia de los ebrios de Efraín.

4 Y será la flor caduca de la hermosura de su gloria que está sobre la cabeza del valle fértil, como la fruta temprana, la primera del verano, la cual, apenas la ve el que la mira, se la traga tan luego como la tiene a mano.

5 En aquel día Jehová de los ejércitos será por corona de gloria y diadema de hermosura al remanente de su pueblo;

6 y por espíritu de juicio al que se sienta en juicio, y por fuerzas a los que rechacen la batalla en la puerta.

7 Pero también éstos erraron con el vino, y con sidra se entontecieron; el sacerdote y el profeta erraron con sidra, fueron trastornados por el vino; se aturdieron con la sidra, erraron en la visión, tropezaron en el juicio.

8 Porque toda mesa está llena de vómito y suciedad, hasta no haber lugar limpio.

9 ¿A quién se enseñará ciencia, o a quién se hará entender doctrina? ¿A los destetados? ¿a los arrancados de los pechos?

10 Porque mandamiento tras mandamiento, mandato sobre mandato, renglón tras renglón, línea sobre línea, un poquito allí, otro poquito allá;

11 porque en lengua de tartamudos, y en extraña lengua hablará a este pueblo,

---

a 27.1 Job 41.1; Sal 74.14; 104.26.

12 a los cuales él dijo: Éste es el reposo; dad reposo al cansado; y éste es el refrigerio; mas no quisieron oír.ª

13 La palabra, pues, de Jehová les será mandamiento tras mandamiento, mandato sobre mandato, renglón tras renglón, línea sobre línea, un poquito allí, otro poquito allá; hasta que vayan y caigan de espaldas, y sean quebrantados, enlazados y presos.

Amonestación a Jerusalén

14 Por tanto, varones burladores que gobernáis a este pueblo que está en Jerusalén, oíd la palabra de Jehová.

15 Por cuanto habéis dicho: Pacto tenemos hecho con la muerte, e hicimos convenio con el Seol; cuando pase el turbión del azote, no llegará a nosotros, porque hemos puesto nuestro refugio en la mentira, y en la falsedad nos esconderemos;

16 por tanto, Jehová el Señor dice así: He aquí que yo he puesto en Sion por fundamento una piedra, piedra probada, angular, preciosa, de cimiento estable; el que creyere, no se apresure.ᵇ

17 Y ajustaré el juicio a cordel, y a nivel la justicia; y granizo barrerá el refugio de la mentira, y aguas arrollarán el escondrijo.

18 Y será anulado vuestro pacto con la muerte, y vuestro convenio con el Seol no será firme; cuando pase el turbión del azote, seréis de él pisoteados.

19 Luego que comience a pasar, él os arrebatará; porque de mañana en mañana pasará, de día y de noche; y será ciertamente espanto el entender lo oído.

20 La cama será corta para poder estirarse, y la manta estrecha para poder envolverse.

21 Porque Jehová se levantará como en el monte Perazim,ᶜ como en el valle de Gabaónᵈ se enojará; para hacer su obra, su extraña obra, y para hacer su operación, su extraña operación.

22 Ahora, pues, no os burléis, para que no se aprieten más vuestras ataduras; porque destrucción ya determinada sobre toda la tierra he oído del Señor, Jehová de los ejércitos.

23 Estad atentos, y oíd mi voz; atended, y oíd mi dicho.

24 El que ara para sembrar, ¿arará todo el día? ¿Romperá y quebrará los terrones de la tierra?

25 Cuando ha igualado su superficie, ¿no derrama el eneldo, siembra el comino, pone el trigo en hileras, y la cebada en el lugar señalado, y la avena en su borde apropiado?

26 Porque su Dios le instruye, y le enseña lo recto;

27 que el eneldo no se trilla con trillo, ni sobre el comino se pasa rueda de carreta; sino que con un palo se sacude el eneldo, y el comino con una vara.

28 El grano se trilla; pero no lo trillará para siempre, ni lo comprime con la rueda de su carreta, ni lo quebranta con los dientes de su trillo.

29 También esto salió de Jehová de los ejércitos, para hacer maravilloso el consejo y engrandecer la sabiduría.

Ariel y sus enemigos

29 **1** ¡Ay de Ariel, de Ariel, ciudad donde habitó David! Añadid un año a otro, las fiestas sigan su curso.

2 Mas yo pondré a Ariel en apretura, y será desconsolada y triste; y será a mí como Ariel.

3 Porque acamparé contra ti alrededor, y te sitiaré con campamentos, y levantaré contra ti baluartes.

4 Entonces serás humillada, hablarás desde la tierra, y tu habla saldrá del polvo; y será tu voz de la tierra como la de un fantasma, y tu habla susurrará desde el polvo.

5 Y la muchedumbre de tus enemigos será como polvo menudo, y la multitud de los fuertes como tamo que pasa; y será repentinamente, en un momento.

6 Por Jehová de los ejércitos serás visitada con truenos, con terremotos y con gran ruido, con torbellino y tempestad, y llama de fuego consumidor.

7 Y será como sueño de visión nocturna la multitud de todas las naciones que pelean contra Ariel, y todos los que pelean contra ella y su fortaleza, y los que la ponen en apretura.

8 Y les sucederá como el que tiene hambre y sueña, y le parece que come, pero cuando despierta, su estómago está vacío; o como el que tiene sed y sueña, y le parece que bebe, pero cuando despierta, se halla

ª **28.11, 12** 1 Co 14.21.   ᵇ **28.16** Ro 9.33; 10.11; 1 P 2.6.
ᶜ **28.21** 2 S 5.20; 1 Cr 14.11.   ᵈ **28.21** Jos 10.10-12.

cansado y sediento; así será la multitud de todas las naciones que pelearán contra el monte de Sion.

Ceguera e hipocresía de Israel

⁹ Deteneos y maravillaos; ofuscaos y cegaos; embriagaos, y no de vino; tambalead, y no de sidra.

¹⁰ Porque Jehová derramó sobre vosotros espíritu de sueño, y cerró los ojosª de vuestros profetas, y puso velo sobre las cabezas de vuestros videntes.

¹¹ Y os será toda visión como palabras de libro sellado, el cual si dieren al que sabe leer, y le dijeren: Lee ahora esto; él dirá: No puedo, porque está sellado.

¹² Y si se diere el libro al que no sabe leer, diciéndole: Lee ahora esto; él dirá: No sé leer.

¹³ Dice, pues, el Señor: Porque este pueblo se acerca a mí con su boca, y con sus labios me honra, pero su corazón está lejos de mí,ᵇ y su temor de mí no es más que un mandamiento de hombres que les ha sido enseñado;

¹⁴ por tanto, he aquí que nuevamente excitaré yo la admiración de este pueblo con un prodigio grande y espantoso; porque perecerá la sabiduría de sus sabios, y se desvanecerá la inteligencia de sus entendidos.ᶜ

¹⁵ ¡Ay de los que se esconden de Jehová, encubriendo el consejo, y sus obras están en tinieblas, y dicen: ¿Quién nos ve, y quién nos conoce?!

¹⁶ Vuestra perversidad ciertamente será reputada como el barro del alfarero. ¿Acaso la obra dirá de su hacedor: No me hizo? ¿Dirá la vasija de aquel que la ha formado: No entendió?

Redención de Israel

¹⁷ ¿No se convertirá de aquí a muy poco tiempo el Líbano en campo fructífero, y el campo fértil será estimado por bosque?

¹⁸ En aquel tiempo los sordos oirán las palabras del libro, y los ojos de los ciegos verán en medio de la oscuridad y de las tinieblas.

¹⁹ Entonces los humildes crecerán en alegría en Jehová, y aun los más pobres de los hombres se gozarán en el Santo de Israel.

²⁰ Porque el violento será acabado, y el escarnecedor será consumido; serán destruidos todos los que se desvelan para hacer iniquidad,

²¹ los que hacen pecar al hombre en palabra; los que arman lazo al que reprendía en la puerta, y pervierten la causa del justo con vanidad.

²² Por tanto, Jehová, que redimió a Abraham, dice así a la casa de Jacob: No será ahora avergonzado Jacob, ni su rostro se pondrá pálido;

²³ porque verá a sus hijos, obra de mis manos en medio de ellos, que santificarán mi nombre; y santificarán al Santo de Jacob, y temerán al Dios de Israel.

²⁴ Y los extraviados de espíritu aprenderán inteligencia, y los murmuradores aprenderán doctrina.

La futilidad de confiar en Egipto

30 ¹ ¡Ay de los hijos que se apartan, dice Jehová, para tomar consejo, y no de mí; para cobijarse con cubierta, y no de mi espíritu, añadiendo pecado a pecado!

² Que se apartan para descender a Egipto, y no han preguntado de mi boca; para fortalecerse con la fuerza de Faraón, y poner su esperanza en la sombra de Egipto.

³ Pero la fuerza de Faraón se os cambiará en vergüenza, y el amparo en la sombra de Egipto en confusión.

⁴ Cuando estén sus príncipes en Zoán, y sus embajadores lleguen a Hanes,

⁵ todos se avergonzarán del pueblo que no les aprovecha, ni los socorre, ni les trae provecho; antes les será para vergüenza y aun para oprobio.

⁶ Profecía sobre las bestias del Neguev: Por tierra de tribulación y de angustia, de donde salen la leona y el león, la víbora y la serpiente que vuela, llevan sobre lomos de asnos sus riquezas, y sus tesoros sobre jorobas de camellos, a un pueblo que no les será de provecho.

⁷ Ciertamente Egipto en vano e inútilmente dará ayuda; por tanto yo le di voces, que su fortaleza sería estarse quietos.

⁸ Ve, pues, ahora, y escribe esta visión en una tabla delante de ellos, y regístrala en un libro, para que quede hasta el día postrero, eternamente y para siempre.

---

a **29.10** Ro 11.8.   b **29.13** Mt 15.8, 9; Mr 7.6, 7.
c **29.14** 1 Co 1.19.

⁹ Porque este pueblo es rebelde, hijos mentirosos, hijos que no quisieron oír la ley de Jehová;

¹⁰ que dicen a los videntes: No veáis; y a los profetas: No nos profeticéis lo recto, decidnos cosas halagüeñas, profetizad mentiras;

¹¹ dejad el camino, apartaos de la senda, quitad de nuestra presencia al Santo de Israel.

¹² Por tanto, el Santo de Israel dice así: Porque desechasteis esta palabra, y confiasteis en violencia y en iniquidad, y en ello os habéis apoyado;

¹³ por tanto, os será este pecado como grieta que amenaza ruina, extendiéndose en una pared elevada, cuya caída viene súbita y repentinamente.

¹⁴ Y se quebrará como se quiebra un vaso de alfarero, que sin misericordia lo hacen pedazos; tanto, que entre los pedazos no se halla tiesto para traer fuego del hogar, o para sacar agua del pozo.

¹⁵ Porque así dijo Jehová el Señor, el Santo de Israel: En descanso y en reposo seréis salvos; en quietud y en confianza será vuestra fortaleza. Y no quisisteis,

¹⁶ sino que dijisteis: No, antes huiremos en caballos; por tanto, vosotros huiréis. Sobre corceles veloces cabalgaremos; por tanto, serán veloces vuestros perseguidores.

¹⁷ Un millar huirá a la amenaza de uno; a la amenaza de cinco huiréis vosotros todos, hasta que quedéis como mástil en la cumbre de un monte, y como bandera sobre una colina.

Promesa de la gracia de Dios a Israel

¹⁸ Por tanto, Jehová esperará para tener piedad de vosotros, y por tanto, será exaltado teniendo de vosotros misericordia; porque Jehová es Dios justo; bienaventurados todos los que confían en él.

¹⁹ Ciertamente el pueblo morará en Sion, en Jerusalén; nunca más llorarás; el que tiene misericordia se apiadará de ti; al oír la voz de tu clamor te responderá.

²⁰ Bien que os dará el Señor pan de congoja y agua de angustia, con todo, tus maestros nunca más te serán quitados, sino que tus ojos verán a tus maestros.

²¹ Entonces tus oídos oirán a tus espaldas palabra que diga: Éste es el camino, andad por él; y no echéis a la mano derecha, ni tampoco torzáis a la mano izquierda.

²² Entonces profanarás la cubierta de tus esculturas de plata, y la vestidura de tus imágenes fundidas de oro; las apartarás como trapo asqueroso; ¡Sal fuera! les dirás.

²³ Entonces dará el Señor lluvia a tu sementera, cuando siembres la tierra, y dará pan del fruto de la tierra, y será abundante y pingüe; tus ganados en aquel tiempo serán apacentados en espaciosas dehesas.

²⁴ Tus bueyes y tus asnos que labran la tierra comerán grano limpio, aventado con pala y criba.

²⁵ Y sobre todo monte alto, y sobre todo collado elevado, habrá ríos y corrientes de aguas el día de la gran matanza, cuando caerán las torres.

²⁶ Y la luz de la luna será como la luz del sol, y la luz del sol siete veces mayor, como la luz de siete días, el día que vendare Jehová la herida de su pueblo, y curare la llaga que él causó.

El juicio de Jehová sobre Asiria

²⁷ He aquí que el nombre de Jehová viene de lejos; su rostro encendido, y con llamas de fuego devorador; sus labios llenos de ira, y su lengua como fuego que consume.

²⁸ Su aliento, cual torrente que inunda; llegará hasta el cuello, para zarandear a las naciones con criba de destrucción; y el freno estará en las quijadas de los pueblos, haciéndoles errar.

²⁹ Vosotros tendréis cántico como de noche en que se celebra pascua, y alegría de corazón, como el que va con flauta para venir al monte de Jehová, al Fuerte de Israel.

³⁰ Y Jehová hará oír su potente voz, y hará ver el descenso de su brazo, con furor de rostro y llama de fuego consumidor, con torbellino, tempestad y piedra de granizo.

³¹ Porque Asiria que hirió con vara, con la voz de Jehová será quebrantada.

³² Y cada golpe de la vara justiciera que asiente Jehová sobre él, será con panderos y con arpas; y en batalla tumultuosa peleará contra ellos.

³³ Porque Tofet ya de tiempo está dispuesto y preparado para el rey, profundo

y ancho, cuya pira es de fuego, y mucha leña; el soplo de Jehová, como torrente de azufre, lo enciende.

Los egipcios son hombres y no dioses

31 ¹ ¡Ay de los que descienden a Egipto por ayuda, y confían en caballos; y su esperanza ponen en carros, porque son muchos, y en jinetes, porque son valientes; y no miran al Santo de Israel, ni buscan a Jehová!

² Pero él también es sabio, y traerá el mal, y no retirará sus palabras. Se levantará, pues, contra la casa de los malignos, y contra el auxilio de los que hacen iniquidad.

³ Y los egipcios hombres son, y no Dios; y sus caballos carne, y no espíritu; de manera que al extender Jehová su mano, caerá el ayudador y caerá el ayudado, y todos ellos desfallecerán a una.

⁴ Porque Jehová me dijo a mí de esta manera: Como el león y el cachorro de león ruge sobre la presa, y si se reúne cuadrilla de pastores contra él, no lo espantarán sus voces, ni se acobardará por el tropel de ellos; así Jehová de los ejércitos descenderá a pelear sobre el monte de Sion, y sobre su collado.

⁵ Como las aves que vuelan, así amparará Jehová de los ejércitos a Jerusalén, amparando, librando, preservando y salvando.

⁶ Volved a aquel contra quien se rebelaron profundamente los hijos de Israel.

⁷ Porque en aquel día arrojará el hombre sus ídolos de plata y sus ídolos de oro, que para vosotros han hecho vuestras manos pecadoras.

⁸ Entonces caerá Asiria por espada no de varón, y la consumirá espada no de hombre; y huirá de la presencia de la espada, y sus jóvenes serán tributarios.

⁹ Y de miedo pasará su fortaleza, y sus príncipes, con pavor, dejarán sus banderas, dice Jehová, cuyo fuego está en Sion, y su horno en Jerusalén.

El Rey justo

32 ¹ He aquí que para justicia reinará un rey, y príncipes presidirán en juicio.

² Y será aquel varón como escondedero contra el viento, y como refugio contra el turbión; como arroyos de aguas en tierra de sequedad, como sombra de gran peñasco en tierra calurosa.

³ No se ofuscarán entonces los ojos de los que ven, y los oídos de los oyentes oirán atentos.

⁴ Y el corazón de los necios entenderá para saber, y la lengua de los tartamudos hablará rápida y claramente.

⁵ El ruin nunca más será llamado generoso, ni el tramposo será llamado espléndido.

⁶ Porque el ruin hablará ruindades, y su corazón fabricará iniquidad, para cometer impiedad y para hablar escarnio contra Jehová, dejando vacía el alma hambrienta, y quitando la bebida al sediento.

⁷ Las armas del tramposo son malas; trama intrigas inicuas para enredar a los simples con palabras mentirosas, y para hablar en juicio contra el pobre.

⁸ Pero el generoso pensará generosidades, y por generosidades será exaltado.

Advertencia a las mujeres de Jerusalén

⁹ Mujeres indolentes, levantaos, oíd mi voz; hijas confiadas, escuchad mi razón.

¹⁰ De aquí a algo más de un año tendréis espanto, oh confiadas; porque la vendimia faltará, y la cosecha no vendrá.

¹¹ Temblad, oh indolentes; turbaos, oh confiadas; despojaos, desnudaos, ceñid los lomos con cilicio.

¹² Golpeándose el pecho lamentarán por los campos deleitosos, por la vid fértil.

¹³ Sobre la tierra de mi pueblo subirán espinos y cardos, y aun sobre todas las casas en que hay alegría en la ciudad de alegría.

¹⁴ Porque los palacios quedarán desiertos, la multitud de la ciudad cesará; las torres y fortalezas se volverán cuevas para siempre, donde descansen asnos monteses, y ganados hagan majada;

¹⁵ hasta que sobre nosotros sea derramado el Espíritu de lo alto, y el desierto se convierta en campo fértil, y el campo fértil sea estimado por bosque.

¹⁶ Y habitará el juicio en el desierto, y en el campo fértil morará la justicia.

¹⁷ Y el efecto de la justicia será paz; y la labor de la justicia, reposo y seguridad para siempre.

¹⁸ Y mi pueblo habitará en morada de paz, en habitaciones seguras, y en recreos de reposo.

19 Y cuando caiga granizo, caerá en los montes; y la ciudad será del todo abatida. **20** Dichosos vosotros los que sembráis junto a todas las aguas, y dejáis libres al buey y al asno.

Jehová traerá salvación

33 **1** ¡Ay de ti, que saqueas, y nunca fuiste saqueado; que haces deslealtad, bien que nadie contra ti la hizo! Cuando acabes de saquear, serás tú saqueado; y cuando acabes de hacer deslealtad, se hará contra ti.

2 Oh Jehová, ten misericordia de nosotros, a ti hemos esperado; tú, brazo de ellos en la mañana, sé también nuestra salvación en tiempo de la tribulación.

3 Los pueblos huyeron a la voz del estruendo; las naciones fueron esparcidas al levantarte tú.

4 Sus despojos serán recogidos como cuando recogen orugas; correrán sobre ellos como de una a otra parte corren las langostas.

5 Será exaltado Jehová, el cual mora en las alturas; llenó a Sion de juicio y de justicia.

6 Y reinarán en tus tiempos la sabiduría y la ciencia, y abundancia de salvación; el temor de Jehová será su tesoro.

7 He aquí que sus embajadores darán voces afuera; los mensajeros de paz llorarán amargamente.

8 Las calzadas están deshechas, cesaron los caminantes; ha anulado el pacto, aborreció las ciudades, tuvo en nada a los hombres.

9 Se enlutó, enfermó la tierra; el Líbano se avergonzó, y fue cortado; Sarón se ha vuelto como desierto, y Basán y el Carmelo fueron sacudidos.

10 Ahora me levantaré, dice Jehová; ahora seré exaltado, ahora seré engrandecido.

11 Concebisteis hojarascas, rastrojo daréis a luz; el soplo de vuestro fuego os consumirá.

12 Y los pueblos serán como cal quemada; como espinos cortados serán quemados con fuego.

13 Oíd, los que estáis lejos, lo que he hecho; y vosotros los que estáis cerca, conoced mi poder.

14 Los pecadores se asombraron en Sion, espanto sobrecogió a los hipócritas. ¿Quién de nosotros morará con el fuego consumidor? ¿Quién de nosotros habitará con las llamas eternas?

15 El que camina en justicia y habla lo recto; el que aborrece la ganancia de violencias, el que sacude sus manos para no recibir cohecho, el que tapa sus oídos para no oír propuestas sanguinarias; el que cierra sus ojos para no ver cosa mala;

16 éste habitará en las alturas; fortaleza de rocas será su lugar de refugio; se le dará su pan, y sus aguas serán seguras.

17 Tus ojos verán al Rey en su hermosura; verán la tierra que está lejos.

18 Tu corazón imaginará el espanto, y dirá: ¿Qué es del escriba? ¿qué del pesador del tributo? ¿qué del que pone en lista las casas más insignes?

19 No verás a aquel pueblo orgulloso, pueblo de lengua difícil de entender, de lengua tartamuda que no comprendas.

20 Mira a Sion, ciudad de nuestras fiestas solemnes; tus ojos verán a Jerusalén, morada de quietud, tienda que no será desarmada, ni serán arrancadas sus estacas, ni ninguna de sus cuerdas será rota.

21 Porque ciertamente allí será Jehová para con nosotros fuerte, lugar de ríos, de arroyos muy anchos, por el cual no andará galera de remos, ni por él pasará gran nave.

22 Porque Jehová es nuestro juez, Jehová es nuestro legislador, Jehová es nuestro Rey; él mismo nos salvará.

23 Tus cuerdas se aflojaron; no afirmaron su mástil, ni entesaron la vela; se repartirá entonces botín de muchos despojos; los cojos arrebatarán el botín.

24 No dirá el morador: Estoy enfermo; al pueblo que more en ella le será perdonada la iniquidad.

La ira de Jehová contra las naciones

34 **1** Acercaos, naciones, juntaos para oír; y vosotros, pueblos, escuchad. Oiga la tierra y cuanto hay en ella, el mundo y todo lo que produce.

2 Porque Jehová está airado contra todas las naciones, e indignado contra todo el ejército de ellas; las destruirá y las entregará al matadero.

3 Y los muertos de ellas serán arrojados, y de sus cadáveres se levantará hedor; y los montes se disolverán por la sangre de ellos.

4 Y todo el ejército de los cielos se disolverá, y se enrollarán los cielos como un libro; y caerá todo su ejército, como se cae la hoja de la parra, y como se cae la de la higuera.[a]

5 Porque en los cielos se embriagará mi espada; he aquí que descenderá sobre Edom[b] en juicio, y sobre el pueblo de mi anatema.

6 Llena está de sangre la espada de Jehová, engrasada está de grosura, de sangre de corderos y de machos cabríos, de grosura de riñones de carneros; porque Jehová tiene sacrificios en Bosra, y grande matanza en tierra de Edom.

7 Y con ellos caerán búfalos, y toros con becerros; y su tierra se embriagará de sangre, y su polvo se engrasará de grosura.

8 Porque es día de venganza de Jehová, año de retribuciones en el pleito de Sion.

9 Y sus arroyos se convertirán en brea, y su polvo en azufre, y su tierra en brea ardiente.

10 No se apagará de noche ni de día, perpetuamente subirá su humo;[c] de generación en generación será asolada, nunca jamás pasará nadie por ella.

11 Se adueñarán de ella el pelícano y el erizo, la lechuza y el cuervo morarán en ella; y se extenderá sobre ella cordel de destrucción, y niveles de asolamiento.

12 Llamarán a sus príncipes, príncipes sin reino; y todos sus grandes serán nada.

13 En sus alcázares crecerán espinos, y ortigas y cardos en sus fortalezas; y serán morada de chacales, y patio para los pollos de los avestruces.

14 Las fieras del desierto se encontrarán con las hienas, y la cabra salvaje gritará a su compañero; la lechuza también tendrá allí morada, y hallará para sí reposo.

15 Allí anidará el búho, pondrá sus huevos, y sacará sus pollos, y los juntará debajo de sus alas; también se juntarán allí buitres, cada uno con su compañera.

16 Inquirid en el libro de Jehová, y leed si faltó alguno de ellos; ninguno faltó con su compañera; porque su boca mandó, y los reunió su mismo Espíritu.

17 Y él les echó suertes, y su mano les repartió con cordel; para siempre la tendrán por heredad; de generación en generación morarán allí.

Futuro glorioso de Sion

35 **1** Se alegrarán el desierto y la soledad; el yermo se gozará y florecerá como la rosa.

2 Florecerá profusamente, y también se alegrará y cantará con júbilo; la gloria del Líbano le será dada, la hermosura del Carmelo y de Sarón. Ellos verán la gloria de Jehová, la hermosura del Dios nuestro.

3 Fortaleced las manos cansadas, afirmad las rodillas endebles.[a]

4 Decid a los de corazón apocado: Esforzaos, no temáis; he aquí que vuestro Dios viene con retribución, con pago; Dios mismo vendrá, y os salvará.

5 Entonces los ojos de los ciegos serán abiertos, y los oídos de los sordos se abrirán.

6 Entonces el cojo saltará como un ciervo, y cantará la lengua del mudo;[b] porque aguas serán cavadas en el desierto, y torrentes en la soledad.

7 El lugar seco se convertirá en estanque, y el sequedal en manaderos de aguas; en la morada de chacales, en su guarida, será lugar de cañas y juncos.

8 Y habrá allí calzada y camino, y será llamado Camino de Santidad; no pasará inmundo por él, sino que él mismo estará con ellos; el que anduviere en este camino, por torpe que sea, no se extraviará.

9 No habrá allí león, ni fiera subirá por él, ni allí se hallará, para que caminen los redimidos.

10 Y los redimidos de Jehová volverán, y vendrán a Sion con alegría; y gozo perpetuo será sobre sus cabezas; y tendrán gozo y alegría, y huirán la tristeza y el gemido.

La invasión de Senaquerib
(2 R 18.13-37; 2 Cr 32.1-19)

36 **1** Aconteció en el año catorce del rey Ezequías, que Senaquerib rey de Asiria subió contra todas las ciudades fortificadas de Judá, y las tomó.

2 Y el rey de Asiria envió al Rabsaces con un gran ejército desde Laquis a Jerusalén

a 34.4 Ap 6.13, 14.　**b 34.5-17** Is 63.1-6; Jer 49.7-22; Ez 25.12-14; 35.1-15; Am 1.11, 12; Abd 1.14; Mal 1.2-5. **c 34.10** Ap 14.11; 19.3.　**a 35.3** Heb 12.12. **b 35.5, 6** Mt 11.5; Lc 7.22.

contra el rey Ezequías; y acampó junto al acueducto del estanque de arriba, en el camino de la heredad del Lavador.

3 Y salió a él Eliaquim hijo de Hilcías, mayordomo, y Sebna, escriba, y Joa hijo de Asaf, canciller,

4 a los cuales dijo el Rabsaces: Decid ahora a Ezequías: El gran rey, el rey de Asiria, dice así: ¿Qué confianza es esta en que te apoyas?

5 Yo digo que el consejo y poderío para la guerra, de que tú hablas, no son más que palabras vacías. Ahora bien, ¿en quién confías para que te rebeles contra mí?

6 He aquí que confías en este báculo de caña frágil, en Egipto, en el cual si alguien se apoyare, se le entrará por la mano, y la atravesará. Tal es Faraón rey de Egipto para con todos los que en él confían.

7 Y si me decís: En Jehová nuestro Dios confiamos; ¿no es éste aquel cuyos lugares altos y cuyos altares hizo quitar Ezequías, y dijo a Judá y a Jerusalén: Delante de este altar adoraréis?

8 Ahora, pues, yo te ruego que des rehenes al rey de Asiria mi señor, y yo te daré dos mil caballos, si tú puedes dar jinetes que cabalguen sobre ellos.

9 ¿Cómo, pues, podrás resistir a un capitán, al menor de los siervos de mi señor, aunque estés confiado en Egipto con sus carros y su gente de a caballo?

10 ¿Acaso vine yo ahora a esta tierra para destruirla sin Jehová? Jehová me dijo: Sube a esta tierra y destrúyela.

11 Entonces dijeron Eliaquim, Sebna y Joa al Rabsaces: Te rogamos que hables a tus siervos en arameo, porque nosotros lo entendemos; y no hables con nosotros en lengua de Judá, porque lo oye el pueblo que está sobre el muro.

12 Y dijo el Rabsaces: ¿Acaso me envió mi señor a que dijese estas palabras a ti y a tu señor, y no a los hombres que están sobre el muro, expuestos a comer su estiércol y beber su orina con vosotros?

13 Entonces el Rabsaces se puso en pie y gritó a gran voz en lengua de Judá, diciendo: Oíd las palabras del gran rey, el rey de Asiria.

14 El rey dice así: No os engañe Ezequías, porque no os podrá librar.

15 Ni os haga Ezequías confiar en Jehová, diciendo: Ciertamente Jehová nos librará;

no será entregada esta ciudad en manos del rey de Asiria.

16 No escuchéis a Ezequías, porque así dice el rey de Asiria: Haced conmigo paz, y salid a mí; y coma cada uno de su viña, y cada uno de su higuera, y beba cada cual las aguas de su pozo,

17 hasta que yo venga y os lleve a una tierra como la vuestra, tierra de grano y de vino, tierra de pan y de viñas.

18 Mirad que no os engañe Ezequías diciendo: Jehová nos librará. ¿Acaso libraron los dioses de las naciones cada uno su tierra de la mano del rey de Asiria?

19 ¿Dónde está el dios de Hamat y de Arfad? ¿Dónde está el dios de Sefarvaim? ¿Libraron a Samaria de mi mano?

20 ¿Qué dios hay entre los dioses de estas tierras que haya librado su tierra de mi mano, para que Jehová libre de mi mano a Jerusalén?

21 Pero ellos callaron, y no le respondieron palabra; porque el rey así lo había mandado, diciendo: No le respondáis.

22 Entonces Eliaquim hijo de Hilcías, mayordomo, y Sebna escriba, y Joa hijo de Asaf, canciller, vinieron a Ezequías, rasgados sus vestidos, y le contaron las palabras del Rabsaces.

Judá es librado de Senaquerib
(2 R 19.1-37; 2 Cr 32.20-23)

37 **1** Aconteció, pues, que cuando el rey Ezequías oyó esto, rasgó sus vestidos, y cubierto de cilicio vino a la casa de Jehová.

2 Y envió a Eliaquim mayordomo, a Sebna escriba y a los ancianos de los sacerdotes, cubiertos de cilicio, al profeta Isaías hijo de Amoz.

3 Los cuales le dijeron: Así ha dicho Ezequías: Día de angustia, de reprensión y de blasfemia es este día; porque los hijos han llegado hasta el punto de nacer, y la que da a luz no tiene fuerzas.

4 Quizá oirá Jehová tu Dios las palabras del Rabsaces, al cual el rey de Asiria su señor envió para blasfemar al Dios vivo, y para vituperar con las palabras que oyó Jehová tu Dios; eleva, pues, oración tú por el remanente que aún ha quedado.

5 Vinieron, pues, los siervos de Ezequías a Isaías.

⁶ Y les dijo Isaías: Diréis así a vuestro señor: Así ha dicho Jehová: No temas por las palabras que has oído, con las cuales me han blasfemado los siervos del rey de Asiria.

⁷ He aquí que yo pondré en él un espíritu, y oirá un rumor, y volverá a su tierra; y haré que en su tierra perezca a espada.

⁸ Vuelto, pues, el Rabsaces, halló al rey de Asiria que combatía contra Libna; porque ya había oído que se había apartado de Laquis.

⁹ Mas oyendo decir de Tirhaca rey de Etiopía: He aquí que ha salido para hacerte guerra; al oírlo, envió embajadores a Ezequías, diciendo:

¹⁰ Así diréis a Ezequías rey de Judá: No te engañe tu Dios en quien tú confías, diciendo: Jerusalén no será entregada en mano del rey de Asiria.

¹¹ He aquí que tú oíste lo que han hecho los reyes de Asiria a todas las tierras, que las destruyeron; ¿y escaparás tú?

¹² ¿Acaso libraron sus dioses a las naciones que destruyeron mis antepasados, a Gozán, Harán, Resef y a los hijos de Edén que moraban en Telasar?

¹³ ¿Dónde está el rey de Hamat, el rey de Arfad, y el rey de la ciudad de Sefarvaim, de Hena y de Iva?

¹⁴ Y tomó Ezequías las cartas de mano de los embajadores, y las leyó; y subió a la casa de Jehová, y las extendió delante de Jehová.

¹⁵ Entonces Ezequías oró a Jehová, diciendo:

¹⁶ Jehová de los ejércitos, Dios de Israel, que moras entre los querubines,ᵃ sólo tú eres Dios de todos los reinos de la tierra; tú hiciste los cielos y la tierra.

¹⁷ Inclina, oh Jehová, tu oído, y oye; abre, oh Jehová, tus ojos, y mira; y oye todas las palabras de Senaquerib, que ha enviado a blasfemar al Dios viviente.

¹⁸ Ciertamente, oh Jehová, los reyes de Asiria destruyeron todas las tierras y sus comarcas,

¹⁹ y entregaron los dioses de ellos al fuego; porque no eran dioses, sino obra de manos de hombre, madera y piedra; por eso los destruyeron.

²⁰ Ahora pues, Jehová Dios nuestro, líbranos de su mano, para que todos los reinos de la tierra conozcan que sólo tú eres Jehová.

²¹ Entonces Isaías hijo de Amoz envió a decir a Ezequías: Así ha dicho Jehová Dios de Israel: Acerca de lo que me rogaste sobre Senaquerib rey de Asiria,

²² éstas son las palabras que Jehová habló contra él: La virgen hija de Sion te menosprecia, te escarnece; detrás de ti mueve su cabeza la hija de Jerusalén.

²³ ¿A quién vituperaste, y a quién blasfemaste? ¿Contra quién has alzado tu voz, y levantado tus ojos en alto? Contra el Santo de Israel.

²⁴ Por mano de tus siervos has vituperado al Señor, y dijiste: Con la multitud de mis carros subiré a las alturas de los montes, a las laderas del Líbano; cortaré sus altos cedros, sus cipreses escogidos; llegaré hasta sus más elevadas cumbres, al bosque de sus feraces campos.

²⁵ Yo cavé, y bebí las aguas, y con las pisadas de mis pies secaré todos los ríos de Egipto.

²⁶ ¿No has oído decir que desde tiempos antiguos yo lo hice, que desde los días de la antigüedad lo tengo ideado? Y ahora lo he hecho venir, y tú serás para reducir las ciudades fortificadas a montones de escombros.

²⁷ Sus moradores fueron de corto poder; fueron acobardados y confusos, fueron como hierba del campo y hortaliza verde, como heno de los terrados, que antes de sazón se seca.

²⁸ He conocido tu condición, tu salida y tu entrada, y tu furor contra mí.

²⁹ Porque contra mí te airaste, y tu arrogancia ha subido a mis oídos; pondré, pues, mi garfio en tu nariz, y mi freno en tus labios, y te haré volver por el camino por donde viniste.

³⁰ Y esto te será por señal: Comeréis este año lo que nace de suyo, y el año segundo lo que nace de suyo; y el año tercero sembraréis y segaréis, y plantaréis viñas, y comeréis su fruto.

³¹ Y lo que hubiere quedado de la casa de Judá y lo que hubiere escapado, volverá a echar raíz abajo, y dará fruto arriba.

³² Porque de Jerusalén saldrá un remanente, y del monte de Sion los que se salven. El celo de Jehová de los ejércitos hará esto.

ᵃ **37.16** Éx 25.22.

33 Por tanto, así dice Jehová acerca del rey de Asiria: No entrará en esta ciudad, ni arrojará saeta en ella; no vendrá delante de ella con escudo, ni levantará contra ella baluarte. **34** Por el camino que vino, volverá, y no entrará en esta ciudad, dice Jehová. **35** Porque yo ampararé a esta ciudad para salvarla, por amor de mí mismo, y por amor de David mi siervo.

36 Y salió el ángel de Jehová y mató a ciento ochenta y cinco mil en el campamento de los asirios; y cuando se levantaron por la mañana, he aquí que todo era cuerpos de muertos. **37** Entonces Senaquerib rey de Asiria se fue, e hizo su morada en Nínive. **38** Y aconteció que mientras adoraba en el templo de Nisroc su dios, sus hijos Adramelec y Sarezer le mataron a espada, y huyeron a la tierra de Ararat; y reinó en su lugar Esar-hadón su hijo.

Enfermedad de Ezequías

(2 R 20.1-11; 2 Cr 32.24-26)

38 **1** En aquellos días Ezequías enfermó de muerte. Y vino a él el profeta Isaías hijo de Amoz, y le dijo: Jehová dice así: Ordena tu casa, porque morirás, y no vivirás. **2** Entonces volvió Ezequías su rostro a la pared, e hizo oración a Jehová, **3** y dijo: Oh Jehová, te ruego que te acuerdes ahora que he andado delante de ti en verdad y con íntegro corazón, y que he hecho lo que ha sido agradable delante de tus ojos. Y lloró Ezequías con gran lloro. **4** Entonces vino palabra de Jehová a Isaías, diciendo: **5** Ve y di a Ezequías: Jehová Dios de David tu padre dice así: He oído tu oración, y visto tus lágrimas; he aquí que yo añado a tus días quince años. **6** Y te libraré a ti y a esta ciudad, de mano del rey de Asiria; y a esta ciudad ampararé. **7** Y esto te será señal de parte de Jehová, que Jehová hará esto que ha dicho: **8** He aquí yo haré volver la sombra por los grados que ha descendido con el sol, en el reloj de Acaz, diez grados atrás. Y volvió el sol diez grados atrás, por los cuales había ya descendido.

9 Escritura de Ezequías rey de Judá, de cuando enfermó y sanó de su enfermedad:

10 Yo dije: A la mitad de mis días iré a las puertas del Seol; privado soy del resto de mis años. **11** Dije: No veré a JAH, a JAH en la tierra de los vivientes; ya no veré más hombre con los moradores del mundo. **12** Mi morada ha sido movida y traspasada de mí, como tienda de pastor. Como tejedor corté mi vida; me cortará con la enfermedad; me consumirás entre el día y la noche. **13** Contaba yo hasta la mañana. Como un león molió todos mis huesos; de la mañana a la noche me acabarás. **14** Como la grulla y como la golondrina me quejaba; gemía como la paloma; alzaba en alto mis ojos. Jehová, violencia padezco; fortaléceme. **15** ¿Qué diré? El que me lo dijo, él mismo lo ha hecho. Andaré humildemente todos mis años, a causa de aquella amargura de mi alma. **16** Oh Señor, por todas estas cosas los hombres vivirán, y en todas ellas está la vida de mi espíritu; pues tú me restablecerás, y harás que viva. **17** He aquí, amargura grande me sobrevino en la paz, mas a ti agradó librar mi vida del hoyo de corrupción; porque echaste tras tus espaldas todos mis pecados. **18** Porque el Seol no te exaltará, ni te alabará la muerte; ni los que descienden al sepulcro esperarán tu verdad. **19** El que vive, el que vive, éste te dará alabanza, como yo hoy; el padre hará notoria tu verdad a los hijos. **20** Jehová me salvará; por tanto cantaremos nuestros cánticos en la casa de Jehová todos los días de nuestra vida.

21 Y había dicho Isaías: Tomen masa de higos, y pónganla en la llaga, y sanará. **22** Había asimismo dicho Ezequías: ¿Qué señal tendré de que subiré a la casa de Jehová?

Ezequías recibe a los enviados de Babilonia

(2 R 20.12-19; 2 Cr 32.27-31)

39 **1** En aquel tiempo Merodac-baladán hijo de Baladán, rey de Babilonia, envió cartas y presentes a Ezequías; porque supo que había estado enfermo, y que había convalecido.

2 Y se regocijó con ellos Ezequías, y les mostró la casa de su tesoro, plata y oro, especias, ungüentos preciosos, toda su casa de armas, y todo lo que se hallaba en sus tesoros; no hubo cosa en su casa y en todos sus dominios, que Ezequías no les mostrase.

3 Entonces el profeta Isaías vino al rey Ezequías, y le dijo: ¿Qué dicen estos hombres, y de dónde han venido a ti? Y Ezequías respondió: De tierra muy lejana han venido a mí, de Babilonia.

4 Dijo entonces: ¿Qué han visto en tu casa? Y dijo Ezequías: Todo lo que hay en mi casa han visto, y ninguna cosa hay en mis tesoros que no les haya mostrado.

5 Entonces dijo Isaías a Ezequías: Oye palabra de Jehová de los ejércitos:

6 He aquí vienen días en que será llevado a Babilonia todo lo que hay en tu casa, y lo que tus padres han atesorado hasta hoy; ninguna cosa quedará, dice Jehová.

7 De tus hijos que saldrán de ti, y que habrás engendrado, tomarán, y serán eunucos en el palacio del rey de Babilonia.[a]

8 Y dijo Ezequías a Isaías: La palabra de Jehová que has hablado es buena. Y añadió: A lo menos, haya paz y seguridad en mis días.

Jehová consuela a Sion

40 1 Consolaos, consolaos, pueblo mío, dice vuestro Dios.

2 Hablad al corazón de Jerusalén; decidle a voces que su tiempo es ya cumplido, que su pecado es perdonado; que doble ha recibido de la mano de Jehová por todos sus pecados.

3 Voz que clama en el desierto: Preparad camino a Jehová; enderezad calzada en la soledad a nuestro Dios.[a]

4 Todo valle sea alzado, y bájese todo monte y collado; y lo torcido se enderece, y lo áspero se allane.

5 Y se manifestará la gloria de Jehová, y toda carne juntamente la verá; porque la boca de Jehová ha hablado.[b]

6 Voz que decía: Da voces. Y yo respondí: ¿Qué tengo que decir a voces? Que toda carne es hierba, y toda su gloria como flor del campo.

7 La hierba se seca, y la flor se marchita, porque el viento de Jehová sopló en ella; ciertamente como hierba es el pueblo.

8 Sécase la hierba, marchítase la flor; mas la palabra del Dios nuestro permanece para siempre.[c]

9 Súbete sobre un monte alto, anunciadora de Sion; levanta fuertemente tu voz, anunciadora de Jerusalén; levántala, no temas; di a las ciudades de Judá: ¡Ved aquí al Dios vuestro!

10 He aquí que Jehová el Señor vendrá con poder, y su brazo señoreará; he aquí que su recompensa viene con él, y su paga delante de su rostro.[d]

11 Como pastor apacentará su rebaño; en su brazo llevará los corderos, y en su seno los llevará; pastoreará suavemente a las recién paridas.

El incomparable Dios de Israel

12 ¿Quién midió las aguas con el hueco de su mano y los cielos con su palmo, con tres dedos juntó el polvo de la tierra, y pesó los montes con balanza y con pesas los collados?

13 ¿Quién enseñó al Espíritu de Jehová, o le aconsejó enseñándole?[e]

14 ¿A quién pidió consejo para ser avisado? ¿Quién le enseñó el camino del juicio, o le enseñó ciencia, o le mostró la senda de la prudencia?

15 He aquí que las naciones le son como la gota de agua que cae del cubo, y como menudo polvo en las balanzas le son estimadas; he aquí que hace desaparecer las islas como polvo.

16 Ni el Líbano bastará para el fuego, ni todos sus animales para el sacrificio.

17 Como nada son todas las naciones delante de él; y en su comparación serán estimadas en menos que nada, y que lo que no es.

18 ¿A qué, pues, haréis semejante a Dios, o qué imagen le compondréis?

19 El artífice prepara la imagen de talla, el platero le extiende el oro y le funde cadenas de plata.

20 El pobre escoge, para ofrecerle, madera que no se apolille; se busca un maestro sabio, que le haga una imagen de talla que no se mueva.

---

a 39.7 2 R 24.10-16; 2 Cr 36.10; Dn 1.1-7. **a** 40.3 Mt 3.3; Mr 1.3; Jn 1.23. **b** 40.3-5 Lc 3.4-6. **c** 40.6-8 Stg 1.10, 11; 1 P 1.24, 25. **d** 40.10 Is 62.11; Ap 22.12.
e 40.13 Ro 11.34; 1 Co 2.16.

21 ¿No sabéis? ¿No habéis oído? ¿Nunca os lo han dicho desde el principio? ¿No habéis sido enseñados desde que la tierra se fundó?

22 Él está sentado sobre el círculo de la tierra, cuyos moradores son como langostas; él extiende los cielos como una cortina, los despliega como una tienda para morar.

23 Él convierte en nada a los poderosos, y a los que gobiernan la tierra hace como cosa vana.

24 Como si nunca hubieran sido plantados, como si nunca hubieran sido sembrados, como si nunca su tronco hubiera tenido raíz en la tierra; tan pronto como sopla en ellos se secan, y el torbellino los lleva como hojarasca.

25 ¿A qué, pues, me haréis semejante o me compararéis? dice el Santo.

26 Levantad en alto vuestros ojos, y mirad quién creó estas cosas; él saca y cuenta su ejército; a todas llama por sus nombres; ninguna faltará; tal es la grandeza de su fuerza, y el poder de su dominio.

27 ¿Por qué dices, oh Jacob, y hablas tú, Israel: Mi camino está escondido de Jehová, y de mi Dios pasó mi juicio?

28 ¿No has sabido, no has oído que el Dios eterno es Jehová, el cual creó los confines de la tierra? No desfallece, ni se fatiga con cansancio, y su entendimiento no hay quien lo alcance.

29 Él da esfuerzo al cansado, y multiplica las fuerzas al que no tiene ningunas.

30 Los muchachos se fatigan y se cansan, los jóvenes flaquean y caen;

31 pero los que esperan a Jehová tendrán nuevas fuerzas; levantarán alas como las águilas; correrán, y no se cansarán; caminarán, y no se fatigarán.

Seguridad de Dios para Israel

41 **1** Escuchadme, costas, y esfuércense los pueblos; acérquense, y entonces hablen; estemos juntamente a juicio.

2 ¿Quién despertó del oriente al justo, lo llamó para que le siguiese, entregó delante de él naciones, y le hizo enseñorear de reyes; los entregó a su espada como polvo, como hojarasca que su arco arrebata?

3 Los siguió, pasó en paz por camino por donde sus pies nunca habían entrado.

4 ¿Quién hizo y realizó esto? ¿Quién llama las generaciones desde el principio? Yo Jehová, el primero, y yo mismo con los postreros.

5 Las costas vieron, y tuvieron temor; los confines de la tierra se espantaron; se congregaron, y vinieron.

6 Cada cual ayudó a su vecino, y a su hermano dijo: Esfuérzate.

7 El carpintero animó al platero, y el que alisaba con martillo al que batía en el yunque, diciendo: Buena está la soldadura; y lo afirmó con clavos, para que no se moviese.

8 Pero tú, Israel, siervo mío eres; tú, Jacob, a quien yo escogí, descendencia de Abraham mi amigo.[a]

9 Porque te tomé de los confines de la tierra, y de tierras lejanas te llamé, y te dije: Mi siervo eres tú; te escogí, y no te deseché.

10 No temas, porque yo estoy contigo; no desmayes, porque yo soy tu Dios que te esfuerzo; siempre te ayudaré, siempre te sustentaré con la diestra de mi justicia.

11 He aquí que todos los que se enojan contra ti serán avergonzados y confundidos; serán como nada y perecerán los que contienden contigo.

12 Buscarás a los que tienen contienda contigo, y no los hallarás; serán como nada, y como cosa que no es, aquellos que te hacen la guerra.

13 Porque yo Jehová soy tu Dios, quien te sostiene de tu mano derecha, y te dice: No temas, yo te ayudo.

14 No temas, gusano de Jacob, oh vosotros los pocos de Israel; yo soy tu socorro, dice Jehová; el Santo de Israel es tu Redentor.

15 He aquí que yo te he puesto por trillo, trillo nuevo, lleno de dientes; trillarás montes y los molerás, y collados reducirás a tamo.

16 Los aventarás, y los llevará el viento, y los esparcirá el torbellino; pero tú te regocijarás en Jehová, te gloriarás en el Santo de Israel.

17 Los afligidos y menesterosos buscan las aguas, y no las hay; seca está de sed su lengua; yo Jehová los oiré, yo el Dios de Israel no los desampararé.

18 En las alturas abriré ríos, y fuentes en medio de los valles; abriré en el desierto

---

a 41.8 2 Cr 20.7; Stg 2.23.

estanques de aguas, y manantiales de aguas en la tierra seca.

19 Daré en el desierto cedros, acacias, arrayanes y olivos; pondré en la soledad cipreses, pinos y bojes juntamente,

20 para que vean y conozcan, y adviertan y entiendan todos, que la mano de Jehová hace esto, y que el Santo de Israel lo creó.

Dios reta a los falsos dioses

21 Alegad por vuestra causa, dice Jehová; presentad vuestras pruebas, dice el Rey de Jacob.

22 Traigan, anúnciennos lo que ha de venir; díganos lo que ha pasado desde el principio, y pondremos nuestro corazón en ello; sepamos también su postrimería, y hacednos entender lo que ha de venir.

23 Dadnos nuevas de lo que ha de ser después, para que sepamos que vosotros sois dioses; o a lo menos haced bien, o mal, para que tengamos qué contar, y juntamente nos maravillemos.

24 He aquí que vosotros sois nada, y vuestras obras vanidad; abominación es el que os escogió.

25 Del norte levanté a uno, y vendrá; del nacimiento del sol invocará mi nombre; y pisoteará príncipes como lodo, y como pisa el barro el alfarero.

26 ¿Quién lo anunció desde el principio, para que sepamos; o de tiempo atrás, y diremos: Es justo? Cierto, no hay quien anuncie; sí, no hay quien enseñe; ciertamente no hay quien oiga vuestras palabras.

27 Yo soy el primero que he enseñado estas cosas a Sion, y a Jerusalén daré un mensajero de alegres nuevas.

28 Miré, y no había ninguno; y pregunté de estas cosas, y ningún consejero hubo; les pregunté, y no respondieron palabra.

29 He aquí, todos son vanidad, y las obras de ellos nada; viento y vanidad son sus imágenes fundidas.

El Siervo de Jehová

42 **1** He aquí mi siervo, yo le sostendré; mi escogido, en quien mi alma tiene contentamiento;[a] he puesto sobre él mi Espíritu; él traerá justicia a las naciones.

2 No gritará, ni alzará su voz, ni la hará oír en las calles.

3 No quebrará la caña cascada, ni apagará el pábilo que humeare; por medio de la verdad traerá justicia.

4 No se cansará ni desmayará, hasta que establezca en la tierra justicia; y las costas esperarán su ley.[b]

5 Así dice Jehová Dios, Creador de los cielos, y el que los despliega; el que extiende la tierra y sus productos; el que da aliento al pueblo que mora sobre ella,[c] y espíritu a los que por ella andan:

6 Yo Jehová te he llamado en justicia, y te sostendré por la mano; te guardaré y te pondré por pacto al pueblo, por luz de las naciones,[d]

7 para que abras los ojos de los ciegos, para que saques de la cárcel a los presos, y de casas de prisión a los que moran en tinieblas.

8 Yo Jehová; éste es mi nombre; y a otro no daré mi gloria, ni mi alabanza a esculturas.

9 He aquí se cumplieron las cosas primeras, y yo anuncio cosas nuevas; antes que salgan a luz, yo os las haré notorias.

Alabanza por la liberación poderosa de Jehová

10 Cantad a Jehová un nuevo cántico, su alabanza desde el fin de la tierra; los que descendéis al mar, y cuanto hay en él, las costas y los moradores de ellas.

11 Alcen la voz el desierto y sus ciudades, las aldeas donde habita Cedar; canten los moradores de Sela, y desde la cumbre de los montes den voces de júbilo.

12 Den gloria a Jehová, y anuncien sus loores en las costas.

13 Jehová saldrá como gigante, y como hombre de guerra despertará celo; gritará, voceará, se esforzará sobre sus enemigos.

14 Desde el siglo he callado, he guardado silencio, y me he detenido; daré voces como la que está de parto; asolaré y devoraré juntamente.

15 Convertiré en soledad montes y collados, haré secar toda su hierba; los ríos tornaré en islas, y secaré los estanques.

16 Y guiaré a los ciegos por camino que no sabían, les haré andar por sendas que no habían conocido; delante de ellos cambiaré

---

a 42.1 Mt 3.17; 17.5; Mr 1.11; Lc 3.22; 9.35.
b 42.1-4 Mt 12.18-21. **c** 42.5 Hch 17.24, 25.
d 42.6 Is 49.6; Lc 2.32; Hch 13.47; 26.23.

las tinieblas en luz, y lo escabroso en llanura. Estas cosas les haré, y no los desampararé.

17 Serán vueltos atrás y en extremo confundidos los que confían en ídolos, y dicen a las imágenes de fundición: Vosotros sois nuestros dioses.

Israel no aprende de la disciplina

18 Sordos, oíd, y vosotros, ciegos, mirad para ver.

19 ¿Quién es ciego, sino mi siervo? ¿Quién es sordo, como mi mensajero que envié? ¿Quién es ciego como mi escogido, y ciego como el siervo de Jehová,

20 que ve muchas cosas y no advierte, que abre los oídos y no oye?

21 Jehová se complació por amor de su justicia en magnificar la ley y engrandecerla.

22 Mas éste es pueblo saqueado y pisoteado, todos ellos atrapados en cavernas y escondidos en cárceles; son puestos para despojo, y no hay quien libre; despojados, y no hay quien diga: Restituid.

23 ¿Quién de vosotros oirá esto? ¿Quién atenderá y escuchará respecto al porvenir?

24 ¿Quién dio a Jacob en botín, y entregó a Israel a saqueadores? ¿No fue Jehová, contra quien pecamos? No quisieron andar en sus caminos, ni oyeron su ley.

25 Por tanto, derramó sobre él el ardor de su ira, y fuerza de guerra; le puso fuego por todas partes, pero no entendió; y le consumió, mas no hizo caso.

Jehová es el único Redentor

43 **1** Ahora, así dice Jehová, Creador tuyo, oh Jacob, y Formador tuyo, oh Israel: No temas, porque yo te redimí; te puse nombre, mío eres tú.

2 Cuando pases por las aguas, yo estaré contigo; y si por los ríos, no te anegarán. Cuando pases por el fuego, no te quemarás, ni la llama arderá en ti.

3 Porque yo Jehová, Dios tuyo, el Santo de Israel, soy tu Salvador; a Egipto he dado por tu rescate, a Etiopía y a Seba por ti.

4 Porque a mis ojos fuiste de gran estima, fuiste honorable, y yo te amé; daré, pues, hombres por ti, y naciones por tu vida.

5 No temas, porque yo estoy contigo; del oriente traeré tu generación, y del occidente te recogeré.

6 Diré al norte: Da acá; y al sur: No detengas; trae de lejos mis hijos, y mis hijas de los confines de la tierra,

7 todos los llamados de mi nombre; para gloria mía los he creado, los formé y los hice.

8 Sacad al pueblo ciego que tiene ojos, y a los sordos que tienen oídos.

9 Congréguense a una todas las naciones, y júntense todos los pueblos. ¿Quién de ellos hay que nos dé nuevas de esto, y que nos haga oír las cosas primeras? Presenten sus testigos, y justifíquense; oigan, y digan: Verdad es.

10 Vosotros sois mis testigos, dice Jehová, y mi siervo que yo escogí, para que me conozcáis y creáis, y entendáis que yo mismo soy; antes de mí no fue formado dios, ni lo será después de mí.

11 Yo, yo Jehová, y fuera de mí no hay quien salve.

12 Yo anuncié, y salvé, e hice oír, y no hubo entre vosotros dios ajeno. Vosotros, pues, sois mis testigos, dice Jehová, que yo soy Dios.

13 Aun antes que hubiera día, yo era; y no hay quien de mi mano libre. Lo que hago yo, ¿quién lo estorbará?

14 Así dice Jehová, Redentor vuestro, el Santo de Israel: Por vosotros envié a Babilonia, e hice descender como fugitivos a todos ellos, aun a los caldeos en las naves de que se gloriaban.

15 Yo Jehová, Santo vuestro, Creador de Israel, vuestro Rey.

16 Así dice Jehová, el que abre camino en el mar, y senda en las aguas impetuosas;

17 el que saca carro y caballo, ejército y fuerza; caen juntamente para no levantarse; fenecen, como pábilo quedan apagados.

18 No os acordéis de las cosas pasadas, ni traigáis a memoria las cosas antiguas.

19 He aquí que yo hago cosa nueva; pronto saldrá a luz; ¿no la conoceréis? Otra vez abriré camino en el desierto, y ríos en la soledad.

20 Las fieras del campo me honrarán, los chacales y los pollos del avestruz; porque daré aguas en el desierto, ríos en la soledad, para que beba mi pueblo, mi escogido.

21 Este pueblo he creado para mí; mis alabanzas publicará.

22 Y no me invocaste a mí, oh Jacob, sino que de mí te cansaste, oh Israel.

23 No me trajiste a mí los animales de tus holocaustos, ni a mí me honraste con tus sacrificios; no te hice servir con ofrenda, ni te hice fatigar con incienso.

24 No compraste para mí caña aromática por dinero, ni me saciaste con la grosura de tus sacrificios, sino pusiste sobre mí la carga de tus pecados, me fatigaste con tus maldades.

25 Yo, yo soy el que borro tus rebeliones por amor de mí mismo, y no me acordaré de tus pecados.

26 Hazme recordar, entremos en juicio juntamente; habla tú para justificarte.

27 Tu primer padre pecó, y tus enseñadores prevaricaron contra mí.

28 Por tanto, yo profané los príncipes del santuario, y puse por anatema a Jacob y por oprobio a Israel.

Jehová es el único Dios

44 **1** Ahora pues, oye, Jacob, siervo mío, y tú, Israel, a quien yo escogí.
2 Así dice Jehová, Hacedor tuyo, y el que te formó desde el vientre, el cual te ayudará: No temas, siervo mío Jacob, y tú, Jesurún, a quien yo escogí.

3 Porque yo derramaré aguas sobre el sequedal, y ríos sobre la tierra árida; mi Espíritu derramaré sobre tu generación, y mi bendición sobre tus renuevos;

4 y brotarán entre hierba, como sauces junto a las riberas de las aguas.

5 Éste dirá: Yo soy de Jehová; el otro se llamará del nombre de Jacob, y otro escribirá con su mano: A Jehová, y se apellidará con el nombre de Israel.

6 Así dice Jehová Rey de Israel, y su Redentor, Jehová de los ejércitos: Yo soy el primero, y yo soy el postrero,[a] y fuera de mí no hay Dios.

7 ¿Y quién proclamará lo venidero, lo declarará, y lo pondrá en orden delante de mí, como hago yo desde que establecí el pueblo antiguo? Anúncienles lo que viene, y lo que está por venir.

8 No temáis, ni os amedrentéis; ¿no te lo hice oír desde la antigüedad, y te lo dije? Luego vosotros sois mis testigos. No hay Dios sino yo. No hay Fuerte; no conozco ninguno.

La insensatez de la idolatría

9 Los formadores de imágenes de talla, todos ellos son vanidad, y lo más precioso de ellos para nada es útil; y ellos mismos son testigos para su confusión, de que los ídolos no ven ni entienden.

10 ¿Quién formó un dios, o quién fundió una imagen que para nada es de provecho?

11 He aquí que todos los suyos serán avergonzados, porque los artífices mismos son hombres. Todos ellos se juntarán, se presentarán, se asombrarán, y serán avergonzados a una.

12 El herrero toma la tenaza, trabaja en las ascuas, le da forma con los martillos, y trabaja en ello con la fuerza de su brazo; luego tiene hambre, y le faltan las fuerzas; no bebe agua, y se desmaya.

13 El carpintero tiende la regla, lo señala con almagre, lo labra con los cepillos, le da figura con el compás, lo hace en forma de varón, a semejanza de hombre hermoso, para tenerlo en casa.

14 Corta cedros, y toma ciprés y encina, que crecen entre los árboles del bosque; planta pino, que se críe con la lluvia.

15 De él se sirve luego el hombre para quemar, y toma de ellos para calentarse; enciende también el horno, y cuece panes; hace además un dios, y lo adora; fabrica un ídolo, y se arrodilla delante de él.

16 Parte del leño quema en el fuego; con parte de él come carne, prepara un asado, y se sacia; después se calienta, y dice: ¡Oh! me he calentado, he visto el fuego;

17 y hace del sobrante un dios, un ídolo suyo; se postra delante de él, lo adora, y le ruega diciendo: Líbrame, porque mi dios eres tú.

18 No saben ni entienden; porque cerrados están sus ojos para no ver, y su corazón para no entender.

19 No discurre para consigo, no tiene sentido ni entendimiento para decir: Parte de esto quemé en el fuego, y sobre sus brasas cocí pan, asé carne, y la comí. ¿Haré del resto de él una abominación? ¿Me postraré delante de un tronco de árbol?

20 De ceniza se alimenta; su corazón engañado le desvía, para que no libre su alma,

---

a 44.6 Is 48.12; Ap 1.17; 22.13.

ni diga: ¿No es pura mentira lo que tengo en mi mano derecha?

Jehová es el Redentor de Israel

21 Acuérdate de estas cosas, oh Jacob, e Israel, porque mi siervo eres. Yo te formé, siervo mío eres tú; Israel, no me olvides.

22 Yo deshice como una nube tus rebeliones, y como niebla tus pecados; vuélvete a mí, porque yo te redimí.

23 Cantad loores, oh cielos, porque Jehová lo hizo; gritad con júbilo, profundidades de la tierra; prorrumpid, montes, en alabanza; bosque, y todo árbol que en él está; porque Jehová redimió a Jacob, y en Israel será glorificado.

24 Así dice Jehová, tu Redentor, que te formó desde el vientre: Yo Jehová, que lo hago todo, que extiendo solo los cielos, que extiendo la tierra por mí mismo;

25 que deshago las señales de los adivinos, y enloquezco a los agoreros; que hago volver atrás a los sabios, y desvanezco su sabiduría.[b]

26 Yo, el que despierta la palabra de su siervo, y cumple el consejo de sus mensajeros; que dice a Jerusalén: Serás habitada; y a las ciudades de Judá: Reconstruidas serán, y sus ruinas reedificaré;

27 que dice a las profundidades: Secaos, y tus ríos haré secar;

28 que dice de Ciro: Es mi pastor, y cumplirá todo lo que yo quiero,[c] al decir a Jerusalén: Serás edificada; y al templo: Serás fundado.

Encargo de Dios para Ciro

45 **1** Así dice Jehová a su ungido, a Ciro, al cual tomé yo por su mano derecha, para sujetar naciones delante de él y desatar lomos de reyes; para abrir delante de él puertas, y las puertas no se cerrarán:

2 Yo iré delante de ti, y enderezaré los lugares torcidos; quebrantaré puertas de bronce, y cerrojos de hierro haré pedazos;

3 y te daré los tesoros escondidos, y los secretos muy guardados, para que sepas que yo soy Jehová, el Dios de Israel, que te pongo nombre.

4 Por amor de mi siervo Jacob, y de Israel mi escogido, te llamé por tu nombre; te puse sobrenombre, aunque no me conociste.

5 Yo soy Jehová, y ninguno más hay; no hay Dios fuera de mí. Yo te ceñiré, aunque tú no me conociste,

6 para que se sepa desde el nacimiento del sol, y hasta donde se pone, que no hay más que yo; yo Jehová, y ninguno más que yo,

7 que formo la luz y creo las tinieblas, que hago la paz y creo la adversidad. Yo Jehová soy el que hago todo esto.

Jehová el Creador

8 Rociad, cielos, de arriba, y las nubes destilen la justicia; ábrase la tierra, y prodúzcanse la salvación y la justicia; háganse brotar juntamente. Yo Jehová lo he creado.

9 ¡Ay del que pleitea con su Hacedor! ¡el tiesto con los tiestos de la tierra! ¿Dirá el barro al que lo labra: ¿Qué haces?;[a] o tu obra: ¿No tiene manos?

10 ¡Ay del que dice al padre: ¿Por qué engendraste? y a la mujer: ¿Por qué diste a luz?!

11 Así dice Jehová, el Santo de Israel, y su Formador: Preguntadme de las cosas por venir; mandadme acerca de mis hijos, y acerca de la obra de mis manos.

12 Yo hice la tierra, y creé sobre ella al hombre. Yo, mis manos, extendieron los cielos, y a todo su ejército mandé.

13 Yo lo desperté en justicia, y enderezaré todos sus caminos; él edificará mi ciudad, y soltará mis cautivos, no por precio ni por dones, dice Jehová de los ejércitos.

14 Así dice Jehová: El trabajo de Egipto, las mercaderías de Etiopía, y los sabeos, hombres de elevada estatura, se pasarán a ti y serán tuyos; irán en pos de ti, pasarán con grillos; te harán reverencia y te suplicarán diciendo: Ciertamente en ti está Dios, y no hay otro fuera de Dios.

15 Verdaderamente tú eres Dios que te encubres, Dios de Israel, que salvas.

16 Confusos y avergonzados serán todos ellos; irán con afrenta todos los fabricadores de imágenes.

17 Israel será salvo en Jehová con salvación eterna; no os avergonzaréis ni os afrentaréis, por todos los siglos.

---

b 44.25 1 Co 1.20.   **c 44.28** 2 Cr 36.23; Esd 1.2.
a 45.9 Ro 9.20.

18 Porque así dijo Jehová, que creó los cielos; él es Dios, el que formó la tierra, el que la hizo y la compuso; no la creó en vano, para que fuese habitada la creó: Yo soy Jehová, y no hay otro.

19 No hablé en secreto, en un lugar oscuro de la tierra; no dije a la descendencia de Jacob: En vano me buscáis. Yo soy Jehová que hablo justicia, que anuncio rectitud.

Jehová y los ídolos de Babilonia

20 Reuníos, y venid; juntaos todos los sobrevivientes de entre las naciones. No tienen conocimiento aquellos que erigen el madero de su ídolo, y los que ruegan a un dios que no salva.

21 Proclamad, y hacedlos acercarse, y entren todos en consulta; ¿quién hizo oír esto desde el principio, y lo tiene dicho desde entonces, sino yo Jehová? Y no hay más Dios que yo; Dios justo y Salvador; ningún otro fuera de mí.

22 Mirad a mí, y sed salvos, todos los términos de la tierra, porque yo soy Dios, y no hay más.

23 Por mí mismo hice juramento, de mi boca salió palabra en justicia, y no será revocada: Que a mí se doblará toda rodilla, y jurará toda lengua.[b]

24 Y se dirá de mí: Ciertamente en Jehová está la justicia y la fuerza; a él vendrán, y todos los que contra él se enardecen serán avergonzados.

25 En Jehová será justificada y se gloriará toda la descendencia de Israel.

46 **1** Se postró Bel, se abatió Nebo; sus imágenes fueron puestas sobre bestias, sobre animales de carga; esas cosas que vosotros solíais llevar son alzadas cual carga, sobre las bestias cansadas.

2 Fueron humillados, fueron abatidos juntamente; no pudieron escaparse de la carga, sino que tuvieron ellos mismos que ir en cautiverio.

3 Oídme, oh casa de Jacob, y todo el resto de la casa de Israel, los que sois traídos por mí desde el vientre, los que sois llevados desde la matriz.

4 Y hasta la vejez yo mismo, y hasta las canas os soportaré yo; yo hice, yo llevaré, yo soportaré y guardaré.

5 ¿A quién me asemejáis, y me igualáis, y me comparáis, para que seamos semejantes?

6 Sacan oro de la bolsa, y pesan plata con balanzas, alquilan un platero para hacer un dios de ello; se postran y adoran.

7 Se lo echan sobre los hombros, lo llevan, y lo colocan en su lugar; allí se está, y no se mueve de su sitio. Le gritan, y tampoco responde, ni libra de la tribulación.

8 Acordaos de esto, y tened vergüenza; volved en vosotros, prevaricadores.

9 Acordaos de las cosas pasadas desde los tiempos antiguos; porque yo soy Dios, y no hay otro Dios, y nada hay semejante a mí,

10 que anuncio lo por venir desde el principio, y desde la antigüedad lo que aún no era hecho; que digo: Mi consejo permanecerá, y haré todo lo que quiero;

11 que llamo desde el oriente al ave, y de tierra lejana al varón de mi consejo. Yo hablé, y lo haré venir; lo he pensado, y también lo haré.

12 Oídme, duros de corazón, que estáis lejos de la justicia:

13 Haré que se acerque mi justicia; no se alejará, y mi salvación no se detendrá. Y pondré salvación en Sion, y mi gloria en Israel.

Juicio sobre Babilonia

47 **1** Desciende y siéntate en el polvo, virgen hija de Babilonia.[a] Siéntate en la tierra, sin trono, hija de los caldeos; porque nunca más te llamarán tierna y delicada.

2 Toma el molino y muele harina; descubre tus guedejas, descalza los pies, descubre las piernas, pasa los ríos.

3 Será tu vergüenza descubierta, y tu deshonra será vista; haré retribución, y no se librará hombre alguno.

4 Nuestro Redentor, Jehová de los ejércitos es su nombre, el Santo de Israel.

5 Siéntate, calla, y entra en tinieblas, hija de los caldeos; porque nunca más te llamarán señora de reinos.

6 Me enojé contra mi pueblo, profané mi heredad, y los entregué en tu mano; no les tuviste compasión; sobre el anciano agravaste mucho tu yugo.

7 Dijiste: Para siempre seré señora; y no has pensado en esto, ni te acordaste de tu postrimería.

---

b 45.23 Ro 14.11; Fil 2.10, 11.　**a 47.1-15** Is 13.1—14.23; Jer 50.1—51.64.

8 Oye, pues, ahora esto, mujer voluptuosa, tú que estás sentada confiadamente, tú que dices en tu corazón: Yo soy, y fuera de mí no hay más; no quedaré viuda, ni conoceré orfandad.

9 Estas dos cosas te vendrán de repente en un mismo día, orfandad y viudez;[b] en toda su fuerza vendrán sobre ti, a pesar de la multitud de tus hechizos y de tus muchos encantamientos.

10 Porque te confiaste en tu maldad, diciendo: Nadie me ve. Tu sabiduría y tu misma ciencia te engañaron, y dijiste en tu corazón: Yo, y nadie más.

11 Vendrá, pues, sobre ti mal, cuyo nacimiento no sabrás; caerá sobre ti quebrantamiento, el cual no podrás remediar; y destrucción que no sepas vendrá de repente sobre ti.

12 Estate ahora en tus encantamientos y en la multitud de tus hechizos, en los cuales te fatigaste desde tu juventud; quizá podrás mejorarte, quizá te fortalecerás.

13 Te has fatigado en tus muchos consejos. Comparezcan ahora y te defiendan los contempladores de los cielos, los que observan las estrellas, los que cuentan los meses, para pronosticar lo que vendrá sobre ti.

14 He aquí que serán como tamo; fuego los quemará, no salvarán sus vidas del poder de la llama; no quedará brasa para calentarse, ni lumbre a la cual se sienten.

15 Así te serán aquellos con quienes te fatigaste, los que traficaron contigo desde tu juventud; cada uno irá por su camino, no habrá quien te salve.

Dios reprende la infidelidad de Israel

48 **1** Oíd esto, casa de Jacob, que os llamáis del nombre de Israel, los que salieron de las aguas de Judá, los que juran en el nombre de Jehová, y hacen memoria del Dios de Israel, mas no en verdad ni en justicia;

2 porque de la santa ciudad se nombran, y en el Dios de Israel confían; su nombre es Jehová de los ejércitos.

3 Lo que pasó, ya antes lo dije, y de mi boca salió; lo publiqué, lo hice pronto, y fue realidad.

4 Por cuanto conozco que eres duro, y barra de hierro tu cerviz, y tu frente de bronce,

5 te lo dije ya hace tiempo; antes que sucediera te lo advertí, para que no dijeras: Mi ídolo lo hizo, mis imágenes de escultura y de fundición mandaron estas cosas.

6 Lo oíste, y lo viste todo; ¿y no lo anunciaréis vosotros? Ahora, pues, te he hecho oír cosas nuevas y ocultas que tú no sabías.

7 Ahora han sido creadas, no en días pasados, ni antes de este día las habías oído, para que no digas: He aquí que yo lo sabía.

8 Sí, nunca lo habías oído, ni nunca lo habías conocido; ciertamente no se abrió antes tu oído; porque sabía que siendo desleal habías de desobedecer, por tanto te llamé rebelde desde el vientre.

9 Por amor de mi nombre diferiré mi ira, y para alabanza mía la reprimiré para no destruirte.

10 He aquí te he purificado, y no como a plata; te he escogido en horno de aflicción.

11 Por mí, por amor de mí mismo lo haré, para que no sea amancillado mi nombre, y mi honra no la daré a otro.

12 Oyeme, Jacob, y tú, Israel, a quien llamé: Yo mismo, yo el primero, yo también el postrero.[a]

13 Mi mano fundó también la tierra, y mi mano derecha midió los cielos con el palmo; al llamarlos yo, comparecieron juntamente.

14 Juntaos todos vosotros, y oíd. ¿Quién hay entre ellos que anuncie estas cosas? Aquel a quien Jehová amó ejecutará su voluntad en Babilonia, y su brazo estará sobre los caldeos.

15 Yo, yo hablé, y le llamé y le traje; por tanto, será prosperado su camino.

16 Acercaos a mí, oíd esto: desde el principio no hablé en secreto; desde que eso se hizo, allí estaba yo; y ahora me envió Jehová el Señor, y su Espíritu.

17 Así ha dicho Jehová, Redentor tuyo, el Santo de Israel: Yo soy Jehová Dios tuyo, que te enseña provechosamente, que te encamina por el camino que debes seguir.

18 ¡Oh, si hubieras atendido a mis mandamientos! Fuera entonces tu paz como un río, y tu justicia como las ondas del mar.

19 Fuera como la arena tu descendencia, y los renuevos de tus entrañas como los

---

b 47.8, 9 Ap 18.7, 8.   **a 48.12** Is 44.6; Ap 1.17; 22.13.

granos de arena; nunca su nombre sería cortado, ni raído de mi presencia.

20 Salid de Babilonia,[b] huid de entre los caldeos; dad nuevas de esto con voz de alegría, publicadlo, llevadlo hasta lo postrero de la tierra; decid: Redimió Jehová a Jacob su siervo.

21 No tuvieron sed cuando los llevó por los desiertos; les hizo brotar agua de la piedra; abrió la peña, y corrieron las aguas.

22 No hay paz para los malos, dijo Jehová.[c]

Israel, siervo de Jehová

49 **1** Oídme, costas, y escuchad, pueblos lejanos. Jehová me llamó desde el vientre, desde las entrañas de mi madre tuvo mi nombre en memoria.

2 Y puso mi boca como espada aguda, me cubrió con la sombra de su mano; y me puso por saeta bruñida, me guardó en su aljaba;

3 y me dijo: Mi siervo eres, oh Israel, porque en ti me gloriaré.

4 Pero yo dije: Por demás he trabajado, en vano y sin provecho he consumido mis fuerzas; pero mi causa está delante de Jehová, y mi recompensa con mi Dios.

5 Ahora pues, dice Jehová, el que me formó desde el vientre para ser su siervo, para hacer volver a él a Jacob y para congregarle a Israel (porque estimado seré en los ojos de Jehová, y el Dios mío será mi fuerza);

6 dice: Poco es para mí que tú seas mi siervo para levantar las tribus de Jacob, y para que restaures el remanente de Israel; también te di por luz de las naciones,[a] para que seas mi salvación hasta lo postrero de la tierra.[b]

7 Así ha dicho Jehová, Redentor de Israel, el Santo suyo, al menospreciado de alma, al abominado de las naciones, al siervo de los tiranos: Verán reyes, y se levantarán príncipes, y adorarán por Jehová; porque fiel es el Santo de Israel, el cual te escogió.

Dios promete restaurar a Sion

8 Así dijo Jehová: En tiempo aceptable te oí, y en el día de salvación te ayudé;[c] y te guardaré, y te daré por pacto al pueblo,

para que restaures la tierra, para que heredes asoladas heredades;

9 para que digas a los presos: Salid; y a los que están en tinieblas: Mostraos. En los caminos serán apacentados, y en todas las alturas tendrán sus pastos.

10 No tendrán hambre ni sed, ni el calor ni el sol los afligirá; porque el que tiene de ellos misericordia los guiará, y los conducirá a manantiales de aguas.[d]

11 Y convertiré en camino todos mis montes, y mis calzadas serán levantadas.

12 He aquí éstos vendrán de lejos; y he aquí éstos del norte y del occidente, y éstos de la tierra de Sinim.

13 Cantad alabanzas, oh cielos, y alégrate, tierra; y prorrumpid en alabanzas, oh montes; porque Jehová ha consolado a su pueblo, y de sus pobres tendrá misericordia.

14 Pero Sion dijo: Me dejó Jehová, y el Señor se olvidó de mí.

15 ¿Se olvidará la mujer de lo que dio a luz, para dejar de compadecerse del hijo de su vientre? Aunque olvide ella, yo nunca me olvidaré de ti.

16 He aquí que en las palmas de las manos te tengo esculpida; delante de mí están siempre tus muros.

17 Tus edificadores vendrán aprisa; tus destruidores y tus asoladores saldrán de ti.

18 Alza tus ojos alrededor, y mira: todos estos se han reunido, han venido a ti. Vivo yo, dice Jehová, que de todos, como de vestidura de honra, serás vestida; y de ellos serás ceñida como novia.

19 Porque tu tierra devastada, arruinada y desierta, ahora será estrecha por la multitud de los moradores, y tus destruidores serán apartados lejos.

20 Aun los hijos de tu orfandad dirán a tus oídos: Estrecho es para mí este lugar; apártate, para que yo more.

21 Y dirás en tu corazón: ¿Quién me engendró éstos? Porque yo había sido privada de hijos y estaba sola, peregrina y desterrada; ¿quién, pues, crió éstos? He aquí yo había sido dejada sola; ¿dónde estaban éstos?

22 Así dijo Jehová el Señor: He aquí, yo tenderé mi mano a las naciones, y a los pueblos levantaré mi bandera; y traerán en brazos a tus hijos, y tus hijas serán traídas en hombros.

---

b 48.20 Ap 18.4.   **c** 48.22 Is 57.21.   **a** 49.6 Is 42.6; Lc 2.32;
Hch 26.23.   **b** 49.6 Hch 13.47.   **c** 49.8 2 Co 6.2.
d 49.10 Ap 7.16, 17.

23 Reyes serán tus ayos, y sus reinas tus nodrizas; con el rostro inclinado a tierra te adorarán, y lamerán el polvo de tus pies; y conocerás que yo soy Jehová, que no se avergonzarán los que esperan en mí.

24 ¿Será quitado el botín al valiente? ¿Será rescatado el cautivo de un tirano?

25 Pero así dice Jehová: Ciertamente el cautivo será rescatado del valiente, y el botín será arrebatado al tirano; y tu pleito yo lo defenderé, y yo salvaré a tus hijos.

26 Y a los que te despojaron haré comer sus propias carnes, y con su sangre serán embriagados como con vino; y conocerá todo hombre que yo Jehová soy Salvador tuyo y Redentor tuyo, el Fuerte de Jacob.

Jehová ayuda a quienes confían en él

50 **1** Así dijo Jehová: ¿Qué es de la carta de repudio de vuestra madre, con la cual yo la repudié? ¿O quiénes son mis acreedores, a quienes yo os he vendido? He aquí que por vuestras maldades sois vendidos, y por vuestras rebeliones fue repudiada vuestra madre.

2 ¿Por qué cuando vine, no hallé a nadie, y cuando llamé, nadie respondió? ¿Acaso se ha acortado mi mano para no redimir? ¿No hay en mí poder para librar? He aquí que con mi represión hago secar el mar; convierto los ríos en desierto; sus peces se pudren por falta de agua, y mueren de sed.

3 Visto de oscuridad los cielos, y hago como cilicio su cubierta.

4 Jehová el Señor me dio lengua de sabios, para saber hablar palabras al cansado; despertará mañana tras mañana, despertará mi oído para que oiga como los sabios.

5 Jehová el Señor me abrió el oído, y yo no fui rebelde, ni me volví atrás.

6 Di mi cuerpo a los heridores, y mis mejillas a los que me mesaban la barba; no escondí mi rostro de injurias y de esputos.[a]

7 Porque Jehová el Señor me ayudará, por tanto no me avergoncé; por eso puse mi rostro como un pedernal, y sé que no seré avergonzado.

8 Cercano está de mí el que me salva; ¿quién contenderá conmigo? Juntémonos. ¿Quién es el adversario de mi causa? Acérquese a mí.

9 He aquí que Jehová el Señor me ayudará; ¿quién hay que me condene? He aquí que todos ellos se envejecerán como ropa de vestir, serán comidos por la polilla.

10 ¿Quién hay entre vosotros que teme a Jehová, y oye la voz de su siervo? El que anda en tinieblas y carece de luz, confíe en el nombre de Jehová, y apóyese en su Dios.

11 He aquí que todos vosotros encendéis fuego, y os rodeáis de teas; andad a la luz de vuestro fuego, y de las teas que encendisteis. De mi mano os vendrá esto; en dolor seréis sepultados.

Palabras de consuelo para Sion

51 **1** Oídme, los que seguís la justicia, los que buscáis a Jehová. Mirad a la piedra de donde fuisteis cortados, y al hueco de la cantera de donde fuisteis arrancados.

2 Mirad a Abraham vuestro padre, y a Sara que os dio a luz; porque cuando no era más que uno solo lo llamé, y lo bendije y lo multipliqué.

3 Ciertamente consolará Jehová a Sion; consolará todas sus soledades, y cambiará su desierto en paraíso, y su soledad en huerto de Jehová; se hallará en ella alegría y gozo, alabanza y voces de canto.

4 Estad atentos a mí, pueblo mío, y oídme, nación mía; porque de mí saldrá la ley, y mi justicia para luz de los pueblos.

5 Cercana está mi justicia, ha salido mi salvación, y mis brazos juzgarán a los pueblos; a mí me esperan los de la costa, y en mi brazo ponen su esperanza.

6 Alzad a los cielos vuestros ojos, y mirad abajo a la tierra; porque los cielos serán deshechos como humo, y la tierra se envejecerá como ropa de vestir, y de la misma manera perecerán sus moradores; pero mi salvación será para siempre, mi justicia no perecerá.

7 Oídme, los que conocéis justicia, pueblo en cuyo corazón está mi ley. No temáis afrenta de hombre, ni desmayéis por sus ultrajes.

8 Porque como a vestidura los comerá polilla, como a lana los comerá gusano; pero mi justicia permanecerá perpetuamente, y mi salvación por siglos de siglos.

---

a **50.6** Mt 26.67; Mr 14.65.

⁹ Despiértate, despiértate, vístete de poder, oh brazo de Jehová; despiértate como en el tiempo antiguo, en los siglos pasados. ¿No eres tú el que cortó a Rahab, y el que hirió al dragón?

¹⁰ ¿No eres tú el que secó el mar, las aguas del gran abismo; el que transformó en camino las profundidades del mar para que pasaran los redimidos?

¹¹ Ciertamente volverán los redimidos de Jehová; volverán a Sion cantando, y gozo perpetuo habrá sobre sus cabezas; tendrán gozo y alegría, y el dolor y el gemido huirán.

¹² Yo, yo soy vuestro consolador. ¿Quién eres tú para que tengas temor del hombre, que es mortal, y del hijo de hombre, que es como heno?

¹³ Y ya te has olvidado de Jehová tu Hacedor, que extendió los cielos y fundó la tierra; y todo el día temiste continuamente del furor del que aflige, cuando se disponía para destruir. ¿Pero en dónde está el furor del que aflige?

¹⁴ El preso agobiado será libertado pronto; no morirá en la mazmorra, ni le faltará su pan.

¹⁵ Porque yo Jehová, que agito el mar y hago rugir sus ondas, soy tu Dios, cuyo nombre es Jehová de los ejércitos.

¹⁶ Y en tu boca he puesto mis palabras, y con la sombra de mi mano te cubrí, extendiendo los cielos y echando los cimientos de la tierra, y diciendo a Sion: Pueblo mío eres tú.

¹⁷ Despierta, despierta, levántate, oh Jerusalén, que bebiste de la mano de Jehová el cáliz de su ira;ᵃ porque el cáliz de aturdimiento bebiste hasta los sedimentos.

¹⁸ De todos los hijos que dio a luz, no hay quien la guíe; ni quien la tome de la mano, de todos los hijos que crió.

¹⁹ Estas dos cosas te han acontecido: asolamiento y quebrantamiento, hambre y espada. ¿Quién se dolerá de ti? ¿Quién te consolará?

²⁰ Tus hijos desmayaron, estuvieron tendidos en las encrucijadas de todos los caminos, como antílope en la red, llenos de la indignación de Jehová, de la ira del Dios tuyo.

²¹ Oye, pues, ahora esto, afligida, ebria, y no de vino:

²² Así dijo Jehová tu Señor, y tu Dios, el cual aboga por su pueblo: He aquí he quitado de tu mano el cáliz de aturdimiento, los sedimentos del cáliz de mi ira; nunca más lo beberás.

²³ Y lo pondré en mano de tus angustiadores, que dijeron a tu alma: Inclínate, y pasaremos por encima de ti. Y tú pusiste tu cuerpo como tierra, y como camino, para que pasaran.

Dios librará del cautiverio a Sion

52 ¹ Despierta, despierta, vístete de poder, oh Sion; vístete tu ropa hermosa, oh Jerusalén, ciudad santa;ᵃ porque nunca más vendrá a ti incircunciso ni inmundo.

² Sacúdete del polvo; levántate y siéntate, Jerusalén; suelta las ataduras de tu cuello, cautiva hija de Sion.

³ Porque así dice Jehová: De balde fuisteis vendidos; por tanto, sin dinero seréis rescatados.

⁴ Porque así dijo Jehová el Señor: Mi pueblo descendió a Egipto en tiempo pasado, para morar allá, y el asirio lo cautivó sin razón.

⁵ Y ahora ¿qué hago aquí, dice Jehová, ya que mi pueblo es llevado injustamente? Y los que en él se enseñorean, lo hacen aullar, dice Jehová, y continuamente es blasfemado mi nombreᵇ todo el día.

⁶ Por tanto, mi pueblo sabrá mi nombre por esta causa en aquel día; porque yo mismo que hablo, he aquí estaré presente.

⁷ ¡Cuán hermosos son sobre los montes los pies del que trae alegres nuevas, del que anuncia la paz,ᶜ del que trae nuevas del bien, del que publica salvación, del que dice a Sion: ¡Tu Dios reina!

⁸ ¡Voz de tus atalayas! Alzarán la voz, juntamente darán voces de júbilo; porque ojo a ojo verán que Jehová vuelve a traer a Sion.

⁹ Cantad alabanzas, alegraos juntamente, soledades de Jerusalén; porque Jehová ha consolado a su pueblo, a Jerusalén ha redimido.

¹⁰ Jehová desnudó su santo brazo ante los ojos de todas las naciones, y todos los confines de la tierra verán la salvación del Dios nuestro.

¹¹ Apartaos, apartaos, salid de ahí, no toquéis cosa inmunda;ᵈ salid de en medio de

a 51.17 Ap 14.10; 16.19.　a 52.1 Ap 21.2, 27.　b 52.5 Ro 2.24.
c 52.7 Nah 1.15; Ro 10.15; Ef 6.15.　d 52.11 2 Co 6.17.

ella; purificaos los que lleváis los utensilios de Jehová.

¹² Porque no saldréis apresurados, ni iréis huyendo; porque Jehová irá delante de vosotros, y os congregará el Dios de Israel.

Sufrimientos del Siervo de Jehová

¹³ He aquí que mi siervo será prospera-do, será engrandecido y exaltado, y será puesto muy en alto.

¹⁴ Como se asombraron de ti muchos, de tal manera fue desfigurado de los hombres su parecer, y su hermosura más que la de los hijos de los hombres,

¹⁵ así asombrará él a muchas naciones; los reyes cerrarán ante él la boca, porque verán lo que nunca les fue contado, y entenderán lo que jamás habían oído.ᵉ

53 ¹ ¿Quién ha creído a nuestro anun-cio?ᵃ ¿y sobre quién se ha manifes-tado el brazo de Jehová?ᵇ

² Subirá cual renuevo delante de él, y como raíz de tierra seca; no hay parecer en él, ni hermosura; le veremos, mas sin atractivo para que le deseemos.

³ Despreciado y desechado entre los hom-bres, varón de dolores, experimentado en quebranto; y como que escondimos de él el rostro, fue menospreciado, y no lo esti-mamos.

⁴ Ciertamente llevó él nuestras enferme-dades, y sufrió nuestros dolores;ᶜ y noso-tros le tuvimos por azotado, por herido de Dios y abatido.

⁵ Mas él herido fue por nuestras rebelio-nes, molido por nuestros pecados; el cas-tigo de nuestra paz fue sobre él, y por su llaga fuimos nosotros curados.ᵈ

⁶ Todos nosotros nos descarriamos como ovejas,ᵉ cada cual se apartó por su camino; mas Jehová cargó en él el pecado de todos nosotros.

⁷ Angustiado él, y afligido, no abrió su boca; como cordero fue llevado al mata-dero;ᶠ y como oveja delante de sus trasqui-ladores, enmudeció, y no abrió su boca.

⁸ Por cárcel y por juicio fue quitado; y su generación, ¿quién la contará? Porque fue cortado de la tierra de los vivientes,ᵍ y por la rebelión de mi pueblo fue herido.

⁹ Y se dispuso con los impíos su sepultu-ra, mas con los ricos fue en su muerte;

aunque nunca hizo maldad, ni hubo enga-ño en su boca.ʰ

¹⁰ Con todo eso, Jehová quiso quebran-tarlo, sujetándole a padecimiento. Cuan-do haya puesto su vida en expiación por el pecado, verá linaje, vivirá por largos días, y la voluntad de Jehová será en su mano prosperada.

¹¹ Verá el fruto de la aflicción de su alma, y quedará satisfecho; por su conocimiento justificará mi siervo justo a muchos, y lle-vará las iniquidades de ellos.

¹² Por tanto, yo le daré parte con los grandes, y con los fuertes repartirá despo-jos; por cuanto derramó su vida hasta la muerte, y fue contado con los pecadores,ⁱ habiendo él llevado el pecado de muchos, y orado por los transgresores.

El amor eterno de Jehová hacia Israel

54 ¹ Regocíjate, oh estéril, la que no daba a luz; levanta canción y da voces de júbilo, la que nunca estuvo de parto; porque más son los hijos de la des-amparada que los de la casada,ᵃ ha dicho Jehová.

² Ensancha el sitio de tu tienda, y las cor-tinas de tus habitaciones sean extendi-das; no seas escasa; alarga tus cuerdas, y refuerza tus estacas.

³ Porque te extenderás a la mano derecha y a la mano izquierda; y tu descendencia heredará naciones, y habitará las ciudades asoladas.

⁴ No temas, pues no serás confundida; y no te avergüences, porque no serás afren-tada, sino que te olvidarás de la vergüenza de tu juventud, y de la afrenta de tu viu-dez no tendrás más memoria.

⁵ Porque tu marido es tu Hacedor; Jehová de los ejércitos es su nombre; y tu Reden-tor, el Santo de Israel; Dios de toda la tie-rra será llamado.

⁶ Porque como a mujer abandonada y tris-te de espíritu te llamó Jehová, y como a la esposa de la juventud que es repudiada, dijo el Dios tuyo:

⁷ Por un breve momento te abandoné, pero te recogeré con grandes misericordias.

ᵉ 52.15 Ro 15.21.   ᵃ 53.1 Ro 10.16.   ᵇ 53.1 Jn 12.38.
ᶜ 53.4 Mt 8.17.   ᵈ 53.5 1 P 2.24.   ᵉ 53.6 1 P 2.25.
ᶠ 53.7 Ap 5.6.   ᵍ 53.7, 8 Hch 8.32, 33.   ʰ 53.9 1 P 2.22.
ⁱ 53.12 Mr 15.28; Lc 22.37.   ᵃ 54.1 Gá 4.27.

8 Con un poco de ira escondí mi rostro de ti por un momento; pero con misericordia eterna tendré compasión de ti, dijo Jehová tu Redentor.

9 Porque esto me será como en los días de Noé, cuando juré que nunca más las aguas de Noé pasarían sobre la tierra;[b] así he jurado que no me enojaré contra ti, ni te reñiré.

10 Porque los montes se moverán, y los collados temblarán, pero no se apartará de ti mi misericordia, ni el pacto de mi paz se quebrantará, dijo Jehová, el que tiene misericordia de ti.

11 Pobrecita, fatigada con tempestad, sin consuelo; he aquí que yo cimentaré tus piedras sobre carbunclo, y sobre zafiros te fundaré.

12 Tus ventanas pondré de piedras preciosas, tus puertas de piedras de carbunclo, y toda tu muralla de piedras preciosas.[c]

13 Y todos tus hijos serán enseñados por Jehová;[d] y se multiplicará la paz de tus hijos.

14 Con justicia serás adornada; estarás lejos de opresión, porque no temerás, y de temor, porque no se acercará a ti.

15 Si alguno conspirare contra ti, lo hará sin mí; el que contra ti conspirare, delante de ti caerá.

16 He aquí que yo hice al herrero que sopla las ascuas en el fuego, y que saca la herramienta para su obra; y yo he creado al destruidor para destruir.

17 Ninguna arma forjada contra ti prosperará, y condenarás toda lengua que se levante contra ti en juicio. Ésta es la herencia de los siervos de Jehová, y su salvación de mí vendrá, dijo Jehová.

Misericordia gratuita para todos

55 **1** A todos los sedientos: Venid a las aguas;[a] y los que no tienen dinero, venid, comprad y comed. Venid, comprad sin dinero y sin precio, vino y leche.

2 ¿Por qué gastáis el dinero en lo que no es pan, y vuestro trabajo en lo que no sacia? Oídme atentamente, y comed del bien, y se deleitará vuestra alma con grosura.

3 Inclinad vuestro oído, y venid a mí; oíd, y vivirá vuestra alma; y haré con vosotros pacto eterno, las misericordias firmes a David.[b]

4 He aquí que yo lo di por testigo a los pueblos, por jefe y por maestro a las naciones.

5 He aquí, llamarás a gente que no conociste, y gentes que no te conocieron correrán a ti, por causa de Jehová tu Dios, y del Santo de Israel que te ha honrado.

6 Buscad a Jehová mientras puede ser hallado, llamadle en tanto que está cercano.

7 Deje el impío su camino, y el hombre inicuo sus pensamientos, y vuélvase a Jehová, el cual tendrá de él misericordia, y al Dios nuestro, el cual será amplio en perdonar.

8 Porque mis pensamientos no son vuestros pensamientos, ni vuestros caminos mis caminos, dijo Jehová.

9 Como son más altos los cielos que la tierra, así son mis caminos más altos que vuestros caminos, y mis pensamientos más que vuestros pensamientos.

10 Porque como desciende de los cielos la lluvia y la nieve, y no vuelve allá, sino que riega la tierra, y la hace germinar y producir, y da semilla al que siembra, y pan al que come,[c]

11 así será mi palabra que sale de mi boca; no volverá a mí vacía, sino que hará lo que yo quiero, y será prosperada en aquello para que la envié.

12 Porque con alegría saldréis, y con paz seréis vueltos; los montes y los collados levantarán canción delante de vosotros, y todos los árboles del campo darán palmadas de aplauso.

13 En lugar de la zarza crecerá ciprés, y en lugar de la ortiga crecerá arrayán; y será a Jehová por nombre, por señal eterna que nunca será raída.

Recompensa de los que guardan el pacto de Dios

56 **1** Así dijo Jehová: Guardad derecho, y haced justicia; porque cercana está mi salvación para venir, y mi justicia para manifestarse.

2 Bienaventurado el hombre que hace esto, y el hijo de hombre que lo abraza; que guarda el día de reposo* para no profanarlo, y que guarda su mano de hacer todo mal.

---

* Aquí equivale a *sábado*.
b 54.9 Gn 9.8-17.   **c 54.11, 12** Ap 21.18-21.   **d 54.13** Jn 6.45.
a 55.1 Ap 21.6; 22.17.   **b 55.3** Hch 13.34.   **c 55.10** 2 Co 9.10.

³ Y el extranjero que sigue a Jehová no hable diciendo: Me apartará totalmente Jehová de su pueblo. Ni diga el eunuco: He aquí yo soy árbol seco.

⁴ Porque así dijo Jehová: A los eunucos que guarden mis días de reposo,* y escojan lo que yo quiero, y abracen mi pacto,

⁵ yo les daré lugar en mi casa y dentro de mis muros, y nombre mejor que el de hijos e hijas; nombre perpetuo les daré, que nunca perecerá.

⁶ Y a los hijos de los extranjeros que sigan a Jehová para servirle, y que amen el nombre de Jehová para ser sus siervos; a todos los que guarden el día de reposo* para no profanarlo, y abracen mi pacto,

⁷ yo los llevaré a mi santo monte, y los recrearé en mi casa de oración; sus holocaustos y sus sacrificios serán aceptos sobre mi altar; porque mi casa será llamada casa de oración para todos los pueblos.ᵃ

⁸ Dice Jehová el Señor, el que reúne a los dispersos de Israel: Aún juntaré sobre él a sus congregados.

⁹ Todas las bestias del campo, todas las fieras del bosque, venid a devorar.

¹⁰ Sus atalayas son ciegos, todos ellos ignorantes; todos ellos perros mudos, no pueden ladrar; soñolientos, echados, aman el dormir.

¹¹ Y esos perros comilones son insaciables; y los pastores mismos no saben entender; todos ellos siguen sus propios caminos, cada uno busca su propio provecho, cada uno por su lado.

¹² Venid, dicen, tomemos vino, embriaguémonos de sidra; y será el día de mañana como éste, o mucho más excelente.

Condenación de la idolatría de Israel

57 ¹ Perece el justo, y no hay quien piense en ello; y los piadosos mueren, y no hay quien entienda que de delante de la aflicción es quitado el justo.

² Entrará en la paz; descansarán en sus lechos todos los que andan delante de Dios.

³ Mas vosotros llegaos acá, hijos de la hechicera, generación del adúltero y de la fornicaria.

⁴ ¿De quién os habéis burlado? ¿Contra quién ensanchasteis la boca, y alargasteis la lengua? ¿No sois vosotros hijos rebeldes, generación mentirosa,

⁵ que os enfervorizáis con los ídolos debajo de todo árbol frondoso, que sacrificáis los hijos en los valles, debajo de los peñascos?

⁶ En las piedras lisas del valle está tu parte; ellas, ellas son tu suerte; y a ellas derramaste libación, y ofreciste presente. ¿No habré de castigar estas cosas?

⁷ Sobre el monte alto y empinado pusiste tu cama; allí también subiste a hacer sacrificio.

⁸ Y tras la puerta y el umbral pusiste tu recuerdo; porque a otro, y no a mí, te descubriste, y subiste, y ensanchaste tu cama, e hiciste con ellos pacto; amaste su cama dondequiera que la veías.

⁹ Y fuiste al rey con ungüento, y multiplicaste tus perfumes, y enviaste tus embajadores lejos, y te abatiste hasta la profundidad del Seol.

¹⁰ En la multitud de tus caminos te cansaste, pero no dijiste: No hay remedio; hallaste nuevo vigor en tu mano, por tanto, no te desalentaste.

¹¹ ¿Y de quién te asustaste y temiste, que has faltado a la fe, y no te has acordado de mí, ni te vino al pensamiento? ¿No he guardado silencio desde tiempos antiguos, y nunca me has temido?

¹² Yo publicaré tu justicia y tus obras, que no te aprovecharán.

¹³ Cuando clames, que te libren tus ídolos; pero a todos ellos llevará el viento, un soplo los arrebatará; mas el que en mí confía tendrá la tierra por heredad, y poseerá mi santo monte.

¹⁴ Y dirá: Allanad, allanad; barred el camino, quitad los tropiezos del camino de mi pueblo.

¹⁵ Porque así dijo el Alto y Sublime, el que habita la eternidad, y cuyo nombre es el Santo: Yo habito en la altura y la santidad, y con el quebrantado y humilde de espíritu, para hacer vivir el espíritu de los humildes, y para vivificar el corazón de los quebrantados.

¹⁶ Porque no contenderé para siempre, ni para siempre me enojaré; pues decaería ante mí el espíritu, y las almas que yo he creado.

¹⁷ Por la iniquidad de su codicia me enojé, y le herí, escondí mi rostro y me indigné;

---

* Aquí equivale a *sábado*.
a 56.7 Mt 21.13; Mr 11.17; Lc 19.46.

y él siguió rebelde por el camino de su corazón.

18 He visto sus caminos; pero le sanaré, y le pastorearé, y le daré consuelo a él y a sus enlutados;

19 produciré fruto de labios: Paz, paz al que está lejos y al cercano,[a] dijo Jehová; y lo sanaré.

20 Pero los impíos son como el mar en tempestad, que no puede estarse quieto, y sus aguas arrojan cieno y lodo.

21 No hay paz, dijo mi Dios, para los impíos.[b]

El verdadero ayuno

58 **1** Clama a voz en cuello, no te detengas; alza tu voz como trompeta, y anuncia a mi pueblo su rebelión, y a la casa de Jacob su pecado.

2 Que me buscan cada día, y quieren saber mis caminos, como gente que hubiese hecho justicia, y que no hubiese dejado la ley de su Dios; me piden justos juicios, y quieren acercarse a Dios.

3 ¿Por qué, dicen, ayunamos, y no hiciste caso; humillamos nuestras almas, y no te diste por entendido? He aquí que en el día de vuestro ayuno buscáis vuestro propio gusto, y oprimís a todos vuestros trabajadores.

4 He aquí que para contiendas y debates ayunáis y para herir con el puño inicuamente; no ayunéis como hoy, para que vuestra voz sea oída en lo alto.

5 ¿Es tal el ayuno que yo escogí, que de día aflija el hombre su alma, que incline su cabeza como junco, y haga cama de cilicio y de ceniza? ¿Llamaréis esto ayuno, y día agradable a Jehová?

6 ¿No es más bien el ayuno que yo escogí, desatar las ligaduras de impiedad, soltar las cargas de opresión, y dejar ir libres a los quebrantados, y que rompáis todo yugo?

7 ¿No es que partas tu pan con el hambriento, y a los pobres errantes albergues en casa; que cuando veas al desnudo, lo cubras, y no te escondas de tu hermano?

8 Entonces nacerá tu luz como el alba, y tu salvación se dejará ver pronto; e irá tu justicia delante de ti, y la gloria de Jehová será tu retaguardia.

9 Entonces invocarás, y te oirá Jehová; clamarás, y dirá él: Heme aquí. Si quitares de en medio de ti el yugo, el dedo amenazador, y el hablar vanidad;

10 y si dieres tu pan al hambriento, y saciares al alma afligida, en las tinieblas nacerá tu luz, y tu oscuridad será como el mediodía.

11 Jehová te pastoreará siempre, y en las sequías saciará tu alma, y dará vigor a tus huesos; y serás como huerto de riego, y como manantial de aguas, cuyas aguas nunca faltan.

12 Y los tuyos edificarán las ruinas antiguas; los cimientos de generación y generación levantarás, y serás llamado reparador de portillos, restaurador de calzadas para habitar.

La observancia del día de reposo

13 Si retrajeres del día de reposo* tu pie, de hacer tu voluntad en mi día santo, y lo llamares delicia, santo, glorioso de Jehová; y lo venerares, no andando en tus propios caminos, ni buscando tu voluntad, ni hablando tus propias palabras,

14 entonces te deleitarás en Jehová; y yo te haré subir sobre las alturas de la tierra, y te daré a comer la heredad de Jacob tu padre; porque la boca de Jehová lo ha hablado.

Confesión del pecado de Israel

59 **1** He aquí que no se ha acortado la mano de Jehová para salvar, ni se ha agravado su oído para oír;

2 pero vuestras iniquidades han hecho división entre vosotros y vuestro Dios, y vuestros pecados han hecho ocultar de vosotros su rostro para no oír.

3 Porque vuestras manos están contaminadas de sangre, y vuestros dedos de iniquidad; vuestros labios pronuncian mentira, habla maldad vuestra lengua.

4 No hay quien clame por la justicia, ni quien juzgue por la verdad; confían en vanidad, y hablan vanidades; conciben maldades, y dan a luz iniquidad.

5 Incuban huevos de áspides, y tejen telas de arañas; el que comiere de sus huevos, morirá; y si los apretaren, saldrán víboras.

6 Sus telas no servirán para vestir, ni de sus obras serán cubiertos; sus obras son obras

---

* Aquí equivale a *sábado*.
a 57.19 Ef 2.13. **b** 57.21 Is 48.22.

de iniquidad, y obra de rapiña está en sus manos.

7 Sus pies corren al mal, se apresuran para derramar la sangre inocente; sus pensamientos, pensamientos de iniquidad; destrucción y quebrantamiento hay en sus caminos.

8 No conocieron camino de paz,ᵃ ni hay justicia en sus caminos; sus veredas son torcidas; cualquiera que por ellas fuere, no conocerá paz.

9 Por esto se alejó de nosotros la justicia, y no nos alcanzó la rectitud; esperamos luz, y he aquí tinieblas; resplandores, y andamos en oscuridad.

10 Palpamos la pared como ciegos, y andamos a tientas como sin ojos; tropezamos a mediodía como de noche; estamos en lugares oscuros como muertos.

11 Gruñimos como osos todos nosotros, y gemimos lastimeramente como palomas; esperamos justicia, y no la hay; salvación, y se alejó de nosotros.

12 Porque nuestras rebeliones se han multiplicado delante de ti, y nuestros pecados han atestiguado contra nosotros; porque con nosotros están nuestras iniquidades, y conocemos nuestros pecados:

13 el prevaricar y mentir contra Jehová, y el apartarse de en pos de nuestro Dios; el hablar calumnia y rebelión, concebir y proferir de corazón palabras de mentira.

14 Y el derecho se retiró, y la justicia se puso lejos; porque la verdad tropezó en la plaza, y la equidad no pudo venir.

15 Y la verdad fue detenida, y el que se apartó del mal fue puesto en prisión; y lo vio Jehová, y desagradó a sus ojos, porque pereció el derecho.

16 Y vio que no había hombre, y se maravilló que no hubiera quien se interpusiese; y lo salvó su brazo, y le afirmó su misma justicia.ᵇ

17 Pues de justicia se vistió como de una coraza,ᶜ con yelmo de salvación en su cabeza;ᵈ tomó ropas de venganza por vestidura, y se cubrió de celo como de manto,

18 como para vindicación, como para retribuir con ira a sus enemigos, y dar el pago a sus adversarios; el pago dará a los de la costa.

19 Y temerán desde el occidente el nombre de Jehová, y desde el nacimiento del sol su gloria; porque vendrá el enemigo como río, mas el Espíritu de Jehová levantará bandera contra él.

20 Y vendrá el Redentor a Sion, y a los que se volvieren de la iniquidad en Jacob,ᵉ dice Jehová.

21 Y éste será mi pacto con ellos, dijo Jehová: El Espíritu mío que está sobre ti, y mis palabras que puse en tu boca, no faltarán de tu boca, ni de la boca de tus hijos, ni de la boca de los hijos de tus hijos, dijo Jehová, desde ahora y para siempre.

La futura gloria de Sion

60 1 Levántate, resplandece; porque ha venido tu luz, y la gloria de Jehová ha nacido sobre ti.

2 Porque he aquí que tinieblas cubrirán la tierra, y oscuridad las naciones; mas sobre ti amanecerá Jehová, y sobre ti será vista su gloria.

3 Y andarán las naciones a tu luz, y los reyes al resplandor de tu nacimiento.

4 Alza tus ojos alrededor y mira, todos estos se han juntado, vinieron a ti; tus hijos vendrán de lejos, y tus hijas serán llevadas en brazos.

5 Entonces verás, y resplandecerás; se maravillará y ensanchará tu corazón, porque se haya vuelto a ti la multitud del mar, y las riquezas de las naciones hayan venido a ti.

6 Multitud de camellos te cubrirá; dromedarios de Madián y de Efa; vendrán todos los de Sabá; traerán oro e incienso, y publicarán alabanzas de Jehová.

7 Todo el ganado de Cedar será juntado para ti; carneros de Nebaiot te serán servidos; serán ofrecidos con agrado sobre mi altar, y glorificaré la casa de mi gloria.

8 ¿Quiénes son éstos que vuelan como nubes, y como palomas a sus ventanas?

9 Ciertamente a mí esperarán los de la costa, y las naves de Tarsis desde el principio, para traer tus hijos de lejos, su plata y su oro con ellos, al nombre de Jehová tu Dios, y al Santo de Israel, que te ha glorificado.

10 Y extranjeros edificarán tus muros, y sus reyes te servirán; porque en mi ira te castigué, mas en mi buena voluntad tendré de ti misericordia.

a 59.7, 8 Ro 3.15-17.   b 59.16 Is 63.5.   c 59.17 Ef 6.14.
d 59.17 Ef 6.17; 1 Ts 5.8.   e 59.20 Ro 11.26.

11 Tus puertas estarán de continuo abiertas; no se cerrarán de día ni de noche, para que a ti sean traídas las riquezas de las naciones,[a] y conducidos a ti sus reyes. **12** Porque la nación o el reino que no te sirviere perecerá, y del todo será asolado. **13** La gloria del Líbano vendrá a ti, cipreses, pinos y bojes juntamente, para decorar el lugar de mi santuario; y yo honraré el lugar de mis pies.

14 Y vendrán a ti humillados los hijos de los que te afligieron, y a las pisadas de tus pies se encorvarán todos los que te escarnecían,[b] y te llamarán Ciudad de Jehová, Sion del Santo de Israel.

15 En vez de estar abandonada y aborrecida, tanto que nadie pasaba por ti, haré que seas una gloria eterna, el gozo de todos los siglos.

16 Y mamarás la leche de las naciones, el pecho de los reyes mamarás; y conocerás que yo Jehová soy el Salvador tuyo y Redentor tuyo, el Fuerte de Jacob.

17 En vez de bronce traeré oro, y por hierro plata, y por madera bronce, y en lugar de piedras hierro; y pondré paz por tu tributo, y justicia por tus opresores.

18 Nunca más se oirá en tu tierra violencia, destrucción ni quebrantamiento en tu territorio, sino que a tus muros llamarás Salvación, y a tus puertas Alabanza.

19 El sol nunca más te servirá de luz para el día, ni el resplandor de la luna te alumbrará, sino que Jehová te será por luz perpetua, y el Dios tuyo por tu gloria.[c]

20 No se pondrá jamás tu sol, ni menguará tu luna; porque Jehová te será por luz perpetua, y los días de tu luto serán acabados.

21 Y tu pueblo, todos ellos serán justos, para siempre heredarán la tierra; renuevos de mi plantío, obra de mis manos, para glorificarme.

22 El pequeño vendrá a ser mil, el menor, un pueblo fuerte. Yo Jehová, a su tiempo haré que esto sea cumplido pronto.

Buenas nuevas de salvación para Sion

61 **1** El Espíritu de Jehová el Señor está sobre mí, porque me ungió Jehová; me ha enviado a predicar buenas nuevas a los abatidos,[a] a vendar a los quebrantados de corazón, a publicar libertad a los cautivos, y a los presos apertura de la cárcel; **2** a proclamar el año de la buena voluntad de Jehová,[b] y el día de venganza del Dios nuestro; a consolar a todos los enlutados;[c] **3** a ordenar que a los afligidos de Sion se les dé gloria en lugar de ceniza, óleo de gozo en lugar de luto, manto de alegría en lugar del espíritu angustiado; y serán llamados árboles de justicia, plantío de Jehová, para gloria suya.

4 Reedificarán las ruinas antiguas, y levantarán los asolamientos primeros, y restaurarán las ciudades arruinadas, los escombros de muchas generaciones.

5 Y extranjeros apacentarán vuestras ovejas, y los extraños serán vuestros labradores y vuestros viñadores.

6 Y vosotros seréis llamados sacerdotes de Jehová, ministros de nuestro Dios seréis llamados; comeréis las riquezas de las naciones, y con su gloria seréis sublimes.

7 En lugar de vuestra doble confusión y de vuestra deshonra, os alabarán en sus heredades; por lo cual en sus tierras poseerán doble honra, y tendrán perpetuo gozo.

8 Porque yo Jehová soy amante del derecho, aborrecedor del latrocinio para holocausto; por tanto, afirmaré en verdad su obra, y haré con ellos pacto perpetuo.

9 Y la descendencia de ellos será conocida entre las naciones, y sus renuevos en medio de los pueblos; todos los que los vieren, reconocerán que son linaje bendito de Jehová.

10 En gran manera me gozaré en Jehová, mi alma se alegrará en mi Dios; porque me vistió con vestiduras de salvación, me rodeó de manto de justicia, como a novio me atavió, y como a novia adornada con sus joyas.[d]

11 Porque como la tierra produce su renuevo, y como el huerto hace brotar su semilla, así Jehová el Señor hará brotar justicia y alabanza delante de todas las naciones.

62 **1** Por amor de Sion no callaré, y por amor de Jerusalén no descansaré, hasta que salga como resplandor su justicia, y su salvación se encienda como una antorcha.

2 Entonces verán las gentes tu justicia, y todos los reyes tu gloria; y te será puesto

---

a **60.11** Ap 21.25, 26. b **60.14** Ap 3.9. c **60.19** Ap 21.23; 22.5. a **61.1** Mt 11.5; Lc 7.22. b **61.1, 2** Lc 4.18, 19. c **61.2** Mt 5.4. d **61.10** Ap 21.2.

un nombre nuevo, que la boca de Jehová nombrará.

³ Y serás corona de gloria en la mano de Jehová, y diadema de reino en la mano del Dios tuyo.

⁴ Nunca más te llamarán Desamparada, ni tu tierra se dirá más Desolada; sino que serás llamada Hefzi-bá,⁴ y tu tierra, Beula;⁵ porque el amor de Jehová estará en ti, y tu tierra será desposada.

⁵ Pues como el joven se desposa con la virgen, se desposarán contigo tus hijos; y como el gozo del esposo con la esposa, así se gozará contigo el Dios tuyo.

⁶ Sobre tus muros, oh Jerusalén, he puesto guardas; todo el día y toda la noche no callarán jamás. Los que os acordáis de Jehová, no reposéis,

⁷ ni le deis tregua, hasta que restablezca a Jerusalén, y la ponga por alabanza en la tierra.

⁸ Juró Jehová por su mano derecha, y por su poderoso brazo: Que jamás daré tu trigo por comida a tus enemigos, ni beberán los extraños el vino que es fruto de tu trabajo;

⁹ sino que los que lo cosechan lo comerán, y alabarán a Jehová; y los que lo vendimian, lo beberán en los atrios de mi santuario.

¹⁰ Pasad, pasad por las puertas; barred el camino al pueblo; allanad, allanad la calzada, quitad las piedras, alzad pendón a los pueblos.

¹¹ He aquí que Jehová hizo oír hasta lo último de la tierra: Decid a la hija de Sion: He aquí viene tu Salvador; he aquí su recompensa con él, y delante de él su obra.ª

¹² Y les llamarán Pueblo Santo, Redimidos de Jehová; y a ti te llamarán Ciudad Deseada, no desamparada.

El día de la venganza de Jehová

63 ¹ ¿Quién es éste que viene de Edom,ª de Bosra, con vestidos rojos? ¿éste hermoso en su vestido, que marcha en la grandeza de su poder?

Yo, el que hablo en justicia, grande para salvar.

² ¿Por qué es rojo tu vestido, y tus ropas como del que ha pisado en lagar?

³ He pisado yo solo el lagar,ᵇ y de los pueblos nadie había conmigo; los pisé con mi ira, y los hollé con mi furor; y su sangre salpicó mis vestidos, y manché todas mis ropas.ᶜ

⁴ Porque el día de la venganza está en mi corazón, y el año de mis redimidos ha llegado.

⁵ Miré, y no había quien ayudara, y me maravillé que no hubiera quien sustentase; y me salvó mi brazo, y me sostuvo mi ira.ᵈ

⁶ Y con mi ira hollé los pueblos, y los embriagué en mi furor, y derramé en tierra su sangre.

Bondad de Jehová hacia Israel

⁷ De las misericordias de Jehová haré memoria, de las alabanzas de Jehová, conforme a todo lo que Jehová nos ha dado, y de la grandeza de sus beneficios hacia la casa de Israel, que les ha hecho según sus misericordias, y según la multitud de sus piedades.

⁸ Porque dijo: Ciertamente mi pueblo son, hijos que no mienten; y fue su Salvador.

⁹ En toda angustia de ellos él fue angustiado, y el ángel de su faz los salvó; en su amor y en su clemencia los redimió, y los trajo, y los levantó todos los días de la antigüedad.

¹⁰ Mas ellos fueron rebeldes, e hicieron enojar su santo espíritu; por lo cual se les volvió enemigo, y él mismo peleó contra ellos.

¹¹ Pero se acordó de los días antiguos, de Moisés y de su pueblo, diciendo: ¿Dónde está el que les hizo subir del mar con el pastor de su rebaño? ¿dónde el que puso en medio de él su santo espíritu,

¹² el que los guió por la diestra de Moisés con el brazo de su gloria; el que dividió las aguas delante de ellos,ᵉ haciéndose así nombre perpetuo,

¹³ el que los condujo por los abismos, como un caballo por el desierto, sin que tropezaran?

¹⁴ El Espíritu de Jehová los pastoreó, como a una bestia que desciende al valle; así pastoreaste a tu pueblo, para hacerte nombre glorioso.

---

4. **62.4** Esto es, *Mi deleite está en ella.*
5. **62.4** Esto es, *Desposada.*
a **62.11** Is 40.10; Ap 22.12.   a **63.1-6** Is 34.5-17; Jer 49.7-22; Ez 25.12-14; 35.1-15; Am 1.11, 12; Abd 1.14; Mal 1.2-5.
b **63.3** Ap 14.20; 19.15.   c **63.3** Ap 19.13.   d **63.5** Is 59.16.
e **63.12** Éx 14.21.

Plegaria pidiendo misericordia y ayuda

15 Mira desde el cielo, y contempla desde tu santa y gloriosa morada. ¿Dónde está tu celo, y tu poder, la conmoción de tus entrañas y tus piedades para conmigo? ¿Se han estrechado?

16 Pero tú eres nuestro padre, si bien Abraham nos ignora, e Israel no nos conoce; tú, oh Jehová, eres nuestro padre; nuestro Redentor perpetuo es tu nombre.

17 ¿Por qué, oh Jehová, nos has hecho errar de tus caminos, y endureciste nuestro corazón a tu temor? Vuélvete por amor de tus siervos, por las tribus de tu heredad.

18 Por poco tiempo lo poseyó tu santo pueblo; nuestros enemigos han hollado tu santuario.

19 Hemos venido a ser como aquellos de quienes nunca te enseñoreaste, sobre los cuales nunca fue llamado tu nombre.

64 **1** ¡Oh, si rompieses los cielos, y descendieras, y a tu presencia se escurriesen los montes,

2 como fuego abrasador de fundiciones, fuego que hace hervir las aguas, para que hicieras notorio tu nombre a tus enemigos, y las naciones temblasen a tu presencia!

3 Cuando, haciendo cosas terribles cuales nunca esperábamos, descendiste, fluyeron los montes delante de ti.

4 Ni nunca oyeron, ni oídos percibieron, ni ojo ha visto a Dios fuera de ti, que hiciese por el que en él espera.[a]

5 Saliste al encuentro del que con alegría hacía justicia, de los que se acordaban de ti en tus caminos; he aquí, tú te enojaste porque pecamos; en los pecados hemos perseverado por largo tiempo; ¿podremos acaso ser salvos?

6 Si bien todos nosotros somos como suciedad, y todas nuestras justicias como trapo de inmundicia; y caímos todos nosotros como la hoja, y nuestras maldades nos llevaron como viento.

7 Nadie hay que invoque tu nombre, que se despierte para apoyarse en ti; por lo cual escondiste de nosotros tu rostro, y nos dejaste marchitar en poder de nuestras maldades.

8 Ahora pues, Jehová, tú eres nuestro padre; nosotros barro, y tú el que nos formaste; así que obra de tus manos somos todos nosotros.

9 No te enojes sobremanera, Jehová, ni tengas perpetua memoria de la iniquidad; he aquí, mira ahora, pueblo tuyo somos todos nosotros.

10 Tus santas ciudades están desiertas, Sion es un desierto, Jerusalén una soledad.

11 La casa de nuestro santuario y de nuestra gloria, en la cual te alabaron nuestros padres, fue consumida al fuego; y todas nuestras cosas preciosas han sido destruidas.

12 ¿Te estarás quieto, oh Jehová, sobre estas cosas? ¿Callarás, y nos afligirás sobremanera?

Castigo de los rebeldes

65 **1** Fui buscado por los que no preguntaban por mí; fui hallado por los que no me buscaban.[a] Dije a gente que no invocaba mi nombre: Heme aquí, heme aquí.

2 Extendí mis manos todo el día a pueblo rebelde,[b] el cual anda por camino no bueno, en pos de sus pensamientos;

3 pueblo que en mi rostro me provoca de continuo a ira, sacrificando en huertos, y quemando incienso sobre ladrillos;

4 que se quedan en los sepulcros, y en lugares escondidos pasan la noche; que comen carne de cerdo, y en sus ollas hay caldo de cosas inmundas;

5 que dicen: Estate en tu lugar, no te acerques a mí, porque soy más santo que tú; éstos son humo en mi furor, fuego que arde todo el día.

6 He aquí que escrito está delante de mí; no callaré, sino que recompensaré, y daré el pago en su seno

7 por vuestras iniquidades, dice Jehová, y por las iniquidades de vuestros padres juntamente, los cuales quemaron incienso sobre los montes, y sobre los collados me afrentaron; por tanto, yo les mediré su obra antigua en su seno.

8 Así ha dicho Jehová: Como si alguno hallase mosto en un racimo, y dijese: No lo desperdicies, porque bendición hay en él; así haré yo por mis siervos, que no lo destruiré todo.

9 Sacaré descendencia de Jacob, y de Judá heredero de mis montes; y mis escogidos

---

a 64.4 1 Co 2.9.   a 65.1 Ro 10.20.   b 65.2 Ro 10.21.

poseerán por heredad la tierra, y mis siervos habitarán allí.

10 Y será Sarón para habitación de ovejas, y el valle de Acor[c] para majada de vacas, para mi pueblo que me buscó.

11 Pero vosotros los que dejáis a Jehová, que olvidáis mi santo monte, que ponéis mesa para la Fortuna, y suministráis libaciones para el Destino;

12 yo también os destinaré a la espada, y todos vosotros os arrodillaréis al degolladero, por cuanto llamé, y no respondisteis; hablé, y no oísteis, sino que hicisteis lo malo delante de mis ojos, y escogisteis lo que me desagrada.

13 Por tanto, así dijo Jehová el Señor: He aquí que mis siervos comerán, y vosotros tendréis hambre; he aquí que mis siervos beberán, y vosotros tendréis sed; he aquí que mis siervos se alegrarán, y vosotros seréis avergonzados;

14 he aquí que mis siervos cantarán por júbilo del corazón, y vosotros clamaréis por el dolor del corazón, y por el quebrantamiento de espíritu aullaréis.

15 Y dejaréis vuestro nombre por maldición a mis escogidos, y Jehová el Señor te matará, y a sus siervos llamará por otro nombre.

16 El que se bendijere en la tierra, en el Dios de verdad se bendecirá; y el que jurare en la tierra, por el Dios de verdad jurará; porque las angustias primeras serán olvidadas, y serán cubiertas de mis ojos.

Cielos nuevos y tierra nueva

17 Porque he aquí que yo crearé nuevos cielos y nueva tierra;[d] y de lo primero no habrá memoria, ni más vendrá al pensamiento.

18 Mas os gozaréis y os alegraréis para siempre en las cosas que yo he creado; porque he aquí que yo traigo a Jerusalén alegría, y a su pueblo gozo.

19 Y me alegraré con Jerusalén, y me gozaré con mi pueblo; y nunca más se oirán en ella voz de lloro, ni voz de clamor.[e]

20 No habrá más allí niño que muera de pocos días, ni viejo que sus días no cumpla; porque el niño morirá de cien años, y el pecador de cien años será maldito.

21 Edificarán casas, y morarán en ellas; plantarán viñas, y comerán el fruto de ellas.

22 No edificarán para que otro habite, ni plantarán para que otro coma; porque según los días de los árboles serán los días de mi pueblo, y mis escogidos disfrutarán la obra de sus manos.

23 No trabajarán en vano, ni darán a luz para maldición; porque son linaje de los benditos de Jehová, y sus descendientes con ellos.

24 Y antes que clamen, responderé yo; mientras aún hablan, yo habré oído.

25 El lobo y el cordero serán apacentados juntos, y el león comerá paja como el buey; y el polvo será el alimento de la serpiente. No afligirán, ni harán mal en todo mi santo monte, dijo Jehová.[f]

Los juicios de Jehová y la futura prosperidad de Sion

66 **1** Jehová dijo así: El cielo es mi trono,[a] y la tierra estrado de mis pies;[b] ¿dónde está la casa que me habréis de edificar, y dónde el lugar de mi reposo?[c]

2 Mi mano hizo todas estas cosas, y así todas estas cosas fueron, dice Jehová; pero miraré a aquel que es pobre y humilde de espíritu, y que tiembla a mi palabra.

3 El que sacrifica buey es como si matase a un hombre; el que sacrifica oveja, como si degollase un perro; el que hace ofrenda, como si ofreciese sangre de cerdo; el que quema incienso, como si bendijese a un ídolo. Y porque escogieron sus propios caminos, y su alma amó sus abominaciones,

4 también yo escogeré para ellos escarnios, y traeré sobre ellos lo que temieron; porque llamé, y nadie respondió; hablé, y no oyeron, sino que hicieron lo malo delante de mis ojos, y escogieron lo que me desagrada.

5 Oíd palabra de Jehová, vosotros los que tembláis a su palabra: Vuestros hermanos que os aborrecen, y os echan fuera por causa de mi nombre, dijeron: Jehová sea glorificado. Pero él se mostrará para alegría vuestra, y ellos serán confundidos.

6 Voz de alboroto de la ciudad, voz del templo, voz de Jehová que da el pago a sus enemigos.

---

c 65.10 Jos 7.24-26. **d 65.17** Is 66.22; 2 P 3.13; Ap 21.1. **e 65.19** Ap 21.4. **f 65.25** Is 11.6-9. **a 66.1** Mt 5.34; 23.22. **b 66.1** Mt 5.35. **c 66.1** Hch 7.49, 50.

7 Antes que estuviese de parto, dio a luz; antes que le viniesen dolores, dio a luz hijo.^d

8 ¿Quién oyó cosa semejante? ¿quién vio tal cosa? ¿Concebirá la tierra en un día? ¿Nacerá una nación de una vez? Pues en cuanto Sion estuvo de parto, dio a luz sus hijos.

9 Yo que hago dar a luz, ¿no haré nacer? dijo Jehová. Yo que hago engendrar, ¿impediré el nacimiento? dice tu Dios.

10 Alegraos con Jerusalén, y gozaos con ella, todos los que la amáis; llenaos con ella de gozo, todos los que os enlutáis por ella;

11 para que maméis y os saciéis de los pechos de sus consolaciones; para que bebáis, y os deleitéis con el resplandor de su gloria.

12 Porque así dice Jehová: He aquí que yo extiendo sobre ella paz como un río, y la gloria de las naciones como torrente que se desborda; y mamaréis, y en los brazos seréis traídos, y sobre las rodillas seréis mimados.

13 Como aquel a quien consuela su madre, así os consolaré yo a vosotros, y en Jerusalén tomaréis consuelo.

14 Y veréis, y se alegrará vuestro corazón, y vuestros huesos reverdecerán como la hierba; y la mano de Jehová para con sus siervos será conocida, y se enojará contra sus enemigos.

15 Porque he aquí que Jehová vendrá con fuego, y sus carros como torbellino, para descargar su ira con furor, y su reprensión con llama de fuego.

16 Porque Jehová juzgará con fuego y con su espada a todo hombre; y los muertos de Jehová serán multiplicados.

17 Los que se santifican y los que se purifican en los huertos, unos tras otros, los que comen carne de cerdo y abominación y ratón, juntamente serán talados, dice Jehová.

18 Porque yo conozco sus obras y sus pensamientos; tiempo vendrá para juntar a todas las naciones y lenguas; y vendrán, y verán mi gloria.

19 Y pondré entre ellos señal, y enviaré de los escapados de ellos a las naciones, a Tarsis, a Fut y Lud que disparan arco, a Tubal y a Javán, a las costas lejanas que no oyeron de mí, ni vieron mi gloria; y publicarán mi gloria entre las naciones.

20 Y traerán a todos vuestros hermanos de entre todas las naciones, por ofrenda a Jehová, en caballos, en carros, en literas, en mulos y en camellos, a mi santo monte de Jerusalén, dice Jehová, al modo que los hijos de Israel traen la ofrenda en utensilios limpios a la casa de Jehová.

21 Y tomaré también de ellos para sacerdotes y levitas, dice Jehová.

22 Porque como los cielos nuevos y la nueva tierra^e que yo hago permanecerán delante de mí, dice Jehová, así permanecerá vuestra descendencia y vuestro nombre.

23 Y de mes en mes, y de día de reposo* en día de reposo,* vendrán todos a adorar delante de mí, dijo Jehová.

24 Y saldrán, y verán los cadáveres de los hombres que se rebelaron contra mí; porque su gusano nunca morirá, ni su fuego se apagará,^f y serán abominables a todo hombre.

---

* Aquí equivale a *sábado*.

d 66.7 Ap 12.5. **e 66.22** Is 65.17; 2 P 3.13; Ap 21.1.
f 66.24 Mr 9.48.

JEREMÍAS

Llamamiento y misión de Jeremías

1 ¹ Las palabras de Jeremías hijo de Hilcías, de los sacerdotes que estuvieron en Anatot, en tierra de Benjamín.

² Palabra de Jehová que le vino en los días de Josías[a] hijo de Amón, rey de Judá, en el año decimotercero de su reinado.

³ Le vino también en días de Joacim[b] hijo de Josías, rey de Judá, hasta el fin del año undécimo de Sedequías[c] hijo de Josías, rey de Judá, hasta la cautividad de Jerusalén en el mes quinto.

⁴ Vino, pues, palabra de Jehová a mí, diciendo:

⁵ Antes que te formase en el vientre te conocí, y antes que nacieses te santifiqué, te di por profeta a las naciones.

⁶ Y yo dije: ¡Ah! ¡ah, Señor Jehová! He aquí, no sé hablar, porque soy niño.

⁷ Y me dijo Jehová: No digas: Soy un niño; porque a todo lo que te envíe irás tú, y dirás todo lo que te mande.

⁸ No temas delante de ellos, porque contigo estoy para librarte, dice Jehová.

⁹ Y extendió Jehová su mano y tocó mi boca, y me dijo Jehová: He aquí he puesto mis palabras en tu boca.

¹⁰ Mira que te he puesto en este día sobre naciones y sobre reinos, para arrancar y para destruir, para arruinar y para derribar, para edificar y para plantar.

¹¹ La palabra de Jehová vino a mí, diciendo: ¿Qué ves tú, Jeremías? Y dije: Veo una vara de almendro.[1]

¹² Y me dijo Jehová: Bien has visto; porque yo apresuro[2] mi palabra para ponerla por obra.

¹³ Vino a mí la palabra de Jehová por segunda vez, diciendo: ¿Qué ves tú? Y dije: Veo una olla que hierve; y su faz está hacia el norte.

¹⁴ Me dijo Jehová: Del norte se soltará el mal sobre todos los moradores de esta tierra.

¹⁵ Porque he aquí que yo convoco a todas las familias de los reinos del norte, dice Jehová; y vendrán, y pondrá cada uno su campamento a la entrada de las puertas de Jerusalén, y junto a todos sus muros en derredor, y contra todas las ciudades de Judá.

¹⁶ Y a causa de toda su maldad, proferiré mis juicios contra los que me dejaron, e incensaron a dioses extraños, y la obra de sus manos adoraron.

¹⁷ Tú, pues, ciñe tus lomos, levántate, y háblales todo cuanto te mande; no temas delante de ellos, para que no te haga yo quebrantar delante de ellos.

¹⁸ Porque he aquí que yo te he puesto en este día como ciudad fortificada, como columna de hierro, y como muro de bronce contra toda esta tierra, contra los reyes de Judá, sus príncipes, sus sacerdotes, y el pueblo de la tierra.

¹⁹ Y pelearán contra ti, pero no te vencerán; porque yo estoy contigo, dice Jehová, para librarte.

Jehová y la apostasía de Israel

2 ¹ Vino a mí palabra de Jehová, diciendo:

² Anda y clama a los oídos de Jerusalén, diciendo: Así dice Jehová: Me he acordado de ti, de la fidelidad de tu juventud, del amor de tu desposorio, cuando andabas en pos de mí en el desierto, en tierra no sembrada.

³ Santo era Israel a Jehová, primicias de sus nuevos frutos. Todos los que le devoraban eran culpables; mal venía sobre ellos, dice Jehová.

⁴ Oíd la palabra de Jehová, casa de Jacob, y todas las familias de la casa de Israel.

⁵ Así dijo Jehová: ¿Qué maldad hallaron en mí vuestros padres, que se alejaron de mí, y se fueron tras la vanidad y se hicieron vanos?

---

1. **1.11** Heb. *shaked.* *2.* **1.12** Heb. *shoked.*
a **1.2** 2 R 22.3—23.27; 2 Cr 34.8—35.19.
b **1.3** 2 R 23.36—24.7; 2 Cr 36.5-8.
c **1.3** 2 R 24.18—25.21; 2 Cr 36.11-21.

6 Y no dijeron: ¿Dónde está Jehová, que nos hizo subir de la tierra de Egipto, que nos condujo por el desierto, por una tierra desierta y despoblada, por tierra seca y de sombra de muerte, por una tierra por la cual no pasó varón, ni allí habitó hombre?

7 Y os introduje en tierra de abundancia, para que comieseis su fruto y su bien; pero entrasteis y contaminasteis mi tierra, e hicisteis abominable mi heredad.

8 Los sacerdotes no dijeron: ¿Dónde está Jehová? y los que tenían la ley no me conocieron; y los pastores se rebelaron contra mí, y los profetas profetizaron en nombre de Baal, y anduvieron tras lo que no aprovecha.

9 Por tanto, contenderé aún con vosotros, dijo Jehová, y con los hijos de vuestros hijos pleitearé.

10 Porque pasad a las costas de Quitim y mirad; y enviad a Cedar, y considerad cuidadosamente, y ved si se ha hecho cosa semejante a ésta.

11 ¿Acaso alguna nación ha cambiado sus dioses, aunque ellos no son dioses? Sin embargo, mi pueblo ha trocado su gloria por lo que no aprovecha.

12 Espantaos, cielos, sobre esto, y horrorizaos; desolaos en gran manera, dijo Jehová.

13 Porque dos males ha hecho mi pueblo: me dejaron a mí, fuente de agua viva, y cavaron para sí cisternas, cisternas rotas que no retienen agua.

14 ¿Es Israel siervo? ¿es esclavo? ¿Por qué ha venido a ser presa?

15 Los cachorros del león rugieron contra él, alzaron su voz, y asolaron su tierra; quemadas están sus ciudades, sin morador.

16 Aun los hijos de Menfis y de Tafnes te quebrantaron la coronilla.

17 ¿No te acarreó esto el haber dejado a Jehová tu Dios, cuando te conducía por el camino?

18 Ahora, pues, ¿qué tienes tú en el camino de Egipto, para que bebas agua del Nilo? ¿Y qué tienes tú en el camino de Asiria, para que bebas agua del Éufrates?

19 Tu maldad te castigará, y tus rebeldías te condenarán; sabe, pues, y ve cuán malo y amargo es el haber dejado tú a Jehová tu Dios, y faltar mi temor en ti, dice el Señor, Jehová de los ejércitos.

20 Porque desde muy atrás rompiste tu yugo y tus ataduras, y dijiste: No serviré. Con todo eso, sobre todo collado alto y debajo de todo árbol frondoso te echabas como ramera.

21 Te planté de vid escogida, simiente verdadera toda ella; ¿cómo, pues, te me has vuelto sarmiento de vid extraña?

22 Aunque te laves con lejía, y amontones jabón sobre ti, la mancha de tu pecado permanecerá aún delante de mí, dijo Jehová el Señor.

23 ¿Cómo puedes decir: No soy inmunda, nunca anduve tras los baales? Mira tu proceder en el valle, conoce lo que has hecho, dromedaria ligera que tuerce su camino,

24 asna montés acostumbrada al desierto, que en su ardor olfatea el viento. De su lujuria, ¿quién la detendrá? Todos los que la buscaren no se fatigarán, porque en el tiempo de su celo la hallarán.

25 Guarda tus pies de andar descalzos, y tu garganta de la sed. Mas dijiste: No hay remedio en ninguna manera, porque a extraños he amado, y tras ellos he de ir.

26 Como se avergüenza el ladrón cuando es descubierto, así se avergonzará la casa de Israel, ellos, sus reyes, sus príncipes, sus sacerdotes y sus profetas,

27 que dicen a un leño: Mi padre eres tú; y a una piedra: Tú me has engendrado. Porque me volvieron la cerviz, y no el rostro; y en el tiempo de su calamidad dicen: Levántate, y líbranos.

28 ¿Y dónde están tus dioses que hiciste para ti? Levántense ellos, a ver si te podrán librar en el tiempo de tu aflicción; porque según el número de tus ciudades, oh Judá, fueron tus dioses.

29 ¿Por qué porfías conmigo? Todos vosotros prevaricasteis contra mí, dice Jehová.

30 En vano he azotado a vuestros hijos; no han recibido corrección. Vuestra espada devoró a vuestros profetas como león destrozador.

31 ¡Oh generación! atended vosotros a la palabra de Jehová. ¿He sido yo un desierto para Israel, o tierra de tinieblas? ¿Por qué ha dicho mi pueblo: Somos libres; nunca más vendremos a ti?

32 ¿Se olvida la virgen de su atavío, o la desposada de sus galas? Pero mi pueblo se ha olvidado de mí por innumerables días.

33 ¿Por qué adornas tu camino para hallar amor? Aun a las malvadas enseñaste tus caminos.

34 Aun en tus faldas se halló la sangre de los pobres, de los inocentes. No los hallaste en ningún delito; sin embargo, en todas estas cosas dices:

35 Soy inocente, de cierto su ira se apartó de mí. He aquí yo entraré en juicio contigo, porque dijiste: No he pecado.

36 ¿Para qué discurres tanto, cambiando tus caminos? También serás avergonzada de Egipto, como fuiste avergonzada de Asiria.

37 También de allí saldrás con tus manos sobre tu cabeza, porque Jehová desechó a aquellos en quienes tú confiabas, y no prosperarás por ellos.

3 1 Dicen: Si alguno dejare a su mujer, y yéndose ésta de él se juntare a otro hombre, ¿volverá a ella más? ¿No será tal tierra del todo amancillada? Tú, pues, has fornicado con muchos amigos; mas ¡vuélvete a mí! dice Jehová.

2 Alza tus ojos a las alturas, y ve en qué lugar no te hayas prostituido. Junto a los caminos te sentabas para ellos como árabe en el desierto, y con tus fornicaciones y con tu maldad has contaminado la tierra.

3 Por esta causa las aguas han sido detenidas, y faltó la lluvia tardía; y has tenido frente de ramera, y no quisiste tener vergüenza.

4 A lo menos desde ahora, ¿no me llamarás a mí, Padre mío, guiador de mi juventud?

5 ¿Guardará su enojo para siempre? ¿Eternamente lo guardará? He aquí que has hablado y hecho cuantas maldades pudiste.

Jehová exhorta a Israel y a Judá al arrepentimiento

6 Me dijo Jehová en días del rey Josías:[a] ¿Has visto lo que ha hecho la rebelde Israel? Ella se va sobre todo monte alto y debajo de todo árbol frondoso, y allí fornica.

7 Y dije: Después de hacer todo esto, se volverá a mí; pero no se volvió, y lo vio su hermana la rebelde Judá.

8 Ella vio que por haber fornicado la rebelde Israel, yo la había despedido y dado carta de repudio; pero no tuvo temor la rebelde Judá su hermana, sino que también fue ella y fornicó.

9 Y sucedió que por juzgar ella cosa liviana su fornicación, la tierra fue contaminada, y adulteró con la piedra y con el leño.

10 Con todo esto, su hermana la rebelde Judá no se volvió a mí de todo corazón, sino fingidamente, dice Jehová.

11 Y me dijo Jehová: Ha resultado justa la rebelde Israel en comparación con la desleal Judá.

12 Ve y clama estas palabras hacia el norte, y di: Vuélvete, oh rebelde Israel, dice Jehová; no haré caer mi ira sobre ti, porque misericordioso soy yo, dice Jehová, no guardaré para siempre el enojo.

13 Reconoce, pues, tu maldad, porque contra Jehová tu Dios has prevaricado, y fornicaste con los extraños debajo de todo árbol frondoso, y no oíste mi voz, dice Jehová.

14 Convertíos, hijos rebeldes, dice Jehová, porque yo soy vuestro esposo; y os tomaré uno de cada ciudad, y dos de cada familia, y os introduciré en Sion;

15 y os daré pastores según mi corazón, que os apacienten con ciencia y con inteligencia.

16 Y acontecerá que cuando os multipliquéis y crezcáis en la tierra, en esos días, dice Jehová, no se dirá más: Arca del pacto de Jehová; ni vendrá al pensamiento, ni se acordarán de ella, ni la echarán de menos, ni se hará otra.

17 En aquel tiempo llamarán a Jerusalén: Trono de Jehová, y todas las naciones vendrán a ella en el nombre de Jehová en Jerusalén; ni andarán más tras la dureza de su malvado corazón.

18 En aquellos tiempos irán de la casa de Judá a la casa de Israel, y vendrán juntamente de la tierra del norte a la tierra que hice heredar a vuestros padres.

19 Yo preguntaba: ¿Cómo os pondré por hijos, y os daré la tierra deseable, la rica heredad de las naciones? Y dije: Me llamaréis: Padre mío, y no os apartaréis de en pos de mí.

20 Pero como la esposa infiel abandona a su compañero, así prevaricasteis contra mí, oh casa de Israel, dice Jehová.

21 Voz fue oída sobre las alturas, llanto de los ruegos de los hijos de Israel; porque

---

a 3.6 2 R 22.1—23.30; 2 Cr 34.1—35.27.

han torcido su camino, de Jehová su Dios se han olvidado.

²² Convertíos, hijos rebeldes, y sanaré vuestras rebeliones. He aquí nosotros venimos a ti, porque tú eres Jehová nuestro Dios.

²³ Ciertamente vanidad son los collados, y el bullicio sobre los montes; ciertamente en Jehová nuestro Dios está la salvación de Israel.

²⁴ Confusión consumió el trabajo de nuestros padres desde nuestra juventud; sus ovejas, sus vacas, sus hijos y sus hijas.

²⁵ Yacemos en nuestra confusión, y nuestra afrenta nos cubre; porque pecamos contra Jehová nuestro Dios, nosotros y nuestros padres, desde nuestra juventud y hasta este día, y no hemos escuchado la voz de Jehová nuestro Dios.

4 ¹ Si te volvieres, oh Israel, dice Jehová, vuélvete a mí. Y si quitares de delante de mí tus abominaciones, y no anduvieres de acá para allá,

² y jurares: Vive Jehová, en verdad, en juicio y en justicia, entonces las naciones serán benditas en él, y en él se gloriarán.

³ Porque así dice Jehová a todo varón de Judá y de Jerusalén: Arad campo para vosotros,ᵃ y no sembréis entre espinos.

⁴ Circuncidaos a Jehová, y quitad el prepucio de vuestro corazón, varones de Judá y moradores de Jerusalén; no sea que mi ira salga como fuego, y se encienda y no haya quien la apague, por la maldad de vuestras obras.

Judá es amenazada de invasión

⁵ Anunciad en Judá, y proclamad en Jerusalén, y decid: Tocad trompeta en la tierra; pregonad, juntaos, y decid: Reuníos, y entrémonos en las ciudades fortificadas.

⁶ Alzad bandera en Sion, huid, no os detengáis; porque yo hago venir mal del norte, y quebrantamiento grande.

⁷ El león sube de la espesura, y el destruidor de naciones está en marcha, y ha salido de su lugar para poner tu tierra en desolación; tus ciudades quedarán asoladas y sin morador.

⁸ Por esto vestíos de cilicio, endechad y aullad; porque la ira de Jehová no se ha apartado de nosotros.

⁹ En aquel día, dice Jehová, desfallecerá el corazón del rey y el corazón de los príncipes, y los sacerdotes estarán atónitos, y se maravillarán los profetas.

¹⁰ Y dije: ¡Ay, ay, Jehová Dios! Verdaderamente en gran manera has engañado a este pueblo y a Jerusalén, diciendo: Paz tendréis; pues la espada ha venido hasta el alma.

¹¹ En aquel tiempo se dirá a este pueblo y a Jerusalén: Viento seco de las alturas del desierto vino a la hija de mi pueblo, no para aventar, ni para limpiar.

¹² Viento más vehemente que éste vendrá a mí; y ahora yo pronunciaré juicios contra ellos.

¹³ He aquí que subirá como nube, y su carro como torbellino; más ligeros son sus caballos que las águilas. ¡Ay de nosotros, porque entregados somos a despojo!

¹⁴ Lava tu corazón de maldad, oh Jerusalén, para que seas salva. ¿Hasta cuándo permitirás en medio de ti los pensamientos de iniquidad?

¹⁵ Porque una voz trae las nuevas desde Dan, y hace oír la calamidad desde el monte de Efraín.

¹⁶ Decid a las naciones: He aquí, haced oír sobre Jerusalén: Guardas vienen de tierra lejana, y lanzarán su voz contra las ciudades de Judá.

¹⁷ Como guardas de campo estuvieron en derredor de ella, porque se rebeló contra mí, dice Jehová.

¹⁸ Tu camino y tus obras te hicieron esto; ésta es tu maldad, por lo cual amargura penetrará hasta tu corazón.

¹⁹ ¡Mis entrañas, mis entrañas! Me duelen las fibras de mi corazón; mi corazón se agita dentro de mí; no callaré; porque sonido de trompeta has oído, oh alma mía, pregón de guerra.

²⁰ Quebrantamiento sobre quebrantamiento es anunciado; porque toda la tierra es destruida; de repente son destruidas mis tiendas, en un momento mis cortinas.

²¹ ¿Hasta cuándo he de ver bandera, he de oír sonido de trompeta?

²² Porque mi pueblo es necio, no me conocieron; son hijos ignorantes y no son entendidos; sabios para hacer el mal, pero hacer el bien no supieron.

ᵃ **4.3** Os 10.12.

23 Miré a la tierra, y he aquí que estaba asolada y vacía; y a los cielos, y no había en ellos luz.

24 Miré a los montes, y he aquí que temblaban, y todos los collados fueron destruidos.

25 Miré, y no había hombre, y todas las aves del cielo se habían ido.

26 Miré, y he aquí el campo fértil era un desierto, y todas sus ciudades eran asoladas delante de Jehová, delante del ardor de su ira.

27 Porque así dijo Jehová: Toda la tierra será asolada; pero no la destruiré del todo.

28 Por esto se enlutará la tierra, y los cielos arriba se oscurecerán, porque hablé, lo pensé, y no me arrepentí, ni desistiré de ello.

29 Al estruendo de la gente de a caballo y de los flecheros huyó toda la ciudad; entraron en las espesuras de los bosques, y subieron a los peñascos; todas las ciudades fueron abandonadas, y no quedó en ellas morador alguno.

30 Y tú, destruida, ¿qué harás? Aunque te vistas de grana, aunque te adornes con atavíos de oro, aunque pintes con antimonio tus ojos, en vano te engalanas; te menospreciarán tus amantes, buscarán tu vida.

31 Porque oí una voz como de mujer que está de parto, angustia como de primeriza; voz de la hija de Sion que lamenta y extiende sus manos, diciendo: ¡Ay ahora de mí! que mi alma desmaya a causa de los asesinos.

Impiedad de Jerusalén y de Judá

5 **1** Recorred las calles de Jerusalén, y mirad ahora, e informaos; buscad en sus plazas a ver si halláis hombre, si hay alguno que haga justicia, que busque verdad; y yo la perdonaré.

2 Aunque digan: Vive Jehová, juran falsamente.

3 Oh Jehová, ¿no miran tus ojos a la verdad? Los azotaste, y no les dolió; los consumiste, y no quisieron recibir corrección; endurecieron sus rostros más que la piedra, no quisieron convertirse.

4 Pero yo dije: Ciertamente éstos son pobres, han enloquecido, pues no conocen el camino de Jehová, el juicio de su Dios.

5 Iré a los grandes, y les hablaré; porque ellos conocen el camino de Jehová, el juicio de su Dios. Pero ellos también quebraron el yugo, rompieron las coyundas.

6 Por tanto, el león de la selva los matará, los destruirá el lobo del desierto, el leopardo acechará sus ciudades; cualquiera que de ellas saliere será arrebatado; porque sus rebeliones se han multiplicado, se han aumentado sus deslealtades.

7 ¿Cómo te he de perdonar por esto? Sus hijos me dejaron, y juraron por lo que no es Dios. Los sacié, y adulteraron, y en casa de rameras se juntaron en compañías.

8 Como caballos bien alimentados, cada cual relinchaba tras la mujer de su prójimo.

9 ¿No había de castigar esto? dijo Jehová. De una nación como ésta, ¿no se había de vengar mi alma?

10 Escalad sus muros y destruid, pero no del todo; quitad las almenas de sus muros, porque no son de Jehová.

11 Porque resueltamente se rebelaron contra mí la casa de Israel y la casa de Judá, dice Jehová.

12 Negaron a Jehová, y dijeron: Él no es, y no vendrá mal sobre nosotros, ni veremos espada ni hambre;

13 antes los profetas serán como viento, porque no hay en ellos palabra; así se hará a ellos.

14 Por tanto, así ha dicho Jehová Dios de los ejércitos: Porque dijeron esta palabra, he aquí yo pongo mis palabras en tu boca por fuego, y a este pueblo por leña, y los consumirá.

15 He aquí yo traigo sobre vosotros gente de lejos, oh casa de Israel, dice Jehová; gente robusta, gente antigua, gente cuya lengua ignorarás, y no entenderás lo que hablare.

16 Su aljaba como sepulcro abierto, todos valientes.

17 Y comerá tu mies y tu pan, comerá a tus hijos y a tus hijas; comerá tus ovejas y tus vacas, comerá tus viñas y tus higueras, y a espada convertirá en nada tus ciudades fortificadas en que confías.

18 No obstante, en aquellos días, dice Jehová, no os destruiré del todo.

19 Y cuando dijeren: ¿Por qué Jehová el Dios nuestro hizo con nosotros todas estas cosas?, entonces les dirás: De la manera que me dejasteis a mí, y servisteis a dioses ajenos en vuestra tierra, así serviréis a extraños en tierra ajena.

20 Anunciad esto en la casa de Jacob, y haced que esto se oiga en Judá, diciendo: 21 Oíd ahora esto, pueblo necio y sin corazón, que tiene ojos y no ve, que tiene oídos y no oye:[a] 22 ¿A mí no me temeréis? dice Jehová. ¿No os amedrentaréis ante mí, que puse arena por término al mar, por ordenación eterna la cual no quebrantará? Se levantarán tempestades, mas no prevalecerán; bramarán sus ondas, mas no lo pasarán.[b] 23 No obstante, este pueblo tiene corazón falso y rebelde; se apartaron y se fueron. 24 Y no dijeron en su corazón: Temamos ahora a Jehová Dios nuestro, que da lluvia temprana y tardía en su tiempo, y nos guarda los tiempos establecidos de la siega. 25 Vuestras iniquidades han estorbado estas cosas, y vuestros pecados apartaron de vosotros el bien. 26 Porque fueron hallados en mi pueblo impíos; acechaban como quien pone lazos, pusieron trampa para cazar hombres. 27 Como jaula llena de pájaros, así están sus casas llenas de engaño; así se hicieron grandes y ricos. 28 Se engordaron y se pusieron lustrosos, y sobrepasaron los hechos del malo; no juzgaron la causa, la causa del huérfano; con todo, se hicieron prósperos, y la causa de los pobres no juzgaron. 29 ¿No castigaré esto? dice Jehová; ¿y de tal gente no se vengará mi alma? 30 Cosa espantosa y fea es hecha en la tierra; 31 los profetas profetizaron mentira, y los sacerdotes dirigían por manos de ellos; y mi pueblo así lo quiso. ¿Qué, pues, haréis cuando llegue el fin?

El juicio contra Jerusalén y Judá

6 1 Huid, hijos de Benjamín, de en medio de Jerusalén, y tocad bocina en Tecoa, y alzad por señal humo sobre Bet-haquerem; porque del norte se ha visto mal, y quebrantamiento grande.

2 Destruiré a la bella y delicada hija de Sion. 3 Contra ella vendrán pastores y sus rebaños; junto a ella plantarán sus tiendas alrededor; cada uno apacentará en su lugar. 4 Anunciad guerra contra ella; levantaos y asaltémosla a mediodía. ¡Ay de nosotros! que va cayendo ya el día, que las sombras de la tarde se han extendido. 5 Levantaos y asaltemos de noche, y destruyamos sus palacios.

6 Porque así dijo Jehová de los ejércitos: Cortad árboles, y levantad vallado contra Jerusalén; ésta es la ciudad que ha de ser castigada; toda ella está llena de violencia. 7 Como la fuente nunca cesa de manar sus aguas, así ella nunca cesa de manar su maldad; injusticia y robo se oyen en ella; continuamente en mi presencia, enfermedad y herida. 8 Corrígete, Jerusalén, para que no se aparte mi alma de ti, para que no te convierta en desierto, en tierra inhabitada.

9 Así dijo Jehová de los ejércitos: Del todo rebuscarán como a vid el resto de Israel; vuelve tu mano como vendimiador entre los sarmientos. 10 ¿A quién hablaré y amonestaré, para que oigan? He aquí que sus oídos son incircuncisos, y no pueden escuchar; he aquí que la palabra de Jehová les es cosa vergonzosa, no la aman. 11 Por tanto, estoy lleno de la ira de Jehová, estoy cansado de contenerme; la derramaré sobre los niños en la calle, y sobre la reunión de los jóvenes igualmente; porque será preso tanto el marido como la mujer, tanto el viejo como el muy anciano. 12 Y sus casas serán traspasadas a otros, sus heredades y también sus mujeres; porque extenderé mi mano sobre los moradores de la tierra, dice Jehová. 13 Porque desde el más chico de ellos hasta el más grande, cada uno sigue la avaricia; y desde el profeta hasta el sacerdote, todos son engañadores. 14 Y curan la herida de mi pueblo con liviandad, diciendo: Paz, paz; y no hay paz.[a] 15 ¿Se han avergonzado de haber hecho abominación? Ciertamente no se han avergonzado, ni aun saben tener vergüenza;

---

a 5.21 Is 6.9, 10; Ez 12.2; Mr 9.18.   b 5.22 Job 38.8-11.
a 6.14 Ez 13.10.

por tanto, caerán entre los que caigan; cuando los castigue caerán, dice Jehová.[b]

16 Así dijo Jehová: Paraos en los caminos, y mirad, y preguntad por las sendas antiguas, cuál sea el buen camino, y andad por él, y hallaréis descanso para vuestra alma.[c] Mas dijeron: No andaremos.

17 Puse también sobre vosotros atalayas, que dijesen: Escuchad al sonido de la trompeta. Y dijeron ellos: No escucharemos.

18 Por tanto, oíd, naciones, y entended, oh congregación, lo que sucederá.

19 Oye, tierra: He aquí yo traigo mal sobre este pueblo, el fruto de sus pensamientos; porque no escucharon mis palabras, y aborrecieron mi ley.

20 ¿Para qué a mí este incienso de Sabá, y la buena caña olorosa de tierra lejana? Vuestros holocaustos no son aceptables, ni vuestros sacrificios me agradan.

21 Por tanto, Jehová dice esto: He aquí yo pongo a este pueblo tropiezos, y caerán en ellos los padres y los hijos juntamente; el vecino y su compañero perecerán.

22 Así ha dicho Jehová: He aquí que viene pueblo de la tierra del norte, y una nación grande se levantará de los confines de la tierra.

23 Arco y jabalina empuñarán; crueles son, y no tendrán misericordia; su estruendo brama como el mar, y montarán a caballo como hombres dispuestos para la guerra, contra ti, oh hija de Sion.

24 Su fama oímos, y nuestras manos se descoyuntaron; se apoderó de nosotros angustia, dolor como de mujer que está de parto.

25 No salgas al campo, ni andes por el camino; porque espada de enemigo y temor hay por todas partes.

26 Hija de mi pueblo, cíñete de cilicio, y revuélcate en ceniza; ponte luto como por hijo único, llanto de amarguras; porque pronto vendrá sobre nosotros el destruidor.

27 Por fortaleza te he puesto en mi pueblo, por torre; conocerás, pues, y examinarás el camino de ellos.

28 Todos ellos son rebeldes, porfiados, andan chismeando; son bronce y hierro; todos ellos son corruptores.

29 Se quemó el fuelle, por el fuego se ha consumido el plomo; en vano fundió el fundidor, pues la escoria no se ha arrancado.

30 Plata desechada los llamarán, porque Jehová los desechó.

Mejorad vuestros caminos y vuestras obras

7 1 Palabra de Jehová que vino a Jeremías, diciendo:

2 Ponte a la puerta de la casa de Jehová, y proclama allí esta palabra, y di: Oíd palabra de Jehová, todo Judá, los que entráis por estas puertas para adorar a Jehová.

3 Así ha dicho Jehová de los ejércitos, Dios de Israel: Mejorad vuestros caminos y vuestras obras, y os haré morar en este lugar.

4 No fiéis en palabras de mentira, diciendo: Templo de Jehová, templo de Jehová, templo de Jehová es éste.

5 Pero si mejorareis cumplidamente vuestros caminos y vuestras obras; si con verdad hiciereis justicia entre el hombre y su prójimo,

6 y no oprimiereis al extranjero, al huérfano y a la viuda, ni en este lugar derramareis la sangre inocente, ni anduviereis en pos de dioses ajenos para mal vuestro,

7 os haré morar en este lugar, en la tierra que di a vuestros padres para siempre.

8 He aquí, vosotros confiáis en palabras de mentira, que no aprovechan.

9 Hurtando, matando, adulterando, jurando en falso, e incensando a Baal, y andando tras dioses extraños que no conocisteis,

10 ¿vendréis y os pondréis delante de mí en esta casa sobre la cual es invocado mi nombre, y diréis: Librados somos; para seguir haciendo todas estas abominaciones?

11 ¿Es cueva de ladrones[a] delante de vuestros ojos esta casa sobre la cual es invocado mi nombre? He aquí que también yo lo veo, dice Jehová.

12 Andad ahora a mi lugar en Silo, donde hice morar mi nombre al principio, y ved lo que le hice por la maldad de mi pueblo Israel.

13 Ahora, pues, por cuanto vosotros habéis hecho todas estas obras, dice Jehová, y aunque os hablé desde temprano y sin cesar, no oísteis, y os llamé, y no respondisteis;

14 haré también a esta casa sobre la cual es invocado mi nombre, en la que vosotros

---

b 6.12-15 Jer 8.10-12.   c 6.16 Mt 11.29.   a 7.11 Mt 21.13; Mr 11.17; Lc 19.46.

confiáis, y a este lugar que di a vosotros y a vuestros padres, como hice a Silo.[b]

15 Os echaré de mi presencia, como eché a todos vuestros hermanos, a toda la generación de Efraín.

16 Tú, pues, no ores por este pueblo, ni levantes por ellos clamor ni oración, ni me ruegues; porque no te oiré.

17 ¿No ves lo que éstos hacen en las ciudades de Judá y en las calles de Jerusalén?

18 Los hijos recogen la leña, los padres encienden el fuego, y las mujeres amasan la masa, para hacer tortas a la reina del cielo y para hacer ofrendas a dioses ajenos, para provocarme a ira.

19 ¿Me provocarán ellos a ira? dice Jehová. ¿No obran más bien ellos mismos su propia confusión?

20 Por tanto, así ha dicho Jehová el Señor: He aquí que mi furor y mi ira se derramarán sobre este lugar, sobre los hombres, sobre los animales, sobre los árboles del campo y sobre los frutos de la tierra; se encenderán, y no se apagarán.

Castigo de la rebelión de Judá

21 Así ha dicho Jehová de los ejércitos, Dios de Israel: Añadid vuestros holocaustos sobre vuestros sacrificios, y comed la carne.

22 Porque no hablé yo con vuestros padres, ni nada les mandé acerca de holocaustos y de víctimas el día que los saqué de la tierra de Egipto.

23 Mas esto les mandé, diciendo: Escuchad mi voz, y seré a vosotros por Dios, y vosotros me seréis por pueblo; y andad en todo camino que os mande, para que os vaya bien.

24 Y no oyeron ni inclinaron su oído; antes caminaron en sus propios consejos, en la dureza de su corazón malvado, y fueron hacia atrás y no hacia adelante,

25 desde el día que vuestros padres salieron de la tierra de Egipto hasta hoy. Y os envié todos los profetas mis siervos, enviándolos desde temprano y sin cesar;

26 pero no me oyeron ni inclinaron su oído, sino que endurecieron su cerviz, e hicieron peor que sus padres.

27 Tú, pues, les dirás todas estas palabras, pero no te oirán; los llamarás, y no te responderán.

28 Les dirás, por tanto: Ésta es la nación que no escuchó la voz de Jehová su Dios, ni admitió corrección; pereció la verdad, y de la boca de ellos fue cortada.

29 Corta tu cabello, y arrójalo, y levanta llanto sobre las alturas; porque Jehová ha aborrecido y dejado la generación objeto de su ira.

30 Porque los hijos de Judá han hecho lo malo ante mis ojos, dice Jehová; pusieron sus abominaciones en la casa sobre la cual fue invocado mi nombre, amancillándola.

31 Y han edificado los lugares altos de Tofet, que está en el valle del hijo de Hinom,[c] para quemar al fuego a sus hijos y a sus hijas,[d] cosa que yo no les mandé, ni subió en mi corazón.

32 Por tanto, he aquí vendrán días, ha dicho Jehová, en que no se diga más, Tofet, ni valle del hijo de Hinom, sino Valle de la Matanza; y serán enterrados en Tofet, por no haber lugar.

33 Y serán los cuerpos muertos de este pueblo para comida de las aves del cielo y de las bestias de la tierra; y no habrá quien las espante.

34 Y haré cesar de las ciudades de Judá, y de las calles de Jerusalén, la voz de gozo y la voz de alegría, la voz del esposo y la voz de la esposa;[e] porque la tierra será desolada.

8 **1** En aquel tiempo, dice Jehová, sacarán los huesos de los reyes de Judá, y los huesos de sus príncipes, y los huesos de los sacerdotes, y los huesos de los profetas, y los huesos de los moradores de Jerusalén, fuera de sus sepulcros;

2 y los esparcirán al sol y a la luna y a todo el ejército del cielo, a quienes amaron y a quienes sirvieron, en pos de quienes anduvieron, a quienes preguntaron, y ante quienes se postraron. No serán recogidos ni enterrados; serán como estiércol sobre la faz de la tierra.

3 Y escogerá la muerte antes que la vida todo el resto que quede de esta mala generación, en todos los lugares adonde arroje yo a los que queden, dice Jehová de los ejércitos.

4 Les dirás asimismo: Así ha dicho Jehová: El que cae, ¿no se levanta? El que se desvía, ¿no vuelve al camino?

---

b 7.12-14 Jos 18.1; Sal 78.60; Jer 26.6.   **c 7.31** 2 R 23.10; Jer 32.35.   **d 7.31** Lv 18.21.   **e 7.34** Jer 16.9; 25.10; Ap 18.23.

5 ¿Por qué es este pueblo de Jerusalén rebelde con rebeldía perpetua? Abrazaron el engaño, y no han querido volverse.

6 Escuché y oí; no hablan rectamente, no hay hombre que se arrepienta de su mal, diciendo: ¿Qué he hecho? Cada cual se volvió a su propia carrera, como caballo que arremete con ímpetu a la batalla.

7 Aun la cigüeña en el cielo conoce su tiempo, y la tórtola y la grulla y la golondrina guardan el tiempo de su venida; pero mi pueblo no conoce el juicio de Jehová.

8 ¿Cómo decís: Nosotros somos sabios, y la ley de Jehová está con nosotros? Ciertamente la ha cambiado en mentira la pluma mentirosa de los escribas.

9 Los sabios se avergonzaron, se espantaron y fueron consternados; he aquí que aborrecieron la palabra de Jehová; ¿y qué sabiduría tienen?

10 Por tanto, daré a otros sus mujeres, y sus campos a quienes los conquisten; porque desde el más pequeño hasta el más grande cada uno sigue la avaricia; desde el profeta hasta el sacerdote todos hacen engaño.

11 Y curaron la herida de la hija de mi pueblo con liviandad, diciendo: Paz, paz; y no hay paz.ª

12 ¿Se han avergonzado de haber hecho abominación? Ciertamente no se han avergonzado en lo más mínimo, ni supieron avergonzarse; caerán, por tanto, entre los que caigan; cuando los castigue caerán, dice Jehová.ᵇ

13 Los cortaré del todo, dice Jehová. No quedarán uvas en la vid, ni higos en la higuera, y se caerá la hoja; y lo que les he dado pasará de ellos.

14 ¿Por qué nos estamos sentados? Reuníos, y entremos en las ciudades fortificadas, y perezcamos allí; porque Jehová nuestro Dios nos ha destinado a perecer, y nos ha dado a beber aguas de hiel, porque pecamos contra Jehová.

15 Esperamos paz, y no hubo bien; día de curación, y he aquí turbación.

16 Desde Dan se oyó el bufido de sus caballos; al sonido de los relinchos de sus corceles tembló toda la tierra; y vinieron y devoraron la tierra y su abundancia, a la ciudad y a los moradores de ella.

17 Porque he aquí que yo envío sobre vosotros serpientes, áspides contra los cuales no hay encantamiento, y os morderán, dice Jehová.

Lamento sobre Judá y Jerusalén

18 A causa de mi fuerte dolor, mi corazón desfallece en mí.

19 He aquí voz del clamor de la hija de mi pueblo, que viene de la tierra lejana: ¿No está Jehová en Sion? ¿No está en ella su Rey? ¿Por qué me hicieron airar con sus imágenes de talla, con vanidades ajenas?

20 Pasó la siega, terminó el verano, y nosotros no hemos sido salvos.

21 Quebrantado estoy por el quebrantamiento de la hija de mi pueblo; entenebrecido estoy, espanto me ha arrebatado.

22 ¿No hay bálsamo en Galaad? ¿No hay allí médico? ¿Por qué, pues, no hubo medicina para la hija de mi pueblo?

9 **1** ¡Oh, si mi cabeza se hiciese aguas, y mis ojos fuentes de lágrimas, para que llore día y noche los muertos de la hija de mi pueblo!

2 ¡Oh, quién me diese en el desierto un albergue de caminantes, para que dejase a mi pueblo, y de ellos me apartase! Porque todos ellos son adúlteros, congregación de prevaricadores.

3 Hicieron que su lengua lanzara mentira como un arco, y no se fortalecieron para la verdad en la tierra; porque de mal en mal procedieron, y me han desconocido, dice Jehová.

4 Guárdese cada uno de su compañero, y en ningún hermano tenga confianza; porque todo hermano engaña con falacia, y todo compañero anda calumniando.

5 Y cada uno engaña a su compañero, y ninguno habla verdad; acostumbraron su lengua a hablar mentira, se ocupan de actuar perversamente.

6 Su morada está en medio del engaño; por muy engañadores no quisieron conocerme, dice Jehová.

7 Por tanto, así ha dicho Jehová de los ejércitos: He aquí que yo los refinaré y los probaré; porque ¿qué más he de hacer por la hija de mi pueblo?

8 Saeta afilada es la lengua de ellos; engaño habla; con su boca dice paz a su amigo, y dentro de sí pone sus asechanzas.

---

a 8.11 Ez 13.10.　**b 8.10-12** Jer 6.12-15.

⁹ ¿No los he de castigar por estas cosas? dice Jehová. De tal nación, ¿no se vengará mi alma?

¹⁰ Por los montes levantaré lloro y lamentación, y llanto por los pastizales del desierto; porque fueron desolados hasta no quedar quien pase, ni oírse bramido de ganado; desde las aves del cielo hasta las bestias de la tierra huyeron, y se fueron.

¹¹ Reduciré a Jerusalén a un montón de ruinas, morada de chacales; y convertiré las ciudades de Judá en desolación en que no quede morador.

Amenaza de ruina y exilio

¹² ¿Quién es varón sabio que entienda esto? ¿y a quién habló la boca de Jehová, para que pueda declararlo? ¿Por qué causa la tierra ha perecido, ha sido asolada como desierto, hasta no haber quien pase?

¹³ Dijo Jehová: Porque dejaron mi ley, la cual di delante de ellos, y no obedecieron a mi voz, ni caminaron conforme a ella;

¹⁴ antes se fueron tras la imaginación de su corazón, y en pos de los baales, según les enseñaron sus padres.

¹⁵ Por tanto, así ha dicho Jehová de los ejércitos, Dios de Israel: He aquí que a este pueblo yo les daré a comer ajenjo, y les daré a beber aguas de hiel.

¹⁶ Y los esparciré entre naciones que ni ellos ni sus padres conocieron; y enviaré espada en pos de ellos, hasta que los acabe.

¹⁷ Así dice Jehová de los ejércitos: Considerad, y llamad plañideras que vengan; buscad a las hábiles en su oficio;

¹⁸ y dense prisa, y levanten llanto por nosotros, y deshágase nuestros ojos en lágrimas, y nuestros párpados se destilen en aguas.

¹⁹ Porque de Sion fue oída voz de endecha: ¡Cómo hemos sido destruidos! En gran manera hemos sido avergonzados, porque abandonamos la tierra, porque han destruido nuestras moradas.

²⁰ Oíd, pues, oh mujeres, palabra de Jehová, y vuestro oído reciba la palabra de su boca: Enseñad endechas a vuestras hijas, y lamentación cada una a su amiga.

²¹ Porque la muerte ha subido por nuestras ventanas, ha entrado en nuestros palacios, para exterminar a los niños de las calles, a los jóvenes de las plazas.

²² Habla: Así ha dicho Jehová: Los cuerpos de los hombres muertos caerán como estiércol sobre la faz del campo, y como manojo tras el segador, que no hay quien lo recoja.

El conocimiento de Dios es la gloria del hombre

²³ Así dijo Jehová: No se alabe el sabio en su sabiduría, ni en su valentía se alabe el valiente, ni el rico se alabe en sus riquezas.

²⁴ Mas alábese en esto el que se hubiere de alabar: en entenderme y conocerme,ᵃ que yo soy Jehová, que hago misericordia, juicio y justicia en la tierra; porque estas cosas quiero, dice Jehová.

²⁵ He aquí que vienen días, dice Jehová, en que castigaré a todo circuncidado, y a todo incircunciso;

²⁶ a Egipto y a Judá, a Edom y a los hijos de Amón y de Moab, y a todos los arrinconados en el postrer rincón, los que moran en el desierto; porque todas las naciones son incircuncisas, y toda la casa de Israel es incircuncisa de corazón.

Los falsos dioses y el Dios verdadero

10 ¹ Oíd la palabra que Jehová ha hablado sobre vosotros, oh casa de Israel.

² Así dijo Jehová: No aprendáis el camino de las naciones, ni de las señales del cielo tengáis temor, aunque las naciones las teman.

³ Porque las costumbres de los pueblos son vanidad; porque leño del bosque cortaron, obra de manos de artífice con buril.

⁴ Con plata y oro lo adornan; con clavos y martillo lo afirman para que no se mueva.

⁵ Derechos están como palmera, y no hablan; son llevados, porque no pueden andar. No tengáis temor de ellos, porque ni pueden hacer mal, ni para hacer bien tienen poder.

⁶ No hay semejante a ti, oh Jehová; grande eres tú, y grande tu nombre en poderío.

⁷ ¿Quién no te temerá, oh Rey de las naciones?ᵃ Porque a ti es debido el temor; porque entre todos los sabios de las naciones y en todos sus reinos, no hay semejante a ti.

ᵃ **9.24** 1 Co 1.31; 2 Co 10.17.　ᵃ **10.7** Ap 15.4.

8 Todos se infatuarán y entontecerán. Enseñanza de vanidades es el leño.

9 Traerán plata batida de Tarsis y oro de Ufaz, obra del artífice, y de manos del fundidor; los vestirán de azul y de púrpura, obra de peritos es todo.

10 Mas Jehová es el Dios verdadero; él es Dios vivo y Rey eterno; a su ira tiembla la tierra, y las naciones no pueden sufrir su indignación.

11 Les diréis así: Los dioses que no hicieron los cielos ni la tierra, desaparezcan de la tierra y de debajo de los cielos.

12 El que hizo la tierra con su poder, el que puso en orden el mundo con su saber, y extendió los cielos con su sabiduría;

13 a su voz se produce muchedumbre de aguas en el cielo, y hace subir las nubes de lo postrero de la tierra; hace los relámpagos con la lluvia, y saca el viento de sus depósitos.

14 Todo hombre se embrutece, y le falta ciencia; se avergüenza de su ídolo todo fundidor, porque mentirosa es su obra de fundición, y no hay espíritu en ella.

15 Vanidad son, obra vana; al tiempo de su castigo perecerán.

16 No es así la porción de Jacob; porque él es el Hacedor de todo, e Israel es la vara de su heredad; Jehová de los ejércitos es su nombre.

Asolamiento de Judá

17 Recoge de las tierras tus mercaderías, la que moras en lugar fortificado.

18 Porque así ha dicho Jehová: He aquí que esta vez arrojaré con honda los moradores de la tierra, y los afligiré, para que lo sientan.

19 ¡Ay de mí, por mi quebrantamiento! mi llaga es muy dolorosa. Pero dije: Ciertamente enfermedad mía es ésta, y debo sufrirla.

20 Mi tienda está destruida, y todas mis cuerdas están rotas; mis hijos me han abandonado y perecieron; no hay ya más quien levante mi tienda, ni quien cuelgue mis cortinas.

21 Porque los pastores se infatuaron, y no buscaron a Jehová; por tanto, no prosperaron, y todo su ganado se esparció.

22 He aquí que voz de rumor viene, y alboroto grande de la tierra del norte, para convertir en soledad todas las ciudades de Judá, en morada de chacales.

23 Conozco, oh Jehová, que el hombre no es señor de su camino, ni del hombre que camina es el ordenar sus pasos.

24 Castígame, oh Jehová, mas con juicio; no con tu furor, para que no me aniquiles.

25 Derrama tu enojo sobre los pueblos que no te conocen, y sobre las naciones que no invocan tu nombre; porque se comieron a Jacob, lo devoraron, le han consumido, y han asolado su morada.

El pacto violado

11 **1** Palabra que vino de Jehová a Jeremías, diciendo:

2 Oíd las palabras de este pacto, y hablad a todo varón de Judá, y a todo morador de Jerusalén.

3 Y les dirás tú: Así dijo Jehová Dios de Israel: Maldito el varón que no obedeciere las palabras de este pacto,

4 el cual mandé a vuestros padres el día que los saqué de la tierra de Egipto, del horno de hierro, diciéndoles: Oíd mi voz, y cumplid mis palabras, conforme a todo lo que os mando; y me seréis por pueblo, y yo seré a vosotros por Dios;

5 para que confirme el juramento que hice a vuestros padres, que les daría la tierra que fluye leche y miel, como en este día. Y respondí y dije: Amén, oh Jehová.

6 Y Jehová me dijo: Pregona todas estas palabras en las ciudades de Judá y en las calles de Jerusalén, diciendo: Oíd las palabras de este pacto, y ponedlas por obra.

7 Porque solemnemente protesté a vuestros padres el día que les hice subir de la tierra de Egipto, amonestándoles desde temprano y sin cesar hasta el día de hoy, diciendo: Oíd mi voz.

8 Pero no oyeron, ni inclinaron su oído, antes se fueron cada uno tras la imaginación de su malvado corazón; por tanto, traeré sobre ellos todas las palabras de este pacto, el cual mandé que cumpliesen, y no lo cumplieron.

9 Y me dijo Jehová: Conspiración se ha hallado entre los varones de Judá, y entre los moradores de Jerusalén.

10 Se han vuelto a las maldades de sus primeros padres, los cuales no quisieron escuchar mis palabras, y se fueron tras dioses ajenos para servirles; la casa de Israel y la casa de Judá invalidaron mi pacto, el cual había yo concertado con sus padres.

11 Por tanto, así ha dicho Jehová: He aquí yo traigo sobre ellos mal del que no podrán salir; y clamarán a mí, y no los oiré.

12 E irán las ciudades de Judá y los moradores de Jerusalén, y clamarán a los dioses a quienes queman ellos incienso, los cuales no los podrán salvar en el tiempo de su mal.

13 Porque según el número de tus ciudades fueron tus dioses, oh Judá; y según el número de tus calles, oh Jerusalén, pusiste los altares de ignominia, altares para ofrecer incienso a Baal.

14 Tú, pues, no ores por este pueblo, ni levantes por ellos clamor ni oración; porque yo no oiré en el día que en su aflicción clamen a mí.

15 ¿Qué derecho tiene mi amada en mi casa, habiendo hecho muchas abominaciones? ¿Crees que los sacrificios y las carnes santificadas de las víctimas pueden evitarte el castigo? ¿Puedes gloriarte de eso?

16 Olivo verde, hermoso en su fruto y en su parecer, llamó Jehová tu nombre. A la voz de recio estrépito hizo encender fuego sobre él, y quebraron sus ramas.

17 Porque Jehová de los ejércitos que te plantó ha pronunciado mal contra ti, a causa de la maldad que la casa de Israel y la casa de Judá han hecho, provocándome a ira con incensar a Baal.

Complot contra Jeremías

18 Y Jehová me lo hizo saber, y lo conocí; entonces me hiciste ver sus obras.

19 Y yo era como cordero inocente que llevan a degollar, pues no entendía que maquinaban designios contra mí, diciendo: Destruyamos el árbol con su fruto, y cortémoslo de la tierra de los vivientes, para que no haya más memoria de su nombre.

20 Pero, oh Jehová de los ejércitos, que juzgas con justicia, que escudriñas la mente y el corazón, vea yo tu venganza de ellos; porque ante ti he expuesto mi causa.

21 Por tanto, así ha dicho Jehová acerca de los varones de Anatot que buscan tu vida, diciendo: No profetices en nombre de Jehová, para que no mueras a nuestras manos;

22 así, pues, ha dicho Jehová de los ejércitos: He aquí que yo los castigaré; los jóvenes morirán a espada, sus hijos y sus hijas morirán de hambre,

23 y no quedará remanente de ellos, pues yo traeré mal sobre los varones de Anatot, el año de su castigo.

Queja de Jeremías y respuesta de Dios

12 1 Justo eres tú, oh Jehová, para que yo dispute contigo; sin embargo, alegaré mi causa ante ti. ¿Por qué es prosperado el camino de los impíos, y tienen bien todos los que se portan deslealmente?

2 Los plantaste, y echaron raíces; crecieron y dieron fruto; cercano estás tú en sus bocas, pero lejos de sus corazones.

3 Pero tú, oh Jehová, me conoces; me viste, y probaste mi corazón para contigo; arrebátalos como a ovejas para el degolladero, y señálalos para el día de la matanza.

4 ¿Hasta cuándo estará desierta la tierra, y marchita la hierba de todo el campo? Por la maldad de los que en ella moran, faltaron los ganados y las aves; porque dijeron: No verá Dios nuestro fin.

5 Si corriste con los de a pie, y te cansaron, ¿cómo contenderás con los caballos? Y si en la tierra de paz no estabas seguro, ¿cómo harás en la espesura del Jordán?

6 Porque aun tus hermanos y la casa de tu padre, aun ellos se levantaron contra ti, aun ellos dieron grito en pos de ti. No los creas cuando bien te hablen.

7 He dejado mi casa, desamparé mi heredad, he entregado lo que amaba mi alma en mano de sus enemigos.

8 Mi heredad fue para mí como león en la selva; contra mí dio su rugido; por tanto, la aborrecí.

9 ¿Es mi heredad para mí como ave de rapiña de muchos colores? ¿No están contra ella aves de rapiña en derredor? Venid, reuníos, vosotras todas las fieras del campo, venid a devorarla.

10 Muchos pastores han destruido mi viña, hollaron mi heredad, convirtieron en desierto y soledad mi heredad preciosa.

11 Fue puesta en asolamiento, y lloró sobre mí desolada; fue asolada toda la tierra, porque no hubo hombre que reflexionase.

¹²Sobre todas las alturas del desierto vinieron destruidores; porque la espada de Jehová devorará desde un extremo de la tierra hasta el otro; no habrá paz para ninguna carne.

¹³Sembraron trigo, y segaron espinos; tuvieron la heredad, mas no aprovecharon nada; se avergonzarán de sus frutos, a causa de la ardiente ira de Jehová.

¹⁴Así dijo Jehová contra todos mis malos vecinos, que tocan la heredad que hice poseer a mi pueblo Israel: He aquí que yo los arrancaré de su tierra, y arrancaré de en medio de ellos a la casa de Judá.

¹⁵Y después que los haya arrancado, volveré y tendré misericordia de ellos, y los haré volver cada uno a su heredad y cada cual a su tierra.

¹⁶Y si cuidadosamente aprendieren los caminos de mi pueblo, para jurar en mi nombre, diciendo: Vive Jehová, así como enseñaron a mi pueblo a jurar por Baal, ellos serán prosperados en medio de mi pueblo.

¹⁷Mas si no oyeren, arrancaré esa nación, sacándola de raíz y destruyéndola, dice Jehová.

La señal del cinto podrido

13 ¹Así me dijo Jehová: Ve y cómprate un cinto de lino, y cíñelo sobre tus lomos, y no lo metas en agua. ²Y compré el cinto conforme a la palabra de Jehová, y lo puse sobre mis lomos. ³Vino a mí segunda vez palabra de Jehová, diciendo: ⁴Toma el cinto que compraste, que está sobre tus lomos, y levántate y vete al Éufrates, y escóndelo allá en la hendidura de una peña. ⁵Fui, pues, y lo escondí junto al Éufrates, como Jehová me mandó. ⁶Y sucedió que después de muchos días me dijo Jehová: Levántate y vete al Éufrates, y toma de allí el cinto que te mandé esconder allá. ⁷Entonces fui al Éufrates, y cavé, y tomé el cinto del lugar donde lo había escondido; y he aquí que el cinto se había podrido; para ninguna cosa era bueno.

⁸Y vino a mí palabra de Jehová, diciendo: ⁹Así ha dicho Jehová: Así haré podrir la soberbia de Judá, y la mucha soberbia de Jerusalén.

¹⁰Este pueblo malo, que no quiere oír mis palabras, que anda en las imaginaciones de su corazón, y que va en pos de dioses ajenos para servirles, y para postrarse ante ellos, vendrá a ser como este cinto, que para ninguna cosa es bueno.

¹¹Porque como el cinto se junta a los lomos del hombre, así hice juntar a mí toda la casa de Israel y toda la casa de Judá, dice Jehová, para que me fuesen por pueblo y por fama, por alabanza y por honra; pero no escucharon.

La señal de las tinajas llenas

¹²Les dirás, pues, esta palabra: Así ha dicho Jehová, Dios de Israel: Toda tinaja se llenará de vino. Y ellos te dirán: ¿No sabemos que toda tinaja se llenará de vino? ¹³Entonces les dirás: Así ha dicho Jehová: He aquí que yo lleno de embriaguez a todos los moradores de esta tierra, y a los reyes de la estirpe de David que se sientan sobre su trono, a los sacerdotes y profetas, y a todos los moradores de Jerusalén; ¹⁴y los quebrantaré el uno contra el otro, los padres con los hijos igualmente, dice Jehová; no perdonaré, ni tendré piedad ni misericordia, para no destruirlos.

Judá será llevada en cautiverio

¹⁵Escuchad y oíd; no os envanezcáis, pues Jehová ha hablado.

¹⁶Dad gloria a Jehová Dios vuestro, antes que haga venir tinieblas, y antes que vuestros pies tropiecen en montes de oscuridad, y esperéis luz, y os la vuelva en sombra de muerte y tinieblas.

¹⁷Mas si no oyereis esto, en secreto llorará mi alma a causa de vuestra soberbia; y llorando amargamente se desharán mis ojos en lágrimas, porque el rebaño de Jehová fue hecho cautivo.

¹⁸Di al rey y a la reina: Humillaos, sentaos en tierra; porque la corona de vuestra gloria ha caído de vuestras cabezas.

¹⁹Las ciudades del Neguev fueron cerradas, y no hubo quien las abriese; toda Judá fue transportada, llevada en cautiverio fue toda ella.

²⁰Alzad vuestros ojos, y ved a los que vienen del norte. ¿Dónde está el rebaño que te fue dado, tu hermosa grey?

21 ¿Qué dirás cuando él ponga como cabeza sobre ti a aquellos a quienes tú enseñaste a ser tus amigos? ¿No te darán dolores como de mujer que está de parto?

22 Si dijeres en tu corazón: ¿Por qué me ha sobrevenido esto? Por la enormidad de tu maldad fueron descubiertas tus faldas, fueron desnudados tus calcañares.

23 ¿Mudará el etíope su piel, y el leopardo sus manchas? Así también, ¿podréis vosotros hacer bien, estando habituados a hacer mal?

24 Por tanto, yo los esparciré al viento del desierto, como tamo que pasa.

25 Ésta es tu suerte, la porción que yo he medido para ti, dice Jehová, porque te olvidaste de mí y confiaste en la mentira.

26 Yo, pues, descubriré también tus faldas delante de tu rostro, y se manifestará tu ignominia,

27 tus adulterios, tus relinchos, la maldad de tu fornicación sobre los collados; en el campo vi tus abominaciones. ¡Ay de ti, Jerusalén! ¿No serás al fin limpia? ¿Cuánto tardarás tú en purificarte?

Mensaje con motivo de la sequía

14 **1** Palabra de Jehová que vino a Jeremías, con motivo de la sequía.

2 Se enlutó Judá, y sus puertas se despoblaron; se sentaron tristes en tierra, y subió el clamor de Jerusalén.

3 Los nobles enviaron sus criados al agua; vinieron a las lagunas, y no hallaron agua; volvieron con sus vasijas vacías; se avergonzaron, se confundieron, y cubrieron sus cabezas.

4 Porque se resquebrajó la tierra por no haber llovido en el país, están confusos los labradores, cubrieron sus cabezas.

5 Aun las ciervas en los campos parían y dejaban la cría, porque no había hierba.

6 Y los asnos monteses se ponían en las alturas, aspiraban el viento como chacales; sus ojos se ofuscaron porque no había hierba.

7 Aunque nuestras iniquidades testifican contra nosotros, oh Jehová, actúa por amor de tu nombre; porque nuestras rebeliones se han multiplicado, contra ti hemos pecado.

8 Oh esperanza de Israel, Guardador suyo en el tiempo de la aflicción, ¿por qué te has hecho como forastero en la tierra, y como caminante que se retira para pasar la noche?

9 ¿Por qué eres como hombre atónito, y como valiente que no puede librar? Sin embargo, tú estás entre nosotros, oh Jehová, y sobre nosotros es invocado tu nombre; no nos desampares.

10 Así ha dicho Jehová acerca de este pueblo: Se deleitaron en vagar, y no dieron reposo a sus pies; por tanto, Jehová no se agrada de ellos; se acordará ahora de su maldad, y castigará sus pecados.

11 Me dijo Jehová: No ruegues por este pueblo para bien.

12 Cuando ayunen, yo no oiré su clamor, y cuando ofrezcan holocausto y ofrenda no lo aceptaré, sino que los consumiré con espada, con hambre y con pestilencia.

13 Y yo dije: ¡Ah! ¡Ah, Señor Jehová! He aquí que los profetas les dicen: No veréis espada, ni habrá hambre entre vosotros, sino que en este lugar os daré paz verdadera.

14 Me dijo entonces Jehová: Falsamente profetizan los profetas en mi nombre; no los envié, ni les mandé, ni les hablé; visión mentirosa, adivinación, vanidad y engaño de su corazón os profetizan.

15 Por tanto, así ha dicho Jehová sobre los profetas que profetizan en mi nombre, los cuales yo no envié, y que dicen: Ni espada ni hambre habrá en esta tierra; con espada y con hambre serán consumidos esos profetas.

16 Y el pueblo a quien profetizan será echado en las calles de Jerusalén por hambre y por espada, y no habrá quien los entierre a ellos, a sus mujeres, a sus hijos y a sus hijas; y sobre ellos derramaré su maldad.

17 Les dirás, pues, esta palabra: Derramen mis ojos lágrimas noche y día, y no cesen; porque de gran quebrantamiento es quebrantada la virgen hija de mi pueblo, de plaga muy dolorosa.

18 Si salgo al campo, he aquí muertos a espada; y si entro en la ciudad, he aquí enfermos de hambre; porque tanto el profeta como el sacerdote anduvieron vagando en la tierra, y no entendieron.

19 ¿Has desechado enteramente a Judá? ¿Ha aborrecido tu alma a Sion? ¿Por qué nos hiciste herir sin que haya remedio?

Esperamos paz, y no hubo bien; tiempo de curación, y he aquí turbación.

20 Reconocemos, oh Jehová, nuestra impiedad, la iniquidad de nuestros padres; porque contra ti hemos pecado.

21 Por amor de tu nombre no nos deseches, ni deshonres tu glorioso trono; acuérdate, no invalides tu pacto con nosotros.

22 ¿Hay entre los ídolos de las naciones quien haga llover? ¿y darán los cielos lluvias? ¿No eres tú, Jehová, nuestro Dios? En ti, pues, esperamos, pues tú hiciste todas estas cosas.

La implacable ira de Dios contra Judá

15 **1** Me dijo Jehová: Si Moisés[a] y Samuel[b] se pusieran delante de mí, no estaría mi voluntad con este pueblo; échalos de mi presencia, y salgan.

2 Y si te preguntaren: ¿A dónde saldremos? les dirás: Así ha dicho Jehová: El que a muerte, a muerte; el que a espada, a espada; el que a hambre, a hambre; y el que a cautiverio, a cautiverio.[c]

3 Y enviaré sobre ellos cuatro géneros de castigo, dice Jehová: espada para matar, y perros para despedazar, y aves del cielo y bestias de la tierra para devorar y destruir.[d]

4 Y los entregaré para terror a todos los reinos de la tierra, a causa de Manasés hijo de Ezequías, rey de Judá, por lo que hizo en Jerusalén.[e]

5 Porque ¿quién tendrá compasión de ti, oh Jerusalén? ¿Quién se entristecerá por tu causa, o quién vendrá a preguntar por tu paz?

6 Tú me dejaste, dice Jehová; te volviste atrás; por tanto, yo extenderé sobre ti mi mano y te destruiré; estoy cansado de arrepentirme.

7 Aunque los aventé con aventador hasta las puertas de la tierra, y dejé sin hijos a mi pueblo y lo desbaraté, no se volvieron de sus caminos.

8 Sus viudas se me multiplicaron más que la arena del mar; traje contra ellos destruidor a mediodía sobre la madre y sobre los hijos; hice que de repente cayesen terrores sobre la ciudad.

9 Languideció la que dio a luz siete; se llenó de dolor su alma, su sol se puso siendo aún de día; fue avergonzada y llena de confusión; y lo que de ella quede, lo entregaré a la espada delante de sus enemigos, dice Jehová.

10 ¡Ay de mí, madre mía, que me engendraste hombre de contienda y hombre de discordia para toda la tierra! Nunca he dado ni tomado en préstamo, y todos me maldicen.

11 ¡Sea así, oh Jehová, si no te he rogado por su bien, si no he suplicado ante ti en favor del enemigo en tiempo de aflicción y en época de angustia!

12 ¿Puede alguno quebrar el hierro, el hierro del norte y el bronce?

13 Tus riquezas y tus tesoros entregaré a la rapiña sin ningún precio, por todos tus pecados, y en todo tu territorio.

14 Y te haré servir a tus enemigos en tierra que no conoces; porque fuego se ha encendido en mi furor, y arderá sobre vosotros.

Jehová reanima a Jeremías

15 Tú lo sabes, oh Jehová; acuérdate de mí, y visítame, y véngame de mis enemigos. No me reproches en la prolongación de tu enojo; sabes que por amor de ti sufro afrenta.

16 Fueron halladas tus palabras, y yo las comí; y tu palabra me fue por gozo y por alegría de mi corazón; porque tu nombre se invocó sobre mí, oh Jehová Dios de los ejércitos.

17 No me senté en compañía de burladores, ni me engreí a causa de tu profecía; me senté solo, porque me llenaste de indignación.

18 ¿Por qué fue perpetuo mi dolor, y mi herida desahuciada no admitió curación? ¿Serás para mí como cosa ilusoria, como aguas que no son estables?

19 Por tanto, así dijo Jehová: Si te convirtieres, yo te restauraré, y delante de mí estarás; y si entresacares lo precioso de lo vil, serás como mi boca. Conviértanse ellos a ti, y tú no te conviertas a ellos.

20 Y te pondré en este pueblo por muro fortificado de bronce, y pelearán contra ti, pero no te vencerán; porque yo estoy contigo para guardarte y para defenderte, dice Jehová.

---

a 15.1 Éx 32.11-14; Nm 14.13-19.   **b 15.1** 1 S 7.5-9.
c 15.2 Ap 13.10.   **d 15.3** Ap 6.8.   **e 15.4** 2 R 21.1-16; 2 Cr 33.1-9.

21 Y te libraré de la mano de los malos, y te redimiré de la mano de los fuertes.

Juicio de Jehová contra Judá

16 **1** Vino a mí palabra de Jehová, diciendo:

2 No tomarás para ti mujer, ni tendrás hijos ni hijas en este lugar.

3 Porque así ha dicho Jehová acerca de los hijos y de las hijas que nazcan en este lugar, de sus madres que los den a luz y de los padres que los engendren en esta tierra:

4 De dolorosas enfermedades morirán; no serán plañidos ni enterrados; serán como estiércol sobre la faz de la tierra; con espada y con hambre serán consumidos, y sus cuerpos servirán de comida a las aves del cielo y a las bestias de la tierra.

5 Porque así ha dicho Jehová: No entres en casa de luto, ni vayas a lamentar, ni los consueles; porque yo he quitado mi paz de este pueblo, dice Jehová, mi misericordia y mis piedades.

6 Morirán en esta tierra grandes y pequeños; no se enterrarán, ni los plañirán, ni se rasgarán ni se raerán los cabellos por ellos;

7 ni partirán pan por ellos en el luto para consolarlos de sus muertos; ni les darán a beber vaso de consolaciones por su padre o por su madre.

8 Asimismo no entres en casa de banquete, para sentarte con ellos a comer o a beber.

9 Porque así ha dicho Jehová de los ejércitos, Dios de Israel: He aquí que yo haré cesar en este lugar, delante de vuestros ojos y en vuestros días, toda voz de gozo y toda voz de alegría, y toda voz de esposo y toda voz de esposa.[a]

10 Y acontecerá que cuando anuncies a este pueblo todas estas cosas, te dirán ellos: ¿Por qué anuncia Jehová contra nosotros todo este mal tan grande? ¿Qué maldad es la nuestra, o qué pecado es el nuestro, que hemos cometido contra Jehová nuestro Dios?

11 Entonces les dirás: Porque vuestros padres me dejaron, dice Jehová, y anduvieron en pos de dioses ajenos, y los sirvieron, y ante ellos se postraron, y me dejaron a mí y no guardaron mi ley;

12 y vosotros habéis hecho peor que vuestros padres; porque he aquí que vosotros

caminéis cada uno tras la imaginación de su malvado corazón, no oyéndome a mí.

13 Por tanto, yo os arrojaré de esta tierra a una tierra que ni vosotros ni vuestros padres habéis conocido, y allá serviréis a dioses ajenos de día y de noche; porque no os mostraré clemencia.

14 No obstante, he aquí vienen días, dice Jehová, en que no se dirá más: Vive Jehová, que hizo subir a los hijos de Israel de tierra de Egipto;

15 sino: Vive Jehová, que hizo subir a los hijos de Israel de la tierra del norte, y de todas las tierras adonde los había arrojado; y los volveré a su tierra, la cual di a sus padres.

16 He aquí que yo envío muchos pescadores, dice Jehová, y los pescarán, y después enviaré muchos cazadores, y los cazarán por todo monte y por todo collado, y por las cavernas de los peñascos.

17 Porque mis ojos están sobre todos sus caminos, los cuales no se me ocultaron, ni su maldad se esconde de la presencia de mis ojos.

18 Pero primero pagaré al doble su iniquidad y su pecado; porque contaminaron mi tierra con los cadáveres de sus ídolos, y de sus abominaciones llenaron mi heredad.

19 Oh Jehová, fortaleza mía y fuerza mía, y refugio mío en el tiempo de la aflicción, a ti vendrán naciones desde los extremos de la tierra, y dirán: Ciertamente mentira poseyeron nuestros padres, vanidad, y no hay en ellos provecho.

20 ¿Hará acaso el hombre dioses para sí? Mas ellos no son dioses.

21 Por tanto, he aquí les enseñaré esta vez, les haré conocer mi mano y mi poder, y sabrán que mi nombre es Jehová.

El pecado escrito en el corazón de Judá

17 **1** El pecado de Judá escrito está con cincel de hierro y con punta de diamante; esculpido está en la tabla de su corazón, y en los cuernos de sus altares,

2 mientras sus hijos se acuerdan de sus altares y de sus imágenes de Asera, que están junto a los árboles frondosos y en los collados altos,

3 sobre las montañas y sobre el campo. Todos tus tesoros entregaré al pillaje por el pecado de tus lugares altos en todo tu territorio.

---

a **16.9** Jer 7.34; 25.10; Ap 18.23.

⁴ Y perderás la heredad que yo te di, y te haré servir a tus enemigos en tierra que no conociste; porque fuego habéis encendido en mi furor, que para siempre arderá.

⁵ Así ha dicho Jehová: Maldito el varón que confía en el hombre, y pone carne por su brazo, y su corazón se aparta de Jehová.

⁶ Será como la retama en el desierto, y no verá cuando viene el bien, sino que morará en los sequedales en el desierto, en tierra despoblada y deshabitada.

⁷ Bendito el varón que confía en Jehová, y cuya confianza es Jehová.

⁸ Porque será como el árbol plantado junto a las aguas,ᵃ que junto a la corriente echará sus raíces, y no verá cuando viene el calor, sino que su hoja estará verde; y en el año de sequía no se fatigará, ni dejará de dar fruto.

⁹ Engañoso es el corazón más que todas las cosas, y perverso; ¿quién lo conocerá?

¹⁰ Yo Jehová, que escudriño la mente, que pruebo el corazón,ᵇ para dar a cada uno según su camino,ᶜ según el fruto de sus obras.

¹¹ Como la perdiz que cubre lo que no puso, es el que injustamente amontona riquezas; en la mitad de sus días las dejará, y en su postrimería será insensato.

¹² Trono de gloria, excelso desde el principio, es el lugar de nuestro santuario.

¹³ ¡Oh Jehová, esperanza de Israel! todos los que te dejan serán avergonzados; y los que se apartan de mí serán escritos en el polvo, porque dejaron a Jehová, manantial de aguas vivas.

¹⁴ Sáname, oh Jehová, y seré sano; sálvame, y seré salvo; porque tú eres mi alabanza.

¹⁵ He aquí que ellos me dicen: ¿Dónde está la palabra de Jehová? ¡Que se cumpla ahora!

¹⁶ Mas yo no he ido en pos de ti para incitarte a su castigo, ni deseé día de calamidad, tú lo sabes. Lo que de mi boca ha salido, fue en tu presencia.

¹⁷ No me seas tú por espanto, pues mi refugio eres tú en el día malo.

¹⁸ Avergüéncense los que me persiguen, y no me avergüence yo; asómbrense ellos, y yo no me asombre; trae sobre ellos día malo, y quebrántalos con doble quebrantamiento.

Observancia del día de reposo

¹⁹ Así me ha dicho Jehová: Ve y ponte a la puerta de los hijos del pueblo, por la cual entran y salen los reyes de Judá, y ponte en todas las puertas de Jerusalén, ²⁰ y diles: Oíd la palabra de Jehová, reyes de Judá, y todo Judá y todos los moradores de Jerusalén que entráis por estas puertas. ²¹ Así ha dicho Jehová: Guardaos por vuestra vida de llevar carga en el día de reposo,* y de meterla por las puertas de Jerusalén.ᵈ ²² Ni saquéis carga de vuestras casas en el día de reposo,* ni hagáis trabajo alguno, sino santificad el día de reposo,* como mandé a vuestros padres.ᵉ ²³ Pero ellos no oyeron, ni inclinaron su oído, sino endurecieron su cerviz para no oír, ni recibir corrección.

²⁴ No obstante, si vosotros me obedeciereis, dice Jehová, no metiendo carga por las puertas de esta ciudad en el día de reposo,* sino que santificareis el día de reposo,* no haciendo en él ningún trabajo, ²⁵ entrarán por las puertas de esta ciudad, en carros y en caballos, los reyes y los príncipes que se sientan sobre el trono de David, ellos y sus príncipes, los varones de Judá y los moradores de Jerusalén; y esta ciudad será habitada para siempre. ²⁶ Y vendrán de las ciudades de Judá, de los alrededores de Jerusalén, de tierra de Benjamín, de la Sefela, de los montes y del Neguev, trayendo holocausto y sacrificio, y ofrenda e incienso, y trayendo sacrificio de alabanza a la casa de Jehová. ²⁷ Pero si no me oyereis para santificar el día de reposo,* y para no traer carga ni meterla por las puertas de Jerusalén en día de reposo,* yo haré descender fuego en sus puertas, y consumirá los palacios de Jerusalén, y no se apagará.

La señal del alfarero y el barro

18 ¹ Palabra de Jehová que vino a Jeremías, diciendo: ² Levántate y vete a casa del alfarero, y allí te haré oír mis palabras. ³ Y descendí a casa del alfarero, y he aquí que él trabajaba sobre la rueda.

---

* Aquí equivale a *sábado*.
ᵃ **17.8** Sal 1.3.   ᵇ **17.10** Ap 2.23.   ᶜ **17.10** Sal 62.12.
ᵈ **17.21** Neh 13.15-22.   ᵉ **17.22** Éx 20.8-10; Dt 5.12-14.

4 Y la vasija de barro que él hacía se echó a perder en su mano; y volvió y la hizo otra vasija, según le pareció mejor hacerla.

5 Entonces vino a mí palabra de Jehová, diciendo:

6 ¿No podré yo hacer de vosotros como este alfarero, oh casa de Israel? dice Jehová. He aquí que como el barro en la mano del alfarero, así sois vosotros en mi mano, oh casa de Israel.

7 En un instante hablaré contra pueblos y contra reinos, para arrancar, y derribar, y destruir.

8 Pero si esos pueblos se convirtieren de su maldad contra la cual hablé, yo me arrepentiré del mal que había pensado hacerles,

9 y en un instante hablaré de la gente y del reino, para edificar y para plantar.

10 Pero si hiciere lo malo delante de mis ojos, no oyendo mi voz, me arrepentiré del bien que había determinado hacerle.

11 Ahora, pues, habla luego a todo hombre de Judá y a los moradores de Jerusalén, diciendo: Así ha dicho Jehová: He aquí que yo dispongo mal contra vosotros, y trazo contra vosotros designios; conviértase ahora cada uno de su mal camino, y mejore sus caminos y sus obras.

12 Y dijeron: Es en vano; porque en pos de nuestros ídolos iremos, y haremos cada uno el pensamiento de nuestro malvado corazón.

13 Por tanto, así dijo Jehová: Preguntad ahora a las naciones, quién ha oído cosa semejante. Gran fealdad ha hecho la virgen de Israel.

14 ¿Faltará la nieve del Líbano de la piedra del campo? ¿Faltarán las aguas frías que corren de lejanas tierras?

15 Porque mi pueblo me ha olvidado, incensando a lo que es vanidad, y ha tropezado en sus caminos, en las sendas antiguas, para que camine por sendas y no por camino transitado,

16 para poner su tierra en desolación, objeto de burla perpetua; todo aquel que pasare por ella se asombrará, y meneará la cabeza.

17 Como viento solano los esparciré delante del enemigo; les mostraré las espaldas y no el rostro, en el día de su perdición.

Conspiración del pueblo y oración de Jeremías

18 Y dijeron: Venid y maquinemos contra Jeremías; porque la ley no faltará al sacerdote, ni el consejo al sabio, ni la palabra al profeta. Venid e hirámoslo de lengua, y no atendamos a ninguna de sus palabras.

19 Oh Jehová, mira por mí, y oye la voz de los que contienden conmigo.

20 ¿Se da mal por bien, para que hayan cavado hoyo a mi alma? Acuérdate que me puse delante de ti para hablar bien por ellos, para apartar de ellos tu ira.

21 Por tanto, entrega sus hijos a hambre, dispérsalos por medio de la espada, y queden sus mujeres sin hijos, y viudas; y sus maridos sean puestos a muerte, y sus jóvenes heridos a espada en la guerra.

22 Óigase clamor de sus casas, cuando traigas sobre ellos ejército de repente; porque cavaron hoyo para prenderme, y a mis pies han escondido lazos.

23 Pero tú, oh Jehová, conoces todo su consejo contra mí para muerte; no perdones su maldad, ni borres su pecado de delante de tu rostro; y tropiecen delante de ti; haz así con ellos en el tiempo de tu enojo.

La señal de la vasija rota

19 **1** Así dijo Jehová: Ve y compra una vasija de barro del alfarero, y lleva contigo de los ancianos del pueblo, y de los ancianos de los sacerdotes;

2 y saldrás al valle del hijo de Hinom,ᵃ que está a la entrada de la puerta oriental, y proclamarás allí las palabras que yo te hablaré.

3 Dirás, pues: Oíd palabra de Jehová, oh reyes de Judá, y moradores de Jerusalén. Así dice Jehová de los ejércitos, Dios de Israel: He aquí que yo traigo mal sobre este lugar, tal que a todo el que lo oyere, le retiñan los oídos.

4 Porque me dejaron, y enajenaron este lugar, y ofrecieron en él incienso a dioses ajenos, los cuales no habían conocido ellos, ni sus padres, ni los reyes de Judá; y llenaron este lugar de sangre de inocentes.

5 Y edificaron lugares altos a Baal, para quemar con fuego a sus hijos en holocaustos al mismo Baal;ᵇ cosa que no les mandé, ni hablé, ni me vino al pensamiento.

---

a 19.2 2 R 23.10; Jer 7.30-32; 32.34, 35. **b 19.5** Lv 18.21.

6 Por tanto, he aquí vienen días, dice Jehová, que este lugar no se llamará más Tofet, ni valle del hijo de Hinom, sino Valle de la Matanza.

7 Y desvaneceré el consejo de Judá y de Jerusalén en este lugar, y les haré caer a espada delante de sus enemigos, y en las manos de los que buscan sus vidas; y daré sus cuerpos para comida a las aves del cielo y a las bestias de la tierra.

8 Pondré a esta ciudad por espanto y burla; todo aquel que pasare por ella se asombrará, y se burlará sobre toda su destrucción.

9 Y les haré comer la carne de sus hijos y la carne de sus hijas, y cada uno comerá la carne de su amigo, en el asedio y en el apuro con que los estrecharán sus enemigos y los que buscan sus vidas.

10 Entonces quebrarás la vasija ante los ojos de los varones que van contigo,

11 y les dirás: Así ha dicho Jehová de los ejércitos: Así quebrantaré a este pueblo y a esta ciudad, como quien quiebra una vasija de barro, que no se puede restaurar más; y en Tofet se enterrarán, porque no habrá otro lugar para enterrar.

12 Así haré a este lugar, dice Jehová, y a sus moradores, poniendo esta ciudad como Tofet.

13 Las casas de Jerusalén, y las casas de los reyes de Judá, serán como el lugar de Tofet, inmundas, por todas las casas sobre cuyos tejados ofrecieron incienso a todo el ejército del cielo, y vertieron libaciones a dioses ajenos.

14 Y volvió Jeremías de Tofet, adonde le envió Jehová a profetizar, y se paró en el atrio de la casa de Jehová y dijo a todo el pueblo:

15 Así ha dicho Jehová de los ejércitos, Dios de Israel: He aquí, yo traigo sobre esta ciudad y sobre todas sus villas todo el mal que hablé contra ella; porque han endurecido su cerviz para no oír mis palabras.

Profecía contra Pasur

20 **1** El sacerdote Pasur hijo de Imer, que presidía como príncipe en la casa de Jehová, oyó a Jeremías que profetizaba estas palabras.

2 Y azotó Pasur al profeta Jeremías, y lo puso en el cepo que estaba en la puerta superior de Benjamín, la cual conducía a la casa de Jehová.

3 Y el día siguiente Pasur sacó a Jeremías del cepo. Le dijo entonces Jeremías: Jehová no ha llamado tu nombre Pasur, sino Magor-misabib.[3]

4 Porque así ha dicho Jehová: He aquí, haré que seas un terror a ti mismo y a todos los que bien te quieren, y caerán por la espada de sus enemigos, y tus ojos lo verán; y a todo Judá entregaré en manos del rey de Babilonia, y los llevará cautivos a Babilonia, y los matará a espada.

5 Entregaré asimismo toda la riqueza de esta ciudad, todo su trabajo y todas sus cosas preciosas; y daré todos los tesoros de los reyes de Judá en manos de sus enemigos, y los saquearán, y los tomarán y los llevarán a Babilonia.

6 Y tú, Pasur, y todos los moradores de tu casa iréis cautivos; entrarás en Babilonia, y allí morirás, y allí serás enterrado tú, y todos los que bien te quieren, a los cuales has profetizado con mentira.

Lamento de Jeremías

7 Me sedujiste, oh Jehová, y fui seducido; más fuerte fuiste que yo, y me venciste; cada día he sido escarnecido, cada cual se burla de mí.

8 Porque cuantas veces hablo, doy voces, grito: Violencia y destrucción; porque la palabra de Jehová me ha sido para afrenta y escarnio cada día.

9 Y dije: No me acordaré más de él, ni hablaré más en su nombre; no obstante, había en mi corazón como un fuego ardiente metido en mis huesos; traté de sufrirlo, y no pude.

10 Porque oí la murmuración de muchos, temor de todas partes: Denunciad, denunciémosle. Todos mis amigos miraban si claudicaría. Quizá se engañará, decían, y prevaleceremos contra él, y tomaremos de él nuestra venganza.

11 Mas Jehová está conmigo como poderoso gigante; por tanto, los que me persiguen tropezarán, y no prevalecerán; serán avergonzados en gran manera, porque no prosperarán; tendrán perpetua confusión que jamás será olvidada.

---

3. **20**.3 Esto es, *Terror por todas partes.*

12 Oh Jehová de los ejércitos, que pruebas a los justos, que ves los pensamientos y el corazón, vea yo tu venganza de ellos; porque a ti he encomendado mi causa.

13 Cantad a Jehová, load a Jehová; porque ha librado el alma del pobre de mano de los malignos.

14 Maldito el día en que nací;[a] el día en que mi madre me dio a luz no sea bendito. 15 Maldito el hombre que dio nuevas a mi padre, diciendo: Hijo varón te ha nacido, haciéndole alegrarse así mucho.

16 Y sea el tal hombre como las ciudades que asoló Jehová, y no se arrepintió; oiga gritos de mañana, y voces a mediodía,

17 porque no me mató en el vientre, y mi madre me hubiera sido mi sepulcro, y su vientre embarazado para siempre.

18 ¿Para qué salí del vientre? ¿Para ver trabajo y dolor, y que mis días se gastasen en afrenta?

Jerusalén será destruida

21 1 Palabra de Jehová que vino a Jeremías, cuando el rey Sedequías envió a él a Pasur hijo de Malquías y al sacerdote Sofonías hijo de Maasías, para que le dijesen:

2 Consulta ahora acerca de nosotros a Jehová, porque Nabucodonosor rey de Babilonia hace guerra contra nosotros;[a] quizá Jehová hará con nosotros según todas sus maravillas, y aquél se irá de sobre nosotros.

3 Y Jeremías les dijo: Diréis así a Sedequías:

4 Así ha dicho Jehová Dios de Israel: He aquí yo vuelvo atrás las armas de guerra que están en vuestras manos, con que vosotros peleáis contra el rey de Babilonia; y a los caldeos que están fuera de la muralla y os tienen sitiados, yo los reuniré en medio de esta ciudad.

5 Pelearé contra vosotros con mano alzada y con brazo fuerte, con furor y enojo e ira grande.

6 Y heriré a los moradores de esta ciudad, y los hombres y las bestias morirán de pestilencia grande.

7 Después, dice Jehová, entregaré a Sedequías rey de Judá, a sus criados, al pueblo y a los que queden de la pestilencia, de la espada y del hambre en la ciudad, en mano de Nabucodonosor rey de Babilonia, en mano de sus enemigos y de los que buscan sus vidas, y él los herirá a filo de espada; no los perdonará, ni tendrá compasión de ellos, ni tendrá de ellos misericordia.

8 Y a este pueblo dirás: Así ha dicho Jehová: He aquí pongo delante de vosotros camino de vida y camino de muerte.

9 El que quedare en esta ciudad morirá a espada, de hambre o de pestilencia; mas el que saliere y se pasare a los caldeos que os tienen sitiados, vivirá, y su vida le será por despojo.

10 Porque mi rostro he puesto contra esta ciudad para mal, y no para bien, dice Jehová; en mano del rey de Babilonia será entregada, y la quemará a fuego.

11 Y a la casa del rey de Judá dirás: Oíd palabra de Jehová:

12 Casa de David, así dijo Jehová: Haced de mañana juicio, y librad al oprimido de mano del opresor, para que mi ira no salga como fuego, y se encienda y no haya quien lo apague, por la maldad de vuestras obras.

13 He aquí yo estoy contra ti, moradora del valle, y de la piedra de la llanura, dice Jehová; los que decís: ¿Quién subirá contra nosotros, y quién entrará en nuestras moradas?

14 Yo os castigaré conforme al fruto de vuestras obras, dice Jehová, y haré encender fuego en su bosque, y consumirá todo lo que está alrededor de él.

Profecías contra los reyes de Judá

22 1 Así dijo Jehová: Desciende a la casa del rey de Judá, y habla allí esta palabra,

2 y di: Oye palabra de Jehová, oh rey de Judá que estás sentado sobre el trono de David, tú, y tus siervos, y tu pueblo que entra por estas puertas.

3 Así ha dicho Jehová: Haced juicio y justicia, y librad al oprimido de mano del opresor, y no engañéis ni robéis al extranjero, ni al huérfano ni a la viuda, ni derraméis sangre inocente en este lugar.

4 Porque si efectivamente obedeciereis esta palabra, los reyes que en lugar de David se sientan sobre su trono, entrarán

---

a 20.14-18 Job 3.1-19.   a 21.2 2 R 25.1-11; 2 Cr 36.17-21.

montados en carros y en caballos por las puertas de esta casa; ellos, y sus criados y su pueblo.

5 Mas si no oyereis estas palabras, por mí mismo he jurado, dice Jehová, que esta casa será desierta.

6 Porque así ha dicho Jehová acerca de la casa del rey de Judá: Como Galaad eres tú para mí, y como la cima del Líbano; sin embargo, te convertiré en soledad, y como ciudades deshabitadas.

7 Prepararé contra ti destruidores, cada uno con sus armas, y cortarán tus cedros escogidos y los echarán en el fuego.

8 Y muchas gentes pasarán junto a esta ciudad, y dirán cada uno a su compañero: ¿Por qué hizo así Jehová con esta gran ciudad?

9 Y se les responderá: Porque dejaron el pacto de Jehová su Dios, y adoraron dioses ajenos y les sirvieron.

10 No lloréis al muerto, ni de él os condoláis; llorad amargamente por el que se va, porque no volverá jamás, ni verá la tierra donde nació.

11 Porque así ha dicho Jehová acerca de Salum[a] hijo de Josías, rey de Judá, el cual reinó en lugar de Josías su padre, y que salió de este lugar: No volverá más aquí,

12 sino que morirá en el lugar adonde lo llevaron cautivo, y no verá más esta tierra.

13 ¡Ay del que edifica su casa sin justicia, y sus salas sin equidad, sirviéndose de su prójimo de balde, y no dándole el salario de su trabajo!

14 Que dice: Edificaré para mí casa espaciosa, y salas airosas; y le abre ventanas, y la cubre de cedro, y la pinta de bermellón.

15 ¿Reinarás, porque te rodeas de cedro? ¿No comió y bebió tu padre, e hizo juicio y justicia, y entonces le fue bien?

16 Él juzgó la causa del afligido y del menesteroso, y entonces estuvo bien. ¿No es esto conocerme a mí? dice Jehová.

17 Mas tus ojos y tu corazón no son sino para tu avaricia, y para derramar sangre inocente, y para opresión y para hacer agravio.

18 Por tanto, así ha dicho Jehová acerca de Joacim[b] hijo de Josías, rey de Judá: No lo llorarán, diciendo: ¡Ay, hermano mío! y ¡Ay, hermana! ni lo lamentarán, diciendo: ¡Ay, señor! ¡Ay, su grandeza!

19 En sepultura de asno será enterrado, arrastrándole y echándole fuera de las puertas de Jerusalén.

20 Sube al Líbano y clama, y en Basán da tu voz, y grita hacia todas partes; porque todos tus enamorados son destruidos.

21 Te he hablado en tus prosperidades, mas dijiste: No oiré. Éste fue tu camino desde tu juventud, que nunca oíste mi voz.

22 A todos tus pastores pastoreará el viento, y tus enamorados irán en cautiverio; entonces te avergonzarás y te confundirás a causa de toda tu maldad.

23 Habitaste en el Líbano, hiciste tu nido en los cedros. ¡Cómo gemirás cuando te vinieren dolores, dolor como de mujer que está de parto!

24 Vivo yo, dice Jehová, que si Conías[c] hijo de Joacim rey de Judá fuera anillo en mi mano derecha, aun de allí te arrancaría.

25 Te entregaré en mano de los que buscan tu vida, y en mano de aquellos cuya vista temes; sí, en mano de Nabucodonosor rey de Babilonia, y en mano de los caldeos.

26 Te haré llevar cautivo a ti y a tu madre que te dio a luz, a tierra ajena en que no nacisteis; y allá moriréis.

27 Y a la tierra a la cual ellos con toda el alma anhelan volver, allá no volverán.

28 ¿Es este hombre Conías una vasija despreciada y quebrada? ¿Es un trasto que nadie estima? ¿Por qué fueron arrojados él y su generación, y echados a tierra que no habían conocido?

29 ¡Tierra, tierra, tierra! oye palabra de Jehová.

30 Así ha dicho Jehová: Escribid lo que sucederá a este hombre privado de descendencia, hombre a quien nada próspero sucederá en todos los días de su vida; porque ninguno de su descendencia logrará sentarse sobre el trono de David, ni reinar sobre Judá.

Regreso del remanente

23 1 ¡Ay de los pastores que destruyen y dispersan las ovejas de mi rebaño! dice Jehová.

2 Por tanto, así ha dicho Jehová Dios de Israel a los pastores que apacientan mi pueblo: Vosotros dispersasteis mis ovejas,

---

a **22.11** 2 R 23.31-34; 2 Cr 36.1-4. b **22.18** 2 R 23.36—24.6; 2 Cr 36.5-7. c **22.24** 2 R 24.8-15; 2 Cr 36.9, 10.

y las espantasteis, y no las habéis cuidado. He aquí que yo castigo la maldad de
vuestras obras, dice Jehová.
[3] Y yo mismo recogeré el remanente de
mis ovejas de todas las tierras adonde las
eché, y las haré volver a sus moradas; y
crecerán y se multiplicarán.
[4] Y pondré sobre ellas pastores que las
apacienten; y no temerán más, ni se ame-
drentarán, ni serán menoscabadas, dice
Jehová.
[5] He aquí que vienen días, dice Jehová,
en que levantaré a David renuevo justo, y
reinará como Rey, el cual será dichoso, y
hará juicio y justicia en la tierra.
[6] En sus días será salvo Judá, e Israel habitará confiado; y éste será su nombre con el
cual le llamarán: Jehová, justicia nuestra.[a]
[7] Por tanto, he aquí que vienen días, dice
Jehová, en que no dirán más: Vive Jehová
que hizo subir a los hijos de Israel de la
tierra de Egipto,
[8] sino: Vive Jehová que hizo subir y trajo la
descendencia de la casa de Israel de tierra
del norte, y de todas las tierras adonde yo
los había echado; y habitarán en su tierra.

Denunciación de los falsos profetas

[9] A causa de los profetas mi corazón
está quebrantado dentro de mí, todos mis
huesos tiemblan; estoy como un ebrio, y
como hombre a quien dominó el vino,
delante de Jehová, y delante de sus santas
palabras.
[10] Porque la tierra está llena de adúlteros; a causa de la maldición la tierra está
desierta; los pastizales del desierto se
secaron; la carrera de ellos fue mala, y su
valentía no es recta.
[11] Porque tanto el profeta como el sacerdote son impíos; aun en mi casa hallé su
maldad, dice Jehová.
[12] Por tanto, su camino será como resbaladeros en oscuridad; serán empujados, y
caerán en él; porque yo traeré mal sobre
ellos en el año de su castigo, dice Jehová.
[13] En los profetas de Samaria he visto des-
atinos; profetizaban en nombre de Baal, e
hicieron errar a mi pueblo de Israel.
[14] Y en los profetas de Jerusalén he visto
torpezas; cometían adulterios, y andaban

en mentiras, y fortalecían las manos de los
malos, para que ninguno se convirtiese de
su maldad; me fueron todos ellos como
Sodoma,[b] y sus moradores como Gomorra.
[15] Por tanto, así ha dicho Jehová de los
ejércitos contra aquellos profetas: He aquí
que yo les hago comer ajenjos, y les haré
beber agua de hiel; porque de los profetas
de Jerusalén salió la hipocresía sobre toda
la tierra.
[16] Así ha dicho Jehová de los ejércitos:
No escuchéis las palabras de los profetas
que os profetizan; os alimentan con vanas
esperanzas; hablan visión de su propio
corazón, no de la boca de Jehová.
[17] Dicen atrevidamente a los que me irritan:
Jehová dijo: Paz tendréis; y a cualquiera
que anda tras la obstinación de su corazón,
dicen: No vendrá mal sobre vosotros.
[18] Porque ¿quién estuvo en el secreto de
Jehová, y vio, y oyó su palabra? ¿Quién
estuvo atento a su palabra, y la oyó?
[19] He aquí que la tempestad de Jehová saldrá con furor; y la tempestad que está preparada caerá sobre la cabeza de los malos.
[20] No se apartará el furor de Jehová hasta
que lo haya hecho, y hasta que haya cumplido los pensamientos de su corazón; en
los postreros días lo entenderéis cumplidamente.
[21] No envié yo aquellos profetas, pero
ellos corrían; yo no les hablé, mas ellos
profetizaban.
[22] Pero si ellos hubieran estado en mi
secreto, habrían hecho oír mis palabras a
mi pueblo, y lo habrían hecho volver de su
mal camino, y de la maldad de sus obras.
[23] ¿Soy yo Dios de cerca solamente, dice
Jehová, y no Dios desde muy lejos?
[24] ¿Se ocultará alguno, dice Jehová, en
escondrijos que yo no lo vea? ¿No lleno
yo, dice Jehová, el cielo y la tierra?
[25] Yo he oído lo que aquellos profetas dijeron, profetizando mentira en mi nombre,
diciendo: Soñé, soñé.
[26] ¿Hasta cuándo estará esto en el corazón
de los profetas que profetizan mentira, y
que profetizan el engaño de su corazón?
[27] ¿No piensan cómo hacen que mi pueblo
se olvide de mi nombre con sus sueños
que cada uno cuenta a su compañero, al
modo que sus padres se olvidaron de mi
nombre por Baal?

---

a **23.5, 6** Jer 33.14-16. b **23.14** Gn 18.20.

28 El profeta que tuviere un sueño, cuente el sueño; y aquel a quien fuere mi palabra, cuente mi palabra verdadera. ¿Qué tiene que ver la paja con el trigo? dice Jehová.

29 ¿No es mi palabra como fuego, dice Jehová, y como martillo que quebranta la piedra?

30 Por tanto, he aquí que yo estoy contra los profetas, dice Jehová, que hurtan mis palabras cada uno de su más cercano.

31 Dice Jehová: He aquí que yo estoy contra los profetas que endulzan sus lenguas y dicen: Él ha dicho.

32 He aquí, dice Jehová, yo estoy contra los que profetizan sueños mentirosos, y los cuentan, y hacen errar a mi pueblo con sus mentiras y con sus lisonjas, y yo no los envié ni les mandé; y ningún provecho hicieron a este pueblo, dice Jehová.

33 Y cuando te preguntare este pueblo, o el profeta, o el sacerdote, diciendo: ¿Cuál es la profecía de Jehová? les dirás: Ésta es la profecía: Os dejaré, ha dicho Jehová.

34 Y al profeta, al sacerdote o al pueblo que dijere: Profecía de Jehová, yo enviaré castigo sobre tal hombre y sobre su casa.

35 Así diréis cada cual a su compañero, y cada cual a su hermano: ¿Qué ha respondido Jehová, y qué habló Jehová?

36 Y nunca más os vendrá a la memoria decir: Profecía de Jehová; porque la palabra de cada uno le será por profecía; pues pervertisteis las palabras del Dios viviente, de Jehová de los ejércitos, Dios nuestro.

37 Así dirás al profeta: ¿Qué te respondió Jehová, y qué habló Jehová?

38 Mas si dijereis: Profecía de Jehová; por eso Jehová dice así: Porque dijisteis esta palabra, Profecía de Jehová, habiendo yo enviado a deciros: No digáis: Profecía de Jehová,

39 por tanto, he aquí que yo os echaré en olvido, y arrancaré de mi presencia a vosotros y a la ciudad que di a vosotros y a vuestros padres;

40 y pondré sobre vosotros afrenta perpetua, y eterna confusión que nunca borrará el olvido.

La señal de los higos buenos y malos

24 **1** Después de haber transportado Nabucodonosor rey de Babilonia a Jeconías hijo de Joacim, rey de Judá, a los príncipes de Judá y los artesanos y herreros de Jerusalén, y haberlos llevado a Babilonia,[a] me mostró Jehová dos cestas de higos puestas delante del templo de Jehová.

2 Una cesta tenía higos muy buenos, como brevas; y la otra cesta tenía higos muy malos, que de malos no se podían comer.

3 Y me dijo Jehová: ¿Qué ves tú, Jeremías? Y dije: Higos; higos buenos, muy buenos; y malos, muy malos, que de malos no se pueden comer.

4 Y vino a mí palabra de Jehová, diciendo:

5 Así ha dicho Jehová Dios de Israel: Como a estos higos buenos, así miraré a los transportados de Judá, a los cuales eché de este lugar a la tierra de los caldeos, para bien.

6 Porque pondré mis ojos sobre ellos para bien, y los volveré a esta tierra, y los edificaré, y no los destruiré; los plantaré y no los arrancaré.

7 Y les daré corazón para que me conozcan que yo soy Jehová; y me serán por pueblo, y yo les seré a ellos por Dios; porque se volverán a mí de todo su corazón.

8 Y como los higos malos, que de malos no se pueden comer, así ha dicho Jehová, pondré a Sedequías rey de Judá, a sus príncipes y al resto de Jerusalén que quedó en esta tierra, y a los que moran en la tierra de Egipto.

9 Y los daré por escarnio y por mal a todos los reinos de la tierra; por infamia, por ejemplo, por refrán y por maldición a todos los lugares adonde yo los arroje.

10 Y enviaré sobre ellos espada, hambre y pestilencia, hasta que sean exterminados de la tierra que les di a ellos y a sus padres.

Setenta años de desolación

25 **1** Palabra que vino a Jeremías acerca de todo el pueblo de Judá en el año cuarto de Joacim[a] hijo de Josías, rey de Judá, el cual era el año primero de Nabucodonosor rey de Babilonia;

2 la cual habló el profeta Jeremías a todo el pueblo de Judá y a todos los moradores de Jerusalén, diciendo:

3 Desde el año trece de Josías hijo de Amón, rey de Judá, hasta este día, que son

---

a 24.1 2 R 24.12-16; 2 Cr 36.10.   **a 25.1** 2 R 24.1; 2 Cr 36.5-7; Dn 1.1, 2.

veintitrés años, ha venido a mí palabra de Jehová, y he hablado desde temprano y sin cesar; pero no oísteis.

4 Y envió Jehová a vosotros todos sus siervos los profetas, enviándoles desde temprano y sin cesar; pero no oísteis, ni inclinasteis vuestro oído para escuchar 5 cuando decían: Volveos ahora de vuestro mal camino y de la maldad de vuestras obras, y moraréis en la tierra que os dio Jehová a vosotros y a vuestros padres para siempre;

6 y no vayáis en pos de dioses ajenos, sirviéndoles y adorándoles, ni me provoquéis a ira con la obra de vuestras manos; y no os haré mal.

7 Pero no me habéis oído, dice Jehová, para provocarme a ira con la obra de vuestras manos para mal vuestro.

8 Por tanto, así ha dicho Jehová de los ejércitos: Por cuanto no habéis oído mis palabras,

9 he aquí enviaré y tomaré a todas las tribus del norte, dice Jehová, y a Nabucodonosor rey de Babilonia, mi siervo, y los traeré contra esta tierra y contra sus moradores, y contra todas estas naciones en derredor; y los destruiré, y los pondré por escarnio y por burla y en desolación perpetua.

10 Y haré que desaparezca de entre ellos la voz de gozo y la voz de alegría, la voz de desposado y la voz de desposada,[b] ruido de molino y luz de lámpara.[c]

11 Toda esta tierra será puesta en ruinas y en espanto; y servirán estas naciones al rey de Babilonia setenta años.[d]

12 Y cuando sean cumplidos los setenta años, castigaré al rey de Babilonia y a aquella nación por su maldad, ha dicho Jehová, y a la tierra de los caldeos; y la convertiré en desiertos para siempre.

13 Y traeré sobre aquella tierra todas mis palabras que he hablado contra ella, con todo lo que está escrito en este libro, profetizado por Jeremías contra todas las naciones.

14 Porque también ellas serán sojuzgadas por muchas naciones y grandes reyes; y yo les pagaré conforme a sus hechos, y conforme a la obra de sus manos.

La copa de ira para las naciones

15 Porque así me dijo Jehová Dios de Israel: Toma de mi mano la copa del vino de este furor, y da a beber de él a todas las naciones a las cuales yo te envío.

16 Y beberán, y temblarán y enloquecerán, a causa de la espada que yo envío entre ellas.

17 Y tomé la copa de la mano de Jehová, y di de beber a todas las naciones, a las cuales me envió Jehová:

18 a Jerusalén, a las ciudades de Judá y a sus reyes, y a sus príncipes, para ponerlos en ruinas, en escarnio y en burla y en maldición, como hasta hoy;

19 a Faraón rey de Egipto, a sus siervos, a sus príncipes y a todo su pueblo;

20 y a toda la mezcla de naciones, a todos los reyes de tierra de Uz, y a todos los reyes de la tierra de Filistea, a Ascalón, a Gaza, a Ecrón y al remanente de Asdod;

21 a Edom, a Moab y a los hijos de Amón;

22 a todos los reyes de Tiro, a todos los reyes de Sidón, a los reyes de las costas que están de ese lado del mar;

23 a Dedán, a Tema y a Buz, y a todos los que se rapan las sienes;

24 a todos los reyes de Arabia, a todos los reyes de pueblos mezclados que habitan en el desierto;

25 a todos los reyes de Zimri, a todos los reyes de Elam, a todos los reyes de Media;

26 a todos los reyes del norte, los de cerca y los de lejos, los unos con los otros, y a todos los reinos del mundo que están sobre la faz de la tierra; y el rey de Babilonia beberá después de ellos.

27 Les dirás, pues: Así ha dicho Jehová de los ejércitos, Dios de Israel: Bebed, y embriagaos, y vomitad, y caed, y no os levantéis, a causa de la espada que yo envío entre vosotros.

28 Y si no quieren tomar la copa de tu mano para beber, les dirás tú: Así ha dicho Jehová de los ejércitos: Tenéis que beber.

29 Porque he aquí que a la ciudad en la cual es invocado mi nombre yo comienzo a hacer mal; ¿y vosotros seréis absueltos? No seréis absueltos; porque espada traigo sobre todos los moradores de la tierra, dice Jehová de los ejércitos.

30 Tú, pues, profetizarás contra ellos todas estas palabras y les dirás: Jehová rugirá

---

b 25.10 Jer 7.34; 16.9.   c 25.10 Ap 18.22, 23.
d 25.11 2 Cr 36.21; Jer 29.10; Dn 9.2.

desde lo alto, y desde su morada santa dará su voz; rugirá fuertemente contra su morada; canción de lagareros cantará contra todos los moradores de la tierra.

31 Llegará el estruendo hasta el fin de la tierra, porque Jehová tiene juicio contra las naciones; él es el Juez de toda carne; entregará los impíos a espada, dice Jehová.

32 Así ha dicho Jehová de los ejércitos: He aquí que el mal irá de nación en nación, y grande tempestad se levantará de los fines de la tierra.

33 Y yacerán los muertos de Jehová en aquel día desde un extremo de la tierra hasta el otro; no se endecharán ni se recogerán ni serán enterrados; como estiércol quedarán sobre la faz de la tierra.

34 Aullad, pastores, y clamad; revolcaos en el polvo, mayorales del rebaño; porque cumplidos son vuestros días para que seáis degollados y esparcidos, y caeréis como vaso precioso.

35 Y se acabará la huida de los pastores, y el escape de los mayorales del rebaño.

36 ¡Voz de la gritería de los pastores, y aullido de los mayorales del rebaño! porque Jehová asoló sus pastos.

37 Y los pastos delicados serán destruidos por el ardor de la ira de Jehová.

38 Dejó cual leoncillo su guarida; pues asolada fue la tierra de ellos por la ira del opresor, y por el furor de su saña.

Jeremías es amenazado de muerte

26 **1** En el principio del reinado de Joacim[a] hijo de Josías, rey de Judá, vino esta palabra de Jehová, diciendo:

2 Así ha dicho Jehová: Ponte en el atrio de la casa de Jehová, y habla a todas las ciudades de Judá, que vienen para adorar en la casa de Jehová, todas las palabras que yo te mandé hablarles; no retengas palabra.

3 Quizá oigan, y se vuelvan cada uno de su mal camino, y me arrepentiré yo del mal que pienso hacerles por la maldad de sus obras.

4 Les dirás, pues: Así ha dicho Jehová: Si no me oyereis para andar en mi ley, la cual puse ante vosotros,

5 para atender a las palabras de mis siervos los profetas, que yo os envío desde temprano y sin cesar, a los cuales no habéis oído,

6 yo pondré esta casa como Silo,[b] y esta ciudad la pondré por maldición a todas las naciones de la tierra.

7 Y los sacerdotes, los profetas y todo el pueblo oyeron a Jeremías hablar estas palabras en la casa de Jehová.

8 Y cuando terminó de hablar Jeremías todo lo que Jehová le había mandado que hablase a todo el pueblo, los sacerdotes y los profetas y todo el pueblo le echaron mano, diciendo: De cierto morirás.

9 ¿Por qué has profetizado en nombre de Jehová, diciendo: Esta casa será como Silo, y esta ciudad será asolada hasta no quedar morador? Y todo el pueblo se juntó contra Jeremías en la casa de Jehová.

10 Y los príncipes de Judá oyeron estas cosas, y subieron de la casa del rey a la casa de Jehová, y se sentaron en la entrada de la puerta nueva de la casa de Jehová.

11 Entonces hablaron los sacerdotes y los profetas a los príncipes y a todo el pueblo, diciendo: En pena de muerte ha incurrido este hombre; porque profetizó contra esta ciudad, como vosotros habéis oído con vuestros oídos.

12 Y habló Jeremías a todos los príncipes y a todo el pueblo, diciendo: Jehová me envió a profetizar contra esta casa y contra esta ciudad, todas las palabras que habéis oído.

13 Mejorad ahora vuestros caminos y vuestras obras, y oíd la voz de Jehová vuestro Dios, y se arrepentirá Jehová del mal que ha hablado contra vosotros.

14 En lo que a mí toca, he aquí estoy en vuestras manos; haced de mí como mejor y más recto os parezca.

15 Mas sabed de cierto que si me matáis, sangre inocente echaréis sobre vosotros, y sobre esta ciudad y sobre sus moradores; porque en verdad Jehová me envió a vosotros para que dijese todas estas palabras en vuestros oídos.

16 Y dijeron los príncipes y todo el pueblo a los sacerdotes y profetas: No ha incurrido este hombre en pena de muerte, porque en nombre de Jehová nuestro Dios nos ha hablado.

17 Entonces se levantaron algunos de los ancianos de la tierra y hablaron a toda la reunión del pueblo, diciendo:

---

a 26.1 2 R 23.36—24.6; 2 Cr 36.5-7. **b 26.6** Jos 18.1; Sal 78.60; Jer 7.12-14.

18 Miqueas de Moreset profetizó en tiempo de Ezequías rey de Judá, y habló a todo el pueblo de Judá, diciendo: Así ha dicho Jehová de los ejércitos: Sion será arada como campo, y Jerusalén vendrá a ser montones de ruinas, y el monte de la casa como cumbres de bosque.^c

19 ¿Acaso lo mataron Ezequías rey de Judá y todo Judá? ¿No temió a Jehová, y oró en presencia de Jehová, y Jehová se arrepintió del mal que había hablado contra ellos? ¿Haremos, pues, nosotros tan gran mal contra nuestras almas?

20 Hubo también un hombre que profetizaba en nombre de Jehová, Urías hijo de Semaías, de Quiriat-jearim, el cual profetizó contra esta ciudad y contra esta tierra, conforme a todas las palabras de Jeremías; **21** y oyeron sus palabras el rey Joacim y todos sus grandes, y todos sus príncipes, y el rey procuró matarle; entendiendo lo cual Urías, tuvo temor, y huyó a Egipto. **22** Y el rey Joacim envió hombres a Egipto, a Elnatán hijo de Acbor y otros hombres con él, a Egipto; **23** los cuales sacaron a Urías de Egipto y lo trajeron al rey Joacim, el cual lo mató a espada, y echó su cuerpo en los sepulcros del vulgo.

24 Pero la mano de Ahicam hijo de Safán estaba a favor de Jeremías, para que no lo entregasen en las manos del pueblo para matarlo.

La señal de los yugos

27 **1** En el principio del reinado de Joacim^a hijo de Josías, rey de Judá, vino esta palabra de Jehová a Jeremías, diciendo: **2** Jehová me ha dicho así: Hazte coyundas y yugos, y ponlos sobre tu cuello; **3** y los enviarás al rey de Edom, y al rey de Moab, y al rey de los hijos de Amón, y al rey de Tiro, y al rey de Sidón, por mano de los mensajeros que vienen a Jerusalén a Sedequías rey de Judá. **4** Y les mandarás que digan a sus señores: Así ha dicho Jehová de los ejércitos, Dios de Israel: Así habéis de decir a vuestros señores: **5** Yo hice la tierra, el hombre y las bestias que están sobre la faz de la tierra, con mi gran poder y con mi brazo extendido, y la di a quien yo quise.

6 Y ahora yo he puesto todas estas tierras en mano de Nabucodonosor rey de Babilonia, mi siervo, y aun las bestias del campo le he dado para que le sirvan. **7** Y todas las naciones le servirán a él, a su hijo, y al hijo de su hijo, hasta que venga también el tiempo de su misma tierra, y la reduzcan a servidumbre muchas naciones y grandes reyes.

8 Y a la nación y al reino que no sirviere a Nabucodonosor rey de Babilonia, y que no pusiere su cuello debajo del yugo del rey de Babilonia, castigaré a tal nación con espada y con hambre y con pestilencia, dice Jehová, hasta que la acabe yo por su mano. **9** Y vosotros no prestéis oído a vuestros profetas, ni a vuestros adivinos, ni a vuestros soñadores, ni a vuestros agoreros, ni a vuestros encantadores, que os hablan diciendo: No serviréis al rey de Babilonia. **10** Porque ellos os profetizan mentira, para haceros alejar de vuestra tierra, y para que yo os arroje y perezcáis. **11** Mas a la nación que sometiere su cuello al yugo del rey de Babilonia y le sirviere, la dejaré en su tierra, dice Jehová, y la labrará y morará en ella.

12 Hablé también a Sedequías rey de Judá conforme a todas estas palabras, diciendo: Someted vuestros cuellos al yugo del rey de Babilonia, y servidle a él y a su pueblo, y vivid. **13** ¿Por qué moriréis tú y tu pueblo a espada, de hambre y de pestilencia, según ha dicho Jehová de la nación que no sirviere al rey de Babilonia? **14** No oigáis las palabras de los profetas que os hablan diciendo: No serviréis al rey de Babilonia; porque os profetizan mentira. **15** Porque yo no los envié, dice Jehová, y ellos profetizan falsamente en mi nombre, para que yo os arroje y perezcáis vosotros y los profetas que os profetizan.

16 También a los sacerdotes y a todo este pueblo hablé diciendo: Así ha dicho Jehová: No oigáis las palabras de vuestros profetas que os profetizan diciendo: He aquí que los utensilios de la casa de Jehová volverán de Babilonia ahora pronto; porque os profetizan mentira.

---

c 26.18 Mi 3.12.   **a 27.1** 2 R 24.18-20; 2 Cr 36.11-13.

17 No los oigáis; servid al rey de Babilonia y vivid; ¿por qué ha de ser desolada esta ciudad?

18 Y si ellos son profetas, y si está con ellos la palabra de Jehová, oren ahora a Jehová de los ejércitos para que los utensilios que han quedado en la casa de Jehová y en la casa del rey de Judá y en Jerusalén, no vayan a Babilonia.

19 Porque así ha dicho Jehová de los ejércitos acerca de aquellas columnas, del estanque, de las basas y del resto de los utensilios que quedan en esta ciudad,

20 que no quitó Nabucodonosor rey de Babilonia cuando transportó de Jerusalén a Babilonia a Jeconías hijo de Joacim, rey de Judá, y a todos los nobles de Judá y de Jerusalén;

21 así, pues, ha dicho Jehová de los ejércitos, Dios de Israel, acerca de los utensilios que quedaron en la casa de Jehová, y en la casa del rey de Judá, y en Jerusalén:

22 A Babilonia serán transportados, y allí estarán hasta el día en que yo los visite, dice Jehová; y después los traeré y los restauraré a este lugar.

Falsa profecía de Hananías

28 **1** Aconteció en el mismo año, en el principio del reinado de Sedequías[a] rey de Judá, en el año cuarto, en el quinto mes, que Hananías hijo de Azur, profeta que era de Gabaón, me habló en la casa de Jehová delante de los sacerdotes y de todo el pueblo, diciendo:

2 Así habló Jehová de los ejércitos, Dios de Israel, diciendo: Quebranté el yugo del rey de Babilonia.

3 Dentro de dos años haré volver a este lugar todos los utensilios de la casa de Jehová, que Nabucodonosor rey de Babilonia tomó de este lugar para llevarlos a Babilonia,

4 y yo haré volver a este lugar a Jeconías hijo de Joacim, rey de Judá, y a todos los transportados de Judá que entraron en Babilonia, dice Jehová; porque yo quebrantaré el yugo del rey de Babilonia.

5 Entonces respondió el profeta Jeremías al profeta Hananías, delante de los sacerdotes y delante de todo el pueblo que estaba en la casa de Jehová.

6 Y dijo el profeta Jeremías: Amén, así lo haga Jehová. Confirme Jehová tus palabras, con las cuales profetizaste que los utensilios de la casa de Jehová, y todos los transportados, han de ser devueltos de Babilonia a este lugar.

7 Con todo eso, oye ahora esta palabra que yo hablo en tus oídos y en los oídos de todo el pueblo:

8 Los profetas que fueron antes de mí y antes de ti en tiempos pasados, profetizaron guerra, aflicción y pestilencia contra muchas tierras y contra grandes reinos.

9 El profeta que profetiza de paz, cuando se cumpla la palabra del profeta, será conocido como el profeta que Jehová en verdad envió.

10 Entonces el profeta Hananías quitó el yugo del cuello del profeta Jeremías, y lo quebró.

11 Y habló Hananías en presencia de todo el pueblo, diciendo: Así ha dicho Jehová: De esta manera romperé el yugo de Nabucodonosor rey de Babilonia, del cuello de todas las naciones, dentro de dos años. Y siguió Jeremías su camino.

12 Y después que el profeta Hananías rompió el yugo del cuello del profeta Jeremías, vino palabra de Jehová a Jeremías, diciendo:

13 Ve y habla a Hananías, diciendo: Así ha dicho Jehová: Yugos de madera quebraste, mas en vez de ellos harás yugos de hierro.

14 Porque así ha dicho Jehová de los ejércitos, Dios de Israel: Yugo de hierro puse sobre el cuello de todas estas naciones, para que sirvan a Nabucodonosor rey de Babilonia, y han de servirle; y aun también le he dado las bestias del campo.

15 Entonces dijo el profeta Jeremías al profeta Hananías: Ahora oye, Hananías: Jehová no te envió, y tú has hecho confiar en mentira a este pueblo.

16 Por tanto, así ha dicho Jehová: He aquí que yo te quito de sobre la faz de la tierra; morirás en este año, porque hablaste rebelión contra Jehová.

17 Y en el mismo año murió Hananías, en el mes séptimo.

Carta de Jeremías a los cautivos

29 **1** Éstas son las palabras de la carta que el profeta Jeremías envió de

---

a **28.1** 2 R 24.18-20; 2 Cr 36.11-13.

Jerusalén a los ancianos que habían quedado de los que fueron transportados, y a los sacerdotes y profetas y a todo el pueblo que Nabucodonosor llevó cautivo de Jerusalén a Babilonia

2 (después que salió el rey Jeconías, la reina, los del palacio, los príncipes de Judá y de Jerusalén, los artífices y los ingenieros de Jerusalén),[a]

3 por mano de Elasa hijo de Safán y de Gemarías hijo de Hilcías, a quienes envió Sedequías rey de Judá a Babilonia, a Nabucodonosor rey de Babilonia. Decía:

4 Así ha dicho Jehová de los ejércitos, Dios de Israel, a todos los de la cautividad que hice transportar de Jerusalén a Babilonia:

5 Edificad casas, y habitadlas; y plantad huertos, y comed del fruto de ellos.

6 Casaos, y engendrad hijos e hijas; dad mujeres a vuestros hijos, y dad maridos a vuestras hijas, para que tengan hijos e hijas; y multiplicaos ahí, y no os disminuyáis.

7 Y procurad la paz de la ciudad a la cual os hice transportar, y rogad por ella a Jehová; porque en su paz tendréis vosotros paz.

8 Porque así ha dicho Jehová de los ejércitos, Dios de Israel: No os engañen vuestros profetas que están entre vosotros, ni vuestros adivinos; ni atendáis a los sueños que soñáis.

9 Porque falsamente os profetizan ellos en mi nombre; no los envié, ha dicho Jehová.

10 Porque así dijo Jehová: Cuando en Babilonia se cumplan los setenta años,[b] yo os visitaré, y despertaré sobre vosotros mi buena palabra, para haceros volver a este lugar.

11 Porque yo sé los pensamientos que tengo acerca de vosotros, dice Jehová, pensamientos de paz, y no de mal, para daros el fin que esperáis.

12 Entonces me invocaréis, y vendréis y oraréis a mí, y yo os oiré;

13 y me buscaréis y me hallaréis, porque me buscaréis de todo vuestro corazón.[c]

14 Y seré hallado por vosotros, dice Jehová, y haré volver vuestra cautividad, y os reuniré de todas las naciones y de todos los lugares adonde os arrojé, dice Jehová; y os haré volver al lugar de donde os hice llevar.

15 Mas habéis dicho: Jehová nos ha levantado profetas en Babilonia.

16 Pero así ha dicho Jehová acerca del rey que está sentado sobre el trono de David, y de todo el pueblo que mora en esta ciudad, de vuestros hermanos que no salieron con vosotros en cautiverio;

17 así ha dicho Jehová de los ejércitos: He aquí envío yo contra ellos espada, hambre y pestilencia, y los pondré como los higos malos, que de tan malos no se pueden comer.

18 Los perseguiré con espada, con hambre y con pestilencia, y los daré por escarnio a todos los reinos de la tierra, por maldición y por espanto, y por burla y por afrenta para todas las naciones entre las cuales los he arrojado;

19 por cuanto no oyeron mis palabras, dice Jehová, que les envié por mis siervos los profetas, desde temprano y sin cesar; y no habéis escuchado, dice Jehová.

20 Oíd, pues, palabra de Jehová, vosotros todos los transportados que envié de Jerusalén a Babilonia.

21 Así ha dicho Jehová de los ejércitos, Dios de Israel, acerca de Acab hijo de Colaías, y acerca de Sedequías hijo de Maasías, que os profetizan falsamente en mi nombre: He aquí los entrego yo en mano de Nabucodonosor rey de Babilonia, y él los matará delante de vuestros ojos.

22 Y todos los transportados de Judá que están en Babilonia harán de ellos una maldición, diciendo: Póngate Jehová como a Sedequías y como a Acab, a quienes asó al fuego el rey de Babilonia.

23 Porque hicieron maldad en Israel, y cometieron adulterio con las mujeres de sus prójimos, y falsamente hablaron en mi nombre palabra que no les mandé; lo cual yo sé y testifico, dice Jehová.

24 Y a Semaías de Nehelam hablarás, diciendo:

25 Así habló Jehová de los ejércitos, Dios de Israel, diciendo: Tú enviaste cartas en tu nombre a todo el pueblo que está en Jerusalén, y al sacerdote Sofonías hijo de Maasías, y a todos los sacerdotes, diciendo:

26 Jehová te ha puesto por sacerdote en lugar del sacerdote Joiada, para que te encargues en la casa de Jehová de todo hombre loco que profetice, poniéndolo en el calabozo y en el cepo.

---

a 29.1, 2 2 R 24.12-16; 2 Cr 36.10.   b 29.10 2 Cr 36.21; Jer 25.11; Dn 9.2.   c 29.13 Dt 4.29.

27 ¿Por qué, pues, no has reprendido ahora a Jeremías de Anatot, que os profetiza? 28 Porque él nos envió a decir en Babilonia: Largo será el cautiverio; edificad casas, y habitadlas; plantad huertos, y comed el fruto de ellos.

29 Y el sacerdote Sofonías había leído esta carta a oídos del profeta Jeremías.

30 Y vino palabra de Jehová a Jeremías, diciendo:

31 Envía a decir a todos los cautivos: Así ha dicho Jehová de Semaías de Nehelam: Porque os profetizó Semaías, y yo no lo envié, y os hizo confiar en mentira; 32 por tanto, así ha dicho Jehová: He aquí que yo castigaré a Semaías de Nehelam y a su descendencia; no tendrá varón que more entre este pueblo, ni verá el bien que haré yo a mi pueblo, dice Jehová; porque contra Jehová ha hablado rebelión.

Dios promete que los cautivos volverán

30 1 Palabra de Jehová que vino a Jeremías, diciendo:

2 Así habló Jehová Dios de Israel, diciendo: Escríbete en un libro todas las palabras que te he hablado.

3 Porque he aquí que vienen días, dice Jehová, en que haré volver a los cautivos de mi pueblo Israel y Judá, ha dicho Jehová, y los traeré a la tierra que di a sus padres, y la disfrutarán.

4 Éstas, pues, son las palabras que habló Jehová acerca de Israel y de Judá.

5 Porque así ha dicho Jehová: Hemos oído voz de temblor; de espanto, y no de paz.

6 Inquirid ahora, y mirad si el varón da a luz; porque he visto que todo hombre tenía las manos sobre sus lomos, como mujer que está de parto, y se han vuelto pálidos todos los rostros.

7 ¡Ah, cuán grande es aquel día! tanto, que no hay otro semejante a él; tiempo de angustia para Jacob; pero de ella será librado.

8 En aquel día, dice Jehová de los ejércitos, yo quebraré su yugo de tu cuello, y romperé tus coyundas, y extranjeros no lo volverán más a poner en servidumbre, 9 sino que servirán a Jehová su Dios y a David su rey, a quien yo les levantaré.

10 Tú, pues, siervo mío Jacob, no temas, dice Jehová, ni te atemorices, Israel; porque he aquí que yo soy el que te salvo de lejos a ti y a tu descendencia de la tierra de cautividad; y Jacob volverá, descansará y vivirá tranquilo, y no habrá quien le espante.

11 Porque yo estoy contigo para salvarte, dice Jehová, y destruiré a todas las naciones entre las cuales te esparcí; pero a ti no te destruiré, sino que te castigaré con justicia; de ninguna manera te dejaré sin castigo.ª

12 Porque así ha dicho Jehová: Incurable es tu quebrantamiento, y dolorosa tu llaga. 13 No hay quien juzgue tu causa para sanarte; no hay para ti medicamentos eficaces. 14 Todos tus enamorados te olvidaron; no te buscan; porque como hiere un enemigo te herí, con azote de adversario cruel, a causa de la magnitud de tu maldad y de la multitud de tus pecados. 15 ¿Por qué gritas a causa de tu quebrantamiento? Incurable es tu dolor, porque por la grandeza de tu iniquidad y por tus muchos pecados te he hecho esto. 16 Pero serán consumidos todos los que te consumen; y todos tus adversarios, todos irán en cautiverio; hollados serán los que te hollaron, y a todos los que hicieron presa de ti daré en presa. 17 Mas yo haré venir sanidad para ti, y sanaré tus heridas, dice Jehová; porque desechada te llamaron, diciendo: Ésta es Sion, de la que nadie se acuerda.

18 Así ha dicho Jehová: He aquí yo hago volver los cautivos de las tiendas de Jacob, y de sus tiendas tendré misericordia, y la ciudad será edificada sobre su colina, y el templo será asentado según su forma. 19 Y saldrá de ellos acción de gracias, y voz de nación que está en regocijo, y los multiplicaré, y no serán disminuidos; los multiplicaré, y no serán menoscabados. 20 Y serán sus hijos como antes, y su congregación delante de mí será confirmada; y castigaré a todos sus opresores. 21 De ella saldrá su príncipe, y de en medio de ella saldrá su señoreador; y le haré llegar cerca, y él se acercará a mí; porque ¿quién es aquel que se atreve a acercarse a mí? dice Jehová. 22 Y me seréis por pueblo, y yo seré vuestro Dios.

---

a 30.10, 11 Jer 46.27, 28.

23 He aquí, la tempestad de Jehová sale con furor; la tempestad que se prepara, sobre la cabeza de los impíos reposará. **24** No se calmará el ardor de la ira de Jehová, hasta que haya hecho y cumplido los pensamientos de su corazón; en el fin de los días entenderéis esto.

31

1 En aquel tiempo, dice Jehová, yo seré por Dios a todas las familias de Israel, y ellas me serán a mí por pueblo.

2 Así ha dicho Jehová: El pueblo que escapó de la espada halló gracia en el desierto, cuando Israel iba en busca de reposo.

3 Jehová se manifestó a mí hace ya mucho tiempo, diciendo: Con amor eterno te he amado; por tanto, te prolongué mi misericordia.

4 Aún te edificaré, y serás edificada, oh virgen de Israel; todavía serás adornada con tus panderos, y saldrás en alegres danzas.

5 Aún plantarás viñas en los montes de Samaria; plantarán los que plantan, y disfrutarán de ellas.

6 Porque habrá día en que clamarán los guardas en el monte de Efraín: Levantaos, y subamos a Sion, a Jehová nuestro Dios.

7 Porque así ha dicho Jehová: Regocijaos en Jacob con alegría, y dad voces de júbilo a la cabeza de naciones; haced oír, alabad, y decid: Oh Jehová, salva a tu pueblo, el remanente de Israel.

8 He aquí yo los hago volver de la tierra del norte, y los reuniré de los fines de la tierra, y entre ellos ciegos y cojos, la mujer que está encinta y la que dio a luz juntamente; en gran compañía volverán acá.

9 Irán con lloro, mas con misericordia los haré volver, y los haré andar junto a arroyos de aguas, por camino derecho en el cual no tropezarán; porque soy a Israel por padre, y Efraín es mi primogénito.

10 Oíd palabra de Jehová, oh naciones, y hacedlo saber en las costas que están lejos, y decid: El que esparció a Israel lo reunirá y guardará, como el pastor a su rebaño.

11 Porque Jehová redimió a Jacob, lo redimió de mano del más fuerte que él.

12 Y vendrán con gritos de gozo en lo alto de Sion, y correrán al bien de Jehová, al pan, al vino, al aceite, y al ganado de las ovejas y de las vacas; y su alma será como huerto de riego, y nunca más tendrán dolor.

13 Entonces la virgen se alegrará en la danza, los jóvenes y los viejos juntamente; y cambiaré su lloro en gozo, y los consolaré, y los alegraré de su dolor.

14 Y el alma del sacerdote satisfaré con abundancia, y mi pueblo será saciado de mi bien, dice Jehová.

15 Así ha dicho Jehová: Voz fue oída en Ramá, llanto y lloro amargo; Raquel que lamenta por sus hijos,[a] y no quiso ser consolada acerca de sus hijos, porque perecieron.[b]

16 Así ha dicho Jehová: Reprime del llanto tu voz, y de las lágrimas tus ojos; porque salario hay para tu trabajo, dice Jehová, y volverán de la tierra del enemigo.

17 Esperanza hay también para tu porvenir, dice Jehová, y los hijos volverán a su propia tierra.

18 Escuchando, he oído a Efraín que se lamentaba: Me azotaste, y fui castigado como novillo indómito; conviérteme, y seré convertido, porque tú eres Jehová mi Dios.

19 Porque después que me aparté tuve arrepentimiento, y después que reconocí mi falta, herí mi muslo; me avergoncé y me confundí, porque llevé la afrenta de mi juventud.

20 ¿No es Efraín hijo precioso para mí? ¿no es niño en quien me deleito? pues desde que hablé de él, me he acordado de él constantemente. Por eso mis entrañas se conmovieron por él; ciertamente tendré de él misericordia, dice Jehová.

21 Establécete señales, ponte majanos altos, nota atentamente la calzada; vuélvete por el camino por donde fuiste, virgen de Israel, vuelve a estas tus ciudades.

22 ¿Hasta cuándo andarás errante, oh hija contumaz? Porque Jehová creará una cosa nueva sobre la tierra: la mujer rodeará al varón.

23 Así ha dicho Jehová de los ejércitos, Dios de Israel: Aún dirán esta palabra en la tierra de Judá y en sus ciudades, cuando yo haga volver sus cautivos: Jehová te bendiga, oh morada de justicia, oh monte santo.

24 Y habitará allí Judá, y también en todas sus ciudades labradores, y los que van con rebaño.

---

a 31.15 Gn 35.16-19.   **b** 31.15 Mt 2.18.

25 Porque satisfaré al alma cansada, y saciaré a toda alma entristecida.

26 En esto me desperté, y vi, y mi sueño me fue agradable.

El nuevo pacto

27 He aquí vienen días, dice Jehová, en que sembraré la casa de Israel y la casa de Judá de simiente de hombre y de simiente de animal.

28 Y así como tuve cuidado de ellos para arrancar y derribar, y trastornar y perder y afligir, tendré cuidado de ellos para edificar y plantar, dice Jehová.

29 En aquellos días no dirán más: Los padres comieron las uvas agrias y los dientes de los hijos tienen la dentera,c

30 sino que cada cual morirá por su propia maldad; los dientes de todo hombre que comiere las uvas agrias, tendrán la dentera.

31 He aquí que vienen días, dice Jehová, en los cuales haré nuevo pactod con la casa de Israel y con la casa de Judá.

32 No como el pacto que hice con sus padres el día que tomé su mano para sacarlos de la tierra de Egipto; porque ellos invalidaron mi pacto, aunque fui yo un marido para ellos, dice Jehová.

33 Pero éste es el pacto que haré con la casa de Israel después de aquellos días, dice Jehová: Daré mi ley en su mente, y la escribiré en su corazón;e y yo seré a ellos por Dios, y ellos me serán por pueblo.

34 Y no enseñará más ninguno a su prójimo, ni ninguno a su hermano, diciendo: Conoce a Jehová; porque todos me conocerán, desde el más pequeño de ellos hasta el más grande, dice Jehová; porque perdonaré la maldad de ellos, y no me acordaré más de su pecado.f,g

35 Así ha dicho Jehová, que da el sol para luz del día, las leyes de la luna y de las estrellas para luz de la noche, que parte el mar, y braman sus ondas; Jehová de los ejércitos es su nombre:

36 Si faltaren estas leyes delante de mí, dice Jehová, también la descendencia de Israel faltará para no ser nación delante de mí eternamente.

37 Así ha dicho Jehová: Si los cielos arriba se pueden medir, y explorarse abajo los fundamentos de la tierra, también yo desecharé toda la descendencia de Israel por todo lo que hicieron, dice Jehová.

38 He aquí que vienen días, dice Jehová, en que la ciudad será edificada a Jehová, desde la torre de Hananeel hasta la puerta del Ángulo.

39 Y saldrá más allá el cordel de la medida delante de él sobre el collado de Gareb, y rodeará a Goa.

40 Y todo el valle de los cuerpos muertos y de la ceniza, y todas las llanuras hasta el arroyo de Cedrón, hasta la esquina de la puerta de los caballos al oriente, será santo a Jehová; no será arrancada ni destruida más para siempre.

Jeremías compra la heredad de Hanameel

32 **1** Palabra de Jehová que vino a Jeremías, el año décimo de Sedequíasa rey de Judá, que fue el año decimoctavo de Nabucodonosor.

2 Entonces el ejército del rey de Babilonia tenía sitiada a Jerusalén, y el profeta Jeremías estaba preso en el patio de la cárcel que estaba en la casa del rey de Judá.

3 Porque Sedequías rey de Judá lo había puesto preso, diciendo: ¿Por qué profetizas tú diciendo: Así ha dicho Jehová: He aquí yo entrego esta ciudad en mano del rey de Babilonia, y la tomará;

4 y Sedequías rey de Judá no escapará de la mano de los caldeos, sino que de cierto será entregado en mano del rey de Babilonia, y hablará con él boca a boca, y sus ojos verán sus ojos,

5 y hará llevar a Sedequías a Babilonia, y allá estará hasta que yo le visite; y si peleareis contra los caldeos, no os irá bien, dice Jehová?

6 Dijo Jeremías: Palabra de Jehová vino a mí, diciendo:

7 He aquí que Hanameel hijo de Salum tu tío viene a ti, diciendo: Cómprame mi heredad que está en Anatot; porque tú tienes derecho a ella para comprarla.

8 Y vino a mí Hanameel hijo de mi tío, conforme a la palabra de Jehová, al patio de la cárcel, y me dijo: Compra ahora mi heredad, que está en Anatot en tierra de

c **31.29** Ez 18.2.   d **31.31** Mt 26.28; Mr 14.24; Lc 22.20; 1 Co 11.25; 2 Co 3.6.   e **31.33** Heb 10.16. f **31.34** Heb 10.17.   g **31.31-34** Heb 8.8-12.   a **32.1** 2 R 25.1-7.

Benjamín, porque tuyo es el derecho de la herencia, y a ti corresponde el rescate; cómprala para ti. Entonces conocí que era palabra de Jehová.

⁹ Y compré la heredad de Hanameel, hijo de mi tío, la cual estaba en Anatot, y le pesé el dinero; diecisiete siclos de plata. ¹⁰ Y escribí la carta y la sellé, y la hice certificar con testigos, y pesé el dinero en balanza. ¹¹ Tomé luego la carta de venta, sellada según el derecho y costumbre, y la copia abierta. ¹² Y di la carta de venta a Baruc hijo de Nerías, hijo de Maasías, delante de Hanameel el hijo de mi tío, y delante de los testigos que habían suscrito la carta de venta, delante de todos los judíos que estaban en el patio de la cárcel. ¹³ Y di orden a Baruc delante de ellos, diciendo: ¹⁴ Así ha dicho Jehová de los ejércitos, Dios de Israel: Toma estas cartas, esta carta de venta sellada, y esta carta abierta, y ponlas en una vasija de barro, para que se conserven muchos días. ¹⁵ Porque así ha dicho Jehová de los ejércitos, Dios de Israel: Aún se comprarán casas, heredades y viñas en esta tierra.

¹⁶ Y después que di la carta de venta a Baruc hijo de Nerías, oré a Jehová, diciendo: ¹⁷ ¡Oh Señor Jehová! he aquí que tú hiciste el cielo y la tierra con tu gran poder, y con tu brazo extendido, ni hay nada que sea difícil para ti; ¹⁸ que haces misericordia a millares, y castigas la maldad de los padres en sus hijos después de ellos; Dios grande, poderoso, Jehová de los ejércitos es su nombre; ¹⁹ grande en consejo, y magnífico en hechos; porque tus ojos están abiertos sobre todos los caminos de los hijos de los hombres, para dar a cada uno según sus caminos, y según el fruto de sus obras. ²⁰ Tú hiciste señales y portentos en tierra de Egipto hasta este día, y en Israel, y entre los hombres; y te has hecho nombre, como se ve en el día de hoy. ²¹ Y sacaste a tu pueblo Israel de la tierra de Egipto con señales y portentos, con mano fuerte y brazo extendido, y con terror grande;

²² y les diste esta tierra, de la cual juraste a sus padres que se la darías, la tierra que fluye leche y miel; ²³ y entraron, y la disfrutaron; pero no oyeron tu voz, ni anduvieron en tu ley; nada hicieron de lo que les mandaste hacer; por tanto, has hecho venir sobre ellos todo este mal. ²⁴ He aquí que con arietes han acometido la ciudad para tomarla, y la ciudad va a ser entregada en mano de los caldeos que pelean contra ella, a causa de la espada, del hambre y de la pestilencia; ha venido, pues, a suceder lo que tú dijiste, y he aquí lo estás viendo. ²⁵ ¡Oh Señor Jehová! ¿y tú me has dicho: Cómprate la heredad por dinero, y pon testigos; aunque la ciudad sea entregada en manos de los caldeos?

²⁶ Y vino palabra de Jehová a Jeremías, diciendo: ²⁷ He aquí que yo soy Jehová, Dios de toda carne; ¿habrá algo que sea difícil para mí? ²⁸ Por tanto, así ha dicho Jehová: He aquí voy a entregar esta ciudad en mano de los caldeos, y en mano de Nabucodonosor rey de Babilonia, y la tomará.ᵇ ²⁹ Y vendrán los caldeos que atacan esta ciudad, y la pondrán a fuego y la quemarán, asimismo las casas sobre cuyas azoteas ofrecieron incienso a Baal y derramaron libaciones a dioses ajenos, para provocarme a ira. ³⁰ Porque los hijos de Israel y los hijos de Judá no han hecho sino lo malo delante de mis ojos desde su juventud; porque los hijos de Israel no han hecho más que provocarme a ira con la obra de sus manos, dice Jehová. ³¹ De tal manera que para enojo mío y para ira mía me ha sido esta ciudad desde el día que la edificaron hasta hoy, para que la haga quitar de mi presencia, ³² por toda la maldad de los hijos de Israel y de los hijos de Judá, que han hecho para enojarme, ellos, sus reyes, sus príncipes, sus sacerdotes y sus profetas, y los varones de Judá y los moradores de Jerusalén. ³³ Y me volvieron la cerviz, y no el rostro; y cuando los enseñaba desde temprano y sin cesar, no escucharon para recibir corrección.

---

b **32.28** 2 R 25.1-11; 2 Cr 36.17-21.

³⁴ Antes pusieron sus abominaciones en la casa en la cual es invocado mi nombre, contaminándola.ᶜ

³⁵ Y edificaron lugares altos a Baal, los cuales están en el valle del hijo de Hinom,ᵈ para hacer pasar por el fuego sus hijos y sus hijas a Moloc;ᵉ lo cual no les mandé, ni me vino al pensamiento que hiciesen esta abominación, para hacer pecar a Judá.

³⁶ Y con todo, ahora así dice Jehová Dios de Israel a esta ciudad, de la cual decís vosotros: Entregada será en mano del rey de Babilonia a espada, a hambre y a pestilencia:

³⁷ He aquí que yo los reuniré de todas las tierras a las cuales los eché con mi furor, y con mi enojo e indignación grande; y los haré volver a este lugar, y los haré habitar seguramente;

³⁸ y me serán por pueblo, y yo seré a ellos por Dios.

³⁹ Y les daré un corazón, y un camino, para que me teman perpetuamente, para que tengan bien ellos, y sus hijos después de ellos.

⁴⁰ Y haré con ellos pacto eterno, que no me volveré atrás de hacerles bien, y pondré mi temor en el corazón de ellos, para que no se aparten de mí.

⁴¹ Y me alegraré con ellos haciéndoles bien, y los plantaré en esta tierra en verdad, de todo mi corazón y de toda mi alma.

⁴² Porque así ha dicho Jehová: Como traje sobre este pueblo todo este gran mal, así traeré sobre ellos todo el bien que acerca de ellos hablo.

⁴³ Y poseerán heredad en esta tierra de la cual vosotros decís: Está desierta, sin hombres y sin animales, es entregada en manos de los caldeos.

⁴⁴ Heredades comprarán por dinero, y harán escritura y la sellarán y pondrán testigos, en tierra de Benjamín y en los contornos de Jerusalén, y en las ciudades de Judá; y en las ciudades de las montañas, y en las ciudades de la Sefela, y en las ciudades del Neguev; porque yo haré regresar sus cautivos, dice Jehová.

Restauración de la prosperidad de Jerusalén

33 ¹ Vino palabra de Jehová a Jeremías la segunda vez, estando él aún preso en el patio de la cárcel, diciendo:

² Así ha dicho Jehová, que hizo la tierra, Jehová que la formó para afirmarla; Jehová es su nombre:

³ Clama a mí, y yo te responderé, y te enseñaré cosas grandes y ocultas que tú no conoces.

⁴ Porque así ha dicho Jehová Dios de Israel acerca de las casas de esta ciudad, y de las casas de los reyes de Judá, derribadas con arietes y con hachas

⁵ (porque vinieron para pelear contra los caldeos, para llenarlas de cuerpos de hombres muertos, a los cuales herí yo con mi furor y con mi ira, pues escondí mi rostro de esta ciudad a causa de toda su maldad):

⁶ He aquí que yo les traeré sanidad y medicina; y los curaré, y les revelaré abundancia de paz y de verdad.

⁷ Y haré volver los cautivos de Judá y los cautivos de Israel, y los restableceré como al principio.

⁸ Y los limpiaré de toda su maldad con que pecaron contra mí; y perdonaré todos sus pecados con que contra mí pecaron, y con que contra mí se rebelaron.

⁹ Y me será a mí por nombre de gozo, de alabanza y de gloria, entre todas las naciones de la tierra, que habrán oído todo el bien que yo les hago; y temerán y temblarán de todo el bien y de toda la paz que yo les haré.

¹⁰ Así ha dicho Jehová: En este lugar, del cual decís que está desierto sin hombres y sin animales, en las ciudades de Judá y en las calles de Jerusalén, que están asoladas, sin hombre y sin morador y sin animal,

¹¹ ha de oírse aún voz de gozo y de alegría, voz de desposado y voz de desposada, voz de los que digan: Alabad a Jehová de los ejércitos, porque Jehová es bueno, porque para siempre es su misericordia;ᵃ voz de los que traigan ofrendas de acción de gracias a la casa de Jehová. Porque volveré a traer los cautivos de la tierra como al principio, ha dicho Jehová.

¹² Así dice Jehová de los ejércitos: En este lugar desierto, sin hombre y sin animal, y en todas sus ciudades, aún habrá cabañas de pastores que hagan pastar sus ganados.

c 32.34 2 R 23.10; Jer 7.30, 31; 19.1-6.   d 32.35 2 R 23.10; Jer 7.31. . e 32.35 Lv 18.21. a 33.11 1 Cr 16.34; 2 Cr 5.13; 7.3; Esd 3.11; Sal 100.5; 106.1; 107.1; 118.1; 136.1.

¹³ En las ciudades de las montañas, en las ciudades de la Sefela, en las ciudades del Neguev, en la tierra de Benjamín, y alrededor de Jerusalén y en las ciudades de Judá, aún pasarán ganados por las manos del que los cuente, ha dicho Jehová.

¹⁴ He aquí vienen días, dice Jehová, en que yo confirmaré la buena palabra que he hablado a la casa de Israel y a la casa de Judá.

¹⁵ En aquellos días y en aquel tiempo haré brotar a David un Renuevo de justicia, y hará juicio y justicia en la tierra.

¹⁶ En aquellos días Judá será salvo, y Jerusalén habitará segura, y se le llamará: Jehová, justicia nuestra.[b]

¹⁷ Porque así ha dicho Jehová: No faltará a David varón que se siente sobre el trono de la casa de Israel.[c]

¹⁸ Ni a los sacerdotes y levitas faltará varón que delante de mí ofrezca holocausto y encienda ofrenda, y que haga sacrificio todos los días.[d]

¹⁹ Vino palabra de Jehová a Jeremías, diciendo:

²⁰ Así ha dicho Jehová: Si pudiereis invalidar mi pacto con el día y mi pacto con la noche, de tal manera que no haya día ni noche a su tiempo,

²¹ podrá también invalidarse mi pacto con mi siervo David, para que deje de tener hijo que reine sobre su trono, y mi pacto con los levitas y sacerdotes, mis ministros.

²² Como no puede ser contado el ejército del cielo, ni la arena del mar se puede medir, así multiplicaré la descendencia de David mi siervo, y los levitas que me sirven.

²³ Vino palabra de Jehová a Jeremías, diciendo:

²⁴ ¿No has echado de ver lo que habla este pueblo, diciendo: Dos familias que Jehová escogiera ha desechado? Y han tenido en poco a mi pueblo, hasta no tenerlo más por nación.

²⁵ Así ha dicho Jehová: Si no permanece mi pacto con el día y la noche, si yo no he puesto las leyes del cielo y la tierra,

²⁶ también desecharé la descendencia de Jacob, y de David mi siervo, para no tomar de su descendencia quien sea señor sobre la posteridad de Abraham, de Isaac y de Jacob. Porque haré volver sus cautivos, y tendré de ellos misericordia.

Jeremías amonesta a Sedequías

34 ¹ Palabra de Jehová que vino a Jeremías cuando Nabucodonosor rey de Babilonia y todo su ejército, y todos los reinos de la tierra bajo el señorío de su mano, y todos los pueblos, peleaban contra Jerusalén[a] y contra todas sus ciudades, la cual dijo:

² Así ha dicho Jehová Dios de Israel: Ve y habla a Sedequías rey de Judá, y dile: Así ha dicho Jehová: He aquí yo entregaré esta ciudad al rey de Babilonia, y la quemará con fuego;

³ y no escaparás tú de su mano, sino que ciertamente serás apresado, y en su mano serás entregado; y tus ojos verán los ojos del rey de Babilonia, y te hablará boca a boca, y en Babilonia entrarás.

⁴ Con todo eso, oye palabra de Jehová, Sedequías rey de Judá: Así ha dicho Jehová acerca de ti: No morirás a espada.

⁵ En paz morirás, y así como quemaron especias por tus padres, los reyes primeros que fueron antes de ti, las quemarán por ti, y te endecharán, diciendo, ¡Ay, señor! Porque yo he hablado la palabra, dice Jehová.

⁶ Y habló el profeta Jeremías a Sedequías rey de Judá todas estas palabras en Jerusalén.

⁷ Y el ejército del rey de Babilonia peleaba contra Jerusalén, y contra todas las ciudades de Judá que habían quedado, contra Laquis y contra Azeca; porque de las ciudades fortificadas de Judá éstas habían quedado.

Violación del pacto de libertar a los siervos hebreos

⁸ Palabra de Jehová que vino a Jeremías, después que Sedequías hizo pacto con todo el pueblo en Jerusalén para promulgarles libertad;

⁹ que cada uno dejase libre a su siervo y a su sierva, hebreo y hebrea; que ninguno usase a los judíos, sus hermanos, como siervos.

¹⁰ Y cuando oyeron todos los príncipes, y todo el pueblo que había convenido en el

b 33.14-16 Jer 23.5, 6.   c 33.17 2 S 7.12-16; 1 R 2.4; 1 Cr 17.11-14.   d 33.18 Nm 3.5-10.   a 34.1 2 R 25.1-11; 2 Cr 36.17-21.

pacto de dejar libre cada uno a su siervo y cada uno a su sierva, que ninguno los usase más como siervos, obedecieron, y los dejaron.

11 Pero después se arrepintieron, e hicieron volver a los siervos y a las siervas que habían dejado libres, y los sujetaron como siervos y siervas.

12 Vino, pues, palabra de Jehová a Jeremías, diciendo:

13 Así dice Jehová Dios de Israel: Yo hice pacto con vuestros padres el día que los saqué de tierra de Egipto, de casa de servidumbre, diciendo:

14 Al cabo de siete años dejará cada uno a su hermano hebreo que le fuere vendido; le servirá seis años, y lo enviará libre;[b] pero vuestros padres no me oyeron, ni inclinaron su oído.

15 Y vosotros os habíais hoy convertido, y hecho lo recto delante de mis ojos, anunciando cada uno libertad a su prójimo; y habíais hecho pacto en mi presencia, en la casa en la cual es invocado mi nombre.

16 Pero os habéis vuelto y profanado mi nombre, y habéis vuelto a tomar cada uno a su siervo y cada uno a su sierva, que habíais dejado libres a su voluntad; y los habéis sujetado para que os sean siervos y siervas.

17 Por tanto, así ha dicho Jehová: Vosotros no me habéis oído para promulgar cada uno libertad a su hermano, y cada uno a su compañero; he aquí que yo promulgo libertad, dice Jehová, a la espada y a la pestilencia y al hambre; y os pondré por afrenta ante todos los reinos de la tierra.

18 Y entregaré a los hombres que traspasaron mi pacto, que no han llevado a efecto las palabras del pacto que celebraron en mi presencia, dividiendo en dos partes el becerro y pasando por medio de ellas;

19 a los príncipes de Judá y a los príncipes de Jerusalén, a los oficiales y a los sacerdotes y a todo el pueblo de la tierra, que pasaron entre las partes del becerro,

20 los entregaré en mano de sus enemigos y en mano de los que buscan su vida; y sus cuerpos muertos serán comida de las aves del cielo, y de las bestias de la tierra.

21 Y a Sedequías rey de Judá y a sus príncipes los entregaré en mano de sus enemigos, y en mano de los que buscan su vida, y en mano del ejército del rey de Babilonia, que se ha ido de vosotros.

22 He aquí, mandaré yo, dice Jehová, y los haré volver a esta ciudad, y pelearán contra ella y la tomarán, y la quemarán con fuego; y reduciré a soledad las ciudades de Judá, hasta no quedar morador.

Obediencia de los recabitas

35 **1** Palabra de Jehová que vino a Jeremías en días de Joacim[a] hijo de Josías, rey de Judá, diciendo:

2 Ve a casa de los recabitas y habla con ellos, e introdúcelos en la casa de Jehová, en uno de los aposentos, y dales a beber vino.

3 Tomé entonces a Jaazanías hijo de Jeremías, hijo de Habasinías, a sus hermanos, a todos sus hijos, y a toda la familia de los recabitas;

4 y los llevé a la casa de Jehová, al aposento de los hijos de Hanán hijo de Igdalías, varón de Dios, el cual estaba junto al aposento de los príncipes, que estaba sobre el aposento de Maasías hijo de Salum, guarda de la puerta.

5 Y puse delante de los hijos de la familia de los recabitas tazas y copas llenas de vino, y les dije: Bebed vino.

6 Mas ellos dijeron: No beberemos vino; porque Jonadab hijo de Recab nuestro padre nos ordenó diciendo: No beberéis jamás vino vosotros ni vuestros hijos;

7 ni edificaréis casa, ni sembraréis sementera, ni plantaréis viña, ni la retendréis; sino que moraréis en tiendas todos vuestros días, para que viváis muchos días sobre la faz de la tierra donde vosotros habitáis.

8 Y nosotros hemos obedecido a la voz de nuestro padre Jonadab hijo de Recab en todas las cosas que nos mandó, de no beber vino en todos nuestros días, ni nosotros, ni nuestras mujeres, ni nuestros hijos ni nuestras hijas;

9 y de no edificar casas para nuestra morada, y de no tener viña, ni heredad, ni sementera.

10 Moramos, pues, en tiendas, y hemos obedecido y hecho conforme a todas las

---

b 34.14 Éx 21.2; Dt 15.12.   **a 35.1** 2 R 23.36—24.6; 2 Cr 36.5-7.

cosas que nos mandó Jonadab nuestro padre.

11 Sucedió, no obstante, que cuando Nabucodonosor rey de Babilonia subió a la tierra, dijimos: Venid, y ocultémonos en Jerusalén, de la presencia del ejército de los caldeos y de la presencia del ejército de los de Siria; y en Jerusalén nos quedamos.

12 Y vino palabra de Jehová a Jeremías, diciendo:

13 Así ha dicho Jehová de los ejércitos, Dios de Israel: Ve y di a los varones de Judá, y a los moradores de Jerusalén: ¿No aprenderéis a obedecer mis palabras? dice Jehová.

14 Fue firme la palabra de Jonadab hijo de Recab, el cual mandó a sus hijos que no bebiesen vino, y no lo han bebido hasta hoy, por obedecer al mandamiento de su padre; y yo os he hablado a vosotros desde temprano y sin cesar, y no me habéis oído.

15 Y envié a vosotros todos mis siervos los profetas, desde temprano y sin cesar, para deciros: Volveos ahora cada uno de vuestro mal camino, y enmendad vuestras obras, y no vayáis tras dioses ajenos para servirles, y viviréis en la tierra que di a vosotros y a vuestros padres; mas no inclinasteis vuestro oído, ni me oísteis.

16 Ciertamente los hijos de Jonadab hijo de Recab tuvieron por firme el mandamiento que les dio su padre; pero este pueblo no me ha obedecido.

17 Por tanto, así ha dicho Jehová Dios de los ejércitos, Dios de Israel: He aquí traeré yo sobre Judá y sobre todos los moradores de Jerusalén todo el mal que contra ellos he hablado; porque les hablé, y no oyeron; los llamé, y no han respondido.

18 Y dijo Jeremías a la familia de los recabitas: Así ha dicho Jehová de los ejércitos, Dios de Israel: Por cuanto obedecisteis al mandamiento de Jonadab vuestro padre, y guardasteis todos sus mandamientos, e hicisteis conforme a todas las cosas que os mandó;

19 por tanto, así ha dicho Jehová de los ejércitos, Dios de Israel: No faltará de Jonadab hijo de Recab un varón que esté en mi presencia todos los días.

a 36.1 2 R 24.1; 2 Cr 36.5-7; Dn 1.1, 2.

El rey quema el rollo

36 1 Aconteció en el cuarto año de Joacim[a] hijo de Josías, rey de Judá, que vino esta palabra de Jehová a Jeremías, diciendo:

2 Toma un rollo de libro, y escribe en él todas las palabras que te he hablado contra Israel y contra Judá, y contra todas las naciones, desde el día que comencé a hablarte, desde los días de Josías hasta hoy.

3 Quizá oiga la casa de Judá todo el mal que yo pienso hacerles, y se arrepienta cada uno de su mal camino, y yo perdonaré su maldad y su pecado.

4 Y llamó Jeremías a Baruc hijo de Nerías, y escribió Baruc de boca de Jeremías, en un rollo de libro, todas las palabras que Jehová le había hablado.

5 Después mandó Jeremías a Baruc, diciendo: A mí se me ha prohibido entrar en la casa de Jehová.

6 Entra tú, pues, y lee de este rollo que escribiste de mi boca, las palabras de Jehová a los oídos del pueblo, en la casa de Jehová, el día del ayuno; y las leerás también a oídos de todos los de Judá que vienen de sus ciudades.

7 Quizá llegue la oración de ellos a la presencia de Jehová, y se vuelva cada uno de su mal camino; porque grande es el furor y la ira que ha expresado Jehová contra este pueblo.

8 Y Baruc hijo de Nerías hizo conforme a todas las cosas que le mandó Jeremías profeta, leyendo en el libro las palabras de Jehová en la casa de Jehová.

9 Y aconteció en el año quinto de Joacim hijo de Josías, rey de Judá, en el mes noveno, que promulgaron ayuno en la presencia de Jehová a todo el pueblo de Jerusalén y a todo el pueblo que venía de las ciudades de Judá a Jerusalén.

10 Y Baruc leyó en el libro las palabras de Jeremías en la casa de Jehová, en el aposento de Gemarías hijo de Safán escriba, en el atrio de arriba, a la entrada de la puerta nueva de la casa de Jehová, a oídos del pueblo.

11 Y Micaías hijo de Gemarías, hijo de Safán, habiendo oído del libro todas las palabras de Jehová,

12 descendió a la casa del rey, al aposento del secretario, y he aquí que todos los

príncipes estaban allí sentados, esto es: Elisama secretario, Delaía hijo de Semaías, Elnatán hijo de Acbor, Gemarías hijo de Safán, Sedequías hijo de Ananías, y todos los príncipes.

¹³ Y les contó Micaías todas las palabras que había oído cuando Baruc leyó en el libro a oídos del pueblo.

¹⁴ Entonces enviaron todos los príncipes a Jehudí hijo de Netanías, hijo de Selemías, hijo de Cusi, para que dijese a Baruc: Toma el rollo en el que leíste a oídos del pueblo, y ven. Y Baruc hijo de Nerías tomó el rollo en su mano y vino a ellos.

¹⁵ Y le dijeron: Siéntate ahora, y léelo a nosotros. Y se lo leyó Baruc.

¹⁶ Cuando oyeron todas aquellas palabras, cada uno se volvió espantado a su compañero, y dijeron a Baruc: Sin duda contaremos al rey todas estas palabras.

¹⁷ Preguntaron luego a Baruc, diciendo: Cuéntanos ahora cómo escribiste de boca de Jeremías todas estas palabras.

¹⁸ Y Baruc les dijo: Él me dictaba de su boca todas estas palabras, y yo escribía con tinta en el libro.

¹⁹ Entonces dijeron los príncipes a Baruc: Ve y escóndete, tú y Jeremías, y nadie sepa dónde estáis.

²⁰ Y entraron a donde estaba el rey, al atrio, habiendo depositado el rollo en el aposento de Elisama secretario; y contaron a oídos del rey todas estas palabras.

²¹ Y envió el rey a Jehudí a que tomase el rollo, el cual lo tomó del aposento de Elisama secretario, y leyó en él Jehudí a oídos del rey, y a oídos de todos los príncipes que junto al rey estaban.

²² Y el rey estaba en la casa de invierno en el mes noveno, y había un brasero ardiendo delante de él.

²³ Cuando Jehudí había leído tres o cuatro planas, lo rasgó el rey con un cortaplumas de escriba, y lo echó en el fuego que había en el brasero, hasta que todo el rollo se consumió sobre el fuego que en el brasero había.

²⁴ Y no tuvieron temor ni rasgaron sus vestidos el rey y todos sus siervos que oyeron todas estas palabras.

²⁵ Y aunque Elnatán y Delaía y Gemarías rogaron al rey que no quemase aquel rollo, no los quiso oír.

²⁶ También mandó el rey a Jerameel hijo de Hamelec, a Seraías hijo de Azriel y a Selemías hijo de Abdeel, para que prendiesen a Baruc el escribiente y al profeta Jeremías; pero Jehová los escondió.

²⁷ Y vino palabra de Jehová a Jeremías, después que el rey quemó el rollo, las palabras que Baruc había escrito de boca de Jeremías, diciendo:

²⁸ Vuelve a tomar otro rollo, y escribe en él todas las palabras primeras que estaban en el primer rollo que quemó Joacim rey de Judá.

²⁹ Y dirás a Joacim rey de Judá: Así ha dicho Jehová: Tú quemaste este rollo, diciendo: ¿Por qué escribiste en él, diciendo: De cierto vendrá el rey de Babilonia, y destruirá esta tierra, y hará que no queden en ella ni hombres ni animales?

³⁰ Por tanto, así ha dicho Jehová acerca de Joacim rey de Judá: No tendrá quien se siente sobre el trono de David; y su cuerpo será echado al calor del día y al hielo de la noche.

³¹ Y castigaré su maldad en él, y en su descendencia y en sus siervos; y traeré sobre ellos, y sobre los moradores de Jerusalén y sobre los varones de Judá, todo el mal que les he anunciado y no escucharon.

³² Y tomó Jeremías otro rollo y lo dio a Baruc hijo de Nerías escriba; y escribió en él de boca de Jeremías todas las palabras del libro que quemó en el fuego Joacim rey de Judá; y aun fueron añadidas sobre ellas muchas otras palabras semejantes.

Encarcelamiento de Jeremías

37 ¹ En lugar de Conías hijo de Joacim reinó el rey Sedequías hijo de Josías, al cual Nabucodonosor rey de Babilonia constituyó por rey en la tierra de Judá.ᵃ

² Pero no obedeció él ni sus siervos ni el pueblo de la tierra a las palabras de Jehová, las cuales dijo por el profeta Jeremías.

³ Y envió el rey Sedequías a Jucal hijo de Selemías, y al sacerdote Sofonías hijo de Maasías, para que dijesen al profeta Jeremías: Ruega ahora por nosotros a Jehová nuestro Dios.

⁴ Y Jeremías entraba y salía en medio del pueblo; porque todavía no lo habían puesto en la cárcel.

ᵃ **37.1** 2 R 24.17; 2 Cr 36.10.

5 Y cuando el ejército de Faraón había salido de Egipto, y llegó noticia de ello a oídos de los caldeos que tenían sitiada a Jerusalén, se retiraron de Jerusalén.

6 Entonces vino palabra de Jehová al profeta Jeremías, diciendo:

7 Así ha dicho Jehová Dios de Israel: Diréis así al rey de Judá, que os envió a mí para que me consultaseis: He aquí que el ejército de Faraón que había salido en vuestro socorro, se volvió a su tierra en Egipto.

8 Y volverán los caldeos y atacarán esta ciudad, y la tomarán y la pondrán a fuego.

9 Así ha dicho Jehová: No os engañéis a vosotros mismos, diciendo: Sin duda ya los caldeos se apartarán de nosotros; porque no se apartarán.

10 Porque aun cuando hirieseis a todo el ejército de los caldeos que pelean contra vosotros, y quedasen de ellos solamente hombres heridos, cada uno se levantará de su tienda, y pondrán esta ciudad a fuego.

11 Y aconteció que cuando el ejército de los caldeos se retiró de Jerusalén a causa del ejército de Faraón,

12 salía Jeremías de Jerusalén para irse a tierra de Benjamín, para apartarse de en medio del pueblo.

13 Y cuando fue a la puerta de Benjamín, estaba allí un capitán que se llamaba Irías hijo de Selemías, hijo de Hananías, el cual apresó al profeta Jeremías, diciendo: Tú te pasas a los caldeos.

14 Y Jeremías dijo: Falso; no me paso a los caldeos. Pero él no lo escuchó, sino prendió Irías a Jeremías, y lo llevó delante de los príncipes.

15 Y los príncipes se airaron contra Jeremías, y le azotaron y le pusieron en prisión en la casa del escriba Jonatán, porque la habían convertido en cárcel.

16 Entró, pues, Jeremías en la casa de la cisterna, y en las bóvedas. Y habiendo estado allá Jeremías por muchos días,

17 el rey Sedequías envió y le sacó; y le preguntó el rey secretamente en su casa, y dijo: ¿Hay palabra de Jehová? Y Jeremías dijo: Hay. Y dijo más: En mano del rey de Babilonia serás entregado.

18 Dijo también Jeremías al rey Sedequías: ¿En qué pequé contra ti, y contra tus siervos, y contra este pueblo, para que me pusieseis en la cárcel?

19 ¿Y dónde están vuestros profetas que os profetizaban diciendo: No vendrá el rey de Babilonia contra vosotros, ni contra esta tierra?

20 Ahora pues, oye, te ruego, oh rey mi señor; caiga ahora mi súplica delante de ti, y no me hagas volver a casa del escriba Jonatán, para que no muera allí.

21 Entonces dio orden el rey Sedequías, y custodiaron a Jeremías en el patio de la cárcel, haciéndole dar una torta de pan al día, de la calle de los Panaderos, hasta que todo el pan de la ciudad se gastase. Y quedó Jeremías en el patio de la cárcel.

Jeremías en la cisterna

38 **1** Oyeron Sefatías hijo de Matán, Gedalías hijo de Pasur, Jucal hijo de Selemías, y Pasur hijo de Malquías, las palabras que Jeremías hablaba a todo el pueblo, diciendo:

2 Así ha dicho Jehová: El que se quedare en esta ciudad morirá a espada, o de hambre, o de pestilencia; mas el que se pasare a los caldeos vivirá, pues su vida le será por botín, y vivirá.

3 Así ha dicho Jehová: De cierto será entregada esta ciudad en manos del ejército del rey de Babilonia, y la tomará.

4 Y dijeron los príncipes al rey: Muera ahora este hombre; porque de esta manera hace desmayar las manos de los hombres de guerra que han quedado en esta ciudad, y las manos de todo el pueblo, hablándoles tales palabras; porque este hombre no busca la paz de este pueblo, sino el mal.

5 Y dijo el rey Sedequías: He aquí que él está en vuestras manos; pues el rey nada puede hacer contra vosotros.

6 Entonces tomaron ellos a Jeremías y lo hicieron echar en la cisterna de Malquías hijo de Hamelec, que estaba en el patio de la cárcel; y metieron a Jeremías con sogas. Y en la cisterna no había agua, sino cieno, y se hundió Jeremías en el cieno.

7 Y oyendo Ebed-melec, hombre etíope, eunuco de la casa real, que habían puesto a Jeremías en la cisterna, y estando sentado el rey a la puerta de Benjamín,

8 Ebed-melec salió de la casa del rey y habló al rey, diciendo:

9 Mi señor el rey, mal hicieron estos varones en todo lo que han hecho con el profeta Jeremías, al cual hicieron echar en la cisterna; porque allí morirá de hambre, pues no hay más pan en la ciudad.

10 Entonces mandó el rey al mismo etíope Ebed-melec, diciendo: Toma en tu poder treinta hombres de aquí, y haz sacar al profeta Jeremías de la cisterna, antes que muera.

11 Y tomó Ebed-melec en su poder a los hombres, y entró a la casa del rey debajo de la tesorería, y tomó de allí trapos viejos y ropas raídas y andrajosas, y los echó a Jeremías con sogas en la cisterna.

12 Y dijo el etíope Ebed-melec a Jeremías: Pon ahora esos trapos viejos y ropas raídas y andrajosas, bajo los sobacos, debajo de las sogas. Y lo hizo así Jeremías.

13 De este modo sacaron a Jeremías con sogas, y lo subieron de la cisterna; y quedó Jeremías en el patio de la cárcel.

Sedequías consulta secretamente a Jeremías

14 Después envió el rey Sedequías, e hizo traer al profeta Jeremías a su presencia, en la tercera entrada de la casa de Jehová. Y dijo el rey a Jeremías: Te haré una pregunta; no me encubras ninguna cosa.

15 Y Jeremías dijo a Sedequías: Si te lo declarare, ¿no es verdad que me matarás? y si te diere consejo, no me escucharás.

16 Y juró el rey Sedequías en secreto a Jeremías, diciendo: Vive Jehová que nos hizo esta alma, que no te mataré, ni te entregaré en mano de estos varones que buscan tu vida.

17 Entonces dijo Jeremías a Sedequías: Así ha dicho Jehová Dios de los ejércitos, Dios de Israel: Si te entregas en seguida a los príncipes del rey de Babilonia, tu alma vivirá, y esta ciudad no será puesta a fuego, y vivirás tú y tu casa.

18 Pero si no te entregas a los príncipes del rey de Babilonia, esta ciudad será entregada en mano de los caldeos, y la pondrán a fuego, y tú no escaparás de sus manos.

19 Y dijo el rey Sedequías a Jeremías: Tengo temor de los judíos que se han pasado a los caldeos, no sea que me entreguen en sus manos y me escarnezcan.

20 Y dijo Jeremías: No te entregarán. Oye ahora la voz de Jehová que yo te hablo, y te irá bien y vivirás.

21 Pero si no quieres entregarte, ésta es la palabra que me ha mostrado Jehová:

22 He aquí que todas las mujeres que han quedado en casa del rey de Judá serán sacadas a los príncipes del rey de Babilonia; y ellas mismas dirán: Te han engañado, y han prevalecido contra ti tus amigos; hundieron en el cieno tus pies, se volvieron atrás.

23 Sacarán, pues, todas tus mujeres y tus hijos a los caldeos, y tú no escaparás de sus manos, sino que por mano del rey de Babilonia serás apresado, y a esta ciudad quemará a fuego.

24 Y dijo Sedequías a Jeremías: Nadie sepa estas palabras, y no morirás.

25 Y si los príncipes oyeren que yo he hablado contigo, y vinieren a ti y te dijeren: Decláranos ahora qué hablaste con el rey, no nos lo encubras, y no te mataremos; asimismo qué te dijo el rey;

26 les dirás: Supliqué al rey que no me hiciese volver a casa de Jonatán para que no me muriese allí.

27 Y vinieron luego todos los príncipes a Jeremías, y le preguntaron; y él les respondió conforme a todo lo que el rey le había mandado. Con esto se alejaron de él, porque el asunto no se había oído.

28 Y quedó Jeremías en el patio de la cárcel hasta el día que fue tomada Jerusalén; y allí estaba cuando Jerusalén fue tomada.[a]

Caída de Jerusalén
(2 R 24.20—25.21; 2 Cr 36.17-21; Jer 52.3-30)

39 1 En el noveno año de Sedequías rey de Judá, en el mes décimo, vino Nabucodonosor rey de Babilonia con todo su ejército contra Jerusalén, y la sitiaron.

2 Y en el undécimo año de Sedequías, en el mes cuarto, a los nueve días del mes se abrió brecha en el muro de la ciudad.

3 Y entraron todos los príncipes del rey de Babilonia, y acamparon a la puerta de en medio: Nergal-sarezer, Samgar-nebo, Sarsequim el Rabsaris, Nergal-sarezer el Rabmag y todos los demás príncipes del rey de Babilonia.

4 Y viéndolos Sedequías rey de Judá y todos los hombres de guerra, huyeron y salieron de noche de la ciudad por el

---

a 38.28 Ez 33.21.

camino del huerto del rey, por la puerta entre los dos muros; y salió el rey por el camino del Arabá.

5 Pero el ejército de los caldeos los siguió, y alcanzaron a Sedequías en los llanos de Jericó; y le tomaron, y le hicieron subir a Ribla en tierra de Hamat, donde estaba Nabucodonosor rey de Babilonia, y le sentenció.

6 Y degolló el rey de Babilonia a los hijos de Sedequías en presencia de éste en Ribla, haciendo asimismo degollar el rey de Babilonia a todos los nobles de Judá.

7 Y sacó los ojos del rey Sedequías, y le aprisionó con grillos para llevarle a Babilonia.

8 Y los caldeos pusieron a fuego la casa del rey y las casas del pueblo, y derribaron los muros de Jerusalén.

9 Y al resto del pueblo que había quedado en la ciudad, y a los que se habían adherido a él, con todo el resto del pueblo que había quedado, Nabuzaradán capitán de la guardia los transportó a Babilonia.

10 Pero Nabuzaradán capitán de la guardia hizo quedar en tierra de Judá a los pobres del pueblo que no tenían nada, y les dio viñas y heredades.

Nabucodonosor cuida de Jeremías

11 Y Nabucodonosor había ordenado a Nabuzaradán capitán de la guardia acerca de Jeremías, diciendo:

12 Tómale y vela por él, y no le hagas mal alguno, sino que harás con él como él te dijere.

13 Envió, por tanto, Nabuzaradán capitán de la guardia, y Nabusazbán el Rabsaris, Nergal-sarezer el Rabmag y todos los príncipes del rey de Babilonia;

14 enviaron entonces y tomaron a Jeremías del patio de la cárcel, y lo entregaron a Gedalías hijo de Ahicam, hijo de Safán, para que lo sacase a casa; y vivió entre el pueblo.

Dios promete librar a Ebed-melec

15 Y había venido palabra de Jehová a Jeremías, estando preso en el patio de la cárcel, diciendo:

16 Ve y habla a Ebed-melec etíope, diciendo: Así ha dicho Jehová de los ejércitos, Dios de Israel: He aquí yo traigo mis palabras sobre esta ciudad para mal, y no para bien; y sucederá esto en aquel día en presencia tuya.

17 Pero en aquel día yo te libraré, dice Jehová, y no serás entregado en manos de aquellos a quienes tú temes.

18 Porque ciertamente te libraré, y no caerás a espada, sino que tu vida te será por botín, porque tuviste confianza en mí, dice Jehová.

Jeremías y el remanente con Gedalías

40 1 Palabra de Jehová que vino a Jeremías, después que Nabuzaradán capitán de la guardia le envió desde Ramá, cuando le tomó estando atado con cadenas entre todos los cautivos de Jerusalén y de Judá que iban deportados a Babilonia.

2 Tomó, pues, el capitán de la guardia a Jeremías y le dijo: Jehová tu Dios habló este mal contra este lugar;

3 y lo ha traído y hecho Jehová según lo había dicho; porque pecasteis contra Jehová, y no oísteis su voz, por eso os ha venido esto.

4 Y ahora yo te he soltado hoy de las cadenas que tenías en tus manos. Si te parece bien venir conmigo a Babilonia, ven, y yo velaré por ti; pero si no te parece bien venir conmigo a Babilonia, déjalo. Mira, toda la tierra está delante de ti; ve a donde mejor y más cómodo te parezca ir.

5 Si prefieres quedarte, vuélvete a Gedalías hijo de Ahicam, hijo de Safán, al cual el rey de Babilonia ha puesto sobre todas las ciudades de Judá, y vive con él en medio del pueblo; o ve a donde te parezca más cómodo ir. Y le dio el capitán de la guardia provisiones y un presente, y le despidió.

6 Se fue entonces Jeremías a Gedalías hijo de Ahicam, a Mizpa, y habitó con él en medio del pueblo que había quedado en la tierra.

7 Cuando todos los jefes del ejército que estaban por el campo, ellos y sus hombres, oyeron que el rey de Babilonia había puesto a Gedalías hijo de Ahicam para gobernar la tierra, y que le había encomendado los hombres y las mujeres y los niños, y los pobres de la tierra que no fueron transportados a Babilonia,

8 vinieron luego a Gedalías en Mizpa; esto es, Ismael hijo de Netanías, Johanán

y Jonatán hijos de Carea, Seraías hijo de Tanhumet, los hijos de Efai netofatita, y Jezanías hijo de un maacateo, ellos y sus hombres.

9 Y les juró Gedalías hijo de Ahicam, hijo de Safán, a ellos y a sus hombres, diciendo: No tengáis temor de servir a los caldeos; habitad en la tierra, y servid al rey de Babilonia, y os irá bien.ᵃ

10 Y he aquí que yo habito en Mizpa, para estar delante de los caldeos que vendrán a nosotros; mas vosotros tomad el vino, los frutos del verano y el aceite, y ponedlos en vuestros almacenes, y quedaos en vuestras ciudades que habéis tomado.

11 Asimismo todos los judíos que estaban en Moab, y entre los hijos de Amón, y en Edom, y los que estaban en todas las tierras, cuando oyeron decir que el rey de Babilonia había dejado a algunos en Judá, y que había puesto sobre ellos a Gedalías hijo de Ahicam, hijo de Safán,

12 todos estos judíos regresaron entonces de todos los lugares adonde habían sido echados, y vinieron a tierra de Judá, a Gedalías en Mizpa; y recogieron vino y abundantes frutos.

Conspiración de Ismael contra Gedalías

13 Y Johanán hijo de Carea y todos los príncipes de la gente de guerra que estaban en el campo, vinieron a Gedalías en Mizpa,

14 Y le dijeron: ¿No sabes que Baalis rey de los hijos de Amón ha enviado a Ismael hijo de Netanías para matarte? Mas Gedalías hijo de Ahicam no les creyó.

15 Entonces Johanán hijo de Carea habló a Gedalías en secreto en Mizpa, diciendo: Yo iré ahora y mataré a Ismael hijo de Netanías, y ningún hombre lo sabrá. ¿Por qué te ha de matar, y todos los judíos que se han reunido a ti se dispersarán, y perecerá el resto de Judá?

16 Pero Gedalías hijo de Ahicam dijo a Johanán hijo de Carea: No hagas esto, porque es falso lo que tú dices de Ismael.

41 **1** Aconteció en el mes séptimo que vino Ismael hijo de Netanías, hijo de Elisama, de la descendencia real, y algunos príncipes del rey y diez hombres con él, a Gedalías hijo de Ahicam en Mizpa; y comieron pan juntos allí en Mizpa.

2 Y se levantó Ismael hijo de Netanías y los diez hombres que con él estaban, e hirieron a espada a Gedalías hijo de Ahicam, hijo de Safán, matando así a aquel a quien el rey de Babilonia había puesto para gobernar la tierra.

3 Asimismo mató Ismael a todos los judíos que estaban con Gedalías en Mizpa, y a los soldados caldeos que allí estaban.ᵃ

4 Sucedió además, un día después que mató a Gedalías, cuando nadie lo sabía aún,

5 que venían unos hombres de Siquem, de Silo y de Samaria, ochenta hombres, raída la barba y rotas las ropas, y rasguñados, y traían en sus manos ofrenda e incienso para llevar a la casa de Jehová.

6 Y de Mizpa les salió al encuentro, llorando, Ismael el hijo de Netanías. Y aconteció que cuando los encontró, les dijo: Venid a Gedalías hijo de Ahicam.

7 Y cuando llegaron dentro de la ciudad, Ismael hijo de Netanías los degolló, y los echó dentro de una cisterna, él y los hombres que con él estaban.

8 Mas entre aquéllos fueron hallados diez hombres que dijeron a Ismael: No nos mates; porque tenemos en el campo tesoros de trigos y cebadas y aceites y miel. Y los dejó, y no los mató entre sus hermanos.

9 Y la cisterna en que echó Ismael todos los cuerpos de los hombres que mató a causa de Gedalías, era la misma que había hecho el rey Asa a causa de Baasa rey de Israel; Ismael hijo de Netanías la llenó de muertos.

10 Después llevó Ismael cautivo a todo el resto del pueblo que estaba en Mizpa, a las hijas del rey y a todo el pueblo que en Mizpa había quedado, el cual había encargado Nabuzaradán capitán de la guardia a Gedalías hijo de Ahicam. Los llevó, pues, cautivos Ismael hijo de Netanías, y se fue para pasarse a los hijos de Amón.

11 Y oyeron Johanán hijo de Carea y todos los príncipes de la gente de guerra que estaban con él, todo el mal que había hecho Ismael hijo de Netanías.

12 Entonces tomaron a todos los hombres y fueron a pelear contra Ismael hijo de Netanías, y lo hallaron junto al gran estanque que está en Gabaón.

ᵃ **40.7-9** 2 R 25.22-24.   ᵃ **41.1-3** 2 R 25.25.

¹³ Y aconteció que cuando todo el pueblo que estaba con Ismael vio a Johanán hijo de Carea y a todos los capitanes de la gente de guerra que estaban con él, se alegraron.

¹⁴ Y todo el pueblo que Ismael había traído cautivo de Mizpa se volvió y fue con Johanán hijo de Carea.

¹⁵ Pero Ismael hijo de Netanías escapó delante de Johanán con ocho hombres, y se fue a los hijos de Amón.

¹⁶ Y Johanán hijo de Carea y todos los capitanes de la gente de guerra que con él estaban tomaron a todo el resto del pueblo que había recobrado de Ismael hijo de Netanías, a quienes llevó de Mizpa después que mató a Gedalías hijo de Ahicam; hombres de guerra, mujeres, niños y eunucos, que Johanán había traído de Gabaón;

¹⁷ y fueron y habitaron en Gerutquimam, que está cerca de Belén, a fin de ir y meterse en Egipto,

¹⁸ a causa de los caldeos; porque los temían, por haber dado muerte Ismael hijo de Netanías a Gedalías hijo de Ahicam, al cual el rey de Babilonia había puesto para gobernar la tierra.

Mensaje a Johanán

42 ¹ Vinieron todos los oficiales de la gente de guerra, y Johanán hijo de Carea, Jezanías hijo de Osaías, y todo el pueblo desde el menor hasta el mayor,

² y dijeron al profeta Jeremías: Acepta ahora nuestro ruego delante de ti, y ruega por nosotros a Jehová tu Dios por todo este resto (pues de muchos hemos quedado unos pocos, como nos ven tus ojos),

³ para que Jehová tu Dios nos enseñe el camino por donde vayamos, y lo que hemos de hacer.

⁴ Y el profeta Jeremías les dijo: He oído. He aquí que voy a orar a Jehová vuestro Dios, como habéis dicho, y todo lo que Jehová os respondiere, os enseñaré; no os reservaré palabra.

⁵ Y ellos dijeron a Jeremías: Jehová sea entre nosotros testigo de la verdad y de la lealtad, si no hiciéremos conforme a todo aquello para lo cual Jehová tu Dios te enviare a nosotros.

⁶ Sea bueno, sea malo, a la voz de Jehová nuestro Dios al cual te enviamos, obedeceremos, para que obedeciendo a la voz de Jehová nuestro Dios nos vaya bien.

⁷ Aconteció que al cabo de diez días vino palabra de Jehová a Jeremías.

⁸ Y llamó a Johanán hijo de Carea y a todos los oficiales de la gente de guerra que con él estaban, y a todo el pueblo desde el menor hasta el mayor;

⁹ y les dijo: Así ha dicho Jehová Dios de Israel, al cual me enviasteis para presentar vuestros ruegos en su presencia:

¹⁰ Si os quedareis quietos en esta tierra, os edificaré, y no os destruiré; os plantaré, y no os arrancaré; porque estoy arrepentido del mal que os he hecho.

¹¹ No temáis de la presencia del rey de Babilonia, del cual tenéis temor; no temáis de su presencia, ha dicho Jehová, porque con vosotros estoy yo para salvaros y libraros de su mano;

¹² y tendré de vosotros misericordia, y él tendrá misericordia de vosotros y os hará regresar a vuestra tierra.

¹³ Mas si dijereis: No moraremos en esta tierra, no obedeciendo así a la voz de Jehová vuestro Dios,

¹⁴ diciendo: No, sino que entraremos en la tierra de Egipto, en la cual no veremos guerra, ni oiremos sonido de trompeta, ni padeceremos hambre, y allá moraremos;

¹⁵ ahora por eso, oíd la palabra de Jehová, remanente de Judá: Así ha dicho Jehová de los ejércitos, Dios de Israel: Si vosotros volviereis vuestros rostros para entrar en Egipto, y entrareis para morar allá,

¹⁶ sucederá que la espada que teméis, os alcanzará allí en la tierra de Egipto, y el hambre de que tenéis temor, allá en Egipto os perseguirá; y allí moriréis.

¹⁷ Todos los hombres que volvieren sus rostros para entrar en Egipto para morar allí, morirán a espada, de hambre y de pestilencia; no habrá de ellos quien quede vivo, ni quien escape delante del mal que traeré yo sobre ellos.

¹⁸ Porque así ha dicho Jehová de los ejércitos, Dios de Israel: Como se derramó mi enojo y mi ira sobre los moradores de Jerusalén, así se derramará mi ira sobre vosotros cuando entrareis en Egipto; y seréis objeto de execración y de espanto, y de maldición y de afrenta; y no veréis más este lugar.

19 Jehová habló sobre vosotros, oh remanente de Judá: No vayáis a Egipto; sabed ciertamente que os lo aviso hoy.

20 ¿Por qué hicisteis errar vuestras almas? Pues vosotros me enviasteis a Jehová vuestro Dios, diciendo: Ora por nosotros a Jehová nuestro Dios, y haznos saber todas las cosas que Jehová nuestro Dios dijere, y lo haremos.

21 Y os lo he declarado hoy, y no habéis obedecido a la voz de Jehová vuestro Dios, ni a todas las cosas por las cuales me envió a vosotros.

22 Ahora, pues, sabed de cierto que a espada, de hambre y de pestilencia moriréis en el lugar donde deseasteis entrar para morar allí.

La emigración a Egipto

43 **1** Aconteció que cuando Jeremías acabó de hablar a todo el pueblo todas las palabras de Jehová Dios de ellos, todas estas palabras por las cuales Jehová Dios de ellos le había enviado a ellos mismos,

2 dijo Azarías hijo de Osaías y Johanán hijo de Carea, y todos los varones soberbios dijeron a Jeremías: Mentira dices; no te ha enviado Jehová nuestro Dios para decir: No vayáis a Egipto para morar allí,

3 sino que Baruc hijo de Nerías te incita contra nosotros, para entregarnos en manos de los caldeos, para matarnos y hacernos transportar a Babilonia.

4 No obedeció, pues, Johanán hijo de Carea y todos los oficiales de la gente de guerra y todo el pueblo, a la voz de Jehová para quedarse en tierra de Judá,

5 sino que tomó Johanán hijo de Carea y todos los oficiales de la gente de guerra, a todo el remanente de Judá que se había vuelto de todas las naciones donde había sido echado, para morar en tierra de Judá;

6 a hombres y mujeres y niños, y a las hijas del rey y a toda persona que había dejado Nabuzaradán capitán de la guardia con Gedalías hijo de Ahicam, hijo de Safán, y al profeta Jeremías y a Baruc hijo de Nerías,

7 y entraron en tierra de Egipto,[a] porque no obedecieron a la voz de Jehová; y llegaron hasta Tafnes.

8 Y vino palabra de Jehová a Jeremías en Tafnes, diciendo:

9 Toma con tu mano piedras grandes, y cúbrelas de barro en el enladrillado que está a la puerta de la casa de Faraón en Tafnes, a vista de los hombres de Judá;

10 y diles: Así ha dicho Jehová de los ejércitos, Dios de Israel: He aquí yo enviaré y tomaré a Nabucodonosor rey de Babilonia, mi siervo, y pondré su trono sobre estas piedras que he escondido, y extenderá su pabellón sobre ellas.

11 Y vendrá y asolará la tierra de Egipto; los que a muerte, a muerte, y los que a cautiverio, a cautiverio, y los que a espada, a espada.

12 Y pondrá fuego a los templos de los dioses de Egipto y los quemará, y a ellos los llevará cautivos; y limpiará la tierra de Egipto, como el pastor limpia su capa, y saldrá de allá en paz.

13 Además quebrará las estatuas de Bet-semes, que está en tierra de Egipto, y los templos de los dioses de Egipto quemará a fuego.

Jeremías profetiza a los judíos en Egipto

44 **1** Palabra que vino a Jeremías acerca de todos los judíos que moraban en la tierra de Egipto, que vivían en Migdol, en Tafnes, en Menfis y en tierra de Patros, diciendo:

2 Así ha dicho Jehová de los ejércitos, Dios de Israel: Vosotros habéis visto todo el mal que traje sobre Jerusalén y sobre todas las ciudades de Judá; y he aquí que ellas están el día de hoy asoladas; no hay quien more en ellas,

3 a causa de la maldad que ellos cometieron para enojarme, yendo a ofrecer incienso, honrando a dioses ajenos que ellos no habían conocido, ni vosotros ni vuestros padres.

4 Y envié a vosotros todos mis siervos los profetas, desde temprano y sin cesar, para deciros: No hagáis esta cosa abominable que yo aborrezco.

5 Pero no oyeron ni inclinaron su oído para convertirse de su maldad, para dejar de ofrecer incienso a dioses ajenos.

6 Se derramó, por tanto, mi ira y mi furor, y se encendió en las ciudades de Judá y en

---

a 43.5-7 2 R 25.26.

las calles de Jerusalén, y fueron puestas en soledad y en destrucción, como están hoy.

7 Ahora, pues, así ha dicho Jehová de los ejércitos, Dios de Israel: ¿Por qué hacéis tan grande mal contra vosotros mismos, para ser destruidos el hombre y la mujer, el muchacho y el niño de pecho de en medio de Judá, sin que os quede remanente alguno,

8 haciéndome enojar con las obras de vuestras manos, ofreciendo incienso a dioses ajenos en la tierra de Egipto, adonde habéis entrado para vivir, de suerte que os acabéis, y seáis por maldición y por oprobio a todas las naciones de la tierra?

9 ¿Os habéis olvidado de las maldades de vuestros padres, de las maldades de los reyes de Judá, de las maldades de sus mujeres, de vuestras maldades y de las maldades de vuestras mujeres, que hicieron en la tierra de Judá y en las calles de Jerusalén?

10 No se han humillado hasta el día de hoy, ni han tenido temor, ni han caminado en mi ley ni en mis estatutos, los cuales puse delante de vosotros y delante de vuestros padres.

11 Por tanto, así ha dicho Jehová de los ejércitos, Dios de Israel: He aquí que yo vuelvo mi rostro contra vosotros para mal, y para destruir a todo Judá.

12 Y tomaré el resto de Judá que volvieron sus rostros para ir a tierra de Egipto para morar allí, y en tierra de Egipto serán todos consumidos; caerán a espada, y serán consumidos de hambre; a espada y de hambre morirán desde el menor hasta el mayor, y serán objeto de execración, de espanto, de maldición y de oprobio.

13 Pues castigaré a los que moran en tierra de Egipto como castigué a Jerusalén, con espada, con hambre y con pestilencia.

14 Y del resto de los de Judá que entraron en la tierra de Egipto para habitar allí, no habrá quien escape, ni quien quede vivo para volver a la tierra de Judá, por volver a la cual suspiran ellos para habitar allí; porque no volverán sino algunos fugitivos.

15 Entonces todos los que sabían que sus mujeres habían ofrecido incienso a dioses ajenos, y todas las mujeres que estaban presentes, una gran concurrencia, y todo el pueblo que habitaba en tierra de Egipto, en Patros, respondieron a Jeremías, diciendo:

16 La palabra que nos has hablado en nombre de Jehová, no la oiremos de ti;

17 sino que ciertamente pondremos por obra toda palabra que ha salido de nuestra boca, para ofrecer incienso a la reina del cielo, derramándole libaciones, como hemos hecho nosotros y nuestros padres, nuestros reyes y nuestros príncipes, en las ciudades de Judá y en las plazas de Jerusalén, y tuvimos abundancia de pan, y estuvimos alegres, y no vimos mal alguno.

18 Mas desde que dejamos de ofrecer incienso a la reina del cielo y de derramarle libaciones, nos falta todo, y a espada y de hambre somos consumidos.

19 Y cuando ofrecimos incienso a la reina del cielo, y le derramamos libaciones, ¿acaso le hicimos nosotras tortas para tributarle culto, y le derramamos libaciones, sin consentimiento de nuestros maridos?

20 Y habló Jeremías a todo el pueblo, a los hombres y a las mujeres y a todo el pueblo que le había respondido esto, diciendo:

21 ¿No se ha acordado Jehová, y no ha venido a su memoria el incienso que ofrecisteis en las ciudades de Judá, y en las calles de Jerusalén, vosotros y vuestros padres, vuestros reyes y vuestros príncipes y el pueblo de la tierra?

22 Y no pudo sufrirlo más Jehová, a causa de la maldad de vuestras obras, a causa de las abominaciones que habíais hecho; por tanto, vuestra tierra fue puesta en asolamiento, en espanto y en maldición, hasta quedar sin morador, como está hoy.

23 Porque ofrecisteis incienso y pecasteis contra Jehová, y no obedecisteis a la voz de Jehová, ni anduvisteis en su ley ni en sus estatutos ni en sus testimonios; por tanto, ha venido sobre vosotros este mal, como hasta hoy.

24 Y dijo Jeremías a todo el pueblo, y a todas las mujeres: Oíd palabra de Jehová, todos los de Judá que estáis en tierra de Egipto.

25 Así ha hablado Jehová de los ejércitos, Dios de Israel, diciendo: Vosotros y vuestras mujeres hablasteis con vuestras bocas, y con vuestras manos lo ejecutasteis, diciendo: Cumpliremos efectivamente nuestros votos que hicimos, de ofrecer incienso a la reina del cielo y derramarle libaciones; confirmáis a la verdad vuestros votos, y ponéis vuestros votos por obra.

26 Por tanto, oíd palabra de Jehová, todo Judá que habitáis en tierra de Egipto: He aquí he jurado por mi grande nombre, dice Jehová, que mi nombre no será invocado más en toda la tierra de Egipto por boca de ningún hombre de Judá, diciendo: Vive Jehová el Señor.

27 He aquí que yo velo sobre ellos para mal, y no para bien; y todos los hombres de Judá que están en tierra de Egipto serán consumidos a espada y de hambre, hasta que perezcan del todo.

28 Y los que escapen de la espada volverán de la tierra de Egipto a la tierra de Judá, pocos hombres; sabrá, pues, todo el resto de Judá que ha entrado en Egipto a morar allí, la palabra de quién ha de permanecer: si la mía, o la suya.

29 Y esto tendréis por señal, dice Jehová, de que en este lugar os castigo, para que sepáis que de cierto permanecerán mis palabras para mal sobre vosotros.

30 Así ha dicho Jehová: He aquí que yo entrego a Faraón Hofra rey de Egipto en mano de sus enemigos, y en mano de los que buscan su vida, así como entregué a Sedequías rey de Judá en mano de Nabucodonosor rey de Babilonia,[a] su enemigo que buscaba su vida.

Mensaje a Baruc

45 1 Palabra que habló el profeta Jeremías a Baruc hijo de Nerías, cuando escribía en el libro estas palabras de boca de Jeremías, en el año cuarto de Joacim[a] hijo de Josías rey de Judá, diciendo: 2 Así ha dicho Jehová Dios de Israel a ti, oh Baruc: 3 Tú dijiste: ¡Ay de mí ahora! porque ha añadido Jehová tristeza a mi dolor; fatigado estoy de gemir, y no he hallado descanso. 4 Así le dirás: Ha dicho Jehová: He aquí que yo destruyo a los que edifiqué, y arranco a los que planté, y a toda esta tierra. 5 ¿Y tú buscas para ti grandezas? No las busques; porque he aquí que yo traigo mal sobre toda carne, ha dicho Jehová; pero a ti te daré tu vida por botín en todos los lugares adonde fueres.

Profecías acerca de Egipto

46 1 Palabra de Jehová que vino al profeta Jeremías, contra las naciones.

2 Con respecto a Egipto:[a] contra el ejército de Faraón Necao rey de Egipto, que estaba cerca del río Éufrates en Carquemis, a quien destruyó Nabucodonosor rey de Babilonia, en el año cuarto de Joacim hijo de Josías, rey de Judá.

3 Preparad escudo y pavés, y venid a la guerra.

4 Uncid caballos y subid, vosotros los jinetes, y poneos con yelmos; limpiad las lanzas, vestíos las corazas.

5 ¿Por qué los vi medrosos, retrocediendo? Sus valientes fueron deshechos, y huyeron sin volver a mirar atrás; miedo de todas partes, dice Jehová.

6 No huya el ligero, ni el valiente escape; al norte junto a la ribera del Éufrates tropezaron y cayeron.

7 ¿Quién es éste que sube como río, y cuyas aguas se mueven como ríos?

8 Egipto como río se ensancha, y las aguas se mueven como ríos, y dijo: Subiré, cubriré la tierra, destruiré a la ciudad y a los que en ella moran.

9 Subid, caballos, y alborotaos, carros, y salgan los valientes; los etíopes y los de Put que toman escudo, y los de Lud que toman y entesan arco.

10 Mas ese día será para Jehová Dios de los ejércitos día de retribución, para vengarse de sus enemigos; y la espada devorará y se saciará, y se embriagará de la sangre de ellos; porque sacrificio será para Jehová Dios de los ejércitos, en tierra del norte junto al río Éufrates.

11 Sube a Galaad, y toma bálsamo, virgen hija de Egipto; por demás multiplicarás las medicinas; no hay curación para ti.

12 Las naciones oyeron tu afrenta, y tu clamor llenó la tierra; porque valiente tropezó contra valiente, y cayeron ambos juntos.

13 Palabra que habló Jehová al profeta Jeremías acerca de la venida de Nabucodonosor rey de Babilonia, para asolar la tierra de Egipto:[b]

14 Anunciad en Egipto, y haced saber en Migdol; haced saber también en Menfis y

---

a **44.30** 2 R 25.1-7.   a **45.1** 2 R 24.1; 2 Cr 36.5-7; Dn 1.1, 2.
a **46.2-26** Is 19.1-25; Ez 29.1—32.32.   b **46.13** Jer 43.10-13.

en Tafnes; decid: Ponte en pie y prepárate, porque espada devorará tu comarca.

15 ¿Por qué ha sido derribada tu fortaleza? No pudo mantenerse firme, porque Jehová la empujó.

16 Multiplicó los caídos, y cada uno cayó sobre su compañero; y dijeron: Levántate y volvámonos a nuestro pueblo, y a la tierra de nuestro nacimiento, huyamos ante la espada vencedora.

17 Allí gritaron: Faraón rey de Egipto es destruido; dejó pasar el tiempo señalado.

18 Vivo yo, dice el Rey, cuyo nombre es Jehová de los ejércitos, que como Tabor entre los montes, y como Carmelo junto al mar, así vendrá.

19 Hazte enseres de cautiverio, moradora hija de Egipto; porque Menfis será desierto, y será asolada hasta no quedar morador.

20 Becerra hermosa es Egipto; mas viene destrucción, del norte viene.

21 Sus soldados mercenarios también en medio de ella como becerros engordados; porque también ellos volvieron atrás, huyeron todos sin pararse, porque vino sobre ellos el día de su quebrantamiento, el tiempo de su castigo.

22 Su voz saldrá como de serpiente; porque vendrán los enemigos, y con hachas vendrán a ella como cortadores de leña.

23 Cortarán sus bosques, dice Jehová, aunque sean impenetrables; porque serán más numerosos que langostas, no tendrán número.

24 Se avergonzará la hija de Egipto; entregada será en manos del pueblo del norte.

25 Jehová de los ejércitos, Dios de Israel, ha dicho: He aquí que yo castigo a Amón dios de Tebas, a Faraón, a Egipto, y a sus dioses y a sus reyes; así a Faraón como a los que en él confían.

26 Y los entregaré en mano de los que buscan su vida, en mano de Nabucodonosor rey de Babilonia y en mano de sus siervos; pero después será habitado como en los días pasados, dice Jehová.

27 Y tú no temas, siervo mío Jacob, ni desmayes, Israel; porque he aquí yo te salvaré de lejos, y a tu descendencia de la tierra de su cautividad. Y volverá Jacob, y descansará y será prosperado, y no habrá quién lo atemorice.

28 Tú, siervo mío Jacob, no temas, dice Jehová, porque yo estoy contigo; porque destruiré a todas las naciones entre las cuales te he dispersado; pero a ti no te destruiré del todo, sino que te castigaré con justicia; de ninguna manera te dejaré sin castigo.[c]

Profecía sobre los filisteos

47 [1] Palabra de Jehová que vino al profeta Jeremías acerca de los filisteos,[a] antes que Faraón destruyese a Gaza.

2 Así ha dicho Jehová: He aquí que suben aguas del norte, y se harán torrente; inundarán la tierra y su plenitud, la ciudad y los moradores de ella; y los hombres clamarán, y lamentará todo morador de la tierra.

3 Por el sonido de los cascos de sus caballos, por el alboroto de sus carros, por el estruendo de sus ruedas, los padres no cuidaron a los hijos por la debilidad de sus manos;

4 a causa del día que viene para destrucción de todos los filisteos, para destruir a Tiro y a Sidón todo aliado que les queda todavía; porque Jehová destruirá a los filisteos, al resto de la costa de Caftor.

5 Gaza fue rapada, Ascalón ha perecido, y el resto de su valle; ¿hasta cuándo te sajarás?

6 Oh espada de Jehová, ¿hasta cuándo reposarás? Vuelve a tu vaina, reposa y sosiégate.

7 ¿Cómo reposarás? pues Jehová te ha enviado contra Ascalón, y contra la costa del mar, allí te puso.

Profecía sobre Moab

48 [1] Acerca de Moab.[a] Así ha dicho Jehová de los ejércitos, Dios de Israel: ¡Ay de Nebo! porque fue destruida y avergonzada: Quiriataim fue tomada; fue confundida Misgab, y desmayó.

2 No se alabará ya más Moab; en Hesbón maquinaron mal contra ella, diciendo: Venid, y quitémosla de entre las naciones. También tú, Madmena, serás cortada; espada irá en pos de ti.

3 ¡Voz de clamor de Horonaim, destrucción y gran quebrantamiento!

---

c **46.27, 28** Jer 30.10, 11. a **47.1-7** Is 14.29-31; Ez 25.15-17; Jl 3.4-8; Am 1.6-8; Sof 2.4-7; Zac 9.5-7. a **48.1-47** Is 15.1—16.14; 25.10-12; Ez 25.8-11; Am 2.1-3; Sof 2.8-11.

4 Moab fue quebrantada; hicieron que se oyese el clamor de sus pequeños.

5 Porque a la subida de Luhit con llanto subirá el que llora; porque a la bajada de Horonaim los enemigos oyeron clamor de quebranto.

6 Huid, salvad vuestra vida, y sed como retama en el desierto.

7 Pues por cuanto confiaste en tus bienes y en tus tesoros, tú también serás tomada; y Quemos será llevado en cautiverio, sus sacerdotes y sus príncipes juntamente.

8 Y vendrá destruidor a cada una de las ciudades, y ninguna ciudad escapará; se arruinará también el valle, y será destruida la llanura, como ha dicho Jehová.

9 Dad alas a Moab, para que se vaya volando; pues serán desiertas sus ciudades hasta no quedar en ellas morador.

10 Maldito el que hiciere indolentemente la obra de Jehová, y maldito el que detuviere de la sangre su espada.

11 Quieto estuvo Moab desde su juventud, y sobre su sedimento ha estado reposado, y no fue vaciado de vasija en vasija, ni nunca estuvo en cautiverio; por tanto, quedó su sabor en él, y su olor no se ha cambiado.

12 Por eso vienen días, ha dicho Jehová, en que yo le enviaré trasvasadores que le trasvasarán; y vaciarán sus vasijas, y romperán sus odres.

13 Y se avergonzará Moab de Quemos, como la casa de Israel se avergonzó de Bet-el, su confianza.

14 ¿Cómo, pues, diréis: Somos hombres valientes, y robustos para la guerra?

15 Destruido fue Moab, y sus ciudades asoladas, y sus jóvenes escogidos descendieron al degolladero, ha dicho el Rey, cuyo nombre es Jehová de los ejércitos.

16 Cercano está el quebrantamiento de Moab para venir, y su mal se apresura mucho.

17 Compadeceos de él todos los que estáis alrededor suyo; y todos los que sabéis su nombre, decid: ¡Cómo se quebró la vara fuerte, el báculo hermoso!

18 Desciende de la gloria, siéntate en tierra seca, moradora hija de Dibón; porque el destruidor de Moab subió contra ti, destruyó tus fortalezas.

19 Párate en el camino, y mira, oh moradora de Aroer; pregunta a la que va huyendo, y a la que escapó; dile: ¿Qué ha acontecido?

20 Se avergonzó Moab, porque fue quebrantado; lamentad y clamad; anunciad en Arnón que Moab es destruido.

21 Vino juicio sobre la tierra de la llanura; sobre Holón, sobre Jahaza, sobre Mefaat,

22 sobre Dibón, sobre Nebo, sobre Bet-diblataim,

23 sobre Quiriataim, sobre Bet-gamul, sobre Bet-meón,

24 sobre Queriot, sobre Bosra y sobre todas las ciudades de tierra de Moab, las de lejos y las de cerca.

25 Cortado es el poder de Moab, y su brazo quebrantado, dice Jehová.

26 Embriagadle, porque contra Jehová se engrandeció; y revuélquese Moab sobre su vómito, y sea también él por motivo de escarnio.

27 ¿Y no te fue a ti Israel por motivo de escarnio, como si lo tomaran entre ladrones? Porque cuando de él hablaste, tú te has burlado.

28 Abandonad las ciudades y habitad en peñascos, oh moradores de Moab, y sed como la paloma que hace nido en la boca de la caverna.

29 Hemos oído la soberbia de Moab, que es muy soberbio, arrogante, orgulloso, altivo y altanero de corazón.

30 Yo conozco, dice Jehová, su cólera, pero no tendrá efecto; sus jactancias no le aprovecharán.

31 Por tanto, yo aullaré sobre Moab; sobre todo Moab haré clamor, y sobre los hombres de Kir-hares gemiré.

32 Con llanto de Jazer lloraré por ti, oh vid de Sibma; tus sarmientos pasaron el mar, llegaron hasta el mar de Jazer; sobre tu cosecha y sobre tu vendimia vino el destruidor.

33 Y será cortada la alegría y el regocijo de los campos fértiles, de la tierra de Moab; y de los lagares haré que falte el vino; no pisarán con canción; la canción no será canción.

34 El clamor de Hesbón llega hasta Eleale; hasta Jahaza dieron su voz; desde Zoar hasta Horonaim, becerra de tres años; porque también las aguas de Nimrim serán destruidas.

35 Y exterminaré de Moab, dice Jehová, a quien sacrifique sobre los lugares altos, y a quien ofrezca incienso a sus dioses.

36 Por tanto, mi corazón resonará como flautas por causa de Moab, asimismo resonará mi corazón a modo de flautas por los hombres de Kir-hares; porque perecieron las riquezas que habían hecho.

37 Porque toda cabeza será rapada, y toda barba raída; sobre toda mano habrá rasguños, y cilicio sobre todo lomo.

38 Sobre todos los terrados de Moab, y en sus calles, todo él será llanto; porque yo quebranté a Moab como a vasija que no agrada, dice Jehová.

39 ¡Lamentad! ¡Cómo ha sido quebrantado! ¡Cómo volvió la espalda Moab, y fue avergonzado! Fue Moab objeto de escarnio y de espanto a todos los que están en sus alrededores.

40 Porque así ha dicho Jehová: He aquí que como águila volará, y extenderá sus alas contra Moab.

41 Tomadas serán las ciudades, y tomadas serán las fortalezas; y será aquel día el corazón de los valientes de Moab como el corazón de mujer en angustias.

42 Y Moab será destruido hasta dejar de ser pueblo, porque se engrandeció contra Jehová.

43 Miedo y hoyo y lazo contra ti, oh morador de Moab, dice Jehová.

44 El que huyere del miedo caerá en el hoyo, y el que saliere del hoyo será preso en el lazo; porque yo traeré sobre él, sobre Moab, el año de su castigo, dice Jehová.

45 A la sombra de Hesbón se pararon sin fuerzas los que huían; mas salió fuego de Hesbón, y llama de en medio de Sehón, y quemó el rincón de Moab, y la coronilla de los hijos revoltosos.

46 ¡Ay de ti, Moab! pereció el pueblo de Quemos; porque tus hijos fueron puestos presos para cautividad, y tus hijas para cautiverio.

47 Pero haré volver a los cautivos de Moab en lo postrero de los tiempos, dice Jehová. Hasta aquí es el juicio de Moab.

Profecía sobre los amonitas

49 **1** Acerca de los hijos de Amón.[a] Así ha dicho Jehová: ¿No tiene hijos Israel? ¿No tiene heredero? ¿Por qué Milcom ha

desposeído a Gad, y su pueblo se ha establecido en sus ciudades?

2 Por tanto, vienen días, ha dicho Jehová, en que haré oír clamor de guerra en Rabá de los hijos de Amón; y será convertida en montón de ruinas, y sus ciudades serán puestas a fuego, e Israel tomará por heredad a los que los tomaron a ellos, ha dicho Jehová.

3 Lamenta, oh Hesbón, porque destruida es Hai; clamad, hijas de Rabá, vestíos de cilicio, endechad, y rodead los vallados, porque Milcom fue llevado en cautiverio, sus sacerdotes y sus príncipes juntamente.

4 ¿Por qué te glorías en los valles? Tu valle se deshizo, oh hija contumaz, la que confía en sus tesoros, la que dice: ¿Quién vendrá contra mí?

5 He aquí yo traigo sobre ti espanto, dice el Señor, Jehová de los ejércitos, de todos tus alrededores; y seréis lanzados cada uno derecho hacia adelante, y no habrá quien recoja a los fugitivos.

6 Y después de esto haré volver a los cautivos de los hijos de Amón, dice Jehová.

Profecía sobre Edom

7 Acerca de Edom.[b] Así ha dicho Jehová de los ejércitos: ¿No hay más sabiduría en Temán? ¿Se ha acabado el consejo en los sabios? ¿Se corrompió su sabiduría?

8 Huid, volveos atrás, habitad en lugares profundos, oh moradores de Dedán; porque el quebrantamiento de Esaú traeré sobre él en el tiempo en que lo castigue.

9 Si vendimiadores hubieran venido contra ti, ¿no habrían dejado rebuscos? Si ladrones de noche, ¿no habrían tomado lo que les bastase?

10 Mas yo desnudaré a Esaú, descubriré sus escondrijos, y no podrá esconderse; será destruida su descendencia, sus hermanos, sus vecinos, y dejará de ser.

11 Deja tus huérfanos, yo los criaré; y en mí confiarán tus viudas.

12 Porque así ha dicho Jehová: He aquí que los que no estaban condenados a beber el cáliz, beberán ciertamente; ¿y serás tú absuelto del todo? No serás absuelto, sino que ciertamente beberás.

13 Porque por mí he jurado, dice Jehová, que asolamiento, oprobio, soledad y maldición será Bosra, y todas sus ciudades serán desolaciones perpetuas.

a 49.1-6 Ez 21.28-32; 25.1-7; Am 1.13-15; Sof 2.8-11.
b 49.7-22 Is 34.5-17; 63.1-6; Ez 25.12-14; 35.1-15; Am 1.11, 12; Abd 1.14; Mal 1.2-5.

14 La noticia oí, que de Jehová había sido enviado mensajero a las naciones, diciendo: Juntaos y venid contra ella, y subid a la batalla.

15 He aquí que te haré pequeño entre las naciones, menospreciado entre los hombres.

16 Tu arrogancia te engañó, y la soberbia de tu corazón. Tú que habitas en cavernas de peñas, que tienes la altura del monte, aunque alces como águila tu nido, de allí te haré descender, dice Jehová.

17 Y se convertirá Edom en desolación; todo aquel que pasare por ella se asombrará, y se burlará de todas sus calamidades.

18 Como sucedió en la destrucción de Sodoma y de Gomorra y de sus ciudades vecinas,ᶜ dice Jehová, así no morará allí nadie, ni la habitará hijo de hombre.

19 He aquí que como león subirá de la espesura del Jordán contra la bella y robusta; porque muy pronto le haré huir de ella, y al que fuere escogido la encargaré; porque ¿quién es semejante a mí, y quién me emplazará? ¿Quién será aquel pastor que me podrá resistir?

20 Por tanto, oíd el consejo que Jehová ha acordado sobre Edom, y sus pensamientos que ha resuelto sobre los moradores de Temán. Ciertamente a los más pequeños de su rebaño los arrastrarán, y destruirán sus moradas con ellos.

21 Del estruendo de la caída de ellos la tierra temblará, y el grito de su voz se oirá en el Mar Rojo.

22 He aquí que como águila subirá y volará, y extenderá sus alas contra Bosra; y el corazón de los valientes de Edom será en aquel día como el corazón de mujer en angustias.

Profecía sobre Damasco

23 Acerca de Damasco.ᵈ Se confundieron Hamat y Arfad, porque oyeron malas nuevas; se derritieron en aguas de desmayo, no pueden sosegarse.

24 Se desmayó Damasco, se volvió para huir, y le tomó temblor y angustia, y dolores le tomaron, como de mujer que está de parto.

25 ¡Cómo dejaron a la ciudad tan alabada, la ciudad de mi gozo!

26 Por tanto, sus jóvenes caerán en sus plazas, y todos los hombres de guerra morirán en aquel día, ha dicho Jehová de los ejércitos.

27 Y haré encender fuego en el muro de Damasco, y consumirá las casas de Benadad.

Profecía sobre Cedar y Hazor

28 Acerca de Cedar y de los reinos de Hazor, los cuales asoló Nabucodonosor rey de Babilonia. Así ha dicho Jehová: Levantaos, subid contra Cedar, y destruid a los hijos del oriente.

29 Sus tiendas y sus ganados tomarán; sus cortinas y todos sus utensilios y sus camellos tomarán para sí, y clamarán contra ellos: Miedo alrededor.

30 Huid, idos muy lejos, habitad en lugares profundos, oh moradores de Hazor, dice Jehová; porque tomó consejo contra vosotros Nabucodonosor rey de Babilonia, y contra vosotros ha formado un designio.

31 Levantaos, subid contra una nación pacífica que vive confiadamente, dice Jehová, que ni tiene puertas ni cerrojos, que vive solitaria.

32 Serán sus camellos por botín, y la multitud de sus ganados por despojo; y los esparciré por todos los vientos, arrojados hasta el último rincón; y de todos lados les traeré su ruina, dice Jehová.

33 Hazor será morada de chacales, soledad para siempre; ninguno morará allí, ni la habitará hijo de hombre.

Profecía sobre Elam

34 Palabra de Jehová que vino al profeta Jeremías acerca de Elam, en el principio del reinado de Sedequías rey de Judá, diciendo:

35 Así ha dicho Jehová de los ejércitos: He aquí que yo quiebro el arco de Elam, parte principal de su fortaleza.

36 Traeré sobre Elam los cuatro vientos de los cuatro puntos del cielo, y los aventaré a todos estos vientos; y no habrá nación a donde no vayan fugitivos de Elam.

37 Y haré que Elam se intimide delante de sus enemigos, y delante de los que buscan su vida; y traeré sobre ellos mal, y el ardor de mi ira, dice Jehová; y enviaré en pos de ellos espada hasta que los acabe.

ᶜ **49.18** Gn 19.24, 25.   ᵈ **49.23-27** Is 17.1-3; Am 1.3-5; Zac 9.1.

38 Y pondré mi trono en Elam, y destruiré a su rey y a su príncipe, dice Jehová.

39 Pero acontecerá en los últimos días, que haré volver a los cautivos de Elam, dice Jehová.

Profecía sobre Babilonia

50 ¹ Palabra que habló Jehová contra Babilonia,ª contra la tierra de los caldeos, por medio del profeta Jeremías.

2 Anunciad en las naciones, y haced saber; levantad también bandera, publicad, y no encubráis; decid: Tomada es Babilonia, Bel es confundido, deshecho es Merodac; destruidas son sus esculturas, quebrados son sus ídolos.

3 Porque subió contra ella una nación del norte, la cual pondrá su tierra en asolamiento, y no habrá ni hombre ni animal que en ella more; huyeron, y se fueron.

4 En aquellos días y en aquel tiempo, dice Jehová, vendrán los hijos de Israel, ellos y los hijos de Judá juntamente; e irán andando y llorando, y buscarán a Jehová su Dios.

5 Preguntarán por el camino de Sion, hacia donde volverán sus rostros, diciendo: Venid, y juntémonos a Jehová con pacto eterno que jamás se ponga en olvido.

6 Ovejas perdidas fueron mi pueblo; sus pastores las hicieron errar, por los montes las descarriaron; anduvieron de monte en collado, y se olvidaron de sus rediles.

7 Todos los que los hallaban, los devoraban; y decían sus enemigos: No pecaremos, porque ellos pecaron contra Jehová morada de justicia, contra Jehová esperanza de sus padres.

8 Huid de en medio de Babilonia,ᵇ y salid de la tierra de los caldeos, y sed como los machos cabríos que van delante del rebaño.

9 Porque yo levanto y hago subir contra Babilonia reunión de grandes pueblos de la tierra del norte; desde allí se prepararán contra ella, y será tomada; sus flechas son como de valiente diestro, que no volverá vacío.

10 Y Caldea será para botín; todos los que la saquearen se saciarán, dice Jehová.

11 Porque os alegrasteis, porque os gozasteis destruyendo mi heredad, porque os llenasteis como novilla sobre la hierba, y relinchasteis como caballos.

12 Vuestra madre se avergonzó mucho, se afrentó la que os dio a luz; he aquí será la última de las naciones; desierto, sequedal y páramo.

13 Por la ira de Jehová no será habitada, sino será asolada toda ella; todo hombre que pasare por Babilonia se asombrará, y se burlará de sus calamidades.

14 Poneos en orden contra Babilonia alrededor, todos los que entesáis arco; tirad contra ella, no escatiméis las saetas, porque pecó contra Jehová.

15 Gritad contra ella en derredor; se rindió; han caído sus cimientos, derribados son sus muros, porque es venganza de Jehová. Tomad venganza de ella; haced con ella como ella hizo.

16 Destruid en Babilonia al que siembra, y al que mete hoz en tiempo de la siega; delante de la espada destructora cada uno volverá el rostro hacia su pueblo, cada uno huirá hacia su tierra.

17 Rebaño descarriado es Israel; leones lo dispersaron; el rey de Asiria lo devoró primero, Nabucodonosor rey de Babilonia lo deshuesó después.

18 Por tanto, así ha dicho Jehová de los ejércitos, Dios de Israel: Yo castigo al rey de Babilonia y a su tierra, como castigué al rey de Asiria.

19 Y volveré a traer a Israel a su morada, y pacerá en el Carmelo y en Basán; y en el monte de Efraín y en Galaad se saciará su alma.

20 En aquellos días y en aquel tiempo, dice Jehová, la maldad de Israel será buscada, y no aparecerá; y los pecados de Judá, y no se hallarán; porque perdonaré a los que yo hubiere dejado.

21 Sube contra la tierra de Merataim,⁴ contra ella y contra los moradores de Pecod;⁵ destruye y mata en pos de ellos, dice Jehová, y haz conforme a todo lo que yo te he mandado.

22 Estruendo de guerra en la tierra, y quebrantamiento grande.

23 ¡Cómo fue cortado y quebrado el martillo de toda la tierra! ¡cómo se convirtió Babilonia en desolación entre las naciones!

24 Te puse lazos, y fuiste tomada, oh Babilonia, y tú no lo supiste; fuiste hallada, y aun presa, porque provocaste a Jehová.

---

4. **50.21** O, *doble rebelión.* *5.* **50.21** O, *castigo.*
ª **50.1—51.64** Is 13.1—14.23; 47.1-15. ᵇ **50.8** Ap 18.4.

25 Abrió Jehová su tesoro, y sacó los instrumentos de su furor; porque ésta es obra de Jehová, Dios de los ejércitos, en la tierra de los caldeos.

26 Venid contra ella desde el extremo de la tierra; abrid sus almacenes, convertidla en montón de ruinas, y destruidla; que no le quede nada.

27 Matad a todos sus novillos; que vayan al matadero. ¡Ay de ellos! pues ha venido su día, el tiempo de su castigo.

28 Voz de los que huyen y escapan de la tierra de Babilonia, para dar en Sion las nuevas de la retribución de Jehová nuestro Dios, de la venganza de su templo.

29 Haced juntar contra Babilonia flecheros, a todos los que entesan arco; acampad contra ella alrededor; no escape de ella ninguno; pagadle según su obra;^c conforme a todo lo que ella hizo, haced con ella; porque contra Jehová se ensoberbeció, contra el Santo de Israel.

30 Por tanto, sus jóvenes caerán en sus plazas, y todos sus hombres de guerra serán destruidos en aquel día, dice Jehová.

31 He aquí yo estoy contra ti, oh soberbio, dice el Señor, Jehová de los ejércitos; porque tu día ha venido, el tiempo en que te castigaré.

32 Y el soberbio tropezará y caerá, y no tendrá quien lo levante; y encenderé fuego en sus ciudades, y quemaré todos sus alrededores.

33 Así ha dicho Jehová de los ejércitos: Oprimidos fueron los hijos de Israel y los hijos de Judá juntamente; y todos los que los tomaron cautivos los retuvieron; no los quisieron soltar.

34 El redentor de ellos es el Fuerte; Jehová de los ejércitos es su nombre; de cierto abogará la causa de ellos para hacer reposar la tierra, y turbar a los moradores de Babilonia.

35 Espada contra los caldeos, dice Jehová, y contra los moradores de Babilonia, contra sus príncipes y contra sus sabios.

36 Espada contra los adivinos, y se entontecerán; espada contra sus valientes, y serán quebrantados.

37 Espada contra sus caballos, contra sus carros, y contra todo el pueblo que está en medio de ella, y serán como mujeres; espada contra sus tesoros, y serán saqueados.

38 Sequedad sobre sus aguas, y se secarán; porque es tierra de ídolos, y se entontecen con imágenes.

39 Por tanto, allí morarán fieras del desierto y chacales,^d morarán también en ella polluelos de avestruz; nunca más será poblada ni se habitará por generaciones y generaciones.

40 Como en la destrucción que Dios hizo de Sodoma y de Gomorra y de sus ciudades vecinas,^e dice Jehová, así no morará allí hombre, ni hijo de hombre la habitará.

41 He aquí viene un pueblo del norte, y una nación grande y muchos reyes se levantarán de los extremos de la tierra.

42 Arco y lanza manejarán; serán crueles, y no tendrán compasión; su voz rugirá como el mar, y montarán sobre caballos; se prepararán contra ti como hombres a la pelea, oh hija de Babilonia.

43 Oyó la noticia el rey de Babilonia, y sus manos se debilitaron; angustia le tomó, dolor como de mujer de parto.

44 He aquí que como león subirá de la espesura del Jordán a la morada fortificada; porque muy pronto le haré huir de ella, y al que yo escoja la encargaré; porque ¿quién es semejante a mí? ¿y quién me emplazará? ¿o quién será aquel pastor que podrá resistirme?

45 Por tanto, oíd la determinación que Jehová ha acordado contra Babilonia, y los pensamientos que ha formado contra la tierra de los caldeos: Ciertamente a los más pequeños de su rebaño los arrastrarán, y destruirán sus moradas con ellos.

46 Al grito de la toma de Babilonia la tierra tembló, y el clamor se oyó entre las naciones.

Juicios de Jehová contra Babilonia

51 **1** Así ha dicho Jehová: He aquí que yo levanto un viento destruidor contra Babilonia, y contra sus moradores que se levantan contra mí.

2 Y enviaré a Babilonia aventadores que la avienten, y vaciarán su tierra; porque se pondrán contra ella de todas partes en el día del mal.

3 Diré al flechero que entesa su arco, y al que se enorgullece de su coraza: No

---

c **50.29** Ap 18.6.   d **50.39** Ap 18.2.   e **50.40** Gn 19.24, 25.

perdonéis a sus jóvenes, destruid todo su ejército.

4 Y caerán muertos en la tierra de los caldeos, y alanceados en sus calles.

5 Porque Israel y Judá no han enviudado de su Dios, Jehová de los ejércitos, aunque su tierra fue llena de pecado contra el Santo de Israel.

6 Huid de en medio de Babilonia, y librad cada uno su vida, para que no perezcáis a causa de su maldad; porque el tiempo es de venganza de Jehová; le dará su pago.

7 Copa de oro fue Babilonia en la mano de Jehová, que embriagó a toda la tierra; de su vino bebieron los pueblos;[a] se aturdieron, por tanto, las naciones.

8 En un momento cayó Babilonia, y se despedazó; gemid sobre ella; tomad bálsamo para su dolor, quizá sane.

9 Curamos a Babilonia, y no ha sanado; dejadla, y vámonos cada uno a su tierra; porque ha llegado hasta el cielo su juicio,[b] y se ha alzado hasta las nubes.

10 Jehová sacó a luz nuestras justicias; venid, y contemos en Sion la obra de Jehová nuestro Dios.

11 Limpiad las saetas, embrazad los escudos; ha despertado Jehová el espíritu de los reyes de Media; porque contra Babilonia es su pensamiento para destruirla; porque venganza es de Jehová, y venganza de su templo.

12 Levantad bandera sobre los muros de Babilonia, reforzad la guardia, poned centinelas, disponed celadas; porque deliberó Jehová, y aun pondrá en efecto lo que ha dicho contra los moradores de Babilonia.

13 Tú, la que moras entre muchas aguas,[c] rica en tesoros, ha venido tu fin, la medida de tu codicia.

14 Jehová de los ejércitos juró por sí mismo, diciendo: Yo te llenaré de hombres como de langostas, y levantarán contra ti gritería.

15 Él es el que hizo la tierra con su poder, el que afirmó el mundo con su sabiduría, y extendió los cielos con su inteligencia.

16 A su voz se producen tumultos de aguas en los cielos, y hace subir las nubes de lo último de la tierra; él hace relámpagos con la lluvia, y saca el viento de sus depósitos.

17 Todo hombre se ha infatuado, y no tiene ciencia; se avergüenza todo artífice de su escultura, porque mentira es su ídolo, no tiene espíritu.

18 Vanidad son, obra digna de burla; en el tiempo del castigo perecerán.

19 No es como ellos la porción de Jacob; porque él es el Formador de todo, e Israel es el cetro de su herencia; Jehová de los ejércitos es su nombre.

20 Martillo me sois, y armas de guerra; y por medio de ti quebrantaré naciones, y por medio de ti destruiré reinos.

21 Por tu medio quebrantaré caballos y a sus jinetes, y por medio de ti quebrantaré carros y a los que en ellos suben.

22 Asimismo por tu medio quebrantaré hombres y mujeres, y por medio de ti quebrantaré viejos y jóvenes, y por tu medio quebrantaré jóvenes y vírgenes.

23 También quebrantaré por medio de ti al pastor y a su rebaño; quebrantaré por tu medio a labradores y a sus yuntas; a jefes y a príncipes quebrantaré por medio de ti.

24 Y pagaré a Babilonia y a todos los moradores de Caldea, todo el mal que ellos hicieron en Sion delante de vuestros ojos, dice Jehová.

25 He aquí yo estoy contra ti, oh monte destruidor, dice Jehová, que destruiste toda la tierra; y extenderé mi mano contra ti, y te haré rodar de las peñas, y te reduciré a monte quemado.

26 Y nadie tomará de ti piedra para esquina, ni piedra para cimiento; porque perpetuo asolamiento serás, ha dicho Jehová.

27 Alzad bandera en la tierra, tocad trompeta en las naciones, preparad pueblos contra ella; juntad contra ella los reinos de Ararat, de Mini y de Askenaz; señalad contra ella capitán, haced subir caballos como langostas erizadas.

28 Preparad contra ella naciones; los reyes de Media, sus capitanes y todos sus príncipes, y todo territorio de su dominio.

29 Temblará la tierra, y se afligirá; porque es confirmado contra Babilonia todo el pensamiento de Jehová, para poner la tierra de Babilonia en soledad, para que no haya morador en ella.

30 Los valientes de Babilonia dejaron de pelear, se encerraron en sus fortalezas;

---

a **51.7** Ap 17.2-4; 18.3. b **51.9** Ap 18.5. c **51.13** Ap 17.1.

les faltaron las fuerzas, se volvieron como mujeres; incendiadas están sus casas, rotos sus cerrojos.

31 Correo se encontrará con correo, mensajero se encontrará con mensajero, para anunciar al rey de Babilonia que su ciudad es tomada por todas partes.

32 Los vados fueron tomados, y los baluartes quemados a fuego, y se consternaron los hombres de guerra.

33 Porque así ha dicho Jehová de los ejércitos, Dios de Israel: La hija de Babilonia es como una era cuando está de trillar; de aquí a poco le vendrá el tiempo de la siega.

34 Me devoró, me desmenuzó Nabucodonosor rey de Babilonia, y me dejó como vaso vacío; me tragó como dragón, llenó su vientre de mis delicadezas, y me echó fuera.

35 Sobre Babilonia caiga la violencia hecha a mí y a mi carne, dirá la moradora de Sion; y mi sangre caiga sobre los moradores de Caldea, dirá Jerusalén.

36 Por tanto, así ha dicho Jehová: He aquí que yo juzgo tu causa y haré tu venganza; y secaré su mar, y haré que su corriente quede seca.

37 Y será Babilonia montones de ruinas, morada de chacales, espanto y burla, sin morador.

38 Todos a una rugirán como leones; como cachorros de leones gruñirán.

39 En medio de su calor les pondré banquetes, y haré que se embriaguen, para que se alegren, y duerman eterno sueño y no despierten, dice Jehová.

40 Los haré traer como corderos al matadero, como carneros y machos cabríos.

41 ¡Cómo fue apresada Babilonia, y fue tomada la que era alabada por toda la tierra! ¡Cómo vino a ser Babilonia objeto de espanto entre las naciones!

42 Subió el mar sobre Babilonia; de la multitud de sus olas fue cubierta.

43 Sus ciudades fueron asoladas, la tierra seca y desierta, tierra en que no morará nadie, ni pasará por ella hijo de hombre.

44 Y juzgaré a Bel en Babilonia, y sacaré de su boca lo que se ha tragado; y no vendrán más naciones a él, y el muro de Babilonia caerá.

45 Salid de en medio de ella, pueblo mío, y salvad cada uno su vida del ardor de la ira de Jehová.

46 Y no desmaye vuestro corazón, ni temáis a causa del rumor que se oirá por la tierra; en un año vendrá el rumor, y después en otro año rumor, y habrá violencia en la tierra, dominador contra dominador.

47 Por tanto, he aquí vienen días en que yo destruiré los ídolos de Babilonia, y toda su tierra será avergonzada, y todos sus muertos caerán en medio de ella.

48 Los cielos y la tierra y todo lo que está en ellos cantarán de gozo sobre Babilonia;[d] porque del norte vendrán contra ella destruidores, dice Jehová.

49 Por los muertos de Israel caerá Babilonia, como por Babilonia cayeron los muertos de toda la tierra.[e]

50 Los que escapasteis de la espada, andad, no os detengáis; acordaos por muchos días de Jehová, y acordaos de Jerusalén.

51 Estamos avergonzados, porque oímos la afrenta; la confusión cubrió nuestros rostros, porque vinieron extranjeros contra los santuarios de la casa de Jehová.

52 Por tanto, vienen días, dice Jehová, en que yo destruiré sus ídolos, y en toda su tierra gemirán los heridos.

53 Aunque suba Babilonia hasta el cielo, y se fortifique en las alturas, de mí vendrán a ella destruidores, dice Jehová.

54 ¡Óyese el clamor de Babilonia, y el gran quebrantamiento de la tierra de los caldeos!

55 Porque Jehová destruirá a Babilonia, y quitará de ella la mucha jactancia; y bramarán sus olas, y como sonido de muchas aguas será la voz de ellos.

56 Porque vino destruidor contra ella, contra Babilonia, y sus valientes fueron apresados; el arco de ellos fue quebrado; porque Jehová, Dios de retribuciones, dará la paga.

57 Y embriagaré a sus príncipes y a sus sabios, a sus capitanes, a sus nobles y a sus fuertes; y dormirán sueño eterno y no despertarán, dice el Rey, cuyo nombre es Jehová de los ejércitos.

58 Así ha dicho Jehová de los ejércitos: El muro ancho de Babilonia será derribado enteramente, y sus altas puertas serán quemadas a fuego; en vano trabajaron los pueblos, y las naciones se cansaron sólo para el fuego.

---

d 51.48 Ap 18.20.   **e 51.49** Ap 18.24.

59 Palabra que envió el profeta Jeremías a Seraías hijo de Nerías, hijo de Maasías, cuando iba con Sedequías rey de Judá a Babilonia, en el cuarto año de su reinado. Y era Seraías el principal camarero.

60 Escribió, pues, Jeremías en un libro todo el mal que había de venir sobre Babilonia, todas las palabras que están escritas contra Babilonia.

61 Y dijo Jeremías a Seraías: Cuando llegues a Babilonia, y veas y leas todas estas cosas,

62 dirás: Oh Jehová, tú has dicho contra este lugar que lo habías de destruir, hasta no quedar en él morador, ni hombre ni animal, sino que para siempre ha de ser asolado.

63 Y cuando acabes de leer este libro, le atarás una piedra, y lo echarás en medio del Éufrates,

64 y dirás: Así se hundirá Babilonia, y no se levantará[f] del mal que yo traigo sobre ella; y serán rendidos.

Hasta aquí son las palabras de Jeremías.

Reinado de Sedequías
(2 R 24.18-20; 2 Cr 36.11-16)

52 **1** Era Sedequías de edad de veintiún años cuando comenzó a reinar, y reinó once años en Jerusalén. Su madre se llamaba Hamutal, hija de Jeremías de Libna.

2 E hizo lo malo ante los ojos de Jehová, conforme a todo lo que hizo Joacim.

3 Y a causa de la ira de Jehová contra Jerusalén y Judá, llegó a echarlos de su presencia. Y se rebeló Sedequías contra el rey de Babilonia.

Caída de Jerusalén
(2 R 24.20—25.7; Jer 39.1-7)

4 Aconteció, por tanto, a los nueve años de su reinado, en el mes décimo, a los diez días del mes, que vino Nabucodonosor rey de Babilonia, él y todo su ejército, contra Jerusalén, y acamparon contra ella,[a] y de todas partes edificaron contra ella baluartes.

5 Y estuvo sitiada la ciudad hasta el undécimo año del rey Sedequías.

6 En el mes cuarto, a los nueve días del mes, prevaleció el hambre en la ciudad, hasta no haber pan para el pueblo.

7 Y fue abierta una brecha en el muro de la ciudad,[b] y todos los hombres de guerra huyeron, y salieron de la ciudad de noche por el camino de la puerta entre los dos muros que había cerca del jardín del rey, y se fueron por el camino del Arabá, estando aún los caldeos junto a la ciudad alrededor.

8 Y el ejército de los caldeos siguió al rey, y alcanzaron a Sedequías en los llanos de Jericó; y lo abandonó todo su ejército.

9 Entonces prendieron al rey, y le hicieron venir al rey de Babilonia, a Ribla en tierra de Hamat, donde pronunció sentencia contra él.

10 Y degolló el rey de Babilonia a los hijos de Sedequías delante de sus ojos, y también degolló en Ribla a todos los príncipes de Judá.

11 No obstante, el rey de Babilonia sólo le sacó los ojos a Sedequías, y le ató con grillos, y lo hizo llevar a Babilonia;[c] y lo puso en la cárcel hasta el día en que murió.

Cautividad de Judá
(2 R 25.8-21; 2 Cr 36.17-21; Jer 39.8-10)

12 Y en el mes quinto, a los diez días del mes, que era el año diecinueve del reinado de Nabucodonosor rey de Babilonia, vino a Jerusalén Nabuzaradán capitán de la guardia, que solía estar delante del rey de Babilonia.

13 Y quemó la casa de Jehová,[d] y la casa del rey, y todas las casas de Jerusalén; y destruyó con fuego todo edificio grande.

14 Y todo el ejército de los caldeos, que venía con el capitán de la guardia, destruyó todos los muros en derredor de Jerusalén.

15 E hizo transportar Nabuzaradán capitán de la guardia a los pobres del pueblo, y a toda la otra gente del pueblo que había quedado en la ciudad, a los desertores que se habían pasado al rey de Babilonia, y a todo el resto de la multitud del pueblo.

16 Mas de los pobres del país dejó Nabuzaradán capitán de la guardia para viñadores y labradores.

17 Y los caldeos quebraron las columnas de bronce que estaban en la casa de Jehová, y las basas, y el mar de bronce que estaba en la casa de Jehová, y llevaron todo el bronce a Babilonia.

---

f 51.63, 64 Ap 18.21.   **a** 52.4 Ez 24.2.   **b** 52.7 Ez 33.21.
c 52.11 Ez 12.13.   **d** 52.13 1 R 9.8.

18 Se llevaron también los calderos, las palas, las despabiladeras, los tazones, las cucharas, y todos los utensilios de bronce con que se ministraba,

19 y los incensarios, tazones, copas, ollas, candeleros, escudillas y tazas; lo de oro por oro, y lo de plata por plata, se llevó el capitán de la guardia.

20 Las dos columnas, un mar, y los doce bueyes de bronce que estaban debajo de las basas, que había hecho el rey Salomón en la casa de Jehová; el peso del bronce de todo esto era incalculable.

21 En cuanto a las columnas, la altura de cada columna era de dieciocho codos, y un cordón de doce codos la rodeaba; y su espesor era de cuatro dedos, y eran huecas.

22 Y el capitel de bronce que había sobre ella era de una altura de cinco codos, con una red y granadas alrededor del capitel, todo de bronce; y lo mismo era lo de la segunda columna con sus granadas.

23 Había noventa y seis granadas en cada hilera; todas ellas eran ciento sobre la red alrededor.[e]

24 Tomó también el capitán de la guardia a Seraías el principal sacerdote, a Sofonías el segundo sacerdote, y tres guardas del atrio.

25 Y de la ciudad tomó a un oficial que era capitán de los hombres de guerra, a siete hombres de los consejeros íntimos del rey, que estaban en la ciudad, y al principal secretario de la milicia, que pasaba revista al pueblo de la tierra para la guerra, y sesenta hombres del pueblo que se hallaron dentro de la ciudad.

26 Los tomó, pues, Nabuzaradán capitán de la guardia, y los llevó al rey de Babilonia en Ribla.

27 Y el rey de Babilonia los hirió, y los mató en Ribla en tierra de Hamat. Así Judá fue transportada de su tierra.

28 Éste es el pueblo que Nabucodonosor llevó cautivo: En el año séptimo, a tres mil veintitrés hombres de Judá.

29 En el año dieciocho de Nabucodonosor él llevó cautivas de Jerusalén a ochocientas treinta y dos personas.

30 El año veintitrés de Nabucodonosor, Nabuzaradán capitán de la guardia llevó cautivas a setecientas cuarenta y cinco personas de los hombres de Judá; todas las personas en total fueron cuatro mil seiscientas.

Joaquín es libertado y recibe honores en Babilonia
(2 R 25.27-30)

31 Y sucedió que en el año treinta y siete del cautiverio de Joaquín rey de Judá, en el mes duodécimo, a los veinticinco días del mes, Evil-merodac rey de Babilonia, en el año primero de su reinado, alzó la cabeza de Joaquín rey de Judá y lo sacó de la cárcel.

32 Y habló con él amigablemente, e hizo poner su trono sobre los tronos de los reyes que estaban con él en Babilonia.

33 Le hizo mudar también los vestidos de prisionero, y comía pan en la mesa del rey siempre todos los días de su vida.

34 Y continuamente se le daba una ración de parte del rey de Babilonia, cada día durante todos los días de su vida, hasta el día de su muerte.

---

e **52.17-23** 1 R 7.15-47.

LAMENTACIONES

DE JEREMÍAS

Tristezas de Sion la cautiva

1 ¹ ¡Cómo ha quedado sola la ciudad populosa!
La grande entre las naciones se ha vuelto como viuda,
La señora de provincias ha sido hecha tributaria.

² Amargamente llora en la noche, y sus lágrimas están en sus mejillas.
No tiene quien la consuele de todos sus amantes;
Todos sus amigos le faltaron, se le volvieron enemigos.

³ Judá ha ido en cautiverio a causa de la aflicción y de la dura servidumbre;
Ella habitó entre las naciones, y no halló descanso;
Todos sus perseguidores la alcanzaron entre las estrechuras.

⁴ Las calzadas de Sion tienen luto, porque no hay quien venga a las fiestas solemnes;
Todas sus puertas están asoladas, sus sacerdotes gimen,
Sus vírgenes están afligidas, y ella tiene amargura.

⁵ Sus enemigos han sido hechos príncipes, sus aborrecedores fueron prosperados,
Porque Jehová la afligió por la multitud de sus rebeliones;
Sus hijos fueron en cautividad delante del enemigo.

⁶ Desapareció de la hija de Sion toda su hermosura;
Sus príncipes fueron como ciervos que no hallan pasto,
Y anduvieron sin fuerzas delante del perseguidor.

⁷ Jerusalén, cuando cayó su pueblo en mano del enemigo y no hubo quien la ayudase,
Se acordó de los días de su aflicción, y de sus rebeliones,
Y de todas las cosas agradables que tuvo desde los tiempos antiguos.
La miraron los enemigos, y se burlaron de su caída.

⁸ Pecado cometió Jerusalén, por lo cual ella ha sido removida;
Todos los que la honraban la han menospreciado, porque vieron su vergüenza;
Y ella suspira, y se vuelve atrás.

⁹ Su inmundicia está en sus faldas, y no se acordó de su fin;
Por tanto, ella ha descendido sorprendentemente, y no tiene quien la consuele.
Mira, oh Jehová, mi aflicción, porque el enemigo se ha engrandecido.

¹⁰ Extendió su mano el enemigo a todas sus cosas preciosas;
Ella ha visto entrar en su santuario a las naciones
De las cuales mandaste que no entrasen en tu congregación.

¹¹ Todo su pueblo buscó su pan suspirando;
Dieron por la comida todas sus cosas preciosas, para entretener la vida.
Mira, oh Jehová, y ve que estoy abatida.

¹² ¿No os conmueve a cuantos pasáis por el camino?
Mirad, y ved si hay dolor como mi dolor que me ha venido;
Porque Jehová me ha angustiado en el día de su ardiente furor.

¹³Desde lo alto envió fuego que
consume mis huesos;
Ha extendido red a mis pies, me
volvió atrás,
Me dejó desolada, y con dolor todo
el día.

¹⁴El yugo de mis rebeliones ha sido
atado por su mano;
Ataduras han sido echadas sobre mi
cerviz; ha debilitado mis fuerzas;
Me ha entregado el Señor en manos
contra las cuales no podré
levantarme.

¹⁵El Señor ha hollado a todos mis
hombres fuertes en medio de mí;
Llamó contra mí compañía para
quebrantar a mis jóvenes;
Como lagar ha hollado el Señor a la
virgen hija de Judá.

¹⁶Por esta causa lloro; mis ojos, mis
ojos fluyen aguas,
Porque se alejó de mí el consolador
que dé reposo a mi alma;
Mis hijos son destruidos, porque el
enemigo prevaleció.

¹⁷Sion extendió sus manos; no tiene
quien la consuele;
Jehová dio mandamiento contra
Jacob, que sus vecinos fuesen sus
enemigos;
Jerusalén fue objeto de abominación
entre ellos.

¹⁸Jehová es justo; yo contra su palabra
me rebelé.
Oíd ahora, pueblos todos, y ved mi
dolor;
Mis vírgenes y mis jóvenes fueron
llevados en cautiverio.

¹⁹Di voces a mis amantes, mas ellos me
han engañado;
Mis sacerdotes y mis ancianos en la
ciudad perecieron,
Buscando comida para sí con que
entretener su vida.

²⁰Mira, oh Jehová, estoy atribulada,
mis entrañas hierven.

Mi corazón se trastorna dentro de
mí, porque me rebelé en gran
manera.
Por fuera hizo estragos la espada; por
dentro señoreó la muerte.

²¹Oyeron que gemía, mas no hay
consolador para mí;
Todos mis enemigos han oído mi mal,
se alegran de lo que tú hiciste.
Harás venir el día que has anunciado,
y serán como yo.

²²Venga delante de ti toda su maldad,
Y haz con ellos como hiciste conmigo
por todas mis rebeliones;
Porque muchos son mis suspiros, y
mi corazón está adolorido.

Las tristezas de Sion vienen de Jehová

2 ¹ ¡Cómo oscureció el Señor en su
furor a la hija de Sion!
Derribó del cielo a la tierra la
hermosura de Israel,
Y no se acordó del estrado de sus pies
en el día de su furor.

² Destruyó el Señor, y no perdonó;
Destruyó en su furor todas las
tiendas de Jacob;
Echó por tierra las fortalezas de la
hija de Judá,
Humilló al reino y a sus príncipes.

³ Cortó con el ardor de su ira todo el
poderío de Israel;
Retiró de él su diestra frente al
enemigo,
Y se encendió en Jacob como llama
de fuego que ha devorado
alrededor.

⁴ Entesó su arco como enemigo,
afirmó su mano derecha como
adversario,
Y destruyó cuanto era hermoso.
En la tienda de la hija de Sion
derramó como fuego su enojo.

⁵ El Señor llegó a ser como enemigo,
destruyó a Israel;
Destruyó todos sus palacios, derribó
sus fortalezas,

Y multiplicó en la hija de Judá la tristeza y el lamento.

6 Quitó su tienda como enramada de huerto;
Destruyó el lugar en donde se congregaban;
Jehová ha hecho olvidar las fiestas solemnes y los días de reposo* en Sion,
Y en el ardor de su ira ha desechado al rey y al sacerdote.

7 Desechó el Señor su altar, menospreció su santuario;
Ha entregado en mano del enemigo los muros de sus palacios;
Hicieron resonar su voz en la casa de Jehová como en día de fiesta.

8 Jehová determinó destruir el muro de la hija de Sion;
Extendió el cordel, no retrajo su mano de la destrucción;
Hizo, pues, que se lamentara el antemuro y el muro; fueron desolados juntamente.

9 Sus puertas fueron echadas por tierra, destruyó y quebrantó sus cerrojos;
Su rey y sus príncipes están entre las naciones donde no hay ley;
Sus profetas tampoco hallaron visión de Jehová.

10 Se sentaron en tierra, callaron los ancianos de la hija de Sion;
Echaron polvo sobre sus cabezas, se ciñeron de cilicio;
Las vírgenes de Jerusalén bajaron sus cabezas a tierra.

11 Mis ojos desfallecieron de lágrimas, se conmovieron mis entrañas,
Mi hígado se derramó por tierra a causa del quebrantamiento de la hija de mi pueblo,
Cuando desfallecía el niño y el que mamaba, en las plazas de la ciudad.

12 Decían a sus madres: ¿Dónde está el trigo y el vino?
Desfallecían como heridos en las calles de la ciudad,
Derramando sus almas en el regazo de sus madres.

13 ¿Qué testigo te traeré, o a quién te haré semejante, hija de Jerusalén?
¿A quién te compararé para consolarte, oh virgen hija de Sion?
Porque grande como el mar es tu quebrantamiento; ¿quién te sanará?

14 Tus profetas vieron para ti vanidad y locura;
Y no descubrieron tu pecado para impedir tu cautiverio,
Sino que te predicaron vanas profecías y extravíos.

15 Todos los que pasaban por el camino batieron las manos sobre ti;
Silbaron, y movieron despectivamente sus cabezas sobre la hija de Jerusalén, diciendo:
¿Es ésta la ciudad que decían de perfecta hermosura, el gozo de toda la tierra?

16 Todos tus enemigos abrieron contra ti su boca;
Se burlaron, y crujieron los dientes; dijeron: Devorémosla;
Ciertamente éste es el día que esperábamos; lo hemos hallado, lo hemos visto.

17 Jehová ha hecho lo que tenía determinado;
Ha cumplido su palabra, la cual él había mandado desde tiempo antiguo.
Destruyó, y no perdonó;
Y ha hecho que el enemigo se alegre sobre ti,
Y enalteció el poder de tus adversarios.

18 El corazón de ellos clamaba al Señor;
Oh hija de Sion, echa lágrimas cual arroyo día y noche;

---

* Aquí equivale a *sábado.*

No descanses, ni cesen las niñas de
  tus ojos.

19Levántate, da voces en la noche, al
  comenzar las vigilias;
Derrama como agua tu corazón ante
  la presencia del Señor;
Alza tus manos a él implorando la
  vida de tus pequeñitos,
Que desfallecen de hambre en las
  entradas de todas las calles.

20Mira, oh Jehová, y considera a quién
  has hecho así.
¿Han de comer las mujeres el fruto de
  sus entrañas, los pequeñitos a su
  tierno cuidado?
¿Han de ser muertos en el santuario
  del Señor el sacerdote y el
  profeta?

21Niños y viejos yacían por tierra en las
  calles;
Mis vírgenes y mis jóvenes cayeron a
  espada;
Mataste en el día de tu furor;
  degollaste, no perdonaste.

22Has convocado de todas partes mis
  temores, como en un día de
  solemnidad;
Y en el día del furor de Jehová no
  hubo quien escapase ni quedase
  vivo;
Los que crié y mantuve, mi enemigo
  los acabó.

Esperanza de liberación por la misericordia de Dios

3 **1**Yo soy el hombre que ha visto
  aflicción bajo el látigo de su
  enojo.
2 Me guió y me llevó en tinieblas, y no
  en luz;
3 Ciertamente contra mí volvió y
  revolvió su mano todo el día.

4 Hizo envejecer mi carne y mi piel;
  quebrantó mis huesos;
5 Edificó baluartes contra mí, y me
  rodeó de amargura y de trabajo.
6 Me dejó en oscuridad, como los ya
  muertos de mucho tiempo.

7 Me cercó por todos lados, y no puedo
  salir; ha hecho más pesadas mis
  cadenas;
8 Aun cuando clamé y di voces, cerró
  los oídos a mi oración;
9 Cercó mis caminos con piedra
  labrada, torció mis senderos.

10Fue para mí como oso que acecha,
  como león en escondrijos;
11Torció mis caminos, y me despedazó;
  me dejó desolado.
12Entesó su arco, y me puso como
  blanco para la saeta.

13Hizo entrar en mis entrañas las
  saetas de su aljaba.
14Fui escarnio a todo mi pueblo, burla
  de ellos todos los días;
15Me llenó de amarguras, me embriagó
  de ajenjos.

16Mis dientes quebró con cascajo, me
  cubrió de ceniza;
17Y mi alma se alejó de la paz, me
  olvidé del bien,
18Y dije: Perecieron mis fuerzas, y mi
  esperanza en Jehová.

19Acuérdate de mi aflicción y de mi
  abatimiento, del ajenjo y de la hiel;
20Lo tendré aún en memoria, porque mi
  alma está abatida dentro de mí;
21Esto recapacitaré en mi corazón, por
  lo tanto esperaré.
22Por la misericordia de Jehová
  no hemos sido consumidos,
  porque nunca decayeron sus
  misericordias.
23Nuevas son cada mañana; grande es
  tu fidelidad.
24Mi porción es Jehová, dijo mi alma;
  por tanto, en él esperaré.

25Bueno es Jehová a los que en él
  esperan, al alma que le busca.
26Bueno es esperar en silencio la
  salvación de Jehová.
27Bueno le es al hombre llevar el yugo
  desde su juventud.

28Que se siente solo y calle, porque es
  Dios quien se lo impuso;

29Ponga su boca en el polvo, por si aún hay esperanza;

30Dé la mejilla al que le hiere, y sea colmado de afrentas.

31Porque el Señor no desecha para siempre;

32Antes si aflige, también se compadece según la multitud de sus misericordias;

33Porque no aflige ni entristece voluntariamente a los hijos de los hombres.

34Desmenuzar bajo los pies a todos los encarcelados de la tierra,

35Torcer el derecho del hombre delante de la presencia del Altísimo,

36Trastornar al hombre en su causa, el Señor no lo aprueba.

37¿Quién será aquel que diga que sucedió algo que el Señor no mandó?

38¿De la boca del Altísimo no sale lo malo y lo bueno?

39¿Por qué se lamenta el hombre viviente? Laméntese el hombre en su pecado.

40Escudriñemos nuestros caminos, y busquemos, y volvámonos a Jehová;

41Levantemos nuestros corazones y manos a Dios en los cielos;

42Nosotros nos hemos rebelado, y fuimos desleales; tú no perdonaste.

43Desplegaste la ira y nos perseguiste; mataste, y no perdonaste;

44Te cubriste de nube para que no pasase la oración nuestra;

45Nos volviste en oprobio y abominación en medio de los pueblos.

46Todos nuestros enemigos abrieron contra nosotros su boca;

47Temor y lazo fueron para nosotros, asolamiento y quebranto;

48Ríos de aguas echan mis ojos por el quebrantamiento de la hija de mi pueblo.

49Mis ojos destilan y no cesan, porque no hay alivio

50Hasta que Jehová mire y vea desde los cielos;

51Mis ojos contristaron mi alma por todas las hijas de mi ciudad.

52Mis enemigos me dieron caza como a ave, sin haber por qué;

53Ataron mi vida en cisterna, pusieron piedra sobre mí;

54Aguas cubrieron mi cabeza; yo dije: Muerto soy.

55Invoqué tu nombre, oh Jehová, desde la cárcel profunda;

56Oíste mi voz; no escondas tu oído al clamor de mis suspiros.

57Te acercaste el día que te invoqué; dijiste: No temas.

58Abogaste, Señor, la causa de mi alma; redimiste mi vida.

59Tú has visto, oh Jehová, mi agravio; defiende mi causa.

60Has visto toda su venganza, todos sus pensamientos contra mí.

61Has oído el oprobio de ellos, oh Jehová, todas sus maquinaciones contra mí;

62Los dichos de los que contra mí se levantaron, y su designio contra mí todo el día.

63Su sentarse y su levantarse mira; yo soy su canción.

64Dales el pago, oh Jehová, según la obra de sus manos.

65Entrégalos al endurecimiento de corazón; tu maldición caiga sobre ellos.

66Persíguelos en tu furor, y quebrántalos de debajo de los cielos, oh Jehová.

El castigo de Sion consumado

4 **1** ¡Cómo se ha ennegrecido el oro! ¡Cómo el buen oro ha perdido su brillo!
Las piedras del santuario están esparcidas por las encrucijadas de todas las calles.

2 Los hijos de Sion, preciados y
   estimados más que el oro puro,
¡Cómo son tenidos por vasijas de
   barro, obra de manos de alfarero!

3 Aun los chacales dan la teta, y
   amamantan a sus cachorros;
La hija de mi pueblo es cruel como
   los avestruces en el desierto.

4 La lengua del niño de pecho se pegó
   a su paladar por la sed;
Los pequeñuelos pidieron pan, y no
   hubo quien se lo repartiese.

5 Los que comían delicadamente
   fueron asolados en las calles;
Los que se criaron entre púrpura se
   abrazaron a los estercoleros.

6 Porque se aumentó la iniquidad de
   la hija de mi pueblo más que el
   pecado de Sodoma,[a]
Que fue destruida en un momento,
   sin que acamparan contra ella
   compañías.

7 Sus nobles fueron más puros que la
   nieve, más blancos que la leche;
Más rubios eran sus cuerpos que el
   coral, su talle más hermoso que
   el zafiro.

8 Oscuro más que la negrura es su
   aspecto; no los conocen por las
   calles;
Su piel está pegada a sus huesos, seca
   como un palo.

9 Más dichosos fueron los muertos a
   espada que los muertos por el
   hambre;
Porque éstos murieron poco a poco
   por falta de los frutos de la tierra.

10 Las manos de mujeres piadosas
   cocieron a sus hijos;[b]
Sus propios hijos les sirvieron de comida
   en el día del quebrantamiento de la
   hija de mi pueblo.

11 Cumplió Jehová su enojo, derramó el
   ardor de su ira;

Y encendió en Sion fuego que
   consumió hasta sus cimientos.

12 Nunca los reyes de la tierra, ni todos
   los que habitan en el mundo,
Creyeron que el enemigo y el
   adversario entrara por las puertas
   de Jerusalén.

13 Es por causa de los pecados de sus
   profetas, y las maldades de sus
   sacerdotes,
Quienes derramaron en medio de
   ella la sangre de los justos.

14 Titubearon como ciegos en las calles,
   fueron contaminados con sangre,
De modo que no pudiesen tocarse
   sus vestiduras.

15 ¡Apartaos! ¡Inmundos! les gritaban;
   ¡Apartaos, apartaos, no toquéis!
Huyeron y fueron dispersados; se dijo
   entre las naciones:
Nunca más morarán aquí.

16 La ira de Jehová los apartó, no los
   mirará más;
No respetaron la presencia de
   los sacerdotes, ni tuvieron
   compasión de los viejos.

17 Aun han desfallecido nuestros ojos
   esperando en vano nuestro
   socorro;
En nuestra esperanza aguardamos a
   una nación que no puede salvar.

18 Cazaron nuestros pasos, para que
   no anduviésemos por nuestras
   calles;
Se acercó nuestro fin, se cumplieron
   nuestros días; porque llegó
   nuestro fin.

19 Ligeros fueron nuestros
   perseguidores más que las
   águilas del cielo;
Sobre los montes nos persiguieron,
   en el desierto nos pusieron
   emboscadas.

---

a **4.6** Gn 19.24.   b **4.10** Dt 28.57; Ez 5.10

20El aliento de nuestras vidas, el
ungido de Jehová,
De quien habíamos dicho: A su sombra
tendremos vida entre las naciones,
fue apresado en sus lazos.

21Gózate y alégrate, hija de Edom, la
que habitas en tierra de Uz;
Aun hasta ti llegará la copa; te
embriagarás, y vomitarás.

22Se ha cumplido tu castigo, oh hija de
Sion;
Nunca más te hará llevar cautiva.
Castigará tu iniquidad, oh hija de Edom;
Descubrirá tus pecados.

Oración del pueblo afligido

5 **1** Acuérdate, oh Jehová, de lo que nos
ha sucedido;
Mira, y ve nuestro oprobio.

2 Nuestra heredad ha pasado a extraños,
Nuestras casas a forasteros.

3 Huérfanos somos sin padre;
Nuestras madres son como viudas.

4 Nuestra agua bebemos por dinero;
Compramos nuestra leña por precio.

5 Padecemos persecución sobre
nosotros;
Nos fatigamos, y no hay para
nosotros reposo.

6 Al egipcio y al asirio extendimos la
mano, para saciarnos de pan.

7 Nuestros padres pecaron, y han
muerto;
Y nosotros llevamos su castigo.

8 Siervos se enseñorearon de nosotros;
No hubo quien nos librase de su
mano.

9 Con peligro de nuestras vidas
traíamos nuestro pan
Ante la espada del desierto.

10Nuestra piel se ennegreció como un
horno
A causa del ardor del hambre.

11Violaron a las mujeres en Sion,
A las vírgenes en las ciudades de
Judá.

12A los príncipes colgaron de las
manos;
No respetaron el rostro de los
viejos.

13Llevaron a los jóvenes a moler,
Y los muchachos desfallecieron bajo el
peso de la leña.

14Los ancianos no se ven más en la
puerta,
Los jóvenes dejaron sus canciones.

15Cesó el gozo de nuestro corazón;
Nuestra danza se cambió en luto.

16Cayó la corona de nuestra cabeza;
¡Ay ahora de nosotros! porque
pecamos.

17Por esto fue entristecido nuestro
corazón,
Por esto se entenebrecieron nuestros
ojos,

18Por el monte de Sion que está
asolado;
Zorras andan por él.

19Mas tú, Jehová, permanecerás para
siempre;
Tu trono de generación en
generación.

20¿Por qué te olvidas completamente de
nosotros,
Y nos abandonas tan largo tiempo?

21Vuélvenos, oh Jehová, a ti, y nos
volveremos;
Renueva nuestros días como al
principio.

22Porque nos has desechado;
Te has airado contra nosotros en gran
manera.

EZEQUIEL

La visión de la gloria divina

1 ¹ Aconteció en el año treinta, en el mes cuarto, a los cinco días del mes, que estando yo en medio de los cautivos junto al río Quebar, los cielos se abrieron,ª y vi visiones de Dios.

² En el quinto año de la deportación del rey Joaquín,ᵇ a los cinco días del mes,

³ vino palabra de Jehová al sacerdote Ezequiel hijo de Buzi, en la tierra de los caldeos, junto al río Quebar; vino allí sobre él la mano de Jehová.

⁴ Y miré, y he aquí venía del norte un viento tempestuoso, y una gran nube, con un fuego envolvente, y alrededor de él un resplandor, y en medio del fuego algo que parecía como bronce refulgente,

⁵ y en medio de ella la figura de cuatro seres vivientes.ᶜ Y ésta era su apariencia: había en ellos semejanza de hombre.

⁶ Cada uno tenía cuatro caras y cuatro alas.

⁷ Y los pies de ellos eran derechos, y la planta de sus pies como planta de pie de becerro; y centelleaban a manera de bronce muy bruñido.

⁸ Debajo de sus alas, a sus cuatro lados, tenían manos de hombre; y sus caras y sus alas por los cuatro lados.

⁹ Con las alas se juntaban el uno al otro. No se volvían cuando andaban, sino que cada uno caminaba derecho hacia adelante.

¹⁰ Y el aspecto de sus caras era cara de hombre, y cara de león al lado derecho de los cuatro, y cara de buey a la izquierda en los cuatro; asimismo había en los cuatro cara de águila.ᵈ

¹¹ Así eran sus caras. Y tenían sus alas extendidas por encima, cada uno dos, las cuales se juntaban; y las otras dos cubrían sus cuerpos.

¹² Y cada uno caminaba derecho hacia adelante; hacia donde el espíritu les movía que anduviesen, andaban; y cuando andaban, no se volvían.

¹³ Cuanto a la semejanza de los seres vivientes, su aspecto era como de carbones de fuego encendidos, como visión de hachones encendidosᵉ que andaba entre los seres vivientes; y el fuego resplandecía, y del fuego salían relámpagos.

¹⁴ Y los seres vivientes corrían y volvían a semejanza de relámpagos.

¹⁵ Mientras yo miraba los seres vivientes, he aquí una rueda sobre la tierra junto a los seres vivientes, a los cuatro lados.

¹⁶ El aspecto de las ruedas y su obra era semejante al color del crisólito. Y las cuatro tenían una misma semejanza; su apariencia y su obra eran como rueda en medio de rueda.

¹⁷ Cuando andaban, se movían hacia sus cuatro costados; no se volvían cuando andaban.

¹⁸ Y sus aros eran altos y espantosos, y llenos de ojos alrededorᶠ en las cuatro.

¹⁹ Y cuando los seres vivientes andaban, las ruedas andaban junto a ellos; y cuando los seres vivientes se levantaban de la tierra, las ruedas se levantaban.

²⁰ Hacia donde el espíritu les movía que anduviesen, andaban; hacia donde les movía el espíritu que anduviesen, las ruedas también se levantaban tras ellos; porque el espíritu de los seres vivientes estaba en las ruedas.ᵍ

²¹ Cuando ellos andaban, andaban ellas, y cuando ellos se paraban, se paraban ellas; asimismo cuando se levantaban de la tierra, las ruedas se levantaban tras ellos; porque el espíritu de los seres vivientes estaba en las ruedas.

²² Y sobre las cabezas de los seres vivientes aparecía una expansión a manera de cristalʰ maravilloso, extendido encima sobre sus cabezas.

²³ Y debajo de la expansión las alas de ellos estaban derechas, extendiéndose la una

---

a 1.1 Ap 19.11.   **b** 1.2 2 R 24.10-16; 2 Cr 36.9, 10.
c 1.5 Ap 4.6.   **d** 1.10 Ez 10.14; Ap 4.7.   **e** 1.13 Ap 4.5.
f 1.18 Ap 4.8.   **g** 1.15-21 Ez 10.9-13.   **h** 1.22 Ap 4.6.

hacia la otra; y cada uno tenía dos alas que cubrían su cuerpo.

24 Y oí el sonido de sus alas cuando andaban, como sonido de muchas aguas,[i] como la voz del Omnipotente, como ruido de muchedumbre, como el ruido de un ejército. Cuando se paraban, bajaban sus alas.

25 Y cuando se paraban y bajaban sus alas, se oía una voz de arriba de la expansión que había sobre sus cabezas.

26 Y sobre la expansión que había sobre sus cabezas se veía la figura de un trono que parecía de piedra de zafiro; y sobre la figura del trono había una semejanza que parecía de hombre sentado sobre él.[j]

27 Y vi apariencia como de bronce refulgente, como apariencia de fuego dentro de ella en derredor, desde el aspecto de sus lomos para arriba; y desde sus lomos para abajo, vi que parecía como fuego, y que tenía resplandor alrededor.[k]

28 Como parece el arco iris que está en las nubes el día que llueve, así era el parecer del resplandor alrededor.

Ésta fue la visión de la semejanza de la gloria de Jehová. Y cuando yo la vi, me postré sobre mi rostro, y oí la voz de uno que hablaba.

Llamamiento de Ezequiel

2 **1** Me dijo: Hijo de hombre, ponte sobre tus pies, y hablaré contigo.

2 Y luego que me habló, entró el Espíritu en mí y me afirmó sobre mis pies, y oí al que me hablaba.

3 Y me dijo: Hijo de hombre, yo te envío a los hijos de Israel, a gentes rebeldes que se rebelaron contra mí; ellos y sus padres se han rebelado contra mí hasta este mismo día.

4 Yo, pues, te envío a hijos de duro rostro y de empedernido corazón; y les dirás: Así ha dicho Jehová el Señor.

5 Acaso ellos escuchen; pero si no escucharen, porque son una casa rebelde, siempre conocerán que hubo profeta entre ellos.

6 Y tú, hijo de hombre, no les temas, ni tengas miedo de sus palabras, aunque te hallas entre zarzas y espinos, y moras con escorpiones; no tengas miedo de sus

palabras, ni temas delante de ellos, porque son casa rebelde.

7 Les hablarás, pues, mis palabras, escuchen o dejen de escuchar; porque son muy rebeldes.

8 Mas tú, hijo de hombre, oye lo que yo te hablo; no seas rebelde como la casa rebelde; abre tu boca, y come lo que yo te doy.

9 Y miré, y he aquí una mano extendida hacia mí, y en ella había un rollo de libro.

10 Y lo extendió delante de mí, y estaba escrito por delante y por detrás;[a] y había escritas en él endechas y lamentaciones y ayes.

3 **1** Me dijo: Hijo de hombre, come lo que hallas; come este rollo, y ve y habla a la casa de Israel.

2 Y abrí mi boca, y me hizo comer aquel rollo.

3 Y me dijo: Hijo de hombre, alimenta tu vientre, y llena tus entrañas de este rollo que yo te doy. Y lo comí, y fue en mi boca dulce como miel.[a]

4 Luego me dijo: Hijo de hombre, ve y entra a la casa de Israel, y habla a ellos con mis palabras.

5 Porque no eres enviado a pueblo de habla profunda ni de lengua difícil, sino a la casa de Israel.

6 No a muchos pueblos de habla profunda ni de lengua difícil, cuyas palabras no entiendas; y si a ellos te enviara, ellos te oyeran.

7 Mas la casa de Israel no te querrá oír, porque no me quiere oír a mí; porque toda la casa de Israel es dura de frente y obstinada de corazón.

8 He aquí yo he hecho tu rostro fuerte contra los rostros de ellos, y tu frente fuerte contra sus frentes.

9 Como diamante, más fuerte que pedernal he hecho tu frente; no los temas, ni tengas miedo delante de ellos, porque son casa rebelde.

10 Y me dijo: Hijo de hombre, toma en tu corazón todas mis palabras que yo te hablaré, y oye con tus oídos.

11 Y ve y entra a los cautivos, a los hijos de tu pueblo, y háblales y diles: Así ha dicho Jehová el Señor; escuchen, o dejen de escuchar.

12 Y me levantó el Espíritu, y oí detrás de mí una voz de gran estruendo, que decía:

Bendita sea la gloria de Jehová desde su lugar.

13 Oí también el sonido de las alas de los seres vivientes que se juntaban la una con la otra, y el sonido de las ruedas delante de ellos, y sonido de gran estruendo.

14 Me levantó, pues, el Espíritu, y me tomó; y fui en amargura, en la indignación de mi espíritu, pero la mano de Jehová era fuerte sobre mí.

15 Y vine a los cautivos en Tel-abib, que moraban junto al río Quebar, y me senté donde ellos estaban sentados, y allí permanecí siete días atónito entre ellos.

El atalaya de Israel
(Ez 33.1-9)

16 Y aconteció que al cabo de los siete días vino a mí palabra de Jehová, diciendo:

17 Hijo de hombre, yo te he puesto por atalaya a la casa de Israel; oirás, pues, tú la palabra de mi boca, y los amonestarás de mi parte.

18 Cuando yo dijere al impío: De cierto morirás; y tú no le amonestares ni le hablares, para que el impío sea apercibido de su mal camino a fin de que viva, el impío morirá por su maldad, pero su sangre demandaré de tu mano.

19 Pero si tú amonestares al impío, y él no se convirtiere de su impiedad y de su mal camino, él morirá por su maldad, pero tú habrás librado tu alma.

20 Si el justo se apartare de su justicia e hiciere maldad, y pusiere yo tropiezo delante de él, él morirá, porque tú no le amonestaste; en su pecado morirá, y sus justicias que había hecho no vendrán en memoria; pero su sangre demandaré de tu mano.

21 Pero si al justo amonestares para que no peque, y no pecare, de cierto vivirá, porque fue amonestado; y tú habrás librado tu alma.

El profeta mudo

22 Vino allí la mano de Jehová sobre mí, y me dijo: Levántate, y sal al campo, y allí hablaré contigo.

23 Y me levanté y salí al campo; y he aquí que allí estaba la gloria de Jehová, como la gloria que había visto junto al río Quebar; y me postré sobre mi rostro.

24 Entonces entró el Espíritu en mí y me afirmó sobre mis pies, y me habló, y me dijo: Entra, y enciérrate dentro de tu casa.

25 Y tú, oh hijo de hombre, he aquí que pondrán sobre ti cuerdas, y con ellas te ligarán, y no saldrás entre ellos.

26 Y haré que se pegue tu lengua a tu paladar, y estarás mudo, y no serás a ellos varón que reprende; porque son casa rebelde.

27 Mas cuando yo te hubiere hablado, abriré tu boca, y les dirás: Así ha dicho Jehová el Señor: El que oye, oiga; y el que no quiera oír, no oiga; porque casa rebelde son.

Predicción del sitio de Jerusalén

4 **1** Tú, hijo de hombre, tómate un adobe, y ponlo delante de ti, y diseña sobre él la ciudad de Jerusalén.

2 Y pondrás contra ella sitio, y edificarás contra ella fortaleza, y sacarás contra ella baluarte, y pondrás delante de ella campamento, y colocarás contra ella arietes alrededor.

3 Tómate también una plancha de hierro, y ponla en lugar de muro de hierro entre ti y la ciudad; afirmarás luego tu rostro contra ella, y será en lugar de cerco, y la sitiarás. Es señal a la casa de Israel.

4 Y tú te acostarás sobre tu lado izquierdo y pondrás sobre él la maldad de la casa de Israel. El número de los días que duermas sobre él, llevarás sobre ti la maldad de ellos.

5 Yo te he dado los años de su maldad por el número de los días, trescientos noventa días; y así llevarás tú la maldad de la casa de Israel.

6 Cumplidos éstos, te acostarás sobre tu lado derecho segunda vez, y llevarás la maldad de la casa de Judá cuarenta días; día por año, día por año te lo he dado.

7 Al asedio de Jerusalén afirmarás tu rostro, y descubierto tu brazo, profetizarás contra ella.

8 Y he aquí he puesto sobre ti ataduras, y no te volverás de un lado a otro, hasta que hayas cumplido los días de tu asedio.

9 Y tú toma para ti trigo, cebada, habas, lentejas, millo y avena, y ponlos en una vasija, y hazte pan de ellos el número de los días que te acuestes sobre tu lado; trescientos noventa días comerás de él.

10 La comida que comerás será de peso de veinte siclos al día; de tiempo en tiempo la comerás.

11 Y beberás el agua por medida, la sexta parte de un hin; de tiempo en tiempo la beberás.

12 Y comerás pan de cebada cocido debajo de la ceniza; y lo cocerás a vista de ellos al fuego de excremento humano.

13 Y dijo Jehová: Así comerán los hijos de Israel su pan inmundo, entre las naciones a donde los arrojaré yo.

14 Y dije: ¡Ah, Señor Jehová! he aquí que mi alma no es inmunda, ni nunca desde mi juventud hasta este tiempo comí cosa mortecina ni despedazada, ni nunca en mi boca entró carne inmunda.

15 Y me respondió: He aquí te permito usar estiércol de bueyes en lugar de excremento humano para cocer tu pan.

16 Me dijo luego: Hijo de hombre, he aquí quebrantaré el sustento del pan en Jerusalén; y comerán el pan por peso y con angustia, y beberán el agua por medida y con espanto,

17 para que al faltarles el pan y el agua, se miren unos a otros con espanto, y se consuman en su maldad.

5 **1** Y tú, hijo de hombre, tómate un cuchillo agudo, toma una navaja de barbero, y hazla pasar sobre tu cabeza y tu barba; toma después una balanza de pesar y divide los cabellos.

2 Una tercera parte quemarás a fuego en medio de la ciudad, cuando se cumplan los días del asedio; y tomarás una tercera parte y la cortarás con espada alrededor de la ciudad; y una tercera parte esparcirás al viento, y yo desenvainaré espada en pos de ellos.

3 Tomarás también de allí unos pocos en número, y los atarás en la falda de tu manto.

4 Y tomarás otra vez de ellos, y los echarás en medio del fuego, y en el fuego los quemarás; de allí saldrá el fuego a toda la casa de Israel.

5 Así ha dicho Jehová el Señor: Ésta es Jerusalén; la puse en medio de las naciones y de las tierras alrededor de ella.

6 Y ella cambió mis decretos y mis ordenanzas en impiedad más que las naciones, y más que las tierras que están alrededor de ella; porque desecharon mis decretos y mis mandamientos, y no anduvieron en ellos.

7 Por tanto, así ha dicho Jehová: ¿Por haberos multiplicado más que las naciones que están alrededor de vosotros, no habéis andado en mis mandamientos, ni habéis guardado mis leyes? Ni aun según las leyes de las naciones que están alrededor de vosotros habéis andado.

8 Así, pues, ha dicho Jehová el Señor: He aquí yo estoy contra ti; sí, yo, y haré juicios en medio de ti ante los ojos de las naciones.

9 Y haré en ti lo que nunca hice, ni jamás haré cosa semejante, a causa de todas tus abominaciones.

10 Por eso los padres comerán a los hijos[a] en medio de ti, y los hijos comerán a sus padres; y haré en ti juicios, y esparciré a todos los vientos todo lo que quedare de ti.

11 Por tanto, vivo yo, dice Jehová el Señor, ciertamente por haber profanado mi santuario con todas tus abominaciones, te quebrantaré yo también; mi ojo no perdonará, ni tampoco tendré yo misericordia.

12 Una tercera parte de ti morirá de pestilencia y será consumida de hambre en medio de ti; y una tercera parte caerá a espada alrededor de ti; y una tercera parte esparciré a todos los vientos, y tras ellos desenvainaré espada.

13 Y se cumplirá mi furor y saciaré en ellos mi enojo, y tomaré satisfacción; y sabrán que yo Jehová he hablado en mi celo, cuando cumpla en ellos mi enojo.

14 Y te convertiré en soledad y en oprobio entre las naciones que están alrededor de ti, a los ojos de todo transeúnte.

15 Y serás oprobio y escarnio y escarmiento y espanto a las naciones que están alrededor de ti, cuando yo haga en ti juicios con furor e indignación, y en represiones de ira. Yo Jehová he hablado.

16 Cuando arroje yo sobre ellos las perniciosas saetas del hambre, que serán para destrucción, las cuales enviaré para destruiros, entonces aumentaré el hambre sobre vosotros, y quebrantaré entre vosotros el sustento del pan.

17 Enviaré, pues, sobre vosotros hambre, y bestias feroces que te destruyan; y

a **5.10** Lm 4.10.

pestilencia y sangre pasarán por en medio de ti, y enviaré sobre ti espada.[b] Yo Jehová he hablado.

Profecía contra los montes de Israel

6 ¹ Vino a mí palabra de Jehová, diciendo:

² Hijo de hombre, pon tu rostro hacia los montes de Israel, y profetiza contra ellos.

³ Y dirás: Montes de Israel, oíd palabra de Jehová el Señor: Así ha dicho Jehová el Señor a los montes y a los collados, a los arroyos y a los valles: He aquí que yo, yo haré venir sobre vosotros espada, y destruiré vuestros lugares altos.

⁴ Vuestros altares serán asolados, y vuestras imágenes del sol serán quebradas; y haré que caigan vuestros muertos delante de vuestros ídolos.

⁵ Y pondré los cuerpos muertos de los hijos de Israel delante de sus ídolos, y vuestros huesos esparciré en derredor de vuestros altares.

⁶ Dondequiera que habitéis, serán desiertas las ciudades, y los lugares altos serán asolados, para que sean asolados y se hagan desiertos vuestros altares; y vuestros ídolos serán quebrados y acabarán, vuestras imágenes del sol serán destruidas, y vuestras obras serán deshechas.

⁷ Y los muertos caerán en medio de vosotros; y sabréis que yo soy Jehová.

⁸ Mas dejaré un resto, de modo que tengáis entre las naciones algunos que escapen de la espada, cuando seáis esparcidos por las tierras.

⁹ Y los que de vosotros escaparen se acordarán de mí entre las naciones en las cuales serán cautivos; porque yo me quebranté a causa de su corazón fornicario que se apartó de mí, y a causa de sus ojos que fornicaron tras sus ídolos; y se avergonzarán de sí mismos, a causa de los males que hicieron en todas sus abominaciones.

¹⁰ Y sabrán que yo soy Jehová; no en vano dije que les había de hacer este mal.

¹¹ Así ha dicho Jehová el Señor: Palmotea con tus manos, y golpea con tu pie, y di: ¡Ay, por todas las grandes abominaciones de la casa de Israel! porque con espada y con hambre y con pestilencia caerán.

¹² El que esté lejos morirá de pestilencia, el que esté cerca caerá a espada, y el que quede y sea asediado morirá de hambre; así cumpliré en ellos mi enojo.

¹³ Y sabréis que yo soy Jehová, cuando sus muertos estén en medio de sus ídolos, en derredor de sus altares, sobre todo collado alto, en todas las cumbres de los montes, debajo de todo árbol frondoso y debajo de toda encina espesa, lugares donde ofrecieron incienso a todos sus ídolos.

¹⁴ Y extenderé mi mano contra ellos, y dondequiera que habiten haré la tierra más asolada y devastada que el desierto hacia Diblat; y conocerán que yo soy Jehová.

El fin viene

7 ¹ Vino a mí palabra de Jehová, diciendo:

² Tú, hijo de hombre, así ha dicho Jehová el Señor a la tierra de Israel: El fin, el fin viene sobre los cuatro extremos de la tierra.

³ Ahora será el fin sobre ti, y enviaré sobre ti mi furor, y te juzgaré según tus caminos; y pondré sobre ti todas tus abominaciones.

⁴ Y mi ojo no te perdonará, ni tendré misericordia; antes pondré sobre ti tus caminos, y en medio de ti estarán tus abominaciones; y sabréis que yo soy Jehová.

⁵ Así ha dicho Jehová el Señor: Un mal, he aquí que viene un mal.

⁶ Viene el fin, el fin viene; se ha despertado contra ti; he aquí que viene.

⁷ La mañana viene para ti, oh morador de la tierra; el tiempo viene, cercano está el día; día de tumulto, y no de alegría, sobre los montes.

⁸ Ahora pronto derramaré mi ira sobre ti, y cumpliré en ti mi furor, y te juzgaré según tus caminos; y pondré sobre ti tus abominaciones.

⁹ Y mi ojo no perdonará, ni tendré misericordia; según tus caminos pondré sobre ti, y en medio de ti estarán tus abominaciones; y sabréis que yo Jehová soy el que castiga.

¹⁰ He aquí el día, he aquí que viene; ha salido la mañana; ha florecido la vara, ha reverdecido la soberbia.

¹¹ La violencia se ha levantado en vara de maldad; ninguno quedará de ellos, ni de su multitud, ni uno de los suyos, ni habrá entre ellos quien se lamente.

---

b 5.17 Ap 6.8.

12 El tiempo ha venido, se acercó el día; el que compra, no se alegre, y el que vende, no llore, porque la ira está sobre toda la multitud.

13 Porque el que vende no volverá a lo vendido, aunque queden vivos; porque la visión sobre toda la multitud no se revocará, y a causa de su iniquidad ninguno podrá amparar su vida.

14 Tocarán trompeta, y prepararán todas las cosas, y no habrá quien vaya a la batalla; porque mi ira está sobre toda la multitud.

15 De fuera espada, de dentro pestilencia y hambre; el que esté en el campo morirá a espada, y al que esté en la ciudad lo consumirá el hambre y la pestilencia.

16 Y los que escapen de ellos huirán y estarán sobre los montes como palomas de los valles, gimiendo todos, cada uno por su iniquidad.

17 Toda mano se debilitará, y toda rodilla será débil como el agua.

18 Se ceñirán también de cilicio, y les cubrirá terror; en todo rostro habrá vergüenza, y todas sus cabezas estarán rapadas.

19 Arrojarán su plata en las calles, y su oro será desechado; ni su plata ni su oro podrá librarlos en el día del furor de Jehová; no saciarán su alma, ni llenarán sus entrañas, porque ha sido tropiezo para su maldad.

20 Por cuanto convirtieron la gloria de su ornamento en soberbia, e hicieron de ello las imágenes de sus abominables ídolos, por eso se lo convertí en cosa repugnante.

21 En mano de extraños la entregué para ser saqueada, y será presa de los impíos de la tierra, y la profanarán.

22 Y apartaré de ellos mi rostro, y será violado mi lugar secreto; pues entrarán en él invasores y lo profanarán.

23 Haz una cadena, porque la tierra está llena de delitos de sangre, y la ciudad está llena de violencia.

24 Traeré, por tanto, los más perversos de las naciones, los cuales poseerán las casas de ellos; y haré cesar la soberbia de los poderosos, y sus santuarios serán profanados.

25 Destrucción viene; y buscarán la paz, y no la habrá.

26 Quebrantamiento vendrá sobre quebrantamiento, y habrá rumor sobre rumor;

y buscarán respuesta del profeta, mas la ley se alejará del sacerdote, y de los ancianos el consejo.

27 El rey se enlutará, y el príncipe se vestirá de tristeza, y las manos del pueblo de la tierra temblarán; según su camino haré con ellos, y con los juicios de ellos los juzgaré; y sabrán que yo soy Jehová.

Visión de las abominaciones en Jerusalén

8 **1** En el sexto año, en el mes sexto, a los cinco días del mes, aconteció que estaba yo sentado en mi casa, y los ancianos de Judá estaban sentados delante de mí, y allí se posó sobre mí la mano de Jehová el Señor.

2 Y miré, y he aquí una figura que parecía de hombre; desde sus lomos para abajo, fuego; y desde sus lomos para arriba parecía resplandor, el aspecto de bronce refulgente.[a]

3 Y aquella figura extendió la mano, y me tomó por las guedejas de mi cabeza; y el Espíritu me alzó entre el cielo y la tierra, y me llevó en visiones de Dios a Jerusalén, a la entrada de la puerta de adentro que mira hacia el norte, donde estaba la habitación de la imagen del celo, la que provoca a celos.

4 Y he aquí, allí estaba la gloria del Dios de Israel, como la visión que yo había visto en el campo.[b]

5 Y me dijo: Hijo de hombre, alza ahora tus ojos hacia el lado del norte. Y alcé mis ojos hacia el norte, y he aquí al norte, junto a la puerta del altar, aquella imagen del celo en la entrada.

6 Me dijo entonces: Hijo de hombre, ¿no ves lo que éstos hacen, las grandes abominaciones que la casa de Israel hace aquí para alejarme de mi santuario? Pero vuélvete aún, y verás abominaciones mayores.

7 Y me llevó a la entrada del atrio, y miré, y he aquí en la pared un agujero.

8 Y me dijo: Hijo de hombre, cava ahora en la pared. Y cavé en la pared, y he aquí una puerta.

9 Me dijo luego: Entra, y ve las malvadas abominaciones que éstos hacen allí.

10 Entré, pues, y miré; y he aquí toda forma de reptiles y bestias abominables, y todos los ídolos de la casa de Israel, que

---

a 8.2 Ez 1.27.   **b 8.4** Ez 1.28.

estaban pintados en la pared por todo alrededor.

11 Y delante de ellos estaban setenta varones de los ancianos de la casa de Israel, y Jaazanías hijo de Safán en medio de ellos, cada uno con su incensario en su mano; y subía una nube espesa de incienso.

12 Y me dijo: Hijo de hombre, ¿has visto las cosas que los ancianos de la casa de Israel hacen en tinieblas, cada uno en sus cámaras pintadas de imágenes? Porque dicen ellos: No nos ve Jehová; Jehová ha abandonado la tierra.

13 Me dijo después: Vuélvete aún, verás abominaciones mayores que hacen éstos.

14 Y me llevó a la entrada de la puerta de la casa de Jehová, que está al norte; y he aquí mujeres que estaban allí sentadas endechando a Tamuz.

15 Luego me dijo: ¿No ves, hijo de hombre? Vuélvete aún, verás abominaciones mayores que éstas.

16 Y me llevó al atrio de adentro de la casa de Jehová; y he aquí junto a la entrada del templo de Jehová, entre la entrada y el altar, como veinticinco varones, sus espaldas vueltas al templo de Jehová y sus rostros hacia el oriente, y adoraban al sol, postrándose hacia el oriente.

17 Y me dijo: ¿No has visto, hijo de hombre? ¿Es cosa liviana para la casa de Judá hacer las abominaciones que hacen aquí? Después que han llenado de maldad la tierra, se volvieron a mí para irritarme; he aquí que aplican el ramo a sus narices.

18 Pues también yo procederé con furor; no perdonará mi ojo, ni tendré misericordia; y gritarán a mis oídos con gran voz, y no los oiré.

Visión de la muerte de los culpables

9 1 Clamó en mis oídos con gran voz, diciendo: Los verdugos de la ciudad han llegado, y cada uno trae en su mano su instrumento para destruir.

2 Y he aquí que seis varones venían del camino de la puerta de arriba que mira hacia el norte, y cada uno traía en su mano su instrumento para destruir. Y entre ellos había un varón vestido de lino, el cual traía a su cintura un tintero de escribano; y entrados, se pararon junto al altar de bronce.

3 Y la gloria del Dios de Israel se elevó de encima del querubín, sobre el cual había estado, al umbral de la casa; y llamó Jehová al varón vestido de lino, que tenía a su cintura el tintero de escribano,

4 y le dijo Jehová: Pasa por en medio de la ciudad, por en medio de Jerusalén, y ponles una señal en la frente[a] a los hombres que gimen y que claman a causa de todas las abominaciones que se hacen en medio de ella.

5 Y a los otros dijo, oyéndolo yo: Pasad por la ciudad en pos de él, y matad; no perdone vuestro ojo, ni tengáis misericordia.

6 Matad a viejos, jóvenes y vírgenes, niños y mujeres, hasta que no quede ninguno; pero a todo aquel sobre el cual hubiere señal, no os acercaréis; y comenzaréis por mi santuario. Comenzaron, pues, desde los varones ancianos que estaban delante del templo.

7 Y les dijo: Contaminad la casa, y llenad los atrios de muertos; salid. Y salieron, y mataron en la ciudad.

8 Aconteció que cuando ellos iban matando y quedé yo solo, me postré sobre mi rostro, y clamé y dije: ¡Ah, Señor Jehová! ¿destruirás a todo el remanente de Israel derramando tu furor sobre Jerusalén?

9 Y me dijo: La maldad de la casa de Israel y de Judá es grande sobremanera, pues la tierra está llena de sangre, y la ciudad está llena de perversidad; porque han dicho: Ha abandonado Jehová la tierra, y Jehová no ve.

10 Así, pues, haré yo; mi ojo no perdonará, ni tendré misericordia; haré recaer el camino de ellos sobre sus propias cabezas.

11 Y he aquí que el varón vestido de lino, que tenía el tintero a su cintura, respondió una palabra, diciendo: He hecho conforme a todo lo que me mandaste.

La gloria de Dios abandona el templo

10 1 Miré, y he aquí en la expansión que había sobre la cabeza de los querubines como una piedra de zafiro, que parecía como semejanza de un trono que se mostró sobre ellos.[a]

2 Y habló al varón vestido de lino, y le dijo: Entra en medio de las ruedas debajo

---

a 9.4 Ap 7.3; 9.4; 14.1.   a 10.1 Ez 1.26; Ap 4.2.

de los querubines, y llena tus manos de carbones encendidos de entre los querubines, y espárcelos sobre la ciudad.[b] Y entró a vista mía.

3 Y los querubines estaban a la mano derecha de la casa cuando este varón entró; y la nube llenaba el atrio de adentro. **4** Entonces la gloria de Jehová se elevó de encima del querubín al umbral de la puerta; y la casa fue llena de la nube, y el atrio se llenó del resplandor de la gloria de Jehová. **5** Y el estruendo de las alas de los querubines se oía hasta el atrio de afuera, como la voz del Dios Omnipotente cuando habla.

6 Aconteció, pues, que al mandar al varón vestido de lino, diciendo: Toma fuego de entre las ruedas, de entre los querubines, él entró y se paró entre las ruedas. **7** Y un querubín extendió su mano de en medio de los querubines al fuego que estaba entre ellos, y tomó de él y lo puso en las manos del que estaba vestido de lino, el cual lo tomó y salió. **8** Y apareció en los querubines la figura de una mano de hombre debajo de sus alas.

9 Y miré, y he aquí cuatro ruedas junto a los querubines, junto a cada querubín una rueda; y el aspecto de las ruedas era como de crisólito. **10** En cuanto a su apariencia, las cuatro eran de una misma forma, como si estuviera una en medio de otra. **11** Cuando andaban, hacia los cuatro frentes andaban; no se volvían cuando andaban, sino que al lugar adonde se volvía la primera, en pos de ella iban; ni se volvían cuando andaban. **12** Y todo su cuerpo, sus espaldas, sus manos, sus alas y las ruedas estaban llenos de ojos alrededor[c] en sus cuatro ruedas. **13** A las ruedas, oyéndolo yo, se les gritaba: ¡Rueda![d] **14** Y cada uno tenía cuatro caras. La primera era rostro de querubín; la segunda, de hombre; la tercera, cara de león; la cuarta, cara de águila.[e]

15 Y se levantaron los querubines; éste es el ser viviente que vi en el río Quebar. **16** Y cuando andaban los querubines, andaban las ruedas junto con ellos; y cuando los querubines alzaban sus alas para levantarse de la tierra, las ruedas tampoco se apartaban de ellos. **17** Cuando se paraban ellos, se paraban ellas, y cuando ellos se alzaban, se alzaban con ellos; porque el espíritu de los seres vivientes estaba en ellas.

18 Entonces la gloria de Jehová se elevó de encima del umbral de la casa, y se puso sobre los querubines. **19** Y alzando los querubines sus alas, se levantaron de la tierra delante de mis ojos; cuando ellos salieron, también las ruedas se alzaron al lado de ellos; y se pararon a la entrada de la puerta oriental de la casa de Jehová, y la gloria del Dios de Israel estaba por encima sobre ellos. **20** Éstos eran los mismos seres vivientes que vi debajo del Dios de Israel junto al río Quebar; y conocí que eran querubines. **21** Cada uno tenía cuatro caras y cada uno cuatro alas, y figuras de manos de hombre debajo de sus alas. **22** Y la semejanza de sus rostros era la de los rostros que vi junto al río Quebar, su misma apariencia y su ser; cada uno caminaba derecho hacia adelante.

Represión de los príncipes malvados

11 **1** El Espíritu me elevó, y me llevó por la puerta oriental de la casa de Jehová, la cual mira hacia el oriente; y he aquí a la entrada de la puerta veinticinco hombres, entre los cuales vi a Jaazanías hijo de Azur y a Pelatías hijo de Benaía, principales del pueblo. **2** Y me dijo: Hijo de hombre, éstos son los hombres que maquinan perversidad, y dan en esta ciudad mal consejo; **3** los cuales dicen: No será tan pronto; edifiquemos casas; ésta será la olla, y nosotros la carne. **4** Por tanto profetiza contra ellos; profetiza, hijo de hombre.

5 Y vino sobre mí el Espíritu de Jehová, y me dijo: Di: Así ha dicho Jehová: Así habéis hablado, oh casa de Israel, y las cosas que suben a vuestro espíritu, yo las he entendido. **6** Habéis multiplicado vuestros muertos en esta ciudad, y habéis llenado de muertos sus calles. **7** Por tanto, así ha dicho Jehová el Señor: Vuestros muertos que habéis puesto en

---

b 10.2 Ap 8.5.   **c 10.12** Ap 4.8.   **d 10.9-13** Ez 1.15-21.
e 10.14 Ez 1.10; Ap 4.7.

medio de ella, ellos son la carne, y ella es la olla; mas yo os sacaré a vosotros de en medio de ella.

⁸ Espada habéis temido, y espada traeré sobre vosotros, dice Jehová el Señor.

⁹ Y os sacaré de en medio de ella, y os entregaré en manos de extraños, y haré juicios entre vosotros.

¹⁰ A espada caeréis; en los límites de Israel os juzgaré, y sabréis que yo soy Jehová.

¹¹ La ciudad no os será por olla, ni vosotros seréis en medio de ella la carne; en los límites de Israel os juzgaré.

¹² Y sabréis que yo soy Jehová; porque no habéis andado en mis estatutos, ni habéis obedecido mis decretos, sino según las costumbres de las naciones que os rodean habéis hecho.

¹³ Y aconteció que mientras yo profetizaba, aquel Pelatías hijo de Benaía murió. Entonces me postré rostro a tierra y clamé con gran voz, y dije: ¡Ah, Señor Jehová! ¿Destruirás del todo al remanente de Israel?

Promesa de restauración y renovación

¹⁴ Y vino a mí palabra de Jehová, diciendo:

¹⁵ Hijo de hombre, tus hermanos, tus hermanos, los hombres de tu parentesco y toda la casa de Israel, toda ella son aquellos a quienes dijeron los moradores de Jerusalén: Alejaos de Jehová; a nosotros es dada la tierra en posesión.

¹⁶ Por tanto, di: Así ha dicho Jehová el Señor: Aunque les he arrojado lejos entre las naciones, y les he esparcido por las tierras, con todo eso les seré por un pequeño santuario en las tierras adonde lleguen.

¹⁷ Di, por tanto: Así ha dicho Jehová el Señor: Yo os recogeré de los pueblos, y os congregaré de las tierras en las cuales estáis esparcidos, y os daré la tierra de Israel.

¹⁸ Y volverán allá, y quitarán de ella todas sus idolatrías y todas sus abominaciones.

¹⁹ Y les daré un corazón, y un espíritu nuevo pondré dentro de ellos; y quitaré el corazón de piedra de en medio de su carne, y les daré un corazón de carne,

²⁰ para que anden en mis ordenanzas, y guarden mis decretos y los cumplan, y me sean por pueblo, y yo sea a ellos por Dios.ª

²¹ Mas a aquellos cuyo corazón anda tras el deseo de sus idolatrías y de sus abominaciones, yo traigo su camino sobre sus propias cabezas, dice Jehová el Señor.

²² Después alzaron los querubines sus alas, y las ruedas en pos de ellos; y la gloria del Dios de Israel estaba sobre ellos.

²³ Y la gloria de Jehová se elevó de en medio de la ciudad, y se puso sobre el monte que está al oriente de la ciudad.ᵇ

²⁴ Luego me levantó el Espíritu y me volvió a llevar en visión del Espíritu de Dios a la tierra de los caldeos, a los cautivos. Y se fue de mí la visión que había visto.

²⁵ Y hablé a los cautivos todas las cosas que Jehová me había mostrado.

Salida de Ezequiel en señal de la cautividad

12 ¹ Vino a mí palabra de Jehová, diciendo:

² Hijo de hombre, tú habitas en medio de casa rebelde, los cuales tienen ojos para ver y no ven, tienen oídos para oír y no oyen,ª porque son casa rebelde.

³ Por tanto tú, hijo de hombre, prepárate enseres de marcha, y parte de día delante de sus ojos; y te pasarás de tu lugar a otro lugar a vista de ellos, por si tal vez atienden, porque son casa rebelde.

⁴ Y sacarás tus enseres de día delante de sus ojos, como enseres de cautiverio; mas tú saldrás por la tarde a vista de ellos, como quien sale en cautiverio.

⁵ Delante de sus ojos te abrirás paso por entre la pared, y saldrás por ella.

⁶ Delante de sus ojos los llevarás sobre tus hombros, de noche los sacarás; cubrirás tu rostro, y no mirarás la tierra; porque por señal te he dado a la casa de Israel.

⁷ Y yo hice así como me fue mandado; saqué mis enseres de día, como enseres de cautiverio, y a la tarde me abrí paso por entre la pared con mi propia mano; salí de noche, y los llevé sobre los hombros a vista de ellos.

⁸ Y vino a mí palabra de Jehová por la mañana, diciendo:

⁹ Hijo de hombre, ¿no te ha dicho la casa de Israel, aquella casa rebelde: Qué haces?

¹⁰ Diles: Así ha dicho Jehová el Señor: Esta profecía se refiere al príncipe en Jerusalén, y a toda la casa de Israel que está en medio de ella.

---

a 11.19, 20 Ez 36.26-28.   **b 11.22, 23** Ez 43.2-5.
a 12.2 Is 6.9, 10; Jer 5.21; Mr 8.18.

11 Diles: Yo soy vuestra señal; como yo hice, así se hará con vosotros; partiréis al destierro, en cautividad.

12 Y al príncipe que está en medio de ellos llevarán a cuestas de noche, y saldrán; por la pared abrirán paso para sacarlo por ella; cubrirá su rostro para no ver con sus ojos la tierra.

13 Mas yo extenderé mi red sobre él, y caerá preso en mi trampa, y haré llevarlo a Babilonia, a tierra de caldeos, pero no la verá,[b] y allá morirá.

14 Y a todos los que estuvieren alrededor de él para ayudarle, y a todas sus tropas, esparciré a todos los vientos, y desenvainaré espada en pos de ellos.

15 Y sabrán que yo soy Jehová, cuando los esparciere entre las naciones, y los dispersare por la tierra.

16 Y haré que unos pocos de ellos escapen de la espada, del hambre y de la peste, para que cuenten todas sus abominaciones entre las naciones adonde llegaren; y sabrán que yo soy Jehová.

17 Vino a mí palabra de Jehová, diciendo:

18 Hijo de hombre, come tu pan con temblor, y bebe tu agua con estremecimiento y con ansiedad.

19 Y di al pueblo de la tierra: Así ha dicho Jehová el Señor sobre los moradores de Jerusalén y sobre la tierra de Israel: Su pan comerán con temor, y con espanto beberán su agua; porque su tierra será despojada de su plenitud, por la maldad de todos los que en ella moran.

20 Y las ciudades habitadas quedarán desiertas, y la tierra será asolada; y sabréis que yo soy Jehová.

21 Vino a mí palabra de Jehová, diciendo:

22 Hijo de hombre, ¿qué refrán es este que tenéis vosotros en la tierra de Israel, que dice: Se van prolongando los días, y desaparecerá toda visión?

23 Diles, por tanto: Así ha dicho Jehová el Señor: Haré cesar este refrán, y no repetirán más este refrán en Israel. Diles, pues: Se han acercado aquellos días, y el cumplimiento de toda visión.

24 Porque no habrá más visión vana, ni habrá adivinación de lisonjeros en medio de la casa de Israel.

25 Porque yo Jehová hablaré, y se cumplirá la palabra que yo hable; no se tardará más, sino que en vuestros días, oh casa rebelde, hablaré palabra y la cumpliré, dice Jehová el Señor.

26 Y vino a mí palabra de Jehová, diciendo:

27 Hijo de hombre, he aquí que los de la casa de Israel dicen: La visión que éste ve es para de aquí a muchos días, para lejanos tiempos profetiza éste.

28 Diles, por tanto: Así ha dicho Jehová el Señor: No se tardará más ninguna de mis palabras, sino que la palabra que yo hable se cumplirá, dice Jehová el Señor.

Condenación de los falsos profetas

13 **1** Vino a mí palabra de Jehová, diciendo:

2 Hijo de hombre, profetiza contra los profetas de Israel que profetizan, y di a los que profetizan de su propio corazón: Oíd palabra de Jehová.

3 Así ha dicho Jehová el Señor: ¡Ay de los profetas insensatos, que andan en pos de su propio espíritu, y nada han visto!

4 Como zorras en los desiertos fueron tus profetas, oh Israel.

5 No habéis subido a las brechas, ni habéis edificado un muro alrededor de la casa de Israel, para que resista firme en la batalla en el día de Jehová.

6 Vieron vanidad y adivinación mentirosa. Dicen: Ha dicho Jehová, y Jehová no los envió; con todo, esperan que él confirme la palabra de ellos.

7 ¿No habéis visto visión vana, y no habéis dicho adivinación mentirosa, pues que decís: Dijo Jehová, no habiendo yo hablado?

8 Por tanto, así ha dicho Jehová el Señor: Por cuanto vosotros habéis hablado vanidad, y habéis visto mentira, por tanto, he aquí yo estoy contra vosotros, dice Jehová el Señor.

9 Estará mi mano contra los profetas que ven vanidad y adivinan mentira; no estarán en la congregación de mi pueblo, ni serán inscritos en el libro de la casa de Israel, ni a la tierra de Israel volverán; y sabréis que yo soy Jehová el Señor.

10 Sí, por cuanto engañaron a mi pueblo, diciendo: Paz, no habiendo paz;[a] y uno edificaba la pared, y he aquí que los otros la recubrían con lodo suelto,

---

b **12.13** 2 R 25.7; Jer 52.11.   a **13.10** Jer 6.14; 8.11.

¹¹ di a los recubridores con lodo suelto, que caerá; vendrá lluvia torrencial, y enviaré piedras de granizo que la hagan caer, y viento tempestuoso la romperá.

¹² Y he aquí cuando la pared haya caído, ¿no os dirán: ¿Dónde está la embarradura con que la recubristeis?

¹³ Por tanto, así ha dicho Jehová el Señor: Haré que la rompa viento tempestuoso con mi ira, y lluvia torrencial vendrá con mi furor, y piedras de granizo con enojo para consumir.

¹⁴ Así desbarataré la pared que vosotros recubristeis con lodo suelto, y la echaré a tierra, y será descubierto su cimiento, y caerá, y seréis consumidos en medio de ella; y sabréis que yo soy Jehová.

¹⁵ Cumpliré así mi furor en la pared y en los que la recubrieron con lodo suelto; y os diré: No existe la pared, ni los que la recubrieron,

¹⁶ los profetas de Israel que profetizan acerca de Jerusalén, y ven para ella visión de paz, no habiendo paz, dice Jehová el Señor.

¹⁷ Y tú, hijo de hombre, pon tu rostro contra las hijas de tu pueblo que profetizan de su propio corazón, y profetiza contra ellas,

¹⁸ y di: Así ha dicho Jehová el Señor: ¡Ay de aquellas que cosen vendas mágicas para todas las manos, y hacen velos mágicos para la cabeza de toda edad, para cazar las almas! ¿Habéis de cazar las almas de mi pueblo, para mantener así vuestra propia vida?

¹⁹ ¿Y habéis de profanarme entre mi pueblo por puñados de cebada y por pedazos de pan, matando a las personas que no deben morir, y dando vida a las personas que no deben vivir, mintiendo a mi pueblo que escucha la mentira?

²⁰ Por tanto, así ha dicho Jehová el Señor: He aquí yo estoy contra vuestras vendas mágicas, con que cazáis las almas al vuelo; yo las libraré de vuestras manos, y soltaré para que vuelen como aves las almas que vosotras cazáis volando.

²¹ Romperé asimismo vuestros velos mágicos, y libraré a mi pueblo de vuestra mano, y no estarán más como presa en vuestra mano; y sabréis que yo soy Jehová.

²² Por cuanto entristecisteis con mentiras el corazón del justo, al cual yo no entristecí, y fortalecisteis las manos del impío, para que no se apartase de su mal camino, infundiéndole ánimo,

²³ por tanto, no veréis más visión vana, ni practicaréis más adivinación; y libraré mi pueblo de vuestra mano, y sabréis que yo soy Jehová.

Juicio contra los idólatras que consultan al profeta

14 ¹ Vinieron a mí algunos de los ancianos de Israel, y se sentaron delante de mí.

² Y vino a mí palabra de Jehová, diciendo: ³ Hijo de hombre, estos hombres han puesto sus ídolos en su corazón, y han establecido el tropiezo de su maldad delante de su rostro. ¿Acaso he de ser yo en modo alguno consultado por ellos?

⁴ Háblales, por tanto, y diles: Así ha dicho Jehová el Señor: Cualquier hombre de la casa de Israel que hubiere puesto sus ídolos en su corazón, y establecido el tropiezo de su maldad delante de su rostro, y viniere al profeta, yo Jehová responderé al que viniere conforme a la multitud de sus ídolos,

⁵ para tomar a la casa de Israel por el corazón, ya que se han apartado de mí todos ellos por sus ídolos.

⁶ Por tanto, di a la casa de Israel: Así dice Jehová el Señor: Convertíos, y volveos de vuestros ídolos, y apartad vuestro rostro de todas vuestras abominaciones.

⁷ Porque cualquier hombre de la casa de Israel, y de los extranjeros que moran en Israel, que se hubiere apartado de andar en pos de mí, y hubiere puesto sus ídolos en su corazón, y establecido delante de su rostro el tropiezo de su maldad, y viniere al profeta para preguntarle por mí, yo Jehová le responderé por mí mismo;

⁸ y pondré mi rostro contra aquel hombre, y le pondré por señal y por escarmiento, y lo cortaré de en medio de mi pueblo; y sabréis que yo soy Jehová.

⁹ Y cuando el profeta fuere engañado y hablare palabra, yo Jehová engañé al tal profeta; y extenderé mi mano contra él, y lo destruiré de en medio de mi pueblo Israel.

¹⁰ Y llevarán ambos el castigo de su maldad; como la maldad del que consultare, así será la maldad del profeta,

11 para que la casa de Israel no se desvíe más de en pos de mí, ni se contamine más en todas sus rebeliones; y me sean por pueblo, y yo les sea por Dios, dice Jehová el Señor.

Justicia del castigo de Jerusalén

12 Vino a mí palabra de Jehová, diciendo: **13** Hijo de hombre, cuando la tierra pecare contra mí rebelándose pérfidamente, y extendiere yo mi mano sobre ella, y le quebrantare el sustento del pan, y enviare en ella hambre, y cortare de ella hombres y bestias,

14 si estuviesen en medio de ella estos tres varones, Noé, Daniel y Job, ellos por su justicia librarían únicamente sus propias vidas, dice Jehová el Señor.

15 Y si hiciere pasar bestias feroces por la tierra y la asolaren, y quedare desolada de modo que no haya quien pase a causa de las fieras,

16 y estos tres varones estuviesen en medio de ella, vivo yo, dice Jehová el Señor, ni a sus hijos ni a sus hijas librarían; ellos solos serían librados, y la tierra quedaría desolada.

17 O si yo trajere espada sobre la tierra, y dijere: Espada, pasa por la tierra; e hiciere cortar de ella hombres y bestias,

18 y estos tres varones estuviesen en medio de ella, vivo yo, dice Jehová el Señor, no librarían a sus hijos ni a sus hijas; ellos solos serían librados.

19 O si enviare pestilencia sobre esa tierra y derramare mi ira sobre ella en sangre, para cortar de ella hombres y bestias,

20 y estuviesen en medio de ella Noé, Daniel y Job, vivo yo, dice Jehová el Señor, no librarían a hijo ni a hija; ellos por su justicia librarían solamente sus propias vidas.

21 Por lo cual así ha dicho Jehová el Señor: ¿Cuánto más cuando yo enviare contra Jerusalén mis cuatro juicios terribles, espada, hambre, fieras y pestilencia,[a] para cortar de ella hombres y bestias?

22 Sin embargo, he aquí quedará en ella un remanente, hijos e hijas, que serán llevados fuera; he aquí que ellos vendrán a vosotros, y veréis su camino y sus hechos, y seréis consolados del mal que hice venir sobre Jerusalén, de todas las cosas que traje sobre ella.

23 Y os consolarán cuando viereis su camino y sus hechos, y conoceréis que no sin causa hice todo lo que he hecho en ella, dice Jehová el Señor.

Jerusalén es como una vid inútil

15 **1** Vino a mí palabra de Jehová, diciendo:

2 Hijo de hombre, ¿qué es la madera de la vid más que cualquier otra madera? ¿Qué es el sarmiento entre los árboles del bosque?

3 ¿Tomarán de ella madera para hacer alguna obra? ¿Tomarán de ella una estaca para colgar en ella alguna cosa?

4 He aquí, es puesta en el fuego para ser consumida; sus dos extremos consumió el fuego, y la parte de en medio se quemó; ¿servirá para obra alguna?

5 He aquí que cuando estaba entera no servía para obra alguna; ¿cuánto menos después que el fuego la hubiere consumido, y fuere quemada? ¿Servirá más para obra alguna?

6 Por tanto, así ha dicho Jehová el Señor: Como la madera de la vid entre los árboles del bosque, la cual di al fuego para que la consumiese, así haré a los moradores de Jerusalén.

7 Y pondré mi rostro contra ellos; aunque del fuego se escaparon, fuego los consumirá; y sabréis que yo soy Jehová, cuando pusiere mi rostro contra ellos.

8 Y convertiré la tierra en asolamiento, por cuanto cometieron prevaricación, dice Jehová el Señor.

Infidelidad de Jerusalén

16 **1** Vino a mí palabra de Jehová, diciendo:

2 Hijo de hombre, notifica a Jerusalén sus abominaciones,

3 y di: Así ha dicho Jehová el Señor sobre Jerusalén: Tu origen, tu nacimiento, es de la tierra de Canaán; tu padre fue amorreo, y tu madre hetea.

4 Y en cuanto a tu nacimiento, el día que naciste no fue cortado tu ombligo, ni fuiste lavada con aguas para limpiarte, ni salada con sal, ni fuiste envuelta con fajas.

5 No hubo ojo que se compadeciese de ti para hacerte algo de esto, teniendo de ti misericordia; sino que fuiste arrojada sobre la faz del campo, con menosprecio de tu vida, en el día que naciste.

6 Y yo pasé junto a ti, y te vi sucia en tus sangres, y cuando estabas en tus sangres te dije: ¡Vive! Sí, te dije, cuando estabas en tus sangres: ¡Vive!

7 Te hice multiplicar como la hierba del campo; y creciste y te hiciste grande, y llegaste a ser muy hermosa; tus pechos se habían formado, y tu pelo había crecido; pero estabas desnuda y descubierta.

8 Y pasé yo otra vez junto a ti, y te miré, y he aquí que tu tiempo era tiempo de amores; y extendí mi manto sobre ti, y cubrí tu desnudez; y te di juramento y entré en pacto contigo, dice Jehová el Señor, y fuiste mía.

9 Te lavé con agua, y lavé tus sangres de encima de ti, y te ungí con aceite;

10 y te vestí de bordado, te calcé de tejón, te ceñí de lino y te cubrí de seda.

11 Te atavié con adornos, y puse brazaletes en tus brazos y collar a tu cuello.

12 Puse joyas en tu nariz, y zarcillos en tus orejas, y una hermosa diadema en tu cabeza.

13 Así fuiste adornada de oro y de plata, y tu vestido era de lino fino, seda y bordado; comiste flor de harina de trigo, miel y aceite; y fuiste hermoseada en extremo, prosperaste hasta llegar a reinar.

14 Y salió tu renombre entre las naciones a causa de tu hermosura; porque era perfecta, a causa de mi hermosura que yo puse sobre ti, dice Jehová el Señor.

15 Pero confiaste en tu hermosura, y te prostituiste a causa de tu renombre, y derramaste tus fornicaciones a cuantos pasaron; suya eras.

16 Y tomaste de tus vestidos, y te hiciste diversos lugares altos, y fornicaste sobre ellos; cosa semejante nunca había sucedido, ni sucederá más.

17 Tomaste asimismo tus hermosas alhajas de oro y de plata que yo te había dado, y te hiciste imágenes de hombre y fornicaste con ellas;

18 y tomaste tus vestidos de diversos colores y las cubriste; y mi aceite y mi incienso pusiste delante de ellas.

19 Mi pan también, que yo te había dado, la flor de la harina, el aceite y la miel, con que yo te mantuve, pusiste delante de ellas para olor agradable; y fue así, dice Jehová el Señor.

20 Además de esto, tomaste tus hijos y tus hijas que habías dado a luz para mí, y los sacrificaste a ellas para que fuesen consumidos. ¿Eran poca cosa tus fornicaciones,

21 para que degollases también a mis hijos y los ofrecieras a aquellas imágenes como ofrenda que el fuego consumía?

22 Y con todas tus abominaciones y tus fornicaciones no te has acordado de los días de tu juventud, cuando estabas desnuda y descubierta, cuando estabas envuelta en tu sangre.

23 Y sucedió que después de toda tu maldad (¡ay, ay de ti! dice Jehová el Señor),

24 te edificaste lugares altos, y te hiciste altar en todas las plazas.

25 En toda cabeza de camino edificaste lugar alto, e hiciste abominable tu hermosura, y te ofreciste a cuantos pasaban, y multiplicaste tus fornicaciones.

26 Y fornicaste con los hijos de Egipto, tus vecinos, gruesos de carnes; y aumentaste tus fornicaciones para enojarme.

27 Por tanto, he aquí que yo extendí contra ti mi mano, y disminuí tu provisión ordinaria, y te entregué a la voluntad de las hijas de los filisteos, que te aborrecen, las cuales se avergüenzan de tu camino deshonesto.

28 Fornicaste también con los asirios, por no haberte saciado; y fornicaste con ellos y tampoco te saciaste.

29 Multiplicaste asimismo tu fornicación en la tierra de Canaán y de los caldeos, y tampoco con esto te saciaste.

30 ¡Cuán inconstante es tu corazón, dice Jehová el Señor, habiendo hecho todas estas cosas, obras de una ramera desvergonzada,

31 edificando tus lugares altos en toda cabeza de camino, y haciendo tus altares en todas las plazas! Y no fuiste semejante a ramera, en que menospreciaste la paga,

32 sino como mujer adúltera, que en lugar de su marido recibe a ajenos.

33 A todas las rameras les dan dones; mas tú diste tus dones a todos tus enamorados; y les diste presentes, para que de todas partes se llegasen a ti en tus fornicaciones.

34 Y ha sucedido contigo, en tus fornicaciones, lo contrario de las demás mujeres:

porque ninguno te ha solicitado para fornicar, y tú das la paga, en lugar de recibirla; por esto has sido diferente.

35 Por tanto, ramera, oye palabra de Jehová.

36 Así ha dicho Jehová el Señor: Por cuanto han sido descubiertas tus desnudeces en tus fornicaciones, y tu confusión ha sido manifestada a tus enamorados, y a los ídolos de tus abominaciones, y en la sangre de tus hijos, los cuales les diste;

37 por tanto, he aquí que yo reuniré a todos tus enamorados con los cuales tomaste placer, y a todos los que amaste, con todos los que aborreciste; y los reuniré alrededor de ti y les descubriré tu desnudez, y ellos verán toda tu desnudez.

38 Y yo te juzgaré por las leyes de las adúlteras, y de las que derraman sangre; y traeré sobre ti sangre de ira y de celos.

39 Y te entregaré en manos de ellos; y destruirán tus lugares altos, y derribarán tus altares, y te despojarán de tus ropas, se llevarán tus hermosas alhajas, y te dejarán desnuda y descubierta.

40 Y harán subir contra ti muchedumbre de gente, y te apedrearán, y te atravesarán con sus espadas.

41 Quemarán tus casas a fuego, y harán en ti juicios en presencia de muchas mujeres; y así haré que dejes de ser ramera, y que ceses de prodigar tus dones.

42 Y saciaré mi ira sobre ti, y se apartará de ti mi celo, y descansaré y no me enojaré más.

43 Por cuanto no te acordaste de los días de tu juventud, y me provocaste a ira en todo esto, por eso, he aquí yo también traeré tu camino sobre tu cabeza, dice Jehová el Señor; pues ni aun has pensado sobre toda tu lujuria.

44 He aquí, todo el que usa de refranes te aplicará a ti el refrán que dice: Cual la madre, tal la hija.

45 Hija eres tú de tu madre, que desechó a su marido y a sus hijos; y hermana eres tú de tus hermanas, que desecharon a sus maridos y a sus hijos; vuestra madre fue hetea, y vuestro padre amorreo.

46 Y tu hermana mayor es Samaria, ella y sus hijas, que habitan al norte de ti; y tu hermana menor es Sodoma con sus hijas, la cual habita al sur de ti.

47 Ni aun anduviste en sus caminos, ni hiciste según sus abominaciones; antes, como si esto fuera poco y muy poco, te corrompiste más que ellas en todos tus caminos.

48 Vivo yo, dice Jehová el Señor, que Sodoma tu hermana y sus hijas no han hecho como hiciste tú y tus hijas.

49 He aquí que ésta fue la maldad de Sodoma tu hermana: soberbia, saciedad de pan, y abundancia de ociosidad tuvieron ella y sus hijas; y no fortaleció la mano del afligido y del menesteroso.

50 Y se llenaron de soberbia, e hicieron abominación delante de mí, y cuando lo vi las quité.

51 Y Samaria no cometió ni la mitad de tus pecados; porque tú multiplicaste tus abominaciones más que ellas, y has justificado a tus hermanas con todas las abominaciones que tú hiciste.

52 Tú también, que juzgaste a tus hermanas, lleva tu vergüenza en los pecados que tú hiciste, más abominables que los de ellas; más justas son que tú; avergüénzate, pues, tú también, y lleva tu confusión, por cuanto has justificado a tus hermanas.

53 Yo, pues, haré volver a sus cautivos, los cautivos de Sodoma y de sus hijas, y los cautivos de Samaria y de sus hijas, y haré volver los cautivos de tus cautiverios entre ellas,

54 para que lleves tu confusión, y te avergüences de todo lo que has hecho, siendo tú motivo de consuelo para ellas.

55 Y tus hermanas, Sodoma con sus hijas y Samaria con sus hijas, volverán a su primer estado; tú también y tus hijas volveréis a vuestro primer estado.

56 No era tu hermana Sodoma digna de mención en tu boca en el tiempo de tus soberbias,

57 antes que tu maldad fuese descubierta. Así también ahora llevas tú la afrenta de las hijas de Siria y de todas las hijas de los filisteos, las cuales por todos lados te desprecian.

58 Sufre tú el castigo de tu lujuria y de tus abominaciones, dice Jehová.

59 Pero más ha dicho Jehová el Señor: ¿Haré yo contigo como tú hiciste, que menospreciaste el juramento para invalidar el pacto?

60 Antes yo tendré memoria de mi pacto que concerté contigo en los días de tu juventud, y estableceré contigo un pacto sempiterno.

⁶¹ Y te acordarás de tus caminos y te avergonzarás, cuando recibas a tus hermanas, las mayores que tú y las menores que tú, las cuales yo te daré por hijas, mas no por tu pacto,

⁶² sino por mi pacto que yo confirmaré contigo; y sabrás que yo soy Jehová;

⁶³ para que te acuerdes y te avergüences, y nunca más abras la boca, a causa de tu vergüenza, cuando yo perdone todo lo que hiciste, dice Jehová el Señor.

Parábola de las águilas y la vid

17 ¹ Vino a mí palabra de Jehová, diciendo:

² Hijo de hombre, propón una figura, y compón una parábola a la casa de Israel.

³ Y dirás: Así ha dicho Jehová el Señor: Una gran águila, de grandes alas y de largos miembros, llena de plumas de diversos colores, vino al Líbano, y tomó el cogollo del cedro.

⁴ Arrancó el principal de sus renuevos y lo llevó a tierra de mercaderes, y lo puso en una ciudad de comerciantes.

⁵ Tomó también de la simiente de la tierra, y la puso en un campo bueno para sembrar, la plantó junto a aguas abundantes, la puso como un sauce.

⁶ Y brotó, y se hizo una vid de mucho ramaje, de poca altura, y sus ramas miraban al águila, y sus raíces estaban debajo de ella; así que se hizo una vid, y arrojó sarmientos y echó mugrones.

⁷ Había también otra gran águila, de grandes alas y de muchas plumas; y he aquí que esta vid juntó cerca de ella sus raíces, y extendió hacia ella sus ramas, para ser regada por ella por los surcos de su plantío.

⁸ En un buen campo, junto a muchas aguas, fue plantada, para que hiciese ramas y diese fruto, y para que fuese vid robusta.

⁹ Diles: Así ha dicho Jehová el Señor: ¿Será prosperada? ¿No arrancará sus raíces, y destruirá su fruto, y se secará? Todas sus hojas lozanas se secarán; y eso sin gran poder ni mucha gente para arrancarla de sus raíces.

¹⁰ Y he aquí está plantada; ¿será prosperada? ¿No se secará del todo cuando el viento solano la toque? En los surcos de su verdor se secará.

¹¹ Y vino a mí palabra de Jehová, diciendo:

¹² Di ahora a la casa rebelde: ¿No habéis entendido qué significan estas cosas? Diles: He aquí que el rey de Babilonia vino a Jerusalén, y tomó a tu rey y a sus príncipes, y los llevó consigo a Babilonia.

¹³ Tomó también a uno de la descendencia real e hizo pacto con él, y le hizo prestar juramento; y se llevó consigo a los poderosos de la tierra,

¹⁴ para que el reino fuese abatido y no se levantase, a fin de que guardando el pacto, permaneciese en pie.

¹⁵ Pero se rebeló contra él,ᵃ enviando embajadores a Egipto para que le diese caballos y mucha gente. ¿Será prosperado, escapará el que estas cosas hizo? El que rompió el pacto, ¿podrá escapar?

¹⁶ Vivo yo, dice Jehová el Señor, que morirá en medio de Babilonia, en el lugar donde habita el rey que le hizo reinar, cuyo juramento menospreció, y cuyo pacto hecho con él rompió.

¹⁷ Y ni con gran ejército ni con mucha compañía hará Faraón nada por él en la batalla, cuando se levanten vallados y se edifiquen torres para cortar muchas vidas.

¹⁸ Por cuanto menospreció el juramento y quebrantó el pacto, cuando he aquí que había dado su mano, y ha hecho todas estas cosas, no escapará.

¹⁹ Por tanto, así ha dicho Jehová el Señor: Vivo yo, que el juramento mío que menospreció, y mi pacto que ha quebrantado, lo traeré sobre su misma cabeza.

²⁰ Extenderé sobre él mi red, y será preso en mi lazo, y lo haré venir a Babilonia, y allí entraré en juicio con él por su prevaricación con que contra mí se ha rebelado.

²¹ Y todos sus fugitivos, con todas sus tropas, caerán a espada, y los que queden serán esparcidos a todos los vientos; y sabréis que yo Jehová he hablado.

²² Así ha dicho Jehová el Señor: Tomaré yo del cogollo de aquel alto cedro, y lo plantaré; del principal de sus renuevos cortaré un tallo, y lo plantaré sobre el monte alto y sublime.

---

a **17.12-15** 2 R 24.15-20; 2 Cr 36.10-13.

23 En el monte alto de Israel lo plantaré, y alzará ramas, y dará fruto, y se hará magnífico cedro; y habitarán debajo de él todas las aves de toda especie; a la sombra de sus ramas habitarán.

24 Y sabrán todos los árboles del campo que yo Jehová abatí el árbol sublime, levanté el árbol bajo, hice secar el árbol verde, e hice reverdecer el árbol seco. Yo Jehová lo he dicho, y lo haré.

El alma que pecare morirá

18 1 Vino a mí palabra de Jehová, diciendo:

2 ¿Qué pensáis vosotros, los que usáis este refrán sobre la tierra de Israel, que dice: Los padres comieron las uvas agrias, y los dientes de los hijos tienen la dentera?ª

3 Vivo yo, dice Jehová el Señor, que nunca más tendréis por qué usar este refrán en Israel.

4 He aquí que todas las almas son mías; como el alma del padre, así el alma del hijo es mía; el alma que pecare, ésa morirá.

5 Y el hombre que fuere justo, e hiciere según el derecho y la justicia;

6 que no comiere sobre los montes, ni alzare sus ojos a los ídolos de la casa de Israel, ni violare la mujer de su prójimo, ni se llegare a la mujer menstruosa,

7 ni oprimiere a ninguno; que al deudor devolviere su prenda, que no cometiere robo, y que diere de su pan al hambriento y cubriere al desnudo con vestido,

8 que no prestare a interés ni tomare usura; que de la maldad retrajere su mano, e hiciere juicio verdadero entre hombre y hombre,

9 en mis ordenanzas caminare, y guardare mis decretos para hacer rectamente, éste es justo; éste vivirá,ᵇ dice Jehová el Señor.

10 Mas si engendrare hijo ladrón, derramador de sangre, o que haga alguna cosa de éstas,

11 y que no haga las otras, sino que comiere sobre los montes, o violare la mujer de su prójimo,

12 al pobre y menesteroso oprimiere, cometiere robos, no devolviere la prenda, o alzare sus ojos a los ídolos e hiciere abominación,

13 prestare a interés y tomare usura; ¿vivirá éste? No vivirá. Todas estas abominaciones hizo; de cierto morirá, su sangre será sobre él.

14 Pero si éste engendrare hijo, el cual viere todos los pecados que su padre hizo, y viéndolos no hiciere según ellos;

15 no comiere sobre los montes, ni alzare sus ojos a los ídolos de la casa de Israel; la mujer de su prójimo no violare,

16 ni oprimiere a nadie, la prenda no retuviere, ni cometiere robos; al hambriento diere de su pan, y cubriere con vestido al desnudo;

17 apartare su mano del pobre, interés y usura no recibiere; guardare mis decretos y anduviere en mis ordenanzas; éste no morirá por la maldad de su padre; de cierto vivirá.

18 Su padre, por cuanto hizo agravio, despojó violentamente al hermano, e hizo en medio de su pueblo lo que no es bueno, he aquí que él morirá por su maldad.

19 Y si dijereis: ¿Por qué el hijo no llevará el pecado de su padre? Porque el hijo hizo según el derecho y la justicia, guardó todos mis estatutos y los cumplió, de cierto vivirá.

20 El alma que pecare, ésa morirá; el hijo no llevará el pecado del padre, ni el padre llevará el pecado del hijo;ᶜ la justicia del justo será sobre él, y la impiedad del impío será sobre él.

El camino de Dios es justo
(Ez 33.10-20)

21 Mas el impío, si se apartare de todos sus pecados que hizo, y guardare todos mis estatutos e hiciere según el derecho y la justicia, de cierto vivirá; no morirá.

22 Todas las transgresiones que cometió, no le serán recordadas; en su justicia que hizo vivirá.

23 ¿Quiero yo la muerte del impío? dice Jehová el Señor. ¿No vivirá, si se apartare de sus caminos?

24 Mas si el justo se apartare de su justicia y cometiere maldad, e hiciere conforme a todas las abominaciones que el impío hizo, ¿vivirá él? Ninguna de las justicias que hizo le serán tenidas en cuenta; por su rebelión con que prevaricó, y por el pecado que cometió, por ello morirá.

---

a **18.2** Jer 31.29.   b **18.9** Lv 18.5.   c **18.20** Dt 24.16.

25 Y si dijereis: No es recto el camino del Señor; oíd ahora, casa de Israel: ¿No es recto mi camino? ¿no son vuestros caminos torcidos?

26 Apartándose el justo de su justicia, y haciendo iniquidad, él morirá por ello; por la iniquidad que hizo, morirá.

27 Y apartándose el impío de su impiedad que hizo, y haciendo según el derecho y la justicia, hará vivir su alma.

28 Porque miró y se apartó de todas sus transgresiones que había cometido, de cierto vivirá; no morirá.

29 Si aún dijere la casa de Israel: No es recto el camino del Señor; ¿no son rectos mis caminos, casa de Israel? Ciertamente, vuestros caminos no son rectos.

30 Por tanto, yo os juzgaré a cada uno según sus caminos, oh casa de Israel, dice Jehová el Señor. Convertíos, y apartaos de todas vuestras transgresiones, y no os será la iniquidad causa de ruina.

31 Echad de vosotros todas vuestras transgresiones con que habéis pecado, y haceos un corazón nuevo y un espíritu nuevo. ¿Por qué moriréis, casa de Israel?

32 Porque no quiero la muerte del que muere, dice Jehová el Señor; convertíos, pues, y viviréis.

Lamentación sobre los príncipes de Israel

19 **1** Y tú, levanta endecha sobre los príncipes de Israel.

2 Dirás: ¡Cómo se echó entre los leones tu madre la leona! Entre los leoncillos crió sus cachorros,

3 e hizo subir uno de sus cachorros; vino a ser leoncillo, y aprendió a arrebatar la presa, y a devorar hombres.

4 Y las naciones oyeron de él; fue tomado en la trampa de ellas, y lo llevaron con grillos a la tierra de Egipto.

5 Viendo ella que había esperado mucho tiempo, y que se perdía su esperanza, tomó otro de sus cachorros, y lo puso por leoncillo.

6 Y él andaba entre los leones; se hizo leoncillo, aprendió a arrebatar la presa, devoró hombres.

7 Saqueó fortalezas, y asoló ciudades; y la tierra fue desolada, y cuanto había en ella, al estruendo de sus rugidos.

8 Arremetieron contra él las gentes de las provincias de alrededor, y extendieron sobre él su red, y en el foso fue apresado.

9 Y lo pusieron en una jaula y lo llevaron con cadenas, y lo llevaron al rey de Babilonia; lo pusieron en las fortalezas, para que su voz no se oyese más sobre los montes de Israel.

10 Tu madre fue como una vid en medio de la viña, plantada junto a las aguas, dando fruto y echando vástagos a causa de las muchas aguas.

11 Y ella tuvo varas fuertes para cetros de reyes; y se elevó su estatura por encima entre las ramas, y fue vista por causa de su altura y la multitud de sus sarmientos.

12 Pero fue arrancada con ira, derribada en tierra, y el viento solano secó su fruto; sus ramas fuertes fueron quebradas y se secaron; las consumió el fuego.

13 Y ahora está plantada en el desierto, en tierra de sequedad y de aridez.

14 Y ha salido fuego de la vara de sus ramas, que ha consumido su fruto, y no ha quedado en ella vara fuerte para cetro de rey.

Endecha es ésta, y de endecha servirá.

Modo de proceder de Dios con Israel

20 **1** Aconteció en el año séptimo, en el mes quinto, a los diez días del mes, que vinieron algunos de los ancianos de Israel a consultar a Jehová, y se sentaron delante de mí.

2 Y vino a mí palabra de Jehová, diciendo:

3 Hijo de hombre, habla a los ancianos de Israel, y diles: Así ha dicho Jehová el Señor: ¿A consultarme venís vosotros? Vivo yo, que no os responderé, dice Jehová el Señor.

4 ¿Quieres tú juzgarlos? ¿Los quieres juzgar tú, hijo de hombre? Hazles conocer las abominaciones de sus padres,

5 y diles: Así ha dicho Jehová el Señor: El día que escogí a Israel, y que alcé mi mano para jurar a la descendencia de la casa de Jacob, cuando me di a conocer a ellos en la tierra de Egipto, cuando alcé mi mano y les juré diciendo: Yo soy Jehová vuestro Dios;

6 aquel día que les alcé mi mano, jurando así que los sacaría de la tierra de Egipto a la tierra que les había provisto, que fluye leche y miel, la cual es la más hermosa de todas las tierras;[a]

7 entonces les dije: Cada uno eche de sí las abominaciones de delante de sus ojos, y no os contaminéis con los ídolos de Egipto. Yo soy Jehová vuestro Dios.

8 Mas ellos se rebelaron contra mí, y no quisieron obedecerme; no echó de sí cada uno las abominaciones de delante de sus ojos, ni dejaron los ídolos de Egipto; y dije que derramaría mi ira sobre ellos, para cumplir mi enojo en ellos en medio de la tierra de Egipto.

9 Con todo, a causa de mi nombre, para que no se infamase ante los ojos de las naciones en medio de las cuales estaban, en cuyos ojos fui conocido, actué para sacarlos de la tierra de Egipto.

10 Los saqué de la tierra de Egipto, y los traje al desierto,

11 y les di mis estatutos, y les hice conocer mis decretos, por los cuales el hombre que los cumpliere vivirá.

12 Y les di también mis días de reposo,* para que fuesen por señal entre mí y ellos,[b] para que supiesen que yo soy Jehová que los santifico.

13 Mas se rebeló contra mí la casa de Israel en el desierto; no anduvieron en mis estatutos, y desecharon mis decretos, por los cuales el hombre que los cumpliere, vivirá;[c] y mis días de reposo* profanaron en gran manera; dije, por tanto, que derramaría sobre ellos mi ira en el desierto para exterminarlos.

14 Pero actué a causa de mi nombre, para que no se infamase a la vista de las naciones ante cuyos ojos los había sacado.

15 También yo les alcé mi mano en el desierto, jurando que no los traería a la tierra que les había dado, que fluye leche y miel, la cual es la más hermosa de todas las tierras;[d]

16 porque desecharon mis decretos, y no anduvieron en mis estatutos, y mis días de reposo* profanaron, porque tras sus ídolos iba su corazón.

17 Con todo, los perdonó mi ojo, pues no los maté, ni los exterminé en el desierto;

18 antes dije en el desierto a sus hijos: No andéis en los estatutos de vuestros padres, ni guardéis sus leyes, ni os contaminéis con sus ídolos.

19 Yo soy Jehová vuestro Dios; andad en mis estatutos, y guardad mis preceptos, y ponedlos por obra;

20 y santificad mis días de reposo,* y sean por señal entre mí y vosotros, para que sepáis que yo soy Jehová vuestro Dios.

21 Mas los hijos se rebelaron contra mí; no anduvieron en mis estatutos, ni guardaron mis decretos para ponerlos por obra, por los cuales el hombre que los cumpliere vivirá; profanaron mis días de reposo.*

Dije entonces que derramaría mi ira sobre ellos, para cumplir mi enojo en ellos en el desierto.

22 Mas retraje mi mano a causa de mi nombre, para que no se infamase a la vista de las naciones ante cuyos ojos los había sacado.

23 También les alcé yo mi mano en el desierto, jurando que los esparciría entre las naciones, y que los dispersaría por las tierras,[e]

24 porque no pusieron por obra mis decretos, sino que desecharon mis estatutos y profanaron mis días de reposo,* y tras los ídolos de sus padres se les fueron los ojos.

25 Por eso yo también les di estatutos que no eran buenos, y decretos por los cuales no podrían vivir.

26 Y los contaminé en sus ofrendas cuando hacían pasar por el fuego a todo primogénito, para desolarlos y hacerles saber que yo soy Jehová.

27 Por tanto, hijo de hombre, habla a la casa de Israel, y diles: Así ha dicho Jehová el Señor: Aun en esto me afrentaron vuestros padres cuando cometieron rebelión contra mí.

28 Porque yo los traje a la tierra sobre la cual había alzado mi mano jurando que había de dársela, y miraron a todo collado alto y a todo árbol frondoso, y allí sacrificaron sus víctimas, y allí presentaron ofrendas que me irritan, allí pusieron también su incienso agradable, y allí derramaron sus libaciones.

29 Y yo les dije: ¿Qué es ese lugar alto adonde vosotros vais? Y fue llamado su nombre Bama[f] hasta el día de hoy.

30 Di, pues, a la casa de Israel: Así ha dicho Jehová el Señor: ¿No os contamináis

---

*Aquí equivale a *sábado*.
f. 20.29 Esto es, *lugar alto*.
a 20.5, 6 Éx 6.2-8.   **b** 20.12 Éx 31.13-17.   **c** 20.11-13 Lv 18.5.
d 20.15 Nm 14.26-35.   **e** 20.23 Lv 26.33.

vosotros a la manera de vuestros padres, y fornicáis tras sus abominaciones?

31 Porque ofreciendo vuestras ofrendas, haciendo pasar vuestros hijos por el fuego, os habéis contaminado con todos vuestros ídolos hasta hoy; ¿y he de responderos yo, casa de Israel? Vivo yo, dice Jehová el Señor, que no os responderé.

32 Y no ha de ser lo que habéis pensado. Porque vosotros decís: Seamos como las naciones, como las demás familias de la tierra, que sirven al palo y a la piedra.

33 Vivo yo, dice Jehová el Señor, que con mano fuerte y brazo extendido, y enojo derramado, he de reinar sobre vosotros;

34 y os sacaré de entre los pueblos, y os reuniré de las tierras en que estáis esparcidos, con mano fuerte y brazo extendido, y enojo derramado;

35 y os traeré al desierto de los pueblos, y allí litigaré con vosotros cara a cara.

36 Como litigué con vuestros padres en el desierto de la tierra de Egipto, así litigaré con vosotros, dice Jehová el Señor.

37 Os haré pasar bajo la vara, y os haré entrar en los vínculos del pacto;

38 y apartaré de entre vosotros a los rebeldes, y a los que se rebelaron contra mí; de la tierra de sus peregrinaciones los sacaré, mas a la tierra de Israel no entrarán; y sabréis que yo soy Jehová.

39 Y a vosotros, oh casa de Israel, así ha dicho Jehová el Señor: Andad cada uno tras sus ídolos, y servidles, si es que a mí no me obedecéis; pero no profanéis más mi santo nombre con vuestras ofrendas y con vuestros ídolos.

40 Pero en mi santo monte, en el alto monte de Israel, dice Jehová el Señor, allí me servirá toda la casa de Israel, toda ella en la tierra; allí los aceptaré, y allí demandaré vuestras ofrendas, y las primicias de vuestros dones, con todas vuestras cosas consagradas.

41 Como incienso agradable os aceptaré, cuando os haya sacado de entre los pueblos, y os haya congregado de entre las tierras en que estáis esparcidos; y seré santificado en vosotros a los ojos de las naciones.

42 Y sabréis que yo soy Jehová, cuando os haya traído a la tierra de Israel, la tierra por la cual alcé mi mano jurando que la daría a vuestros padres.

43 Y allí os acordaréis de vuestros caminos, y de todos vuestros hechos en que os contaminasteis; y os aborreceréis a vosotros mismos a causa de todos vuestros pecados que cometisteis.

44 Y sabréis que yo soy Jehová, cuando haga con vosotros por amor de mi nombre, no según vuestros caminos malos ni según vuestras perversas obras, oh casa de Israel, dice Jehová el Señor.

Profecía contra el Neguev

45 Vino a mí palabra de Jehová, diciendo: **46** Hijo de hombre, pon tu rostro hacia el sur, derrama tu palabra hacia la parte austral, profetiza contra el bosque del Neguev.

47 Y dirás al bosque del Neguev: Oye la palabra de Jehová: Así ha dicho Jehová el Señor: He aquí que yo enciendo en ti fuego, el cual consumirá en ti todo árbol verde y todo árbol seco; no se apagará la llama del fuego; y serán quemados en ella todos los rostros, desde el sur hasta el norte.

48 Y verá toda carne que yo Jehová lo encendí; no se apagará.

49 Y dije: ¡Ah, Señor Jehová! ellos dicen de mí: ¿No profiere éste parábolas?

La espada afilada de Jehová

21 **1** Vino a mí palabra de Jehová, diciendo:

2 Hijo de hombre, pon tu rostro contra Jerusalén, y derrama palabra sobre los santuarios, y profetiza contra la tierra de Israel.

3 Dirás a la tierra de Israel: Así ha dicho Jehová: He aquí que yo estoy contra ti, y sacaré mi espada de su vaina, y cortaré de ti al justo y al impío.

4 Y por cuanto he de cortar de ti al justo y al impío, por tanto, mi espada saldrá de su vaina contra toda carne, desde el sur hasta el norte.

5 Y sabrá toda carne que yo Jehová saqué mi espada de su vaina; no la envainaré más.

6 Y tú, hijo de hombre, gime con quebrantamiento de tus lomos y con amargura; gime delante de los ojos de ellos.

7 Y cuando te dijeren: ¿Por qué gimes tú? dirás: Por una noticia que cuando llegue hará que desfallezca todo corazón, y toda mano se debilitará, y se angustiará todo espíritu, y toda rodilla será débil como el agua; he aquí que viene, y se hará, dice Jehová el Señor.

8 Vino a mí palabra de Jehová, diciendo: **9** Hijo de hombre, profetiza, y di: Así ha dicho Jehová el Señor: Di: La espada, la espada está afilada, y también pulida.

10 Para degollar víctimas está afilada, pulida está para que relumbre. ¿Hemos de alegrarnos? Al cetro de mi hijo ha despreciado como a un palo cualquiera.

11 Y la dio a pulir para tenerla a mano; la espada está afilada, y está pulida para entregarla en mano del matador.

12 Clama y lamenta, oh hijo de hombre; porque ésta será sobre mi pueblo, será ella sobre todos los príncipes de Israel; caerán ellos a espada juntamente con mi pueblo; hiere, pues, tu muslo;

13 porque está probado. ¿Y qué, si la espada desprecia aun al cetro? Él no será más, dice Jehová el Señor.

14 Tú, pues, hijo de hombre, profetiza, y bate una mano contra otra, y duplíquese y triplíquese el furor de la espada homicida; ésta es la espada de la gran matanza que los traspasará;

15 para que el corazón desmaye, y los estragos se multipliquen; en todas las puertas de ellos he puesto espanto de espada. ¡Ah! dispuesta está para que relumbre, y preparada para degollar.

16 Corta a la derecha, hiere a la izquierda, adonde quiera que te vuelvas.

17 Y yo también batiré mi mano contra mi mano, y haré reposar mi ira. Yo Jehová he hablado.

18 Vino a mí palabra de Jehová, diciendo: **19** Tú, hijo de hombre, traza dos caminos por donde venga la espada del rey de Babilonia; de una misma tierra salgan ambos; y pon una señal al comienzo de cada camino, que indique la ciudad adonde va.

20 El camino señalarás por donde venga la espada a Rabá de los hijos de Amón, y a Judá contra Jerusalén, la ciudad fortificada.

21 Porque el rey de Babilonia se ha detenido en una encrucijada, al principio de los dos caminos, para usar de adivinación; ha sacudido las saetas, consultó a sus ídolos, miró el hígado.

22 La adivinación señaló a su mano derecha, sobre Jerusalén, para dar la orden de ataque, para dar comienzo a la matanza, para levantar la voz en grito de guerra, para poner arietes contra las puertas, para levantar vallados, y edificar torres de sitio.

23 Mas para ellos esto será como adivinación mentirosa, ya que les ha hecho solemnes juramentos; pero él trae a la memoria la maldad de ellos, para apresarlos.

24 Por tanto, así ha dicho Jehová el Señor: Por cuanto habéis hecho traer a la memoria vuestras maldades, manifestando vuestras traiciones, y descubriendo vuestros pecados en todas vuestras obras; por cuanto habéis venido en memoria, seréis entregados en su mano.

25 Y tú, profano e impío príncipe de Israel, cuyo día ha llegado ya, el tiempo de la consumación de la maldad,

26 así ha dicho Jehová el Señor: Depón la tiara, quita la corona; esto no será más así; sea exaltado lo bajo, y humillado lo alto.

27 A ruina, a ruina, a ruina lo reduciré, y esto no será más, hasta que venga aquel cuyo es el derecho, y yo se lo entregaré.

Juicio contra los amonitas

28 Y tú, hijo de hombre, profetiza, y di: Así ha dicho Jehová el Señor acerca de los hijos de Amón,[a] y de su oprobio. Dirás, pues: La espada, la espada está desenvainada para degollar; para consumir está pulida con resplandor.

29 Te profetizan vanidad, te adivinan mentira, para que la emplees sobre los cuellos de los malos sentenciados a muerte, cuyo día vino en el tiempo de la consumación de la maldad.

30 ¿La volveré a su vaina? En el lugar donde te criaste, en la tierra donde has vivido, te juzgaré;

31 y derramaré sobre ti mi ira; el fuego de mi enojo haré encender sobre ti, y te entregaré en mano de hombres temerarios, artífices de destrucción.

32 Serás pasto del fuego, se empapará la tierra de tu sangre; no habrá más memoria de ti, porque yo Jehová he hablado.

Los pecados de Jerusalén

22 **1** Vino a mí palabra de Jehová, diciendo:

---

2 Tú, hijo de hombre, ¿no juzgarás tú, no juzgarás tú a la ciudad derramadora de sangre, y le mostrarás todas sus abominaciones?

3 Dirás, pues: Así ha dicho Jehová el Señor: ¡Ciudad derramadora de sangre en medio de sí, para que venga su hora, y que hizo ídolos contra sí misma para contaminarse!

4 En tu sangre que derramaste has pecado, y te has contaminado en tus ídolos que hiciste; y has hecho acercar tu día, y has llegado al término de tus años; por tanto, te he dado en oprobio a las naciones, y en escarnio a todas las tierras.

5 Las que están cerca de ti y las que están lejos se reirán de ti, amancillada de nombre, y de grande turbación.

6 He aquí que los príncipes de Israel, cada uno según su poder, se esfuerzan en derramar sangre.

7 Al padre y a la madre despreciaron en ti;ª al extranjero trataron con violencia en medio de ti; al huérfano y a la viuda despojaron en ti.ᵇ

8 Mis santuarios menospreciaste, y mis días de reposo* has profanado.ᶜ

9 Calumniadores hubo en ti para derramar sangre; y sobre los montes comieron en ti; hicieron en medio de ti perversidades.

10 La desnudez del padre descubrieron en ti, y en ti hicieron violencia a la que estaba inmunda por su menstruo.

11 Cada uno hizo abominación con la mujer de su prójimo, cada uno contaminó pervertidamente a su nuera, y cada uno violó en ti a su hermana, hija de su padre.ᵈ

12 Precio recibieron en tiᵉ para derramar sangre; interés y usura tomaste,ᶠ y a tus prójimos defraudaste con violencia; te olvidaste de mí, dice Jehová el Señor.

13 Y he aquí que batí mis manos a causa de tu avaricia que cometiste, y a causa de la sangre que derramaste en medio de ti.

14 ¿Estará firme tu corazón? ¿Serán fuertes tus manos en los días en que yo proceda contra ti? Yo Jehová he hablado, y lo haré.

15 Te dispersaré por las naciones, y te esparciré por las tierras; y haré fenecer de ti tu inmundicia.

16 Y por ti misma serás degradada a la vista de las naciones; y sabrás que yo soy Jehová.

17 Vino a mí palabra de Jehová, diciendo:

18 Hijo de hombre, la casa de Israel se me ha convertido en escoria; todos ellos son bronce y estaño y hierro y plomo en medio del horno; y en escorias de plata se convirtieron.

19 Por tanto, así ha dicho Jehová el Señor: Por cuanto todos vosotros os habéis convertido en escorias, por tanto, he aquí que yo os reuniré en medio de Jerusalén.

20 Como quien junta plata y bronce y hierro y plomo y estaño en medio del horno, para encender fuego en él para fundirlos, así os juntaré en mi furor y en mi ira, y os pondré allí, y os fundiré.

21 Yo os juntaré y soplaré sobre vosotros en el fuego de mi furor, y en medio de él seréis fundidos.

22 Como se funde la plata en medio del horno, así seréis fundidos en medio de él; y sabréis que yo Jehová habré derramado mi enojo sobre vosotros.

23 Vino a mí palabra de Jehová, diciendo:

24 Hijo de hombre, di a ella: Tú no eres tierra limpia, ni rociada con lluvia en el día del furor.

25 Hay conjuración de sus profetas en medio de ella, como león rugiente que arrebata presa; devoraron almas, tomaron haciendas y honra, multiplicaron sus viudas en medio de ella.

26 Sus sacerdotes violaron mi ley, y contaminaron mis santuarios; entre lo santo y lo profano no hicieron diferencia, ni distinguieron entre inmundo y limpio;ᵍ y de mis días de reposo* apartaron sus ojos, y yo he sido profanado en medio de ellos.

27 Sus príncipes en medio de ella son como lobos que arrebatan presa, derramando sangre, para destruir las almas, para obtener ganancias injustas.

28 Y sus profetas recubrían con lodo suelto, profetizándoles vanidad y adivinándoles mentira, diciendo: Así ha dicho Jehová el Señor; y Jehová no había hablado.

29 El pueblo de la tierra usaba de opresión y cometía robo, al afligido y menesteroso hacía violencia, y al extranjero oprimía sin derecho.

---

* Aquí equivale a *sábado*.
a 22.7 Éx 20.12; Dt 5.16.   b 22.7 Éx 22.21, 22; Dt 24.17.
c 22.8 Lv 19.30; 26.2.   d 22.10, 11 Lv 18.7-20.
e 22.12 Éx 23.8; Dt 16.19.   f 22.12 Éx 22.25; Lv 25.36, 37;
Dt 23.19.   g 22.26 Lv 10.10.

30 Y busqué entre ellos hombre que hiciese vallado y que se pusiese en la brecha delante de mí, a favor de la tierra, para que yo no la destruyese; y no lo hallé.

31 Por tanto, derramé sobre ellos mi ira; con el ardor de mi ira los consumí; hice volver el camino de ellos sobre su propia cabeza, dice Jehová el Señor.

Las dos hermanas

23

1 Vino a mí palabra de Jehová, diciendo:

2 Hijo de hombre, hubo dos mujeres, hijas de una madre,

3 las cuales fornicaron en Egipto; en su juventud fornicaron. Allí fueron apretados sus pechos, allí fueron estrujados sus pechos virginales.

4 Y se llamaban, la mayor, Ahola,*² y su hermana, Aholiba;*³ las cuales llegaron a ser mías, y dieron a luz hijos e hijas. Y se llamaron: Samaria, Ahola; y Jerusalén, Aholiba.

5 Y Ahola cometió fornicación aun estando en mi poder; y se enamoró de sus amantes los asirios, vecinos suyos,

6 vestidos de púrpura, gobernadores y capitanes, jóvenes codiciables todos ellos, jinetes que iban a caballo.

7 Y se prostituyó con ellos, con todos los más escogidos de los hijos de los asirios, y con todos aquellos de quienes se enamoró; se contaminó con todos los ídolos de ellos.

8 Y no dejó sus fornicaciones de Egipto; porque con ella se echaron en su juventud, y ellos comprimieron sus pechos virginales, y derramaron sobre ella su fornicación.

9 Por lo cual la entregué en mano de sus amantes, en mano de los hijos de los asirios, de quienes se había enamorado.

10 Ellos descubrieron su desnudez, tomaron sus hijos y sus hijas, y a ella mataron a espada; y vino a ser famosa entre las mujeres, pues en ella hicieron escarmiento.

11 Y lo vio su hermana Aholiba, y enloqueció de lujuria más que ella; y sus fornicaciones fueron más que las fornicaciones de su hermana.

12 Se enamoró de los hijos de los asirios sus vecinos, gobernadores y capitanes, vestidos de ropas y armas excelentes, jinetes que iban a caballo, todos ellos jóvenes codiciables.

13 Y vi que se había contaminado; un mismo camino era el de ambas.

14 Y aumentó sus fornicaciones; pues cuando vio a hombres pintados en la pared, imágenes de caldeos pintadas de color,

15 ceñidos por sus lomos con talabartes, y tiaras de colores en sus cabezas, teniendo todos ellos apariencia de capitanes, a la manera de los hombres de Babilonia, de Caldea, tierra de su nacimiento,

16 se enamoró de ellos a primera vista, y les envió mensajeros a la tierra de los caldeos.

17 Así, pues, se llegaron a ella los hombres de Babilonia en su lecho de amores, y la contaminaron, y ella también se contaminó con ellos, y su alma se hastió de ellos.

18 Así hizo patentes sus fornicaciones y descubrió sus desnudeces, por lo cual mi alma se hastió de ella, como se había ya hastiado mi alma de su hermana.

19 Aun multiplicó sus fornicaciones, trayendo en memoria los días de su juventud, en los cuales había fornicado en la tierra de Egipto.

20 Y se enamoró de sus rufianes, cuya lujuria es como el ardor carnal de los asnos, y cuyo flujo como flujo de caballos.

21 Así trajiste de nuevo a la memoria la lujuria de tu juventud, cuando los egipcios comprimieron tus pechos, los pechos de tu juventud.

22 Por tanto, Aholiba, así ha dicho Jehová el Señor: He aquí que yo suscitaré contra ti a tus amantes, de los cuales se hastió tu alma, y les haré venir contra ti en derredor;

23 los de Babilonia, y todos los caldeos, los de Pecod, Soa y Coa, y todos los de Asiria con ellos; jóvenes codiciables, gobernadores y capitanes, nobles y varones de renombre, que montan a caballo todos ellos.

24 Y vendrán contra ti carros, carretas y ruedas, y multitud de pueblos. Escudos, paveses y yelmos pondrán contra ti en derredor; y yo pondré delante de ellos el juicio, y por sus leyes te juzgarán.

---

2. **23.4** Esto es, *Tabernáculo de ella.*
3. **23.4** Esto es, *Mi tabernáculo en ella.*

25 Y pondré mi celo contra ti, y procederán contigo con furor; te quitarán tu nariz y tus orejas, y lo que te quedare caerá a espada. Ellos tomarán a tus hijos y a tus hijas, y tu remanente será consumido por el fuego.

26 Y te despojarán de tus vestidos, y te arrebatarán todos los adornos de tu hermosura.

27 Y haré cesar de ti tu lujuria, y tu fornicación de la tierra de Egipto; y no levantarás ya más a ellos tus ojos, ni nunca más te acordarás de Egipto.

28 Porque así ha dicho Jehová el Señor: He aquí, yo te entrego en mano de aquellos que aborreciste, en mano de aquellos de los cuales se hastió tu alma;

29 los cuales procederán contigo con odio, y tomarán todo el fruto de tu labor, y te dejarán desnuda y descubierta; y se descubrirá la inmundicia de tus fornicaciones, y tu lujuria y tu prostitución.

30 Estas cosas se harán contigo porque fornicaste en pos de las naciones, con las cuales te contaminaste en sus ídolos.

31 En el camino de tu hermana anduviste; yo, pues, pondré su cáliz en tu mano.

32 Así ha dicho Jehová el Señor: Beberás el hondo y ancho cáliz de tu hermana, que es de gran capacidad; de ti se mofarán las naciones, y te escarnecerán.

33 Serás llena de embriaguez y de dolor por el cáliz de soledad y de desolación, por el cáliz de tu hermana Samaria.

34 Lo beberás, pues, y lo agotarás, y quebrarás sus tiestos; y rasgarás tus pechos, porque yo he hablado, dice Jehová el Señor.

35 Por tanto, así ha dicho Jehová el Señor: Por cuanto te has olvidado de mí, y me has echado tras tus espaldas, por eso, lleva tú también tu lujuria y tus fornicaciones.

36 Y me dijo Jehová: Hijo de hombre, ¿no juzgarás tú a Ahola y a Aholiba, y les denunciarás sus abominaciones?

37 Porque han adulterado, y hay sangre en sus manos, y han fornicado con sus ídolos; y aun a sus hijos que habían dado a luz para mí, hicieron pasar por el fuego, quemándolos.

38 Aun esto más me hicieron: contaminaron mi santuario en aquel día, y profanaron mis días de reposo.*

39 Pues habiendo sacrificado sus hijos a sus ídolos, entraban en mi santuario el mismo día para contaminarlo; y he aquí, así hicieron en medio de mi casa.

40 Además, enviaron por hombres que viniesen de lejos, a los cuales había sido enviado mensajero, y he aquí vinieron; y por amor de ellos te lavaste, y pintaste tus ojos, y te ataviaste con adornos;

41 y te sentaste sobre suntuoso estrado, y fue preparada mesa delante de él, y sobre ella pusiste mi incienso y mi aceite.

42 Y se oyó en ella voz de compañía que se solazaba con ella; y con los varones de la gente común fueron traídos los sabeos del desierto, y pusieron pulseras en sus manos, y bellas coronas sobre sus cabezas.

43 Y dije respecto de la envejecida en adulterios: ¿Todavía cometerán fornicaciones con ella, y ella con ellos?

44 Porque han venido a ella como quien viene a mujer ramera; así vinieron a Ahola y a Aholiba, mujeres depravadas.

45 Por tanto, hombres justos las juzgarán por la ley de las adúlteras, y por la ley de las que derraman sangre; porque son adúlteras, y sangre hay en sus manos.

46 Por lo que así ha dicho Jehová el Señor: Yo haré subir contra ellas tropas, las entregaré a turbación y a rapiña,

47 y las turbas las apedrearán, y las atravesarán con sus espadas; matarán a sus hijos y a sus hijas, y sus casas consumirán con fuego.

48 Y haré cesar la lujuria de la tierra, y escarmentarán todas las mujeres, y no harán según vuestras perversidades.

49 Y sobre vosotras pondrán vuestras perversidades, y pagaréis los pecados de vuestra idolatría; y sabréis que yo soy Jehová el Señor.

Parábola de la olla hirviente

24 **1** Vino a mí palabra de Jehová en el año noveno, en el mes décimo, a los diez días del mes, diciendo:

2 Hijo de hombre, escribe la fecha de este día; el rey de Babilonia puso sitio a Jerusalén[a] este mismo día.

3 Y habla por parábola a la casa rebelde, y diles: Así ha dicho Jehová el Señor: Pon

---

* Aquí equivale a *sábado*.
a **24.2** 2 R 25.1; Jer 52.4.

una olla, ponla, y echa también en ella agua;

⁴ junta sus piezas de carne en ella; todas buenas piezas, pierna y espalda; llénala de huesos escogidos.

⁵ Toma una oveja escogida, y también enciende los huesos debajo de ella; haz que hierva bien; cuece también sus huesos dentro de ella.

⁶ Pues así ha dicho Jehová el Señor: ¡Ay de la ciudad de sangres, de la olla herrumbrosa cuya herrumbre no ha sido quitada! Por sus piezas, por sus piezas sácala, sin echar suerte sobre ella.

⁷ Porque su sangre está en medio de ella; sobre una piedra alisada la ha derramado; no la derramó sobre la tierra para que fuese cubierta con polvo.

⁸ Habiendo, pues, hecho subir la ira para hacer venganza, yo pondré su sangre sobre la dura piedra, para que no sea cubierta.

⁹ Por tanto, así ha dicho Jehová el Señor: ¡Ay de la ciudad de sangres! Pues también haré yo gran hoguera,

¹⁰ multiplicando la leña, y encendiendo el fuego para consumir la carne y hacer la salsa; y los huesos serán quemados.

¹¹ Asentando después la olla vacía sobre sus brasas, para que se caldee, y se queme su fondo, y se funda en ella su suciedad, y se consuma su herrumbre.

¹² En vano se cansó, y no salió de ella su mucha herrumbre. Sólo en fuego será su herrumbre consumida.

¹³ En tu inmunda lujuria padecerás, porque te limpié, y tú no te limpiaste de tu inmundicia; nunca más te limpiarás, hasta que yo sacie mi ira sobre ti.

¹⁴ Yo Jehová he hablado; vendrá, y yo lo haré. No me volveré atrás, ni tendré misericordia, ni me arrepentiré; según tus caminos y tus obras te juzgarán, dice Jehová el Señor.

Muerte de la esposa de Ezequiel

¹⁵ Vino a mí palabra de Jehová, diciendo:
¹⁶ Hijo de hombre, he aquí que yo te quito de golpe el deleite de tus ojos; no endeches, ni llores, ni corran tus lágrimas.
¹⁷ Reprime el suspirar, no hagas luto de mortuorios; ata tu turbante sobre ti, y pon tus zapatos en tus pies, y no te cubras con rebozo, ni comas pan de enlutados.

¹⁸ Hablé al pueblo por la mañana, y a la tarde murió mi mujer; y a la mañana hice como me fue mandado.

¹⁹ Y me dijo el pueblo: ¿No nos enseñarás qué significan para nosotros estas cosas que haces?

²⁰ Y yo les dije: La palabra de Jehová vino a mí, diciendo:

²¹ Di a la casa de Israel: Así ha dicho Jehová el Señor: He aquí yo profano mi santuario, la gloria de vuestro poderío, el deseo de vuestros ojos y el deleite de vuestra alma; y vuestros hijos y vuestras hijas que dejasteis caerán a espada.

²² Y haréis de la manera que yo hice; no os cubriréis con rebozo, ni comeréis pan de hombres en luto.

²³ Vuestros turbantes estarán sobre vuestras cabezas, y vuestros zapatos en vuestros pies; no endecharéis ni lloraréis, sino que os consumiréis a causa de vuestras maldades, y gemiréis unos con otros.

²⁴ Ezequiel, pues, os será por señal; según todas las cosas que él hizo, haréis; cuando esto ocurra, entonces sabréis que yo soy Jehová el Señor.

²⁵ Y tú, hijo de hombre, el día que yo arrebate a ellos su fortaleza, el gozo de su gloria, el deleite de sus ojos y el anhelo de sus almas, y también sus hijos y sus hijas,

²⁶ ese día vendrá a ti uno que haya escapado para traer las noticias.

²⁷ En aquel día se abrirá tu boca para hablar con el fugitivo, y hablarás, y no estarás más mudo; y les serás por señal, y sabrán que yo soy Jehová.

Profecía contra Amón

25 ¹ Vino a mí palabra de Jehová, diciendo:

² Hijo de hombre, pon tu rostro hacia los hijos de Amón,^a y profetiza contra ellos.

³ Y dirás a los hijos de Amón: Oíd palabra de Jehová el Señor. Así dice Jehová el Señor: Por cuanto dijiste: ¡Ea, bien!, cuando mi santuario era profanado, y la tierra de Israel era asolada, y llevada en cautiverio la casa de Judá;

⁴ por tanto, he aquí yo te entrego por heredad a los orientales, y pondrán en ti sus apriscos y plantarán en ti sus tiendas;

---

^a 25.2-7 Jer 49.1-6; Ez 21.28-32; Am 1.13-15; Sof 2.8-11.

ellos comerán tus sementeras, y beberán tu leche.

5 Y pondré a Rabá por habitación de camellos, y a los hijos de Amón por majada de ovejas; y sabréis que yo soy Jehová.

6 Porque así ha dicho Jehová el Señor: Por cuanto batiste tus manos, y golpeaste con tu pie, y te gozaste en el alma con todo tu menosprecio para la tierra de Israel,

7 por tanto, he aquí yo extenderé mi mano contra ti, y te entregaré a las naciones para ser saqueada; te cortaré de entre los pueblos, y te destruiré de entre las tierras; te exterminaré, y sabrás que yo soy Jehová.

Profecía contra Moab

8 Así ha dicho Jehová el Señor: Por cuanto dijo Moab[b] y Seir: He aquí la casa de Judá es como todas las naciones;

9 por tanto, he aquí yo abro el lado de Moab desde las ciudades, desde sus ciudades que están en su confín, las tierras deseables de Bet-jesimot, Baal-meón y Quiriataim,

10 a los hijos del oriente contra los hijos de Amón; y la entregaré por heredad, para que no haya más memoria de los hijos de Amón entre las naciones.

11 También en Moab haré juicios, y sabrán que yo soy Jehová.

Profecía contra Edom

12 Así ha dicho Jehová el Señor: Por lo que hizo Edom,[c] tomando venganza de la casa de Judá, pues delinquieron en extremo, y se vengaron de ellos;

13 por tanto, así ha dicho Jehová el Señor: Yo también extenderé mi mano sobre Edom, y cortaré de ella hombres y bestias, y la asolaré; desde Temán hasta Dedán caerán a espada.

14 Y pondré mi venganza contra Edom en manos de mi pueblo Israel, y harán en Edom según mi enojo y conforme a mi ira; y conocerán mi venganza, dice Jehová el Señor.

Profecía contra los filisteos

15 Así ha dicho Jehová el Señor: Por lo que hicieron los filisteos[d] con venganza, cuando se vengaron con despecho de ánimo, destruyendo por antiguas enemistades;

16 por tanto, así ha dicho Jehová: He aquí yo extiendo mi mano contra los filisteos, y cortaré a los cereteos, y destruiré el resto que queda en la costa del mar.

17 Y haré en ellos grandes venganzas con reprensiones de ira; y sabrán que yo soy Jehová, cuando haga mi venganza en ellos.

Profecía contra Tiro

26 1 Aconteció en el undécimo año, en el día primero del mes, que vino a mí palabra de Jehová, diciendo:

2 Hijo de hombre, por cuanto dijo Tiro[a] contra Jerusalén: Ea, bien; quebrantada está la que era puerta de las naciones; a mí se volvió; yo seré llena, y ella desierta;

3 por tanto, así ha dicho Jehová el Señor: He aquí yo estoy contra ti, oh Tiro, y haré subir contra ti muchas naciones, como el mar hace subir sus olas.

4 Y demolerán los muros de Tiro, y derribarán sus torres; y barreré de ella hasta su polvo, y la dejaré como una peña lisa.

5 Tendedero de redes será en medio del mar, porque yo he hablado, dice Jehová el Señor; y será saqueada por las naciones.

6 Y sus hijas que están en el campo serán muertas a espada; y sabrán que yo soy Jehová.

7 Porque así ha dicho Jehová el Señor: He aquí que del norte traigo yo contra Tiro a Nabucodonosor rey de Babilonia, rey de reyes, con caballos y carros y jinetes, y tropas y mucho pueblo.

8 Matará a espada a tus hijas que están en el campo, y pondrá contra ti torres de sitio, y levantará contra ti baluarte, y escudo afirmará contra ti.

9 Y pondrá contra ti arietes, contra tus muros, y tus torres destruirá con hachas.

10 Por la multitud de sus caballos te cubrirá el polvo de ellos; con el estruendo de su caballería y de las ruedas y de los carros, temblarán tus muros, cuando entre por tus puertas como por portillos de ciudad destruida.

11 Con los cascos de sus caballos hollará todas tus calles; a tu pueblo matará a filo de espada, y tus fuertes columnas caerán a tierra.

12 Y robarán tus riquezas y saquearán tus mercaderías; arruinarán tus muros, y tus casas preciosas destruirán; y pondrán tus piedras y tu madera y tu polvo en medio de las aguas.

13 Y haré cesar el estrépito de tus canciones, y no se oirá más el son de tus cítaras.[b]

14 Y te pondré como una peña lisa; tendedero de redes serás, y nunca más serás edificada; porque yo Jehová he hablado, dice Jehová el Señor.

15 Así ha dicho Jehová el Señor a Tiro: ¿No se estremecerán las costas al estruendo de tu caída, cuando griten los heridos, cuando se haga la matanza en medio de ti?

16 Entonces todos los príncipes del mar descenderán de sus tronos, y se quitarán sus mantos, y desnudarán sus ropas bordadas; de espanto se vestirán, se sentarán sobre la tierra, y temblarán a cada momento, y estarán atónitos sobre ti.

17 Y levantarán sobre ti endechas, y te dirán: ¿Cómo pereciste tú, poblada por gente de mar, ciudad que era alabada, que era fuerte en el mar, ella y sus habitantes, que infundían terror a todos los que la rodeaban?

18 Ahora se estremecerán las islas en el día de tu caída; sí, las islas que están en el mar se espantarán a causa de tu fin.[c]

19 Porque así ha dicho Jehová el Señor: Yo te convertiré en ciudad asolada, como las ciudades que no se habitan; haré subir sobre ti el abismo, y las muchas aguas te cubrirán.

20 Y te haré descender con los que descienden al sepulcro, con los pueblos de otros siglos, y te pondré en las profundidades de la tierra, como los desiertos antiguos, con los que descienden al sepulcro, para que nunca más seas poblada; y daré gloria en la tierra de los vivientes.

21 Te convertiré en espanto, y dejarás de ser; serás buscada, y nunca más serás hallada,[d] dice Jehová el Señor.

27 **1** Vino a mí palabra de Jehová, diciendo:

2 Tú, hijo de hombre, levanta endechas sobre Tiro.

3 Dirás a Tiro, que está asentada a las orillas del mar, la que trafica con los pueblos de muchas costas: Así ha dicho Jehová el Señor: Tiro, tú has dicho: Yo soy de perfecta hermosura.

4 En el corazón de los mares están tus confines; los que te edificaron completaron tu belleza.

5 De hayas del monte Senir te fabricaron todo el maderaje; tomaron cedros del Líbano para hacerte el mástil.

6 De encinas de Basán hicieron tus remos; tus bancos de pino de las costas de Quitim, incrustados de marfil.

7 De lino fino bordado de Egipto era tu cortina, para que te sirviese de vela; de azul y púrpura de las costas de Elisa era tu pabellón.

8 Los moradores de Sidón y de Arvad fueron tus remeros; tus sabios, oh Tiro, estaban en ti; ellos fueron tus pilotos.

9 Los ancianos de Gebal y sus más hábiles obreros calafateaban tus junturas; todas las naves del mar y los remeros de ellas fueron a ti para negociar, para participar de tus negocios.

10 Persas y los de Lud y Fut fueron en tu ejército tus hombres de guerra; escudos y yelmos colgaron en ti; ellos te dieron tu esplendor.

11 Y los hijos de Arvad con tu ejército estuvieron sobre tus muros alrededor, y los gamadeos en tus torres; sus escudos colgaron sobre tus muros alrededor; ellos completaron tu hermosura.

12 Tarsis comerciaba contigo por la abundancia de todas tus riquezas; con plata, hierro, estaño y plomo comerciaba en tus ferias.

13 Javán, Tubal y Mesec comerciaban también contigo; con hombres y con utensilios de bronce comerciaban en tus ferias.

14 Los de la casa de Togarma, con caballos y corceles de guerra y mulos, comerciaban en tu mercado.

15 Los hijos de Dedán traficaban contigo; muchas costas tomaban mercadería de tu mano; colmillos de marfil y ébano te dieron por sus pagos.

16 Edom traficaba contigo por la multitud de tus productos; con perlas, púrpura,

---

b 26.13 Ap 18.22.   **c 26.16-18** Ap 18.9, 10.   **d 26.21** Ap 18.21.

vestidos bordados, linos finos, corales y rubíes venía a tus ferias.

17 Judá y la tierra de Israel comerciaban contigo; con trigos de Minit y Panag, miel, aceite y resina negociaban en tus mercados.

18 Damasco comerciaba contigo por tus muchos productos, por la abundancia de toda riqueza; con vino de Helbón y lana blanca negociaban.

19 Asimismo Dan y el errante Javán vinieron a tus ferias, para negociar en tu mercado con hierro labrado, mirra destilada y caña aromática.

20 Dedán comerciaba contigo en paños preciosos para carros.

21 Arabia y todos los príncipes de Cedar traficaban contigo en corderos y carneros y machos cabríos; en estas cosas fueron tus mercaderes.

22 Los mercaderes de Sabá y de Raama fueron también tus mercaderes; con lo principal de toda especiería, y toda piedra preciosa, y oro, vinieron a tus ferias.

23 Harán, Cane, Edén, y los mercaderes de Sabá, de Asiria y de Quilmad, contrataban contigo.

24 Estos mercaderes tuyos negociaban contigo en varias cosas; en mantos de azul y bordados, y en cajas de ropas preciosas, enlazadas con cordones, y en madera de cedro.

25 Las naves de Tarsis eran como tus caravanas que traían tus mercancías; así llegaste a ser opulenta, te multiplicaste en gran manera en medio de los mares.

26 En muchas aguas te engolfaron tus remeros; viento solano te quebrantó en medio de los mares.

27 Tus riquezas, tus mercaderías, tu tráfico, tus remeros, tus pilotos, tus calafateadores y los agentes de tus negocios, y todos tus hombres de guerra que hay en ti, con toda tu compañía que en medio de ti se halla, caerán en medio de los mares el día de tu caída.

28 Al estrépito de las voces de tus marineros temblarán las costas.

29 Descenderán de sus naves todos los que toman remo; remeros y todos los pilotos del mar se quedarán en tierra,

30 y harán oír su voz sobre ti, y gritarán amargamente, y echarán polvo sobre sus cabezas, y se revolcarán en ceniza.

31 Se raerán por ti los cabellos, se ceñirán de cilicio, y endecharán por ti endechas amargas, con amargura del alma.

32 Y levantarán sobre ti endechas en sus lamentaciones, y endecharán sobre ti, diciendo: ¿Quién como Tiro, como la destruida en medio del mar?

33 Cuando tus mercaderías salían de las naves, saciabas a muchos pueblos; a los reyes de la tierra enriqueciste con la multitud de tus riquezas y de tu comercio.

34 En el tiempo en que seas quebrantada por los mares en lo profundo de las aguas, tu comercio y toda tu compañía caerán en medio de ti.

35 Todos los moradores de las costas se maravillarán sobre ti, y sus reyes temblarán de espanto; demudarán sus rostros.

36 Los mercaderes en los pueblos silbarán contra ti; vendrás a ser espanto, y para siempre dejarás de ser.[a]

28

1 Vino a mí palabra de Jehová, diciendo:

2 Hijo de hombre, di al príncipe de Tiro: Así ha dicho Jehová el Señor: Por cuanto se enalteció tu corazón, y dijiste: Yo soy un dios, en el trono de Dios estoy sentado en medio de los mares (siendo tú hombre y no Dios), y has puesto tu corazón como corazón de Dios;

3 he aquí que tú eres más sabio que Daniel; no hay secreto que te sea oculto.

4 Con tu sabiduría y con tu prudencia has acumulado riquezas, y has adquirido oro y plata en tus tesoros.

5 Con la grandeza de tu sabiduría en tus contrataciones has multiplicado tus riquezas; y a causa de tus riquezas se ha enaltecido tu corazón.

6 Por tanto, así ha dicho Jehová el Señor: Por cuanto pusiste tu corazón como corazón de Dios,

7 por tanto, he aquí yo traigo sobre ti extranjeros, los fuertes de las naciones, que desenvainarán sus espadas contra la hermosura de tu sabiduría, y mancharán tu esplendor.

8 Al sepulcro te harán descender, y morirás con la muerte de los que mueren en medio de los mares.

9 ¿Hablarás delante del que te mate, diciendo: Yo soy Dios? Tú, hombre eres, y no Dios, en la mano de tu matador.

10 De muerte de incircuncisos morirás por mano de extranjeros; porque yo he hablado, dice Jehová el Señor.

11 Vino a mí palabra de Jehová, diciendo:

12 Hijo de hombre, levanta endechas sobre el rey de Tiro, y dile: Así ha dicho Jehová el Señor: Tú eras el sello de la perfección, lleno de sabiduría, y acabado de hermosura.

13 En Edén, en el huerto de Dios estuviste; de toda piedra preciosa era tu vestidura; de cornerina, topacio, jaspe, crisólito, berilo y ónice; de zafiro, carbunclo, esmeralda y oro; los primores de tus tamboriles y flautas estuvieron preparados para ti en el día de tu creación.

14 Tú, querubín grande, protector, yo te puse en el santo monte de Dios, allí estuviste; en medio de las piedras de fuego te paseabas.

15 Perfecto eras en todos tus caminos desde el día que fuiste creado, hasta que se halló en ti maldad.

16 A causa de la multitud de tus contrataciones fuiste lleno de iniquidad, y pecaste; por lo que yo te eché del monte de Dios, y te arrojé de entre las piedras del fuego, oh querubín protector.

17 Se enalteció tu corazón a causa de tu hermosura, corrompiste tu sabiduría a causa de tu esplendor; yo te arrojaré por tierra; delante de los reyes te pondré para que miren en ti.

18 Con la multitud de tus maldades y con la iniquidad de tus contrataciones profanaste tu santuario; yo, pues, saqué fuego de en medio de ti, el cual te consumió, y te puse en ceniza sobre la tierra a los ojos de todos los que te miran.

19 Todos los que te conocieron de entre los pueblos se maravillarán sobre ti; espanto serás, y para siempre dejarás de ser.

Profecía contra Sidón

20 Vino a mí palabra de Jehová, diciendo:

21 Hijo de hombre, pon tu rostro hacia Sidón,[a] y profetiza contra ella,

22 y dirás: Así ha dicho Jehová el Señor: He aquí yo estoy contra ti, oh Sidón, y en medio de ti seré glorificado; y sabrán que yo soy Jehová, cuando haga en ella juicios, y en ella me santifique.

23 Enviaré a ella pestilencia y sangre en sus calles, y caerán muertos en medio de ella, con espada contra ella por todos lados; y sabrán que yo soy Jehová.

24 Y nunca más será a la casa de Israel espina desgarradora, ni aguijón que le dé dolor, en medio de cuantos la rodean y la menosprecian; y sabrán que yo soy Jehová.

25 Así ha dicho Jehová el Señor: Cuando recoja a la casa de Israel de los pueblos entre los cuales está esparcida, entonces me santificaré en ellos ante los ojos de las naciones, y habitarán en su tierra, la cual di a mi siervo Jacob.

26 Y habitarán en ella seguros, y edificarán casas, y plantarán viñas, y vivirán confiadamente, cuando yo haga juicios en todos los que los despojan en sus alrededores; y sabrán que yo soy Jehová su Dios.

Profecías contra Egipto

29 **1** En el año décimo, en el mes décimo, a los doce días del mes, vino a mí palabra de Jehová, diciendo:

2 Hijo de hombre, pon tu rostro contra Faraón rey de Egipto, y profetiza contra él y contra todo Egipto.[a]

3 Habla, y di: Así ha dicho Jehová el Señor: He aquí yo estoy contra ti, Faraón rey de Egipto, el gran dragón que yace en medio de sus ríos, el cual dijo: Mío es el Nilo, pues yo lo hice.

4 Yo, pues, pondré garfios en tus quijadas, y pegaré los peces de tus ríos a tus escamas, y te sacaré de en medio de tus ríos, y todos los peces de tus ríos saldrán pegados a tus escamas.

5 Y te dejaré en el desierto a ti y a todos los peces de tus ríos; sobre la faz del campo caerás; no serás recogido, ni serás juntado; a las fieras de la tierra y a las aves del cielo te he dado por comida.

6 Y sabrán todos los moradores de Egipto que yo soy Jehová, por cuanto fueron báculo de caña a la casa de Israel.

7 Cuando te tomaron con la mano, te quebraste, y les rompiste todo el hombro; y cuando se apoyaron en ti, te quebraste, y les rompiste sus lomos enteramente.

---

a 28.20-26 Jl 3.4-8; Zac 9.1, 2; Mt 11.21, 22; Lc 10.13, 14.
a 29.2—32.32 Is 19.1-25; Jer 46.2-26.

8 Por tanto, así ha dicho Jehová el Señor: He aquí que yo traigo contra ti espada, y cortaré de ti hombres y bestias.

9 Y la tierra de Egipto será asolada y desierta, y sabrán que yo soy Jehová; por cuanto dijo: El Nilo es mío, y yo lo hice.

10 Por tanto, he aquí yo estoy contra ti, y contra tus ríos; y pondré la tierra de Egipto en desolación, en la soledad del desierto, desde Migdol hasta Sevene, hasta el límite de Etiopía.

11 No pasará por ella pie de hombre, ni pie de animal pasará por ella, ni será habitada, por cuarenta años.

12 Y pondré a la tierra de Egipto en soledad entre las tierras asoladas, y sus ciudades entre las ciudades destruidas estarán desoladas por cuarenta años; y esparciré a Egipto entre las naciones, y lo dispersaré por las tierras.

13 Porque así ha dicho Jehová el Señor: Al fin de cuarenta años recogeré a Egipto de entre los pueblos entre los cuales fueren esparcidos;

14 y volveré a traer los cautivos de Egipto, y los llevaré a la tierra de Patros, a la tierra de su origen; y allí serán un reino despreciable.

15 En comparación con los otros reinos será humilde; nunca más se alzará sobre las naciones; porque yo los disminuiré, para que no vuelvan a tener dominio sobre las naciones.

16 Y no será ya más para la casa de Israel apoyo de confianza, que les haga recordar el pecado de mirar en pos de ellos; y sabrán que yo soy Jehová el Señor.

17 Aconteció en el año veintisiete en el mes primero, el día primero del mes, que vino a mí palabra de Jehová, diciendo:

18 Hijo de hombre, Nabucodonosor rey de Babilonia hizo a su ejército prestar un arduo servicio contra Tiro. Toda cabeza ha quedado calva, y toda espalda desollada; y ni para él ni para su ejército hubo paga de Tiro, por el servicio que prestó contra ella.

19 Por tanto, así ha dicho Jehová el Señor; He aquí que yo doy a Nabucodonosor, rey de Babilonia, la tierra de Egipto; y él tomará sus riquezas, y recogerá sus despojos, y arrebatará botín, y habrá paga para su ejército.

20 Por su trabajo con que sirvió contra ella le he dado la tierra de Egipto; porque trabajaron para mí, dice Jehová el Señor.

21 En aquel tiempo haré retoñar el poder de la casa de Israel. Y abriré tu boca en medio de ellos, y sabrán que yo soy Jehová.

30 **1** Vino a mí palabra de Jehová, diciendo:

2 Hijo de hombre, profetiza, y di: Así ha dicho Jehová el Señor: Lamentad: ¡Ay de aquel día!

3 Porque cerca está el día, cerca está el día de Jehová; día de nublado, día de castigo de las naciones será.

4 Y vendrá espada a Egipto, y habrá miedo en Etiopía, cuando caigan heridos en Egipto; y tomarán sus riquezas, y serán destruidos sus fundamentos.

5 Etiopía, Fut, Lud, toda Arabia, Libia, y los hijos de las tierras aliadas, caerán con ellos a filo de espada.

6 Así ha dicho Jehová: También caerán los que sostienen a Egipto, y la altivez de su poderío caerá; desde Migdol hasta Sevene caerán en él a filo de espada, dice Jehová el Señor.

7 Y serán asolados entre las tierras asoladas, y sus ciudades serán entre las ciudades desiertas.

8 Y sabrán que yo soy Jehová, cuando ponga fuego a Egipto, y sean quebrantados todos sus ayudadores.

9 En aquel tiempo saldrán mensajeros de delante de mí en naves, para espantar a Etiopía la confiada, y tendrán espanto como en el día de Egipto; porque he aquí viene.

10 Así ha dicho Jehová el Señor: Destruiré las riquezas de Egipto por mano de Nabucodonosor rey de Babilonia.

11 Él, y con él su pueblo, los más fuertes de las naciones, serán traídos para destruir la tierra; y desenvainarán sus espadas sobre Egipto, y llenarán de muertos la tierra.

12 Y secaré los ríos, y entregaré la tierra en manos de malos, y por mano de extranjeros destruiré la tierra y cuanto en ella hay. Yo Jehová he hablado.

13 Así ha dicho Jehová el Señor: Destruiré también las imágenes, y destruiré los ídolos de Menfis; y no habrá más príncipe de la tierra de Egipto, y en la tierra de Egipto pondré temor.

14 Asolaré a Patros, y pondré fuego a Zoán, y haré juicios en Tebas.

15 Y derramaré mi ira sobre Sin, fortaleza de Egipto, y exterminaré a la multitud de Tebas.

16 Y pondré fuego a Egipto; Sin tendrá gran dolor, y Tebas será destrozada, y Menfis tendrá continuas angustias.

17 Los jóvenes de Avén y de Pibeset caerán a filo de espada, y las mujeres irán en cautiverio.

18 Y en Tafnes se oscurecerá el día, cuando quebrante yo allí el poder de Egipto, y cesará en ella la soberbia de su poderío; tiniebla la cubrirá, y los moradores de sus aldeas irán en cautiverio.

19 Haré, pues, juicios en Egipto, y sabrán que yo soy Jehová.

20 Aconteció en el año undécimo, en el mes primero, a los siete días del mes, que vino a mí palabra de Jehová, diciendo:

21 Hijo de hombre, he quebrado el brazo de Faraón rey de Egipto; y he aquí que no ha sido vendado poniéndole medicinas, ni poniéndole faja para ligarlo, a fin de fortalecerlo para que pueda sostener la espada.

22 Por tanto, así ha dicho Jehová el Señor: Heme aquí contra Faraón rey de Egipto, y quebraré sus brazos, el fuerte y el fracturado, y haré que la espada se le caiga de la mano.

23 Y esparciré a los egipcios entre las naciones, y los dispersaré por las tierras.

24 Y fortaleceré los brazos del rey de Babilonia, y pondré mi espada en su mano; mas quebraré los brazos de Faraón, y delante de aquél gemirá con gemidos de herido de muerte.

25 Fortaleceré, pues, los brazos del rey de Babilonia, y los brazos de Faraón caerán; y sabrán que yo soy Jehová, cuando yo ponga mi espada en la mano del rey de Babilonia, y él la extienda contra la tierra de Egipto.

26 Y esparciré a los egipcios entre las naciones, y los dispersaré por las tierras; y sabrán que yo soy Jehová.

31 1 Aconteció en el año undécimo, en el mes tercero, el día primero del mes, que vino a mí palabra de Jehová, diciendo:

2 Hijo de hombre, di a Faraón rey de Egipto, y a su pueblo: ¿A quién te comparaste en tu grandeza?

3 He aquí era el asirio cedro en el Líbano, de hermosas ramas, de frondoso ramaje y de grande altura, y su copa estaba entre densas ramas.

4 Las aguas lo hicieron crecer, lo encumbró el abismo; sus ríos corrían alrededor de su pie, y a todos los árboles del campo enviaba sus corrientes.

5 Por tanto, se encumbró su altura sobre todos los árboles del campo, y se multiplicaron sus ramas, y a causa de las muchas aguas se alargó su ramaje que había echado.

6 En sus ramas hacían nido todas las aves del cielo, y debajo de su ramaje parían todas las bestias del campo, y a su sombra habitaban muchas naciones.

7 Se hizo, pues, hermoso en su grandeza con la extensión de sus ramas; porque su raíz estaba junto a muchas aguas.

8 Los cedros no lo cubrieron en el huerto de Dios;[a] las hayas no fueron semejantes a sus ramas, ni los castaños fueron semejantes a su ramaje; ningún árbol en el huerto de Dios fue semejante a él en su hermosura.

9 Lo hice hermoso con la multitud de sus ramas; y todos los árboles de Edén, que estaban en el huerto de Dios, tuvieron de él envidia.

10 Por tanto, así dijo Jehová el Señor: Ya que por ser encumbrado en altura, y haber levantado su cumbre entre densas ramas, su corazón se elevó con su altura,

11 yo lo entregaré en manos del poderoso de las naciones, que de cierto le tratará según su maldad. Yo lo he desechado.

12 Y lo destruirán extranjeros, los poderosos de las naciones, y lo derribarán; sus ramas caerán sobre los montes y por todos los valles, y por todos los arroyos de la tierra será quebrado su ramaje; y se irán de su sombra todos los pueblos de la tierra, y lo dejarán.

13 Sobre su ruina habitarán todas las aves del cielo, y sobre sus ramas estarán todas las bestias del campo,

14 para que no se exalten en su altura todos los árboles que crecen junto a las aguas, ni levanten su copa entre la espesura, ni confíen en su altura todos los que

---

a 31.8 Gn 2.9.

beben aguas; porque todos están destinados a muerte, a lo profundo de la tierra, entre los hijos de los hombres, con los que descienden a la fosa.

15 Así ha dicho Jehová el Señor: El día que descendió al Seol, hice hacer luto, hice cubrir por él el abismo, y detuve sus ríos, y las muchas aguas fueron detenidas; al Líbano cubrí de tinieblas por él, y todos los árboles del campo se desmayaron.

16 Del estruendo de su caída hice temblar a las naciones, cuando las hice descender al Seol con todos los que descienden a la sepultura; y todos los árboles escogidos de Edén, y los mejores del Líbano, todos los que beben aguas, fueron consolados en lo profundo de la tierra.

17 También ellos descendieron con él al Seol, con los muertos a espada, los que fueron su brazo, los que estuvieron a su sombra en medio de las naciones.

18 ¿A quién te has comparado así en gloria y en grandeza entre los árboles de Edén? Pues derribado serás con los árboles de Edén en lo profundo de la tierra; entre los incircuncisos yacerás, con los muertos a espada.

Éste es Faraón y todo su pueblo, dice Jehová el Señor.

32 1 Aconteció en el año duodécimo, en el mes duodécimo, el día primero del mes, que vino a mí palabra de Jehová, diciendo:

2 Hijo de hombre, levanta endechas sobre Faraón rey de Egipto, y dile: A leoncillo de naciones eres semejante, y eres como el dragón en los mares; pues secabas tus ríos, y enturbiabas las aguas con tus pies, y hollabas sus riberas.

3 Así ha dicho Jehová el Señor: Yo extenderé sobre ti mi red con reunión de muchos pueblos, y te harán subir con mi red.

4 Y te dejaré en tierra, te echaré sobre la faz del campo, y haré posar sobre ti todas las aves del cielo, y saciaré de ti a las fieras de toda la tierra.

5 Pondré tus carnes sobre los montes, y llenaré los valles de tus cadáveres.

6 Y regaré de tu sangre la tierra donde nadas, hasta los montes; y los arroyos se llenarán de ti.

7 Y cuando te haya extinguido, cubriré los cielos, y haré entenebrecer sus estrellas; el sol cubriré con nublado, y la luna no hará resplandecer su luz.[a]

8 Haré entenebrecer todos los astros brillantes del cielo por ti, y pondré tinieblas sobre tu tierra, dice Jehová el Señor.

9 Y entristeceré el corazón de muchos pueblos, cuando lleve al cautiverio a los tuyos entre las naciones, por las tierras que no conociste.

10 Y dejaré atónitos por ti a muchos pueblos, y sus reyes tendrán horror grande a causa de ti, cuando haga resplandecer mi espada delante de sus rostros; y todos se sobresaltarán en sus ánimos a cada momento en el día de tu caída.

11 Porque así ha dicho Jehová el Señor: La espada del rey de Babilonia vendrá sobre ti.

12 Con espadas de fuertes haré caer tu pueblo; todos ellos serán los poderosos de las naciones; y destruirán la soberbia de Egipto, y toda su multitud será deshecha.

13 Todas sus bestias destruiré de sobre las muchas aguas; ni más las enturbiará pie de hombre, ni pezuña de bestia las enturbiará.

14 Entonces haré asentarse sus aguas, y haré correr sus ríos como aceite, dice Jehová el Señor.

15 Cuando asuele la tierra de Egipto, y la tierra quede despojada de todo cuanto en ella hay, cuando mate a todos los que en ella moran, sabrán que yo soy Jehová.

16 Ésta es la endecha, y la cantarán; las hijas de las naciones la cantarán; endecharán sobre Egipto y sobre toda su multitud, dice Jehová el Señor.

17 Aconteció en el año duodécimo, a los quince días del mes, que vino a mí palabra de Jehová, diciendo:

18 Hijo de hombre, endecha sobre la multitud de Egipto, y despéñalo a él, y a las hijas de las naciones poderosas, a lo profundo de la tierra, con los que descienden a la sepultura.

19 Porque eres tan hermoso, desciende, y yace con los incircuncisos.

20 Entre los muertos a espada caerá; a la espada es entregado; traedlo a él y a todos sus pueblos.

21 De en medio del Seol hablarán a él los fuertes de los fuertes, con los que le

---

a 32.7 Mt 24.29; Mr 13.24, 25; Lc 21.25; Ap 6.12, 13; 8.12.

ayudaron, que descendieron y yacen con los incircuncisos muertos a espada.

²² Allí está Asiria con toda su multitud; en derredor de él están sus sepulcros; todos ellos cayeron muertos a espada.

²³ Sus sepulcros fueron puestos a los lados de la fosa, y su gente está por los alrededores de su sepulcro; todos ellos cayeron muertos a espada, los cuales sembraron el terror en la tierra de los vivientes.

²⁴ Allí Elam, y toda su multitud por los alrededores de su sepulcro; todos ellos cayeron muertos a espada, los cuales descendieron incircuncisos a lo más profundo de la tierra, porque sembraron su terror en la tierra de los vivientes, mas llevaron su confusión con los que descienden al sepulcro.

²⁵ En medio de los muertos le pusieron lecho con toda su multitud; a sus alrededores están sus sepulcros; todos ellos incircuncisos, muertos a espada, porque fue puesto su espanto en la tierra de los vivientes, mas llevaron su confusión con los que descienden al sepulcro; él fue puesto en medio de los muertos.

²⁶ Allí Mesec y Tubal, y toda su multitud; sus sepulcros en sus alrededores; todos ellos incircuncisos, muertos a espada, porque habían sembrado su terror en la tierra de los vivientes.

²⁷ Y no yacerán con los fuertes de los incircuncisos que cayeron, los cuales descendieron al Seol con sus armas de guerra, y sus espadas puestas debajo de sus cabezas; mas sus pecados estarán sobre sus huesos, por cuanto fueron terror de fuertes en la tierra de los vivientes.

²⁸ Tú, pues, serás quebrantado entre los incircuncisos, y yacerás con los muertos a espada.

²⁹ Allí Edom, sus reyes y todos sus príncipes, los cuales con su poderío fueron puestos con los muertos a espada; ellos yacerán con los incircuncisos, y con los que descienden al sepulcro.

³⁰ Allí los príncipes del norte, todos ellos, y todos los sidonios, que con su terror descendieron con los muertos, avergonzados de su poderío, yacen también incircuncisos con los muertos a espada, y comparten su confusión con los que descienden al sepulcro.

³¹ A éstos verá Faraón, y se consolará sobre toda su multitud; Faraón muerto a espada, y todo su ejército, dice Jehová el Señor.

³² Porque puse mi terror en la tierra de los vivientes, también Faraón y toda su multitud yacerán entre los incircuncisos con los muertos a espada, dice Jehová el Señor.

El deber del atalaya
(Ez 3.16-21)

33 ¹ Vino a mí palabra de Jehová, diciendo:

² Hijo de hombre, habla a los hijos de tu pueblo, y diles: Cuando trajere yo espada sobre la tierra, y el pueblo de la tierra tomare un hombre de su territorio y lo pusiere por atalaya,

³ y él viere venir la espada sobre la tierra, y tocare trompeta y avisare al pueblo,

⁴ cualquiera que oyere el sonido de la trompeta y no se apercibiere, y viniendo la espada lo hiriere, su sangre será sobre su cabeza.

⁵ El sonido de la trompeta oyó, y no se apercibió; su sangre será sobre él; mas el que se apercibiere librará su vida.

⁶ Pero si el atalaya viere venir la espada y no tocare la trompeta, y el pueblo no se apercibiere, y viniendo la espada, hiriere de él a alguno, éste fue tomado por causa de su pecado, pero demandaré su sangre de mano del atalaya.

⁷ A ti, pues, hijo de hombre, te he puesto por atalaya a la casa de Israel, y oirás la palabra de mi boca, y los amonestarás de mi parte.

⁸ Cuando yo dijere al impío: Impío, de cierto morirás; si tú no hablares para que se guarde el impío de su camino, el impío morirá por su pecado, pero su sangre yo la demandaré de tu mano.

⁹ Y si tú avisares al impío de su camino para que se aparte de él, y él no se apartare de su camino, él morirá por su pecado, pero tú libraste tu vida.

El camino de Dios es justo
(Ez 18.21-32)

¹⁰ Tú, pues, hijo de hombre, di a la casa de Israel: Vosotros habéis hablado así, diciendo: Nuestras rebeliones y nuestros pecados están sobre nosotros, y a causa

de ellos somos consumidos; ¿cómo, pues, viviremos?

¹¹ Diles: Vivo yo, dice Jehová el Señor, que no quiero la muerte del impío, sino que se vuelva el impío de su camino, y que viva. Volveos, volveos de vuestros malos caminos; ¿por qué moriréis, oh casa de Israel?

¹² Y tú, hijo de hombre, di a los hijos de tu pueblo: La justicia del justo no lo librará el día que se rebelare; y la impiedad del impío no le será estorbo el día que se volviere de su impiedad; y el justo no podrá vivir por su justicia el día que pecare.

¹³ Cuando yo dijere al justo: De cierto vivirás, y él confiado en su justicia hiciere iniquidad, todas sus justicias no serán recordadas, sino que morirá por su iniquidad que hizo.

¹⁴ Y cuando yo dijere al impío: De cierto morirás; si él se convirtiere de su pecado, e hiciere según el derecho y la justicia,

¹⁵ si el impío restituyere la prenda, devolviere lo que hubiere robado, y caminare en los estatutos de la vida, no haciendo iniquidad, vivirá ciertamente y no morirá.

¹⁶ No se le recordará ninguno de sus pecados que había cometido; hizo según el derecho y la justicia; vivirá ciertamente.

¹⁷ Luego dirán los hijos de tu pueblo: No es recto el camino del Señor; el camino de ellos es el que no es recto.

¹⁸ Cuando el justo se apartare de su justicia, e hiciere iniquidad, morirá por ello.

¹⁹ Y cuando el impío se apartare de su impiedad, e hiciere según el derecho y la justicia, vivirá por ello.

²⁰ Y dijisteis: No es recto el camino del Señor. Yo os juzgaré, oh casa de Israel, a cada uno conforme a sus caminos.

Nuevas de la caída de Jerusalén

²¹ Aconteció en el año duodécimo de nuestro cautiverio, en el mes décimo, a los cinco días del mes, que vino a mí un fugitivo de Jerusalén, diciendo: La ciudad ha sido conquistada.ᵃ

²² Y la mano de Jehová había sido sobre mí la tarde antes de llegar el fugitivo, y había abierto mi boca, hasta que vino a mí por la mañana; y abrió mi boca, y ya no más estuve callado.

²³ Y vino a mí palabra de Jehová, diciendo:

²⁴ Hijo de hombre, los que habitan aquellos lugares asolados en la tierra de Israel hablan diciendo: Abraham era uno, y poseyó la tierra; pues nosotros somos muchos; a nosotros nos es dada la tierra en posesión.

²⁵ Por tanto, diles: Así ha dicho Jehová el Señor: ¿Comeréis con sangre, y a vuestros ídolos alzaréis vuestros ojos, y derramaréis sangre, y poseeréis vosotros la tierra?

²⁶ Estuvisteis sobre vuestras espadas, hicisteis abominación, y contaminasteis cada cual a la mujer de su prójimo; ¿y habréis de poseer la tierra?

²⁷ Les dirás así: Así ha dicho Jehová el Señor: Vivo yo, que los que están en aquellos lugares asolados caerán a espada, y al que está sobre la faz del campo entregaré a las fieras para que lo devoren; y los que están en las fortalezas y en las cuevas, de pestilencia morirán.

²⁸ Y convertiré la tierra en desierto y en soledad, y cesará la soberbia de su poderío; y los montes de Israel serán asolados hasta que no haya quien pase.

²⁹ Y sabrán que yo soy Jehová, cuando convierta la tierra en soledad y desierto, por todas las abominaciones que han hecho.

³⁰ Y tú, hijo de hombre, los hijos de tu pueblo se mofan de ti junto a las paredes y a las puertas de las casas, y habla el uno con el otro, cada uno con su hermano, diciendo: Venid ahora, y oíd qué palabra viene de Jehová.

³¹ Y vendrán a ti como viene el pueblo, y estarán delante de ti como pueblo mío, y oirán tus palabras, y no las pondrán por obra; antes hacen halagos con sus bocas, y el corazón de ellos anda en pos de su avaricia.

³² Y he aquí que tú eres a ellos como cantor de amores, hermoso de voz y que canta bien; y oirán tus palabras, pero no las pondrán por obra.

³³ Pero cuando ello viniere (y viene ya), sabrán que hubo profeta entre ellos.

Profecía contra los pastores de Israel

34 ¹ Vino a mí palabra de Jehová, diciendo:

---

a **33.21** 2 R 25.3-10; Jer 39.2-8; 52.4-14.

2 Hijo de hombre, profetiza contra los pastores de Israel; profetiza, y di a los pastores: Así ha dicho Jehová el Señor: ¡Ay de los pastores de Israel, que se apacientan a sí mismos! ¿No apacientan los pastores a los rebaños?

3 Coméis la grosura, y os vestís de la lana; la engordada degolláis, mas no apacentáis a las ovejas.

4 No fortalecisteis las débiles, ni curasteis la enferma; no vendasteis la perniquebrada, no volvisteis al redil la descarriada, ni buscasteis la perdida, sino que os habéis enseñoreado de ellas con dureza y con violencia.

5 Y andan errantes por falta de pastor,ª y son presa de todas las fieras del campo, y se han dispersado.

6 Anduvieron perdidas mis ovejas por todos los montes, y en todo collado alto; y en toda la faz de la tierra fueron esparcidas mis ovejas, y no hubo quien las buscase, ni quien preguntase por ellas.

7 Por tanto, pastores, oíd palabra de Jehová:

8 Vivo yo, ha dicho Jehová el Señor, que por cuanto mi rebaño fue para ser robado, y mis ovejas fueron para ser presa de todas las fieras del campo, sin pastor; ni mis pastores buscaron mis ovejas, sino que los pastores se apacentaron a sí mismos, y no apacentaron mis ovejas;

9 por tanto, oh pastores, oíd palabra de Jehová.

10 Así ha dicho Jehová el Señor: He aquí, yo estoy contra los pastores; y demandaré mis ovejas de su mano, y les haré dejar de apacentar las ovejas; ni los pastores se apacentarán más a sí mismos, pues yo libraré mis ovejas de sus bocas, y no les serán más por comida.

11 Porque así ha dicho Jehová el Señor: He aquí yo, yo mismo iré a buscar mis ovejas, y las reconoceré.

12 Como reconoce su rebaño el pastor el día que está en medio de sus ovejas esparcidas, así reconoceré mis ovejas, y las libraré de todos los lugares en que fueron esparcidas el día del nublado y de la oscuridad.

13 Y yo las sacaré de los pueblos, y las juntaré de las tierras; las traeré a su propia tierra, y las apacentaré en los montes de Israel, por las riberas, y en todos los lugares habitados del país.

14 En buenos pastos las apacentaré, y en los altos montes de Israel estará su aprisco; allí dormirán en buen redil, y en pastos suculentos serán apacentadas sobre los montes de Israel.

15 Yo apacentaré mis ovejas, y yo les daré aprisco, dice Jehová el Señor.

16 Yo buscaré la perdida, y haré volver al redil la descarriada; vendaré la perniquebrada, y fortaleceré la débil; mas a la engordada y a la fuerte destruiré; las apacentaré con justicia.

17 Mas en cuanto a vosotras, ovejas mías, así ha dicho Jehová el Señor: He aquí yo juzgo entre oveja y oveja, entre carneros y machos cabríos.

18 ¿Os es poco que comáis los buenos pastos, sino que también holláis con vuestros pies lo que de vuestros pastos queda; y que bebiendo las aguas claras, enturbiáis además con vuestros pies las que quedan?

19 Y mis ovejas comen lo hollado de vuestros pies, y beben lo que con vuestros pies habéis enturbiado.

20 Por tanto, así les dice Jehová el Señor: He aquí yo, yo juzgaré entre la oveja engordada y la oveja flaca,

21 por cuanto empujasteis con el costado y con el hombro, y acorneasteis con vuestros cuernos a todas las débiles, hasta que las echasteis y las dispersasteis.

22 Yo salvaré a mis ovejas, y nunca más serán para rapiña; y juzgaré entre oveja y oveja.

23 Y levantaré sobre ellas a un pastor, y él las apacentará; a mi siervo David, él las apacentará, y él les será por pastor.ᵇ

24 Yo Jehová les seré por Dios, y mi siervo David príncipe en medio de ellos.ᶜ Yo Jehová he hablado.

25 Y estableceré con ellos pacto de paz, y quitaré de la tierra las fieras; y habitarán en el desierto con seguridad, y dormirán en los bosques.

26 Y daré bendición a ellas y a los alrededores de mi collado, y haré descender la lluvia en su tiempo; lluvias de bendición serán.

27 Y el árbol del campo dará su fruto, y la tierra dará su fruto, y estarán sobre su

a 34.5 Mt 9.36; Mr 6.34.   b 34.23 Ap 7.17.
c 34.24 Ez 37.24.

tierra con seguridad; y sabrán que yo soy Jehová, cuando rompa las coyundas de su yugo, y los libre de mano de los que se sirven de ellos.

28 No serán más por despojo de las naciones, ni las fieras de la tierra las devorarán; sino que habitarán con seguridad, y no habrá quien las espante.

29 Y levantaré para ellos una planta de renombre, y no serán ya más consumidos de hambre en la tierra, ni ya más serán avergonzados por las naciones.

30 Y sabrán que yo Jehová su Dios estoy con ellos, y ellos son mi pueblo, la casa de Israel, dice Jehová el Señor.

31 Y vosotras, ovejas mías, ovejas de mi pasto, hombres sois, y yo vuestro Dios, dice Jehová el Señor.

Profecía contra el monte de Seir

35 **1** Vino a mí palabra de Jehová, diciendo:

2 Hijo de hombre, pon tu rostro hacia el monte de Seir,ᵃ y profetiza contra él,

3 y dile: Así ha dicho Jehová el Señor: He aquí yo estoy contra ti, oh monte de Seir, y extenderé mi mano contra ti, y te convertiré en desierto y en soledad.

4 A tus ciudades asolaré, y tú serás asolado; y sabrás que yo soy Jehová.

5 Por cuanto tuviste enemistad perpetua, y entregaste a los hijos de Israel al poder de la espada en el tiempo de su aflicción, en el tiempo extremadamente malo,

6 por tanto, vivo yo, dice Jehová el Señor, que a sangre te destinaré, y sangre te perseguirá; y porque la sangre no aborreciste, sangre te perseguirá.

7 Y convertiré al monte de Seir en desierto y en soledad, y cortaré de él al que vaya y al que venga.

8 Y llenaré sus montes de sus muertos; en tus collados, en tus valles y en todos tus arroyos, caerán muertos a espada.

9 Yo te pondré en asolamiento perpetuo, y tus ciudades nunca más se restaurarán; y sabréis que yo soy Jehová.

10 Por cuanto dijiste: Las dos naciones y las dos tierras serán mías, y tomaré posesión de ellas; estando allí Jehová;

11 por tanto, vivo yo, dice Jehová el Señor, yo haré conforme a tu ira, y conforme a tu celo con que procediste, a causa de tus enemistades con ellos; y seré conocido en ellos, cuando te juzgue.

12 Y sabrás que yo Jehová he oído todas tus injurias que proferiste contra los montes de Israel, diciendo: Destruidos son, nos han sido dados para que los devoremos.

13 Y os engrandecisteis contra mí con vuestra boca, y multiplicasteis contra mí vuestras palabras. Yo lo oí.

14 Así ha dicho Jehová el Señor: Para que toda la tierra se regocije, yo te haré una desolación.

15 Como te alegraste sobre la heredad de la casa de Israel, porque fue asolada, así te haré a ti; asolado será el monte de Seir, y todo Edom, todo él; y sabrán que yo soy Jehová.

Restauración futura de Israel

36 **1** Tú, hijo de hombre, profetiza a los montes de Israel, y di: Montes de Israel, oíd palabra de Jehová.

2 Así ha dicho Jehová el Señor: Por cuanto el enemigo dijo de vosotros: ¡Ea! también las alturas eternas nos han sido dadas por heredad;

3 profetiza, por tanto, y di: Así ha dicho Jehová el Señor: Por cuanto os asolaron y os tragaron de todas partes, para que fueseis heredad de las otras naciones, y se os ha hecho caer en boca de habladores y ser el oprobio de los pueblos,

4 por tanto, montes de Israel, oíd palabra de Jehová el Señor: Así ha dicho Jehová el Señor a los montes y a los collados, a los arroyos y a los valles, a las ruinas y asolamientos y a las ciudades desamparadas, que fueron puestas por botín y escarnio de las otras naciones alrededor;

5 por eso, así ha dicho Jehová el Señor: He hablado por cierto en el fuego de mi celo contra las demás naciones, y contra todo Edom, que se disputaron mi tierra por heredad con alegría, de todo corazón y con enconamiento de ánimo, para que sus expulsados fuesen presa suya.

6 Por tanto, profetiza sobre la tierra de Israel, y di a los montes y a los collados, y a los arroyos y a los valles: Así ha dicho Jehová el Señor: He aquí, en mi celo y en

---

ᵃ **35.1-15** Is 34.5-17; 63.1-6; Jer 49.7-22; Ez 25.12-14; Am 1.11, 12; Abd 1.14; Mal 1.2-5.

mi furor he hablado, por cuanto habéis llevado el oprobio de las naciones.

7 Por lo cual así ha dicho Jehová el Señor: Yo he alzado mi mano, he jurado que las naciones que están a vuestro alrededor han de llevar su afrenta.

8 Mas vosotros, oh montes de Israel, daréis vuestras ramas, y llevaréis vuestro fruto para mi pueblo Israel; porque cerca están para venir.

9 Porque he aquí, yo estoy por vosotros, y a vosotros me volveré, y seréis labrados y sembrados.

10 Y haré multiplicar sobre vosotros hombres, a toda la casa de Israel, toda ella; y las ciudades serán habitadas, y edificadas las ruinas.

11 Multiplicaré sobre vosotros hombres y ganado, y serán multiplicados y crecerán; y os haré morar como solíais antiguamente, y os haré mayor bien que en vuestros principios; y sabréis que yo soy Jehová.

12 Y haré andar hombres sobre vosotros, a mi pueblo Israel; y tomarán posesión de ti, y les serás por heredad, y nunca más les matarás los hijos.

13 Así ha dicho Jehová el Señor: Por cuanto dicen de vosotros: Comedora de hombres, y matadora de los hijos de tu nación has sido;

14 por tanto, no devorarás más hombres, y nunca más matarás a los hijos de tu nación, dice Jehová el Señor.

15 Y nunca más te haré oír injuria de naciones, ni más llevarás denuestos de pueblos, ni harás más morir a los hijos de tu nación, dice Jehová el Señor.

16 Vino a mí palabra de Jehová, diciendo:

17 Hijo de hombre, mientras la casa de Israel moraba en su tierra, la contaminó con sus caminos y con sus obras; como inmundicia de menstruosa fue su camino delante de mí.

18 Y derramé mi ira sobre ellos por la sangre que derramaron sobre la tierra; porque con sus ídolos la contaminaron.

19 Les esparcí por las naciones, y fueron dispersados por las tierras; conforme a sus caminos y conforme a sus obras les juzgué.

20 Y cuando llegaron a las naciones adonde fueron, profanaron mi santo nombre, diciéndose de ellos: Éstos son pueblo de Jehová, y de la tierra de él han salido.

21 Pero he tenido dolor al ver mi santo nombre profanado por la casa de Israel entre las naciones adonde fueron.

22 Por tanto, di a la casa de Israel: Así ha dicho Jehová el Señor: No lo hago por vosotros, oh casa de Israel, sino por causa de mi santo nombre, el cual profanasteis vosotros entre las naciones adonde habéis llegado.

23 Y santificaré mi grande nombre, profanado entre las naciones, el cual profanasteis vosotros en medio de ellas; y sabrán las naciones que yo soy Jehová, dice Jehová el Señor, cuando sea santificado en vosotros delante de sus ojos.

24 Y yo os tomaré de las naciones, y os recogeré de todas las tierras, y os traeré a vuestro país.

25 Esparciré sobre vosotros agua limpia, y seréis limpiados de todas vuestras inmundicias; y de todos vuestros ídolos os limpiaré.

26 Os daré corazón nuevo, y pondré espíritu nuevo dentro de vosotros; y quitaré de vuestra carne el corazón de piedra, y os daré un corazón de carne.

27 Y pondré dentro de vosotros mi Espíritu, y haré que andéis en mis estatutos, y guardéis mis preceptos, y los pongáis por obra.

28 Habitaréis en la tierra que di a vuestros padres, y vosotros me seréis por pueblo, y yo seré a vosotros por Dios.[a]

29 Y os guardaré de todas vuestras inmundicias; y llamaré al trigo, y lo multiplicaré, y no os daré hambre.

30 Multiplicaré asimismo el fruto de los árboles, y el fruto de los campos, para que nunca más recibáis oprobio de hambre entre las naciones.

31 Y os acordaréis de vuestros malos caminos, y de vuestras obras que no fueron buenas; y os avergonzaréis de vosotros mismos por vuestras iniquidades y por vuestras abominaciones.

32 No lo hago por vosotros, dice Jehová el Señor, sabedlo bien; avergonzaos y cubríos de confusión por vuestras iniquidades, casa de Israel.

33 Así ha dicho Jehová el Señor: El día que os limpie de todas vuestras iniquidades,

---

a 36.26-28 Ez 11.19, 20.

haré también que sean habitadas las ciudades, y las ruinas serán reedificadas.

34 Y la tierra asolada será labrada, en lugar de haber permanecido asolada a ojos de todos los que pasaron.

35 Y dirán: Esta tierra que era asolada ha venido a ser como el huerto de Edén; y estas ciudades que eran desiertas y asoladas y arruinadas, están fortificadas y habitadas.

36 Y las naciones que queden en vuestros alrededores sabrán que yo reedifiqué lo que estaba derribado, y planté lo que estaba desolado; yo Jehová he hablado, y lo haré.

37 Así ha dicho Jehová el Señor: Aún seré solicitado por la casa de Israel, para hacerles esto; multiplicaré los hombres como se multiplican los rebaños.

38 Como las ovejas consagradas, como las ovejas de Jerusalén en sus fiestas solemnes, así las ciudades desiertas serán llenas de rebaños de hombres; y sabrán que yo soy Jehová.

El valle de los huesos secos

37 **1** La mano de Jehová vino sobre mí, y me llevó en el Espíritu de Jehová, y me puso en medio de un valle que estaba lleno de huesos.

2 Y me hizo pasar cerca de ellos por todo en derredor; y he aquí que eran muchísimos sobre la faz del campo, y por cierto secos en gran manera.

3 Y me dijo: Hijo de hombre, ¿vivirán estos huesos? Y dije: Señor Jehová, tú lo sabes.

4 Me dijo entonces: Profetiza sobre estos huesos, y diles: Huesos secos, oíd palabra de Jehová.

5 Así ha dicho Jehová el Señor a estos huesos: He aquí, yo hago entrar espíritu en vosotros, y viviréis.

6 Y pondré tendones sobre vosotros, y haré subir sobre vosotros carne, y os cubriré de piel, y pondré en vosotros espíritu, y viviréis; y sabréis que yo soy Jehová.

7 Profeticé, pues, como me fue mandado; y hubo un ruido mientras yo profetizaba, y he aquí un temblor; y los huesos se juntaron cada hueso con su hueso.

8 Y miré, y he aquí tendones sobre ellos, y la carne subió, y la piel cubrió por encima de ellos; pero no había en ellos espíritu.

9 Y me dijo: Profetiza al espíritu, profetiza, hijo de hombre, y di al espíritu: Así ha dicho Jehová el Señor: Espíritu, ven de los cuatro vientos, y sopla sobre estos muertos, y vivirán.

10 Y profeticé como me había mandado, y entró espíritu en ellos, y vivieron, y estuvieron sobre sus pies;[a] un ejército grande en extremo.

11 Me dijo luego: Hijo de hombre, todos estos huesos son la casa de Israel. He aquí, ellos dicen: Nuestros huesos se secaron, y pereció nuestra esperanza, y somos del todo destruidos.

12 Por tanto, profetiza, y diles: Así ha dicho Jehová el Señor: He aquí yo abro vuestros sepulcros, pueblo mío, y os haré subir de vuestras sepulturas, y os traeré a la tierra de Israel.

13 Y sabréis que yo soy Jehová, cuando abra vuestros sepulcros, y os saque de vuestras sepulturas, pueblo mío.

14 Y pondré mi Espíritu en vosotros, y viviréis, y os haré reposar sobre vuestra tierra; y sabréis que yo Jehová hablé, y lo hice, dice Jehová.

La reunión de Judá e Israel

15 Vino a mí palabra de Jehová, diciendo:

16 Hijo de hombre, toma ahora un palo, y escribe en él: Para Judá, y para los hijos de Israel sus compañeros. Toma después otro palo, y escribe en él: Para José, palo de Efraín, y para toda la casa de Israel sus compañeros.

17 Júntalos luego el uno con el otro, para que sean uno solo, y serán uno solo en tu mano.

18 Y cuando te pregunten los hijos de tu pueblo, diciendo: ¿No nos enseñarás qué te propones con eso?,

19 diles: Así ha dicho Jehová el Señor: He aquí, yo tomo el palo de José que está en la mano de Efraín, y a las tribus de Israel sus compañeros, y los pondré con el palo de Judá, y los haré un solo palo, y serán uno en mi mano.

20 Y los palos sobre los que escribas estarán en tu mano delante de sus ojos,

21 y les dirás: Así ha dicho Jehová el Señor: He aquí, yo tomo a los hijos de Israel de

a **37.10** Ap 11.11.

entre las naciones a las cuales fueron, y los recogeré de todas partes, y los traeré a su tierra;

22 y los haré una nación en la tierra, en los montes de Israel, y un rey será a todos ellos por rey; y nunca más serán dos naciones, ni nunca más serán divididos en dos reinos.

23 Ni se contaminarán ya más con sus ídolos, con sus abominaciones y con todas sus rebeliones; y los salvaré de todas sus rebeliones con las cuales pecaron, y los limpiaré; y me serán por pueblo, y yo a ellos por Dios.

24 Mi siervo David será rey sobre ellos,[b] y todos ellos tendrán un solo pastor; y andarán en mis preceptos, y mis estatutos guardarán, y los pondrán por obra.

25 Habitarán en la tierra que di a mi siervo Jacob, en la cual habitaron vuestros padres; en ella habitarán ellos, sus hijos y los hijos de sus hijos para siempre; y mi siervo David será príncipe de ellos para siempre.

26 Y haré con ellos pacto de paz, pacto perpetuo será con ellos; y los estableceré y los multiplicaré, y pondré mi santuario entre ellos para siempre.

27 Estará en medio de ellos mi tabernáculo, y seré a ellos por Dios, y ellos me serán por pueblo.[c]

28 Y sabrán las naciones que yo Jehová santifico a Israel, estando mi santuario en medio de ellos para siempre.

Profecía contra Gog

38 **1** Vino a mí palabra de Jehová, diciendo:

2 Hijo de hombre, pon tu rostro contra Gog en tierra de Magog,[a] príncipe soberano de Mesec y Tubal, y profetiza contra él,

3 y di: Así ha dicho Jehová el Señor: He aquí, yo estoy contra ti, oh Gog, príncipe soberano de Mesec y Tubal.

4 Y te quebrantaré, y pondré garfios en tus quijadas, y te sacaré a ti y a todo tu ejército, caballos y jinetes, de todo en todo equipados, gran multitud con paveses y escudos, teniendo todos ellos espadas;

5 Persia, Cus y Fut con ellos; todos ellos con escudo y yelmo;

6 Gomer, y todas sus tropas; la casa de Togarma, de los confines del norte, y todas sus tropas; muchos pueblos contigo.

7 Prepárate y apercíbete, tú y toda tu multitud que se ha reunido a ti, y sé tú su guarda.

8 De aquí a muchos días serás visitado; al cabo de años vendrás a la tierra salvada de la espada, recogida de muchos pueblos, a los montes de Israel, que siempre fueron una desolación; mas fue sacada de las naciones, y todos ellos morarán confiadamente.

9 Subirás tú, y vendrás como tempestad; como nublado para cubrir la tierra serás tú y todas tus tropas, y muchos pueblos contigo.

10 Así ha dicho Jehová el Señor: En aquel día subirán palabras en tu corazón, y concebirás mal pensamiento,

11 y dirás: Subiré contra una tierra indefensa, iré contra gentes tranquilas que habitan confiadamente; todas ellas habitan sin muros, y no tienen cerrojos ni puertas;

12 para arrebatar despojos y para tomar botín, para poner tus manos sobre las tierras desiertas ya pobladas, y sobre el pueblo recogido de entre las naciones, que se hace de ganado y posesiones, que mora en la parte central de la tierra.

13 Sabá y Dedán, y los mercaderes de Tarsis y todos sus príncipes, te dirán: ¿Has venido a arrebatar despojos? ¿Has reunido tu multitud para tomar botín, para quitar plata y oro, para tomar ganados y posesiones, para tomar grandes despojos?

14 Por tanto, profetiza, hijo de hombre, y di a Gog: Así ha dicho Jehová el Señor: En aquel tiempo, cuando mi pueblo Israel habite con seguridad, ¿no lo sabrás tú?

15 Vendrás de tu lugar, de las regiones del norte, tú y muchos pueblos contigo, todos ellos a caballo, gran multitud y poderoso ejército,

16 y subirás contra mi pueblo Israel como nublado para cubrir la tierra; será al cabo de los días; y te traeré sobre mi tierra, para que las naciones me conozcan, cuando sea santificado en ti, oh Gog, delante de sus ojos.

17 Así ha dicho Jehová el Señor: ¿No eres tú aquel de quien hablé yo en tiempos pasados por mis siervos los profetas de

b **37.24** Ez 34.24.   c **37.27** 2 Co 6.16; Ap 21.3.
a **38.2** Ap 20.8.

Israel, los cuales profetizaron en aquellos tiempos que yo te había de traer sobre ellos?

18 En aquel tiempo, cuando venga Gog contra la tierra de Israel, dijo Jehová el Señor, subirá mi ira y mi enojo.

19 Porque he hablado en mi celo, y en el fuego de mi ira: Que en aquel tiempo habrá gran temblor sobre la tierra de Israel;

20 que los peces del mar, las aves del cielo, las bestias del campo y toda serpiente que se arrastra sobre la tierra, y todos los hombres que están sobre la faz de la tierra, temblarán ante mi presencia; y se desmoronarán los montes, y los vallados caerán, y todo muro caerá a tierra.

21 Y en todos mis montes llamaré contra él la espada, dice Jehová el Señor; la espada de cada cual será contra su hermano.

22 Y yo litigaré contra él con pestilencia y con sangre; y haré llover sobre él, sobre sus tropas y sobre los muchos pueblos que están con él, impetuosa lluvia, y piedras de granizo, fuego y azufre.

23 Y seré engrandecido y santificado, y seré conocido ante los ojos de muchas naciones; y sabrán que yo soy Jehová.

39

1 Tú pues, hijo de hombre, profetiza contra Gog, y di: Así ha dicho Jehová el Señor: He aquí yo estoy contra ti, oh Gog, príncipe soberano de Mesec y Tubal.

2 Y te quebrantaré, y te conduciré y te haré subir de las partes del norte, y te traeré sobre los montes de Israel;

3 y sacaré tu arco de tu mano izquierda, y derribaré tus saetas de tu mano derecha.

4 Sobre los montes de Israel caerás tú y todas tus tropas, y los pueblos que fueron contigo; a aves de rapiña de toda especie, y a las fieras del campo, te he dado por comida.

5 Sobre la faz del campo caerás; porque yo he hablado, dice Jehová el Señor.

6 Y enviaré fuego sobre Magog, y sobre los que moran con seguridad en las costas; y sabrán que yo soy Jehová.

7 Y haré notorio mi santo nombre en medio de mi pueblo Israel, y nunca más dejaré profanar mi santo nombre; y sabrán las naciones que yo soy Jehová, el Santo en Israel.

8 He aquí viene, y se cumplirá, dice Jehová el Señor; éste es el día del cual he hablado.

9 Y los moradores de las ciudades de Israel saldrán, y encenderán y quemarán armas, escudos, paveses, arcos y saetas, dardos de mano y lanzas; y los quemarán en el fuego por siete años.

10 No traerán leña del campo, ni cortarán de los bosques, sino quemarán las armas en el fuego; y despojarán a sus despojadores, y robarán a los que les robaron, dice Jehová el Señor.

11 En aquel tiempo yo daré a Gog lugar para sepultura allí en Israel, el valle de los que pasan al oriente del mar; y obstruirá el paso a los transeúntes, pues allí enterrarán a Gog y a toda su multitud; y lo llamarán Valle de Hamón-gog.⁴

12 Y la casa de Israel los estará enterrando por siete meses, para limpiar la tierra.

13 Los enterrará todo el pueblo de la tierra; y será para ellos célebre el día en que yo sea glorificado, dice Jehová el Señor.

14 Y tomarán hombres a jornal que vayan por el país con los que viajen, para enterrar a los que queden sobre la faz de la tierra, a fin de limpiarla; al cabo de siete meses harán el reconocimiento.

15 Y pasarán los que irán por el país, y el que vea los huesos de algún hombre pondrá junto a ellos una señal, hasta que los entierren los sepultureros en el Valle de Hamón-gog.

16 Y también el nombre de la ciudad será Hamona;⁵ y limpiarán la tierra.

17 Y tú, hijo de hombre, así ha dicho Jehová el Señor: Di a las aves de toda especie, y a toda fiera del campo: Juntaos, y venid; reuníos de todas partes a mi víctima que sacrifico para vosotros, un sacrificio grande sobre los montes de Israel; y comeréis carne y beberéis sangre.

18 Comeréis carne de fuertes, y beberéis sangre de príncipes de la tierra; de carneros, de corderos, de machos cabríos, de bueyes y de toros, engordados todos en Basán.

19 Comeréis grosura hasta saciaros, y beberéis hasta embriagaros de sangre de las víctimas que para vosotros sacrifiqué.

---

4. **39.11** Esto es, *la multitud de Gog.*
5. **39.16** Esto es, *multitud.*

20 Y os saciaréis sobre mi mesa, de caballos y de jinetes fuertes y de todos los hombres de guerra, dice Jehová el Señor.ᵃ

21 Y pondré mi gloria entre las naciones, y todas las naciones verán mi juicio que habré hecho, y mi mano que sobre ellos puse.

22 Y de aquel día en adelante sabrá la casa de Israel que yo soy Jehová su Dios.

23 Y sabrán las naciones que la casa de Israel fue llevada cautiva por su pecado, por cuanto se rebelaron contra mí, y yo escondí de ellos mi rostro, y los entregué en manos de sus enemigos, y cayeron todos a espada.

24 Conforme a su inmundicia y conforme a sus rebeliones hice con ellos, y de ellos escondí mi rostro.

25 Por tanto, así ha dicho Jehová el Señor: Ahora volveré la cautividad de Jacob, y tendré misericordia de toda la casa de Israel, y me mostraré celoso por mi santo nombre.

26 Y ellos sentirán su vergüenza, y toda su rebelión con que prevaricaron contra mí, cuando habiten en su tierra con seguridad, y no haya quien los espante;

27 cuando los saque de entre los pueblos, y los reúna de la tierra de sus enemigos, y sea santificado en ellos ante los ojos de muchas naciones.

28 Y sabrán que yo soy Jehová su Dios, cuando después de haberlos llevado al cautiverio entre las naciones, los reúna sobre su tierra, sin dejar allí a ninguno de ellos.

29 Ni esconderé más de ellos mi rostro; porque habré derramado de mi Espíritu sobre la casa de Israel, dice Jehová el Señor.

La visión del templo

40 ¹ En el año veinticinco de nuestro cautiverio, al principio del año, a los diez días del mes, a los catorce años después que la ciudad fue conquistada, en aquel mismo día vino sobre mí la mano de Jehová, y me llevó allá.

2 En visiones de Dios me llevó a la tierra de Israel, y me puso sobre un monte muy alto, sobre el cual había un edificio parecido a una gran ciudad, hacia la parte sur.ᵃ

3 Me llevó allí, y he aquí un varón, cuyo aspecto era como aspecto de bronce; y tenía un cordel de lino en su mano, y una caña de medir;ᵇ y él estaba a la puerta.

4 Y me habló aquel varón, diciendo: Hijo de hombre, mira con tus ojos, y oye con tus oídos, y pon tu corazón a todas las cosas que te muestro; porque para que yo te las mostrase has sido traído aquí. Cuenta todo lo que ves a la casa de Israel.

5 Y he aquí un muro fuera de la casa;ᶜ y la caña de medir que aquel varón tenía en la mano era de seis codos de a codo y palmo menor; y midió el espesor del muro, de una caña, y la altura, de otra caña.

6 Después vino a la puerta que mira hacia el oriente, y subió por sus gradas, y midió un poste de la puerta, de una caña de ancho, y el otro poste, de otra caña de ancho.

7 Y cada cámara tenía una caña de largo, y una caña de ancho; y entre las cámaras había cinco codos de ancho; y cada poste de la puerta junto a la entrada de la puerta por dentro, una caña.

8 Midió asimismo la entrada de la puerta por dentro, una caña.

9 Midió luego la entrada del portal, de ocho codos, y sus postes de dos codos; y la puerta del portal estaba por el lado de adentro.

10 Y la puerta oriental tenía tres cámaras a cada lado, las tres de una medida; también de una medida los portales a cada lado.

11 Midió el ancho de la entrada de la puerta, de diez codos, y la longitud del portal, de trece codos.

12 El espacio delante de las cámaras era de un codo a un lado, y de otro codo al otro lado; y cada cámara tenía seis codos por un lado, y seis codos por el otro.

13 Midió la puerta desde el techo de una cámara hasta el techo de la otra, veinticinco codos de ancho, puerta contra puerta.

14 Y midió los postes, de sesenta codos, cada poste del atrio y del portal todo en derredor.

15 Y desde el frente de la puerta de la entrada hasta el frente de la entrada de la puerta interior, cincuenta codos.

16 Y había ventanas estrechas en las cámaras, y en sus portales por dentro de la puerta alrededor, y asimismo en los corredores;

ᵃ **39.17-20** Ap 19.17, 18. ᵃ **40.2** Ap 21.10.
ᵇ **40.3** Ap 11.1; 21.15. ᶜ **40.5—42.20** 1 R 6.1-38; 2 Cr 3.1-9.

y las ventanas estaban alrededor por dentro; y en cada poste había palmeras.

17 Me llevó luego al atrio exterior, y he aquí había cámaras, y estaba enlosado todo en derredor; treinta cámaras había alrededor en aquel atrio.

18 El enlosado a los lados de las puertas, en proporción a la longitud de los portales, era el enlosado más bajo.

19 Y midió la anchura desde el frente de la puerta de abajo hasta el frente del atrio interior por fuera, de cien codos hacia el oriente y el norte.

20 Y de la puerta que estaba hacia el norte en el atrio exterior, midió su longitud y su anchura.

21 Sus cámaras eran tres de un lado, y tres del otro; y sus postes y sus arcos eran como la medida de la puerta primera: cincuenta codos de longitud, y veinticinco de ancho.

22 Y sus ventanas y sus arcos y sus palmeras eran conforme a la medida de la puerta que estaba hacia el oriente; y se subía a ella por siete gradas, y delante de ellas estaban sus arcos.

23 La puerta del atrio interior estaba enfrente de la puerta hacia el norte, y así al oriente; y midió de puerta a puerta, cien codos.

24 Me llevó después hacia el sur, y he aquí una puerta hacia el sur; y midió sus portales y sus arcos conforme a estas medidas.

25 Y tenía sus ventanas y sus arcos alrededor, como las otras ventanas; la longitud era de cincuenta codos, y el ancho de veinticinco codos.

26 Sus gradas eran de siete peldaños, con sus arcos delante de ellas; y tenía palmeras, una de un lado, y otra del otro lado, en sus postes.

27 Había también puerta hacia el sur del atrio interior; y midió de puerta a puerta hacia el sur cien codos.

28 Me llevó después en el atrio de adentro a la puerta del sur, y midió la puerta del sur conforme a estas medidas.

29 Sus cámaras y sus postes y sus arcos eran conforme a estas medidas, y tenía sus ventanas y sus arcos alrededor; la longitud era de cincuenta codos, y de veinticinco codos el ancho.

30 Los arcos alrededor eran de veinticinco codos de largo, y cinco codos de ancho.

31 Y sus arcos caían afuera al atrio, con palmeras en sus postes; y sus gradas eran de ocho peldaños.

32 Y me llevó al atrio interior hacia el oriente, y midió la puerta conforme a estas medidas.

33 Eran sus cámaras y sus postes y sus arcos conforme a estas medidas, y tenía sus ventanas y sus arcos alrededor; la longitud era de cincuenta codos, y la anchura de veinticinco codos.

34 Y sus arcos caían afuera al atrio, con palmeras en sus postes de un lado y de otro; y sus gradas eran de ocho peldaños.

35 Me llevó luego a la puerta del norte, y midió conforme a estas medidas;

36 sus cámaras, sus postes, sus arcos y sus ventanas alrededor; la longitud era de cincuenta codos, y de veinticinco codos el ancho.

37 Sus postes caían afuera al atrio, con palmeras a cada uno de sus postes de un lado y de otro; y sus gradas eran de ocho peldaños.

38 Y había allí una cámara, y su puerta con postes de portales; allí lavarán el holocausto.

39 Y en la entrada de la puerta había dos mesas a un lado, y otras dos al otro, para degollar sobre ellas el holocausto y la expiación y el sacrificio por el pecado.

40 A un lado, por fuera de las gradas, a la entrada de la puerta del norte, había dos mesas; y al otro lado que estaba a la entrada de la puerta, dos mesas.

41 Cuatro mesas a un lado, y cuatro mesas al otro lado, junto a la puerta; ocho mesas, sobre las cuales degollarán las víctimas.

42 Las cuatro mesas para el holocausto eran de piedra labrada, de un codo y medio de longitud, y codo y medio de ancho, y de un codo de altura; sobre éstas pondrán los utensilios con que degollarán el holocausto y el sacrificio.

43 Y adentro, ganchos, de un palmo menor, dispuestos en derredor; y sobre las mesas la carne de las víctimas.

44 Y fuera de la puerta interior, en el atrio de adentro que estaba al lado de la puerta del norte, estaban las cámaras de los cantores, las cuales miraban hacia el sur; una

estaba al lado de la puerta del oriente que miraba hacia el norte.

45 Y me dijo: Esta cámara que mira hacia el sur es de los sacerdotes que hacen la guardia del templo.

46 Y la cámara que mira hacia el norte es de los sacerdotes que hacen la guardia del altar; éstos son los hijos de Sadoc, los cuales son llamados de los hijos de Leví para ministrar a Jehová.

47 Y midió el atrio, cien codos de longitud, y cien codos de anchura; era cuadrado; y el altar estaba delante de la casa.

48 Y me llevó al pórtico del templo, y midió cada poste del pórtico, cinco codos de un lado, y cinco codos de otro; y la anchura de la puerta tres codos de un lado, y tres codos de otro.

49 La longitud del pórtico, veinte codos, y el ancho once codos, al cual subían por gradas; y había columnas junto a los postes, una de un lado, y otra de otro.

41 **1** Me introdujo luego en el templo, y midió los postes, siendo el ancho seis codos de un lado, y seis codos de otro, que era el ancho del tabernáculo.

2 El ancho de la puerta era de diez codos, y los lados de la puerta, de cinco codos de un lado, y cinco del otro. Y midió su longitud, de cuarenta codos, y la anchura de veinte codos.

3 Y pasó al interior, y midió cada poste de la puerta, de dos codos; y la puerta, de seis codos; y la anchura de la entrada, de siete codos.

4 Midió también su longitud, de veinte codos, y la anchura de veinte codos, delante del templo; y me dijo: Éste es el lugar santísimo.

5 Después midió el muro de la casa, de seis codos; y de cuatro codos la anchura de las cámaras, en torno de la casa alrededor.

6 Las cámaras laterales estaban sobrepuestas unas a otras, treinta en cada uno de los tres pisos; y entraban modillones en la pared de la casa alrededor, sobre los que estribasen las cámaras, para que no estribasen en la pared de la casa.

7 Y había mayor anchura en las cámaras de más arriba; la escalera de caracol de la casa subía muy alto alrededor por dentro de la casa; por tanto, la casa tenía más

anchura arriba. Del piso inferior se podía subir al de en medio, y de éste al superior.

8 Y miré la altura de la casa alrededor; los cimientos de las cámaras eran de una caña entera de seis codos largos.

9 El ancho de la pared de afuera de las cámaras era de cinco codos, igual al espacio que quedaba de las cámaras de la casa por dentro.

10 Y entre las cámaras había anchura de veinte codos por todos lados alrededor de la casa.

11 La puerta de cada cámara salía al espacio que quedaba, una puerta hacia el norte, y otra puerta hacia el sur; y el ancho del espacio que quedaba era de cinco codos por todo alrededor.

12 Y el edificio que estaba delante del espacio abierto al lado del occidente era de setenta codos; y la pared del edificio, de cinco codos de grueso alrededor, y noventa codos de largo.

13 Luego midió la casa, cien codos de largo; y el espacio abierto y el edificio y sus paredes, de cien codos de longitud.

14 Y el ancho del frente de la casa y del espacio abierto al oriente era de cien codos.

15 Y midió la longitud del edificio que estaba delante del espacio abierto que había detrás de él, y las cámaras de uno y otro lado, cien codos; y el templo de dentro, y los portales del atrio.

16 Los umbrales y las ventanas estrechas y las cámaras alrededor de los tres pisos estaba todo cubierto de madera desde el suelo hasta las ventanas; y las ventanas también cubiertas.

17 Por encima de la puerta, y hasta la casa de adentro, y afuera de ella, y por toda la pared en derredor por dentro y por fuera, tomó medidas.

18 Y estaba labrada con querubines y palmeras, entre querubín y querubín una palmera; y cada querubín tenía dos rostros;

19 un rostro de hombre hacia la palmera de un lado, y un rostro de león hacia la palmera del otro lado, por toda la casa alrededor.

20 Desde el suelo hasta encima de la puerta había querubines labrados y palmeras, por toda la pared del templo.

21 Cada poste del templo era cuadrado, y el frente del santuario era como el otro frente.

22 La altura del altar de madera era de tres codos, y su longitud de dos codos; y sus esquinas, su superficie y sus paredes eran de madera. Y me dijo: Ésta es la mesa que está delante de Jehová.

23 El templo y el santuario tenían dos puertas.

24 Y en cada puerta había dos hojas, dos hojas que giraban; dos hojas en una puerta, y otras dos en la otra.

25 En las puertas del templo había labrados de querubines y palmeras, así como los que había en las paredes; y en la fachada del atrio al exterior había un portal de madera.

26 Y había ventanas estrechas, y palmeras de uno y otro lado a los lados del pórtico; así eran las cámaras de la casa y los umbrales.

42 **1** Me trajo luego al atrio exterior hacia el norte, y me llevó a la cámara que estaba delante del espacio abierto que quedaba enfrente del edificio, hacia el norte.

2 Por delante de la puerta del norte su longitud era de cien codos, y el ancho de cincuenta codos.

3 Frente a los veinte codos que había en el atrio interior, y enfrente del enlosado que había en el atrio exterior, estaban las cámaras, las unas enfrente de las otras en tres pisos.

4 Y delante de las cámaras había un corredor de diez codos de ancho hacia adentro, con una vía de un codo; y sus puertas daban al norte.

5 Y las cámaras más altas eran más estrechas; porque las galerías quitaban de ellas más que de las bajas y de las de en medio del edificio.

6 Porque estaban en tres pisos, y no tenían columnas como las columnas de los atrios; por tanto, eran más estrechas que las de abajo y las de en medio, desde el suelo.

7 Y el muro que estaba afuera enfrente de las cámaras, hacia el atrio exterior delante de las cámaras, tenía cincuenta codos de largo.

8 Porque la longitud de las cámaras del atrio de afuera era de cincuenta codos; y delante de la fachada del templo había cien codos.

9 Y debajo de las cámaras estaba la entrada al lado oriental, para entrar en él desde el atrio exterior.

10 A lo largo del muro del atrio, hacia el oriente, enfrente del espacio abierto, y delante del edificio, había cámaras.

11 Y el corredor que había delante de ellas era semejante al de las cámaras que estaban hacia el norte; tanto su longitud como su ancho eran lo mismo, y todas sus salidas, conforme a sus puertas y conforme a sus entradas.

12 Así también eran las puertas de las cámaras que estaban hacia el sur; había una puerta al comienzo del corredor que había enfrente del muro al lado oriental, para quien entraba en las cámaras.

13 Y me dijo: Las cámaras del norte y las del sur, que están delante del espacio abierto, son cámaras santas en las cuales los sacerdotes que se acercan a Jehová comerán las santas ofrendas; allí pondrán las ofrendas santas, la ofrenda y la expiación y el sacrificio por el pecado, porque el lugar es santo.

14 Cuando los sacerdotes entren, no saldrán del lugar santo al atrio exterior, sino que allí dejarán sus vestiduras con que ministran, porque son santas; y se vestirán otros vestidos, y así se acercarán a lo que es del pueblo.

15 Y luego que acabó las medidas de la casa de adentro, me sacó por el camino de la puerta que miraba hacia el oriente, y lo midió todo alrededor.

16 Midió el lado oriental con la caña de medir, quinientas cañas de la caña de medir alrededor.

17 Midió al lado del norte, quinientas cañas de la caña de medir alrededor.

18 Midió al lado del sur, quinientas cañas de la caña de medir.

19 Rodeó al lado del occidente, y midió quinientas cañas de la caña de medir.

20 A los cuatro lados lo midió; tenía un muro todo alrededor, de quinientas cañas de longitud y quinientas cañas de ancho, para hacer separación entre el santuario y el lugar profano.

La gloria de Jehová llena el templo

43 **1** Me llevó luego a la puerta, a la puerta que mira hacia el oriente;

2 y he aquí la gloria del Dios de Israel, que venía del oriente;[a] y su sonido era como

---

a **43.2** Ez 10.3, 4, 18.19; 11.22, 23.

el sonido de muchas aguas, y la tierra resplandecía a causa de su gloria.

³ Y el aspecto de lo que vi era como una visión, como aquella visión que vi cuando vine para destruir la ciudad; y las visiones eran como la visión que vi junto al río Quebar; y me postré sobre mi rostro.

⁴ Y la gloria de Jehová entró en la casa por la vía de la puerta que daba al oriente.

⁵ Y me alzó el Espíritu y me llevó al atrio interior; y he aquí que la gloria de Jehová llenó la casa.

Leyes del templo

⁶ Y oí uno que me hablaba desde la casa; y un varón estaba junto a mí,

⁷ y me dijo: Hijo de hombre, éste es el lugar de mi trono, el lugar donde posaré las plantas de mis pies, en el cual habitaré entre los hijos de Israel para siempre; y nunca más profanará la casa de Israel mi santo nombre, ni ellos ni sus reyes, con sus fornicaciones, ni con los cuerpos muertos de sus reyes en sus lugares altos.

⁸ Porque poniendo ellos su umbral junto a mi umbral, y su contrafuerte junto a mi contrafuerte, mediando sólo una pared entre mí y ellos, han contaminado mi santo nombre con sus abominaciones que hicieron; por tanto, los consumí en mi furor.

⁹ Ahora arrojarán lejos de mí sus fornicaciones, y los cuerpos muertos de sus reyes, y habitaré en medio de ellos para siempre.

¹⁰ Tú, hijo de hombre, muestra a la casa de Israel esta casa, y avergüéncense de sus pecados; y midan el diseño de ella.

¹¹ Y si se avergonzaren de todo lo que han hecho, hazles entender el diseño de la casa, su disposición, sus salidas y sus entradas, y todas sus formas, y todas sus descripciones, y todas sus configuraciones, y todas sus leyes; y descríbelo delante de sus ojos, para que guarden toda su forma y todas sus reglas, y las pongan por obra.

¹² Ésta es la ley de la casa: Sobre la cumbre del monte, el recinto entero, todo en derredor, será santísimo. He aquí que ésta es la ley de la casa.

¹³ Éstas son las medidas del altar por codos (el codo de a codo y palmo menor).

La base, de un codo, y de un codo el ancho; y su remate por su borde alrededor, de un palmo. Éste será el zócalo del altar.

¹⁴ Y desde la base, sobre el suelo, hasta el lugar de abajo, dos codos, y la anchura de un codo; y desde la cornisa menor hasta la cornisa mayor, cuatro codos, y el ancho de un codo.

¹⁵ El altar era de cuatro codos, y encima del altar había cuatro cuernos.

¹⁶ Y el altar tenía doce codos de largo, y doce de ancho, cuadrado a sus cuatro lados.

¹⁷ El descanso era de catorce codos de longitud y catorce de anchura en sus cuatro lados, y de medio codo el borde alrededor; y la base de un codo por todos lados; y sus gradas estaban al oriente.[b]

¹⁸ Y me dijo: Hijo de hombre, así ha dicho Jehová el Señor: Éstas son las ordenanzas del altar el día en que sea hecho, para ofrecer holocausto sobre él y para esparcir sobre él sangre.

¹⁹ A los sacerdotes levitas que son del linaje de Sadoc, que se acerquen a mí, dice Jehová el Señor, para ministrar ante mí, darás un becerro de la vacada para expiación.

²⁰ Y tomarás de su sangre, y pondrás en los cuatro cuernos del altar, y en las cuatro esquinas del descanso, y en el borde alrededor; así lo limpiarás y purificarás.

²¹ Tomarás luego el becerro de la expiación, y lo quemarás conforme a la ley de la casa, fuera del santuario.

²² Al segundo día ofrecerás un macho cabrío sin defecto, para expiación; y purificarán el altar como lo purificaron con el becerro.

²³ Cuando acabes de expiar, ofrecerás un becerro de la vacada sin defecto, y un carnero sin tacha de la manada;

²⁴ y los ofrecerás delante de Jehová, y los sacerdotes echarán sal sobre ellos, y los ofrecerán en holocausto a Jehová.

²⁵ Por siete días sacrificarán un macho cabrío cada día en expiación; asimismo sacrificarán el becerro de la vacada y un carnero sin tacha del rebaño.

²⁶ Por siete días harán expiación por el altar, y lo limpiarán, y así lo consagrarán.

²⁷ Y acabados estos días, del octavo día en adelante, los sacerdotes sacrificarán sobre

---

b **43.13-17** Éx 27.1, 2; 2 Cr 4.1.

el altar vuestros holocaustos y vuestras ofrendas de paz; y me seréis aceptos, dice Jehová el Señor.[c]

44 [1] Me hizo volver hacia la puerta exterior del santuario, la cual mira hacia el oriente; y estaba cerrada.

[2] Y me dijo Jehová: Esta puerta estará cerrada; no se abrirá, ni entrará por ella hombre, porque Jehová Dios de Israel entró por ella; estará, por tanto, cerrada.

[3] En cuanto al príncipe, por ser el príncipe, él se sentará allí para comer pan delante de Jehová; por el vestíbulo de la puerta entrará, y por ese mismo camino saldrá.

[4] Y me llevó hacia la puerta del norte por delante de la casa; y miré, y he aquí la gloria de Jehová había llenado la casa de Jehová; y me postré sobre mi rostro.

[5] Y me dijo Jehová: Hijo de hombre, pon atención, y mira con tus ojos, y oye con tus oídos todo lo que yo hablo contigo sobre todas las ordenanzas de la casa de Jehová, y todas sus leyes; y pon atención a las entradas de la casa, y a todas las salidas del santuario.

[6] Y dirás a los rebeldes, a la casa de Israel: Así ha dicho Jehová el Señor: Basta ya de todas vuestras abominaciones, oh casa de Israel;

[7] de traer extranjeros, incircuncisos de corazón e incircuncisos de carne, para estar en mi santuario y para contaminar mi casa; de ofrecer mi pan, la grosura y la sangre, y de invalidar mi pacto con todas vuestras abominaciones.

[8] Pues no habéis guardado lo establecido acerca de mis cosas santas, sino que habéis puesto extranjeros como guardas de las ordenanzas en mi santuario.

[9] Así ha dicho Jehová el Señor: Ningún hijo de extranjero, incircunciso de corazón e incircunciso de carne, entrará en mi santuario, de todos los hijos de extranjeros que están entre los hijos de Israel.

[10] Y los levitas que se apartaron de mí cuando Israel se alejó de mí, yéndose tras sus ídolos, llevarán su iniquidad.

[11] Y servirán en mi santuario como porteros a las puertas de la casa y sirvientes en la casa; ellos matarán el holocausto y la víctima para el pueblo, y estarán ante él para servirle.

[12] Por cuanto les sirvieron delante de sus ídolos, y fueron a la casa de Israel por tropezadero de maldad; por tanto, he alzado mi mano y jurado, dice Jehová el Señor, que ellos llevarán su iniquidad.

[13] No se acercarán a mí para servirme como sacerdotes, ni se acercarán a ninguna de mis cosas santas, a mis cosas santísimas, sino que llevarán su vergüenza y las abominaciones que hicieron.

[14] Les pondré, pues, por guardas encargados de la custodia de la casa, para todo el servicio de ella, y para todo lo que en ella haya de hacerse.

[15] Mas los sacerdotes levitas hijos de Sadoc, que guardaron el ordenamiento del santuario cuando los hijos de Israel se apartaron de mí, ellos se acercarán para ministrar ante mí, y delante de mí estarán para ofrecerme la grosura y la sangre, dice Jehová el Señor.

[16] Ellos entrarán en mi santuario, y se acercarán a mi mesa para servirme, y guardarán mis ordenanzas.

[17] Y cuando entren por las puertas del atrio interior, se vestirán vestiduras de lino; no llevarán sobre ellos cosa de lana, cuando ministren en las puertas del atrio interior y dentro de la casa.

[18] Turbantes de lino tendrán sobre sus cabezas, y calzoncillos de lino sobre sus lomos;[a] no se ceñirán cosa que los haga sudar.

[19] Cuando salgan al atrio exterior, al atrio de afuera, al pueblo, se quitarán las vestiduras con que ministraron, y las dejarán en las cámaras del santuario,[b] y se vestirán de otros vestidos, para no santificar al pueblo con sus vestiduras.

[20] Y no se raparán su cabeza, ni dejarán crecer su cabello,[c] sino que lo recortarán solamente.

[21] Ninguno de los sacerdotes beberá vino cuando haya de entrar en el atrio interior.[d]

[22] Ni viuda ni repudiada tomará por mujer, sino que tomará virgen del linaje de la casa de Israel, o viuda que fuere viuda de sacerdote.[e]

[23] Y enseñarán a mi pueblo a hacer diferencia entre lo santo y lo profano, y les enseñarán a discernir entre lo limpio y lo no limpio.[f]

[24] En los casos de pleito ellos estarán para juzgar; conforme a mis juicios juzgarán;

c **43.18-27** Éx 29.35-37.   a **44.17, 18** Éx 28.39-43; Lv 16.4.
b **44.19** Lv 16.23.   c **44.20** Lv 21.5.   d **44.21** Lv 10.9.
e **44.22** Lv 21.7, 13.14.   f **44.23** Lv 10.10.

y mis leyes y mis decretos guardarán en todas mis fiestas solemnes, y santificarán mis días de reposo.*

25 No se acercarán a hombre muerto para contaminarse;g pero por padre o madre, hijo o hija, hermano, o hermana que no haya tenido marido, sí podrán contaminarse.

26 Y después de su purificación, le contarán siete días.

27 Y el día que entre al santuario, al atrio interior, para ministrar en el santuario, ofrecerá su expiación, dice Jehová el Señor.

28 Y habrá para ellos heredad; yo seré su heredad,h pero no les daréis posesión en Israel; yo soy su posesión.

29 La ofrenda y la expiación y el sacrificio por el pecado comerán, y toda cosa consagrada en Israel será de ellos.

30 Y las primicias de todos los primeros frutos de todo, y toda ofrenda de todo lo que se presente de todas vuestras ofrendas, será de los sacerdotes; asimismo daréis al sacerdote las primicias de todas vuestras masas, para que repose la bendición en vuestras casas.i

31 Ninguna cosa mortecina ni desgarrada, así de aves como de animales, comerán los sacerdotes.j

45 1 Cuando repartáis por suertes la tierra en heredad, apartaréis una porción para Jehová, que le consagraréis en la tierra, de longitud de veinticinco mil cañas y diez mil de ancho; esto será santificado en todo su territorio alrededor.

2 De esto será para el santuario quinientas cañas de longitud y quinientas de ancho, en cuadro alrededor; y cincuenta codos en derredor para sus ejidos.

3 Y de esta medida medirás en longitud veinticinco mil cañas, y en ancho diez mil, en lo cual estará el santuario y el lugar santísimo.

4 Lo consagrado de esta tierra será para los sacerdotes, ministros del santuario, que se acercan para ministrar a Jehová; y servirá de lugar para sus casas, y como recinto sagrado para el santuario.

5 Asimismo veinticinco mil cañas de longitud y diez mil de ancho, lo cual será para los levitas ministros de la casa, como posesión para sí, con veinte cámaras.

6 Para propiedad de la ciudad señalaréis cinco mil de anchura y veinticinco mil de longitud, delante de lo que se apartó para el santuario; será para toda la casa de Israel.

7 Y la parte del príncipe estará junto a lo que se apartó para el santuario, de uno y otro lado, y junto a la posesión de la ciudad, delante de lo que se apartó para el santuario, y delante de la posesión de la ciudad, desde el extremo occidental hasta el extremo oriental, y la longitud será desde el límite occidental hasta el límite oriental.

8 Esta tierra tendrá por posesión en Israel, y nunca más mis príncipes oprimirán a mi pueblo; y darán la tierra a la casa de Israel conforme a sus tribus.

9 Así ha dicho Jehová el Señor: ¡Basta ya, oh príncipes de Israel! Dejad la violencia y la rapiña. Haced juicio y justicia; quitad vuestras imposiciones de sobre mi pueblo, dice Jehová el Señor.

10 Balanzas justas, efa justo, y bato justo tendréis.a

11 El efa y el bato serán de una misma medida: que el bato tenga la décima parte del homer, y la décima parte del homer el efa; la medida de ellos será según el homer.

12 Y el siclo será de veinte geras. Veinte siclos, veinticinco siclos, quince siclos, os serán una mina.

13 Ésta será la ofrenda que ofreceréis: la sexta parte de un efa por cada homer del trigo, y la sexta parte de un efa por cada homer de la cebada.

14 La ordenanza para el aceite será que ofreceréis un bato de aceite, que es la décima parte de un coro; diez batos harán un homer; porque diez batos son un homer.

15 Y una cordera del rebaño de doscientas, de las engordadas de Israel, para sacrificio, y para holocausto y para ofrendas de paz, para expiación por ellos, dice Jehová el Señor.

16 Todo el pueblo de la tierra estará obligado a dar esta ofrenda para el príncipe de Israel.

17 Mas al príncipe corresponderá el dar el holocausto y el sacrificio y la libación

---

* Aquí equivale a *sábado*.
g 44.25 Lv 21.1-4.   h 44.28 Nm 18.20.   i 44.29, 30 Nm 18.8-19.
j 44.31 Lv 22.8.   a 45.10 Lv 19.36.

en las fiestas solemnes, en las lunas nuevas, en los días de reposo* y en todas las fiestas de la casa de Israel; él dispondrá la expiación, la ofrenda, el holocausto y las ofrendas de paz, para hacer expiación por la casa de Israel.

¹⁸ Así ha dicho Jehová el Señor: El mes primero, el día primero del mes, tomarás de la vacada un becerro sin defecto, y purificarás el santuario.

¹⁹ Y el sacerdote tomará de la sangre de la expiación, y pondrá sobre los postes de la casa, y sobre los cuatro ángulos del descanso del altar, y sobre los postes de las puertas del atrio interior.

²⁰ Así harás el séptimo día del mes para los que pecaron por error y por engaño, y harás expiación por la casa.

²¹ El mes primero, a los catorce días del mes, tendréis la pascua, fiesta de siete días; se comerá pan sin levadura.^b

²² Aquel día el príncipe sacrificará por sí mismo y por todo el pueblo de la tierra, un becerro por el pecado.

²³ Y en los siete días de la fiesta solemne ofrecerá holocausto a Jehová, siete becerros y siete carneros sin defecto, cada día de los siete días; y por el pecado un macho cabrío cada día.

²⁴ Y con cada becerro ofrecerá ofrenda de un efa, y con cada carnero un efa; y por cada efa un hin de aceite.

²⁵ En el mes séptimo, a los quince días del mes, en la fiesta, hará como en estos siete días^c en cuanto a la expiación, en cuanto al holocausto, en cuanto al presente y en cuanto al aceite.

46 ¹ Así ha dicho Jehová el Señor: La puerta del atrio interior que mira al oriente estará cerrada los seis días de trabajo, y el día de reposo* se abrirá; se abrirá también el día de la luna nueva.

² Y el príncipe entrará por el camino del portal de la puerta exterior, y estará en pie junto al umbral de la puerta mientras los sacerdotes ofrezcan su holocausto y sus ofrendas de paz, y adorará junto a la entrada de la puerta; después saldrá; pero no se cerrará la puerta hasta la tarde.

³ Asimismo adorará el pueblo de la tierra delante de Jehová, a la entrada de la puerta, en los días de reposo* y en las lunas nuevas.

⁴ El holocausto que el príncipe ofrecerá a Jehová en el día de reposo* será seis corderos sin defecto, y un carnero sin tacha;

⁵ y por ofrenda un efa con cada carnero; y con cada cordero una ofrenda conforme a sus posibilidades, y un hin de aceite con el efa.

⁶ Mas el día de la luna nueva, un becerro sin tacha de la vacada, seis corderos, y un carnero; deberán ser sin defecto.

⁷ Y hará ofrenda de un efa con el becerro, y un efa con cada carnero; pero con los corderos, conforme a sus posibilidades; y un hin de aceite por cada efa.

⁸ Y cuando el príncipe entrare, entrará por el camino del portal de la puerta, y por el mismo camino saldrá.

⁹ Mas cuando el pueblo de la tierra entrare delante de Jehová en las fiestas, el que entrare por la puerta del norte saldrá por la puerta del sur, y el que entrare por la puerta del sur saldrá por la puerta del norte; no volverá por la puerta por donde entró, sino que saldrá por la de enfrente de ella.

¹⁰ Y el príncipe, cuando ellos entraren, entrará en medio de ellos; y cuando ellos salieren, él saldrá.

¹¹ Y en las fiestas y en las asambleas solemnes será la ofrenda un efa con cada becerro, y un efa con cada carnero; y con los corderos, conforme a sus posibilidades; y un hin de aceite con cada efa.

¹² Mas cuando el príncipe libremente hiciere holocausto u ofrendas de paz a Jehová, le abrirán la puerta que mira al oriente, y hará su holocausto y sus ofrendas de paz, como hace en el día de reposo;* después saldrá, y cerrarán la puerta después que saliere.

¹³ Y ofrecerás en sacrificio a Jehová cada día en holocausto un cordero de un año sin defecto; cada mañana lo sacrificarás.

¹⁴ Y con él harás todas las mañanas ofrenda de la sexta parte de un efa, y la tercera parte de un hin de aceite para mezclar con la flor de harina; ofrenda para Jehová continuamente, por estatuto perpetuo.

¹⁵ Ofrecerán, pues, el cordero y la ofrenda y el aceite, todas las mañanas en holocausto continuo.

---

16 Así ha dicho Jehová el Señor: Si el príncipe diere parte de su heredad a sus hijos, será de ellos; posesión de ellos será por herencia.

17 Mas si de su heredad diere parte a alguno de sus siervos, será de él hasta el año del jubileo,ª y volverá al príncipe; mas su herencia será de sus hijos.

18 Y el príncipe no tomará nada de la herencia del pueblo, para no defraudarlos de su posesión; de lo que él posee dará herencia a sus hijos, a fin de que ninguno de mi pueblo sea echado de su posesión.

19 Me trajo después por la entrada que estaba hacia la puerta, a las cámaras santas de los sacerdotes, las cuales miraban al norte, y vi que había allí un lugar en el fondo del lado de occidente.

20 Y me dijo: Éste es el lugar donde los sacerdotes cocerán la ofrenda por el pecado y la expiación; allí cocerán la ofrenda, para no sacarla al atrio exterior, santificando así al pueblo.

21 Y luego me sacó al atrio exterior, y me llevó por los cuatro rincones del atrio; y en cada rincón había un patio.

22 En los cuatro rincones del atrio había patios cercados, de cuarenta codos de longitud y treinta de ancho; una misma medida tenían los cuatro.

23 Y había una pared alrededor de ellos, alrededor de los cuatro, y abajo fogones alrededor de las paredes.

24 Y me dijo: Éstas son las cocinas, donde los servidores de la casa cocerán la ofrenda del pueblo.

Las aguas salutíferas

47 1 Me hizo volver luego a la entrada de la casa; y he aquí aguas que salían de debajo del umbral de la casaª hacia el oriente; porque la fachada de la casa estaba al oriente, y las aguas descendían de debajo, hacia el lado derecho de la casa, al sur del altar.

2 Y me sacó por el camino de la puerta del norte, y me hizo dar la vuelta por el camino exterior, fuera de la puerta, al camino de la que mira al oriente; y vi que las aguas salían del lado derecho.

3 Y salió el varón hacia el oriente, llevando un cordel en su mano; y midió mil codos, y me hizo pasar por las aguas hasta los tobillos.

4 Midió otros mil, y me hizo pasar por las aguas hasta las rodillas. Midió luego otros mil, y me hizo pasar por las aguas hasta los lomos.

5 Midió otros mil, y era ya un río que yo no podía pasar, porque las aguas habían crecido de manera que el río no se podía pasar sino a nado.

6 Y me dijo: ¿Has visto, hijo de hombre? Después me llevó, y me hizo volver por la ribera del río.

7 Y volviendo yo, vi que en la ribera del río había muchísimos árboles a uno y otro lado.

8 Y me dijo: Estas aguas salen a la región del oriente, y descenderán al Arabá, y entrarán en el mar; y entradas en el mar, recibirán sanidad las aguas.

9 Y toda alma viviente que nadare por dondequiera que entraren estos dos ríos, vivirá; y habrá muchísimos peces por haber entrado allá estas aguas, y recibirán sanidad; y vivirá todo lo que entrare en este río.

10 Y junto a él estarán los pescadores, y desde En-gadi hasta En-eglaim será su tendedero de redes; y por sus especies serán los peces tan numerosos como los peces del Mar Grande.

11 Sus pantanos y sus lagunas no se sanearán; quedarán para salinas.

12 Y junto al río, en la ribera, a uno y otro lado, crecerá toda clase de árboles frutales; sus hojas nunca caerán, ni faltará su fruto. A su tiempo madurará, porque sus aguas salen del santuario; y su fruto será para comer, y su hoja para medicina.

Límites y repartición de la tierra

13 Así ha dicho Jehová el Señor: Éstos son los límites en que repartiréis la tierra por heredad entre las doce tribus de Israel. José tendrá dos partes.

14 Y la heredaréis así los unos como los otros; por ella alcé mi mano jurando que la había de dar a vuestros padres; por tanto, ésta será la tierra de vuestra heredad.

15 Y éste será el límite de la tierra hacia el lado del norte; desde el Mar Grande, camino de Hetlón viniendo a Zedad,

16 Hamat, Berota, Sibraim, que está entre el límite de Damasco y el límite de Hamat; Hazar-haticón, que es el límite de Haurán.

---

a 46.17 Lv 25.10.   a 47.1 Zac 14.8; Jn 7.38; Ap 22.1.

17 Y será el límite del norte desde el mar hasta Hazar-enán en el límite de Damasco al norte, y al límite de Hamat al lado del norte.

18 Del lado del oriente, en medio de Haurán y de Damasco, y de Galaad y de la tierra de Israel, al Jordán; esto mediréis de límite hasta el mar oriental.

19 Del lado meridional, hacia el sur, desde Tamar hasta las aguas de las rencillas; desde Cades y el arroyo hasta el Mar Grande; y esto será el lado meridional, al sur.

20 Del lado del occidente el Mar Grande será el límite hasta enfrente de la entrada de Hamat; éste será el lado occidental.

21 Repartiréis, pues, esta tierra entre vosotros según las tribus de Israel.

22 Y echaréis sobre ella suertes por heredad para vosotros, y para los extranjeros que moran entre vosotros, que entre vosotros han engendrado hijos; y los tendréis como naturales entre los hijos de Israel; echarán suertes con vosotros para tener heredad entre las tribus de Israel.

23 En la tribu en que morare el extranjero, allí le daréis su heredad, ha dicho Jehová el Señor.

48 **1** Éstos son los nombres de las tribus: Desde el extremo norte por la vía de Hetlón viniendo a Hamat, Hazar-enán, en los confines de Damasco, al norte, hacia Hamat, tendrá Dan una parte, desde el lado oriental hasta el occidental.

2 Junto a la frontera de Dan, desde el lado del oriente hasta el lado del mar, tendrá Aser una parte.

3 Junto al límite de Aser, desde el lado del oriente hasta el lado del mar, Neftalí, otra.

4 Junto al límite de Neftalí, desde el lado del oriente hasta el lado del mar, Manasés, otra.

5 Junto al límite de Manasés, desde el lado del oriente hasta el lado del mar, Efraín, otra.

6 Junto al límite de Efraín, desde el lado del oriente hasta el lado del mar, Rubén, otra.

7 Junto al límite de Rubén, desde el lado del oriente hasta el lado del mar, Judá, otra.

8 Junto al límite de Judá, desde el lado del oriente hasta el lado del mar, estará la porción que reservaréis de veinticinco mil cañas de anchura, y de longitud como cualquiera de las otras partes, esto es, desde el lado del oriente hasta el lado del mar; y el santuario estará en medio de ella.

9 La porción que reservaréis para Jehová tendrá de longitud veinticinco mil cañas, y diez mil de ancho.

10 La porción santa que pertenecerá a los sacerdotes será de veinticinco mil cañas al norte, y de diez mil de anchura al occidente, y de diez mil de ancho al oriente, y de veinticinco mil de longitud al sur; y el santuario de Jehová estará en medio de ella.

11 Los sacerdotes santificados de los hijos de Sadoc que me guardaron fidelidad, que no erraron cuando erraron los hijos de Israel, como erraron los levitas,

12 ellos tendrán como parte santísima la porción de la tierra reservada, junto al límite de la de los levitas.

13 Y la de los levitas, al lado de los límites de la de los sacerdotes, será de veinticinco mil cañas de longitud, y de diez mil de anchura; toda la longitud de veinticinco mil, y la anchura de diez mil.

14 No venderán nada de ello, ni lo permutarán, ni traspasarán las primicias de la tierra; porque es cosa consagrada a Jehová.

15 Y las cinco mil cañas de anchura que quedan de las veinticinco mil, serán profanas, para la ciudad, para habitación y para ejido; y la ciudad estará en medio.

16 Éstas serán sus medidas: al lado del norte cuatro mil quinientas cañas, al lado del sur cuatro mil quinientas, al lado del oriente cuatro mil quinientas, y al lado del occidente cuatro mil quinientas.

17 Y el ejido de la ciudad será al norte de doscientas cincuenta cañas, al sur de doscientas cincuenta, al oriente de doscientas cincuenta, y de doscientas cincuenta al occidente.

18 Y lo que quedare de longitud delante de la porción santa, diez mil cañas al oriente y diez mil al occidente, que será lo que quedará de la porción santa, será para sembrar para los que sirven a la ciudad.

19 Y los que sirvan a la ciudad serán de todas las tribus de Israel.

20 Toda la porción reservada de veinticinco mil cañas por veinticinco mil en cuadro, reservaréis como porción para el santuario, y para la posesión de la ciudad.

21 Y del príncipe será lo que quedare a uno y otro lado de la porción santa y de la posesión de la ciudad, esto es, delante de las veinticinco mil cañas de la porción hasta el límite oriental, y al occidente delante de las veinticinco mil hasta el límite occidental, delante de las partes dichas será del príncipe; porción santa será, y el santuario de la casa estará en medio de ella.

22 De este modo la parte del príncipe será la comprendida desde la porción de los levitas y la porción de la ciudad, entre el límite de Judá y el límite de Benjamín.

23 En cuanto a las demás tribus, desde el lado del oriente hasta el lado del mar, tendrá Benjamín una porción.

24 Junto al límite de Benjamín, desde el lado del oriente hasta el lado del mar, Simeón, otra.

25 Junto al límite de Simeón, desde el lado del oriente hasta el lado del mar, Isacar, otra.

26 Junto al límite de Isacar, desde el lado del oriente hasta el lado del mar, Zabulón, otra.

27 Junto al límite de Zabulón, desde el lado del oriente hasta el lado del mar, Gad, otra.

28 Junto al límite de Gad, al lado meridional al sur, será el límite desde Tamar hasta las aguas de las rencillas, y desde Cades y el arroyo hasta el Mar Grande.

29 Ésta es la tierra que repartiréis por suertes en heredad a las tribus de Israel, y éstas son sus porciones, ha dicho Jehová el Señor.

30 Y éstas son las salidas de la ciudad:[a] al lado del norte, cuatro mil quinientas cañas por medida.

31 Y las puertas de la ciudad serán según los nombres de las tribus de Israel: tres puertas al norte: la puerta de Rubén, una; la puerta de Judá, otra; la puerta de Leví, otra.

32 Al lado oriental cuatro mil quinientas cañas, y tres puertas: la puerta de José, una; la puerta de Benjamín, otra; la puerta de Dan, otra.

33 Al lado del sur, cuatro mil quinientas cañas por medida, y tres puertas: la puerta de Simeón, una; la puerta de Isacar, otra; la puerta de Zabulón, otra.

34 Y al lado occidental cuatro mil quinientas cañas, y sus tres puertas: la puerta de Gad, una; la puerta de Aser, otra; la puerta de Neftalí, otra.

35 En derredor tendrá dieciocho mil cañas. Y el nombre de la ciudad desde aquel día será Jehová-sama.[b]

---

b. **48.35** Esto es, *Jehová allí.*
a **48.30-34** Ap 21.12, 13.

DANIEL

Daniel y sus compañeros en Babilonia

1 ¹ En el año tercero del reinado de Joacim rey de Judá, vino Nabucodonosor rey de Babilonia a Jerusalén, y la sitió.ª ² Y el Señor entregó en sus manos a Joacim rey de Judá, y parte de los utensilios de la casa de Dios; y los trajo a tierra de Sinar, a la casa de su dios, y colocó los utensilios en la casa del tesoro de su dios. ³ Y dijo el rey a Aspenaz, jefe de sus eunucos, que trajese de los hijos de Israel, del linaje real de los príncipes, ⁴ muchachos en quienes no hubiese tacha alguna, de buen parecer, enseñados en toda sabiduría, sabios en ciencia y de buen entendimiento, e idóneos para estar en el palacio del rey; y que les enseñase las letras y la lengua de los caldeos.ᵇ ⁵ Y les señaló el rey ración para cada día, de la provisión de la comida del rey, y del vino que él bebía; y que los criase tres años, para que al fin de ellos se presentasen delante del rey. ⁶ Entre éstos estaban Daniel, Ananías, Misael y Azarías, de los hijos de Judá. ⁷ A éstos el jefe de los eunucos puso nombres: puso a Daniel, Beltsasar; a Ananías, Sadrac; a Misael, Mesac; y a Azarías, Abed-nego.

⁸ Y Daniel propuso en su corazón no contaminarse con la porción de la comida del rey, ni con el vino que él bebía; pidió, por tanto, al jefe de los eunucos que no se le obligase a contaminarse. ⁹ Y puso Dios a Daniel en gracia y en buena voluntad con el jefe de los eunucos; ¹⁰ y dijo el jefe de los eunucos a Daniel: Temo a mi señor el rey, que señaló vuestra comida y vuestra bebida; pues luego que él vea vuestros rostros más pálidos que los de los muchachos que son semejantes a vosotros, condenaréis para con el rey mi cabeza. ¹¹ Entonces dijo Daniel a Melsar, que estaba puesto por el jefe de los eunucos sobre Daniel, Ananías, Misael y Azarías:

¹² Te ruego que hagas la prueba con tus siervos por diez días, y nos den legumbres a comer, y agua a beber. ¹³ Compara luego nuestros rostros con los rostros de los muchachos que comen de la ración de la comida del rey, y haz después con tus siervos según veas. ¹⁴ Consintió, pues, con ellos en esto, y probó con ellos diez días. ¹⁵ Y al cabo de los diez días pareció el rostro de ellos mejor y más robusto que el de los otros muchachos que comían de la porción de la comida del rey. ¹⁶ Así, pues, Melsar se llevaba la porción de la comida de ellos y el vino que habían de beber, y les daba legumbres. ¹⁷ A estos cuatro muchachos Dios les dio conocimiento e inteligencia en todas las letras y ciencias; y Daniel tuvo entendimiento en toda visión y sueños. ¹⁸ Pasados, pues, los días al fin de los cuales había dicho el rey que los trajesen, el jefe de los eunucos los trajo delante de Nabucodonosor. ¹⁹ Y el rey habló con ellos, y no fueron hallados entre todos ellos otros como Daniel, Ananías, Misael y Azarías; así, pues, estuvieron delante del rey. ²⁰ En todo asunto de sabiduría e inteligencia que el rey les consultó, los halló diez veces mejores que todos los magos y astrólogos que había en todo su reino. ²¹ Y continuó Daniel hasta el año primero del rey Ciro.

Daniel interpreta el sueño de Nabucodonosor

2 ¹ En el segundo año del reinado de Nabucodonosor, tuvo Nabucodonosor sueños, y se perturbó su espíritu, y se le fue el sueño. ² Hizo llamar el rey a magos, astrólogos, encantadores y caldeos, para que le

---

a 1.1 2 R 24.1; 2 Cr 36.5-7.   **b 1.2-4** 2 R 20.17, 18; Is 39.7, 8; 2 R 24.10-16; 2 Cr 36.10.

explicasen sus sueños. Vinieron, pues, y se presentaron delante del rey.

3 Y el rey les dijo: He tenido un sueño, y mi espíritu se ha turbado por saber el sueño.

4 Entonces hablaron los caldeos al rey en lengua aramea: Rey, para siempre vive; di el sueño a tus siervos, y te mostraremos la interpretación.

5 Respondió el rey y dijo a los caldeos: El asunto lo olvidé; si no me mostráis el sueño y su interpretación, seréis hechos pedazos, y vuestras casas serán convertidas en muladares.

6 Y si me mostrareis el sueño y su interpretación, recibiréis de mí dones y favores y gran honra. Decidme, pues, el sueño y su interpretación.

7 Respondieron por segunda vez, y dijeron: Diga el rey el sueño a sus siervos, y le mostraremos la interpretación.

8 El rey respondió y dijo: Yo conozco ciertamente que vosotros ponéis dilaciones, porque veis que el asunto se me ha ido.

9 Si no me mostráis el sueño, una sola sentencia hay para vosotros. Ciertamente preparáis respuesta mentirosa y perversa que decir delante de mí, entre tanto que pasa el tiempo. Decidme, pues, el sueño, para que yo sepa que me podéis dar su interpretación.

10 Los caldeos respondieron delante del rey, y dijeron: No hay hombre sobre la tierra que pueda declarar el asunto del rey; además de esto, ningún rey, príncipe ni señor preguntó cosa semejante a ningún mago ni astrólogo ni caldeo.

11 Porque el asunto que el rey demanda es difícil, y no hay quien lo pueda declarar al rey, salvo los dioses cuya morada no es con la carne.

12 Por esto el rey con ira y con gran enojo mandó que matasen a todos los sabios de Babilonia.

13 Y se publicó el edicto de que los sabios fueran llevados a la muerte; y buscaron a Daniel y a sus compañeros para matarlos.

14 Entonces Daniel habló sabia y prudentemente a Arioc, capitán de la guardia del rey, que había salido para matar a los sabios de Babilonia.

15 Habló y dijo a Arioc capitán del rey: ¿Cuál es la causa de que este edicto se publique de parte del rey tan apresuradamente?

Entonces Arioc hizo saber a Daniel lo que había.

16 Y Daniel entró y pidió al rey que le diese tiempo, y que él mostraría la interpretación al rey.

17 Luego se fue Daniel a su casa e hizo saber lo que había a Ananías, Misael y Azarías, sus compañeros,

18 para que pidiesen misericordias del Dios del cielo sobre este misterio, a fin de que Daniel y sus compañeros no pereciesen con los otros sabios de Babilonia.

19 Entonces el secreto fue revelado a Daniel en visión de noche, por lo cual bendijo Daniel al Dios del cielo.

20 Y Daniel habló y dijo: Sea bendito el nombre de Dios de siglos en siglos, porque suyos son el poder y la sabiduría.

21 Él muda los tiempos y las edades; quita reyes, y pone reyes; da la sabiduría a los sabios, y la ciencia a los entendidos.

22 Él revela lo profundo y lo escondido; conoce lo que está en tinieblas, y con él mora la luz.

23 A ti, oh Dios de mis padres, te doy gracias y te alabo, porque me has dado sabiduría y fuerza, y ahora me has revelado lo que te pedimos; pues nos has dado a conocer el asunto del rey.

24 Después de esto fue Daniel a Arioc, al cual el rey había puesto para matar a los sabios de Babilonia, y le dijo así: No mates a los sabios de Babilonia; llévame a la presencia del rey, y yo le mostraré la interpretación.

25 Entonces Arioc llevó prontamente a Daniel ante el rey, y le dijo así: He hallado un varón de los deportados de Judá, el cual dará al rey la interpretación.

26 Respondió el rey y dijo a Daniel, al cual llamaban Beltsasar: ¿Podrás tú hacerme conocer el sueño que vi, y su interpretación?

27 Daniel respondió delante del rey, diciendo: El misterio que el rey demanda, ni sabios, ni astrólogos, ni magos ni adivinos lo pueden revelar al rey.

28 Pero hay un Dios en los cielos, el cual revela los misterios, y él ha hecho saber al rey Nabucodonosor lo que ha de acontecer en los postreros días. He aquí tu sueño, y las visiones que has tenido en tu cama:

29 Estando tú, oh rey, en tu cama, te vinieron pensamientos por saber lo que había de ser en lo por venir; y el que revela los misterios te mostró lo que ha de ser.

30 Y a mí me ha sido revelado este misterio, no porque en mí haya más sabiduría que en todos los vivientes, sino para que se dé a conocer al rey la interpretación, y para que entiendas los pensamientos de tu corazón.

31 Tú, oh rey, veías, y he aquí una gran imagen. Esta imagen, que era muy grande, y cuya gloria era muy sublime, estaba en pie delante de ti, y su aspecto era terrible. **32** La cabeza de esta imagen era de oro fino; su pecho y sus brazos, de plata; su vientre y sus muslos, de bronce; **33** sus piernas, de hierro; sus pies, en parte de hierro y en parte de barro cocido. **34** Estabas mirando, hasta que una piedra fue cortada, no con mano, e hirió a la imagen en sus pies de hierro y de barro cocido, y los desmenuzó. **35** Entonces fueron desmenuzados también el hierro, el barro cocido, el bronce, la plata y el oro, y fueron como tamo de las eras del verano, y se los llevó el viento sin que de ellos quedara rastro alguno. Mas la piedra que hirió a la imagen fue hecha un gran monte que llenó toda la tierra.

36 Éste es el sueño; también la interpretación de él diremos en presencia del rey. **37** Tú, oh rey, eres rey de reyes; porque el Dios del cielo te ha dado reino, poder, fuerza y majestad. **38** Y dondequiera que habitan hijos de hombres, bestias del campo y aves del cielo, él los ha entregado en tu mano, y te ha dado el dominio sobre todo; tú eres aquella cabeza de oro. **39** Y después de ti se levantará otro reino inferior al tuyo; y luego un tercer reino de bronce, el cual dominará sobre toda la tierra. **40** Y el cuarto reino será fuerte como hierro; y como el hierro desmenuza y rompe todas las cosas, desmenuzará y quebrantará todo. **41** Y lo que viste de los pies y los dedos, en parte de barro cocido de alfarero y en parte de hierro, será un reino dividido; mas habrá en él algo de la fuerza del hierro, así como viste hierro mezclado con barro cocido. **42** Y por ser los dedos de los pies en parte de hierro y en parte de barro cocido, el reino será en parte fuerte, y en parte frágil.

43 Así como viste el hierro mezclado con barro, se mezclarán por medio de alianzas humanas; pero no se unirán el uno con el otro, como el hierro no se mezcla con el barro. **44** Y en los días de estos reyes el Dios del cielo levantará un reino que no será jamás destruido, ni será el reino dejado a otro pueblo; desmenuzará y consumirá a todos estos reinos, pero él permanecerá para siempre, **45** de la manera que viste que del monte fue cortada una piedra, no con mano, la cual desmenuzó el hierro, el bronce, el barro, la plata y el oro. El gran Dios ha mostrado al rey lo que ha de acontecer en lo por venir; y el sueño es verdadero, y fiel su interpretación.

46 Entonces el rey Nabucodonosor se postró sobre su rostro y se humilló ante Daniel, y mandó que le ofreciesen presentes e incienso. **47** El rey habló a Daniel, y dijo: Ciertamente el Dios vuestro es Dios de dioses, y Señor de los reyes, y el que revela los misterios, pues pudiste revelar este misterio. **48** Entonces el rey engrandeció a Daniel, y le dio muchos honores y grandes dones, y le hizo gobernador de toda la provincia de Babilonia, y jefe supremo de todos los sabios de Babilonia. **49** Y Daniel solicitó del rey, y obtuvo que pusiera sobre los negocios de la provincia de Babilonia a Sadrac, Mesac y Abed-nego; y Daniel estaba en la corte del rey.

Rescatados del horno de fuego

3 **1** El rey Nabucodonosor hizo una estatua de oro cuya altura era de sesenta codos, y su anchura de seis codos; la levantó en el campo de Dura, en la provincia de Babilonia. **2** Y envió el rey Nabucodonosor a que se reuniesen los sátrapas, los magistrados y capitanes, oidores, tesoreros, consejeros, jueces, y todos los gobernadores de las provincias, para que viniesen a la dedicación de la estatua que el rey Nabucodonosor había levantado. **3** Fueron, pues, reunidos los sátrapas, magistrados, capitanes, oidores, tesoreros, consejeros, jueces, y todos los gobernadores de las provincias, a la dedicación de la estatua que el rey Nabucodonosor había levantado; y estaban en pie delante de la estatua que había levantado el rey Nabucodonosor.

4 Y el pregonero anunciaba en alta voz: Mándase a vosotros, oh pueblos, naciones y lenguas,

5 que al oír el son de la bocina, de la flauta, del tamboril, del arpa, del salterio, de la zampoña y de todo instrumento de música, os postréis y adoréis la estatua de oro que el rey Nabucodonosor ha levantado;

6 y cualquiera que no se postre y adore, inmediatamente será echado dentro de un horno de fuego ardiendo.

7 Por lo cual, al oír todos los pueblos el son de la bocina, de la flauta, del tamboril, del arpa, del salterio, de la zampoña y de todo instrumento de música, todos los pueblos, naciones y lenguas se postraron y adoraron la estatua de oro que el rey Nabucodonosor había levantado.

8 Por esto en aquel tiempo algunos varones caldeos vinieron y acusaron maliciosamente a los judíos.

9 Hablaron y dijeron al rey Nabucodonosor: Rey, para siempre vive.

10 Tú, oh rey, has dado una ley que todo hombre, al oír el son de la bocina, de la flauta, del tamboril, del arpa, del salterio, de la zampoña y de todo instrumento de música, se postre y adore la estatua de oro;

11 y el que no se postre y adore, sea echado dentro de un horno de fuego ardiendo.

12 Hay unos varones judíos, los cuales pusiste sobre los negocios de la provincia de Babilonia: Sadrac, Mesac y Abed-nego; estos varones, oh rey, no te han respetado; no adoran tus dioses, ni adoran la estatua de oro que has levantado.

13 Entonces Nabucodonosor dijo con ira y con enojo que le trajesen a Sadrac, Mesac y Abed-nego. Al instante fueron traídos estos varones delante del rey.

14 Habló Nabucodonosor y les dijo: ¿Es verdad, Sadrac, Mesac y Abed-nego, que vosotros no honráis a mi dios, ni adoráis la estatua de oro que he levantado?

15 Ahora, pues, ¿estáis dispuestos para que al oír el son de la bocina, de la flauta, del tamboril, del arpa, del salterio, de la zampoña y de todo instrumento de música, os postréis y adoréis la estatua que he hecho?

Porque si no la adorareis, en la misma hora seréis echados en medio de un horno de fuego ardiendo; ¿y qué dios será aquel que os libre de mis manos?

16 Sadrac, Mesac y Abed-nego respondieron al rey Nabucodonosor, diciendo: No es necesario que te respondamos sobre este asunto.

17 He aquí nuestro Dios a quien servimos puede librarnos del horno de fuego ardiendo; y de tu mano, oh rey, nos librará.

18 Y si no, sepas, oh rey, que no serviremos a tus dioses, ni tampoco adoraremos la estatua que has levantado.

19 Entonces Nabucodonosor se llenó de ira, y se demudó el aspecto de su rostro contra Sadrac, Mesac y Abed-nego, y ordenó que el horno se calentase siete veces más de lo acostumbrado.

20 Y mandó a hombres muy vigorosos que tenía en su ejército, que atasen a Sadrac, Mesac y Abed-nego, para echarlos en el horno de fuego ardiendo.

21 Entonces estos varones fueron atados con sus mantos, sus calzas, sus turbantes y sus vestidos, y fueron echados dentro del horno de fuego ardiendo.

22 Y como la orden del rey era apremiante, y lo habían calentado mucho, la llama del fuego mató a aquellos que habían alzado a Sadrac, Mesac y Abed-nego.

23 Y estos tres varones, Sadrac, Mesac y Abed-nego, cayeron atados dentro del horno de fuego ardiendo.

24 Entonces el rey Nabucodonosor se espantó, y se levantó apresuradamente y dijo a los de su consejo: ¿No echaron a tres varones atados dentro del fuego? Ellos respondieron al rey: Es verdad, oh rey.

25 Y él dijo: He aquí yo veo cuatro varones sueltos, que se pasean en medio del fuego sin sufrir ningún daño; y el aspecto del cuarto es semejante a hijo de los dioses.

26 Entonces Nabucodonosor se acercó a la puerta del horno de fuego ardiendo, y dijo: Sadrac, Mesac y Abed-nego, siervos del Dios Altísimo, salid y venid. Entonces Sadrac, Mesac y Abed-nego salieron de en medio del fuego.

27 Y se juntaron los sátrapas, los gobernadores, los capitanes y los consejeros del rey, para mirar a estos varones, cómo el fuego no había tenido poder alguno sobre sus cuerpos, ni aun el cabello de sus cabezas se había quemado; sus ropas estaban intactas, y ni siquiera olor de fuego tenían.

28 Entonces Nabucodonosor dijo: Bendito sea el Dios de ellos, de Sadrac, Mesac y Abed-nego, que envió su ángel y libró a sus siervos que confiaron en él, y que no cumplieron el edicto del rey, y entregaron sus cuerpos antes que servir y adorar a otro dios que su Dios.

29 Por lo tanto, decreto que todo pueblo, nación o lengua que dijere blasfemia contra el Dios de Sadrac, Mesac y Abed-nego, sea descuartizado, y su casa convertida en muladar; por cuanto no hay dios que pueda librar como éste.

30 Entonces el rey engrandeció a Sadrac, Mesac y Abed-nego en la provincia de Babilonia.

La locura de Nabucodonosor

4 **1** Nabucodonosor rey, a todos los pueblos, naciones y lenguas que moran en toda la tierra: Paz os sea multiplicada.

2 Conviene que yo declare las señales y milagros que el Dios Altísimo ha hecho conmigo.

3 ¡Cuán grandes son sus señales, y cuán potentes sus maravillas! Su reino, reino sempiterno, y su señorío de generación en generación.

4 Yo Nabucodonosor estaba tranquilo en mi casa, y floreciente en mi palacio.

5 Vi un sueño que me espantó, y tendido en cama, las imaginaciones y visiones de mi cabeza me turbaron.

6 Por esto mandé que vinieran delante de mí todos los sabios de Babilonia, para que me mostrasen la interpretación del sueño.

7 Y vinieron magos, astrólogos, caldeos y adivinos, y les dije el sueño, pero no me pudieron mostrar su interpretación,

8 hasta que entró delante de mí Daniel, cuyo nombre es Beltsasar, como el nombre de mi dios, y en quien mora el espíritu de los dioses santos. Conté delante de él el sueño, diciendo:

9 Beltsasar, jefe de los magos, ya que he entendido que hay en ti espíritu de los dioses santos, y que ningún misterio se te esconde, declárame las visiones de mi sueño que he visto, y su interpretación.

10 Éstas fueron las visiones de mi cabeza mientras estaba en mi cama: Me parecía ver en medio de la tierra un árbol, cuya altura era grande.

11 Crecía este árbol, y se hacía fuerte, y su copa llegaba hasta el cielo, y se le alcanzaba a ver desde todos los confines de la tierra.

12 Su follaje era hermoso y su fruto abundante, y había en él alimento para todos. Debajo de él se ponían a la sombra las bestias del campo, y en sus ramas hacían morada las aves del cielo, y se mantenía de él toda carne.

13 Vi en las visiones de mi cabeza mientras estaba en mi cama, que he aquí un vigilante y santo descendía del cielo.

14 Y clamaba fuertemente y decía así: Derribad el árbol, y cortad sus ramas, quitadle el follaje, y dispersad su fruto; váyanse las bestias que están debajo de él, y las aves de sus ramas.

15 Mas la cepa de sus raíces dejaréis en la tierra, con atadura de hierro y de bronce entre la hierba del campo; sea mojado con el rocío del cielo, y con las bestias sea su parte entre la hierba de la tierra.

16 Su corazón de hombre sea cambiado, y le sea dado corazón de bestia, y pasen sobre él siete tiempos.

17 La sentencia es por decreto de los vigilantes, y por dicho de los santos la resolución, para que conozcan los vivientes que el Altísimo gobierna el reino de los hombres, y que a quien él quiere lo da, y constituye sobre él al más bajo de los hombres.

18 Yo el rey Nabucodonosor he visto este sueño. Tú, pues, Beltsasar, dirás la interpretación de él, porque todos los sabios de mi reino no han podido mostrarme su interpretación; mas tú puedes, porque mora en ti el espíritu de los dioses santos.

19 Entonces Daniel, cuyo nombre era Beltsasar, quedó atónito casi una hora, y sus pensamientos lo turbaban. El rey habló y dijo: Beltsasar, no te turben ni el sueño ni su interpretación. Beltsasar respondió y dijo: Señor mío, el sueño sea para tus enemigos, y su interpretación para los que mal te quieren.

20 El árbol que viste, que crecía y se hacía fuerte, y cuya copa llegaba hasta el cielo, y que se veía desde todos los confines de la tierra,

21 cuyo follaje era hermoso, y su fruto abundante, y en que había alimento para todos, debajo del cual moraban las bestias del campo, y en cuyas ramas anidaban las aves del cielo,

22 tú mismo eres, oh rey, que creciste y te hiciste fuerte, pues creció tu grandeza y ha llegado hasta el cielo, y tu dominio hasta los confines de la tierra.

23 Y en cuanto a lo que vio el rey, un vigilante y santo que descendía del cielo y decía: Cortad el árbol y destruidlo; mas la cepa de sus raíces dejaréis en la tierra, con atadura de hierro y de bronce en la hierba del campo; y sea mojado con el rocío del cielo, y con las bestias del campo sea su parte, hasta que pasen sobre él siete tiempos;

24 ésta es la interpretación, oh rey, y la sentencia del Altísimo, que ha venido sobre mi señor el rey:

25 Que te echarán de entre los hombres, y con las bestias del campo será tu morada, y con hierba del campo te apacentarán como a los bueyes, y con el rocío del cielo serás bañado; y siete tiempos pasarán sobre ti, hasta que conozcas que el Altísimo tiene dominio en el reino de los hombres, y que lo da a quien él quiere.

26 Y en cuanto a la orden de dejar en la tierra la cepa de las raíces del mismo árbol, significa que tu reino te quedará firme, luego que reconozcas que el cielo gobierna.

27 Por tanto, oh rey, acepta mi consejo: tus pecados redime con justicia, y tus iniquidades haciendo misericordias para con los oprimidos, pues tal vez será eso una prolongación de tu tranquilidad.

28 Todo esto vino sobre el rey Nabucodonosor.

29 Al cabo de doce meses, paseando en el palacio real de Babilonia,

30 habló el rey y dijo: ¿No es ésta la gran Babilonia que yo edifiqué para casa real con la fuerza de mi poder, y para gloria de mi majestad?

31 Aún estaba la palabra en la boca del rey, cuando vino una voz del cielo: A ti se te dice, rey Nabucodonosor: El reino ha sido quitado de ti;

32 y de entre los hombres te arrojarán, y con las bestias del campo será tu habitación, y como a los bueyes te apacentarán; y siete tiempos pasarán sobre ti, hasta que

reconozcas que el Altísimo tiene el dominio en el reino de los hombres, y lo da a quien él quiere.

33 En la misma hora se cumplió la palabra sobre Nabucodonosor, y fue echado de entre los hombres; y comía hierba como los bueyes, y su cuerpo se mojaba con el rocío del cielo, hasta que su pelo creció como plumas de águila, y sus uñas como las de las aves.

34 Mas al fin del tiempo yo Nabucodonosor alcé mis ojos al cielo, y mi razón me fue devuelta; y bendije al Altísimo, y alabé y glorifiqué al que vive para siempre, cuyo dominio es sempiterno, y su reino por todas las edades.

35 Todos los habitantes de la tierra son considerados como nada; y él hace según su voluntad en el ejército del cielo, y en los habitantes de la tierra, y no hay quien detenga su mano, y le diga: ¿Qué haces?

36 En el mismo tiempo mi razón me fue devuelta, y la majestad de mi reino, mi dignidad y mi grandeza volvieron a mí, y mis gobernadores y mis consejeros me buscaron; y fui restablecido en mi reino, y mayor grandeza me fue añadida.

37 Ahora yo Nabucodonosor alabo, engrandezco y glorifico al Rey del cielo, porque todas sus obras son verdaderas, y sus caminos justos; y él puede humillar a los que andan con soberbia.

La escritura en la pared

5 1 El rey Belsasar hizo un gran banquete a mil de sus príncipes, y en presencia de los mil bebía vino.

2 Belsasar, con el gusto del vino, mandó que trajesen los vasos de oro y de plata que Nabucodonosor su padre había traído del templo de Jerusalén, para que bebiesen en ellos el rey y sus grandes, sus mujeres y sus concubinas.

3 Entonces fueron traídos los vasos de oro que habían traído del templo de la casa de Dios que estaba en Jerusalén, y bebieron en ellos el rey y sus príncipes, sus mujeres y sus concubinas.

4 Bebieron vino, y alabaron a los dioses de oro y de plata, de bronce, de hierro, de madera y de piedra.

5 En aquella misma hora aparecieron los dedos de una mano de hombre, que

escribía delante del candelero sobre lo encalado de la pared del palacio real, y el rey veía la mano que escribía.

6 Entonces el rey palideció, y sus pensamientos lo turbaron, y se debilitaron sus lomos, y sus rodillas daban la una contra la otra.

7 El rey gritó en alta voz que hiciesen venir magos, caldeos y adivinos; y dijo el rey a los sabios de Babilonia: Cualquiera que lea esta escritura y me muestre su interpretación, será vestido de púrpura, y un collar de oro llevará en su cuello, y será el tercer señor en el reino.

8 Entonces fueron introducidos todos los sabios del rey, pero no pudieron leer la escritura ni mostrar al rey su interpretación.

9 Entonces el rey Belsasar se turbó sobremanera, y palideció, y sus príncipes estaban perplejos.

10 La reina, por las palabras del rey y de sus príncipes, entró a la sala del banquete, y dijo: Rey, vive para siempre; no te turben tus pensamientos, ni palidezca tu rostro.

11 En tu reino hay un hombre en el cual mora el espíritu de los dioses santos, y en los días de tu padre se halló en él luz e inteligencia y sabiduría, como sabiduría de los dioses; al que el rey Nabucodonosor tu padre, oh rey, constituyó jefe sobre todos los magos, astrólogos, caldeos y adivinos,

12 por cuanto fue hallado en él mayor espíritu y ciencia y entendimiento, para interpretar sueños y descifrar enigmas y resolver dudas; esto es, en Daniel, al cual el rey puso por nombre Beltsasar. Llámese, pues, ahora a Daniel, y él te dará la interpretación.

13 Entonces Daniel fue traído delante del rey. Y dijo el rey a Daniel: ¿Eres tú aquel Daniel de los hijos de la cautividad de Judá, que mi padre trajo de Judea?

14 Yo he oído de ti que el espíritu de los dioses santos está en ti, y que en ti se halló luz, entendimiento y mayor sabiduría.

15 Y ahora fueron traídos delante de mí sabios y astrólogos para que leyesen esta escritura y me diesen su interpretación; pero no han podido mostrarme la interpretación del asunto.

16 Yo, pues, he oído de ti que puedes dar interpretaciones y resolver dificultades. Si ahora puedes leer esta escritura y darme

su interpretación, serás vestido de púrpura, y un collar de oro llevarás en tu cuello, y serás el tercer señor en el reino.

17 Entonces Daniel respondió y dijo delante del rey: Tus dones sean para ti, y da tus recompensas a otros. Leeré la escritura al rey, y le daré la interpretación.

18 El Altísimo Dios, oh rey, dio a Nabucodonosor tu padre el reino y la grandeza, la gloria y la majestad.

19 Y por la grandeza que le dio, todos los pueblos, naciones y lenguas temblaban y temían delante de él. A quien quería mataba, y a quien quería daba vida; engrandecía a quien quería, y a quien quería humillaba.

20 Mas cuando su corazón se ensoberbeció, y su espíritu se endureció en su orgullo, fue depuesto del trono de su reino, y despojado de su gloria.

21 Y fue echado de entre los hijos de los hombres, y su mente se hizo semejante a la de las bestias, y con los asnos monteses fue su morada. Hierba le hicieron comer como a buey, y su cuerpo fue mojado con el rocío del cielo, hasta que reconoció que el Altísimo Dios tiene dominio sobre el reino de los hombres, y que pone sobre él al que le place.

22 Y tú, su hijo Belsasar, no has humillado tu corazón, sabiendo todo esto;

23 sino que contra el Señor del cielo te has ensoberbecido, e hiciste traer delante de ti los vasos de su casa, y tú y tus grandes, tus mujeres y tus concubinas, bebisteis vino en ellos; además de esto, diste alabanza a dioses de plata y oro, de bronce, de hierro, de madera y de piedra, que ni ven, ni oyen, ni saben; y al Dios en cuya mano está tu vida, y cuyos son todos tus caminos, nunca honraste.

24 Entonces de su presencia fue enviada la mano que trazó esta escritura.

25 Y la escritura que trazó es: MENE, MENE, TEKEL, UPARSIN.

26 Ésta es la interpretación del asunto: MENE: Contó Dios tu reino, y le ha puesto fin.

27 TEKEL: Pesado has sido en balanza, y fuiste hallado falto.

28 PERES: Tu reino ha sido roto, y dado a los medos y a los persas.

29 Entonces mandó Belsasar vestir a Daniel de púrpura, y poner en su cuello un collar

de oro, y proclamar que él era el tercer señor del reino.

³⁰ La misma noche fue muerto Belsasar rey de los caldeos.

³¹ Y Darío de Media tomó el reino, siendo de sesenta y dos años.

Daniel en el foso de los leones

6 ¹ Pareció bien a Darío constituir sobre el reino ciento veinte sátrapas, que gobernasen en todo el reino.

² Y sobre ellos tres gobernadores, de los cuales Daniel era uno, a quienes estos sátrapas diesen cuenta, para que el rey no fuese perjudicado.

³ Pero Daniel mismo era superior a estos sátrapas y gobernadores, porque había en él un espíritu superior; y el rey pensó en ponerlo sobre todo el reino.

⁴ Entonces los gobernadores y sátrapas buscaban ocasión para acusar a Daniel en lo relacionado al reino; mas no podían hallar ocasión alguna o falta, porque él era fiel, y ningún vicio ni falta fue hallado en él.

⁵ Entonces dijeron aquellos hombres: No hallaremos contra este Daniel ocasión alguna para acusarle, si no la hallamos contra él en relación con la ley de su Dios.

⁶ Entonces estos gobernadores y sátrapas se juntaron delante del rey, y le dijeron así: ¡Rey Darío, para siempre vive!

⁷ Todos los gobernadores del reino, magistrados, sátrapas, príncipes y capitanes han acordado por consejo que promulgues un edicto real y lo confirmes, que cualquiera que en el espacio de treinta días demande petición de cualquier dios u hombre fuera de ti, oh rey, sea echado en el foso de los leones.

⁸ Ahora, oh rey, confirma el edicto y fírmalo, para que no pueda ser revocado, conforme a la ley de Media y de Persia, la cual no puede ser abrogada.

⁹ Firmó, pues, el rey Darío el edicto y la prohibición.

¹⁰ Cuando Daniel supo que el edicto había sido firmado, entró en su casa, y abiertas las ventanas de su cámara que daban hacia Jerusalén, se arrodillaba tres veces al día, y oraba y daba gracias delante de su Dios, como lo solía hacer antes.

¹¹ Entonces se juntaron aquellos hombres, y hallaron a Daniel orando y rogando en presencia de su Dios.

¹² Fueron luego ante el rey y le hablaron del edicto real: ¿No has confirmado edicto que cualquiera que en el espacio de treinta días pida a cualquier dios u hombre fuera de ti, oh rey, sea echado en el foso de los leones? Respondió el rey diciendo: Verdad es, conforme a la ley de Media y de Persia, la cual no puede ser abrogada.

¹³ Entonces respondieron y dijeron delante del rey: Daniel, que es de los hijos de los cautivos de Judá, no te respeta a ti, oh rey, ni acata el edicto que confirmaste, sino que tres veces al día hace su petición.

¹⁴ Cuando el rey oyó el asunto, le pesó en gran manera, y resolvió librar a Daniel; y hasta la puesta del sol trabajó para librarle.

¹⁵ Pero aquellos hombres rodearon al rey y le dijeron: Sepas, oh rey, que es ley de Media y de Persia que ningún edicto u ordenanza que el rey confirme puede ser abrogado.

¹⁶ Entonces el rey mandó, y trajeron a Daniel, y le echaron en el foso de los leones. Y el rey dijo a Daniel: El Dios tuyo, a quien tú continuamente sirves, él te libre.

¹⁷ Y fue traída una piedra y puesta sobre la puerta del foso, la cual selló el rey con su anillo y con el anillo de sus príncipes, para que el acuerdo acerca de Daniel no se alterase.

¹⁸ Luego el rey se fue a su palacio, y se acostó ayuno; ni instrumentos de música fueron traídos delante de él, y se le fue el sueño.

¹⁹ El rey, pues, se levantó muy de mañana, y fue apresuradamente al foso de los leones.

²⁰ Y acercándose al foso llamó a voces a Daniel con voz triste, y le dijo: Daniel, siervo del Dios viviente, el Dios tuyo, a quien tú continuamente sirves, ¿te ha podido librar de los leones?

²¹ Entonces Daniel respondió al rey: Oh rey, vive para siempre.

²² Mi Dios envió su ángel, el cual cerró la boca de los leones, para que no me hiciesen daño, porque ante él fui hallado inocente; y aun delante de ti, oh rey, yo no he hecho nada malo.

²³ Entonces se alegró el rey en gran manera a causa de él, y mandó sacar a Daniel del foso; y fue Daniel sacado del foso, y

ninguna lesión se halló en él, porque había confiado en su Dios.

24 Y dio orden el rey, y fueron traídos aquellos hombres que habían acusado a Daniel, y fueron echados en el foso de los leones ellos, sus hijos y sus mujeres; y aún no habían llegado al fondo del foso, cuando los leones se apoderaron de ellos y quebraron todos sus huesos.

25 Entonces el rey Darío escribió a todos los pueblos, naciones y lenguas que habitan en toda la tierra: Paz os sea multiplicada.

26 De parte mía es puesta esta ordenanza: Que en todo el dominio de mi reino todos teman y tiemblen ante la presencia del Dios de Daniel; porque él es el Dios viviente y permanece por todos los siglos, y su reino no será jamás destruido, y su dominio perdurará hasta el fin.

27 El salva y libra, y hace señales y maravillas en el cielo y en la tierra; él ha librado a Daniel del poder de los leones.

28 Y este Daniel prosperó durante el reinado de Darío y durante el reinado de Ciro el persa.

Visión de las cuatro bestias

7 1 En el primer año de Belsasar rey de Babilonia tuvo Daniel un sueño, y visiones de su cabeza mientras estaba en su lecho; luego escribió el sueño, y relató lo principal del asunto.

2 Daniel dijo: Miraba yo en mi visión de noche, y he aquí que los cuatro vientos del cielo combatían en el gran mar.

3 Y cuatro bestias grandes, diferentes la una de la otra, subían del mar.ª

4 La primera era como león, y tenía alas de águila. Yo estaba mirando hasta que sus alas fueron arrancadas, y fue levantada del suelo y se puso enhiesta sobre los pies a manera de hombre, y le fue dado corazón de hombre.

5 Y he aquí otra segunda bestia, semejante a un oso, la cual se alzaba de un costado más que del otro, y tenía en su boca tres costillas entre los dientes; y le fue dicho así: Levántate, devora mucha carne.

6 Después de esto miré, y he aquí otra, semejante a un leopardo, con cuatro alas de ave en sus espaldas; tenía también esta bestia cuatro cabezas; y le fue dado dominio.b

7 Después de esto miraba yo en las visiones de la noche, y he aquí la cuarta bestia, espantosa y terrible y en gran manera fuerte, la cual tenía unos dientes grandes de hierro; devoraba y desmenuzaba, y las sobras hollaba con sus pies, y era muy diferente de todas las bestias que vi antes de ella, y tenía diez cuernos.c

8 Mientras yo contemplaba los cuernos, he aquí que otro cuerno pequeño salía entre ellos, y delante de él fueron arrancados tres cuernos de los primeros; y he aquí que este cuerno tenía ojos como de hombre, y una boca que hablaba grandes cosas.d

9 Estuve mirando hasta que fueron puestos tronos,e y se sentó un Anciano de días, cuyo vestido era blanco como la nieve, y el pelo de su cabeza como lana limpia;f su trono llama de fuego, y las ruedas del mismo, fuego ardiente.

10 Un río de fuego procedía y salía de delante de él; millares de millares le servían, y millones de millones asistían delante de él;g el Juez se sentó, y los libros fueron abiertos.h

11 Yo entonces miraba a causa del sonido de las grandes palabras que hablaba el cuerno; miraba hasta que mataron a la bestia, y su cuerpo fue destrozado y entregado para ser quemado en el fuego.

12 Habían también quitado a las otras bestias su dominio, pero les había sido prolongada la vida hasta cierto tiempo.

13 Miraba yo en la visión de la noche, y he aquí con las nubes del cielo venía uno como un hijo de hombre,i que vino hasta el Anciano de días, y le hicieron acercarse delante de él.

14 Y le fue dado dominio, gloria y reino, para que todos los pueblos, naciones y lenguas le sirvieran;j su dominio es dominio eterno, que nunca pasará, y su reino uno que no será destruido.

15 Se me turbó el espíritu a mí, Daniel, en medio de mi cuerpo, y las visiones de mi cabeza me asombraron.

16 Me acerqué a uno de los que asistían, y le pregunté la verdad acerca de todo esto.

---

a 7.3 Ap 13.1; 17.8.   b 7.4-6 Ap 13.2.   c 7.7 Ap 12.3; 13.1.
d 7.8 Ap 13.5, 6.   e 7.9 Ap 20.4.   f 7.9 Ap 1.14.
g 7.10 Ap 5.11.   h 7.10 Ap 20.12.   i 7.13 Mt 24.30; 26.64;
Mr 13.26; 14.62; Lc 21.27; Ap 1.7, 13; 14.14.
j 7.14 Ap 11.15.

Y me habló, y me hizo conocer la interpretación de las cosas.

17 Estas cuatro grandes bestias son cuatro reyes que se levantarán en la tierra.

18 Después recibirán el reino los santos del Altísimo, y poseerán el reino hasta el siglo, eternamente y para siempre.[k]

19 Entonces tuve deseo de saber la verdad acerca de la cuarta bestia, que era tan diferente de todas las otras, espantosa en gran manera, que tenía dientes de hierro y uñas de bronce, que devoraba y desmenuzaba, y las sobras hollaba con sus pies;

20 asimismo acerca de los diez cuernos que tenía en su cabeza, y del otro que le había salido, delante del cual habían caído tres; y este mismo cuerno tenía ojos, y boca que hablaba grandes cosas, y parecía más grande que sus compañeros.

21 Y veía yo que este cuerno hacía guerra contra los santos, y los vencía,[l]

22 hasta que vino el Anciano de días, y se dio el juicio a los santos del Altísimo;[m] y llegó el tiempo, y los santos recibieron el reino.

23 Dijo así: La cuarta bestia será un cuarto reino en la tierra, el cual será diferente de todos los otros reinos, y a toda la tierra devorará, trillará y despedazará.

24 Y los diez cuernos significan que de aquel reino se levantarán diez reyes;[n] y tras ellos se levantará otro, el cual será diferente de los primeros, y a tres reyes derribará.

25 Y hablará palabras contra el Altísimo, y a los santos del Altísimo quebrantará, y pensará en cambiar los tiempos y la ley; y serán entregados en su mano hasta tiempo, y tiempos, y medio tiempo.[o]

26 Pero se sentará el Juez, y le quitarán su dominio para que sea destruido y arruinado hasta el fin,

27 y que el reino, y el dominio y la majestad de los reinos debajo de todo el cielo, sea dado al pueblo de los santos del Altísimo,[p] cuyo reino es reino eterno,[q] y todos los dominios le servirán y obedecerán.

28 Aquí fue el fin de sus palabras. En cuanto a mí, Daniel, mis pensamientos me turbaron y mi rostro se demudó; pero guardé el asunto en mi corazón.

Visión del carnero y del macho cabrío

8 **1** En el año tercero del reinado del rey Belsasar me apareció una visión a mí, Daniel, después de aquella que me había aparecido antes.

2 Vi en visión; y cuando la vi, yo estaba en Susa, que es la capital del reino en la provincia de Elam; vi, pues, en visión, estando junto al río Ulai.

3 Alcé los ojos y miré, y he aquí un carnero que estaba delante del río, y tenía dos cuernos; y aunque los cuernos eran altos, uno era más alto que el otro; y el más alto creció después.

4 Vi que el carnero hería con los cuernos al poniente, al norte y al sur, y que ninguna bestia podía parar delante de él, ni había quien escapase de su poder; y hacía conforme a su voluntad, y se engrandecía.

5 Mientras yo consideraba esto, he aquí un macho cabrío venía del lado del poniente sobre la faz de toda la tierra, sin tocar tierra; y aquel macho cabrío tenía un cuerno notable entre sus ojos.

6 Y vino hasta el carnero de dos cuernos, que yo había visto en la ribera del río, y corrió contra él con la furia de su fuerza.

7 Y lo vi que llegó junto al carnero, y se levantó contra él y lo hirió, y le quebró sus dos cuernos, y el carnero no tenía fuerzas para pararse delante de él; lo derribó, por tanto, en tierra, y lo pisoteó, y no hubo quien librase al carnero de su poder.

8 Y el macho cabrío se engrandeció sobremanera; pero estando en su mayor fuerza, aquel gran cuerno fue quebrado, y en su lugar salieron otros cuatro cuernos notables hacia los cuatro vientos del cielo.

9 Y de uno de ellos salió un cuerno pequeño, que creció mucho al sur, y al oriente, y hacia la tierra gloriosa.

10 Y se engrandeció hasta el ejército del cielo; y parte del ejército y de las estrellas echó por tierra,[a] y las pisoteó.

11 Aun se engrandeció contra el príncipe de los ejércitos, y por él fue quitado el continuo sacrificio, y el lugar de su santuario fue echado por tierra.

12 Y a causa de la prevaricación le fue entregado el ejército junto con el continuo sacrificio; y echó por tierra la verdad, e hizo cuanto quiso, y prosperó.

---

k **7.18** Ap 22.5.   l **7.21** Ap 13.7.   m **7.22** Ap 20.4.
n **7.24** Ap 17.12.   o **7.25** Ap 12.14; 13.5, 6.   p **7.27** Ap 20.4.
q **7.27** Ap 22.5.   a **8.10** Ap 12.4.

13 Entonces oí a un santo que hablaba; y otro de los santos preguntó a aquel que hablaba: ¿Hasta cuándo durará la visión del continuo sacrificio, y la prevaricación asoladora entregando el santuario y el ejército para ser pisoteados?

14 Y él dijo: Hasta dos mil trescientas tardes y mañanas; luego el santuario será purificado.

15 Y aconteció que mientras yo Daniel consideraba la visión y procuraba comprenderla, he aquí se puso delante de mí uno con apariencia de hombre.

16 Y oí una voz de hombre entre las riberas del Ulai, que gritó y dijo: Gabriel,[b] enseña a éste la visión.

17 Vino luego cerca de donde yo estaba; y con su venida me asombré, y me postré sobre mi rostro. Pero él me dijo: Entiende, hijo de hombre, porque la visión es para el tiempo del fin.

18 Mientras él hablaba conmigo, caí dormido en tierra sobre mi rostro; y él me tocó, y me hizo estar en pie.

19 Y dijo: He aquí yo te enseñaré lo que ha de venir al fin de la ira; porque eso es para el tiempo del fin.

20 En cuanto al carnero que viste, que tenía dos cuernos, éstos son los reyes de Media y de Persia.

21 El macho cabrío es el rey de Grecia, y el cuerno grande que tenía entre sus ojos es el rey primero.

22 Y en cuanto al cuerno que fue quebrado, y sucedieron cuatro en su lugar, significa que cuatro reinos se levantarán de esa nación, aunque no con la fuerza de él.

23 Y al fin del reinado de éstos, cuando los transgresores lleguen al colmo, se levantará un rey altivo de rostro y entendido en enigmas.

24 Y su poder se fortalecerá, mas no con fuerza propia; y causará grandes ruinas, y prosperará, y hará arbitrariamente, y destruirá a los fuertes y al pueblo de los santos.

25 Con su sagacidad hará prosperar el engaño en su mano; y en su corazón se engrandecerá, y sin aviso destruirá a muchos; y se levantará contra el Príncipe de los príncipes, pero será quebrantado, aunque no por mano humana.

26 La visión de las tardes y mañanas que se ha referido es verdadera; y tú guarda la visión, porque es para muchos días.

27 Y yo Daniel quedé quebrantado, y estuve enfermo algunos días, y cuando convalecí, atendí los negocios del rey; pero estaba espantado a causa de la visión, y no la entendía.

Oración de Daniel por su pueblo

9 **1** En el año primero de Darío hijo de Asuero, de la nación de los medos, que vino a ser rey sobre el reino de los caldeos,

2 en el año primero de su reinado, yo Daniel miré atentamente en los libros el número de los años de que habló Jehová al profeta Jeremías, que habían de cumplirse las desolaciones de Jerusalén en setenta años.[a]

3 Y volví mi rostro a Dios el Señor, buscándole en oración y ruego, en ayuno, cilicio y ceniza.

4 Y oré a Jehová mi Dios e hice confesión diciendo: Ahora, Señor, Dios grande, digno de ser temido, que guardas el pacto y la misericordia con los que te aman y guardan tus mandamientos;

5 hemos pecado, hemos cometido iniquidad, hemos hecho impíamente, y hemos sido rebeldes, y nos hemos apartado de tus mandamientos y de tus ordenanzas.

6 No hemos obedecido a tus siervos los profetas, que en tu nombre hablaron a nuestros reyes, a nuestros príncipes, a nuestros padres y a todo el pueblo de la tierra.

7 Tuya es, Señor, la justicia, y nuestra la confusión de rostro, como en el día de hoy lleva todo hombre de Judá, los moradores de Jerusalén, y todo Israel, los de cerca y los de lejos, en todas las tierras adonde los has echado a causa de su rebelión con que se rebelaron contra ti.

8 Oh Jehová, nuestra es la confusión de rostro, de nuestros reyes, de nuestros príncipes y de nuestros padres; porque contra ti pecamos.

9 De Jehová nuestro Dios es el tener misericordia y el perdonar, aunque contra él nos hemos rebelado,

10 y no obedecimos a la voz de Jehová nuestro Dios, para andar en sus leyes que él puso delante de nosotros por medio de sus siervos los profetas.

---

b 8.16 Lc 1.19, 26.   a 9.2 Jer 25.11; 29.10.

11 Todo Israel traspasó tu ley apartándose para no obedecer tu voz; por lo cual ha caído sobre nosotros la maldición y el juramento que está escrito en la ley de Moisés, siervo de Dios; porque contra él pecamos. **12** Y él ha cumplido la palabra que habló contra nosotros y contra nuestros jefes que nos gobernaron, trayendo sobre nosotros tan grande mal; pues nunca fue hecho debajo del cielo nada semejante a lo que se ha hecho contra Jerusalén.

13 Conforme está escrito en la ley de Moisés, todo este mal vino sobre nosotros; y no hemos implorado el favor de Jehová nuestro Dios, para convertirnos de nuestras maldades y entender tu verdad. **14** Por tanto, Jehová veló sobre el mal y lo trajo sobre nosotros; porque justo es Jehová nuestro Dios en todas sus obras que ha hecho, porque no obedecimos a su voz. **15** Ahora pues, Señor Dios nuestro, que sacaste tu pueblo de la tierra de Egipto con mano poderosa, y te hiciste renombre cual lo tienes hoy; hemos pecado, hemos hecho impíamente. **16** Oh Señor, conforme a todos tus actos de justicia, apártese ahora tu ira y tu furor de sobre tu ciudad Jerusalén, tu santo monte; porque a causa de nuestros pecados, y por la maldad de nuestros padres, Jerusalén y tu pueblo son el oprobio de todos en derredor nuestro. **17** Ahora pues, Dios nuestro, oye la oración de tu siervo, y sus ruegos; y haz que tu rostro resplandezca sobre tu santuario asolado, por amor del Señor. **18** Inclina, oh Dios mío, tu oído, y oye; abre tus ojos, y mira nuestras desolaciones, y la ciudad sobre la cual es invocado tu nombre; porque no elevamos nuestros ruegos ante ti confiados en nuestras justicias, sino en tus muchas misericordias. **19** Oye, Señor; oh Señor, perdona; presta oído, Señor, y hazlo; no tardes, por amor de ti mismo, Dios mío; porque tu nombre es invocado sobre tu ciudad y sobre tu pueblo.

Profecía de las setenta semanas

20 Aún estaba hablando y orando, y confesando mi pecado y el pecado de mi pueblo Israel, y derramaba mi ruego delante de Jehová mi Dios por el monte santo de mi Dios; **21** aún estaba hablando en oración, cuando el varón Gabriel,[b] a quien había visto en la visión al principio, volando con presteza, vino a mí como a la hora del sacrificio de la tarde. **22** Y me hizo entender, y habló conmigo, diciendo: Daniel, ahora he salido para darte sabiduría y entendimiento. **23** Al principio de tus ruegos fue dada la orden, y yo he venido para enseñártela, porque tú eres muy amado. Entiende, pues, la orden, y entiende la visión.

24 Setenta semanas están determinadas sobre tu pueblo y sobre tu santa ciudad, para terminar la prevaricación, y poner fin al pecado, y expiar la iniquidad, para traer la justicia perdurable, y sellar la visión y la profecía, y ungir al Santo de los santos. **25** Sabe, pues, y entiende, que desde la salida de la orden para restaurar y edificar a Jerusalén hasta el Mesías Príncipe, habrá siete semanas, y sesenta y dos semanas; se volverá a edificar la plaza y el muro en tiempos angustiosos. **26** Y después de las sesenta y dos semanas se quitará la vida al Mesías, mas no por sí; y el pueblo de un príncipe que ha de venir destruirá la ciudad y el santuario; y su fin será con inundación, y hasta el fin de la guerra durarán las devastaciones. **27** Y por otra semana confirmará el pacto con muchos; a la mitad de la semana hará cesar el sacrificio y la ofrenda. Después con la muchedumbre de las abominaciones vendrá el desolador,[c] hasta que venga la consumación, y lo que está determinado se derrame sobre el desolador.

Visión de Daniel junto al río

10 **1** En el año tercero de Ciro rey de Persia fue revelada palabra a Daniel, llamado Beltsasar; y la palabra era verdadera, y el conflicto grande; pero él comprendió la palabra, y tuvo inteligencia en la visión.

2 En aquellos días yo Daniel estuve afligido por espacio de tres semanas. **3** No comí manjar delicado, ni entró en mi boca carne ni vino, ni me ungí con ungüento, hasta que se cumplieron las tres semanas.

---

b **9.21** Lc 1.19, 26.   c **9.27** Dn 11.31; 12.11; Mt 24.15; Mr 13.14.

4 Y el día veinticuatro del mes primero estaba yo a la orilla del gran río Hidekel.

5 Y alcé mis ojos y miré, y he aquí un varón vestido de lino,[a] y ceñidos sus lomos de oro de Ufaz.

6 Su cuerpo era como de berilo, y su rostro parecía un relámpago, y sus ojos como antorchas de fuego, y sus brazos y sus pies como de color de bronce bruñido, y el sonido de sus palabras como el estruendo de una multitud.

7 Y sólo yo, Daniel, vi aquella visión, y no la vieron los hombres que estaban conmigo, sino que se apoderó de ellos un gran temor, y huyeron y se escondieron.

8 Quedé, pues, yo solo, y vi esta gran visión, y no quedó fuerza en mí, antes mi fuerza se cambió en desfallecimiento, y no tuve vigor alguno.

9 Pero oí el sonido de sus palabras; y al oír el sonido de sus palabras, caí sobre mi rostro en un profundo sueño, con mi rostro en tierra.

10 Y he aquí una mano me tocó, e hizo que me pusiese sobre mis rodillas y sobre las palmas de mis manos.

11 Y me dijo: Daniel, varón muy amado, está atento a las palabras que te hablaré, y ponte en pie; porque a ti he sido enviado ahora. Mientras hablaba esto conmigo, me puse en pie temblando.

12 Entonces me dijo: Daniel, no temas; porque desde el primer día que dispusiste tu corazón a entender y a humillarte en la presencia de tu Dios, fueron oídas tus palabras; y a causa de tus palabras yo he venido.

13 Mas el príncipe del reino de Persia se me opuso durante veintiún días; pero he aquí Miguel,[b] uno de los principales príncipes, vino para ayudarme, y quedé allí con los reyes de Persia.

14 He venido para hacerte saber lo que ha de venir a tu pueblo en los postreros días; porque la visión es para esos días.

15 Mientras me decía estas palabras, estaba yo con los ojos puestos en tierra, y enmudecido.

16 Pero he aquí, uno con semejanza de hijo de hombre tocó mis labios. Entonces abrí mi boca y hablé, y dije al que estaba delante de mí: Señor mío, con la visión me han sobrevenido dolores, y no me queda fuerza.

17 ¿Cómo, pues, podrá el siervo de mi señor hablar con mi señor? Porque al instante me faltó la fuerza, y no me quedó aliento.

18 Y aquel que tenía semejanza de hombre me tocó otra vez, y me fortaleció,

19 y me dijo: Muy amado, no temas; la paz sea contigo; esfuérzate y aliéntate. Y mientras él me hablaba, recobré las fuerzas, y dije: Hable mi señor, porque me has fortalecido.

20 Él me dijo: ¿Sabes por qué he venido a ti? Pues ahora tengo que volver para pelear contra el príncipe de Persia; y al terminar con él, el príncipe de Grecia vendrá.

21 Pero yo te declararé lo que está escrito en el libro de la verdad; y ninguno me ayuda contra ellos, sino Miguel[c] vuestro príncipe.

11

1 Y yo mismo, en el año primero de Darío el medo, estuve para animarlo y fortalecerlo.

Los reyes del norte y del sur

2 Y ahora yo te mostraré la verdad. He aquí que aún habrá tres reyes en Persia, y el cuarto se hará de grandes riquezas más que todos ellos; y al hacerse fuerte con sus riquezas, levantará a todos contra el reino de Grecia.

3 Se levantará luego un rey valiente, el cual dominará con gran poder y hará su voluntad.

4 Pero cuando se haya levantado, su reino será quebrantado y repartido hacia los cuatro vientos del cielo; no a sus descendientes, ni según el dominio con que él dominó; porque su reino será arrancado, y será para otros fuera de ellos.

5 Y se hará fuerte el rey del sur; mas uno de sus príncipes será más fuerte que él, y se hará poderoso; su dominio será grande.

6 Al cabo de años harán alianza, y la hija del rey del sur vendrá al rey del norte para hacer la paz. Pero ella no podrá retener la fuerza de su brazo, ni permanecerá él, ni su brazo; porque será entregada ella y los que la habían traído, asimismo su hijo, y los que estaban de parte de ella en aquel tiempo.

7 Pero un renuevo de sus raíces se levantará sobre su trono, y vendrá con ejército

---

a 10.5 Ap 1.13-15; 19.12.   b 10.13 Ap 12.7.   c 10.21 Ap 12.7.

contra el rey del norte, y entrará en la fortaleza, y hará en ellos a su arbitrio, y predominará.

8 Y aun a los dioses de ellos, sus imágenes fundidas y sus objetos preciosos de plata y de oro, llevará cautivos a Egipto; y por años se mantendrá él contra el rey del norte.

9 Así entrará en el reino el rey del sur, y volverá a su tierra.

10 Mas los hijos de aquél se airarán, y reunirán multitud de grandes ejércitos; y vendrá apresuradamente e inundará, y pasará adelante; luego volverá y llevará la guerra hasta su fortaleza.

11 Por lo cual se enfurecerá el rey del sur, y saldrá y peleará contra el rey del norte; y pondrá en campaña multitud grande, y toda aquella multitud será entregada en su mano.

12 Y al llevarse él la multitud, se elevará su corazón, y derribará a muchos millares; mas no prevalecerá.

13 Y el rey del norte volverá a poner en campaña una multitud mayor que la primera, y al cabo de algunos años vendrá apresuradamente con gran ejército y con muchas riquezas.

14 En aquellos tiempos se levantarán muchos contra el rey del sur; y hombres turbulentos de tu pueblo se levantarán para cumplir la visión, pero ellos caerán.

15 Vendrá, pues, el rey del norte, y levantará baluartes, y tomará la ciudad fuerte; y las fuerzas del sur no podrán sostenerse, ni sus tropas escogidas, porque no habrá fuerzas para resistir.

16 Y el que vendrá contra él hará su voluntad, y no habrá quien se le pueda enfrentar; y estará en la tierra gloriosa, la cual será consumida en su poder.

17 Afirmará luego su rostro para venir con el poder de todo su reino; y hará con aquél convenios, y le dará una hija de mujeres para destruirle; pero no permanecerá, ni tendrá éxito.

18 Volverá después su rostro a las costas, y tomará muchas; mas un príncipe hará cesar su afrenta, y aun hará volver sobre él su oprobio.

19 Luego volverá su rostro a las fortalezas de su tierra; mas tropezará y caerá, y no será hallado.

20 Y se levantará en su lugar uno que hará pasar un cobrador de tributos por la gloria del reino; pero en pocos días será quebrantado, aunque no en ira, ni en batalla.

21 Y le sucederá en su lugar un hombre despreciable, al cual no darán la honra del reino; pero vendrá sin aviso y tomará el reino con halagos.

22 Las fuerzas enemigas serán barridas delante de él como con inundación de aguas; serán del todo destruidos, junto con el príncipe del pacto.

23 Y después del pacto con él, engañará y subirá, y saldrá vencedor con poca gente.

24 Estando la provincia en paz y en abundancia, entrará y hará lo que no hicieron sus padres, ni los padres de sus padres; botín, despojos y riquezas repartirá a sus soldados, y contra las fortalezas formará sus designios; y esto por un tiempo.

25 Y despertará sus fuerzas y su ardor contra el rey del sur con gran ejército; y el rey del sur se empeñará en la guerra con grande y muy fuerte ejército; mas no prevalecerá, porque le harán traición.

26 Aun los que coman de sus manjares le quebrantarán; y su ejército será destruido, y caerán muchos muertos.

27 El corazón de estos dos reyes será para hacer mal, y en una misma mesa hablarán mentira; mas no servirá de nada, porque el plazo aún no habrá llegado.

28 Y volverá a su tierra con gran riqueza, y su corazón será contra el pacto santo; hará su voluntad, y volverá a su tierra.

29 Al tiempo señalado volverá al sur; mas no será la postrera venida como la primera.

30 Porque vendrán contra él naves de Quitim, y él se contristará, y volverá, y se enojará contra el pacto santo, y hará según su voluntad; volverá, pues, y se entenderá con los que abandonen el santo pacto.

31 Y se levantarán de su parte tropas que profanarán el santuario y la fortaleza, y quitarán el continuo sacrificio, y pondrán la abominación desoladora.[a]

32 Con lisonjas seducirá a los violadores del pacto; mas el pueblo que conoce a su Dios se esforzará y actuará.

33 Y los sabios del pueblo instruirán a muchos; y por algunos días caerán a espada y a fuego, en cautividad y despojo.

---

a **11.31** Dn 9.27; 12.11; Mt 24.15; Mr 13.14.

34 Y en su caída serán ayudados de pequeño socorro; y muchos se juntarán a ellos con lisonjas.

35 También algunos de los sabios caerán para ser depurados y limpiados y emblanquecidos, hasta el tiempo determinado; porque aun para esto hay plazo.

36 Y el rey hará su voluntad, y se ensoberbecerá, y se engrandecerá sobre todo dios;[b] y contra el Dios de los dioses hablará maravillas,[c] y prosperará, hasta que sea consumada la ira; porque lo determinado se cumplirá.

37 Del Dios de sus padres no hará caso, ni del amor de las mujeres; ni respetará a dios alguno, porque sobre todo se engrandecerá.

38 Mas honrará en su lugar al dios de las fortalezas, dios que sus padres no conocieron; lo honrará con oro y plata, con piedras preciosas y con cosas de gran precio.

39 Con un dios ajeno se hará de las fortalezas más inexpugnables, y colmará de honores a los que le reconozcan, y por precio repartirá la tierra.

40 Pero al cabo del tiempo el rey del sur contenderá con él; y el rey del norte se levantará contra él como una tempestad, con carros y gente de a caballo, y muchas naves; y entrará por las tierras, e inundará, y pasará.

41 Entrará a la tierra gloriosa, y muchas provincias caerán; mas éstas escaparán de su mano: Edom y Moab, y la mayoría de los hijos de Amón.

42 Extenderá su mano contra las tierras, y no escapará el país de Egipto.

43 Y se apoderará de los tesoros de oro y plata, y de todas las cosas preciosas de Egipto; y los de Libia y de Etiopía le seguirán.

44 Pero noticias del oriente y del norte lo atemorizarán, y saldrá con gran ira para destruir y matar a muchos.

45 Y plantará las tiendas de su palacio entre los mares y el monte glorioso y santo; mas llegará a su fin, y no tendrá quien le ayude.

El tiempo del fin

12 **1** En aquel tiempo se levantará Miguel,[a] el gran príncipe que está de parte de los hijos de tu pueblo; y será tiempo de angustia, cual nunca fue desde que hubo gente hasta entonces;[b] pero en aquel tiempo será libertado tu pueblo, todos los que se hallen escritos en el libro.

2 Y muchos de los que duermen en el polvo de la tierra serán despertados, unos para vida eterna, y otros para vergüenza y confusión perpetua.[c]

3 Los entendidos resplandecerán como el resplandor del firmamento; y los que enseñan la justicia a la multitud, como las estrellas a perpetua eternidad.

4 Pero tú, Daniel, cierra las palabras y sella el libro[d] hasta el tiempo del fin. Muchos correrán de aquí para allá, y la ciencia se aumentará.

5 Y yo Daniel miré, y he aquí otros dos que estaban en pie, el uno a este lado del río, y el otro al otro lado del río.

6 Y dijo uno al varón vestido de lino, que estaba sobre las aguas del río: ¿Cuándo será el fin de estas maravillas?

7 Y oí al varón vestido de lino, que estaba sobre las aguas del río, el cual alzó su diestra y su siniestra al cielo, y juró por el que vive por los siglos,[e] que será por tiempo, tiempos, y la mitad de un tiempo.[f] Y cuando se acabe la dispersión del poder del pueblo santo, todas estas cosas serán cumplidas.

8 Y yo oí, mas no entendí. Y dije: Señor mío, ¿cuál será el fin de estas cosas?

9 Él respondió: Anda, Daniel, pues estas palabras están cerradas y selladas hasta el tiempo del fin.

10 Muchos serán limpios, y emblanquecidos y purificados; los impíos procederán impíamente,[g] y ninguno de los impíos entenderá, pero los entendidos comprenderán.

11 Y desde el tiempo que sea quitado el continuo sacrificio hasta la abominación desoladora,[h] habrá mil doscientos noventa días.

12 Bienaventurado el que espere, y llegue a mil trescientos treinta y cinco días.

13 Y tú irás hasta el fin, y reposarás, y te levantarás para recibir tu heredad al fin de los días.

b 11.36 2 Ts 2.3, 4.   **c 11.36** Ap 13.5, 6.   **a 12.1** Ap 12.7.
b 12.1 Mt 24.21; Mr 13.19; Ap 7.14; 12.7.
c 12.2 Mt 25.46; Jn 5.29.   **d 12.4** Ap 22.10.
e 12.7 Ap 10.5.   **f 12.7** Ap 12.14.   **g 12.10** Ap 22.11.
h 12.11 Dn 9.27; 11.31; Mt 24.15; Mr 13.14.

OSEAS

La esposa infiel de Oseas, y sus hijos

1 ¹ Palabra de Jehová que vino a Oseas hijo de Beeri, en días de Uzías,ª Jotam,ᵇ Acazᶜ y Ezequías,ᵈ reyes de Judá, y en días de Jeroboamᵉ hijo de Joás, rey de Israel.

² El principio de la palabra de Jehová por medio de Oseas. Dijo Jehová a Oseas: Ve, tómate una mujer fornicaria, e hijos de fornicación; porque la tierra fornica apartándose de Jehová.

³ Fue, pues, y tomó a Gomer hija de Diblaim, la cual concibió y le dio a luz un hijo.

⁴ Y le dijo Jehová: Ponle por nombre Jezreel; porque de aquí a poco yo castigaré a la casa de Jehú por causa de la sangre de Jezreel,ᶠ y haré cesar el reino de la casa de Israel.

⁵ Y en aquel día quebraré yo el arco de Israel en el valle de Jezreel.

⁶ Concibió ella otra vez, y dio a luz una hija. Y le dijo Dios: Ponle por nombre Lo-ruhama,¹ porque no me compadeceré más de la casa de Israel, sino que los quitaré del todo.

⁷ Mas de la casa de Judá tendré misericordia, y los salvaré por Jehová su Dios; y no los salvaré con arco, ni con espada, ni con batalla, ni con caballos ni jinetes.

⁸ Después de haber destetado a Lo-ruhama, concibió y dio a luz un hijo.

⁹ Y dijo Dios: Ponle por nombre Lo-ammi,² porque vosotros no sois mi pueblo, ni yo seré vuestro Dios.

¹⁰ Con todo, será el número de los hijos de Israel como la arena del mar, que no se puede medir ni contar. Y en el lugar en donde les fue dicho: Vosotros no sois pueblo mío, les será dicho: Sois hijos del Dios viviente.ᵍ

¹¹ Y se congregarán los hijos de Judá y de Israel, y nombrarán un solo jefe, y subirán de la tierra; porque el día de Jezreel será grande.

El amor de Jehová hacia su pueblo infiel

2 ¹ Decid a vuestros hermanos: Ammi;³ y a vuestras hermanas: Ruhama.⁴

² Contended con vuestra madre, contended; porque ella no es mi mujer, ni yo su marido; aparte, pues, sus fornicaciones de su rostro, y sus adulterios de entre sus pechos;

³ no sea que yo la despoje y desnude, la ponga como el día en que nació, la haga como un desierto, la deje como tierra seca, y la mate de sed.

⁴ Ni tendré misericordia de sus hijos, porque son hijos de prostitución.

⁵ Porque su madre se prostituyó; la que los dio a luz se deshonró, porque dijo: Iré tras mis amantes, que me dan mi pan y mi agua, mi lana y mi lino, mi aceite y mi bebida.

⁶ Por tanto, he aquí yo rodearé de espinos su camino, y la cercaré con seto, y no hallará sus caminos.

⁷ Seguirá a sus amantes, y no los alcanzará; los buscará, y no los hallará. Entonces dirá: Iré y me volveré a mi primer marido; porque mejor me iba entonces que ahora.

⁸ Y ella no reconoció que yo le daba el trigo, el vino y el aceite, y que le multipliqué la plata y el oro que ofrecían a Baal.

⁹ Por tanto, yo volveré y tomaré mi trigo a su tiempo, y mi vino a su sazón, y quitaré mi lana y mi lino que había dado para cubrir su desnudez.

¹⁰ Y ahora descubriré yo su locura delante de los ojos de sus amantes, y nadie la librará de mi mano.

¹¹ Haré cesar todo su gozo, sus fiestas, sus nuevas lunas y sus días de reposo,* y todas sus festividades.

---

* Aquí equivale a *sábado*.
1. **1.6** Esto es, *No compadecida*.   *2.* **1.9** Esto es, *No pueblo mío*.   *3.* **2.1** Esto es, *Pueblo mío*.
4. **2.1** Esto es, *Compadecida*.
ª **1.1** 2 R 15.1-7; 2 Cr 26.1-23.   ᵇ **1.1** 2 R 15.32-38; 2 Cr 27.1-8.
ᶜ **1.1** 2 R 16.1-20; 2 Cr 28.1-27.   ᵈ **1.1** 2 R 18.1—20.21;
2 Cr 29.1—32.33.   ᵉ **1.1** 2 R 14.23-29.   ᶠ **1.4** 2 R 10.11.
ᵍ **1.10** Ro 9.26.

12 Y haré talar sus vides y sus higueras, de las cuales dijo: Mi salario son, salario que me han dado mis amantes. Y las reduciré a un matorral, y las comerán las bestias del campo.

13 Y la castigaré por los días en que incensaba a los baales, y se adornaba de sus zarcillos y de sus joyeles, y se iba tras sus amantes y se olvidaba de mí, dice Jehová.

14 Pero he aquí que yo la atraeré y la llevaré al desierto, y hablaré a su corazón.

15 Y le daré sus viñas desde allí, y el valle de Acorª por puerta de esperanza; y allí cantará como en los tiempos de su juventud, y como en el día de su subida de la tierra de Egipto.

16 En aquel tiempo, dice Jehová, me llamarás Ishi,⁵ y nunca más me llamarás Baali.⁶

17 Porque quitaré de su boca los nombres de los baales, y nunca más se mencionarán sus nombres.

18 En aquel tiempo haré para ti pacto con las bestias del campo, con las aves del cielo y con las serpientes de la tierra; y quitaré de la tierra arco y espada y guerra, y te haré dormir segura.

19 Y te desposaré conmigo para siempre; te desposaré conmigo en justicia, juicio, benignidad y misericordia.

20 Y te desposaré conmigo en fidelidad, y conocerás a Jehová.

21 En aquel tiempo responderé, dice Jehová, yo responderé a los cielos, y ellos responderán a la tierra.

22 Y la tierra responderá al trigo, al vino y al aceite, y ellos responderán a Jezreel.⁷

23 Y la sembraré para mí en la tierra, y tendré misericordia de Lo-ruhama; y diré a Lo-ammi: Tú eres pueblo mío,ᵇ y él dirá: Dios mío.

Oseas y la adúltera

3 ¹ Me dijo otra vez Jehová: Ve, ama a una mujer amada de su compañero, aunque adúltera, como el amor de Jehová para con los hijos de Israel, los cuales miran a dioses ajenos, y aman tortas de pasas.

2 La compré entonces para mí por quince siclos de plata y un homer y medio de cebada.

3 Y le dije: Tú serás mía durante muchos días; no fornicarás, ni tomarás otro varón; lo mismo haré yo contigo.

4 Porque muchos días estarán los hijos de Israel sin rey, sin príncipe, sin sacrificio, sin estatua, sin efod y sin terafines.

5 Después volverán los hijos de Israel, y buscarán a Jehová su Dios, y a David su rey; y temerán a Jehová y a su bondad en el fin de los días.

Controversia de Jehová con Israel

4 ¹ Oíd palabra de Jehová, hijos de Israel, porque Jehová contiende con los moradores de la tierra; porque no hay verdad, ni misericordia, ni conocimiento de Dios en la tierra.

2 Perjurar, mentir, matar, hurtar y adulterar prevalecen, y homicidio tras homicidio se suceden.

3 Por lo cual se enlutará la tierra, y se extenuará todo morador de ella, con las bestias del campo y las aves del cielo; y aun los peces del mar morirán.

4 Ciertamente hombre no contienda ni reprenda a hombre, porque tu pueblo es como los que resisten al sacerdote.

5 Caerás por tanto en el día, y caerá también contigo el profeta de noche; y a tu madre destruiré.

6 Mi pueblo fue destruido, porque le faltó conocimiento. Por cuanto desechaste el conocimiento, yo te echaré del sacerdocio; y porque olvidaste la ley de tu Dios, también yo me olvidaré de tus hijos.

7 Conforme a su grandeza, así pecaron contra mí; también yo cambiaré su honra en afrenta.

8 Del pecado de mi pueblo comen, y en su maldad levantan su alma.

9 Y será el pueblo como el sacerdote; le castigaré por su conducta, y le pagaré conforme a sus obras.

10 Comerán, pero no se saciarán; fornicarán, mas no se multiplicarán, porque dejaron de servir a Jehová.

11 Fornicación, vino y mosto quitan el juicio.

12 Mi pueblo a su ídolo de madera pregunta, y el leño le responde; porque espíritu de fornicaciones lo hizo errar, y dejaron a su Dios para fornicar.

13 Sobre las cimas de los montes sacrificaron, e incensaron sobre los collados,

---

5. **2.16** Esto es, *Mi marido.*   6. **2.16** Esto es, *Mi señor.*
7. **2.22** Esto es, *Dios siembra.*
a **2.15** Jos 7.24-26.   b **2.23** Ro 9.25; 1 P 2.10.

debajo de las encinas, álamos y olmos que tuviesen buena sombra; por tanto, vuestras hijas fornicarán, y adulterarán vuestras nueras.

14 No castigaré a vuestras hijas cuando forniquen, ni a vuestras nueras cuando adulteren; porque ellos mismos se van con rameras, y con malas mujeres sacrifican; por tanto, el pueblo sin entendimiento caerá.

15 Si fornicas tú, Israel, a lo menos no peque Judá; y no entréis en Gilgal, ni subáis a Bet-avén, ni juréis: Vive Jehová.

16 Porque como novilla indómita se apartó Israel; ¿los apacentará ahora Jehová como a corderos en lugar espacioso?

17 Efraín es dado a ídolos; déjalo.

18 Su bebida se corrompió; fornicaron sin cesar; sus príncipes amaron lo que avergüenza.

19 El viento los ató en sus alas, y de sus sacrificios serán avergonzados.

Castigo de la apostasía de Israel

5 **1** Sacerdotes, oíd esto, y estad atentos, casa de Israel, y casa del rey, escuchad; porque para vosotros es el juicio, pues habéis sido lazo en Mizpa, y red tendida sobre Tabor.

2 Y haciendo víctimas han bajado hasta lo profundo; por tanto, yo castigaré a todos ellos.

3 Yo conozco a Efraín, e Israel no me es desconocido; porque ahora, oh Efraín, te has prostituido, y se ha contaminado Israel.

4 No piensan en convertirse a su Dios, porque espíritu de fornicación está en medio de ellos, y no conocen a Jehová.

5 La soberbia de Israel le desmentirá en su cara; Israel y Efraín tropezarán en su pecado, y Judá tropezará también con ellos.

6 Con sus ovejas y con sus vacas andarán buscando a Jehová, y no le hallarán; se apartó de ellos.

7 Contra Jehová prevaricaron, porque han engendrado hijos extraños; ahora en un solo mes serán consumidos ellos y sus heredades.

8 Tocad bocina en Gabaa, trompeta en Ramá: sonad alarma en Bet-avén; tiembla, oh Benjamín.

9 Efraín será asolado en el día del castigo; en las tribus de Israel hice conocer la verdad.

10 Los príncipes de Judá fueron como los que traspasan los linderos; derramaré sobre ellos como agua mi ira.

11 Efraín es vejado, quebrantado en juicio, porque quiso andar en pos de vanidades.

12 Yo, pues, seré como polilla a Efraín, y como carcoma a la casa de Judá.

13 Y verá Efraín su enfermedad, y Judá su llaga; irá entonces Efraín a Asiria, y enviará al rey Jareb; mas él no os podrá sanar, ni os curará la llaga.

14 Porque yo seré como león a Efraín, y como cachorro de león a la casa de Judá; yo, yo arrebataré, y me iré; tomaré, y no habrá quien liberte.

Insinceridad del arrepentimiento de Israel

15 Andaré y volveré a mi lugar, hasta que reconozcan su pecado y busquen mi rostro. En su angustia me buscarán.

6 **1** Venid y volvamos a Jehová; porque él arrebató, y nos curará; hirió, y nos vendará.

2 Nos dará vida después de dos días; en el tercer día nos resucitará,[a] y viviremos delante de él.

3 Y conoceremos, y proseguiremos en conocer a Jehová; como el alba está dispuesta su salida, y vendrá a nosotros como la lluvia, como la lluvia tardía y temprana a la tierra.

4 ¿Qué haré a ti, Efraín? ¿Qué haré a ti, oh Judá? La piedad vuestra es como nube de la mañana, y como el rocío de la madrugada, que se desvanece.

5 Por esta causa los corté por medio de los profetas, con las palabras de mi boca los maté; y tus juicios serán como luz que sale.

6 Porque misericordia quiero, y no sacrificio,[b] y conocimiento de Dios más que holocaustos.

7 Mas ellos, cual Adán, traspasaron el pacto; allí prevaricaron contra mí.

8 Galaad, ciudad de hacedores de iniquidad, manchada de sangre.

9 Y como ladrones que esperan a algún hombre, así una compañía de sacerdotes mata en el camino hacia Siquem; así cometieron abominación.

---

a 6.2 Lc 24.46; 1 Co 15.4.   b 6.6 Mt 9.13; 12.7.

¹⁰ En la casa de Israel he visto inmundicia; allí fornicó Efraín, y se contaminó Israel.

¹¹ Para ti también, oh Judá, está preparada una siega, cuando yo haga volver el cautiverio de mi pueblo.

Iniquidad y rebelión de Israel

7 ¹ Mientras curaba yo a Israel, se descubrió la iniquidad de Efraín, y las maldades de Samaria; porque hicieron engaño; y entra el ladrón, y el salteador despoja por fuera.

² Y no consideran en su corazón que tengo en memoria toda su maldad; ahora les rodearán sus obras; delante de mí están.

³ Con su maldad alegran al rey, y a los príncipes con sus mentiras.

⁴ Todos ellos son adúlteros; son como horno encendido por el hornero, que cesa de avivar el fuego después que está hecha la masa, hasta que se haya leudado.

⁵ En el día de nuestro rey los príncipes lo hicieron enfermar con copas de vino; extendió su mano con los escarnecedores.

⁶ Aplicaron su corazón, semejante a un horno, a sus artificios; toda la noche duerme su hornero; a la mañana está encendido como llama de fuego.

⁷ Todos ellos arden como un horno, y devoraron a sus jueces; cayeron todos sus reyes; no hay entre ellos quien a mí clame.

⁸ Efraín se ha mezclado con los demás pueblos; Efraín fue torta no volteada.

⁹ Devoraron extraños su fuerza, y él no lo supo; y aun canas le han cubierto, y él no lo supo.

¹⁰ Y la soberbia de Israel testificará contra él en su cara; y no se volvieron a Jehová su Dios, ni lo buscaron con todo esto.

¹¹ Efraín fue como paloma incauta, sin entendimiento; llamarán a Egipto, acudirán a Asiria.

¹² Cuando fueren, tenderé sobre ellos mi red; les haré caer como aves del cielo; les castigaré conforme a lo que se ha anunciado en sus congregaciones.

¹³ ¡Ay de ellos! porque se apartaron de mí; destrucción vendrá sobre ellos, porque contra mí se rebelaron; yo los redimí, y ellos hablaron mentiras contra mí.

¹⁴ Y no clamaron a mí con su corazón cuando gritaban sobre sus camas; para el trigo y el mosto se congregaron, se rebelaron contra mí.

¹⁵ Y aunque yo los enseñé y fortalecí sus brazos, contra mí pensaron mal.

¹⁶ Volvieron, pero no al Altísimo; fueron como arco engañoso; cayeron sus príncipes a espada por la soberbia de su lengua; esto será su escarnio en la tierra de Egipto.

Represión de la idolatría de Israel

8 ¹ Pon a tu boca trompeta. Como águila viene contra la casa de Jehová, porque traspasaron mi pacto, y se rebelaron contra mi ley.

² A mí clamará Israel: Dios mío, te hemos conocido.

³ Israel desechó el bien; enemigo lo perseguirá.

⁴ Ellos establecieron reyes, pero no escogidos por mí; constituyeron príncipes, mas yo no lo supe; de su plata y de su oro hicieron ídolos para sí, para ser ellos mismos destruidos.

⁵ Tu becerro, oh Samaria, te hizo alejarte; se encendió mi enojo contra ellos, hasta que no pudieron alcanzar purificación.

⁶ Porque de Israel es también éste, y artífice lo hizo; no es Dios; por lo que será deshecho en pedazos el becerro de Samaria.

⁷ Porque sembraron viento, y torbellino segarán; no tendrán mies, ni su espiga hará harina; y si la hiciere, extraños la comerán.

⁸ Devorado será Israel; pronto será entre las naciones como vasija que no se estima.

⁹ Porque ellos subieron a Asiria, como asno montés para sí solo; Efraín con salario alquiló amantes.

¹⁰ Aunque alquilen entre las naciones, ahora las juntaré, y serán afligidos un poco de tiempo por la carga del rey y de los príncipes.

¹¹ Porque multiplicó Efraín altares para pecar, tuvo altares para pecar.

¹² Le escribí las grandezas de mi ley, y fueron tenidas por cosa extraña.

¹³ En los sacrificios de mis ofrendas sacrificaron carne, y comieron; no los quiso Jehová; ahora se acordará de su iniquidad, y castigará su pecado; ellos volverán a Egipto.

¹⁴ Olvidó, pues, Israel a su Hacedor, y edificó templos, y Judá multiplicó ciudades fortificadas; mas yo meteré fuego en sus ciudades, el cual consumirá sus palacios.

Castigo de la persistente infidelidad de Israel

9 ¹No te alegres, oh Israel, hasta saltar de gozo como los pueblos, pues has fornicado apartándote de tu Dios; amaste salario de ramera en todas las eras de trigo.

²La era y el lagar no los mantendrán, y les fallará el mosto.

³No quedarán en la tierra de Jehová, sino que volverá Efraín a Egipto y a Asiria, donde comerán vianda inmunda.

⁴No harán libaciones a Jehová, ni sus sacrificios le serán gratos; como pan de enlutados les serán a ellos; todos los que coman de él serán inmundos. Será, pues, el pan de ellos para sí mismos; ese pan no entrará en la casa de Jehová.

⁵¿Qué haréis en el día de la solemnidad, y en el día de la fiesta de Jehová?

⁶Porque he aquí se fueron ellos a causa de la destrucción. Egipto los recogerá, Menfis los enterrará. La ortiga conquistará lo deseable de su plata, y espino crecerá en sus moradas.

⁷Vinieron los días del castigo,ᵃ vinieron los días de la retribución; e Israel lo conocerá. Necio es el profeta, insensato es el varón de espíritu, a causa de la multitud de tu maldad, y grande odio.

⁸Atalaya es Efraín para con mi Dios; el profeta es lazo de cazador en todos sus caminos, odio en la casa de su Dios.

⁹Llegaron hasta lo más bajo en su corrupción, como en los días de Gabaa;ᵇ ahora se acordará de su iniquidad, castigará su pecado.

¹⁰Como uvas en el desierto hallé a Israel; como la fruta temprana de la higuera en su principio vi a vuestros padres. Ellos acudieron a Baal-peor,ᶜ se apartaron para vergüenza, y se hicieron abominables como aquello que amaron.

¹¹La gloria de Efraín volará cual ave, de modo que no habrá nacimientos, ni embarazos, ni concepciones.

¹²Y si llegaren a grandes sus hijos, los quitaré de entre los hombres, porque ¡ay de ellos también, cuando de ellos me aparte!

¹³Efraín, según veo, es semejante a Tiro, situado en lugar delicioso; pero Efraín sacará sus hijos a la matanza.

¹⁴Dales, oh Jehová, lo que les has de dar; dales matriz que aborte, y pechos enjutos.

¹⁵Toda la maldad de ellos fue en Gilgal; allí, pues, les tomé aversión; por la perversidad de sus obras los echaré de mi casa; no los amaré más; todos sus príncipes son desleales.

¹⁶Efraín fue herido, su raíz está seca, no dará más fruto; aunque engendren, yo mataré lo deseable de su vientre.

¹⁷Mi Dios los desechará, porque ellos no le oyeron; y andarán errantes entre las naciones.

10 ¹Israel es una frondosa viña, que da abundante fruto para sí mismo; conforme a la abundancia de su fruto multiplicó también los altares, conforme a la bondad de su tierra aumentaron sus ídolos.

²Está dividido su corazón. Ahora serán hallados culpables; Jehová demolerá sus altares, destruirá sus ídolos.

³Seguramente dirán ahora: No tenemos rey, porque no temimos a Jehová; ¿y qué haría el rey por nosotros?

⁴Han hablado palabras jurando en vano al hacer pacto; por tanto, el juicio florecerá como ajenjo en los surcos del campo.

⁵Por las becerras de Bet-avénᵃ serán atemorizados los moradores de Samaria; porque su pueblo lamentará a causa del becerro, y sus sacerdotes que en él se regocijaban por su gloria, la cual será disipada.

⁶Aun será él llevado a Asiria como presente al rey Jareb; Efraín será avergonzado, e Israel se avergonzará de su consejo.

⁷De Samaria fue cortado su rey como espuma sobre la superficie de las aguas.

⁸Y los lugares altos de Avén serán destruidos, el pecado de Israel; crecerá sobre sus altares espino y cardo. Y dirán a los montes: Cubridnos; y a los collados: Caed sobre nosotros.ᵇ

⁹Desde los días de Gabaaᶜ has pecado, oh Israel; allí estuvieron; no los tomó la batalla en Gabaa contra los inicuos.

¹⁰Y los castigaré cuando lo desee; y pueblos se juntarán sobre ellos cuando sean atados por su doble crimen.

¹¹Efraín es novilla domada, que le gusta trillar, mas yo pasaré sobre su lozana

a **9.7** Lc 21.22. b **9.9** Jue 19.1-30. c **9.10** Nm 25.1-5.
a **10.5** 1 R 12.28, 29. b **10.8** Lc 23.30; Ap 6.16.
c **10.9** Jue 19.1-30.

cerviz; haré llevar yugo a Efraín; arará Judá, quebrará sus terrones Jacob.

12 Sembrad para vosotros en justicia, segad para vosotros en misericordia; haced para vosotros barbecho;ᵈ porque es el tiempo de buscar a Jehová, hasta que venga y os enseñe justicia.

13 Habéis arado impiedad, y segasteis iniquidad; comeréis fruto de mentira, porque confiaste en tu camino y en la multitud de tus valientes.

14 Por tanto, en tus pueblos se levantará alboroto, y todas tus fortalezas serán destruidas, como destruyó Salmán a Bet-arbel en el día de la batalla, cuando la madre fue destrozada con los hijos.

15 Así hará a vosotros Bet-el, por causa de vuestra gran maldad; a la mañana será del todo cortado el rey de Israel.

Dios se compadece de su pueblo obstinado

11 ¹ Cuando Israel era muchacho, yo lo amé, y de Egipto llamé a mi hijo.ᵃ

2 Cuanto más yo los llamaba, tanto más se alejaban de mí; a los baales sacrificaban, y a los ídolos ofrecían sahumerios.

3 Yo con todo eso enseñaba a andar al mismo Efraín, tomándole de los brazos; y no conoció que yo le cuidaba.

4 Con cuerdas humanas los atraje, con cuerdas de amor; y fui para ellos como los que alzan el yugo de sobre su cerviz, y puse delante de ellos la comida.

5 No volverá a tierra de Egipto, sino que el asirio mismo será su rey, porque no se quisieron convertir.

6 Caerá espada sobre sus ciudades, y consumirá sus aldeas; las consumirá a causa de sus propios consejos.

7 Entre tanto, mi pueblo está adherido a la rebelión contra mí; aunque me llaman el Altísimo, ninguno absolutamente me quiere enaltecer.

8 ¿Cómo podré abandonarte, oh Efraín? ¿Te entregaré yo, Israel? ¿Cómo podré yo hacerte como Adma, o ponerte como a Zeboim?ᵇ Mi corazón se conmueve dentro de mí, se inflama toda mi compasión.

9 No ejecutaré el ardor de mi ira, ni volveré para destruir a Efraín; porque Dios soy, y no hombre, el Santo en medio de ti; y no entraré en la ciudad.

10 En pos de Jehová caminarán; él rugirá como león; rugirá, y los hijos vendrán temblando desde el occidente.

11 Como ave acudirán velozmente de Egipto, y de la tierra de Asiria como paloma; y los haré habitar en sus casas, dice Jehová.

12 Me rodeó Efraín de mentira, y la casa de Israel de engaño. Judá aún gobierna con Dios, y es fiel con los santos.

Efraín reprendido por su falsedad y opresión

12 ¹ Efraín se apacienta de viento, y sigue al solano; mentira y destrucción aumenta continuamente; porque hicieron pacto con los asirios, y el aceite se lleva a Egipto.

2 Pleito tiene Jehová con Judá para castigar a Jacob conforme a sus caminos; le pagará conforme a sus obras.

3 En el seno materno tomó por el calcañar a su hermano,ᵃ y con su poder venció al ángel.

4 Venció al ángel, y prevaleció; lloró, y le rogó;ᵇ en Bet-el le halló,ᶜ y allí habló con nosotros.

5 Mas Jehová es Dios de los ejércitos; Jehová es su nombre.

6 Tú, pues, vuélvete a tu Dios; guarda misericordia y juicio, y en tu Dios confía siempre.

7 Mercader que tiene en su mano peso falso, amador de opresión,

8 Efraín dijo: Ciertamente he enriquecido, he hallado riquezas para mí; nadie hallará iniquidad en mí, ni pecado en todos mis trabajos.

9 Pero yo soy Jehová tu Dios desde la tierra de Egipto; aún te haré morar en tiendas, como en los días de la fiesta.ᵈ

10 Y he hablado a los profetas, y aumenté la profecía, y por medio de los profetas usé parábolas.

11 ¿Es Galaad iniquidad? Ciertamente vanidad han sido; en Gilgal sacrificaron bueyes, y sus altares son como montones en los surcos del campo.

12 Pero Jacob huyó a tierra de Aram, Israel sirvió para adquirir mujer, y por adquirir mujer fue pastor.ᵉ

ᵈ 10.12 Jer 4.3.   ᵃ 11.1 Mt 2.15.   ᵇ 11.8 Dt 29.23.
ᵃ 12.3 Gn 25.26.   ᵇ 12.3, 4 Gn 32.24-26.
ᶜ 12.4 Gn 28.10-22.   ᵈ 12.9 Lv 23.39-43.   ᵉ 12.12 Gn 29.1-20.

13 Y por un profeta Jehová hizo subir a Israel de Egipto,[f] y por un profeta fue guardado.

14 Efraín ha provocado a Dios con amarguras; por tanto, hará recaer sobre él la sangre que ha derramado, y su Señor le pagará su oprobio.

Destrucción total de Efraín predicha

13 **1** Cuando Efraín hablaba, hubo temor; fue exaltado en Israel; mas pecó en Baal, y murió.

2 Y ahora añadieron a su pecado, y de su plata se han hecho según su entendimiento imágenes de fundición, ídolos, toda obra de artífices, acerca de los cuales dicen a los hombres que sacrifican, que besen los becerros.

3 Por tanto, serán como la niebla de la mañana, y como el rocío de la madrugada que se pasa; como el tamo que la tempestad arroja de la era, y como el humo que sale de la chimenea.

4 Mas yo soy Jehová tu Dios desde la tierra de Egipto; no conocerás, pues, otro dios fuera de mí, ni otro salvador sino a mí.

5 Yo te conocí en el desierto,[a] en tierra seca.

6 En sus pastos se saciaron, y repletos, se ensoberbeció su corazón; por esta causa se olvidaron de mí.

7 Por tanto, yo seré para ellos como león; como un leopardo en el camino los acecharé.

8 Como osa que ha perdido los hijos los encontraré, y desgarraré las fibras de su corazón, y allí los devoraré como león; fiera del campo los despedazará.

9 Te perdiste, oh Israel, mas en mí está tu ayuda.

10 ¿Dónde está tu rey, para que te guarde con todas tus ciudades; y tus jueces, de los cuales dijiste: Dame rey y príncipes?[b]

11 Te di rey en mi furor,[c] y te lo quité en mi ira.[d]

12 Atada está la maldad de Efraín; su pecado está guardado.

13 Dolores de mujer que da a luz le vendrán; es un hijo no sabio, porque ya hace tiempo que no debiera detenerse al punto mismo de nacer.

14 De la mano del Seol los redimiré, los libraré de la muerte. Oh muerte, yo seré tu muerte; y seré tu destrucción, oh Seol;[e] la compasión será escondida de mi vista.

15 Aunque él fructifique entre los hermanos, vendrá el solano, viento de Jehová; se levantará desde el desierto, y se secará su manantial, y se agotará su fuente; él saqueará el tesoro de todas sus preciosas alhajas.

16 Samaria será asolada, porque se rebeló contra su Dios; caerán a espada; sus niños serán estrellados, y sus mujeres encintas serán abiertas.

Súplica a Israel para que vuelva a Jehová

14 **1** Vuelve, oh Israel, a Jehová tu Dios; porque por tu pecado has caído.

2 Llevad con vosotros palabras de súplica, y volved a Jehová, y decidle: Quita toda iniquidad, y acepta el bien, y te ofreceremos la ofrenda de nuestros labios.

3 No nos librará el asirio; no montaremos en caballos, ni nunca más diremos a la obra de nuestras manos: Dioses nuestros; porque en ti el huérfano alcanzará misericordia.

4 Yo sanaré su rebelión, los amaré de pura gracia; porque mi ira se apartó de ellos.

5 Yo seré a Israel como rocío; él florecerá como lirio, y extenderá sus raíces como el Líbano.

6 Se extenderán sus ramas, y será su gloria como la del olivo, y perfumará como el Líbano.

7 Volverán y se sentarán bajo su sombra; serán vivificados como trigo, y florecerán como la vid; su olor será como de vino del Líbano.

8 Efraín dirá: ¿Qué más tendré ya con los ídolos? Yo lo oiré, y miraré; yo seré a él como la haya verde; de mí será hallado tu fruto.

9 ¿Quién es sabio para que entienda esto, y prudente para que lo sepa? Porque los caminos de Jehová son rectos, y los justos andarán por ellos; mas los rebeldes caerán en ellos.

---

f 12.13 Éx 12.50, 51. **a 13.5** Dt 8.12-16. **b 13.10** 1 S 8.5, 6.
c 13.11 1 S 10.17-24. **d 13.11** 1 S 15.26. **e 13.14** 1 Co 15.55.

JOEL

Devastación de la tierra por la langosta

1 ¹ Palabra de Jehová que vino a Joel, hijo de Petuel.

² Oíd esto, ancianos, y escuchad, todos los moradores de la tierra. ¿Ha acontecido esto en vuestros días, o en los días de vuestros padres?

³ De esto contaréis a vuestros hijos, y vuestros hijos a sus hijos, y sus hijos a la otra generación.

⁴ Lo que quedó de la oruga comió el saltón, y lo que quedó del saltón comió el revoltón; y la langosta comió lo que del revoltón había quedado.

⁵ Despertad, borrachos, y llorad; gemid, todos los que bebéis vino, a causa del mosto, porque os es quitado de vuestra boca.

⁶ Porque pueblo fuerte e innumerable subió a mi tierra; sus dientes son dientes de león,ᵃ y sus muelas, muelas de león.

⁷ Asoló mi vid, y descortezó mi higuera; del todo la desnudó y derribó; sus ramas quedaron blancas.

⁸ Llora tú como joven vestida de cilicio por el marido de su juventud.

⁹ Desapareció de la casa de Jehová la ofrenda y la libación; los sacerdotes ministros de Jehová están de duelo.

¹⁰ El campo está asolado, se enlutó la tierra; porque el trigo fue destruido, se secó el mosto, se perdió el aceite.

¹¹ Confundíos, labradores; gemid, viñeros, por el trigo y la cebada, porque se perdió la mies del campo.

¹² La vid está seca, y pereció la higuera; el granado también, la palmera y el manzano; todos los árboles del campo se secaron, por lo cual se extinguió el gozo de los hijos de los hombres.

¹³ Ceñíos y lamentad, sacerdotes; gemid, ministros del altar; venid, dormid en cilicio, ministros de mi Dios; porque quitada es de la casa de vuestro Dios la ofrenda y la libación.

¹⁴ Proclamad ayuno, convocad a asamblea; congregad a los ancianos y a todos los moradores de la tierra en la casa de Jehová vuestro Dios, y clamad a Jehová.

¹⁵ ¡Ay del día! porque cercano está el día de Jehová, y vendrá como destrucción por el Todopoderoso.ᵇ

¹⁶ ¿No fue arrebatado el alimento de delante de nuestros ojos, la alegría y el placer de la casa de nuestro Dios?

¹⁷ El grano se pudrió debajo de los terrones, los graneros fueron asolados, los alfolíes destruidos; porque se secó el trigo.

¹⁸ ¡Cómo gimieron las bestias! ¡cuán turbados anduvieron los hatos de los bueyes, porque no tuvieron pastos! También fueron asolados los rebaños de las ovejas.

¹⁹ A ti, oh Jehová, clamaré; porque fuego consumió los pastos del desierto, y llama abrasó todos los árboles del campo.

²⁰ Las bestias del campo bramarán también a ti, porque se secaron los arroyos de las aguas, y fuego consumió las praderas del desierto.

2 ¹ Tocad trompeta en Sion, y dad alarma en mi santo monte; tiemblen todos los moradores de la tierra, porque viene el día de Jehová, porque está cercano.

² Día de tinieblas y de oscuridad, día de nube y de sombra; como sobre los montes se extiende el alba, así vendrá un pueblo grande y fuerte; semejante a él no lo hubo jamás, ni después de él lo habrá en años de muchas generaciones.

³ Delante de él consumirá fuego, tras de él abrasará llama; como el huerto de Edén será la tierra delante de él, y detrás de él como desierto asolado; ni tampoco habrá quien de él escape.

⁴ Su aspecto, como aspecto de caballos, y como gente de a caballo correrán.

⁵ Como estruendo de carros saltarán sobre las cumbres de los montes; como sonido

---

ᵃ **1.6** Ap 9.8. ᵇ **1.15** Is 13.6.

de llama de fuego que consume hojarascas, como pueblo fuerte dispuesto para la batalla.[a]

6 Delante de él temerán los pueblos; se pondrán pálidos todos los semblantes.

7 Como valientes correrán, como hombres de guerra subirán el muro; cada cual marchará por su camino, y no torcerá su rumbo.

8 Ninguno estrechará a su compañero, cada uno irá por su carrera; y aun cayendo sobre la espada no se herirán.

9 Irán por la ciudad, correrán por el muro, subirán por las casas, entrarán por las ventanas a manera de ladrones.

10 Delante de él temblará la tierra, se estremecerán los cielos; el sol y la luna se oscurecerán, y las estrellas retraerán su resplandor.[b]

11 Y Jehová dará su orden delante de su ejército; porque muy grande es su campamento; fuerte es el que ejecuta su orden; porque grande es el día de Jehová, y muy terrible; ¿quién podrá soportarlo?[c]

La misericordia de Jehová

12 Por eso pues, ahora, dice Jehová, convertíos a mí con todo vuestro corazón, con ayuno y lloro y lamento.

13 Rasgad vuestro corazón, y no vuestros vestidos, y convertíos a Jehová vuestro Dios; porque misericordioso es y clemente, tardo para la ira y grande en misericordia, y que se duele del castigo.

14 ¿Quién sabe si volverá y se arrepentirá y dejará bendición tras de él, esto es, ofrenda y libación para Jehová vuestro Dios?

15 Tocad trompeta en Sion, proclamad ayuno, convocad asamblea.

16 Reunid al pueblo, santificad la reunión, juntad a los ancianos, congregad a los niños y a los que maman, salga de su cámara el novio, y de su tálamo la novia.

17 Entre la entrada y el altar lloren los sacerdotes ministros de Jehová, y digan: Perdona, oh Jehová, a tu pueblo, y no entregues al oprobio tu heredad, para que las naciones se enseñoreen de ella. ¿Por qué han de decir entre los pueblos: Dónde está su Dios?

18 Y Jehová, solícito por su tierra, perdonará a su pueblo.

19 Responderá Jehová, y dirá a su pueblo: He aquí yo os envío pan, mosto y aceite, y seréis saciados de ellos; y nunca más os pondré en oprobio entre las naciones.

20 Y haré alejar de vosotros al del norte, y lo echaré en tierra seca y desierta; su faz será hacia el mar oriental, y su fin al mar occidental; y exhalará su hedor, y subirá su pudrición, porque hizo grandes cosas.

21 Tierra, no temas; alégrate y gózate, porque Jehová hará grandes cosas.

22 Animales del campo, no temáis; porque los pastos del desierto reverdecerán, porque los árboles llevarán su fruto, la higuera y la vid darán sus frutos.

23 Vosotros también, hijos de Sion, alegraos y gozaos en Jehová vuestro Dios; porque os ha dado la primera lluvia a su tiempo, y hará descender sobre vosotros lluvia temprana y tardía como al principio.

24 Las eras se llenarán de trigo, y los lagares rebosarán de vino y aceite.

25 Y os restituiré los años que comió la oruga, el saltón, el revoltón y la langosta, mi gran ejército que envié contra vosotros.

26 Comeréis hasta saciaros, y alabaréis el nombre de Jehová vuestro Dios, el cual hizo maravillas con vosotros; y nunca jamás será mi pueblo avergonzado.

27 Y conoceréis que en medio de Israel estoy yo, y que yo soy Jehová vuestro Dios, y no hay otro; y mi pueblo nunca jamás será avergonzado.

Derramamiento del Espíritu de Dios

28 Y después de esto derramaré mi Espíritu sobre toda carne, y profetizarán vuestros hijos y vuestras hijas; vuestros ancianos soñarán sueños, y vuestros jóvenes verán visiones.

29 Y también sobre los siervos y sobre las siervas derramaré mi Espíritu en aquellos días.

30 Y daré prodigios en el cielo y en la tierra, sangre, y fuego, y columnas de humo.

31 El sol se convertirá en tinieblas, y la luna en sangre,[d] antes que venga el día grande y espantoso de Jehová.

32 Y todo aquel que invocare el nombre de Jehová será salvo;[e,f] porque en el monte de Sion y en Jerusalén habrá salvación, como

---

a 2.4, 5 Ap 9.7-9.　**b 2.10** Ap 8.12.　**c 2.11** Ap 6.17.
d 2.31 Mt 24.29; Mr 13.24, 25; Lc 21.25; Ap 6.12, 13.
e 2.28-32 Hch 2.17-21.　**f 2.32** Ro 10.13.

ha dicho Jehová, y entre el remanente al cual él habrá llamado.

Juicio de Jehová sobre las naciones

3 ¹ Porque he aquí que en aquellos días, y en aquel tiempo en que haré volver la cautividad de Judá y de Jerusalén,

² reuniré a todas las naciones, y las haré descender al valle de Josafat, y allí entraré en juicio con ellas a causa de mi pueblo, y de Israel mi heredad, a quien ellas esparcieron entre las naciones, y repartieron mi tierra;

³ y echaron suertes sobre mi pueblo, y dieron los niños por una ramera, y vendieron las niñas por vino para beber.

⁴ Y también, ¿qué tengo yo con vosotras, Tiro y Sidón,ª y todo el territorio de Filistea?ᵇ ¿Queréis vengaros de mí? Y si de mí os vengáis, bien pronto haré yo recaer la paga sobre vuestra cabeza.

⁵ Porque habéis llevado mi plata y mi oro, y mis cosas preciosas y hermosas metisteis en vuestros templos;

⁶ y vendisteis los hijos de Judá y los hijos de Jerusalén a los hijos de los griegos, para alejarlos de su tierra.

⁷ He aquí yo los levantaré del lugar donde los vendisteis, y volveré vuestra paga sobre vuestra cabeza.

⁸ y venderé vuestros hijos y vuestras hijas a los hijos de Judá, y ellos los venderán a los sabeos, nación lejana; porque Jehová ha hablado.

⁹ Proclamad esto entre las naciones, proclamad guerra, despertad a los valientes, acérquense, vengan todos los hombres de guerra.

¹⁰ Forjad espadas de vuestros azadones, lanzas de vuestras hoces;ᶜ diga el débil: Fuerte soy.

¹¹ Juntaos y venid, naciones todas de alrededor, y congregaos; haz venir allí, oh Jehová, a tus fuertes.

¹² Despiértense las naciones, y suban al valle de Josafat; porque allí me sentaré para juzgar a todas las naciones de alrededor.

¹³ Echad la hoz, porque la mies está ya madura.ᵈ Venid, descended, porque el lagar está lleno,ᵉ rebosan las cubas; porque mucha es la maldad de ellos.

¹⁴ Muchos pueblos en el valle de la decisión; porque cercano está el día de Jehová en el valle de la decisión.

¹⁵ El sol y la luna se oscurecerán, y las estrellas retraerán su resplandor.

Liberación de Judá

¹⁶ Y Jehová rugirá desde Sion, y dará su voz desde Jerusalén,ᶠ y temblarán los cielos y la tierra; pero Jehová será la esperanza de su pueblo, y la fortaleza de los hijos de Israel.

¹⁷ Y conoceréis que yo soy Jehová vuestro Dios, que habito en Sion, mi santo monte; y Jerusalén será santa, y extraños no pasarán más por ella.

¹⁸ Sucederá en aquel tiempo, que los montes destilarán mosto, y los collados fluirán leche, y por todos los arroyos de Judá correrán aguas; y saldrá una fuente de la casa de Jehová, y regará el valle de Sitim.

¹⁹ Egipto será destruido, y Edom será vuelto en desierto asolado, por la injuria hecha a los hijos de Judá; porque derramaron en su tierra sangre inocente.

²⁰ Pero Judá será habitada para siempre, y Jerusalén por generación y generación.

²¹ Y limpiaré la sangre de los que no había limpiado; y Jehová morará en Sion.

ª **3.4-8** Is 23.1-18; Ez 26.1—28.26; Am 1.9, 10; Zac 9.1-4; Mt 11.21, 22; Lc 10.13, 14. ᵇ **3.4-8** Is 14.29-31; Jer 47.1-7; Ez 25.15-17; Am 1.6-8; Sof 2.4-7; Zac 9.5-7. ᶜ **3.10** Is 2.4; Mi 4.3. ᵈ **3.13** Ap 14.14-16. ᵉ **3.13** Ap 14.19, 20; 19.15. ᶠ **3.16** Am 1.2.

AMÓS

Juicios contra las naciones vecinas

1 ¹ Las palabras de Amós, que fue uno de los pastores de Tecoa, que profetizó acerca de Israel en días de Uzías[a] rey de Judá y en días de Jeroboam[b] hijo de Joás, rey de Israel, dos años antes del terremoto. ² Dijo: Jehová rugirá desde Sion, y dará su voz desde Jerusalén,[c] y los campos de los pastores se enlutarán, y se secará la cumbre del Carmelo.

³ Así ha dicho Jehová: Por tres pecados de Damasco,[d] y por el cuarto, no revocaré su castigo; porque trillaron a Galaad con trillos de hierro. ⁴ Prenderé fuego en la casa de Hazael, y consumirá los palacios de Ben-adad. ⁵ Y quebraré los cerrojos de Damasco, y destruiré a los moradores del valle de Avén, y los gobernadores de Bet-edén; y el pueblo de Siria será transportado a Kir, dice Jehová.

⁶ Así ha dicho Jehová: Por tres pecados de Gaza, y por el cuarto, no revocaré su castigo; porque llevó cautivo a todo un pueblo para entregarlo a Edom. ⁷ Prenderé fuego en el muro de Gaza, y consumirá sus palacios. ⁸ Y destruiré a los moradores de Asdod, y a los gobernadores de Ascalón; y volveré mi mano contra Ecrón, y el resto de los filisteos[e] perecerá, ha dicho Jehová el Señor.

⁹ Así ha dicho Jehová: Por tres pecados de Tiro,[f] y por el cuarto, no revocaré su castigo; porque entregaron a todo un pueblo cautivo a Edom, y no se acordaron del pacto de hermanos. ¹⁰ Prenderé fuego en el muro de Tiro, y consumirá sus palacios.

¹¹ Así ha dicho Jehová: Por tres pecados de Edom,[g] y por el cuarto, no revocaré su castigo; porque persiguió a espada a su hermano, y violó todo afecto natural; y en su furor le ha robado siempre, y perpetuamente ha guardado el rencor. ¹² Prenderé fuego en Temán, y consumirá los palacios de Bosra.

¹³ Así ha dicho Jehová: Por tres pecados de los hijos de Amón,[h] y por el cuarto, no revocaré su castigo; porque para ensanchar sus tierras abrieron a las mujeres de Galaad que estaban encintas. ¹⁴ Encenderé fuego en el muro de Rabá, y consumirá sus palacios con estruendo en el día de la batalla, con tempestad en día tempestuoso; ¹⁵ y su rey irá en cautiverio, él y todos sus príncipes, dice Jehová.

2 ¹ Así ha dicho Jehová: Por tres pecados de Moab,[a] y por el cuarto, no revocaré su castigo; porque quemó los huesos del rey de Edom hasta calcinarlos. ² Prenderé fuego en Moab, y consumirá los palacios de Queriot; y morirá Moab con tumulto, con estrépito y sonido de trompeta. ³ Y quitaré el juez de en medio de él, y mataré con él a todos sus príncipes, dice Jehová.

⁴ Así ha dicho Jehová: Por tres pecados de Judá, y por el cuarto, no revocaré su castigo; porque menospreciaron la ley de Jehová, y no guardaron sus ordenanzas, y les hicieron errar sus mentiras, en pos de las cuales anduvieron sus padres. ⁵ Prenderé, por tanto, fuego en Judá, el cual consumirá los palacios de Jerusalén.

Juicio contra Israel

⁶ Así ha dicho Jehová: Por tres pecados de Israel, y por el cuarto, no revocaré su castigo; porque vendieron por dinero al justo, y al pobre por un par de zapatos. ⁷ Pisotean en el polvo de la tierra las cabezas de los desvalidos, y tuercen el camino

a 1.1 2 R 15.1-7; 2 Cr 26.1-23.   b 1.1 2 R 14.23-29.
c 1.2 Jl 3.16.   d 1.3-5 Is 17.1-3; Jer 49.23-27; Zac 9.1.
e 1.6-8 Is 14.29-31; Jer 47.1-7; Ez 25.15-17; Jl 3.4-8; Sof 2.4-7; Zac 9.5-7.   f 1.9, 10 Is 23.1-18; Ez 26.1—28.19; Jl 3.4-8; Zac 9.1-4; Mt 11.21, 22; Lc 10.13, 14.   g 1.11, 12 Is 34.5-17; 63.1-6; Jer 49.7-22; Ez 25.12-14; 35.1-15; Abd 1.14; Mal 1.2-5.
h 1.13-15 Jer 49.1-6; Ez 21.28-32; 25.1-7; Sof 2.8-11.
a 2.1-3 Is 15.1—16.14; 25.10-12; Jer 48.1-47; Ez 25.8-11; Sof 2.8-11.

de los humildes; y el hijo y su padre se llegan a la misma joven, profanando mi santo nombre.

[8] Sobre las ropas empeñadas se acuestan junto a cualquier altar; y el vino de los multados beben en la casa de sus dioses.

[9] Yo destruí delante de ellos al amorreo,[b] cuya altura era como la altura de los cedros, y fuerte como una encina; y destruí su fruto arriba y sus raíces abajo.

[10] Y a vosotros os hice subir de la tierra de Egipto, y os conduje por el desierto cuarenta años, para que entraseis en posesión de la tierra del amorreo.

[11] Y levanté de vuestros hijos para profetas, y de vuestros jóvenes para que fuesen nazareos.[c] ¿No es esto así, dice Jehová, hijos de Israel?

[12] Mas vosotros disteis de beber vino a los nazareos, y a los profetas mandasteis diciendo: No profeticéis.

[13] Pues he aquí, yo os apretaré en vuestro lugar, como se aprieta el carro lleno de gavillas;

[14] y el ligero no podrá huir, y al fuerte no le ayudará su fuerza, ni el valiente librará su vida.

[15] El que maneja el arco no resistirá, ni escapará el ligero de pies, ni el que cabalga en caballo salvará su vida.

[16] El esforzado de entre los valientes huirá desnudo aquel día, dice Jehová.

El rugido del león

3 [1] Oíd esta palabra que ha hablado Jehová contra vosotros, hijos de Israel, contra toda la familia que hice subir de la tierra de Egipto. Dice así:

[2] A vosotros solamente he conocido de todas las familias de la tierra; por tanto, os castigaré por todas vuestras maldades.

[3] ¿Andarán dos juntos, si no estuvieren de acuerdo?

[4] ¿Rugirá el león en la selva sin haber presa? ¿Dará el leoncillo su rugido desde su guarida, si no apresare?

[5] ¿Caerá el ave en lazo sobre la tierra, sin haber cazador? ¿Se levantará el lazo de la tierra, si no ha atrapado algo?

[6] ¿Se tocará la trompeta en la ciudad, y no se alborotará el pueblo? ¿Habrá algún mal en la ciudad, el cual Jehová no haya hecho?

[7] Porque no hará nada Jehová el Señor, sin que revele su secreto a sus siervos los profetas.

[8] Si el león ruge, ¿quién no temerá? Si habla Jehová el Señor, ¿quién no profetizará?

Destrucción de Samaria

[9] Proclamad en los palacios de Asdod, y en los palacios de la tierra de Egipto, y decid: Reuníos sobre los montes de Samaria, y ved las muchas opresiones en medio de ella, y las violencias cometidas en su medio.

[10] No saben hacer lo recto, dice Jehová, atesorando rapiña y despojo en sus palacios.

[11] Por tanto, Jehová el Señor ha dicho así: Un enemigo vendrá por todos lados de la tierra, y derribará tu fortaleza, y tus palacios serán saqueados.

[12] Así ha dicho Jehová: De la manera que el pastor libra de la boca del león dos piernas, o la punta de una oreja, así escaparán los hijos de Israel que moran en Samaria en el rincón de una cama, y al lado de un lecho.

[13] Oíd y testificad contra la casa de Jacob, ha dicho Jehová Dios de los ejércitos:

[14] Que el día que castigue las rebeliones de Israel, castigaré también los altares de Bet-el;[a] y serán cortados los cuernos del altar, y caerán a tierra.

[15] Y heriré la casa de invierno con la casa de verano, y las casas de marfil perecerán; y muchas casas serán arruinadas, dice Jehová.

4 [1] Oíd esta palabra, vacas de Basán, que estáis en el monte de Samaria, que oprimís a los pobres y quebrantáis a los menesterosos, que decís a vuestros señores: Traed, y beberemos.

[2] Jehová el Señor juró por su santidad: He aquí, vienen sobre vosotras días en que os llevarán con ganchos, y a vuestros descendientes con anzuelos de pescador;

[3] y saldréis por las brechas una tras otra, y seréis echadas del palacio, dice Jehová.

Aunque castigado, Israel no aprende

[4] Id a Bet-el, y prevaricad; aumentad en Gilgal la rebelión, y traed de mañana vuestros sacrificios, y vuestros diezmos cada tres días.

---

b 2.9 Dt 3.8-11.   **c 2.11** Nm 6.1-8.   **a 3.14** 2 R 23.15.

⁵ Y ofreced sacrificio de alabanza con pan leudado, y proclamad, publicad ofrendas voluntarias, pues que así lo queréis, hijos de Israel, dice Jehová el Señor.

⁶ Os hice estar a diente limpio en todas vuestras ciudades, y hubo falta de pan en todos vuestros pueblos; mas no os volvisteis a mí, dice Jehová.

⁷ También os detuve la lluvia tres meses antes de la siega; e hice llover sobre una ciudad, y sobre otra ciudad no hice llover; sobre una parte llovió, y la parte sobre la cual no llovió, se secó.

⁸ Y venían dos o tres ciudades a una ciudad para beber agua, y no se saciaban; con todo, no os volvisteis a mí, dice Jehová.

⁹ Os herí con viento solano y con oruga; la langosta devoró vuestros muchos huertos y vuestras viñas, y vuestros higuerales y vuestros olivares; pero nunca os volvisteis a mí, dice Jehová.

¹⁰ Envié contra vosotros mortandad tal como en Egipto; maté a espada a vuestros jóvenes, con cautiverio de vuestros caballos, e hice subir el hedor de vuestros campamentos hasta vuestras narices; mas no os volvisteis a mí, dice Jehová.

¹¹ Os trastorné como cuando Dios trastornó a Sodoma y a Gomorra,ᵃ y fuisteis como tizón escapado del fuego; mas no os volvisteis a mí, dice Jehová.

¹² Por tanto, de esta manera te haré a ti, oh Israel; y porque te he de hacer esto, prepárate para venir al encuentro de tu Dios, oh Israel.

¹³ Porque he aquí, el que forma los montes, y crea el viento, y anuncia al hombre su pensamiento; el que hace de las tinieblas mañana, y pasa sobre las alturas de la tierra; Jehová Dios de los ejércitos es su nombre.

Llamamiento al arrepentimiento

5 ¹ Oíd esta palabra que yo levanto para lamentación sobre vosotros, casa de Israel.

² Cayó la virgen de Israel, y no podrá levantarse ya más; fue dejada sobre su tierra, no hay quien la levante.

³ Porque así ha dicho Jehová el Señor: La ciudad que salga con mil, volverá con ciento, y la que salga con ciento volverá con diez, en la casa de Israel.

⁴ Pero así dice Jehová a la casa de Israel: Buscadme, y viviréis;

⁵ y no busquéis a Bet-el, ni entréis en Gilgal, ni paséis a Beerseba; porque Gilgal será llevada en cautiverio, y Bet-el será deshecha.

⁶ Buscad a Jehová, y vivid; no sea que acometa como fuego a la casa de José y la consuma, sin haber en Bet-el quien lo apague.

⁷ Los que convertís en ajenjo el juicio, y la justicia la echáis por tierra,

⁸ buscad al que hace las Pléyades y el Orión,ᵃ y vuelve las tinieblas en mañana, y hace oscurecer el día como noche; el que llama a las aguas del mar, y las derrama sobre la faz de la tierra; Jehová es su nombre;

⁹ que da esfuerzo al despojador sobre el fuerte, y hace que el despojador venga sobre la fortaleza.

¹⁰ Ellos aborrecieron al reprensor en la puerta de la ciudad, y al que hablaba lo recto abominaron.

¹¹ Por tanto, puesto que vejáis al pobre y recibís de él carga de trigo, edificasteis casas de piedra labrada, mas no las habitaréis; plantasteis hermosas viñas, mas no beberéis el vino de ellas.

¹² Porque yo sé de vuestras muchas rebeliones, y de vuestros grandes pecados; sé que afligís al justo, y recibís cohecho, y en los tribunales hacéis perder su causa a los pobres.

¹³ Por tanto, el prudente en tal tiempo calla, porque el tiempo es malo.

¹⁴ Buscad lo bueno, y no lo malo, para que viváis; porque así Jehová Dios de los ejércitos estará con vosotros, como decís.

¹⁵ Aborreced el mal, y amad el bien, y estableced la justicia en juicio; quizá Jehová Dios de los ejércitos tendrá piedad del remanente de José.

¹⁶ Por tanto, así ha dicho Jehová, Dios de los ejércitos: En todas las plazas habrá llanto, y en todas las calles dirán: ¡Ay! ¡Ay!, y al labrador llamarán a lloro, y a endecha a los que sepan endechar.

¹⁷ Y en todas las viñas habrá llanto; porque pasaré en medio de ti, dice Jehová.

¹⁸ ¡Ay de los que desean el día de Jehová! ¿Para qué queréis este día de Jehová? Será de tinieblas, y no de luz;

a 4.11 Gn 19.24.   a 5.8 Job 9.9; 38.31.

¹⁹ como el que huye de delante del león, y se encuentra con el oso; o como si entrare en casa y apoyare su mano en la pared, y le muerde una culebra.

²⁰ ¿No será el día de Jehová tinieblas, y no luz; oscuridad, que no tiene resplandor?

²¹ Aborrecí, aboliné vuestras solemnidades, y no me complaceré en vuestras asambleas.

²² Y si me ofreciereis vuestros holocaustos y vuestras ofrendas, no los recibiré, ni miraré a las ofrendas de paz de vuestros animales engordados.ᵇ

²³ Quita de mí la multitud de tus cantares, pues no escucharé las salmodias de tus instrumentos.

²⁴ Pero corra el juicio como las aguas, y la justicia como impetuoso arroyo.

²⁵ ¿Me ofrecisteis sacrificios y ofrendas en el desierto en cuarenta años, oh casa de Israel?

²⁶ Antes bien, llevabais el tabernáculo de vuestro Moloc y Quiún, ídolos vuestros, la estrella de vuestros dioses que os hicisteis.

²⁷ Os haré, pues, transportar más allá de Damasco,ᶜ ha dicho Jehová, cuyo nombre es Dios de los ejércitos.

Destrucción de Israel

6 ¹ ¡Ay de los reposados en Sion, y de los confiados en el monte de Samaria, los notables y principales entre las naciones, a los cuales acude la casa de Israel!

² Pasad a Calne, y mirad; y de allí id a la gran Hamat; descended luego a Gat de los filisteos; ved si son aquellos reinos mejores que estos reinos, si su extensión es mayor que la vuestra,

³ oh vosotros que dilatáis el día malo, y acercáis la silla de iniquidad.

⁴ Duermen en camas de marfil, y reposan sobre sus lechos; y comen los corderos del rebaño, y los novillos de en medio del engordadero;

⁵ gorjean al son de la flauta, e inventan instrumentos musicales, como David;

⁶ beben vino en tazones, y se ungen con los ungüentos más preciosos; y no se afligen por el quebrantamiento de José.

⁷ Por tanto, ahora irán a la cabeza de los que van a cautiverio, y se acercará el duelo de los que se entregan a los placeres.

⁸ Jehová el Señor juró por sí mismo, Jehová Dios de los ejércitos ha dicho: Abomino la grandeza de Jacob, y aborrezco sus palacios; y entregaré al enemigo la ciudad y cuanto hay en ella.

⁹ Y acontecerá que si diez hombres quedaren en una casa, morirán.

¹⁰ Y un pariente tomará a cada uno, y lo quemará para sacar los huesos de casa; y dirá al que estará en los rincones de la casa: ¿Hay aún alguno contigo? Y dirá: No. Y dirá aquél: Calla, porque no podemos mencionar el nombre de Jehová.

¹¹ Porque he aquí, Jehová mandará, y herirá con hendiduras la casa mayor, y la casa menor con aberturas.

¹² ¿Correrán los caballos por las peñas? ¿Ararán en ellas con bueyes? ¿Por qué habéis vosotros convertido el juicio en veneno, y el fruto de justicia en ajenjo?

¹³ Vosotros que os alegráis en nada, que decís: ¿No hemos adquirido poder con nuestra fuerza?

¹⁴ Pues he aquí, oh casa de Israel, dice Jehová Dios de los ejércitos, levantaré yo sobre vosotros a una nación que os oprimirá desde la entrada de Hamat hasta el arroyo del Arabá.

Tres visiones de destrucción

7 ¹ Así me ha mostrado Jehová el Señor: He aquí, él criaba langostas cuando comenzaba a crecer el heno tardío; y he aquí era el heno tardío después de las siegas del rey.

² Y aconteció que cuando acabó de comer la hierba de la tierra, yo dije: Señor Jehová, perdona ahora; ¿quién levantará a Jacob? porque es pequeño.

³ Se arrepintió Jehová de esto: No será, dijo Jehová.

⁴ Jehová el Señor me mostró así: He aquí, Jehová el Señor llamaba para juzgar con fuego; y consumió un gran abismo, y consumió una parte de la tierra.

⁵ Y dije: Señor Jehová, cesa ahora; ¿quién levantará a Jacob? porque es pequeño.

⁶ Se arrepintió Jehová de esto: No será esto tampoco, dijo Jehová el Señor.

⁷ Me enseñó así: He aquí el Señor estaba sobre un muro hecho a plomo, y en su mano una plomada de albañil.

ᵇ **5.21, 22** Is 1.11-14.   ᶜ **5.25-27** Hch 7.42, 43.

⁸Jehová entonces me dijo: ¿Qué ves, Amós? Y dije: Una plomada de albañil. Y el Señor dijo: He aquí, yo pongo plomada de albañil en medio de mi pueblo Israel; no lo toleraré más.

⁹Los lugares altos de Isaac serán destruidos, y los santuarios de Israel serán asolados, y me levantaré con espada sobre la casa de Jeroboam.

Amós y Amasías

¹⁰Entonces el sacerdote Amasías de Bet-el envió a decir a Jeroboam rey de Israel: Amós se ha levantado contra ti en medio de la casa de Israel; la tierra no puede sufrir todas sus palabras.

¹¹Porque así ha dicho Amós: Jeroboam morirá a espada, e Israel será llevado de su tierra en cautiverio.

¹²Y Amasías dijo a Amós: Vidente, vete, huye a tierra de Judá, y come allá tu pan, y profetiza allá;

¹³y no profetices más en Bet-el, porque es santuario del rey, y capital del reino.

¹⁴Entonces respondió Amós, y dijo a Amasías: No soy profeta, ni soy hijo de profeta, sino que soy boyero, y recojo higos silvestres.

¹⁵Y Jehová me tomó de detrás del ganado, y me dijo: Ve y profetiza a mi pueblo Israel.

¹⁶Ahora, pues, oye palabra de Jehová. Tú dices: No profetices contra Israel, ni hables contra la casa de Isaac.

¹⁷Por tanto, así ha dicho Jehová: Tu mujer será ramera en medio de la ciudad, y tus hijos y tus hijas caerán a espada, y tu tierra será repartida por suertes; y tú morirás en tierra inmunda, e Israel será llevado cautivo lejos de su tierra.

El canastillo de fruta de verano

8 ¹Así me ha mostrado Jehová el Señor: He aquí un canastillo de fruta de verano.*¹*

²Y dijo: ¿Qué ves, Amós? Y respondí: Un canastillo de fruta de verano. Y me dijo Jehová: Ha venido el fin*²* sobre mi pueblo Israel; no lo toleraré más.

³Y los cantores del templo gemirán en aquel día, dice Jehová el Señor; muchos serán los cuerpos muertos; en todo lugar los echarán fuera en silencio.

El juicio sobre Israel se acerca

⁴Oíd esto, los que explotáis a los menesterosos, y arruináis a los pobres de la tierra,

⁵diciendo: ¿Cuándo pasará el mes, y venderemos el trigo; y la semana, y abriremos los graneros del pan, y achicaremos la medida, y subiremos el precio, y falsearemos con engaño la balanza,

⁶para comprar los pobres por dinero, y los necesitados por un par de zapatos, y venderemos los desechos del trigo?

⁷Jehová juró por la gloria de Jacob: No me olvidaré jamás de todas sus obras.

⁸¿No se estremecerá la tierra sobre esto? ¿No llorará todo habitante de ella? Subirá toda, como un río, y crecerá y mermará como el río de Egipto.

⁹Acontecerá en aquel día, dice Jehová el Señor, que haré que se ponga el sol a mediodía, y cubriré de tinieblas la tierra en el día claro.

¹⁰Y cambiaré vuestras fiestas en lloro, y todos vuestros cantares en lamentaciones; y haré poner cilicio sobre todo lomo, y que se rape toda cabeza; y la volveré como en llanto de unigénito, y su postrimería como día amargo.

¹¹He aquí vienen días, dice Jehová el Señor, en los cuales enviaré hambre a la tierra, no hambre de pan, ni sed de agua, sino de oír la palabra de Jehová.

¹²E irán errantes de mar a mar; desde el norte hasta el oriente discurrirán buscando palabra de Jehová, y no la hallarán.

¹³En aquel tiempo las doncellas hermosas y los jóvenes desmayarán de sed.

¹⁴Los que juran por el pecado de Samaria, y dicen: Por tu Dios, oh Dan, y: Por el camino de Beerseba, caerán, y nunca más se levantarán.

Los juicios de Jehová son ineludibles

9 ¹Vi al Señor que estaba sobre el altar, y dijo: Derriba el capitel, y estreméz-canse las puertas, y hazlos pedazos sobre la cabeza de todos; y al postrero de ellos mataré a espada; no habrá de ellos quien huya, ni quien escape.

---

1. 8.1 Heb. *kayits. 2. 8.2* Heb. *ha-kets.*

2 Aunque cavasen hasta el Seol, de allá los tomará mi mano; y aunque subieren hasta el cielo, de allá los haré descender.

3 Si se escondieren en la cumbre del Carmelo, allí los buscaré y los tomaré; y aunque se escondieren de delante de mis ojos en lo profundo del mar, allí mandaré a la serpiente y los morderá.

4 Y si fueren en cautiverio delante de sus enemigos, allí mandaré la espada, y los matará; y pondré sobre ellos mis ojos para mal, y no para bien.

5 El Señor, Jehová de los ejércitos, es el que toca la tierra, y se derretirá, y llorarán todos los que en ella moran; y crecerá toda como un río, y mermará luego como el río de Egipto.

6 Él edificó en el cielo sus cámaras, y ha establecido su expansión sobre la tierra; él llama las aguas del mar, y sobre la faz de la tierra las derrama; Jehová es su nombre.

7 Hijos de Israel, ¿no me sois vosotros como hijos de etíopes, dice Jehová? ¿No hice yo subir a Israel de la tierra de Egipto, y a los filisteos de Caftor, y de Kir a los arameos?

8 He aquí los ojos de Jehová el Señor están contra el reino pecador, y yo lo asolaré de la faz de la tierra; mas no destruiré del todo la casa de Jacob, dice Jehová.

9 Porque he aquí yo mandaré y haré que la casa de Israel sea zarandeada entre todas las naciones, como se zarandea el grano en una criba, y no cae un granito en la tierra.

10 A espada morirán todos los pecadores de mi pueblo, que dicen: No se acercará, ni nos alcanzará el mal.

Restauración futura de Israel

11 En aquel día yo levantaré el tabernáculo caído de David, y cerraré sus portillos y levantaré sus ruinas, y lo edificaré como en el tiempo pasado;

12 para que aquellos sobre los cuales es invocado mi nombre posean el resto de Edom, y a todas las naciones, dice Jehová que hace esto.[a]

13 He aquí vienen días, dice Jehová, en que el que ara alcanzará al segador, y el pisador de las uvas al que lleve la simiente; y los montes destilarán mosto, y todos los collados se derretirán.

14 Y traeré del cautiverio a mi pueblo Israel, y edificarán ellos las ciudades asoladas, y las habitarán; plantarán viñas, y beberán el vino de ellas, y harán huertos, y comerán el fruto de ellos.

15 Pues los plantaré sobre su tierra, y nunca más serán arrancados de su tierra que yo les di, ha dicho Jehová Dios tuyo.

---

a 9.11, 12 Hch 15.16-18.

ABDÍAS

La humillación de Edom

1 Visión de Abdías.

Jehová el Señor ha dicho así en cuanto a Edom:[a] Hemos oído el pregón de Jehová, y mensajero ha sido enviado a las naciones. Levantaos, y levantémonos contra este pueblo en batalla.

2 He aquí, pequeño te he hecho entre las naciones; estás abatido en gran manera.

3 La soberbia de tu corazón te ha engañado, tú que moras en las hendiduras de las peñas, en tu altísima morada; que dices en tu corazón: ¿Quién me derribará a tierra?

4 Si te remontares como águila, y aunque entre las estrellas pusieres tu nido, de ahí te derribaré, dice Jehová.

5 Si ladrones vinieran a ti, o robadores de noche (¡cómo has sido destruido!), ¿no hurtarían lo que les bastase? Si entraran a ti vendimiadores, ¿no dejarían algún rebusco?

6 ¡Cómo fueron escudriñadas las cosas de Esaú! Sus tesoros escondidos fueron buscados.

7 Todos tus aliados te han engañado; hasta los confines te hicieron llegar; los que estaban en paz contigo prevalecieron contra ti; los que comían tu pan pusieron lazo debajo de ti; no hay en ello entendimiento.

8 ¿No haré que perezcan en aquel día, dice Jehová, los sabios de Edom, y la prudencia del monte de Esaú?

9 Y tus valientes, oh Temán, serán amedrentados; porque todo hombre será cortado del monte de Esaú por el estrago.

10 Por la injuria a tu hermano Jacob te cubrirá vergüenza, y serás cortado para siempre.

11 El día que estando tú delante, llevaban extraños cautivo su ejército, y extraños entraban por sus puertas, y echaban suertes sobre Jerusalén, tú también eras como uno de ellos.

12 Pues no debiste tú haber estado mirando en el día de tu hermano, en el día de su infortunio; no debiste haberte alegrado de los hijos de Judá en el día en que se perdieron, ni debiste haberte jactado en el día de la angustia.

13 No debiste haber entrado por la puerta de mi pueblo en el día de su quebrantamiento; no, no debiste haber mirado su mal en el día de su quebranto, ni haber echado mano a sus bienes en el día de su calamidad.

14 Tampoco debiste haberte parado en las encrucijadas para matar a los que de ellos escapasen; ni debiste haber entregado a los que quedaban en el día de angustia.

La exaltación de Israel

15 Porque cercano está el día de Jehová sobre todas las naciones; como tú hiciste se hará contigo; tu recompensa volverá sobre tu cabeza.

16 De la manera que vosotros bebisteis en mi santo monte, beberán continuamente todas las naciones; beberán, y engullirán, y serán como si no hubieran sido.

17 Mas en el monte de Sion habrá un remanente que se salve; y será santo, y la casa de Jacob recuperará sus posesiones.

18 La casa de Jacob será fuego, y la casa de José será llama, y la casa de Esaú estopa, y los quemarán y los consumirán; ni aun resto quedará de la casa de Esaú, porque Jehová lo ha dicho.

19 Y los del Neguev poseerán el monte de Esaú, y los de la Sefela a los filisteos; poseerán también los campos de Efraín, y los campos de Samaria; y Benjamín a Galaad.

20 Y los cautivos de este ejército de los hijos de Israel poseerán lo de los cananeos hasta Sarepta; y los cautivos de Jerusalén que están en Sefarad poseerán las ciudades del Neguev.

21 Y subirán salvadores al monte de Sion para juzgar al monte de Esaú; y el reino será de Jehová.

a 1-14 Is 34.5-17; 63.1-6; Jer 49.7-22; Ez 25.12-14; 35.1-15; Am 1.11, 12; Mal 1.2-5.

JONÁS

Jonás huye de Jehová

1 ¹ Vino palabra de Jehová a Jonás[a] hijo de Amitai, diciendo:

² Levántate y ve a Nínive, aquella gran ciudad, y pregona contra ella; porque ha subido su maldad delante de mí.

³ Y Jonás se levantó para huir de la presencia de Jehová a Tarsis, y descendió a Jope, y halló una nave que partía para Tarsis; y pagando su pasaje, entró en ella para irse con ellos a Tarsis, lejos de la presencia de Jehová.

⁴ Pero Jehová hizo levantar un gran viento en el mar, y hubo en el mar una tempestad tan grande que se pensó que se partiría la nave.

⁵ Y los marineros tuvieron miedo, y cada uno clamaba a su dios; y echaron al mar los enseres que había en la nave, para descargarla de ellos. Pero Jonás había bajado al interior de la nave, y se había echado a dormir.

⁶ Y el patrón de la nave se le acercó y le dijo: ¿Qué tienes, dormilón? Levántate, y clama a tu Dios; quizá él tendrá compasión de nosotros, y no pereceremos.

⁷ Y dijeron cada uno a su compañero: Venid y echemos suertes, para que sepamos por causa de quién nos ha venido este mal. Y echaron suertes, y la suerte cayó sobre Jonás.

⁸ Entonces le dijeron ellos: Decláranos ahora por qué nos ha venido este mal. ¿Qué oficio tienes, y de dónde vienes? ¿Cuál es tu tierra, y de qué pueblo eres?

⁹ Y él les respondió: Soy hebreo, y temo a Jehová, Dios de los cielos, que hizo el mar y la tierra.

¹⁰ Y aquellos hombres temieron sobremanera, y le dijeron: ¿Por qué has hecho esto? Porque ellos sabían que huía de la presencia de Jehová, pues él se lo había declarado.

¹¹ Y le dijeron: ¿Qué haremos contigo para que el mar se nos aquiete? Porque el mar se iba embraveciendo más y más.

¹² Él les respondió: Tomadme y echadme al mar, y el mar se os aquietará; porque yo sé que por mi causa ha venido esta gran tempestad sobre vosotros.

¹³ Y aquellos hombres trabajaron para hacer volver la nave a tierra; mas no pudieron, porque el mar se iba embraveciendo más y más contra ellos.

¹⁴ Entonces clamaron a Jehová y dijeron: Te rogamos ahora, Jehová, que no perezcamos nosotros por la vida de este hombre, ni pongas sobre nosotros la sangre inocente; porque tú, Jehová, has hecho como has querido.

¹⁵ Y tomaron a Jonás, y lo echaron al mar; y el mar se aquietó de su furor.

¹⁶ Y temieron aquellos hombres a Jehová con gran temor, y ofrecieron sacrificio a Jehová, e hicieron votos.

¹⁷ Pero Jehová tenía preparado un gran pez que tragase a Jonás; y estuvo Jonás en el vientre del pez tres días y tres noches.[b]

Oración de Jonás

2 ¹ Entonces oró Jonás a Jehová su Dios desde el vientre del pez,

² y dijo:

Invoqué en mi angustia a Jehová, y él
   me oyó;
Desde el seno del Seol clamé,
Y mi voz oíste.

³ Me echaste a lo profundo, en medio
   de los mares,
Y me rodeó la corriente;
Todas tus ondas y tus olas pasaron
   sobre mí.

⁴ Entonces dije: Desechado soy de
   delante de tus ojos;
Mas aún veré tu santo templo.

⁵ Las aguas me rodearon hasta el alma,
Rodeóme el abismo;
El alga se enredó a mi cabeza.

---

a 1.1 2 R 14.25.   **b 1.17** Mt 12.40.

⁶ Descendí a los cimientos de los
montes;
La tierra echó sus cerrojos sobre mí
para siempre;
Más tú sacaste mi vida de la
sepultura, oh Jehová Dios mío.
⁷ Cuando mi alma desfallecía en mí,
me acordé de Jehová,
Y mi oración llegó hasta ti en tu
santo templo.
⁸ Los que siguen vanidades ilusorias,
Su misericordia abandonan.
⁹ Mas yo con voz de alabanza te
ofreceré sacrificios;
Pagaré lo que prometí.
La salvación es de Jehová.

¹⁰ Y mandó Jehová al pez, y vomitó a Jonás en tierra.

Nínive se arrepiente

3 ¹ Vino palabra de Jehová por segunda vez a Jonás, diciendo:

² Levántate y ve a Nínive, aquella gran ciudad, y proclama en ella el mensaje que yo te diré.

³ Y se levantó Jonás, y fue a Nínive conforme a la palabra de Jehová. Y era Nínive ciudad grande en extremo, de tres días de camino.

⁴ Y comenzó Jonás a entrar por la ciudad, camino de un día, y predicaba diciendo: De aquí a cuarenta días Nínive será destruida.

⁵ Y los hombres de Nínive creyeron a Dios, y proclamaron ayuno, y se vistieron de cilicio desde el mayor hasta el menor de ellos.ᵃ

⁶ Y llegó la noticia hasta el rey de Nínive, y se levantó de su silla, se despojó de su vestido, y se cubrió de cilicio y se sentó sobre ceniza.

⁷ E hizo proclamar y anunciar en Nínive, por mandato del rey y de sus grandes, diciendo: Hombres y animales, bueyes y ovejas, no gusten cosa alguna; no se les dé alimento, ni beban agua;

⁸ sino cúbranse de cilicio hombres y animales, y clamen a Dios fuertemente; y conviértase cada uno de su mal camino, de la rapiña que hay en sus manos.

⁹ ¿Quién sabe si se volverá y se arrepentirá Dios, y se apartará del ardor de su ira, y no pereceremos?

¹⁰ Y vio Dios lo que hicieron, que se convirtieron de su mal camino; y se arrepintió del mal que había dicho que les haría, y no lo hizo.

El enojo de Jonás

4 ¹ Pero Jonás se apesadumbró en extremo, y se enojó.

² Y oró a Jehová y dijo: Ahora, oh Jehová, ¿no es esto lo que yo decía estando aún en mi tierra? Por eso me apresuré a huir a Tarsis; porque sabía yo que tú eres Dios clemente y piadoso, tardo en enojarte, y de grande misericordia,ᵃ y que te arrepientes del mal.

³ Ahora pues, oh Jehová, te ruego que me quites la vida; porque mejor me es la muerte que la vida.

⁴ Y Jehová le dijo: ¿Haces tú bien en enojarte tanto?

⁵ Y salió Jonás de la ciudad, y acampó hacia el oriente de la ciudad, y se hizo allí una enramada, y se sentó debajo de ella a la sombra, hasta ver qué acontecería en la ciudad.

⁶ Y preparó Jehová Dios una calabacera, la cual creció sobre Jonás para que hiciese sombra sobre su cabeza, y le librase de su malestar; y Jonás se alegró grandemente por la calabacera.

⁷ Pero al venir el alba del día siguiente, Dios preparó un gusano, el cual hirió la calabacera, y se secó.

⁸ Y aconteció que al salir el sol, preparó Dios un recio viento solano, y el sol hirió a Jonás en la cabeza, y se desmayaba, y deseaba la muerte, diciendo: Mejor sería para mí la muerte que la vida.

⁹ Entonces dijo Dios a Jonás: ¿Tanto te enojas por la calabacera? Y él respondió: Mucho me enojo, hasta la muerte.

¹⁰ Y dijo Jehová: Tuviste tú lástima de la calabacera, en la cual no trabajaste, ni tú la hiciste crecer; que en espacio de una noche nació, y en espacio de otra noche pereció.

¹¹ ¿Y no tendré yo piedad de Nínive, aquella gran ciudad donde hay más de ciento veinte mil personas que no saben discernir entre su mano derecha y su mano izquierda, y muchos animales?

---

a 3.4, 5 Mt 12.41; Lc 11.32.   a 4.2 Éx 34.6.

MIQUEAS

Lamento sobre Samaria y Jerusalén

1 ¹ Palabra de Jehová que vino a Miqueas de Moreset en días de Jotam,ᵃ Acazᵇ y Ezequías,ᶜ reyes de Judá; lo que vio sobre Samaria y Jerusalén.

² Oíd, pueblos todos; está atenta, tierra, y cuanto hay en ti; y Jehová el Señor, el Señor desde su santo templo, sea testigo contra vosotros.

³ Porque he aquí, Jehová sale de su lugar, y descenderá y hollará las alturas de la tierra.

⁴ Y se derretirán los montes debajo de él, y los valles se hendirán como la cera delante del fuego, como las aguas que corren por un precipicio.

⁵ Todo esto por la rebelión de Jacob, y por los pecados de la casa de Israel. ¿Cuál es la rebelión de Jacob? ¿No es Samaria? ¿Y cuáles son los lugares altos de Judá? ¿No es Jerusalén?

⁶ Haré, pues, de Samaria montones de ruinas, y tierra para plantar viñas; y derramaré sus piedras por el valle, y descubriré sus cimientos.

⁷ Y todas sus estatuas serán despedazadas, y todos sus dones serán quemados en fuego, y asolaré todos sus ídolos; porque de dones de rameras los juntó, y a dones de rameras volverán.

⁸ Por esto lamentaré y aullaré, y andaré despojado y desnudo; haré aullido como de chacales, y lamento como de avestruces.

⁹ Porque su llaga es dolorosa, y llegó hasta Judá; llegó hasta la puerta de mi pueblo, hasta Jerusalén.

¹⁰ No lo digáis en Gat, ni lloréis mucho; revuélcate en el polvo de Bet-le-afra.

¹¹ Pásate, oh morador de Safir, desnudo y con vergüenza; el morador de Zaanán no sale; el llanto de Betesel os quitará su apoyo.

¹² Porque los moradores de Marot anhelaron ansiosamente el bien; pues de parte de Jehová el mal había descendido hasta la puerta de Jerusalén.

¹³ Uncid al carro bestias veloces, oh moradores de Laquis, que fuisteis principio de pecado a la hija de Sion; porque en vosotros se hallaron las rebeliones de Israel.

¹⁴ Por tanto, vosotros daréis dones a Moreset-gat; las casas de Aczib serán para engaño a los reyes de Israel.

¹⁵ Aun os traeré nuevo poseedor, oh moradores de Maresa; la flor de Israel huirá hasta Adulam.

¹⁶ Ráete y trasquílate por los hijos de tus delicias; hazte calvo como águila, porque en cautiverio se fueron de ti.

¡Ay de los que oprimen a los pobres!

2 ¹ ¡Ay de los que en sus camas piensan iniquidad y maquinan el mal, y cuando llega la mañana lo ejecutan, porque tienen en su mano el poder!

² Codician las heredades, y las roban; y casas, y las toman; oprimen al hombre y a su casa, al hombre y a su heredad.

³ Por tanto, así ha dicho Jehová: He aquí, yo pienso contra esta familia un mal del cual no sacaréis vuestros cuellos, ni andaréis erguidos; porque el tiempo será malo.

⁴ En aquel tiempo levantarán sobre vosotros refrán, y se hará endecha de lamentación, diciendo: Del todo fuimos destruidos; él ha cambiado la porción de mi pueblo. ¡Cómo nos quitó nuestros campos! Los dio y los repartió a otros.

⁵ Por tanto, no habrá quien a suerte reparta heredades en la congregación de Jehová.

⁶ No profeticéis, dicen a los que profetizan; no les profeticen, porque no les alcanzará vergüenza.

⁷ Tú que te dices casa de Jacob, ¿se ha acortado el Espíritu de Jehová? ¿Son éstas

a 1.1 2 R 15.32-38; 2 Cr 27.1-7.   b 1.1 2 R 16.1-20; 2 Cr 28.1-27.
c 1.1 2 R 18.1—20.21; 2 Cr 29.1—32.33.

sus obras? ¿No hacen mis palabras bien al que camina rectamente?

8 El que ayer era mi pueblo, se ha levantado como enemigo; de sobre el vestido quitasteis las capas atrevidamente a los que pasaban, como adversarios de guerra.

9 A las mujeres de mi pueblo echasteis fuera de las casas que eran su delicia; a sus niños quitasteis mi perpetua alabanza.

10 Levantaos y andad, porque no es éste el lugar de reposo, pues está contaminado, corrompido grandemente.

11 Si alguno andando con espíritu de falsedad mintiere diciendo: Yo te profetizaré de vino y de sidra; este tal será el profeta de este pueblo.

12 De cierto te juntaré todo, oh Jacob; recogeré ciertamente el resto de Israel; lo reuniré como ovejas de Bosra, como rebaño en medio de su aprisco; harán estruendo por la multitud de hombres.

13 Subirá el que abre caminos delante de ellos; abrirán camino y pasarán la puerta, y saldrán por ella; y su rey pasará delante de ellos, y a la cabeza de ellos Jehová.

Acusación contra los dirigentes de Israel

3 **1** Dije: Oíd ahora, príncipes de Jacob, y jefes de la casa de Israel: ¿No concierne a vosotros saber lo que es justo?

2 Vosotros que aborrecéis lo bueno y amáis lo malo, que les quitáis su piel y su carne de sobre los huesos;

3 que coméis asimismo la carne de mi pueblo, y les desolláis su piel de sobre ellos, y les quebrantáis los huesos y los rompéis como para el caldero, y como carnes en olla.

4 Entonces clamaréis a Jehová, y no os responderá; antes esconderá de vosotros su rostro en aquel tiempo, por cuanto hicisteis malvadas obras.

5 Así ha dicho Jehová acerca de los profetas que hacen errar a mi pueblo, y claman: Paz, cuando tienen algo que comer, y al que no les da de comer, proclaman guerra contra él:

6 Por tanto, de la profecía se os hará noche, y oscuridad del adivinar; y sobre los profetas se pondrá el sol, y el día se entenebrecerá sobre ellos.

7 Y serán avergonzados los profetas, y se confundirán los adivinos; y ellos todos cerrarán sus labios, porque no hay respuesta de Dios.

8 Mas yo estoy lleno de poder del Espíritu de Jehová, y de juicio y de fuerza, para denunciar a Jacob su rebelión, y a Israel su pecado.

9 Oíd ahora esto, jefes de la casa de Jacob, y capitanes de la casa de Israel, que abomináis el juicio, y pervertís todo el derecho;

10 que edificáis a Sion con sangre, y a Jerusalén con injusticia.

11 Sus jefes juzgan por cohecho, y sus sacerdotes enseñan por precio, y sus profetas adivinan por dinero; y se apoyan en Jehová, diciendo: ¿No está Jehová entre nosotros? No vendrá mal sobre nosotros.

12 Por tanto, a causa de vosotros Sion será arada como campo, y Jerusalén vendrá a ser montones de ruinas, y el monte de la casa como cumbres de bosque.[a]

Reinado universal de Jehová
(Is 2.1-4)

4 **1** Acontecerá en los postreros tiempos que el monte de la casa de Jehová será establecido por cabecera de montes, y más alto que los collados, y correrán a él los pueblos.

2 Vendrán muchas naciones, y dirán: Venid, y subamos al monte de Jehová, y a la casa del Dios de Jacob; y nos enseñará en sus caminos, y andaremos por sus veredas; porque de Sion saldrá la ley, y de Jerusalén la palabra de Jehová.

3 Y él juzgará entre muchos pueblos, y corregirá a naciones poderosas hasta muy lejos; y martillarán sus espadas para azadones, y sus lanzas para hoces;[a] no alzará espada nación contra nación, ni se ensayarán más para la guerra.

4 Y se sentará cada uno debajo de su vid y debajo de su higuera,[b] y no habrá quien los amedrente; porque la boca de Jehová de los ejércitos lo ha hablado.

5 Aunque todos los pueblos anden cada uno en el nombre de su dios, nosotros con todo andaremos en el nombre de Jehová nuestro Dios eternamente y para siempre.

Israel será redimido del cautiverio

6 En aquel día, dice Jehová, juntaré la que cojea, y recogeré la descarriada, y a la que afligí;

---

a 3.12 Jer 26.18.   **a 4.3** Jl 3.10.   **b 4.4** Zac 3.10.

7 y pondré a la coja como remanente, y a la descarriada como nación robusta; y Jehová reinará sobre ellos en el monte de Sion desde ahora y para siempre.

8 Y tú, oh torre del rebaño, fortaleza de la hija de Sion, hasta ti vendrá el señorío primero, el reino de la hija de Jerusalén.

9 Ahora, ¿por qué gritas tanto? ¿No hay rey en ti? ¿Pereció tu consejero, que te ha tomado dolor como de mujer de parto?

10 Duélete y gime, hija de Sion, como mujer que está de parto;c porque ahora saldrás de la ciudad y morarás en el campo, y llegarás hasta Babilonia; allí serás librada, allí te redimirá Jehová de la mano de tus enemigos.

11 Pero ahora se han juntado muchas naciones contra ti, y dicen: Sea profanada, y vean nuestros ojos su deseo en Sion.

12 Mas ellos no conocieron los pensamientos de Jehová, ni entendieron su consejo; por lo cual los juntó como gavillas en la era.

13 Levántate y trilla, hija de Sion, porque haré tu cuerno como de hierro, y tus uñas de bronce, y desmenuzarás a muchos pueblos; y consagrarás a Jehová su botín, y sus riquezas al Señor de toda la tierra.

El reinado del libertador desde Belén

5 ¹ Rodéate ahora de muros, hija de guerreros; nos han sitiado; con vara herirán en la mejilla al juez de Israel.

2 Pero tú, Belén Efrata, pequeña para estar entre las familias de Judá, de ti me saldrá el que será Señor en Israel;a y sus salidas son desde el principio, desde los días de la eternidad.

3 Pero los dejará hasta el tiempo que dé a luz la que ha de dar a luz; y el resto de sus hermanos se volverá con los hijos de Israel.

4 Y él estará, y apacentará con poder de Jehová, con grandeza del nombre de Jehová su Dios; y morarán seguros, porque ahora será engrandecido hasta los fines de la tierra.

5 Y éste será nuestra paz. Cuando el asirio viniere a nuestra tierra, y cuando hollare nuestros palacios, entonces levantaremos contra él siete pastores, y ocho hombres principales;

6 y devastarán la tierra de Asiria a espada, y con sus espadas la tierra de Nimrod;b y

nos librará del asirio, cuando viniere contra nuestra tierra y hollare nuestros confines.

7 El remanente de Jacob será en medio de muchos pueblos como el rocío de Jehová, como las lluvias sobre la hierba, las cuales no esperan a varón, ni aguardan a hijos de hombres.

8 Asimismo el remanente de Jacob será entre las naciones, en medio de muchos pueblos, como el león entre las bestias de la selva, como el cachorro del león entre las manadas de las ovejas, el cual si pasare, y hollare, y arrebatare, no hay quien escape.

9 Tu mano se alzará sobre tus enemigos, y todos tus adversarios serán destruidos.

10 Acontecerá en aquel día, dice Jehová, que haré matar tus caballos de en medio de ti, y haré destruir tus carros.

11 Haré también destruir las ciudades de tu tierra, y arruinaré todas tus fortalezas.

12 Asimismo destruiré de tu mano las hechicerías, y no se hallarán en ti agoreros.

13 Y haré destruir tus esculturas y tus imágenes de en medio de ti, y nunca más te inclinarás a la obra de tus manos.

14 Arrancaré tus imágenes de Asera de en medio de ti, y destruiré tus ciudades;

15 y con ira y con furor haré venganza en las naciones que no obedecieron.

Controversia de Jehová contra Israel

6 ¹ Oíd ahora lo que dice Jehová: Levántate, contiende contra los montes, y oigan los collados tu voz.

2 Oíd, montes, y fuertes cimientos de la tierra, el pleito de Jehová; porque Jehová tiene pleito con su pueblo, y altercará con Israel.

3 Pueblo mío, ¿qué te he hecho, o en qué te he molestado? Responde contra mí.

4 Porque yo te hice subir de la tierra de Egipto,a y de la casa de servidumbre te redimí; y envié delante de ti a Moisés, a Aarónb y a María.c

5 Pueblo mío, acuérdate ahora qué aconsejó Balac rey de Moab, y qué le respondió Balaam hijo de Beor,d desde Sitim hasta Gilgal,e para que conozcas las justicias de Jehová.

---

c 4.10 Ap 12.2.   a 5.2 Mt 2.6; Jn 7.42.   b 5.6 Gn 10.8-11.
a 6.4 Éx 12.50, 51.   b 6.4 Éx 4.10-16.   c 6.4 Éx 15.20.
d 6.5 Nm 22.2—24.25.   e 6.5 Jos 3.1—4.19.

Lo que pide Jehová

6 ¿Con qué me presentaré ante Jehová, y adoraré al Dios Altísimo? ¿Me presentaré ante él con holocaustos, con becerros de un año?

7 ¿Se agradará Jehová de millares de carneros, o de diez mil arroyos de aceite? ¿Daré mi primogénito por mi rebelión, el fruto de mis entrañas por el pecado de mi alma?

8 Oh hombre, él te ha declarado lo que es bueno, y qué pide Jehová de ti: solamente hacer justicia, y amar misericordia, y humillarte ante tu Dios.

9 La voz de Jehová clama a la ciudad; es sabio temer a tu nombre. Prestad atención al castigo, y a quien lo establece.

10 ¿Hay aún en casa del impío tesoros de impiedad, y medida escasa que es detestable?

11 ¿Daré por inocente al que tiene balanza falsa y bolsa de pesas engañosas?

12 Sus ricos se colmaron de rapiña, y sus moradores hablaron mentira, y su lengua es engañosa en su boca.

13 Por eso yo también te hice enflaquecer hiriéndote, asolándote por tus pecados.

14 Comerás, y no te saciarás, y tu abatimiento estará en medio de ti; recogerás, mas no salvarás, y lo que salvares, lo entregaré yo a la espada.

15 Sembrarás, mas no segarás; pisarás aceitunas, mas no te ungirás con el aceite; y mosto, mas no beberás el vino.

16 Porque los mandamientos de Omri[f] se han guardado, y toda obra de la casa de Acab;[g] y en los consejos de ellos anduvisteis, para que yo te pusiese en asolamiento, y tus moradores para burla. Llevaréis, por tanto, el oprobio de mi pueblo.

Corrupción moral de Israel

7 1 ¡Ay de mí! porque estoy como cuando han recogido los frutos del verano, como cuando han rebuscado después de la vendimia, y no queda racimo para comer; mi alma deseó los primeros frutos.

2 Faltó el misericordioso de la tierra, y ninguno hay recto entre los hombres; todos acechan por sangre; cada cual arma red a su hermano.

3 Para completar la maldad con sus manos, el príncipe demanda, y el juez juzga por recompensa; y el grande habla el antojo de su alma, y lo confirman.

4 El mejor de ellos es como el espino; el más recto, como zarzal; el día de tu castigo viene, el que anunciaron tus atalayas; ahora será su confusión.

5 No creáis en amigo, ni confiéis en príncipe; de la que duerme a tu lado cuídate, no abras tu boca.

6 Porque el hijo deshonra al padre, la hija se levanta contra la madre, la nuera contra su suegra, y los enemigos del hombre son los de su casa.[a]

7 Mas yo a Jehová miraré, esperaré al Dios de mi salvación; el Dios mío me oirá.

Jehová trae luz y libertad

8 Tú, enemiga mía, no te alegres de mí, porque aunque caí, me levantaré; aunque more en tinieblas, Jehová será mi luz.

9 La ira de Jehová soportaré, porque pequé contra él, hasta que juzgue mi causa y haga mi justicia; él me sacará a luz; veré su justicia.

10 Y mi enemiga lo verá, y la cubrirá vergüenza; la que me decía: ¿Dónde está Jehová tu Dios? Mis ojos la verán; ahora será hollada como lodo de las calles.

11 Viene el día en que se edificarán tus muros; aquel día se extenderán los límites.

12 En ese día vendrán hasta ti desde Asiria y las ciudades fortificadas, y desde las ciudades fortificadas hasta el Río, y de mar a mar, y de monte a monte.

13 Y será asolada la tierra a causa de sus moradores, por el fruto de sus obras.

Compasión de Jehová por Israel

14 Apacienta tu pueblo con tu cayado, el rebaño de tu heredad, que mora solo en la montaña, en campo fértil; busque pasto en Basán y Galaad, como en el tiempo pasado.

15 Yo les mostraré maravillas como el día que saliste de Egipto.

16 Las naciones verán, y se avergonzarán de todo su poderío; pondrán la mano sobre su boca, ensordecerán sus oídos.

17 Lamerán el polvo como la culebra; como las serpientes de la tierra, temblarán

---

f 6.16 1 R 16.23-28.   g 6.16 1 R 16.29-34; 21.25, 26.
a 7.6 Mt 10.35, 36; Lc 12.53.

en sus encierros; se volverán amedrentados ante Jehová nuestro Dios, y temerán a causa de ti.

18 ¿Qué Dios como tú, que perdona la maldad, y olvida el pecado del remanente de su heredad? No retuvo para siempre su enojo, porque se deleita en misericordia.

19 Él volverá a tener misericordia de nosotros; sepultará nuestras iniquidades, y echará en lo profundo del mar todos nuestros pecados.

20 Cumplirás la verdad a Jacob, y a Abraham la misericordia, que juraste a nuestros padres desde tiempos antiguos.

NAHÚM

La ira vengadora de Dios

1 ¹ Profecía sobre Nínive.ª Libro de la visión de Nahum de Elcos.
² Jehová es Dios celoso y vengador; Jehová es vengador y lleno de indignación; se venga de sus adversarios, y guarda enojo para sus enemigos.
³ Jehová es tardo para la ira y grande en poder, y no tendrá por inocente al culpable. Jehová marcha en la tempestad y el torbellino, y las nubes son el polvo de sus pies.
⁴ Él amenaza al mar, y lo hace secar, y agosta todos los ríos; Basán fue destruido, y el Carmelo, y la flor del Líbano fue destruida.
⁵ Los montes tiemblan delante de él, y los collados se derriten; la tierra se conmueve a su presencia, y el mundo, y todos los que en él habitan.
⁶ ¿Quién permanecerá delante de su ira? ¿y quién quedará en pie en el ardor de su enojo? Su ira se derrama como fuego, y por él se hienden las peñas.
⁷ Jehová es bueno, fortaleza en el día de la angustia; y conoce a los que en él confían.
⁸ Mas con inundación impetuosa consumirá a sus adversarios, y tinieblas perseguirán a sus enemigos.
⁹ ¿Qué pensáis contra Jehová? Él hará consumación; no tomará venganza dos veces de sus enemigos.
¹⁰ Aunque sean como espinos entretejidos, y estén empapados en su embriaguez, serán consumidos como hojarasca completamente seca.
¹¹ De ti salió el que imaginó mal contra Jehová, un consejero perverso.
¹² Así ha dicho Jehová: Aunque reposo tengan, y sean tantos, aun así serán talados, y él pasará. Bastante te he afligido; no te afligiré ya más.
¹³ Porque ahora quebraré su yugo de sobre ti, y romperé tus coyundas.
¹⁴ Mas acerca de ti mandará Jehová, que no quede ni memoria de tu nombre; de la casa de tu dios destruiré escultura y estatua de fundición; allí pondré tu sepulcro, porque fuiste vil.

Anuncio de la caída de Nínive

¹⁵ He aquí sobre los montes los pies del que trae buenas nuevas, del que anuncia la paz.ᵇ Celebra, oh Judá, tus fiestas, cumple tus votos; porque nunca más volverá a pasar por ti el malvado; pereció del todo.

2 ¹ Subió destruidor contra ti; guarda la fortaleza, vigila el camino, cíñete los lomos, refuerza mucho tu poder.
² Porque Jehová restaurará la gloria de Jacob como la gloria de Israel; porque saqueadores los saquearon, y estropearon sus mugrones.
³ El escudo de sus valientes estará enrojecido, los varones de su ejército vestidos de grana; el carro como fuego de antorchas; el día que se prepare, temblarán las hayas.
⁴ Los carros se precipitarán a las plazas, con estruendo rodarán por las calles; su aspecto será como antorchas encendidas, correrán como relámpagos.
⁵ Se acordará él de sus valientes; se atropellarán en su marcha; se apresurarán a su muro, y la defensa se preparará.
⁶ Las puertas de los ríos se abrirán, y el palacio será destruido.
⁷ Y la reina será cautiva; mandarán que suba, y sus criadas la llevarán gimiendo como palomas, golpeándose sus pechos.
⁸ Fue Nínive de tiempo antiguo como estanque de aguas; pero ellos huyen. Dicen: ¡Deteneos, deteneos!; pero ninguno mira.
⁹ Saquead plata, saquead oro; no hay fin de las riquezas y suntuosidad de toda clase de efectos codiciables.
¹⁰ Vacía, agotada y desolada está, y el corazón desfallecido; temblor de rodillas, dolor en las entrañas, rostros demudados.

---

a 1.1—3.19 Is 10.5-34; 14.24-27; Sof 2.13-15.   **b 1.15** Is 52.7.

11 ¿Qué es de la guarida de los leones, y de la majada de los cachorros de los leones, donde se recogía el león y la leona, y los cachorros del león, y no había quien los espantase?

12 El león arrebataba en abundancia para sus cachorros, y ahogaba para sus leonas, y llenaba de presa sus cavernas, y de robo sus guaridas.

Destrucción total de Nínive

13 Heme aquí contra ti, dice Jehová de los ejércitos. Encenderé y reduciré a humo tus carros, y espada devorará tus leoncillos; y cortaré de la tierra tu robo, y nunca más se oirá la voz de tus mensajeros.

3 **1** ¡Ay de ti, ciudad sanguinaria, toda llena de mentira y de rapiña, sin apartarte del pillaje!

2 Chasquido de látigo, y fragor de ruedas, caballo atropellador, y carro que salta;

3 jinete enhiesto, y resplandor de espada, y resplandor de lanza; y multitud de muertos, y multitud de cadáveres; cadáveres sin fin, y en sus cadáveres tropezarán,

4 a causa de la multitud de las fornicaciones de la ramera de hermosa gracia, maestra en hechizos, que seduce a las naciones con sus fornicaciones, y a los pueblos con sus hechizos.

5 Heme aquí contra ti, dice Jehová de los ejércitos, y descubriré tus faldas en tu rostro, y mostraré a las naciones tu desnudez, y a los reinos tu vergüenza.

6 Y echaré sobre ti inmundicias, y te afrentaré, y te pondré como estiércol.

7 Todos los que te vieren se apartarán de ti, y dirán: Nínive es asolada; ¿quién se compadecerá de ella? ¿Dónde te buscaré consoladores?

8 ¿Eres tú mejor que Tebas, que estaba asentada junto al Nilo, rodeada de aguas, cuyo baluarte era el mar, y aguas por muro?

9 Etiopía era su fortaleza, también Egipto, y eso sin límite; Fut y Libia fueron sus ayudadores.

10 Sin embargo ella fue llevada en cautiverio; también sus pequeños fueron estrellados en las encrucijadas de todas las calles, y sobre sus varones echaron suertes, y todos sus grandes fueron aprisionados con grillos.

11 Tú también serás embriagada, y serás encerrada; tú también buscarás refugio a causa del enemigo.

12 Todas tus fortalezas serán cual higueras con brevas, que si las sacuden, caen en la boca del que las ha de comer.

13 He aquí, tu pueblo será como mujeres en medio de ti; las puertas de tu tierra se abrirán de par en par a tus enemigos; fuego consumirá tus cerrojos.

14 Provéete de agua para el asedio, refuerza tus fortalezas; entra en el lodo, pisa el barro, refuerza el horno.

15 Allí te consumirá el fuego, te talará la espada, te devorará como pulgón; multiplícate como langosta, multiplícate como el langostón.

16 Multiplicaste tus mercaderes más que las estrellas del cielo; la langosta hizo presa, y voló.

17 Tus príncipes serán como langostas, y tus grandes como nubes de langostas que se sientan en vallados en día de frío; salido el sol se van, y no se conoce el lugar donde están.

18 Durmieron tus pastores, oh rey de Asiria, reposaron tus valientes; tu pueblo se derramó por los montes, y no hay quien lo junte.

19 No hay medicina para tu quebradura; tu herida es incurable; todos los que oigan tu fama batirán las manos sobre ti, porque ¿sobre quién no pasó continuamente tu maldad?

HABACUC

Habacuc se queja de injusticia

1 ¹ La profecía que vio el profeta Habacuc.

² ¿Hasta cuándo, oh Jehová, clamaré, y no oirás; y daré voces a ti a causa de la violencia, y no salvarás?

³ ¿Por qué me haces ver iniquidad, y haces que vea molestia? Destrucción y violencia están delante de mí, y pleito y contienda se levantan.

⁴ Por lo cual la ley es debilitada, y el juicio no sale según la verdad; por cuanto el impío asedia al justo, por eso sale torcida la justicia.

Los caldeos castigarán a Judá

⁵ Mirad entre las naciones, y ved, y asombraos; porque haré una obra en vuestros días, que aun cuando se os contare, no la creeréis.ᵃ

⁶ Porque he aquí, yo levanto a los caldeos,ᵇ nación cruel y presurosa, que camina por la anchura de la tierra para poseer las moradas ajenas.

⁷ Formidable es y terrible; de ella misma procede su justicia y su dignidad.

⁸ Sus caballos serán más ligeros que leopardos, y más feroces que lobos nocturnos, y sus jinetes se multiplicarán; vendrán de lejos sus jinetes, y volarán como águilas que se apresuran a devorar.

⁹ Toda ella vendrá a la presa; el terror va delante de ella, y recogerá cautivos como arena.

¹⁰ Escarnecerá a los reyes, y de los príncipes hará burla; se reirá de toda fortaleza, y levantará terraplén y la tomará.

¹¹ Luego pasará como el huracán, y ofenderá atribuyendo su fuerza a su dios.

Protesta de Habacuc

¹² ¿No eres tú desde el principio, oh Jehová, Dios mío, Santo mío? No moriremos. Oh Jehová, para juicio lo pusiste; y tú, oh Roca, lo fundaste para castigar.

¹³ Muy limpio eres de ojos para ver el mal, ni puedes ver el agravio; ¿por qué ves a los menospreciadores, y callas cuando destruye el impío al más justo que él,

¹⁴ y haces que sean los hombres como los peces del mar, como reptiles que no tienen quien los gobierne?

¹⁵ Sacará a todos con anzuelo, los recogerá con su red, y los juntará en sus mallas; por lo cual se alegrará y se regocijará.

¹⁶ Por esto hará sacrificios a su red, y ofrecerá sahumerios a sus mallas; porque con ellas engordó su porción, y engrasó su comida.

¹⁷ ¿Vaciará por eso su red, y no tendrá piedad de aniquilar naciones continuamente?

Jehová responde a Habacuc

2 ¹ Sobre mi guarda estaré, y sobre la fortaleza afirmaré el pie, y velaré para ver lo que se me dirá, y qué he de responder tocante a mi queja.

² Y Jehová me respondió, y dijo: Escribe la visión, y declárala en tablas, para que corra el que leyere en ella.

³ Aunque la visión tardará aún por un tiempo, mas se apresura hacia el fin, y no mentirá; aunque tardare, espéralo, porque sin duda vendrá, no tardará.ᵃ

⁴ He aquí que aquel cuya alma no es recta, se enorgullece; mas el justo por su fe vivirá.ᵇ

⁵ Y también, el que es dado al vino es traicionero, hombre soberbio, que no permanecerá; ensanchó como el Seol su alma, y es como la muerte, que no se saciará; antes reunió para sí todas las gentes, y juntó para sí todos los pueblos.

Ayes contra los injustos

⁶ ¿No han de levantar todos estos refrán sobre él, y sarcasmos contra él? Dirán:

---

a 1.5 Hch 13.41. **b 1.6** 2 R 24.2. **a 2.3** Heb 10.37.
b 2.4 Ro 1.17; Gá 3.11; Heb 10.38.

¡Ay del que multiplicó lo que no era suyo! ¿Hasta cuándo había de acumular sobre sí prenda tras prenda?

7 ¿No se levantarán de repente tus deudores, y se despertarán los que te harán temblar, y serás despojo para ellos?

8 Por cuanto tú has despojado a muchas naciones, todos los otros pueblos te despojarán, a causa de la sangre de los hombres, y de los robos de la tierra, de las ciudades y de todos los que habitan en ellas.

9 ¡Ay del que codicia injusta ganancia para su casa, para poner en alto su nido, para escaparse del poder del mal!

10 Tomaste consejo vergonzoso para tu casa, asolaste muchos pueblos, y has pecado contra tu vida.

11 Porque la piedra clamará desde el muro, y la tabla del enmaderado le responderá.

12 ¡Ay del que edifica la ciudad con sangre, y del que funda una ciudad con iniquidad!

13 ¿No es esto de Jehová de los ejércitos? Los pueblos, pues, trabajarán para el fuego, y las naciones se fatigarán en vano.

14 Porque la tierra será llena del conocimiento de la gloria de Jehová, como las aguas cubren el mar.^c

15 ¡Ay del que da de beber a su prójimo! ¡Ay de ti, que le acercas tu hiel, y le embriagas para mirar su desnudez!

16 Te has llenado de deshonra más que de honra; bebe tú también, y serás descubierto; el cáliz de la mano derecha de Jehová vendrá hasta ti, y vómito de afrenta sobre tu gloria.

17 Porque la rapiña del Líbano caerá sobre ti, y la destrucción de las fieras te quebrantará, a causa de la sangre de los hombres, y del robo de la tierra, de las ciudades y de todos los que en ellas habitaban.

18 ¿De qué sirve la escultura que esculpió el que la hizo? ¿la estatua de fundición que enseña mentira, para que haciendo imágenes mudas confíe el hacedor en su obra?

19 ¡Ay del que dice al palo: Despiértate; y a la piedra muda: Levántate! ¿Podrá él enseñar? He aquí está cubierto de oro y plata, y no hay espíritu dentro de él.

20 Mas Jehová está en su santo templo; calle delante de él toda la tierra.

Oración de Habacuc

3 **1** Oración del profeta Habacuc, sobre Sigionot.

2 Oh Jehová, he oído tu palabra, y temí.
Oh Jehová, aviva tu obra en medio de los tiempos,
En medio de los tiempos hazla conocer;
En la ira acuérdate de la misericordia.

3 Dios vendrá de Temán,
Y el Santo desde el monte de Parán.
Selah
Su gloria cubrió los cielos,
Y la tierra se llenó de su alabanza.

4 Y el resplandor fue como la luz;
Rayos brillantes salían de su mano,
Y allí estaba escondido su poder.

5 Delante de su rostro iba mortandad,
Y a sus pies salían carbones encendidos.

6 Se levantó, y midió la tierra;
Miró, e hizo temblar las gentes;
Los montes antiguos fueron desmenuzados,
Los collados antiguos se humillaron.
Sus caminos son eternos.

7 He visto las tiendas de Cusán en aflicción;
Las tiendas de la tierra de Madián temblaron.

8 ¿Te airaste, oh Jehová, contra los ríos?
¿Contra los ríos te airaste?
¿Fue tu ira contra el mar
Cuando montaste en tus caballos,
Y en tus carros de victoria?

9 Se descubrió enteramente tu arco;
Los juramentos a las tribus fueron palabra segura.   *Selah*
Hendiste la tierra con ríos.

10 Te vieron y tuvieron temor los montes;
Pasó la inundación de las aguas;
El abismo dio su voz,
A lo alto alzó sus manos.

11 El sol y la luna se pararon en su lugar;
A la luz de tus saetas anduvieron,
Y al resplandor de tu fulgente lanza.

12 Con ira hollaste la tierra,
Con furor trillaste las naciones.

c 2.14 Is 11.9.

13Saliste para socorrer a tu pueblo,
Para socorrer a tu ungido.
Traspasaste la cabeza de la casa del
impío,
Descubriendo el cimiento hasta
la roca.   *Selah*
14Horadaste con sus propios dardos las
cabezas de sus guerreros,
Que como tempestad acometieron
para dispersarme,
Cuyo regocijo era como para devorar
al pobre encubiertamente.
15Caminaste en el mar con tus
caballos,
Sobre la mole de las grandes aguas.
16Oí, y se conmovieron mis entrañas;
A la voz temblaron mis labios;
Pudrición entró en mis huesos, y
dentro de mí me estremecí;

---

a **3.19** 2 S 22.34; Sal 18.33.

Si bien estaré quieto en el día de la
angustia,
Cuando suba al pueblo el que lo
invadirá con sus tropas.
17Aunque la higuera no florezca,
Ni en las vides haya frutos,
Aunque falte el producto del olivo,
Y los labrados no den mantenimiento,
Y las ovejas sean quitadas de la
majada,
Y no haya vacas en los corrales;
18Con todo, yo me alegraré en Jehová,
Y me gozaré en el Dios de mi
salvación.
19Jehová el Señor es mi fortaleza,
El cual hace mis pies como de
ciervas,[a]
Y en mis alturas me hace andar.

Al jefe de los cantores, sobre mis
instrumentos de cuerdas.

SOFONÍAS

El día de la ira de Jehová

1 ¹ Palabra de Jehová que vino a Sofonías hijo de Cusi, hijo de Gedalías, hijo de Amarías, hijo de Ezequías, en días de Josías^a hijo de Amón, rey de Judá.

² Destruiré por completo todas las cosas de sobre la faz de la tierra, dice Jehová.

³ Destruiré los hombres y las bestias; destruiré las aves del cielo y los peces del mar, y cortaré a los impíos; y raeré a los hombres de sobre la faz de la tierra, dice Jehová.

⁴ Extenderé mi mano sobre Judá, y sobre todos los habitantes de Jerusalén, y exterminaré de este lugar los restos de Baal, y el nombre de los ministros idólatras con sus sacerdotes;

⁵ y a los que sobre los terrados se postran al ejército del cielo, y a los que se postran jurando por Jehová y jurando por Milcom;

⁶ y a los que se apartan de en pos de Jehová, y a los que no buscaron a Jehová, ni le consultaron.

⁷ Calla en la presencia de Jehová el Señor, porque el día de Jehová está cercano; porque Jehová ha preparado sacrificio, y ha dispuesto a sus convidados.

⁸ Y en el día del sacrificio de Jehová castigaré a los príncipes, y a los hijos del rey, y a todos los que visten vestido extranjero.

⁹ Asimismo castigaré en aquel día a todos los que saltan la puerta, los que llenan las casas de sus señores de robo y de engaño.

¹⁰ Y habrá en aquel día, dice Jehová, voz de clamor desde la puerta del Pescado, y aullido desde la segunda puerta, y gran quebrantamiento desde los collados.

¹¹ Aullad, habitantes de Mactes, porque todo el pueblo mercader es destruido; destruidos son todos los que traían dinero.

¹² Acontecerá en aquel tiempo que yo escudriñaré a Jerusalén con linterna, y castigaré a los hombres que reposan tranquilos como el vino asentado, los cuales dicen en su corazón: Jehová ni hará bien ni hará mal.

¹³ Por tanto, serán saqueados sus bienes, y sus casas asoladas; edificarán casas, mas no las habitarán, y plantarán viñas, mas no beberán el vino de ellas.

¹⁴ Cercano está el día grande de Jehová, cercano y muy próximo; es amarga la voz del día de Jehová; gritará allí el valiente.

¹⁵ Día de ira aquel día, día de angustia y de aprieto, día de alboroto y de asolamiento, día de tiniebla y de oscuridad, día de nublado y de entenebrecimiento,

¹⁶ día de trompeta y de algazara sobre las ciudades fortificadas, y sobre las altas torres.

¹⁷ Y atribularé a los hombres, y andarán como ciegos, porque pecaron contra Jehová; y la sangre de ellos será derramada como polvo, y su carne como estiércol.

¹⁸ Ni su plata ni su oro podrá librarlos en el día de la ira de Jehová, pues toda la tierra será consumida con el fuego de su celo; porque ciertamente destrucción apresurada hará de todos los habitantes de la tierra.

Juicios contra las naciones vecinas

2 ¹ Congregaos y meditad, oh nación sin pudor,

² antes que tenga efecto el decreto, y el día se pase como el tamo; antes que venga sobre vosotros el furor de la ira de Jehová, antes que el día de la ira de Jehová venga sobre vosotros.

³ Buscad a Jehová todos los humildes de la tierra, los que pusisteis por obra su juicio; buscad justicia, buscad mansedumbre; quizá seréis guardados en el día del enojo de Jehová.

⁴ Porque Gaza será desamparada, y Ascalón asolada; saquearán a Asdod en pleno día, y Ecrón será desarraigada.

⁵ ¡Ay de los que moran en la costa del mar, del pueblo de los cereteos! La palabra

---

a 1.1 2 R 22.1—23.30; 2 Cr 34.1—35.27.

de Jehová es contra vosotros, oh Canaán, tierra de los filisteos,ª y te haré destruir hasta no dejar morador.

6 Y será la costa del mar praderas para pastores, y corrales de ovejas.

7 Será aquel lugar para el remanente de la casa de Judá; allí apacentarán; en las casas de Ascalón dormirán de noche; porque Jehová su Dios los visitará, y levantará su cautiverio.

8 Yo he oído las afrentas de Moab,ᵇ y los denuestos de los hijos de Amónᶜ con que deshonraron a mi pueblo, y se engrandecieron sobre su territorio.

9 Por tanto, vivo yo, dice Jehová de los ejércitos, Dios de Israel, que Moab será como Sodoma, y los hijos de Amón como Gomorra;ᵈ campo de ortigas, y mina de sal, y asolamiento perpetuo; el remanente de mi pueblo los saqueará, y el remanente de mi pueblo los heredará.

10 Esto les vendrá por su soberbia, porque afrentaron y se engrandecieron contra el pueblo de Jehová de los ejércitos.

11 Terrible será Jehová contra ellos, porque destruirá a todos los dioses de la tierra, y desde sus lugares se inclinarán a él todas las tierras de las naciones.

12 También vosotros los de Etiopíaᵉ seréis muertos con mi espada.

13 Y extenderá su mano sobre el norte, y destruirá a Asiria,ᶠ y convertirá a Nínive en asolamiento y en sequedal como un desierto.

14 Rebaños de ganado harán en ella majada, todas las bestias del campo; el pelícano también y el erizo dormirán en sus dinteles; su voz cantará en las ventanas; habrá desolación en las puertas, porque su enmaderamiento de cedro será descubierto.

15 Ésta es la ciudad alegre que estaba confiada, la que decía en su corazón: Yo, y no más. ¡Cómo fue asolada, hecha guarida de fieras! Cualquiera que pasare junto a ella, se burlará y sacudirá su mano.

El pecado de Jerusalén, y su redención

3 1 ¡Ay de la ciudad rebelde y contaminada y opresora!

2 No escuchó la voz, ni recibió la corrección; no confió en Jehová, no se acercó a su Dios.

3 Sus príncipes en medio de ella son leones rugientes; sus jueces, lobos nocturnos que no dejan hueso para la mañana.

4 Sus profetas son livianos, hombres prevaricadores; sus sacerdotes contaminaron el santuario, falsearon la ley.

5 Jehová en medio de ella es justo, no hará iniquidad; de mañana sacará a luz su juicio, nunca faltará; pero el perverso no conoce la vergüenza.

6 Hice destruir naciones; sus habitaciones están asoladas; hice desiertas sus calles, hasta no quedar quien pase; sus ciudades están asoladas hasta no quedar hombre, hasta no quedar habitante.

7 Dije: Ciertamente me temerá; recibirá corrección, y no será destruida su morada según todo aquello por lo cual la castigué. Mas ellos se apresuraron a corromper todos sus hechos.

8 Por tanto, esperadme, dice Jehová, hasta el día que me levante para juzgaros; porque mi determinación es reunir las naciones, juntar los reinos, para derramar sobre ellos mi enojo, todo el ardor de mi ira; por el fuego de mi celo será consumida toda la tierra.

9 En aquel tiempo devolveré yo a los pueblos pureza de labios, para que todos invoquen el nombre de Jehová, para que le sirvan de común consentimiento.

10 De la región más allá de los ríos de Etiopía me suplicarán; la hija de mis esparcidos traerá mi ofrenda.

11 En aquel día no serás avergonzada por ninguna de tus obras con que te rebelaste contra mí; porque entonces quitaré de en medio de ti a los que se alegran en tu soberbia, y nunca más te ensoberbecerás en mi santo monte.

12 Y dejaré en medio de ti un pueblo humilde y pobre, el cual confiará en el nombre de Jehová.

13 El remanente de Israel no hará injusticia ni dirá mentira, ni en boca de ellos se hallará lengua engañosa;ª porque ellos serán apacentados, y dormirán, y no habrá quien los atemorice.

14 Canta, oh hija de Sion; da voces de júbilo, oh Israel; gózate y regocíjate de todo corazón, hija de Jerusalén.

ª **2.4-7** Is 14.29-31; Jer 47.1-7; Ez 25.15-17; Jl 3.4-8; Am 1.6-8; Zac 9.5-7.   ᵇ **2.8-11** Is 15.1—16.14; 25.10-12; Jer 48.1-47; Ez 25.8-11; Am 2.1-3.   ᶜ **2.8-11** Jer 49.1-6; Ez 21.28-32; 25.1-7; Am 1.13-15.   ᵈ **2.9** Gn 19.24.   ᵉ **2.12** Is 18.1-7.   ᶠ **2.13-15** Is 10.5-34; 14.24-27; Nah 1.1—3.19.   ª **3.13** Ap 14.5.

15 Jehová ha apartado tus juicios, ha echado fuera tus enemigos; Jehová es Rey de Israel en medio de ti; nunca más verás el mal.

16 En aquel tiempo se dirá a Jerusalén: No temas; Sion, no se debiliten tus manos.

17 Jehová está en medio de ti, poderoso, él salvará; se gozará sobre ti con alegría, callará de amor, se regocijará sobre ti con cánticos.

18 Reuniré a los fastidiados por causa del largo tiempo; tuyos fueron, para quienes el oprobio de ella era una carga.

19 He aquí, en aquel tiempo yo apremiaré a todos tus opresores; y salvaré a la que cojea, y recogeré la descarriada; y os pondré por alabanza y por renombre en toda la tierra.

20 En aquel tiempo yo os traeré, en aquel tiempo os reuniré yo; pues os pondré para renombre y para alabanza entre todos los pueblos de la tierra, cuando levante vuestro cautiverio delante de vuestros ojos, dice Jehová.

HAGEO

Exhortación a edificar el templo

1 ¹ En el año segundo del rey Darío, en el mes sexto, en el primer día del mes, vino palabra de Jehová por medio del profeta Hageo[a] a Zorobabel hijo de Salatiel, gobernador de Judá, y a Josué hijo de Josadac, sumo sacerdote, diciendo:

² Así ha hablado Jehová de los ejércitos, diciendo: Este pueblo dice: No ha llegado aún el tiempo, el tiempo de que la casa de Jehová sea reedificada.

³ Entonces vino palabra de Jehová por medio del profeta Hageo, diciendo:

⁴ ¿Es para vosotros tiempo, para vosotros, de habitar en vuestras casas artesonadas, y esta casa está desierta?

⁵ Pues así ha dicho Jehová de los ejércitos: Meditad bien sobre vuestros caminos.

⁶ Sembráis mucho, y recogéis poco; coméis, y no os saciáis; bebéis, y no quedáis satisfechos; os vestís, y no os calentáis; y el que trabaja a jornal recibe su jornal en saco roto.

⁷ Así ha dicho Jehová de los ejércitos: Meditad sobre vuestros caminos.

⁸ Subid al monte, y traed madera, y reedificad la casa; y pondré en ella mi voluntad, y seré glorificado, ha dicho Jehová.

⁹ Buscáis mucho, y halláis poco; y encerráis en casa, y yo lo disiparé en un soplo. ¿Por qué? dice Jehová de los ejércitos. Por cuanto mi casa está desierta, y cada uno de vosotros corre a su propia casa.

¹⁰ Por eso se detuvo de los cielos sobre vosotros la lluvia, y la tierra detuvo sus frutos.

¹¹ Y llamé la sequía sobre esta tierra, y sobre los montes, sobre el trigo, sobre el vino, sobre el aceite, sobre todo lo que la tierra produce, sobre los hombres y sobre las bestias, y sobre todo trabajo de manos.

¹² Y oyó Zorobabel hijo de Salatiel, y Josué hijo de Josadac, sumo sacerdote, y todo el resto del pueblo, la voz de Jehová su Dios, y las palabras del profeta Hageo, como le había enviado Jehová su Dios; y temió el pueblo delante de Jehová.

¹³ Entonces Hageo, enviado de Jehová, habló por mandato de Jehová al pueblo, diciendo: Yo estoy con vosotros, dice Jehová.

¹⁴ Y despertó Jehová el espíritu de Zorobabel hijo de Salatiel, gobernador de Judá, y el espíritu de Josué hijo de Josadac, sumo sacerdote, y el espíritu de todo el resto del pueblo; y vinieron y trabajaron en la casa de Jehová de los ejércitos, su Dios,

¹⁵ en el día veinticuatro del mes sexto, en el segundo año del rey Darío.

La gloria del nuevo templo

2 ¹ En el mes séptimo, a los veintiún días del mes, vino palabra de Jehová por medio del profeta Hageo, diciendo:

² Habla ahora a Zorobabel hijo de Salatiel, gobernador de Judá, y a Josué hijo de Josadac, sumo sacerdote, y al resto del pueblo, diciendo:

³ ¿Quién ha quedado entre vosotros que haya visto esta casa en su gloria primera,[a] y cómo la veis ahora? ¿No es ella como nada delante de vuestros ojos?

⁴ Pues ahora, Zorobabel, esfuérzate, dice Jehová; esfuérzate también, Josué hijo de Josadac, sumo sacerdote; y cobrad ánimo, pueblo todo de la tierra, dice Jehová, y trabajad; porque yo estoy con vosotros, dice Jehová de los ejércitos.

⁵ Según el pacto que hice con vosotros cuando salisteis de Egipto, así mi Espíritu estará en medio de vosotros,[b] no temáis.

⁶ Porque así dice Jehová de los ejércitos: De aquí a poco yo haré temblar los cielos y la tierra,[c] el mar y la tierra seca;

⁷ y haré temblar a todas las naciones, y vendrá el Deseado de todas las naciones; y llenaré de gloria esta casa, ha dicho Jehová de los ejércitos.

a 1.1 Esd 4.24—5.2; 6.14.   **a 2.3** Esd 3.12.   **b 2.5** Éx 33.14.
c 2.6 Heb 12.26.

⁸ Mía es la plata, y mío es el oro, dice Jehová de los ejércitos.

⁹ La gloria postrera de esta casa será mayor que la primera, ha dicho Jehová de los ejércitos; y daré paz en este lugar, dice Jehová de los ejércitos.

La infidelidad del pueblo es reprendida

¹⁰ A los veinticuatro días del noveno mes, en el segundo año de Darío, vino palabra de Jehová por medio del profeta Hageo, diciendo:

¹¹ Así ha dicho Jehová de los ejércitos: Pregunta ahora a los sacerdotes acerca de la ley, diciendo:

¹² Si alguno llevare carne santificada en la falda de su ropa, y con el vuelo de ella tocare pan, o vianda, o vino, o aceite, o cualquier otra comida, ¿será santificada? Y respondieron los sacerdotes y dijeron: No.

¹³ Y dijo Hageo: Si un inmundo a causa de cuerpo muerto[d] tocare alguna cosa de éstas, ¿será inmunda? Y respondieron los sacerdotes, y dijeron: Inmunda será.

¹⁴ Y respondió Hageo y dijo: Así es este pueblo y esta gente delante de mí, dice Jehová; y asimismo toda obra de sus manos; y todo lo que aquí ofrecen es inmundo.

¹⁵ Ahora, pues, meditad en vuestro corazón desde este día en adelante, antes que pongan piedra sobre piedra en el templo de Jehová.

¹⁶ Antes que sucediesen estas cosas, venían al montón de veinte efas, y había diez; venían al lagar para sacar cincuenta cántaros, y había veinte.

¹⁷ Os herí con viento solano, con tizoncillo y con granizo en toda obra de vuestras manos; mas no os convertisteis a mí, dice Jehová.

¹⁸ Meditad, pues, en vuestro corazón, desde este día en adelante, desde el día veinticuatro del noveno mes, desde el día que se echó el cimiento del templo de Jehová; meditad, pues, en vuestro corazón.

¹⁹ ¿No está aún la simiente en el granero? Ni la vid, ni la higuera, ni el granado, ni el árbol de olivo ha florecido todavía; mas desde este día os bendeciré.

Promesa de Jehová a Zorobabel

²⁰ Vino por segunda vez palabra de Jehová a Hageo, a los veinticuatro días del mismo mes, diciendo:

²¹ Habla a Zorobabel gobernador de Judá, diciendo: Yo haré temblar los cielos y la tierra;

²² y trastornaré el trono de los reinos, y destruiré la fuerza de los reinos de las naciones; trastornaré los carros y los que en ellos suben, y vendrán abajo los caballos y sus jinetes, cada cual por la espada de su hermano.

²³ En aquel día, dice Jehová de los ejércitos, te tomaré, oh Zorobabel hijo de Salatiel, siervo mío, dice Jehová, y te pondré como anillo de sellar; porque yo te escogí, dice Jehová de los ejércitos.

---

d **2.13** Nm 19.11-22.

ZACARÍAS

Llamamiento a volver a Jehová

1 ¹ En el octavo mes del año segundo de Darío, vino palabra de Jehová al profeta Zacarías[a] hijo de Berequías, hijo de Iddo, diciendo:

² Se enojó Jehová en gran manera contra vuestros padres.

³ Diles, pues: Así ha dicho Jehová de los ejércitos: Volveos a mí, dice Jehová de los ejércitos, y yo me volveré a vosotros, ha dicho Jehová de los ejércitos.

⁴ No seáis como vuestros padres, a los cuales clamaron los primeros profetas, diciendo: Así ha dicho Jehová de los ejércitos: Volveos ahora de vuestros malos caminos y de vuestras malas obras; y no atendieron, ni me escucharon, dice Jehová.

⁵ Vuestros padres, ¿dónde están? y los profetas, ¿han de vivir para siempre?

⁶ Pero mis palabras y mis ordenanzas que mandé a mis siervos los profetas, ¿no alcanzaron a vuestros padres? Por eso volvieron ellos y dijeron: Como Jehová de los ejércitos pensó tratarnos conforme a nuestros caminos, y conforme a nuestras obras, así lo hizo con nosotros.

La visión de los caballos

⁷ A los veinticuatro días del mes undécimo, que es el mes de Sebat, en el año segundo de Darío, vino palabra de Jehová al profeta Zacarías hijo de Berequías, hijo de Iddo, diciendo:

⁸ Vi de noche, y he aquí un varón que cabalgaba sobre un caballo alazán,[b] el cual estaba entre los mirtos que había en la hondura; y detrás de él había caballos alazanes, overos y blancos.[c]

⁹ Entonces dije: ¿Qué son éstos, señor mío? Y me dijo el ángel que hablaba conmigo: Yo te enseñaré lo que son éstos.

¹⁰ Y aquel varón que estaba entre los mirtos respondió y dijo: Éstos son los que Jehová ha enviado a recorrer la tierra.

¹¹ Y ellos hablaron a aquel ángel de Jehová que estaba entre los mirtos, y dijeron: Hemos recorrido la tierra, y he aquí toda la tierra está reposada y quieta.

¹² Respondió el ángel de Jehová y dijo: Oh Jehová de los ejércitos, ¿hasta cuándo no tendrás piedad de Jerusalén, y de las ciudades de Judá, con las cuales has estado airado por espacio de setenta años?

¹³ Y Jehová respondió buenas palabras, palabras consoladoras, al ángel que hablaba conmigo.

¹⁴ Y me dijo el ángel que hablaba conmigo: Clama diciendo: Así ha dicho Jehová de los ejércitos: Celé con gran celo a Jerusalén y a Sion.

¹⁵ Y estoy muy airado contra las naciones que están reposadas; porque cuando yo estaba enojado un poco, ellos agravaron el mal.

¹⁶ Por tanto, así ha dicho Jehová: Yo me he vuelto a Jerusalén con misericordia; en ella será edificada mi casa, dice Jehová de los ejércitos, y la plomada será tendida sobre Jerusalén.

¹⁷ Clama aún, diciendo: Así dice Jehová de los ejércitos: Aún rebosarán mis ciudades con la abundancia del bien, y aún consolará Jehová a Sion, y escogerá todavía a Jerusalén.

Visión de los cuernos y los carpinteros

¹⁸ Después alcé mis ojos y miré, y he aquí cuatro cuernos.

¹⁹ Y dije al ángel que hablaba conmigo: ¿Qué son éstos? Y me respondió: Éstos son los cuernos que dispersaron a Judá, a Israel y a Jerusalén.

²⁰ Me mostró luego Jehová cuatro carpinteros.

²¹ Y yo dije: ¿Qué vienen éstos a hacer? Y me respondió, diciendo: Aquéllos son

a 1.1 Esd 4.24—5.1; 6.14.   b 1.8 Ap 6.4.   c 1.8 Ap 6.2.

los cuernos que dispersaron a Judá, tanto que ninguno alzó su cabeza; mas éstos han venido para hacerlos temblar, para derribar los cuernos de las naciones que alzaron el cuerno sobre la tierra de Judá para dispersarla.

Llamamiento a los cautivos

2 ¹ Alcé después mis ojos y miré, y he aquí un varón que tenía en su mano un cordel de medir. ² Y le dije: ¿A dónde vas? Y él me respondió: A medir a Jerusalén, para ver cuánta es su anchura, y cuánta su longitud. ³ Y he aquí, salía aquel ángel que hablaba conmigo, y otro ángel le salió al encuentro, ⁴ y le dijo: Corre, habla a este joven, diciendo: Sin muros será habitada Jerusalén, a causa de la multitud de hombres y de ganado en medio de ella. ⁵ Yo seré para ella, dice Jehová, muro de fuego en derredor, y para gloria estaré en medio de ella.

⁶ Eh, eh, huid de la tierra del norte, dice Jehová, pues por los cuatro vientos de los cielos os esparcí, dice Jehová. ⁷ Oh Sion, la que moras con la hija de Babilonia, escápate. ⁸ Porque así ha dicho Jehová de los ejércitos: Tras la gloria me enviará él a las naciones que os despojaron; porque el que os toca, toca a la niña de su ojo. ⁹ Porque he aquí yo alzo mi mano sobre ellos, y serán despojo a sus siervos, y sabréis que Jehová de los ejércitos me envió.

¹⁰ Canta y alégrate, hija de Sion; porque he aquí vengo, y moraré en medio de ti, ha dicho Jehová. ¹¹ Y se unirán muchas naciones a Jehová en aquel día, y me serán por pueblo, y moraré en medio de ti; y entonces conocerás que Jehová de los ejércitos me ha enviado a ti. ¹² Y Jehová poseerá a Judá su heredad en la tierra santa, y escogerá aún a Jerusalén. ¹³ Calle toda carne delante de Jehová; porque él se ha levantado de su santa morada.

Visión del sumo sacerdote Josué

3 ¹ Me mostró al sumo sacerdote Josué,ᵃ el cual estaba delante del ángel de Jehová, y Satanás estaba a su mano derecha para acusarle.ᵇ ² Y dijo Jehová a Satanás: Jehová te reprenda,ᶜ oh Satanás; Jehová que ha escogido a Jerusalén te reprenda. ¿No es éste un tizón arrebatado del incendio? ³ Y Josué estaba vestido de vestiduras viles, y estaba delante del ángel. ⁴ Y habló el ángel, y mandó a los que estaban delante de él, diciendo: Quitadle esas vestiduras viles. Y a él le dijo: Mira que he quitado de ti tu pecado, y te he hecho vestir de ropas de gala. ⁵ Después dijo: Pongan mitra limpia sobre su cabeza. Y pusieron una mitra limpia sobre su cabeza, y le vistieron las ropas. Y el ángel de Jehová estaba en pie.

⁶ Y el ángel de Jehová amonestó a Josué, diciendo: ⁷ Así dice Jehová de los ejércitos: Si anduvieres por mis caminos, y si guardares mi ordenanza, también tú gobernarás mi casa, también guardarás mis atrios, y entre éstos que aquí están te daré lugar. ⁸ Escucha pues, ahora, Josué sumo sacerdote, tú y tus amigos que se sientan delante de ti, porque son varones simbólicos. He aquí, yo traigo a mi siervo el Renuevo.ᵈ ⁹ Porque he aquí aquella piedra que puse delante de Josué; sobre esta única piedra hay siete ojos; he aquí yo grabaré su escultura, dice Jehová de los ejércitos, y quitaré el pecado de la tierra en un día. ¹⁰ En aquel día, dice Jehová de los ejércitos, cada uno de vosotros convidará a su compañero, debajo de su vid y debajo de su higuera.ᵉ

El candelabro de oro y los olivos

4 ¹ Volvió el ángel que hablaba conmigo, y me despertó, como un hombre que es despertado de su sueño. ² Y me dijo: ¿Qué ves? Y respondí: He mirado, y he aquí un candelabro todo de oro, con un depósito encima, y sus siete lámparas encima del candelabro, y siete tubos para las lámparas que están encima de él; ³ Y junto a él dos olivos,ᵃ el uno a la derecha del depósito, y el otro a su izquierda.

ᵃ 3.1 Esd 5.2.   ᵇ 3.1 Ap 12.10.   ᶜ 3.2 Jud 9.   ᵈ 3.8 Jer 23.5; 33.15; Zac 6.12.   ᵉ 3.10 Mi 4.4.   ᵃ 4.3 Ap 11.4.

4 Proseguí y hablé, diciendo a aquel ángel que hablaba conmigo: ¿Qué es esto, señor mío?

5 Y el ángel que hablaba conmigo respondió y me dijo: ¿No sabes qué es esto? Y dije: No, señor mío.

6 Entonces respondió y me habló diciendo: Ésta es palabra de Jehová a Zorobabel,[b] que dice: No con ejército, ni con fuerza, sino con mi Espíritu, ha dicho Jehová de los ejércitos.

7 ¿Quién eres tú, oh gran monte? Delante de Zorobabel serás reducido a llanura; él sacará la primera piedra con aclamaciones de: Gracia, gracia a ella.

8 Vino palabra de Jehová a mí, diciendo:

9 Las manos de Zorobabel echarán el cimiento de esta casa, y sus manos la acabarán; y conocerás que Jehová de los ejércitos me envió a vosotros.

10 Porque los que menospreciaron el día de las pequeñeces se alegrarán, y verán la plomada en la mano de Zorobabel. Estos siete son los ojos de Jehová,[c] que recorren toda la tierra.

11 Hablé más, y le dije: ¿Qué significan estos dos olivos[d] a la derecha del candelabro y a su izquierda?

12 Hablé aún de nuevo, y le dije: ¿Qué significan las dos ramas de olivo que por medio de dos tubos de oro vierten de sí aceite como oro?

13 Y me respondió diciendo: ¿No sabes qué es esto? Y dije: Señor mío, no.

14 Y él dijo: Éstos son los dos ungidos que están delante del Señor de toda la tierra.

El rollo volante

5 1 De nuevo alcé mis ojos y miré, y he aquí un rollo que volaba.

2 Y me dijo: ¿Qué ves? Y respondí: Veo un rollo que vuela, de veinte codos de largo, y diez codos de ancho.

3 Entonces me dijo: Ésta es la maldición que sale sobre la faz de toda la tierra; porque todo aquel que hurta (como está de un lado del rollo) será destruido; y todo aquel que jura falsamente (como está del otro lado del rollo) será destruido.

4 Yo la he hecho salir, dice Jehová de los ejércitos, y vendrá a la casa del ladrón, y a la casa del que jura falsamente en mi nombre; y permanecerá en medio de su casa y la consumirá, con sus maderas y sus piedras.

La mujer en el efa

5 Y salió aquel ángel que hablaba conmigo, y me dijo: Alza ahora tus ojos, y mira qué es esto que sale.

6 Y dije: ¿Qué es? Y él dijo: Éste es un efa que sale. Además dijo: Ésta es la iniquidad de ellos en toda la tierra.

7 Y he aquí, levantaron la tapa de plomo, y una mujer estaba sentada en medio de aquel efa.

8 Y él dijo: Ésta es la Maldad; y la echó dentro del efa, y echó la masa de plomo en la boca del efa.

9 Alcé luego mis ojos, y miré, y he aquí dos mujeres que salían, y traían viento en sus alas, y tenían alas como de cigüeña, y alzaron el efa entre la tierra y los cielos.

10 Dije al ángel que hablaba conmigo: ¿A dónde llevan el efa?

11 Y él me respondió: Para que le sea edificada casa en tierra de Sinar; y cuando esté preparada lo pondrán sobre su base.

Los cuatro carros

6 1 De nuevo alcé mis ojos y miré, y he aquí cuatro carros que salían de entre dos montes; y aquellos montes eran de bronce.

2 En el primer carro había caballos alazanes,[a] en el segundo carro caballos negros,[b]

3 en el tercer carro caballos blancos,[c] y en el cuarto carro caballos overos rucios rodados.

4 Respondí entonces y dije al ángel que hablaba conmigo: Señor mío, ¿qué es esto?

5 Y el ángel me respondió y me dijo: Éstos son los cuatro vientos de los cielos,[d] que salen después de presentarse delante del Señor de toda la tierra.

6 El carro con los caballos negros salía hacia la tierra del norte, y los blancos salieron tras ellos, y los overos salieron hacia la tierra del sur.

7 Y los alazanes salieron y se afanaron por ir a recorrer la tierra. Y dijo: Id, recorred la tierra. Y recorrieron la tierra.

8 Luego me llamó, y me habló diciendo: Mira, los que salieron hacia la tierra del

---

b **4.6** Esd 5.2.   c **4.10** Ap 5.6.   d **4.11** Ap 11.4.
a **6.2** Ap 6.4.   b **6.2** Ap 6.5.   c **6.3** Ap 6.2.   d **6.5** Ap 7.1.

norte hicieron reposar mi Espíritu en la tierra del norte.

Coronación simbólica de Josué

⁹ Vino a mí palabra de Jehová, diciendo: ¹⁰ Toma de los del cautiverio a Heldai, a Tobías y a Jedaías, los cuales volvieron de Babilonia; e irás tú en aquel día, y entrarás en casa de Josías hijo de Sofonías.
¹¹ Tomarás, pues, plata y oro, y harás coronas, y las pondrás en la cabeza del sumo sacerdote Josué, hijo de Josadac.
¹² Y le hablarás, diciendo: Así ha hablado Jehová de los ejércitos, diciendo: He aquí el varón cuyo nombre es el Renuevo,ᵉ el cual brotará de sus raíces, y edificará el templo de Jehová.
¹³ Él edificará el templo de Jehová, y él llevará gloria, y se sentará y dominará en su trono, y habrá sacerdote a su lado; y consejo de paz habrá entre ambos.
¹⁴ Las coronas servirán a Helem, a Tobías, a Jedaías y a Hen hijo de Sofonías, como memoria en el templo de Jehová.
¹⁵ Y los que están lejos vendrán y ayudarán a edificar el templo de Jehová, y conoceréis que Jehová de los ejércitos me ha enviado a vosotros. Y esto sucederá si oyereis obedientes la voz de Jehová vuestro Dios.

El ayuno que Dios reprueba

7 ¹ Aconteció que en el año cuarto del rey Darío vino palabra de Jehová a Zacarías, a los cuatro días del mes noveno, que es Quisleu,
² cuando el pueblo de Bet-el había enviado a Sarezer, con Regem-melec y sus hombres, a implorar el favor de Jehová,
³ y a hablar a los sacerdotes que estaban en la casa de Jehová de los ejércitos, y a los profetas, diciendo: ¿Lloraremos en el mes quinto? ¿Haremos abstinencia como hemos hecho ya algunos años?
⁴ Vino, pues, a mí palabra de Jehová de los ejércitos, diciendo:
⁵ Habla a todo el pueblo del país, y a los sacerdotes, diciendo: Cuando ayunasteis y llorasteis en el quinto y en el séptimo mes estos setenta años, ¿habéis ayunado para mí?
⁶ Y cuando coméis y bebéis, ¿no coméis y bebéis para vosotros mismos?

⁷ ¿No son éstas las palabras que proclamó Jehová por medio de los profetas primeros, cuando Jerusalén estaba habitada y tranquila, y sus ciudades en sus alrededores y el Neguev y la Sefela estaban también habitados?

La desobediencia, causa del cautiverio

⁸ Y vino palabra de Jehová a Zacarías, diciendo:
⁹ Así habló Jehová de los ejércitos, diciendo: Juzgad conforme a la verdad, y haced misericordia y piedad cada cual con su hermano;
¹⁰ no oprimáis a la viuda, al huérfano, al extranjero ni al pobre; ni ninguno piense mal en su corazón contra su hermano.
¹¹ Pero no quisieron escuchar, antes volvieron la espalda, y taparon sus oídos para no oír;
¹² y pusieron su corazón como diamante, para no oír la ley ni las palabras que Jehová de los ejércitos enviaba por su Espíritu, por medio de los profetas primeros; vino, por tanto, gran enojo de parte de Jehová de los ejércitos.
¹³ Y aconteció que así como él clamó, y no escucharon, también ellos clamaron, y yo no escuché, dice Jehová de los ejércitos;
¹⁴ sino que los esparcí con torbellino por todas las naciones que ellos no conocían, y la tierra fue desolada tras ellos, sin quedar quien fuese ni viniese; pues convirtieron en desierto la tierra deseable.

Promesa de la restauración de Jerusalén

8 ¹ Vino a mí palabra de Jehová de los ejércitos, diciendo:
² Así ha dicho Jehová de los ejércitos: Celé a Sion con gran celo, y con gran ira la celé.
³ Así dice Jehová: Yo he restaurado a Sion, y moraré en medio de Jerusalén; y Jerusalén se llamará Ciudad de la Verdad, y el monte de Jehová de los ejércitos, Monte de Santidad.
⁴ Así ha dicho Jehová de los ejércitos: Aún han de morar ancianos y ancianas en las calles de Jerusalén, cada cual con bordón en su mano por la multitud de los días.
⁵ Y las calles de la ciudad estarán llenas de muchachos y muchachas que jugarán en ellas.

ᵉ **6.12** Jer 23.5; 33.15; Zac 3.8.

⁶ Así dice Jehová de los ejércitos: Si esto parecerá maravilloso a los ojos del remanente de este pueblo en aquellos días, ¿también será maravilloso delante de mis ojos? dice Jehová de los ejércitos.

⁷ Así ha dicho Jehová de los ejércitos: He aquí, yo salvo a mi pueblo de la tierra del oriente, y de la tierra donde se pone el sol; ⁸ y los traeré, y habitarán en medio de Jerusalén; y me serán por pueblo, y yo seré a ellos por Dios en verdad y en justicia.

⁹ Así ha dicho Jehová de los ejércitos: Esfuércense vuestras manos, los que oís en estos días estas palabras de la boca de los profetas, desde el día que se echó el cimiento a la casa de Jehová de los ejércitos, para edificar el templo.

¹⁰ Porque antes de estos días no ha habido paga de hombre ni paga de bestia, ni hubo paz para el que salía ni para el que entraba, a causa del enemigo; y yo dejé a todos los hombres cada cual contra su compañero.

¹¹ Mas ahora no lo haré con el remanente de este pueblo como en aquellos días pasados, dice Jehová de los ejércitos.

¹² Porque habrá simiente de paz; la vid dará su fruto, y dará su producto la tierra, y los cielos darán su rocío; y haré que el remanente de este pueblo posea todo esto.

¹³ Y sucederá que como fuisteis maldición entre las naciones, oh casa de Judá y casa de Israel, así os salvaré y seréis bendición. No temáis, mas esfuércense vuestras manos.

¹⁴ Porque así ha dicho Jehová de los ejércitos: Como pensé haceros mal cuando vuestros padres me provocaron a ira, dice Jehová de los ejércitos, y no me arrepentí, ¹⁵ así al contrario he pensado hacer bien a Jerusalén y a la casa de Judá en estos días; no temáis.

¹⁶ Éstas son las cosas que habéis de hacer: Hablad verdad cada cual con su prójimo;ᵃ juzgad según la verdad y lo conducente a la paz en vuestras puertas.

¹⁷ Y ninguno de vosotros piense mal en su corazón contra su prójimo, ni améis el juramento falso; porque todas estas son cosas que aborrezco, dice Jehová.

¹⁸ Vino a mí palabra de Jehová de los ejércitos, diciendo:

¹⁹ Así ha dicho Jehová de los ejércitos: El ayuno del cuarto mes, el ayuno del quinto, el ayuno del séptimo, y el ayuno del décimo, se convertirán para la casa de Judá en gozo y alegría, y en festivas solemnidades. Amad, pues, la verdad y la paz.

²⁰ Así ha dicho Jehová de los ejércitos: Aún vendrán pueblos, y habitantes de muchas ciudades; ²¹ y vendrán los habitantes de una ciudad a otra, y dirán: Vamos a implorar el favor de Jehová, y a buscar a Jehová de los ejércitos. Yo también iré. ²² Y vendrán muchos pueblos y fuertes naciones a buscar a Jehová de los ejércitos en Jerusalén, y a implorar el favor de Jehová.

²³ Así ha dicho Jehová de los ejércitos: En aquellos días acontecerá que diez hombres de las naciones de toda lengua tomarán del manto a un judío, diciendo: Iremos con vosotros, porque hemos oído que Dios está con vosotros.

Castigo de las naciones vecinas

9 ¹ La profecía de la palabra de Jehová está contra la tierra de Hadrac y sobre Damasco;ᵃ porque a Jehová deben mirar los ojos de los hombres, y de todas las tribus de Israel.

² También Hamat será comprendida en el territorio de éste; Tiro y Sidón,ᵇ aunque sean muy sabias.

³ Bien que Tiro se edificó fortaleza, y amontonó plata como polvo, y oro como lodo de las calles, ⁴ he aquí, el Señor la empobrecerá, y herirá en el mar su poderío, y ella será consumida de fuego.

⁵ Verá Ascalón, y temerá; Gaza también, y se dolerá en gran manera; asimismo Ecrón, porque su esperanza será confundida; y perecerá el rey de Gaza, y Ascalón no será habitada.

⁶ Habitará en Asdod un extranjero, y pondré fin a la soberbia de los filisteos.ᶜ

⁷ Quitaré la sangre de su boca, y sus abominaciones de entre sus dientes, y quedará también un remanente para nuestro Dios, y serán como capitanes en Judá, y Ecrón será como el jebuseo.

---

a 8.16 Ef 4.25.   a 9.1 Is 17.1-3; Jer 49.23-27; Am 1.3-5.
b 9.1-4 Is 23.1-18; Ez 26.1—28.26; Jl 3.4-8; Am 1.9, 10;
Mt 11.21, 22; Lc 10.13, 14.   c 9.5-7 Is 14.29-31; Jer 47.1-7;
Ez 25.15-17; Jl 3.4-8; Am 1.6-8; Sof 2.4-7.

8 Entonces acamparé alrededor de mi casa como un guarda, para que ninguno vaya ni venga, y no pasará más sobre ellos el opresor; porque ahora miraré con mis ojos.

El futuro rey de Sion

9 Alégrate mucho, hija de Sion; da voces de júbilo, hija de Jerusalén; he aquí tu rey vendrá a ti, justo y salvador, humilde, y cabalgando sobre un asno, sobre un pollino hijo de asna.[d]

10 Y de Efraín destruiré los carros, y los caballos de Jerusalén, y los arcos de guerra serán quebrados; y hablará paz a las naciones, y su señorío será de mar a mar, y desde el río hasta los fines de la tierra.[e]

11 Y tú también por la sangre de tu pacto serás salva; yo he sacado tus presos de la cisterna en que no hay agua.

12 Volveos a la fortaleza, oh prisioneros de esperanza; hoy también os anuncio que os restauraré el doble.

13 Porque he entesado para mí a Judá como arco, e hice a Efraín su flecha, y despertaré a tus hijos, oh Sion, contra tus hijos, oh Grecia, y te pondré como espada de valiente.

14 Y Jehová será visto sobre ellos, y su dardo saldrá como relámpago; y Jehová el Señor tocará trompeta, e irá entre torbellinos del austro.

15 Jehová de los ejércitos los amparará, y ellos devorarán, y hollarán las piedras de la honda, y beberán, y harán estrépito como tomados de vino; y se llenarán como tazón, o como cuernos del altar.

16 Y los salvará en aquel día Jehová su Dios como rebaño de su pueblo; porque como piedras de diadema serán enaltecidos en su tierra.

17 Porque ¡cuánta es su bondad, y cuánta su hermosura! El trigo alegrará a los jóvenes, y el vino a las doncellas.

Jehová redimirá a su pueblo

10 **1** Pedid a Jehová lluvia en la estación tardía. Jehová hará relámpagos, y os dará lluvia abundante, y hierba verde en el campo a cada uno.

2 Porque los terafines han dado vanos oráculos, y los adivinos han visto mentira, han hablado sueños vanos, y vano es su consuelo; por lo cual el pueblo vaga como ovejas, y sufre porque no tiene pastor.[a]

3 Contra los pastores se ha encendido mi enojo, y castigaré a los jefes; pero Jehová de los ejércitos visitará su rebaño, la casa de Judá, y los pondrá como su caballo de honor en la guerra.

4 De él saldrá la piedra angular, de él la clavija, de él el arco de guerra, de él también todo apremiador.

5 Y serán como valientes que en la batalla huellan al enemigo en el lodo de las calles; y pelearán, porque Jehová estará con ellos; y los que cabalgan en caballos serán avergonzados.

6 Porque yo fortaleceré la casa de Judá, y guardaré la casa de José, y los haré volver; porque de ellos tendré piedad, y serán como si no los hubiera desechado; porque yo soy Jehová su Dios, y los oiré.

7 Y será Efraín como valiente, y se alegrará su corazón como a causa del vino; sus hijos también verán, y se alegrarán; su corazón se gozará en Jehová.

8 Yo los llamaré con un silbido, y los reuniré, porque los he redimido; y serán multiplicados tanto como fueron antes.

9 Bien que los esparciré entre los pueblos, aun en lejanos países se acordarán de mí; y vivirán con sus hijos, y volverán.

10 Porque yo los traeré de la tierra de Egipto, y los recogeré de Asiria; y los traeré a la tierra de Galaad y del Líbano, y no les bastará.

11 Y la tribulación pasará por el mar, y herirá en el mar las ondas, y se secarán todas las profundidades del río; y la soberbia de Asiria será derribada, y se perderá el cetro de Egipto.

12 Y yo los fortaleceré en Jehová, y caminarán en su nombre, dice Jehová.

11 **1** Oh Líbano, abre tus puertas, y consuma el fuego tus cedros.

2 Aúlla, oh ciprés, porque el cedro cayó, porque los árboles magníficos son derribados. Aullad, encinas de Basán, porque el bosque espeso es derribado.

3 Voz de aullido de pastores, porque su magnificencia es asolada; estruendo de rugidos de cachorros de leones, porque la gloria del Jordán es destruida.

---

d 9.9 Mt 21.5; Jn 12.15.   **e 9.10** Sal 72.8.   **a 10.2** Mt 9.36; Mr 6.34.

Los pastores inútiles

4 Así ha dicho Jehová mi Dios: Apacienta las ovejas de la matanza,

5 a las cuales matan sus compradores, y no se tienen por culpables; y el que las vende, dice: Bendito sea Jehová, porque he enriquecido; ni sus pastores tienen piedad de ellas.

6 Por tanto, no tendré ya más piedad de los moradores de la tierra, dice Jehová; porque he aquí, yo entregaré los hombres cada cual en mano de su compañero y en mano de su rey; y asolarán la tierra, y yo no los libraré de sus manos.

7 Apacenté, pues, las ovejas de la matanza, esto es, a los pobres del rebaño. Y tomé para mí dos cayados: al uno puse por nombre Gracia, y al otro Ataduras; y apacenté las ovejas.

8 Y destruí a tres pastores en un mes; pues mi alma se impacientó contra ellos, y también el alma de ellos me aborreció a mí.

9 Y dije: No os apacentaré; la que muriere, que muera; y la que se perdiere, que se pierda; y las que quedaren, que cada una coma la carne de su compañera.

10 Tomé luego mi cayado Gracia, y lo quebré, para romper mi pacto que concerté con todos los pueblos.

11 Y fue deshecho en ese día, y así conocieron los pobres del rebaño que miraban a mí, que era palabra de Jehová.

12 Y les dije: Si os parece bien, dadme mi salario; y si no, dejadlo. Y pesaron por mi salario treinta piezas de plata.

13 Y me dijo Jehová: Échalo al tesoro; ¡hermoso precio con que me han apreciado! Y tomé las treinta piezas de plata, y las eché en la casa de Jehová al tesoro.[a]

14 Quebré luego el otro cayado, Ataduras, para romper la hermandad entre Judá e Israel.

15 Y me dijo Jehová: Toma aún los aperos de un pastor insensato;

16 porque he aquí, yo levanto en la tierra a un pastor que no visitará las perdidas, ni buscará la pequeña, ni curará la perniquebrada, ni llevará la cansada a cuestas, sino que comerá la carne de la gorda, y romperá sus pezuñas.

17 ¡Ay del pastor inútil que abandona el ganado! Hiera la espada su brazo, y su ojo derecho; del todo se secará su brazo, y su ojo derecho será enteramente oscurecido.

Liberación futura de Jerusalén

12 **1** Profecía de la palabra de Jehová acerca de Israel. Jehová, que extiende los cielos y funda la tierra, y forma el espíritu del hombre dentro de él, ha dicho:

2 He aquí yo pongo a Jerusalén por copa que hará temblar a todos los pueblos de alrededor contra Judá, en el sitio contra Jerusalén.

3 Y en aquel día yo pondré a Jerusalén por piedra pesada a todos los pueblos; todos los que se la cargaren serán despedazados, bien que todas las naciones de la tierra se juntarán contra ella.

4 En aquel día, dice Jehová, heriré con pánico a todo caballo, y con locura al jinete; mas sobre la casa de Judá abriré mis ojos, y a todo caballo de los pueblos heriré con ceguera.

5 Y los capitanes de Judá dirán en su corazón: Tienen fuerza los habitantes de Jerusalén en Jehová de los ejércitos, su Dios.

6 En aquel día pondré a los capitanes de Judá como brasero de fuego entre leña, y como antorcha ardiendo entre gavillas; y consumirán a diestra y a siniestra a todos los pueblos alrededor; y Jerusalén será otra vez habitada en su lugar, en Jerusalén.

7 Y librará Jehová las tiendas de Judá primero, para que la gloria de la casa de David y del habitante de Jerusalén no se engrandezca sobre Judá.

8 En aquel día Jehová defenderá al morador de Jerusalén; el que entre ellos fuere débil, en aquel tiempo será como David; y la casa de David como Dios, como el ángel de Jehová delante de ellos.

9 Y en aquel día yo procuraré destruir a todas las naciones que vinieren contra Jerusalén.

10 Y derramaré sobre la casa de David, y sobre los moradores de Jerusalén, espíritu de gracia y de oración; y mirarán a mí, a quien traspasaron,[a] y llorarán como se llora por hijo unigénito, afligiéndose por él como quien se aflige por el primogénito.

11 En aquel día habrá gran llanto en Jerusalén, como el llanto de Hadadrimón en el valle de Meguido.

12 Y la tierra lamentará, cada linaje aparte; los descendientes de la casa de David por sí, y sus mujeres por sí; los descendientes

---

a 11.12, 13 Mt 27.9, 10.   **a** 12.10 Jn 19.37; Ap 1.7.

de la casa de Natán por sí, y sus mujeres por sí;

13 los descendientes de la casa de Leví por sí, y sus mujeres por sí; los descendientes de Simei por sí, y sus mujeres por sí;

14 todos los otros linajes, cada uno por sí, y sus mujeres por sí.

13 **1** En aquel tiempo habrá un manantial abierto para la casa de David y para los habitantes de Jerusalén, para la purificación del pecado y de la inmundicia.

2 Y en aquel día, dice Jehová de los ejércitos, quitaré de la tierra los nombres de las imágenes, y nunca más serán recordados; y también haré cortar de la tierra a los profetas y al espíritu de inmundicia.

3 Y acontecerá que cuando alguno profetizare aún, le dirán su padre y su madre que lo engendraron: No vivirás, porque has hablado mentira en el nombre de Jehová; y su padre y su madre que lo engendraron le traspasarán cuando profetizare.

4 Y sucederá en aquel tiempo, que todos los profetas se avergonzarán de su visión cuando profetizaren; ni nunca más vestirán el manto velloso para mentir.

5 Y dirá: No soy profeta; labrador soy de la tierra, pues he estado en el campo desde mi juventud.

6 Y le preguntarán: ¿Qué heridas son estas en tus manos? Y él responderá: Con ellas fui herido en casa de mis amigos.

El pastor de Jehová es herido

7 Levántate, oh espada, contra el pastor, y contra el hombre compañero mío, dice Jehová de los ejércitos. Hiere al pastor, y serán dispersadas las ovejas;[a] y haré volver mi mano contra los pequeñitos.

8 Y acontecerá en toda la tierra, dice Jehová, que las dos terceras partes serán cortadas en ella, y se perderán; mas la tercera quedará en ella.

9 Y meteré en el fuego a la tercera parte, y los fundiré como se funde la plata, y los probaré como se prueba el oro. Él invocará mi nombre, y yo le oiré, y diré: Pueblo mío; y él dirá: Jehová es mi Dios.

Jerusalén y las naciones

14 **1** He aquí, el día de Jehová viene, y en medio de ti serán repartidos tus despojos.

2 Porque yo reuniré a todas las naciones para combatir contra Jerusalén; y la ciudad será tomada, y serán saqueadas las casas, y violadas las mujeres; y la mitad de la ciudad irá en cautiverio, mas el resto del pueblo no será cortado de la ciudad.

3 Después saldrá Jehová y peleará con aquellas naciones, como peleó en el día de la batalla.

4 Y se afirmarán sus pies en aquel día sobre el monte de los Olivos, que está en frente de Jerusalén al oriente; y el monte de los Olivos se partirá por en medio, hacia el oriente y hacia el occidente, haciendo un valle muy grande; y la mitad del monte se apartará hacia el norte, y la otra mitad hacia el sur.

5 Y huiréis al valle de los montes, porque el valle de los montes llegará hasta Azal; huiréis de la manera que huisteis por causa del terremoto en los días de Uzías rey de Judá; y vendrá Jehová mi Dios, y con él todos los santos.

6 Y acontecerá que en ese día no habrá luz clara, ni oscura.

7 Será un día, el cual es conocido de Jehová, que no será ni día ni noche; pero sucederá que al caer la tarde habrá luz.

8 Acontecerá también en aquel día, que saldrán de Jerusalén aguas vivas,[a] la mitad de ellas hacia el mar oriental, y la otra mitad hacia el mar occidental, en verano y en invierno.

9 Y Jehová será rey sobre toda la tierra. En aquel día Jehová será uno, y uno su nombre.

10 Toda la tierra se volverá como llanura desde Geba hasta Rimón al sur de Jerusalén; y ésta será enaltecida, y habitada en su lugar desde la puerta de Benjamín hasta el lugar de la puerta primera, hasta la puerta del Ángulo, y desde la torre de Hananeel hasta los lagares del rey.

11 Y morarán en ella, y no habrá nunca más maldición,[b] sino que Jerusalén será habitada confiadamente.

12 Y ésta será la plaga con que herirá Jehová a todos los pueblos que pelearon contra Jerusalén: la carne de ellos se corromperá estando ellos sobre sus pies, y se consumirán en las cuencas sus ojos, y la lengua se les deshará en su boca.

a 13.7 Mt 26.31; Mr 14.27.   **a 14.8** Ez 47.1; Jn 7.38; Ap 22.1. **b 14.11** Ap 22.3.

13 Y acontecerá en aquel día que habrá entre ellos gran pánico enviado por Jehová; y trabará cada uno de la mano de su compañero, y levantará su mano contra la mano de su compañero.

14 Y Judá también peleará en Jerusalén. Y serán reunidas las riquezas de todas las naciones de alrededor: oro y plata, y ropas de vestir, en gran abundancia.

15 Así también será la plaga de los caballos, de los mulos, de los camellos, de los asnos, y de todas las bestias que estuvieren en aquellos campamentos.

16 Y todos los que sobrevivieren de las naciones que vinieron contra Jerusalén, subirán de año en año para adorar al Rey, a Jehová de los ejércitos, y a celebrar la fiesta de los tabernáculos.[c]

17 Y acontecerá que los de las familias de la tierra que no subieren a Jerusalén para adorar al Rey, Jehová de los ejércitos, no vendrá sobre ellos lluvia.

18 Y si la familia de Egipto no subiere y no viniere, sobre ellos no habrá lluvia; vendrá la plaga con que Jehová herirá las naciones que no subieren a celebrar la fiesta de los tabernáculos.

19 Ésta será la pena del pecado de Egipto, y del pecado de todas las naciones que no subieren para celebrar la fiesta de los tabernáculos.

20 En aquel día estará grabado sobre las campanillas de los caballos: SANTIDAD A JEHOVÁ; y las ollas de la casa de Jehová serán como los tazones del altar.

21 Y toda olla en Jerusalén y Judá será consagrada a Jehová de los ejércitos; y todos los que sacrificaren vendrán y tomarán de ellas, y cocerán en ellas; y no habrá en aquel día más mercader en la casa de Jehová de los ejércitos.

---

c **14.16** Lv 23.39-43.

MALAQUÍAS

Amor de Jehová por Jacob

1 ¹ Profecía de la palabra de Jehová contra Israel, por medio de Malaquías.

² Yo os he amado, dice Jehová; y dijisteis: ¿En qué nos amaste? ¿No era Esaú hermano de Jacob? dice Jehová. Y amé a Jacob, ³ y a Esaú aborrecí,ª y convertí sus montes en desolación, y abandoné su heredad para los chacales del desierto.

⁴ Cuando Edomᵇ dijere: Nos hemos empobrecido, pero volveremos a edificar lo arruinado; así ha dicho Jehová de los ejércitos: Ellos edificarán, y yo destruiré; y les llamarán territorio de impiedad, y pueblo contra el cual Jehová está indignado para siempre.

⁵ Y vuestros ojos lo verán, y diréis: Sea Jehová engrandecido más allá de los límites de Israel.

Jehová reprende a los sacerdotes

⁶ El hijo honra al padre, y el siervo a su señor. Si, pues, soy yo padre, ¿dónde está mi honra? y si soy señor, ¿dónde está mi temor? dice Jehová de los ejércitos a vosotros, oh sacerdotes, que menospreciáis mi nombre. Y decís: ¿En qué hemos menospreciado tu nombre?

⁷ En que ofrecéis sobre mi altar pan inmundo. Y dijisteis: ¿En qué te hemos deshonrado? En que pensáis que la mesa de Jehová es despreciable.

⁸ Y cuando ofrecéis el animal ciego para el sacrificio,ᶜ ¿no es malo? Asimismo cuando ofrecéis el cojo o el enfermo, ¿no es malo? Preséntalo, pues, a tu príncipe; ¿acaso se agradará de ti, o le serás acepto? dice Jehová de los ejércitos.

⁹ Ahora, pues, orad por el favor de Dios, para que tenga piedad de nosotros. Pero ¿cómo podéis agradarle, si hacéis estas cosas? dice Jehová de los ejércitos.

¹⁰ ¿Quién también hay de vosotros que cierre las puertas o alumbre mi altar de balde? Yo no tengo complacencia en vosotros, dice Jehová de los ejércitos, ni de vuestra mano aceptaré ofrenda.

¹¹ Porque desde donde el sol nace hasta donde se pone, es grande mi nombre entre las naciones; y en todo lugar se ofrece a mi nombre incienso y ofrenda limpia, porque grande es mi nombre entre las naciones, dice Jehová de los ejércitos.

¹² Y vosotros lo habéis profanado cuando decís: Inmunda es la mesa de Jehová, y cuando decís que su alimento es despreciable.

¹³ Habéis además dicho: ¡Oh, qué fastidio es esto! y me despreciáis, dice Jehová de los ejércitos; y trajisteis lo hurtado, o cojo, o enfermo, y presentasteis ofrenda. ¿Aceptaré yo eso de vuestra mano? dice Jehová.

¹⁴ Maldito el que engaña, el que teniendo machos en su rebaño, promete, y sacrifica a Jehová lo dañado. Porque yo soy Gran Rey, dice Jehová de los ejércitos, y mi nombre es temible entre las naciones.

Reprensión de la infidelidad de Israel

2 ¹ Ahora, pues, oh sacerdotes, para vosotros es este mandamiento.

² Si no oyereis, y si no decidís de corazón dar gloria a mi nombre, ha dicho Jehová de los ejércitos, enviaré maldición sobre vosotros, y maldeciré vuestras bendiciones; y aun las he maldecido, porque no os habéis decidido de corazón.

³ He aquí, yo os dañaré la sementera, y os echaré al rostro el estiércol, el estiércol de vuestros animales sacrificados, y seréis arrojados juntamente con él.

⁴ Y sabréis que yo os envié este mandamiento, para que fuese mi pacto con Leví,ª ha dicho Jehová de los ejércitos.

⁵ Mi pacto con él fue de vida y de paz,ᵇ las cuales cosas yo le di para que me temiera; y tuvo temor de mí, y delante de mi nombre estuvo humillado.

a 1.2, 3 Ro 9.13.   **b 1.2-5** Is 34.5-17; 63.1-6; Jer 49.7-22; Ez 25.12-14; 35.1-15; Am 1.11, 12; Abd 1.14.   **c 1.8** Dt 15.21.
a 2.4 Nm 3.11-13.   **b 2.5** Nm 25.12.

⁶ La ley de verdad estuvo en su boca, e iniquidad no fue hallada en sus labios; en paz y en justicia anduvo conmigo, y a muchos hizo apartar de la iniquidad.

⁷ Porque los labios del sacerdote han de guardar la sabiduría, y de su boca el pueblo buscará la ley; porque mensajero es de Jehová de los ejércitos.

⁸ Mas vosotros os habéis apartado del camino; habéis hecho tropezar a muchos en la ley; habéis corrompido el pacto de Leví, dice Jehová de los ejércitos.

⁹ Por tanto, yo también os he hecho viles y bajos ante todo el pueblo, así como vosotros no habéis guardado mis caminos, y en la ley hacéis acepción de personas.

¹⁰ ¿No tenemos todos un mismo padre? ¿No nos ha creado un mismo Dios? ¿Por qué, pues, nos portamos deslealmente el uno contra el otro, profanando el pacto de nuestros padres?

¹¹ Prevaricó Judá, y en Israel y en Jerusalén se ha cometido abominación; porque Judá ha profanado el santuario de Jehová que él amó, y se casó con hija de dios extraño.

¹² Jehová cortará de las tiendas de Jacob al hombre que hiciere esto, al que vela y al que responde, y al que ofrece ofrenda a Jehová de los ejércitos.

¹³ Y esta otra vez haréis cubrir el altar de Jehová de lágrimas, de llanto, y de clamor; así que no miraré más a la ofrenda, para aceptarla con gusto de vuestra mano.

¹⁴ Mas diréis: ¿Por qué? Porque Jehová ha atestiguado entre ti y la mujer de tu juventud, contra la cual has sido desleal, siendo ella tu compañera, y la mujer de tu pacto.

¹⁵ ¿No hizo él uno, habiendo en él abundancia de espíritu? ¿Y por qué uno? Porque buscaba una descendencia para Dios. Guardaos, pues, en vuestro espíritu, y no seáis desleales para con la mujer de vuestra juventud.

¹⁶ Porque Jehová Dios de Israel ha dicho que él aborrece el repudio, y al que cubre de iniquidad su vestido, dijo Jehová de los ejércitos. Guardaos, pues, en vuestro espíritu, y no seáis desleales.

El día del juicio se acerca

¹⁷ Habéis hecho cansar a Jehová con vuestras palabras. Y decís: ¿En qué le hemos cansado? En que decís: Cualquiera que hace mal agrada a Jehová, y en los tales se complace; o si no, ¿dónde está el Dios de justicia?

3 ¹ He aquí, yo envío mi mensajero, el cual preparará el camino delante de mí;ᵃ y vendrá súbitamente a su templo el Señor a quien vosotros buscáis, y el ángel del pacto, a quien deseáis vosotros. He aquí viene, ha dicho Jehová de los ejércitos.

² ¿Y quién podrá soportar el tiempo de su venida? ¿o quién podrá estar en pie cuando él se manifieste?ᵇ Porque él es como fuego purificador, y como jabón de lavadores.

³ Y se sentará para afinar y limpiar la plata; porque limpiará a los hijos de Leví, los afinará como a oro y como a plata, y traerán a Jehová ofrenda en justicia.

⁴ Y será grata a Jehová la ofrenda de Judá y de Jerusalén, como en los días pasados, y como en los años antiguos.

⁵ Y vendré a vosotros para juicio; y seré pronto testigo contra los hechiceros y adúlteros, contra los que juran mentira, y los que defraudan en su salario al jornalero, a la viuda y al huérfano, y los que hacen injusticia al extranjero, no teniendo temor de mí, dice Jehová de los ejércitos.

El pago de los diezmos

⁶ Porque yo Jehová no cambio; por esto, hijos de Jacob, no habéis sido consumidos.

⁷ Desde los días de vuestros padres os habéis apartado de mis leyes, y no las guardasteis. Volveos a mí, y yo me volveré a vosotros, ha dicho Jehová de los ejércitos. Mas dijisteis: ¿En qué hemos de volvernos?

⁸ ¿Robará el hombre a Dios? Pues vosotros me habéis robado. Y dijisteis: ¿En qué te hemos robado? En vuestros diezmos y ofrendas.

⁹ Malditos sois con maldición, porque vosotros, la nación toda, me habéis robado.

¹⁰ Traed todos los diezmos al alfolíᶜ y haya alimento en mi casa; y probadme ahora en esto, dice Jehová de los ejércitos, si no os abriré las ventanas de los cielos, y derramaré sobre vosotros bendición hasta que sobreabunde.

¹¹ Reprenderé también por vosotros al devorador, y no os destruirá el fruto de la tierra, ni vuestra vid en el campo será estéril, dice Jehová de los ejércitos.

a 3.1 Mt 11.10; Mr 1.2; Lc 1.76; 7.27.　b 3.2 Ap 6.17.
c 3.10 Lv 27.30; Nm 18.21-24; Dt 12.5-7; 14.22-29; Neh 13.12.

¹² Y todas las naciones os dirán bienaventurados; porque seréis tierra deseable, dice Jehová de los ejércitos.

Diferencia entre el justo y el malo

¹³ Vuestras palabras contra mí han sido violentas, dice Jehová. Y dijisteis: ¿Qué hemos hablado contra ti?

¹⁴ Habéis dicho: Por demás es servir a Dios. ¿Qué aprovecha que guardemos su ley, y que andemos afligidos en presencia de Jehová de los ejércitos?

¹⁵ Decimos, pues, ahora: Bienaventurados son los soberbios, y los que hacen impiedad no sólo son prosperados, sino que tentaron a Dios y escaparon.

¹⁶ Entonces los que temían a Jehová hablaron cada uno a su compañero; y Jehová escuchó y oyó, y fue escrito libro de memoria delante de él para los que temen a Jehová, y para los que piensan en su nombre.

¹⁷ Y serán para mí especial tesoro, ha dicho Jehová de los ejércitos, en el día en que yo actúe; y los perdonaré, como el hombre que perdona a su hijo que le sirve.

¹⁸ Entonces os volveréis, y discerniréis la diferencia entre el justo y el malo, entre el que sirve a Dios y el que no le sirve.

El advenimiento del día de Jehová

4 ¹ Porque he aquí, viene el día ardiente como un horno, y todos los soberbios y todos los que hacen maldad serán estopa; aquel día que vendrá los abrasará, ha dicho Jehová de los ejércitos, y no les dejará ni raíz ni rama.

² Mas a vosotros los que teméis mi nombre, nacerá el Sol de justicia, y en sus alas traerá salvación; y saldréis, y saltaréis como becerros de la manada.

³ Hollaréis a los malos, los cuales serán ceniza bajo las plantas de vuestros pies, en el día en que yo actúe, ha dicho Jehová de los ejércitos.

⁴ Acordaos de la ley de Moisés mi siervo, al cual encargué en Horeb ordenanzas y leyes para todo Israel.

⁵ He aquí, yo os envío el profeta Elías,ᵃ antes que venga el día de Jehová, grande y terrible.

⁶ Él hará volver el corazón de los padres hacia los hijos, y el corazón de los hijos hacia los padres, no sea que yo venga y hiera la tierra con maldición.

---

a **4.5** Mt 11.14; 17.10-13; Mr 9.11-13; Lc 1.17; Jn 1.21.

NUEVO TESTAMENTO

EL SANTO EVANGELIO SEGÚN

SAN MATEO

Genealogía de Jesucristo

(Lc 3.23-38)

1 **1** Libro de la genealogía de Jesucristo, hijo de David, hijo de Abraham.

2 Abraham engendró a Isaac, Isaac a Jacob, y Jacob a Judá y a sus hermanos.

3 Judá engendró de Tamar a Fares y a Zara, Fares a Esrom, y Esrom a Aram.

4 Aram engendró a Aminadab, Aminadab a Naasón, y Naasón a Salmón.

5 Salmón engendró de Rahab a Booz, Booz engendró de Rut a Obed, y Obed a Isaí.

6 Isaí engendró al rey David, y el rey David engendró a Salomón de la que fue mujer de Urías.

7 Salomón engendró a Roboam, Roboam a Abías, y Abías a Asa.

8 Asa engendró a Josafat, Josafat a Joram, y Joram a Uzías.

9 Uzías engendró a Jotam, Jotam a Acaz, y Acaz a Ezequías.

10 Ezequías engendró a Manasés, Manasés a Amón, y Amón a Josías.

11 Josías engendró a Jeconías y a sus hermanos, en el tiempo de la deportación a Babilonia.ª

12 Después de la deportación a Babilonia, Jeconías engendró a Salatiel, y Salatiel a Zorobabel.

13 Zorobabel engendró a Abiud, Abiud a Eliaquim, y Eliaquim a Azor.

14 Azor engendró a Sadoc, Sadoc a Aquim, y Aquim a Eliud.

15 Eliud engendró a Eleazar, Eleazar a Matán, Matán a Jacob;

16 y Jacob engendró a José, marido de María, de la cual nació Jesús, llamado el Cristo.

17 De manera que todas las generaciones desde Abraham hasta David son catorce; desde David hasta la deportación a Babilonia, catorce; y desde la deportación a Babilonia hasta Cristo, catorce.

Nacimiento de Jesucristo

(Lc 2.1-7)

18 El nacimiento de Jesucristo fue así: Estando desposada María su madre con José,ᵇ antes que se juntasen, se halló que había concebido del Espíritu Santo.

19 José su marido, como era justo, y no quería infamarla, quiso dejarla secretamente.

20 Y pensando él en esto, he aquí un ángel del Señor le apareció en sueños y le dijo: José, hijo de David, no temas recibir a María tu mujer, porque lo que en ella es engendrado, del Espíritu Santo es.

21 Y dará a luz un hijo, y llamarás su nombreᶜ JESÚS,¹ porque él salvará a su pueblo de sus pecados.ᵈ

22 Todo esto aconteció para que se cumpliese lo dicho por el Señor por medio del profeta, cuando dijo:

23 He aquí, una virgen concebirá y dará
    a luz un hijo,
    Y llamarás su nombre Emanuel,ᵉ
que traducido es: Dios con nosotros.

24 Y despertando José del sueño, hizo como el ángel del Señor le había mandado, y recibió a su mujer.

25 Pero no la conoció hasta que dio a luz a su hijo primogénito; y le puso por nombre JESÚS.ᶠ

La visita de los magos

2 **1** Cuando Jesús nació en Belén de Judea en días del rey Herodes, vinieron del oriente a Jerusalén unos magos,

2 diciendo: ¿Dónde está el rey de los judíos, que ha nacido? Porque su estrella hemos visto en el oriente, y venimos a adorarle.

3 Oyendo esto, el rey Herodes se turbó, y toda Jerusalén con él.

4 Y convocados todos los principales sacerdotes, y los escribas del pueblo, les preguntó dónde había de nacer el Cristo.

1.1.21 Esto es, *Salvador.*
a 1.11 2 R 24.14, 15; 2 Cr 36.10; Jer 27.20. **b 1.18** Lc 1.27.
c 1.21 Lc 1.31. **d 1.21** Sal 130.8. **e 1.23** Is 7.14.
f 1.25 Lc 2.21.

⁵Ellos le dijeron: En Belén de Judea; porque así está escrito por el profeta:

⁶Y tú, Belén, de la tierra de Judá,
No eres la más pequeña entre los
    príncipes de Judá;
Porque de ti saldrá un guiador,
Que apacentará² a mi pueblo Israel.ᵃ

⁷Entonces Herodes, llamando en secreto a los magos, indagó de ellos diligentemente el tiempo de la aparición de la estrella;

⁸y enviándolos a Belén, dijo: Id allá y averiguad con diligencia acerca del niño; y cuando le halléis, hacédmelo saber, para que yo también vaya y le adore.

⁹Ellos, habiendo oído al rey, se fueron; y he aquí la estrella que habían visto en el oriente iba delante de ellos, hasta que llegando, se detuvo sobre donde estaba el niño.

¹⁰Y al ver la estrella, se regocijaron con muy grande gozo.

¹¹Y al entrar en la casa, vieron al niño con su madre María, y postrándose, lo adoraron; y abriendo sus tesoros, le ofrecieron presentes: oro, incienso y mirra.

¹²Pero siendo avisados por revelación en sueños que no volviesen a Herodes, regresaron a su tierra por otro camino.

Matanza de los niños

¹³Después que partieron ellos, he aquí un ángel del Señor apareció en sueños a José y dijo: Levántate y toma al niño y a su madre, y huye a Egipto, y permanece allá hasta que yo te diga; porque acontecerá que Herodes buscará al niño para matarlo.

¹⁴Y él, despertando, tomó de noche al niño y a su madre, y se fue a Egipto,

¹⁵y estuvo allá hasta la muerte de Herodes; para que se cumpliese lo que dijo el Señor por medio del profeta, cuando dijo: De Egipto llamé a mi Hijo.ᵇ

¹⁶Herodes entonces, cuando se vio burlado por los magos, se enojó mucho, y mandó matar a todos los niños menores de dos años que había en Belén y en todos sus alrededores, conforme al tiempo que había inquirido de los magos.

¹⁷Entonces se cumplió lo que fue dicho por el profeta Jeremías, cuando dijo:

¹⁸Voz fue oída en Ramá,
    Grande lamentación, lloro y gemido;

Raquel que llora a sus hijos,
Y no quiso ser consolada, porque
    perecieron.ᶜ

¹⁹Pero después de muerto Herodes, he aquí un ángel del Señor apareció en sueños a José en Egipto,

²⁰diciendo: Levántate, toma al niño y a su madre, y vete a tierra de Israel, porque han muerto los que procuraban la muerte del niño.

²¹Entonces él se levantó, y tomó al niño y a su madre, y vino a tierra de Israel.

²²Pero oyendo que Arquelao reinaba en Judea en lugar de Herodes su padre, tuvo temor de ir allá; pero avisado por revelación en sueños, se fue a la región de Galilea,

²³y vino y habitó en la ciudad que se llama Nazaret,ᵈ para que se cumpliese lo que fue dicho por los profetas, que habría de ser llamado nazareno.ᵉ

Predicación de Juan el Bautista

(Mr 1.1-8; Lc 3.1-9, 15-17; Jn 1.19-28)

3 ¹En aquellos días vino Juan el Bautista predicando en el desierto de Judea,

²y diciendo: Arrepentíos, porque el reino de los cielosᵃ se ha acercado.ᵇ

³Pues éste es aquel de quien habló el profeta Isaías, cuando dijo:

Voz del que clama en el desierto:
Preparad el camino del Señor,
Enderezad sus sendas.ᶜ

⁴Y Juan estaba vestido de pelo de camello, y tenía un cinto de cuero alrededor de sus lomos;ᵈ y su comida era langostas y miel silvestre.

⁵Y salía a él Jerusalén, y toda Judea, y toda la provincia de alrededor del Jordán,

⁶y eran bautizados por él en el Jordán, confesando sus pecados.

⁷Al ver él que muchos de los fariseos y de los saduceos venían a su bautismo, les decía: ¡Generación de víboras!ᵉ ¿Quién os enseñó a huir de la ira venidera?

⁸Haced, pues, frutos dignos de arrepentimiento,

⁹y no penséis decir dentro de vosotros mismos: A Abraham tenemos por padre;ᶠ

ᵃ **2.6** Mi 5.2.   ᵇ **2.15** Os 11.1.   ᶜ **2.18** Jer 31.15.
ᵈ **2.23** Lc 2.39.   ᵉ **2.23** Is 11.1.   ᵃ **3.2** Dn 2.44.
ᵇ **3.2** Mt 4.17; Mr 1.15.   ᶜ **3.3** Is 40.3.   ᵈ **3.4** 2 R 1.8.
ᵉ **3.7** Mt 12.34; 23.33.   ᶠ **3.9** Jn 8.33.

porque yo os digo que Dios puede levantar hijos a Abraham aun de estas piedras.

10 Y ya también el hacha está puesta a la raíz de los árboles; por tanto, todo árbol que no da buen fruto es cortado y echado en el fuego.[g]

Jesús bautizará en el Espíritu

11 Yo a la verdad os bautizo en agua para arrepentimiento; pero el que viene tras mí, cuyo calzado yo no soy digno de llevar, es más poderoso que yo; él os bautizará en Espíritu Santo y fuego.

12 Su aventador está en su mano, y limpiará su era; y recogerá su trigo en el granero, y quemará la paja en fuego que nunca se apagará.

El bautismo de Jesús
(Mr 1.9-11; Lc 3.21-22)

13 Entonces Jesús vino de Galilea a Juan al Jordán, para ser bautizado por él.

14 Mas Juan se le oponía, diciendo: Yo necesito ser bautizado por ti, ¿y tú vienes a mí?

15 Pero Jesús le respondió: Deja ahora, porque así conviene que cumplamos toda justicia. Entonces le dejó.

16 Y Jesús, después que fue bautizado, subió luego del agua; y he aquí los cielos le fueron abiertos, y vio al Espíritu de Dios que descendía como paloma, y venía sobre él.

17 Y hubo una voz de los cielos, que decía: Éste es mi Hijo amado, en quien tengo complacencia.[h]

Tentación de Jesús
(Mr 1.12, 13; Lc 4.1-13)

4 **1** Entonces Jesús fue llevado por el Espíritu al desierto, para ser tentado por el diablo.[a]

2 Y después de haber ayunado cuarenta días y cuarenta noches, tuvo hambre.

3 Y vino a él el tentador, y le dijo: Si eres Hijo de Dios, di que estas piedras se conviertan en pan.

4 Él respondió y dijo: Escrito está: No sólo de pan vivirá el hombre, sino de toda palabra que sale de la boca de Dios.[b]

5 Entonces el diablo le llevó a la santa ciudad, y le puso sobre el pináculo del templo,

6 y le dijo: Si eres Hijo de Dios, échate abajo; porque escrito está:

A sus ángeles mandará acerca de ti,[c]

y,

En sus manos te sostendrán,
Para que no tropieces con tu pie en
piedra.[d]

7 Jesús le dijo: Escrito está también: No tentarás al Señor tu Dios.[e]

8 Otra vez le llevó el diablo a un monte muy alto, y le mostró todos los reinos del mundo y la gloria de ellos,

9 y le dijo: Todo esto te daré, si postrado me adorares.

10 Entonces Jesús le dijo: Vete, Satanás, porque escrito está: Al Señor tu Dios adorarás, y a él sólo servirás.[f]

11 El diablo entonces le dejó; y he aquí vinieron ángeles y le servían.

Jesús principia su ministerio
(Mr 1.14-20; Lc 4.14, 15; 5.1-11; 6.17-19)

12 Cuando Jesús oyó que Juan estaba preso,[g] volvió a Galilea;

13 y dejando a Nazaret, vino y habitó en Capernaum,[h] ciudad marítima, en la región de Zabulón y de Neftalí,

14 para que se cumpliese lo dicho por el profeta Isaías, cuando dijo:

15 Tierra de Zabulón y tierra de Neftalí,
Camino del mar, al otro lado del
Jordán,
Galilea de los gentiles;

16 El pueblo asentado en tinieblas vio
gran luz;
Y a los asentados en región de sombra
de muerte,
Luz les resplandeció.[i]

17 Desde entonces comenzó Jesús a predicar, y a decir: Arrepentíos, porque el reino de los cielos[j] se ha acercado.

18 Andando Jesús junto al mar de Galilea, vio a dos hermanos, Simón, llamado Pedro, y Andrés su hermano, que echaban la red en el mar; porque eran pescadores.

19 Y les dijo: Venid en pos de mí, y os haré pescadores de hombres.

20 Ellos entonces, dejando al instante las redes, le siguieron.

g **3.10** Mt 7.19.   h **3.17** Is 42.1; Mt 12.18; 17.5; Mr 9.7;
Lc 9.35.   a **4.1** Heb 2.18; 4.15.   b **4.4** Dt 8.3.   c **4.6** Sal 91.11.
d **4.6** Sal 91.12.   e **4.7** Dt 6.16.   f **4.10** Dt 6.13.
g **4.12** Mt 14.3; Mr 6.17; Lc 3.19, 20.   h **4.13** Jn 2.12.
i **4.15, 16** Is 9.1, 2.   j **4.17** Dn 2.44.   k **4.17** Mt 3.2.

21 Pasando de allí, vio a otros dos hermanos, Jacobo hijo de Zebedeo, y Juan su hermano, en la barca con Zebedeo su padre, que remendaban sus redes; y los llamó.

22 Y ellos, dejando al instante la barca y a su padre, le siguieron.

23 Y recorrió Jesús toda Galilea, enseñando en las sinagogas de ellos, y predicando el evangelio del reino, y sanando toda enfermedad y toda dolencia en el pueblo.¹

24 Y se difundió su fama por toda Siria; y le trajeron todos los que tenían dolencias, los afligidos por diversas enfermedades y tormentos, los endemoniados, lunáticos y paralíticos; y los sanó.

25 Y le siguió mucha gente de Galilea, de Decápolis, de Jerusalén, de Judea y del otro lado del Jordán.

El Sermón del monte: Las bienaventuranzas

(Lc 6.20-23)

5 **1** Viendo la multitud, subió al monte; y sentándose, vinieron a él sus discípulos.

2 Y abriendo su boca les enseñaba, diciendo:

3 Bienaventurados los pobres en espíritu, porque de ellos es el reino de los cielos.

4 Bienaventurados los que lloran,ᵃ porque ellos recibirán consolación.

5 Bienaventurados los mansos,ᵇ porque ellos recibirán la tierra por heredad.

6 Bienaventurados los que tienen hambre y sedᶜ de justicia, porque ellos serán saciados.

7 Bienaventurados los misericordiosos, porque ellos alcanzarán misericordia.

8 Bienaventurados los de limpio corazón,ᵈ porque ellos verán a Dios.

9 Bienaventurados los pacificadores, porque ellos serán llamados hijos de Dios.

10 Bienaventurados los que padecen persecución por causa de la justicia,ᵉ porque de ellos es el reino de los cielos.

11 Bienaventurados sois cuando por mi causa os vituperen y os persigan, y digan toda clase de mal contra vosotros, mintiendo.ᶠ

12 Gozaos y alegraos, porque vuestro galardón es grande en los cielos; porque así persiguieron a los profetasᵍ que fueron antes de vosotros.

La sal de la tierra

13 Vosotros sois la sal de la tierra; pero si la sal se desvaneciere, ¿con qué será salada? No sirve más para nada, sino para ser echada fuera y hollada por los hombres.ʰ

La luz del mundo

14 Vosotros sois la luz del mundo;ⁱ una ciudad asentada sobre un monte no se puede esconder.

15 Ni se enciende una luz y se pone debajo de un almud, sino sobre el candelero,ʲ y alumbra a todos los que están en casa.

16 Así alumbre vuestra luz delante de los hombres, para que vean vuestras buenas obras, y glorifiquen a vuestro Padre que está en los cielos.ᵏ

Jesús y la ley

17 No penséis que he venido para abrogar la ley o los profetas; no he venido para abrogar, sino para cumplir.

18 Porque de cierto os digo que hasta que pasen el cielo y la tierra, ni una jota ni una tilde pasará de la ley, hasta que todo se haya cumplido.ˡ

19 De manera que cualquiera que quebrante uno de estos mandamientos muy pequeños, y así enseñe a los hombres, muy pequeño será llamado en el reino de los cielos; mas cualquiera que los haga y los enseñe, éste será llamado grande en el reino de los cielos.

20 Porque os digo que si vuestra justicia no fuere mayor que la de los escribas y fariseos, no entraréis en el reino de los cielos.

Jesús y la ira

(Lc 12.57-59)

21 Oísteis que fue dicho a los antiguos: No matarás;ᵐ y cualquiera que matare será culpable de juicio.

22 Pero yo os digo que cualquiera que se enoje contra su hermano, será culpable de juicio; y cualquiera que diga: Necio, a su hermano, será culpable ante el concilio; y cualquiera que le diga: Fatuo, quedará expuesto al infierno de fuego.

---

i 4.23 Mt 9.35; Mr 1.39.   **a 5.4** Is 61.2.   **b 5.5** Sal 37.11.
c 5.6 Is 55.1, 2.   **d 5.8** Sal 24.4.   **e 5.10** 1 P 3.14.
f 5.11 1 P 4.14.   **g 5.12** 2 Cr 36.16; Hch 7.52.   **h 5.13** Mr 9.50;
Lc 14.34, 35.   **i 5.14** Jn 8.12; 9.5.   **j 5.15** Mr 4.21; Lc 8.16;
11.33.   **k 5.16** 1 P 2.12.   **l 5.18** Lc 16.17.   **m 5.21** Éx 20.13;
Dt 5.17.

23 Por tanto, si traes tu ofrenda al altar, y allí te acuerdas de que tu hermano tiene algo contra ti,

24 deja allí tu ofrenda delante del altar, y anda, reconcíliate primero con tu hermano, y entonces ven y presenta tu ofrenda.

25 Ponte de acuerdo con tu adversario pronto, entre tanto que estás con él en el camino, no sea que el adversario te entregue al juez, y el juez al alguacil, y seas echado en la cárcel.

26 De cierto te digo que no saldrás de allí, hasta que pagues el último cuadrante.

Jesús y el adulterio

27 Oísteis que fue dicho: No cometerás adulterio.[n]

28 Pero yo os digo que cualquiera que mira a una mujer para codiciarla, ya adulteró con ella en su corazón.

29 Por tanto, si tu ojo derecho te es ocasión de caer, sácalo, y échalo de ti; pues mejor te es que se pierda uno de tus miembros, y no que todo tu cuerpo sea echado al infierno.[o]

30 Y si tu mano derecha te es ocasión de caer, córtala, y échala de ti; pues mejor te es que se pierda uno de tus miembros, y no que todo tu cuerpo sea echado al infierno.[p]

Jesús y el divorcio

31 También fue dicho: Cualquiera que repudie a su mujer, dele carta de divorcio.[q]

32 Pero yo os digo que el que repudia a su mujer, a no ser por causa de fornicación, hace que ella adultere; y el que se casa con la repudiada, comete adulterio.[r]

Jesús y los juramentos

33 Además habéis oído que fue dicho a los antiguos: No perjurarás,[s] sino cumplirás al Señor tus juramentos.[t]

34 Pero yo os digo: No juréis en ninguna manera;[u] ni por el cielo, porque es el trono de Dios;[v]

35 ni por la tierra, porque es el estrado de sus pies;[w] ni por Jerusalén, porque es la ciudad del gran Rey.[x]

36 Ni por tu cabeza jurarás, porque no puedes hacer blanco o negro un solo cabello.

37 Pero sea vuestro hablar: Sí, sí; no, no; porque lo que es más de esto, de mal procede.

El amor hacia los enemigos
(Lc 6.27-36)

38 Oísteis que fue dicho: Ojo por ojo, y diente por diente.[y]

39 Pero yo os digo: No resistáis al que es malo; antes, a cualquiera que te hiera en la mejilla derecha, vuélvele también la otra;

40 y al que quiera ponerte a pleito y quitarte la túnica, déjale también la capa;

41 y a cualquiera que te obligue a llevar carga por una milla, ve con él dos.

42 Al que te pida, dale; y al que quiera tomar de ti prestado, no se lo rehúses.

43 Oísteis que fue dicho: Amarás a tu prójimo,[z] y aborrecerás a tu enemigo.

44 Pero yo os digo: Amad a vuestros enemigos, bendecid a los que os maldicen, haced bien a los que os aborrecen, y orad por los que os ultrajan y os persiguen;

45 para que seáis hijos de vuestro Padre que está en los cielos, que hace salir su sol sobre malos y buenos, y que hace llover sobre justos e injustos.

46 Porque si amáis a los que os aman, ¿qué recompensa tendréis? ¿No hacen también lo mismo los publicanos?

47 Y si saludáis a vuestros hermanos solamente, ¿qué hacéis de más? ¿No hacen también así los gentiles?

48 Sed, pues, vosotros perfectos, como vuestro Padre que está en los cielos es perfecto.[a]

Jesús y la limosna

6 **1** Guardaos de hacer vuestra justicia delante de los hombres, para ser vistos de ellos;[a] de otra manera no tendréis recompensa de vuestro Padre que está en los cielos.

2 Cuando, pues, des limosna, no hagas tocar trompeta delante de ti, como hacen los hipócritas en las sinagogas y en las calles, para ser alabados por los hombres; de cierto os digo que ya tienen su recompensa.

3 Mas cuando tú des limosna, no sepa tu izquierda lo que hace tu derecha,

---

n **5.27** Éx 20.14; Dt 5.18.   o **5.29** Mt 18.9; Mr 9.47.
p **5.30** Mt 18.8; Mr 9.43.   q **5.31** Dt 24.1-4; Mt 19.7;
Mr 10.4.   r **5.32** Mt 19.9; Mr 10.11, 12; Lc 16.18; 1 Co 7.10, 11.
s **5.33** Lv 19.12.   t **5.33** Nm 30.2; Dt 23.21.   u **5.34** Stg 5.12.
v **5.34** Is 66.1; Mt 23.22.   w **5.35** Is 66.1.   x **5.35** Sal 48.2.
y **5.38** Éx 21.24; Lv 24.20; Dt 19.21.   z **5.43** Lv 19.18.
a **5.48** Dt 18.13.   a **6.1** Mt 23.5.

⁴ para que sea tu limosna en secreto; y tu Padre que ve en lo secreto te recompensará en público.

Jesús y la oración
(Lc 11.2-4)

⁵ Y cuando ores, no seas como los hipócritas; porque ellos aman el orar en pie en las sinagogas y en las esquinas de las calles, para ser vistos de los hombres;[b] de cierto os digo que ya tienen su recompensa.

⁶ Mas tú, cuando ores, entra en tu aposento, y cerrada la puerta,[c] ora a tu Padre que está en secreto; y tu Padre que ve en lo secreto te recompensará en público.

⁷ Y orando, no uséis vanas repeticiones, como los gentiles, que piensan que por su palabrería serán oídos.

⁸ No os hagáis, pues, semejantes a ellos; porque vuestro Padre sabe de qué cosas tenéis necesidad, antes que vosotros le pidáis.

⁹ Vosotros, pues, oraréis así: Padre nuestro que estás en los cielos, santificado sea tu nombre.

¹⁰ Venga tu reino. Hágase tu voluntad, como en el cielo, así también en la tierra.

¹¹ El pan nuestro de cada día, dánoslo hoy.

¹² Y perdónanos nuestras deudas, como también nosotros perdonamos a nuestros deudores.

¹³ Y no nos metas en tentación, mas líbranos del mal; porque tuyo es el reino, y el poder, y la gloria,[d] por todos los siglos. Amén.

¹⁴ Porque si perdonáis a los hombres sus ofensas, os perdonará también a vosotros vuestro Padre celestial;

¹⁵ mas si no perdonáis a los hombres sus ofensas, tampoco vuestro Padre os perdonará vuestras ofensas.[e]

Jesús y el ayuno

¹⁶ Cuando ayunéis, no seáis austeros, como los hipócritas; porque ellos demudan sus rostros para mostrar a los hombres que ayunan; de cierto os digo que ya tienen su recompensa.

¹⁷ Pero tú, cuando ayunes, unge tu cabeza y lava tu rostro,

¹⁸ para no mostrar a los hombres que ayunas, sino a tu Padre que está en secreto; y tu Padre que ve en lo secreto te recompensará en público.

Tesoros en el cielo
(Lc 12.32-34)

¹⁹ No os hagáis tesoros en la tierra, donde la polilla y el orín corrompen,[f] y donde ladrones minan y hurtan;

²⁰ sino haceos tesoros en el cielo, donde ni la polilla ni el orín corrompen, y donde ladrones no minan ni hurtan.

²¹ Porque donde esté vuestro tesoro, allí estará también vuestro corazón.

La lámpara del cuerpo
(Lc 11.33-36)

²² La lámpara del cuerpo es el ojo; así que, si tu ojo es bueno, todo tu cuerpo estará lleno de luz;

²³ pero si tu ojo es maligno, todo tu cuerpo estará en tinieblas. Así que, si la luz que en ti hay es tinieblas, ¿cuántas no serán las mismas tinieblas?

Dios y las riquezas
(Lc 16.13)

²⁴ Ninguno puede servir a dos señores; porque o aborrecerá al uno y amará al otro, o estimará al uno y menospreciará al otro. No podéis servir a Dios y a las riquezas.[3]

El afán y la ansiedad
(Lc 12.22-31)

²⁵ Por tanto os digo: No os afanéis por vuestra vida, qué habéis de comer o qué habéis de beber; ni por vuestro cuerpo, qué habéis de vestir. ¿No es la vida más que el alimento, y el cuerpo más que el vestido?

²⁶ Mirad las aves del cielo, que no siembran, ni siegan, ni recogen en graneros; y vuestro Padre celestial las alimenta. ¿No valéis vosotros mucho más que ellas?

²⁷ ¿Y quién de vosotros podrá, por mucho que se afane, añadir a su estatura un codo?

²⁸ Y por el vestido, ¿por qué os afanáis? Considerad los lirios del campo, cómo crecen: no trabajan ni hilan;

²⁹ pero os digo, que ni aun Salomón con toda su gloria[g] se vistió así como uno de ellos.

---

3. 6.24 Gr. *Mamón.*
b 6.5 Lc 18.10-14.   **c 6.6** Is 26.20.   **d 6.13** 1 Cr 29.11.
e 6.14, 15 Mr 11.25, 26.   **f 6.19** Stg 5.2, 3.
g 6.29 1 R 10.4-7; 2 Cr 9.3-6.

30 Y si la hierba del campo que hoy es, y mañana se echa en el horno, Dios la viste así, ¿no hará mucho más a vosotros, hombres de poca fe?

31 No os afanéis, pues, diciendo: ¿Qué comeremos, o qué beberemos, o qué vestiremos?

32 Porque los gentiles buscan todas estas cosas; pero vuestro Padre celestial sabe que tenéis necesidad de todas estas cosas.

33 Mas buscad primeramente el reino de Dios y su justicia, y todas estas cosas os serán añadidas.

34 Así que, no os afanéis por el día de mañana, porque el día de mañana traerá su afán. Basta a cada día su propio mal.

El juzgar a los demás
(Lc 6.37, 38, 41, 42)

7 **1** No juzguéis, para que no seáis juzgados.

2 Porque con el juicio con que juzgáis, seréis juzgados, y con la medida con que medís, os será medido.[a]

3 ¿Y por qué miras la paja que está en el ojo de tu hermano, y no echas de ver la viga que está en tu propio ojo?

4 ¿O cómo dirás a tu hermano: Déjame sacar la paja de tu ojo, y he aquí la viga en el ojo tuyo?

5 ¡Hipócrita! saca primero la viga de tu propio ojo, y entonces verás bien para sacar la paja del ojo de tu hermano.

6 No deis lo santo a los perros, ni echéis vuestras perlas delante de los cerdos, no sea que las pisoteen, y se vuelvan y os despedacen.

La oración, y la regla de oro
(Lc 11.9-13; 6.31)

7 Pedid, y se os dará; buscad, y hallaréis; llamad, y se os abrirá.

8 Porque todo aquel que pide, recibe; y el que busca, halla; y al que llama, se le abrirá.

9 ¿Qué hombre hay de vosotros, que si su hijo le pide pan, le dará una piedra?

10 ¿O si le pide un pescado, le dará una serpiente?

11 Pues si vosotros, siendo malos, sabéis dar buenas dádivas a vuestros hijos, ¿cuánto más vuestro Padre que está en los cielos dará buenas cosas a los que le pidan?

12 Así que, todas las cosas que queráis que los hombres hagan con vosotros, así también haced vosotros con ellos; porque esto es la ley y los profetas.

La puerta estrecha
(Lc 13.24)

13 Entrad por la puerta estrecha; porque ancha es la puerta, y espacioso el camino que lleva a la perdición, y muchos son los que entran por ella;

14 porque estrecha es la puerta, y angosto el camino que lleva a la vida, y pocos son los que la hallan.

Por sus frutos los conoceréis
(Lc 6.43, 44)

15 Guardaos de los falsos profetas, que vienen a vosotros con vestidos de ovejas, pero por dentro son lobos rapaces.

16 Por sus frutos los conoceréis. ¿Acaso se recogen uvas de los espinos, o higos de los abrojos?

17 Así, todo buen árbol da buenos frutos, pero el árbol malo da frutos malos.

18 No puede el buen árbol dar malos frutos, ni el árbol malo dar frutos buenos.

19 Todo árbol que no da buen fruto, es cortado y echado en el fuego.[b]

20 Así que, por sus frutos los conoceréis.[c]

Los salvos hacen la voluntad de Dios
(Lc 13.25-27)

21 No todo el que me dice: Señor, Señor, entrará en el reino de los cielos, sino el que hace la voluntad de mi Padre que está en los cielos.

22 Muchos me dirán en aquel día: Señor, Señor, ¿no profetizamos en tu nombre, y en tu nombre echamos fuera demonios, y en tu nombre hicimos muchos milagros?

23 Y entonces les declararé: Nunca os conocí; apartaos de mí, hacedores de maldad.[d]

Los dos cimientos
(Lc 6.46-49)

24 Cualquiera, pues, que me oye estas palabras, y las hace, le compararé a un hombre prudente, que edificó su casa sobre la roca.

a **7.2** Mr 4.24.   b **7.19** Mt 3.10; Lc 3.9.   c **7.20** Mt 12.33.
d **7.23** Sal 6.8.

25 Descendió lluvia, y vinieron ríos, y soplaron vientos, y golpearon contra aquella casa; y no cayó, porque estaba fundada sobre la roca.

26 Pero cualquiera que me oye estas palabras y no las hace, le compararé a un hombre insensato, que edificó su casa sobre la arena;

27 y descendió lluvia, y vinieron ríos, y soplaron vientos, y dieron con ímpetu contra aquella casa; y cayó, y fue grande su ruina.

28 Y cuando terminó Jesús estas palabras, la gente se admiraba de su doctrina;

29 porque les enseñaba como quien tiene autoridad, y no como los escribas.[e]

Jesús sana a un leproso
(Mr 1.40-45; Lc 5.12-16)

8 1 Cuando descendió Jesús del monte, le seguía mucha gente.

2 Y he aquí vino un leproso y se postró ante él, diciendo: Señor, si quieres, puedes limpiarme.

3 Jesús extendió la mano y le tocó, diciendo: Quiero; sé limpio. Y al instante su lepra desapareció.

4 Entonces Jesús le dijo: Mira, no lo digas a nadie; sino ve, muéstrate al sacerdote, y presenta la ofrenda que ordenó Moisés,[a] para testimonio a ellos.

Jesús sana al siervo de un centurión
(Lc 7.1-10)

5 Entrando Jesús en Capernaum, vino a él un centurión, rogándole,

6 y diciendo: Señor, mi criado está postrado en casa, paralítico, gravemente atormentado.

7 Y Jesús le dijo: Yo iré y le sanaré.

8 Respondió el centurión y dijo: Señor, no soy digno de que entres bajo mi techo; solamente di la palabra, y mi criado sanará.

9 Porque también yo soy hombre bajo autoridad, y tengo bajo mis órdenes soldados; y digo a éste: Ve, y va; y al otro: Ven, y viene; y a mi siervo: Haz esto, y lo hace.

10 Al oírlo Jesús, se maravilló, y dijo a los que le seguían: De cierto os digo, que ni aún en Israel he hallado tanta fe.

11 Y os digo que vendrán muchos del oriente y del occidente, y se sentarán con Abraham e Isaac y Jacob en el reino de los cielos;[b]

12 mas los hijos del reino serán echados a las tinieblas de afuera; allí será el lloro y el crujir de dientes.[c]

13 Entonces Jesús dijo al centurión: Ve, y como creíste, te sea hecho. Y su criado fue sanado en aquella misma hora.

Jesús sana a la suegra de Pedro
(Mr 1.29-34; Lc 4.38-41)

14 Vino Jesús a casa de Pedro, y vio a la suegra de éste postrada en cama, con fiebre.

15 Y tocó su mano, y la fiebre la dejó; y ella se levantó, y les servía.

16 Y cuando llegó la noche, trajeron a él muchos endemoniados; y con la palabra echó fuera a los demonios, y sanó a todos los enfermos;

17 para que se cumpliese lo dicho por el profeta Isaías, cuando dijo: Él mismo tomó nuestras enfermedades, y llevó nuestras dolencias.[d]

Los que querían seguir a Jesús
(Lc 9.57-62)

18 Viéndose Jesús rodeado de mucha gente, mandó pasar al otro lado.

19 Y vino un escriba y le dijo: Maestro, te seguiré adondequiera que vayas.

20 Jesús le dijo: Las zorras tienen guaridas, y las aves del cielo nidos; mas el Hijo del Hombre no tiene dónde recostar su cabeza.

21 Otro de sus discípulos le dijo: Señor, permíteme que vaya primero y entierre a mi padre.

22 Jesús le dijo: Sígueme; deja que los muertos entierren a sus muertos.

Jesús calma la tempestad
(Mr 4.35-41; Lc 8.22-25)

23 Y entrando él en la barca, sus discípulos le siguieron.

24 Y he aquí que se levantó en el mar una tempestad tan grande que las olas cubrían la barca; pero él dormía.

25 Y vinieron sus discípulos y le despertaron, diciendo: ¡Señor, sálvanos, que perecemos!

e 7.28, 29 Mr 1.22; Lc 4.32.   a 8.4 Lv 14.1-32.
b 8.11 Lc 13.29.   c 8.12 Mt 22.13; 25.30; Lc 13.28.
d 8.17 Is 53.4.

²⁶ Él les dijo: ¿Por qué teméis, hombres de poca fe? Entonces, levantándose, reprendió a los vientos y al mar; y se hizo grande bonanza.

²⁷ Y los hombres se maravillaron, diciendo: ¿Qué hombre es éste, que aun los vientos y el mar le obedecen?

Los endemoniados gadarenos
(Mr 5.1-20; Lc 8.26-39)

²⁸ Cuando llegó a la otra orilla, a la tierra de los gadarenos, vinieron a su encuentro dos endemoniados que salían de los sepulcros, feroces en gran manera, tanto que nadie podía pasar por aquel camino.

²⁹ Y clamaron diciendo: ¿Qué tienes con nosotros, Jesús, Hijo de Dios? ¿Has venido acá para atormentarnos antes de tiempo?

³⁰ Estaba paciendo lejos de ellos un hato de muchos cerdos.

³¹ Y los demonios le rogaron diciendo: Si nos echas fuera, permítenos ir a aquel hato de cerdos.

³² Él les dijo: Id. Y ellos salieron, y se fueron a aquel hato de cerdos; y he aquí, todo el hato de cerdos se precipitó en el mar por un despeñadero, y perecieron en las aguas.

³³ Y los que los apacentaban huyeron, y viniendo a la ciudad, contaron todas las cosas, y lo que había pasado con los endemoniados.

³⁴ Y toda la ciudad salió al encuentro de Jesús; y cuando le vieron, le rogaron que se fuera de sus contornos.

Jesús sana a un paralítico
(Mr 2.1-12; Lc 5.17-26)

9 ¹ Entonces, entrando Jesús en la barca, pasó al otro lado y vino a su ciudad.

² Y sucedió que le trajeron un paralítico, tendido sobre una cama; y al ver Jesús la fe de ellos, dijo al paralítico: Ten ánimo, hijo; tus pecados te son perdonados.

³ Entonces algunos de los escribas decían dentro de sí: Éste blasfema.

⁴ Y conociendo Jesús los pensamientos de ellos, dijo: ¿Por qué pensáis mal en vuestros corazones?

⁵ Porque, ¿qué es más fácil, decir: Los pecados te son perdonados, o decir: Levántate y anda?

⁶ Pues para que sepáis que el Hijo del Hombre tiene potestad en la tierra para perdonar pecados (dice entonces al paralítico): Levántate, toma tu cama, y vete a tu casa.

⁷ Entonces él se levantó y se fue a su casa.

⁸ Y la gente, al verlo, se maravilló y glorificó a Dios, que había dado tal potestad a los hombres.

Llamamiento de Mateo
(Mr 2.13-17; Lc 5.27-32)

⁹ Pasando Jesús de allí, vio a un hombre llamado Mateo, que estaba sentado al banco de los tributos públicos, y le dijo: Sígueme. Y se levantó y le siguió.

¹⁰ Y aconteció que estando él sentado a la mesa en la casa, he aquí que muchos publicanos y pecadores, que habían venido, se sentaron juntamente a la mesa con Jesús y sus discípulos.

¹¹ Cuando vieron esto los fariseos, dijeron a los discípulos: ¿Por qué come vuestro Maestro con los publicanos y pecadores?ᵃ

¹² Al oír esto Jesús, les dijo: Los sanos no tienen necesidad de médico, sino los enfermos.

¹³ Id, pues, y aprended lo que significa:ᵇ Misericordia quiero, y no sacrificio.ᶜ Porque no he venido a llamar a justos, sino a pecadores, al arrepentimiento.

La pregunta sobre el ayuno
(Mr 2.18-22; Lc 5.33-39)

¹⁴ Entonces vinieron a él los discípulos de Juan, diciendo: ¿Por qué nosotros y los fariseos ayunamos muchas veces, y tus discípulos no ayunan?

¹⁵ Jesús les dijo: ¿Acaso pueden los que están de bodas tener luto entre tanto que el esposo está con ellos? Pero vendrán días cuando el esposo les será quitado, y entonces ayunarán.

¹⁶ Nadie pone remiendo de paño nuevo en vestido viejo; porque tal remiendo tira del vestido, y se hace peor la rotura.

¹⁷ Ni echan vino nuevo en odres viejos; de otra manera los odres se rompen, y el vino se derrama, y los odres se pierden; pero echan el vino nuevo en odres nuevos, y lo uno y lo otro se conservan juntamente.

---

a **9.10, 11** Lc 15.1, 2.   b **9.13** Mt 12.7.   c **9.13** Os 6.6.

La hija de Jairo, y la mujer que tocó el manto de Jesús
(Mr 5.21-43; Lc 8.40-56)

18 Mientras él les decía estas cosas, vino un hombre principal y se postró ante él, diciendo: Mi hija acaba de morir; mas ven y pon tu mano sobre ella, y vivirá.

19 Y se levantó Jesús, y le siguió con sus discípulos.

20 Y he aquí una mujer enferma de flujo de sangre desde hacía doce años, se le acercó por detrás y tocó el borde de su manto;

21 porque decía dentro de sí: Si tocare solamente su manto, seré salva.

22 Pero Jesús, volviéndose y mirándola, dijo: Ten ánimo, hija; tu fe te ha salvado. Y la mujer fue salva desde aquella hora.

23 Al entrar Jesús en la casa del principal, viendo a los que tocaban flautas, y la gente que hacía alboroto,

24 les dijo: Apartaos, porque la niña no está muerta, sino duerme. Y se burlaban de él.

25 Pero cuando la gente había sido echada fuera, entró, y tomó de la mano a la niña, y ella se levantó.

26 Y se difundió la fama de esto por toda aquella tierra.

Dos ciegos reciben la vista

27 Pasando Jesús de allí, le siguieron dos ciegos, dando voces y diciendo: ¡Ten misericordia de nosotros, Hijo de David!

28 Y llegado a la casa, vinieron a él los ciegos; y Jesús les dijo: ¿Creéis que puedo hacer esto? Ellos dijeron: Sí, Señor.

29 Entonces les tocó los ojos, diciendo: Conforme a vuestra fe os sea hecho.

30 Y los ojos de ellos fueron abiertos. Y Jesús les encargó rigurosamente, diciendo: Mirad que nadie lo sepa.

31 Pero salidos ellos, divulgaron la fama de él por toda aquella tierra.

Un mudo habla

32 Mientras salían ellos, he aquí, le trajeron un mudo, endemoniado.

33 Y echado fuera el demonio, el mudo habló; y la gente se maravillaba, y decía: Nunca se ha visto cosa semejante en Israel.

34 Pero los fariseos decían: Por el príncipe de los demonios echa fuera los demonios.[d]

La mies es mucha

35 Recorría Jesús todas las ciudades y aldeas, enseñando en las sinagogas de ellos, y predicando el evangelio del reino, y sanando toda enfermedad y toda dolencia en el pueblo.[e]

36 Y al ver las multitudes, tuvo compasión de ellas; porque estaban desamparadas y dispersas como ovejas que no tienen pastor.[f]

37 Entonces dijo a sus discípulos: A la verdad la mies es mucha, mas los obreros pocos.

38 Rogad, pues, al Señor de la mies, que envíe obreros a su mies.[g]

Elección de los doce apóstoles
(Mr 3.13-19; Lc 6.12-16)

10 **1** Entonces llamando a sus doce discípulos, les dio autoridad sobre los espíritus inmundos, para que los echasen fuera, y para sanar toda enfermedad y toda dolencia.

2 Los nombres de los doce apóstoles son éstos: primero Simón, llamado Pedro, y Andrés su hermano; Jacobo hijo de Zebedeo, y Juan su hermano;

3 Felipe, Bartolomé, Tomás, Mateo el publicano, Jacobo hijo de Alfeo, Lebeo, por sobrenombre Tadeo,

4 Simón el cananista, y Judas Iscariote, el que también le entregó.

Misión de los doce
(Mr 6.7-13; Lc 9.1-6)

5 A estos doce envió Jesús, y les dio instrucciones, diciendo: Por camino de gentiles no vayáis, y en ciudad de samaritanos no entréis,

6 sino id antes a las ovejas perdidas de la casa de Israel.

7 Y yendo, predicad, diciendo: El reino de los cielos se ha acercado.

8 Sanad enfermos, limpiad leprosos, resucitad muertos, echad fuera demonios; de gracia recibisteis, dad de gracia.

9 No os proveáis de oro, ni plata, ni cobre en vuestros cintos;[a]

10 ni de alforja para el camino, ni de dos túnicas, ni de calzado, ni de bordón; porque el obrero es digno de su alimento.[b]

---

d 9.34 Mt 10.25; 12.24; Mr 3.22; Lc 11.15.   **e 9.35** Mt 4.23; Mr 1.39; Lc 4.44.   **f 9.36** 1 R 22.17; 2 Cr 18.16; Zac 10.2; Mr 6.34.   **g 9.37, 38** Lc 10.2.   **a 10.7-15** Lc 10.4-12.   **b 10.10** 1 Co 9.14; 1 Ti 5.18.

11 Mas en cualquier ciudad o aldea donde entréis, informaos quién en ella sea digno, y posad allí hasta que salgáis.

12 Y al entrar en la casa, saludadla.

13 Y si la casa fuere digna, vuestra paz vendrá sobre ella; mas si no fuere digna, vuestra paz se volverá a vosotros.

14 Y si alguno no os recibiere, ni oyere vuestras palabras, salid de aquella casa o ciudad, y sacudid el polvo de vuestros pies.[c]

15 De cierto os digo que en el día del juicio, será más tolerable el castigo para la tierra de Sodoma y de Gomorra,[d] que para aquella ciudad.[e]

El discipulado y el sufrimiento

16 He aquí, yo os envío como a ovejas en medio de lobos;[f] sed, pues, prudentes como serpientes, y sencillos como palomas.

17 Y guardaos de los hombres, porque os entregarán a los concilios, y en sus sinagogas os azotarán;

18 y aun ante gobernadores y reyes seréis llevados por causa de mí, para testimonio a ellos y a los gentiles.

19 Mas cuando os entreguen, no os preocupéis por cómo o qué hablaréis; porque en aquella hora os será dado lo que habéis de hablar.

20 Porque no sois vosotros los que habláis, sino el Espíritu de vuestro Padre que habla en vosotros.

21 El hermano entregará a la muerte al hermano, y el padre al hijo; y los hijos se levantarán contra los padres, y los harán morir.[g]

22 Y seréis aborrecidos de todos por causa de mi nombre;[h] mas el que persevere hasta el fin, éste será salvo.[i]

23 Cuando os persigan en esta ciudad, huid a la otra; porque de cierto os digo, que no acabaréis de recorrer todas las ciudades de Israel, antes que venga el Hijo del Hombre.

24 El discípulo no es más que su maestro,[j] ni el siervo más que su señor.[k]

25 Bástale al discípulo ser como su maestro, y al siervo como su señor. Si al padre de familia llamaron Beelzebú,[l] ¿cuánto más a los de su casa?

A quién se debe temer
(Lc 12.2-9)

26 Así que, no los temáis; porque nada hay encubierto, que no haya de ser manifestado; ni oculto, que no haya de saberse.[m]

27 Lo que os digo en tinieblas, decidlo en la luz; y lo que oís al oído, proclamadlo desde las azoteas.

28 Y no temáis a los que matan el cuerpo, mas el alma no pueden matar; temed más bien a aquel que puede destruir el alma y el cuerpo en el infierno.

29 ¿No se venden dos pajarillos por un cuarto? Con todo, ni uno de ellos cae a tierra sin vuestro Padre.

30 Pues aun vuestros cabellos están todos contados.

31 Así que, no temáis; más valéis vosotros que muchos pajarillos.

32 A cualquiera, pues, que me confiese delante de los hombres, yo también le confesaré delante de mi Padre que está en los cielos.

33 Y a cualquiera que me niegue delante de los hombres, yo también le negaré delante de mi Padre que está en los cielos.[n]

Jesús, causa de división
(Lc 12.49-53; 14.26-27)

34 No penséis que he venido para traer paz a la tierra; no he venido para traer paz, sino espada.

35 Porque he venido para poner en disensión al hombre contra su padre, a la hija contra su madre, y a la nuera contra su suegra;

36 y los enemigos del hombre serán los de su casa.[o]

37 El que ama a padre o madre más que a mí, no es digno de mí; el que ama a hijo o hija más que a mí, no es digno de mí;

38 y el que no toma su cruz y sigue en pos de mí, no es digno de mí.[p]

39 El que halla su vida, la perderá; y el que pierde su vida por causa de mí, la hallará.[q]

---

c 10.14 Hch 13.51.   **d 10.15** Gn 19.24-28.   **e 10.15** Mt 11.23, 24.
f 10.16 Lc 10.3.   **g 10.17-21** Mr 13.9-12; Lc 12.11, 12; 21.12-16.
h 10.22 Mt 24.9; Mr 13.13; Lc 21.17.   **i 10.22** Mt 24.13;
Mr 13.13.   **j 10.24** Lc 6.40.   **k 10.24** Jn 13.16; 15.20.
l 10.25 Mt 9.34; 12.24; Mr 3.22; Lc 11.15.   **m 10.26** Mr 4.22;
Lc 8.17.   **n 10.33** 2 Ti 2.12.   **o 10.35, 36** Mi 7.6.
p 10.38 Mt 16.24; Mr 8.34; Lc 9.23.   **q 10.39** Mt 16.25;
Mr 8.35; Lc 9.24; 17.33; Jn 12.25.

Recompensas
(Mr 9.41)

40 El que a vosotros recibe, a mí me recibe;[r] y el que me recibe a mí, recibe al que me envió.[s]

41 El que recibe a un profeta por cuanto es profeta, recompensa de profeta recibirá; y el que recibe a un justo por cuanto es justo, recompensa de justo recibirá.

42 Y cualquiera que dé a uno de estos pequeñitos un vaso de agua fría solamente, por cuanto es discípulo, de cierto os digo que no perderá su recompensa.

Los mensajeros de Juan el Bautista
(Lc 7.18-35)

11 **1** Cuando Jesús terminó de dar instrucciones a sus doce discípulos, se fue de allí a enseñar y a predicar en las ciudades de ellos.

2 Y al oír Juan, en la cárcel, los hechos de Cristo, le envió dos de sus discípulos,

3 para preguntarle: ¿Eres tú aquel que había de venir, o esperaremos a otro?

4 Respondiendo Jesús, les dijo: Id, y haced saber a Juan las cosas que oís y veis.

5 Los ciegos ven, los cojos andan, los leprosos son limpiados, los sordos oyen,[a] los muertos son resucitados, y a los pobres es anunciado el evangelio;[b]

6 y bienaventurado es el que no halle tropiezo en mí.

7 Mientras ellos se iban, comenzó Jesús a decir de Juan a la gente: ¿Qué salisteis a ver al desierto? ¿Una caña sacudida por el viento?

8 ¿O qué salisteis a ver? ¿A un hombre cubierto de vestiduras delicadas? He aquí, los que llevan vestiduras delicadas, en las casas de los reyes están.

9 Pero ¿qué salisteis a ver? ¿A un profeta? Sí, os digo, y más que profeta.

10 Porque éste es de quien está escrito:
He aquí, yo envío mi mensajero
delante de tu faz,
El cual preparará tu camino delante
de ti.[c]

11 De cierto os digo: Entre los que nacen de mujer no se ha levantado otro mayor que Juan el Bautista; pero el más pequeño en el reino de los cielos, mayor es que él.

12 Desde los días de Juan el Bautista hasta ahora, el reino de los cielos sufre violencia, y los violentos lo arrebatan.

13 Porque todos los profetas y la ley profetizaron hasta Juan.[d]

14 Y si queréis recibirlo, él es aquel Elías que había de venir.[e]

15 El que tiene oídos para oír, oiga.

16 Mas ¿a qué compararé esta generación? Es semejante a los muchachos que se sientan en las plazas, y dan voces a sus compañeros,

17 diciendo: Os tocamos flauta, y no bailasteis; os endechamos, y no lamentasteis.

18 Porque vino Juan, que ni comía ni bebía, y dicen: Demonio tiene.

19 Vino el Hijo del Hombre, que come y bebe, y dicen: He aquí un hombre comilón, y bebedor de vino, amigo de publicanos y de pecadores. Pero la sabiduría es justificada por sus hijos.

Ayes sobre las ciudades impenitentes
(Lc 10.13-16)

20 Entonces comenzó a reconvenir a las ciudades en las cuales había hecho muchos de sus milagros, porque no se habían arrepentido, diciendo:

21 ¡Ay de ti, Corazín! ¡Ay de ti, Betsaida! Porque si en Tiro y en Sidón[f] se hubieran hecho los milagros que han sido hechos en vosotras, tiempo ha que se hubieran arrepentido en cilicio y en ceniza.

22 Por tanto os digo que en el día del juicio, será más tolerable el castigo para Tiro y para Sidón, que para vosotras.

23 Y tú, Capernaum, que eres levantada hasta el cielo, hasta el Hades[d] serás abatida;[g] porque si en Sodoma[h] se hubieran hecho los milagros que han sido hechos en ti, habría permanecido hasta el día de hoy.

24 Por tanto os digo que en el día del juicio, será más tolerable el castigo para la tierra de Sodoma,[i] que para ti.

Venid a mí y descansad
(Lc 10.21, 22)

25 En aquel tiempo, respondiendo Jesús, dijo: Te alabo, Padre, Señor del cielo y de la tierra, porque escondiste estas cosas de

---

4. 11.23 Nombre griego del lugar de los muertos.
r 10.40 Lc 10.16; Jn 13.20. **s 10.40** Mr 9.37; Lc 9.48.
a 11.5 Is 35.5, 6. **b 11.5** Is 61.1. **c 11.10** Mal 3.1.
d 11.12, 13 Lc 16.16. **e 11.14** Mal 4.5; Mt 17.10-13;
Mr 9.11-13. **f 11.21** Is 23.1-18; Ez 26.1—28.26; Jl 3.4-8;
Am 1.9, 10; Zac 9.2-4. **g 11.23** Is 14.13-15.
h 11.23 Gn 19.24-28. **i 11.24** Mt 10.15; Lc 10.12.

los sabios y de los entendidos, y las revelaste a los niños.

²⁶ Sí, Padre, porque así te agradó.

²⁷ Todas las cosas me fueron entregadas
por mi Padre;ʲ y nadie conoce al Hijo, sino
el Padre, ni al Padre conoce alguno, sino
el Hijo,ᵏ y aquel a quien el Hijo lo quiera
revelar.

²⁸ Venid a mí todos los que estáis traba-
jados y cargados, y yo os haré descansar.

²⁹ Llevad mi yugo sobre vosotros, y aprended de mí, que soy manso y humilde de
corazón; y hallaréis descanso para vuestras almas;ˡ

³⁰ porque mi yugo es fácil, y ligera mi carga.

Los discípulos recogen espigas en el día de reposo
(Mr 2.23-28; Lc 6.1-5)

12 ¹ En aquel tiempo iba Jesús por los
sembrados en un día de reposo;* y
sus discípulos tuvieron hambre, y comenzaron a arrancar espigasᵃ y a comer.

² Viéndolo los fariseos, le dijeron: He aquí
tus discípulos hacen lo que no es lícito
hacer en el día de reposo.*

³ Pero él les dijo: ¿No habéis leído lo que
hizo David, cuando él y los que con él
estaban tuvieron hambre;

⁴ cómo entró en la casa de Dios, y comió
los panes de la proposición,ᵇ que no les
era lícito comer ni a él ni a los que con él
estaban, sino solamente a los sacerdotes?ᶜ

⁵ ¿O no habéis leído en la ley, cómo en el
día de reposo* los sacerdotes en el templo
profanan el día de reposo,* y son sin culpa?ᵈ

⁶ Pues os digo que uno mayor que el templo está aquí.

⁷ Y si supieseis qué significa:ᵉ Misericordia
quiero, y no sacrificio,ᶠ no condenaríais a
los inocentes;

⁸ porque el Hijo del Hombre es Señor del
día de reposo.*

El hombre de la mano seca
(Mr 3.1-6; Lc 6.6-11)

⁹ Pasando de allí, vino a la sinagoga de
ellos.

¹⁰ Y he aquí había allí uno que tenía seca
una mano; y preguntaron a Jesús, para
poder acusarle: ¿Es lícito sanar en el día
de reposo?*

¹¹ Él les dijo: ¿Qué hombre habrá de vosotros, que tenga una oveja, y si ésta cayere
en un hoyo en día de reposo,* no le eche
mano, y la levante?ᵍ

¹² Pues ¿cuánto más vale un hombre que
una oveja? Por consiguiente, es lícito
hacer el bien en los día de reposo.*

¹³ Entonces dijo a aquel hombre: Extiende
tu mano. Y él la extendió, y le fue restaurada sana como la otra.

¹⁴ Y salidos los fariseos, tuvieron consejo
contra Jesús para destruirle.

El siervo escogido

¹⁵ Sabiendo esto Jesús, se apartó de
allí; y le siguió mucha gente, y sanaba
a todos,

¹⁶ y les encargaba rigurosamente que no le
descubriesen;

¹⁷ para que se cumpliese lo dicho por el
profeta Isaías, cuando dijo:

¹⁸ He aquí mi siervo, a quien he
   escogido;
   Mi Amado, en quien se agrada mi
      alma;
   Pondré mi Espíritu sobre él,
   Y a los gentiles anunciará juicio.

¹⁹ No contenderá, ni voceará,
   Ni nadie oirá en las calles su voz.

²⁰ La caña cascada no quebrará,
   Y el pábilo que humea no apagará,
   Hasta que saque a victoria el juicio.

²¹ Y en su nombre esperarán los
   gentiles.ʰ

La blasfemia contra el Espíritu Santo
(Mr 3.20-30; Lc 11.14-23)

²² Entonces fue traído a él un endemoniado, ciego y mudo; y le sanó, de tal manera que el ciego y mudo veía y hablaba.

²³ Y toda la gente estaba atónita, y decía:
¿Será éste aquel Hijo de David?

²⁴ Mas los fariseos, al oírlo, decían: Éste
no echa fuera los demonios sino por Beelzebú, príncipe de los demonios.ⁱ

²⁵ Sabiendo Jesús los pensamientos de
ellos, les dijo: Todo reino dividido contra
sí mismo, es asolado, y toda ciudad o casa
dividida contra sí misma, no permanecerá.

---

* Aquí equivale a *sábado*.

ʲ **11.27** Jn 3.35.   ᵏ **11.27** Jn 10.15.
ˡ **11.29** Jer 6.16.   ᵃ **12.1** Dt 23.25.   ᵇ **12.3, 4** 1 S 21.1-6.
ᶜ **12.4** Lv 24.9.   ᵈ **12.5** Nm 28.9, 10.   ᵉ **12.7** Mt 9.13.
ᶠ **12.7** Os 6.6.   ᵍ **12.11** Lc 14.5.   ʰ **12.18-21** Is 42.1-4.
ⁱ **12.24** Mt 9.34; 10.25.

26 Y si Satanás echa fuera a Satanás, contra sí mismo está dividido; ¿cómo, pues, permanecerá su reino?

27 Y si yo echo fuera los demonios por Beelzebú, ¿por quién los echan vuestros hijos? Por tanto, ellos serán vuestros jueces.

28 Pero si yo por el Espíritu de Dios echo fuera los demonios, ciertamente ha llegado a vosotros el reino de Dios.

29 Porque ¿cómo puede alguno entrar en la casa del hombre fuerte, y saquear sus bienes, si primero no le ata? Y entonces podrá saquear su casa.

30 El que no es conmigo, contra mí es;[j] y el que conmigo no recoge, desparrama.

31 Por tanto os digo: Todo pecado y blasfemia será perdonado a los hombres; mas la blasfemia contra el Espíritu no les será perdonada.

32 A cualquiera que dijere alguna palabra contra el Hijo del Hombre, le será perdonado; pero al que hable contra el Espíritu Santo, no le será perdonado, ni en este siglo ni en el venidero.[k]

33 O haced el árbol bueno, y su fruto bueno, o haced el árbol malo, y su fruto malo; porque el fruto se conoce el árbol.[l]

34 ¡Generación de víboras![m] ¿Cómo podéis hablar lo bueno, siendo malos? Porque de la abundancia del corazón habla la boca.[n]

35 El hombre bueno, del buen tesoro del corazón saca buenas cosas; y el hombre malo, del mal tesoro saca malas cosas.

36 Mas yo os digo que de toda palabra ociosa que hablen los hombres, de ella darán cuenta en el día del juicio.

37 Porque por tus palabras serás justificado, y por tus palabras serás condenado.

La generación perversa demanda señal
(Lc 11.29-32)

38 Entonces respondieron algunos de los escribas y de los fariseos, diciendo: Maestro, deseamos ver de ti señal.[o]

39 Él respondió y les dijo: La generación mala y adúltera demanda señal;[p] pero señal no le será dada, sino la señal del profeta Jonás.

40 Porque como estuvo Jonás en el vientre del gran pez tres días y tres noches,[q] así estará el Hijo del Hombre en el corazón de la tierra tres días y tres noches.

41 Los hombres de Nínive se levantarán en el juicio con esta generación, y la condenarán; porque ellos se arrepintieron a la predicación de Jonás,[r] y he aquí más que Jonás en este lugar.

42 La reina del Sur se levantará en el juicio con esta generación, y la condenará; porque ella vino de los fines de la tierra para oír la sabiduría de Salomón,[s] y he aquí más que Salomón en este lugar.

El espíritu inmundo que vuelve
(Lc 11.24-26)

43 Cuando el espíritu inmundo sale del hombre, anda por lugares secos, buscando reposo, y no lo halla.

44 Entonces dice: Volveré a mi casa de donde salí; y cuando llega, la halla desocupada, barrida y adornada.

45 Entonces va, y toma consigo otros siete espíritus peores que él, y entrados, moran allí; y el postrer estado de aquel hombre viene a ser peor que el primero. Así también acontecerá a esta mala generación.

La madre y los hermanos de Jesús
(Mr 3.31-35; Lc 8.19-21)

46 Mientras él aún hablaba a la gente, he aquí su madre y sus hermanos estaban afuera, y le querían hablar.

47 Y le dijo uno: He aquí tu madre y tus hermanos están afuera, y te quieren hablar.

48 Respondiendo él al que le decía esto, dijo: ¿Quién es mi madre, y quiénes son mis hermanos?

49 Y extendiendo su mano hacia sus discípulos, dijo: He aquí mi madre y mis hermanos.

50 Porque todo aquel que hace la voluntad de mi Padre que está en los cielos, ése es mi hermano, y hermana, y madre.

Parábola del sembrador
(Mr 4.1-9; Lc 8.4-8)

13 1 Aquel día salió Jesús de la casa y se sentó junto al mar.

2 Y se le juntó mucha gente; y entrando él en la barca, se sentó,[a] y toda la gente estaba en la playa.

j 12.30 Mr 9.40.   k 12.32 Lc 12.10.   l 12.33 Mt 7.20; Lc 6.44.   m 12.34 Mt 3.7; 23.33; Lc 3.7.   n 12.34 Mt 15.18; Lc 6.45.   o 12.38 Mt 16.1; Mr 8.11; Lc 11.16. p 12.39 Mt 16.4; Mr 8.12.   q 12.40 Jon 1.17. r 12.41 Jon 3.5.   s 12.42 1 R 10.1-10; 2 Cr 9.1-12. a 13.2 Lc 5.1-3.

³ Y les habló muchas cosas por parábolas, diciendo: He aquí, el sembrador salió a sembrar.

⁴ Y mientras sembraba, parte de la semilla cayó junto al camino; y vinieron las aves y la comieron.

⁵ Parte cayó en pedregales, donde no había mucha tierra; y brotó pronto, porque no tenía profundidad de tierra;

⁶ pero salido el sol, se quemó; y porque no tenía raíz, se secó.

⁷ Y parte cayó entre espinos; y los espinos crecieron, y la ahogaron.

⁸ Pero parte cayó en buena tierra, y dio fruto, cuál a ciento, cuál a sesenta, y cuál a treinta por uno.

⁹ El que tiene oídos para oír, oiga.

Propósito de las parábolas
(Mr 4.10-12; Lc 8.9, 10)

¹⁰ Entonces, acercándose los discípulos, le dijeron: ¿Por qué les hablas por parábolas?

¹¹ Él respondiendo, les dijo: Porque a vosotros os es dado saber los misterios del reino de los cielos; mas a ellos no les es dado.

¹² Porque a cualquiera que tiene, se le dará, y tendrá más; pero al que no tiene, aun lo que tiene le será quitado.ᵇ

¹³ Por eso les hablo por parábolas: porque viendo no ven, y oyendo no oyen, ni entienden.

¹⁴ De manera que se cumple en ellos la profecía de Isaías, que dijo:
De oído oiréis, y no entenderéis;
Y viendo veréis, y no percibiréis.

¹⁵ Porque el corazón de este pueblo se ha engrosado,
Y con los oídos oyen pesadamente,
Y han cerrado sus ojos;
Para que no vean con los ojos,
Y oigan con los oídos,
Y con el corazón entiendan,
Y se conviertan,
Y yo los sane.ᶜ

¹⁶ Pero bienaventurados vuestros ojos, porque ven; y vuestros oídos, porque oyen.

¹⁷ Porque de cierto os digo, que muchos profetas y justos desearon ver lo que veis,

y no lo vieron; y oír lo que oís, y no lo oyeron.ᵈ

Jesús explica la parábola del sembrador
(Mr 4.13-20; Lc 8.11-15)

¹⁸ Oíd, pues, vosotros la parábola del sembrador:

¹⁹ Cuando alguno oye la palabra del reino y no la entiende, viene el malo, y arrebata lo que fue sembrado en su corazón. Éste es el que fue sembrado junto al camino.

²⁰ Y el que fue sembrado en pedregales, éste es el que oye la palabra, y al momento la recibe con gozo;

²¹ pero no tiene raíz en sí, sino que es de corta duración, pues al venir la aflicción o la persecución por causa de la palabra, luego tropieza.

²² El que fue sembrado entre espinos, éste es el que oye la palabra, pero el afán de este siglo y el engaño de las riquezas ahogan la palabra, y se hace infructuosa.

²³ Mas el que fue sembrado en buena tierra, éste es el que oye y entiende la palabra, y da fruto; y produce a ciento, a sesenta, y a treinta por uno.

Parábola del trigo y la cizaña

²⁴ Les refirió otra parábola, diciendo: El reino de los cielos es semejante a un hombre que sembró buena semilla en su campo;

²⁵ pero mientras dormían los hombres, vino su enemigo y sembró cizaña entre el trigo, y se fue.

²⁶ Y cuando salió la hierba y dio fruto, entonces apareció también la cizaña.

²⁷ Vinieron entonces los siervos del padre de familia y le dijeron: Señor, ¿no sembraste buena semilla en tu campo? ¿De dónde, pues, tiene cizaña?

²⁸ Él les dijo: Un enemigo ha hecho esto. Y los siervos le dijeron: ¿Quieres, pues, que vayamos y la arranquemos?

²⁹ Él les dijo: No, no sea que al arrancar la cizaña, arranquéis también con ella el trigo.

³⁰ Dejad crecer juntamente lo uno y lo otro hasta la siega; y al tiempo de la siega yo diré a los segadores: Recoged primero la cizaña, y atadla en manojos para quemarla; pero recoged el trigo en mi granero.

b 13.12 Mt 25.29; Mr 4.25; Lc 8.18; 19.26.
c 13.14, 15 Is 6.9, 10.   d 13.16, 17 Lc 10.23, 24.

Parábola de la semilla de mostaza

(Mr 4.30-32; Lc 13.18, 19)

31 Otra parábola les refirió, diciendo: El reino de los cielos es semejante al grano de mostaza, que un hombre tomó y sembró en su campo;

32 el cual a la verdad es la más pequeña de todas las semillas; pero cuando ha crecido, es la mayor de las hortalizas, y se hace árbol, de tal manera que vienen las aves del cielo y hacen nidos en sus ramas.

Parábola de la levadura

(Lc 13.20, 21)

33 Otra parábola les dijo: El reino de los cielos es semejante a la levadura que tomó una mujer, y escondió en tres medidas de harina, hasta que todo fue leudado.

El uso que Jesús hace de las parábolas

(Mr 4.33, 34)

34 Todo esto habló Jesús por parábolas a la gente, y sin parábolas no les hablaba;

35 para que se cumpliese lo dicho por el profeta, cuando dijo:

    Abriré en parábolas mi boca;
    Declararé cosas escondidas desde la
        fundación del mundo.[e]

Jesús explica la parábola de la cizaña

36 Entonces, despedida la gente, entró Jesús en la casa; y acercándose a él sus discípulos, le dijeron: Explícanos la parábola de la cizaña del campo.

37 Respondiendo él, les dijo: El que siembra la buena semilla es el Hijo del Hombre.

38 El campo es el mundo; la buena semilla son los hijos del reino, y la cizaña son los hijos del malo.

39 El enemigo que la sembró es el diablo; la siega es el fin del siglo; y los segadores son los ángeles.

40 De manera que como se arranca la cizaña, y se quema en el fuego, así será en el fin de este siglo.

41 Enviará el Hijo del Hombre a sus ángeles, y recogerán de su reino a todos los que sirven de tropiezo, y a los que hacen iniquidad,

42 y los echarán en el horno de fuego; allí será el lloro y el crujir de dientes.

43 Entonces los justos resplandecerán como el sol en el reino de su Padre. El que tiene oídos para oír, oiga.

El tesoro escondido

44 Además, el reino de los cielos es semejante a un tesoro escondido en un campo, el cual un hombre halla, y lo esconde de nuevo; y gozoso por ello va y vende todo lo que tiene, y compra aquel campo.

La perla de gran precio

45 También el reino de los cielos es semejante a un mercader que busca buenas perlas,

46 que habiendo hallado una perla preciosa, fue y vendió todo lo que tenía, y la compró.

La red

47 Asimismo el reino de los cielos es semejante a una red, que echada en el mar, recoge de toda clase de peces;

48 y una vez llena, la sacan a la orilla; y sentados, recogen lo bueno en cestas, y lo malo echan fuera.

49 Así será al fin del siglo: saldrán los ángeles, y apartarán a los malos de entre los justos,

50 y los echarán en el horno de fuego; allí será el lloro y el crujir de dientes.

Tesoros nuevos y viejos

51 Jesús les dijo: ¿Habéis entendido todas estas cosas? Ellos respondieron: Sí, Señor.

52 Él les dijo: Por eso todo escriba docto en el reino de los cielos es semejante a un padre de familia, que saca de su tesoro cosas nuevas y cosas viejas.

Jesús en Nazaret

(Mr 6.1-6; Lc 4.16-30)

53 Aconteció que cuando terminó Jesús estas parábolas, se fue de allí.

54 Y venido a su tierra, les enseñaba en la sinagoga de ellos, de tal manera que se maravillaban, y decían: ¿De dónde tiene éste esta sabiduría y estos milagros?

55 ¿No es éste el hijo del carpintero? ¿No se llama su madre María, y sus hermanos, Jacobo, José, Simón y Judas?

56 ¿No están todas sus hermanas con nosotros? ¿De dónde, pues, tiene éste todas estas cosas?

57 Y se escandalizaban de él. Pero Jesús les dijo: No hay profeta sin honra, sino en su propia tierra y en su casa.[f]

---

e 13.35 Sal 78.2.   **f** 13.57 Jn 4.44.

58 Y no hizo allí muchos milagros, a causa de la incredulidad de ellos.

Muerte de Juan el Bautista
(Mr 6.14-29; Lc 9.7-9)

14 **1** En aquel tiempo Herodes el tetrarca oyó la fama de Jesús,
2 y dijo a sus criados: Éste es Juan el Bautista; ha resucitado de los muertos, y por eso actúan en él estos poderes.
3 Porque Herodes había prendido a Juan, y le había encadenado y metido en la cárcel, por causa de Herodías, mujer de Felipe su hermano;
4 porque Juan le decía: No te es lícito tenerla.[a,b]
5 Y Herodes quería matarle, pero temía al pueblo; porque tenían a Juan por profeta.
6 Pero cuando se celebraba el cumpleaños de Herodes, la hija de Herodías danzó en medio, y agradó a Herodes,
7 por lo cual éste le prometió con juramento darle todo lo que pidiese.
8 Ella, instruida primero por su madre, dijo: Dame aquí en un plato la cabeza de Juan el Bautista.
9 Entonces el rey se entristeció; pero a causa del juramento, y de los que estaban con él a la mesa, mandó que se la diesen,
10 y ordenó decapitar a Juan en la cárcel.
11 Y fue traída su cabeza en un plato, y dada a la muchacha; y ella la presentó a su madre.
12 Entonces llegaron sus discípulos, y tomaron el cuerpo y lo enterraron; y fueron y dieron las nuevas a Jesús.

Alimentación de los cinco mil
(Mr 6.30-44; Lc 9.10-17; Jn 6.1-14)

13 Oyéndolo Jesús, se apartó de allí en una barca a un lugar desierto y apartado; y cuando la gente lo oyó, le siguió a pie desde las ciudades.
14 Y saliendo Jesús, vio una gran multitud, y tuvo compasión de ellos, y sanó a los que de ellos estaban enfermos.
15 Cuando anochecía, se acercaron a él sus discípulos, diciendo: El lugar es desierto, y la hora ya pasada; despide a la multitud, para que vayan por las aldeas y compren de comer.

16 Jesús les dijo: No tienen necesidad de irse; dadles vosotros de comer.
17 Y ellos dijeron: No tenemos aquí sino cinco panes y dos peces.
18 Él les dijo: Traédmelos acá.
19 Entonces mandó a la gente recostarse sobre la hierba; y tomando los cinco panes y los dos peces, y levantando los ojos al cielo, bendijo, y partió y dio los panes a los discípulos, y los discípulos a la multitud.
20 Y comieron todos, y se saciaron; y recogieron lo que sobró de los pedazos, doce cestas llenas.
21 Y los que comieron fueron como cinco mil hombres, sin contar las mujeres y los niños.

Jesús anda sobre el mar
(Mr 6.45-52; Jn 6.15-21)

22 En seguida Jesús hizo a sus discípulos entrar en la barca e ir delante de él a la otra ribera, entre tanto que él despedía a la multitud.
23 Despedida la multitud, subió al monte a orar aparte; y cuando llegó la noche, estaba allí solo.
24 Y ya la barca estaba en medio del mar, azotada por las olas; porque el viento era contrario.
25 Mas a la cuarta vigilia de la noche, Jesús vino a ellos andando sobre el mar.
26 Y los discípulos, viéndole andar sobre el mar, se turbaron, diciendo: ¡Un fantasma! Y dieron voces de miedo.
27 Pero en seguida Jesús les habló, diciendo: ¡Tened ánimo; yo soy, no temáis!
28 Entonces le respondió Pedro, y dijo: Señor, si eres tú, manda que yo vaya a ti sobre las aguas.
29 Y él dijo: Ven. Y descendiendo Pedro de la barca, andaba sobre las aguas para ir a Jesús.
30 Pero al ver el fuerte viento, tuvo miedo; y comenzando a hundirse, dio voces, diciendo: ¡Señor, sálvame!
31 Al momento Jesús, extendiendo la mano, asió de él, y le dijo: ¡Hombre de poca fe! ¿Por qué dudaste?
32 Y cuando ellos subieron en la barca, se calmó el viento.
33 Entonces los que estaban en la barca vinieron y le adoraron, diciendo: Verdaderamente eres Hijo de Dios.

---

a 14.4 Lv 18.16; 20.21.   **b** 14.3, 4 Lc 3.19, 20.

Jesús sana a los enfermos en Genesaret
(Mr 6.53-56)

34 Y terminada la travesía, vinieron a tierra de Genesaret.

35 Cuando le conocieron los hombres de aquel lugar, enviaron noticia por toda aquella tierra alrededor, y trajeron a él todos los enfermos;

36 y le rogaban que les dejase tocar solamente el borde de su manto; y todos los que lo tocaron, quedaron sanos.

Las tradiciones de los hombres y los mandamientos de Dios
(Mr 7.1-23)

15 **1** Entonces se acercaron a Jesús ciertos escribas y fariseos de Jerusalén, diciendo:

2 ¿Por qué tus discípulos quebrantan la tradición de los ancianos? Porque no se lavan las manos cuando comen pan.

3 Respondiendo él, les dijo: ¿Por qué también vosotros quebrantáis el mandamiento de Dios por vuestra tradición?

4 Porque Dios mandó diciendo: Honra a tu padre y a tu madre;[a] y: El que maldiga al padre o a la madre, muera irremisiblemente.[b]

5 Pero vosotros decís: Cualquiera que diga a su padre o a su madre: Es mi ofrenda a Dios todo aquello con que pudiera ayudarte,

6 ya no ha de honrar a su padre o a su madre. Así habéis invalidado el mandamiento de Dios por vuestra tradición.

7 Hipócritas, bien profetizó de vosotros Isaías, cuando dijo:

8 Este pueblo de labios me honra;
Mas su corazón está lejos de mí.

9 Pues en vano me honran,
Enseñando como doctrinas,
mandamientos de hombres.[c]

Lo que contamina al hombre

10 Y llamando a sí a la multitud, les dijo: Oíd, y entended:

11 No lo que entra en la boca contamina al hombre; mas lo que sale de la boca, esto contamina al hombre.

12 Entonces acercándose sus discípulos, le dijeron: ¿Sabes que los fariseos se ofendieron cuando oyeron esta palabra?

13 Pero respondiendo él, dijo: Toda planta que no plantó mi Padre celestial, será desarraigada.

14 Dejadlos; son ciegos guías de ciegos; y si el ciego guiare al ciego, ambos caerán en el hoyo.[d]

15 Respondiendo Pedro, le dijo: Explícanos esta parábola.

16 Jesús dijo: ¿También vosotros sois aún sin entendimiento?

17 ¿No entendéis que todo lo que entra en la boca va al vientre, y es echado en la letrina?

18 Pero lo que sale de la boca, del corazón sale;[e] y esto contamina al hombre.

19 Porque del corazón salen los malos pensamientos, los homicidios, los adulterios, las fornicaciones, los hurtos, los falsos testimonios, las blasfemias.

20 Estas cosas son las que contaminan al hombre; pero el comer con las manos sin lavar no contamina al hombre.

La fe de la mujer cananea
(Mr 7.24-30)

21 Saliendo Jesús de allí, se fue a la región de Tiro y de Sidón.

22 Y he aquí una mujer cananea que había salido de aquella región clamaba, diciéndole: ¡Señor, Hijo de David, ten misericordia de mí! Mi hija es gravemente atormentada por un demonio.

23 Pero Jesús no le respondió palabra. Entonces acercándose sus discípulos, le rogaron, diciendo: Despídela, pues da voces tras nosotros.

24 Él respondiendo, dijo: No soy enviado sino a las ovejas perdidas de la casa de Israel.

25 Entonces ella vino y se postró ante él, diciendo: ¡Señor, socórreme!

26 Respondiendo él, dijo: No está bien tomar el pan de los hijos, y echarlo a los perrillos.

27 Y ella dijo: Sí, Señor; pero aun los perrillos comen de las migajas que caen de la mesa de sus amos.

28 Entonces respondiendo Jesús, dijo: Oh mujer, grande es tu fe; hágase contigo como quieres. Y su hija fue sanada desde aquella hora.

---

a 15.4 Éx 20.12; Dt 5.16.   **b** 15.4 Éx 21.17; Lv 20.9.
c 15.8, 9 Is 29.13.   **d** 15.14 Lc 6.39.   **e** 15.18 Mt 12.34.

Jesús sana a muchos

29 Pasó Jesús de allí y vino junto al mar de Galilea; y subiendo al monte, se sentó allí. **30** Y se le acercó mucha gente que traía consigo a cojos, ciegos, mudos, mancos, y otros muchos enfermos; y los pusieron a los pies de Jesús, y los sanó; **31** de manera que la multitud se maravillaba, viendo a los mudos hablar, a los mancos sanados, a los cojos andar, y a los ciegos ver; y glorificaban al Dios de Israel.

Alimentación de los cuatro mil
(Mr 8.1-10)

32 Y Jesús, llamando a sus discípulos, dijo: Tengo compasión de la gente, porque ya hace tres días que están conmigo, y no tienen qué comer; y enviarlos en ayunas no quiero, no sea que desmayen en el camino. **33** Entonces sus discípulos le dijeron: ¿De dónde tenemos nosotros tantos panes en el desierto, para saciar a una multitud tan grande? **34** Jesús les dijo: ¿Cuántos panes tenéis? Y ellos dijeron: Siete, y unos pocos pececillos. **35** Y mandó a la multitud que se recostase en tierra. **36** Y tomando los siete panes y los peces, dio gracias, los partió y dio a sus discípulos, y los discípulos a la multitud. **37** Y comieron todos, y se saciaron; y recogieron lo que sobró de los pedazos, siete canastas llenas. **38** Y eran los que habían comido, cuatro mil hombres, sin contar las mujeres y los niños. **39** Entonces, despedida la gente, entró en la barca, y vino a la región de Magdala.

La demanda de una señal
(Mr 8.11-13; Lc 12.54-56)

16 **1** Vinieron los fariseos y los saduceos para tentarle, y le pidieron que les mostrase señal[a] del cielo. **2** Mas él respondiendo, les dijo: Cuando anochece, decís: Buen tiempo; porque el cielo tiene arreboles. **3** Y por la mañana: Hoy habrá tempestad; porque tiene arreboles el cielo nublado. ¡Hipócritas! que sabéis distinguir el aspecto del cielo, ¡mas las señales de los tiempos no podéis! **4** La generación mala y adúltera demanda señal;[b] pero señal no le será dada, sino la señal del profeta Jonás.[c] Y dejándolos, se fue.

La levadura de los fariseos
(Mr 8.14-21)

5 Llegando sus discípulos al otro lado, se habían olvidado de traer pan. **6** Y Jesús les dijo: Mirad, guardaos de la levadura de los fariseos[d] y de los saduceos. **7** Ellos pensaban dentro de sí, diciendo: Esto dice porque no trajimos pan. **8** Y entendiéndolo Jesús, les dijo: ¿Por qué pensáis dentro de vosotros, hombres de poca fe, que no tenéis pan? **9** ¿No entendéis aún, ni os acordáis de los cinco panes entre cinco mil hombres,[e] y cuántas cestas recogisteis? **10** ¿Ni de los siete panes entre cuatro mil,[f] y cuántas canastas recogisteis? **11** ¿Cómo es que no entendéis que no fue por el pan que os dije que os guardaseis de la levadura de los fariseos y de los saduceos? **12** Entonces entendieron que no les había dicho que se guardasen de la levadura del pan, sino de la doctrina de los fariseos y de los saduceos.

La confesión de Pedro
(Mr 8.27-30; Lc 9.18-21)

13 Viniendo Jesús a la región de Cesarea de Filipo, preguntó a sus discípulos, diciendo: ¿Quién dicen los hombres que es el Hijo del Hombre? **14** Ellos dijeron: Unos, Juan el Bautista; otros, Elías; y otros, Jeremías, o alguno de los profetas.[g] **15** Él les dijo: Y vosotros, ¿quién decís que soy yo? **16** Respondiendo Simón Pedro, dijo: Tú eres el Cristo, el Hijo del Dios viviente.[h] **17** Entonces le respondió Jesús: Bienaventurado eres, Simón, hijo de Jonás, porque no te lo reveló carne ni sangre, sino mi Padre que está en los cielos. **18** Y yo también te digo, que tú eres Pedro,[5] y sobre esta roca[6] edificaré mi iglesia; y las puertas del Hades no prevalecerán contra ella.

---

5. 16.18 Gr. *Petros*.   **6. 16.18** Gr. *petra*.
a 16.1 Mt 12.38; Lc 11.16.   **b 16.4** Mt 12.39; Lc 11.29.
c 16.4 Jon 3.4, 5.   **d 16.6** Lc 12.1.   **e 16.9** Mt 14.17-21.
f 16.10 Mt 15.34-38.   **g 16.14** Mt 14.1, 2; Mr 6.14, 15; Lc 9.7, 8.   **h 16.16** Jn 6.68, 69.

19 Y a ti te daré las llaves del reino de los cielos; y todo lo que atares en la tierra será atado en los cielos; y todo lo que desatares en la tierra será desatado en los cielos.[i]

20 Entonces mandó a sus discípulos que a nadie dijesen que él era Jesús el Cristo.

Jesús anuncia su muerte
(Mr 8.31—9.1; Lc 9.22-27)

21 Desde entonces comenzó Jesús a declarar a sus discípulos que le era necesario ir a Jerusalén y padecer mucho de los ancianos, de los principales sacerdotes y de los escribas; y ser muerto, y resucitar al tercer día.

22 Entonces Pedro, tomándolo aparte, comenzó a reconvenirle, diciendo: Señor, ten compasión de ti; en ninguna manera esto te acontezca.

23 Pero él, volviéndose, dijo a Pedro: ¡Quítate de delante de mí, Satanás!; me eres tropiezo, porque no pones la mira en las cosas de Dios, sino en las de los hombres.

24 Entonces Jesús dijo a sus discípulos: Si alguno quiere venir en pos de mí, niéguese a sí mismo, y tome su cruz, y sígame.[j]

25 Porque todo el que quiera salvar su vida, la perderá; y todo el que pierda su vida por causa de mí, la hallará.[k]

26 Porque ¿qué aprovechará al hombre, si ganare todo el mundo, y perdiere su alma? ¿O qué recompensa dará el hombre por su alma?

27 Porque el Hijo del Hombre vendrá en la gloria de su Padre con sus ángeles,[l] y entonces pagará a cada uno conforme a sus obras.[m]

28 De cierto os digo que hay algunos de los que están aquí, que no gustarán la muerte, hasta que hayan visto al Hijo del Hombre viniendo en su reino.

La transfiguración
(Mr 9.2-13; Lc 9.28-36)

17 **1** Seis días después, Jesús tomó a Pedro, a Jacobo y a Juan su hermano, y los llevó aparte a un monte alto;

2 y se transfiguró delante de ellos,[a] y resplandeció su rostro como el sol, y sus vestidos se hicieron blancos como la luz.

3 Y he aquí les aparecieron Moisés y Elías, hablando con él.

4 Entonces Pedro dijo a Jesús: Señor, bueno es para nosotros que estemos aquí; si quieres, hagamos aquí tres enramadas: una para ti, otra para Moisés, y otra para Elías.

5 Mientras él aún hablaba, una nube de luz los cubrió; y he aquí una voz desde la nube, que decía: Éste es mi Hijo amado, en quien tengo complacencia;[b] a él oíd.

6 Al oír esto los discípulos, se postraron sobre sus rostros, y tuvieron gran temor.

7 Entonces Jesús se acercó y los tocó, y dijo: Levantaos, y no temáis.

8 Y alzando ellos los ojos, a nadie vieron sino a Jesús solo.

9 Cuando descendieron del monte, Jesús les mandó, diciendo: No digáis a nadie la visión, hasta que el Hijo del Hombre resucite de los muertos.

10 Entonces sus discípulos le preguntaron, diciendo: ¿Por qué, pues, dicen los escribas que es necesario que Elías venga primero?[c]

11 Respondiendo Jesús, les dijo: A la verdad, Elías viene primero, y restaurará todas las cosas.

12 Mas os digo que Elías ya vino,[d] y no le conocieron, sino que hicieron con él todo lo que quisieron; así también el Hijo del Hombre padecerá de ellos.

13 Entonces los discípulos comprendieron que les había hablado de Juan el Bautista.

Jesús sana a un muchacho lunático
(Mr 9.14-29; Lc 9.37-43)

14 Cuando llegaron al gentío, vino a él un hombre que se arrodilló delante de él, diciendo:

15 Señor, ten misericordia de mi hijo, que es lunático, y padece muchísimo; porque muchas veces cae en el fuego, y muchas en el agua.

16 Y lo he traído a tus discípulos, pero no le han podido sanar.

17 Respondiendo Jesús, dijo: ¡Oh generación incrédula y perversa! ¿Hasta cuándo he de estar con vosotros? ¿Hasta cuándo os he de soportar? Traédmelo acá.

i 16.19 Mt 18.18; Jn 20.23.   **j 16.24** Mt 10.38; Lc 14.27.
k 16.25 Mt 10.39; Lc 17.33; Jn 12.25.   **l 16.27** Mt 25.31.
m 16.27 Sal 62.12.   **a 17.1-5** 2 P 1.17, 18.   **b 17.5** Is 42.1;
Mt 3.17; 12.18; Mr 1.11; Lc 3.22.   **c 17.10** Mal 4.5.
d 17.12 Mt 11.14.

[18] Y reprendió Jesús al demonio, el cual salió del muchacho, y éste quedó sano desde aquella hora.

[19] Viniendo entonces los discípulos a Jesús, aparte, dijeron: ¿Por qué nosotros no pudimos echarlo fuera?

[20] Jesús les dijo: Por vuestra poca fe; porque de cierto os digo, que si tuviereis fe como un grano de mostaza, diréis a este monte: Pásate de aquí allá, y se pasará;[e] y nada os será imposible.

[21] Pero este género no sale sino con oración y ayuno.

Jesús anuncia otra vez su muerte
(Mr 9.30-32; Lc 9.43-45)

[22] Estando ellos en Galilea, Jesús les dijo: El Hijo del Hombre será entregado en manos de hombres,

[23] y le matarán; mas al tercer día resucitará. Y ellos se entristecieron en gran manera.

Pago del impuesto del templo

[24] Cuando llegaron a Capernaum, vinieron a Pedro los que cobraban las dos dracmas,[f] y le dijeron: ¿Vuestro Maestro no paga las dos dracmas?

[25] Él dijo: Sí. Y al entrar él en casa, Jesús le habló primero, diciendo: ¿Qué te parece, Simón? Los reyes de la tierra, ¿de quiénes cobran los tributos o los impuestos? ¿De sus hijos, o de los extraños?

[26] Pedro le respondió: De los extraños. Jesús le dijo: Luego los hijos están exentos.

[27] Sin embargo, para no ofenderles, ve al mar, y echa el anzuelo, y el primer pez que saques, tómalo, y al abrirle la boca, hallarás un estatero;[7] tómalo, y dáselo por mí y por ti.

¿Quién es el mayor?
(Mr 9.33-37; Lc 9.46-48)

18

[1] En aquel tiempo los discípulos vinieron a Jesús, diciendo: ¿Quién es el mayor en el reino de los cielos?[a]

[2] Y llamando Jesús a un niño, lo puso en medio de ellos,

[3] y dijo: De cierto os digo, que si no os volvéis y os hacéis como niños, no entraréis en el reino de los cielos.[b]

[4] Así que, cualquiera que se humille como este niño, ése es el mayor en el reino de los cielos.

[5] Y cualquiera que reciba en mi nombre a un niño como éste, a mí me recibe.

Ocasiones de caer
(Mr 9.42-48; Lc 17.1, 2)

[6] Y cualquiera que haga tropezar a alguno de estos pequeños que creen en mí, mejor le fuera que se le colgase al cuello una piedra de molino de asno, y que se le hundiese en lo profundo del mar.

[7] ¡Ay del mundo por los tropiezos! porque es necesario que vengan tropiezos, pero ¡ay de aquel hombre por quien viene el tropiezo!

[8] Por tanto, si tu mano o tu pie te es ocasión de caer, córtalo y échalo de ti; mejor te es entrar en la vida cojo o manco, que teniendo dos manos o dos pies ser echado en el fuego eterno.[c]

[9] Y si tu ojo te es ocasión de caer, sácalo y échalo de ti; mejor te es entrar con un solo ojo en la vida, que teniendo dos ojos ser echado en el infierno de fuego.[d]

Parábola de la oveja perdida
(Lc 15.3-7)

[10] Mirad que no menospreciéis a uno de estos pequeños; porque os digo que sus ángeles en los cielos ven siempre el rostro de mi Padre que está en los cielos.

[11] Porque el Hijo del Hombre ha venido para salvar lo que se había perdido.[e]

[12] ¿Qué os parece? Si un hombre tiene cien ovejas, y se descarría una de ellas, ¿no deja las noventa y nueve y va por los montes a buscar la que se había descarriado?

[13] Y si acontece que la encuentra, de cierto os digo que se regocija más por aquélla, que por las noventa y nueve que no se descarriaron.

[14] Así, no es la voluntad de vuestro Padre que está en los cielos, que se pierda uno de estos pequeños.

Cómo se debe perdonar al hermano

[15] Por tanto, si tu hermano peca contra ti, ve y repréndele estando tú y él solos; si te oyere, has ganado a tu hermano.[f]

---

7. **17.27** Moneda correspondiente a cuatro dracmas.
e **17.20** Mt 21.21; Mr 11.23; 1 Co 13.2.   f **17.24** Éx 30.13; 38.26.   a **18.1** Lc 22.24.   b **18.3** Mr 10.15; Lc 18.17. c **18.8** Mt 5.30.   d **18.9** Mt 5.29.   e **18.11** Lc 19.10. f **18.15** Lc 17.3.

16 Mas si no te oyere, toma aún contigo a uno o dos, para que en boca de dos o tres testigos[g] conste toda palabra.

17 Si no los oyere a ellos, dilo a la iglesia; y si no oyere a la iglesia, tenle por gentil y publicano.

18 De cierto os digo que todo lo que atéis en la tierra, será atado en el cielo; y todo lo que desatéis en la tierra, será desatado en el cielo.[h]

19 Otra vez os digo, que si dos de vosotros se pusieren de acuerdo en la tierra acerca de cualquiera cosa que pidieren, les será hecho por mi Padre que está en los cielos.

20 Porque donde están dos o tres congregados en mi nombre, allí estoy yo en medio de ellos.

21 Entonces se le acercó Pedro y le dijo: Señor, ¿cuántas veces perdonaré a mi hermano que peque contra mí? ¿Hasta siete?

22 Jesús le dijo: No te digo hasta siete, sino aun hasta setenta veces siete.[i]

Los dos deudores

23 Por lo cual el reino de los cielos es semejante a un rey que quiso hacer cuentas con sus siervos.

24 Y comenzando a hacer cuentas, le fue presentado uno que le debía diez mil talentos.

25 A éste, como no pudo pagar, ordenó su señor venderle, y a su mujer e hijos, y todo lo que tenía, para que se le pagase la deuda.

26 Entonces aquel siervo, postrado, le suplicaba, diciendo: Señor, ten paciencia conmigo, y yo te lo pagaré todo.

27 El señor de aquel siervo, movido a misericordia, le soltó y le perdonó la deuda.

28 Pero saliendo aquel siervo, halló a uno de sus consiervos, que le debía cien denarios; y asiendo de él, le ahogaba, diciendo: Págame lo que me debes.

29 Entonces su consiervo, postrándose a sus pies, le rogaba diciendo: Ten paciencia conmigo, y yo te lo pagaré todo.

30 Mas él no quiso, sino fue y le echó en la cárcel, hasta que pagase la deuda.

31 Viendo sus consiervos lo que pasaba, se entristecieron mucho, y fueron y refirieron a su señor todo lo que había pasado.

32 Entonces, llamándole su señor, le dijo: Siervo malvado, toda aquella deuda te perdoné, porque me rogaste.

33 ¿No debías tú también tener misericordia de tu consiervo, como yo tuve misericordia de ti?

34 Entonces su señor, enojado, le entregó a los verdugos, hasta que pagase todo lo que le debía.

35 Así también mi Padre celestial hará con vosotros si no perdonáis de todo corazón cada uno a su hermano sus ofensas.

Jesús enseña sobre el divorcio
(Mr 10.1-12; Lc 16.18)

19 **1** Aconteció que cuando Jesús terminó estas palabras, se alejó de Galilea, y fue a las regiones de Judea al otro lado del Jordán.

2 Y le siguieron grandes multitudes, y los sanó allí.

3 Entonces vinieron a él los fariseos, tentándole y diciéndole: ¿Es lícito al hombre repudiar a su mujer por cualquier causa?

4 Él, respondiendo, les dijo: ¿No habéis leído que el que los hizo al principio, varón y hembra los hizo,[a]

5 y dijo: Por esto el hombre dejará padre y madre, y se unirá a su mujer, y los dos serán una sola carne?[b]

6 Así que no son ya más dos, sino una sola carne; por tanto, lo que Dios juntó, no lo separe el hombre.

7 Le dijeron: ¿Por qué, pues, mandó Moisés dar carta de divorcio, y repudiarla?[c]

8 Él les dijo: Por la dureza de vuestro corazón Moisés os permitió repudiar a vuestras mujeres; mas al principio no fue así.

9 Y yo os digo que cualquiera que repudia a su mujer, salvo por causa de fornicación, y se casa con otra, adultera; y el que se casa con la repudiada, adultera.[d]

10 Le dijeron sus discípulos: Si así es la condición del hombre con su mujer, no conviene casarse.

11 Entonces él les dijo: No todos son capaces de recibir esto, sino aquellos a quienes es dado.

12 Pues hay eunucos que nacieron así del vientre de su madre, y hay eunucos que son hechos eunucos por los hombres, y hay eunucos que a sí mismos se hicieron eunucos por causa del reino de los cielos.

---

g 18.16 Dt 17.6; 19.15.   **h 18.18** Mt 16.19; Jn 20.23.
i 18.21, 22 Lc 17.3, 4.   **a 19.4** Gn 1.27; 5.2.   **b 19.5** Gn 2.24.
c 19.7 Dt 24.1-4; Mt 5.31.   **d 19.9** Mt 5.32; 1 Co 7.10, 11.

El que sea capaz de recibir esto, que lo reciba.

Jesús bendice a los niños
(Mr 10.13-16; Lc 18.15-17)

13 Entonces le fueron presentados unos niños, para que pusiese las manos sobre ellos, y orase; y los discípulos les reprendieron.

14 Pero Jesús dijo: Dejad a los niños venir a mí, y no se lo impidáis; porque de los tales es el reino de los cielos.

15 Y habiendo puesto sobre ellos las manos, se fue de allí.

El joven rico
(Mr 10.17-31; Lc 18.18-30)

16 Entonces vino uno y le dijo: Maestro bueno, ¿qué bien haré para tener la vida eterna?

17 Él le dijo: ¿Por qué me llamas bueno? Ninguno hay bueno sino uno: Dios. Mas si quieres entrar en la vida, guarda los mandamientos.

18 Le dijo: ¿Cuáles? Y Jesús dijo: No matarás.[e] No adulterarás.[f] No hurtarás.[g] No dirás falso testimonio.[h]

19 Honra a tu padre y a tu madre;[i] y, Amarás a tu prójimo como a ti mismo.[j]

20 El joven le dijo: Todo esto lo he guardado desde mi juventud. ¿Qué más me falta?

21 Jesús le dijo: Si quieres ser perfecto, anda, vende lo que tienes, y dalo a los pobres, y tendrás tesoro en el cielo; y ven y sígueme.

22 Oyendo el joven esta palabra, se fue triste, porque tenía muchas posesiones.

23 Entonces Jesús dijo a sus discípulos: De cierto os digo, que difícilmente entrará un rico en el reino de los cielos.

24 Otra vez os digo, que es más fácil pasar un camello por el ojo de una aguja, que entrar un rico en el reino de Dios.

25 Sus discípulos, oyendo esto, se asombraron en gran manera, diciendo: ¿Quién, pues, podrá ser salvo?

26 Y mirándolos Jesús, les dijo: Para los hombres esto es imposible; mas para Dios todo es posible.

27 Entonces respondiendo Pedro, le dijo: He aquí, nosotros lo hemos dejado todo, y te hemos seguido; ¿qué, pues, tendremos?

28 Y Jesús les dijo: De cierto os digo que en la regeneración, cuando el Hijo del Hombre se siente en el trono de su gloria,[k] vosotros que me habéis seguido también os sentaréis sobre doce tronos, para juzgar a las doce tribus de Israel.[l]

29 Y cualquiera que haya dejado casas, o hermanos, o hermanas, o padre, o madre, o mujer, o hijos, o tierras, por mi nombre, recibirá cien veces más, y heredará la vida eterna.

30 Pero muchos primeros serán postreros, y postreros, primeros.[m]

Los obreros de la viña

20 1 Porque el reino de los cielos es semejante a un hombre, padre de familia, que salió por la mañana a contratar obreros para su viña.

2 Y habiendo convenido con los obreros en un denario al día, los envió a su viña.

3 Saliendo cerca de la hora tercera del día, vio a otros que estaban en la plaza desocupados;

4 y les dijo: Id también vosotros a mi viña, y os daré lo que sea justo. Y ellos fueron.

5 Salió otra vez cerca de las horas sexta y novena, e hizo lo mismo.

6 Y saliendo cerca de la hora undécima, halló a otros que estaban desocupados; y les dijo: ¿Por qué estáis aquí todo el día desocupados?

7 Le dijeron: Porque nadie nos ha contratado. Él les dijo: Id también vosotros a la viña, y recibiréis lo que sea justo.

8 Cuando llegó la noche, el señor de la viña dijo a su mayordomo: Llama a los obreros y págales el jornal,[a] comenzando desde los postreros hasta los primeros.

9 Y al venir los que habían ido cerca de la hora undécima, recibieron cada uno un denario.

10 Al venir también los primeros, pensaron que habían de recibir más; pero también ellos recibieron cada uno un denario.

11 Y al recibirlo, murmuraban contra el padre de familia,

12 diciendo: Estos postreros han trabajado una sola hora, y los has hecho iguales a nosotros, que hemos soportado la carga y el calor del día.

e **19.18** Éx 20.13; Dt 5.17.   f **19.18** Éx 20.14; Dt 5.18.
g **19.18** Éx 20.15; Dt 5.19.   h **19.18** Éx 20.16; Dt 5.20.
i **19.19** Éx 20.12; Dt 5.16.   j **19.19** Lv 19.18.
k **19.28** Mt 25.31.   l **19.28** Lc 22.30.   m **19.30** Mt 20.16;
Lc 13.30.   a **20.8** Lv 19.13; Dt 24.15.

¹³ Él, respondiendo, dijo a uno de ellos: Amigo, no te hago agravio; ¿no conviniste conmigo en un denario?

¹⁴ Toma lo que es tuyo, y vete; pero quiero dar a este postrero, como a ti.

¹⁵ ¿No me es lícito hacer lo que quiero con lo mío? ¿O tienes tú envidia, porque yo soy bueno?

¹⁶ Así, los primeros serán postreros, y los postreros, primeros; porque muchos son llamados, mas pocos escogidos.[b]

Nuevamente Jesús anuncia su muerte
(Mr 10.32-34; Lc 18.31-34)

¹⁷ Subiendo Jesús a Jerusalén, tomó a sus doce discípulos aparte en el camino, y les dijo:

¹⁸ He aquí subimos a Jerusalén, y el Hijo del Hombre será entregado a los principales sacerdotes y a los escribas, y le condenarán a muerte;

¹⁹ y le entregarán a los gentiles para que le escarnezcan, le azoten, y le crucifiquen; mas al tercer día resucitará.

Petición de Santiago y de Juan
(Mr 10.35-45)

²⁰ Entonces se le acercó la madre de los hijos de Zebedeo con sus hijos, postrándose ante él y pidiéndole algo.

²¹ Él le dijo: ¿Qué quieres? Ella le dijo: Ordena que en tu reino se sienten estos dos hijos míos, el uno a tu derecha, y el otro a tu izquierda.

²² Entonces Jesús respondiendo, dijo: No sabéis lo que pedís. ¿Podéis beber del vaso que yo he de beber, y ser bautizados con el bautismo con que yo soy bautizado? Y ellos le dijeron: Podemos.

²³ Él les dijo: A la verdad, de mi vaso beberéis, y con el bautismo con que yo soy bautizado, seréis bautizados; pero el sentaros a mi derecha y a mi izquierda, no es mío darlo, sino a aquellos para quienes está preparado por mi Padre.

²⁴ Cuando los diez oyeron esto, se enojaron contra los dos hermanos.

²⁵ Entonces Jesús, llamándolos, dijo: Sabéis que los gobernantes de las naciones se enseñorean de ellas, y los que son grandes ejercen sobre ellas potestad.

²⁶ Mas entre vosotros no será así,[c] sino que el que quiera hacerse grande entre vosotros será vuestro servidor,

²⁷ y el que quiera ser el primero entre vosotros será vuestro siervo;[d]

²⁸ como el Hijo del Hombre no vino para ser servido, sino para servir, y para dar su vida en rescate por muchos.

Dos ciegos reciben la vista
(Mr 10.46-52; Lc 18.35-43)

²⁹ Al salir ellos de Jericó, le seguía una gran multitud.

³⁰ Y dos ciegos que estaban sentados junto al camino, cuando oyeron que Jesús pasaba, clamaron, diciendo: ¡Señor, Hijo de David, ten misericordia de nosotros!

³¹ Y la gente les reprendió para que callasen; pero ellos clamaban más, diciendo: ¡Señor, Hijo de David, ten misericordia de nosotros!

³² Y deteniéndose Jesús, los llamó, y les dijo: ¿Qué queréis que os haga?

³³ Ellos le dijeron: Señor, que sean abiertos nuestros ojos.

³⁴ Entonces Jesús, compadecido, les tocó los ojos, y en seguida recibieron la vista; y le siguieron.

La entrada triunfal en Jerusalén
(Mr 11.1-11; Lc 19.28-40; Jn 12.12-19)

21 ¹ Cuando se acercaron a Jerusalén, y vinieron a Betfagé, al monte de los Olivos, Jesús envió dos discípulos,

² diciéndoles: Id a la aldea que está enfrente de vosotros, y luego hallaréis una asna atada, y un pollino con ella; desatadla, y traédmelos.

³ Y si alguien os dijere algo, decid: El Señor los necesita; y luego los enviará.

⁴ Todo esto aconteció para que se cumpliese lo dicho por el profeta, cuando dijo:

⁵ Decid a la hija de Sion:
　He aquí, tu Rey viene a ti,
　Manso, y sentado sobre una asna,
　Sobre un pollino, hijo de animal de
　　carga.[a]

⁶ Y los discípulos fueron, e hicieron como Jesús les mandó;

⁷ y trajeron el asna y el pollino, y pusieron sobre ellos sus mantos; y él se sentó encima.

---

b **20.16** Mt 19.30; Mr 10.31; Lc 13.30.　c **20.25, 26** Lc 22.25, 26.
d **20.26, 27** Mt 23.11; Mr 9.35; Lc 22.26.　a **21.5** Zac 9.9.

8 Y la multitud, que era muy numerosa, tendía sus mantos en el camino; y otros cortaban ramas de los árboles, y las tendían en el camino.

9 Y la gente que iba delante y la que iba detrás aclamaba, diciendo: ¡Hosanna[b] al Hijo de David! ¡Bendito el que viene en el nombre del Señor![c] ¡Hosanna en las alturas!

10 Cuando entró él en Jerusalén, toda la ciudad se conmovió, diciendo: ¿Quién es éste?

11 Y la gente decía: Éste es Jesús el profeta, de Nazaret de Galilea.

Purificación del templo
(Mr 11.15-19; Lc 19.45-48; Jn 2.13-22)

12 Y entró Jesús en el templo de Dios, y echó fuera a todos los que vendían y compraban en el templo, y volcó las mesas de los cambistas, y las sillas de los que vendían palomas;

13 y les dijo: Escrito está: Mi casa, casa de oración será llamada;[d] mas vosotros la habéis hecho cueva de ladrones.[e]

14 Y vinieron a él en el templo ciegos y cojos, y los sanó.

15 Pero los principales sacerdotes y los escribas, viendo las maravillas que hacía, y a los muchachos aclamando en el templo y diciendo: ¡Hosanna al Hijo de David! se indignaron,

16 y le dijeron: ¿Oyes lo que éstos dicen? Y Jesús les dijo: Sí; ¿nunca leísteis:
De la boca de los niños y de los que maman
Perfeccionaste la alabanza?[f]

17 Y dejándolos, salió fuera de la ciudad, a Betania, y posó allí.

Maldición de la higuera estéril
(Mr 11.12-14, 20-26)

18 Por la mañana, volviendo a la ciudad, tuvo hambre.

19 Y viendo una higuera cerca del camino, vino a ella, y no halló nada en ella, sino hojas solamente; y le dijo: Nunca jamás nazca de ti fruto. Y luego se secó la higuera.

20 Viendo esto los discípulos, decían maravillados: ¿Cómo es que se secó en seguida la higuera?

21 Respondiendo Jesús, les dijo: De cierto os digo, que si tuviereis fe, y no dudareis, no sólo haréis esto de la higuera, sino que si a este monte dijereis: Quítate y échate en el mar, será hecho.[g]

22 Y todo lo que pidiereis en oración, creyendo, lo recibiréis.

La autoridad de Jesús
(Mr 11.27-33; Lc 20.1-8)

23 Cuando vino al templo, los principales sacerdotes y los ancianos del pueblo se acercaron a él mientras enseñaba, y le dijeron: ¿Con qué autoridad haces estas cosas? ¿y quién te dio esta autoridad?

24 Respondiendo Jesús, les dijo: Yo también os haré una pregunta, y si me la contestáis, también yo os diré con qué autoridad hago estas cosas.

25 El bautismo de Juan, ¿de dónde era? ¿Del cielo, o de los hombres? Ellos entonces discutían entre sí, diciendo: Si decimos, del cielo, nos dirá: ¿Por qué, pues, no le creísteis?

26 Y si decimos, de los hombres, tememos al pueblo; porque todos tienen a Juan por profeta.

27 Y respondiendo a Jesús, dijeron: No sabemos. Y él también les dijo: Tampoco yo os digo con qué autoridad hago estas cosas.

Parábola de los dos hijos

28 Pero ¿qué os parece? Un hombre tenía dos hijos, y acercándose al primero, le dijo: Hijo, ve a trabajar hoy en mi viña.

29 Respondiendo él, dijo: No quiero; pero después, arrepentido, fue.

30 Y acercándose al otro, le dijo de la misma manera; y respondiendo él, dijo: Sí, señor, voy. Y no fue.

31 ¿Cuál de los dos hizo la voluntad de su padre? Dijeron ellos: El primero. Jesús les dijo: De cierto os digo, que los publicanos y las rameras van delante de vosotros al reino de Dios.

32 Porque vino a vosotros Juan en camino de justicia, y no le creísteis; pero los publicanos y las rameras le creyeron;[h] y vosotros, viendo esto, no os arrepentisteis después para creerle.

---

b 21.9 Sal 118.25.   **c 21.9** Sal 118.26.   **d 21.13** Is 56.7.
e 21.13 Jer 7.11.   **f 21.16** Sal 8.2.   **g 21.21** Mt 17.20;
1 Co 13.2.   **h 21.32** Lc 3.12; 7.29, 30.

Los labradores malvados
(Mr 12.1-12; Lc 20.9-19)

33 Oíd otra parábola: Hubo un hombre, padre de familia, el cual plantó una viña,ⁱ la cercó de vallado, cavó en ella un lagar, edificó una torre, y la arrendó a unos labradores, y se fue lejos.
34 Y cuando se acercó el tiempo de los frutos, envió sus siervos a los labradores, para que recibiesen sus frutos.
35 Mas los labradores, tomando a los siervos, a uno golpearon, a otro mataron, y a otro apedrearon.
36 Envió de nuevo otros siervos, más que los primeros; e hicieron con ellos de la misma manera.
37 Finalmente les envió su hijo, diciendo: Tendrán respeto a mi hijo.
38 Mas los labradores, cuando vieron al hijo, dijeron entre sí: Éste es el heredero; venid, matémosle, y apoderémonos de su heredad.
39 Y tomándole, le echaron fuera de la viña, y le mataron.
40 Cuando venga, pues, el señor de la viña, ¿qué hará a aquellos labradores?
41 Le dijeron: A los malos destruirá sin misericordia, y arrendará su viña a otros labradores, que le paguen el fruto a su tiempo.
42 Jesús les dijo: ¿Nunca leísteis en las Escrituras:

La piedra que desecharon los
    edificadores,
Ha venido a ser cabeza del ángulo.
El Señor ha hecho esto,
Y es cosa maravillosa a nuestros ojos?ʲ

43 Por tanto os digo, que el reino de Dios será quitado de vosotros, y será dado a gente que produzca los frutos de él.
44 Y el que cayere sobre esta piedra será quebrantado; y sobre quien ella cayere, le desmenuzará.
45 Y oyendo sus parábolas los principales sacerdotes y los fariseos, entendieron que hablaba de ellos.
46 Pero al buscar cómo echarle mano, temían al pueblo, porque éste le tenía por profeta.

Parábola de la fiesta de bodas

22 **1** Respondiendo Jesús, les volvió a hablar en parábolas, diciendo:
2 El reino de los cielos es semejante a un rey que hizo fiesta de bodas a su hijo;

3 y envió a sus siervos a llamar a los convidados a las bodas; mas éstos no quisieron venir.
4 Volvió a enviar otros siervos, diciendo: Decid a los convidados: He aquí, he preparado mi comida; mis toros y animales engordados han sido muertos, y todo está dispuesto; venid a las bodas.
5 Mas ellos, sin hacer caso, se fueron, uno a su labranza, y otro a sus negocios;
6 y otros, tomando a los siervos, los afrentaron y los mataron.
7 Al oírlo el rey, se enojó; y enviando sus ejércitos, destruyó a aquellos homicidas, y quemó su ciudad.
8 Entonces dijo a sus siervos: Las bodas a la verdad están preparadas; mas los que fueron convidados no eran dignos.
9 Id, pues, a las salidas de los caminos, y llamad a las bodas a cuantos halléis.
10 Y saliendo los siervos por los caminos, juntaron a todos los que hallaron, juntamente malos y buenos; y las bodas fueron llenas de convidados.
11 Y entró el rey para ver a los convidados, y vio allí a un hombre que no estaba vestido de boda.
12 Y le dijo: Amigo, ¿cómo entraste aquí, sin estar vestido de boda? Mas él enmudeció.
13 Entonces el rey dijo a los que servían: Atadle de pies y manos, y echadle en las tinieblas de afuera; allí será el lloro y el crujir de dientes.ᵃ
14 Porque muchos son llamados, y pocos escogidos.

La cuestión del tributo
(Mr 12.13-17; Lc 20.20-26)

15 Entonces se fueron los fariseos y consultaron cómo sorprenderle en alguna palabra.
16 Y le enviaron los discípulos de ellos con los herodianos, diciendo: Maestro, sabemos que eres amante de la verdad, y que enseñas con verdad el camino de Dios, y que no te cuidas de nadie, porque no miras la apariencia de los hombres.
17 Dinos, pues, qué te parece: ¿Es lícito dar tributo a César, o no?
18 Pero Jesús, conociendo la malicia de ellos, les dijo: ¿Por qué me tentáis, hipócritas?

---

i 21.33 Is 5.1, 2.   **j 21.42** Sal 118.22, 23.   **a 22.13** Mt 8.12; 25.30; Lc 13.28.

19 Mostradme la moneda del tributo. Y ellos le presentaron un denario. **20** Entonces les dijo: ¿De quién es esta imagen, y la inscripción? **21** Le dijeron: De César. Y les dijo: Dad, pues, a César lo que es de César, y a Dios lo que es de Dios. **22** Oyendo esto, se maravillaron, y dejándole, se fueron.

La pregunta sobre la resurrección
(Mr 12.18-27; Lc 20.27-40)

23 Aquel día vinieron a él los saduceos, que dicen que no hay resurrección,[b] y le preguntaron, **24** diciendo: Maestro, Moisés dijo: Si alguno muriere sin hijos, su hermano se casará con su mujer, y levantará descendencia a su hermano.[c] **25** Hubo, pues, entre nosotros siete hermanos; el primero se casó, y murió; y no teniendo descendencia, dejó su mujer a su hermano. **26** De la misma manera también el segundo, y el tercero, hasta el séptimo. **27** Y después de todos murió también la mujer. **28** En la resurrección, pues, ¿de cuál de los siete será ella mujer, ya que todos la tuvieron? **29** Entonces respondiendo Jesús, les dijo: Erráis, ignorando las Escrituras y el poder de Dios. **30** Porque en la resurrección ni se casarán ni se darán en casamiento, sino serán como los ángeles de Dios en el cielo. **31** Pero respecto a la resurrección de los muertos, ¿no habéis leído lo que os fue dicho por Dios, cuando dijo: **32** Yo soy el Dios de Abraham, el Dios de Isaac y el Dios de Jacob?[d] Dios no es Dios de muertos, sino de vivos. **33** Oyendo esto la gente, se admiraba de su doctrina.

El gran mandamiento
(Mr 12.28-34)

34 Entonces los fariseos, oyendo que había hecho callar a los saduceos, se juntaron a una. **35** Y uno de ellos, intérprete de la ley, preguntó por tentarle,[e] diciendo: **36** Maestro, ¿cuál es el gran mandamiento en la ley? **37** Jesús le dijo: Amarás al Señor tu Dios con todo tu corazón, y con toda tu alma, y con toda tu mente.[f] **38** Éste es el primero y grande mandamiento. **39** Y el segundo es semejante: Amarás a tu prójimo como a ti mismo.[g] **40** De estos dos mandamientos depende toda la ley y los profetas.

¿De quién es hijo el Cristo?
(Mr 12.35-37; Lc 20.41-44)

41 Y estando juntos los fariseos, Jesús les preguntó, **42** diciendo: ¿Qué pensáis del Cristo? ¿De quién es hijo? Le dijeron: De David. **43** Él les dijo: ¿Pues cómo David en el Espíritu le llama Señor, diciendo: **44** Dijo el Señor a mi Señor:
Siéntate a mi derecha,
Hasta que ponga a tus enemigos por estrado de tus pies?[h]

45 Pues si David le llama Señor, ¿cómo es su hijo? **46** Y nadie le podía responder palabra; ni osó alguno desde aquel día preguntarle más.

Jesús acusa a escribas y fariseos
(Mr 12.38-40; Lc 11.37-54; 20.45-47)

23 **1** Entonces habló Jesús a la gente y a sus discípulos, diciendo: **2** En la cátedra de Moisés se sientan los escribas y los fariseos. **3** Así que, todo lo que os digan que guardéis, guardadlo y hacedlo; mas no hagáis conforme a sus obras, porque dicen, y no hacen. **4** Porque atan cargas pesadas y difíciles de llevar, y las ponen sobre los hombros de los hombres; pero ellos ni con un dedo quieren moverlas. **5** Antes, hacen todas sus obras para ser vistos por los hombres.[a] Pues ensanchan sus filacterias,[b] y extienden los flecos[c] de sus mantos; **6** y aman los primeros asientos en las cenas, y las primeras sillas en las sinagogas,

---

b **22.23** Hch 23.8.   c **22.24** Dt 25.5.   d **22.32** Éx 3.6.
e **22.35-40** Lc 10.25-28.   f **22.37** Dt 6.5.   g **22.39** Lv 19.18.
h **22.44** Sal 110.1.   a **23.5** Mt 6.1.   b **23.5** Dt 6.8.
c **23.5** Nm 15.38.

7 y las salutaciones en las plazas, y que los hombres los llamen: Rabí, Rabí.

8 Pero vosotros no queráis que os llamen Rabí; porque uno es vuestro Maestro, el Cristo, y todos vosotros sois hermanos.

9 Y no llaméis padre vuestro a nadie en la tierra; porque uno es vuestro Padre, el que está en los cielos.

10 Ni seáis llamados maestros; porque uno es vuestro Maestro, el Cristo.

11 El que es el mayor de vosotros, sea vuestro siervo.ᵈ

12 Porque el que se enaltece será humillado, y el que se humilla será enaltecido.ᵉ

13 Mas ¡ay de vosotros, escribas y fariseos, hipócritas! porque cerráis el reino de los cielos delante de los hombres; pues ni entráis vosotros, ni dejáis entrar a los que están entrando.

14 ¡Ay de vosotros, escribas y fariseos, hipócritas! porque devoráis las casas de las viudas, y como pretexto hacéis largas oraciones; por esto recibiréis mayor condenación.

15 ¡Ay de vosotros, escribas y fariseos, hipócritas! porque recorréis mar y tierra para hacer un prosélito, y una vez hecho, le hacéis dos veces más hijo del infierno que vosotros.

16 ¡Ay de vosotros, guías ciegos! que decís: Si alguno jura por el templo, no es nada; pero si alguno jura por el oro del templo, es deudor.

17 ¡Insensatos y ciegos! porque ¿cuál es mayor, el oro, o el templo que santifica al oro?

18 También decís: Si alguno jura por el altar, no es nada; pero si alguno jura por la ofrenda que está sobre él, es deudor.

19 ¡Necios y ciegos! porque ¿cuál es mayor, la ofrenda, o el altar que santifica la ofrenda?

20 Pues el que jura por el altar, jura por él, y por todo lo que está sobre él;

21 y el que jura por el templo, jura por él, y por el que lo habita;

22 y el que jura por el cielo, jura por el trono de Dios,ᶠ y por aquel que está sentado en él.

23 ¡Ay de vosotros, escribas y fariseos, hipócritas! porque diezmáis la menta y el eneldo y el comino,ᵍ y dejáis lo más importante de la ley: la justicia, la misericordia y la fe. Esto era necesario hacer, sin dejar de hacer aquello.

24 ¡Guías ciegos, que coláis el mosquito, y tragáis el camello!

25 ¡Ay de vosotros, escribas y fariseos, hipócritas! porque limpiáis lo de fuera del vaso y del plato, pero por dentro estáis llenos de robo y de injusticia.

26 ¡Fariseo ciego! Limpia primero lo de dentro del vaso y del plato, para que también lo de fuera sea limpio.

27 ¡Ay de vosotros, escribas y fariseos, hipócritas! porque sois semejantes a sepulcros blanqueados,ʰ que por fuera, a la verdad, se muestran hermosos, mas por dentro están llenos de huesos de muertos y de toda inmundicia.

28 Así también vosotros por fuera, a la verdad, os mostráis justos a los hombres, pero por dentro estáis llenos de hipocresía e iniquidad.

29 ¡Ay de vosotros, escribas y fariseos, hipócritas! porque edificáis los sepulcros de los profetas, y adornáis los monumentos de los justos,

30 y decís: Si hubiésemos vivido en los días de nuestros padres, no hubiéramos sido sus cómplices en la sangre de los profetas.

31 Así que dais testimonio contra vosotros mismos, de que sois hijos de aquellos que mataron a los profetas.

32 ¡Vosotros también llenad la medida de vuestros padres!

33 ¡Serpientes, generación de víboras!ⁱ ¿Cómo escaparéis de la condenación del infierno?

34 Por tanto, he aquí yo os envío profetas y sabios y escribas; y de ellos, a unos mataréis y crucificaréis, y a otros azotaréis en vuestras sinagogas, y perseguiréis de ciudad en ciudad;

35 para que venga sobre vosotros toda la sangre justa que se ha derramado sobre la tierra, desde la sangre de Abelʲ el justo hasta la sangre de Zacaríasᵏ hijo de Berequías, a quien matasteis entre el templo y el altar.

36 De cierto os digo que todo esto vendrá sobre esta generación.

d 23.11 Mt 20.26, 27; Mr 9.35; 10.43, 44; Lc 22.26.
e 23.12 Lc 14.11; 18.14.   **f 23.22** Is 66.1; Mt 5.34.   **g 23.23** Lv 27.30.   **h 23.27** Hch 23.3.   **i 23.33** Mt 3.7; 12.34; Lc 3.7.   **j 23.35** Gn 4.8.   **k 23.35** 2 Cr 24.20, 21.

Lamento de Jesús sobre Jerusalén
(Lc 13.34, 35)

37 ¡Jerusalén, Jerusalén, que matas a los profetas, y apedreas a los que te son enviados! ¡Cuántas veces quise juntar a tus hijos, como la gallina junta sus polluelos debajo de las alas, y no quisiste!
38 He aquí vuestra casa os es dejada desierta.
39 Porque os digo que desde ahora no me veréis, hasta que digáis: Bendito el que viene en el nombre del Señor.ⁱ

Jesús predice la destrucción del templo
(Mr 13.1, 2; Lc 21.5-6)

24 **1** Cuando Jesús salió del templo y se iba, se acercaron sus discípulos para mostrarle los edificios del templo.
2 Respondiendo él, les dijo: ¿Veis todo esto? De cierto os digo, que no quedará aquí piedra sobre piedra, que no sea derribada.

Señales antes del fin
(Mr 13.3-23; Lc 21.7-24)

3 Y estando él sentado en el monte de los Olivos, los discípulos se le acercaron aparte, diciendo: Dinos, ¿cuándo serán estas cosas, y qué señal habrá de tu venida, y del fin del siglo?
4 Respondiendo Jesús, les dijo: Mirad que nadie os engañe.
5 Porque vendrán muchos en mi nombre, diciendo: Yo soy el Cristo; y a muchos engañarán.
6 Y oiréis de guerras y rumores de guerras; mirad que no os turbéis, porque es necesario que todo esto acontezca; pero aún no es el fin.
7 Porque se levantará nación contra nación, y reino contra reino; y habrá pestes, y hambres, y terremotos en diferentes lugares.
8 Y todo esto será principio de dolores.
9 Entonces os entregarán a tribulación, y os matarán, y seréis aborrecidos de todas las gentes por causa de mi nombre.ᵃ
10 Muchos tropezarán entonces, y se entregarán unos a otros, y unos a otros se aborrecerán.

11 Y muchos falsos profetas se levantarán, y engañarán a muchos;
12 y por haberse multiplicado la maldad, el amor de muchos se enfriará.
13 Mas el que persevere hasta el fin, éste será salvo.ᵇ
14 Y será predicado este evangelio del reino en todo el mundo, para testimonio a todas las naciones; y entonces vendrá el fin.
15 Por tanto, cuando veáis en el lugar santo la abominación desoladora de que habló el profeta Danielᶜ (el que lee, entienda),
16 entonces los que estén en Judea, huyan a los montes.
17 El que esté en la azotea, no descienda para tomar algo de su casa;
18 y el que esté en el campo, no vuelva atrás para tomar su capa.ᵈ
19 Mas ¡ay de las que estén encintas, y de las que críen en aquellos días!
20 Orad, pues, que vuestra huida no sea en invierno ni en día de reposo;*
21 porque habrá entonces gran tribulación,ᵉ cual no la ha habido desde el principio del mundo hasta ahora, ni la habrá.
22 Y si aquellos días no fuesen acortados, nadie sería salvo; mas por causa de los escogidos, aquellos días serán acortados.
23 Entonces, si alguno os dijere: Mirad, aquí está el Cristo, o mirad, allí está, no lo creáis.
24 Porque se levantarán falsos Cristos, y falsos profetas, y harán grandes señales y prodigios, de tal manera que engañarán, si fuere posible, aun a los escogidos.
25 Ya os lo he dicho antes.
26 Así que, si os dijeren: Mirad, está en el desierto, no salgáis; o mirad, está en los aposentos, no lo creáis.
27 Porque como el relámpago que sale del oriente y se muestra hasta el occidente, así será también la venida del Hijo del Hombre.ᶠ
28 Porque dondequiera que estuviere el cuerpo muerto, allí se juntarán las águilas.ᵍ

La venida de Cristo después de la tribulación
(Mr 13.24-31; Lc 21.27-33)

29 E inmediatamente después de la tribulación de aquellos días, el sol se oscurecerá, y la luna no dará su resplandor, y las estrellas caerán del cielo,ʰ y las potencias de los cielos serán conmovidas.

*** Aquí equivale a *sábado*.**
ⁱ 23.39 Sal 118.26.　**ᵃ 24.9** Mt 10.22.　**ᵇ 24.13** Mt 10.22.
ᶜ 24.15 Dn 9.27; 11.31; 12.11.　**ᵈ 24.17, 18** Lc 17.31.
ᵉ 24.21 Dn 12.1; Ap 7.14.　**ᶠ 24.26, 27** Lc 17.23, 24.
ᵍ 24.28 Lc 17.37.　**ʰ 24.29** Is 13.10; Ez 32.7; Jl 2.31; Ap 6.12, 13.

30 Entonces aparecerá la señal del Hijo del Hombre en el cielo; y entonces lamentarán todas las tribus de la tierra, y verán al Hijo del Hombre viniendo sobre las nubes del cielo,[i] con poder y gran gloria.

31 Y enviará sus ángeles con gran voz de trompeta, y juntarán a sus escogidos, de los cuatro vientos, desde un extremo del cielo hasta el otro.

32 De la higuera aprended la parábola: Cuando ya su rama está tierna, y brotan las hojas, sabéis que el verano está cerca.

33 Así también vosotros, cuando veáis todas estas cosas, conoced que está cerca, a las puertas.

34 De cierto os digo, que no pasará esta generación hasta que todo esto acontezca.

35 El cielo y la tierra pasarán, pero mis palabras no pasarán.

La venida inesperada de Cristo
(Mr 13.32-37; Lc 17.26, 27)

36 Pero del día y la hora nadie sabe, ni aun los ángeles de los cielos, sino sólo mi Padre.

37 Mas como en los días de Noé,[j] así será la venida del Hijo del Hombre.

38 Porque como en los días antes del diluvio estaban comiendo y bebiendo, casándose y dando en casamiento, hasta el día en que Noé entró en el arca,

39 y no entendieron hasta que vino el diluvio y se los llevó a todos,[k] así será también la venida del Hijo del Hombre.

40 Entonces estarán dos en el campo; el uno será tomado, y el otro será dejado.

41 Dos mujeres estarán moliendo en un molino; la una será tomada, y la otra será dejada.

42 Velad, pues, porque no sabéis a qué hora ha de venir vuestro Señor.

43 Pero sabed esto, que si el padre de familia supiese a qué hora el ladrón habría de venir, velaría, y no dejaría minar su casa.

44 Por tanto, también vosotros estad preparados; porque el Hijo del Hombre vendrá a la hora que no pensáis.[l]

45 ¿Quién es, pues, el siervo fiel y prudente, al cual puso su señor sobre su casa para que les dé el alimento a tiempo?

46 Bienaventurado aquel siervo al cual, cuando su señor venga, le halle haciendo así.

47 De cierto os digo que sobre todos sus bienes le pondrá.

48 Pero si aquel siervo malo dijere en su corazón: Mi señor tarda en venir;

49 y comenzare a golpear a sus consiervos, y aun a comer y a beber con los borrachos,

50 vendrá el señor de aquel siervo en día que éste no espera, y a la hora que no sabe,

51 y lo castigará duramente, y pondrá su parte con los hipócritas; allí será el lloro y el crujir de dientes.

Parábola de las diez vírgenes

25 1 Entonces el reino de los cielos será semejante a diez vírgenes que tomando sus lámparas,[a] salieron a recibir al esposo.

2 Cinco de ellas eran prudentes y cinco insensatas.

3 Las insensatas, tomando sus lámparas, no tomaron consigo aceite;

4 mas las prudentes tomaron aceite en sus vasijas, juntamente con sus lámparas.

5 Y tardándose el esposo, cabecearon todas y se durmieron.

6 Y a la medianoche se oyó un clamor: ¡Aquí viene el esposo; salid a recibirle!

7 Entonces todas aquellas vírgenes se levantaron, y arreglaron sus lámparas.

8 Y las insensatas dijeron a las prudentes: Dadnos de vuestro aceite; porque nuestras lámparas se apagan.

9 Mas las prudentes respondieron diciendo: Para que no nos falte a nosotras y a vosotras, id más bien a los que venden, y comprad para vosotras mismas.

10 Pero mientras ellas iban a comprar, vino el esposo; y las que estaban preparadas entraron con él a las bodas; y se cerró la puerta.

11 Después vinieron también las otras vírgenes, diciendo: ¡Señor, señor, ábrenos!

12 Mas él, respondiendo, dijo: De cierto os digo, que no os conozco.[b]

13 Velad, pues, porque no sabéis el día ni la hora en que el Hijo del Hombre ha de venir.

Parábola de los talentos

14 Porque el reino de los cielos es como un hombre que yéndose lejos, llamó a sus siervos y les entregó sus bienes.

---

i **24.30** Dn 7.13; Ap 1.7. j **24.37** Gn 6.5-8. k **24.39** Gn 7.6-24.
l **24.43, 44** Lc 12.39, 40. a **25.1** Lc 12.35.
b **25.11, 12** Lc 13.25.

15 A uno dio cinco talentos, y a otro dos, y a otro uno, a cada uno conforme a su capacidad; y luego se fue lejos.

16 Y el que había recibido cinco talentos fue y negoció con ellos, y ganó otros cinco talentos.

17 Asimismo el que había recibido dos, ganó también otros dos.

18 Pero el que había recibido uno fue y cavó en la tierra, y escondió el dinero de su señor.

19 Después de mucho tiempo vino el señor de aquellos siervos, y arregló cuentas con ellos.

20 Y llegando el que había recibido cinco talentos, trajo otros cinco talentos, diciendo: Señor, cinco talentos me entregaste; aquí tienes, he ganado otros cinco talentos sobre ellos.

21 Y su señor le dijo: Bien, buen siervo y fiel; sobre poco has sido fiel, sobre mucho te pondré; entra en el gozo de tu señor.

22 Llegando también el que había recibido dos talentos, dijo: Señor, dos talentos me entregaste; aquí tienes, he ganado otros dos talentos sobre ellos.

23 Su señor le dijo: Bien, buen siervo y fiel; sobre poco has sido fiel, sobre mucho te pondré; entra en el gozo de tu señor.

24 Pero llegando también el que había recibido un talento, dijo: Señor, te conocía que eres hombre duro, que siegas donde no sembraste y recoges donde no esparciste;

25 por lo cual tuve miedo, y fui y escondí tu talento en la tierra; aquí tienes lo que es tuyo.

26 Respondiendo su señor, le dijo: Siervo malo y negligente, sabías que siego donde no sembré, y que recojo donde no esparcí.

27 Por tanto, debías haber dado mi dinero a los banqueros, y al venir yo, hubiera recibido lo que es mío con los intereses.

28 Quitadle, pues, el talento, y dadlo al que tiene diez talentos.

29 Porque al que tiene, le será dado, y tendrá más; y al que no tiene, aun lo que tiene le será quitado.[c]

30 Y al siervo inútil echadle en las tinieblas de afuera; allí será el lloro y el crujir de dientes.[d,e]

El juicio de las naciones

31 Cuando el Hijo del Hombre venga en su gloria, y todos los santos ángeles con él,[f] entonces se sentará en su trono de gloria,[g]

32 y serán reunidas delante de él todas las naciones; y apartará los unos de los otros, como aparta el pastor las ovejas de los cabritos.

33 Y pondrá las ovejas a su derecha, y los cabritos a su izquierda.

34 Entonces el Rey dirá a los de su derecha: Venid, benditos de mi Padre, heredad el reino preparado para vosotros desde la fundación del mundo.

35 Porque tuve hambre, y me disteis de comer; tuve sed, y me disteis de beber; fui forastero, y me recogisteis;

36 estuve desnudo, y me cubristeis; enfermo, y me visitasteis; en la cárcel, y vinisteis a mí.

37 Entonces los justos le responderán diciendo: Señor, ¿cuándo te vimos hambriento, y te sustentamos, o sediento, y te dimos de beber?

38 ¿Y cuándo te vimos forastero, y te recogimos, o desnudo, y te cubrimos?

39 ¿O cuándo te vimos enfermo, o en la cárcel, y vinimos a ti?

40 Y respondiendo el Rey, les dirá: De cierto os digo que en cuanto lo hicisteis a uno de estos mis hermanos más pequeños, a mí lo hicisteis.

41 Entonces dirá también a los de la izquierda: Apartaos de mí, malditos, al fuego eterno preparado para el diablo y sus ángeles.

42 Porque tuve hambre, y no me disteis de comer; tuve sed, y no me disteis de beber;

43 fui forastero, y no me recogisteis; estuve desnudo, y no me cubristeis; enfermo, y en la cárcel, y no me visitasteis.

44 Entonces también ellos le responderán diciendo: Señor, ¿cuándo te vimos hambriento, sediento, forastero, desnudo, enfermo, o en la cárcel, y no te servimos?

45 Entonces les responderá diciendo: De cierto os digo que en cuanto no lo hicisteis a uno de estos más pequeños, tampoco a mí lo hicisteis.

46 E irán éstos al castigo eterno, y los justos a la vida eterna.[h]

---

c 25.29 Mt 13.12; Mr 4.25; Lc 8.18.   **d 25.14-30** Lc 19.11-27.
e 25.30 Mt 8.12; 22.13; Lc 13.28.   **f 25.31** Mt 16.27.
g 25.31 Mt 19.28.   **h 25.46** Dn 12.2.

El complot para prender a Jesús

(Mr 14.1, 2; Lc 22.1, 2; Jn 11.45-53)

26 ¹ Cuando hubo acabado Jesús todas estas palabras, dijo a sus discípulos: ² Sabéis que dentro de dos días se celebra la pascua,ª y el Hijo del Hombre será entregado para ser crucificado.

³ Entonces los principales sacerdotes, los escribas, y los ancianos del pueblo se reunieron en el patio del sumo sacerdote llamado Caifás,

⁴ y tuvieron consejo para prender con engaño a Jesús, y matarle.

⁵ Pero decían: No durante la fiesta, para que no se haga alboroto en el pueblo.

Jesús es ungido en Betania

(Mr 14.3-9; Jn 12.1-8)

⁶ Y estando Jesús en Betania, en casa de Simón el leproso,

⁷ vino a él una mujer, con un vaso de alabastro de perfume de gran precio, y lo derramó sobre la cabeza de él, estando sentado a la mesa.ᵇ

⁸ Al ver esto, los discípulos se enojaron, diciendo: ¿Para qué este desperdicio?

⁹ Porque esto podía haberse vendido a gran precio, y haberse dado a los pobres.

¹⁰ Y entendiéndolo Jesús, les dijo: ¿Por qué molestáis a esta mujer? pues ha hecho conmigo una buena obra.

¹¹ Porque siempre tendréis pobres con vosotros,ᶜ pero a mí no siempre me tendréis.

¹² Porque al derramar este perfume sobre mi cuerpo, lo ha hecho a fin de prepararme para la sepultura.

¹³ De cierto os digo que dondequiera que se predique este evangelio, en todo el mundo, también se contará lo que ésta ha hecho, para memoria de ella.

Judas ofrece entregar a Jesús

(Mr 14.10, 11; Lc 22.3-6)

¹⁴ Entonces uno de los doce, que se llamaba Judas Iscariote, fue a los principales sacerdotes,

¹⁵ y les dijo: ¿Qué me queréis dar, y yo os lo entregaré? Y ellos le asignaron treinta piezas de plata.

¹⁶ Y desde entonces buscaba oportunidad para entregarle.

Institución de la Cena del Señor

(Mr 14.12-25; Lc 22.7-23; Jn 13.21-30; 1 Co 11.23-26)

¹⁷ El primer día de la fiesta de los panes sin levadura, vinieron los discípulos a Jesús, diciéndole: ¿Dónde quieres que preparemos para que comas la pascua?

¹⁸ Y él dijo: Id a la ciudad a cierto hombre, y decidle: El Maestro dice: Mi tiempo está cerca; en tu casa celebraré la pascua con mis discípulos.

¹⁹ Y los discípulos hicieron como Jesús les mandó, y prepararon la pascua.

²⁰ Cuando llegó la noche, se sentó a la mesa con los doce.

²¹ Y mientras comían, dijo: De cierto os digo, que uno de vosotros me va a entregar.

²² Y entristecidos en gran manera, comenzó cada uno de ellos a decirle: ¿Soy yo, Señor?

²³ Entonces él respondiendo, dijo: El que mete la mano conmigo en el plato, ése me va a entregar.

²⁴ A la verdad el Hijo del Hombre va, según está escrito de él,ᵈ mas ¡ay de aquel hombre por quien el Hijo del Hombre es entregado! Bueno le fuera a ese hombre no haber nacido.

²⁵ Entonces respondiendo Judas, el que le entregaba, dijo: ¿Soy yo, Maestro? Le dijo: Tú lo has dicho.

²⁶ Y mientras comían, tomó Jesús el pan, y bendijo, y lo partió, y dio a sus discípulos, y dijo: Tomad, comed; esto es mi cuerpo.

²⁷ Y tomando la copa, y habiendo dado gracias, les dio, diciendo: Bebed de ella todos;

²⁸ porque esto es mi sangreᵉ del nuevo pacto,ᶠ que por muchos es derramada para remisión de los pecados.

²⁹ Y os digo que desde ahora no beberé más de este fruto de la vid, hasta aquel día en que lo beba nuevo con vosotros en el reino de mi Padre.

Jesús anuncia la negación de Pedro

(Mr 14.26-31; Lc 22.31-34; Jn 13.36-38)

³⁰ Y cuando hubieron cantado el himno, salieron al monte de los Olivos.

---

a 26.2 Éx 12.1-27.   **b 26.7** Lc 7.37, 38.   **c 26.11** Dt 15.11.
d 26.24 Sal 41.9.   **e 26.28** Éx 24.6-8.   **f 26.28** Jer 31.31-34.

31 Entonces Jesús les dijo: Todos vosotros os escandalizaréis de mí esta noche; porque escrito está: Heriré al pastor, y las ovejas del rebaño serán dispersadas.ᵍ
32 Pero después que haya resucitado, iré delante de vosotros a Galilea.ʰ
33 Respondiendo Pedro, le dijo: Aunque todos se escandalicen de ti, yo nunca me escandalizaré.
34 Jesús le dijo: De cierto te digo que esta noche, antes que el gallo cante, me negarás tres veces.
35 Pedro le dijo: Aunque me sea necesario morir contigo, no te negaré. Y todos los discípulos dijeron lo mismo.

Jesús ora en Getsemaní
(Mr 14.32-42; Lc 22.39-46)

36 Entonces llegó Jesús con ellos a un lugar que se llama Getsemaní, y dijo a sus discípulos: Sentaos aquí, entre tanto que voy allí y oro.
37 Y tomando a Pedro, y a los dos hijos de Zebedeo, comenzó a entristecerse y a angustiarse en gran manera.
38 Entonces Jesús les dijo: Mi alma está muy triste, hasta la muerte; quedaos aquí, y velad conmigo.
39 Yendo un poco adelante, se postró sobre su rostro, orando y diciendo: Padre mío, si es posible, pase de mí esta copa; pero no sea como yo quiero, sino como tú.
40 Vino luego a sus discípulos, y los halló durmiendo, y dijo a Pedro: ¿Así que no habéis podido velar conmigo una hora?
41 Velad y orad, para que no entréis en tentación; el espíritu a la verdad está dispuesto, pero la carne es débil.
42 Otra vez fue, y oró por segunda vez, diciendo: Padre mío, si no puede pasar de mí esta copa sin que yo la beba, hágase tu voluntad.
43 Vino otra vez y los halló durmiendo, porque los ojos de ellos estaban cargados de sueño.
44 Y dejándolos, se fue de nuevo, y oró por tercera vez, diciendo las mismas palabras.
45 Entonces vino a sus discípulos y les dijo: Dormid ya, y descansad. He aquí ha llegado la hora, y el Hijo del Hombre es entregado en manos de pecadores.

46 Levantaos, vamos; ved, se acerca el que me entrega.

Arresto de Jesús
(Mr 14.43-50; Lc 22.47-53; Jn 18.2-11)

47 Mientras todavía hablaba, vino Judas, uno de los doce, y con él mucha gente con espadas y palos, de parte de los principales sacerdotes y de los ancianos del pueblo.
48 Y el que le entregaba les había dado señal, diciendo: Al que yo besare, ése es; prendedle.
49 Y en seguida se acercó a Jesús y dijo: ¡Salve, Maestro! Y le besó.
50 Y Jesús le dijo: Amigo, ¿a qué vienes? Entonces se acercaron y echaron mano a Jesús, y le prendieron.
51 Pero uno de los que estaban con Jesús, extendiendo la mano, sacó su espada, e hiriendo a un siervo del sumo sacerdote, le quitó la oreja.
52 Entonces Jesús le dijo: Vuelve tu espada a su lugar; porque todos los que tomen espada, a espada perecerán.
53 ¿Acaso piensas que no puedo ahora orar a mi Padre, y que él no me daría más de doce legiones de ángeles?
54 ¿Pero cómo entonces se cumplirían las Escrituras, de que es necesario que así se haga?
55 En aquella hora dijo Jesús a la gente: ¿Como contra un ladrón habéis salido con espadas y con palos para prenderme? Cada día me sentaba con vosotros enseñando en el templo,ⁱ y no me prendisteis.
56 Mas todo esto sucede, para que se cumplan las Escrituras de los profetas. Entonces todos los discípulos, dejándole, huyeron.

Jesús ante el concilio
(Mr 14.53-65; Lc 22.54, 63-71; Jn 18.12-14, 19-24)

57 Los que prendieron a Jesús le llevaron al sumo sacerdote Caifás, adonde estaban reunidos los escribas y los ancianos.
58 Mas Pedro le seguía de lejos hasta el patio del sumo sacerdote; y entrando, se sentó con los alguaciles, para ver el fin.
59 Y los principales sacerdotes y los ancianos y todo el concilio, buscaban falso testimonio contra Jesús, para entregarle a la muerte,
60 y no lo hallaron, aunque muchos testigos falsos se presentaban. Pero al fin vinieron dos testigos falsos,

---

g 26.31 Zac 13.7. **h 26.32** Mt 28.16. **i 26.55** Lc 19.47; 21.37.

61 que dijeron: Éste dijo: Puedo derribar el templo de Dios, y en tres días reedificarlo.[j]

62 Y levantándose el sumo sacerdote, le dijo: ¿No respondes nada? ¿Qué testifican éstos contra ti?

63 Mas Jesús callaba. Entonces el sumo sacerdote le dijo: Te conjuro por el Dios viviente, que nos digas si eres tú el Cristo, el Hijo de Dios.

64 Jesús le dijo: Tú lo has dicho; y además os digo, que desde ahora veréis al Hijo del Hombre sentado a la diestra del poder de Dios, y viniendo en las nubes del cielo.[k]

65 Entonces el sumo sacerdote rasgó sus vestiduras, diciendo: ¡Ha blasfemado! ¿Qué más necesidad tenemos de testigos? He aquí, ahora mismo habéis oído su blasfemia.

66 ¿Qué os parece? Y respondiendo ellos, dijeron: ¡Es reo de muerte![l]

67 Entonces le escupieron en el rostro, y le dieron de puñetazos, y otros le abofeteaban,[m]

68 diciendo: Profetízanos, Cristo, quién es el que te golpeó.

Pedro niega a Jesús
(Mr 14.66-72; Lc 22.55-62; Jn 18.15-18, 25-27)

69 Pedro estaba sentado fuera en el patio; y se le acercó una criada, diciendo: Tú también estabas con Jesús el galileo.

70 Mas él negó delante de todos, diciendo: No sé lo que dices.

71 Saliendo él a la puerta, le vio otra, y dijo a los que estaban allí: También éste estaba con Jesús el nazareno.

72 Pero él negó otra vez con juramento: No conozco al hombre.

73 Un poco después, acercándose los que por allí estaban, dijeron a Pedro: Verdaderamente también tú eres de ellos, porque aun tu manera de hablar te descubre.

74 Entonces él comenzó a maldecir, y a jurar: No conozco al hombre. Y en seguida cantó el gallo.

75 Entonces Pedro se acordó de las palabras de Jesús, que le había dicho: Antes que cante el gallo, me negarás tres veces. Y saliendo fuera, lloró amargamente.

Jesús ante Pilato
(Mr 15.1; Lc 23.1, 2; Jn 18.28-32)

27 1 Venida la mañana, todos los principales sacerdotes y los ancianos del pueblo entraron en consejo contra Jesús, para entregarle a muerte.

2 Y le llevaron atado, y le entregaron a Poncio Pilato, el gobernador.

Muerte de Judas

3 Entonces Judas, el que le había entregado, viendo que era condenado, devolvió arrepentido las treinta piezas de plata a los principales sacerdotes y a los ancianos,

4 diciendo: Yo he pecado entregando sangre inocente. Mas ellos dijeron: ¿Qué nos importa a nosotros? ¡Allá tú!

5 Y arrojando las piezas de plata en el templo, salió, y fue y se ahorcó.

6 Los principales sacerdotes, tomando las piezas de plata, dijeron: No es lícito echarlas en el tesoro de las ofrendas, porque es precio de sangre.

7 Y después de consultar, compraron con ellas el campo del alfarero, para sepultura de los extranjeros.

8 Por lo cual aquel campo se llama hasta el día de hoy: Campo de sangre.[a]

9 Así se cumplió lo dicho por el profeta Jeremías, cuando dijo: Y tomaron las treinta piezas de plata, precio del apreciado, según precio puesto por los hijos de Israel;

10 y las dieron para el campo del alfarero, como me ordenó el Señor.[b]

Pilato interroga a Jesús
(Mr 15.2-5; Lc 23.3-5; Jn 18.33-38)

11 Jesús, pues, estaba en pie delante del gobernador; y éste le preguntó, diciendo: ¿Eres tú el Rey de los judíos? Y Jesús le dijo: Tú lo dices.

12 Y siendo acusado por los principales sacerdotes y por los ancianos, nada respondió.

13 Pilato entonces le dijo: ¿No oyes cuántas cosas testifican contra ti?

14 Pero Jesús no le respondió ni una palabra; de tal manera que el gobernador se maravillaba mucho.

Jesús sentenciado a muerte
(Mr 15.6-20; Lc 23.13-25; Jn 18.38—19.16)

15 Ahora bien, en el día de la fiesta acostumbraba el gobernador soltar al pueblo un preso, el que quisiesen.

---

j **26.61** Jn 2.19.   k **26.64** Dn 7.13.   l **26.65, 66** Lv 24.16.
m **26.67** Is 50.6.   a **27.3-8** Hch 1.18, 19.
b **27.9, 10** Zac 11.12, 13.

16 Y tenían entonces un preso famoso llamado Barrabás.

17 Reunidos, pues, ellos, les dijo Pilato: ¿A quién queréis que os suelte: a Barrabás, o a Jesús, llamado el Cristo?

18 Porque sabía que por envidia le habían entregado.

19 Y estando él sentado en el tribunal, su mujer le mandó decir: No tengas nada que ver con ese justo; porque hoy he padecido mucho en sueños por causa de él.

20 Pero los principales sacerdotes y los ancianos persuadieron a la multitud que pidiese a Barrabás, y que Jesús fuese muerto.

21 Y respondiendo el gobernador, les dijo: ¿A cuál de los dos queréis que os suelte? Y ellos dijeron: A Barrabás.

22 Pilato les dijo: ¿Qué, pues, haré de Jesús, llamado el Cristo? Todos le dijeron: ¡Sea crucificado!

23 Y el gobernador les dijo: Pues ¿qué mal ha hecho? Pero ellos gritaban aún más, diciendo: ¡Sea crucificado!

24 Viendo Pilato que nada adelantaba, sino que se hacía más alboroto, tomó agua y se lavó las manos[c] delante del pueblo, diciendo: Inocente soy yo de la sangre de este justo; allá vosotros.

25 Y respondiendo todo el pueblo, dijo: Su sangre sea sobre nosotros, y sobre nuestros hijos.

26 Entonces les soltó a Barrabás; y habiendo azotado a Jesús, le entregó para ser crucificado.

27 Entonces los soldados del gobernador llevaron a Jesús al pretorio, y reunieron alrededor de él a toda la compañía;

28 y desnudándole, le echaron encima un manto de escarlata,

29 y pusieron sobre su cabeza una corona tejida de espinas, y una caña en su mano derecha; e hincando la rodilla delante de él, le escarnecían, diciendo: ¡Salve, Rey de los judíos!

30 Y escupiéndole, tomaban la caña y le golpeaban en la cabeza.

31 Después de haberle escarnecido, le quitaron el manto, le pusieron sus vestidos, y le llevaron para crucificarle.

Crucifixión y muerte de Jesús
(Mr 15.21-41; Lc 23.26-49; Jn 19.17-30)

32 Cuando salían, hallaron a un hombre de Cirene que se llamaba Simón; a éste obligaron a que llevase la cruz.

33 Y cuando llegaron a un lugar llamado Gólgota, que significa: Lugar de la Calavera,

34 le dieron a beber vinagre mezclado con hiel; pero después de haberlo probado, no quiso beberlo.

35 Cuando le hubieron crucificado, repartieron entre sí sus vestidos, echando suertes,[d] para que se cumpliese lo dicho por el profeta: Partieron entre sí mis vestidos, y sobre mi ropa echaron suertes.

36 Y sentados le guardaban allí.

37 Y pusieron sobre su cabeza su causa escrita: ÉSTE ES JESÚS, EL REY DE LOS JUDÍOS.

38 Entonces crucificaron con él a dos ladrones, uno a la derecha, y otro a la izquierda.

39 Y los que pasaban le injuriaban, meneando la cabeza,[e]

40 y diciendo: Tú que derribas el templo, y en tres días lo reedificas,[f] sálvate a ti mismo; si eres Hijo de Dios, desciende de la cruz.

41 De esta manera también los principales sacerdotes, escarneciéndole con los escribas y los fariseos y los ancianos, decían:

42 A otros salvó, a sí mismo no se puede salvar; si es el Rey de Israel, descienda ahora de la cruz, y creeremos en él.

43 Confió en Dios; líbrele ahora si le quiere;[g] porque ha dicho: Soy Hijo de Dios.

44 Lo mismo le injuriaban también los ladrones que estaban crucificados con él.

45 Y desde la hora sexta hubo tinieblas sobre toda la tierra hasta la hora novena.

46 Cerca de la hora novena, Jesús clamó a gran voz, diciendo: Elí, Elí, ¿lama sabactani? Esto es: Dios mío, Dios mío, ¿por qué me has desamparado?[h]

47 Algunos de los que estaban allí decían, al oírlo: A Elías llama éste.

48 Y al instante, corriendo uno de ellos, tomó una esponja, y la empapó de vinagre, y poniéndola en una caña, le dio a beber.[i]

49 Pero los otros decían: Deja, veamos si viene Elías a librarle.

---

c 27.24 Dt 21.6-9.   **d 27.35** Sal 22.18.   **e 27.39** Sal 22.7; 109.25.   **f 27.40** Mt 26.61; Jn. 2.19.   **g 27.43** Sal 22.8.   **h 27.46** Sal 22.1.   **i 27.48** Sal 69.21.

50 Mas Jesús, habiendo otra vez clamado a gran voz, entregó el espíritu.

51 Y he aquí, el velo[j] del templo se rasgó en dos, de arriba abajo; y la tierra tembló, y las rocas se partieron;

52 y se abrieron los sepulcros, y muchos cuerpos de santos que habían dormido, se levantaron;

53 y saliendo de los sepulcros, después de la resurrección de él, vinieron a la santa ciudad, y aparecieron a muchos.

54 El centurión, y los que estaban con él guardando a Jesús, visto el terremoto, y las cosas que habían sido hechas, temieron en gran manera, y dijeron: Verdaderamente éste era Hijo de Dios.

55 Estaban allí muchas mujeres mirando de lejos, las cuales habían seguido a Jesús desde Galilea, sirviéndole,

56 entre las cuales estaban María Magdalena, María la madre de Jacobo y de José, y la madre de los hijos de Zebedeo.[k]

Jesús es sepultado

(Mr 15.42-47; Lc 23.50-56; Jn 19.38-42)

57 Cuando llegó la noche, vino un hombre rico de Arimatea, llamado José, que también había sido discípulo de Jesús.

58 Éste fue a Pilato y pidió el cuerpo de Jesús. Entonces Pilato mandó que se le diese el cuerpo.

59 Y tomando José el cuerpo, lo envolvió en una sábana limpia,

60 y lo puso en su sepulcro nuevo, que había labrado en la peña; y después de hacer rodar una gran piedra a la entrada del sepulcro, se fue.

61 Y estaban allí María Magdalena, y la otra María, sentadas delante del sepulcro.

La guardia ante la tumba

62 Al día siguiente, que es después de la preparación, se reunieron los principales sacerdotes y los fariseos ante Pilato,

63 diciendo: Señor, nos acordamos que aquel engañador dijo, viviendo aún: Después de tres días resucitaré.[l]

64 Manda, pues, que se asegure el sepulcro hasta el tercer día, no sea que vengan sus discípulos de noche, y lo hurten, y digan al pueblo: Resucitó de entre los muertos. Y será el postrer error peor que el primero.

65 Y Pilato les dijo: Ahí tenéis una guardia; id, aseguradlo como sabéis.

66 Entonces ellos fueron y aseguraron el sepulcro, sellando la piedra y poniendo la guardia.

La resurrección

(Mr 16.1-8; Lc 24.1-12; Jn 20.1-10)

28 **1** Pasado el día de reposo,* al amanecer del primer día de la semana, vinieron María Magdalena y la otra María, a ver el sepulcro.

2 Y hubo un gran terremoto; porque un ángel del Señor, descendiendo del cielo y llegando, removió la piedra, y se sentó sobre ella.

3 Su aspecto era como un relámpago, y su vestido blanco como la nieve.

4 Y de miedo de él los guardas temblaron y se quedaron como muertos.

5 Mas el ángel, respondiendo, dijo a las mujeres: No temáis vosotras; porque yo sé que buscáis a Jesús, el que fue crucificado.

6 No está aquí, pues ha resucitado, como dijo. Venid, ved el lugar donde fue puesto el Señor.

7 E id pronto y decid a sus discípulos que ha resucitado de los muertos, y he aquí va delante de vosotros a Galilea; allí le veréis. He aquí, os lo he dicho.

8 Entonces ellas, saliendo del sepulcro con temor y gran gozo, fueron corriendo a dar las nuevas a sus discípulos. Y mientras iban a dar las nuevas a los discípulos,

9 he aquí, Jesús les salió al encuentro, diciendo: ¡Salve! Y ellas, acercándose, abrazaron sus pies, y le adoraron.

10 Entonces Jesús les dijo: No temáis; id, dad las nuevas a mis hermanos, para que vayan a Galilea, y allí me verán.

El informe de la guardia

11 Mientras ellas iban, he aquí unos de la guardia fueron a la ciudad, y dieron aviso a los principales sacerdotes de todas las cosas que habían acontecido.

12 Y reunidos con los ancianos, y habido consejo, dieron mucho dinero a los soldados,

13 diciendo: Decid vosotros: Sus discípulos vinieron de noche, y lo hurtaron, estando nosotros dormidos.

---

* Aquí equivale a *sábado.*

j 27.51 Éx 26.31-33.   **k 27.55, 56** Lc 8.2, 3.   **l 27.63** Mt 16.21; 17.23; 20.19; Mr 8.31; 9.31; 10.33, 34; Lc 9.22; 18.31-33.

14 Y si esto lo oyere el gobernador, nosotros le persuadiremos, y os pondremos a salvo. **15** Y ellos, tomando el dinero, hicieron como se les había instruido. Este dicho se ha divulgado entre los judíos hasta el día de hoy.

La gran comisión
(Mr 16.14-18; Lc 24.36-49; Jn 20.19-23)

16 Pero los once discípulos se fueron a Galilea,[a] al monte donde Jesús les había ordenado.

---

a **28.16** Mt 26.32; Mr 14.28.   b **28.19** Hch 1.8.

17 Y cuando le vieron, le adoraron; pero algunos dudaban. **18** Y Jesús se acercó y les habló diciendo: Toda potestad me es dada en el cielo y en la tierra. **19** Por tanto, id, y haced discípulos a todas las naciones,[b] bautizándolos en el nombre del Padre, y del Hijo, y del Espíritu Santo; **20** enseñándoles que guarden todas las cosas que os he mandado; y he aquí yo estoy con vosotros todos los días, hasta el fin del mundo. Amén.

EL SANTO EVANGELIO SEGÚN

SAN MARCOS

Predicación de Juan el Bautista

(Mt 3.1-12; Lc 3.1-9, 15-17; Jn 1.19-28)

1 ¹ Principio del evangelio de Jesucristo, Hijo de Dios.

² Como está escrito en Isaías el profeta:
He aquí yo envío mi mensajero
delante de tu faz,
El cual preparará tu camino delante
de ti.ª

³ Voz del que clama en el desierto:
Preparad el camino del Señor;
Enderezad sus sendas.ᵇ

⁴ Bautizaba Juan en el desierto, y predicaba el bautismo de arrepentimiento para perdón de pecados.

⁵ Y salían a él toda la provincia de Judea, y todos los de Jerusalén; y eran bautizados por él en el río Jordán, confesando sus pecados.

⁶ Y Juan estaba vestido de pelo de camello, y tenía un cinto de cuero alrededor de sus lomos;ᶜ y comía langostas y miel silvestre.

⁷ Y predicaba, diciendo: Viene tras mí el que es más poderoso que yo, a quien no soy digno de desatar encorvado la correa de su calzado.

⁸ Yo a la verdad os he bautizado con agua; pero él os bautizará con Espíritu Santo.

El bautismo de Jesús

(Mt 3.13-17; Lc 3.21, 22)

⁹ Aconteció en aquellos días, que Jesús vino de Nazaret de Galilea, y fue bautizado por Juan en el Jordán.

¹⁰ Y luego, cuando subía del agua, vio abrirse los cielos, y al Espíritu como paloma que descendía sobre él.

¹¹ Y vino una voz de los cielos que decía: Tú eres mi Hijo amado; en ti tengo complacencia.ᵈ

Tentación de Jesús

(Mt 4.1-11; Lc 4.1-13)

¹² Y luego el Espíritu le impulsó al desierto.

¹³ Y estuvo allí en el desierto cuarenta días, y era tentado por Satanás, y estaba con las fieras; y los ángeles le servían.

Jesús principia su ministerio

(Mt 4.12-17; Lc 4.14, 15)

¹⁴ Después que Juan fue encarcelado, Jesús vino a Galilea predicando el evangelio del reino de Dios,

¹⁵ diciendo: El tiempo se ha cumplido, y el reino de Diosᵉ se ha acercado; arrepentíos,ᶠ y creed en el evangelio.

Jesús llama a cuatro pescadores

(Mt 4.18-22; Lc 5.1-11)

¹⁶ Andando junto al mar de Galilea, vio a Simón y a Andrés su hermano, que echaban la red en el mar; porque eran pescadores.

¹⁷ Y les dijo Jesús: Venid en pos de mí, y haré que seáis pescadores de hombres.

¹⁸ Y dejando luego sus redes, le siguieron.

¹⁹ Pasando de allí un poco más adelante, vio a Jacobo hijo de Zebedeo, y a Juan su hermano, también ellos en la barca, que remendaban las redes.

²⁰ Y luego los llamó; y dejando a su padre Zebedeo en la barca con los jornaleros, le siguieron.

Un hombre que tenía un espíritu inmundo

(Lc 4.31-37)

²¹ Y entraron en Capernaum; y los día de reposo,* entrando en la sinagoga, enseñaba.

²² Y se admiraban de su doctrina; porque les enseñaba como quien tiene autoridad, y no como los escribas.ᵍ

²³ Pero había en la sinagoga de ellos un hombre con espíritu inmundo, que dio voces,

---

* Aquí equivale a *sábado.*

a 1.2 Mal 3.1.   **b 1.3** Is 40.3.   **c 1.6** 2 R 1.8.   **d 1.11** Is 42.1; Mt. 12.18; 17.5; Mr 9.7; Lc 9.35.   **e 1.15** Dn 2.44.
f 1.15 Mt 3.2.   **g 1.22** Mt 7.28, 29.

24 diciendo: ¡Ah! ¿qué tienes con nosotros, Jesús nazareno? ¿Has venido para destruirnos? Sé quién eres, el Santo de Dios.

25 Pero Jesús le reprendió, diciendo: ¡Cállate, y sal de él!

26 Y el espíritu inmundo, sacudiéndole con violencia, y clamando a gran voz, salió de él.

27 Y todos se asombraron, de tal manera que discutían entre sí, diciendo: ¿Qué es esto? ¿Qué nueva doctrina es ésta, que con autoridad manda aun a los espíritus inmundos, y le obedecen?

28 Y muy pronto se difundió su fama por toda la provincia alrededor de Galilea.

Jesús sana a la suegra de Pedro
(Mt 8.14, 15; Lc 4.38, 39)

29 Al salir de la sinagoga, vinieron a casa de Simón y Andrés, con Jacobo y Juan.

30 Y la suegra de Simón estaba acostada con fiebre; y en seguida le hablaron de ella.

31 Entonces él se acercó, y la tomó de la mano y la levantó; e inmediatamente le dejó la fiebre, y ella les servía.

Muchos sanados al ponerse el sol
(Mt 8.16, 17; Lc 4.40, 41)

32 Cuando llegó la noche, luego que el sol se puso, le trajeron todos los que tenían enfermedades, y a los endemoniados;

33 y toda la ciudad se agolpó a la puerta.

34 Y sanó a muchos que estaban enfermos de diversas enfermedades, y echó fuera muchos demonios; y no dejaba hablar a los demonios, porque le conocían.

Jesús recorre Galilea predicando
(Lc 4.42-44)

35 Levantándose muy de mañana, siendo aún muy oscuro, salió y se fue a un lugar desierto, y allí oraba.

36 Y le buscó Simón, y los que con él estaban;

37 y hallándole, le dijeron: Todos te buscan.

38 Él les dijo: Vamos a los lugares vecinos, para que predique también allí; porque para esto he venido.

39 Y predicaba en las sinagogas de ellos en toda Galilea, y echaba fuera los demonios.[h]

Jesús sana a un leproso
(Mt 8.1-4; Lc 5.12-16)

40 Vino a él un leproso, rogándole; e hincada la rodilla, le dijo: Si quieres, puedes limpiarme.

41 Y Jesús, teniendo misericordia de él, extendió la mano y le tocó, y le dijo: Quiero, sé limpio.

42 Y así que él hubo hablado, al instante la lepra se fue de aquél, y quedó limpio.

43 Entonces le encargó rigurosamente, y le despidió luego,

44 y le dijo: Mira, no digas a nadie nada, sino ve, muéstrate al sacerdote, y ofrece por tu purificación lo que Moisés mandó,[i] para testimonio a ellos.

45 Pero ido él, comenzó a publicarlo mucho y a divulgar el hecho, de manera que ya Jesús no podía entrar abiertamente en la ciudad, sino que se quedaba fuera en los lugares desiertos; y venían a él de todas partes.

Jesús sana a un paralítico
(Mt 9.1-8; Lc 5.17-26)

2 1 Entró Jesús otra vez en Capernaum después de algunos días; y se oyó que estaba en casa.

2 E inmediatamente se juntaron muchos, de manera que ya no cabían ni aun a la puerta; y les predicaba la palabra.

3 Entonces vinieron a él unos trayendo un paralítico, que era cargado por cuatro.

4 Y como no podían acercarse a él a causa de la multitud, descubrieron el techo de donde estaba, y haciendo una abertura, bajaron el lecho en que yacía el paralítico.

5 Al ver Jesús la fe de ellos, dijo al paralítico: Hijo, tus pecados te son perdonados.

6 Estaban allí sentados algunos de los escribas, los cuales cavilaban en sus corazones:

7 ¿Por qué habla éste así? Blasfemias dice. ¿Quién puede perdonar pecados, sino sólo Dios?

8 Y conociendo luego Jesús en su espíritu que cavilaban de esta manera dentro de sí mismos, les dijo: ¿Por qué caviláis así en vuestros corazones?

9 ¿Qué es más fácil, decir al paralítico: Tus pecados te son perdonados, o decirle: Levántate, toma tu lecho y anda?

---

h **1.39** Mt 4.23; 9.35.   i **1.44** Lv 14.1-32.

10 Pues para que sepáis que el Hijo del Hombre tiene potestad en la tierra para perdonar pecados (dijo al paralítico):

11 A ti te digo: Levántate, toma tu lecho, y vete a tu casa.

12 Entonces él se levantó en seguida, y tomando su lecho, salió delante de todos, de manera que todos se asombraron, y glorificaron a Dios, diciendo: Nunca hemos visto tal cosa.

Llamamiento de Leví

(Mt 9.9-13; Lc 5.27-32)

13 Después volvió a salir al mar; y toda la gente venía a él, y les enseñaba.

14 Y al pasar, vio a Leví hijo de Alfeo, sentado al banco de los tributos públicos, y le dijo: Sígueme. Y levantándose, le siguió.

15 Aconteció que estando Jesús a la mesa en casa de él, muchos publicanos y pecadores estaban también a la mesa juntamente con Jesús y sus discípulos; porque había muchos que le habían seguido.

16 Y los escribas y los fariseos, viéndole comer con los publicanos y con los pecadores, dijeron a los discípulos: ¿Qué es esto, que él come y bebe con los publicanos y pecadores?

17 Al oír esto Jesús, les dijo: Los sanos no tienen necesidad de médico, sino los enfermos. No he venido a llamar a justos, sino a pecadores.

La pregunta sobre el ayuno

(Mt 9.14-17; Lc 5.33-39)

18 Y los discípulos de Juan y los de los fariseos ayunaban; y vinieron, y le dijeron: ¿Por qué los discípulos de Juan y los de los fariseos ayunan, y tus discípulos no ayunan?

19 Jesús les dijo: ¿Acaso pueden los que están de bodas ayunar mientras está con ellos el esposo? Entre tanto que tienen consigo al esposo, no pueden ayunar.

20 Pero vendrán días cuando el esposo les será quitado, y entonces en aquellos días ayunarán.

21 Nadie pone remiendo de paño nuevo en vestido viejo; de otra manera, el mismo remiendo nuevo tira de lo viejo, y se hace peor la rotura.

22 Y nadie echa vino nuevo en odres viejos; de otra manera, el vino nuevo rompe los odres, y el vino se derrama, y los odres se pierden; pero el vino nuevo en odres nuevos se ha de echar.

Los discípulos recogen espigas en el día de reposo

(Mt 12.1-8; Lc 6.1-5)

23 Aconteció que al pasar él por los sembrados un día de reposo,* sus discípulos, andando, comenzaron a arrancar espigas.ª

24 Entonces los fariseos le dijeron: Mira, ¿por qué hacen en el día de reposo* lo que no es lícito?

25 Pero él les dijo: ¿Nunca leísteis lo que hizo David cuando tuvo necesidad, y sintió hambre, él y los que con él estaban;

26 cómo entró en la casa de Dios, siendo Abiatar sumo sacerdote, y comió los panes de la proposición, de los cuales no es lícito comer sino a los sacerdotes,ᵇ y aun dio a los que con él estaban?ᶜ

27 También les dijo: El día de reposo* fue hecho por causa del hombre, y no el hombre por causa del día de reposo.*

28 Por tanto, el Hijo del Hombre es Señor aun del día de reposo.*

El hombre de la mano seca

(Mt 12.9-14; Lc 6.6-11)

3 ¹ Otra vez entró Jesús en la sinagoga; y había allí un hombre que tenía seca una mano.

2 Y le acechaban para ver si en el día de reposo* le sanaría, a fin de poder acusarle.

3 Entonces dijo al hombre que tenía la mano seca: Levántate y ponte en medio.

4 Y les dijo: ¿Es lícito en los día de reposo* hacer bien, o hacer mal; salvar la vida, o quitarla? Pero ellos callaban.

5 Entonces, mirándolos alrededor con enojo, entristecido por la dureza de sus corazones, dijo al hombre: Extiende tu mano. Y él la extendió, y la mano le fue restaurada sana.

6 Y salidos los fariseos, tomaron consejo con los herodianos contra él para destruirle.

La multitud a la orilla del mar

7 Mas Jesús se retiró al mar con sus discípulos, y le siguió gran multitud de Galilea. Y de Judea,

---

* Aquí equivale a *sábado.*
a 2.23 Dt 23.25.   b 2.26 Lv 24.9.   c 2.25, 26 1 S 21.1-6.

8 de Jerusalén, de Idumea, del otro lado del Jordán, y de los alrededores de Tiro y de Sidón, oyendo cuán grandes cosas hacía, grandes multitudes vinieron a él.
9 Y dijo a sus discípulos que le tuviesen siempre lista la barca, a causa del gentío, para que no le oprimiesen.
10 Porque había sanado a muchos; de manera que por tocarle, cuantos tenían plagas caían sobre él.ª
11 Y los espíritus inmundos, al verle, se postraban delante de él, y daban voces, diciendo: Tú eres el Hijo de Dios.
12 Mas él les reprendía mucho para que no le descubriesen.

Elección de los doce apóstoles
(Mt 10.1-4; Lc 6.12-16)

13 Después subió al monte, y llamó a sí a los que él quiso; y vinieron a él.
14 Y estableció a doce, para que estuviesen con él, y para enviarlos a predicar,
15 y que tuviesen autoridad para sanar enfermedades y para echar fuera demonios:
16 a Simón, a quien puso por sobrenombre Pedro;
17 a Jacobo hijo de Zebedeo, y a Juan hermano de Jacobo, a quienes apellidó Boanerges, esto es, Hijos del trueno;
18 a Andrés, Felipe, Bartolomé, Mateo, Tomás, Jacobo hijo de Alfeo, Tadeo, Simón el cananista,
19 y Judas Iscariote, el que le entregó. Y vinieron a casa.

La blasfemia contra el Espíritu Santo
(Mt 12.22-32; Lc 11.14-23)

20 Y se agolpó de nuevo la gente, de modo que ellos ni aun podían comer pan.
21 Cuando lo oyeron los suyos, vinieron para prenderle; porque decían: Está fuera de sí.
22 Pero los escribas que habían venido de Jerusalén decían que tenía a Beelzebú, y que por el príncipe de los demonios echaba fuera los demonios.ᵇ
23 Y habiéndolos llamado, les decía en parábolas: ¿Cómo puede Satanás echar fuera a Satanás?

24 Si un reino está dividido contra sí mismo, tal reino no puede permanecer.
25 Y si una casa está dividida contra sí misma, tal casa no puede permanecer.
26 Y si Satanás se levanta contra sí mismo, y se divide, no puede permanecer, sino que ha llegado su fin.
27 Ninguno puede entrar en la casa de un hombre fuerte y saquear sus bienes, si antes no le ata, y entonces podrá saquear su casa.
28 De cierto os digo que todos los pecados serán perdonados a los hijos de los hombres, y las blasfemias cualesquiera que sean;
29 pero cualquiera que blasfeme contra el Espíritu Santo, no tiene jamás perdón,ᶜ sino que es reo de juicio eterno.
30 Porque ellos habían dicho: Tiene espíritu inmundo.

La madre y los hermanos de Jesús
(Mt 12.46-50; Lc 8.19-21)

31 Vienen después sus hermanos y su madre, y quedándose afuera, enviaron a llamarle.
32 Y la gente que estaba sentada alrededor de él le dijo: Tu madre y tus hermanos están afuera, y te buscan.
33 Él les respondió diciendo: ¿Quién es mi madre y mis hermanos?
34 Y mirando a los que estaban sentados alrededor de él, dijo: He aquí mi madre y mis hermanos.
35 Porque todo aquel que hace la voluntad de Dios, ése es mi hermano, y mi hermana, y mi madre.

Parábola del sembrador
(Mt 13.1-23; Lc 8.4-15)

4 1 Otra vez comenzó Jesús a enseñar junto al mar, y se reunió alrededor de él mucha gente, tanto que entrando en una barca, se sentó en ella en el mar;ª y toda la gente estaba en tierra junto al mar.
2 Y les enseñaba por parábolas muchas cosas, y les decía en su doctrina:
3 Oíd: He aquí, el sembrador salió a sembrar;
4 y al sembrar, aconteció que una parte cayó junto al camino, y vinieron las aves del cielo y la comieron.
5 Otra parte cayó en pedregales, donde no tenía mucha tierra; y brotó pronto, porque no tenía profundidad de tierra.

ª 3.9, 10 Mr 4.1; Lc 5.1-3.   ᵇ 3.22 Mt 9.34; 10.25.
ᶜ 3.29 Lc 12.10.   ª 4.1 Lc 5.1-3.

6 Pero salido el sol, se quemó; y porque no tenía raíz, se secó.

7 Otra parte cayó entre espinos; y los espinos crecieron y la ahogaron, y no dio fruto.

8 Pero otra parte cayó en buena tierra, y dio fruto, pues brotó y creció, y produjo a treinta, a sesenta, y a ciento por uno.

9 Entonces les dijo: El que tiene oídos para oír, oiga.

10 Cuando estuvo solo, los que estaban cerca de él con los doce le preguntaron sobre la parábola.

11 Y les dijo: A vosotros os es dado saber el misterio del reino de Dios; mas a los que están fuera, por parábolas todas las cosas;

12 para que viendo, vean y no perciban; y oyendo, oigan y no entiendan; para que no se conviertan, y les sean perdonados los pecados.b

13 Y les dijo: ¿No sabéis esta parábola? ¿Cómo, pues, entenderéis todas las parábolas?

14 El sembrador es el que siembra la palabra.

15 Y éstos son los de junto al camino: en quienes se siembra la palabra, pero después que la oyen, en seguida viene Satanás, y quita la palabra que se sembró en sus corazones.

16 Éstos son asimismo los que fueron sembrados en pedregales: los que cuando han oído la palabra, al momento la reciben con gozo;

17 pero no tienen raíz en sí, sino que son de corta duración, porque cuando viene la tribulación o la persecución por causa de la palabra, luego tropiezan.

18 Éstos son los que fueron sembrados entre espinos: los que oyen la palabra,

19 pero los afanes de este siglo, y el engaño de las riquezas, y las codicias de otras cosas, entran y ahogan la palabra, y se hace infructuosa.

20 Y éstos son los que fueron sembrados en buena tierra: los que oyen la palabra y la reciben, y dan fruto a treinta, a sesenta, y a ciento por uno.

Nada oculto que no haya de ser manifestado
(Lc 8.16-18)

21 También les dijo: ¿Acaso se trae la luz para ponerla debajo del almud, o debajo de la cama? ¿No es para ponerla en el candelero?c

22 Porque no hay nada oculto que no haya de ser manifestado; ni escondido, que no haya de salir a luz.d

23 Si alguno tiene oídos para oír, oiga.

24 Les dijo también: Mirad lo que oís; porque con la medida con que medís, os será medido,e y aun se os añadirá a vosotros los que oís.

25 Porque al que tiene, se le dará; y al que no tiene, aun lo que tiene se le quitará.f

Parábola del crecimiento de la semilla

26 Decía además: Así es el reino de Dios, como cuando un hombre echa semilla en la tierra;

27 y duerme y se levanta, de noche y de día, y la semilla brota y crece sin que él sepa cómo.

28 Porque de suyo lleva fruto la tierra, primero hierba, luego espiga, después grano lleno en la espiga;

29 y cuando el fruto está maduro, en seguida se mete la hoz, porque la siega ha llegado.

Parábola de la semilla de mostaza
(Mt 13.31, 32; Lc 13.18, 19)

30 Decía también: ¿A qué haremos semejante el reino de Dios, o con qué parábola lo compararemos?

31 Es como el grano de mostaza, que cuando se siembra en tierra, es la más pequeña de todas las semillas que hay en la tierra;

32 pero después de sembrado, crece, y se hace la mayor de todas las hortalizas, y echa grandes ramas, de tal manera que las aves del cielo pueden morar bajo su sombra.

El uso que Jesús hace de las parábolas
(Mt 13.34, 35)

33 Con muchas parábolas como éstas les hablaba la palabra, conforme a lo que podían oír.

34 Y sin parábolas no les hablaba; aunque a sus discípulos en particular les declaraba todo.

b 4.12 Is 6.9, 10.   c 4.21 Mt 5.15; Lc 11.33.   d 4.22 Mt 10.26; Lc 12.2.   e 4.24 Mt 7.2; Lc 6.38.   f 4.25 Mt 13.12; 25.29; Lc 19.26.

Jesús calma la tempestad
(Mt 8.23-27; Lc 8.22-25)

35 Aquel día, cuando llegó la noche, les dijo: Pasemos al otro lado.

36 Y despidiendo a la multitud, le tomaron como estaba, en la barca; y había también con él otras barcas.

37 Pero se levantó una gran tempestad de viento, y echaba las olas en la barca, de tal manera que ya se anegaba.

38 Y él estaba en la popa, durmiendo sobre un cabezal; y le despertaron, y le dijeron: Maestro, ¿no tienes cuidado que perecemos?

39 Y levantándose, reprendió al viento, y dijo al mar: Calla, enmudece. Y cesó el viento, y se hizo grande bonanza.

40 Y les dijo: ¿Por qué estáis así amedrentados? ¿Cómo no tenéis fe?

41 Entonces temieron con gran temor, y se decían el uno al otro: ¿Quién es éste, que aun el viento y el mar le obedecen?

El endemoniado gadareno
(Mt 8.28-34; Lc 8.26-39)

5 **1** Vinieron al otro lado del mar, a la región de los gadarenos.

2 Y cuando salió él de la barca, en seguida vino a su encuentro, de los sepulcros, un hombre con un espíritu inmundo,

3 que tenía su morada en los sepulcros, y nadie podía atarle, ni aun con cadenas.

4 Porque muchas veces había sido atado con grillos y cadenas, mas las cadenas habían sido hechas pedazos por él, y desmenuzados los grillos; y nadie le podía dominar.

5 Y siempre, de día y de noche, andaba dando voces en los montes y en los sepulcros, e hiriéndose con piedras.

6 Cuando vio, pues, a Jesús de lejos, corrió, y se arrodilló ante él.

7 Y clamando a gran voz, dijo: ¿Qué tienes conmigo, Jesús, Hijo del Dios Altísimo? Te conjuro por Dios que no me atormentes.

8 Porque le decía: Sal de este hombre, espíritu inmundo.

9 Y le preguntó: ¿Cómo te llamas? Y respondió diciendo: Legión me llamo; porque somos muchos.

10 Y le rogaba mucho que no los enviase fuera de aquella región.

11 Estaba allí cerca del monte un gran hato de cerdos paciendo.

12 Y le rogaron todos los demonios, diciendo: Envíanos a los cerdos para que entremos en ellos.

13 Y luego Jesús les dio permiso. Y saliendo aquellos espíritus inmundos, entraron en los cerdos, los cuales eran como dos mil; y el hato se precipitó en el mar por un despeñadero, y en el mar se ahogaron.

14 Y los que apacentaban los cerdos huyeron, y dieron aviso en la ciudad y en los campos. Y salieron a ver qué era aquello que había sucedido.

15 Vienen a Jesús, y ven al que había sido atormentado del demonio, y que había tenido la legión, sentado, vestido y en su juicio cabal; y tuvieron miedo.

16 Y les contaron los que lo habían visto, cómo le había acontecido al que había tenido el demonio, y lo de los cerdos.

17 Y comenzaron a rogarle que se fuera de sus contornos.

18 Al entrar él en la barca, el que había estado endemoniado le rogaba que le dejase estar con él.

19 Mas Jesús no se lo permitió, sino que le dijo: Vete a tu casa, a los tuyos, y cuéntales cuán grandes cosas el Señor ha hecho contigo, y cómo ha tenido misericordia de ti.

20 Y se fue, y comenzó a publicar en Decápolis cuán grandes cosas había hecho Jesús con él; y todos se maravillaban.

La hija de Jairo, y la mujer que tocó el manto de Jesús
(Mt 9.18-26; Lc 8.40-56)

21 Pasando otra vez Jesús en una barca a la otra orilla, se reunió alrededor de él una gran multitud; y él estaba junto al mar.

22 Y vino uno de los principales de la sinagoga, llamado Jairo; y luego que le vio, se postró a sus pies,

23 y le rogaba mucho, diciendo: Mi hija está agonizando; ven y pon las manos sobre ella para que sea salva, y vivirá.

24 Fue, pues, con él; y le seguía una gran multitud, y le apretaban.

25 Pero una mujer que desde hacía doce años padecía de flujo de sangre,

26 y había sufrido mucho de muchos médicos, y gastado todo lo que tenía, y nada había aprovechado, antes le iba peor,

27 cuando oyó hablar de Jesús, vino por detrás entre la multitud, y tocó su manto.

28 Porque decía: Si tocare tan solamente su manto, seré salva.

29 Y en seguida la fuente de su sangre se secó; y sintió en el cuerpo que estaba sana de aquel azote.

30 Luego Jesús, conociendo en sí mismo el poder que había salido de él, volviéndose a la multitud, dijo: ¿Quién ha tocado mis vestidos?

31 Sus discípulos le dijeron: Ves que la multitud te aprieta, y dices: ¿Quién me ha tocado?

32 Pero él miraba alrededor para ver quién había hecho esto.

33 Entonces la mujer, temiendo y temblando, sabiendo lo que en ella había sido hecho, vino y se postró delante de él, y le dijo toda la verdad.

34 Y él le dijo: Hija, tu fe te ha hecho salva; ve en paz, y queda sana de tu azote.

35 Mientras él aún hablaba, vinieron de casa del principal de la sinagoga, diciendo: Tu hija ha muerto; ¿para qué molestas más al Maestro?

36 Pero Jesús, luego que oyó lo que se decía, dijo al principal de la sinagoga: No temas, cree solamente.

37 Y no permitió que le siguiese nadie sino Pedro, Jacobo, y Juan hermano de Jacobo.

38 Y vino a casa del principal de la sinagoga, y vio el alboroto y a los que lloraban y lamentaban mucho.

39 Y entrando, les dijo: ¿Por qué alborotáis y lloráis? La niña no está muerta, sino duerme.

40 Y se burlaban de él. Mas él, echando fuera a todos, tomó al padre y a la madre de la niña, y a los que estaban con él, y entró donde estaba la niña.

41 Y tomando la mano de la niña, le dijo: Talita cumi; que traducido es: Niña, a ti te digo, levántate.

42 Y luego la niña se levantó y andaba, pues tenía doce años. Y se espantaron grandemente.

43 Pero él les mandó mucho que nadie lo supiese, y dijo que se le diese de comer.

Jesús en Nazaret
(Mt 13.53-58; Lc 4.16-30)

6 **1** Salió Jesús de allí y vino a su tierra, y le seguían sus discípulos.

2 Y llegado el día de reposo,* comenzó a enseñar en la sinagoga; y muchos, oyéndole, se admiraban, y decían: ¿De dónde tiene éste estas cosas? ¿Y qué sabiduría es esta que le es dada, y estos milagros que por sus manos son hechos?

3 ¿No es éste el carpintero, hijo de María, hermano de Jacobo, de José, de Judas y de Simón? ¿No están también aquí con nosotros sus hermanas? Y se escandalizaban de él.

4 Mas Jesús les decía: No hay profeta sin honra sino en su propia tierra,[a] y entre sus parientes, y en su casa.

5 Y no pudo hacer allí ningún milagro, salvo que sanó a unos pocos enfermos, poniendo sobre ellos las manos.

6 Y estaba asombrado de la incredulidad de ellos. Y recorría las aldeas de alrededor, enseñando.

Misión de los doce discípulos
(Mt 10.5-15; Lc 9.1-6)

7 Después llamó a los doce, y comenzó a enviarlos de dos en dos; y les dio autoridad sobre los espíritus inmundos.

8 Y les mandó[b] que no llevasen nada para el camino, sino solamente bordón; ni alforja, ni pan, ni dinero en el cinto,

9 sino que calzasen sandalias, y no vistiesen dos túnicas.

10 Y les dijo: Dondequiera que entréis en una casa, posad en ella hasta que salgáis de aquel lugar.

11 Y si en algún lugar no os recibieren ni os oyeren, salid de allí, y sacudid el polvo que está debajo de vuestros pies, para testimonio a ellos.[c] De cierto os digo que en el día del juicio, será más tolerable el castigo para los de Sodoma y Gomorra, que para aquella ciudad.

12 Y saliendo, predicaban que los hombres se arrepintiesen.

13 Y echaban fuera muchos demonios, y ungían con aceite a muchos enfermos, y los sanaban.[d]

Muerte de Juan el Bautista
(Mt 14.1-12; Lc 9.7-9)

14 Oyó el rey Herodes la fama de Jesús, porque su nombre se había hecho notorio;

---

* Aquí equivale a *sábado*.
a 6.4 Jn 4.44.　**b** 6.8-13 Lc 10.4-11.　**c** 6.11 Hch 13.51.
d 6.13 Stg 5.14.

y dijo: Juan el Bautista ha resucitado de los muertos, y por eso actúan en él estos poderes.

¹⁵ Otros decían: Es Elías. Y otros decían: Es un profeta, o alguno de los profetas.^e

¹⁶ Al oír esto Herodes, dijo: Éste es Juan, el que yo decapité, que ha resucitado de los muertos.

¹⁷ Porque el mismo Herodes había enviado y prendido a Juan, y le había encadenado en la cárcel por causa de Herodías, mujer de Felipe su hermano; pues la había tomado por mujer.

¹⁸ Porque Juan decía a Herodes: No te es lícito tener la mujer de tu hermano.^f

¹⁹ Pero Herodías le acechaba, y deseaba matarle, y no podía;

²⁰ porque Herodes temía a Juan, sabiendo que era varón justo y santo, y le guardaba a salvo; y oyéndole, se quedaba muy perplejo, pero le escuchaba de buena gana.

²¹ Pero venido un día oportuno, en que Herodes, en la fiesta de su cumpleaños, daba una cena a sus príncipes y tribunos y a los principales de Galilea,

²² entrando la hija de Herodías, danzó, y agradó a Herodes y a los que estaban con él a la mesa; y el rey dijo a la muchacha: Pídeme lo que quieras, y yo te lo daré.

²³ Y le juró: Todo lo que me pidas te daré, hasta la mitad de mi reino.

²⁴ Saliendo ella, dijo a su madre: ¿Qué pediré? Y ella le dijo: La cabeza de Juan el Bautista.

²⁵ Entonces ella entró prontamente al rey, y pidió diciendo: Quiero que ahora mismo me des en un plato la cabeza de Juan el Bautista.

²⁶ Y el rey se entristeció mucho; pero a causa del juramento, y de los que estaban con él a la mesa, no quiso desecharla.

²⁷ Y en seguida el rey, enviando a uno de la guardia, mandó que fuese traída la cabeza de Juan.

²⁸ El guarda fue, le decapitó en la cárcel, y trajo su cabeza en un plato y la dio a la muchacha, y la muchacha la dio a su madre.

²⁹ Cuando oyeron esto sus discípulos, vinieron y tomaron su cuerpo, y lo pusieron en un sepulcro.

Alimentación de los cinco mil
(Mt 14.13-21; Lc 9.10-17; Jn 6.1-14)

³⁰ Entonces los apóstoles se juntaron con Jesús, y le contaron todo lo que habían hecho, y lo que habían enseñado.

³¹ Él les dijo: Venid vosotros aparte a un lugar desierto, y descansad un poco. Porque eran muchos los que iban y venían, de manera que ni aun tenían tiempo para comer.

³² Y se fueron solos en una barca a un lugar desierto.

³³ Pero muchos los vieron ir, y le reconocieron; y muchos fueron allá a pie desde las ciudades, y llegaron antes que ellos, y se juntaron a él.

³⁴ Y salió Jesús y vio una gran multitud, y tuvo compasión de ellos, porque eran como ovejas que no tenían pastor;^g y comenzó a enseñarles muchas cosas.

³⁵ Cuando ya era muy avanzada la hora, sus discípulos se acercaron a él, diciendo: El lugar es desierto, y la hora ya muy avanzada.

³⁶ Despídelos para que vayan a los campos y aldeas de alrededor, y compren pan, pues no tienen qué comer.

³⁷ Respondiendo él, les dijo: Dadles vosotros de comer. Ellos le dijeron: ¿Que vayamos y compremos pan por doscientos denarios, y les demos de comer?

³⁸ Él les dijo: ¿Cuántos panes tenéis? Id y vedlo. Y al saberlo, dijeron: Cinco, y dos peces.

³⁹ Y les mandó que hiciesen recostar a todos por grupos sobre la hierba verde.

⁴⁰ Y se recostaron por grupos, de ciento en ciento, y de cincuenta en cincuenta.

⁴¹ Entonces tomó los cinco panes y los dos peces, y levantando los ojos al cielo, bendijo, y partió los panes, y dio a sus discípulos para que los pusiesen delante; y repartió los dos peces entre todos.

⁴² Y comieron todos, y se saciaron.

⁴³ Y recogieron de los pedazos doce cestas llenas, y de lo que sobró de los peces.

⁴⁴ Y los que comieron eran cinco mil hombres.

Jesús anda sobre el mar
(Mt 14.22-27; Jn 6.15-21)

⁴⁵ En seguida hizo a sus discípulos entrar en la barca e ir delante de él a Betsaida, en la otra ribera, entre tanto que él despedía a la multitud.

---

^e **6.14, 15** Mt 16.14; Mr 8.28; Lc 9.19.   ^f **6.17, 18** Lc 3.19, 20.
^g **6.34** 1 R 22.17; 2 Cr 18.16; Zac 10.2; Mt 9.36.

46 Y después que los hubo despedido, se fue al monte a orar;

47 y al venir la noche, la barca estaba en medio del mar, y él solo en tierra.

48 Y viéndoles remar con gran fatiga, porque el viento les era contrario, cerca de la cuarta vigilia de la noche vino a ellos andando sobre el mar, y quería adelantárseles.

49 Viéndole ellos andar sobre el mar, pensaron que era un fantasma, y gritaron;

50 porque todos le veían, y se turbaron. Pero en seguida habló con ellos, y les dijo: ¡Tened ánimo; yo soy, no temáis!

51 Y subió a ellos en la barca, y se calmó el viento; y ellos se asombraron en gran manera, y se maravillaban.

52 Porque aún no habían entendido lo de los panes, por cuanto estaban endurecidos sus corazones.

Jesús sana a los enfermos en Genesaret
(Mt 14.34-36)

53 Terminada la travesía, vinieron a tierra de Genesaret, y arribaron a la orilla.

54 Y saliendo ellos de la barca, en seguida la gente le conoció.

55 Y recorriendo toda la tierra de alrededor, comenzaron a traer de todas partes enfermos en lechos, a donde oían que estaba.

56 Y dondequiera que entraba, en aldeas, ciudades o campos, ponían en las calles a los que estaban enfermos, y le rogaban que les dejase tocar siquiera el borde de su manto; y todos los que le tocaban quedaban sanos.

Las tradiciones de los hombres y los mandamientos de Dios
(Mt 15.1-20)

7 **1** Se juntaron a Jesús los fariseos, y algunos de los escribas, que habían venido de Jerusalén;

2 los cuales, viendo a algunos de los discípulos de Jesús comer pan con manos inmundas, esto es, no lavadas, los condenaban.

3 Porque los fariseos y todos los judíos, aferrándose a la tradición de los ancianos, si muchas veces no se lavan las manos, no comen.

4 Y volviendo de la plaza, si no se lavan, no comen. Y otras muchas cosas hay que tomaron para guardar, como los lavamientos de los vasos de beber, y de los jarros, y de los utensilios de metal, y de los lechos.

5 Le preguntaron, pues, los fariseos y los escribas: ¿Por qué tus discípulos no andan conforme a la tradición de los ancianos, sino que comen pan con manos inmundas?

6 Respondiendo él, les dijo: Hipócritas, bien profetizó de vosotros Isaías, como está escrito:

Este pueblo de labios me honra,
Mas su corazón está lejos de mí.
7 Pues en vano me honran,
Enseñando como doctrinas
mandamientos de hombres.[a]

8 Porque dejando el mandamiento de Dios, os aferráis a la tradición de los hombres: los lavamientos de los jarros y de los vasos de beber; y hacéis otras muchas cosas semejantes.

9 Les decía también: Bien invalidáis el mandamiento de Dios para guardar vuestra tradición.

10 Porque Moisés dijo: Honra a tu padre y a tu madre;[b] y: El que maldiga al padre o a la madre, muera irremisiblemente.[c]

11 Pero vosotros decís: Basta que diga un hombre al padre o a la madre: Es Corbán (que quiere decir, mi ofrenda a Dios) todo aquello con que pudiera ayudarte,

12 y no le dejáis hacer más por su padre o por su madre,

13 invalidando la palabra de Dios con vuestra tradición que habéis transmitido. Y muchas cosas hacéis semejantes a éstas.

14 Y llamando a sí a toda la multitud, les dijo: Oídme todos, y entended:

15 Nada hay fuera del hombre que entre en él, que le pueda contaminar; pero lo que sale de él, eso es lo que contamina al hombre.

16 Si alguno tiene oídos para oír, oiga.

17 Cuando se alejó de la multitud y entró en casa, le preguntaron sus discípulos sobre la parábola.

18 Él les dijo: ¿También vosotros estáis así sin entendimiento? ¿No entendéis que todo lo de fuera que entra en el hombre, no le puede contaminar,

---

a **7.6, 7** Is 29.13.   b **7.10** Éx 20.12; Dt 5.16.
c **7.10** Éx 21.17; Lv 20.9.

19 porque no entra en su corazón, sino en el vientre, y sale a la letrina? Esto decía, haciendo limpios todos los alimentos.

20 Pero decía, que lo que del hombre sale, eso contamina al hombre.

21 Porque de dentro, del corazón de los hombres, salen los malos pensamientos, los adulterios, las fornicaciones, los homicidios,

22 los hurtos, las avaricias, las maldades, el engaño, la lascivia, la envidia, la maledicencia, la soberbia, la insensatez.

23 Todas estas maldades de dentro salen, y contaminan al hombre.

La fe de la mujer sirofenicia
(Mt 15.21-28)

24 Levantándose de allí, se fue a la región de Tiro y de Sidón; y entrando en una casa, no quiso que nadie lo supiese; pero no pudo esconderse.

25 Porque una mujer, cuya hija tenía un espíritu inmundo, luego que oyó de él, vino y se postró a sus pies.

26 La mujer era griega, y sirofenicia de nación; y le rogaba que echase fuera de su hija al demonio.

27 Pero Jesús le dijo: Deja primero que se sacien los hijos, porque no está bien tomar el pan de los hijos y echarlo a los perrillos.

28 Respondió ella y le dijo: Sí, Señor; pero aun los perrillos, debajo de la mesa, comen de las migajas de los hijos.

29 Entonces le dijo: Por esta palabra, ve; el demonio ha salido de tu hija.

30 Y cuando llegó ella a su casa, halló que el demonio había salido, y a la hija acostada en la cama.

Jesús sana a un sordomudo

31 Volviendo a salir de la región de Tiro, vino por Sidón al mar de Galilea, pasando por la región de Decápolis.

32 Y le trajeron un sordo y tartamudo, y le rogaron que le pusiera la mano encima.

33 Y tomándole aparte de la gente, metió los dedos en las orejas de él, y escupiendo, tocó su lengua;

34 y levantando los ojos al cielo, gimió, y le dijo: Efata, es decir: Sé abierto.

35 Al momento fueron abiertos sus oídos, y se desató la ligadura de su lengua, y hablaba bien.

36 Y les mandó que no lo dijesen a nadie; pero cuanto más les mandaba, tanto más y más lo divulgaban.

37 Y en gran manera se maravillaban, diciendo: bien lo ha hecho todo; hace a los sordos oír, y a los mudos hablar.

Alimentación de los cuatro mil
(Mt 15.32-39)

8 **1** En aquellos días, como había una gran multitud, y no tenían qué comer, Jesús llamó a sus discípulos, y les dijo:

2 Tengo compasión de la gente, porque ya hace tres días que están conmigo, y no tienen qué comer;

3 y si los enviare en ayunas a sus casas, se desmayarán en el camino, pues algunos de ellos han venido de lejos.

4 Sus discípulos le respondieron: ¿De dónde podrá alguien saciar de pan a éstos aquí en el desierto?

5 Él les preguntó: ¿Cuántos panes tenéis? Ellos dijeron: Siete.

6 Entonces mandó a la multitud que se recostase en tierra; y tomando los siete panes, habiendo dado gracias, los partió, y dio a sus discípulos para que los pusiesen delante; y los pusieron delante de la multitud.

7 Tenían también unos pocos pececillos; y los bendijo, y mandó que también los pusiesen delante.

8 Y comieron, y se saciaron; y recogieron de los pedazos que habían sobrado, siete canastas.

9 Eran los que comieron, como cuatro mil; y los despidió.

10 Y luego entrando en la barca con sus discípulos, vino a la región de Dalmanuta.

La demanda de una señal
(Mt 16.1-4; Lc 12.54-56)

11 Vinieron entonces los fariseos y comenzaron a discutir con él, pidiéndole señal del cielo,[a] para tentarle.

12 Y gimiendo en su espíritu, dijo: ¿Por qué pide señal esta generación?[b] De cierto os digo que no se dará señal a esta generación.

13 Y dejándolos, volvió a entrar en la barca, y se fue a la otra ribera.

---

a 8.11 Mt 12.38; Lc 11.16.   b 8.12 Mt 12.39; Lc 11.29.

La levadura de los fariseos
(Mt 16.5-12)

14 Habían olvidado de traer pan, y no tenían sino un pan consigo en la barca.
15 Y él les mandó, diciendo: Mirad, guardaos de la levadura de los fariseos,[c] y de la levadura de Herodes.
16 Y discutían entre sí, diciendo: Es porque no trajimos pan.
17 Y entendiéndolo Jesús, les dijo: ¿Qué discutís, porque no tenéis pan? ¿No entendéis ni comprendéis? ¿Aún tenéis endurecido vuestro corazón?
18 ¿Teniendo ojos no veis, y teniendo oídos no oís?[d] ¿Y no recordáis?
19 Cuando partí los cinco panes entre cinco mil, ¿cuántas cestas llenas de los pedazos recogisteis? Y ellos dijeron: Doce.
20 Y cuando los siete panes entre cuatro mil, ¿cuántas canastas llenas de los pedazos recogisteis? Y ellos dijeron: Siete.
21 Y les dijo: ¿Cómo aún no entendéis?

Un ciego sanado en Betsaida

22 Vino luego a Betsaida; y le trajeron un ciego, y le rogaron que le tocase.
23 Entonces, tomando la mano del ciego, le sacó fuera de la aldea; y escupiendo en sus ojos, le puso las manos encima, y le preguntó si veía algo.
24 Él, mirando, dijo: Veo los hombres como árboles, pero los veo que andan.
25 Luego le puso otra vez las manos sobre los ojos, y le hizo que mirase; y fue restablecido, y vio de lejos y claramente a todos.
26 Y lo envió a su casa, diciendo: No entres en la aldea, ni lo digas a nadie en la aldea.

La confesión de Pedro
(Mt 16.13-20; Lc 9.18-21)

27 Salieron Jesús y sus discípulos por las aldeas de Cesarea de Filipo. Y en el camino preguntó a sus discípulos, diciéndoles: ¿Quién dicen los hombres que soy yo?
28 Ellos respondieron: Unos, Juan el Bautista; otros, Elías; y otros, alguno de los profetas.[e]
29 Entonces él les dijo: Y vosotros, ¿quién decís que soy? Respondiendo Pedro, le dijo: Tú eres el Cristo.[f]
30 Pero él les mandó que no dijesen esto de él a ninguno.

Jesús anuncia su muerte
(Mt 16.21-28; Lc 9.22-27)

31 Y comenzó a enseñarles que le era necesario al Hijo del Hombre padecer mucho, y ser desechado por los ancianos, por los principales sacerdotes y por los escribas, y ser muerto, y resucitar después de tres días.
32 Esto les decía claramente. Entonces Pedro le tomó aparte y comenzó a reconvenirle.
33 Pero él, volviéndose y mirando a los discípulos, reprendió a Pedro, diciendo: ¡Quítate de delante de mí, Satanás! porque no pones la mira en las cosas de Dios, sino en las de los hombres.
34 Y llamando a la gente y a sus discípulos, les dijo: Si alguno quiere venir en pos de mí, niéguese a sí mismo, y tome su cruz, y sígame.[g]
35 Porque todo el que quiera salvar su vida, la perderá; y todo el que pierda su vida por causa de mí y del evangelio, la salvará.[h]
36 Porque ¿qué aprovechará al hombre si ganare todo el mundo, y perdiere su alma?
37 ¿O qué recompensa dará el hombre por su alma?
38 Porque el que se avergonzare de mí y de mis palabras en esta generación adúltera y pecadora, el Hijo del Hombre se avergonzará también de él, cuando venga en la gloria de su Padre con los santos ángeles.

9 **1** También les dijo: De cierto os digo que hay algunos de los que están aquí, que no gustarán la muerte hasta que hayan visto el reino de Dios venido con poder.

La transfiguración
(Mt 17.1-13; Lc 9.28-36)

2 Seis días después, Jesús tomó a Pedro, a Jacobo y a Juan, y los llevó aparte solos a un monte alto; y se transfiguró delante de ellos.[a]
3 Y sus vestidos se volvieron resplandecientes, muy blancos, como la nieve, tanto que ningún lavador en la tierra los puede hacer tan blancos.

c **8.15** Lc 12.1.   d **8.18** Is 6.9, 10; Jer 5.21; Ez 12.2.
e **8.28** Mr 6.14, 15; Lc 9.7, 8.   f **8.29** Jn 6.68, 69.
g **8.34** Mt 10.38; Lc 14.27.   h **8.35** Mt 10.39; Lc 17.33;
Jn 12.25.   a **9.2-7** 2 P 1.17, 18.

4 Y les apareció Elías con Moisés, que hablaban con Jesús.

5 Entonces Pedro dijo a Jesús: Maestro, bueno es para nosotros que estemos aquí; y hagamos tres enramadas, una para ti, otra para Moisés, y otra para Elías.

6 Porque no sabía lo que hablaba, pues estaban espantados.

7 Entonces vino una nube que les hizo sombra, y desde la nube una voz que decía: Éste es mi Hijo amado;[b] a él oíd.

8 Y luego, cuando miraron, no vieron más a nadie consigo, sino a Jesús solo.

9 Y descendiendo ellos del monte, les mandó que a nadie dijesen lo que habían visto, sino cuando el Hijo del Hombre hubiese resucitado de los muertos.

10 Y guardaron la palabra entre sí, discutiendo qué sería aquello de resucitar de los muertos.

11 Y le preguntaron, diciendo: ¿Por qué dicen los escribas que es necesario que Elías venga primero?[c]

12 Respondiendo él, les dijo: Elías a la verdad vendrá primero, y restaurará todas las cosas; ¿y cómo está escrito del Hijo del Hombre, que padezca mucho y sea tenido en nada?

13 Pero os digo que Elías ya vino, y le hicieron todo lo que quisieron, como está escrito de él.

Jesús sana a un muchacho endemoniado
(Mt 17.14-21; Lc 9.37-43)

14 Cuando llegó a donde estaban los discípulos, vio una gran multitud alrededor de ellos, y escribas que disputaban con ellos.

15 Y en seguida toda la gente, viéndole, se asombró, y corriendo a él, le saludaron.

16 Él les preguntó: ¿Qué disputáis con ellos?

17 Y respondiendo uno de la multitud, dijo: Maestro, traje a ti mi hijo, que tiene un espíritu mudo,

18 el cual, dondequiera que le toma, le sacude; y echa espumarajos, y cruje los dientes, y se va secando; y dije a tus discípulos que lo echasen fuera, y no pudieron.

19 Y respondiendo él, les dijo: ¡Oh generación incrédula! ¿Hasta cuándo he de estar con vosotros? ¿Hasta cuándo os he de soportar? Traédmelo.

20 Y se lo trajeron; y cuando el espíritu vio a Jesús, sacudió con violencia al muchacho, quien cayendo en tierra se revolcaba, echando espumarajos.

21 Jesús preguntó al padre: ¿Cuánto tiempo hace que le sucede esto? Y él dijo: Desde niño.

22 Y muchas veces le echa en el fuego y en el agua, para matarle; pero si puedes hacer algo, ten misericordia de nosotros, y ayúdanos.

23 Jesús le dijo: Si puedes creer, al que cree todo le es posible.

24 E inmediatamente el padre del muchacho clamó y dijo: Creo; ayuda mi incredulidad.

25 Y cuando Jesús vio que la multitud se agolpaba, reprendió al espíritu inmundo, diciéndole: Espíritu mudo y sordo, yo te mando, sal de él, y no entres más en él.

26 Entonces el espíritu, clamando y sacudiéndole con violencia, salió; y él quedó como muerto, de modo que muchos decían: Está muerto.

27 Pero Jesús, tomándole de la mano, le enderezó; y se levantó.

28 Cuando él entró en casa, sus discípulos le preguntaron aparte: ¿Por qué nosotros no pudimos echarle fuera?

29 Y les dijo: Este género con nada puede salir, sino con oración y ayuno.

Jesús anuncia otra vez su muerte
(Mt 17.22, 23; Lc 9.43-45)

30 Habiendo salido de allí, caminaron por Galilea; y no quería que nadie lo supiese.

31 Porque enseñaba a sus discípulos, y les decía: El Hijo del Hombre será entregado en manos de hombres, y le matarán; pero después de muerto, resucitará al tercer día.

32 Pero ellos no entendían esta palabra, y tenían miedo de preguntarle.

¿Quién es el mayor?
(Mt 18.1-5; Lc 9.46-48)

33 Y llegó a Capernaum; y cuando estuvo en casa, les preguntó: ¿Qué disputabais entre vosotros en el camino?

34 Mas ellos callaron; porque en el camino habían disputado entre sí, quién había de ser el mayor.[d]

b 9.7 Mt 3.17; Mr 1.11; Lc 3.22.   **c 9.11** Mal 4.5; Mt 11.14.
d 9.34 Lc 22.24.

35 Entonces él se sentó y llamó a los doce, y les dijo: Si alguno quiere ser el primero, será el postrero de todos, y el servidor de todos.[e]

36 Y tomó a un niño, y lo puso en medio de ellos; y tomándole en sus brazos, les dijo:

37 El que reciba en mi nombre a un niño como éste, me recibe a mí; y el que a mí me recibe, no me recibe a mí sino al que me envió.[f]

El que no es contra nosotros, por nosotros es
(Lc 9.49, 50)

38 Juan le respondió diciendo: Maestro, hemos visto a uno que en tu nombre echaba fuera demonios, pero él no nos sigue; y se lo prohibimos, porque no nos seguía.

39 Pero Jesús dijo: No se lo prohibáis; porque ninguno hay que haga milagro en mi nombre, que luego pueda decir mal de mí.

40 Porque el que no es contra nosotros, por nosotros es.[g]

41 Y cualquiera que os diere un vaso de agua en mi nombre, porque sois de Cristo, de cierto os digo que no perderá su recompensa.[h]

Ocasiones de caer
(Mt 18.6-9; Lc 17.1, 2)

42 Cualquiera que haga tropezar a uno de estos pequeñitos que creen en mí, mejor le fuera si se le atase una piedra de molino al cuello, y se le arrojase en el mar.

43 Si tu mano te fuere ocasión de caer, córtala; mejor te es entrar en la vida manco, que teniendo dos manos ir al infierno, al fuego que no puede ser apagado,[i]

44 donde el gusano de ellos no muere, y el fuego nunca se apaga.

45 Y si tu pie te fuere ocasión de caer, córtalo; mejor te es entrar a la vida cojo, que teniendo dos pies ser echado en el infierno, al fuego que no puede ser apagado,

46 donde el gusano de ellos no muere, y el fuego nunca se apaga.

47 Y si tu ojo te fuere ocasión de caer, sácalo; mejor te es entrar en el reino de Dios con un ojo, que teniendo dos ojos ser echado al infierno,[j]

48 donde el gusano de ellos no muere, y el fuego nunca se apaga.[k]

49 Porque todos serán salados con fuego, y todo sacrificio será salado con sal.

50 Buena es la sal; mas si la sal se hace insípida, ¿con qué la sazonaréis?[l] Tened sal en vosotros mismos; y tened paz los unos con los otros.

Jesús enseña sobre el divorcio
(Mt 19.1-12; Lc 16.18)

10 **1** Levantándose de allí, vino a la región de Judea y al otro lado del Jordán; y volvió el pueblo a juntarse a él, y de nuevo les enseñaba como solía.

2 Y se acercaron los fariseos y le preguntaron, para tentarle, si era lícito al marido repudiar a su mujer.

3 Él, respondiendo, les dijo: ¿Qué os mandó Moisés?

4 Ellos dijeron: Moisés permitió dar carta de divorcio, y repudiarla.[a]

5 Y respondiendo Jesús, les dijo: Por la dureza de vuestro corazón os escribió este mandamiento;

6 pero al principio de la creación, varón y hembra los hizo Dios.[b]

7 Por esto dejará el hombre a su padre y a su madre, y se unirá a su mujer,

8 y los dos serán una sola carne; así que no son ya más dos, sino uno.[c]

9 Por tanto, lo que Dios juntó, no lo separe el hombre.

10 En casa volvieron los discípulos a preguntarle de lo mismo,

11 y les dijo: Cualquiera que repudia a su mujer y se casa con otra, comete adulterio contra ella;

12 y si la mujer repudia a su marido y se casa con otro, comete adulterio.[d]

Jesús bendice a los niños
(Mt 19.13-15; Lc 18.15-17)

13 Y le presentaban niños para que los tocase; y los discípulos reprendían a los que los presentaban.

14 Viéndolo Jesús, se indignó, y les dijo: Dejad a los niños venir a mí, y no se lo impidáis; porque de los tales es el reino de Dios.

e **9.35** Mt 20.26, 27; 23.11; Mr 10.43, 44; Lc 22.26. f **9.37** Mt 10.40; Lc 10.16; Jn 13.20. g **9.40** Mt 12.30; Lc 11.23. h **9.41** Mt 10.42. i **9.43** Mt 5.30. j **9.47** Mt 5.29. k **9.48** Is 66.24. l **9.50** Mt 5.13; Lc 14.34, 35. a **10.4** Dt 24.1-4; Mt 5.31. b **10.6** Gn 1.27; 5.2. c **10.7, 8** Gn 2.24. d **10.11, 12** Mt 5.32; 1 Co 7.10, 11.

15 De cierto os digo, que el que no reciba el reino de Dios como un niño, no entrará en él.[e]

16 Y tomándolos en los brazos, poniendo las manos sobre ellos, los bendecía.

El joven rico
(Mt 19.16-30; Lc 18.18-30)

17 Al salir él para seguir su camino, vino uno corriendo, e hincando la rodilla delante de él, le preguntó: Maestro bueno, ¿qué haré para heredar la vida eterna?

18 Jesús le dijo: ¿Por qué me llamas bueno? Ninguno hay bueno, sino sólo uno, Dios.

19 Los mandamientos sabes: No adulteres.[f] No mates.[g] No hurtes.[h] No digas falso testimonio.[i] No defraudes. Honra a tu padre y a tu madre.[j]

20 Él entonces, respondiendo, le dijo: Maestro, todo esto lo he guardado desde mi juventud.

21 Entonces Jesús, mirándole, le amó, y le dijo: Una cosa te falta: anda, vende todo lo que tienes, y dalo a los pobres, y tendrás tesoro en el cielo; y ven, sígueme, tomando tu cruz.

22 Pero él, afligido por esta palabra, se fue triste, porque tenía muchas posesiones.

23 Entonces Jesús, mirando alrededor, dijo a sus discípulos: ¡Cuán difícilmente entrarán en el reino de Dios los que tienen riquezas!

24 Los discípulos se asombraron de sus palabras; pero Jesús, respondiendo, volvió a decirles: Hijos, ¡cuán difícil les es entrar en el reino de Dios, a los que confían en las riquezas!

25 Más fácil es pasar un camello por el ojo de una aguja, que entrar un rico en el reino de Dios.

26 Ellos se asombraban aún más, diciendo entre sí: ¿Quién, pues, podrá ser salvo?

27 Entonces Jesús, mirándolos, dijo: Para los hombres es imposible, mas para Dios, no; porque todas las cosas son posibles para Dios.

28 Entonces Pedro comenzó a decirle: He aquí, nosotros lo hemos dejado todo, y te hemos seguido.

29 Respondió Jesús y dijo: De cierto os digo que no hay ninguno que haya dejado casa, o hermanos, o hermanas, o padre, o madre, o mujer, o hijos, o tierras, por causa de mí y del evangelio,

30 que no reciba cien veces más ahora en este tiempo; casas, hermanos, hermanas, madres, hijos, y tierras, con persecuciones; y en el siglo venidero la vida eterna.

31 Pero muchos primeros serán postreros, y los postreros, primeros.[k]

Nuevamente Jesús anuncia su muerte
(Mt 20.17-19; Lc 18.31-34)

32 Iban por el camino subiendo a Jerusalén; y Jesús iba delante, y ellos se asombraron, y le seguían con miedo. Entonces volviendo a tomar a los doce aparte, les comenzó a decir las cosas que le habían de acontecer:

33 He aquí subimos a Jerusalén, y el Hijo del Hombre será entregado a los principales sacerdotes y a los escribas, y le condenarán a muerte, y le entregarán a los gentiles;

34 y le escarnecerán, le azotarán, y escupirán en él, y le matarán; mas al tercer día resucitará.

Petición de Santiago y de Juan
(Mt 20.20-28)

35 Entonces Jacobo y Juan, hijos de Zebedeo, se le acercaron, diciendo: Maestro, querríamos que nos hagas lo que pidiéremos.

36 Él les dijo: ¿Qué queréis que os haga?

37 Ellos le dijeron: Concédenos que en tu gloria nos sentemos el uno a tu derecha, y el otro a tu izquierda.

38 Entonces Jesús les dijo: No sabéis lo que pedís. ¿Podéis beber del vaso que yo bebo, o ser bautizados con el bautismo con que yo soy bautizado?[l]

39 Ellos dijeron: Podemos. Jesús les dijo: A la verdad, del vaso que yo bebo, beberéis, y con el bautismo con que yo soy bautizado, seréis bautizados;

40 pero el sentaros a mi derecha y a mi izquierda, no es mío darlo, sino a aquellos para quienes está preparado.

41 Cuando lo oyeron los diez, comenzaron a enojarse contra Jacobo y contra Juan.

42 Mas Jesús, llamándolos, les dijo: Sabéis que los que son tenidos por gobernantes de las naciones se enseñorean de ellas, y sus grandes ejercen sobre ellas potestad. 43 Pero no será así entre vosotros,[m] sino que el que quiera hacerse grande entre vosotros será vuestro servidor, 44 y el que de vosotros quiera ser el primero, será siervo de todos.[n] 45 Porque el Hijo del Hombre no vino para ser servido, sino para servir, y para dar su vida en rescate por muchos.

El ciego Bartimeo recibe la vista
(Mt 20.29-34; Lc 18.35-43)

46 Entonces vinieron a Jericó; y al salir de Jericó él y sus discípulos y una gran multitud, Bartimeo el ciego, hijo de Timeo, estaba sentado junto al camino mendigando. 47 Y oyendo que era Jesús nazareno, comenzó a dar voces y a decir: ¡Jesús, Hijo de David, ten misericordia de mí! 48 Y muchos le reprendían para que callase, pero él clamaba mucho más: ¡Hijo de David, ten misericordia de mí! 49 Entonces Jesús, deteniéndose, mandó llamarle; y llamaron al ciego, diciéndole: Ten confianza; levántate, te llama. 50 Él entonces, arrojando su capa, se levantó y vino a Jesús. 51 Respondiendo Jesús, le dijo: ¿Qué quieres que te haga? Y el ciego le dijo: Maestro, que recobre la vista. 52 Y Jesús le dijo: Vete, tu fe te ha salvado. Y en seguida recobró la vista, y seguía a Jesús en el camino.

La entrada triunfal en Jerusalén
(Mt 21.1-11; Lc 19.28-40; Jn 12.12-19)

11 1 Cuando se acercaban a Jerusalén, junto a Betfagé y a Betania, frente al monte de los Olivos, Jesús envió dos de sus discípulos, 2 y les dijo: Id a la aldea que está enfrente de vosotros, y luego que entréis en ella, hallaréis un pollino atado, en el cual ningún hombre ha montado; desatadlo y traedlo. 3 Y si alguien os dijere: ¿Por qué hacéis eso? decid que el Señor lo necesita, y que luego lo devolverá. 4 Fueron, y hallaron el pollino atado afuera a la puerta, en el recodo del camino, y lo desataron.

5 Y unos de los que estaban allí les dijeron: ¿Qué hacéis desatando el pollino? 6 Ellos entonces les dijeron como Jesús había mandado; y los dejaron. 7 Y trajeron el pollino a Jesús, y echaron sobre él sus mantos, y se sentó sobre él. 8 También muchos tendían sus mantos por el camino, y otros cortaban ramas de los árboles, y las tendían por el camino. 9 Y los que iban delante y los que venían detrás daban voces, diciendo: ¡Hosanna![a] ¡Bendito el que viene en el nombre del Señor![b] 10 ¡Bendito el reino de nuestro padre David que viene! ¡Hosanna en las alturas! 11 Y entró Jesús en Jerusalén, y en el templo; y habiendo mirado alrededor todas las cosas, como ya anochecía, se fue a Betania con los doce.

Maldición de la higuera estéril
(Mt 21.18, 19)

12 Al día siguiente, cuando salieron de Betania, tuvo hambre. 13 Y viendo de lejos una higuera que tenía hojas, fue a ver si tal vez hallaba en ella algo; pero cuando llegó a ella, nada halló sino hojas, pues no era tiempo de higos. 14 Entonces Jesús dijo a la higuera: Nunca jamás coma nadie fruto de ti. Y lo oyeron sus discípulos.

Purificación del templo
(Mt 21.12-17; Lc 19.45-48; Jn 2.13-22)

15 Vinieron, pues, a Jerusalén; y entrando Jesús en el templo, comenzó a echar fuera a los que vendían y compraban en el templo; y volcó las mesas de los cambistas, y las sillas de los que vendían palomas; 16 y no consentía que nadie atravesase el templo llevando utensilio alguno. 17 Y les enseñaba, diciendo: ¿No está escrito: Mi casa será llamada casa de oración para todas las naciones?[c] Mas vosotros la habéis hecho cueva de ladrones.[d] 18 Y lo oyeron los escribas y los principales sacerdotes, y buscaban cómo matarle; porque le tenían miedo, por cuanto todo el pueblo estaba admirado de su doctrina.

---

m 10.42, 43 Lc 22.25, 26.　n 10.43, 44 Mt 23.11; Mr 9.35; Lc 22.26.　a 11.9 Sal 118.25.　b 11.9 Sal 118.26. c 11.17 Is 56.7.　d 11.17 Jer 7.11.

19 Pero al llegar la noche, Jesús salió de la ciudad.

La higuera maldecida se seca
(Mt 21.19-22)

20 Y pasando por la mañana, vieron que la higuera se había secado desde las raíces. **21** Entonces Pedro, acordándose, le dijo: Maestro, mira, la higuera que maldijiste se ha secado. **22** Respondiendo Jesús, les dijo: Tened fe en Dios. **23** Porque de cierto os digo que cualquiera que dijere a este monte: Quítate y échate en el mar, y no dudare en su corazón, sino creyere que será hecho lo que dice, lo que diga le será hecho.[e] **24** Por tanto, os digo que todo lo que pidiereis orando, creed que lo recibiréis, y os vendrá. **25** Y cuando estéis orando, perdonad, si tenéis algo contra alguno, para que también vuestro Padre que está en los cielos os perdone a vosotros vuestras ofensas. **26** Porque si vosotros no perdonáis, tampoco vuestro Padre que está en los cielos os perdonará vuestras ofensas.[f]

La autoridad de Jesús
(Mt 21.23-27; Lc 20.1-8)

27 Volvieron entonces a Jerusalén; y andando él por el templo, vinieron a él los principales sacerdotes, los escribas y los ancianos, **28** y le dijeron: ¿Con qué autoridad haces estas cosas, y quién te dio autoridad para hacer estas cosas? **29** Jesús, respondiendo, les dijo: Os haré yo también una pregunta; respondedme, y os diré con qué autoridad hago estas cosas. **30** El bautismo de Juan, ¿era del cielo, o de los hombres? Respondedme. **31** Entonces ellos discutían entre sí, diciendo: Si decimos, del cielo, dirá: ¿Por qué, pues, no le creísteis? **32** ¿Y si decimos, de los hombres...? Pero temían al pueblo, pues todos tenían a Juan como un verdadero profeta. **33** Así que, respondiendo, dijeron a Jesús: No sabemos. Entonces respondiendo Jesús, les dijo: Tampoco yo os digo con qué autoridad hago estas cosas.

Los labradores malvados
(Mt 21.33-46; Lc 20.9-19)

12 **1** Entonces comenzó Jesús a decirles por parábolas: Un hombre plantó una viña,[a] la cercó de vallado, cavó un lagar, edificó una torre, y la arrendó a unos labradores, y se fue lejos. **2** Y a su tiempo envió un siervo a los labradores, para que recibiese de éstos del fruto de la viña. **3** Mas ellos, tomándole, le golpearon, y le enviaron con las manos vacías. **4** Volvió a enviarles otro siervo; pero apedreándole, le hirieron en la cabeza, y también le enviaron afrentado. **5** Volvió a enviar otro, y a éste mataron; y a otros muchos, golpeando a unos y matando a otros. **6** Por último, teniendo aún un hijo suyo, amado, lo envió también a ellos, diciendo: Tendrán respeto a mi hijo. **7** Mas aquellos labradores dijeron entre sí: Éste es el heredero; venid, matémosle, y la heredad será nuestra. **8** Y tomándole, le mataron, y le echaron fuera de la viña. **9** ¿Qué, pues, hará el señor de la viña? Vendrá, y destruirá a los labradores, y dará su viña a otros. **10** ¿Ni aun esta escritura habéis leído:
La piedra que desecharon los
    edificadores
Ha venido a ser cabeza del ángulo;
11 El Señor ha hecho esto,
Y es cosa maravillosa a nuestros
    ojos?[b]
12 Y procuraban prenderle, porque entendían que decía contra ellos aquella parábola; pero temían a la multitud, y dejándole, se fueron.

La cuestión del tributo
(Mt 22.15-22; Lc 20.20-26)

13 Y le enviaron algunos de los fariseos y de los herodianos, para que le sorprendiesen en alguna palabra. **14** Viniendo ellos, le dijeron: Maestro, sabemos que eres hombre veraz, y que no te cuidas de nadie; porque no miras la apariencia de los hombres, sino que con verdad enseñas el camino de Dios. ¿Es lícito dar tributo a César, o no? ¿Daremos, o no daremos?

---

e 11.23 Mt 17.20; 1 Co 13.2.   **f 11.25, 26** Mt 6.14, 15.
a 12.1 Is 5.1, 2.   **b 12.10, 11** Sal 118.22, 23.

15 Mas él, percibiendo la hipocresía de ellos, les dijo: ¿Por qué me tentáis? Traedme la moneda para que la vea.

16 Ellos se la trajeron; y les dijo: ¿De quién es esta imagen y la inscripción? Ellos le dijeron: De César.

17 Respondiendo Jesús, les dijo: Dad a César lo que es de César, y a Dios lo que es de Dios. Y se maravillaron de él.

La pregunta sobre la resurrección
(Mt 22.23-33; Lc 20.27-40)

18 Entonces vinieron a él los saduceos, que dicen que no hay resurrección,^c y le preguntaron, diciendo:

19 Maestro, Moisés nos escribió^d que si el hermano de alguno muriere y dejare esposa, pero no dejare hijos, que su hermano se case con ella, y levante descendencia a su hermano.

20 Hubo siete hermanos; el primero tomó esposa, y murió sin dejar descendencia.

21 Y el segundo se casó con ella, y murió, y tampoco dejó descendencia; y el tercero, de la misma manera.

22 Y así los siete, y no dejaron descendencia; y después de todos murió también la mujer.

23 En la resurrección, pues, cuando resuciten, ¿de cuál de ellos será ella mujer, ya que los siete la tuvieron por mujer?

24 Entonces respondiendo Jesús, les dijo: ¿No erráis por esto, porque ignoráis las Escrituras, y el poder de Dios?

25 Porque cuando resuciten de los muertos, ni se casarán ni se darán en casamiento, sino serán como los ángeles que están en los cielos.

26 Pero respecto a que los muertos resucitan, ¿no habéis leído en el libro de Moisés cómo le habló Dios en la zarza, diciendo: Yo soy el Dios de Abraham, el Dios de Isaac y el Dios de Jacob?^e

27 Dios no es Dios de muertos, sino Dios de vivos; así que vosotros mucho erráis.

El gran mandamiento
(Mt 22.34-40)

28 Acercándose uno de los escribas, que los había oído disputar, y sabía que les había respondido bien, le preguntó:^f ¿Cuál es el primer mandamiento de todos?

29 Jesús le respondió: El primer mandamiento de todos es: Oye, Israel; el Señor nuestro Dios, el Señor uno es.

30 Y amarás al Señor tu Dios con todo tu corazón, y con toda tu alma, y con toda tu mente y con todas tus fuerzas.^g Éste es el principal mandamiento.

31 Y el segundo es semejante: Amarás a tu prójimo como a ti mismo.^h No hay otro mandamiento mayor que éstos.

32 Entonces el escriba le dijo: Bien, Maestro, verdad has dicho, que uno es Dios, y no hay otro fuera de él;ⁱ

33 y el amarle con todo el corazón, con todo el entendimiento, con toda el alma, y con todas las fuerzas, y amar al prójimo como a uno mismo, es más que todos los holocaustos y sacrificios.^j

34 Jesús entonces, viendo que había respondido sabiamente, le dijo: No estás lejos del reino de Dios. Y ya ninguno osaba preguntarle.

¿De quién es hijo el Cristo?
(Mt 22.41-46; Lc 20.41-44)

35 Enseñando Jesús en el templo, decía: ¿Cómo dicen los escribas que el Cristo es hijo de David?

36 Porque el mismo David dijo por el Espíritu Santo:

Dijo el Señor a mi Señor:
Siéntate a mi diestra,
Hasta que ponga tus enemigos por
    estrado de tus pies.^k

37 David mismo le llama Señor; ¿cómo, pues, es su hijo? Y gran multitud del pueblo le oía de buena gana.

Jesús acusa a los escribas
(Mt 23.1-36; Lc 11.37-54; 20.45-47)

38 Y les decía en su doctrina: Guardaos de los escribas, que gustan de andar con largas ropas, y aman las salutaciones en las plazas,

39 y las primeras sillas en las sinagogas, y los primeros asientos en las cenas;

40 que devoran las casas de las viudas, y por pretexto hacen largas oraciones. Éstos recibirán mayor condenación.

---

c 12.18 Hch 23.8.   **d 12.19** Dt 25.5.   **e 12.26** Éx 3.6.
f 12.28-34 Lc 10.25-28.   **g 12.29, 30** Dt 6.4, 5.
h 12.31 Lv 19.18.   **i 12.32** Dt 4.35.   **j 12.33** Os 6.6.
k 12.36 Sal 110.1.

La ofrenda de la viuda
(Lc 21.1-4)

41 Estando Jesús sentado delante del arca de la ofrenda, miraba cómo el pueblo echaba dinero en el arca; y muchos ricos echaban mucho.
42 Y vino una viuda pobre, y echó dos blancas, o sea un cuadrante.
43 Entonces llamando a sus discípulos, les dijo: De cierto os digo que esta viuda pobre echó más que todos los que han echado en el arca;
44 porque todos han echado de lo que les sobra; pero ésta, de su pobreza echó todo lo que tenía, todo su sustento.

Jesús predice la destrucción del templo
(Mt 24.1, 2; Lc 21.5, 6)

13 **1** Saliendo Jesús del templo, le dijo uno de sus discípulos: Maestro, mira qué piedras, y qué edificios.
2 Jesús, respondiendo, le dijo: ¿Ves estos grandes edificios? No quedará piedra sobre piedra, que no sea derribada.

Señales antes del fin
(Mt 24.3-28; Lc 21.7-24; 17.22-24)

3 Y se sentó en el monte de los Olivos, frente al templo. Y Pedro, Jacobo, Juan y Andrés le preguntaron aparte:
4 Dinos, ¿cuándo serán estas cosas? ¿Y qué señal habrá cuando todas estas cosas hayan de cumplirse?
5 Jesús, respondiéndoles, comenzó a decir: Mirad que nadie os engañe;
6 porque vendrán muchos en mi nombre, diciendo: Yo soy el Cristo; y engañarán a muchos.
7 Mas cuando oigáis de guerras y de rumores de guerras, no os turbéis, porque es necesario que suceda así; pero aún no es el fin.
8 Porque se levantará nación contra nación, y reino contra reino; y habrá terremotos en muchos lugares, y habrá hambres y alborotos; principios de dolores son éstos.
9 Pero mirad por vosotros mismos; porque os entregarán a los concilios, y en las sinagogas os azotarán; y delante de gobernadores y de reyes os llevarán por causa de mí, para testimonio a ellos.
10 Y es necesario que el evangelio sea predicado antes a todas las naciones.
11 Pero cuando os trajeren para entregaros, no os preocupéis por lo que habéis de decir, ni lo penséis, sino lo que os fuere dado en aquella hora, eso hablad; porque no sois vosotros los que habláis, sino el Espíritu Santo.[a]
12 Y el hermano entregará a la muerte al hermano, y el padre al hijo; y se levantarán los hijos contra los padres, y los matarán.
13 Y seréis aborrecidos de todos por causa de mi nombre; mas el que persevere hasta el fin, éste será salvo.[b]
14 Pero cuando veáis la abominación desoladora[c] de que habló el profeta Daniel, puesta donde no debe estar (el que lee, entienda), entonces los que estén en Judea huyan a los montes.
15 El que esté en la azotea, no descienda a la casa, ni entre para tomar algo de su casa;
16 y el que esté en el campo, no vuelva atrás a tomar su capa.[d]
17 Mas ¡ay de las que estén encintas, y las que críen en aquellos días!
18 Orad, pues, que vuestra huida no sea en invierno;
19 porque aquellos días serán de tribulación[e] cual nunca ha habido desde el principio de la creación que Dios creó, hasta este tiempo, ni la habrá.
20 Y si el Señor no hubiese acortado aquellos días, nadie sería salvo; mas por causa de los escogidos que él escogió, acortó aquellos días.
21 Entonces si alguno os dijere: Mirad, aquí está el Cristo; o, mirad, allí está, no le creáis.
22 Porque se levantarán falsos Cristos y falsos profetas, y harán señales y prodigios, para engañar, si fuese posible, aun a los escogidos.
23 Mas vosotros mirad; os lo he dicho todo antes.

La venida del Hijo del Hombre
(Mt 24.29-35, 42-44; Lc 21.25-36)

24 Pero en aquellos días, después de aquella tribulación, el sol se oscurecerá, y la luna no dará su resplandor,

---

a 13.9-11 Mt 10.17-20; Lc 12.11, 12.   **b 13.13** Mt 10.22.
c 13.14 Dn 9.27; 11.31; 12.11.   **d 13.15, 16** Lc 17.31.
e 13.19 Dn 12.1; Ap 7.14.

²⁵ y las estrellas caerán del cielo,^f y las potencias que están en los cielos serán conmovidas.

²⁶ Entonces verán al Hijo del Hombre, que vendrá en las nubes^g con gran poder y gloria.

²⁷ Y entonces enviará sus ángeles, y juntará a sus escogidos de los cuatro vientos, desde el extremo de la tierra hasta el extremo del cielo.

²⁸ De la higuera aprended la parábola: Cuando ya su rama está tierna, y brotan las hojas, sabéis que el verano está cerca.

²⁹ Así también vosotros, cuando veáis que suceden estas cosas, conoced que está cerca, a las puertas.

³⁰ De cierto os digo, que no pasará esta generación hasta que todo esto acontezca.

³¹ El cielo y la tierra pasarán, pero mis palabras no pasarán.

³² Pero de aquel día y de la hora nadie sabe, ni aun los ángeles que están en el cielo, ni el Hijo, sino el Padre.^h

³³ Mirad, velad y orad; porque no sabéis cuándo será el tiempo.

³⁴ Es como el hombre que yéndose lejos, dejó su casa, y dio autoridad a sus siervos, y a cada uno su obra, y al portero mandó que velase.ⁱ

³⁵ Velad, pues, porque no sabéis cuándo vendrá el señor de la casa; si al anochecer, o a la medianoche, o al canto del gallo, o a la mañana;

³⁶ para que cuando venga de repente, no os halle durmiendo.

³⁷ Y lo que a vosotros digo, a todos lo digo: Velad.

El complot para prender a Jesús
(Mt 26.1-5; Lc 22.1, 2; Jn 11.45-53)

14 ¹ Dos días después era la pascua,^a y la fiesta de los panes sin levadura; y buscaban los principales sacerdotes y los escribas cómo prenderle por engaño y matarle.

² Y decían: No durante la fiesta para que no se haga alboroto del pueblo.

Jesús es ungido en Betania
(Mt 26.6-13; Jn 12.1-8)

³ Pero estando él en Betania, en casa de Simón el leproso, y sentado a la mesa, vino una mujer con un vaso de alabastro de perfume de nardo puro de mucho precio; y quebrando el vaso de alabastro, se lo derramó sobre su cabeza.^b

⁴ Y hubo algunos que se enojaron dentro de sí, y dijeron: ¿Para qué se ha hecho este desperdicio de perfume?

⁵ Porque podía haberse vendido por más de trescientos denarios, y haberse dado a los pobres. Y murmuraban contra ella.

⁶ Pero Jesús dijo: Dejadla, ¿por qué la molestáis? Buena obra me ha hecho.

⁷ Siempre tendréis a los pobres con vosotros,^c y cuando queráis les podréis hacer bien; pero a mí no siempre me tendréis.

⁸ Ésta ha hecho lo que podía; porque se ha anticipado a ungir mi cuerpo para la sepultura.

⁹ De cierto os digo que dondequiera que se predique este evangelio, en todo el mundo, también se contará lo que ésta ha hecho, para memoria de ella.

Judas ofrece entregar a Jesús
(Mt 26.14-16; Lc 22.3-6)

¹⁰ Entonces Judas Iscariote, uno de los doce, fue a los principales sacerdotes para entregárselo.

¹¹ Ellos, al oírlo, se alegraron, y prometieron darle dinero. Y Judas buscaba oportunidad para entregarle.

Institución de la Cena del Señor
(Mt 26.17-29; Lc 22.7-23; Jn 13.21-30; 1 Co 11.23-26)

¹² El primer día de la fiesta de los panes sin levadura, cuando sacrificaban el cordero de la pascua, sus discípulos le dijeron: ¿Dónde quieres que vayamos a preparar para que comas la pascua?

¹³ Y envió dos de sus discípulos, y les dijo: Id a la ciudad, y os saldrá al encuentro un hombre que lleva un cántaro de agua; seguidle,

¹⁴ y donde entrare, decid al señor de la casa: El Maestro dice: ¿Dónde está el aposento donde he de comer la pascua con mis discípulos?

¹⁵ Y él os mostrará un gran aposento alto ya dispuesto; preparad para nosotros allí.

---

f 13.24, 25 Is 13.10; Ez 32.7; Jl 2.31; Ap 6.12, 13.
g 13.26 Dn 7.13; Ap 1.7.   **h 13.32** Mt 24.36.
i 13.34 Lc 12.36-38.   **a 14.1** Éx 12.1-27.   **b 14.3** Lc 7.37, 38.
c 14.7 Dt 15.11.

16 Fueron sus discípulos y entraron en la ciudad, y hallaron como les había dicho; y prepararon la pascua.

17 Y cuando llegó la noche, vino él con los doce.

18 Y cuando se sentaron a la mesa, mientras comían, dijo Jesús: De cierto os digo que uno de vosotros, que come conmigo, me va a entregar.

19 Entonces ellos comenzaron a entristecerse, y a decirle uno por uno: ¿Seré yo? Y el otro: ¿Seré yo?

20 Él, respondiendo, les dijo: Es uno de los doce, el que moja conmigo en el plato.

21 A la verdad el Hijo del Hombre va, según está escrito de él,[d] mas ¡ay de aquel hombre por quien el Hijo del Hombre es entregado! Bueno le fuera a ese hombre no haber nacido.

22 Y mientras comían, Jesús tomó pan y bendijo, y lo partió y les dio, diciendo: Tomad, esto es mi cuerpo.

23 Y tomando la copa, y habiendo dado gracias, les dio; y bebieron de ella todos.

24 Y les dijo: Esto es mi sangre[e] del nuevo pacto,[f] que por muchos es derramada.

25 De cierto os digo que no beberé más del fruto de la vid, hasta aquel día en que lo beba nuevo en el reino de Dios.

Jesús anuncia la negación de Pedro
(Mt 26.30-35; Lc 22.31-34; Jn 13.36-38)

26 Cuando hubieron cantado el himno, salieron al monte de los Olivos.

27 Entonces Jesús les dijo: Todos os escandalizaréis de mí esta noche; porque escrito está: Heriré al pastor, y las ovejas serán dispersadas.[g]

28 Pero después que haya resucitado, iré delante de vosotros a Galilea.[h]

29 Entonces Pedro le dijo: Aunque todos se escandalicen, yo no.

30 Y le dijo Jesús: De cierto te digo que tú, hoy, en esta noche, antes que el gallo haya cantado dos veces, me negarás tres veces.

31 Mas él con mayor insistencia decía: Si me fuere necesario morir contigo, no te negaré. También todos decían lo mismo.

Jesús ora en Getsemaní
(Mt 26.36-46; Lc 22.39-46)

32 Vinieron, pues, a un lugar que se llama Getsemaní, y dijo a sus discípulos: Sentaos aquí, entre tanto que yo oro.

33 Y tomó consigo a Pedro, a Jacobo y a Juan, y comenzó a entristecerse y a angustiarse.

34 Y les dijo: Mi alma está muy triste, hasta la muerte; quedaos aquí y velad.

35 Yéndose un poco adelante, se postró en tierra, y oró que si fuese posible, pasase de él aquella hora.

36 Y decía: Abba, Padre, todas las cosas son posibles para ti; aparta de mí esta copa; mas no lo que yo quiero, sino lo que tú.

37 Vino luego y los halló durmiendo; y dijo a Pedro: Simón, ¿duermes? ¿No has podido velar una hora?

38 Velad y orad, para que no entréis en tentación; el espíritu a la verdad está dispuesto, pero la carne es débil.

39 Otra vez fue y oró, diciendo las mismas palabras.

40 Al volver, otra vez los halló durmiendo, porque los ojos de ellos estaban cargados de sueño; y no sabían qué responderle.

41 Vino la tercera vez, y les dijo: Dormid ya, y descansad. Basta, la hora ha venido; he aquí, el Hijo del Hombre es entregado en manos de los pecadores.

42 Levantaos, vamos; he aquí, se acerca el que me entrega.

Arresto de Jesús
(Mt 26.47-56; Lc 22.47-53; Jn 18.2-11)

43 Luego, hablando él aún, vino Judas, que era uno de los doce, y con él mucha gente con espadas y palos, de parte de los principales sacerdotes y de los escribas y de los ancianos.

44 Y el que le entregaba les había dado señal, diciendo: Al que yo besare, ése es; prendedle, y llevadle con seguridad.

45 Y cuando vino, se acercó luego a él, y le dijo: Maestro, Maestro. Y le besó.

46 Entonces ellos le echaron mano, y le prendieron.

47 Pero uno de los que estaban allí, sacando la espada, hirió al siervo del sumo sacerdote, cortándole la oreja.

d 14.21 Sal 41.9.   e 14.24 Éx 24.6-8.   f 14.24 Jer 31.31-34.
g 14.27 Zac 13.7.   h 14.28 Mt 28.16.

48 Y respondiendo Jesús, les dijo: ¿Como contra un ladrón habéis salido con espadas y con palos para prenderme? **49** Cada día estaba con vosotros enseñando en el templo,ⁱ y no me prendisteis; pero es así, para que se cumplan las Escrituras. **50** Entonces todos los discípulos, dejándole, huyeron.

El joven que huyó

51 Pero cierto joven le seguía, cubierto el cuerpo con una sábana; y le prendieron; **52** mas él, dejando la sábana, huyó desnudo.

Jesús ante el concilio

(Mt 26.57-68; Lc 22.54, 55, 63-71; Jn 18.12-14, 19-24)

53 Trajeron, pues, a Jesús al sumo sacerdote; y se reunieron todos los principales sacerdotes y los ancianos y los escribas. **54** Y Pedro le siguió de lejos hasta dentro del patio del sumo sacerdote; y estaba sentado con los alguaciles, calentándose al fuego. **55** Y los principales sacerdotes y todo el concilio buscaban testimonio contra Jesús, para entregarle a la muerte; pero no lo hallaban. **56** Porque muchos decían falso testimonio contra él, mas sus testimonios no concordaban. **57** Entonces levantándose unos, dieron falso testimonio contra él, diciendo: **58** Nosotros le hemos oído decir: Yo derribaré este templo hecho a mano, y en tres días edificaré otro hecho sin mano.ʲ **59** Pero ni aun así concordaban en el testimonio. **60** Entonces el sumo sacerdote, levantándose en medio, preguntó a Jesús, diciendo: ¿No respondes nada? ¿Qué testifican éstos contra ti? **61** Mas él callaba, y nada respondía. El sumo sacerdote le volvió a preguntar, y le dijo: ¿Eres tú el Cristo, el Hijo del Bendito? **62** Y Jesús le dijo: Yo soy; y veréis al Hijo del Hombre sentado a la diestra del poder de Dios, y viniendo en las nubes del cielo.ᵏ **63** Entonces el sumo sacerdote, rasgando su vestidura, dijo: ¿Qué más necesidad tenemos de testigos?

64 Habéis oído la blasfemia; ¿qué os parece? Y todos ellos le condenaron, declarándole ser digno de muerte.ˡ **65** Y algunos comenzaron a escupirle, y a cubrirle el rostro y a darle de puñetazos, y a decirle: Profetiza. Y los alguaciles le daban de bofetadas.

Pedro niega a Jesús

(Mt 26.69-75; Lc 22.55-62; Jn 18.15-18, 25-27)

66 Estando Pedro abajo, en el patio, vino una de las criadas del sumo sacerdote; **67** y cuando vio a Pedro que se calentaba, mirándole, dijo: Tú también estabas con Jesús el nazareno. **68** Mas él negó, diciendo: No le conozco, ni sé lo que dices. Y salió a la entrada; y cantó el gallo. **69** Y la criada, viéndole otra vez, comenzó a decir a los que estaban allí: Éste es de ellos. **70** Pero él negó otra vez. Y poco después, los que estaban allí dijeron otra vez a Pedro: Verdaderamente tú eres de ellos; porque eres galileo, y tu manera de hablar es semejante a la de ellos. **71** Entonces él comenzó a maldecir, y a jurar: No conozco a este hombre de quien habláis. **72** Y el gallo cantó la segunda vez. Entonces Pedro se acordó de las palabras que Jesús le había dicho: Antes que el gallo cante dos veces, me negarás tres veces. Y pensando en esto, lloraba.

Jesús ante Pilato

(Mt 27.1, 2, 11-14; Lc 23.1-5; Jn 18.28-38)

15 **1** Muy de mañana, habiendo tenido consejo los principales sacerdotes con los ancianos, con los escribas y con todo el concilio, llevaron a Jesús atado, y le entregaron a Pilato. **2** Pilato le preguntó: ¿Eres tú el Rey de los judíos? Respondiendo él, le dijo: Tú lo dices. **3** Y los principales sacerdotes le acusaban mucho. **4** Otra vez le preguntó Pilato, diciendo: ¿Nada respondes? Mira de cuántas cosas te acusan.

ⁱ **14.49** Lc 19.47; 21.37.   ʲ **14.58** Jn 2.19.   ᵏ **14.62** Dn 7.13.
ˡ **14.64** Lv 24.16.

5 Mas Jesús ni aun con eso respondió; de modo que Pilato se maravillaba.

Jesús sentenciado a muerte
(Mt 27.15-31; Lc 23.13-25; Jn 18.38—19.16)

6 Ahora bien, en el día de la fiesta les soltaba un preso, cualquiera que pidiesen. **7** Y había uno que se llamaba Barrabás, preso con sus compañeros de motín que habían cometido homicidio en una revuelta. **8** Y viniendo la multitud, comenzó a pedir que hiciese como siempre les había hecho. **9** Y Pilato les respondió diciendo: ¿Queréis que os suelte al Rey de los judíos? **10** Porque conocía que por envidia le habían entregado los principales sacerdotes. **11** Mas los principales sacerdotes incitaron a la multitud para que les soltase más bien a Barrabás. **12** Respondiendo Pilato, les dijo otra vez: ¿Qué, pues, queréis que haga del que llamáis Rey de los judíos? **13** Y ellos volvieron a dar voces: ¡Crucifícale! **14** Pilato les decía: ¿Pues qué mal ha hecho? Pero ellos gritaban aún más: ¡Crucifícale! **15** Y Pilato, queriendo satisfacer al pueblo, les soltó a Barrabás, y entregó a Jesús, después de azotarle, para que fuese crucificado.

16 Entonces los soldados le llevaron dentro del atrio, esto es, al pretorio, y convocaron a toda la compañía. **17** Y le vistieron de púrpura, y poniéndole una corona tejida de espinas, **18** comenzaron luego a saludarle: ¡Salve, Rey de los judíos! **19** Y le golpeaban en la cabeza con una caña, y le escupían, y puestos de rodillas le hacían reverencias. **20** Después de haberle escarnecido, le desnudaron la púrpura, y le pusieron sus propios vestidos, y le sacaron para crucificarle.

Crucifixión y muerte de Jesús
(Mt 27.32-56; Lc 23.26-49; Jn 19.17-30)

21 Y obligaron a uno que pasaba, Simón de Cirene, padre de Alejandro y de Rufo,ᵃ que venía del campo, a que le llevase la cruz.

22 Y le llevaron a un lugar llamado Gólgota, que traducido es: Lugar de la Calavera. **23** Y le dieron a beber vino mezclado con mirra; mas él no lo tomó. **24** Cuando le hubieron crucificado, repartieron entre sí sus vestidos, echando suertes sobre ellosᵇ para ver qué se llevaría cada uno. **25** Era la hora tercera cuando le crucificaron. **26** Y el título escrito de su causa era: EL REY DE LOS JUDÍOS. **27** Crucificaron también con él a dos ladrones, uno a su derecha, y el otro a su izquierda. **28** Y se cumplió la Escritura que dice: Y fue contado con los inicuos.ᶜ **29** Y los que pasaban le injuriaban, meneando la cabezaᵈ y diciendo: ¡Bah! tú que derribas el templo de Dios, y en tres días lo reedificas,ᵉ **30** sálvate a ti mismo, y desciende de la cruz. **31** De esta manera también los principales sacerdotes, escarneciendo, se decían unos a otros, con los escribas: A otros salvó, a sí mismo no se puede salvar. **32** El Cristo, Rey de Israel, descienda ahora de la cruz, para que veamos y creamos. También los que estaban crucificados con él le injuriaban.

33 Cuando vino la hora sexta, hubo tinieblas sobre toda la tierra hasta la hora novena. **34** Y a la hora novena Jesús clamó a gran voz, diciendo: Eloi, Eloi, ¿lama sabactani? que traducido es: Dios mío, Dios mío, ¿por qué me has desamparado?ᶠ **35** Y algunos de los que estaban allí decían, al oírlo: Mirad, llama a Elías. **36** Y corrió uno, y empapando una esponja en vinagre, y poniéndola en una caña, le dio a beber,ᵍ diciendo: Dejad, veamos si viene Elías a bajarle. **37** Mas Jesús, dando una gran voz, expiró. **38** Entonces el veloʰ del templo se rasgó en dos, de arriba abajo. **39** Y el centurión que estaba frente a él, viendo que después de clamar había expirado así, dijo: Verdaderamente este hombre era Hijo de Dios. **40** También había algunas mujeres mirando de lejos, entre las cuales estaban María

---

ᵃ **15.21** Ro 16.13. ᵇ **15.24** Sal 22.18. ᶜ **15.28** Is 53.12.
ᵈ **15.29** Sal 22.7; 109.25. ᵉ **15.29** Mr 14.58; Jn 2.19.
ᶠ **15.34** Sal 22.1. ᵍ **15.36** Sal 69.21. ʰ **15.38** Éx 26.31-33.

Magdalena, María la madre de Jacobo el menor y de José, y Salomé,

41 quienes, cuando él estaba en Galilea, le seguían y le servían;[i] y otras muchas que habían subido con él a Jerusalén.

Jesús es sepultado
(Mt 27.57-61; Lc 23.50-56; Jn 19.38-42)

42 Cuando llegó la noche, porque era la preparación, es decir, la víspera del día de reposo,*

43 José de Arimatea, miembro noble del concilio, que también esperaba el reino de Dios, vino y entró osadamente a Pilato, y pidió el cuerpo de Jesús.

44 Pilato se sorprendió de que ya hubiese muerto; y haciendo venir al centurión, le preguntó si ya estaba muerto.

45 E informado por el centurión, dio el cuerpo a José,

46 el cual compró una sábana, y quitándolo, lo envolvió en la sábana, y lo puso en un sepulcro que estaba cavado en una peña, e hizo rodar una piedra a la entrada del sepulcro.

47 Y María Magdalena y María madre de José miraban dónde lo ponían.

La resurrección
(Mt 28.1-10; Lc 24.1-12; Jn 20.1-10)

16 **1** Cuando pasó el día de reposo,* María Magdalena, María la madre de Jacobo, y Salomé, compraron especias aromáticas para ir a ungirle.

2 Y muy de mañana, el primer día de la semana, vinieron al sepulcro, ya salido el sol.

3 Pero decían entre sí: ¿Quién nos removerá la piedra de la entrada del sepulcro?

4 Pero cuando miraron, vieron removida la piedra, que era muy grande.

5 Y cuando entraron en el sepulcro, vieron a un joven sentado al lado derecho, cubierto de una larga ropa blanca; y se espantaron.

6 Mas él les dijo: No os asustéis; buscáis a Jesús nazareno, el que fue crucificado; ha resucitado, no está aquí; mirad el lugar en donde le pusieron.

7 Pero id, decid a sus discípulos, y a Pedro, que él va delante de vosotros a Galilea;[a] allí le veréis, como os dijo.

8 Y ellas se fueron huyendo del sepulcro, porque les había tomado temblor y espanto; ni decían nada a nadie, porque tenían miedo.

Jesús se aparece a María Magdalena
(Jn 20.11-18)

9 Habiendo, pues, resucitado Jesús por la mañana, el primer día de la semana, apareció primeramente a María Magdalena, de quien había echado siete demonios.

10 Yendo ella, lo hizo saber a los que habían estado con él, que estaban tristes y llorando.

11 Ellos, cuando oyeron que vivía, y que había sido visto por ella, no lo creyeron.

Jesús se aparece a dos de sus discípulos
(Lc 24.13-35)

12 Pero después apareció en otra forma a dos de ellos que iban de camino, yendo al campo.

13 Ellos fueron y lo hicieron saber a los otros; y ni aun a ellos creyeron.

Jesús comisiona a los apóstoles
(Mt 28.16-20; Lc 24.36-49; Jn 20.19-23)

14 Finalmente se apareció a los once mismos, estando ellos sentados a la mesa, y les reprochó su incredulidad y dureza de corazón, porque no habían creído a los que le habían visto resucitado.

15 Y les dijo: Id por todo el mundo y predicad el evangelio a toda criatura.[b]

16 El que creyere y fuere bautizado, será salvo; mas el que no creyere, será condenado.

17 Y estas señales seguirán a los que creen: En mi nombre echarán fuera demonios; hablarán nuevas lenguas;

18 tomarán en las manos serpientes, y si bebieren cosa mortífera, no les hará daño; sobre los enfermos pondrán sus manos, y sanarán.

La ascensión
(Lc 24.50-53)

19 Y el Señor, después que les habló, fue recibido arriba en el cielo,[c] y se sentó a la diestra de Dios.

20 Y ellos, saliendo, predicaron en todas partes, ayudándoles el Señor y confirmando la palabra con las señales que la seguían. Amén.

---

* Aquí equivale a *sábado*.
i 15.40, 41 Lc 8.2, 3.   **a 16.7** Mt 26.32; Mr 14.28.
b 16.15 Hch 1.8.   **c 16.19** Hch 1.9-11.

EL SANTO EVANGELIO SEGÚN

SAN LUCAS

Dedicatoria a Teófilo

1 ¹ Puesto que ya muchos han tratado de poner en orden la historia de las cosas que entre nosotros han sido ciertísimas,

² tal como nos lo enseñaron los que desde el principio lo vieron con sus ojos, y fueron ministros de la palabra,

³ me ha parecido también a mí, después de haber investigado con diligencia todas las cosas desde su origen, escribírtelas por orden, oh excelentísimo Teófilo,

⁴ para que conozcas bien la verdad de las cosas en las cuales has sido instruido.

Anuncio del nacimiento de Juan

⁵ Hubo en los días de Herodes, rey de Judea, un sacerdote llamado Zacarías, de la clase de Abías;ᵃ su mujer era de las hijas de Aarón, y se llamaba Elisabet.

⁶ Ambos eran justos delante de Dios, y andaban irreprensibles en todos los mandamientos y ordenanzas del Señor.

⁷ Pero no tenían hijo, porque Elisabet era estéril, y ambos eran ya de edad avanzada.

⁸ Aconteció que ejerciendo Zacarías el sacerdocio delante de Dios según el orden de su clase,

⁹ conforme a la costumbre del sacerdocio, le tocó en suerte ofrecer el incienso, entrando en el santuario del Señor.

¹⁰ Y toda la multitud del pueblo estaba fuera orando a la hora del incienso.

¹¹ Y se le apareció un ángel del Señor puesto en pie a la derecha del altar del incienso.

¹² Y se turbó Zacarías al verle, y le sobrecogió temor.

¹³ Pero el ángel le dijo: Zacarías, no temas; porque tu oración ha sido oída, y tu mujer Elisabet te dará a luz un hijo, y llamarás su nombre Juan.

¹⁴ Y tendrás gozo y alegría, y muchos se regocijarán de su nacimiento;

¹⁵ porque será grande delante de Dios. No beberá vino ni sidra,ᵇ y será lleno del Espíritu Santo, aun desde el vientre de su madre.

¹⁶ Y hará que muchos de los hijos de Israel se conviertan al Señor Dios de ellos.

¹⁷ E irá delante de él con el espíritu y el poder de Elías, para hacer volver los corazones de los padres a los hijos,ᶜ y de los rebeldes a la prudencia de los justos, para preparar al Señor un pueblo bien dispuesto.

¹⁸ Dijo Zacarías al ángel: ¿En qué conoceré esto? Porque yo soy viejo, y mi mujer es de edad avanzada.

¹⁹ Respondiendo el ángel, le dijo: Yo soy Gabriel,ᵈ que estoy delante de Dios; y he sido enviado a hablarte, y darte estas buenas nuevas.

²⁰ Y ahora quedarás mudo y no podrás hablar, hasta el día en que esto se haga, por cuanto no creíste mis palabras, las cuales se cumplirán a su tiempo.

²¹ Y el pueblo estaba esperando a Zacarías, y se extrañaba de que él se demorase en el santuario.

²² Pero cuando salió, no les podía hablar; y comprendieron que había visto visión en el santuario. Él les hablaba por señas, y permaneció mudo.

²³ Y cumplidos los días de su ministerio, se fue a su casa.

²⁴ Después de aquellos días concibió su mujer Elisabet, y se recluyó en casa por cinco meses, diciendo:

²⁵ Así ha hecho conmigo el Señor en los días en que se dignó quitar mi afrenta entre los hombres.

Anuncio del nacimiento de Jesús

²⁶ Al sexto mes el ángel Gabriel fue enviado por Dios a una ciudad de Galilea, llamada Nazaret,

²⁷ a una virgen desposada con un varón que se llamaba José, de la casa de David; y el nombre de la virgen era María.ᵉ

---

a **1.5** 1 Cr 24.10.   b **1.15** Nm 6.3.   c **1.17** Mal 4.5, 6.
d **1.19** Dn 8.16; 9.21.   e **1.27** Mt 1.18.

28 Y entrando el ángel en donde ella estaba, dijo: ¡Salve, muy favorecida! El Señor es contigo; bendita tú entre las mujeres.

29 Mas ella, cuando le vio, se turbó por sus palabras, y pensaba qué salutación sería ésta.

30 Entonces el ángel le dijo: María, no temas, porque has hallado gracia delante de Dios.

31 Y ahora, concebirás en tu vientre, y darás a luz un hijo, y llamarás su nombre JESÚS.ᶠ

32 Éste será grande, y será llamado Hijo del Altísimo; y el Señor Dios le dará el trono de David su padre;

33 y reinará sobre la casa de Jacob para siempre, y su reino no tendrá fin.ᵍ

34 Entonces María dijo al ángel: ¿Cómo será esto? pues no conozco varón.

35 Respondiendo el ángel, le dijo: El Espíritu Santo vendrá sobre ti, y el poder del Altísimo te cubrirá con su sombra; por lo cual también el Santo Ser que nacerá, será llamado Hijo de Dios.

36 Y he aquí tu parienta Elisabet, ella también ha concebido hijo en su vejez; y éste es el sexto mes para ella, la que llamaban estéril;

37 porque nada hay imposible para Dios.ʰ

38 Entonces María dijo: He aquí la sierva del Señor; hágase conmigo conforme a tu palabra. Y el ángel se fue de su presencia.

María visita a Elisabet

39 En aquellos días, levantándose María, fue de prisa a la montaña, a una ciudad de Judá;

40 y entró en casa de Zacarías, y saludó a Elisabet.

41 Y aconteció que cuando oyó Elisabet la salutación de María, la criatura saltó en su vientre; y Elisabet fue llena del Espíritu Santo,

42 y exclamó a gran voz, y dijo: Bendita tú entre las mujeres, y bendito el fruto de tu vientre.

43 ¿Por qué se me concede esto a mí, que la madre de mi Señor venga a mí?

44 Porque tan pronto como llegó la voz de tu salutación a mis oídos, la criatura saltó de alegría en mi vientre.

45 Y bienaventurada la que creyó, porque se cumplirá lo que le fue dicho de parte del Señor.

46 Entonces María dijo:ⁱ
Engrandece mi alma al Señor;
47 Y mi espíritu se regocija en Dios mi
    Salvador.
48 Porque ha mirado la bajeza de su
    sierva;
Pues he aquí, desde ahora me
    dirán bienaventurada todas las
    generaciones.
49 Porque me ha hecho grandes cosas el
    Poderoso;
Santo es su nombre,
50 Y su misericordia es de generación en
    generación
A los que le temen.
51 Hizo proezas con su brazo;
Esparció a los soberbios en el
    pensamiento de sus corazones.
52 Quitó de los tronos a los poderosos,
Y exaltó a los humildes.
53 A los hambrientos colmó de bienes,
Y a los ricos envió vacíos.
54 Socorrió a Israel su siervo,
Acordándose de la misericordia
55 De la cual habló a nuestros padres,
Para con Abrahamʲ y su descendencia
    para siempre.

56 Y se quedó María con ella como tres meses; después se volvió a su casa.

Nacimiento de Juan el Bautista

57 Cuando a Elisabet se le cumplió el tiempo de su alumbramiento, dio a luz un hijo.

58 Y cuando oyeron los vecinos y los parientes que Dios había engrandecido para con ella su misericordia, se regocijaron con ella.

59 Aconteció que al octavo día vinieron para circuncidar al niño;ᵏ y le llamaban con el nombre de su padre, Zacarías;

60 pero respondiendo su madre, dijo: No; se llamará Juan.

61 Le dijeron: ¿Por qué? No hay nadie en tu parentela que se llame con ese nombre.

62 Entonces preguntaron por señas a su padre, cómo le quería llamar.

63 Y pidiendo una tablilla, escribió, diciendo: Juan es su nombre. Y todos se maravillaron.

ᶠ **1.31** Mt 1.21.   ᵍ **1.32, 33** Is 9.7.   ʰ **1.37** Gn 18.14.
ⁱ **1.46-55** 1 S 2.1-10.   ʲ **1.55** Gn 17.7.   ᵏ **1.59** Lv 12.3.

⁶⁴ Al momento fue abierta su boca y suelta su lengua, y habló bendiciendo a Dios.
⁶⁵ Y se llenaron de temor todos sus vecinos; y en todas las montañas de Judea se divulgaron todas estas cosas.
⁶⁶ Y todos los que las oían las guardaban en su corazón, diciendo: ¿Quién, pues, será este niño? Y la mano del Señor estaba con él.

Profecía de Zacarías

⁶⁷ Y Zacarías su padre fue lleno del Espíritu Santo, y profetizó, diciendo:
⁶⁸ Bendito el Señor Dios de Israel,
Que ha visitado y redimido a su
pueblo,
⁶⁹ Y nos levantó un poderoso Salvador
En la casa de David su siervo,
⁷⁰ Como habló por boca de sus santos
profetas que fueron desde el
principio;
⁷¹ Salvación de nuestros enemigos, y
de la mano de todos los que nos
aborrecieron;
⁷² Para hacer misericordia con nuestros
padres,
Y acordarse de su santo pacto;
⁷³ Del juramento que hizo a Abraham
nuestro padre,
Que nos había de conceder
⁷⁴ Que, librados de nuestros enemigos,
Sin temor le serviríamos
⁷⁵ En santidad y en justicia delante de
él, todos nuestros días.
⁷⁶ Y tú, niño, profeta del Altísimo serás
llamado;
Porque irás delante de la presencia
del Señor, para preparar sus
caminos;ˡ
⁷⁷ Para dar conocimiento de salvación a
su pueblo,
Para perdón de sus pecados,
⁷⁸ Por la entrañable misericordia de
nuestro Dios,
Con que nos visitó desde lo alto la
aurora,
⁷⁹ Para dar luz a los que habitan
en tinieblasᵐ y en sombra de
muerte;
Para encaminar nuestros pies por
camino de paz.

⁸⁰ Y el niño crecía, y se fortalecía en espíritu; y estuvo en lugares desiertos hasta el día de su manifestación a Israel.

Nacimiento de Jesús

(Mt 1.18-25)

2 ¹ Aconteció en aquellos días, que se promulgó un edicto de parte de Augusto César, que todo el mundo fuese empadronado.
² Este primer censo se hizo siendo Cirenio gobernador de Siria.
³ E iban todos para ser empadronados, cada uno a su ciudad.
⁴ Y José subió de Galilea, de la ciudad de Nazaret, a Judea, a la ciudad de David, que se llama Belén, por cuanto era de la casa y familia de David;
⁵ para ser empadronado con María su mujer, desposada con él, la cual estaba encinta.
⁶ Y aconteció que estando ellos allí, se cumplieron los días de su alumbramiento.
⁷ Y dio a luz a su hijo primogénito, y lo envolvió en pañales, y lo acostó en un pesebre, porque no había lugar para ellos en el mesón.

Los ángeles y los pastores

⁸ Había pastores en la misma región, que velaban y guardaban las vigilias de la noche sobre su rebaño.
⁹ Y he aquí, se les presentó un ángel del Señor, y la gloria del Señor los rodeó de resplandor; y tuvieron gran temor.
¹⁰ Pero el ángel les dijo: No temáis; porque he aquí os doy nuevas de gran gozo, que será para todo el pueblo:
¹¹ que os ha nacido hoy, en la ciudad de David, un Salvador, que es CRISTO el Señor.
¹² Esto os servirá de señal: Hallaréis al niño envuelto en pañales, acostado en un pesebre.
¹³ Y repentinamente apareció con el ángel una multitud de las huestes celestiales, que alababan a Dios, y decían:

¹⁴ ¡Gloria a Dios en las alturas,
Y en la tierra paz, buena voluntad
para con los hombres!

¹⁵ Sucedió que cuando los ángeles se fueron de ellos al cielo, los pastores se

---

ˡ 1.76 Mal 3.1.   ᵐ 1.79 Is 9.2.

dijeron unos a otros: Pasemos, pues, hasta Belén, y veamos esto que ha sucedido, y que el Señor nos ha manifestado.

16 Vinieron, pues, apresuradamente, y hallaron a María y a José, y al niño acostado en el pesebre.

17 Y al verlo, dieron a conocer lo que se les había dicho acerca del niño.

18 Y todos los que oyeron, se maravillaron de lo que los pastores les decían.

19 Pero María guardaba todas estas cosas, meditándolas en su corazón.

20 Y volvieron los pastores glorificando y alabando a Dios por todas las cosas que habían oído y visto, como se les había dicho.

Presentación de Jesús en el templo

21 Cumplidos los ocho días para circuncidar al niño,ᵃ le pusieron por nombre JESÚS, el cual le había sido puesto por el ángelᵇ antes que fuese concebido.

22 Y cuando se cumplieron los días de la purificación de ellos, conforme a la ley de Moisés, le trajeron a Jerusalén para presentarle al Señor

23 (como está escrito en la ley del Señor: Todo varón que abriere la matriz será llamado santo al Señorᶜ),

24 y para ofrecer conforme a lo que se dice en la ley del Señor: Un par de tórtolas, o dos palominos.ᵈ

Simeón y Ana alaban a Dios

25 Y he aquí había en Jerusalén un hombre llamado Simeón, y este hombre, justo y piadoso, esperaba la consolación de Israel; y el Espíritu Santo estaba sobre él.

26 Y le había sido revelado por el Espíritu Santo, que no vería la muerte antes que viese al Ungido del Señor.

27 Y movido por el Espíritu, vino al templo. Y cuando los padres del niño Jesús lo trajeron al templo, para hacer por él conforme al rito de la ley,

28 él le tomó en sus brazos, y bendijo a Dios, diciendo:

29 Ahora, Señor, despides a tu siervo en paz,
   Conforme a tu palabra;

30 Porque han visto mis ojos tu salvación,

31 La cual has preparado en presencia de todos los pueblos;

32 Luz para revelación a los gentiles,ᵉ
   Y gloria de tu pueblo Israel.

33 Y José y su madre estaban maravillados de todo lo que se decía de él.

34 Y los bendijo Simeón, y dijo a su madre María: He aquí, éste está puesto para caída y para levantamiento de muchos en Israel, y para señal que será contradicha

35 (y una espada traspasará tu misma alma), para que sean revelados los pensamientos de muchos corazones.

36 Estaba también allí Ana, profetisa, hija de Fanuel, de la tribu de Aser, de edad muy avanzada, pues había vivido con su marido siete años desde su virginidad;

37 y era viuda hacía ochenta y cuatro años; y no se apartaba del templo, sirviendo de noche y de día con ayunos y oraciones.

38 Ésta, presentándose en la misma hora, daba gracias a Dios, y hablaba del niño a todos los que esperaban la redención en Jerusalén.

El regreso a Nazaret

39 Después de haber cumplido con todo lo prescrito en la ley del Señor, volvieron a Galilea, a su ciudad de Nazaret.ᶠ

40 Y el niño crecía y se fortalecía, y se llenaba de sabiduría; y la gracia de Dios era sobre él.

El niño Jesús en el templo

41 Iban sus padres todos los años a Jerusalén en la fiesta de la pascua;ᵍ

42 y cuando tuvo doce años, subieron a Jerusalén conforme a la costumbre de la fiesta.

43 Al regresar ellos, acabada la fiesta, se quedó el niño Jesús en Jerusalén, sin que lo supiesen José y su madre.

44 Y pensando que estaba entre la compañía, anduvieron camino de un día; y le buscaban entre los parientes y los conocidos;

45 pero como no le hallaron, volvieron a Jerusalén buscándole.

46 Y aconteció que tres días después le hallaron en el templo, sentado en medio

---

a **2.21** Lv 12.3.   b **2.21** Lc 1.31.   c **2.23** Éx 13.2, 12.
d **2.22-24** Lv 12.6-8.   e **2.32** Is 42.6; 49.6.   f **2.39** Mt 2.23.
g **2.41** Éx 12.1-27; Dt 16.1-8.

de los doctores de la ley, oyéndoles y preguntándoles.

47 Y todos los que le oían, se maravillaban de su inteligencia y de sus respuestas.

48 Cuando le vieron, se sorprendieron; y le dijo su madre: Hijo, ¿por qué nos has hecho así? He aquí, tu padre y yo te hemos buscado con angustia.

49 Entonces él les dijo: ¿Por qué me buscabais? ¿No sabíais que en los negocios de mi Padre me es necesario estar?

50 Mas ellos no entendieron las palabras que les habló.

51 Y descendió con ellos, y volvió a Nazaret, y estaba sujeto a ellos. Y su madre guardaba todas estas cosas en su corazón.

52 Y Jesús crecía en sabiduría y en estatura, y en gracia para con Dios y los hombres.[h]

Predicación de Juan el Bautista
(Mt 3.1-12; Mr 1.1-8; Jn 1.19-28)

3 **1** En el año decimoquinto del imperio de Tiberio César, siendo gobernador de Judea Poncio Pilato, y Herodes tetrarca de Galilea, y su hermano Felipe tetrarca de Iturea y de la provincia de Traconite, y Lisanias tetrarca de Abilinia,

2 y siendo sumos sacerdotes Anás y Caifás, vino palabra de Dios a Juan, hijo de Zacarías, en el desierto.

3 Y él fue por toda la región contigua al Jordán, predicando el bautismo del arrepentimiento para perdón de pecados,

4 como está escrito en el libro de las palabras del profeta Isaías, que dice:
Voz del que clama en el desierto:
Preparad el camino del Señor;
Enderezad sus sendas.

5 Todo valle se rellenará,
Y se bajará todo monte y collado;
Los caminos torcidos serán enderezados,
Y los caminos ásperos allanados;

6 Y verá toda carne la salvación de Dios.[a]

7 Y decía a las multitudes que salían para ser bautizadas por él: ¡Oh generación de víboras![b] ¿Quién os enseñó a huir de la ira venidera?

8 Haced, pues, frutos dignos de arrepentimiento, y no comencéis a decir dentro de vosotros mismos: Tenemos a Abraham por padre;[c] porque os digo que Dios puede levantar hijos a Abraham aun de estas piedras.

9 Y ya también el hacha está puesta a la raíz de los árboles; por tanto, todo árbol que no da buen fruto se corta y se echa en el fuego.[d]

10 Y la gente le preguntaba, diciendo: Entonces, ¿qué haremos?

11 Y respondiendo, les dijo: El que tiene dos túnicas, dé al que no tiene; y el que tiene qué comer, haga lo mismo.

12 Vinieron también unos publicanos para ser bautizados,[e] y le dijeron: Maestro, ¿qué haremos?

13 Él les dijo: No exijáis más de lo que os está ordenado.

14 También le preguntaron unos soldados, diciendo: Y nosotros, ¿qué haremos? Y les dijo: No hagáis extorsión a nadie, ni calumniéis; y contentaos con vuestro salario.

15 Como el pueblo estaba en expectativa, preguntándose todos en sus corazones si acaso Juan sería el Cristo,

16 respondió Juan, diciendo a todos: Yo a la verdad os bautizo en agua; pero viene uno más poderoso que yo, de quien no soy digno de desatar la correa de su calzado; él os bautizará en Espíritu Santo y fuego.

17 Su aventador está en su mano, y limpiará su era, y recogerá el trigo en su granero, y quemará la paja en fuego que nunca se apagará.

18 Con estas y otras muchas exhortaciones anunciaba las buenas nuevas al pueblo.

19 Entonces Herodes el tetrarca, siendo reprendido por Juan a causa de Herodías, mujer de Felipe su hermano, y de todas las maldades que Herodes había hecho,

20 sobre todas ellas, añadió además ésta: encerró a Juan en la cárcel.[f]

El bautismo de Jesús
(Mt 3.13-17; Mr 1.9-11)

21 Aconteció que cuando todo el pueblo se bautizaba, también Jesús fue bautizado; y orando, el cielo se abrió,

22 y descendió el Espíritu Santo sobre él en forma corporal, como paloma, y vino una

---

h 2.52 1 S 2.26; Pr 3.4.   **a 3.4-6** Is 40.3-5.   **b 3.7** Mt 12.34; 23.33.   **c 3.8** Jn 8.33.   **d 3.9** Mt 7.19.   **e 3.12** Lc 7.29.
f 3.19, 20 Mt 14.3, 4; Mr 6.17, 18.

voz del cielo que decía: Tú eres mi Hijo amado; en ti tengo complacencia.[g]

Genealogía de Jesús
(Mt 1.1-17)

23 Jesús mismo al comenzar su ministerio era como de treinta años, hijo, según se creía, de José, hijo de Elí, 24 hijo de Matat, hijo de Leví, hijo de Melqui, hijo de Jana, hijo de José, 25 hijo de Matatías, hijo de Amós, hijo de Nahum, hijo de Esli, hijo de Nagai, 26 hijo de Maat, hijo de Matatías, hijo de Semei, hijo de José, hijo de Judá, 27 hijo de Joana, hijo de Resa, hijo de Zorobabel, hijo de Salatiel, hijo de Neri, 28 hijo de Melqui, hijo de Adi, hijo de Cosam, hijo de Elmodam, hijo de Er, 29 hijo de Josué, hijo de Eliezer, hijo de Jorim, hijo de Matat, 30 hijo de Leví, hijo de Simeón, hijo de Judá, hijo de José, hijo de Jonán, hijo de Eliaquim, 31 hijo de Melea, hijo de Mainán, hijo de Matata, hijo de Natán, 32 hijo de David, hijo de Isaí, hijo de Obed, hijo de Booz, hijo de Salmón, hijo de Naasón, 33 hijo de Aminadab, hijo de Aram, hijo de Esrom, hijo de Fares, hijo de Judá, 34 hijo de Jacob, hijo de Isaac, hijo de Abraham, hijo de Taré, hijo de Nacor, 35 hijo de Serug, hijo de Ragau, hijo de Peleg, hijo de Heber, hijo de Sala, 36 hijo de Cainán, hijo de Arfaxad, hijo de Sem, hijo de Noé, hijo de Lamec, 37 hijo de Matusalén, hijo de Enoc, hijo de Jared, hijo de Mahalaleel, hijo de Cainán, 38 hijo de Enós, hijo de Set, hijo de Adán, hijo de Dios.

Tentación de Jesús
(Mt 4.1-11; Mr 1.12, 13)

4 1 Jesús, lleno del Espíritu Santo, volvió del Jordán, y fue llevado por el Espíritu al desierto 2 por cuarenta días, y era tentado por el diablo. Y no comió nada en aquellos días, pasados los cuales, tuvo hambre. 3 Entonces el diablo le dijo: Si eres Hijo de Dios, di a esta piedra que se convierta en pan.

4 Jesús, respondiéndole, dijo: Escrito está: No sólo de pan vivirá el hombre,[a] sino de toda palabra de Dios.

5 Y le llevó el diablo a un alto monte, y le mostró en un momento todos los reinos de la tierra. 6 Y le dijo el diablo: A ti te daré toda esta potestad, y la gloria de ellos; porque a mí me ha sido entregada, y a quien quiero la doy. 7 Si tú postrado me adorares, todos serán tuyos.

8 Respondiendo Jesús, le dijo: Vete de mí, Satanás, porque escrito está: Al Señor tu Dios adorarás, y a él solo servirás.[b]

9 Y le llevó a Jerusalén, y le puso sobre el pináculo del templo, y le dijo: Si eres Hijo de Dios, échate de aquí abajo; 10 porque escrito está:

A sus ángeles mandará acerca de ti,
que te guarden;[c]

11 y,

En las manos te sostendrán,
Para que no tropieces con tu pie en
piedra.[d]

12 Respondiendo Jesús, le dijo: Dicho está: No tentarás al Señor tu Dios.[e] 13 Y cuando el diablo hubo acabado toda tentación, se apartó de él por un tiempo.

Jesús y el poder del Espíritu
(Mt 4.12-17; Mr 1.14, 15)

14 Y Jesús volvió en el poder del Espíritu a Galilea, y se difundió su fama por toda la tierra de alrededor. 15 Y enseñaba en las sinagogas de ellos, y era glorificado por todos.

Rechazan a Jesús en Nazaret
(Mt 13.53-58; Mr 6.1-6)

16 Vino a Nazaret, donde se había criado; y en el día de reposo* entró en la sinagoga, conforme a su costumbre, y se levantó a leer. 17 Y se le dio el libro del profeta Isaías; y habiendo abierto el libro, halló el lugar donde estaba escrito: 18 El Espíritu del Señor está sobre mí,
Por cuanto me ha ungido para dar
buenas nuevas a los pobres;

---

* Aquí equivale a *sábado*.
g 3.22 Is 42.1; Mt 12.18; 17.5; Mr 9.7; Lc 9.35.
a 4.4 Dt 8.3.   b 4.8 Dt 6.13.   c 4.10 Sal 91.11.
d 4.11 Sal 91.12.   e 4.12 Dt 6.16.

Me ha enviado a sanar a los
 quebrantados de corazón;
A pregonar libertad a los cautivos,
Y vista a los ciegos;
A poner en libertad a los oprimidos;
 19 A predicar el año agradable del Señor.f

20 Y enrollando el libro, lo dio al ministro, y se sentó; y los ojos de todos en la sinagoga estaban fijos en él.

21 Y comenzó a decirles: Hoy se ha cumplido esta Escritura delante de vosotros.

22 Y todos daban buen testimonio de él, y estaban maravillados de las palabras de gracia que salían de su boca, y decían: ¿No es éste el hijo de José?

23 Él les dijo: Sin duda me diréis este refrán: Médico, cúrate a ti mismo; de tantas cosas que hemos oído que se han hecho en Capernaum, haz también aquí en tu tierra.

24 Y añadió: De cierto os digo, que ningún profeta es acepto en su propia tierra.g

25 Y en verdad os digo que muchas viudas había en Israel en los días de Elías, cuando el cielo fue cerrado por tres años y seis meses, y hubo una gran hambre en toda la tierra;h

26 pero a ninguna de ellas fue enviado Elías, sino a una mujer viuda en Sarepta de Sidón.i

27 Y muchos leprosos había en Israel en tiempo del profeta Eliseo; pero ninguno de ellos fue limpiado, sino Naamán el sirio.j

28 Al oír estas cosas, todos en la sinagoga se llenaron de ira;

29 y levantándose, le echaron fuera de la ciudad, y le llevaron hasta la cumbre del monte sobre el cual estaba edificada la ciudad de ellos, para despeñarle.

30 Mas él pasó por en medio de ellos, y se fue.

Un hombre que tenía un espíritu inmundo
(Mr 1.21-28)

31 Descendió Jesús a Capernaum, ciudad de Galilea; y les enseñaba en los día de reposo.*

32 Y se admiraban de su doctrina, porque su palabra era con autoridad.k

33 Estaba en la sinagoga un hombre que tenía un espíritu de demonio inmundo, el cual exclamó a gran voz,

34 diciendo: Déjanos; ¿qué tienes con nosotros, Jesús nazareno? ¿Has venido para destruirnos? Yo te conozco quién eres, el Santo de Dios.

35 Y Jesús le reprendió, diciendo: Cállate, y sal de él. Entonces el demonio, derribándole en medio de ellos, salió de él, y no le hizo daño alguno.

36 Y estaban todos maravillados, y hablaban unos a otros, diciendo: ¿Qué palabra es ésta, que con autoridad y poder manda a los espíritus inmundos, y salen?

37 Y su fama se difundía por todos los lugares de los contornos.

Jesús sana a la suegra de Pedro
(Mt 8.14, 15; Mr 1.29-31)

38 Entonces Jesús se levantó y salió de la sinagoga, y entró en casa de Simón. La suegra de Simón tenía una gran fiebre; y le rogaron por ella.

39 E inclinándose hacia ella, reprendió a la fiebre; y la fiebre la dejó, y levantándose ella al instante, les servía.

Muchos sanados al ponerse el sol
(Mt 8.16, 17; Mr 1.32-34)

40 Al ponerse el sol, todos los que tenían enfermos de diversas enfermedades los traían a él; y él, poniendo las manos sobre cada uno de ellos, los sanaba.

41 También salían demonios de muchos, dando voces y diciendo: Tú eres el Hijo de Dios. Pero él los reprendía y no les dejaba hablar, porque sabían que él era el Cristo.

Jesús recorre Galilea predicando
(Mr 1.35-39)

42 Cuando ya era de día, salió y se fue a un lugar desierto; y la gente le buscaba, y llegando a donde estaba, le detenían para que no se fuera de ellos.

43 Pero él les dijo: Es necesario que también a otras ciudades anuncie el evangelio del reino de Dios; porque para esto he sido enviado.

44 Y predicaba en las sinagogas de Galilea.

La pesca milagrosa
(Mt 4.18-22; Mr 1.16-20)

5 **1** Aconteció que estando Jesús junto al lago de Genesaret, el gentío se agolpaba sobre él para oír la palabra de Dios.

---

* Aquí equivale a *sábado.*
f 4.18, 19 Is 61.1, 2. **g 4.24** Jn 4.44. **h 4.25** 1 R 17.1.
i 4.26 1 R 17.8-16. **j 4.27** 2 R 5.1-14. **k 4.32** Mt 7.28, 29.

² Y vio dos barcas que estaban cerca de la orilla del lago; y los pescadores, habiendo descendido de ellas, lavaban sus redes.

³ Y entrando en una de aquellas barcas, la cual era de Simón, le rogó que la apartase de tierra un poco; y sentándose, enseñaba desde la barca a la multitud.ª

⁴ Cuando terminó de hablar, dijo a Simón: Boga mar adentro, y echad vuestras redes para pescar.

⁵ Respondiendo Simón, le dijo: Maestro, toda la noche hemos estado trabajando, y nada hemos pescado;ᵇ mas en tu palabra echaré la red.

⁶ Y habiéndolo hecho, encerraron gran cantidad de peces,ᶜ y su red se rompía.

⁷ Entonces hicieron señas a los compañeros que estaban en la otra barca, para que viniesen a ayudarles; y vinieron, y llenaron ambas barcas, de tal manera que se hundían.

⁸ Viendo esto Simón Pedro, cayó de rodillas ante Jesús, diciendo: Apártate de mí, Señor, porque soy hombre pecador.

⁹ Porque por la pesca que habían hecho, el temor se había apoderado de él, y de todos los que estaban con él,

¹⁰ y asimismo de Jacobo y Juan, hijos de Zebedeo, que eran compañeros de Simón. Pero Jesús dijo a Simón: No temas; desde ahora serás pescador de hombres.

¹¹ Y cuando trajeron a tierra las barcas, dejándolo todo, le siguieron.

Jesús sana a un leproso
(Mt 8.1-4; Mr 1.40-45)

¹² Sucedió que estando él en una de las ciudades, se presentó un hombre lleno de lepra, el cual, viendo a Jesús, se postró con el rostro en tierra y le rogó, diciendo: Señor, si quieres, puedes limpiarme.

¹³ Entonces, extendiendo él la mano, le tocó, diciendo: Quiero; sé limpio. Y al instante la lepra se fue de él.

¹⁴ Y él le mandó que no lo dijese a nadie; sino ve, le dijo, muéstrate al sacerdote, y ofrece por tu purificación, según mandó Moisés,ᵈ para testimonio a ellos.

¹⁵ Pero su fama se extendía más y más; y se reunía mucha gente para oírle, y para que les sanase de sus enfermedades.

¹⁶ Mas él se apartaba a lugares desiertos, y oraba.

Jesús sana a un paralítico
(Mt 9.1-8; Mr 2.1-12)

¹⁷ Aconteció un día, que él estaba enseñando, y estaban sentados los fariseos y doctores de la ley, los cuales habían venido de todas las aldeas de Galilea, de Judea y Jerusalén; y el poder del Señor estaba con él para sanar.

¹⁸ Y sucedió que unos hombres que traían en un lecho a un hombre que estaba paralítico, procuraban llevarle adentro y ponerle delante de él.

¹⁹ Pero no hallando cómo hacerlo a causa de la multitud, subieron encima de la casa, y por el tejado le bajaron con el lecho, poniéndole en medio, delante de Jesús.

²⁰ Al ver él la fe de ellos, le dijo: Hombre, tus pecados te son perdonados.

²¹ Entonces los escribas y los fariseos comenzaron a cavilar, diciendo: ¿Quién es éste que habla blasfemias? ¿Quién puede perdonar pecados sino sólo Dios?

²² Jesús entonces, conociendo los pensamientos de ellos, respondiendo les dijo: ¿Qué caviláis en vuestros corazones?

²³ ¿Qué es más fácil, decir: Tus pecados te son perdonados, o decir: Levántate y anda?

²⁴ Pues para que sepáis que el Hijo del Hombre tiene potestad en la tierra para perdonar pecados (dijo al paralítico): A ti te digo: Levántate, toma tu lecho, y vete a tu casa.

²⁵ Al instante, levantándose en presencia de ellos, y tomando el lecho en que estaba acostado, se fue a su casa, glorificando a Dios.

²⁶ Y todos, sobrecogidos de asombro, glorificaban a Dios; y llenos de temor, decían: Hoy hemos visto maravillas.

Llamamiento de Leví
(Mt 9.9-13; Mr 2.13-17)

²⁷ Después de estas cosas salió, y vio a un publicano llamado Leví, sentado al banco de los tributos públicos, y le dijo: Sígueme.

²⁸ Y dejándolo todo, se levantó y le siguió.

²⁹ Y Leví le hizo gran banquete en su casa; y había mucha compañía de publicanos y de otros que estaban a la mesa con ellos.

ª **5.1-3** Mt 13.1, 2; Mr 3.9, 10; 4.1.   ᵇ **5.5** Jn 21.3.
ᶜ **5.6** Jn 21.6.   ᵈ **5.14** Lv 14.1-32.

30 Y los escribas y los fariseos murmuraban contra los discípulos, diciendo: ¿Por qué coméis y bebéis con publicanos y pecadores?[e]

31 Respondiendo Jesús, les dijo: Los que están sanos no tienen necesidad de médico, sino los enfermos.

32 No he venido a llamar a justos, sino a pecadores al arrepentimiento.

La pregunta sobre el ayuno
(Mt 9.14-17; Mr 2.18-22)

33 Entonces ellos le dijeron: ¿Por qué los discípulos de Juan ayunan muchas veces y hacen oraciones, y asimismo los de los fariseos, pero los tuyos comen y beben?

34 Él les dijo: ¿Podéis acaso hacer que los que están de bodas ayunen, entre tanto que el esposo está con ellos?

35 Mas vendrán días cuando el esposo les será quitado; entonces, en aquellos días ayunarán.

36 Les dijo también una parábola: Nadie corta un pedazo de un vestido nuevo y lo pone en un vestido viejo; pues si lo hace, no solamente rompe el nuevo, sino que el remiendo sacado de él no armoniza con el viejo.

37 Y nadie echa vino nuevo en odres viejos; de otra manera, el vino nuevo romperá los odres y se derramará, y los odres se perderán.

38 Mas el vino nuevo en odres nuevos se ha de echar; y lo uno y lo otro se conservan.

39 Y ninguno que beba del añejo, quiere luego el nuevo; porque dice: El añejo es mejor.

Los discípulos recogen espigas en el día de reposo
(Mt 12.1-8; Mr 2.23-28)

6 1 Aconteció en un día de reposo,* que pasando Jesús por los sembrados, sus discípulos arrancaban espigas y comían,[a] restregándolas con las manos.

2 Y algunos de los fariseos les dijeron: ¿Por qué hacéis lo que no es lícito hacer en los día de reposo?*

3 Respondiendo Jesús, les dijo: ¿Ni aun esto habéis leído, lo que hizo David cuando tuvo hambre él, y los que con él estaban;

4 cómo entró en la casa de Dios, y tomó los panes de la proposición, de los cuales no es lícito comer sino sólo a los sacerdotes,[b] y comió, y dio también a los que estaban con él?[c]

5 Y les decía: El Hijo del Hombre es Señor aun del día de reposo.*

El hombre de la mano seca
(Mt 12.9-14; Mr 3.1-6)

6 Aconteció también en otro día de reposo,* que él entró en la sinagoga y enseñaba; y estaba allí un hombre que tenía seca la mano derecha.

7 Y le acechaban los escribas y los fariseos, para ver si en el día de reposo* lo sanaría, a fin de hallar de qué acusarle.

8 Mas él conocía los pensamientos de ellos; y dijo al hombre que tenía la mano seca: Levántate, y ponte en medio. Y él, levantándose, se puso en pie.

9 Entonces Jesús les dijo: Os preguntaré una cosa: ¿Es lícito en día de reposo* hacer bien, o hacer mal? ¿salvar la vida, o quitarla?

10 Y mirándolos a todos alrededor, dijo al hombre: Extiende tu mano. Y él lo hizo así, y su mano fue restaurada.

11 Y ellos se llenaron de furor, y hablaban entre sí qué podrían hacer contra Jesús.

Elección de los doce apóstoles
(Mt 10.1-4; Mr 3.13-19)

12 En aquellos días él fue al monte a orar, y pasó la noche orando a Dios.

13 Y cuando era de día, llamó a sus discípulos, y escogió a doce de ellos, a los cuales también llamó apóstoles:

14 a Simón, a quien también llamó Pedro, a Andrés su hermano, Jacobo y Juan, Felipe y Bartolomé,

15 Mateo, Tomás, Jacobo hijo de Alfeo, Simón llamado Zelote,

16 Judas hermano de Jacobo, y Judas Iscariote, que llegó a ser el traidor.

Jesús atiende a una multitud
(Mt 4.23-25)

17 Y descendió con ellos, y se detuvo en un lugar llano, en compañía de sus discípulos y de una gran multitud de gente de toda Judea, de Jerusalén y de la costa de Tiro y de Sidón, que había venido para

---

* Aquí equivale a *sábado*.
e 5.30 Lc 15.1, 2.   a 6.1 Dt 23.25.   b 6.4 Lv 24.9.
c 6.3, 4 1 S 21.1-6.

oírle, y para ser sanados de sus enfermedades;

[18] y los que habían sido atormentados de
espíritus inmundos eran sanados.

[19] Y toda la gente procuraba tocarle, porque poder salía de él y sanaba a todos.

Bienaventuranzas y ayes
(Mt 5.1-12)

[20] Y alzando los ojos hacia sus discípulos, decía: Bienaventurados vosotros los
pobres, porque vuestro es el reino de Dios.

[21] Bienaventurados los que ahora tenéis
hambre, porque seréis saciados. Bienaventurados los que ahora lloráis, porque rei-
réis.

[22] Bienaventurados seréis cuando los
hombres os aborrezcan, y cuando os aparten de sí, y os vituperen, y desechen vuestro nombre como malo, por causa del Hijo
del Hombre.[d]

[23] Gozaos en aquel día, y alegraos, porque
he aquí vuestro galardón es grande en los
cielos; porque así hacían sus padres con
los profetas.[e]

[24] Mas ¡ay de vosotros, ricos! porque ya
tenéis vuestro consuelo.

[25] ¡Ay de vosotros, los que ahora estáis
saciados! porque tendréis hambre. ¡Ay
de vosotros, los que ahora reís! porque
lamentaréis y lloraréis.

[26] ¡Ay de vosotros, cuando todos los
hombres hablen bien de vosotros! porque
así hacían sus padres con los falsos profetas.

El amor hacia los enemigos,
y la regla de oro
(Mt 5.38-48; 7.12)

[27] Pero a vosotros los que oís, os digo:
Amad a vuestros enemigos, haced bien a
los que os aborrecen;

[28] bendecid a los que os maldicen, y orad
por los que os calumnian.

[29] Al que te hiera en una mejilla, presén-
tale también la otra; y al que te quite la
capa, ni aun la túnica le niegues.

[30] A cualquiera que te pida, dale; y al que
tome lo que es tuyo, no pidas que te lo
devuelva.

[31] Y como queréis que hagan los hombres
con vosotros, así también haced vosotros
con ellos.

[32] Porque si amáis a los que os aman,
¿qué mérito tenéis? Porque también los
pecadores aman a los que los aman.

[33] Y si hacéis bien a los que os hacen bien,
¿qué mérito tenéis? Porque también los
pecadores hacen lo mismo.

[34] Y si prestáis a aquellos de quienes esperáis recibir, ¿qué mérito tenéis? Porque
también los pecadores prestan a los pecadores, para recibir otro tanto.

[35] Amad, pues, a vuestros enemigos, y
haced bien, y prestad, no esperando de
ello nada; y será vuestro galardón grande,
y seréis hijos del Altísimo; porque él es
benigno para con los ingratos y malos.

[36] Sed, pues, misericordiosos, como también vuestro Padre es misericordioso.

El juzgar a los demás
(Mt 7.1-5)

[37] No juzguéis, y no seréis juzgados; no
condenéis, y no seréis condenados; perdonad, y seréis perdonados.

[38] Dad, y se os dará; medida buena, apre-
tada, remecida y rebosando darán en vuestro regazo; porque con la misma medida
con que medís, os volverán a medir.

[39] Y les decía una parábola: ¿Acaso puede un ciego guiar a otro ciego? ¿No caerán
ambos en el hoyo?[f]

[40] El discípulo no es superior a su maestro;[g] mas todo el que fuere perfeccionado,
será como su maestro.

[41] ¿Por qué miras la paja que está en el ojo
de tu hermano, y no echas de ver la viga
que está en tu propio ojo?

[42] ¿O cómo puedes decir a tu hermano:
Hermano, déjame sacar la paja que está
en tu ojo, no mirando tú la viga que está
en el ojo tuyo? Hipócrita, saca primero la
viga de tu propio ojo, y entonces verás
bien para sacar la paja que está en el ojo
de tu hermano.

Por sus frutos los conoceréis
(Mt 7.15-20)

[43] No es buen árbol el que da malos frutos, ni árbol malo el que da buen fruto.

[44] Porque cada árbol se conoce por su
fruto;[h] pues no se cosechan higos de los

---

d 6.22 1 P 4.14.   e 6.23 2 Cr 36.16; Hch 7.52.
f 6.39 Mt 15.14.   g 6.40 Mt 10.24, 25; Jn 13.16; 15.20.
h 6.44 Mt 12.33.

espinos, ni de las zarzas se vendimian uvas.

45 El hombre bueno, del buen tesoro de su corazón saca lo bueno; y el hombre malo, del mal tesoro de su corazón saca lo malo; porque de la abundancia del corazón habla la boca.[i]

Los dos cimientos
(Mt 7.24-27)

46 ¿Por qué me llamáis, Señor, Señor, y no hacéis lo que yo digo?

47 Todo aquel que viene a mí, y oye mis palabras y las hace, os indicaré a quién es semejante.

48 Semejante es al hombre que al edificar una casa, cavó y ahondó y puso el fundamento sobre la roca; y cuando vino una inundación, el río dio con ímpetu contra aquella casa, pero no la pudo mover, porque estaba fundada sobre la roca.

49 Mas el que oyó y no hizo, semejante es al hombre que edificó su casa sobre tierra, sin fundamento; contra la cual el río dio con ímpetu, y luego cayó, y fue grande la ruina de aquella casa.

Jesús sana al siervo de un centurión
(Mt 8.5-13)

7 **1** Después que hubo terminado todas sus palabras al pueblo que le oía, entró en Capernaum.

2 Y el siervo de un centurión, a quien éste quería mucho, estaba enfermo y a punto de morir.

3 Cuando el centurión oyó hablar de Jesús, le envió unos ancianos de los judíos, rogándole que viniese y sanase a su siervo.

4 Y ellos vinieron a Jesús y le rogaron con solicitud, diciéndole: Es digno de que le concedas esto;

5 porque ama a nuestra nación, y nos edificó una sinagoga.

6 Y Jesús fue con ellos. Pero cuando ya no estaban lejos de la casa, el centurión envió a él unos amigos, diciéndole: Señor, no te molestes, pues no soy digno de que entres bajo mi techo;

7 por lo que ni aun me tuve por digno de venir a ti; pero dí la palabra, y mi siervo será sano.

8 Porque también yo soy hombre puesto bajo autoridad, y tengo soldados bajo mis órdenes; y digo a éste: Ve, y va; y al otro: Ven, y viene; y a mi siervo: Haz esto, y lo hace.

9 Al oír esto, Jesús se maravilló de él, y volviéndose, dijo a la gente que le seguía: Os digo que ni aun en Israel he hallado tanta fe.

10 Y al regresar a casa los que habían sido enviados, hallaron sano al siervo que había estado enfermo.

Jesús resucita al hijo de la viuda de Naín

11 Aconteció después, que él iba a la ciudad que se llama Naín, e iban con él muchos de sus discípulos, y una gran multitud.

12 Cuando llegó cerca de la puerta de la ciudad, he aquí que llevaban a enterrar a un difunto, hijo único de su madre, la cual era viuda; y había con ella mucha gente de la ciudad.

13 Y cuando el Señor la vio, se compadeció de ella, y le dijo: No llores.

14 Y acercándose, tocó el féretro; y los que lo llevaban se detuvieron. Y dijo: Joven, a ti te digo, levántate.

15 Entonces se incorporó el que había muerto, y comenzó a hablar. Y lo dio a su madre.

16 Y todos tuvieron miedo, y glorificaban a Dios, diciendo: Un gran profeta se ha levantado entre nosotros; y: Dios ha visitado a su pueblo.

17 Y se extendió la fama de él por toda Judea, y por toda la región de alrededor.

Los mensajeros de Juan el Bautista
(Mt 11.2-19)

18 Los discípulos de Juan le dieron las nuevas de todas estas cosas. Y llamó Juan a dos de sus discípulos,

19 y los envió a Jesús, para preguntarle: ¿Eres tú el que había de venir, o esperaremos a otro?

20 Cuando, pues, los hombres vinieron a él, dijeron: Juan el Bautista nos ha enviado a ti, para preguntarte: ¿Eres tú el que había de venir, o esperaremos a otro?

21 En esa misma hora sanó a muchos de enfermedades y plagas, y de espíritus malos, y a muchos ciegos les dio la vista.

---

i **6.45** Mt 12.34.

22 Y respondiendo Jesús, les dijo: Id, haced saber a Juan lo que habéis visto y oído: los ciegos ven, los cojos andan, los leprosos son limpiados, los sordos oyen,[a] los muertos son resucitados, y a los pobres es anunciado el evangelio;[b]

23 y bienaventurado es aquel que no halle tropiezo en mí.

24 Cuando se fueron los mensajeros de Juan, comenzó a decir de Juan a la gente: ¿Qué salisteis a ver al desierto? ¿Una caña sacudida por el viento?

25 Mas ¿qué salisteis a ver? ¿A un hombre cubierto de vestiduras delicadas? He aquí, los que tienen vestidura preciosa y viven en deleites, en los palacios de los reyes están.

26 Mas ¿qué salisteis a ver? ¿A un profeta? Sí, os digo, y más que profeta.

27 Éste es de quien está escrito:

> He aquí, envío mi mensajero delante
> de tu faz,
> El cual preparará tu camino delante
> de ti.[c]

28 Os digo que entre los nacidos de mujeres, no hay mayor profeta que Juan el Bautista; pero el más pequeño en el reino de Dios es mayor que él.

29 Y todo el pueblo y los publicanos, cuando lo oyeron, justificaron a Dios, bautizándose con el bautismo de Juan.

30 Mas los fariseos y los intérpretes de la ley desecharon los designios de Dios respecto de sí mismos, no siendo bautizados por Juan.[d]

31 Y dijo el Señor: ¿A qué, pues, compararé los hombres de esta generación, y a qué son semejantes?

32 Semejantes son a los muchachos sentados en la plaza, que dan voces unos a otros y dicen: Os tocamos flauta, y no bailasteis; os endechamos, y no llorasteis.

33 Porque vino Juan el Bautista, que ni comía pan ni bebía vino, y decís: Demonio tiene.

34 Vino el Hijo del Hombre, que come y bebe, y decís: Éste es un hombre comilón y bebedor de vino, amigo de publicanos y de pecadores.

35 Mas la sabiduría es justificada por todos sus hijos.

Jesús en el hogar de Simón el fariseo

36 Uno de los fariseos rogó a Jesús que comiese con él. Y habiendo entrado en casa del fariseo, se sentó a la mesa.

37 Entonces una mujer de la ciudad, que era pecadora, al saber que Jesús estaba a la mesa en casa del fariseo, trajo un frasco de alabastro con perfume;

38 y estando detrás de él a sus pies, llorando, comenzó a regar con lágrimas sus pies, y los enjugaba con sus cabellos; y besaba sus pies, y los ungía con el perfume.[e]

39 Cuando vio esto el fariseo que le había convidado, dijo para sí: Éste, si fuera profeta, conocería quién y qué clase de mujer es la que le toca, que es pecadora.

40 Entonces respondiendo Jesús, le dijo: Simón, una cosa tengo que decirte. Y él le dijo: Di, Maestro.

41 Un acreedor tenía dos deudores: el uno le debía quinientos denarios, y el otro cincuenta;

42 y no teniendo ellos con qué pagar, perdonó a ambos. Di, pues, ¿cuál de ellos le amará más?

43 Respondiendo Simón, dijo: Pienso que aquel a quien perdonó más. Y él le dijo: Rectamente has juzgado.

44 Y vuelto a la mujer, dijo a Simón: ¿Ves esta mujer? Entré en tu casa, y no me diste agua para mis pies; mas ésta ha regado mis pies con lágrimas, y los ha enjugado con sus cabellos.

45 No me diste beso; mas ésta, desde que entré, no ha cesado de besar mis pies.

46 No ungiste mi cabeza con aceite; mas ésta ha ungido con perfume mis pies.

47 Por lo cual te digo que sus muchos pecados le son perdonados, porque amó mucho; mas aquel a quien se le perdona poco, poco ama.

48 Y a ella le dijo: Tus pecados te son perdonados.

49 Y los que estaban juntamente sentados a la mesa, comenzaron a decir entre sí: ¿Quién es éste, que también perdona pecados?

50 Pero él dijo a la mujer: Tu fe te ha salvado, ve en paz.

---

a 7.22 Is 35.5, 6. **b 7.22** Is 61.1. **c 7.27** Mal 3.1.
d 7.29, 30 Mt 21.32; Lc 3.12. **e 7.37, 38** Mt 26.7; Mr 14.3; Jn 12.3.

Mujeres que sirven a Jesús

8 ¹ Aconteció después, que Jesús iba por todas las ciudades y aldeas, predicando y anunciando el evangelio del reino de Dios, y los doce con él,

² y algunas mujeres que habían sido sanadas de espíritus malos y de enfermedades: María, que se llamaba Magdalena, de la que habían salido siete demonios,

³ Juana, mujer de Chuza intendente de Herodes, y Susana, y otras muchas que le servían de sus bienes.ᵃ

Parábola del sembrador
(Mt 13.1-15, 18-23; Mr 4.1-20)

⁴ Juntándose una gran multitud, y los que de cada ciudad venían a él, les dijo por parábola:

⁵ El sembrador salió a sembrar su semilla; y mientras sembraba, una parte cayó junto al camino, y fue hollada, y las aves del cielo la comieron.

⁶ Otra parte cayó sobre la piedra; y nacida, se secó, porque no tenía humedad.

⁷ Otra parte cayó entre espinos, y los espinos que nacieron juntamente con ella, la ahogaron.

⁸ Y otra parte cayó en buena tierra, y nació y llevó fruto a ciento por uno. Hablando estas cosas, decía a gran voz: El que tiene oídos para oír, oiga.

⁹ Y sus discípulos le preguntaron, diciendo: ¿Qué significa esta parábola?

¹⁰ Y él dijo: A vosotros os es dado conocer los misterios del reino de Dios; pero a los otros por parábolas, para que viendo no vean, y oyendo no entiendan.ᵇ

¹¹ Ésta es, pues, la parábola: La semilla es la palabra de Dios.

¹² Y los de junto al camino son los que oyen, y luego viene el diablo y quita de su corazón la palabra, para que no crean y se salven.

¹³ Los de sobre la piedra son los que habiendo oído, reciben la palabra con gozo; pero éstos no tienen raíces; creen por algún tiempo, y en el tiempo de la prueba se apartan.

¹⁴ La que cayó entre espinos, éstos son los que oyen, pero yéndose, son ahogados por los afanes y las riquezas y los placeres de la vida, y no llevan fruto.

¹⁵ Mas la que cayó en buena tierra, éstos son los que con corazón bueno y recto retienen la palabra oída, y dan fruto con perseverancia.

Nada oculto que no haya de ser manifestado
(Mr 4.21-25)

¹⁶ Nadie que enciende una luz la cubre con una vasija, ni la pone debajo de la cama, sino que la pone en un candeleroᶜ para que los que entran vean la luz.

¹⁷ Porque nada hay oculto, que no haya de ser manifestado; ni escondido, que no haya de ser conocido, y de salir a luz.ᵈ

¹⁸ Mirad, pues, cómo oís; porque a todo el que tiene, se le dará; y a todo el que no tiene, aun lo que piensa tener se le quitará.ᵉ

La madre y los hermanos de Jesús
(Mt 12.46-50; Mr 3.31-35)

¹⁹ Entonces su madre y sus hermanos vinieron a él; pero no podían llegar hasta él por causa de la multitud.

²⁰ Y se le avisó, diciendo: Tu madre y tus hermanos están fuera y quieren verte.

²¹ Él entonces respondiendo, les dijo: Mi madre y mis hermanos son los que oyen la palabra de Dios, y la hacen.

Jesús calma la tempestad
(Mt 8.23-27; Mr 4.35-41)

²² Aconteció un día, que entró en una barca con sus discípulos, y les dijo: Pasemos al otro lado del lago. Y partieron.

²³ Pero mientras navegaban, él se durmió. Y se desencadenó una tempestad de viento en el lago; y se anegaban y peligraban.

²⁴ Y vinieron a él y le despertaron, diciendo: ¡Maestro, Maestro, que perecemos! Despertando él, reprendió al viento y a las olas; y cesaron, y se hizo bonanza.

²⁵ Y les dijo: ¿Dónde está vuestra fe? Y atemorizados, se maravillaban, y se decían unos a otros: ¿Quién es éste, que aun a los vientos y a las aguas manda, y le obedecen?

El endemoniado gadareno
(Mt 8.28-34; Mr 5.1-20)

²⁶ Y arribaron a la tierra de los gadarenos, que está en la ribera opuesta a Galilea.

---

a 8.2, 3 Mt 27.55, 56; Mr 15.40, 41; Lc 23.49.
b 8.10 Is 6.9, 10.   **c 8.16** Mt 5.15; Lc 11.33.   **d 8.17** Mt 10.26; Lc 12.2.   **e 8.18** Mt 25.29; Lc 19.26.

27 Al llegar él a tierra, vino a su encuentro un hombre de la ciudad, endemoniado desde hacía mucho tiempo; y no vestía ropa, ni moraba en casa, sino en los sepulcros.

28 Éste, al ver a Jesús, lanzó un gran grito, y postrándose a sus pies exclamó a gran voz: ¿Qué tienes conmigo, Jesús, Hijo del Dios Altísimo? Te ruego que no me atormentes.

29 (Porque mandaba al espíritu inmundo que saliese del hombre, pues hacía mucho tiempo que se había apoderado de él; y le ataban con cadenas y grillos, pero rompiendo las cadenas, era impelido por el demonio a los desiertos.)

30 Y le preguntó Jesús, diciendo: ¿Cómo te llamas? Y él dijo: Legión. Porque muchos demonios habían entrado en él.

31 Y le rogaban que no los mandase ir al abismo.

32 Había allí un hato de muchos cerdos que pacían en el monte; y le rogaron que los dejase entrar en ellos; y les dio permiso.

33 Y los demonios, salidos del hombre, entraron en los cerdos; y el hato se precipitó por un despeñadero al lago, y se ahogó.

34 Y los que apacentaban los cerdos, cuando vieron lo que había acontecido, huyeron, y yendo dieron aviso en la ciudad y por los campos.

35 Y salieron a ver lo que había sucedido; y vinieron a Jesús, y hallaron al hombre de quien habían salido los demonios, sentado a los pies de Jesús, vestido, y en su cabal juicio; y tuvieron miedo.

36 Y los que lo habían visto, les contaron cómo había sido salvado el endemoniado.

37 Entonces toda la multitud de la región alrededor de los gadarenos le rogó que se marchase de ellos, pues tenían gran temor. Y Jesús, entrando en la barca, se volvió.

38 Y el hombre de quien habían salido los demonios le rogaba que le dejase estar con él; pero Jesús le despidió, diciendo:

39 Vuélvete a tu casa, y cuenta cuán grandes cosas ha hecho Dios contigo. Y él se fue, publicando por toda la ciudad cuán grandes cosas había hecho Jesús con él.

La hija de Jairo, y la mujer que tocó el manto de Jesús

(Mt 9.18-26; Mr 5.21-43)

40 Cuando volvió Jesús, le recibió la multitud con gozo; porque todos le esperaban.

41 Entonces vino un varón llamado Jairo, que era principal de la sinagoga, y postrándose a los pies de Jesús, le rogaba que entrase en su casa;

42 porque tenía una hija única, como de doce años, que se estaba muriendo.

Y mientras iba, la multitud le oprimía.

43 Pero una mujer que padecía de flujo de sangre desde hacía doce años, y que había gastado en médicos todo cuanto tenía, y por ninguno había podido ser curada,

44 se le acercó por detrás y tocó el borde de su manto; y al instante se detuvo el flujo de su sangre.

45 Entonces Jesús dijo: ¿Quién es el que me ha tocado? Y negando todos, dijo Pedro y los que con él estaban: Maestro, la multitud te aprieta y oprime, y dices: ¿Quién es el que me ha tocado?

46 Pero Jesús dijo: Alguien me ha tocado; porque yo he conocido que ha salido poder de mí.

47 Entonces, cuando la mujer vio que no había quedado oculta, vino temblando, y postrándose a sus pies, le declaró delante de todo el pueblo por qué causa le había tocado, y cómo al instante había sido sanada.

48 Y él le dijo: Hija, tu fe te ha salvado; ve en paz.

49 Estaba hablando aún, cuando vino uno de casa del principal de la sinagoga a decirle: Tu hija ha muerto; no molestes más al Maestro.

50 Oyéndolo Jesús, le respondió: No temas; cree solamente, y será salva.

51 Entrando en la casa, no dejó entrar a nadie consigo, sino a Pedro, a Jacobo, a Juan, y al padre y a la madre de la niña.

52 Y lloraban todos y hacían lamentación por ella. Pero él dijo: No lloréis; no está muerta, sino que duerme.

53 Y se burlaban de él, sabiendo que estaba muerta.

54 Mas él, tomándola de la mano, clamó diciendo: Muchacha, levántate.

55 Entonces su espíritu volvió, e inmediatamente se levantó; y él mandó que se le diese de comer.

56 Y sus padres estaban atónitos; pero Jesús les mandó que a nadie dijesen lo que había sucedido.

Misión de los doce discípulos
(Mt 10.5-15; Mr 6.7-13)

9 [1] Habiendo reunido a sus doce discípulos, les dio poder y autoridad sobre
todos los demonios, y para sanar enfermedades.

[2] Y los envió a predicar el reino de Dios, y
a sanar a los enfermos.

[3] Y les dijo:[a] No toméis nada para el camino, ni bordón, ni alforja, ni pan, ni dinero;
ni llevéis dos túnicas.

[4] Y en cualquier casa donde entréis, quedad allí, y de allí salid.

[5] Y dondequiera que no os recibieren, salid
de aquella ciudad, y sacudid el polvo de
vuestros pies en testimonio contra ellos.[b]

[6] Y saliendo, pasaban por todas las aldeas,
anunciando el evangelio y sanando por
todas partes.

Muerte de Juan el Bautista
(Mt 14.1-12; Mr 6.14-29)

[7] Herodes el tetrarca oyó de todas las
cosas que hacía Jesús; y estaba perplejo,
porque decían algunos: Juan ha resucitado
de los muertos;

[8] otros: Elías ha aparecido; y otros: Algún
profeta de los antiguos ha resucitado.[c]

[9] Y dijo Herodes: A Juan yo le hice decapitar; ¿quién, pues, es éste, de quien oigo
tales cosas? Y procuraba verle.

Alimentación de los cinco mil
(Mt 14.13-21; Mr 6.30-44; Jn 6.1-14)

[10] Vueltos los apóstoles, le contaron todo
lo que habían hecho. Y tomándolos, se
retiró aparte, a un lugar desierto de la ciudad llamada Betsaida.

[11] Y cuando la gente lo supo, le siguió; y él
les recibió, y les hablaba del reino de Dios,
y sanaba a los que necesitaban ser curados.

[12] Pero el día comenzaba a declinar; y
acercándose los doce, le dijeron: Despide
a la gente, para que vayan a las aldeas y
campos de alrededor, y se alojen y encuentren alimentos; porque aquí estamos en
lugar desierto.

[13] Él les dijo: Dadles vosotros de comer. Y
dijeron ellos: No tenemos más que cinco

panes y dos pescados, a no ser que vayamos nosotros a comprar alimentos para
toda esta multitud.

[14] Y eran como cinco mil hombres. Entonces dijo a sus discípulos: Hacedlos sentar
en grupos, de cincuenta en cincuenta.

[15] Así lo hicieron, haciéndolos sentar a todos.

[16] Y tomando los cinco panes y los dos
pescados, levantando los ojos al cielo, los
bendijo, y los partió, y dio a sus discípulos
para que los pusiesen delante de la gente.

[17] Y comieron todos, y se saciaron; y recogieron lo que les sobró, doce cestas de
pedazos.

La confesión de Pedro
(Mt 16.13-20; Mr 8.27-30)

[18] Aconteció que mientras Jesús oraba
aparte, estaban con él los discípulos; y les
preguntó, diciendo: ¿Quién dice la gente
que soy yo?

[19] Ellos respondieron: Unos, Juan el Bautista; otros, Elías; y otros, que algún profeta de los antiguos ha resucitado.[d]

[20] Él les dijo: ¿Y vosotros, quién decís que
soy? Entonces respondiendo Pedro, dijo:
El Cristo de Dios.[e]

Jesús anuncia su muerte
(Mt 16.21-28; Mr 8.31—9.1)

[21] Pero él les mandó que a nadie dijesen
esto, encargándoselo rigurosamente,

[22] y diciendo: Es necesario que el Hijo del
Hombre padezca muchas cosas, y sea desechado por los ancianos, por los principales sacerdotes y por los escribas, y que sea
muerto, y resucite al tercer día.

[23] Y decía a todos: Si alguno quiere venir
en pos de mí, niéguese a sí mismo, tome
su cruz cada día, y sígame.[f]

[24] Porque todo el que quiera salvar su
vida, la perderá; y todo el que pierda su
vida por causa de mí, éste la salvará.[g]

[25] Pues ¿qué aprovecha al hombre, si gana
todo el mundo, y se destruye o se pierde
a sí mismo?

[26] Porque el que se avergonzare de mí y de
mis palabras, de éste se avergonzará el Hijo
del Hombre cuando venga en su gloria, y
en la del Padre, y de los santos ángeles.

[27] Pero os digo en verdad, que hay algunos de los que están aquí, que no gustarán
la muerte hasta que vean el reino de Dios.

---

a 9.3-5 Lc 10.4-11.   **b 9.5** Hch 13.51.   **c 9.7, 8** Mt 16.14;
Mr 8.28; Lc 9.19.   **d 9.19** Mt 14.1, 2; Mr 6.14, 15; Lc 9.7, 8.
e 9.20 Jn 6.68, 69.   **f 9.23** Mt 10.38; Lc 14.27.
g 9.24 Mt 10.39; Lc 17.33; Jn 12.25.

La transfiguración
(Mt 17.1-8; Mr 9.2-8)

28 Aconteció como ocho días después de estas palabras, que tomó a Pedro, a Juan y a Jacobo, y subió al monte a orar.[h]

29 Y entre tanto que oraba, la apariencia de su rostro se hizo otra, y su vestido blanco y resplandeciente.

30 Y he aquí dos varones que hablaban con él, los cuales eran Moisés y Elías;

31 quienes aparecieron rodeados de gloria, y hablaban de su partida, que iba Jesús a cumplir en Jerusalén.

32 Y Pedro y los que estaban con él estaban rendidos de sueño; mas permaneciendo despiertos, vieron la gloria de Jesús, y a los dos varones que estaban con él.

33 Y sucedió que apartándose ellos de él, Pedro dijo a Jesús: Maestro, bueno es para nosotros que estemos aquí; y hagamos tres enramadas, una para ti, una para Moisés, y una para Elías; no sabiendo lo que decía.

34 Mientras él decía esto, vino una nube que los cubrió; y tuvieron temor al entrar en la nube.

35 Y vino una voz desde la nube, que decía: Éste es mi Hijo amado;[i] a él oíd.

36 Y cuando cesó la voz, Jesús fue hallado solo; y ellos callaron, y por aquellos días no dijeron nada a nadie de lo que habían visto.

Jesús sana a un muchacho endemoniado
(Mt 17.14-21; Mr 9.14-29)

37 Al día siguiente, cuando descendieron del monte, una gran multitud les salió al encuentro.

38 Y he aquí, un hombre de la multitud clamó diciendo: Maestro, te ruego que veas a mi hijo, pues es el único que tengo;

39 y sucede que un espíritu le toma, y de repente da voces, y le sacude con violencia, y le hace echar espuma, y estropeándole, a duras penas se aparta de él.

40 Y rogué a tus discípulos que le echasen fuera, y no pudieron.

41 Respondiendo Jesús, dijo: ¡Oh generación incrédula y perversa! ¿Hasta cuándo he de estar con vosotros, y os he de soportar? Trae acá a tu hijo.

42 Y mientras se acercaba el muchacho, el demonio le derribó y le sacudió con violencia; pero Jesús reprendió al espíritu inmundo, y sanó al muchacho, y se lo devolvió a su padre.

43 Y todos se admiraban de la grandeza de Dios.

Jesús anuncia otra vez su muerte
(Mt 17.22, 23; Mr 9.30-32)

Y maravillándose todos de todas las cosas que hacía, dijo a sus discípulos:

44 Haced que os penetren bien en los oídos estas palabras; porque acontecerá que el Hijo del Hombre será entregado en manos de hombres.

45 Mas ellos no entendían estas palabras, pues les estaban veladas para que no las entendiesen; y temían preguntarle sobre esas palabras.

¿Quién es el mayor?
(Mt 18.1-5; Mr 9.33-37)

46 Entonces entraron en discusión sobre quién de ellos sería el mayor.[j]

47 Y Jesús, percibiendo los pensamientos de sus corazones, tomó a un niño y lo puso junto a sí,

48 y les dijo: Cualquiera que reciba a este niño en mi nombre, a mí me recibe; y cualquiera que me recibe a mí, recibe al que me envió;[k] porque el que es más pequeño entre todos vosotros, ése es el más grande.

El que no es contra nosotros, por nosotros es
(Mr 9.38-40)

49 Entonces respondiendo Juan, dijo: Maestro, hemos visto a uno que echaba fuera demonios en tu nombre; y se lo prohibimos, porque no sigue con nosotros.

50 Jesús le dijo: No se lo prohibáis; porque el que no es contra nosotros, por nosotros es.

Jesús reprende a Jacobo y a Juan

51 Cuando se cumplió el tiempo en que él había de ser recibido arriba, afirmó su rostro para ir a Jerusalén.

52 Y envió mensajeros delante de él, los cuales fueron y entraron en una aldea de los samaritanos para hacerle preparativos.

---

h 9.28-35 2 P 1.17, 18.   **i 9.35** Is 42.1; Mt 3.17; 12.18; Mr 1.11; Lc 3.22.   **j 9.46** Lc 22.24.   **k 9.48** Mt 10.40; Lc 10.16; Jn 13.20.

53 Mas no le recibieron, porque su aspecto era como de ir a Jerusalén.
54 Viendo esto sus discípulos Jacobo y Juan, dijeron: Señor, ¿quieres que mandemos que descienda fuego del cielo, como hizo Elías, y los consuma?[l]
55 Entonces volviéndose él, los reprendió, diciendo: Vosotros no sabéis de qué espíritu sois;
56 porque el Hijo del Hombre no ha venido para perder las almas de los hombres, sino para salvarlas. Y se fueron a otra aldea.

Los que querían seguir a Jesús
(Mt 8.18-22)

57 Yendo ellos, uno le dijo en el camino: Señor, te seguiré adondequiera que vayas.
58 Y le dijo Jesús: Las zorras tienen guaridas, y las aves de los cielos nidos; mas el Hijo del Hombre no tiene dónde recostar la cabeza.
59 Y dijo a otro: Sígueme. Él le dijo: Señor, déjame que primero vaya y entierre a mi padre.
60 Jesús le dijo: Deja que los muertos entierren a sus muertos; y tú ve, y anuncia el reino de Dios.
61 Entonces también dijo otro: Te seguiré, Señor; pero déjame que me despida primero de los que están en mi casa.[m]
62 Y Jesús le dijo: Ninguno que poniendo su mano en el arado mira hacia atrás, es apto para el reino de Dios.

Misión de los setenta

10 **1** Después de estas cosas, designó el Señor también a otros setenta, a quienes envió de dos en dos delante de él a toda ciudad y lugar adonde él había de ir.
2 Y les decía: La mies a la verdad es mucha, mas los obreros pocos; por tanto, rogad al Señor de la mies que envíe obreros a su mies.[a]
3 Id; he aquí yo os envío como corderos en medio de lobos.[b]
4 No llevéis bolsa, ni alforja, ni calzado; y a nadie saludéis por el camino.

5 En cualquier casa donde entréis, primeramente decid: Paz sea a esta casa.
6 Y si hubiere allí algún hijo de paz, vuestra paz reposará sobre él; y si no, se volverá a vosotros.
7 Y posad en aquella misma casa, comiendo y bebiendo lo que os den; porque el obrero es digno de su salario.[c] No os paséis de casa en casa.
8 En cualquier ciudad donde entréis, y os reciban, comed lo que os pongan delante;
9 y sanad a los enfermos que en ella haya, y decidles: Se ha acercado a vosotros el reino de Dios.
10 Mas en cualquier ciudad donde entréis, y no os reciban, saliendo por sus calles, decid:
11 Aun el polvo de vuestra ciudad, que se ha pegado a nuestros pies, lo sacudimos contra vosotros.[d] Pero esto sabed, que el reino de Dios se ha acercado a vosotros.[e]
12 Y os digo que en aquel día será más tolerable el castigo para Sodoma,[f] que para aquella ciudad.[g]

Ayes sobre las ciudades impenitentes
(Mt 11.20-24)

13 ¡Ay de ti, Corazín! ¡Ay de ti, Betsaida! que si en Tiro y en Sidón[h] se hubieran hecho los milagros que se han hecho en vosotras, tiempo ha que sentadas en cilicio y ceniza, se habrían arrepentido.
14 Por tanto, en el juicio será más tolerable el castigo para Tiro y Sidón, que para vosotras.
15 Y tú, Capernaum, que hasta los cielos eres levantada, hasta el Hades serás abatida.[i]
16 El que a vosotros oye, a mí me oye;[j] y el que a vosotros desecha, a mí me desecha; y el que me desecha a mí, desecha al que me envió.

Regreso de los setenta

17 Volvieron los setenta con gozo, diciendo: Señor, aun los demonios se nos sujetan en tu nombre.
18 Y les dijo: Yo veía a Satanás caer del cielo como un rayo.
19 He aquí os doy potestad de hollar serpientes y escorpiones,[k] y sobre toda fuerza del enemigo, y nada os dañará.
20 Pero no os regocijéis de que los espíritus se os sujetan, sino regocijaos de que vuestros nombres están escritos en los cielos.

l 9.54 2 R 1.9-16.   **m 9.61** 1 R 19.20.   **a 10.2** Mt 9.37, 38.
b 10.3 Mt 10.16.   **c 10.7** 1 Co 9.14; 1 Ti 5.18.
d 10.10, 11 Hch 13.51.   **e 10.4-11** Mt 10.7-14; Mr 6.8-11;
Lc 9.3-5.   **f 10.12** Gn 19.24-28; Mt 11.24.   **g 10.12** Mt 10.15.
h 10.13 Is 23.1-18; Ez 26.1—28.26; Jl 3.4-8; Am 1.9, 10;
Zac 9.2-4.   **i 10.15** Is 14.13-15.   **j 10.16** Mt 10.40; Mr 9.37;
Lc 9.48; Jn 13.20.   **k 10.19** Sal 91.13.

Jesús se regocija
(Mt 11.25-27; 13.16, 17)

21 En aquella misma hora Jesús se regocijó en el Espíritu, y dijo: Yo te alabo, oh Padre, Señor del cielo y de la tierra, porque escondiste estas cosas de los sabios y entendidos, y las has revelado a los niños. Sí, Padre, porque así te agradó. 22 Todas las cosas me fueron entregadas por mi Padre;[l] y nadie conoce quién es el Hijo sino el Padre; ni quién es el Padre, sino el Hijo,[m] y aquel a quien el Hijo lo quiera revelar.

23 Y volviéndose a los discípulos, les dijo aparte: Bienaventurados los ojos que ven lo que vosotros veis; 24 porque os digo que muchos profetas y reyes desearon ver lo que vosotros veis, y no lo vieron; y oír lo que oís, y no lo oyeron.

El buen samaritano

25 Y he aquí un intérprete de la ley se levantó y dijo, para probarle:[n] Maestro, ¿haciendo qué cosa heredaré la vida eterna? 26 Él le dijo: ¿Qué está escrito en la ley? ¿Cómo lees? 27 Aquél, respondiendo, dijo: Amarás al Señor tu Dios con todo tu corazón, y con toda tu alma, y con todas tus fuerzas, y con toda tu mente;[o] y a tu prójimo como a ti mismo.[p] 28 Y le dijo: Bien has respondido; haz esto, y vivirás.[q]

29 Pero él, queriendo justificarse a sí mismo, dijo a Jesús: ¿Y quién es mi prójimo? 30 Respondiendo Jesús, dijo: Un hombre descendía de Jerusalén a Jericó, y cayó en manos de ladrones, los cuales le despojaron; e hiriéndole, se fueron, dejándole medio muerto. 31 Aconteció que descendió un sacerdote por aquel camino, y viéndole, pasó de largo. 32 Asimismo un levita, llegando cerca de aquel lugar, y viéndole, pasó de largo. 33 Pero un samaritano, que iba de camino, vino cerca de él, y viéndole, fue movido a misericordia; 34 y acercándose, vendó sus heridas, echándoles aceite y vino; y poniéndole en su cabalgadura, lo llevó al mesón, y cuidó de él.

35 Otro día al partir, sacó dos denarios, y los dio al mesonero, y le dijo: Cuídamele; y todo lo que gastes de más, yo te lo pagaré cuando regrese. 36 ¿Quién, pues, de estos tres te parece que fue el prójimo del que cayó en manos de los ladrones? 37 Él dijo: El que usó de misericordia con él. Entonces Jesús le dijo: Ve, y haz tú lo mismo.

Jesús visita a Marta y a María

38 Aconteció que yendo de camino, entró en una aldea; y una mujer llamada Marta le recibió en su casa. 39 Ésta tenía una hermana que se llamaba María,[r] la cual, sentándose a los pies de Jesús, oía su palabra. 40 Pero Marta se preocupaba con muchos quehaceres, y acercándose, dijo: Señor, ¿no te da cuidado que mi hermana me deje servir sola? Dile, pues, que me ayude. 41 Respondiendo Jesús, le dijo: Marta, Marta, afanada y turbada estás con muchas cosas. 42 Pero sólo una cosa es necesaria; y María ha escogido la buena parte, la cual no le será quitada.

Jesús y la oración

(Mt 6.9-15; 7.7-11)

11 1 Aconteció que estaba Jesús orando en un lugar, y cuando terminó, uno de sus discípulos le dijo: Señor, enséñanos a orar, como también Juan enseñó a sus discípulos. 2 Y les dijo: Cuando oréis, decid: Padre nuestro que estás en los cielos, santificado sea tu nombre. Venga tu reino. Hágase tu voluntad, como en el cielo, así también en la tierra. 3 El pan nuestro de cada día, dánoslo hoy. 4 Y perdónanos nuestros pecados, porque también nosotros perdonamos a todos los que nos deben. Y no nos metas en tentación, mas líbranos del mal.

5 Les dijo también: ¿Quién de vosotros que tenga un amigo, va a él a medianoche y le dice: Amigo, préstame tres panes,

---

l 10.22 Jn 3.35.   m 10.22 Jn 10.15.   n 10.25-28 Mt 22.35-40; Mr 12.28-34.   o 10.27 Dt 6.5.   p 10.27 Lv 19.18. q 10.28 Lv 18.5.   r 10.38, 39 Jn 11.1.

6 porque un amigo mío ha venido a mí de viaje, y no tengo qué ponerle delante;

7 y aquél, respondiendo desde adentro, le dice: No me molestes; la puerta ya está cerrada, y mis niños están conmigo en cama; no puedo levantarme, y dártelos?

8 Os digo, que aunque no se levante a dárselos por ser su amigo, sin embargo por su importunidad se levantará y le dará todo lo que necesite.

9 Y yo os digo: Pedid, y se os dará; buscad, y hallaréis; llamad, y se os abrirá.

10 Porque todo aquel que pide, recibe; y el que busca, halla; y al que llama, se le abrirá.

11 ¿Qué padre de vosotros, si su hijo le pide pan, le dará una piedra? ¿o si pescado, en lugar de pescado, le dará una serpiente?

12 ¿O si le pide un huevo, le dará un escorpión?

13 Pues si vosotros, siendo malos, sabéis dar buenas dádivas a vuestros hijos, ¿cuánto más vuestro Padre celestial dará el Espíritu Santo a los que se lo pidan?

Una casa dividida contra sí misma
(Mt 12.22-30; Mr 3.20-27)

14 Estaba Jesús echando fuera un demonio, que era mudo; y aconteció que salido el demonio, el mudo habló; y la gente se maravilló.

15 Pero algunos de ellos decían: Por Beelzebú, príncipe de los demonios, echa fuera los demonios.[a]

16 Otros, para tentarle, le pedían señal del cielo.[b]

17 Mas él, conociendo los pensamientos de ellos, les dijo: Todo reino dividido contra sí mismo, es asolado; y una casa dividida contra sí misma, cae.

18 Y si también Satanás está dividido contra sí mismo, ¿cómo permanecerá su reino? ya que decís que por Beelzebú echo yo fuera los demonios.

19 Pues si yo echo fuera los demonios por Beelzebú, ¿vuestros hijos por quién los echan? Por tanto, ellos serán vuestros jueces.

20 Mas si por el dedo de Dios echo yo fuera los demonios, ciertamente el reino de Dios ha llegado a vosotros.

21 Cuando el hombre fuerte armado guarda su palacio, en paz está lo que posee.

22 Pero cuando viene otro más fuerte que él y le vence, le quita todas sus armas en que confiaba, y reparte el botín.

23 El que no es conmigo, contra mí es;[c] y el que conmigo no recoge, desparrama.

El espíritu inmundo que vuelve
(Mt 12.43-45)

24 Cuando el espíritu inmundo sale del hombre, anda por lugares secos, buscando reposo; y no hallándolo, dice: Volveré a mi casa de donde salí.

25 Y cuando llega, la halla barrida y adornada.

26 Entonces va, y toma otros siete espíritus peores que él; y entrados, moran allí; y el postrer estado de aquel hombre viene a ser peor que el primero.

Los que en verdad son bienaventurados

27 Mientras él decía estas cosas, una mujer de entre la multitud levantó la voz y le dijo: Bienaventurado el vientre que te trajo, y los senos que mamaste.

28 Y él dijo: Antes bienaventurados los que oyen la palabra de Dios, y la guardan.

La generación perversa demanda señal
(Mt 12.38-42)

29 Y apiñándose las multitudes, comenzó a decir: Esta generación es mala; demanda señal,[d] pero señal no le será dada, sino la señal de Jonás.

30 Porque así como Jonás fue señal a los ninivitas,[e] también lo será el Hijo del Hombre a esta generación.

31 La reina del Sur se levantará en el juicio con los hombres de esta generación, y los condenará; porque ella vino de los fines de la tierra para oír la sabiduría de Salomón,[f] y he aquí más que Salomón en este lugar.

32 Los hombres de Nínive se levantarán en el juicio con esta generación, y la condenarán; porque a la predicación de Jonás se arrepintieron,[g] y he aquí más que Jonás en este lugar.

---

a 11.15 Mt 9.34; 10.25. **b 11.16** Mt 12.38; 16.1; Mr 8.11.
c 11.23 Mr 9.40. **d 11.29** Mt 16.4; Mr 8.12. **e 11.30** Jon 3.4.
f 11.31 1 R 10.1-10; 2 Cr 9.1-12. **g 11.32** Jon 3.5.

La lámpara del cuerpo
(Mt 6.22, 23)

33 Nadie pone en oculto la luz encendida, ni debajo del almud, sino en el candelero,[h] para que los que entran vean la luz.
34 La lámpara del cuerpo es el ojo; cuando tu ojo es bueno, también todo tu cuerpo está lleno de luz; pero cuando tu ojo es maligno, también tu cuerpo está en tinieblas.
35 Mira pues, no suceda que la luz que en ti hay, sea tinieblas.
36 Así que, si todo tu cuerpo está lleno de luz, no teniendo parte alguna de tinieblas, será todo luminoso, como cuando una lámpara te alumbra con su resplandor.

Jesús acusa a fariseos y a intérpretes de la ley
(Mt 23.1-36; Mr 12.38-40; Lc 20.45-47)

37 Luego que hubo hablado, le rogó un fariseo que comiese con él; y entrando Jesús en la casa, se sentó a la mesa.
38 El fariseo, cuando lo vio, se extrañó de que no se hubiese lavado antes de comer.
39 Pero el Señor le dijo: Ahora bien, vosotros los fariseos limpiáis lo de fuera del vaso y del plato, pero por dentro estáis llenos de rapacidad y de maldad.
40 Necios, ¿el que hizo lo de fuera, no hizo también lo de adentro?
41 Pero dad limosna de lo que tenéis, y entonces todo os será limpio.
42 Mas ¡ay de vosotros, fariseos! que diezmáis la menta, y la ruda, y toda hortaliza,[i] y pasáis por alto la justicia y el amor de Dios. Esto os era necesario hacer, sin dejar aquello.
43 ¡Ay de vosotros, fariseos! que amáis las primeras sillas en las sinagogas, y las salutaciones en las plazas.
44 ¡Ay de vosotros, escribas y fariseos, hipócritas! que sois como sepulcros que no se ven, y los hombres que andan encima no lo saben.
45 Respondiendo uno de los intérpretes de la ley, le dijo: Maestro, cuando dices esto, también nos afrentas a nosotros.
46 Y él dijo: ¡Ay de vosotros también, intérpretes de la ley! porque cargáis a los hombres con cargas que no pueden llevar, pero vosotros ni aun con un dedo las tocáis.

47 ¡Ay de vosotros, que edificáis los sepulcros de los profetas a quienes mataron vuestros padres!
48 De modo que sois testigos y consentidores de los hechos de vuestros padres; porque a la verdad ellos los mataron, y vosotros edificáis sus sepulcros.
49 Por eso la sabiduría de Dios también dijo: Les enviaré profetas y apóstoles; y de ellos, a unos matarán y a otros perseguirán,
50 para que se demande de esta generación la sangre de todos los profetas que se ha derramado desde la fundación del mundo,
51 desde la sangre de Abel[j] hasta la sangre de Zacarías,[k] que murió entre el altar y el templo; sí, os digo que será demandada de esta generación.
52 ¡Ay de vosotros, intérpretes de la ley! porque habéis quitado la llave de la ciencia; vosotros mismos no entrasteis, y a los que entraban se lo impedisteis.
53 Diciéndoles él estas cosas, los escribas y los fariseos comenzaron a estrecharle en gran manera, y a provocarle a que hablase de muchas cosas;
54 acechándole, y procurando cazar alguna palabra de su boca para acusarle.

La levadura de los fariseos

12 **1** En esto, juntándose por millares la multitud, tanto que unos a otros se atropellaban, comenzó a decir a sus discípulos, primeramente: Guardaos de la levadura de los fariseos,[a] que es la hipocresía.
2 Porque nada hay encubierto, que no haya de descubrirse; ni oculto, que no haya de saberse.[b]
3 Por tanto, todo lo que habéis dicho en tinieblas, a la luz se oirá; y lo que habéis hablado al oído en los aposentos, se proclamará en las azoteas.

A quién se debe temer
(Mt 10.26-31)

4 Mas os digo, amigos míos: No temáis a los que matan el cuerpo, y después nada más pueden hacer.
5 Pero os enseñaré a quién debéis temer: Temed a aquel que después de haber

---

h 11.33 Mt 5.15; Mr 4.21; Lc 8.16. **i 11.42** Lv 27.30.
j 11.51 Gn 4.8. **k 11.51** 2 Cr 24.20, 21. **a 12.1** Mt 16.6;
Mr 8.15. **b 12.2** Mr 4.22; Lc 8.17.

quitado la vida, tiene poder de echar en el infierno; sí, os digo, a éste temed.

6 ¿No se venden cinco pajarillos por dos cuartos? Con todo, ni uno de ellos está olvidado delante de Dios.

7 Pues aun los cabellos de vuestra cabeza están todos contados. No temáis, pues; más valéis vosotros que muchos pajarillos.

El que me confesare delante de los hombres

8 Os digo que todo aquel que me confesare delante de los hombres, también el Hijo del Hombre le confesará delante de los ángeles de Dios;

9 mas el que me negare delante de los hombres, será negado delante de los ángeles de Dios.

10 A todo aquel que dijere alguna palabra contra el Hijo del Hombre, le será perdonado; pero al que blasfemare contra el Espíritu Santo, no le será perdonado.[c]

11 Cuando os trajeren a las sinagogas, y ante los magistrados y las autoridades, no os preocupéis por cómo o qué habréis de responder, o qué habréis de decir;

12 porque el Espíritu Santo os enseñará en la misma hora lo que debáis decir.[d]

El rico insensato

13 Le dijo uno de la multitud: Maestro, di a mi hermano que parta conmigo la herencia.

14 Mas él le dijo: Hombre, ¿quién me ha puesto sobre vosotros como juez o partidor?

15 Y les dijo: Mirad, y guardaos de toda avaricia; porque la vida del hombre no consiste en la abundancia de los bienes que posee.

16 También les refirió una parábola, diciendo: La heredad de un hombre rico había producido mucho.

17 Y él pensaba dentro de sí, diciendo: ¿Qué haré, porque no tengo dónde guardar mis frutos?

18 Y dijo: Esto haré: derribaré mis graneros, y los edificaré mayores, y allí guardaré todos mis frutos y mis bienes;

19 y diré a mi alma: Alma, muchos bienes tienes guardados para muchos años; repósate, come, bebe, regocíjate.

20 Pero Dios le dijo: Necio, esta noche vienen a pedirte tu alma; y lo que has provisto, ¿de quién será?

21 Así es el que hace para sí tesoro, y no es rico para con Dios.

El afán y la ansiedad
(Mt 6.25-34)

22 Dijo luego a sus discípulos: Por tanto os digo: No os afanéis por vuestra vida, qué comeréis; ni por el cuerpo, qué vestiréis.

23 La vida es más que la comida, y el cuerpo que el vestido.

24 Considerad los cuervos, que ni siembran, ni siegan; que ni tienen despensa, ni granero, y Dios los alimenta. ¿No valéis vosotros mucho más que las aves?

25 ¿Y quién de vosotros podrá con afanarse añadir a su estatura un codo?

26 Pues si no podéis ni aun lo que es menos, ¿por qué os afanáis por lo demás?

27 Considerad los lirios, cómo crecen; no trabajan, ni hilan; mas os digo, que ni aun Salomón con toda su gloria[e] se vistió como uno de ellos.

28 Y si así viste Dios la hierba que hoy está en el campo, y mañana es echada al horno, ¿cuánto más a vosotros, hombres de poca fe?

29 Vosotros, pues, no os preocupéis por lo que habéis de comer, ni por lo que habéis de beber, ni estéis en ansiosa inquietud.

30 Porque todas estas cosas buscan las gentes del mundo; pero vuestro Padre sabe que tenéis necesidad de estas cosas.

31 Mas buscad el reino de Dios, y todas estas cosas os serán añadidas.

Tesoro en el cielo
(Mt 6.19-21)

32 No temáis, manada pequeña, porque a vuestro Padre le ha placido daros el reino.

33 Vended lo que poseéis, y dad limosna; haceos bolsas que no se envejezcan, tesoro en los cielos que no se agote, donde ladrón no llega, ni polilla destruye.

34 Porque donde está vuestro tesoro, allí estará también vuestro corazón.

El siervo vigilante

35 Estén ceñidos vuestros lomos, y vuestras lámparas encendidas;[f]

c 12.10 Mt 12.32; Mr 3.29.   **d 12.11, 12** Mt 10.19, 20; Mr 13.11; Lc 21.14, 15.   **e 12.27** 1 R 10.4-7; 2 Cr 9.3-6. **f 12.35** Mt 25.1-13.

36 y vosotros sed semejantes a hombres que aguardan a que su señor regrese[g] de las bodas, para que cuando llegue y llame, le abran en seguida.

37 Bienaventurados aquellos siervos a los cuales su señor, cuando venga, halle velando; de cierto os digo que se ceñirá, y hará que se sienten a la mesa, y vendrá a servirles.

38 Y aunque venga a la segunda vigilia, y aunque venga a la tercera vigilia, si los hallare así, bienaventurados son aquellos siervos.

39 Pero sabed esto, que si supiese el padre de familia a qué hora el ladrón había de venir, velaría ciertamente, y no dejaría minar su casa.

40 Vosotros, pues, también, estad preparados, porque a la hora que no penséis, el Hijo del Hombre vendrá.[h]

El siervo infiel
(Mt 24.45-51)

41 Entonces Pedro le dijo: Señor, ¿dices esta parábola a nosotros, o también a todos?

42 Y dijo el Señor: ¿Quién es el mayordomo fiel y prudente al cual su señor pondrá sobre su casa, para que a tiempo les dé su ración?

43 Bienaventurado aquel siervo al cual, cuando su señor venga, le halle haciendo así.

44 En verdad os digo que le pondrá sobre todos sus bienes.

45 Mas si aquel siervo dijere en su corazón: Mi señor tarda en venir; y comenzare a golpear a los criados y a las criadas, y a comer y beber y embriagarse,

46 vendrá el señor de aquel siervo en día que éste no espera, y a la hora que no sabe, y le castigará duramente, y le pondrá con los infieles.

47 Aquel siervo que conociendo la voluntad de su señor, no se preparó, ni hizo conforme a su voluntad, recibirá muchos azotes.

48 Mas el que sin conocerla hizo cosas dignas de azotes, será azotado poco; porque a todo aquel a quien se haya dado mucho, mucho se le demandará; y al que mucho se le haya confiado, más se le pedirá.

Jesús, causa de división
(Mt 10.34-36)

49 Fuego vine a echar en la tierra; ¿y qué quiero, si ya se ha encendido?

50 De un bautismo tengo que ser bautizado;[i] y ¡cómo me angustio hasta que se cumpla!

51 ¿Pensáis que he venido para dar paz en la tierra? Os digo: No, sino disensión.

52 Porque de aquí en adelante, cinco en una familia estarán divididos, tres contra dos, y dos contra tres.

53 Estará dividido el padre contra el hijo, y el hijo contra el padre; la madre contra la hija, y la hija contra la madre; la suegra contra su nuera, y la nuera contra su suegra.[j]

¿Cómo no reconocéis este tiempo?
(Mt 16.1-4; Mr 8.11-13)

54 Decía también a la multitud: Cuando veis la nube que sale del poniente, luego decís: Agua viene; y así sucede.

55 Y cuando sopla el viento del sur, decís: Hará calor; y lo hace.

56 ¡Hipócritas! Sabéis distinguir el aspecto del cielo y de la tierra; ¿y cómo no distinguís este tiempo?

Arréglate con tu adversario
(Mt 5.25, 26)

57 ¿Y por qué no juzgáis por vosotros mismos lo que es justo?

58 Cuando vayas al magistrado con tu adversario, procura en el camino arreglarte con él, no sea que te arrastre al juez, y el juez te entregue al alguacil, y el alguacil te meta en la cárcel.

59 Te digo que no saldrás de allí, hasta que hayas pagado aun la última blanca.

Arrepentíos o pereceréis

13 **1** En este mismo tiempo estaban allí algunos que le contaban acerca de los galileos cuya sangre Pilato había mezclado con los sacrificios de ellos.

2 Respondiendo Jesús, les dijo: ¿Pensáis que estos galileos, porque padecieron tales cosas, eran más pecadores que todos los galileos?

3 Os digo: No; antes si no os arrepentís, todos pereceréis igualmente.

g **12.36** Mr 13.34-36.   h **12.39, 40** Mt 24.43, 44.
i **12.50** Mr 10.38.   j **12.53** Mi 7.6.

⁴ O aquellos dieciocho sobre los cuales cayó la torre en Siloé, y los mató, ¿pensáis que eran más culpables que todos los hombres que habitan en Jerusalén?

⁵ Os digo: No; antes si no os arrepentís, todos pereceréis igualmente.

Parábola de la higuera estéril

⁶ Dijo también esta parábola: Tenía un hombre una higuera plantada en su viña, y vino a buscar fruto en ella, y no lo halló.

⁷ Y dijo al viñador: He aquí, hace tres años que vengo a buscar fruto en esta higuera, y no lo hallo; córtala; ¿para qué inutiliza también la tierra?

⁸ Él entonces, respondiendo, le dijo: Señor, déjala todavía este año, hasta que yo cave alrededor de ella, y la abone.

⁹ Y si diere fruto, bien; y si no, la cortarás después.

Jesús sana a una mujer en el día de reposo

¹⁰ Enseñaba Jesús en una sinagoga en el día de reposo;*

¹¹ y había allí una mujer que desde hacía dieciocho años tenía espíritu de enfermedad, y andaba encorvada, y en ninguna manera se podía enderezar.

¹² Cuando Jesús la vio, la llamó y le dijo: Mujer, eres libre de tu enfermedad.

¹³ Y puso las manos sobre ella; y ella se enderezó luego, y glorificaba a Dios.

¹⁴ Pero el principal de la sinagoga, enojado de que Jesús hubiese sanado en el día de reposo,* dijo a la gente: Seis días hay en que se debe trabajar; en éstos, pues, venid y sed sanados, y no en día de reposo.ᵃ

¹⁵ Entonces el Señor le respondió y dijo: Hipócrita, cada uno de vosotros ¿no desata en el día de reposo* su buey o su asno del pesebre y lo lleva a beber?

¹⁶ Y a esta hija de Abraham, que Satanás había atado dieciocho años, ¿no se le debía desatar de esta ligadura en el día de reposo?*

¹⁷ Al decir él estas cosas, se avergonzaban todos sus adversarios; pero todo el pueblo se regocijaba por todas las cosas gloriosas hechas por él.

Parábola de la semilla de mostaza
(Mt 13.31, 32; Mr 4.30-32)

¹⁸ Y dijo: ¿A qué es semejante el reino de Dios, y con qué lo compararé?

¹⁹ Es semejante al grano de mostaza, que un hombre tomó y sembró en su huerto; y creció, y se hizo árbol grande, y las aves del cielo anidaron en sus ramas.

Parábola de la levadura
(Mt 13.33)

²⁰ Y volvió a decir: ¿A qué compararé el reino de Dios?

²¹ Es semejante a la levadura, que una mujer tomó y escondió en tres medidas de harina, hasta que todo hubo fermentado.

La puerta estrecha
(Mt 7.13-14, 21-23)

²² Pasaba Jesús por ciudades y aldeas, enseñando, y encaminándose a Jerusalén.

²³ Y alguien le dijo: Señor, ¿son pocos los que se salvan? Y él les dijo:

²⁴ Esforzaos a entrar por la puerta angosta; porque os digo que muchos procurarán entrar, y no podrán.

²⁵ Después que el padre de familia se haya levantado y cerrado la puerta, y estando fuera empecéis a llamar a la puerta, diciendo: Señor, Señor, ábrenos, él respondiendo os dirá: No sé de dónde sois.

²⁶ Entonces comenzaréis a decir: Delante de ti hemos comido y bebido, y en nuestras plazas enseñaste.

²⁷ Pero os dirá: Os digo que no sé de dónde sois; apartaos de mí todos vosotros, hacedores de maldad.ᵇ

²⁸ Allí será el llanto y el crujir de dientes,ᶜ cuando veáis a Abraham, a Isaac, a Jacob y a todos los profetas en el reino de Dios, y vosotros estéis excluidos.

²⁹ Porque vendrán del oriente y del occidente, del norte y del sur, y se sentarán a la mesa en el reino de Dios.ᵈ

³⁰ Y he aquí, hay postreros que serán primeros, y primeros que serán postreros.ᵉ

Lamento de Jesús sobre Jerusalén
(Mt 23.37-39)

³¹ Aquel mismo día llegaron unos fariseos, diciéndole: Sal, y vete de aquí, porque Herodes te quiere matar.

---

* Aquí equivale a *sábado.*
a 13.14 Éx 20.9, 10; Dt 5.13, 14.   b 13.27 Sal 6.8.
c 13.28 Mt 22.13; 25.30.   d 13.28, 29 Mt 8.11, 12.
e 13.30 Mt 19.30; 20.16; Mr 10.31.

32 Y les dijo: Id, y decid a aquella zorra: He aquí, echo fuera demonios y hago curaciones hoy y mañana, y al tercer día termino mi obra.

33 Sin embargo, es necesario que hoy y mañana y pasado mañana siga mi camino; porque no es posible que un profeta muera fuera de Jerusalén.

34 ¡Jerusalén, Jerusalén, que matas a los profetas, y apedreas a los que te son enviados! ¡Cuántas veces quise juntar a tus hijos, como la gallina a sus polluelos debajo de sus alas, y no quisiste!

35 He aquí, vuestra casa os es dejada desierta; y os digo que no me veréis, hasta que llegue el tiempo en que digáis: Bendito el que viene en nombre del Señor.[f]

Jesús sana a un hidrópico

14 **1** Aconteció un día de reposo,* que habiendo entrado para comer en casa de un gobernante, que era fariseo, éstos le acechaban.

2 Y he aquí estaba delante de él un hombre hidrópico.

3 Entonces Jesús habló a los intérpretes de la ley y a los fariseos, diciendo: ¿Es lícito sanar en el día de reposo?*

4 Mas ellos callaron. Y él, tomándole, le sanó, y le despidió.

5 Y dirigiéndose a ellos, dijo: ¿Quién de vosotros, si su asno o su buey cae en algún pozo, no lo sacará inmediatamente, aunque sea en día de reposo?*,[a]

6 Y no le podían replicar a estas cosas.

Los convidados a las bodas

7 Observando cómo escogían los primeros asientos a la mesa, refirió a los convidados una parábola, diciéndoles:

8 Cuando fueres convidado por alguno a bodas, no te sientes en el primer lugar, no sea que otro más distinguido que tú esté convidado por él,

9 y viniendo el que te convidó a ti y a él, te diga: Da lugar a éste; y entonces comiences con vergüenza a ocupar el último lugar.

10 Mas cuando fueres convidado, ve y siéntate en el último lugar, para que cuando venga el que te convidó, te diga: Amigo, sube más arriba; entonces tendrás gloria delante de los que se sientan contigo a la mesa.[b]

11 Porque cualquiera que se enaltece, será humillado; y el que se humilla, será enaltecido.[c]

12 Dijo también al que le había convidado: Cuando hagas comida o cena, no llames a tus amigos, ni a tus hermanos, ni a tus parientes, ni a vecinos ricos; no sea que ellos a su vez te vuelvan a convidar, y seas recompensado.

13 Mas cuando hagas banquete, llama a los pobres, los mancos, los cojos y los ciegos;

14 y serás bienaventurado; porque ellos no te pueden recompensar, pero te será recompensado en la resurrección de los justos.

Parábola de la gran cena

15 Oyendo esto uno de los que estaban sentados con él a la mesa, le dijo: Bienaventurado el que coma pan en el reino de Dios.

16 Entonces Jesús le dijo: Un hombre hizo una gran cena, y convidó a muchos.

17 Y a la hora de la cena envió a su siervo a decir a los convidados: Venid, que ya todo está preparado.

18 Y todos a una comenzaron a excusarse. El primero dijo: He comprado una hacienda, y necesito ir a verla; te ruego que me excuses.

19 Otro dijo: He comprado cinco yuntas de bueyes, y voy a probarlos; te ruego que me excuses.

20 Y otro dijo: Acabo de casarme, y por tanto no puedo ir.

21 Vuelto el siervo, hizo saber estas cosas a su señor. Entonces enojado el padre de familia, dijo a su siervo: Ve pronto por las plazas y las calles de la ciudad, y trae acá a los pobres, los mancos, los cojos y los ciegos.

22 Y dijo el siervo: Señor, se ha hecho como mandaste, y aún hay lugar.

23 Dijo el señor al siervo: Ve por los caminos y por los vallados, y fuérzalos a entrar, para que se llene mi casa.

24 Porque os digo que ninguno de aquellos hombres que fueron convidados, gustará mi cena.

---

* Aquí equivale a *sábado.*
f 13.35 Sal 118.26.   **a 14.5** Mt 12.11.   **b 14.8-10** Pr 25.6, 7.
c 14.11 Mt 23.12; Lc 18.14.

Lo que cuesta seguir a Cristo

25 Grandes multitudes iban con él; y volviéndose, les dijo:

26 Si alguno viene a mí, y no aborrece a su padre, y madre, y mujer, e hijos, y hermanos, y hermanas, y aun también su propia vida, no puede ser mi discípulo.[d]

27 Y el que no lleva su cruz y viene en pos de mí, no puede ser mi discípulo.[e]

28 Porque ¿quién de vosotros, queriendo edificar una torre, no se sienta primero y calcula los gastos, a ver si tiene lo que necesita para acabarla?

29 No sea que después que haya puesto el cimiento, y no pueda acabarla, todos los que lo vean comiencen a hacer burla de él,

30 diciendo: Este hombre comenzó a edificar, y no pudo acabar.

31 ¿O qué rey, al marchar a la guerra contra otro rey, no se sienta primero y considera si puede hacer frente con diez mil al que viene contra él con veinte mil?

32 Y si no puede, cuando el otro está todavía lejos, le envía una embajada y le pide condiciones de paz.

33 Así, pues, cualquiera de vosotros que no renuncia a todo lo que posee, no puede ser mi discípulo.

Cuando la sal pierde su sabor
(Mt 5.13; Mr 9.50)

34 Buena es la sal; mas si la sal se hiciere insípida, ¿con qué se sazonará?

35 Ni para la tierra ni para el muladar es útil; la arrojan fuera. El que tiene oídos para oír, oiga.

Parábola de la oveja perdida
(Mt 18.10-14)

15 **1** Se acercaban a Jesús todos los publicanos y pecadores para oírle,

2 y los fariseos y los escribas murmuraban, diciendo: Éste a los pecadores recibe, y con ellos come.[a]

3 Entonces él les refirió esta parábola, diciendo:

4 ¿Qué hombre de vosotros, teniendo cien ovejas, si pierde una de ellas, no deja las noventa y nueve en el desierto, y va tras la que se perdió, hasta encontrarla?

5 Y cuando la encuentra, la pone sobre sus hombros gozoso;

6 y al llegar a casa, reúne a sus amigos y vecinos, diciéndoles: Gozaos conmigo, porque he encontrado mi oveja que se había perdido.

7 Os digo que así habrá más gozo en el cielo por un pecador que se arrepiente, que por noventa y nueve justos que no necesitan de arrepentimiento.

Parábola de la moneda perdida

8 ¿O qué mujer que tiene diez dracmas, si pierde una dracma, no enciende la lámpara, y barre la casa, y busca con diligencia hasta encontrarla?

9 Y cuando la encuentra, reúne a sus amigas y vecinas, diciendo: Gozaos conmigo, porque he encontrado la dracma que había perdido.

10 Así os digo que hay gozo delante de los ángeles de Dios por un pecador que se arrepiente.

Parábola del hijo pródigo

11 También dijo: Un hombre tenía dos hijos;

12 y el menor de ellos dijo a su padre: Padre, dame la parte de los bienes que me corresponde; y les repartió los bienes.

13 No muchos días después, juntándolo todo el hijo menor, se fue lejos a una provincia apartada; y allí desperdició sus bienes viviendo perdidamente.

14 Y cuando todo lo hubo malgastado, vino una gran hambre en aquella provincia, y comenzó a faltarle.

15 Y fue y se arrimó a uno de los ciudadanos de aquella tierra, el cual le envió a su hacienda para que apacentase cerdos.

16 Y deseaba llenar su vientre de las algarrobas que comían los cerdos, pero nadie le daba.

17 Y volviendo en sí, dijo: ¡Cuántos jornaleros en casa de mi padre tienen abundancia de pan, y yo aquí perezco de hambre!

18 Me levantaré e iré a mi padre, y le diré: Padre, he pecado contra el cielo y contra ti;

19 Ya no soy digno de ser llamado tu hijo; hazme como a uno de tus jornaleros.

20 Y levantándose, vino a su padre. Y cuando aún estaba lejos, lo vio su padre,

---

d 14.26 Mt 10.37.   **e 14.27** Mt 10.38; 16.24; Mr 8.34; Lc 9.23.   **a 15.1, 2** Lc 5.29, 30.

y fue movido a misericordia, y corrió, y se echó sobre su cuello, y le besó.

21 Y el hijo le dijo: Padre, he pecado contra el cielo y contra ti, y ya no soy digno de ser llamado tu hijo.

22 Pero el padre dijo a sus siervos: Sacad el mejor vestido, y vestidle; y poned un anillo en su mano, y calzado en sus pies.

23 Y traed el becerro gordo y matadlo, y comamos y hagamos fiesta;

24 porque este mi hijo muerto era, y ha revivido; se había perdido, y es hallado. Y comenzaron a regocijarse.

25 Y su hijo mayor estaba en el campo; y cuando vino, y llegó cerca de la casa, oyó la música y las danzas;

26 y llamando a uno de los criados, le preguntó qué era aquello.

27 Él le dijo: Tu hermano ha venido; y tu padre ha hecho matar el becerro gordo, por haberle recibido bueno y sano.

28 Entonces se enojó, y no quería entrar. Salió por tanto su padre, y le rogaba que entrase.

29 Mas él, respondiendo, dijo al padre: He aquí, tantos años te sirvo, no habiéndote desobedecido jamás, y nunca me has dado ni un cabrito para gozarme con mis amigos.

30 Pero cuando vino este tu hijo, que ha consumido tus bienes con rameras, has hecho matar para él el becerro gordo.

31 Él entonces le dijo: Hijo, tú siempre estás conmigo, y todas mis cosas son tuyas.

32 Mas era necesario hacer fiesta y regocijarnos, porque este tu hermano era muerto, y ha revivido; se había perdido, y es hallado.

Parábola del mayordomo infiel

16 1 Dijo también a sus discípulos: Había un hombre rico que tenía un mayordomo, y éste fue acusado ante él como disipador de sus bienes.

2 Entonces le llamó, y le dijo: ¿Qué es esto que oigo acerca de ti? Da cuenta de tu mayordomía, porque ya no podrás más ser mayordomo.

3 Entonces el mayordomo dijo para sí: ¿Qué haré? Porque mi amo me quita la mayordomía. Cavar, no puedo; mendigar, me da vergüenza.

4 Ya sé lo que haré para que cuando se me quite de la mayordomía, me reciban en sus casas.

5 Y llamando a cada uno de los deudores de su amo, dijo al primero: ¿Cuánto debes a mi amo?

6 Él dijo: Cien barriles de aceite. Y le dijo: Toma tu cuenta, siéntate pronto, y escribe cincuenta.

7 Después dijo a otro: Y tú, ¿cuánto debes? Y él dijo: Cien medidas de trigo. Él le dijo: Toma tu cuenta, y escribe ochenta.

8 Y alabó el amo al mayordomo malo por haber hecho sagazmente; porque los hijos de este siglo son más sagaces en el trato con sus semejantes que los hijos de luz.

9 Y yo os digo: Ganad amigos por medio de las riquezas injustas, para que cuando éstas falten, os reciban en las moradas eternas.

10 El que es fiel en lo muy poco, también en lo más es fiel; y el que en lo muy poco es injusto, también en lo más es injusto.

11 Pues si en las riquezas injustas no fuisteis fieles, ¿quién os confiará lo verdadero?

12 Y si en lo ajeno no fuisteis fieles, ¿quién os dará lo que es vuestro?

13 Ningún siervo puede servir a dos señores; porque o aborrecerá al uno y amará al otro, o estimará al uno y menospreciará al otro. No podéis servir a Dios[a] y a las riquezas.[1]

14 Y oían también todas estas cosas los fariseos, que eran avaros, y se burlaban de él.

15 Entonces les dijo: Vosotros sois los que os justificáis a vosotros mismos delante de los hombres; mas Dios conoce vuestros corazones; porque lo que los hombres tienen por sublime, delante de Dios es abominación.

La ley y el reino de Dios

16 La ley y los profetas eran hasta Juan; desde entonces el reino de Dios es anunciado, y todos se esfuerzan por entrar en él.[b]

17 Pero más fácil es que pasen el cielo y la tierra, que se frustre una tilde de la ley.[c]

---

1. **16.13** Gr. *Mamón.*
a **16.13** Mt 6.24.   b **16.16** Mt 11.12, 13.   c **16.17** Mt 5.18.

Jesús enseña sobre el divorcio
(Mt 19.1-12; Mr 10.1-12)

18 Todo el que repudia a su mujer, y se casa con otra, adultera; y el que se casa con la repudiada del marido, adultera.ᵈ

El rico y Lázaro

19 Había un hombre rico, que se vestía de púrpura y de lino fino, y hacía cada día banquete con esplendidez. **20** Había también un mendigo llamado Lázaro, que estaba echado a la puerta de aquél, lleno de llagas, **21** y ansiaba saciarse de las migajas que caían de la mesa del rico; y aun los perros venían y le lamían las llagas. **22** Aconteció que murió el mendigo, y fue llevado por los ángeles al seno de Abraham; y murió también el rico, y fue sepultado. **23** Y en el Hades alzó sus ojos, estando en tormentos, y vio de lejos a Abraham, y a Lázaro en su seno. **24** Entonces él, dando voces, dijo: Padre Abraham, ten misericordia de mí, y envía a Lázaro para que moje la punta de su dedo en agua, y refresque mi lengua; porque estoy atormentado en esta llama. **25** Pero Abraham le dijo: Hijo, acuérdate que recibiste tus bienes en tu vida, y Lázaro también males; pero ahora éste es consolado aquí, y tú atormentado. **26** Además de todo esto, una gran sima está puesta entre nosotros y vosotros, de manera que los que quisieren pasar de aquí a vosotros, no pueden, ni de allá pasar acá. **27** Entonces le dijo: Te ruego, pues, padre, que le envíes a la casa de mi padre, **28** porque tengo cinco hermanos, para que les testifique, a fin de que no vengan ellos también a este lugar de tormento. **29** Y Abraham le dijo: A Moisés y a los profetas tienen; óiganlos. **30** Él entonces dijo: No, padre Abraham; pero si alguno fuere a ellos de entre los muertos, se arrepentirán. **31** Mas Abraham le dijo: Si no oyen a Moisés y a los profetas, tampoco se persuadirán aunque alguno se levantare de los muertos.

Ocasiones de caer
(Mt 18.6, 7, 21, 22; Mr 9.42)

17 **1** Dijo Jesús a sus discípulos: Imposible es que no vengan tropiezos; mas ¡ay de aquel por quien vienen! **2** Mejor le fuera que se le atase al cuello una piedra de molino y se le arrojase al mar, que hacer tropezar a uno de estos pequeñitos. **3** Mirad por vosotros mismos. Si tu hermano pecare contra ti, repréndele; y si se arrepintiere, perdónale.ᵃ **4** Y si siete veces al día pecare contra ti, y siete veces al día volviere a ti, diciendo: Me arrepiento; perdónale.

Auméntanos la fe

5 Dijeron los apóstoles al Señor: Auméntanos la fe. **6** Entonces el Señor dijo: Si tuvierais fe como un grano de mostaza, podríais decir a este sicómoro: Desarráigate, y plántate en el mar; y os obedecería.

El deber del siervo

7 ¿Quién de vosotros, teniendo un siervo que ara o apacienta ganado, al volver él del campo, luego le dice: Pasa, siéntate a la mesa? **8** ¿No le dice más bien: Prepárame la cena, cíñete, y sírveme hasta que haya comido y bebido; y después de esto, come y bebe tú? **9** ¿Acaso da gracias al siervo porque hizo lo que se le había mandado? Pienso que no. **10** Así también vosotros, cuando hayáis hecho todo lo que os ha sido ordenado, decid: Siervos inútiles somos, pues lo que debíamos hacer, hicimos.

Diez leprosos son limpiados

11 Yendo Jesús a Jerusalén, pasaba entre Samaria y Galilea. **12** Y al entrar en una aldea, le salieron al encuentro diez hombres leprosos, los cuales se pararon de lejos **13** y alzaron la voz, diciendo: ¡Jesús, Maestro, ten misericordia de nosotros! **14** Cuando él los vio, les dijo: Id, mostraos a los sacerdotes.ᵇ Y aconteció que mientras iban, fueron limpiados. **15** Entonces uno de ellos, viendo que había sido sanado, volvió, glorificando a Dios a gran voz,

---

d 16.18 Mt 5.32; Mr 10.11, 12; 1 Co 7.10, 11.
a 17.3 Mt 18.15.　**b 17.14** Lv 14.1-32.

16 y se postró rostro en tierra a sus pies, dándole gracias; y éste era samaritano.

17 Respondiendo Jesús, dijo: ¿No son diez los que fueron limpiados? Y los nueve, ¿dónde están?

18 ¿No hubo quien volviese y diese gloria a Dios sino este extranjero?

19 Y le dijo: Levántate, vete; tu fe te ha salvado.

La venida del Reino

(Mt 24.23-28, 36-41)

20 Preguntado por los fariseos, cuándo había de venir el reino de Dios, les respondió y dijo: El reino de Dios no vendrá con advertencia,

21 ni dirán: Helo aquí, o helo allí;[c] porque he aquí el reino de Dios está entre vosotros.

22 Y dijo a sus discípulos: Tiempo vendrá cuando desearéis ver uno de los días del Hijo del Hombre, y no lo veréis.

23 Y os dirán: Helo aquí, o helo allí. No vayáis, ni los sigáis.

24 Porque como el relámpago que al fulgurar resplandece desde un extremo del cielo hasta el otro, así también será el Hijo del Hombre en su día.

25 Pero primero es necesario que padezca mucho, y sea desechado por esta generación.

26 Como fue en los días de Noé,[d] así también será en los días del Hijo del Hombre.

27 Comían, bebían, se casaban y se daban en casamiento, hasta el día en que entró Noé en el arca, y vino el diluvio y los destruyó a todos.[e]

28 Asimismo como sucedió en los días de Lot;[f] comían, bebían, compraban, vendían, plantaban, edificaban;

29 mas el día en que Lot salió de Sodoma, llovió del cielo fuego y azufre, y los destruyó a todos.

30 Así será el día en que el Hijo del Hombre se manifieste.

31 En aquel día, el que esté en la azotea, y sus bienes en casa, no descienda a tomarlos; y el que en el campo, asimismo no vuelva atrás.[g]

32 Acordaos de la mujer de Lot.[h]

33 Todo el que procure salvar su vida, la perderá; y todo el que la pierda, la salvará.[i]

34 Os digo que en aquella noche estarán dos en una cama; el uno será tomado, y el otro será dejado.

35 Dos mujeres estarán moliendo juntas; la una será tomada, y la otra dejada.

36 Dos estarán en el campo; el uno será tomado, y el otro dejado.

37 Y respondiendo, le dijeron: ¿Dónde, Señor? Él les dijo: Donde estuviere el cuerpo, allí se juntarán también las águilas.

Parábola de la viuda y el juez injusto

18 **1** También les refirió Jesús una parábola sobre la necesidad de orar siempre, y no desmayar,

2 diciendo: Había en una ciudad un juez, que ni temía a Dios, ni respetaba a hombre.

3 Había también en aquella ciudad una viuda, la cual venía a él, diciendo: Hazme justicia de mi adversario.

4 Y él no quiso por algún tiempo; pero después de esto dijo dentro de sí: Aunque ni temo a Dios, ni tengo respeto a hombre,

5 sin embargo, porque esta viuda me es molesta, le haré justicia, no sea que viniendo de continuo, me agote la paciencia.

6 Y dijo el Señor: Oíd lo que dijo el juez injusto.

7 ¿Y acaso Dios no hará justicia a sus escogidos, que claman a él día y noche? ¿Se tardará en responderles?

8 Os digo que pronto les hará justicia. Pero cuando venga el Hijo del Hombre, ¿hallará fe en la tierra?

Parábola del fariseo y el publicano

9 A unos que confiaban en sí mismos como justos, y menospreciaban a los otros, dijo también esta parábola:

10 Dos hombres subieron al templo a orar: uno era fariseo, y el otro publicano.

11 El fariseo, puesto en pie, oraba consigo mismo de esta manera: Dios, te doy gracias porque no soy como los otros hombres, ladrones, injustos, adúlteros, ni aun como este publicano;

12 ayuno dos veces a la semana, doy diezmos de todo lo que gano.

---

c **17.20, 21** Mr 13.21, 22. d **17.26** Gn 6.5-8.
e **17.27** Gn 7.6-24. f **17.28, 29** Gn 18.20—19.25.
g **17.31** Mt 24.17, 18; Mr 13.15, 16. h **17.32** Gn 19.26.
i **17.33** Mt 10.39; 16.25; Mr 8.35; Lc 9.24; Jn 12.25.

13 Mas el publicano, estando lejos, no quería ni aun alzar los ojos al cielo, sino que se golpeaba el pecho, diciendo: Dios, sé propicio a mí, pecador.

14 Os digo que éste descendió a su casa justificado antes que el otro; porque cualquiera que se enaltece, será humillado; y el que se humilla será enaltecido.ª

Jesús bendice a los niños
(Mt 19.13-15; Mr 10.13-16)

15 Traían a él los niños para que los tocase; lo cual viendo los discípulos, les reprendieron.

16 Mas Jesús, llamándolos, dijo: Dejad a los niños venir a mí, y no se lo impidáis; porque de los tales es el reino de Dios.

17 De cierto os digo, que el que no recibe el reino de Dios como un niño, no entrará en él.

El joven rico
(Mt 19.16-30; Mr 10.17-31)

18 Un hombre principal le preguntó, diciendo: Maestro bueno, ¿qué haré para heredar la vida eterna?

19 Jesús le dijo: ¿Por qué me llamas bueno? Ninguno hay bueno, sino sólo Dios.

20 Los mandamientos sabes: No adulterarás;ᵇ no matarás;ᶜ no hurtarás;ᵈ no dirás falso testimonio;ᵉ honra a tu padre y a tu madre.ᶠ

21 Él dijo: Todo esto lo he guardado desde mi juventud.

22 Jesús, oyendo esto, le dijo: Aún te falta una cosa: vende todo lo que tienes, y dalo a los pobres, y tendrás tesoro en el cielo; y ven, sígueme.

23 Entonces él, oyendo esto, se puso muy triste, porque era muy rico.

24 Al ver Jesús que se había entristecido mucho, dijo: ¡Cuán difícilmente entrarán en el reino de Dios los que tienen riquezas!

25 Porque es más fácil pasar un camello por el ojo de una aguja, que entrar un rico en el reino de Dios.

26 Y los que oyeron esto dijeron: ¿Quién, pues, podrá ser salvo?

27 Él les dijo: Lo que es imposible para los hombres, es posible para Dios.

28 Entonces Pedro dijo: He aquí, nosotros hemos dejado nuestras posesiones y te hemos seguido.

29 Y él les dijo: De cierto os digo, que no hay nadie que haya dejado casa, o padres, o hermanos, o mujer, o hijos, por el reino de Dios,

30 que no haya de recibir mucho más en este tiempo, y en el siglo venidero la vida eterna.

Nuevamente Jesús anuncia su muerte
(Mt 20.17-19; Mr 10.32-34)

31 Tomando Jesús a los doce, les dijo: He aquí subimos a Jerusalén, y se cumplirán todas las cosas escritas por los profetas acerca del Hijo del Hombre.

32 Pues será entregado a los gentiles, y será escarnecido, y afrentado, y escupido.

33 Y después que le hayan azotado, le matarán; mas al tercer día resucitará.

34 Pero ellos nada comprendieron de estas cosas, y esta palabra les era encubierta, y no entendían lo que se les decía.

Un ciego de Jericó recibe la vista
(Mt 20.29-34; Mr 10.46-52)

35 Aconteció que acercándose Jesús a Jericó, un ciego estaba sentado junto al camino mendigando;

36 y al oír a la multitud que pasaba, preguntó qué era aquello.

37 Y le dijeron que pasaba Jesús nazareno.

38 Entonces dio voces, diciendo: ¡Jesús, Hijo de David, ten misericordia de mí!

39 Y los que iban delante le reprendían para que callase; pero él clamaba mucho más: ¡Hijo de David, ten misericordia de mí!

40 Jesús entonces, deteniéndose, mandó traerle a su presencia; y cuando llegó, le preguntó,

41 diciendo: ¿Qué quieres que te haga? Y él dijo: Señor, que reciba la vista.

42 Jesús le dijo: Recíbela, tu fe te ha salvado.

43 Y luego vio, y le seguía, glorificando a Dios; y todo el pueblo, cuando vio aquello, dio alabanza a Dios.

Jesús y Zaqueo

19 1 Habiendo entrado Jesús en Jericó, iba pasando por la ciudad.

---

a **18.14** Mt 23.12; Lc 14.11.   b **18.20** Éx 20.14; Dt 5.18.
c **18.20** Éx 20.13; Dt 5.17.   d **18.20** Éx 20.15; Dt 5.19.
e **18.20** Éx 20.16; Dt 5.20.   f **18.20** Éx 20.12; Dt 5.16.

2 Y sucedió que un varón llamado Zaqueo, que era jefe de los publicanos, y rico,

3 procuraba ver quién era Jesús; pero no podía a causa de la multitud, pues era pequeño de estatura.

4 Y corriendo delante, subió a un árbol sicómoro para verle; porque había de pasar por allí.

5 Cuando Jesús llegó a aquel lugar, mirando hacia arriba, le vio, y le dijo: Zaqueo, date prisa, desciende, porque hoy es necesario que pose yo en tu casa.

6 Entonces él descendió aprisa, y le recibió gozoso.

7 Al ver esto, todos murmuraban, diciendo que había entrado a posar con un hombre pecador.

8 Entonces Zaqueo, puesto en pie, dijo al Señor: He aquí, Señor, la mitad de mis bienes doy a los pobres; y si en algo he defraudado a alguno, se lo devuelvo cuadruplicado.

9 Jesús le dijo: Hoy ha venido la salvación a esta casa; por cuanto él también es hijo de Abraham.

10 Porque el Hijo del Hombre vino a buscar y a salvar lo que se había perdido.[a]

Parábola de las diez minas

11 Oyendo ellos estas cosas, prosiguió Jesús y dijo una parábola, por cuanto estaba cerca de Jerusalén, y ellos pensaban que el reino de Dios se manifestaría inmediatamente.

12 Dijo, pues: Un hombre noble se fue a un país lejano, para recibir un reino y volver.

13 Y llamando a diez siervos suyos, les dio diez minas,[2] y les dijo: Negociad entre tanto que vengo.

14 Pero sus conciudadanos le aborrecían, y enviaron tras él una embajada, diciendo: No queremos que éste reine sobre nosotros.

15 Aconteció que vuelto él, después de recibir el reino, mandó llamar ante él a aquellos siervos a los cuales había dado el dinero, para saber lo que había negociado cada uno.

16 Vino el primero, diciendo: Señor, tu mina ha ganado diez minas.

17 Él le dijo: Está bien, buen siervo; por cuanto en lo poco has sido fiel, tendrás autoridad sobre diez ciudades.

18 Vino otro, diciendo: Señor, tu mina ha producido cinco minas.

19 Y también a éste dijo: Tú también sé sobre cinco ciudades.

20 Vino otro, diciendo: Señor, aquí está tu mina, la cual he tenido guardada en un pañuelo;

21 porque tuve miedo de ti, por cuanto eres hombre severo, que tomas lo que no pusiste, y siegas lo que no sembraste.

22 Entonces él le dijo: Mal siervo, por tu propia boca te juzgo. Sabías que yo era hombre severo, que tomo lo que no puse, y que siego lo que no sembré;

23 ¿por qué, pues, no pusiste mi dinero en el banco, para que al volver yo, lo hubiera recibido con los intereses?

24 Y dijo a los que estaban presentes: Quitadle la mina, y dadla al que tiene las diez minas.

25 Ellos le dijeron: Señor, tiene diez minas.

26 Pues yo os digo que a todo el que tiene, se le dará; mas al que no tiene, aun lo que tiene se le quitará.[b]

27 Y también a aquellos mis enemigos que no querían que yo reinase sobre ellos, traedlos acá, y decapitadlos delante de mí.[c]

La entrada triunfal en Jerusalén
(Mt 21.1-11; Mr 11.1-11; Jn 12.12-19)

28 Dicho esto, iba delante subiendo a Jerusalén.

29 Y aconteció que llegando cerca de Betfagé y de Betania, al monte que se llama de los Olivos, envió dos de sus discípulos,

30 diciendo: Id a la aldea de enfrente, y al entrar en ella hallaréis un pollino atado, en el cual ningún hombre ha montado jamás; desatadlo, y traedlo.

31 Y si alguien os preguntare: ¿Por qué lo desatáis? le responderéis así: Porque el Señor lo necesita.

32 Fueron los que habían sido enviados, y hallaron como les dijo.

33 Y cuando desataban el pollino, sus dueños les dijeron: ¿Por qué desatáis el pollino?

34 Ellos dijeron: Porque el Señor lo necesita.

35 Y lo trajeron a Jesús; y habiendo echado sus mantos sobre el pollino, subieron a Jesús encima.

---

2. 19.13 Moneda que correspondía a 100 dracmas.
a 19.10 Mt 18.11.   **b 19.26** Mt 13.12; Mr 4.25; Lc 8.18.
c 19.11-27 Mt 25.14-30.

36 Y a su paso tendían sus mantos por el camino.

37 Cuando llegaban ya cerca de la bajada del monte de los Olivos, toda la multitud de los discípulos, gozándose, comenzó a alabar a Dios a grandes voces por todas las maravillas que habían visto,

38 diciendo: ¡Bendito el rey que viene en el nombre del Señor;d paz en el cielo, y gloria en las alturas!

39 Entonces algunos de los fariseos de entre la multitud le dijeron: Maestro, reprende a tus discípulos.

40 Él, respondiendo, les dijo: Os digo que si éstos callaran, las piedras clamarían.

Jesús llora por Jerusalén

41 Y cuando llegó cerca de la ciudad, al verla, lloró sobre ella,

42 diciendo: ¡Oh, si también tú conocieses, a lo menos en este tu día, lo que es para tu paz! Mas ahora está encubierto de tus ojos.

43 Porque vendrán días sobre ti, cuando tus enemigos te rodearán con vallado, y te sitiarán, y por todas partes te estrecharán,

44 y te derribarán a tierra, y a tus hijos dentro de ti, y no dejarán en ti piedra sobre piedra, por cuanto no conociste el tiempo de tu visitación.

Purificación del templo
(Mt 21.12-17; Mr 11.15-19; Jn 2.13-22)

45 Y entrando en el templo, comenzó a echar fuera a todos los que vendían y compraban en él,

46 diciéndoles: Escrito está: Mi casa es casa de oración;e mas vosotros la habéis hecho cueva de ladrones.f

47 Y enseñaba cada día en el templo;g pero los principales sacerdotes, los escribas y los principales del pueblo procuraban matarle.

48 Y no hallaban nada que pudieran hacerle, porque todo el pueblo estaba suspenso oyéndole.

La autoridad de Jesús
(Mt 21.23-27; Mr 11.27-33)

20 **1** Sucedió un día, que enseñando Jesús al pueblo en el templo, y anunciando el evangelio, llegaron los principales sacerdotes y los escribas, con los ancianos,

2 y le hablaron diciendo: Dinos: ¿con qué autoridad haces estas cosas? ¿o quién es el que te ha dado esta autoridad?

3 Respondiendo Jesús, les dijo: Os haré yo también una pregunta; respondedme:

4 El bautismo de Juan, ¿era del cielo, o de los hombres?

5 Entonces ellos discutían entre sí, diciendo: Si decimos, del cielo, dirá: ¿Por qué, pues, no le creísteis?

6 Y si decimos, de los hombres, todo el pueblo nos apedreará; porque están persuadidos de que Juan era profeta.

7 Y respondieron que no sabían de dónde fuese.

8 Entonces Jesús les dijo: Yo tampoco os diré con qué autoridad hago estas cosas.

Los labradores malvados
(Mt 21.33-44; Mr 12.1-11)

9 Comenzó luego a decir al pueblo esta parábola: Un hombre plantó una viña,a la arrendó a labradores, y se ausentó por mucho tiempo.

10 Y a su tiempo envió un siervo a los labradores, para que le diesen del fruto de la viña; pero los labradores le golpearon, y le enviaron con las manos vacías.

11 Volvió a enviar otro siervo; mas ellos a éste también, golpeado y afrentado, le enviaron con las manos vacías.

12 Volvió a enviar un tercer siervo; mas ellos también a éste echaron fuera, herido.

13 Entonces el señor de la viña dijo: ¿Qué haré? Enviaré a mi hijo amado; quizá cuando le vean a él, le tendrán respeto.

14 Mas los labradores, al verle, discutían entre sí, diciendo: Éste es el heredero; venid, matémosle, para que la heredad sea nuestra.

15 Y le echaron fuera de la viña, y le mataron. ¿Qué, pues, les hará el señor de la viña?

16 Vendrá y destruirá a estos labradores, y dará su viña a otros. Cuando ellos oyeron esto, dijeron: ¡Dios nos libre!

17 Pero él, mirándolos, dijo: ¿Qué, pues, es lo que está escrito:

La piedra que desecharon los
   edificadores
Ha venido a ser cabeza del ángulo?b

---

d **19.38** Sal 118.26.   e **19.46** Is 56.7.   f **19.46** Jer 7.11.
g **19.47** Lc 21.37.   a **20.9** Is 5.1, 2.   b **20.17** Sal 118.22.

¹⁸ Todo el que cayere sobre aquella piedra, será quebrantado; mas sobre quien ella cayere, le desmenuzará.

La cuestión del tributo
(Mt 21.45, 46; 22.15-22; Mr 12.12-17)

¹⁹ Procuraban los principales sacerdotes y los escribas echarle mano en aquella hora, porque comprendieron que contra ellos había dicho esta parábola; pero temieron al pueblo.
²⁰ Y acechándole enviaron espías que se simulasen justos, a fin de sorprenderle en alguna palabra, para entregarle al poder y autoridad del gobernador.
²¹ Y le preguntaron, diciendo: Maestro, sabemos que dices y enseñas rectamente, y que no haces acepción de persona, sino que enseñas el camino de Dios con verdad.
²² ¿Nos es lícito dar tributo a César, o no?
²³ Mas él, comprendiendo la astucia de ellos, les dijo: ¿Por qué me tentáis?
²⁴ Mostradme la moneda. ¿De quién tiene la imagen y la inscripción? Y respondiendo dijeron: De César.
²⁵ Entonces les dijo: Pues dad a César lo que es de César, y a Dios lo que es de Dios.
²⁶ Y no pudieron sorprenderle en palabra alguna delante del pueblo, sino que maravillados de su respuesta, callaron.

La pregunta sobre la resurrección
(Mt 22.23-33; Mr 12.18-27)

²⁷ Llegando entonces algunos de los saduceos, los cuales niegan haber resurrección,ᶜ le preguntaron,
²⁸ diciendo: Maestro, Moisés nos escribió: Si el hermano de alguno muriere teniendo mujer, y no dejare hijos, que su hermano se case con ella, y levante descendencia a su hermano.ᵈ
²⁹ Hubo, pues, siete hermanos; y el primero tomó esposa, y murió sin hijos.
³⁰ Y la tomó el segundo, el cual también murió sin hijos.
³¹ La tomó el tercero, y así todos los siete, y murieron sin dejar descendencia.
³² Finalmente murió también la mujer.
³³ En la resurrección, pues, ¿de cuál de ellos será mujer, ya que los siete la tuvieron por mujer?

³⁴ Entonces respondiendo Jesús, les dijo: Los hijos de este siglo se casan, y se dan en casamiento;
³⁵ mas los que fueren tenidos por dignos de alcanzar aquel siglo y la resurrección de entre los muertos, ni se casan, ni se dan en casamiento.
³⁶ Porque no pueden ya más morir, pues son iguales a los ángeles, y son hijos de Dios, al ser hijos de la resurrección.
³⁷ Pero en cuanto a que los muertos han de resucitar, aun Moisés lo enseñó en el pasaje de la zarza, cuando llama al Señor, Dios de Abraham, Dios de Isaac y Dios de Jacob.ᵉ
³⁸ Porque Dios no es Dios de muertos, sino de vivos, pues para él todos viven.
³⁹ Respondiéndole algunos de los escribas, dijeron: Maestro, bien has dicho.
⁴⁰ Y no osaron preguntarle nada más.

¿De quién es hijo el Cristo?
(Mt 22.41-46; Mr 12.35-37)

⁴¹ Entonces él les dijo: ¿Cómo dicen que el Cristo es hijo de David?
⁴² Pues el mismo David dice en el libro de los Salmos:
Dijo el Señor a mi Señor:
Siéntate a mi diestra,
⁴³ Hasta que ponga a tus enemigos por
estrado de tus pies.ᶠ
⁴⁴ David, pues, le llama Señor; ¿cómo entonces es su hijo?

Jesús acusa a los escribas
(Mt 23.1-36; Mr 12.38-40; Lc 11.37-54)

⁴⁵ Y oyéndole todo el pueblo, dijo a sus discípulos:
⁴⁶ Guardaos de los escribas, que gustan de andar con ropas largas, y aman las salutaciones en las plazas, y las primeras sillas en las sinagogas, y los primeros asientos en las cenas;
⁴⁷ que devoran las casas de las viudas, y por pretexto hacen largas oraciones; éstos recibirán mayor condenación.

La ofrenda de la viuda
(Mr 12.41-44)

21 ¹ Levantando los ojos, vio a los ricos que echaban sus ofrendas en el arca de las ofrendas.

ᶜ **20.27** Hch 23.8.   ᵈ **20.28** Dt 25.5.   ᵉ **20.37** Éx 3.6.
ᶠ **20.42, 43** Sal 110.1.

2 Vio también a una viuda muy pobre, que echaba allí dos blancas.

3 Y dijo: En verdad os digo, que esta viuda pobre echó más que todos.

4 Porque todos aquéllos echaron para las ofrendas de Dios de lo que les sobra; mas ésta, de su pobreza echó todo el sustento que tenía.

Jesús predice la destrucción del templo
(Mt 24.1, 2; Mr 13.1, 2)

5 Y a unos que hablaban de que el templo estaba adornado de hermosas piedras y ofrendas votivas, dijo:

6 En cuanto a estas cosas que veis, días vendrán en que no quedará piedra sobre piedra, que no sea destruida.

Señales antes del fin
(Mt 24.3-28; Mr 13.3-23)

7 Y le preguntaron, diciendo: Maestro, ¿cuándo será esto? ¿y qué señal habrá cuando estas cosas estén para suceder?

8 Él entonces dijo: Mirad que no seáis engañados; porque vendrán muchos en mi nombre, diciendo: Yo soy el Cristo, y: El tiempo está cerca. Mas no vayáis en pos de ellos.

9 Y cuando oigáis de guerras y de sediciones, no os alarméis; porque es necesario que estas cosas acontezcan primero; pero el fin no será inmediatamente.

10 Entonces les dijo: Se levantará nación contra nación, y reino contra reino;

11 y habrá grandes terremotos, y en diferentes lugares hambres y pestilencias; y habrá terror y grandes señales del cielo.

12 Pero antes de todas estas cosas os echarán mano, y os perseguirán, y os entregarán a las sinagogas y a las cárceles, y seréis llevados ante reyes y ante gobernadores por causa de mi nombre.

13 Y esto os será ocasión para dar testimonio.

14 Proponed en vuestros corazones no pensar antes cómo habéis de responder en vuestra defensa;

15 porque yo os daré palabra y sabiduría, la cual no podrán resistir ni contradecir todos los que se opongan.[a]

16 Mas seréis entregados aun por vuestros padres, y hermanos, y parientes, y amigos; y matarán a algunos de vosotros;

17 y seréis aborrecidos de todos por causa de mi nombre.

18 Pero ni un cabello de vuestra cabeza perecerá.

19 Con vuestra paciencia ganaréis vuestras almas.

20 Pero cuando viereis a Jerusalén rodeada de ejércitos, sabed entonces que su destrucción ha llegado.

21 Entonces los que estén en Judea, huyan a los montes; y los que en medio de ella, váyanse; y los que estén en los campos, no entren en ella.

22 Porque éstos son días de retribución,[b] para que se cumplan todas las cosas que están escritas.

23 Mas ¡ay de las que estén encintas, y de las que críen en aquellos días! porque habrá gran calamidad en la tierra, e ira sobre este pueblo.

24 Y caerán a filo de espada, y serán llevados cautivos a todas las naciones; y Jerusalén será hollada por los gentiles, hasta que los tiempos de los gentiles se cumplan.

La venida del Hijo del Hombre
(Mt 24.29-35,42-44; Mr 13.24-37)

25 Entonces habrá señales en el sol, en la luna y en las estrellas,[c] y en la tierra angustia de las gentes, confundidas a causa del bramido del mar y de las olas;

26 desfalleciendo los hombres por el temor y la expectación de las cosas que sobrevendrán en la tierra; porque las potencias de los cielos serán conmovidas.

27 Entonces verán al Hijo del Hombre, que vendrá en una nube[d] con poder y gran gloria.

28 Cuando estas cosas comiencen a suceder, erguíos y levantad vuestra cabeza, porque vuestra redención está cerca.

29 También les dijo una parábola: Mirad la higuera y todos los árboles.

30 Cuando ya brotan, viéndolo, sabéis por vosotros mismos que el verano está ya cerca.

31 Así también vosotros, cuando veáis que suceden estas cosas, sabed que está cerca el reino de Dios.

32 De cierto os digo, que no pasará esta generación hasta que todo esto acontezca.

a 21.14, 15 Lc 12.11, 12.   b 21.22 Os 9.7.   c 21.25 Is 13.10; Ez 32.7; Jl 2.31; Ap 6.12, 13.   d 21.27 Dn 7.13; Ap 1.7.

33 El cielo y la tierra pasarán, pero mis palabras no pasarán.

34 Mirad también por vosotros mismos, que vuestros corazones no se carguen de glotonería y embriaguez y de los afanes de esta vida, y venga de repente sobre vosotros aquel día.

35 Porque como un lazo vendrá sobre todos los que habitan sobre la faz de toda la tierra.

36 Velad, pues, en todo tiempo orando que seáis tenidos por dignos de escapar de todas estas cosas que vendrán, y de estar en pie delante del Hijo del Hombre.

37 Y enseñaba de día en el templo;[e] y de noche, saliendo, se estaba en el monte que se llama de los Olivos.

38 Y todo el pueblo venía a él por la mañana, para oírle en el templo.

El complot para matar a Jesús

(Mt 26.1-5, 14-16; Mr 14.1, 2, 10, 11; Jn 11.45-53)

22 **1** Estaba cerca la fiesta de los panes sin levadura, que se llama la pascua.[a]

2 Y los principales sacerdotes y los escribas buscaban cómo matarle; porque temían al pueblo.

3 Y entró Satanás en Judas, por sobrenombre Iscariote, el cual era uno del número de los doce;

4 y éste fue y habló con los principales sacerdotes, y con los jefes de la guardia, de cómo se lo entregaría.

5 Ellos se alegraron, y convinieron en darle dinero.

6 Y él se comprometió, y buscaba una oportunidad para entregárselo a espaldas del pueblo.

Institución de la Cena del Señor

(Mt 26.17-29; Mr 14.12-25; Jn 13.21-30; 1 Co 11.23-26)

7 Llegó el día de los panes sin levadura, en el cual era necesario sacrificar el cordero de la pascua.

8 Y Jesús envió a Pedro y a Juan, diciendo: Id, preparadnos la pascua para que la comamos.

9 Ellos le dijeron: ¿Dónde quieres que la preparemos?

10 Él les dijo: He aquí, al entrar en la ciudad os saldrá al encuentro un hombre que lleva un cántaro de agua; seguidle hasta la casa donde entrare,

11 y decid al padre de familia de esa casa: El Maestro te dice: ¿Dónde está el aposento donde he de comer la pascua con mis discípulos?

12 Entonces él os mostrará un gran aposento alto ya dispuesto; preparad allí.

13 Fueron, pues, y hallaron como les había dicho; y prepararon la pascua.

14 Cuando era la hora, se sentó a la mesa, y con él los apóstoles.

15 Y les dijo: ¡Cuánto he deseado comer con vosotros esta pascua antes que padezca!

16 Porque os digo que no la comeré más, hasta que se cumpla en el reino de Dios.

17 Y habiendo tomado la copa, dio gracias, y dijo: Tomad esto, y repartidlo entre vosotros;

18 porque os digo que no beberé más del fruto de la vid, hasta que el reino de Dios venga.

19 Y tomó el pan y dio gracias, y lo partió y les dio, diciendo: Esto es mi cuerpo, que por vosotros es dado; haced esto en memoria de mí.

20 De igual manera, después que hubo cenado, tomó la copa, diciendo: Esta copa es el nuevo pacto[b] en mi sangre,[c] que por vosotros se derrama.

21 Mas he aquí, la mano del que me entrega está conmigo en la mesa.

22 A la verdad el Hijo del Hombre va, según lo que está determinado;[d] pero ¡ay de aquel hombre por quien es entregado!

23 Entonces ellos comenzaron a discutir entre sí, quién de ellos sería el que había de hacer esto.

La grandeza en el servicio

24 Hubo también entre ellos una disputa sobre quién de ellos sería el mayor.[e]

25 Pero él les dijo: Los reyes de las naciones se enseñorean de ellas, y los que sobre ellas tienen autoridad son llamados bienhechores;

26 mas no así vosotros,[f] sino sea el mayor entre vosotros como el más joven, y el que dirige, como el que sirve.[g]

27 Porque, ¿cuál es mayor, el que se sienta a la mesa, o el que sirve? ¿No es el que

---

e 21.37 Lc 19.47. **a 22.1** Éx 12.1-27. **b 22.20** Jer 31.31-34. **c 22.20** Éx 24.6-8. **d 22.22** Sal 41.9. **e 22.24** Mt 18.1; Mr 9.34; Lc 9.46. **f 22.25, 26** Mt 20.25-27; Mr 10.42-44. **g 22.26** Mt 23.11; Mr 9.35.

se sienta a la mesa? Mas yo estoy entre vosotros como el que sirve.[h]

28 Pero vosotros sois los que habéis permanecido conmigo en mis pruebas.

29 Yo, pues, os asigno un reino, como mi Padre me lo asignó a mí,

30 para que comáis y bebáis a mi mesa en mi reino, y os sentéis en tronos juzgando a las doce tribus de Israel.[i]

Jesús anuncia la negación de Pedro
(Mt 26.31-35; Mr 14.27-31; Jn 13.36-38)

31 Dijo también el Señor: Simón, Simón, he aquí Satanás os ha pedido para zarandearos como a trigo;

32 pero yo he rogado por ti, que tu fe no falte; y tú, una vez vuelto, confirma a tus hermanos.

33 Él le dijo: Señor, dispuesto estoy a ir contigo no sólo a la cárcel, sino también a la muerte.

34 Y él le dijo: Pedro, te digo que el gallo no cantará hoy antes que tú niegues tres veces que me conoces.

Bolsa, alforja y espada

35 Y a ellos dijo: Cuando os envié sin bolsa, sin alforja, y sin calzado,[j] ¿os faltó algo? Ellos dijeron: Nada.

36 Y les dijo: Pues ahora, el que tiene bolsa, tómela, y también la alforja; y el que no tiene espada, venda su capa y compre una.

37 Porque os digo que es necesario que se cumpla todavía en mí aquello que está escrito: Y fue contado con los inicuos;[k] porque lo que está escrito de mí, tiene cumplimiento.

38 Entonces ellos dijeron: Señor, aquí hay dos espadas. Y él les dijo: Basta.

Jesús ora en Getsemaní
(Mt 26.36-46; Mr 14.32-42)

39 Y saliendo, se fue, como solía, al monte de los Olivos; y sus discípulos también le siguieron.

40 Cuando llegó a aquel lugar, les dijo: Orad que no entréis en tentación.

41 Y él se apartó de ellos a distancia como de un tiro de piedra; y puesto de rodillas oró,

42 diciendo: Padre, si quieres, pasa de mí esta copa; pero no se haga mi voluntad, sino la tuya.

43 Y se le apareció un ángel del cielo para fortalecerle.

44 Y estando en agonía, oraba más intensamente; y era su sudor como grandes gotas de sangre que caían hasta la tierra.

45 Cuando se levantó de la oración, y vino a sus discípulos, los halló durmiendo a causa de la tristeza;

46 y les dijo: ¿Por qué dormís? Levantaos, y orad para que no entréis en tentación.

Arresto de Jesús
(Mt 26.47-56; Mr 14.43-50; Jn 18.2-11)

47 Mientras él aún hablaba, se presentó una turba; y el que se llamaba Judas, uno de los doce, iba al frente de ellos; y se acercó hasta Jesús para besarle.

48 Entonces Jesús le dijo: Judas, ¿con un beso entregas al Hijo del Hombre?

49 Viendo los que estaban con él lo que había de acontecer, le dijeron: Señor, ¿heriremos a espada?

50 Y uno de ellos hirió a un siervo del sumo sacerdote, y le cortó la oreja derecha.

51 Entonces respondiendo Jesús, dijo: Basta ya; dejad. Y tocando su oreja, le sanó.

52 Y Jesús dijo a los principales sacerdotes, a los jefes de la guardia del templo y a los ancianos, que habían venido contra él: ¿Como contra un ladrón habéis salido con espadas y palos?

53 Habiendo estado con vosotros cada día en el templo,[l] no extendisteis las manos contra mí; mas ésta es vuestra hora, y la potestad de las tinieblas.

Pedro niega a Jesús
(Mt 26.57, 58, 69-75; Mr 14.53, 54, 66-72; Jn 18.12-18, 25-27)

54 Y prendiéndole, le llevaron, y le condujeron a casa del sumo sacerdote. Y Pedro le seguía de lejos.

55 Y habiendo ellos encendido fuego en medio del patio, se sentaron alrededor; y Pedro se sentó también entre ellos.

56 Pero una criada, al verle sentado al fuego, se fijó en él, y dijo: También éste estaba con él.

57 Pero él lo negó, diciendo: Mujer, no lo conozco.

---

h 22.27 Jn 13.12-15. **i 22.30** Mt 19.28. **j 22.35** Mt 10.9, 10; Mr 6.8, 9; Lc 9.3; 10.4. **k 22.37** Is 53.12. **l 22.53** Lc 19.47; 21.37.

58 Un poco después, viéndole otro, dijo: Tú también eres de ellos. Y Pedro dijo: Hombre, no lo soy.

59 Como una hora después, otro afirmaba, diciendo: Verdaderamente también éste estaba con él, porque es galileo.

60 Y Pedro dijo: Hombre, no sé lo que dices. Y en seguida, mientras él todavía hablaba, el gallo cantó.

61 Entonces, vuelto el Señor, miró a Pedro; y Pedro se acordó de la palabra del Señor, que le había dicho: Antes que el gallo cante, me negarás tres veces.

62 Y Pedro, saliendo fuera, lloró amargamente.

Jesús escarnecido y azotado
(Mt 26.67, 68; Mr 14.65)

63 Y los hombres que custodiaban a Jesús se burlaban de él y le golpeaban;

64 y vendándole los ojos, le golpeaban el rostro, y le preguntaban, diciendo: Profetiza, ¿quién es el que te golpeó?

65 Y decían otras muchas cosas injuriándole.

Jesús ante el concilio
(Mt 26.59-66; Mr 14.55-64; Jn 18.19-24)

66 Cuando era de día, se juntaron los ancianos del pueblo, los principales sacerdotes y los escribas, y le trajeron al concilio, diciendo:

67 ¿Eres tú el Cristo? Dínoslo. Y les dijo: Si os lo dijere, no creeréis;

68 y también si os preguntare, no me responderéis, ni me soltaréis.

69 Pero desde ahora el Hijo del Hombre se sentará a la diestra del poder de Dios.

70 Dijeron todos: ¿Luego eres tú el Hijo de Dios? Y él les dijo: Vosotros decís que lo soy.

71 Entonces ellos dijeron: ¿Qué más testimonio necesitamos? porque nosotros mismos lo hemos oído de su boca.

Jesús ante Pilato
(Mt 27.1, 2, 11-14; Mr 15.1-5; Jn 18.28-38)

23 **1** Levantándose entonces toda la muchedumbre de ellos, llevaron a Jesús a Pilato.

2 Y comenzaron a acusarle, diciendo: A éste hemos hallado que pervierte a la nación, y que prohibe dar tributo a César, diciendo que él mismo es el Cristo, un rey.

3 Entonces Pilato le preguntó, diciendo: ¿Eres tú el Rey de los judíos? Y respondiéndole él, dijo: Tú lo dices.

4 Y Pilato dijo a los principales sacerdotes, y a la gente: Ningún delito hallo en este hombre.

5 Pero ellos porfiaban, diciendo: Alborota al pueblo, enseñando por toda Judea, comenzando desde Galilea hasta aquí.

Jesús ante Herodes

6 Entonces Pilato, oyendo decir, Galilea, preguntó si el hombre era galileo.

7 Y al saber que era de la jurisdicción de Herodes, le remitió a Herodes, que en aquellos días también estaba en Jerusalén.

8 Herodes, viendo a Jesús, se alegró mucho, porque hacía tiempo que deseaba verle; porque había oído muchas cosas acerca de él, y esperaba verle hacer alguna señal.

9 Y le hacía muchas preguntas, pero él nada le respondió.

10 Y estaban los principales sacerdotes y los escribas acusándole con gran vehemencia.

11 Entonces Herodes con sus soldados le menospreció y escarneció, vistiéndole de una ropa espléndida; y volvió a enviarle a Pilato.

12 Y se hicieron amigos Pilato y Herodes aquel día; porque antes estaban enemistados entre sí.

Jesús sentenciado a muerte
(Mt 27.15-26; Mr 15.6-15; Jn 18.38—19.16)

13 Entonces Pilato, convocando a los principales sacerdotes, a los gobernantes, y al pueblo,

14 les dijo: Me habéis presentado a éste como un hombre que perturba al pueblo; pero habiéndole interrogado yo delante de vosotros, no he hallado en este hombre delito alguno de aquellos de que le acusáis.

15 Y ni aun Herodes, porque os remití a él; y he aquí, nada digno de muerte ha hecho este hombre.

16 Le soltaré, pues, después de castigarle.

17 Y tenía necesidad de soltarles uno en cada fiesta.

18 Mas toda la multitud dio voces a una, diciendo: ¡Fuera con éste, y suéltanos a Barrabás!

19 Éste había sido echado en la cárcel por sedición en la ciudad, y por un homicidio. **20** Les habló otra vez Pilato, queriendo soltar a Jesús; **21** pero ellos volvieron a dar voces, diciendo: ¡Crucifícale, crucifícale!

22 Él les dijo por tercera vez: ¿Pues qué mal ha hecho éste? Ningún delito digno de muerte he hallado en él; le castigaré, pues, y le soltaré.

23 Mas ellos instaban a grandes voces, pidiendo que fuese crucificado. Y las voces de ellos y de los principales sacerdotes prevalecieron.

24 Entonces Pilato sentenció que se hiciese lo que ellos pedían; **25** y les soltó a aquel que había sido echado en la cárcel por sedición y homicidio, a quien habían pedido; y entregó a Jesús a la voluntad de ellos.

Crucifixión y muerte de Jesús
(Mt 27.32-56; Mr 15.21-41; Jn 19.17-30)

26 Y llevándole, tomaron a cierto Simón de Cirene, que venía del campo, y le pusieron encima la cruz para que la llevase tras Jesús.

27 Y le seguía gran multitud del pueblo, y de mujeres que lloraban y hacían lamentación por él.

28 Pero Jesús, vuelto hacia ellas, les dijo: Hijas de Jerusalén, no lloréis por mí, sino llorad por vosotras mismas y por vuestros hijos.

29 Porque he aquí vendrán días en que dirán: Bienaventuradas las estériles, y los vientres que no concibieron, y los pechos que no criaron.

30 Entonces comenzarán a decir a los montes: Caed sobre nosotros; y a los collados: Cubridnos.ᵃ

31 Porque si en el árbol verde hacen estas cosas, ¿en el seco, qué no se hará?

32 Llevaban también con él a otros dos, que eran malhechores, para ser muertos.

33 Y cuando llegaron al lugar llamado de la Calavera, le crucificaron allí, y a los malhechores, uno a la derecha y otro a la izquierda.

34 Y Jesús decía: Padre, perdónalos, porque no saben lo que hacen. Y repartieron entre sí sus vestidos, echando suertes.ᵇ

35 Y el pueblo estaba mirando; y aun los gobernantes se burlaban de él, diciendo: A otros salvó; sálvese a sí mismo, si éste es el Cristo, el escogido de Dios.

36 Los soldados también le escarnecían, acercándose y presentándole vinagre, **37** y diciendo: Si tú eres el Rey de los judíos, sálvate a ti mismo.

38 Había también sobre él un título escrito con letras griegas, latinas y hebreas: ÉSTE ES EL REY DE LOS JUDÍOS.

39 Y uno de los malhechores que estaban colgados le injuriaba, diciendo: Si tú eres el Cristo, sálvate a ti mismo y a nosotros.

40 Respondiendo el otro, le reprendió, diciendo: ¿Ni aun temes tú a Dios, estando en la misma condenación?

41 Nosotros, a la verdad, justamente padecemos, porque recibimos lo que merecieron nuestros hechos; mas éste ningún mal hizo.

42 Y dijo a Jesús: Acuérdate de mí cuando vengas en tu reino.

43 Entonces Jesús le dijo: De cierto te digo que hoy estarás conmigo en el paraíso.

44 Cuando era como la hora sexta, hubo tinieblas sobre toda la tierra hasta la hora novena.

45 Y el sol se oscureció, y el veloᶜ del templo se rasgó por la mitad.

46 Entonces Jesús, clamando a gran voz, dijo: Padre, en tus manos encomiendo mi espíritu.ᵈ Y habiendo dicho esto, expiró.

47 Cuando el centurión vio lo que había acontecido, dio gloria a Dios, diciendo: Verdaderamente este hombre era justo.

48 Y toda la multitud de los que estaban presentes en este espectáculo, viendo lo que había acontecido, se volvían golpeándose el pecho.

49 Pero todos sus conocidos, y las mujeresᵉ que le habían seguido desde Galilea, estaban lejos mirando estas cosas.

Jesús es sepultado
(Mt 27.57-61; Mr 15.42-47; Jn 19.38-42)

50 Había un varón llamado José, de Arimatea, ciudad de Judea, el cual era miembro del concilio, varón bueno y justo.

51 Éste, que también esperaba el reino de Dios, y no había consentido en el acuerdo ni en los hechos de ellos,

52 fue a Pilato, y pidió el cuerpo de Jesús.

---

a 23.30 Os 10.8; Ap 6.16.   b 23.34 Sal 22.18.
c 23.45 Éx 26.31-33.   d 23.46 Sal 31.5.   e 23.49 Lc 8.2, 3.

⁵³ Y quitándolo, lo envolvió en una sábana, y lo puso en un sepulcro abierto en una peña, en el cual aún no se había puesto a nadie.

⁵⁴ Era día de la preparación, y estaba para comenzar el día de reposo.*

⁵⁵ Y las mujeres que habían venido con él desde Galilea, siguieron también, y vieron el sepulcro, y cómo fue puesto su cuerpo.

⁵⁶ Y vueltas, prepararon especias aromáticas y ungüentos; y descansaron el día de reposo,* conforme al mandamiento.ᶠ

La resurrección
(Mt 28.1-10; Mr 16.1-8; Jn 20.1-10)

24 ¹ El primer día de la semana, muy de mañana, vinieron al sepulcro, trayendo las especias aromáticas que habían preparado, y algunas otras mujeres con ellas.

² Y hallaron removida la piedra del sepulcro;

³ y entrando, no hallaron el cuerpo del Señor Jesús.

⁴ Aconteció que estando ellas perplejas por esto, he aquí se pararon junto a ellas dos varones con vestiduras resplandecientes;

⁵ y como tuvieron temor, y bajaron el rostro a tierra, les dijeron: ¿Por qué buscáis entre los muertos al que vive?

⁶ No está aquí, sino que ha resucitado. Acordaos de lo que os habló, cuando aún estaba en Galilea,

⁷ diciendo: Es necesario que el Hijo del Hombre sea entregado en manos de hombres pecadores, y que sea crucificado, y resucite al tercer día.ᵃ

⁸ Entonces ellas se acordaron de sus palabras,

⁹ y volviendo del sepulcro, dieron nuevas de todas estas cosas a los once, y a todos los demás.

¹⁰ Eran María Magdalena, y Juana, y María madre de Jacobo, y las demás con ellas, quienes dijeron estas cosas a los apóstoles.

¹¹ Mas a ellos les parecían locura las palabras de ellas, y no las creían.

¹² Pero levantándose Pedro, corrió al sepulcro; y cuando miró dentro, vio los lienzos solos, y se fue a casa maravillándose de lo que había sucedido.

En el camino a Emaús
(Mr 16.12, 13)

¹³ Y he aquí, dos de ellos iban el mismo día a una aldea llamada Emaús, que estaba a sesenta estadios de Jerusalén.

¹⁴ E iban hablando entre sí de todas aquellas cosas que habían acontecido.

¹⁵ Sucedió que mientras hablaban y discutían entre sí, Jesús mismo se acercó, y caminaba con ellos.

¹⁶ Mas los ojos de ellos estaban velados, para que no le conociesen.

¹⁷ Y les dijo: ¿Qué pláticas son estas que tenéis entre vosotros mientras camináis, y por qué estáis tristes?

¹⁸ Respondiendo uno de ellos, que se llamaba Cleofas, le dijo: ¿Eres tú el único forastero en Jerusalén que no has sabido las cosas que en ella han acontecido en estos días?

¹⁹ Entonces él les dijo: ¿Qué cosas? Y ellos le dijeron: De Jesús nazareno, que fue varón profeta, poderoso en obra y en palabra delante de Dios y de todo el pueblo;

²⁰ y cómo le entregaron los principales sacerdotes y nuestros gobernantes a sentencia de muerte, y le crucificaron.

²¹ Pero nosotros esperábamos que él era el que había de redimir a Israel; y ahora, además de todo esto, hoy es ya el tercer día que esto ha acontecido.

²² Aunque también nos han asombrado unas mujeres de entre nosotros, las que antes del día fueron al sepulcro;

²³ y como no hallaron su cuerpo, vinieron diciendo que también habían visto visión de ángeles, quienes dijeron que él vive.

²⁴ Y fueron algunos de los nuestros al sepulcro, y hallaron así como las mujeres habían dicho, pero a él no le vieron.

²⁵ Entonces él les dijo: ¡Oh insensatos, y tardos de corazón para creer todo lo que los profetas han dicho!

²⁶ ¿No era necesario que el Cristo padeciera estas cosas, y que entrara en su gloria?

²⁷ Y comenzando desde Moisés, y siguiendo por todos los profetas, les declaraba en todas las Escrituras lo que de él decían.

²⁸ Llegaron a la aldea adonde iban, y él hizo como que iba más lejos.

²⁹ Mas ellos le obligaron a quedarse, diciendo: Quédate con nosotros, porque se hace tarde, y el día ya ha declinado. Entró, pues, a quedarse con ellos.

---

* Aquí equivale a *sábado.*
ᶠ **23.56** Éx 20.10; Dt 5.14.   ᵃ **24.6, 7** Mt 16.21; 17.22, 23; 20.18, 19; Mr 8.31; 9.31; 10.33, 34; Lc 9.22; 18.31-33.

30 Y aconteció que estando sentado con ellos a la mesa, tomó el pan y lo bendijo, lo partió, y les dio.

31 Entonces les fueron abiertos los ojos, y le reconocieron; mas él se desapareció de su vista.

32 Y se decían el uno al otro: ¿No ardía nuestro corazón en nosotros, mientras nos hablaba en el camino, y cuando nos abría las Escrituras?

33 Y levantándose en la misma hora, volvieron a Jerusalén, y hallaron a los once reunidos, y a los que estaban con ellos,

34 que decían: Ha resucitado el Señor verdaderamente, y ha aparecido a Simón.

35 Entonces ellos contaban las cosas que les habían acontecido en el camino, y cómo le habían reconocido al partir el pan.

Jesús se aparece a los discípulos

(Mt 28.16-20; Mr 16.14-18; Jn 20.19-23)

36 Mientras ellos aún hablaban de estas cosas, Jesús se puso en medio de ellos, y les dijo: Paz a vosotros.

37 Entonces, espantados y atemorizados, pensaban que veían espíritu.

38 Pero él les dijo: ¿Por qué estáis turbados, y vienen a vuestro corazón estos pensamientos?

39 Mirad mis manos y mis pies, que yo mismo soy; palpad, y ved; porque un espíritu no tiene carne ni huesos, como veis que yo tengo.

40 Y diciendo esto, les mostró las manos y los pies.

41 Y como todavía ellos, de gozo, no lo creían, y estaban maravillados, les dijo: ¿Tenéis aquí algo de comer?

42 Entonces le dieron parte de un pez asado, y un panal de miel.

43 Y él lo tomó, y comió delante de ellos.

44 Y les dijo: Estas son las palabras que os hablé, estando aún con vosotros: que era necesario que se cumpliese todo lo que está escrito de mí en la ley de Moisés, en los profetas y en los salmos.

45 Entonces les abrió el entendimiento, para que comprendiesen las Escrituras;

46 y les dijo: Así está escrito, y así fue necesario que el Cristo padeciese,[b] y resucitase de los muertos al tercer día;[c]

47 y que se predicase en su nombre el arrepentimiento y el perdón de pecados en todas las naciones, comenzando desde Jerusalén.

48 Y vosotros sois testigos de estas cosas.

49 He aquí, yo enviaré la promesa de mi Padre[d] sobre vosotros; pero quedaos vosotros en la ciudad de Jerusalén, hasta que seáis investidos de poder desde lo alto.

La ascensión

(Mr 16.19-20)

50 Y los sacó fuera hasta Betania, y alzando sus manos, los bendijo.

51 Y aconteció que bendiciéndolos, se separó de ellos, y fue llevado arriba al cielo.[e]

52 Ellos, después de haberle adorado, volvieron a Jerusalén con gran gozo;

53 y estaban siempre en el templo, alabando y bendiciendo a Dios. Amén.

---

b 24.46 Is 53.1-12. **c** 24.46 Os 6.2. **d** 24.49 Hch 1.4. **e** 24.50, 51 Hch 1.9-11.

EL SANTO EVANGELIO SEGÚN

SAN JUAN

El Verbo hecho carne

1 ¹ En el principio era el Verbo, y el Verbo era con Dios, y el Verbo era Dios.
² Éste era en el principio con Dios.
³ Todas las cosas por él fueron hechas, y sin él nada de lo que ha sido hecho, fue hecho.
⁴ En él estaba la vida, y la vida era la luz de los hombres.
⁵ La luz en las tinieblas resplandece, y las tinieblas no prevalecieron contra ella.
⁶ Hubo un hombre enviado de Dios, el cual se llamaba Juan.ᵃ
⁷ Éste vino por testimonio, para que diese testimonio de la luz, a fin de que todos creyesen por él.
⁸ No era él la luz, sino para que diese testimonio de la luz.
⁹ Aquella luz verdadera, que alumbra a todo hombre, venía a este mundo.
¹⁰ En el mundo estaba, y el mundo por él fue hecho; pero el mundo no le conoció.
¹¹ A lo suyo vino, y los suyos no le recibieron.
¹² Mas a todos los que le recibieron, a los que creen en su nombre, les dio potestad de ser hechos hijos de Dios;
¹³ los cuales no son engendrados de sangre, ni de voluntad de carne, ni de voluntad de varón, sino de Dios.
¹⁴ Y aquel Verbo fue hecho carne, y habitó entre nosotros (y vimos su gloria, gloria como del unigénito del Padre), lleno de gracia y de verdad.
¹⁵ Juan dio testimonio de él, y clamó diciendo: Éste es de quien yo decía: El que viene después de mí, es antes de mí; porque era primero que yo.
¹⁶ Porque de su plenitud tomamos todos, y gracia sobre gracia.
¹⁷ Pues la ley por medio de Moisés fue dada, pero la gracia y la verdad vinieron por medio de Jesucristo.
¹⁸ A Dios nadie le vio jamás; el unigénito Hijo, que está en el seno del Padre, él le ha dado a conocer.

Testimonio de Juan el Bautista

(Mt 3.11, 12; Mr 1.7, 8; Lc 3.15-17)

¹⁹ Éste es el testimonio de Juan, cuando los judíos enviaron de Jerusalén sacerdotes y levitas para que le preguntasen: ¿Tú, quién eres?
²⁰ Confesó, y no negó, sino confesó: Yo no soy el Cristo.
²¹ Y le preguntaron: ¿Qué pues? ¿Eres tú Elías?ᵇ Dijo: No soy. ¿Eres tú el profeta?ᶜ Y respondió: No.
²² Le dijeron: ¿Pues quién eres? para que demos respuesta a los que nos enviaron. ¿Qué dices de ti mismo?
²³ Dijo: Yo soy la voz de uno que clama en el desierto: Enderezad el camino del Señor, como dijo el profeta Isaías.ᵈ
²⁴ Y los que habían sido enviados eran de los fariseos.
²⁵ Y le preguntaron, y le dijeron: ¿Por qué, pues, bautizas, si tú no eres el Cristo, ni Elías, ni el profeta?
²⁶ Juan les respondió diciendo: Yo bautizo con agua; mas en medio de vosotros está uno a quien vosotros no conocéis.
²⁷ Éste es el que viene después de mí, el que es antes de mí, del cual yo no soy digno de desatar la correa del calzado.
²⁸ Estas cosas sucedieron en Betábara, al otro lado del Jordán, donde Juan estaba bautizando.

El Cordero de Dios

²⁹ El siguiente día vio Juan a Jesús que venía a él, y dijo: He aquí el Cordero de Dios, que quita el pecado del mundo.
³⁰ Éste es aquel de quien yo dije: Después de mí viene un varón, el cual es antes de mí; porque era primero que yo.
³¹ Y yo no le conocía; mas para que fuese manifestado a Israel, por esto vine yo bautizando con agua.

---

a 1.6 Mt 3.1; Mr 1.4; Lc 3.1, 2.   **b 1.21** Mal 4.5.
c 1.21 Dt 18.15, 18.   **d 1.23** Is 40.3.

Jesús bautizará en el Espíritu

32 También dio Juan testimonio, diciendo: Vi al Espíritu que descendía del cielo como paloma, y permaneció sobre él.
33 Y yo no le conocía; pero el que me envió a bautizar con agua, aquél me dijo: Sobre quien veas descender el Espíritu y que permanece sobre él, ése es el que bautiza con el Espíritu Santo.
34 Y yo le vi, y he dado testimonio de que éste es el Hijo de Dios.

Los primeros discípulos

35 El siguiente día otra vez estaba Juan, y dos de sus discípulos.
36 Y mirando a Jesús que andaba por allí, dijo: He aquí el Cordero de Dios.
37 Le oyeron hablar los dos discípulos, y siguieron a Jesús.
38 Y volviéndose Jesús, y viendo que le seguían, les dijo: ¿Qué buscáis? Ellos le dijeron: Rabí (que traducido es, Maestro), ¿dónde moras?
39 Les dijo: Venid y ved. Fueron, y vieron donde moraba, y se quedaron con él aquel día; porque era como la hora décima.
40 Andrés, hermano de Simón Pedro, era uno de los dos que habían oído a Juan, y habían seguido a Jesús.
41 Éste halló primero a su hermano Simón, y le dijo: Hemos hallado al Mesías (que traducido es, el Cristo).
42 Y le trajo a Jesús. Y mirándole Jesús, dijo: Tú eres Simón, hijo de Jonás; tú serás llamado Cefas[1] (que quiere decir, Pedro[2]).

Jesús llama a Felipe y a Natanael

43 El siguiente día quiso Jesús ir a Galilea, y halló a Felipe, y le dijo: Sígueme.
44 Y Felipe era de Betsaida, la ciudad de Andrés y Pedro.
45 Felipe halló a Natanael, y le dijo: Hemos hallado a aquél de quien escribió Moisés en la ley, así como los profetas: a Jesús, el hijo de José, de Nazaret.
46 Natanael le dijo: ¿De Nazaret puede salir algo de bueno? Le dijo Felipe: Ven y ve.

47 Cuando Jesús vio a Natanael que se le acercaba, dijo de él: He aquí un verdadero israelita, en quien no hay engaño.
48 Le dijo Natanael: ¿De dónde me conoces? Respondió Jesús y le dijo: Antes que Felipe te llamara, cuando estabas debajo de la higuera, te vi.
49 Respondió Natanael y le dijo: Rabí, tú eres el Hijo de Dios; tú eres el Rey de Israel.
50 Respondió Jesús y le dijo: ¿Porque te dije: Te vi debajo de la higuera, crees? Cosas mayores que éstas verás.
51 Y le dijo: De cierto, de cierto os digo: De aquí adelante veréis el cielo abierto, y a los ángeles de Dios que suben y descienden[e] sobre el Hijo del Hombre.

Las bodas de Caná

2 **1** Al tercer día se hicieron unas bodas en Caná de Galilea; y estaba allí la madre de Jesús.
2 Y fueron también invitados a las bodas Jesús y sus discípulos.
3 Y faltando el vino, la madre de Jesús le dijo: No tienen vino.
4 Jesús le dijo: ¿Qué tienes conmigo, mujer? Aún no ha venido mi hora.
5 Su madre dijo a los que servían: Haced todo lo que os dijere.[a]
6 Y estaban allí seis tinajas de piedra para agua, conforme al rito de la purificación de los judíos, en cada una de las cuales cabían dos o tres cántaros.
7 Jesús les dijo: Llenad estas tinajas de agua. Y las llenaron hasta arriba.
8 Entonces les dijo: Sacad ahora, y llevadlo al maestresala. Y se lo llevaron.
9 Cuando el maestresala probó el agua hecha vino, sin saber él de dónde era, aunque lo sabían los sirvientes que habían sacado el agua, llamó al esposo,
10 y le dijo: Todo hombre sirve primero el buen vino, y cuando ya han bebido mucho, entonces el inferior; mas tú has reservado el buen vino hasta ahora.
11 Este principio de señales hizo Jesús en Caná de Galilea, y manifestó su gloria; y sus discípulos creyeron en él.
12 Después de esto descendieron a Capernaum,[b] él, su madre, sus hermanos y sus discípulos; y estuvieron allí no muchos días.

---

1. **1.42** De la palabra *piedra* en arameo.
2. **1.42** De la palabra *piedra* en griego.
e **1.51** Gn 28.12.   a **2.5** Gn 41.55.   b **2.12** Mt 4.13.

Jesús purifica el templo

(Mt 21.12, 13; Mr 11.15-18; Lc 19.45, 46)

13 Estaba cerca la pascua[c] de los judíos; y subió Jesús a Jerusalén,

14 y halló en el templo a los que vendían bueyes, ovejas y palomas, y a los cambistas allí sentados.

15 Y haciendo un azote de cuerdas, echó fuera del templo a todos, y las ovejas y los bueyes; y esparció las monedas de los cambistas, y volcó las mesas;

16 y dijo a los que vendían palomas: Quitad de aquí esto, y no hagáis de la casa de mi Padre casa de mercado.

17 Entonces se acordaron sus discípulos que está escrito: El celo de tu casa me consume.[d]

18 Y los judíos respondieron y le dijeron: ¿Qué señal nos muestras, ya que haces esto?

19 Respondió Jesús y les dijo: Destruid este templo, y en tres días lo levantaré.[e]

20 Dijeron luego los judíos: En cuarenta y seis años fue edificado este templo, ¿y tú en tres días lo levantarás?

21 Mas él hablaba del templo de su cuerpo.

22 Por tanto, cuando resucitó de entre los muertos, sus discípulos se acordaron que había dicho esto; y creyeron la Escritura y la palabra que Jesús había dicho.

Jesús conoce a todos los hombres

23 Estando en Jerusalén en la fiesta de la pascua, muchos creyeron en su nombre, viendo las señales que hacía.

24 Pero Jesús mismo no se fiaba de ellos, porque conocía a todos,

25 y no tenía necesidad de que nadie le diese testimonio del hombre, pues él sabía lo que había en el hombre.

Jesús y Nicodemo

3 **1** Había un hombre de los fariseos que se llamaba Nicodemo, un principal entre los judíos.

2 Éste vino a Jesús de noche, y le dijo: Rabí, sabemos que has venido de Dios como maestro; porque nadie puede hacer estas señales que tú haces, si no está Dios con él.

3 Respondió Jesús y le dijo: De cierto, de cierto te digo, que el que no naciere de nuevo, no puede ver el reino de Dios.

4 Nicodemo le dijo: ¿Cómo puede un hombre nacer siendo viejo? ¿Puede acaso entrar por segunda vez en el vientre de su madre, y nacer?

5 Respondió Jesús: De cierto, de cierto te digo, que el que no naciere de agua y del Espíritu, no puede entrar en el reino de Dios.

6 Lo que es nacido de la carne, carne es; y lo que es nacido del Espíritu,[3] espíritu es.

7 No te maravilles de que te dije: Os es necesario nacer de nuevo.

8 El viento[4] sopla de donde quiere, y oyes su sonido; mas ni sabes de dónde viene, ni a dónde va; así es todo aquel que es nacido del Espíritu.

9 Respondió Nicodemo y le dijo: ¿Cómo puede hacerse esto?

10 Respondió Jesús y le dijo: ¿Eres tú maestro de Israel, y no sabes esto?

11 De cierto, de cierto te digo, que lo que sabemos hablamos, y lo que hemos visto, testificamos; y no recibís nuestro testimonio.

12 Si os he dicho cosas terrenales, y no creéis, ¿cómo creeréis si os dijere las celestiales?

13 Nadie subió al cielo, sino el que descendió del cielo; el Hijo del Hombre, que está en el cielo.

14 Y como Moisés levantó la serpiente en el desierto,[a] así es necesario que el Hijo del Hombre sea levantado,

15 para que todo aquel que en él cree, no se pierda, mas tenga vida eterna.

De tal manera amó Dios al mundo

16 Porque de tal manera amó Dios al mundo, que ha dado a su Hijo unigénito, para que todo aquel que en él cree, no se pierda, mas tenga vida eterna.

17 Porque no envió Dios a su Hijo al mundo para condenar al mundo, sino para que el mundo sea salvo por él.

18 El que en él cree, no es condenado; pero el que no cree, ya ha sido condenado, porque no ha creído en el nombre del unigénito Hijo de Dios.

19 Y ésta es la condenación: que la luz vino al mundo, y los hombres amaron más las tinieblas que la luz, porque sus obras eran malas.

---

3. 3.6 La misma palabra griega significa tanto *viento* como *espíritu*. **4. 3.8** La misma palabra griega significa tanto *viento* como *espíritu*.
c 2.13 Éx 12.1-27. **d 2.17** Sal 69.9. **e 2.19** Mt 26.61; 27.40; Mr 14.58; 15.29. **a 3.14** Nm 21.9.

20 Porque todo aquel que hace lo malo, aborrece la luz y no viene a la luz, para que sus obras no sean reprendidas.
21 Mas el que practica la verdad viene a la luz, para que sea manifiesto que sus obras son hechas en Dios.

El amigo del esposo

22 Después de esto, vino Jesús con sus discípulos a la tierra de Judea, y estuvo allí con ellos, y bautizaba.
23 Juan bautizaba también en Enón, junto a Salim, porque había allí muchas aguas; y venían, y eran bautizados.
24 Porque Juan no había sido aún encarcelado.[b]
25 Entonces hubo discusión entre los discípulos de Juan y los judíos acerca de la purificación.
26 Y vinieron a Juan y le dijeron: Rabí, mira que el que estaba contigo al otro lado del Jordán, de quien tú diste testimonio, bautiza, y todos vienen a él.
27 Respondió Juan y dijo: No puede el hombre recibir nada, si no le fuere dado del cielo.
28 Vosotros mismos me sois testigos de que dije: Yo no soy el Cristo,[c] sino que soy enviado delante de él.
29 El que tiene la esposa, es el esposo; mas el amigo del esposo, que está a su lado y le oye, se goza grandemente de la voz del esposo; así pues, este mi gozo está cumplido.
30 Es necesario que él crezca, pero que yo mengüe.

El que viene de arriba

31 El que de arriba viene, es sobre todos; el que es de la tierra, es terrenal, y cosas terrenales habla; el que viene del cielo, es sobre todos.
32 Y lo que vio y oyó, esto testifica; y nadie recibe su testimonio.
33 El que recibe su testimonio, éste atestigua que Dios es veraz.
34 Porque el que Dios envió, las palabras de Dios habla; pues Dios no da el Espíritu por medida.
35 El Padre ama al Hijo, y todas las cosas ha entregado en su mano.[d]

36 El que cree en el Hijo tiene vida eterna; pero el que rehúsa creer en el Hijo no verá la vida, sino que la ira de Dios está sobre él.

Jesús y la mujer samaritana

4 **1** Cuando, pues, el Señor entendió que los fariseos habían oído decir: Jesús hace y bautiza más discípulos que Juan
2 (aunque Jesús no bautizaba, sino sus discípulos),
3 salió de Judea, y se fue otra vez a Galilea.
4 Y le era necesario pasar por Samaria.
5 Vino, pues, a una ciudad de Samaria llamada Sicar, junto a la heredad que Jacob dio a su hijo José.[a]
6 Y estaba allí el pozo de Jacob. Entonces Jesús, cansado del camino, se sentó así junto al pozo. Era como la hora sexta.
7 Vino una mujer de Samaria a sacar agua; y Jesús le dijo: Dame de beber.
8 Pues sus discípulos habían ido a la ciudad a comprar de comer.
9 La mujer samaritana le dijo: ¿Cómo tú, siendo judío, me pides a mí de beber, que soy mujer samaritana? Porque judíos y samaritanos no se tratan entre sí.[b]
10 Respondió Jesús y le dijo: Si conocieras el don de Dios, y quién es el que te dice: Dame de beber; tú le pedirías, y él te daría agua viva.
11 La mujer le dijo: Señor, no tienes con qué sacarla, y el pozo es hondo. ¿De dónde, pues, tienes el agua viva?
12 ¿Acaso eres tú mayor que nuestro padre Jacob, que nos dio este pozo, del cual bebieron él, sus hijos y sus ganados?
13 Respondió Jesús y le dijo: Cualquiera que bebiere de esta agua, volverá a tener sed;
14 mas el que bebiere del agua que yo le daré, no tendrá sed jamás; sino que el agua que yo le daré será en él una fuente de agua que salte para vida eterna.
15 La mujer le dijo: Señor, dame esa agua, para que no tenga yo sed, ni venga aquí a sacarla.
16 Jesús le dijo: Ve, llama a tu marido, y ven acá.
17 Respondió la mujer y dijo: No tengo marido. Jesús le dijo: Bien has dicho: No tengo marido;
18 porque cinco maridos has tenido, y el que ahora tienes no es tu marido; esto has dicho con verdad.

---

b 3.24 Mt 14.3; Mr 6.17; Lc 3.19, 20.   **c 3.28** Jn 1.20.
d 3.35 Mt 11.27; Lc 10.22.   **a 4.5** Gn 33.19; Jos 24.32.
b 4.9 Esd 4.1-5; Neh 4.1, 2.

19 Le dijo la mujer: Señor, me parece que tú eres profeta.

20 Nuestros padres adoraron en este monte, y vosotros decís que en Jerusalén es el lugar donde se debe adorar.

21 Jesús le dijo: Mujer, créeme, que la hora viene cuando ni en este monte ni en Jerusalén adoraréis al Padre.

22 Vosotros adoráis lo que no sabéis; nosotros adoramos lo que sabemos; porque la salvación viene de los judíos.

23 Mas la hora viene, y ahora es, cuando los verdaderos adoradores adorarán al Padre en espíritu y en verdad; porque también el Padre tales adoradores busca que le adoren.

24 Dios es Espíritu; y los que le adoran, en espíritu y en verdad es necesario que adoren.

25 Le dijo la mujer: Sé que ha de venir el Mesías, llamado el Cristo; cuando él venga nos declarará todas las cosas.

26 Jesús le dijo: Yo soy, el que habla contigo.

27 En esto vinieron sus discípulos, y se maravillaron de que hablaba con una mujer; sin embargo, ninguno dijo: ¿Qué preguntas? o, ¿Qué hablas con ella?

28 Entonces la mujer dejó su cántaro, y fue a la ciudad, y dijo a los hombres:

29 Venid, ved a un hombre que me ha dicho todo cuanto he hecho. ¿No será éste el Cristo?

30 Entonces salieron de la ciudad, y vinieron a él.

31 Entre tanto, los discípulos le rogaban, diciendo: Rabí, come.

32 Él les dijo: Yo tengo una comida que comer, que vosotros no sabéis.

33 Entonces los discípulos decían unos a otros: ¿Le habrá traído alguien de comer?

34 Jesús les dijo: Mi comida es que haga la voluntad del que me envió, y que acabe su obra.

35 ¿No decís vosotros: Aún faltan cuatro meses para que llegue la siega? He aquí os digo: Alzad vuestros ojos y mirad los campos, porque ya están blancos para la siega.

36 Y el que siega recibe salario, y recoge fruto para vida eterna, para que el que siembra goce juntamente con el que siega.

37 Porque en esto es verdadero el dicho: Uno es el que siembra, y otro es el que siega.

38 Yo os he enviado a segar lo que vosotros no labrasteis; otros labraron, y vosotros habéis entrado en sus labores.

39 Y muchos de los samaritanos de aquella ciudad creyeron en él por la palabra de la mujer, que daba testimonio diciendo: Me dijo todo lo que he hecho.

40 Entonces vinieron los samaritanos a él y le rogaron que se quedase con ellos; y se quedó allí dos días.

41 Y creyeron muchos más por la palabra de él,

42 y decían a la mujer: Ya no creemos solamente por tu dicho, porque nosotros mismos hemos oído, y sabemos que verdaderamente éste es el Salvador del mundo, el Cristo.

Jesús sana al hijo de un noble

43 Dos días después, salió de allí y fue a Galilea.

44 Porque Jesús mismo dio testimonio de que el profeta no tiene honra en su propia tierra.[c]

45 Cuando vino a Galilea, los galileos le recibieron, habiendo visto todas las cosas que había hecho en Jerusalén, en la fiesta;[d] porque también ellos habían ido a la fiesta.

46 Vino, pues, Jesús otra vez a Caná de Galilea, donde había convertido el agua en vino.[e] Y había en Capernaum un oficial del rey, cuyo hijo estaba enfermo.

47 Éste, cuando oyó que Jesús había llegado de Judea a Galilea, vino a él y le rogó que descendiese y sanase a su hijo, que estaba a punto de morir.

48 Entonces Jesús le dijo: Si no viereis señales y prodigios, no creeréis.

49 El oficial del rey le dijo: Señor, desciende antes que mi hijo muera.

50 Jesús le dijo: Ve, tu hijo vive. Y el hombre creyó la palabra que Jesús le dijo, y se fue.

51 Cuando ya él descendía, sus siervos salieron a recibirle, y le dieron nuevas, diciendo: Tu hijo vive.

52 Entonces él les preguntó a qué hora había comenzado a estar mejor. Y le dijeron: Ayer a las siete le dejó la fiebre.

---

c **4.44** Mt 13.57; Mr 6.4; Lc 4.24.   d **4.45** Jn 2.23.
e **4.46** Jn 2.1-11.

⁵³ El padre entonces entendió que aquélla era la hora en que Jesús le había dicho: Tu hijo vive; y creyó él con toda su casa.

⁵⁴ Esta segunda señal hizo Jesús, cuando fue de Judea a Galilea.

El paralítico de Betesda

5 ¹ Después de estas cosas había una fiesta de los judíos, y subió Jesús a Jerusalén.

² Y hay en Jerusalén, cerca de la puerta de las ovejas, un estanque, llamado en hebreo Betesda, el cual tiene cinco pórticos.

³ En éstos yacía una multitud de enfermos, ciegos, cojos y paralíticos, que esperaban el movimiento del agua.

⁴ Porque un ángel descendía de tiempo en tiempo al estanque, y agitaba el agua; y el que primero descendía al estanque después del movimiento del agua, quedaba sano de cualquier enfermedad que tuviese.

⁵ Y había allí un hombre que hacía treinta y ocho años que estaba enfermo.

⁶ Cuando Jesús lo vio acostado, y supo que llevaba ya mucho tiempo así, le dijo: ¿Quieres ser sano?

⁷ Señor, le respondió el enfermo, no tengo quien me meta en el estanque cuando se agita el agua; y entre tanto que yo voy, otro desciende antes que yo.

⁸ Jesús le dijo: Levántate, toma tu lecho, y anda.

⁹ Y al instante aquel hombre fue sanado, y tomó su lecho, y anduvo. Y era día de reposo* aquel día.

¹⁰ Entonces los judíos dijeron a aquel que había sido sanado: Es día de reposo;* no te es lícito llevar tu lecho.ᵃ

¹¹ Él les respondió: El que me sanó, él mismo me dijo: Toma tu lecho y anda.

¹² Entonces le preguntaron: ¿Quién es el que te dijo: Toma tu lecho y anda?

¹³ Y el que había sido sanado no sabía quién fuese, porque Jesús se había apartado de la gente que estaba en aquel lugar.

¹⁴ Después le halló Jesús en el templo, y le dijo: Mira, has sido sanado; no peques más, para que no te venga alguna cosa peor.

¹⁵ El hombre se fue, y dio aviso a los judíos, que Jesús era el que le había sanado.

¹⁶ Y por esta causa los judíos perseguían a Jesús, y procuraban matarle, porque hacía estas cosas en el día de reposo.*

¹⁷ Y Jesús les respondió: Mi Padre hasta ahora trabaja, y yo trabajo.

¹⁸ Por esto los judíos aún más procuraban matarle, porque no sólo quebrantaba el día de reposo,* sino que también decía que Dios era su propio Padre, haciéndose igual a Dios.

La autoridad del Hijo

¹⁹ Respondió entonces Jesús, y les dijo: De cierto, de cierto os digo: No puede el Hijo hacer nada por sí mismo, sino lo que ve hacer al Padre; porque todo lo que el Padre hace, también lo hace el Hijo igualmente.

²⁰ Porque el Padre ama al Hijo, y le muestra todas las cosas que él hace; y mayores obras que éstas le mostrará, de modo que vosotros os maravilléis.

²¹ Porque como el Padre levanta a los muertos, y les da vida, así también el Hijo a los que quiere da vida.

²² Porque el Padre a nadie juzga, sino que todo el juicio dio al Hijo,

²³ para que todos honren al Hijo como honran al Padre. El que no honra al Hijo, no honra al Padre que le envió.

²⁴ De cierto, de cierto os digo: El que oye mi palabra, y cree al que me envió, tiene vida eterna; y no vendrá a condenación, mas ha pasado de muerte a vida.

²⁵ De cierto, de cierto os digo: Viene la hora, y ahora es, cuando los muertos oirán la voz del Hijo de Dios; y los que la oyeren vivirán.

²⁶ Porque como el Padre tiene vida en sí mismo, así también ha dado al Hijo el tener vida en sí mismo;

²⁷ y también le dio autoridad de hacer juicio, por cuanto es el Hijo del Hombre.

²⁸ No os maravilléis de esto; porque vendrá hora cuando todos los que están en los sepulcros oirán su voz;

²⁹ y los que hicieron lo bueno, saldrán a resurrección de vida; mas los que hicieron lo malo, a resurrección de condenación.ᵇ

Testigos de Cristo

³⁰ No puedo yo hacer nada por mí mismo; según oigo, así juzgo; y mi juicio es

---

* Aquí equivale a *sábado.*
ᵃ **5.10** Neh 13.19; Jer 17.21.   ᵇ **5.29** Dn 12.2.

justo, porque no busco mi voluntad, sino la voluntad del que me envió, la del Padre.

31 Si yo doy testimonio acerca de mí mismo, mi testimonio no es verdadero.

32 Otro es el que da testimonio acerca de mí, y sé que el testimonio que da de mí es verdadero.

33 Vosotros enviasteis mensajeros a Juan, y él dio testimonio de la verdad.[c]

34 Pero yo no recibo testimonio de hombre alguno; mas digo esto, para que vosotros seáis salvos.

35 Él era antorcha que ardía y alumbraba; y vosotros quisisteis regocijaros por un tiempo en su luz.

36 Mas yo tengo mayor testimonio que el de Juan; porque las obras que el Padre me dio para que cumpliese, las mismas obras que yo hago, dan testimonio de mí, que el Padre me ha enviado.

37 También el Padre que me envió ha dado testimonio de mí.[d] Nunca habéis oído su voz, ni habéis visto su aspecto,

38 ni tenéis su palabra morando en vosotros; porque a quien él envió, vosotros no creéis.

39 Escudriñad las Escrituras; porque a vosotros os parece que en ellas tenéis la vida eterna; y ellas son las que dan testimonio de mí;

40 y no queréis venir a mí para que tengáis vida.

41 Gloria de los hombres no recibo.

42 Mas yo os conozco, que no tenéis amor de Dios en vosotros.

43 Yo he venido en nombre de mi Padre, y no me recibís; si otro viniere en su propio nombre, a ése recibiréis.

44 ¿Cómo podéis vosotros creer, pues recibís gloria los unos de los otros, y no buscáis la gloria que viene del Dios único?

45 No penséis que yo voy a acusaros delante del Padre; hay quien os acusa, Moisés, en quien tenéis vuestra esperanza.

46 Porque si creyeseis a Moisés, me creeríais a mí, porque de mí escribió él.

47 Pero si no creéis a sus escritos, ¿cómo creeréis a mis palabras?

Alimentación de los cinco mil
(Mt 14.13-21; Mr 6.30-44; Lc 9.10-17)

6 **1** Después de esto, Jesús fue al otro lado del mar de Galilea, el de Tiberias.

2 Y le seguía gran multitud, porque veían las señales que hacía en los enfermos.

3 Entonces subió Jesús a un monte, y se sentó allí con sus discípulos.

4 Y estaba cerca la pascua, la fiesta de los judíos.

5 Cuando alzó Jesús los ojos, y vio que había venido a él gran multitud, dijo a Felipe: ¿De dónde compraremos pan para que coman éstos?

6 Pero esto decía para probarle; porque él sabía lo que había de hacer.

7 Felipe le respondió: Doscientos denarios de pan no bastarían para que cada uno de ellos tomase un poco.

8 Uno de sus discípulos, Andrés, hermano de Simón Pedro, le dijo:

9 Aquí está un muchacho, que tiene cinco panes de cebada y dos pececillos; mas ¿qué es esto para tantos?

10 Entonces Jesús dijo: Haced recostar la gente. Y había mucha hierba en aquel lugar; y se recostaron como en número de cinco mil varones.

11 Y tomó Jesús aquellos panes, y habiendo dado gracias, los repartió entre los discípulos, y los discípulos entre los que estaban recostados; asimismo de los peces, cuanto querían.

12 Y cuando se hubieron saciado, dijo a sus discípulos: Recoged los pedazos que sobraron, para que no se pierda nada.

13 Recogieron, pues, y llenaron doce cestas de pedazos, que de los cinco panes de cebada sobraron a los que habían comido.

14 Aquellos hombres entonces, viendo la señal que Jesús había hecho, dijeron: Éste verdaderamente es el profeta que había de venir al mundo.

15 Pero entendiendo Jesús que iban a venir para apoderarse de él y hacerle rey, volvió a retirarse al monte él solo.

Jesús anda sobre el mar
(Mt 14.22-27; Mr 6.45-52)

16 Al anochecer, descendieron sus discípulos al mar,

17 y entrando en una barca, iban cruzando el mar hacia Capernaum. Estaba ya oscuro, y Jesús no había venido a ellos.

---

c **5.33** Jn 1.19-27; 3.27-30.   d **5.37** Mt 3.17; Mr 1.11; Lc 3.22.

18 Y se levantaba el mar con un gran viento que soplaba.

19 Cuando habían remado como veinticinco o treinta estadios, vieron a Jesús que andaba sobre el mar y se acercaba a la barca; y tuvieron miedo.

20 Mas él les dijo: Yo soy; no temáis.

21 Ellos entonces con gusto le recibieron en la barca, la cual llegó en seguida a la tierra adonde iban.

La gente busca a Jesús

22 El día siguiente, la gente que estaba al otro lado del mar vio que no había habido allí más que una sola barca, y que Jesús no había entrado en ella con sus discípulos, sino que éstos se habían ido solos.

23 Pero otras barcas habían arribado de Tiberias junto al lugar donde habían comido el pan después de haber dado gracias el Señor.

24 Cuando vio, pues, la gente que Jesús no estaba allí, ni sus discípulos, entraron en las barcas y fueron a Capernaum, buscando a Jesús.

Jesús, el pan de vida

25 Y hallándole al otro lado del mar, le dijeron: Rabí, ¿cuándo llegaste acá?

26 Respondió Jesús y les dijo: De cierto, de cierto os digo que me buscáis, no porque habéis visto las señales, sino porque comisteis el pan y os saciasteis.

27 Trabajad, no por la comida que perece, sino por la comida que a vida eterna permanece, la cual el Hijo del Hombre os dará; porque a éste señaló Dios el Padre.

28 Entonces le dijeron: ¿Qué debemos hacer para poner en práctica las obras de Dios?

29 Respondió Jesús y les dijo: Ésta es la obra de Dios, que creáis en el que él ha enviado.

30 Le dijeron entonces: ¿Qué señal, pues, haces tú, para que veamos, y te creamos? ¿Qué obra haces?

31 Nuestros padres comieron el maná en el desierto,ª como está escrito: Pan del cielo les dio a comer.ᵇ

32 Y Jesús les dijo: De cierto, de cierto os digo: No os dio Moisés el pan del cielo, mas mi Padre os da el verdadero pan del cielo.

33 Porque el pan de Dios es aquel que descendió del cielo y da vida al mundo.

34 Le dijeron: Señor, danos siempre este pan.

35 Jesús les dijo: Yo soy el pan de vida; el que a mí viene, nunca tendrá hambre; y el que en mí cree, no tendrá sed jamás.

36 Mas os he dicho, que aunque me habéis visto, no creéis.

37 Todo lo que el Padre me da, vendrá a mí; y al que a mí viene, no le echo fuera.

38 Porque he descendido del cielo, no para hacer mi voluntad, sino la voluntad del que me envió.

39 Y ésta es la voluntad del Padre, el que me envió: Que de todo lo que me diere, no pierda yo nada, sino que lo resucite en el día postrero.

40 Y ésta es la voluntad del que me ha enviado: Que todo aquél que ve al Hijo, y cree en él, tenga vida eterna; y yo le resucitaré en el día postrero.

41 Murmuraban entonces de él los judíos, porque había dicho: Yo soy el pan que descendió del cielo.

42 Y decían: ¿No es éste Jesús, el hijo de José, cuyo padre y madre nosotros conocemos? ¿Cómo, pues, dice éste: Del cielo he descendido?

43 Jesús respondió y les dijo: No murmuréis entre vosotros.

44 Ninguno puede venir a mí, si el Padre que me envió no le trajere; y yo le resucitaré en el día postrero.

45 Escrito está en los profetas: Y serán todos enseñados por Dios.ᶜ Así que, todo aquel que oyó al Padre, y aprendió de él, viene a mí.

46 No que alguno haya visto al Padre, sino aquel que vino de Dios; éste ha visto al Padre.

47 De cierto, de cierto os digo: El que cree en mí, tiene vida eterna.

48 Yo soy el pan de vida.

49 Vuestros padres comieron el maná en el desierto, y murieron.

50 Éste es el pan que desciende del cielo, para que el que de él come, no muera.

51 Yo soy el pan vivo que descendió del cielo; si alguno comiere de este pan, vivirá para siempre; y el pan que yo daré es

---

ª **6.31** Éx 16.4, 15.   ᵇ **6.31** Sal 78.24.   ᶜ **6.45** Is 54.13.

mi carne, la cual yo daré por la vida del mundo.

52 Entonces los judíos contendían entre sí, diciendo: ¿Cómo puede éste darnos a comer su carne?

53 Jesús les dijo: De cierto, de cierto os digo: Si no coméis la carne del Hijo del Hombre, y bebéis su sangre, no tenéis vida en vosotros.

54 El que come mi carne y bebe mi sangre, tiene vida eterna; y yo le resucitaré en el día postrero.

55 Porque mi carne es verdadera comida, y mi sangre es verdadera bebida.

56 El que come mi carne y bebe mi sangre, en mí permanece, y yo en él.

57 Como me envió el Padre viviente, y yo vivo por el Padre, asimismo el que me come, él también vivirá por mí.

58 Éste es el pan que descendió del cielo; no como vuestros padres comieron el maná, y murieron; el que come de este pan, vivirá eternamente.

59 Estas cosas dijo en la sinagoga, enseñando en Capernaum.

Palabras de vida eterna

60 Al oírlas, muchos de sus discípulos dijeron: Dura es esta palabra; ¿quién la puede oír?

61 Sabiendo Jesús en sí mismo que sus discípulos murmuraban de esto, les dijo: ¿Esto os ofende?

62 ¿Pues qué, si viereis al Hijo del Hombre subir adonde estaba primero?

63 El espíritu es el que da vida; la carne para nada aprovecha; las palabras que yo os he hablado son espíritu y son vida.

64 Pero hay algunos de vosotros que no creen. Porque Jesús sabía desde el principio quiénes eran los que no creían, y quién le había de entregar.

65 Y dijo: Por eso os he dicho que ninguno puede venir a mí, si no le fuere dado del Padre.

66 Desde entonces muchos de sus discípulos volvieron atrás, y ya no andaban con él.

67 Dijo entonces Jesús a los doce: ¿Queréis acaso iros también vosotros?

68 Le respondió Simón Pedro: Señor, ¿a quién iremos? Tú tienes palabras de vida eterna.

69 Y nosotros hemos creído y conocemos que tú eres el Cristo, el Hijo del Dios viviente.[d]

70 Jesús les respondió: ¿No os he escogido yo a vosotros los doce, y uno de vosotros es diablo?

71 Hablaba de Judas Iscariote, hijo de Simón; porque éste era el que le iba a entregar, y era uno de los doce.

Incredulidad de los hermanos de Jesús

7 **1** Después de estas cosas, andaba Jesús en Galilea; pues no quería andar en Judea, porque los judíos procuraban matarle.

2 Estaba cerca la fiesta de los judíos, la de los tabernáculos;[a]

3 y le dijeron sus hermanos: Sal de aquí, y vete a Judea, para que también tus discípulos vean las obras que haces.

4 Porque ninguno que procura darse a conocer hace algo en secreto. Si estas cosas haces, manifiéstate al mundo.

5 Porque ni aun sus hermanos creían en él.

6 Entonces Jesús les dijo: Mi tiempo aún no ha llegado, mas vuestro tiempo siempre está presto.

7 No puede el mundo aborreceros a vosotros; mas a mí me aborrece, porque yo testifico de él, que sus obras son malas.

8 Subid vosotros a la fiesta; yo no subo todavía a esa fiesta, porque mi tiempo aún no se ha cumplido.

9 Y habiéndoles dicho esto, se quedó en Galilea.

Jesús en la fiesta de los tabernáculos

10 Pero después que sus hermanos habían subido, entonces él también subió a la fiesta, no abiertamente, sino como en secreto.

11 Y le buscaban los judíos en la fiesta, y decían: ¿Dónde está aquél?

12 Y había gran murmullo acerca de él entre la multitud, pues unos decían: Es bueno; pero otros decían: No, sino que engaña al pueblo.

13 Pero ninguno hablaba abiertamente de él, por miedo a los judíos.

14 Mas a la mitad de la fiesta subió Jesús al templo, y enseñaba.

d **6.68, 69** Mt 16.16; Mr 8.29; Lc 9.20.   a **7.2** Lv 23.34; Dt 16.13.

15 Y se maravillaban los judíos, diciendo: ¿Cómo sabe éste letras, sin haber estudiado?

16 Jesús les respondió y dijo: Mi doctrina no es mía, sino de aquel que me envió.

17 El que quiera hacer la voluntad de Dios, conocerá si la doctrina es de Dios, o si yo hablo por mi propia cuenta.

18 El que habla por su propia cuenta, su propia gloria busca; pero el que busca la gloria del que le envió, éste es verdadero, y no hay en él injusticia.

19 ¿No os dio Moisés la ley, y ninguno de vosotros cumple la ley? ¿Por qué procuráis matarme?

20 Respondió la multitud y dijo: Demonio tienes; ¿quién procura matarte?

21 Jesús respondió y les dijo: Una obra hice, y todos os maravilláis.

22 Por cierto, Moisés os dio la circuncisión[b] (no porque sea de Moisés, sino de los padres[c]); y en el día de reposo* circuncidáis al hombre.

23 Si recibe el hombre la circuncisión en el día de reposo,* para que la ley de Moisés no sea quebrantada, ¿os enojáis conmigo porque en el día de reposo* sané completamente a un hombre?[d]

24 No juzguéis según las apariencias, sino juzgad con justo juicio.

¿Es éste el Cristo?

25 Decían entonces unos de Jerusalén: ¿No es éste a quien buscan para matarle?

26 Pues mirad, habla públicamente, y no le dicen nada. ¿Habrán reconocido en verdad los gobernantes que éste es el Cristo?

27 Pero éste, sabemos de dónde es; mas cuando venga el Cristo, nadie sabrá de dónde sea.

28 Jesús entonces, enseñando en el templo, alzó la voz y dijo: A mí me conocéis, y sabéis de dónde soy; y no he venido de mí mismo, pero el que me envió es verdadero, a quien vosotros no conocéis.

29 Pero yo le conozco, porque de él procedo, y él me envió.

30 Entonces procuraban prenderle; pero ninguno le echó mano, porque aún no había llegado su hora.

31 Y muchos de la multitud creyeron en él, y decían: El Cristo, cuando venga, ¿hará más señales que las que éste hace?

Los fariseos envían alguaciles para prender a Jesús

32 Los fariseos oyeron a la gente que murmuraba de él estas cosas; y los principales sacerdotes y los fariseos enviaron alguaciles para que le prendiesen.

33 Entonces Jesús dijo: Todavía un poco de tiempo estaré con vosotros, e iré al que me envió.

34 Me buscaréis, y no me hallaréis; y a donde yo estaré, vosotros no podréis venir.

35 Entonces los judíos dijeron entre sí: ¿Adónde se irá éste, que no le hallemos? ¿Se irá a los dispersos entre los griegos, y enseñará a los griegos?

36 ¿Qué significa esto que dijo: Me buscaréis, y no me hallaréis; y a donde yo estaré, vosotros no podréis venir?

Ríos de agua viva

37 En el último y gran día de la fiesta,[e] Jesús se puso en pie y alzó la voz, diciendo: Si alguno tiene sed, venga a mí y beba.

38 El que cree en mí, como dice la Escritura, de su interior correrán ríos de agua viva.[f]

39 Esto dijo del Espíritu que habían de recibir los que creyesen en él; pues aún no había venido el Espíritu Santo, porque Jesús no había sido aún glorificado.

División entre la gente

40 Entonces algunos de la multitud, oyendo estas palabras, decían: Verdaderamente éste es el profeta.

41 Otros decían: Éste es el Cristo. Pero algunos decían: ¿De Galilea ha de venir el Cristo?

42 ¿No dice la Escritura que del linaje de David, y de la aldea de Belén,[g] de donde era David, ha de venir el Cristo?

43 Hubo entonces disensión entre la gente a causa de él.

44 Y algunos de ellos querían prenderle; pero ninguno le echó mano.

¡Nunca ha hablado hombre así!

45 Los alguaciles vinieron a los principales sacerdotes y a los fariseos; y éstos les dijeron: ¿Por qué no le habéis traído?

---

* Aquí equivale a *sábado*.
b 7.22 Lv 12.3.   **c** 7.22 Gn 17.10.   **d** 7.23 Jn 5.9.
e 7.37 Lv 23.36.   **f** 7.38 Ez 47.1; Zac 14.8.   **g** 7.42 Mi 5.2.

46 Los alguaciles respondieron: ¡Jamás hombre alguno ha hablado como este hombre!

47 Entonces los fariseos les respondieron: ¿También vosotros habéis sido engañados?

48 ¿Acaso ha creído en él alguno de los gobernantes, o de los fariseos?

49 Mas esta gente que no sabe la ley, maldita es.

50 Les dijo Nicodemo, el que vino a él de noche,[h] el cual era uno de ellos:

51 ¿Juzga acaso nuestra ley a un hombre si primero no le oye, y sabe lo que ha hecho?

52 Respondieron y le dijeron: ¿Eres tú también galileo? Escudriña y ve que de Galilea nunca se ha levantado profeta.

La mujer adúltera

53 Cada uno se fue a su casa;

8 **1** y Jesús se fue al monte de los Olivos.

2 Y por la mañana volvió al templo, y todo el pueblo vino a él; y sentado él, les enseñaba.

3 Entonces los escribas y los fariseos le trajeron una mujer sorprendida en adulterio; y poniéndola en medio,

4 le dijeron: Maestro, esta mujer ha sido sorprendida en el acto mismo de adulterio.

5 Y en la ley nos mandó Moisés apedrear a tales mujeres.[a] Tú, pues, ¿qué dices?

6 Mas esto decían tentándole, para poder acusarle. Pero Jesús, inclinado hacia el suelo, escribía en tierra con el dedo.

7 Y como insistieran en preguntarle, se enderezó y les dijo: El que de vosotros esté sin pecado sea el primero en arrojar la piedra contra ella.

8 E inclinándose de nuevo hacia el suelo, siguió escribiendo en tierra.

9 Pero ellos, al oír esto, acusados por su conciencia, salían uno a uno, comenzando desde los más viejos hasta los postreros; y quedó solo Jesús, y la mujer que estaba en medio.

10 Enderezándose Jesús, y no viendo a nadie sino a la mujer, le dijo: Mujer, ¿dónde están los que te acusaban? ¿Ninguno te condenó?

11 Ella dijo: Ninguno, Señor. Entonces Jesús le dijo: Ni yo te condeno; vete, y no peques más.

Jesús, la luz del mundo

12 Otra vez Jesús les habló, diciendo: Yo soy la luz del mundo;[b] el que me sigue, no andará en tinieblas, sino que tendrá la luz de la vida.

13 Entonces los fariseos le dijeron: Tú das testimonio acerca de ti mismo; tu testimonio no es verdadero.[c]

14 Respondió Jesús y les dijo: Aunque yo doy testimonio acerca de mí mismo, mi testimonio es verdadero, porque sé de dónde he venido y a dónde voy; pero vosotros no sabéis de dónde vengo, ni a dónde voy.

15 Vosotros juzgáis según la carne; yo no juzgo a nadie.

16 Y si yo juzgo, mi juicio es verdadero; porque no soy yo solo, sino yo y el que me envió, el Padre.

17 Y en vuestra ley está escrito que el testimonio de dos hombres es verdadero.

18 Yo soy el que doy testimonio de mí mismo, y el Padre que me envió da testimonio de mí.

19 Ellos le dijeron: ¿Dónde está tu Padre? Respondió Jesús: Ni a mí me conocéis, ni a mi Padre; si a mí me conocieseis, también a mi Padre conoceríais.

20 Estas palabras habló Jesús en el lugar de las ofrendas, enseñando en el templo; y nadie le prendió, porque aún no había llegado su hora.

A donde yo voy, vosotros no podéis venir

21 Otra vez les dijo Jesús: Yo me voy, y me buscaréis, pero en vuestro pecado moriréis; a donde yo voy, vosotros no podéis venir.

22 Decían entonces los judíos: ¿Acaso se matará a sí mismo, que dice: A donde yo voy, vosotros no podéis venir?

23 Y les dijo: Vosotros sois de abajo, yo soy de arriba; vosotros sois de este mundo, yo no soy de este mundo.

24 Por eso os dije que moriréis en vuestros pecados; porque si no creéis que yo soy, en vuestros pecados moriréis.

25 Entonces le dijeron: ¿Tú quién eres? Entonces Jesús les dijo: Lo que desde el principio os he dicho.

---

h 7.50 Jn 3.1, 2.   **a 8.5** Lv 20.10; Dt 22.22-24.
b 8.12 Mt 5.14; Jn 9.5.   **c 8.13** Jn 5.31.

26 Muchas cosas tengo que decir y juzgar de vosotros; pero el que me envió es verdadero; y yo, lo que he oído de él, esto hablo al mundo.

27 Pero no entendieron que les hablaba del Padre.

28 Les dijo, pues, Jesús: Cuando hayáis levantado al Hijo del Hombre, entonces conoceréis que yo soy, y que nada hago por mí mismo, sino que según me enseñó el Padre, así hablo.

29 Porque el que me envió, conmigo está; no me ha dejado solo el Padre, porque yo hago siempre lo que le agrada.

30 Hablando él estas cosas, muchos creyeron en él.

La verdad os hará libres

31 Dijo entonces Jesús a los judíos que habían creído en él: Si vosotros permaneciereis en mi palabra, seréis verdaderamente mis discípulos;

32 y conoceréis la verdad, y la verdad os hará libres.

33 Le respondieron: Linaje de Abraham somos,[d] y jamás hemos sido esclavos de nadie. ¿Cómo dices tú: Seréis libres?

34 Jesús les respondió: De cierto, de cierto os digo, que todo aquel que hace pecado, esclavo es del pecado.

35 Y el esclavo no queda en la casa para siempre; el hijo sí queda para siempre.

36 Así que, si el Hijo os libertare, seréis verdaderamente libres.

37 Sé que sois descendientes de Abraham; pero procuráis matarme, porque mi palabra no halla cabida en vosotros.

38 Yo hablo lo que he visto cerca del Padre; y vosotros hacéis lo que habéis oído cerca de vuestro padre.

Sois de vuestro padre el diablo

39 Respondieron y le dijeron: Nuestro padre es Abraham. Jesús les dijo: Si fueseis hijos de Abraham, las obras de Abraham haríais.

40 Pero ahora procuráis matarme a mí, hombre que os he hablado la verdad, la cual he oído de Dios; no hizo esto Abraham.

41 Vosotros hacéis las obras de vuestro padre. Entonces le dijeron: Nosotros no somos nacidos de fornicación; un padre tenemos, que es Dios.

42 Jesús entonces les dijo: Si vuestro padre fuese Dios, ciertamente me amaríais; porque yo de Dios he salido, y he venido; pues no he venido de mí mismo, sino que él me envió.

43 ¿Por qué no entendéis mi lenguaje? Porque no podéis escuchar mi palabra.

44 Vosotros sois de vuestro padre el diablo, y los deseos de vuestro padre queréis hacer. Él ha sido homicida desde el principio, y no ha permanecido en la verdad, porque no hay verdad en él. Cuando habla mentira, de suyo habla; porque es mentiroso, y padre de mentira.

45 Y a mí, porque digo la verdad, no me creéis.

46 ¿Quién de vosotros me redarguye de pecado? Pues si digo la verdad, ¿por qué vosotros no me creéis?

47 El que es de Dios, las palabras de Dios oye; por esto no las oís vosotros, porque no sois de Dios.

La preexistencia de Cristo

48 Respondieron entonces los judíos, y le dijeron: ¿No decimos bien nosotros, que tú eres samaritano, y que tienes demonio?

49 Respondió Jesús: Yo no tengo demonio, antes honro a mi Padre; y vosotros me deshonráis.

50 Pero yo no busco mi gloria; hay quien la busca, y juzga.

51 De cierto, de cierto os digo, que el que guarda mi palabra, nunca verá muerte.

52 Entonces los judíos le dijeron: Ahora conocemos que tienes demonio. Abraham murió, y los profetas; y tú dices: El que guarda mi palabra, nunca sufrirá muerte.

53 ¿Eres tú acaso mayor que nuestro padre Abraham, el cual murió? ¡Y los profetas murieron! ¿Quién te haces a ti mismo?

54 Respondió Jesús: Si yo me glorifico a mí mismo, mi gloria nada es; mi Padre es el que me glorifica, el que vosotros decís que es vuestro Dios.

55 Pero vosotros no le conocéis; mas yo le conozco, y si dijere que no le conozco, sería mentiroso como vosotros; pero le conozco, y guardo su palabra.

56 Abraham vuestro padre se gozó de que había de ver mi día; y lo vio, y se gozó.

---

d 8.33 Mt 3.9; Lc 3.8.

57 Entonces le dijeron los judíos: Aún no tienes cincuenta años, ¿y has visto a Abraham?

58 Jesús les dijo: De cierto, de cierto os digo: Antes que Abraham fuese, yo soy.

59 Tomaron entonces piedras para arrojárselas; pero Jesús se escondió y salió del templo; y atravesando por en medio de ellos, se fue.

Jesús sana a un ciego de nacimiento

9 **1** Al pasar Jesús, vio a un hombre ciego de nacimiento.

2 Y le preguntaron sus discípulos, diciendo: Rabí, ¿quién pecó, éste o sus padres, para que haya nacido ciego?

3 Respondió Jesús: No es que pecó éste, ni sus padres, sino para que las obras de Dios se manifiesten en él.

4 Me es necesario hacer las obras del que me envió, entre tanto que el día dura; la noche viene, cuando nadie puede trabajar.

5 Entre tanto que estoy en el mundo, luz soy del mundo.ª

6 Dicho esto, escupió en tierra, e hizo lodo con la saliva, y untó con el lodo los ojos del ciego,

7 y le dijo: Ve a lavarte en el estanque de Siloé (que traducido es, Enviado). Fue entonces, y se lavó, y regresó viendo.

8 Entonces los vecinos, y los que antes le habían visto que era ciego, decían: ¿No es éste el que se sentaba y mendigaba?

9 Unos decían: Él es; y otros: A él se parece. Él decía: Yo soy.

10 Y le dijeron: ¿Cómo te fueron abiertos los ojos?

11 Respondió él y dijo: Aquel hombre que se llama Jesús hizo lodo, me untó los ojos, y me dijo: Ve al Siloé, y lávate; y fui, y me lavé, y recibí la vista.

12 Entonces le dijeron: ¿Dónde está él? Él dijo: No sé.

Los fariseos interrogan al ciego sanado

13 Llevaron ante los fariseos al que había sido ciego.

14 Y era día de reposo* cuando Jesús había hecho el lodo, y le había abierto los ojos.

15 Volvieron, pues, a preguntarle también los fariseos cómo había recibido la vista. Él les dijo: Me puso lodo sobre los ojos, y me lavé, y veo.

16 Entonces algunos de los fariseos decían: Ese hombre no procede de Dios, porque no guarda el día de reposo.* Otros decían: ¿Cómo puede un hombre pecador hacer estas señales? Y había disensión entre ellos.

17 Entonces volvieron a decirle al ciego: ¿Qué dices tú del que te abrió los ojos? Y él dijo: Que es profeta.

18 Pero los judíos no creían que él había sido ciego, y que había recibido la vista, hasta que llamaron a los padres del que había recibido la vista,

19 y les preguntaron, diciendo: ¿Es éste vuestro hijo, el que vosotros decís que nació ciego? ¿Cómo, pues, ve ahora?

20 Sus padres respondieron y les dijeron: Sabemos que éste es nuestro hijo, y que nació ciego;

21 pero cómo vea ahora, no lo sabemos; o quién le haya abierto los ojos, nosotros tampoco lo sabemos; edad tiene, preguntadle a él; él hablará por sí mismo.

22 Esto dijeron sus padres, porque tenían miedo de los judíos, por cuanto los judíos ya habían acordado que si alguno confesase que Jesús era el Mesías, fuera expulsado de la sinagoga.

23 Por eso dijeron sus padres: Edad tiene, preguntadle a él.

24 Entonces volvieron a llamar al hombre que había sido ciego, y le dijeron: Da gloria a Dios; nosotros sabemos que ese hombre es pecador.

25 Entonces él respondió y dijo: Si es pecador, no lo sé; una cosa sé, que habiendo yo sido ciego, ahora veo.

26 Le volvieron a decir: ¿Qué te hizo? ¿Cómo te abrió los ojos?

27 Él les respondió: Ya os lo he dicho, y no habéis querido oír; ¿por qué lo queréis oír otra vez? ¿Queréis también vosotros haceros sus discípulos?

28 Y le injuriaron, y dijeron: Tú eres su discípulo; pero nosotros, discípulos de Moisés somos.

29 Nosotros sabemos que Dios ha hablado a Moisés; pero respecto a ése, no sabemos de dónde sea.

30 Respondió el hombre, y les dijo: Pues esto es lo maravilloso, que vosotros no

---

* Aquí equivale a *sábado*.

a **9.5** Mt 5.14; Jn 8.12.

sepáis de dónde sea, y a mí me abrió los ojos.

31 Y sabemos que Dios no oye a los pecadores; pero si alguno es temeroso de Dios, y hace su voluntad, a ése oye.

32 Desde el principio no se ha oído decir que alguno abriese los ojos a uno que nació ciego.

33 Si éste no viniera de Dios, nada podría hacer.

34 Respondieron y le dijeron: Tú naciste del todo en pecado, ¿y nos enseñas a nosotros? Y le expulsaron.

Ceguera espiritual

35 Oyó Jesús que le habían expulsado; y hallándole, le dijo: ¿Crees tú en el Hijo de Dios?

36 Respondió él y dijo: ¿Quién es, Señor, para que crea en él?

37 Le dijo Jesús: Pues le has visto, y el que habla contigo, él es.

38 Y él dijo: Creo, Señor; y le adoró.

39 Dijo Jesús: Para juicio he venido yo a este mundo; para que los que no ven, vean, y los que ven, sean cegados.

40 Entonces algunos de los fariseos que estaban con él, al oír esto, le dijeron: ¿Acaso nosotros somos también ciegos?

41 Jesús les respondió: Si fuerais ciegos, no tendríais pecado; mas ahora, porque decís: Vemos, vuestro pecado permanece.

Parábola del redil

10 **1** De cierto, de cierto os digo: El que no entra por la puerta en el redil de las ovejas, sino que sube por otra parte, ése es ladrón y salteador.

2 Mas el que entra por la puerta, el pastor de las ovejas es.

3 A éste abre el portero, y las ovejas oyen su voz; y a sus ovejas llama por nombre, y las saca.

4 Y cuando ha sacado fuera todas las propias, va delante de ellas; y las ovejas le siguen, porque conocen su voz.

5 Mas al extraño no seguirán, sino huirán de él, porque no conocen la voz de los extraños.

6 Esta alegoría les dijo Jesús; pero ellos no entendieron qué era lo que les decía.

Jesús, el buen pastor

7 Volvió, pues, Jesús a decirles: De cierto, de cierto os digo: Yo soy la puerta de las ovejas.

8 Todos los que antes de mí vinieron, ladrones son y salteadores; pero no los oyeron las ovejas.

9 Yo soy la puerta; el que por mí entrare, será salvo; y entrará, y saldrá, y hallará pastos.

10 El ladrón no viene sino para hurtar y matar y destruir; yo he venido para que tengan vida, y para que la tengan en abundancia.

11 Yo soy el buen pastor;[a] el buen pastor su vida da por las ovejas.

12 Mas el asalariado, y que no es el pastor, de quien no son propias las ovejas, ve venir al lobo y deja las ovejas y huye, y el lobo arrebata las ovejas y las dispersa.

13 Así que el asalariado huye, porque es asalariado, y no le importan las ovejas.

14 Yo soy el buen pastor; y conozco mis ovejas, y las mías me conocen,

15 así como el Padre me conoce, y yo conozco al Padre;[b] y pongo mi vida por las ovejas.

16 También tengo otras ovejas que no son de este redil; aquéllas también debo traer, y oirán mi voz; y habrá un rebaño, y un pastor.

17 Por eso me ama el Padre, porque yo pongo mi vida, para volverla a tomar.

18 Nadie me la quita, sino que yo de mí mismo la pongo. Tengo poder para ponerla, y tengo poder para volverla a tomar. Este mandamiento recibí de mi Padre.

19 Volvió a haber disensión entre los judíos por estas palabras.

20 Muchos de ellos decían: Demonio tiene, y está fuera de sí; ¿por qué le oís?

21 Decían otros: Estas palabras no son de endemoniado. ¿Puede acaso el demonio abrir los ojos de los ciegos?

Los judíos rechazan a Jesús

22 Celebrábase en Jerusalén la fiesta de la dedicación. Era invierno,

23 y Jesús andaba en el templo por el pórtico de Salomón.

24 Y le rodearon los judíos y le dijeron: ¿Hasta cuándo nos turbarás el alma? Si tú eres el Cristo, dínoslo abiertamente.

---

a 10.11-13 Ez 34.11, 12.   **b 10.15** Mt 11.27; Lc 10.22.

25 Jesús les respondió: Os lo he dicho, y no creéis; las obras que yo hago en nombre de mi Padre, ellas dan testimonio de mí;

26 pero vosotros no creéis, porque no sois de mis ovejas, como os he dicho.

27 Mis ovejas oyen mi voz, y yo las conozco, y me siguen,

28 y yo les doy vida eterna; y no perecerán jamás, ni nadie las arrebatará de mi mano.

29 Mi Padre que me las dio, es mayor que todos, y nadie las puede arrebatar de la mano de mi Padre.

30 Yo y el Padre uno somos.

31 Entonces los judíos volvieron a tomar piedras para apedrearle.

32 Jesús les respondió: Muchas buenas obras os he mostrado de mi Padre; ¿por cuál de ellas me apedreáis?

33 Le respondieron los judíos, diciendo: Por buena obra no te apedreamos, sino por la blasfemia;c porque tú, siendo hombre, te haces Dios.

34 Jesús les respondió: ¿No está escrito en vuestra ley: Yo dije, dioses sois?d

35 Si llamó dioses a aquellos a quienes vino la palabra de Dios (y la Escritura no puede ser quebrantada),

36 ¿al que el Padre santificó y envió al mundo, vosotros decís: Tú blasfemas, porque dije: Hijo de Dios soy?

37 Si no hago las obras de mi Padre, no me creáis.

38 Mas si las hago, aunque no me creáis a mí, creed a las obras, para que conozcáis y creáis que el Padre está en mí, y yo en el Padre.

39 Procuraron otra vez prenderle, pero él se escapó de sus manos.

40 Y se fue de nuevo al otro lado del Jordán, al lugar donde primero había estado bautizando Juan;e y se quedó allí.

41 Y muchos venían a él, y decían: Juan, a la verdad, ninguna señal hizo; pero todo lo que Juan dijo de éste, era verdad.

42 Y muchos creyeron en él allí.

Muerte de Lázaro

11 1 Estaba entonces enfermo uno llamado Lázaro, de Betania, la aldea de María y de Marta su hermana.a

2 (María, cuyo hermano Lázaro estaba enfermo, fue la que ungió al Señor con perfume, y le enjugó los pies con sus cabellos.b)

3 Enviaron, pues, las hermanas para decir a Jesús: Señor, he aquí el que amas está enfermo.

4 Oyéndolo Jesús, dijo: Esta enfermedad no es para muerte, sino para la gloria de Dios, para que el Hijo de Dios sea glorificado por ella.

5 Y amaba Jesús a Marta, a su hermana y a Lázaro.

6 Cuando oyó, pues, que estaba enfermo, se quedó dos días más en el lugar donde estaba.

7 Luego, después de esto, dijo a los discípulos: Vamos a Judea otra vez.

8 Le dijeron los discípulos: Rabí, ahora procuraban los judíos apedrearte, ¿y otra vez vas allá?

9 Respondió Jesús: ¿No tiene el día doce horas? El que anda de día, no tropieza, porque ve la luz de este mundo;

10 pero el que anda de noche, tropieza, porque no hay luz en él.

11 Dicho esto, les dijo después: Nuestro amigo Lázaro duerme; mas voy para despertarle.

12 Dijeron entonces sus discípulos: Señor, si duerme, sanará.

13 Pero Jesús decía esto de la muerte de Lázaro; y ellos pensaron que hablaba del reposar del sueño.

14 Entonces Jesús les dijo claramente: Lázaro ha muerto;

15 y me alegro por vosotros, de no haber estado allí, para que creáis; mas vamos a él.

16 Dijo entonces Tomás, llamado Dídimo, a sus condiscípulos: Vamos también nosotros, para que muramos con él.

Jesús, la resurrección y la vida

17 Vino, pues, Jesús, y halló que hacía ya cuatro días que Lázaro estaba en el sepulcro.

18 Betania estaba cerca de Jerusalén, como a quince estadios;

19 y muchos de los judíos habían venido a Marta y a María, para consolarlas por su hermano.

20 Entonces Marta, cuando oyó que Jesús venía, salió a encontrarle; pero María se quedó en casa.

c 10.33 Lv 24.16.   d 10.34 Sal 82.6.   e 10.40 Jn 1.28.
a 11.1 Lc 10.38, 39.   b 11.2 Jn 12.3.

21 Y Marta dijo a Jesús: Señor, si hubieses estado aquí, mi hermano no habría muerto.

22 Mas también sé ahora que todo lo que pidas a Dios, Dios te lo dará.

23 Jesús le dijo: Tu hermano resucitará.

24 Marta le dijo: Yo sé que resucitará en la resurrección, en el día postrero.

25 Le dijo Jesús: Yo soy la resurrección y la vida; el que cree en mí, aunque esté muerto, vivirá.

26 Y todo aquel que vive y cree en mí, no morirá eternamente. ¿Crees esto?

27 Le dijo: Sí, Señor; yo he creído que tú eres el Cristo, el Hijo de Dios, que has venido al mundo.

Jesús llora ante la tumba de Lázaro

28 Habiendo dicho esto, fue y llamó a María su hermana, diciéndole en secreto: El Maestro está aquí y te llama.

29 Ella, cuando lo oyó, se levantó de prisa y vino a él.

30 Jesús todavía no había entrado en la aldea, sino que estaba en el lugar donde Marta le había encontrado.

31 Entonces los judíos que estaban en casa con ella y la consolaban, cuando vieron que María se había levantado de prisa y había salido, la siguieron, diciendo: Va al sepulcro a llorar allí.

32 María, cuando llegó a donde estaba Jesús, al verle, se postró a sus pies, diciéndole: Señor, si hubieses estado aquí, no habría muerto mi hermano.

33 Jesús entonces, al verla llorando, y a los judíos que la acompañaban, también llorando, se estremeció en espíritu y se conmovió,

34 y dijo: ¿Dónde le pusisteis? Le dijeron: Señor, ven y ve.

35 Jesús lloró.

36 Dijeron entonces los judíos: Mirad cómo le amaba.

37 Y algunos de ellos dijeron: ¿No podía éste, que abrió los ojos al ciego, haber hecho también que Lázaro no muriera?

Resurrección de Lázaro

38 Jesús, profundamente conmovido otra vez, vino al sepulcro. Era una cueva, y tenía una piedra puesta encima.

39 Dijo Jesús: Quitad la piedra. Marta, la hermana del que había muerto, le dijo: Señor, hiede ya, porque es de cuatro días.

40 Jesús le dijo: ¿No te he dicho que si crees, verás la gloria de Dios?

41 Entonces quitaron la piedra de donde había sido puesto el muerto. Y Jesús, alzando los ojos a lo alto, dijo: Padre, gracias te doy por haberme oído.

42 Yo sabía que siempre me oyes; pero lo dije por causa de la multitud que está alrededor, para que crean que tú me has enviado.

43 Y habiendo dicho esto, clamó a gran voz: ¡Lázaro, ven fuera!

44 Y el que había muerto salió, atadas las manos y los pies con vendas, y el rostro envuelto en un sudario. Jesús les dijo: Desatadle, y dejadle ir.

El complot para matar a Jesús
(Mt 26.1-5; Mr 14.1, 2; Lc 22.1, 2)

45 Entonces muchos de los judíos que habían venido para acompañar a María, y vieron lo que hizo Jesús, creyeron en él.

46 Pero algunos de ellos fueron a los fariseos y les dijeron lo que Jesús había hecho.

47 Entonces los principales sacerdotes y los fariseos reunieron el concilio, y dijeron: ¿Qué haremos? Porque este hombre hace muchas señales.

48 Si le dejamos así, todos creerán en él; y vendrán los romanos, y destruirán nuestro lugar santo y nuestra nación.

49 Entonces Caifás, uno de ellos, sumo sacerdote aquel año, les dijo: Vosotros no sabéis nada;

50 ni pensáis que nos conviene que un hombre muera por el pueblo, y no que toda la nación perezca.

51 Esto no lo dijo por sí mismo, sino que como era el sumo sacerdote aquel año, profetizó que Jesús había de morir por la nación;

52 y no solamente por la nación, sino también para congregar en uno a los hijos de Dios que estaban dispersos.

53 Así que, desde aquel día acordaron matarle.

54 Por tanto, Jesús ya no andaba abiertamente entre los judíos, sino que se alejó de allí a la región contigua al desierto, a

una ciudad llamada Efraín; y se quedó allí con sus discípulos.

55 Y estaba cerca la pascua de los judíos; y muchos subieron de aquella región a Jerusalén antes de la pascua, para purificarse.

56 Y buscaban a Jesús, y estando ellos en el templo, se preguntaban unos a otros: ¿Qué os parece? ¿No vendrá a la fiesta?

57 Y los principales sacerdotes y los fariseos habían dado orden de que si alguno supiese dónde estaba, lo manifestase, para que le prendiesen.

Jesús es ungido en Betania

(Mt 26.6-13; Mr 14.3-9)

12 1 Seis días antes de la pascua, vino Jesús a Betania, donde estaba Lázaro, el que había estado muerto, y a quien había resucitado de los muertos.

2 Y le hicieron allí una cena; Marta servía, y Lázaro era uno de los que estaban sentados a la mesa con él.

3 Entonces María tomó una libra de perfume de nardo puro, de mucho precio, y ungió los pies de Jesús, y los enjugó con sus cabellos;[a] y la casa se llenó del olor del perfume.

4 Y dijo uno de sus discípulos, Judas Iscariote hijo de Simón, el que le había de entregar:

5 ¿Por qué no fue este perfume vendido por trescientos denarios, y dado a los pobres?

6 Pero dijo esto, no porque se cuidara de los pobres, sino porque era ladrón, y teniendo la bolsa, sustraía de lo que se echaba en ella.

7 Entonces Jesús dijo: Déjala; para el día de mi sepultura ha guardado esto.

8 Porque a los pobres siempre los tendréis con vosotros,[b] mas a mí no siempre me tendréis.

El complot contra Lázaro

9 Gran multitud de los judíos supieron entonces que él estaba allí, y vinieron, no solamente por causa de Jesús, sino también para ver a Lázaro, a quien había resucitado de los muertos.

10 Pero los principales sacerdotes acordaron dar muerte también a Lázaro,

11 porque a causa de él muchos de los judíos se apartaban y creían en Jesús.

La entrada triunfal en Jerusalén

(Mt 21.1-11; Mr 11.1-11; Lc 19.28-40)

12 El siguiente día, grandes multitudes que habían venido a la fiesta, al oír que Jesús venía a Jerusalén,

13 tomaron ramas de palmera y salieron a recibirle, y clamaban: ¡Hosanna![c] ¡Bendito el que viene en el nombre del Señor,[d] el Rey de Israel!

14 Y halló Jesús un asnillo, y montó sobre él, como está escrito:

15 No temas, hija de Sion;
He aquí tu Rey viene,
Montado sobre un pollino de asna.[e]

16 Estas cosas no las entendieron sus discípulos al principio; pero cuando Jesús fue glorificado, entonces se acordaron de que estas cosas estaban escritas acerca de él, y de que se las habían hecho.

17 Y daba testimonio la gente que estaba con él cuando llamó a Lázaro del sepulcro, y le resucitó de los muertos.

18 Por lo cual también había venido la gente a recibirle, porque había oído que él había hecho esta señal.

19 Pero los fariseos dijeron entre sí: Ya veis que no conseguís nada. Mirad, el mundo se va tras él.

Unos griegos buscan a Jesús

20 Había ciertos griegos entre los que habían subido a adorar en la fiesta.

21 Éstos, pues, se acercaron a Felipe, que era de Betsaida de Galilea, y le rogaron, diciendo: Señor, quisiéramos ver a Jesús.

22 Felipe fue y se lo dijo a Andrés; entonces Andrés y Felipe se lo dijeron a Jesús.

23 Jesús les respondió diciendo: Ha llegado la hora para que el Hijo del Hombre sea glorificado.

24 De cierto, de cierto os digo, que si el grano de trigo no cae en la tierra y muere, queda solo; pero si muere, lleva mucho fruto.

25 El que ama su vida, la perderá; y el que aborrece su vida en este mundo, para vida eterna la guardará.[f]

26 Si alguno me sirve, sígame; y donde yo estuviere, allí también estará mi servidor. Si alguno me sirviere, mi Padre le honrará.

---

a **12.3** Lc 7.37, 38. b **12.8** Dt 15.11. c **12.13** Sal 118.25.
d **12.13** Sal 118.26. e **12.15** Zac 9.9. f **12.25** Mt 10.39;
16.25; Mr 8.35; Lc 9.24; 17.33.

Jesús anuncia su muerte

27 Ahora está turbada mi alma; ¿y qué diré? ¿Padre, sálvame de esta hora? Mas para esto he llegado a esta hora.

28 Padre, glorifica tu nombre. Entonces vino una voz del cielo: Lo he glorificado, y lo glorificaré otra vez.

29 Y la multitud que estaba allí, y había oído la voz, decía que había sido un trueno. Otros decían: Un ángel le ha hablado.

30 Respondió Jesús y dijo: No ha venido esta voz por causa mía, sino por causa de vosotros.

31 Ahora es el juicio de este mundo; ahora el príncipe de este mundo será echado fuera.

32 Y yo, si fuere levantado de la tierra, a todos atraeré a mí mismo.

33 Y decía esto dando a entender de qué muerte iba a morir.

34 Le respondió la gente: Nosotros hemos oído de la ley, que el Cristo permanece para siempre.ᵍ ¿Cómo, pues, dices tú que es necesario que el Hijo del Hombre sea levantado? ¿Quién es este Hijo del Hombre?

35 Entonces Jesús les dijo: Aún por un poco está la luz entre vosotros; andad entre tanto que tenéis luz, para que no os sorprendan las tinieblas; porque el que anda en tinieblas, no sabe a dónde va.

36 Entre tanto que tenéis la luz, creed en la luz, para que seáis hijos de luz.

Incredulidad de los judíos

Estas cosas habló Jesús, y se fue y se ocultó de ellos.

37 Pero a pesar de que había hecho tantas señales delante de ellos, no creían en él;

38 para que se cumpliese la palabra del profeta Isaías, que dijo:

Señor, ¿quién ha creído a nuestro
    anuncio?
¿Y a quién se ha revelado el brazo del
    Señor?ʰ

39 Por esto no podían creer, porque también dijo Isaías:

40 Cegó los ojos de ellos, y endureció su
    corazón;
Para que no vean con los ojos, y
    entiendan con el corazón,
Y se conviertan, y yo los sane.ⁱ

41 Isaías dijo esto cuando vio su gloria, y habló acerca de él.

42 Con todo eso, aun de los gobernantes, muchos creyeron en él; pero a causa de los fariseos no lo confesaban, para no ser expulsados de la sinagoga.

43 Porque amaban más la gloria de los hombres que la gloria de Dios.

Las palabras de Jesús juzgarán a los hombres

44 Jesús clamó y dijo: El que cree en mí, no cree en mí, sino en el que me envió;

45 y el que me ve, ve al que me envió.

46 Yo, la luz, he venido al mundo, para que todo aquel que cree en mí no permanezca en tinieblas.

47 Al que oye mis palabras, y no las guarda, yo no le juzgo; porque no he venido a juzgar al mundo, sino a salvar al mundo.

48 El que me rechaza, y no recibe mis palabras, tiene quien le juzgue; la palabra que he hablado, ella le juzgará en el día postrero.

49 Porque yo no he hablado por mi propia cuenta; el Padre que me envió, él me dio mandamiento de lo que he de decir, y de lo que he de hablar.

50 Y sé que su mandamiento es vida eterna. Así pues, lo que yo hablo, lo hablo como el Padre me lo ha dicho.

Jesús lava los pies de sus discípulos

13 **1** Antes de la fiesta de la pascua, sabiendo Jesús que su hora había llegado para que pasase de este mundo al Padre, como había amado a los suyos que estaban en el mundo, los amó hasta el fin.

2 Y cuando cenaban, como el diablo ya había puesto en el corazón de Judas Iscariote, hijo de Simón, que le entregase,

3 sabiendo Jesús que el Padre le había dado todas las cosas en las manos, y que había salido de Dios, y a Dios iba,

4 se levantó de la cena, y se quitó su manto, y tomando una toalla, se la ciñó.

5 Luego puso agua en un lebrillo, y comenzó a lavar los pies de los discípulos, y a enjugarlos con la toalla con que estaba ceñido.

6 Entonces vino a Simón Pedro; y Pedro le dijo: Señor, ¿tú me lavas los pies?

---

g 12.34 Sal 110.4; Is 9.7; Ez 37.25; Dn 7.14.   **h 12.38** Is 53.1.
i 12.40 Is 6.10.

7 Respondió Jesús y le dijo: Lo que yo hago, tú no lo comprendes ahora; mas lo entenderás después.

8 Pedro le dijo: No me lavarás los pies jamás. Jesús le respondió: Si no te lavare, no tendrás parte conmigo.

9 Le dijo Simón Pedro: Señor, no sólo mis pies, sino también las manos y la cabeza.

10 Jesús le dijo: El que está lavado, no necesita sino lavarse los pies, pues está todo limpio; y vosotros limpios estáis, aunque no todos.

11 Porque sabía quién le iba a entregar; por eso dijo: No estáis limpios todos.

12 Así que, después que les hubo lavado los pies, tomó su manto, volvió a la mesa, y les dijo: ¿Sabéis lo que os he hecho?

13 Vosotros me llamáis Maestro, y Señor; y decís bien, porque lo soy.

14 Pues si yo, el Señor y el Maestro, he lavado vuestros pies, vosotros también debéis lavaros los pies los unos a los otros.

15 Porque ejemplo os he dado, para que como yo os he hecho, vosotros también hagáis.[a]

16 De cierto, de cierto os digo: El siervo no es mayor que su señor,[b] ni el enviado es mayor que el que le envió.

17 Si sabéis estas cosas, bienaventurados seréis si las hiciereis.

18 No hablo de todos vosotros; yo sé a quienes he elegido; mas para que se cumpla la Escritura: El que come pan conmigo, levantó contra mí su calcañar.[c]

19 Desde ahora os lo digo antes que suceda, para que cuando suceda, creáis que yo soy.

20 De cierto, de cierto os digo: El que recibe al que yo enviare, me recibe a mí; y el que me recibe a mí, recibe al que me envió.[d]

Jesús anuncia la traición de Judas
(Mt 26.20-25; Mr 14.17-21; Lc 22.21-23)

21 Habiendo dicho Jesús esto, se conmovió en espíritu, y declaró y dijo: De cierto, de cierto os digo, que uno de vosotros me va a entregar.

22 Entonces los discípulos se miraban unos a otros, dudando de quién hablaba.

23 Y uno de sus discípulos, al cual Jesús amaba, estaba recostado al lado de Jesús.

24 A éste, pues, hizo señas Simón Pedro, para que preguntase quién era aquel de quien hablaba.

25 Él entonces, recostado cerca del pecho de Jesús, le dijo: Señor, ¿quién es?

26 Respondió Jesús: A quien yo diere el pan mojado, aquél es. Y mojando el pan, lo dio a Judas Iscariote hijo de Simón.

27 Y después del bocado, Satanás entró en él. Entonces Jesús le dijo: Lo que vas a hacer, hazlo más pronto.

28 Pero ninguno de los que estaban a la mesa entendió por qué le dijo esto.

29 Porque algunos pensaban, puesto que Judas tenía la bolsa, que Jesús le decía: Compra lo que necesitamos para la fiesta; o que diese algo a los pobres.

30 Cuando él, pues, hubo tomado el bocado, luego salió; y era ya de noche.

El nuevo mandamiento

31 Entonces, cuando hubo salido, dijo Jesús: Ahora es glorificado el Hijo del Hombre, y Dios es glorificado en él.

32 Si Dios es glorificado en él, Dios también le glorificará en sí mismo, y en seguida le glorificará.

33 Hijitos, aún estaré con vosotros un poco. Me buscaréis; pero como dije a los judíos, así os digo ahora a vosotros: A donde yo voy, vosotros no podéis ir.[e]

34 Un mandamiento nuevo os doy: Que os améis unos a otros;[f] como yo os he amado, que también os améis unos a otros.

35 En esto conocerán todos que sois mis discípulos, si tuviereis amor los unos con los otros.

Jesús anuncia la negación de Pedro
(Mt 26.31-35; Mr 14.27-31; Lc 22.31-34)

36 Le dijo Simón Pedro: Señor, ¿a dónde vas? Jesús le respondió: A donde yo voy, no me puedes seguir ahora; mas me seguirás después.

37 Le dijo Pedro: Señor, ¿por qué no te puedo seguir ahora? Mi vida pondré por ti.

38 Jesús le respondió: ¿Tu vida pondrás por mí? De cierto, de cierto te digo: No cantará el gallo, sin que me hayas negado tres veces.

Jesús promete volver

14 **1** No se turbe vuestro corazón; creéis en Dios, creed también en mí.

a 13.12-15 Lc 22.27.   **b 13.16** Mt 10.24; Lc 6.40; Jn 15.20.
c 13.18 Sal 41.9.   **d 13.20** Mt 10.40; Mr 9.37; Lc 9.48; 10.16.
e 13.33 Jn 7.34.   **f 13.34** Jn 15.12, 17; 1 Jn 3.23; 2 Jn 5.

2 En la casa de mi Padre muchas moradas hay; si así no fuera, yo os lo hubiera dicho; voy, pues, a preparar lugar para vosotros.
3 Y si me fuere y os preparare lugar, vendré otra vez, y os tomaré a mí mismo, para que donde yo estoy, vosotros también estéis.
4 Y sabéis a dónde voy, y sabéis el camino.
5 Le dijo Tomás: Señor, no sabemos a dónde vas; ¿cómo, pues, podemos saber el camino?
6 Jesús le dijo: Yo soy el camino, y la verdad, y la vida; nadie viene al Padre, sino por mí.
7 Si me conocieseis, también a mi Padre conoceríais; y desde ahora le conocéis, y le habéis visto.
8 Felipe le dijo: Señor, muéstranos el Padre, y nos basta.
9 Jesús le dijo: ¿Tanto tiempo hace que estoy con vosotros, y no me has conocido, Felipe? El que me ha visto a mí, ha visto al Padre; ¿cómo, pues, dices tú: Muéstranos el Padre?
10 ¿No crees que yo soy en el Padre, y el Padre en mí? Las palabras que yo os hablo, no las hablo por mi propia cuenta, sino que el Padre que mora en mí, él hace las obras.
11 Creedme que yo soy en el Padre, y el Padre en mí; de otra manera, creedme por las mismas obras.
12 De cierto, de cierto os digo: El que en mí cree, las obras que yo hago, él las hará también; y aun mayores hará, porque yo voy al Padre.
13 Y todo lo que pidiereis al Padre en mi nombre, lo haré, para que el Padre sea glorificado en el Hijo.
14 Si algo pidiereis en mi nombre, yo lo haré.

La promesa del Espíritu Santo

15 Si me amáis, guardad mis mandamientos.
16 Y yo rogaré al Padre, y os dará otro Consolador, para que esté con vosotros para siempre:
17 el Espíritu de verdad, al cual el mundo no puede recibir, porque no le ve, ni le conoce; pero vosotros le conocéis, porque mora con vosotros, y estará en vosotros.
18 No os dejaré huérfanos; vendré a vosotros.
19 Todavía un poco, y el mundo no me verá más; pero vosotros me veréis; porque yo vivo, vosotros también viviréis.
20 En aquel día vosotros conoceréis que yo estoy en mi Padre, y vosotros en mí, y yo en vosotros.
21 El que tiene mis mandamientos, y los guarda, ése es el que me ama; y el que me ama, será amado por mi Padre, y yo le amaré, y me manifestaré a él.
22 Le dijo Judas (no el Iscariote): Señor, ¿cómo es que te manifestarás a nosotros, y no al mundo?
23 Respondió Jesús y le dijo: El que me ama, mi palabra guardará; y mi Padre le amará, y vendremos a él, y haremos morada con él.
24 El que no me ama, no guarda mis palabras; y la palabra que habéis oído no es mía, sino del Padre que me envió.
25 Os he dicho estas cosas estando con vosotros.
26 Mas el Consolador, el Espíritu Santo, a quien el Padre enviará en mi nombre, él os enseñará todas las cosas, y os recordará todo lo que yo os he dicho.
27 La paz os dejo, mi paz os doy; yo no os la doy como el mundo la da. No se turbe vuestro corazón, ni tenga miedo.
28 Habéis oído que yo os he dicho: Voy, y vengo a vosotros. Si me amarais, os habríais regocijado, porque he dicho que voy al Padre; porque el Padre mayor es que yo.
29 Y ahora os lo he dicho antes que suceda, para que cuando suceda, creáis.
30 No hablaré ya mucho con vosotros; porque viene el príncipe de este mundo, y él nada tiene en mí.
31 Mas para que el mundo conozca que amo al Padre, y como el Padre me mandó, así hago. Levantaos, vamos de aquí.

Jesús, la vid verdadera

15 1 Yo soy la vid verdadera, y mi Padre es el labrador.
2 Todo pámpano que en mí no lleva fruto, lo quitará; y todo aquel que lleva fruto, lo limpiará, para que lleve más fruto.
3 Ya vosotros estáis limpios por la palabra que os he hablado.
4 Permaneced en mí, y yo en vosotros. Como el pámpano no puede llevar fruto

por sí mismo; si no permanece en la vid, así tampoco vosotros, si no permanecéis en mí.

5 Yo soy la vid, vosotros los pámpanos; el que permanece en mí, y yo en él, éste lleva mucho fruto; porque separados de mí nada podéis hacer.

6 El que en mí no permanece, será echado fuera como pámpano, y se secará; y los recogen, y los echan en el fuego, y arden.

7 Si permanecéis en mí, y mis palabras permanecen en vosotros, pedid todo lo que queréis, y os será hecho.

8 En esto es glorificado mi Padre, en que llevéis mucho fruto, y seáis así mis discípulos.

Amaos unos a otros

9 Como el Padre me ha amado, así también yo os he amado; permaneced en mi amor.

10 Si guardareis mis mandamientos, permaneceréis en mi amor; así como yo he guardado los mandamientos de mi Padre, y permanezco en su amor.

11 Estas cosas os he hablado, para que mi gozo esté en vosotros, y vuestro gozo sea cumplido.

12 Éste es mi mandamiento: Que os améis unos a otros,ª como yo os he amado.

13 Nadie tiene mayor amor que éste, que uno ponga su vida por sus amigos.

14 Vosotros sois mis amigos, si hacéis lo que yo os mando.

15 Ya no os llamaré siervos, porque el siervo no sabe lo que hace su señor; pero os he llamado amigos, porque todas las cosas que oí de mi Padre, os las he dado a conocer.

16 No me elegisteis vosotros a mí, sino que yo os elegí a vosotros, y os he puesto para que vayáis y llevéis fruto, y vuestro fruto permanezca; para que todo lo que pidiereis al Padre en mi nombre, él os lo dé.

17 Esto os mando: Que os améis unos a otros.

El mundo os aborrecerá

18 Si el mundo os aborrece, sabed que a mí me ha aborrecido antes que a vosotros.

19 Si fuerais del mundo, el mundo amaría lo suyo; pero porque no sois del mundo, antes yo os elegí del mundo, por eso el mundo os aborrece.

20 Acordaos de la palabra que yo os he dicho: El siervo no es mayor que su señor.ᵇ Si a mí me han perseguido, también a vosotros os perseguirán; si han guardado mi palabra, también guardarán la vuestra.

21 Mas todo esto os harán por causa de mi nombre, porque no conocen al que me ha enviado.

22 Si yo no hubiera venido, ni les hubiera hablado, no tendrían pecado; pero ahora no tienen excusa por su pecado.

23 El que me aborrece a mí, también a mi Padre aborrece.

24 Si yo no hubiese hecho entre ellos obras que ningún otro ha hecho, no tendrían pecado; pero ahora han visto y han aborrecido a mí y a mi Padre.

25 Pero esto es para que se cumpla la palabra que está escrita en su ley: Sin causa me aborrecieron.ᶜ

26 Pero cuando venga el Consolador, a quien yo os enviaré del Padre, el Espíritu de verdad, el cual procede del Padre, él dará testimonio acerca de mí.

27 Y vosotros daréis testimonio también, porque habéis estado conmigo desde el principio.

16 **1** Estas cosas os he hablado, para que no tengáis tropiezo.

2 Os expulsarán de las sinagogas; y aun viene la hora cuando cualquiera que os mate, pensará que rinde servicio a Dios.

3 Y harán esto porque no conocen al Padre ni a mí.

4 Mas os he dicho estas cosas, para que cuando llegue la hora, os acordéis de que ya os lo había dicho.

La obra del Espíritu Santo

Esto no os lo dije al principio, porque yo estaba con vosotros.

5 Pero ahora voy al que me envió; y ninguno de vosotros me pregunta: ¿A dónde vas?

6 Antes, porque os he dicho estas cosas, tristeza ha llenado vuestro corazón.

7 Pero yo os digo la verdad: Os conviene que yo me vaya; porque si no me fuera, el

Consolador no vendría a vosotros; mas si me fuere, os lo enviaré.

8 Y cuando él venga, convencerá al mundo de pecado, de justicia y de juicio.

9 De pecado, por cuanto no creen en mí;

10 de justicia, por cuanto voy al Padre, y no me veréis más;

11 y de juicio, por cuanto el príncipe de este mundo ha sido ya juzgado.

12 Aún tengo muchas cosas que deciros, pero ahora no las podéis sobrellevar.

13 Pero cuando venga el Espíritu de verdad, él os guiará a toda la verdad; porque no hablará por su propia cuenta, sino que hablará todo lo que oyere, y os hará saber las cosas que habrán de venir.

14 Él me glorificará; porque tomará de lo mío, y os lo hará saber.

15 Todo lo que tiene el Padre es mío; por eso dije que tomará de lo mío, y os lo hará saber.

La tristeza se convertirá en gozo

16 Todavía un poco, y no me veréis; y de nuevo un poco, y me veréis; porque yo voy al Padre.

17 Entonces se dijeron algunos de sus discípulos unos a otros: ¿Qué es esto que nos dice: Todavía un poco y no me veréis; y de nuevo un poco, y me veréis; y, porque yo voy al Padre?

18 Decían, pues: ¿Qué quiere decir con: Todavía un poco? No entendemos lo que habla.

19 Jesús conoció que querían preguntarle, y les dijo: ¿Preguntáis entre vosotros acerca de esto que dije: Todavía un poco y no me veréis, y de nuevo un poco y me veréis?

20 De cierto, de cierto os digo, que vosotros lloraréis y lamentaréis, y el mundo se alegrará; pero aunque vosotros estéis tristes, vuestra tristeza se convertirá en gozo.

21 La mujer cuando da a luz, tiene dolor, porque ha llegado su hora; pero después que ha dado a luz un niño, ya no se acuerda de la angustia, por el gozo de que haya nacido un hombre en el mundo.

22 También vosotros ahora tenéis tristeza; pero os volveré a ver, y se gozará vuestro corazón, y nadie os quitará vuestro gozo.

23 En aquel día no me preguntaréis nada. De cierto, de cierto os digo, que todo cuanto pidiereis al Padre en mi nombre, os lo dará.

24 Hasta ahora nada habéis pedido en mi nombre; pedid, y recibiréis, para que vuestro gozo sea cumplido.

Yo he vencido al mundo

25 Estas cosas os he hablado en alegorías; la hora viene cuando ya no os hablaré por alegorías, sino que claramente os anunciaré acerca del Padre.

26 En aquel día pediréis en mi nombre; y no os digo que yo rogaré al Padre por vosotros,

27 pues el Padre mismo os ama, porque vosotros me habéis amado, y habéis creído que yo salí de Dios.

28 Salí del Padre, y he venido al mundo; otra vez dejo el mundo, y voy al Padre.

29 Le dijeron sus discípulos: He aquí ahora hablas claramente, y ninguna alegoría dices.

30 Ahora entendemos que sabes todas las cosas, y no necesitas que nadie te pregunte; por esto creemos que has salido de Dios.

31 Jesús les respondió: ¿Ahora creéis?

32 He aquí la hora viene, y ha venido ya, en que seréis esparcidos cada uno por su lado, y me dejaréis solo; mas no estoy solo, porque el Padre está conmigo.

33 Estas cosas os he hablado para que en mí tengáis paz. En el mundo tendréis aflicción; pero confiad, yo he vencido al mundo.

Jesús ora por sus discípulos

17 1 Estas cosas habló Jesús, y levantando los ojos al cielo, dijo: Padre, la hora ha llegado; glorifica a tu Hijo, para que también tu Hijo te glorifique a ti;

2 como le has dado potestad sobre toda carne, para que dé vida eterna a todos los que le diste.

3 Y ésta es la vida eterna: que te conozcan a ti, el único Dios verdadero, y a Jesucristo, a quien has enviado.

4 Yo te he glorificado en la tierra; he acabado la obra que me diste que hiciese.

5 Ahora pues, Padre, glorifícame tú al lado tuyo, con aquella gloria que tuve contigo antes que el mundo fuese.

6 He manifestado tu nombre a los hombres que del mundo me diste; tuyos eran, y me los diste, y han guardado tu palabra.

7 Ahora han conocido que todas las cosas que me has dado, proceden de ti;

8 porque las palabras que me diste, les he dado; y ellos las recibieron, y han conocido verdaderamente que salí de ti, y han creído que tú me enviaste.

9 Yo ruego por ellos; no ruego por el mundo, sino por los que me diste; porque tuyos son,

10 y todo lo mío es tuyo, y lo tuyo mío; y he sido glorificado en ellos.

11 Y ya no estoy en el mundo; mas éstos están en el mundo, y yo voy a ti. Padre santo, a los que me has dado, guárdalos en tu nombre, para que sean uno, así como nosotros.

12 Cuando estaba con ellos en el mundo, yo los guardaba en tu nombre; a los que me diste, yo los guardé, y ninguno de ellos se perdió, sino el hijo de perdición, para que la Escritura se cumpliese.ᵃ

13 Pero ahora voy a ti; y hablo esto en el mundo, para que tengan mi gozo cumplido en sí mismos.

14 Yo les he dado tu palabra; y el mundo los aborreció, porque no son del mundo, como tampoco yo soy del mundo.

15 No ruego que los quites del mundo, sino que los guardes del mal.

16 No son del mundo, como tampoco yo soy del mundo.

17 Santifícalos en tu verdad; tu palabra es verdad.

18 Como tú me enviaste al mundo, así yo los he enviado al mundo.

19 Y por ellos yo me santifico a mí mismo, para que también ellos sean santificados en la verdad.

20 Mas no ruego solamente por éstos, sino también por los que han de creer en mí por la palabra de ellos,

21 para que todos sean uno; como tú, oh Padre, en mí, y yo en ti, que también ellos sean uno en nosotros; para que el mundo crea que tú me enviaste.

22 La gloria que me diste, yo les he dado, para que sean uno, así como nosotros somos uno.

23 Yo en ellos, y tú en mí, para que sean perfectos en unidad, para que el mundo conozca que tú me enviaste, y que los has amado a ellos como también a mí me has amado.

24 Padre, aquellos que me has dado, quiero que donde yo estoy, también ellos estén conmigo, para que vean mi gloria que me has dado; porque me has amado desde antes de la fundación del mundo.

25 Padre justo, el mundo no te ha conocido, pero yo te he conocido, y éstos han conocido que tú me enviaste.

26 Y les he dado a conocer tu nombre, y lo daré a conocer aún, para que el amor con que me has amado, esté en ellos, y yo en ellos.

Arresto de Jesús
(Mt 26.47-56; Mr 14.43-50; Lc 22.47-53)

18 **1** Habiendo dicho Jesús estas cosas, salió con sus discípulos al otro lado del torrente de Cedrón, donde había un huerto, en el cual entró con sus discípulos.

2 Y también Judas, el que le entregaba, conocía aquel lugar, porque muchas veces Jesús se había reunido allí con sus discípulos.

3 Judas, pues, tomando una compañía de soldados, y alguaciles de los principales sacerdotes y de los fariseos, fue allí con linternas y antorchas, y con armas.

4 Pero Jesús, sabiendo todas las cosas que le habían de sobrevenir, se adelantó y les dijo: ¿A quién buscáis?

5 Le respondieron: A Jesús nazareno. Jesús les dijo: Yo soy. Y estaba también con ellos Judas, el que le entregaba.

6 Cuando les dijo: Yo soy, retrocedieron, y cayeron a tierra.

7 Volvió, pues, a preguntarles: ¿A quién buscáis? Y ellos dijeron: A Jesús nazareno.

8 Respondió Jesús: Os he dicho que yo soy; pues si me buscáis a mí, dejad ir a éstos;

9 para que se cumpliese aquello que había dicho: De los que me diste, no perdí ninguno.

10 Entonces Simón Pedro, que tenía una espada, la desenvainó, e hirió al siervo del sumo sacerdote, y le cortó la oreja derecha. Y el siervo se llamaba Malco.

11 Jesús entonces dijo a Pedro: Mete tu espada en la vaina; la copaᵃ que el Padre me ha dado, ¿no la he de beber?

ᵃ **17.12** Sal 41.9.　ᵃ **18.11** Mt 26.39; Mr 14.36; Lc 22.42.

Jesús ante el sumo sacerdote
(Mt 26.57, 58; Mr 14.53, 54; Lc 22.54)

12 Entonces la compañía de soldados, el tribuno y los alguaciles de los judíos, prendieron a Jesús y le ataron,
13 y le llevaron primeramente a Anás; porque era suegro de Caifás, que era sumo sacerdote aquel año.
14 Era Caifás el que había dado el consejo a los judíos, de que convenía que un solo hombre muriese por el pueblo.[b]

Pedro en el patio de Anás
(Mt 26.69, 70; Mr 14.66-68; Lc 22.55-57)

15 Y seguían a Jesús Simón Pedro y otro discípulo. Y este discípulo era conocido del sumo sacerdote, y entró con Jesús al patio del sumo sacerdote;
16 mas Pedro estaba fuera, a la puerta. Salió, pues, el discípulo que era conocido del sumo sacerdote, y habló a la portera, e hizo entrar a Pedro.
17 Entonces la criada portera dijo a Pedro: ¿No eres tú también de los discípulos de este hombre? Dijo él: No lo soy.
18 Y estaban en pie los siervos y los alguaciles que habían encendido un fuego; porque hacía frío, y se calentaban; y también con ellos estaba Pedro en pie, calentándose.

Anás interroga a Jesús
(Mt 26.59-66; Mr 14.55-64; Lc 22.66-71)

19 Y el sumo sacerdote preguntó a Jesús acerca de sus discípulos y de su doctrina.
20 Jesús le respondió: Yo públicamente he hablado al mundo; siempre he enseñado en la sinagoga y en el templo, donde se reúnen todos los judíos, y nada he hablado en oculto.
21 ¿Por qué me preguntas a mí? Pregunta a los que han oído, qué les haya yo hablado; he aquí, ellos saben lo que yo he dicho.
22 Cuando Jesús hubo dicho esto, uno de los alguaciles, que estaba allí, le dio una bofetada, diciendo: ¿Así respondes al sumo sacerdote?
23 Jesús le respondió: Si he hablado mal, testifica en qué está el mal; y si bien, ¿por qué me golpeas?
24 Anás entonces le envió atado a Caifás, el sumo sacerdote.

Pedro niega a Jesús
(Mt 26.71-75; Mr 14.69-72; Lc 22.58-62)

25 Estaba, pues, Pedro en pie, calentándose. Y le dijeron: ¿No eres tú de sus discípulos? Él negó, y dijo: No lo soy.
26 Uno de los siervos del sumo sacerdote, pariente de aquel a quien Pedro había cortado la oreja, le dijo: ¿No te vi yo en el huerto con él?
27 Negó Pedro otra vez; y en seguida cantó el gallo.

Jesús ante Pilato
(Mt 27.1, 2, 11-31; Mr 15.1-20; Lc 23.1-5, 13-25)

28 Llevaron a Jesús de casa de Caifás al pretorio. Era de mañana, y ellos no entraron en el pretorio para no contaminarse, y así poder comer la pascua.
29 Entonces salió Pilato a ellos, y les dijo: ¿Qué acusación traéis contra este hombre?
30 Respondieron y le dijeron: Si éste no fuera malhechor, no te lo habríamos entregado.
31 Entonces les dijo Pilato: Tomadle vosotros, y juzgadle según vuestra ley. Y los judíos le dijeron: A nosotros no nos está permitido dar muerte a nadie;
32 para que se cumpliese la palabra que Jesús había dicho, dando a entender de qué muerte iba a morir.[c]
33 Entonces Pilato volvió a entrar en el pretorio, y llamó a Jesús y le dijo: ¿Eres tú el Rey de los judíos?
34 Jesús le respondió: ¿Dices tú esto por ti mismo, o te lo han dicho otros de mí?
35 Pilato le respondió: ¿Soy yo acaso judío? Tu nación, y los principales sacerdotes, te han entregado a mí. ¿Qué has hecho?
36 Respondió Jesús: Mi reino no es de este mundo; si mi reino fuera de este mundo, mis servidores pelearían para que yo no fuera entregado a los judíos; pero mi reino no es de aquí.
37 Le dijo entonces Pilato: ¿Luego, eres tú rey? Respondió Jesús: Tú dices que yo soy rey. Yo para esto he nacido, y para esto he venido al mundo, para dar testimonio a la verdad. Todo aquel que es de la verdad, oye mi voz.
38 Le dijo Pilato: ¿Qué es la verdad?
Y cuando hubo dicho esto, salió otra vez a los judíos, y les dijo: Yo no hallo en él ningún delito.

---

b **18.14** Jn 11.49, 50.   c **18.32** Jn 3.14; 12.32.

39 Pero vosotros tenéis la costumbre de que os suelte uno en la pascua. ¿Queréis, pues, que os suelte al Rey de los judíos?

40 Entonces todos dieron voces de nuevo, diciendo: No a éste, sino a Barrabás. Y Barrabás era ladrón.

19 **1** Así que, entonces tomó Pilato a Jesús, y le azotó.

2 Y los soldados entretejieron una corona de espinas, y la pusieron sobre su cabeza, y le vistieron con un manto de púrpura;

3 y le decían: ¡Salve, Rey de los judíos! y le daban de bofetadas.

4 Entonces Pilato salió otra vez, y les dijo: Mirad, os lo traigo fuera, para que entendáis que ningún delito hallo en él.

5 Y salió Jesús, llevando la corona de espinas y el manto de púrpura. Y Pilato les dijo: ¡He aquí el hombre!

6 Cuando le vieron los principales sacerdotes y los alguaciles, dieron voces, diciendo: ¡Crucifícale! ¡Crucifícale! Pilato les dijo: Tomadle vosotros, y crucificadle; porque yo no hallo delito en él.

7 Los judíos le respondieron: Nosotros tenemos una ley, y según nuestra ley debe morir, porque se hizo a sí mismo Hijo de Dios.

8 Cuando Pilato oyó decir esto, tuvo más miedo.

9 Y entró otra vez en el pretorio, y dijo a Jesús: ¿De dónde eres tú? Mas Jesús no le dio respuesta.

10 Entonces le dijo Pilato: ¿A mí no me hablas? ¿No sabes que tengo autoridad para crucificarte, y que tengo autoridad para soltarte?

11 Respondió Jesús: Ninguna autoridad tendrías contra mí, si no te fuese dada de arriba; por tanto, el que a ti me ha entregado, mayor pecado tiene.

12 Desde entonces procuraba Pilato soltarle; pero los judíos daban voces, diciendo: Si a éste sueltas, no eres amigo de César; todo el que se hace rey, a César se opone.

13 Entonces Pilato, oyendo esto, llevó fuera a Jesús, y se sentó en el tribunal en el lugar llamado el Enlosado, y en hebreo Gabata.

14 Era la preparación de la pascua, y como la hora sexta. Entonces dijo a los judíos: ¡He aquí vuestro Rey!

15 Pero ellos gritaron: ¡Fuera, fuera, crucifícale! Pilato les dijo: ¿A vuestro Rey he de crucificar? Respondieron los principales sacerdotes: No tenemos más rey que César.

16 Así que entonces lo entregó a ellos para que fuese crucificado. Tomaron, pues, a Jesús, y le llevaron.

Crucifixión y muerte de Jesús
(Mt 27.32-50; Mr 15.21-37; Lc 23.26-49)

17 Y él, cargando su cruz, salió al lugar llamado de la Calavera, y en hebreo, Gólgota;

18 y allí le crucificaron, y con él a otros dos, uno a cada lado, y Jesús en medio.

19 Escribió también Pilato un título, que puso sobre la cruz, el cual decía: JESÚS NAZARENO, REY DE LOS JUDÍOS.

20 Y muchos de los judíos leyeron este título; porque el lugar donde Jesús fue crucificado estaba cerca de la ciudad, y el título estaba escrito en hebreo, en griego y en latín.

21 Dijeron a Pilato los principales sacerdotes de los judíos: No escribas: Rey de los judíos; sino, que él dijo: Soy Rey de los judíos.

22 Respondió Pilato: Lo que he escrito, he escrito.

23 Cuando los soldados hubieron crucificado a Jesús, tomaron sus vestidos, e hicieron cuatro partes, una para cada soldado. Tomaron también su túnica, la cual era sin costura, de un solo tejido de arriba abajo.

24 Entonces dijeron entre sí: No la partamos, sino echemos suertes sobre ella, a ver de quién será. Esto fue para que se cumpliese la Escritura, que dice:

Repartieron entre sí mis vestidos,
Y sobre mi ropa echaron suertes.[a]
Y así lo hicieron los soldados.

25 Estaban junto a la cruz de Jesús su madre, y la hermana de su madre, María mujer de Cleofas, y María Magdalena.

26 Cuando vio Jesús a su madre, y al discípulo a quien él amaba, que estaba presente, dijo a su madre: Mujer, he ahí tu hijo.

27 Después dijo al discípulo: He ahí tu madre. Y desde aquella hora el discípulo la recibió en su casa.

---

a **19.24** Sal 22.18.

²⁸ Después de esto, sabiendo Jesús que ya todo estaba consumado, dijo, para que la Escritura se cumpliese:[b] Tengo sed.

²⁹ Y estaba allí una vasija llena de vinagre; entonces ellos empaparon en vinagre una esponja, y poniéndola en un hisopo, se la acercaron a la boca.

³⁰ Cuando Jesús hubo tomado el vinagre, dijo: Consumado es. Y habiendo inclinado la cabeza, entregó el espíritu.

El costado de Jesús traspasado

³¹ Entonces los judíos, por cuanto era la preparación de la pascua, a fin de que los cuerpos no quedasen en la cruz en el día de reposo* (pues aquel día de reposo* era de gran solemnidad), rogaron a Pilato que se les quebrasen las piernas, y fuesen quitados de allí.

³² Vinieron, pues, los soldados, y quebraron las piernas al primero, y asimismo al otro que había sido crucificado con él.

³³ Mas cuando llegaron a Jesús, como le vieron ya muerto, no le quebraron las piernas.

³⁴ Pero uno de los soldados le abrió el costado con una lanza, y al instante salió sangre y agua.

³⁵ Y el que lo vio da testimonio, y su testimonio es verdadero; y él sabe que dice verdad, para que vosotros también creáis.

³⁶ Porque estas cosas sucedieron para que se cumpliese la Escritura: No será quebrado hueso suyo.[c]

³⁷ Y también otra Escritura dice: Mirarán al que traspasaron.[d]

Jesús es sepultado
(Mt 27.57-61; Mr 15.42-47; Lc 23.50-56)

³⁸ Después de todo esto, José de Arimatea, que era discípulo de Jesús, pero secretamente por miedo de los judíos, rogó a Pilato que le permitiese llevarse el cuerpo de Jesús; y Pilato se lo concedió. Entonces vino, y se llevó el cuerpo de Jesús.

³⁹ También Nicodemo, el que antes había visitado a Jesús de noche,[e] vino trayendo un compuesto de mirra y de áloes, como cien libras.

⁴⁰ Tomaron, pues, el cuerpo de Jesús, y lo envolvieron en lienzos con especias aromáticas, según es costumbre sepultar entre los judíos.

⁴¹ Y en el lugar donde había sido crucificado, había un huerto, y en el huerto un sepulcro nuevo, en el cual aún no había sido puesto ninguno.

⁴² Allí, pues, por causa de la preparación de la pascua de los judíos, y porque aquel sepulcro estaba cerca, pusieron a Jesús.

La resurrección
(Mt 28.1-10; Mr 16.1-8; Lc 24.1-12)

20 ¹ El primer día de la semana, María Magdalena fue de mañana, siendo aún oscuro, al sepulcro; y vio quitada la piedra del sepulcro.

² Entonces corrió, y fue a Simón Pedro y al otro discípulo, aquel al que amaba Jesús, y les dijo: Se han llevado del sepulcro al Señor, y no sabemos dónde le han puesto.

³ Y salieron Pedro y el otro discípulo, y fueron al sepulcro.

⁴ Corrían los dos juntos; pero el otro discípulo corrió más aprisa que Pedro, y llegó primero al sepulcro.

⁵ Y bajándose a mirar, vio los lienzos puestos allí, pero no entró.

⁶ Luego llegó Simón Pedro tras él, y entró en el sepulcro, y vio los lienzos puestos allí,

⁷ y el sudario, que había estado sobre la cabeza de Jesús, no puesto con los lienzos, sino enrollado en un lugar aparte.

⁸ Entonces entró también el otro discípulo, que había venido primero al sepulcro; y vio, y creyó.

⁹ Porque aún no habían entendido la Escritura, que era necesario que él resucitase de los muertos.

¹⁰ Y volvieron los discípulos a los suyos.

Jesús se aparece a María Magdalena
(Mr 16.9-11)

¹¹ Pero María estaba fuera llorando junto al sepulcro; y mientras lloraba, se inclinó para mirar dentro del sepulcro;

¹² y vio a dos ángeles con vestiduras blancas, que estaban sentados el uno a la cabecera, y el otro a los pies, donde el cuerpo de Jesús había sido puesto.

¹³ Y le dijeron: Mujer, ¿por qué lloras? Les dijo: Porque se han llevado a mi Señor, y no sé dónde le han puesto.

---

* Aquí equivale a *sábado*.
b **19.28** Sal 69.21.   **c** **19.36** Éx 12.46; Nm 9.12; Sal 34.20.
d **19.37** Zac 12.10; Ap 1.7.   **e** **19.39** Jn 3.1, 2.

14 Cuando había dicho esto, se volvió, y vio a Jesús que estaba allí; mas no sabía que era Jesús.

15 Jesús le dijo: Mujer, ¿por qué lloras? ¿A quién buscas? Ella, pensando que era el hortelano, le dijo: Señor, si tú lo has llevado, dime dónde lo has puesto, y yo lo llevaré.

16 Jesús le dijo: ¡María! Volviéndose ella, le dijo: ¡Raboni! (que quiere decir, Maestro).

17 Jesús le dijo: No me toques, porque aún no he subido a mi Padre; mas ve a mis hermanos, y diles: Subo a mi Padre y a vuestro Padre, a mi Dios y a vuestro Dios.

18 Fue entonces María Magdalena para dar a los discípulos las nuevas de que había visto al Señor, y que él le había dicho estas cosas.

Jesús se aparece a los discípulos

(Mt 28.16-20; Mr 16.14-18; Lc 24.36-49)

19 Cuando llegó la noche de aquel mismo día, el primero de la semana, estando las puertas cerradas en el lugar donde los discípulos estaban reunidos por miedo de los judíos, vino Jesús, y puesto en medio, les dijo: Paz a vosotros.

20 Y cuando les hubo dicho esto, les mostró las manos y el costado. Y los discípulos se regocijaron viendo al Señor.

Los discípulos reciben el Espíritu Santo

21 Entonces Jesús les dijo otra vez: Paz a vosotros. Como me envió el Padre, así también yo os envío.

22 Y habiendo dicho esto, sopló, y les dijo: Recibid el Espíritu Santo.

23 A quienes remitiereis los pecados, les son remitidos; y a quienes se los retuviereis, les son retenidos.[a]

Incredulidad de Tomás

24 Pero Tomás, uno de los doce, llamado Dídimo, no estaba con ellos cuando Jesús vino.

25 Le dijeron, pues, los otros discípulos: Al Señor hemos visto. Él les dijo: Si no viere en sus manos la señal de los clavos, y metiere mi dedo en el lugar de los clavos, y metiere mi mano en su costado, no creeré.

26 Ocho días después, estaban otra vez sus discípulos dentro, y con ellos Tomás. Llegó Jesús, estando las puertas cerradas, y se puso en medio y les dijo: Paz a vosotros.

27 Luego dijo a Tomás: Pon aquí tu dedo, y mira mis manos; y acerca tu mano, y métela en mi costado; y no seas incrédulo, sino creyente.

28 Entonces Tomás respondió y le dijo: ¡Señor mío, y Dios mío!

29 Jesús le dijo: Porque me has visto, Tomás, creíste; bienaventurados los que no vieron, y creyeron.

El propósito del libro

30 Hizo además Jesús muchas otras señales en presencia de sus discípulos, las cuales no están escritas en este libro.

31 Pero éstas se han escrito para que creáis que Jesús es el Cristo, el Hijo de Dios, y para que creyendo, tengáis vida en su nombre.

Jesús se aparece a siete de sus discípulos

21 **1** Después de esto, Jesús se manifestó otra vez a sus discípulos junto al mar de Tiberias; y se manifestó de esta manera:

2 Estaban juntos Simón Pedro, Tomás llamado el Dídimo, Natanael el de Caná de Galilea, los hijos de Zebedeo, y otros dos de sus discípulos.

3 Simón Pedro les dijo: Voy a pescar. Ellos le dijeron: Vamos nosotros también contigo. Fueron, y entraron en una barca; y aquella noche no pescaron nada.[a]

4 Cuando ya iba amaneciendo, se presentó Jesús en la playa; mas los discípulos no sabían que era Jesús.

5 Y les dijo: Hijitos, ¿tenéis algo de comer? Le respondieron: No.

6 Él les dijo: Echad la red a la derecha de la barca, y hallaréis. Entonces la echaron, y ya no la podían sacar, por la gran cantidad de peces.[b]

7 Entonces aquel discípulo a quien Jesús amaba dijo a Pedro: ¡Es el Señor! Simón Pedro, cuando oyó que era el Señor, se ciñó la ropa (porque se había despojado de ella), y se echó al mar.

8 Y los otros discípulos vinieron con la barca, arrastrando la red de peces, pues no

---

a 20.23 Mt 16.19; 18.18.   **a 21.3** Lc 5.5.   **b 21.6** Lc 5.6.

distaban de tierra sino como doscientos codos.

9 Al descender a tierra, vieron brasas puestas, y un pez encima de ellas, y pan.

10 Jesús les dijo: Traed de los peces que acabáis de pescar.

11 Subió Simón Pedro, y sacó la red a tierra, llena de grandes peces, ciento cincuenta y tres; y aun siendo tantos, la red no se rompió.

12 Les dijo Jesús: Venid, comed. Y ninguno de los discípulos se atrevía a preguntarle: ¿Tú, quién eres? sabiendo que era el Señor.

13 Vino, pues, Jesús, y tomó el pan y les dio, y asimismo del pescado.

14 Ésta era ya la tercera vez que Jesús se manifestaba a sus discípulos, después de haber resucitado de los muertos.

Apacienta mis ovejas

15 Cuando hubieron comido, Jesús dijo a Simón Pedro: Simón, hijo de Jonás, ¿me amas más que éstos? Le respondió: Sí, Señor; tú sabes que te amo. Él le dijo: Apacienta mis corderos.

16 Volvió a decirle la segunda vez: Simón, hijo de Jonás, ¿me amas? Pedro le respondió: Sí, Señor; tú sabes que te amo. Le dijo: Pastorea mis ovejas.

17 Le dijo la tercera vez: Simón, hijo de Jonás, ¿me amas? Pedro se entristeció de que le dijese la tercera vez: ¿Me amas? y

le respondió: Señor, tú lo sabes todo; tú sabes que te amo. Jesús le dijo: Apacienta mis ovejas.

18 De cierto, de cierto te digo: Cuando eras más joven, te ceñías, e ibas a donde querías; mas cuando ya seas viejo, extenderás tus manos, y te ceñirá otro, y te llevará a donde no quieras.

19 Esto dijo, dando a entender con qué muerte había de glorificar a Dios. Y dicho esto, añadió: Sígueme.

El discípulo amado

20 Volviéndose Pedro, vio que les seguía el discípulo a quien amaba Jesús, el mismo que en la cena se había recostado al lado de él, y le había dicho: Señor, ¿quién es el que te ha de entregar?[c]

21 Cuando Pedro le vio, dijo a Jesús: Señor, ¿y qué de éste?

22 Jesús le dijo: Si quiero que él quede hasta que yo venga, ¿qué a ti? Sígueme tú.

23 Este dicho se extendió entonces entre los hermanos, que aquel discípulo no moriría. Pero Jesús no le dijo que no moriría, sino: Si quiero que él quede hasta que yo venga, ¿qué a ti?

24 Éste es el discípulo que da testimonio de estas cosas, y escribió estas cosas; y sabemos que su testimonio es verdadero.

25 Y hay también otras muchas cosas que hizo Jesús, las cuales si se escribieran una por una, pienso que ni aun en el mundo cabrían los libros que se habrían de escribir. Amén.

---

c 21.20 Jn 13.25.

HECHOS
DE LOS APÓSTOLES

La promesa del Espíritu Santo

1 ¹ En el primer tratado, oh Teófilo,ª hablé acerca de todas las cosas que Jesús comenzó a hacer y a enseñar,

² hasta el día en que fue recibido arriba, después de haber dado mandamientos por el Espíritu Santo a los apóstoles que había escogido;

³ a quienes también, después de haber padecido, se presentó vivo con muchas pruebas indubitables, apareciéndoseles durante cuarenta días y hablándoles acerca del reino de Dios.

⁴ Y estando juntos, les mandó que no se fueran de Jerusalén, sino que esperasen la promesa del Padre,ᵇ la cual, les dijo, oísteis de mí.

⁵ Porque Juan ciertamente bautizó con agua, mas vosotros seréis bautizados con el Espíritu Santoᶜ dentro de no muchos días.

La ascensión

⁶ Entonces los que se habían reunido le preguntaron, diciendo: Señor, ¿restaurarás el reino a Israel en este tiempo?

⁷ Y les dijo: No os toca a vosotros saber los tiempos o las sazones, que el Padre puso en su sola potestad;

⁸ pero recibiréis poder, cuando haya venido sobre vosotros el Espíritu Santo, y me seréis testigos en Jerusalén, en toda Judea, en Samaria, y hasta lo último de la tierra.ᵈ

⁹ Y habiendo dicho estas cosas, viéndolo ellos, fue alzado, y le recibió una nube que le ocultó de sus ojos.ᵉ

¹⁰ Y estando ellos con los ojos puestos en el cielo, entre tanto que él se iba, he aquí se pusieron junto a ellos dos varones con vestiduras blancas,

¹¹ los cuales también les dijeron: Varones galileos, ¿por qué estáis mirando al cielo? Este mismo Jesús, que ha sido tomado de vosotros al cielo, así vendrá como le habéis visto ir al cielo.

Elección del sucesor de Judas

¹² Entonces volvieron a Jerusalén desde el monte que se llama del Olivar, el cual está cerca de Jerusalén, camino de un día de reposo. *

¹³ Y entrados, subieron al aposento alto, donde moraban Pedro y Jacobo, Juan, Andrés, Felipe, Tomás, Bartolomé, Mateo, Jacobo hijo de Alfeo, Simón el Zelote y Judas hermano de Jacobo.ᶠ

¹⁴ Todos estos perseveraban unánimes en oración y ruego, con las mujeres, y con María la madre de Jesús, y con sus hermanos.

¹⁵ En aquellos días Pedro se levantó en medio de los hermanos (y los reunidos eran como ciento veinte en número), y dijo:

¹⁶ Varones hermanos, era necesario que se cumpliese la Escritura en que el Espíritu Santo habló antes por boca de David acerca de Judas, que fue guía de los que prendieron a Jesús,

¹⁷ y era contado con nosotros, y tenía parte en este ministerio.

¹⁸ Éste, pues, con el salario de su iniquidad adquirió un campo, y cayendo de cabeza, se reventó por la mitad, y todas sus entrañas se derramaron.

¹⁹ Y fue notorio a todos los habitantes de Jerusalén, de tal manera que aquel campo se llama en su propia lengua, Acéldama, que quiere decir, Campo de sangre.ᵍ

²⁰ Porque está escrito en el libro de los Salmos:

Sea hecha desierta su habitación,
Y no haya quien more en ella;ʰ

y:

Tome otro su oficio.ⁱ

²¹ Es necesario, pues, que de estos hombres que han estado juntos con nosotros

---

* Aquí equivale a *sábado*.
a **1.1** Lc 1.1-4.   b **1.4** Lc 24.49.   c **1.5** Mt 3.11; Mr 1.8; Lc 3.16; Jn 1.33.   d **1.8** Mt 28.19; Mr 16.15; Lc 24.47, 48.
e **1.9** Mr 16.19; Lc 24.50, 51.   f **1.13** Mt 10.2-4; Mr 3.16-19; Lc 6.14-16.   g **1.18, 19** Mt 27.3-8.   h **1.20** Sal 69.25.
i **1.20** Sal 109.8.

todo el tiempo que el Señor Jesús entraba y salía entre nosotros,

22 comenzando desde el bautismo de Juan[j] hasta el día en que de entre nosotros fue recibido arriba,[k] uno sea hecho testigo con nosotros, de su resurrección.

23 Y señalaron a dos: a José, llamado Barsabás, que tenía por sobrenombre Justo, y a Matías.

24 Y orando, dijeron: Tú, Señor, que conoces los corazones de todos, muestra cuál de estos dos has escogido,

25 para que tome la parte de este ministerio y apostolado, de que cayó Judas por transgresión, para irse a su propio lugar.

26 Y les echaron suertes, y la suerte cayó sobre Matías; y fue contado con los once apóstoles.

La venida del Espíritu Santo

2 **1** Cuando llegó el día de Pentecostés,[a] estaban todos unánimes juntos.

2 Y de repente vino del cielo un estruendo como de un viento recio que soplaba, el cual llenó toda la casa donde estaban sentados;

3 y se les aparecieron lenguas repartidas, como de fuego, asentándose sobre cada uno de ellos.

4 Y fueron todos llenos del Espíritu Santo, y comenzaron a hablar en otras lenguas, según el Espíritu les daba que hablasen.

5 Moraban entonces en Jerusalén judíos, varones piadosos, de todas las naciones bajo el cielo.

6 Y hecho este estruendo, se juntó la multitud; y estaban confusos, porque cada uno les oía hablar en su propia lengua.

7 Y estaban atónitos y maravillados, diciendo: Mirad, ¿no son galileos todos estos que hablan?

8 ¿Cómo, pues, les oímos nosotros hablar cada uno en nuestra lengua en la que hemos nacido?

9 Partos, medos, elamitas, y los que habitamos en Mesopotamia, en Judea, en Capadocia, en el Ponto y en Asia,

10 en Frigia y Panfilia, en Egipto y en las regiones de Africa más allá de Cirene, y romanos aquí residentes, tanto judíos como prosélitos;

11 cretenses y árabes, les oímos hablar en nuestras lenguas las maravillas de Dios.

12 Y estaban todos atónitos y perplejos, diciéndose unos a otros: ¿Qué quiere decir esto?

13 Mas otros, burlándose, decían: Están llenos de mosto.

Pedro explica la venida del Espíritu

14 Entonces Pedro, poniéndose en pie con los once, alzó la voz y les habló diciendo: Varones judíos, y todos los que habitáis en Jerusalén, esto os sea notorio, y oíd mis palabras.

15 Porque éstos no están ebrios, como vosotros suponéis, puesto que es la hora tercera del día.

16 Mas esto es lo dicho por el profeta Joel:

17 Y en los postreros días, dice Dios,
Derramaré de mi Espíritu sobre toda carne,
Y vuestros hijos y vuestras hijas profetizarán;
Vuestros jóvenes verán visiones,
Y vuestros ancianos soñarán sueños;

18 Y de cierto sobre mis siervos y sobre mis siervas en aquellos días
Derramaré de mi Espíritu, y profetizarán.

19 Y daré prodigios arriba en el cielo,
Y señales abajo en la tierra,
Sangre y fuego y vapor de humo;

20 El sol se convertirá en tinieblas,
Y la luna en sangre,
Antes que venga el día del Señor,
Grande y manifiesto;

21 Y todo aquel que invocare el nombre del Señor, será salvo.[b]

22 Varones israelitas, oíd estas palabras: Jesús nazareno, varón aprobado por Dios entre vosotros con las maravillas, prodigios y señales que Dios hizo entre vosotros por medio de él, como vosotros mismos sabéis;

23 a éste, entregado por el determinado consejo y anticipado conocimiento de Dios, prendisteis y matasteis por manos de inicuos, crucificándole;[c]

24 al cual Dios levantó,[d] sueltos los dolores de la muerte, por cuanto era imposible que fuese retenido por ella.

25 Porque David dice de él:

j 1.22 Mt 3.16; Mr 1.9; Lc 3.21.   **k 1.22** Mr 16.19; Lc 24.51.
a 2.1 Lv 23.15-21; Dt 16.9-11.   **b 2.17-21** Jl 2.28-32.
c 2.23 Mt 27.35; Mr 15.24; Lc 23.33; Jn 19.18.
d 2.24 Mt 28.5, 6; Mr 16.6; Lc 24.5.

Veía al Señor siempre delante de mí;
Porque está a mi diestra, no seré
conmovido.

26Por lo cual mi corazón se alegró, y se
gozó mi lengua,
Y aun mi carne descansará en
esperanza;

27Porque no dejarás mi alma en el Hades,
Ni permitirás que tu Santo vea
corrupción.

28Me hiciste conocer los caminos de la
vida;
Me llenarás de gozo con tu
presencia.e

29Varones hermanos, se os puede decir
libremente del patriarca David, que murió
y fue sepultado, y su sepulcro está con
nosotros hasta el día de hoy.

30Pero siendo profeta, y sabiendo que con
juramento Dios le había jurado que de su
descendencia, en cuanto a la carne, levantaría al Cristo para que se sentase en su
trono,f

31viéndolo antes, habló de la resurrección
de Cristo, que su alma no fue dejada en el
Hades, ni su carne vio corrupción.

32A este Jesús resucitó Dios, de lo cual
todos nosotros somos testigos.

33Así que, exaltado por la diestra de Dios,
y habiendo recibido del Padre la promesa
del Espíritu Santo, ha derramado esto que
vosotros veis y oís.

34Porque David no subió a los cielos; pero
él mismo dice:
Dijo el Señor a mi Señor:
Siéntate a mi diestra,

35Hasta que ponga a tus enemigos por
estrado de tus pies.g

36Sepa, pues, ciertísimamente toda la casa
de Israel, que a este Jesús a quien vosotros
crucificasteis, Dios le ha hecho Señor y
Cristo.

37Al oír esto, se compungieron de corazón, y dijeron a Pedro y a los otros apóstoles: Varones hermanos, ¿qué haremos?

38Pedro les dijo: Arrepentíos, y bautícese cada uno de vosotros en el nombre de
Jesucristo para perdón de los pecados; y
recibiréis el don del Espíritu Santo.

39Porque para vosotros es la promesa, y
para vuestros hijos, y para todos los que
están lejos; para cuantos el Señor nuestro
Dios llamare.

40Y con otras muchas palabras testificaba
y les exhortaba, diciendo: Sed salvos de
esta perversa generación.

41Así que, los que recibieron su palabra
fueron bautizados; y se añadieron aquel
día como tres mil personas.

42Y perseveraban en la doctrina de los apóstoles, en la comunión unos con otros, en el
partimiento del pan y en las oraciones.

La vida de los primeros cristianos

43Y sobrevino temor a toda persona; y
muchas maravillas y señales eran hechas
por los apóstoles.

44Todos los que habían creído estaban
juntos, y tenían en común todas las cosas;h

45y vendían sus propiedades y sus bienes,
y lo repartían a todos según la necesidad
de cada uno.i

46Y perseverando unánimes cada día en
el templo, y partiendo el pan en las casas,
comían juntos con alegría y sencillez de
corazón,

47alabando a Dios, y teniendo favor con
todo el pueblo. Y el Señor añadía cada día
a la iglesia los que habían de ser salvos.

Curación de un cojo

3 1Pedro y Juan subían juntos al templo
a la hora novena, la de la oración.

2Y era traído un hombre cojo de nacimiento,
a quien ponían cada día a la puerta del templo que se llama la Hermosa, para que pidiese limosna de los que entraban en el templo.

3Éste, cuando vio a Pedro y a Juan que
iban a entrar en el templo, les rogaba que
le diesen limosna.

4Pedro, con Juan, fijando en él los ojos, le
dijo: Míranos.

5Entonces él les estuvo atento, esperando
recibir de ellos algo.

6Mas Pedro dijo: No tengo plata ni oro,
pero lo que tengo te doy; en el nombre
de Jesucristo de Nazaret, levántate y anda.

7Y tomándole por la mano derecha le
levantó; y al momento se le afirmaron los
pies y tobillos;

8y saltando, se puso en pie y anduvo; y
entró con ellos en el templo, andando, y
saltando, y alabando a Dios.

---

e 2.25-28 Sal 16.8-11. f 2.30 Sal 89.3, 4; 132.11.
g 2.34, 35 Sal 110.1. h 2.44 Hch 4.32-35. i 2.45 Mt 19.21;
Mr 10.21; Lc 12.33; 18.22.

9 Y todo el pueblo le vio andar y alabar a Dios.

10 Y le reconocían que era el que se sentaba a pedir limosna a la puerta del templo, la Hermosa; y se llenaron de asombro y espanto por lo que le había sucedido.

Discurso de Pedro en el pórtico de Salomón

11 Y teniendo asidos a Pedro y a Juan el cojo que había sido sanado, todo el pueblo, atónito, concurrió a ellos al pórtico que se llama de Salomón.

12 Viendo esto Pedro, respondió al pueblo: Varones israelitas, ¿por qué os maravilláis de esto? ¿o por qué ponéis los ojos en nosotros, como si por nuestro poder o piedad hubiésemos hecho andar a éste?

13 El Dios de Abraham, de Isaac y de Jacob, el Dios de nuestros padres, ha glorificado a su Hijo Jesús, a quien vosotros entregasteis y negasteis delante de Pilato, cuando éste había resuelto ponerle en libertad.

14 Mas vosotros negasteis al Santo y al Justo, y pedisteis que se os diese un homicida,[a]

15 y matasteis al Autor de la vida, a quien Dios ha resucitado de los muertos, de lo cual nosotros somos testigos.

16 Y por la fe en su nombre, a éste, que vosotros veis y conocéis, le ha confirmado su nombre; y la fe que es por él ha dado a éste esta completa sanidad en presencia de todos vosotros.

17 Mas ahora, hermanos, sé que por ignorancia lo habéis hecho, como también vuestros gobernantes.

18 Pero Dios ha cumplido así lo que había antes anunciado por boca de todos sus profetas, que su Cristo había de padecer.

19 Así que, arrepentíos y convertíos, para que sean borrados vuestros pecados; para que vengan de la presencia del Señor tiempos de refrigerio,

20 y él envíe a Jesucristo, que os fue antes anunciado;

21 a quien de cierto es necesario que el cielo reciba hasta los tiempos de la restauración de todas las cosas, de que habló Dios por boca de sus santos profetas que han sido desde tiempo antiguo.

22 Porque Moisés dijo a los padres: El Señor vuestro Dios os levantará profeta de entre vuestros hermanos, como a mí; a él oiréis en todas las cosas que os hable;[b]

23 y toda alma que no oiga a aquel profeta, será desarraigada del pueblo.[c]

24 Y todos los profetas desde Samuel en adelante, cuantos han hablado, también han anunciado estos días.

25 Vosotros sois los hijos de los profetas, y del pacto que Dios hizo con nuestros padres, diciendo a Abraham: En tu simiente serán benditas todas las familias de la tierra.[d]

26 A vosotros primeramente, Dios, habiendo levantado a su Hijo, lo envió para que os bendijese, a fin de que cada uno se convierta de su maldad.

Pedro y Juan ante el concilio

4 **1** Hablando ellos al pueblo, vinieron sobre ellos los sacerdotes con el jefe de la guardia del templo, y los saduceos,

2 resentidos de que enseñasen al pueblo, y anunciasen en Jesús la resurrección de entre los muertos.

3 Y les echaron mano, y los pusieron en la cárcel hasta el día siguiente, porque era ya tarde.

4 Pero muchos de los que habían oído la palabra, creyeron; y el número de los varones era como cinco mil.

5 Aconteció al día siguiente, que se reunieron en Jerusalén los gobernantes, los ancianos y los escribas,

6 y el sumo sacerdote Anás, y Caifás y Juan y Alejandro, y todos los que eran de la familia de los sumos sacerdotes;

7 y poniéndoles en medio, les preguntaron: ¿Con qué potestad, o en qué nombre, habéis hecho vosotros esto?

8 Entonces Pedro, lleno del Espíritu Santo, les dijo: Gobernantes del pueblo, y ancianos de Israel:

9 Puesto que hoy se nos interroga acerca del beneficio hecho a un hombre enfermo, de qué manera éste haya sido sanado,

10 sea notorio a todos vosotros, y a todo el pueblo de Israel, que en el nombre de Jesucristo de Nazaret, a quien vosotros crucificasteis y a quien Dios resucitó de los muertos, por él este hombre está en vuestra presencia sano.

---

a **3.14** Mt 27.15-23; Mr 15.6-14; Lc 23.13-23; Jn 19.12-15.
b **3.22** Dt 18.15, 16. c **3.23** Dt 18.19. d **3.25** Gn 22.18.

11 Este Jesús es la piedra reprobada por vosotros los edificadores, la cual ha venido a ser cabeza del ángulo.[a]

12 Y en ningún otro hay salvación; porque no hay otro nombre bajo el cielo, dado a los hombres, en que podamos ser salvos.

13 Entonces viendo el denuedo de Pedro y de Juan, y sabiendo que eran hombres sin letras y del vulgo, se maravillaban; y les reconocían que habían estado con Jesús.

14 Y viendo al hombre que había sido sanado, que estaba en pie con ellos, no podían decir nada en contra.

15 Entonces les ordenaron que saliesen del concilio; y conferenciaban entre sí,

16 diciendo: ¿Qué haremos con estos hombres? Porque de cierto, señal manifiesta ha sido hecha por ellos, notoria a todos los que moran en Jerusalén, y no lo podemos negar.

17 Sin embargo, para que no se divulgue más entre el pueblo, amenacémosles para que no hablen de aquí en adelante a hombre alguno en este nombre.

18 Y llamándolos, les intimaron que en ninguna manera hablasen ni enseñasen en el nombre de Jesús.

19 Mas Pedro y Juan respondieron diciéndoles: Juzgad si es justo delante de Dios obedecer a vosotros antes que a Dios;

20 porque no podemos dejar de decir lo que hemos visto y oído.

21 Ellos entonces les amenazaron y les soltaron, no hallando ningún modo de castigarles, por causa del pueblo; porque todos glorificaban a Dios por lo que se había hecho,

22 ya que el hombre en quien se había hecho este milagro de sanidad, tenía más de cuarenta años.

Los creyentes piden confianza y valor

23 Y puestos en libertad, vinieron a los suyos y contaron todo lo que los principales sacerdotes y los ancianos les habían dicho.

24 Y ellos, habiéndolo oído, alzaron unánimes la voz a Dios, y dijeron: Soberano Señor, tú eres el Dios que hiciste el cielo y la tierra, el mar y todo lo que en ellos hay;[b]

25 que por boca de David tu siervo dijiste:

¿Por qué se amotinan las gentes,
Y los pueblos piensan cosas vanas?

26 Se reunieron los reyes de la tierra,
Y los príncipes se juntaron en uno
Contra el Señor, y contra su Cristo.[c]

27 Porque verdaderamente se unieron en esta ciudad contra tu santo Hijo Jesús, a quien ungiste, Herodes[d] y Poncio Pilato,[e] con los gentiles y el pueblo de Israel,

28 para hacer cuanto tu mano y tu consejo habían antes determinado que sucediera.

29 Y ahora, Señor, mira sus amenazas, y concede a tus siervos que con todo denuedo hablen tu palabra,

30 mientras extiendes tu mano para que se hagan sanidades y señales y prodigios mediante el nombre de tu santo Hijo Jesús.

31 Cuando hubieron orado, el lugar en que estaban congregados tembló; y todos fueron llenos del Espíritu Santo, y hablaban con denuedo la palabra de Dios.

Todas las cosas en común

32 Y la multitud de los que habían creído era de un corazón y un alma; y ninguno decía ser suyo propio nada de lo que poseía, sino que tenían todas las cosas en común.[f]

33 Y con gran poder los apóstoles daban testimonio de la resurrección del Señor Jesús, y abundante gracia era sobre todos ellos.

34 Así que no había entre ellos ningún necesitado; porque todos los que poseían heredades o casas, las vendían, y traían el precio de lo vendido,

35 y lo ponían a los pies de los apóstoles; y se repartía a cada uno según su necesidad.[g]

36 Entonces José, a quien los apóstoles pusieron por sobrenombre Bernabé (que traducido es, Hijo de consolación), levita, natural de Chipre,

37 como tenía una heredad, la vendió y trajo el precio y lo puso a los pies de los apóstoles.

Ananías y Safira

5 **1** Pero cierto hombre llamado Ananías, con Safira su mujer, vendió una heredad,

a 4.11 Sal 118.22.   b 4.24 Éx 20.11; Sal 146.6.
c 4.25, 26 Sal 2.1, 2.   d 4.27 Lc 23.7-11.   e 4.27 Mt 27.1, 2;
Mr 15.1; Lc 23.1; Jn 18.28, 29.   f 4.32 Hch 2.44, 45.
g 4.34, 35 Mt 19.21; Mr 10.21; Lc 12.33; 18.22.

² y sustrajo del precio, sabiéndolo también su mujer; y trayendo sólo una parte, la puso a los pies de los apóstoles.

³ Y dijo Pedro: Ananías, ¿por qué llenó Satanás tu corazón para que mintieses al Espíritu Santo, y sustrajeses del precio de la heredad?

⁴ Reteniéndola, ¿no se te quedaba a ti? y vendida, ¿no estaba en tu poder? ¿Por qué pusiste esto en tu corazón? No has mentido a los hombres, sino a Dios.

⁵ Al oír Ananías estas palabras, cayó y expiró. Y vino un gran temor sobre todos los que lo oyeron.

⁶ Y levantándose los jóvenes, lo envolvieron, y sacándolo, lo sepultaron.

⁷ Pasado un lapso como de tres horas, sucedió que entró su mujer, no sabiendo lo que había acontecido.

⁸ Entonces Pedro le dijo: Dime, ¿vendisteis en tanto la heredad? Y ella dijo: Sí, en tanto.

⁹ Y Pedro le dijo: ¿Por qué convinisteis en tentar al Espíritu del Señor? He aquí a la puerta los pies de los que han sepultado a tu marido, y te sacarán a ti.

¹⁰ Al instante ella cayó a los pies de él, y expiró; y cuando entraron los jóvenes, la hallaron muerta; y la sacaron, y la sepultaron junto a su marido.

¹¹ Y vino gran temor sobre toda la iglesia, y sobre todos los que oyeron estas cosas.

Muchas señales y maravillas

¹² Y por la mano de los apóstoles se hacían muchas señales y prodigios en el pueblo; y estaban todos unánimes en el pórtico de Salomón.

¹³ De los demás, ninguno se atrevía a juntarse con ellos; mas el pueblo los alababa grandemente.

¹⁴ Y los que creían en el Señor aumentaban más, gran número así de hombres como de mujeres;

¹⁵ tanto que sacaban los enfermos a las calles, y los ponían en camas y lechos, para que al pasar Pedro, a lo menos su sombra cayese sobre alguno de ellos.

¹⁶ Y aun de las ciudades vecinas muchos venían a Jerusalén, trayendo enfermos y atormentados de espíritus inmundos; y todos eran sanados.

Pedro y Juan son perseguidos

¹⁷ Entonces levantándose el sumo sacerdote y todos los que estaban con él, esto es, la secta de los saduceos, se llenaron de celos;

¹⁸ y echaron mano a los apóstoles y los pusieron en la cárcel pública.

¹⁹ Mas un ángel del Señor, abriendo de noche las puertas de la cárcel y sacándolos, dijo:

²⁰ Id, y puestos en pie en el templo, anunciad al pueblo todas las palabras de esta vida.

²¹ Habiendo oído esto, entraron de mañana en el templo, y enseñaban.

Entre tanto, vinieron el sumo sacerdote y los que estaban con él, y convocaron al concilio y a todos los ancianos de los hijos de Israel, y enviaron a la cárcel para que fuesen traídos.

²² Pero cuando llegaron los alguaciles, no los hallaron en la cárcel; entonces volvieron y dieron aviso,

²³ diciendo: Por cierto, la cárcel hemos hallado cerrada con toda seguridad, y los guardas afuera de pie ante las puertas; mas cuando abrimos, a nadie hallamos dentro.

²⁴ Cuando oyeron estas palabras el sumo sacerdote y el jefe de la guardia del templo y los principales sacerdotes, dudaban en qué vendría a parar aquello.

²⁵ Pero viniendo uno, les dio esta noticia: He aquí, los varones que pusisteis en la cárcel están en el templo, y enseñan al pueblo.

²⁶ Entonces fue el jefe de la guardia con los alguaciles, y los trajo sin violencia, porque temían ser apedreados por el pueblo.

²⁷ Cuando los trajeron, los presentaron en el concilio, y el sumo sacerdote les preguntó,

²⁸ diciendo: ¿No os mandamos estrictamente que no enseñaseis en ese nombre? Y ahora habéis llenado a Jerusalén de vuestra doctrina, y queréis echar sobre nosotros la sangre de ese hombre.ᵃ

²⁹ Respondiendo Pedro y los apóstoles, dijeron: Es necesario obedecer a Dios antes que a los hombres.

³⁰ El Dios de nuestros padres levantó a Jesús, a quien vosotros matasteis colgándole en un madero.

³¹ A éste, Dios ha exaltado con su diestra por Príncipe y Salvador, para dar a Israel arrepentimiento y perdón de pecados.

ᵃ 5.28 Mt 27.25.

32 Y nosotros somos testigos suyos de estas cosas, y también el Espíritu Santo, el cual ha dado Dios a los que le obedecen.

33 Ellos, oyendo esto, se enfurecían y querían matarlos.

34 Entonces levantándose en el concilio un fariseo llamado Gamaliel, doctor de la ley, venerado de todo el pueblo, mandó que sacasen fuera por un momento a los apóstoles,

35 y luego dijo: Varones israelitas, mirad por vosotros lo que vais a hacer respecto a estos hombres.

36 Porque antes de estos días se levantó Teudas, diciendo que era alguien. A éste se unió un número como de cuatrocientos hombres; pero él fue muerto, y todos los que le obedecían fueron dispersados y reducidos a nada.

37 Después de éste, se levantó Judas el galileo, en los días del censo, y llevó en pos de sí a mucho pueblo. Pereció también él, y todos los que le obedecían fueron dispersados.

38 Y ahora os digo: Apartaos de estos hombres, y dejadlos; porque si este consejo o esta obra es de los hombres, se desvanecerá;

39 mas si es de Dios, no la podréis destruir; no seáis tal vez hallados luchando contra Dios.

40 Y convinieron con él; y llamando a los apóstoles, después de azotarlos, les intimaron que no hablasen en el nombre de Jesús, y los pusieron en libertad.

41 Y ellos salieron de la presencia del concilio, gozosos de haber sido tenidos por dignos de padecer afrenta por causa del Nombre.

42 Y todos los días, en el templo y por las casas, no cesaban de enseñar y predicar a Jesucristo.

Elección de siete diáconos

6 **1** En aquellos días, como creciera el número de los discípulos, hubo murmuración de los griegos contra los hebreos, de que las viudas de aquéllos eran desatendidas en la distribución diaria.

2 Entonces los doce convocaron a la multitud de los discípulos, y dijeron: No es justo que nosotros dejemos la palabra de Dios, para servir a las mesas.

3 Buscad, pues, hermanos, de entre vosotros a siete varones de buen testimonio, llenos del Espíritu Santo y de sabiduría, a quienes encarguemos de este trabajo.

4 Y nosotros persistiremos en la oración y en el ministerio de la palabra.

5 Agradó la propuesta a toda la multitud; y eligieron a Esteban, varón lleno de fe y del Espíritu Santo, a Felipe, a Prócoro, a Nicanor, a Timón, a Parmenas, y a Nicolás prosélito de Antioquía;

6 a los cuales presentaron ante los apóstoles, quienes, orando, les impusieron las manos.

7 Y crecía la palabra del Señor, y el número de los discípulos se multiplicaba grandemente en Jerusalén; también muchos de los sacerdotes obedecían a la fe.

Esteban, lleno de gracia y de poder

8 Y Esteban, lleno de gracia y de poder, hacía grandes prodigios y señales entre el pueblo.

9 Entonces se levantaron unos de la sinagoga llamada de los libertos, y de los de Cirene, de Alejandría, de Cilicia y de Asia, disputando con Esteban.

10 Pero no podían resistir a la sabiduría y al Espíritu con que hablaba.

11 Entonces sobornaron a unos para que dijesen que le habían oído hablar palabras blasfemas contra Moisés y contra Dios.

Arresto de Esteban

12 Y soliviantaron al pueblo, a los ancianos y a los escribas; y arremetiendo, le arrebataron, y le trajeron al concilio.

13 Y pusieron testigos falsos que decían: Este hombre no cesa de hablar palabras blasfemas contra este lugar santo y contra la ley;

14 pues le hemos oído decir que ese Jesús de Nazaret destruirá este lugar, y cambiará las costumbres que nos dio Moisés.

15 Entonces todos los que estaban sentados en el concilio, al fijar los ojos en él, vieron su rostro como el rostro de un ángel.

Defensa y muerte de Esteban

7 **1** El sumo sacerdote dijo entonces: ¿Es esto así?

2 Y él dijo:

Varones hermanos y padres, oíd: El Dios de la gloria apareció a nuestro padre

Abraham, estando en Mesopotamia, antes que morase en Harán,

3 y le dijo: Sal de tu tierra y de tu parentela, y ven a la tierra que yo te mostraré.ᵃ

4 Entonces salió de la tierra de los caldeos y habitó en Harán;ᵇ y de allí, muerto su padre, Dios le trasladó a esta tierra, en la cual vosotros habitáis ahora.ᶜ

5 Y no le dio herencia en ella, ni aun para asentar un pie; pero le prometió que se la daría en posesión, y a su descendencia después de él,ᵈ cuando él aún no tenía hijo.

6 Y le dijo Dios así: Que su descendencia sería extranjera en tierra ajena, y que los reducirían a servidumbre y los maltratarían, por cuatrocientos años.

7 Mas yo juzgaré, dijo Dios, a la nación de la cual serán siervos; y después de esto saldrán y me servirán en este lugar.ᵉ

8 Y le dio el pacto de la circuncisión;ᶠ y así Abraham engendró a Isaac,ᵍ y le circuncidó al octavo día; e Isaac a Jacob,ʰ y Jacob a los doce patriarcas.ⁱ

9 Los patriarcas, movidos por envidia,ʲ vendieron a José para Egipto;ᵏ pero Dios estaba con él,ˡ

10 y le libró de todas sus tribulaciones, y le dio gracia y sabiduría delante de Faraón rey de Egipto, el cual lo puso por gobernador sobre Egipto y sobre toda su casa.ᵐ

11 Vino entonces hambre en toda la tierra de Egipto y de Canaán, y grande tribulación; y nuestros padres no hallaban alimentos.ⁿ

12 Cuando oyó Jacob que había trigo en Egipto, envió a nuestros padres la primera vez.ᵒ

13 Y en la segunda, José se dio a conocer a sus hermanos,ᵖ y fue manifestado a Faraón el linaje de José.�q

14 Y enviando José, hizo venir a su padre Jacob,ʳ y a toda su parentela, en número de setenta y cinco personas.ˢ

15 Así descendió Jacob a Egipto,ᵗ donde murió él,ᵘ y también nuestros padres;

16 los cuales fueron trasladados a Siquem, y puestos en el sepulcro que a precio de dinero compró Abraham de los hijos de Hamor en Siquem.ᵛ

17 Pero cuando se acercaba el tiempo de la promesa, que Dios había jurado a Abraham, el pueblo creció y se multiplicó en Egipto,

18 hasta que se levantó en Egipto otro rey que no conocía a José.ʷ

19 Este rey, usando de astucia con nuestro pueblo, maltrató a nuestros padres,ˣ a fin de que expusiesen a la muerte a sus niños, para que no se propagasen.ʸ

20 En aquel mismo tiempo nació Moisés, y fue agradable a Dios; y fue criado tres meses en casa de su padre.ᶻ

21 Pero siendo expuesto a la muerte, la hija de Faraón le recogió y le crió como a hijo suyo.ᵃ

22 Y fue enseñado Moisés en toda la sabiduría de los egipcios; y era poderoso en sus palabras y obras.

23 Cuando hubo cumplido la edad de cuarenta años, le vino al corazón el visitar a sus hermanos, los hijos de Israel.

24 Y al ver a uno que era maltratado, lo defendió, e hiriendo al egipcio, vengó al oprimido.

25 Pero él pensaba que sus hermanos comprendían que Dios les daría libertad por mano suya; mas ellos no lo habían entendido así.

26 Y al día siguiente, se presentó a unos de ellos que reñían, y los ponía en paz, diciendo: Varones, hermanos sois, ¿por qué os maltratáis el uno al otro?

27 Entonces el que maltrataba a su prójimo le rechazó, diciendo: ¿Quién te ha puesto por gobernante y juez sobre nosotros?

28 ¿Quieres tú matarme, como mataste ayer al egipcio?

29 Al oír esta palabra, Moisés huyó, y vivió como extranjero en tierra de Madián,ᵇ donde engendró dos hijos.ᶜ

30 Pasados cuarenta años, un ángel se le apareció en el desierto del monte Sinaí, en la llama de fuego de una zarza.

31 Entonces Moisés, mirando, se maravilló de la visión; y acercándose para observar, vino a él la voz del Señor:

a 7.2, 3 Gn 12.1.   b 7.4 Gn 11.31.   c 7.4 Gn 12.4.
d 7.5 Gn 12.7; 13.15; 15.18; 17.8.   e 7.6, 7 Gn 15.13, 14.
f 7.8 Gn 17.10-14.   g 7.8 Gn 21.2-4.   h 7.8 Gn 25.26.
i 7.8 Gn 29.31—35.18.   j 7.9 Gn 37.11.   k 7.9 Gn 37.28.
l 7.9 Gn 39.2, 21.   m 7.10 Gn 41.39-41.   n 7.11 Gn 41.54-57.
o 7.12 Gn 42.1, 2.   p 7.13 Gn 45.1.   q 7.13 Gn 45.16.
r 7.14 Gn 45.9, 10, 17.18.   s 7.14 Gn 46.27.   t 7.15 Gn 46.1-7.
u 7.15 Gn 49.33.   v 7.16 Gn 23.3-16; 33.19; 50.7-13;
Jos 24.32.   w 7.17, 18 Éx 1.7, 8.   x 7.19 Éx 1.10, 11.
y 7.19 Éx 1.22.   z 7.20 Éx 2.2.   a 7.21 Éx 2.3-10.
b 7.23-29 Éx 2.11-15.   c 7.29 Éx 18.3, 4.

32 Yo soy el Dios de tus padres, el Dios de Abraham, el Dios de Isaac, y el Dios de Jacob. Y Moisés, temblando, no se atrevía a mirar.

33 Y le dijo el Señor: Quita el calzado de tus pies, porque el lugar en que estás es tierra santa.

34 Ciertamente he visto la aflicción de mi pueblo que está en Egipto, y he oído su gemido, y he descendido para librarlos. Ahora, pues, ven, te enviaré a Egipto.[d]

35 A este Moisés, a quien habían rechazado, diciendo: ¿Quién te ha puesto por gobernante y juez?, a éste lo envió Dios como gobernante y libertador por mano del ángel que se le apareció en la zarza.

36 Éste los sacó, habiendo hecho prodigios y señales en tierra de Egipto,[e] y en el Mar Rojo,[f] y en el desierto por cuarenta años.[g]

37 Este Moisés es el que dijo a los hijos de Israel: Profeta os levantará el Señor vuestro Dios de entre vuestros hermanos, como a mí;[h] a él oiréis.

38 Éste es aquel Moisés que estuvo en la congregación en el desierto con el ángel que le hablaba en el monte Sinaí,[i] y con nuestros padres, y que recibió palabras de vida que darnos;

39 al cual nuestros padres no quisieron obedecer, sino que le desecharon, y en sus corazones se volvieron a Egipto,

40 cuando dijeron a Aarón: Haznos dioses que vayan delante de nosotros; porque a este Moisés, que nos sacó de la tierra de Egipto, no sabemos qué le haya acontecido.[j]

41 Entonces hicieron un becerro, y ofrecieron sacrificio al ídolo, y en las obras de sus manos se regocijaron.[k]

42 Y Dios se apartó, y los entregó a que rindiesen culto al ejército del cielo; como está escrito en el libro de los profetas:

¿Acaso me ofrecisteis víctimas y
    sacrificios
En el desierto por cuarenta años, casa
    de Israel?

43 Antes bien llevasteis el tabernáculo
    de Moloc,
Y la estrella de vuestro dios Renfán,
Figuras que os hicisteis para
    adorarlas.
Os transportaré, pues, más allá de
    Babilonia.[l]

44 Tuvieron nuestros padres el tabernáculo del testimonio en el desierto, como había ordenado Dios cuando dijo a Moisés que lo hiciese conforme al modelo que había visto.[m]

45 El cual, recibido a su vez por nuestros padres, lo introdujeron con Josué[n] al tomar posesión de la tierra de los gentiles, a los cuales Dios arrojó de la presencia de nuestros padres, hasta los días de David.

46 Éste halló gracia delante de Dios, y pidió proveer tabernáculo para el Dios de Jacob.[o]

47 Mas Salomón le edificó casa;[p]

48 si bien el Altísimo no habita en templos hechos de mano, como dice el profeta:

49 El cielo es mi trono,
    Y la tierra el estrado de mis pies.
    ¿Qué casa me edificaréis? dice el
        Señor;
    ¿O cuál es el lugar de mi reposo?

50 ¿No hizo mi mano todas estas cosas?[q]

51 ¡Duros de cerviz, e incircuncisos de corazón y de oídos! Vosotros resistís siempre al Espíritu Santo; como vuestros padres, así también vosotros.[r]

52 ¿A cuál de los profetas no persiguieron vuestros padres? Y mataron a los que anunciaron de antemano la venida del Justo, de quien vosotros ahora habéis sido entregadores y matadores;

53 vosotros que recibisteis la ley por disposición de ángeles, y no la guardasteis.

54 Oyendo estas cosas, se enfurecían en sus corazones, y crujían los dientes contra él.

55 Pero Esteban, lleno del Espíritu Santo, puestos los ojos en el cielo, vio la gloria de Dios, y a Jesús que estaba a la diestra de Dios,

56 y dijo: He aquí, veo los cielos abiertos, y al Hijo del Hombre que está a la diestra de Dios.

57 Entonces ellos, dando grandes voces, se taparon los oídos, y arremetieron a una contra él.

58 Y echándole fuera de la ciudad, le apedrearon; y los testigos pusieron sus ropas a los pies de un joven que se llamaba Saulo.

---

d 7.30-34 Éx 3.1-10.   **e 7.36** Éx 7.3.   **f 7.36** Éx 14.21.
g 7.36 Nm 14.33.   **h 7.37** Dt 18.15, 18.
i 7.38 Éx 19.1—20.17; Dt 5.1-33.   **j 7.40** Éx 32.1.
k 7.41 Éx 32.2-6.   **l 7.42, 43** Am 5.25-27.
m 7.44 Éx 25.9, 40.   **n 7.45** Jos 3.14-17.   **o 7.46** 2 S 7.1-16;
1 Cr 17.1-14.   **p 7.47** 1 R 6.1-38; 2 Cr 3.1-17.
q 7.49, 50 Is 66.1, 2.   **r 7.51** Is 63.10.

59 Y apedreaban a Esteban, mientras él invocaba y decía: Señor Jesús, recibe mi espíritu.

60 Y puesto de rodillas, clamó a gran voz: Señor, no les tomes en cuenta este pecado. Y habiendo dicho esto, durmió.

Saulo persigue a la iglesia

8 **1** Y Saulo consentía en su muerte. En aquel día hubo una gran persecución contra la iglesia que estaba en Jerusalén; y todos fueron esparcidos por las tierras de Judea y de Samaria, salvo los apóstoles.
2 Y hombres piadosos llevaron a enterrar a Esteban, e hicieron gran llanto sobre él.
3 Y Saulo asolaba la iglesia, y entrando casa por casa, arrastraba a hombres y a mujeres, y los entregaba en la cárcel.[a]

Predicación del evangelio en Samaria

4 Pero los que fueron esparcidos iban por todas partes anunciando el evangelio.
5 Entonces Felipe, descendiendo a la ciudad de Samaria, les predicaba a Cristo.
6 Y la gente, unánime, escuchaba atentamente las cosas que decía Felipe, oyendo y viendo las señales que hacía.
7 Porque de muchos que tenían espíritus inmundos, salían éstos dando grandes voces; y muchos paralíticos y cojos eran sanados;
8 así que había gran gozo en aquella ciudad.
9 Pero había un hombre llamado Simón, que antes ejercía la magia en aquella ciudad, y había engañado a la gente de Samaria, haciéndose pasar por algún grande.
10 A éste oían atentamente todos, desde el más pequeño hasta el más grande, diciendo: Éste es el gran poder de Dios.
11 Y le estaban atentos, porque con sus artes mágicas les había engañado mucho tiempo.
12 Pero cuando creyeron a Felipe, que anunciaba el evangelio del reino de Dios y el nombre de Jesucristo, se bautizaban hombres y mujeres.
13 También creyó Simón mismo, y habiéndose bautizado, estaba siempre con Felipe; y viendo las señales y grandes milagros que se hacían, estaba atónito.

Los samaritanos reciben el Espíritu

14 Cuando los apóstoles que estaban en Jerusalén oyeron que Samaria había recibido la palabra de Dios, enviaron allá a Pedro y a Juan;
15 los cuales, habiendo venido, oraron por ellos para que recibiesen el Espíritu Santo;
16 porque aún no había descendido sobre ninguno de ellos, sino que solamente habían sido bautizados en el nombre de Jesús.
17 Entonces les imponían las manos, y recibían el Espíritu Santo.

Pedro reprende a Simón

18 Cuando vio Simón que por la imposición de las manos de los apóstoles se daba el Espíritu Santo, les ofreció dinero,
19 diciendo: Dadme también a mí este poder, para que cualquiera a quien yo impusiere las manos reciba el Espíritu Santo.
20 Entonces Pedro le dijo: Tu dinero perezca contigo, porque has pensado que el don de Dios se obtiene con dinero.
21 No tienes tú parte ni suerte en este asunto, porque tu corazón no es recto delante de Dios.[b]
22 Arrepiéntete, pues, de esta tu maldad, y ruega a Dios, si quizá te sea perdonado el pensamiento de tu corazón;
23 porque en hiel de amargura y en prisión de maldad veo que estás.
24 Respondiendo entonces Simón, dijo: Rogad vosotros por mí al Señor, para que nada de esto que habéis dicho venga sobre mí.
25 Y ellos, habiendo testificado y hablado la palabra de Dios, se volvieron a Jerusalén, y en muchas poblaciones de los samaritanos anunciaron el evangelio.

Felipe y el etíope

26 Un ángel del Señor habló a Felipe, diciendo: Levántate y ve hacia el sur, por el camino que desciende de Jerusalén a Gaza, el cual es desierto.
27 Entonces él se levantó y fue. Y sucedió que un etíope, eunuco, funcionario de Candace reina de los etíopes, el cual estaba sobre todos sus tesoros, y había venido a Jerusalén para adorar,
28 volvía sentado en su carro, y leyendo al profeta Isaías.

a 8.1-3 Hch 22.4, 5; 26.9-11.   **b 8.21** Sal 78.37.

29 Y el Espíritu dijo a Felipe: Acércate y júntate a ese carro.

30 Acudiendo Felipe, le oyó que leía al profeta Isaías, y dijo: Pero ¿entiendes lo que lees?

31 Él dijo: ¿Y cómo podré, si alguno no me enseñare? Y rogó a Felipe que subiese y se sentara con él.

32 El pasaje de la Escritura que leía era éste:

Como oveja a la muerte fue llevado;
Y como cordero mudo delante del
  que lo trasquila,
Así no abrió su boca.

33 En su humillación no se le hizo
  justicia;
Mas su generación, ¿quién la
  contará?
Porque fue quitada de la tierra su vida.[c]

34 Respondiendo el eunuco, dijo a Felipe: Te ruego que me digas: ¿de quién dice el profeta esto; de sí mismo, o de algún otro?

35 Entonces Felipe, abriendo su boca, y comenzando desde esta escritura, le anunció el evangelio de Jesús.

36 Y yendo por el camino, llegaron a cierta agua, y dijo el eunuco: Aquí hay agua; ¿qué impide que yo sea bautizado?

37 Felipe dijo: Si crees de todo corazón, bien puedes. Y respondiendo, dijo: Creo que Jesucristo es el Hijo de Dios.

38 Y mandó parar el carro; y descendieron ambos al agua, Felipe y el eunuco, y le bautizó.

39 Cuando subieron del agua, el Espíritu del Señor arrebató a Felipe; y el eunuco no le vio más, y siguió gozoso su camino.

40 Pero Felipe se encontró en Azoto; y pasando, anunciaba el evangelio en todas las ciudades, hasta que llegó a Cesarea.

Conversión de Saulo

(Hch 22.6-16; 26.12-18)

9 **1** Saulo, respirando aún amenazas y muerte contra los discípulos del Señor, vino al sumo sacerdote,

2 y le pidió cartas para las sinagogas de Damasco, a fin de que si hallase algunos hombres o mujeres de este Camino, los trajese presos a Jerusalén.

3 Mas yendo por el camino, aconteció que al llegar cerca de Damasco, repentinamente le rodeó un resplandor de luz del cielo;

4 y cayendo en tierra, oyó una voz que le decía: Saulo, Saulo, ¿por qué me persigues?

5 Él dijo: ¿Quién eres, Señor? Y le dijo: Yo soy Jesús, a quien tú persigues; dura cosa te es dar coces contra el aguijón.

6 Él, temblando y temeroso, dijo: Señor, ¿qué quieres que yo haga? Y el Señor le dijo: Levántate y entra en la ciudad, y se te dirá lo que debes hacer.

7 Y los hombres que iban con Saulo se pararon atónitos, oyendo a la verdad la voz, mas sin ver a nadie.

8 Entonces Saulo se levantó de tierra, y abriendo los ojos, no veía a nadie; así que, llevándole por la mano, le metieron en Damasco,

9 donde estuvo tres días sin ver, y no comió ni bebió.

10 Había entonces en Damasco un discípulo llamado Ananías, a quien el Señor dijo en visión: Ananías. Y él respondió: Heme aquí, Señor.

11 Y el Señor le dijo: Levántate, y ve a la calle que se llama Derecha, y busca en casa de Judas a uno llamado Saulo, de Tarso; porque he aquí, él ora,

12 y ha visto en visión a un varón llamado Ananías, que entra y le pone las manos encima para que recobre la vista.

13 Entonces Ananías respondió: Señor, he oído de muchos acerca de este hombre, cuántos males ha hecho a tus santos en Jerusalén;

14 y aun aquí tiene autoridad de los principales sacerdotes para prender a todos los que invocan tu nombre.

15 El Señor le dijo: Ve, porque instrumento escogido me es éste, para llevar mi nombre en presencia de los gentiles, y de reyes, y de los hijos de Israel;

16 porque yo le mostraré cuánto le es necesario padecer por mi nombre.

17 Fue entonces Ananías y entró en la casa, y poniendo sobre él las manos, dijo: Hermano Saulo, el Señor Jesús, que se te apareció en el camino por donde venías, me ha enviado para que recibas la vista y seas lleno del Espíritu Santo.

18 Y al momento le cayeron de los ojos como escamas, y recibió al instante la vista; y levantándose, fue bautizado.

---

c **8.32, 33** Is 53.7, 8.

19 Y habiendo tomado alimento, recobró fuerzas. Y estuvo Saulo por algunos días con los discípulos que estaban en Damasco.

Saulo predica en Damasco

20 En seguida predicaba a Cristo en las sinagogas, diciendo que éste era el Hijo de Dios.

21 Y todos los que le oían estaban atónitos, y decían: ¿No es éste el que asolaba en Jerusalén a los que invocaban este nombre, y a eso vino acá, para llevarlos presos ante los principales sacerdotes?

22 Pero Saulo mucho más se esforzaba, y confundía a los judíos que moraban en Damasco, demostrando que Jesús era el Cristo.

Saulo escapa de los judíos

23 Pasados muchos días, los judíos resolvieron en consejo matarle;

24 pero sus asechanzas llegaron a conocimiento de Saulo. Y ellos guardaban las puertas de día y de noche para matarle.

25 Entonces los discípulos, tomándole de noche, le bajaron por el muro, descolgándole en una canasta.[a]

Saulo en Jerusalén

26 Cuando llegó a Jerusalén, trataba de juntarse con los discípulos; pero todos le tenían miedo, no creyendo que fuese discípulo.

27 Entonces Bernabé, tomándole, lo trajo a los apóstoles, y les contó cómo Saulo había visto en el camino al Señor, el cual le había hablado, y cómo en Damasco había hablado valerosamente en el nombre de Jesús.

28 Y estaba con ellos en Jerusalén; y entraba y salía,

29 y hablaba denodadamente en el nombre del Señor, y disputaba con los griegos; pero éstos procuraban matarle.

30 Cuando supieron esto los hermanos, le llevaron hasta Cesarea, y le enviaron a Tarso.

31 Entonces las iglesias tenían paz por toda Judea, Galilea y Samaria; y eran edificadas, andando en el temor del Señor, y se acrecentaban fortalecidas por el Espíritu Santo.

Curación de Eneas

32 Aconteció que Pedro, visitando a todos, vino también a los santos que habitaban en Lida.

33 Y halló allí a uno que se llamaba Eneas, que hacía ocho años que estaba en cama, pues era paralítico.

34 Y le dijo Pedro: Eneas, Jesucristo te sana; levántate, y haz tu cama. Y en seguida se levantó.

35 Y le vieron todos los que habitaban en Lida y en Sarón, los cuales se convirtieron al Señor.

Dorcas es resucitada

36 Había entonces en Jope una discípula llamada Tabita, que traducido quiere decir, Dorcas. Ésta abundaba en buenas obras y en limosnas que hacía.

37 Y aconteció que en aquellos días enfermó y murió. Después de lavada, la pusieron en una sala.

38 Y como Lida estaba cerca de Jope, los discípulos, oyendo que Pedro estaba allí, le enviaron dos hombres, a rogarle: No tardes en venir a nosotros.

39 Levantándose entonces Pedro, fue con ellos; y cuando llegó, le llevaron a la sala, donde le rodearon todas las viudas, llorando y mostrando las túnicas y los vestidos que Dorcas hacía cuando estaba con ellas.

40 Entonces, sacando a todos, Pedro se puso de rodillas y oró; y volviéndose al cuerpo, dijo: Tabita, levántate. Y ella abrió los ojos, y al ver a Pedro, se incorporó.

41 Y él, dándole la mano, la levantó; entonces, llamando a los santos y a las viudas, la presentó viva.

42 Esto fue notorio en toda Jope, y muchos creyeron en el Señor.

43 Y aconteció que se quedó muchos días en Jope en casa de un cierto Simón, curtidor.

Pedro y Cornelio

10 **1** Había en Cesarea un hombre llamado Cornelio, centurión de la compañía llamada la Italiana,

2 piadoso y temeroso de Dios con toda su casa, y que hacía muchas limosnas al pueblo, y oraba a Dios siempre.

3 Éste vio claramente en una visión, como a la hora novena del día, que un ángel de

---

a **9.23-25** 2 Co 11.32, 33.

Dios entraba donde él estaba, y le decía: Cornelio.

4 Él, mirándole fijamente, y atemorizado, dijo: ¿Qué es, Señor? Y le dijo: Tus oraciones y tus limosnas han subido para memoria delante de Dios.

5 Envía, pues, ahora hombres a Jope, y haz venir a Simón, el que tiene por sobrenombre Pedro.

6 Éste posa en casa de cierto Simón curtidor, que tiene su casa junto al mar; él te dirá lo que es necesario que hagas.

7 Ido el ángel que hablaba con Cornelio, éste llamó a dos de sus criados, y a un devoto soldado de los que le asistían;

8 a los cuales envió a Jope, después de haberles contado todo.

9 Al día siguiente, mientras ellos iban por el camino y se acercaban a la ciudad, Pedro subió a la azotea para orar, cerca de la hora sexta.

10 Y tuvo gran hambre, y quiso comer; pero mientras le preparaban algo, le sobrevino un éxtasis;

11 y vio el cielo abierto, y que descendía algo semejante a un gran lienzo, que atado de las cuatro puntas era bajado a la tierra;

12 en el cual había de todos los cuadrúpedos terrestres y reptiles y aves del cielo.

13 Y le vino una voz: Levántate, Pedro, mata y come.

14 Entonces Pedro dijo: Señor, no; porque ninguna cosa común o inmunda he comido jamás.

15 Volvió la voz a él la segunda vez: Lo que Dios limpió, no lo llames tú común.

16 Esto se hizo tres veces; y aquel lienzo volvió a ser recogido en el cielo.

17 Y mientras Pedro estaba perplejo dentro de sí sobre lo que significaría la visión que había visto, he aquí los hombres que habían sido enviados por Cornelio, los cuales, preguntando por la casa de Simón, llegaron a la puerta.

18 Y llamando, preguntaron si moraba allí un Simón que tenía por sobrenombre Pedro.

19 Y mientras Pedro pensaba en la visión, le dijo el Espíritu: He aquí, tres hombres te buscan.

20 Levántate, pues, y desciende y no dudes de ir con ellos, porque yo los he enviado.

21 Entonces Pedro, descendiendo a donde estaban los hombres que fueron enviados por Cornelio, les dijo: He aquí, yo soy el que buscáis; ¿cuál es la causa por la que habéis venido?

22 Ellos dijeron: Cornelio el centurión, varón justo y temeroso de Dios, y que tiene buen testimonio en toda la nación de los judíos, ha recibido instrucciones de un santo ángel, de hacerte venir a su casa para oír tus palabras.

23 Entonces, haciéndoles entrar, los hospedó. Y al día siguiente, levantándose, se fue con ellos; y le acompañaron algunos de los hermanos de Jope.

24 Al otro día entraron en Cesarea. Y Cornelio los estaba esperando, habiendo convocado a sus parientes y amigos más íntimos.

25 Cuando Pedro entró, salió Cornelio a recibirle, y postrándose a sus pies, adoró.

26 Mas Pedro le levantó, diciendo: Levántate, pues yo mismo también soy hombre.

27 Y hablando con él, entró, y halló a muchos que se habían reunido.

28 Y les dijo: Vosotros sabéis cuán abominable es para un varón judío juntarse o acercarse a un extranjero; pero a mí me ha mostrado Dios que a ningún hombre llame común o inmundo;

29 por lo cual, al ser llamado, vine sin replicar. Así que pregunto: ¿Por qué causa me habéis hecho venir?

30 Entonces Cornelio dijo: Hace cuatro días que a esta hora yo estaba en ayunas; y a la hora novena, mientras oraba en mi casa, vi que se puso delante de mí un varón con vestido resplandeciente,

31 y dijo: Cornelio, tu oración ha sido oída, y tus limosnas han sido recordadas delante de Dios.

32 Envía, pues, a Jope, y haz venir a Simón el que tiene por sobrenombre Pedro, el cual mora en casa de Simón, un curtidor, junto al mar; y cuando llegue, él te hablará.

33 Así que luego envié por ti; y tú has hecho bien en venir. Ahora, pues, todos nosotros estamos aquí en la presencia de Dios, para oír todo lo que Dios te ha mandado.

34 Entonces Pedro, abriendo la boca, dijo: En verdad comprendo que Dios no hace acepción de personas,[a]

35 sino que en toda nación se agrada del que le teme y hace justicia.

---

a **10.34** Dt 10.17.

36 Dios envió mensaje a los hijos de Israel, anunciando el evangelio de la paz por medio de Jesucristo; éste es Señor de todos.
37 Vosotros sabéis lo que se divulgó por toda Judea, comenzando desde Galilea, después del bautismo que predicó Juan:
38 cómo Dios ungió con el Espíritu Santo y con poder a Jesús de Nazaret, y cómo éste anduvo haciendo bienes y sanando a todos los oprimidos por el diablo, porque Dios estaba con él.
39 Y nosotros somos testigos de todas las cosas que Jesús hizo en la tierra de Judea y en Jerusalén; a quien mataron colgándole en un madero.
40 A éste levantó Dios al tercer día, e hizo que se manifestase;
41 no a todo el pueblo, sino a los testigos que Dios había ordenado de antemano, a nosotros que comimos y bebimos con él después que resucitó de los muertos.
42 Y nos mandó que predicásemos al pueblo, y testificásemos que él es el que Dios ha puesto por Juez de vivos y muertos.
43 De éste dan testimonio todos los profetas, que todos los que en él creyeren, recibirán perdón de pecados por su nombre.

Los gentiles reciben el Espíritu

44 Mientras aún hablaba Pedro estas palabras, el Espíritu Santo cayó sobre todos los que oían el discurso.
45 Y los fieles de la circuncisión que habían venido con Pedro se quedaron atónitos de que también sobre los gentiles se derramase el don del Espíritu Santo.
46 Porque los oían que hablaban en lenguas, y que magnificaban a Dios.
47 Entonces respondió Pedro: ¿Puede acaso alguno impedir el agua, para que no sean bautizados estos que han recibido el Espíritu Santo también como nosotros?
48 Y mandó bautizarles en el nombre del Señor Jesús. Entonces le rogaron que se quedase por algunos días.

Informe de Pedro a la iglesia de Jerusalén

11 **1** Oyeron los apóstoles y los hermanos que estaban en Judea, que también los gentiles habían recibido la palabra de Dios.
2 Y cuando Pedro subió a Jerusalén, disputaban con él los que eran de la circuncisión,
3 diciendo: ¿Por qué has entrado en casa de hombres incircuncisos, y has comido con ellos?
4 Entonces comenzó Pedro a contarles por orden lo sucedido, diciendo:
5 Estaba yo en la ciudad de Jope orando, y vi en éxtasis una visión; algo semejante a un gran lienzo que descendía, que por las cuatro puntas era bajado del cielo y venía hasta mí.
6 Cuando fijé en él los ojos, consideré y vi cuadrúpedos terrestres, y fieras, y reptiles, y aves del cielo.
7 Y oí una voz que me decía: Levántate, Pedro, mata y come.
8 Y dije: Señor, no; porque ninguna cosa común o inmunda entró jamás en mi boca.
9 Entonces la voz me respondió del cielo por segunda vez: Lo que Dios limpió, no lo llames tú común.
10 Y esto se hizo tres veces, y volvió todo a ser llevado arriba al cielo.
11 Y he aquí, luego llegaron tres hombres a la casa donde yo estaba, enviados a mí desde Cesarea.
12 Y el Espíritu me dijo que fuese con ellos sin dudar. Fueron también conmigo estos seis hermanos, y entramos en casa de un varón,
13 quien nos contó cómo había visto en su casa un ángel, que se puso en pie y le dijo: Envía hombres a Jope, y haz venir a Simón, el que tiene por sobrenombre Pedro;
14 él te hablará palabras por las cuales serás salvo tú, y toda tu casa.
15 Y cuando comencé a hablar, cayó el Espíritu Santo sobre ellos también, como sobre nosotros al principio.
16 Entonces me acordé de lo dicho por el Señor, cuando dijo: Juan ciertamente bautizó en agua, mas vosotros seréis bautizados con el Espíritu Santo.[a]
17 Si Dios, pues, les concedió también el mismo don que a nosotros que hemos creído en el Señor Jesucristo, ¿quién era yo que pudiese estorbar a Dios?

18 Entonces, oídas estas cosas, callaron, y glorificaron a Dios, diciendo: ¡De manera que también a los gentiles ha dado Dios arrepentimiento para vida!

La iglesia en Antioquía

19 Ahora bien, los que habían sido esparcidos a causa de la persecución que hubo con motivo de Esteban,[b] pasaron hasta Fenicia, Chipre y Antioquía, no hablando a nadie la palabra, sino sólo a los judíos. 20 Pero había entre ellos unos varones de Chipre y de Cirene, los cuales, cuando entraron en Antioquía, hablaron también a los griegos, anunciando el evangelio del Señor Jesús. 21 Y la mano del Señor estaba con ellos, y gran número creyó y se convirtió al Señor. 22 Llegó la noticia de estas cosas a oídos de la iglesia que estaba en Jerusalén; y enviaron a Bernabé que fuese hasta Antioquía. 23 Éste, cuando llegó, y vio la gracia de Dios, se regocijó, y exhortó a todos a que con propósito de corazón permaneciesen fieles al Señor. 24 Porque era varón bueno, y lleno del Espíritu Santo y de fe. Y una gran multitud fue agregada al Señor. 25 Después fue Bernabé a Tarso para buscar a Saulo; y hallándole, le trajo a Antioquía. 26 Y se congregaron allí todo un año con la iglesia, y enseñaron a mucha gente; y a los discípulos se les llamó cristianos por primera vez en Antioquía.

27 En aquellos días unos profetas descendieron de Jerusalén a Antioquía. 28 Y levantándose uno de ellos, llamado Agabo,[c] daba a entender por el Espíritu, que vendría una gran hambre en toda la tierra habitada; la cual sucedió en tiempo de Claudio. 29 Entonces los discípulos, cada uno conforme a lo que tenía, determinaron enviar socorro a los hermanos que habitaban en Judea; 30 lo cual en efecto hicieron, enviándolo a los ancianos por mano de Bernabé y de Saulo.

Jacobo, muerto; Pedro, encarcelado

12 1 En aquel mismo tiempo el rey Herodes echó mano a algunos de la iglesia para maltratarles. 2 Y mató a espada a Jacobo, hermano de Juan. 3 Y viendo que esto había agradado a los judíos, procedió a prender también a Pedro. Eran entonces los días de los panes sin levadura. 4 Y habiéndole tomado preso, le puso en la cárcel, entregándole a cuatro grupos de cuatro soldados cada uno, para que le custodiasen; y se proponía sacarle al pueblo después de la pascua.[a] 5 Así que Pedro estaba custodiado en la cárcel; pero la iglesia hacía sin cesar oración a Dios por él.

Pedro es librado de la cárcel

6 Y cuando Herodes le iba a sacar, aquella misma noche estaba Pedro durmiendo entre dos soldados, sujeto con dos cadenas, y los guardas delante de la puerta custodiaban la cárcel. 7 Y he aquí que se presentó un ángel del Señor, y una luz resplandeció en la cárcel; y tocando a Pedro en el costado, le despertó, diciendo: Levántate pronto. Y las cadenas se le cayeron de las manos. 8 Le dijo el ángel: Cíñete, y átate las sandalias. Y lo hizo así. Y le dijo: Envuélvete en tu manto, y sígueme. 9 Y saliendo, le seguía; pero no sabía que era verdad lo que hacía el ángel, sino que pensaba que veía una visión. 10 Habiendo pasado la primera y la segunda guardia, llegaron a la puerta de hierro que daba a la ciudad, la cual se les abrió por sí misma; y salidos, pasaron una calle, y luego el ángel se apartó de él. 11 Entonces Pedro, volviendo en sí, dijo: Ahora entiendo verdaderamente que el Señor ha enviado su ángel, y me ha librado de la mano de Herodes, y de todo lo que el pueblo de los judíos esperaba.

12 Y habiendo considerado esto, llegó a casa de María la madre de Juan, el que tenía por sobrenombre Marcos, donde muchos estaban reunidos orando. 13 Cuando llamó Pedro a la puerta del patio, salió a escuchar una muchacha llamada Rode, 14 la cual, cuando reconoció la voz de Pedro, de gozo no abrió la puerta, sino

---

b 11.19 Hch 8.1-4.   **c 11.28** Hch 21.10.   **a 12.4** Éx 12.1-27.

que corriendo adentro, dio la nueva de que Pedro estaba a la puerta.

15 Y ellos le dijeron: Estás loca. Pero ella aseguraba que así era. Entonces ellos decían: ¡Es su ángel!

16 Mas Pedro persistía en llamar; y cuando abrieron y le vieron, se quedaron atónitos.

17 Pero él, haciéndoles con la mano señal de que callasen, les contó cómo el Señor le había sacado de la cárcel. Y dijo: Haced saber esto a Jacobo y a los hermanos. Y salió, y se fue a otro lugar.

18 Luego que fue de día, hubo no poco alboroto entre los soldados sobre qué había sido de Pedro.

19 Mas Herodes, habiéndole buscado sin hallarle, después de interrogar a los guardas, ordenó llevarlos a la muerte. Después descendió de Judea a Cesarea y se quedó allí.

Muerte de Herodes

20 Y Herodes estaba enojado contra los de Tiro y de Sidón; pero ellos vinieron de acuerdo ante él, y sobornado Blasto, que era camarero mayor del rey, pedían paz, porque su territorio era abastecido por el del rey.

21 Y un día señalado, Herodes, vestido de ropas reales, se sentó en el tribunal y les arengó.

22 Y el pueblo aclamaba gritando: ¡Voz de Dios, y no de hombre!

23 Al momento un ángel del Señor le hirió, por cuanto no dio la gloria a Dios; y expiró comido de gusanos.

24 Pero la palabra del Señor crecía y se multiplicaba.

25 Y Bernabé y Saulo, cumplido su servicio, volvieron de Jerusalén, llevando también consigo a Juan, el que tenía por sobrenombre Marcos.

Bernabé y Saulo comienzan su primer viaje misionero

13 **1** Había entonces en la iglesia que estaba en Antioquía, profetas y maestros: Bernabé, Simón el que se llamaba Niger, Lucio de Cirene, Manaén el que se había criado junto con Herodes el tetrarca, y Saulo.

2 Ministrando éstos al Señor, y ayunando, dijo el Espíritu Santo: Apartadme a Bernabé y a Saulo para la obra a que los he llamado.

3 Entonces, habiendo ayunado y orado, les impusieron las manos y los despidieron.

Los apóstoles predican en Chipre

4 Ellos, entonces, enviados por el Espíritu Santo, descendieron a Seleucia, y de allí navegaron a Chipre.

5 Y llegados a Salamina, anunciaban la palabra de Dios en las sinagogas de los judíos. Tenían también a Juan de ayudante.

6 Y habiendo atravesado toda la isla hasta Pafos, hallaron a cierto mago, falso profeta, judío, llamado Barjesús,

7 que estaba con el procónsul Sergio Paulo, varón prudente. Éste, llamando a Bernabé y a Saulo, deseaba oír la palabra de Dios.

8 Pero les resistía Elimas, el mago (pues así se traduce su nombre), procurando apartar de la fe al procónsul.

9 Entonces Saulo, que también es Pablo, lleno del Espíritu Santo, fijando en él los ojos,

10 dijo: ¡Oh, lleno de todo engaño y de toda maldad, hijo del diablo, enemigo de toda justicia! ¿No cesarás de trastornar los caminos rectos del Señor?

11 Ahora, pues, he aquí la mano del Señor está contra ti, y serás ciego, y no verás el sol por algún tiempo. E inmediatamente cayeron sobre él oscuridad y tinieblas; y andando alrededor, buscaba quien le condujese de la mano.

12 Entonces el procónsul, viendo lo que había sucedido, creyó, maravillado de la doctrina del Señor.

Pablo y Bernabé en Antioquía de Pisidia

13 Habiendo zarpado de Pafos, Pablo y sus compañeros arribaron a Perge de Panfilia; pero Juan, apartándose de ellos, volvió a Jerusalén.

14 Ellos, pasando de Perge, llegaron a Antioquía de Pisidia; y entraron en la sinagoga un día de reposo* y se sentaron.

15 Y después de la lectura de la ley y de los profetas, los principales de la sinagoga mandaron a decirles: Varones hermanos, si tenéis alguna palabra de exhortación para el pueblo, hablad.

---

* Aquí equivale a *sábado*.

16 Entonces Pablo, levantándose, hecha señal de silencio con la mano, dijo:

Varones israelitas, y los que teméis a Dios, oíd:

17 El Dios de este pueblo de Israel escogió a nuestros padres, y enalteció al pueblo, siendo ellos extranjeros en tierra de Egipto,ᵃ y con brazo levantado los sacó de ella.ᵇ

18 Y por un tiempo como de cuarenta años los soportó en el desierto;ᶜ

19 y habiendo destruido siete naciones en la tierra de Canaán,ᵈ les dio en herencia su territorio.ᵉ

20 Después, como por cuatrocientos cincuenta años, les dio juecesᶠ hasta el profeta Samuel.ᵍ

21 Luego pidieron rey,ʰ y Dios les dio a Saúl hijo de Cis, varón de la tribu de Benjamín,ⁱ por cuarenta años.

22 Quitado éste,ʲ les levantó por rey a David, de quien dio también testimonio diciendo: He hallado a David hijo de Isaí, varón conforme a mi corazón, quien hará todo lo que yo quiero.ᵏ

23 De la descendencia de éste, y conforme a la promesa, Dios levantó a Jesús por Salvador a Israel.

24 Antes de su venida, predicó Juan el bautismo de arrepentimientoˡ a todo el pueblo de Israel.

25 Mas cuando Juan terminaba su carrera, dijo: ¿Quién pensáis que soy? No soy yo él;ᵐ mas he aquí viene tras mí uno de quien no soy digno de desatar el calzado de los pies.ⁿ

26 Varones hermanos, hijos del linaje de Abraham, y los que entre vosotros teméis a Dios, a vosotros es enviada la palabra de esta salvación.

27 Porque los habitantes de Jerusalén y sus gobernantes, no conociendo a Jesús, ni las palabras de los profetas que se leen todos los día de reposo,* las cumplieron al condenarle.

28 Y sin hallar en él causa digna de muerte, pidieron a Pilato que se le matase.ᵒ

29 Y habiendo cumplido todas las cosas que de él estaban escritas, quitándolo del madero, lo pusieron en el sepulcro.ᵖ

30 Mas Dios le levantó de los muertos.

31 Y él se apareció durante muchos días a los que habían subido juntamente con él de Galilea a Jerusalén,�q los cuales ahora son sus testigos ante el pueblo.

32 Y nosotros también os anunciamos el evangelio de aquella promesa hecha a nuestros padres,

33 la cual Dios ha cumplido a los hijos de ellos, a nosotros, resucitando a Jesús; como está escrito también en el salmo segundo: Mi hijo eres tú, yo te he engendrado hoy.ʳ

34 Y en cuanto a que le levantó de los muertos para nunca más volver a corrupción, lo dijo así: Os daré las misericordias fieles de David.ˢ

35 Por eso dice también en otro salmo: No permitirás que tu Santo vea corrupción.ᵗ

36 Porque a la verdad David, habiendo servido a su propia generación según la voluntad de Dios, durmió, y fue reunido con sus padres, y vio corrupción.

37 Mas aquel a quien Dios levantó, no vio corrupción.

38 Sabed, pues, esto, varones hermanos: que por medio de él se os anuncia perdón de pecados,

39 y que de todo aquello de que por la ley de Moisés no pudisteis ser justificados, en él es justificado todo aquel que cree.

40 Mirad, pues, que no venga sobre vosotros lo que está dicho en los profetas:

41 Mirad, oh menospreciadores, y
    asombraos, y desapareced;
Porque yo hago una obra en vuestros
    días,
Obra que no creeréis, si alguien os la
    contare.ᵘ

42 Cuando salieron ellos de la sinagoga de los judíos, los gentiles les rogaron que el siguiente día de reposo* les hablasen de estas cosas.

43 Y despedida la congregación, muchos de los judíos y de los prosélitos piadosos siguieron a Pablo y a Bernabé, quienes hablándoles, les persuadían a que perseverasen en la gracia de Dios.

44 El siguiente día de reposo* se juntó casi toda la ciudad para oír la palabra de Dios.

* Aquí equivale a *sábado*.

a 13.17 Éx 1.7.   **b** 13.17 Éx 12.51.   **c** 13.18 Nm 14.34; Dt 1.31.
d 13.19 Dt 7.1.   **e** 13.19 Jos 14.1.   **f** 13.20 Jue 2.16.
g 13.20 1 S 3.20.   **h** 13.21 1 S 8.5.   **i** 13.21 1 S 10.21.
j 13.22 1 S 13.14.   **k** 13.22 1 S 16.12; Sal 89.20.
l 13.24 Mr 1.4; Lc 3.3.   **m** 13.25 Jn 1.20.   **n** 13.25 Mt 3.11;
Mr 1.7; Lc 3.16; Jn 1.27.   **o** 13.28 Mt 27.22, 23; Mr 15.13, 14;
Lc 23.21-23; Jn 19.15.   **p** 13.29 Mt 27.57-61; Mr 15.42-47;
Lc 23.50-56; Jn 19.38-42.   **q** 13.31 Hch 1.3.   **r** 13.33 Sal 2.7.
s 13.34 Is 55.3.   **t** 13.35 Sal 16.10.   **u** 13.41 Hab 1.5.

45 Pero viendo los judíos la muchedumbre, se llenaron de celos, y rebatían lo que Pablo decía, contradiciendo y blasfemando.
46 Entonces Pablo y Bernabé, hablando con denuedo, dijeron: A vosotros a la verdad era necesario que se os hablase primero la palabra de Dios; mas puesto que la desecháis, y no os juzgáis dignos de la vida eterna, he aquí, nos volvemos a los gentiles.
47 Porque así nos ha mandado el Señor, diciendo:

Te he puesto para luz de los gentiles,
A fin de que seas para salvación hasta lo último de la tierra.v

48 Los gentiles, oyendo esto, se regocijaban y glorificaban la palabra del Señor, y creyeron todos los que estaban ordenados para vida eterna.
49 Y la palabra del Señor se difundía por toda aquella provincia.
50 Pero los judíos instigaron a mujeres piadosas y distinguidas, y a los principales de la ciudad, y levantaron persecución contra Pablo y Bernabé, y los expulsaron de sus límites.
51 Ellos entonces, sacudiendo contra ellos el polvo de sus pies,w llegaron a Iconio.
52 Y los discípulos estaban llenos de gozo y del Espíritu Santo.

Pablo y Bernabé en Iconio

14 1 Aconteció en Iconio que entraron juntos en la sinagoga de los judíos, y hablaron de tal manera que creyó una gran multitud de judíos, y asimismo de griegos.
2 Mas los judíos que no creían excitaron y corrompieron los ánimos de los gentiles contra los hermanos.
3 Por tanto, se detuvieron allí mucho tiempo, hablando con denuedo, confiados en el Señor, el cual daba testimonio a la palabra de su gracia, concediendo que se hiciesen por las manos de ellos señales y prodigios.
4 Y la gente de la ciudad estaba dividida: unos estaban con los judíos, y otros con los apóstoles.
5 Pero cuando los judíos y los gentiles, juntamente con sus gobernantes, se lanzaron a afrentarlos y apedrearlos,

6 habiéndolo sabido, huyeron a Listra y Derbe, ciudades de Licaonia, y a toda la región circunvecina,
7 y allí predicaban el evangelio.

Pablo es apedreado en Listra

8 Y cierto hombre de Listra estaba sentado, imposibilitado de los pies, cojo de nacimiento, que jamás había andado.
9 Éste oyó hablar a Pablo, el cual, fijando en él sus ojos, y viendo que tenía fe para ser sanado,
10 dijo a gran voz: Levántate derecho sobre tus pies. Y él saltó, y anduvo.
11 Entonces la gente, visto lo que Pablo había hecho, alzó la voz, diciendo en lengua licaónica: Dioses bajo la semejanza de hombres han descendido a nosotros.
12 Y a Bernabé llamaban Júpiter, y a Pablo, Mercurio, porque éste era el que llevaba la palabra.
13 Y el sacerdote de Júpiter, cuyo templo estaba frente a la ciudad, trajo toros y guirnaldas delante de las puertas, y juntamente con la muchedumbre quería ofrecer sacrificios.
14 Cuando lo oyeron los apóstoles Bernabé y Pablo, rasgaron sus ropas, y se lanzaron entre la multitud, dando voces
15 y diciendo: Varones, ¿por qué hacéis esto? Nosotros también somos hombres semejantes a vosotros, que os anunciamos que de estas vanidades os convirtáis al Dios vivo, que hizo el cielo y la tierra, el mar, y todo lo que en ellos hay.
16 En las edades pasadas él ha dejado a todas las gentes andar en sus propios caminos;
17 si bien no se dejó a sí mismo sin testimonio, haciendo bien, dándonos lluvias del cielo y tiempos fructíferos, llenando de sustento y de alegría nuestros corazones.
18 Y diciendo estas cosas, difícilmente lograron impedir que la multitud les ofreciese sacrificio.
19 Entonces vinieron unos judíos de Antioquía y de Iconio, que persuadieron a la multitud, y habiendo apedreado a Pablo, le arrastraron fuera de la ciudad, pensando que estaba muerto.
20 Pero rodeándole los discípulos, se levantó y entró en la ciudad; y al día siguiente salió con Bernabé para Derbe.

v 13.47 Is 42.6; 49.6.   w 13.51 Mt 10.14; Mr 6.11; Lc 9.5; 10.11.

21 Y después de anunciar el evangelio a aquella ciudad y de hacer muchos discípulos, volvieron a Listra, a Iconio y a Antioquía,

22 confirmando los ánimos de los discípulos, exhortándoles a que permaneciesen en la fe, y diciéndoles: Es necesario que a través de muchas tribulaciones entremos en el reino de Dios.

23 Y constituyeron ancianos en cada iglesia, y habiendo orado con ayunos, los encomendaron al Señor en quien habían creído.

El regreso a Antioquía de Siria

24 Pasando luego por Pisidia, vinieron a Panfilia.

25 Y habiendo predicado la palabra en Perge, descendieron a Atalia.

26 De allí navegaron a Antioquía, desde donde habían sido encomendados a la gracia de Dios para la obra que habían cumplido.

27 Y habiendo llegado, y reunido a la iglesia, refirieron cuán grandes cosas había hecho Dios con ellos, y cómo había abierto la puerta de la fe a los gentiles.

28 Y se quedaron allí mucho tiempo con los discípulos.

El concilio en Jerusalén

15 1 Entonces algunos que venían de Judea enseñaban a los hermanos: Si no os circuncidáis conforme al rito de Moisés,ᵃ no podéis ser salvos.

2 Como Pablo y Bernabé tuviesen una discusión y contienda no pequeña con ellos, se dispuso que subiesen Pablo y Bernabé a Jerusalén, y algunos otros de ellos, a los apóstoles y a los ancianos, para tratar esta cuestión.

3 Ellos, pues, habiendo sido encaminados por la iglesia, pasaron por Fenicia y Samaria, contando la conversión de los gentiles; y causaban gran gozo a todos los hermanos.

4 Y llegados a Jerusalén, fueron recibidos por la iglesia y los apóstoles y los ancianos, y refirieron todas las cosas que Dios había hecho con ellos.

5 Pero algunos de la secta de los fariseos, que habían creído, se levantaron diciendo: Es necesario circuncidarlos, y mandarles que guarden la ley de Moisés.

6 Y se reunieron los apóstoles y los ancianos para conocer de este asunto.

7 Y después de mucha discusión, Pedro se levantó y les dijo: Varones hermanos, vosotros sabéis cómo ya hace algún tiempo que Dios escogió que los gentiles oyesen por mi boca la palabra del evangelio y creyesen.ᵇ

8 Y Dios, que conoce los corazones, les dio testimonio, dándoles el Espíritu Santoᶜ lo mismo que a nosotros;ᵈ

9 y ninguna diferencia hizo entre nosotros y ellos, purificando por la fe sus corazones.

10 Ahora, pues, ¿por qué tentáis a Dios, poniendo sobre la cerviz de los discípulos un yugo que ni nuestros padres ni nosotros hemos podido llevar?

11 Antes creemos que por la gracia del Señor Jesús seremos salvos, de igual modo que ellos.

12 Entonces toda la multitud calló, y oyeron a Bernabé y a Pablo, que contaban cuán grandes señales y maravillas había hecho Dios por medio de ellos entre los gentiles.

13 Y cuando ellos callaron, Jacobo respondió diciendo: Varones hermanos, oídme.

14 Simón ha contado cómo Dios visitó por primera vez a los gentiles, para tomar de ellos pueblo para su nombre.

15 Y con esto concuerdan las palabras de los profetas, como está escrito:

16 Después de esto volveré
　　Y reedificaré el tabernáculo de
　　　　David, que está caído;
　　Y repararé sus ruinas,
　　Y lo volveré a levantar,

17 Para que el resto de los hombres
　　　　busque al Señor,
　　Y todos los gentiles, sobre los cuales
　　　　es invocado mi nombre,

18 Dice el Señor, que hace conocer todo
　　　　esto desde tiempos antiguos.ᵉ

19 Por lo cual yo juzgo que no se inquiete a los gentiles que se convierten a Dios,

20 sino que se les escriba que se aparten de las contaminaciones de los ídolos,ᶠ de fornicación,ᵍ de ahogado y de sangre.ʰ

21 Porque Moisés desde tiempos antiguos tiene en cada ciudad quien lo predique en

a 15.1 Lv 12.3.　b 15.7 Hch 10.1-43.　c 15.8 Hch 10.44.
d 15.8 Hch 2.4.　e 15.16-18 Am 9.11, 12.　f 15.20 Éx 34.15-17.
g 15.20 Lv 18.6-23.　h 15.20 Lv 17.10-16.

las sinagogas, donde es leído cada día de reposo.*

²² Entonces pareció bien a los apóstoles y a los ancianos, con toda la iglesia, elegir de entre ellos varones y enviarlos a Antioquía con Pablo y Bernabé: a Judas que tenía por sobrenombre Barsabás, y a Silas, varones principales entre los hermanos;

²³ y escribir por conducto de ellos: Los apóstoles y los ancianos y los hermanos, a los hermanos de entre los gentiles que están en Antioquía, en Siria y en Cilicia, salud.

²⁴ Por cuanto hemos oído que algunos que han salido de nosotros, a los cuales no dimos orden, os han inquietado con palabras, perturbando vuestras almas, mandando circuncidaros y guardar la ley;

²⁵ nos ha parecido bien, habiendo llegado a un acuerdo, elegir varones y enviarlos a vosotros con nuestros amados Bernabé y Pablo,

²⁶ hombres que han expuesto su vida por el nombre de nuestro Señor Jesucristo.

²⁷ Así que enviamos a Judas y a Silas, los cuales también de palabra os harán saber lo mismo.

²⁸ Porque ha parecido bien al Espíritu Santo, y a nosotros, no imponeros ninguna carga más que estas cosas necesarias:

²⁹ que os abstengáis de lo sacrificado a ídolos, de sangre, de ahogado y de fornicación; de las cuales cosas si os guardareis, bien haréis. Pasadlo bien.

³⁰ Así, pues, los que fueron enviados descendieron a Antioquía, y reuniendo a la congregación, entregaron la carta;

³¹ habiendo leído la cual, se regocijaron por la consolación.

³² Y Judas y Silas, como ellos también eran profetas, consolaron y confirmaron a los hermanos con abundancia de palabras.

³³ Y pasando algún tiempo allí, fueron despedidos en paz por los hermanos, para volver a aquellos que los habían enviado.

³⁴ Mas a Silas le pareció bien el quedarse allí.

³⁵ Y Pablo y Bernabé continuaron en Antioquía, enseñando la palabra del Señor y anunciando el evangelio con otros muchos.

Pablo se separa de Bernabé, y comienza su segundo viaje misionero

³⁶ Después de algunos días, Pablo dijo a Bernabé: Volvamos a visitar a los hermanos en todas las ciudades en que hemos anunciado la palabra del Señor, para ver cómo están.

³⁷ Y Bernabé quería que llevasen consigo a Juan, el que tenía por sobrenombre Marcos;

³⁸ pero a Pablo no le parecía bien llevar consigo al que se había apartado de ellos desde Panfilia,ⁱ y no había ido con ellos a la obra.

³⁹ Y hubo tal desacuerdo entre ellos, que se separaron el uno del otro; Bernabé, tomando a Marcos, navegó a Chipre,

⁴⁰ y Pablo, escogiendo a Silas, salió encomendado por los hermanos a la gracia del Señor,

⁴¹ y pasó por Siria y Cilicia, confirmando a las iglesias.

Timoteo acompaña a Pablo y a Silas

16 ¹ Después llegó a Derbe y a Listra; y he aquí, había allí cierto discípulo llamado Timoteo, hijo de una mujer judía creyente, pero de padre griego;

² y daban buen testimonio de él los hermanos que estaban en Listra y en Iconio.

³ Quiso Pablo que éste fuese con él; y tomándole, le circuncidó por causa de los judíos que había en aquellos lugares; porque todos sabían que su padre era griego.

⁴ Y al pasar por las ciudades, les entregaban las ordenanzas que habían acordado los apóstoles y los ancianos que estaban en Jerusalén, para que las guardasen.

⁵ Así que las iglesias eran confirmadas en la fe, y aumentaban en número cada día.

La visión del varón macedonio

⁶ Y atravesando Frigia y la provincia de Galacia, les fue prohibido por el Espíritu Santo hablar la palabra en Asia;

⁷ y cuando llegaron a Misia, intentaron ir a Bitinia, pero el Espíritu no se lo permitió.

⁸ Y pasando junto a Misia, descendieron a Troas.

⁹ Y se le mostró a Pablo una visión de noche: un varón macedonio estaba en pie, rogándole y diciendo: Pasa a Macedonia y ayúdanos.

---

* Aquí equivale a *sábado.*

ⁱ **15.38** Hch 13.13.

10 Cuando vio la visión, en seguida procuramos partir para Macedonia, dando por cierto que Dios nos llamaba para que les anunciásemos el evangelio.

Encarcelados en Filipos

11 Zarpando, pues, de Troas, vinimos con rumbo directo a Samotracia, y el día siguiente a Neápolis;

12 y de allí a Filipos, que es la primera ciudad de la provincia de Macedonia, y una colonia; y estuvimos en aquella ciudad algunos días.

13 Y un día de reposo* salimos fuera de la puerta, junto al río, donde solía hacerse la oración; y sentándonos, hablamos a las mujeres que se habían reunido.

14 Entonces una mujer llamada Lidia, vendedora de púrpura, de la ciudad de Tiatira, que adoraba a Dios, estaba oyendo; y el Señor abrió el corazón de ella para que estuviese atenta a lo que Pablo decía.

15 Y cuando fue bautizada, y su familia, nos rogó diciendo: Si habéis juzgado que yo sea fiel al Señor, entrad en mi casa, y posad. Y nos obligó a quedarnos.

16 Aconteció que mientras íbamos a la oración, nos salió al encuentro una muchacha que tenía espíritu de adivinación, la cual daba gran ganancia a sus amos, adivinando.

17 Ésta, siguiendo a Pablo y a nosotros, daba voces, diciendo: Estos hombres son siervos del Dios Altísimo, quienes os anuncian el camino de salvación.

18 Y esto lo hacía por muchos días; mas desagradando a Pablo, éste se volvió y dijo al espíritu: Te mando en el nombre de Jesucristo, que salgas de ella. Y salió en aquella misma hora.

19 Pero viendo sus amos que había salido la esperanza de su ganancia, prendieron a Pablo y a Silas, y los trajeron al foro, ante las autoridades;

20 y presentándolos a los magistrados, dijeron: Estos hombres, siendo judíos, alborotan nuestra ciudad,

21 y enseñan costumbres que no nos es lícito recibir ni hacer, pues somos romanos.

22 Y se agolpó el pueblo contra ellos; y los magistrados, rasgándoles las ropas, ordenaron azotarles con varas.

23 Después de haberles azotado mucho, los echaron en la cárcel, mandando al carcelero que los guardase con seguridad.

24 El cual, recibido este mandato, los metió en el calabozo de más adentro, y les aseguró los pies en el cepo.

25 Pero a medianoche, orando Pablo y Silas, cantaban himnos a Dios; y los presos los oían.

26 Entonces sobrevino de repente un gran terremoto, de tal manera que los cimientos de la cárcel se sacudían; y al instante se abrieron todas las puertas, y las cadenas de todos se soltaron.

27 Despertando el carcelero, y viendo abiertas las puertas de la cárcel, sacó la espada y se iba a matar, pensando que los presos habían huido.

28 Mas Pablo clamó a gran voz, diciendo: No te hagas ningún mal, pues todos estamos aquí.

29 Él entonces, pidiendo luz, se precipitó adentro, y temblando, se postró a los pies de Pablo y de Silas;

30 y sacándolos, les dijo: Señores, ¿qué debo hacer para ser salvo?

31 Ellos dijeron: Cree en el Señor Jesucristo, y serás salvo, tú y tu casa.

32 Y le hablaron la palabra del Señor a él y a todos los que estaban en su casa.

33 Y él, tomándolos en aquella misma hora de la noche, les lavó las heridas; y en seguida se bautizó él con todos los suyos.

34 Y llevándolos a su casa, les puso la mesa; y se regocijó con toda su casa de haber creído a Dios.

35 Cuando fue de día, los magistrados enviaron alguaciles a decir: Suelta a aquellos hombres.

36 Y el carcelero hizo saber estas palabras a Pablo: Los magistrados han mandado a decir que se os suelte; así que ahora salid, y marchaos en paz.

37 Pero Pablo les dijo: Después de azotarnos públicamente sin sentencia judicial, siendo ciudadanos romanos, nos echaron en la cárcel, ¿y ahora nos echan encubiertamente? No, por cierto, sino vengan ellos mismos a sacarnos.

38 Y los alguaciles hicieron saber estas palabras a los magistrados, los cuales tuvieron miedo al oír que eran romanos.

---

* Aquí equivale a *sábado*.

³⁹ Y viniendo, les rogaron; y sacándolos, les pidieron que salieran de la ciudad.

⁴⁰ Entonces, saliendo de la cárcel, entraron en casa de Lidia, y habiendo visto a los hermanos, los consolaron, y se fueron.

El alboroto en Tesalónica

17 ¹ Pasando por Anfípolis y Apolonia, llegaron a Tesalónica, donde había una sinagoga de los judíos.

² Y Pablo, como acostumbraba, fue a ellos, y por tres día de reposo* discutió con ellos, ³ declarando y exponiendo por medio de las Escrituras, que era necesario que el Cristo padeciese, y resucitase de los muertos; y que Jesús, a quien yo os anuncio, decía él, es el Cristo.

⁴ Y algunos de ellos creyeron, y se juntaron con Pablo y con Silas; y de los griegos piadosos gran número, y mujeres nobles no pocas.

⁵ Entonces los judíos que no creían, teniendo celos, tomaron consigo a algunos ociosos, hombres malos, y juntando una turba, alborotaron la ciudad; y asaltando la casa de Jasón, procuraban sacarlos al pueblo.

⁶ Pero no hallándolos, trajeron a Jasón y a algunos hermanos ante las autoridades de la ciudad, gritando: Estos que trastornan el mundo entero también han venido acá; ⁷ a los cuales Jasón ha recibido; y todos estos contravienen los decretos de César, diciendo que hay otro rey, Jesús.

⁸ Y alborotaron al pueblo y a las autoridades de la ciudad, oyendo estas cosas.

⁹ Pero obtenida fianza de Jasón y de los demás, los soltaron.

Pablo y Silas en Berea

¹⁰ Inmediatamente, los hermanos enviaron de noche a Pablo y a Silas hasta Berea. Y ellos, habiendo llegado, entraron en la sinagoga de los judíos.

¹¹ Y éstos eran más nobles que los que estaban en Tesalónica, pues recibieron la palabra con toda solicitud, escudriñando cada día las Escrituras para ver si estas cosas eran así.

¹² Así que creyeron muchos de ellos, y mujeres griegas de distinción, y no pocos hombres.

¹³ Cuando los judíos de Tesalónica supieron que también en Berea era anunciada la palabra de Dios por Pablo, fueron allá, y también alborotaron a las multitudes.

¹⁴ Pero inmediatamente los hermanos enviaron a Pablo que fuese hacia el mar; y Silas y Timoteo se quedaron allí.

¹⁵ Y los que se habían encargado de conducir a Pablo le llevaron a Atenas; y habiendo recibido orden para Silas y Timoteo, de que viniesen a él lo más pronto que pudiesen, salieron.

Pablo en Atenas

¹⁶ Mientras Pablo los esperaba en Atenas, su espíritu se enardecía viendo la ciudad entregada a la idolatría.

¹⁷ Así que discutía en la sinagoga con los judíos y piadosos, y en la plaza cada día con los que concurrían.

¹⁸ Y algunos filósofos de los epicúreos y de los estoicos disputaban con él; y unos decían: ¿Qué querrá decir este palabrero? Y otros: Parece que es predicador de nuevos dioses; porque les predicaba el evangelio de Jesús, y de la resurrección.

¹⁹ Y tomándole, le trajeron al Areópago, diciendo: ¿Podremos saber qué es esta nueva enseñanza de que hablas?

²⁰ Pues traes a nuestros oídos cosas extrañas. Queremos, pues, saber qué quiere decir esto.

²¹ (Porque todos los atenienses y los extranjeros residentes allí, en ninguna otra cosa se interesaban sino en decir o en oír algo nuevo.)

²² Entonces Pablo, puesto en pie en medio del Areópago, dijo: Varones atenienses, en todo observo que sois muy religiosos;

²³ porque pasando y mirando vuestros santuarios, hallé también un altar en el cual estaba esta inscripción: AL DIOS NO CONOCIDO. Al que vosotros adoráis, pues, sin conocerle, es a quien yo os anuncio.

²⁴ El Dios que hizo el mundo y todas las cosas que en él hay, siendo Señor del cielo y de la tierra, no habita en templos hechos por manos humanas,

²⁵ ni es honrado por manos de hombres, como si necesitase de algo; pues él es quien da a todos vida y aliento y todas las cosas.ᵃ

---

* Aquí equivale a *sábado*.
a **17.24, 25** Is 42.5.

26 Y de una sangre ha hecho todo el linaje de los hombres, para que habiten sobre toda la faz de la tierra; y les ha prefijado el orden de los tiempos, y los límites de su habitación;

27 para que busquen a Dios, si en alguna manera, palpando, puedan hallarle, aunque ciertamente no está lejos de cada uno de nosotros.

28 Porque en él vivimos, y nos movemos, y somos; como algunos de vuestros propios poetas también han dicho: Porque linaje suyo somos.

29 Siendo, pues, linaje de Dios, no debemos pensar que la Divinidad sea semejante a oro, o plata, o piedra, escultura de arte y de imaginación de hombres.

30 Pero Dios, habiendo pasado por alto los tiempos de esta ignorancia, ahora manda a todos los hombres en todo lugar, que se arrepientan;

31 por cuanto ha establecido un día en el cual juzgará al mundo con justicia, por aquel varón a quien designó, dando fe a todos con haberle levantado de los muertos.

32 Pero cuando oyeron lo de la resurrección de los muertos, unos se burlaban, y otros decían: Ya te oiremos acerca de esto otra vez.

33 Y así Pablo salió de en medio de ellos.

34 Mas algunos creyeron, juntándose con él; entre los cuales estaba Dionisio el areopagita, una mujer llamada Dámaris, y otros con ellos.

Pablo en Corinto

18 **1** Después de estas cosas, Pablo salió de Atenas y fue a Corinto.

2 Y halló a un judío llamado Aquila, natural del Ponto, recién venido de Italia con Priscila su mujer, por cuanto Claudio había mandado que todos los judíos saliesen de Roma. Fue a ellos,

3 y como era del mismo oficio, se quedó con ellos, y trabajaban juntos, pues el oficio de ellos era hacer tiendas.

4 Y discutía en la sinagoga todos los día de reposo,* y persuadía a judíos y a griegos.

5 Y cuando Silas y Timoteo vinieron de Macedonia, Pablo estaba entregado por entero a la predicación de la palabra, testificando a los judíos que Jesús era el Cristo.

6 Pero oponiéndose y blasfemando éstos, les dijo, sacudiéndose los vestidos: Vuestra sangre sea sobre vuestra propia cabeza; yo, limpio; desde ahora me iré a los gentiles.

7 Y saliendo de allí, se fue a la casa de uno llamado Justo, temeroso de Dios, la cual estaba junto a la sinagoga.

8 Y Crispo, el principal de la sinagoga, creyó en el Señor con toda su casa; y muchos de los corintios, oyendo, creían y eran bautizados.

9 Entonces el Señor dijo a Pablo en visión de noche: No temas, sino habla, y no calles;

10 porque yo estoy contigo, y ninguno pondrá sobre ti la mano para hacerte mal, porque yo tengo mucho pueblo en esta ciudad.

11 Y se detuvo allí un año y seis meses, enseñándoles la palabra de Dios.

12 Pero siendo Galión procónsul de Acaya, los judíos se levantaron de común acuerdo contra Pablo, y le llevaron al tribunal,

13 diciendo: Éste persuade a los hombres a honrar a Dios contra la ley.

14 Y al comenzar Pablo a hablar, Galión dijo a los judíos: Si fuera algún agravio o algún crimen enorme, oh judíos, conforme a derecho yo os toleraría.

15 Pero si son cuestiones de palabras, y de nombres, y de vuestra ley, vedlo vosotros; porque yo no quiero ser juez de estas cosas.

16 Y los echó del tribunal.

17 Entonces todos los griegos, apoderándose de Sóstenes, principal de la sinagoga, le golpeaban delante del tribunal; pero a Galión nada se le daba de ello.

18 Mas Pablo, habiéndose detenido aún muchos días allí, después se despidió de los hermanos y navegó a Siria, y con él Priscila y Aquila, habiéndose rapado la cabeza en Cencrea, porque tenía hecho voto.[a]

19 Y llegó a Éfeso, y los dejó allí; y entrando en la sinagoga, discutía con los judíos,

20 los cuales le rogaban que se quedase con ellos por más tiempo; mas no accedió,

21 sino que se despidió de ellos, diciendo: Es necesario que en todo caso yo guarde en Jerusalén la fiesta que viene; pero otra

---

* Aquí equivale a *sábado*.

a 18.18 Nm 6.18.

vez volveré a vosotros, si Dios quiere. Y zarpó de Éfeso.

Pablo regresa a Antioquía y comienza su tercer viaje misionero

22 Habiendo arribado a Cesarea, subió para saludar a la iglesia, y luego descendió a Antioquía.

23 Y después de estar allí algún tiempo, salió, recorriendo por orden la región de Galacia y de Frigia, confirmando a todos los discípulos.

Apolos predica en Éfeso

24 Llegó entonces a Éfeso un judío llamado Apolos, natural de Alejandría, varón elocuente, poderoso en las Escrituras.

25 Éste había sido instruido en el camino del Señor; y siendo de espíritu fervoroso, hablaba y enseñaba diligentemente lo concerniente al Señor, aunque solamente conocía el bautismo de Juan.

26 Y comenzó a hablar con denuedo en la sinagoga; pero cuando le oyeron Priscila y Aquila, le tomaron aparte y le expusieron más exactamente el camino de Dios.

27 Y queriendo él pasar a Acaya, los hermanos le animaron, y escribieron a los discípulos que le recibiesen; y llegado él allá, fue de gran provecho a los que por la gracia habían creído;

28 porque con gran vehemencia refutaba públicamente a los judíos, demostrando por las Escrituras que Jesús era el Cristo.

Los discípulos efesios reciben el Espíritu

19 **1** Aconteció que entre tanto que Apolos estaba en Corinto, Pablo, después de recorrer las regiones superiores, vino a Éfeso, y hallando a ciertos discípulos,

2 les dijo: ¿Recibisteis el Espíritu Santo cuando creísteis? Y ellos le dijeron: Ni siquiera hemos oído si hay Espíritu Santo.

3 Entonces dijo: ¿En qué, pues, fuisteis bautizados? Ellos dijeron: En el bautismo de Juan.

4 Dijo Pablo: Juan bautizó con bautismo de arrepentimiento, diciendo al pueblo que creyesen en aquel que vendría después de él, esto es, en Jesús el Cristo.[a]

5 Cuando oyeron esto, fueron bautizados en el nombre del Señor Jesús.

6 Y habiéndoles impuesto Pablo las manos, vino sobre ellos el Espíritu Santo; y hablaban en lenguas, y profetizaban.

7 Eran por todos unos doce hombres.

Pablo en Éfeso

8 Y entrando Pablo en la sinagoga, habló con denuedo por espacio de tres meses, discutiendo y persuadiendo acerca del reino de Dios.

9 Pero endureciéndose algunos y no creyendo, maldiciendo el Camino delante de la multitud, se apartó Pablo de ellos y separó a los discípulos, discutiendo cada día en la escuela de uno llamado Tiranno.

10 Así continuó por espacio de dos años, de manera que todos los que habitaban en Asia, judíos y griegos, oyeron la palabra del Señor Jesús.

11 Y hacía Dios milagros extraordinarios por mano de Pablo,

12 de tal manera que aun se llevaban a los enfermos los paños o delantales de su cuerpo, y las enfermedades se iban de ellos, y los espíritus malos salían.

13 Pero algunos de los judíos, exorcistas ambulantes, intentaron invocar el nombre del Señor Jesús sobre los que tenían espíritus malos, diciendo: Os conjuro por Jesús, el que predica Pablo.

14 Había siete hijos de un tal Esceva, judío, jefe de los sacerdotes, que hacían esto.

15 Pero respondiendo el espíritu malo, dijo: A Jesús conozco, y sé quién es Pablo; pero vosotros, ¿quiénes sois?

16 Y el hombre en quien estaba el espíritu malo, saltando sobre ellos y dominándolos, pudo más que ellos, de tal manera que huyeron de aquella casa desnudos y heridos.

17 Y esto fue notorio a todos los que habitaban en Éfeso, así judíos como griegos; y tuvieron temor todos ellos, y era magnificado el nombre del Señor Jesús.

18 Y muchos de los que habían creído venían, confesando y dando cuenta de sus hechos.

19 Asimismo muchos de los que habían practicado la magia trajeron los libros y los quemaron delante de todos; y hecha la cuenta de su precio, hallaron que era cincuenta mil piezas de plata.

---

a 19.4 Mt 3.11; Mr 1.4, 7, 8; Lc 3.4, 16; Jn 1.26, 27.

20 Así crecía y prevalecía poderosamente la palabra del Señor.

21 Pasadas estas cosas, Pablo se propuso en espíritu ir a Jerusalén, después de recorrer Macedonia y Acaya, diciendo: Después que haya estado allí, me será necesario ver también a Roma.

22 Y enviando a Macedonia a dos de los que le ayudaban, Timoteo y Erasto, él se quedó por algún tiempo en Asia.

El alboroto en Éfeso

23 Hubo por aquel tiempo un disturbio no pequeño acerca del Camino.

24 Porque un platero llamado Demetrio, que hacía de plata templecillos de Diana, daba no poca ganancia a los artífices;

25 a los cuales, reunidos con los obreros del mismo oficio, dijo: Varones, sabéis que de este oficio obtenemos nuestra riqueza;

26 pero veis y oís que este Pablo, no solamente en Éfeso, sino en casi toda Asia, ha apartado a muchas gentes con persuasión, diciendo que no son dioses los que se hacen con las manos.

27 Y no solamente hay peligro de que este nuestro negocio venga a desacreditarse, sino también que el templo de la gran diosa Diana sea estimado en nada, y comience a ser destruida la majestad de aquella a quien venera toda Asia, y el mundo entero.

28 Cuando oyeron estas cosas, se llenaron de ira, y gritaron, diciendo: ¡Grande es Diana de los efesios!

29 Y la ciudad se llenó de confusión, y a una se lanzaron al teatro, arrebatando a Gayo y a Aristarco, macedonios, compañeros de Pablo.

30 Y queriendo Pablo salir al pueblo, los discípulos no le dejaron.

31 También algunas de las autoridades de Asia, que eran sus amigos, le enviaron recado, rogándole que no se presentase en el teatro.

32 Unos, pues, gritaban una cosa, y otros otra; porque la concurrencia estaba confusa, y los más no sabían por qué se habían reunido.

33 Y sacaron de entre la multitud a Alejandro, empujándole los judíos. Entonces Alejandro, pedido silencio con la mano, quería hablar en su defensa ante el pueblo.

34 Pero cuando le conocieron que era judío, todos a una voz gritaron casi por dos horas: ¡Grande es Diana de los efesios!

35 Entonces el escribano, cuando había apaciguado a la multitud, dijo: Varones efesios, ¿y quién es el hombre que no sabe que la ciudad de los efesios es guardiana del templo de la gran diosa Diana, y de la imagen venida de Júpiter?

36 Puesto que esto no puede contradecirse, es necesario que os apacigüéis, y que nada hagáis precipitadamente.

37 Porque habéis traído a estos hombres, sin ser sacrílegos ni blasfemadores de vuestra diosa.

38 Que si Demetrio y los artífices que están con él tienen pleito contra alguno, audiencias se conceden, y procónsules hay; acúsense los unos a los otros.

39 Y si demandáis alguna otra cosa, en legítima asamblea se puede decidir.

40 Porque peligro hay de que seamos acusados de sedición por esto de hoy, no habiendo ninguna causa por la cual podamos dar razón de este concurso.

41 Y habiendo dicho esto, despidió la asamblea.

Viaje de Pablo a Macedonia y Grecia

20 **1** Después que cesó el alboroto, llamó Pablo a los discípulos, y habiéndolos exhortado y abrazado, se despidió y salió para ir a Macedonia.

2 Y después de recorrer aquellas regiones, y de exhortarles con abundancia de palabras, llegó a Grecia.

3 Después de haber estado allí tres meses, y siéndole puestas asechanzas por los judíos para cuando se embarcase para Siria, tomó la decisión de volver por Macedonia.

4 Y le acompañaron hasta Asia, Sópater de Berea, Aristarco y Segundo de Tesalónica, Gayo de Derbe, y Timoteo; y de Asia, Tíquico y Trófimo.

5 Éstos, habiéndose adelantado, nos esperaron en Troas.

6 Y nosotros, pasados los días de los panes sin levadura, navegamos de Filipos, y en cinco días nos reunimos con ellos en Troas, donde nos quedamos siete días.

Visita de despedida de Pablo en Troas

7 El primer día de la semana, reunidos los discípulos para partir el pan, Pablo les enseñaba, habiendo de salir al día siguiente; y alargó el discurso hasta la medianoche.

8 Y había muchas lámparas en el aposento alto donde estaban reunidos;

9 y un joven llamado Eutico, que estaba sentado en la ventana, rendido de un sueño profundo, por cuanto Pablo disertaba largamente, vencido del sueño cayó del tercer piso abajo, y fue levantado muerto.

10 Entonces descendió Pablo y se echó sobre él, y abrazándole, dijo: No os alarméis, pues está vivo.

11 Después de haber subido, y partido el pan y comido, habló largamente hasta el alba; y así salió.

12 Y llevaron al joven vivo, y fueron grandemente consolados.

Viaje de Troas a Mileto

13 Nosotros, adelantándonos a embarcarnos, navegamos a Asón para recoger allí a Pablo, ya que así lo había determinado, queriendo él ir por tierra.

14 Cuando se reunió con nosotros en Asón, tomándole a bordo, vinimos a Mitilene.

15 Navegando de allí, al día siguiente llegamos delante de Quío, y al otro día tomamos puerto en Samos; y habiendo hecho escala en Trogilio, al día siguiente llegamos a Mileto.

16 Porque Pablo se había propuesto pasar de largo a Éfeso, para no detenerse en Asia, pues se apresuraba por estar el día de Pentecostés, si le fuese posible, en Jerusalén.

Discurso de despedida de Pablo en Mileto

17 Enviando, pues, desde Mileto a Éfeso, hizo llamar a los ancianos de la iglesia.

18 Cuando vinieron a él, les dijo:

Vosotros sabéis cómo me he comportado entre vosotros todo el tiempo, desde el primer día que entré en Asia,

19 sirviendo al Señor con toda humildad, y con muchas lágrimas, y pruebas que me han venido por las asechanzas de los judíos;

20 y cómo nada que fuese útil he rehuido de anunciaros y enseñaros, públicamente y por las casas,

21 testificando a judíos y a gentiles acerca del arrepentimiento para con Dios, y de la fe en nuestro Señor Jesucristo.

22 Ahora, he aquí, ligado yo en espíritu, voy a Jerusalén, sin saber lo que allá me ha de acontecer;

23 salvo que el Espíritu Santo por todas las ciudades me da testimonio, diciendo que me esperan prisiones y tribulaciones.

24 Pero de ninguna cosa hago caso, ni estimo preciosa mi vida para mí mismo, con tal que acabe mi carrera[a] con gozo, y el ministerio que recibí del Señor Jesús, para dar testimonio del evangelio de la gracia de Dios.

25 Y ahora, he aquí, yo sé que ninguno de todos vosotros, entre quienes he pasado predicando el reino de Dios, verá más mi rostro.

26 Por tanto, yo os protesto en el día de hoy, que estoy limpio de la sangre de todos;

27 porque no he rehuido anunciaros todo el consejo de Dios.

28 Por tanto, mirad por vosotros, y por todo el rebaño en que el Espíritu Santo os ha puesto por obispos, para apacentar la iglesia del Señor, la cual él ganó por su propia sangre.

29 Porque yo sé que después de mi partida entrarán en medio de vosotros lobos rapaces, que no perdonarán al rebaño.

30 Y de vosotros mismos se levantarán hombres que hablen cosas perversas para arrastrar tras sí a los discípulos.

31 Por tanto, velad, acordándoos que por tres años, de noche y de día, no he cesado de amonestar con lágrimas a cada uno.

32 Y ahora, hermanos, os encomiendo a Dios, y a la palabra de su gracia, que tiene poder para sobreedificaros y daros herencia con todos los santificados.

33 Ni plata ni oro ni vestido de nadie he codiciado.

34 Antes vosotros sabéis que para lo que me ha sido necesario a mí y a los que están conmigo, estas manos me han servido.

35 En todo os he enseñado que, trabajando así, se debe ayudar a los necesitados, y recordar las palabras del Señor Jesús, que dijo: Más bienaventurado es dar que recibir.

36 Cuando hubo dicho estas cosas, se puso de rodillas, y oró con todos ellos.

---

a **20.24** 2 Ti 4.7.

37 Entonces hubo gran llanto de todos; y echándose al cuello de Pablo, le besaban, 38 doliéndose en gran manera por la palabra que dijo, de que no verían más su rostro. Y le acompañaron al barco.

Viaje de Pablo a Jerusalén

21 1 Después de separarnos de ellos, zarpamos y fuimos con rumbo directo a Cos, y al día siguiente a Rodas, y de allí a Pátara. 2 Y hallando un barco que pasaba a Fenicia, nos embarcamos, y zarpamos. 3 Al avistar Chipre, dejándola a mano izquierda, navegamos a Siria, y arribamos a Tiro, porque el barco había de descargar allí. 4 Y hallados los discípulos, nos quedamos allí siete días; y ellos decían a Pablo por el Espíritu, que no subiese a Jerusalén. 5 Cumplidos aquellos días, salimos, acompañándonos todos, con sus mujeres e hijos, hasta fuera de la ciudad; y puestos de rodillas en la playa, oramos. 6 Y abrazándonos los unos a los otros, subimos al barco y ellos se volvieron a sus casas.

7 Y nosotros completamos la navegación, saliendo de Tiro y arribando a Tolemaida; y habiendo saludado a los hermanos, nos quedamos con ellos un día. 8 Al otro día, saliendo Pablo y los que con él estábamos, fuimos a Cesarea; y entrando en casa de Felipeª el evangelista, que era uno de los siete, posamos con él. 9 Éste tenía cuatro hijas doncellas que profetizaban. 10 Y permaneciendo nosotros allí algunos días, descendió de Judea un profeta llamado Agabo,ᵇ 11 quien viniendo a vernos, tomó el cinto de Pablo, y atándose los pies y las manos, dijo: Esto dice el Espíritu Santo: Así atarán los judíos en Jerusalén al varón de quien es este cinto, y le entregarán en manos de los gentiles. 12 Al oír esto, le rogamos nosotros y los de aquel lugar, que no subiese a Jerusalén. 13 Entonces Pablo respondió: ¿Qué hacéis llorando y quebrantándome el corazón? Porque yo estoy dispuesto no sólo a ser atado, mas aun a morir en Jerusalén por el nombre del Señor Jesús.

14 Y como no le pudimos persuadir, desistimos, diciendo: Hágase la voluntad del Señor.

15 Después de esos días, hechos ya los preparativos, subimos a Jerusalén. 16 Y vinieron también con nosotros de Cesarea algunos de los discípulos, trayendo consigo a uno llamado Mnasón, de Chipre, discípulo antiguo, con quien nos hospedaríamos.

Arresto de Pablo en el templo

17 Cuando llegamos a Jerusalén, los hermanos nos recibieron con gozo. 18 Y al día siguiente Pablo entró con nosotros a ver a Jacobo, y se hallaban reunidos todos los ancianos; 19 a los cuales, después de haberles saludado, les contó una por una las cosas que Dios había hecho entre los gentiles por su ministerio. 20 Cuando ellos lo oyeron, glorificaron a Dios, y le dijeron: Ya ves, hermano, cuántos millares de judíos hay que han creído; y todos son celosos por la ley. 21 Pero se les ha informado en cuanto a ti, que enseñas a todos los judíos que están entre los gentiles a apostatar de Moisés, diciéndoles que no circunciden a sus hijos, ni observen las costumbres. 22 ¿Qué hay, pues? La multitud se reunirá de cierto, porque oirán que has venido. 23 Haz, pues, esto que te decimos: Hay entre nosotros cuatro hombres que tienen obligación de cumplir voto. 24 Tómalos contigo, purifícate con ellos, y paga sus gastos para que se rasuren la cabeza;ᶜ y todos comprenderán que no hay nada de lo que se les informó acerca de ti, sino que tú también andas ordenadamente, guardando la ley. 25 Pero en cuanto a los gentiles que han creído, nosotros les hemos escrito determinando que no guarden nada de esto; solamente que se abstengan de lo sacrificado a los ídolos, de sangre, de ahogado y de fornicación.ᵈ 26 Entonces Pablo tomó consigo a aquellos hombres, y al día siguiente, habiéndose purificado con ellos, entró en el templo, para anunciar el cumplimiento de los días

a 21.8 Hch 6.5; 8.5. b 21.10 Hch 11.28.
c 21.23, 24 Nm 6.13-20. d 21.25 Hch 15.29.

de la purificación, cuando había de presentarse la ofrenda por cada uno de ellos.

27 Pero cuando estaban para cumplirse los siete días, unos judíos de Asia, al verle en el templo, alborotaron a toda la multitud y le echaron mano,

28 dando voces: ¡Varones israelitas, ayudad! Éste es el hombre que por todas partes enseña a todos contra el pueblo, la ley y este lugar; y además de esto, ha metido a griegos en el templo, y ha profanado este santo lugar.

29 Porque antes habían visto con él en la ciudad a Trófimo,e de Éfeso, a quien pensaban que Pablo había metido en el templo.

30 Así que toda la ciudad se conmovió, y se agolpó el pueblo; y apoderándose de Pablo, le arrastraron fuera del templo, e inmediatamente cerraron las puertas.

31 Y procurando ellos matarle, se le avisó al tribuno de la compañía, que toda la ciudad de Jerusalén estaba alborotada.

32 Éste, tomando luego soldados y centuriones, corrió a ellos. Y cuando ellos vieron al tribuno y a los soldados, dejaron de golpear a Pablo.

33 Entonces, llegando el tribuno, le prendió y le mandó atar con dos cadenas, y preguntó quién era y qué había hecho.

34 Pero entre la multitud, unos gritaban una cosa, y otros otra; y como no podía entender nada de cierto a causa del alboroto, le mandó llevar a la fortaleza.

35 Al llegar a las gradas, aconteció que era llevado en peso por los soldados a causa de la violencia de la multitud;

36 porque la muchedumbre del pueblo venía detrás, gritando: ¡Muera!

Defensa de Pablo ante el pueblo

37 Cuando comenzaron a meter a Pablo en la fortaleza, dijo al tribuno: ¿Se me permite decirte algo? Y él dijo: ¿Sabes griego?

38 ¿No eres tú aquel egipcio que levantó una sedición antes de estos días, y sacó al desierto los cuatro mil sicarios?

39 Entonces dijo Pablo: Yo de cierto soy hombre judío de Tarso, ciudadano de una ciudad no insignificante de Cilicia; pero te ruego que me permitas hablar al pueblo.

40 Y cuando él se lo permitió, Pablo, estando en pie en las gradas, hizo señal con la mano al pueblo. Y hecho gran silencio, habló en lengua hebrea, diciendo:

22 1 Varones hermanos y padres, oíd ahora mi defensa ante vosotros.

2 Y al oír que les hablaba en lengua hebrea, guardaron más silencio. Y él les dijo:

3 Yo de cierto soy judío, nacido en Tarso de Cilicia, pero criado en esta ciudad, instruido a los pies de Gamaliel,a estrictamente conforme a la ley de nuestros padres, celoso de Dios, como hoy lo sois todos vosotros.

4 Perseguía yo este Camino hasta la muerte, prendiendo y entregando en cárceles a hombres y mujeres;

5 como el sumo sacerdote también me es testigo, y todos los ancianos, de quienes también recibí cartas para los hermanos, y fui a Damasco para traer presos a Jerusalén también a los que estuviesen allí, para que fuesen castigados.b

Pablo relata su conversión
(Hch 9.1-19; 26.12-18)

6 Pero aconteció que yendo yo, al llegar cerca de Damasco, como a mediodía, de repente me rodeó mucha luz del cielo;

7 y caí al suelo, y oí una voz que me decía: Saulo, Saulo, ¿por qué me persigues?

8 Yo entonces respondí: ¿Quién eres, Señor? Y me dijo: Yo soy Jesús de Nazaret, a quien tú persigues.

9 Y los que estaban conmigo vieron a la verdad la luz, y se espantaron; pero no entendieron la voz del que hablaba conmigo.

10 Y dije: ¿Qué haré, Señor? Y el Señor me dijo: Levántate, y ve a Damasco, y allí se te dirá todo lo que está ordenado que hagas.

11 Y como yo no veía a causa de la gloria de la luz, llevado de la mano por los que estaban conmigo, llegué a Damasco.

12 Entonces uno llamado Ananías, varón piadoso según la ley, que tenía buen testimonio de todos los judíos que allí moraban,

13 vino a mí, y acercándose, me dijo: Hermano Saulo, recibe la vista. Y yo en aquella misma hora recobré la vista y lo miré.

e 21.29 Hch 20.4. a 22.3 Hch 5.34-39. b 22.4, 5 Hch 8.3; 26.9-11.

14 Y él dijo: El Dios de nuestros padres te ha escogido para que conozcas su voluntad, y veas al Justo, y oigas la voz de su boca.

15 Porque serás testigo suyo a todos los hombres, de lo que has visto y oído.

16 Ahora, pues, ¿por qué te detienes? Levántate y bautízate, y lava tus pecados, invocando su nombre.

Pablo es enviado a los gentiles

17 Y me aconteció, vuelto a Jerusalén, que orando en el templo me sobrevino un éxtasis.

18 Y le vi que me decía: Date prisa, y sal prontamente de Jerusalén; porque no recibirán tu testimonio acerca de mí.

19 Yo dije: Señor, ellos saben que yo encarcelaba y azotaba en todas las sinagogas a los que creían en ti;

20 y cuando se derramaba la sangre de Esteban tu testigo, yo mismo también estaba presente, y consentía en su muerte, y guardaba las ropas de los que le mataban.[c]

21 Pero me dijo: Ve, porque yo te enviaré lejos a los gentiles.

Pablo en manos del tribuno

22 Y le oyeron hasta esta palabra; entonces alzaron la voz, diciendo: Quita de la tierra a tal hombre, porque no conviene que viva.

23 Y como ellos gritaban y arrojaban sus ropas y lanzaban polvo al aire,

24 mandó el tribuno que le metiesen en la fortaleza, y ordenó que fuese examinado con azotes, para saber por qué causa clamaban así contra él.

25 Pero cuando le ataron con correas, Pablo dijo al centurión que estaba presente: ¿Os es lícito azotar a un ciudadano romano sin haber sido condenado?

26 Cuando el centurión oyó esto, fue y dio aviso al tribuno, diciendo: ¿Qué vas a hacer? Porque este hombre es ciudadano romano.

27 Vino el tribuno y le dijo: Dime, ¿eres tú ciudadano romano? Él dijo: Sí.

28 Respondió el tribuno: Yo con una gran suma adquirí esta ciudadanía. Entonces Pablo dijo: Pero yo lo soy de nacimiento.

29 Así que, luego se apartaron de él los que le iban a dar tormento; y aun el tribuno, al saber que era ciudadano romano, también tuvo temor por haberle atado.

Pablo ante el concilio

30 Al día siguiente, queriendo saber de cierto la causa por la cual le acusaban los judíos, le soltó de las cadenas, y mandó venir a los principales sacerdotes y a todo el concilio, y sacando a Pablo, le presentó ante ellos.

23 **1** Entonces Pablo, mirando fijamente al concilio, dijo: Varones hermanos, yo con toda buena conciencia he vivido delante de Dios hasta el día de hoy.

2 El sumo sacerdote Ananías ordenó entonces a los que estaban junto a él, que le golpeasen en la boca.

3 Entonces Pablo le dijo: ¡Dios te golpeará a ti, pared blanqueada![a] ¿Estás tú sentado para juzgarme conforme a la ley, y quebrantando la ley me mandas golpear?

4 Los que estaban presentes dijeron: ¿Al sumo sacerdote de Dios injurias?

5 Pablo dijo: No sabía, hermanos, que era el sumo sacerdote; pues escrito está: No maldecirás a un príncipe de tu pueblo.[b]

6 Entonces Pablo, notando que una parte era de saduceos y otra de fariseos, alzó la voz en el concilio: Varones hermanos, yo soy fariseo,[c] hijo de fariseo; acerca de la esperanza y de la resurrección de los muertos se me juzga.

7 Cuando dijo esto, se produjo disensión entre los fariseos y los saduceos, y la asamblea se dividió.

8 Porque los saduceos dicen que no hay resurrección,[d] ni ángel, ni espíritu; pero los fariseos afirman estas cosas.

9 Y hubo un gran vocerío; y levantándose los escribas de la parte de los fariseos, contendían, diciendo: Ningún mal hallamos en este hombre; que si un espíritu le ha hablado, o un ángel, no resistamos a Dios.

10 Y habiendo grande disensión, el tribuno, teniendo temor de que Pablo fuese despedazado por ellos, mandó que bajasen soldados y le arrebatasen de en medio de ellos, y le llevasen a la fortaleza.

11 A la noche siguiente se le presentó el Señor y le dijo: Ten ánimo, Pablo, pues

---

c 22.20 Hch 7.58.   **a 23.3** Mt 23.27, 28; Lc 11.44.
b 23.5 Éx 22.28.   **c 23.6** Hch 26.5; Fil 3.5.   **d 23.8** Mt 22.23; Mr 12.18; Lc 20.27.

como has testificado de mí en Jerusalén, así es necesario que testifiques también en Roma.

Complot contra Pablo

12 Venido el día, algunos de los judíos tramaron un complot y se juramentaron bajo maldición, diciendo que no comerían ni beberían hasta que hubiesen dado muerte a Pablo.

13 Eran más de cuarenta los que habían hecho esta conjuración,

14 los cuales fueron a los principales sacerdotes y a los ancianos y dijeron: Nosotros nos hemos juramentado bajo maldición, a no gustar nada hasta que hayamos dado muerte a Pablo.

15 Ahora pues, vosotros, con el concilio, requerid al tribuno que le traiga mañana ante vosotros, como que queréis indagar alguna cosa más cierta acerca de él; y nosotros estaremos listos para matarle antes que llegue.

16 Mas el hijo de la hermana de Pablo, oyendo hablar de la celada, fue y entró en la fortaleza, y dio aviso a Pablo.

17 Pablo, llamando a uno de los centuriones, dijo: Lleva a este joven ante el tribuno, porque tiene cierto aviso que darle.

18 Él entonces tomándole, le llevó al tribuno, y dijo: El preso Pablo me llamó y me rogó que trajese ante ti a este joven, que tiene algo que hablarte.

19 El tribuno, tomándole de la mano y retirándose aparte, le preguntó: ¿Qué es lo que tienes que decirme?

20 Él le dijo: Los judíos han convenido en rogarte que mañana lleves a Pablo ante el concilio, como que van a inquirir alguna cosa más cierta acerca de él.

21 Pero tú no les creas; porque más de cuarenta hombres de ellos le acechan, los cuales se han juramentado bajo maldición, a no comer ni beber hasta que le hayan dado muerte; y ahora están listos esperando tu promesa.

22 Entonces el tribuno despidió al joven, mandándole que a nadie dijese que le había dado aviso de esto.

Pablo es enviado a Félix el gobernador

23 Y llamando a dos centuriones, mandó que preparasen para la hora tercera de la noche doscientos soldados, setenta jinetes y doscientos lanceros, para que fuesen hasta Cesarea;

24 y que preparasen cabalgaduras en que poniendo a Pablo, le llevasen en salvo a Félix el gobernador.

25 Y escribió una carta en estos términos:

26 Claudio Lisias al excelentísimo gobernador Félix: Salud.

27 A este hombre, aprehendido por los judíos, y que iban ellos a matar, lo libré yo acudiendo con la tropa, habiendo sabido que era ciudadano romano.

28 Y queriendo saber la causa por qué le acusaban, le llevé al concilio de ellos;

29 y hallé que le acusaban por cuestiones de la ley de ellos, pero que ningún delito tenía digno de muerte o de prisión.

30 Pero al ser avisado de asechanzas que los judíos habían tendido contra este hombre, al punto le he enviado a ti, intimando también a los acusadores que traten delante de ti lo que tengan contra él. Pásalo bien.

31 Y los soldados, tomando a Pablo como se les ordenó, le llevaron de noche a Antípatris.

32 Y al día siguiente, dejando a los jinetes que fuesen con él, volvieron a la fortaleza.

33 Cuando aquéllos llegaron a Cesarea, y dieron la carta al gobernador, presentaron también a Pablo delante de él.

34 Y el gobernador, leída la carta, preguntó de qué provincia era; y habiendo entendido que era de Cilicia,

35 le dijo: Te oiré cuando vengan tus acusadores. Y mandó que le custodiasen en el pretorio de Herodes.

Defensa de Pablo ante Félix

24 1 Cinco días después, descendió el sumo sacerdote Ananías con algunos de los ancianos y un cierto orador llamado Tértulo, y comparecieron ante el gobernador contra Pablo.

2 Y cuando éste fue llamado, Tértulo comenzó a acusarle, diciendo: Como debido a ti gozamos de gran paz, y muchas cosas son bien gobernadas en el pueblo por tu prudencia,

3 oh excelentísimo Félix, lo recibimos en todo tiempo y en todo lugar con toda gratitud.

⁴ Pero por no molestarte más largamente, te ruego que nos oigas brevemente conforme a tu equidad.

⁵ Porque hemos hallado que este hombre es una plaga, y promotor de sediciones entre todos los judíos por todo el mundo, y cabecilla de la secta de los nazarenos.

⁶ Intentó también profanar el templo; y prendiéndole, quisimos juzgarle conforme a nuestra ley.

⁷ Pero interviniendo el tribuno Lisias, con gran violencia le quitó de nuestras manos,

⁸ mandando a sus acusadores que viniesen a ti. Tú mismo, pues, al juzgarle, podrás informarte de todas estas cosas de que le acusamos.

⁹ Los judíos también confirmaban, diciendo ser así todo.

¹⁰ Habiéndole hecho señal el gobernador a Pablo para que hablase, éste respondió: Porque sé que desde hace muchos años eres juez de esta nación, con buen ánimo haré mi defensa.

¹¹ Como tú puedes cerciorarte, no hace más de doce días que subí a adorar a Jerusalén;

¹² y no me hallaron disputando con ninguno, ni amotinando a la multitud; ni en el templo, ni en las sinagogas ni en la ciudad;

¹³ ni te pueden probar las cosas de que ahora me acusan.

¹⁴ Pero esto te confieso, que según el Camino que ellos llaman herejía, así sirvo al Dios de mis padres, creyendo todas las cosas que en la ley y en los profetas están escritas;

¹⁵ teniendo esperanza en Dios, la cual ellos también abrigan, de que ha de haber resurrección de los muertos, así de justos como de injustos.

¹⁶ Y por esto procuro tener siempre una conciencia sin ofensa ante Dios y ante los hombres.

¹⁷ Pero pasados algunos años, vine a hacer limosnas a mi nación y presentar ofrendas.

¹⁸ Estaba en ello, cuando unos judíos de Asia me hallaron purificado en el templo, no con multitud ni con alboroto.ᵃ

¹⁹ Ellos debieran comparecer ante ti y acusarme, si contra mí tienen algo.

²⁰ O digan éstos mismos si hallaron en mí alguna cosa mal hecha, cuando comparecí ante el concilio,

²¹ a no ser que estando entre ellos prorrumpí en alta voz: Acerca de la resurrección de los muertos soy juzgado hoy por vosotros.ᵇ

²² Entonces Félix, oídas estas cosas, estando bien informado de este Camino, les aplazó, diciendo: Cuando descendiere el tribuno Lisias, acabaré de conocer de vuestro asunto.

²³ Y mandó al centurión que se custodiase a Pablo, pero que se le concediese alguna libertad, y que no impidiese a ninguno de los suyos servirle o venir a él.

²⁴ Algunos días después, viniendo Félix con Drusila su mujer, que era judía, llamó a Pablo, y le oyó acerca de la fe en Jesucristo.

²⁵ Pero al disertar Pablo acerca de la justicia, del dominio propio y del juicio venidero, Félix se espantó, y dijo: Ahora vete; pero cuando tenga oportunidad te llamaré.

²⁶ Esperaba también con esto, que Pablo le diera dinero para que le soltase; por lo cual muchas veces lo hacía venir y hablaba con él.

²⁷ Pero al cabo de dos años recibió Félix por sucesor a Porcio Festo; y queriendo Félix congraciarse con los judíos, dejó preso a Pablo.

Pablo apela a César

25 ¹ Llegado, pues, Festo a la provincia, subió de Cesarea a Jerusalén tres días después.

² Y los principales sacerdotes y los más influyentes de los judíos se presentaron ante él contra Pablo, y le rogaron,

³ pidiendo contra él, como gracia, que le hiciese traer a Jerusalén; preparando ellos una celada para matarle en el camino.

⁴ Pero Festo respondió que Pablo estaba custodiado en Cesarea, adonde él mismo partiría en breve.

⁵ Los que de vosotros puedan, dijo, desciendan conmigo, y si hay algún crimen en este hombre, acúsenle.

⁶ Y deteniéndose entre ellos no más de ocho o diez días, venido a Cesarea, al siguiente día se sentó en el tribunal, y mandó que fuese traído Pablo.

⁷ Cuando éste llegó, lo rodearon los judíos que habían venido de Jerusalén,

---

ᵃ 24.17, 18 Hch 21.17-28.   ᵇ 24.21 Hch 23.6.

presentando contra él muchas y graves acusaciones, las cuales no podían probar; 8 alegando Pablo en su defensa: Ni contra la ley de los judíos, ni contra el templo, ni contra César he pecado en nada.

9 Pero Festo, queriendo congraciarse con los judíos, respondiendo a Pablo dijo: ¿Quieres subir a Jerusalén, y allá ser juzgado de estas cosas delante de mí?

10 Pablo dijo: Ante el tribunal de César estoy, donde debo ser juzgado. A los judíos no les he hecho ningún agravio, como tú sabes muy bien.

11 Porque si algún agravio, o cosa alguna digna de muerte he hecho, no rehúso morir; pero si nada hay de las cosas de que éstos me acusan, nadie puede entregarme a ellos. A César apelo.

12 Entonces Festo, habiendo hablado con el consejo, respondió: A César has apelado; a César irás.

Pablo ante Agripa y Berenice

13 Pasados algunos días, el rey Agripa y Berenice vinieron a Cesarea para saludar a Festo.

14 Y como estuvieron allí muchos días, Festo expuso al rey la causa de Pablo, diciendo: Un hombre ha sido dejado preso por Félix,

15 respecto al cual, cuando fui a Jerusalén, se me presentaron los principales sacerdotes y los ancianos de los judíos, pidiendo condenación contra él.

16 A éstos respondí que no es costumbre de los romanos entregar alguno a la muerte antes que el acusado tenga delante a sus acusadores, y pueda defenderse de la acusación.

17 Así que, habiendo venido ellos juntos acá, sin ninguna dilación, al día siguiente, sentado en el tribunal, mandé traer al hombre.

18 Y estando presentes los acusadores, ningún cargo presentaron de los que yo sospechaba,

19 sino que tenían contra él ciertas cuestiones acerca de su religión, y de un cierto Jesús, ya muerto, el que Pablo afirmaba estar vivo.

20 Yo, dudando en cuestión semejante, le pregunté si quería ir a Jerusalén y allá ser juzgado de estas cosas.

21 Mas como Pablo apeló para que se le reservase para el conocimiento de Augusto, mandé que le custodiasen hasta que le enviara yo a César.

22 Entonces Agripa dijo a Festo: Yo también quisiera oír a ese hombre. Y él le dijo: Mañana le oirás.

23 Al otro día, viniendo Agripa y Berenice con mucha pompa, y entrando en la audiencia con los tribunos y principales hombres de la ciudad, por mandato de Festo fue traído Pablo.

24 Entonces Festo dijo: Rey Agripa, y todos los varones que estáis aquí juntos con nosotros, aquí tenéis a este hombre, respecto del cual toda la multitud de los judíos me ha demandado en Jerusalén y aquí, dando voces que no debe vivir más.

25 Pero yo, hallando que ninguna cosa digna de muerte ha hecho, y como él mismo apeló a Augusto, he determinado enviarle a él.

26 Como no tengo cosa cierta que escribir a mi señor, le he traído ante vosotros, y mayormente ante ti, oh rey Agripa, para que después de examinarle, tenga yo qué escribir.

27 Porque me parece fuera de razón enviar un preso, y no informar de los cargos que haya en su contra.

Defensa de Pablo ante Agripa

26 1 Entonces Agripa dijo a Pablo: Se te permite hablar por ti mismo. Pablo entonces, extendiendo la mano, comenzó así su defensa:

2 Me tengo por dichoso, oh rey Agripa, de que haya de defenderme hoy delante de ti de todas las cosas de que soy acusado por los judíos.

3 Mayormente porque tú conoces todas las costumbres y cuestiones que hay entre los judíos; por lo cual te ruego que me oigas con paciencia.

Vida anterior de Pablo

4 Mi vida, pues, desde mi juventud, la cual desde el principio pasé en mi nación, en Jerusalén, la conocen todos los judíos;

5 los cuales también saben que yo desde el principio, si quieren testificarlo, conforme

a la más rigurosa secta de nuestra religión, viví fariseo.[a]

6 Y ahora, por la esperanza de la promesa que hizo Dios a nuestros padres soy llamado a juicio;

7 promesa cuyo cumplimiento esperan que han de alcanzar nuestras doce tribus, sirviendo constantemente a Dios de día y de noche. Por esta esperanza, oh rey Agripa, soy acusado por los judíos.

8 ¡Qué! ¿Se juzga entre vosotros cosa increíble que Dios resucite a los muertos?

Pablo el perseguidor

9 Yo ciertamente había creído mi deber hacer muchas cosas contra el nombre de Jesús de Nazaret;

10 lo cual también hice en Jerusalén. Yo encerré en cárceles a muchos de los santos, habiendo recibido poderes de los principales sacerdotes; y cuando los mataron, yo di mi voto.

11 Y muchas veces, castigándolos en todas las sinagogas, los forcé a blasfemar; y enfurecido sobremanera contra ellos, los perseguí hasta en las ciudades extranjeras.[b]

Pablo relata su conversión
(Hch 9.1-19; 22.6-16)

12 Ocupado en esto, iba yo a Damasco con poderes y en comisión de los principales sacerdotes,

13 cuando a mediodía, oh rey, yendo por el camino, vi una luz del cielo que sobrepasaba el resplandor del sol, la cual me rodeó a mí y a los que iban conmigo.

14 Y habiendo caído todos nosotros en tierra, oí una voz que me hablaba, y decía en lengua hebrea: Saulo, Saulo, ¿por qué me persigues? Dura cosa te es dar coces contra el aguijón.

15 Yo entonces dije: ¿Quién eres, Señor? Y el Señor dijo: Yo soy Jesús, a quien tú persigues.

16 Pero levántate, y ponte sobre tus pies; porque para esto he aparecido a ti, para ponerte por ministro y testigo de las cosas que has visto, y de aquellas en que me apareceré a ti,

17 librándote de tu pueblo, y de los gentiles, a quienes ahora te envío,

18 para que abras sus ojos, para que se conviertan de las tinieblas a la luz, y de

la potestad de Satanás a Dios; para que reciban, por la fe que es en mí, perdón de pecados y herencia entre los santificados.

Pablo obedece a la visión

19 Por lo cual, oh rey Agripa, no fui rebelde a la visión celestial,

20 sino que anuncié primeramente a los que están en Damasco,[c] y Jerusalén,[d] y por toda la tierra de Judea, y a los gentiles, que se arrepintiesen y se convirtiesen a Dios, haciendo obras dignas de arrepentimiento.

21 Por causa de esto los judíos, prendiéndome en el templo, intentaron matarme.

22 Pero habiendo obtenido auxilio de Dios, persevero hasta el día de hoy, dando testimonio a pequeños y a grandes, no diciendo nada fuera de las cosas que los profetas y Moisés dijeron que habían de suceder:

23 Que el Cristo había de padecer, y ser el primero de la resurrección de los muertos, para anunciar luz al pueblo y a los gentiles.[e]

Pablo insta a Agripa a que crea

24 Diciendo él estas cosas en su defensa, Festo a gran voz dijo: Estás loco, Pablo; las muchas letras te vuelven loco.

25 Mas él dijo: No estoy loco, excelentísimo Festo, sino que hablo palabras de verdad y de cordura.

26 Pues el rey sabe estas cosas, delante de quien también hablo con toda confianza. Porque no pienso que ignora nada de esto; pues no se ha hecho esto en algún rincón.

27 ¿Crees, oh rey Agripa, a los profetas? Yo sé que crees.

28 Entonces Agripa dijo a Pablo: Por poco me persuades a ser cristiano.

29 Y Pablo dijo: ¡Quisiera Dios que por poco o por mucho, no solamente tú, sino también todos los que hoy me oyen, fueseis hechos tales cual yo soy, excepto estas cadenas!

30 Cuando había dicho estas cosas, se levantó el rey, y el gobernador, y Berenice, y los que se habían sentado con ellos;

31 y cuando se retiraron aparte, hablaban entre sí, diciendo: Ninguna cosa digna

---

a 26.5 Hch 23.6; Fil 3.5.   b 26.9-11 Hch 8.3; 22.4, 5.
c 26.20 Hch 9.20.   d 26.20 Hch 9.28, 29.
e 26.23 Is 42.6; 49.6.

ni de muerte ni de prisión ha hecho este hombre.

³² Y Agripa dijo a Festo: Podía este hombre ser puesto en libertad, si no hubiera apelado a César.

Pablo es enviado a Roma

27 ¹ Cuando se decidió que habíamos de navegar para Italia, entregaron a Pablo y a algunos otros presos a un centurión llamado Julio, de la compañía Augusta.

² Y embarcándonos en una nave adramitena que iba a tocar los puertos de Asia, zarpamos, estando con nosotros Aristarco, macedonio de Tesalónica.

³ Al otro día llegamos a Sidón; y Julio, tratando humanamente a Pablo, le permitió que fuese a los amigos, para ser atendido por ellos.

⁴ Y haciéndonos a la vela desde allí, navegamos a sotavento de Chipre, porque los vientos eran contrarios.

⁵ Habiendo atravesado el mar frente a Cilicia y Panfilia, arribamos a Mira, ciudad de Licia.

⁶ Y hallando allí el centurión una nave alejandrina que zarpaba para Italia, nos embarcó en ella.

⁷ Navegando muchos días despacio, y llegando a duras penas frente a Gnido, porque nos impedía el viento, navegamos a sotavento de Creta, frente a Salmón.

⁸ Y costeándola con dificultad, llegamos a un lugar que llaman Buenos Puertos, cerca del cual estaba la ciudad de Lasea.

⁹ Y habiendo pasado mucho tiempo, y siendo ya peligrosa la navegación, por haber pasado ya el ayuno, Pablo les amonestaba,

¹⁰ diciéndoles: Varones, veo que la navegación va a ser con perjuicio y mucha pérdida, no sólo del cargamento y de la nave, sino también de nuestras personas.

¹¹ Pero el centurión daba más crédito al piloto y al patrón de la nave, que a lo que Pablo decía.

¹² Y siendo incómodo el puerto para invernar, la mayoría acordó zarpar también de allí, por si pudiesen arribar a Fenice, puerto de Creta que mira al nordeste y sudeste, e invernar allí.

La tempestad en el mar

¹³ Y soplando una brisa del sur, pareciéndoles que ya tenían lo que deseaban, levaron anclas e iban costeando Creta.

¹⁴ Pero no mucho después dio contra la nave un viento huracanado llamado Euroclidón.

¹⁵ Y siendo arrebatada la nave, y no pudiendo poner proa al viento, nos abandonamos a él y nos dejamos llevar.

¹⁶ Y habiendo corrido a sotavento de una pequeña isla llamada Clauda, con dificultad pudimos recoger el esquife.

¹⁷ Y una vez subido a bordo, usaron de refuerzos para ceñir la nave; y teniendo temor de dar en la Sirte, arriaron las velas y quedaron a la deriva.

¹⁸ Pero siendo combatidos por una furiosa tempestad, al siguiente día empezaron a alijar,

¹⁹ y al tercer día con nuestras propias manos arrojamos los aparejos de la nave.

²⁰ Y no apareciendo ni sol ni estrellas por muchos días, y acosados por una tempestad no pequeña, ya habíamos perdido toda esperanza de salvarnos.

²¹ Entonces Pablo, como hacía ya mucho que no comíamos, puesto en pie en medio de ellos, dijo: Habría sido por cierto conveniente, oh varones, haberme oído, y no zarpar de Creta tan sólo para recibir este perjuicio y pérdida.

²² Pero ahora os exhorto a tener buen ánimo, pues no habrá ninguna pérdida de vida entre vosotros, sino solamente de la nave.

²³ Porque esta noche ha estado conmigo el ángel del Dios de quien soy y a quien sirvo,

²⁴ diciendo: Pablo, no temas; es necesario que comparezcas ante César; y he aquí, Dios te ha concedido todos los que navegan contigo.

²⁵ Por tanto, oh varones, tened buen ánimo; porque yo confío en Dios que será así como se me ha dicho.

²⁶ Con todo, es necesario que demos en alguna isla.

²⁷ Venida la decimacuarta noche, y siendo llevados a través del mar Adriático, a la medianoche los marineros sospecharon que estaban cerca de tierra;

²⁸ y echando la sonda, hallaron veinte brazas; y pasando un poco más adelante, volviendo a echar la sonda, hallaron quince brazas.

29 Y temiendo dar en escollos, echaron cuatro anclas por la popa, y ansiaban que se hiciese de día.

30 Entonces los marineros procuraron huir de la nave, y echando el esquife al mar, aparentaban como que querían largar las anclas de proa.

31 Pero Pablo dijo al centurión y a los soldados: Si éstos no permanecen en la nave, vosotros no podéis salvaros.

32 Entonces los soldados cortaron las amarras del esquife y lo dejaron perderse.

33 Cuando comenzó a amanecer, Pablo exhortaba a todos que comiesen, diciendo: Éste es el decimocuarto día que veláis y permanecéis en ayunas, sin comer nada.

34 Por tanto, os ruego que comáis por vuestra salud; pues ni aun un cabello de la cabeza de ninguno de vosotros perecerá.

35 Y habiendo dicho esto, tomó el pan y dio gracias a Dios en presencia de todos, y partiéndolo, comenzó a comer.

36 Entonces todos, teniendo ya mejor ánimo, comieron también.

37 Y éramos todas las personas en la nave doscientas setenta y seis.

38 Y ya satisfechos, aligeraron la nave, echando el trigo al mar.

El naufragio

39 Cuando se hizo de día, no reconocían la tierra, pero veían una ensenada que tenía playa, en la cual acordaron varar, si pudiesen, la nave.

40 Cortando, pues, las anclas, las dejaron en el mar, largando también las amarras del timón; e izada al viento la vela de proa, enfilaron hacia la playa.

41 Pero dando en un lugar de dos aguas, hicieron encallar la nave; y la proa, hincada, quedó inmóvil, y la popa se abría con la violencia del mar.

42 Entonces los soldados acordaron matar a los presos, para que ninguno se fugase nadando.

43 Pero el centurión, queriendo salvar a Pablo, les impidió este intento, y mandó que los que pudiesen nadar se echasen los primeros, y saliesen a tierra;

44 y los demás, parte en tablas, parte en cosas de la nave. Y así aconteció que todos se salvaron saliendo a tierra.

Pablo en la isla de Malta

28 **1** Estando ya a salvo, supimos que la isla se llamaba Malta.

2 Y los naturales nos trataron con no poca humanidad; porque encendiendo un fuego, nos recibieron a todos, a causa de la lluvia que caía, y del frío.

3 Entonces, habiendo recogido Pablo algunas ramas secas, las echó al fuego; y una víbora, huyendo del calor, se le prendió en la mano.

4 Cuando los naturales vieron la víbora colgando de su mano, se decían unos a otros: Ciertamente este hombre es homicida, a quien, escapado del mar, la justicia no deja vivir.

5 Pero él, sacudiendo la víbora en el fuego, ningún daño padeció.

6 Ellos estaban esperando que él se hinchase, o cayese muerto de repente; mas habiendo esperado mucho, y viendo que ningún mal le venía, cambiaron de parecer y dijeron que era un dios.

7 En aquellos lugares había propiedades del hombre principal de la isla, llamado Publio, quien nos recibió y hospedó solícitamente tres días.

8 Y aconteció que el padre de Publio estaba en cama, enfermo de fiebre y de disentería; y entró Pablo a verle, y después de haber orado, le impuso las manos, y le sanó.

9 Hecho esto, también los otros que en la isla tenían enfermedades, venían, y eran sanados;

10 los cuales también nos honraron con muchas atenciones; y cuando zarpamos, nos cargaron de las cosas necesarias.

Pablo llega a Roma

11 Pasados tres meses, nos hicimos a la vela en una nave alejandrina que había invernado en la isla, la cual tenía por enseña a Cástor y Pólux.

12 Y llegados a Siracusa, estuvimos allí tres días.

13 De allí, costeando alrededor, llegamos a Regio; y otro día después, soplando el viento sur, llegamos al segundo día a Puteoli,

14 donde habiendo hallado hermanos, nos rogaron que nos quedásemos con ellos siete días; y luego fuimos a Roma,

15 de donde, oyendo de nosotros los hermanos, salieron a recibirnos hasta el Foro de Apio y las Tres Tabernas; y al verlos, Pablo dio gracias a Dios y cobró aliento.

16 Cuando llegamos a Roma, el centurión entregó los presos al prefecto militar, pero a Pablo se le permitió vivir aparte, con un soldado que le custodiase.

Pablo predica en Roma

17 Aconteció que tres días después, Pablo convocó a los principales de los judíos, a los cuales, luego que estuvieron reunidos, les dijo: Yo, varones hermanos, no habiendo hecho nada contra el pueblo, ni contra las costumbres de nuestros padres, he sido entregado preso desde Jerusalén en manos de los romanos;

18 los cuales, habiéndome examinado, me querían soltar, por no haber en mí ninguna causa de muerte.

19 Pero oponiéndose los judíos, me vi obligado a apelar a César;[a] no porque tenga de qué acusar a mi nación.

20 Así que por esta causa os he llamado para veros y hablaros; porque por la esperanza de Israel estoy sujeto con esta cadena.

21 Entonces ellos le dijeron: Nosotros ni hemos recibido de Judea cartas acerca de ti, ni ha venido alguno de los hermanos que haya denunciado o hablado algún mal de ti.

22 Pero querríamos oír de ti lo que piensas; porque de esta secta nos es notorio que en todas partes se habla contra ella.

23 Y habiéndole señalado un día, vinieron a él muchos a la posada, a los cuales les declaraba y les testificaba el reino de Dios desde la mañana hasta la tarde, persuadiéndoles acerca de Jesús, tanto por la ley de Moisés como por los profetas.

24 Y algunos asentían a lo que se decía, pero otros no creían.

25 Y como no estuviesen de acuerdo entre sí, al retirarse, les dijo Pablo esta palabra: Bien habló el Espíritu Santo por medio del profeta Isaías a nuestros padres, diciendo:

26 Ve a este pueblo, y diles:
De oído oiréis, y no entenderéis;
Y viendo veréis, y no percibiréis;

27 Porque el corazón de este pueblo se ha engrosado,
Y con los oídos oyeron pesadamente,
Y sus ojos han cerrado,
Para que no vean con los ojos,
Y oigan con los oídos,
Y entiendan de corazón,
Y se conviertan,
Y yo los sane.[b]

28 Sabed, pues, que a los gentiles es enviada esta salvación de Dios; y ellos oirán.

29 Y cuando hubo dicho esto, los judíos se fueron, teniendo gran discusión entre sí.

30 Y Pablo permaneció dos años enteros en una casa alquilada, y recibía a todos los que a él venían,

31 predicando el reino de Dios y enseñando acerca del Señor Jesucristo, abiertamente y sin impedimento.

---

a **28.19** Hch 25.11.   b **28.26, 27** Is 6.9, 10.

Salutación

1 ¹ Pablo, siervo de Jesucristo, llamado a ser apóstol, apartado para el evangelio de Dios,

² que él había prometido antes por sus profetas en las santas Escrituras,

³ acerca de su Hijo, nuestro Señor Jesucristo, que era del linaje de David según la carne,

⁴ que fue declarado Hijo de Dios con poder, según el Espíritu de santidad, por la resurrección de entre los muertos,

⁵ y por quien recibimos la gracia y el apostolado, para la obediencia a la fe en todas las naciones por amor de su nombre;

⁶ entre las cuales estáis también vosotros, llamados a ser de Jesucristo;

⁷ a todos los que estáis en Roma, amados de Dios, llamados a ser santos: Gracia y paz a vosotros, de Dios nuestro Padre y del Señor Jesucristo.

Deseo de Pablo de visitar Roma

⁸ Primeramente doy gracias a mi Dios mediante Jesucristo con respecto a todos vosotros, de que vuestra fe se divulga por todo el mundo.

⁹ Porque testigo me es Dios, a quien sirvo en mi espíritu en el evangelio de su Hijo, de que sin cesar hago mención de vosotros siempre en mis oraciones,

¹⁰ rogando que de alguna manera tenga al fin, por la voluntad de Dios, un próspero viaje para ir a vosotros.

¹¹ Porque deseo veros, para comunicaros algún don espiritual, a fin de que seáis confirmados;

¹² esto es, para ser mutuamente confortados por la fe que nos es común a vosotros y a mí.

¹³ Pero no quiero, hermanos, que ignoréis que muchas veces me he propuesto ir a vosotros[a] (pero hasta ahora he sido estorbado), para tener también entre vosotros algún fruto, como entre los demás gentiles.

¹⁴ A griegos y a no griegos, a sabios y a no sabios soy deudor.

¹⁵ Así que, en cuanto a mí, pronto estoy a anunciaros el evangelio también a vosotros que estáis en Roma.

El poder del evangelio

¹⁶ Porque no me avergüenzo del evangelio, porque es poder de Dios para salvación a todo aquel que cree; al judío primeramente, y también al griego.

¹⁷ Porque en el evangelio la justicia de Dios se revela por fe y para fe, como está escrito: Mas el justo por la fe vivirá.[b]

La culpabilidad del hombre

¹⁸ Porque la ira de Dios se revela desde el cielo contra toda impiedad e injusticia de los hombres que detienen con injusticia la verdad;

¹⁹ porque lo que de Dios se conoce les es manifiesto, pues Dios se lo manifestó.

²⁰ Porque las cosas invisibles de él, su eterno poder y deidad, se hacen claramente visibles desde la creación del mundo, siendo entendidas por medio de las cosas hechas, de modo que no tienen excusa.

²¹ Pues habiendo conocido a Dios, no le glorificaron como a Dios, ni le dieron gracias, sino que se envanecieron en sus razonamientos, y su necio corazón fue entenebrecido.

²² Profesando ser sabios, se hicieron necios,

²³ y cambiaron la gloria del Dios incorruptible en semejanza de imagen de hombre corruptible, de aves, de cuadrúpedos y de reptiles.

²⁴ Por lo cual también Dios los entregó a la inmundicia, en las concupiscencias de sus corazones, de modo que deshonraron entre sí sus propios cuerpos,

²⁵ ya que cambiaron la verdad de Dios por la mentira, honrando y dando culto a las

---

a 1.13 Hch 19.21.   **b** 1.17 Hab 2.4.

criaturas antes que al Creador, el cual es bendito por los siglos. Amén.

26 Por esto Dios los entregó a pasiones vergonzosas; pues aun sus mujeres cambiaron el uso natural por el que es contra naturaleza,

27 y de igual modo también los hombres, dejando el uso natural de la mujer, se encendieron en su lascivia unos con otros, cometiendo hechos vergonzosos hombres con hombres, y recibiendo en sí mismos la retribución debida a su extravío.

28 Y como ellos no aprobaron tener en cuenta a Dios, Dios los entregó a una mente reprobada, para hacer cosas que no convienen;

29 estando atestados de toda injusticia, fornicación, perversidad, avaricia, maldad; llenos de envidia, homicidios, contiendas, engaños y malignidades;

30 murmuradores, detractores, aborrecedores de Dios, injuriosos, soberbios, altivos, inventores de males, desobedientes a los padres,

31 necios, desleales, sin afecto natural, implacables, sin misericordia;

32 quienes habiendo entendido el juicio de Dios, que los que practican tales cosas son dignos de muerte, no sólo las hacen, sino que también se complacen con los que las practican.

El justo juicio de Dios

2 **1** Por lo cual eres inexcusable, oh hombre, quienquiera que seas tú que juzgas; pues en lo que juzgas a otro, te condenas a ti mismo;[a] porque tú que juzgas haces lo mismo.

2 Mas sabemos que el juicio de Dios contra los que practican tales cosas es según verdad.

3 ¿Y piensas esto, oh hombre, tú que juzgas a los que tal hacen, y haces lo mismo, que tú escaparás del juicio de Dios?

4 ¿O menosprecias las riquezas de su benignidad, paciencia y longanimidad, ignorando que su benignidad te guía al arrepentimiento?

5 Pero por tu dureza y por tu corazón no arrepentido, atesoras para ti mismo ira para el día de la ira y de la revelación del justo juicio de Dios,

6 el cual pagará a cada uno conforme a sus obras:[b]

7 vida eterna a los que, perseverando en bien hacer, buscan gloria y honra e inmortalidad,

8 pero ira y enojo a los que son contenciosos y no obedecen a la verdad, sino que obedecen a la injusticia;

9 tribulación y angustia sobre todo ser humano que hace lo malo, el judío primeramente y también el griego,

10 pero gloria y honra y paz a todo el que hace lo bueno, al judío primeramente y también al griego;

11 porque no hay acepción de personas para con Dios.[c]

12 Porque todos los que sin ley han pecado, sin ley también perecerán; y todos los que bajo la ley han pecado, por la ley serán juzgados;

13 porque no son los oidores de la ley los justos ante Dios, sino los hacedores de la ley serán justificados.

14 Porque cuando los gentiles que no tienen ley, hacen por naturaleza lo que es de la ley, éstos, aunque no tengan ley, son ley para sí mismos,

15 mostrando la obra de la ley escrita en sus corazones, dando testimonio su conciencia, y acusándoles o defendiéndoles sus razonamientos,

16 en el día en que Dios juzgará por Jesucristo los secretos de los hombres, conforme a mi evangelio.

Los judíos y la ley

17 He aquí, tú tienes el sobrenombre de judío, y te apoyas en la ley, y te glorías en Dios,

18 y conoces su voluntad, e instruido por la ley apruebas lo mejor,

19 y confías en que eres guía de los ciegos, luz de los que están en tinieblas,

20 instructor de los indoctos, maestro de niños, que tienes en la ley la forma de la ciencia y de la verdad.

21 Tú, pues, que enseñas a otro, ¿no te enseñas a ti mismo? Tú que predicas que no se ha de hurtar, ¿hurtas?

22 Tú que dices que no se ha de adulterar, ¿adulteras? Tú que abominas de los ídolos, ¿cometes sacrilegio?

23 Tú que te jactas de la ley, ¿con infracción de la ley deshonras a Dios?

---

a 2.1 Mt 7.1; Lc 6.37.   **b 2.6** Sal 62.12.   **c 2.11** Dt 10.17.

24 Porque como está escrito, el nombre de Dios es blasfemado entre los gentiles por causa de vosotros.[d]

25 Pues en verdad la circuncisión aprovecha, si guardas la ley; pero si eres transgresor de la ley, tu circuncisión viene a ser incircuncisión.

26 Si, pues, el incircunciso guardare las ordenanzas de la ley, ¿no será tenida su incircuncisión como circuncisión?

27 Y el que físicamente es incircunciso, pero guarda perfectamente la ley, te condenará a ti, que con la letra de la ley y con la circuncisión eres transgresor de la ley.

28 Pues no es judío el que lo es exteriormente, ni es la circuncisión la que se hace exteriormente en la carne;

29 sino que es judío el que lo es en lo interior, y la circuncisión es la del corazón, en espíritu, no en letra; la alabanza del cual no viene de los hombres, sino de Dios.

3 **1** ¿Qué ventaja tiene, pues, el judío? ¿o de qué aprovecha la circuncisión?

2 Mucho, en todas maneras. Primero, ciertamente, que les ha sido confiada la palabra de Dios.

3 ¿Pues qué, si algunos de ellos han sido incrédulos? ¿Su incredulidad habrá hecho nula la fidelidad de Dios?

4 De ninguna manera; antes bien sea Dios veraz, y todo hombre mentiroso; como está escrito:

Para que seas justificado en tus palabras,

Y venzas cuando fueres juzgado.[a]

5 Y si nuestra injusticia hace resaltar la justicia de Dios, ¿qué diremos? ¿Será injusto Dios que da castigo? (Hablo como hombre.)

6 En ninguna manera; de otro modo, ¿cómo juzgaría Dios al mundo?

7 Pero si por mi mentira la verdad de Dios abundó para su gloria, ¿por qué aún soy juzgado como pecador?

8 ¿Y por qué no decir (como se nos calumnia, y como algunos, cuya condenación es justa, afirman que nosotros decimos): Hagamos males para que vengan bienes?

No hay justo

9 ¿Qué, pues? ¿Somos nosotros mejores que ellos? En ninguna manera; pues ya hemos acusado a judíos y a gentiles, que todos están bajo pecado.

10 Como está escrito:

No hay justo, ni aun uno;

11 No hay quien entienda,

No hay quien busque a Dios.

12 Todos se desviaron, a una se hicieron inútiles;

No hay quien haga lo bueno, no hay ni siquiera uno.[b]

13 Sepulcro abierto es su garganta;

Con su lengua engañan.[c]

Veneno de áspides hay debajo de sus labios;[d]

14 Su boca está llena de maldición y de amargura.[e]

15 Sus pies se apresuran para derramar sangre;

16 Quebranto y desventura hay en sus caminos;

17 Y no conocieron camino de paz.[f]

18 No hay temor de Dios delante de sus ojos.[g]

19 Pero sabemos que todo lo que la ley dice, lo dice a los que están bajo la ley, para que toda boca se cierre y todo el mundo quede bajo el juicio de Dios;

20 ya que por las obras de la ley ningún ser humano será justificado delante de él;[h] porque por medio de la ley es el conocimiento del pecado.

La justicia es por medio de la fe

21 Pero ahora, aparte de la ley, se ha manifestado la justicia de Dios, testificada por la ley y por los profetas;

22 la justicia de Dios por medio de la fe en Jesucristo,[i] para todos los que creen en él. Porque no hay diferencia,

23 por cuanto todos pecaron, y están destituidos de la gloria de Dios,

24 siendo justificados gratuitamente por su gracia, mediante la redención que es en Cristo Jesús,

25 a quien Dios puso como propiciación por medio de la fe en su sangre, para manifestar su justicia, a causa de haber pasado por alto, en su paciencia, los pecados pasados,

26 con la mira de manifestar en este tiempo su justicia, a fin de que él sea el justo, y el que justifica al que es de la fe de Jesús.

---

d **2.24** Is 52.5.   a **3.4** Sal 51.4.   b **3.10-12** Sal 14.1-3; 53.1-3. c **3.13** Sal 5.9.   d **3.13** Sal 140.3.   e **3.14** Sal 10.7. f **3.15-17** Is 59.7, 8.   g **3.18** Sal 36.1.   h **3.20** Sal 143.2; Gá 2.16.   i **3.22** Gá 2.16.

27 ¿Dónde, pues, está la jactancia? Queda excluida. ¿Por cuál ley? ¿Por la de las obras? No, sino por la ley de la fe. 28 Concluimos, pues, que el hombre es justificado por fe sin las obras de la ley. 29 ¿Es Dios solamente Dios de los judíos? ¿No es también Dios de los gentiles? Ciertamente, también de los gentiles. 30 Porque Dios es uno, y él justificará por la fe a los de la circuncisión, y por medio de la fe a los de la incircuncisión. 31 ¿Luego por la fe invalidamos la ley? En ninguna manera, sino que confirmamos la ley.

Abraham, justificado aparte de las obras

4 1 ¿Qué, pues, diremos que halló Abraham, nuestro padre según la carne? 2 Porque si Abraham fue justificado por las obras, tiene de qué gloriarse, pero no para con Dios. 3 Porque ¿qué dice la Escritura? Creyó Abraham a Dios, y le fue contado por justicia.[a] 4 Pero al que obra, no se le cuenta el salario como gracia, sino como deuda; 5 mas al que no obra, sino cree en aquel que justifica al impío, su fe le es contada por justicia. 6 Como también David habla de la bienaventuranza del hombre a quien Dios atribuye justicia sin obras, 7 diciendo:

Bienaventurados aquellos cuyas
iniquidades son perdonadas,
Y cuyos pecados son cubiertos.
8 Bienaventurado el varón a quien el
Señor no inculpa de pecado.[b]

9 ¿Es, pues, esta bienaventuranza solamente para los de la circuncisión, o también para los de la incircuncisión? Porque decimos que a Abraham le fue contada la fe por justicia. 10 ¿Cómo, pues, le fue contada? ¿Estando en la circuncisión, o en la incircuncisión? No en la circuncisión, sino en la incircuncisión. 11 Y recibió la circuncisión[c] como señal, como sello de la justicia de la fe que tuvo estando aún incircunciso; para que fuese padre de todos los creyentes no circuncidados, a fin de que también a ellos la fe les sea contada por justicia; 12 y padre de la circuncisión, para los que no solamente son de la circuncisión, sino que también siguen las pisadas de la fe que tuvo nuestro padre Abraham antes de ser circuncidado.

13 Porque no por la ley fue dada a Abraham o a su descendencia la promesa de que sería heredero del mundo,[d] sino por la justicia de la fe. 14 Porque si los que son de la ley son los herederos, vana resulta la fe, y anulada la promesa.[e] 15 Pues la ley produce ira; pero donde no hay ley, tampoco hay transgresión.

Abraham, justificado por la fe

16 Por tanto, es por fe, para que sea por gracia, a fin de que la promesa sea firme para toda su descendencia; no solamente para la que es de la ley, sino también para la que es de la fe de Abraham, el cual es padre de todos nosotros[f] 17 (como está escrito: Te he puesto por padre de muchas gentes[g]) delante de Dios, a quien creyó, el cual da vida a los muertos, y llama las cosas que no son, como si fuesen. 18 Él creyó en esperanza contra esperanza, para llegar a ser padre de muchas gentes, conforme a lo que se le había dicho: Así será tu descendencia.[h] 19 Y no se debilitó en la fe al considerar su cuerpo, que estaba ya como muerto (siendo de casi cien años[i]), o la esterilidad de la matriz de Sara. 20 Tampoco dudó, por incredulidad, de la promesa de Dios, sino que se fortaleció en fe, dando gloria a Dios, 21 plenamente convencido de que era también poderoso para hacer todo lo que había prometido; 22 por lo cual también su fe le fue contada por justicia. 23 Y no solamente con respecto a él se escribió que le fue contada, 24 sino también con respecto a nosotros a quienes ha de ser contada, esto es, a los que creemos en el que levantó de los muertos a Jesús, Señor nuestro, 25 el cual fue entregado por nuestras transgresiones, y resucitado para nuestra justificación.

---

a 4.3 Gn 15.6; Gá 3.6.   b 4.7, 8 Sal 32.1, 2.   c 4.11 Gn 17.10.
d 4.13 Gá 3.29.   e 4.14 Gá 3.18.   f 4.16 Gá 3.7.
g 4.17 Gn 17.5.   h 4.18 Gn 15.5.   i 4.19 Gn 17.17.

Resultados de la justificación

5 [1] Justificados, pues, por la fe, tenemos paz para con Dios por medio de nuestro Señor Jesucristo;

[2] por quien también tenemos entrada por la fe a esta gracia en la cual estamos firmes, y nos gloriamos en la esperanza de la gloria de Dios.

[3] Y no sólo esto, sino que también nos gloriamos en las tribulaciones, sabiendo que la tribulación produce paciencia;

[4] y la paciencia, prueba; y la prueba, esperanza;

[5] y la esperanza no avergüenza; porque el amor de Dios ha sido derramado en nuestros corazones por el Espíritu Santo que nos fue dado.

[6] Porque Cristo, cuando aún éramos débiles, a su tiempo murió por los impíos.

[7] Ciertamente, apenas morirá alguno por un justo; con todo, pudiera ser que alguno osara morir por el bueno.

[8] Mas Dios muestra su amor para con nosotros, en que siendo aún pecadores, Cristo murió por nosotros.

[9] Pues mucho más, estando ya justificados en su sangre, por él seremos salvos de la ira.

[10] Porque si siendo enemigos, fuimos reconciliados con Dios por la muerte de su Hijo, mucho más, estando reconciliados, seremos salvos por su vida.

[11] Y no sólo esto, sino que también nos gloriamos en Dios por el Señor nuestro Jesucristo, por quien hemos recibido ahora la reconciliación.

Adán y Cristo

[12] Por tanto, como el pecado entró en el mundo por un hombre, y por el pecado la muerte,[a] así la muerte pasó a todos los hombres, por cuanto todos pecaron.

[13] Pues antes de la ley, había pecado en el mundo; pero donde no hay ley, no se inculpa de pecado.

[14] No obstante, reinó la muerte desde Adán hasta Moisés, aun en los que no pecaron a la manera de la transgresión de Adán, el cual es figura del que había de venir.

[15] Pero el don no fue como la transgresión; porque si por la transgresión de aquel uno murieron los muchos, abundaron mucho más para los muchos la gracia y el don de Dios por la gracia de un hombre, Jesucristo.

[16] Y con el don no sucede como en el caso de aquel uno que pecó; porque ciertamente el juicio vino a causa de un solo pecado para condenación, pero el don vino a causa de muchas transgresiones para justificación.

[17] Pues si por la transgresión de uno solo reinó la muerte, mucho más reinarán en vida por uno solo, Jesucristo, los que reciben la abundancia de la gracia y del don de la justicia.

[18] Así que, como por la transgresión de uno vino la condenación a todos los hombres, de la misma manera por la justicia de uno vino a todos los hombres la justificación de vida.

[19] Porque así como por la desobediencia de un hombre los muchos fueron constituidos pecadores, así también por la obediencia de uno, los muchos serán constituidos justos.

[20] Pero la ley se introdujo para que el pecado abundase; mas cuando el pecado abundó, sobreabundó la gracia;

[21] para que así como el pecado reinó para muerte, así también la gracia reine por la justicia para vida eterna mediante Jesucristo, Señor nuestro.

Muertos al pecado

6 [1] ¿Qué, pues, diremos? ¿Perseveraremos en el pecado para que la gracia abunde?

[2] En ninguna manera. Porque los que hemos muerto al pecado, ¿cómo viviremos aún en él?

[3] ¿O no sabéis que todos los que hemos sido bautizados en Cristo Jesús, hemos sido bautizados en su muerte?

[4] Porque somos sepultados juntamente con él para muerte por el bautismo, a fin de que como Cristo resucitó de los muertos por la gloria del Padre, así también nosotros andemos en vida nueva.[a]

[5] Porque si fuimos plantados juntamente con él en la semejanza de su muerte, así también lo seremos en la de su resurrección;

[6] sabiendo esto, que nuestro viejo hombre fue crucificado juntamente con él, para

---

a **5.12** Gn 3.6.   a **6.4** Col 2.12.

que el cuerpo del pecado sea destruido, a fin de que no sirvamos más al pecado. [7] Porque el que ha muerto, ha sido justificado del pecado.

[8] Y si morimos con Cristo, creemos que también viviremos con él;

[9] sabiendo que Cristo, habiendo resucitado de los muertos, ya no muere; la muerte no se enseñorea más de él.

[10] Porque en cuanto murió, al pecado murió una vez por todas; mas en cuanto vive, para Dios vive.

[11] Así también vosotros consideraos muertos al pecado, pero vivos para Dios en Cristo Jesús, Señor nuestro.

[12] No reine, pues, el pecado en vuestro cuerpo mortal, de modo que lo obedezcáis en sus concupiscencias;

[13] ni tampoco presentéis vuestros miembros al pecado como instrumentos de iniquidad, sino presentaos vosotros mismos a Dios como vivos de entre los muertos, y vuestros miembros a Dios como instrumentos de justicia.

[14] Porque el pecado no se enseñoreará de vosotros; pues no estáis bajo la ley, sino bajo la gracia.

Siervos de la justicia

[15] ¿Qué, pues? ¿Pecaremos, porque no estamos bajo la ley, sino bajo la gracia? En ninguna manera.

[16] ¿No sabéis que si os sometéis a alguien como esclavos para obedecerle, sois esclavos de aquel a quien obedecéis, sea del pecado para muerte, o sea de la obediencia para justicia?

[17] Pero gracias a Dios, que aunque erais esclavos del pecado, habéis obedecido de corazón a aquella forma de doctrina a la cual fuisteis entregados;

[18] y libertados del pecado, vinisteis a ser siervos de la justicia.

[19] Hablo como humano, por vuestra humana debilidad; que así como para iniquidad presentasteis vuestros miembros para servir a la inmundicia y a la iniquidad, así ahora para santificación presentad vuestros miembros para servir a la justicia.

[20] Porque cuando erais esclavos del pecado, erais libres acerca de la justicia.

[21] ¿Pero qué fruto teníais de aquellas cosas de las cuales ahora os avergonzáis? Porque el fin de ellas es muerte.

[22] Mas ahora que habéis sido libertados del pecado y hechos siervos de Dios, tenéis por vuestro fruto la santificación, y como fin, la vida eterna.

[23] Porque la paga del pecado es muerte, mas la dádiva de Dios es vida eterna en Cristo Jesús Señor nuestro.

Los creyentes mueren a la ley

[7] [1] ¿Acaso ignoráis, hermanos (pues hablo con los que conocen la ley), que la ley se enseñorea del hombre entre tanto que éste vive?

[2] Porque la mujer casada está sujeta por la ley al marido mientras éste vive; pero si el marido muere, ella queda libre de la ley del marido.

[3] Así que, si en vida del marido se uniere a otro varón, será llamada adúltera; pero si su marido muriere, es libre de esa ley, de tal manera que si se uniere a otro marido, no será adúltera.

[4] Así también vosotros, hermanos míos, habéis muerto a la ley mediante el cuerpo de Cristo, para que seáis de otro, del que resucitó de los muertos, a fin de que llevemos fruto para Dios.

[5] Porque mientras estábamos en la carne, las pasiones pecaminosas que eran por la ley obraban en nuestros miembros llevando fruto para muerte.

[6] Pero ahora estamos libres de la ley, por haber muerto para aquella en que estábamos sujetos, de modo que sirvamos bajo el régimen nuevo del Espíritu y no bajo el régimen viejo de la letra.

El pecado que mora en mí

[7] ¿Qué diremos, pues? ¿La ley es pecado? En ninguna manera. Pero yo no conocí el pecado sino por la ley; porque tampoco conociera la codicia, si la ley no dijera: No codiciarás.[a]

[8] Mas el pecado, tomando ocasión por el mandamiento, produjo en mí toda codicia; porque sin la ley el pecado está muerto.

[9] Y yo sin la ley vivía en un tiempo; pero venido el mandamiento, el pecado revivió y yo morí.

---

a 7.7 Éx 20.17; Dt 5.21.

10 Y hallé que el mismo mandamiento que era para vida, a mí me resultó para muerte;
11 porque el pecado, tomando ocasión por el mandamiento, me engañó, y por él me mató.
12 De manera que la ley a la verdad es santa, y el mandamiento santo, justo y bueno.
13 ¿Luego lo que es bueno, vino a ser muerte para mí? En ninguna manera; sino que el pecado, para mostrarse pecado, produjo en mí la muerte por medio de lo que es bueno, a fin de que por el mandamiento el pecado llegase a ser sobremanera pecaminoso.
14 Porque sabemos que la ley es espiritual; mas yo soy carnal, vendido al pecado.
15 Porque lo que hago, no lo entiendo; pues no hago lo que quiero, sino lo que aborrezco, eso hago.[b]
16 Y si lo que no quiero, esto hago, apruebo que la ley es buena.
17 De manera que ya no soy yo quien hace aquello, sino el pecado que mora en mí.
18 Y yo sé que en mí, esto es, en mi carne, no mora el bien; porque el querer el bien está en mí, pero no el hacerlo.
19 Porque no hago el bien que quiero, sino el mal que no quiero, eso hago.
20 Y si hago lo que no quiero, ya no lo hago yo, sino el pecado que mora en mí.
21 Así que, queriendo yo hacer el bien, hallo esta ley: que el mal está en mí.
22 Porque según el hombre interior, me deleito en la ley de Dios;
23 pero veo otra ley en mis miembros, que se rebela contra la ley de mi mente, y que me lleva cautivo a la ley del pecado que está en mis miembros.
24 ¡Miserable de mí! ¿quién me librará de este cuerpo de muerte?
25 Gracias doy a Dios, por Jesucristo Señor nuestro. Así que, yo mismo con la mente sirvo a la ley de Dios, mas con la carne a la ley del pecado.

Viviendo en el Espíritu

8 **1** Ahora, pues, ninguna condenación hay para los que están en Cristo Jesús, los que no andan conforme a la carne, sino conforme al Espíritu.
2 Porque la ley del Espíritu de vida en Cristo Jesús me ha librado de la ley del pecado y de la muerte.

3 Porque lo que era imposible para la ley, por cuanto era débil por la carne, Dios, enviando a su Hijo en semejanza de carne de pecado y a causa del pecado, condenó al pecado en la carne;
4 para que la justicia de la ley se cumpliese en nosotros, que no andamos conforme a la carne, sino conforme al Espíritu.
5 Porque los que son de la carne piensan en las cosas de la carne; pero los que son del Espíritu, en las cosas del Espíritu.
6 Porque el ocuparse de la carne es muerte, pero el ocuparse del Espíritu es vida y paz.
7 Por cuanto los designios de la carne son enemistad contra Dios; porque no se sujetan a la ley de Dios, ni tampoco pueden;
8 y los que viven según la carne no pueden agradar a Dios.
9 Mas vosotros no vivís según la carne, sino según el Espíritu, si es que el Espíritu de Dios mora en vosotros. Y si alguno no tiene el Espíritu de Cristo, no es de él.
10 Pero si Cristo está en vosotros, el cuerpo en verdad está muerto a causa del pecado, mas el espíritu vive a causa de la justicia.
11 Y si el Espíritu de aquel que levantó de los muertos a Jesús mora en vosotros, el que levantó de los muertos a Cristo Jesús vivificará también vuestros cuerpos mortales por su Espíritu que mora en vosotros.
12 Así que, hermanos, deudores somos, no a la carne, para que vivamos conforme a la carne;
13 porque si vivís conforme a la carne, moriréis; mas si por el Espíritu hacéis morir las obras de la carne, viviréis.
14 Porque todos los que son guiados por el Espíritu de Dios, éstos son hijos de Dios.
15 Pues no habéis recibido el espíritu de esclavitud para estar otra vez en temor, sino que habéis recibido el espíritu de adopción, por el cual clamamos: ¡Abba, Padre!
16 El Espíritu mismo da testimonio a nuestro espíritu, de que somos hijos de Dios.
17 Y si hijos, también herederos;[a] herederos de Dios y coherederos con Cristo, si es que padecemos juntamente con él, para que juntamente con él seamos glorificados.
18 Pues tengo por cierto que las aflicciones del tiempo presente no son comparables

---

b 7.15 Gá 5.17.   **a 8.15-17** Gá 4.5-7.

con la gloria venidera que en nosotros ha de manifestarse.

19 Porque el anhelo ardiente de la creación es el aguardar la manifestación de los hijos de Dios.

20 Porque la creación fue sujetada a vanidad, no por su propia voluntad, sino por causa del que la sujetó en esperanza;

21 porque también la creación misma será libertada de la esclavitud de corrupción, a la libertad gloriosa de los hijos de Dios.

22 Porque sabemos que toda la creación gime a una, y a una está con dolores de parto hasta ahora;

23 y no sólo ella, sino que también nosotros mismos, que tenemos las primicias del Espíritu, nosotros también gemimos dentro de nosotros mismos, esperando la adopción, la redención de nuestro cuerpo.

24 Porque en esperanza fuimos salvos; pero la esperanza que se ve, no es esperanza; porque lo que alguno ve, ¿a qué esperarlo?

25 Pero si esperamos lo que no vemos, con paciencia lo aguardamos.

26 Y de igual manera el Espíritu nos ayuda en nuestra debilidad; pues qué hemos de pedir como conviene, no lo sabemos, pero el Espíritu mismo intercede por nosotros con gemidos indecibles.

27 Mas el que escudriña los corazones sabe cuál es la intención del Espíritu, porque conforme a la voluntad de Dios intercede por los santos.

Más que vencedores

28 Y sabemos que a los que aman a Dios, todas las cosas les ayudan a bien, esto es, a los que conforme a su propósito son llamados.

29 Porque a los que antes conoció, también los predestinó para que fuesen hechos conformes a la imagen de su Hijo, para que él sea el primogénito entre muchos hermanos.

30 Y a los que predestinó, a éstos también llamó; y a los que llamó, a éstos también justificó; y a los que justificó, a éstos también glorificó.

31 ¿Qué, pues, diremos a esto? Si Dios es por nosotros, ¿quién contra nosotros?

32 El que no escatimó ni a su propio Hijo, sino que lo entregó por todos nosotros, ¿cómo no nos dará también con él todas las cosas?

33 ¿Quién acusará a los escogidos de Dios? Dios es el que justifica.

34 ¿Quién es el que condenará? Cristo es el que murió; más aun, el que también resucitó, el que además está a la diestra de Dios, el que también intercede por nosotros.

35 ¿Quién nos separará del amor de Cristo? ¿Tribulación, o angustia, o persecución, o hambre, o desnudez, o peligro, o espada?

36 Como está escrito:

Por causa de ti somos muertos todo el tiempo;
Somos contados como ovejas de matadero.[b]

37 Antes, en todas estas cosas somos más que vencedores por medio de aquel que nos amó.

38 Por lo cual estoy seguro de que ni la muerte, ni la vida, ni ángeles, ni principados, ni potestades, ni lo presente, ni lo por venir,

39 ni lo alto, ni lo profundo, ni ninguna otra cosa creada nos podrá separar del amor de Dios, que es en Cristo Jesús Señor nuestro.

La elección de Israel

9 **1** Verdad digo en Cristo, no miento, y mi conciencia me da testimonio en el Espíritu Santo,

2 que tengo gran tristeza y continuo dolor en mi corazón.

3 Porque deseara yo mismo ser anatema, separado de Cristo, por amor a mis hermanos, los que son mis parientes según la carne;

4 que son israelitas, de los cuales son la adopción, la gloria, el pacto, la promulgación de la ley, el culto y las promesas;

5 de quienes son los patriarcas, y de los cuales, según la carne, vino Cristo, el cual es Dios sobre todas las cosas, bendito por los siglos. Amén.

6 No que la palabra de Dios haya fallado; porque no todos los que descienden de Israel son israelitas,

7 ni por ser descendientes de Abraham, son todos hijos; sino: En Isaac te será llamada descendencia.[a]

b 8.36 Sal 44.22. **a 9.7** Gn 21.12.

8 Esto es: No los que son hijos según la carne son los hijos de Dios, sino que los que son hijos según la promesa son contados como descendientes.

9 Porque la palabra de la promesa es ésta: Por este tiempo vendré, y Sara tendrá un hijo.[b]

10 Y no sólo esto, sino también cuando Rebeca concibió de uno, de Isaac nuestro padre

11 (pues no habían aún nacido, ni habían hecho aún ni bien ni mal, para que el propósito de Dios conforme a la elección permaneciese, no por las obras sino por el que llama),

12 se le dijo: El mayor servirá al menor.[c]

13 Como está escrito: A Jacob amé, mas a Esaú aborrecí.[d]

14 ¿Qué, pues, diremos? ¿Que hay injusticia en Dios? En ninguna manera.

15 Pues a Moisés dice: Tendré misericordia del que yo tenga misericordia, y me compadeceré del que yo me compadezca.[e]

16 Así que no depende del que quiere, ni del que corre, sino de Dios que tiene misericordia.

17 Porque la Escritura dice a Faraón: Para esto mismo te he levantado, para mostrar en ti mi poder, y para que mi nombre sea anunciado por toda la tierra.[f]

18 De manera que de quien quiere, tiene misericordia, y al que quiere endurecer, endurece.

19 Pero me dirás: ¿Por qué, pues, inculpa? porque ¿quién ha resistido a su voluntad?

20 Mas antes, oh hombre, ¿quién eres tú, para que alterques con Dios? ¿Dirá el vaso de barro al que lo formó: ¿Por qué me has hecho así?[g]

21 ¿O no tiene potestad el alfarero sobre el barro, para hacer de la misma masa un vaso para honra y otro para deshonra?

22 ¿Y qué, si Dios, queriendo mostrar su ira y hacer notorio su poder, soportó con mucha paciencia los vasos de ira preparados para destrucción,

23 y para hacer notorias las riquezas de su gloria, las mostró para con los vasos de misericordia que él preparó de antemano para gloria,

24 a los cuales también ha llamado, esto es, a nosotros, no sólo de los judíos, sino también de los gentiles?

25 Como también en Oseas dice:
Llamaré pueblo mío al que no era mi pueblo,
Y a la no amada, amada.[h]

26 Y en el lugar donde se les dijo:
Vosotros no sois pueblo mío,
Allí serán llamados hijos del Dios viviente.[i]

27 También Isaías clama tocante a Israel: Si fuere el número de los hijos de Israel como la arena del mar, tan sólo el remanente será salvo;

28 porque el Señor ejecutará su sentencia sobre la tierra en justicia y con prontitud.[j]

29 Y como antes dijo Isaías:
Si el Señor de los ejércitos no nos hubiera dejado descendencia,
Como Sodoma habríamos venido a ser, y a Gomorra seríamos semejantes.[k]

La justicia que es por fe

30 ¿Qué, pues, diremos? Que los gentiles, que no iban tras la justicia, han alcanzado la justicia, es decir, la justicia que es por fe;

31 mas Israel, que iba tras una ley de justicia, no la alcanzó.

32 ¿Por qué? Porque iban tras ella no por fe, sino como por obras de la ley, pues tropezaron en la piedra de tropiezo,

33 como está escrito:
He aquí pongo en Sion piedra de tropiezo y roca de caída;
Y el que creyere en él, no será avergonzado.[l]

10 **1** Hermanos, ciertamente el anhelo de mi corazón, y mi oración a Dios por Israel, es para salvación.

2 Porque yo les doy testimonio de que tienen celo de Dios, pero no conforme a ciencia.

3 Porque ignorando la justicia de Dios, y procurando establecer la suya propia, no se han sujetado a la justicia de Dios;

4 porque el fin de la ley es Cristo, para justicia a todo aquel que cree.

5 Porque de la justicia que es por la ley Moisés escribe así: El hombre que haga estas cosas, vivirá por ellas.[a]

---

b 9.9 Gn 18.10. **c 9.12** Gn 25.23. **d 9.13** Mal 1.2, 3. **e 9.15** Éx 33.19. **f 9.17** Éx 9.16. **g 9.20** Is 45.9. **h 9.25** Os 2.23. **i 9.26** Os 1.10. **j 9.27, 28** Is 10.22, 23. **k 9.29** Is 1.9. **l 9.33** Is 28.16. **a 10.5** Lv 18.5.

6 Pero la justicia que es por la fe dice así: No digas en tu corazón: ¿Quién subirá al cielo? (esto es, para traer abajo a Cristo);

7 o, ¿quién descenderá al abismo? (esto es, para hacer subir a Cristo de entre los muertos).

8 Mas ¿qué dice? Cerca de ti está la palabra, en tu boca y en tu corazón.[b] Ésta es la palabra de fe que predicamos:

9 que si confesares con tu boca que Jesús es el Señor, y creyeres en tu corazón que Dios le levantó de los muertos, serás salvo.

10 Porque con el corazón se cree para justicia, pero con la boca se confiesa para salvación.

11 Pues la Escritura dice: Todo aquel que en él creyere, no será avergonzado.[c]

12 Porque no hay diferencia entre judío y griego, pues el mismo que es Señor de todos, es rico para con todos los que le invocan;

13 porque todo aquel que invocare el nombre del Señor, será salvo.[d]

14 ¿Cómo, pues, invocarán a aquel en el cual no han creído? ¿Y cómo creerán en aquel de quien no han oído? ¿Y cómo oirán sin haber quien les predique?

15 ¿Y cómo predicarán si no fueren enviados? Como está escrito: ¡Cuán hermosos son los pies de los que anuncian la paz, de los que anuncian buenas nuevas![e]

16 Mas no todos obedecieron al evangelio; pues Isaías dice: Señor, ¿quién ha creído a nuestro anuncio?[f]

17 Así que la fe es por el oír, y el oír, por la palabra de Dios.

18 Pero digo: ¿No han oído? Antes bien,
Por toda la tierra ha salido la voz de ellos,
Y hasta los fines de la tierra sus palabras.[g]

19 También digo: ¿No ha conocido esto Israel? Primeramente Moisés dice:
Yo os provocaré a celos con un pueblo que no es pueblo;
Con pueblo insensato os provocaré a ira.[h]

20 E Isaías dice resueltamente:
Fui hallado de los que no me buscaban;
Me manifesté a los que no preguntaban por mí.[i]

21 Pero acerca de Israel dice: Todo el día extendí mis manos a un pueblo rebelde y contradictor.[j]

Un remanente escogido por gracia

11 **1** Digo, pues: ¿Ha desechado Dios a su pueblo? En ninguna manera. Porque también yo soy israelita, de la descendencia de Abraham, de la tribu de Benjamín.[a]

2 No ha desechado Dios a su pueblo, al cual desde antes conoció. ¿O no sabéis qué dice de Elías la Escritura, cómo invoca a Dios contra Israel, diciendo:

3 Señor, a tus profetas han dado muerte, y tus altares han derribado; y sólo yo he quedado, y procuran matarme?[b]

4 Pero ¿qué le dice la divina respuesta? Me he reservado siete mil hombres, que no han doblado la rodilla delante de Baal.[c]

5 Así también aun en este tiempo ha quedado un remanente escogido por gracia.

6 Y si por gracia, ya no es por obras; de otra manera la gracia ya no es gracia. Y si por obras, ya no es gracia; de otra manera la obra ya no es obra.

7 ¿Qué pues? Lo que buscaba Israel, no lo ha alcanzado; pero los escogidos sí lo han alcanzado, y los demás fueron endurecidos;

8 como está escrito: Dios les dio espíritu de estupor, ojos con que no vean y oídos con que no oigan, hasta el día de hoy.[d]

9 Y David dice:
Sea vuelto su convite en trampa y en red,
En tropezadero y en retribución;

10 Sean oscurecidos sus ojos para que no vean,
Y agóbiales la espalda para siempre.[e]

La salvación de los gentiles

11 Digo, pues: ¿Han tropezado los de Israel para que cayesen? En ninguna manera; pero por su transgresión vino la salvación a los gentiles, para provocarles a celos.

---

b 10.6, 8 Dt 30.12-14.　**c 10.11** Is 28.16.　**d 10.13** Jl 2.32.
e 10.15 Is 52.7.　**f 10.16** Is 53.1.　**g 10.18** Sal 19.4.
h 10.19 Dt 32.21.　**i 10.20** Is 65.1.　**j 10.21** Is 65.2
a 11.1 Fil 3.5.　**b 11.3** 1 R 19.10, 14.　**c 11.4** 1 R 19.18.
d 11.8 Dt 29.4; Is 29.10.　**e 11.9, 10** Sal 69.22, 23.

¹² Y si su transgresión es la riqueza del mundo, y su defección la riqueza de los gentiles, ¿cuánto más su plena restauración?

¹³ Porque a vosotros hablo, gentiles. Por cuanto yo soy apóstol a los gentiles, honro mi ministerio,

¹⁴ por si en alguna manera pueda provocar a celos a los de mi sangre, y hacer salvos a algunos de ellos.

¹⁵ Porque si su exclusión es la reconciliación del mundo, ¿qué será su admisión, sino vida de entre los muertos?

¹⁶ Si las primicias son santas, también lo es la masa restante; y si la raíz es santa, también lo son las ramas.

¹⁷ Pues si algunas de las ramas fueron desgajadas, y tú, siendo olivo silvestre, has sido injertado en lugar de ellas, y has sido hecho participante de la raíz y de la rica savia del olivo,

¹⁸ no te jactes contra las ramas; y si te jactas, sabe que no sustentas tú a la raíz, sino la raíz a ti.

¹⁹ Pues las ramas, dirás, fueron desgajadas para que yo fuese injertado.

²⁰ Bien; por su incredulidad fueron desgajadas, pero tú por la fe estás en pie. No te ensoberbezcas, sino teme.

²¹ Porque si Dios no perdonó a las ramas naturales, a ti tampoco te perdonará.

²² Mira, pues, la bondad y la severidad de Dios; la severidad ciertamente para con los que cayeron, pero la bondad para contigo, si permaneces en esa bondad; pues de otra manera tú también serás cortado.

²³ Y aun ellos, si no permanecieren en incredulidad, serán injertados, pues poderoso es Dios para volverlos a injertar.

²⁴ Porque si tú fuiste cortado del que por naturaleza es olivo silvestre, y contra naturaleza fuiste injertado en el buen olivo, ¿cuánto más éstos, que son las ramas naturales, serán injertados en su propio olivo?

La restauración de Israel

²⁵ Porque no quiero, hermanos, que ignoréis este misterio, para que no seáis arrogantes en cuanto a vosotros mismos: que ha acontecido a Israel endurecimiento en parte, hasta que haya entrado la plenitud de los gentiles;

²⁶ y luego todo Israel será salvo, como está escrito:

Vendrá de Sion el Libertador,
Que apartará de Jacob la impiedad.ᶠ
²⁷ Y éste será mi pacto con ellos,
Cuando yo quite sus pecados.ᵍ

²⁸ Así que en cuanto al evangelio, son enemigos por causa de vosotros; pero en cuanto a la elección, son amados por causa de los padres.

²⁹ Porque irrevocables son los dones y el llamamiento de Dios.

³⁰ Pues como vosotros también en otro tiempo erais desobedientes a Dios, pero ahora habéis alcanzado misericordia por la desobediencia de ellos,

³¹ así también éstos ahora han sido desobedientes, para que por la misericordia concedida a vosotros, ellos también alcancen misericordia.

³² Porque Dios sujetó a todos en desobediencia, para tener misericordia de todos.

³³ ¡Oh profundidad de las riquezas de la sabiduría y de la ciencia de Dios! ¡Cuán insondables son sus juicios, e inescrutables sus caminos!

³⁴ Porque ¿quién entendió la mente del Señor? ¿O quién fue su consejero?ʰ

³⁵ ¿O quién le dio a él primero, para que le fuese recompensado?ⁱ

³⁶ Porque de él, y por él, y para él, son todas las cosas. A él sea la gloria por los siglos. Amén.

Deberes cristianos

12 ¹ Así que, hermanos, os ruego por las misericordias de Dios, que presentéis vuestros cuerpos en sacrificio vivo, santo, agradable a Dios, que es vuestro culto racional.

² No os conforméis a este siglo, sino transformaos por medio de la renovación de vuestro entendimiento, para que comprobéis cuál sea la buena voluntad de Dios, agradable y perfecta.

³ Digo, pues, por la gracia que me es dada, a cada cual que está entre vosotros, que no tenga más alto concepto de sí que el que debe tener, sino que piense de sí con cordura, conforme a la medida de fe que Dios repartió a cada uno.

---

f **11.26** Is 59.20.   g **11.27** Jer 31.33, 34.   h **11.34** Is 40.13.
i **11.35** Job 41.11.

⁴ Porque de la manera que en un cuerpo tenemos muchos miembros, pero no todos los miembros tienen la misma función, ⁵ así nosotros, siendo muchos, somos un cuerpo en Cristo,ᵃ y todos miembros los unos de los otros. ⁶ De manera que, teniendo diferentes dones, según la gracia que nos es dada,ᵇ si el de profecía, úsese conforme a la medida de la fe; ⁷ o si de servicio, en servir; o el que enseña, en la enseñanza; ⁸ el que exhorta, en la exhortación; el que reparte, con liberalidad; el que preside, con solicitud; el que hace misericordia, con alegría.

⁹ El amor sea sin fingimiento. Aborreced lo malo, seguid lo bueno. ¹⁰ Amaos los unos a los otros con amor fraternal; en cuanto a honra, prefiriéndoos los unos a los otros. ¹¹ En lo que requiere diligencia, no perezosos; fervientes en espíritu, sirviendo al Señor; ¹² gozosos en la esperanza; sufridos en la tribulación; constantes en la oración; ¹³ compartiendo para las necesidades de los santos; practicando la hospitalidad.

¹⁴ Bendecid a los que os persiguen;ᶜ bendecid, y no maldigáis. ¹⁵ Gozaos con los que se gozan; llorad con los que lloran. ¹⁶ Unánimes entre vosotros; no altivos, sino asociándoos con los humildes. No seáis sabios en vuestra propia opinión.ᵈ ¹⁷ No paguéis a nadie mal por mal; procurad lo bueno delante de todos los hombres. ¹⁸ Si es posible, en cuanto dependa de vosotros, estad en paz con todos los hombres. ¹⁹ No os venguéis vosotros mismos, amados míos, sino dejad lugar a la ira de Dios; porque escrito está: Mía es la venganza, yo pagaré, dice el Señor.ᵉ ²⁰ Así que, si tu enemigo tuviere hambre, dale de comer; si tuviere sed, dale de beber; pues haciendo esto, ascuas de fuego amontonarás sobre su cabeza.ᶠ

²¹ No seas vencido de lo malo, sino vence con el bien el mal.

13 ¹ Sométase toda persona a las autoridades superiores; porque no hay autoridad sino de parte de Dios, y las que hay, por Dios han sido establecidas. ² De modo que quien se opone a la autoridad, a lo establecido por Dios resiste; y los que resisten, acarrean condenación para sí mismos. ³ Porque los magistrados no están para infundir temor al que hace el bien, sino al malo. ¿Quieres, pues, no temer la autoridad? Haz lo bueno, y tendrás alabanza de ella; ⁴ porque es servidor de Dios para tu bien. Pero si haces lo malo, teme; porque no en vano lleva la espada, pues es servidor de Dios, vengador para castigar al que hace lo malo. ⁵ Por lo cual es necesario estarle sujetos, no solamente por razón del castigo, sino también por causa de la conciencia. ⁶ Pues por esto pagáis también los tributos; porque son servidores de Dios que atienden continuamente a esto mismo. ⁷ Pagad a todos lo que debéis: al que tributo, tributo; al que impuesto, impuesto; al que respeto, respeto; al que honra, honra.ᵃ

⁸ No debáis a nadie nada, sino el amaros unos a otros; porque el que ama al prójimo, ha cumplido la ley. ⁹ Porque: No adulterarás,ᵇ no matarás,ᶜ no hurtarás,ᵈ no dirás falso testimonio,ᵉ no codiciarás,ᶠ y cualquier otro mandamiento, en esta sentencia se resume: Amarás a tu prójimo como a ti mismo.ᵍ ¹⁰ El amor no hace mal al prójimo; así que el cumplimiento de la ley es el amor.

¹¹ Y esto, conociendo el tiempo, que es ya hora de levantarnos del sueño; porque ahora está más cerca de nosotros nuestra salvación que cuando creímos. ¹² La noche está avanzada, y se acerca el día. Desechemos, pues, las obras de las tinieblas, y vistámonos las armas de la luz. ¹³ Andemos como de día, honestamente; no en glotonerías y borracheras, no en lujurias y lascivias, no en contiendas y envidia, ¹⁴ sino vestíos del Señor Jesucristo, y no proveáis para los deseos de la carne.

ᵃ **12.4, 5** 1 Co 12.12.   ᵇ **12.6-8** 1 Co 12.4-11.   ᶜ **12.14** Lc 6.28.
ᵈ **12.16** Pr 3.7.   ᵉ **12.19** Dt 32.35.   ᶠ **12.20** Pr 25.21, 22.
ᵃ **13.6, 7** Mt 22.21; Mr 12.17; Lc 20.25.   ᵇ **13.9** Éx 20.14;
Dt 5.18.   ᶜ **13.9** Éx 20.13; Dt 5.17.   ᵈ **13.9** Éx 20.15; Dt 5.19.
ᵉ **13.9** Éx 20.16; Dt 5.20.   ᶠ **13.9** Éx 20.17; Dt 5.21.
ᵍ **13.9** Lv 19.18.

Los débiles en la fe

14 ¹ Recibid al débil en la fe, pero no para contender sobre opiniones.

² Porque uno cree que se ha de comer de todo; otro, que es débil, come legumbres. ³ El que come, no menosprecie al que no come, y el que no come, no juzgue al que come; porque Dios le ha recibido. ⁴ ¿Tú quién eres, que juzgas al criado ajeno? Para su propio señor está en pie, o cae; pero estará firme, porque poderoso es el Señor para hacerle estar firme.

⁵ Uno hace diferencia entre día y día; otro juzga iguales todos los días. Cada uno esté plenamente convencido en su propia mente. ⁶ El que hace caso del día, lo hace para el Señor; y el que no hace caso del día, para el Señor no lo hace. El que come, para el Señor come, porque da gracias a Dios; y el que no come, para el Señor no come, y da gracias a Dios.^a ⁷ Porque ninguno de nosotros vive para sí, y ninguno muere para sí. ⁸ Pues si vivimos, para el Señor vivimos; y si morimos, para el Señor morimos. Así pues, sea que vivamos, o que muramos, del Señor somos. ⁹ Porque Cristo para esto murió y resucitó, y volvió a vivir, para ser Señor así de los muertos como de los que viven.

¹⁰ Pero tú, ¿por qué juzgas a tu hermano? O tú también, ¿por qué menosprecias a tu hermano? Porque todos compareceremos ante el tribunal de Cristo.^b ¹¹ Porque escrito está:

Vivo yo, dice el Señor, que ante mí se
    doblará toda rodilla,
Y toda lengua confesará a Dios.^c

¹² De manera que cada uno de nosotros dará a Dios cuenta de sí.

¹³ Así que, ya no nos juzguemos más los unos a los otros, sino más bien decidid no poner tropiezo u ocasión de caer al hermano. ¹⁴ Yo sé, y confío en el Señor Jesús, que nada es inmundo en sí mismo; mas para el que piensa que algo es inmundo, para él lo es. ¹⁵ Pero si por causa de la comida tu hermano es contristado, ya no andas conforme al amor. No hagas que por la comida tuya se pierda aquel por quien Cristo murió.

¹⁶ No sea, pues, vituperado vuestro bien; ¹⁷ porque el reino de Dios no es comida ni bebida, sino justicia, paz y gozo en el Espíritu Santo. ¹⁸ Porque el que en esto sirve a Cristo, agrada a Dios, y es aprobado por los hombres. ¹⁹ Así que, sigamos lo que contribuye a la paz y a la mutua edificación. ²⁰ No destruyas la obra de Dios por causa de la comida. Todas las cosas a la verdad son limpias; pero es malo que el hombre haga tropezar a otros con lo que come. ²¹ Bueno es no comer carne, ni beber vino, ni nada en que tu hermano tropiece, o se ofenda, o se debilite. ²² ¿Tienes tú fe? Tenla para contigo delante de Dios. Bienaventurado el que no se condena a sí mismo en lo que aprueba. ²³ Pero el que duda sobre lo que come, es condenado, porque no lo hace con fe; y todo lo que no proviene de fe, es pecado.

15 ¹ Así que, los que somos fuertes debemos soportar las flaquezas de los débiles, y no agradarnos a nosotros mismos. ² Cada uno de nosotros agrade a su prójimo en lo que es bueno, para edificación. ³ Porque ni aun Cristo se agradó a sí mismo; antes bien, como está escrito: Los vituperios de los que te vituperaban, cayeron sobre mí.^a ⁴ Porque las cosas que se escribieron antes, para nuestra enseñanza se escribieron, a fin de que por la paciencia y la consolación de las Escrituras, tengamos esperanza. ⁵ Pero el Dios de la paciencia y de la consolación os dé entre vosotros un mismo sentir según Cristo Jesús, ⁶ para que unánimes, a una voz, glorifiquéis al Dios y Padre de nuestro Señor Jesucristo.

El evangelio a los gentiles

⁷ Por tanto, recibíos los unos a los otros, como también Cristo nos recibió, para gloria de Dios. ⁸ Pues os digo, que Cristo Jesús vino a ser siervo de la circuncisión para mostrar la verdad de Dios, para confirmar las promesas hechas a los padres,

---

a 14.1-6 Col 2.16.   **b 14.10** 2 Co 5.10.   **c 14.11** Is 45.23.
a 15.3 Sal 69.9.

9 y para que los gentiles glorifiquen a Dios por su misericordia, como está escrito:

Por tanto, yo te confesaré entre los gentiles,
Y cantaré a tu nombre.[b]

10 Y otra vez dice:

Alegraos, gentiles, con su pueblo.[c]

11 Y otra vez:

Alabad al Señor todos los gentiles,
Y magnificadle todos los pueblos.[d]

12 Y otra vez dice Isaías:

Estará la raíz de Isaí,
Y el que se levantará a regir los gentiles;
Los gentiles esperarán en él.[e]

13 Y el Dios de esperanza os llene de todo gozo y paz en el creer, para que abundéis en esperanza por el poder del Espíritu Santo.

14 Pero estoy seguro de vosotros, hermanos míos, de que vosotros mismos estáis llenos de bondad, llenos de todo conocimiento, de tal manera que podéis amonestaros los unos a los otros.

15 Mas os he escrito, hermanos, en parte con atrevimiento, como para haceros recordar, por la gracia que de Dios me es dada

16 para ser ministro de Jesucristo a los gentiles, ministrando el evangelio de Dios, para que los gentiles le sean ofrenda agradable, santificada por el Espíritu Santo.

17 Tengo, pues, de qué gloriarme en Cristo Jesús en lo que a Dios se refiere.

18 Porque no osaría hablar sino de lo que Cristo ha hecho por medio de mí para la obediencia de los gentiles, con la palabra y con las obras,

19 con potencia de señales y prodigios, en el poder del Espíritu de Dios; de manera que desde Jerusalén, y por los alrededores hasta Ilírico, todo lo he llenado del evangelio de Cristo.

20 Y de esta manera me esforcé a predicar el evangelio, no donde Cristo ya hubiese sido nombrado, para no edificar sobre fundamento ajeno,

21 sino, como está escrito:

Aquellos a quienes nunca les fue anunciado acerca de él, verán;
Y los que nunca han oído de él, entenderán.[f]

Pablo se propone ir a Roma

22 Por esta causa me he visto impedido muchas veces de ir a vosotros.[g]

23 Pero ahora, no teniendo más campo en estas regiones, y deseando desde hace muchos años ir a vosotros,

24 cuando vaya a España, iré a vosotros; porque espero veros al pasar, y ser encaminado allá por vosotros, una vez que haya gozado con vosotros.

25 Mas ahora voy a Jerusalén para ministrar a los santos.

26 Porque Macedonia y Acaya tuvieron a bien hacer una ofrenda para los pobres que hay entre los santos que están en Jerusalén.[h]

27 Pues les pareció bueno, y son deudores a ellos; porque si los gentiles han sido hechos participantes de sus bienes espirituales, deben también ellos ministrarles de los materiales.[i]

28 Así que, cuando haya concluido esto, y les haya entregado este fruto, pasaré entre vosotros rumbo a España.

29 Y sé que cuando vaya a vosotros, llegaré con abundancia de la bendición del evangelio de Cristo.

30 Pero os ruego, hermanos, por nuestro Señor Jesucristo y por el amor del Espíritu, que me ayudéis orando por mí a Dios,

31 para que sea librado de los rebeldes que están en Judea, y que la ofrenda de mi servicio a los santos en Jerusalén sea acepta;

32 para que con gozo llegue a vosotros por la voluntad de Dios, y que sea recreado juntamente con vosotros.

33 Y el Dios de paz sea con todos vosotros. Amén.

Saludos personales

16 **1** Os recomiendo además nuestra hermana Febe, la cual es diaconisa de la iglesia en Cencrea;

2 que la recibáis en el Señor, como es digno de los santos, y que la ayudéis en cualquier cosa en que necesite de vosotros; porque ella ha ayudado a muchos, y a mí mismo.

3 Saludad a Priscila y a Aquila,[a] mis colaboradores en Cristo Jesús,

---

b 15.9 2 S 22.50; Sal 18.49. **c 15.10** Dt 32.43.
d 15.11 Sal 117.1. **e 15.12** Is 11.10. **f 15.21** Is 52.15.
g 15.22 Ro 1.13. **h 15.25, 26** 1 Co 16.1-4.
i 15.27 1 Co 9.11. **a 16.3** Hch 18.2.

4 que expusieron su vida por mí; a los cuales no sólo yo doy gracias, sino también todas las iglesias de los gentiles.

5 Saludad también a la iglesia de su casa. Saludad a Epeneto, amado mío, que es el primer fruto de Acaya para Cristo.

6 Saludad a María, la cual ha trabajado mucho entre vosotros.

7 Saludad a Andrónico y a Junias, mis parientes y mis compañeros de prisiones, los cuales son muy estimados entre los apóstoles, y que también fueron antes de mí en Cristo.

8 Saludad a Amplias, amado mío en el Señor.

9 Saludad a Urbano, nuestro colaborador en Cristo Jesús, y a Estaquis, amado mío.

10 Saludad a Apeles, aprobado en Cristo. Saludad a los de la casa de Aristóbulo.

11 Saludad a Herodión, mi pariente. Saludad a los de la casa de Narciso, los cuales están en el Señor.

12 Saludad a Trifena y a Trifosa, las cuales trabajan en el Señor. Saludad a la amada Pérsida, la cual ha trabajado mucho en el Señor.

13 Saludad a Rufo,[b] escogido en el Señor, y a su madre y mía.

14 Saludad a Asíncrito, a Flegonte, a Hermas, a Patrobas, a Hermes y a los hermanos que están con ellos.

15 Saludad a Filólogo, a Julia, a Nereo y a su hermana, a Olimpas y a todos los santos que están con ellos.

16 Saludaos los unos a los otros con ósculo santo. Os saludan todas las iglesias de Cristo.

17 Mas os ruego, hermanos, que os fijéis en los que causan divisiones y tropiezos en contra de la doctrina que vosotros habéis aprendido, y que os apartéis de ellos.

18 Porque tales personas no sirven a nuestro Señor Jesucristo, sino a sus propios vientres, y con suaves palabras y lisonjas engañan los corazones de los ingenuos.

19 Porque vuestra obediencia ha venido a ser notoria a todos, así que me gozo de vosotros; pero quiero que seáis sabios para el bien, e ingenuos para el mal.

20 Y el Dios de paz aplastará en breve a Satanás bajo vuestros pies. La gracia de nuestro Señor Jesucristo sea con vosotros.

21 Os saludan Timoteo[c] mi colaborador, y Lucio, Jasón y Sosípater, mis parientes.

22 Yo Tercio, que escribí la epístola, os saludo en el Señor.

23 Os saluda Gayo,[d] hospedador mío y de toda la iglesia. Os saluda Erasto,[e] tesorero de la ciudad, y el hermano Cuarto.

24 La gracia de nuestro Señor Jesucristo sea con todos vosotros. Amén.

Doxología final

25 Y al que puede confirmaros según mi evangelio y la predicación de Jesucristo, según la revelación del misterio que se ha mantenido oculto desde tiempos eternos,

26 pero que ha sido manifestado ahora, y que por las Escrituras de los profetas, según el mandamiento del Dios eterno, se ha dado a conocer a todas las gentes para que obedezcan a la fe,

27 al único y sabio Dios, sea gloria mediante Jesucristo para siempre. Amén.

---

b 16.13 Mr 15.21.   **c 16.21** Hch 16.1.   **d 16.23** Hch 19.29;
1 Co 1.14.   **e 16.23** 2 Ti 4.20.

PRIMERA EPÍSTOLA DEL APÓSTOL SAN PABLO A LOS

CORINTIOS

Salutación

1 [1] Pablo, llamado a ser apóstol de Jesucristo por la voluntad de Dios, y el hermano Sóstenes,

[2] a la iglesia de Dios que está en Corinto,[a] a los santificados en Cristo Jesús, llamados a ser santos con todos los que en cualquier lugar invocan el nombre de nuestro Señor Jesucristo, Señor de ellos y nuestro:

[3] Gracia y paz a vosotros, de Dios nuestro Padre y del Señor Jesucristo.

Acción de gracias por dones espirituales

[4] Gracias doy a mi Dios siempre por vosotros, por la gracia de Dios que os fue dada en Cristo Jesús;

[5] porque en todas las cosas fuisteis enriquecidos en él, en toda palabra y en toda ciencia;

[6] así como el testimonio acerca de Cristo ha sido confirmado en vosotros,

[7] de tal manera que nada os falta en ningún don, esperando la manifestación de nuestro Señor Jesucristo;

[8] el cual también os confirmará hasta el fin, para que seáis irreprensibles en el día de nuestro Señor Jesucristo.

[9] Fiel es Dios, por el cual fuisteis llamados a la comunión con su Hijo Jesucristo nuestro Señor.

¿Está dividido Cristo?

[10] Os ruego, pues, hermanos, por el nombre de nuestro Señor Jesucristo, que habléis todos una misma cosa, y que no haya entre vosotros divisiones, sino que estéis perfectamente unidos en una misma mente y en un mismo parecer.

[11] Porque he sido informado acerca de vosotros, hermanos míos, por los de Cloé, que hay entre vosotros contiendas.

[12] Quiero decir, que cada uno de vosotros dice: Yo soy de Pablo; y yo de Apolos;[b] y yo de Cefas; y yo de Cristo.

[13] ¿Acaso está dividido Cristo? ¿Fue crucificado Pablo por vosotros? ¿O fuisteis bautizados en el nombre de Pablo?

[14] Doy gracias a Dios de que a ninguno de vosotros he bautizado, sino a Crispo[c] y a Gayo,[d]

[15] para que ninguno diga que fuisteis bautizados en mi nombre.

[16] También bauticé a la familia de Estéfanas;[e] de los demás, no sé si he bautizado a algún otro.

[17] Pues no me envió Cristo a bautizar, sino a predicar el evangelio; no con sabiduría de palabras, para que no se haga vana la cruz de Cristo.

Cristo, poder y sabiduría de Dios

[18] Porque la palabra de la cruz es locura a los que se pierden; pero a los que se salvan, esto es, a nosotros, es poder de Dios.

[19] Pues está escrito:

Destruiré la sabiduría de los sabios,
Y desecharé el entendimiento de los entendidos.[f]

[20] ¿Dónde está el sabio? ¿Dónde está el escriba? ¿Dónde está el disputador de este siglo? ¿No ha enloquecido Dios la sabiduría del mundo?[g]

[21] Pues ya que en la sabiduría de Dios, el mundo no conoció a Dios mediante la sabiduría, agradó a Dios salvar a los creyentes por la locura de la predicación.

[22] Porque los judíos piden señales, y los griegos buscan sabiduría;

[23] pero nosotros predicamos a Cristo crucificado, para los judíos ciertamente tropezadero, y para los gentiles locura;

[24] mas para los llamados, así judíos como griegos, Cristo poder de Dios, y sabiduría de Dios.

a 1.2 Hch 18.1. b 1.12 Hch 18.24. c 1.14 Hch 18.8.
d 1.14 Hch 19.29; Ro 16.23. e 1.16 1 Co 16.15.
f 1.19 Is 29.14. g 1.20 Is 44.25.

25 Porque lo insensato de Dios es más sabio que los hombres, y lo débil de Dios es más fuerte que los hombres.

26 Pues mirad, hermanos, vuestra vocación, que no sois muchos sabios según la carne, ni muchos poderosos, ni muchos nobles;

27 sino que lo necio del mundo escogió Dios, para avergonzar a los sabios; y lo débil del mundo escogió Dios, para avergonzar a lo fuerte;

28 y lo vil del mundo y lo menospreciado escogió Dios, y lo que no es, para deshacer lo que es,

29 a fin de que nadie se jacte en su presencia.

30 Mas por él estáis vosotros en Cristo Jesús, el cual nos ha sido hecho por Dios sabiduría, justificación, santificación y redención;

31 para que, como está escrito: El que se gloría, gloríese en el Señor.[h]

Proclamando a Cristo crucificado

2 **1** Así que, hermanos, cuando fui a vosotros para anunciaros el testimonio de Dios, no fui con excelencia de palabras o de sabiduría.

2 Pues me propuse no saber entre vosotros cosa alguna sino a Jesucristo, y a éste crucificado.

3 Y estuve entre vosotros con debilidad, y mucho temor y temblor;[a]

4 y ni mi palabra ni mi predicación fue con palabras persuasivas de humana sabiduría, sino con demostración del Espíritu y de poder,

5 para que vuestra fe no esté fundada en la sabiduría de los hombres, sino en el poder de Dios.

La revelación por el Espíritu de Dios

6 Sin embargo, hablamos sabiduría entre los que han alcanzado madurez; y sabiduría, no de este siglo, ni de los príncipes de este siglo, que perecen.

7 Mas hablamos sabiduría de Dios en misterio, la sabiduría oculta, la cual Dios predestinó antes de los siglos para nuestra gloria,

8 la que ninguno de los príncipes de este siglo conoció; porque si la hubieran conocido, nunca habrían crucificado al Señor de gloria.

9 Antes bien, como está escrito:
Cosas que ojo no vio, ni oído oyó,
Ni han subido en corazón de hombre,
Son las que Dios ha preparado para
    los que le aman.[b]

10 Pero Dios nos las reveló a nosotros por el Espíritu; porque el Espíritu todo lo escudriña, aun lo profundo de Dios.

11 Porque ¿quién de los hombres sabe las cosas del hombre, sino el espíritu del hombre que está en él? Así tampoco nadie conoció las cosas de Dios, sino el Espíritu de Dios.

12 Y nosotros no hemos recibido el espíritu del mundo, sino el Espíritu que proviene de Dios, para que sepamos lo que Dios nos ha concedido,

13 lo cual también hablamos, no con palabras enseñadas por sabiduría humana, sino con las que enseña el Espíritu, acomodando lo espiritual a lo espiritual.

14 Pero el hombre natural no percibe las cosas que son del Espíritu de Dios, porque para él son locura, y no las puede entender, porque se han de discernir espiritualmente.

15 En cambio el espiritual juzga todas las cosas; pero él no es juzgado de nadie.

16 Porque ¿quién conoció la mente del Señor? ¿Quién le instruirá?[c] Mas nosotros tenemos la mente de Cristo.

Colaboradores de Dios

3 **1** De manera que yo, hermanos, no pude hablaros como a espirituales, sino como a carnales, como a niños en Cristo.

2 Os di a beber leche, y no vianda;[a] porque aún no erais capaces, ni sois capaces todavía,

3 porque aún sois carnales; pues habiendo entre vosotros celos, contiendas y disensiones, ¿no sois carnales, y andáis como hombres?

4 Porque diciendo el uno: Yo ciertamente soy de Pablo; y el otro: Yo soy de Apolos,[b] ¿no sois carnales?

5 ¿Qué, pues, es Pablo, y qué es Apolos? Servidores por medio de los cuales habéis creído; y eso según lo que a cada uno concedió el Señor.

---

h **1.31** Jer 9.24. a **2.3** Hch 18.9. b **2.9** Is 64.4.
c **2.16** Is 40.13. a **3.2** Heb 5.12, 13. b **3.4** 1 Co 1.12.

6 Yo planté,[c] Apolos regó;[d] pero el crecimiento lo ha dado Dios.

7 Así que ni el que planta es algo, ni el que riega, sino Dios, que da el crecimiento.

8 Y el que planta y el que riega son una misma cosa; aunque cada uno recibirá su recompensa conforme a su labor.

9 Porque nosotros somos colaboradores de Dios, y vosotros sois labranza de Dios, edificio de Dios.

10 Conforme a la gracia de Dios que me ha sido dada, yo como perito arquitecto puse el fundamento, y otro edifica encima; pero cada uno mire cómo sobreedifica.

11 Porque nadie puede poner otro fundamento que el que está puesto, el cual es Jesucristo.

12 Y si sobre este fundamento alguno edificare oro, plata, piedras preciosas, madera, heno, hojarasca,

13 la obra de cada uno se hará manifiesta; porque el día la declarará, pues por el fuego será revelada; y la obra de cada uno cuál sea, el fuego la probará.

14 Si permaneciere la obra de alguno que sobreedificó, recibirá recompensa.

15 Si la obra de alguno se quemare, él sufrirá pérdida, si bien él mismo será salvo, aunque así como por fuego.

16 ¿No sabéis que sois templo de Dios, y que el Espíritu de Dios mora en vosotros?[e]

17 Si alguno destruyere el templo de Dios, Dios le destruirá a él; porque el templo de Dios, el cual sois vosotros, santo es.

18 Nadie se engañe a sí mismo; si alguno entre vosotros se cree sabio en este siglo, hágase ignorante, para que llegue a ser sabio.

19 Porque la sabiduría de este mundo es insensatez para con Dios; pues escrito está: Él prende a los sabios en la astucia de ellos.[f]

20 Y otra vez: El Señor conoce los pensamientos de los sabios, que son vanos.[g]

21 Así que, ninguno se gloríe en los hombres; porque todo es vuestro:

22 sea Pablo, sea Apolos, sea Cefas, sea el mundo, sea la vida, sea la muerte, sea lo presente, sea lo por venir, todo es vuestro,

23 y vosotros de Cristo, y Cristo de Dios.

El ministerio de los apóstoles

4 **1** Así, pues, téngannos los hombres por servidores de Cristo, y administradores de los misterios de Dios.

2 Ahora bien, se requiere de los administradores, que cada uno sea hallado fiel.

3 Yo en muy poco tengo el ser juzgado por vosotros, o por tribunal humano; y ni aun yo me juzgo a mí mismo.

4 Porque aunque de nada tengo mala conciencia, no por eso soy justificado; pero el que me juzga es el Señor.

5 Así que, no juzguéis nada antes de tiempo, hasta que venga el Señor, el cual aclarará también lo oculto de las tinieblas, y manifestará las intenciones de los corazones; y entonces cada uno recibirá su alabanza de Dios.

6 Pero esto, hermanos, lo he presentado como ejemplo en mí y en Apolos por amor de vosotros, para que en nosotros aprendáis a no pensar más de lo que está escrito, no sea que por causa de uno, os envanezcáis unos contra otros.

7 Porque ¿quién te distingue? ¿o qué tienes que no hayas recibido? Y si lo recibiste, ¿por qué te glorías como si no lo hubieras recibido?

8 Ya estáis saciados, ya estáis ricos, sin nosotros reináis. ¡Y ojalá reinaseis, para que nosotros reinásemos también juntamente con vosotros!

9 Porque según pienso, Dios nos ha exhibido a nosotros los apóstoles como postreros, como a sentenciados a muerte; pues hemos llegado a ser espectáculo al mundo, a los ángeles y a los hombres.

10 Nosotros somos insensatos por amor de Cristo, mas vosotros prudentes en Cristo; nosotros débiles, mas vosotros fuertes; vosotros honorables, mas nosotros despreciados.

11 Hasta esta hora padecemos hambre, tenemos sed, estamos desnudos, somos abofeteados, y no tenemos morada fija.

12 Nos fatigamos trabajando con nuestras propias manos;[a] nos maldicen, y bendecimos; padecemos persecución, y la soportamos.

13 Nos difaman, y rogamos; hemos venido a ser hasta ahora como la escoria del mundo, el desecho de todos.

14 No escribo esto para avergonzaros, sino para amonestaros como a hijos míos amados.

---

c **3.6** Hch 18.4-11.   d **3.6** Hch 18.24-28.   e **3.16** 1 Co 6.19;
2 Co. 6.16.   f **3.19** Job 5.13.   g **3.20** Sal 94.11.
a **4.12** Hch 18.3.

15 Porque aunque tengáis diez mil ayos en Cristo, no tendréis muchos padres; pues en Cristo Jesús yo os engendré por medio del evangelio.

16 Por tanto, os ruego que me imitéis.[b]

17 Por esto mismo os he enviado a Timoteo, que es mi hijo amado y fiel en el Señor, el cual os recordará mi proceder en Cristo, de la manera que enseño en todas partes y en todas las iglesias.

18 Mas algunos están envanecidos, como si yo nunca hubiese de ir a vosotros.

19 Pero iré pronto a vosotros, si el Señor quiere, y conoceré, no las palabras, sino el poder de los que andan envanecidos.

20 Porque el reino de Dios no consiste en palabras, sino en poder.

21 ¿Qué queréis? ¿Iré a vosotros con vara, o con amor y espíritu de mansedumbre?

Un caso de inmoralidad juzgado

5 **1** De cierto se oye que hay entre vosotros fornicación, y tal fornicación cual ni aun se nombra entre los gentiles; tanto que alguno tiene la mujer de su padre.[a]

2 Y vosotros estáis envanecidos. ¿No debierais más bien haberos lamentado, para que fuese quitado de en medio de vosotros el que cometió tal acción?

3 Ciertamente yo, como ausente en cuerpo, pero presente en espíritu, ya como presente he juzgado al que tal cosa ha hecho.

4 En el nombre de nuestro Señor Jesucristo, reunidos vosotros y mi espíritu, con el poder de nuestro Señor Jesucristo,

5 el tal sea entregado a Satanás para destrucción de la carne, a fin de que el espíritu sea salvo en el día del Señor Jesús.

6 No es buena vuestra jactancia. ¿No sabéis que un poco de levadura leuda toda la masa?[b]

7 Limpiaos, pues, de la vieja levadura, para que seáis nueva masa, sin levadura como sois; porque nuestra pascua,[c] que es Cristo, ya fue sacrificada por nosotros.

8 Así que celebremos la fiesta, no con la vieja levadura, ni con la levadura de malicia y de maldad, sino con panes sin levadura,[d] de sinceridad y de verdad.

9 Os he escrito por carta, que no os juntéis con los fornicarios;

10 no absolutamente con los fornicarios de este mundo, o con los avaros, o con los ladrones, o con los idólatras; pues en tal caso os sería necesario salir del mundo.

11 Más bien os escribí que no os juntéis con ninguno que, llamándose hermano, fuere fornicario, o avaro, o idólatra, o maldiciente, o borracho, o ladrón; con el tal ni aun comáis.

12 Porque ¿qué razón tendría yo para juzgar a los que están fuera? ¿No juzgáis vosotros a los que están dentro?

13 Porque a los que están fuera, Dios juzgará. Quitad, pues, a ese perverso de entre vosotros.

Litigios delante de los incrédulos

6 **1** ¿Osa alguno de vosotros, cuando tiene algo contra otro, ir a juicio delante de los injustos, y no delante de los santos?

2 ¿O no sabéis que los santos han de juzgar al mundo? Y si el mundo ha de ser juzgado por vosotros, ¿sois indignos de juzgar cosas muy pequeñas?

3 ¿O no sabéis que hemos de juzgar a los ángeles? ¿Cuánto más las cosas de esta vida?

4 Si, pues, tenéis juicios sobre cosas de esta vida, ¿ponéis para juzgar a los que son de menor estima en la iglesia?

5 Para avergonzaros lo digo. ¿Pues qué, no hay entre vosotros sabio, ni aun uno, que pueda juzgar entre sus hermanos,

6 sino que el hermano con el hermano pleitea en juicio, y esto ante los incrédulos?

7 Así que, por cierto es ya una falta en vosotros que tengáis pleitos entre vosotros mismos. ¿Por qué no sufrís más bien el agravio? ¿Por qué no sufrís más bien el ser defraudados?

8 Pero vosotros cometéis el agravio, y defraudáis, y esto a los hermanos.

Los injustos no heredarán el reino

9 ¿No sabéis que los injustos no heredarán el reino de Dios? No erréis; ni los fornicarios, ni los idólatras, ni los adúlteros, ni los afeminados, ni los que se echan con varones,

10 ni los ladrones, ni los avaros, ni los borrachos, ni los maldicientes, ni los estafadores, heredarán el reino de Dios.

---

b 4.16 1 Co 11.1; Fil 3.17.   **a 5.1** Dt 22.30.   **b 5.6** Gá 5.9.
c 5.7 Éx 12.5.   **d 5.8** Éx 13.7; Dt 16.3.

11 Y esto erais algunos; mas ya habéis sido lavados, ya habéis sido santificados, ya habéis sido justificados en el nombre del Señor Jesús, y por el Espíritu de nuestro Dios.

Glorificad a Dios en vuestro cuerpo

12 Todas las cosas me son lícitas, mas no todas convienen;[a] todas las cosas me son lícitas, mas yo no me dejaré dominar de ninguna.

13 Las viandas para el vientre, y el vientre para las viandas; pero tanto al uno como a las otras destruirá Dios. Pero el cuerpo no es para la fornicación, sino para el Señor, y el Señor para el cuerpo.

14 Y Dios, que levantó al Señor, también a nosotros nos levantará con su poder.

15 ¿No sabéis que vuestros cuerpos son miembros de Cristo? ¿Quitaré, pues, los miembros de Cristo y los haré miembros de una ramera? De ningún modo.

16 ¿O no sabéis que el que se une con una ramera, es un cuerpo con ella? Porque dice: Los dos serán una sola carne.[b]

17 Pero el que se une al Señor, un espíritu es con él.

18 Huid de la fornicación. Cualquier otro pecado que el hombre cometa, está fuera del cuerpo; mas el que fornica, contra su propio cuerpo peca.

19 ¿O ignoráis que vuestro cuerpo es templo del Espíritu Santo, el cual está en vosotros,[c] el cual tenéis de Dios, y que no sois vuestros?

20 Porque habéis sido comprados por precio; glorificad, pues, a Dios en vuestro cuerpo y en vuestro espíritu, los cuales son de Dios.

Problemas del matrimonio

7 **1** En cuanto a las cosas de que me escribisteis, bueno le sería al hombre no tocar mujer;

2 pero a causa de las fornicaciones, cada uno tenga su propia mujer, y cada una tenga su propio marido.

3 El marido cumpla con la mujer el deber conyugal, y asimismo la mujer con el marido.

4 La mujer no tiene potestad sobre su propio cuerpo, sino el marido; ni tampoco tiene el marido potestad sobre su propio cuerpo, sino la mujer.

5 No os neguéis el uno al otro, a no ser por algún tiempo de mutuo consentimiento, para ocuparos sosegadamente en la oración; y volved a juntaros en uno, para que no os tiente Satanás a causa de vuestra incontinencia.

6 Mas esto digo por vía de concesión, no por mandamiento.

7 Quisiera más bien que todos los hombres fuesen como yo; pero cada uno tiene su propio don de Dios, uno a la verdad de un modo, y otro de otro.

8 Digo, pues, a los solteros y a las viudas, que bueno les fuera quedarse como yo;

9 pero si no tienen don de continencia, cásense, pues mejor es casarse que estarse quemando.

10 Pero a los que están unidos en matrimonio, mando, no yo, sino el Señor: Que la mujer no se separe del marido;

11 y si se separa, quédese sin casar, o reconcíliese con su marido; y que el marido no abandone a su mujer.[a]

12 Y a los demás yo digo, no el Señor: Si algún hermano tiene mujer que no sea creyente, y ella consiente en vivir con él, no la abandone.

13 Y si una mujer tiene marido que no sea creyente, y él consiente en vivir con ella, no lo abandone.

14 Porque el marido incrédulo es santificado en la mujer, y la mujer incrédula en el marido; pues de otra manera vuestros hijos serían inmundos, mientras que ahora son santos.

15 Pero si el incrédulo se separa, sepárese; pues no está el hermano o la hermana sujeto a servidumbre en semejante caso, sino que a paz nos llamó Dios.

16 Porque ¿qué sabes tú, oh mujer, si quizá harás salvo a tu marido? ¿O qué sabes tú, oh marido, si quizá harás salva a tu mujer?

17 Pero cada uno como el Señor le repartió, y como Dios llamó a cada uno, así haga; esto ordeno en todas las iglesias.

18 ¿Fue llamado alguno siendo circunciso? Quédese circunciso. ¿Fue llamado alguno siendo incircunciso? No se circuncide.

19 La circuncisión nada es, y la incircuncisión nada es, sino el guardar los mandamientos de Dios.

---

a **6.12** 1 Co 10.23.　b **6.16** Gn 2.24.　c **6.19** 1 Co 3.16; 2 Co 6.16.　a **7.10, 11** Mt 5.32; 19.9; Mr 10.11, 12; Lc 16.18.

20 Cada uno en el estado en que fue llamado, en él se quede.

21 ¿Fuiste llamado siendo esclavo? No te dé cuidado; pero también, si puedes hacerte libre, procúralo más.

22 Porque el que en el Señor fue llamado siendo esclavo, liberto es del Señor; asimismo el que fue llamado siendo libre, esclavo es de Cristo.

23 Por precio fuisteis comprados; no os hagáis esclavos de los hombres.

24 Cada uno, hermanos, en el estado en que fue llamado, así permanezca para con Dios.

25 En cuanto a las vírgenes no tengo mandamiento del Señor; mas doy mi parecer, como quien ha alcanzado misericordia del Señor para ser fiel.

26 Tengo, pues, esto por bueno a causa de la necesidad que apremia; que hará bien el hombre en quedarse como está.

27 ¿Estás ligado a mujer? No procures soltarte. ¿Estás libre de mujer? No procures casarte.

28 Mas también si te casas, no pecas; y si la doncella se casa, no peca; pero los tales tendrán aflicción de la carne, y yo os la quisiera evitar.

29 Pero esto digo, hermanos: que el tiempo es corto; resta, pues, que los que tienen esposa sean como si no la tuviesen;

30 y los que lloran, como si no llorasen; y los que se alegran, como si no se alegrasen; y los que compran, como si no poseyesen;

31 y los que disfrutan de este mundo, como si no lo disfrutasen; porque la apariencia de este mundo se pasa.

32 Quisiera, pues, que estuvieseis sin congoja. El soltero tiene cuidado de las cosas del Señor, de cómo agradar al Señor;

33 pero el casado tiene cuidado de las cosas del mundo, de cómo agradar a su mujer.

34 Hay asimismo diferencia entre la casada y la doncella. La doncella tiene cuidado de las cosas del Señor, para ser santa así en cuerpo como en espíritu; pero la casada tiene cuidado de las cosas del mundo, de cómo agradar a su marido.

35 Esto lo digo para vuestro provecho; no para tenderos lazo, sino para lo honesto y decente, y para que sin impedimento os acerquéis al Señor.

36 Pero si alguno piensa que es impropio para su hija virgen que pase ya de edad, y es necesario que así sea, haga lo que quiera, no peca; que se case.

37 Pero el que está firme en su corazón, sin tener necesidad, sino que es dueño de su propia voluntad, y ha resuelto en su corazón guardar a su hija virgen, bien hace.

38 De manera que el que la da en casamiento hace bien, y el que no la da en casamiento hace mejor.

39 La mujer casada está ligada por la ley mientras su marido vive; pero si su marido muriere, libre es para casarse con quien quiera, con tal que sea en el Señor.

40 Pero a mi juicio, más dichosa será si se quedare así; y pienso que también yo tengo el Espíritu de Dios.

Lo sacrificado a los ídolos

8 **1** En cuanto a lo sacrificado a los ídolos, sabemos que todos tenemos conocimiento. El conocimiento envanece, pero el amor edifica.

2 Y si alguno se imagina que sabe algo, aún no sabe nada como debe saberlo.

3 Pero si alguno ama a Dios, es conocido por él.

4 Acerca, pues, de las viandas que se sacrifican a los ídolos, sabemos que un ídolo nada es en el mundo, y que no hay más que un Dios.

5 Pues aunque haya algunos que se llamen dioses, sea en el cielo, o en la tierra (como hay muchos dioses y muchos señores),

6 para nosotros, sin embargo, sólo hay un Dios, el Padre, del cual proceden todas las cosas, y nosotros somos para él; y un Señor, Jesucristo, por medio del cual son todas las cosas, y nosotros por medio de él.

7 Pero no en todos hay este conocimiento; porque algunos, habituados hasta aquí a los ídolos, comen como sacrificado a ídolos, y su conciencia, siendo débil, se contamina.

8 Si bien la vianda no nos hace más aceptos ante Dios; pues ni porque comamos, seremos más, ni porque no comamos, seremos menos.

9 Pero mirad que esta libertad vuestra no venga a ser tropezadero para los débiles.

10 Porque si alguno te ve a ti, que tienes conocimiento, sentado a la mesa en un lugar de ídolos, la conciencia de aquel que es débil, ¿no será estimulada a comer de lo sacrificado a los ídolos?

11 Y por el conocimiento tuyo, se perderá el hermano débil por quien Cristo murió.

12 De esta manera, pues, pecando contra los hermanos e hiriendo su débil conciencia, contra Cristo pecáis.

13 Por lo cual, si la comida le es a mi hermano ocasión de caer, no comeré carne jamás, para no poner tropiezo a mi hermano.

Los derechos de un apóstol

9 **1** ¿No soy apóstol? ¿No soy libre? ¿No he visto a Jesús el Señor nuestro? ¿No sois vosotros mi obra en el Señor?

2 Si para otros no soy apóstol, para vosotros ciertamente lo soy; porque el sello de mi apostolado sois vosotros en el Señor.

3 Contra los que me acusan, ésta es mi defensa:

4 ¿Acaso no tenemos derecho de comer y beber?

5 ¿No tenemos derecho de traer con nosotros una hermana por mujer como también los otros apóstoles, y los hermanos del Señor, y Cefas?

6 ¿O sólo yo y Bernabé no tenemos derecho de no trabajar?

7 ¿Quién fue jamás soldado a sus propias expensas? ¿Quién planta viña y no come de su fruto? ¿O quién apacienta el rebaño y no toma de la leche del rebaño?

8 ¿Digo esto sólo como hombre? ¿No dice esto también la ley?

9 Porque en la ley de Moisés está escrito: No pondrás bozal al buey que trilla.ª ¿Tiene Dios cuidado de los bueyes,

10 o lo dice enteramente por nosotros? Pues por nosotros se escribió; porque con esperanza debe arar el que ara, y el que trilla, con esperanza de recibir del fruto.

11 Si nosotros sembramos entre vosotros lo espiritual, ¿es gran cosa si segáremos de vosotros lo material?ᵇ

12 Si otros participan de este derecho sobre vosotros, ¿cuánto más nosotros?

Pero no hemos usado de este derecho, sino que lo soportamos todo, por no poner ningún obstáculo al evangelio de Cristo.

13 ¿No sabéis que los que trabajan en las cosas sagradas, comen del templo, y que los que sirven al altar, del altar participan?ᶜ

14 Así también ordenó el Señor a los que anuncian el evangelio, que vivan del evangelio.ᵈ

15 Pero yo de nada de esto me he aprovechado, ni tampoco he escrito esto para que se haga así conmigo; porque prefiero morir, antes que nadie desvanezca esta mi gloria.

16 Pues si anuncio el evangelio, no tengo por qué gloriarme; porque me es impuesta necesidad; y ¡ay de mí si no anunciare el evangelio!

17 Por lo cual, si lo hago de buena voluntad, recompensa tendré; pero si de mala voluntad, la comisión me ha sido encomendada.

18 ¿Cuál, pues, es mi galardón? Que predicando el evangelio, presente gratuitamente el evangelio de Cristo, para no abusar de mi derecho en el evangelio.

19 Por lo cual, siendo libre de todos, me he hecho siervo de todos para ganar a mayor número.

20 Me he hecho a los judíos como judío, para ganar a los judíos; a los que están sujetos a la ley (aunque yo no esté sujeto a la ley) como sujeto a la ley, para ganar a los que están sujetos a la ley;

21 a los que están sin ley, como si yo estuviera sin ley (no estando yo sin ley de Dios, sino bajo la ley de Cristo), para ganar a los que están sin ley.

22 Me he hecho débil a los débiles, para ganar a los débiles; a todos me he hecho de todo, para que de todos modos salve a algunos.

23 Y esto hago por causa del evangelio, para hacerme copartícipe de él.

24 ¿No sabéis que los que corren en el estadio, todos a la verdad corren, pero uno solo se lleva el premio? Corred de tal manera que lo obtengáis.

25 Todo aquel que lucha, de todo se abstiene; ellos, a la verdad, para recibir una corona corruptible, pero nosotros, una incorruptible.

26 Así que, yo de esta manera corro, no como a la ventura; de esta manera peleo, no como quien golpea el aire,

27 sino que golpeo mi cuerpo, y lo pongo en servidumbre, no sea que habiendo sido

---

a 9.9 Dt 25.4.   **b 9.11** Ro 15.27.   **c 9.13** Dt 18.1.
d 9.14 Mt 10.10; Lc 10.7.

heraldo para otros, yo mismo venga a ser eliminado.

Amonestaciones contra la idolatría

10 [1] Porque no quiero, hermanos, que ignoréis que nuestros padres todos estuvieron bajo la nube,[a] y todos pasaron el mar;[b]

[2] y todos en Moisés fueron bautizados en la nube y en el mar,

[3] y todos comieron el mismo alimento espiritual,[c]

[4] y todos bebieron la misma bebida espiritual;[d] porque bebían de la roca espiritual que los seguía, y la roca era Cristo.

[5] Pero de los más de ellos no se agradó Dios; por lo cual quedaron postrados en el desierto.[e]

[6] Mas estas cosas sucedieron como ejemplos para nosotros, para que no codiciemos cosas malas, como ellos codiciaron.[f]

[7] Ni seáis idólatras, como algunos de ellos, según está escrito: Se sentó el pueblo a comer y a beber, y se levantó a jugar.[g]

[8] Ni forniquemos, como algunos de ellos fornicaron, y cayeron en un día veintitrés mil.[h]

[9] Ni tentemos al Señor, como también algunos de ellos le tentaron, y perecieron por las serpientes.[i]

[10] Ni murmuréis, como algunos de ellos murmuraron, y perecieron por el destructor.[j]

[11] Y estas cosas les acontecieron como ejemplo, y están escritas para amonestarnos a nosotros, a quienes han alcanzado los fines de los siglos.

[12] Así que, el que piensa estar firme, mire que no caiga.

[13] No os ha sobrevenido ninguna tentación que no sea humana; pero fiel es Dios, que no os dejará ser tentados más de lo que podéis resistir, sino que dará también juntamente con la tentación la salida, para que podáis soportar.

[14] Por tanto, amados míos, huid de la idolatría.

[15] Como a sensatos os hablo; juzgad vosotros lo que digo.

[16] La copa de bendición que bendecimos, ¿no es la comunión de la sangre de Cristo? El pan que partimos, ¿no es la comunión del cuerpo de Cristo?[k]

[17] Siendo uno solo el pan, nosotros, con ser muchos, somos un cuerpo; pues todos participamos de aquel mismo pan.

[18] Mirad a Israel según la carne; los que comen de los sacrificios, ¿no son partícipes del altar?[l]

[19] ¿Qué digo, pues? ¿Que el ídolo es algo, o que sea algo lo que se sacrifica a los ídolos?

[20] Antes digo que lo que los gentiles sacrifican, a los demonios lo sacrifican, y no a Dios;[m] y no quiero que vosotros os hagáis partícipes con los demonios.

[21] No podéis beber la copa del Señor, y la copa de los demonios; no podéis participar de la mesa del Señor, y de la mesa de los demonios.

[22] ¿O provocaremos a celos al Señor?[n] ¿Somos más fuertes que él?

Haced todo para la gloria de Dios

[23] Todo me es lícito, pero no todo conviene;[o] todo me es lícito, pero no todo edifica.

[24] Ninguno busque su propio bien, sino el del otro.

[25] De todo lo que se vende en la carnicería, comed, sin preguntar nada por motivos de conciencia;

[26] porque del Señor es la tierra y su plenitud.[p]

[27] Si algún incrédulo os invita, y queréis ir, de todo lo que se os ponga delante comed, sin preguntar nada por motivos de conciencia.

[28] Mas si alguien os dijere: Esto fue sacrificado a los ídolos; no lo comáis, por causa de aquel que lo declaró, y por motivos de conciencia; porque del Señor es la tierra y su plenitud.

[29] La conciencia, digo, no la tuya, sino la del otro. Pues ¿por qué se ha de juzgar mi libertad por la conciencia de otro?

[30] Y si yo con agradecimiento participo, ¿por qué he de ser censurado por aquello de que doy gracias?

[31] Si, pues, coméis o bebéis, o hacéis otra cosa, hacedlo todo para la gloria de Dios.

---

a 10.1 Éx 13.21, 22. b 10.1 Éx 14.22-29. c 10.3 Éx 16.35.
d 10.4 Éx 17.6; Nm 20.11. e 10.5 Nm 14.29, 30.
f 10.6 Nm 11.4. g 10.7 Éx 32.6. h 10.8 Nm 25.1-18.
i 10.9 Nm 21.5, 6. j 10.10 Nm 16.41-49. k 10.16 Mt 26.26-28;
Mr 14.22-24; Lc 22.19, 20. l 10.18 Lv 7.6. m 10.20 Dt 32.17.
n 10.22 Dt 32.21. o 10.23 1 Co 6.12. p 10.26 Sal 24.1.

32 No seáis tropiezo ni a judíos, ni a gentiles, ni a la iglesia de Dios;

33 como también yo en todas las cosas agrado a todos, no procurando mi propio beneficio, sino el de muchos, para que sean salvos.

11
1 Sed imitadores de mí,[a] así como yo de Cristo.

Atavío de las mujeres

2 Os alabo, hermanos, porque en todo os acordáis de mí, y retenéis las instrucciones tal como os las entregué.

3 Pero quiero que sepáis que Cristo es la cabeza de todo varón, y el varón es la cabeza de la mujer, y Dios la cabeza de Cristo.

4 Todo varón que ora o profetiza con la cabeza cubierta, afrenta su cabeza.

5 Pero toda mujer que ora o profetiza con la cabeza descubierta, afrenta su cabeza; porque lo mismo es que si se hubiese rapado.

6 Porque si la mujer no se cubre, que se corte también el cabello; y si le es vergonzoso a la mujer cortarse el cabello o raparse, que se cubra.

7 Porque el varón no debe cubrirse la cabeza, pues él es imagen y gloria de Dios;[b] pero la mujer es gloria del varón.

8 Porque el varón no procede de la mujer, sino la mujer del varón,

9 y tampoco el varón fue creado por causa de la mujer, sino la mujer por causa del varón.[c]

10 Por lo cual la mujer debe tener señal de autoridad sobre su cabeza, por causa de los ángeles.

11 Pero en el Señor, ni el varón es sin la mujer, ni la mujer sin el varón;

12 porque así como la mujer procede del varón, también el varón nace de la mujer; pero todo procede de Dios.

13 Juzgad vosotros mismos: ¿Es propio que la mujer ore a Dios sin cubrirse la cabeza?

14 La naturaleza misma ¿no os enseña que al varón le es deshonroso dejarse crecer el cabello?

15 Por el contrario, a la mujer dejarse crecer el cabello le es honroso; porque en lugar de velo le es dado el cabello.

16 Con todo eso, si alguno quiere ser contencioso, nosotros no tenemos tal costumbre, ni las iglesias de Dios.

Abusos en la Cena del Señor

17 Pero al anunciaros esto que sigue, no os alabo; porque no os congregáis para lo mejor, sino para lo peor.

18 Pues en primer lugar, cuando os reunís como iglesia, oigo que hay entre vosotros divisiones; y en parte lo creo.

19 Porque es preciso que entre vosotros haya disensiones, para que se hagan manifiestos entre vosotros los que son aprobados.

20 Cuando, pues, os reunís vosotros, esto no es comer la cena del Señor.

21 Porque al comer, cada uno se adelanta a tomar su propia cena; y uno tiene hambre, y otro se embriaga.

22 Pues qué, ¿no tenéis casas en que comáis y bebáis? ¿O menospreciáis la iglesia de Dios, y avergonzáis a los que no tienen nada? ¿Qué os diré? ¿Os alabaré? En esto no os alabo.

Institución de la Cena del Señor
(Mt 26.26-29; Mr 14.22-25; Lc 22.14-20)

23 Porque yo recibí del Señor lo que también os he enseñado: Que el Señor Jesús, la noche que fue entregado, tomó pan;

24 y habiendo dado gracias, lo partió, y dijo: Tomad, comed; esto es mi cuerpo que por vosotros es partido; haced esto en memoria de mí.

25 Asimismo tomó también la copa, después de haber cenado, diciendo: Esta copa es el nuevo pacto[d] en mi sangre;[e] haced esto todas las veces que la bebiereis, en memoria de mí.

26 Así, pues, todas las veces que comiereis este pan, y bebiereis esta copa, la muerte del Señor anunciáis hasta que él venga.

Tomando la Cena indignamente

27 De manera que cualquiera que comiere este pan o bebiere esta copa del Señor indignamente, será culpado del cuerpo y de la sangre del Señor.

28 Por tanto, pruébese cada uno a sí mismo, y coma así del pan, y beba de la copa.

29 Porque el que come y bebe indignamente, sin discernir el cuerpo del Señor, juicio come y bebe para sí.

---

a 11.1 1 Co 4.16; Fil 3.17.   **b** 11.7 Gn 1.26.   **c** 11.8, 9 Gn 2.18-23.
d 11.25 Jer 31.31-34.   **e** 11.25 Éx 24.6-8.

30 Por lo cual hay muchos enfermos y debilitados entre vosotros, y muchos duermen.

31 Si, pues, nos examinásemos a nosotros mismos, no seríamos juzgados;

32 mas siendo juzgados, somos castigados por el Señor, para que no seamos condenados con el mundo.

33 Así que, hermanos míos, cuando os reunís a comer, esperaos unos a otros.

34 Si alguno tuviere hambre, coma en su casa, para que no os reunáis para juicio. Las demás cosas las pondré en orden cuando yo fuere.

Dones espirituales

12 **1** No quiero, hermanos, que ignoréis acerca de los dones espirituales.

2 Sabéis que cuando erais gentiles, se os extraviaba llevándoos, como se os llevaba, a los ídolos mudos.

3 Por tanto, os hago saber que nadie que hable por el Espíritu de Dios llama anatema a Jesús; y nadie puede llamar a Jesús Señor, sino por el Espíritu Santo.

4 Ahora bien, hay diversidad de dones, pero el Espíritu es el mismo.

5 Y hay diversidad de ministerios, pero el Señor es el mismo.

6 Y hay diversidad de operaciones, pero Dios, que hace todas las cosas en todos, es el mismo.

7 Pero a cada uno le es dada la manifestación del Espíritu para provecho.

8 Porque a éste es dada por el Espíritu palabra de sabiduría; a otro, palabra de ciencia según el mismo Espíritu;

9 a otro, fe por el mismo Espíritu; y a otro, dones de sanidades por el mismo Espíritu.

10 A otro, el hacer milagros; a otro, profecía; a otro, discernimiento de espíritus; a otro, diversos géneros de lenguas; y a otro, interpretación de lenguas.

11 Pero todas estas cosas las hace uno y el mismo Espíritu, repartiendo a cada uno en particular como él quiere.[a]

12 Porque así como el cuerpo es uno, y tiene muchos miembros, pero todos los miembros del cuerpo, siendo muchos, son un solo cuerpo, así también Cristo.[b]

13 Porque por un solo Espíritu fuimos todos bautizados en un cuerpo, sean judíos o griegos, sean esclavos o libres; y a todos se nos dio a beber de un mismo Espíritu.

14 Además, el cuerpo no es un solo miembro, sino muchos.

15 Si dijere el pie: Porque no soy mano, no soy del cuerpo, ¿por eso no será del cuerpo?

16 Y si dijere la oreja: Porque no soy ojo, no soy del cuerpo, ¿por eso no será del cuerpo?

17 Si todo el cuerpo fuese ojo, ¿dónde estaría el oído? Si todo fuese oído, ¿dónde estaría el olfato?

18 Mas ahora Dios ha colocado los miembros cada uno de ellos en el cuerpo, como él quiso.

19 Porque si todos fueran un solo miembro, ¿dónde estaría el cuerpo?

20 Pero ahora son muchos los miembros, pero el cuerpo es uno solo.

21 Ni el ojo puede decir a la mano: No te necesito, ni tampoco la cabeza a los pies: No tengo necesidad de vosotros.

22 Antes bien los miembros del cuerpo que parecen más débiles, son los más necesarios;

23 y a aquellos del cuerpo que nos parecen menos dignos, a éstos vestimos más dignamente; y los que en nosotros son menos decorosos, se tratan con más decoro.

24 Porque los que en nosotros son más decorosos, no tienen necesidad; pero Dios ordenó el cuerpo, dando más abundante honor al que le faltaba,

25 para que no haya desavenencia en el cuerpo, sino que los miembros todos se preocupen los unos por los otros.

26 De manera que si un miembro padece, todos los miembros se duelen con él, y si un miembro recibe honra, todos los miembros con él se gozan.

27 Vosotros, pues, sois el cuerpo de Cristo, y miembros cada uno en particular.

28 Y a unos puso Dios en la iglesia, primeramente apóstoles, luego profetas, lo tercero maestros,[c] luego los que hacen milagros, después los que sanan, los que ayudan, los que administran, los que tienen don de lenguas.

29 ¿Son todos apóstoles? ¿son todos profetas? ¿todos maestros? ¿hacen todos milagros?

---

a 12.4-11 Ro 12.6-8.　**b 12.12** Ro 12.4, 5.　**c 12.28** Ef 4.11.

30 ¿Tienen todos dones de sanidad? ¿hablan todos lenguas? ¿interpretan todos?
31 Procurad, pues, los dones mejores. Mas yo os muestro un camino aun más excelente.

La preeminencia del amor

13 **1** Si yo hablase lenguas humanas y angélicas, y no tengo amor, vengo a ser como metal que resuena, o címbalo que retiñe.
2 Y si tuviese profecía, y entendiese todos los misterios y toda ciencia, y si tuviese toda la fe, de tal manera que trasladase los montes,[a] y no tengo amor, nada soy.
3 Y si repartiese todos mis bienes para dar de comer a los pobres, y si entregase mi cuerpo para ser quemado, y no tengo amor, de nada me sirve.
4 El amor es sufrido, es benigno; el amor no tiene envidia, el amor no es jactancioso, no se envanece;
5 no hace nada indebido, no busca lo suyo, no se irrita, no guarda rencor;
6 no se goza de la injusticia, mas se goza de la verdad.
7 Todo lo sufre, todo lo cree, todo lo espera, todo lo soporta.
8 El amor nunca deja de ser; pero las profecías se acabarán, y cesarán las lenguas, y la ciencia acabará.
9 Porque en parte conocemos, y en parte profetizamos;
10 mas cuando venga lo perfecto, entonces lo que es en parte se acabará.
11 Cuando yo era niño, hablaba como niño, pensaba como niño, juzgaba como niño; mas cuando ya fui hombre, dejé lo que era de niño.
12 Ahora vemos por espejo, oscuramente; mas entonces veremos cara a cara. Ahora conozco en parte; pero entonces conoceré como fui conocido.
13 Y ahora permanecen la fe, la esperanza y el amor, estos tres; pero el mayor de ellos es el amor.

El hablar en lenguas

14 **1** Seguid el amor; y procurad los dones espirituales, pero sobre todo que profeticéis.

2 Porque el que habla en lenguas no habla a los hombres, sino a Dios; pues nadie le entiende, aunque por el Espíritu habla misterios.
3 Pero el que profetiza habla a los hombres para edificación, exhortación y consolación.
4 El que habla en lengua extraña, a sí mismo se edifica; pero el que profetiza, edifica a la iglesia.
5 Así que, quisiera que todos vosotros hablaseis en lenguas, pero más que profetizaseis; porque mayor es el que profetiza que el que habla en lenguas, a no ser que las interprete para que la iglesia reciba edificación.
6 Ahora pues, hermanos, si yo voy a vosotros hablando en lenguas, ¿qué os aprovechará, si no os hablare con revelación, o con ciencia, o con profecía, o con doctrina?
7 Ciertamente las cosas inanimadas que producen sonidos, como la flauta o la cítara, si no dieren distinción de voces, ¿cómo se sabrá lo que se toca con la flauta o con la cítara?
8 Y si la trompeta diere sonido incierto, ¿quién se preparará para la batalla?
9 Así también vosotros, si por la lengua no diereis palabra bien comprensible, ¿cómo se entenderá lo que decís? Porque hablaréis al aire.
10 Tantas clases de idiomas hay, seguramente, en el mundo, y ninguno de ellos carece de significado.
11 Pero si yo ignoro el valor de las palabras, seré como extranjero para el que habla, y el que habla será como extranjero para mí.
12 Así también vosotros; pues que anheláis dones espirituales, procurad abundar en ellos para edificación de la iglesia.
13 Por lo cual, el que habla en lengua extraña, pida en oración poder interpretarla.
14 Porque si yo oro en lengua desconocida, mi espíritu ora, pero mi entendimiento queda sin fruto.
15 ¿Qué, pues? Oraré con el espíritu, pero oraré también con el entendimiento; cantaré con el espíritu, pero cantaré también con el entendimiento.
16 Porque si bendices sólo con el espíritu, el que ocupa lugar de simple oyente,

---

a 13.2 Mt 17.20; 21.21; Mr 11.23.

¿cómo dirá el Amén a tu acción de gracias? pues no sabe lo que has dicho.

17 Porque tú, a la verdad, bien das gracias; pero el otro no es edificado.

18 Doy gracias a Dios que hablo en lenguas más que todos vosotros;

19 pero en la iglesia prefiero hablar cinco palabras con mi entendimiento, para enseñar también a otros, que diez mil palabras en lengua desconocida.

20 Hermanos, no seáis niños en el modo de pensar, sino sed niños en la malicia, pero maduros en el modo de pensar.

21 En la ley está escrito: En otras lenguas y con otros labios hablaré a este pueblo; y ni aun así me oirán, dice el Señor.ª

22 Así que, las lenguas son por señal, no a los creyentes, sino a los incrédulos; pero la profecía, no a los incrédulos, sino a los creyentes.

23 Si, pues, toda la iglesia se reúne en un solo lugar, y todos hablan en lenguas, y entran indoctos o incrédulos, ¿no dirán que estáis locos?

24 Pero si todos profetizan, y entra algún incrédulo o indocto, por todos es convencido, por todos es juzgado;

25 lo oculto de su corazón se hace manifiesto; y así, postrándose sobre el rostro, adorará a Dios, declarando que verdaderamente Dios está entre vosotros.

26 ¿Qué hay, pues, hermanos? Cuando os reunís, cada uno de vosotros tiene salmo, tiene doctrina, tiene lengua, tiene revelación, tiene interpretación. Hágase todo para edificación.

27 Si habla alguno en lengua extraña, sea esto por dos, o a lo más tres, y por turno; y uno interprete.

28 Y si no hay intérprete, calle en la iglesia, y hable para sí mismo y para Dios.

29 Asimismo, los profetas hablen dos o tres, y los demás juzguen.

30 Y si algo le fuere revelado a otro que estuviere sentado, calle el primero.

31 Porque podéis profetizar todos uno por uno, para que todos aprendan, y todos sean exhortados;

32 Y los espíritus de los profetas están sujetos a los profetas;

33 pues Dios no es Dios de confusión, sino de paz.

Como en todas las iglesias de los santos,

34 vuestras mujeres callen en las congregaciones; porque no les es permitido hablar, sino que estén sujetas, como también la ley lo dice.

35 Y si quieren aprender algo, pregunten en casa a sus maridos; porque es indecoroso que una mujer hable en la congregación.

36 ¿Acaso ha salido de vosotros la palabra de Dios, o sólo a vosotros ha llegado?

37 Si alguno se cree profeta, o espiritual, reconozca que lo que os escribo son mandamientos del Señor.

38 Mas el que ignora, ignore.

39 Así que, hermanos, procurad profetizar, y no impidáis el hablar lenguas;

40 pero hágase todo decentemente y con orden.

La resurrección de los muertos

15 **1** Además os declaro, hermanos, el evangelio que os he predicado, el cual también recibisteis, en el cual también perseveráis;

2 por el cual asimismo, si retenéis la palabra que os he predicado, sois salvos, si no creísteis en vano.

3 Porque primeramente os he enseñado lo que asimismo recibí: Que Cristo murió por nuestros pecados, conforme a las Escrituras;ª

4 y que fue sepultado, y que resucitó al tercer día, conforme a las Escrituras;ᵇ

5 y que apareció a Cefas,ᶜ y después a los doce.ᵈ

6 Después apareció a más de quinientos hermanos a la vez, de los cuales muchos viven aún, y otros ya duermen.

7 Después apareció a Jacobo; después a todos los apóstoles;

8 y al último de todos, como a un abortivo, me apareció a mí.ᵉ

9 Porque yo soy el más pequeño de los apóstoles, que no soy digno de ser llamado apóstol, porque perseguí a la iglesia de Dios.ᶠ

10 Pero por la gracia de Dios soy lo que soy; y su gracia no ha sido en vano para conmigo, antes he trabajado más que todos ellos; pero no yo, sino la gracia de Dios conmigo.

a 14.21 Is 28.11, 12.   **a 15.3** Is 53.5-12.   **b 15.4** Sal 16.8-10; Os 6.2.   **c 15.5** Lc 24.34.   **d 15.5** Mt 28.16, 17; Mr 16.14; Lc 24.36; Jn 20.19.   **e 15.8** Hch 9.3-6.   **f 15.9** Hch 8.3.

11 Porque o sea yo o sean ellos, así predicamos, y así habéis creído.

12 Pero si se predica de Cristo que resucitó de los muertos, ¿cómo dicen algunos entre vosotros que no hay resurrección de muertos?

13 Porque si no hay resurrección de muertos, tampoco Cristo resucitó.

14 Y si Cristo no resucitó, vana es entonces nuestra predicación, vana es también vuestra fe.

15 Y somos hallados falsos testigos de Dios; porque hemos testificado de Dios que él resucitó a Cristo, al cual no resucitó, si en verdad los muertos no resucitan.

16 Porque si los muertos no resucitan, tampoco Cristo resucitó;

17 y si Cristo no resucitó, vuestra fe es vana; aún estáis en vuestros pecados.

18 Entonces también los que durmieron en Cristo perecieron.

19 Si en esta vida solamente esperamos en Cristo, somos los más dignos de conmiseración de todos los hombres.

20 Mas ahora Cristo ha resucitado de los muertos; primicias de los que durmieron es hecho.

21 Porque por cuanto la muerte entró por un hombre, también por un hombre la resurrección de los muertos.

22 Porque así como en Adán todos mueren, también en Cristo todos serán vivificados.

23 Pero cada uno en su debido orden: Cristo, las primicias; luego los que son de Cristo, en su venida.

24 Luego el fin, cuando entregue el reino al Dios y Padre, cuando haya suprimido todo dominio, toda autoridad y potencia.

25 Porque preciso es que él reine hasta que haya puesto a todos sus enemigos debajo de sus pies.ᵍ

26 Y el postrer enemigo que será destruido es la muerte.

27 Porque todas las cosas las sujetó debajo de sus pies.ʰ Y cuando dice que todas las cosas han sido sujetadas a él, claramente se exceptúa aquel que sujetó a él todas las cosas.

28 Pero luego que todas las cosas le estén sujetas, entonces también el Hijo mismo se sujetará al que le sujetó a él todas las cosas, para que Dios sea todo en todos.

29 De otro modo, ¿qué harán los que se bautizan por los muertos, si en ninguna manera los muertos resucitan? ¿Por qué, pues, se bautizan por los muertos?

30 ¿Y por qué nosotros peligramos a toda hora?

31 Os aseguro, hermanos, por la gloria que de vosotros tengo en nuestro Señor Jesucristo, que cada día muero.

32 Si como hombre batallé en Éfeso contra fieras, ¿qué me aprovecha? Si los muertos no resucitan, comamos y bebamos, porque mañana moriremos.ⁱ

33 No erréis; las malas conversaciones corrompen las buenas costumbres.

34 Velad debidamente, y no pequéis; porque algunos no conocen a Dios; para vergüenza vuestra lo digo.

35 Pero dirá alguno: ¿Cómo resucitarán los muertos? ¿Con qué cuerpo vendrán?

36 Necio, lo que tú siembras no se vivifica, si no muere antes.

37 Y lo que siembras no es el cuerpo que ha de salir, sino el grano desnudo, ya sea de trigo o de otro grano;

38 pero Dios le da el cuerpo como él quiso, y a cada semilla su propio cuerpo.

39 No toda carne es la misma carne, sino que una carne es la de los hombres, otra carne la de las bestias, otra la de los peces, y otra la de las aves.

40 Y hay cuerpos celestiales, y cuerpos terrenales; pero una es la gloria de los celestiales, y otra la de los terrenales.

41 Una es la gloria del sol, otra la gloria de la luna, y otra la gloria de las estrellas, pues una estrella es diferente de otra en gloria.

42 Así también es la resurrección de los muertos. Se siembra en corrupción, resucitará en incorrupción.

43 Se siembra en deshonra, resucitará en gloria; se siembra en debilidad, resucitará en poder.

44 Se siembra cuerpo animal, resucitará cuerpo espiritual. Hay cuerpo animal, y hay cuerpo espiritual.

45 Así también está escrito: Fue hecho el primer hombre Adán alma viviente;ʲ el postrer Adán, espíritu vivificante.

---

g 15.25 Sal 110.1.   **h 15.27** Sal 8.6.   **i 15.32** Is 22.13.
j 15.45 Gn 2.7.

46 Mas lo espiritual no es primero, sino lo animal; luego lo espiritual.

47 El primer hombre es de la tierra, terrenal; el segundo hombre, que es el Señor, es del cielo.

48 Cual el terrenal, tales también los terrenales; y cual el celestial, tales también los celestiales.

49 Y así como hemos traído la imagen del terrenal, traeremos también la imagen del celestial.

50 Pero esto digo, hermanos: que la carne y la sangre no pueden heredar el reino de Dios, ni la corrupción hereda la incorrupción.

51 He aquí, os digo un misterio: No todos dormiremos; pero todos seremos transformados,

52 en un momento, en un abrir y cerrar de ojos, a la final trompeta; porque se tocará la trompeta, y los muertos serán resucitados incorruptibles, y nosotros seremos transformados.[k]

53 Porque es necesario que esto corruptible se vista de incorrupción, y esto mortal se vista de inmortalidad.

54 Y cuando esto corruptible se haya vestido de incorrupción, y esto mortal se haya vestido de inmortalidad, entonces se cumplirá la palabra que está escrita: Sorbida es la muerte en victoria.[l]

55 ¿Dónde está, oh muerte, tu aguijón? ¿Dónde, oh sepulcro, tu victoria?[m]

56 ya que el aguijón de la muerte es el pecado, y el poder del pecado, la ley.

57 Mas gracias sean dadas a Dios, que nos da la victoria por medio de nuestro Señor Jesucristo.

58 Así que, hermanos míos amados, estad firmes y constantes, creciendo en la obra del Señor siempre, sabiendo que vuestro trabajo en el Señor no es en vano.

La ofrenda para los santos

16 **1** En cuanto a la ofrenda para los santos,[a] haced vosotros también de la manera que ordené en las iglesias de Galacia.

2 Cada primer día de la semana cada uno de vosotros ponga aparte algo, según haya prosperado, guardándolo, para que cuando yo llegue no se recojan entonces ofrendas.

3 Y cuando haya llegado, a quienes hubiereis designado por carta, a éstos enviaré para que lleven vuestro donativo a Jerusalén.

4 Y si fuere propio que yo también vaya, irán conmigo.

Planes de Pablo

5 Iré a vosotros, cuando haya pasado por Macedonia,[b] pues por Macedonia tengo que pasar.

6 Y podrá ser que me quede con vosotros, o aun pase el invierno, para que vosotros me encaminéis a donde haya de ir.

7 Porque no quiero veros ahora de paso, pues espero estar con vosotros algún tiempo, si el Señor lo permite.

8 Pero estaré en Éfeso hasta Pentecostés;[c]

9 porque se me ha abierto puerta grande y eficaz, y muchos son los adversarios.[d]

10 Y si llega Timoteo,[e] mirad que esté con vosotros con tranquilidad, porque él hace la obra del Señor así como yo.

11 Por tanto, nadie le tenga en poco, sino encaminadle en paz, para que venga a mí, porque le espero con los hermanos.

12 Acerca del hermano Apolos, mucho le rogué que fuese a vosotros con los hermanos, mas de ninguna manera tuvo voluntad de ir por ahora; pero irá cuando tenga oportunidad.

Salutaciones finales

13 Velad, estad firmes en la fe; portaos varonilmente, y esforzaos.

14 Todas vuestras cosas sean hechas con amor.

15 Hermanos, ya sabéis que la familia de Estéfanas[f] es las primicias de Acaya, y que ellos se han dedicado al servicio de los santos.

16 Os ruego que os sujetéis a personas como ellos, y a todos los que ayudan y trabajan.

17 Me regocijo con la venida de Estéfanas, de Fortunato y de Acaico, pues ellos han suplido vuestra ausencia.

18 Porque confortaron mi espíritu y el vuestro; reconoced, pues, a tales personas.

---

k 15.51, 52 1 Ts 4.15-17.   **l 15.54** Is 25.8.
m 15.55 Os 13.14.**a 16.1** Ro 15.25, 26.   **b 16.5** Hch 19.21.
c 16.8 Lv 23.15-21; Dt 16.9-11.   **d 16.8, 9** Hch 19.8-10.
e 16.10 1 Co 4.17.   **f 16.15** 1 Co 1.16.

19 Las iglesias de Asia os saludan. Aquila y Priscila,g con la iglesia que está en su casa, os saludan mucho en el Señor.

20 Os saludan todos los hermanos. Saludaos los unos a los otros con ósculo santo.

21 Yo, Pablo, os escribo esta salutación de mi propia mano.

22 El que no amare al Señor Jesucristo, sea anatema. El Señor viene.¹

23 La gracia del Señor Jesucristo esté con vosotros.

24 Mi amor en Cristo Jesús esté con todos vosotros. Amén.

---

1. 16.22 Gr. del arameo, *Maran-ata.*
g 16.19 Hch 18.2.

SEGUNDA EPÍSTOLA DEL APÓSTOL SAN PABLO A LOS

CORINTIOS

Salutación

1 ¹ Pablo, apóstol de Jesucristo por la voluntad de Dios, y el hermano Timoteo, a la iglesia de Dios que está en Corinto,ᵃ con todos los santos que están en toda Acaya:

² Gracia y paz a vosotros, de Dios nuestro Padre y del Señor Jesucristo.

Aflicciones de Pablo

³ Bendito sea el Dios y Padre de nuestro Señor Jesucristo, Padre de misericordias y Dios de toda consolación,

⁴ el cual nos consuela en todas nuestras tribulaciones, para que podamos también nosotros consolar a los que están en cualquier tribulación, por medio de la consolación con que nosotros somos consolados por Dios.

⁵ Porque de la manera que abundan en nosotros las aflicciones de Cristo, así abunda también por el mismo Cristo nuestra consolación.

⁶ Pero si somos atribulados, es para vuestra consolación y salvación; o si somos consolados, es para vuestra consolación y salvación, la cual se opera en el sufrir las mismas aflicciones que nosotros también padecemos.

⁷ Y nuestra esperanza respecto de vosotros es firme, pues sabemos que así como sois compañeros en las aflicciones, también lo sois en la consolación.

⁸ Porque hermanos, no queremos que ignoréis acerca de nuestra tribulación que nos sobrevino en Asia;ᵇ pues fuimos abrumados sobremanera más allá de nuestras fuerzas, de tal modo que aun perdimos la esperanza de conservar la vida.

⁹ Pero tuvimos en nosotros mismos sentencia de muerte, para que no confiásemos en nosotros mismos, sino en Dios que resucita a los muertos;

¹⁰ el cual nos libró, y nos libra, y en quien esperamos que aún nos librará, de tan gran muerte;

¹¹ cooperando también vosotros a favor nuestro con la oración, para que por muchas personas sean dadas gracias a favor nuestro por el don concedido a nosotros por medio de muchos.

Por qué Pablo pospuso su visita a Corinto

¹² Porque nuestra gloria es ésta: el testimonio de nuestra conciencia, que con sencillez y sinceridad de Dios, no con sabiduría humana, sino con la gracia de Dios, nos hemos conducido en el mundo, y mucho más con vosotros.

¹³ Porque no os escribimos otras cosas de las que leéis, o también entendéis; y espero que hasta el fin las entenderéis;

¹⁴ como también en parte habéis entendido que somos vuestra gloria, así como también vosotros la nuestra, para el día del Señor Jesús.

¹⁵ Con esta confianza quise ir primero a vosotros, para que tuvieseis una segunda gracia,

¹⁶ y por vosotros pasar a Macedonia,ᶜ y desde Macedonia venir otra vez a vosotros, y ser encaminado por vosotros a Judea.

¹⁷ Así que, al proponerme esto, ¿usé quizá de ligereza? ¿O lo que pienso hacer, lo pienso según la carne, para que haya en mí Sí y No?

¹⁸ Mas, como Dios es fiel, nuestra palabra a vosotros no es Sí y No.

¹⁹ Porque el Hijo de Dios, Jesucristo, que entre vosotros ha sido predicado por nosotros, por mí, Silvano y Timoteo,ᵈ no ha sido Sí y No; mas ha sido Sí en él;

²⁰ porque todas las promesas de Dios son en él Sí, y en él Amén, por medio de nosotros, para la gloria de Dios.

²¹ Y el que nos confirma con vosotros en Cristo, y el que nos ungió, es Dios,

---

a 1.1 Hch 18.1.   **b 1.8** 1 Co 15.32.   **c 1.16** Hch 19.21.
d 1.19 Hch 18.5.

²²el cual también nos ha sellado, y nos ha dado las arras del Espíritu en nuestros corazones.

²³Mas yo invoco a Dios por testigo sobre mi alma, que por ser indulgente con vosotros no he pasado todavía a Corinto.

²⁴No que nos enseñoreemos de vuestra fe, sino que colaboramos para vuestro gozo; porque por la fe estáis firmes.

2 ¹Esto, pues, determiné para conmigo, no ir otra vez a vosotros con tristeza. ²Porque si yo os contristo, ¿quién será luego el que me alegre, sino aquel a quien yo contristé?

³Y esto mismo os escribí, para que cuando llegue no tenga tristeza de parte de aquellos de quienes me debiera gozar; confiando en vosotros todos que mi gozo es el de todos vosotros.

⁴Porque por la mucha tribulación y angustia del corazón os escribí con muchas lágrimas, no para que fueseis contristados, sino para que supieseis cuán grande es el amor que os tengo.

Pablo perdona al ofensor

⁵Pero si alguno me ha causado tristeza, no me la ha causado sólo a mí, sino en cierto modo (por no exagerar) a todos vosotros. ⁶Le basta a tal persona esta reprensión hecha por muchos;

⁷así que, al contrario, vosotros más bien debéis perdonarle y consolarle, para que no sea consumido de demasiada tristeza. ⁸Por lo cual os ruego que confirméis el amor para con él.

⁹Porque también para este fin os escribí, para tener la prueba de si vosotros sois obedientes en todo.

¹⁰Y al que vosotros perdonáis, yo también; porque también yo lo que he perdonado, si algo he perdonado, por vosotros lo he hecho en presencia de Cristo;

¹¹para que Satanás no gane ventaja alguna sobre nosotros; pues no ignoramos sus maquinaciones.

Ansiedad de Pablo en Troas

¹²Cuando llegué a Troas para predicar el evangelio de Cristo, aunque se me abrió puerta en el Señor,

¹³no tuve reposo en mi espíritu, por no haber hallado a mi hermano Tito; así, despidiéndome de ellos, partí para Macedonia.ᵃ

Triunfantes en Cristo

¹⁴Mas a Dios gracias, el cual nos lleva siempre en triunfo en Cristo Jesús, y por medio de nosotros manifiesta en todo lugar el olor de su conocimiento.

¹⁵Porque para Dios somos grato olor de Cristo en los que se salvan, y en los que se pierden;

¹⁶a éstos ciertamente olor de muerte para muerte, y a aquéllos olor de vida para vida. Y para estas cosas, ¿quién es suficiente?

¹⁷Pues no somos como muchos, que medran falsificando la palabra de Dios, sino que con sinceridad, como de parte de Dios, y delante de Dios, hablamos en Cristo.

Ministros del nuevo pacto

3 ¹¿Comenzamos otra vez a recomendarnos a nosotros mismos? ¿O tenemos necesidad, como algunos, de cartas de recomendación para vosotros, o de recomendación de vosotros?

²Nuestras cartas sois vosotros, escritas en nuestros corazones, conocidas y leídas por todos los hombres;

³siendo manifiesto que sois carta de Cristo expedida por nosotros, escrita no con tinta, sino con el Espíritu del Dios vivo; no en tablas de piedra,ᵃ sino en tablas de carne del corazón.

⁴Y tal confianza tenemos mediante Cristo para con Dios;

⁵no que seamos competentes por nosotros mismos para pensar algo como de nosotros mismos, sino que nuestra competencia proviene de Dios,

⁶el cual asimismo nos hizo ministros competentes de un nuevo pacto,ᵇ no de la letra, sino del espíritu; porque la letra mata, mas el espíritu vivifica.

⁷Y si el ministerio de muerte grabado con letras en piedras fue con gloria, tanto que los hijos de Israel no pudieron fijar la vista en el rostro de Moisés a causa de la gloria de su rostro,ᶜ la cual había de perecer,

⁸¿cómo no será más bien con gloria el ministerio del espíritu?

ᵃ 2.12, 13 Hch 20.1.   ᵃ 3.3 Éx 24.12.   ᵇ 3.6 Jer 31.31-34.
ᶜ 3.7 Éx 34.29.

9 Porque si el ministerio de condenación fue con gloria, mucho más abundará en gloria el ministerio de justificación.

10 Porque aun lo que fue glorioso, no es glorioso en este respecto, en comparación con la gloria más eminente.

11 Porque si lo que perece tuvo gloria, mucho más glorioso será lo que permanece.

12 Así que, teniendo tal esperanza, usamos de mucha franqueza;

13 y no como Moisés, que ponía un velo sobre su rostro,^d para que los hijos de Israel no fijaran la vista en el fin de aquello que había de ser abolido.

14 Pero el entendimiento de ellos se embotó; porque hasta el día de hoy, cuando leen el antiguo pacto, les queda el mismo velo no descubierto, el cual por Cristo es quitado.

15 Y aun hasta el día de hoy, cuando se lee a Moisés, el velo está puesto sobre el corazón de ellos.

16 Pero cuando se conviertan al Señor, el velo se quitará.

17 Porque el Señor es el Espíritu; y donde está el Espíritu del Señor, allí hay libertad.

18 Por tanto, nosotros todos, mirando a cara descubierta como en un espejo la gloria del Señor, somos transformados de gloria en gloria en la misma imagen, como por el Espíritu del Señor.

4 **1** Por lo cual, teniendo nosotros este ministerio según la misericordia que hemos recibido, no desmayamos.

2 Antes bien renunciamos a lo oculto y vergonzoso, no andando con astucia, ni adulterando la palabra de Dios, sino por la manifestación de la verdad recomendándonos a toda conciencia humana delante de Dios.

3 Pero si nuestro evangelio está aún encubierto, entre los que se pierden está encubierto;

4 en los cuales el dios de este siglo cegó el entendimiento de los incrédulos, para que no les resplandezca la luz del evangelio de la gloria de Cristo, el cual es la imagen de Dios.

5 Porque no nos predicamos a nosotros mismos, sino a Jesucristo como Señor, y a nosotros como vuestros siervos por amor de Jesús.

6 Porque Dios, que mandó que de las tinieblas resplandeciese la luz,^a es el que resplandeció en nuestros corazones, para iluminación del conocimiento de la gloria de Dios en la faz de Jesucristo.

Viviendo por la fe

7 Pero tenemos este tesoro en vasos de barro, para que la excelencia del poder sea de Dios, y no de nosotros,

8 que estamos atribulados en todo, mas no angustiados; en apuros, mas no desesperados;

9 perseguidos, mas no desamparados; derribados, pero no destruidos;

10 llevando en el cuerpo siempre por todas partes la muerte de Jesús, para que también la vida de Jesús se manifieste en nuestros cuerpos.

11 Porque nosotros que vivimos, siempre estamos entregados a muerte por causa de Jesús, para que también la vida de Jesús se manifieste en nuestra carne mortal.

12 De manera que la muerte actúa en nosotros, y en vosotros la vida.

13 Pero teniendo el mismo espíritu de fe, conforme a lo que está escrito: Creí, por lo cual hablé,^b nosotros también creemos, por lo cual también hablamos,

14 sabiendo que el que resucitó al Señor Jesús, a nosotros también nos resucitará con Jesús, y nos presentará juntamente con vosotros.

15 Porque todas estas cosas padecemos por amor a vosotros, para que abundando la gracia por medio de muchos, la acción de gracias sobreabunde para gloria de Dios.

16 Por tanto, no desmayamos; antes aunque este nuestro hombre exterior se va desgastando, el interior no obstante se renueva de día en día.

17 Porque esta leve tribulación momentánea produce en nosotros un cada vez más excelente y eterno peso de gloria;

18 no mirando nosotros las cosas que se ven, sino las que no se ven; pues las cosas que se ven son temporales, pero las que no se ven son eternas.

5 **1** Porque sabemos que si nuestra morada terrestre, este tabernáculo, se deshiciere, tenemos de Dios un edificio, una casa no hecha de manos, eterna, en los cielos.

---

d 3.13 Éx 34.33.   **a 4.6** Gn 1.3.   **b 4.13** Sal 116.10.

2 Y por esto también gemimos, deseando ser revestidos de aquella nuestra habitación celestial;

3 pues así seremos hallados vestidos, y no desnudos.

4 Porque asimismo los que estamos en este tabernáculo gemimos con angustia; porque no quisiéramos ser desnudados, sino revestidos, para que lo mortal sea absorbido por la vida.

5 Mas el que nos hizo para esto mismo es Dios, quien nos ha dado las arras del Espíritu.

6 Así que vivimos confiados siempre, y sabiendo que entre tanto que estamos en el cuerpo, estamos ausentes del Señor

7 (porque por fe andamos, no por vista);

8 pero confiamos, y más quisiéramos estar ausentes del cuerpo, y presentes al Señor.

9 Por tanto procuramos también, o ausentes o presentes, serle agradables.

10 Porque es necesario que todos nosotros comparezcamos ante el tribunal de Cristo,ᵃ para que cada uno reciba según lo que haya hecho mientras estaba en el cuerpo, sea bueno o sea malo.

El ministerio de la reconciliación

11 Conociendo, pues, el temor del Señor, persuadimos a los hombres; pero a Dios le es manifiesto lo que somos; y espero que también lo sea a vuestras conciencias.

12 No nos recomendamos, pues, otra vez a vosotros, sino os damos ocasión de gloriaros por nosotros, para que tengáis con qué responder a los que se glorían en las apariencias y no en el corazón.

13 Porque si estamos locos, es para Dios; y si somos cuerdos, es para vosotros.

14 Porque el amor de Cristo nos constriñe, pensando esto: que si uno murió por todos, luego todos murieron;

15 y por todos murió, para que los que viven, ya no vivan para sí, sino para aquel que murió y resucitó por ellos.

16 De manera que nosotros de aquí en adelante a nadie conocemos según la carne; y aun si a Cristo conocimos según la carne, ya no lo conocemos así.

17 De modo que si alguno está en Cristo, nueva criatura es; las cosas viejas pasaron; he aquí todas son hechas nuevas.

18 Y todo esto proviene de Dios, quien nos reconcilió consigo mismo por Cristo, y nos dio el ministerio de la reconciliación;

19 que Dios estaba en Cristo reconciliando consigo al mundo, no tomándoles en cuenta a los hombres sus pecados, y nos encargó a nosotros la palabra de la reconciliación.

20 Así que, somos embajadores en nombre de Cristo, como si Dios rogase por medio de nosotros; os rogamos en nombre de Cristo: Reconciliaos con Dios.

21 Al que no conoció pecado, por nosotros lo hizo pecado, para que nosotros fuésemos hechos justicia de Dios en él.

6 **1** Así, pues, nosotros, como colaboradores suyos, os exhortamos también a que no recibáis en vano la gracia de Dios.

2 Porque dice:

En tiempo aceptable te he oído,
Y en día de salvación te he socorrido.ᵃ

He aquí ahora el tiempo aceptable; he aquí ahora el día de salvación.

3 No damos a nadie ninguna ocasión de tropiezo, para que nuestro ministerio no sea vituperado;

4 antes bien, nos recomendamos en todo como ministros de Dios, en mucha paciencia, en tribulaciones, en necesidades, en angustias;

5 en azotes, en cárceles,ᵇ en tumultos, en trabajos, en desvelos, en ayunos;

6 en pureza, en ciencia, en longanimidad, en bondad, en el Espíritu Santo, en amor sincero,

7 en palabra de verdad, en poder de Dios, con armas de justicia a diestra y a siniestra;

8 por honra y por deshonra, por mala fama y por buena fama; como engañadores, pero veraces;

9 como desconocidos, pero bien conocidos; como moribundos, mas he aquí vivimos; como castigados, mas no muertos;

10 como entristecidos, mas siempre gozosos; como pobres, mas enriqueciendo a muchos; como no teniendo nada, mas poseyéndolo todo.

11 Nuestra boca se ha abierto a vosotros, oh corintios; nuestro corazón se ha ensanchado.

ᵃ **5.10** Ro 14.10.   ᵃ **6.2** Is 49.8.   ᵇ **6.5** Hch 16.23.

[12] No estáis estrechos en nosotros, pero sí sois estrechos en vuestro propio corazón. [13] Pues, para corresponder del mismo modo (como a hijos hablo), ensanchaos también vosotros.

Somos templo del Dios viviente

[14] No os unáis en yugo desigual con los incrédulos; porque ¿qué compañerismo tiene la justicia con la injusticia? ¿Y qué comunión la luz con las tinieblas? [15] ¿Y qué concordia Cristo con Belial? ¿O qué parte el creyente con el incrédulo? [16] ¿Y qué acuerdo hay entre el templo de Dios y los ídolos? Porque vosotros sois el templo del Dios viviente,[c] como Dios dijo:

Habitaré y andaré entre ellos,
Y seré su Dios,
Y ellos serán mi pueblo.[d]

[17] Por lo cual,
Salid de en medio de ellos, y
apartaos, dice el Señor,
Y no toquéis lo inmundo;
Y yo os recibiré,[e]
[18] Y seré para vosotros por Padre,
Y vosotros me seréis hijos e hijas,
dice el Señor Todopoderoso.[f]

7 [1] Así que, amados, puesto que tenemos tales promesas, limpiémonos de toda contaminación de carne y de espíritu, perfeccionando la santidad en el temor de Dios.

Regocijo de Pablo al arrepentirse los corintios

[2] Admitidnos: a nadie hemos agraviado, a nadie hemos corrompido, a nadie hemos engañado. [3] No lo digo para condenaros; pues ya he dicho antes que estáis en nuestro corazón, para morir y para vivir juntamente. [4] Mucha franqueza tengo con vosotros; mucho me glorío con respecto de vosotros; lleno estoy de consolación; sobreabundo de gozo en todas nuestras tribulaciones.

[5] Porque de cierto, cuando vinimos a Macedonia,[a] ningún reposo tuvo nuestro cuerpo, sino que en todo fuimos atribulados; de fuera, conflictos; de dentro, temores. [6] Pero Dios, que consuela a los humildes, nos consoló con la venida de Tito;

[7] y no sólo con su venida, sino también con la consolación con que él había sido consolado en cuanto a vosotros, haciéndonos saber vuestro gran afecto, vuestro llanto, vuestra solicitud por mí, de manera que me regocijé aún más. [8] Porque aunque os contristé con la carta, no me pesa, aunque entonces lo lamenté; porque veo que aquella carta, aunque por algún tiempo, os contristó. [9] Ahora me gozo, no porque hayáis sido contristados, sino porque fuisteis contristados para arrepentimiento; porque habéis sido contristados según Dios, para que ninguna pérdida padecieseis por nuestra parte. [10] Porque la tristeza que es según Dios produce arrepentimiento para salvación, de que no hay que arrepentirse; pero la tristeza del mundo produce muerte. [11] Porque he aquí, esto mismo de que hayáis sido contristados según Dios, ¡qué solicitud produjo en vosotros, qué defensa, qué indignación, qué temor, qué ardiente afecto, qué celo, y qué vindicación! En todo os habéis mostrado limpios en el asunto. [12] Así que, aunque os escribí, no fue por causa del que cometió el agravio, ni por causa del que lo padeció, sino para que se os hiciese manifiesta nuestra solicitud que tenemos por vosotros delante de Dios. [13] Por esto hemos sido consolados en vuestra consolación; pero mucho más nos gozamos por el gozo de Tito, que haya sido confortado su espíritu por todos vosotros. [14] Pues si de algo me he gloriado con él respecto de vosotros, no he sido avergonzado, sino que así como en todo os hemos hablado con verdad, también nuestro gloriarnos con Tito resultó verdad. [15] Y su cariño para con vosotros es aun más abundante, cuando se acuerda de la obediencia de todos vosotros, de cómo lo recibisteis con temor y temblor. [16] Me gozo de que en todo tengo confianza en vosotros.

La ofrenda para los santos

8 [1] Asimismo, hermanos, os hacemos saber la gracia de Dios que se ha dado a las iglesias de Macedonia;

---

c 6.16 1 Co 3.16; 6.19.   **d 6.16** Lv 26.12; Ez 37.27.
e 6.17 Is 52.11.   **f 6.18** 2 S 7.14; 1 Cr 17.13.   **a 7.5** 2 Co 2.13.

2 que en grande prueba de tribulación, la abundancia de su gozo y su profunda pobreza abundaron en riquezas de su generosidad.

3 Pues doy testimonio de que con agrado han dado conforme a sus fuerzas, y aun más allá de sus fuerzas,

4 pidiéndonos con muchos ruegos que les concediésemos el privilegio de participar en este servicio para los santos.ᵃ

5 Y no como lo esperábamos, sino que a sí mismos se dieron primeramente al Señor, y luego a nosotros por la voluntad de Dios;

6 de manera que exhortamos a Tito para que tal como comenzó antes, asimismo acabe también entre vosotros esta obra de gracia.

7 Por tanto, como en todo abundáis, en fe, en palabra, en ciencia, en toda solicitud, y en vuestro amor para con nosotros, abundad también en esta gracia.

8 No hablo como quien manda, sino para poner a prueba, por medio de la diligencia de otros, también la sinceridad del amor vuestro.

9 Porque ya conocéis la gracia de nuestro Señor Jesucristo, que por amor a vosotros se hizo pobre, siendo rico, para que vosotros con su pobreza fueseis enriquecidos.

10 Y en esto doy mi consejo; porque esto os conviene a vosotros, que comenzasteis antes, no sólo a hacerlo, sino también a quererlo, desde el año pasado.

11 Ahora, pues, llevad también a cabo el hacerlo, para que como estuvisteis prontos a querer, así también lo estéis en cumplir conforme a lo que tengáis.

12 Porque si primero hay la voluntad dispuesta, será acepta según lo que uno tiene, no según lo que no tiene.

13 Porque no digo esto para que haya para otros holgura, y para vosotros estrechez,

14 sino para que en este tiempo, con igualdad, la abundancia vuestra supla la escasez de ellos, para que también la abundancia de ellos supla la necesidad vuestra, para que haya igualdad,

15 como está escrito: El que recogió mucho, no tuvo más, y el que poco, no tuvo menos.ᵇ

16 Pero gracias a Dios que puso en el corazón de Tito la misma solicitud por vosotros.

17 Pues a la verdad recibió la exhortación; pero estando también muy solícito, por su propia voluntad partió para ir a vosotros.

18 Y enviamos juntamente con él al hermano cuya alabanza en el evangelio se oye por todas las iglesias;

19 y no sólo esto, sino que también fue designado por las iglesias como compañero de nuestra peregrinación para llevar este donativo, que es administrado por nosotros para gloria del Señor mismo, y para demostrar vuestra buena voluntad;

20 evitando que nadie nos censure en cuanto a esta ofrenda abundante que administramos,

21 procurando hacer las cosas honradamente, no sólo delante del Señor sino también delante de los hombres.ᶜ

22 Enviamos también con ellos a nuestro hermano, cuya diligencia hemos comprobado repetidas veces en muchas cosas, y ahora mucho más diligente por la mucha confianza que tiene en vosotros.

23 En cuanto a Tito, es mi compañero y colaborador para con vosotros; y en cuanto a nuestros hermanos, son mensajeros de las iglesias, y gloria de Cristo.

24 Mostrad, pues, para con ellos ante las iglesias la prueba de vuestro amor, y de nuestro gloriarnos respecto de vosotros.

9 ¹ Cuanto a la ministración para los santos, es por demás que yo os escriba;

2 pues conozco vuestra buena voluntad, de la cual yo me glorío entre los de Macedonia, que Acaya está preparada desde el año pasado; y vuestro celo ha estimulado a la mayoría.

3 Pero he enviado a los hermanos, para que nuestro gloriarnos de vosotros no sea vano en esta parte; para que como lo he dicho, estéis preparados;

4 no sea que si vinieren conmigo algunos macedonios, y os hallaren desprevenidos, nos avergoncemos nosotros, por no decir vosotros, de esta nuestra confianza.

5 Por tanto, tuve por necesario exhortar a los hermanos que fuesen primero a vosotros y preparasen primero vuestra generosidad antes prometida, para que esté lista como de generosidad, y no como de exigencia nuestra.

6 Pero esto digo: El que siembra escasamente, también segará escasamente; y

---

ᵃ **8.1-4** Ro 15.26.   ᵇ **8.15** Éx 16.18.   ᶜ **8.21** Pr 3.4.

el que siembra generosamente, generosamente también segará.

7 Cada uno dé como propuso en su corazón: no con tristeza, ni por necesidad, porque Dios ama al dador alegre.

8 Y poderoso es Dios para hacer que abunde en vosotros toda gracia, a fin de que, teniendo siempre en todas las cosas todo lo suficiente, abundéis para toda buena obra;

9 como está escrito:

Repartió, dio a los pobres;
Su justicia permanece para siempre.a

10 Y el que da semilla al que siembra, y pan al que come,b proveerá y multiplicará vuestra sementera, y aumentará los frutos de vuestra justicia,

11 para que estéis enriquecidos en todo para toda liberalidad, la cual produce por medio de nosotros acción de gracias a Dios.

12 Porque la ministración de este servicio no solamente suple lo que a los santos falta, sino que también abunda en muchas acciones de gracias a Dios;

13 pues por la experiencia de esta ministración glorifican a Dios por la obediencia que profesáis al evangelio de Cristo, y por la liberalidad de vuestra contribución para ellos y para todos;

14 asimismo en la oración de ellos por vosotros, a quienes aman a causa de la superabundante gracia de Dios en vosotros.

15 ¡Gracias a Dios por su don inefable!

Pablo defiende su ministerio

10 1 Yo Pablo os ruego por la mansedumbre y ternura de Cristo, yo que estando presente ciertamente soy humilde entre vosotros, mas ausente soy osado para con vosotros;

2 ruego, pues, que cuando esté presente, no tenga que usar de aquella osadía con que estoy dispuesto a proceder resueltamente contra algunos que nos tienen como si anduviésemos según la carne.

3 Pues aunque andamos en la carne, no militamos según la carne;

4 porque las armas de nuestra milicia no son carnales, sino poderosas en Dios para la destrucción de fortalezas,

5 derribando argumentos y toda altivez que se levanta contra el conocimiento de Dios, y llevando cautivo todo pensamiento a la obediencia a Cristo,

6 y estando prontos para castigar toda desobediencia, cuando vuestra obediencia sea perfecta.

7 Miráis las cosas según la apariencia. Si alguno está persuadido en sí mismo que es de Cristo, esto también piense por sí mismo, que como él es de Cristo, así también nosotros somos de Cristo.

8 Porque aunque me gloríe algo más todavía de nuestra autoridad, la cual el Señor nos dio para edificación y no para vuestra destrucción, no me avergonzaré;

9 para que no parezca como que os quiero amedrentar por cartas.

10 Porque a la verdad, dicen, las cartas son duras y fuertes; mas la presencia corporal débil, y la palabra menospreciable.

11 Esto tenga en cuenta tal persona, que así como somos en la palabra por cartas, estando ausentes, lo seremos también en hechos, estando presentes.

12 Porque no nos atrevemos a contarnos ni a compararnos con algunos que se alaban a sí mismos; pero ellos, midiéndose a sí mismos por sí mismos, y comparándose consigo mismos, no son juiciosos.

13 Pero nosotros no nos gloriaremos desmedidamente, sino conforme a la regla que Dios nos ha dado por medida, para llegar también hasta vosotros.

14 Porque no nos hemos extralimitado, como si no llegásemos hasta vosotros, pues fuimos los primeros en llegar hasta vosotros con el evangelio de Cristo.

15 No nos gloriamos desmedidamente en trabajos ajenos, sino que esperamos que conforme crezca vuestra fe seremos muy engrandecidos entre vosotros, conforme a nuestra regla;

16 y que anunciaremos el evangelio en los lugares más allá de vosotros, sin entrar en la obra de otro para gloriarnos en lo que ya estaba preparado.

17 Mas el que se gloría, gloríese en el Señor;a

18 porque no es aprobado el que se alaba a sí mismo, sino aquel a quien Dios alaba.

11 1 ¡Ojalá me toleraseis un poco de locura! Sí, toleradme.

---

a 9.9 Sal 112.9.   b 9.10 Is 55.10.   a 10.17 Jer 9.24.

2 Porque os celo con celo de Dios; pues os he desposado con un solo esposo, para presentaros como una virgen pura a Cristo.

3 Pero temo que como la serpiente con su astucia engañó a Eva,[a] vuestros sentidos sean de alguna manera extraviados de la sincera fidelidad a Cristo.

4 Porque si viene alguno predicando a otro Jesús que el que os hemos predicado, o si recibís otro espíritu que el que habéis recibido, u otro evangelio que el que habéis aceptado, bien lo toleráis;

5 y pienso que en nada he sido inferior a aquellos grandes apóstoles.

6 Pues aunque sea tosco en la palabra, no lo soy en el conocimiento; en todo y por todo os lo hemos demostrado.

7 ¿Pequé yo humillándome a mí mismo, para que vosotros fueseis enaltecidos, por cuanto os he predicado el evangelio de Dios de balde?

8 He despojado a otras iglesias, recibiendo salario para serviros a vosotros.

9 Y cuando estaba entre vosotros y tuve necesidad, a ninguno fui carga, pues lo que me faltaba, lo suplieron los hermanos que vinieron de Macedonia,[b] y en todo me guardé y me guardaré de seros gravoso.

10 Por la verdad de Cristo que está en mí, que no se me impedirá esta mi gloria en las regiones de Acaya.

11 ¿Por qué? ¿Porque no os amo? Dios lo sabe.

12 Mas lo que hago, lo haré aún, para quitar la ocasión a aquellos que la desean, a fin de que en aquello en que se glorían, sean hallados semejantes a nosotros.

13 Porque éstos son falsos apóstoles, obreros fraudulentos, que se disfrazan como apóstoles de Cristo.

14 Y no es maravilla, porque el mismo Satanás se disfraza como ángel de luz.

15 Así que, no es extraño si también sus ministros se disfrazan como ministros de justicia; cuyo fin será conforme a sus obras.

Sufrimientos de Pablo como apóstol

16 Otra vez digo: Que nadie me tenga por loco; o de otra manera, recibidme como a loco, para que yo también me gloríe un poquito.

17 Lo que hablo, no lo hablo según el Señor, sino como en locura, con esta confianza de gloriarme.

18 Puesto que muchos se glorían según la carne, también yo me gloriaré;

19 porque de buena gana toleráis a los necios, siendo vosotros cuerdos.

20 Pues toleráis si alguno os esclaviza, si alguno os devora, si alguno toma lo vuestro, si alguno se enaltece, si alguno os da de bofetadas.

21 Para vergüenza mía lo digo, para eso fuimos demasiado débiles.

Pero en lo que otro tenga osadía (hablo con locura), también yo tengo osadía.

22 ¿Son hebreos? Yo también. ¿Son israelitas? Yo también. ¿Son descendientes de Abraham? También yo.

23 ¿Son ministros de Cristo? (Como si estuviera loco hablo.) Yo más; en trabajos más abundante; en azotes sin número; en cárceles[c] más; en peligros de muerte muchas veces.

24 De los judíos cinco veces he recibido cuarenta azotes menos uno.[d]

25 Tres veces he sido azotado con varas;[e] una vez apedreado;[f] tres veces he padecido naufragio; una noche y un día he estado como náufrago en alta mar;

26 en caminos muchas veces; en peligros de ríos, peligros de ladrones, peligros de los de mi nación,[g] peligros de los gentiles,[h] peligros en la ciudad, peligros en el desierto, peligros en el mar, peligros entre falsos hermanos;

27 en trabajo y fatiga, en muchos desvelos, en hambre y sed, en muchos ayunos, en frío y en desnudez;

28 y además de otras cosas, lo que sobre mí se agolpa cada día, la preocupación por todas las iglesias.

29 ¿Quién enferma, y yo no enfermo? ¿A quién se le hace tropezar, y yo no me indigno?

30 Si es necesario gloriarse, me gloriaré en lo que es de mi debilidad.

31 El Dios y Padre de nuestro Señor Jesucristo, quien es bendito por los siglos, sabe que no miento.

32 En Damasco, el gobernador de la provincia del rey Aretas guardaba la ciudad de los damascenos para prenderme;

a 11.3 Gn 3.1-5, 13.   **b 11.9** Fil 4.15-18.   **c 11.23** Hch 16.23.
d 11.24 Dt 25.3.   **e 11.25** Hch 16.22.   **f 11.25** Hch 14.19.
g 11.26 Hch 9.23.   **h 11.26** Hch 14.5.

³³ y fui descolgado del muro en un canasto por una ventana, y escapé de sus manos.ⁱ

El aguijón en la carne

12 ¹ Ciertamente no me conviene gloriarme; pero vendré a las visiones y a las revelaciones del Señor.

² Conozco a un hombre en Cristo, que hace catorce años (si en el cuerpo, no lo sé; si fuera del cuerpo, no lo sé; Dios lo sabe) fue arrebatado hasta el tercer cielo.

³ Y conozco al tal hombre (si en el cuerpo, o fuera del cuerpo, no lo sé; Dios lo sabe),

⁴ que fue arrebatado al paraíso, donde oyó palabras inefables que no le es dado al hombre expresar.

⁵ De tal hombre me gloriaré; pero de mí mismo en nada me gloriaré, sino en mis debilidades.

⁶ Sin embargo, si quisiera gloriarme, no sería insensato, porque diría la verdad; pero lo dejo, para que nadie piense de mí más de lo que en mí ve, u oye de mí.

⁷ Y para que la grandeza de las revelaciones no me exaltase desmedidamente, me fue dado un aguijón en mi carne, un mensajero de Satanás que me abofetee, para que no me enaltezca sobremanera;

⁸ respecto a lo cual tres veces he rogado al Señor, que lo quite de mí.

⁹ Y me ha dicho: Bástate mi gracia; porque mi poder se perfecciona en la debilidad. Por tanto, de buena gana me gloriaré más bien en mis debilidades, para que repose sobre mí el poder de Cristo.

¹⁰ Por lo cual, por amor a Cristo me gozo en las debilidades, en afrentas, en necesidades, en persecuciones, en angustias; porque cuando soy débil, entonces soy fuerte.

¹¹ Me he hecho un necio al gloriarme; vosotros me obligasteis a ello, pues yo debía ser alabado por vosotros; porque en nada he sido menos que aquellos grandes apóstoles, aunque nada soy.

¹² Con todo, las señales de apóstol han sido hechas entre vosotros en toda paciencia, por señales, prodigios y milagros.

¹³ Porque ¿en qué habéis sido menos que las otras iglesias, sino en que yo mismo no os he sido carga? ¡Perdonadme este agravio!

Pablo anuncia su tercera visita

¹⁴ He aquí, por tercera vez estoy preparado para ir a vosotros; y no os seré gravoso, porque no busco lo vuestro, sino a vosotros, pues no deben atesorar los hijos para los padres, sino los padres para los hijos.

¹⁵ Y yo con el mayor placer gastaré lo mío, y aun yo mismo me gastaré del todo por amor de vuestras almas, aunque amándoos más, sea amado menos.

¹⁶ Pero admitiendo esto, que yo no os he sido carga, sino que como soy astuto, os prendí por engaño,

¹⁷ ¿acaso os he engañado por alguno de los que he enviado a vosotros?

¹⁸ Rogué a Tito, y envié con él al hermano. ¿Os engañó acaso Tito? ¿No hemos procedido con el mismo espíritu y en las mismas pisadas?

¹⁹ ¿Pensáis aún que nos disculpamos con vosotros? Delante de Dios en Cristo hablamos; y todo, muy amados, para vuestra edificación.

²⁰ Pues me temo que cuando llegue, no os halle tales como quiero, y yo sea hallado de vosotros cual no queréis; que haya entre vosotros contiendas, envidias, iras, divisiones, maledicencias, murmuraciones, soberbias, desórdenes;

²¹ que cuando vuelva, me humille Dios entre vosotros, y quizá tenga que llorar por muchos de los que antes han pecado, y no se han arrepentido de la inmundicia y fornicación y lascivia que han cometido.

13 ¹ Ésta es la tercera vez que voy a vosotros. Por boca de dos o de tres testigosª se decidirá todo asunto.

² He dicho antes, y ahora digo otra vez como si estuviera presente, y ahora ausente lo escribo a los que antes pecaron, y a todos los demás, que si voy otra vez, no seré indulgente;

³ pues buscáis una prueba de que habla Cristo en mí, el cual no es débil para con vosotros, sino que es poderoso en vosotros.

⁴ Porque aunque fue crucificado en debilidad, vive por el poder de Dios. Pues también nosotros somos débiles en él, pero viviremos con él por el poder de Dios para con vosotros.

ⁱ **11.32, 33** Hch 9.23-25.   ª **13.1** Dt 17.6; 19.15.

⁵ Examinaos a vosotros mismos si estáis en la fe; probaos a vosotros mismos. ¿O no os conocéis a vosotros mismos, que Jesucristo está en vosotros, a menos que estéis reprobados?

⁶ Mas espero que conoceréis que nosotros no estamos reprobados.

⁷ Y oramos a Dios que ninguna cosa mala hagáis; no para que nosotros aparezcamos aprobados, sino para que vosotros hagáis lo bueno, aunque nosotros seamos como reprobados.

⁸ Porque nada podemos contra la verdad, sino por la verdad.

⁹ Por lo cual nos gozamos de que seamos nosotros débiles, y que vosotros estéis fuertes; y aun oramos por vuestra perfección.

¹⁰ Por esto os escribo estando ausente, para no usar de severidad cuando esté presente, conforme a la autoridad que el Señor me ha dado para edificación, y no para destrucción.

Saludos y doxología final

¹¹ Por lo demás, hermanos, tened gozo, perfeccionaos, consolaos, sed de un mismo sentir, y vivid en paz; y el Dios de paz y de amor estará con vosotros.

¹² Saludaos unos a otros con ósculo santo.

¹³ Todos los santos os saludan.

¹⁴ La gracia del Señor Jesucristo, el amor de Dios, y la comunión del Espíritu Santo sean con todos vosotros. Amén.

LA EPÍSTOLA DEL APÓSTOL SAN PABLO A LOS
GÁLATAS

Salutación

1 ¹ Pablo, apóstol (no de hombres ni por hombre, sino por Jesucristo y por Dios el Padre que lo resucitó de los muertos),
² y todos los hermanos que están conmigo, a las iglesias de Galacia:
³ Gracia y paz sean a vosotros, de Dios el Padre y de nuestro Señor Jesucristo,
⁴ el cual se dio a sí mismo por nuestros pecados para librarnos del presente siglo malo, conforme a la voluntad de nuestro Dios y Padre,
⁵ a quien sea la gloria por los siglos de los siglos. Amén.

No hay otro evangelio

⁶ Estoy maravillado de que tan pronto os hayáis alejado del que os llamó por la gracia de Cristo, para seguir un evangelio diferente.
⁷ No que haya otro, sino que hay algunos que os perturban y quieren pervertir el evangelio de Cristo.
⁸ Mas si aun nosotros, o un ángel del cielo, os anunciare otro evangelio diferente del que os hemos anunciado, sea anatema.
⁹ Como antes hemos dicho, también ahora lo repito: Si alguno os predica diferente evangelio del que habéis recibido, sea anatema.
¹⁰ Pues, ¿busco ahora el favor de los hombres, o el de Dios? ¿O trato de agradar a los hombres? Pues si todavía agradara a los hombres, no sería siervo de Cristo.

El ministerio de Pablo

¹¹ Mas os hago saber, hermanos, que el evangelio anunciado por mí, no es según hombre;
¹² pues yo ni lo recibí ni lo aprendí de hombre alguno, sino por revelación de Jesucristo.
¹³ Porque ya habéis oído acerca de mi conducta en otro tiempo en el judaísmo, que perseguía sobremanera a la iglesia de Dios, y la asolaba;ᵃ

¹⁴ y en el judaísmo aventajaba a muchos de mis contemporáneos en mi nación, siendo mucho más celoso de las tradiciones de mis padres.ᵇ
¹⁵ Pero cuando agradó a Dios, que me apartó desde el vientre de mi madre, y me llamó por su gracia,
¹⁶ revelar a su Hijo en mí,ᶜ para que yo le predicase entre los gentiles, no consulté en seguida con carne y sangre,
¹⁷ ni subí a Jerusalén a los que eran apóstoles antes que yo; sino que fui a Arabia, y volví de nuevo a Damasco.
¹⁸ Después, pasados tres años, subí a Jerusalénᵈ para ver a Pedro, y permanecí con él quince días;
¹⁹ pero no vi a ningún otro de los apóstoles, sino a Jacobo el hermano del Señor.
²⁰ En esto que os escribo, he aquí delante de Dios que no miento.
²¹ Después fui a las regiones de Siria y de Cilicia,
²² y no era conocido de vista a las iglesias de Judea, que eran en Cristo;
²³ solamente oían decir: Aquel que en otro tiempo nos perseguía, ahora predica la fe que en otro tiempo asolaba.
²⁴ Y glorificaban a Dios en mí.

2 ¹ Después, pasados catorce años, subí otra vez a Jerusalénᵃ con Bernabé, llevando también conmigo a Tito.
² Pero subí según una revelación, y para no correr o haber corrido en vano, expuse en privado a los que tenían cierta reputación el evangelio que predico entre los gentiles.
³ Mas ni aun Tito, que estaba conmigo, con todo y ser griego, fue obligado a circuncidarse;
⁴ y esto a pesar de los falsos hermanos introducidos a escondidas, que entraban para espiar nuestra libertad que tenemos

---

a 1.13 Hch 8.3; 22.4, 5; 26.9-11. **b** 1.14 Hch 22.3.
c 1.15, 16 Hch 9.3-6; 22.6-10; 26.13-18. **d** 1.18 Hch 9.26-30.
a 2.1 Hch 11.30; 15.2.

en Cristo Jesús, para reducirnos a esclavitud,

5 a los cuales ni por un momento accedimos a someternos, para que la verdad del evangelio permaneciese con vosotros.

6 Pero de los que tenían reputación de ser algo (lo que hayan sido en otro tiempo nada me importa; Dios no hace acepción de personas[b]), a mí, pues, los de reputación nada nuevo me comunicaron.

7 Antes por el contrario, como vieron que me había sido encomendado el evangelio de la incircuncisión, como a Pedro el de la circuncisión

8 (pues el que actuó en Pedro para el apostolado de la circuncisión, actuó también en mí para con los gentiles),

9 y reconociendo la gracia que me había sido dada, Jacobo, Cefas y Juan, que eran considerados como columnas, nos dieron a mí y a Bernabé la diestra en señal de compañerismo, para que nosotros fuésemos a los gentiles, y ellos a la circuncisión.

10 Solamente nos pidieron que nos acordásemos de los pobres; lo cual también procuré con diligencia hacer.

Pablo reprende a Pedro en Antioquía

11 Pero cuando Pedro vino a Antioquía, le resistí cara a cara, porque era de condenar.

12 Pues antes que viniesen algunos de parte de Jacobo, comía con los gentiles; pero después que vinieron, se retraía y se apartaba, porque tenía miedo de los de la circuncisión.

13 Y en su simulación participaban también los otros judíos, de tal manera que aun Bernabé fue también arrastrado por la hipocresía de ellos.

14 Pero cuando vi que no andaban rectamente conforme a la verdad del evangelio, dije a Pedro delante de todos: Si tú, siendo judío, vives como los gentiles y no como judío, ¿por qué obligas a los gentiles a judaizar?

15 Nosotros, judíos de nacimiento, y no pecadores de entre los gentiles,

16 sabiendo que el hombre no es justificado por las obras de la ley,[c] sino por la fe de Jesucristo,[d] nosotros también hemos creído en Jesucristo, para ser justificados por la fe de Cristo y no por las obras de la ley, por cuanto por las obras de la ley nadie será justificado.

17 Y si buscando ser justificados en Cristo, también nosotros somos hallados pecadores, ¿es por eso Cristo ministro de pecado? En ninguna manera.

18 Porque si las cosas que destruí, las mismas vuelvo a edificar, transgresor me hago.

19 Porque yo por la ley soy muerto para la ley, a fin de vivir para Dios.

20 Con Cristo estoy juntamente crucificado, y ya no vivo yo, mas vive Cristo en mí; y lo que ahora vivo en la carne, lo vivo en la fe del Hijo de Dios, el cual me amó y se entregó a sí mismo por mí.

21 No desecho la gracia de Dios; pues si por la ley fuese la justicia, entonces por demás murió Cristo.

El Espíritu se recibe por la fe

3 **1** ¡Oh gálatas insensatos! ¿quién os fascinó para no obedecer a la verdad, a vosotros ante cuyos ojos Jesucristo fue ya presentado claramente entre vosotros como crucificado?

2 Esto sólo quiero saber de vosotros: ¿Recibisteis el Espíritu por las obras de la ley, o por el oír con fe?

3 ¿Tan necios sois? ¿Habiendo comenzado por el Espíritu, ahora vais a acabar por la carne?

4 ¿Tantas cosas habéis padecido en vano? si es que realmente fue en vano.

5 Aquel, pues, que os suministra el Espíritu, y hace maravillas entre vosotros, ¿lo hace por las obras de la ley, o por el oír con fe?

El pacto de Dios con Abraham

6 Así Abraham creyó a Dios, y le fue contado por justicia.[a]

7 Sabed, por tanto, que los que son de fe, éstos son hijos de Abraham.[b]

8 Y la Escritura, previendo que Dios había de justificar por la fe a los gentiles, dio de antemano la buena nueva a Abraham, diciendo: En ti serán benditas todas las naciones.[c]

9 De modo que los de la fe son bendecidos con el creyente Abraham.

b **2.6** Dt 10.17.   c **2.16** Sal 143.2; Ro 3.20.   d **2.16** Ro 3.22.
a **3.6** Gn 15.6; Ro 4.3.   b **3.7** Ro 4.16.   c **3.8** Gn 12.3.

10 Porque todos los que dependen de las obras de la ley están bajo maldición, pues escrito está: Maldito todo aquel que no permaneciere en todas las cosas escritas en el libro de la ley, para hacerlas.[d]

11 Y que por la ley ninguno se justifica para con Dios, es evidente, porque: El justo por la fe vivirá;[e]

12 y la ley no es de fe, sino que dice: El que hiciere estas cosas vivirá por ellas.[f]

13 Cristo nos redimió de la maldición de la ley, hecho por nosotros maldición (porque está escrito: Maldito todo el que es colgado en un madero[g]),

14 para que en Cristo Jesús la bendición de Abraham alcanzase a los gentiles, a fin de que por la fe recibiésemos la promesa del Espíritu.

15 Hermanos, hablo en términos humanos: Un pacto, aunque sea de hombre, una vez ratificado, nadie lo invalida, ni le añade.

16 Ahora bien, a Abraham fueron hechas las promesas, y a su simiente. No dice: Y a las simientes, como si hablase de muchos, sino como de uno: Y a tu simiente,[h] la cual es Cristo.

17 Esto, pues, digo: El pacto previamente ratificado por Dios para con Cristo, la ley que vino cuatrocientos treinta años después,[i] no lo abroga, para invalidar la promesa.

18 Porque si la herencia es por la ley, ya no es por la promesa;[j] pero Dios la concedió a Abraham mediante la promesa.

El propósito de la ley

19 Entonces, ¿para qué sirve la ley? Fue añadida a causa de las transgresiones, hasta que viniese la simiente a quien fue hecha la promesa; y fue ordenada por medio de ángeles en mano de un mediador.

20 Y el mediador no lo es de uno solo; pero Dios es uno.

21 ¿Luego la ley es contraria a las promesas de Dios? En ninguna manera; porque si la ley dada pudiera vivificar, la justicia fuera verdaderamente por la ley.

22 Mas la Escritura lo encerró todo bajo pecado, para que la promesa que es por la fe en Jesucristo fuese dada a los creyentes.

23 Pero antes que viniese la fe, estábamos confinados bajo la ley, encerrados para aquella fe que iba a ser revelada.

24 De manera que la ley ha sido nuestro ayo, para llevarnos a Cristo, a fin de que fuésemos justificados por la fe.

25 Pero venida la fe, ya no estamos bajo ayo,

26 pues todos sois hijos de Dios por la fe en Cristo Jesús;

27 porque todos los que habéis sido bautizados en Cristo, de Cristo estáis revestidos.

28 Ya no hay judío ni griego; no hay esclavo ni libre; no hay varón ni mujer; porque todos vosotros sois uno en Cristo Jesús.

29 Y si vosotros sois de Cristo, ciertamente linaje de Abraham sois, y herederos según la promesa.[k]

4 **1** Pero también digo: Entre tanto que el heredero es niño, en nada difiere del esclavo, aunque es señor de todo;

2 sino que está bajo tutores y curadores hasta el tiempo señalado por el padre.

3 Así también nosotros, cuando éramos niños, estábamos en esclavitud bajo los rudimentos del mundo.

4 Pero cuando vino el cumplimiento del tiempo, Dios envió a su Hijo, nacido de mujer y nacido bajo la ley,

5 para que redimiese a los que estaban bajo la ley, a fin de que recibiésemos la adopción de hijos.

6 Y por cuanto sois hijos, Dios envió a vuestros corazones el Espíritu de su Hijo, el cual clama: ¡Abba, Padre!

7 Así que ya no eres esclavo, sino hijo; y si hijo, también heredero de Dios por medio de Cristo.[a]

Exhortación contra el volver a la esclavitud

8 Ciertamente, en otro tiempo, no conociendo a Dios, servíais a los que por naturaleza no son dioses;

9 mas ahora, conociendo a Dios, o más bien, siendo conocidos por Dios, ¿cómo es que os volvéis de nuevo a los débiles y pobres rudimentos, a los cuales os queréis volver a esclavizar?

10 Guardáis los días, los meses, los tiempos y los años.

---

d 3.10 Dt 27.26.   **e 3.11** Hab 2.4.   **f 3.12** Lv 18.5.
g 3.13 Dt 21.23.   **h 3.16** Gn 12.7.   **i 3.17** Éx 12.40.
j 3.18 Ro 4.14.   **k 3.29** Ro 4.13.   **a 4.5-7** Ro 8.15-17.

11 Me temo de vosotros, que haya trabajado en vano con vosotros.

12 Os ruego, hermanos, que os hagáis como yo, porque yo también me hice como vosotros. Ningún agravio me habéis hecho.

13 Pues vosotros sabéis que a causa de una enfermedad del cuerpo os anuncié el evangelio al principio;

14 y no me despreciasteis ni desechasteis por la prueba que tenía en mi cuerpo, antes bien me recibisteis como a un ángel de Dios, como a Cristo Jesús.

15 ¿Dónde, pues, está esa satisfacción que experimentabais? Porque os doy testimonio de que si hubieseis podido, os hubierais sacado vuestros propios ojos para dármelos.

16 ¿Me he hecho, pues, vuestro enemigo, por deciros la verdad?

17 Tienen celo por vosotros, pero no para bien, sino que quieren apartaros de nosotros para que vosotros tengáis celo por ellos.

18 Bueno es mostrar celo en lo bueno siempre, y no solamente cuando estoy presente con vosotros.

19 Hijitos míos, por quienes vuelvo a sufrir dolores de parto, hasta que Cristo sea formado en vosotros,

20 quisiera estar con vosotros ahora mismo y cambiar de tono, pues estoy perplejo en cuanto a vosotros.

Alegoría de Sara y Agar

21 Decidme, los que queréis estar bajo la ley: ¿no habéis oído la ley?

22 Porque está escrito que Abraham tuvo dos hijos; uno de la esclava,**b** el otro de la libre.**c**

23 Pero el de la esclava nació según la carne; mas el de la libre, por la promesa.

24 Lo cual es una alegoría, pues estas mujeres son los dos pactos; el uno proviene del monte Sinaí, el cual da hijos para esclavitud; éste es Agar.

25 Porque Agar es el monte Sinaí en Arabia, y corresponde a la Jerusalén actual, pues ésta, junto con sus hijos, está en esclavitud.

26 Mas la Jerusalén de arriba, la cual es madre de todos nosotros, es libre.

27 Porque está escrito:

Regocíjate, oh estéril, tú que no das
    a luz;
Prorrumpe en júbilo y clama, tú que
    no tienes dolores de parto;
Porque más son los hijos de la
    desolada, que de la que tiene
    marido.**d**

28 Así que, hermanos, nosotros, como Isaac, somos hijos de la promesa.

29 Pero como entonces el que había nacido según la carne perseguía al que había nacido según el Espíritu,**e** así también ahora.

30 Mas ¿qué dice la Escritura? Echa fuera a la esclava y a su hijo, porque no heredará el hijo de la esclava con el hijo de la libre.**f**

31 De manera, hermanos, que no somos hijos de la esclava, sino de la libre.

Estad firmes en la libertad

5 **1** Estad, pues, firmes en la libertad con que Cristo nos hizo libres, y no estéis otra vez sujetos al yugo de esclavitud.

2 He aquí, yo Pablo os digo que si os circuncidáis, de nada os aprovechará Cristo.

3 Y otra vez testifico a todo hombre que se circuncida, que está obligado a guardar toda la ley.

4 De Cristo os desligasteis, los que por la ley os justificáis; de la gracia habéis caído.

5 Pues nosotros por el Espíritu aguardamos por fe la esperanza de la justicia;

6 porque en Cristo Jesús ni la circuncisión vale algo, ni la incircuncisión, sino la fe que obra por el amor.

7 Vosotros corríais bien; ¿quién os estorbó para no obedecer a la verdad?

8 Esta persuasión no procede de aquel que os llama.

9 Un poco de levadura leuda toda la masa.**a**

10 Yo confío respecto de vosotros en el Señor, que no pensaréis de otro modo; mas el que os perturba llevará la sentencia, quienquiera que sea.

11 Y yo, hermanos, si aún predico la circuncisión, ¿por qué padezco persecución todavía? En tal caso se ha quitado el tropiezo de la cruz.

12 ¡Ojalá se mutilasen los que os perturban!

13 Porque vosotros, hermanos, a libertad fuisteis llamados; solamente que no

---

b 4.22 Gn 16.15.   **c 4.22** Gn 21.2.   **d 4.27** Is 54.1.
e 4.29 Gn 21.9.   **f 4.30** Gn 21.10.   **a 5.9** 1 Co 5.6.

uséis la libertad como ocasión para la carne, sino servíos por amor los unos a los otros.

14 Porque toda la ley en esta sola palabra se cumple: Amarás a tu prójimo como a ti mismo.[b]

15 Pero si os mordéis y os coméis unos a otros, mirad que también no os consumáis unos a otros.

Las obras de la carne y el fruto del Espíritu

16 Digo, pues: Andad en el Espíritu, y no satisfagáis los deseos de la carne.

17 Porque el deseo de la carne es contra el Espíritu, y el del Espíritu es contra la carne; y éstos se oponen entre sí, para que no hagáis lo que quisiereis.[c]

18 Pero si sois guiados por el Espíritu, no estáis bajo la ley.

19 Y manifiestas son las obras de la carne, que son: adulterio, fornicación, inmundicia, lascivia,

20 idolatría, hechicerías, enemistades, pleitos, celos, iras, contiendas, disensiones, herejías,

21 envidias, homicidios, borracheras, orgías, y cosas semejantes a éstas; acerca de las cuales os amonesto, como ya os lo he dicho antes, que los que practican tales cosas no heredarán el reino de Dios.

22 Mas el fruto del Espíritu es amor, gozo, paz, paciencia, benignidad, bondad, fe,

23 mansedumbre, templanza; contra tales cosas no hay ley.

24 Pero los que son de Cristo han crucificado la carne con sus pasiones y deseos.

25 Si vivimos por el Espíritu, andemos también por el Espíritu.

26 No nos hagamos vanagloriosos, irritándonos unos a otros, envidiándonos unos a otros.

6 **1** Hermanos, si alguno fuere sorprendido en alguna falta, vosotros que sois espirituales, restauradle con espíritu de mansedumbre, considerándote a ti mismo, no sea que tú también seas tentado.

2 Sobrellevad los unos las cargas de los otros, y cumplid así la ley de Cristo.

3 Porque el que se cree ser algo, no siendo nada, a sí mismo se engaña.

4 Así que, cada uno someta a prueba su propia obra, y entonces tendrá motivo de gloriarse sólo respecto de sí mismo, y no en otro;

5 porque cada uno llevará su propia carga.

6 El que es enseñado en la palabra, haga partícipe de toda cosa buena al que lo instruye.

7 No os engañéis; Dios no puede ser burlado: pues todo lo que el hombre sembrare, eso también segará.

8 Porque el que siembra para su carne, de la carne segará corrupción; mas el que siembra para el Espíritu, del Espíritu segará vida eterna.

9 No nos cansemos, pues, de hacer bien; porque a su tiempo segaremos, si no desmayamos.

10 Así que, según tengamos oportunidad, hagamos bien a todos, y mayormente a los de la familia de la fe.

Pablo se gloría en la cruz de Cristo

11 Mirad con cuán grandes letras os escribo de mi propia mano.

12 Todos los que quieren agradar en la carne, éstos os obligan a que os circuncidéis, solamente para no padecer persecución a causa de la cruz de Cristo.

13 Porque ni aun los mismos que se circuncidan guardan la ley; pero quieren que vosotros os circuncidéis, para gloriarse en vuestra carne.

14 Pero lejos esté de mí gloriarme, sino en la cruz de nuestro Señor Jesucristo, por quien el mundo me es crucificado a mí, y yo al mundo.

15 Porque en Cristo Jesús ni la circuncisión vale nada, ni la incircuncisión, sino una nueva creación.

16 Y a todos los que anden conforme a esta regla, paz y misericordia sea a ellos, y al Israel de Dios.

17 De aquí en adelante nadie me cause molestias; porque yo traigo en mi cuerpo las marcas del Señor Jesús.

Bendición final

18 Hermanos, la gracia de nuestro Señor Jesucristo sea con vuestro espíritu. Amén.

---

b 5.14 Lv 19.18.   **c 5.17** Ro 7.15-23.

LA EPÍSTOLA DEL APÓSTOL SAN PABLO A LOS

EFESIOS

Salutación

1 [1] Pablo, apóstol de Jesucristo por la voluntad de Dios, a los santos y fieles en Cristo Jesús que están en Éfeso:[a]
[2] Gracia y paz a vosotros, de Dios nuestro Padre y del Señor Jesucristo.

Bendiciones espirituales en Cristo

[3] Bendito sea el Dios y Padre de nuestro Señor Jesucristo, que nos bendijo con toda bendición espiritual en los lugares celestiales en Cristo,
[4] según nos escogió en él antes de la fundación del mundo, para que fuésemos santos y sin mancha delante de él,
[5] en amor habiéndonos predestinado para ser adoptados hijos suyos por medio de Jesucristo, según el puro afecto de su voluntad,
[6] para alabanza de la gloria de su gracia, con la cual nos hizo aceptos en el Amado,
[7] en quien tenemos redención por su sangre, el perdón de pecados[b] según las riquezas de su gracia,
[8] que hizo sobreabundar para con nosotros en toda sabiduría e inteligencia,
[9] dándonos a conocer el misterio de su voluntad, según su beneplácito, el cual se había propuesto en sí mismo,
[10] de reunir todas las cosas en Cristo, en la dispensación del cumplimiento de los tiempos, así las que están en los cielos, como las que están en la tierra.
[11] En él asimismo tuvimos herencia, habiendo sido predestinados conforme al propósito del que hace todas las cosas según el designio de su voluntad,
[12] a fin de que seamos para alabanza de su gloria, nosotros los que primeramente esperábamos en Cristo,
[13] En él también vosotros, habiendo oído la palabra de verdad, el evangelio de vuestra salvación, y habiendo creído en él, fuisteis sellados con el Espíritu Santo de la promesa,
[14] que es las arras de nuestra herencia hasta la redención de la posesión adquirida, para alabanza de su gloria.

El espíritu de sabiduría y de revelación

[15] Por esta causa también yo, habiendo oído de vuestra fe en el Señor Jesús, y de vuestro amor para con todos los santos,
[16] no ceso de dar gracias por vosotros, haciendo memoria de vosotros en mis oraciones,
[17] para que el Dios de nuestro Señor Jesucristo, el Padre de gloria, os dé espíritu de sabiduría y de revelación en el conocimiento de él,
[18] alumbrando los ojos de vuestro entendimiento, para que sepáis cuál es la esperanza a que él os ha llamado, y cuáles las riquezas de la gloria de su herencia en los santos,
[19] y cuál la supereminente grandeza de su poder para con nosotros los que creemos, según la operación del poder de su fuerza,
[20] la cual operó en Cristo, resucitándole de los muertos y sentándole a su diestra[c] en los lugares celestiales,
[21] sobre todo principado y autoridad y poder y señorío, y sobre todo nombre que se nombra, no sólo en este siglo, sino también en el venidero;
[22] y sometió todas las cosas bajo sus pies,[d] y lo dio por cabeza sobre todas las cosas a la iglesia,
[23] la cual es su cuerpo,[e] la plenitud de Aquel que todo lo llena en todo.

Salvos por gracia

2 [1] Y él os dio vida a vosotros, cuando estabais muertos en vuestros delitos y pecados,
[2] en los cuales anduvisteis en otro tiempo, siguiendo la corriente de este mundo, conforme al príncipe de la potestad del aire, el espíritu que ahora opera en los hijos de desobediencia,

---

a 1.1 Hch 18.19-21; 19.1. **b 1.7** Col 1.14. **c 1.20** Sal 110.1. **d 1.22** Sal 8.6. **e 1.22, 23** Col 1.18.

3 entre los cuales también todos nosotros vivimos en otro tiempo en los deseos de nuestra carne, haciendo la voluntad de la carne y de los pensamientos, y éramos por naturaleza hijos de ira, lo mismo que los demás.

4 Pero Dios, que es rico en misericordia, por su gran amor con que nos amó,

5 aun estando nosotros muertos en pecados, nos dio vida juntamente con Cristo[a] (por gracia sois salvos),

6 y juntamente con él nos resucitó, y asimismo nos hizo sentar en los lugares celestiales con Cristo Jesús,

7 para mostrar en los siglos venideros las abundantes riquezas de su gracia en su bondad para con nosotros en Cristo Jesús.

8 Porque por gracia sois salvos por medio de la fe; y esto no de vosotros, pues es don de Dios;

9 no por obras, para que nadie se gloríe.

10 Porque somos hechura suya, creados en Cristo Jesús para buenas obras, las cuales Dios preparó de antemano para que anduviésemos en ellas.

Reconciliación por medio de la cruz

11 Por tanto, acordaos de que en otro tiempo vosotros, los gentiles en cuanto a la carne, erais llamados incircuncisión por la llamada circuncisión hecha con mano en la carne.

12 En aquel tiempo estabais sin Cristo, alejados de la ciudadanía de Israel y ajenos a los pactos de la promesa, sin esperanza y sin Dios en el mundo.

13 Pero ahora en Cristo Jesús, vosotros que en otro tiempo estabais lejos, habéis sido hechos cercanos por la sangre de Cristo.

14 Porque él es nuestra paz, que de ambos pueblos hizo uno, derribando la pared intermedia de separación,

15 aboliendo en su carne las enemistades, la ley de los mandamientos expresados en ordenanzas,[b] para crear en sí mismo de los dos un solo y nuevo hombre, haciendo la paz,

16 y mediante la cruz reconciliar con Dios a ambos en un solo cuerpo,[c] matando en ella las enemistades.

17 Y vino y anunció las buenas nuevas de paz a vosotros que estabais lejos, y a los que estaban cerca;[d]

18 porque por medio de él los unos y los otros tenemos entrada por un mismo Espíritu al Padre.

19 Así que ya no sois extranjeros ni advenedizos, sino conciudadanos de los santos, y miembros de la familia de Dios,

20 edificados sobre el fundamento de los apóstoles y profetas, siendo la principal piedra del ángulo Jesucristo mismo,

21 en quien todo el edificio, bien coordinado, va creciendo para ser un templo santo en el Señor;

22 en quien vosotros también sois juntamente edificados para morada de Dios en el Espíritu.

Ministerio de Pablo a los gentiles

3 1 Por esta causa yo Pablo, prisionero de Cristo Jesús por vosotros los gentiles;

2 si es que habéis oído de la administración de la gracia de Dios que me fue dada para con vosotros;

3 que por revelación me fue declarado el misterio, como antes lo he escrito brevemente,

4 leyendo lo cual podéis entender cuál sea mi conocimiento en el misterio de Cristo,

5 misterio que en otras generaciones no se dio a conocer a los hijos de los hombres, como ahora es revelado a sus santos apóstoles y profetas por el Espíritu:

6 que los gentiles son coherederos y miembros del mismo cuerpo, y copartícipes de la promesa en Cristo Jesús por medio del evangelio,[a]

7 del cual yo fui hecho ministro por el don de la gracia de Dios que me ha sido dado según la operación de su poder.

8 A mí, que soy menos que el más pequeño de todos los santos, me fue dada esta gracia de anunciar entre los gentiles el evangelio de las inescrutables riquezas de Cristo,

9 y de aclarar a todos cuál sea la dispensación del misterio escondido desde los siglos en Dios, que creó todas las cosas;

10 para que la multiforme sabiduría de Dios sea ahora dada a conocer por medio de la iglesia a los principados y potestades en los lugares celestiales,

11 conforme al propósito eterno que hizo en Cristo Jesús nuestro Señor,

a 2.1-5 Col 2.13.   b 2.15 Col 2.14.   c 2.16 Col 1.20.
d 2.17 Is 57.19.   a 3.4-6 Col 1.26, 27.

¹² en quien tenemos seguridad y acceso con confianza por medio de la fe en él;

¹³ por lo cual pido que no desmayéis a causa de mis tribulaciones por vosotros, las cuales son vuestra gloria.

El amor que excede a todo conocimiento

¹⁴ Por esta causa doblo mis rodillas ante el Padre de nuestro Señor Jesucristo,

¹⁵ de quien toma nombre toda familia en los cielos y en la tierra,

¹⁶ para que os dé, conforme a las riquezas de su gloria, el ser fortalecidos con poder en el hombre interior por su Espíritu;

¹⁷ para que habite Cristo por la fe en vuestros corazones, a fin de que, arraigados y cimentados en amor,

¹⁸ seáis plenamente capaces de comprender con todos los santos cuál sea la anchura, la longitud, la profundidad y la altura,

¹⁹ y de conocer el amor de Cristo, que excede a todo conocimiento, para que seáis llenos de toda la plenitud de Dios.

²⁰ Y a Aquel que es poderoso para hacer todas las cosas mucho más abundantemente de lo que pedimos o entendemos, según el poder que actúa en nosotros,

²¹ a él sea gloria en la iglesia en Cristo Jesús por todas las edades, por los siglos de los siglos. Amén.

La unidad del Espíritu

4 ¹ Yo pues, preso en el Señor, os ruego que andéis como es digno de la vocación con que fuisteis llamados,

² con toda humildad y mansedumbre, soportándoos con paciencia los unos a los otros en amor,[a]

³ solícitos en guardar la unidad del Espíritu en el vínculo de la paz;

⁴ un cuerpo, y un Espíritu, como fuisteis también llamados en una misma esperanza de vuestra vocación;

⁵ un Señor, una fe, un bautismo,

⁶ un Dios y Padre de todos, el cual es sobre todos, y por todos, y en todos.

⁷ Pero a cada uno de nosotros fue dada la gracia conforme a la medida del don de Cristo.

⁸ Por lo cual dice:

Subiendo a lo alto, llevó cautiva la cautividad,
Y dio dones a los hombres.[b]

⁹ Y eso de que subió, ¿qué es, sino que también había descendido primero a las partes más bajas de la tierra?

¹⁰ El que descendió, es el mismo que también subió por encima de todos los cielos para llenarlo todo.

¹¹ Y él mismo constituyó a unos, apóstoles; a otros, profetas; a otros, evangelistas; a otros, pastores y maestros,

¹² a fin de perfeccionar a los santos para la obra del ministerio, para la edificación del cuerpo de Cristo,

¹³ hasta que todos lleguemos a la unidad de la fe y del conocimiento del Hijo de Dios, a un varón perfecto, a la medida de la estatura de la plenitud de Cristo;

¹⁴ para que ya no seamos niños fluctuantes, llevados por doquiera de todo viento de doctrina, por estratagema de hombres que para engañar emplean con astucia las artimañas del error,

¹⁵ sino que siguiendo la verdad en amor, crezcamos en todo en aquel que es la cabeza, esto es, Cristo,

¹⁶ de quien todo el cuerpo, bien concertado y unido entre sí por todas las coyunturas que se ayudan mutuamente, según la actividad propia de cada miembro, recibe su crecimiento para ir edificándose en amor.[c]

La nueva vida en Cristo

¹⁷ Esto, pues, digo y requiero en el Señor: que ya no andéis como los otros gentiles, que andan en la vanidad de su mente,

¹⁸ teniendo el entendimiento entenebrecido, ajenos de la vida de Dios por la ignorancia que en ellos hay, por la dureza de su corazón;

¹⁹ los cuales, después que perdieron toda sensibilidad, se entregaron a la lascivia para cometer con avidez toda clase de impureza.

²⁰ Mas vosotros no habéis aprendido así a Cristo,

²¹ si en verdad le habéis oído, y habéis sido por él enseñados, conforme a la verdad que está en Jesús.

²² En cuanto a la pasada manera de vivir, despojaos del viejo hombre,[d] que está viciado conforme a los deseos engañosos,

---

a 4.2 Col 3.12, 13.   **b 4.8** Sal 68.18.   **c 4.16** Col 2.19.
d 4.22 Col 3.9.

23 y renovaos en el espíritu de vuestra mente,

24 y vestíos del nuevo hombre,[e] creado según Dios[f] en la justicia y santidad de la verdad.

25 Por lo cual, desechando la mentira, hablad verdad cada uno con su prójimo;[g] porque somos miembros los unos de los otros.

26 Airaos, pero no pequéis;[h] no se ponga el sol sobre vuestro enojo,

27 ni deis lugar al diablo.

28 El que hurtaba, no hurte más, sino trabaje, haciendo con sus manos lo que es bueno, para que tenga qué compartir con el que padece necesidad.

29 Ninguna palabra corrompida salga de vuestra boca, sino la que sea buena para la necesaria edificación, a fin de dar gracia a los oyentes.

30 Y no contristéis al Espíritu Santo de Dios, con el cual fuisteis sellados para el día de la redención.

31 Quítense de vosotros toda amargura, enojo, ira, gritería y maledicencia, y toda malicia.

32 Antes sed benignos unos con otros, misericordiosos, perdonándoos unos a otros, como Dios también os perdonó a vosotros en Cristo.[i]

Andad como hijos de luz

5 ¹ Sed, pues, imitadores de Dios como hijos amados.

2 Y andad en amor, como también Cristo nos amó, y se entregó a sí mismo por nosotros, ofrenda y sacrificio a Dios en olor fragante.[a]

3 Pero fornicación y toda inmundicia, o avaricia, ni aun se nombre entre vosotros, como conviene a santos;

4 ni palabras deshonestas, ni necedades, ni truhanerías, que no convienen, sino antes bien acciones de gracias.

5 Porque sabéis esto, que ningún fornicario, o inmundo, o avaro, que es idólatra, tiene herencia en el reino de Cristo y de Dios.

6 Nadie os engañe con palabras vanas, porque por estas cosas viene la ira de Dios sobre los hijos de desobediencia.

7 No seáis, pues, partícipes con ellos.

8 Porque en otro tiempo erais tinieblas, mas ahora sois luz en el Señor; andad como hijos de luz

9 (porque el fruto del Espíritu es en toda bondad, justicia y verdad),

10 comprobando lo que es agradable al Señor.

11 Y no participéis en las obras infructuosas de las tinieblas, sino más bien reprendedlas;

12 porque vergonzoso es aun hablar de lo que ellos hacen en secreto.

13 Mas todas las cosas, cuando son puestas en evidencia por la luz, son hechas manifiestas; porque la luz es lo que manifiesta todo.

14 Por lo cual dice:

Despiértate, tú que duermes,
Y levántate de los muertos,
Y te alumbrará Cristo.

15 Mirad, pues, con diligencia cómo andéis, no como necios sino como sabios,

16 aprovechando bien el tiempo,[b] porque los días son malos.

17 Por tanto, no seáis insensatos, sino entendidos de cuál sea la voluntad del Señor.

18 No os embriaguéis con vino, en lo cual hay disolución; antes bien sed llenos del Espíritu,

19 hablando entre vosotros con salmos, con himnos y cánticos espirituales, cantando y alabando al Señor en vuestros corazones;

20 dando siempre gracias por todo al Dios y Padre, en el nombre de nuestro Señor Jesucristo.[c]

Someteos los unos a los otros

21 Someteos unos a otros en el temor de Dios.

22 Las casadas estén sujetas a sus propios maridos,[d] como al Señor;

23 porque el marido es cabeza de la mujer, así como Cristo es cabeza de la iglesia, la cual es su cuerpo, y él es su Salvador.

24 Así que, como la iglesia está sujeta a Cristo, así también las casadas lo estén a sus maridos en todo.

25 Maridos, amad a vuestras mujeres,[e] así como Cristo amó a la iglesia, y se entregó a sí mismo por ella,

26 para santificarla, habiéndola purificado en el lavamiento del agua por la palabra,

---

e **4.24** Col 3.10.   f **4.24** Gn 1.26.   g **4.25** Zac 8.16.
h **4.26** Sal 4.4.   i **4.32** Col 3.13.   a **5.2** Éx 29.18.
b **5.16** Col 4.5.   c **5.19, 20** Col 3.16, 17.   d **5.22** Col 3.18;
1 P 3.1.   e **5.25** Col 3.19; 1 P 3.7.

27 a fin de presentársela a sí mismo, una iglesia gloriosa, que no tuviese mancha ni arruga ni cosa semejante, sino que fuese santa y sin mancha.

28 Así también los maridos deben amar a sus mujeres como a sus mismos cuerpos. El que ama a su mujer, a sí mismo se ama.

29 Porque nadie aborreció jamás a su propia carne, sino que la sustenta y la cuida, como también Cristo a la iglesia,

30 porque somos miembros de su cuerpo, de su carne y de sus huesos.

31 Por esto dejará el hombre a su padre y a su madre, y se unirá a su mujer, y los dos serán una sola carne.ᶠ

32 Grande es este misterio; mas yo digo esto respecto de Cristo y de la iglesia.

33 Por lo demás, cada uno de vosotros ame también a su mujer como a sí mismo; y la mujer respete a su marido.

6 **1** Hijos, obedeced en el Señor a vuestros padres, porque esto es justo.ᵃ

2 Honra a tu padre y a tu madre, que es el primer mandamiento con promesa;

3 para que te vaya bien, y seas de larga vida sobre la tierra.ᵇ

4 Y vosotros, padres, no provoquéis a ira a vuestros hijos,ᶜ sino criadlos en disciplina y amonestación del Señor.

5 Siervos, obedeced a vuestros amos terrenales con temor y temblor, con sencillez de vuestro corazón, como a Cristo;

6 no sirviendo al ojo, como los que quieren agradar a los hombres, sino como siervos de Cristo, de corazón haciendo la voluntad de Dios;

7 sirviendo de buena voluntad, como al Señor y no a los hombres,

8 sabiendo que el bien que cada uno hiciere, ése recibirá del Señor, sea siervo o sea libre.ᵈ

9 Y vosotros, amos, haced con ellos lo mismo, dejando las amenazas, sabiendo que el Señor de ellos y vuestro está en los cielos,ᵉ y que para él no hay acepción de personas.ᶠ

La armadura de Dios

10 Por lo demás, hermanos míos, fortaleceos en el Señor, y en el poder de su fuerza.

11 Vestíos de toda la armadura de Dios, para que podáis estar firmes contra las asechanzas del diablo.

12 Porque no tenemos lucha contra sangre y carne, sino contra principados, contra potestades, contra los gobernadores de las tinieblas de este siglo, contra huestes espirituales de maldad en las regiones celestes.

13 Por tanto, tomad toda la armadura de Dios, para que podáis resistir en el día malo, y habiendo acabado todo, estar firmes.

14 Estad, pues, firmes, ceñidos vuestros lomos con la verdad,ᵍ y vestidos con la coraza de justicia,ʰ

15 y calzados los pies con el apresto del evangelio de la paz.ⁱ

16 Sobre todo, tomad el escudo de la fe, con que podáis apagar todos los dardos de fuego del maligno.

17 Y tomad el yelmo de la salvación,ʲ y la espada del Espíritu, que es la palabra de Dios;

18 orando en todo tiempo con toda oración y súplica en el Espíritu, y velando en ello con toda perseverancia y súplica por todos los santos;

19 y por mí, a fin de que al abrir mi boca me sea dada palabra para dar a conocer con denuedo el misterio del evangelio,

20 por el cual soy embajador en cadenas; que con denuedo hable de él, como debo hablar.

Salutaciones finales

21 Para que también vosotros sepáis mis asuntos, y lo que hago, todo os lo hará saber Tíquico,ᵏ hermano amado y fiel ministro en el Señor,

22 el cual envié a vosotros para esto mismo, para que sepáis lo tocante a nosotros, y que consuele vuestros corazones.ˡ

23 Paz sea a los hermanos, y amor con fe, de Dios Padre y del Señor Jesucristo.

24 La gracia sea con todos los que aman a nuestro Señor Jesucristo con amor inalterable. Amén.

f 5.31 Gn 2.24.   **a 6.1** Col 3.20.   **b 6.2, 3** Éx 20.12; Dt 5.16.   **c 6.4** Col 3.21.   **d 6.5-8** Col 3.22-25.   **e 6.9** Col 4.1.   **f 6.9** Dt 10.17; Col 3.25.   **g 6.14** Is 11.5.   **h 6.14** Is 59.17.   **i 6.15** Is 52.7.   **j 6.17** Is 59.17.   **k 6.21** Hch 20.4; 2 Ti 4.12.   **l 6.21, 22** Col 4.7, 8.

LA EPÍSTOLA DEL APÓSTOL SAN PABLO A LOS

FILIPENSES

Salutación

1 ¹ Pablo y Timoteo, siervos de Jesucristo, a todos los santos en Cristo Jesús que están en Filipos,ª con los obispos y diáconos: ² Gracia y paz a vosotros, de Dios nuestro Padre y del Señor Jesucristo.

Oración de Pablo por los creyentes

³ Doy gracias a mi Dios siempre que me acuerdo de vosotros,

⁴ siempre en todas mis oraciones rogando con gozo por todos vosotros,

⁵ por vuestra comunión en el evangelio, desde el primer día hasta ahora;

⁶ estando persuadido de esto, que el que comenzó en vosotros la buena obra, la perfeccionará hasta el día de Jesucristo;

⁷ como me es justo sentir esto de todos vosotros, por cuanto os tengo en el corazón; y en mis prisiones, y en la defensa y confirmación del evangelio, todos vosotros sois participantes conmigo de la gracia.

⁸ Porque Dios me es testigo de cómo os amo a todos vosotros con el entrañable amor de Jesucristo.

⁹ Y esto pido en oración, que vuestro amor abunde aún más y más en ciencia y en todo conocimiento,

¹⁰ para que aprobéis lo mejor, a fin de que seáis sinceros e irreprensibles para el día de Cristo,

¹¹ llenos de frutos de justicia que son por medio de Jesucristo, para gloria y alabanza de Dios.

Para mí el vivir es Cristo

¹² Quiero que sepáis, hermanos, que las cosas que me han sucedido, han redundado más bien para el progreso del evangelio,

¹³ de tal manera que mis prisionesᵇ se han hecho patentes en Cristo en todo el pretorio, y a todos los demás.

¹⁴ Y la mayoría de los hermanos, cobrando ánimo en el Señor con mis prisiones, se atreven mucho más a hablar la palabra sin temor.

¹⁵ Algunos, a la verdad, predican a Cristo por envidia y contienda; pero otros de buena voluntad.

¹⁶ Los unos anuncian a Cristo por contención, no sinceramente, pensando añadir aflicción a mis prisiones;

¹⁷ pero los otros por amor, sabiendo que estoy puesto para la defensa del evangelio.

¹⁸ ¿Qué, pues? Que no obstante, de todas maneras, o por pretexto o por verdad, Cristo es anunciado; y en esto me gozo, y me gozaré aún.

¹⁹ Porque sé que por vuestra oración y la suministración del Espíritu de Jesucristo, esto resultará en mi liberación,

²⁰ conforme a mi anhelo y esperanza de que en nada seré avergonzado; antes bien con toda confianza, como siempre, ahora también será magnificado Cristo en mi cuerpo, o por vida o por muerte.

²¹ Porque para mí el vivir es Cristo, y el morir es ganancia.

²² Mas si el vivir en la carne resulta para mí en beneficio de la obra, no sé entonces qué escoger.

²³ Porque de ambas cosas estoy puesto en estrecho, teniendo deseo de partir y estar con Cristo, lo cual es muchísimo mejor;

²⁴ pero quedar en la carne es más necesario por causa de vosotros.

²⁵ Y confiado en esto, sé que quedaré, que aún permaneceré con todos vosotros, para vuestro provecho y gozo de la fe,

²⁶ para que abunde vuestra gloria de mí en Cristo Jesús por mi presencia otra vez entre vosotros.

El privilegio de sufrir

²⁷ Solamente que os comportéis como es digno del evangelio de Cristo, para que o sea que vaya a veros, o que esté ausente,

---

ª **1.1** Hch 16.12.   ᵇ **1.13** Hch 28.30.

oiga de vosotros que estáis firmes en un mismo espíritu, combatiendo unánimes por la fe del evangelio,

28 y en nada intimidados por los que se oponen, que para ellos ciertamente es indicio de perdición, mas para vosotros de salvación; y esto de Dios.

29 Porque a vosotros os es concedido a causa de Cristo, no sólo que creáis en él, sino también que padezcáis por él,

30 teniendo el mismo conflicto que habéis visto en mí,[c] y ahora oís que hay en mí.

Humillación y exaltación de Cristo

2 **1** Por tanto, si hay alguna consolación en Cristo, si algún consuelo de amor, si alguna comunión del Espíritu, si algún afecto entrañable, si alguna misericordia,

2 completad mi gozo, sintiendo lo mismo, teniendo el mismo amor, unánimes, sintiendo una misma cosa.

3 Nada hagáis por contienda o por vanagloria; antes bien con humildad, estimando cada uno a los demás como superiores a él mismo;

4 no mirando cada uno por lo suyo propio, sino cada cual también por lo de los otros.

5 Haya, pues, en vosotros este sentir que hubo también en Cristo Jesús,

6 el cual, siendo en forma de Dios, no estimó el ser igual a Dios como cosa a que aferrarse,

7 sino que se despojó a sí mismo, tomando forma de siervo, hecho semejante a los hombres;

8 y estando en la condición de hombre, se humilló a sí mismo, haciéndose obediente hasta la muerte, y muerte de cruz.

9 Por lo cual Dios también le exaltó hasta lo sumo, y le dio un nombre que es sobre todo nombre,

10 para que en el nombre de Jesús se doble toda rodilla de los que están en los cielos, y en la tierra, y debajo de la tierra;

11 y toda lengua confiese[a] que Jesucristo es el Señor, para gloria de Dios Padre.

Luminares en el mundo

12 Por tanto, amados míos, como siempre habéis obedecido, no como en mi presencia solamente, sino mucho más ahora en mi ausencia, ocupaos en vuestra salvación con temor y temblor,

13 porque Dios es el que en vosotros produce así el querer como el hacer, por su buena voluntad.

14 Haced todo sin murmuraciones y contiendas,

15 para que seáis irreprensibles y sencillos, hijos de Dios sin mancha en medio de una generación maligna y perversa,[b] en medio de la cual resplandecéis como luminares en el mundo;

16 asidos de la palabra de vida, para que en el día de Cristo yo pueda gloriarme de que no he corrido en vano, ni en vano he trabajado.

17 Y aunque sea derramado en libación sobre el sacrificio y servicio de vuestra fe, me gozo y regocijo con todos vosotros.

18 Y asimismo gozaos y regocijaos también vosotros conmigo.

Timoteo y Epafrodito

19 Espero en el Señor Jesús enviaros pronto a Timoteo, para que yo también esté de buen ánimo al saber de vuestro estado;

20 pues a ninguno tengo del mismo ánimo, y que tan sinceramente se interese por vosotros.

21 Porque todos buscan lo suyo propio, no lo que es de Cristo Jesús.

22 Pero ya conocéis los méritos de él, que como hijo a padre ha servido conmigo en el evangelio.

23 Así que a éste espero enviaros, luego que yo vea cómo van mis asuntos;

24 y confío en el Señor que yo también iré pronto a vosotros.

25 Mas tuve por necesario enviaros a Epafrodito, mi hermano y colaborador y compañero de milicia, vuestro mensajero, y ministrador de mis necesidades;

26 porque él tenía gran deseo de veros a todos vosotros, y gravemente se angustió porque habíais oído que había enfermado.

27 Pues en verdad estuvo enfermo, a punto de morir; pero Dios tuvo misericordia de él, y no solamente de él, sino también de mí, para que yo no tuviese tristeza sobre tristeza.

28 Así que le envío con mayor solicitud, para que al verle de nuevo, os gocéis, y yo esté con menos tristeza.

---

c **1.30** Hch 16.19-40.   a **2.10, 11** Is 45.23.   b **2.15** Dt 32.5.

29 Recibidle, pues, en el Señor, con todo gozo, y tened en estima a los que son como él;

30 porque por la obra de Cristo estuvo próximo a la muerte, exponiendo su vida para suplir lo que faltaba en vuestro servicio por mí.

No confiéis en la carne

3 ¹ Por lo demás, hermanos, gozaos en el Señor. A mí no me es molesto el escribiros las mismas cosas, y para vosotros es seguro.

2 Guardaos de los perros, guardaos de los malos obreros, guardaos de los mutiladores del cuerpo.

3 Porque nosotros somos la circuncisión, los que en espíritu servimos a Dios y nos gloriamos en Cristo Jesús, no teniendo confianza en la carne.

4 Aunque yo tengo también de qué confiar en la carne. Si alguno piensa que tiene de qué confiar en la carne, yo más:

5 circuncidado al octavo día, del linaje de Israel, de la tribu de Benjamín,ª hebreo de hebreos; en cuanto a la ley, fariseo;ᵇ

6 en cuanto a celo, perseguidor de la iglesia;ᶜ en cuanto a la justicia que es en la ley, irreprensible.

El deseo de Pablo de ganar a Cristo

7 Pero cuantas cosas eran para mí ganancia, las he estimado como pérdida por amor de Cristo.

8 Y ciertamente, aun estimo todas las cosas como pérdida por la excelencia del conocimiento de Cristo Jesús, mi Señor, por amor del cual lo he perdido todo, y lo tengo por basura, para ganar a Cristo,

9 y ser hallado en él, no teniendo mi propia justicia, que es por la ley, sino la que es por la fe de Cristo, la justicia que es de Dios por la fe;

10 a fin de conocerle, y el poder de su resurrección, y la participación de sus padecimientos, llegando a ser semejante a él en su muerte,

11 si en alguna manera llegase a la resurrección de entre los muertos.

Hacia la meta

12 No que lo haya alcanzado ya, ni que ya sea perfecto; sino que prosigo, por ver si logro asir aquello para lo cual fui también asido por Cristo Jesús.

13 Hermanos, yo mismo no pretendo haberlo ya alcanzado; pero una cosa hago: olvidando ciertamente lo que queda atrás, y extendiéndome a lo que está delante,

14 prosigo a la meta, al premio del supremo llamamiento de Dios en Cristo Jesús.

15 Así que, todos los que somos perfectos, esto mismo sintamos; y si esta cosa sentís, esto también os lo revelará Dios.

16 Pero en aquello a que hemos llegado, sigamos una misma regla, sintamos una misma cosa.

17 Hermanos, sed imitadores de mí,ᵈ y mirad a los que así se conducen según el ejemplo que tenéis en nosotros.

18 Porque por ahí andan muchos, de los cuales os dije muchas veces, y aun ahora lo digo llorando, que son enemigos de la cruz de Cristo;

19 el fin de los cuales será perdición, cuyo dios es el vientre, y cuya gloria es su vergüenza; que sólo piensan en lo terrenal.

20 Mas nuestra ciudadanía está en los cielos, de donde también esperamos al Salvador, al Señor Jesucristo;

21 el cual transformará el cuerpo de la humillación nuestra, para que sea semejante al cuerpo de la gloria suya, por el poder con el cual puede también sujetar a sí mismo todas las cosas.

Regocijaos en el Señor siempre

4 ¹ Así que, hermanos míos amados y deseados, gozo y corona mía, estad así firmes en el Señor, amados.

2 Ruego a Evodia y a Síntique, que sean de un mismo sentir en el Señor.

3 Asimismo te ruego también a ti, compañero fiel, que ayudes a éstas que combatieron juntamente conmigo en el evangelio, con Clemente también y los demás colaboradores míos, cuyos nombres están en el libro de la vida.

4 Regocijaos en el Señor siempre. Otra vez digo: ¡Regocijaos!

5 Vuestra gentileza sea conocida de todos los hombres. El Señor está cerca.

6 Por nada estéis afanosos, sino sean conocidas vuestras peticiones delante de Dios

a 3.5 Ro 11.1. b 3.5 Hch 23.6; 26.5. c 3.6 Hch 8.3; 22.4; 26.9-11. d 3.17 1 Co 4.16; 11.1.

en toda oración y ruego, con acción de gracias.

7 Y la paz de Dios, que sobrepasa todo entendimiento, guardará vuestros corazones y vuestros pensamientos en Cristo Jesús.

En esto pensad

8 Por lo demás, hermanos, todo lo que es verdadero, todo lo honesto, todo lo justo, todo lo puro, todo lo amable, todo lo que es de buen nombre; si hay virtud alguna, si algo digno de alabanza, en esto pensad. **9** Lo que aprendisteis y recibisteis y oísteis y visteis en mí, esto haced; y el Dios de paz estará con vosotros.

Dádivas de los filipenses

10 En gran manera me gocé en el Señor de que ya al fin habéis revivido vuestro cuidado de mí; de lo cual también estabais solícitos, pero os faltaba la oportunidad. **11** No lo digo porque tenga escasez, pues he aprendido a contentarme, cualquiera que sea mi situación. **12** Sé vivir humildemente, y sé tener abundancia; en todo y por todo estoy enseñado, así para estar saciado como para tener hambre, así para tener abundancia como para padecer necesidad.

13 Todo lo puedo en Cristo que me fortalece.

14 Sin embargo, bien hicisteis en participar conmigo en mi tribulación. **15** Y sabéis también vosotros, oh filipenses, que al principio de la predicación del evangelio, cuando partí de Macedonia, ninguna iglesia participó conmigo en razón de dar y recibir, sino vosotros solos; **16** pues aun a Tesalónica[a] me enviasteis una y otra vez para mis necesidades.[b] **17** No es que busque dádivas, sino que busco fruto que abunde en vuestra cuenta. **18** Pero todo lo he recibido, y tengo abundancia; estoy lleno, habiendo recibido de Epafrodito lo que enviasteis; olor fragante,[c] sacrificio acepto, agradable a Dios. **19** Mi Dios, pues, suplirá todo lo que os falta conforme a sus riquezas en gloria en Cristo Jesús. **20** Al Dios y Padre nuestro sea gloria por los siglos de los siglos. Amén.

Salutaciones finales

21 Saludad a todos los santos en Cristo Jesús. Los hermanos que están conmigo os saludan. **22** Todos los santos os saludan, y especialmente los de la casa de César. **23** La gracia de nuestro Señor Jesucristo sea con todos vosotros. Amén.

---

a **4.16** Hch 17.1.   b **4.15, 16** 2 Co 11.9.   c **4.18** Éx 29.18.

LA EPÍSTOLA DEL APÓSTOL SAN PABLO A LOS
COLOSENSES

Salutación

1 ¹ Pablo, apóstol de Jesucristo por la voluntad de Dios, y el hermano Timoteo, ² a los santos y fieles hermanos en Cristo que están en Colosas: Gracia y paz sean a vosotros, de Dios nuestro Padre y del Señor Jesucristo.

Pablo pide que Dios les conceda sabiduría espiritual

³ Siempre orando por vosotros, damos gracias a Dios, Padre de nuestro Señor Jesucristo, ⁴ habiendo oído de vuestra fe en Cristo Jesús, y del amor que tenéis a todos los santos, ⁵ a causa de la esperanza que os está guardada en los cielos, de la cual ya habéis oído por la palabra verdadera del evangelio, ⁶ que ha llegado hasta vosotros, así como a todo el mundo, y lleva fruto y crece también en vosotros, desde el día que oísteis y conocisteis la gracia de Dios en verdad, ⁷ como lo habéis aprendido de Epafras,ᵃ nuestro consiervo amado, que es un fiel ministro de Cristo para vosotros, ⁸ quien también nos ha declarado vuestro amor en el Espíritu.

⁹ Por lo cual también nosotros, desde el día que lo oímos, no cesamos de orar por vosotros, y de pedir que seáis llenos del conocimiento de su voluntad en toda sabiduría e inteligencia espiritual, ¹⁰ para que andéis como es digno del Señor, agradándole en todo, llevando fruto en toda buena obra, y creciendo en el conocimiento de Dios; ¹¹ fortalecidos con todo poder, conforme a la potencia de su gloria, para toda paciencia y longanimidad; ¹² con gozo dando gracias al Padre que nos hizo aptos para participar de la herencia de los santos en luz; ¹³ el cual nos ha librado de la potestad de las tinieblas, y trasladado al reino de su amado Hijo,

¹⁴ en quien tenemos redención por su sangre, el perdón de pecados.ᵇ

Reconciliación por medio de la muerte de Cristo

¹⁵ Él es la imagen del Dios invisible, el primogénito de toda creación. ¹⁶ Porque en él fueron creadas todas las cosas, las que hay en los cielos y las que hay en la tierra, visibles e invisibles; sean tronos, sean dominios, sean principados, sean potestades; todo fue creado por medio de él y para él. ¹⁷ Y él es antes de todas las cosas, y todas las cosas en él subsisten; ¹⁸ y él es la cabeza del cuerpo que es la iglesia,ᶜ él que es el principio, el primogénito de entre los muertos, para que en todo tenga la preeminencia; ¹⁹ por cuanto agradó al Padre que en él habitase toda plenitud, ²⁰ y por medio de él reconciliar consigo todas las cosas, así las que están en la tierra como las que están en los cielos, haciendo la paz mediante la sangre de su cruz.ᵈ ²¹ Y a vosotros también, que erais en otro tiempo extraños y enemigos en vuestra mente, haciendo malas obras, ahora os ha reconciliado ²² en su cuerpo de carne, por medio de la muerte, para presentaros santos y sin mancha e irreprensibles delante de él; ²³ si en verdad permanecéis fundados y firmes en la fe, y sin moveros de la esperanza del evangelio que habéis oído, el cual se predica en toda la creación que está debajo del cielo; del cual yo Pablo fui hecho ministro.

Ministerio de Pablo a los gentiles

²⁴ Ahora me gozo en lo que padezco por vosotros, y cumplo en mi carne lo que

---

a 1.7 Col 4.12; Flm 23.   b 1.14 Ef 1.7.   c 1.18 Ef 1.22, 23.
d 1.20 Ef 2.16.

falta de las aflicciones de Cristo por su cuerpo, que es la iglesia;

25 de la cual fui hecho ministro, según la administración de Dios que me fue dada para con vosotros, para que anuncie cumplidamente la palabra de Dios,

26 el misterio que había estado oculto desde los siglos y edades, pero que ahora ha sido manifestado a sus santos,

27 a quienes Dios quiso dar a conocer las riquezas de la gloria de este misterio entre los gentiles; que es Cristo en vosotros, la esperanza de gloria,

28 a quien anunciamos, amonestando a todo hombre, y enseñando a todo hombre en toda sabiduría, a fin de presentar perfecto en Cristo Jesús a todo hombre;

29 para lo cual también trabajo, luchando según la potencia de él, la cual actúa poderosamente en mí.

2 1 Porque quiero que sepáis cuán gran lucha sostengo por vosotros, y por los que están en Laodicea, y por todos los que nunca han visto mi rostro;

2 para que sean consolados sus corazones, unidos en amor, hasta alcanzar todas las riquezas de pleno entendimiento, a fin de conocer el misterio de Dios el Padre, y de Cristo,

3 en quien están escondidos todos los tesoros de la sabiduría y del conocimiento.

4 Y esto lo digo para que nadie os engañe con palabras persuasivas.

5 Porque aunque estoy ausente en cuerpo, no obstante en espíritu estoy con vosotros, gozándome y mirando vuestro buen orden y la firmeza de vuestra fe en Cristo.

6 Por tanto, de la manera que habéis recibido al Señor Jesucristo, andad en él;

7 arraigados y sobreedificados en él, y confirmados en la fe, así como habéis sido enseñados, abundando en acciones de gracias.

Plenitud de vida en Cristo

8 Mirad que nadie os engañe por medio de filosofías y huecas sutilezas, según las tradiciones de los hombres, conforme a los rudimentos del mundo, y no según Cristo.

9 Porque en él habita corporalmente toda la plenitud de la Deidad,

10 y vosotros estáis completos en él, que es la cabeza de todo principado y potestad.

11 En él también fuisteis circuncidados con circuncisión no hecha a mano, al echar de vosotros el cuerpo pecaminoso carnal, en la circuncisión de Cristo;

12 sepultados con él en el bautismo, en el cual fuisteis también resucitados con él, mediante la fe en el poder de Dios que le levantó de los muertos.[a]

13 Y a vosotros, estando muertos en pecados y en la incircuncisión de vuestra carne, os dio vida juntamente con él,[b] perdonándoos todos los pecados,

14 anulando el acta de los decretos que había contra nosotros, que nos era contraria, quitándola de en medio y clavándola en la cruz,[c]

15 y despojando a los principados y a las potestades, los exhibió públicamente, triunfando sobre ellos en la cruz.

16 Por tanto, nadie os juzgue en comida o en bebida, o en cuanto a días de fiesta, luna nueva o día de reposo,*[d]

17 todo lo cual es sombra de lo que ha de venir; pero el cuerpo es de Cristo.

18 Nadie os prive de vuestro premio, afectando humildad y culto a los ángeles, entremetiéndose en lo que no ha visto, vanamente hinchado por su propia mente carnal,

19 y no asiéndose de la Cabeza, en virtud de quien todo el cuerpo, nutriéndose y uniéndose por las coyunturas y ligamentos, crece con el crecimiento que da Dios.[e]

20 Pues si habéis muerto con Cristo en cuanto a los rudimentos del mundo, ¿por qué, como si vivieseis en el mundo, os sometéis a preceptos

21 tales como: No manejes, ni gustes, ni aun toques

22 (en conformidad a mandamientos y doctrinas de hombres), cosas que todas se destruyen con el uso?

23 Tales cosas tienen a la verdad cierta reputación de sabiduría en culto voluntario, en humildad y en duro trato del cuerpo; pero no tienen valor alguno contra los apetitos de la carne.

3 1 Si, pues, habéis resucitado con Cristo, buscad las cosas de arriba, donde está Cristo sentado a la diestra de Dios.[a]

---

* Aquí equivale a *sábado*.
a 2.12 Ro 6.4.　b 2.13 Ef 2.1-5.　c 2.14 Ef 2.15.
d 2.16 Ro 14.1-6.　e 2.19 Ef 4.16.　a 3.1 Sal 110.1.

2 Poned la mira en las cosas de arriba, no en las de la tierra.

3 Porque habéis muerto, y vuestra vida está escondida con Cristo en Dios.

4 Cuando Cristo, vuestra vida, se manifieste, entonces vosotros también seréis manifestados con él en gloria.

La vida antigua y la nueva

5 Haced morir, pues, lo terrenal en vosotros: fornicación, impureza, pasiones desordenadas, malos deseos y avaricia, que es idolatría;

6 cosas por las cuales la ira de Dios viene sobre los hijos de desobediencia,

7 en las cuales vosotros también anduvisteis en otro tiempo cuando vivíais en ellas.

8 Pero ahora dejad también vosotros todas estas cosas: ira, enojo, malicia, blasfemia, palabras deshonestas de vuestra boca.

9 No mintáis los unos a los otros, habiéndoos despojado del viejo hombre[b] con sus hechos,

10 y revestido del nuevo,[c] el cual conforme a la imagen del que lo creó[d] se va renovando hasta el conocimiento pleno,

11 donde no hay griego ni judío, circuncisión ni incircuncisión, bárbaro ni escita, siervo ni libre, sino que Cristo es el todo, y en todos.

12 Vestíos, pues, como escogidos de Dios, santos y amados, de entrañable misericordia, de benignidad, de humildad, de mansedumbre, de paciencia;

13 soportándoos unos a otros, y perdonándoos unos a otros[e] si alguno tuviere queja contra otro. De la manera que Cristo os perdonó, así también hacedlo vosotros.[f]

14 Y sobre todas estas cosas vestíos de amor, que es el vínculo perfecto.

15 Y la paz de Dios gobierne en vuestros corazones, a la que asimismo fuisteis llamados en un solo cuerpo; y sed agradecidos.

16 La palabra de Cristo more en abundancia en vosotros, enseñándoos y exhortándoos unos a otros en toda sabiduría, cantando con gracia en vuestros corazones al Señor con salmos e himnos y cánticos espirituales.

17 Y todo lo que hacéis, sea de palabra o de hecho, hacedlo todo en el nombre del Señor Jesús, dando gracias a Dios Padre por medio de él.[g]

Deberes sociales de la nueva vida

18 Casadas, estad sujetas a vuestros maridos,[h] como conviene en el Señor.

19 Maridos, amad a vuestras mujeres,[i] y no seáis ásperos con ellas.

20 Hijos, obedeced a vuestros padres en todo, porque esto agrada al Señor.[j]

21 Padres, no exasperéis a vuestros hijos,[k] para que no se desalienten.

22 Siervos, obedeced en todo a vuestros amos terrenales, no sirviendo al ojo, como los que quieren agradar a los hombres, sino con corazón sincero, temiendo a Dios.

23 Y todo lo que hagáis, hacedlo de corazón, como para el Señor y no para los hombres;

24 sabiendo que del Señor recibiréis la recompensa de la herencia, porque a Cristo el Señor servís.

25 Mas el que hace injusticia, recibirá la injusticia que hiciere,[l] porque no hay acepción de personas.[m]

4 1 Amos, haced lo que es justo y recto con vuestros siervos, sabiendo que también vosotros tenéis un Amo en los cielos.[a]

2 Perseverad en la oración, velando en ella con acción de gracias;

3 orando también al mismo tiempo por nosotros, para que el Señor nos abra puerta para la palabra, a fin de dar a conocer el misterio de Cristo, por el cual también estoy preso,

4 para que lo manifieste como debo hablar.

5 Andad sabiamente para con los de afuera, redimiendo el tiempo.[b]

6 Sea vuestra palabra siempre con gracia, sazonada con sal, para que sepáis cómo debéis responder a cada uno.

Salutaciones finales

7 Todo lo que a mí se refiere, os lo hará saber Tíquico,[c] amado hermano y fiel ministro y consiervo en el Señor,

8 el cual he enviado a vosotros para esto mismo, para que conozca lo que a vosotros se refiere, y conforte vuestros corazones,[d]

b 3.9 Ef 4.22.   c 3.10 Ef 4.24.   d 3.10 Gn 1.26.
e 3.12, 13 Ef 4.2.   f 3.13 Ef 4.32.   g 3.16, 17 Ef 5.19, 20.
h 3.18 Ef 5.22; 1 P 3.1.   i 3.19 Ef 5.25; 1 P 3.7.
j 3.20 Ef 6.1.   k 3.21 Ef 6.4.   l 3.22-25 Ef 6.5-8.
m 3.25 Dt 10.17; Ef 6.9.   a 4.1 Ef 6.9.   b 4.5 Ef 5.16.
c 4.7 Hch 20.4; 2 Ti 4.12.   d 4.7, 8 Ef 6.21, 22.

⁹ con Onésimo,ᵉ amado y fiel hermano, que es uno de vosotros. Todo lo que acá pasa, os lo harán saber.

¹⁰ Aristarco,ᶠ mi compañero de prisiones, os saluda, y Marcosᵍ el sobrino de Bernabé, acerca del cual habéis recibido mandamientos; si fuere a vosotros, recibidle;

¹¹ y Jesús, llamado Justo; que son los únicos de la circuncisión que me ayudan en el reino de Dios, y han sido para mí un consuelo.

¹² Os saluda Epafras,ʰ el cual es uno de vosotros, siervo de Cristo, siempre rogando encarecidamente por vosotros en sus oraciones, para que estéis firmes, perfectos y completos en todo lo que Dios quiere.

¹³ Porque de él doy testimonio de que tiene gran solicitud por vosotros, y por los que están en Laodicea, y los que están en Hierápolis.

¹⁴ Os saluda Lucasⁱ el médico amado, y Demas.ʲ

¹⁵ Saludad a los hermanos que están en Laodicea, y a Ninfas y a la iglesia que está en su casa.

¹⁶ Cuando esta carta haya sido leída entre vosotros, haced que también se lea en la iglesia de los laodicenses, y que la de Laodicea la leáis también vosotros.

¹⁷ Decid a Arquipo:ᵏ Mira que cumplas el ministerio que recibiste en el Señor.

¹⁸ La salutación de mi propia mano, de Pablo. Acordaos de mis prisiones. La gracia sea con vosotros. Amén.

---

e **4.9** Flm 10.12.　f **4.10** Hch 19.29; 27.2; Flm 24.
g **4.10** Hch 12.12, 25; 13.13; 15.37-39.　h **4.12** Col 1.7;
Flm 23.　i **4.14** 2 Ti 4.11; Flm 24.　j **4.14** 2 Ti 4.10; Flm 24.
k **4.17** Flm 2.

PRIMERA EPÍSTOLA DEL APÓSTOL SAN PABLO A LOS
TESALONICENSES

Salutación

1 ¹ Pablo, Silvano y Timoteo, a la iglesia de los tesalonicenses[a] en Dios Padre y en el Señor Jesucristo: Gracia y paz sean a vosotros, de Dios nuestro Padre y del Señor Jesucristo.

Ejemplo de los tesalonicenses

² Damos siempre gracias a Dios por todos vosotros, haciendo memoria de vosotros en nuestras oraciones,

³ acordándonos sin cesar delante del Dios y Padre nuestro de la obra de vuestra fe, del trabajo de vuestro amor y de vuestra constancia en la esperanza en nuestro Señor Jesucristo.

⁴ Porque conocemos, hermanos amados de Dios, vuestra elección;

⁵ pues nuestro evangelio no llegó a vosotros en palabras solamente, sino también en poder, en el Espíritu Santo y en plena certidumbre, como bien sabéis cuáles fuimos entre vosotros por amor de vosotros.

⁶ Y vosotros vinisteis a ser imitadores de nosotros y del Señor, recibiendo la palabra en medio de gran tribulación,[b] con gozo del Espíritu Santo,

⁷ de tal manera que habéis sido ejemplo a todos los de Macedonia y de Acaya que han creído.

⁸ Porque partiendo de vosotros ha sido divulgada la palabra del Señor, no sólo en Macedonia y Acaya, sino que también en todo lugar vuestra fe en Dios se ha extendido, de modo que nosotros no tenemos necesidad de hablar nada;

⁹ porque ellos mismos cuentan de nosotros la manera en que nos recibisteis, y cómo os convertisteis de los ídolos a Dios, para servir al Dios vivo y verdadero,

¹⁰ y esperar de los cielos a su Hijo, al cual resucitó de los muertos, a Jesús, quien nos libra de la ira venidera.

Ministerio de Pablo en Tesalónica

2 ¹ Porque vosotros mismos sabéis, hermanos, que nuestra visita a vosotros no resultó vana;

² pues habiendo antes padecido y sido ultrajados en Filipos,[a] como sabéis, tuvimos denuedo en nuestro Dios para anunciaros el evangelio de Dios en medio de gran oposición.[b]

³ Porque nuestra exhortación no procedió de error ni de impureza, ni fue por engaño,

⁴ sino que según fuimos aprobados por Dios para que se nos confíase el evangelio, así hablamos; no como para agradar a los hombres, sino a Dios, que prueba nuestros corazones.

⁵ Porque nunca usamos de palabras lisonjeras, como sabéis, ni encubrimos avaricia; Dios es testigo;

⁶ ni buscamos gloria de los hombres; ni de vosotros, ni de otros, aunque podíamos seros carga como apóstoles de Cristo.

⁷ Antes fuimos tiernos entre vosotros, como la nodriza que cuida con ternura a sus propios hijos.

⁸ Tan grande es nuestro afecto por vosotros, que hubiéramos querido entregaros no sólo el evangelio de Dios, sino también nuestras propias vidas; porque habéis llegado a sernos muy queridos.

⁹ Porque os acordáis, hermanos, de nuestro trabajo y fatiga; cómo trabajando de noche y de día, para no ser gravosos a ninguno de vosotros, os predicamos el evangelio de Dios.

¹⁰ Vosotros sois testigos, y Dios también, de cuán santa, justa e irreprensiblemente nos comportamos con vosotros los creyentes;

¹¹ así como también sabéis de qué modo, como el padre a sus hijos, exhortábamos y consolábamos a cada uno de vosotros,

---

a 1.1 Hch 17.1. **b 1.6** Hch 17.5-9. **a 2.2** Hch 16.19-24.
b 2.2 Hch 17.1-9.

12 y os encargábamos que anduvieseis como es digno de Dios, que os llamó a su reino y gloria.

13 Por lo cual también nosotros sin cesar damos gracias a Dios, de que cuando recibisteis la palabra de Dios que oísteis de nosotros, la recibisteis no como palabra de hombres, sino según es en verdad, la palabra de Dios, la cual actúa en vosotros los creyentes.

14 Porque vosotros, hermanos, vinisteis a ser imitadores de las iglesias de Dios en Cristo Jesús que están en Judea; pues habéis padecido de los de vuestra propia nación[c] las mismas cosas que ellas padecieron de los judíos,

15 los cuales mataron al Señor Jesús y a sus propios profetas, y a nosotros nos expulsaron;[d] y no agradan a Dios, y se oponen a todos los hombres,

16 impidiéndonos hablar a los gentiles para que éstos se salven; así colman ellos siempre la medida de sus pecados, pues vino sobre ellos la ira hasta el extremo.

Ausencia de Pablo de la iglesia

17 Pero nosotros, hermanos, separados de vosotros por un poco de tiempo, de vista pero no de corazón, tanto más procuramos con mucho deseo ver vuestro rostro;

18 por lo cual quisimos ir a vosotros, yo Pablo ciertamente una y otra vez; pero Satanás nos estorbó.

19 Porque ¿cuál es nuestra esperanza, o gozo, o corona de que me gloríe? ¿No lo sois vosotros, delante de nuestro Señor Jesucristo, en su venida?

20 Vosotros sois nuestra gloria y gozo.

3 **1** Por lo cual, no pudiendo soportarlo más, acordamos quedarnos solos en Atenas,[a]

2 y enviamos a Timoteo nuestro hermano, servidor de Dios y colaborador nuestro en el evangelio de Cristo, para confirmaros y exhortaros respecto a vuestra fe,

3 a fin de que nadie se inquiete por estas tribulaciones; porque vosotros mismos sabéis que para esto estamos puestos.

4 Porque también estando con vosotros, os predecíamos que íbamos a pasar tribulaciones, como ha acontecido y sabéis.

5 Por lo cual también yo, no pudiendo soportar más, envié para informarme de vuestra fe, no sea que os hubiese tentado el tentador, y que nuestro trabajo resultase en vano.

6 Pero cuando Timoteo volvió de vosotros a nosotros,[b] y nos dio buenas noticias de vuestra fe y amor, y que siempre nos recordáis con cariño, deseando vernos, como también nosotros a vosotros,

7 por ello, hermanos, en medio de toda nuestra necesidad y aflicción fuimos consolados de vosotros por medio de vuestra fe;

8 porque ahora vivimos, si vosotros estáis firmes en el Señor.

9 Por lo cual, ¿qué acción de gracias podremos dar a Dios por vosotros, por todo el gozo con que nos gozamos a causa de vosotros delante de nuestro Dios,

10 orando de noche y de día con gran insistencia, para que veamos vuestro rostro, y completemos lo que falte a vuestra fe?

11 Mas el mismo Dios y Padre nuestro, y nuestro Señor Jesucristo, dirija nuestro camino a vosotros.

12 Y el Señor os haga crecer y abundar en amor unos para con otros y para con todos, como también lo hacemos nosotros para con vosotros,

13 para que sean afirmados vuestros corazones, irreprensibles en santidad delante de Dios nuestro Padre, en la venida de nuestro Señor Jesucristo con todos sus santos.

La vida que agrada a Dios

4 **1** Por lo demás, hermanos, os rogamos y exhortamos en el Señor Jesús, que de la manera que aprendisteis de nosotros cómo os conviene conduciros y agradar a Dios, así abundéis más y más.

2 Porque ya sabéis qué instrucciones os dimos por el Señor Jesús;

3 pues la voluntad de Dios es vuestra santificación; que os apartéis de fornicación;

4 que cada uno de vosotros sepa tener su propia esposa en santidad y honor;

5 no en pasión de concupiscencia, como los gentiles que no conocen a Dios;

6 que ninguno agravie ni engañe en nada a su hermano; porque el Señor es vengador de todo esto, como ya os hemos dicho y testificado.

c **2.14** Hch 17.5.   d **2.15** Hch 9.23, 29; 13.45, 50; 14.2, 5, 19; 17.5, 13; 18.12.   a **3.1** Hch 17.15.   b **3.6** Hch 18.5.

⁷ Pues no nos ha llamado Dios a inmundicia, sino a santificación.

⁸ Así que, el que desecha esto, no desecha a hombre, sino a Dios, que también nos dio su Espíritu Santo.

⁹ Pero acerca del amor fraternal no tenéis necesidad de que os escriba, porque vosotros mismos habéis aprendido de Dios que os améis unos a otros;

¹⁰ y también lo hacéis así con todos los hermanos que están por toda Macedonia. Pero os rogamos, hermanos, que abundéis en ello más y más;

¹¹ y que procuréis tener tranquilidad, y ocuparos en vuestros negocios, y trabajar con vuestras manos de la manera que os hemos mandado,

¹² a fin de que os conduzcáis honradamente para con los de afuera, y no tengáis necesidad de nada.

La venida del Señor

¹³ Tampoco queremos, hermanos, que ignoréis acerca de los que duermen, para que no os entristezcáis como los otros que no tienen esperanza.

¹⁴ Porque si creemos que Jesús murió y resucitó, así también traerá Dios con Jesús a los que durmieron en él.

¹⁵ Por lo cual os decimos esto en palabra del Señor: que nosotros que vivimos, que habremos quedado hasta la venida del Señor, no precederemos a los que durmieron.

¹⁶ Porque el Señor mismo con voz de mando, con voz de arcángel, y con trompeta de Dios, descenderá del cielo; y los muertos en Cristo resucitarán primero.

¹⁷ Luego nosotros los que vivimos, los que hayamos quedado, seremos arrebatados juntamente con ellos en las nubes para recibir al Señor en el aire, y así estaremos siempre con el Señor.ᵃ

¹⁸ Por tanto, alentaos los unos a los otros con estas palabras.

5 ¹ Pero acerca de los tiempos y de las ocasiones, no tenéis necesidad, hermanos, de que yo os escriba.

² Porque vosotros sabéis perfectamente que el día del Señor vendrá así como ladrón en la noche;ᵃ

³ que cuando digan: Paz y seguridad, entonces vendrá sobre ellos destrucción repentina, como los dolores a la mujer encinta, y no escaparán.

⁴ Mas vosotros, hermanos, no estáis en tinieblas, para que aquel día os sorprenda como ladrón.

⁵ Porque todos vosotros sois hijos de luz e hijos del día; no somos de la noche ni de las tinieblas.

⁶ Por tanto, no durmamos como los demás, sino velemos y seamos sobrios.

⁷ Pues los que duermen, de noche duermen, y los que se embriagan, de noche se embriagan.

⁸ Pero nosotros, que somos del día, seamos sobrios, habiéndonos vestido con la coraza de fe y de amor, y con la esperanza de salvación como yelmo.ᵇ

⁹ Porque no nos ha puesto Dios para ira, sino para alcanzar salvación por medio de nuestro Señor Jesucristo,

¹⁰ quien murió por nosotros para que ya sea que velemos, o que durmamos, vivamos juntamente con él.

¹¹ Por lo cual, animaos unos a otros, y edificaos unos a otros, así como lo hacéis.

Pablo exhorta a los hermanos

¹² Os rogamos, hermanos, que reconozcáis a los que trabajan entre vosotros, y os presiden en el Señor, y os amonestan;

¹³ y que los tengáis en mucha estima y amor por causa de su obra. Tened paz entre vosotros.

¹⁴ También os rogamos, hermanos, que amonestéis a los ociosos, que alentéis a los de poco ánimo, que sostengáis a los débiles, que seáis pacientes para con todos.

¹⁵ Mirad que ninguno pague a otro mal por mal; antes seguid siempre lo bueno unos para con otros, y para con todos.

¹⁶ Estad siempre gozosos.

¹⁷ Orad sin cesar.

¹⁸ Dad gracias en todo, porque ésta es la voluntad de Dios para con vosotros en Cristo Jesús.

¹⁹ No apaguéis al Espíritu.

²⁰ No menospreciéis las profecías.

²¹ Examinadlo todo; retened lo bueno.

²² Absteneos de toda especie de mal.

a **4.15-17** 1 Co 15.51, 52.   a **5.2** Mt 24.43; Lc 12.39;
2 P 3.10.   b **5.8** Is 59.17.

23 Y el mismo Dios de paz os santifique por completo; y todo vuestro ser, espíritu, alma y cuerpo, sea guardado irreprensible para la venida de nuestro Señor Jesucristo.

24 Fiel es el que os llama, el cual también lo hará.

Salutaciones y bendición final

25 Hermanos, orad por nosotros.

26 Saludad a todos los hermanos con ósculo santo.

27 Os conjuro por el Señor, que esta carta se lea a todos los santos hermanos.

28 La gracia de nuestro Señor Jesucristo sea con vosotros. Amén.

SEGUNDA EPÍSTOLA DEL APÓSTOL SAN PABLO A LOS
TESALONICENSES

Salutación

1 ¹ Pablo, Silvano y Timoteo, a la iglesia de los tesalonicenses[a] en Dios nuestro Padre y en el Señor Jesucristo:
² Gracia y paz a vosotros, de Dios nuestro Padre y del Señor Jesucristo.

Dios juzgará a los pecadores en la venida de Cristo

³ Debemos siempre dar gracias a Dios por vosotros, hermanos, como es digno, por cuanto vuestra fe va creciendo, y el amor de todos y cada uno de vosotros abunda para con los demás;
⁴ tanto, que nosotros mismos nos gloriamos de vosotros en las iglesias de Dios, por vuestra paciencia y fe en todas vuestras persecuciones y tribulaciones que soportáis.
⁵ Esto es demostración del justo juicio de Dios, para que seáis tenidos por dignos del reino de Dios, por el cual asimismo padecéis;
⁶ Porque es justo delante de Dios pagar con tribulación a los que os atribulan,
⁷ y a vosotros que sois atribulados, daros reposo con nosotros, cuando se manifieste el Señor Jesús desde el cielo con los ángeles de su poder,
⁸ en llama de fuego, para dar retribución a los que no conocieron a Dios, ni obedecen al evangelio de nuestro Señor Jesucristo;
⁹ los cuales sufrirán pena de eterna perdición, excluidos de la presencia del Señor y de la gloria de su poder,
¹⁰ cuando venga en aquel día para ser glorificado en sus santos y ser admirado en todos los que creyeron (por cuanto nuestro testimonio ha sido creído entre vosotros).
¹¹ Por lo cual asimismo oramos siempre por vosotros, para que nuestro Dios os tenga por dignos de su llamamiento, y cumpla todo propósito de bondad y toda obra de fe con su poder,
¹² para que el nombre de nuestro Señor Jesucristo sea glorificado en vosotros, y vosotros en él, por la gracia de nuestro Dios y del Señor Jesucristo.

Respecto a la venida del Señor

2 ¹ Pero con respecto a la venida de nuestro Señor Jesucristo, y nuestra reunión con él,[a] os rogamos, hermanos,
² que no os dejéis mover fácilmente de vuestro modo de pensar, ni os conturbéis, ni por espíritu, ni por palabra, ni por carta como si fuera nuestra, en el sentido de que el día del Señor está cerca.
³ Nadie os engañe en ninguna manera; porque no vendrá sin que antes venga la apostasía, y se manifieste el hombre de pecado, el hijo de perdición,
⁴ el cual se opone y se levanta contra todo lo que se llama Dios o es objeto de culto;[b] tanto que se sienta en el templo de Dios como Dios, haciéndose pasar por Dios.

Manifestación del hombre de pecado

⁵ ¿No os acordáis que cuando yo estaba todavía con vosotros, os decía esto?
⁶ Y ahora vosotros sabéis lo que lo detiene, a fin de que a su debido tiempo se manifieste.
⁷ Porque ya está en acción el misterio de la iniquidad; sólo que hay quien al presente lo detiene, hasta que él a su vez sea quitado de en medio.
⁸ Y entonces se manifestará aquel inicuo, a quien el Señor matará con el espíritu de su boca,[c] y destruirá con el resplandor de su venida;
⁹ inicuo cuyo advenimiento es por obra de Satanás, con gran poder y señales y prodigios mentirosos,[d]
¹⁰ y con todo engaño de iniquidad para los que se pierden, por cuanto no recibieron el amor de la verdad para ser salvos.

---

a **1.1** Hch 17.1.   a **2.1** 1 Ts 4.15-17.   b **2.4** Dn 11.36.
c **2.8** Is 11.4.   d **2.9** Mt 24.24.

11 Por esto Dios les envía un poder engañoso, para que crean la mentira,

12 a fin de que sean condenados todos los que no creyeron a la verdad, sino que se complacieron en la injusticia.

Escogidos para salvación

13 Pero nosotros debemos dar siempre gracias a Dios respecto a vosotros, hermanos amados por el Señor, de que Dios os haya escogido desde el principio para salvación, mediante la santificación por el Espíritu y la fe en la verdad,

14 a lo cual os llamó mediante nuestro evangelio, para alcanzar la gloria de nuestro Señor Jesucristo.

15 Así que, hermanos, estad firmes, y retened la doctrina que habéis aprendido, sea por palabra, o por carta nuestra.

16 Y el mismo Jesucristo Señor nuestro, y Dios nuestro Padre, el cual nos amó y nos dio consolación eterna y buena esperanza por gracia,

17 conforte vuestros corazones, y os confirme en toda buena palabra y obra.

Que la palabra de Dios sea glorificada

3 1 Por lo demás, hermanos, orad por nosotros, para que la palabra del Señor corra y sea glorificada, así como lo fue entre vosotros,

2 y para que seamos librados de hombres perversos y malos; porque no es de todos la fe.

3 Pero fiel es el Señor, que os afirmará y guardará del mal.

4 Y tenemos confianza respecto a vosotros en el Señor, en que hacéis y haréis lo que os hemos mandado.

5 Y el Señor encamine vuestros corazones al amor de Dios, y a la paciencia de Cristo.

El deber de trabajar

6 Pero os ordenamos, hermanos, en el nombre de nuestro Señor Jesucristo, que os apartéis de todo hermano que ande desordenadamente, y no según la enseñanza que recibisteis de nosotros.

7 Porque vosotros mismos sabéis de qué manera debéis imitarnos; pues nosotros no anduvimos desordenadamente entre vosotros,

8 ni comimos de balde el pan de nadie, sino que trabajamos con afán y fatiga día y noche, para no ser gravosos a ninguno de vosotros;

9 no porque no tuviésemos derecho, sino por daros nosotros mismos un ejemplo para que nos imitaseis.

10 Porque también cuando estábamos con vosotros, os ordenábamos esto: Si alguno no quiere trabajar, tampoco coma.

11 Porque oímos que algunos de entre vosotros andan desordenadamente, no trabajando en nada, sino entremetiéndose en lo ajeno.

12 A los tales mandamos y exhortamos por nuestro Señor Jesucristo, que trabajando sosegadamente, coman su propio pan.

13 Y vosotros, hermanos, no os canséis de hacer bien.

14 Si alguno no obedece a lo que decimos por medio de esta carta, a ése señaladlo, y no os juntéis con él, para que se avergüence.

15 Mas no lo tengáis por enemigo, sino amonestadle como a hermano.

Bendición final

16 Y el mismo Señor de paz os dé siempre paz en toda manera. El Señor sea con todos vosotros.

17 La salutación es de mi propia mano, de Pablo, que es el signo en toda carta mía; así escribo.

18 La gracia de nuestro Señor Jesucristo sea con todos vosotros. Amén.

PRIMERA EPÍSTOLA DEL APÓSTOL SAN PABLO A

TIMOTEO

Salutación

1 ¹ Pablo, apóstol de Jesucristo por mandato de Dios nuestro Salvador, y del Señor Jesucristo nuestra esperanza,

² a Timoteo,ª verdadero hijo en la fe: Gracia, misericordia y paz, de Dios nuestro Padre y de Cristo Jesús nuestro Señor.

Advertencia contra falsas doctrinas

³ Como te rogué que te quedases en Éfeso, cuando fui a Macedonia, para que mandases a algunos que no enseñen diferente doctrina,

⁴ ni presten atención a fábulas y genealogías interminables, que acarrean disputas más bien que edificación de Dios que es por fe, así te encargo ahora.

⁵ Pues el propósito de este mandamiento es el amor nacido de corazón limpio, y de buena conciencia, y de fe no fingida,

⁶ de las cuales cosas desviándose algunos, se apartaron a vana palabrería,

⁷ queriendo ser doctores de la ley, sin entender ni lo que hablan ni lo que afirman.

⁸ Pero sabemos que la ley es buena, si uno la usa legítimamente;

⁹ conociendo esto, que la ley no fue dada para el justo, sino para los transgresores y desobedientes, para los impíos y pecadores, para los irreverentes y profanos, para los parricidas y matricidas, para los homicidas,

¹⁰ para los fornicarios, para los sodomitas, para los secuestradores, para los mentirosos y perjuros, y para cuanto se oponga a la sana doctrina,

¹¹ según el glorioso evangelio del Dios bendito, que a mí me ha sido encomendado.

El ministerio de Pablo

¹² Doy gracias al que me fortaleció, a Cristo Jesús nuestro Señor, porque me tuvo por fiel, poniéndome en el ministerio,

¹³ habiendo yo sido antes blasfemo, perseguidorᵇ e injuriador; mas fui recibido a misericordia porque lo hice por ignorancia, en incredulidad.

¹⁴ Pero la gracia de nuestro Señor fue más abundante con la fe y el amor que es en Cristo Jesús.

¹⁵ Palabra fiel y digna de ser recibida por todos: que Cristo Jesús vino al mundo para salvar a los pecadores, de los cuales yo soy el primero.

¹⁶ Pero por esto fui recibido a misericordia, para que Jesucristo mostrase en mí el primero toda su clemencia, para ejemplo de los que habrían de creer en él para vida eterna.

¹⁷ Por tanto, al Rey de los siglos, inmortal, invisible, al único y sabio Dios, sea honor y gloria por los siglos de los siglos. Amén.

Encargo de Pablo a Timoteo

¹⁸ Este mandamiento, hijo Timoteo, te encargo, para que conforme a las profecías que se hicieron antes en cuanto a ti, milites por ellas la buena milicia,

¹⁹ manteniendo la fe y buena conciencia, desechando la cual naufragaron en cuanto a la fe algunos,

²⁰ de los cuales son Himeneo y Alejandro, a quienes entregué a Satanás para que aprendan a no blasfemar.

Instrucciones sobre la oración

2 ¹ Exhorto ante todo, a que se hagan rogativas, oraciones, peticiones y acciones de gracias, por todos los hombres;

² por los reyes y por todos los que están en eminencia, para que vivamos quieta y reposadamente en toda piedad y honestidad.

³ Porque esto es bueno y agradable delante de Dios nuestro Salvador,

⁴ el cual quiere que todos los hombres sean salvos y vengan al conocimiento de la verdad.

---

a 1.2 Hch 16.1.   b 1.13 Hch 8.3; 9.4, 5.

⁵ Porque hay un solo Dios, y un solo mediador entre Dios y los hombres, Jesucristo hombre,

⁶ el cual se dio a sí mismo en rescate por todos, de lo cual se dio testimonio a su debido tiempo.

⁷ Para esto yo fui constituido predicador y apóstol (digo verdad en Cristo, no miento), y maestro de los gentiles en fe y verdad.ᵃ

⁸ Quiero, pues, que los hombres oren en todo lugar, levantando manos santas, sin ira ni contienda.

⁹ Asimismo que las mujeres se atavíen de ropa decorosa, con pudor y modestia; no con peinado ostentoso, ni oro, ni perlas, ni vestidos costosos,ᵇ

¹⁰ sino con buenas obras, como corresponde a mujeres que profesan piedad.

¹¹ La mujer aprenda en silencio, con toda sujeción.

¹² Porque no permito a la mujer enseñar, ni ejercer dominio sobre el hombre, sino estar en silencio.

¹³ Porque Adán fue formado primero,ᶜ después Eva;ᵈ

¹⁴ y Adán no fue engañado, sino que la mujer, siendo engañada, incurrió en transgresión.ᵉ

¹⁵ Pero se salvará engendrando hijos, si permaneciere en fe, amor y santificación, con modestia.

Requisitos de los obispos

3 ¹ Palabra fiel: Si alguno anhela obispado, buena obra desea.

² Pero es necesario que el obispo sea irreprensible, marido de una sola mujer, sobrio, prudente, decoroso, hospedador, apto para enseñar;

³ no dado al vino, no pendenciero, no codicioso de ganancias deshonestas, sino amable, apacible, no avaro;

⁴ que gobierne bien su casa, que tenga a sus hijos en sujeción con toda honestidad

⁵ (pues el que no sabe gobernar su propia casa, ¿cómo cuidará de la iglesia de Dios?);

⁶ no un neófito, no sea que envaneciéndose caiga en la condenación del diablo.

⁷ También es necesario que tenga buen testimonio de los de afuera, para que no caiga en descrédito y en lazo del diablo.ᵃ

Requisitos de los diáconos

⁸ Los diáconos asimismo deben ser honestos, sin doblez, no dados a mucho vino, no codiciosos de ganancias deshonestas;

⁹ que guarden el misterio de la fe con limpia conciencia.

¹⁰ Y éstos también sean sometidos a prueba primero, y entonces ejerzan el diaconado, si son irreprensibles.

¹¹ Las mujeres asimismo sean honestas, no calumniadoras, sino sobrias, fieles en todo.

¹² Los diáconos sean maridos de una sola mujer, y que gobiernen bien sus hijos y sus casas.

¹³ Porque los que ejerzan bien el diaconado, ganan para sí un grado honroso, y mucha confianza en la fe que es en Cristo Jesús.

El misterio de la piedad

¹⁴ Esto te escribo, aunque tengo la esperanza de ir pronto a verte,

¹⁵ para que si tardo, sepas cómo debes conducirte en la casa de Dios, que es la iglesia del Dios viviente, columna y baluarte de la verdad.

¹⁶ E indiscutiblemente, grande es el misterio de la piedad:

Dios fue manifestado en carne,
Justificado en el Espíritu,
Visto de los ángeles,
Predicado a los gentiles,
Creído en el mundo,
Recibido arriba en gloria.

Predicción de la apostasía

4 ¹ Pero el Espíritu dice claramente que en los postreros tiempos algunos apostatarán de la fe, escuchando a espíritus engañadores y a doctrinas de demonios;

² por la hipocresía de mentirosos que, teniendo cauterizada la conciencia,

³ prohibirán casarse, y mandarán abstenerse de alimentos que Dios creó para que con acción de gracias participasen de ellos los creyentes y los que han conocido la verdad.

⁴ Porque todo lo que Dios creó es bueno, y nada es de desecharse, si se toma con acción de gracias;

⁵ porque por la palabra de Dios y por la oración es santificado.

ᵃ **2.7** 2 Ti 1.11.   ᵇ **2.9** 1 P 3.3.   ᶜ **2.13** Gn 2.7.
ᵈ **2.13** Gn 2.21, 22.   ᵉ **2.14** Gn 3.1-6.   ᵃ **3.2-7** Tit 1.6-9.

Un buen ministro de Jesucristo

6 Si esto enseñas a los hermanos, serás buen ministro de Jesucristo, nutrido con las palabras de la fe y de la buena doctrina que has seguido.

7 Desecha las fábulas profanas y de viejas. Ejercítate para la piedad;

8 porque el ejercicio corporal para poco es provechoso, pero la piedad para todo aprovecha, pues tiene promesa de esta vida presente, y de la venidera.

9 Palabra fiel es ésta, y digna de ser recibida por todos.

10 Que por esto mismo trabajamos y sufrimos oprobios, porque esperamos en el Dios viviente, que es el Salvador de todos los hombres, mayormente de los que creen.

11 Esto manda y enseña.

12 Ninguno tenga en poco tu juventud, sino sé ejemplo de los creyentes en palabra, conducta, amor, espíritu, fe y pureza.

13 Entre tanto que voy, ocúpate en la lectura, la exhortación y la enseñanza.

14 No descuides el don que hay en ti, que te fue dado mediante profecía con la imposición de las manos del presbiterio.

15 Ocúpate en estas cosas; permanece en ellas, para que tu aprovechamiento sea manifiesto a todos.

16 Ten cuidado de ti mismo y de la doctrina; persiste en ello, pues haciendo esto, te salvarás a ti mismo y a los que te oyeren.

Deberes hacia los demás

5 **1** No reprendas al anciano, sino exhórtale como a padre; a los más jóvenes, como a hermanos;

2 a las ancianas, como a madres; a las jovencitas, como a hermanas, con toda pureza.

3 Honra a las viudas que en verdad lo son.

4 Pero si alguna viuda tiene hijos, o nietos, aprendan éstos primero a ser piadosos para con su propia familia, y a recompensar a sus padres; porque esto es lo bueno y agradable delante de Dios.

5 Mas la que en verdad es viuda y ha quedado sola, espera en Dios, y es diligente en súplicas y oraciones noche y día.

6 Pero la que se entrega a los placeres, viviendo está muerta.

7 Manda también estas cosas, para que sean irreprensibles;

8 porque si alguno no provee para los suyos, y mayormente para los de su casa, ha negado la fe, y es peor que un incrédulo.

9 Sea puesta en la lista sólo la viuda no menor de sesenta años, que haya sido esposa de un solo marido,

10 que tenga testimonio de buenas obras; si ha criado hijos; si ha practicado la hospitalidad; si ha lavado los pies de los santos; si ha socorrido a los afligidos; si ha practicado toda buena obra.

11 Pero viudas más jóvenes no admitas; porque cuando, impulsadas por sus deseos, se rebelan contra Cristo, quieren casarse,

12 incurriendo así en condenación, por haber quebrantado su primera fe.

13 Y también aprenden a ser ociosas, andando de casa en casa; y no solamente ociosas, sino también chismosas y entremetidas, hablando lo que no debieran.

14 Quiero, pues, que las viudas jóvenes se casen, críen hijos, gobiernen su casa; que no den al adversario ninguna ocasión de maledicencia.

15 Porque ya algunas se han apartado en pos de Satanás.

16 Si algún creyente o alguna creyente tiene viudas, que las mantenga, y no sea gravada la iglesia, a fin de que haya lo suficiente para las que en verdad son viudas.

17 Los ancianos que gobiernan bien, sean tenidos por dignos de doble honor, mayormente los que trabajan en predicar y enseñar.

18 Pues la Escritura dice: No pondrás bozal al buey que trilla;[a] y: Digno es el obrero de su salario.[b]

19 Contra un anciano no admitas acusación sino con dos o tres testigos.[c]

20 A los que persisten en pecar, repréndelos delante de todos, para que los demás también teman.

21 Te encarezco delante de Dios y del Señor Jesucristo, y de sus ángeles escogidos, que guardes estas cosas sin prejuicios, no haciendo nada con parcialidad.

---

a 5.18 Dt 25.4.   **b 5.18** Mt 10.10; Lc 10.7.   **c 5.19** Dt 17.6; 19.15.

22 No impongas con ligereza las manos a ninguno, ni participes en pecados ajenos. Consérvate puro.

23 Ya no bebas agua, sino usa de un poco de vino por causa de tu estómago y de tus frecuentes enfermedades.

24 Los pecados de algunos hombres se hacen patentes antes que ellos vengan a juicio, mas a otros se les descubren después.

25 Asimismo se hacen manifiestas las buenas obras; y las que son de otra manera, no pueden permanecer ocultas.

6 **1** Todos los que están bajo el yugo de esclavitud, tengan a sus amos por dignos de todo honor, para que no sea blasfemado el nombre de Dios y la doctrina.

2 Y los que tienen amos creyentes, no los tengan en menos por ser hermanos, sino sírvanles mejor, por cuanto son creyentes y amados los que se benefician de su buen servicio. Esto enseña y exhorta.

Piedad y contentamiento

3 Si alguno enseña otra cosa, y no se conforma a las sanas palabras de nuestro Señor Jesucristo, y a la doctrina que es conforme a la piedad,

4 está envanecido, nada sabe, y delira acerca de cuestiones y contiendas de palabras, de las cuales nacen envidias, pleitos, blasfemias, malas sospechas,

5 disputas necias de hombres corruptos de entendimiento y privados de la verdad, que toman la piedad como fuente de ganancia; apártate de los tales.

6 Pero gran ganancia es la piedad acompañada de contentamiento;

7 porque nada hemos traído a este mundo, y sin duda nada podremos sacar.

8 Así que, teniendo sustento y abrigo, estemos contentos con esto.

9 Porque los que quieren enriquecerse caen en tentación y lazo, y en muchas codicias necias y dañosas, que hunden a los hombres en destrucción y perdición;

10 porque raíz de todos los males es el amor al dinero, el cual codiciando algunos, se extraviaron de la fe, y fueron traspasados de muchos dolores.

La buena batalla de la fe

11 Mas tú, oh hombre de Dios, huye de estas cosas, y sigue la justicia, la piedad, la fe, el amor, la paciencia, la mansedumbre.

12 Pelea la buena batalla de la fe, echa mano de la vida eterna, a la cual asimismo fuiste llamado, habiendo hecho la buena profesión delante de muchos testigos.

13 Te mando delante de Dios, que da vida a todas las cosas, y de Jesucristo, que dio testimonio de la buena profesión delante de Poncio Pilato,[a]

14 que guardes el mandamiento sin mácula ni reprensión, hasta la aparición de nuestro Señor Jesucristo,

15 la cual a su tiempo mostrará el bienaventurado y solo Soberano, Rey de reyes, y Señor de señores,

16 el único que tiene inmortalidad, que habita en luz inaccesible; a quien ninguno de los hombres ha visto ni puede ver, al cual sea la honra y el imperio sempiterno. Amén.

17 A los ricos de este siglo manda que no sean altivos, ni pongan la esperanza en las riquezas, las cuales son inciertas, sino en el Dios vivo, que nos da todas las cosas en abundancia para que las disfrutemos.

18 Que hagan bien, que sean ricos en buenas obras, dadivosos, generosos;

19 atesorando para sí buen fundamento para lo por venir, que echen mano de la vida eterna.

Encargo final

20 Oh Timoteo, guarda lo que se te ha encomendado, evitando las profanas pláticas sobre cosas vanas, y los argumentos de la falsamente llamada ciencia,

21 la cual profesando algunos, se desviaron de la fe. La gracia sea contigo. Amén.

---

a **6.13** Jn 18.37.

TIMOTEO

Salutación

1 ¹ Pablo, apóstol de Jesucristo por la voluntad de Dios, según la promesa de la vida que es en Cristo Jesús,

² a Timoteo,ᵃ amado hijo: Gracia, misericordia y paz, de Dios Padre y de Jesucristo nuestro Señor.

Testificando de Cristo

³ Doy gracias a Dios, al cual sirvo desde mis mayores con limpia conciencia, de que sin cesar me acuerdo de ti en mis oraciones noche y día;

⁴ deseando verte, al acordarme de tus lágrimas, para llenarme de gozo;

⁵ trayendo a la memoria la fe no fingida que hay en ti, la cual habitó primero en tu abuela Loida, y en tu madreᵇ Eunice, y estoy seguro que en ti también.

⁶ Por lo cual te aconsejo que avives el fuego del don de Dios que está en ti por la imposición de mis manos.

⁷ Porque no nos ha dado Dios espíritu de cobardía, sino de poder, de amor y de dominio propio.

⁸ Por tanto, no te avergüences de dar testimonio de nuestro Señor, ni de mí, preso suyo, sino participa de las aflicciones por el evangelio según el poder de Dios,

⁹ quien nos salvó y llamó con llamamiento santo, no conforme a nuestras obras, sino según el propósito suyo y la gracia que nos fue dada en Cristo Jesús antes de los tiempos de los siglos,

¹⁰ pero que ahora ha sido manifestada por la aparición de nuestro Salvador Jesucristo, el cual quitó la muerte y sacó a luz la vida y la inmortalidad por el evangelio,

¹¹ del cual yo fui constituido predicador, apóstol y maestro de los gentiles.ᶜ

¹² Por lo cual asimismo padezco esto; pero no me avergüenzo, porque yo sé a quién he creído, y estoy seguro que es poderoso para guardar mi depósito para aquel día.

¹³ Retén la forma de las sanas palabras que de mí oíste, en la fe y amor que es en Cristo Jesús.

¹⁴ Guarda el buen depósito por el Espíritu Santo que mora en nosotros.

¹⁵ Ya sabes esto, que me abandonaron todos los que están en Asia, de los cuales son Figelo y Hermógenes.

¹⁶ Tenga el Señor misericordia de la casa de Onesíforo, porque muchas veces me confortó, y no se avergonzó de mis cadenas,

¹⁷ sino que cuando estuvo en Roma, me buscó solícitamente y me halló.

¹⁸ Concédale el Señor que halle misericordia cerca del Señor en aquel día. Y cuánto nos ayudó en Éfeso, tú lo sabes mejor.

Un buen soldado de Jesucristo

2 ¹ Tú, pues, hijo mío, esfuérzate en la gracia que es en Cristo Jesús.

² Lo que has oído de mí ante muchos testigos, esto encarga a hombres fieles que sean idóneos para enseñar también a otros.

³ Tú, pues, sufre penalidades como buen soldado de Jesucristo.

⁴ Ninguno que milita se enreda en los negocios de la vida, a fin de agradar a aquel que lo tomó por soldado.

⁵ Y también el que lucha como atleta, no es coronado si no lucha legítimamente.

⁶ El labrador, para participar de los frutos, debe trabajar primero.

⁷ Considera lo que digo, y el Señor te dé entendimiento en todo.

⁸ Acuérdate de Jesucristo, del linaje de David, resucitado de los muertos conforme a mi evangelio,

⁹ en el cual sufro penalidades, hasta prisiones a modo de malhechor; mas la palabra de Dios no está presa.

¹⁰ Por tanto, todo lo soporto por amor de los escogidos, para que ellos también

---

a 1.2 Hch 16.1.   **b 1.5** Hch 16.1.   **c 1.11** 1 Ti 2.7.

obtengan la salvación que es en Cristo Jesús con gloria eterna.

11 Palabra fiel es ésta:

Si somos muertos con él, también viviremos con él;

12 Si sufrimos, también reinaremos con él;

Si le negáremos, él también nos negará.[a]

13 Si fuéremos infieles, él permanece fiel;

Él no puede negarse a sí mismo.

Un obrero aprobado

14 Recuérdales esto, exhortándoles delante del Señor a que no contiendan sobre palabras, lo cual para nada aprovecha, sino que es para perdición de los oyentes.

15 Procura con diligencia presentarte a Dios aprobado, como obrero que no tiene de qué avergonzarse, que usa bien la palabra de verdad.

16 Mas evita profanas y vanas palabrerías, porque conducirán más y más a la impiedad.

17 Y su palabra carcomerá como gangrena; de los cuales son Himeneo y Fileto,

18 que se desviaron de la verdad, diciendo que la resurrección ya se efectuó, y trastornan la fe de algunos.

19 Pero el fundamento de Dios está firme, teniendo este sello: Conoce el Señor a los que son suyos; y: Apártese de iniquidad todo aquel que invoca el nombre de Cristo.

20 Pero en una casa grande, no solamente hay utensilios de oro y de plata, sino también de madera y de barro; y unos son para usos honrosos, y otros para usos viles.

21 Así que, si alguno se limpia de estas cosas, será instrumento para honra, santificado, útil al Señor, y dispuesto para toda buena obra.

22 Huye también de las pasiones juveniles, y sigue la justicia, la fe, el amor y la paz, con los que de corazón limpio invocan al Señor.

23 Pero desecha las cuestiones necias e insensatas, sabiendo que engendran contiendas.

24 Porque el siervo del Señor no debe ser contencioso, sino amable para con todos, apto para enseñar, sufrido;

25 que con mansedumbre corrija a los que se oponen, por si quizá Dios les conceda que se arrepientan para conocer la verdad,

26 y escapen del lazo del diablo, en que están cautivos a voluntad de él.

Carácter de los hombres en los postreros días

3 **1** También debes saber esto: que en los postreros días vendrán tiempos peligrosos.

2 Porque habrá hombres amadores de sí mismos, avaros, vanagloriosos, soberbios, blasfemos, desobedientes a los padres, ingratos, impíos,

3 sin afecto natural, implacables, calumniadores, intemperantes, crueles, aborrecedores de lo bueno,

4 traidores, impetuosos, infatuados, amadores de los deleites más que de Dios,

5 que tendrán apariencia de piedad, pero negarán la eficacia de ella; a éstos evita.

6 Porque de éstos son los que se meten en las casas y llevan cautivas a las mujercillas cargadas de pecados, arrastradas por diversas concupiscencias.

7 Éstas siempre están aprendiendo, y nunca pueden llegar al conocimiento de la verdad.

8 Y de la manera que Janes y Jambres resistieron a Moisés,[a] así también éstos resisten a la verdad; hombres corruptos de entendimiento, réprobos en cuanto a la fe.

9 Mas no irán más adelante; porque su insensatez será manifiesta a todos, como también lo fue la de aquéllos.

10 Pero tú has seguido mi doctrina, conducta, propósito, fe, longanimidad, amor, paciencia,

11 persecuciones, padecimientos, como los que me sobrevinieron en Antioquía,[b] en Iconio,[c] en Listra;[d] persecuciones que he sufrido, y de todas me ha librado el Señor.

12 Y también todos los que quieren vivir piadosamente en Cristo Jesús padecerán persecución;

13 mas los malos hombres y los engañadores irán de mal en peor, engañando y siendo engañados.

14 Pero persiste tú en lo que has aprendido y te persuadiste, sabiendo de quién has aprendido;

---

a 2.12 Mt 10.33; Lc 12.9.   **a 3.8** Éx 7.11.   **b 3.11** Hch 13.14-52.
c 3.11 Hch 14.1-7.   **d 3.11** Hch 14.8-20.

15 y que desde la niñez has sabido las Sagradas Escrituras, las cuales te pueden hacer sabio para la salvación por la fe que es en Cristo Jesús.

16 Toda la Escritura es inspirada por Dios, y útil para enseñar, para redargüir, para corregir, para instruir en justicia,

17 a fin de que el hombre de Dios sea perfecto, enteramente preparado para toda buena obra.

Predica la palabra

4 ¹ Te encarezco delante de Dios y del Señor Jesucristo, que juzgará a los vivos y a los muertos en su manifestación y en su reino,

2 que prediques la palabra; que instes a tiempo y fuera de tiempo; redarguye, reprende, exhorta con toda paciencia y doctrina.

3 Porque vendrá tiempo cuando no sufrirán la sana doctrina, sino que teniendo comezón de oír, se amontonarán maestros conforme a sus propias concupiscencias,

4 y apartarán de la verdad el oído y se volverán a las fábulas.

5 Pero tú sé sobrio en todo, soporta las aflicciones, haz obra de evangelista, cumple tu ministerio.

6 Porque yo ya estoy para ser sacrificado, y el tiempo de mi partida está cercano.

7 He peleado la buena batalla, he acabado la carrera, he guardado la fe.

8 Por lo demás, me está guardada la corona de justicia, la cual me dará el Señor, juez justo, en aquel día; y no sólo a mí, sino también a todos los que aman su venida.

Instrucciones personales

9 Procura venir pronto a verme,

10 porque Demas[a] me ha desamparado, amando este mundo, y se ha ido a Tesalónica. Crescente fue a Galacia, y Tito[b] a Dalmacia.

11 Sólo Lucas[c] está conmigo. Toma a Marcos[d] y tráele contigo, porque me es útil para el ministerio.

12 A Tíquico[e] lo envié a Éfeso.

13 Trae, cuando vengas, el capote que dejé en Troas[f] en casa de Carpo, y los libros, mayormente los pergaminos.

14 Alejandro[g] el calderero me ha causado muchos males; el Señor le pague conforme a sus hechos.

15 Guárdate tú también de él, pues en gran manera se ha opuesto a nuestras palabras.

16 En mi primera defensa ninguno estuvo a mi lado, sino que todos me desampararon; no les sea tomado en cuenta.

17 Pero el Señor estuvo a mi lado, y me dio fuerzas, para que por mí fuese cumplida la predicación, y que todos los gentiles oyesen. Así fui librado de la boca del león.

18 Y el Señor me librará de toda obra mala, y me preservará para su reino celestial. A él sea gloria por los siglos de los siglos. Amén.

Saludos y bendición final

19 Saluda a Prisca y a Aquila,[h] y a la casa de Onesíforo.[i]

20 Erasto[j] se quedó en Corinto, y a Trófimo[k] dejé en Mileto enfermo.

21 Procura venir antes del invierno. Eubulo te saluda, y Pudente, Lino, Claudia y todos los hermanos.

22 El Señor Jesucristo esté con tu espíritu. La gracia sea con vosotros. Amén.

---

a 4.10 Col 4.14; Flm 24.　**b 4.10** 2 Co 8.23; Gá 2.3; Tit 1.4. **c 4.11** Col 4.14; Flm 24.　**d 4.11** Hch 12.12, 25; 13.13; 15.37-39; Col 4.10; Flm 24.　**e 4.12** Hch 20.4; Ef 6.21, 22; Col 4.7, 8.　**f 4.13** Hch 20.6.　**g 4.14** 1 Ti 1.20. **h 4.19** Hch 18.2.　**i 4.19** 2 Ti 1.16, 17.　**j 4.20** Hch 19.22; Ro 16.23.　**k 4.20** Hch 20.4; 21.29.

Salutación

1 ¹ Pablo, siervo de Dios y apóstol de Jesucristo, conforme a la fe de los escogidos de Dios y el conocimiento de la verdad que es según la piedad,

² en la esperanza de la vida eterna, la cual Dios, que no miente, prometió desde antes del principio de los siglos,

³ y a su debido tiempo manifestó su palabra por medio de la predicación que me fue encomendada por mandato de Dios nuestro Salvador,

⁴ a Tito,ᵃ verdadero hijo en la común fe: Gracia, misericordia y paz, de Dios Padre y del Señor Jesucristo nuestro Salvador.

Requisitos de ancianos y obispos

⁵ Por esta causa te dejé en Creta, para que corrigieses lo deficiente, y establecieses ancianos en cada ciudad, así como yo te mandé;

⁶ el que fuere irreprensible, marido de una sola mujer, y tenga hijos creyentes que no estén acusados de disolución ni de rebeldía.

⁷ Porque es necesario que el obispo sea irreprensible, como administrador de Dios; no soberbio, no iracundo, no dado al vino, no pendenciero, no codicioso de ganancias deshonestas,

⁸ sino hospedador, amante de lo bueno, sobrio, justo, santo, dueño de sí mismo,

⁹ retenedor de la palabra fiel tal como ha sido enseñada, para que también pueda exhortar con sana enseñanza y convencer a los que contradicen.ᵇ

¹⁰ Porque hay aún muchos contumaces, habladores de vanidades y engañadores, mayormente los de la circuncisión,

¹¹ a los cuales es preciso tapar la boca; que trastornan casas enteras, enseñando por ganancia deshonesta lo que no conviene.

¹² Uno de ellos, su propio profeta, dijo: Los cretenses, siempre mentirosos, malas bestias, glotones ociosos.

¹³ Este testimonio es verdadero; por tanto, repréndelos duramente, para que sean sanos en la fe,

¹⁴ no atendiendo a fábulas judaicas, ni a mandamientos de hombres que se apartan de la verdad.

¹⁵ Todas las cosas son puras para los puros, mas para los corrompidos e incrédulos nada les es puro; pues hasta su mente y su conciencia están corrompidas.

¹⁶ Profesan conocer a Dios, pero con los hechos lo niegan, siendo abominables y rebeldes, reprobados en cuanto a toda buena obra.

Enseñanza de la sana doctrina

2 ¹ Pero tú habla lo que está de acuerdo con la sana doctrina.

² Que los ancianos sean sobrios, serios, prudentes, sanos en la fe, en el amor, en la paciencia.

³ Las ancianas asimismo sean reverentes en su porte; no calumniadoras, no esclavas del vino, maestras del bien;

⁴ que enseñen a las mujeres jóvenes a amar a sus maridos y a sus hijos,

⁵ a ser prudentes, castas, cuidadosas de su casa, buenas, sujetas a sus maridos, para que la palabra de Dios no sea blasfemada.

⁶ Exhorta asimismo a los jóvenes a que sean prudentes;

⁷ presentándote tú en todo como ejemplo de buenas obras; en la enseñanza mostrando integridad, seriedad,

⁸ palabra sana e irreprochable, de modo que el adversario se avergüence, y no tenga nada malo que decir de vosotros.

⁹ Exhorta a los siervos a que se sujeten a sus amos, que agraden en todo, que no sean respondones;

¹⁰ no defraudando, sino mostrándose fieles en todo, para que en todo adornen la doctrina de Dios nuestro Salvador.

---

a 1.4 2 Co 8.23; Gá 2.3; 2 Ti 4.10. **b 1.6-9** 1 Ti 3.2-7.

11 Porque la gracia de Dios se ha manifestado para salvación a todos los hombres,

12 enseñándonos que, renunciando a la impiedad y a los deseos mundanos, vivamos en este siglo sobria, justa y piadosamente,

13 aguardando la esperanza bienaventurada y la manifestación gloriosa de nuestro gran Dios y Salvador Jesucristo,

14 quien se dio a sí mismo por nosotros para redimirnos de toda iniquidad[a] y purificar para sí un pueblo propio,[b] celoso de buenas obras.

15 Esto habla, y exhorta y reprende con toda autoridad. Nadie te menosprecie.

Justificados por gracia

3 **1** Recuérdales que se sujeten a los gobernantes y autoridades, que obedezcan, que estén dispuestos a toda buena obra.

2 Que a nadie difamen, que no sean pendencieros, sino amables, mostrando toda mansedumbre para con todos los hombres.

3 Porque nosotros también éramos en otro tiempo insensatos, rebeldes, extraviados, esclavos de concupiscencias y deleites diversos, viviendo en malicia y envidia, aborrecibles, y aborreciéndonos unos a otros.

4 Pero cuando se manifestó la bondad de Dios nuestro Salvador, y su amor para con los hombres,

5 nos salvó, no por obras de justicia que nosotros hubiéramos hecho, sino por su misericordia, por el lavamiento de la regeneración y por la renovación en el Espíritu Santo,

6 el cual derramó en nosotros abundantemente por Jesucristo nuestro Salvador,

7 para que justificados por su gracia, viniésemos a ser herederos conforme a la esperanza de la vida eterna.

8 Palabra fiel es ésta, y en estas cosas quiero que insistas con firmeza, para que los que creen en Dios procuren ocuparse en buenas obras. Estas cosas son buenas y útiles a los hombres.

9 Pero evita las cuestiones necias, y genealogías, y contenciones, y discusiones acerca de la ley; porque son vanas y sin provecho.

10 Al hombre que cause divisiones, después de una y otra amonestación deséchalo,

11 sabiendo que el tal se ha pervertido, y peca y está condenado por su propio juicio.

Instrucciones personales

12 Cuando envíe a ti a Artemas o a Tíquico,[a] apresúrate a venir a mí en Nicópolis, porque allí he determinado pasar el invierno.

13 A Zenas intérprete de la ley, y a Apolos,[b] encamínales con solicitud, de modo que nada les falte.

14 Y aprendan también los nuestros a ocuparse en buenas obras para los casos de necesidad, para que no sean sin fruto.

Salutaciones y bendición final

15 Todos los que están conmigo te saludan. Saluda a los que nos aman en la fe.

La gracia sea con todos vosotros. Amén.

---

a 2.14 Sal 130.8. **b 2.14** Éx 19.5; Dt 4.20; 7.6; 14.2; 26.18; 1 P 2.9. **a 3.12** Hch 20.4; Ef 6.21, 22; Col 4.7, 8; 2 Ti 4.12. **b 3.13** Hch 18.24; 1 Co 16.12.

FILEMÓN

Salutación

[1] Pablo, prisionero de Jesucristo, y el hermano Timoteo, al amado Filemón, colaborador nuestro,
[2] y a la amada hermana Apia, y a Arquipo[a] nuestro compañero de milicia, y a la iglesia que está en tu casa:
[3] Gracia y paz a vosotros, de Dios nuestro Padre y del Señor Jesucristo.

El amor y la fe de Filemón

[4] Doy gracias a mi Dios, haciendo siempre memoria de ti en mis oraciones,
[5] porque oigo del amor y de la fe que tienes hacia el Señor Jesús, y para con todos los santos;
[6] para que la participación de tu fe sea eficaz en el conocimiento de todo el bien que está en vosotros por Cristo Jesús.
[7] Pues tenemos gran gozo y consolación en tu amor, porque por ti, oh hermano, han sido confortados los corazones de los santos.

Pablo intercede por Onésimo

[8] Por lo cual, aunque tengo mucha libertad en Cristo para mandarte lo que conviene,
[9] más bien te ruego por amor, siendo como soy, Pablo ya anciano, y ahora, además, prisionero de Jesucristo;
[10] te ruego por mi hijo Onésimo,[1,b] a quien engendré en mis prisiones,
[11] el cual en otro tiempo te fue inútil, pero ahora a ti y a mí nos es útil,
[12] el cual vuelvo a enviarte; tú, pues, recíbele como a mí mismo.
[13] Yo quisiera retenerle conmigo, para que en lugar tuyo me sirviese en mis prisiones por el evangelio;
[14] pero nada quise hacer sin tu consentimiento, para que tu favor no fuese como de necesidad, sino voluntario.
[15] Porque quizá para esto se apartó de ti por algún tiempo, para que le recibieses para siempre;
[16] no ya como esclavo, sino como más que esclavo, como hermano amado, mayormente para mí, pero cuánto más para ti, tanto en la carne como en el Señor.
[17] Así que, si me tienes por compañero, recíbele como a mí mismo.
[18] Y si en algo te dañó, o te debe, ponlo a mi cuenta.
[19] Yo Pablo lo escribo de mi mano, yo lo pagaré; por no decirte que aun tú mismo te me debes también.
[20] Sí, hermano, tenga yo algún provecho de ti en el Señor; conforta mi corazón en el Señor.
[21] Te he escrito confiando en tu obediencia, sabiendo que harás aun más de lo que te digo.
[22] Prepárame también alojamiento; porque espero que por vuestras oraciones os seré concedido.

Salutaciones y bendición final

[23] Te saludan Epafras,[c] mi compañero de prisiones por Cristo Jesús,
[24] Marcos,[d] Aristarco,[e] Demas[f] y Lucas,[g] mis colaboradores.
[25] La gracia de nuestro Señor Jesucristo sea con vuestro espíritu. Amén.

1. 1.10 Esto es, *útil* (v. 11) o *provechoso* (v. 20).
a 2 Col 4.17.   **b 10** Col 4.9.   **c 23** Col 1.7; 4.12.
d 24 Hch 12.12, 25; 13.13; 15.37-39; Col 4.10.   **e 24** Hch 19.29; 27.2; Col 4.10.   **f 24** Col 4.14; 2 Ti 4.10.   **g 24** Col 4.14; 2 Ti 4.11.

Dios ha hablado por su Hijo

1 ¹ Dios, habiendo hablado muchas veces y de muchas maneras en otro tiempo a los padres por los profetas,

² en estos postreros días nos ha hablado por el Hijo, a quien constituyó heredero de todo, y por quien asimismo hizo el universo;

³ el cual, siendo el resplandor de su gloria, y la imagen misma de su sustancia, y quien sustenta todas las cosas con la palabra de su poder, habiendo efectuado la purificación de nuestros pecados por medio de sí mismo, se sentó a la diestra de la Majestad en las alturas,

⁴ hecho tanto superior a los ángeles, cuanto heredó más excelente nombre que ellos.

El Hijo, superior a los ángeles

⁵ Porque ¿a cuál de los ángeles dijo Dios jamás:

Mi Hijo eres tú,
Yo te he engendrado hoy,ᵃ

y otra vez:

Yo seré a él Padre,
Y él me será a mí hijo?ᵇ

⁶ Y otra vez, cuando introduce al Primogénito en el mundo, dice:

Adórenle todos los ángeles de Dios.ᶜ

⁷ Ciertamente de los ángeles dice:

El que hace a sus ángeles espíritus,
Y a sus ministros llama de fuego.ᵈ

⁸ Mas del Hijo dice:

Tu trono, oh Dios, por el siglo del siglo;
Cetro de equidad es el cetro de tu reino.

⁹ Has amado la justicia, y aborrecido la maldad,
Por lo cual te ungió Dios, el Dios tuyo,
Con óleo de alegría más que a tus compañeros.ᵉ

¹⁰ Y:

Tú, oh Señor, en el principio fundaste la tierra,
Y los cielos son obra de tus manos.

¹¹ Ellos perecerán, mas tú permaneces;
Y todos ellos se envejecerán como una vestidura,

¹² Y como un vestido los envolverás, y serán mudados;
Pero tú eres el mismo,
Y tus años no acabarán.ᶠ

¹³ Pues, ¿a cuál de los ángeles dijo Dios jamás:

Siéntate a mi diestra,
Hasta que ponga a tus enemigos por estrado de tus pies?ᵍ

¹⁴ ¿No son todos espíritus ministradores, enviados para servicio a favor de los que serán herederos de la salvación?

Una salvación tan grande

2 ¹ Por tanto, es necesario que con más diligencia atendamos a las cosas que hemos oído, no sea que nos deslicemos.

² Porque si la palabra dicha por medio de los ángeles fue firme, y toda transgresión y desobediencia recibió justa retribución,

³ ¿cómo escaparemos nosotros, si descuidamos una salvación tan grande? La cual, habiendo sido anunciada primeramente por el Señor, nos fue confirmada por los que oyeron,

⁴ testificando Dios juntamente con ellos, con señales y prodigios y diversos milagros y repartimientos del Espíritu Santo según su voluntad.

El autor de la salvación

⁵ Porque no sujetó a los ángeles el mundo venidero, acerca del cual estamos hablando;

ᵃ **1.5** Sal 2.7. ᵇ **1.5** 2 S 7.14; 1 Cr 17.13. ᶜ **1.6** Dt 32.43 (Gr.).
ᵈ **1.7** Sal 104.4. ᵉ **1.8, 9** Sal 45.6, 7. ᶠ **1.10-12** Sal 102.25-27.
ᵍ **1.13** Sal 110.1.

6 pero alguien testificó en cierto lugar, diciendo:

¿Qué es el hombre, para que te acuerdes de él,
O el hijo del hombre, para que le visites?

7 Le hiciste un poco menor que los ángeles,
Le coronaste de gloria y de honra,
Y le pusiste sobre las obras de tus manos;

8 Todo lo sujetaste bajo sus pies.ª

Porque en cuanto le sujetó todas las cosas, nada dejó que no sea sujeto a él; pero todavía no vemos que todas las cosas le sean sujetas.

9 Pero vemos a aquel que fue hecho un poco menor que los ángeles, a Jesús, coronado de gloria y de honra, a causa del padecimiento de la muerte, para que por la gracia de Dios gustase la muerte por todos.

10 Porque convenía a aquel por cuya causa son todas las cosas, y por quien todas las cosas subsisten, que habiendo de llevar muchos hijos a la gloria, perfeccionase por aflicciones al autor de la salvación de ellos.

11 Porque el que santifica y los que son santificados, de uno son todos; por lo cual no se avergüenza de llamarlos hermanos,

12 diciendo:

Anunciaré a mis hermanos tu nombre,
En medio de la congregación te alabaré.ᵇ

13 Y otra vez:

Yo confiaré en él.ᶜ

Y de nuevo:

He aquí, yo y los hijos que Dios me dio.ᵈ

14 Así que, por cuanto los hijos participaron de carne y sangre, él también participó de lo mismo, para destruir por medio de la muerte al que tenía el imperio de la muerte, esto es, al diablo,

15 y librar a todos los que por el temor de la muerte estaban durante toda la vida sujetos a servidumbre.

16 Porque ciertamente no socorrió a los ángeles, sino que socorrió a la descendencia de Abraham.

17 Por lo cual debía ser en todo semejante a sus hermanos, para venir a ser misericordioso y fiel sumo sacerdote en lo que a Dios se refiere, para expiar los pecados del pueblo.

18 Pues en cuanto él mismo padeció siendo tentado, es poderoso para socorrer a los que son tentados.

Jesús es superior a Moisés

3 **1** Por tanto, hermanos santos, participantes del llamamiento celestial, considerad al apóstol y sumo sacerdote de nuestra profesión, Cristo Jesús;

2 el cual es fiel al que le constituyó, como también lo fue Moisés en toda la casa de Dios.ª

3 Porque de tanto mayor gloria que Moisés es estimado digno éste, cuanto tiene mayor honra que la casa el que la hizo.

4 Porque toda casa es hecha por alguno; pero el que hizo todas las cosas es Dios.

5 Y Moisés a la verdad fue fiel en toda la casa de Dios, como siervo, para testimonio de lo que se iba a decir;

6 pero Cristo como hijo sobre su casa, la cual casa somos nosotros, si retenemos firme hasta el fin la confianza y el gloriarnos en la esperanza.

El reposo del pueblo de Dios

7 Por lo cual, como dice el Espíritu Santo:

Si oyereis hoy su voz,

8 No endurezcáis vuestros corazones,
Como en la provocación, en el día de la tentación en el desierto,

9 Donde me tentaron vuestros padres; me probaron,
Y vieron mis obras cuarenta años.

10 A causa de lo cual me disgusté contra esa generación,
Y dije: Siempre andan vagando en su corazón,
Y no han conocido mis caminos.

11 Por tanto, juré en mi ira:
No entrarán en mi reposo.ᵇ

12 Mirad, hermanos, que no haya en ninguno de vosotros corazón malo de incredulidad para apartarse del Dios vivo;

13 antes exhortaos los unos a los otros cada día, entre tanto que se dice: Hoy; para que ninguno de vosotros se endurezca por el engaño del pecado.

---

a 2.6-8 Sal 8.4-6.   **b 2.12** Sal 22.22.   **c 2.13** Is 8.17.
d 2.13 Is 8.18.   **a 3.2** Nm 12.7.   **b 3.7-11** Sal 95.7-11.

14 Porque somos hechos participantes de Cristo, con tal que retengamos firme hasta el fin nuestra confianza del principio,
15 entre tanto que se dice:

Si oyereis hoy su voz,
No endurezcáis vuestros corazones,
como en la provocación.[c]

16 ¿Quiénes fueron los que, habiendo oído, le provocaron? ¿No fueron todos los que salieron de Egipto por mano de Moisés?
17 ¿Y con quiénes estuvo él disgustado cuarenta años? ¿No fue con los que pecaron, cuyos cuerpos cayeron en el desierto?
18 ¿Y a quiénes juró que no entrarían en su reposo, sino a aquellos que desobedecieron?[d]
19 Y vemos que no pudieron entrar a causa de incredulidad.

4 **1** Temamos, pues, no sea que permaneciendo aún la promesa de entrar en su reposo, alguno de vosotros parezca no haberlo alcanzado.
2 Porque también a nosotros se nos ha anunciado la buena nueva como a ellos; pero no les aprovechó el oír la palabra, por no ir acompañada de fe en los que la oyeron.
3 Pero los que hemos creído entramos en el reposo, de la manera que dijo:

Por tanto, juré en mi ira,
No entrarán en mi reposo;[a]

aunque las obras suyas estaban acabadas desde la fundación del mundo.
4 Porque en cierto lugar dijo así del séptimo día: Y reposó Dios de todas sus obras en el séptimo día.[b]
5 Y otra vez aquí: No entrarán en mi reposo.[c]
6 Por lo tanto, puesto que falta que algunos entren en él, y aquellos a quienes primero se les anunció la buena nueva no entraron por causa de desobediencia,
7 otra vez determina un día: Hoy, diciendo después de tanto tiempo, por medio de David, como se dijo:

Si oyereis hoy su voz,
No endurezcáis vuestros corazones.[d]

8 Porque si Josué les hubiera dado el reposo,[e] no hablaría después de otro día.
9 Por tanto, queda un reposo para el pueblo de Dios.

10 Porque el que ha entrado en su reposo, también ha reposado de sus obras, como Dios de las suyas.[f]
11 Procuremos, pues, entrar en aquel reposo, para que ninguno caiga en semejante ejemplo de desobediencia.
12 Porque la palabra de Dios es viva y eficaz, y más cortante que toda espada de dos filos; y penetra hasta partir el alma y el espíritu, las coyunturas y los tuétanos, y discierne los pensamientos y las intenciones del corazón.
13 Y no hay cosa creada que no sea manifiesta en su presencia; antes bien todas las cosas están desnudas y abiertas a los ojos de aquel a quien tenemos que dar cuenta.

Jesús el gran sumo sacerdote

14 Por tanto, teniendo un gran sumo sacerdote que traspasó los cielos, Jesús el Hijo de Dios, retengamos nuestra profesión.
15 Porque no tenemos un sumo sacerdote que no pueda compadecerse de nuestras debilidades, sino uno que fue tentado en todo según nuestra semejanza, pero sin pecado.
16 Acerquémonos, pues, confiadamente al trono de la gracia, para alcanzar misericordia y hallar gracia para el oportuno socorro.

5 **1** Porque todo sumo sacerdote tomado de entre los hombres es constituido a favor de los hombres en lo que a Dios se refiere, para que presente ofrendas y sacrificios por los pecados;
2 para que se muestre paciente con los ignorantes y extraviados, puesto que él también está rodeado de debilidad;
3 y por causa de ella debe ofrecer por los pecados, tanto por sí mismo como también por el pueblo.[a]
4 Y nadie toma para sí esta honra, sino el que es llamado por Dios, como lo fue Aarón.[b]
5 Así tampoco Cristo se glorificó a sí mismo haciéndose sumo sacerdote, sino el que le dijo:

Tú eres mi Hijo,
Yo te he engendrado hoy.[c]

---

c 3.15 Sal 95.7, 8.   d 3.16-18 Nm 14.1-35.   a 4.3 Sal 95.11.
b 4.4 Gn 2.2.   c 4.5 Sal 95.11.   d 4.7 Sal 95.7, 8.
e 4.8 Dt 31.7; Jos 22.4.   f 4.10 Gn 2.2.   a 5.3 Lv 9.7.
b 5.4 Éx 28.1.   c 5.5 Sal 2.7.

6 Como también dice en otro lugar:

Tú eres sacerdote para siempre,
Según el orden de Melquisedec.[d]

7 Y Cristo, en los días de su carne, ofreciendo ruegos y súplicas con gran clamor y lágrimas al que le podía librar de la muerte,[e] fue oído a causa de su temor reverente.

8 Y aunque era Hijo, por lo que padeció aprendió la obediencia;

9 y habiendo sido perfeccionado, vino a ser autor de eterna salvación para todos los que le obedecen;

10 y fue declarado por Dios sumo sacerdote según el orden de Melquisedec.

Advertencia contra la apostasía

11 Acerca de esto tenemos mucho que decir, y difícil de explicar, por cuanto os habéis hecho tardos para oír.

12 Porque debiendo ser ya maestros, después de tanto tiempo, tenéis necesidad de que se os vuelva a enseñar cuáles son los primeros rudimentos de las palabras de Dios; y habéis llegado a ser tales que tenéis necesidad de leche, y no de alimento sólido.

13 Y todo aquel que participa de la leche es inexperto en la palabra de justicia, porque es niño;[f]

14 pero el alimento sólido es para los que han alcanzado madurez, para los que por el uso tienen los sentidos ejercitados en el discernimiento del bien y del mal.

6 **1** Por tanto, dejando ya los rudimentos de la doctrina de Cristo, vamos adelante a la perfección; no echando otra vez el fundamento del arrepentimiento de obras muertas, de la fe en Dios,

2 de la doctrina de bautismos, de la imposición de manos, de la resurrección de los muertos y del juicio eterno.

3 Y esto haremos, si Dios en verdad lo permite.

Advertencia contra la apostasía

4 Porque es imposible que los que una vez fueron iluminados y gustaron del don celestial, y fueron hechos partícipes del Espíritu Santo,

5 y asimismo gustaron de la buena palabra de Dios y los poderes del siglo venidero,

6 y recayeron, sean otra vez renovados para arrepentimiento, crucificando de nuevo para sí mismos al Hijo de Dios y exponiéndole a vituperio.

7 Porque la tierra que bebe la lluvia que muchas veces cae sobre ella, y produce hierba provechosa a aquellos por los cuales es labrada, recibe bendición de Dios;

8 pero la que produce espinos y abrojos es reprobada, está próxima a ser maldecida,[a] y su fin es el ser quemada.

9 Pero en cuanto a vosotros, oh amados, estamos persuadidos de cosas mejores, y que pertenecen a la salvación, aunque hablamos así.

10 Porque Dios no es injusto para olvidar vuestra obra y el trabajo de amor que habéis mostrado hacia su nombre, habiendo servido a los santos y sirviéndoles aún.

11 Pero deseamos que cada uno de vosotros muestre la misma solicitud hasta el fin, para plena certeza de la esperanza,

12 a fin de que no os hagáis perezosos, sino imitadores de aquellos que por la fe y la paciencia heredan las promesas.

13 Porque cuando Dios hizo la promesa a Abraham, no pudiendo jurar por otro mayor, juró por sí mismo,

14 diciendo: De cierto te bendeciré con abundancia y te multiplicaré grandemente.[b]

15 Y habiendo esperado con paciencia, alcanzó la promesa.

16 Porque los hombres ciertamente juran por uno mayor que ellos, y para ellos el fin de toda controversia es el juramento para confirmación.

17 Por lo cual, queriendo Dios mostrar más abundantemente a los herederos de la promesa la inmutabilidad de su consejo, interpuso juramento;

18 para que por dos cosas inmutables, en las cuales es imposible que Dios mienta, tengamos un fortísimo consuelo los que hemos acudido para asirnos de la esperanza puesta delante de nosotros.

19 La cual tenemos como segura y firme ancla del alma, y que penetra hasta dentro del velo,[c]

20 donde Jesús entró por nosotros como precursor, hecho sumo sacerdote para siempre según el orden de Melquisedec.[d]

d **5.6** Sal 110.4.   e **5.7** Mt 26.36-46; Mr 14.32-42; Lc 22.39-46.
f **5.12, 13** 1 Co 3.2.   a **6.8** Gn 3.17, 18.   b **6.14** Gn 22.16, 17.
c **6.19** Lv 16.2.   d **6.20** Sal 110.4.

El sacerdocio de Melquisedec

7 **1** Porque este Melquisedec, rey de Salem, sacerdote del Dios Altísimo, que salió a recibir a Abraham que volvía de la derrota de los reyes, y le bendijo,

2 a quien asimismo dio Abraham los diezmos de todo;[a] cuyo nombre significa primeramente Rey de justicia, y también Rey de Salem, esto es, Rey de paz;

3 sin padre, sin madre, sin genealogía; que ni tiene principio de días, ni fin de vida, sino hecho semejante al Hijo de Dios, permanece sacerdote para siempre.

4 Considerad, pues, cuán grande era éste, a quien aun Abraham el patriarca dio diezmos del botín.

5 Ciertamente los que de entre los hijos de Leví reciben el sacerdocio, tienen mandamiento de tomar del pueblo los diezmos según la ley,[b] es decir, de sus hermanos, aunque éstos también hayan salido de los lomos de Abraham.

6 Pero aquel cuya genealogía no es contada de entre ellos, tomó de Abraham los diezmos, y bendijo al que tenía las promesas.

7 Y sin discusión alguna, el menor es bendecido por el mayor.

8 Y aquí ciertamente reciben los diezmos hombres mortales; pero allí, uno de quien se da testimonio de que vive.

9 Y por decirlo así, en Abraham pagó el diezmo también Leví, que recibe los diezmos;

10 porque aún estaba en los lomos de su padre cuando Melquisedec le salió al encuentro.

11 Si, pues, la perfección fuera por el sacerdocio levítico (porque bajo él recibió el pueblo la ley), ¿qué necesidad habría aún de que se levantase otro sacerdote, según el orden de Melquisedec, y que no fuese llamado según el orden de Aarón?

12 Porque cambiado el sacerdocio, necesario es que haya también cambio de ley;

13 y aquel de quien se dice esto, es de otra tribu, de la cual nadie sirvió al altar.

14 Porque manifiesto es que nuestro Señor vino de la tribu de Judá, de la cual nada habló Moisés tocante al sacerdocio.

15 Y esto es aun más manifiesto, si a semejanza de Melquisedec se levanta un sacerdote distinto,

16 no constituido conforme a la ley del mandamiento acerca de la descendencia, sino según el poder de una vida indestructible.

17 Pues se da testimonio de él:

Tú eres sacerdote para siempre,
Según el orden de Melquisedec.[c]

18 Queda, pues, abrogado el mandamiento anterior a causa de su debilidad e ineficacia

19 (pues nada perfeccionó la ley), y de la introducción de una mejor esperanza, por la cual nos acercamos a Dios.

20 Y esto no fue hecho sin juramento;

21 porque los otros ciertamente sin juramento fueron hechos sacerdotes; pero éste, con el juramento del que le dijo:

Juró el Señor, y no se arrepentirá:
Tú eres sacerdote para siempre,
Según el orden de Melquisedec.[d]

22 Por tanto, Jesús es hecho fiador de un mejor pacto.

Jesucristo, nuestro intercesor

23 Y los otros sacerdotes llegaron a ser muchos, debido a que por la muerte no podían continuar;

24 mas éste, por cuanto permanece para siempre, tiene un sacerdocio inmutable;

25 por lo cual puede también salvar perpetuamente a los que por él se acercan a Dios, viviendo siempre para interceder por ellos.

26 Porque tal sumo sacerdote nos convenía: santo, inocente, sin mancha, apartado de los pecadores, y hecho más sublime que los cielos;

27 que no tiene necesidad cada día, como aquellos sumos sacerdotes, de ofrecer primero sacrificios por sus propios pecados, y luego por los del pueblo;[e] porque esto lo hizo una vez para siempre, ofreciéndose a sí mismo.

28 Porque la ley constituye sumos sacerdotes a débiles hombres; pero la palabra del juramento, posterior a la ley, al Hijo, hecho perfecto para siempre.

El mediador de un nuevo pacto

8 **1** Ahora bien, el punto principal de lo que venimos diciendo es que tenemos

---

a 7.1, 2 Gn 14.17-20.   **b 7.5** Nm 18.21.   **c 7.17** Sal 110.4.
d 7.21 Sal 110.4.   **e 7.27** Lv 9.7.

tal sumo sacerdote, el cual se sentó a la diestra del trono de la Majestad en los cielos,[a]

[2] ministro del santuario, y de aquel verdadero tabernáculo que levantó el Señor, y no el hombre.

[3] Porque todo sumo sacerdote está constituido para presentar ofrendas y sacrificios; por lo cual es necesario que también éste tenga algo que ofrecer.

[4] Así que, si estuviese sobre la tierra, ni siquiera sería sacerdote, habiendo aún sacerdotes que presentan las ofrendas según la ley;

[5] los cuales sirven a lo que es figura y sombra de las cosas celestiales, como se le advirtió a Moisés cuando iba a erigir el tabernáculo, diciéndole: Mira, haz todas las cosas conforme al modelo que se te ha mostrado en el monte.[b]

[6] Pero ahora tanto mejor ministerio es el suyo, cuanto es mediador de un mejor pacto, establecido sobre mejores promesas.

[7] Porque si aquel primero hubiera sido sin defecto, ciertamente no se hubiera procurado lugar para el segundo.

[8] Porque reprendiéndolos dice:
He aquí vienen días, dice el Señor,
En que estableceré con la casa de
   Israel y la casa de Judá un nuevo
   pacto;
[9] No como el pacto que hice con sus
   padres
El día que los tomé de la mano para
   sacarlos de la tierra de Egipto;
Porque ellos no permanecieron en mi
   pacto,
Y yo me desentendí de ellos, dice el
   Señor.
[10] Por lo cual, éste es el pacto que haré
   con la casa de Israel
Después de aquellos días, dice el
   Señor:
Pondré mis leyes en la mente de
   ellos,
Y sobre su corazón las escribiré;
Y seré a ellos por Dios,
Y ellos me serán a mí por pueblo;

[11] Y ninguno enseñará a su prójimo,
Ni ninguno a su hermano, diciendo:
   Conoce al Señor;
Porque todos me conocerán,
Desde el menor hasta el mayor de
   ellos.
[12] Porque seré propicio a sus injusticias,
Y nunca más me acordaré de sus
   pecados y de sus iniquidades.[c]

[13] Al decir: Nuevo pacto, ha dado por viejo al primero; y lo que se da por viejo y se envejece, está próximo a desaparecer.

9 [1] Ahora bien, aun el primer pacto tenía ordenanzas de culto y un santuario terrenal.

[2] Porque el tabernáculo[a] estaba dispuesto así: en la primera parte, llamada el Lugar Santo, estaban el candelabro,[b] la mesa y los panes de la proposición.[c]

[3] Tras el segundo velo estaba la parte del tabernáculo llamada el Lugar Santísimo,[d]

[4] el cual tenía un incensario de oro[e] y el arca del pacto cubierta de oro por todas partes,[f] en la que estaba una urna de oro que contenía el maná,[g] la vara de Aarón que reverdeció,[h] y las tablas del pacto;[i]

[5] y sobre ella los querubines de gloria que cubrían el propiciatorio;[j] de las cuales cosas no se puede ahora hablar en detalle.

[6] Y así dispuestas estas cosas, en la primera parte del tabernáculo entran los sacerdotes continuamente para cumplir los oficios del culto;[k]

[7] pero en la segunda parte, sólo el sumo sacerdote una vez al año, no sin sangre, la cual ofrece por sí mismo y por los pecados de ignorancia del pueblo;[l]

[8] dando el Espíritu Santo a entender con esto que aún no se había manifestado el camino al Lugar Santísimo, entre tanto que la primera parte del tabernáculo estuviese en pie.

[9] Lo cual es símbolo para el tiempo presente, según el cual se presentan ofrendas y sacrificios que no pueden hacer perfecto, en cuanto a la conciencia, al que practica ese culto,

[10] ya que consiste sólo de comidas y bebidas, de diversas abluciones, y ordenanzas acerca de la carne, impuestas hasta el tiempo de reformar las cosas.

[11] Pero estando ya presente Cristo, sumo sacerdote de los bienes venideros, por el

a 8.1 Sal 110.1.   b 8.5 Éx 25.40.   c 8.8-12 Jer 31.31-34.
a 9.2 Éx 26.1-30.   b 9.2 Éx 25.31-40.   c 9.2 Éx 25.23-30.
d 9.3 Éx 26.31-33.   e 9.4 Éx 30.1-6.   f 9.4 Éx 25.10-16.
g 9.4 Éx 16.33.   h 9.4 Nm 17.8-10.   i 9.4 Éx 25.16;
Dt 10.3-5.   j 9.5 Éx 25.18-22.   k 9.6 Nm 18.2-6.
l 9.7 Lv 16.2-34.

más amplio y más perfecto tabernáculo, no hecho de manos, es decir, no de esta creación,

[12] y no por sangre de machos cabríos ni de becerros, sino por su propia sangre, entró una vez para siempre en el Lugar Santísimo, habiendo obtenido eterna redención.

[13] Porque si la sangre de los toros y de los machos cabríos,[m] y las cenizas de la becerra[n] rociadas a los inmundos, santifican para la purificación de la carne,

[14] ¿cuánto más la sangre de Cristo, el cual mediante el Espíritu eterno se ofreció a sí mismo sin mancha a Dios, limpiará vuestras conciencias de obras muertas para que sirváis al Dios vivo?

[15] Así que, por eso es mediador de un nuevo pacto,[1] para que interviniendo muerte para la remisión de las transgresiones que había bajo el primer pacto, los llamados reciban la promesa de la herencia eterna.

[16] Porque donde hay testamento,[2] es necesario que intervenga muerte del testador.

[17] Porque el testamento con la muerte se confirma; pues no es válido entre tanto que el testador vive.

[18] De donde ni aun el primer pacto fue instituido sin sangre.

[19] Porque habiendo anunciado Moisés todos los mandamientos de la ley a todo el pueblo, tomó la sangre de los becerros y de los machos cabríos, con agua, lana escarlata e hisopo, y roció el mismo libro y también a todo el pueblo,

[20] diciendo: Ésta es la sangre del pacto que Dios os ha mandado.[o]

[21] Y además de esto, roció también con la sangre el tabernáculo y todos los vasos del ministerio.[p]

[22] Y casi todo es purificado, según la ley, con sangre; y sin derramamiento de sangre no se hace remisión.[q]

El sacrificio de Cristo quita el pecado

[23] Fue, pues, necesario que las figuras de las cosas celestiales fuesen purificadas así; pero las cosas celestiales mismas, con mejores sacrificios que éstos.

[24] Porque no entró Cristo en el santuario hecho de mano, figura del verdadero, sino en el cielo mismo para presentarse ahora por nosotros ante Dios;

[25] y no para ofrecerse muchas veces, como entra el sumo sacerdote en el Lugar Santísimo cada año con sangre ajena.

[26] De otra manera le hubiera sido necesario padecer muchas veces desde el principio del mundo; pero ahora, en la consumación de los siglos, se presentó una vez para siempre por el sacrificio de sí mismo para quitar de en medio el pecado.

[27] Y de la manera que está establecido para los hombres que mueran una sola vez, y después de esto el juicio,

[28] así también Cristo fue ofrecido una sola vez para llevar los pecados de muchos; y aparecerá por segunda vez, sin relación con el pecado, para salvar a los que le esperan.

10 [1] Porque la ley, teniendo la sombra de los bienes venideros, no la imagen misma de las cosas, nunca puede, por los mismos sacrificios que se ofrecen continuamente cada año, hacer perfectos a los que se acercan.

[2] De otra manera cesarían de ofrecerse, pues los que tributan este culto, limpios una vez, no tendrían ya más conciencia de pecado.

[3] Pero en estos sacrificios cada año se hace memoria de los pecados;

[4] porque la sangre de los toros y de los machos cabríos no puede quitar los pecados.

[5] Por lo cual, entrando en el mundo dice:
Sacrificio y ofrenda no quisiste;
Mas me preparaste cuerpo.

[6] Holocaustos y expiaciones por el pecado no te agradaron.

[7] Entonces dije: He aquí que vengo, oh Dios, para
hacer tu voluntad,
Como en el rollo del libro está escrito de mí.[a]

[8] Diciendo primero: Sacrificio y ofrenda y holocaustos y expiaciones por el pecado no quisiste, ni te agradaron (las cuales cosas se ofrecen según la ley),

---

1. 9.15 La misma palabra griega significa tanto *pacto* como *testamento*. 2. 9.16 La misma palabra griega significa tanto *pacto* como *testamento*.
m 9.13 Lv 16.15, 16. n 9.13 Nm 19.9, 17.19.
o 9.19, 20 Éx 24.6-8. p 9.21 Lv 8.15. q 9.22 Lv 17.11.
a 10.5-7 Sal 40.6-8.

9 y diciendo luego: He aquí que vengo, oh Dios, para hacer tu voluntad; quita lo primero, para establecer esto último.

10 En esa voluntad somos santificados mediante la ofrenda del cuerpo de Jesucristo hecha una vez para siempre.

11 Y ciertamente todo sacerdote está día tras día ministrando y ofreciendo muchas veces los mismos sacrificios, que nunca pueden quitar los pecados;[b]

12 pero Cristo, habiendo ofrecido una vez para siempre un solo sacrificio por los pecados, se ha sentado a la diestra de Dios,

13 de ahí en adelante esperando hasta que sus enemigos sean puestos por estrado de sus pies;[c]

14 porque con una sola ofrenda hizo perfectos para siempre a los santificados.

15 Y nos atestigua lo mismo el Espíritu Santo; porque después de haber dicho:

16 Éste es el pacto que haré con ellos
Después de aquellos días, dice el Señor:
Pondré mis leyes en sus corazones,
Y en sus mentes las escribiré,[d]

17 añade:
Y nunca más me acordaré de sus
pecados y transgresiones.[e]

18 Pues donde hay remisión de éstos, no hay más ofrenda por el pecado.

19 Así que, hermanos, teniendo libertad para entrar en el Lugar Santísimo por la sangre de Jesucristo,

20 por el camino nuevo y vivo que él nos abrió a través del velo, esto es, de su carne,

21 y teniendo un gran sacerdote sobre la casa de Dios,

22 acerquémonos con corazón sincero, en plena certidumbre de fe, purificados los corazones[f] de mala conciencia, y lavados los cuerpos con agua pura.[g]

23 Mantengamos firme, sin fluctuar, la profesión de nuestra esperanza, porque fiel es el que prometió.

24 Y considerémonos unos a otros para estimularnos al amor y a las buenas obras;

25 no dejando de congregarnos, como algunos tienen por costumbre, sino exhortándonos; y tanto más, cuanto veis que aquel día se acerca.

Advertencia al que peca deliberadamente

26 Porque si pecáremos voluntariamente después de haber recibido el conocimiento de la verdad, ya no queda más sacrificio por los pecados,

27 sino una horrenda expectación de juicio, y de hervor de fuego que ha de devorar a los adversarios.[h]

28 El que viola la ley de Moisés, por el testimonio de dos o de tres testigos muere irremisiblemente.[i]

29 ¿Cuánto mayor castigo pensáis que merecerá el que pisoteare al Hijo de Dios, y tuviere por inmunda la sangre del pacto[j] en la cual fue santificado, e hiciere afrenta al Espíritu de gracia?

30 Pues conocemos al que dijo: Mía es la venganza, yo daré el pago, dice el Señor.[k] Y otra vez: El Señor juzgará a su pueblo.[l]

31 ¡Horrenda cosa es caer en manos del Dios vivo!

32 Pero traed a la memoria los días pasados, en los cuales, después de haber sido iluminados, sostuvisteis gran combate de padecimientos;

33 por una parte, ciertamente, con vituperios y tribulaciones fuisteis hechos espectáculo; y por otra, llegasteis a ser compañeros de los que estaban en una situación semejante.

34 Porque de los presos también os compadecisteis, y el despojo de vuestros bienes sufristeis con gozo, sabiendo que tenéis en vosotros una mejor y perdurable herencia en los cielos.

35 No perdáis, pues, vuestra confianza, que tiene grande galardón;

36 porque os es necesaria la paciencia, para que habiendo hecho la voluntad de Dios, obtengáis la promesa.

37 Porque aún un poquito,
Y el que ha de venir vendrá, y no tardará.

38 Mas el justo vivirá por fe;
Y si retrocediere, no agradará a mi
alma.[m]

39 Pero nosotros no somos de los que retroceden para perdición, sino de los que tienen fe para preservación del alma.

La fe definida

11 **1** Es, pues, la fe la certeza de lo que se espera, la convicción de lo que no se ve.

b 10.11 Éx 29.38.   c 10.12, 13 Sal 110.1.   d 10.16 Jer 31.33.
e 10.17 Jer 31.34.   f 10.22 Lv 8.30.   g 10.22 Lv 8.6.
h 10.27 Is 26.11.   i 10.28 Dt 17.6; 19.15.   j 10.29 Éx 24.8.
k 10.30 Dt 32.35.   l 10.30 Dt 32.36.   m 10.37, 38 Hab 2.3, 4.

2 Porque por ella alcanzaron buen testimonio los antiguos.

3 Por la fe entendemos haber sido constituido el universo por la palabra de Dios,[a] de modo que lo que se ve fue hecho de lo que no se veía.

La fe de los patriarcas

4 Por la fe Abel ofreció a Dios más excelente sacrificio que Caín, por lo cual alcanzó testimonio de que era justo, dando Dios testimonio de sus ofrendas; y muerto, aún habla por ella.[b]

5 Por la fe Enoc fue traspuesto para no ver muerte, y no fue hallado, porque lo traspuso Dios; y antes que fuese traspuesto, tuvo testimonio de haber agradado a Dios.[c]

6 Pero sin fe es imposible agradar a Dios; porque es necesario que el que se acerca a Dios crea que le hay, y que es galardonador de los que le buscan.

7 Por la fe Noé, cuando fue advertido por Dios acerca de cosas que aún no se veían, con temor preparó el arca en que su casa se salvase;[d] y por esa fe condenó al mundo, y fue hecho heredero de la justicia que viene por la fe.

La fe de Abraham y de sus descendientes

8 Por la fe Abraham, siendo llamado, obedeció para salir al lugar que había de recibir como herencia; y salió sin saber a dónde iba.[e]

9 Por la fe habitó como extranjero en la tierra prometida como en tierra ajena, morando en tiendas con Isaac y Jacob, coherederos de la misma promesa;[f]

10 porque esperaba la ciudad que tiene fundamentos, cuyo arquitecto y constructor es Dios.

11 Por la fe también la misma Sara, siendo estéril, recibió fuerza para concebir; y dio a luz aun fuera del tiempo de la edad,[g] porque creyó que era fiel quien lo había prometido.

12 Por lo cual también, de uno, y ése ya casi muerto, salieron como las estrellas del cielo en multitud,[h] y como la arena innumerable que está a la orilla del mar.[i]

13 Conforme a la fe murieron todos estos sin haber recibido lo prometido, sino mirándolo de lejos, y creyéndolo, y saludándolo, y confesando que eran extranjeros y peregrinos sobre la tierra.[j]

14 Porque los que esto dicen, claramente dan a entender que buscan una patria;

15 pues si hubiesen estado pensando en aquella de donde salieron, ciertamente tenían tiempo de volver.

16 Pero anhelaban una mejor, esto es, celestial; por lo cual Dios no se avergüenza de llamarse Dios de ellos; porque les ha preparado una ciudad.

17 Por la fe Abraham, cuando fue probado, ofreció a Isaac; y el que había recibido las promesas ofrecía su unigénito,[k]

18 habiéndosele dicho: En Isaac te será llamada descendencia;[l]

19 pensando que Dios es poderoso para levantar aun de entre los muertos, de donde, en sentido figurado, también le volvió a recibir.

20 Por la fe bendijo Isaac a Jacob y a Esaú respecto a cosas venideras.[m]

21 Por la fe Jacob, al morir, bendijo a cada uno de los hijos de José, y adoró apoyado sobre el extremo de su bordón.[n]

22 Por la fe José, al morir, mencionó la salida de los hijos de Israel, y dio mandamiento acerca de sus huesos.[o]

La fe de Moisés

23 Por la fe Moisés, cuando nació, fue escondido por sus padres por tres meses,[p] porque le vieron niño hermoso, y no temieron el decreto del rey.[q]

24 Por la fe Moisés, hecho ya grande, rehusó llamarse hijo de la hija de Faraón,[r]

25 escogiendo antes ser maltratado con el pueblo de Dios, que gozar de los deleites temporales del pecado,

26 teniendo por mayores riquezas el vituperio de Cristo que los tesoros de los egipcios; porque tenía puesta la mirada en el galardón.

27 Por la fe dejó a Egipto,[s] no temiendo la ira del rey; porque se sostuvo como viendo al Invisible.

a 11.3 Gn 1.1.   b 11.4 Gn 4.3-10.   c 11.5 Gn 5.21-24.
d 11.7 Gn 6.13-22.   e 11.8 Gn 12.1-5.   f 11.9 Gn 35.27.
g 11.11 Gn 18.11-14; 21.2.   h 11.12 Gn 15.5.
i 11.12 Gn 22.17.   j 11.13 Gn 23.4.   k 11.17 Gn 22.1-14.
l 11.18 Gn 21.12.   m 11.20 Gn 27.27-29, 39.40.
n 11.21 Gn 47.31—48.20.   o 11.22 Gn 50.24, 25; Éx 13.19.
p 11.23 Éx 2.2.   q 11.23 Éx 1.22.   r 11.24 Éx 2.10-12.
s 11.27 Éx 2.15.

28 Por la fe celebró la pascua y la aspersión de la sangre, para que el que destruía a los primogénitos no los tocase a ellos.[t]

La fe de los israelitas y de Rahab

29 Por la fe pasaron el Mar Rojo como por tierra seca; e intentando los egipcios hacer lo mismo, fueron ahogados.[u]

30 Por la fe cayeron los muros de Jericó después de rodearlos siete días.[v]

31 Por la fe Rahab la ramera no pereció juntamente con los desobedientes,[w] habiendo recibido a los espías en paz.[x]

La fe de los jueces y de los profetas

32 ¿Y qué más digo? Porque el tiempo me faltaría contando de Gedeón,[y] de Barac,[z] de Sansón,[a] de Jefté,[b] de David,[c] así como de Samuel[d] y de los profetas;

33 que por fe conquistaron reinos, hicieron justicia, alcanzaron promesas, taparon bocas de leones,[e]

34 apagaron fuegos impetuosos,[f] evitaron filo de espada, sacaron fuerzas de debilidad, se hicieron fuertes en batallas, pusieron en fuga ejércitos extranjeros.

35 Las mujeres recibieron sus muertos mediante resurrección;[g] mas otros fueron atormentados, no aceptando el rescate, a fin de obtener mejor resurrección.

36 Otros experimentaron vituperios y azotes, y a más de esto prisiones y cárceles.[h]

37 Fueron apedreados,[i] aserrados, puestos a prueba, muertos a filo de espada; anduvieron de acá para allá cubiertos de pieles de ovejas y de cabras, pobres, angustiados, maltratados;

38 de los cuales el mundo no era digno; errando por los desiertos, por los montes, por las cuevas y por las cavernas de la tierra.

39 Y todos estos, aunque alcanzaron buen testimonio mediante la fe, no recibieron lo prometido;

40 proveyendo Dios alguna cosa mejor para nosotros, para que no fuesen ellos perfeccionados aparte de nosotros.

Puestos los ojos en Jesús

12 **1** Por tanto, nosotros también, teniendo en derredor nuestro tan grande nube de testigos, despojémonos de todo peso y del pecado que nos asedia, y corramos con paciencia la carrera que tenemos por delante,

2 puestos los ojos en Jesús, el autor y consumador de la fe, el cual por el gozo puesto delante de él sufrió la cruz, menospreciando el oprobio, y se sentó a la diestra del trono de Dios.

3 Considerad a aquel que sufrió tal contradicción de pecadores contra sí mismo, para que vuestro ánimo no se canse hasta desmayar.

4 Porque aún no habéis resistido hasta la sangre, combatiendo contra el pecado;

5 y habéis ya olvidado la exhortación que como a hijos se os dirige, diciendo:

Hijo mío, no menosprecies la
disciplina del Señor,
Ni desmayes cuando eres reprendido
por él;
6 Porque el Señor al que ama, disciplina,
Y azota a todo el que recibe por hijo.[a]

7 Si soportáis la disciplina, Dios os trata como a hijos; porque ¿qué hijo es aquel a quien el padre no disciplina?

8 Pero si se os deja sin disciplina, de la cual todos han sido participantes, entonces sois bastardos, y no hijos.

9 Por otra parte, tuvimos a nuestros padres terrenales que nos disciplinaban, y los venerábamos. ¿Por qué no obedeceremos mucho mejor al Padre de los espíritus, y viviremos?

10 Y aquéllos, ciertamente por pocos días nos disciplinaban como a ellos les parecía, pero éste para lo que nos es provechoso, para que participemos de su santidad.

11 Es verdad que ninguna disciplina al presente parece ser causa de gozo, sino de tristeza; pero después da fruto apacible de justicia a los que en ella han sido ejercitados.

Los que rechazan la gracia de Dios

12 Por lo cual, levantad las manos caídas y las rodillas paralizadas;[b]

13 y haced sendas derechas para vuestros pies,[c] para que lo cojo no se salga del camino, sino que sea sanado.

t 11.28 Éx 12.21-30.   **u 11.29** Éx 14.21-31.   **v 11.30** Jos 6.12-21.
w 11.31 Jos 6.22-25.   **x 11.31** Jos 2.1-21.
y 11.32 Jue 6.11—8.32.   **z 11.32** Jue 4.6—5.31.
a 11.32 Jue 13.2—16.31.   **b 11.32** Jue 11.1—12.7.
c 11.32 1 S 16.1—1 R 2.11.   **d 11.32** 1 S 1.1—25.1.
e 11.33 Dn 6.1-27.   **f 11.34** Dn 3.1-30.   **g 11.35** 1 R 17.17-24;
2 R 4.25-37.   **h 11.36** R 22.26, 27; 2 Cr 18.25, 26; Jer 20.2;
37.15; 38.6.   **i 11.37** 2 Cr 24.21.   **a 12.5, 6** Jos 5.17;
Pr 3.11, 12.   **b 12.12** Is 35.3.   **c 12.13** Pr 4.26.

¹⁴ Seguid la paz con todos, y la santidad, sin la cual nadie verá al Señor.

¹⁵ Mirad bien, no sea que alguno deje de alcanzar la gracia de Dios; que brotando alguna raíz de amargura,ᵈ os estorbe, y por ella muchos sean contaminados;

¹⁶ no sea que haya algún fornicario, o profano, como Esaú, que por una sola comida vendió su primogenitura.ᵉ

¹⁷ Porque ya sabéis que aun después, deseando heredar la bendición, fue desechado, y no hubo oportunidad para el arrepentimiento, aunque la procuró con lágrimas.ᶠ

¹⁸ Porque no os habéis acercado al monte que se podía palpar, y que ardía en fuego, a la oscuridad, a las tinieblas y a la tempestad,

¹⁹ al sonido de la trompeta, y a la voz que hablaba, la cual los que la oyeron rogaron que no se les hablase más,ᵍ

²⁰ porque no podían soportar lo que se ordenaba: Si aun una bestia tocare el monte, será apedreada, o pasada con dardo;ʰ

²¹ y tan terrible era lo que se veía, que Moisés dijo: Estoy espantado y temblando;ⁱ

²² sino que os habéis acercado al monte de Sion, a la ciudad del Dios vivo, Jerusalén la celestial, a la compañía de muchos millares de ángeles,

²³ a la congregación de los primogénitos que están inscritos en los cielos, a Dios el Juez de todos, a los espíritus de los justos hechos perfectos,

²⁴ a Jesús el Mediador del nuevo pacto, y a la sangre rociada que habla mejor que la de Abel.ʲ

²⁵ Mirad que no desechéis al que habla. Porque si no escaparon aquellos que desecharon al que los amonestaba en la tierra,ᵏ mucho menos nosotros, si desecháremos al que amonesta desde los cielos.

²⁶ La voz del cual conmovió entonces la tierra, pero ahora ha prometido, diciendo: Aún una vez, y conmoveré no solamente la tierra, sino también el cielo.ˡ

²⁷ Y esta frase: Aún una vez, indica la remoción de las cosas movibles, como cosas hechas, para que queden las inconmovibles.

²⁸ Así que, recibiendo nosotros un reino inconmovible, tengamos gratitud, y mediante ella sirvamos a Dios agradándole con temor y reverencia;

²⁹ porque nuestro Dios es fuego consumidor.ᵐ

Deberes cristianos

13 ¹ Permanezca el amor fraternal. ² No os olvidéis de la hospitalidad, porque por ella algunos, sin saberlo, hospedaron ángeles.ᵃ

³ Acordaos de los presos, como si estuvierais presos juntamente con ellos; y de los maltratados, como que también vosotros mismos estáis en el cuerpo.

⁴ Honroso sea en todos el matrimonio, y el lecho sin mancilla; pero a los fornicarios y a los adúlteros los juzgará Dios.

⁵ Sean vuestras costumbres sin avaricia, contentos con lo que tenéis ahora; porque él dijo: No te desampararé, ni te dejaré;ᵇ

⁶ de manera que podemos decir confiadamente:

El Señor es mi ayudador; no temeré
Lo que me pueda hacer el hombre.ᶜ

⁷ Acordaos de vuestros pastores, que os hablaron la palabra de Dios; considerad cuál haya sido el resultado de su conducta, e imitad su fe.

⁸ Jesucristo es el mismo ayer, y hoy, y por los siglos.

⁹ No os dejéis llevar de doctrinas diversas y extrañas; porque buena cosa es afirmar el corazón con la gracia, no con viandas, que nunca aprovecharon a los que se han ocupado de ellas.

¹⁰ Tenemos un altar, del cual no tienen derecho de comer los que sirven al tabernáculo.

¹¹ Porque los cuerpos de aquellos animales cuya sangre a causa del pecado es introducida en el santuario por el sumo sacerdote, son quemados fuera del campamento.ᵈ

¹² Por lo cual también Jesús, para santificar al pueblo mediante su propia sangre, padeció fuera de la puerta.

¹³ Salgamos, pues, a él, fuera del campamento, llevando su vituperio;

---

d 12.15 Dt 29.18.   **e 12.16** Gn 25.29-34.   **f 12.17** Gn 27.30-40.
g 12.18, 19 Éx 19.16-22; 20.18-21; Dt 4.11, 12; 5.22-27.
h 12.20 Éx 19.12, 13.   **i 12.21** Dt 9.19.   **j 12.24** Gn 4.10.
k 12.25 Éx 20.19.   **l 12.26** Hag 2.6.   **m 12.29** Dt 4.24.
a 13.2 Gn 18.1-8; 19.1-3.   **b 13.5** Dt 31.6, 8; Jos 1.5.
c 13.6 Sal 118.6.   **d 13.11** Lv 16.27.

¹⁴ porque no tenemos aquí ciudad permanente, sino que buscamos la por venir.

¹⁵ Así que, ofrezcamos siempre a Dios, por medio de él, sacrificio de alabanza, es decir, fruto de labios que confiesan su nombre.

¹⁶ Y de hacer bien y de la ayuda mutua no os olvidéis; porque de tales sacrificios se agrada Dios.

¹⁷ Obedeced a vuestros pastores, y sujetaos a ellos; porque ellos velan por vuestras almas, como quienes han de dar cuenta; para que lo hagan con alegría, y no quejándose, porque esto no os es provechoso.

¹⁸ Orad por nosotros; pues confiamos en que tenemos buena conciencia, deseando conducirnos bien en todo.

¹⁹ Y más os ruego que lo hagáis así, para que yo os sea restituido más pronto.

Bendición y salutaciones finales

²⁰ Y el Dios de paz que resucitó de los muertos a nuestro Señor Jesucristo, el gran pastor de las ovejas, por la sangre del pacto eterno,

²¹ os haga aptos en toda obra buena para que hagáis su voluntad, haciendo él en vosotros lo que es agradable delante de él por Jesucristo; al cual sea la gloria por los siglos de los siglos. Amén.

²² Os ruego, hermanos, que soportéis la palabra de exhortación, pues os he escrito brevemente.

²³ Sabed que está en libertad nuestro hermano Timoteo, con el cual, si viniere pronto, iré a veros.

²⁴ Saludad a todos vuestros pastores, y a todos los santos. Los de Italia os saludan.

²⁵ La gracia sea con todos vosotros. Amén.

SANTIAGO

Salutación

1 ¹ Santiago,ª siervo de Dios y del Señor Jesucristo, a las doce tribus que están en la dispersión: Salud.

La sabiduría que viene de Dios

² Hermanos míos, tened por sumo gozo cuando os halléis en diversas pruebas,
³ sabiendo que la prueba de vuestra fe produce paciencia.
⁴ Mas tenga la paciencia su obra completa, para que seáis perfectos y cabales, sin que os falte cosa alguna.
⁵ Y si alguno de vosotros tiene falta de sabiduría, pídala a Dios, el cual da a todos abundantemente y sin reproche, y le será dada.
⁶ Pero pida con fe, no dudando nada; porque el que duda es semejante a la onda del mar, que es arrastrada por el viento y echada de una parte a otra.
⁷ No piense, pues, quien tal haga, que recibirá cosa alguna del Señor.
⁸ El hombre de doble ánimo es inconstante en todos sus caminos.
⁹ El hermano que es de humilde condición, gloríese en su exaltación;
¹⁰ pero el que es rico, en su humillación; porque él pasará como la flor de la hierba.
¹¹ Porque cuando sale el sol con calor abrasador, la hierba se seca,ᵇ su flor se cae, y perece su hermosa apariencia; así también se marchitará el rico en todas sus empresas.

Soportando las pruebas

¹² Bienaventurado el varón que soporta la tentación; porque cuando haya resistido la prueba, recibirá la corona de vida, que Dios ha prometido a los que le aman.
¹³ Cuando alguno es tentado, no diga que es tentado de parte de Dios; porque Dios no puede ser tentado por el mal, ni él tienta a nadie;
¹⁴ sino que cada uno es tentado, cuando de su propia concupiscencia es atraído y seducido.

¹⁵ Entonces la concupiscencia, después que ha concebido, da a luz el pecado; y el pecado, siendo consumado, da a luz la muerte.
¹⁶ Amados hermanos míos, no erréis.
¹⁷ Toda buena dádiva y todo don perfecto desciende de lo alto, del Padre de las luces, en el cual no hay mudanza, ni sombra de variación.
¹⁸ Él, de su voluntad, nos hizo nacer por la palabra de verdad, para que seamos primicias de sus criaturas.

Hacedores de la palabra

¹⁹ Por esto, mis amados hermanos, todo hombre sea pronto para oír, tardo para hablar, tardo para airarse;
²⁰ porque la ira del hombre no obra la justicia de Dios.
²¹ Por lo cual, desechando toda inmundicia y abundancia de malicia, recibid con mansedumbre la palabra implantada, la cual puede salvar vuestras almas.
²² Pero sed hacedores de la palabra, y no tan solamente oidores, engañándoos a vosotros mismos.
²³ Porque si alguno es oidor de la palabra pero no hacedor de ella, éste es semejante al hombre que considera en un espejo su rostro natural.
²⁴ Porque él se considera a sí mismo, y se va, y luego olvida cómo era.
²⁵ Mas el que mira atentamente en la perfecta ley, la de la libertad, y persevera en ella, no siendo oidor olvidadizo, sino hacedor de la obra, éste será bienaventurado en lo que hace.
²⁶ Si alguno se cree religioso entre vosotros, y no refrena su lengua, sino que engaña su corazón, la religión del tal es vana.
²⁷ La religión pura y sin mácula delante de Dios el Padre es ésta: Visitar a los

---

a 1.1 Mt 13.55; Mr 6.3; Hch 15.13; Gá 1.19.
b 1.10, 11 Is 40.6, 7.

huérfanos y a las viudas en sus tribulaciones, y guardarse sin mancha del mundo.

Amonestación contra la parcialidad

2 ¹ Hermanos míos, que vuestra fe en nuestro glorioso Señor Jesucristo sea sin acepción de personas.

² Porque si en vuestra congregación entra un hombre con anillo de oro y con ropa espléndida, y también entra un pobre con vestido andrajoso,

³ y miráis con agrado al que trae la ropa espléndida y le decís: Siéntate tú aquí en buen lugar; y decís al pobre: Estate tú allí en pie, o siéntate aquí bajo mi estrado;

⁴ ¿no hacéis distinciones entre vosotros mismos, y venís a ser jueces con malos pensamientos?

⁵ Hermanos míos amados, oíd: ¿No ha elegido Dios a los pobres de este mundo, para que sean ricos en fe y herederos del reino que ha prometido a los que le aman?

⁶ Pero vosotros habéis afrentado al pobre. ¿No os oprimen los ricos, y no son ellos los mismos que os arrastran a los tribunales?

⁷ ¿No blasfeman ellos el buen nombre que fue invocado sobre vosotros?

⁸ Si en verdad cumplís la ley real, conforme a la Escritura: Amarás a tu prójimo como a ti mismo,ᵃ bien hacéis;

⁹ pero si hacéis acepción de personas, cometéis pecado, y quedáis convictos por la ley como transgresores.

¹⁰ Porque cualquiera que guardare toda la ley, pero ofendiere en un punto, se hace culpable de todos.

¹¹ Porque el que dijo: No cometerás adulterio,ᵇ también ha dicho: No matarás.ᶜ Ahora bien, si no cometes adulterio, pero matas, ya te has hecho transgresor de la ley.

¹² Así hablad, y así haced, como los que habéis de ser juzgados por la ley de la libertad.

¹³ Porque juicio sin misericordia se hará con aquel que no hiciere misericordia; y la misericordia triunfa sobre el juicio.

La fe sin obras es muerta

¹⁴ Hermanos míos, ¿de qué aprovechará si alguno dice que tiene fe, y no tiene obras? ¿Podrá la fe salvarle?

¹⁵ Y si un hermano o una hermana están desnudos, y tienen necesidad del mantenimiento de cada día,

¹⁶ y alguno de vosotros les dice: Id en paz, calentaos y saciaos, pero no les dais las cosas que son necesarias para el cuerpo, ¿de qué aprovecha?

¹⁷ Así también la fe, si no tiene obras, es muerta en sí misma.

¹⁸ Pero alguno dirá: Tú tienes fe, y yo tengo obras. Muéstrame tu fe sin tus obras, y yo te mostraré mi fe por mis obras.

¹⁹ Tú crees que Dios es uno; bien haces. También los demonios creen, y tiemblan.

²⁰ ¿Mas quieres saber, hombre vano, que la fe sin obras es muerta?

²¹ ¿No fue justificado por las obras Abraham nuestro padre, cuando ofreció a su hijo Isaac sobre el altar?ᵈ

²² ¿No ves que la fe actuó juntamente con sus obras, y que la fe se perfeccionó por las obras?

²³ Y se cumplió la Escritura que dice: Abraham creyó a Dios, y le fue contado por justicia,ᵉ y fue llamado amigo de Dios.ᶠ

²⁴ Vosotros veis, pues, que el hombre es justificado por las obras, y no solamente por la fe.

²⁵ Asimismo también Rahab la ramera, ¿no fue justificada por obras, cuando recibió a los mensajeros y los envió por otro camino?ᵍ

²⁶ Porque como el cuerpo sin espíritu está muerto, así también la fe sin obras está muerta.

La lengua

3 ¹ Hermanos míos, no os hagáis maestros muchos de vosotros, sabiendo que recibiremos mayor condenación.

² Porque todos ofendemos muchas veces. Si alguno no ofende en palabra, éste es varón perfecto, capaz también de refrenar todo el cuerpo.

³ He aquí nosotros ponemos freno en la boca de los caballos para que nos obedezcan, y dirigimos así todo su cuerpo.

⁴ Mirad también las naves; aunque tan grandes, y llevadas de impetuosos vientos, son gobernadas con un muy pequeño timón por donde el que las gobierna quiere.

⁵ Así también la lengua es un miembro pequeño, pero se jacta de grandes cosas.

ᵃ **2.8** Lv 19.18.   ᵇ **2.11** Éx 20.14; Dt 5.18.   ᶜ **2.11** Éx 20.13; Dt 5.17.   ᵈ **2.21** Gn 22.1-14.   ᵉ **2.23** Gn 15.6.
ᶠ **2.23** 2 Cr 20.7; Is 41.8.   ᵍ **2.25** Jos 2.1-21.

He aquí, ¡cuán grande bosque enciende un pequeño fuego!

6 Y la lengua es un fuego, un mundo de maldad. La lengua está puesta entre nuestros miembros, y contamina todo el cuerpo, e inflama la rueda de la creación, y ella misma es inflamada por el infierno.

7 Porque toda naturaleza de bestias, y de aves, y de serpientes, y de seres del mar, se doma y ha sido domada por la naturaleza humana;

8 pero ningún hombre puede domar la lengua, que es un mal que no puede ser refrenado, llena de veneno mortal.

9 Con ella bendecimos al Dios y Padre, y con ella maldecimos a los hombres, que están hechos a la semejanza de Dios.ª

10 De una misma boca proceden bendición y maldición. Hermanos míos, esto no debe ser así.

11 ¿Acaso alguna fuente echa por una misma abertura agua dulce y amarga?

12 Hermanos míos, ¿puede acaso la higuera producir aceitunas, o la vid higos? Así también ninguna fuente puede dar agua salada y dulce.

La sabiduría de lo alto

13 ¿Quién es sabio y entendido entre vosotros? Muestre por la buena conducta sus obras en sabia mansedumbre.

14 Pero si tenéis celos amargos y contención en vuestro corazón, no os jactéis, ni mintáis contra la verdad;

15 porque esta sabiduría no es la que desciende de lo alto, sino terrenal, animal, diabólica.

16 Porque donde hay celos y contención, allí hay perturbación y toda obra perversa.

17 Pero la sabiduría que es de lo alto es primeramente pura, después pacífica, amable, benigna, llena de misericordia y de buenos frutos, sin incertidumbre ni hipocresía.

18 Y el fruto de justicia se siembra en paz para aquellos que hacen la paz.

La amistad con el mundo

4 **1** ¿De dónde vienen las guerras y los pleitos entre vosotros? ¿No es de vuestras pasiones, las cuales combaten en vuestros miembros?

2 Codiciáis, y no tenéis; matáis y ardéis de envidia, y no podéis alcanzar; combatís y lucháis, pero no tenéis lo que deseáis, porque no pedís.

3 Pedís, y no recibís, porque pedís mal, para gastar en vuestros deleites.

4 ¡Oh almas adúlteras! ¿No sabéis que la amistad del mundo es enemistad contra Dios? Cualquiera, pues, que quiera ser amigo del mundo, se constituye enemigo de Dios.

5 ¿O pensáis que la Escritura dice en vano: El Espíritu que él ha hecho morar en nosotros nos anhela celosamente?

6 Pero él da mayor gracia. Por esto dice: Dios resiste a los soberbios, y da gracia a los humildes.ª

7 Someteos, pues, a Dios; resistid al diablo, y huirá de vosotros.

8 Acercaos a Dios, y él se acercará a vosotros. Pecadores, limpiad las manos; y vosotros los de doble ánimo, purificad vuestros corazones.

9 Afligíos, y lamentad, y llorad. Vuestra risa se convierta en lloro, y vuestro gozo en tristeza.

10 Humillaos delante del Señor, y él os exaltará.

Juzgando al hermano

11 Hermanos, no murmuréis los unos de los otros. El que murmura del hermano y juzga a su hermano, murmura de la ley y juzga a la ley; pero si tú juzgas a la ley, no eres hacedor de la ley, sino juez.

12 Uno solo es el dador de la ley, que puede salvar y perder; pero tú, ¿quién eres para que juzgues a otro?

No os gloriéis del día de mañana

13 ¡Vamos ahora! los que decís: Hoy y mañana iremos a tal ciudad, y estaremos allá un año, y traficaremos, y ganaremos;

14 cuando no sabéis lo que será mañana.ᵇ Porque ¿qué es vuestra vida? Ciertamente es neblina que se aparece por un poco de tiempo, y luego se desvanece.

15 En lugar de lo cual deberíais decir: Si el Señor quiere, viviremos y haremos esto o aquello.

16 Pero ahora os jactáis en vuestras soberbias. Toda jactancia semejante es mala;

17 y al que sabe hacer lo bueno, y no lo hace, le es pecado.

ª 3.9 Gn 1.26.   ª 4.6 Pr 3.34.   ᵇ 4.13, 14 Pr 27.1.

Contra los ricos opresores

5 ¹ ¡Vamos ahora, ricos! Llorad y aullad por las miserias que os vendrán.

² Vuestras riquezas están podridas, y vuestras ropas están comidas de polilla.

³ Vuestro oro y plata están enmohecidos; y su moho testificará contra vosotros, y devorará del todo vuestras carnes como fuego. Habéis acumulado tesoros para los días postreros.ª

⁴ He aquí, clama el jornal de los obreros que han cosechado vuestras tierras, el cual por engaño no les ha sido pagado por vosotros; y los clamores de los que habían segado han entrado en los oídos del Señor de los ejércitos.ᵇ

⁵ Habéis vivido en deleites sobre la tierra, y sido disolutos; habéis engordado vuestros corazones como en día de matanza.

⁶ Habéis condenado y dado muerte al justo, y él no os hace resistencia.

Sed pacientes y orad

⁷ Por tanto, hermanos, tened paciencia hasta la venida del Señor. Mirad cómo el labrador espera el precioso fruto de la tierra, aguardando con paciencia hasta que reciba la lluvia temprana y la tardía.

⁸ Tened también vosotros paciencia, y afirmad vuestros corazones; porque la venida del Señor se acerca.

⁹ Hermanos, no os quejéis unos contra otros, para que no seáis condenados; he aquí, el juez está delante de la puerta.

¹⁰ Hermanos míos, tomad como ejemplo de aflicción y de paciencia a los profetas que hablaron en nombre del Señor.

¹¹ He aquí, tenemos por bienaventurados a los que sufren. Habéis oído de la paciencia de Job,ᶜ y habéis visto el fin del Señor, que el Señor es muy misericordioso y compasivo.ᵈ

¹² Pero sobre todo, hermanos míos, no juréis, ni por el cielo, ni por la tierra, ni por ningún otro juramento; sino que vuestro sí sea sí, y vuestro no sea no, para que no caigáis en condenación.ᵉ

¹³ ¿Está alguno entre vosotros afligido? Haga oración. ¿Está alguno alegre? Cante alabanzas.

¹⁴ ¿Está alguno enfermo entre vosotros? Llame a los ancianos de la iglesia, y oren por él, ungiéndole con aceiteᶠ en el nombre del Señor.

¹⁵ Y la oración de fe salvará al enfermo, y el Señor lo levantará; y si hubiere cometido pecados, le serán perdonados.

¹⁶ Confesaos vuestras ofensas unos a otros, y orad unos por otros, para que seáis sanados. La oración eficaz del justo puede mucho.

¹⁷ Elías era hombre sujeto a pasiones semejantes a las nuestras, y oró fervientemente para que no lloviese, y no llovió sobre la tierra por tres años y seis meses.ᵍ

¹⁸ Y otra vez oró, y el cielo dio lluvia, y la tierra produjo su fruto.ʰ

¹⁹ Hermanos, si alguno de entre vosotros se ha extraviado de la verdad, y alguno le hace volver,

²⁰ sepa que el que haga volver al pecador del error de su camino, salvará de muerte un alma, y cubrirá multitud de pecados.ⁱ

ª **5.2, 3** Mt 6.19.   ᵇ **5.4** Dt 24.14, 15.   ᶜ **5.11** Jo 1.21, 22; 2.10.   ᵈ **5.11** Sal 103.8.   ᵉ **5.12** Mt 5.34-37.
ᶠ **5.14** Mr 6.13.   ᵍ **5.17** 1 R 17.1; 18.1.   ʰ **5.18** 1 R 18.42-45.
ⁱ **5.20** Pr 10.12.

PRIMERA EPÍSTOLA DE
SAN PEDRO APÓSTOL

Salutación

1 ¹ Pedro, apóstol de Jesucristo, a los expatriados de la dispersión en el Ponto, Galacia, Capadocia, Asia y Bitinia, ² elegidos según la presciencia de Dios Padre en santificación del Espíritu, para obedecer y ser rociados con la sangre de Jesucristo: Gracia y paz os sean multiplicadas.

Una esperanza viva

³ Bendito el Dios y Padre de nuestro Señor Jesucristo, que según su grande misericordia nos hizo renacer para una esperanza viva, por la resurrección de Jesucristo de los muertos, ⁴ para una herencia incorruptible, incontaminada e inmarcesible, reservada en los cielos para vosotros, ⁵ que sois guardados por el poder de Dios mediante la fe, para alcanzar la salvación que está preparada para ser manifestada en el tiempo postrero. ⁶ En lo cual vosotros os alegráis, aunque ahora por un poco de tiempo, si es necesario, tengáis que ser afligidos en diversas pruebas, ⁷ para que sometida a prueba vuestra fe, mucho más preciosa que el oro, el cual aunque perecedero se prueba con fuego, sea hallada en alabanza, gloria y honra cuando sea manifestado Jesucristo, ⁸ a quien amáis sin haberle visto, en quien creyendo, aunque ahora no lo veáis, os alegráis con gozo inefable y glorioso; ⁹ obteniendo el fin de vuestra fe, que es la salvación de vuestras almas. ¹⁰ Los profetas que profetizaron de la gracia destinada a vosotros, inquirieron y diligentemente indagaron acerca de esta salvación, ¹¹ escudriñando qué persona y qué tiempo indicaba el Espíritu de Cristo que estaba en ellos, el cual anunciaba de antemano los sufrimientos de Cristo, y las glorias que vendrían tras ellos.

¹² A éstos se les reveló que no para sí mismos, sino para nosotros, administraban las cosas que ahora os son anunciadas por los que os han predicado el evangelio por el Espíritu Santo enviado del cielo; cosas en las cuales anhelan mirar los ángeles.

Llamamiento a una vida santa

¹³ Por tanto, ceñid los lomos de vuestro entendimiento, sed sobrios, y esperad por completo en la gracia que se os traerá cuando Jesucristo sea manifestado; ¹⁴ como hijos obedientes, no os conforméis a los deseos que antes teníais estando en vuestra ignorancia; ¹⁵ sino, como aquel que os llamó es santo, sed también vosotros santos en toda vuestra manera de vivir; ¹⁶ porque escrito está: Sed santos, porque yo soy santo.ᵃ ¹⁷ Y si invocáis por Padre a aquel que sin acepción de personas juzga según la obra de cada uno, conducíos en temor todo el tiempo de vuestra peregrinación; ¹⁸ sabiendo que fuisteis rescatados de vuestra vana manera de vivir, la cual recibisteis de vuestros padres, no con cosas corruptibles, como oro o plata, ¹⁹ sino con la sangre preciosa de Cristo, como de un cordero sin mancha y sin contaminación, ²⁰ ya destinado desde antes de la fundación del mundo, pero manifestado en los postreros tiempos por amor de vosotros, ²¹ y mediante el cual creéis en Dios, quien le resucitó de los muertos y le ha dado gloria, para que vuestra fe y esperanza sean en Dios.

²² Habiendo purificado vuestras almas por la obediencia a la verdad, mediante el Espíritu, para el amor fraternal no fingido, amaos unos a otros entrañablemente, de corazón puro;

ᵃ **1.16** Lv 11.44, 45; 19.2.

²³ siendo renacidos, no de simiente corruptible, sino de incorruptible, por la palabra de Dios que vive y permanece para siempre.
²⁴ Porque:

Toda carne es como hierba,
Y toda la gloria del hombre como flor de la hierba.
La hierba se seca, y la flor se cae;
²⁵ Mas la palabra del Señor permanece para siempre.[b]

Y ésta es la palabra que por el evangelio os ha sido anunciada.

2 ¹ Desechando, pues, toda malicia, todo engaño, hipocresía, envidias, y todas las detracciones,
² desead, como niños recién nacidos, la leche espiritual no adulterada, para que por ella crezcáis para salvación,
³ si es que habéis gustado la benignidad del Señor.[a]

La piedra viva

⁴ Acercándoos a él, piedra viva, desechada ciertamente por los hombres, mas para Dios escogida y preciosa,
⁵ vosotros también, como piedras vivas, sed edificados como casa espiritual y sacerdocio santo, para ofrecer sacrificios espirituales aceptables a Dios por medio de Jesucristo.
⁶ Por lo cual también contiene la Escritura:

He aquí, pongo en Sion la principal piedra del ángulo, escogida, preciosa;
Y el que creyere en él, no será avergonzado.[b]

⁷ Para vosotros, pues, los que creéis, él es precioso; pero para los que no creen,

La piedra que los edificadores desecharon,
Ha venido a ser la cabeza del ángulo;[c]

⁸ y:

Piedra de tropiezo, y roca que hace caer,[d]

porque tropiezan en la palabra, siendo desobedientes; a lo cual fueron también destinados.

El pueblo de Dios

⁹ Mas vosotros sois linaje escogido, real sacerdocio, nación santa,[e] pueblo adquirido por Dios,[f] para que anunciéis las virtudes de aquel que os llamó de las tinieblas a su luz admirable;
¹⁰ vosotros que en otro tiempo no erais pueblo, pero que ahora sois pueblo de Dios; que en otro tiempo no habíais alcanzado misericordia, pero ahora habéis alcanzado misericordia.[g]

Vivid como siervos de Dios

¹¹ Amados, yo os ruego como a extranjeros y peregrinos, que os abstengáis de los deseos carnales que batallan contra el alma,
¹² manteniendo buena vuestra manera de vivir entre los gentiles; para que en lo que murmuran de vosotros como de malhechores, glorifiquen a Dios en el día de la visitación, al considerar vuestras buenas obras.
¹³ Por causa del Señor someteos a toda institución humana, ya sea al rey, como a superior,
¹⁴ ya a los gobernadores, como por él enviados para castigo de los malhechores y alabanza de los que hacen bien.
¹⁵ Porque ésta es la voluntad de Dios: que haciendo bien, hagáis callar la ignorancia de los hombres insensatos;
¹⁶ como libres, pero no como los que tienen la libertad como pretexto para hacer lo malo, sino como siervos de Dios.
¹⁷ Honrad a todos. Amad a los hermanos. Temed a Dios. Honrad al rey.
¹⁸ Criados, estad sujetos con todo respeto a vuestros amos; no solamente a los buenos y afables, sino también a los difíciles de soportar.
¹⁹ Porque esto merece aprobación, si alguno a causa de la conciencia delante de Dios, sufre molestias padeciendo injustamente.
²⁰ Pues ¿qué gloria es, si pecando sois abofeteados, y lo soportáis? Mas si haciendo lo bueno sufrís, y lo soportáis, esto ciertamente es aprobado delante de Dios.
²¹ Pues para esto fuisteis llamados; porque también Cristo padeció por nosotros, dejándonos ejemplo, para que sigáis sus pisadas;
²² el cual no hizo pecado, ni se halló engaño en su boca;[h]

---

b **1.24, 25** Is 40.6-9.   a **2.3** Sal 34.8.   b **2.6** Is 28.16.
c **2.7** Sal 118.22.   d **2.8** Is 8.14, 15.   e **2.9** Éx 19.5, 6.
f **2.9** Dt 4.20; 7.6; 14.2; 26.18; Tit 2.14.   g **2.10** Os 2.23.
h **2.22** Is 53.9.

²³ quien cuando le maldecían, no respondía con maldición; cuando padecía, no amenazaba, sino encomendaba la causa al que juzga justamente;

²⁴ quien llevó él mismo nuestros pecados en su cuerpo sobre el madero, para que nosotros, estando muertos a los pecados, vivamos a la justicia; y por cuya herida fuisteis sanados.ⁱ

²⁵ Porque vosotros erais como ovejas descarriadas,ʲ pero ahora habéis vuelto al Pastor y Obispo de vuestras almas.

Deberes conyugales

3 ¹ Asimismo vosotras, mujeres, estad sujetas a vuestros maridos;ᵃ para que también los que no creen a la palabra, sean ganados sin palabra por la conducta de sus esposas,

² considerando vuestra conducta casta y respetuosa.

³ Vuestro atavío no sea el externo de peinados ostentosos, de adornos de oro o de vestidos lujosos,ᵇ

⁴ sino el interno, el del corazón, en el incorruptible ornato de un espíritu afable y apacible, que es de grande estima delante de Dios.

⁵ Porque así también se ataviaban en otro tiempo aquellas santas mujeres que esperaban en Dios, estando sujetas a sus maridos;

⁶ como Sara obedecía a Abraham, llamándole señor;ᶜ de la cual vosotras habéis venido a ser hijas, si hacéis el bien, sin temer ninguna amenaza.

⁷ Vosotros, maridos, igualmente, vivid con ellas sabiamente,ᵈ dando honor a la mujer como a vaso más frágil, y como a coherederas de la gracia de la vida, para que vuestras oraciones no tengan estorbo.

La conducta de creyente

⁸ Finalmente, sed todos de un mismo sentir, compasivos, amándoos fraternalmente, misericordiosos, amigables;

⁹ no devolviendo mal por mal, ni maldición por maldición, sino por el contrario, bendiciendo, sabiendo que fuisteis llamados para que heredaseis bendición.

¹⁰ Porque:

El que quiere amar la vida
Y ver días buenos,

Refrene su lengua de mal,
Y sus labios no hablen engaño;
¹¹ Apártese del mal, y haga el bien;
Busque la paz, y sígala.
¹² Porque los ojos del Señor están sobre
los justos,
Y sus oídos atentos a sus oraciones;
Pero el rostro del Señor está contra
aquellos que hacen el mal.ᵉ

Padeciendo por causa de la justicia

¹³ ¿Y quién es aquel que os podrá hacer daño, si vosotros seguís el bien?

¹⁴ Mas también si alguna cosa padecéis por causa de la justicia, bienaventurados sois.ᶠ Por tanto, no os amedrentéis por temor de ellos, ni os conturbéis;

¹⁵ sino santificad a Dios el Señor en vuestros corazones,ᵍ y estad siempre preparados para presentar defensa con mansedumbre y reverencia ante todo el que os demande razón de la esperanza que hay en vosotros;

¹⁶ teniendo buena conciencia, para que en lo que murmuran de vosotros como de malhechores, sean avergonzados los que calumnian vuestra buena conducta en Cristo.

¹⁷ Porque mejor es que padezcáis haciendo el bien, si la voluntad de Dios así lo quiere, que haciendo el mal.

¹⁸ Porque también Cristo padeció una sola vez por los pecados, el justo por los injustos, para llevarnos a Dios, siendo a la verdad muerto en la carne, pero vivificado en espíritu;

¹⁹ en el cual también fue y predicó a los espíritus encarcelados,

²⁰ los que en otro tiempo desobedecieron, cuando una vez esperaba la paciencia de Dios en los días de Noé, mientras se preparaba el arca, en la cual pocas personas, es decir, ocho, fueron salvadas por agua.ʰ

²¹ El bautismo que corresponde a esto ahora nos salva (no quitando las inmundicias de la carne, sino como la aspiración de una buena conciencia hacia Dios) por la resurrección de Jesucristo,

²² quien habiendo subido al cielo está a la diestra de Dios; y a él están sujetos ángeles, autoridades y potestades.

i 2.24 Is 53.5.   **j 2.25** Is 53.6.   **a 3.1** Ef 5.22; Col 3.18.
b 3.3 1 Ti 2.9.   **c 3.6** Gn 18.12.   **d 3.7** Ef 5.25; Col 3.19.
e 3.10-12 Sal 34.12-16.   **f 3.14** Mt 5.10.   **g 3.14, 15** Is 8.12, 13.
h 3.20 Gn 6.1—7.24.

Buenos administradores de la gracia de Dios

4 ¹ Puesto que Cristo ha padecido por nosotros en la carne, vosotros también armaos del mismo pensamiento; pues quien ha padecido en la carne, terminó con el pecado,

² para no vivir el tiempo que resta en la carne, conforme a las concupiscencias de los hombres, sino conforme a la voluntad de Dios.

³ Baste ya el tiempo pasado para haber hecho lo que agrada a los gentiles, andando en lascivias, concupiscencias, embriagueces, orgías, disipación y abominables idolatrías.

⁴ A éstos les parece cosa extraña que vosotros no corráis con ellos en el mismo desenfreno de disolución, y os ultrajan;

⁵ pero ellos darán cuenta al que está preparado para juzgar a los vivos y a los muertos.

⁶ Porque por esto también ha sido predicado el evangelio a los muertos, para que sean juzgados en carne según los hombres, pero vivan en espíritu según Dios.

⁷ Mas el fin de todas las cosas se acerca; sed, pues, sobrios, y velad en oración.

⁸ Y ante todo, tened entre vosotros ferviente amor; porque el amor cubrirá multitud de pecados.ᵃ

⁹ Hospedaos los unos a los otros sin murmuraciones.

¹⁰ Cada uno según el don que ha recibido, minístrelo a los otros, como buenos administradores de la multiforme gracia de Dios.

¹¹ Si alguno habla, hable conforme a las palabras de Dios; si alguno ministra, ministre conforme al poder que Dios da, para que en todo sea Dios glorificado por Jesucristo, a quien pertenecen la gloria y el imperio por los siglos de los siglos. Amén.

Padeciendo como cristianos

¹² Amados, no os sorprendáis del fuego de prueba que os ha sobrevenido, como si alguna cosa extraña os aconteciese,

¹³ sino gozaos por cuanto sois participantes de los padecimientos de Cristo, para que también en la revelación de su gloria os gocéis con gran alegría.

¹⁴ Si sois vituperados por el nombre de Cristo, sois bienaventurados, porque el glorioso Espíritu de Dios reposa sobre vosotros. Ciertamente, de parte de ellos, él es blasfemado, pero por vosotros es glorificado.

¹⁵ Así que, ninguno de vosotros padezca como homicida, o ladrón, o malhechor, o por entremeterse en lo ajeno;

¹⁶ pero si alguno padece como cristiano, no se avergüence, sino glorifique a Dios por ello.

¹⁷ Porque es tiempo de que el juicio comience por la casa de Dios; y si primero comienza por nosotros, ¿cuál será el fin de aquellos que no obedecen al evangelio de Dios?

¹⁸ Y:

Si el justo con dificultad se salva,
¿En dónde aparecerá el impío y el
pecador?ᵇ

¹⁹ De modo que los que padecen según la voluntad de Dios, encomienden sus almas al fiel Creador, y hagan el bien.

Apacentad la grey de Dios

5 ¹ Ruego a los ancianos que están entre vosotros, yo anciano también con ellos, y testigo de los padecimientos de Cristo, que soy también participante de la gloria que será revelada:

² Apacentad la grey de Diosᵃ que está entre vosotros, cuidando de ella, no por fuerza, sino voluntariamente; no por ganancia deshonesta, sino con ánimo pronto;

³ no como teniendo señorío sobre los que están a vuestro cuidado, sino siendo ejemplos de la grey.

⁴ Y cuando aparezca el Príncipe de los pastores, vosotros recibiréis la corona incorruptible de gloria.

⁵ Igualmente, jóvenes, estad sujetos a los ancianos; y todos, sumisos unos a otros, revestíos de humildad; porque:

Dios resiste a los soberbios,
Y da gracia a los humildes.ᵇ

⁶ Humillaos, pues, bajo la poderosa mano de Dios, para que él os exalte cuando fuere tiempo;ᶜ

⁷ echando toda vuestra ansiedad sobre él, porque él tiene cuidado de vosotros.

---

a **4.8** Pr 10.12.   b **4.18** Pr 11.31.   a **5.2** Jn 21.15-17.
b **5.5** Pr 3.34.   c **5.6** Mt 23.12; Lc 14.11; 18.14.

8 Sed sobrios, y velad; porque vuestro adversario el diablo, como león rugiente, anda alrededor buscando a quien devorar; **9** al cual resistid firmes en la fe, sabiendo que los mismos padecimientos se van cumpliendo en vuestros hermanos en todo el mundo.

10 Mas el Dios de toda gracia, que nos llamó a su gloria eterna en Jesucristo, después que hayáis padecido un poco de tiempo, él mismo os perfeccione, afirme, fortalezca y establezca.

11 A él sea la gloria y el imperio por los siglos de los siglos. Amén.

Salutaciones finales

12 Por conducto de Silvano,[d] a quien tengo por hermano fiel, os he escrito brevemente, amonestándoos, y testificando que ésta es la verdadera gracia de Dios, en la cual estáis.

13 La iglesia que está en Babilonia, elegida juntamente con vosotros, y Marcos[e] mi hijo, os saludan.

14 Saludaos unos a otros con ósculo de amor. Paz sea con todos vosotros los que estáis en Jesucristo. Amén.

---

d 5.12 Hch 15.22, 40.   **e 5.13** Hch 12.12, 25; 13.13; 15.37-39; Col 4.10; Flm 24.

SEGUNDA EPÍSTOLA DE
SAN PEDRO APÓSTOL

Salutación

1 ¹ Simón Pedro, siervo y apóstol de Jesucristo, a los que habéis alcanzado, por la justicia de nuestro Dios y Salvador Jesucristo, una fe igualmente preciosa que la nuestra:

² Gracia y paz os sean multiplicadas, en el conocimiento de Dios y de nuestro Señor Jesús.

Partícipes de la naturaleza divina

³ Como todas las cosas que pertenecen a la vida y a la piedad nos han sido dadas por su divino poder, mediante el conocimiento de aquel que nos llamó por su gloria y excelencia,

⁴ por medio de las cuales nos ha dado preciosas y grandísimas promesas, para que por ellas llegaseis a ser participantes de la naturaleza divina, habiendo huido de la corrupción que hay en el mundo a causa de la concupiscencia;

⁵ vosotros también, poniendo toda diligencia por esto mismo, añadid a vuestra fe virtud; a la virtud, conocimiento;

⁶ al conocimiento, dominio propio; al dominio propio, paciencia; a la paciencia, piedad;

⁷ a la piedad, afecto fraternal; y al afecto fraternal, amor.

⁸ Porque si estas cosas están en vosotros, y abundan, no os dejarán estar ociosos ni sin fruto en cuanto al conocimiento de nuestro Señor Jesucristo.

⁹ Pero el que no tiene estas cosas tiene la vista muy corta; es ciego, habiendo olvidado la purificación de sus antiguos pecados.

¹⁰ Por lo cual, hermanos, tanto más procurad hacer firme vuestra vocación y elección; porque haciendo estas cosas, no caeréis jamás.

¹¹ Porque de esta manera os será otorgada amplia y generosa entrada en el reino eterno de nuestro Señor y Salvador Jesucristo.

Testigos presenciales de la gloria de Cristo

¹² Por esto, yo no dejaré de recordaros siempre estas cosas, aunque vosotros las sepáis, y estéis confirmados en la verdad presente.

¹³ Pues tengo por justo, en tanto que estoy en este cuerpo, el despertaros con amonestación;

¹⁴ sabiendo que en breve debo abandonar el cuerpo, como nuestro Señor Jesucristo me ha declarado.

¹⁵ También yo procuraré con diligencia que después de mi partida vosotros podáis en todo momento tener memoria de estas cosas.

¹⁶ Porque no os hemos dado a conocer el poder y la venida de nuestro Señor Jesucristo siguiendo fábulas artificiosas, sino como habiendo visto con nuestros propios ojos su majestad.

¹⁷ Pues cuando él recibió de Dios Padre honra y gloria, le fue enviada desde la magnífica gloria una voz que decía: Éste es mi Hijo amado, en el cual tengo complacencia.

¹⁸ Y nosotros oímos esta voz enviada del cielo, cuando estábamos con él en el monte santo.ᵃ

La profecía de la Escritura

¹⁹ Tenemos también la palabra profética más segura, a la cual hacéis bien en estar atentos como a una antorcha que alumbra en lugar oscuro, hasta que el día esclarezca y el lucero de la mañana salga en vuestros corazones;

²⁰ entendiendo primero esto, que ninguna profecía de la Escritura es de interpretación privada,

²¹ porque nunca la profecía fue traída por voluntad humana, sino que los santos

ᵃ 1.17, 18 Mt 17.1-5; Mr 9.2-7; Lc 9.28-35.

hombres de Dios hablaron siendo inspirados por el Espíritu Santo.

Falsos profetas y falsos maestros
(Jud 3-13)

2 ¹ Pero hubo también falsos profetas entre el pueblo, como habrá entre vosotros falsos maestros, que introducirán encubiertamente herejías destructoras, y aun negarán al Señor que los rescató, atrayendo sobre sí mismos destrucción repentina. ² Y muchos seguirán sus disoluciones, por causa de los cuales el camino de la verdad será blasfemado, ³ y por avaricia harán mercadería de vosotros con palabras fingidas. Sobre los tales ya de largo tiempo la condenación no se tarda, y su perdición no se duerme.

⁴ Porque si Dios no perdonó a los ángeles que pecaron, sino que arrojándolos al infierno los entregó a prisiones de oscuridad, para ser reservados al juicio; ⁵ y si no perdonó al mundo antiguo, sino que guardó a Noé, pregonero de justicia, con otras siete personas, trayendo el diluvio sobre el mundo de los impíos;ᵃ ⁶ y si condenó por destrucción a las ciudades de Sodoma y de Gomorra, reduciéndolas a cenizaᵇ y poniéndolas de ejemplo a los que habían de vivir impíamente, ⁷ y libró al justo Lot, abrumado por la nefanda conducta de los malvadosᶜ ⁸ (porque este justo, que moraba entre ellos, afligía cada día su alma justa, viendo y oyendo los hechos inicuos de ellos), ⁹ sabe el Señor librar de tentación a los piadosos, y reservar a los injustos para ser castigados en el día del juicio; ¹⁰ y mayormente a aquellos que, siguiendo la carne, andan en concupiscencia e inmundicia, y desprecian el señorío.

Atrevidos y contumaces, no temen decir mal de las potestades superiores, ¹¹ mientras que los ángeles, que son mayores en fuerza y en potencia, no pronuncian juicio de maldición contra ellas delante del Señor. ¹² Pero éstos, hablando mal de cosas que no entienden, como animales irracionales, nacidos para presa y destrucción, perecerán en su propia perdición, ¹³ recibiendo el galardón de su injusticia, ya que tienen por delicia el gozar de deleites cada día. Éstos son inmundicias y manchas, quienes aun mientras comen con vosotros, se recrean en sus errores. ¹⁴ Tienen los ojos llenos de adulterio, no se sacian de pecar, seducen a las almas inconstantes, tienen el corazón habituado a la codicia, y son hijos de maldición. ¹⁵ Han dejado el camino recto, y se han extraviado siguiendo el camino de Balaam hijo de Beor, el cual amó el premio de la maldad, ¹⁶ y fue reprendido por su iniquidad; pues una muda bestia de carga, hablando con voz de hombre, refrenó la locura del profeta.ᵈ ¹⁷ Éstos son fuentes sin agua, y nubes empujadas por la tormenta; para los cuales la más densa oscuridad está reservada para siempre. ¹⁸ Pues hablando palabras infladas y vanas, seducen con concupiscencias de la carne y disoluciones a los que verdaderamente habían huido de los que viven en error. ¹⁹ Les prometen libertad, y son ellos mismos esclavos de corrupción. Porque el que es vencido por alguno es hecho esclavo del que lo venció. ²⁰ Ciertamente, si habiéndose ellos escapado de las contaminaciones del mundo, por el conocimiento del Señor y Salvador Jesucristo, enredándose otra vez en ellas son vencidos, su postrer estado viene a ser peor que el primero. ²¹ Porque mejor les hubiera sido no haber conocido el camino de la justicia, que después de haberlo conocido, volverse atrás del santo mandamiento que les fue dado. ²² Pero les ha acontecido lo del verdadero proverbio: El perro vuelve a su vómito,ᵉ y la puerca lavada a revolcarse en el cieno.

El día del Señor vendrá

3 ¹ Amados, ésta es la segunda carta que os escribo, y en ambas despierto con exhortación vuestro limpio entendimiento, ² para que tengáis memoria de las palabras que antes han sido dichas por los santos profetas, y del mandamiento del Señor y Salvador dado por vuestros apóstoles;

ᵃ **2.5** Gn 6.1—7.24.   ᵇ **2.6** Gn 19.24.   ᶜ **2.7** Gn 19.1-16.
ᵈ **2.15, 16** Nm 22.4-35.   ᵉ **2.22** Pr 26.11.

³ sabiendo primero esto, que en los postreros días vendrán burladores, andando según sus propias concupiscencias,[a]

⁴ y diciendo: ¿Dónde está la promesa de su advenimiento? Porque desde el día en que los padres durmieron, todas las cosas permanecen así como desde el principio de la creación.

⁵ Éstos ignoran voluntariamente, que en el tiempo antiguo fueron hechos por la palabra de Dios los cielos, y también la tierra, que proviene del agua y por el agua subsiste,[b]

⁶ por lo cual el mundo de entonces pereció anegado en agua;[c]

⁷ pero los cielos y la tierra que existen ahora, están reservados por la misma palabra, guardados para el fuego en el día del juicio y de la perdición de los hombres impíos.

⁸ Mas, oh amados, no ignoréis esto: que para con el Señor un día es como mil años, y mil años como un día.[d]

⁹ El Señor no retarda su promesa, según algunos la tienen por tardanza, sino que es paciente para con nosotros, no queriendo que ninguno perezca, sino que todos procedan al arrepentimiento.

¹⁰ Pero el día del Señor vendrá como ladrón en la noche;[e] en el cual los cielos pasarán con grande estruendo, y los elementos ardiendo serán deshechos, y la tierra y las obras que en ella hay serán quemadas.

¹¹ Puesto que todas estas cosas han de ser deshechas, ¡cómo no debéis vosotros andar en santa y piadosa manera de vivir,

¹² esperando y apresurándoos para la venida del día de Dios, en el cual los cielos, encendiéndose, serán deshechos, y los elementos, siendo quemados, se fundirán!

¹³ Pero nosotros esperamos, según sus promesas, cielos nuevos y tierra nueva, en los cuales mora la justicia.[f]

¹⁴ Por lo cual, oh amados, estando en espera de estas cosas, procurad con diligencia ser hallados por él sin mancha e irreprensibles, en paz.

¹⁵ Y tened entendido que la paciencia de nuestro Señor es para salvación; como también nuestro amado hermano Pablo, según la sabiduría que le ha sido dada, os ha escrito,

¹⁶ casi en todas sus epístolas, hablando en ellas de estas cosas; entre las cuales hay algunas difíciles de entender, las cuales los indoctos e inconstantes tuercen, como también las otras Escrituras, para su propia perdición.

¹⁷ Así que vosotros, oh amados, sabiéndolo de antemano, guardaos, no sea que arrastrados por el error de los inicuos, caigáis de vuestra firmeza.

¹⁸ Antes bien, creced en la gracia y el conocimiento de nuestro Señor y Salvador Jesucristo. A él sea gloria ahora y hasta el día de la eternidad. Amén.

---

a **3.3** Jud 18.   b **3.5** Gn 1.6-8.   c **3.6** Gn 7.11.   d **3.8** Sal 90.4.
e **3.10** Mt 24.43; Lc 12.39; 1 Ts 5.2; Ap 16.15.   f **3.13** Is 65.17;
66.22; Ap 21.1.

SAN JUAN APÓSTOL

La palabra de vida

1 ¹ Lo que era desde el principio,ª lo que hemos oído, lo que hemos visto con nuestros ojos, lo que hemos contemplado, y palparon nuestras manos tocante al Verbo de vida

² (porque la vida fue manifestada, y la hemos visto,ᵇ y testificamos, y os anunciamos la vida eterna, la cual estaba con el Padre, y se nos manifestó);

³ lo que hemos visto y oído, eso os anunciamos, para que también vosotros tengáis comunión con nosotros; y nuestra comunión verdaderamente es con el Padre, y con su Hijo Jesucristo.

⁴ Estas cosas os escribimos, para que vuestro gozo sea cumplido.

Dios es luz

⁵ Éste es el mensaje que hemos oído de él, y os anunciamos: Dios es luz, y no hay ningunas tinieblas en él.

⁶ Si decimos que tenemos comunión con él, y andamos en tinieblas, mentimos, y no practicamos la verdad;

⁷ pero si andamos en luz, como él está en luz, tenemos comunión unos con otros, y la sangre de Jesucristo su Hijo nos limpia de todo pecado.

⁸ Si decimos que no tenemos pecado, nos engañamos a nosotros mismos, y la verdad no está en nosotros.

⁹ Si confesamos nuestros pecados, él es fiel y justo para perdonar nuestros pecados, y limpiarnos de toda maldad.

¹⁰ Si decimos que no hemos pecado, le hacemos a él mentiroso, y su palabra no está en nosotros.

Cristo, nuestro abogado

2 ¹ Hijitos míos, estas cosas os escribo para que no pequéis; y si alguno hubiere pecado, abogado tenemos para con el Padre, a Jesucristo el justo.

² Y él es la propiciación por nuestros pecados; y no solamente por los nuestros, sino también por los de todo el mundo.

³ Y en esto sabemos que nosotros le conocemos, si guardamos sus mandamientos.

⁴ El que dice: Yo le conozco, y no guarda sus mandamientos, el tal es mentiroso, y la verdad no está en él;

⁵ pero el que guarda su palabra, en éste verdaderamente el amor de Dios se ha perfeccionado; por esto sabemos que estamos en él.

⁶ El que dice que permanece en él, debe andar como él anduvo.

El nuevo mandamiento

⁷ Hermanos, no os escribo mandamiento nuevo,ª sino el mandamiento antiguo que habéis tenido desde el principio; este mandamiento antiguo es la palabra que habéis oído desde el principio.

⁸ Sin embargo, os escribo un mandamiento nuevo, que es verdadero en él y en vosotros, porque las tinieblas van pasando, y la luz verdadera ya alumbra.

⁹ El que dice que está en la luz, y aborrece a su hermano, está todavía en tinieblas.

¹⁰ El que ama a su hermano, permanece en la luz, y en él no hay tropiezo.

¹¹ Pero el que aborrece a su hermano está en tinieblas, y anda en tinieblas, y no sabe a dónde va, porque las tinieblas le han cegado los ojos.

¹² Os escribo a vosotros, hijitos, porque vuestros pecados os han sido perdonados por su nombre.

¹³ Os escribo a vosotros, padres, porque conocéis al que es desde el principio. Os escribo a vosotros, jóvenes, porque habéis vencido al maligno. Os escribo a vosotros, hijitos, porque habéis conocido al Padre.

---

a 1.1 Jn 1.1.   **b 1.2** Jn 1.14.   **a 2.7** Jn 13.34.

14 Os he escrito a vosotros, padres, porque habéis conocido al que es desde el principio. Os he escrito a vosotros, jóvenes, porque sois fuertes, y la palabra de Dios permanece en vosotros, y habéis vencido al maligno.

15 No améis al mundo, ni las cosas que están en el mundo. Si alguno ama al mundo, el amor del Padre no está en él.

16 Porque todo lo que hay en el mundo, los deséos de la carne, los deseos de los ojos, y la vanagloria de la vida, no proviene del Padre, sino del mundo.

17 Y el mundo pasa, y sus deseos; pero el que hace la voluntad de Dios permanece para siempre.

El anticristo

18 Hijitos, ya es el último tiempo; y según vosotros oísteis que el anticristo viene, así ahora han surgido muchos anticristos; por esto conocemos que es el último tiempo.

19 Salieron de nosotros, pero no eran de nosotros; porque si hubiesen sido de nosotros, habrían permanecido con nosotros; pero salieron para que se manifestase que no todos son de nosotros.

20 Pero vosotros tenéis la unción del Santo, y conocéis todas las cosas.

21 No os he escrito como si ignoraseis la verdad, sino porque la conocéis, y porque ninguna mentira procede de la verdad.

22 ¿Quién es el mentiroso, sino el que niega que Jesús es el Cristo? Éste es anticristo, el que niega al Padre y al Hijo.

23 Todo aquel que niega al Hijo, tampoco tiene al Padre. El que confiesa al Hijo, tiene también al Padre.

24 Lo que habéis oído desde el principio, permanezca en vosotros. Si lo que habéis oído desde el principio permanece en vosotros, también vosotros permaneceréis en el Hijo y en el Padre.

25 Y ésta es la promesa que él nos hizo, la vida eterna.

26 Os he escrito esto sobre los que os engañan.

27 Pero la unción que vosotros recibisteis de él permanece en vosotros, y no tenéis necesidad de que nadie os enseñe; así como la unción misma os enseña todas las cosas, y es verdadera, y no es mentira, según ella os ha enseñado, permaneced en él.

28 Y ahora, hijitos, permaneced en él, para que cuando se manifieste, tengamos confianza, para que en su venida no nos alejemos de él avergonzados.

29 Si sabéis que él es justo, sabed también que todo el que hace justicia es nacido de él.

Hijos de Dios

3 **1** Mirad cuál amor nos ha dado el Padre, para que seamos llamados hijos de Dios;[a] por esto el mundo no nos conoce, porque no le conoció a él.

2 Amados, ahora somos hijos de Dios, y aún no se ha manifestado lo que hemos de ser; pero sabemos que cuando él se manifieste, seremos semejantes a él, porque le veremos tal como él es.

3 Y todo aquel que tiene esta esperanza en él, se purifica a sí mismo, así como él es puro.

4 Todo aquel que comete pecado, infringe también la ley; pues el pecado es infracción de la ley.

5 Y sabéis que él apareció para quitar nuestros pecados,[b] y no hay pecado en él.

6 Todo aquel que permanece en él, no peca; todo aquel que peca, no le ha visto, ni le ha conocido.

7 Hijitos, nadie os engañe; el que hace justicia es justo, como él es justo.

8 El que practica el pecado es del diablo; porque el diablo peca desde el principio. Para esto apareció el Hijo de Dios, para deshacer las obras del diablo.

9 Todo aquel que es nacido de Dios, no practica el pecado, porque la simiente de Dios permanece en él; y no puede pecar, porque es nacido de Dios.

10 En esto se manifiestan los hijos de Dios, y los hijos del diablo: todo aquel que no hace justicia, y que no ama a su hermano, no es de Dios.

11 Porque éste es el mensaje que habéis oído desde el principio: Que nos amemos unos a otros.[c]

12 No como Caín, que era del maligno y mató a su hermano.[d] ¿Y por qué causa le mató? Porque sus obras eran malas, y las de su hermano justas.

a 3.1 Jn 1.12.   **b 3.5** Jn 1.29.   **c 3.11** Jn 13.34.
d 3.12 Gn 4.8.

13 Hermanos míos, no os extrañéis si el mundo os aborrece.

14 Nosotros sabemos que hemos pasado de muerte a vida,[e] en que amamos a los hermanos. El que no ama a su hermano, permanece en muerte.

15 Todo aquel que aborrece a su hermano es homicida; y sabéis que ningún homicida tiene vida eterna permanente en él.

16 En esto hemos conocido el amor, en que él puso su vida por nosotros; también nosotros debemos poner nuestras vidas por los hermanos.

17 Pero el que tiene bienes de este mundo y ve a su hermano tener necesidad, y cierra contra él su corazón, ¿cómo mora el amor de Dios en él?

18 Hijitos míos, no amemos de palabra ni de lengua, sino de hecho y en verdad.

19 Y en esto conocemos que somos de la verdad, y aseguraremos nuestros corazones delante de él;

20 pues si nuestro corazón nos reprende, mayor que nuestro corazón es Dios, y él sabe todas las cosas.

21 Amados, si nuestro corazón no nos reprende, confianza tenemos en Dios;

22 y cualquiera cosa que pidiéremos la recibiremos de él, porque guardamos sus mandamientos, y hacemos las cosas que son agradables delante de él.

23 Y éste es su mandamiento: Que creamos en el nombre de su Hijo Jesucristo, y nos amemos unos a otros como nos lo ha mandado.[f]

24 Y el que guarda sus mandamientos, permanece en Dios, y Dios en él. Y en esto sabemos que él permanece en nosotros, por el Espíritu que nos ha dado.

El Espíritu de Dios y el espíritu del anticristo

4 **1** Amados, no creáis a todo espíritu, sino probad los espíritus si son de Dios; porque muchos falsos profetas han salido por el mundo.

2 En esto conoced el Espíritu de Dios: Todo espíritu que confiesa que Jesucristo ha venido en carne, es de Dios;

3 y todo espíritu que no confiesa que Jesucristo ha venido en carne, no es de Dios; y éste es el espíritu del anticristo, el cual vosotros habéis oído que viene, y que ahora ya está en el mundo.

4 Hijitos, vosotros sois de Dios, y los habéis vencido; porque mayor es el que está en vosotros, que el que está en el mundo.

5 Ellos son del mundo; por eso hablan del mundo, y el mundo los oye.

6 Nosotros somos de Dios; el que conoce a Dios, nos oye; el que no es de Dios, no nos oye. En esto conocemos el espíritu de verdad y el espíritu de error.

Dios es amor

7 Amados, amémonos unos a otros; porque el amor es de Dios. Todo aquel que ama, es nacido de Dios, y conoce a Dios.

8 El que no ama, no ha conocido a Dios; porque Dios es amor.

9 En esto se mostró el amor de Dios para con nosotros, en que Dios envió a su Hijo unigénito al mundo, para que vivamos por él.

10 En esto consiste el amor: no en que nosotros hayamos amado a Dios, sino en que él nos amó a nosotros, y envió a su Hijo en propiciación por nuestros pecados.

11 Amados, si Dios nos ha amado así, debemos también nosotros amarnos unos a otros.

12 Nadie ha visto jamás a Dios.[a] Si nos amamos unos a otros, Dios permanece en nosotros, y su amor se ha perfeccionado en nosotros.

13 En esto conocemos que permanecemos en él, y él en nosotros, en que nos ha dado de su Espíritu.

14 Y nosotros hemos visto y testificamos que el Padre ha enviado al Hijo, el Salvador del mundo.

15 Todo aquel que confiese que Jesús es el Hijo de Dios, Dios permanece en él, y él en Dios.

16 Y nosotros hemos conocido y creído el amor que Dios tiene para con nosotros. Dios es amor; y el que permanece en amor, permanece en Dios, y Dios en él.

17 En esto se ha perfeccionado el amor en nosotros, para que tengamos confianza en el día del juicio; pues como él es, así somos nosotros en este mundo.

e **3.14** Jn 5.24.   f **3.23** Jn 13.34; 15.12, 17.   a **4.12** Jn 1.18.

18 En el amor no hay temor, sino que el perfecto amor echa fuera el temor; porque el temor lleva en sí castigo. De donde el que teme, no ha sido perfeccionado en el amor.

19 Nosotros le amamos a él, porque él nos amó primero.

20 Si alguno dice: Yo amo a Dios, y aborrece a su hermano, es mentiroso. Pues el que no ama a su hermano a quien ha visto, ¿cómo puede amar a Dios a quien no ha visto?

21 Y nosotros tenemos este mandamiento de él: El que ama a Dios, ame también a su hermano.

La fe que vence al mundo

5 **1** Todo aquel que cree que Jesús es el Cristo, es nacido de Dios; y todo aquel que ama al que engendró, ama también al que ha sido engendrado por él.

2 En esto conocemos que amamos a los hijos de Dios, cuando amamos a Dios, y guardamos sus mandamientos.

3 Pues éste es el amor a Dios, que guardemos sus mandamientos;[a] y sus mandamientos no son gravosos.

4 Porque todo lo que es nacido de Dios vence al mundo; y ésta es la victoria que ha vencido al mundo, nuestra fe.

5 ¿Quién es el que vence al mundo, sino el que cree que Jesús es el Hijo de Dios?

El testimonio del Espíritu

6 Éste es Jesucristo, que vino mediante agua y sangre; no mediante agua solamente, sino mediante agua y sangre. Y el Espíritu es el que da testimonio; porque el Espíritu es la verdad.

7 Porque tres son los que dan testimonio en el cielo: el Padre, el Verbo y el Espíritu Santo; y estos tres son uno.

8 Y tres son los que dan testimonio en la tierra: el Espíritu, el agua y la sangre; y estos tres concuerdan.

---

a **5.3** Jn 14.15. b **5.11** Jn 3.36.

9 Si recibimos el testimonio de los hombres, mayor es el testimonio de Dios; porque éste es el testimonio con que Dios ha testificado acerca de su Hijo.

10 El que cree en el Hijo de Dios, tiene el testimonio en sí mismo; el que no cree a Dios, le ha hecho mentiroso, porque no ha creído en el testimonio que Dios ha dado acerca de su Hijo.

11 Y éste es el testimonio: que Dios nos ha dado vida eterna; y esta vida está en su Hijo.[b]

12 El que tiene al Hijo, tiene la vida; el que no tiene al Hijo de Dios no tiene la vida.

La certeza de la fe

13 Estas cosas os he escrito a vosotros que creéis en el nombre del Hijo de Dios, para que sepáis que tenéis vida eterna, y para que creáis en el nombre del Hijo de Dios.

14 Y ésta es la confianza que tenemos en él, que si pedimos alguna cosa conforme a su voluntad, él nos oye.

15 Y si sabemos que él nos oye en cualquiera cosa que pidamos, sabemos que tenemos las peticiones que le hayamos hecho.

16 Si alguno viere a su hermano cometer pecado que no sea de muerte, pedirá, y Dios le dará vida; esto es para los que cometen pecado que no sea de muerte. Hay pecado de muerte, por el cual yo no digo que se pida.

17 Toda injusticia es pecado; pero hay pecado no de muerte.

18 Sabemos que todo aquel que ha nacido de Dios, no practica el pecado, pues Aquel que fue engendrado por Dios le guarda, y el maligno no le toca.

19 Sabemos que somos de Dios, y el mundo entero está bajo el maligno.

20 Pero sabemos que el Hijo de Dios ha venido, y nos ha dado entendimiento para conocer al que es verdadero; y estamos en el verdadero, en su Hijo Jesucristo. Éste es el verdadero Dios, y la vida eterna.

21 Hijitos, guardaos de los ídolos. Amén.

SEGUNDA EPÍSTOLA UNIVERSAL DE
SAN JUAN APÓSTOL

Salutación

¹ El anciano a la señora elegida y a sus hijos, a quienes yo amo en la verdad; y no sólo yo, sino también todos los que han conocido la verdad,
² a causa de la verdad que permanece en nosotros, y estará para siempre con nosotros:
³ Sea con vosotros gracia, misericordia y paz, de Dios Padre y del Señor Jesucristo, Hijo del Padre, en verdad y en amor.

Permaneced en la doctrina de Cristo

⁴ Mucho me regocijé porque he hallado a algunos de tus hijos andando en la verdad, conforme al mandamiento que recibimos del Padre.
⁵ Y ahora te ruego, señora, no como escribiéndote un nuevo mandamiento, sino el que hemos tenido desde el principio, que nos amemos unos a otros.ª
⁶ Y éste es el amor, que andemos según sus mandamientos. Éste es el mandamiento: que andéis en amor, como vosotros habéis oído desde el principio.

⁷ Porque muchos engañadores han salido por el mundo, que no confiesan que Jesucristo ha venido en carne. Quien esto hace es el engañador y el anticristo.
⁸ Mirad por vosotros mismos, para que no perdáis el fruto de vuestro trabajo, sino que recibáis galardón completo.
⁹ Cualquiera que se extravía, y no persevera en la doctrina de Cristo, no tiene a Dios; el que persevera en la doctrina de Cristo, ése sí tiene al Padre y al Hijo.
¹⁰ Si alguno viene a vosotros, y no trae esta doctrina, no lo recibáis en casa, ni le digáis: ¡Bienvenido!
¹¹ Porque el que le dice: ¡Bienvenido! participa en sus malas obras.

Espero ir a vosotros

¹² Tengo muchas cosas que escribiros, pero no he querido hacerlo por medio de papel y tinta, pues espero ir a vosotros y hablar cara a cara, para que nuestro gozo sea cumplido.
¹³ Los hijos de tu hermana, la elegida, te saludan. Amén.

---

a **5** Jn 13.34; 15.12, 17.

TERCERA EPÍSTOLA UNIVERSAL DE
SAN JUAN APÓSTOL

Salutación

1 El anciano a Gayo,[a] el amado, a quien amo en la verdad.

2 Amado, yo deseo que tú seas prosperado en todas las cosas, y que tengas salud, así como prospera tu alma.

3 Pues mucho me regocijé cuando vinieron los hermanos y dieron testimonio de tu verdad, de cómo andas en la verdad.

4 No tengo yo mayor gozo que éste, el oír que mis hijos andan en la verdad.

Elogio de la hospitalidad de Gayo

5 Amado, fielmente te conduces cuando prestas algún servicio a los hermanos, especialmente a los desconocidos,

6 los cuales han dado ante la iglesia testimonio de tu amor; y harás bien en encaminarlos como es digno de su servicio a Dios, para que continúen su viaje.

7 Porque ellos salieron por amor del nombre de él, sin aceptar nada de los gentiles.

8 Nosotros, pues, debemos acoger a tales personas, para que cooperemos con la verdad.

---

a **1** Hch 19.29; Ro 16.23; 1 Co 1.14.

La oposición de Diótrefes

9 Yo he escrito a la iglesia; pero Diótrefes, al cual le gusta tener el primer lugar entre ellos, no nos recibe.

10 Por esta causa, si yo fuere, recordaré las obras que hace parloteando con palabras malignas contra nosotros; y no contento con estas cosas, no recibe a los hermanos, y a los que quieren recibirlos se lo prohíbe, y los expulsa de la iglesia.

Buen testimonio acerca de Demetrio

11 Amado, no imites lo malo, sino lo bueno. El que hace lo bueno es de Dios; pero el que hace lo malo, no ha visto a Dios.

12 Todos dan testimonio de Demetrio, y aun la verdad misma; y también nosotros damos testimonio, y vosotros sabéis que nuestro testimonio es verdadero.

Salutaciones finales

13 Yo tenía muchas cosas que escribirte, pero no quiero escribírtelas con tinta y pluma,

14 porque espero verte en breve, y hablaremos cara a cara.

15 La paz sea contigo. Los amigos te saludan. Saluda tú a los amigos, a cada uno en particular.

LA EPÍSTOLA UNIVERSAL DE
SAN JUDAS APÓSTOL

Salutación

[1] Judas,[a] siervo de Jesucristo, y hermano de Jacobo, a los llamados, santificados en Dios Padre, y guardados en Jesucristo:
[2] Misericordia y paz y amor os sean multiplicados.

Contended ardientemente por la fe
(2 P 2.1-17)

[3] Amados, por la gran solicitud que tenía de escribiros acerca de nuestra común salvación, me ha sido necesario escribiros exhortándoos que contendáis ardientemente por la fe que ha sido una vez dada a los santos.
[4] Porque algunos hombres han entrado encubiertamente, los que desde antes habían sido destinados para esta condenación, hombres impíos, que convierten en libertinaje la gracia de nuestro Dios, y niegan a Dios el único soberano, y a nuestro Señor Jesucristo.

Condenación de los falsos profetas

[5] Mas quiero recordaros, ya que una vez lo habéis sabido, que el Señor, habiendo salvado al pueblo sacándolo de Egipto,[b] después destruyó a los que no creyeron.[c]
[6] Y a los ángeles que no guardaron su dignidad, sino que abandonaron su propia morada, los ha guardado bajo oscuridad, en prisiones eternas, para el juicio del gran día;
[7] como Sodoma y Gomorra y las ciudades vecinas, las cuales de la misma manera que aquéllos, habiendo fornicado e ido en pos de vicios contra naturaleza, fueron puestas por ejemplo, sufriendo el castigo del fuego eterno.[d]
[8] No obstante, de la misma manera también estos soñadores mancillan la carne, rechazan la autoridad y blasfeman de las potestades superiores.
[9] Pero cuando el arcángel Miguel[e] contendía con el diablo, disputando con él por el cuerpo de Moisés,[f] no se atrevió a proferir juicio de maldición contra él, sino que dijo: El Señor te reprenda.[g]
[10] Pero éstos blasfeman de cuantas cosas no conocen; y en las que por naturaleza conocen, se corrompen como animales irracionales.
[11] ¡Ay de ellos! porque han seguido el camino de Caín,[h] y se lanzaron por lucro en el error de Balaam,[i] y perecieron en la contradicción de Coré.[j]
[12] Éstos son manchas en vuestros ágapes, que comiendo impúdicamente con vosotros se apacientan a sí mismos; nubes sin agua, llevadas de acá para allá por los vientos; árboles otoñales, sin fruto, dos veces muertos y desarraigados;
[13] fieras ondas del mar, que espuman su propia vergüenza; estrellas errantes, para las cuales está reservada eternamente la oscuridad de las tinieblas.
[14] De éstos también profetizó Enoc,[k] séptimo desde Adán, diciendo: He aquí, vino el Señor con sus santas decenas de millares,
[15] para hacer juicio contra todos, y dejar convictos a todos los impíos de todas sus obras impías que han hecho impíamente, y de todas las cosas duras que los pecadores impíos han hablado contra él.
[16] Éstos son murmuradores, querellosos, que andan según sus propios deseos, cuya boca habla cosas infladas, adulando a las personas para sacar provecho.

Amonestaciones y exhortaciones

[17] Pero vosotros, amados, tened memoria de las palabras que antes fueron dichas por los apóstoles de nuestro Señor Jesucristo;
[18] los que os decían: En el postrer tiempo habrá burladores, que andarán según sus malvados deseos.[l]

---

a 1 Mt 13.55; Mr 6.3.   b 5 Éx 12.51.   c 5 Nm 14.29, 30.
d 7 Gn 19.1-24.   e 9 Dn 10.13, 21; 12.1; Ap 12.7.
f 9 Dt 34.6.   g 9 Zac 3.2.   h 11 Gn 4.3-8.   i 11 Nm 22.1-35.
j 11 Nm 16.1-35.   k 14 Gn 5.21-24.   l 18 2 P 3.3.

19 Éstos son los que causan divisiones; los sensuales, que no tienen al Espíritu.

20 Pero vosotros, amados, edificándoos sobre vuestra santísima fe, orando en el Espíritu Santo,

21 conservaos en el amor de Dios, esperando la misericordia de nuestro Señor Jesucristo para vida eterna.

22 A algunos que dudan, convencedlos.

23 A otros salvad, arrebatándolos del fuego; y de otros tened misericordia con temor, aborreciendo aun la ropa contaminada por su carne.

Doxología

24 Y a aquel que es poderoso para guardaros sin caída, y presentaros sin mancha delante de su gloria con gran alegría,

25 al único y sabio Dios, nuestro Salvador, sea gloria y majestad, imperio y potencia, ahora y por todos los siglos. Amén.

EL APOCALIPSIS

DE SAN JUAN

La revelación de Jesucristo

1 ¹ La revelación de Jesucristo, que Dios le dio, para manifestar a sus siervos las cosas que deben suceder pronto; y la declaró enviándola por medio de su ángel a su siervo Juan,
² que ha dado testimonio de la palabra de Dios, y del testimonio de Jesucristo, y de todas las cosas que ha visto.
³ Bienaventurado el que lee, y los que oyen las palabras de esta profecía, y guardan las cosas en ella escritas; porque el tiempo está cerca.

Salutaciones a las siete iglesias

⁴ Juan, a las siete iglesias que están en Asia: Gracia y paz a vosotros, del que es y que era y que ha de venir,[a] y de los siete espíritus que están delante de su trono;[b]
⁵ y de Jesucristo el testigo fiel, el primogénito de los muertos, y el soberano de los reyes de la tierra.[c] Al que nos amó, y nos lavó de nuestros pecados con su sangre,
⁶ y nos hizo reyes y sacerdotes para Dios, su Padre;[d] a él sea gloria e imperio por los siglos de los siglos. Amén.
⁷ He aquí que viene con las nubes,[e] y todo ojo le verá, y los que le traspasaron;[f] y todos los linajes de la tierra harán lamentación por él.[g] Sí, amén.
⁸ Yo soy el Alfa y la Omega,[h] principio y fin, dice el Señor, el que es y que era y que ha de venir,[i] el Todopoderoso.

Una visión del Hijo del Hombre

⁹ Yo Juan, vuestro hermano, y copartícipe vuestro en la tribulación, en el reino y en la paciencia de Jesucristo, estaba en la isla llamada Patmos, por causa de la palabra de Dios y el testimonio de Jesucristo.
¹⁰ Yo estaba en el Espíritu en el día del Señor, y oí detrás de mí una gran voz como de trompeta,
¹¹ que decía: Yo soy el Alfa y la Omega, el primero y el último. Escribe en un libro lo que ves, y envíalo a las siete iglesias que están en Asia: a Éfeso, Esmirna, Pérgamo, Tiatira, Sardis, Filadelfia y Laodicea.
¹² Y me volví para ver la voz que hablaba conmigo; y vuelto, vi siete candeleros de oro,
¹³ y en medio de los siete candeleros, a uno semejante al Hijo del Hombre,[j] vestido de una ropa que llegaba hasta los pies, y ceñido por el pecho con un cinto de oro.[k]
¹⁴ Su cabeza y sus cabellos eran blancos como blanca lana, como nieve;[l] sus ojos como llama de fuego;
¹⁵ y sus pies semejantes al bronce bruñido,[m] refulgente como en un horno; y su voz como estruendo de muchas aguas.[n]
¹⁶ Tenía en su diestra siete estrellas; de su boca salía una espada aguda de dos filos; y su rostro era como el sol cuando resplandece en su fuerza.
¹⁷ Cuando le vi, caí como muerto a sus pies. Y él puso su diestra sobre mí, diciéndome: No temas; yo soy el primero y el último;[o]
¹⁸ y el que vivo, y estuve muerto; mas he aquí que vivo por los siglos de los siglos, amén. Y tengo las llaves de la muerte y del Hades.
¹⁹ Escribe las cosas que has visto, y las que son, y las que han de ser después de éstas.
²⁰ El misterio de las siete estrellas que has visto en mi diestra, y de los siete candeleros de oro: las siete estrellas son los ángeles de las siete iglesias, y los siete candeleros que has visto, son las siete iglesias.

---

a 1.4 Éx 3.14.   b 1.4 Ap 4.5.   c 1.5 Sal 89.27.   d 1.6 Éx 19.6; Ap 5.10.   e 1.7 Dn 7.13; Mt 24.30; Mr 13.26; Lc 21.27; 1 Ts 4.17.   f 1.7 Zac 12.10; Jn 19.34, 37.   g 1.7 Zac 12.10-14; Mt 24.30.   h 1.8 Ap 22.13.   i 1.8 Éx 3.14.   j 1.13 Dn 7.13.   k 1.13 Dn 10.5.   l 1.14 Dn 7.9.   m 1.14, 15 Dn 10.6.   n 1.15 Ez 1.24.   o 1.17 Is 44.6; 48.12; Ap 2.8; 22.13.

Mensajes a las siete iglesias.
El mensaje a Éfeso

2 ¹ Escribe al ángel de la iglesia en Éfeso: El que tiene las siete estrellas en su diestra, el que anda en medio de los siete candeleros de oro, dice esto:

² Yo conozco tus obras, y tu arduo trabajo y paciencia; y que no puedes soportar a los malos, y has probado a los que se dicen ser apóstoles, y no lo son, y los has hallado mentirosos;

³ y has sufrido, y has tenido paciencia, y has trabajado arduamente por amor de mi nombre, y no has desmayado.

⁴ Pero tengo contra ti, que has dejado tu primer amor.

⁵ Recuerda, por tanto, de dónde has caído, y arrepiéntete, y haz las primeras obras; pues si no, vendré pronto a ti, y quitaré tu candelero de su lugar, si no te hubieres arrepentido.

⁶ Pero tienes esto, que aborreces las obras de los nicolaítas, las cuales yo también aborrezco.

⁷ El que tiene oído, oiga lo que el Espíritu dice a las iglesias. Al que venciere, le daré a comer del árbol de la vida,ᵃ el cual está en medio del paraíso de Dios.

El mensaje a Esmirna

⁸ Y escribe al ángel de la iglesia en Esmirna: El primero y el postrero,ᵇ el que estuvo muerto y vivió, dice esto:

⁹ Yo conozco tus obras, y tu tribulación, y tu pobreza (pero tú eres rico), y la blasfemia de los que se dicen ser judíos, y no lo son, sino sinagoga de Satanás.

¹⁰ No temas en nada lo que vas a padecer. He aquí, el diablo echará a algunos de vosotros en la cárcel, para que seáis probados, y tendréis tribulación por diez días. Sé fiel hasta la muerte, y yo te daré la corona de la vida.

¹¹ El que tiene oído, oiga lo que el Espíritu dice a las iglesias. El que venciere, no sufrirá daño de la segunda muerte.ᶜ

El mensaje a Pérgamo

¹² Y escribe al ángel de la iglesia en Pérgamo: El que tiene la espada aguda de dos filos dice esto:

¹³ Yo conozco tus obras, y dónde moras, donde está el trono de Satanás; pero retienes mi nombre, y no has negado mi fe, ni aun en los días en que Antipas mi testigo fiel fue muerto entre vosotros, donde mora Satanás.

¹⁴ Pero tengo unas pocas cosas contra ti: que tienes ahí a los que retienen la doctrina de Balaam, que enseñaba a Balac a poner tropiezo ante los hijos de Israel, a comer de cosas sacrificadas a los ídolos, y a cometer fornicación.ᵈ

¹⁵ Y también tienes a los que retienen la doctrina de los nicolaítas, la que yo aborrezco.

¹⁶ Por tanto, arrepiéntete; pues si no, vendré a ti pronto, y pelearé contra ellos con la espada de mi boca.

¹⁷ El que tiene oído, oiga lo que el Espíritu dice a las iglesias. Al que venciere, daré a comer del maná escondido,ᵉ y le daré una piedrecita blanca, y en la piedrecita escrito un nombre nuevo, el cual ninguno conoce sino aquel que lo recibe.

El mensaje a Tiatira

¹⁸ Y escribe al ángel de la iglesia en Tiatira: El Hijo de Dios, el que tiene ojos como llama de fuego, y pies semejantes al bronce bruñido, dice esto:

¹⁹ Yo conozco tus obras, y amor, y fe, y servicio, y tu paciencia, y que tus obras postreras son más que las primeras.

²⁰ Pero tengo unas pocas cosas contra ti: que toleras que esa mujer Jezabel,ᶠ que se dice profetisa, enseñe y seduzca a mis siervos a fornicar y a comer cosas sacrificadas a los ídolos.

²¹ Y le he dado tiempo para que se arrepienta, pero no quiere arrepentirse de su fornicación.

²² He aquí, yo la arrojo en cama, y en gran tribulación a los que con ella adulteran, si no se arrepienten de las obras de ella.

²³ Y a sus hijos heriré de muerte, y todas las iglesias sabrán que yo soy el que escudriña la mente y el corazón;ᵍ y os daré a cada uno según vuestras obras.ʰ

²⁴ Pero a vosotros y a los demás que están en Tiatira, a cuantos no tienen esa doctrina, y no han conocido lo que ellos llaman las profundidades de Satanás, yo os digo: No os impondré otra carga;

a 2.7 Gn 2.9; Ap 22.2. b 2.8 Is 44.6; 48.12; Ap 1.17; 22.13. c 2.11 Ap 20.14; 21.8. d 2.14 Nm 25.1-3; 31.16. e 2.17 Éx 16.14, 15. f 2.20 1 R 16.31; 2 R 9.22, 30. g 2.23 Sal 7.9; Jer 17.10. h 2.23 Sal 62.12.

25 pero lo que tenéis, retenedlo hasta que yo venga.

26 Al que venciere y guardare mis obras hasta el fin, yo le daré autoridad sobre las naciones,

27 y las regirá con vara de hierro, y serán quebradas como vaso de alfarero;ⁱ como yo también la he recibido de mi Padre;

28 y le daré la estrella de la mañana.

29 El que tiene oído, oiga lo que el Espíritu dice a las iglesias.

El mensaje a Sardis

3 **1** Escribe al ángel de la iglesia en Sardis: El que tiene los siete espíritus de Dios, y las siete estrellas, dice esto:

Yo conozco tus obras, que tienes nombre de que vives, y estás muerto.

2 Sé vigilante, y afirma las otras cosas que están para morir; porque no he hallado tus obras perfectas delante de Dios.

3 Acuérdate, pues, de lo que has recibido y oído; y guárdalo, y arrepiéntete. Pues si no velas, vendré sobre ti como ladrón, y no sabrás a qué hora vendré sobre ti.ᵃ

4 Pero tienes unas pocas personas en Sardis que no han manchado sus vestiduras; y andarán conmigo en vestiduras blancas, porque son dignas.

5 El que venciere será vestido de vestiduras blancas; y no borraré su nombre del libro de la vida,ᵇ y confesaré su nombre delante de mi Padre, y delante de sus ángeles.ᶜ

6 El que tiene oído, oiga lo que el Espíritu dice a las iglesias.

El mensaje a Filadelfia

7 Escribe al ángel de la iglesia en Filadelfia: Esto dice el Santo, el Verdadero, el que tiene la llave de David, el que abre y ninguno cierra, y cierra y ninguno abre:ᵈ

8 Yo conozco tus obras; he aquí, he puesto delante de ti una puerta abierta, la cual nadie puede cerrar; porque aunque tienes poca fuerza, has guardado mi palabra, y no has negado mi nombre.

9 He aquí, yo entrego de la sinagoga de Satanás a los que se dicen ser judíos y no lo son, sino que mienten; he aquí, yo haré que vengan y se postren a tus pies,ᵉ y reconozcan que yo te he amado.

10 Por cuanto has guardado la palabra de mi paciencia, yo también te guardaré de la hora de la prueba que ha de venir sobre el mundo entero, para probar a los que moran sobre la tierra.

11 He aquí, yo vengo pronto; retén lo que tienes, para que ninguno tome tu corona.

12 Al que venciere, yo lo haré columna en el templo de mi Dios, y nunca más saldrá de allí; y escribiré sobre él el nombre de mi Dios, y el nombre de la ciudad de mi Dios, la nueva Jerusalén, la cual desciende del cielo,ᶠ de mi Dios, y mi nombre nuevo.

13 El que tiene oído, oiga lo que el Espíritu dice a las iglesias.

El mensaje a Laodicea

14 Y escribe al ángel de la iglesia en Laodicea: He aquí el Amén, el testigo fiel y verdadero, el principio de la creación de Dios,ᵍ dice esto:

15 Yo conozco tus obras, que ni eres frío ni caliente. ¡Ojalá fueses frío o caliente!

16 Pero por cuanto eres tibio, y no frío ni caliente, te vomitaré de mi boca.

17 Porque tú dices: Yo soy rico, y me he enriquecido, y de ninguna cosa tengo necesidad; y no sabes que tú eres un desventurado, miserable, pobre, ciego y desnudo.

18 Por tanto, yo te aconsejo que de mí compres oro refinado en fuego, para que seas rico, y vestiduras blancas para vestirte, y que no se descubra la vergüenza de tu desnudez; y unge tus ojos con colirio, para que veas.

19 Yo reprendo y castigo a todos los que amo;ʰ sé, pues, celoso, y arrepiéntete.

20 He aquí, yo estoy a la puerta y llamo; si alguno oye mi voz y abre la puerta, entraré a él, y cenaré con él, y él conmigo.

21 Al que venciere, le daré que se siente conmigo en mi trono, así como yo he vencido, y me he sentado con mi Padre en su trono.

22 El que tiene oído, oiga lo que el Espíritu dice a las iglesias.

La adoración celestial

4 **1** Después de esto miré, y he aquí una puerta abierta en el cielo; y la

---

ⁱ **2.26, 27** Sal 2.8, 9.   ᵃ **3.3** Mt 24.43, 44; Lc 12.39, 40; Ap 16.15.   ᵇ **3.5** Éx 32.32, 33; Sal 69.28; Ap 20.12.
ᶜ **3.5** Mt 10.32; Lc 12.8.   ᵈ **3.7** Is 22.22.   ᵉ **3.9** Is 60.14.
ᶠ **3.12** Ap 21.2.   ᵍ **3.14** Pr 8.22.   ʰ **3.19** Pr 3.12.

primera voz que oí, como de trompeta, hablando conmigo, dijo: Sube acá, y yo te mostraré las cosas que sucederán después de éstas.

² Y al instante yo estaba en el Espíritu; y he aquí, un trono establecido en el cielo, y en el trono, uno sentado.

³ Y el aspecto del que estaba sentado era semejante a piedra de jaspe y de cornalina; y había alrededor del trono un arco iris, semejante en aspecto a la esmeralda.ᵃ

⁴ Y alrededor del trono había veinticuatro tronos; y vi sentados en los tronos a veinticuatro ancianos, vestidos de ropas blancas, con coronas de oro en sus cabezas.

⁵ Y del trono salían relámpagos y truenosᵇ y voces; y delante del trono ardían siete lámparas de fuego,ᶜ las cuales son los siete espíritus de Dios.ᵈ

⁶ Y delante del trono había como un mar de vidrio semejante al cristal;ᵉ y junto al trono, y alrededor del trono, cuatro seres vivientes llenos de ojos delante y detrás.

⁷ El primer ser viviente era semejante a un león; el segundo era semejante a un becerro; el tercero tenía rostro como de hombre; y el cuarto era semejante a un águila volando.ᶠ

⁸ Y los cuatro seres vivientes tenían cada uno seis alas, y alrededor y por dentro estaban llenos de ojos;ᵍ y no cesaban día y noche de decir: Santo, santo, santo es el Señor Dios Todopoderoso,ʰ el que era, el que es, y el que ha de venir.

⁹ Y siempre que aquellos seres vivientes dan gloria y honra y acción de gracias al que está sentado en el trono, al que vive por los siglos de los siglos,

¹⁰ los veinticuatro ancianos se postran delante del que está sentado en el trono, y adoran al que vive por los siglos de los siglos, y echan sus coronas delante del trono, diciendo:

¹¹ Señor, digno eres de recibir la gloria y la honra y el poder; porque tú creaste todas las cosas, y por tu voluntad existen y fueron creadas.

El rollo y el Cordero

5 ¹ Y vi en la mano derecha del que estaba sentado en el trono un libro escrito por dentro y por fuera,ᵃ sellado con siete sellos.

² Y vi a un ángel fuerte que pregonaba a gran voz: ¿Quién es digno de abrir el libro y desatar sus sellos?

³ Y ninguno, ni en el cielo ni en la tierra ni debajo de la tierra, podía abrir el libro, ni aun mirarlo.

⁴ Y lloraba yo mucho, porque no se había hallado a ninguno digno de abrir el libro, ni de leerlo, ni de mirarlo.

⁵ Y uno de los ancianos me dijo: No llores. He aquí que el León de la tribu de Judá,ᵇ la raíz de David,ᶜ ha vencido para abrir el libro y desatar sus siete sellos.

⁶ Y miré, y vi que en medio del trono y de los cuatro seres vivientes, y en medio de los ancianos, estaba en pie un Cordero como inmolado,ᵈ que tenía siete cuernos, y siete ojos,ᵉ los cuales son los siete espíritus de Dios enviados por toda la tierra.

⁷ Y vino, y tomó el libro de la mano derecha del que estaba sentado en el trono.

⁸ Y cuando hubo tomado el libro, los cuatro seres vivientes y los veinticuatro ancianos se postraron delante del Cordero; todos tenían arpas, y copas de oro llenas de incienso, que son las oraciones de los santos;ᶠ

⁹ y cantaban un nuevo cántico, diciendo: Digno eres de tomar el libro y de abrir sus sellos; porque tú fuiste inmolado, y con tu sangre nos has redimido para Dios, de todo linaje y lengua y pueblo y nación;

¹⁰ y nos has hecho para nuestro Dios reyes y sacerdotes,ᵍ y reinaremos sobre la tierra.

¹¹ Y miré, y oí la voz de muchos ángeles alrededor del trono, y de los seres vivientes, y de los ancianos; y su número era millones de millones,ʰ

¹² que decían a gran voz: El Cordero que fue inmolado es digno de tomar el poder, las riquezas, la sabiduría, la fortaleza, la honra, la gloria y la alabanza.

¹³ Y a todo lo creado que está en el cielo, y sobre la tierra, y debajo de la tierra, y en el mar, y a todas las cosas que en ellos hay, oí decir: Al que está sentado en el trono, y al Cordero, sea la alabanza, la honra, la gloria y el poder, por los siglos de los siglos.

---

a 4.2, 3 Ez 1.26-28; 10.1.   b 4.5 Éx 19.16; Ap 8.5; 11.19; 16.18.   c 4.5 Ez 1.13.   d 4.5 Ap 1.4.   e 4.6 Ez 1.22. f 4.6, 7 Ez 1.5-10; 10.14.   g 4.8 Ez 1.18; 10.12. h 4.8 Is 6.2, 3.   a 5.1 Ez 2.9, 10.   b 5.5 Gn 49.9, 10. c 5.5 Is 11.1.   d 5.6 Is 53.7.   e 5.6 Zac 4.10. f 5.8 Sal 141.2.   g 5.10 Éx 19.6; Ap 1.6.   h 5.11 Dn 7.10.

14 Los cuatro seres vivientes decían: Amén; y los veinticuatro ancianos se postraron sobre sus rostros y adoraron al que vive por los siglos de los siglos.

Los sellos

6 **1** Vi cuando el Cordero abrió uno de los sellos, y oí a uno de los cuatro seres vivientes decir como con voz de trueno: Ven y mira.

2 Y miré, y he aquí un caballo blanco;ª y el que lo montaba tenía un arco; y le fue dada una corona, y salió venciendo, y para vencer.

3 Cuando abrió el segundo sello, oí al segundo ser viviente, que decía: Ven y mira.

4 Y salió otro caballo, bermejo;ᵇ y al que lo montaba le fue dado poder de quitar de la tierra la paz, y que se matasen unos a otros; y se le dio una gran espada.

5 Cuando abrió el tercer sello, oí al tercer ser viviente, que decía: Ven y mira. Y miré, y he aquí un caballo negro;ᶜ y el que lo montaba tenía una balanza en la mano.

6 Y oí una voz de en medio de los cuatro seres vivientes, que decía: Dos libras de trigo por un denario, y seis libras de cebada por un denario; pero no dañes el aceite ni el vino.

7 Cuando abrió el cuarto sello, oí la voz del cuarto ser viviente, que decía: Ven y mira.

8 Miré, y he aquí un caballo amarillo, y el que lo montaba tenía por nombre Muerte, y el Hades le seguía; y le fue dada potestad sobre la cuarta parte de la tierra, para matar con espada, con hambre, con mortandad, y con las fieras de la tierra.ᵈ

9 Cuando abrió el quinto sello, vi bajo el altar las almas de los que habían sido muertos por causa de la palabra de Dios y por el testimonio que tenían.

10 Y clamaban a gran voz, diciendo: ¿Hasta cuándo, Señor, santo y verdadero, no juzgas y vengas nuestra sangre en los que moran en la tierra?

11 Y se les dieron vestiduras blancas, y se les dijo que descansasen todavía un poco de tiempo, hasta que se completara el número de sus consiervos y sus hermanos, que también habían de ser muertos como ellos.

12 Miré cuando abrió el sexto sello, y he aquí hubo un gran terremoto;ᵉ y el sol se puso negro como tela de cilicio, y la luna se volvió toda como sangre;

13 y las estrellas del cielo cayeron sobre la tierra,ᶠ como la higuera deja caer sus higos cuando es sacudida por un fuerte viento.

14 Y el cielo se desvaneció como un pergamino que se enrolla;ᵍ y todo monte y toda isla se removió de su lugar.ʰ

15 Y los reyes de la tierra, y los grandes, los ricos, los capitanes, los poderosos, y todo siervo y todo libre, se escondieron en las cuevas y entre las peñas de los montes;ⁱ

16 y decían a los montes y a las peñas: Caed sobre nosotros, y escondednosʲ del rostro de aquel que está sentado sobre el trono, y de la ira del Cordero;

17 porque el gran día de su ira ha llegado; ¿y quién podrá sostenerse en pie?ᵏ

Los 144 mil sellados

7 **1** Después de esto vi a cuatro ángeles en pie sobre los cuatro ángulos de la tierra, que detenían los cuatro vientosª de la tierra, para que no soplase viento alguno sobre la tierra, ni sobre el mar, ni sobre ningún árbol.

2 Vi también a otro ángel que subía de donde sale el sol, y tenía el sello del Dios vivo; y clamó a gran voz a los cuatro ángeles, a quienes se les había dado el poder de hacer daño a la tierra y al mar,

3 diciendo: No hagáis daño a la tierra, ni al mar, ni a los árboles, hasta que hayamos sellado en sus frentes a los siervos de nuestro Dios.ᵇ

4 Y oí el número de los sellados: ciento cuarenta y cuatro mil sellados de todas las tribus de los hijos de Israel.

5 De la tribu de Judá, doce mil sellados. De la tribu de Rubén, doce mil sellados. De la tribu de Gad, doce mil sellados.

6 De la tribu de Aser, doce mil sellados. De la tribu de Neftalí, doce mil sellados. De la tribu de Manasés, doce mil sellados.

---

a 6.2 Zac 1.8; 6.3. **b 6.4** Zac 1.8; 6.2. **c 6.5** Zac 6.2, 6.
d 6.8 Jer 15.3; Ez 5.12, 17; 14.21. **e 6.12** Ap 11.13; 16.18.
f 6.12, 13 Is 13.10; Ez 32.7; Jl 2.31; Mt 24.29; Mr 13.24, 25; Lc 21.25. **g 6.13, 14** Is 34.4. **h 6.14** Ap 16.20.
i 6.15 Is 2.10. **j 6.16** Os 10.8; Lc 23.30. **k 6.17** Jl 2.11; Mal 3.2. **a 7.1** Zac 6.5. **b 7.3** Ez 9.4.

7 De la tribu de Simeón, doce mil sellados. De la tribu de Leví, doce mil sellados. De la tribu de Isacar, doce mil sellados. 8 De la tribu de Zabulón, doce mil sellados. De la tribu de José, doce mil sellados. De la tribu de Benjamín, doce mil sellados.

La multitud vestida de ropas blancas

9 Después de esto miré, y he aquí una gran multitud, la cual nadie podía contar, de todas naciones y tribus y pueblos y lenguas, que estaban delante del trono y en la presencia del Cordero, vestidos de ropas blancas, y con palmas en las manos;
10 y clamaban a gran voz, diciendo: La salvación pertenece a nuestro Dios que está sentado en el trono, y al Cordero.
11 Y todos los ángeles estaban en pie alrededor del trono, y de los ancianos y de los cuatro seres vivientes; y se postraron sobre sus rostros delante del trono, y adoraron a Dios,
12 diciendo: Amén. La bendición y la gloria y la sabiduría y la acción de gracias y la honra y el poder y la fortaleza, sean a nuestro Dios por los siglos de los siglos. Amén.
13 Entonces uno de los ancianos habló, diciéndome: Estos que están vestidos de ropas blancas, ¿quiénes son, y de dónde han venido?
14 Yo le dije: Señor, tú lo sabes. Y él me dijo: Éstos son los que han salido de la gran tribulación,c y han lavado sus ropas, y las han emblanquecido en la sangre del Cordero.
15 Por esto están delante del trono de Dios, y le sirven día y noche en su templo; y el que está sentado sobre el trono extenderá su tabernáculo sobre ellos.
16 Ya no tendrán hambre ni sed, y el sol no caerá más sobre ellos, ni calor alguno;d
17 porque el Cordero que está en medio del trono los pastoreará,e y los guiará a fuentes de aguas de vida;f y Dios enjugará toda lágrima de los ojos de ellos.g

El séptimo sello

8 1 Cuando abrió el séptimo sello, se hizo silencio en el cielo como por media hora.
2 Y vi a los siete ángeles que estaban en pie ante Dios; y se les dieron siete trompetas.
3 Otro ángel vino entonces y se paró ante el altar,a con un incensario de oro; y se le dio mucho incienso para añadirlo a las oraciones de todos los santos, sobre el altar de oro que estaba delante del trono.
4 Y de la mano del ángel subió a la presencia de Dios el humo del incienso con las oraciones de los santos.
5 Y el ángel tomó el incensario, y lo llenó del fuego del altar,b y lo arrojó a la tierra;c y hubo truenos, y voces, y relámpagos, y un terremoto.d

Las primeras cuatro trompetas

6 Y los siete ángeles que tenían las siete trompetas se dispusieron a tocarlas.
7 El primer ángel tocó la trompeta, y hubo granizo y fuegoe mezclados con sangre, que fueron lanzados sobre la tierra; y la tercera parte de los árboles se quemó, y se quemó toda la hierba verde.
8 El segundo ángel tocó la trompeta, y como una gran montaña ardiendo en fuego fue precipitada en el mar; y la tercera parte del mar se convirtió en sangre.
9 Y murió la tercera parte de los seres vivientes que estaban en el mar, y la tercera parte de las naves fue destruida.
10 El tercer ángel tocó la trompeta, y cayó del cielo una gran estrella,f ardiendo como una antorcha, y cayó sobre la tercera parte de los ríos, y sobre las fuentes de las aguas.
11 Y el nombre de la estrella es Ajenjo. Y la tercera parte de las aguas se convirtió en ajenjo; y muchos hombres murieron a causa de esas aguas, porque se hicieron amargas.
12 El cuarto ángel tocó la trompeta, y fue herida la tercera parte del sol, y la tercera parte de la luna, y la tercera parte de las estrellas, para que se oscureciese la tercera parte de ellos,g y no hubiese luz en la tercera parte del día, y asimismo de la noche.
13 Y miré, y oí a un ángel volar por en medio del cielo, diciendo a gran voz: ¡Ay, ay, ay, de los que moran en la tierra, a

c 7.14 Dn 12.1; Mt 24.21; Mr 13.19.   d 7.16 Is 49.10.
e 7.17 Sal 23.1; Ez 34.23.   f 7.17 Sal 23.2; Is 49.10.
g 7.17 Is 25.8.   a 8.3 Éx 30.1.   b 8.5 Lv 16.12.   c 8.5 Ez 10.2.
d 8.5 Ap 11.19; 16.18.   e 8.7 Éx 9.23-25.   f 8.10 Is 14.12.
g 8.12 Is 13.10; Ez 32.7; Jl 2.10.

causa de los otros toques de trompeta que están para sonar los tres ángeles!

La quinta trompeta y la sexta

9 ¹ El quinto ángel tocó la trompeta, y vi una estrella que cayó del cielo a la tierra; y se le dio la llave del pozo del abismo.
² Y abrió el pozo del abismo, y subió humo del pozo como humo de un gran horno; y se oscureció el sol y el aire por el humo del pozo.
³ Y del humo salieron langostas sobre la tierra;[a] y se les dio poder, como tienen poder los escorpiones de la tierra.
⁴ Y se les mandó que no dañasen a la hierba de la tierra, ni a cosa verde alguna, ni a ningún árbol, sino solamente a los hombres que no tuviesen el sello de Dios en sus frentes.[b]
⁵ Y les fue dado, no que los matasen, sino que los atormentasen cinco meses; y su tormento era como tormento de escorpión cuando hiere al hombre.
⁶ Y en aquellos días los hombres buscarán la muerte, pero no la hallarán; y ansiarán morir, pero la muerte huirá de ellos.[c]
⁷ El aspecto de las langostas era semejante a caballos preparados para la guerra;[d] en las cabezas tenían como coronas de oro; sus caras eran como caras humanas;
⁸ tenían cabello como cabello de mujer; sus dientes eran como de leones;[e]
⁹ tenían corazas como corazas de hierro; el ruido de sus alas era como el estruendo de muchos carros[f] de caballos corriendo a la batalla;
¹⁰ tenían colas como de escorpiones, y también aguijones; y en sus colas tenían poder para dañar a los hombres durante cinco meses.
¹¹ Y tienen por rey sobre ellos al ángel del abismo, cuyo nombre en hebreo es Abadón, y en griego, Apolión.[1]
¹² El primer ay pasó; he aquí, vienen aún dos ayes después de esto.
¹³ El sexto ángel tocó la trompeta, y oí una voz de entre los cuatro cuernos del altar de oro[g] que estaba delante de Dios,
¹⁴ diciendo al sexto ángel que tenía la trompeta: Desata a los cuatro ángeles que están atados junto al gran río Éufrates.
¹⁵ Y fueron desatados los cuatro ángeles que estaban preparados para la hora, día,

mes y año, a fin de matar a la tercera parte de los hombres.
¹⁶ Y el número de los ejércitos de los jinetes era doscientos millones. Yo oí su número.
¹⁷ Así vi en visión los caballos y a sus jinetes, los cuales tenían corazas de fuego, de zafiro y de azufre. Y las cabezas de los caballos eran como cabezas de leones; y de su boca salían fuego, humo y azufre.
¹⁸ Por estas tres plagas fue muerta la tercera parte de los hombres; por el fuego, el humo y el azufre que salían de su boca.
¹⁹ Pues el poder de los caballos estaba en su boca y en sus colas; porque sus colas, semejantes a serpientes, tenían cabezas, y con ellas dañaban.
²⁰ Y los otros hombres que no fueron muertos con estas plagas, ni aun así se arrepintieron de las obras de sus manos, ni dejaron de adorar a los demonios, y a las imágenes de oro, de plata, de bronce, de piedra y de madera, las cuales no pueden ver, ni oír, ni andar;[h]
²¹ y no se arrepintieron de sus homicidios, ni de sus hechicerías, ni de su fornicación, ni de sus hurtos.

El ángel con el librito

10 ¹ Vi descender del cielo a otro ángel fuerte, envuelto en una nube, con el arco iris sobre su cabeza; y su rostro era como el sol, y sus pies como columnas de fuego.
² Tenía en su mano un librito abierto; y puso su pie derecho sobre el mar, y el izquierdo sobre la tierra;
³ y clamó a gran voz, como ruge un león; y cuando hubo clamado, siete truenos emitieron sus voces.
⁴ Cuando los siete truenos hubieron emitido sus voces, yo iba a escribir; pero oí una voz del cielo que me decía: Sella las cosas que los siete truenos han dicho, y no las escribas.
⁵ Y el ángel que vi en pie sobre el mar y sobre la tierra, levantó su mano al cielo,
⁶ y juró por el que vive por los siglos de los siglos, que creó el cielo y las cosas que están en él, y la tierra y las cosas que están

---

1. 9.11 O, *destructor.*
a 9.3 Éx 10.12-15.   **b 9.4** Ez 9.4.   **c 9.6** Jo 3.21.
d 9.7 Jl 2.4.   **e 9.8** Jl 1.6.   **f 9.9** Jl 2.5.   **g 9.13** Éx 30.1-3.
h 9.20 Sal 115.4-7; 135.15-17; Dn 5.4.

en ella, y el mar y las cosas que están en él, que el tiempo no sería más,

[7] sino que en los días de la voz del séptimo ángel, cuando él comience a tocar la trompeta, el misterio de Dios se consumará, como él lo anunció a sus siervos los profetas.[a]

[8] La voz que oí del cielo habló otra vez conmigo, y dijo: Ve y toma el librito que está abierto en la mano del ángel que está en pie sobre el mar y sobre la tierra.

[9] Y fui al ángel, diciéndole que me diese el librito. Y él me dijo: Toma, y cómelo; y te amargará el vientre, pero en tu boca será dulce como la miel.

[10] Entonces tomé el librito de la mano del ángel, y lo comí; y era dulce en mi boca como la miel, pero cuando lo hube comido, amargó mi vientre.[b]

[11] Y él me dijo: Es necesario que profetices otra vez sobre muchos pueblos, naciones, lenguas y reyes.

Los dos testigos

11 [1] Entonces me fue dada una caña semejante a una vara de medir, y se me dijo: Levántate, y mide el templo de Dios,[a] y el altar, y a los que adoran en él. [2] Pero el patio que está fuera del templo déjalo aparte, y no lo midas, porque ha sido entregado a los gentiles; y ellos hollarán la ciudad santa[b] cuarenta y dos meses. [3] Y daré a mis dos testigos que profeticen por mil doscientos sesenta días, vestidos de cilicio.

[4] Estos testigos son los dos olivos, y los dos candeleros que están en pie delante del Dios de la tierra.[c]

[5] Si alguno quiere dañarlos, sale fuego de la boca de ellos, y devora a sus enemigos; y si alguno quiere hacerles daño, debe morir él de la misma manera. [6] Éstos tienen poder para cerrar el cielo, a fin de que no llueva en los días de su profecía;[d] y tienen poder sobre las aguas para convertirlas en sangre,[e] y para herir la tierra con toda plaga, cuantas veces quieran.

[7] Cuando hayan acabado su testimonio, la bestia que sube del abismo[f] hará guerra contra ellos, y los vencerá[g] y los matará. [8] Y sus cadáveres estarán en la plaza de la grande ciudad que en sentido espiritual se llama Sodoma[h] y Egipto, donde también nuestro Señor fue crucificado. [9] Y los de los pueblos, tribus, lenguas y naciones verán sus cadáveres por tres días y medio, y no permitirán que sean sepultados. [10] Y los moradores de la tierra se regocijarán sobre ellos y se alegrarán, y se enviarán regalos unos a otros; porque estos dos profetas habían atormentado a los moradores de la tierra. [11] Pero después de tres días y medio entró en ellos el espíritu de vida enviado por Dios, y se levantaron sobre sus pies,[i] y cayó gran temor sobre los que los vieron. [12] Y oyeron una gran voz del cielo, que les decía: Subid acá. Y subieron al cielo en una nube;[j] y sus enemigos los vieron. [13] En aquella hora hubo un gran terremoto,[k] y la décima parte de la ciudad se derrumbó, y por el terremoto murieron en número de siete mil hombres; y los demás se aterrorizaron, y dieron gloria al Dios del cielo.

[14] El segundo ay pasó; he aquí, el tercer ay viene pronto.

La séptima trompeta

[15] El séptimo ángel tocó la trompeta, y hubo grandes voces en el cielo, que decían: Los reinos del mundo han venido a ser de nuestro Señor y de su Cristo; y él reinará por los siglos de los siglos.[l]

[16] Y los veinticuatro ancianos que estaban sentados delante de Dios en sus tronos, se postraron sobre sus rostros, y adoraron a Dios, [17] diciendo: Te damos gracias, Señor Dios Todopoderoso, el que eres y que eras y que has de venir, porque has tomado tu gran poder, y has reinado. [18] Y se airaron las naciones, y tu ira ha venido, y el tiempo de juzgar a los muertos, y de dar el galardón a tus siervos los profetas, a los santos, y a los que temen tu nombre, a los pequeños y a los grandes,[m] y de destruir a los que destruyen la tierra.

[19] Y el templo de Dios fue abierto en el cielo, y el arca de su pacto se veía en el

---

a 10.5-7 Dn 12.7.   b 10.8-10 Ez 2.8—3.3.   a 11.1 Ez 40.3.
b 11.2 Lc 21.24.   c 11.4 Zac 4.3, 11.14.   d 11.6 1 R 17.1.
e 11.6 Éx 7.17-19.   f 11.7 Dn 7.3; Ap 13.5-7; 17.8.
g 11.7 Dn 7.21.   h 11.8 Is 1.9, 10.   i 11.11 Ez 37.10.
j 11.12 2 R 2.11.   k 11.13 Ap 6.12; 16.18.   l 11.15 Dn 7.14, 27.
m 11.18 Sal 115.13.

templo. Y hubo relámpagos, voces, truenos, un terremoto[n] y grande granizo.[o]

La mujer y el dragón

12 [1] Apareció en el cielo una gran señal: una mujer vestida del sol, con la luna debajo de sus pies, y sobre su cabeza una corona de doce estrellas.[a]

[2] Y estando encinta, clamaba con dolores de parto, en la angustia del alumbramiento.[b]

[3] También apareció otra señal en el cielo: he aquí un gran dragón escarlata, que tenía siete cabezas y diez cuernos,[c] y en sus cabezas siete diademas;

[4] y su cola arrastraba la tercera parte de las estrellas del cielo, y las arrojó sobre la tierra.[d] Y el dragón se paró frente a la mujer que estaba para dar a luz, a fin de devorar a su hijo tan pronto como naciese.

[5] Y ella dio a luz un hijo varón,[e] que regirá con vara de hierro a todas las naciones;[f] y su hijo fue arrebatado para Dios y para su trono.

[6] Y la mujer huyó al desierto, donde tiene lugar preparado por Dios, para que allí la sustenten por mil doscientos sesenta días.

[7] Después hubo una gran batalla en el cielo: Miguel[g] y sus ángeles luchaban contra el dragón; y luchaban el dragón y sus ángeles;

[8] pero no prevalecieron, ni se halló ya lugar para ellos en el cielo.

[9] Y fue lanzado fuera el gran dragón, la serpiente antigua,[h] que se llama diablo y Satanás, el cual engaña al mundo entero; fue arrojado a la tierra,[i] y sus ángeles fueron arrojados con él.

[10] Entonces oí una gran voz en el cielo, que decía: Ahora ha venido la salvación, el poder, y el reino de nuestro Dios, y la autoridad de su Cristo; porque ha sido lanzado fuera el acusador de nuestros hermanos,[j] el que los acusaba delante de nuestro Dios día y noche.

[11] Y ellos le han vencido por medio de la sangre del Cordero y de la palabra del testimonio de ellos, y menospreciaron sus vidas hasta la muerte.

[12] Por lo cual alegraos, cielos, y los que moráis en ellos. ¡Ay de los moradores de la tierra y del mar! porque el diablo ha descendido a vosotros con gran ira, sabiendo que tiene poco tiempo.

[13] Y cuando vio el dragón que había sido arrojado a la tierra, persiguió a la mujer que había dado a luz al hijo varón.

[14] Y se le dieron a la mujer las dos alas de la gran águila, para que volase de delante de la serpiente al desierto, a su lugar, donde es sustentada por un tiempo, y tiempos, y la mitad de un tiempo.[k]

[15] Y la serpiente arrojó de su boca, tras la mujer, agua como un río, para que fuese arrastrada por el río.

[16] Pero la tierra ayudó a la mujer, pues la tierra abrió su boca y tragó el río que el dragón había echado de su boca.

[17] Entonces el dragón se llenó de ira contra la mujer; y se fue a hacer guerra contra el resto de la descendencia de ella, los que guardan los mandamientos de Dios y tienen el testimonio de Jesucristo.

Las dos bestias

13 [1] Me paré sobre la arena del mar, y vi subir del mar una bestia[a] que tenía siete cabezas y diez cuernos; y en sus cuernos diez diademas; y sobre sus cabezas, un nombre blasfemo.[b]

[2] Y la bestia que vi era semejante a un leopardo, y sus pies como de oso, y su boca como boca de león.[c] Y el dragón le dio su poder y su trono, y grande autoridad.

[3] Vi una de sus cabezas como herida de muerte, pero su herida mortal fue sanada; y se maravilló toda la tierra en pos de la bestia,

[4] y adoraron al dragón que había dado autoridad a la bestia, y adoraron a la bestia, diciendo: ¿Quién como la bestia, y quién podrá luchar contra ella?

[5] También se le dio boca que hablaba grandes cosas y blasfemias; y se le dio autoridad para actuar cuarenta y dos meses.

[6] Y abrió su boca en blasfemias contra Dios,[d] para blasfemar de su nombre, de su tabernáculo, y de los que moran en el cielo.

[7] Y se le permitió hacer guerra contra los santos, y vencerlos.[e] También se le dio

---

n 11.19 Ap 8.5; 16.18.   o 11.19 Ap 16.21.   a 12.1 Gn 37.9.
b 12.2 Mi 4.10.   c 12.3 Dn 7.7.   d 12.4 Dn 8.10.
e 12.5 Is 66.7.   f 12.5 Sal 2.9.   g 12.7 Dn 10.13, 21; 12.1;
Jud 9.   h 12.9 Gn 3.1.   i 12.9 Lc 10.18.   j 12.10 Job 1.9-11;
Zac 3.1.   k 12.14 Dn 7.25; 12.7.   a 13.1 Dn 7.3.
b 13.1 Ap 17.3, 7.12.   c 13.2 Dn 7.4-6.   d 13.5, 6 Dn 7.8,
25; 11.36.   e 13.7 Dn 7.21.

autoridad sobre toda tribu, pueblo, lengua y nación.

8 Y la adoraron todos los moradores de la tierra cuyos nombres no estaban escritos en el libro de la vida[f] del Cordero que fue inmolado desde el principio del mundo.

9 Si alguno tiene oído, oiga.

10 Si alguno lleva en cautividad, va en cautividad;[g] si alguno mata a espada, a espada debe ser muerto. Aquí está la paciencia y la fe de los santos.

11 Después vi otra bestia que subía de la tierra; y tenía dos cuernos semejantes a los de un cordero, pero hablaba como dragón.

12 Y ejerce toda la autoridad de la primera bestia en presencia de ella, y hace que la tierra y los moradores de ella adoren a la primera bestia, cuya herida mortal fue sanada.

13 También hace grandes señales, de tal manera que aun hace descender fuego del cielo a la tierra delante de los hombres.

14 Y engaña a los moradores de la tierra con las señales que se le ha permitido hacer en presencia de la bestia, mandando a los moradores de la tierra que le hagan imagen a la bestia que tiene la herida de espada, y vivió.

15 Y se le permitió infundir aliento a la imagen de la bestia, para que la imagen hablase e hiciese matar a todo el que no la adorase.

16 Y hacía que a todos, pequeños y grandes, ricos y pobres, libres y esclavos, se les pusiese una marca en la mano derecha, o en la frente;

17 y que ninguno pudiese comprar ni vender, sino el que tuviese la marca o el nombre de la bestia, o el número de su nombre.

18 Aquí hay sabiduría. El que tiene entendimiento, cuente el número de la bestia, pues es número de hombre. Y su número es seiscientos sesenta y seis.

El cántico de los 144 mil

14 **1** Después miré, y he aquí el Cordero estaba en pie sobre el monte de Sion, y con él ciento cuarenta y cuatro mil, que tenían el nombre de él y el de su Padre escrito en la frente.[a]

2 Y oí una voz del cielo como estruendo de muchas aguas, y como sonido de un gran trueno; y la voz que oí era como de arpistas que tocaban sus arpas.

3 Y cantaban un cántico nuevo delante del trono, y delante de los cuatro seres vivientes, y de los ancianos; y nadie podía aprender el cántico sino aquellos ciento cuarenta y cuatro mil que fueron redimidos de entre los de la tierra.

4 Éstos son los que no se contaminaron con mujeres, pues son vírgenes. Éstos son los que siguen al Cordero por dondequiera que va. Éstos fueron redimidos de entre los hombres como primicias para Dios y para el Cordero;

5 y en sus bocas no fue hallada mentira,[b] pues son sin mancha delante del trono de Dios.

El mensaje de los tres ángeles

6 Vi volar por en medio del cielo a otro ángel, que tenía el evangelio eterno para predicarlo a los moradores de la tierra, a toda nación, tribu, lengua y pueblo,

7 diciendo a gran voz: Temed a Dios, y dadle gloria, porque la hora de su juicio ha llegado; y adorad a aquel que hizo el cielo y la tierra, el mar y las fuentes de las aguas.

8 Otro ángel le siguió, diciendo: Ha caído, ha caído Babilonia,[c] la gran ciudad, porque ha hecho beber a todas las naciones del vino del furor de su fornicación.

9 Y el tercer ángel los siguió, diciendo a gran voz: Si alguno adora a la bestia y a su imagen, y recibe la marca en su frente o en su mano,

10 él también beberá del vino de la ira de Dios, que ha sido vaciado puro en el cáliz de su ira;[d] y será atormentado con fuego y azufre[e] delante de los santos ángeles y del Cordero;

11 y el humo de su tormento sube por los siglos de los siglos.[f] Y no tienen reposo de día ni de noche los que adoran a la bestia y a su imagen, ni nadie que reciba la marca de su nombre.

12 Aquí está la paciencia de los santos, los que guardan los mandamientos de Dios y la fe de Jesús.

---

f 13.8 Sal 69.28.   **g 13.10** Jer 15.2.   **a 14.1** Ez 9.4; Ap 7.3.
b 14.5 Sof 3.13.   **c 14.8** Is 21.9; Ap 18.2.   **d 14.10** Is 51.17.
e 14.10 Gn 19.24.   **f 14.11** Is 34.10.

13 Oí una voz que desde el cielo me decía: Escribe: Bienaventurados de aquí en adelante los muertos que mueren en el Señor. Sí, dice el Espíritu, descansarán de sus trabajos, porque sus obras con ellos siguen.

La tierra es segada

14 Miré, y he aquí una nube blanca; y sobre la nube uno sentado semejante al Hijo del Hombre,[g] que tenía en la cabeza una corona de oro, y en la mano una hoz aguda. 15 Y del templo salió otro ángel, clamando a gran voz al que estaba sentado sobre la nube: Mete tu hoz, y siega; porque la hora de segar ha llegado, pues la mies de la tierra está madura.[h] 16 Y el que estaba sentado sobre la nube metió su hoz en la tierra, y la tierra fue segada. 17 Salió otro ángel del templo que está en el cielo, teniendo también una hoz aguda. 18 Y salió del altar otro ángel, que tenía poder sobre el fuego, y llamó a gran voz al que tenía la hoz aguda, diciendo: Mete tu hoz aguda, y vendimia los racimos de la tierra, porque sus uvas están maduras. 19 Y el ángel arrojó su hoz en la tierra, y vendimió la viña de la tierra, y echó las uvas en el gran lagar de la ira de Dios. 20 Y fue pisado el lagar[i] fuera de la ciudad, y del lagar salió sangre hasta los frenos de los caballos, por mil seiscientos estadios.

Los ángeles con las siete postreras plagas

15 1 Vi en el cielo otra señal, grande y admirable: siete ángeles que tenían las siete plagas postreras; porque en ellas se consumaba la ira de Dios. 2 Vi también como un mar de vidrio mezclado con fuego; y a los que habían alcanzado la victoria sobre la bestia y su imagen, y su marca y el número de su nombre, en pie sobre el mar de vidrio, con las arpas de Dios. 3 Y cantan el cántico de Moisés[a] siervo de Dios, y el cántico del Cordero, diciendo: Grandes y maravillosas son tus obras, Señor Dios Todopoderoso; justos y verdaderos son tus caminos, Rey de los santos.

4 ¿Quién no te temerá, oh Señor, y glorificará tu nombre?[b] pues sólo tú eres santo; por lo cual todas las naciones vendrán y te adorarán,[c] porque tus juicios se han manifestado.

5 Después de estas cosas miré, y he aquí fue abierto en el cielo el templo del tabernáculo del testimonio;[d] 6 y del templo salieron los siete ángeles que tenían las siete plagas, vestidos de lino limpio y resplandeciente, y ceñidos alrededor del pecho con cintos de oro. 7 Y uno de los cuatro seres vivientes dio a los siete ángeles siete copas de oro, llenas de la ira de Dios, que vive por los siglos de los siglos. 8 Y el templo se llenó de humo[e] por la gloria de Dios, y por su poder; y nadie podía entrar en el templo hasta que se hubiesen cumplido las siete plagas de los siete ángeles.

Las copas de ira

16 1 Oí una gran voz que decía desde el templo a los siete ángeles: Id y derramad sobre la tierra las siete copas de la ira de Dios.

2 Fue el primero, y derramó su copa sobre la tierra, y vino una úlcera maligna y pestilente[a] sobre los hombres que tenían la marca de la bestia, y que adoraban su imagen.

3 El segundo ángel derramó su copa sobre el mar, y éste se convirtió en sangre como de muerto; y murió todo ser vivo que había en el mar.

4 El tercer ángel derramó su copa sobre los ríos, y sobre las fuentes de las aguas, y se convirtieron en sangre.[b] 5 Y oí al ángel de las aguas, que decía: Justo eres tú, oh Señor, el que eres y que eras, el Santo, porque has juzgado estas cosas. 6 Por cuanto derramaron la sangre de los santos y de los profetas, también tú les has dado a beber sangre; pues lo merecen. 7 También oí a otro, que desde el altar decía: Ciertamente, Señor Dios Todopoderoso, tus juicios son verdaderos y justos.

g 14.14 Dn 7.13.   h 14.15 Jl 3.13.   i 14.20 Is 63.3; Ap 19.15.
a 15.3 Éx 15.1.   b 15.4 Jer 10.7.   c 15.4 Sal 86.9.
d 15.5 Éx 40.34.   e 15.8 1 R 8.10, 11; 2 Cr 5.13, 14;
Is 6.4.   a 16.2 Éx 9.10.   b 16.4 Éx 7.17-21.

8 El cuarto ángel derramó su copa sobre el sol, al cual fue dado quemar a los hombres con fuego.

9 Y los hombres se quemaron con el gran calor, y blasfemaron el nombre de Dios, que tiene poder sobre estas plagas, y no se arrepintieron para darle gloria.

10 El quinto ángel derramó su copa sobre el trono de la bestia; y su reino se cubrió de tinieblas,[c] y mordían de dolor sus lenguas,

11 y blasfemaron contra el Dios del cielo por sus dolores y por sus úlceras, y no se arrepintieron de sus obras.

12 El sexto ángel derramó su copa sobre el gran río Éufrates; y el agua de éste se secó, para que estuviese preparado el camino a los reyes del oriente.[d]

13 Y vi salir de la boca del dragón, y de la boca de la bestia, y de la boca del falso profeta, tres espíritus inmundos a manera de ranas;

14 pues son espíritus de demonios, que hacen señales, y van a los reyes de la tierra en todo el mundo, para reunirlos a la batalla de aquel gran día del Dios Todopoderoso.

15 He aquí, yo vengo como ladrón.[e] Bienaventurado el que vela, y guarda sus ropas, para que no ande desnudo, y vean su vergüenza.

16 Y los reunió en el lugar que en hebreo se llama Armagedón.[f]

17 El séptimo ángel derramó su copa por el aire; y salió una gran voz del templo del cielo, del trono, diciendo: Hecho está.

18 Entonces hubo relámpagos y voces y truenos, y un gran temblor de tierra, un terremoto[g] tan grande, cual no lo hubo jamás desde que los hombres han estado sobre la tierra.

19 Y la gran ciudad fue dividida en tres partes, y las ciudades de las naciones cayeron; y la gran Babilonia vino en memoria delante de Dios, para darle el cáliz del vino del ardor de su ira.[h]

20 Y toda isla huyó, y los montes no fueron hallados.[i]

21 Y cayó del cielo sobre los hombres un enorme granizo[j] como del peso de un talento; y los hombres blasfemaron contra Dios por la plaga del granizo; porque su plaga fue sobremanera grande.

Condenación de la gran ramera

17 **1** Vino entonces uno de los siete ángeles que tenían las siete copas, y habló conmigo diciéndome: Ven acá, y te mostraré la sentencia contra la gran ramera, la que está sentada sobre muchas aguas;[a]

2 con la cual han fornicado los reyes de la tierra, y los moradores de la tierra se han embriagado con el vino de su fornicación.[b]

3 Y me llevó en el Espíritu al desierto; y vi a una mujer sentada sobre una bestia escarlata llena de nombres de blasfemia, que tenía siete cabezas y diez cuernos.[c]

4 Y la mujer estaba vestida de púrpura y escarlata, y adornada de oro, de piedras preciosas y de perlas, y tenía en la mano un cáliz de oro[d] lleno de abominaciones y de la inmundicia de su fornicación;

5 y en su frente un nombre escrito, un misterio: BABILONIA LA GRANDE, LA MADRE DE LAS RAMERAS Y DE LAS ABOMINACIONES DE LA TIERRA.

6 Vi a la mujer ebria de la sangre de los santos, y de la sangre de los mártires de Jesús; y cuando la vi, quedé asombrado con gran asombro.

7 Y el ángel me dijo: ¿Por qué te asombras? Yo te diré el misterio de la mujer, y de la bestia que la trae, la cual tiene las siete cabezas y los diez cuernos.

8 La bestia que has visto, era, y no es; y está para subir del abismo[e] e ir a perdición; y los moradores de la tierra, aquellos cuyos nombres no están escritos desde la fundación del mundo en el libro de la vida,[f] se asombrarán viendo la bestia que era y no es, y será.

9 Esto, para la mente que tenga sabiduría: Las siete cabezas son siete montes, sobre los cuales se sienta la mujer,

10 y son siete reyes. Cinco de ellos han caído; uno es, y el otro aún no ha venido; y cuando venga, es necesario que dure breve tiempo.

11 La bestia que era, y no es, es también el octavo; y es de entre los siete, y va a la perdición.

---

c **16.10** Éx 10.21.   d **16.12** Is 11.15, 16.   e **16.15** Mt 24.43, 44; Lc 12.39, 40; Ap 3.3.   f **16.16** 2 R 23.29; 2 Cr 35.22.
g **16.18** Ap 8.5; 11.13, 19.   h **16.19** Is 51.17.   i **16.20** Ap 6.14.
j **16.21** Éx 9.23; Ap 11.19.   a **17.1** Jer 51.13.   b **17.2** Jer 51.7.
c **17.3** Ap 13.1.   d **17.4** Jer 51.7.   e **17.8** Dn 7.3; Ap 11.7.
f **17.8** Sal 69.28.

¹²Y los diez cuernos que has visto, son diez reyes,ᵍ que aún no han recibido reino; pero por una hora recibirán autoridad como reyes juntamente con la bestia.

¹³Éstos tienen un mismo propósito, y entregarán su poder y su autoridad a la bestia.

¹⁴Pelearán contra el Cordero, y el Cordero los vencerá, porque él es Señor de señores y Rey de reyes; y los que están con él son llamados y elegidos y fieles.

¹⁵Me dijo también: Las aguas que has visto donde la ramera se sienta, son pueblos, muchedumbres, naciones y lenguas.

¹⁶Y los diez cuernos que viste en la bestia, éstos aborrecerán a la ramera, y la dejarán desolada y desnuda; y devorarán sus carnes, y la quemarán con fuego;

¹⁷porque Dios ha puesto en sus corazones el ejecutar lo que él quiso: ponerse de acuerdo, y dar su reino a la bestia, hasta que se cumplan las palabras de Dios.

¹⁸Y la mujer que has visto es la gran ciudad que reina sobre los reyes de la tierra.

La caída de Babilonia

18 ¹Después de esto vi a otro ángel descender del cielo con gran poder; y la tierra fue alumbrada con su gloria.

²Y clamó con voz potente, diciendo: Ha caído, ha caído la gran Babilonia,ª y se ha hecho habitación de demonios y guarida de todo espíritu inmundo, y albergue de toda ave inmunda y aborrecible.ᵇ

³Porque todas las naciones han bebido del vino del furor de su fornicación;ᶜ y los reyes de la tierra han fornicado con ella, y los mercaderes de la tierra se han enriquecido de la potencia de sus deleites.

⁴Y oí otra voz del cielo, que decía: Salid de ella, pueblo mío,ᵈ para que no seáis partícipes de sus pecados, ni recibáis parte de sus plagas;

⁵porque sus pecados han llegado hasta el cielo,ᵉ y Dios se ha acordado de sus maldades.

⁶Dadle a ella como ella os ha dado,ᶠ y pagadle doble según sus obras; en el cáliz en que ella preparó bebida, preparadle a ella el doble.

⁷Cuanto ella se ha glorificado y ha vivido en deleites, tanto dadle de tormento y llanto; porque dice en su corazón: Yo estoy sentada como reina, y no soy viuda, y no veré llanto;

⁸por lo cual en un solo día vendrán sus plagas;ᵍ muerte, llanto y hambre, y será quemada con fuego; porque poderoso es Dios el Señor, que la juzga.

⁹Y los reyes de la tierra que han fornicado con ella, y con ella han vivido en deleites, llorarán y harán lamentación sobre ella, cuando vean el humo de su incendio,

¹⁰parándose lejos por el temor de su tormento, diciendo: ¡Ay, ay, de la gran ciudad de Babilonia, la ciudad fuerte; porque en una hora vino tu juicio!ʰ

¹¹Y los mercaderes de la tierra lloran y hacen lamentación sobre ella, porque ninguno compra más sus mercaderías;

¹²mercadería de oro, de plata, de piedras preciosas, de perlas, de lino fino, de púrpura, de seda, de escarlata, de toda madera olorosa, de todo objeto de marfil, de todo objeto de madera preciosa, de cobre, de hierro y de mármol;

¹³y canela, especias aromáticas, incienso, mirra, olíbano, vino, aceite, flor de harina, trigo, bestias, ovejas, caballos y carros, y esclavos, almas de hombres.

¹⁴Los frutos codiciados por tu alma se apartaron de ti, y todas las cosas exquisitas y espléndidas te han faltado, y nunca más las hallarás.

¹⁵Los mercaderes de estas cosas, que se han enriquecido a costa de ella, se pararán lejos por el temor de su tormento, llorando y lamentando,

¹⁶y diciendo: ¡Ay, ay, de la gran ciudad, que estaba vestida de lino fino, de púrpura y de escarlata, y estaba adornada de oro, de piedras preciosas y de perlas!

¹⁷Porque en una hora han sido consumidas tantas riquezas. Y todo piloto, y todos los que viajan en naves, y marineros, y todos los que trabajan en el mar, se pararon lejos;

¹⁸y viendo el humo de su incendio, dieron voces, diciendo: ¿Qué ciudad era semejante a esta gran ciudad?

¹⁹Y echaron polvo sobre sus cabezas, y dieron voces, llorando y lamentando,

---

g **17.12** Dn 7.24.   a **18.2** Is 21.9.   b **18.2** Is 13.21; Jer 50.39.
c **18.3** Jer 51.7.   d **18.4** Is 48.20; Jer 50.8.   e **18.5** Jer 51.9.
f **18.6** Sal 137.8; Jer 50.29.   g **18.7, 8** Is 47.8, 9.
h **18.9, 10** Ez 26.16-18.

diciendo: ¡Ay, ay de la gran ciudad, en la cual todos los que tenían naves en el mar se habían enriquecido de sus riquezas; pues en una hora ha sido desolada![i]
20 Alégrate sobre ella, cielo,[j] y vosotros, santos, apóstoles y profetas; porque Dios os ha hecho justicia en ella.

21 Y un ángel poderoso tomó una piedra, como una gran piedra de molino, y la arrojó en el mar, diciendo: Con el mismo ímpetu será derribada Babilonia,[k] la gran ciudad, y nunca más será hallada.[l]
22 Y voz de arpistas, de músicos, de flautistas y de trompeteros no se oirá más en ti;[m] y ningún artífice de oficio alguno se hallará más en ti, ni ruido de molino se oirá más en ti.
23 Luz de lámpara no alumbrará más en ti, ni voz de esposo y de esposa se oirá más en ti;[n] porque tus mercaderes eran los grandes de la tierra; pues por tus hechicerías fueron engañadas todas las naciones.
24 Y en ella se halló la sangre de los profetas y de los santos, y de todos los que han sido muertos en la tierra.[o]

Alabanzas en el cielo

19 1 Después de esto oí una gran voz de gran multitud en el cielo, que decía: ¡Aleluya! Salvación y honra y gloria y poder son del Señor Dios nuestro;
2 porque sus juicios son verdaderos y justos; pues ha juzgado a la gran ramera que ha corrompido a la tierra con su fornicación, y ha vengado la sangre de sus siervos de la mano de ella.[a]
3 Otra vez dijeron: ¡Aleluya! Y el humo de ella sube por los siglos de los siglos.[b]
4 Y los veinticuatro ancianos y los cuatro seres vivientes se postraron en tierra y adoraron a Dios, que estaba sentado en el trono, y decían: ¡Amén! ¡Aleluya!
5 Y salió del trono una voz que decía: Alabad a nuestro Dios todos sus siervos, y los que le teméis, así pequeños como grandes.[c]

6 Y oí como la voz de una gran multitud, como el estruendo de muchas aguas,[d] y como la voz de grandes truenos, que decía: ¡Aleluya, porque el Señor nuestro Dios Todopoderoso reina!
7 Gocémonos y alegrémonos y démosle gloria; porque han llegado las bodas del Cordero, y su esposa se ha preparado.
8 Y a ella se le ha concedido que se vista de lino fino, limpio y resplandeciente; porque el lino fino es las acciones justas de los santos.

La cena de las bodas del Cordero

9 Y el ángel me dijo: Escribe: Bienaventurados los que son llamados a la cena de las bodas[e] del Cordero. Y me dijo: Éstas son palabras verdaderas de Dios.
10 Yo me postré a sus pies para adorarle. Y él me dijo: Mira, no lo hagas; yo soy consiervo tuyo, y de tus hermanos que retienen el testimonio de Jesús. Adora a Dios; porque el testimonio de Jesús es el espíritu de la profecía.

El jinete del caballo blanco

11 Entonces vi el cielo abierto;[f] y he aquí un caballo blanco, y el que lo montaba se llamaba Fiel y Verdadero, y con justicia juzga y pelea.
12 Sus ojos eran como llama de fuego,[g] y había en su cabeza muchas diademas; y tenía un nombre escrito que ninguno conocía sino él mismo.
13 Estaba vestido de una ropa teñida en sangre; y su nombre es: EL VERBO DE DIOS.
14 Y los ejércitos celestiales, vestidos de lino finísimo, blanco y limpio, le seguían en caballos blancos.
15 De su boca sale una espada aguda, para herir con ella a las naciones, y él las regirá con vara de hierro;[h] y él pisa el lagar del vino del furor y de la ira del Dios Todopoderoso.[i]
16 Y en su vestidura y en su muslo tiene escrito este nombre: REY DE REYES Y SEÑOR DE SEÑORES.
18 para que comáis carnes de reyes y de capitanes, y carnes de fuertes, carnes de caballos y de sus jinetes, y carnes de todos, libres y esclavos, pequeños y grandes.[j]

i 18.11-19 Ez 27.25-36.   j 18.20 Jer 51.48.
k 18.21 Jer 51.63, 64.   l 18.21 Ez 26.21.   m 18.22 Ez 26.13.
n 18.22, 23 Jer 25.10.   o 18.24 Jer 51.49.   a 19.2 Dt 32.43.
b 19.3 Is 34.10.   c 19.5 Sal 115.13.   d 19.6 Ez 1.24.
e 19.9 Mt 22.2, 3.   f 19.11 Jer 1.1.   g 19.12 Dn 10.6.
h 19.15 Sal 2.9.   i 19.15 Is 63.3; Jl 3.13; Ap 14.20.
j 19.17, 18 Ez 39.17-20.

19 Y vi a la bestia, a los reyes de la tierra y a sus ejércitos, reunidos para guerrear contra el que montaba el caballo, y contra su ejército.

20 Y la bestia fue apresada, y con ella el falso profeta que había hecho delante de ella las señales con las cuales había engañado a los que recibieron la marca de la bestia, y habían adorado su imagen.[k] Estos dos fueron lanzados vivos dentro de un lago de fuego que arde con azufre.

21 Y los demás fueron muertos con la espada que salía de la boca del que montaba el caballo, y todas las aves se saciaron de las carnes de ellos.

Los mil años

20 **1** Vi a un ángel que descendía del cielo, con la llave del abismo, y una gran cadena en la mano.

2 Y prendió al dragón, la serpiente antigua,[a] que es el diablo y Satanás, y lo ató por mil años;

3 y lo arrojó al abismo, y lo encerró, y puso su sello sobre él, para que no engañase más a las naciones, hasta que fuesen cumplidos mil años; y después de esto debe ser desatado por un poco de tiempo.

4 Y vi tronos, y se sentaron sobre ellos los que recibieron facultad de juzgar;[b] y vi las almas de los decapitados por causa del testimonio de Jesús y por la palabra de Dios, los que no habían adorado a la bestia ni a su imagen, y que no recibieron la marca en sus frentes ni en sus manos; y vivieron y reinaron con Cristo mil años.

5 Pero los otros muertos no volvieron a vivir hasta que se cumplieron mil años. Ésta es la primera resurrección.

6 Bienaventurado y santo el que tiene parte en la primera resurrección; la segunda muerte no tiene potestad sobre éstos, sino que serán sacerdotes de Dios y de Cristo, y reinarán con él mil años.

7 Cuando los mil años se cumplan, Satanás será suelto de su prisión,

8 y saldrá a engañar a las naciones que están en los cuatro ángulos de la tierra, a Gog y a Magog,[c] a fin de reunirlos para la batalla; el número de los cuales es como la arena del mar.

9 Y subieron sobre la anchura de la tierra, y rodearon el campamento de los santos y la ciudad amada; y de Dios descendió fuego del cielo, y los consumió.

10 Y el diablo que los engañaba fue lanzado en el lago de fuego y azufre, donde estaban la bestia y el falso profeta; y serán atormentados día y noche por los siglos de los siglos.

El juicio ante el gran trono blanco

11 Y vi un gran trono blanco y al que estaba sentado en él, de delante del cual huyeron la tierra y el cielo, y ningún lugar se encontró para ellos.

12 Y vi a los muertos, grandes y pequeños, de pie ante Dios; y los libros fueron abiertos, y otro libro fue abierto, el cual es el libro de la vida; y fueron juzgados los muertos por las cosas que estaban escritas en los libros, según sus obras.[d]

13 Y el mar entregó los muertos que había en él; y la muerte y el Hades entregaron los muertos que había en ellos; y fueron juzgados cada uno según sus obras.

14 Y la muerte y el Hades fueron lanzados al lago de fuego. Ésta es la muerte segunda.

15 Y el que no se halló inscrito en el libro de la vida fue lanzado al lago de fuego.

Cielo nuevo y tierra nueva

21 **1** Vi un cielo nuevo y una tierra nueva;[a] porque el primer cielo y la primera tierra pasaron, y el mar ya no existía más.

2 Y yo Juan vi la santa ciudad,[b] la nueva Jerusalén, descender del cielo, de Dios,[c] dispuesta como una esposa ataviada para su marido.[d]

3 Y oí una gran voz del cielo que decía: He aquí el tabernáculo de Dios con los hombres, y él morará con ellos; y ellos serán su pueblo,[e] y Dios mismo estará con ellos como su Dios.

4 Enjugará Dios toda lágrima de los ojos de ellos; y ya no habrá muerte,[f] ni habrá más llanto, ni clamor, ni dolor;[g] porque las primeras cosas pasaron.

5 Y el que estaba sentado en el trono dijo: He aquí, yo hago nuevas todas las cosas.

---

k **19.20** Ap 13.1-18.   a **20.2** Gn 3.1.   b **20.4** Dn 7.9, 22.
c **20.8** Ez 38.1-16.   d **20.11, 12** Dn 7.9, 10.   a **21.1** Is 65.17;
66.22; 2 P 3.13.   b **21.2** Is 52.1.   c **21.2** Ap 3.12.
d **21.2** Is 61.10.   e **21.3** Ez 37.27.   f **21.4** Is 25.8.
g **21.4** Is 65.19.

Y me dijo: Escribe; porque estas palabras son fieles y verdaderas.

6 Y me dijo: Hecho está. Yo soy el Alfa y la Omega, el principio y el fin. Al que tuviere sed, yo le daré gratuitamente[h] de la fuente del agua de la vida.

7 El que venciere heredará todas las cosas, y yo seré su Dios, y él será mi hijo.[i]

8 Pero los cobardes e incrédulos, los abominables y homicidas, los fornicarios y hechiceros, los idólatras y todos los mentirosos tendrán su parte en el lago que arde con fuego y azufre, que es la muerte segunda.

La nueva Jerusalén

9 Vino entonces a mí uno de los siete ángeles que tenían las siete copas llenas de las siete plagas postreras, y habló conmigo, diciendo: Ven acá, yo te mostraré la desposada, la esposa del Cordero.

10 Y me llevó en el Espíritu a un monte grande y alto, y me mostró la gran ciudad santa de Jerusalén,[j] que descendía del cielo, de Dios,

11 teniendo la gloria de Dios. Y su fulgor era semejante al de una piedra preciosísima, como piedra de jaspe, diáfana como el cristal.

12 Tenía un muro grande y alto con doce puertas; y en las puertas, doce ángeles, y nombres inscritos, que son los de las doce tribus de los hijos de Israel;

13 al oriente tres puertas; al norte tres puertas; al sur tres puertas; al occidente tres puertas.[k]

14 Y el muro de la ciudad tenía doce cimientos, y sobre ellos los doce nombres de los doce apóstoles del Cordero.

15 El que hablaba conmigo tenía una caña de medir, de oro, para medir la ciudad, sus puertas y su muro.[l]

16 La ciudad se halla establecida en cuadro, y su longitud es igual a su anchura; y él midió la ciudad con la caña, doce mil estadios; la longitud, la altura y la anchura de ella son iguales.

17 Y midió su muro, ciento cuarenta y cuatro codos, de medida de hombre, la cual es de ángel.

18 El material de su muro era de jaspe; pero la ciudad era de oro puro, semejante al vidrio limpio;

19 y los cimientos del muro de la ciudad estaban adornados con toda piedra preciosa. El primer cimiento era jaspe; el segundo, zafiro; el tercero, ágata; el cuarto, esmeralda;

20 el quinto, ónice; el sexto, cornalina; el séptimo, crisólito; el octavo, berilo; el noveno, topacio; el décimo, crisopraso; el undécimo, jacinto; el duodécimo, amatista.

21 Las doce puertas eran doce perlas;[m] cada una de las puertas era una perla. Y la calle de la ciudad era de oro puro, transparente como vidrio.

22 Y no vi en ella templo; porque el Señor Dios Todopoderoso es el templo de ella, y el Cordero.

23 La ciudad no tiene necesidad de sol ni de luna que brillen en ella; porque la gloria de Dios la ilumina,[n] y el Cordero es su lumbrera.

24 Y las naciones que hubieren sido salvas andarán a la luz de ella; y los reyes de la tierra traerán su gloria y honor a ella.

25 Sus puertas nunca serán cerradas de día, pues allí no habrá noche.

26 Y llevarán la gloria y la honra de las naciones a ella.[o]

27 No entrará en ella ninguna cosa inmunda,[p] o que hace abominación y mentira, sino solamente los que están inscritos en el libro de la vida del Cordero.

22 **1** Después me mostró un río limpio de agua de vida,[a] resplandeciente como cristal, que salía del trono de Dios y del Cordero.

2 En medio de la calle de la ciudad, y a uno y otro lado del río, estaba el árbol de la vida,[b] que produce doce frutos, dando cada mes su fruto; y las hojas del árbol eran para la sanidad de las naciones.

3 Y no habrá más maldición;[c] y el trono de Dios y del Cordero estará en ella, y sus siervos le servirán,

4 y verán su rostro, y su nombre estará en sus frentes.

5 No habrá allí más noche; y no tienen necesidad de luz de lámpara, ni de luz del sol, porque Dios el Señor los iluminará;[d] y reinarán por los siglos de los siglos.[e]

---

h 21.6 Is 55.1.   **i 21.7** 2 S 7.14; 1 Cr 17.13.   **j 21.10** Ez 40.2.
k 21.12, 13 Ez 48.30-34.   **l 21.15** Ez 40.3.
m 21.18-21 Is 54.11, 12.   **n 21.23** Is 60.19.
o 21.25, 26 Is 60.11.   **p 21.27** Is 52.1.   **a 22.1** Ez 47.1;
Zac 14.8.   **b 22.2** Gn 2.9.   **c 22.3** Zac 14.11.
d 22.5 Is 60.19.   **e 22.5** Dn 7.18.

La venida de Cristo está cerca

6 Y me dijo: Estas palabras son fieles y verdaderas. Y el Señor, el Dios de los espíritus de los profetas, ha enviado su ángel, para mostrar a sus siervos las cosas que deben suceder pronto.

7 ¡He aquí, vengo pronto! Bienaventurado el que guarda las palabras de la profecía de este libro.

8 Yo Juan soy el que oyó y vio estas cosas. Y después que las hube oído y visto, me postré para adorar a los pies del ángel que me mostraba estas cosas.

9 Pero él me dijo: Mira, no lo hagas; porque yo soy consiervo tuyo, de tus hermanos los profetas, y de los que guardan las palabras de este libro. Adora a Dios.

10 Y me dijo: No selles las palabras de la profecía de este libro, porque el tiempo está cerca.

11 El que es injusto, sea injusto todavía; y el que es inmundo, sea inmundo todavía; y el que es justo, practique la justicia todavía; y el que es santo, santifíquese todavía.[f]

12 He aquí yo vengo pronto, y mi galardón conmigo,[g] para recompensar a cada uno según sea su obra.[h]

13 Yo soy el Alfa y la Omega,[i] el principio y el fin, el primero y el último.[j]

14 Bienaventurados los que lavan sus ropas, para tener derecho al árbol de la vida,[k] y para entrar por las puertas en la ciudad.

15 Mas los perros estarán fuera, y los hechiceros, los fornicarios, los homicidas, los idólatras, y todo aquel que ama y hace mentira.

16 Yo Jesús he enviado mi ángel para daros testimonio de estas cosas en las iglesias. Yo soy la raíz y el linaje de David,[l] la estrella resplandeciente de la mañana.

17 Y el Espíritu y la Esposa dicen: Ven. Y el que oye, diga: Ven. Y el que tiene sed, venga; y el que quiera, tome del agua de la vida gratuitamente.[m]

18 Yo testifico a todo aquel que oye las palabras de la profecía de este libro: Si alguno añadiere a estas cosas, Dios traerá sobre él las plagas que están escritas en este libro.

19 Y si alguno quitare de las palabras del libro de esta profecía,[n] Dios quitará su parte del libro de la vida, y de la santa ciudad y de las cosas que están escritas en este libro.

20 El que da testimonio de estas cosas dice: Ciertamente vengo en breve. Amén; sí, ven, Señor Jesús.

21 La gracia de nuestro Señor Jesucristo sea con todos vosotros. Amén.

---

f 22.11 Dn 12.10.   **g 22.12** Is 40.10; 62.11.   **h 22.12** Sal 28.4.
i 22.13 Ap 1.8.   **j 22.13** Is 44.6; 48.12; Ap 1.17; 2.8.
k 22.14 Gn 2.9; 3.22.   **l 22.16** Is 11.1.   **m 22.17** Is 55.1.
n 22.18, 19 Dt 4.2; 12.32.

CONCORDANCIA DE LAS SAGRADAS ESCRITURAS

AARÓN

Hermano de Moisés, Éx 4.14; 7.1;
encomiado por su elocuencia, Éx 4.14;
ayudante de Moisés, Éx 4.14–16, 27;
caudillo junto con Moisés, Éx 5.1; 8.25;
sostiene los brazos de Moisés, Éx 17.12;
apartado como sacerdote, Éx 28; Heb 5.4;
hace un becerro de oro, Éx 32; Hch 7.40;
murmura contra Moisés, Nm 12;
su vara florece, Nm 17; Heb 9.4;
muere, Nm 20.22–29.

ABOMINACIÓN

Gn	46.34 para los egipcios es *a* todo pastor
Lv	11.10 no tienen aletas ... los tendréis en *a*
	11.13 de las aves ... tendréis en *a* ... serán *a*
	18.22 no te ... con varón como con mujer; es *a*
Dt	18.9 no aprenderás a hacer según las *a* de
	25.16 *a* es a Jehová ... cualquiera que hace
1 R	14.24 hicieron ... todas las *a* de las naciones
Pr	11.1 el peso falso es *a* a Jehová; mas la
	12.22 los labios mentirosos son *a* a Jehová
	15.9 *a* es a Jehová el camino del impío; mas
	15.26 *a* son a ... los pensamientos del malo
	21.27 el sacrificio de los impíos es *a*
	29.27 *a* es al impío el de caminos rectos
Is	1.13 el incienso me es *a*; luna nueva y día
	41.24 obras vanidad; *a* es el que os escogió
	44.19 ¿haré del resto de él una *a*?
	66.3 propios caminos, y su alma amó sus *a*
Jer	6.15; 8.12 avergonzado de haber hecho *a*?
Ez	7.3 juzgaré ... pondré sobre ti todas tus *a*
	8.9 entra, y ve las malvadas *a* que éstos hacen
	11.18 y quitarán de ella ... todas sus *a*
	16.51 multiplicaste tus *a* más que ellas
	33.29 convierta la tierra en soledad ... las *a*
	37.23 con sus *a* y con todas sus rebeliones
Dn	9.27 con la ... de las *a* vendrá el desolador
	11.31 tropas ... y pondrán la *a* desoladora
	12.11 hasta la *a* desoladora, habrá 1.290 días
Mal	2.11 y en Jerusalén se ha cometido *a*
Mt	24.15; Mc 13.14 veáis ... la *a* desoladora
Lc	16.15 por sublime, delante de Dios es *a*
Ap	21.27 no entrará ... que hace *a* y mentira

ABRAHAM (Abram)

Nace, Gn 11.26;
se casa con Sarai, Gn 11.29;
emigra de Ur a Harán, Gn 11.31;
es llamado por Dios, Gn 12.1–5;
viaja a Egipto, Gn 12.10–20;
se separa de Lot, Gn 13.7–11;
rescata a Lot, Gn 14.13–16;
pacto de Dios con él, Gn 15.18; 17.1–22;
recibe a los ángeles, Gn 18.1–21;
intercede por Sodoma, Gn 18.22–33;
despide a Agar e Ismael, Gn 21.9–21;
ofrece a Isaac, Gn 22.1–14;
entierra a Sara en la cueva de Macpela, Gn 23;
se casa con Cetura, Gn 25.1;
muere y es sepultado, Gn 25.8, 9.

Mt	3.9; Lc 3.8 Dios puede levantar hijos a *A*
	8.11 se sentarán con *A* e Isaac y Jacob en
Mc	12.26 soy el Dios de *A*, el Dios de Isaac
Lc	13.28 cuando veáis a *A* ... en el reino de Dios
	16.22 llevado por los ángeles al seno de *A*
Jn	8.39 fueseis hijos de *A*, las obras de *A* haríais
	8.58 os digo: Antes que *A* fuese, yo soy
Hch	7.2 Dios ... apareció a nuestro padre *A*
Ro	4.3; Gl 3.6; Stg 2.23 creyó *A* a Dios
	4.16 sino ... para la que es de la fe de *A*
	9.7 ni por ser descendientes de *A* son ... hijos
Gl	3.7 los que son de fe, éstos son hijos de *A*
Heb	11.8 por la fe *A* ... obedeció para salir al
Stg	2.21 ¿no fue justificado por las obras *A*

ABSTENERSE

Lv	22.2 que se *abstengan* de las cosas santas
Dt	23.22 cuando te *abstengas* de prometer, no
Hch	21.25 se *abstengan* de lo sacrificado a los
1 Co	9.25 aquel que lucha, de todo se *abstiene*
1 Ts	5.22 *absteneos* de toda especie de mal
1 Ti	4.3 mandarán *abstenerse* de alimentos que
1 P	2.11 que os *abstengáis* de los deseos carnales

ABUNDAR v. Exceder, Sobreabundar

Dt	30.9 te hará Jehová ... *abundar* en toda obra
Ro	3.7 la verdad de Dios *abundó* para su gloria
	5.15 *abundaron* ... para los muchos la gracia y
	5.20 cuando el pecado *abundó*, sobreabundó
	6.1 ¿perseveraremos ... que la gracia *abunde*?
	15.13 para que *abundéis* en esperanza por el
1 Co	14.12 *abundar* en ellos para edificación de
2 Co	1.5 *abundan* en nosotros las aflicciones de
	4.15 que *abundando* la gracia por medio de
	8.2 *abundaron* en riquezas de su generosidad
	9.8 hacer que *abunde* en vosotros toda gracia
Flp	1.9 pido ... vuestro amor *abunde* aun más
1 Ts	3.12 el Señor os haga ... *abundar* en amor
	4.10 rogamos ... que *abundéis* en ello más y
2 P	1.8 estas cosas están en vosotros, y *abundan*

ACEPCIÓN v. Diferencia, Distinción

Dt	10.17 no hace *a* de personas, ni toma cohecho
Job	32.21 no haré ahora *a* de personas, ni usaré
	34.19 a aquel que no hace *a* de personas
Pr	24.23; 28.21 hacer *a* de personas no es bueno
Mal	2.9 y en la ley hacéis *a* de personas
Hch	10.34; Ro 2.11; Gl 2.6; Ef 6.9; Col 3.25
	Dios no hace *a* de personas
Stg	2.1 vuestra fe ... sea sin *a* de personas
	2.9 si hacéis *a* de personas, cometéis pecado
1 P	1.17 sin *a* de personas juzga según la obra

ACEPTAR v. Recibir, Tomar

Sal	20.3 haga memoria ... *acepte* tu holocausto
	82.2 ¿*aceptaréis* las personas de los impíos?
Mal	1.10 ni de vuestra mano *aceptaré* ofrenda

ACEPTO/A

Gn	32.20 después veré su rostro; quizá le seré *a*
Lv	22.20 cosa en que haya defecto ... no será *a*
1 S	2.26 joven Samuel ... era *a* delante de Dios
	18.5 y era *a* a los ojos de todo el pueblo
Ro	15.31 la ofrenda de mi servicio ... sea *a*
2 Co	8.12 será *a* según lo que uno tiene, no según
Ef	1.6 con la cual nos hizo *a* en el Amado

ACONSEJAR

Éx	18.19 oye ahora mi voz; yo te *aconsejaré*
1 R	12.6; 2 Cr 10.9 ¿cómo *aconsejáis* vosotros que responda a
	este pueblo?
Sal	16.7 bendeciré a Jehová que me *aconseja*
Ec	8.2 te *aconsejo* que guardes el mandamiento
Is	40.13 ¿quién ... le *aconsejó* enseñándole?
Ap	3.18 yo te *aconsejo* que de mí compres oro

ACUERDO v. Convenio, Pacto

Am	3.3 ¿andarán dos juntos, si no ... de *a*?
Mt	18.19 dos ... se pusieran de *a* en la tierra
Hch	15.25 habiendo llegado a un *a*, elegir
Ap	17.17 ponerse de *a*, y dar su reino a la bestia

ACUSAR v. Condenar, Denunciar

Pr	30.10 no *acuses* al siervo ante su señor
Dn	3.8 vinieron y *acusaron* ... a los judíos
Mt	12.10; Mc 3.2 sanaría ... de poder *acusarle*
	27.12 siendo *acusado* por ... nada respondió
Mc	15.4 ¿nada ... Mira de cuántas cosas te *acusan*
Lc	6.7 para ver ... a fin de hallar de qué *acusarle*
	11.54 cazar alguna palabra ... para *acusarle*
	16.1 *acusado* ... como disipador de sus bienes
	23.10 estaban ... *acusándole* con ... vehemencia
Jn	5.45 yo voy a *acusaros* ... hay quien os *acusa*
	8.10 ¿dónde están los que te *acusaban*?

Hch	24.2 Tértulo comenzó a *acusarle*, diciendo
	24.19 debieran comparecer ... y *acusarme*
	26.7 por esta esperanza ... soy *acusado* por
Ro	2.15 y *acusándoles* o defendiéndoles sus
	3.9 ya hemos *acusado* a judíos y a gentiles
	8.33 ¿quién *acusará* a los escogidos de Dios?
Ap	12.10 el que los *acusaba* delante de ... Dios

ADÁN *v.* Hombre
Gn	1.26–5.5.
Ro	5.14 reinó la muerte desde *A* hasta Moisés
1 Co	15.22 porque así como en *A* todos mueren
	15.45 fue hecho el primer ... *A* alma viviente
1 Ti	2.13 *A* fue formado primero, después Eva

ADIVINAR
Gn	44.15 un hombre como yo sabe *adivinar*?
1 S	28.8 te ruego ... *adivines* por el espíritu de
Ez	22.28 *adivinándoles* mentira, diciendo: Así

ADMINISTRADOR *v.* Mayordomo, Ministro
1 Co	4.1 de Cristo, y a los misterios de Dios
	4.2 se requiere de los *a*, que cada uno sea
Tit	1.7 obispos sea irreprensible, como *a* de Dios
1 P	4.10 buenos *a* de la multiforme gracia de

ADOPCIÓN
Ro	8.15 habéis recibido el espíritu de *a*, por el cual
	8.23 gemimos ... esperando la *a*, la redención
	9.4 son israelitas, de los cuales son la *a*
Gl	4.5 a fin de que recibiésemos la *a* de hijos

ADORAR *v.* Alabar, Honrar, Servir
Gn	22.5 yo y el muchacho iremos ... *adoraremos*
Éx	34.8 bajó la cabeza hacia el suelo y *adoró*
1 S	1.3 aquel varón subía ... para *adorar* y para
2 R	17.16 *adoraron* ... el ejército de los cielos
2 Cr	33.3 *adoró* a todo el ejército de los cielos
Neh	9.6 los ejércitos de los cielos te *adoran*
Sal	5.7 *adoraré* hacia tu santo templo en tu temor
	22.27 las familias de ... *adorarán* delante de ti
	29.2; 96.9 *adorad* a Jehová en la hermosura
	66.4 toda la tierra te *adorará*, y cantará
	86.9 todas ... vendrán y *adorarán* delante de ti
	95.6 venid, *adoremos* y postrémonos
Is	27.13 *adorarán* a Jehová en el monte santo
	36.7 dijo ... Delante de este altar *adoraréis*?
	44.15 hace además un dios, y lo *adora*
	66.23 vendrán todos a *adorar* delante de mí
Dn	3.5 *adoréis* la estatua de oro que el rey
	3.18 tampoco *adoraremos* la estatua que has
Zac	14.17 los ... que no subieren ... para *adorar*
Mt	2.2 hemos visto en el ... y venimos a *adorarle*
	4.9; Lc 4.7 te daré, si postrado me *adorares*
	4.10; Lc 4.8 al Señor tu Dios *adorarás*
	28.17 cuando le vieron, le *adoraron*; pero
Jn	4.20 nuestros padres *adoraron* en este monte
	4.22 vosotros *adoráis* lo que no sabéis
	4.24 los que le *adoran*, en espíritu y en verdad
	9.38 él dijo: Creo, Señor; y le *adoró*
	12.20 que habían subido a *adorar* en la fiesta
Hch	8.27 había venido a Jerusalén para *adorar*
	10.25 Cornelio ... postrándose a sus pies, *adoró*
	17.23 al que ... *adoráis*, pues, sin conocerle
1 Co	14.25 así, postrándose ... *adorará* a Dios
Heb	1.6 *adórenle* todos los ángeles de Dios
Ap	4.10; 5.14 *adoran* al que vive por los siglos
	13.4 *adoraron* al dragón ... y *a* a la bestia
	13.8 la *adoraron* todos los moradores de la
	14.7 *adorad* a aquel que hizo el cielo y la
	14.9 alguno *adora* a la bestia y a su imagen
	15.4 las naciones vendrán y *adorarán* delante
	19.4 se postraron en tierra y *adoraron* a Dios
	19.10; 22.8 me postré a sus pies para *adorarle*
	20.4 los que no habían *adorado* a la bestia

ADULTERIO *v.* Fornicación
Éx	20.14, Dt 5.18 no cometerás *a*
Lv	20.10 si un hombre cometiere *a* con la mujer
Pr	6.32 que comete *a* es falto de entendimiento
Jer	13.27 tus *a*, tus relinchos, la maldad de tu
Os	2.2 aparte, pues ... sus *a* de entre sus pechos
Mt	5.27 oísteis que fue dicho: No cometerás *a*
	5.32 se casa con la repudiada, comete *a*
	15.19; Mc 7.21 del corazón salen ... los *a*

Mc	10.11 que se casa con otra, comete *a* contra
Jn	8.3 le trajeron una mujer sorprendida en *a*
Gl	5.19 las obras de la carne, que son: *a*
Stg	2.11 el que dijo: No cometerás *a*, también

ADVERSIDAD *v.* Aflicción, Angustia, Calamidad, Dolor, Malo, Miseria, Padecimiento, Sufrimiento, Tribulación
Sal	35.15 pero ellos se alegraron en mi *a*, y se
Pr	12.21 ninguna *a* acontecerá al justo; mas los
Ec	7.14 del bien; y en el día de la *a* considera
Is	45.7 que hago la paz y creo la *a*. Yo Jehová

AGUA
Gn	1.2 Espíritu ... se movía sobre la faz de las *a*
	21.15 y le faltó el *a* del odre, y echó al
	24.11 la hora en que salen las doncellas por *a*
Éx	4.9 tomarás de las *a* del río y las derramarás
	7.20 todas la *a* ... se convirtieron en sangre
	15.22 tres días por el desierto sin hallar *a*
	17.6 golpearás la peña, y saldrán de ella *a*
Nm	19.9 las guardará ... para el *a* de purificación
	20.2 no había *a* ... se juntaron contra Moisés
Dt	8.15 él te sacó *a* de la roca del pedernal
1 S	26.12 y la vasija de *a* de la cabecera de Saúl
2 S	14.14 morimos, y somos como *a* derramadas
	22.17; Sal 18.16 me sacó de las muchas *a*
1 R	2.27; 2 Cr 18.26 pan ... y con *a* de aflicción
2 R	2.8 y golpeó las *a*, las cuales se apartaron
	2.21 sané estas *a*, y no habrá más en ellas
	3.17 este valle será lleno de *a*, y beberéis
Job	14.19 las piedras se desgastan con el *a*
	22.7 no diste de beber *a* al cansado, y ... pan
	26.8 ata las *a* en sus nubes, y las nubes no se
	29.19 mi raíz estaba abierta junto a las *a*
Sal	23.2 junto a *a* de reposo me pastoreará
	58.7 sean disipados como *a* que corren
	69.1 sálvame, oh Dios, porque las *a* han
	78.20 he aquí ha herido la peña, y brotaron *a*
	114.8 cambió ... en fuente de *a* la roca
	124.4 entonces nos habrían inundado las *a*
Pr	20.5 como *a* profundas es el consejo en el
	25.21 pan, y si tuviere sed, dale de beber *a*
	25.25 como el *a* fría al alma sedienta, así el
	27.19 como en el *a* el rostro corresponde al
	30.4 ¿quién ató las *a* en un paño?
Ec	11.1 echa tu pan sobre las *a* ... lo hallarás
	11.3 si las nubes fueren llenas de *a*, sobre
Is	11.9 será llena ... como las *a* cubren el mar
	12.3 sacaréis con gozo *a* de las fuentes de la
	32.20 dichosos ... sembráis junto a todas las *a*
	33.16 se le dará su pan, y sus *a* serán seguras
	35.6 porque *a* serán cavadas en el desierto
	41.17 afligidos ... buscan las *a*, y no las hay
	43.2 cuando pases por las *a*, yo estaré contigo
	43.20 daré *a* en el desierto, ríos en la soledad
	44.3 yo derramaré *a* sobre el sequedal, y ríos
	54.9 juré que nunca más las *a* de Noé pasarían
	55.1 a todos los sedientos: Venid a las *a*
Jer	3.3 las *a* han sido detenidas, y faltó la lluvia
	9.1 ¡oh, si mi cabeza se hiciese *a*, y mis ojos
	14.3 enviaron sus ... al *a* ... y no hallaron *a*
	47.2 suben *a* del norte, y se harán torrente
Ez	36.25 esparciré sobre vosotros *a* limpia
	47.1 que salían de debajo del umbral de la
Am	5.24 corra el juicio como las *a*, y la justicia
Zac	14.8 saldrán de Jerusalén *a* vivas, la mitad
Mt	3.11; Mc 1.8; Lc 3.16; Jn 1.26 yo a la verdad os bautizo en *a*
	10.42 que dé a uno de estos ... un vaso de *a*
Mc	9.41 os diere un vaso de *a* en mi nombre
Lc	16.24 que moje la punta de su dedo en *a*
Jn	2.7 Jesús les dijo: Llenad estas tinajas de *a*
	3.23 en Ehón ... porque había allí muchas *a*
	4.10 tú le pedirías, y él te daría *a* viva
	5.3 que esperaban el movimiento del *a*
	7.38 de su interior correrán ríos de *a* viva
	19.34 lanza, y al instante salió sangre y *a*
Hch	1.5; 11.16 Juan ciertamente bautizó con *a*
	8.36 llegaron a cierta *a* ... Aquí hay *a*; ¿qué
	10.47 puede alguno impedir el *a*, para que no sean
1 P	3.20 pocas ... ocho, fueron salvadas por *a*
2 P	2.17 son fuentes sin *a*, y nubes empujadas
	3.5 proviene del *a* y por el *a* subsiste
1 Jn	5.6 *a* y sangre; no ... *a* solamente, sino ... *a*

Ap	7.17	y los guiará a fuentes de *a* de vida
	17.15	las *a* que has visto donde la ramera se
	21.6	le daré ... de la fuente del *a* de la vida
	22.1	me mostró un río limpio de *a* de vida
	22.17	tome del *a* de la vida gratuitamente

ALABAR, *v.* Adorar, Engrandecer, Exaltar, Glorificar, Gracias, Honrar, Magnificar

Éx	15.2	Jehová ... éste es mi Dios, y lo *alabaré*
Dt	32.43	*alabad*, naciones, a su pueblo, porque
Jue	7.2	no sea que se *alabe* Israel contra mí
1 R	20.11	no se *alabe* tanto el que se ciñe las
1 Cr	16.8	*alabad* a Jehová, invocad su nombre
	29.13	*alabamos* y loamos tu glorioso nombre
Job	38.7	*alababan* todas las estrellas del alba
Sal	6.5	porque ... en el Seol, ¿quién te *alabará*?
	7.17	*alabaré* a Jehová conforme a su justicia
	9.1; 138.1	te *alabaré* ... con todo mi corazón
	30.12	Jehová Dios mío, te *alabaré* para
	42.5, 11; 43.5	espera en Dios; porque aún he de *alabarle*
	43.4	y te *alabaré* con arpa, oh Dios ... mío
	57.9	te *alabaré* entre los pueblos, oh Señor
	67.3, 5	oh Dios; todos los pueblos te *alaben*
	71.22	te *alabaré* con instrumento de salterio
	79.13	tu prado, te *alabaremos* para siempre
	92.1	bueno es *alabarte*, oh Jehová, y cantar
	99.3	*alaben* tu nombre grande y temible
	100.4	entrad ... *alabadle*, bendecid su nombre
	105.1	*alabad* a Jehová, invocad su nombre
	106.1; 107.1; 118.1	*alabad* a Jehová, porque él es bueno
	107.8, 15, 21, 31	*alaben* la misericordia de
	111.1	*alabaré* a Jehová con todo el corazón
	113.1; 135.1	*alabad*, siervos de Jehová, a el
	117.1	*alabad* a Jehová, naciones ... *alabadle*
	118.21	te *alabaré* porque me has oído, y me
	119.7	te *alabaré* con rectitud de corazón
	119.62	me levanto para *alabarte* por tus
	119.164	siete veces al día te *alabo* a causa
	136.2	*alabad* al Dios de los dioses, porque
	140.13	los justos *alabarán* tu nombre
	146.1	*alaba*, oh alma mía, a Jehová
	146.2	*alabaré* a Jehová en mi vida; cantaré
	147.12	*alaba* a Jehová ... *a* a tu Dios, oh
	148.2	*alabadle*, vosotros todos sus ángeles
	148.13	*alaben* el nombre de Jehová, porque
	150.6	todo lo que respira *alabe* a JAH
Pr	12.8	según su sabiduría es *alabado* el hombre
	20.14	dice ... mas cuando se aparta, se *alaba*
	25.6	no te *alabes* delante del rey, ni estés
	27.2	*alábete* el extraño, y no tu propia boca
Ec	8.15	por tanto, *alabé* yo la alegría; que no
Is	38.18	el Seol no te ... ni te *alabará* la muerte
	61.7	*alabarán* en sus heredades; por lo cual
Jer	9.23	así dijo Jehová: No se *alabe* el sabio
	9.24	mas *alábese* en esto el que ... de *alabar*
Mt	11.25; Lc 10.21	te *alabo*, Padre, Señor del
Lc	16.8	*alabó* el amo al mayordomo malo por
	24.53	*alabando* y bendiciendo a Dios. Amén
Hch	5.13	mas el pueblo los *alababa* grandemente
Ro	15.11	*alabad* al Señor todos los gentiles
2 Co	10.12	algunos que se *alaba* a sí mismos
	10.18	no es aprobado el que se *alaba* a sí
Ef	5.19	*alabando* al Señor en vuestros corazones
Heb	2.12	en medio de la congregación te *alabaré*
Ap	19.5	*alabad* a nuestro Dios todos sus siervos

ALIANZA *v.* Convenio, Pacto

Éx	23.32	no haráis *a* con ellos, ni con sus dioses
Jos	9.6	haced, pues, ahora *a* con nosotros
1 R	15.19	*a* entre nosotros ... y rompe tu pacto
2 R	11.4	hizo con ellos *a*, juramentándolos en
2 Cr	16.3	haya *a* entre tú y yo, como la hubo
	23.1	se animó Joiada, y tomó consigo en *a* a

ALIENTO *v.* Espíritu, Hálito, Soplo

Gn	2.7	Dios ... sopló en su nariz *a* de vida, y fue
1 R	17.17	fue tan grave que no quedó en él *a*
Is	30.28	su *a*, cual torrente que inunda; llegará
	42.5	que da *a* al pueblo que mora sobre ella
Hch	17.25	él es quien da a todos vida y *a*
Ap	13.15	infundir *a* a la imagen de la bestia, para

ALMA *v.* Corazón, Espíritu, Vida

1 S	18.1	*a* de Jonatán quedó ligada con ... David

Job	12.10	en su mano está el *a* de todo viviente
	27.3	todo el tiempo que mi *a* esté en mí
Sal	16.10	porque no dejarás mi *a* en el Seol, ni
	23.3	confortará mi *a*; me guiará por sendas
	25.1	a ti, oh Jehová, levantaré mi *a*
	42.1	aguas, así clama por ti, oh Dios, el *a* mía
	42.5, 11; 43.5	¿por qué te abates, oh *a* mía
	62.1	en Dios ... está acallada mi *a*; de él
	103.1, 22; 104.1	bendice, *a* mía, a Jehová
	121.7	Jehová te guardará ... él guardará tu *a*
	143.8	hazme oír ... porque a ti he elevado mi *a*
Pr	11.30	árbol de vida; y el que gana *a* es sabio
	19.16	que guarda el mandamiento guarda su *a*
Jer	31.12	su *a* será como huerto de riego, y nunca
Ez	3.19	él morirá ... pero tú habrás librado tu *a*
	13.20	vendas ... con que cazáis las *a* al vuelo
	13.20	todas las *a* son mías; como el *a* del padre
Mt	10.28	no temáis a los ... el *a* no pueden matar
	16.26; Mc 8.36	si ganare ... y perdiere su *a*?
	22.37; Mc 12.30; Lc 10.27	amarás al Señor tu Dios ... con toda tu *a* y con toda tu mente
	26.38; Mc 14.34	dijo: Mi *a* está muy triste
Lc	12.19	diré a mi *a*: A, muchos bienes tienes
	12.20	esta noche vienen a pedirte tu *a*; y lo
	21.19	vuestra paciencia ganaréis vuestras *a*
Hch	2.27	porque no dejarás mi *a* en el Hades, ni
1 Co	15.45	fue hecho el primer ... Adán *a* viviente
1 Ts	5.23	ser, espíritu, *a* y cuerpo, sea guardado
Heb	4.12	penetra hasta partir el *a* y el espíritu
Stg	1.21	palabra ... la cual puede salvar vuestras *a*
1 P	1.9	fin, que es la salvación de vuestras *a*
	1.22	habiendo purificado vuestras *a* por la
	2.11	los deseos ... que batallan contra el *a*
	2.25	habéis vuelto al ... Obispo de vuestras *a*
	4.19	encomienden sus *a* al fiel Creador
3 Jn	2	que tengas salud, así como prospera tu *a*
Ap	20.4	y vi las *a* de los decapitados por causa de

ALTAR *v.* Alto, Casa, Ofrenda, Sacrificio, Santuario, Templo

Gn	8.20	y edificó Noé un *a* a Jehová, y tomó de
	13.18	Abram, pues ... y edificó allí *a* a Jehová
	22.9	edificó allí Abraham un *a* ... y ató a Isaac
	26.25	edificó allí un *a*, e invocó el nombre de
	33.20	erigió ... un *a*, y lo llamó El-Elohe-Israel
	35.1	sube a Bet-el ... y haz allí un *a* al Dios
Éx	17.15	Moisés edificó un *a*, y llamó su nombre
	20.24	*a* de tierra harás para ... y sacrificarás
	27.1	harás también un *a* de madera de acacia
	29.12	pondrás sobre los cuernos del *a* con
	30.1	asimismo un *a* para quemar el incienso
	34.13; Dt 7.5	derribaréis sus *a* ... sus estatuas
	38.1	hizo de madera ... el *a* del holocausto
Nm	23.1	Balaam dijo ... Edifícame aquí siete *a*
Dt	12.27	ofrecerás ... sobre el *a* de Jehová tu
	27.5	edificarás allí un *a* ... *a* de piedras; no
Jos	8.30	Josué edificó un *a* a Jehová Dios de
	22.10	edificaron allí un *a* junto al Jordán
Jue	6.24	edificó allí Gedeón *a* a Jehová, y lo
1 S	14.35	edificó Saúl *a* a Jehová; este *a* fue el
2 S	24.25; 1 Cr 21.26	edificó allí David un *a*
1 R	1.50	se fue, y se asió de los cuernos del *a*
	13.1	y estando Jeroboam junto al *a* para
	16.32	hizo *a* a Baal, en el templo de Baal
	18.30	Elías ... arregló el *a* de Jehová que
	19.10, 14	han derribado tus *a*, y han matado a
2 R	16.10	vio ... el *a* que estaba en Damasco
	21.3	lenantó *a* a Baal, e hizo una imagen de
	23.15	el *a* que estaba en Bet-el ... destruyó
2 Cr	1.6	subió, pues, Salomón ... al *a* de bronce
	4.1	hizo ... un *a* de bronce de veinte codos
	28.24	Acaz ... se hizo *a* en Jerusalén en todos
	33.3	levantó *a* a los baales, e hizo imágenes
Esd	3.2	edificaron el *a* del Dios de Israel, para
Sal	43.4	entraré al *a* de Dios, al Dios de mi
	84.3	sus polluelos, cerca de tus *a*, oh Jehová
Is	6.6	carbón ... tomado del *a* con unas tenazas
	19.19	habrá *a* para Jehová en ... Egipto, y
	36.7	dijo ... Delante de este *a* adoraréis?
Jer	11.13	los *a* de ignominia, *a* para ... Baal
Lm	2.7	desechó el Señor su *a*, menospreció su
Ez	43.13	estas son las medidas del *a* por codos
Os	8.11	multiplicó ... *a* para pecar, tuvo *a* para
	10.1	multiplicó también los *a*, conforme a la

Am	9.1 vi al Señor que estaba sobre el *a*, y dijo
Mal	2.13 cubrir el *a* de Jehová de lágrimas, de
Mt	5.23 si traes tu ofrenda al *a*, y allí te acuerdas
	23.18 si alguno jura por el *a*, no es nada
	23.35 quien matasteis entre el templo y el *a*
Lc	1.11 ángel del Señor ... a la derecha del *a* del
Hch	17.23 hallé también un *a* en el cual estaba
Ro	11.3 y tus *a* han derribado, y sólo yo he
1 Co	9.13 que sirven al *a*, del *a* participan?
	10.18 que comen ... ¿no son partícipes del *a*?
Heb	13.10 tenemos un *a*, del cual no tienen
Ap	6.9 vi bajo el *a* las almas de los que habían
	11.1 mide el templo de Dios, y el *a*, y a los

ALTIVEZ *v.* Arrogancia, Soberbia

Job	20.6 aunque subiere su *a* hasta el cielo
Sal	10.4 el malo, por la *a* de su rostro, no busca
Pr	21.4 *a* de ojos, y orgullo de ... son pecado
Is	2.11 la *a* de los ojos del hombre será abatida
	2.17 la *a* del hombre será abatida, y la soberbia
	13.11 que cese ... abatiré la *a* de los fuertes
Ez	30.6 la *a* de su poderío caerá; desde Migdol
2 Co	10.5 derribando ... toda *a* que se levanta

AMAR *v.* Querer

Gn	25.28 *amó* Isaac a Esaú ... mas Rebeca *amaba*
	29.20 como pocos días, porque la *amaba*
	37.3 *amaba* Israel a José más que a todos sus
	Éx 20.6; Dt 5.10 hago ... a los que me *aman*
Lv	19.18 *amarás* a tu prójimo como a ti mismo
Dt	6.5; 11.1 *amarás* a Jehová tu Dios de todo tu
	7.9 guarda ... a los que le *aman* y guardan sus
	10.19 *amaréis*, pues, al extranjero; porque
	11.13 *amando* a Jehová ... y sirviéndole
	13.3 saber si *amáis* a Jehová vuestro Dios
	30.16 yo te mando hoy que *ames* a Jehová tu
1 S	18.1; 20.17 lo *amó* Jonatán como a sí mismo
	20.17 hizo jurar a David ... porque le *amaba*
2 S	19.6 *amando* a los que te aborrecen, y
1 R	3.3 Salomón *amó* a Jehová, andando en los
	5.1 Hiram siempre había *amado* a David
	11.1 Salomón *amó* ... mujeres extranjeras
2 Cr	19.2 *amas* a los que aborrecen a Jehová?
Job	33.26 orará a Dios, y éste le *amará*, y verá
Sal	18.1 te *amo*, oh Jehová, fortaleza mía
	31.23 *amad* a Jehová, todos vosotros sus
	45.7 has *amado* la justicia y aborrecido la
	52.3 *amaste* el mal más que el bien, la mentira
	97.10 los que *amáis* a Jehová, aborreced el mal
	102.14 tus siervos *aman* sus piedras, y del polvo
	116.1 *amo* a Jehová, pues ha oído mi voz y mis
	119.97 ¡oh, cuánto *amo* yo tu ley! Todo el día
	119.165 mucha paz tienen los que *aman* tu ley
	145.20 Jehová guarda a todos los que lo *aman*
Pr	3.12 Jehová al que *ama* castiga, como el padre
	4.6 no la dejes ... *ámala*, y te conservará
	8.17 yo *amo* a los que me *aman*, y me hallan
	12.1 el que *ama* la instrucción *a* la sabiduría
	16.13 los reyes ... *aman* al que habla lo recto
	22.11 el que *ama* la limpieza de corazón, por
	27.6 fieles son las heridas del que *ama*
	29.3 el hombre que *ama* la sabiduría alegra a
Ec	3.8 tiempo de *amar*, y tiempo de aborrecer
	5.10 el que *ama* el mucho tener, no sacará fruto
Is	48.14 aquel a quien Jehová *amó* ejecutará su
Jer	31.3 con amor eterno te he *amado*; por tanto
Os	14.4 los *amaré* de pura gracia; porque mi ira
Am	5.15 aborreced el mal, y *amad* el bien, y
Miq	6.8 qué pide ... *amar* misericordia, y humillarte
Zac	8.19 ha dicho ... *amad*, pues, la verdad y la paz
Mal	1.2 yo os he *amado* ... ¿En qué nos *amaste*?
	1.2 ¿no era Esaú hermano de ... y *amé* a Jacob
Mt	5.43 que fue dicho: *Amarás* a tu prójimo, y
	5.44; Lc 6.27, 35 *amad* a vuestros enemigos
	6.24; Lc 16.13 aborrecerá al uno y *amará* al
	10.37 el que *ama* a padre o ... más que a mí
	19.19; 22.39; Mc 12.31; Ro 13.9; Gl 5.14; Stg 2.8 *amarás* a tu prójimo como a ti
	22.37; Mc 12.30; Lc 10.27 *amarás* al Señor tu Dios con todo tu corazón
Mc	10.21 Jesús, mirándole, le *amó*, y le dijo: Una
Lc	7.5 *ama* a nuestra nación, y nos edificó una
	7.42 dí, pues, ¿cuál de ellos le *amará* más?

Jn	3.16 de tal manera *amó* Dios al mundo, que ha
	3.19 hombres *amaron* más las tinieblas que la
	3.35; 5.20 el Padre *ama* al Hijo, y todas las
	8.42 si vuestro padre fuese Dios ... me *amaríais*
	10.17 por eso me *ama* el Padre, porque yo
	11.3 Señor, he aquí el que *amas* está enfermo
	11.5 *amaba* Jesús a Marta, a su ... y a Lázaro
	11.36 dijeron ... judíos: Mirad cómo le *amaba*
	12.25 el que *ama* su vida, la perderá; y el que
	13.1 como había *amado* a ... los *amó* hasta el fin
	13.23 uno de sus ... al cual Jesús *amaba*, estaba
	13.34; 15.12 os *améis* ... como yo os he *amado*
	14.15 si me *amáis*, guardad mis mandamientos
	14.21 que me *ama*, será *amado* por mi Padre
	15.9 como el Padre me ha *amado* ... yo os he *a*
	15.17 os mando: Que os *améis* unos a otros
	16.27 Padre mismo os *ama* ... me habéis *amado*
	17.23 los has *amado* ... como ... a mí me has *a*
	17.26 amor con que me has *amado* ... en ellos
	21.15 Simón, hijo ... ¿me *amas* más que éstos?
Ro	8.37 vencedores por ... Aquel que nos *amó*
	9.13 a Jacob *amé*, mas a Esaú aborrecí
	12.10 *amaos* los unos a los otros con amor
	13.8 no debáis ... sino el *amaros* unos a otros
1 Co	2.9 Dios ha preparado para los que le *aman*
	8.3 si alguno *ama* a Dios, es conocido por él
	16.22 el que no *amare* al Señor ... sea anatema
2 Co	9.7 dé ... porque Dios *ama* al dador alegre
	12.15 aunque *amándoos* más, sea *amado* menos
Ef	5.2 andad en amor, como ... Cristo nos *amó*
	5.25; Col 3.19 *amad* a vuestras mujeres, así
Flp	1.8 Dios me es testigo de cómo os *amo* a
2 Ts	2.16 nos *amó* y nos dio consolación eterna
Tit	2.4 enseñen ... a *amar* a sus maridos y a sus
Heb	12.6 porque el Señor al que *ama*, disciplina
1 P	1.8 a quien *amáis* sin haberle visto, en quien
	1.22 *amaos* unos a otros entrañablemente, de
	2.17 *amad* a los hermanos. Temed a Dios
1 Jn	2.10 el que *ama* a su hermano, permanece en
	2.15 no *améis* al mundo, ni las cosas que
	3.11, 23; 2 Jn 5 que nos *amemos* unos a otros
	3.14 sabemos ... en que *amamos* a los hermanos
	3.18 no *amemos* de palabra ni de lengua, sino
	4.7 amados, *amémonos* unos a otros; porque el
	4.8 el que no *ama*, no ha conocido a Dios
	4.10 no en que ... hayamos *amado* a Dios, sino
	4.19 le *amamos* a Él ... él nos *amó* primero
	4.21 el que *ama* a Dios, *ame* también a su
	5.1 aquel que *ama* al que engendró, a ... al que
	5.2 *amamos* a los hijos de ... cuando a a Dios
Ap	1.5 al que nos *amó*, y nos lavó de nuestros
	3.19 reprendo y castigo a todos los que *amo*

AMARGURA

Gn	26.35 *a* de espíritu para Isaac y para Rebeca
Rt	1.20 en ... *a* me ha puesto el Todopoderoso
1 S	1.10 ella con *a* de alma oró a Jehová, y lloró
	15.32 dijo Agag ... ya pasó la *a* de la muerte
	22.2 los que se hallaban en *a* de espíritu
Job	21.25 y este otro morirá en *a* de ánimo, y sin
	23.2 hoy también hablaré con *a*; porque es
Sal	73.21 se llenó de *a* mi alma, y en mi corazón
Lm	3.5 contra mí, y me rodeó de *a* y de trabajo
	3.15 me llenó de *a*, me embriagó de ajenjos
Hch	8.23 porque en hiel de *a* y ... veo que estás
Ro	3.14 su boca está llena de maldición y de *a*
Ef	4.31 quítense de vosotros toda *a*, enojo, ira
Heb	12.15 brotando alguna raíz de *a*, os estorbe

AMIGO/A *v.* Compañero, Conocido, Hermano

2 S	15.37 vino Husai *a* de David a la ciudad
Job	2.11 tres *a* de Job ... vinieron cada uno de su
	16.20 disputadores son mis *a*; mas ante Dios
Sal	88.18 has alejado de mí al *a* y al compañero
Pr	17.17 en todo tiempo ama el *a*; y como un
	18.24 tiene *a* ha de mostrarse *a*; y *a* hay más
	19.4 riquezas traen muchos *a*; mas el pobre
	27.10 no dejes a tu *a*, ni al *a* de tu padre
Cnt	1.15; 4.1 he aquí que tú eres hermosa, *a* mía
Is	41.8 Jacob ... descendencia de Abraham mi *a*
Lm	1.2 todos sus *a* le faltaron, se le volvieron
Miq	7.5 no creáis en *a*, ni confiéis en príncipe
Mt	11.19; Lc 7.34 *a* de publicanos y de pecadores

20.13 dijo a uno de … *A*, no te hago agravio
26.50 Jesús le dijo: *A*, ¿a qué vienes?
Lc 14.12 no llames a tus *a*, ni a tus hermanos
15.6 al llegar a casa, reúne a sus *a* y vecinos
16.9 ganad *a* por medio de las riquezas
23.12 se hicieron *a* Pilato y Herodes aquel día
Jn 3.29 el *a* del esposo, que está a su lado y le oye
15.13 amor … que uno ponga su vida por sus *a*
15.14 vosotros sois mis *a*, si hacéis lo que yo
Hch 27.3 Julio … le permitió que fuese a los *a*
Stg 2.23 creyó a Dios … fue llamado *a* de Dios

AMO *v.* Dueño, Señor
Gn 39.3 vio su *a* que Jehová estaba con él, y que
Lc 16.8 alabó el *a* al mayordomo malo por haber
Ef 6.5; Col 3.22 siervos, obedeced a vuestros *a*
Col 4.1 sabiendo que … tenéis un *A* en los cielos
1 Ti 6.1 tengan a sus *a* por dignos de todo honor
Tit 2.9 que se sujeten a sus *a*, que agraden en
1 P 2.18 criados, estad sujetos … a vuestros *a*

AMONESTACIÓN *v.* Exhortación, Represión
Sal 2.10 prudentes; admitid *a*, jueces de la tierra
Pr 15.31 el oído que escucha las *a* de la vida
Ef 6.4 criadlos en disciplina y *a* del Señor
Tit 3.10 después de una y otra *a* deséchalo

AMPARAR *v.* Defender
Lv 25.35 hermano empobreciere … lo *ampararás*
2 R 19.34; Is 37.35 *ampararé* esta ciudad para
Sal 57.1 en la sombra de tus alas me *ampararé*
Is 31.5 como las aves … *amparará* … a Jerusalén
Zac 9.15 Jehová de los ejércitos … los *amparará*

ANATEMA *v.* Maldición, Maldito
Jos 6.18 ni toquéis, ni toméis alguna cosa del *a*
7.1 una prevaricación en cuanto al *a* … Acán
Ro 9.3 deseara yo mismo ser *a* … de Cristo
1 Co 12.3 nadie que hable por … llama *a* a Jesús
16.22 no amare al Señor Jesucristo, sea *a*
Gl 1.8 os anunciare otro evangelio … sea *a*

ÁNGEL *v.* Espíritu, Mensajero, Ministro, Querubín, Serafín
Gn 19.1 llegaron, pues, los dos *á* a Sodoma a la
21.17 *á* de Dios llamó a Agar desde el cielo
22.11 el *á* de Jehová le dio voces desde el
24.7 Jehová … él enviará su *á* delante de ti
28.12 *á* de Dios que subían y descendían
32.1 y le salieron al encuentro *á* de Dios
48.16 el *Á* que me liberta de todo mal, bendiga
Éx 3.2 se le apareció el *Á* de Jehová en una llama
14.19 y el *á* de Dios que iba delante del
23.20 he aquí yo envío mi *á* delante de ti
Nm 22.23 y el asna vio el *á* de Jehová, que
Jue 2.1 el *á* de Jehová subió de Gilgal a Boquim
6.11 vino el *á* de Jehová, y se sentó debajo
13.3 a esta mujer apareció el *á* de Jehová
1 S 29.9 bueno ante mis ojos, como un *á* de Dios
2 S 19.27 mi señor el rey es como un *á* de Dios
24.16 el *á* extendió su mano sobre Jerusalén
1 R 13.18 un *á* me ha hablado por palabra de
19.5 un *á* le tocó, y le dijo: Levántate, come
2 R 1.3 el *á* de Jehová habló a Elías tisbita
19.35; Is 37.36 salió el *á* de Jehová, y mató
1 Cr 21.15 envió Jehová el *á* a Jerusalén para
Sal 8.5 le has hecho poco menor que los *á*, y lo
34.7 el *á* de Jehová acampa alrededor de los
35.5 sean como … y el *á* de Jehová los acose
91.11 pues a sus *á* mandará acerca de ti, que
103.20 bendecid a Jehová, vosotros sus *á*
148.2 alabadle, vosotros todos sus *á*
Ec 5.6 ni digas delante del *á*, que fue ignorancia
Is 63.9 y el *á* de su faz los salvó; en su amor
Dn 3.28 bendito sea el Dios … que envió su *á*
6.22 mi Dios envió su *á*, el cual cerró la
Os 12.4 venció al *á*, y prevaleció; lloró, y le
Zac 1.9 y me dijo el *á* que hablaba conmigo
3.1 Josué … estaba delante del *á* de Jehová
4.5 el *á* que hablaba … me dijo: ¿No sabes
Mal 3.1 vendrá … el *á* del pacto, a quien deseáis
Mt 1.20 un *á* del Señor apareció en sueños
4.6; Lc 4.10 a sus *á* mandará acerca de ti
4.11 le dejó; y he aquí vinieron *á* y le servían
13.39 fin del siglo; los *á*, los segadores son los *á*,
13.41 enviará el Hijo del Hombre a sus *á*

16.27 vendrá en la gloria de … con sus *á*, y
18.10 sus *á* … ven siempre el rostro de mi
22.30; Mc 12.25 serán como los *á* de Dios
24.31 enviará sus *á* con gran voz de trompeta
24.36 ni aun los *á* de los cielos, sino sólo mi
25.31 el Hijo … y todos los santos *á* con él
26.53 no me daría más de doce legiones de *á*?
28.2 un *á* del Señor descendiendo del cielo
Mc 1.13 estaba con las fieras; y los *á* le servían
Lc 1.11 se le apareció un *á* del Señor puesto en
2.9 he aquí, se les presentó un *á* del Señor
15.10 hay gozo delante de los *á* de Dios por
16.22 murió … y fue llevado por los *á* al seno
20.36 pues son iguales a los *á*, y son hijos de
22.43 y se le apareció un *á* del cielo para
24.23 visión de *á*, quienes dijeron que él vive
Jn 1.51 los *á* de Dios que suben y descienden
5.4 un *á* descendía de tiempo en tiempo al
12.29 otros decían: Un *á* le ha hablado
20.12 y vio a dos *á* con vestiduras blancas
Hch 5.19 un *á* del Señor, abriendo de noche las
6.15 vieron su rostro como el rostro de un *á*
7.53 recibisteis la ley por disposición de *á*
8.26 un *á* del Señor habló a Felipe, diciendo
10.3 vio … que un *á* de Dios entraba donde él
12.7 se presentó un *á* del Señor, y una luz
23.8 dicen que no hay … ni *á*, ni espíritu
27.23 ha estado conmigo el *á* del Dios de
Ro 8.38 ni *á*, ni principados, ni potestades, ni lo
1 Co 4.9 ser espectáculo al mundo, a los *á* y a los
6.3 ¿o no sabéis que hemos de juzgar a los *á*?
2 Co 11.14 Satanás se disfraza como *á* de luz
Gl 1.8 nosotros, o un *á* … os anunciare otro
Col 2.18 afectando humildad y culto a los *á*
2 Ts 1.7 se manifieste … con los *á* de su poder
1 Ti 3.16 Dios fue … visto de los *á*, predicado a
5.21 te encarezco delante de Dios y … sus *á*
Heb 1.4 hecho tanto superior a los *á*, cuanto
1.7 el que hace a sus *á* espíritus, y a sus
2.2 si la palabra dicha por … los *á* fue firme
2.7 le hiciste un poco menor que los *á*; le
2.16 porque ciertamente no socorrió a los *á*
12.22 a la compañía de muchos millares de *á*
13.2 algunos, sin saberlo, hospedaron *á*
1 P 1.12 cosas en las cuales anhelan mirar los *á*
3.22 y a él están sujetos *á*, autoridades y
2 P 2.4 si Dios no perdonó a los *á* que pecaron
2.11 *á* … no pronuncian juicio de maldición
Jud 6 a los *á* que no guardaron su dignidad, sino
Ap 1.20 las siete estrellas son los *á* de las siete
5.2 a un *á* fuerte que pregonaba a gran voz
5.11 oí la voz de muchos *á* alrededor del trono
7.1 después de esto vi a cuatro *á* en pie sobre
7.2 vi … a otro *á* que subía de donde sale el
7.11 los *á* estaban en pie alrededor del trono
8.2 los siete *á* que estaban en pie ante Dios
9.14 desata a los cuatro *á* que están atados
10.1; 18.1; 20.1 vi descender del cielo a otro *á*
12.7 Miguel y sus *á* … contra … dragón y sus *á*
14.6 vi volar … otra *á*, que tenía el evangelio
15.1 vi … siete *á* que tenían las siete plagas
15.6 del templo salieron los siete *á* que tenían
16.5 oí al *á* de las aguas, que decía: Justo eres
18.21 y un *á* poderoso tomó una piedra, como
19.17 vi a un *á* que estaba en pie en el sol
21.12 y en las puertas, doce *á*, y nombres
22.8 me postré para adorar a los pies del *á*
22.16 he enviado mi *á* para daros testimonio

ANGUSTIAR *v.* Afligir, Atribular, Vejar
Éx 22.21; 23.9 al extranjero no … *angustiarás*
Jue 10.16 *angustiado* a causa de la aflicción de
Job 19.2 ¿hasta cuándo *angustiaréis* mi alma
Sal 129.1 me han *angustiado* desde mi juventud
142.3 mi espíritu se *angustiaba* dentro de mí
Is 63.9 en toda angustia de ellos él fue *angustiado*
Lm 1.12 Jehová me ha *angustiado* en el día de
Mt 26.37; Mc 14.33 comenzó … a *angustiarse*
Lc 12.50 ¡cómo me *angustio* hasta que se cumpla!
Flp 2.26 se *angustió* porque habíais oído que

ANSIEDAD *v.* Afán, Cuidado
Sal 119.28 se deshace mi alma de *a*; susténtame

Ez   12.18 come tu pan ... y bebe tu agua ... con *a*
1 P   5.7 echando toda vuestra *a* sobre él, porque

ANTICRISTO

1 Jn   2.18 el *a* viene ... han surgido muchos *a*
     4.3 este es el espíritu del *a*, el cual vosotros
2 Jn   7 quien esto hace es el engañador y el *a*

AÑO *v.* Día, Tiempo

Dt   15.9 cerca está el *a* séptimo, el de la remisión
     26.12 en el *a* tercero, el *a* del diezmo, darás
Job   10.5 ¿son ... tus *a* como los tiempos humanos
     36.26 ni se puede seguir la huella de sus *a*
Sal   90.4 mil *a* delante de tus ojos son como el
     90.10 los días de nuestra edad son setenta *a*
     102.24 generación de generaciones son tus *a*
     102.27 eres el mismo, y tus *a* no se acabarán
Pr   4.10 oye ... y se te multiplicarán *a* de vida
     10.27 los *a* de los impíos serán acortados
Is   61.2 a proclamar el *a* de la buena voluntad de
     63.4 y el *a* de mis redimidos ha llegado
Dn   9.2 el número de los *a* de que habló Jehová
Zac   14.16 subirán de *a* en *a* para adorar al Rey
Lc   4.19 a predicar el *a* agradable del Señor
Heb   1.12 tú eres el mismo, y tus *a* no acabarán
     9.25 como entra el sumo ... cada *a* con sangre
2 P   3.8 un día es como mil *a*, y mil *a* como un día
Ap   20.2 prendió al dragón ... lo ató por mil *a*
     20.4 vivieron y reinaron con Cristo mil *a*

APÓSTOL *v.* Discípulo, Doce, Embajador, Mensajero, Ministro, Profeta

Mt   10.2 los nombres de los doce *a* son estos
Mc   6.30 los *a* se juntaron con Jesús, y le contaron
Lc   6.13 doce de ... a los cuales también llamó *a*
     11.49 les enviaré profetas y *a*; y de ellos
     22.14 se sentó a la mesa, y con él los *a*
     24.10 María ... dijeron estas cosas a los *a*
Hch   1.2 dado ... por el Espíritu Santo a los *a*
     4.35 y lo ponían a los pies de los *a*; y se
     5.12 por la mano de los *a* se hacían muchas
     5.18 y echaron mano a los *a* y los pusieron en
     6.6 a los cuales presentaron ante los *a*, a quienes
     8.1 todos fueron esparcidos ... salvo los *a*
     8.18 por la imposición de las manos de los *a*
     9.27 Bernabé ... lo trajo a los *a*, y les contó
     11.1 oyeron los *a* ..que estaban en Judea, que
     15.2 que subiesen ... a los *a* y los ancianos
     15.22 pareció bien a los *a* y a los ancianos, con
     16.4 ordenanzas que habían acordado los *a*
Ro   1.1; 1 Co 1.1 Pablo ... llamado a ser *a*
     11.13 por cuanto yo soy *a* a los gentiles
     16.7 y a Junias ... muy estimados entre los *a*
1 Co   9.1 ¿no soy *a*? ¿No soy libre? ¿No he visto
     12.28 puso ... primeramente *a*, luego profetas
     15.7 apareció a Jacobo; después a todos los *a*
2 Co   1.1; Ef 1.1; Col 1.1; 1 Ti 1.1; 2 Ti 1.1 Pablo, *a* de Jesucristo por la voluntad
     11.5; 12.11 en nada he sido inferior a ... *a*
     11.13 porque éstos son falsos *a*, obreros
Gl   1.1 Pablo, *a* (no de hombres ni por hombre
     1.17 ni subí ... a los que eran *a* antes que yo
Ef   2.20 sobre el fundamento de los *a* y profetas
     3.5 como ahora es revelado a sus santos *a*
     4.11 él mismo constituyó a unos, *a*; a otros
1 Ts   2.6 podíamos seros carga como *a* de Cristo
1 Ti   2.7 para esto yo fui constituido ... *a* (digo
2 Ti   1.11 fui constituido ... *a* y maestro de los
Tit   1.1 Pablo, siervo de Dios y *a* de Jesucristo
Heb   3.1 considerad al *a* y sumo sacerdote de
1 P   1.1; 2 P 1.1 Pedro, *a* de Jesucristo, a los
2 P   3.2 del mandamiento ... dado por vuestros *a*
Ap   2.2 has probado a los que se dicen ser *a*, y
     21.14 doce nombres de los doce *a* del Cordero

ARCA *v.* Pacto, Propiciatorio

Gn   6.14 hazte un *a* de madera de gofer; harás
     7.1 dijo ... Entra tú y toda tu casa en el *a*
     8.4 reposó el *a* ... sobre los montes de Ararat
     8.16 sal del *a* tú, y tu mujer, y tus hijos
Éx   25.10 harán ... un *a* de madera de acacia
     37.1 hizo ... Bezaleel el *a* de madera de acacia
     40.3 y pondrás en él el *a* del testimonio, y la
Nm   10.33 el *a* del pacto ... fue delante de ellos

Jos   3.3 cuando veáis el *a* del pacto de Jehová
     6.11 hizo que el *a* de Jehová diera una vuelta
     8.33 estaba de pie a uno y otro lado del *a*
Jue   20.27 el *a* del pacto de Dios estaba allí
1 S   4.3 traigamos a nosotros de Silo el *a* del
     4.11 el *a* de Dios fue tomada, y muertos los
     5.7 no quede con nosotros el *a* del Dios de
     6.11 pusieron el *a* de Jehová sobre el carro
     6.19 habían mirado dentro del *a* de Jehová
     7.1 llevaron el *a* ... en casa de Abinadab
     14.18 Saúl dijo a Ahías: Trae el *a* de Dios
2 S   6.2 para hacer pasar de allí el *a* de Dios
     15.29 Sadoc y Abiatar volvieron el *a* de Dios
1 R   8.1 traer el *a* ... de la ciudad de David
2 R   12.9 Joiada tomó un *a* e hizo en la tapa un
1 Cr   13.3 traigamos el *a* de nuestro Dios a
     15.2 el *a* de Dios no debe ser llevada sino
     16.1 trajeron el *a* de Dios, y la pusieron
2 Cr   5.2 que trajesen el *a* del pacto de Jehová
     6.11 y en ella he puesto el *a*, en la cual está
     24.8 mandó, pues, el rey que hiciesen un *a*
Jer   3.16 no se dirá más: *A* del pacto de Jehová
Mt   24.38; Lc 17.27 día que Noé entró en el *a*
Mc   12.41; Lc 21.1 pueblo echaba dinero en el *a*
Heb   9.4 el *a* del pacto cubierta de oro por todas
     11.7 por la fe Noé ... con temor preparó el *a*
1 P   3.20 mientras se preparaba el *a*, en la cual
Ap   11.19 el *a* de su pacto se veía en el templo

ARMA

Gn   49.5 son hermanos; *a* de iniquidad sus *a*
1 S   17.54 pero las *a* de él las puso en su tienda
2 S   1.27 ¡cómo ... han perecido las *a* de guerra!
Job   20.24 huirá de las *a* de hierro, y el arco
Ec   8.8 no valen *a* en tal guerra, ni la impiedad
     9.18 mejor es la sabiduría que las *a* de guerra
Is   54.17 ninguna *a* ... contra ti prosperará
Jer   21.4 yo vuelvo atrás las *a* de guerra que
Lc   11.22 le quita todas sus *a* en que confiaba
Ro   13.12 tinieblas, y vistámonos las *a* de la luz
2 Co   6.7 *a* de justicia a diestra y a siniestra

ARMAGEDÓN

Ap   16.16.

ARREPENTIMIENTO *v.* Dolor, Tristeza

Mt   3.8; Lc 3.8 haced, pues, frutos dignos de *a*
     3.11 a la verdad os bautizo en agua para *a*
Mc   1.4; Lc 3.3 predicaba el bautismo de *a* para
Lc   24.47 predicase en su nombre el *a* y el perdón
Hch   5.31 dar a Israel *a* y perdón de pecados
     11.18 a los gentiles ha dado Dios *a* para
     20.21 testificando ... acerca del *a* para con
     26.20 a Dios, haciendo obras dignas de *a*
Ro   2.4 ignorando que su benignidad te guía al *a*?
2 Co   7.9 sino porque fuisteis contristados para *a*
     7.10 la tristeza ... produce *a* para salvación
Heb   6.1 el fundamento del *a* de obras muertas
     6.6 recayeron, sean otra vez renovados para *a*
     12.17 no hubo oportunidad para el *a*, aunque
2 P   3.9 perezca, sino que todos procedan al *a*

ARREPENTIRSE *v.* Cambiar, Doler, Volver

Gn   6.6 *arrepintió* Jehová de haber hecho hombre
Éx   13.17 no se *arrepienta* el pueblo cuando vea la
     32.14; 2 S 24.16; 1 Cr 21.15 Jehová se *arrepintió* del mal
Nm   23.19; 1 S 15.29 no es hombre para que se *arrepienta*
Jue   21.6 los hijos de Israel se *arrepintieron*
1 S   15.35 y Jehová se *arrepentía* de ... a Saúl
Job   42.6 y me *arrepiento* en polvo y ceniza
Jer   8.6 no hay hombre que se *arrepienta* de su
     18.8; 26.3, 13 me *arrepentiré* del mal que
     42.10 estoy *arrepentido* del mal que os he
Jl   2.14 se *arrepentirá* y dejará bendición tras
Am   7.3 se *arrepintió* Jehová de esto: No será
Jon   3.9 ¿quién sabe si se ... *arrepentirá* Dios
Mt   3.2; 4.17 *arrepentíos* ... el reino de los cielos
     11.20 las ciudades ... no se habían *arrepentido*
     11.21; Lc 10.13 se hubieran *arrepentido* en
     12.41; Lc 11.32 se *arrepintieron* a ... de Jonás
     21.29 no quiero ... después, *arrepentido*, fue
     21.32 no os *arrepentisteis* ... para creerle
Mc   1.15 *arrepentíos*, y creed en el evangelio
     6.12 predicaban que los ... se *arrepintiesen*

Lc	13.3 si no os *arrepentís*, todos pereceréis		22.35; Sal 18.34; 144.1 quien adiestra mis manos	
	15.7 gozo ... por un pecador que se *arrepiente*		para la *b*	
	16.30 alguno fuere a ellos ... se *arrepentirán*	1 R	8.44 si tu pueblo saliere en *b* contra sus	
	17.3 pecare ... y si se *arrepintiere*, perdónale		20.14 ¿quién comenzará la *b*? ... respondió: Tú	
Hch	2.38 dijo: *Arrepentíos*, y bautícese cada uno	2 Cr	35.22 a darle *b* en el campo de Meguido	
	3.19 *arrepentíos* ... para que sean borrados	Job	39.25 ¡ea! y desde lejos huele la *b*, el grito	
	8.22 *arrepiéntete*, pues, de esta tu maldad	1 Co	14.8 incierto, ¿quién se preparará para la *b*?	
	17.30 manda a todos los ... que se *arrepientan*	1 Ti	6.12 pelea la buena *b* de la fe, echa mano	
2 Ti	2.25 Dios les conceda que se *arrepientan*	2 Ti	4.7 he peleado la buena *b*, he acabado la	
Ap	2.5 y *arrepiéntete*, y haz las primeras obras	Heb	11.34 se hicieron fuertes en *b*, pusieron en	
	2.16 *arrepiéntete*; pues si no, vendré a ti	Ap	12.7 después hubo una gran *b* en el cielo	
	2.21 he dado tiempo para que se *arrepienta*		16.14 van a los reyes ... para reunirlos a la *b*	
	3.3 guárdalo, y *arrepiéntete*. Pues si no velas		20.8 saldrá ... a fin de reunirlos para la *b*	
	3.19 que amo; sé, pues, celoso, y *arrepiéntete*			
	9.20 ni aun así se *arrepintieron* de las obras de	**BAUTIZAR**		
	16.9 no se *arrepintieron* para darle gloria	Mt	3.6 y eran *bautizados* por él en el Jordán	
			3.11; Lc 3.16; Jn 1.26 os *bautizo* en agua	
ATAR			3.13; Lc 3.21 Jesús vino ... para ser *bautizado*	
Jue	15.13 le *ataron* con dos cuerdas nuevas		20.22; Mc 10.38 ser *bautizados* con el bautismo con que	
	16.7 si me *ataren* con siete mimbres verdes		yo soy *b*?	
Job	38.31 ¿podrás tú *atar* los lazos de las Pléyades		28.19 *bautizándolos* en el nombre del Padre	
Pr	3.3 *átalas* a tu cuello, escríbelas en la tabla	Mc	1.4 *bautizaba* Juan en el desierto, y predicaba	
	6.21 *átalos* siempre en tu corazón ... tu cuello		16.16 creyere y fuere *bautizado*, será salvo	
Mt	12.29; Mc 3.27 bienes, si primero no le *ata*?	Lc	12.50 de un bautismo tengo que ser *bautizado*	
	16.19; 18.18 *atares* ... será *atado* en los cielos	Jn	3.23 Juan *bautizaba* también en Enón, junto a	
	22.13 *atadle* de pies y manos, y echadle en		4.1 Jesús hace y *bautiza* más discípulos que	
	23.4 porque *atan* cargas ... difíciles de llevar	Hch	1.5; 11.16 Juan ... *bautizó* con agua, mas	
Mc	5.3 nadie podía *atarle*, ni aun con cadenas		2.38 *bautícese* cada uno de vosotros en el	
	9.42 mejor ... se le *atase* una piedra de molino		8.12 se *bautizaban* hombres y mujeres	
Lc	13.16 esta hija de ... que Satanás había *atado*		8.36 agua; ¿qué impide que yo sea *bautizado*?	
Hch	21.11 Pablo, y *atándose* los pies y las manos		9.18 la vista; y levantándose, fue *bautizado*	
	22.25 le *ataron* con correas, Pablo dijo al		10.47 para que no sean *bautizados* éstos que	
			16.15 cuando fue *bautizada*, y su ... nos rogó	
AUTORIDAD *v.* Dominio, Imperio, Poder, Potestad, Reino			16.33 se *bautizó* él con todos los suyos	
Mt	7.29; Mc 1.22 enseñaba como quien tiene *a*		18.8 muchos ... creían y eran *bautizados*	
	8.9; Lc 7.8 también yo soy hombre bajo *a*		19.3 ¿en qué, pues, fuisteis *bautizados*?	
	10.1; Mc 3.15; 6.7; Lc 9.1 les dio *a* sobre los		22.16 levántate y *bautízate*, y lava tus pecados	
	espíritus inmundos	Ro	6.3 hemos sido *bautizados* en su muerte?	
	21.23; Mc 11.28; Lc 20.2 ¿con qué *a* ... ¿y quién te dio	1 Co	1.13 ¿o fuisteis *bautizados* en ... de Pablo?	
	esta *a*?		1.17 no me envió Cristo a *bautizar*, sino a	
Mc	13.34 dejó su casa, y dio *a* a sus siervos		10.2 y todos en Moisés fueron *bautizados* en	
Lc	4.32 se admiraban ... su palabra era con *a*		12.13 fuimos todos *bautizados* en un cuerpo	
	19.17 fiel, tendrás *a* sobre diez ciudades		15.29 ¿qué harán los que se *bautizan* por los	
	22.25 que sobre ellas tienen *a* son llamados	Gl	3.27 todos los que habéis sido *bautizados* en	
Jn	5.27 le dio *a* de hacer juicio, por cuanto es			
	19.11 ninguna *a* tendrías contra mí, si no te	**BEBER** *v.* Comer		
Hch	9.14 aun aquí tiene *a* de los principales	Gn	19.32 demos a *beber* vino ... durmamos con él	
Ro	13.1 sométase ... a las *a* ... no hay *a* sino de		21.19 llenó el ... y dio de *beber* al muchacho	
2 Co	10.8 aunque me gloríe algo ... de nuestra *a*	Éx	17.1 no había agua ... que el pueblo *bebiese*	
Tit	2.15 esto habla, y exhorta ... con toda *a*	Jue	4.19 te ruego me des de *beber* ... de agua	
1 P	3.22 a él están sujetos ... *a* y potestades	1 S	1.15 no he *bebido* vino ni sidra, sino que	
Ap	13.12 ejerce toda la *a* de la primera bestia	2 S	23.16; 1 Cr 11.18 mas él no la quiso *beber*	
		1 R	17.6 cuervos le traían ... y *bebía* del arroyo	
AYUNAR		Neh	8.10 id, comed grosuras, y *bebed* vino dulce	
1 S	7.6 sacaron agua ... y *ayunaron* aquel día	Est	3.15 el rey y Amán se sentaron a *beber*; pero	
2 S	12.16 David rogó a Dios ... y *ayunó* David	Job	15.16 vil, que *bebe* la iniquidad como agua?	
Est	4.16 *ayunad* por mí, y no comáis ni bebáis		21.20 y *beberá* de la ira del Todopoderoso	
Is	58.3 ¿por qué, dicen, *ayunamos*, y no ... caso?	Sal	60.3 nos hiciste *beber* vino de aturdimiento	
	58.4 que para contiendas y debates *ayunáis*		75.8 lo *beberán* todos los impíos de la tierra	
Jer	14.12 cuando *ayunen*, yo no oiré su clamor		110.7 del arroyo *beberá* en el camino, por lo	
Zac	7.5 cuando *ayunasteis* ... *ayunado* para mí?	Pr	5.15 *bebe* el agua de tu misma cisterna, y los	
Mt	4.2 después de haber *ayunado* 40 días y 40	Ec	2.24 cosa mejor ... sino que coma y *beba*, y	
	6.16 cuando *ayunéis*, no seáis austeros, como		9.7 gozo, y *bebe* tu vino con alegre corazón	
	9.14; Mc 2.18 *ayunamos* ... tus ... no *ayunan*?		10.17 reponer sus fuerzas y no para *beber*	
Lc	5.33 discípulos de Juan *ayunan* muchas veces	Cnt	5.1 comed ... *bebed* en abundancia, oh amados	
	5.34 hacer los que están de bodas *ayunen*	Is	5.22 ¡ay de los ... valientes para *beber* vino	
	18.12 *ayuno* dos veces a la semana, doy		43.20 para que *beba* mi pueblo, mi escogido	
			51.22 el cáliz de mi ira; nunca más lo *beberás*	
BATALLA *v.* Guerra, Lucha			65.13 mis siervos *beberán*, y vosotros ... sed	
Gn	14.8 ordenaron contra ellos *b* en el valle de	Jer	25.17 di de *beber* a todas las naciones, a las	
Nm	21.14 dice en el libro de las *b* de Jehová	Lm	5.4 nuestra agua *bebemos* por dinero ... leña	
Jue	8.13 Gedeón hijo de Joás volvió de la *b*	Dn	5.4 *bebieron* vino, y alabaron a los dioses de	
1 S	4.1 Israel a encontrar en *b* a los filisteos	Am	4.8 venían dos o tres ... para *beber* agua, y no	
	4.16 dijo ... hombre a Elí: Yo vengo de la *b*	Abd	16 de la manera que ... *bebisteis* en mi	
	17.47 de Jehová es la *b*, y él os entregará en	Hab	2.15 ¡ay del que da de *beber* a su prójimo!	
	18.17 con tal que ... pelees las *b* de Jehová	Mt	6.25; Lc 12.29 o qué habéis de *beber*; ni por	
	25.28 cuanto mi señor pelea las *b* de Jehová		11.18; Lc 7.33 Juan, que ni comía ni *bebía*	
	29.4 no venga ... a la *b*, no sea que en la *b* se		11.19 que come y *bebe*, y dicen: He aquí un	
2 S	2.17 la *b* fue muy reñida aquel día, y Abner		20.22; Mc 10.38 *beber* del vaso que yo he de *b*	
	10.9 se puso en orden de *b* contra los sirios		24.38; Lc 17.27 comiendo y *bebiendo* ... hasta	
	11.15 poned a Urías ... en los más recio de la *b*		25.35 comer; tuve sed, y me disteis de *beber*	
	17.11 arena ... y que tú en persona vayas a la *b*		26.27; Mc 14.23 copa ... *bebed* de ella todos	
	18.8 la *b* se extendió por todo el país, y fueron			

26.29; Mc 14.25; Lc 22.18 hasta aquel día en que lo *beba* nuevo
26.42 si no puede pasar ... sin que yo lo *beba*
27.34; Mc 15.23 le dieron a *beber* vinagre
Mc   16.18 si *bebieren* cosa mortífera, no les *hará*
Jn   2.10 cuando ya han *bebido* mucho ... el inferior
4.7 sacar agua; y Jesús le dijo: Dame de *beber*
4.14 el que *bebiere* del agua que yo le daré
7.37 si alguno tiene sed, venga a mí y *beba*
18.11 la copa que ... dado, ¿no la he de *beber*?
Ro   14.21 bueno es no ... *beber* vino, ni nada en
1 Co   10.4 *bebieron* ... porque *bebían* de la roca
11.25 haced ... todas las veces que la *bebiereis*
11.27 *bebiere* esta copa del Señor indignamente
12.13 se nos dio a *beber* de un mismo Espíritu
15.32 y *bebamos*, porque mañana moriremos
1 Ti   5.23 ya no *bebas* agua, sino usa de un poco
Ap   14.10 *beberá* del vino de la ira de Dios, que ha

BEELZEBÚ v. Diablo, Satanás
Mt   10.25 si al padre de familia llamaron *B*
12.24; Lc 11.15 echa ... demonios sino por *B*

BENDICIÓN
Gn   12.2 y engrandeceré tu nombre, y serás *b*
27.38 ¿no tienes más que una sola *b*, padre
49.25 con *b* de los cielos ... con *b* del abismo
Éx   32.29 para que él dé *b* hoy sobre vosotros
Dt   11.26 yo pongo hoy delante de vosotros la *b*
16.17 conforme a la *b* que Jehová tu Dios te
28.2 y vendrán sobre ti todas estas *b*, y te
30.19 la *b* y la maldición; escoge, pues, la
Jos   8.34 leyó ... de la ley, las *b* y las maldiciones
Job   1.10 al trabajo de sus manos has dado *b*
29.13 la *b* del que se iba a perder venía sobre
Sal   3.8 es de Jehová; sobre tu pueblo sea tu *b*
21.3 le has salido al encuentro con *b* de bien
24.5 él recibirá *b* de Jehová, y justicia del
Pr   10.6 hay *b* sobre la cabeza del justo; pero
10.22 la *b* de Jehová es la que enriquece
11.11 por la *b* de los rectos la ciudad será
24.25 los que ... sobre ellos vendrá gran *b*
28.20 el hombre de verdad tendrá muchas *b*
Is   19.24 Israel será tercero con Egipto ... para *b*
44.3 derramaré ... y mi *b* sobre tus renuevos
Ez   34.26 daré a ellas ... lluvias de *b* serán
34.30 para que repose la *b* en vuestras casas
Zac   8.13 de Israel, así os salvaré y seréis *b*
Mal   3.10 derramaré sobre vosotros *b* hasta que
Ro   15.29 llegaré con ... de la *b* del evangelio
Gl   3.14 la *b* de Abraham alcanzase a los gentiles
Heb   12.17 deseando heredar la *b*, fue desechado
Stg   3.10 una misma boca proceden *b* y maldición
1 P   3.9 fuisteis llamados para que heredaseis *b*

BESTIA v. Animal, Fiera, Ser [sust.]
Gn   37.20 y diremos: Alguna mala *b* lo devoró
Éx   22.19 cualquiera que cohabitare con *b*, morirá
Job   18.3 ¿por qué somos tenidos por *b* ... viles?
Sal   49.12 en honra; es semejante a las *b* que perecen
104.14 el hace producir el heno para las *b*
147.9 él da a la *b* su mantenimiento, y a los
Pr   12.10 el justo cuida de la vida de su *b*
Ec   3.18 vean que ellos ... son semejantes a las *b*
Dn   4.25 con las *b* del campo será su morada
7.3 y cuatro *b* grandes, diferentes la una de
1 Co   15.39 otra carne la de las *b*, otra la de los
Tit   1.12 los cretenses ... malas *b*, glotones
Stg   3.7 toda naturaleza de ... se doma y ha
2 P   2.16 una muda *b* ... hablando con voz de
Ap   11.7 la *b* que sube del abismo hará guerra
13.1 vi subir del mar una *b* que tenía siete
13.11 vi otra *b* que subía de la tierra; y
15.2 habían alcanzado la victoria sobre la *b*
17.8 la *b* que has visto, era, y no es; y está
19.20 la *b* fue apresada, y con ella el falso

BLASFEMIA
Sal   139.20 porque *b* dicen ellos contra ti
Dn   3.29 nación ... que dijere *b* contra el Dios de
Mt   12.31 todo pecado y *b* será perdonado a los
26.65; Mc 14.64 ahora ... habéis oído su *b*
Mc   2.7; Lc 5.21 ¿por qué habla éste así? *B* dice
Jn   10.33 por la *b*; porque tú, siendo hombre, te

Ap   2.9 la *b* de los que se dicen ser judíos, y no
13.5 se le dio boca que hablaba grandes *b*
17.3 una bestia ... llena de nombres de *b*, que

BOCA v. Garganta, Labio, Lengua
Éx   4.11 ¿quién dio la *b* al hombre? ¿o quién
Dt   30.14 cerca está ... en tu *b* y en tu corazón
2 R   4.34 poniendo su *b* sobre la *b* de él, y sus
Job   40.4 soy vil ... mi mano pongo sobre mi *b*
Sal   8.2 de la *b* de los niños y de los que maman
10.7 llena está su *b* de maldición ... engaños
35.21 ensancharon contra mí su *b*; dijeron
49.3 *b* hablará sabiduría, y el pensamiento
63.11 la *b* de los que hablan mentira será
109.2 *b* de impío y *b* de engañador se han
141.3 pon guarda a mi *b*, oh Jehová; guarda
Pr   10.31 la *b* del justo producirá sabiduría; mas
13.3; 21.23 el que guarda su *b* guarda su alma
15.7 la *b* de los sabios esparce sabiduría
18.7 la *b* del necio es quebrantamiento para sí
19.24 su mano ... y ni aun a su *b* la llevará
Ec   6.7 todo el trabajo del hombre es para su *b*
Is   29.13 este pueblo se acerca a mí con su *b*
Jer   12.2 cercano estás tú en sus *b*, pero lejos de
Dn   7.20 este mismo cuerno tenía ojos, y *b* que
Mal   2.6 ley de verdad estuvo en su *b*, e iniquidad
Lc   6.45 de la abundancia del corazón habla la *b*
19.22 mal siervo, por tu propia *b* te juzgo
Ro   3.14 *b* está llena de maldición y de amargura
3.19 que toda *b* se cierre, y todo el mundo
10.8 cerca de ti ... en tu *b* y en tu corazón
Ef   4.29 ninguna palabra ... salga de vuestra *b*
Tit   1.11 a los cuales es preciso tapar la *b*
Stg   3.10 de una misma *b* proceden bendición y
Jos   6.4 siete *b* ... y los sacerdotes tocarán las *b*
Dn   3.5 que al oír el son de la *b* ... os postréis y

BODA
Mt   9.15; Mc 2.19; Lc 5.34 los que están de *b*
22.2 a un rey que hizo fiesta de *b* a su hijo
25.10 las ... preparadas entraron con él a las *b*
Lc   12.36 a que su señor regrese de las *b*, para
14.8 cuando fueres convidado ... a *b*, no te
Jn   2.1 se hicieron unas *b* en Caná de Galilea
Ap   19.7 porque han llegado las *b* del Cordero
19.9 llamados a la cena de las *b* del Cordero

BRAZO v. Diestro, Mano, Poder
Éx   15.16 a la grandeza de tu *b* enmudezcan como
Dt   33.27 tu refugio, y acá abajo los *b* eternos
Job   22.9 los *b* de los huérfanos fueron quebrados
40.9 ¿tienes tú un *b* como el de Dios?
Sal   37.17 los *b* de los impíos serán quebrados
44.3 ni su *b* los libró; sino tu diestra, y tu *b*
77.15 con tu *b* redimiste a tu pueblo, a los
89.13 tuyo es el *b* potente; fuerte es tu mano
89.21 mi mano ... mi *b* también lo fortalecerá
98.1 su diestra lo ha salvado, y su santo *b*
Is   33.2 tú, *b* de ellos en la mañana, sé también
40.11 en su *b* llevará los corderos, y en su
49.22 traerán en *b* a tus hijos, y tus hijas
51.5 mis *b* juzgarán a los pueblos; a mí me
52.10 Jehová desnudó su santo *b* ante los
53.1 quién se ha manifestado el *b* de Jehová?
63.5 y me salvó mi *b*, y me sostuvo mi ira
63.12 los guió por la ... con el *b* de su gloria
Mc   10.16 tomándolos en los *b* ... los bendecía

CABEZA v. Caudillo, Jefe, Principal, Príncipe
Éx   29.10 pondrán ... manos sobre la *c* del becerro
Dt   28.13 te pondrá Jehová por *c*, y no por cola
1 S   17.51 lo acabó de matar, le cortó ... la *c*
31.9 le cortaron la *c*, y le despojaron de las
2 S   4.8 y trajeron la *c* de Is-boset a David en
18.9 se le enredó la *c* en la encina, y Absalón
20.21 su *c* te será arrojada desde el muro
2 R   4.19 dijo y ... a su padre: ¡Ay, mi *c*, mi *c*!
1 Cr   10.10 colgaron la *c* en el templo de Dagón
Sal   7.16 su iniquidad volverá sobre su *c*, y su
27.6 levantará mi *c* sobre mis enemigos
60.7; 108.8 Efraín es la fortaleza de mi *c*
68.21 Dios herirá la *c* de sus enemigos, la
109.25 miraban, y burlándose meneaban su *c*
118.22 piedra ... ha venido a ser *c* del ángulo

	140.7 tú pusiste a cubierto mi *c* en el día de
Pr	25.22 porque ascuas amontonarás sobre su *c*
Ec	2.14 el sabio tiene sus ojos en su *c*, mas el
Cnt	7.5 tu *c* encima de ti, como el Carmelo
Is	1.5 toda *c* está enferma, y todo corazón
	2.2 confirmado ... como *c* de los montes, y
	9.14 Jehová cortará de Israel *c* y cola, rama
Lm	2.15 movieron despectivamente sus *c* sobre
Dn	2.38 dominio ... tú eres aquella *c* de oro
Mt	5.36 ni por tu *c* jurarás, porque no puedes
	8.20; Lc 9.58 no tiene donde recostar su *c*
	14.8; Mc 6.24 dame ... la *c* de Juan el Bautista
	21.42; 1 P 2.7 ha venido a ser *c* del ángulo
	27.39 pasaban le injuriaban, meneando la *c*
Jn	13.9 Señor, no sólo mis pies, sino ... la *c*
Ro	12.20 ascuas de ... amontonarás sobre su *c*
1 Co	11.3 que Cristo es la *c* de todo varón, y el
	11.4 ora ... con la *c* cubierta, afrenta su *c*
Ef	1.22 lo dio por *c* sobre todas las cosas a la
	4.15 crezcamos en todo en Aquel que es la *c*
	5.23 el marido es *c* de la ... Cristo es *c* de la
Col	1.18 él es la *c* del cuerpo que es la iglesia
	2.10 en él, que es la *c* de todo principado y
	2.19 y no asiéndose de la *C*, en virtud de
Ap	9.7 en las *c* tenían como coronas de oro
	12.3 tenía siete *c* y diez cuernos, y en sus *c*
	17.9 las siete *c* son siete montes, sobre los

CAER *v.* Descender, Tropezar

Éx	21.33 un pozo ... y *cayere* allí buey o asno
2 S	1.19 gloria ... ¡cómo han *caído* los valientes!
	3.38 un príncipe ... ha *caído* hoy en Israel
	17.12 *caeremos* sobre él, como cuando el rocío
	24.14; 1 Cr 21.13 *caigamos* ahora en mano de Jehová
1 R	22.20; 2 Cr 18.19 suba y *caiga* en Ramot
2 R	14.10; 2 Cr 25.19 *caigas* tú y Judá contigo?
Sal	7.15 cavado ha ... en el hoyo que hizo *caerá*
	37.24 cuando ... *cayere*, no quedará postrado
	38.17 pero yo estoy a punto de *caer*, y mi
	91.7 *caerán* a tu lado mil, y diez mil a tu
	141.10 *caigan* los impíos a una en sus redes
	145.14 sostiene Jehová a todos los que *caen*
Pr	24.16 siete veces *cae* el justo, y vuelve a
	24.17 *cayere* tu enemigo, no te regocijes
	25.26 es el justo que *cae* delante del impío
	26.27 el que cava foso *caerá* en él; y al que
Ec	4.10 porque si *cayeren*, el uno levantará a su
	10.18 por la pereza se *cae* la techumbre
	11.3 lugar que el árbol *cayere*, allá quedará
Is	8.14 por tropezadero para *caer*, y por lazo
	9.8 el Señor envió palabra ... *cayó* en Israel
	10.4 sin mí se ... entre los muertos *caerán*
	14.12 ¡cómo *caíste* del cielo, oh Lucero, hijo
	21.9 y dijo: *Cayó*, *cayó* Babilonia; y todos los
	22.25 el clavo ... será quebrado y *caerá*, y la
	24.4 *cayó* la tierra; enfermó, *c* el mundo
	24.20 ella ... *caerá*, y nunca más se levantará
	31.8 *caerá* Asiria por espada no de varón
	34.4 *caerá* ... como se *cae* la hoja de la parra
	40.30 se cansan, los jóvenes flaquean y *caen*
	64.6 *caímos* todos nosotros como la hoja
Jer	8.13 no quedarán uvas en ... se *caerá* la hoja
	23.19 tempestad ... *caerá* sobre la cabeza de
	50.32 y el soberbio tropezará y *caerá*, y no
	51.8 en un momento *cayó* Babilonia, y se
Ez	47.12 sus hojas nunca *caerán*, ni faltará su
Os	4.5 *caerás* ... y *caerá* ... contigo el profeta de
	4.14 tanto, el pueblo sin entendimiento *caerá*
	14.1 vuelve ... porque por tu pecado has *caído*
Miq	7.8 no te ... porque aunque *caí*, me levantaré
Mt	5.29; 18.9; Mc 9.47 tu ojo ... ocasión de *caer*
	5.30; 18.8; Mc 9.43 tu mano ... ocasión de *caer*
	7.25 golpearon contra aquella casa; y no *cayó*
	10.29 ni uno de ellos *cae* a tierra sin vuestro
	12.11 si ésta *cayere* en un hoyo en día de
	15.14 si el ciego guiare ... *caerán* en el hoyo
	21.44; Lc 20.18 que *cayere* sobre esta ... sobre quien ella *c*
	24.29; Mc 13.25 las estrellas *caerán* del cielo
Lc	2.34 he aquí, éste está puesto para *caída* y
	5.8 *cayó* de rodillas ante Jesús, diciendo
	6.49 luego *cayó*, y fue grande la ruina de
	10.18 a Satanás *caer* del cielo como un rayo

	23.30; Ap 6.16 *caed* sobre nosotros; y
Jn	12.24 si el grano de trigo no *cae* en la tierra
	18.6 yo soy, retrocedieron, y *cayeron* a tierra
Hch	1.18 *cayendo* de cabeza, se reventó por la
	9.4 *cayendo* en tierra, oyó una voz que le
	20.9 vencido del sueño *cayó* del tercer piso
Ro	14.4 para su propio señor está en pie, o *cae*
1 Co	8.13 si la comida le es ... ocasión de *caer*
	10.12 piensa estar firme, mire que no *caiga*
Gl	5.4 de Cristo os ... de la gracia habéis *caído*
Heb	4.11 que ninguno *caiga* en semejante ejemplo
	10.31 ¡horrenda cosa es *caer* en manos del Dios
	11.30 por la fe *cayeron* los muros de Jericó
Stg	1.11 la hierba se seca, su flor se *cae*, y perece
2 P	1.10 haciendo estas cosas, no *caeréis* jamás
	3.17 arrastrados por el error ... *caigáis* de
Ap	1.17 cuando le vi, *caí* como muerto a sus pies
	2.5 recuerda, por tanto, de dónde has *caído*
	6.16 decían a ... montes: *Caed* sobre nosotros, y
	14.8; 18.2 ¡ha *caído*, ha *c* Babilonia, la gran
	16.19 las ciudades de las naciones *cayeron*

CAÍN

Gn	4.1–25.
Heb	11.4 Abel ... más excelente sacrificio que *C*
1 Jn	3.12 no como *C*, que era del maligno y
Jud	11 porque han seguido el camino de *C*, y se

CALUMNIAR *v.* Difamar

Lv	6.2 bien robare o *calumniare* a su prójimo
1 S	12.3 atestiguad ... si he *calumniado* a alguien
Sal	15.3 el que no *calumnia* con su lengua, ni
	109.29 vestidos de ... los que me *calumnian*
Lc	3.14 no hagáis extorsión ... ni *calumniéis*
Ro	3.8 como se nos *calumnia*, y como algunos
1 P	3.16 sean avergonzados los que *calumnian*

CALLAR *v.* Enmudecer, Mudo, Silencio

Nm	13.30 Caleb hizo *callar* al pueblo delante de
2 R	7.9 hoy es día de buena nueva, y ... *callamos*
Neh	8.11 los levitas, pues, hacían *callar* a todo
Job	29.21 me oían ... y *callaban* a mi consejo
	33.33 óyeme ... *calla*, y te enseñaré sabiduría
Sal	8.2 hacer *callar* al enemigo y al vengativo
	32.3 mientras *callé*, se envejecieron mis
	39.2 me *callé* aun respecto de lo bueno
Pr	17.28 aun el necio, cuando *calla*, es contado
Ec	3.7 tiempo de *callar*, y tiempo de hablar
Is	42.14 desde el siglo he *callado*, he guardado
	47.5 siéntate, *calla*, y entra en tinieblas, hija
	62.1 por amor de Sion no *callaré*, y por amor
Am	5.13 el prudente en tal tiempo *calla*, porque
Hab	2.20 *calle* delante de él toda la tierra
Zac	2.13 *calle* toda carne delante de Jehová
Mt	22.34 había hecho *callar* a los saduceos
Mc	4.39 dijo al mar: *Calla*, enmudece, Y cesó el
Lc	19.40 si éstos *callaran*, las piedras clamarían
Hch	18.9 dijo ... no temas, sino habla, y no *calles*
1 Co	14.28 si no hay intérprete, *calle* en la
	14.34 mujeres *callen* en las congregaciones

CAMINO *v.* Calzada, Senda, Vereda, Viaje

Éx	18.20 muéstrales el *c* por donde deben andar
Dt	8.2 te acordarás de todo el *c* ... te ha traído
	8.6 tu Dios, andando en sus *c*, y temiéndole
	26.17 que andarás en sus *c*, y guardarás sus
Jos	23.14 entrar hoy por el *c* de toda la tierra
Jue	5.6 quedaron abandonados los *c*, y los que
2 S	22.22 porque yo he guardado los *c* de Jehová
	22.33 Dios es el que me ... quien despeja mi *c*
1 R	2.3 andando en sus *c*, y observando sus
	8.36 enseñándoles el buen *c* en que anden
2 R	7.15 que todo el *c* estaba lleno de vestidos
Job	8.13 tales son los *c* de ... que olvidan a Dios
	16.22 y yo iré por el *c* de donde no volveré
	19.8 cercó de vallado mi *c*, y no pasaré
	26.14 estas cosas son ... los bordes de sus *c*
	28.23 Dios entiende el *c* de ella, y conoce
	31.4 ¿no ve él mis *c*, y cuenta todos mis
	38.19 ¿por dónde va el *c* a la ... de la luz
Sal	1.1 que no ... ni estuvo en *c* de pecadores
	18.21 porque yo he guardado los *c* de Jehová
	18.32 Dios es ... quien hace perfecto mi *c*
	27.11; 86.11 enséñame, oh Jehová, tu *c*

32.8 te enseñaré el *c* en que debes andar
37.5 encomienda a Jehová tu *c*, y confía en
49.13 este su *c* es locura; con todo, sus
50.23 al que ordenare su *c*, le mostraré la
67.2 para que sea conocido en la tierra tu *c*
68.24 vieron tus *c* ... los *c* de mi Dios, de mi
77.19 en el mar fue tu *c*, y tus sendas en las
84.5 hombre ... en cuyo corazón están tus *c*
95.10 que divaga ... y no han conocido mis *c*
103.7 sus *c* notificó a Moisés, y a los hijos
119.5 ¡ojalá fuesen ordenados mis *c* para

Pr 3.6 reconócelo en todos tus *c*, y él enderezará
3.17 *c* son *c* deleitosos, y todas sus veredas
4.26 de tus pies, y todos tus *c* sean rectos
10.29 el *c* de Jehová es fortaleza al perfecto
13.15 mas el *c* de los transgresores es duro
14.12; 16.25 hay *c* que al hombre le parece
15.19 *c* del perezoso es como seto de espinos
15.24 el *c* de la vida es hacia arriba al
16.17 su vida guarda el que guarda su *c*
16.18 la dádiva del hombre le ensancha el *c*
22.6 instruye al niño en su *c*, y aun cuando

Is 2.3 venid, y subamos ... nos enseñará sus *c*
11.16 habrá *c* para el remanente de su pueblo
30.21 este es el *c*, andad por él; y no echéis
35.8 habrá allí *c* ... llamado *C* de Santidad
40.3 preparad *c* a Jehová; enderezad calzada
40.27 mi *c* está escondido de Jehová, y de mi
43.16 el que abre *c* en el mar, y senda en las
49.11 convertiré en *c* todos mis montes
51.10 transformó en *c* las profundidades del
55.7 deje el impío su *c*, y el hombre inicuo
55.8 no son ... vuestros *c* mis, dijo Jehová
57.10 en la multitud de tus *c* te cansaste, pero
58.2 me buscan cada ... y quieren saber mis *c*

Jer 4.18 tu *c* y tus obras te hicieron esto; esta
6.16 las sendas antiguas, cuál sea el buen *c*
7.3; 26.13 mejorad vuestros *c* y vuestras obras
10.23 el hombre no es señor de su *c*, ni del
16.17 mis ojos están sobre todos sus *c*, los
21.8 pongo delante ... *c* de vida y *c* de muerte
23.12 por tanto, su *c* será como resbaladeros
32.19 tus ojos están ... sobre todos los *c* de
32.39 les daré un ... y un *c*, para que me teman
42.3 que Jehová ... nos enseñe el *c* por donde

Ez 18.25; 33.17 no es recto el *c* del Señor
Os 14.9 los *c* de Jehová son rectos, y los justos
Miq 2.13 subirá el que abre *c* delante de ellos
Hab 3.6 se levantó, y midió ... sus *c* son eternos
Mal 3.1 el cual preparará el *c* delante de mí
Mt 3.3; Lc 3.4; Jn 1.23 preparad el *c* del Señor
7.13 espacioso el *c* que lleva a la perdición
11.10; Mc 1.2; Lc 7.27 preparará tu *c* delante de ti
13.4; Mc 4.4; Lc 8.5 parte ... cayó junto al *c*
22.9 id, pues, a las salidas de los *c*, y
22.16; Mc 12.14; Lc 20.21 enseñas con verdad el *c* de Dios

Mc 6.8; Lc 10.4 que no llevasen nada para el *c*
10.46 Bartimeo ... estaba sentado junto al *c*
11.8 muchos tendían sus mantos por el *c*
16.12 apareció ... a dos de ellos que iban de *c*

Lc 1.76 irás delante de la ... para preparar sus *c*
13.33 es necesario que hoy y ... siga mi *c*
14.23 dijo ... Vé por los *c* y por los vallados

Jn 14.4 sabéis a dónde voy, y sabéis el *c*
14.6 yo soy el *c*, y la verdad, y la vida; nadie

Hch 9.2 hombres ... de este *C*, los trajese presos
18.26 y le expusieron más ... el *c* de Dios
19.9 maldiciendo el *C* delante de la multitud
19.23 un disturbio no pequeño acerca del *C*
22.4 perseguía yo este *C* hasta la muerte
24.14 según el *C* que ellos llaman herejía
24.22 estando bien informado de este *C*, les

2 Co 11.26 en *c* muchas veces; en peligros de
Heb 3.10 vagando ... y no han conocido mis *c*
9.8 no se había manifestado el *c* al Lugar
10.20 por el *c* nuevo y vivo que él nos abrió
Stg 1.8 doble ánimo es inconstante en todos sus *c*
Ap 16.12 preparado el *c* a los reyes del oriente

CANAÁN *v.* Israel, Judá, Judea
Gn 9.25 y dijo: Maldito sea *C*; siervo de siervos
12.5 Abram ... salieron para ir a tierra de *C*

13.12 Abram acampó en la tierra de *C*, en
17.8 te daré a ti ... toda la tierra de *C* en
28.1 no tomes mujer de las hijas de *C*
36.2 Esaú tomó sus mujeres de las ... de *C*
37.1 habitó Jacob en la ... en la tierra de *C*
Éx 15.15 se acobardarán ... los moradores de *C*
Nm 13.2 hombres que reconozcan la tierra de *C*

CANSADO *v.* Fatigado
Gn 25.29 guisó ... y volviendo Esaú del campo, *c*
Jue 8.4 Gedeón ... los 300 ... *c*, mas ... persiguiendo
Sal 69.3 *c* estoy de llamar; mi garganta se ha
Is 1.14 me son gravosas; *c* estoy de soportarlas
28.12 este es el reposo; dad reposo al *c*
35.3 fortaleced las manos *c*, afirmad las
40.29 él da esfuerzo al *c*, y multiplica las
50.4 me dio ... para saber hablar palabras al *c*
Jer 15.6 te destruiré; estoy de *c* de arrepentirme
31.25 satisfaré al alma ... y saciaré a cada
Jn 4.6 Jesús, *c* del camino, se sentó así junto a

CARNE *v.* Cuerpo
Gn 2.23 dijo ... Adán: Esto es ahora ... *c* de mi *c*
2.24 se unirá a su mujer, y serán una sola *c*
Nm 11.4 dijeron: ¡Quién nos diera a comer *c*!
Dt 12.15 podrás matar y comer *c* en todas tus
1 S 2.15 no tomará de ti *c* cocida, sino cruda
2 Cr 32.8 con él está el brazo de *c*, mas con
Sal 38.3 nada hay sano en mi *c*, a causa de tu ira
78.20 ¿podrá ... ¿dispondrá *c* para su pueblo?
78.27 hizo llover sobre ellos *c* como polvo
78.39 se acordó de que eran *c*, soplo que va
Is 40.6 toda *c* es hierba, y toda su gloria como
44.16 con parte de él come *c*, prepara un
Ez 11.19 quitaré el ... y les daré un corazón de *c*
Mt 16.17 porque no te lo reveló *c* ni sangre, sino
19.5; Mc 10.8; 1 Co 6.16; Ef 5.31 y los dos serán una sola *c*
26.41; Mc 14.38 velad y orad ... la *c* es débil
Lc 24.39 porque un espíritu no tiene *c* ni huesos
Jn 1.14 aquel Verbo fue hecho *c*, y habitó entre
3.6 lo que es nacido de la *c*, *c* es; y lo que es
6.51 el pan que yo daré es mi *c*, la cual yo
6.55 mi *c* es verdadera comida, y mi sangre
6.63 que da vida; la *c* para nada aprovecha
8.15 vosotros juzgáis según la *c*; yo no juzgo
Ro 7.18 yo sé que en ... en mi *c*, no mora el bien
8.1 los que no andan conforme a la *c*, sino
8.3 en semejanza de *c* de pecado y a causa del
8.5 son de la *c* piensan en las cosas de la *c*
8.6 el ocuparse de la *c* es muerte, pero el
8.7 designios de la *c* son enemistad contra
8.9 vosotros no vivís según la *c*, sino según
8.12 no a la *c* ... que vivamos conforme a la *c*
8.13 hacéis morir las obras de la *c*, viviréis
13.14 no proveáis para los deseos de la *c*
1 Co 15.39 una *c* es la de los hombres, otra *c*
15.50 que la *c* ... no pueden heredar el reino
2 Co 5.16 aun si a Cristo conocimos según la *c*
10.2 tienen como si anduviésemos según la *c*
12.7 me fue dado un aguijón en mi *c*, un
Gl 1.16 no consulté en seguida con *c* y sangre
3.3 el Espíritu, ahora vais a acabar por la *c*?
5.13 la libertad como ocasión para la *c*
5.16 andad ... no satisfagáis los deseos de la *c*
5.17 el deseo de la *c* es contra el Espíritu, y el
5.24 han crucificado la *c* con sus pasiones
6.8 el que siembra para su *c*, de la *c* segará
Ef 2.15 aboliendo en su *c* las enemistades, la ley
5.30 somos miembros ... de su *c* y de sus
6.12 no tenemos lucha contra sangre y *c*
Flp 3.3 espíritu ... no teniendo confianza en la *c*
Heb 2.14 los hijos participaron de *c* y sangre, él
9.10 sólo de ... ordenanzas acerca de la *c*
10.20 abrió a través del velo, esto es, de su *c*
1 P 1.24 porque: Toda *c* es como hierba, y toda
4.1 Cristo ha padecido por nosotros en la *c*
2 P 2.10 aquellos que, siguiendo la *c*, andan en
1 Jn 2.16 los deseos de la *c* ... no proviene del
4.2; 2 Jn 7 que Jesucristo ha venido en *c*
Ap 19.18 que comáis *c* de reyes ... y *c* de fuertes

CASA v. Descendencia, Edificio, Familia, Habitación, Morada, Simiente, Templo

Gn	28.17 no es otra cosa que c de Dios, y puerta
	43.16 lleva a c a esos hombres, y deguella
Éx	12.30 no había c donde no hubiese un muerto
Nm	22.18 Balac me diese su c llena de plata
Dt	8.12 edifiques buenas c en que habites
Jos	24.15 pero yo y mi c serviremos a Jehová
2 S	7.11; 1 Cr 17.10 hace saber que él te hará c
	17.23 después de poner su c en orden, se ahorcó
1 R	5.5 he determinado ... edificar c al nombre
	8.43; 2 Cr 6.33 nombre es invocado sobre ... c
2 R	25.9 quemó la c de Jehová, y la c del rey
1 Cr	17.5 no he habitado en c alguna desde el
	29.1 la c no es para hombre, sino para Jehová
2 Cr	3.1 comenzó ... a edificar la c de Jehová
	7.1; Ez 43.5 y la gloria de Jehová llenó la c
	8.16 hasta que la c de Jehová fue acabada
	24.4 Joás decidió restaurar la c de Jehová
	29.5 santificad la c de Jehová el Dios de
	29.31 presentad sacrificios ... en la c de Jehová
	34.15 he hallado el libro ... en la c de Jehová
Neh	13.11 ¿por qué ... la c de Dios abandonada?
Job	21.9 sus c están a salvo de temor, ni viene
	22.18 les había colmado de bienes sus c
Sal	26.8 la habitación de tu c he amado, y el
	27.4 esté yo en la c de Jehová todos los días
	42.4 de cómo ... la conduje hasta la c de Dios
	49.11 pensamiento es que sus c serán eternas
	122.1 que me decían: A la c de Jehová iremos
Pr	2.18 su c está inclinada a la muerte, y sus
	9.1 la sabiduría edificó su c, labró sus siete
	19.14 la c y las riquezas son herencia de los
	24.3 con sabiduría se edificará la c
Is	2.3 subamos al ... a la c del Dios de Jacob
	5.8 ¡ay de los que juntan c a c, y añaden
	6.4 del que clamaba, y la c se llenó de humo
	38.1 dice así: Ordena tu c, porque morirás
	56.7 mi c será llamada c de oración para
	60.7 mi altar, y glorificaré la c de mi gloria
	65.21 edificarán c, y morarán en ellas ... viñas
	66.1 ¿dónde está la c que me habréis de
Jer	16.5 no entres en c de luto, ni vayas a
	29.5 edificad c, y habitadlas; y plantad huertos
	52.13 quemó la c de Jehová, y la c del rey
Ez	3.17 te he puesto por atalaya a la c de Israel
Am	3.15 las c de marfil perecerán; y muchas c
Miq	4.2 y subamos al ... a la c del Dios de Jacob
Hag	1.9 mi c está desierta ... corre a su propia c
Mt	10.36 enemigos del hombre serán los de su c
	12.25; Mc 3.25; Lc 11.17 c dividida contra
	21.13; Mc 11.17; Lc 19.46 mi c, c de oración será llamada
	23.14 porque devoráis las c de las viudas, y
	23.38; Lc 13.35 c os es dejada desierta
	26.18 en tu c celebraré la pascua con mis
Mc	1.29 vinieron c de Simón y Andrés, con
	2.26; Lc 6.4 cómo entró en la c de Dios
	5.19 dijo: Vete a tu c, a los tuyos, y cuéntales
	5.38 vino a c del principal de la sinagoga
	6.10 que entréis en una c, posad en ella hasta
Lc	4.38 Jesús ... salió ... y entró en c de Simón
	6.48 al hombre que al edificar una c, cavó y
	9.4; 10.5 en cualquier c donde entréis
	9.61 me despida ... de los que están en mi c
	10.7 posad ... misma c ... no os paséis de c en c
	14.23 fuérzalos a entrar ... que se llene mi c
	15.8 barre la c, y busca con diligencia hasta
	19.5 hoy es necesario que pose yo en tu c
	19.9 dijo: Hoy ha venido la salvación a esta c
Jn	2.16 no hagáis ... c de mi Padre c de mercado
	2.17 escrito: El celo de tu c me consume
	4.53 entendió que ... y creyó él con toda su c
	12.3 la c se llenó del olor del perfume
	14.2 en la c de mi Padre muchas moradas hay
Hch	2.46 partiendo el pan en las c, comían
	4.34 todos los que poseían ... c, las vendían
	5.42 en el templo y por las c, no cesaban de
	7.49 ¿qué c me edificaréis? dice el Señor
	10.2 piadoso y temeroso de Dios con toda su c
	28.30 Pablo permaneció ... en una c alquilada
Flp	4.22 especialmente los de la c de César
1 Ti	3.15 cómo debes conducirte en la c de Dios
2 Ti	3.6 de éstos son los que se meten en las c y
Heb	3.3 tiene mayor honra que la c el que la hizo
1 P	4.17 que el juicio comience por la c de Dios

CASAMIENTO v. Matrimonio

| Mc | 12.25 ni se casarán, ni se darán en c, sino |
| 1 Co | 7.38 y el que no la da en c hace mejor |

CASAR v. Esposo, Marido, Mujer, Tomar

Nm	36.6 cásense como a ellas les plazca, pero
Dt	25.5 la mujer del muerto no se casará fuera
Mal	2.11 Judá ... se casó con hija de dios extraño
Mt	5.32; 19.9 el que se casa con la repudiada
	19.10 así ... con su mujer, no conviene casarse
	22.25 siete ... el primero se casó, y murió
	22.30; Mc 12.25 ni se casarán ni se darán en
	24.38; Lc 17.27 casándose y dando en
Mc	10.11; Lc 16.18 repudia a su ... y se casa
Lc	14.20 y otro dijo: Acabo de casarme, y por
	20.35 ni se casan, ni se dan en casamiento
1 Co	7.9 cásense, pues mejor es casarse que
	7.27 ¿estás libre de ... No procures casarte
	7.28 si te casas, no pecas, y si la doncella se
	7.36 haga lo que quiera, no peca; que se case
1 Ti	4.3 prohibirán casarse, y mandarán
	5.11 se rebelan contra ... quieren casarse
	5.14 que las viudas jóvenes se casen, críen

CASTIGO v. Corrección, Disciplina, Pena

Gn	4.13 dijo Caín a Jehová: Grande es mi c
Éx	32.34 el día del c, yo castigaré ... su pecado
Job	31.23 porque temí el c de Dios, contra cuya
	34.31 he llevado ya c, no ofenderé ya más
Sal	39.11 con c por el pecado corriges al hombre
	149.7 ejecutar venganza ... c entre los pueblos
Pr	3.11 no menosprecies, hijo mío, el c de Jehová
	13.24 el que detiene el c, a su hijo aborrece
	19.5 el testigo falso no quedará sin c, y el
Is	10.3 ¿y qué haréis en el día del c? ¿A quién
Jer	11.15 ¿crees que los ... pueden evitarte el c?
	11.23; 48.44 yo traeré mal ... el año de su c
	17.16 yo no he ido ... para incitarte a su c
	23.34 yo enviaré c sobre tal hombre y sobre
Lm	4.22 se ha cumplido tu c, oh hija de Sion
Os	9.7 vinieron los días del c, vinieron los días
Am	1.3, 6, 9 por el cuarto, no revocaré su c
Miq	7.4 tu c viene ... ahora será su confusión
Mt	25.46 éstos al c eterno, y los justos a la vida
Ro	3.5 ¿será injusto Dios que da c? (Hablo como
	13.5 sujetos, no solamente por razón del c
Heb	10.29 ¿cuánto mayor c ... el que pisoteare al
Jud	7 por ejemplo, sufriendo el c del fuego eterno

CIELO v. Firmamento, Nube, Tierra

Gn	1.1 en el principio creó Dios los c y la tierra
	1.8 llamó Dios a la expansión c. Y fue la
	11.4 una torre, cuya cúspide llegue al c
	28.12 escalera ... y su extremo tocaba en el c
Éx	20.22 he hablado desde el c con vosotros
Dt	10.14 de Jehová ... son los c, los c de los c
	30.12 no está en el c, para que digas: ¿Quién
1 R	8.27; 2 Cr 2.6; 6.18 los c y los c de los c no te pueden contener
Neh	9.6 hiciste los c, los c de los c, con todos
Job	15.15 ni aun los c son limpios delante de sus
	22.12 ¿no está Dios en la altura de los c?
	22.14 y por el circuito del c se pasea
	26.11 columnas del c tiemblan, y se espantan
	37.18 ¿extendiste tú con él los c, firmes como
	38.33 ¿supiste tú las ordenanzas de los c?
Sal	8.3 cuando veo tus c, obra de tus dedos
	11.4 templo; Jehová tiene en el c su trono
	19.1 los c cuentan la gloria de Dios, y el
	33.6 por la palabra de ... fueron hechos los c
	50.6 y los c declararán su justicia, porque
	73.25 ¿a quién tengo yo en los c sino a ti?
	89.6 ¿quién en los c se igualará a Jehová?
	102.19 Jehová miró desde los c a la tierra
	102.25 tierra, y los c son obra de tus manos
	103.11 como la altura de los c sobre la tierra
	104.2 que extiende los c como una cortina
	108.4 más grande ... y hasta los c tu verdad
	115.16 los c son los c de Jehová; y ha dado

139.8 si subiere a los *c*, allí estás tú; y si en
146.6 el cual hizo los *c* y la tierra, el mar
Ec   5.2 porque Dios está en el *c*, y tú sobre la
Is   34.4 se enrollarán los *c* como un libro; y caerá
40.12 ¿quién midió las ... los *c* con su palmo
40.22 él extiende los *c* como una cortina, los
51.6 los *c* serán deshechos como humo, y la
55.9 como son más altos los *c* que la tierra
64.1 ¡oh, si rompieses los *c*, y descendieras
65.17 que yo crearé nuevos *c* y nueva tierra
66.1 Jehová dijo así: El *c* es mi trono, y la
66.22 como los *c* nuevos y la nueva tierra que
Jer 10.2 ni de las señales del *c* tengáis temor
23.24 ¿no lleno yo, dice ... el *c* y la tierra?
31.37 si los *c* arriba se pueden medir, y
Ez   32.7 cubriré los *c* ... sol cubriré con nublado
Mt   3.16 he aquí los *c* le fueron abiertos, y vio
5.12 vuestro galardón es grande en los *c*
5.18 hasta que pasen el *c* y la tierra, ni una
5.34 ni por el *c*, porque es el trono de Dios
6.9; Lc 11.2 Padre nuestro que estás en los *c*
11.23 tú ... que eres levantada hasta el *c*
16.1 pidieron que les mostrase señal del *c*
16.2 decís: Buen tiempo ... el *c* tiene arreboles
16.19 lo que atares en ... será atado en los *c*
19.21 tendrás tesoro en el *c*; y ven y sígueme
21.25; Mc 11.30; Lc 20.4 el bautismo de Juan ... ¿del *c*, o de los hombres?
24.29 oscurecerá ... las estrellas caerán del *c*
24.29; Mc 13.25; Lc 21.26 las potencias de los *c* serán conmovidas
24.30 aparecerá la señal del Hijo del ... en el *c*
24.35; Mc 13.31; Lc 21.33 el *c* y la tierra pasarán, pero mis palabrasno pasarán
28.18 toda potestad me es dada en el *c* y en
Mc   1.10; Lc 3.21 vio abrirse los *c*, y al Espíritu
16.19 después ... fue recibido arriba en el *c*
Lc   4.25 cuando el *c* fue cerrado por tres años
9.54 descienda fuego del *c*, como hizo Elías
10.20 vuestros nombres están escritos en los *c*
12.33 haceos ... tesoro en los *c* que no se agote
12.56 sabéis distinguir ... aspecto del *c* y de la
15.7 habrá más gozo en el *c* por un pecador
16.17 más fácil es que pasen el *c* y la tierra
24.51 se separó de ... y fue llevado arriba al *c*
Jn   1.51 veréis el *c* abierto, y a los ángeles de Dios
3.13 subió al *c*, sino el que descendió del *c*
6.31 está escrito: Pan del *c* les dio a comer
6.32 mi Padre os da el verdadero pan del *c*
Hch 3.21 a quien es ... necesario que el *c* reciba
4.12 no hay otro nombre bajo el *c*, dado a los
7.49 el *c* es mi trono, y la tierra el estrado de
7.56 veo los *c* abiertos, y al Hijo del Hombre
22.6 de repente me rodeó mucha luz del *c*
2 Co 5.1 tenemos ... una casa ... eterna, en los *c*
12.2 que ... fue arrebatado hasta el tercer *c*
Ef   1.10 así las que están en los *c*, como las que
3.15 toma nombre toda familia en los *c* y en
4.10 subió por encima de todos los *c* para
Flp 3.20 mas nuestra ciudadanía está en los *c*, de
Col 1.16 las que hay en los *c* y las que hay en la
1 Ts 1.10 y esperar de los *c* a su Hijo, al cual
4.16 voz ... y con trompeta ... descenderá del *c*
Heb 1.10 la tierra, y los *c* son obra de tus manos
9.24 en el *c* mismo para presentarse ahora por
12.23 de los ... que están inscritos en los *c*
9.24 mejor y perdurable herencia en los *c*
Stg 5.12 no juréis, ni por el *c*, ni por la tierra
1 P 1.4 reservada en los *c* para vosotros
3.22 quien habiendo subido al *c* está a la
2 P 3.10 los *c* pasarán con grande estruendo, y
3.13 nosotros esperamos ... *c* nuevos y tierra
1 Jn 5.7 tres son ... los que dan testimonio en el *c*
Ap   6.14 el *c* se desvaneció como un pergamino
12.7 después hubo una gran batalla en el *c*
21.1 vi un *c* nuevo y una tierra nueva; porque
21.3 y oí una gran voz del *c* que decía: He

CIRCUNCISIÓN

Jn   7.22 por cierto, Moisés os dio la *c* (no porque
Hch 11.2 disputaban con él los que eran de la *c*
Ro   2.26 ¿no será ... su incircuncisión como *c*?
2.29 la *c* es la del corazón, en espíritu, no en

3.1 ¿qué ventaja ... ¿o de qué aprovecha la *c*?
3.30 justificará por la fe a los de la *c*, y por
4.11 recibió la *c* como señal, como sello de la
4.12 padre de la *c*, para los que no ... de la *c*
15.8 Cristo Jesús vino a ser siervo de la *c*
1 Co 7.19 la *c* nada es, y la incircuncisión nada es
Gl   2.7 encomendado ... como a Pedro el de la *c*
5.6; 6.15 en Cristo ... ni la *c* vale algo, ni la
Flp 3.3 porque nosotros somos la *c*, los que en
Col 2.11 con *c* no hecha a mano ... la *c* de Cristo
3.11 donde no hay ... *c* ni incircuncisión
Tit 1.10 contumaces ... mayormente los de la *c*

CIZAÑA

Mt   13.25 vino su enemigo y sembró *c* entre el
13.38 del reino, y la *c* son los hijos del malo

CLAMAR *v.* Gritar, Invocar, Llamar

Gn   4.10 de la sangre de tu hermano *clama* a mí
27.34 cuando Esaú oyó las palabras ... *clamó*
41.55 el pueblo *clamó* a Faraón por pan ... Id
Éx   22.23 ellos *clamaren* a mí ... oiré yo su clamor
Jue 10.14 *clamad* a los dioses ... habéis elegido
1 S 8.18 *clamaréis* aquel día a causa de ... rey
2 S 22.7; Sal 18.6 invoqué a Jehová, y *clamé* a
2 R 18.28 el Rabsaces se puso en pie y *clamó* a
Job 35.12 *clamarán*, y él no oirá, por la soberbia
Sal 3.4; 77.1 con mi voz *clamé* a Jehová, y él me
4.1 respóndeme cuando *clamo*, oh Dios de mi
34.6 este pobre *clamó*, y le oyó Jehová, y lo
34.17 *claman* los justos, y Jehová oye, y los
42.1 así *clama* por ti, oh Dios, el alma mía
55.2 *clamo* en mi oración, y me conmuevo
55.16 en cuanto a mí, a Dios *clamaré*; y
86.3 Jehová; porque a ti *clamo* todo el día
88.1 Jehová ... día y noche *clamo* delante de ti
107.6 *clamaron* a Jehová en su angustia, y los
119.145 *clamé* con todo mi corazón ... Jehová
130.1 de lo profundo, oh Jehová, a ti *clamo*
141.1 Jehová, a ti he *clamado*; apresúrate a mí
Is   58.1 *clama* a voz en cuello; no te detengas
59.4 no hay quien *clame* por la justicia, ni
65.14 vosotros *clamaréis* por el dolor del
65.24 y antes que *clamen*, responderé yo
Jer 11.11 he aquí ... *clamarán* a mí, y no los oiré
33.3 *clama* a mí, y yo te responderé, y te
Os   7.7 no hay entre ellos quien a mí *clame*
Jon 1.6 levántate, y *clama* a tu Dios; quizá él
Hab 1.2 ¿hasta cuándo ... *clamaré* y no oirás
2.11 la piedra *clamará* desde el muro, y la
Mt   20.31 ellos *clamaban* más, diciendo: ¡Señor
27.50; Mc 15.34; Lc 23.46 Jesús, habiendo ... *clamado* a gran voz
Mc   1.3; Jn 1.23 voz del que *clama* en el desierto
10.48; Lc 18.39 pero él *clamaba* mucho más
Lc   18.7 escogidos, que *claman* a él día y noche?
19.40 si éstos callaran, las piedras *clamarían*
Ro   8.15 por el cual *clamamos*: ¡Abba, Padre!
Gl   4.6 Espíritu ... el cual *clama*: ¡Abba, Padre!
Stg 5.4 *clama* el jornal de los obreros que han
Ap   7.10 *clamaban* a gran voz ... La salvación

CODICIAR *v.* Anhelar, Desear, Querer

Éx   20.17; Dt 5.21 no *codiciarás* la mujer de tu
Dt   7.25 no *codiciarás* plata ni oro de ellas para
Jos 7.21 un lingote de oro ... lo cual *codicié*
Pr   6.25 no *codicies* su hermosura en tu corazón
21.26 hay quien todo el día *codicia*; pero
23.3 no *codicies* sus manjares delicados
Miq 2.2 *codician* las heredades, y las roban; y casas
Hab 2.9 ¡ay del que *codicia* injusta ganancia
Mt   5.28 que mira a una mujer para *codiciarla*
Hch 20.33 plata ni oro ... de nadie he *codiciado*
Ro   7.7 si la ley no dijera: No *codiciarás*
1 Co 10.6 no *codiciemos* ... como ellos *codiciaron*
1 Ti 6.10 al dinero, el cual *codiciando* algunos
Ap   18.14 los frutos *codiciados* por tu alma

COMPRAR *v.* Adquirir

Gn   25.10 heredad que *compró* ... de los hijos de
41.57 de toda ... venían a Egipto para *comprar*
42.2 descended allá, y *comprad* de allí para
47.19 *cómpranos* a nosotros y a nuestra tierra
Lv   25.33 el que *comprare* de los levitas saldrá de

2 S	24.24 David *compró* la era y los bueyes por
Pr	23.23 *compra* la verdad, y no la vendas; la
Ec	2.7 *compré* siervos y siervas, y tuve siervos
Is	24.2 como al que *compra*, al que vende; como
	55.1 los que no tienen dinero venid, *comprad*
Jer	32.7 *cómprame* mi heredad que est en Anatot
	32.15 aún se *comprarán* casas, heredades y
Os	3.2 la *compré* ... para mí por quince siclos de
Am	8.6 para *comprar* los pobres por dinero, y los
Mt	13.44 vende todo lo ... y *compra* aquel campo
	14.15 vayan por las aldeas y *compren* de comer
	21.12; Mc 11.15; Lc 19.45 echó fuera a ... los que
	compraban en el templo
	25.9 id a los ... y *comprad* para vosotras mismas
Mc	6.37 ¿que ... *compremos* pan por 200 denarios
	15.46 *compró* una sábana, y ... lo envolvió en
Lc	17.28 comían, bebían, *compraban*, vendían
	22.36 espada, venda su capa y *compre* una
1 Co	6.20; 7.23 habéis sido *comprados* por precio
Ap	18.11 ninguno *compra* más sus mercaderías

COMUNIÓN *v.* Compañerismo

Sal	25.14 la *c* íntima de Jehová es con los que le
Pr	3.32 mas su *c* íntima es con los justos
Hch	2.42 perseveraban ... en la *c* unos con otros
1 Co	1.9 por el cual fuisteis llamados a la *c*
	10.16 ¿no es la *c* de la sangre de Cristo?
2 Co	13.14 la *c* del Espíritu Santo sean con todos
Flp	1.5 por vuestra *c* en el evangelio, desde el
1 Jn	1.3 que también tengáis *c* con nosotros
	1.6 decimos que tenemos *c* con él, y andamos

CONCIENCIA *v.* Alma, Corazón, Mente

Sal	16.7 aun en las noches me enseña mi *c*
Jn	8.9 acusados por su *c*, salían uno a uno
Hch	23.1 con toda buena *c* he vivido delante de
	24.16 por esto procuro tener ... *c* sin ofensa
Ro	2.15 la ley escrita ... dando testimonio su *c*
	9.1 mi *c* me da testimonio en el Espíritu Santo
	13.5 castigo, sino también por causa de la *c*
1 Co	4.4 aunque de nada tengo mala *c*, no por
	8.7 y su *c*, siendo débil, se contamina
	8.12 hiriendo su débil *c*, contra Cristo pecáis
	10.25 sin preguntar nada por motivos de *c*
	10.29 ha de juzgar mi libertad por la *c* de otro?
2 Co	5.11 espero ... también lo sea a vuestras *c*
1 Ti	1.5 es el amor nacido de ... buena *c*, y de fe no
	1.19 manteniendo la fe y buena *c*, desechando
	4.2 mentirosos que, teniendo cauterizada la *c*
Tit	1.15 hasta su mente y su *c* están corrompidas
Heb	9.9 hacer perfecto, en cuanto a la *c*, al que
	9.14 limpiará vuestras *c* de obras muertas
	13.18 pues confiamos en que tenemos buena *c*
1 P	2.19 si alguno a causa de la *c* delante de Dios
	3.16 teniendo buena *c*, para que en lo que
	3.21 la aspiración de una buena *c* hacia Dios

CONCUPISCENCIA *v.* Apetito, Deseo, Pasión, Placer

Ro	6.12 de modo que le obedezcáis en sus *c*
1 Ts	4.5 no en pasión de *c*, como los gentiles
Tit	3.3 extraviados, esclavos de *c* y deleites
Stg	1.14 cuando de su propia *c* es atraído y
1 P	4.2 para no vivir ... conforme a las *c* de los
2 P	1.4 la corrupción que hay ... a causa de la *c*
	2.18 hablando ... seducen con *c* de la carne

CONDENAR *v.* Juzgar

Dt	25.1 absolverán al ... y *condenarán* al culpable
Job	9.20 me justificare, me *condenaría* mi boca
	40.8 ¿me *condenarás* a mí para justificarte tú?
Sal	34.22 no serán *condenados* ... en él confían
	37.33 ni lo *condenará* cuando le juzgaren
	94.21 del justo, y *condenan* la sangre inocente
Pr	12.2 mas él *condenará* al hombre de malos
	17.26 no es bueno *condenar* al justo, ni herir
Is	50.9 me ayudará; ¿quién hay que me *condene*?
Mt	12.37 y por tus palabras serás *condenado*
	12.41; Lc 11.32 levantarán ... y la *condenarán*
	20.18; Mc 10.33 y le *condenarán* a muerte
Mc	7.2 comer pan ... no lavadas, los *condenaban*
	16.16 mas el que no creyere, será *condenado*
Lc	6.37 no *condenéis*, y no seréis *condenados*
Jn	3.17 no envió Dios ... para *condenar* al mundo
	3.18 el que en él cree, no es *condenado*; pero

	8.11 Jesús le dijo: Ni yo te *condeno*; vete, y no
Ro	8.3 Dios ... *condenó* al pecado en la carne
	8.34 ¿quién es el que *condenará*? Cristo es el
	14.23 el que duda ... es *condenado*, porque no
1 Co	11.32 no seamos *condenados* con el mundo
Gl	2.11 resistí cara a ... porque era de *condenar*
2 Ts	2.12 sean *condenados* ... los que no creyeron
Tit	3.11 y está *condenado* por su propio juicio
Heb	11.7 por esa fe *condenó* al mundo, y fue hecho
Stg	5.9 no os quejéis ... que no seáis *condenados*

CONFESAR *v.* Reconocer

Lv	26.40 y *confesarán* su iniquidad, y ... sus padres
Nm	5.7 aquella persona *confesará* el pecado que
2 S	22.50; Sal 18.49 yo te *confesaré* entre las
Neh	9.2 *confesaron* sus pecados, y las iniquidades
Job	40.14 y yo también te *confesaré* que podrá
Sal	32.5 *confesaré* mis transgresiones a Jehová
	38.18 por tanto, *confesaré* mi maldad, y me
Pr	28.13 el que los *confiesa* y se aparta alcanzará
Mt	3.6 eran bautizados ... *confesando* sus pecados
	10.32; Lc 12.8 que me *confiese* ... le *confesaré*
Jn	1.20 *confesó*, y no negó, sino *c*: Yo no soy el
	9.22 si alguno *confesare* que Jesús era el
Hch	19.18 venían, *confesando* y dando cuenta de
Ro	10.9 si *confesares* con tu boca que Jesús es el
	10.10 con la boca se *confiesa* para salvación
	14.11 rodilla, y toda lengua *confesará* a Dios
	15.9 te *confesaré* entre los gentiles, y cantaré
Flp	2.11 toda lengua *confiese* que Jesucristo es el
Stg	5.16 *confesaos* vuestras ofensas unos a otros
1 Jn	1.9 si *confesamos* nuestros pecados, él es fiel
	2.23 el que *confiesa* al Hijo, tiene también al
	4.2 todo espíritu que *confiesa* que Jesucristo
	4.15 aquel que *confiese* que Jesús es el Hijo de
2 Jn	7 no *confiesan* que Jesucristo ha venido en
Ap	3.5 *confesaré* su nombre delante de mi Padre

CONFIAR *v.* Apoyar, Creer, Encargar, Encomendar, Entregar, Fe

2 S	22.3; Sal 18.2 fortaleza mía, en él *confiaré*
Job	15.31 no *confíe* el iluso en la vanidad, porque
Sal	2.12 bienaventurados ... los que en él *confían*
	4.5 ofreced sacrificios ... y *confiad* en Jehová
	5.11 alégrense todos los que en ti *confían*
	7.1 Jehová Dios mío, en ti he *confiado*
	9.10 en ti *confiarán* los que conocen tu
	11.1 en Jehová he *confiado*; ¿cómo decí s a mi
	13.5 mas yo en tu misericordia he *confiado*
	16.1 guárdame, oh Dios ... en ti he *confiado*
	20.7 éstos *confían* en carros, y aquéllos en
	21.7 por cuanto el rey *confía* en Jehová, y en
	25.2 mío, en ti *confío*; no sea yo avergonzado
	26.1 he *confiado* asimismo en Jehová sin
	31.1 en ti, oh Jehová, he *confiado*; no sea yo
	31.14 mas yo en ti *confío*, oh Jehová; digo
	33.21 en su santo nombre hemos *confiado*
	34.8 dichoso el hombre que *confía* en él
	34.22 no serán condenados ... en él *confían*
	37.3 *confía* en Jehová, y haz el bien; y
	37.5 encomienda a ... y *confía* en él; y él hará
	44.6 no *confiaré* en mi arco, ni mi espada me
	49.6 los que *confían* en sus bienes, y de la
	52.7 sino que *confió* en ... sus riquezas, y se
	52.8 yo ... en la misericordia de Dios *confío*
	55.23 de sus días; pero yo en ti *confiaré*
	56.4, 11 en Dios he *confiado*; no temeré
	78.22 ni habían *confiado* en su salvación
	91.2 castillo mío; mi Dios, en quien *confiaré*
	115.9 oh Israel, *confía* en Jehová; él es tu
	118.8 es *confiar* en Jehová que *c* en el hombre
	125.1 los que *confían* en Jehová son como el
	143.8 hazme oír ... porque en ti he *confiado*
	146.3 no *confiéis* en los príncipes, ni en hijo
Pr	11.28 el que *confía* en sus riquezas caerá; mas
	16.20 que *confía* en Jehová es bienaventurado
	28.25 mas el que *confía* en Jehová prosperará
	28.26 el que *confía* en su propio corazón es
	29.25 el que *confía* en Jehová será exaltado
Is	26.3 tú guardarás ... porque en ti ha *confiado*
	26.4 confiad en Jehová perpetuamente, porque
	30.18 bienaventurados todos los que *confían*
	36.7 decís: En Jehová nuestro Dios *confiamos*
	37.10 no te engañe tu Dios en quien tú *confías*

42.17 confundidos los que *confían* en ídolos
47.10 te *confiaste* en tu maldad, diciendo
48.2 en el Dios de Israel *confían*; su nombre
50.10 el que ... *confíe* en el nombre de Jehová
57.13 el que en mí *confía* tendrá la tierra por
59.4 *confían* en vanidad, y hablan vanidades

Jer 13.25 olvidaste ... y *confiaste* en la mentira
17.5 maldito el varón que *confía* en el hombre
17.7 bendito el varón que *confía* en Jehová

Os 10.13 *confiaste* en tu camino y en la multitud
12.6 vuélvete ... en tu Dios *confía* siempre

Miq 7.5 no creáis en ... ni *confiéis* en príncipe

Nah 1.7 Jehová ... conoce a los que en él *confían*

Sof 3.12 el cual *confiará* en el nombre de Jehová

Mt 27.43 *confió* en Dios; líbrele ahora si le

Mc 10.24 a los que *confían* en las riquezas!

Lc 18.9 a unos que *confiaban* en sí mismos como

Jn 16.33 pero *confiad*, yo he vencido al mundo

Hch 27.25 porque yo *confío* en Dios que será así

Ro 2.19 *confías* en que eres guía de los ciegos
3.2 les ha sido *confiada* la palabra de Dios

2 Co 1.9 que no *confiásemos* en nosotros mismos
2.3 *confiando* ... que mi gozo es el de todos

Gl 5.10 *confío* ... en el Señor, que no pensaréis

Flp 3.4 yo tengo ... de qué *confiar* en la carne

Heb 2.13 otra vez: Yo *confiaré* en él. Y de nuevo
13.18 *confiamos* en que ... buena conciencia

CONFLICTO *v.* Batalla, Lucha
Sal 20.1 Jehová te oiga en el día de *c*; el nombre
2 Co 7.5 sino ... de fuera *c*; de dentro, temores
Flp 1.30 teniendo el mismo *c* que habéis visto en

CONFUSIÓN *v.* Congoja, Vergüenza
1 S 20.30 para *c* tuya, y para *c* ... de tu madre?
Sal 35.26 vístanse de vergüenza y de *c* los que se
44.15 cada día ... y la *c* de mi rostro me cubre
109.29 sean cubiertos de *c* como con manto
132.18 a sus enemigos vestiré de *c*; mas sobre
Is 22.5 día es de alboroto, de angustia y de *c*
61.7 en lugar de vuestra doble *c*, y de
Jer 3.24 *c* consumió el trabajo de nuestros padres
3.25 yacemos en nuestra *c*, y nuestra afrenta
7.19 ¿no obran más bien ellos ... su propia *c*?
Ez 16.54 para que lleves tu *c*, y te avergüences
Dn 9.7 tuya ... justicia, y nuestra la *c* de rostro
12.2 y otros para vergüenza y *c* perpetua
Miq 7.4 día de tu castigo viene ... ahora será su *c*
Hch 19.29 la ciudad se llenó de *c*, y a una se
1 Co 14.33 Dios no es Dios de *c*, sino de paz

CONGREGACIÓN *v.* Asamblea, Iglesia, Reunión
Lv 4.13 si toda la *c* de Israel hubiere errado
8.3 reúne toda la *c* a la puerta del tabernáculo
Nm 14.5 Moisés y ... se postraron delante de la *c*
16.3 toda la *c*, todos ellos son santos, y en
Sal 7.7 te rodeará *c* de pueblos, y sobre ella
22.22 anunciaré ... en medio de la *c* te alabaré
26.12 en rectitud; en las *c* bendeciré a Jehová
89.7 Dios temible en la gran *c* de los santos
107.32 exáltenlo en la *c* del pueblo, y en la
Hch 7.38 aquel Moisés que estuvo en la *c* en el
13.43 despedida la *c*, muchos de los judíos
1 Co 14.34 vuestras mujeres callen en las *c*
14.35 indecoroso que una mujer hable en la *c*
Heb 2.12 tu nombre, en medio de la *c* te alabaré
12.23 a la *c* de los primogénitos que están
Stg 2.2 en vuestra *c* entra un hombre con anillo

CONSAGRAR *v.* Apartar, Dedicar, Santificar
Éx 13.2 *conságrame* todo primogénito ... mío es
29.9 así *consagrarás* a Aarón y a sus hijos
29.35 así ... por siete días los *consagrarás*
32.29 hoy os habéis *consagrado* a Jehová
Lv 8.33 porque por siete días seréis *consagrados*
27.32 el diezmo será *consagrado* a Jehová
Nm 6.12 *consagrará* para Jehová los días de su
Dt 15.19 *consagrarás* a Jehová ... primogénito
Jos 6.19 la plata y el oro ... san *consagrados* a
1 Cr 26.27 de lo que habían *consagrado* de las
Is 23.18 negocios ... serán *consagrados* a Jehová

CONSOLAR *v.* Confortar
Gn 37.35 para *consolarlo*; mas él no quiso recibir
Job 2.11 en venir juntos para ... y para *consolarle*

6.14 atribulado es *consolado* por su compañero
10.20 déjame, para que me *consuele* un poco
21.34 ¿cómo, pues, me *consoláis* en vano
Sal 71.21 mi grandeza, y volverás a *consolarme*
86.17 Jehová, me ayudaste y me *consolaste*
Is 40.1 *consolaos*, *c*, pueblo mío, dice ... Dios
49.13; 52.9 Jehová ha *consolado* a su pueblo
51.3 *consolará* Jehová a Sion; *c* todas sus
61.2 el año ... a *consolar* a todos los enlutados
66.13 *consuela* su madre, así os *consolaré* yo
Jer 31.13 los *consolaré*, y los alegraré de su dolor
31.15 Raquel que ... y no quiso ser *consolada*
Lm 1.2 no tiene quien la *consuele* de todos sus
Ez 14.22 seréis *consolados* del mal que hice venir
Zac 1.17 *consolará* Jehová a Sion, y escogerá
Lc 16.25 pero ahoraéste es *consolado* aquí, y tú
Jn 11.19 judíos habían venido a ... *consolarlas*
Hch 16.40 hermanos, los *consolaron*, y se fueron
2 Co 1.4 nos *consuela* en todas ... tribulaciones
7.6 pero Dios, que *consuela* a ... nos *consoló*
7.13 sido *consolados* en vuestra consolación
Ef 6.22 y que *consuele* vuestros corazones
Col 2.2 para que sean *consolados* sus corazones
1 Ts 3.7 fuimos *consolados* de vosotros por ... fe

CONTAMINAR *v.* Corromper, Profanar
Lv 11.44 no *contaminéis* vuestras personas con
19.29 no *contaminarás* a tu hija ... fornicar
21.1 que no se *contaminen* por un muerto en
Nm 19.13 el tabernáculo de Jehová *contaminó*
35.34 no *contaminéis*, pues, la tierra donde
Ez 20.7 no os *contaminéis* con los ídolos de Egipto
20.43 vuestros hechos en que os *contaminasteis*
22.3 y que hizo ídolos ... para *contaminarse*
22.26 mi ley, y *contaminaron* mis santuarios
33.26 *contaminasteis* cada cual a la mujer
36.17 la *contaminó* con sus caminos y con
37.23 ni se *contaminarán* ya más con sus
Dn 1.8 no *contaminarse* con la porción de la
Sof 3.4 sacerdotes *contaminaron* el santuario
Mt 15.11, 18; Mc 7.15, 23 lo que sale de la boca
esto *contamina* al hombre
Jn 18.28 no entraron en ... para no *contaminarse*
1 Co 8.7 conciencia, siendo débil, se *contamina*
Heb 12.15 por ella muchos sean *contaminados*
Stg 3.6 la lengua ... *contamina* todo el cuerpo

CONVERTIR *v.* Volver
Dt 30.2 te *convirtieres* a Jehová tu Dios ... su voz
1 R 8.47 si se *convirtieren*, y oraren a ti en la
2 Cr 6.24 se *convirtiere*, y confesare tu nombre
7.14 se *convirtieren* de sus malos caminos
Sal 19.7 la ley de Jehová ... que *convierte* el alma
51.13 y los pecadores se *convertirán* a ti
90.3 dices: *Convertíos*, hijos de los hombres
Is 6.10 ni se *convierta*, y haya para él sanidad
19.22 se *convertirán* a Jehová ... será clemente
Jer 15.19 así dijo Jehová: Si te *convirtieres*, yo
18.8 si ... se *convirtieren* de su maldad contra
18.11; Jon 3.8 *conviértase* ahora cada uno de
su mal camino
23.14 que ninguno se *convirtiese* de su maldad
31.18 *conviérteme*, y seré *convertido*, porque
Ez 14.6 *convertíos*, y volveos de vuestros ídolos
18.30 dice ... *Convertíos*, y apartaos de todas
Os 11.5 su rey, porque no se quisieron *convertir*
Jl 2.12 *convertíos* a mí con todo vuestro corazón
Mt 13.15; Mc 4.12; Jn 12.40; Hch 28.27 y se *conviertan*, y yo
les sane
Lc 1.16 hará que muchos ... Israel se *conviertan*
Hch 3.19 *convertíos*, para que sean borrados
3.26 que cada uno se *convierta* de su maldad
14.15 os *convirtáis* al Dios vivo, que hizo el
26.18 se *conviertan* de las tinieblas a la luz
1 Ts 1.9 os *convertisteis* de los ídolos a Dios

CORAZÓN *v.* Alma, Endurecer, Espíritu, Mente
Gn 6.5 todo designio ... del *c* de ellos era ... mal
50.21 miedo ... Así los consoló, y les habló al *c*
Nm 15.39 no miréis en pos de vuestro *c* y de
Dt 4.29 si lo buscares de todo *c* y de toda tu alma
6.5 amarás a Jehová tu Dios de todo tu *c*, y de
32.46 aplicad vuestro *c* a todas las palabras
Jue 5.15 de Rubén hubo grandes resoluciones del *c*

<table>
<tbody>
<tr><td>1 S</td><td>10.9 aconteció luego que ... mudó Dios su c</td></tr>
</tbody>
</table>

1 S   10.9 aconteció luego que ... mudó Dios su *c*
     13.14 se ha buscado un varón conforme a su *c*
     16.7 el hombre mira ... pero Jehová mira el *c*
     24.5 después de esto se turbó el *c* de David
1 S   25.37 desmayó su *c* en él, y se quedó como
1 R   3.9 da, pues, a tu siervo *c* entendido para
     11.4 su *c* no era perfecto con Jehová su Dios
2 R   5.26 ¿no estaba también allí mi *c*, cuando
1 Cr   22.7 en mi *c* tuve el edificar templo al
     28.9 porque Jehová escudriña los *c* de todos
     29.17 yo sé, Dios mío, que tú escudriñas los *c*
Job   22.22 de tu *c*, y pon sus palabras en tu *c*
     23.16 Dios ha enervado mi *c*, y me ha turbado
     32.19 de cierto mi *c* está como el vino que no
Sal   7.9 el Dios justo prueba la mente y el *c*
     14.1; 53.1 dice el necio en su *c*: No hay Dios
     24.4 el limpio de manos y puro de *c*; el que
     33.15 formó el *c* de todos ellos; atento está
     37.31 ley de su Dios está en su *c*; por tanto
     45.1 rebosa mi *c* palabra buena; dirijo al rey
     57.7 pronto está mi *c* ... mi *c* está dispuesto
     66.18 si en mi *c* hubiese yo mirado a la
     78.37 pues sus *c* no eran rectos con él, ni
     108.1 mi *c* está dispuesto, oh Dios; cantaré
     119.11 en mi *c* he guardado tus dichos, para
     141.4 no dejes que se incline mi *c* a cosa mala
Pr   2.2 atento ... si inclinares tu *c* a la prudencia
     4.23 sobre toda cosa guardada, guarda tu *c*
     6.21 átalos siempre en tu *c*, enlázalos a tu
     14.10 el *c* conoce la amargura de su alma
     16.9 el *c* del hombre piensa su camino; mas
     17.22 el *c* alegre constituye buen remedio
     21.2 todo camino ... pero Jehová pesa los *c*
     23.26 dame, hijo mío, tu *c*, y miren tus ojos
     24.12 no lo entenderá el que pesa los *c*?
     27.19 así el *c* del hombre al del hombre
Ec   7.2 el fin ... el que vive lo pondrá en su *c*
     7.4 el *c* de los sabios está en la casa del luto
     10.2 el *c* del sabio está a su mano derecha
Is   51.7 oídme ... pueblo en cuyo *c* está mi ley
Jer   4.14 lava tu *c* de maldad, oh Jerusalén, para
     12.2 estás tú en sus bocas, pero lejos de sus *c*
     17.9 engañoso es el *c* más que todas las cosas
     20.9 había en mi *c* como un fuego ardiente
     31.33 daré mi ley en ... y la escribiré en su *c*
Ez   11.19; 36.26 quitaré el *c* ... les daré un *c* de
     18.31 haceos un *c* nuevo y un espíritu nuevo
Os   2.14 la llevaré al desierto, y hablaré a su *c*
Jl   2.13 rasgad vuestro *c*, y no vuestros vestidos
Mal   4.6 volver el *c* de los padres hacia los hijos
Mt   5.8 bienaventurados los de limpio *c*, porque
     5.28 que mira ... ya adulteró con ella en su *c*
     6.21; Lc 12.34 allí estará también vuestro *c*
     12.35; Lc 6.45 del buen tesoro del *c* saca
     12.40 estará el Hijo del ... en el *c* de la tierra
     13.15; Hch 28.27 el *c* de este pueblo se ha
     13.19; Mc 4.15; Lc 8.12 arrebata lo que fue sembrado en su *c*
     15.8; Mc 7.6 honra; mas su *c* está lejos de mí
     15.19; Mc 7.21 del *c* salen los ... pensamientos
     19.8; Mc 10.5 por la dureza de vuestros *c*
     22.37; Mc 12.30; Lc 10.27 amarás al Señor tu Dios con todo tu *c*
Mc   6.52 por cuanto estaban endurecidos sus *c*
     8.17 ¿aún tenéis endurecido vuestro *c*?
Lc   2.19, 51 María guardaba ... cosas en su *c*
     16.15 mas Dios conoce vuestros *c*; porque lo
     24.32 ¿no ardía nuestro *c* en nosotros
Jn   14.1 no se turbe vuestro *c*; creéis en Dios
Hch   2.37 se compungieron de *c*, y dijeron a Pedro
     2.46 comían juntos con ... y sencillez de *c*
     4.32 los que habían creído eran de un *c* y un
     7.54 oyendo estas ... se enfurecían en sus *c*
     8.37 dijo: Si crees de todo *c*, bien puedes
     13.22 a David ... varón conforme a mi *c*, quien
Hch   16.14 el Señor abrió el *c* de ella para que
Ro   2.5 y por tu *c* no arrepentido, atesoras ... ira
     2.15 mostrando la ... de la ley escrita en sus *c*
     2.29 y la circuncisión es la del *c*, en espíritu
     5.5 ha sido derramado en nuestros *c* por el
     8.27 el que escudriña los *c* sabe cuál es la
     10.10 con el *c* se cree para justicia, pero con
2 Co   3.2 cartas sois ... escritas en nuestros *c*

     3.3 de piedra, sino en tablas de carne del *c*
     3.15 el velo está puesto sobre el *c* de ellos
     5.12 glorían en las apariencias, y no en el *c*
     6.12 pero sí sois estrechos en vuestro propio *c*
     7.3 ya he dicho antes que estáis en nuestro *c*
Ef   4.18 ajenos de la vida ... por la dureza de su *c*
     5.19 y alabando al Señor en vuestros *c*
     6.6 sino ... de *c* haciendo la voluntad de Dios
Flp   1.7 por cuanto os tengo en el *c*, y en mis
     4.7 la paz de Dios ... guardará vuestros *c* y
Col   3.16 cantando con gracia en vuestros *c* al
     3.23 todo lo que hagáis, hacedlo de *c*, como
Heb   3.8 no endurezcáis vuestros *c*, como en la
     4.7 si oyereis ... no endurezcáis vuestros *c*
     4.12 discierne los pensamientos y las ... del *c*
     8.10 pondré mis ... y sobre su *c* las escribiré
     10.22 acerquémonos con *c* sincero, en plena
     10.22 purificados los *c* de mala conciencia
Stg   4.8 los de doble ánimo, purificad vuestros *c*
1 P   3.4 el interno, el del *c*, en el incorruptible
     3.15 santificad a Dios el Señor en vuestros *c*
1 Jn   3.20 mayor que nuestro *c* es Dios, y él sabe
Ap   2.23 yo soy el que escudriña la mente y el *c*

CORDERO v. Cabrío, Carnero, Oveja
Gn   22.8 Dios se proveerá de *c* para ... hijo mío
Éx   29.39 ofrecerás uno de los *c* por la mañana
Lv   4.32 por su ofrenda por el pecado trajere *c*
1 S   7.9 Samuel tomó un *c* de leche y lo sacrificó
Is   11.6; 65.25 morará el lobo con el *c*, y el
     40.11 en su brazo llevará los *c*, y en su seno
     53.7 como *c* fue llevado al matadero; y como
Jer   11.19 yo era como *c* inocente que llevan a
Lc   10.3 yo os envío como *c* en medio de lobos
Jn   1.29, 36 dijo: He aquí el *C* de Dios
     21.15 que te amo. Él dijo: Apacienta mis *c*
Hch   8.32 *c* mudo delante del que lo trasquila
1 P   1.19 un *c* sin mancha y sin contaminación
Ap   5.6 estaba en pie un *C* como inmolado, que
     5.12 *C* que fue inmolado es digno de tomar
     6.16 y escondednos del ... y de la ira del *C*
     7.10 la salvación pertenece a ... Dios ... y al *C*
     12.11 vencido por medio de la sangre del *C* y
     13.8 en el libro de ... del *C* que fue inmolado
     14.1 miré ... *C* estaba en pie sobre el monte
     14.4 son los que siguen al *C* por dondequiera
     17.14 pelearán contra el *C*, y el *C* los vencerá
     19.7 porque han llegado las bodas del *C*
     21.9 ven acá, yo te mostraré ... esposa del *C*
     21.23 Dios la ilumina, y el *C* es su lumbrera
     22.3 el trono de Dios y del *C* estará en ella

CORONA v. Diadema, Tiara
2 S   1.10 tomé la *c* que tenía en su cabeza, y la
2 R   11.12; 2 Cr 23.11 le puso la *c* y el testimonio
Sal   21.3 *c* de oro fino has puesto sobre su cabeza
     89.39 has profanado su *c* hasta la tierra
Pr   4.9 adorno de ... *c* de hermosura te entregará
     12.4 la mujer virtuosa es *c* de su marido
     14.24 las riquezas de los sabios son su *c*
     27.24 será la *c* ... perpetuas generaciones?
Is   28.1 ¡ay de la *c* de soberbia de los ebrios de
     28.5 Jehová ... será por *c* de gloria y diadema
     62.3 serás *c* de gloria en la mano de Jehová
Jer   13.18 la *c* de vuestra gloria ha caído de
Lm   5.16 cayó la *c* de nuestra cabeza; ¡ay ahora
Ez   21.26 depón la tiara, quita la *c*; esto no será
Zac   6.11 tomarás, pues, plata y oro, y harás *c*
Mt   27.29; Mc 15.17; Jn 19.2 una *c* ... de espinas
1 Co   9.25 ellos ... para recibir una *c* corruptible
Flp   4.1 así que, hermanos míos ... gozo y *c* mía
1 Ts   2.19 ¿cuál es ... gozo, o *c* de que me gloríe?
2 Ti   4.8 está guardada la *c* de justicia, la cual
Stg   1.12 haya resistido ... recibirá la *c* de vida
1 P   5.4 recibiréis la *c* incorruptible de gloria
Ap   2.10 sé fiel hasta ... yo te daré la *c* de la vida
     3.11 retén lo ... para que ninguno tome tu *c*
     6.2 le fue dada una *c*, y salió venciendo
     12.1 sobre su cabeza una *c* de doce estrellas
     14.14 que tenía en la cabeza una *c* de oro

CREACIÓN v. Principio
Mc   10.6 al principio de la *c*, varón y hembra los
Ro   1.20 se hacen ... visibles desde la *c* del mundo

8.19 anhelo ardiente de la *c* es el aguardar
8.21 también la *c* misma será libertada de
8.22 sabemos que toda la *c* gime a una, y a
Gl 6.15 ni la incircuncisión, sino una nueva *c*
Heb 9.11 no hecho de ... es decir, no de esta *c*
2 P 3.4 así como desde el principio de la *c*
Ap 3.14 el principio de la *c* de Dios, dice esto

CREER *v.* Confiar, Fe, Fiar
Gn 15.6 creyó a Jehová, y le fue contado por
Éx 4.1 no me *creerán*, ni oirán mi voz; porque
4.31 el pueblo *creyó*; y oyendo ... adoraron
14.31 el pueblo temió a Jehová, y *creyeron*
19.9 también para que te *crean* para siempre
Nm 14.11 ¿hasta cuándo no me *creerán*, con
20.12 no *creísteis* en mí, para santificarme
Dt 1.32 aun con esto no *creísteis* a Jehová
9.23 no le *creísteis*, ni obedecisteis a su voz
2 R 17.14 cuales no *creyeron* en Jehová su Dios
2 Cr 20.20 *creed* en Jehová ... a sus profetas
Job 9.16 aún no *creeré* que haya escuchado mi voz
15.22 él no *cree* que volverá de las tinieblas
29.24 si me reía con ellos, no lo *creían*
Sal 27.13 si no *creyese* que veré la bondad de
78.22 por cuanto no habían *creído* a Dios, ni
116.10 *creí*; por tanto hablé, estando afligido
119.66 porque tus mandamientos he *creído*
Pr 14.15 el simple todo lo *cree*; mas el avisado
26.25 hablare amigablemente, no le *creas*
Is 7.9 si vosotros no *creyereis*, de cierto no
28.16 piedra ... el que *creyere*, no se apresure
43.10 que me conozcáis y *creáis*, y entendáis
53.1 ¿quién ha *creído* a lo que nosotros
Jer 12.6 no los *creas* cuando bien te hablen
Jon 3.5 y los hombres de Nínive *creyeron* a Dios
Mt 8.13 dijo ... Ve, y como *creíste*, te sea hecho
9.28 les dijo: ¿Creéis que puedo hacer esto?
21.22 que pidiereis ... *creyendo*, lo recibiréis
21.25; Lc 20.5 ¿por qué ... no le *creísteis*?
21.32 publicanos y las rameras le *creyeron*
21.32 no os arrepentisteis después para *creerle*
24.23; Mc 13.21 mirad, allí está, no lo *creáis*
27.43; Mc 15.32 descienda ... y *creeremos*
Mc 1.15 arrepentíos, y *creed* en el evangelio
9.23 si puedes *creer*, al que *cree* todo es
9.24 y dijo: *Creo*; ayuda mi incredulidad
11.24 *creed* que lo recibiréis, y os vendrá
16.11 oyeron que vivía ... no lo *creyeron*
16.16 el que *creyere* ... será salvo; mas el que
Lc 1.20 por cuanto no *creíste* mis palabras, las
8.12 quita de ... para que no *crean* y se salven
8.50 no temas; *cree* solamente, y será salva
22.67 les dijo: Si os lo dijere, no *creeréis*
24.11 les parecía locura ... y no las *creían*
24.25 tardos ... para *creer* todo lo que los
Jn 1.7 vino ... a fin de que todos *creyesen* por él
1.12 a los que *creen* en su nombre, les dio
2.11 Caná ... y sus discípulos *creyeron* en él
2.22 y *creyeron* la Escritura y la palabra que
2.23 muchos *creyeron* en su nombre, viendo
3.12 ¿cómo *creeréis* si os dijere las celestiales?
3.16 para que todo aquel que en él *cree*, no se
3.18 el que en él *cree* no es condenado; pero
3.36 el que *cree* en el Hijo tiene vida eterna
4.42 ya no *creemos* solamente por tu dicho
4.48 dijo: Si no viereis señales ... no *creeréis*
4.53 el padre ... *creyó* él con toda su casa
5.24 *cree* al que me envió, tiene vida eterna
5.46 si *creyeseis* a Moisés me *creeríais* a mí
6.29 Dios, que *creáis* en el que él ha enviado
6.35 el que en mí *cree*, no tendrá sed jamás
6.64 hay algunos de vosotros que no *creen*
6.69 nosotros hemos *creído* y conocemos que
7.5 porque ni aun sus hermanos *creían* en él
7.31; 8.30 muchos ... *creyeron* en él, y decían
7.38 el que *cree* en mí, como dice la Escritura
7.48 ¿acaso ha *creído* en él alguno de los
8.24 si no *creéis* que yo soy, en vuestros
8.45 porque digo la verdad, no me *creéis*
9.35 le dijo: ¿Crees tú en el Hijo de Dios?
10.26 no *creéis*, porque no sois de mis ovejas
10.38 no me *creáis* a mí, *creed* a las obras
11.15 me alegro por vosotros ... para que *creáis*

11.25 el que *cree* en mí ... esté muerto, vivirá
11.27 yo he *creído* que tú eres el Cristo, el
11.45 vieron lo que hizo Jesús, *creyeron* en él
11.48 si le dejamos así, todos *creerán* en él
12.36 *creed* en la luz, para que seáis hijos de
12.37 hecho tantas señales ... no *creían* en él
12.38 ¿quién ha *creído* a nuestro anuncio?
12.42 aun de los gobernantes ... *creyeron* en él
12.44 el que *cree* en mí, no *c* en mí, sino en
13.19; 14.29 para que cuando suceda, *creáis*
14.1 *creéis* en Dios, *creed* también en mí
14.10 ¿no *crees* que yo soy en el Padre, y el
16.9 de pecado, por cuanto no *creen* en mí
16.27 habéis *creído* que yo salí de Dios
17.8 ellos ... han *creído* que tú me enviaste
17.20 que han de *creer* en mí por la palabra
17.21 que el mundo *crea* que tú me enviaste
20.8 entró también el otro ... y vio, y *creyó*
20.25 y metiere mi mano en su ... no *creeré*
20.29 porque me has visto, Tomás, *creíste*
20.31 éstas se han escrito para que *creáis* que
Hch 4.32 los que habían *creído* era de un corazón
8.12 pero cuando *creyeron* a Felipe, que
8.37 si *crees* ... Creo que Jesucristo es el Hijo
9.42 notorio ... y muchos *creyeron* en el Señor
10.43 que todos los que en él *creyeren*
11.21 número *creyó* y se convirtió al Señor
13.39 en él es justificado todo aquel que *cree*
13.48 *creyeron* ... los que estaban ordenados
14.1 que *creyó* una gran multitud de judíos
16.31 dijeron: Cree en el Señor Jesucristo
17.4, 34 algunos ... *creyeron*, y se juntaron con
18.8 Crispo ... *creyó* en el Señor con toda su
19.2 el Espíritu Santo cuando *creísteis*?
23.21 tú no les *creas*; porque más de cuarenta
24.14 *creyendo* todas las cosas que en la ley
26.27 ¿*crees*, oh rey Agripa, a los profetas?
Ro 1.16 para salvación a todo aquel que *cree*
4.3; Stg 2.23 *creyó* Abraham a Dios, y le fue
4.5 al que no obra, sino *cree* en aquel que
4.18 él *creyó* en esperanza contra esperanza
9.33 que *creyere* en él, no será avergonzado
10.4 para justicia a todo aquel que *cree*
10.9 y *creyeres* en tu corazón que Dios le
10.11 todo aquel que en él *creyere*, no será
10.14 ¿cómo, pues, invocarán ... no han *creído*?
10.16 ¿quién ha *creído* a nuestro anuncio?
14.2 uno *cree* que se ha de comer de todo lo
1 Co 13.7 todo lo *cree*, todo lo espera, todo
2 Co 4.13 *creí*, por lo cual hablé ... *creemos*, por
Gl 6.3 el que se *cree* ser algo, no siendo nada
Ef 1.13 oído la palabra ... y habiendo *creído* en él
1.19 de su poder para con ... los que *creemos*
Flp 1.29 no sólo que *creáis* en él, sino también
2 Ts 1.10 ser admirado en todos los que *creyeron*
2.12 condenados todos los que no *creyeron*
1 Ti 3.16 *creído* en el mundo, recibido arriba
2 Ti 1.12 yo sé a quién he *creído*, y estoy seguro
Heb 4.3 que hemos *creído* entramos en el reposo
11.6 el que se acerca a Dios *crea* que le hay
11.13 de lejos, y *creyéndolo*, y saludándolo
Stg 1.26 si alguno se *cree* religioso entre vosotros
2.19 tú *cree* que Dios es uno; bien haces
1 P 1.8 en quien *creyendo* ... os alegráis con gozo
1.21 mediante el cual *creéis* en Dios, quien le
1 Jn 3.23 que *creamos* en el nombre de su Hijo
4.1 amados, no *creáis* a todo espíritu, sino
4.16 hemos ... *creído* el amor que Dios tiene
5.10 el que *cree* en el Hijo de Dios, tiene el
5.13 he escrito a vosotros que *creéis* en el

CRISTO *v.* Cristo Jesús, Jesucristo, Jesús, Mesías, Salvador, Señor, Señor Jesucristo, Señor Jesús, Ungido, Verbo
Mt 2.4 les preguntó dónde había de nacer el *C*
16.16; Mc 8.29; Lc 9.20 tú eres el *C*, el Hijo
16.20 que a nadie dijesen que él era Jesús el *C*
22.42 ¿qué pensáis del *C*? ¿De quién es hijo?
23.8 uno es vuestro Maestro, el *C*, y todos
24.5; Mc 13.6; Lc 21.8 nombre, diciendo: Yo soy el *C*
24.23; Mc 13.21 mirad, aquí está el *C*, o mirad
24.24 porque se levantarán falsos *C*, y falsos
26.63; Mc 14.61; Lc 22.67; Jn 10.24 si eres tú el *C*
27.17 a Barrabás, o a Jesús, llamado el *C*?

Mc	9.41 un vaso de agua en ... porque sois de *C*
	12.35; Lc 20.41 que el *C* es hijo de David?
	15.32 el *C*, Rey de Israel, descienda ahora de
Lc	2.11 nacido ... un Salvador, que es *C* el Señor
	23.2 diciendo que él mismo es el *C*, un rey
	23.39 si tú eres el *C*, sálvate a ti mismo y a
	24.46 así fue necesario que el *C* padeciese, y
Jn	1.20 no negó, sino confesó: Yo no soy el *C*
	3.28 de que dije: Yo no soy el *C*, sino que soy
	4.29 venid, ved a un ... ¿No será éste el *C*?
	4.42 éste es el Salvador del mundo, el *C*
	6.69 conocemos que tú eres el *C*, el Hijo de
	7.26 ¿habrán reconocido ... que éste es el *C*?
	11.27 he creído que tú eres el *C*, el Hijo de Dios
	20.31 para que creáis que Jesús es el *C*, el Hijo
Hch	2.30 de su descendencia ... levantaría al *C*
	2.36 a este ... Dios le ha hecho Señor y *C*
	3.18 cumplido ... que su *C* había de padecer
	4.26 se juntaron en uno ... y contra su *C*
	9.20 seguida predicaba a *C* en las sinagogas
	17.3 Jesús, a quien yo os anuncio ... es el *C*
	18.5, 28 a los judíos que Jesús era el *C*
	26.23 el *C* había de padecer, y ser el primero
Ro	5.6 *C*, cuando aún éramos débiles, a su tiempo
	5.8 en que siendo aún pecadores, *C* murió por
	8.9 si alguno no tiene el Espíritu de *C*, no es
	8.10 si *C* está en vosotros, el cuerpo en verdad
	8.34 *C* es el que murió; más aún, el que
	8.35 ¿quién nos separará del amor de *C*?
	9.3 separado de *C*, por amor a mis hermanos
	10.4 el fin de la ley es *C*, para justicia a todo
	12.5 así nosotros ... somos un cuerpo en *C*
	15.3 porque ni aun *C* se agradó a sí mismo
	15.7 también *C* nos recibió, para gloria de
1 Co	1.23 predicamos a *C* crucificado, para los
	1.24 mas para los llamados ... el poder de Dios
	2.16 mas nosotros tenemos la mente de *C*
	3.23 vuestro, y vosotros de *C*, y *C* de Dios
	5.7 porque nuestra pascua, que es *C*, ya fue
	6.15 vuestros cuerpos son miembros de *C*?
	8.12 pecando contra los ... contra *C* pecáis
	11.3 *C* es la cabeza ... y Dios la cabeza de *C*
	15.17 si *C* no resucitó, vuestra fe es vana; aún
2 Co	1.5 abundan en nosotros las aflicciones de *C*
	3.14 el mismo velo ... el cual por *C* es quitado
	5.14 el amor de *C* nos constriñe, pensando
	5.16 si a *C* conocimos según la carne, ya no
	5.17 si alguno está en *C*, nueva criatura es
	5.18 nos reconcilió consigo mismo por *C*, y
	5.19 Dios estaba en *C* reconciliando consigo
	6.15 ¿y qué concordia *C* con Belial? ¿O qué
	10.5 llevando cautivo ... a la obediencia a *C*
	10.7 como él es de *C* ... nosotros somos de *C*
	11.3 extraviados de la sincera fidelidad a *C*
Gl	2.20 con *C* estoy ... crucificado, y ya no vivo
	3.13 *C* nos redimió de la maldición de la ley
	3.27 bautizados en *C*, de *C* estáis revestidos
	3.29 si ... sois de *C* ... linaje de Abraham sois
	4.19 hasta que *C* sea formado en vosotros
Ef	1.10 de reunir todas las cosas en *C*, en la
	1.12 nosotros los que ... esperábamos en *C*
	2.12 en aquel tiempo estábais sin *C*, alejados
	3.17 que habite *C* por la fe en ... corazones
	4.15 en aquel que es la cabeza, esto es, *C*
	4.20 vosotros no habéis aprendido así a *C*
	4.32 como Dios también os perdonó ... en *C*
	5.2 andad en amor, como ... *C* nos amó, y se
	5.23 así como *C* es la cabeza de la iglesia, la
	6.5 obedeced a vuestros amos ... como a *C*
Flp	1.18 pretexto o por verdad, *C* es anunciado
	1.20 magnificado *C* en mi cuerpo, o por vida
	1.21 porque para mí el vivir es *C*, y el morir
	1.23 deseo de partir y estar con *C*, lo cual es
	3.7 he estimado como pérdida por amor de *C*
	4.13 todo lo puedo en *C* que me fortalece
Col	1.27 *C* en vosotros, la esperanza de gloria
	3.3 vuestra vida está escondida con *C* en Dios
	3.11 libre, sino que *C* es el todo, y en todos
	3.13 de la manera que *C* os perdonó, así
	3.24 la herencia, porque a *C* el Señor servís
Heb	3.6 pero *C* como hijo sobre su casa, la cual
	5.5 así tampoco *C* se glorificó a sí mismo
	9.28 *C* fue ofrecido una sola vez para llevar

1 P	2.21 *C* padeció por nosotros, dejándonos
	3.18 *C* padeció una sola vez por los pecados
1 Jn	2.22 sino el que niega que Jesús es el *C*?
	5.1 todo aquel que cree que Jesús es el *C*
Ap	11.15 reinos ... de nuestro Señor, y de su *C*
	20.4 y vivieron y reinaron con *C* mil años

CRISTO Jesús *v.* Cristo, Jesucristo, Jesús, Mesías, Salvador, Señor, Señor Jesucristo, Señor Jesús, Ungido, Verbo

Ro	6.3 los que hemos sido bautizados en *C J*
	8.1 ninguna condenación hay para los ... en *C J*
	8.39 del amor de Dios, que es en *C J* Señor
1 Co	1.30 mas por él estáis vosotros en *C J*
2 Co	2.14 nos lleva siempre en triunfo en *C J*
Gl	3.28 porque todos vosotros sois uno en *C J*
Ef	3.11 al propósito eterno que hizo en *C J*
Flp	2.5 haya ... este sentir que hubo ... en *C J*
	3.12 para lo cual fui también asido por *C J*
1 Ti	1.15 *C J* vino al mundo para salvar a los
2 Ti	3.12 que quieren vivir piadosamente en *C J*
Heb	3.1 el apóstol ... de nuestra profesión, *C J*

CRUCIFICAR

Mt	20.19 azoten, y le *crucifiquen*; más al tercer
	23.34 a unos mataréis y *crucificaréis*, y
	26.2 será entregado para ser *crucificado*
	27.22 todos le dijeron: ¡Sea *crucificado*!
	27.31; Mc 15.20 le llevaron para *crucificarle*
	27.38; Mc 15.27; Lc 23.33; Jn 19.18 *crucificaron* con él a
	dos ladrones
	28.5; Mc 16.6 a Jesús, el que fue *crucificado*
Mc	15.13, 14; Lc 23.21 a dar voces: ¡*Crucifícale*
Lc	24.20 cómo le entregaron ... y le *crucificaron*
Jn	19.10 que tengo autoridad para *crucificarte*
Hch	2.23 a éste ... matasteis ... *crucificándole*
	2.36; 4.10 a quien vosotros *crucificasteis*
Ro	6.6 nuestro viejo hombre fue *crucificado*
1 Co	1.13 ¿fue *crucificado* Pablo por vosotros?
	1.23; 2.2 predicamos a Cristo *crucificado*
	2.8 nunca habrían *crucificado* al Señor de
2 Co	13.4 aunque fue *crucificado* en debilidad
Gl	2.20 con Cristo estoy ... *crucificado*, y ya no
	3.1 fue ya presentado ... como *crucificado*
	5.24 han *crucificado* la carne con sus pasiones
	6.14 el mundo me es *crucificado* a mí, y yo al
Heb	6.6 *crucificando* de nuevo ... al Hijo de Dios
Ap	11.8 donde ... nuestro Señor fue *crucificado*

CRUZ *v.* Madero

Mt	10.38; Lc 14.27 el que no toma su *c* y sigue
	16.24; Mc 8.34 niéguese a sí ... y tome su *c*
	27.32; Mc 15.21 obligaron a que llevase la *c*
Mc	10.21 te falta ... ven, sígueme, tomando tu *c*
	15.30 sálvate a ti mismo, y desciende de la *c*
Lc	9.23 niéguese ... tome su *c* cada día, y sígame
Jn	19.17 él, cargando su *c*, salió al lugar llamado
1 Co	1.17 para que no se haga vana la *c* de Cristo
	1.18 la palabra de la *c* es locura a los que
Gl	5.11 tal caso se ha quitado el tropiezo de la *c*
	6.12 no padecer persecución a causa de la *c*
	6.14 gloriarme, sino en la *c* de nuestro Señor
Ef	2.16 mediante la *c* reconciliar con Dios a
Flp	2.8 obediente hasta la muerte, y muerte de *c*
	3.18 que son enemigos de la *c* de Cristo
Col	1.20 la paz mediante la sangre de su *c*
	2.14 quitándola de en ... y clavándola en la *c*
Heb	12.2 sufrió la *c*, menospreciando el oprobio

CUARENTA

Éx	16.35 comieron los ... de Israel maná *c* años
Nm	14.33 pastoreando en el desierto *c* años
Dt	9.18 me postré delante de ... *c* días y *c* noches
Jon	3.4 de aquí a *c* días Nínive será destruida
Lc	4.2 por *c* días, y era tentado por el diablo

CUERPO *v.* Cadáver, Carne, Muerto

Gn	47.18 nada ha quedado ... sino nuestros *c*
Dt	21.23 no dejaréis que su *c* pase la noche sobre
1 S	31.12 quitaron el *c* de Saúl y los *c* de sus
Sal	139.15 no fue encubierto mi *c*, bien que
Is	50.6 di mi *c* a los heridores, y mis mejillas a
Jer	7.33 los *c* muertos de este pueblo para comida
Dn	10.6 su *c* era como de berilo, y su rostro
Mt	5.29 y no que todo tu *c* sea echado al infierno
	6.22 la lámpara del *c* es el ojo; así que, si tu

6.25 ni por vuestro *c*, qué habéis de vestir
10.28; Lc 12.4 no temáis a los que matan el *c*
24.28; Lc 17.37 estuviere el *c* muerto, allí se
26.26; Mc 14.22; Lc 22.19; 1 Co 11.24 dijo:
Tomad, comed; esto es mi *c*
27.52 muchos de santos que habían dormido
27.58; Mc 15.43; Lc 23.52 fue a Pilato y pidió el *c* de Jesús

Mc	6.29 vinieron y tomaron su *c*, y lo pusieron
Lc	24.3 y entrando, no hallaron el *c* del Señor
Jn	2.21 mas él hablaba del templo de su *c*
	19.31 de que los *c* no quedasen en la cruz
Ro	1.24 que deshonraron entre sí sus propios *c*
	7.4 habéis muerto a la ley mediante el *c* de
	7.24 ¿quién me librará de este *c* de muerte?
	8.10 el *c* en verdad está muerto a causa del
	8.11 vivificará también vuestros *c* mortales
	8.23 esperando la ... redención de nuestro *c*
	12.1 presentéis vuestros *c* en sacrificio vivo
	12.5 así nosotros ... somos un *c* en Cristo
1 Co	6.13 *c* ... para el Señor, y el Señor para el
	6.15 que vuestros *c* son miembros de Cristo?
	6.19 ¿o ignoráis que vuestro *c* es templo del
	6.20 glorificad, pues, a Dios en vuestro *c* y
	7.4 la mujer no tiene potestad sobre su ... *c*
	7.34 para ser santa así en *c* como en espíritu
	9.27 golpeo mi *c*, y lo pongo en servidumbre
	10.16 ¿no es la comunión del *c* de Cristo?
	10.17 nosotros, con ser muchos, somos un *c*
	11.27 culpado del *c* y de la sangre del Señor
	12.27 vosotros, pues, sois el *c* de Cristo, y
	13.3 si entregase mi *c* para ser quemado, y no
	15.35 pero dirá alguno ... ¿Con qué *c* vendrán?
	15.40 y hay *c* celestiales, y *c* terrenales; pero
2 Co	4.10 llevando en el *c* ... la muerte de Jesús
	5.6 entre tanto que estamos en el *c*, estamos
	12.2 en el *c*, no lo sé; si fuera el *c*, no lo sé
Gl	6.17 yo traigo en mi *c* las marcas del Señor
Ef	1.23 la cual es su *c*, la plenitud de Aquel que
	2.16 reconciliar con ... a ambos en un solo *c*
	3.6 los gentiles son ... miembros del mismo *c*
	4.4 un *c*, y un Espíritu, como fuisteis también
	4.16 de quien todo el *c* ... recibe su crecimiento
	5.28 amar a sus mujeres como a sus mismos *c*
Flp	3.21 el cual transformará el *c* de la humillación
Col	1.18 él es la cabeza del *c* que es la iglesia
	2.23 en humildad y en duro trato del *c*; pero
1 Ts	5.23 todo ... espíritu, alma y *c* sea guardado
Heb	10.5 ofrenda no quisiste; mas me preparaste *c*
	10.10 la ofrenda del *c* de Jesucristo hecha una
Stg	2.26 como el *c* sin espíritu está muerto, así
	3.2 es capaz también de refrenar todo el *c*
2 P	1.13 por justo, en tanto que estoy en este *c*
Jud	9 disputando con él por el *c* de Moisés, no

CULPA v. Delito, Falta

Gn	44.10 será mi siervo, y vosotros seréis sin *c*
Lv	7.1 esta es la ley del sacrificio por la *c*
Dt	21.9 tú quitarás la *c* de la sangre inocente
Jos	2.19 será sobre su cabeza, y nosotros sin *c*
Pr	28.20 el que se apresura a ... no será sin *c*
Mt	12.5 en el templo profanan ... y son sin *c*?

CHISMOSO/A

Pr	16.28 y el *ch* aparta a los mejores amigos
	26.20 donde no hay *ch*, cesa la contienda
1 Ti	5.13 también *ch* y entremetidas, hablando

DADOR

2 Co	9.7 cada uno ... porque Dios ama al *d* alegre
Stg	4.12 uno solo es el *d* de la ley, que puede

DANIEL v. también Beltsasar
Educado en el palacio del rey, Dn 1.1–7;
firme en su propósito, Dn 1.8–16;
interpreta el sueño de Nabucodonosor, Dn 2.14–45;
lee la escritura en la pared, Dn 5.17–29;
librado del foso de los leones, Dn 6.10–24;
sueños y visiones, Dan. 7, 8, 10–12;
ora por su pueblo, Dn 9.1–19.

DANZAR v. Bailar

2 S	6.14 y David *danzaba* con toda su fuerza
	6.21 por tanto, *danzaré* delante de Jehová
Mt	14.6; Mc 6.22 la hija de Herodías *danzó* en

DAÑAR v. Herir, Malo

Is	11.9 no ... ni *dañarán* en todo mi santo monte
Lc	10.19 so doy potestad de ... y nada os *dañará*
Flm	18 y si en algo te *dañó*, o te debe, ponlo a
Ap	9.4 se les mandó que no *dañasen* a la hierba
	11.5 si alguno quiere *dañarlos*, sale fuego

DAR v. Entregar, Ofrecer, Pagar

Gn	3.12 la mujer que me *diste* ... me *dio* del
	29.26 que se *dé* la menor antes que la mayor
Éx	12.36 egipcios, y les *dieron* cuanto pedían
Lv	12.2 la mujer, cuando conciba y *dé* a luz
Dt	15.10 *darás*, y no serás de mezquino corazón
Jos	15.19 me has *dado* tierra del Neguev, *dame*
1 R	5.12 Jehová, pues, *dio* a Salomón sabiduría
	10.13 Salomón *dio* a la reina de Sabá todo lo
1 Cr	16.18; Sal 105.11 *daré* la tierra de Canaán
	16.28; Sal 96.7 *dad* a Jehová gloria y poder
	29.14 de lo recibido de tu mano te *damos*
2 Cr	1.7 pídeme lo que quieras que yo te *dé*
Esd	2.69 según sus fuerzas *dieron* al tesorero de
	7.20 te sea necesario *dar*, lo *darás* de la casa
Job	1.21 dijo ... Jehová *dio*, y Jehová quitó; sea
	39.13 ¿*diste* tú hermosas alas al pavo real
Sal	28.4 *dales* conforme a su obra, y conforme
	85.12 Jehová *dará* también el bien, y nuestra
	119.34 *dame* entendimiento, y guardaré tu ley
Pr	10.24 a los justos les será *dado* lo que desean
	19.6 cada uno es amigo del hombre que *da*
	21.26 pero el justo *da*, y no detiene su mano
	23.26 *dame*, hijo mío, tu corazón, y miren tus
	24.12 él ... *dará* al hombre según sus obras
	28.27 el que *da* al pobre no tendrá pobreza
	30.15 tiene dos hijas que dicen: ¡Dame! ¡D!
Is	26.12 Jehová, tú nos *darás* paz, porque también
	42.24 ¿quién *dio* a Jacob en botín, y entregó
	43.3 Egipto he *dado* por tu rescate, a Etiopía
	49.6 te *di* por luz de las naciones, para que
	66.9 yo que hago *dar* a luz, ¿no haré nacer?
Jer	17.10 para *dar* a cada uno según su camino
	32.39 les *daré* un corazón, y un camino, para
Mt	4.9 todo esto te *daré*, si postrado me adorares
	5.42; Lc 6.30 al que te pida, *dale*.; y al que
	6.11; Lc 11.3 el pan nuestro ... *dánoslo* hoy
	7.11 siendo malos, sabéis *dar* buenas dádivas
	10.8 de gracia recibisteis, *dad* de gracia
	13.12 a cualquiera que tiene, se le *dará*, y
	14.7 le prometió ... *darle* todo lo que pidiese
	14.16 les dijo ... *Dadles* vosotros de comer
	15.36; Mc 6.41 partió y *dio* a sus discípulos
	20.23; Mc 10.40 sentaros ... no es mío *darlo*
	20.28 para *dar* su vida en rescate por muchos
	21.23; Lc 20.2 ¿y quién te *dio* ... autoridad?
	25.29; Mc 4.25; Lc 8.18; 19.26 al que tiene se *dará*
Mc	8.37 ¿o qué recompensa *dará* ... por su alma?
	12.14 lícito *dar* tributo ... ¿daremos, o no *d*?
	12.17; Lc 20.25 *dad* a César lo que es de
	15.45 informado ... *dio* el cuerpo a José por el
Lc	3.11 que tiene dos túnicas *dé* al que no tiene
	4.6 esta potestad ... y a quien quiero la *doy*
	6.38 *dad*, y se os *dará*; medida buena ... *darán*
	11.8 levantará y le *dará* todo lo que necesite
	11.9 yo os digo: Pedid, y se os *dará*; buscad
	11.13 *dará* el Espíritu Santo a los que se lo
	12.32 Padre le ha placido *daros* el reino
	22.19 es mi cuerpo, que por vosotros es *dado*
Jn	4.7 sacar ... y Jesús le dijo: *Dame* de beber
	5.27 *dio* autoridad de hacer juicio, por cuanto
	6.32 Padre os *da* el verdadero pan del cielo
	6.51 la cual yo *daré* por la vida del mundo
	6.65 puede venir a mí, si no le fuere *dado*
	10.28 yo les *doy* vida eterna, y no perecerán
	14.16 yo rogaré ... y os *dará* otro Consolador
	14.27 mi paz os *doy* ... yo no os la *d* como el mundo la *da*
	15.16 que todo lo que pidiereis al ... os lo *dé*
	16.21 la mujer cuando *da* a luz, tiene dolor
	17.2 que *dé* vida ... a todos los que le *diste*
	17.24 que me has *dado*, quiero que donde yo
Hch	3.6 pero lo que tengo te *doy*; en el nombre
	20.35 más bienaventurado es *dar* que recibir
Ro	8.32 ¿cómo no nos *dará* ... todas las cosas?

11.35 ¿o quién le *dio* a él primero, para que
14.12 cada uno de ... *dará* a Dios cuenta de sí
2 Co 5.5 nos ha *dado* las arras del Espíritu
8.5 a sí mismos se *dieron* ... al Señor, y luego
9.7 cada uno *dé* como propuso en su corazón
Gl 1.4 se *dio* a sí mismo por nuestros pecados
Ef 3.16 para que os *dé*, conforme a las riquezas /
Flp 4.15 en razón de *dar* y recibir sino vosotros
1 Ts 4.8 Dios, que también nos *dio* su Espíritu
1 Ti 6.17 nos *da* todas las cosas en abundancia
Heb 7.2 a quien ... *dio* Abraham los diezmos de
Stg 2.16 no les *dais* las cosas que son necesarias
Ap 12.5 ella *dio* a luz un hijo varón, que regirá
18.6 *dadle* a ella como ella os ha *dado*

DARDO *v.* Saeta
Zac 9.14 su *d* saldrá como relámpago; y Jehová
Ef 6.16 con que podáis apagar todos los *d* de

DAVID 1 S 16.13—1 R 2.11; 1 Cr 11.1—29.30.
Ungido por Samuel, 1 S 16:1–13;
toca el arpa ante Saúl, 1 S 16.14–23;
mata a Goliat, 1 S 17.1–58;
hace pacto con Jonatán, 1 S 18.1–5;
Saúl tiene celos de él, 1 S 18.6–9;
se casa con Mical, 1 S. 18.20–29;
se gana la amistad de Jonatán, 1 S 20.1–42;
huye de Saúl, 1 S 19.1–24; 21.1—22.5;
habita en el desierto, 1 S 23.1–29;
perdona a Saúl en En-gadi, 1 S 24.1–22;
David y Abigail, 1 S 25.1–44;
perdona a Saúl en Zif, 1 S 26.1–25;
vive entre los filisteos, 1 S 27.1—28.2;
los filisteos desconfían de él, 1 S 29.1–11;
derrota a los amalecitas, 1 S 30.1–31;
endecha a Saúl y a Jonatán, 2 S 1.1–27;
hecho rey de Judá, 2 S 2.1–7;
hecho rey de Israel, 2 S 5.1–16; 1 Cr 11.1–9;
trae el arca a Jerusalén, 2 S 6.1–23; 1 Cr 15.1—16.6;
pacto de Dios con David, 2 S 7.1–29; 1 Cr 17.1–27;
extiende sus dominios, 2 S 8.1–18; 1 Cr 18.1–17;
David y Betsabé, 2 S 11.1—12.25;
huye ante la rebelión de Absalón, 2 S 15.1—16.23;
vuelve a Jerusalén, 2 S 19.1–43;
cántico de David, 2 S 22.1–23.7;
hace el censo de Israel y Judá, 2 S 24.1–25; 1 Cr 21.1–27;
da instrucciones a Salomón, 1 R 2.1–9; 1 Cr 28.1–21;
muere, 1 R 2.10–12; 1 Cr 29.26–30.
Sal 78.70 eligió a *D* su siervo, y lo tomó de las
Jer 23.5; 33.15 levantaré a *D* renuevo justo, y
Ez 34.23 sobre ellas a un pastor ... mi siervo *D*
Os 3.5 buscarán a Jehová su Dios, y a *D* su rey
Am 9.11 yo levantaré el tabernáculo caído de *D*
Zac 12.8 entre ellos fuere débil ... será como *D*
Mt 9.27 misericordia de nosotros. Hijo de *D*!
12.3; Mc 2.25; Lc 6.3 leísteis lo que hizo *D*?
21.9 ¡Hosanna al Hijo de *D*! ¡Bendito el que
22.43 cómo *D* en el Espíritu le llama Señor?
Lc 1.32 Dios le dará el trono de *D* su padre
2.11 os ha nacido hoy, en la ciudad de *D*, un
Jn 7.42 del linaje de *D* ... ha de venir el Cristo?
Hch 2.25 *D* dice de él: Veía al Señor siempre
15.16 el tabernáculo de *D*, que está caído
Ro 1.3 que era del linaje de *D* según la carne
4.6 *D* habla de la bienaventuranza del hombre
Ap 5.5 el León de la ... la raíz de *D*, ha vencido
22.16 soy la raíz y el linaje de *D*, la estrella

DECLARAR *v.* Anunciar, Decir, Hablar, Predicar,
Profetizar, Publicar
Éx 25.22 de allí me *declararé* a ti, y hablaré contigo
Dt 1.5 Moab, resolvió Moisés *declarar* esta ley
26.17 has *declarado* ... hoy que Jehová es tu
Jos 4.22 *declararéis* ... diciendo: Israel pasó en
7.19 y *declárame* ahora lo que has hecho
Jue 14.14 no pudieron *declararle* el enigma en
Sal 32.5 mi pecado te *declaré*, y no encubrí mi
50.6 y los cielos *declararán* su justicia
Jer 38.15 y Jeremías dijo ... Si te lo *declarare*
Mt 13.35 *declararé* cosas escondidas desde la
Mc 4.34 a sus discípulos ... les *declaraba* todo
Lc 24.27 les *declaraba* ... lo que de él decían
Jn 4.25 cuando él venga nos *declarará* todas las
Hch 17.3 *declarando* ... que era necesario que el

Ro 1.4 que fue *declarado* Hijo de Dios con poder
1 Co 14.25 *declarando* que ... Dios está entre

DEFENDER *v.* Amparar
Éx 2.17 Moisés se levantó y las *defendió*, y dio
2.19 un varón egipcio nos *defendió* de mano
Dt 32.38 levántense ... os ayuden y os *defendan*
Job 13.15 *defenderé* delante de él mis caminos
Sal 5.11 den voces de júbilo ... los *defiendes*
20.1 el nombre del Dios de Jacob te *defienda*
82.3 *defended* al débil y al huérfano; haced
Pr 31.9 y *defiende* la causa del pobre y del
Jer 15.20 yo estoy contigo ... para *defenderte*
Hch 25.16 pueda *defenderse* de la acusación
Ro 2.15 y acusándoles o *defendiéndoles* sus

DEMONIO *v.* Endemoniado, Espíritu inmundo
Lv 17.7 y nunca más sacrificarán sus ... a los *d*
Dt 32.17 sacrificaron a los *d*, y no a Dios
Sal 106.37 sacrificaron sus hijos y sus ... a los *d*
Mt 7.22 dirán ... en tu nombre echamos fuera *d*
8.16 con la palabra echó fuera a los *d*, y sanó
9.34; 12.24; Mc 3.22; Lc 11.15 por el príncipe de los *d*
echa fuera *d*
11.18; Lc 7.33 vino Juan ... y dicen: *D* tiene
12.28; Lc 11.20 por el Espíritu ... echo ... *d*
15.22 mi hija es ... atormentada por un. *d*
17.18 reprendió Jesús al *d*, el cual salió del
Mc 1.34 echó ... *d*; y no dejaba hablar a los *d*
3.15; Lc 9.1 autoridad ... para echar fuera *d*
5.12 y le rogaron todos los *d*, diciendo
7.29 le dijo ... Ve; el *d* ha salido de tu hija
9.38; Lc 9.49 en tu nombre echaba fuera *d*
16.9 a María ... de quien había echado siete *d*
16.17 en mi nombre echarán fuera *d*; hablarán
Lc 4.33 un hombre que tenía un espíritu de *d*
4.41 también salían *d* de muchos, dando voces
9.42 *d* le derribó y le sacudió con violencia
11.14 estaba Jesús echando fuera un *d* ... mudo
Jn 7.20 *d* tienes; ¿quién procura matarte?
8.48 que tú eres samaritano, y que tienes *d*?
10.20 decían: *D* tiene, y está fuera de sí
1 Co 10.20 a los *d* lo sacrifican, y no a Dios
1 Ti 4.1 escuchando a ... y a doctrinas de *d*
Stg 2.19 crees ... también los *d* creen, y tiemblan
Ap 9.20 ni dejaron de adorar a los *d* y a las
18.2 y se ha hecho habitación de *d* y guarida

DESAMPARAR *v.* Abandonar, Dejar
Dt 12.19 ten cuidado de no *desamparar* al levita
31.6 Jehová, ... no te dejará, ni te *desamparará*
Jue 6.13 ahora Jehová nos ha *desamparado*, y nos
1 S 12.22 Jehová no *desamparará* a su pueblo
2 R 21.14 *desamparará* el resto de mi heredad
Sal 9.10 no *desamparaste* a los que te buscaron
22.1 Dios mío, ¿por qué me has *desamparado*?
37.28 Jehová ama ... no *desampara* a sus santos
71.11 diciendo: Dios lo ha *desamparado*
94.14 a su pueblo, ni *desamparará* su heredad
141.8 he confiado; no *desampares* mi alma
Jer 12.7 *desamparé* mi heredad, he entregado lo
Mt 27.46; Mc 15.34 ¿por qué me has *desamparado*?
2 Ti 4.10 Demas me ha *desamparado*, amando este
4.16 todos me *desampararon*; no les sea tomado
Heb 13.5 él dijo: No te *desampararé*, ni te dejaré

DESCANSAR *v.* Reposar
Éx 34.21 el séptimo día *descansarás*; aun en la
Dt 28.65 ni aun entre estas naciones *descansarás*
Jos 11.23 y la tierra *descansó* de la guerra
Rt 3.18 hombre no *descansará* hasta que concluya
Job 17.16 juntamente *descansarán* en el polvo
Sal 23.2 en lugares de ... pastos me hará *descansar*
55.6 alas ... paloma! Volaría yo, y *descansaría*
94.13 para hacerle *descansar* en los días de
Mt 11.28 venid a mí ... y yo os haré *descansar*
Mc 6.31 venid ... aparte ... y *descansad* un poco
14.41 y les dijo: Dormid ya, y *descansad*
Lc 23.56 *descansaron* el día de reposo, conforme
Ap 6.11 se les dijo que *descansasen* ... un poco
14.13 *descansarán* de sus trabajos, porque

DESEO *v.* Concupiscencia, Pasión
2 S 23.5 florecer toda mi salvación y mi *d*
Sal 10.17 el *d* de los humildes oíste, oh Jehová

20.4 te dé conforme al *d* de tu corazón, y
38.9 Señor, delante de ti están todos mis *d*
59.10 Dios hará que vea en mis enemigos mi *d*
112.10 lo verá ... el *d* de los impíos perecerá
145.19 cumplirá el *d* de los que le temen
Pr 11.23 el *d* de los justos es solamente el bien
13.19 el *d* cumplido regocija el alma; pero
Ec 6.9 más vale vista de ojos que *d* que pasa
Jn 8.44 los *d* de vuestro padre queréis hacer
Ro 13.14 no proveáis para los *d* de la carne
Flp 1.23 teniendo *d* de partir y estar con Cristo
2.26 porque él tenía gran *d* de veros a todos
1 P 1.14 no os conforméis a los *d* que antes
2.11 que os abstengáis de los *d* carnales que
1 Jn 2.16 los *d* de la carne, los *d* de los ojos
2.17 el mundo pasa, y sus *d*; pero el que hace
Jud 18 habrá ... que andarán según sus malvados *d*

DESHONRAR

Gn 34.2 tomó, y se acostó con ella, y la *deshonró*
Sal 79.12 su infamia, con que te han *deshonrado*
Os 2.5 la que los dio a luz se *deshonró*, porque
Miq 7.6 porque el hijo *deshonra* al padre, la hija
Sof 2.8 las afrentas ... con que *deshonraron* a mí
Mal 1.7 ¿en qué te hemos *deshonrado*? En que
Ro 1.24 *deshonraron* entre sí sus propios cuerpos
2.23 ¿con infracción de ... *deshonras* a Dios?

DESIGNIO *v.* Consejo, Propósito

Est 9.25 perverso *d* que aquél trazó contra los
Job 5.13 prende ... y frustra los *d* de los perversos
37.12 por sus *d* se revuelven las nubes en
Lm 3.62 los dichos ... su *d* contra mí todo el día
Lc 7.30 desecharon los *d* de Dios respecto de sí
Ro 8.7 de la carne son enemistad contra
Ef 1.11 todas las cosas según el *d* de su voluntad

DESMAYAR *v.* Desalentar, Desanimar

Dt 1.21; Jos 1.9; 8.1 no temas ni *desmayes*
7.21 no *desmayes* delante de ellos, porque
1 S 17.32 no *desmaye* el corazón de ninguno a
Sal 27.13 hubiera yo *desmayado*, si no creyese
2.1 clamaré ... cuando mi corazón *desmayare*
Is 41.10 no *desmayes*, porque yo soy tu Dios
42.4 no se cansará ni *desmayará*, hasta que
Jer 38.4 hace *desmayar* las manos de los hombres
Am 8.13 doncellas ... jóvenes *desmayarán* de sed
Jon 4.8 sol hirió a Jonás ... y se *desmayaba*
Mt 15.32; Mc 8.3 sea que *desmayen* en el camino
Lc 18.1 la necesidad de orar ... y no *desmayar*
2 Co 4.1 teniendo ... ministerio ... no *desmayamos*
4.16 por tanto, no *desmayamos*; antes aunque
Gl 6.9 a su tiempo segaremos, si no *desmayamos*
Ef 3.13 pido que no *desmayéis* a causa de mis
Heb 12.3 ánimo no se canse hasta *desmayar*

DESOBEDIENCIA *v.* Rebeldía

Ro 5.19 como por la *d* de un hombre los muchos
11.30 alcanzado misericordia por la *d* de
11.32 Dios sujetó a todos en *d*, para tener
2 Co 10.6 estando prontos para castigar toda *d*
Ef 2.2 espíritu que ahora opera en los hijos de *d*
5.6; Col 3.6 viene la ira ... sobre los ... de *d*
Heb 4.6 aquellos ... no entraron por causa de *d*

DEUDA

Neh 10.31 año séptimo ... remitiríamos toda *d*
Pr 22.26 ni de los que salen por fiadores de *d*
Mt 6.12 perdónanos nuestras *d*, como también
18.27 el señor ... le soltó y le perdonó la *d*
Ro 4.4 no se le cuenta ... como gracia, sino como *d*

DÍA *v.* Año, Hora, Juicio, Tiempo

Gn 1.5 llamó Dios a la luz *D*, y a las tinieblas
8.22 no cesarán ... invierno, y el *d* y la noche
24.55 espere la doncella ... a lo menos diez *d*
Dt 33.25 cerrojos, y como tus *d* serán tus fuerzas
Neh 8.10 porque *d* santo es a nuestro Señor; no os
Job 3.1 abrió Job   su boca, y maldijo su *d*
3.4 sea aquel *d* sombrío, y no cuide de él
14.5 ciertamente sus *d* están determinados
Sal 19.2 un *d* emite palabra a otro *d*, y una noche
39.5 diste a mis *d* término corto, y mi edad
74.16 tuyo es el *d*, tuya también es la noche
84.10 mejor es un *d* en tus atrios que mil

102.11 mis *d* son como sombra que se va, y me
118.24 este es el *d* que hizo Jehová; nos
145.2 cada *d* te bendeciré, y alabaré tu
Pr 3.16 largura de *d* está en su mano derecha
Cnt 2.17 hasta que apunte el *d*, y huyan las
Is 2.12 el *d* de Jehová de los ... vendrá sobre todo
13.6; Ez 30.3; Jl 1.15; Abd 15; Sof 1.7, 14 cerca está el *d* de Jehová
49.8 te oí, y en el *d* de salvación te ayudé
Jer 30.7 ¡ah, cuán grande es aquel *d*! tanto, que no
Jl 2.11 porque grande es el *d* de Jehová, y muy
2.31 antes que venga el *d* grande ... de Jehová
Am 5.18 ¡ay de los que desean el *d* de Jehová!
Zac 14.1 el *d* de Jehová viene, y en medio de
Mal 4.5 Elías, antes que venga el *d* de Jehová
Mt 24.36; Mc 13.32 del *d* y la hora nadie sabe
28.20 estoy con vosotros todos los *d*, hasta
Lc 17.30 así será el *d* en que el Hijo del Hombre
Hch 2.20 antes que venga el *d* del Señor, grande
5.42 todos los *d*, en el templo y por las casas
Ro 13.13 andemos como de *d*, honestamente; no
14.5 uno hace diferencia entre *d* y *d*; otro
2 Co 6.2 he aquí ahora el *d* de salvación
Gl 4.10 guardáis los *d*, los meses, los tiempos y
Flp 1.6 la perfeccionará hasta el *d* de Jesucristo
1 Ts 5.2 sabéis ... que el *d* del Señor vendrá así
5.5 vosotros sois hijos de luz e hijos del *d*
Heb 7.27 que no tiene necesidad cada *d*, como
10.25 más, cuanto veis que aquel *d* se acerca
2 P 1.19 que alumbra ... hasta que el *d* esclarezca
3.8 con el Señor un *d* es como mil años, y mil
3.10 el *d* del Señor vendrá como ladrón en
Ap 6.17 porque el gran *d* de su ira ha llegado

DIABLO *v.* Adversario, Beelzebú, Satanás

Mt 4.1; Lc 4.2 fue ... para ser tentado por el *d*
13.39 el enemigo que lo sembró es el *d*
25.41 al fuego eterno preparado para el *d* y
Lc 8.12 luego viene el *d* y quita de su corazón la
Jn 6.70 vosotros los doce, y uno de vosotros es *d*?
8.44 vosotros sois de vuestro padre el *d*
13.2 el *d* ya había puesto en el corazón de
Hch 10.38 sanando a ... los oprimidos por el *d*
13.10 hijo del *d*, enemigo de toda justicia
Ef 4.27 ni deis lugar al *d*
6.11 estar firmes contra las asechanzas del *d*
1 Ti 3.6 no sea ... caiga en la condenación del *d*
2 Ti 2.26 escapen del lazo del *d*, en que están
Heb 2.14 que tenía el imperio de la muerte ... al *d*
Stg 4.7 resistid al *d*, y huirá de vosotros
1 P 5.8 el *d*, como ... anda alrededor buscando
1 Jn 3.8 el que practica el pecado es del *d*
3.10 en esto se manifiestan ... los hijos del *d*
Jud 9 el arcángel Miguel contendía con el *d*
Ap 2.10 el *d* echará a algunos de ... en la cárcel
12.9; 20.2 serpiente ... se llama *d* y Satanás
20.10 el *d* ... fue lanzado en el lago de fuego

DIÁCONO/A *v.* Ministro, Siervo

Ro 16.1 Febe ... *d* de la iglesia en Cencrea
Flp 1.1 están en Filipos, con los obispos y *d*
1 Ti 3.8 los *d* ... deben ser honestos, sin doblez

DIEZMAR

Dt 14.22 *diezmarás* todo el producto del grano
26.12 cuando acabes de *diezmar* ... tus frutos
1 S 8.15 *diezmará* vuestro grano y vuestras viñas
Mt 23.23; Lc 11.42 ¡ay de ... *diezmáis* la menta

DIEZMO *v.* Ofrenda

Gn 14.20 y le dio Abram los *d* de todo
28.22 de todo lo que me dieres, el *d* apartaré
Lv 27.30 el *d* de la ... es cosa dedicada a Jehová
Nm 18.21 dado a los hijos de Leví todos los *d*
Dt 12.17 ni comerás ... el *d* de tu grano, de tu
2 Cr 31.5 trajeron ... los *d* de todas las cosas
Neh 10.37 el *d* de nuestra tierra para los levitas
10.38 levitas llevarían el *d* del *d* a la casa de
Am 4.4 traed de mañana ... *d* cada tres días
Mal 3.8 qué te hemos robado? En vuestros ... *d*
3.10 traed todos los *d* al alfolí y haya
Lc 18.12 ayuno ... doy *d* de todo lo que gano
Heb 7.2 a quien ... dio Abraham los *d* de todo
7.5 mandamiento de tomar ... *d* según la ley

7.9 pagó el *d* también Leví, que recibe los *d*

DINERO v. Moneda, Oro, Plata, Riqueza
Gn 42.25 devolviesen el *d* de cada uno de ellos
47.14 recogió José todo el *d* que había en la
Éx 30.16 tomarás de ... el *d* de las expiaciones
2 R 12.11 daban el *d* ... a los que ... reparaban
22.4 dile que recoja el *d* que han traído a la
2 Cr 24.11 cuando veían que había mucho *d*
Ec 5.10 el que ama el *d*, no se saciará de *d*; y el
7.12 escudo es el *d*; mas la sabiduría excede
10.19 alegra a los vivos; y el *d* sirve para todo
Is 55.1 los que no tienen *d* ... Venid, comprad sin *d*
Mt 25.18 cavó en la ... y escondió el *d* de su señor
28.12 consejo, dieron mucho *d* a los soldados
Mc 6.8 no ... ni alforja, ni pan, ni *d* en el cinto
14.11; Lc 22.5 ellos ... prometieron darle *d*
Hch 8.20 Pedro le dijo: Tu *d* perezca contigo
24.26 esperaba ... que Pablo le diera *d* para
1 Ti 6.10 raíz de todos los males es el amor al *d*

DIOS/A v. Altísimo, Ídolo, Imagen, Jehová, Padre,
Señor, Todopoderoso
Gn 1.1 en el principio creó *D* los cielos y la
17.1 dijo: Yo soy el *D* Todopoderoso; anda
28.21 si volviere en paz ... Jehová será mi *D*
45.8 no me enviasteis acá vosotros, sino *D*
Éx 3.6 yo soy el *D* de tu padre, *D* de Abraham
20.3; Dt 5.7 no tendrás *d* ajenos delante de
20.23 no hagáis ... *d* de plata, ni *d* de oro
32.1 haznos *d* que vayan delante de nosotros
32.4 son tus *d*, que te sacaron de ... Egipto
Lv 24.15 cualquiera que maldijere a su *D*
Nm 16.22 *D*, *D* de los espíritus de toda carne
23.19 *D* no es hombre, para que mienta, ni
23.23 dicho de Jacob ... ¡Lo que ha hecho *D*!
Dt 3.24 ¿qué *d* hay ... que haga obras ... tuyas?
4.31 *D* misericordioso es Jehová tu *D*; no te
7.9 conoce ... que Jehová tu *D* es *D*, *D* fiel
8.19 mas si ... anduvieres en pos de *d* ajenos
10.17 Jehová vuestro *D* es *D* de *d* ... *D* grande
11.16 y os apartéis y sirváis a *d* ajenos
18.20 que hablare en nombre de *d* ajenos, el
Jue 5.8 cuando escogían nuevos *d*, la guerra
Rt 1.16 tu pueblo será mi pueblo, y tu *D* mi *D*
1 S 17.46 la tierra sabrá que hay *D* en Israel
28.13 a Saúl: He visto *d* que suben de la tierra
28.15 *D* se ha apartado de ... y no me responde
2 S 7.22 ni hay *D* fuera de ti, conforme a todo lo
22.32; Sal 18.31 ¿quién es *D*, sino sólo Jehová?
1 R 8.23 *D* de Israel, no hay *D* como tú, ni
8.27; 2 Cr 6.18 *D* morará sobre la tierra?
18.27 gritad en alta voz, porque *d* es; quizá
1 Cr 16.26 todos los *d* de los pueblos son ídolos
17.20 no hay semejante a ti, ni hay *D* sino
2 Cr 2.5 el *D* nuestro es grande sobre todos los
6.14 no hay *D* semejante a ti en el cielo
28.23 ofreció sacrificios a los *d* de Damasco
Neh 9.17 pero tú eres *D* que perdonas, clemente
Job 9.2 ¿y cómo se justificará el hombre con *D*?
Sal 14.1; 53.1 el necio en su corazón: No hay *D*
22.1 *D* mío, *D* mío, ¿por qué me has desamparado?
42.3, 10 me dicen ... ¿Dónde está tu *D*?
47.7 porque *D* es el rey de toda la tierra
48.14 este es *D* nuestro eternamente y
60.6; 108.7 *D* ha dicho en su santuario: Yo
68.20 *D*, nuestro *D* ha de salvarnos, y de
73.28 el acercarme a *D* es el bien; he puesto
82.6 dije: Vosotros sois *d*, y todos vosotros
89.26 mi padre eres tú, mi *D*, y la roca de
Is 44.8 no hay *D* sino yo. No hay Fuerte; no
44.17 hace del sobrante un *d*, un ídolo suyo
45.22 mirad a mí ... yo soy *D*, y no hay más
52.7 pies ... del que dice a Sion: Tu *D* reina!
Jer 2.11 cambiado sus *d*, aunque ellos no son *d*
16.20 ¿hará ... el *d* para sí? Mas ellos no son *d*
23.23 ¿soy yo *D* ... y no *D* desde muy lejos?
31.33 y yo seré a ellos por *D*, y ellos me serán
Ez 28.2 yo soy un *d*, en el trono de *D* estoy
Dn 2.28 hay un *D* en los cielos, el cual revela
2.47 el *D* vuestro es *D* de *d*, y Señor de los
3.17 *D* a quien servimos puede librarnos del
3.18 que no serviremos a tus *d*, ni tampoco

11.37 ni respetará a *d* alguno, porque sobre
Os 11.9 *D* soy, y no hombre, el Santo en medio
Jon 1.6 le dijo . Levántate, y clama a tu *D*
3.10 vio *D* ... se arrepintió del mal que habría
Mal 2.10 ¿no nos ha creado un mismo *D*? ¿Por
3.8 ¿robará el hombre a *D*? ... habéis robado
Mt 1.23 que traducido es: *D* con nosotros
3.9 *D* puede levantar hijos a Abraham aun de
5.8 los de limpio corazón ... ellos verán a *D*
6.24; Lc 16.13 no podéis servir a *D* y a las
19.17; Mc 10.18; Lc 18.19 ninguno hay bueno sino uno: *D*
19.26; Mc 10.27 mas para *D* todo es posible
22.21; Lc 20.25 dad ... y a *D* lo que es de *D*
22.32; Mc 12.27; Lc 20.38 *D* no es *D* de muertos, sino de vivos
27.46; Mc 15.34 *D* mío, *D* mío, ¿por qué me
Mc 12.30 amarás al Señor tu *D* con todo tu
12.32 verdad has dicho, que uno es *D*, y no
Lc 8.39 cuán grandes cosas ha hecho *D* contigo
16.15 sois ... mas *D* conoce vuestros corazones
18.13 diciendo: *D*, sé propicio a mí, pecador
18.27 imposible ... hombres, es posible para *D*
20.37 *D* de Abraham, *D* de Isaac y *D* de Jacob
Jn 1.1 y el Verbo era con *D*, y el Verbo era *D*
1.13 ni de voluntad de varón, sino de *D*
1.18 *D* nadie le vio jamás; el unigénito Hijo
4.24 *D* es Espíritu; y los que le adoran, en
5.18 *D* era su ... Padre, haciéndose igual a *D*
8.42 porque yo de *D* he salido, y he venido
10.34 ¿no está escrito en ... Yo dije, *d* sois?
13.3 Jesús ... que había salido de *D*, y iba
14.1 creéis en *D*, creed también en mí
20.17 diles ... Subo ... a mi *D* y a vuestro *D*
20.28 respondió ... ¡Señor mío, y *D* mío!
Hch 5.29 obedecer a *D* antes que a los hombres
7.40 haznos *d* que vayan delante de nosotros
10.34; Ro 2.11 que *D* no hace acepción de
14.11 *d* bajo la semejanza de hombres han
17.23 esta inscripción: Al *D* no conocido
19.26 que no son *d* los que se hacen con las
19.37 sin ser ... blasfemadores de vuestra *d*
28.6 cambiaron de ... y dijeron que era un *d*
Ro 3.29 ¿es *D* solamente *D* de los judíos? ¿No
5.8 *D* muestra su amor para con nosotros, en
8.31 si *D* es por nosotros, ¿quién contra
13.1 no hay autoridad sino de parte de *D*
15.5 el *D* de la paciencia y de la consolación
15.13 y el *D* de esperanza os llene de todo
1 Co 1.9 fiel es *D*, por el cual fuisteis llamados a
1.24 Cristo poder de *D*, y sabiduría de *D*
2.10 pero *D* nos las reveló a nosotros por el
8.5 aunque haya algunos que se llamen *d*, sea
8.6 para nosotros ... sólo hay un *D*, el Padre
10.13 fiel es *D*, que no os dejará ser tentados
11.3 Cristo la cabeza ... y *D* la ... de Cristo
14.33 *D* no es *D* de confusión, sino de paz
15.57 gracias ... a *D*, que nos da la victoria
2 Co 1.3 Padre de ... y *D* de toda consolación
3.5 que nuestra competencia proviene de *D*
4.4 el *d* de este siglo cegó el entendimiento
5.19 *D* estaba en Cristo reconciliando consigo
6.16 y seré su *D*, y ellos serán mi pueblo
7.10 la tristeza que es según *D* produce
11.2 porque os celo de *D*; pues os
13.11 y el *D* de paz ... estará con vosotros
Gl 4.8 a los que por naturaleza no son *d*
6.7 *D* no puede ser burlado: pues todo lo que
Ef 2.4 pero *D*, que es rico en misericordia, por
2.12 sin esperanza y sin *D* en el mundo
4.6 un *D* y Padre de todos, el cual es sobre
Flp 2.6 el cual, siendo en forma de *D*, no estimó
2.13 *D* es el que en vosotros produce así el
3.19 cuyo *d* es el vientre, y cuya gloria es su
4.7 y la paz de *D*, que sobrepasa todo
4.19 mi *D* ... suplirá todo lo que os falta
Col 1.25 para que anuncie ... la palabra de *D*
2 Ts 2.4 que se sienta en el templo de *D* como *D*
1 Ti 2.5 un solo *D*, y un solo mediador entre *D* y
3.16 el misterio ... *D* fue manifestado en carne
Tit 2.13 y la manifestación gloriosa de ... gran *D*
Heb 6.10 porque *D* no es injusto para olvidar
6.18 en las cuales es imposible que *D* mienta

8.10 seré a ellos por *D*, y ellos me serán a mí
10.31 cosa es el caer en manos del *D* vivo!
12.29 porque nuestro *D* es fuego consumidor

Stg 1.5 si ... tiene falta de sabiduría, pídala a *D*
1.13 es tentado ... de *D* ... *D* no puede ser tentado
4.4 amigo del ... se constituye enemigo de *D*
4.8 acercaos a *D*, y él se acercará a vosotros

1 Jn 4.8 no ama, no ha conocido a *D* ... *D* es amor
4.12 *D* permanece en nosotros, y su amor se
5.20 éste es el verdadero *D*, y la vida eterna

Jud 25 al único y sabio *D*, nuestro Salvador
Ap 4.8 santo es el Señor *D* Todopoderoso, el que
21.3 *D* mismo estará con ellos como su *D*

DISCERNIR *v.* Comprender, Entender

Lv 10.10 para poder *discernir* entre lo santo y lo
1 R 3.9 para *discernir* entre lo bueno y lo malo
Job 6.30 ¿acaso no puede mi paladar *discernir* las
Ec 8.5 el corazón del sabio *discierne* el tiempo
Jon 4.11 que no saben *discernir* entre su mano
Mal 3.18 *discerniréis* la diferencia entre el justo
1 Co 2.14 se han de *discernir* espiritualmente
11.29 el que come ... sin *discernir* el cuerpo

DISCIPLINAR *v.* Castigar

Heb 12.6 porque el Señor al que ama, *disciplina*
12.9 padres terrenales que nos *disciplinaban*

DISCÍPULO *v.* Apóstol

Mt 5.1 subió ... y sentándose, vinieron a él sus
9.14; Mc 2.18 ¿por qué ... tus *d* no ayunan?
10.1; Lc 9.1 llamando a sus doce *d*, les dio
10.24; Lc 6.40 el *d* no es más que su maestro
10.42 agua fría ... por cuanto es *d* ... no perderá
11.2 al oír Juan, en la ... le envió dos de sus *d*
14.26 los *d*, viéndole andar sobre el mar, se
16.13 preguntó a sus *d*: ¿Quién ... es el Hijo
17.16; Mc 9.18; Lc 9.40 lo he traído a tus *d*
19.25 sus *d*, oyendo esto, se asombraron en
21.1; Mc 11.2 vinieron ... Jesús envió dos *d*
22.16 le enviaron los *d* de ellos con los
24.3 los *d* se le acercaron aparte, diciendo
26.8 los *d* se enojaron, diciendo: ¿Para qué
26.56 todos los *d*, dejándole, huyeron
27.57; Jn 19.38 José ... había sido *d* de Jesús
27.64 que vengan sus *d* de noche, y lo hurten
28.7 id ..y decid a sus *d* que ha resucitado
28.19 id, y haced *d* a todas las naciones

Mc 2.23; Lc 6.1 sus *d* ... comenzaron a arrancar
4.34 aunque a sus *d* en ... les declaraba todo
6.41; 8.6; Lc 9.16; Jn 6.11 partió los panes, y dio a sus *d*
9.31 enseñaba a sus *d*, y les decía: El Hijo del hombre
10.13; Lc 18.15 los *d* reprendían a los que
10.24 los *d* se asombraron de sus palabras
16.7 a sus *d*, y a Pedro, que él va delante de

Lc 6.13 llamó a sus *d*, y escogió doce de
7.18 los *d* de Juan le dieron las nuevas de
11.1 uno de sus *d* le dijo: Señor, enséñanos a
14.26 no aborrece ... vida, no puede ser mi *d*
14.33 que no renuncia a ... no puede ser mi *d*
19.37 multitud de los *d* ... comenzó a alabar

Jn 1.37 oyeron ... los dos *d*, y siguieron a Jesús
2.11 hizo Jesús en ... y sus *d* creyeron en él
4.1 que Jesús hace y bautiza más *d* que Juan
6.66 muchos de sus *d* volvieron atrás, y ya no
8.31 permaneciereis en mi palabra ... mis *d*
9.28 eres su *d*; pero nosotros, *d* de Moisés
13.5 comenzó a lavar los pies de los *d*, y a
13.23 uno de sus *d*, al cual Jesús amaba
13.35 en esto conocerán todos que sois mis *d*
15.8 llevéis mucho fruto, y seáis así mis *d*
18.17 ¿no eres tú ... de los *d* de este hombre?
19.26 vio Jesús a ... y al *d* a quien él amaba
20.2 corrió, y fue a Simón Pedro y al otro *d*
20.18 para dar a los *d* las nuevas de que
21.4 playa; mas los *d* no sabían que era Jesús
21.7 a quien Jesús amaba dijo a Pedro: ¡Es
21.23 este dicho ... que aquel *d* no moriría

Hch 6.1 como creciera el número de los *d*, hubo
9.1 Saulo ... amenazas ... contra los *d* el Señor
9.26 trataba de juntarse con los *d*; pero todos
11.26 a los *d* se les llamó cristianos por
13.52 *d* estaban llenos de gozo y del Espíritu
18.23 de Frigia, confirmando a todos los *d*

21.4 hallados los *d*, nos quedamos allí siete
21.16 vinieron ... de los *d*, trayendo consigo a

DOLOR *v.* Adversidad, Aflicción, Angustia, Calamidad, Malo, Miseria, Padecimiento, Sufrimiento, Tribulación

Gn 3.16 los *d* en tus preñeces; con *d* darás a
42.38 descender mis canas con *d* al Seol

Éx 15.14 se apoderará *d* de la ... de los filisteos

Job 6.10 si me asaltase con *d* sin dar más tregua
15.20 sus días, el impío es atormentado de *d*
15.35 concibieron *d*, dieron a luz iniquidad
33.19 castigado con *d* ... en todos sus huesos

Sal 16.4 se multiplicarán los *d* de aquellos que
31.10 porque mi vida se va gastando de *d*, y
32.10 muchos *d* habrá para el impío; mas el
41.3 Jehová lo sustentará sobre el lecho del *d*
127.2 por demás es ... y que comáis pan de *d*

Pr 14.13 aun en la risa tendrá *d* el corazón
19.13 *d* es para su padre el hijo necio
23.29 para quién ... el ay? ¿para quién el *d*?

Ec 1.18 molestia; y quien añade ciencia, añade *d*
2.23 porque todos sus días no son sino *d*
5.17 comerá ... con mucho afán y *d* y miseria

Is 13.8 se apoderarán de ellos; tendrán *d* como
21.3 por tanto, mis lomos se han llenado de *d*
26.18 concebimos, tuvimos *d* de parto, dimos
50.11 os vendrá esto; en *d* seréis sepultados
51.11 gozo y alegría, y el *d* y el gemido huirán
53.3 varón de *d*, experimentado en quebranto
53.4 sufrió nuestros *d*; y nosotros le tuvimos
66.7 antes que le viniesen *d*, dio a luz hijo

Jer 8.18 de mi fuerte, mi corazón desfallece
13.21 ¿no te darán *d* como de mujer que está
20.18 ¿para ver trabajo y *d*, y que mis días
30.15 incurable es tu *d* ... por la grandeza

Lm 1.12 mirad, y ved si hay *d* como mi *d* que

Ez 23.33 será llena ... de *d* por el cáliz de soledad

Os 13.13 *d* de mujer que da a luz le vendrán

Mt 24.8 y todo esto será principio de *d*

Ro 8.22 y a una está con *d* de parto hasta ahora
9.2 que tengo ... y continuo *d* en mi corazón

Gl 4.19 por quienes vuelvo a sufrir *d* de parto

1 Ti 6.10 fe, y fueron traspasados de muchos *d*

Ap 21.4 ni habrá más llanto ni clamor ni *d*

DON *v.* Dádiva, Presente

Jos 15.19 y ella respondió: Concédeme un *d*

Sal 68.18 subiste ... tomaste *d* para los hombres
68.29 tu templo ... los reyes te ofrecerán *d*
72.10 reyes de Sabá y de Seba ofrecerán *d*

Ec 3.13 es *d* de Dios que todo hombre coma y
5.19 goce de su trabajo, esto es *d* de Dios

Jn 4.10 si conocieras el *d* de Dios, y quién es

Hch 2.38 y recibiréis el *d* del Espíritu Santo
8.20 que el *d* de Dios se obtiene con dinero
10.45 se derramase el *d* del Espíritu Santo
11.17 si Dios, pues, les concedió ... el mismo *d*

Ro 1.11 para comunicaros algún *d* espiritual
5.15 pero el *d* no fue como la transgresión
11.29 irrevocables son los *d* y el ... de Dios
12.6 teniendo diferentes *d*, según la gracia

1 Co 1.7 manera que nada os falta en ningún *d*
7.7 pero cada uno tiene su propio *d* de Dios
12.4 han diversidad de *d*, pero el Espíritu es
12.31 procurad, pues, los *d* mejores. Mas yo
14.1 procurad los *d* espirituales, pero sobre

2 Co 9.15 ¡gracias a Dios por su *d* inefable!

Ef 2.8 esto no de vosotros, pues es *d* de Dios
3.7 fui hecho ministro por el *d* de la gracia
4.8 la cautividad, y dio *d* a los hombres

1 Ti 4.14 no descuides el *d* que hay en ti, que

2 Ti 1.6 que avives el fuego del *d* de Dios que

Heb 6.4 gustaron del *d* celestial, y fueron hechos

1 P 4.10 cada uno según el *d* que ha recibido

DUDAR

Mt 14.31 ¡hombre de poca fe! ¿Por qué *dudaste*?
21.21 si tuviereis fe, y no *dudareis*, no sólo
28.17 le adoraron; pero algunos *dudaban*

Mc 11.23 no *dudare* en su corazón ... será hecho

Hch 5.24 *dudaban* en qué vendría a parar aquello
11.12 me dijo que fuese con ellos sin *dudar*

Ro 4.20 tampoco *dudó* ... de la promesa de Dios
14.23 pero el que *duda* sobre lo que come, es

Stg	1.6 pida con fe, no *dudando* nada; porque
Jud	22 a algunos que *dudan*, convencedlos

EBRIO *v.* Bebedor, Borracho

1 S	25.36 Nabal ... estaba completamente *e*, por
Sal	107.27 tiemblan y titubean como *e*, y toda su
Is	24.20 temblará la tierra como un *e*, y será
	28.1 ¡ay de la corona ... de los *e* de Efraín, y
Jer	23.9 estoy como un *e*, como un hombre a
Hch	2.15 no están *e*, como vosotros suponéis
Ap	17.6 la mujer *e* de la sangre de los santos

EDIFICAR *v.* Sobreedificar

Dt	6.10 ciudades grandes ... que tú no *edificaste*
2 S	7.5 has de *edificar* casa en que yo more?
1 R	5.5 he determinado ahora *edificar* casa al
	8.17; 2 Cr 6.7 tuvo en su corazón *edificar*
1 Cr	17.4 tú no me *edificarás* casa en que habite
	22.10 él *edificará* casa a mi nombre, y él me
2 Cr	2.6 mas ¿quién será capaz de *edificarle* casa
	36.23; Esd 1.2 le *edifique* casa en Jerusalén
Esd	4.1 los venidos de la cautividad *edificaban*
Neh	2.17 y *edifiquemos* el muro de Jerusalén
	4.6 *edificamos*, pues, el muro, y toda la
Sal	51.18 a Sion; edifica los muros de Jerusalén
	122.3 Jerusalén, que se ha *edificado* como una
	127.1 si Jehová no *edificare* la casa, en vano
	147.2 Jehová *edifica* a Jerusalén; a los
Pr	14.1 la mujer sabia edifica su casa; mas la
	24.3 con sabiduría se *edificará* la casa, y con
Ec	2.4 *edifiqué* para mí casas, planté para mí
	3.3 tiempo de destruir, y tiempo de *edificar*
Is	9.10 cayeron, pero *edificaremos* de cantería
	58.12 los tuyos *edificarán* las ruinas antiguas
	66.1 está la casa que me habréis de *edificar*
Jer	31.4 te *edificaré*, y serás *edificada*, oh virgen
	42.10 tierra, os *edificaré*, y no os destruiré
Dn	9.25 se volverá a *edificar* la plaza y el muro
Am	9.11 lo *edificaré* como en el tiempo pasado
Miq	3.10 que *edificáis* a Sion con sangre, y a
Hab	2.12 ¡ay del que *edifica* la ... con sangre
Zac	6.12 Renuevo ... *edificará* el templo de Jehová
Mal	1.4 pero volveremos a *edificar* lo arruinado
Mt	7.24 prudente ... *edificó* su casa sobre la roca
	23.29; Lc 11.47 *edificáis* los sepulcros de los
Mc	14.58 y en tres días *edificaré* otro hecho sin
Lc	14.30 comenzó a *edificar*, y no pudo acabar
Jn	2.20 en 46 años fue *edificado* este templo, ¿y tú
Hch	7.49 ¿qué casa me *edificaréis*? dice el Señor
	9.31 eran *edificadas*, andando en el temor del
Ro	15.20 para no *edificar* sobre fundamento ajeno
1 Co	8.1 él ... envanece, pero el amor *edifica*
	10.23 todo me es lícito, pero no todo *edifica*
	14.4 habla en lengua ... a sí mismo se *edifica*
Gl	2.18 las cosas que destruí ... vuelvo a *edificar*
Ef	2.20 *edificados* sobre el fundamento de los
1 Ts	5.11 *edificaos* unos a otros, así como lo
1 P	2.5 sed *edificados* como casa espiritual y
Jud	20 *edificándoos* sobre vuestra santísima fe

EJÉRCITO *v.* Soldado, Tropa

Éx	7.4 sacaré a mis *e*, mi pueblo, los hijos de
Nm	33.1 que salieron ... de Egipto por sus *e*
Jos	5.14 Príncipe del *e* de Jehová he venido
2 R	21.3; 2 Cr 33.3 adoró a todo el *e* de los
	25.5 el *e* de los caldeos siguió al rey, y lo
1 Cr	12.22 hacerse un gran *e*, como *e* de Dios
	14.15 Dios ... herirá el *e* de los filisteos
	19.10 Joab ... ordenó su *e* contra los sirios
2 Cr	25.7 rey, no vaya contigo el *e* de Israel
Job	25.3 ¿tienen sus *e* número? ¿Sobre quién no
Sal	44.9 avergonzar; y no sales con nuestros *e*
	148.2 ángeles; alabadle, vosotros todos sus *e*
Is	10.28 vino hasta ... en Micmas contará su *e*
	40.26 él saca y cuenta su *e*; a todas llama
Jer	37.5 cuando el *e* ... había salido de Egipto
	39.5; 52.8 pero el *e* de los caldeos los siguió
Ez	37.10 y vivieron ... un *e* grande en extremo
Jl	2.11 Jehová dará su orden delante de su *e*
Zac	4.6 no con *e*, ni con fuerza, sino con mi
Lc	21.20 cuando viereis a Jerusalén rodeada de *e*
Hch	7.42 entregó a que rindiesen culto al *e* del cielo
Heb	11.34 fuertes ... pusieron en fuga *e* extranjeros
Ap	19.14 y los *e* celestiales, vestidos ... le seguían

ELÍAS 1 R 17.1–19.21; 2 R 1.1—2.11.

Predice la sequía, 1 R 17.1;
alimentado por los cuervos, 1 R 17.2–7;
alimentado por la viuda de Sarepta, 1 R 17.8–16;
revive al hijo de la viuda, 1 R 17.17–24;
regresa adonde Acab, 1 R 18.1–19;
Elías y los profetas de Baal, 1 R 18.20–40;
ora por la lluvia, 1 R 18.41–46; huye a Horeb, 1 R 19.1–8;
oye la voz de Dios, 1 R 19.9–18;
llama a Eliseo, 1 R 19.19–21;
reprende a Acab, 1 R 21.17–29;
pide que caiga fuego del cielo, 2 R 1.3–16;
arrebatado al cielo, 2 R 2.1–11.

Mal	4.5 yo os envío el profeta *E*, antes que venga
Mt	11.14 y si ... él es aquel *E* que había de venir
	16.14; Mc 8.28; Lc 9.19 otros, *E* ... o alguno de los profetas
	17.3; Mc 9.4; Lc 9.30 aparecieron Moisés y *E* hablando con él
	17.12; Mc 9.13 mas os digo que *E* ya vino
	27.47; Mc 15.35 decían, al ... A *E* llama este
Mc	6.15; Lc 9.8 otros decían: Es *E*. Y otros
Lc	1.17 irá delante de él con el espíritu ... de *E*
	9.54 descienda fuego del cielo, como hizo *E*
Jn	1.21 le preguntaron ... ¿Eres tú *E*? Dijo: No
Ro	11.2 ¿o no sabéis qué dice de *E* la Escritura
Stg	5.17 *E* era hombre sujeto a pasiones ... y oró

ELISEO

Llamado, 1 R 19.19–21;
sucede a Elías, 2 R 2.1–15;
sana las aguas, 2 R 2.19–22;
maldice a los muchachos, 2 R 2.23–25;
multiplica el aceite de la viuda, 2 R 4.1–7;
revive al hijo de la sunamita, 2 R 4.8–37;
purifica la olla, 2 R 4.38–41;
alimenta a los profetas, 2 R 4.42–44;
sana la lepra de Naamán, 2 R 5.1–27;
Eliseo y los sirios, 2 R 6.8–23;
promete alimentos en tiempo de sitio, 2 R 6.24—7.2;
predice la victoria sobre Siria, 2 R 13.14–19;
muere y es enterrado, 2 R 13.20;
los huesos de Eliseo, 2 R 13.21.

EMBAJADOR *v.* Apóstol, Discípulo, Mensajero, Ministro, Profeta

Jos	9.4 se fingieron *e*, y tomaron sacos viejos
Is	33.7 he aquí que sus *e* darán voces afuera; los
	57.9 enviaste tus *e* lejos, y te abatiste hasta
Ez	17.15 pero se rebeló ... enviando *e* a Egipto
2 Co	5.20 así que, somos *e* en nombre de Cristo
Ef	6.20 por el cual soy *e* en cadenas; que con

ENEMIGO *v.* Adversario, Contrario, Diablo

Gn	22.17 tu ... poseerá las puertas de sus *e*
Éx	15.6 diestra, oh Jehová, ha quebrantado al *e*
	23.22 si ... oyeres su voz ... seré de tus *e*, y
Lv	26.8 mil, y vuestros *e* caerán a filo de espada
Nm	10.35 sean dispersados tus *e*, y huyan de tu
	35.23 él no era su *e*, ni procuraba su mal
Dt	28.48 servirás ... a tus *e* que enviare Jehová
	32.41 yo tomaré venganza de mis *e*, y daré
Jos	7.12 Israel no podrán hacer frente a sus *e*
Jue	5.31 así perezcan todos tus *e*, oh Jehová
1 S	12.11 y os libró de mano de vuestros *e* en
	18.29 tuvo más temor de David; y fue Saúl
	20.15 Jehová haya cortado ... los *e* de David
	24.19 ¿quién hallará a su *e* y lo dejará ir sano
2 S	22.1 ¿o que huyas tres meses ... de tus *e*
1 R	8.44 si tu pueblo saliere en ... contra sus *e*
Esd	4.1 oyendo los *e* de Judá, y de Benjamín que
Est	7.6 el *e* y adversario es este malvado Amán
	8.13 preparados ... para vengarse de sus *e*
	9.22 en que los judíos tuvieron paz de sus *e*
Job	13.24 escondes tu ... y me cuentas por tu *e*?
Sal	6.10 se avergonzarán y se turbarán ... mis *e*
	27.2 los malignos, mis angustiadores y mis *e*
	72.9 se prostrarán ... y sus *e* lamerán el polvo
	74.3 el mal que el *e* ha hecho en el santuario
	74.4 e vociferan en medio de tus asambleas
	89.42 has exaltado la diestra de sus *e*; has
	92.9 perecerán tus *e*; serán esparcidos todos
	97.3 fuego irá ... y abrasará a sus *e* alrededor
	110.1 ponga a tus *e* por estrado de tus pies
	136.24 y nos rescató de nuestros *e*, porque

139.22 los aborrezco por ... los tengo por *e*

Pr 16.7 aun a sus *e* hace estar en paz con él
24.17 cuando cayere tu *e*, no te regocijes

Is 9.11 Jehová levantará los *e* de Rezín contra él
11.13 Efraín, y los *e* de Judá serán destruidos
59.18 como para retribuir con ira a sus *e*
59.19 vendrá el *e* como río, mas el Espíritu
63.10 por lo cual se les volvió *e*; y él mismo

Lm 2.5 el Señor llegó a ser como *e*, destruyó a

Am 3.11 *e* vendrá por todos lados de la tierra

Miq 7.6 los *e* del hombre son los de su casa

Zac 8.10 ni hubo paz para el que ... a causa del *e*

Mt 5.44; Lc 6.27, 35 os digo: Amad a vuestros *e*
10.36 y los *e* del hombre serán los de su casa
13.25 mientras dormían ... vino su *e* y sembró
13.28 él les dijo: Un *e* ha hecho esto. Y los
22.44; Mc 12.36; Lc 20.43; Hch 2.35; Heb 1.13 hasta que ponga a tus *e* por estrado

Lc 19.27 aquellos mis *e* que no querían que yo
19.43 tus *e* te rodearán con vallado, y te

Ro 5.10 siendo *e*, fuimos reconciliados con Dios
11.28 cuanto al evangelio, son *e* por causa de
12.20 si tu *e* tuviere hambre, dale de comer

1 Co 15.25 haya puesto a todos sus *e* debajo de

Gl 4.16 ¿me he hecho ... *e*, por deciros la verdad?

Flp 3.18 digo ... que son *e* de la cruz de Cristo

Col 1.21 erais ... extraños y *e* en vuestra mente

2 Ts 3.15 no lo tengáis por *e*, sino ... hermano

Stg 4.4 quiera ser amigo del mundo ... *e* de Dios

ENFERMEDAD *v.* Dolencia, Malo, Plaga

Éx 15.26 ninguna *e* de las que envié a los egipcios

Dt 7.15 quitará Jehová de ti toda *e*; y todas las

2 R 1.2; 8.8 consultad ... he de sanar de esta mi *e*

2 Cr 21.18 lo hirió con una *e* incurable en los

Sal 41.3 de dolor; mullirás toda su cama en su *e*
77.10 dije: *E* mía es esta; traeré, pues, a la

Pr 18.14 el ánimo del hombre soportará su *e*

Is 53.4 ciertamente llevó el nuestras *e*, y sufrió

Jer 10.19 dije ... *e* mía es esta, y debo sufrirla
16.4 de dolorosas *e* morirán; no ... plañidos ni

Os 5.13 verá Efraín su *e*, y Judá su llaga; irá

Mt 4.24 los afligidos por diversas *e* ... los sanó
8.17 dijo: El mismo tomó nuestras *e*, y llevo
10.1; Mc 3.15 dio ... para sanar toda *e* y toda

Mc 1.32 le trajeron todos los que tenían *e*, y a

Lc 4.40 enfermos de diversas *e* los traían a él
5.15; 6.17 oírle, y para que les sanase de sus *e*
7.21 misma hora sanó a muchos de *e* y plagas
13.11 una mujer que ... tenía espíritu de *e*

Jn 5.4 quedaba sano de cualquier *e* que tuviese
11.4 *e* no es para muerte, sino par la gloria

Hch 28.9 que ... tenían *e*, venían, y eran sanados

Gl 4.13 a causa de una *e* del cuerpo os anuncié

1 Ti 5.23 vino por causa de ... tus frecuentes *e*

ENGENDRAR *v.* Dar, Hijo

Sal 2.7 dicho: Mi hijo eres tú; yo te *engendré* hoy

Pr 17.21 el que *engendra* al insensato, para su

Is 45.10 dice al padre: ¿Por qué *engendraste*?
49.21 y dirás ... ¿Quién me *engendró* éstos?

Mt 1.20 porque lo que en ella es *engendrado*, del

Hch 13.33; Heb 1.5; 5.5 yo te he *engendrado* hoy

1 Co 4.15 en Cristo Jesús yo os *engendré* por

1 Jn 5.1 aquel que ama al que *engendró*, ama
5.18 Aquel que fue *engendrado* por Dios le

ENOJAR *v.* Airar, Enfurecer

Gn 18.30 no se *enoje* ahora mi Señor, si hablare
30.2 Jacob se *enojó* contra Raquel, y dijo

Éx 4.14 Jehová se *enojó* contra Moisés, y dijo
16.20 hedió; y se *enojó* contra ellos Moisés

Lv 10.16 Moisés ... *enojó* contra Eleazar e Itamar

Dt 1.34 oyó Jehová la voz ... palabras, y se *enojó*
3.26; 4.21 Jehová se había *enojado* contra mí
31.20 me *enojarán*, e invalidarán mi pacto

1 R 14.22 y le *enojaron* más que todo lo que sus

Sal 2.12 honrad al Hijo, para que no se *enoje*, y
78.40 ¡cuántas veces ... lo *enojaron* en el yermo!
78.56 tentaron y *enojaron* al Dios Altísimo

Pr 14.17 que fácilmente se *enoja* hará locuras

Ec 7.9 no te apresures ... a *enojarte*; porque el

Is 12.1 pues aunque te *enojaste* contra mí, tu
47.6 me *enojé* contra mi pueblo, profané mi

54.9 he jurado que no me *enojaré* contra ti
57.16 contenderé ... ni para siempre me *enojaré*
63.10 e hicieron *enojar* su santo espíritu; por
64.9 no te *enojes* sobremanera, Jehová, ni

Jer 44.8 haciéndome *enojar* con las obras ... manos

Ez 16.26 y aumentaste tus ... para *enojarme*

Dn 11.30 se *enojará* contra el pacto santo, y hará

Jon 4.1 pero Jonás se apesadumbró ... y se *enojó*
4.4 dijo: ¿Haces tú bien en *enojarte* tanto?

Zac 1.2 *enojó* Jehová ... contra vuestros padres

Mt 5.22 que se *enoje* contra su hermano, será
18.34 señor, *enojado*, le entregó a los verdugos
20.24; Mc 10.41 los diez oyeron ... se *enojaron*
22.7 al oírlo el rey, se *enojó*; y enviando sus
26.8; Mc 14.4 los discípulos se *enojaron*

Lc 14.21 *enojado* el padre de familia, dijo a su
15.28 se *enojó*, y no quería entrar, Salió por

Jn 7.23 *enojáis* porque en el día de reposo sané

Hch 12.20 Herodes estaba *enojado* contra los de

ENRIQUECER *v.* Rico

1 S 17.25 le *enriquecerá* con grandes riquezas

Sal 49.16 no temas cuando se *enriquece* alguno
65.9 en gran manera la *enriqueces*; con el río

Pr 28.20 el que se apresura a *enriquecerse* no será

1 Co 1.5 porque ... fuisteis *enriquecidos* en él, en

2 Co 6.10 pobres, mas *enriqueciendo* a muchos
9.11 que estéis *enriquecidos* en todo para

1 Ti 6.9 los que quieren *enriquecerse* caen en

Ap 18.3 se han *enriquecido* de la potencia de sus

ENSEÑAR *v.* Instruir

Éx 4.12 vé ... y te *enseñaré* lo que hayas de hablar
18.20 enseña a ellos las ordenanzas y las leyes

Lv 10.11 *enseñar* a los hijos de ... los estatutos

Dt 4.5 yo os he *enseñado* estatutos y decretos
4.9 las *enseñarás* a tus hijos, y a los hijos de
4.36 desde ... hizo oír su voz, para *enseñarte*
11.19 *enseñaréis* a vuestros hijos, hablando

1 R 8.36 *enseñándoles* el buen camino en que

2 R 17.28 enseñó cómo habían de temer a Jehová

2 Cr 6.27 les *enseñarás* el buen camino para que
17.9 *enseñaron* en Judá ... el libro de la ley

Neh 9.20 enviaste tu ... Espíritu para *enseñarles*

Job 3.4 tú *enseñabas* a muchos, y fortalecías las
6.24 *enseñadme*, y yo callaré; hacedme entender
21.22 ¿enseñará alguien a Dios sabiduría
27.11 yo os *enseñaré* en cuanto a la mano de
34.32 *enséñame* tú lo que yo no veo; si hice
35.11 nos *enseña* más que a las bestias de la

Sal 16.7 en las noches me *enseña* mi conciencia
25.4 Jehová, tus caminos; *enséñame* tus sendas
25.8 él *enseñará* a los pecadores el camino
27.11; 86.11 *enséñame*, oh Jehová, tu camino
51.13 entonces *enseñaré* a los transgresores
71.17 oh Dios, me *enseñaste* desde mi juventud
90.12 *enséñanos* ... modo a contar nuestros días
94.10 ¿no sabrá el que *enseña* al hombre la
119.12, 26, 64, 124, 135 *enséñame* tus estatutos
119.33 *enséñame* ... el camino de tus estatutos
119.66 *enséñame* buen sentido y sabiduría
143.10 *enséñame* a hacer tu voluntad, porque

Pr 9.9 enseña al justo, y aumentará su saber

Is 2.3 subamos al ... y nos *enseñará* sus caminos
28.9 ¿a quién se *enseñará* ciencia, o a quién
40.13 *enseñó* al ... o le aconsejó *enseñándole*?
40.21 ¿no habéis sido *enseñados* desde que la
48.17 yo soy Jehová Dios tuyo, que te *enseña*
54.13 tus hijos serán *enseñados* por Jehová

Jer 31.34 no *enseñará* más ninguno a su prójimo
33.3 te *enseñaré* cosas grandes y ocultas que

Ez 44.23 *enseñarán* ... a hacer diferencia entre lo

Dn 12.3 los que *enseñan* la justicia a la multitud

Os 7.15 aunque yo los *enseñé* y fortalecí sus brazos
11.3 yo ... *enseñaba* a andar al mismo Efraín

Miq 3.11 sus sacerdotes *enseñan* por precio, y sus
4.2 subamos a ... y nos *enseñará* en sus caminos

Zac 1.9 me dijo ... Yo te *enseñaré* lo que son éstos

Mt 3.7 ¿quién os *enseñó* a huir de la ira venidera?
4.23; 9.35; 13.54; Lc 4.15 *enseñando* en las singagogas de ellos
5.2 abriendo su boca les *enseñaba*, diciendo
5.19 así *enseñe* a los hombres, muy pequeño

7.29; Mc 1.22 *enseñaba* como quien tiene autoridad
11.1 se fue de allí a *enseñar* y a predicar en
15.9; Mc 7.7 *enseñando* ... mandamientos de
22.16; Mc 12.14 *enseñas* con verdad el camino de Dios
26.55; Mc 14.49 cada día ... *enseñando* en el
28.20 *enseñándoles* que guarden todas las cosas

Mc 6.2 comenzó a *enseñar* en la sinagoga; y
9.31 *enseñaba* a sus discípulos, y les decía: El

Lc 11.1 *enséñanos* a orar, como ... Juan *enseñó* a
12.12 Espíritu ... *enseñará* ... lo que debáis decir

Lc 13.10 *enseñaba* Jesús en una sinagoga en el
13.26 bebido, y en nuestras plazas *enseñaste*
19.47 y *enseñaba* cada día en el templo; pero
20.21 sabemos que dices y *enseñas*, rectamente

Jn 6.45 y serán todos *enseñados* por Dios. Así que
7.14 fiesta subió Jesús al templo, y *enseñaba*
8.28 que según me *enseñó* el Padre, así hablo
14.26 Espíritu ... os *enseñará* todas las cosas

Hch 1.1 que Jesús comenzó a hacer y a *enseñar*
4.18 ni *enseñasen* en el nombre de Jesús
5.28 ¿no os mandamos ... que no *enseñaseis* en
7.22 fue *enseñado* Moisés en toda la sabiduría
8.31 ¿y cómo podré, si alguno no me *enseñare*?
15.1 de Judea *enseñaban* a los hermanos: Si no
15.35 Pablo y ... *enseñando* la palabra del Señor
18.25 y *enseñaba* ... lo concerniente al Señor
20.35 os he *enseñado* que, trabajando así, se
21.28 este es el hombre que ... *enseña* a todos

Ro 2.21 tú ... que *enseñas* a otro, ¿no te *enseñas* a
12.7 servir; o el que *enseña*, en la enseñanza

1 Co 2.13 hablamos, no con palabras *enseñadas*
11.23 recibí del Señor lo que ... he *enseñado*
14.19 cinco palabras ... para *enseñar* ... a otros
15.3 he *enseñado* lo que ... recibí: que Cristo

Gl 6.6 el que es *enseñado* en la palabra, haga

Ef 4.21 si ... oído, y habéis sido por él *enseñados*

Flp 4.12 en todo y por todo estoy *enseñado*, así

Col 1.28 y *enseñando* a todo hombre en toda
3.16 *enseñándoos* y exhortándoos unos a otros

1 Ti 1.3 que mandases a algunos que no *enseñen*
2.12 porque no permito a la mujer *enseñar*
3.2 decoroso, hospedador, apto para *enseñar*
4.6 si esto *enseñas* a los hermanos, serás buen
4.11 esto manda y *enseña*
5.17 los que trabajan en predicar y *enseñar*
6.2 su buen servicio. Esto *enseña* y exhorta
6.3 alguno *enseña* otra cosa, y no se conforma

2 Ti 2.2 que sean idóneos para *enseñar* ... a otros
2.24 amable ... apto para *enseñar*, sufrido
3.16 útil para *enseñar*, para redargüir, para

Tit 1.9 palabra fiel tal como ha sido *enseñada*
1.11 *enseñando* por ganancia deshonesta lo
2.4 *enseñen* a las mujeres jóvenes a amar a

Heb 5.12 se os vuelva a *enseñar* cuáles son los
8.11 y ninguno *enseñará* a su prójimo, ni

1 Jn 2.27 no tenéis necesidad de que ... os *enseñe*

ENTENDER *v.* Comprender, Conocer, Saber

Gn 11.7 para que ninguno *entienda* el habla de su

Dt 29.4 no os ha dado corazón para *entender*, ni

Jos 22.31 hoy hemos *entendido* que Jehová está

1 S 3.8 *entendió* Elí que Jehová llamaba al joven

Neh 6.12 *entendí* que Dios no lo había enviado
8.7 hacían *entender* al pueblo la ley; y el

Job 6.24 hacedme *entender* en qué he errado
13.23 hazme *entender* mi transgresión y mi
18.2 ¿cuándo ... *Entended*, y después hablemos
23.5 sabría ... y *entendería* lo que me dijera
28.23 Dios *entiende* el camino de ella, y
32.8 y el soplo del ... le hace que *entienda*
33.14 habla Dios; pero el hombre no *entiende*

Sal 19.12 ¿quién podrá *entender* sus ... errores?
32.8 te haré *entender*, y te enseñaré el camino
50.22 *entended* ... esto, los que os olvidáis de
73.22 tan torpe era yo, que no *entendía*; era
82.5 no saben, no *entienden*, andan en
94.7 no verá JAH, ni *entenderá* el Dios de Jacob
107.43 *entenderá* las misericordias de Jehová?
119.27 hazme *entender* el camino de tus
119.99 más que ... *entendido* he *entendido*
119.130 alumbra; hace *entender* a los simples

Pr 2.5 entonces *entenderás* el temor de Jehová
8.5 *entended*, oh simples, discreción ... necios

14.8 la ciencia del ... en *entender* su camino
20.24 ¿cómo, pues, *entenderá* ... su camino
28.5 los hombres malos no *entienden* el juicio
29.19 porque *entiende*, mas no hace caso

Ec 3.11 a *entender* la obra que ha hecho Dios
3.14 he *entendido* que todo lo que Dios hace

Is 1.3 Israel no *entiende*, mi pueblo no tiene
6.9 y dí ... oíd bien, y no *entendáis*; ved por
32.4 el corazón de los necios *entenderá* para
36.11 en arameo ... nosotros lo *entendemos*
44.18 no saben ni *entienden* ... no *entender*
52.15 *entenderán* lo que jamás habían oído
56.11 los pastores mismos no saben *entender*

Jer 9.12; Os 14.9 ¿quién es ... que *entienda* esto?

Dn 8.17 *entiende* ... es para el tiempo del fin
9.22 y me hizo *entender*, y habló conmigo
12.10 ninguno de los impíos *entenderá*, pero

Mt 13.14 oído oiréis, y no *entenderéis*; y viendo
13.19 oye la palabra ... y no la *entiende*, viene
13.51 ¿habéis *entendido* todas estas cosas?
21.45 *entendieron* que hablaba de ellos
24.15; Mc 13.14 el que lee, *entienda*

Mc 4.12 y oyendo, oigan y no *entiendan*
6.52 aún no habían *entendido* lo de los panes
8.17 ¿no *entendéis* ni comprendéis? ¿Aún

Lc 9.45 mas ellos no *entendían* estas palabras

Jn 12.40 no vean ... ni *entiendan* con el corazón
20.9 aún no habían *entendido* la Escritura

Hch 8.30 Felipe ... Pero ¿*entiendes* lo que lees?
28.26 oído oiréis, y no *entenderéis*; y viendo

Ro 3.11 no hay quien *entienda*, no hay quien
11.34 ¿quién *entendió* la mente del Señor?
15.21 los que nunca han oído de él *entenderán*

1 Co 2.14 son locura, y no las puede *entender*

Ef 3.4 leyendo lo cual podéis *entender* cuál sea

1 Ti 1.7 sin *entender* ni lo que hablan ni lo que

Heb 9.8 dando ... a *entender* con esto, que aún no
11.3 la fe *entendemos* haber sido constituido
11.14 dan a *entender* que buscan una patria

2 P 2.12 hablando mal de cosas que no *entienden*
3.16 algunas difíciles de *entender*, las cuales

ENVIAR *v.* Despedir, Mandar

Gn 45.5 vida me *envió* Dios delante de vosotros

Éx 3.10 ven ... y te *enviaré* a Faraón, para que
3.14 así dirás ... YO SOY ne *envió* a vosotros
4.13 *envía* ... por medio del que debes *enviar*

Nm 13.2 *envía* tú hombres que reconozcan la

Jue 6.14 salvarás a Israel de ... ¿No te *envío* yo?

Sal 57.3 él *enviará* desde los cielos, y me salvará
144.7 *envía* tu mano desde lo alto ... sácame

Is 6.8 ¿a quién *enviaré*, y quién irá por nosotros?
6.8 respondí yo: Heme aquí, *envíame* a mí
48.16 ahora me *envió* Jehová el Señor, y su

Jer 1.7 a todo lo que te *envíe* irás tú; y dirás
14.14 no los *envié*, ni les mandé, ni les hablé
23.21 no *envié* yo aquellos profetas, pero ellos
26.12 Jehová me *envió* a profetizar contra esta

Mt 9.38; Lc 10.2 rogad al ... que *envíe* obreros
10.16 yo os *envío* como a ovejas en medio de
11.2; Lc 7.19 Juan ... *envió* dos ... discípulos
11.10; Mc 1.2 *envío* mi mensajero delante de
15.24 no soy *enviado* sino a las ... perdidas de
21.1; Mc 14.13; Lc 19.29 Jesús *envió* dos discípulos
21.34; Lc 20.10 *envió* ... siervo a los labradores

Mc 5.12 *envíanos* a los cerdos para que entremos
6.7 comenzó a *enviarlos* de dos en dos; y les

Lc 9.48; Jn 13.20 recibe ... recibe al que me *envió*
24.49 *enviaré* la promesa de mi Padre sobre

Jn 5.30; 6.38 sino la voluntad del que me *envió*
6.57 como me *envió* el Padre viviente, y yo
16.7 si no ... mas si me fuere, os lo *enviaré*
17.8 de ti, y han creído que tú me *enviaste*
17.18 como tú me *enviaste* ... los he *enviado*
20.21 como me *envió* el Padre ... yo os *envío*

Hch 7.34 ahora, pues, ven, te *enviaré* a Egipto
10.5; 11.13 *enviá*, pues ... a Jope, y haz venir a
13.4 ellos ... *enviados* por el Espíritu Santo
15.30 los ... *enviados* descendieron a Antioquía

Ro 8.3 enviando a su Hijo en semejanza de carne
10.15 cómo predicarán si no fueren *enviados*?

1 Co 1.17 no me *envió* Cristo a bautizar, sino a

Gl 4.4 Dios *envió* a su Hijo, nacido de mujer y

2 Ts 2.11 Dios les *envía* un poder engañoso, para
1 Jn 4.9 que Dios *envió* a su Hijo … al mundo
4.14 Padre ha *enviado* al Hijo, el Salvador

ESCRITURA
Ez 32.16 eran obra de Dios, y la *e* era *e* de Dios
Dn 5.25 la *e* que trazó es: Mene, Mene, Tekel
Mt 22.29; Mc 12.24 ignorando las *E* y el poder de
Mc 12.10 ¿ni aun esta *e* habéis leído: La piedra
Lc 4.21 hoy se ha cumplido esta *E* delante de
24.27 en todas las *E* lo que de él decían
24.32 ¿no ardía … cuando nos abría las *E*?
24.45 abrió el … para que comprendiesen las *E*
Jn 2.22 creyeron la *E* y la palabra que Jesús había
5.39 escudriñad las *E*; porque a vosotros os
10.35 si … (y la *E* no puede ser quebrantada)
20.9 porque aún no habían entendido la *E*
Hch 8.35 comenzando desde esta *e*, le anunció
17.11 escudriñando cada día las *E* para ver si
18.24 varón elocuente, poderoso en las *E*
18.28 demostrando por las *E* que Jesús era
Ro 15.4 por la … de las *E*, tengamos esperanza
1 Co 15.3 que Cristo murió … conforme a las *E*
Gl 3.8 la *E* … dio de antemano la buena nueva
3.22 la *E* lo encerró todo bajo pecado, para
2 Ti 3.15 la niñez has sabido las Sagradas *E*
3.16 toda la *E* es inspirada por Dios, y útil

ESCUDO
Gn 15.1 diciendo: No temas, Abram; yo soy tu *e*
Dt 33.29 *e* de tu socorro, y espada de tu triunfo?
2 S 1.21 allí fue desechado el *e* de los valientes
22.3; Sal 18.2 *e*, y el fuerte de mi salvación
22.31; Sal 18.30 *e* es a todos los que en él
22.36; Sal 18.35 me diste asimismo el *e* de tu
Job 41.15 la gloria de su vestido son *e* fuertes
Sal 3.3 mas tú, Jehová, eres *e* alrededor de mí
5.12 con un *e* lo rodearás de tu favor
7.10 mi *e* está en Dios, que salva a los rectos
28.7 Jehová es mi fortaleza y mi *e*; en él
33.20 Jehová; nuestra ayuda y nuestro *e* es él
47.10 porque de Dios son los *e* de la tierra
84.11 sol y *e* es Jehová Dios; gracia y gloria
89.18 Jehová es nuestro *e*, y nuestro rey es
91.4 estarás seguro; *e* y adarga es su verdad
115.9, 10, 11 Jehová; él es tu ayuda y tu *e*
119.114 mi escondedero y mi *e* eres tú; en tu
Pr 2.7 él … es *e* a los que caminan rectamente
30.5 es limpia; él es *e* a los que en él esperan
Ec 7.12 *e* es la ciencia, y *e* es el dinero; mas la
Ef 6.16 tomad el *e* de la fe, con que podáis

ESCUDRIÑAR *v.* Buscar, Examinar, Inquirir
Job 13.9 ¿sería bueno que él os *escudriñase*?
Sal 139.3 has *escudriñado* mi andar y mi reposo
Pr 20.27 *escudriña* lo más profundo del corazón
25.2 pero honra del rey es *escudriñarlo*
Jer 11.20; 17.10 que *escudriñas* la mente y el
Lm 3.40 *escudriñemos* nuestros caminos, y
Sof 1.12 *escudriñaré* a Jerusalén con linterna
Jn 5.39 *escudriñad* las Escrituras; porque en
7.52 *escudriña* y ve que de Galilea nunca se ha
Hch 17.11 *escudriñando* cada día las Escrituras
Ro 8.27 el que *escudriña* los corazones sabe cuál
1 Co 2.10 el Espíritu todo lo *escudriña*, aun lo
Ap 2.23 sabrán que yo soy el que *escudriña* la

ESPADA *v.* Arco, Arma, Lanza
Gn 3.24 puso … querubines, y una *e* encendida
Nm 22.29 ¡ojalá tuviera *e* … ahora te mataría!
Dt 32.25 por fuera desolará la *e*, y dentro de las
32.41 si afilare mi reluciente *e*, y echare mano
33.29 escudo de tu socorro, y *e* de tu triunfo!
Jos 5.13 un varón … tenía una *e* desenvainada
24.12 tábanos … no con tu *e*, ni con tu arco
Jue 7.20 ¡por la *e* de Jehová y de Gedeón!
1 S 22.10 también le dio la *e* de Goliat el filisteo
2 S 2.26 ¿consumirá la *e* perpetuamente?
12.9 a Urías heteo heriste a *e*, y tomaste
Neh 4.17 con una mano … en la otra tenían la *e*
Sal 44.3 no se apoderaron de la tierra por su *e*
55.21 suaviza sus … mas ellas son *e* desnudas
57.4 son lanzas y saetas, y su lengua *e* aguda
149.6 con sus … y *e* de dos filos en sus manos

Pr 12.18 hombres cuyas palabras son como … *e*
Is 2.4 y volverán sus *e* en rejas de arado, y sus
34.5 porque en los cielos se embriagará mi *e*
49.2 y puso mi boca como *e* aguda, me cubrió
66.16 juzgará con … con su *e* a todo hombre
Jer 9.16 y enviaré *e* en pos de ellos, hasta que
12.12 porque la *e* de Jehová devorará desde
15.2 así ha dicho Jehová … el que a *e*, a *e*
18.21 hambre, dispérsalos por medio de la *e*
50.35 *e* contra los caldeos, dice Jehová, y
Ez 7.15 fuera *e*, de dentro pestilencia y hambre
21.9 dí: La *e*, la *e* está afilada, y también
Jl 3.10 forjad *e* de vuestros azadones, lanzas de
Miq 4.3 y martillarán sus *e* para azadones, y sus
Zac 13.7 levántate, oh *e*, contra el pastor, y
Mt 10.34 no he venido para traer paz, sino *e*
26.47; Mc 14.43 y con él mucha gente con *e*
26.51; Mc 14.47 sacó su *e*, e hiriendo a un
26.52 todos los que tomen *e*, a *e* perecerán
Lc 2.35 y una *e* traspasará tu misma alma
22.38 ellos dijeron: Señor, aquí hay dos *e*
Jn 18.11 dijo a Pedro: Mete tu *e* en la vaina
Ef 6.17 la *e* del Espíritu, que es la palabra de
Heb 4.12 más cortante que toda *e* de dos filos
Ap 1.16; 19.15 de su boca salía una *e* aguda de
13.10 alguno mata a *e*, a *e* debe ser muerto
19.21 los demás fueron muertos con la *e* que

ESPERANZA
2 R 18.5 en Jehová Dios de Israel puso su *e*
Job 7.6 mis días fueron más … y fenecieron sin *e*
8.13 los caminos … y la *e* del impío perecerá
11.18 tendrás confianza, porque hay *e*
14.7 árbol fuere cortado, aún queda de él *e*
14.19 de igual manera haces tú perecer la *e*
17.15 ¿dónde … ahora mi *e*? Y mi *e*, ¿quién la
19.10 me … y ha hecho pasar mi *e* como árbol
31.24 si puse en el oro mi *e*, y dije al oro
Sal 9.18 porque … ni la *e* de los pobres perecerá
14.6 del … se han burlado, pero Jehová es su *e*
39.7 Señor, ¿qué esperaré? Mi *e* está en ti
62.5 alma mía … reposa, porque de él es mi *e*
71.5 porque tú, oh Señor Jehová, eres mi *e*
91.2 diré yo a Jehová: *E* mía, y castillo mío
91.9 porque has puesto a Jehová, que es mi *e*
119.116 no quede yo avergonzado de mi *e*
142.5 dije: Tú eres mi *e*, y mi porción en la
Pr 10.28 alegría; mas la *e* de los impíos perecerá
11.23 bien; mas la *e* de los impíos es el enojo
13.12 *e* que se demora es tormento del corazón
14.26 fuerte confianza; y *e* tendrán sus hijos
14.32 mas el justo en su muerte tiene *e*
23.18; 24.14 fin, y tu *e* no será cortada
26.12; 29.20 más *e* hay del necio que de él
Ec 9.4 hay *e* para todo … que está entre los vivos
Is 20.5 turbarán … de Etiopía su *e*, y de Egipto
30.2 y poner su *e* en la sombra de Egipto
Jer 14.8 oh *e* de Israel, Guardador suyo en el
23.16 os alimentan con vanas *e*; hablan visión
31.17 *e* hay también para tu porvenir, dice
Lm 3.18 perecieron mis … y mi *e* en Jehová
Ez 37.11 pereció nuestra *e*, y somos del todo
Os 2.15 daré … el valle de Acor por puerta de *e*
Jl 3.16 pero Jehová será la *e* de su pueblo, y la
Zac 9.12 volveos a la … oh prisioneros de *e*
Jn 5.45 acusa, Moisés, en quien teneis vuestra *e*
Hch 2.26 lengua, y aun mi carne descansará en *e*
16.19 que había salido la *e* de su ganancia
23.6 acerca de la *e* y de la … se me juzga
24.15 teniendo *e* en Dios, la cual ellos también
27.20 habíamos perdido toda *e* de salvarnos
28.20 por la *e* de Israel estoy sujeto con esta
Ro 4.18 él creyó en *e* contra *e*, para llegar a ser
5.2 nos gloriamos en la *e* de la gloria de Dios
5.5 y la *e* no avergüenza; porque el amor de
8.24 en *e* … salvos; pero la *e* que se ve, no es *e*
12.12 gozosos en la *e*; sufridos … tribulación
15.13 el Dios de *e* os llene de todo gozo y paz
1 Co 9.10 porque con *e* debe arar, y *e* ara, el
13.13 ahora permanecen la fe, la *e* y el amor
2 Co 1.7 y nuestra *e* respecto de vosotros es firme
1.8 aun perdimos la *e* de conservar la vida
3.12 teniendo tal *e*, usamos de … franqueza

Gl	5.5 aguardamos por fe la *e* de la justicia
Ef	2.12 ajenos a ... sin *e* y sin Dios en el mundo
	4.4 en una misma *e* de vuestra vocación
Col	1.5 la *e* que os está guardada en los cielos
	1.23 sin moveros de la *e* del evangelio que
	1.27 es Cristo en vosotros, la *e* de gloria
1 Ts	1.3 de vuestra constancia en la *e* en nuestro
	2.19 ¿cuál es nuestra *e*, o gozo, o corona de
	4.13 no os entristezcáis como ... no tienen *e*
	5.8 amor, y con la *e* de salvación como yelmo
2 Ts	2.16 nos dio consolación eterna y buena *e*
1 Ti	1.1 Dios ... y del Señor Jesucristo nuestra *e*
	6.17 ricos ... ni pongan la *e* en las riquezas
Tit	1.2 en la *e* de la vida eterna, la cual Dios, que
	2.13 aguardando la *e* bienaventurada, y la
	3.7 herederos conforme a la *e* de la vida
Heb	6.11 hasta el fin, para plena certeza de la *e*
	6.18 para asirnos de la *e* puesta delante de
	7.19 la introducción de una mejor *e*, por la
	10.23 sin fluctuar, la profesión de nuestra *e*
1 P	1.3 nos hizo renacer para una *e* viva, por la
	1.21 para que vuestra fe y *e* sean en Dios
	3.15 que os demande razón de la *e* que hay
1 Jn	3.3 aquel que tiene esta *e* en él, se purifica

ESPERAR *v.* Aguardar

Gn	49.18; Sal119.166 tu salvación *esperé*, oh
2 S	22.31; Sal18.30 escudo es a ... en él *esperan*
Job	6.11 ¿cuál es mi fuerza para *esperar* aún?
	13.15 aunque él me matare, en él *esperaré*
	29.23 me *esperaban* como a la lluvia y abrían
	30.26 cuando *esperaba* yo el bien, entonces
Sal	22.4 en ti *esperaron* ... *e*, y tú los libraste
	25.3 ninguno de cuantos *esperan* en ti será
	31.6 ilusorias, mas yo en Jehová he *esperado*
	31.24 esforzaos ... los que *esperáis* en Jehová
	32.10 al que *espera* en Jehová, le rodea la
	33.18 sobre los que *esperan* en su misericordia
	33.20 alma *espera* a Jehová; nuestra ayuda y
	33.22 sea ... oh Jehová ... según *esperamos* en ti
	37.7 guarda silencio ante Jehová, y *espera* en
	37.9 los que *esperan* en Jehová ... heredarán
	37.34 *espera* en Jehová, y guarda su camino
	38.15 porque en ti, oh Jehová, he *esperado*
	39.7 Señor, ¿qué *esperaré*? Mi esperanza
	40.1 *esperé* a Jehová, y se inclinó a mí, y oyó
	42.5, 11; 43.5 *espera* en Dios ... aún he de
	52.9 *esperaré* en tu nombre, porque es bueno
	62.8 *esperad* en él en todo tiempo, oh pueblos
	71.14 mas yo *esperaré* siempre, y te alabaré
	104.27 todos ellos *esperan* en ti, para que les
	119.81 tu salvación, mas *espero* en tu palabra
	130.5 *esperé* yo a Jehová, *esperó* mi alma; en
	130.7 *espere* Israel a Jehová, porque en
	131.3 espera, oh Israel, en Jehová, desde
	145.15 los ojos de todos *esperan* en ti, y tú
Pr	20.22 vengaré; *espera* a Jehová, y él te salvará
	30.5 él es escudo a los que en él *esperan*
Is	8.17 *esperaré*, pues, a Jehová ... en él confiaré
	25.9 Dios, le hemos *esperado*, y nos salvará
	26.8 Jehová, te hemos *esperado*; tu nombre
	30.18 Jehová *esperará* para tener piedad de
	33.2 oh Jehová, ten ... a ti hemos *esperado*
	40.31 pero los que *esperan* en Jehová tendrán
	42.4 justicia; y las costas *esperarán* su ley
	49.23 no se avergonzará ... que *esperan* en mí
	64.4 ti, que hiciese por el que en él *espera*
Jer	14.22 en ti, pues, *esperamos*, pues tú hiciste
Lm	3.25 bueno es Jehová a los que en él *esperan*
	3.26 bueno es *esperar* ... salvación de Jehová
Miq	7.7 yo ... *esperaré* al Dios de mi salvación
Hab	2.3 aunque tardare, *espéralo*, porque sin
Sof	3.8 por tanto, *esperadme*, dice Jehová, hasta
Mt	11.3; Lc 7.19 ¿eres ... o *esperaremos* a otro?
	12.21 en su nombre *esperarán* los gentiles
	24.50; Lc 12.46 en día que éste no *espera*
Mc	15.43 José de ... *esperaba* el reino de Dios
Lc	2.25 este hombre ... *esperaba* la consolación de
	6.35 bien, y prestad, no *esperando* de ello nada
Hch	1.4 *esperasen* la promesa del Padre, la cual
	24.26 *esperaba* ... que Pablo la diera dinero
Ro	8.23 gemimos dentro ... *esperando* la adopción
1 Co	1.7 *esperando* la manifestación de nuestro

	11.33 os reunís a comer, *esperaos* unos a
	13.7 lo cree, todo lo *espera*, todo lo soporta
	15.19 si en ... solamente *esperamos* en Cristo
Ef	1.12 primeramente *esperábamos* en Cristo
Flp	2.23 a éste *espero* enviaros, luego que yo vea
	3.20 de donde también *esperamos* al Salvador
1 Ts	1.10 y *esperar* de los cielos a su Hijo, al cual
1 Ti	4.10 *esperamos* en el Dios viviente, que es el
Heb	10.13 *esperando* hasta que sus enemigos sean
	11.1 es ... la fe la certeza de lo que se *espera*
Stg	5.7 el labrador *espera* el precioso fruto de la
1 P	1.13 *esperad* por completo en la gracia que os
2 P	3.12 *esperando* ... la venida del día de Dios

ESPÍRITU *v.* Aliento, Alma, Demonio, Espíritu de Dios, Espíritu de Jehová, Espíritu inmundo, Espíritu Santo, Soplo

Gn	6.3 no contenderá mi *E* con el hombre para
Nm	11.17 tomaré el *e* que está en ti, y pondré
	27.18 varón en el cual hay *e*, y pondrás tu
Jue	9.23 un mal *e* entre Abimelec y ... Siquem
1 S	16.15 un *e* malo de ... de Dios te atormenta
	19.9 *e* malo de parte de Jehová vino ... Saúl
	28.7 una mujer que tenga *e* de adivinación
1 R	22.21; 2 Cr 18.20 salió un *e* y se puso
2 R	2.9 una doble porción de tu *e* sea sobre mí
	19.7; Is 37.7 pondré yo en él un *e*, y oirá
Neh	9.20 enviaste tu buen *E* para enseñarles
Job	4.15 al pasar un *e* por delante de mí, hizo que
	15.13 que contra Dios vuelvas tu *e*, y saques
	32.8 ciertamente *e* hay en el hombre, y el soplo
	38.36 puso ... ¿o quién dio al *e* inteligencia?
Sal	31.5 en tu mano encomiendo mi *e*; tú me has
	51.10 crea ... renueva un recto *e* dentro de mí
	51.11 no me ... y no quites de mí tu santo *e*
	51.12 vuélveme el gozo ... y *e* noble me sustente
	51.17 sacrificios de Dios son el *e* quebrantado
	78.8 su corazón, ni fue fiel para con Dios su *e*
	104.30 envías tu *E*, son creados, y renuevas la
	139.7 ¿a dónde me iré de tu *E*? ¿Y a dónde
	143.10 tu buen *e* me guíe a tierra de rectitud
Pr	1.23 he aquí yo derramaré mi *e* sobre vosotros
	16.2 son limpios ... pero Jehová pesa los *e*
	16.32 mejor ... el que se enseñorea de su *e* que
	20.27 lámpara de Jehová es el *e* del hombre
	25.28 es el hombre cuyo *e* no tiene rienda
Ec	3.21 ¿quién sabe que el *e* de ... sube arriba?
	8.8 tenga potestad sobre el *e* para retener el *e*
	12.7 el polvo ... y el *e* vuelva a Dios que lo dio
Is	4.4 con *e* de juicio y con *e* de devastación
	11.2 e de consejo y de ... *e* de conocimiento y
	32.15 hasta ... sea derramado el *E* de lo alto
	42.1 aquí mi siervo ... he puesto sobre él mi *E*
	44.3 mi *E* derramaré sobre tu generación, y
	63.10 hicieron enojar su santo *e*; por lo cual
Ez	1.12 hacia donde el *e* les movía que anduviesen
	1.20 el *e* de los seres ... estaba en las ruedas
	8.3 y el *E* me alzó entre el cielo y la tierra
	10.17 el *e* de los seres vivientes estaba en
	11.19 daré un corazón, y un *e* nuevo pondré en
	36.26 y pondré *e* nuevo dentro de vosotros
	36.27 pondré dentro de vosotros mi *E*, y haré
	37.10 profeticé ... entró *e* en ellos, y vivieron
	37.14 pondré mi *E* en vosotros, y viviréis, y os
Dn	4.9 he entendido que hay en ti *e* de los dioses
	5.11 hombre en el cual mora el *e* de los dioses
Os	9.7 insensato es el varón de *e*, a causa de la
Jl	2.28 de esto derramaré mi *E* sobre toda carne
Hag	2.5 así mi *E* estará en medio de vosotros
Zac	4.6 ejército, ni con fuerza, sino con mi *E*
Mt	4.1; Mc 1.12; Lc 4.1 fue llevado por el *E* al
	5.3 bienaventurados los pobres en *e*, porque
	10.1 les dio autoridad sobre los *e* inmundos
	12.18 pondré mi *E* sobre él, y ... anunciará
	12.31 la blasfemia contra el *E* no les será
	12.45; Lc 11.26 toma consigo otros siete *e*
	26.41; Mc 14.38 el *e* ... está dispuesto, pero
	27.50 Jesús, habiendo ... clamado ... entregó el *e*
Mc	1.10 *E* como paloma que descendía sobre él
	9.26 entonces el *e*, clamando ... salió; y
Lc	1.47 mi *e* se regocija en Dios mi Salvador
	1.80 el niño crecía, y se fortalecía en *e*
	4.18 el *E* del Señor está sobre mí, por cuanto
	9.55 vosotros no sabéis de qué *e* sois

23.46 Padre, en tus manos encomiendo mi *e*
24.37 espantados y ... pensaban que veían *e*

Jn 1.32 vi al *E* que descendía del cielo como
3.5 el que no naciere del agua y del *E*, no
3.6 carne es; y lo que es nacido del *E*, *e* es
3.34 habla; pues Dios no da el *E* por medida
4.23 adorarán al Padre en *e* y en verdad
4.24 Dios es *E*; y los que le adoran, en *e* y en
6.63 el *e* es el que da vida; la carne para nada
7.39 esto dijo del *E* que habían de recibir los
14.17 *E* de verdad, al cual el mundo no puede
15.26 *E* de verdad, el cual procede del Padre
19.30 y ... inclinando la cabeza, entregó el *e*

Hch 2.17 derramaré de mi *E* sobre toda carne
5.9 qué convinisteis en tentar al *E* del Señor?
7.59 y decía: Señor Jesús, recibe mi *e*
8.29 el *E* dijo a Felipe: Acércate y júntate a
8.39 el *E* del Señor arrebató a Felipe; y él
10.19 le dijo el *E* ... tres hombres te buscan
16.7 ir a Bitinia, pero el *E* no se lo permitió
20.22 he aquí, ligado yo en *e*, voy a Jerusalén
23.8 dicen que no hay ... ni ángel, ni *e*; pero

Ro 1.4 declarado Hijo ... según el *E* de santidad
2.29 en *e*, no en letra; la alabanza del cual
7.6 bajo el régimen nuevo del *E*, y no bajo
8.1 conforme a la carne, sino conforme al *E*
8.2 la ley del *E* ... me ha librado de la ley de
8.5 pero los que son del *E*, en las cosas del *E*
8.6 pero ocuparse del *E* es vida y paz
8.9 y si alguno no tiene el *E* de ... no es de él
8.10 mas el *e* vive a causa de la justicia
8.11 el *E* de aquel que levantó de los muertos
8.13 si por el *E* hacéis morir las obras de la
8.15 habéis recibido el *e* de adopción, por el
8.16 el *E* mismo da testimonio a nuestro *e*
8.26 el *E* nos ayuda en nuestra debilidad; pues
8.26 el *E* mismo intercede por nosotros con
8.27 el que ... sabe cuál es la intención del *E*

1 Co 2.4 sino con demostración del *E* y de poder
2.10 Dios nos las reveló a nosotros por el *E*
2.10 porque el *E* todo lo escudriña, aun lo
2.12 no hemos recibido el *e* del mundo, sino
2.13 no con ... sino con las que enseña el *E*
5.5 de que el *e* sea salvo en el día del Señor
12.4 hay ... de dones, pero el *E* es el mismo
12.10 profecía; a otro, discernimiento de *e*
12.13 por un solo *E* fuimos todos bautizados
14.14 porque si yo oro en lengua ... mi *e* ora
15.45 fue hecho ... postrer Adán, *e* vivificante

2 Co 1.22 nos ha dado las arras del *E* en nuestros
3.3 no con tinta, sino con el *E* del Dios vivo
3.6 sino del *e* ... la letra mata, mas el *e* vivifica
3.17 donde está el *E* del Señor ... hay libertad
4.13 teniendo el mismo *e* de fe, conforme a
11.4 o si recibís otro *e* que el que habéis

Gl 3.2 ¿recibisteis el *E* por las obras de la ley
3.5 aquel, pues, que os suministra el *E*, y hace
3.14 por la fe recibiésemos la promesa del *E*
4.6 Dios envió a vuestros corazones el *E* de su
5.5 nosotros por el *E* aguardamos, por fe la
5.16 andad en el *E*, y no satisfagáis los deseos
5.17 la carne es contra el *E*, y el del *E* contra la
5.22 mas el fruto del *E* es amor, gozo, paz
5.25 si vivimos por el *E*, andemos ... por el *E*
6.8 mas el que siembra para el *E*, del *E* segará

Ef 2.2 el *e* ... opera en los hijos de desobediencia
2.18 tenemos entrada por un mismo *E* al
3.16 ser fortalecidos con poder ... por su *E*
4.4 un cuerpo, y un *E*, como fuisteis también
4.23 y renovaos en el *e* de vuestra mente
5.9 porque el fruto del *E* es en toda bondad
5.18 con vino ... antes bien sed llenos del *E*
6.17 espada del *E*, que es la palabra de Dios

Flp 1.27 oiga ... que estáis firmes en un mismo *e*
2.1 si alguna comunión del *E*, si algún afecto
3.3 que en *e* servimos a Dios y nos gloriamos

1 Ts 5.19 no apaguéis al *E*
5.23 todo vuestro ser, *e*, alma ... sea guardado

1 Ti 4.1 el *E* dice ... que en los postreros tiempos

Heb 1.7 hace a sus ángeles *e*, y a sus ministros
1.14 ¿no son todos ... ministradores, enviados
10.29 el que ... hiciere afrenta al *E* de gracia?
12.23 a los *e* de los justos hechos perfectos

Stg 2.26 como el cuerpo sin *e* está muerto, así
4.5 el *E* que él ha ... nos anhela celosamente?

1 P 3.19 fue y predicó a los *e* encarcelados
4.6 en carne ... pero vivan en *e* según Dios
4.14 el ... *E* de Dios reposa sobre vosotros

1 Jn 3.24 él permanece en nosotros, por el *E* que
4.1 no creáis a todo *e*, sino probad los *e* si
4.13 conocemos ... en que nos ha dado de su *E*
5.6 el ... *E* da testimonio ... el *E* es la verdad

Jud 19 éstos son ... sensuales, que no tienen al *E*

Ap 1.4 de los siete *e* que están delante de su trono
1.10 estaba en el *E* en el día del Señor, y oí
2.7 oído, oiga lo que el *E* dice a las iglesias
4.5; 5.6 las cuales son los siete *e* de Dios
22.17 y el *E* y la Esposa dicen: Ven. Y el que

ESPÍRITU de Dios v. Espíritu, Espíritu de Jehová, Espíritu Santo

Gn 1.2 el *E* de *D* se movía sobre ... de las aguas
41.38 a otro hombre ... en quien esté el *e* de *D*?

Éx 31.3 lo he llenado del *E* de *D*, en sabiduría

1 S 10.10 el *E* de *D* vino sobre él ... y profetizó
11.6 el *E* de *D* vino sobre él con poder; y él
19.20 vino el *E* de *D* sobre los mensajeros de

Job 33.4 el *e* de *D* me hizo, y el soplo ... dio vida

Mt 3.16 al *E* de *D* que descendía como paloma
12.28 por el *E* de *D* echo fuera los demonios

Ro 8.14 todos los que son guiados por el *E* de *D*
15.19 en el poder del *E* de *D*; de manera que

1 Co 2.11 nadie conoció las ... sino el *E* de *D*
3.16 ¿no sabéis ... el *E* de *D* mora en vosotros?
7.40 pienso que también yo tengo el *E* de *D*
12.3 que nadie que hable por el *E* de *D* llama

1 Jn 4.2 conoced el *E* de *D*: Todo espíritu que

Ap 3.1 el que tiene los siete *E* de *D* ... dice esto

ESPÍRITU de Jehová v. Espíritu, Espíritu de Dios, Espíritu Santo

Jue 13.25 el *E* de *J* comenzó a manifestarse en él
14.6 y el *E* de *J* vino sobre Sansón, quien

1 S 16.13 ungió ... el *E* de *J* vino sobre David

2 S 23.2 el *E* de *J* ha hablado por mí, y su palabra

Is 11.2 reposará sobre él el *E* de *J*; espíritu de
40.13 ¿quién enseñó al *E* de *J*, o le aconsejó
61.1 el *E* de *J* el Señor está sobre mí, porque

Ez 11.5 y vino sobre mí el *E* de *J*, y me dijo: Di

Miq 2.7 casa de Jacob, ¿se ha acortado el *E* de *J*?
3.8 mas yo estoy lleno del poder del *E* de *J*

ESPÍRITU inmundo v. Demonio, Espíritu

Mt 10.1; Mc 6.7 les dio autoridad sobre los *e i*
12.43; Lc 11.24 cuando el *e i* sale del hombre

Mc 1.23 había en la sinagoga ... un hombre con *e i*
3.11 *e i*, al verle, se postraban delante de
3.30 porque ellos habían dicho: Tiene *e i*
5.2 de los sepulcros, un hombre con un *e i*
7.25 una mujer, cuya hija tenía un *e i* ... vino
9.25; Lc 9.42 reprendió al *e i*, diciéndole

Lc 4.36 con ... poder manda a los *e i*, y salen?
6.18 los ... atormentados de *e i* eran sanados

Hch 5.16 venían ... trayendo ... atormentados de *e i*
8.7 de muchos que tenían *e i*, salían éstos

Ap 16.13 vi salir de la boca del dragón ... tres *e i*
18.2 y se ha hecho ... y guarida de todo *e i*

ESPÍRITU Santo v. Espíritu, Espíritu de Dios, Espíritu de Jehová

Mt 1.18 se halló que había concebido del *E S*
3.11; Mc 1.8; Lc 3.16 él os bautizará en *E S*
28.19 nombre del Padre, y del Hijo, y del *E S*

Mc 12.36 porque el mismo David dijo por el *E S*
13.11 no sois vosotros ... habláis, sino el *E S*

Lc 1.15 será lleno del *E S*, aun desde el vientre
1.35 el *E S* vendrá sobre ti, y el poder del
1.41 aconteció ... y Elisabet fue llena del *E S*
3.22 y descendió el *E S* sobre él en forma
4.1 Jesús, lleno del *E S*, volvió del Jordán
11.13 dará el *E S* a los que se lo pidan?
12.12 el *E S* os enseñará ... lo que debáis decir

Jn 1.33 me dijo ... ése es el que bautiza con *E S*
7.39 aún no había venido el *E S*, porque Jesús
14.26 el *E S*, a quien el Padre enviará en mi
20.22 esto, sopló, y les dijo: Recibid el *E S*

Hch 1.2 de haber dado mandamientos por el *E S*
1.5; 11.16 seréis bautizados con el *E S* dentro
2.4; 4.31 y fueron todos llenos del *E S*
2.33 recibido del Padre la promesa del *E S*

4.8 entonces Pedro, lleno del *E S*, les dijo
5.3 para que mintieses al *E S*, y sustrajeses
5.32 y también el *E S*, el cual ha dado Dios
6.3 buscad … a siete varones … llenos del *E S*
7.51 vosotros resistís siempre al *E S*; como
8.15 oraron por ellos … que recibiesen el *E S*
9.31 acrecentaban fortalecidas por el *E S*
10.38 Dios ungió con el *E S* y … a Jesús de
10.44 el *E S* cayó sobre todos los que oían
11.15 cayó el *E S* sobre ellos también, como
11.24 era varón bueno, y lleno del *E S* y de
13.2 dijo el *E S*: Apartadme a Bernabé y a
13.52 los … estaban llenos de gozo y del *E S*
16.6 les fue prohibido por el *E S* hablar la
19.2 ¿recibisteis el *E S* cuando creísteis?
Ro 5.5 ha sido derramado en … por el *E S* que
14.17 sino justicia, paz y gozo en el *E S*
15.13 abundéis en … por el poder del *E S*
1 Co 6.19 que vuestro cuerpo es templo del *E S*
12.3 llamar a Jesús Señor, sino por el *E S*
2 Co 13.14 la comunión del *E S* sean con todos
Ef 1.13 fuisteis sellados con el *E S* de la promesa
4.30 no contristéis al *E S* de Dios, con el cual
1 Ts 1.6 recibiendo la palabra … gozo del *E S*
4.8 sino a Dios, que también nos dio su *E S*
Tit 3.5 por el … y por la renovación en el *E S*
Heb 2.4 milagros y repartimientos del *E S* según
6.4 don … y fueron hechos partícipes del *E S*
10.15 nos atestigua lo mismo el *E S*; porque
1 P 1.12 los que os han predicado … por el *E S*
2 P 1.21 hablaron siendo inspirados por el *E S*
1 Jn 5.7 porque tres … el Padre, el Verbo y el *E S*
Jud 20 vosotros, amados … orando en el *E S*

ESPIRITUAL *v.* Carnal, Natural
Ro 1.11 para comunicaros algún don *e*, a fin de
7.14 porque sabemos que la ley es *e*; mas yo
15.27 hechos participantes de sus bienes *e*
1 Co 2.13 hablamos … acomodando lo a lo *e*
2.15 el *e* juzga todas las cosas; pero él no es
3.1 no pude hablaros como a … sino como a
9.11 si … sembramos entre vosotros lo *e*, ¿es
10.3 y todos comieron el mismo alimento *e*
12.1 no … que ignoréis acerca de los dones *e*
14.12 que anheléis dones *e*, procurad abundar
14.37 alguno se cree profeta, o *e*, reconozca
15.44 se siembra cuerpo … resucitará cuerpo *e*
15.46 mas lo *e* no es primero, sino lo animal
Gl 6.1 que sois *e*, restauradle con … mansedumbre
Ef 1.3 nos bendijo con toda bendición *e* en los
Col 1.9 llenos … en toda sabiduría e inteligencia *e*
1 P 2.5 sed edificados como casa *e* y sacerdocio

ESPOSO/A *v.* Marido, Mujer, Varón
Éx 4.25 a la verdad tú me eres un *e* de sangre
21.8 si no agradare a su … no la tomó por *e*
Sal 19.5 éste, como *e* que sale de su tálamo, se
Pr 18.22 el que halla *e* halla el bien, y alcanza
Cnt 4.8 ven conmigo desde el Líbano, oh *e* mía
Is 62.5 como el gozo del *e* con la *e*, así se gozará
Jer 3.14 convertíos … porque yo soy vuestro *e*; y os
3.20 pero como la *e* infiel abandona a su
Mt 9.15; Mc 2.19; Lc 5.34 entre tanto que el *e* está con ellos?
25.1 diez vírgenes que … salieron a recibir al *e*
Mc 12.20; Lc 20.29 el primero tomó *e*; y murió
Jn 2.9 probó el agua hecha vino … llamó al *e*
3.29 el que tiene la *e*, es el *e*; mas el amigo
1 Co 7.29 que los que tienen *e* sean como si no
2 Co 11.2 pues os he desposado con un solo *e*
1 Ts 4.4 que cada uno … sepa tener su propia *e*
Ap 19.7 llegado las bodas del Cordero, y su *e* se
21.2 nueva Jerusalén … dispuesta como una *e*
21.9 ven acá … te mostraré … la *e* del Cordero
22.17 el Espíritu y la *E* dicen: Ven. Y el que

ESTEBAN
Hch 6.5–8.2.
Hch 11.19 persecución que hubo con motivo de *E*
22.20 se derramaba la sangre de *E* tu testigo

ESTÉRIL
Gn 11.30 mas Sarai era *e*, y no tenía hijo
25.21 oró Isaac … por su mujer, que era *e*
29.31 Lea … le dio hijos; pero Raquel era *e*

Jue 13.2 se llamaba Manoa; y su mujer era *e*
Job 24.21 a la mujer *e*, que no concebía, afligió
Sal 107.34 tierra fructífera en *e*, por la maldad
113.9 él hace habitar en familia a la *e*, que se
Is 54.1 regocíjate, oh *e*, la que no daba a luz
Lc 1.7 pero no tenían hijo, porque Elisabet era *e*
23.29 en que dirán: Bienaventuradas las *e*, y

ETERNIDAD *v.* Edad, Siempre, Siglo
Sal 103.17 es desde la *e* y hasta la *e* sobre los
Ec 3.11 ha puesto *e* en el corazón de ellos, sin
Miq 5.2 sus salidas son … desde los días de la *e*

EVANGELIO *v.* Nueva, Palabra, Promesa
Mt 4.23; Mc 1.14 predicando el *e* del reino
11.5; Lc 7.22 a los pobres es anunciado el *e*
24.14 será predicado este *e* del reino en todo
26.13; Mc 14.9 predique este *e* … se contará
Mc 1.1 principio del *e* de Jesucristo, Hijo de
8.35 pierda su vida por causa de mí y del *e*
10.29 haya dejado … por causa de mí y del *e*
13.10 necesario que el *e* sea predicado antes
16.15 id por todo el mundo y predicad el *e*
Lc 8.1 predicando y anunciando el *e* del reino
Hch 8.25 en muchas poblaciones … anunciaron el *e*
13.32 os anunciamos el *e* de aquella promesa
20.24 testimonio del *e* de la gracia de Dios
Ro 1.1 a ser apóstol, apartado para el *e* de Dios
1.16 no me avergüenzo del *e*, porque es poder
2.16 en que Dios juzgará … conforme a mi *e*
15.19 todo lo he llenado del *e* de Cristo
1 Co 1.17 no … a bautizar, sino a predicar el *e*
9.12 por no poner … obstáculo al *e* de Cristo
9.14 los que anuncian el *e*, que vivan del *e*
9.18 predicando el *e* … gratuitamente el *e*
15.1 os declaro … el *e* que os he predicado
2 Co 2.12 cuando llegué a Troas para predicar el *e*
4.3 si nuestro *e* está aún encubierto, entre los
11.4 otro *e* que el que habéis aceptado, bien
Gl 1.6 alejado del … para seguir un *e* diferente
1.11 que el *e* anunciado por mí, no es según
Ef 1.13 la palabra … el *e* de vuestra salvación
3.8 gracia de anunciar entre los gentiles el *e*
6.15 calzados los pies con el apresto del *e* de paz
6.19 para dar a conocer … el misterio del *e*
Flp 1.7 en la defensa y confirmación del *e*, todos
1.12 han redundado … para el progreso del *e*
1.17 que estoy puesto para la defensa del *e*
1.27 que os comportéis como es digno del *e*
Col 1.23 sin moveros de la esperanza del *e* que
1 Ts 1.5 pues nuestro *e* no llegó a vosotros en
2.4 por Dios para que se nos confiase el *e*
2 Ts 2.14 a lo cual os llamó mediante nuestro *e*
1 Ti 1.11 según el glorioso *e* del Dios bendito
2 Ti 1.10 sacó a luz … la inmortalidad por el *e*
1 P 1.25 es la palabra que por el *e* os ha sido
Ap 14.6 vi … a otro ángel, que tenía el *e* eterno

EXPIACIÓN *v.* Propiciación, Redención
Éx 29.33 aquellas cosas con las cuales se hizo *e*
30.10 sobre sus cuernos hará Aarón *e* una
Lv 1.4 su mano … y será aceptado para *e* suya
4.3 ofrecerá … un becerro sin defecto para *e*
4.20 así hará el sacerdote *e* por ellos
5.6 para su *e* traerá a Jehová por su pecado
8.14 manos sobre la cabeza del becerro de la *e*
16.30 en este día se hará *e* por vosotros, y
23.27 diez días de este mes será el día de *e*
25.9 día de la *e* haréis tocar la trompeta
Nm 8.12 por *e* … para hacer *e* por los levitas
15.25 sacerdote hará *e* por … la congregación
25.13 celo … e hizo *e* por los hijos de Israel
31.50 hacer *e* por nuestras almas delante
Dt 32.43 hará *e* por la tierra de su pueblo
Is 53.10 haya puesto su vida en *e* por el pecado
Ez 45.20 así harás el … y harás *e* por la casa

FAMILIA *v.* Casa, Descendencia, Hijo, Linaje, Posteridad, Simiente
Gn 12.3; 28.14 serán benditas en ti todas las *f* de
1 S 9.21 mi *f* … la más pequeña de todas las *f*
18.18 ¿quién soy yo … o la *f* de mi padre en
Sal 68.6 hace habitar en *f* a los desamparados
Pr 31.21 toda su *f* está vestida de ropas dobles

Jer 31.3 yo seré por Dios a todas las *f* de Israel
Am 3.2 a vosotros ... he conocido las *f* de
Mt 13.52 es semejante a un padre de *f*, que saca
Gl 6.10 hagamos bien ... a los de la *f* de la fe
Ef 2.19 de los santos, y miembros de la *f* de Dios
    3.15 de quien toma nombre toda *f* en los cielos
1 Ti 5.4 a ser piadosos para con su propia *f*, y a

FAVOR v. Gracia

Dt 33.23 Neftalí, saciado de *f*, y lleno de la
Est 2.15 ganaba Ester el *f* de todos los que la
Job 20.10 sus hijos solicitarán el *f* de los pobres
    29.4 el *f* de Dios velaba sobre mi tienda
Sal 5.12 como con un escudo lo rodearás de tu *f*
    30.5 será su ira, pero su *f* dura toda la vida
    103.4 el que te corona de *f* y misericordias
    141.5 que el justo me castigue, será un *f*
Pr 11.27 el que procura el bien buscará *f*; mas al
    12.2 el bueno alcanzará el *f* de Jehová; mas el
    19.6 muchos buscan el *f* del generoso, y cada
    21.10 el mal; su prójimo no halla *f* en sus ojos
    29.26 muchos buscan el *f* del príncipe; mas de
Hch 2.47 alabando a Dios, y teniendo *f* con todo
Gl 1.10 ¿busco ahora el *f* de los hombres, o el

FE v. Confianza, Creer, Fidelidad, Obediencia, Seguridad

Hab 2.4 he aquí ... mas el justo por su *f* vivirá
Mt 6.30; Lc 12.28 ¿no hará mucho más ... hombres de poca *f*?
    8.10; Lc 7.9 ni aun en Israel he hallado ... *f*
    8.26 ¿por qué teméis, hombres de poca *f*?
    9.2; Mc 2.5; Lc 5.20 al ver Jesús la *f* de ellos
    9.22; Mc 5.34; Lc 8.48 tu *f* te ha salvado
    14.31 ¡hombre de poca *f*! ¿Por qué dudaste?
    15.28 oh mujer, grande es tu *f*; hágase contigo
    17.20 si tuviereis *f* como un grano de mostaza
    21.21 os digo, que si tuviereis *f*, y no dudareis
Mc 4.40 así amedrentados? ¿Cómo no tenéis *f*?
    10.52; Lc 18.42 dijo: Vete, tu *f* te ha salvado
    11.22 Jesús, les dijo: Tened *f* en Dios
Lc 7.50 la mujer: Tu *f* te ha salvado, vé en paz
    8.25 y les dijo: ¿Dónde está vuestra *f*?
    17.5 dijeron los ... al Señor: Auméntanos la *f*
    18.8 cuando venga ... ¿hallará *f* en la tierra?
    22.32 yo he rogado por ti, que tu *f* no falte
Hch 3.16 por la *f* en su nombre, a éste, que ... veis
    6.5 Esteban, varón lleno de *f* y del Espíritu
    11.24 porque era varón bueno, y lleno ... de *f*
    14.9 Pablo ... viendo que tenía *f* para ser sanado
    14.22 exhortándoles ... permaneciesen en la *f*
    16.5 que las iglesias eran confirmadas en la *f*
    17.31 dando *f* a todos con haberle levantado
    24.24 viniendo Félix ... le oyó acerca de la *f*
Ro 1.5 la obediencia a la *f* en todas las naciones
    1.8 vuestra *f* se divulga por todo el mundo
    1.17 justicia de Dios se revela por *f* y para *f*
    1.17; Gl 3.11; Heb 10.38 mas el justo por la *f* vivirá
    3.22 la justicia de Dios por medio de la *f* en
    3.25 como propiciación por medio de la *f* en
    3.26 que justifica al que es de la *f* de Jesús
    3.27 de las obras? No, sino por la ley de la *f*
    3.28 hombre es justificado por *f* sin las obras
    4.5 no obra ... su *f* le es contada por justicia
    4.14 vana resulta la *f*, y anulada la promesa
    4.16 por *f*, para que sea por gracia, a fin de
    4.16 para la que es de la *f* de Abraham, el
    4.19 y no se debilitó en la *f* al considerar
    5.1 justificados, pues, por la *f*, tenemos paz
    5.2 tenemos entrada por la *f* a esta gracia
    9.30 justicia, es decir, la justicia que es por *f*
    9.32 porque iban tras ella no por *f*, sino como
    10.6 pero la justicia que es por la *f* dice así
    10.8 esta es la palabra de *f* que predicamos
    10.17 así que la *f* es por el oír, y el oír por
    12.3 conforme a la medida de *f* que Dios da
    14.22 ¿tienes tú *f*? Tenla para contigo mismo
    14.23 todo lo que no proviene de *f*, es pecado
1 Co 2.5 para que vuestra *f* no esté fundada en la
    12.9 a otro, *f* por el mismo Espíritu; y a otro
    13.2 y si tuviese toda mi *f*, de tal manera que
    13.13 permanecen la *f*, la esperanza y el amor
    15.14 si Cristo no ... vana es también vuestra *f*
    16.13 velad, estad firmes en la *f*; portaos

2 Co 1.24 no que nos enseñoreemos de vuestra *f*
    4.13 pero teniendo el mismo espíritu de *f*
    5.7 porque por *f* andamos, no por vista
    10.15 conforme crezca vuestra *f* seremos muy
    13.5 examinaos a vosotros ... si estáis en la *f*
Gl 2.16 no es justificado por ... sino por la *f* de
    3.2 por las obras de la ley, o por el oír con *f*?
    3.14 que por la *f* recibiésemos la promesa
    3.26 pues todos sois hijos de Dios por la *f* en
    5.6 vale ... sino la *f* que obra por el amor
    6.10 y mayormente a los de la familia de la *f*
Ef 1.15 habiendo oído de vuestra *f* en el Señor
    2.8 por gracia sois salvos por medio de la *f*
    3.12 con confianza por medio de la *f* en él
    3.17 que habite Cristo por la *f* en vuestros
    4.5 un Señor, una *f*, un bautismo
    4.13 que todos lleguemos a la unidad de la *f*
    6.16 el escudo de la *f*, con que podáis apagar
Flp 1.27 combatiendo ... por la *f* del evangelio
    3.9 sino ... la justicia que es de Dios por la *f*
Col 1.4 habiendo oído de vuestra *f* en Cristo
    1.23 en verdad permanecéis ... firmes en la *f*
    2.5 mirando ... firmeza de vuestra *f* en Cristo
1 Ts 1.3 acordándonos ... de la obra de vuestra *f*
    1.8 lugar vuestra *f* en Dios se ha extendido
    5.8 vestido con la coraza de *f* y de amor, y
2 Ts 1.3 por cuanto vuestra *f* va creciendo, y la
    1.11 y cumpla ... toda obra de *f* con su poder
    3.2 librados de ... porque no es de todos la *f*
1 Ti 1.2 Timoteo, verdadero hijo en la *f*: Gracia
    1.5 amor nacido de ... buena conciencia y de *f*
    1.19 manteniendo la *f* y buena conciencia
    2.15 pero se salvará ... si permaneciere en *f*
    3.9 que guarden el misterio de la *f* con limpia
    3.13 ganan ... mucha confianza en la *f* que es
    4.1 dice ... que ... algunos apostatarán de la *f*
    4.12 sé ejemplo de ... en palabra ... *f* y pureza
    5.8 si alguno no provee para ... ha negado la *f*
    6.10 el cual codiciando ... extraviaron de la *f*
    6.12 pelea la buena batalla de la *f*, echa mano
    6.21 la cual profesando ... desviaron de la *f*
2 Ti 1.5 trayendo a la memoria la *f* no fingida
    2.18 desviaron ... y trastornan la *f* de algunos
    3.8 corruptos de ... réprobos en cuanto a la *f*
    3.15 hacer sabio para la salvación por la *f*
    4.7 he acabado la carrera, he guardado la *f*
Tit 1.1 conforme a la *f* de los escogidos de Dios
    1.4 a Tito, verdadero hijo en la común *f*
    1.13 repréndelos ... que sean sanos en la *f*
    2.2 sean sobrios ... sanos en la *f*, en el amor
Flm 5 oigo del amor y de la *f* que tienes hacia
Heb 4.2 por no ir acompañada de *f* en los que la
    6.1 dejando ... rudimentos ... de la *f* en Dios
    6.12 de aquellos que por la *f* ... heredan las
    10.22 en plena certidumbre de *f*, purificados
    10.39 que tienen *f* para preservación del alma
    11.1 es, pues, la *f* la certeza de lo que se
    11.6 pero sin *f* es imposible agradar a Dios
    11.13 conforme a la *f* murieron todos éstos
    11.33 que por la *f* conquistaron reinos, hicieron
    11.39 alcanzaron buen testimonio mediante la *f*
    12.2 en Jesús, el autor y consumador de la *f*
    13.7 resultado de su conducta, e imitad su *f*
Stg 1.6 pida con *f*, no dudando nada; porque
    2.1 vuestra *f* en nuestro glorioso Señor sea
    2.5 para que sean ricos en *f* y herederos del
    2.14 alguno dice que tiene *f*, y no tiene obras
    2.18 tu *f* sin tus obras ... mi *f* por mis obras
    2.20 saber ... la *f* sin las obras es muerta?
    2.22 la *f* actuó ... con sus obras, y que la *f*
1 P 1.5 que sois guardados por ... mediante la *f*
    1.7 para que sometida a prueba vuestra *f*
    1.9 obteniendo el fin de vuestra *f*, que es la
    5.9 al cual resistid firmes en la *f*, sabiendo
2 P 1.1 una *f* igualmente preciosa que la nuestra
    1.5 por esto mismo, añadid a vuestra *f* virtud
1 Jn 5.4 la victoria que ha vencido ... nuestra *f*
Jud 3 contendáis ardientemente por la *f* que ha
    20 edificándoos sobre vuestra santísima *f*
Ap 2.19 conozco tus obras, y amor y *f*, y servicio
    13.10 está la paciencia y la *f* de los santos
    14.12 los que guardan los ... y la *f* de Jesús

FIDELIDAD *v.* Fe, Verdad

2 Cr	34.12 hombres procedían con *f* en la obra
Sal	33.4 recta ... y toda su obra es hecha con *f*
	36.5 Jehová ... tu *f* alcahza hasta las nubes
	40.10 he publicado tu *f* y tu salvación; no
	89.1 de ... en ... haré notoria tu *f* con mi boca
	89.8 poderoso eres, Jehová, y tu *f* te rodea
	92.2 por la mañana tu misericordia, y tu *f*
	117.2 y la *f* de Jehová es para siempre
	119.75 y que conforme a tu *f* me afligiste
	119.90 de generación en generación es tu *f*
Is	11.5 de sus lomos, la *f* ceñidor de su cintura
Jer	2.2 me he acordado de ... la *f* de tu juventud
Lm	3.23 nuevas son cada mañana; grande es tu *f*
Os	2.19 te desposaré conmigo en *f*, y conocerás
Ro	3.3 su ... habrá hecho nula la *f* de Dios?
2 Co	11.3 extraviados de la sincera *f* a Cristo

FORNICACIÓN *v.* Adulterio

Jer	3.2 con tus *f* ... has contaminado la tierra
Ez	16.29 multiplicaste asimismo tu *f* en la tierra
	23.5 Ahola cometió *f* aun instando en mi poder
Os	4.11 *f*, vino y mosto quitan el juicio
Nah	3.4 de la multitud de las *f* de la ramera de
Mt	5.32; 19.9 a no ser por causa de *f*, hace que
Hch	15.20; 21.25 de *f*, de ahogado y de sangre
Ro	1.29 estando atestados de toda injusticia, *f*
1 Co	5.1 cierto se oye que hay entre vosotros *f*
	6.13 el cuerpo no es para la *f*, sino para el
	6.18 huid de la *f*. Cualquier otro pecado que
	7.2 pero a causa de las *f*, cada uno tenga su
2 Co	12.21 y no se han arrepentido de la ... *f*
Gl	5.19 son: adulterio, *f*, inmundicia, lascivia
Ef	5.3 *f* ... o avaricia, ni aun se nombre entre
Col	3.5 *f*, impureza, pasiones desordenadas
1 Ts	4.3 santificación; que os apartéis de *f*
Ap	2.14 que enseñaba ... Israel, a cometer *f*
	18.3 naciones han bebido del vino ... de su *f*

FUEGO *v.* Arder, Ardor, Llama, Quemar

Gn	19.24 Jehová hizo llover sobre ... azufre y *f* de
	22.7 habló Isaac ... Padre mío ... He aquí el *f* y
Éx	9.23 tronar ... y el *f* se descargó sobre la tierra
	13.21 en una columna de *f* para alumbrarles
	22.6 el que encendió el *f* pagará lo quemado
	32.24 lo eché en el *f*, y salió este becerro
	35.3 no encenderéis *f* en ... vuestras moradas
	40.38 nube ... y el *f* estaba de noche sobre él
Lv	9.24; 10.2 salió *f* de delante de Jehová y
	18.21 no des hijo tuyo para ... por *f* a Moloc
Nm	9.16 nube ... y de noche la apariencia del *f*
	11.1 oyó ... y se encendió en ellos *f* de Jehová
Dt	4.11 el monte ardía en *f* hasta en medio de los
	4.24 Jehová tu Dios es *f* consumidor, Dios
	9.3 Jehová tu ... pasa delante de ti como *f*
	18.10 quien haga pasar a su hijo ... por el *f*
	32.22 *f* se ha encendido en mi ira, y arderá
Jos	8.19 tomaron ... y se apresuraron a prenderle *f*
Jue	6.21 subió *f* de la peña ... consumió la carne
	9.15 si no, salga *f* de la zarza y devore a los
	9.49 prendieron *f* con ellas a la fortaleza, de
2 S	14.30 prendedle *f*. Y ... prendieron *f* al campo
1 R	18.24 el Dios que respondiere por ... *f*, ése es
	18.38 entonces cayó *f* de Jehová, y consumió
	19.12 un *f*; pero Jehová no estaba en el *f*
2 R	1.10 si yo soy varón de Dios, descienda *f* del
	2.11 un carro de *f* con caballos *f* apartó a
	6.17 y de carros de *f* alrededor de Eliseo
	17.17; 21.6; 2 Cr 33.6 hicieron pasar a sus hijos ... por *f*
2 Cr	7.1 descendió *f* de los cielos, y consumió el
Job	1.16 *f* de Dios cayó del cielo, que quemó las
Sal	18.8 humo subió ... de su boca *f* consumidor
	66.12 pasamos por el *f* y por el agua, y nos
	74.7 han puesto a *f* tu santuario ... profanado
	83.14 como *f* que quema el monte, como llama
	148.8 el *f* y el granizo, la nieve y el vapor
Pr	6.27 ¿tomará el hombre *f* en su seno sin que
	30.16 el Seol ... y el *f* que jamás dice: ¡Basta!
Is	4.5 de noche resplandor de *f* que eche llamas
	5.24 como la lengua del *f* consume el rastrojo
	9.18 porque la maldad se encendió como *f*
	33.14 ¿quién ... morará con el *f* consumidor?
	43.2 cuando pases por el *f*, no te quemarás

	44.16 ¡oh! me he calentado, he visto el *f*
	64.2 como *f* abrazador que ... *f* que hace hervir
	66.15 que Jehová vendrá con *f*, y sus carros
	66.24 su ... nunca morirá, ni su *f* se apagará
Jer	5.14 yo pongo mis palabras en tu boca por *f*
	20.9 había en mi corazón como un *f* ardiente
	23.29 ¿no es mi palabra como *f*, dice Jehová
Lm	1.13 desde ... envió *f* que consume mis huesos
Ez	15.4 es puesta en el *f* para ser consumida; sus
	21.32 serás pasto del *f*, se empapará la tierra
Dn	3.25 varones ... que se pasean en medio del *f*
	7.10 un río de *f* procedía ... de delante de él
Os	8.14 mas yo meteré *f* en sus ciudades, el cual
Jl	2.3 delante de él consumirá *f*, tras de él ... llama
	2.30 daré ... sangre, y *f*, y columnas de humo
Am	4.11 fuisteis como tizón escapado del *f*; mas
	5.6 que acometa como *f* a la casa de José y
	7.4 Jehová el Señor llamaba para juzgar con *f*
Hab	2.13 los pueblos, pues, trabajarán para el *f*
Zac	2.5 yo seré para el ... muro de *f* en derredor
Mal	3.2 él es como *f* purificador, y como jabón
Mt	3.10; Lc 3.9 es cortado y echado en el *f*
	3.11; Lc 3.16 os bautizará en Espíritu ... y *f*
	5.22 fatuo, quedará expuesto al infierno de *f*
	13.40 arranca la cizaña, y se quema en el *f*
	17.15; Mc 9.22 muchas veces cae en el *f*, y
	18.8 teniendo dos manos ... ser echado en el *f*
	25.41 al *f* eterno preparado para el diablo y
Mc	9.44 gusano ... no muere, y el *f* nunca se apaga
	14.54 estaba sentado ... calentándose al *f*
Lc	3.17 quemará la ... en *f* que nunca se apagará
	9.54 que mandemos que descienda *f* del cielo
	12.49 *f* vine a echar en la tierra; ¿y qué quiero
	17.29 llovió del cielo *f* y azufre, y los destruyó
	22.56 verle sentado al *f*, se fijó en él, y dijo
Hch	28.2 encendiendo un *f*, nos recibieron a
Ro	12.20 ascuas de *f* amontonarás sobre su cabeza
1 Co	3.13 por el *f* será revelada; y la obra de
2 Ts	1.8 en llama de *f*, para dar retribución a los
Heb	1.7 el que hace ... a sus ministros llama de *f*
	10.27 de juicio y de hervor de *f* que ha de
	11.34 apagaron *f* impetuosos, evitaron filo de
	12.18 que ardía en *f*, a la oscuridad, a las
	12.29 porque nuestro Dios es *f* consumidor
Stg	3.5 ¡cuán grande ... enciende un pequeño *f*!
	3.6 la lengua es un *f*, un mundo de maldad
1 P	1.7 oro ... aunque perecedero se prueba con *f*
2 P	3.7 guardados para el *f* en el día del juicio
Jud	7 ejemplo, sufriendo el castigo del *f* eterno
	23 a otros salvad, arrebatándolos del *f*; y de
Ap	8.8 como una gran montaña ardiendo en *f*
	20.9 y de Dios descendió *f* del cielo, y los
	20.14 y el Hades fueron lanzados al lago de *f*
	21.8 en el lago que arde con *f* y azufre, que es

GABRIEL

Dn	8.16 gritó y dijo: *G*, enseña a éste la visión
	9.21 el varón *G* ... vino a mí como a la hora
Lc	1.19 yo soy *G*, que estoy delante de Dios; y
	1.26 al sexto mes el ángel *G* fue enviado por

GALARDÓN *v.* Paga, Premio

Gn	15.1 no temas, Abram ... soy tu escudo, y tu *g*
Job	31.2 ¿qué *g* me daría de arriba Dios, y qué
Sal	19.11 con ellos; en guardarlos hay grande *g*
	58.11 dirá ... Ciertamente hay *g* para el justo
Mt	5.12; Lc 6.23 vuestro *g* es grande en los
Lc	6.35 será vuestro *g* grande, y seréis hijos del
Heb	10.35 vuestra confianza, que tiene grande *g*
	11.26 porque tenía puesta la mirada en el *g*
2 Jn	8. no perdáis ... sino que recibáis *g* completo
Ap	22.12 yo vengo pronto, y mi *g* conmigo, para

GENEALOGÍA

Neh	7.5 hallé el libro de la *g* de los que habían
1 Ti	1.4 ni presten atención a fábulas y *g*
Heb	7.3 sin padre, sin madre, sin *g*; que ni tiene
	7.6 pero aquel cuya *g* no es contada de entre

GENEROSIDAD *v.* Liberalidad

Is	32.8 generoso pensará *g*, y por *g* será exaltado
2 Co	8.2 pobreza abundaron en riquezas de su *g*
	9.5 preparasen ... vuestra *g* antes prometida

GENTIL *v.* Griego, Nación, Pueblo

Mt	6.32 porque los *g* buscan todas estas cosas
	10.5 por camino de *g* no vayáis, y en ciudad
	12.21 y en su nombre esperarán los *g*
	18.17 si no oyere ... tenle por *g* y publicano
	20.19; Mc 10.33; Lc 18.32 entregarán a los *g*
Lc	2.32 luz para revelación a los *g*, y gloria de
	21.24 Jerusalén será hollada por los *g*, hasta
	21.24 que los tiempos de los *g* se cumplan
Hch	9.15 llevar mi nombre en presencia de los *g*
	10.45 que también sobre los *g* se derramase
	11.18 a los *g* ha dado Dios arrepentimiento
	13.42 los *g* les rogaron que ... les hablasen
	13.46; 18.6 he aquí, nos volvemos a los *g*
	14.27 había abierto la puerta de la fe a los *g*
	15.3 ellos ... contando la conversión de los *g*
	15.7 escogió que los *g* oyesen por mi boca
	15.14 visitó ... a los *g*, para tomar de ellos
	22.21 vé, porque yo te enviaré lejos a los *g*
Ro	1.13 algún fruto, como entre los demás *g*
	2.14 cuando los *g* que no tienen ley, hacen
	2.24 Dios es blasfemado entre los *g* por causa
	3.9 pues ya hemos acusado a judíos y a *g* que
	3.29 ¿no ... Dios de los *g*? ... también de los *g*
	9.24 no sólo de los judíos, sino ... de los *g*
	11.11 por su transgresión vino salvación a los *g*
	11.13 por cuanto yo soy apóstol a los *g*, honro
	11.25 que haya entrado la plenitud de los *g*
	15.9 para que los *g* glorifiquen a Dios por su
1 Co	12.2 que cuando erais *g*, se os extraviaba
Gl	1.16 para que yo le predicase entre los *g*
	2.9 que nosotros fuésemos a los *g*, y ellos a
	3.8 Dios había de justificar por la fe a los *g*
	3.14 la bendición de Abraham alcanzase a los *g*
Ef	2.11 de que en otro tiempo vosotros, los *g*
	3.6 que los *g* son coherederos y miembros del
	4.17 no andéis como los otros *g*, que andan
Col	1.27 dar a conocer ... este misterio entre los *g*
2 Ti	1.11 yo fui constituido ... maestro de los *g*
1 P	2.12 buena vuestra manera de vivir entre los *g*
Ap	11.2 no lo midas ... ha sido entregado a los *g*

GETSEMANÍ

Mt	26.36; Mc 14.32.

GLORIA *v.* Fama, Honor, Majestad

Éx	16.10 la *g* de Jehová apareció en la nube
	24.16 la *g* de Jehová reposó sobre el monte
	33.18 dijo: Te ruego que me muestres tu *g*
	40.34 la *g* de Jehová llenó el tabernáculo
Lv	9.23 *g* de Jehová se apareció a todo el pueblo
Nm	14.21 vivo yo, y mi *g* llena toda la tierra
1·S	4.21 diciendo: ¡Traspasada es la *g* de Israel!
	15.29 el que es la *G* de Israel no mentirá, ni
1 R	3.13 te he dado ... no pediste, riquezas y *g*
	8.11; 2 Cr 5.14; Ez 43.5 la *g* de Jehová había llenado la casa
1 Cr	16.24 cantad entre las gentes su *g*, y en
	29.11 tuya es, oh Jehová ... el poder, la *g*
	29.25 a Salomón ... le dio tal *g* en su reino
2 Cr	1.11 no pediste riquezas, bienes o *g*, ni la
Esd	10.11 *g* a Jehová Dios de vuestros padres
Job	19.9 me ha despojado de mi *g*, y quitado la
Sal	8.5 le has ... lo coronaste de *g* y de honra
	19.1 los cielos cuentan la *g* de Dios, y el
	29.2 dad a Jehová la *g* debida a su nombre
	49.16 cuando aumenta la *g* de su casa
	62.7 en Dios está mi salvación y mi *g*; en
	63.2 para ver tu poder y tu *g*, así como te he
	66.2 cantad la *g* de su nombre; poned *g* en
	72.19 toda la tierra sea llena de su *g*. Amén
	85.9 para que habite la *g* en nuestra tierra
	89.17 porque tú eres la *g* de su potencia, y por
	90.16 aparezca en tus ... tu *g* sobre sus hijos
	96.3 proclamad entre las naciones su *g*, en
	97.6 justicia, y todos los pueblos vieron su *g*
	104.1 Jehová Dios mío ... te has vestido de *g*
	104.31 sea la *g* de Jehová para siempre
	111.3 *g* y hermosura es su obra, y su justicia
	115.1 no a nosotros, sino a tu nombre da *g*
	145.11 la *g* de tu reino digan, y hablen de tu
Pr	14.28 en la multitud del ... está la *g* del rey
	25.2 *g* de Dios es encubrir un asunto; pero

	25.27 es bueno, ni el buscar la propia *g* es *g*
Is	5.14 descenderá la *g* de ellos, y su multitud
	24.16 oímos cánticos: *G* al justo. Y yo dije
	35.2 *g* del Líbano le será dada, la ... de Sarón
	40.5 se manifestará la *g* de Jehová, y toda
	40.6 hierba, y toda su *g* como flor del campo
	42.8 y a otro no daré mi *g*, ni mi alabanza
	43.7 para mía los he creado, los formé
	58.8 y la *g* de Jehová será tu retaguardia
	60.1 y la *g* de Jehová ha nacido sobre ti
	60.15 haré que seas una *g* eterna, el gozo de
	61.3 que a los afligidos de Sion se les dé *g* en
	66.18 las naciones ... vendrán, y verán mi *g*
	66.19 publicarán mi *g* entre las naciones
Jer	2.11 trocado su *g* por lo que no aprovecha
	13.16 dad *g* a Jehová Dios vuestro, antes que
	33.9 me será a mí por nombre de gozo ... de *g*
Ez	1.28 esta fue la visión de ... de la *g* de Jehová
	10.4, 18 la *g* de Jehová se elevó de encima del
	39.21 pondré mi *g* entre las naciones, y todas
Hab	2.14 tierra será llena ... de la *g* de Jehová
	3.3 su *g* cubrió los cielos, y la tierra se llenó
Hag	2.7 y llenaré de *g* esta casa, ha dicho Jehová
Mt	16.27 vendrá en la *g* de su Padre
	24.30; Mc 13.26 vendrá en las nubes con gran poder y *g*
Lc	2.9 y la *g* del Señor los rodeó de resplandor
	2.14 ¡*g* a Dios en las alturas, y en la tierra
	2.32 a los gentiles, y *g* de tu pueblo Israel
	4.6 te daré toda esta potestad, y la *g* de ellos
	14.10 tendrás *g* delante de los que se sientan
	17.18 ¿no hubo quien volviese y diese *g* a Dios
	24.26 padeciera ... y que entrara en su *g*?
Jn	1.14 vimos su *g*, *g* como del unigénito del
	2.11 Caná ... manifestó su *g*; y sus discípulos
	5.41 *g* de los hombres no recibo
	7.18 el que habla para su ... su propia *g* busca
	8.50 yo no busco mi *g*; hay quien la busca
	8.54 si yo me glorifico a mí ... mi *g* nada es
	12.43 amaban más la *g* de los hombres que
	17.5 glorifícame ... con aquella *g* que tuve
	17.22 la *g* que me diste, yo les he dado, para
	17.24 para que vean mi *g* que me has dado
Hch	12.23 hirió, por cuanto no dio la *g* a Dios
Ro	2.7 que ... buscan *g* y honra e inmortalidad
	3.23 todos ... están destituidos de la *g* de Dios
	8.18 no son comparables con la *g* venidera
	11.36 a él sea la *g* por los siglos. Amén
1 Co	9.15 antes que nadie desvanezca esta mi *g*
	10.31 cosa, hacedlo todo para la *g* de Dios
	11.7 el varón ... él es imagen y *g* de Dios
	15.40 une es la *g* de los celestiales, y otra la
	15.43 se siembra en deshonra, resucitará en *g*
2 Co	1.14 habéis entendido que somos vuestra *g*
	3.7 si el ministerio de muerte ... fue con *g*
	3.7 la *g* de su rostro, la cual había de perecer
	3.11 si lo que perece tuvo *g*, mucho más
	3.18 mirando ... en un espejo la *g* del Señor
	4.6 conocimiento de la *g* de Dios en la faz de
	4.17 cada vez más excelente y eterno peso de *g*
	11.10 no se me impedirá esta mi *g* en ... Acaya
Ef	1.6 para alabanza de la *g* de su gracia, con la
	3.21 a él sea *g* en la iglesia en Cristo Jesús
Flp	1.26 que abunde vuestra *g* de mí en Cristo
	3.19 cuyo dios es el ... cuya *g* es su vergüenza
	3.21 que sea semejante al cuerpo de la *g* suya
	4.20 al Dios y Padre nuestro sea *g* por los
Col	1.27 dar a conocer las riquezas de la *g* de
	3.4 también seréis manifestados con él en *g*
1 Ts	2.6 ni buscamos *g* de hombres ... ni de otros
	2.20 vosotros sois nuestra *g* y gozo
2 Ts	2.14 para alcanzar la *g* de nuestro Señor
1 Ti	3.16 creído en el mundo; recibido arriba en *g*
Heb	1.3 siendo el resplandor de su *g*, y la imagen
	2.7 le coronaste de *g* y de honra, y le pusiste
	2.10 habiendo de llevar a muchos hijos a la *g*
	3.3 de tanto mayor *g* que Moisés es ... digno
1 P	1.11 el cual anunciaba ... las *g* que vendrían
	1.24 y toda la *g* del hombre como flor de la
	2.20 ¿qué *g* es, si pecando sois abofeteados
	4.13 en la revelación de su *g* os gocéis con
	5.1 participante de la *g* que será revelada
	5.4 recibiréis la corona incorruptible de *g*
	5.10 mas el Dios de ... que nos llamó a su *g*

2 P	1.3 que nos llamó por su *g* y excelencia
	1.17 le fue enviada desde la ... *g* una voz que
Jud	24 presentaros sin mancha delante de su *g*
	25 al único y sabio Dios ... sea *g* y majestad
Ap	4.11 digno eres de recibir la *g* y la
	7.12 la *g* ... sean a nuestro Dios por los siglos
	14.7 temed a Dios, y dadle *g*, porque la hora
	19.7 gocémonos y alegrémonos y démosle *g*
	21.23 la *g* de Dios la ilumina, y el Cordero

GOBERNAR *v.* Dirigir, Enseñorear, Reinar, Señorear

1 S	8.20 y nuestro rey nos *gobernará*, y saldrá
	9.17 éste es el ... éste *gobernará* a mi pueblo
	23.3 habrá un justo que *gobierne* entre los
1 R	3.9; 2 Cr 1.10 ¿quién podrá *gobernar* a este
2 Cr	7.18 no te faltará ... que *gobierne* en Israel
Job	34.17 ¿*gobernará* el que aborrece juicio?
Sal	112.5 *gobierna* sus asuntos con juicio
Jer	40.7 había puesto a Gedalías ... para *gobernar*
Col	3.15 la paz de Dios gobierne en ... corazones
1 Ti	3.4 que *gobierne* bien su casa, que tenga
	5.14 se casen, críen hijos, *gobiernen* su casa
	5.17 los ancianos que *gobiernan* bien, sean
Stg	3.4 por donde el que las *gobierna* quiere

GRACIA *v.* Amor, Bondad, Compasión, Favor, Gracias, Misericordia

Gn	39.21 Jehová estaba con José ... y le dio *g* en
Éx	3.21 daré a este pueblo ... en los ojos de los
Nm	11.11 ¿y por qué no he hallado *g* en tus ojos
Dt	33.16 la *g* del que habitó en la zarza venga
Rt	2.10 ¿por qué he hallado *g* en tus ojos para
1 S	16.22 David ... pues ha hallado *g* en mis ojos
Est	5.2 cuando vio a la reina ... ella obtuvo *g* ante
Sal	45.2 la *g* se derramó en tus labios; por tanto
	84.11 sol y escudo ... *g* y gloria dará Jehová
Pr	1.9 adorno de *g* serán a tu cabeza, y collares
	3.4 hallarás *g* y buena opinión ante los ojos
	3.22 y serán vida a tu alma, y *g* a tu cuello
	13.15 el buen entendimiento da *g*; mas el
	31.30 engañosa es la *g*, y vana la hermosura
Ec	10.12 las palabras ... del sabio son llenas de *g*
Dn	1.9 puso Dios a Daniel en *g* ... en el jefe de
Os	14.4 los amaré de pura *g*; porque mi ira se
Zac	7 sacará ... con aclamaciones de: *G*, *g* a ella
	11.7 dos cayados: al uno puse por nombre *G*
	12.10 derramaré ... espíritu de *g* y de oración
Mt	10.8 sanad ... de *g* recibisteis, dad de *g*
Lc	1.30 porque has hallado *g* delante de Dios
	2.40 el niño crecía ... la *g* de Dios era sobre él
	2.52 Jesús crecía ... en *g* para con Dios y los
	4.22 las palabras de *g* que salían de sus labios
Jn	1.14 vimos su gloria ... lleno de *g* y de verdad
	1.16 de su ... tomamos todos, y *g* sobre *g*
	1.17 la *g* y la verdad vinieron por ... Jesucristo
Hch	4.33 abundante *g* era sobre todos ellos
	7.10 y le dio *g* y sabiduría delante de Faraón
	7.46 halló *g* delante de Dios, y pidió proveer
	13.43 a que perseverasen en la *g* de Dios
	15.11 por la *g* del Señor Jesús seremos salvos
Ro	1.5 por quien recibimos la *g* y el apostolado
	3.24 siendo justificados gratuitamente por su *g*
	4.4 no se le cuenta el salario como *g*, sino
	4.16 es por fe, para que sea por *g*, a fin de que
	5.2 tenemos entrada por la fe a esta *g* en la
	5.15 abundaron ... *g* ... por la *g* de un hombre
	5.17 reinarán en vida ... los que reciben la ... *g*
	5.20 el pecado abundó, sobreabundó la *g*
	5.21 así también la *g* reine por la justicia para
	6.1 ¿perseveraremos ... para que la *g* abunde?
	6.14 pues no estáis bajo la ley, sino bajo la *g*
	11.6 y si por *g*, ya no es por obras; de otra
	12.6 diferentes dones según la *g* que nos es
	16.24; 2 Co 13.14 la *g* de nuestro Señor
1 Co	15.10 pero por la *g* de Dios soy lo que soy
2 Co	1.15 ir a ... para que tuvieseis una segunda *g*
	4.15 que abundando la *g* por medio de muchos
	6.1 a que no recibáis en vano la *g* de Dios
	8.1 os hacemos saber la *g* de Dios que se ha
	8.9 conocéis la *g* de nuestro Señor Jesucristo
	9.8 hacer que abunde entre vosotros toda *g*
	12.9 ha dicho: Bástate mi *g*; porque mi poder
Gl	2.21 no desecho la *g* de Dios; pues si por la

	5.4 los que por la ley ... de la *g* habéis caído
Ef	1.7 perdón de ... según las riquezas de su *g*
	2.7 abundantes riquezas de su *g* en su bondad
	2.8 por *g* sois salvos por medio de la fe, y
	3.8 me fue dada esta *g* de anunciar entre los
	4.7 a cada uno ... fue dada la *g* conforme a
	4.29 sea buena ... a fin de dar *g* a los oyentes
	6.24 *g* sea con todos los que aman a nuestro
Flp	1.7 todos ... sois participantes conmigo de la *g*
1 Ti	1.14 *g* de nuestro Señor fue más abundante
2 Ti	2.1 esfuérzate en la *g* que es en Cristo Jesús
Tit	2.11 la *g* de ... manifestado para salvación
	3.7 que justificados por su *g*, viniésemos a ser
Heb	4.16 y hallar *g* para el oportuno socorro
	12.15 alguno deje de alcanzar la *g* de Dios
	13.9 buena cosa es afirmar el corazón con la *g*
Stg	4.6 Dios resiste a los ... y da *g* a los humildes
1 P	1.13 esperad por completo en la *g* que se os
	3.7 como a coherederas de la *g* de la vida
	4.10 como buenos administradores de la ... *g*
	5.12 que esta es la verdadera *g* de Dios, en la
2 P	3.18 creced en la *g* y el ... de nuestro Señor
Jud	4 convierten en libertinaje la *g* de nuestro

GUERRA *v.* Batalla, Lucha

Gn	14.2 hicieron *g* contra Bera rey de Sodoma
Éx	15.3 Jehová es varón de *g*; Jehová es su nombre
Nm	32.20 si os disponéis para ir delante ... a la *g*
Dt	20.1 cuando salgas a la *g* ... no tengas temor
	24.5 alguno fuere recién casado, no saldrá a la *g*
Jos	11.23 sus tribus; y la tierra descansó de la *g*
Jue	5.8 nuevos dioses, la *g* estaba a las puertas
1 S	17.1 filisteos juntaron sus ejércitos para la *g*
	19.8 hubo de nuevo *g*; y salió David y peleó
2 S	11.1; 1 Cr 20.1 que salen los reyes a la *g*
1 R	14.30; 15.6 hubo *g* entre Roboam y Jeroboam
2 R	3.7 ¿irás tú conmigo a la *g* contra Moab?
2 Cr	6.34 si tu pueblo saliere a la *g* contra sus
	13.2 reinó ... y hubo *g* entre Abías y Jeroboam
	16.9 aquí en adelante habrá más *g* contra ti
	20.1 Moab ... vinieron contra Josafat a la *g*
	20.15 porque no es vuestra la *g*, sino de Dios
Sal	46.9 hace cesar las *g* hasta los fines de la
	55.18 él redimirá en paz mi alma de la *g*
	68.30 esparce a ... que se complacen en la *g*
	120.7 mas ellos, por ... yo hablo, me hacen *g*
	144.1 adiestra mis ... y mis dedos para la *g*
Pr	20.18; 24.6 con dirección sabia se hace la *g*
Ec	3.8 de amar ... tiempo de *g*, y tiempo de paz
Is	2.4; Miq 4.3 ni se adiestrarán más para la *g*
	41.12 serán como nada ... que te hacen la *g*
Jer	6.23 como hombres dispuestos para la *g*
	42.14 de Egipto, en la cual no veremos *g*, ni
	50.22 estruendo de *g* en la tierra ... grande
Dn	7.21 y veía yo que este cuerno hacía *g* contra
Miq	2.8 quitasteis ... como adversarios de *g*
Mt	24.6; Mc 13.7; Lc 21.9 oiréis de *g* y rumores de *g*
Lc	14.31 qué rey, al marchar a la *g* contra otro
Stg	4.1 ¿de dónde vienen las *g* y los pleitos entre
Ap	9.7 a caballos preparados para la *g*, en las
	11.7 la bestia ... hará *g* contra ellos, y los
	12.17 fue a hacer *g* contra ... descendencia de
	13.7 y se le permitió hacer *g* contra los santos

HADES *v.* Abadón, Infierno, Seol

Mt	11.23 Capernaum ... hasta el *H* serás abatida
	16.18 puertas del *H* no prevalecerán contra
Lc	16.23 en el *H* alzó sus ojos ... en tormentas
Hch	2.27, 31 porque no dejarás mi alma en el *H*
Ap	1.18 tengo las llaves de la muerte y del *H*
	6.8 por nombre Muerte, y el *H* le seguía
	20.14 el *H* fueron lanzados al lago de fuego

HECHICERÍA *v.* Adivinación, Encantamiento

Miq	5.12 asimismo destruiré de tu mano las *h*
Gl	5.20 idolatría, *h*, enemistades, pleitos, celos
Ap	9.21 ni de sus *h*, ni de su fornicación, ni
	18.23 por tus *h* fueron engañadas todas las

HEREDAR *v.* Poseer, Recibir, Tener

Dt	1.39 allá, y a ellos la daré, y ellos la *heredarán*
	21.16 en el día que hiciere *heredar* a sus hijos
Jue	11.2 no *heredarás* en la casa de nuestro padre
Sal	37.9 esperan en Jehová ... *heredarán* la tierra

37.29 los justos *heredarán* la tierra, y vivirán
82.8 porque tú *heredarás* todas las naciones
105.44 las labores de los pueblos *heredaron*
Pr 14.18 los simples *heredarán* necedad; mas los
Is 49.8 para que *heredes* asoladas heredades
54.3 y tu descendencia *heredará* naciones, y
60.21 y tu ... para siempre *heredarán* la tierra
Mt 25.34 venid ... *heredad* el reino preparado para
Mc 10.17; Lc 10.25 ¿qué haré para *heredar* la vida
1 Co 15.50 no pueden *heredar* el reino de Dios
Gl 4.30 no *heredará* el hijo de la esclava con el
5.21 los que practican tales cosas no *heredarán*
Heb 6.12 que por la fe y la ... *heredan* las promesas
1 P 3.9 llamados para que *heredaseis* bendición
Ap 21.7 el que venciere *heredará* todas las cosas

HERIR v. Abofetear, Destruir, Golpear, Matar
Gn 3.15 ésta te *herirá* en la cabeza, y tú le *h* en
Éx 21.12 el que *hiriere* a alguno, haciéndole así
21.22 e *hirieren* a mujer embarazada, y ésta
32.35 Jehová *hirió* al pueblo, porque habían
1 S 4.3 ¿por qué no ha *herido* hoy Jehová delante
18.7; 21.11 Saúl *hirió* a sus miles, y David a
Job 5.18 la vendará; él *hiere*, y sus manos curan
16.10 *hirieron* mis mejillas con afrenta; contra
Sal 3.7 *heriste* a todos mis enemigos en la mejilla
64.7 mas Dios los *herirá* con saeta; de repente
68.21 Dios *herirá* la cabeza de sus enemigos
78.20 ha *herido* la peña, y brotaron aguas
78.66 *hirió* a sus enemigos por detrás; les dio
Pr 23.35 y dirás: Me *hirieron*, mas no me dolió
26.10 como arquero que a todos *hiere*, así es
Ec 10.9 quien corta piedras, se *hiere* con ellas
Is 5.25 extendió contra él su mano, y le *hirió*
27.7 acaso ... *herido* como quien lo *hirió*
51.9 ¿no eres tú el que ... *hirió* al dragón?
53.5 mas él *herido* fue por nuestras rebeliones
Jer 21.6 *heriré* a los moradores de esta ciudad
Dn 2.34 piedra ... *hirió* a la imagen en sus pies
Os 9.16 Efraín fue *herido*, su raíz está seca, no
Hag 2.17 os *herí* con viento solano, con tizoncillo
Mt 5.39 a cualquiera que te *hiera* en la mejilla
26.51; Mc 14.47; Lc 22.50; Jn 18.10 *hirió* a un siervo del sumo sacerdote
Mc 12.4 otro siervo ... le *hirieron* en la cabeza
14.27 escrito esta: *Heriré* al pastor, y las
Lc 10.30 e *hiriéndole*, se fueron, dejándole medio
Hch 12.23 un ángel del Señor le *hirió*, por cuanto

HIJO/A v. Casa, Descendencia, Familia, Linaje, Primogénito, Simiente
Gn 6.2 viendo los *h* de Dios que las *h* de los
15.2 ¿qué me darás, siendo así que ando sin *h*
18.10 he aquí que Sara tu mujer tendrá un *h*
18.19 yo sé que mandará a sus *h* y a su casa
19.30 habitó en una cueva él y sus dos *h*
20.12 *h* de mi padre, mas no *h* de mi madre
21.7 Sara ... pues le he dado un *h* en su vejez
21.10 el *h* de esta sierva no ... con Isaac mi *h*
22.2 dijo: Toma ahora tu *h*, tu único, Isaac
24.23 dijo: ¿De quién eres *h*? Te ruego que
27.46 si Jacob toma mujer de las *h* de Het
Éx 1.16 es *h*, matadlo; y si es *h*, entonces viva
2.5 la *h* de Faraón descendió a lavarse al río
4.22 Jehová ha dicho así: Israel es mi *h*, mi
20.5; Nm 14.18; Dt 5.9 la maldad de los padres sobre los *h*
21.7 vendiere su *h* por sierva, no saldrá ella
Nm 27.1 vinieron las *h* de Zelofehad de Hefer
27.8 alguno muriere sin *h* ... herencia a su *h*
36.2 dé la posesión de Zelofehad ... a sus *h*
Dt 4.9 las enseñarás a tus *h*, y a los *h* de tus *h*
6.7 las repetirás a tus *h*, y hablarás de ellas
14.1 *h* sois de Jehová vuestro Dios; no os
21.18 alguno tuviere un *h* contumaz y rebelde
24.16 los padres no morirán por los *h*, ni los *h*
25.5 no tuviere *h*, la mujer del muerto no se
Jos 4.22 declararéis a vuestros *h* ... Israel pasó en
Jue 11.34 su *h* que salía a recibirle con panderos
21.7 no les daremos nuestras *h* por mujeres
Rt 1.12 volveos, *h* mías, e idos; porque yo ya soy
1 S 1.5 Jehová no le había concedido tener *h*
1.11 sino que dieres a tu sierva un *h* varón
8.13 tomará ... vuestras *h* para ... perfumadoras

2 S 12.3 sola corderita ... la tenía como a una *h*
1 R 3.1 tomo la *h* de Faraón, y la trajo a la
3.19 el *h* de ... murió ... ella se acostó sobre él
2 R 4.16 por este tiempo, abrazarás un *h*
6.28 da acá tu *h*, y comámoslo hoy, y mañana
Job 1.6; 2.1 delante de Jehová los *h* de Dios
Sal 2.7 Jehová me ha dicho: Mi *h* eres tú; yo te
2.12 honrad al *H*, para que no se enoje, y
45.9 *h* de reyes están entre tus ilustres; está
106.37 sacrificaron sus *h* y sus *h* a ... demonios
127.3 he aquí, herencia de Jehová son los *h*
128.3 tus *h* como plantas de olivo alrededor de
144.12 nuestras *h* como esquinas labradas
Pr 10.1; 15.20 el *h* sabio alegra al padre, pero el *h*
13.1 el *h* sabio recibe el consejo del padre
17.25 el *h* necio es pesadumbre de su padre
19.18 castiga a tu *h* en tanto que hay esperanza
29.17 corrige a tu *h*, y te dará descanso, y
Is 3.16 por cuanto las *h* de Sion se ensoberbecen
7.14 la virgen concebirá, y dará a luz un *h*
8.18 yo y los *h* que me dio Jehová somos por
9.6 *h* nos es dado, y el principado sobre su
43.6 no detengas; trae de lejos mis *h*, y mis *h* de
54.1 más son los *h* de la desamparada que los
54.13 todos tus *h* serán enseñados por Jehová
57.3 vosotros llegaos acá, *h* de la hechicera
60.4 tus *h* vendrán de lejos, y tus *h* serán
63.8 mi pueblo son, *h* que no mienten; y fue
66.7 antes que le viniesen dolores, dio a luz *h*
66.8 Sion estuvo de parto, dio a luz sus *h*
Jer 3.14 convertíos, *h* rebeldes, dice Jehová
8.21 quebrantado estoy por ... la *h* de mi pueblo
16.2 mujer, ni tendrás *h* ni *h* en este lugar
31.29; Ez 18.2 los dientes de los *h* tienen la
Ez 2.1 me dijo: *H* de hombre, ponte sobre tus pies
3.17; 33.7 *h* de hombre, yo te he puesto por
5.10 padres comerán a los *h* ... *h* comerán a sus
18.20 el *h* no llevará el pecado del padre; ni
23.39 habiendo sacrificado sus *h* a sus ídolos
Dn 3.25 del cuarto es semejante a *h* de los dioses
7.13 venía uno como un *h* de hombre, que
Os 1.10 los amé, y de Egipto llamé a mi *h*
11.1 yo lo amé, y de Egipto llamé a mi *h*
Jl 1.3 a vuestros *h* ... a sus *h*, y sus *h* a la otra
2.28 y profetizarán vuestros *h* y vuestras *h*
Miq 7.6 *h* deshonra al padre, la *h* se levanta contra
Sof 3.14 canta, oh *h* de Sion; da voces de júbilo
Mal 4.6 volver el corazón de los ... hacia los *h*
Mt 3.17; 17.5; Mc 1.11; 9.7; Lc 3.22; 9.35; 2 P 1.17 éste es mi *H* amado
4.3; Lc 4.3 si eres *H* de Dios, dí que estas
5.9 porque ellos serán llamados *h* de Dios
5.45 para que seáis *h* de vuestro Padre que
7.9; Lc 11.11 si su *h* le pide pan, le dará una
7.11; Lc 11.13 buenas dádivas a vuestros *h*
8.12 *h* del reino serán echados a las tinieblas
8.20; Lc 9.58 *H* del Hombre no tiene donde
9.6; Mc 2.10; Lc 5.24 para que sepáis que el *H* del Hombre tiene potestad
9.18; Mc 5.23 mi *h* acaba de morir ... pon tu
10.21; Mc 13.12 los *h* se levantarán contra
10.23 no acabaréis ... antes que venga el *H* del
10.35 *h* contra la madre, y a la nuera contra
10.37 el que ama a *h* o *h* más que a mí, no es
11.19; Lc 7.34 *H* del Hombre, que come y
11.19 pero la sabiduría es justificada por sus *h*
11.27; Lc 10.22 nadie conoce al *H*, sino el
12.8; Mc 2.28; Lc 6.5 el *H* del Hombre es Señor del día de reposo
12.23 y decía: ¿Será éste aquel *H* de David?
12.27 los demonios ... por quién los echan ... *h*?
13.37 el que siembre la buena semilla es el *H*
13.38 la buena semilla son los *h* del reino, y la
14.33 verdaderamente eres *H* de Dios
15.22 mi *h* es gravemente atormentada por un
15.26; Mc 7.27 no ... tomar el pan de los *h*, y
16.13 ¿quién dicen ... es el *H* del Hombre?
16.16 eres el Cristo, el *H* del Dios viviente
16.27 el *H* del Hombre vendrá en la gloria de
17.26 Jesús le dijo: Luego los *h* están exentos
19.28 cuando el *H* del Hombre se siente en el
21.15 y diciendo: ¡Hosanna al *H* del David!
21.37 envió su *h* ... Tendrán respeto a mi *h*

22.24; Mc 12.19; Lc 20.28 si alguno muriere
  sin *h*, su hermano
22.42 ¿de quién es *h*? Le dijeron: De David
24.30; Mc 13.26; Lc 21.27 verán al *H* del Hombre
  viniendo
25.31 cuando el *H* del Hombre venga en su
26.24; Mc 14.21; Lc 22.22 el *H* del Hombre va
26.63; Mc 14.61 si eres tú ... el *H* de Dios
27.40 si eres *H* de Dios, desciende de la cruz
27.43 líbrele ahora ... ha dicho: Soy *H* de Dios
27.54; Mc 15.39 este hombre era *H* de Dios
28.19 en el nombre del Padre, y del *H*, y del

Mc 3.11; Lc 4.41 diciendo: Tú eres el *H* de Dios
5.7; Lc 8.28 ¿qué tienes conmigo ... *H* del Dios
7.26 le rogaba que echase fuera de su *h* al
8.38; Lc 9.26 el *H* ... se avergonzará ... de él
12.6 teniendo aún un *h* suyo, amado, lo envió

Lc 1.13 y tu mujer Elisabet te dará a luz un *h*
1.17 volver los corazones de los padres a los *h*
1.31 darás a luz un *h*, y llamarás su nombre
1.32 será grande, y ... llamado *H* del Altísimo
3.8 Dios puede levantar *h* a Abraham a aun de
4.3 si eres *H* de Dios, dí a esta piedra que se
5.10 Jacobo y Juan, *h* de Zebedeo, que eran
6.35 y seréis *h* del Altísimo: porque él es
8.42 tenía una *h* única, como de doce años
9.38 ruego que veas a mi *h*, pues es el único
9.44 *H* del Hombre será entregado en manos
10.6 si hubiere allí algún *h* de paz, vuestra
12.8 el *H* del Hombre le confesará delante
12.53 el padre contra el *h*, y el *h* contra el
15.19 ya no soy digno de ser llamado tu *h*
16.8 los *h* de este siglo ... que los *h* de luz
17.24 así ... será el *H* el Hombre en su día
19.9 por cuanto él también es *h* de Abraham
20.13 ¿qué haré? Enviaré a mi *h* amado
20.36 *h* de Dios, al ser *h* de la resurrección
20.44 llama Señor; ¿cómo entonces es su *h*?
22.70 ¿luego eres tú el *H* de Dios? Y él les

Jn 1.12 les dio potestad de ser hechos *h* de Dios
1.18 el unigénito *H*, que está en el seno del
1.34 testimonio de que éste es el *H* de Dios
1.49 Rabí, tú eres el *H* de Dios; tú eres el Rey
3.14 así es ... el *H* del Hombre sea levantado
3.16 que ha dado a su *H* unigénito, para que
3.35 el Padre ama al *H*, y todas las cosas ha
4.49 Señor, desciende antes que mi *h* muera
4.50 Jesús le dijo: Vé, tu *h* vive. Y él ... creyó
5.20 el Padre ama al *H*, y le muestra todas las
5.22 juzga, sino que todo el juicio dio al *H*
6.40 que todo aquel que ve al *H* y cree en él
6.69 tú eres el Cristo, el *H* del Dios viviente
8.35 el esclavo no ... *h* sí queda para siempre
8.36 así ... si el *H* os libertare, seréis ... libres
8.39 si fueseis *h* de Abraham, las obras de
9.35 le dijo: ¿Crees tú en el *H* de Dios?
10.36 decís ... porque dije: *H* de Dios soy?
11.4 para que el *H* de Dios sea glorificado
12.15 no temas, *h* de Sion; he aquí tu Rey
12.36 creed en la luz, para que seáis *h* de luz
19.7 porque se hizo a sí mismo *H* de Dios
19.26 dijo a su madre: Mujer, he ahí tu *h*

Hch 2.17 vuestros *h* y vuestras *h* profetizarán
2.39 para ... es la promesa, para vuestros *h*
3.13 el Dios de ... ha glorificado a su *H* Jesús
3.26 Dios, habiendo levantado a su *H*, lo
4.27 se unieron en ... contra tu santo *H* Jesús
7.56 veo ... y al *H* del Hombre que está a la
13.33 mi *H* eres tú, yo te he engendrado hoy
21.9 éste tenía cuatro *h* ... que profetizaban

Ro 5.10 reconciliados ... por la muerte de su *H*
8.3 enviando a su *H* en semejanza de carne
8.14 guiados por el Espíritu ... son *h* de Dios
8.16 da testimonio ... de que somos *h* de Dios
8.21 a la libertad gloriosa de los *h* de Dios
8.29 hechos conformes a la imagen de su *H*
8.32 el que no escatimó ... su propio *H*
9.7 ni por ser descendientes ... son todos *h*
9.8 que los que son *h* según la promesa son
9.26 allí serán llamados *h* del Dios viviente

1 Co 7.14 de otra manera ... *h* serían inmundos
15.28 entonces ... el *H* mismo se sujetará al

Gl 3.7 los que son de fe ... son *h* de Abraham

3.26 todos sois *h* de Dios por la fe en Cristo
4.4 Dios envió a su *H*, nacido de mujer y
4.5 fin de que recibiésemos la adopción de *h*
4.6 por cuanto sois *h*, Dios envió a vuestros
4.7 ya no eres ... sino *h*; y si *h* ... heredero de
4.27 más son los *h* de la desolada, que de la
4.28 como Isaac, somos *h* de la promesa

Ef 1.5 para ser adoptados *h* suyos por medio de
2.3 éramos por naturaleza *h* de ira, lo mismo
4.13 la fe y del conocimiento del *H* de Dios
5.1 sed, pues, imitadores de Dios como *h*
5.8 ahora sois luz ... andad como *h* de luz
6.1; Col 3.20 *h*, obedeced a vuestros padres
6.4 padres, no provoquéis a ira a vuestros *h*

Flp 2.15 *h* de Dios sin mancha en medio de una

1 Ts 2.11 como el padre a sus *h*, exhortábamos

1 Ti 1.2 a Timoteo, verdadero *h* en la fe: Gracia
2.15 salvará engendrando *h*, si permaneciere
3.4 que tenga a sus *h* en sujeción con toda
5.4 pero si alguna viuda tiene *h*, o nietos

2 Ti 1.2 amado *h*: Gracia, misericordia y paz, de

Tit 1.6 tenga *h* creyentes que no estén acusados
2.4 enseñen ... amar a sus maridos y a sus *h*

Heb 1.2 ha hablado por el *H*, a quien constituyó
1.5; 5.5 mi *H* eres tú, yo te he engendrado
1.5 yo seré a él Padre, y él me será a mí *H*
2.13 he aquí, yo y los *h* que Dios me dio
3.6 Cristo como *h* sobre su casa, la cual casa
5.8 y aunque era *H* ... aprendió la obediencia
6.6 crucificando de nuevo ... al *H* de Dios y
7.28 la palabra del juramento ... al *H*, hecho
10.29 merecerá el que pisoteare al *H* de Dios, y
11.24 por la fe Moisés ... rehusó llamarse *h* de
12.5 *h* mío, no menosprecies la disciplina del
12.6 ama ... azota a todo el que recibe por *h*
12.7 Dios os trata como *h*; porque ¿qué *h* es

1 P 3.6 de la cual vosotras ... habéis venido a ser *h*

1 Jn 1.3 comunión ... es con el Padre, y con su *H*
2.22 anticristo, el que niega al Padre y al *H*
3.1 que seamos llamados *h* de Dios; por esto
3.8 para esto apareció el *H* de Dios, para
3.10 en esto se manifiestan los *h* de Dios, y
3.23 que creamos en el nombre de su *H*, y
4.10 nos amó ... y envió a su *H* en propiciación
4.14 el Padre ha enviado al *H*, el Salvador
4.15 que confiese que Jesús es el *H* de Dios
5.2 en esto conocemos que amamos a los *h* de
5.5 sino el que cree que Jesús es el *H* de Dios?
5.11 ha dado vida ... y esta vida está en su *H*
5.12 el que tiene al *H*, tiene la vida; el que no
5.20 sabemos que le *H* de Dios ha venido

2 Jn 9 de Cristo, ése sí tiene al Padre y al *H*

Ap 1.13; 14.14 uno semejante al *H* del Hombre
21.7 venciere ... seré su Dios, y él será mi *h*

HIPOCRESÍA *v.* Engaño, Fraude, Mentira
Mt 23.28 pero por dentro estáis llenos de *h* e
Mc 12.15 él, percibiendo la *h* de ellos, les dijo
Lc 12.1 guardaos de la levadura de ... que es la *h*
Gl 2.13 también arrastrado por la *h* de ellos
1 Ti 4.2 por la *h* de mentirosos que, teniendo
Stg 3.17 pura ... benigna ... sin incertidumbre ni *h*
1 P 2.1 *h*, envidias, y todas las detracciones

HOMBRE *v.* Adán, Varón
Gn 1.26 dijo ... Hagamos al *h* a nuestra imagen
2.5 ni había *h* para que labrase la tierra
Jos 10.14 atendido Jehová a la voz de un *h*
1 S 4.9 esforzaos, oh filisteos, y sed *h*, para que
2 S 12.7 dijo Natán a David: Tú eres aquel *h*
Job 4.17 ¿será el *h* más justo que Dios? ¿Será el
7.1 ¿no es acaso brega la vida del *h* sobre la
7.17; Sal 8.4; 144.3 ¿qué es el *h*, para que lo
14.1 el *h* nacido de mujer, corto de días, y
14.10 el *h* morirá, y será cortado; perecerá
33.12 responderé que mayor es Dios que el *h*
Sal 9.20 conozcan las naciones que no son sino *h*
56.4, 11 no temeré; ¿qué puede hacerme el *h*?
60.11; 108.12 porque vana es la ayuda de los *h*
90.3 vuelves al *h* hasta ser quebrantado, y
Pr 30.19 del mar, y el rastro del *h* en la doncella
Ec 3.18 es así, por causa de los hijos de los *h*
3.19 ni tiene más el *h* que la bestia, porque

Is	2.22 dejaos del *h*, cuyo aliento está en su
	31.3 los egipcios *h* son, y no Dios; y sus
	45.12 hice la tierra, y creé sobre ella al *h*
Jer	10.23 ni del *h* que ... es el ordenar sus pasos
	17.5 maldito el varón que confía en el *h*
Ez	28.2 yo soy un dios ... siendo tú *h* y no Dios
Mt	4.4; Lc 4.4 no sólo de pan vivirá el *h*, sino
	4.19 en pos de mí, y os haré pescadores de *h*
	12.12 ¿cuánto más vale un *h* que una oveja?
	16.13 ¿quién dicen los *h* que es el Hijo del *H*?
	18.7 ¡ay de ... *h* por quien viene el tropiezo
	21.25; Mc 11.30 ¿era del cielo, o de los *h*?
Mc	2.27 hecho por causa del *h*, y no el *h* por
Lc	12.8 aquel que me confesare delante de los *h*
Jn	2.25 testimonio del *h* ... lo que había en el *h*
	7.46 jamás *h* alguno ha hablado como este *h*
	10.33 porque tú, siendo *h*, te haces Dios
	12.43 amaban más la gloria de los *h* que la
	19.5 salió ... y Pilato les dijo: ¡He aquí el *h*!
Hch	5.38 esta obra es de los *h*, se desvanecerá
	10.26 levántate, pues yo mismo ... soy *h*
	14.11 dioses bajo la semejanza de *h* han
Ro	1.27 cometiendo hechos vergonzosos *h* con *h*
	5.12 el pecado entró en el mundo por un *h*
1 Co	2.11 ¿quién de los *h* sabe las cosas del *h*
	3.3 ¿no sois carnales, y andáis como *h*?
	3.21 así que, ninguno se gloríe en los *h*
	15.21 por cuanto la muerte entró por un *h*
Flp	2.7 que se despojó ... hecho semejante a los *h*
1 Ts	2.4 no como para agradar a los *h*, sino
1 Ti	2.5 mediador entre Dios y los *h*, Jesucristo *h*
	6.11 tú, oh *h* de Dios, huye de estas cosas
2 Ti	3.17 a fin de que el *h* de Dios sea perfecto
Heb	2.6 ¿qué es el *h*, para que te acuerdes de él
	9.27 está establecido para los *h* que mueran
	13.6 no temeré lo que me pueda hacer el *h*

HONRAR *v.* Alabar, Engrandecer, Exaltar, Magnificar

Éx	20.12; Dt 5.16 *honra* a tu padre y a tu madre
Lv	19.32 *honrarás* el rostro del anciano, y de tu
Nm	22.17 te *honraré* mucho, y haré todo lo que
1 S	2.30 porque yo *honraré* a los que me *honran*
2 R	17.33 temían a ... y *honraban* a sus dioses
Sal	2.12 *honrad* al Hijo, para que no se enoje
	15.4 pero *honra* a los que temen a Jehová
	50.23 el que sacrifica alabanzas me *honrará*
Pr	3.9 *honra* a Jehová con tus bienes, y con las
	4.8 te *honrará*, cuando tú la hayas abrazado
Is	29.13 sus labios me *honran*, pero su corazón
	43.23 ni a mí me *honraste* con tus sacrificios
	60.13 y yo *honraré* el lugar de mis pies
Dn	11.38 mas *honrará* ... al dios de las fortalezas
Mal	1.6 el hijo *honra* al padre, y el siervo a su
Mt	15.4; 19.19; Mc 7.10; 10.19; Ef 6.2 *honra* a tu padre y a tu madre
	15.8; Mc 7.6 este pueblo de labios me *honra*
	15.9 pues en vano me *honran*, enseñando como
Jn	5.23 *honren* al Hijo como *honran* al Padre
	8.49 yo no tengo demonio ... *honro* a mi Padre
	12.26 alguno me sirviere, mi Padre le *honrará*
Hch	18.13 hombres a *honrar* a Dios contra la ley
	28.10 nos *honraron* con muchas atenciones
Ro	1.25 *honrando* ... a las criaturas antes que al
	11.13 soy apóstol a los ... *honro* mi ministerio
1 P	2.17 *honrad* a todos. Amad a los ... *h* al rey

HUÉRFANO/A *v.* Desvalido, Viuda

Éx	22.22 a ninguna viuda ni *h* afligiréis
Dt	10.18 que hace justicia al *h* y a la viuda; que
	24.17 no torcerás el derecho del ... ni del *h*
Est	2.7 había criado a ... Ester ... porque era *h*
Job	22.9 los brazos de los *h* fueron quebrados
	24.9 quitan el pecho a los *h*, y de sobre
	29.12 libraba ... al *h* que carecía de ayudador
	31.17 si comí mi ... y no comió de él el *h*
Sal	10.14 el desvalido; tú eres el amparo del *h*
	68.5 padre de *h* y defensor de las viudas Dios
	82.3 defended al débil y al *h*; haced justicia
	109.9 sean sus hijos *h*, y su mujer viuda
	146.9 Jehová ... al *h* y a la viuda sostiene, y a
Pr	23.10 lindero ... ni entres en la heredad de los *h*
Is	1.17 haced justicia al *h*, amparad a la viuda
Jer	5.28 no juzgaron la causa, la causa del *h*

	22.3 no engañéis ni robéis al ... ni al *h* ni a la
	49.11 deja tus *h*, yo los criaré ... tus viudas
Lm	5.3 *h* somos sin padre; nuestras madres son
Os	14.3 porque en ti el *h* alcanzará misericordia
Jn	14.18 no os dejaré *h*; vendré a vosotros
Stg	1.27 visitar a los *h* y a las viudas en sus

IDOLATRÍA *v.* Abominación, Fornicación

Ez	11.18 y quitarán de ella todas sus *i* y todas
Hch	17.16 viendo la ciudad entregada a la *i*
1 Co	10.14 por tanto, amados míos, huid de la *i*
Gl	5.20 *i*, hechicerías, enemistades, pleitos
1 P	4.3 andando en ... orgías ... y abominables *i*

ÍDOLO *v.* Dios, Estatua, Figura, Imagen

Gn	31.19 y Raquel hurtó los *í* de su padre
Lv	19.4 no os volveréis a los *í*, ni haréis para
	26.1 no haréis para vosotros *í*, ni escultura
2 R	21.11 ha hecho pecar a Judá con sus *í*
2 Cr	15.8 quitó los *í* ... de toda la tierra de Judá
	34.7 destruido ... los *í* ... volvió a Jerusalén
Sal	96.5 todos los dioses de los pueblos son *í*
	115.4; 135.15 los *í* de ellos son plata y oro
Is	2.8 además su tierra está llena de *í*, y se han
	2.18 y quitará totalmente los *í*
	31.7 arrojará el hombre sus *í* de plata y sus *í*
	42.17 confundidos los que confían en *í*, y dicen
	48.5 que no dijeras: Mi *í* lo hizo, mis imágenes
	57.5 os enfervorizáis con los *í* debajo de todo
	66.3 quema incienso, como si bendijese a un *í*
Jer	16.18 con los cadáveres de su *í*, y de sus
	51.17 porque mentira es su *í*, no tiene espíritu
Ez	14.4 hombre ... que hubiere puesto sus *í* en su
	20.18 no andéis ... ni os contaminéis con sus *í*
Os	4.17 Efraín es dado a *í*; déjalo
	8.4 de su plata y de su oro hicieron *í* para sí
	14.8 ¿qué más tendré ya con los *í*? Yo lo oiré
Miq	1.7 asolaré todos sus *í*; porque de dones de
Hch	15.20; 21.25 se aparten de ... *í* ... de sangre
Ro	2.22 abominas de los *í*, ¿cometes sacrilegio?
1 Co	8.4 sacrifican a los *í* ... *í* nada es en el mundo
	8.10 te ve ... sentado a la mesa en un lugar de *í*
	10.28 dijere: Esto fue sacrificado a los *í*; no lo
	12.2 llevándoos, como se os llevaba, a los *í*
2 Co	6.16 entre el templo de Dios y los *í*? Porque
1 Ts	1.9 y cómo os convertisteis de los *í* a Dios
1 Jn	5.21 hijitos, guardaos de los *í*. Amén
Ap	2.14 a comer de cosas sacrificadas a los *í*, y a

IGLESIA *v.* Asamblea, Congregación, Reunión, Santuario, Tabernáculo, Templo

Mt	16.18 y sobre esta roca edificaré mi *i*; y las
	18.17 dilo a la *i*; y si no oyere a la *i*, tenle
Hch	2.47 el Señor añadía cada día a la *i* los que
	5.11 vino gran temor sobre toda la *i*, y sobre
	8.3 Saulo asolaba la *i*, y entrando casa por
	9.31 las *i* tenían paz por toda Judea, Galilea
	11.22 llegó ... a oídos de la *i* que estaba en
	11.26 congregaron allí todo un año con la *i*
	12.1 Herodes echó mano a algunos de la *i*
	12.5 la *i* hacía sin cesar oración a Dios por él
	14.23 y constituyeron ancianos en cada *i*
	14.27 reunido a la *i*, refirieron cuán grandes
	15.4 y llegados a ... fueron recibidos por la *i*
	16.5 así que las *i* eran confirmadas en la fe
	20.28 para apacentar la *i* del Señor, la cual él
Ro	16.5 saludad también a la *i* de su casa
1 Co	10.32 no seáis tropiezo ... ni a la *i* de Dios
	11.18 cuando os reunís como *i*, oigo que hay
	11.22 ¿o menospreciáis la *i* de Dios, y
	12.28 a unos puso Dios en la *i* ... apóstoles
	14.4 pero el que profetiza, edifica a la *i*
2 Co	8.1 gracia de Dios que se ha dado a las *i*
	8.23 mensajeros de las *i*, y gloria de Cristo
	11.8 he despojado a otras *i* ... para serviros
Gl	1.13 perseguía ... a la *i* de Dios, y la asolaba
Ef	1.22 por cabeza sobre todas las cosas a la *i*
	3.21 a él sea gloria en la *i* en Cristo Jesús por
	5.23 como Cristo es cabeza de la *i*, la cual es
	5.27 una *i* gloriosa, que no tuviese mancha ni
Flp	3.6 en cuanto a celo, perseguidor de la *i*; en
Col	1.18 y él es la cabeza del cuerpo que es la *i*
	4.15 saludad ... a Ninfas y a la *i* ... en su casa
1 Ti	3.5 casa, ¿cómo cuidará de la *i* de Dios?

3.15 la casa de Dios, que es la *i* del Dios
5.16 no sea gravada la *i*, a fin de que haya lo
3 Jn 10 se lo prohibe, y los expulsa de la *i*
Ap 1.4 Juan, a las siete *i* que están en Asia

IMAGEN *v.* Dios, Estatua, Figura, Ídolo, Semejanza
Gn 1.26 dijo ... Hagamos al hombre a nuestra
Éx 20.4; Dt 5.8 no te harás *i*, ni ... semejanza
Dt 4.16 *i* de figura alguna, efigie de varón o
Jue 17.3 hacer una *i* de talla y una de fundición
Sal 78.58 le provocaron a celo con sus *i* de talla
97.7 todos los que sirven a las *i* de talla, los
Is 40.18 ¿a qué, pues ... o que *i* le compondréis?
41.29 viento y vanidad son sus *i* fundidas
44.9 los formadores de *i* ... ellos son vanidad
Jer 8.19 ¿por qué me hicieron airar con sus *i* de
Dn 2.31 veías ... una gran *i*. Esta *i*, que era muy
Zac 13.2 quitaré de la ... los nombres de las *i*
Mt 22.20; Lc 20.24 dijo: ¿De quién es esta *i*, y
Hch 19.35 es guardiana ... de la *i* venida de
Ro 1.23 en semejanza de *i* de hombre corruptible
8.29 hechos conformes a la *i* su Hijo, para
1 Co 11.7 el varón ... es *i* y gloria de Dios; mas
15.49 así como hemos traído la *i* del terrenal
2 Co 3.18 somos transformados ... en la misma *i*
Col 1.15 es la *i* del Dios invisible, el primogénito
Heb 1.3 siendo ... la *i* misma de su sustancia
Ap 14.11 no tienen reposo ... que adoran ... su *i*

INCREDULIDAD *v.* Dudar
Mt 13.58 no hizo ... milagros, a causa de la *i* de
Mc 6.6 estaba asombrado de la *i* de ellos
9.24 padre ... clamó y dijo: Creo; ayuda mi *i*
16.14 les reprochó su *i* y dureza de corazón
Ro 3.3 su *i* habrá hecho nula la fidelidad de Dios?
4.20 tampoco dudó, por *i*, de la promesa de
11.20 por su *i* fueron desgajadas, pero tú por
1 Ti 1.13 porque lo hice por ignorancia, en *i*
Heb 3.12 no haya en ninguno ... corazón malo de *i*

INFIERNO *v.* Abadón, Hades, Seol
Mt 5.22 fatuo, quedará expuesto al *i* de fuego
5.29 no que todo tu cuerpo sea echado al *i*
10.28 destruir el alma y el cuerpo en el *i*
18.9 teniendo dos ojos ser echado en el *i* de
23.15 le hacéis dos veces más hijo del *i* que
23.33 ¿cómo escaparéis ... condenación del *i*
Lc 12.5 temed ... tiene poder de echar en el *i*
Stg 3.6 y ella misma es inflamada por el *i*
2 P 2.4 arrojándolos al *i* los entregó a prisiones

INMORTALIDAD *v.* Vida, Vida Eterna
Ro 2.7 a los que ... buscan gloria y honra e *i*
1 Co 15.53 necesario que ... mortal se vista de *i*
1 Ti 6.16 el único que tiene *i*, que habita en luz

INOCENTE
Gn 20.4 Abimelec ... Señor, ¿matarás también al *i*?
Éx 20.7; Dt 5.11 no dará por *i* Jehová al que
23.7 no matarás al *i* y justo; porque yo no
Dt 19.10 para que no sea derramada sangre *i* en
1 S 26.9 su mano contra el ungido de ... y será *i*?
2 S 3.28 *i* soy yo y mi reino, delante de Jehová
Job 4.7 recapacita ahora; ¿qué ... ha perdido?
9.23 si azote ... se ríe del sufrimiento de los *i*
9.28 mis dolores; sé que no me tendrás por *i*
17.8 esto, y el *i* se levantará contra el impío
22.19 verán los justos ... y el *i* los escarnecerá
33.9 soy limpio ... soy *i*, y no hay maldad en mí
Sal 10.8 en acecho ... en escondrijos mata al *i*
Jer 2.35 soy *i*, de cierto su ira se apartó de mí
19.4 y llenaron este lugar de sangre de *i*
Dn 6.22 mi Dios ... porque ante él fui hallado *i*
Miq 6.11 ¿daré por *i* al que tiene balanza falsa
Nah 1.3 Jehová es ... no tendrá por *i* al culpable
Mt 12.7 si supieseis qué ... no condenarías a los *i*
27.4 yo he pecado entregando sangre *i*
27.24 soy yo de la sangre de este justo; allá
Heb 7.26 *i*, sin mancha, apartado de los pecadores

INTEGRIDAD *v.* Rectitud
Jos 24.14 temed a Jehová, y servidle con *i* y en
Jue 9.16 si con verdad y con *i* habéis procedido
1 R 9.4 si tú anduvieres ... en *i* de corazón y en
Job 2.3 todavía retiene su *i*, aun cuando tú me

4.6 ¿no es tu esperanza la *i* de tus caminos?
27.5 hasta que muera, no quitaré de mí mi *i*
31.6 péseme Dios en balanzas ... conocerá mi *i*
Sal 15.2 el que anda en *i* y hace justicia, y habla
25.21 / y rectitud me guarden, porque en ti
26.1 júzgame ... porque yo en mi *i* he andado
26.11 mas yo andaré en mi *i*; redímeme, y ten
41.12 cuanto a mí, en mi *i* me has sustentado
101.2 en la *i* de mi corazón andaré en medio
. Pr 10.9 el que camina en *i* anda confiado; mas
11.3 la *i* de los rectos los encaminará; mas
19.1; 28.6 mejor es el pobre que camina en *i*
20.7 camina en su *i* el justo; sus hijos son
28.18 el que en *i* camina será salvo; mas el
Tit 2.7 ejemplo ... en la enseñanza mostrando *i*

INTÉRPRETE *v.* Doctor, Escriba, Maestro
Mt 22.35; Lc 10.25 uno de ellos, *i* de la ley
Lc 7.30 los *i* de la ley desecharon los ... de Dios
11.46, 52 ¡ay de vosotros ... *i* de la ley!

INVOCAR *v.* Clamar, Llamar
Gn 4.26 comenzaron a *invocar* el ... de Jehová
2 S 22.4; Sal 18.3 *invocaré* a Jehová, quien es
1 Cr 16.8 *invocad* su nombre, dad a conocer en
2 Cr 7.14 sobre el cual mi nombre es *invocado*
Sal 17.6 yo te he *invocado* ... me oirás, oh Dios
31.17 no ... oh Jehová, ya que te he *invocado*
50.15 e *invócame* en el día de la angustia
53.4 devoran a mí ... y a Dios no *invocan*?
80.18 nos darás, e *invocaremos* tu nombre
99.6 *invocaban* a Jehová, y él les respondía
105.1 alabad a Jehová, *invocad* su nombre
116.2 por tanto, le *invocaré* en todos mis días
118.5 desde la angustia *invoqué* a JAH, y me
145.18 cercano está ... a los que le *invocan* de
Is 41.25 nacimiento de sol *invocará* mi nombre
64.7 nadie hay que *invoque* tu nombre, que
65.1 dije a gente que no *invocaba* mi nombre
Jer 44.26 no será *invocado* más en ... Egipto por
Jl 2.32; Hch 2.21; Ro 10.13 todo aquel que *invocare*
el nombre
Zac 13.9 le *invocará* mi nombre, y yo le oiré
Ro 10.14 ¿cómo ... *invocarán* a aquel en el cual no
11.2 Elías ... cómo *invoca* a Dios contra Israel
2 Ti 2.19 apártese de iniquidad ... que *invoca* el

ISAÍAS
Su llamamiento, Is 6;
su matrimonio, Is 8.3;
padre de dos hijos, Is 7.3; 8.3;
profetiza durante los reinados de Uzías, Jotam, Acaz y Ezequías,
Is 1.1;
consejero de Acaz, Is 7;
consejero de Ezequías, 2 R 19—20; Is 37—39.
Mt 3.3 es aquel de quien habló el profeta *I*
15.7; Mc 7.6 bien profetizó de vosotros *I*
Mc 1.2; Lc 3.4 escrito en el ... del profeta *I*
Lc 4.17 y se le dio el libro del profeta *I*
Hch 8.28 volvía sentado ... leyendo al profeta *I*
Ro 9.27 también *I* clama tocante a Israel: Si fuere

ISRAEL *v.* Efraín, Jacob, Judá
Gn 32.28 no se dirá más tu nombre Jacob, sino *I*
35.10 *I* será tu nombre; y llamó su nombre *I*
Dt 6.4 oye, *I*: Jehová nuestro Dios ... uno es
1 R 12.19 se apartó *I* de la casa de David hasta
Am 2.6 por tres pecados de *I*, y por el cuarto, no
Mt 8.10 digo, que ni aun en *I* he hallado tanta fe
10.6 sino id antes a las ovejas perdidas ... de *I*
Mc 12.29 oye, *I*; el Señor nuestro Dios, el Señor
Ro 9.6 no todos los que descienden de *I* son
11.26 todo *I* será salvo, como está escrito
Gl 6.16 paz y misericordia sea ... al *I* de Dios
Flp 3.5 del linaje de *I*, de la tribu de Benjamín

JABES
1 Cr 4.9–10.

JACOB *v.* Israel Gn 25.26—49.33.
Nace, Gn 25.19–26;
compra la primogenitura de Esaú, Gn 25.27–34;
recibe la bendición de Isaac, Gn 27.1–19;
huye de Esaú, Gn 27.41—28.5;
su sueño y su voto en Bet-el, Gn 28.10–22;

sirve a Labán por Raquel y Lea, Gn 29.1–30;
tretas de Jacob y Labán, Gn 30.25–43;
huye de Labán, Gn 31.17–55;
lucha con el ángel, Gn 32.22–32;
se reconcilia con Esaú, Gn 33.1–20;
bendecido por Dios en Bet-el, Gn 35.1–15;
emigra a Egipto, Gn 46.1—47.31;
bendice a Efraín y a Manasés, Gn 48.1–22;
bendice a sus hijos, Gn 49.1–27;
su muerte y sepelio, Gn 49.28—50.14.

Mt	8.11 se sentarán con … J en el reino de los
Jn	4.6 y estaba allí el pozo de J. Entonces Jesús
	4.12 ¿acaso eres tú mayor que nuestro padre J
Ro	9.13 como está escrito: a J amé, mas a Esaú
Heb	11.21 por la fe J, al morir, bendijo a cada uno

JEHOVÁ v. Dios, Jehová de los ejércitos, Señor

Gn	4.26 comenzaron a invocar el nombre de J
	12.7 y apareció J a Abram, y le dijo: A tu
	28.16 J está en este lugar, y yo no lo sabía
Éx	5.2 Faraón respondió: ¿Quién es, para que
	6.3 mas en mi nombre J no me di a conocer a
	6.7; 20.2; Sal 81.10; Ez 20.19 yo soy J … Dios
	14.4 y sabrán los egipcios que yo soy J
	14.14 J peleará por vosotros, y vosotros
	15.11 ¿quién como tú, oh J, entre los dioses?
	15.26 enfermedad … porque yo soy J tu sanador
	17.15 un altar, y llamó su nombre J-nisi
	18.11 ahora conozco que J es más grande que
	23.25 mas a J vuestro Dios serviréis, y él
	34.6 ¡J! ¡J! fuerte, misericordioso y piadoso
Dt	4.35 que J es Dios, y no hay otro fuera de él
	6.4 oye, Israel: J nuestro Dios J uno es
	10.17 porque J vuestro Dios es Dios de dioses
Jos	13.33 J Dios de Israel es la heredad de ellos
	22.24 ¿qué tenéis vosotros con J Dios de
	24.24 el pueblo respondió … a J serviremos
Jue	11.27 J, que es el juez, juzgue hoy entre los
1 S	3.4 J llamó a Samuel; y él respondió: Heme
	3.18 dijo: J es; haga lo que bien le pareciere
2 S	1.14 tu mano para matar al ungido de J?
1 R	8.12; 2 Cr 6.1 J ha dicho que él habitaría
	18.21 si J es Dios, seguidle; y si Baal, id en
	19.11 sal … y ponte en el monte delante de
2 R	5.17 tu siervo no sacrificará … sino a J
2 Cr	13.10 J es nuestro Dios, y no le hemos
	30.8 someteos a J, y venid a su santuario
Sal	8.1, 9 ¡oh J, Señor nuestro, cuán glorioso es
	18.2 J roca mía y castillo mío, y mi libertador
	18.31 ¿quién es Dios sino sólo J? ¿Y qué roca
	20.7 del nombre de J … tendremos memoria
	24.8 el fuerte y … J el poderoso en batalla
	29.10 J preside en el diluvio, y se sienta
	34.11 venid, hijos … el temor de J os enseñaré
	89.8 oh J … ¿quién como tú? Poderoso eres, J
	93.4 J en las alturas es más poderoso que el
	105.7 él es J nuestro Dios; en toda la tierra
	118.8 mejor es confiar en J que confiar en el
	118.23 de parte de J es esto, y es cosa
	118.27 J es Dios, y nos ha dado luz; atad
	121.2 mi socorro viene de J, que hizo los
	124.1, 2 a no haber estado J por nosotros
	126.3 grandes cosas ha hecho J con nosotros
Is	42.8 yo J; este es mi nombre; y a otro no daré
	43.3 porque yo J, Dios tuyo … soy tu Salvador
	43.11 yo J, y fuera de mí no hay quien salve
Jer	3.23 en J … Dios está la salvación de Israel
	10.10 mas J es el Dios verdadero … Dios vivo
	23.6 será su nombre … J, justicia nuestra
	31.34 no enseñará … diciendo: Conoce a J
Ez	48.35 el nombre de la ciudad … será J-sama
Jl	3.16 J será la esperanza de su pueblo, y la
Miq	1.3 he aquí, J sale de su lugar, y descenderá
	2.13 su rey pasará … y a la cabeza de ellos J
Hab	3.19 J el Señor es mi fortaleza, el cual hace
Sof	3.5 J en medio de ella es justo, no hará
	3.17 J está en medio de ti, poderoso, él

JEHOVÁ de los ejércitos v. Dios, Jehová

1 S	17.45 vengo a ti en el nombre de J de los e
1 Cr	11.9 David iba … J de le estaba con él
	17.24 J de los e … es Dios para Israel, es
Sal	46.7 J de los e está con nosotros; nuestro

Is	6.3 santo, santo, santo, J de los e; toda la
	8.13 a J de los e, a él santificad; sea él
	14.27 J de los e lo ha determinado, ¿y quién
	47.4 J de los e es su nombre, el Santo de

JEREMÍAS
Su llamamiento, Jer 1.4–10;
profetiza durante los reinados de Josías, Joacim y Sedequías, Jer 1.2, 3;
amenazado de muerte, Jer 11.21; 26.8; 38.4;
maldice de su nacimiento, Jer 20.7–18;
aconseja a Sedequías, Jer 21.3–7; 34.1–7; 38.14–28; apresado, Jer 32.2; 37.16–21;
sacado de la mazmorra, Jer 38.6–13;
capturado por los caldeos, Jer 39.8–10;
protegido por Nabucodonosor, Jer 39.11–14;
libertado en Ramá, Jer 40.1–6;
llevado a Egipto, Jer 43.1–7. Mt. 16.14
y otros, o alguno de los profetas

JERUSALÉN v. Sión

Jos	15.63 ha quedado el jebuseo en J con los hijos
Jue	1.8 combatieron los hijos de Judá a J y la
	1.21 el jebuseo habitó con … Benjamín en J
2 S	5.6 marchó el rey con sus hombres a J contra
	24.16 el ángel extendió su mano sobre J para
1 R	14.25; 2 Cr 12.2 subió Sisac rey … contra J
2 R	24.10 en aquel tiempo subieron contra J los
	25.10; Jer 52.14 derribó los muros … de J
1 Cr	21.15 envió Jehová el ángel a J … destruirla
2 Cr	36.23; Esd 1.2 que le edifique casa en J
Neh	2.17 veis … que J está desierta, y sus puertas
Sal	51.18 haz bien con … edifica los muros de J
	79.1 las naciones … redujeron a J a escombros
	122.6 pedid por la paz de J … los que te aman
Is	7.1 subieron contra J para combatirla; pero no
	52.1 vístete tu ropa hermosa, oh J, ciudad
	62.7 ni le deis tregua, hasta que restablezca a J
Jer	26.18; Miq 3.12 J vendrá a ser … de ruinas
Lm	1.8 pecado cometió J … ha sido removida
Ez	5.5 así ha dicho Jehová el Señor: Esta es J
	16.2 hijo de … notifica a J sus abominaciones
Dn	9.16 apártese … ira y tu furor de sobre … J
Jl	3.17 J será santa, y extraños no pasarán más
Miq	4.2 de Sion … y de J la palabra de Jehová
Zac	2.2 ¿a dónde vas? … A medir a J, para ver
	12.6 J será otra vez habitada en su … en J
	14.2 reuniré … naciones para combatir contra J
Mt	5.35 ni por J, porque es la ciudad del gran
	20.18; Mc 10.33; Lc 18.31 subimos a J, y el
	21.1; Mc 11.1 se acercaron a J, y vinieron a
	23.37; Lc 13.34 ¡J, J, … matas los profetas
Lc	2.22 le trajeron a J para presentarle al Señor
	2.42 subieron a J conforme a la costumbre de
	9.51 se cumplió … afirmó su rostro para ir a J
	10.30 hombre descendía de J a Jericó, y cayó
	21.24 J será hollada por los gentiles hasta que
	24.47 que se predicase … comenzando desde J
	24.49 quedaos … J hasta que seáis investidos
Hch	1.8 me seréis testigos en J, en toda Judea
	2.5 moraban … en J judíos, varones piadosos
	8.1 hubo … contra la iglesia que estaba en J
	15.2 se dispuso que subiesen [Pablo y … a J
	21.13 yo estoy dispuesto … aun a morir en J
Gl	1.18 después … subí a J para ver a Pedro
	2.1 subí otra vez a J con Bernabé, llevando
	4.26 la J de arriba, la cual es madre de todos
Heb	12.22 la ciudad del Dios vivo, J la celestial
Ap	21.2 yo Juan vi … la nueva J, descender del
	21.10 y me mostró la gran ciudad santa de J

JESUCRISTO v. Cristo, Cristo Jesús, Mesías, Salvador, Señor, Señor Jesucristo, Señor Jesús, Ungido, Verbo

Mt	1.1 libro de la genealogía de J, hijo de David
Jn	1.17 la gracia y la … vinieron por medio de J
	17.3 te conozcan a ti … y a J, a quien has
Hch	3.6 en el nombre de J … levántate y anda
	3.20 él envíe a J, que os fue antes anunciado
	5.42 no cesaban de enseñar y predicar a J
Ro	1.3 acerca de su Hijo, nuestro Señor J, que
	5.15 el don … por la gracia de un hombre, J
1 Co	2.2 no saber … sino a J, y a éste crucificado
	3.11 que el que está puesto, el cual es J
2 Co	4.5 predicamos … sino a J como Señor

13.5 ¿o no os conocéis ... *J* está en vosotros
Gl 3.1 ante cuyos ojos *J* fue ya presentado
Ef 2.20 la principal piedra del ángulo *J* mismo
Flp 1.6 obra, la perfeccionará hasta el día de *J*
2.11 toda lengua confiese que *J* es el Señor
1 Ti 2.5 Dios, y un solo mediador ... *J* hombre
2 Ti 2.8 acuérdate de *J*, del linaje de David
Heb 13.8 *J* es el mismo ayer, y hoy, y por los
1 P 1.7 gloria y honra cuando sea manifestado *J*
5.10 que nos llamó a su gloria eterna en *J*
2 P 3.18 el conocimiento de nuestro Señor ... *J*
1 Jn 1.3 comunión ... con el Padre, y con su Hijo *J*
1.7 la sangre de *J* ... limpia de todo pecado
2.1 abogado tenemos con el ... a *J* el justo
4.2 espíritu que confiesa que *J* ha venido en
Ap 1.1 la revelación de *J*, que Dios le dio, para

JESÚS v. Cristo, Cristo Jesús, Hijo, Jesucristo, Jesús, Mesías, Salvador, Señor, Señor Jesucristo, Señor Jesús, Ungido, Verbo.
Predicción de su nacimiento, Lc 1.26–38;
nace, Mt 1.18–25; Lc 2.1–7;
circuncidado, Lc 2.21;
presentado en el templo, Lc 2.22–38;
visitado por los magos, Mt 2.1–12;
llevado a Egipto, Mt 2.13–18;
traído a Nazaret, Mt 2.19–23; Lc 2.39;
visita a Jerusalén, Lc 2.41–50;
bautizado, Mt 3.13–17; Mc 1.9–11; Lc 3.21–22;
tentado por el diablo, Mt 4.1–11; Mc 1.12, 13; Lc 4.1–13;
llama a sus discípulos, Mt 8.22; 9.9; Mc 1.16–20; 2.13, 14;
Lc 5.27–28; 6.12–16; Jn 1.35–51;
comisiona a los doce, Mt 10.1–4; Mc 3.13–19;
Lc 6.12–16;
el sermón del monte, Mt 5–7;
envía a los discípulos de dos en dos, Mt 9.35–11.1;
Mc 6.6–13; Lc 9.1–6;
predice su muerte y resurrección, Mt 16.21–26;
17.22–23; 20.17–28; Mc 8.31–37; 9.30–32; 10.32–45;
Lc 9.22–25, 43–45; 18.31–34;
la transfiguración, Mt 17.1–8; Mc 9.2–8; Lc 9.28–36;
envía a los setenta, Lc 10.1–24.;
su entrada triunfal a Jerusalén, Mt 21.1–11;
Mc 11.1–11; Lc 19.29–44; Jn 12.12–19;
instituye la Cena del Señor, Mt 26.17–29; Mc 14.12–25;
Lc 22.7–23; Jn 13.21–30; 1 Co 11.23–26;
traicionado, arrestado y abandonado, Mt 26.47–56;
Mc 14.43–52; Lc 22.47–53; Jn 18.2–11;
crucificado, Mt 27.31–56; Mc 15.20–41; Lc 23.26–49;
Jn 19.16–30;
aparece después de la resurrección, Mt 28.9–20;
Mc 16.9–18; Lc 24.13–50; Jn 20.11–29;
Hch 1.3–8; 1 Co 15.5–8;
asciende al cielo, Mc 16.19–20; Lc 24.50–53; Hch 1.9–11.
Hch 1.11 este mismo *J*, que ha sido tomado de
2.22 *J* ... aprobado por Dios entre vosotros
2.32 a este *J* resucitó Dios, de lo cual todos
2.36 este *J* a quien vosotros crucificasteis
4.13 les reconocían que habían estado con *J*
7.55 la gloria ... y a *J* ... a la diestra de Dios
8.35 Felipe ... le anunció el evangelio de *J*
9.5; 22.8; 26.15 soy *J*, a quien tú persigues
10.38 ungió ... con poder a *J* de Nazaret
17.3 y que *J*, a quien yo os anuncio ... es el
17.18 les predicaba el evangelio de *J*, y de la
18.5, 28 testificando ... que *J* era el Cristo
19.15 a *J* conozco, y sé quién es Pablo; pero
Ro 3.26 y el que justifica al que es de la fe de *J*
1 Co 12.3 nadie puede llamar a *J* Señor, sino por
Flp 2.10 en el nombre de *J* se doble toda rodilla
1 Ts 4.14 si creemos que *J* murió y resucitó, así
Heb 2.9 vemos ... a *J*, coronado de gloria y de honra
4.14 un gran sumo sacerdote ... *J* el Hijo de
6.20 *J* entró por nosotros como precursor
12.2 puestos los ojos en *J*, el autor ... de la fe
1 Jn 5.1 todo aquel que cree que *J* es el Cristo
Ap 22.16 yo *J* he enviado mi ángel para daros

JESÚS
llamado Justo, Col 4.11.

JORDÁN
Gn 13.11 Lot escogió ... toda la llanura del *J*
32.10 pues con mi cayado pasé este *J*, y ahora
Dt 4.22 voy a morir en esta ... y no pasaré el *J*

Jos 1.2 levántate y pasa este *J*, tú y todo
3.17 los sacerdotes ... firmes en medio del *J*
2 S 19.15 Judá vino a ... para hacerle pasar el *J*
2 R 2.7 lejos; y ellos dos se pararon junto al *J*
5.10 vé y lávate siete veces en el *J*, y tu carne
6.4 cuando llegaron al *J*, cortaron la madera
Sal 114.3 mar lo vio, y huyó; el *J* se volvió atrás
Jer 49.19 como león subirá de la espesura del *J*
Zac 11.3 porque la gloria del *J* es destruida
Mt 3.6; Mc 1.5 y eran bautizados por él en el *J*

JOSÉ hijo de Jacob. Gn 37.2–50.26.
Nace, Gn. 30.22–24;
sus hermanos lo envidian a causa de sus sueños,
Gn 37.5–11;
vendido para Egipto, Gn 37.12–28;
rechaza a la mujer de Potifar, Gn 39.1–18;
encarcelado, Gn 39.19–23;
interpreta sueños de los presos, Gn 40.1–23;
interpreta el sueño de Faraón, Gn 41.1–36;
hecho gobernador de Egipto, Gn 41.37–57;
se encuentra con sus hermanos, Gn 42.1––43.34;
se da a conocer, Gn 45.1–28;
ve de nuevo a su padre, Gn 46.28–34;
muerto y embalsamado, Gn 50.22–26;
sepultado en Siquem, Jos 24.32.
Éx 1.8; Hch 7.18 nuevo rey que no conocía a *J*
Dt 33.13 a *J* dijo: Bendita de Jehová sea tu tierra
Jos 17.14 y los hijos de *J* hablaron a Josué
Sal 105.17 delante de ellos; a *J*, que fue vendido
Am 6.6 no se afligen por el quebrantamiento de *J*
Hch 7.9 vendieron a *J* para Egipto; per Dios
Heb 11.22 por la fe *J*, al morir, mencionó la salida

JOSÉ esposo de María madre de Jesús.
Desposado con María, Mt 1.18; Lc 1.27;
se le aparece un ángel, Mt 1.20, 21;
va a Belén, Lc 2.4;
huye a Egipto, Mt 2.13–19;
regresa a Nazaret, Mt 2.19–23.
Jn 6.42 ¿no es éste Jesús, el hijo de *J*, cuyo padre

JOSÉ de Arimatea Mc 15.43; Lc 23.50; Jn 19.38.

JOSUÉ
Derrota a los amalecitas, Éx 17.8–13;
permanece en el tabernáculo, Éx 33.11;
enviado con los espías, Nm 14.6–9;
escogido como sucesor de Moisés, Nm 27.18–23; Dt 3.28;
investido por Moisés, Dt 31.23; 34.9;
animado por el Señor, Jos 1.1–9;
manda espías a Jericó, Jos 2.1–23;
pasa el Jordán, Jos 3;
toma a Jericó, Jos 6;
socorre a Gabaón, Jos 10.6–27;
reyes derrotados por él, Jos 12.7–24;
reparte la tierra, Jos 13–22;
exhorta al pueblo, Jos 23.1––24.13;
renueva el pacto, Jos 24.14–27;
muere, Jos 24.29.
Hch 7.45 el cual ... introdujeron con *J* al tomar
Heb 4.8 si *J* les hubiera dado el reposo, no hablaría

JOVEN v. Doncella, Muchacho
Dt 22.15 el padre de la *j* y su madre tomarán y
Rt 2.5 Booz dijo a su ... ¿De quién es esta *j*?
2 S 17.18 vistos por un *j* ... hizo saber a Absalón
1 R 12.8; 2 Cr 10.8 pidió consejo de los *j* que se
1 Cr 29.1 es *J* y tierno de edad, y la obra grande
Job 30.1 pero ahora se ríen de mí los más *J* que yo
Sal 37.25 *J* fui, y he envejecido, y no he visto
119.9 ¿con qué limpiará el *j* su camino? Con
Is 40.30 fatigan y se cansan, los *J* flaquean y caen
Am 2.7 el hijo y su padre se llegan a la misma *j*
Mc 14.51 cierto *j* le seguía, cubierto el cuerpo con
Jn 21.18 cuando eras más *J*, te ceñías, e ibas a
1 Ti 5.11 pero viudas más *J* no admitas; porque
1 P 5.5 *J*, estad sujetos a los ancianos; y todos

JUAN
el apóstol. Su llamamiento, Mt 4.21; Mc 1.19, 20; Lc 5.10;
enviado con los doce, Mt 10.2; Mc 3.17;
reprendido por su espíritu vengativo, Lc 9.51–56;
Jesús rechaza su petición egoísta, Mt 20.20–24;
Mc 10.35–41;

sana y predica en el templo, Hch 3.1—4.22.

JUAN el Bautista.
Su nacimiento predicho, Lc 1.5–25;
nace, Lc 1.57–66;
predica y bautiza, Mt 3.1–12; Mc 1.4–11; Lc 3.1–18;
encarcelado, Mt 14.3–4; Mc 6.17, 18; Lc 3.19–20;
envía mensajeros a Jesús, Mt 11.1–6; Lc 7.18–23;
encomiado por Jesús, Mt 11.7–15; Lc 7.24–35;
decapitado y enterrado, Mt 14.6–12; Mr. 6.19–29.

Hch	1.5; 11.16 *J* ciertamente bautizó con agua, mas
	18.25 solamente conocía el bautismo de *J*

JUDÁ *v.* Israel, Judea
Nace, Gn 29.35;
salva la vida a José, Gn 37.26–28;
Judá y Tamar, Gn 38;
intercede por Benjamín, Gn 44.14–34;
bendecido por Jacob, Gn 49.8–12.

Dt	33.7 esta bendición profirió para *J*. Dijo así
Jue	1.2 Jehová respondió: *J* subirá; he aquí que
2 S	19.15 *J* vino a Gilgal para recibir al rey y para
1 R	14.22 *J* hizo lo malo ante los ojos de Jehová
2 R	25.21 fue llevado cautivo *J* de sobre su tierra
Jer	52.27 así *J* fue transportada de su tierra
Am	2.4 por tres pecados de *J*, y por el cuarto, no
Heb	7.14 nuestro Señor vino de la tribu de *J*, de la
Ap	5.5 el León de la tribu de *J* ... ha vencido para

JUDAS Iscariote

Mt	10.4; Mc 3.19; Lc 6.16 *J* ... el que le entregó
	26.14; Mc 14.10 uno de los doce ... llamada *J*
	26.47; Mc 14.43; Lc 22.47 vino *J* ... y con él
Jn	6.71 hablaba de *J* Iscariote, hijo de Simón
	13.26 y mojando el pan, lo dio a *J* Iscariote
	18.2 *J*, el que le entregaba, conocía aquel lugar
Hch	1.16 habló ... por boca de David acerca de *J*

JUDAS hermano de Jesús Mt 13.55; Mc 6.3; Jud 1.

JUDAS *v.* hermano de Jacobo. Tadeo Lc 6.16; Jn 14.22.

JUDAS el galileo Hch 5.37.

JUDAS de Damasco Hch 9.11.

JUDAS Barsabás Hch 15.22.

JUDEA *v.* Israel, Judá

Esd	5.8 fuimos a la provincia de *J*, a la casa del
Jn	3.22 Jesús con sus discípulos a la tierra de *J*
	11.7 dijo a los discípulos: Vamos a *J* otra vez
Hch	1.8 seréis testigos en Jerusalén, en toda *J*
Gl	1.22 no era conocido de ... a las iglesias de *J*

JURAR *v.* Conjurar

Gn	21.23 *júrame* ... que no faltarás a mí, ni a mi
	21.31 Beerseba; porque allí *juraron* ambos
	22.16 por mí mismo he *jurado*, dice Jehová
Lv	5.4 si alguno *jurare* ... hacer mal o hacer bien
	19.12 no *juraréis* falsamente por mi nombre
Dt	6.13 a Jehová tu ... y por su nombre *jurarás*
Jos	14.9 Moisés *juró* ... la tierra ... será para ti
Jue	21.7 *jurado* por Jehová que no les daremos
1 S	19.6 *juró* Saúl: Vive Jehová, que no morirá
	24.21 *júrame* ... por Jehová, que no destruirás
1 R	1.17 *juraste* a tu sierva por Jehová tu Dios
2 Cr	15.14 *juraron* a Jehová con gran voz y
Neh	10.29 *jurar* que andarían en la ley de Dios
Sal	15.4 el que aun *jurando* en daño suyo, no por
	95.11 *juré* en mi ... no entrarían en mi reposo
	110.4 *juró* Jehová, y no se arrepentirá: Tú
	119.106 *juré* ... que guardaré tus justos juicios
	132.2 de cómo *juró* a Jehová, y prometió al
	132.11 en verdad *juró* Jehová a David, y no
Is	19.18 cinco ciudades ... que *juren* por Jehová
	48.1 oíd esto ... los que *juran* en el nombre
	65.16 el que *jurare* ... por el Dios de ... *jurará*
Jer	4.2 *jurares*: Vive Jehová, en verdad, en juicio
	5.7 dejaron, y *juraron* por lo que no es Dios
	22.5 he *jurado* ... que esta casa será desierta
	44.26 he aquí he *jurado* por mi grande nombre
Dn	12.7 *juró* por el que vive por los siglos, que
Os	10.4 *jurando* en vano al hacer pacto; por
Am	4.2 Jehová el Señor *juró* por su santidad: He
Sof	1.5 *jurando* por Jehová y *j* por Milcom
Zac	5.3 todo aquel que *jura* ... será destruido

Mt	5.34; Stg 5.12 no *juréis*, ni por el cielo
	23.16 si alguno *jura* por el templo, no es nada
	23.22 el que *jura* por el cielo, y por el trono de
	26.74; Mc 14.71 él comenzó a ... y a *jurar*
Mc	6.23 le *juró*: Todo lo que me pidas te daré
Hch	2.30 con juramento Dios le había *jurado* que
Heb	3.11 por tanto, *juré* en mi ira: No entrarán
	6.13 no pudiendo *jurar* por otro ... *juró* por sí
	7.21 *juró* el Señor, y no se arrepentirá: Tú
Ap	10.6 *juró* por el que vive por los siglos de los

JUSTIFICACIÓN

Ro	4.25 el cual fue ... resucitado para nuestra *j*
	5.16 el don vino a causa de muchas para *j*
	5.18 por la justicia de uno vino ... la *j* de vida
1 Co	1.30 el cual nos ha sido hecho por Dios ... *j*
2 Co	3.9 abundará en gloria el ministerio de *j*

JUZGAR *v.* Acusar, Condenar

Gn	15.14 a la nación a la cual servirán, *juzgaré*
Éx	18.13 se sentó Moisés a *juzgar* al pueblo; y el
	18.22 ellos *juzgarán* al pueblo en todo tiempo
Nm	35.24 la congregación *juzgará* entre el que
Dt	1.16 *juzgad* justamente entre el hombre y su
	32.36 Jehová *juzgará* a su pueblo, y por amor
Jue	11.27 Jehová ... *juzgue* hoy entre ... y ... Amón
1 S	7.16 *juzgaba* a Israel en todos estos lugares
1 R	8.32 oirás desde el cielo ... y *juzgarás* a tus
1 Cr	16.33 Jehová, porque viene a *juzgar* la tierra
2 Cr	6.23 *juzgarás* a tus siervos, dando la paga
	19.6 porque no *juzgáis* en lugar de hombre
Job	22.13 ¿cómo *juzgará* a través de la oscuridad?
Sal	7.8 Jehová *juzgará* a los pueblos; *júzgame*
	9.8 él *juzgará* el mundo con justicia, y a los
	10.18 para *juzgar* al huérfano y al oprimido
	26.1 *júzgame*, oh Jehová, porque yo en mi
	35.24 *júzgame* conforme a tu justicia, Jehová
	37.33 ni lo condenará cuando le *juzgaren*
	43.1 *júzgame*, oh Dios, y defiende mi causa
	58.11 ciertamente hay Dios que *juzga* en la
	67.4 porque *juzgarás* los pueblos con equidad
	72.2 él *juzgará* a tu pueblo con justicia, y a
	76.9 cuando te levantaste ... para *juzgar*, para
	82.1 Dios ... en medio de los dioses *juzga*
	96.13; 98.9 vino a *juzgar* ... *juzgará* al mundo
	110.6 *juzgará* entre las naciones, las llenará
	135.14 porque Jehová *juzgará* a su pueblo, y
Ec	3.17 al justo y al impío *juzgará* Dios; porque
	11.9 sobre todas estas cosas te *juzgará* Dios
Is	2.4 *juzgará* entre las naciones, y reprenderá
	11.3 no *juzgará* según la vista de sus ojos
	66.16 Jehová *juzgará* con fuego y con su espada
Jer	5.28 la causa de los pobres no *juzgaron*
	11.20 oh Jehová de ... que *juzgas* con justicia
Ez	7.3, 8 te *juzgaré* según tus caminos; y pondré
	18.30 *juzgaré* a cada uno según sus caminos
	33.20 *juzgaré*, oh casa de Israel, a cada uno
	36.19 y conforme a sus obras los *juzgué*
	44.24 para *juzgar*, conforme a mis ... *juzgarán*
Jl	3.12 me sentaré para *juzgar* a ... las naciones
Miq	4.3 y él *juzgará* entre muchos pueblos, y
	7.3 el juez *juzga* por recompensa; y el grande
Zac	7.9 *juzgad* conforme a la verdad, y haced
	8.16 *juzgad* según la verdad y lo ... a la paz
Mt	7.1; Lc 6.37 no *juzguéis* ... no seáis *juzgados*
	19.28; Lc 22.30 para *juzgar* a las doce tribus
Lc	7.43 más. Y Él dijo: Rectamente has *juzgado*
	19.22 mal siervo, por tu propia boca te *juzgo*
Jn	5.22 el Padre a nadie *juzga*, sino que todo el
	7.24 no *juzguéis* ... *juzgad* con justo juicio
	7.51 ¿*juzga* acaso nuestra ley a un hombre si
	8.15 *juzgáis* según la carne; yo no *juzgo* a
	8.26 muchas cosas tengo que decir y *juzgar* de
	12.47 yo no le *juzgo* ... no he venido a *juzgar*
	16.11 el príncipe de ... ha sido ya *juzgado*
Hch	7.7 yo *juzgaré*, dijo Dios, a la nación de la
	15.19 *juzgo* que no se inquiete a los gentiles
	17.31 un día ... *juzgará* al mundo con justicia
	24.8 al *juzgarle*, podrás informarte de todas
Ro	2.1 tú que *juzgas*; pues en lo que *j* a otro
	2.12 han pecado, sin ley serán *juzgados*
	2.16 día en que Dios *juzgará* ... los secretos de
	3.4 para que ... venzas cuando fueres *juzgado*

3.6 otro modo, ¿cómo *juzgaría* Dios al mundo?
14.3 el que no come, no *juzgue* al que come
14.10 pero tú ¿porqué *juzgas* a tu hermano?
14.13 no nos *juzguemos* más los unos a los

1 Co 2.15 el espiritu *juzga* ... él no es *juzgado*
4.3 yo en muy poco tengo el.ser *juzgado* por
4.4 pero el que me *juzga* es el Señor
5.3 como presente he *juzgado* al que tal cosa
5.12 ¿qué razón tendría yo para *juzgar* a los
6.2 que los santos han de *juzgar* al mundo?
6.3 ¿o no sabéis que hemos de *juzgar* a los
11.31 examinásemos ... no seríamos *juzgados*
14.29 profetas hablen ... y los demás *juzguen*

Col 2.16 nadie os *juzgue* en comida o en bebida
2 Ti 4.1 que *juzgará* a los vivos y a los muertos
Heb 10.30 y otra vez: El Señor *juzgará* a su pueblo
13.4 a los fornicarios y a ... los *juzgará* Dios
Stg 2.12 como los que habéis de ser *juzgados* por
4.11 el que ... *juzga* a su hermano ... *j* a la ley
4.12 tú, ¿quién eres para que *juzgues* a otro?
1 P 4.5 al que está preparado para *juzgar* a los
4.6 para que sean *juzgados* en carne según los
Ap 6.10 no *juzgas* y vengas nuestra sangre en los
11.18 el tiempo de *juzgar* a los muertos, y de
20.4 los que recibieron facultad de *juzgar*
20.12 *juzgados* los muertos por las cosas que

LÁMPARA v. Antorcha, Luz

1 S 3.3 antes que la *l* de Dios fuese apagada
2 S 22.29 eres mi *l*, oh Jehová; mi Dios alumbrará
1 R 11.36 mi siervo David tenga *l* ... delante de mí
15.4 por amor a David, Jehová ... le dio *l* en
Job 21.17 veces la *l* de los impíos es apagada
Sal 18.28 tú encenderás mi *l*; Jehová mi Dios
119.105 *l* es a mis pies tu palabra, y lumbrera
132.17 de David; he dispuesto *l* a mi ungido
Pr 6.23 el mandamiento es *l*, y la enseñanza
13.9; 24.20 mas se apagará la *l* de los impíos
20.27 *l* de Jehová es el espíritu del hombre
31.18 sus negocios; su *l* no se apaga de noche
Zac 4.2 siete *l* encima del candelabro, y siete
Mt 6.22; Lc 11.34 la *l* del cuerpo es el ojo
Mt 25.1 que tomando sus *l*, salieron a recibir al
Lc 12.35 estén ceñidas y vuestras *l* encendidas
Hch 20.8 había muchas *l* en el aposento alto
Ap 4.5 delante del trono ardían siete *l* de fuego
18.23 luz de *l* no alumbrará más en ti, ni voz
22.5 no tienen necesidad de luz de *l*, ni de luz

LENGUA v. Boca, Garganta, Labio

Gn 11.1 tenía ... toda la tierra una sola *l* y unas
Neh 13.24 la mitad de sus hijos hablaban la *l* de
Job 5.21 del azote de la *l* serás encubierto
Sal 10.7 debajo de su *l* hay vejación y maldad
34.13 guarda tu *l* del mal, y tus labios de
35.28 y mi *l* hablará de tu justicia y de tu
39.1 dije: Atenderé ... para no pecar con mi *l*
55.9 oh Señor, confunde la *l* de ellos; porque
73.9 ponen su boca ... y su *l* pasea la tierra
120.3 ¿qué te dará, o qué te ... oh *l* engañosa?
140.3 aguzaron su *l* como la serpiente ... áspid
Pr 10.20 plata escogida es la *l* del justo; mas el
10.31 la boca ... mas la *l* perversa será cortada
12.18 mas la *l* de los sabios es medicina
15.4 la *l* apacible es árbol de vida; mas la
18.21 muerte y la vida están en poder de la *l*
25.15 y la *l* blanda quebranta los huesos
31.26 y la ley de clemencia está en su *l*
Is 19.18 cinco ciudades ... hablen la *l* de Canaán
28.11 *l* de tartamudos, y en extraña *l* hablará
33.19 de *l* difícil de entender, de *l* tartamuda
35.6 el cojo saltará ... cantará la *l* del mudo
45.23 que a mí se doblará ... y jurará toda *l*
50.4 Jehová el Señor me dio *l* de sabios, para
54.17 condenarás toda *l* que se levante contra
Jer 9.8 saeta afilada es la *l* de ellos; engaño habla
18.18 venid e hirámoslo de *l*, y no atendamos
Ez 3.5 no eres enviado a pueblo ... de *l* difícil
Mc 7.35 se desató la ligadura de su *l*, y hablaba
16.17 a los que creen ... hablarán nuevas *l*
Lc 1.64 al momento fue ... suelta su *l*, y habló
Hch 2.4 y comenzaron a hablar en otras *l*, según
2.6 cada uno les oía hablar en su propia *l*

1 Co 12.10 géneros de *l* ... interpretación de *l*
13.1 si yo hablase *l* humanas y angélicas, y no
13.8 y cesarán las *l*, y la ciencia acabará
14.2 el que habla en *l* no habla a los hombres
14.13 que habla en *l* extraña, pida en oración
14.18 doy gracias a Dios que hablo en *l* más
14.21 en otras *l* y con ... hablaré a este pueblo
14.22 las *l* son por señal, no a los creyentes
Stg 1.26 y no refrena su *l*, sino que engaña su
3.5 la *l* es un miembro pequeño, pero se jacta
3.8 ningún hombre puede domar la *l*, que es
1 P 3.10 refrene su *l* de mal, y sus labios no
Ap 7.9 todas las naciones y tribus y pueblos y *l*
16.10 derramó su ... y mordían de dolor sus *l*

LEY v. Edicto, Estatuto, Juicio, Mandamiento, Mandato, Orden, Ordenanza, Precepto

Gn 47.26 entonces José lo puso por *l* hasta hoy
Éx 13.9 para que la *l* de Jehová esté en tu boca
Nm 6.13 esta es, pues, la *l* del nazareo el día que
15.16 misma *l* y un mismo decreto tendréis
Dt 1.5 de Moab, resolvió Moisés declarar esta *l*
4.8 juicios justos como es toda esta *l* que yo
27.3 y escribirás ... todas las palabras de esta *l*
31.9 escribió Moisés esta *l*, y la dio a los
33.2 con la *l* de fuego a su mano derecha
Jos 1.8 nunca se apartará de ... este libro de la *l*
2 R 10.31 Jehú no cuidó de andar en la *l* de
2 Cr 34.15 he hallado el libro de la *l*
2 Cr 12.1 Roboam ... dejó la *l* de Jehová, y todo
Esd 7.10 su corazón para inquirir la *l* de Jehová
Neh 8.8 en el libro de la *l* de Dios claramente
9.13 les diste ... *l* verdaderas, y estatutos y
Est 1.19 y se escriba entre las *l* de Persia y de
Job 22.22 toma ahora la *l* de su boca, y pon sus
28.26 cuando él dio *l* a la lluvia, y camino al
Sal 1.2 en la *l* de ... está su delicia ... su *l* medita
19.7 la *l* de Jehová es perfecta, que ... el alma
37.31 la *l* de su Dios está en su corazón; por
40.8 y tu *l* está en medio de mi corazón
119.18 ojos, y miraré las maravillas de tu *l*
119.70 sebo, mas yo en tu *l* me he regocijado
119.72 mejor me es la *l* de tu boca que ... oro
119.77, 174 viva, porque tu *l* es mi delicia
148.6 les puso *l* que no será quebrantada
Pr 13.14 la *l* del sabio es manantial de vida para
28.7 el que guarda la *l* es hijo prudente; mas
Is 2.3; Miq 4.2 de Sion saldrá la *l*, y de Jerusalén
5.24 porque desecharon la *l* de Jehová de los
8.16 ata el ... sella la *l* entre mis discípulos
10.1 ¡ay de los que dictan *l* injustas, y
42.4 justicia; y las costas esperarán su *l*
42.21 en magnificar la *l* y engrandecerla
51.7 pueblo en cuyo corazón está mi *l*
58.2 que no hubiese dejado la *l* de su Dios
Jer 31.33 daré mi *l* en su mente, y ... su corazón
31.35 que da ... las *l* de la luna y las estrellas
Ez 43.12 esta es la *l* de la casa: Sobre la cumbre
Dn 3.10 rey, has dado una *l* que todo hombre
6.8 conforme a la *l* de Media y de Persia
Os 8.12 le escribí las grandezas de mi *l*, y fueron
Miq 4.2 de Sion saldrá la *l*, y de Jerusalén
Mal 2.6 la *l* de verdad estuvo en su boca, e
3.7 os habéis apartado de mis *l*, y no las
3.14 ¿qué aprovecha que guardemos su *l*
Mt 5.17 no ... he venido para abrogar la *l* o los
7.12 ellos; porque esto es la *l* y los profetas
11.13; Lc 16.16 la *l* profetizaron hasta Juan
22.40 de estos dos ... depende toda la *l* y los
Lc 10.26 ¿qué está escrito en la *l*? ¿Cómo lees?
16.17 fácil ... que se frustre una tilde de la *l*
24.44 todo lo que está escrito de mí en la *l*
Jn 7.19 os dio ... la *l*, y ninguno ... cumple la *l*?
7.51 ¿juzga acaso nuestra *l* a un hombre si
12.34 hemos oído de la *l*, que el Cristo
19.7 tenemos una *l*, y según ... *l* debe morir
Hch 7.53 que recibisteis la *l* por ... ángeles, y no
13.39 que por la *l* de Moisés no pudisteis ser
15.5 y mandarles que guarden la *l* de Moisés
18.15 pero si son cuestiones ... de vuestra *l*
21.20 han creído; y todos son celosos por la *l*
Ro 2.12 que bajo la *l* han pecado, por la *l* serán
2.14 éstos, aunque no tengan *l*, son *l* para sí

3.20 por medio de la *l* es el conocimiento del
3.27 ¿por cual *l*? ... No, sino por la *l* de la fe
3.28 justificado por fe sin las obras de la *l*
3.31 ¿luego por la fe invalidamos la *l*?
4.15 la *l* produce ira; pero donde no hay *l*
5.13 antes de la *l*, había pecado en el mundo
5.13 donde no hay *l*, no se inculpa de pecado
6.14 no estáis bajo la *l*, sino bajo la gracia
7.4 habéis muerto a la *l* mediante el cuerpo
7.7 ¿qué diremos, pues? ¿La *l* es pecado?
7.7 pero yo no conocí el pecado sino por la *l*
7.12 de manera que la *l* a la verdad es santa, y el
7.14 sabemos que la *l* es espiritual
7.16 esto hago, apruebo que la *l* es buena
7.21 bien, hallo esta *l*: que el mal está en mí
7.22 según el ... me deleito en la *l* de Dios
8.2 *l* del Espíritu ... me ha librado de la *l* del
10.4 porque el fin de la *l* es Cristo, para
13.10 que el cumplimiento de la *l* es el amor

1 Co   9.21 a los que están sin *l*, como si ... sin *l*
     15.56 el pecado, y el poder del pecado, la *l*

Gl   2.19 porque yo por la *l* soy muerto para la *l*
     3.10 los que dependen ... de la *l* están bajo
     3.10 en el libro de la *l*, para hacerlas
     3.13 nos redimió de la maldición de la *l*
     3.19 ¿para qué sirve la *l*? Fue añadida a
     3.21 porque si la *l* dada pudiera vivificar, la
     3.24 la *l* ha sido nuestro ayo, para llevarnos
     4.4 Hijo, nacido de mujer y nacido bajo la *l*
     5.14 toda la *l* en esta sola palabra se cumple
     5.23 templanza; contra tales cosas no hay *l*
     6.2 las cargas ... y cumplid así la *l* de Cristo

Flp   3.6 en cuanto a la justicia que es en la *l*
1 Ti   1.8 pero sabemos que la *l* es buena, si uno
     1.9 la *l* no fue dada para el justo, sino para
Heb   7.19 (pues nada perfeccionó la *l*) y de la
     8.10; 10.16 pondré mis ... en sus corazones
     10.1 la *l*, teniendo la sombra de los bienes
     10.28 el que viola la *l* de Moisés, por el
Stg   1.25 el que mira ... en la perfecta *l*, la de la
     2.8 si en verdad cumplís la *l* real, conforme
     2.10 cualquiera que guardare toda la *l*, pero
     4.11 murmura de la *l* y juzga a la *l*; pero si
1 Jn   3.4 comete pecado, infringe también la *l*

LIBERACIÓN
Est   4.14 respiro y *l* vendrá de alguna otra parte
Sal   32.7 tú ... con cánticos de *l* me rodearás
Flp   1.19 por vuestra oración ... resultará en mi *l*

LIBRAR *v.* Libertar, Salvar
Gn   32.11 *líbrame* ... de la mano de mi hermano
Éx   3.8 he descendido para *librarlos* de ... egipcios
     6.6 yo ... os *libraré* de su servidumbre, y os
Nm   35.25 la congregación *librará* al homicida de
Dt   32.39 no hay quien pueda *librar* de mi mano
Jos   2.13 que *libraréis* nuestras vidas de la muerte
Jue   10.14 os *libren* ellos en el tiempo de vuestra
1 S   4.8 ¿quién nos *librará* de la mano de estos
     17.37 me *librará* de la mano de este filisteo
2 S   22.20; Sal 18.19 me *libró* ... se agradó de mí
     22.49; Sal 18.48 *libraste* del varón violento
2 R   20.6 te *libraré* a ti y a esta ciudad de mano
2 Cr   32.13; Is 37.12 ¿pudieron los ... *librar* su
Neh   9.28 los oías ... muchas veces los *librabas*
Job   5.15 *libra* de la espada al pobre, de la boca
     5.19 en seis tribulaciones te *librará*, y en la
     10.7 que no hay quien de tu mano me *libre*?
     29.12 yo *libraba* al pobre que clamaba, y al
     36.15 al pobre *librará* de su pobreza, y en la
Sal   6.4 vuélvete, oh Jehová, *libra* mi alma
     17.13 sal ... *libra* mi alma de los malos con tu
     18.17 me *libró* de mi poderoso enemigo, y de
     19.12 *líbrame* de los que me son ocultos
     22.4 en ti ... esperaron, y tú los *libraste*
     22.20 *libra* de la espada mi alma, del poder
     31.2 inclina a mí tu oído, *líbrame* pronto
     33.19 para *librar* sus almas de la muerte
     34.4 me oyó, y me *libró* de todos mis temores
     34.6 clamó ... lo *libró* de todas sus angustias
     35.10 *libras* al afligido del más fuerte que él
     37.40 Jehová los ayudará y los *librará*; los
     39.8 *líbrame* de todas mis transgresiones; no

41.1 pobre; en el día malo lo *librará* Jehová
54.7 él me ha *librado* de toda angustia, y mis
56.13 has *librado* mi alma de la muerte, y mis
59.1; 143.9 *líbrame* de mis enemigos, oh Dios
59.2 *líbrame* de los que cometen iniquidad, y
68.20 y de Jehová ... es el *librar* de la muerte
69.18 acércate ... *líbrame* a causa de ... enemigos
71.2 socórreme y *líbrame* en tu justicia
72.12 él *librará* al menesteroso que clamare
81.7 en la calamidad clamaste, y yo te *libré*
82.4 *librad* al afligido y al necesitado; *libradlo*
91.3 él te *librará* del lazo del cazador, de la
106.43 muchas veces los *libró*; mas ellos se
107.6, 13 Jehová los *libró* de sus aflicciones
109.31 *librar* su alma de los que le juzgan
116.4 invoqué ... Jehová, *libra* ahora mi alma
116.8 tú has *librado* mi alma de la muerte
119.134 *líbrame* de la violencia de los hombres
119.170 de ti; *líbrame* conforme a tu dicho
140.1 *líbrame*, oh Jehová, del hombre malo

Pr   2.12 *librarte* del mal camino, de los hombres
     23.14 con vara, y *librarás* su alma de Seol
     24.11 *libra* a los que son llevados a la muerte
     28.26 el que camina en sabiduría será *librado*
Is   36.18 engañe ... diciendo: Jehová nos *librará*
     38.6 te *libraré* a ti y a esta ... del rey de Asiria
     38.17 mas a ti agradó *librar* mi vida del hoyo
     43.13 yo era; y no hay quien de mi mano *libre*
     44.17 ruega ... *Líbrame*, porque mi dios eres tú
     50.2 ¿no hay en mí poder para *librar*?
Jer   1.8 porque contigo estoy para *librarte*, dice
     2.28 a ver si te podrán *librar* en el tiempo de
     14.9 ¿por qué eres como ... que no puede *librar*?
     30.7 angustia para Jacob; pero ... será *librado*
     39.17 yo te *libraré* ... de aquellos ... tú temes
Ez   3.19 impío ... pero tú habrás *librado* tu alma
     7.19 ni su oro podrá *librarlos* en el día del
     33.12 la justicia del justo no lo *librará* el día
     34.10 yo *libraré* mis ovejas de sus bocas, y no
Dn   3.17 Dios ... puede *librarnos* del horno de
     6.14 le pesó en ... y resolvió *librar* a Daniel
     6.20 ¿te ha podido *librar* de los leones?
Os   14.3 no nos *librará* el asirio; no montaremos
Mt   6.13; Lc 11.4 *líbranos* del mal, porque tuyo
     27.43 *líbrele* ahora si le quiere; porque ha
Hch   7.34 oído ... y he descendido para *librarlos*
     12.11 el Señor ... me ha *librado* de la mano de
Ro   7.24 ¿quién me *librará* de este cuerpo de
     8.2 la ley del Espíritu ... me ha *librado* de la
Gl   1.4 para *librarnos* del presente siglo malo
Col   1.13 nos ha *librado* de la potestad de las
2 Ts   3.2 seamos *librados* de hombres perversos
2 Ti   3.11 y de todas me ha *librado* el Señor
     4.18 el Señor me *librará* de toda obra mala
Heb   2.15 *librar* a todos los que por el temor de la
     5.7 al que le podía *librar* de la muerte, fue
2 P   2.7 y *libró* al justo Lot, abrumado por la
     2.9 sabe el Señor *librar* de tentación a los

LUTO *v.* Duelo, Enlutar
Dt   34.8 los días del lloro y del *l* de Moisés
2 S   11.27 pasado el *l*, envió David y la trajo a
     19.2 y se volvió aquel día la victoria en *l*
Est   4.3 tenían los judíos gran *l*, ayuno, lloro y
Ec   7.2 mejor es ir a la casa del *l* que a la casa del
Is   60.20 perpetua, y los días de tu *l* serán acabados
     61.3 óleo de gozo en lugar de *l*, manto de
Jer   6.26 ponte *l* como por hijo único, llanto
Lm   5.15 el gozo ... nuestra danza se cambió en *l*
Ez   24.17 reprime el ... no hagas *l* de mortuorios
Mt   9.15 tener *l* entre tanto que el esposo está

LLAMAMIENTO *v.* Elección, Vocación
Ro   11.29 irrevocables son los dones y el *ll* de Dios
Flp   3.14 premio del supremo *ll* de Dios
2 Ts   1.11 Dios os tenga por dignos de su *ll* en Cristo
2 Ti   1.9 salvó y llamó con *ll* santo, no conforme
Heb   3.1 participantes del *ll* celestial, considerad

LLORAR *v.* Endechar, Gemir, Lamentar
Gn   21.16 sentó ... el muchacho alzó su voz, y *lloró*
     27.38 bendíceme ... y alzó Esaú su voz, y *lloró*
     33.4 se echó sobre su cuello ... y *lloraron*
     37.35 no quiso recibir consuelo ... y lo *lloró*

43.30 José ... entró en su cámara, y *lloró* allí
45.2 se dio a *llorar* a gritos; y oyeron los
45.14 y *lloró*; y también Benjamín *ll* sobre
46.29 José ... *lloró* sobre su cuello largamente
50.17 ruego ... Y José *lloró* mientras hablaban

Éx 2.6 la abrió ... y he aquí que el niño *lloraba*
Nm 11.4 los hijos de Israel ... volvieron a *llorar*
25.6 *lloraban* ... a la puerta del tabernáculo
Dt 21.13 *llorará* a su padre y a su madre un mes
Jue 2.4 de Israel, el pueblo alzó su voz y *lloró*
20.23 y *lloraron* delante de Jehová hasta la
1 S 1.8 dijo: Ana, ¿por qué *lloras*? ¿por qué no
11.5 Saul: ¿Qué tiene el pueblo, que *llora*?
16.1 Jehová ... ¿Hasta cuando *llorarás* a Saúl
24.16 ¿no es ... Y alzó Saúl su voz y *lloró*
30.4 David y la ... alzaron su voz y *lloraron*
30.4 que les faltaron las fuerzas para *llorar*
2 S 1.24 hijas de Israel, *llorad* por Saúl, quien
12.21 por el niño, viviendo aún ... *llorabas*
15.30 David subió la ... y la subió *llorando*
19.1 el rey *llora*, y hace duelo por Absalón
2 R 8.11 le miró ... luego *lloró* el varón de Dios
20.3; Is 38.3 *lloró* Ezequías con gran lloro
Esd 3.12 viendo echar los cimientos ... *lloraban*
Neh 1.4 cuando oí estas palabras me ... y *lloré*
8.9 ni *lloréis*; porque todo el pueblo *lloraba*
Job 30.25 ¿no *lloré* yo al afligido? Y mi alma, ¿no
Sal 69.10 *lloré* afligiendo con ayuno mi alma
126.6 irá andando y *llorando* el que lleva la
137.1 allí nos sentábamos, y aun *llorábamos*
Is 15.2 subió a Bayit ... lugares altos, a *llorar*
22.4 dejadme, *lloraré* amargamente; no os
33.7 mensajeros de paz *llorarán* amargamente
Jer 13.17 en secreto *llorará* mi alma a causa de
22.10 no *lloréis* al muerto ... llorad ... por el
Lm 1.2 amargamente *llora* en la noche, y sus
1.16 por esta causa *lloró*; mis ojos, mis ojos
Jl 1.5 despertad, borrachos, y *llorad*; gemid
1.8 *llora* tú como joven vestida de cilicio por
2.17 entre la ... y el altar *lloren* los sacerdotes
Zac 12.10 *llorarán* como se *llora* por hijo unigénito
Mt 2.18 Raquel que *llora* a sus hijos, y no quiso
5.4; Lc 6.21 bienaventurados los que *lloran*
26.75; Mc 14.72; Lc 22.62 saliendo ... *lloró*
Mc 5.38 vio ... a los que *lloraban* y lamentaban
Lc 7.13 compadeció de ella, y le dijo: No *llores*
7.32 dicen ... os endechamos, y no *llorasteis*
7.38 y estando detrás de él a sus pies, *llorando*
8.52 no *lloréis*; no está muerta ... que duerme
19.41 de la ciudad, al verla, *lloró* sobre ella
23.28 no *lloréis* por mí, sino *llorad* por
Jn 11.31 diciendo: Va al sepulcro a *llorar* allá
11.35 Jesús *lloró*
16.20 que vosotros *lloraréis* y lamentaréis
20.11 María estaba fuera *llorando* junto a
20.15 Jesús le dijo: Mujer, ¿por qué *lloras*?
Hch 9.39 le rodearon todas las viudas, *llorando*
21.13 ¿qué hacéis *llorando* y quebrantándome
Ro 12.15 gozaos con ... *llorad* con los que *lloran*
1 Co 7.30 los que *lloran*, como si no *llorasen*
2 Co 12.21 quizá tenga que *llorar* por muchos
Stg 5.1 *llorad* y aullad por las miserias que os
Ap 5.4 *lloraba* yo ... porque no se había hallado
18.9 *llorarán* y harán lamentación sobre ella

MADRE *v.* Padre

Gn 3.20 cuanto ella era *m* de todos los vivientes
17.16 y vendrá a ser *m* de naciones; reyes
Éx 20.12; Dt 5.16 honra a tu padre y a tu *m*
Jue 5.7 yo Débora me levanté ... como *m* en
1 S 2.19 y le hacía su *m* una túnica pequeña
2 S 20.19 destruir una ciudad que es *m* en Israel
Sal 113.9 estéril, que se goza en ser *m* de hijos
Pr 23.22 tu *m* envejeciere, no la menosprecies
Is 66.13 como aquel a quien consuela su *m*, así
Ez 16.44 refrán que dice: Cual la *m*, tal la hija
Mt 10.35 hija contra su *m*, y la nuera contra
12.48; Mc 3.33 ¿quién es mi *m*, y quiénes
15.4 diciendo: Honra a tu padre y a tu *m*
19.5; Ef 5.31 dejará padre y *m*, y se unirá a
Lc 8.21 mi *m* y mis hermanos son los que oyen
Jn 19.25 estaban junto a la cruz de Jesús su *m*
19.27 después dijo al discípulo: He ahí tu *m*

Gl 4.26 la cual es *m* de todos nosotros, es libre
1 Ti 5.2 ancianas, como a *m*; a las jovencitas
2 Ti 1.5 la fe ... la cual habitó ... en tu *m* Eunice

MAESTRO *v.* Doctor, Señor

Is 30.20 tus *m* nunca más te serán quitados, sino
55.4 lo di ... por jefe y por *m* a las naciones
Mt 10.24; Lc 6.40 no es más que su *m*, ni el
19.16; Mc 10.17 *M* bueno, ¿qué bien haré
23.8, 10 porque uno es vuestro *M*, el Cristo
Jn 3.2 sabemos que has venido de Dios como *m*
3.10 ¿eres tú *m* de Israel, y no sabes esto?
11.28 llamó a ... El *M* está aquí y te llama
13.13 vosotros me llamáis *M*, y Señor; y decís
20.16 dijo: ¡Raboní! (que quiere decir, *M*)
Ro 2.20 *m* de niños, que tienes en la ley la forma
1 Co 12.29 ¿todos *m*? ¿hacen todos milagros?
Ef 4.11 constituyó a ... a otros, pastores y *m*
1 Ti 2.7 y *m* de los gentiles en fe y verdad
2 Ti 1.11 yo fui constituido ... *m* de los gentiles
4.3 amontonarán *m* conforme a sus propias
Heb 5.12 debiendo ser ya *m*, después de tanto
Stg 3.1 míos, no os hagáis *m* muchos de vosotros
2 P 2.1 como habrá entre vosotros falsos *m*, que

MALDICIÓN *v.* Anatema

Gn 27.13 su madre ... Hijo mío, sea sobre mí tu *m*
Dt 11.26; 30.19 pongo hoy ... la bendición y la *m*
27.13 estos estarán ... para pronunciar la *m*
28.15 vendrán sobre ti todas estas *m*, y te
Job 31.30 mi lengua, pidiendo *m* para su alma
Sal 10.7 llena está su boca de *m*, y de engaño
109.17 amó la *m*, y ésta le sobrevino; y no
Pr 3.33 la *m* de Jehová está en la casa del impío
26.2 como el ... así la *m* nunca vendrá sin causa
Jer 23.10 a causa de la *m* la tierra está desierta
25.18 para ponerlos en ruinas ... burla y en *m*
29.22 todos harán de ellos una *m*, diciendo
Zac 8.13 que como fuisteis *m* entre las naciones
14.11 morarán en ella, y no habrá más *m*
Mal 4.6 que yo venga y hiera la tierra con *m*
Hch 23.21 juramentado bajo *m*, a no comer ni
Ro 3.14 su boca está llena de *m* y de amargura
Gl 3.10 bajo *m*, pues escrito está: Maldito todo
3.13 nos redimió de la *m* de la ley, hecho ... *m*
1 P 2.23 cuando le maldecían, no respondía con *m*
3.9 no devolviendo mal por mal, ni por *m*
2 P 2.11 ángeles ... no pronuncian juicio de *m*
2.14 no se sacian de pecar ... son hijos de *m*
Jud 9 no se atrevió a proferir juicio de *m* contra
Ap 22.3 no habrá más *m*; y el trono de Dios

MANDAMIENTO *v.* Edicto, Estatuto, Juicio, Ley, Mandato, Orden, Ordenanza, Precepto

Éx 20.6; Dt 5.10 que me aman y guardan mis *m*
34.28 escribió en tablas ... pacto, los diez *m*
Lv 26.14 si no ... ni hiciereis todos estos *m*
Dt 4.13 os anunció su pacto ... los diez *m*, y los
6.17; 10.13 guardad ... los *m* de Jehová y tus
11.22 si guardareis cuidadosamente ... estos *m*
11.27 la bendición, si oyereis los *m* de Jehová
30.11 porque este *m* que yo te ordeno hoy no
1 R 18.18 dejando los *m* de Jehová, y ... baales
2 R 17.16 dejaron todos los *m* de Jehová su Dios
Neh 9.14 les prescribiste *m*, estatutos y la ley
Est 9.32 *m* de Ester confirmó estas celebraciones
Sal 19.8 los *m* de Jehová son rectos, que alegran
71.3 tú has dado *m* para salvarme, porque
89.31 si profanaren ... y no guardaren mis *m*
119.4 encargaste que sean ... guardados tus *m*
119.15 en tus *m* meditaré; consideraré tus
119.35 guíame por la senda de tus *m*, porque
119.45 en libertad, porque busqué tus *m*
119.47 me regocijaré en tus *m*, los cuales he
119.69 mas yo guardaré de todo corazón tus *m*
119.86 todos tus *m* son verdad; sin causa me
119.93 nunca jamás me olvidaré de tus *m*
119.104 de tus *m* he adquirido inteligencia
119.127 por eso he amado tus *m* más que el oro
119.128 por eso estimé rectos todos tus *m*
119.151 oh Jehová, y todos tus *m* son verdad
119.159 mira, oh Jehová, que amo tus *m*
119.172 porque todos tus *m* son justicia
Pr 6.20 guarda, hijo mío, el *m* de tu padre, y no

	7.2 guarda mis *m* y vivirás, y mi ley como las
	10.8 el sabio de corazón recibirá los *m*; mas
	19.16 el que guarda el *m* guarda su alma; mas
Is	28.10 *m* tras *m*, mandato sobre mandato
Miq	6.16 los *m* de Omri se han guardado, y toda
Mt	5.19 quebrante uno de estos *m* muy pequeños
	15.6 así habéis invalidado el *m* de Dios por
	15.9; Mc 7.7 como doctrinas, *m* de hombres
	19.17 quieres entrar en la vida, guarda los *m*
	22.38; Mc 12.30 es el primero y grande *m*
Mc	10.19; Lc 18.20 los *m* sabes: No adulteres
Jn	12.49 él me dio *m* de lo que he de decir, y de
	13.34 un *m* nuevo os doy: Que os améis unos
	14.15 si me amáis, guardad mis *m*
	14.21 el que tiene mis *m*, y los guarda, ése es
	15.10 si guardareis mis *m* permaneceréis en
Hch	1.2 después de haber dado *m* ... apóstoles
Ro	7.12 la ley ... y el *m* santo, justo y bueno
	13.9 cualquier otro *m* ... se resume: Amarás a
1 Co	7.6 dijo por vía de concesión, no por *m*
	7.25 en cuanto a las vírgenes no tengo *m* del
	14.37 que lo que os escribo son *m* del Señor
Ef	6.2 honra ... que es el primer *m* con promesa
Col	2.22 en conformidad a *m* y doctrinas de
1 Ti	1.5 pues el propósito de este *m* es el amor
	6.14 guardes el *m* sin mácula ni represión
Heb	7.5 tienen *m* de tomar ... diezmos según la ley
	9.19 anunciado Moisés todos los *m* de la ley
2 P	2.21 volverse atrás del santo *m* que les fue
1 Jn	2.3 que ... le conocemos, si guardamos sus *m*
	2.7 no os escribo *m* nuevo, sino el *m* antiguo
	3.22 guardamos sus *m*, y hacemos las cosas
	4.21 tenemos este *m* de él: El que ama a Dios
	5.3 guardemos sus *m*; y sus *m* no son gravosos
2 Jn	4 conforme al *m* que recibimos del Padre
	6 que andemos según sus *m*. Este es el *m*
Ap	14.12 los que guardan los *m* de Dios y la fe

MANSEDUMBRE *v.* Bondad, Humildad

Ec	10.4 porque la *m* hará cesar grandes ofensas
Sof	2.3 buscad justicia, buscad *m*; quizás seréis
1 Co	4.21 con vara, o con amor y espíritu de *m*?
2 Co	10.1 yo Pablo os ruego por la *m* ... Cristo
Gl	5.23 *m*, templanza; contra tales cosas no hay
	6.1 si alguno ... restauradle con espíritu de *m*
Ef	4.2 toda ... *m*, soportándoos con paciencia
Col	3.12 vestíos ... humildad, de *m*, de paciencia
1 Ti	6.11 sigue ... el amor, la paciencia, la *m*
Tit	3.2 mostrando toda *m* para con ... hombres
Stg	1.21 recibid con *m* la palabra implantada
	3.13 muestre por la ... sus obras en sabia *m*
1 P	3.15 presentar defensa con *m* y reverencia

MARÍA
la hermana de Moisés. Su cántico, Éx 15.20–21;
hecha leprosa por criticar a Moisés, y sanada,
Nm 12.1–15;
muere en Cades, Nm 20.1.

MARÍA
la madre de Jesús. Desposada con José, Mt 1.18; Lc 1.27;
se le anuncia el nacimiento de Jesús, Lc 1.26–38;
visita a Elisabet, Lc 1.39–45;
su canto de alabanza, Lc 1.46–55;
va a Belén, Lc 2.4, 5;
da a luz a su primogénito, Mt 1.25; Lc 2.6, 7;
otros hijos, Mt 13.55, 56; Mc 6.3;
encuentra a Jesús en el templo, Lc 2.41–51;
asiste a las bodas de Caná, Jn 2.1–5;
«¿Quién es mi madre y mis hermanos?», Mt 12.46–50;
Mc 3.31–35; Lc 8.19–21;
junto a la cruz, Jn 19.25–27;
en el aposento alto, Hch 1.14.

MARÍA
la madre de Jacobo Mt 27.56; Jn 19.25.

MARÍA
Magdalena. Sanada por Jesús, Lc 8.2;
sirve a Jesús, Lc 8.3;
junto a la cruz, Mt 27.55–56; Mc 15.40; Jn 19.25;
presencia el sepelio de Jesús, Mt 27.61; Mc 15.47;
viene de mañana al sepulcro, Mt 28.1; Mc 16.1; Lc 24.10;
Jn 20.1;
ve al Señor resucitado, Mt 28.9; Mc 16.9; Jn 20.11–18.

MARÍA
de Betania. Escucha las enseñanzas de Jesús,
Lc 10.38–42;
en la resurrección de Lázaro, Jn 11.1–44;
unge los pies de Jesús, Jn 12.1–8.

MARÍA la madre de Marcos Hch 12.12.

MARIDO *v.* Esposo, Mujer, Varón

Gn	3.16 tu deseo será para tu *m*, y él ... de ti
2 S	3.16 su *m* fue con ella, siguiéndola y llevando
Est	1.17 ellas tendrán en poca etima a sus *m*
Pr	31.11 corazón de su *m* está en ella confiado
Is	54.5 porque tu *m* es tu Hacedor; Jehová de
Jer	31.32 fui yo un *m* para ellos, dice Jehová
Mt	1.16 Jacob engendró a José, *m* de María, de
Jn	4.18 cinco *m* has tenido, y el ... no es tu *m*
Ro	7.2 está sujeta ... al *m* ... pero si el *m* muere
1 Co	7.2 mujer, y cada una tenga su propio *m*
	7.14 porque el *m* incrédulo es santificado en
	7.16 ¿qué sabes ... si quizá harás salvo a tu *m*?
	7.34 tiene cuidado ... de cómo agradar a su *m*
	14.35 quieren aprender algo, pregunten ... sus *m*
Col	3.18; 1 P 3.1 estad sujetas a vuestros *m*
1 Ti	3.2; Tit 1.6 el obispo sea ... *m* de una sola
Tit	2.4 enseñen ... a amar a sus *m* y a sus hijos
1 P	3.7 vosotros, *m* ... vivid con ellas sabiamente
Ap	21.2 como una esposa ataviada para su *m*

MATAR *v.* Herir, Muerto

Gn	4.8 Caín se levantó contra ... Abel, y lo *mató*
	4.14 cualquiera que me halle, me *matará*
	4.23 un varón *maté* por mi herida, y un
	20.4 Señor, ¿*matarás* también al inocente?
	20.11 y me *matarán* por causa de mi mujer
	27.41 dijo ... yo *mataré* a mi hermano Jacob
	37.21 Ruben oyo ... y dijo: No lo *matemos*
Éx	2.12 *mato* al egipcio y lo escondió en la arena
	2.14 *matarme* como *mataste* al egipcio?
	2.15 oyendo Faraón ... procuró *matar* a Moisés
	4.23 voy a *matar* a tu hijo, tu primogénito
	20.13; Dt 5.17 no *matarás*
	21.14 y lo *matare* ... de mi altar lo quitarás
Nm	25.5 *matad* ... se han juntado con Baal-peor
	31.17 *matad* ... *m* también a toda mujer que
	35.27 y el vengador de la sangre *matare* al
Jue	16.30 los que *mató* al morir fueron muchos
1 S	2.6 Jehová *mata*, y él da vida ... y hace subir
	17.36 fuese león ... oso, tu siervo lo *mataba*
	17.50 hirió al filisteo y lo *mató*, sin tener
	19.1 habló Saúl a ... para que *matasen* a David
	20.33 padre estaba resuelto a *matar* a David
2 S	1.16 diciendo: Yo *maté* al ungido de Jehová
1 R	20.20 *mató* cada uno al que venía contra él
	21.19 ¿no *mataste*, y también has despojado?
2 R	6.21 dijo a Eliseo: ¿Los *mataré*, padre mío?
	19.35 *mató* en el campamento de los asirios a
1 Cr	11.22 descendió y *mató* a un león en medio
Neh	9.26 *mataron* a tus profetas que protestaban
Est	3.13 orden de destruir, *matar* y exterminar
Job	13.15 aunque él me *matare*, en él esperaré
Sal	34.21 *matará* al malo la maldad, y los que
	44.22 pero por causa de ti nos *matan* cada día
Ec	3.3 tiempo de *matar*, y tiempo de curar
Is	37.36 *mató* a 185,000 en el campamento de los
	66.3 el que sacrifica buey es como si *matase* a
Jer	7.9 *matando*, adulterando, jurando en falso
	26.15 sabed ... si me *matáis*, sangre inocente
	41.3 asimismo *mató* Ismael a todos los judíos
Ez	9.8 cuando ellos iban *matando* y quedé yo solo
Dn	2.12 mandó que *matasen* a todos los sabios
Os	6.5 con las palabras de mi boca los *maté*
	6.9 una compañía de ... *mata* en el camino de
Mt	2.13 Herodes buscará al niño para *matarlo*
	2.16 mandó *matar* a todos los niños menores
	5.21 no *matarás*; y cualquiera que *matare*
	10.28; Lc 12.4 no temáis a los que *matan* el
	14.5 Herodes quería *matarle*; pero temía al
	19.18; Mc 10.19; Lc 18.20; Ro 13.9 no *matarás*;
	no adulterarás; no hurtarás
	21.35; Mc 12.5 golpearon, a otro *mataron*
	21.38; Lc 20.15 heredero; venid, *matémosle*
	23.31 sois hijos de aquellos que *mataron* a
	23.34 yo os envío profetas ... a unos *mataréis*

23.35 Zacarías ... a quien *matasteis* entre el
23.37; Lc 13.34 que *matas* a los profetas, y
Mc   11.18; Lc 19.47 buscaban cómo *matarle*
12.8 le *mataron*, y le echaron fuera de la viña
13.12 hijos contra los padres, y los *matarán*
14.1 cómo prenderle por engaño y *matarle*
Lc   15.27 tu padre ha hecho *matar* el becerro
Jn   5.16 perseguían a ... y procuraban *matarle*
5.18 los judíos aun más procuraban *matarle*
8.22 ¿acaso se *matará* a sí mismo, que dice
16.2 la hora cuando cualquiera que os *mate*
Hch   3.15 *matasteis* al Autor de la vida, a quien
5.30 a Jesús, a quien vosotros *matasteis*
5.33 esto, se enfurecían y querían *matarlos*
7.28 ¿quieres tú *matarme*, como mataste al
10.13; 11.7 levántate, Pedro, *mata* y come
16.27 sacó la espada y se iba a *matar*
Ro   7.11 pecado ... me engañó, y por él me *mató*
2 Co   3.6 la letra *mata*, mas el Espíritu vivifica
Ef   2.16 cruz ... *matando* en ella las enemistades
1 Ts   2.15 los cuales *mataron* al Señor Jesús y a
2 Ts   2.8 aquel inicuo, a quien el Señor *matará*
Stg   2.11 dijo ... también ha dicho: No *matarás*
4.2 *matáis* y ardéis de envidia, y no podéis
1 Jn   3.12 no como Caín, que era ... y *mató* a su
Ap   9.15 a fin de *matar* a la tercera parte de los

MAYORDOMO *v.* Administrador, Ministro, Siervo
Neh   13.13 puse por *m* ... al sacerdote Selemías
Mt   20.8 el señor de la viña dijo a su *m*: Llame
Lc   16.1 había un hombre rico que tenía un *m*

MEDICINA
Pr   3.8 porque será *m* a tu cuerpo, y refrigerio a
4.22 porque son vida ... y *m* a todo su cuerpo
12.18 hay ... mas la lengua de los sabios es *m*
16.24 suavidad al alma y *m* para los huesos
20.30 azotes que hieren son *m* para el malo
Jer   46.11 por demás multiplicarás las *m*; no hay
Ez   47.12 fruto será para comer, y su hoja para *m*
Nah   3.19 no hay *m* para tu quebradura; tu

MEDITAR *v.* Considerar, Pensar
Gn   24.63 había salido Isaac a *meditar* al campo
Jos   1.8 que de día y de noche *meditarás* en él
1 R   18.27 quizá está *meditando*, o tiene algún
Sal   1.2 y en su ley *medita* de día y de noche
4.4 *meditad* en vuestro corazón estando en
36.4 *medita* maldad sobre su cama; está en
63.6 cuando *medite* en ti en las vigilias de la
77.12 *meditaré* en todas tus obras, y hablaré
119.15, 78 en tus mandamientos *meditaré*
119.23 mas tu siervo *meditaba* en tus estatutos
119.27 para que *medite* en tus maravillas
119.48 que amé, y *meditaré* en tus estatutos
119.148 noche, para *meditar* en tus mandatos
143.5 me acordé ... *meditaba* en todas tus obras
145.5 y en tus hechos maravillosos *meditaré*
Hag   1.5 *meditad* bien sobre vuestros caminos
Lc   2.19 guardaba ... *meditándolas* en su corazón

MENSAJERO/A *v.* Apóstol, Embajador
Gn   32.3 envió Jacob *m* delante de sí a Esaú su
Jue   11.12 envió Jefté *m* al rey de los amonitas
1 S   11.3 que enviemos *m* por todo el ... de Israel
19.20 vino el Espíritu de Dios sobre los *m* de
2 Cr   32.31 en lo referente a los *m* ... de Babilonia
35.21 Necao le envió *m*, diciendo: ¿Qué tengo
36.16 ellos hacían escarnio de los *m* de Dios
Sal   104.4 el que hace a los vientos sus *m*, y a
Pr   13.17 el mal *m* acarrea desgracia; mas el *m*
16.14 la ira del rey es *m* de muerte; mas el
25.13 como ... así es el *m* fiel a los que lo envían
Is   18.2 que envía *m* por el mar, y en naves de
42.19 ¿quién es ... sordo, como mi *m* que envíe?
44.26 el que ... cumple el consejo de sus *m*
Jer   49.14 de Jehová había sido enviado *m* a las
Ez   30.9 saldrán *m* de ... en naves, para espantar a
Abd   1 y *m* ha sido enviado a las naciones
Mal   2.7 porque *m* es de Jehová de los ejércitos
3.1; Mt 11.10; Mc 1.2; Lc 7.27 yo envío mi *m*, el cual preparará el camino
Lc   9.52 envió *m* delante de él, los cuales fueron
2 Co   8.23 *m* de las iglesias, y gloria de Cristo

12.7 un *m* de Satanás que me abofetee, para
Flp   2.25 *m*, y ministrador de mis necesidades
Stg   2.25 cuando recibió a los *m* y los envió por

MENTIR *v.* Engañar
Lv   19.11 no engañaréis ni *mentiréis* el uno al otro
Nm   23.19 Dios no es hombre, para que *mienta*
Jos   24.27 para que no *mintáis* contra vuestro Dios
1 R   13.18 le dijo, *mintiéndole*: Yo ... soy profeta
Sal   89.35 he jurado por ... y no *mentiré* a David
Is   59.13 prevaricar y *mentir* contra Jehová, y el
63.8 mi pueblo son, hijos que no *mienten*
Zac   13.4 nunca más vestirán el manto ... *mentir*
Mt   5.11 digan toda clase de mal ... *mintiendo*
Hch   5.3 para que *mintieses* al Espíritu Santo
Col   3.9 no *mintáis* los unos a los otros
Tit   1.2 la cual Dios, que no *miente*, prometió
Heb   6.18 las cuales es imposible que Dios *mienta*
Stg   3.14 no os jactéis, ni *mintáis* contra la verdad
1 Jn   1.6 y andamos en tinieblas, *mentimos*, y no

MESÍAS *v.* Cristo, Ungido
Dn   9.26 después de las ... se quitará la vida al *M*
Jn   1.41 dijo: Hemos hallado al *M* (que traducido
4.25 sé que ha de venir el *M*, llamado el Cristo

MILAGRO *v.* Maravilla, Prodigio, Señal
Éx   7.9 mostrad *m*; dirás a Aarón: Toma tu vara
Jue   13.19 el ángel hizo *m* ante los ojos de Manoa
Mt   7.22 dirán ... en tu nombre hicimos muchos *m*?
11.20 ciudades en las cuales había hecho ... *m*
13.54; Mc 6.2 ¿de dónde tiene éste ... estos *m*?
13.58; Mc 6.5 no hizo allí muchos *m*, a causa
Mc   9.39 ninguno hay que haga *m* en mi nombre
Hch   19.11 hacía Dios *m* extraordinarios por mano
1 Co   12.10 otro, el hacer *m*; a otro profecía
12.19 ¿son ... todos maestros? ¿hacen todos *m*?
Heb   2.4 diversos *m* y repartimientos del Espíritu

MINISTERIO *v.* Administración, Apostolado, Dispensación, Sacerdocio, Servicio
Hch   6.4 en la oración y en el *m* de la palabra
20.24 que acabe ... el *m* que recibí del Señor
21.19 cosas que Dios había hecho ... por su *m*
Ro   11.13 cuanto yo soy apóstol ... honro mi *m*
1 Co   12.5 hay diversidad de *m*, pero el Señor es
2 Co   3.7 si el *m* de muerte grabado con letras
3.8 ¿cómo no será ... gloria el *m* del espíritu?
4.1 por lo cual, teniendo nosotros este *m*
5.18 y nos dio el *m* de la reconciliación
6.3 para que nuestro *m* no sea vituperado
Ef   4.12 perfeccionar a los ... para la obra del *m*
Col   4.17 que cumplas el *m* que recibiste en el
1 Ti   1.12 me tuvo por fiel, poniéndome en el *m*
2 Ti   4.5 haz obra de evangelista, cumple tu *m*
4.11 Marcos ... tráele ... me es útil para el *m*
Heb   8.6 ahora tanto mejor *m* es el suyo, cuanto

MISERICORDIA *v.* Benevolencia, Benignidad, Bondad, Compasión, Gracia
Gn   19.16 según la *m* de Jehová para con él; y lo
24.12 Jehová ... haz *m* con mi señor Abraham
24.49 si vosotros hacéis *m* y verdad con mi
32.10 menor soy que todas las *m* y ... la mayor
43.14 Dios Omnipotente os dé *m* delante de
Éx   15.13 condujiste en tu *m* a este pueblo que
20.6; Dt 5.10; 7.9 hago *m* a millares, a los
33.19 y tendré del que tendré *m*, y seré
34.6; Nm 14.18; Sal 103.8; Jl 2.13 tardo para la ira, y grande en *m*
Nm   6.25 haga resplandecer su ... y tenga de ti *m*
Dt   30.3 tendrá *m* de ti, y volverá a recogerte
Jos   2.12 como he hecho *m* con vosotros, así la
Jue   2.18 Jehová era movido a *m* por sus gemidos
Rt   1.8 Jehová haga con vosotras *m*, como la
1 S   15.6 mostrasteis *m* a ... los hijos de Israel
20.14 harás conmigo *m* de Jehová, para que no
2 S   2.6 Jehová haga con vosotros *m* y verdad
7.15 mi *m* no se apartará de él como ... de Saúl
9.1 a quien haga yo *m* por amor de Jonatán?
24.14 sus *m* son muchas, mas no caiga yo en
2 R   13.23 mas Jehová tuvo *m* de ellos, y se
1 Cr   17.13 no quitaré de él mi *m*, como la quité
Esd   3.11 porque para siempre es su *m* sobre
Neh   9.17 y grande en *m* ... no los abandonaste

9.31 mas por tus muchas *m* no los consumiste
13.14 no borres mis *m* que hice en la casa de
13.22 perdóname según la grandeza de tu *m*
Job 10.12 vida y *m* me concediste, y tu cuidado
Sal 13.5 yo en tu *m* he confiado; mi corazón
17.7 muestra tus maravillosas *m* tú que
18.50 y hace *m* a su ungido, a David y a su
23.6 bien y la *m* me seguirán todos los días
25.16 mírame, y ten *m* de mí, porque estoy
26.3 porque tu *m* está delante de mis ojos, y
31.21 hecho maravillosa su *m* para conmigo
32.10 al que espera en Jehová, le rodea la *m*
33.5; 119.64 de la *m* de Jehová está llena la
36.5 Jehová, hasta los cielos llega tu *m*, y tu
36.7 ¡cuán preciosa, oh Dios, es tu *m*! Por eso
36.10 extiende tu *m* a los que te conocen, y
37.21 y no paga; mas el justo tiene *m*, y da
40.10 no oculté tu *m* y tu verdad en grande
41.4; 86.3 ten *m* de mí, oh Jehová
42.8 de día mandará Jehová su *m*, y de noche
52.1 oh poderoso? La *m* de Dios es continua
57.10 porque grande es hasta los cielos tu *m*
63.3 mejor es tu *m* que la vida; mis labios te
67.1 Dios tenga *m* de nosotros, y nos bendiga
72.13 tendrá *m* del pobre y del menesteroso
77.9 ¿ha olvidado Dios el tener *m* ... piedades?
85.7 muéstranos, oh Jehová, tu *m*, y danos tu
85.10 la *m* y la verdad se encontraron; la
86.5 grande en *m* para con todos los que te
89.1 las *m* de Jehová cantaré perpetuamente
89.14 y verdad van delante de tu rostro
89.33 mas no quitaré de él mi *m*, ni falsearé
90.14 mañana sácianos de tu *m*, y cantaremos
92.2 anunciar por la mañana tu *m*, y ... noche
94.18 decía ... tu *m*, oh Jehová, me sustentaba
100.5; 106.1; 107.1; 118.1; 136.1, 2, etc., porque para
siempre es su *m*
101.1 *m* y juicio cantaré; a ti cantaré yo, oh
102.13 porque es tiempo de tener *m* de ella
103.4 el que te corona de favores y *m*, el que
103.17 la *m* de Jehová es desde la eternidad
106.7 padres en ... no se acordaron de tus *m*
107.8 alaben la *m* de Jehová, y sus maravillas
108.4 más grande que los cielos es tu *m*, y
112.5 el hombre de bien tiene *m*, y presta
117.2 ha engrandecido sobre nosotros su *m*
119.41 venga a mí tu *m*, oh Jehová ... tu dicho
119.76 sea ahora tu *m* para consolarme
119.88 vivifícame conforme a tu *m*, y guardaré
123.3 ten *m* de ... oh Jehová, ten *m* de nosotros
143.8 hazme oír por la mañana tu *m*, porque
144.2 *m* mía y mi castillo, fortaleza mía y mi
145.9 bueno ... y sus *m* sobre todas sus obras
Pr 3.3 nunca se aparten de ti la *m* y la verdad
14.21 mas el que tiene *m* de los pobres es
16.6 con *m* y verdad se corrige el pecado, y
19.22 contentamiento es a los hombres hacer *m*
21.21 el que sigue la justicia y la *m* ... vida
Is 16.5 se dispondrá el trono en *m*; y sobre él se
33.2 Jehová, ten *m* de nosotros, a ti hemos
49.13 a su pueblo, y de sus pobres tendrá *m*
54.7 por un ... pero te recogeré con grandes *m*
54.8 con *m* eterna tendré compasión de ti
54.10 no se apartará de ti mi *m*, ni el pacto
60.10 mas en mi buena voluntad tendré de ti *m*
63.7 de las *m* de Jehová haré memoria, de las
Jer 12.15 volveré y tendré *m* de ellos, y los haré
31.3 he amado; por tanto, te prolongué mi *m*
31.20 Efraín ... tendré de él, dice Jehová
32.18 haces *m* a millares, y castigas la maldad
42.12 y tendré ... *m*, y él tendrá *m* de vosotros
Lm 3.22 por la *m* de ... nunca decayeron sus *m*
Ez 5.11 no perdonará, ni tampoco tendré yo *m*
7.4 mi ojo no te perdonará, ni tendré *m*
Dn 9.9 de Jehová nuestro Dios es el tener *m* y el
9.18 no ... confiados en ... sino en tus muchas *m*
Os 6.6 *m* quiero, y no sacrificio; y conocimiento
12.6 guarda *m* y juicio, y en tu Dios confía
14.3 porque en ti el huérfano alcanzará *m*
Miq 6.8 y amar *m*, y humillarte ante tu Dios
7.18 no retuvo para ... porque se deleita en *m*
Hab 3.2 oh Jehová ... en la ira acuérdate de la *m*
Zac 1.16 yo me he vuelto a Jerusalén con *m*

7.9 haced *m* y piedad cada ... con su hermano
Mt 5.7 los misericordiosos ... ellos alcanzarán *m*
9.13; 12.7 significa: *M* quiero, y no sacrificio
9.27; 15.22; 20.30; Mc 10.47; Lc 18.38 ¡ten *m* de
nosotros, Hijo de David!
18.27 movido a *m*, le soltó, y le perdonó la
23.23 importante de la ley: la justicia, la *m* y la
Mc 1.41 Jesús, teniendo *m* de él, extendió la mano
Lc 1.50 su *m* es de generación en generación a los
1.72 para hacer *m* con nuestros padres, y
10.33 samaritano ... viéndole, fue movido a *m*
10.37 él dijo: El que usó de *m* con él ... Vé, y
15.20 lejos, lo vio su padre, y fue movido a *m*
16.24 padre Abraham, ten *m* de mí, y envía a
Ro 9.15 dice: Tendré *m* del que yo tenga *m*, y me
11.30 pero ahora habéis alcanzado *m* por la
12.8 el que reparte ... que hace *m*, con alegría
2 Co 1.3 Padre de *m* y Dios de toda consolación
4.1 ministerio según la *m* que hemos recibido
Ef 2.4 Dios, que es rico en *m* por su gran amor
Col 3.12 de entrañable *m*, de benignidad, de
1 Ti 1.13 mas fui recibido a *m*, porque lo hice
2 Ti 1.18 concédale el Señor que halle *m* cerca
Tit 3.5 nos salvó, no por obras ... sino por su *m*
Heb 4.16 acerquémonos, pues ... para alcanzar *m*
Stg 2.13 juicio sin *m* se hará con aquel que no
3.17 benigna, llena de *m* y de buenos frutos
1 P 1.3 según su grande *m* nos hizo renacer
2.10 en otro tiempo no habíais alcanzado *m*
Jud 21 esperando la *m* de nuestro Señor
23 del fuego, y de otros tened *m* con temor

MOISÉS Éx 2.1—Dt 34.12; Hch 7.20–44.
Nace, Éx 2.1–4;
adoptado por la hija de Faraón, Éx 2.3–10;
educado en la corte egipcia, Hch 7.22;
mata a un egipcio, Éx 2.11, 12;
huye a Madián, Éx 2.15–20;
se casa con Séfora, Éx 2.21, 22;
llamado por Dios, Éx 3.1—4.17;
vuelve a Egipto, Éx 4.18–31;
Moisés y Faraón, Éx 5—11;
cruza el Mar Rojo, Éx 14.1–31;
su cántico de triunfo, Éx 15.1–18;
nombra jefes, Éx 18.13–26;
habla con Dios en Sinaí, Éx 19.3–13; 24.9–18;
construye el tabernáculo, Éx 25—31; 36—40;
airado por la idolatría del pueblo, Éx 32;
habla con Jehová, Éx 33—34;
hace un censo del pueblo, Nm 1;
criticado por Aarón y María, Nm 12.1–8;
manda espías a Canaán, Nm 13.1–20;
consagra a Josué como su sucesor, Nm 27.18–23; Dt 31.23;
relata la historia de Israel, Dt 1—3;
exhorta a Israel a la obediencia, Dt 4.1–40;
cántico de Moisés, Dt 32.1–43;
ve la tierra de Canaán, Dt 3.25–27; 32.48–52; 34.1–4;
bendice a cada tribu, Dt 33.1–29;
muere y es enterrado en Moab, Dt 34.5–7.
Jos 1.5 como estuve con *M*, estaré contigo; no te
Sal 77.20 condujiste a tu pueblo ... mano de *M*
103.7 sus caminos notificó a *M*, y ... sus obras
105.26 envió a su siervo *M*, y a Aarón, al cual
106.23 no haberse interpuesto *M* su escogido
Jer 15.1 *M* y Samuel se pusieran delante de mi
Miq 6.4 envié delante de ti a *M*, a Aarón y a
Mt 17.3; Mc 9.4; Lc 9.30 *M* y Elías, hablando
19.8; Mc 10.4 *M* os permitió repudiar a
Lc 16.29 Abraham le dijo: A *M* y a los ... tienen
16.31 dijo: Si no oyen a *M* y a los profetas
24.27 comenzando desde *M*, y siguiendo por
Jn 1.17 la ley por medio de *M* fue dada, pero la
3.14 como *M* levantó la serpiente en el desierto
5.46 si creyeseis a *M*, me creeríais a mí
6.32 no os dio *M* el pan del cielo, mas mi
9.29 sabemos que Dios ha hablado a *M*; pero
Hch 3.22 porque *M* dijo a los padres: El Señor
7.22 fue enseñado *M* en ... la sabiduría de los
21.21 enseñas a ... judíos ... a apostatar de *M*
Ro 5.14 reinó la muerte desde Adán hasta *M*
10.5 justicia que es por la ley *M* escribe así
1 Co 10.2 y todos en *M* fueron bautizados en la
2 Co 3.7 no pudieron fijar la vista en el ... de *M*

	3.15 cuando se lee a *M*, el velo está puesto
2 Ti	3.8 que Janes y Jambres resistieron a *M*, así
Heb	3.3 de tanto mayor gloria que *M* es estimado
	7.14 Judá, de la cual nada habló *M* tocante
	9.19 anunciando *M* ... mandamientos de la ley
	11.23 por la fe *M*, cuando nació ... escondido
Jud	9 disputando con él por el cuerpo de *M*
Ap	15.3 y cantan el cántico de *M*, siervo de Dios

MUERTE v. Hades, Infierno, Partida, Seol, Sepultura

Nm	11.15 y si así lo ... te ruego que me des *m*
	16.41 habéis dado *m* al pueblo de Jehová
Dt	30.15 puesto ... la vida y el bien, la *m* y el mal
Rt	1.17 sólo la *m* hará separación entre nosotras
1 S	5.11 consternación de *m* en toda la ciudad
	20.3 que apenas hay un paso entre mí y la *m*
	22.21 Saúl había dado *m* a los sacerdotes de
	26.16 vive Jehová, que sois dignos de *m*
2 S	22.5 me rodearon ondas de *m*, y torrentes
2 R	4.40 ¡varón de Dios, hay *m* en esa olla!
Job	3.21 que esperan la *m*, y ella no llega, aunque
	7.15 mi alma ... quiso la *m* más que mis huesos
	30.23 porque yo sé que me conduces a la *m*
	33.22 alma ... y su vida a los que causan la *m*
	38.17 sido descubiertas las puertas de la *m*
Sal	13.3 alumbra mis ojos ... que no duerma de *m*
	18.4 me rodearon ligaduras de *m*, y torrentes
	23.4 aunque ande en valle de sombra de *m*
	33.19 para librar sus almas de la *m*, y para
	116.15 estimada es a los ... la *m* de sus santos
	118.18 me castigó ... mas no me entregó a la *m*
Pr	2.18 por la cual su casa está inclinada a la *m*
	5.5 sus pies descienden a la *m*, sus pasos
	18.21 la *m* y la ... están en poder de la lengua
Pr	24.11 libra a los que son llevados a la *m*
Ec	7.1 mejor el día de la *m* que ... del nacimiento
	8.8 que tenga ... potestad sobre el día de la *m*
Cnt	8.6 fuerte es como la *m* el amor; duros como
Is	9.2 los que moraban en tierra de sombra de *m*
	25.8 destruirá a la *m* para siempre ... Jehová
	53.12 por cuanto derramó su vida hasta la *m*
Jer	8.3 y escogerá la *m* antes que la vida todo
	26.11 en pena de *m* ha incurrido este hombre
Ez	18.23; 33.11 que no quiero la *m* del impío
Os	13.14 oh *m*, yo seré tu *m*; y seré tu destrucción
Jon	4.3 porque mejor me es la *m* que la vida
Hab	2.5 y es como la *m*, que no se saciará; antes
Mt	16.28; Mc 9.1; Lc 9.27 que no gustarán la *m*
	20.18; Mc 10.33 entregado ... condenarán a *m*
	26.38; Mc 14.34 mi alma ... triste, hasta la *m*
	26.59; Mc 14.55 buscaban falso testimonio ... para entregarle a la *m*
	26.66; Mc 14.64 dijeron: ¡Es reo de *m*!
Mc	13.12 el hermano entregará a la *m* al hermano
Lc	1.79 luz a los que habitan en ... sombra de *m*
	2.26 no vería la *m* antes que viese al Ungido
Jn	5.24 no vendrá ... mas ha pasado de *m* a vida
	8.51 el que guarda mi palabra, nunca verá *m*
	11.4 esta enfermedad no es para *m*, sino para
	12.10 los ... acordaron dar *m* también a Lázaro
	12.33; 21.19 dando a entender de qué *m* iba a
	18.31 no nos está permitido dar *m* a nadie
Hch	8.32 como oveja a la *m* fue llevado; y como
	9.1 Saulo, respirando aún amenazas y *m* contra
	22.20 consentía en su *m*, y guardaba las ropas
	23.12 no ... hasta que hubiesen dado *m* a Pablo
	23.29 que ningún delito tenía digno de *m* o de
Ro	1.32 practican tales cosas son dignos de *m*
	5.10 reconciliados con Dios por la *m* de su
	5.12 por el pecado la *m*, así la *m* pasó a
	5.14 reinó la *m* desde Adán hasta Moisés, aun
	6.3 sabéis ... hemos sido bautizados en su *m*?
	6.5 fuimos plantados ... en la semejanza de su *m*
	6.9 no muere; la *m* no se enseñorea más de él
	6.16 esclavos ... sea del pecado para *m*, o sea
	6.23 la paga del pecado es *m*, mas la dádiva
	7.13 el pecado ... produjo en mí la *m* por medio
	7.24 ¿quién me librará de este cuerpo de *m*?
	8.2 librado de la ley del pecado y de la *m*
	8.6 porque el ocuparse de la carne es *m*, pero
	8.38 de que ni la *m*, ni la vida, ni ángeles, ni
	11.3 Señor, a tus profetas han dado *m*, y tus
1 Co	3.22 sea la vida, sea la *m*, sea lo presente

	11.26 la *m* del Señor anunciáis hasta que él
	15.21 por cuanto la *m* entró por un hombre
	15.26 el postrer enemigo ... destruido es la *m*
	15.54 está escrita: Sorbida es la *m* en victoria
	15.55 ¿dónde está, oh *m*, tu aguijón? ¿Dónde
2 Co	1.9 tuvimos en nosotros ... sentencia de *m*
	2.16 a éstos ... olor de *m* para *m*, y a aquéllos
	4.11 entregados a *m* por causa de Jesús, para
	7.10 pero la tristeza del mundo produce *m*
Flp	1.20 será magnificado ... o por vida o por *m*
	2.8 obediente hasta la *m*, y *m* de cruz
	3.10 llegando a ser semejante a él en su *m*
2 Ti	1.10 el cual quitó la *m* y sacó a luz la vida
Heb	2.9 del padecimiento de la *m* ... gustase la *m*
	2.14 para destruir por medio de la *m* al que
	9.15 para que interviniendo *m* para la remisión
	11.5 la fe Enoc fue traspuesto para no ver *m*
Stg	1.15 el pecado; y el pecado ... da a luz la *m*
	5.6 habéis condenado y dado *m* al justo, y el
	5.20 salvará de *m* un alma, y cubrirá ... pecados
1 Jn	3.14 no ama a su hermano, permanece en *m*
	5.16 viere a ... cometer pecado que no sea de *m*
Ap	1.18 y tengo las llaves de la *m* y del Hades
	2.11 venciere no sufrirá daño de la segunda *m*
	6.8 y el que lo montaba tenía por nombre *M*
	9.6 buscarán la *m* ... pero la *m* huirá de ellos
	12.11 menospreciaron sus vidas hasta la *m*
	13.3 vi una de sus cabezas como herida de *m*
	20.6 segunda *m* no tiene potestad sobre éstos
	20.14 la *m* ... lanzados ... Este es la *m* segunda
	21.4 ya no habrá *m*, ni habrá más llanto, ni
	21.8 el lago que arde ... que es la *m* segunda

MUJER v. Esposo, Hombre, Varón

Gn	2.22 de la costilla ... del hombre, hizo una *m*
	3.12 la *m* que me diste por compañera me dio
	24.4 irás a ... y tomarás *m* para mi hijo Isaac
	26.9 he aquí ella es de cierto tu *m*. ¿Cómo
	39.7 la *m* de su amo puso sus ojos en José
Nm	5.12 si la *m* de alguno se descarriare, y *m*
Jue	14.3 ¿no hay *m* ... a tomar de las filisteos
Rt	3.8 volvió ... una *m* estaba acostada a sus pies
1 S	18.7 cantaban las *m* que danzaban, y decían
	25.39 envió David ... Abigail ... tomarla por *m*
2 S	12.9 a Urías heteo tomaste por *m* a su *m*
1 R	11.1 Salomón amó ... a muchas *m* extranjeras
Esd	10.2 tomamos *m* extranjeras de los pueblos
Neh	13.23 judíos que habían tomado *m* de Asdod
Est	1.20 todas las *m* darán honra a sus maridos
Job	14.1 el hombre nacido de *m*, corto de días
Sal	128.3 tu *m* será como vid que lleva fruto a
Pr	2.16 serás librado de la *m* extraña, de la ajena
	5.18 y alégrate con la *m* de tu juventud
	6.29 es el que se llega a la *m* de su prójimo
	9.13 *m* insensata es alborotadora; es simple
	19.13 gotera continua las contiendas de la *m*
	19.14 la casa ... mas de Jehová la *m* prudente
	31.3 no des a las *m* tu fuerza ni tus caminos a
	31.30 *m* que teme a Jehová ésa será alabada
Ec	7.26 amarga ... la *m* cuyo corazón es lazos y
	9.9 goza de la vida con la *m* que amas, todos
Is	3.12 mi pueblo ... *m* se enseñorearon de él
	4.1 echarán mano de un hombre siete *m* en
	19.16 aquel día los egipcios serán como *m*
Jer	18.21 queden sus *m* sin hijos, y viudas; y sus
	31.22 una cosa nueva ... la *m* rodeará al varón
Lm	4.10 las manos de *m* ... cocieron a sus hijos
Ez	24.18 y a la tarde murió mi *m*; y a la mañana
Zac	5.7 una *m* estaba sentada en medio de ... efa
Mal	2.15 no seáis desleales para con la *m* de
Mt	5.28 que mira a una *m* para codiciarla, ya
	9.20 he aquí una *m* enferma de flujo de sangre
	24.41; Lc 17.35 dos *m* estarán moliendo en
	27.55; Mc 15.40; Lc 23.49 estaban allí muchas *m* mirando de lejos
Mc	10.7; Ef 5.31 dejará ... y se unirá a su *m*
Lc	7.28 entre los nacidos de *m*, no hay mayor que
	16.18 que repudia a su *m*, y se casa con otra
Jn	2.4 Jesús le dijo: ¿Qué tienes conmigo, *m*?
	19.26 dijo a su madre: *M*, he ahí tu hijo
Hch	13.50 los judíos instigaron a *m* piadosas y
	17.4 de ... gran número, y *m* nobles no pocas
Ro	1.27 hombres, dejando el uso natural de la *m*

1 Co	7.1 bueno le sería al hombre no tocar *m*
	7.2 cada uno tenga su propia *m*, y cada una
	7.4 la *m* no tiene potestad sobre su ... cuerpo
	7.27 ¿estás ligado a *m*? ... ¿estás libre de *m*?
	9.5 traer con nosotros una hermana por *m*
	11.7 de Dios; pero la *m* es gloria del varón
	11.15 a la *m* ... crecer el cabello le es honroso
	14.34 vuestras *m* callen en las congregaciones
Ef	5.28 los maridos deben amar a sus *m* como
	5.33 a sí mismo; y la *m* respete a su marido
1 Ti	2.11 la *m* aprenda en silencio, con toda
	3.11 las *m* ... sean honestas, no calumniadoras
Heb	11.35 las *m* recibieron sus muertos mediante
1 P	3.1 *m*, estad sujetas a vuestros maridos; para
	3.7 honor a la *m* como a vaso más frágil
Ap	12.1 una *m* vestida del sol, con la luna debajo
	17.3 vi a una *m* sentada sobre una bestia

MUNDO *v.* Tierra

1 Cr	16.30 el *m* será aún establecido, para que
Sal	19.4 hasta el extremo del *m* sus palabras
	50.12 a ti; porque mío es el *m* y su plenitud
	93.1; 96.10 afirmó ... el *m*, y no se moverá
Mt	5.14 vosotros sois la luz del *m*; una ciudad
	13.38 el campo es el *m*; la buena semilla son
	16.26; Mc 8.36; Lc 9.25 si ganare todo el *m*
	24.14 será predicado este ... en todo el *m*
Mc	16.15 por todo el *m* y predicad el evangelio
Jn	1.10 en el *m* estaba, y el *m* por él fue hecho
	3.16 de tal manera amó Dios al *m*, que ha
	7.7 no puede el *m* aborreceros a vosotros
	8.12 yo soy la luz del *m*; el que me sigue, no
	8.23 sois de este *m*, yo no soy de este *m*
	9.5 tanto que estoy en el *m*, luz soy del *m*
	9.39 para juicio he venido yo a este *m*; para
	12.19 ya veis que ... Mirad, el *m* se va tras él
	12.25 el que aborrece su vida en este *m*, para
	12.31 ahora es el juicio de este *m*; ahora el
	13.1 amado a los suyos que estaban en el *m*
	14.17 al cual el *m* no puede recibir, porque
	14.27 paz ... yo no os la doy como el *m* la da
	14.31 para que el *m* conozca que amo al Padre
	15.18 si el *m* os aborrece, sabed que a mí me
	15.19 no sois del *m*, antes yo os elegí del *m*
	17.14 no son del *m* ... tampoco yo soy del *m*
	17.21 para que el *m* crea que tú me enviaste
	18.36 no es de este *m*; si ... fuera de este *m*
Hch	17.6 éstos que trastornan el *m* ... han
	17.24 Dios que hizo el *m* y todas las cosas
	17.31 en el cual juzgará al *m* con justicia
Ro	5.12 el pecado entró en el *m* por un hombre
1 Co	1.21 el *m* no conoció a Dios mediante la
	4.9 hemos llegado a ser espectáculo al *m*, a
2 Co	5.19 en Cristo reconciliando consigo al *m*
Gl	6.14 el *m* me es crucificado a mí, y yo al *m*
Ef	2.2 siguiendo la corriente de este *m*, conforme
2 Ti	4.10 me ha desamparado, amando este *m*
Heb	11.38 de los cuales el *m* no era digno
Stg	1.27 viudas ... y guardarse sin mancha del *m*
	4.4 que la amistad del *m* es enemistad contra
2 P	2.5 y si no perdonó al *m* antiguo, sino que
1 Jn	2.2 no ... sino también por los de todo el *m*
	2.15 no améis al *m*, ni las cosas ... en el *m*
	2.17 y el *m* pasa, y sus deseos; pero el que
	3.1 por esto el *m* no nos conoce, porque no
	3.13 míos, no os extrañéis si el *m* os aborrece
	4.1 falsos profetas han salido por el *m*
	4.5 son del *m* ... hablan del *m*, y el *m* les oye
	5.19 Dios, y el *m* entero está bajo el maligno
Ap	11.15 los reinos del *m* han venido a ser de

MURMURAR *v.* Quejarse

Éx	15.24; 16.2; Nm 16.41 el pueblo *murmuró*
Nm	14.27 multitud que *murmura* contra mí, las
	16.11 Aarón, ¿qué es ... contra él *murmuréis*?
Dt	1.27 y *murmurasteis* en vuestras tiendas
Sal	41.7 *murmuran* contra mí todos los que me
	106.25 antes *murmuraron* en sus tiendas, y no
Mt	20.11 *murmuraban* contra el padre de familia
Mc	14.5 a los pobres. Y *murmuraban* contra ella
Lc	5.30 los ... *murmuraban* contra los discípulos
	15.2 escribas *murmuraban*, diciendo: Este
	19.7 al ver esto, todos *murmuraban*, diciendo

Jn	6.41 *murmuraban* entonces de él los judíos
	6.61 sabiendo ... sus discípulos *murmuraban*
1 Co	10.10 ni *murmuréis*, como ... *murmuraron*
Stg	4.11 no *murmuréis* los unos de los otros
1 P	2.12; 3.16 en lo que *murmuran* de vosotros

NABUCODONOSOR

Triunfa en Carquemis, 2 R 24.7; Jer 46.2;
conquista a Judá, 2 R 24.10–13; 25.1–10; 2 Cr 36.6–21;
Jer 39.1–8; 52.1–27;
lleva cautivo al pueblo, 2 R 24.14–16; 25.11–21;
Jer 39.9–10; 52.28–30;
protege a Jeremías, Jer 39.11–14;
busca revelación de sus sueños, Dn 2.1–13; 4.4–18;
erige una estatua de oro, Dn 3.1–7;
es castigado por su orgullo, Dn 4.31–33;
recobra la razón, Dn 4.34.

NACER

Job	5.7 aire, así el hombre *nace* para la aflicción
Sal	87.5 se dirá: Este y aquél han *nacido* en ella
Ec	3.2 tiempo de *nacer*, y tiempo de morir
Is	60.1 y la gloria de Jehová ha *nacido* sobre ti
	66.8 ¿*nacerá* una nación de una vez? Pues en
Mt	1.16 María, de la cual *nació* Jesús ... el Cristo
	2.1 cuando Jesús *nació* en Belén de Judea
	11.11 entre los que *nacen* de mujer no se ha
	26.24; Mc 14.21 bueno ... no haber *nacido*
Lc	2.11 os ha *nacido* hoy en la ciudad de David
Jn	3.3 el que no *naciere* de nuevo, no puede ver
	16.21 el gozo de que haya *nacido* un hombre
Gl	4.4 a su Hijo, *nacido* de mujer y *n* bajo la ley
	4.29 había *nacido* según la carne perseguía
Stg	1.18 nos hizo *nacer* por la palabra de verdad
1 Jn	3.9; 5.18 todo aquel que es *nacido* de Dios
	4.7 todo aquel que ama, es *nacido* de Dios
	5.1 todo aquel que cree ... es *nacido* de Dios
	5.4 lo que es *nacido* de Dios vence al mundo

NECESIDAD *v.* Estrechez, Falta, Faltar

Pr	6.11; 24.34 vendrá tu *n* como caminante, y tu
	13.25 mas el vientre de los impíos tendrá *n*
Mt	6.8, 32; Lc 12.30 vuestro Padre sabe de qué cosas tenéis *n*
Lc	23.17 tenía *n* de soltarles uno en cada fiesta
Jn	2.25 no ... *n* de que nadie le diese testimonio
Hch	2.45; 4.35 repartían ... según la *n* de cada
1 Co	7.26 tengo ... por bueno a causa de la *n*
2 Co	9.7 no con tristeza, ni por *n*, porque Dios
	11.9 tuve *n*, a ninguno fui carga, pues lo que
Ef	4.28 tenga qué compartir con el que padece *n*
Flp	4.12 tener abundancia como para padecer *n*
	4.16 pues aun a ... me enviasteis ... para mis *n*
1 Ts	1.8 nosotros no tenemos *n* de hablar nada
	3.7 en medio de toda ... *n* ... fuimos consolados
	4.12 a fin de que os ... y no tengáis *n* de nada
Flm	14. que tu favor no fuese como de *n*, sino
Heb	7.11 ¿qué *n* habría aún de que se levantase
Stg	2.15 tienen *n* del mantenimiento de cada día
1 Jn	3.17 que tiene ... y ve a su hermano tener *n*
Ap	3.17 y de ninguna cosa tengo *n*; y no sabes

NIÑO/A *v.* Joven, Muchacho

Éx	1.17 sino que preservaron la vida a los *n*
	2.6 cuando la abrió, vio al *n* ... el *n* lloraba
1 S	1.27 por este *n* oraba, y Jehová me dio lo
1 R	17.21 se tendió sobre el *n* tres veces, y clamó
2 R	4.18 el *n* creció. Pero aconteció un día, que
Sal	8.2 de la boca de los *n* y de los que maman
Pr	7.2 guarda ... mi ley como las *n* de tus ojos
	22.6 instruye al *n* en su camino, y aun cuando
Is	9.6 porque un *n* nos es nacido, hijo nos es
	11.6 león y la bestia ... un *n* los pastoreará
	13.16 sus *n* serán estrellados delante de ellos
	65.20 no habrá ... *n* que muera de pocos días
	65.20 el *n* morirá de cien años, y el pecador
Jer	1.6 he aquí, no sé hablar, porque soy *n*
Jl	3.3 vendieron las *n* por vino para beber
Mt	2.8 dijo: Id allá y averiguad ... acerca del *n*
	11.25; Lc 10.21 y las revelaste a los *n*
	18.2; Mc 9.36; Lc 9.47 llamando ... a un *n*
	18.3 si no os volvéis ... como *n*, no entraréis
	19.13; Mc 10.13; Lc 18.15 le fueron presentados unos *n*
	21.16 la boca de los *n* y de los que maman
Mc	9.37 el que recibe en mi nombre a un *n* como

10.14; Lc 18.16 dejad a los *n* venir a mí, y
10.15; Lc 18.17 recibe el reino ... como un *n*

Lc 1.66 ¿quién, pues, será este *n*? Y la mano del
1.76 *n*, profeta del Altísimo serás llamado
1.80 y el *n* crecía y se fortalecía en espíritu
2.12 señal: Hallaréis al *n* envuelto en pañales

1 Co 3.1 como a carnales, como a *n* en Cristo
13.11 cuando yo era *n*, hablaba como *n* ... dejé
14.20 no seáis *n* en el ... sed *n* en la malicia

Gl 4.1 entre tanto que el heredero es *n*, en nada
Ef 4.14 para que ya no seamos *n* fluctuantes
Heb 5.13 que es inexperto en la palabra ... es *n*
1 P 2.2 desead, como *n* ... la leche espiritual no

NOMBRE *v.* Invocar, Nombre de Jehová

Gn 2.20 puso Adán *n* a toda bestia y ave de los
11.4 un *n*, por si fuéremos esparcidos sobre la
17.5 no ... más tu *n* Abram ... será tu *n* Abraham
32.28; 35.10 tu *n* es Jacob ... Israel será tu *n*
32.29 ¿por qué me preguntas por mi *n*? Y lo

Éx 3.13 si ellos me pregunten: ¿Cuál es su *n*?
9.16 que mi *n* sea anunciado en toda la tierra
20.24 lugar donde ... esté la memoria de mi *n*
23.21 oye su voz ... porque mi *n* está en él
33.12 tú dices: Yo te he conocido por tu *n*
33.19 proclamaré el *n* de Jehová delante de ti

Dt 12.5 para poner allí su *n* para su habitación
28.58 temiendo este *n* glorioso y temible

Jos 6.27 Jehová con Josué, y su *n* se divulgó por
7.9 entonces, ¿qué harás tú a tu grande *n*?

Jue 13.17 ¿cuál es tu *n*, para que ... te honremos?
2 S 7.13; 1 R 8.19; 2 Cr 6.9 él edificará casa a mi *n*
1 R 8.43; 2 Cr 6.33 los pueblos ... conozcan tu *n*
1 Cr 16.29; Sal 96.8 dad la honra debida a su *n*
2 Cr 7.14 pueblo, sobre el cual mi *n* es invocado

Sal 8.1, 9 cuán glorioso es tu *n* en toda la tierra
9.10 en ti confiarán los que conocen tu *n*, por
20.1 oiga ... el *n* del Dios de Jacob te defienda
20.5 y alzaremos pendón en el *n* de ... Dios
23.3 me guiará por sendas ... por amor de su *n*
33.21 porque en su santo *n* hemos confiado
34.3 a Jehová conmigo, y exaltemos a una su *n*
61.8 así cantaré tu *n* para siempre, pagando
72.17 será su *n* para siempre ... dure el sol
83.18 conozcan que tu *n* es Jehová; tú solo
103.1 Jehová, y bendiga todo mi ser su santo *n*
111.9 su pacto; santo y temible es su *n*
115.1 no a nosotros, sino a tu *n* da gloria, por

Pr 10.7 bendita; mas el *n* de los impíos se pudrirá
22.1 de más estima es el buen *n* ... riquezas

Is 42.8 yo Jehová; éste es mi *n*; y a otro no daré
43.1 yo te redimí; te puse *n*, mío eres tú
43.7 todos los llamados de mi *n*, los que para
48.9 por amor de mi *n* diferiré mi ira, y para
52.6 mi pueblo sabrá mi *n* por esta causa en
55.13 será a Jehová por *n*, por señal eterna
56.5 *n* mejor que el de ... *n* perpetuo les daré
62.2 te será puesto un *n* nuevo, que la boca de

Jer 10.6 grande eres tú, y grande tu *n* en poderío
15.16 tu *n* se invocó sobre mí, oh Jehová Dios
23.27 hacen que mi pueblo se olvide de mi *n* con
44.26 mi *n* no será invocado más en ... Egipto

Ez 20.9 con todo, a causa de mi *n*, para que no
36.21 al ver mi santo *n* profanado por la casa
39.25 y me mostraré celoso por mi santo *n*

Os 12.5 Jehová es Dios de los ... Jehová es su *n*
Am 6.10 no podemos mencionar el *n* de Jehová
Zac 14.9 aquel día Jehová será uno, y uno su *n*
Mal 1.11 es grande mi *n* entre las naciones; y en
4.2 a vosotros los que teméis mi *n*, nacerá

Mt 1.23 a luz un hijo, y llamarás su *n* Emanuel
6.9 Padre nuestro que ... santificado sea tu *n*
7.22 dirán ... ¿no profetizamos en tu *n*, y en
10.22; 24.9; Mc 13.13; Lc 21.17 seréis aborrecidos ... por causa de mi *n*
18.5; Mc 9.37 el que reciba en mi *n* a un niño
18.20 tres congregados en mi *n*, allí estoy yo
19.29 haya dejado casas ... por mi *n*, recibirá
21.9; 23.39; Mc 11.9; Lc 13.35; 19.38; Jn 12.13 bendito el que viene en el *n* del Señor
28.19 bautizándolos en el *n* del Padre, y del

Mc 6.14 oyó el rey ... su *n* se había hecho notorio
9.38; Lc 9.49 uno que en tu *n* echaba fuera

Lc 1.61 no hay nadie en ... que se llame con ese *n*
Jn 1.12 a los que creen en su *n*, les dio potestad
12.28 Padre, glorifica tu *n*. Entonces vino una
14.13; 15.16; 16.23 lo que pidiereis ... en mi *n*
17.11 guárdalos en tu *n*, para que sean uno

Hch 3.16 la fe en su *n*, a éste, que vosotros veis
4.12 no hay otro *n* bajo el cielo, dado a los
8.16 habían sido bautizados en el *n* de Jesús
9.15 llevar mi *n* en presencia de los gentiles
10.43 recibirán perdón de pecados por su *n*
15.17 sobre los cuales es invocado mi *n*
26.9 hacer muchas cosas contra el *n* de Jesús

Ro 2.24 el *n* de Dios es blasfemado entre los
9.17 para que mi *n* sea anunciado por toda la
10.13 que invocare el *n* del Señor, será salvo

2 Co 5.20 como si ... os rogamos en *n* de Cristo
Ef 1.21 y sobre todo *n* que se nombra, no sólo en
Flp 2.9 lo sumo, y le dio un *n* que es sobre todo *n*
Col 3.17 hacedlo todo en el *n* del Señor Jesús
Heb 2.12 anunciaré a mis hermanos tu *n*; en medio
Stg 2.7 ¿no blasfeman ellos el buen *n* que fue
1 P 4.14 si sois vituperados por el *n* de Cristo
1 Jn 5.13 a vosotros que creéis en el *n* del Hijo
Ap 2.3 has trabajado ... por amor de mi *n*, y no
2.13 retienes mi *n*, y no has negado mi fe
2.17 y en la piedrecita escrito un *n* nuevo, el
3.5 no borraré su *n* del libro ... confesaré su *n*
3.12 escribiré ... *n* de mi Dios ... y *n* mi nuevo
14.1 *n* de él y el de su Padre ... en la frente
19.13 vestido de ... y su *n* es: El Verbo de Dios
22.4 su rostro, y su *n* estará en sus frentes

NOMBRE de Jehová

Gn 16.13 llamó el *n* de *J* que con ella hablaba
26.25 edificó allí un altar, e invocó el *n* de *J*

Éx 20.7; Dt 5.11 no tomarás el *n* de *J* ... en vano
Lv 24.16 blasfemare el *n* de *J*, ha de ser muerto
Dt 28.10 que el *n* de *J* es invocado sobre ti, y te
32.3 el *n* de *J* proclamaré; engrandeced a

Jos 9.9 han venido ... por causa del *n* de *J* tu Dios
Job 1.21 y Jehová quitó; sea el *n* de *J* bendito
Sal 124.8 nuestro socorro está en el *n* de *J*, que
Pr 18.10 torre fuerte es el *n* de *J*; a él correrá el
Is 56.6 que amen el *n* de *J* para ser sus siervos
Jl 2.32 aquel que invocare el *n* de *J* será salvo
Miq 4.5 andaremos en el *n* de *J* nuestro Dios

OBEDECER

Éx 24.7 haremos todas las cosas ... y *obedeceremos*
Nm 27.20 toda la congregación ... le *obedezca*
Dt 17.12 no *obedeciendo* al sacerdote que está
28.62 no *obedecisteis* a la voz de Jehová tu
30.10 cuando *obedecieres* a la voz de Jehová

Jos 1.17 de la manera que *obedecimos* a Moisés
5.6 cuanto no *obedecieron* a la voz de Jehová
24.24 serviremos, y a su voz *obedeceremos*

1 S 15.22 *obedecer* es mejor que los sacrificios
2 S 22.45; Sal 18.44 al oir de mí, me *obedecerán*
Jer 11.3 no *obedeciere* las palabras de este pacto
17.24 si ... me *obedeciereis*, dice Jehová, no
35.8 hemos *obedecido* a la voz de ... Jonadab
42.6 a la voz de Jehová ... *obedeceremos*
43.4 no *obedeció*, pues, Johanán ... a la voz de

Dn 7.27 y todos los dominios le ... *obedecerán*
9.6 no hemos *obedecido* a tus siervos los

Mt 8.27; Mc 4.41; Lc 8.25 aun los vientos y el mar le *obedecen*?
Mc 1.27 manda aun a los espíritus ... le *obedecen*?
Lc 17.6 decir ... Desarráigate ... y os *obedecería*
Hch 4.19 *obedecer* a vosotros antes que a Dios
5.29 es necesario *obedecer* a Dios antes que a
5.32 cual ha dado Dios a los que le *obedecen*
6.7 muchos de los sacerdotes *obedecían* a la fe
7.39 nuestros padres no quisieron *obedecer*

Ro 2.8 no *obedecen* a la verdad, sino que o a la
6.16 si os sometéis a ... para *obedecerle*, sois
10.16 mas no todos *obedecieron* al evangelio
16.26 a conocer ... para que *obedezcan* a la fe

Gl 3.1; 5.7 os ... para no *obedecer* a la verdad?
Ef 6.1; Col 3.20 *obedeced* a vuestros padres
6.5; Col 3.22 siervos, *obedeced* a vuestros
2 Ts 1.8 ni *obedecen* al evangelio de ... Señor
3.14 si alguno no *pbedece* a lo que decimos

Tit	3.1 que *obedezcan*, que estén dispuestos a
Heb	5.9 salvación para todos los que le *obedecen*
	11.8 Abraham ... *obedeció* para salir al lugar
	12.9 ¿por qué no *obedeceremos* mucho mejor
	13.17 *obedeced* a vuestros pastores, y sujetaos
Stg	3.3 freno en la boca ... para que nos *obedezcan*
1 P	1.2 elegidos ... para *obedecer* y ser rociados
	3.6 como Sara *obedecía* a Abraham llamándole
	4.17 el fin de aquellos que no *obedecen* al

OFENSA v. Delito, Falta, Pecado, Transgresión

Pr	19.11 furor, y su honra es pasar por alto la *o*
Ec	10.4 la mansedumbre hará cesar grandes *o*
Mt	6.14; 18.35 no perdonáis a los hombres sus *o*
Hch	24.16 una conciencia sin *o* ante Dios y ante
Stg	5.16 confesaos vuestras *o* unos a otros, y

OFRENDA v. Holocausto, Sacrificio

Gn	4.4 miró Jehová con agrado a Abel y a su *o*
Éx	25.2 dí a los de ... Israel que tomen para mi *o*
	30.15 la *o* a Jehová para hacer expiación por
	35.29 todos ... trajeron *o* voluntaria a Jehová
	36.3 ellos seguían trayéndole *o* voluntaria
Lv	1.2 ofrece *o* a Jehová, de ganado vacuno u
	6.14 esta es la ley de la *o*: La ofrecerán los
	7.38 mandó ... que ofreciesen sus *o* a Jehová
Nm	7.3 trajeron sus *o* ... seis carros cubiertos
	31.50 hemos ofrecido a Jehová, *o*
Dt	16.17 cada uno con la *o* de su mano, conforme
1 Cr	16.29 dad a ... traed *o*, y venid delante de él
	29.5 ¿quién quiere hacer hoy *o* voluntaria a
2 Cr	24.6 la *o* que Moisés siervo ... impuso a la
Esd	3.5 además de ... toda *o* voluntaria a Jehová
Sal	20.3 haga memoria de todas tus *o*, y acepte
	96.8 dad a ... traed *o*, y venid a sus atrios
Is	1.13 no me traigáis más vana *o*; el incienso me
	18.7 será traída *o* a Jehová de ... del pueblo
	66.20 traerán a ... hermanos ... por *o* a Jehová
Ez	20.40 demandaré vuestras *o*, y las primicias
	44.30 toda *o* de todo ... será de los sacerdotes
Am	4.5 publicad *o* voluntarias, pues así lo
Mal	1.10 yo no ... ni de vuestra mano aceptaré *o*
	3.3 afinará ... traerán a Jehová *o* en justicia
Mt	5.23 si traes tu *o* al altar, y allí te acuerdas
	8.4 y presenta la *o* que ordenó Moisés, para
	15.5; Mc 7.11 es mi *o* a Dios todo aquello
	23.18 si alguno jura por la *o* que está sobre
Mc	12.41 Jesús sentado delante del arca de la *o*
Lc	21.1 que echaban sus *o* en el arca de las *o*
	21.4 echaron para las *o* ... lo que les sobra
Jn	8.20 cosas habló Jesús en el lugar de las *o*
Hch	21.26 cuando había de presentarse la *o* por
	24.17 vine a hacer limosnas ... presentar *o*
Ro	15.26 Acaya tuvieron a bien hacer una *o*
1 Co	16.1 en cuanto a la *o* para los santos, haced
Ef	5.2 *o* y sacrificio a Dios en olor fragante
Heb	5.1 para que presente *o* ... por los pecados
	8.3 todo ... está constituido para presentar *o*
	10.10 mediante la *o* del cuerpo de Jesucristo
	10.18 donde hay ... no hay más *o* por el pecado

OÍR v. Escuchar, Oído

Gn	16.11 porque Jehová ha *oído* tu aflicción
	21.17 *oyó* Dios la voz del muchacho; y el
Éx	2.24 *oyó* Dios el gemido de ellos, y se acordó
	3.7 he *oído* su clamor a causa de sus exactores
	6.30 ¿cómo, pues, me ha de *oír* Faraón?
Nm	14.27 ¿hasta cuándo *oiré* esta depravada
Dt	4.1 Israel, *oye* los estatutos y decretos que yo
	4.12 *oísteis* la voz de sus palabras, mas a
	4.33 ¿ha *oído* pueblo alguno la voz de Dios
	6.4 *oye*, Israel; Jehová nuestro Dios ... uno es
	11.27 bendición, si *oyereis* los mandamientos
	18.15 profeta ... levantará Jehová ... a él *oiréis*
	30.17 si ... no *oyeres*, y te dejares extraviar
Jos	6.5 así que *oigáis* el sonido de la bocina, todo
1 S	7.9 clamó Samuel a Jehová ... Jehová le *oyó*
2 S	5.24; 1 Cr 14.15 *oigas* ruido como de marcha
	15.3 no tienes quien te *oiga* de parte del rey
1 R	8.30 *oye*, pues, la oración de tu siervo, y de
	8.42 *oirán* de tu gran nombre, de tu mano
2 R	19.25 ¿nunca has *oído* que desde tiempos
	20.5; Is 38.5 he *oído* tu oración, y he visto
2 Cr	6.21 que *oigas* el ruego de tu siervo, y de

	7.12 he *oído* tu oración, y he elegido para mí
Neh	6.16 y cuando lo *oyeron* ... nuestros enemigos
	9.17 no quisieron *oír*, ni se acordaron de tus
	12.43 el alborozo de Jerusalén fue *oído* de
Job	15.8 ¿*oíste* tú el secreto de Dios, y está
	26.14 ¡cuán leve es el susurro que hemos *oído*
	31.35 ¡quién me diera quien me *oyese*!
	35.12 clamarán, y él no *oirá*, por la soberbia
	36.11 si *oyeren*, y le sirvieren, acabarán sus
	42.5 di oídas te había *oído*; mas ahora mis
Sal	4.3 sí; Jehová *oirá* cuando yo a él clamare
	6.9 Jehová ha *oído* mi ruego; ha recibido mi
	10.17 deseo de los humildes *oíste*, oh Jehová
	17.1 *oye*, oh Jehová, una causa justa; está
	17.6 yo te he invocado, por cuanto tú me *oirás*
	20.1 Jehová te *oiga* en el día de conflicto
	27.7 *oye* ... Jehová, mi voz con que a ti clamo
	34.4 busqué a Jehová, y él me *oyó*, y me libró
	34.17 claman los justos, y Jehová *oye*, y los
	49.1 *oíd* esto, pueblos todos; escuchad
	51.8 hazme *oír* gozo y alegría, y se recrearán
	61.1 *oye*, oh Dios, mi clamor ... a mi oración
	65.2 *oyes* la oración; a ti vendrá toda carne
	81.8 *oye*, pueblo mío ... Israel, si me *oyeres*
	94.9 el que hizo el oído, ¿no *oirá*? ... no *verá*?
	102.20 para *oír* el gemido de los presos, para
	115.6; 135.17 orejas tienen, mas no *oyen*
	116.1 pues ha *oído* mi voz y mis súplicas
Pr	1.8 *oye*, hijo mío, la instrucción de tu padre
	1.33 el que me *oyere*, habitará confiadamente
	18.13 al que responde palabra antes de *oír*
	22.17 inclina tu oído ... *oye* las palabras de
	23.22 *oye* a tu padre, a aquel que te engendró
Ec	5.1 acércate más para *oír* que para ofrecer el
	7.5 mejor es ... la represión del sabio que
Is	1.2 *oíd*, cielos, y escucha tú, tierra; porque
	1.19 si ... *oyereis*, comeréis el bien de la
	6.9 y dí ... *oíd* bien, y no entendáis; ved por
	6.10 ni *oiga* con sus oídos, ni su corazón
	33.13 *oíd*, los que estáis lejos, lo que he hecho
	34.1 acercaos, naciones, juntaos para *oír*
	37.26 ¿no has *oído* decir que ... yo lo hice
	40.21 ¿no habéis *oído*? ¿Nunca os lo han dicho
	50.10 que teme ... y *oye* la voz de su siervo?
	51.1 *oídme*, los que seguís la justicia, los que
	55.2 *oídme* atentamente; y comed del bien
	55.3 inclinad ... *oíd*, y vivirá vuestra alma
	64.4 nunca *oyeron*, ni oídos percibieron, ni
	65.24 mientras aún hablan, yo habré *oído*
	66.8 ¿quién *oyó* cosa semejante? ¿quién vio
Jer	6.10 ¿a quién ... amonestaré, para que *oigan*?
	7.24; 11.8 no *oyeron* ni inclinaron su oído
	12.17 mas si no *oyeren*, arrancaré esa nación
	13.10 pueblo malo, que no quiere *oír* mis
	18.2 vete a ... y allí te haré *oír* mis palabras
	18.10 no *oyendo* mi voz, me arrepentiré del
	26.13 *oíd* la voz de Jehová vuestro Dios
Ez	3.17 *oirás*, pues, tú la palabra de mi boca, y
	3.27 que *oye*, *oiga* ... no quiera *oír*, no *oiga*
	33.7 *oirás* la palabra de mi boca, y los
	33.31 *oirán* tus ... y no los pondrán por obra
Dn	12.8 yo *oí*, más no entendí. Y dije: Señor
Am	8.11 hambre ... de *oír* la palabra de Jehová
Jon	2.2 desde el ... Seol clamé, y mi voz *oíste*
Miq	1.2 *oíd*, pueblos todos; está atenta, tierra, y
	7.7 esperaré al Dios ... el Dios mío me *oirá*
Zac	8.23 hemos *oído* que Dios está con vosotros
Mt	11.4 haced saber a Juan las cosas que *oís* y
	13.9; 13.43; Mc 4.9; Lc 8.8 el que tiene oídos para *oír*, *oiga*
	13.15 con sus oídos *oyen* pesadamente, y han
	13.17; Lc 10.24 *oír* lo que *oís*, y no lo *oyeron*
	13.19 cuando alguno *oye* la palabra del reino
	17.5; Lc 9.35 es mi Hijo amado ... a él *oíd*
	18.16 si no te *oyere*, toma aún contigo a uno
	26.65; Mc 14.64 habéis *oído* su blasfemia
Mc	4.12; Lc 8.10 y *oyendo*, *oigan* y no entiendan
	6.14; Lc 9.7 *oyó* ... Herodes la fama de Jesús
	12.37 gran multitud ... le *oía* de buena gana
Lc	1.13 tu oración ha sido *oída*, y tu mujer
	2.18 todos los que *oyeron*, se maravillaron de
	2.46 en medio de ... *oyéndoles* y preguntándoles
	5.1 se agolpaba ... para *oír* la palabra de Dios

<table>
<tr><td></td><td>10.16 el que a vosotros oye, a mí me o; y el</td></tr>
</table>

Jn 4.42 hemos <i>oído</i>, y sabemos que ... éste es el
6.60 dura es esta palabra; ¿quién la puede <i>oír</i>?
7.51 ¿juzga acaso ... si primero no le <i>oye</i>
8.47 las palabras de Dios <i>oye</i> ... no las <i>oís</i>
9.31 sabemos que Dios no <i>oye</i> a los pecadores
11.41 Padre, gracias te doy por haberme <i>oído</i>
12.47 que <i>oye</i> mis palabras, y no las guarda

Hch 2.8 ¿cómo ... les <i>oímos</i> ... hablar cada uno en
4.4 muchos de los que habían <i>oído</i> la palabra
7.2 varones hermanos ... <i>oíd</i>: El Dios de la
7.34 he <i>oído</i> su gemido, y he descendido para
7.37 profeta os levantará el Señor ... a él <i>oiréis</i>
9.7 <i>oyendo</i> a ... la voz, mas sin ver a nadie
10.44 el Espíritu ... cayó sobre los que <i>oían</i>
13.16 varones ... y los que teméis a Dios, <i>oíd</i>
14.14 cuando lo <i>oyeron</i> los ... Bernabé y Pablo
15.12 calló, y <i>oyeron</i> a Bernabé y a Pablo
16.25 cantaban himnos ... los presos los <i>oían</i>
17.21 sino en decir o en <i>oír</i> algo nuevo
17.32 cuando <i>oyeron</i> lo de la resurrección de
19.2 ni siquiera hemos <i>oído</i> si hay Espíritu
28.26 diles: De oído <i>oiréis</i>, y no entenderéis
28.27 con los oídos <i>oyeron</i> pesadamente, y sus

Ro 10.17 la fe es por el <i>oír</i>, y el <i>o</i>, por la palabra
10.18 pero digo: ¿No han <i>oído</i>? Antes bien
15.21 los que nunca han <i>oído</i> ... entenderán

2 Co 12.4 donde <i>oyó</i> palabras inefables que no

Ef 1.13 vosotros, habiendo <i>oído</i> la palabra de
4.21 si en verdad le habéis <i>oído</i>, y habéis

Flp 4.9 lo que ... <i>oísteis</i> y visteis en mí, esto haced

1 Ti 4.16 te salvarás a ti ... y a los que te <i>oyeren</i>

2 Ti 2.2 lo que has <i>oído</i> de mí ... esto encarga a
4.3 teniendo comezón de <i>oír</i>, se amontonarán

Flm 5 <i>oigo</i> del amor y de la fe que tienes hacia

Heb 2.1 atendamos a las cosas que hemos <i>oído</i>
4.2 pero no les aprovechó el <i>oír</i> la palabra

Stg 1.19 todo hombre sea pronto para <i>oír</i>, tardo

2 P 1.18 <i>oímos</i> esta voz enviada del cielo, cuando

1 Jn 1.1 lo que hemos <i>oído</i>, lo que hemos visto
4.6 el que conoce a Dios, nos <i>oye</i>; el que no
5.14 que si pedimos alguna cosa ... él nos <i>oye</i>

Ap 1.3 los que <i>oyen</i> las palabras de esta profecía
2.7 oído, <i>oiga</i> lo que el Espíritu dice a las
22.8 yo Juan soy el que <i>oyó</i> y vio estas cosas

OJO <i>v.</i> Mirar, Ver

Gn 3.5 serán abiertos vuestros <i>o</i>, y seréis como
29.17 <i>o</i> de Lea eran delicados, pero Raquel

Éx 21.24; Lv 24.20; Dt 19.21 <i>o</i> por <i>o</i>, diente por

Nm 10.31 conoces ... nos serás en lugar de <i>o</i>

Dt 11.12 están sobre ella los <i>o</i> de Jehová tu Dios
28.54 mirará con malos <i>o</i> a su hermano, y a
32.10 trajo ... guardó como a la niña de su <i>o</i>

Jue 16.21 mas los filisteos ... le sacaron los <i>o</i>

1 S 11.2 a cada uno de ... saque el <i>o</i> derecho
18.9 Saúl no miró con buenos <i>o</i> a David

1 R 8.29; 2 Cr 6.20 estén tus <i>o</i> abiertos de noche

2 R 25.7; Jer 39.7 a Sedequías le sacaron los <i>o</i>

2 Cr 16.9 los <i>o</i> de Jehová contemplan toda la

Esd 9.8 a fin de alumbrar ... Dios nuestros <i>o</i>

Job 7.8 fijarás en mí tus <i>o</i>, y dejaré de ser
19.27 mis <i>o</i> lo verán, y no otro, aunque mi
28.10 ríos, y sus <i>o</i> vieron todo lo preciado
29.11 los <i>o</i> que me veían me daban testimonio
29.15 yo era <i>o</i> al ciego, y pies al cojo
34.21 porque sus <i>o</i> están sobre los caminos

Sal 6.7 mis <i>o</i> están gastados de sufrir; se han
17.8 guárdame como a la niña de tus <i>o</i>
33.18 el <i>o</i> de Jehová sobre los que le temen
34.15 los <i>o</i> de Jehová están sobre los justos
94.9 ¿no oirá? El que formó el <i>o</i>, ¿no verá?
119.18 abre mis <i>o</i>, y miraré las ... de tu ley
121.1 alzaré mis <i>o</i> a los montes; ¿de dónde
123.1 a ti alcé mis <i>o</i>, a ti que habitas en los
141.8 a ti, oh Jehová, Señor, miran mis <i>o</i>

Pr 15.3 los <i>o</i> de Jehová están en todo lugar
20.12 el oído que oye, y el <i>o</i> que ve, ambas
22.9 el <i>o</i> misericordioso será bendito, porque
27.20 así los <i>o</i> del ... nunca están satisfechos

Ec 1.8 nunca se sacia el <i>o</i> de ver, ni el oído de
2.14 el sabio tiene sus <i>o</i> en su cabeza, mas
6.9 más vale vista de <i>o</i> que deseo que pasa

Cnt 4.1 <i>o</i> entre tus guedejas como de paloma

Is 6.10 agrava sus oídos, y ciega sus <i>o</i>, para que
29.10 cerró los <i>o</i> de vuestros profetas, y puso
32.3 no se ofuscarán ... los <i>o</i> de los que ven
52.8 <i>o</i> a <i>o</i> verán que Jehová vuelve a traer

Jer 5.21; Ez 12.2 que tiene <i>o</i> y no ve, que tiene
9.1 y mis <i>o</i> fuentes de lágrimas, para que
16.17 mis <i>o</i> están sobre todos sus caminos
24.6 pondré mis <i>o</i> sobre ellos para bien, y

Am 9.4 y pondré sobre ellos mis <i>o</i> para mal
9.8 los <i>o</i> de Jehová ... están contra el reino

Zac 2.8 el que os toca, toca a la niña de su <i>o</i>
4.10 siete son los <i>o</i> de Jehová, que recorren
8.6 será maravilloso delante de mis <i>o</i>? dice

Mt 5.29; 18.9 si tu <i>o</i> derecho te es ocasión de caer
5.38 oísteis que fue dicho: <i>O</i> por <i>o</i>, y diente
6.22; Lc 11.34 lámpara ... es el <i>o</i> ... si tu <i>o</i> es
7.3; Lc 6.41 la paja que está en el <i>o</i> de tu
13.15 y han cerrado sus <i>o</i>, para que no vean
20.33 Señor, que sean abiertos nuestros <i>o</i>

Mc 8.18 ¿teniendo <i>o</i> no veis, y teniendo oídos
10.25 pasar un camello por el <i>o</i> de una aguja

Lc 4.20 los <i>o</i> de todos en ... estaban fijos en él
18.13 no quería ni aun alzar los <i>o</i> al cielo

Hch 7.55 Esteban ... puestos los <i>o</i> en el cielo, vio
28.27 sus <i>o</i> han cerrado, para que no vean

Ro 11.8 Dios les dio ... <i>o</i> con que no vean y

1 Co 2.9 cosas que <i>o</i> no vio, ni oído oyó, son
12.16 porque no soy <i>o</i>, no soy del cuerpo
15.52 en un abrir y cerrar de <i>o</i>, a la final

Gl 4.15 os hubierais sacado vuestros ... <i>o</i> para

Ef 6.6; Col 3.22 no sirviendo al <i>o</i>, como los que

1 P 3.12 los <i>o</i> del Señor están sobre los justos

2 P 2.14 tienen los <i>o</i> llenos de adulterio, no se

Ap 4.6 cuatro seres ... llenos de <i>o</i> delante y detrás

OLVIDAR

Gn 27.45 tu hermano ... <i>olvide</i> lo que le has hecho
40.23 no se acordó de José, sino que le <i>olvidó</i>
41.51 Dios me hizo <i>olvidar</i> todo mi trabajo

Dt 4.9 no te <i>olvides</i> de las cosas que tus ojos
4.23 no os <i>olvidéis</i> del pacto de Jehová
4.31 ni se <i>olvidará</i> del pacto que les juró a
6.12 cuídate de no <i>olvidarte</i> de Jehová, que
8.14 y te <i>olvides</i> de Jehová tu Dios, para que
24.19 siegues ... y <i>olvides</i> alguna gavilla en el
32.18 de la roca que te creó te <i>olvidaste</i>; te

Jue 3.7 <i>olvidaron</i> a Jehová su ... y sirvieron a los

Job 8.13 caminos de todos los que <i>olvidan</i> a Dios
9.27 yo dijere: <i>Olvidaré</i> mi queja, dejaré mi
19.14 y mis conocidos se <i>olvidaron</i> de mí

Sal 9.17 todas las gentes que se <i>olvidan</i> de Dios
9.18 no para ... será <i>olvidado</i> el menesteroso
10.11 dice en su corazón: Dios ha <i>olvidado</i>
13.1 Jehová? ¿Me <i>olvidarás</i> para siempre?
31.12 he sido <i>olvidado</i> de su corazón como
42.9 a Dios ... ¿Por qué te has <i>olvidado</i> de mí?
44.17 no nos hemos <i>olvidado</i> de ti, y no hemos
44.24 te <i>olvidas</i> de nuestra aflicción, y de la
45.10 <i>olvida</i> tu pueblo, y la casa de tu padre
50.22 los que os <i>olvidáis</i> de Dios, no sea que
74.19 no <i>olvides</i> ... la congregación de tus
77.9 ¿ha <i>olvidado</i> Dios el tener misericordia?
78.7 no se <i>olviden</i> de las obras de Dios
103.2 no <i>olvides</i> ninguno de sus beneficios
106.13 bien pronto <i>olvidaron</i> sus obras; no
106.21 <i>olvidaron</i> al Dios de su salvación, que
119.61 mas no me he <i>olvidado</i> de tu ley
119.93 jamás me <i>olvidaré</i> de tus mandamientos
119.141 no ... he <i>olvidado</i> de tus mandamientos
137.5 me <i>olvidare</i> de ti, oh Jerusalén, pierda

Pr 3.1 hijo mío, no te <i>olvides</i> de mi ley, y tu
31.5 no sea que bebiendo <i>olviden</i> la ley, y
31.7 beban, y <i>olvídense</i> de su necesidad, y de

Is 17.10 te <i>olvidaste</i> del Dios de tu salvación
49.15 ¿se <i>olvidará</i> la mujer de ... dio a luz
49.15 aunque <i>olvide</i> ... yo nunca me <i>olvidaré</i>
51.13 te has <i>olvidado</i> de Jehová tu Hacedor
65.11 que <i>olvidáis</i> mi santo monte, que ponéis
65.16 las angustias primeras serán <i>olvidadas</i>

Jer 2.32; 18.15 mi pueblo se ha <i>olvidado</i> de mí
3.21 Israel ... Jehová su Dios se han <i>olvidado</i>
13.25 te <i>olvidaste</i> de mí y confiaste en la

23.27 hacen que ... se *olvide* de mi nombre con
30.14 todos tus enamorados te *olvidaron*; no
44.9 ¿os habéis *olvidado* de las maldades de
50.6 collado, y se *olvidaron* de sus rediles
Lm   3.17 mi alma se alejó ... me *olvidé* del bien
  5.20 ¿por qué te *olvidas* ... de nosotros, y nos
Ez   22.12 te *olvidaste* de mí, dice Jehová el Señor
  23.35 por cuanto te has *olvidado* de mí, y me
Os   2.13 iba tras sus amantes y se *olvidaba* de mí
  4.6 y porque *olvidaste* la ley de tu Dios
  8.14 *olvidó*, pues, Israel a su Hacedor, y
  13.6 por esta causa se *olvidaron* de mí
Am   8.7 no me *olvidaré* ... de todas sus obras
Miq   7.18 *olvida* el pecado del remanente de su
Mt   16.5; Mc 8.14 habían *olvidado* de traer pan'
Lc   12.6 ni uno ... está *olvidado* delante de Dios
Flp   3.13 *olvidando* ciertamente lo que queda atrás
Heb   6.10 no es injusto para *olvidar* vuestra obra y
  12.5 habéis ya *olvidado* la exhortación que
Stg   1.24 mismo, y se va, y luego *olvida* cómo era
2 P   1.9 habiendo *olvidado* la purificación de sus

OPRESIÓN *v.* Aflicción, Persecución Dt 26.7 aflicción, nuestro
trabajo y nuestra *o*
Sal   12.5 por la *o* de los pobres, por el gemido de
  42.9; 43.2 enlutado por la *o* del enemigo?
  55.3 la voz del enemigo, por la *o* del impío
Ec   5.8 si *o* de pobres ... vieres en la provincia
  7.7 la *o* hace entontecer al sabio, y las dádivas
Is   54.14 estarás lejos de *o*, porque no temerás
  58.6 soltar las cargas de *o*, y dejar ir libres
Os   12.7 en su mano peso falso, amador de *o*
Am   3.9 ved las muchas *o* en medio de ella, y las

ORAR *v.* Pedir, Rogar, Suplicar
Éx   8.8 *orad* a Jehová para que quite las ranas de
  32.11 Moisés *oró* en presencia de Jehová su
Dt   3.23 *oré* a Jehová en aquel tiempo, diciendo
  9.26 *oré* a Jehová, diciendo: Oh Señor Jehová
1 S   1.10 ella con amargura de alma *oró* a Jehová
  1.27 por este niño *oraba*, y Jehová me dio lo
  7.5 reunid a todo Israel ... *oraré* por vosotros
  8.6 pero no agradó a ... y Samuel *oró* a Jehová
1 R   8.33 *oraren* y te rogaren y te ... en esta casa
  13.6 te pido ... *ores* por mí para que mi mano
2 R   6.17 *oró* Eliseo, y dijo ... que abras sus ojos
  13.4 mas Joacaz *oró* en presencia de Jehová
  19.15; Is 37.15 *oró* Ezequías delante de Jehová
  20.2 él volvió su rostro a la ... y *oró* a Jehová
1 Cr   17.25 ha hallado tu siervo motivo para *orar*
2 Cr   33.12 luego que fue puesto en angustias, *oró*
Esd   10.1 mientras *oraba* Esdras y hacía confesión
Neh   1.4 ayuné y *oré* delante del Dios de los cielos
  4.9 *oramos* a nuestro Dios, y por causa de
Job   21.15 qué nos aprovechará que *oremos* a él?
  22.27 *orarás* a él, y él te oirá; y ... tus votos
  33.26 *orará* a Dios, y éste le amará, y verá su
  42.10 cuando él hubo *orado* por sus amigos
Sal   5.2 está atento a la voz ... porque a ti *oraré*
  32.6 *orará* a ti todo santo en el tiempo en
  69.13 yo a ti *oraba*, oh Jehová, al tiempo de
  72.15 y se *orará* por él continuamente; todo
  109.4 me han sido adversarios; mas yo *oraba*
Is   16.12 Moab ... venga a su santuario a *orar*
  53.12 llevado ... y *orado* por los transgresores
Jer   7.16; 11.14 tú, pues, no *ores* por este pueblo
  29.12 vendréis y *oraréis* a mí, y yo os oiré
Dn   6.10 *oraba* y daba gracias delante de su Dios
  9.4 *oré* a Jehová mi Dios e hice confesión
Jon   2.1 *oró* Jonás a Jehová su Dios desde el
Mal   1.9 pues, *orad* por el favor de Dios, para que
Mt   5.44 *orad* por los que os ultrajan ... persiguen
  6.5 cuando *ores*, no seas como los hipócritas
  6.9; Lc 11.2 *oraréis* así: Padre nuestro que
  14.23; Mc 6.46 subió al monte a *orar* aparte
  19.13 pusiese las manos sobre ellos, y *orase*
  24.20; Mc 13.18 *orad* ... que vuestra huida no
  26.36; Mc 14.32 entre tanto que voy ... y *oro*
  26.39; Mc 14.35; Lc 22.41 se postró sobre su
  rostro, *orando*
  26.41; Mc 14.38; Lc 22.40 velad y *orad*, para
  26.53 ¿acaso piensas que no puedo ... *orar* a
Mc   1.35 se fue a un lugar desierto, y allí *oraba*
  11.24 pidiereis *orando*, creed ... y os vendrá

  11.25 estéis *orando*, perdonad, si tenéis algo
  13.33 *orad*, porque no sabéis cuándo será el
Lc   3.21 fue bautizado; y *orando*, el cielo se abrió
  6.12 fue ... a *orar*, y pasó la noche *orando* a
  6.28 bendecid ... *orad* por los que os calumnian
  9.29 entre tanto que *oraba*, la apariencia de
  18.1 una parábola sobre la necesidad de *orar*
  18.11 fariseo, puesto en pie, *oraba* consigo
  22.44 en agonía, *oraba* más intensamente
Hch   1.24 *orando*, dijeron: Tú, Señor, que conoces
  4.31 cuando hubieron *orado*, el lugar ... tembló
  8.15 *oraron* ... para que recibiesen el Espíritu
  9.11 a uno llamado Saulo ... he aquí, él *ora*
  9.40 todos, Pedro se puso de rodillas y *oró*
  10.2 muchas limosnas ... y *oraba* a Dios siempre
  10.9 Pedro subió a la azotea para *orar*, cerca
  12.12 donde muchos estaban reunidos *orando*
  13.3 habiendo ayunado y *orado*, les impusieron
  14.23 y habiendo *orado* con ayunos, los
  20.36 se puso de rodillas, y *oró* con todos
  21.5 puestos de rodillas en la playa, *oramos*
  28.8 después de haber *orado*, le impuso las
Ro   15.30 ruego ... que me ayudéis *orando* por mí
1 Co   11.5 toda mujer que *ora* o profetiza con la
  11.13 que la mujer *ore* a Dios sin cubrirse la
  14.15 *oraré* con el espíritu, pero *o* ... con el
2 Co   13.7 *oramos* ... que ninguna cosa mala hagáis
Ef   6.18 *orando* en todo tiempo con toda oración
Col   1.3 *orando* por vosotros, damos gracias a
  1.9 no cesamos de *orar* por vosotros, y de
  4.3; 1 Ts 5.25; 2 Ts 3.1; Heb 13.18 *orando* también ... por
  nosotros
1 Ts   3.10 *orando* ... que veamos vuestro rostro
  5.17 *orad* sin cesar
2 Ts   1.11 *oramos* siempre por vosotros, para que
1 Ti   2.8 pues, que los hombres *oren* en todo lugar
Stg   5.14 llame a los ancianos de ... y *oren* por él
  5.16 *orad* unos por otros, para que seáis
  5.17 Elías ... *oró* ... para que no lluviese, y no
Jud   20 vosotros ... *orando* en el Espíritu Santo

ORO *v.* Dinero, Moneda, Plata
Éx   25.17 harás un propiciatorio de *o* fino, cuya
  32.24 respondí: ¿Quién tiene *o*? Apartadlo
1 R   7.48 un altar de *o*, y una mesa también de *o*
  9.28 fueron a Ofir y tomaron de allí *o*, 420
  20.3 tu plata y tu *o* son míos, y tus mujeres
2 R   18.16 Ezequías quitó el *o* de las puertas del
2 Cr   1.15 acumuló el rey plata y *o* en Jerusalén
  8.18 tomaron de allá 450 talentos de *o*, y los
Job   22.24 tendrás más *o* que tierra ... *o* de Ofir
  23.10 mas él ... me probará, y saldré como *o*
  28.1 la plata ... y el *o* lugar donde se refina
  28.15 no se dará por *o*, ni su precio será a
  31.24 si puse en el *o* mi esperanza, y dije al
Sal   19.10 deseables son más que el *o* ... *o* afinado
  72.15 vivirá, y se le dará del *o* de Sabá, y se
Pr   16.16 mejor es adquirir sabiduría que *o*
  25.11 manzana de *o* con ... es la palabra dicha
Is   13.12 haré más precioso que el *o* ... al varón
  60.6 *o* en incienso, y publicarán alabanzas
  60.17 en vez de bronce traeré *o*, y por hierro
Lm   4.1 ¡cómo se ha enzegrecido el *o*! ... el buen *o*
Dn   2.38 sobre todo; tú eres aquella cabeza de *o*
Sof   1.18 ni su *o* podrá librarlos en el día de la
Hag   2.8 es la plata, y mío es el *o*, dice Jehová
Zac   13.9 y los probaré como se prueba el *o*
Mt   2.11 le ofrecieron presentes: *o*, incienso y
  10.9 no os proveáis de *o*, ni plata, ni cobre
  23.16 pero si alguno jura por el *o* del templo
Hch   17.29 que la Divinidad sea semejante a *o*
  20.33 ni plata ni *o* ... de nadie he codiciado
1 Co   3.12 si sobre este fundamento ... edificare *o*
1 Ti   2.9 no con peinado ostentoso, ni *o*, ni perlas, ni
2 Ti   2.20 no solamente hay utensilios de *o* y de
Stg   5.3 vuestro *o* y plata están enmohecidos
1 P   1.7 vuestra fe, mucho más preciosa que el *o*
  1.18 no con cosas corruptibles, como *o* o
  3.3 no ... de adornos de *o* o de vestidos lujosos
Ap   3.18 yo te aconsejo que de mí compres *o*
  17.4 adornada de *o*, de piedras preciosas
  21.18 la ciudad era de *o* puro, semejante al
  21.21 la calle de la ciudad era de *o* puro

OSCURIDAD v. Sombra, Tinieblas

Gn	15.12 el temor de una grande *o* cayó sobre él
Éx	20.21 se acercó a la *o* en la cual estaba Dios
Dt	4.11 monte ardía ... con tinieblas, nube y *o*
Jos	24.7 él puso *o* entre vosotros y los egipcios
1 R	8.12; 2 Cr 6.1 Jehová ... él habitaría en la *o*
Job	10.22 tierra de *o*, lóbrega, como sombra de
	29.3 lámpara, a cuya luz yo caminaba en la *o*
Sal	97.2 nubes y *o* alrededor de él; justicia y
Pr	4.19 el camino de los impíos es como la *o*; no
Is	8.22 tribulación y tinieblas, *o* y angustia
	9.1 mas no habrá siempre *o* para la que está
	60.2 tinieblas cubrirán la ... y las naciones
Lm	3.6 me dejó en *o*, como los ya muertos de
Jl	2.2; Sof 1.15 día de tinieblas y de *o*, día de
Miq	3.6 por tanto ... se os hará *o* al adivinar
2 P	2.4 los entregó a prisiones de *o*, para ser
	2.17 los cuales la más densa *o* está reservada
Jud	6 ha guardado bajo *o*, en prisiones eternas
	13 está reservada ... la *o* de las tinieblas

PABLO Hch 7.58—28.31.

Nacido en Tarso, Hch 22.3;
educado con Gamaliel, Hch 22.3;
consiente en la muerte de Esteban, Hch 7.58; 8.1; 22.20;
persigue a la iglesia, Hch 8.3; 9.1–2; 22.4–5; 26.9–11; 1 Co 15.9;
Gl 1.13; Flp 3.6;
convertido cerca de Damasco, Hch 9.1–19; 22.6–16; 26.12–20;
en Arabia, Gl 1.17;
predica en Damasco, Hch 9.20–22; Gl 1.17;
visita Jerusalén, Hch 9.26–28; Gl 1.18–19;
vive en Cilicia, Gl 1.21–23;
obra misionera, Hch 13–14; 15.36—21.17;
en el concilio de Jerusalén, Hch 15.1–29; Gl 2.1–10;
arrestado en Jerusalén, Hch 21.27–40;
encarcelado en Cesarea, Hch 23.23–35;
su defensa ante Félix, Hch 24;
apela a César, Hch 25.10–12;
su defensa ante Agripa, Hch 26.1–32;
viaja a Roma, Hch 27.1—28.16;
predica durante su prisión, Hch 28.17–31.

1 Co	1.13 ¿fue crucificado *P* por vosotros?
	3.4 diciendo el uno: Yo ... soy de *P*; y el otro
2 P	3.15 nuestro amado hermano *P* ... ha escrito

PACTO v. Alianza, Arca, Convenio

Gn	9.9 yo establezco mi *p* con vosotros, y con
	15.18 aquel día hizo Jehová un *p* con Abram
	17.2 mi *p* entre mi y ti, y te multiplicaré
	21.27 Abraham ... Abimelec ... hicieron ... *p*
	26.28 haya ... juramento ... haremos *p* contigo
	31.44 ven, pues, ahora, y hagamos *p* tú y yo
Éx	2.24 se acordó de su *p* con Abraham, Isaac y
	6.4 también establecí mi *p* con ellos, de darles
	19.5 si ... guardareis mi *p*, vosotros seréis
	24.8 la sangre del *p* que Jehová ha hecho
	31.16 por sus generaciones por *p* perpetuo
	34.10 yo hago *p* delante de todo tu pueblo
Lv	26.9 os haré ... y afirmaré mi *p* con vosotros
Nm	18.19 *p* de sal ... delante de Jehová para ti
	25.12 aquí yo establezco mi *p* de paz con él
Dt	4.23 no os olvidéis del *p* de Jehová ... Dios
	5.2 Jehová ... Dios hizo *p* con nosotros en
	9.15 con las tablas del *p* en mis dos manos
	29.1 las palabras del *p* que Jehová mandó a
Jos	24.25 entonces Josué hizo *p* con el pueblo
Jue	2.1 no invalidaré jamás mi *p* con vosotros
	2.2 no hagáis *p* con los moradores de esta
1 S	18.3 hicieron *p* Jonatán y David ... le amaba
	20.16 hizo Jonatán *p* con la casa de David
	23.18 ambos hicieron *p* delante de Jehová
2 S	3.12 envió Abner ... a David ... haz *p* conmigo
	5.3 el rey David hizo *p* con ellos en Hebrón
	23.5 embargo, él ha hecho conmigo *p* perpetuo
1 R	8.23 que guardas el *p* y la misericordia a tus
	15.19 rompe tu *p* con Baasa rey de Israel
	19.10, 14 los hijos de Israel han dejado tu *p*
2 R	11.17 Joiada hizo *p* entre Jehová y el rey
	23.3 hizo *p* delante de Jehová, de que irían
1 Cr	16.15 hace memoria de su *p* perpetuamente
	16.17 confirmó ... a Israel por *p* sempiterno
2 Cr	34.31 hizo ... *p* de caminar en pos de Jehová
Esd	10.3 ahora ... hagamos *p* con nuestro Dios

Neh	9.8 hiciste *p* con él para darle la tierra del
Job	5.23 con las piedras del campo tendrás tu *p*
	31.1 hice *p* con mis ojos; ¿cómo, pues, había
Sal	50.5 los que hicieron conmigo *p* con sacrificios
	89.3 hice *p* con mi escogido; juré a David
	89.34 no olvidaré mi *p*, ni mudaré lo que ha
	105.8; 111.5 se acordó para siempre de su *p*
	106.45 y se acordaba de su *p* con ellos, y se
Is	28.18 será anulado vuestro *p* con la muerte
	33.8 ha anulado el *p*, aborreció las ciudades
	42.6 te pondré por *p* al pueblo, por luz de
	49.8 y te daré por *p* al pueblo, para que restaures
	54.10 no ... ni el *p* de mi paz se quebrantará
	55.3 venid a mí ... haré con vosotros *p* eterno
	59.21 este será mi *p* con ellos, dijo Jehová
	61.8; Jer 32.40 y haré con ellos *p* perpetuo
Jer	11.10 y la casa de Judá invalidaron mi *p*, el
	31.31 días ... en los cuales haré nuevo *p* con
	33.20 mi *p* con el día y mi *p* con la noche
	50.5 juntémonos a Jehová con *p* eterno que
Ez	16.8 y te di juramento, y entré en *p* contigo
	16.60 tendré memoria de mi *p* contigo
	17.14 que guardando el *p*, permaneciese en pie
	34.25 y estableceré con ellos *p* de paz, y
	37.26 haré con ellos *p* de paz, *p* perpetuo será
Dn	9.27 otra semana confirmará el *p* con muchos
	11.28 y su corazón será contra el *p* santo
	11.32 con ... seducirá a los violadores del *p*
Os	6.7 mas ellos, cual Adán, traspasaron el *p*
Am	1.9 y no se acordaron de *p* de hermanos
Mal	2.5 mi *p* con él fue de vida y de paz, las
Mt	26.68; Mc 14.24; Lc 22.20; 1 Co 11.25 esto es mi sangre del nuevo *p*
Lc	1.72 misericordia ... y acordarse de su santo *p*
Hch	3.25 del *p* que Dios hizo con nuestros padres
Ro	11.27 y este será mi *p* con ellos, cuando yo
2 Co	3.6 nos hizo ministros ... de un nuevo *p*
Gl	3.15 un ... ratificado, nadie lo invalida
	3.17 que el *p* previamente ratificado por Dios
	4.24 estas mujeres son los dos *p*; la una
Ef	2.12 ajenos a los *p* de la promesa ... sin Dios
Heb	7.22 Jesús es hecho fiador de un mejor *p*
	8.6 el suyo, cuanto es mediador de un mejor *p*
	8.8 estableceré con la casa de ... un nuevo *p*
	9.15 por eso es mediador de un nuevo *p*, para
	9.20 esta es la sangre del *p* que Dios os ha
	10.16 este es le *p* que haré con ellos después
	12.24 a Jesús el Mediador del nuevo *p*, y a
	13.20 pastor de ... por la sangre del *p* eterno

PADRE v. Dios, Madre

Gn	2.24 dejará el hombre a su *p* y a su madre
	17.5 te he puesto por *p* de muchedumbre de
	43.27 ¿vuestro *p*, el anciano ... lo pasa bien?
Éx	20.5; 34.7; Nm 14.18; Dt 5.9 la maldad de los *p* sobre los hijos
	20.12; Dt 5.16 honra a tu *p* y a tu madre
Lv	20.9 hombre que maldijere a su *p* ... morirá
Dt	24.16; 2 R 14.6; 2 Cr 25.4 los *p* no morirán por los hijos, ni los hijos por los *p*
Jue	17.10 le dijo ... serás para mi *p* y sacerote
2 S	7.14; 1 Cr 17.13 le seré a él *p*, y él me será
2 R	2.12 Eliseo, clamaba: *P* mío, *P* mío, carro
Job	29.16 a los menesterosos era *p*; y de la causa
Sal	27.10 aunque mi *p* y mi madre me dejaran
	68.5 *p* de huérfanos y defensor de viudas es
	95.9 donde me tentaron vuestros *p* ... probaron
	103.13 como el *p* se compadece de los hijos
Pr	4.1 oíd, hijos, la enseñanza de un *p*, y estad
	6.20 guarda ... el mandamiento de tu *p*, y no
	10.1; 15.20 el hijo sabio alegra al *p*, pero el
	13.1 el hijo sabio recibe el consejo del *p*; mas
	17.21 el que ... y el *p* del necio no se alegrará
	23.24 mucho se alegrará el *p* del justo, y el
Is	63.16; 64.8 tú, oh Jehová, eres nuestro *p*
Jer	3.4 ¿no me llamarás a mí, *P* mío, guiador de
	31.9 porque soy a Israel por *p*, y Efraín es mi
	31.29; Ez 18.2 los *p* comieron las uvas agrias
Ez	18.20 el hijo no llevará el pecado del *p*
Mal	1.6 si, pues, soy yo *p*, ¿dónde está mi honra?
	2.10 ¿no tenemos todos un mismo *p*? ¿No nos
	4.6 volver es corazón de los *p* hacia los hijos
Mt	5.48 sed, pues ... perfectos, como vuestro *P*

6.6 cerrada la puerta, ora a tu *P* que está en
6.9; Lc 11.2 *P* nuestro que estás en los cielos
6.15; Mc 11.26 tampoco vuestro *P* os perdonará
7.11 ¿cuanto más vuestro *P* que está en los
7.21 sino el que hace la voluntad de mi *P*
8.21; Lc 9.59 que vaya ... y entierre a mi *p*
10.21 entregará a la muerte ... y el *p* al hijo
10.32 también le confesaré delante de mi *P*
10.37 el que ama a *p* o madre más que a mí
11.27 las cosas me fueron entregadas por mi *P*
11.27; Lc 10.22 nadie conoce al ... sino el *P*
12.50 aquel que hace la voluntad de mi *P* que
15.4; Mc 7.10 honra a tu *p* ... maldiga al *p*
16.27 vendrá en la gloria de su *P* con sus
18.10 ven ... el rostro de mi *P* que está en los
18.14 no es la voluntad de vuestro *P* que se
18.35 así ... mi *P* celestial hará con vosotros
19.5; Mc 10.7; Ef 5.31 dejará *p* y madre, y
19.19; Mc 10.19; Lc 18.20; Ef 6.2 honra a tu *p*
  y a tu madre
21.33 hubo un hombre, *p* de familia, el cual
23.9 no llaméis,*p* vuestro a nadie en la tierra
24.36; Mc 13.32 nadie sabe ... sino sólo mi *P*
28.19 bautizándolos en el nombre del *P*, y del

Mc 13.12; Lc 12.53 y el *p* al hijo ... contra los *p*
14.36 Abba, *P*, todas las cosas son posibles

Lc 1.17 volver los corazones de los *p* a los hijos
2.27 cuando los *p* del niño Jesús lo trajeron
2.49 ¿no sabías que en los negocios de mi *P*
6.36 sed ... como ... vuestro *P* es misericordioso
11.11 ¿qué *p* de vosotros, si su hijo le pide
11.13 ¿cuánto más vuestro *P* celestial dará el
12.32 a vuestro *P* le ha placido daros el reino
13.25 que el *p* de familia se haya levantado
15.12 menor ... dijo a su *p*: *P*, dame la parte
22.42 *P*, si quieres, pasa de mí esta copa
23.34 Jesús decía: *P*, perdónalos, porque no
23.46 *P*, en tus manos encomiendo mi espíritu
24.49 la promesa de mi *P* sobre vosotros

Jn 2.16 no hagáis de la casa de mi *P* casa de
3.35 el *P* ama al Hijo, y todas las cosas ha
4.23 adorarán al *P* en espíritu y en verdad
5.17 mi *P* hasta ahora trabaja, y yo trabajo
5.20 el *P* ama al Hijo, y le muestra todas
5.37 el *P* que me envió ha dado testimonio
5.43 yo he venido en nombre de mi *P*, y no
6.37 todo lo que el *P* me da, vendrá a mí
6.46 no que alguno haya visto al *P*, sino
6.65 venir a mí, si no le fuere dado del *P*
8.16 sólo, sino yo y el que me envió, el *P*
8.39 y le dijeron: Nuestro *p* es Abraham
8.49 yo no tengo demonio, antes honro a mi *P*
8.54 mi *P* es el que me glorifica, el que
10.30 yo y el *P* uno somos
12.26 si alguno me sirviere, mi *P* le honrará
12.49 el *P* ... me dio mandamiento de lo que
14.10 ¿no ... que yo soy en el *P*, y el *P* en mí?
14.20 vosotros conoceréis que yo estoy en mi *P*
14.28 voy al *P*; porque el *P* mayor es que yo
15.1 yo soy la vid ... y mi *P* es el labrador
15.10 he guardado los mandamientos de mi *P*
15.23 el que me aborrece ... a mi *P* aborrece
16.3 harán esto porque no conocen al *P* ni a
16.15 todo lo que tiene el *P*, es mío; por eso
16.16 y no me veréis ... porque yo voy al *P*
16.23 cuanto pidiereis al *P* en mi nombre, os
20.21 como me envió el *P*, así también yo os

Ro 4.17 te he puesto por *p* de muchas gentes
8.15; Gl 4.6 el cual clamamos: ¡Abba, *P*!

1 Co 8.6 el *P*, del cual proceden todas las cosas

2 Co 1.3 *P* de misericordias y Dios de toda
6.18 y seré para vosotros por *P*, y vosotros me
12.14 no deben atesorar los hijos para los *p*, sino los *p* para
  los hijos

Ef 2.18 entrada por un mismo Espíritu al *P*
4.6 un Dios y *P* de todos, el cual es sobre
6.1; Col 3.20 hijos, obedeced ... a vuestros *p*
6.4; Col 3.21 *p*, no provoquéis a ira ... hijos

1 Ts 2.11 como el *p* a sus hijos, exhortábamos

1 Ti 5.4 y a recompensar a sus *p*; porque esto

Heb 1.5 yo seré a él *P*, y él me será a mi hijo
3.9 me tentaron vuestros *p*; me probaron
7.3 sin *p*, sin madre, sin genealogía; que ni

12.9 tuvimos a nuestros *p* terrenales que nos

Stg 1.17 desciende de lo alto, del *P* de las luces

1 P 1.17 invocáis por *P* a aquel que sin acepción

1 Jn 1.2 estaba con el *P*, y se nos manifestó
1.3 nuestra comunión ... es con el *P*, y con
2.1 abogado tenemos ... con el *P*, a Jesucristo
2.13 escribo a vosotros, *p*, porque conocéis
2.15 ama al mundo, el amor del *P* no está en
5.7 *P*, el Verbo y el Espíritu Santo; y estos

2 Jn 9 persevera ... ése sí tiene al *P* y al Hijo

Ap 3.5 confesaré su nombre delante de mi *P*

PAGAR v. Dar, Entregar

Dt 23.21 voto a Jehová ... no tardes en *pagarlo*
32.6 ¿así *pagáis* a Jehová, pueblo loco e

1 S 24.17 has *pagado* con bien.. yo *p* con mal
26.23 y Jehová *pague* a cada uno su justicia

2 R 4.7 vende el aceite, y *paga* a tus acreedores

Job 34.11; Sal 62.12; Pr 12.14 él *pagará* al hombre según su
  obra

Sal 37.21 el impío toma prestado, y no *paga*; mas el
66.13 entraré en tu ... te *pagaré* mis votos
76.11 prometed, y *pagad* a Jehová vuestro Dios
103.10 ni nos ha *pagado* conforme a nuestros
116.12 ¿qué *pagaré* a Jehová por todas sus

Pr 19.17 y el bien ... hecho, se lo volverá a *pagar*
22.27 si no tuvieres para *pagar*, ¿por qué han

Jer 16.18 primero *pagaré* al doble su iniquidad y
50.29 *pagadle* según su obra; conforme a todo

Ez 23.49 *pagaréis* los pecados de ... idolatría

Os 4.9 le ... y le *pagaré* conforme a sus obras

Jon 2.9 *pagaré* lo que prometí. La salvación

Mt 17.24 ¿vuestro Maestro no *paga* las dos
18.25 como no pudo *pagar*, ordenó ... venderle
18.26 ten paciencia ... y yo te lo *pagaré* todo

Lc 7.42 no teniendo ellos con qué *pagar*, perdonó
10.35 de más, yo te lo *pagaré* cuando regrese

Hch 21.24 *paga* ... para que se rasuren la cabeza

Ro 12.17 no *paguéis* a nadie mal por mal
12.19 mía es la venganza, yo *pagaré*, dice el
13.7 *pagad* a todos lo que debéis: al que

1 Ts 5.15 que ninguno *pague* a otro mal por mal

2 Ts 1.6 es justo ... Dios *pagar* con tribulación

2 Ti 4.14 Señor le *pague* conforme a sus hechos

Heb 7.9 en Abraham *pagó* el diezmo ... Leví, que

Ap 18.6 *pagadle* doble según sus obras

PALABRA v. Palabra de Dios, Palabra de Jehová

Éx 4.10 Señor! nunca he sido hombre de fácil *p*

Nm 22.35 pero la *p* que yo te diga, esa hablarás

Dt 11.18 pondréis . mis *p* en vuestro corazón
18.18 mis *p* en su boca, y él les hablará
30.14 porque muy cerca de ti está la *p*, en tu

Jos 21.45; 23.14 no faltó *p* de todas las buenas

Job 6.10 que yo no he escondido las *p* del Santo
6.25 ¡cuán eficaces son las *p* rectas! Pero
15.11 y las *p* que con dulzura se te dicen?
35.16 por eso ... multiplica *p* sin sabiduría

Sal 68.11 el Señor daba *p*; había grande multitud
105.42 acordó de su santa *p* dada a Abraham
107.20 envió su *p*, y los sanó, y los libró de
119.57 es Jehová ; he dicho que guardaré tus *p*
119.82 desfallecieron mis ojos por tu *p*
119.89 para siempre ... permanece tu *p* en los
119.130 la exposición de tus *p* alumbra; hace
119.140 sumamente pura es tu *p*, y la ama tu
119.160 la suma de tu *p* es verdad, y eterno

Pr 6.1 si has empeñado tu *p* a un extraño
10.19 en las muchas *p* no falta pecado; mas
17.27 el que ahorra sus *p* tiene sabiduría
30.5 toda *p* de Dios es limpia; él es escudo a

Is 5.24 abominaron la *p* del Santo de Israel
40.8 la *p* del Dios nuestro permanece para
55.11 así será mi *p* que sale de mi boca, no

Jer 7.27 tú, pues, les dirás todas estas *p*, pero
15.16 fueron halladas tus *p*, y yo las comí
18.18 la *p* no faltará al ... ni la *p* al profeta
23.28 aquel a quien fuere mi *p*, cuente mi *p*
44.28 la *p* de quién ha de permanecer; si la

Hab 2.3 oh Jehová, he oído tu *p*, y temí

Mt 4.4; Lc 4.4 de toda *p* que sale de la boca de
8.8; Lc 7.7 dí la *p*, y mi criado sanará
22.15 fariseos ... cómo sorprenderle en alguna *p*

24.35; Mc 13.31 tierra pasarán, pero mis *p*

Mc 4.14 el sembrador es el que siembra la *p*
8.38 el que se avergonzare de mí y de mis *p*
16.20 confirmando la *p* con las señales que

Lc 12.10 que dijere alguna *p* contra el Hijo del
24.19 poderoso en obra y en *p* delante de Dios

Jn 5.24 el que oye mi *p*, y cree al que me envió
5.38 ni tenéis su *p* morando en vosotros
6.68 Señor, ¿a ... Tú tienes *p* de vida eterna
8.31 si vosotros permaneciereis en mi *p*
8.37 porque mi *p* no halla cabida en vosotros
8.51 el que guarda mi *p*, nunca verá muerte
12.48 no recibe mis *p* ... la *p* ... ella le juzgará
14.24 la *p* que habéis oído no es mía, sino del
15.3 ya vosotros estáis limpios por la *p* que
17.6 eran , y me los diste, y han guardado tu *p*

Hch 5.20 anunciad al pueblo todas las *p* de esta
6.7 crecía la *p* del Señor, y el número de los
7.38 Moisés ... recibió *p* de vida que darnos
12.24 la *p* del Señor crecía y se multiplicaba
19.10 todos ... Asia ... oyeron la *p* del Señor

Ro 3.2 que les ha sido confiada la *p* de Dios
10.8 cerca de ti está la *p*, en tu boca y en tu

1 Co 2.1 no fui con excelencia de *p* o de
4.20 porque el reino de Dios no consiste en *p*

2 Co 11.6 aunque sea tosco en la *p*, no lo soy en

Flp 2.16 asidos de la *p* de vida, para que en el día

Col 3.16 la *p* de Cristo more en abundancia en
3.17 todo lo que hacéis, sea de *p* o de hecho
4.6 sea vuestra *p* siempre con gracia ... con sal

1 Ts 1.5 evangelio no llegó a ... en *p* solamente
1.8 ha sido divulgada la *p* del Señor, no sólo

2 Ts 3.1 la *p* del Señor corra y sea glorificada

2 Ti 2.15 obrero ... que usa bien la *p* de verdad

Tit 1.9 retenedor de la *p* fiel tal como ha sido
2.8 *p* sana e irreprochable, de modo que el

Stg 1.21 recibid con mansedumbre la *p* implantada

1 P 1.25 la *p* del Señor permanece para siempre

2 P 1.19 tenemos ... la *p* profética más segura

1 Jn 1.10 si decimos ... su *p* no está en nosotros
2.5 el que guarda su *p* ... el amor de Dios se
3.18 no amemos de *p* ni de lengua, sino de

Ap 3.8 has guardado mi *p*, y no-has negado mi
22.19 si alguno quitare de las *p* del libro de

PALABRA de Dios *v.* Palabra, Palabra de Jehová

1 S 9.27 espera tú ... que te declare la *p* de *D*

Mc 7.13 invalidando la *p* de *D* con vuestra

Lc 3.2 vino *p* de *D* a Juan, hijo de Zacarías, en el
5.1 se agolpaba sobre él para oir la *p* de *D*
8.11 es ... la parábola: La semilla es la *p* de *D*
8.21 son los que oyen la *p* de *D*, y la hacen
11.28 bienaventurados los que oyen la *p* de *D*

Hch 4.31 y hablaban con denuedo la *p* de *D*
6.2 no es justo que ... dejemos la *p* de *D*, para
8.14 que Samaria había recibido la *p* de *D*
11.1 los gentiles habían recibido la *p* de *D*
13.7 éste, llamando a ... deseaba oir la *p* de *D*
13.44 se juntó ... la ciudad para oir la *p* de *D*
13.46 que se os hablase primero la *p* de *D*

Ro 9.6 no que la *p* de *D* haya fallado; porque no
10.17 es por el oir, y el oir, por la *p* de *D*

1 Co 14.36 h salido de vosotros la *p* de *D*

2 Co 2.17 que medran falsificando la *p* de *D*

Ef 6.17 y la espada del Espíritu, que es la *p* de *D*

Col 1.25 que anuncie cumplidamente la *p* de *D*

1 Ts 2.13 que cuando recibisteis la *p* de *D* que

2 Ti 2.9 prisiones ... mas la *p* de *D* no está presa

Tit 2.5 para que la *p* de *D* no sea blasfemada

Heb 4.12 porque la *p* de *D* es viva y eficaz, y más
6.5 asimismo gustaron de la buena *p* de *D*
11.3 sido constituído el universo por la *p* de *D*
13.7 pastores, que os hablaron la *p* de *D*

1 P 1.23 siendo renacidos ... por la *p* de *D* que
4.11 si ... habla, hable conforme a las *p* de *D*

2 P 3.5 fueron hechos por la *p* de *D* los cielos

1 Jn 2.14 y la *p* de *D* permanece en vosotros

Ap 1.2 que ha dado testimonio de la *p* de *D*, y del
1.9 estaba en ... Patmos, por causa de la *p* de *D*
20.4 almas de los decapitados ... por la *p* de *D*

PALABRA de Jehová *v.* Palabra, Palabra de Dios

Nm 15.31 por cuanto tuvo en poco la *p* de *J*

1 S 3.1 la *p* de *J* escaseaba en aquellos días; no

1 R 12.22 vino *p* de *J* a Semaías varón de Dios

2 R 20.19; Is 39.8 la *p* de *J* que has hablado es

Sal 33.4 recta es la *p* de *J*, y toda su obra es

Is 1.10 príncipes de Sodoma, oíd la *p* de *J*
2.3 Sion saldrá la ley, y de Jerusalén la *p* de *J*
38.4 entonces vino *p* de *J* a Isaías, diciendo
66.5 oíd *p* de *J*, vosotros los que tembláis a su

Jer 1.2 *p* de *J* que le vino en los días de Josías
8.9 he aquí que aborrecieron la *p* de *J*; ¿y qué
17.15 ellos me dicen: ¿Dónde está la *p* de *J*?
20.8 porque la *p* de *J* me ha sido para afrenta
42.7 al ... de diez días vino *p* de *J* a Jeremías

Ez 1.3 vino *p* de *J* al sacerdote Ezequiel hijo de

Os 1.1 *p* de *J* que vino a Oseas hijo de Beeri, en

Jl 1.1 *p* de *J* que vino a Joel, hijo de Petuel

Am 8.12 irán errantes ... buscando *p* de *J*, y no

Jon 1.1 vino *p* de *J* a Jonás hijo de Amitai

Miq 1.1 *p* de *J* que vino a Miqueas ... en días de

Sof 1.1 *p* de *J* que vino a Sofonías hijo de Cusi
2.5 la *p* de *J* es contra vosotros, oh Canaán

Hag 2.1 vino *p* de *J* por medio del profeta Hageo

Zac 1.1 vino *p* de *J* al profeta Zacarías hijo de

Mal 1.1 profecía de la *p* de *J* contra Israel, por

PARAÍSO *v.* Cielo, Edén

Is 51.3 y cambiará su desierto en *p*, y su soledad

Lc 23.43 te digo que hoy estarás conmigo en el *p*

2 Co 12.4 que fue arrebatado al *p*, donde oyó

Ap 2.7 árbol de la vida ... en medio del *p* de Dios

PASCUA *v.* Fiesta

Éx 12.11 y lo comeréis así ... es la *P* de Jehová

Nm 9.5 celebraron la *p* en el mes primero, a los
28.16 a los 14 días del mes ... la *p* de Jehová

Dt 16.1 el mes de Abib, y harás *p* a Jehová tu

Jos 5.10 los hijos de Israel ... celebraron la *p*

2 R 23.21 haced la *p* a Jehová vuestro Dios

2 Cr 30.1 para celebrar la *p* a Jehová Dios de
35.1 Josías celebró la *p* a Jehová en Jerusalén

Esd 6.19 hijos de la cautivida celebraron la *p*

Mt 26.2 que dentro de los días se celebra la *p*
26.19; Mc 14.16; Lc 22.13 preparAron la *p*

Lc 22.1 la fiesta de los panes ... que se llama la *p*
22.15 comer con ... esta *p* antes que padezca!

Jn 2.23 en la fiesta de la *p*, muchos creyeron en
13.1 antes de la fiesta de la *p*, sabiendo
18.39 costumbre de que os suelte uno en la *p*

Hch 12.4 sacarle al pueblo después de la *p*

1 Co 5.7 *p*, que es Cristo, ya fue sacrificada

Heb 11.28 por la fe celebró la *p* y la aspersión de

PASIÓN *v.* Concupiscencia, Deseo, Placer

Ro 1.26 Dios los entregó a *p* vergonzosas; pues

2 Ti 2.22 huye también de las *p* juveniles, y sigue

Stg 4.1 ¿no es de vuestras *p*, las cuales combaten
5.17 Elías era hombre sujeto a *p* ... y oró

PASTOR *v.* Oveja

Gn 4.2 y Abel fue *p* ... y Caín fue labrador de la
13.7 contienda entre los *p* del ... y los *p* del

Nm 27.17 congregación ... no sea como ... sin *p*

1 R 22.17; 2 Cr 18.16 ovejas que no tienen *p*

Sal 23.1 Jehová es mi *p*; nada me faltará
80.1 *P* de Israel, escucha; tú que pastoreas

Is 40.11 como *p* apacentará su rebaño; en su
44.28 es mi *p*, y cumplirá todo lo que yo
56.11 los *p* mismos no saben entender; todos

Jer 2.8 *p* se rebelaron contra mí, y los profetas
3.15 y os daré *p* según mi corazón, que os
10.21 los *p* se infatuaron, y no buscaron a
23.1 ¡ay de los *p* que destruyen y dispersan
23.4 y pondré sobre ellas *p* que las apacienten
25.34 aullad, *p*, y clamad; revolcaos en el
31.10 lo reunirá y guardará, como el *p* a su

Ez 34.2 profetiza contra los *p* y dí a los *p*
34.5 y andan errantes por falta de *p*, y son
34.23 levantaré sobre ellas a un *p*, y él las
37.24 ellos, y todos ellos tendrán un solo *p*

Am 1.1 palabras de Amós, que fue uno de los *p*
3.12 de la manera que el *p* libra de la boca

Zac 10.2 pueblo vaya ... sufre porque no tiene *p*
11.16 yo levanto ... a un *p* que no visitará las
13.7 hiere al *p*, y serán dispersadas las ovejas

PAZ

Mt	9.36; Mc 6.34 como ovejas que no tienen *p*
	26.31; Mc 14.27 heriré al *p*, y las ovejas del
Lc	2.8 había *p* en la misma región, que velaban
Jn	10.2 el que entra por la ... el *p* de las ovejas es
	10.11 yo soy el buen *p*; el buen *p* su vida da
	10.12 el asalariado, y que no es el *p* ... huye
	10.16 y oirán ... y habrá un rebaño, y un *p*
Ef	4.11 constituyó a ... a otros, *p* y maestros
Heb	13.7 acordaos de vuestros *p*, que os hablaron
	13.17 obedeced a vuestros *p*, y sujetaos a
	13.20 el gran *p* de las ovejas, por la sangre
1 P	2.25 habéis vuelto al *P* y Obispo de vuestras
	5.4 cuando aparezca el Príncipe de los *p*

PAZ v. Descanso, Reposo, Sacrificio

Lv	3.1 si su ofrenda fuere sacrificio de *p*, si
	7.11 esta es la ley del sacrificio de *p* que se
	26.6 yo daré *p* en la tierra, y dormiréis, y no
Nm	6.26 Jehová alce ... su rostro, y ponga en ti *p*
Dt	20.10 cuando te acerques ... le intimarás la *p*
	29.19 tendré *p*, aunque ande en la dureza de
Jue	6.23 Jehová le dijo: *P* a ti; no tengas temor
	1 R 2.13 le dijo: ¿Es tu venida de *p*? ... Sí, de *p*
	2 R 18.31; Is 36.16 haced conmigo *p*, y salid a
	20.19; Is 39.8 habrá ... *p* y seguridad en mis
1 Cr	12.17 si habéis venido a mí para *p* o para
	22.9 daré *p* y reposo sobre Israel en sus días
	22.18 Dios ... os ha dado *p* por todas partes?
2 Cr	14.6 había *p* en ... Jehová le había dado *p*
Neh	9.28 una vez que tenían *p*, volvían a hacer
Job	3.26 no he tenido *p*, no me aseguré, ni estuve
	22.21 vuelve ahora en amistad ... y tendrás *p*
	25.2 están con él; él hace *p* en sus alturas
Sal	4.8 en *p* me acostaré, y asimismo dormiré
	28.3 los cuales hablan *p* con sus prójimos
	29.11 Jehová bendecirá a su pueblo con *p*
	34.14 mal, y haz el bien; busca la *p*, y síguela
	35.20 no hablan *p*; y contra los mansos de la
	35.27 Jehová, que ama la *p* de su siervo
	41.9 el hombre de mi *p*, en quien yo confiaba
	72.3 los montes llevarán *p* al pueblo, y los
	72.7 justicia, y ... *p*, hasta que no haya luna
	85.8 hablará *p* a su pueblo y a sus santos
	119.165 muhca *p* tienen los que aman tu ley
	122.6 pedid por la *p* de Jerusalén; sean
	125.5 mas a los que ... *p* sea sobre Israel
Pr	3.2 largura de días ... vida y *p* te aumentarán
	3.17 son ... deleitosos, y todas sus veredas *p*
Cnt	8.10 desde que fui ... como la que halla *p* en
Is	9.6 su hombro; y se llamará ... Príncipe de *p*
	9.7 dilatado de su imperio y la *p* no tendrán
	26.3 guardarás en completa *p* a aquel cuyo
	26.12 Jehová, tú nos darás *p*, porque también
	27.5 haga conmigo *p*; sí, haga *p* conmigo
	32.17 el efecto de la justicia será *p*; y la
	38.17 amargura grande me sobrevino en la *p*
	39.8 lo menos, haya *p* y seguridad en mis días
	45.7 que hago la *p* y creo la adversidad
	48.18 fuera entonces tu *p* como un río, y tu
	48.22; 57.21 no hay *p* para los malos, dijo
	52.7 que anuncia la *p*, del que trae nuevas
	53.5 el castigo de nuestra *p* fue sobre él, y
	54.13 y se multiplicará la *p* de tus hijos
	55.12 alegría saldréis, y con *p* seréis vueltos
	57.2 entrará en la *p*; descansarán en sus
	57.19 *p*, *p* al que está lejos y al cercano
	59.8 no conocieron camino de *p*, ni hay
	60.17 y pondré *p* por tu tributo, y justicia
	66.12 yo extiendo sobre ella *p* como un río
Jer	6.14; 8.11 curan ... diciendo: *P*, *p*; y no hay *p*
	8.15; 14.19 esperamos *p*, y no hubo bien
	14.13 y en este lugar os daré *p* verdadera
	16.5 yo he quitado mi *p* de este pueblo, dice
	28.9 el profeta que profetiza de *p*, cuando
	29.7 y procurad la *p* de la ciudad a la cual
	29.11 pensamientos de *p*, y no de mal, para
	33.6 revelaré abundancia de *p* y de verdad
	38.4 no busca la *p* de este pueblo, sino el
Ez	7.25 viene; y buscarán la *p*, y no la habrá
	13.10 engañaron ... diciendo: *P*, no habiendo *p*
	34.25; 37.26 haré con ellos pacto de *p*
Miq	3.5 claman: *P*, cuando tienen algo que comer
	5.5 y éste será nuestra *p*. Cuando el asirio

Nah	1.15 los pies del que ... del que anuncia la *p*
Hag	2.9 daré *p* en este lugar, dice Jehová de los
Zac	8.12 porque habrá simiente de *p*; la vid dará
	9.10 hablará *p* a las naciones, y su señorío
Mt	10.13 si la casa fuere digna, vuestra *p* vendrá
	10.34; Lc 12.51 no he venido para traer *p*
Mc	9.50 mismos; y tened *p* los unos con los otros
Lc	1.79 encaminar nuestros pies por camino de *p*
	2.14 en la tierra *p*, buena voluntad para con
	10.6 hijo de *p*, vuestrá *p* reposará sobre él
	14.32 le envía ... y le pide condiciones de *p*
	19.38 *p* en el cielo, y gloria en las alturas
	19.42 si ... conocieses ... lo que es para tu *p*
	24.36; Jn 20.19 Jesús ... dijo: *P* a vosotros
Jn	14.27 la *p* os dejo, mi *p* os doy; yo no os la doy
	16.33 os he hablado para que en mí tengáis *p*
Hch	9.31 las iglesias tenían *p* por toda Judea
	10.36 anunciando el evangelio de la *p* por
Ro	3.17 y no conocieron camino de *p*
	5.1 justificados, pues, por la fe, tenemos *p*
	8.6 pero el ocuparse del Espíritu es vida y *p*
	10.15 son los pies de los que anuncian la *p*
	12.18 si es ... estad en *p* con todos los hombres
	14.17 sino justicia, *p* y gozo en el Espíritu
	14.19 sigamos lo que contribuye a la *p* y a la
	15.13 Dios ... os llene de todo gozo y *p* en el
1 Co	1.3; 2 Co 1.2; Ef 1.2; Flp 1.2; Col 1.2;
	1 Ts 1.1; 2 Ts 1.2; 2 Ti 1.2; Tit 1.4; Flm 3 gracia
	y *p* a vosotros
	7.15 no está ... sino que a *p* nos llamó Dios
	14.33 Dios no es Dios de confusión, sino de *p*
2 Co	13.11 vivid en *p*; y el Dios de *p* y de amor
Gl	5.22 gozo, *p*, paciencia, benignidad, bondad
	6.16 *p* y misericordia sea a ellos, y al Israel
Ef	2.14 él es nuestra *p*, que de ambos ... hizo uno
	2.17 vino y anunció las buenas nuevas de *p*
	4.3 la unidad del ... en el vínculo de la *p*
	6.23 *p* sea a los hermanos, y amor con fe
Flp	4.7 y la *p* de Dios, que sobrepasa todo
	4.9 haced; y el Dios de *p* estará con vosotros
Col	1.20 haciendo la *p* mediante la sangre de su
	3.15 y la *p* de Dios gobierne en vuestros
1 Ts	5.3 cuando digan: *P* y seguridad, entonces
	5.13 de su obra. Tened *p* entre vosotros
2 Ts	3.16 el mismo Señor de *p* os dé siempre *p*
2 Ti	2.22 y sigue la justicia, la fe, el amor y la *p*
Heb	12.14 seguid la *p* con todos, y la santidad
Stg	3.18 se siembra en *p* para ... que hacen la *p*
1 P	1.2 gracia y *p* os sean multiplicadas
	3.11 y haga el bien; busque la *p*, y sígala
	5.14 *p* sea con todos vosotros los que estáis
2 P	3.14 ser hallados por él ... irreprensibles, en *p*
Ap	6.4 dado poder de quitar de la tierra la *p*

PECADO v. Culpa, Iniquidad, Maldad, Malo, Ofensa, Ofrenda, Prevaricación, Transgresión

Éx	29.14 quemarás a fuego ... es ofrenda por el *p*
	32.30 vosotros habéis cometido un gran *p*
Lv	4.3 ofrecerá a Jehová, por su *p* ... un becerro
Nm	5.6 cometieren alguno de todos los *p* con que
	32.23 sabed que vuestro *p* os alcanzará
Dt	9.27 no mires a ... ni a su impiedad ni a su *p*
	24.16; 2 R 14.6; 2 Cr 25.4 cada uno morirá por su propio *p*
2 Cr	7.14 y perdonaré sus *p*, y sanaré su tierra
	28.13 tratáis de añadir sobre nuestros *p* y
	28.22 Acaz ... añadió mayor *p* contra Jehová
Esd	10.6 se entristeció a causa del *p* de los del
Neh	9.2 confesaron sus *p*, y las iniquidades de
Job	14.16 cuentas los ... y no das tregua a mi *p*
Sal	25.7 ni de mi juventud, y de mis rebeliones
	32.1 ha sido perdonada, y cubierto su *p*
	51.5 formado, y en *p* me concibió mi madre
	51.9 esconde tu rostro de mis *p*, y borra todas
	130.3 si mirares a los *p*, ¿quién, oh Señor
Pr	5.22 retenido será con las cuerdas de su *p*
	14.9 los necios se mofan del *p*; mas entre los
	14.34 mas el *p* es afrenta de las naciones
	20.9 podrá decir: Yo ... limpio estoy de mi *p*?
	24.9 el pensamiento del necio es *p*, y
Is	1.18 si vuestros *p* fueren como la grana, como
	3.9 como Sodoma publican su *p*, no lo
	5.18 y el *p* como con coyundas de carreta

6.7 tocó ... y es quitada tu culpa, y limpio tu *p*
30.1 hijos que se apartan ... añadiendo *p* a *p*!
38.17 echaste tras tus espaldas todos mis *p*
40.2 *p* es perdonado, que doble ha recibido
53.5 él herido fue ... molido por nuestros *p*
53.6 mas Jehová cargó en él el *p* de todos
53.10 puesto su vida en expiación por el *p*
59.2 y vuestros *p* han hecho ocultar ... rostro

Jer 5.25 vuestros *p* apartaron de vosotros el bien
17.1 el *p* de Judá escrito está con cincel de
51.5 su tierra fue llena de *p* contra el Santo

Lm 1.8 *p* cometió Jerusalén, por lo cual ella ha

Ez 33.14 si él se convirtiere de su *p*, e hiciere
39.23 de Israel fue llevada cautiva por su *p*

Dn 4.27 mi consejo: tus *p* redime con justicia, y

Os 13.2 ahora añadieron a su *p*, y de su plata se

Am 1.3 por tres *p* de Damasco, y por el cuarto

Miq 7.18 olvida el *p* del remanente de su heredad?

Zac 13.1·la purificación del *p* y de la inmundicia

Mt 9.2; Mc 2.5; Lc 5.20 tus *p* te son perdonados
26.28 es derramada para remisión de los *p*

Mc 1.4 predicaba el bautismo ... perdón de *p*
3.28 todos los *p* serán perdonados a ... hombres
4.12 conviertan, y les sean perdonados los *p*

Lc 11.4 perdónanos nuestros *p*, porque también

Jn 1.29 el Cordero de ... que quita el *p* del mundo
8.7 de vosotros esté sin *p* sea el primero en
8.24 por eso os dije que moriréis en ... *p*
8.34 todo aquel que hace *p*, esclavo es del *p*
8.46 ¿quién de vosotros me redarguye de *p*?
9.41 si fuerais ciegos, no tendríais *p*; mas ahora
15.22 ni les hubiera hablado, no tendrían *p*
16.8 él venga, convencerá al mundo de *p*, de
20.23 a quienes remitiereis los *p*, les son

Hch 2.38 bautícese cada ... para perdón de los *p*
3.19 para que sean borrados vuestros *p*; para
22.16 y lava tus *p*, invocando su nombre

Ro 3.9 hemos acusado ... que todos están bajo *p*
3.20 medio de la ley es el conocimiento del *p*
4.7 bienaventurados ... cuyos *p* son cubiertos
4.8 el varón a quien el Señor no inculpa de *p*
5.12 el *p* entró en el mundo por un hombre
5.13 pues antes de la ley, había *p* en el mundo
5.13 donde no hay ley, no se inculpa de *p*
5.20 mas cuando el *p* abundó, sobreabundó la
5.21 que así como el *p* reinó para muerte, así
6.1 ¿perseveraremos en el *p* para que la gracia
6.2 que hemos muerto al *p*, ¿cómo viviremos
6.6 destruido ... que no sirvamos más al *p*
6.10 en cuanto murió, al *p* murió una vez
6.11 considéraos muertos al *p*, pero vivos
6.14 el *p* no se enseñoreará de vosotros; pues
6.23 porque la paga del *p* es muerte, mas la
7.7 ¿qué diremos, pues? ¿La ley es *p*? En
7.7 pero yo no conocí el *p* sino por la ley
7.13 el *p*, para mostrarse, produjo en mí
7.13 *p* llegase a ser sobremanera pecaminoso
7.14 la ley ... mas yo soy carnal, vendido al *p*
7.23 me lleva cautivo a la ley del *p* que está
8.2 ha librado de la ley del *p* y de la muerte
8.3 semejanza de carne de *p* y a causa del *p*
8.10 el cuerpo ... está muerto a causa del *p*
11.27 pacto con ellos, cuando yo quite sus *p*
14.23 todo lo que no proviene de fe, es *p*

1 Co 15.17 fe es vana; aún estáis en vuestros *p*
15.56 el aguijón ... es el *p*, y el poder del *p*

2 Co 5.19 no tomándoles en cuenta lo ... sus *p*
5.21 que no conoció *p*, por nosotros lo hizo *p*

Gl 1.4 el cual se dio a sí mismo por nuestros *p*
2.17 ¿es por eso Cristo ministro de *p*? En
3.22 mas la Escritura lo encerró todo bajo *p*

Ef 2.5 aún estando ... muertos en *p*, nos dio vida

Col 2.13 a vosotros, estando muertos en *p* y en
2.13 vida ... con él, perdonándoos todos los *p*

2 Ts 2.3 se manifieste el hombre de *p*, el hijo de

1 Ti 5.22 a ninguno, ni participes en *p* ajenos
5.24 los *p* de algunos ... se hacen patentes

2 Ti 3.6 cautivas a las mujercillas cargadas de *p*

Heb 1.3 efectuado la purificación de nuestros *p*
4.15 fue tentado en todo según ... pero sin *p*
5.1 para que presente ofrendas ... por los *p*
7.27 de ofrecer ... sacrificios por sus propios *p*
8.12; 10.17 nunca más me acordaré de sus *p*

9.7 la cual ofrece por sí mismo y por los *p* de
9.26 de sí mismo para quitar de en medio el *p*
10.3 en ... cada año se hace memoria de los *p*
10.18 donde hay ... no hay más ofrenda por el *p*
11.25 gozar de los deleites temporales del *p*
12.1 despojémonos de ... y del *p* que nos asedia
12.4 aún no habéis resistido ... contra el *p*

Stg 1.15 da a luz el *p*; y el *p* ... da a luz la muerte
4.17 hacer lo bueno, y no lo hace, le es *p*
5.20 salvará ... alma, y cubrirá multitud de *p*

1 P 2.22 el cual no hizo *p*, ni se halló engaño en
2.24 llevó él mismo nuestros *p* en su cuerpo
2.24 estando muertos a los *p*, vivamos a la
3.18 Cristo padeció una sola vez por el *p*
4.1 quien ha padecido en ... terminó con el *p*
4.8 porque el amor cubrirá multitud de *p*

1 Jn 1.8 si decimos que no tenemos *p*, nos
2.2 él es la propiciación por nuestros *p*; y no
2.12 vuestros *p* os han sido perdonados por
3.4 la ley; pues el *p* es infracción de la ley
3.5 que él apareció para quitar nuestros *p*
3.8 el que practica el *p* es del diablo; porque
3.9; 5.18 es nacido de Dios, no practica el *p*
5.16 viere a su hermano cometer *p* que no sea
5.17 injusticia es *p*; pero hay *p* no de muerte

Ap 1.5 y nos lavó de nuestros *p* con su sangre
18.4 para que no seáis partícipes de sus *p*

PEDIR *v.* Demandar, Orar, Requerir, Rogar, Suplicar

Éx 3.22; 11.2 pedirá cada mujer a su vecina y a
12.35 pidiendo de los egipcios alhajas de plata

Dt 10.12 ¿qué pide Jehová tu Dios de ti, sino

1 S 1.20 Samuel ... por cuanto lo pedí a Jehová
1.27 oraba, y Jehová me dio lo que le pedí
12.13 aquí el rey ... elegido, el cual pedisteis

1 R 3.5; 2 Cr 1.7 pide lo que quieras que yo te

Esd 8.23 ayunamos ... y pedimos a nuestro Dios

Sal 2.8 pídeme, y te daré por herencia las
137.3 los que ... nos pedían que cantásemos

Pr 20.4 pedirá, pues, en la siega, y no hallará

Is 7.11 pide para ti señal de Jehová tu Dios

Dn 1.8 Daniel ... pidió ... que no se le obligase a

Miq 6.8 qué pide Jehová de ti: solamente hacer

Zac 10.1 pedid a Jehová lluvia en la estación

Mt 5.42; Lc 6.30 al que te pida, dale; y al que
6.8 Padre sabe ... antes que vosotros le pidáis
7.7; Lc 11.9 pedid, y se os dará; buscad, y
21.22; Mc 11.24 lo que pidiereis en oración
27.58; Lc 23.52 y pidió el cuerpo de Jesús

Mc 6.22 pídeme lo que quieras, y yo te lo daré
10.38 no sabéis lo que pedís. ¿Podéis beber

Lc 11.13 Espíritu Santo a los que se lo pidan?

Jn 4.9 tú, siendo judío, me pides a mí de beber
14.13; 15.16 lo que pidiereis al Padre en mi
15.7 pedid todo lo que queréis, y os será
16.24 nada habéis pedido en mi nombre; pedid

Ro 8.26 qué hemos de pedir ... no lo sabemos

2 Co 8.4 pidiéndonos ... que les concediésemos la

Ef 3.20 más abundantemente de lo que pedimos

Flp 1.9 esto pido en oración, que vuestro amor

Stg 1.5 tiene falta de sabiduría, pídala a Dios
4.2 no tenéis lo que deseáis, porque no pedís
4.3 pedís, y no recibís, porque *p* mal, para

1 Jn 3.22 cosa que pidiéremos la recibiremos de
5.14 si pedimos alguna cosa conforme a su
5.16 hay ... por el cual yo no digo que se pida

PEDRO *v.* Cefas
Tenía esposa y suegra, Mt8.14; Mc 1.30; Lc 4.38; 1 Co 9.5;
es llamado, Mt 4.18–20; Mc 1.16–18; Jn 1.41–42;
pescador de hombres, Lc 5.1–11;
enviado con los doce, Mt 10.2; Mc 3.16;
camina sobre el mar, Mt 14.28–32;
confiesa que Jesús es el Cristo, Mt 16.13–20; Mc 8.27–33; Lc 9.18–20;
Jesús ruega por él, Lc 22.31–32;
corta la oreja de Malco, Jn 18.10–11;
niega a Jesús tres veces, Mt 26.69–75; Mc 14.66–72; Lc 22.54–62; Jn 18.15–18, 25.27;
«apacienta mis ovejas», Jn 21.15–19;
se dirige a los discípulos, Hch 1.15–26;
predica el día de Pentecostés, Hch 2.14–42;
sana a un cojo, Hch 3.1–10;

su discurso en el pórtico de Salomón, Hch 3.11–26;
habla ante el concilio, Hch 4.1–22;
es perseguido con Juan, Hch 5.17–42;
reprende a Simón el mago, Hch 8.14–24;
visita a Cornelio después de tener una visión, Hch 10.1–48;
informa a la iglesia de Jerusalén, Hch 11.1–18;
es encarcelado y libertado, Hch 12.1–19;
en el concilio de Jerusalén, Hch 15.6–14;
visitado por Pablo, Gl 1.18;
reprendido por Pablo, Gl 2.11–14.

PENTECOSTÉS

Hch	2.1 cuando llegó el día de *P*, estaban todos
	20.16 se apresuraba por estar el día de *P*, si
1 Co	16.8 pero estaré en Efeso hasta *P*

PERDICIÓN *v.* Destrucción

Sal	55.23 Dios, harás descender ... al pozo de *p*
Mt	7.13 y espacioso el camino que lleva a la *p*
Jn	17.12 ninguno ... se perdió, sino el hijo de *p*
Flp	1.28 para ellos ciertamente es indicio de *p*
2 Ts	1.9 los cuales sufrirán pena de eterna *p*
2 Ti	2.14 sino que es para *p* de los oyentes
Heb	10.39 no somos de los que retroceden para *p*
2 P	2.3 la condenación no se tarda, y su *p* no se
	2.12 pero éstos ... perecerán en su propia *p*
	3.16 los indoctos ... tuercen ... para su propia *p*
Ap	17.8 está para subir del abismo e ir a *p*; los

PERDÓN *v.* Remisión

Lv	4.20 hará ... expiación por ellos, y obtendrán *p*
Sal	130.4 pero en ti hay *p*, para que seas
Mc	3.29 blasfeme contra el ... no tiene jamás *p*
Lc	1.77 salvación a su ... para *p* de sus pecados
	3.3 del arrepentimiento para *p* de pecados
	24.47 que se predicase en ... el *p* de pecados
Hch	5.31 para dar a Israel arrepentimiento y *p*
	10.43 recibirán *p* de pecados por su nombre
	13.38 que por medio de él se os anuncia *p* de
	26.18 que reciban, por la fe ... *p* de pecados
Ef	1.7 el *p* de pecados según las riquezas de su
Col	1.14 en quien tenemos ... *p* de pecados

PEREZA

Pr	19.15 la *p* hace caer en profundo sueño, y el
Ec	10.18 por la *p* se cae la techumbre, y por la

PERFUME *v.* Incienso, Olor, Ungüento

Éx	30.35 un *p* según el arte del pefumador
Lv	16.13 pondrá el *p* sobre el fuego delante de
Pr	27.9 el ungüento y el *p* alegran el corazón
Ec	10.1 heder y dar mal olor al *p* del perfumista
Mt	26.7; Mc 14.3 un vaso ... de *p* de gran precio
Lc	7.37 trajo un frasco de alabastro con *p*
	7.38 besaba sus pies, y los ungía con el *p*
Jn	11.2 María ... fue la que ungió al Señor con *p*
	12.3 María tomó una libra de *p* de nardo puro

PERSEGUIR *v.* Afligir, Oprimir, Seguir

Lv	26.8 ciento de vosotros *perseguirán* a diez mil
Dt	1.44 os *persiguieron* como hacen las avispas
Jos	23.10 un varón de vosotros *perseguirá* a mil
Jue	8.4 cansados, mas todavía *persiguiendo*
2 S	22.38 *perseguiré* a mis enemigos, y ... destruiré
Job	19.22 ¿por qué me *perseguís* como Dios, y ni
	19.28 decir: ¿Por qué le *perseguimos*? ya que
	30.21 con el poder de tu mano me *persigues*
Sal	7.1 sálvame de todos los que me *persiguen*
	10.2 con arrogancia el malo *persigue* al pobre
	10.15 *persigue* la maldad del malo hasta que
	18.37 *perseguí* a mis enemigos, y los alcancé
	55.3 porque ... con furor me *persiguen*
	69.26 *persiguieron* al que tú heriste, y cuenten
	71.11 *perseguidle* y tomadle, porque no hay
	83.15 *persíguelos* así con tu tempestad, y
	109.16 y *persiguió* al ... afligido y menesteroso
	119.84 juicio contra los que me *persiguen*?
	119.161 príncipes me han *perseguido* sin causa
	142.6 líbrame de los que me *persiguen*, porque
	143.3 ha *perseguido* el enemigo mi alma; ha
Is	14.6 el que hería ... las *perseguía* con crueldad
Jer	29.18 los *perseguiré* con espada, con hambre
Lm	3.66 *persíguelos* en tu furor, y quebrántalos
Mt	5.11 por mi causa os vituperen y os *persigan*
	5.44 y orad por los que os ... y os *persiguen*

	10.23 cuando os *persigan* en esta ciudad, huid
	23.34 unos ... *perseguiréis* de ciudad en ciudad
Lc	11.49 de ellos, a unos matarán ... *perseguirán*
	21.12 os echarán mano, y os *perseguirán*, y os
Jn	5.16 judíos *perseguían* a Jesús, y procuraban
	15.20 si ... me han *perseguido* ... os *perseguirán*
Hch	7.52 ¿a cual de ... no *persiguieron* vuestros
	9.4; 22.7; 26.14 Saulo, ¿por qué me *persigues*?
	22.4 *perseguía* yo este Camino hasta la muerte
	26.11 y enfurecido ... los *perseguí* hasta en las
Ro	12.14 bendecid a los que os *persiguen*
1 Co	15.9; Gl 1.13 *persguí* a la iglesia de Dios
Gl	1.23 aquel que ... nos *perseguía*, ahora predica
	4.29 *perseguía* al que había nacido según el
Ap	12.13 dragón ... *persiguió* a la mujer que había

PERSEVERAR *v.* Persistir, Seguir

Mt	10.22; 24.13; Mc 13.13 el que *persevere* hasta el fin, éste será salvo
Hch	1.14 éstos *perseveraban* unánimes en oración
	2.42 *perseveraban* en la doctrina ... apóstoles
	13.43 a que *perseverasen* en la gracia de Dios
	26.22 perseverando hasta el día de hoy, dando
Ro	2.7 a los que, *perseverando* en bien hacer
	6.1 ¿*perseveraremos* en el pecado para que la
Col	4.2 *perseverad* en la oración, velando en ella
Stg	1.25 ley ... y *persevera* en ella, no siendo oidor

PERVERSIDAD *v.* Iniquidad, Maldad, Pecado

Nm	23.21 no ... en Jacob, ni ha visto *p* en Israel
Sal	18.4 muerte, y torrentes de *p* me atemorizaron
	125.5 a los que se apartan tras sus *p*, Jehová
	139.24 ve si hay en mí camino de *p*, y guíame
Pr	2.12 librarte ... de los hombres que hablan *p*
	4.24 aparta de ti la *p* de la boca, y aleja de ti
	6.12 depravado, es el que anda en *p* de boca
	6.14 *p* hay en su corazón; anda pensando el
	15.4 mas la *p* de ella es quebrantamiento de
	23.33 cosas extrañas, y tu corazón hablará *p*
Ez	9.9 llena de sangre, y la ciudad está llena de *p*

PETICIÓN *v.* Oración, Ruego, Súplica

1 R	2.20 una pequeña *p* pretendo de ti; no me la
Est	5.3, 6; 7.2 ¿qué ... reina Ester, y cuál es tu *p*?
Job	6.8 ¡quién me diera que viniese mi *p*, y que
Sal	21.2 deseo ... no le negaste la *p* de sus labios
	37.4 y él te concederá las *p* de tu corazón
Dn	6.7 demande *p* de cualquiera dios u hombre
Flp	4.6 sino sean conocidas vuestras *p* delante de
1 Ti	2.1 *p* y acciones de gracias, por todos los
1 Jn	5.15 que tenemos las *p* que le hayamos hecho

PIEDAD *v.* Benevolencia, Benignidad, Bondad Compasión, Misericordia

Sal	25.6 acuérdate, oh Jehová, de tus *p* y de tus
	51.1 ten *p* de mí, oh Dios, conforme a tu
Is	14.1 tendrá *p* de Jacob, y todavía escogerá a
	26.10 mostrará *p* al malvado, y no aprenderá
	30.18 Jehová esperará para tener *p* de vosotros
Os	6.4 la *p* vuestra es como nube de la mañana
Am	5.15 quizá Jehová ... tendrá *p* del remanente
Jon	4.11 ¿y no tendré yo *p* de Nínive, aquella
Zac	7.9 haced ... y *p* cada cual con su hermano
Hch	3.12 como si por nuestro ... *p* hubiésemos
1 Ti	2.2 que vivamos ... en toda *p* y honestidad
	2.10 corresponde a mujeres que profesan *p*
	3.16 grande es el misterio de la *p*: Dios fue
	4.7 desecha las fábulas ... Ejercítate para la *p*
	6.3 y a la doctrina que es conforme a la *p*
	6.6 pero gran ganancia es la *p* acompañada de
	6.11 sigue la justicia, la *p*, la fe, el amor, la
2 Ti	3.5 tendrán apariencia de *p*, pero negarán
2 P	1.3 cosas que pertenecen a la vida y a la *p*

PLATA *v.* Dinero, Oro, Riqueza

Gn	44.2 la copa de *p*, en la boca del costal del
2 R	5.26 ¿es tiempo de tomar *p* ... y siervas?
Job	22.25 tu defensa, y tendrás *p* en abundancia
	27.16 amontone *p* como polvo, y prepare ropa
Sal	12.6 como *p* refinada en horno de tierra
	66.10 Dios, nos ensayaste como se afina la *p*
Pr	3.14 es mejor que la ganancia de la *p*, y sus
	8.10 recibid mi enseñanza, y no *p*; y ciencia
	10.20 *p* escogida es la lengua del justo; mas
	17.3 el crisol paa la *p*, y la hornaza para el

Ec	12.6 antes que la cadena de *p* se quiebre, y se	Nm	14.17 que sea magnificado el *p* del Señor
Is	1.22 tu *p* se ha convertido en escorias, tu vino	Dt	4.37 te sacó de Egipto con … y con su gran *p*
Jer	6.30 *p* desechada los llamarán … los desechó		8.18 él te da el *p* para hace las riquezas
Hag	2.8 mía es la *p*, y mío es el oro, dice Jehová	1 Cr	16.27 alabanza … *p* y alegría en su morada
Zac	11.12 pesaron por mi salario 30 piezas de *p*		29.12 en tu mano está la fuerza y el *p*, y en
Mal	3.3 se sentará para afinar y limpiar la *p*	Job	12.13 con Dios está la sabiduría y el *p*; suyo
Mt	26.15 ellos le asignaron treinta piezas de *p*	Sal	29.11 dará a su pueblo; Jehová bendecirá
	27.6, 9 tomaron las treinta piezas de *p*		59.16 yo cantaré de tu *p*, y alabaré de mañana
Hch	3.6 Pedro dijo: No tengo *p* ni oro, pero lo		62.11 he oído esto: Que de Dios es el *p*
			63.2 para ver tu *p* y tu gloria, así como te he
POBRE v. Menesteroso, Necesitado			66.3 por la grandeza de tu *p* se someterán a
Éx	23.3 ni al *p* distinguirás en su causa		68.34 atribuid *p* a Dios; sobre Israel es su
	23.11 para que coman los *p* de tu pueblo		75.10 pero el *p* del justo será exaltado
	30.15 ni el *p* disminuirá del medio siclo		84.7 irán de *p* en *p*; verán a Dios en Sion
Lv	19.10; 23.22 para el *p* y para el … lo dejarás		106.8 él los salvó … para hacer notorio su *p*
	19.15 ni favoreciendo al *p* ni complaciendo		145.6 del *p* de tus hechos … hablarán los
Dt	24.12 si el hombre fuere *p*, no te acostarás		147.5 grande es el Señor nuestro, y de mucho *p*
Jue	6.15 que mi familia es *p* en Manasés, y yo el	Is	10.13 dijo: Con el *p* de mi mano lo he hecho
2 S	12.1 dos hombres en … uno rico, y el otro *p*		63.1 éste … que marcha en la grandeza de su *p*?
2 R	25.12 de los *p* de la tierra dejó Nabuzaradán	Jer	48.25 cortado es el *p* de Moab, y su brazo
Job	5.15 libra de la espada al *p*, de la boca de los	Ez	29.21 haré retoñar el *p* de la casa de Israel
	20.19 cuanto quebrantó y desamparó a los *p*		30.18 cuando quebrante yo allí el *p* de Egipto
	24.4 y todos los *p* de la tierra se esconden	Miq	3.8 yo estoy lleno de *p* del Espíritu de Jehová
	29.12 porque yo libraba al *p* que clamaba		5.4 él estará, y apacentará con *p* de Jehová
	31.16 si estorbé el contento de los *p*, e hice	Mt	6.13 tuyo es el reino, y el *p*, y la gloria, por
Sal	10.2 con arrogancia el malo persigue al *p*		14.2; Mc 6.14 por eso actúan en él estos *p*
	10.12 alza tu mano; no te olvides de los *p*		22.29; Mc 12.24 ignorando las … y el *p* de Dios
	34.6 este *p* clamó, y le oyó Jehová, y lo libró		24.30; Mc 13.26; Lc 21.27 viniendo … con *p*
	41.1 bienaventurado el que piensa en el *p*	Mc	5.30 conociendo … el *p* que había salido de él
	72.13 misericordia del *p* … y salvará … los *p*	Lc	1.35 *p* del Altísimo te cubrirá con su sombra
	107.41 levanta de la miseria al *p*, y hace		4.14 volvió en el *p* del Espíritu a Galilea, y se
	112.9 da a los *p*; su justicia permanece para		5.17 el *p* del Señor estaba con él para sanar
	113.7 él levanta del polvo al *p*, y al … alza		6.19 porque *p* salía de él y sanaba a todos
	132.15 su provisión; a sus *p* saciaré de pan		8.46 yo he conocido que ha salido *p* de mí
Pr	13.7 quienes pretenden ser *p*, y tienen muchas		12.5 temed a … tiene *p* de echar en el infierno
	13.8 sus riquezas; pero el *p* no oye censuras		22.69 se sentará a la diestra del *p* de Dios
	14.20 el *p* es odioso aun a su amigo; pero		24.49 hasta que seáis investidos de *p* desde lo
	14.21 el que tiene misericordia de los *p* es	Jn	10.18 tengo *p* para ponerla … *p* para volverla
	17.5 que escarnece al *p* afrenta a su Hacedor	Hch	1.8 recibiréis *p*, cuando haya venido sobre
	19.1; 28.6 mejor … *p* que camina en integridad		3.12 como si por nuestro *p* … hubiésemos hecho
	19.7 todos los hermanos del *p* le aborrecen		4.33 con … *p* los apóstoles daban testimonio
	19.17 a Jehová presta el que da al *p*, y el		6.8 y Esteban, lleno de gracia y de *p*, hacía
	19.22 pero mejor es el *p* que el mentiroso		8.10 a éste oían … Este es el gran *p* de Dios
	22.16 el que oprime al *p* para aumentar sus		8.19 dadme también a mí este *p*, para que
	22.22 no robes al *p*, porque es *p* … afligido		10.38 Dios ungió con … a Jesús de Nazaret
	28.3 el hombre *p* y robador de los *p* es como	Ro	1.4 fue declarado Hijo de Dios con *p*, según
	29.14 del rey que juzga con verdad a los *p*		1.16 no me avergüenzo del … es *p* de Dios para
	30.9 siendo *p*, hurte, y blasfeme el nombre		1.20 invisibles de él, su eterno *p* y deidad, se
	31.20 alarga su mano al *p*, y extiende sus		9.17 para mostrar en ti mi *p*, y para que mi
Ec	4.13 mejor es el muchacho *p* y sabio, que el		15.13 que abundéis en esperanza por el *p* del
Is	25.4 porque fuiste fortaleza al *p*, fortaleza al		15.19 señales … en el *p* del Espíritu de Dios
	29.19 *p* de … se gozarán en el Santo de Israel	1 Co	1.18 pero a los que se salvan … es *p* de Dios
	40.20 el *p* escoge … madera que no se apolille		1.24 Cristo *p* de Dios, y sabiduría de Dios
	58.7 a los *p* errantes albergues en casa; que		2.4 sino con demostración del Espíritu y de *p*
	66.2 pero mirará a aquel que es *p* y humilde		4.20 reino … no consiste en palabras, sino en *p*
Jer	5.4 pero yo dije: Ciertamente éstos son *p*		6.14 Dios … a nosotros nos levantará con su *p*
	52.16 de los *p* del país dejó Nabuzaradán		15.56 el aguijón de … y el *p* del pecado, la ley
Am	2.6 vendieron … al *p* por un par de zapatos	2 Co	4.7 para que la excelencia del *p* sea de Dios
	4.1 que oprimís a los *p* y quebrantáis a los		6.7 *p* de Dios, con armas de justicia a diestra
	8.6 para comprar los *p* por dinero, y los		12.9 mi *p* se perfecciona en la debilidad
Zac	11.7 apacenté pues … a los *p* del rebaño		12.9 para que repose sobre mí el *p* de Cristo
Mt	5.3 bienaventurados los *p* en espíritu, porque		13.4 en debilidad, vive por el *p* de Dios
	11.5; Lc 7.22 *p* es anunciado el evangelio	Ef	1.19 la grandeza de su *p* para con nosotros
	19.21; Mc 10.21; Lc 18.22 y dalo a los *p*, y		3.20 hacer … según el *p* que actúa en nosotros
	26.9; Mc 14.5; Jn 12.5 haberse dado a los *p*		6.10 fortaleceos en … y en el *p* de su fuerza
	26.11; Mc 14.7; Jn 12.8 siempre tendréis *p*	Col	1.11 fortalecidos con todo *p*, conforme a la
Mc	12.43; Lc 21.3 esta viuda *p* echó más que		2.12 mediante la fe en el *p* de Dios que le
Lc	4.18 ungido para dar buenas nuevas a los *p*	1 Ts	1.5 también en *p*, en el Espíritu Santo y en
	6.20 bienaventurados vosotros los *p*, porque	2 Ts	2.9 y señales y prodigios mentirosos
	14.13 cuando hagas banquete, llama a los *p*	2 Ti	1.7 sino de *p*, de amor y de dominio propio
	19.8 la mitad de mis bienes doy a los *p*; y si	Heb	6.5 gustaron de … y los *p* del siglo venidero
Ro	15.26 hacer una ofrenda para los *p* que hay		7.16 según el *p* de una vida indestructible
1 Co	13.3 mis bienes para dar de comer a los *p*	1 P	1.5 que sois guardados por el *p* de Dios
2 Co	6.10 como *p*, mas enriqueciendo a muchos		4.11 ministre conforme al *p* que Dios da
	8.9 por amor a vosotros se hizo *p*, siendo	2 P	1.3 nos han sido dadas por su divino *p*
	9.9 dio a los *p*; su justicia permanece para	Ap	5.12 el Cordero … es digno de tomar el *p*
Gl	2.10 que nos acordásemos de los *p*, lo cual		7.12 la honra y el *p* … sean a nuestro Dios
Stg	2.2 si … y también entra un *p* con vestido		
	2.5 ha elegido Dios a los *p* de este mundo	**PREDESTINAR** v. Destinar, Escoger, Llamar	
Ap	3.17 y no sabes que tú eres un … *p*, ciego y	Ro	8.29 los *predestinó* para que fuesen hechos
		1 Co	2.7 la cual Dios *predestinó* antes de los
PODER v. [sust.] Autoridad, Dominio, Imperio, Potestad, Reino		Ef	1.5 en amor habiéndonos *predestinado* para
Éx	9.16 yo te he puesto para mostrar en ti mi *p*		1.11 *predestinados* conforme al propósito del

PREDICAR *v.* Anunciar, Declarar, Pregonar, Proclamar, Profetizar, Publicar

Is	61.1 me ha enviado a *predicar* buenas nuevas
Mt	3.1 vino Juan ... *predicando* en el desierto de
	4.17 comenzó Jesús a *predicar,* y a decir
	4.23 y *predicando* el evangelio del reino
	9.35 enseñando ... y *predicando* el evangelio
	10.7 yendo, *predicad,* diciendo: El reino de
	11.1 se fue ... a *predicar* en las ciudades de
	26.13 que dondequiera que se *predique* este
Mc	1.4 bautizaba Juan ... *predicaba* el bautismo
	1.38 vamos ... para que *predique* también allí
	2.2 ya no cabían ... y les *predicaba* la palabra
	6.12 *predicaban* ... hombres se arrepintiesen
	16.15 id por todo el ... *predicad* el evangelio
	16.20 saliendo, *predicaron* en todas partes
Lc	3.3 fue por toda la ... *predicando* el bautismo
	8.1 Jesús iba ... *predicando* ... el evangelio del
	9.2 los envió a *predicar* el reino de Dios, y a
	24.47 que se *predicase* en su nombre ... perdón
Hch	5.42 de enseñar y *predicar* a Jesucristo
	8.5 Felipe ... Samaria les *predicaba* a Cristo
	9.20 *predicaba* a Cristo en las sinagogas
	10.42 nos mandó que *predicásemos* al pueblo
	17.18 porque les *predicaba* el evangelio de
	28.31 *predicando* el reino de ... y enseñando
Ro	2.21 tú que *predicas* que no se ha de hurtar
	10.14 cómo oirán sin ... quien les *predique?*
	10.15 cómo *predicarán* si no fueren enviados?
	15.20 me esforcé a *predicar* el evangelio, no
1 Co	1.17 sino a *predicar* el evangelio; no con
	1.23 nosotros *predicamos* a Cristo crucificado
2 Co	4.5 no nos *predicamos* a nosotros mismos
	11.4 viene ... *predicando* a otro Jesús que el
Gl	1.23 nos perseguía, ahora *precica* la fe que en
	5.11 aún *predico* la circuncisión, ¿por qué
Flp	1.15 algunos ... *predican* a Cristo por envidia
1 Ts	2.9 os *predicamos* el evangelio de Dios
1 Ti	3.16 Dios fue ... *predicado* a los gentiles
	5.17 los que trabajan en *predicar* y enseñar
2 Ti	4.2 *prediques* la palabra, que instes a tiempo
1 P	1.12 los que os han *predicado* el evangelio
	3.19 en el cual ... fue y *predicó* a los espíritus
	4.6 también ha sido *predicado* el evangelio a

PRESENCIA *v.* Delante

Éx	33.14 me *p* irá contigo, y te daré descanso
Sal	16.11 la vida; en tu *p* hay plenitud de gozo
	139.7 tu Espíritu? ¿Y a dónde huiré de tu *p?*
Jer	23.39 arrancaré de mi *p* a vosotros y a la
Jon	1.3 para irse ... lejos de la *p* de Jehová
Sof	1.7 calla en la *p* de Jehová el Señor, porque
Lc	1.76 porque irás delante de la *p* del Señor
Hch	10.33 estamos aquí en la *p* de Dios, para oir
2 Co	10.10 mas la *p* corporal débil, y la palabra
Flp	1.26 gloria ... por mi *p* otra vez entre vosotros

PRÍNCIPE *v.* Jefe, Principal

Nm	7.2 los *p* de Israel ... los *p* de ... ofrecieron
	16.2 se levantaron contra Moisés con ... *p* de
	25.4 toma a ... los *p* del pueblo, y ahórcalos
Jos	5.14 como *p* del ejército de Jehová he venido
1 S	25.30 de ti, y te establezca por *p* sobre Israel
Pr	8.15 por mí reinan ... *p* determinan justicia
	28.15 es el *p* impío sobre el pueblo pobre
Is	1.23 tus *p,* prevaricadores y compañeros de
	3.4 les pondré jóvenes por *p,* y muchachos
	9.6 un niño ... se llamará su nombre ... *P* de paz
	22.3 tus *p* juntos huyeron del arco, fueron
Jer	26.10 los *p* de Judá oyeron estas cosas
Ez	28.2 hijo de hombre, dí al *p* de Tiro: Así ha
	45.9 así ha dicho ... ¡Basta ya, oh *p* de Israel!
Miq	7.3 el *p* ... y el juez juzga por recompensa
Mt	9.34; 12.24; Mc 3.22; Lc 11.15 por el *p* de los demonios echa fuera
Jn	12.31 el *p* de este mundo será echado fuera
	14.30 porque viene el *p* de este mundo, y él
	16.11 el *p* de este mundo ha sido ya juzgado
Hch	5.31 Dios ha exaltado ... por *P* y Salvador
	23.5 está: No maldecirás a un *p* de tu pueblo
1 Co	2.8 ninguno de los *p* de este siglo conoció
Ef	2.2 conforme al *p* de la potestad del aire

PROCLAMAR *v.* Anunciar, Declarar, Predicar, Pregonar, Profetizar, Publicar

Éx	33.19 y *proclamaré* el nombre de Jehová
Sal	96.3 *proclamad* entre las naciones su gloria
Pr	20.6 *proclaman* cada una su propia bondad
Is	61.2 *proclamar* el año de la buena voluntad de
Jer	7.2 y *proclama* allí esta palabra, y dí: Oíd
Jl	3.9 *proclamad* ... entre las naciones, *p* guerra
Jon	3.2 *proclama* en ella el mensaje que yo te
Mt	10.27; Lc 12.3 al oído, *proclamadlo* desde

PROFANAR *v.* Contaminar, Corromper

Lv	19.12 *profanando* así el nombre de tu Dios
	21.6 y no *profanarán* el nombre de su Dios
Dt	22.30 ninguno ... *profanará* el lecho de su padre
2 R	23.8 *profanó* los lugares altos donde los
Neh	13.17 ¿qué ... hacéis, *profanando* así el día de
Sal	74.7 *profanado* el tabernáculo de tu nombre
	79.1 oh Dios ... han *profanado* tu santo templo
	89.31 si *profanaren* mis estatutos, y no
Is	30.22 *profanarás* la cubierta de tus esculturas
	43.28 yo *profané* los príncipes del santuario
	47.6 me enojé contra ... *profané* me heredad
	56.2 que guarda el día ... para no *profanarlo*
Ez	5.11 haber *profanado* mi santuario con todas
	7.22 entrarán en él invasores y lo *profanarán*
	20.39 no *profanéis* más mi santo nombre con
	22.8 y mis días de reposo has *profanado*
	22.26 yo he sido *profanado* en medio de ellos
	23.38 día, y *profanaron* mis días de reposo
	36.20 *profanaron* mi santo nombre, diciéndose
	39.7 nunca más dejaré *profanar* mi ... nombre
Dn	11.31 tropas que *profanarán* el santuario y la
Mal	1.12 y vosotros lo habéis *profanado* cuando
	2.10 *profanando* el pacto de nuestros padres?
	2.11 Judá ha *profanado* el santuario de Jehová
Mt	12.5 en el templo *profanan* el día de reposo
Hch	21.28 templo, y ha *profanado* este santo lugar
	24.6 intentó también *profanar* el templo

PROFECÍA *v.* Palabra, Visión

Neh	6.12 sino que hablaba aquella *p* ... sobornado
Pr	29.18 sin *p* el pueblo se desenfrena: mas el que
Is	15.1 *p* sobre Moab. Cierto, de noche fue
	17.1 *p* sobre Damasco. He aquí que Damasco
	19.1 *p* sobre Egipto. He aquí que Jehová
	21.1 *p* sobre el desierto del mar. Como
	22.1 *p* sobre el valle de la visión. ¿Qué tienes
	23.1 *p* sobre Tiro. Aullad, naves de Tarsis
Jer	23.34 dijere: *P* de Jehová, yo enviaré castigo
Os	12.10 y aumentó la *p,* y por medio de los
Nah	1.1 *p* sobre Nínive. Libro de la visión de
Hab	1.1 la *p* que vio el profeta Habacuc
Ro	12.6 si el de *p,* úsese conforme a la medida de
1 Co	12.10 a otro, el hacer milagros; a otros, *p*
	13.2 si tuviese *p,* y entendiese todos los
	13.8 las *p* se acabarán, y cesarán las lenguas
	14.22 la *p,* no a los incrédulos, sino a los
1 Ts	5.20 no menospreciéis las *p*
1 Ti	1.18 que conforme a las *p* que se hicieron
	4.14 el don ... que te fue dado mediante *p* con
2 P	1.20 esto, que ninguna *p* de la Escritura es de
Ap	19.10 testimonio de Jesús es el espíritu de la *p*
	22.7 que guarda las palabras de la *p* de este
	22.18 oye las palabras de la *p* de este libro

PROMESA *v.* Juramento, Pacto, Voto

Neh	9.38 hacemos fiel *p,* y la escribimos
Ec	5.4 a Dios haces *p,* no tardes en cumplirla
Lc	24.49 aquí, yo enviaré la *p* de mi Padre sobre
Hch	1.4 que esperasen la *p* del Padre, la cual
	2.33 habiendo recibido del Padre la *p* del
	2.39 porque para vosotros es la *p,* y para
	7.17 se acercaba el tiempo de la *p,* que Dios
	13.23 conforme a la *p,* Dios levantó a Jesús
	13.32 anunciamos el evangelio de aquella *p*
	26.6 por la esperanza de la *p* que hizo Dios a
Ro	4.13 no por la ley fue dada a Abraham ... la *p*
	4.14 si ... vana resulta la fe, y anulada la *p*
	4.16 a fin de que la *p* sea firme para toda su
	9.8 los que son hijos según la *p* son contados
	15.8 para confirmar las *p* hechas a los padres
2 Co	1.20 las *p* de Dios son en él Sí, y en él Amén
	7.1 así ... amados, puesto que tenemos tales *p*

Gl 3.14 por la fe recibiésemos la *p* del Espíritu
3.16 a Abraham fueron hechas las *p*, y a su
3.17 ley ... no lo abroga, para invalidar la *p*
3.21 ¿luego la ley es contraria a las *p* de Dios?
3.22 que la *p* ... fuese dada a los creyentes
3.29 linaje de ... sois, y herederos según la *p*
4.23 la carne, mas el de la libre, por la *p*
4.28 así que ... como Isaac, somos hijos de la *p*

Ef 1.13 sellados con el Espíritu Santo de la *p*
2.12 ajenos a los pactos de la *p*, sin esperanza
3.6 y copartícipes de la *p* en Cristo Jesús
6.2 que es el primer mandamiento con *p*

1 Ti 4.8 tiene *p* de esta vida presente, y de la

Heb 4.1 que permaneciendo aún la *p* de entrar en
6.12 aquellos que por la fe y ... heredan las *p*
6.13 cuando Dios hizo la *p* a Abraham, no
8.6 mejor pacto, establecido sobre mejores *p*
9.15 los llamados reciban la *p* de la herencia
10.36 hecho la voluntad de ... obtengáis la *p*
11.33 alcanzaron *p*, taparon bocas de leones

2 P 1.4 nos ha dado preciosas y grandísimas *p*
3.4 ¿dónde está la *p* de su advenimiento?
3.9 el Señor no retarda su *p*, según algunos
3.13 esperamos, según sus *p*, cielos nuevos

1 Jn 2.25 es la *p* que él nos hizo, la vida eterna

PROPICIACIÓN *v.* Expiación, Reconciliación, Sacrificio
Ro 3.25 a quien Dios puso como *p* por medio de
1 Jn 2.2 y él es la *p* por nuestros pecados; y no
4.10 ... envió a su Hijo en *p* por nuestros

PROSPERIDAD
Job 15.21 en la *p* el asolador vendrá sobre él
21.13 pasan sus días en *p*, y en paz ... descienden
30.15 como viento mi ... y mi *p* pasó como nube
Sal 30.6 en mi *p* dije yo: No seré ... conmovido
73.3 tuve envidia ... viendo la *p* de los impíos
Pr 1.32 la *p* de los necios los echará a perder
17.8 adondequiera que se vuelve, halla *p*
Jer 22.21 te he hablado en tus *p*; mas dijiste

PRUEBA *v.* Tentación
Dt 7.19 de las grandes *p* que vieron tus ojos, y de
Dn 1.12 te ruego que hagas la *p* con tus siervos
Lc 8.13 éstos ... en el tiempo de la *p* se apartan
22.28 habéis permanecido conmigo en mis *p*
Hch 1.3 padeció, se presentó vivo con muchas *p*
Ro 5.4 y la paciencia, *p*; y la *p*, esperanza
2 Co 2.9 para tener la *p* de si ... sois obedientes
8.2 en grande *p* de tribulación, la abundancia
8.8 no hablo como quien ... sino para poner a *p*
8.24 mostrad, pues ... la *p* de vuestro amor
13.3 buscáis una *p* de que habla Cristo en mí
Gl 4.14 ni desechasteis por la *p* que tenía en mí
6.4 así ... cada uno someta a *p* su propia obra
1 Ti 3.10 éstos también sean sometidos a *p*
Stg 1.2 por sumo gozo cuando os halléis en ... *p*
1.3 que la *p* de vuestra fe produce paciencia
1 P 1.6 tengáis que ser afligidos en diversas *p*
1.7 para que sometida a *p* vuestra fe, mucho
4.12 no os sorprendáis del fuego de *p* que os
Ap 3.10 te guardaré de la hora de la *p* que ha de

PURIFICAR *v.* Consagrar, Lavar, Limpiar, Santificar
Neh 12.30 y se *purificaron* los sacerdotes y los
Sal 51.7 *purifícame* con hisopo, y seré limpio
Is 48.10 te he *purificado*, y no como a plata; te
52.11 salid ... *purificaos* los que lleváis los
Dn 8.14 luego el santuario será *purificado*
Hch 21.26 habiéndose *purificado* con ellos, entró
24.18 me hallaron *purificado* en el templo
Ef 5.26 habiéndola *purificado* ... por la palabra
Heb 10.22 *purificados* los corazones de mala
1 Jn 3.3 se *purifica* a sí mismo, así como él es

QUERUBÍN *v.* Ángel, Serafín
Gn 3.24 puso al oriente del huerto de Edén *q*
Éx 25.18; 37.7 dos *q* de oro, labrados a martillo
1 S 4.4 trajeron ... el arca ... moraba entre los *q*
2 S 22.11; Sal 18.10 cabalgó sobre un *q*, y voló
1 R 6.23; 2 Cr 3.10 en el lugar santísimo dos *q*
8.7 los *q* ... las alas ... cubría, los *q* el arca
Ez 10.3 los *q* estaban a la mano derecha de la
28.16 te eché ... y te arrojé ... oh *q* protector
Heb 9.5 y sobre ella los *q* de gloria que cubrían

QUIETUD
Ec 9.17 las palabras del sabio escuchadas en *q*
Is 30.15 en *q* y en confianza será vuestra fortaleza

RABÍ *v.* Maestro
Mt 23.7 y que los hombres los llamen: *R, R*
Jn 1.38 ¿qué buscáis? ... *R* ... ¿dónde moras?

RAÍZ *v.* Árbol, Rama
Dt 29.18 haya en ... *r* que produzca hiel y ajenjo
2 R 19.30; Is 37.31 volverá a echar *r* abajo, y
Job 5.3 yo he visto al necio que echaba *r*, y en la
18.16 abajo se secarán sus *r*, y arriba serán
19.28 ya que la *r* del asunto se halla en mí
29.19 mi *r* estaba abierta junto a las aguas
Pr 12.3 mas la *r* de los justos no será removida
12.12 mas la *r* de los justos dará fruto
Is 5.24 así será su *r* como podredumbre, y su flor
11.10 en aquel tiempo que la *r* de Isaí, la cual
27.6 días vendrán cuando Jacob echará *r*
53.2 cual renuevo y como *r* de tierra seca
Dn 4.15 mas la cepa de sus *r* dejaréis en la tierra
Mc 4.6 se quemó; y porque no tenía *r*, se secó
Lc 3.9 el hacha está puesta a la *r* de los árboles
8.13 no tienen *r*; creen por algún tiempo
Ro 11.16 si la *r* es santa ... lo son las ramas
11.18 que no sustentas tú a la *r*, sino la *r* a ti
1 Ti 6.10 *r* de todos los males es el amor al
Ap 5.5 el León de ... la *r* de David, ha vencido
22.16 la *r* y el linaje de David, la estrella

REBELDÍA
Job 34.37 porque a su pecado añadió *r*; bate palmas
Jer 2.19 te castigará, y tus *r* te condenarán; sabe
8.5 ¿por qué es ... rebelde con *r* perpetua?
Tit 1.6 no estén acusados de disolución ni de *r*

RECIBIR *v.* Aceptar, Admitir, Tomar
Gn 14.17 salió el rey de Sodoma a *recibirlo* al
19.1 viéndolos Lot, se levantó a *recibirlos*
32.6 también viene a *recibirte*, y 400 hombres
46.29 Gosén a *recibir* a Israel su padre en
Éx 4.27 vé a *recibir* a Moisés al desierto. Y él
Dt 33.11 *recibe* con agrado la obra de sus manos
1 S 30.21 salieron a *recibir* a David y al pueblo
Job 2.10 ¿*recibiremos* de Dios el bien, y el mal
Sal 73.24 has ... y después me *recibirás* en gloria
Pr 2.1 hijo mío, si *recibieres* mis palabras, y mis
Am 5.22 si me ofreciereis ... no los *recibiré*
Mt 7.8; Lc 11.10 todo aquel que pide, *recibe*
10.40; Mc 9.37; Lc 9.48; Jn 13.20 a vosotros *recibe*,
a mí me *r* ... *r* a mí, *r* al que me envió
10.41 recompensa de profeta *recibirá*; y el que
13.20; Mc 4.16; Lc 8.13 oye la palabra, y ... la *recibe* con gozo
18.5; Mc 9.37 *reciba* ... a un niño ... me *recibe*
19.12 sea capaz de *recibir* esto, que lo *reciba*
19.29; Mc 10.30 *recibirá* cien veces más, y
20.10 pensaron que habían de *recibir* mas
21.22 que pidiereis ... creyendo, lo *recibiréis*
21.34; Mc 12.2 para que *recibiesen* sus frutos
Mc 6.11; Lc 9.5; 10.10 si en algún lugar no os *recibieren*
11.24 creed que lo *recibiréis*, y os vendrá
Lc 8.40 le *recibió* la multitud con gozo; porque
9.53 no le *recibieron*, porque su aspecto era
10.38 llamada Marta le *recibió* en su casa
16.4 haré para que ... me *reciban* en sus casas
18.30 que no haya de *recibir* mucho más en
Jn 1.11 a lo suyo vino, y los suyos no le *recibieron*
3.11 te digo ... y no *recibís* nuestro testimonio
3.27 hombre *recibir* nada, si no le fuere dado
4.45 cuando vino a Galilea ... le *recibieron*
5.43 no me *recibís*; si otro ... a ése *recibiréis*
14.17 Espíritu ... el mundo no puede *recibir*
16.24 pedid, y *recibiréis*, para que vuestro
20.22 y les dijo: Recibid el Espíritu Santo
Hch 3.5 atento, esperando *recibir* de ellos algo
3.21 es necesario que el cielo *reciba* hasta los
10.25 Pedro entró, salió Cornelio a *recibirle*
17.11 *recibieron* la palabra con toda solicitud
22.18 no *recibirán* tu testimonio acerca de mí
28.15 salieron a *recibirnos* hasta el Foro de
Ro 5.17 reinarán ... los que *reciben* la abundancia
14.1 *recibid* al débil en la fe, pero no para

15.7 *recibíos* los ... como ... Cristo nos *recibió*
16.2 la *recibáis* en el Señor, como es digno
1 Co 4.7 ¿qué tienes que no hayas *recibido*? Y si
9.10 y el que trilla, con esperanza de *recibir*
11.23; 15.3 *recibí* ... lo que ... os he enseñado
2 Co 5.10 para que cada uno *reciba* según lo que
6.1 que no *recibáis* en vano la gracia de Dios
Gl 1.12 yo ni lo *recibí* ni lo aprendí de hombre
3.2 ¿*recibisteis* el Espíritu por las obras de
4.5 que *recibiésemos* la adopción de hijos
4.14 me *recibisteis* como a un ángel de Dios
Ef 6.8 ése *recibirá* del Señor, sea siervo o sea
Flp 2.29 *recibidle* ... con todo gozo, y tened en
Col 2.6 la manera que habéis *recibido* al Señor
3.25 el que ... *recibirá* la injusticia que hiciere
1 Ts 2.13 cuando *recibisteis* la palabra de Dios
4.17 las nubes para *recibir* al Señor en el aire
Flm 12, 17 tú, pues, *recíbele* como a mí mismo
Heb 7.1 salió a *recibir* a Abraham que volvía de
7.5 los que de ... Leví *reciben* el sacerdocio
11.39 aunque ... fe, no *recibieron* lo prometido
Stg 1.7 no piense ... que *recibirá* cosa alguna del
4.3 pedís, y no *recibís*, porque pedís mal
1 P 1.18 la cual *recibisteis* de vuestros padres
1 Jn 3.22 cosa que pidiéremos la *recibiremos* de
2 Jn 10 no trae esta doctrina, no lo *recibáis* en
3 Jn 9. escrito ... pero Diótrefes ... no nos *recibe*

RECOMPENSAR v. Pagar, Retribuir
Rt 2.12 Jehová *recompense* tu obra, y ... cumplida
2 S 22.25; Sal 18.24 me ha *recompensado* Jehová
Pr 11.31 el justo será *recompensado* en la tierra
13.13 el que teme el ... será *recompensado*
Is 65.6 *recompensaré*, y daré el pago en su seno
Lc 14.12 te vuelvan a ... y seas *recompensado*
1 Ti 5.4 a *recompensar* a sus padres; porque esto
Ap 22.12 para *recompensar* a ... según sea su obra

RECONCILIAR v. Perdonar
Lv 8.15 y lo santificó para *reconciliar* sobre él
Mt 5.24 *reconcíliate* primero con tu hermano
Ro 5.10 *reconciliados* con Dios por la muerte
5.10 estando *reconciliados*, seremos salvos por
1 Co 7.11 *reconciliese* con su marido; y que el
2 Co 5.18 Dios, quien nos *reconcilió* consigo
5.19 en Cristo *reconciliando* consigo al mundo
5.20 os rogamos en ... *Reconciliaos* con Dios
Ef 2.16 *reconciliar* con Dios a ambos en un solo
Col 1.20 por medio de él *reconciliar* consigo todas
1.21 y a vosotros ... ahora os ha *reconciliado*

RECORDAR v. Acordar
Nm 10.9 seréis *recordados* por Jehová ... Dios
Est 9.28 y que estos días serían *recordados* y
Sal 79.8 no *recuerdes* contra ... las iniquidades
Jn 14.26 os *recordará* todo lo que yo os he dicho
Hch 20.35 *recordar* las palabras del Señor Jesús
1 Ts 3.6 y que siempre nos *recordáis* con cariño
2 P 1.12 yo no dejaré de *recordaros* siempre estas
Jud 5 mas quiero *recordaros*, ya que una vez lo
Ap 2.5 *recuerda*, por tanto, de dónde has caído

RECHAZAR v. Negar, Rehusar
Jn 12.48 el que me *rechaza*, y no recibe mis palabras
Hch 7.35 este Moisés, a quien habían *rechazado*
Jud 8 *rechazan* la autoridad y blasfeman de las

REDARGÜIR v. Amonestar, Convencer, Reconvenir, Reprender
Job 32.12 que no hay de ... quien *redarguya* a Job
Jn 8.46 ¿quién de ... me *redarguye* de pecado?
2 Ti 4.2 *redarguye*, reprende, exhorta con toda

REDENCIÓN v. Rescate, Salvación
Éx 8.23 yo pondré *r* entre mi pueblo y el tuyo
Job 33.24 que lo libró de descender ... que halló *r*
Sal 49.8 porque la *r* de su vida es de gran precio
111.9 *r* ha enviado a su pueblo ... su pacto
130.7 hay misericordia, y abundante *r* con él
Lc 21.28 cabeza, porque vuestra *r* está cerca
Ro 3.24 mediante la *r* que es en Cristo Jesús
1 Co 1.30 justificación, santificación y *r*
Ef 1.7; Col 1.14 en quien tenemos *r* por su
1.14 hasta la *r* de la posesión adquirida, para
4.30 cual fuisteis sellados para el día de la *r*
Heb 9.12 una vez ... habiendo obtenido eterna *r*

REDIMIR v. Libertar, Rescatar, Salvar
Éx 6.6 os *redimiré* con brazo extendido, y con
13.13; 34.20 *redimirás* al primogénito de tus
13.15 y *redimo* al primogénito de mis hijos
15.13 condujiste ... este pueblo que *redimiste*
Rt 2.20 es ... uno de los que pueden *redimirnos*
3.13 si él te *redimiere*, bien, *redímate*; mas
2 S 4.9; 1 R 1.29 vive Jehová, que ha *redimido*
1 Cr 17.21 Dios fuese y se *redimiese* un pueblo
Neh 1.10 los cuales *redimiste* con tu gran poder
Job 6.23 *redimidme* del poder de los violentos?
33.28 *redimirá* su alma para que no pase al
Sal 25.22 *redime*, oh Dios, a Israel de todas sus
34.22 Jehová *redime* el alma de sus siervos
44.26 *redímenos* por causa de tu misericordia
49.7 ninguno de ... podrá ... *redimir* al hermano
49.15 Dios *redimirá* mi vida del poder del Seol
55.18 él *redimirá* en paz mi alma de la guerra
69.18 acércate a mi alma, *redímela*; líbrame
77.15 con tu brazo *redimiste* a tu pueblo, a
130.8 *redimirá* a Israel de todas sus pecados
144.7 *redímeme* ... de las muchas aguas, de la
Is 43.1 no temas, porque yo te *redimí*; te puse
44.22 vuélvete a mí, porque yo te *redimí*
48.20 decid: *Redimió* Jehová a Jacob su siervo
50.2 ha acortado mi mano para no *redimir*?
Jer 15.21 te *redimiré* de la mano de los fuertes
31.11 Jehová *redimió* a Jacob, lo *r* de mano
Os 7.13 los *redimí*, y ellos ... mentiras contra mí
13.14 de la mano del Seol los *redimiré*, los
Miq 6.4 de la casa de servidumbre te *redimí*; y
Zac 10.8 los reuniré, porque los he *redimido*
Lc 24.21 que era el que había de *redimir* a Israel
Gl 3.13 Cristo nos *redimió* de la maldición de la
Col 4.5 andad sabiamente ... *redimiendo* el tiempo
Tit 2.14 quien se dio ... para *redimirnos* de toda
Ap 5.9 con tu sangre nos has *redimido* para Dios

REFUGIO v. Amparo
Nm 35.11 ciudades de *r* tendréis, donde huya el
Dt 33.27 el eterno Dios es tu *r*, y acá abajo los
Jos 20.2 diles: Señalaos las ciudades de *r*, de los
1 S 2.2 fuera de ti, y no hay *r* como el Dios nuestro
2 S 22.3 el fuerte de mi salvación, mi alto *r*
Sal 9.9 Jehová será *r* del pobre, *r* para el tiempo
32.7 eres mi *r*, me guardarás de la angustia
46.7 Jehová ... nuestro *r* es el Dios de Jacob
48.3 en sus palacios Dios es conocido por *r*
61.3 tú has sido mi *r*, y torre fuerte contra
62.2 salvación; es mi *r*, no resbalaré mucho
62.7 en Dios está mi roca fuerte, y mi *r*
62.8 esperad en él en ... Dios es nuestro *r*
71.3 para mí una roca de *r*, adonde recurra
90.1 Señor, tú nos has sido *r* de generación
94.22 Jehová me ha sido por *r*, y mi Dios por
Is 4.6; 25.4 para *r* ... contra el turbión y contra el
28.15 hemos puesto nuestro *r* en la mentira
28.17 granizo barrerá el *r* de la mentira
33.16 fortaleza de rocas será su lugar de *r*
Jer 16.19 *r* mío en el tiempo de la aflicción, a ti
17.17 no me ... pues mi *r* eres tú en el día malo

REINO v. Dominio, Imperio, Nación
Éx 19.6 vosotros me seréis un *r* de sacerdotes
1 S 10.25 Samuel recitó luego ... las leyes del *r*
18.8 a David ... no le falta más que el *r*
28.17 Jehová ha quitado el *r* de tu mano, y lo
2 R 19.19 sepan todos los *r* ... que sólo tú, Jehová
1 Cr 17.11 uno de entre tus hijos, y afirmaré su *r*
29.11 tuyo, oh Jehová, es el *r*, y tú eres
Sal 22.28 porque de Jehová es el *r*, y él regirá
45.6 cetro de justicia es el cetro de tu *r*
103.19 su trono, y su *r* domina sobre todos
145.13 tu *r* es *r* de todos los siglos, y tu
Dn 2.37 el Dios del cielo te ha dado *r*, poder
4.3 su *r*, *r* sempiterno, y su señorío de
4.17 Altísimo gobierna el *r* de los hombres
4.31 se te dice ... El *r* ha sido quitado de ti
7.18 recibirán el *r* los santos del Altísimo
8.22 cuatro *r* se levantarán de esa nación
11.4 su *r* será quebrantado y repartido hacia
11.21 pero vendrá sin aviso y tomará el *r*
Abd 21 subirán salvadores ... *r* será de Jehová

Hag 2.22 trastornaré el trono de los *r*, y destruiré
Mt   3.2; 4.17; 10.7 *r* de los cielos se ha acercado
     4.8 le mostró todos los *r* del mundo y la
     5.3 los pobres ... de ellos es el *r* de los cielos
     5.19 muy pequeño será llamado en el *r* de los
     6.10; Lc 11.2 venga tu *r*. Hágase tu voluntad
     6.13 tuyo es el *r*, y el poder, y la gloria, por
     6.33 buscad primeramente el *r* de Dios y su
     7.21 no todo el ... entrará en el *r* de los cielos
     8.11 se sentarán con ... en el *r* de los cielos
     11.12 el *r* de los cielos sufre violencia, y los
     12.28 ha llegado a vosotros el *r* de Dios
     13.11; Mc 4.11; Lc 8.10 os es dado saber los misterios del *r*
     13.19 cuando alguno oye la palabra del *r* y no
     13.38 la buena semilla son los hijos del *r*, y
     16.19 a ti te daré las llaves del *r* de los cielos
     18.3 niños, no entraréis en el *r* de los cielos
     19.14; Mc 10.14; Lc 18.16 de los tales es el *r*
     19.23; Mc 10.23; Lc 18.24 ¡cuán difícilmente entrará un rico en el *r*
     21.43 el *r* de Dios será quitado de vosotros
     24.7; Mc 13.8; Lc 21.10 se levantará nación contra nación y *r* contra *r*
     25.34 venid ... heredad el *r* preparado para
     26.29; Mc 14.25 lo beba nuevo en el *r* de mi
Mc   11.10 ¡bendito el *r* de nuestro padre David
     12.34 le dijo: No estás lejos del *r* de Dios
Lc   1.33 reinará sobre la ... y su *r* no tendrá fin
     6.20 pobres, porque vuestro es el *r* de Dios
     9.62 hacia atrás, es apto para el *r* de Dios
     10.9; 11.20 se ha acercado ... el *r* de Dios
     11.17 todo *r* dividido contra sí mismo, es
     12.31 mas buscad el *r* de Dios, y todas estas
     12.32 vuestro Padre le ha placido daros el *r*
     13.29 se sentarán a la mesa en el *r* de Dios
     16.16 desde entonces el *r* de ... es anunciado
     17.20 el *r* de Dios no vendrá con advertencia
     17.21 aquí el *r* de Dios está entre vosotros
     19.12 se fue a ... para recibir un *r* y volver
     21.31 cosas, sabed que está cerca el *r* de Dios
     22.29 os asigno un *r*, como mi Padre me lo
     23.42 acuérdate de mí cuando vengas en tu *r*
Jn   3.3 no naciere de ... no puede ver el *r* de Dios
     18.36 mi *r* no es de este mundo; si mi *r* fuera
Hch 1.3 días y hablándoles acerca del *r* de Dios
     1.6 ¿restaurarás el *r* a Israel en este tiempo?
     14.22 muchas tribulaciones entremos en el *r*
     19.8 y persuadiendo acerca del *r* de Dios
     28.23 y les testificaba el *r* de Dios, desde la
Ro   14.17 el *r* de Dios no es comida ni bebida
1 Co 4.20 el *r* de Dios no consiste en palabras
     6.9 los injustos no heredarán el *r* de Dios?
     15.24 cuando entregue el *r* al Dios y Padre
Gl   5.21 tales cosas no heredarán el *r* de Dios
Ef   5.5 idólatra, tiene herencia en el *r* de Cristo
Col 1.13 y trasladado al *r* de su amado Hijo
1 Ts 2.12 de Dios, que os llamó a su *r* y gloria
2 Ts 1.5 que seáis tenidos por dignos del *r* de
Heb 1.8 siglo; cetro de equidad es el cetro de tu *r*
     11.33 que por fe conquistaron *r*, hicieron
     12.28 recibiendo nosotros un *r* inconmovible
Stg 2.5 y herederos del *r* que ha prometido a los
2 P   1.11 será otorgada amplia ... entrada en el *r*
Ap   11.15 los *r* del mundo han venido a ser de
     12.10 ahora ha venido ... el *r* de nuestro Dios
     16.10 su *r* se cubrió de tinieblas y mordían
     17.17 y dar su *r* a la bestia, hasta que se

RELIGIÓN
Hch 25.19 ciertas cuestiones acerca de su *r*, y de
     26.5 a la más rigurosa secta de nuestra *r*
Stg 1.27 la *r* pura y sin mácula delante de Dios

RELIGIOSO *v.* Piadoso
Hch 17.22 dijo ... en todo observo que sois muy *r*
Stg 1.26 si alguno se cree *r* entre vosotros, y no

REMISIÓN *v.* Perdón
Dt   15.1 cada siete años harás *r*
     15.9 cerca está el año séptimo, el de la *r*
Mt   26.28 es derramada para *r* de los pecados
Heb 9.15 para la *r* de las transgresiones que había
     9.22 y sin derramamiento de ... no se hace *r*

10.18 pues donde hay *r* de éstos, no hay más

RENUNCIAR *v.* Dejar
Lc   14.33 cualquiera ... que no *renuncia* a todo lo
Tit 2.12 que, *renunciando* a la impiedad y a los

REPOSO *v.* Descanso, Paz
Éx   16.26; 20.10; 35.2; Lv 23.3; Dt 5.14 el séptimo día es día de *r*
     20.8 acuérdate del día de *r* para santificarlo
     31.13; Lv 19.30 guardaréis mis días de *r*
     35.2 el día séptimo os será santo, día de *r*
Lv   23.24 al primero del mes tendréis día de *r*
     25.4 la tierra tendrá descanso, *r* para Jehová
     26.2 guardad mis días de *r*, y ... mi santuario
Dt   3.20 que Jehová dé *r* a vuestros hermanos
     5.12 guardarás el día de *r* para santificarlo
     12.10 os dará *r* de todos vuestros enemigos
Jos 1.13 Jehová vuestro Dios os ha dado *r*, y os
     21.44 Jehová les dio *r* alrededor, conforme a
Neh 10.31 trajesen a vender ... en el día de *r*
     13.17 hacéis, profanando así el día de *r*?
Sal 95.11 juré en mi ... que no entrarían en mi *r*
     116.7 vuelve, oh alma mía, a tu *r*, porque
     132.8 levántate, oh Jehová, al lugar de tu *r*
Is   28.12 este es el *r*; dad *r* al cansado; y este
     32.17 será paz, y la labor de la justicia, *r* y
     56.2 guarda el día de *r* para no profanarlo
     58.13 si retrajeres del día de *r* tu pie, de
Jer 17.21 de llevar carga en el día de *r*, y de
Ez   20.12 les di también mis días de *r*, para que
     44.24 fiestas ... y santificarán mis días de *r*
Mt   12.2; Lc 6.2 es lícito hacer en el día de *r*
     12.10 ¿es lícito sanar en el día de *r*?
     12.43; Lc 11.24 lugares secos, buscando *r*
     24.20 vuestra huida no sea ... ni en día de *r*
     28.1 pasado el día de *r*, al amanecer del
Mc   2.27 día de *r* ... hecho por causa del hombre
     3.4 ¿es lícito en los días de *r* hacer bien, o
     16.1 cuando pasó el día de *r* ... para ungirle
Lc   4.16 en el día de *r* entró en la sinagoga
     6.5 el Hijo del ... es Señor aun del día de *r*
     6.7 para ver si en el día de *r* lo sanaría, a fin
     13.16 ¿no se le debía desatar ... en el día de *r*?
     14.1 un día de *r* ... habiendo entrado para
     23.56 descansaron el día de *r*, conforme al
Jn   5.18 porque no sólo quebrantaba el día de *r*
     7.23 recibe ... la circuncisión en el día de *r*
2 Co 7.5 ningún *r* tuvo nuestro cuerpo, sino que
Col 2.16 días de fiesta, luna nueva o días de *r*
2 Ts 1.7 a vosotros que ... daros *r* con nosotros
Heb 3.11 juré en mi ira: No entrarán en mi *r*
     4.3 los que hemos creído entramos en el *r*
     4.9 queda un *r* para el pueblo de Dios
     4.11 procuremos, pues, entrar en aquel *r*
Ap   14.11 no tienen *r* de día ni de noche los que

REPUTACIÓN *v.* Fama, Renombre
Gl   2.2 expuse en privado a los que tenían cierta *r*
     2.6 los que tenían *r* ... los de *r* nada nuevo me
Col 2.23 tienen ... cierta *r* de sabiduría en culto

RESCATAR *v.* Libertar, Redimir, Salvar
Éx   15.16 haya pasado este pueblo que tú *rescataste*
     21.8 que se *rescate*, y no la podrá vender a
Lv   25.25 vendrá y *rescatará* lo que su hermano
     25.48 podrá ser *rescatado*; uno ... lo *rescatará*
     27.13 y si lo quisiere *rescatar*, añadirá sobre
Dt   7.8 os ha *rescatado* de servidumbre, de la mano
     24.18 que de allí te *rescató* Jehová tu Dios
     28.31 ovejas ... no tendrás quien te las *rescate*
2 S   7.23 fue Dios para *rescatarlo* por pueblo suyo
Neh 5.8 según nuestras posibilidades *rescatamos*
Sal 35.17 *rescata* mi alma de sus destrucciones
     103.4 el que *rescata* del hoyo tu vida, el que
     136.24 y nos *rescató* de nuestros enemigos
Is   52.3 por tanto, sin dinero seréis *rescatados*
1 P   1.18 *rescatados* de vuestra vana manera de

RESPETAR *v.* Venerar
Job 34.19 ni *respeta* más al rico que al pobre
Dn   11.37 ni *respetará* a dios alguno, porque sobre
Ef   5.33 ame a ... y la mujer *respete* a su marido

RESTAURAR v. Devolver, Restablecer
1 R	13.6 mí, para que mi mano me sea *restaurada*
2 Cr	24.4 Joás decidió *restaurar* la casa de Jehová
Esd	9.9 *restaurar* sus ruinas, y darnos protección
Neh	3.32 la puerta ... *restauraron* los plateros y
Sal	80.3, 7, 19; 85.4 oh Dios, *restáuranos*; haz
Ec	3.15 ser, fue ya; y Dios *restaura* lo que pasó
Is	1.26 y *restauraré* tus jueces como al principio
	49.8 por pacto ... para que *restaures* la tierra
	61.4 *restaurarán* las ciudades arruinadas, los
Dn	9.25 de la orden para *restaurar* ... a Jerusalén
Mt	12.13; Mc 3.5; Lc 6.10 la mano le fue *restaurada*
Hch	1.6 ¿*restaurarás* el reino a Israel en este
Gl	6.1 *restauradle* con espíritu de mansedumbre

RESTITUIR v. Devolver, Restaurar
Gn	40.13 te *restituirá* a tu puesto, y darás la copa
Lv	6.4 habiendo pecado ... *restituirá* aquello que
Job	9.12 ¿quién le hará *restituir*? Quién le dirá
	20.18 *restituirá* el trabajo conforme a los bienes
Is	1.17 *restituid* al agraviado, haced justicia al
Ez	33.15 el impío *restituyere* la prenda ... vivirá
Jl	2.25 os *restituiré* los años que comió la oruga

RESUCITAR v. Levantar
Neh	4.2 ¿*resucitarán* de los montones del polvo
Is	26.19 muertos vivirán ... cadáveres *resucitarán*
Os	6.2 el tercer día nos *resucitará*, y viviremos
Mt	10.8 *resucitad* muertos, echad ... demonios fuera
	11.5; Lc 7.22 los muertos son *resucitados*, y
	14.2; Mc 6.14; Lc 9.7 Juan el Bautista ha *resucitado* de los muertos
	16.21; 17.23; 20.19; 27.63; Mc 8.31; 9.31; 10.34; Lc 9.22; 18.33; 24.7 ser muerto, y *resucitar* al tercer día
	17.9; Mc 9.9 que ... *resucite* de los muertos
	26.32; Mc 14.28 después que haya *resucitado*
	27.64 digan ... *Resucitó* de entre los muertos
	28.6; Mc 16.6; Lc 24.6 no está aquí, pues ha *resucitado*
Mc	9.10 sería aquello de *resucitar* de los muertos
Lc	24.34 que decían: Ha *resucitado* el Señor
	24.46 *resucitase* de los muertos al tercer día
Jn	6.40 vida ... y yo le *resucitaré* en el día postrero
	11.23 Jesús le dijo: Tu hermano *resucitará*
	20.9 que era necesario que él *resucitase* de
Hch	2.32 a este Jesús *resucitó* Dios, de lo cual
	3.15; 4.10 a quien Dios ha *resucitado* de los
	17.3 *resucitase* de los muertos; y que Jesús
	26.8 increíble ... Dios *resucite* a los muertos?
Ro	4.25 fue ... *resucitado* para nuestra justificación
	14.9 Cristo para esto murió y *resucitó*, y
1 Co	15.4 y que *resucitó* al tercer día, conforme a
	15.13 si no hay ... tampoco Cristo *resucitó*
	15.15 hemos testificado de Dios que él *resucitó*
	15.16 Cristo no *resucitó*, tampoco
	15.20 Cristo ha *resucitado* de los muertos
	15.42 siembra en ... *resucitará* en incorrupción
Ef	1.20 en Cristo, *resucitándole* de los muertos y
	2.6 con él nos *resucitó*, y ... nos hizo sentar
Col	2.12 en el cual fuisteis también *resucitados*
	3.1 si, pues, habéis *resucitado* con Cristo
1 Ts	4.16 muertos en Cristo *resucitarán* primero
2 Ti	2.8 *resucitado* de los muertos conforme
Heb	13.20 el Dios de paz que *resucitó* de los

RETRIBUCIÓN v. Paga, Recompensa, Venganza
Dt	32.35 mía es la venganza y la *r*.; a su tiempo
Is	34.8 es día de ... año de *r* en el pleito de Sion
	35.4 que vuestro Dios viene con *r*, con pago
	47.3 haré *r*, y no se librará hombre alguno
Jer	51.56 porque Jehová, Dios de *r*, dará la paga
Os	9.7 vinieron los días de la *r*; e Israel lo
Lc	21.22 porque estos son días de *r*, para que se
Ro	1.27 recibiendo en sí mismos la *r* debida a su
	11.9 sea vuelto su ... en tropezadero y en *r*
2 Ts	1.8 dar *r* a los que no conocieron a Dios
Heb	2.2 toda transgresión y ... recibió justa *r*

REVELACIÓN v. Manifestación, Venida
1 R	14.6 he aquí yo soy enviado a ti con *r* dura
Lc	2.32 luz para *r* a los gentiles, y gloria de tu
Ro	16.25 según la *r* del misterio que ... oculto
1 Co	14.6 no os hablare con *r*, o con ciencia
2 Co	12.1 vendré a las ... y a las *r* del Señor
	12.7 y para que la grandeza de las *r* no me

Gl	1.12 ni lo recibí ... sino por *r* de Jesucristo
	2.2 pero subí según una *r*, y para no correr
Ef	1.17 Padre de gloria, os dé espíritu ... de *r*
	3.3 que por *r* me fue declarado el misterio
1 P	4.13 en la *r* de su gloria os gocéis con gran
Ap	1.1 la *r* de Jesucristo, que Dios le dio, para

REY v. Autoridad, Gobernador, Príncipe, Señor
Gn	17.6 haré naciones de ti, y *r* saldrán de ti
Éx	1.8 se levantó sobre Egipto un nuevo *r* que
Nm	23.21 Dios está con él, y júbilo de *r* en él
Dt	17.15 por *r* ... al que Jehová ... escogiere
	33.5 y fue *r* en Jesurún ... con las tribus de
Jos	10.16 los cinco *r* huyeron, y se escondieron
Jue	9.8 fueron una vez los árboles a elegir *r*
	17.6; 21.25 en aquellos días no había *r* en
1 S	2.10 dará poder a su *r*, y exaltará el poderío
	8.5 constitúyenos ahora un *r* que nos juzgue
	8.11 así hará el *r* que reinará sobre vosotros
	10.24 el pueblo clamó ... diciendo: ¡Viva el *r*!
	12.12 sino ha de reinar sobre nosotros un *r*
	12.12 Jehová vuestro Dios era vuestro *r*
	21.8 por cuanto la orden del *r* era apremiante
2 S	5.3; 1 Cr 11.3 ungieron a David por *r*
2 R	9.13 tocaron corneta, y dijeron: Jehú es *r*
	11.12 y batiendo las ... dijeron: ¡Viva el *r*!
2 Cr	23.11 al hijo del *r* ... y lo proclamaron *r*
Job	41.34 cosa alta; es *r* sobre todos los soberbios
Sal	2.2 se levantarán los *r* de la tierra ... unidos
	2.6 he puesto mi *r* sobre Sion, mi santo monte
	5.2 está atento a la voz ... *R* mío y Dios mío
	10.16 Jehová es *R* eternamente y para siempre
	20.9 el *R* nos oiga en el día que lo invoquemos
	24.7, 9 oh puertas ... y entrará el *R* de gloria
	29.10 se sentó Jehová como *r* para siempre
	33.16 el *r* no se salva por la multitud de
	44.4 oh Dios, eres mi *R*; manda salvación a
	45.1 rebosa mi corazón ... dirijo al *r* mi canto
	47.7 porque Dios es el *R* de toda la tierra
	72.1 oh Dios, da tus juicios al *r*, y tu justicia
	74.12 pero Dios es mi *r* desde tiempo antiguo
	89.18 Jehová es nuestro escudo, y nuestro *r*
	102.15 temerán ... los *r* de la tierra tu gloria
	138.4 te alabarán ... todos los *r* de la tierra
	144.10 tú, el que da la victoria a los *r*, el que
Pr	20.26 el *r* sabio avienta a los impíos, y sobre
	24.21 teme a Jehová, hijo mío, y al *r*; no te
	29.14 *r* que juzga con verdad a los pobres
	30.31 cabrío; y el *r*, a quien nadie resiste
	31.4 no es de los *r* ... no es de los *r* beber vino
Ec	8.4 pues la palabra del *r* es con potestad
	10.16 ¡ay de ti ... cuando tu *r* es muchacho, y
	10.20 ni aun en tu ... digas mal del *r*, ni en lo
Cnt	1.4 el *r* me ha metido en sus cámaras; nos
Is	6.5 porque han visto mis ojos al *R*, Jehová de
	32.1 he aquí que para justicia reinará un *r*
	33.17 tus ojos verán al *R* en su hermosura
	33.22 Jehová es nuestro *R*; él ... nos salvará
	49.23 *r* serán tus ayos, y sus reinas tus
	62.2 entonces verán ... todos los *r* tu gloria
Jer	10.7 no te temerá, oh *R* de las naciones?
	10.10 él es Dios vivo y *R* eterno; a su ira
	23.5 David renuevo justo, y reinará como *R*
	30.9 servirán a Jehová su ... y a David su *r*
Dn	2.37 tú, oh *r*, eres *r* de *r*; porque el Dios del
	7.17 estas cuatro ... bestias con cuatro *r* que
	7.24 los diez cuernos significan que ... diez *r*
	11.2 aún habrá tres *r* en Persia, y el cuarto
Os	3.4 muchos días estarán los hijos de ... sin *r*
	13.10 ¿dónde está tu *r*, para que te guarde
Miq	2.13 su *r* pasará delante de ellos, y a la cabeza
Zac	9.9 he aquí tu *r* vendrá a ti, justo y salvador
	14.9 Jehová será *r* sobre toda la tierra. En
	14.16 subirán de año en año para adorar al *R*
Mal	1.14 porque yo soy Gran *R*, dice Jehová
Mt	2.2 ¿dónde está el *r* de los judíos ... nacido?
	5.35 ni por Jerusalén ... la ciudad del gran *R*
	10.18; Mc 13.9; Lc 21.12 ann ante ... *r* seréis llevados
	17.25 los *r* de la tierra, ¿de quiénes cobran
	18.23; 22.2 el reino de ... es semejante a un *r*
	21.5 he aquí, tu *R* viene a ti, manso, y sentado
	25.34 el *R* dirá a los de su derecha: Venid

27.11; Mc 15.2; Lc 23.3; Jn 18.33 ¿eres tú el *R* de los judíos?
27.29; Jn 19.3 ¡salve, *R* de los judíos!
27.37; Mc 15.26; Jn 19.19 éste es Jesús, el *r* de los judíos

Lc 14.31 ¿o qué *r*, al marchar a ... contra otro
19.38 ¡bendito el *r* que viene en el nombre

Jn 1.49 el Hijo de Dios; tú eres el *R* de Israel
6.15 venir para apoderarse de él y hacerle *r*
12.13 ¡bendito el que viene ... el *R* de Israel!
12.15 he aquí tu *R* viene, montado sobre un
19.14 entonces dijo a ... ¡He aquí vuestro *R*!

Hch 4.26 se reunieron los *r* de la tierra, y los
7.18 que se levantó en Egipto otro *r*, que no
17.7 de César, diciendo que hay otro *r*, Jesús

1 Ti 1.17 al *R* de los siglos, inmortal, invisible
6.15; Ap 17.14; 19.16 *R* de *r* y Señor de

Ap 1.6 y nos hizo *r* y sacerdotes para Dios, su
15.3 justos ... tus caminos, *R* de los santos
16.12 preparado el camino a los *r* del oriente
17.12 diez cuernos que has visto son diez *r*

RIQUEZA *v.* Bien, Dinero, Hacienda, Heredad, Posesión
Dt 8.17 mi poder y la ... me han traído esta *r*
1 R 3.11; 2 Cr 1.11 ni pediste para ti *r*, ni
10.23 excedía el rey ... en *r* y en sabiduría
1 Cr 29.12 las *r* y la gloria proceden de ti, y tú
2 Cr 32.27 tuvo Ezequías *r* y gloria, muchas en
Job 20.15 devoró *r*, pero las vomitará; de su
31.25 si me alegré ... mis *r* se multiplicasen
36.19 ¿hará él estima de tus *r*, del oro, o de
Sal 39.6 se afana; amontona *r*, y no sabe quién
49.6 de la muchedumbre de sus *r* se jactan
52.7 sino que confió en la multitud de sus *r*
62.10 si se aumentan las *r*, no pongáis el
73.12 he aquí, estos impíos ... alcanzaron *r*
Pr 8.18 *r* y la honra están conmigo; *r* duraderas
10.15; 18.11 *r* del rico son su ciudad fuerte
11.4 no aprovecharán las *r* en el día de la ira
11.16 tendrá honra, y los fuertes tendrán *r*
11.28 el que confía en sus *r* caerá; mas los
13.7 pretenden ser pobres, y tienen muchas *r*
13.11 las *r* de vanidad disminuirán; pero el
13.22 la *r* del pecador está guardada para el
14.24 las *r* de los sabios son su corona; pero
19.4 las *r* traen muchos amigos; mas el pobre
22.1 de más estima es el ... que las muchas *r*
23.5 ¿has de poner tus ojos en las *r*, siendo
27.24 porque las *r* no duran para siempre
30.8 no me des pobreza ni *r*; manténme del
Ec 5.13 *r* guardadas por sus dueños para su mal
5.19 todo hombre a quien Dios da *r* y bienes
9.11 ni de los prudentes las *r*, ni de los
Is 60.5 las *r* de las naciones hayan venido a ti
Jer 15.13 tus *r* y tus tesoros entregaré a la rapiña
17.11 es el que injustamente amontona *r*; en
Ez 28.5 a causa de tus *r* se ha enaltecido tu
Mt 6.24 no podéis servir a Dios y a las *r*
13.22; Mc 4.19 el engaño de las *r* ahogan la
Mc 10.23; Lc 18.24 difícilmente entrarán en el reino ... los que tienen *r*
Lc 16.9 ganad amigos por medio de las *r* injustas
Hch 19.25 que de este oficio obtenemos nuestra *r*
Ro 2.4 ¿o menosprecias las *r* de su benignidad
9.23 para hacer notorias las *r* de su gloria
11.12 si su transgresión es la *r* del mundo
11.33 ¡oh profundidad de las *r* de ... de Dios!
Ef 1.18 y cuáles son las *r* de la gloria de su herencia
2.7 mostrar ... las abundantes *r* de su gracia
3.8 anunciar ... evangelio de ... *r* de Cristo
3.16 que os dé, conforme a las *r* de su gloria
Flp 4.19 suplirá todo lo que ... conforme a sus *r*
Col 1.27 Dios quiso dar a conocer las *r* de la gloria
2.2 alcanzar todas las *r* de ... entendimiento
1 Ti 6.17 ni pongan la esperanza en las *r*, las
Heb 11.26 teniendo por mayores *r* el vituperio de
Stg 5.2 vuestras *r* están podridas, y ... ropas
Ap 5.12 Cordero ... digno de tomar el poder, las *r*
18.17 en una hora han sido consumidas tantas *r*

SABIDURÍA *v.* Ciencia, Conocimiento, Entendimiento, Prudencia
Gn 3.6 era ... árbol codiciable para alcanzar la *s*

Dt 4.6 es vuestra *s* y vuestra inteligencia ante los
34.9 Josué ... fue lleno del espíritu de *s*
1 R 3.28 vieron que había en él *s* de Dios para
4.29 Dios dio a Salomón *s* y prudencia muy
10.4; 2 Cr 9.3 reina de Sabá vio toda la *s*
10.7 es mayor tu *s* y bien, que la fama que yo
10.23; 2 Cr 9.22 excedía ... en riquezas y en *s*
2 Cr 1.10 dame ahora *s* y ciencia ... gobernar a
Job 12.2 el pueblo, y con vosotros morirá la *s*
12.13 con Dios está la *s* y el poder; suyo es
13.5 ojalá callarais ... porque esto os fuera *s*
15.8 ¿oíste tú el ... y está limitada a ti la *s*?
21.22 ¿enseñará alguien a Dios *s*, juzgando él
28.12 ¿dónde se hallará la *s*? ¿Dónde está
28.28; Sal 111.10; Pr 1.7; 9.10 el temor del Señor es la *s*
32.7 y la muchedumbre de años declarará *s*
35.16 por eso Job ... multiplica palabras sin *s*
38.36 ¿quién puso la *s* en el corazón? ¿O
Sal 19.2 días, y una noche a otra noche declara *s*
37.30 la boca del justo habla *s*, y su lengua
49.3 mi boca hablará *s*, y el pensamiento de
51.6 en lo secreto me has hecho comprender *s*
90.12 enséñanos ... que traigamos al corazón *s*
119.66 enséñame buen sentido y *s*, porque tus
Pr 1.2 para entender *s* y doctrina, para conocer
1.20 la *s* clama en las calles, alza su voz en
2.6 Jehová da la *s*, y de su boca viene el
3.13 bienaventurado el hombre que halla la *s*
4.5 adquiere *s*, adquiere inteligencia; no te
4.7 *s* ante todo; adquiere *s*; y sobre todas
5.1 está atento a mi *s*, y a mi inteligencia
7.4 dí a la *s*: Tú eres mi hermana, y a la
8.1 ¿no clama la *s* ... su voz la inteligencia?
8.11 mejor es la *s* que las piedras preciosas
8.12 yo, la *s*, habito con la cordura, y hallo
9.1 la *s* edificó su casa, labró sus ... columnas
10.23 mas la *s* recrea al ... de entendimiento
10.31 la boca del justo producirá *s*; mas la
11.2 viene ... mas con los humildes está la *s*
14.6 busca el escarnecedor la *s* y no la halla
15.2 la lengua de los sabios adornará la *s*
16.16 mejor es adquirir *s* que oro preciado
18.15 el corazón del entendido adquiere *s*
21.30 no hay *s* ... ni consejo, contra Jehová
24.7 alta está para el insensato la *s*; en
29.3 hombre que ama la *s* alegra a su padre
29.15 la vara y la corrección dan *s*; mas el
Ec 1.16 y he crecido en *s* sobre todos los que
1.18 en la mucha *s* hay mucha molestia
8.1 la *s* del hombre ilumina su rostro, y la
9.10 no hay obra, ni trabajo, ni ciencia, ni *s*
9.16 mejor es la *s* que la fuerza, aunque la
10.10 pero la *s* es provechosa para dirigir
Is 11.2 espíritu de *s* y de inteligencia, espíritu de
29.14 porque perecerá la *s* de sus sabios, y se
33.6 reinarán en tus tiempos la *s* y la ciencia
47.10 tu *s* y tu misma ciencia te engañaron
Jer 9.23 no se alabe el sabio en su *s*, ni en su
49.7 ¿no hay más *s* en Temán? ¿Se ha acabado
Dn 1.20 todo asunto de *s* ... el rey les consultó
5.11 se halló en él ... *s*, como *s* de los dioses
9.22 Daniel, ahora he salido para darte *s* y
Mt 11.19; Lc 7.35 la *s* es justificada por sus hijos
12.42; Lc 11.31 para oír la *s* de Salomón
13.54; Mc 6.2 ¿de dónde tiene éste esta *s*
Lc 2.40 el niño crecía ... y se llenaba de *s*
2.52 Jesús crecía en *s* y en estatura, y en
21.15 os daré palabra y *s*, la cual no podrán
Hch 6.10 no podían resistir a la *s* y al Espíritu
Ro 11.33 de las riquezas de la *s* y de la ciencia
1 Co 1.17 a predicar el evangelio; no con *s*
1.19 está escrito: Destruiré la *s* de los sabios
1.20 ¿no ha enloquecido Dios la *s* ... mundo?
1.22 piden señales, y los griegos buscan *s*
1.24 mas ... Cristo poder de Dios, y *s* de Dios
1.30 el cual nos ha sido hecho por Dios *s*
2.6 hablamos *s* entre ... y *s*, no de este siglo
2.7 hablamos *s* de Dios en ... la *s* oculta, la
3.19 la *s* de este mundo es insensatez para
12.8 porque a éste es dada ... palabra de *s*
2 Co 1.12 no con *s* humana, sino con la gracia
Ef 1.8 sobreabundar ... en toda *s* e inteligencia
1.17 Padre de gloria, os dé espíritu de *s*
3.10 la multiforme *s* de Dios sea ahora dada

Col	1.9 conocimiento de su voluntad en toda *s*
	2.3 escondidos todos los tesoros de la *s* y del
	3.16 exhortándoos unos a otros en toda *s*
Stg	1.5 si alguno ... tiene falta de *s*, pídala a
	3.17 pero la *s* que es de lo alto es ... pura
Ap	13.18 acuí hay *s* ... el número de la bestia
	17.9 esto, para la mente que tenga *s*; Las

SACERDOCIO *v.* Ministerio

Nm	18.7 tú y tus hijos ... guardaréis vuestro *s*
	25.13 y tendrá él ... el pacto del *s* perpetuo
Os	4.6 te echaré del *s*; y porque olvidaste la ley
Lc	1.8 ejerciendo Zacarías el *s* delante de Dios
Heb	7.11 si, pues, la perfección fuera por el *s*
	7.24 éste ... para siempre, tiene un *s* inmutable
1 P	2.9 mas vosotros sois linaje ... real *s*, nación

SACRIFICIO *v.* Expiación, Holocausto, Ofrenda, Paz, Propiciación, Reconciliación

Gn	46.1 ofreció *s* al Dios de su padre Isaac
Éx	3.18 que ofrezcamos *s* a Jehová nuestro Dios
	5.17 decís ... Vamos y ofrezcamos *s* a Jehová
	22.20 ofreciere *s* a dioses excepto ... Jehová
	29.28 sus *s* de paz, porción de ellos elevada
	34.15 y te invitarán, y comerás de sus *s*
1 S	1.21 ofrecer a Jehová el *s* acostumbrado
	2.29 ¿por qué habéis hollado mis *s* y mis
	15.22 el obedecer es mejor que los *s*, y el
	16.2 y dí: A ofrecer *s* a Jehová he venido
1 R	3.15 sacrificó holocaustos y ofreció *s* de
	12.32 en Bet-el, ofreciendo *s* a los becerros
2 R	10.19 porque tengo un gran *s* para Baal
2 Cr	7.5 ofreció el rey Salomón en *s* ... bueyes
	29.31 presentad *s* y alabanzas en la casa de
Sal	40.6 *s* y ofrenda no te agrada; has abierto
	50.8 no te reprenderé por tus *s*, ni por tus
	51.16 porque no quieres *s*, que yo lo daría
	106.28 se ... y comieron los *s* de los muertos
	107.22 ofrezcan *s* de alabanza, y publiquen
	119.108 sean agradables los *s* ... de mi boca
Pr	15.8; 21.27 *s* de los impíos es abominación
Ec	5.1 más para oír que para ofrecer el *s* de los
Is	43.23 ni a mí me honraste con tus *s*; no te
Jer	6.20 aceptables, ni vuestros *s* me agradan
	17.26 *s* de alabanza a la casa de Jehová
Ez	39.17 *s* grande sobre los montes de Israel
Dn	8.11 y por él fue quitado el continuo *s*, y el
	11.31 profanarán ... y quitarán el continuo *s*
Os	6.6 porque misericordia quiero, y no *s*
	8.13 en los *s* de mis ... sacrificaron carne, y
Am	4.4 traed de mañana vuestros *s*, y vuestros
Jon	1.16 ofrecieron *s* a Jehová, e hicieron votos
	2.9 mas yo con voz de alabanza te ofreceré *s*
Sof	1.7 Jehová ha preparado *s*, y ha dispuesto
Mt	9.13; 12.7 misericordia quiero, y no *s*
Mc	12.33 amarle ... es más que todos los ... *s*
Lc	13.1 Pilato había mezclado con los *s* de ellos
Hch	14.13 el sacerdote de Júpiter ... ofrecer *s*
Ro	12.1 que presentéis vuestros cuerpos en *s* vivo
Flp	2.17 sea derramado en libación sobre el *s* y
Heb	5.1 presente ofrendas y *s* por los pecados
	7.27 de ofrecer primero *s* por sus propios
	8.3 constituido para presentar ofrendas y *s*
	9.26 presentó una vez ... por el *s* de sí mismo
	10.1 nunca puede, por los mismos *s* que se
	10.5 dice: *S* y ofrenda no quisiste; mas me
	10.12 habiendo ofrecido ... un solo *s* por los
	10.26 ya no queda más *s* por los pecados
	11.4 Abel ofreció ... más excelente *s* que Caín
	13.16 hacer bien ... de tales *s* se agrada Dios
1 P	2.5 ofrecer *s* espirituales aceptables a Dios

SALARIO *v.* Jornal, Paga

Gn	29.15; 30.28 Labán ... Dime cuál será tu *s*
	31.7 y me ha cambiado el *s* diez veces; pero
Lv	19.13 no retendrás el *s* del jornalero en tu
Jer	22.13 balde, y no dándole el *s* de su trabajo!
	31.16 *s* hay para tu trabajo, dice Jehová, y
Zac	11.12 dadme mi *s* ... y pesaron por mi *s*
Lc	3.14 les dijo ... contentaos con vuestro *s*
Jn	4.36 el que siega recibe *s*, y recoge fruto para
Ro	4.4 al que obra, no se le cuenta el *s* como
2 Co	11.8 recibiendo *s* para serviros a vosotros
1 Ti	5.18 trilla; y: Digno es el obrero de su *s*

SALOMÓN

	Nace, 2 S 12.24;
	ungido rey, 1 R 1.32–40;
	afirma su reino, 1 R 2.12–46;
	se casa con la hija de Faraón, 1 R 3.1;
	pide sabiduría, 1 R 3.5–15;
	juzga sabiamente, 1 R 3.16–28;
	su pacto con Hiram, 1 R 5.1–18;
	construye el templo, 1 R 6.1–38; 7.13–51;
	construye su casa, 1 R 7.1–12;
	dedica el templo, 1 R 8.1–66;
	pacto de Dios con él, 1 R 9.1–9;
	le visita la reina de Sabá, 1 R 10.1–13;
	su apostasía y dificultades, 1 R 11.1–40;
	muere, 1 R 11.41–43.
Pr	1.1 los proverbios de *S*, hijo de David, rey
Mt	6.29; Lc 12.27 ni aun *S* con toda su gloria
	12.42; Lc 11.31 para oír la sabiduría de *S*
Jn	10.23 Jesús andaba en ... por el pórtico de *S*
Hch	3.11 concurrió a ellos al pórtico ... de *S*

SALVACIÓN *v.* Redención

Gn	49.18 tu *s* esperé, oh Jehová
Éx	14.13 no temáis; estad firmes, y ved la *s* que
	15.2 Jehová es ... mi cántico, y ha sido mi *s*
1 S	2.1 Ana oró ... por cuanto me alegré en tu *s*
	11.13 porque hoy Jehová ha dado *s* en Israel
	19.5 y Jehová dio gran *s* a todo Israel
2 R	13.17 saeta de *s* de Jehová, y saeta de *s*
1 Cr	16.23 tierra; proclamad de día en día su *s*
Job	13.16 él mismo será mi *s*, porque no entrará
Sal	3.2 dicen de mí: No hay para él *s* en Dios
	3.8 la *s* es de Jehová; sobre tu pueblo sea tu
	13.5 mas yo ... mi corazón se alegrará en tu *s*
	14.7 ¡oh, que de Sion saliera la *s* de Israel!
	18.2 y la fuerza de mi *s*, mi alto refugio
	27.1 Jehová es mi luz y mi *s*; ¿de quién
	35.3 la lanza ... dí a mi alma: Yo soy tu *s*
	37.39 pero la *s* de los justos es de Jehová
	40.10 he publicado tu fidelidad y tu *s*; no
	42.5, 11; 43.5 espera en ... *s* mía y Dios mío
	44.4 oh Dios, eres mi Rey; manda *s* a Jacob
	62.2 él solamente es mi roca y mi *s*; es mi
	62.7 en Dios está mi *s* y mi gloria; en Dios
	74.12 el que obra *s* en medio de la tierra
	85.7 oh Jehová, tu misericordia, y danos tu *s*
	91.16 lo saciaré ... vida, y le mostraré mi *s*
	96.2 cantad a ... anunciad de día en día su *s*
	98.2 ha hecho notoria su *s*; a vista de las
	98.3 la tierra han visto la *s* de nuestro Dios
	116.13 tomaré la copa de la *s*, e invocaré el
	118.14 cántico es JAH, y él me ha sido por *s*
	119.123 mis ojos desfallecieron por tu *s*
	119.155 lejos está de los impíos la *s*, porque
	132.16 vestiré de *s* a sus sacerdotes, y sus
	149.4 hermoseará a los humildes con la *s*
Is	12.2 he aquí Dios es *s* mía; me aseguraré
	25.9 gozaremos y nos alegraremos en su *s*
	26.1 *s* puso Dios por muros y antemuro
	33.2 nuestra *s* en tiempo de la tribulación
	45.8 ábrase ... prodúzcanse la *s* y la justicia
	45.17 será salvo en Jehová con *s* eterna; no
	46.13 y mi *s* no se detendrá. Y pondré *s* en
	49.6 para que seas mi *s* hasta lo postrero de
	49.8 en el día de *s* te ayudé; y te guardaré
	51.6 pero mi *s* será para siempre, mi justicia
	52.10 los confines de ... verán la *s* del Dios
	54.17 siervos de Jehová, y su *s* de mí vendrá
	58.8 como el alba, y tu *s* se dejará ver pronto
	59.17 coraza, con yelmo de *s* en su cabeza
	60.18 tus muros llamarás *S*, y a tus puertas
	61.10 porque me vistió con vestiduras de *s*
Lm	3.26 bueno es esperar en ... la *s* de Jehová
Jl	2.32 porque en el monte de Sion ... habrá *s*
Jon	2.9 pagaré lo que ... La *s* es de Jehová
Mal	4.2 sol de justicia, y en sus alas traerá *s*
Lc	1.77 para dar conocimiento de *s* a su pueblo
	2.30 porque han visto mis ojos tu *s*
	3.6 y verá toda carne la *s* de Dios
	19.9 le dijo: Hoy ha venido la *s* a esta casa
Jn	4.22 sabemos; porque la *s* viene de los judíos
Hch	4.12 y en ningún otro hay *s*, porque no hay
	13.26 a vosotros es enviada la ... de esta *s*

	13.47 seas para *s* hasta lo último de la tierra			63.5 me *salvó* mi brazo, y me sostuvo mi ira
	16.17 quienes os anuncian el camino de *s*			63.9 y el ángel de su faz los *salvó*; en su
	28.28 que a los gentiles es enviada esta *s* de			64.5 pecados ... ¿podremos acaso ser *salvos*?
Ro	1.16 es poder ... para *s* a todo aquel que cree		Jer	4.14 lava tu corazón ... para que sea *salva*
	10.1 mi oración a Dios por Israel, es para *s*			8.20 pasó ... y nosotros no hemos sido *salvos*
	10.10 pero con la boca se confiesa para *s*			11.12 clamarán a los ... no los podrán *salvar*
	11.11 por su ... vino la *s* a los gentiles, para			17.14 *sálvame*, y seré *salvo*; porque tú eres
	13.11 está más cerca de nosotros nuestra *s*			23.6 en sus días será *salvo* Judá, e Israel
2 Co	1.6 o si ... es para vuestra consolación y *s*			30.10 yo soy el que te *salvo* de lejos a ti y a
	6.2 en día de *s* ... he aquí ahora el día de *s*			30.11 porque yo estoy contigo para *salvarte*
	7.10 produce arrepentimiento para *s*, de que			31.7 Jehová, *salva* a tu pueblo, el remanente
Ef	1.13 habiendo oído ... evangelio de vuestra *s*			33.16 Judá será *salvo*, y Jerusalén habitará
	6.17 tomad el yelmo de la *s*, y la espada del			42.11 estoy yo para *salvaros* y libraros de
Flp	2.12 ocupaos en vuestra *s* con temor y			46.27 he aquí yo te *salvaré* de lejos, y a tu
1 Ts	5.8 y con la esperanza de *s* como yelmo		Ez	34.22 yo *salvaré* a mis ovejas, y nunca más
	5.9 para ira, sino para alcanzar *s* por medio		Os	1.7 *salvaré* por Jehová ... no los *s* con arco
2 Ts	2.13 escogido desde el principio para *s*		Abd	17 de Sion habrá un remanente que se *salve*
2 Ti	2.10 para que ellos también obtengan la *s*		Sof	3.17 Jehová está en medio de ti ... él *salvará*
	3.15 hacer sabio para la *s* por la fe que es en		Zac	8.7 *salvo* a mi pueblo de la tierra del oriente
Tit	2.11 se ha manifestado para *s* a todos los			9.16 los *salvará* en aquel día Jehová su Dios
Heb	2.3 cómo ... si descuidamos una *s* tan grande?		Mt	1.21 él *salvará* a su pueblo de sus pecados
	2.10 perfeccionase ... al autor de la *s* de ellos			8.25 ¡Señor, *sálvanos*, que perecemos!
	5.9 a ser autor de eterna *s* para todos los que			9.22; Lc 8.48 hija, tu fe te ha *salvado*
	6.9 cosas mejores, y que pertenecen a la *s*			10.22; 24.13; Mc 13.13 el que persevere hasta el fin, éste
1 P	1.5 alcanzar la *s* que está preparada para ser			será *salvo*
	1.9 fin de vuestra fe, que es la *s* ... almas			14.30 dio voces, diciendo: ¡Señor, *sálvame*!
2 P	3.15 paciencia de nuestro Señor es para *s*			16.25; Mc 8.35; Lc 9.24; 17.33 el que quiera *salvar* su vida
Jud	3 de escribiros acerca de nuestra común *s*			18.11; Lc 19.10 ha venido para *salvar* lo que
Ap	7.10 la *s* pertenece a nuestro Dios que está			19.25; Mc 10.26 ¿quién ... podrá ser *salvo*?
	12.10 ahora ha venido la *s*, y el poder, y el			24.22; Mc 13.20 acortados, nadie sería *salvo*
	19.1 *s* y honra y gloria y poder son del Señor			27.40; Mc 15.30 *sálvate* a ti mismo; si eres
				27.42; Mc 15.31; Lc 23.35 a otros *salvó*, a sí mismo no se
SALVAR *v.* Libertar, Librar, Redimir				puede *salvar*
Éx	14.30 *salvó* Jehová aquel día a Israel de		Mc	3.4; Lc 6.9 lícito . *salvar* la vida, o quitarla?
Dt	20.4 Dios va con vosotros ... par *salvaros*			5.23 y pon las manos ... para que sea *salva*
Jue	6.15 señor mío, ¿con qué *salvaré* yo a Israel?			5.28 decía ... Si tocare ... su manto, seré *salva*
	7.7 con estos 300 hombres que ... os *salvaré*			5.34 hija, tu fe te ha hecho *salva*; vé en paz
1 S	10.27 ¿cómo nos ha de *salvar* éste? Y le			16.16 creyere y fuere bautizado, será *salvo*
	14.6 no es difícil para Jehová *salvar* con		Lc	9.56 no ... para perder ... sino para *salvarlas*
	14.23 así *salvó* a Israel aquel día			13.23 ¿son pocos los que *se salvan*? Y él les
	17.47 que Jehová no *salva* con espada y con			18.42 le dijo: Recíbela, tu fe te ha *salvado*
2 S	22.28; Sal 18.27 tú *salvas* al pueblo afligido		Jn	3.17 sino para que el mundo sea *salvo* por él
	22.42; Sal 18.41 y no hubo quien los *salvase*			5.34 mas digo esto, para que ... seáis *salvos*
1 Cr	16.35 decid: *Sálvanos*, oh Dios, salvación			10.9 el que por mí entrare, será *salvo*; y
2 Cr	32.22 así *salvó* Jehová a Ezequías y a los			12.27 diré? ¿Padre, *sálvame* de esta hora?
Job	5.20 en el hambre te *salvará* de la muerte			12.47 no ... a juzgar ... sino a *salvar* al mundo
	22.29 y Dios *salvará* al humilde de ojos		Hch	2.21; Ro 10.13 que invocare el ... será *salvo*
	40.14 te confesaré que podrá *salvarte* tu			2.40 sed *salvos* de esta perversa generación
Sal	3.7 levántate, Jehová; *sálvame*, Dios mío			2.47 añadía ... los que habían de ser *salvos*
	6.4 libra mi ... *sálvame* por tu misericordia			4.12 otro nombre ... que podamos ser *salvos*
	7.10 mi escudo está en Dios, que *salva*			15.1 os circuncidáis ... no podéis ser *salvos*
	12.1 *salva*, oh Jehová, porque se acabaron			15.11 que por la gracia del ... seremos *salvos*?
	17.7 tú que *salvas* a los que se refugian a tu			16.30 dijo ... ¿qué debo hacer para ser *salvo*?
	20.6 conozco que Jehová *salva* a su ungido			16.31 cree en el ... y serás *salvo*, tú y tu casa
	28.9 *salva* a tu pueblo, y bendice a tu			27.43 centurión, queriendo *salvar* a Pablo, les
	33.16 el rey no se *salva* por la multitud del		Ro	5.9 sangre, por él seremos *salvos* de la ira
	34.18 y *salva* a los contritos de espíritu			5.10 reconciliados, seremos *salvos* por su
	54.1 oh Dios, *sálvame* por tu nombre, y con			8.24 porque en esperanza fuimos *salvos*
	55.16 a Dios clamaré; y Jehová me *salvará*			9.27 mar, tan solo el remanente será *salvo*
	59.2 y *sálvame* de hombres sanguinarios			10.9 creyeres en tu corazón ... serás *salvo*
	69.1 *sálvame*, oh Dios, porque las aguas han			11.14 por si ... hacer *salvos* a algunos de ellos
	69.35 Dios *salvará* a Sion, y reedificará las			11.26 Israel será *salvo*, como está escrito
	72.4 *salvará* a los hijos del menesteroso		1 Co	1.21 *salvar* a los creyentes por la locura
	86.2 *salva* tú ... a tu siervo que en ti confía			3.15 él mismo será *salvo*, aunque así como
	98.1 diestra lo ha *salvado*, y su santo brazo			5.5 que el espíritu sea *salvo* en el día del
	106.8 él los *salvó* por amor de su nombre			7.16 mujer, si quizá harás *salvo* a tu marido?
	106.10 los *salvó* de mano del enemigo, y los			9.22 que de todos modos *salve* a algunos
	106.47 *sálvanos* ... Dios nuestro, y recógenos			10.33 el de muchos, para que sean *salvos*
	109.26 *sálvame* conforme a tu misericordia			15.2 por el cual asimismo ... sois *salvos*, si
	119.94 tuyo soy yo, *sálvame*, porque he		2 Co	2.15 grato olor de ... en los que se *salvan*
	138.7 enemigos ... y me *salvará* tu diestra		Ef	2.8 por gracia sois *salvos* por medio de la fe
	145.19 oirá ... clamor de ellos, y los *salvará*		1 Ts	2.16 hablar a ... para que éstos se *salven*
Is	25.9 Dios, le hemos esperado, y nos *salvará*		1 Ti	1.15 Cristo ... vino al mundo para *salvar* a
	33.22 porque Jehová ... él mismo nos *salvará*			2.4 quiere que todos ... sean *salvos* y vengan
	35.4 pago; Dios mismo vendrá, y os *salvará*			2.15 pero se *salvará* engendrando hijos, si
	37.35 ampararé a esta ciudad para *salvarla*			4.16 persiste en ello, pues ... te *salvarás* a
	43.11 yo ... y fuera de mí no hay quien *salve*		2 Ti	1.9 nos *salvó* y llamó con llamamiento
	45.17 *salvo* en Jehová con salvación eterna		Tit	3.5 nos *salvó*, no por obras de justicia que
	45.22 mirad a mí, y sed *salvos*, todos los		Heb	7.25 *salvar* ... a los que por él se acercan a
	47.15 cada uno irá ... no habrá quien te *salve*			11.7 el arca en que su casa se *salvase*; y por
	49.25 le defenderé, y yo *salvaré* a tus hijos		Stg	1.21 la cual puede *salvar* vuestras almas
	50.8 cercano está de mí el que me *salva*			2.14 no tiene obras? ¿Podrá la fe *salvarle*?
	63.1 hablo en justicia, grande para *salvar*			4.12 el dador de la ley, que puede *salvar* y

5.15 la oración de fe *salvará* al enfermo
5.20 *salvará* de muerte un alma, y cubrirá
1 P   4.20 pocas personas … fueron *salvadas* por
       4.18 si el justo con dificultad se *salva*, ¿en
Jud   5 que el Señor, habiendo *salvado* al pueblo
       23 a otros *salvad*, arrebatándolos del fuego
Ap   21.24 las naciones que hubieren sido *salvas*

SAMUEL
Nace, 1 S 1.19–20;
es dedicado a Jehová, 1 S 1.21–28;
ministra ante Jehová, 1 S 2.11, 18–21; es llamado, 1 S 3.1–21;
juzga a Israel, 1 S 7.3–17;
amonesta a Israel por haber pedido rey, 1 S 8.10–18;
unge rey a Saúl, 1 S 10.1–8;
habla a Israel, 1 S 12.1–25;
reprende a Saúl, 1 S 13.8–15; 15.10–31;
corta en pedazos a Agag, 1 S 15.32–33;
unge a David, 1 S 16.1–13;
muere, 1 S 25.1; 28.3.
Jer   15.1 si Moisés y S se pusieran delante
Hch   3.24 los profetas desde S … han anunciado
       13.20 años, les dio jueces hasta el profeta S

SANGRE *v.* Expiación, Propiciación, Vida
Gn   4.10 la voz de la *s* de tu hermano clama a mí
       9.4 pero carne con su vida, que es su *s*, no
       9.6 que derramare *s* … su *s* será derramada
Éx   4.9 cambiarán aquellas aguas … y se harán *s*
       7.20 todas las aguas … se convirtieron en *s*
       12.7 tomarán de la *s*, y la pondrán en los dos
       24.8 Moisés tomó la *s* y roció sobre el pueblo
       29.12 de la *s* del becerro tomarás y pondrás
       30.10 con la *s* del sacrificio por el pecado
       34.25 no ofrecerás cosa leudada … con la *s* de
Lv   1.5 sacerdotes hijos de Aarón ofrecerán la *s*
       3.17 ninguna grosura ni ninguna *s* comeréis
       4.5 el sacerdote … tomará de la *s* del becerro
       16.14 tomará luego de la *s* del becerro, y la
       17.11 misma *s* hará expiación de la persona
       19.26 no comeréis cosa alguna con *s*
       20.9 a su madre maldijo; su *s* será sobre él
Nm   35.33 porque esta *s* amancillará la tierra, y la
Dt   12.16 solamente que no comeréis; sobre la
       32.43 porque él vengará la *s* de sus siervos
Jos   2.19 su *s* será sobre su cabeza, y nosotros
1 S   14.32 ovejas y … el pueblo los comió con *s*
       19.5 ¿por qué … pecarás contra la *s* inocente
2 S   1.16 David le dijo: Tu *s* sea sobre tu cabeza
1 R   21.19 lugar donde lamieron los perros la *s*
2 R   21.16 derramó Manasés mucha *s* inocente en
1 Cr   22.8 has derramado mucha *s*, y has hecho
Job   16.18 ¡oh tierra! no cubras mi *s*, y no
Sal   78.44 volvió sus ríos en *s*, y sus corrientes
       79.3 derramaron su *s* como agua en los
       105.29 volvió sus aguas en *s*, y mató … peces
       106.38 derramaron la *s* … la *s* de sus hijos
Pr   6.17 las manos derramadoras de *s* inocente
Is   1.11 no quiero *s* de bueyes, ni de ovejas, ni de
       1.15 no oiré; llenas están de *s* vuestras manos
       4.4 limpie la *s* de Jerusalén de en medio de
       49.26 con su *s* serán embriagados como con
       59.3 vuestras manos están contaminadas de *s*
       59.7 pies … se apresuran para derramar la *s*
       63.3 y su *s* salpicó mis vestidos, y manché
Jer   2.34 en tus faldas se halló la *s* de los pobres
       19.4 y llenaron este lugar de *s* de inocentes
Lm   4.13 derramaron en medio de ella la *s* de los
Ez   9.9 pues la tierra está llena de *s*, y la ciudad
       18.13 de cierto morirá, su *s* será sobre él
       22.4 en tu *s* que derramaste has pecado, y te
       33.5 oyó, y no se apercibió; su *s* será sobre él
       33.25 ¿comeréis con *s*, y a … y derramaréis
       45.19 sacerdote tomará … de la *s* de la expiación
Jl   2.30 daré … *s*, y fuego, y columnas de humo
Hab   2.12 ¡ay del que edifica la ciudad con *s*, y
Sof   1.17 *s* de ellos será derramada como polvo
Zac   9.11 también por la *s* de tu pacto serán salva
Mt   9.20; Mc 5.25; Lc 8.43 una mujer enferma de flujo de *s*
       16.17 porque no te lo reveló carne ni *s*, sino
       23.30 sus cómplices en la *s* de los profetas
       26.28; Mc 14.24; Lc 22.20 esto es mi *s* del nuevo pacto
       27.6 no es lícito echarlas en … es precio de *s*

27.24 inocente soy yo de la *s* de este justo
27.25 su *s* sea sobre nosotros, y sobre
Lc   11.51 la *s* de Abel hasta la *s* de Zacarías
       13.1 galileos cuya *s* Pilato había mezclado
       22.44 era su sudor como grandes gotas de *s*
Jn   1.13 los cuales no son engendrados de *s*, ni
       19.34 una lanza, y al instante salió *s* y agua
Hch   1.19 Acéldama … quiere decir, Campo de *s*
       2.20 la luna en *s*, antes que venga el día del
       5.28 queréis echar sobre nosotros la *s* de ese
       15.20 de fornicación, de ahogado y de *s*
       17.26 de una *s* ha hecho todo el linaje de los
       18.6 vuestra *s* sea sobre vuestra propia
       20.26 hoy, que estoy limpio de la *s* de todos
       21.25 se abstengan … ídolos, de *s*, de ahogado
Ro   3.15 sus pies se apresuran para derramar *s*
       3.25 Dios puso … por medio de la fe en su *s*
       5.9 más, estando ya justificados en su *s*, por
1 Co   10.16 ¿no es la comunión de la *s* de Cristo?
       11.27 culpado del cuerpo y de la *s* del Señor
Gl   1.16 no consulté en seguida con carne y *s*
Ef   1.7 en quien tenemos redención por su *s*, el
       2.13 habéis sido hechos cercanos por la *s* de
       6.12 no tenemos lucha contra *s* y carne, sino
Col   1.20 haciendo la paz mediante la *s* de su cruz
Heb   9.12 y no por *s* de … sino por su propia *s*
       9.22 y sin derramamiento de *s* no se hace
       10.4 la *s* de los toros … no puede quitar los
       10.29 y tuviere por inmunda la *s* del pacto
       12.4 porque aún no habéis resistido hasta la *s*
       12.24 la *s* rociada que habla mejor que la de
       13.20 gran pastor … por la *s* del pacto eterno
1 P   1.2 para ser rociados con la *s* de Jesucristo
       1.19 sino con la *s* preciosa de Cristo, como de
1 Jn   1.7 la *s* de Jesucristo su Hijo nos limpia de
       5.6 es Jesucristo, que vino mediante agua y *s*
Ap   1.5 nos lavó de nuestros pecados con su *s*
       5.9 y con tu *s* nos has redimido para Dios
       6.12 el sol … y la luna se volvió toda como *s*
       7.14 han emblanquecido en la *s* del Cordero
       8.8 la tercera parte del mar se convirtió en *s*
       11.6 poder sobre las … para convertirlas en *s*
       12.11 y le han vencido por medio de la *s* del
       16.3 su copa sobre el mar … se convirtió en *s*
       17.6 mujer ebria de la *s* … la *s* de los mártires
       19.2 y ha vengado la *s* de sus siervos de la

SANIDAD *v.* Curación
Is   6.10 no vea … ni se convierta y haya para él *s*
Jer   33.6 yo les traeré *s* y medicina; y los curaré
Ez   47.8 entradas en el mar, recibirán *s* las aguas
Hch   3.16 la fe … ha dado a éste esta completa *s*
       4.30 extiendes tu mano para que se hagan *s*
1 Co   12.9 a otro, dones de *s* por el mismo
Ap   22.2 hojas del árbol eran para la *s* de las

SANSÓN
Jue   13.24–16.31.

SANTIDAD *v.* Justicia, Santificación
Éx   28.36 grabarás en ella como … S a Jehová
       39.30 y escribieron en ella … S a Jehová
1 Cr   16.29; Sal 29.2 en la hermosura de la
Sal   93.5 la *s* conviene a tu casa, oh Jehová, por
Is   35.8 camino, y será llamado Camino de S
       57.15 yo habito en la altura y la *s*, y con el
Zac   14.20 estará grabado sobre … S a Jehová
Lc   1.75 en *s* … delante de él … nuestros días
2 Co   7.1 perfeccionando la *s* en el temor de Dios
Ef   4.24 creado … en la justicia y *s* de la verdad
1 Ts   3.13 irreprensibles en *s* delante de Dios
Heb   12.10 éste … para que participemos de su *s*
       12.14 seguid la paz con todos, y la *s*, sin la

SANTIFICACIÓN *v.* Santidad
Ro   6.19 servir a … iniquidad, así ahora para *s*
       6.22 tenéis por vuestro fruto la *s*, y como fin
1 Ts   4.3 pues la voluntad de Dios es vuestra *s*
       4.7 pues no nos ha llamado Dios a … sino a *s*
2 Ts   2.13 para salvación, mediante la *s* por
1 P   1.2 elegidos según la *s* … en *s* del Espíritu

SANTIFICADO *v.* Consagrado
Hch   20.32 para … daros herencia con todos los *s*
1 Co   1.2 a los *s* en Cristo Jesús, llamados a ser
Jud   1 Judas … a los llamados, *s* en Dios Padre

SANTIFICAR v. Apartar, Consagrar, Dedicar, Purificar, Separar

Gn 2.3 bendijo Dios el día séptimo, y lo *santificó*
Éx 29.37 *santificarás*, y será un altar santísimo
    29.43 el lugar será *santificado* con mi gloria
    31.13 que yo soy Jehová que os *santifico*
Lv 8.10 ungió el tabernáculo y ... y las *santificó*
    10.3 en los que ... se acercan me *santificaré*
    20.7 *santificaos*, pues, y sed santos, porque yo
    21.8 le *santificaras*, por ... santo será para ti

SANTÍSIMO

Éx 26.33 separación entre el lugar santo y el *s*
1 R 6.27 puso estos querubines ... en el lugar *s*
Pr 9.10 el conocimiento del *S* es la inteligencia

SANTO/A v. Limpio, Puro

Éx 3.5 porque el lugar en que tú estás, tierra *s* es
    19.6 seréis un reino de sacerdotes, y gente *s*
    22.31 me seréis varones *s*. No comeréis carne
    26.33 velo ... entre el lugar *s* y el santísimo
Lv 10.10 poder discernir entre lo *s* y lo profano
    11.44; 19.2; 20.26 y seréis *s*, porque yo soy *s*
    21.6 *s* serán a su Dios, y no profanarán el
Nm 6.5 el tiempo ... de su nazareato ... será *s*
Dt 7.6; 14.2, 21 tú eres pueblo *s* para Jehová tu
    23.14 por tanto, tu campamento ha de ser *s*
    26.19 que seas un pueblo *s* a Jehová tu Dios
    33.2 vino de entre diez millares de *s*, con la
Jos 5.15 quita el calzado de ... donde estás es *s*
    24.19 porque él es Dios *s*, y Dios celoso
1 S 2.2. no hay *s* como Jehová; porque no hay
2 R 19.22; Is 37.23 ¿contra quien ... el *S* de Israel
Esd 8.28 son *s* los utensilios, y la plata y el oro
Neh 8.10 porque día *s* es a nuestro Señor; no os
Job 5.1 ahora, pues ... a cuál de los *s* te volverás?
    15.15 he aquí, en sus *s* no confía, y ni aun
Sal 16.10 ni permitirás que tu *s* vea corrupción
    22.3 pero tú eres *s*, tú que habitas entre las
    30.4 cantad a Jehová, vosotros sus *s*, y
    34.9 temed a Jehová, vosotros sus *s*, pues
    50.5 juntadme mis *s* ... que hicieron pacto
    77.13 oh Dios, *s* en tu camino: ¿qué dios es
    79.2 carne de tus *s* a las bestias de la tierra
    132.9 vistan de justicia, y se regocijen tus *s*
    145.10 te alaben ... obras, y tus *s* te bendigan
Is 6.3 daba voces, diciendo: *S*, *s*, *s*, Jehová de
    12.6 grande es en medio de ti el *S* de Israel
    41.14 Jehová; el *S* de Israel es tu Redentor
    65.5 no te acerques a mí ... soy más *s* que tú
Jer 2.3 *s* era Israel a Jehová, primicias de sus
    31.23 oh morada de justicia, oh monte *s*
Dn 4.9 que hay en ti espíritu de los dioses *s*
    7.18 recibirán el reino los *s* del Altísimo
    7.21 este cuerno hacía guerra contra los *s*
    8.13 a un *s* que hablaba; y otro ... *s* preguntó
    8.24 destruirá a los ... y al pueblo de los *s*
Os 11.9 el *S* en medio de ti; y no entraré en la
Zac 14.5 vendrá Jehová mi ... y con él todos los *s*
Mt 4.5 el diablo le llevó a la *s* ciudad, y le puso
    7.6 no deis lo *s* a los perros, ni ... perlas
    27.52 muchos cuerpos de *s* que habían dormido
Mc 1.24; Lc 4.34 sé quien eres, el *S* de Dios
Lc 1.35 el *S* Ser que nacerá, será llamado Hijo
    2.23 abriere la matriz será llamado *s* al Señor
Hch 2.27; 13.35 ni permitirás ... *S* vea corrupción
    3.14 negasteis al *S* y al Justo, y pedisteis
    4.30 mediante el nombre de tu *s* Hijo Jesús
    7.33 porque el lugar en que estás es tierra *s*
    9.13 males ha hecho a tus *s* en Jerusalén
    26.10 encerré en cárceles a muchos de los *s*
Ro 1.7 que estáis en Roma ... llamados a ser *s*
    8.27 conforme a ... Dios intercede por los *s*
    12.13 compartiendo ... necesidades de los *s*
    15.25 voy a Jerusalén para ministrar a los *s*
1 Co 1.2 llamados a ser *s* con todos los que en
    3.17 el templo ... el cual sois vosotros, *s* es
    6.2 ¿o no sabéis que los *s* han de juzgar al
    7.14 vuestros hijos serían inmundos ... son *s*
    7.34 ser *s* así en cuerpo como en espíritu
    16.1 cuanto a la ofrenda para los *s*, haced
    16.15 se han dedicado al servicio de los *s*
2 Co 9.1 cuanto a la ministración para los *s*, es
    9.12 no solamente suple lo que a los *s* falta

Ef 1.4 fuésemos *s* y sin mancha delante de él
    1.18 las riquezas ... de su herencia en los *s*
    2.21 creciendo para ser un templo *s* en el
    3.8 menos que el más pequeño de todos los *s*
    3.18 comprender con todos los *s* cuál sea la
    4.12 fin de perfeccionar a los *s* para la obra
    5.3 ni aun se nombre ... como conviene a *s*
    5.27 una iglesia ... que fuese *s* y sin mancha
    6.18 con toda ... y súplica por todos los *s*
Flp 4.21 saludad a todos los *s* en Cristo Jesús
Col 1.12 para participar de la herencia de los *s*
    1.22 presentaros *s* y sin mancha ... delante
1 Ts 2.10 sois testigos ... de cuán *s*, justa e
    3.13 la venida de nuestro ... con todos sus *s*
2 Ts 1.10 para ser glorificado en sus *s* y ser
1 Ti 5.10 si ha lavado los pies de los *s*; si ha
2 Ti 1.9 nos salvó y llamó con llamamiento *s*
Heb 13.24 saludad a ... pastores, y a todos los *s*
1 P 1.15 sed ... *s* en toda vuestra manera de
    1.16 escrito está: Sed *s*, porque yo soy *s*
    2.5 sed edificados como casa ... sacerdocio *s*
    2.9 nación *s*, pueblo adquirido por Dios
2 P 1.18 oímos esta voz ... con él en el monte *s*
    3.11 debéis ... andar en *s* y piadosa manera de
Jud 3 por la fe que ha sido una vez dada a los *s*
Ap 4.8 día y noche de decir: *S*, *s*, *s* es el Señor
    5.8 copas de oro ... son las oraciones de los *s*
    6.10 ¿hasta cuándo, Señor, *s* ... no juzgas y
    8.3 para añadirlo a las oraciones de ... los *s*
    13.7 se le permitió hacer guerra contra los *s*
    14.12 aquí está la paciencia de los *s*, los que
    16.6 derramaron la sangre de los *s* y de los
    17.6 la mujer ebria de la sangre de los *s*, y de
    20.6 bienaventurado y *s* el que tiene parte en
    22.11 y el que es *s*, santifíquese todavía

SARA (Sarai)
Mujer de Abraham, Gn 11.29;
era estéril, Gn 11.30;
Sarai y Hagar, Gn 16.1–6;
Abraham la hace aparecer como su hermana, Gn 12.10–20;
20.1–18;
llamada Sara, Gn 17.15;
se ríe de la promesa de Dios, Gn 18.9–15;
da a luz a Isaac, Gn 21.1–8;
tiene celos de Ismael, Gn 21.9–11;
muere en Hebrón, Gn 23.2;
sepultada en Macpela, Gn 23.19.
Ro 4.19 cuerpo ... o la esterilidad de la matriz de *S*
    9.9 por este tiempo vendré, y *S* tendrá un hijo
Heb 11.11 por la fe ... la misma *S*, siendo estéril
1 P 3.6 como *S* obedecía a Abraham, llamándole

SATANÁS v. Beelzebú, Diablo

Job 1.6; 2.1 los hijos de Dios ... vino también *S*
    2.7 *S* . hirió a Job con una sarna maligna
Sal 109.6 pon sobre él ... y *S* esté a su diestra
Zac 3.1 y *S* estaba a su mano derecha para
Mt 4.10; Lc 4.8 vete, *S*, porque escrito está: Al
    12.26; Mc 3.23 si *S* echa fuera a *S*, contra
    16.23; Mc 8.33 ¡quítate de delante de mí, *S*!
Mc 1.13 estuvo allí ... días, y era tentado por *S*
    4.15 viene *S*, y quita la palabra que se sembró
Lc 10.18 yo veía a *S* caer del cielo como un rayo
    11.18 si ... *S* está dividida contra sí mismo
    13.16 esta hija ... que *S* había atado 18 años
    22.3 entró *S* en Judas ... era uno ... de los doce
    22.31 *S* os ha pedido para zarandearos como
Hch 5.4 por qué llenó *S* tu corazón para que
    26.18 a la luz, y de la potestad de *S* a Dios
Ro 16.20 el Dios de paz aplastará ... a *S* bajo
1 Co 5.5 sea entregado a *S* para destrucción
    7.5 juntaros en uno, para que no os tiente *S*
2 Co 2.11 que *S* no gane ventaja alguna sobre
    11.14 mismo *S* se disfraza como ángel de luz
    12.7 un mensajero de *S* que me abofetee, para
1 Ts 2.18 quisimos ir a ... pero *S* nos estorbó
2 Ts 2.9 inicuo cuyo advenimiento es por ... de *S*
1 Ti 1.20 a quienes entregué a *S* para que
    5.15 algunos se han apartado en pos de *S*
Ap 2.9 dicen ... y no lo son, sino sinagoga de *S*
    2.13 donde moras, donde está el trono de *S*
    2.24 no han conocido ... las profundidades de *S*

3.9 yo entrego de la sinagoga de *S* a los que
12.9 la serpiente ... que se llama diablo y *S*
20.2 prendió al ... *S*, y lo ató por mil años
20.7 los mil años se cumplan, *S* será suelto

SAÚL
Hijo de Cis, 1 S 9.1, 2;
su encuentro con Samuel, 1 S 9.3–27;
ungido por Samuel, 1 S 10.1–8;
«¿también Saúl entre los profetas?» 1 S 10.9–13; 19.19–24;
escogido por rey en Mizpa, 1 S 10.20–24;
derrota a los amonitas, 1 S 11.5–11;
hecho rey en Gilgal, 1 S 11.12–15;
reprendido por ofrecer sacrificios, 1 S 13.8–14;
construye un altar, 1 S 14.35;
desechado como rey, 1 S 15.10–30;
aliviado cuando David toca el arpa, 1 S 16.14–23;
tiene celos de David, 1 S 18.6–30;
procura matar a David, 1 S 19.1–17;
mata a los sacerdotes de Nob, 1 S 22.6–19;
perdonado por David, 1 S 24.1–7; 26.1–25;
consulta a la adivina de Endor, 1 S 28.3–25;
muere y es sepultado; 1 S 31.1–13.
Hch   13.21 pidieron rey, y Dios les dio a *S* hijo

SECRETO *v.* Aparte
Dt   29.29 las cosas *s* pertenecen a Jehová ... Dios
Jue   3.19 rey, una palabra *s* tengo que decirte
Job   11.6 te declarara los *s* de la sabiduría, que
          15.8 ¿oíste tú el *s* de Dios, y está limitada a
Sal   31.20 lo *s* de tu presencia los esconderás
          44.21 porque él conoce los *s* del corazón
          55.14 que juntos comunicábamos ... los *s*, y
Pr   11.13 el que anda en chismes descubre el *s*
          25.9 tu causa ... y no descubras el *s* a otro
Is   45.19 no hablé en *s*, en un lugar oscuro de la
          48.16 desde el principio no hablé en *s*; desde
Jer   23.18 ¿quién estuvo en el *s* de Jehová, y vio
Ez   7.22 será violado mi lugar *s*; pues entrarán
Am   3.7 revele su *s* a sus siervos los profetas
Mt   2.7 Herodes, llamando en *s* a los magos
          6.4 sea tu ... en *s*; y tu Padre que ve en lo *s* te
Jn   7.4 que procura darse a conocer hace algo en *s*
          7.10 él también subió a la fiesta ... como en *s*
Ro   2.16 que Dios juzgará ... hechos en *s*
Ef   5.12 vergonzoso es aun hablar ... hacen en *s*

SEGAR *v.* Vendimiar
Lv   19.9; 23.22 *siegues* la mies de tu ... no *segarás*
1 S   6.13 los de Bet-semes *segaban* el trigo en
Job   4.8 que aran ... y siembran injuria, la *siegan*
Sal   126.5 lágrimas, con regocijo *segarán*
Os   10.12 *segad* para vosotros en misericordia
Miq   6.15 sembrarás, mas no *segarás*; pisarás
Mt   6.26; Lc 12.24 que no siembran, ni *siegan*
          25.24; Lc 19.21 *siegas* donde no sembraste
Jn   4.36 que *siega* recibe salario, y recoge fruto
          4.37 uno ... siembra, y otro es el que *siega*
1 Co   9.11 ¿es gran cosa si *segáremos* de vosotros
2 Co   9.6 el que siembra escasamente ... *segará*
Gl   6.7 lo que el hombre sembrare, eso ... *segará*
          6.9 su tiempo *segaremos*, si no desmayamos
Stg   5.4 los clamores de los que habían *segado*
Ap   14.15 tu hoz, y *siega*; porque la hora de *segar*

SEGURIDAD *v.* Certeza, Certidumbre, Confianza
2 R   20.19; Is 39.8 al menos paz y *s* en mis días
Job   5.4 sus hijos estarán lejos de la *s*; en la
          24.23 él les da *s* y confianza; sus ojos están
Sal   71.5 mi esperanza, *s* mía desde mi juventud
          78.53 los guio con *s*, de modo que no ... temor
Ez   34.27 su fruto, y estarán sobre su tierra con *s*
Ef   3.12 tenemos *s* y aceso con confianza por
1 Ts   5.3 cuando digan: Paz y *s*, entonces vendrá

SELLO
Gn   38.18 ella respondió: Tu *s*, tu cordón, y tu
Ro   4.11 como *s* de la justicia de la fe que tuvo
1 Co   9.2 el *s* de mi apostolado sois vosotros
2 Ti   2.19 teniendo este *s*: Conoce el Señor a los
Ap   5.1 un libro escrito ... y sellado con siete *s*
          6.1 vi cuando ... abrió uno de los *s*, y oía a
          8.1 séptimo *s*, se hizo silencio en el cielo
          9.4 los hombres que no tuviesen el *s* de Dios
          20.3 encerró, y puso su *s* sobre él, para que

SEMBRAR *v.* Plantar
Gn   26.12 *sembró* Isaac en aquella tierra, y
Job   4.8 que aran ... y *siembran* injuria, la siegan
          31.8 *siembre* yo, y otro coma ... mi siembra
Sal   107.37 *siembran* campos, y plantan viñas
          126.5 los que *sembraron* con lágrimas, con
Pr   11.18 que *siembra* justicia tendrá galardón
          22.8 el que *sembrare* iniquidad, iniquidad
Ec   11.4 el que al viento observa, no *sembrará*
          11.6 por la mañana *siembra* tu semilla, y a la
Is   32.20 dichosos ... los que *sembráis* junto a
Jer   4.3 arad campo ... no *sembréis* entre espinos
          31.27 *sembraré* la casa de Israel y la casa de
Os   8.7 *sembraron* viento, y torbellino segarán
          10.12 *sembrad* ... vosotros en justicia, segad
Miq   6.15 *sembrarás*, mas no segarás; pisarás
Hag   1.6 *sembráis* mucho, y recogéis poco
Mt   6.26; Lc 12.24 las aves ... que no *siembran*
          13.3; Lc 8.5 el sembrador salió a *sembrar*
          13.27 señor, ¿no *sembraste* buena semilla en tu
          25.26 sabías que siego donde no *sembré*, y
Lc   19.21 pusiste, y siegas lo que no *sembraste*
Jn   4.36 que *siembra* goce juntamente con el que
          4.37 uno es el que *siembra*, y otro es el que
1 Co   9.11 si ... *sembramos* entre vosotros lo
          15.36 lo que tú *siembras* no se vivifica, si no
          15.42 se *siembra* en corrupción, resucitará en
2 Co   9.6 el que *siembra* escasamente ... segará
          9.10 el que da semilla al que *siembra*, y pan
Gl   6.7 lo que el hombre *sembrare*, eso ... segará
Stg   3.18 el fruto de justicia se *siembra* en paz

SEMILLA *v.* Simiente
Gn   1.11 produzca la tierra ... hierba que dé *s*
Éx   16.31 llamó Maná; y era como *s* de culantro
Dt   22.9 no sembrarás tu viña con *s* diversas
Sal   126.6 y llorando el que lleva la preciosa *s*
Ec   11.6 por la mañana siembra tu *s*, y a la tarde
Is   55.10 da *s* al que siembra, y pan al que come
Mt   13.24 que sembró buena *s* en su campo
          13.32; Mc 4.31 más pequeña de todas las *s*
          13.38 la buena *s* son los hijos del reino, y la
Mc   4.26 cuando un hombre echa *s* en la tierra
Lc   8.11 la parábola: La *s* es la palabra de Dios
1 Co   15.38 le da ... a cada *s* su propio cuerpo
2 Co   9.10 el que da *s* al que siembra, y pan al que

SEÑOR/A *v.* Amo, Cristo, Dios, Dueño, Jehová, Jesús, Maestro, Señor Jesucristo, Señor Jesús
Gn   18.12 tendré deleite, siendo ... mi *s* ya viejo?
          42.6 José era el *s* de la tierra, quien vendía
          45.9 Dios me ha puesto por *s* de todo Egipto
          45.26 José vive aún; y él es el *s* en la tierra de
Éx   21.5 yo amo a mi *s*, a mi mujer y a mis hijos
Jue   8.22 sé nuestro *s*, tú, y tu hijo, y tu nieto
1 S   26.16 porque no habéis guardado a vuestro *s*
          29.4 ¿con qué ... volvería ... a la gracia de su *s*
Est   1.18 dirán esto las *s* de Persia y de Media que
Sal   8.1, 9 ¡oh Jehová, *S* nuestro, cuán glorioso es
          136.3 alabad al *S* de los *s*, porque para siempre
Pr   30.10 no acuses al siervo ante su *s*, no sea que
Is   6.1 vi yo al *S* sentado sobre un trono alto y
          26.13 otros *s* ... han enseñoreado de nosotros
Dn   2.47 es Dios de dioses, y *S* de los reyes
          5.29 de oro, y proclamar que el era el tercer *s*
Miq   5.2 de ti me saldrá el que será *S* en Israel
Mal   1.6 y si soy *s*, ¿dónde está mi temor? dice
Mt   4.10; Lc 4.8 al *S* tu Dios adorarás, y a él solo
          6.24; Lc 16.13 ninguno puede servir a dos *s*
          7.21 no todo el que me dice: *S*, *S*, entrará en
          9.38; Lc 10.2 rogad, pues, al *S* de la mies, que
          10.24 no es más ... ni el siervo más que su *s*
          11.25 te alabo, Padre, *S* del cielo y de la tierra
          12.8; Mc 2.28; Lc 6.5 el Hijo del Hombre es *S* del día de reposo
          21.42; Mc 12.11 el *S* ha hecho esto, y es cosa
          22.44; Mc 12.36; Lc 20.42; Hch 2.34 dijo el *S* a mi *S*: Siéntate a mi diestra
          24.42 no sabéis ... hora ha de venir vuestro *S*
          26.22 comenzó cada ... a decirle: ¿Soy yo, *S*?
          28.6 venid, ved el lugar donde fue puesto el *S*
Mc   5.19 cuéntales cuán grandes cosas el *S* ha
          12.29 oye, Israel; el *S* nuestro Dios, el *S* uno es

13.35 no sabéis cuándo vendrá el *s* de la casa
16.20 ayudándoles el *S* y confirmando la

Lc 1.46 María dijo: Engrandece mi alma al *S*
2.11 hoy ... un Salvador, que es Cristo el *S*
6.46 ¿por qué me llamáis, *S, S*, y no hacéis lo
14.23 dijo el *s* al siervo; Vé por los caminos
23.34 ha resucitado el *S* verdaderamente, y ha

Jn 11.21, 32 dijo ... *S*, si hubieses estado aquí, mi
13.13 vosotros me llamáis ... *S*; y decís bien
13.16; 15.20 el siervo no es mayor que su *s*, ni
15.15 el siervo no sabe lo que hace su *s*; pero
20.20 discípulos se regocijaron viendo al *S*
20.28 Tomás respondió ... *S* mío, y Dios mío
21.7 Pedro, cuando oyó que era el *S*, se ciñó

Hch 2.25 veía al *S* siempre delante de mí; porque
2.36 este Jesús ... Dios le ha hecho *S* y Cristo
9.5; 22.8; 26.15 ¿quién eres, *S*? ... soy Jesús
11.21 gran número creó y se convirtió al *S*
16.14 el *S* abrió el corazón de ella para que
17.24 *S* del cielo y de la tierra, no habita en

Ro 10.9 confesares con tu boca que Jesús es el *S*
10.12 el mismo que es *S* de todos, es rico para
14.8 pues si vivimos, para el *S* vivimos; y si
14.9 para ser *S* así de los muertos como de los

1 Co 1.31 que ... el que se gloría, gloríese en el *S*
7.12 a los demás yo digo, no el *S*: Si algún
7.32 el soltero tiene cuidado de la cosas del *S*
8.5 como hay muchos dioses y muchos *s*
11.20 os reunís ... esto no es comer la cena del *S*
12.3 nadie puede llamar a Jesús *S*, sino por el
15.47 el segundo hombre, que es el *S*, es del

Gl 4.1 en nada difiere del ... aunque es *s* de todo

Ef 4.5 un *S*, una fe, un bautismo
6.7 sirviendo ... como al *S* y no a los hombres
6.9 sabiendo que el *S* ... está en los cielos

Flp 2.11 toda lengua confiese que Jesucristo es el *S*
4.5 de todos los hombres. El *S* está cerca

1 Ts 4.6 porque el *S* es vengador de todo esto
4.17 para recibir al *S* en ... siempre con el *S*

2 Ts 2.2 el sentido de que el día del *S* está cerca
3.3 fiel es el *S*, que os afirmará y guardará
3.16 y el mismo *S* de paz os dé siempre paz

1 Ti 6.15 solo Soberano, Rey de reyes, y *S* de *s*

2 Ti 3.11 sufrido, y de todas me ha librado el *S*
4.17 pero el *S* estuvo a mi lado, y me dio

Heb 8.11 enseñará a su ... diciendo: Conoce al *S*
13.6 el *S* es mi ayudador; no temeré lo que

Stg 5.11 *S* es muy misericordioso y compasivo

1 P 2.3 es que habéis gustado la benignidad del *S*

2 P 2.1 que ... aun negarán al *S* que los rescató
3.9 el *S* no retarda su promesa, según algunos

Jud 14 he aquí, vino el *S* con sus santas decenas

Ap 1.10 yo estaba en el Espíritu en el día del *S*
16.5 justo eres tú, oh *S*, el que eres y eras
17.14 los vencerá, porque él es *S* de *s* y Rey
19.16 este nombre: Rey de reyes, y *S* de *s*

SEÑORÍO *v.* Autoridad, Dominio, Poder, Potestad

Job 25.2 el *s* y el temor está con él; él hace paz en

Sal 103.22 sus obras, en todos los lugares de su *s*
114.2 vino a ser su santuario, e Israel su *s*
145.13 siglos, y tu *s* en todas las generaciones

Dn 4.3 reino ... su *s* de generación en generación

Zac 9.10 su *s* será de mar a mar, y desde el río

Ef 1.21 sobre todo ... autoridad y poder y *s*

1 P 5.3 no como teniendo *s* sobre los que están

2 P 2.10 siguiendo la carne ... desprecian el *s*

SEÑOR Jesucristo *v.* Cristo, Cristo Jesús, Jesucristo,
Jesús, Mesías, Salvador, Señor, Señor Jesús

Hch 15.26 vida por el nombre de nuestro *S J*
16.31 dijeron: Cree en el *S J*, y serás salvo, tú
28.31 predicando ... enseñando acerca del *S J*

Ro 5.1 tenemos paz ... por medio de nuestro *S J*
13.14 sino vestíos del *S J*, y no proveáis para

1 Co 1.7 esperando la manifestación de nuestro *S J*
15.57 da la victoria por medio de nuestro *S J*

2 Co 8.9 ya conocéis la gracia de nuestro *S J*, que

Col 2.6 que habéis recibido al *S J*, andad en él

1 Ts 3.13 en la venida de nuestro *S J* con todos
5.9 alcanzar salvación por medio de ... *S J*

2 Ts 1.12 nombre de nuestro *S J* sea glorificado

1 Ti 6.14 hasta la aparición de nuestro *S J*

2 P 1.16 conocer el poder y la venida de ... *S J*

SEÑOR Jesús *v.* Cristo, Cristo Jesús, Jesucristo, Jesús, Mesías,
Salvador, Señor, Señor Jesucristo

Hch 1.21 todo el tiempo que el *S J* entraba y salía
7.59 invocaba y decía: *S J*, recibe mi espíritu
15.11 que por la gracia del *S J* seremos salvos
19.5 fueron bautizados en el nombre del *S J*
19.17 y era magnificado el nombre del *S J*
21.13 aun a morir ... por el nombre del *S J*

1 Co 11.23 que el *S J*, la noche que fue entregado

Gl 6.17 traigo en mi cuerpo las marcas del *S J*

Col 3.17 hecho, hacedlo todo en el nombre del *S J*

1 Ts 2.15 los cuales mataron al *S J*, y a sus propios

2 Ts 1.7 cuando se manifieste el *S J* desde el

Ap 22.20 vengo en breve. Amén; sí, ven, *S J*

SEOL *v.* Hades, Infierno, Sepulcro

Nm 16.33 descendieron vivos al *S*, y los cubrió la

Dt 32.22 arderá hasta las profundidades del *S*

2 S 22.6; Sal 18.5 ligaduras del *S* me rodearon

Job 17.13 si yo espero, el *S* es mi casa; haré mi
24.19 nieve; así también el *S* a los pecadores
26.6 el *S* está descubierto delante de él, y el

Sal 6.5 porque en ... en el *S*, ¿quién te alabará?
9.17 los malos serán trasladados al *S*, todas
16.10 porque no dejarás mi alma en el *S*, ni
49.15 Dios redimirá mi vida del poder del *S*
55.15 desciendan vivos al *S* ... hay maldades
86.13 has librado mi alma de las ... del *S*
88.3 mi alma está ... y mi vida cercana al *S*

Pr 5.5 pies ... a la muerte; sus pasos conducen al *S*
9.18 convidados están en lo profundo del *S*
15.11 *S* y el Abadón están delante de Jehová
27.20 el *S* y el Abadón nunca se sacian; así
30.16 el *S*, la matriz estéril, la tierra que no se

Is 5.14 por eso ensanchó su interior el *S*, y sin
14.9 el *S* abajo se espantó de ti; despertó
14.15 derribado eres hasta el *S*, a los lados
28.15 hicimos convenio con el *S*; cuando pase
38.10 a la mitad de mis días iré a las ... del *S*
38.18 el *S* no te exaltará, ni te alabará la
57.9 y te abatiste hasta la profundidad del *S*

Ez 32.21 en medio del *S* hablarán a él los fuertes

Os 13.14 la mano del *S* los redimiré, los libraré

Am 9.2 aunque cavasen hasta el *S*, de allá los

Jon 2.2 desde el seno del *S* clamé, y mi voz oíste

SEPARACIÓN

Éx 9.4 hará *s* entre los ganados de Israel y los
26.33 aquel velo os hará *s* entre el lugar santo

SEPARAR *v.* Apartar, Consagrar, Santificar

Gn 1.4 buena; y *separó* Dios la luz de las tinieblas

2 S 1.23 tampoco en su muerte fueron *separados*

Esd 9.1 no se han *separado* de los pueblos de las

Neh 13.3 *separaron* ... a todos los mezclados con

Mt 19.6; Mc 10.9 lo que Dios juntó, no lo *separe*

Lc 24.51 se *separó* de ellos, y fue llevado arriba

Hch 15.39 se *separaron* el uno del otro; Bernabé

Ro 8.35 ¿quién nos *separará* del amor de Cristo?
8.39 ni ... nos podrá *separar* del amor de Dios

1 Co 7.10 que la mujer no se *separe* del marido
7.15 pero si el incrédulo se *separa*, *sepárese*

1 Ts 2.17 *separados* de vosotros por un poco de

SÉPTIMO

Éx 20.10; Dt 5.14 el *s* día es reposo para Jehová

SERVIR *v.* Adorar, Ministrar, Obedecer

Gn 25.23 fuerte ... y el mayor *servirá* al menor
25.32 Esaú ... ¿para qué, pues, me *servirá* la
27.29 *sírvante* pueblos, y naciones se ... a ti
29.18 yo te *serviré* siete años por Raquel tu

Éx 1.13 los egipcios hicieron *servir* a ... Israel
3.12 señal ... *serviréis* a Dios sobre este monte
4.23 dejes ir a mi hijo, para que me *sirva*
14.12 mejor nos fuera *servir* a los egipcios
21.2 si compares siervo ... seis años *servirá*
23.25 a Jehová vuestro Dios *serviréis*, y él

Lv 25.39 a ti, no le harás *servir* como esclavo

Dt 4.28 *serviréis* allí a dioses hechos de manos
5.9 no te inclinarás a ellas ni las *servirás*
6.13 tu Dios temerás, y a él solo *servirás*
7.16 ni *servirás* a sus dioses, porque te sera
10.12 *sirvas* a Jehová tu Dios con todo tu
11.16 os apartéis y *sirváis* a dioses ajenos

	13.4 Jehová ... a él *serviréis*, y a él seguiréis
	15.12 hubiere *servido* seis años, al séptimo
	28.48 *servirás*, por tanto, a tus enemigos que
Jos	22.5 él, y le *sirváis* de todo vuestro corazón
	24.15 pero yo y mi casa *serviremos* a Jehová
	24.18 *serviremos* a Jehová ... es nuestro Dios
Jue	3.6 dieron sus hijas ... *sirvieron* a sus dioses
	10.13 habéis *servido* a dioses ajenos; por
1 S	7.3 Jehová, y sólo a él *servid*, y os librará
	12.20 sino *servidle* con todo vuestro corazón
2 S	22.44; Sal 18.43 yo no conocía me *servirá*
1 R	9.6; 2 Cr 7.19 y *sirviereis* a dioses ajenos
	12.7 buenas palabras ... ellos te *servirán* para
1 Cr	28.9 *sírvele* con corazón perfecto, y con
	10.4 ahora alivia algo de ... y te *serviremos*
Job	21.15 ¿quién es él ... para que le *sirvamos*?
	34.9 ha dicho: De nada *servirá* al hombre
Sal	2.11 *servid* a Jehová con temor, y ... temblor
	22.30 la posteridad le *servirá*; esto será
	72.11 reyes ... todas las naciones le *servirán*
	100.2 *servid* a Jehová con alegría; venid
	101.6 el que ande en el camino ... me *servirá*
	106.36 *sirvieron* a sus ídolos, los cuales
Ec	10.19 los vivos; y el dinero *sirve* para todo
Is	60.10 muros, y sus reyes te *servirán*; porque
	60.12 nación o el reino que no te *sirviere*
Jer	25.11 *servirán* estas naciones al rey de
	27.7 todas las naciones le *servirán* a él, a su
	30.9 *servirán* a Jehová su Dios y a David su
	34.14 le *servirá* seis años, y lo enviará libre
Dn	3.17 Dios a quien *servimos* puede librarnos
	3.18 no *serviremos* a tus dioses, ni tampoco
	6.20 a quien tú continuamente *sirves*, ¿te ha
	7.10 fuego ... millares de millares le *servían*
	7.14 que todos los pueblos ... le *sirvieran*
	7.27 eterno, y todos los dominios le *servirán*
Hab	2.18 ¿de qué *sirve* la escultura que esculpió
Sof	3.9 que le *sirvan* de común consentimiento
Mal	3.14 dicho: Por demás es *servir* a Dios
	3.18 el que *sirve* a Dios y el que no le *s*
Mt	4.10 tu Dios adorarás, y a él solo *servirás*
	4.11 he aquí vinieron ángeles y le *servían*
	5.13 no *sirve* más para nada, sino para ser
	6.24; Lc 16.13 ninguno puede *servir* a
	8.15; Mc 1.31; Lc 4.39 ella se levantó, y les *servía*
	20.28; Mc 10.45 no vino para ser *servido*
	25.44 o en la cárcel, y no te *servimos*?
Lc	15.29 tantos años te *sirvo*, no habiéndote
	22.26 sea ... el que dirige, como el que *sirve*
	22.27 estoy entre vosotros como el que *sirve*
Jn	12.26 si alguno me *sirve*, sígame; y donde yo
Hch	6.2 dejemos la palabra de Dios, para *servir*
	20.19 *sirviendo* al Señor con toda humildad
	24.23 no impidiese a ... *servirle* o venir a él
Ro	6.6 a fin de que no *sirvamos* más al pecado
	7.6 *sirvamos* bajo el régimen ... del Espíritu
	9.12 se le dijo: El mayor *servirá* al menor
	12.7 si de servicio, en *servir*; o el que enseña
	12.11 fervientes en ... *sirviendo* al Señor
	14.18 el que en esto *sirve* a Cristo, agrada
1 Co	9.13 y los que *sirven* al altar, del altar
2 Co	11.8 recibiendo salario para *serviros* a
Gl	4.8 *servíais* a los que por ... no son dioses
	5.13 *servíos* por amor los unos a los otros
Ef	6.7 *sirviendo* de buena voluntad, como al
Flp	2.22 como hijo ... ha *servido* conmigo en el
	3.3 los que en espíritu *servimos* a Dios y nos
Col	3.24 herencia ... a Cristo el Señor *servís*
1 Ti	6.2 sino *sírvanles* mejor, por cuanto son
Heb	6.10 *servido* a los santos y *sirviéndoles* aún
	9.14 muertas para que *sirváis* al Dios vivo
	12.28 y mediante ella *sirvamos* a Dios
Ap	7.15 le *sirven* día y noche en su templo; y el

SIEGA *v.* Cosecha, Mies

Éx	23.16 la fiesta de la *s*, los primeros frutos
Jos	3.15 suele desbordarse ... el tiempo de la *s*
Rt	1.22 llegaron a Belén al comienzo de la *s* de
1 S	12.17 ¿no es ahora la *s* del trigo?
Pr	6.8 en el tiempo de la *s* su mantenimiento
	10.5 el que duerme en el tiempo de la *s* es
	25.13 como frío de nieve en tiempo de la *s*
Jer	5.24 da ... y nos guarda los tiempos ... de la *s*

	8.20 pasó la *s*, terminó el verano, y nosotros
Mt	13.30 hasta la *s* ; y al tiempo de la *s* yo diré
	13.39 la *s* es el fin del siglo; y los segadores
Mc	4.29 se mete la hoz, porque la *s* ha llegado
Jn	4.35 faltan cuatro meses para que llegue la *s*?

SIETE

Gn	4.15 que matare a Caín, *s* veces será castigado
Gn	41.6 después ... salían otras *s* espigas menudas
	41.27 las *s* espigas ... *s* años serán de hambre
Lv	26.18 castigaros *s* veces más por ... pecados
Jos	6.4 al séptimo día daréis *s* vueltas a la ciudad
Dn	9.25 desde ... la orden ... habrá *s* semanas
Mt	22.25; Mc 12.20; Lc 20.29 hubo ... entre nosotros *s* hermanos
Lc	17.4 *s* veces al día pecare ... y *s* veces al día
Hch	6.3 buscad ... *s* varones de buen testimonio
Ap	1.4 Juan, a las *s* iglesias que están en Asia

SINAÍ *v.* Horeb

Éx	19.1 mismo día llegaron al desierto de *S*
Lv	7.38 mandó Jehová a Moisés en el monte de *S*
Nm	1.1 habló Jehová a Moisés en el desierto de *S*
Dt	33.2 dijo: Jehová vino de *S*, y de Seir. les
Jue	5.5; Sal 68.8 aquel *S*, delante de Jehová Dios

SOBERBIA *v.* Altivez, Arrogancia

Lv	26.19 quebrantaré la *s* de vuestro orgullo
Nm	15.30 mas la persona que hiciere algo con *s*
1 S	17.28 yo conozco tu *s* y la malicia de tu
Job	15.25 se portó con *s* contra el Todopoderoso
	33.17 para quitar ... y apartar del varón la *s*
Sal	19.13 preserva también a tu siervo de las *s*
	31.23 Jehová ... paga ... al que procede con *s*
	59.12 sean ellos presos en su *s*, y por la
	73.6 por tanto, la *s* los corona; se cubren de
Pr	8.13 la *s* y la arrogancia, el mal camino, y la
	11.2 cuando viene la *s*, viene también la
	13.10 la *s* concebirá contienda; mas con los
	14.3 en la boca del necio está la vara de la *s*
	16.18 antes del quebrantamiento es la *s*; y
	29.23 *s* del hombre le abate; pero al humilde
Is	10.12 castigaré el fruto de la *s* del corazón del
	14.11 descendió al Seol tu *s*, y el sonido de
	16.6; Jer 48.29 hemos oído la *s* de Moab; muy
	25.11 abatirá su *s* y la destreza de sus manos
Jer	13.9 podrir la *s* de Judá, y la ... *s* de Jerusalén
	13.17 llorará mi alma a causa de vuestra *s*
Ez	7.10 ha florecido la vara, ha reverdecido la *s*
	7.24 haré cesar la *s* de los poderosos, y sus
	32.12 destruirán la *s* de Egipto, y toda su
	33.28 en soledad, y cesará la *s* de su poderío
Dn	4.37 puede humillar a los que andan con *s*
Os	5.5 la *s* de Israel le desmentirá en su cara
	7.10 la *s* de Israel testificará contra él en
Abd	3. la *s* de tu corazón te ha engañado, tú
Sof	2.10 les vendrá por su *s*, porque afrentaron
Stg	4.16 pero ahora os jactáis en vuestras *s*

SOBORNO *v.* Cohecho, Dádiva, Don, Presente

Dt	16.19 ni tomes *s*; porque el *s* ciega los ojos
Job	15.34 y fuego consumirá las tiendas de *s*
Sal	26.10 está el mal, y su diestra está llena de *s*
Pr	15.27 mas el que aborrece el *s* vivirá
	17.8 piedra preciosa es el *s* para el que lo
	17.23 el impío toma del seno para pervertir
Is	1.23 aman el *s*, y van tras las recompensas

SOLTAR *v.* Desatar, Libertar

Gn	43.14 y os *suelte* al otro vuestro hermano
Job	7.19 no me *soltarás* ... hasta que trague mi
Mt	27.15; Mc 15.6 *soltaba* un preso, cualquiera
	27.21 ¿a cuál de los dos queréis que os *suelte*?
Lc	23.16 le *soltaré*, pues, después de castigarle
	23.25 les *soltó* a aquel que había sido echado
Jn	18.39 la costumbre de que os *suelte* uno en la
	19.10 ¿no ... tengo autoridad para *soltarte*?
	19.12 si a éste *sueltas*, no eres amigo de César
1 Co	7.27 ¿estás ligado a ... No procures *soltarte*

SOMETER *v.* Dominar, Sujetar

2 S	22.45; Sal 18.44 los hijos de ... se *someterán*
Sal	47.3 él *someterá* los pueblos debajo de
	66.3 tu poder se *someterán* a ti tus enemigos
	68.30 que todos se *sometan* con sus piezas de

Ro	13.1	*sométase* toda persona a las autoridades
Gl	2.5	ni ... un momento accedimos a *someternos*
Ef	1.22	*sometió* todas las cosas bajo sus pies, y
	5.21	*someteos* unos a ... en el temor de Dios
Col	2.20	¿por qué ... os *sometéis* a preceptos
Stg	4.7	*someteos*, pues, a Dios; resistid al diablo
1 P	2.13	*someteos* a toda institución humana

SOPORTAR *v.* Llevar, Padecer, Sobrellevar, Tolerar

Nm	11.14	no puedo yo solo *soportar* a todo este
Neh	9.30	les *soportaste* por muchos años, y les
Sal	55.12	un enemigo, lo cual habría *soportado*
Jl	2.11	día de Jehová ... ¿quién podrá *soportarlo*?
Mal	3.2	¿y quién podrá *soportar* el tiempo de su
Mc	9.19	dijo: ¿Hasta cuándo os he de *soportar*?
Ro	9.22	*soportó* con mucha paciencia los vasos
1 Co	10.13	la salida, para que podáis *soportar*
	13.7	cree, todo lo espera, todo lo *soporta*
Ef	4.2;	Col 3.13 *soportándoos* ... los unos a los
1 Ts	3.1	por lo cual, no pudiendo *soportarlo* más
2 Ti	2.10	lo *soporto* por amor de los escogidos
Heb	12.7	si *soportáis* la disciplina, Dios os trata
Stg	1.12	bienaventurado el varón que *soporta* la
1 P	2.18	sino también a los difíciles de *soportar*
	2.20	pecando sois abofeteados, y lo *soportáis*?

SUEÑO *v.* Dormido, Dormir, Sueño(s)

Gn	2.21	Dios hizo caer *s* profundo sobre Adán
	15.12	mas a la ... sobrecogió el *s* a Abraham
Jue	4.21	pues él estaba cargado de *s* y cansado
1 S	26.12	profundo *s* enviado de Jehová había
Job	4.13	cuando el *s* cae sobre los hombres
Sal	127.2	pues que a su amado dará Dios el *s*
	132.4	no daré *s* a mis ojos ni a mis párpados
Pr	3.24	sino que te acostarás, y tu *s* será grato
	6.4	no des *s* a tus ojos, ni a tus párpados
	6.10;	24.33 un poco de *s*, un poco de dormitar
	20.13	no ames el *s* ... que no te empobrezcas
	23.21	porque ... el *s* hará vestir vestidos rotos
Ec	5.3	de la mucha ocupación viene el *s*, y de la
	5.12	dulce es el *s* del trabajador, coma mucho
Is	29.10	derramó sobre vosotros espíritu de *s*, y
Jer	51.39, 57	duerman eterno *s* y no despierten
Dn	6.18	se fue a su palacio ... y se le fue el *s*
	10.9	caí ... en un profundo *s*, con mi rostro
Mt	26.43;	Mc 14.40 ojos de ellos ... cargados de *s*
Hch	20.9	Eutico ... rendido de un *s* profundo
Ro	13.11	que es ya hora de levantarnos del *s*

SUJECIÓN *v.* Sujeto, Sumiso

1 Ti	2.11	mujer aprenda en silencio, con toda *s*
	3.4	su casa, que tenga a sus hijos en *s* con

SUMO sacerdote *v.* Principal Sacerdote, Sacerdote

Lv	21.10	el *s s* entre ... no descubrirá su cabeza
Zac	3.1	me mostró el *s s* Josué, el cual estaba
Mt	26.3	se reunieron en el patio del *s s* llamado
	26.57;	Mc 14.53; Lc 22.54 le llevaron al *s s*
Jn	11.49	Caifás, uno de ellos, *s s* aquel año, les
	18.19	el *s s* preguntó a Jesús acerca de sus
	18.22	le dio ... diciendo: ¿Así respondes al *s s*?
Hch	5.17	entonces levantándose el *s s* y todos los
	7.1	el *s s* dijo entonces: ¿Es esto así?
	9.1	Saulo, respirando ... amenazas ... vino al *s s*
	23.4	dijeron: ¿Al *s s* de Dios injurias?
Heb	2.17	misericordioso y fiel *s s* en lo que a Dios
	3.1	considerad al apóstol y *s s* de nuestra
	4.14	teniendo un gran *s s* que traspasó los
	5.1	todo *s s* tomado de entre los hombres es
	5.10	declarado por Dios *s s* según el orden de
	6.20	donde Jesús entró ... *s s* para siempre
	7.26	tal *s s* nos convenía: santo, inocente, sin
	7.28	la ley constituye *s s* a débiles hombres
	8.1	que tenemos tal *s s*, el cual se sentó a la
	9.7	sólo el *s s* una vez al año, no sin sangre
	9.11	ya presente Cristo, *s s* de los bienes
	9.25	entra el *s s* en el Lugar Santísimo

TEMER *v.* Adorar, Obedecer, Servir

Gn	15.1	Jehová a Abraham en visión ... No *temas*
	22.12	ya conozco que *temes* a Dios, por cuanto
	42.18	haced esto, y vivid: Yo *temo* a Dios
Éx	14.10	los hijos de Israel *temieron* en gran manera
	14.31	el pueblo *temió* a Jehová, y creyeron a
Nm	14.9	con nosotros está Jehová; no los *temáis*

Dt	1.21	toma posesión ... no *temas* ni desmayes
	1.29	dije: No *temáis*, ni tengáis miedo de ellos
	4.10	para *temerme* todos los días que vivieran
	5.29	quién diera ... me *temiesen* y guardasen
	6.13	a Jehová tu Dios *temerás*, y a él sólo
	10.12	sino que *temas* a Jehová tu Dios, que
	13.11	para que todo Israel oiga, y *tema*, y no
	28.58	*temiendo* este nombre glorioso y
Jos	1.9	no *temas* ni desmayes; porque Jehová tu
	8.1	dijo a Josué: No *temas* ni desmayes; toma
	24.14	ahora, pues, *temed* a Jehová, y servidle
Jue	6.10	no *temáis* a los dioses de los amorreos
	7.3	quien *tema* y se estremezca, madrugue y
1 S	12.14	si *temiereis* a Jehová y le sirviereis
	15.24	*temí* al pueblo y consentí a su voz de
2 R	17.33	*temían* a Jehová, y honraban a ... dioses
1 Cr	16.25	de ser *temido* sobre todos los dioses
Esd	9.4	se me juntaron todos los que *temían* las
Neh	6.16	*temieron* todas las naciones que estaban
Job	1.9	Satanás ... dijo: ¿Acaso *teme* Joba Dios
	3.25	y me ha acontecido lo que yo *temía*
	11.15	limpio . y serás fuerte, y nada *temerás*
	31.23	porque *temí* el castigo de Dios, contra
	36.18	por lo cual *teme*, no sea que en su ira
	37.24	lo *temerán* por tanto los hombres; él no
Sal	3.6	no *temeré* a diez millares de gente, que
	23.4	no *temeré* mal alguno, porque tú estarás
	25.12	¿quién es el hombre que *teme* a Jehová?
	27.1	Jehová es mi luz y ... ¿de quién *temeré*?
	31.19	es tu bondad ... para los que te *temen*
	33.8	*tema* a Jehová toda la tierra; *teman*
	33.18	el ojo de Jehová sobre los que le *temen*
	34.7	acampa alrededor de los que le *temen*, y
	34.9	*temed* a Jehová, vosotros sus santos, pues
	46.2	por tanto, no *temeremos*, aunque la tierra
	52.6	verán los justos, y *temerán*; se reirán de
	56.3	en el día que *temo*, yo en ti confío
	56.4, 11;	118.6 no *temeré* ... hacer el hombre
	65.8	habitantes de ... *temen* de tus maravillas
	66.16	venid, oíd todos los que *teméis* a Dios
	72.5	te *temerán* mientras duren el sol y la luna
	85.9	cercana ... su salvación a los que le *temen*
	91.5	no *temerás* el terror nocturno, ni saeta
	103.11	su misericordia sobre los que le *temen*
	111.5	ha dado alimento a los que le *temen*
	112.1;	128.1 bienaventurado el ... que *teme*
	115.11	que *teméis* a Jehová, confiad en Jehová
	119.38	confirma tu ... a tu siervo, que te *teme*
	119.74	que te *temen* me verán, y se alegrarán
	147.11	se complace . en los que le *temen*, y
Pr	14.16	el sabio *teme* y se aparta del mal; mas
	24.21	*teme* a Jehová, hijo mío, y al rey; no
	31.30	la mujer que *teme* a Jehová, ésa será
Ec	5.7	las muchas palabras; mas tú, *teme* a Dios
	7.18	porque aquel que a Dios *teme*, saldrá bien
	12.13	*teme* a Dios, y guarda sus mandamientos
Is	7.4	no *temas*, ni se turbe tu corazón a causa
	7.16	la tierra ... que tú *temes* será abandonada
	8.12	ni *temáis* lo que ellos *temen*, ni ... miedo
	25.3	por esto ... te *temerá* la ciudad de gentes
	35.4	no *temáis*; he aquí ... vuestro Dios viene
	41.10;	43.5 no *temas*, porque yo estoy contigo
	41.14	no *temas*, gusano de Jacob, oh ... Israel
	43.1	no *temas*, porque yo te redimí; te puse
	50.10	¿quién hay ... que *teme* a Jehová, y oye
	51.7	no *temáis* afrenta de hombre ... ultrajes
Jer	1.8, 17	no *temas* delante de ellos, porque
	5.22	¿a mí no me *temeréis*? dice Jehová
	5.24	*temamos* ahora a Jehová Dios nuestro
	23.4	no *temerán* más, ni se amedrentarán, ni
Ez	3.9	no los *temas*, ni tengas miedo delante de
Dn	6.26	*teman* ... ante la presencia del Dios de
Os	3.5	¿temerán a Jehová y a su bondad en el fin
Jl	2.21	tierra, no *temas*; alégrate y gózate, porque
Jon	1.9	respondió: Soy hebreo, y *temo* a Jehová
Sof	3.7	me *temerá*; recibirá corrección, y no será
Mal	3.16	los que *temían* a Jehová hablaron cada
	4.2	mas a vosotros los que *teméis* mi nombre
Mt	1.20	José ... no *temas* recibir a María tu mujer
	8.26	¿por qué *teméis*, hombres de poca fe?
	10.28	*temed* . a aquel que puede destruir el
	10.31	no *temáis*; más valéis vosotros que
	14.5	quería matarle, pero *temía* al pueblo

	14.27; Mc 6.50; Jn 6.20 yo soy, no *temáis!*
	21.26 si decimos, de los hombres, *temíamos*
	27.54 *temieron* en gran manera, y dijeron
	28.5 ángel … dijo … No *temáis* vosotras
	28.10 Jesús les dijo: No *temáis*: id, dad las
Mc	4.41 entonces *temieron* con gran temor, y se
	5.36; Lc 8.50 dijo … No *temas,* cree solamente
	6.20 Herodes *temía* a Juan … y le guardaba
Lc	1.30 María, no *temas,* porque has hallado
	1.50 su misericordia es … a los que le *temen*
	2.10 el ángel les dijo: No *temáis,* porque he
	12.4 no *temáis* a los que matan el cuerpo, y
	12.32 no *temáis,* manada pequeña, porque a
	18.2 había … un juez, que ni *temía* a Dios, ni
	23.40 ¿ni aun *temes* tú a Dios, estando en la
Jn	12.15 no *temas,* hija de Sion; he aquí tu Rey
Hch	10.35 agrada del que le *teme* y hace justicia
	13.16 varones … y los que *teméis* a Dios, oíd
	18.9 dijo … No *temas,* sino habla, y no calles
	27.24 diciendo: Pablo, no *temas;* es necesario
Ro	11.20 en pie. No te ensoberbezcas, sino *teme*
2 Co	12.20 me *temo* … no os halle tales como quiero
Gl	4.11 me *temo* … que haya trabajado en vano
Col	3.22 con corazón sincero, *temiendo* a Dios
1 Ti	5.20 para los demás también *teman*
Heb	4.1 *temamos,* pues, no sea que permaneciendo
	11.23 padres … no *temieron* el decreto del rey
	13.6 no *temeré* lo que me pueda hacer el
1 P	2.17 amad a … *Temed* a Dios. Honrad al rey
2 P	2.10 no *temen* decir mal de las potestades
Ap	1.17 no *temas;* yo soy el primero y el último
	2.10 no *temas* en nada lo que vas a padecer
	14.7 *temed* a Dios, y dadle gloria, porque la
	15.4 ¿quién no te *temerá* … y glorificará tu
	19.5 alabad a nuestro Dios … los que le *teméis*

TEMPESTAD *v.* Torbellino, Viento

Sal	55.8 escapar del viento borrascoso, de la *t*
	58.9 vivos, así airados, los arrebatará él con *t*
	107.29 cambia la *t* en sosiego, y … sus ondas
Jer	23.19 aquí que la *t* de Jehová saldrá con furor
	25.32 *t* se levantará de los fines de la tierra
Nah	1.3 Jehová marcha en la *t* y el torbellino
Mt	8.24; Mc 4.37; Lc 8.23 se levantó … una *t*
	16.3 por la mañana: Hoy habrá *t;* porque
Hch	27.18 siendo combatidos por una furiosa *t*
Heb	12.18 al monte … que ardía en fuego … y a la *t*

TEMPLO *v.* Casa, Iglesia, Santuario, Tabernáculo

2 R	23.4 que sacasen del *t* de Jehová todos los
Esd	4.1 edificaban el *t* de Jehová Dios de Israel
Sal	5.7 casa; adoraré hacia tu santo *t* con temor
	11.4; Hab 2.20 Jehová está en su santo *t*
	48.9 nos acordamos de tu … en medio de tu *t*
	65.4 saciados del bien de tu casa, de tu santo *t*
	138.2 me postraré hacia tu santo *t,* y alabaré
Is	6.1 alto y sublime, y sus faldas llenaban el *t*
	44.28 serás edificada; y al *t:* Serán fundado
Jer	7.4 *t* de Jehová, *t* de … *t* de Jehová es este
Ez	41.1 me introdujo luego en el *t,* y midió los
Os	8.14 Israel … y edificó *t,* y Judá multiplicó
Hag	2.18 el día que se echó el cimiento del *t* de
Zac	6.12 el Renuevo … edificará el *t* de Jehová
Mal	3.1 y vendrá súbitamente a su *t* el Señor
Mt	4.5; Lc 4.9 le puso sobre el pináculo del *t*
	12.6 os digo que uno mayor que el *t* está aquí
	21.12; Mc 11.15; Lc 19.45 entró Jesús en el *t* de Dios
	23.16 si alguno jura por el *t,* no es nada; pero
	24.1 discípulos … mostrarle los edificios del *t*
	26.55; Mc 14.49; Lc 22.53 cada día estaba con vosotros enseñando en el *t*
	26.61; Mc 14.58; Jn 2.19 puedo derribar el *t* de Dios
	27.40; Mc 15.29 tú que derribas el *t,* y en tres
Lc	2.27 movido por el Espíritu, vino al *t*
	2.46 le hallaron en el *t,* sentado en medio de
	18.10 dos hombres subieron al *t* a orar: uno
	21.5 que hablaban de que el *t* estaba adornado
	24.53 estaban siempre en el *t,* alabando y
Jn	2.14 halló en el *t* a los que vendían bueyes
	7.14 de la fiesta subió Jesús al *t,* y enseñaba
Hch	2.46 unánimes … en el *t,* y partiendo el pan
	3.2 la puerta del *t* que se llama la Hermosa
	4.1 el jefe de la guardia del *t,* y los saduceos

	5.20 id, y puestos en pie en el *t,* anunciad al
	7.48; 17.24 no habita en *t* hechos de mano
	21.28 además … ha metido a griegos en el *t*
	22.17 orando en el *t* me sobrevino un éxtasis
	24.6 intentó también profanar el *t;* y
1 Co	3.16 ¿no sabéis que sois *t* de Dios, y que
	6.19 que vuestro cuerpo es *t* del Espíritu Santo
2 Co	6.16 ¿y qué acuerdo hay entre el *t* de Dios
Ef	2.21 va creciendo para ser un *t* santo en el
Ap	7.15 y le sirven día y noche en su *t;* y el
	11.1 mide el *t* de Dios, y el altar, y a los
	11.19 el *t* de Dios fue abierto en el cielo
	15.8 el *t* se llenó de humo por la gloria de
	21.22 no vi en ella *t* … el Señor … es el *t*

TENTACIÓN *v.* Prueba

Mt	6.13; Lc 11.4 no nos metas en *t* … líbranos
	26.41; Mc 14.38; Lc 22.40 orad, para que no entréis en *t*
Lc	4.13 cuando el diablo hubo acabado toda *t*
1 Co	10.13 no os ha sobrevenido ninguna *t* que
1 Ti	6.9 quieren enriquecerse caen en *t* y lazo, y
Heb	3.8 como … en el día de la *t* en el desierto
Stg	1.12 bienaventurado el … que soporta la *t*
2 P	2.9 sabe el Señor librar de *t* a los piadosos

TESORO *v.* Bien, Hacienda, Posesión, Riqueza

Éx	19.5 mi especial *t* sobre todos los pueblos
Dt	28.12 te abrirá Jehová su buen *t,* el cielo
	33.19 mares, y los *t* escondidos de la arena
Jos	6.19 toda la plata … entren en el *t* de Jehová
1 R	14.26; 2 Cr 12.9 tomó los *t* de la casa de
2 R	20.13 mostró … todo lo que había en sus *t*
	24.13 sacó … todos los *t* de la casa de Jehová
Esd	7.20 dar, los darás de la casa de los *t* del rey
Job	38.22 ¿has entrado tú en los *t* de la nieve
Pr	2.4 la buscares, y la escudriñares como a *t*
	8.21 que los que me aman … yo llene sus *t*
	21.6 amontonar *t* con lengua mentirosa es
	21.20 *t* precioso y … hay en la casa del sabio
Ec	2.8 me amontoné … *t* preciados de reyes y de
Is	33.6 salvación; el temor de Jehová será su *t*
	39.2 mostró … todo lo que se hallaba en sus *t*
	45.3 te daré los *t* escondidos, y los secretos
Jer	15.13 tus *t* entregaré a la rapiña sin ningún
	41.8 porque tenemos en el campo *t* de trigos
Dn	11.43 se apoderará de los *t* de oro y plata
Miq	6.10 ¿hay aún en casa del impío *t* de
Zac	11.13 dijo Jehová: Échalo al *t;* hermoso
Mal	3.17 serán para mí especial *t,* ha dicho
Mt	6.19 no os hagáis *t* en la tierra, donde la
	6.21; Lc 12.34 donde esté vuestro *t,* allí … vuestro corazón
	12.35 el hombre bueno, del buen *t* del corazón
	13.44 reino de los cielos es semejante a un *t*
	13.52 que saca de su *t* cosas nuevas y cosas
	19.21; Mc 10.21; Lc 18.22 tendrás *t* en el cielo; y ven, sígueme
	27.6 dijeron: No es lícito echarlas en el *t* de
Lc	12.21 así es el que hace para sí *t,* y no es
2 Co	4.7 tenemos este *t* en vasos de barro, para
Col	2.3 en quien están escondidos todos los *t* de la
Heb	11.26 el vituperio de Cristo que los *t* de los
Stg	5.3 acumulado *t* para los días postreros

TESTIFICAR *v.* Afirmar, Decir, Declarar

Dt	32.46 las palabras que yo os *testifico* hoy
Job	15.6 boca … y tus labios *testificarán* contra ti
	31.35 que el Omnipotente *testificará* por mí
Sal	50.7 escucha, Israel, y *testificaré* contra ti
Is	3.9 apariencia de su rostro *testifica* contra
Jer	14.7 aunque nuestras iniquidades *testifican*
Os	7.10 Israel *testificará* contra él en su cara
Mt	27.13 ¿no oyes … cosas *testifican* contra ti?
Lc	16.28 les *testifique,* a fin de que no vengan
Jn	3.11 y lo que hemos visto, *testificamos,* y no
	3.32 lo que vio y oyó, esto *testifica;* y nadie
	7.7 me aborrece … yo *testifico* de él, porque
Hch	2.40 *testificaba* … diciendo: Sed salvos del
	8.25 habiendo *testificado* … se volvieron a
	10.42 *testificásemos* que él es el que Dios ha
	18.5 *testificando* a … que Jesús era el Cristo
	20.21 *testificando* a judíos y a gentiles acerca
	23.11 es necesario que *testifiques* … en Roma
	28.23 les *testificaba* el reino de Dios desde

Gl	5.3 *testifico* a todo hombre que se circuncide
Heb	2.4 *testificando* Dios juntamente con ellos
Stg	5.3 oro ... su moho *testificará* contra vosotros
1 P	5.12 *testificando* que esta es la ... gracia de
1 Jn	1.2 y la hemos visto, y *testificamos*, y os
	4.14 *testificamos* que el Padre ha enviado
	5.9 el testimonio con que Dios ha *testificado*

TIEMPO v. Día, Eternidad, Generación, Hora, Siglo

2 R	21.6; 2 Cr 33.6 se dio a observar los *t*, y fue
Job	24.1 no son ocultos los *t* al Todopoderoso
Sal	31.15 en tu mano están mis *t*; líbrame de la
	34.1 bendeciré a Jehová en todo *t* ... mi boca
	119.126 *t* es de actuar, oh Jehová, porque han
Pr	15.23 y la palabra a su *t*, ¡cuán buena es!
Ec	3.1; 8.6 tiene su *t*, y todo ... tiene su hora
	9.11 sino que *t* y ocasión acontecen a todos
	9.12 el hombre tampoco conoce su *t*; como
Is	40.2 decide a voces que su *t* es ya cumplido
Dn	7.25 en su mano hasta *t*, y *t*, y medio *t*
	8.19 de la ira; porque eso es para el *t* del fin
Dn	12.7 que será por *t*, y la mitad de un *t*
Mt	16.2 dijo: Cuando anochece, decís: Buen *t*
	16.3 ¡mas las señales de los *t* no podéis!
	26.18 el Maestro dice: Mi *t* está cerca; en tu
Mc	13.33 orad ... no sabéis cuando será el *t*
Lc	9.51 se cumplió el *t* en que él había de ser
	21.8 vendrán ... diciendo ... El *t* está cerca
	21.24 que los *t* de los gentiles se cumplan
Jn	7.6 mi *t* aún no ha llegado, mas vuestro *t*
	14.9 ¿tanto *t* hace que estoy con vosotros
Hch	1.6 ¿restaurarás el reino a Israel en este *t*?
	17.26 y les ha prefijado el orden de los *t*
Ro	13.11 conociendo el *t*, que es ya hora de
1 Co	7.29 esto digo, hermanos, que el *t* es corto
2 Co	6.2 he aquí ahora el *t* aceptable, he aquí
Gl	4.4 pero cuando vino el cumplimiento del *t*
	4.10 guardáis los días ... los *t* y los años
Ef	5.16 aprovechando bien el *t*, porque los días
1 Ts	5.1 acerca de los *t* y de las ocasiones, no
2 Ts	2.6 fin de que a su debido *t* se manifieste
2 Ti	4.2 que instes a *t* y fuera de *t*; redarguye
	4.3 vendrá *t* cuando no sufrirán ... doctrina
Tit	1.3 a su debido *t* manifestó su palabra por
Heb	1.1 hablado ... en otro *t* a los padres por los
1 Jn	2.18 ya es el último *t*; y según ... oísteis
Ap	1.3 bienaventurado ... porque el *t* está cerca
	6.11 descansasen todavía un poco de *t*, hasta
	12.12 el diablo ha descendido ... tiene poco *t*
	12.14 sustentada por un *t*, y *t*, y la mitad de
	22.10 no selles las palabras ... el *t* está cerca

TIERRA v. Mundo, Polvo

Gn	1.1 en el principio creó Dios los cielos y la *t*
	1.10 llamó Dios a lo seco *T*, y a la ... Mares
	3.17 maldita será la *t* por tu causa; con dolor
	11.1 tenía ... toda la *t* una sola lengua y unas
	12.1 vete de tu *t* y ... a la *t* que te mostraré
	12.7; 27.4 dijo ... a tu descendencia daré esta *t*
Éx	3.5 porque el lugar en que tú estás, *t* santa es
	3.8 sacarlos de aquella *t* a una *t* buena y
	6.8 os meteré en la *t* por la cual alcé mi mano
	9.29 para que sepas que de Jehová es la *t*
Lv	25.4 pero el séptimo año la *t* tendrá descanso
	25.23 la *t* no se venderá ... porque la *t* mía es
	26.20 porque vuestra *t* no dará su producto
Nm	14.7 la *t* por donde pasamos ... es *t* ... buena
	16.30 si ... la *t* abriere su boca, y los tragare
	35.33 y la *t* no será expiada de la sangre que
Dt	1.8 he entregado la *t*; entrad, y poseed la *t*
	8.10 bendecirás a Jehová tu ... por la buena *t*
	11.21 vuestros días ... numerosos sobre la *t*
	26.9 nos trajo a este lugar, y nos dio esta *t*
	26.15 *t* que nos has dado ... *t* que fluye leche
	34.4 dijo: Esta es la *t* de que juré a Abraham
Jos	1.11 poseer la *t* que Jehová ... Dios os da en
	19.51 y Josué ... acabaron de repartir la *t*
	24.13 os di la *t* por la cual no habéis trabajasteis
2 S	24.25 Jehová oyó las súplicas de la *t*, y cesó
1 R	8.27 ¿es verdad que Dios morará sobre la *t*?
2 R	5.17 ¿de esta *t* no se dará a tu siervo la
2 Cr	6.18 Dios habitará con el hombre en la *t*?
Neh	9.35 en la *t* espaciosa y ... no te sirvieron

Job	9.6 remueve la *t* de su lugar, y hace temblar
	9.24 la *t* es entregada en manos de los impíos
	26.7 él extiende el ... cuelga la *t* sobre nada
	38.4 ¿dónde estabas tú cuando yo fundaba la *t*?
	41.33 no hay sobre la *t* quien se le parezca
Sal	19.4 por toda la *t* salió su voz, y hasta el
	24.1 de Jehová es la *t* y su plenitud; el mundo
	72.19 toda la *t* sea llena de su gloria. Amén
	73.25 a ti? Y fuera de ti nada deseo en la *t*
	75.3 se arruinaban la *t* y sus moradores; yo
	89.11 tuyos son los cielos, tuya también la *t*
	90.2 antes que . formases la *t* y el mundo
	98.3 todos los términos de la *t* han visto la
	102.25 tú fundaste la *t*, y los cielos son obra
	104.24 la *t* está llena de tus beneficios
	115.16 dado la *t* a los hijos de los hombres
	119.64 de tu misericordia ... está llena la *t*
Pr	3.19 Jehová con sabiduría fundó la *t*; afirmó
Ec	1.4 va ... viene; mas la *t* siempre permanece
Is	6.3 santo ... toda la *t* está llena de su gloria
	11.9 será llena del conocimiento de Jehová
	14.7 toda la *t* está en reposo y en paz; se
	40.22 él está sentado sobre el círculo de la *t*
	45.12 hice la *t*, y creé sobre ella al hombre
	51.6 la *t* se envejecerá como ropa de vestir
	60.21 tu pueblo ... para siempre heredarán la *t*
	65.17 que yo crearé nuevos cielos y nueva *t*
	66.22 los cielos nuevos y la nueva *t* que yo hago
Jer	22.29 ¡*t*, *t*, *t*! oye palabra de Jehová
	51.15 él es el que hizo la *t* con su poder, el
Am	8.9 sol ... y cubriré de tinieblas la *t* en el día
Sof	3.8 por el fuego ... será consumida toda la *t*
Hag	2.6 yo haré temblar los cielos y la *t*, el mar
Zac	14.9 y Jehová será rey sobre toda la *t*
Mt	5.5 los mansos ... recibirán la *t* por heredad
	5.13 vosotros sois la sal de la *t*; pero si la
	5.35 ni por la *t*, porque es el estrado de sus
	6.10; Lc 11.2 en el cielo, así también en la *t*
	6.19 no os hagáis tesoros en la *t*, donde la
	12.40 estará el Hijo ... en el corazón de la *t*
	13.8; Mc 4.8; Lc 8.8 parte cayó en buena *t*
	13.57; Mc 6.4; Lc 4.24; Jn 4.44 no hay profeta sin honra sino en su propia *t*
	16.19; 18.18 lo que atares en la *t* será atado
	23.9 y no llaméis padre ... a nadie en la *t*
	24.35; Lc 21.33 el cielo y la *t* pasarán, pero mis
	28.18 toda potestad me es dada en ... en la *t*
Mc	6.1 salió Jesús de allí y vino a su *t*, y le
Lc	12.49 fuego vine a echar en la *t*; ¿y qué
	13.7 córtala; ¿para qué inutiliza ... la *t*?
	16.17 más fácil es que pasen el cielo y la *t*
Jn	8.6 pero Jesús ... escribía en *t* con el dedo
Hch	7.3 sal de tu *t* y de ... y ven a la *t* que yo te
Ro	10.18 por toda la *t* ha salido la voz de ellos
1 Co	10.26, 28 del Señor es la *t* y su plenitud
	15.47 el primer hombre es de la *t*, terrenal
Ef	3.15 toma nombre toda familia en ... y en la *t*
	4.9 descendido a las partes más bajas de la *t*
Col	1.16 que hay en la *t*, visibles e invisibles
	3.2 poned la mira en las ... no en las de la *t*
Heb	1.10 tú Señor, en el principio fundaste la *t*
	6.7 que bebe la lluvia que ... cae sobre ella
	8.4 que, si estuviese sobre la *t*, ni siquiera
	11.9 en la *t* prometida como en *t* ajena
	12.26 conmoveré no solamente la *t* ... el cielo
2 P	3.7 los cielos y la *t* ... están reservados por
	3.10 la *t* y las obras que ... serán quemadas
	3.13 esperamos ... y *t* nueva, en los cuales
Ap	6.4 fue dado poder de quitar de la *t* la paz
	7.3 no hagáis daño a la *t*, ni al mar, ni a los
	21.1 vi un cielo nuevo y una *t* nueva; porque

TIMOTEO

«Hijo amado» de Pablo, 1 Co 4.17; 1 Ti 1.2, 18; 2 Ti 1.2;
hijo de padre griego y madre judía, Hch 16.1;
creció en una familia piadosa, 2 Ti 1.5; 3.14, 15;
vive en Listra (o Derbe), Hch 16.1;
circuncidado, Hch 16.3;
acompaña a Pablo en su segundo viaje misionero,
Hch 16.1–4; 17.15; 18.5; 1 Ts 3.2–6;
es ordenado, 1 Ti 4.14; 2 Ti 1.6;
enviado a la iglesia de Corinto, 1 Co 4.17; 16.10, 11;

acompaña a Pablo en su tercer viaje misionero,
Hch 20.4;
a cargo de la iglesia de Efeso, 1 Ti 1.3;
Pablo le pide que lo visite en la prisión, 2 Ti 4.9–13;
apresado y libertado, Heb 13.23.

TINIEBLAS v. Oscuridad, Sombra
Gn	1.2 las *t* estaban sobre la faz del abismo
Éx	10.21 que haya *t* sobre la tierra de Egipto
	14.20 nube y *t* para … y alumbraba a Israel
1 S	2.9 los impíos perecen en *t*; porque nadie
2 S	22.10; Sal 18.9 había *t* debajo de sus pies
Job	5.14 de día tropiezan con *t*, y a mediodía
	10.21 a la tierra de *t* y de sombra de muerte
	10.22 tierra de … cuya luz es como densas *t*
	12.22 él descubre las profundidades de las *t*
	15.22 él no cree que volverá de las *t*, y
	37.19 no podemos … las ideas a causa de las *t*
	38.19 de la luz, y dónde está el lugar de las *t*
Sal	88.6 has puesto … en *t*, en lugares profundos
	88.12 ¿serán reconocidas en las *t* tus maravillas
	104.20 pones las *t*, y es la noche; en ella
	107.10 algunos moraban en *t* y sombra de
	112.4 resplandeció en las *t* luz a los rectos
	139.12 las *t* no encubren de ti, y la noche
Ec	2.14 el sabio tiene … mas el necio anda en *t*
Is	5.20 que hacen de la luz *t*, y de las *t*
	5.30 he aquí *t* de tribulación, y en sus cielos
	8.22 y angustia; y serán sumidos en las *t*
	9.2 el pueblo que andaba en *t* vio gran luz
	42.16 delante de ellos cambiaré las *t* en luz
	49.9 digas … a los que están en *t*: Mostraos
	50.10 el que anda en *t* y carece de luz, confíe
	58.10 si dieres tu pan … en las *t* nacerá tu luz
Jer	13.16 dad gloria a … antes que haga venir *t*
Jl	2.2 día de *t* y de oscuridad, día de nube y de
	2.31 el sol se convertirá en *t*, y la luna en
Am	5.20 ¿no será el día de Jehová *t*, y no luz
	8.9 y cubriré de *t* la tierra en el día claro
Mt	4.16 el pueblo asentado en *t* vio gran luz
	6.23 luz que en ti hay es *t*, ¿cuántas no serán
	8.12 serán echados a las *t* de afuera; allí será
	10.27; Lc 12.3 lo que os digo en *t*, decidlo en
	22.13; 25.30 y echadle en las *t* de afuera; allí
	27.45; Mc 15.33; Lc 23.44 desde la hora sexta hubo *t*
Lc	1.79 para dar luz a los que habitan en *t*
	11.34 tu ojo es maligno … tu cuerpo está en *t* y
	22.53 es vuestra hora, y la potestad de las *t*
Jn	1.5 la luz en las *t* resplandece, y las *t* no
	3.19 los hombres amaron más las *t* que la luz
	8.12 el que me sigue, no andará en *t*, sino que
	12.35 luz, para que no os sorprendan las *t*
	12.46 aquel que cree en mí no permanezca en *t*
Hch	2.20 el sol se convertirá en *t*, y la luna en
	13.11 cayeron sobre él oscuridad y *t*; y
	26.18 se conviertan de las *t* a la luz, y de la
Ro	13.12 desechemos, pues, las obras de las *t*
1 Co	4.5 cual aclarará también lo oculto de las *t*
2 Co	4.6 mandó que de las *t* resplandeciese la
	6.14 ¿y qué comunión la luz con las *t*?
Ef	5.8 en otro tiempo erais *t*, mas ahora sois
	5.11 en las obras infructuosas de las *t*, sino
	6.12 contra los gobernadores de las *t* de este
Col	1.13 nos ha librado de la potestad de las *t*, y
1 Ts	5.4 mas vosotros … no estáis en *t*, para que
Heb	12.18 ardía en fuego, a la oscuridad, a las *t*
1 P	2.9 que os llamó de las *t* a su luz admirable
1 Jn	1.5 Dios es luz, y no hay ningunas *t* en él
	2.8 las *t* van pasando, y la luz verdadera ya
	2.9 aborrece a su hermano, está todavía en *t*
Ap	16.10 su reino se cubrió de *t*, y mordían de

TITO
2 Co	2.13 reposo … por no haber hallado a … *T*
	7.6 Dios … nos consoló con la venida de *T*
	8.6 que exhortamos a *T* para que tal como
	8.16 en el corazón de *T* la misma solicitud
	8.23 en cuanto a *T*, es mi compañero y
	12.18 rogué a *T*, y envié con él al hermano
Gl	2.1 subí … llevando también conmigo a *T*
Tit	1.4 a *T*, verdadero hijo en la común fe

TRADICIÓN
Mt	15.2; Mc 7.5 quebrantan la *t* de los ancianos
	15.6 habéis invalidado el … por vuestra *t*

Mc	7.3, 8 los judíos, aferrándose a la *t* de los
Gl	1.14 mucho más celoso de las *t* de mis padres
Col	2.8 según las *t* de los hombres, conforme a

TRAICIÓN
1 S	24.11 y ve que no hay mal ni *t* en mi mano
2 R	9.23 Joram … huyó, y dijo … ¡*T*, Ocozías!
	11.14; 2 Cr 23.13 Atalía … clamó … ¡*T*, *t*!

TRANSGRESIÓN v. Iniquidad, Ofensa, Pecado, Prevaricación
Jos	22.16 ¿qué *t* es esta con que prevaricáis contra
Job	31.33 si encubrí como hombre mis *t* … seno
Sal	5.10 por la multitud de sus *t* échalos fuera
	17.3 he resuelto que mi boca no haga *t*
	39.8 líbrame de todas mis *t*; no me pongas
Ez	18.22 *t* que cometió, no le serán recordadas
	18.30 apartaos de … vuestras *t*, y no os será
Ro	4.15 pero donde no hay ley, tampoco hay *t*
	4.25 fue entregado por nuestras *t*, y resucitado
	5.14 no pecaron a la manera de la *t* de Adán
	5.15 pero el don no fue como la *t*; porque si
	5.15 si por la *t* de aquel uno murieron los
	11.11 por su *t* vino la salvación a los gentiles
Gl	3.19 fue añadida a causa de las *t*, hasta que
1 Ti	2.14 mujer, siendo engañada, incurrió en *t*
Heb	2.2 firme, y toda *t* … recibió justa retribución
	9.15 para la remisión de las *t* que había bajo

TRIBULACIÓN v. Adversidad, Aflicción, Angustia, Calamidad, Dolor, Malo, Miseria, Padecimiento, Sufrimiento
2 Cr	15.4 en su *t* se convirtieron a Jehová Dios
Neh	9.27 en el tiempo de su *t* clamaron a ti, y tu
Job	5.19 en seis *t* te librará, y en la séptima no te
	15.24 *t* y angustia le turbarán … como un rey
Pr	1.27 cuando sobre vosotros viniere *t* y angustia
	11.8 el justo es librado de la *t*; mas el impío
	12.13 el impío … mas el justo saldrá de la *t*
Is	8.22 aquí *t* y tinieblas, oscuridad y angustia
	26.16 Jehová, en la *t* te buscaron … castigaste
Mt	24.9 entonces os entregarán a *t*, y os matarán
	24.21 porque habrá entonces gran *t*, cual no
	24.29; Mc 13.24 después de la *t* de aquellos
Mc	4.17 cuando viene la *t* o la … luego tropiezan
	13.19 aquellos días serán de *t* cual nunca ha
Hch	14.22 a través de muchas *t* entremos en el
Ro	5.3 nos gloriamos en las *t*, sabiendo que la *t*
	8.35 ¿*t*, o angustia, o persecución, o hambre
	12.12 sufridos en la *t*; constantes en la oración
2 Co	1.4 el cual nos consuela en todas nuestras *t*
	1.4 podamos … consolar a los que están en *t*
	2.4 por la mucha *t* … os escribí con … lágrimas
	4.17 porque esta leve *t* momentánea produce
	6.4 como … en *t*, en necesidades, en angustias
	7.4 sobreabundo de gozo en todas nuestras *t*
	8.2 en grande prueba de *t*, la abundancia de
Ef	3.13 pido que no desmayéis a causa de mis *t*
Flp	4.14 bien hicisteis en participar … en mi *t*
1 Ts	1.6 recibiendo la palabra en … de gran *t*
	3.3 a fin de que nadie se inquiete por estas *t*
Stg	1.27 visitar a los … y a las viudas en sus *t*
Ap	1.9 copartícipe vuestro en la *t*, en el reino
	2.22 en gran *t* a los que con ella adulteran
	7.14 éstos son los que han salido de la gran *t*

TRISTEZA v. Adversidad, Angustia, Calamidad, Dolor, Malo, Miseria, Padecimiento, Sufrimiento, Tribulación
Dt	28.65 pues allí te dará Jehová … *t* de alma
Pr	10.1 padre, pero el hijo necio es *t* de su madre
	10.22 la que enriquece, y no añade *t* con ella
Is	35.10 gozo y alegría, y huirán la *t* y el gemido
Lc	22.45 los halló durmiendo a causa de la *t*
Jn	16.6 estas cosas, *t* ha llenado vuestro corazón
	16.20 pero … vuestra *t* se convertirá en gozo
Ro	9.2 que tengo gran *t* y continuo dolor en mi
2 Co	2.1 conmigo, no ir otra vez a vosotros con *t*
	2.3 que cuando llegue no tenga *t* de parte de
	7.10 porque la *t* que es según Dios produce
	9.7 cada uno dé … no con *t*, ni por necesidad
Flp	2.27 de mí, para que yo no tuviese *t* sobre *t*
Heb	12.11 parece ser causa de gozo, sino de *t*

TRONO
Gn	41.40 solamente en el *t* seré yo mayor que tú
1 R	1.13 Salomón tu hijo … él se sentará en mi *t*?
	1.37 haga mayor su *t* que el *t* de mi señor

	9.5; 2 Cr 7.18 afirmaré el *t* e tu reino sobre
	10.18; 2 Cr 9.17 hizo ... el rey un gran *t* de
1 Cr	29.23 se sentó Salomón por rey en el *t* de
Sal	9.7 Jehová ... ha dispuesto su *t* para juicio
	11.4 Jehová tiene en el cielo su *t*; sus ojos
	45.6 tu *t*, oh Dios, es eterno y para siempre
	47.8 reinó ... se sentó Dios sobre su santo *t*
	89.14 justicia y juicio son el cimiento de tu *t*
	93.2 firme es tu *t* desde entonces; tú eres
	94.20 ¿se juntará contigo el *t* de iniquidades
	103.19 Jehová estableció en los cielos su *t*, y
	122.5 allá están ... los *t* de la casa de David
	132.11 tu descendencia pondré sobre tu *t*
Pr	16.12 porque con justicia será afirmado el *t*
	25.5 del rey, y su *t* se afirmará en justicia
Is	6.1 vi yo al Señor sentado sobre un *t* alto y
	14.13 en lo alto, junto a las ... levantaré mi *t*
	66.1 Jehová dijo así: El cielo es mi *t*, y la
Jer	3.17 llamarán a Jerusalén: *T* de Jehová
	17.12 *t* de gloria, excelso desde el principio
	43.10 pondré su *t* sobre estas piedras que
Lm	5.19 tu *t* de generación en generación
Dn	7.9 mirando hasta que fueron puestos *t*
Mt	5.34 ni por el cielo, porque es el *t* de Dios
	19.28; 25.31 se siente en el *t* de su gloria
	19.28; Lc 22.30 os sentaréis sobre doce *t*
	23.22 jura por el *t* de Dios, y por aquel que
Lc	1.32 Dios le dará el *t* de David su padre
Hch	2.30 al Cristo para que se sentase en su *t*
	7.49 el cielo es mi *t*, y la tierra el estrado de
Heb	1.8 tu *t*, oh Dios, por el siglo del siglo; cetro
	4.16 acerquémonos, pues ... al *t* de la gracia
	8.1; 12.2 se sentó a la diestra del *t* de la
Ap	2.13 dónde moras, donde está el *t* de Satanás
	3.21 le daré que se siente conmigo en mi *t*
	4.2 un *t* ... en el cielo, y en el *t*, uno sentado
	4.4 alrededor del había 24 *t*; y vi ... en los *t*
	7.9 estaban delante del *t* y en la presencia del
	7.17 el Cordero que está en medio del *t* los
	20.4 vi *t*, y se sentaron sobre ellos los que
	20.11 vi un gran *t* blanco y al que estaba
	21.5 el que estaba sentado en el *t* dijo
	22.1 un río limpio ... que salía del *t* de Dios
	22.3 el *t* de Dios y del ... estará en ella, y sus

UNCIÓN

Éx	30.25 harás de ello el aceite de la santa *u*
Sal	89.20 hallé a David ... lo ungí con mi santa *u*
1 Jn	2.20 pero vosotros tenéis la *u* del Santo, y
	2.27 pero la *u* que ... permanece en vosotros

UNGIR

Éx	30.26; 40.9 *ungirás* el tabernáculo de reunión
Lv	8.12 de Aarón, y lo *ungió* para santificarlo
Dt	28.40 tendrás olivos ... mas no te *ungirás* con
Rt	3.3 te lavarás ... te *ungirás*, y . irás a la era
1 S	9.16 al cual *ungirás* por príncipe sobre mi
	10.1 ¿no te ha *ungido* Jehová por príncipe
	16.13 Samuel tomó el cuerno del ... y lo *ungió*
2 S	2.4 vinieron ... de Judá y *ungieron* allí a David
	12.7 yo te *ungí* por rey sobre Israel, y te libré
1 R	1.39 tomando ... aceite del ... *ungió* a Salomón
	19.16 a Jehú hijo de Nimsi *ungirás* por rey
2 R	9.3 dijo ... Yo te he *ungido* por rey sobre Israel
	11.12 le puso la ... y le hicieron rey *ungiéndole*
2 Cr	23.11 lo *ungieron*, diciendo ... ¡Viva el rey!
Sal	23.5 *unges* mi cabeza con aceite; mi copa
	45.7 por tanto, te *ungió* Dios, el Dios tuyo
Is	61.1 porque me *ungió* Jehová; me ha enviado
Mt	6.17 pero tú, cuando ayunes, *unge* tu cabeza
Mc	6.13 *ungían* con aceite a muchos enfermos
	14.8 se ha anticipado a *ungir* mi cuerpo para
	16.1 compraron especias ... para ir a *ungirle*
Lc	4.18 me ha *ungido* para dar buenas nuevas a
Jn	11.2 María ... fue la que *ungió* al Señor con
	12.3 *ungió* los pies de Jesús, y los enjugó con
Hch	4.27 tu santo Hijo Jesús, a quién *ungiste*
2 Co	1.21 el que nos confirma ... *ungió*, es Dios
Heb	1.9 por lo cual te *ungió* Dios, el Dios tuyo
Stg	5.14 *ungiéndole* con ... en el nombre del Señor
Ap	3.18 *unge* tus ojos con colirio, para que veas

UNIGÉNITO *v.* Hijo

Jn	1.14 vimos su gloria ... como el *u* del Padre
	3.16 que ha dado a su Hijo *u*, para que todo

Heb	11.17 por la fe Abraham ... ofrecía su *u*
1 Jn	4.9 en que Dios envió a su Hijo *u* al mundo

UN, uno

Gn	11.6 el pueblo es *u*, y ... *u* solo lenguaje
Jn	10.30 yo y el Padre *u* somos
	17.11 guárdalos en tu nombre ... que sean *u*
	17.21 todos sean *u* ... también ellos sean *u* en
1 Co	8.6 sólo hay *u* Dios, el Padre ... y *u* Señor
Gl	3.28 todos vosotros sois *u* en Cristo Jesús

URIM

Éx	28.30 pondrás en el pectoral del juicio *U* y
1 S	28.6 Jehová no le respondió ni ... ni por *U*
Esd	2.63; Neh 7.65 sacerdote ... con *U* y Tumim

VARÓN *v.* Hombre, Varón de Dios

Gn	1.27 y creó Dios al hombre ... *v* y hembra los
	2.23 ésta será llamada Varona, porque del *v* fue
Lv	18.22 no te echarás con *v* como con mujer
1 S	13.14 Jehová se ha buscado un *v* conforme a
Is	13.12 haré más precioso que el oro fino al *v*
Hch	13.22 a David ... *v* conforme a mi corazón
	17.31 juzgará ... por aquel *v* a quien designó
1 Co	11.8 el *v* no procede de la mujer, sino la
Ap	12.5 dio a luz un hijo *v*, que regirá con vara

VARÓN de Dios

Jos	14.6 dijo a Moisés, *v* de *D* ... tocante a mí
Jue	13.6 un *v* de *D* vino a mí, cuyo aspecto era
1 S	2.27 y vino un *v* de *D* a Elí, y le dijo: Así ha
	9.6 hay en esta ciudad un *v* de *D*, que es
1 R	13.1 que un *v* de *D* ... vino de Judá a Bet-el
	17.24 ahora conozco que tú eres *v* de *D*, y que
	20.28 vino ... el *v* de *D* al rey de Israel, y le
2 R	1.10 si yo soy *v* de *D*, descienda fuego del
	4.9 éste que siempre pasa por ... es *v* ... de *D*
2 Cr	25.7 un *v* de *D* vino a él, y le dijo: Rey, no

VEJEZ

Job	5.26 vendrás en la *v* a la sepultura, como la
Sal	71.9, 18 no me deseches en tiempo de la *v*
	92.14 aun en la *v* fructificarán; estarán
Pr	16.31 corona de honra es la *v* que se halla en
	20.29 la hermosura de los ancianos es su *v*
Is	46.4 y hasta la *v* yo mismo ... os soportaré yo

VELO

Gn	24.65 ella entonces tomó el *v*, y se cubrió
	38.14 se cubrió con un *v*, y se arrebozó, y se
Éx	26.31 también harás un *v* de azul, púrpura
	34.33 Moisés ... puso un *v* sobre su rostro .
Lv	16.2 no ... entre en el santuario detrás del *v*
Mt	27.51; Mc 15.38; Lc 23.45 el *v* del templo se rasgó en dos
2 Co	3.14, 15 cuando leen ... queda el mismo *v*
Heb	6.19 alma, una *v* que penetra hasta dentro del *v*
	9.3 tras el segundo *v* estaba la parte de
	10.20 que él nos abrió a través del *v*, esto es

VENCER *v.* Triunfar

Gn	32.28 has luchado con Dios y ... has *vencido*
1 S	17.50 así *venció* David al filisteo con honda
1 R	20.23 nos han *vencido*; mas si peleáremos
Job	32.13 lo *vence* Dios, no el hombre
Jer	1.19 pelearán contra ti, pero no te *vencerán*
Os	12.3, 4 con su poder *venció* al ángel; *v*. y
Lc	11.22 viene otro ... y le *vence*, le quita todas
Jn	16.33 pero confiad, yo he *vencido* al mundo
Ro	12.21 no seas *vencido* ... *vence* con el bien el
2 P	2.19 el que es *vencido* por alguno es hecho
1 Jn	4.4 sois de Dios, y los habéis *vencido*
	5.4 lo que es nacido de Dios, *vence* al mundo
Ap	2.7 al que *venciere*, le daré a comer del árbol
	3.5 el que *venciere* será vestido de ... blancas
	3.12 al que *venciere*, yo lo haré columna en
	3.21 al que *venciere*, le daré que se siente
	5.5 el León ... ha *vencido* para abrir el libro
	6.2 corona, y salió *venciendo*, y para *vencer*
	12.11 le han *vencido* por medio de la sangre
	17.14 pelearán ... y el Cordero los *vencerá*
	21.7 el que *venciere* heredará todas las cosas

VENGAR *v.* Pagar, Retribuir

Gn	4.24 si siete veces será *vengado* Caín, Lamec
Lv	19.18 no te *vengarás*, ni guardarás rencor a
Dt	32.43 él *vengará* la sangre de sus siervos

Jue	15.7 dijo ... juro que me *vengaré* de vosotros
1 S	24.12 entre tú y yo, y *véngueme* de ti Jehová
	25.26 venir a ... *vengarte* por tu propia mano
2 S	22.48; Sal 18.47 Dios que *venga* mis agravios
Est	8.13 aquel día, para *vengarse* de sus enemigos
Pr	20.22 no digas: Yo me *vengaré*: espera a
Is	1.24 enemigos, me *vengaré* de mis adversarios
Jer	5.29 de tal gente no se *vengará* mi alma?
	15.15 visítame, y *véngame* de mis enemigos
Jl	3.4 ¿queréis *vengaros* ... y si de mí os *vengáis*
Ro	12.19 no os *venguéis* vosotros mismos, amados
Ap	6.10 no juzgas y *vengas* nuestra sangre en
	19.2 ha *vengado* la sangre de sus siervos de

VENIDA *v.* Advenimiento, Aparición, Manifestación, Revelación

Mal	3.2 quién podrá soportar el tiempo de su *v*?
Mt	24.3 qué señal habrá de tu *v*, y del fin del
	24.27 así será ... la *v* del Hijo del Hombre
1 Co	15.23 luego los que son de Cristo, en su *v*
1 Ts	2.19 corona ... lo sois vosotros ... en su *v*
	4.15 habremos quedado hasta la *v* del Señor
2 Ts	2.1 con respecto a la *v* de nuestro Señor
2 Ti	4.8 también a todos los que aman su *v*
Stg	5.8 paciencia ... la *v* del Señor se acerca
2 P	1.16 hemos dado a conocer el poder y la *v* de
	3.12 esperando ... la *v* del día de Dios, en
1 Jn	2.28 para que en su *v* no nos alejemos de él

VERBO *v.* Cristo, Jesucristo, Jesús

Jn	1.1 en el principio era el *v* ... y el *v* era Dios
	1.14 aquel *v* fue hecho carne, y habitó entre
1 Jn	1.1 palparon ... manos tocante al *v* de vida
	5.7 Padre, el *v* y el Espíritu Santo; y estos
Ap	19.13 sangre; y su nombre es: El *v* de Dios

VERDAD *v.* Fidelidad

Gn	32.10 menor soy que ... toda la *v* que has
Éx	18.21 temerosos de Dios, varones de *v*, que
Dt	32.4 Dios de *v*, y sin ninguna iniquidad en él
1 R	17.24 la palabra de Jehová es *v* en tu boca
2 Cr	9.5 *v* es lo que había oído en mi tierra
Sal	25.5 encamíname en tu *v*, y enséñame, porque
	40.11 tu misericordia y tu *v* me guarden
	43.3 envía tu luz y tu *v*; éstas me guiarán
	51.6 he aquí, tú amas la *v* en lo íntimo, y en
	60.4 has ... bandera que alcen por causa de la *v*
	85.10 la misericordia y la *v* se encontraron
	86.11 enséñame ... caminaré yo en tu *v*; afirma
	89.24 mi *v* y mi misericordia estarán con él
	91.4 estarás seguro; escudo y adarga es tu *v*
	98.3 acordado de ... su *v* para con la casa
	100.5 Jehová ... su *v* por todas las generaciones
	111.7 las obras de sus manos son *v* y juicio
	119.30 escogí el camino de la *v*; he puesto
	119.86 todos tus mandamientos son *v*; sin
Pr	8.7 mi boca hablará *v* ... impiedad abominan
	12.17 el que habla *v* declara justicia; mas el
	20.6 pero hombre de *v* ¿quién lo hallará?
	22.21 la certidumbre de las palabras de *v*
	23.23 compra la *v*, y no la vendas; la
	28.20 hombre de *v* tendrá muchas bendiciones
Is	25.1 tus consejos antiguos son *v* y firmeza
	42.3 cava ... por medio de la *v* traerá justicia
	48.1 hacen memoria del Dios ... mas no en *v*
	59.14 la *v* tropezó en la plaza, y la equidad
Jer	4.2 vive Jehová, en *v*, en juicio y en justicia fue
	7.28 pereció la *v*, y de la boca de ellos
	9.3 no se fortalecieron para la *v* en la tierra
	33.6 les revelaré abundancia de paz y de *v*
Dn	8.12 echó por tierra la *v*. e hizo cuanto quiso
Os	4.1 porque no hay *v*, ni misericordia, ni
Zac	7.9 diciendo: Juzgad conforme a la *v*, y haced
	8.3 y Jerusalén se llamará Ciudad de la *v*
	8.16 hablad *v* cada cual ... juzgad según la *v*
Mt	22.16 sabemos que eres amante de la *v*, y que
Lc	1.4 para que conozcas bien la *v* de las cosas
Jn	1.14 vimos su gloria ... lleno de gracia y de *v*
	1.17 y la *v* vinieron por medio de Jesucristo
	3.21 el que practica *v* ... viene a la luz, para
	4.24 en espíritu y en *v* es necesario que adoren
	5.33 a Juan, y él dio testimonio de la *v*
	8.32 conoceréis la *v*, y la *v* os hará libres
	8.40 matarme a mí ... que os he hablado la *v*
	8.46 si digo la *v*, ¿por qué vosotros no me

	10.41 pero todo lo que Juan dijo de éste, era *v*
	14.6 yo soy el camino, y la *v*, y la vida; nadie
	16.13 el Espíritu de *v*, él os guiará a toda la *v*
	17.17 santifícalos en tu *v*; tu palabra es *v*
	18.38 le dijo Pilato: ¿Qué es la *v*? Y cuando
Hch	26.25 que hablo palabras de *v* y de cordura
Ro	1.25 cambiaron la *v* de Dios por la mentira
	2.2 el juicio de Dios contra los ... es según *v*
	2.8 ira y enojo a los que ... no obedecen a la *v*
	3.7 si por mi mentira la *v* de Dios abundó para
	9.1 *v* digo en Cristo, no miento, y mi
1 Co	5.8 sino con panes ... de sinceridad y de *v*
	13.6 no ... de la injusticia, mas se goza de la *v*
2 Co	4.2 no ... sino por la manifestación de la *v*
	6.7 en palabra de *v*, en poder de Dios, con
	7.14 nuestro gloriarnos con Tito resultó *v*
	13.8 nada podemos ... contra la *v*, sino por la *v*
Gl	2.5 para que la *v* del evangelio permaneciese
	3.1; 5.7 ¿quién ... para no obedecer a la *v*
	4.16 vuestro enemigo, por deciros la *v*?
Ef	1.13 vosotros, habiendo oído la palabra de *v*
	4.15 siguiendo la *v* en amor, crezcamos en
	4.21 oído ... conforme a la *v* que está en Jesús
	4.25 desechando la mentira, hablad *v* cada uno
	5.9 el fruto del Espíritu es en ... justicia y *v*
	6.14 firmes, ceñidos vuestros lomos con la *v*
2 Ts	2.12 condenados ... que no creyeron a la *v*
1 Ti	2.4 salvos y vengan al conocimiento de la *v*
	2.7 digo *v* ... maestro de los gentiles en fe y *v*
	3.15 la iglesia ... columna y baluarte de la *v*
	6.5 disputas ... de hombres ... privados de la *v*
2 Ti	3.7 nunca ... llegar al conocimiento de la *v*
	3.8 así también éstos resisten a la *v*; hombres
	4.4 apartarán de la *v* el oído y se volverán a
Heb	10.26 haber recibido el conocimiento de la *v*
Stg	5.19 si alguno de ... se ha extraviado de la *v*
1 P	1.22 por la obediencia de la *v*, mediante el
2 P	1.12 las sepáis, y estéis confirmados en la *v*
	2.2 cuales el camino de la *v* será blasfemado
1 Jn	1.6 si ... mentimos, y no practicamos la *v*
	1.8 si decimos que ... la *v* no está en nosotros
	2.4 dice ... es mentiroso, y la *v* no está en él
	2.21 no os he escrito como si ignorareis la *v*
	2.21 porque ninguna mentira procede de la *v*
	3.18 no amemos de palabra ni de ... sino ... en *v*
	3.19 en esto conocemos que somos de la *v*
	4.6 en esto conocemos el espíritu de *v* y el
2 Jn	2 a causa de la *v* que permanece en nosotros 4 he hallado a algunos de ... andando en la *v*
3 Jn	4 gozo ... el oir que mis hijos andan en la *v*

VERGÜENZA *v.* Desnudez, Ignominia

Sal	44.15 cada día mi *v* está delante de mí, y la
Pr	19.26 roba a su padre ... es hijo que causa *v*
Is	3.17 Señor raerá ... y Jehová descubrirá sus *v*
Lm	1.8 han menospreciado, porque vieron su *v*
Ez	7.18 en todo rostro habrá *v*, y todas sus
Dn	12.2 y otros para *v* y confusión perpetua
Sof	3.5 justo ... pero el perverso no conoce la *v*
Lc	14.9 comiences con *v* a ocupar el último
	16.3 cavar, no puedo; mendigar, me da *v*
1 Co	15.34 no conocen ... para *v* vuestra lo digo
Flp	3.19 y cuya gloria es su *v*; que sólo piensan
Jud	13 ondas del mar, que espuman su propia *v*
Ap	3.18 que no se descubra la *v* de tu desnudez

VÍBORA *v.* Culebra, Serpiente

Job	20.16 veneno de ... lo matará lengua de *v*
Is	11.8 niño ... su mano sobre la caverna de la *v*
Mt	3.7; 12.34; 23.33; Lc 3.7 ¡generación de *v*!
Hch	28.3 una *v*, huyendo del calor, se le prendió

VÍCTIMA *v.* Holocausto, Sacrificio

Éx	12.27 es la *v* de la pascua de Jehová, el cual
Ez	39.17 de todas partes a mi *v* que sacrifico

VICTORIA *v.* Triunfo

2 S	8.6; 1 Cr 18.6 Jehová dio la *v* a David por
	19.2 se volvió aquel día la *v* en luto para
	23.10 aquel día Jehová dio una gran *v*, y el
Sal	144.10 tú, el que da *v* a los reyes, el que
Pr	21.31 el caballo ... Jehová es el que da la *v*
	24.6 en la multitud de consejeros está la *v*
Mt	12.20 caña ... hasta que saque a *v* el juicio

1 Co 15.54 escrita: Sorbida es la muerte en *v*
15.55 tu aguijón? ¿Dónde, oh sepulcro, tu *v*?
15.57 da la *v* por medio de nuestro Señor
1 Jn 5.4 esta es la *v* que ha vencido al mundo
Ap 15.2 habían alcanzado la *v* sobre la bestia

VIDA *v.* Inmortalidad, Resurrección, Sangre, Vida Eterna
Gn 2.7 Dios ... sopló en su nariz aliento de *v*
2.9 el árbol de vida en medio del huerto, y el
44.30 como su *v* está ligada a la *v* de él
Lv 17.11 la *v* de la carne en la sangre está, y yo
Dt 12.23 la sangre es la *v*, y no comerás la *v*
30.15 he puesto delante de ti hoy la *v* y el
30.20 es *v* para ti, y prolongación de tus días
Jos 2.13 salvaréis la *v* a mi padre y a mi madre
1 S 2.6 Jehová mata, y él da *v*; él hace
Job 2.4 todo lo que el hombre tiene dará por su *v*
2.6 él está en tu mano; mas guarda su *v*
3.23 ¿por qué se da *v* al hombre que no sabe
7.1 ¿no es acaso brega la *v* del hombre sobre
7.7 acuérdate que mi *v* es un soplo y que
11.17 la *v* te será más clara que el mediodía
33.4 y el soplo del Omnipotente me dio *v*
36.6 no otorgará *v* al impío, pero a los
Sal 16.11 me mostrarás la senda de la *v*; en tu
21.4 la *v* te demandó, y se la diste; largura
30.3 me diste *v*, para que no descendiese a la
34.12 ¿quién es el hombre que desea *v*, que
63.3 porque mejor es tu misericordia que la *v*
64.1 voz ... guarda mi *v* del temor del enemigo
71.20 tú, que ... volerás a darme *v*, y de nuevo
85.6 ¿no volverás a darnos *v*, para que tu
103.4 el que rescata del hoyo tu *v*, el que te
Pr 3.22 serán *v* a tu alma, y gracia a tu cuello
4.22 son *v* a los que las hallan, y medicina
4.23 guarda tu corazón ... de él mana la *v*
6.23 y camino de *v* las represiones que te
8.35 porque el que me halle, hallará la *v*
11.19 como la justicia conduce a la *v*, así
12.28 en el camino de la justicia está la *v*
14.27 el temor de Jehová es manantial de *v*
14.30 el corazón apacible es *v* de la carne
18.21 la muerte y la *v* están en poder de la
19.23 el temor de Jehová es para *v*, y con él
Ec 2.17 aborrecí, por tanto, la *v*; la obra
7.12 la sabiduría ... da *v* a sus poseedores
Is 53.12 cuanto derramó su *v* hasta la muerte
Jer 21.8 pongo delante ... camino de *v* y camino
Lm 3.58 abogaste, Señor ... alma; redimiste mi *v*
Dn 9.26 después de ... se quitará la *v* al Mesías
12.2 serán despertados, unos para *v* eterna, y
Os 6.2 dará *v* después de dos días; en el tercer
Jon 4.3 oh Jehová, te ruego que me quites la *v*
Mt 6.25; Lc 12.22 no os afanéis por vuestra *v*
7.14 angosto el camino, que lleva a la *v*
10.39 halla su *v* ... pierde su *v* por causa de
Mc 8.35; Lc 9.24; 17.33 que quiera salvar su *v*
9.43 mejor te es entrar en la *v* manco, que
10.45 y para dar su *v* en rescate por muchos
Lc 12.15 la *v* ... no consiste en la abundancia de
14.26 no aborrece ... su propia *v*, no puede
Jn 1.4 en él estaba la *v*, y la *v* era la luz de los
5.21 también el Hijo a los que quiere da *v*
5.24 el que oye ... ha pasado de muerte a *v*
5.26 como el Padre tiene *v* en sí mismo, así
6.35 Jesús les dijo: Yo soy el pan de *v*; el que
6.53 si no ... bebéis su sangre, no tenéis *v* en
8.12 el que me sigue ... tendrá la luz de la *v*
10.10 yo he venido para que tengan *v*, y para
10.11 el buen pastor su *v* da por las ovejas
10.15 al Padre; y pongo mi *v* por las ovejas
10.17 me ama el Padre, porque yo pongo mi *v*
11.25 yo soy la resurrección y la *v*; el que cree
12.25 aborrece su *v* ... para *v* eterna la guardará
13.37 ¿por qué no te puedo ... *v* pondré por ti
15.13 este, que uno ponga su *v* por sus amigos
20.31 que creyendo, tengáis *v* en su nombre
Hch 7.38 que recibió palabras de *v* que darnos
11.18 ha dado Dios arrepentimiento para *v*
15.26 que han expuesto su *v* por el nombre
17.25 él es quien da a todos *v* y aliento y
20.24 ni estimo preciosa mi *v* para mí mismo
Ro 5.10 reconciliados, seremos salvos por su *v*

5.17 mucho más reinarán en *v* por uno solo
6.4 así también nosotros andemos en *v* nueva
7.10 el mismo mandamiento que era para *v*
8.6 pero ocuparse del Espíritu es *v* y paz
16.4 expusieron su *v* por mí; a los cuales no
1 Co 15.19 si en esta *v* ... esperamos en Cristo
2 Co 2.16 muerte, y a aquéllos olor de *v* para *v*
4.10 también la *v* de Jesús se manifieste en
4.12 la muerte actúa en ... y en vosotros la *v*
5.4 para que lo mortal sea absorbido por la *v*
Ef 2.5 nos dio *v* juntamente con Cristo (por
4.18 ajenos de la *v* de Dios por la ignorancia
6.3 para que ... seas de larga *v* sobre la tierra
Flp 1.20 magnificado ... o por *v* o por muerte
4.3 cuyos nombres están en el libro de la *v*
Col 2.13 a vosotros ... os dio *v* juntamente con él
3.3 vuestra *v* está escondida con Cristo en
3.4 cuando Cristo, vuestra *v*, se manifieste
1 Ti 4.8 pues tiene promesa de esta *v* presente y
2 Ti 1.10 sacó a luz la *v* y la inmortalidad por el
Stg 2.12 recibirá la corona de *v*, que Dios ha
4.14 ¿qué es vuestra *v*? Ciertamente es
1 P 3.10 que quiere amar la *v* y ver días buenos
2 P 1.3 todas las cosas que pertenecen a la *v* y a
1 Jn 1.2 la *v* fue manifestada, y la hemos visto
3.14 sabemos que hemos pasado de muerte a *v*
3.16 amor, en que él puso su *v* por nosotros
3.16 poner nuestras *v* por los hermanos
5.11 dado *v* eterna; y esta *v* está en su Hijo
5.12 el que tiene el Hijo, tiene la *v*; el que no
5.16 alguno viere ... pedirá, y Dios le dará *v*
Ap 2.7 le daré a comer del árbol de la *v*, el cual
3.5 no borraré su nombre del libro de la *v*
11.11 entró en ellos el espíritu de *v* enviado
12.11 menospreciaron sus *v* hasta la muerte
21.6 le daré ... de la fuente del agua de la *v*
22.1 me mostró un río limpio de agua de *v*
22.2 en medio de la calle ... el árbol de la *v*
22.17 tome del agua de la *v* gratuitamente

VIDA eterna *v.* Inmortalidad, Vida
Mt 19.16; Mc 10.17; Lc 10.25; 18.18 ¿qué bien haré para tener la *v e*?
19.29 haya dejado casas, o ... heredará la *v e*
25.46 al castigo eterno ... justos a la *v e*
Mc 10.30; Lc 18.30 y en el siglo venidero la *v e*
Jn 3.15, 16 en él cree, no se pierda, mas tenga *v e*
3.36 el que cree en el Hijo tiene *v e*; pero el
4.14 una fuente de agua que salte para *v e*
4.36 el que siega ... recoge fruto para *v e*
5.24 el que ... cree ... tiene *v e*; y no vendrá a
5.39 os parece que en ellas tenéis la *v e*
6.27 sino por la comida que a *v e* permanece
6.40 que ve al Hijo, y cree en él, tenga *v e*
6.47 os digo: El que cree en mí, tiene *v e*
6.54 el que come mi carne, y bebe ... tiene *v e*
6.68 quién iremos? Tú tienes palabras de *v e*
10.28 yo les doy *v e*, y no perecerán jamás
12.25 el que aborrece ... para *v e* la guardará
12.50 y sé que su mandamiento es *v e*
17.2 potestad ... para que dé *v e* a todos los
17.3 y esta es la *v e*: que te conozcan a ti, el
Hch 13.46 y no os juzgáis dignos de la *v e*, he
13.48 los que estaban ordenados para *v e*
Ro 2.7 *v e* a los que, perseverando en bien hacer
5.21 así también la gracia reine ... para *v e*
6.22 la santificación, y como fin, la *v e*
6.23 mas la dádiva de Dios es *v e* en Cristo
Gl 6.8 que siembra ... del Espíritu segará *v e*
1 Ti 6.12 batalla de la fe, echa mano de la *v e*
Tit 1.2 en la esperanza de la *v e*, la cual Dios
1 Jn 1.2 os anunciamos la *v e*, la cual estaba
2.25 es la promesa que él nos hizo, la *v e*
3.15 ningún homicida tiene *v e* permanente
5.11 Dios nos ha dado *v e*; y esta vida está
5.13 para que sepáis que tenéis *v e*, y para
5.20 éste es el verdadero Dios, y la *v e*
Jud 21 esperando la misericordia de ... para *v e*

VIEJO/A *v.* Anciano
Gn 18.11 y Abraham y Sara eran *v*, de edad
Job 32.4 porque los otros eran más *v* que él
Is 65.20 no habrá ... ni *v* que sus días no cumpla

Mt	9.16; Mc 2.21 paño nuevo en vestido *v*
Lc	5.36 pone en un vestido *v*; pues si lo hace
Jn	3.4 ¿cómo puede un hombre nacer siendo *v*?
Ro	6.6 que nuestro *v* hombre fue crucificado
2 Co	5.17 las ocsas *v* pasaron; he aquí todas son
Ef	4.22 despojaos del *v* hombre, que está viciado
Col	3.9 habiéndoos despojado del *v* hombre con
Heb	8.13 al decir: Nuevo pacto, ha dado por *v* al

VIRGEN *v.* Doncella, Joven

Lv	21.14 tomará de su pueblo una *v* por mujer
Dt	22.17 diciendo: No he hallado *v* a tu hija
1 R	1.2 busquen para mi señor el rey una joven *v*
Est	2.2 busquen para el rey jóvenes *v* de buen
Job	31.1 ¿cómo, pues, había yo de mirar a una *v*?
Is	7.14 he aquí que la *v* concebirá, y dará a luz
Jer	2.32 ¿se olvida la *v* de su atavío, o la
	14.17 es quebrantada la *v* hija de mi pueblo
Lm	2.13 ¿a quién te compararé … oh *v* hija de
Am	5.2 cayó la *v* … no podrá levantarse ya más
Mt	1.23 una *v* concebirá y dará a luz un hijo
	25.1 el reino de los … será semejante a diez *v*
Lc	1.27 a una *v* desposada con un varón que se
1 Co	7.25 cuanto a las *v* no tengo mandamiento
	7.36 es impropio para su hija *v* que pase ya
2 Co	11.2 presentaros como una *v* pura a Cristo
Ap	14.4 que no se contaminaron … pues son *v*

VISIÓN *v.* Éxtasis, Sueño

Gn	15.1 vino la palabra de Jehová a Abram en *v*
	46.2 y habló Dios a Israel en *v* de noche, y
Éx	3.3 iré yo ahora y veré esta grande *v*, por qué
Nm	12.6 le apareceré en *v*, en sueños hablaré con
	24.4 dijo … el que vio la *v* del Omnipotente
1 S	3.1 escaseaba en … no había *v* con frecuencia
	3.15 y Samuel temía descubrir la *v* a Elí
2 S	7.17; 1 Cr 17.15 conforme … esta *v*, así habló
2 Cr	26.5 en los días de Zacarías, entendido en *v*
Job	4.13 en imaginaciones de *v* nocturnas, cuando
	7.14 asustas con sueños, y me aterras con *v*
	33.15 *v* nocturna, cuando el sueño cae sobre
Sal	89.19 hablaste en *v* a tu santo, y dijiste
Is	1.1 *v* de Isaías hijo de Amoz, la cual vio en
	29.11 os será toda *v* como palabras de libro
Jer	23.16 hablan *v* de su propio corazón, no de la
Lm	2.9 profetas tampoco hallaron *v* de Jehová
Ez	1.1 los cielos se abrieron, y vi *v* de Dios
	8.3 me llevó en *v* de Dios a Jerusalén, en la
	11.24 me levantó el Espíritu … a llevar en *v*
	12.22 van … los días, y desaparecerá toda *v*?
	40.2 en *v* de … me llevó a la tierra de Israel
Dn	1.17 Daniel tuvo entendimiento en toda *v*
	2.19 el secreto fue revelado a Daniel en *v* de
	4.5 vi un sueño … *v* de mi cabeza me turbaron
	7.2 Daniel dijo: Miraba yo en mi *v* de noche
	8.1 en el año tercero … me apareció una *v*
	8.16 gritó y dijo: Gabriel, enseña a éste la *v*
	8.26 la *v* de … es verdadera; y tú guarda la *v*
	10.7 yo, Daniel, vi aquella *v*, y los no vieron
Jl	2.28 soñarán sueños, y vuestros jóvenes verán *v*
Abd	1 *v* de Abdías. Jehová el Señor ha dicho
Nah	1.1 libro de la *v* de Nahum de Elcos
Hab	2.2 escribe la *v*, y declárala en tablas, para
Mt	17.9 no digáis a nadie la *v*, hasta que el Hijo
Lc	1.22 comprendieron que había visto *v* en el
Hch	2.17 vuestros jóvenes verán *v*, y vuestros
	9.10 a quien el Señor dijo … a Ananías
	10.3 éste vio claramente en una *v*, como a la
	11.5 vi en éxtasis una *v*; algo semejante a un
	12.9 ángel, sino que pensaba que veía una *v*
	16.9 Pablo … *v* de noche; un varón macedonio
	18.9 el Señor dijo a Pablo en *v* de noche
	26.19 oh rey … no fui rebelde a la *v* celestial
2 Co	12.1 pero vendré las *v* y a las … del Señor
Ap	9.17 así vi en *v* los caballos y a sus jinetes

VIUDA *v.* Huérfano

Gn	38.11 Judá dijo a Tamar su … Quédate *v* en
Éx	22.22 a ninguna *v* ni huérfano afligiréis
Dt	10.18 que hace justicia al huérfano y a la *v*
2 S	14.5 yo a la verdad soy una mujer *v* y mi
1 R	17.9 he dado orden allí a una mujer *v* que te
Job	22.9 las *v* enviaste vacías, y los brazos de los
	24.3 asno … y toman en prenda el buey de la *v*

	29.13 mí, y al corazón de la *v* yo daba alegría
Sal	94.6 a la *v* y al extranjero matan, y a los
	109.9 sean sus hijos huérfanos, y su mujer *v*
	146.9 guarda … al huérfano y a la *v* sostiene
Pr	15.25 Jehová … afirmará la heredad de la *v*
Is	1.17 haced justicia al huérfano, amparad a la *v*
Jer	49.11 yo los criaré; y en mí confiarán tus *v*
Lm	1.1 la grande entre las … se ha vuelto como *v*
Zac	7.10 no oprimáis a la *v*, ni huérfano … pobre
Mt	23.14; Mc 12.40; Lc 20.47 devoráis las casas de las *v*
Mc	12.42; Lc 21.2 vino una *v* pobre, y echó dos
Lc	2.37 era *v* hacía ochenta y cuatro años; y no
	4.26 sino a una mujer *v* en Sarepta de Sidón
	7.12 hijo único de su madre, la cual era *v*
	18.3 había también … una *v*, la cual venía a
Hch	6.1 de que las *v* … eran desatendidas en la
1 Ti	5.3 honra a las *v* que en verdad lo son
	5.9 sea puesta en la lista sólo la *v* no menor
	5.14 quiero, pues, que las *v* jóvenes se casen
Stg	1.27 visitar a … y a las *v* en sus tribulaciones
Ap	18.7 como reina, y no soy *v*, y no veré llanto

VOCACIÓN *v.* Elección, Llamamiento

1 Co	1.26 mirad, hermanos, vuestra *v*, que no
Ef	4.4 en una misma esperanza de vuestra *v*
2 P	1.10 hacer firme vuestra *v* y elección; porque

VOLAR

2 S	22.11; Sal 18.10 cabalgó sobre un … y *voló*
Job	39.26 ¿*vuela* el gavilán por tu sabiduría, y
Sal	55.6 alas … paloma! *volaría* yo, y descansaría
Is	6.2 con dos cubrían sus pies, y con dos *volaban*
	6.6 y *voló* hacia mí uno de los serafines
	11.14 *volarán* sobre los hombros de los filisteos
	60.8 ¿quiénes son éstos que *vuelan* como
Dn	9.21 Gabriel … *volando* con presteza, vino a
Os	9.11 la gloria de Efraín *volará* cual ave, de
Ap	8.13 oí a un ángel *volar* por en medio del

VOLUNTAD de Dios *v.* Voluntad

Mc	3.35 todo aquel que hace la *v* de *D*, ése es mi
Jn	7.17 el que quiere hacer la *v* de *D*, conocerá
Ro	1.10 tenga al fin, por la *v* de *D*, un próspero
	12.2 la buena *v* de *D*, agradable y perfecta
2 Co	8.5 y luego a nosotros por la *v* de *D*
Ef	6.6 como … de corazón haciendo la *v* de *D*
1 Ts	4.3 pues la *v* de *D* es vuestra santificación
	5.18 dad gracias en todo … esta es la *v* de *D*
Heb	10.36 habiendo hecho la *v* de *D*, obtengáis
1 P	2.15 esta es la *v* de *D*: que haciendo bien
	3.17 mejor es … si la *v* de *D* así lo quiere
	4.2 no vivir el … sino conforme a la *v* de *D*
	4.19 padecen según la *v* de *D*, encomienden
1 Jn	2.17 el que hace la *v* de *D* permanece para

VOTO *v.* Juramento, Pacto, Promesa

Gn	28.20 hizo Jacob *v* … Si fuere Dios conmigo
	31.13 ungiste la piedra, y … me hiciste un *v*
Lv	27.2; Nm 30.2 alguno hiciere … *v* a Jehová
Nm	30.4 su padre oyere su *v*, y … callare a ello
Dt	23.21 a Jehová tu … no tardes en pagarlo
Jue	11.30 y Jefté hizo *v* a Jehová, diciendo: Si
1 S	1.11 hizo *v*, diciendo: Jehová de … ejércitos
2 S	15.7 pagar mi *v* que he prometido a Jehová
Job	22.27 y él te oirá; y tú pagarás tus *v*
Sal	22.25 *v* pagaré delante de los que le temen
	50.14 sacrifica … y paga tus *v* al Altísimo
	56.12 sobre mí, oh Dios, están tus *v*; te
	61.5 porque tú, oh Dios, has oído mis *v*; me
	116.14 ahora pagaré mis *v* a Jehová delante
Pr	20.25 lazo es … hacer … *v* de consagración
Is	19.21 harán *v* a Jehová, y los cumplirán
Nah	1.15 celebra, oh … tus fiestas, cumple tus *v*
Hch	18.18 rapado la cabeza … tenía hecho *v*
	21.23 que tienen obligación de cumplir *v*

VOZ *v.* Clamor, Sonido

Gn	3.8 oyeron la *v* de … Dios … en el huerto
	22.11 ángel de Jehová le dio *v* desde el cielo
	27.22 la *v* es la *v* de Jacob; pero las manos
Éx	15.26 si oyeres atentamente la *v* de Jehová
	23.21 guárdate delante de él, y oye su *v*
	24.3 todo el pueblo respondió a una *v*, y dijo
Nm	7.89 oía la *v* que le hablaba de encima del
Dt	4.12 a excepción de oir la *v*, ninguna figura

8.20 no habréis atendido a la *v* de Jehová
13.4 a él temeréis ... y escucharéis su *v*, a él

Jos 10.14 habiendo atendido Jehová a la *v* de un

1 S 24.16; 26.17 ¿no es esta la *v* tuya, hijo mío

Sal 18.13 tronó ... Jehová, y el Altísimo dio su *v*
19.4 por toda la tierra salió su *v*, y hasta el
68.33 al que cabalga ... dará su *v*, poderosa el
95.7 él es nuestro Dios ... si oyeres hoy su *v*

Pr 1.20 en las calles, alza su *v* en las plazas

Cnt 2.8 ¡la *v* de mi amado! He aquí él viene
2.14 hazme oír tu *v* ... dulce es la *v* tuya, y
5.2 es la *v* de mi amado que llama: Ábreme

Is 6.8 *v* del Señor, que decía: ¿A quién enviaré
30.30 Jehová hará oír su potente *v*, y hará ver
40.3 *v* que clama en el desierto: Preparad
40.9 levanta ... fuertemente tu *v*, anunciadora
42.2 no alzará su *v*, ni la hará oír en las calles
66.6 *v* de ... *v* del templo, *v* de Jehová que da

Jer 7.34 cesar ... la *v* de gozo y la *v* de alegría
25.10 que desaparezca ... la *v* de gozo y la *v* de
31.15 *v* fue oída en Ramá, llanto y lloro
42.6 a la *v* de Jehová ... obedeceremos, para

Miq 6.9 la *v* de Jehová clama a la ciudad; es sabio

Mt 3.3; Lc 3.4; Jn 1.23 *v* del que clama en el
3.17; Mc 1.11; Lc 3.22 una *v* de los cielos
12.19 no ... ni nadie oirá en las calles su *v*
17.5; Mc 9.7; Lc 9.35 una *v* desde la nube

Lc 23.23 las *v* de ellos y de los ... prevalecieron

Jn 3.29 el amigo ... se goza ... de la *v* del esposo
5.25 los muertos oirán la *v* del Hijo de Dios
5.37 nunca habéis oído su *v*, ni habéis visto
7.37 fiesta, Jesús se puso en pie y alzó la *v*
10.3 ovejas oyen su *v*; y a sus ovejas llama
10.16 oirán mi *v*; y habrá un rebaño, y un
10.27 mis ovejas oyen mi *v*, y yo las conozco
12.30 no ha venido esta *v* por causa mía, sino
18.37 aquel que es de la verdad, oye mi *v*

Hch 7.31 acercándose ... vino a él la *v* del Señor
9.7 oyendo a la verdad la *v*, mas sin ver a
10.13; 11.7 una *v*: Levántate, Pedro, mata y
12.22 gritando: ¡*V* de Dios, y no de hombre!
22.7; 26.14 y oí una *v* que me decía: Saulo

Ro 10.18 por toda la tierra ha salido la *v* de ellos

Heb 3.7; 4.7 si oyereis hoy su *v*, no endurezcáis
12.19 a la *v* que hablaba, la cual los que la

2 P 1.17 fue enviada ... una *v* que decía: Este es
2.16 muda bestia ... hablando con *v* de hombre

Ap 1.10 y oí ... una gran *v* como de trompeta
1.15 y su *v* como estruendo de muchas aguas
3.20 si alguno oye mi *v* y abre la puerta
10.4; 12.10; 18.4; 21.3 oí una *v* del cielo que
11.15 *v* en el cielo, que decían: Los reinos de
19.1 una gran *v* de gran multitud en el cielo

YELMO *v.* Armadura, Coraza, Escudo

Is 59.17 con *y* de salvación en su cabeza; tomó

Ef 6.17; 1 Ts 5.8 tomad el *y* de la salvación

YUGO *v.* Carga

Gn 27.40 que descargarás su *y* de tu cerviz

Lv 26.13 rompí las coyundas de vuestro *y*, y os

Nm 19.2 vaca ... sobre la cual no se haya puesto *y*

Dt 28.48 él pondrá *y* de hierro sobre tu cuello

1 R 12.4; 2 Cr 10.4 tu padre agravó nuestro *y*

Is 9.4 porque tú quebraste su pesado *y*, y la vara
10.27 su *y* de tu cerviz, y el *y* se pudrirá a
14.25 su *y* será apartado de ellos, y su carga
58.6 dejar·ir libres ... y que rompáis todo *y*?

Jer 2.20 porque desde muy atrás rompiste tu *y* y
27.2 hazte coyundas y *y*, y ponlos sobre tu
28.2 quebranté el *y* del rey de Babilonia
30.8 yo quebraré su *y* de tu cuello, y romperé

Lm 1.14 el *y* de mis rebeliones ha sido atado por

Os 11.4 y fui ... como los que alzan el *y* de sobre

Nah 1.13 quebraré su *y* de sobre ti, y romperé

Mt 11.29 llevad mi *y* sobre vosotros, y aprended
11.30 mi *y* es fácil, y ligera mi carga

Hch 15.10 poniendo ... *y* que ni nuestros padres

2 Co 6.14 no os unáis en *y* desigual con los

Gl 5.1 no ... otra vez sujetos al *v* de esclavitud

ZACARÍAS rey de Israel 2 R 15.8–11.

ZACARÍAS el sacerdote 2 Cr 24.20–22.

Mt 23.35; Lc 11.51 la sangre de *Z* hijo de

ZACARÍAS padre de Juan el Bautista Lc 1.5–23, 59–64, 69–79.

ZARZA

Éx 3.2 que la *z* ardía ... y la *z* no se consumía

Dt 33.16 la gracia del que habitó en la *z* venga

Jue 9.14 dijeron ... todos los árboles a la *z*

Is 55.13 en lugar de la *z* crecerá ciprés, y en

Mc 12.26 Moisés cómo le habló Dios en la *z*

Lc 20.37 aun Moisés lo enseñó en el ... de la *z*

Hch 7.30 Sinaí, en la llama de fuego de una *z*

PLAN DE SALVACIÓN

LA BIBLIA DICE...

QUE DIOS TE AMA

«Porque de tal manera amó Dios al mundo, que ha dado a su Hijo unigénito, para que todo aquel que en él cree, no se pierda, mas tenga vida eterna. Porque no envió Dios a su Hijo al mundo para condenar al mundo, sino para que el mundo sea salvo por él» (Juan 3.16, 17).

«Pero Dios, que es rico en misericordia, por su gran amor con que nos amó, aun estando nosotros muertos en pecados, nos dio vida juntamente con Cristo (por gracia sois salvos)» (Efesios 2.4, 5).

«Mas Dios muestra su amor para con nosotros, en que siendo aún pecadores, Cristo murió por nosotros» (Romanos 5.8).

QUE EL PECADO TE SEPARA DE DIOS

El hombre está separado de Dios por su pecado. «Por cuanto todos pecaron, y están destituidos de la gloria de Dios» (Romanos 3.23).

«Como está escrito: No hay justo, ni aun uno» (Romanos 3.10).

«Porque la paga del pecado es muerte [separación de Dios por toda una eternidad]» (Romanos 6.23).

El hombre se encuentra «...sin esperanza y sin Dios en el mundo» (Efesios 2.12).

Muchos creen que después de esta vida todo termina, pero la Biblia nos avisa que «está establecido para los hombres que mueran una sola vez, y después de esto el juicio» (Hebreos 9.27).

QUE JESUCRISTO MURIÓ Y RESUCITÓ POR TI

«... Que Cristo murió por nuestros pecados, conforme a las Escrituras; y que fue sepultado, y que resucitó al tercer día, conforme a las Escrituras» (1 Corintios 15.3, 4).

«Porque la palabra de la cruz [el evangelio de Jesucristo] es locura a los que se pierden; pero a los que se salvan, esto es, a nosotros, es poder de Dios» (1 Corintios 1.18).

«Para esto apareció el Hijo de Dios, para deshacer las obras del diablo» (1 Juan 3.8).

«El que en él [Jesucristo] cree, no es condenado; pero el que no cree, ya ha sido condenado, porque no ha creído en el nombre del unigénito Hijo de Dios» (Juan 3.18).

QUE LA DECISIÓN ES TUYA

«Las Sagradas Escrituras, las cuales te pueden hacer sabio para la salvación por la fe que es en Cristo Jesús» (2 Timoteo 3.15).

La Biblia enseña que solamente hay un camino que conduce a Dios. Jesús dijo: «Yo soy el camino, y la verdad, y la vida; nadie viene al Padre, sino por mí» (Juan 14.6).

«Porque hay un solo Dios, y un solo mediador entre Dios y los hombres, Jesucristo hombre» (1 Timoteo 2.5).

La Biblia nos promete «que si confesares con tu boca que Jesús es el Señor, y creyeres en tu corazón que Dios le levantó de los muertos, serás salvo. Porque con el corazón se cree para justicia, pero con la boca se confiesa para salvación» (Romanos 10.9, 10).

QUE RECIBAS A CRISTO COMO SALVADOR Y SEÑOR

El está esperando que tomes la decisión más importante de tu vida, Jesucristo te invita diciendo: «Yo soy la puerta; el que por mí entrare, será salvo» (Juan 10.9).

Abre ahora mismo tu corazón y confiésale tus pecados. La Palabra de Dios nos dice que: «El que encubre sus pecados no prosperará; mas el que los confiesa y se aparta alcanzará misericordia» (Proverbios 28.13).

Jesús te invita a que recibas la nueva vida que solo él te puede ofrecer, «De modo que si alguno está en Cristo, nueva criatura es; las cosas viejas pasaron; he aquí todas son hechas nuevas» (2 Corintios 5.17).

Cree en tu corazón y confiésalo con tu boca en una oración como esta:

Señor Jesús, creo que eres el Hijo de Dios que murió por mis pecados y resucitó. Me arrepiento de mis pecados y te pido que me perdones. Envía ahora tu Espíritu Santo a mi corazón para darme el poder de rechazar lo malo y caminar en tu voluntad. Gracias por tu amor, tu salvación y la nueva vida que me das en este día. Amén.

«El que cree en mi, tiene vida eterna» (Juan 6.47).